Gerhard Eichelmann

eichelmann 2019

Deutschlands Weine

13 Regionen | 980 Weingüter | 11.150 Weine

mondo Heidelberg

Der Verlag übernimmt keine Gewähr für die angegebenen Preise oder die Verfügbarkeit der Weine bei den Weinerzeugern.

Autoren:
Wolfgang Faßbender (Mosel)
Marco Lindauer (Rheingau)
Thomas Veigel (Baden, Hessische Bergstraße)
Jens Wagner (Pfalz, Nahe)

Alle Karten: DWI Deutsches Weininstitut
Fotos:
Andreas Durst Seiten 2-54-97-102-108-111-132-149-151-163-170-180-185-190-193-204-220-237-239-251-253-266-271-281-284-297-309-312-315-343-350-374-391-407-448-460-472-475-477-480-485-487-502-528-571-596-628-631-655-658-662-666-678-693-704-709-711-715-718-730-744-755-762-786-795-805-823-878-881-911-912-920-941-953-974-979-983-989-1005-1006-1017-1019-1040-1058-1062-1070-1075-1092-1097-1099-1108-1119-1165-1184-1191-1198-1203-1204-1209-1224-1244-1247-1253
Mondo Heidelberg: Seiten 60-64-84-300-339-430-643-712-925-1130-1158-1170-1234
Alle anderen Fotos wurden von den Weingütern zur Verfügung gestellt

Redaktion:
Jutta Eichelmann
Ulrike Klein-Debiasi

Umschlaggestaltung: www.ultrabold.com
Herstellung, Satz: Mondo Heidelberg
Druck: Belvedere Print & Packaging B.V., Niederlande

Anschrift des Verlages:
Mondo Heidelberg
Bachstraße 27
69121 Heidelberg
info@mondo-heidelberg.de

ISBN 9783938839508

mondo Heidelberg

Inhalt

Berggorilla & Sumatra-Nashorn

Im vergangenen Jahr habe ich an dieser Stelle schon über die galoppierende Inflation bei Weinbewertungen geschrieben, darüber, dass in immer mehr Publikationen jeder noch so banale Wein mit 90 Punkten bedacht wird. Die Inflation galoppiert weiter und immer schneller, die Differenzierung bleibt auf der Strecke, und mit den Weinen selbst wollen sich diese Inflationstreiber ja ohnehin nicht befassen. Wir machen diesen Hype um hohe Punkte nicht mit, wir beschäftigen uns mit den Weinen. Mehrfach hörte ich von Winzern, dass man bei uns den Eindruck habe, dass die Weine tatsächlich noch verkostet werden. Was soll man da noch sagen? Unser Metier ist die Weinkritik.

Im vergangenen Jahr, nachdem wir den Winzern ihren Auszug aus dem Buch geschickt, aber noch bevor das Buch veröffentlicht war, rief ein Winzer an und wollte wissen, ob ich etwas gegen ihn hätte? Auf meine Frage, wie er denn darauf käme, bekam ich zur Antwort: „weil Sie meinen Grauburgunder Großes Gewächs nur mit 90 Punkten bewertet haben". Aber 90 Punkte ist doch hervorragend, entgegnete ich ihm. Und überhaupt, ohne das Buch zu kennen und den Kontext des Jahrgangs – es könnte ja sein, dass er mit 90 Punkten den besten Grauburgunder des Jahrgangs in Deutschland habe? Nun, das ist er nun nicht, aber wäre es Ihnen lieber ihr Grauburgunder hätte 95 Punkte – auch wenn 50 andere deutsche Grauburgunder besser bewertet sind, ihr Wein also die Nummer 51 wäre? Oder wenn ihr Wein mit 90 Punkten unter den „Top Twenty" in Deutschland ist? Das Schweigen meines Gesprächspartners machte mir klar: Hauptsache hohe Punkte! Auch wenn es für alle hohe Punkte gibt.

Aber braucht man als Verbraucher nicht eine Differenzierung? Ich war im Winter in Coonawarra, bei einem Weingut gab es den wohl bekanntesten Weinführer Australiens zu kaufen. Da ich am nächsten Tag nach McLaren Vale fahren wollte, und noch nicht sicher war, welche Weingüter ich dort besuchen würde, kaufte ich ihn. Abends, bei der

Beschäftigung mit dem Buch, dann die Ernüchterung: 55 Weingüter in McLaren Vale sind mit 5 Sternen bewertet. In einer Region größer als die Nahe, kleiner als Franken: 55 Top-Betriebe! Also sich mit den bewerteten Weinen befassen – und die nächste Ernüchterung: Alle Weine erhalten mindestens 89 Punkte, maximal 99 Punkte. Also ist man de facto wieder beim althergebrachten 20 Punkte-System, mittels dessen man Weine zwischen 10 und 20 Punkten bewertet. Keine Differenzierung, also ran an die Texte – und die nächste Ernüchterung: Nur positive, lobende Texte, wie von einer PR-Agentur verfasst. Praktisch für die Weingüter, die diese Texte ohne jede Korrektur auf ihre Webseite stellen oder in Image-Broschüren abdrucken können – aber wo bleibt der Verbraucher?

„Das scheint es zu sein, was Weingüter möchten: Hohe Punkte für ihre Weine und Jubel-Texte. Immer mehr Medien stellen sich auf diese Bedürfnisse ein." Dies stand so schon im vergangenen Jahr in meinem Vorwort. Kein Grund daran etwas zu ändern. Diesen Wettlauf um die Gunst der Winzer machen wir nicht mit, denn: Wir schreiben für den Leser! So schreibt uns ein Winzer, dass er keine Weine mehr schickt, weil die Bewertungen zu niedrig seien, überall sonst bekäme er höhere Punkte, und zählt dann eine Vielzahl von Medien auf, die ihn mit mehr Punkten bescheren. Ein anderer hat gleich einen Text mitgeschickt und von uns gefordert, dass wir einen ebenso positiven Text über sein Weingut verfassen. Nun war der Text, den er uns schickte, ja wirklich nett zu lesen, um die Weine dieses Winzers ging es dabei aber nur ganz am Rande. Wir setzen uns mit den Weinen auseinander, und ob die Winzerin blaue Augen hat oder der Winzer einen auffälligen Hut trägt, das interessiert uns dabei nicht, denn für Weinkritik ist das nicht relevant. Und für Sie als Verbraucher, was ist für Sie relevant? Der Wein, denken wir.

Es scheint, dass man als Weinkritiker zu einer aussterbenden Spezies gehört, und dass wir uns bald neben Berggorilla und Sumatra-Nashorn auf der Liste der besonders gefährdeten Arten wiederfinden. Aber dies wird nichts ändern: Unser Metier ist und bleibt die Weinkritik.

Ich hatte mir einmal vorgenommen, niemals ein Vorwort zu schreiben, dass länger als eine Seite ist. So viel zu Vorsätzen. Mein Dank gilt vor allem meiner Frau Jutta, ohne die ich dieses Buch noch nie hätte bewältigen können. Mein Dank gilt den Redakteuren dieser Ausgabe, ebenso allen, die kritisch mitverkostet haben. Mein Dank gilt auch den vielen Lesern, die uns schreiben und Anregungen geben, Weingüter empfehlen und uns mit ihrer Kritik helfen, das Buch weiterzuentwickeln und „besser zu werden". Und mein Dank gilt zu guter Letzt Frederic, der auch in diesem Jahr wieder sehr häufig mit gearbeitet hat und mir eine große Hilfe war.

Gerhard Eichelmann

Die Autoren

Gerhard Eichelmann ist mit Wein aufgewachsen, machte aber erst über den Umweg als Unternehmensberater den Wein zum Hauptberuf. Er gründete 1997 den Verlag Mondo Heidelberg, führte mit Mondo das international übliche 100 Punkte-System für Weinbewertungen in Deutschland ein. Im Jahr 2000 veröffentlichte er die erste Ausgabe dieses Buches über deutschen Wein, das sich als Standardwerk etabliert hat. Zu weiteren Buchveröffentlichungen zählen Titel über Baden und die Toskana, sowie acht Bücher über die Champagne.

Wolfgang Faßbender ist seit vielen Jahren freier Wein- und Gastronomiejournalist, schreibt für Medien wie die Weinwelt, das Sommelier-Magazin, Salz & Pfeffer oder die Schweizerische Weinzeitung. Er war stellvertretender Chefredakteur des Bertelsmann-Restaurantführers und hat zahlreiche regionale Gastroguides herausgegeben. Er lebt heute teilweise im Bergischen Land, teilweise in Zürich. Er verantwortet die Region Mosel. Zuletzt erschienen von ihm im Mondo-Verlag „Im Wein liegt Lüge", „Elsass" – und zuletzt: „Die Neue Mosel".

Marco Lindauer würde, wäre der Wein nicht, auch heute noch mit der Kamera durch die Weltgeschichte reisen, um flüchtige Augenblicke auf Filme oder Datenträger zu bannen. Stattdessen hat er aber seiner langen und hemmungslosen Leidenschaft für den Rebensaft nachgegeben und arbeitet nun seit mehreren Jahren für einen bekannten deutschen Fachhändler. Würde man ihn fragen, welche drei Dinge er auf eine einsame Insel mitnähme, würde er sich auf das Wesentliche reduzieren: Drei Flaschen Riesling.

Thomas Veigel hat gute internationale Weine schon im Elternhaus kennengelernt, dazu kamen edelsüße Rieslinge von der Mosel, die ein Freund gelegentlich aus dem Weinkeller seines Vaters besorgte. Später entdeckte er die trockenen deutschen Weine, mit denen er sich seit mehr als 30 Jahren privat und beruflich als Wirtschaftsredakteur der Heidelberger Rhein-Neckar-Zeitung beschäftigt. Seit vielen Jahren verkostet er mit Gerhard Eichelmann, für dieses Buch waren es vor allem Weine aus Baden und von der Hessischen Bergstraße.

Jens Wagner ist als Pfälzer Winzersohn mit Wein aufgewachsen, hat aber zunächst einen Weg außerhalb der Weinberge angestrebt. Während seines Studiums der Politik und der Geschichte in Mannheim begann er sich mit dem Thema Wein auseinander zu setzen und über Wein und Gastronomie zu schreiben, unter anderem für das Rhein-Neckar-Stadtmagazin Meier, den Gastroführer Espresso, die Rheinpfalz und Mondo. Er ist verantwortlich für die Weine der Nahe und der Pfalz.

Andreas Durst, geboren in Wuppertal, spezialisierte sich nach Studium und Tätigkeit als freier Fotograf ab 2003 auf das Thema Wein. Er fotografiert für Publikationen im In- und Ausland, für Winzer, Agenturen und Organisationen. Seit dem Umzug in die Pfalz lebt er mit seiner Familie in Bockenheim und keltert dort nebenbei seit 2009 einige Flaschen Wein. Heute halten die ehemalige Waschküche, der Kuhstall, und die Scheune zur Erzeugung von etwa 5.000 Flaschen Wein im Jahr her.

Zum richtigen Gebrauch

Der Hauptteil „Deutsche Weingüter von A bis Z“ führt die deutschen Weingüter in alphabetischer Reihenfolge aufgeführt. Links oberhalb des Namens ist die Region angegeben und der Ort, in dem das Weingut zu Hause ist. Einen Überblick über die Weingüter der einzelnen deutschen Weinbauregionen kann man sich im Kapitel "Die deutschen Weinregionen" verschaffen; ist man an Weingütern in bestimmten Städten oder Gemeinden interessiert, kann man diese im Ortsverzeichnis im Anhang des Buches finden.

1. Betriebsbewertung

Unter dem Namen, mit dem jeder Eintrag beginnt, finden Sie eine Qualitätseinstufung in Form von Sternen (neue Betriebe erhalten maximal 2 Sterne). Es bedeuten:

★★★★★	Weltklasse, internationale Spitzenerzeuger
★★★★	Hervorragende Erzeuger
★★★	Sehr gute Erzeuger
★★	Gute Erzeuger
★	Überdurchschnittliche, zuverlässige Erzeuger
☆	Ein weißer Stern hinter den schwarzen Sternen zeigt die Zwischenstufe zwischen zwei Kategorien an.

Grundlage der Beurteilung ist die Gesamtleistung des Erzeugerbetriebs in den letzten drei Jahren.

2. Erzeugerangaben

In der linken Spalte folgen weitere Angaben zum Erzeugerbetrieb wie Adresse, Telefon- und Faxnummer, ggf. E-Mail-Adresse und Webseite. Dazu der Name des Inhabers, ggf. Geschäftsführer und Mitgliederzahl einer Genossenschaft, Größe der Rebfläche in Hektar, durchschnittliche Jahresproduktion, sowie zusätzliche Informationen, die für einen Besucher von Interesse sind (Öffnungszeiten, Weinstube, Gästezimmer u. a.).
Darüber hinaus bedeuten die Symbole am Anfang der Spalte

- zertifiziert biologisch arbeitendes Weingut (auch Betriebe in Umstellung)
- N Erzeugerbetrieb ist neu im Buch
- W Erzeugerbetrieb wurde wieder aufgenommen

3. Weine

Die Weine eines Erzeugers werden aufgeführt in der Reihenfolge:
Sekte – Weißweine (in der Abfolge trocken, halbtrocken, süß) – Rosés/Weißherbste – Rotweine

Die Vorstellung der einzelnen Weine folgt dem Schema
- Jahrgang und Rebsorte (oder „Name") des Weins
- Ausbauart (trocken, halbtrocken, „feinherb"), wenn auf dem Etikett genannt
- Prädikatsstufe (Kabinett, Spätlese, Auslese, Beerenauslese, Trockenbeerenauslese, Eiswein) oder weitere gesetzlich geregelte Bezeichnungen wie Classic, Selection, Erstes Gewächs
- eventuelle gesetzlich nicht geregelte Zusatzbezeichnungen (z.B. „GG", „Goldkapsel")
- Lage (Gewann-Namen sind in Anführungszeichen gesetzt)

Alle nicht gesetzlich geregelten Termini sind in Anführungszeichen gesetzt, z.B. „GG", „feinherb", aber: Erstes Gewächs, halbtrocken. Der Übersichtlichkeit zuliebe wird auf die Bezeichnung „Qualitätswein" oder „QbA" verzichtet. Ebenso wird bei roten Rebsorten auf den Zusatz „Rotwein" verzichtet. Hinweis: Bisweilen ist eine betriebsinterne Klassifikation in Form von Sternen Bestandteil eines Weinnamens. Diese Sterne haben nichts mit unserer Bewertung zu tun.

4. Weinbewertung

Die Weinbewertung erfolgt nach dem international üblichen 100-Punkte-System:

95 bis 100	großartig, Weltklasse
90 bis 94	hervorragend
85 bis 89	sehr gut
80 bis 84	gut
75 bis 79	durchschnittlich
70 bis 74	unterdurchschnittlich
60 bis 69	deutliche Mängel
50 bis 59	völlig ungenügend

Da wir Erzeuger mit unterdurchschnittlichen oder gar mangelhaften oder völlig ungenügenden Weinen nicht empfehlen, finden sich, mit ganz wenigen Ausnahmen, keine Weine im Buch, die weniger als 75 Punkte erhalten.
88+ Wein mit Entwicklungspotenzial
88+? Wein womöglich mit Entwicklungspotenzial
88* Unseres Erachtens hatte der Wein zum Zeitpunkt der Verkostung seinen Höhepunkt bereits überschritten
(88) Fass- oder Tankprobe, keine endgültige Bewertung

5. Preise

Die angegebenen Preise sind Endverbraucherpreise ab Weingut, so wie sie uns von den Betrieben übermittelt werden.
5,70 € ☺ Schnäppchen (Gesamtliste im Anhang)
ohne Preis uns wurde kein Preis mitgeteilt
Des Weiteren bedeuten: a.A.: auf Anfrage; Vst.: Versteigerungswein

Die Weingüter des Jahres 2019

DIE PREISTRÄGER 2019

Beste Weißweinkollektion
Weingut Georg Breuer

Beste Rotweinkollektion
Weingut Bernhard Huber

Beste edelsüße Kollektion
Weingut Horst Sauer

Beste Sekt-Kollektion
Sekthaus Raumland

Aufsteiger des Jahres
Weingut Stefan Vetter

Ehrenpreis für das Lebenswerk
Helmut Dönnhoff

Klassiker
Lämmler Spätburgunder „GG"
Weingut Schnaitmann

Beste Weißwein-kollektion

2018 | **Weingut Kühling-Gillot** | Rheinhessen
2017 | **Weingut Max Müller I** | Franken
2016 | **Weingut Ludwig Knoll** | Franken
2015 | **Weingut Beurer** | Württemberg
2014 | **Weingut Klaus Keller** | Rheinhessen
2013 | **Weingut Rainer Sauer** | Franken
2012 | **Weingut Hermann Dönnhoff** | Nahe
2011 | **Weingut Knipser** | Pfalz
2010 | **Weingut Wittmann** | Rheinhessen
2009 | **Weingut Zehnthof** | Franken
2008 | **Weingut Emrich-Schönleber** | Nahe
2007 | **Weingut Josef Leitz** | Rheingau
2006 | **Weingut Klaus Keller** | Rheinhessen
2005 | **Weingut Wittmann** | Rheinhessen
2004 | **Weingut Andreas Laible** | Baden
2003 | **Weingut Clüsserath-Weiler** | Mosel

eichelmann

2019

Weingut des Jahres

Beste Weißweinkollektion

Weingut Georg Breuer

Rüdesheim

Heidelberg, im November 2018

Gerhard Eichelmann, Herausgeber

Beste Rotwein-kollektion

- 2018 | **Weingut Benedikt Baltes** | Franken
- 2017 | **Weingut Martin Waßmer** | Baden
- 2016 | **Weingut Konrad Schlör** | Baden
- 2015 | **Weingut Wachtstetter** | Württemberg
- 2014 | **Weingut Friedrich Becker** | Pfalz
- 2013 | **Weingut Dr. Heger** | Baden
- 2012 | **Weingut Meyer-Näkel** | Ahr
- 2011 | **Weingut Rudolf Fürst** | Franken
- 2010 | **Weingut Franz Keller** | Baden
- 2009 | **Weingut Jean Stodden** | Ahr
- 2008 | **Weingut Jürgen Ellwanger** | Württemberg
- 2007 | **Weingut Bernhard Huber** | Baden
- 2006 | **Weingut Seeger** | Baden
- 2005 | **Weingut Jacob Duijn** | Baden
- 2004 | **Weingut Knipser** | Pfalz
- 2003 | **Weingut Bercher** | Baden

eichelmann
2019

Weingut des Jahres

Beste Rotweinkollektion

Weingut Bernhard Huber

Malterdingen

Gerhard Eichelmann

Heidelberg, im November 2018
Gerhard Eichelmann, Herausgeber

Beste edelsüße Kollektion

2018 | **Weingut Fritz Haag** | Mosel
2017 | **Weingut Nik Weis** | Mosel
2016 | **Weingut Glaser-Himelstoß** | Franken
2015 | **Weingut Selbach-Oster** | Mosel
2014 | **Weingut Fritz Haag** | Mosel
2013 | **Weingut Schloss Lieser** | Mosel
2012 | **Weingut Markus Molitor** | Mosel
2011 | **Weingut Schäfer-Fröhlich** | Nahe
2010 | **Weingut Horst Sauer** | Franken
2009 | **Weingut Robert Weil** | Rheingau
2008 | **Weingut Clemens Busch** | Mosel
2007 | **Weingut Zilliken** | Mosel
2006 | **Weingut Markus Molitor** | Mosel
2005 | **Weingut Peter Jakob Kühn** | Rheingau
2004 | **Weingut Klaus Keller** | Rheinhessen
2003 | **Weingut Klaus Keller** | Rheinhessen

eichelmann
2019

Weingut des Jahres

Beste edelsüße Kollektion

Weingut Horst Sauer

Escherndorf

Heidelberg, im November 2018
Gerhard Eichelmann, Herausgeber

Beste Sekt-Kollektion

eichelmann
2019

Weingut des Jahres

Beste Sekt-Kollektion

Sekthaus Raumland

Flörsheim-Dalsheim

Heidelberg, im November 2018
Gerhard Eichelmann, Herausgeber

Im Fokus Sekt

von Thomas Veigel

Der Markt für Sekt ist in Deutschland in der Hand weniger großer Konzerne. Doch es gibt immer mehr handwerklich hergestellte, hochwertige Sekte in Deutschland. Diese, in klassischer Flaschengärung hergestellten Schaumweine, machen aber nur zwei bis drei Prozent der deutschen Sektproduktion aus. Wie positioniert man sich in dieser Nische? Gibt es eine typische deutsche Stilistik? Sollte man sich nach dem Erfolg der Großen Gewächse vom Riesling auch beim Sekt vor allem auf diese Rebsorte konzentrieren?

Volker Raumland, seit vielen Jahren erfolgreichster deutscher Sektwinzer aus dem rheinhessischen Flörsheim-Dalsheim, plädiert für eine eigene Stilistik, die sich mehr am Champagner orientiert als am deutschen Winzersekt. Riesling-Sekt macht Volker Raumland auch, für seine Spitzenweine setzt er aber auf die Rebsorten, die es auch in der Champagne gibt: Chardonnay, Spätburgunder und Schwarzriesling sowie Weißburgunder, der für Champagner ebenfalls zugelassen ist. Zu viele Sorten würden ein Profil verwässern, die Idee vom „Winzersekt" als Pendant zum Champagner sei deshalb nicht zur Profilierung geeignet. Sogar Morio-Muskat sei früher als Winzersekt verkauft worden.

Wobei der Begriff „Winzersekt" selbst schon irreführend sein kann. Denn die meisten Winzer, die Sekt verkaufen, machen ihn nicht selbst. Sie liefern lediglich die Grundweine an Sektkellereien oder auf die Sektherstellung spezialisierte Winzer. Für die Herstellung von Sekt fehlen den meisten Winzern die Erfahrung und die Ausrüstung.

Es wäre gut, wenn eine Region in Deutschland - analog zur Champagne - nur Sekt machen würde. Die Idee ist nicht neu, realisiert wurde sie bisher nicht. Zu verstreut sind auch die besten deutschen Sekterzeuger, deren Zahl derzeit wächst. Neben Pionieren wie Volker Raumland, Norbert Bardong und Helmut Solter haben sich in den letzten Jahren einige Sektmanufakturen etabliert: Andres & Mugler in der Pfalz, die man fast auch schon zu den Pionieren rechnen könnte, Strauch und Flik in Rheinhessen, Griesel an der Hessischen Bergstraße. Dazu gibt es zahlreiche Winzer, die sowohl für ihre Stillweine als auch für ihre Sekte bekannt sind wie beispielsweise die Wein- und Sektgüter Barth im Rheingau und Bamberger an der Nahe oder Reichsrat von Buhl in der Pfalz, wo Mathieu Kaufmann, der ehemalige Chef de Caves des Champagnerhauses Bollinger für die Produktion verantwortlich ist.

Immer noch seien viele deutsche Sekte zu aromatisch, meint Niko Brandner, Chef beim Senkrechtstarter von der Hessischen Bergstraße, dem Sekthaus Griesel & Companie. Beim Sekt sollen seiner Meinung nach die Einflüsse vom Hefelager herausgearbeitet werden, nicht die Trauben-Aromatik. Die Hefe steht beim Sekt im Vordergrund. Sie schützt den Wein, kann Schwefel überflüssig machen und ist verantwortlich für das Mundgefühl des Sektes. Insgesamt ist der Einfluss der Kellerwirtschaft beim Sekt sehr groß. Man arbeitet auch mit Reserve-Weinen aus verschiedenen Jahrgängen, die in der Champagne die meisten Cuvées prägen, aber sowohl Volker Raumland als auch Niko Brandner finden Jahrgangs-Sekte spannender. Auch in der Champagne sind Jahrgangs-Champagner ein immer wichtigeres Thema. Dass Sekt spätestens zwei bis drei Jahre nach dem Degorgieren getrunken werden muss, trifft nach Meinung von Volker Raumland nur bei schlechter Lagerung zu. Ansonsten könne man die Sekte auch 10 bis 15 Jahre reifen lassen.

Der Klimawandel stellt die Sekterzeuger vor neue Herausforderungen. Um die Alkoholwerte im Zaum zu halten, muss immer früher gelesen werden. Zur Reifeverzögerung wird auch mit der Beschattung der Reben gearbeitet – das Laub über den Trauben wird möglichst nicht entfernt.

Weder Niko Brandner noch Volker Raumland machen Lagen-Sekte, sie stellen die Rebsorten und die Cuvées in den Vordergrund. Große Lagen für Sekte seien andere als für Riesling Große Gewächse, meinen beide. Anders sieht das der VDP, der im Juli ein Sekt-Statut verabschiedet hat. Der Verband der Prädikatsweingüter überträgt dabei die Herkunftshierarchie bei den Stillweinen auf die Schaumweine. In Zukunft kann es also Guts-Sekt, Orts-Sekt, Sekte aus erster und aus großer Lage geben. Die Regularien hat der VDP an die der Champagne angelehnt. So müssen Guts- und Orts-Sekte mindestens 15 Monate auf der Hefe lagern, die Lagen- und Jahrgangs-Sekte mindestens 36 Monate. Die Trauben müssen früh und von Hand gelesen werden und aus eigener Produktion stammen. Das Statut schreibt für die Herstellung die traditionelle Flaschengärung vor. Die Auswahl der Rebsorten soll regional festgelegt werden.

Ist es sinnvoll eine solche Lagen-Klassifizierung, die für Weine erstellt wurde, eins zu eins auf Sekt zu übertragen? Wenn man doch weiß, dass doch beispielsweise in den besten Riesling-Lagen, wollte man daraus Sekt erzeugen, extrem früh gelesen werden muss? Oder sind für Sekt nicht oft die eigentlich weniger guten Lagen die interessanteren? Dies ist mindestens diskussionswürdig, wie beispielsweise auch die Frage, ob man denn Frühburgunder, wie an der Ahr geschehen, als Große Gewächse – die ja aus Großen Lagen kommen sollen – bezeichnen sollte, wenn man doch weiß, dass die Winzer diese Rebsorte doch fast immer in den weniger guten Standorten gepflanzt haben. Aber Große Gewächse kommen nicht nur aus Großen Lagen, sondern aus streng ertragsreduzierten Weinbergen, was wiederum für Sekte hieße, dass man noch früher ernten müsste. Sinnvoll auf jeden Fall ist, dass der VDP die vorgeschriebene Lagerdauer auf mindestens 15 Monate respektive 36 Monate für Jahrgangssekte festgesetzt hat.

Aufsteiger des Jahres

2018 | **Weingut Matthias Gaul** | Pfalz
2017 | **Weingut Carl Ehrhard** | Rheingau
2016 | **Weingut Bischel** | Rheinhessen
2015 | **Biologisches Weingut Höfflin** | Baden
2014 | **Weingut Klumpp** | Baden
2013 | **Weingut Landgraf** | Rheinhessen
2012 | **Weingut Joh. Bapt. Schäfer** | Nahe
2011 | **Weingut von Winning** | Pfalz
2010 | **Weingut Raumland** | Rheinhessen
2009 | **Weingut Kühling-Gillot** | Rheinhessen
2008 | **Weingut Melsheimer** | Mosel
2007 | **Weingut Wagner-Stempel** | Rheinhessen
2006 | **Weingut Philipp Kuhn** | Pfalz
2005 | **Weingut Sybille Kuntz** | Mosel
2004 | **Weingut Schnaitmann** | Württemberg
2003 | **Weingut Flick** | Rheingau

eichelmann
2019

Aufsteiger des Jahres

Weingut Stefan Vetter

Gambach

Heidelberg, im November 2018
Gerhard Eichelmann, Herausgeber

Ehrenpreis Lebens-werk

Schon in der ersten Ausgabe dieses Buches gehörte Helmut Dönnhoff für uns zu einer Handvoll deutscher Winzer mit Weltformat. Seitdem sind die Weine von Helmut Dönnhoff immer noch faszinierender geworden. Dabei ist er seiner Stilistik treu geblieben, die süßen Kabinettweine, Spät- und Auslesen wirken niemals zu süß, niemals zu fett, sie sind immer elegant und animierend und stehen mustergültig dafür, wie Riesling der verschiedenen Prädikatsstufen sein sollte. Und Helmut Dönnhoff hat seine Stilistik immer weiter verfeinert, neben den süßen und edelsüßen Weltklasse-Rieslingen ist er auch mit den trockenen Rieslingen in eine neue Dimension vorgestoßen.

eichelmann

2019

Ehrenpreis für das Lebenswerk

Helmut Dönnhoff

Oberhausen

Gerhard Eichelmann

Heidelberg, im November 2018

Gerhard Eichelmann, Herausgeber

Klassiker

2018 | Ungeheuer | Forst (Pfalz)
2017 | Halenberg | Monzingen (Nahe)
2016 | Sonnenuhr | Zeltingen (Mosel)
2015 | Julius-Echter-Berg | Iphofen (Franken)
2014 | Doosberg | Oestrich (Rheingau)
2013 | Morstein | Westhofen (Rheinhessen)
2012 | Idig | Königsbach (Pfalz)
2011 | Feuerberg | Burkheim (Baden)
2010 | Berg Schlossberg | Rüdesheim (Rheingau)
2009 | Hermannshöhle | Niederhausen (Nahe)
2008 | Schlossberg | Achkarren (Baden)
2007 | Saumagen | Kallstadt (Pfalz)
2006 | Centgrafenberg | Bürgstadt (Franken)
2005 | Mandelberg | Kirrweiler (Pfalz)
2004 | Gräfenberg | Kiedrich (Rheingau)

eichelmann
2019

Klassiker

Lämmler

Spätburgunder GG

Weingut Schnaitmann

Heidelberg, im November 2018
Gerhard Eichelmann, Herausgeber

Die Mondo-Klassiker-Bibliothek

Marcel Reich-Ranicki hat seinen Kanon herausragender Werke der deutschen Literatur seit 2002 in fünf Teilen herausgebracht, seine „Klassiker-Bibliothek". Da unser Schaffen in einer Rezension einmal mit dem von Reich-Ranicki verglichen wurde, liegt es also nahe, dass auch wir unseren Kanon großer deutscher Weine veröffentlichen, unsere „Mondo-Klassiker-Bibliothek".

Seit Jahren schon zeichnen wir jedes Jahr einen Wein als „Klassiker" aus, einen Wein, der zum einen Jahr für Jahr hohe Qualität bietet, zum anderen aber auch Jahr für Jahr ein klares Profil zeigt und als Klassiker, als Prototyp seiner Rebsorte und Region gelten kann.

Solche Klassiker zeichnen sich darüber hinaus durch ihre Langlebigkeit aus, was sie am besten in Vertikalverkostungen unter Beweis stellen können. Solche Klassiker sind für uns „große Weine", und die Weinberge, in denen sie wachsen, folglich große Lagen. Punkt.

Berg Schlossberg

Riesling

Weingut Georg Breuer

Region: Rheingau | Gemeinde: Rüdesheim

Der Berg Schlossberg ist ein nach Süden ausgerichteter Steilhang mit Böden aus Quarzit und rotem Schiefer. Er hat seinen Namen von der Burg Ehrenfels, die Anfang des 13. Jahrhunderts von den Mainzer Erzbischöfen als Schutz- und Zollburg errichtet wurde und inmitten der Weinberge des Schlossbergs liegt. Schlossberg-Rieslinge sind rassig, kraftvoll und mineralisch, enorm nachhaltig und langlebig.

Centgrafenberg

Spätburgunder „GG"

Weingut Rudolf Fürst

Region: Franken | Gemeinde: Bürgstadt

Der Centgrafenberg in Bürgstadt ist ein in 160 bis 250 Meter Höhe gelegener Südhang mit einer Steigung von 10 bis 40 Prozent, teilweise terrassiert. Der Boden besteht aus verwittertem Buntsandstein mit teilweise tonigem Grund und unterschiedlicher Lössauflage. Seit Jahrhunderten werden hier rote Burgunder angebaut, heute aber setzt Paul Fürst Maßstäbe für Früh- und Spätburgunder, nicht nur für Franken, sondern für Deutschland.

Doosberg

Riesling trocken

Weingut
Peter Jakob Kühn

Region: Rheingau | Gemeinde: Oestrich

Der Doosberg, eine nach Süden und Westen geneigte Kuppe am östlichen Ortsrand von Oestrich, ist eine windexponierte Lage, der lehmige Boden ist durchsetzt mit Kieseln und großen Bruchstücken aus grauem Quarzit. Der Riesling von Peter Jakob Kühn stammt von einem Weinberg mit alten Reben fast am höchsten Punkt des „Doosberg Köpfchens", biodynamisch bewirtschaftet; der Wein wird spontanvergoren, spät abgefüllt, ist komplex, druckvoll, sehr eigenständig.

Doosberg

Riesling „Milestone“

Weingut Querbach

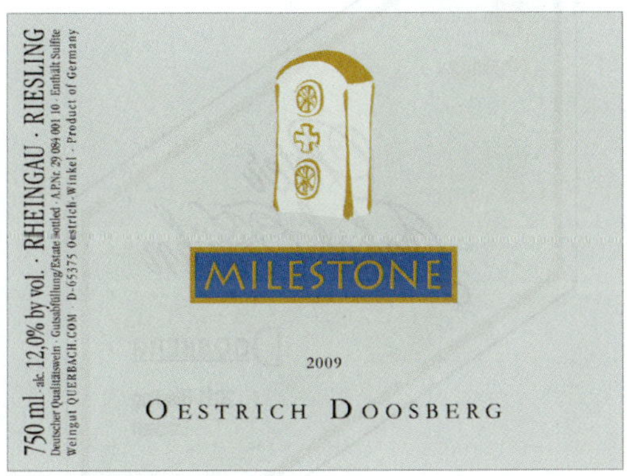

Region: Rheingau | Gemeinde: Oestrich

Meilenstein nennt Peter Querbach seinen Wein aus dem Doosberg neuerdings, den Spitzenwein des Betriebes. Kurze Maischestandzeit, Spontangärung, langes Hefelager in Edelstahltanks, späte Abfüllung, all das kennzeichnet die Querbachschen Weine. Der Doosberg kann nicht nur hervorragend reifen, wie er in Vertikalverkostungen eindrucksvoll unter Beweis stellt, er braucht auch einige Zeit, um zu zeigen, was in ihm steckt.

Feuerberg

Weißburgunder „GG"

Weingut Bercher

Region: Baden | Gemeinde: Burkheim

Der Feuerberg in Burkheim liegt in 230 bis 240 Meter Höhe am Kaiserstuhl. Der Boden besteht aus Vulkanverwitterungsgestein mit Lössauflagen, aufgrund dieses vulkanischen Ursprungs erhielt er seinen Namen Feuerberg. Burgunder jeder Couleur fühlen sich hier wohl, wie man an den Weinen von Arne und Martin Bercher erkennen kann, Jahr für Jahr faszinieren die Spätburgunder, die Grauburgunder und die wunderschön eleganten Weißburgunder vom Feuerberg.

Gräfenberg

Riesling trocken „GG"

Weingut Robert Weil

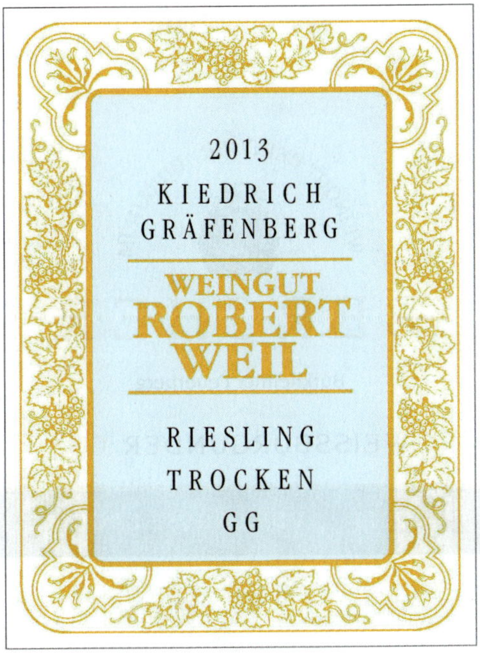

Region: Rheingau | Gemeinde: Kiedrich

Im 12. Jahrhundert als Berg des Rheingrafen bezeichnet, findet sich erstmals 1258 die Bezeichnung Grevenberg urkundlich belegt. Bis 1803 gehörte der Gräfenberg größtenteils dem Kloster Eberbach, heute ist das Weingut Robert Weil größter Besitzer. Der Boden ist mittel- bis tiefgründig und mit Lösslehm durchsetzt, Phyllite bilden den hohen Gesteinsanteil. Riesling hat hier eine Heimat gefunden, erbringt Spitzen als trockenes Erstes Gewächs, aber auch in edelsüßer Form.

Halenberg

Riesling „GG"

Weingut Emrich-Schönleber

Region: Nahe | Gemeinde: Monzingen

Der Halenberg ist ein steiler Süd-Südwest-Hang, dessen steiniger Boden von blauem Schiefer und Quarzit geprägt ist, der größte Teil der Lage gehört Werner und Frank Schönleber. Der Halenberg erbringt faszinierende Rieslinge, die salzig-mineralische Noten aufweisen, puristisch, druckvoll und enorm nachhaltig sind – und die hervorragend reifen, wie das Große Gewächs regelmäßig in Zehn-Jahres-Verkostungen bewiesen hat.

Hermannshöhle

Riesling Spätlese

Weingut Hermann Dönnhoff

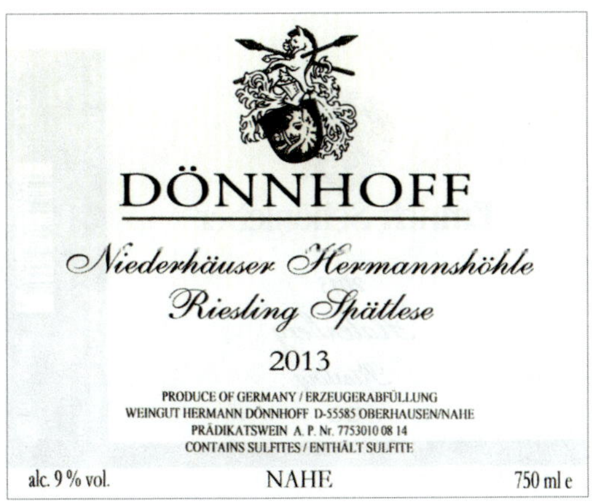

Region: Nahe | Gemeinde: Niederhausen

Die Böden der auch optisch markanten Lage – ein in einer Höhe von 130 bis 175 Meter nach Süd bis Südwest ausgerichteter kegelförmiger Hügel in einer Biegung der Nahe direkt gegenüber Oberhausen – bestehen aus Grauschieferverwitterung, durchsetzt mit vulkanischem Eruptivgestein, Porphyr, Kalkstein und steinig-grusigen Lehmen. Helmut Dönnhoff erzeugt hier eine Jahr für Jahr faszinierende Spätlese – und ein ebenso faszinierendes trockenes Großes Gewächs.

Idig

Riesling „GG"

Weingut Christmann

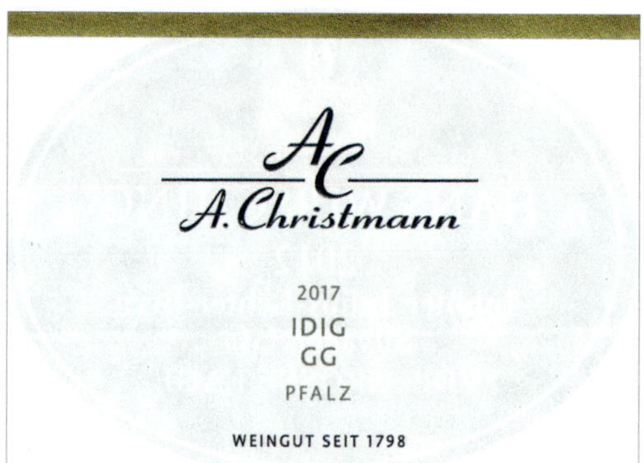

Region: Pfalz | Gemeinde: Königsbach

In einer Urkunde aus dem Jahr 1346 wird erstmals ein „Weingarten im Idischen" in Königsbach erwähnt. Heute umfasst die Lage Königsbacher Idig 7 Hektar, eine 4 Hektar große arrondierte Fläche gehört Steffen Christmann, der seinen Weinberg biodynamisch bewirtschaftet. Der Idig ist ein relativ steiler Südhang, die Kessellage zusammen mit dem Boden aus tertiärem Kalkmergel ergibt kraftvolle, komplexe Rieslinge mit Wiedererkennungswert.

Julius-Echter-Berg

Silvaner „GG"

Weingut Hans Wirsching

Region: Franken | Gemeinde: Iphofen

Iphofen liegt am Fuße des Schwanbergs, einer der höchsten Erhebungen des Steigerwalds. Wie meist im Steigerwald, herrschen hier Keuperböden vor, so auch in der berühmtesten Iphöfer Lage, dem Julius-Echter-Berg, einer steilen Südlage, benannt nach Fürstbischof Julius Echter von Mespelbrunn. Das Weingut Hans Wirsching erzeugt hier Silvaner – und Riesling – von großer Klasse und erstaunlicher Langlebigkeit.

Lämmler

Spätburgunder „GG“

Weingut Schnaitmann

Region: Württemberg | Gemeinde: Fellbach

Der Lämmler ist eine Süd-exponierte Lage am Fuße des Kappelberges mit unterschiedlich schweren und unterschiedlich kalkhaltigen Keuperböden. Der Name rührt wohl daher, dass die Lage lange Zeit im Besitz einer Familie namens Lämmle war. Der Spätburgunder Großes Gewächs von Rainer Schnaitmann wächst auf den Keuperformationen des Bunten Mergel und Kieselsandstein im mittleren Teil des Hanges.

Mandelberg

Weißburgunder „GG"

Weingut Bergdolt

Region: Pfalz | Gemeinde: Kirrweiler

Als Riedel bezeichnet man die in Ost-West-Richtung verlaufenden Höhenzüge, die die pfälzische Rheinebene prägen. Der Kirrweiler Mandelberg liegt an der Südseite eines solchen Riedels. Der extrem kalkhaltige Boden mit Lössablagerung bietet beste Voraussetzungen für große Burgunder – die Weißburgunder des Weinguts Bergdolt St. Lamprecht zeigen dies Jahr für Jahr, am brillantesten das Große Gewächs.

Morstein

Riesling „GG“

Weingut Wittmann

Region: Rheinhessen | Gemeinde: Westhofen

Der Morstein, urkundlich erstmals 1282 erwähnt, besteht im Untergrund aus massivem Kalkfelsen, die obere Schicht besteht meist aus schwerem Tonmergel mit Kalksteineinlagen. 5 Hektar besitzen Günter und Philipp Wittmann im südöstlich geneigten Teilstück des Morstein. Bereits Mitte der Achtziger Jahre begann Günter Wittmann mit der Umstellung auf biologischen Weinbau, heute werden alle Weinberge biodynamisch bewirtschaftet.

Saumagen

Riesling Auslese trocken

Weingut Koehler-Ruprecht

Region: Pfalz | Gemeinde: Kallstadt

Der Saumagen ist unter diesem Namen schon seit über 200 Jahren bekannt, woher der Name rührt ist umstritten; im deutschen Weingesetz 1971 wurde er als (wenn auch kleine) Großlage definiert. Es ist ein nach Süd-Südost ausgerichteter Hang mit bis zu 25 Prozent Steigung. Der Boden besteht vor allem aus Lösslehm und Kalkmergel. Die trockenen Rieslinge aus dem Saumagen sind präzise, mineralisch und nachhaltig – und enorm langlebig.

Schlossberg

Grauer Burgunder***

Weingut Michel

Region: Baden | Gemeinde: Achkarren

Der steile Süd-Südwesthang über dem Ort Achkarren ist nach einem im 13. Jahrhundert errichteten Schloss benannt. Der sehr steinhaltige Boden besteht aus Vulkanverwitterungsgestein mit hoher Wärmespeicherfähigkeit, schafft zusammen mit der Kessellage ein einzigartiges Mikroklima, das feurige, lebhafte Weine hervorbringt wie die immer faszinierend reintönigen Grauburgunder von Josef Michel.

Sonnenuhr

Riesling Auslese***

Weingut Markus Molitor

Region: Mosel | Gemeinde: Zeltingen

Die Zeltinger Sonnenuhr ist die größte aller Sonnenuhren in deutschen Weinbergen, 1620 bereits wurde sie errichtet. Sie gab der Lage den Namen: Direkt an der Mosel gelegen, Süd-Südwest-exponiert, mit sehr steinigem aber überwiegend leichtem, blauen Devonschieferboden. Riesling, was sonst, alte, oft wurzelechte Reben, teils in Terrassen, ergeben Spitzenweine sowohl trocken als auch feinherb und edelsüß, Weine von faszinierender Langlebigkeit.

Ungeheuer

Riesling „GG"

Weingut Georg Mosbacher

Region: Pfalz | Gemeinde: Forst

Einen schöneren Lagennamen findet man schwerlich: Ungeheuer. Auch wenn er „nur" auf einen Amtsschreiber gleichen Namens im benachbarten Deidesheim zurückzuführen sein soll. Das Ungeheuer ist eine relativ homogene und relativ große Spitzenlage, am Fuße des Haardtgebirges gelegen, die Weine von sehr guter Haltbarkeit hervorbringt. Der Boden besteht aus Buntsandsteinverwitterung mit dichteren Ton- und Sandschichten, und ist durchmischt mit Kalksandsteingeröll und Basalt.

Die deutschen Weinanbaugebiete

Germany's wine-growing regions

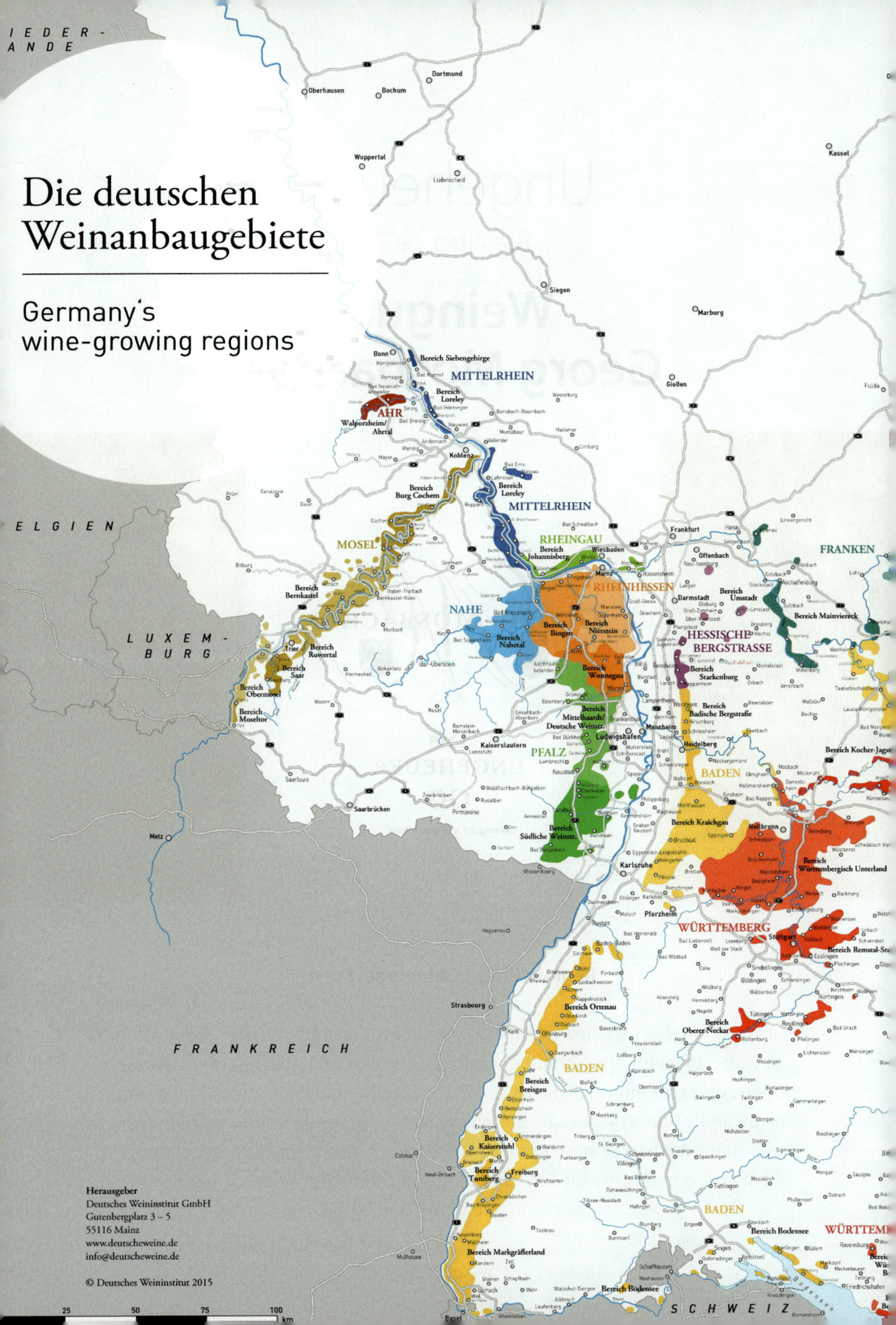

Herausgeber
Deutsches Weininstitut GmbH
Gutenbergplatz 3 – 5
55116 Mainz
www.deutscheweine.de
info@deutscheweine.de

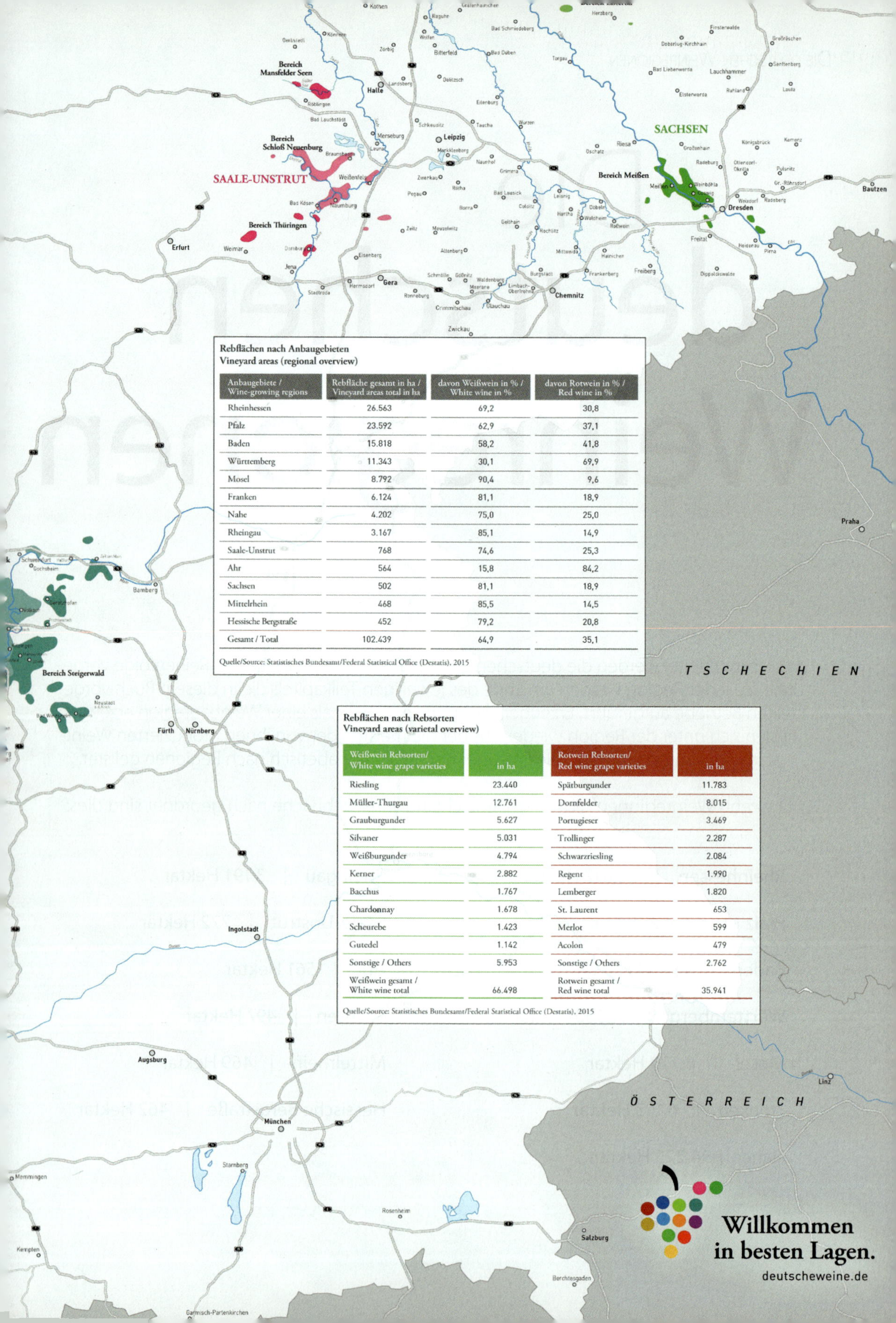

Rebflächen nach Anbaugebieten
Vineyard areas (regional overview)

Anbaugebiete / Wine-growing regions	Rebfläche gesamt in ha / Vineyard areas total in ha	davon Weißwein in % / White wine in %	davon Rotwein in % / Red wine in %
Rheinhessen	26.563	69,2	30,8
Pfalz	23.592	62,9	37,1
Baden	15.818	58,2	41,8
Württemberg	11.343	30,1	69,9
Mosel	8.792	90,4	9,6
Franken	6.124	81,1	18,9
Nahe	4.202	75,0	25,0
Rheingau	3.167	85,1	14,9
Saale-Unstrut	768	74,6	25,3
Ahr	564	15,8	84,2
Sachsen	502	81,1	18,9
Mittelrhein	468	85,5	14,5
Hessische Bergstraße	452	79,2	20,8
Gesamt / Total	102.439	64,9	35,1

Quelle/Source: Statistisches Bundesamt/Federal Statistical Office (Destatis), 2015

Rebflächen nach Rebsorten
Vineyard areas (varietal overview)

Weißwein Rebsorten/ White wine grape varieties	in ha	Rotwein Rebsorten/ Red wine grape varieties	in ha
Riesling	23.440	Spätburgunder	11.783
Müller-Thurgau	12.761	Dornfelder	8.015
Grauburgunder	5.627	Portugieser	3.469
Silvaner	5.031	Trollinger	2.287
Weißburgunder	4.794	Schwarzriesling	2.084
Kerner	2.882	Regent	1.990
Bacchus	1.767	Lemberger	1.820
Chardonnay	1.678	St. Laurent	653
Scheurebe	1.423	Merlot	599
Gutedel	1.142	Acolon	479
Sonstige / Others	5.953	Sonstige / Others	2.762
Weißwein gesamt / White wine total	66.498	Rotwein gesamt / Red wine total	35.941

Quelle/Source: Statistisches Bundesamt/Federal Statistical Office (Destatis), 2015

Willkommen in besten Lagen.
deutscheweine.de

Die deutschen Weinregionen

In diesem Kapitel werden die deutschen Weinregionen in alphabetischer Reihenfolge vorgestellt. Zu jeder Region werden am Ende des jeweiligen Teilkapitels die in diesem Buch vorgestellten Betriebe aufgeführt. Erzeuger, die Weine aus mehr als einer Weinbauregion erzeugen, finden sich unter der Region wieder, aus der die meisten der von ihnen produzierten Weine stammen. Im Anhang sind die Erzeuger nochmals alphabetisch nach Regionen gelistet.

Dreizehn Weinregionen gibt es in Deutschland, ihrer Rebfläche nach geordnet sind dies:

Rheinhessen | 26.617 Hektar

Pfalz | 23.652 Hektar

Baden | 15.834 Hektar

Württemberg | 11.360 Hektar

Mosel | 8.770 Hektar

Franken | 6.193 Hektar

Nahe | 4.225 Hektar

Rheingau | 3.191 Hektar

Saale-Unstrut | 772 Hektar

Ahr | 561 Hektar

Sachsen | 497 Hektar

Mittelrhein | 469 Hektar

Hessische Bergstraße | 462 Hektar

Ahr

Als einzige Region unter den flächenmäßig kleinen deutschen Weinregionen hat die Ahr es geschafft, sich als Premium-Weinbauregion zu etablieren. Die kleinen Weinregionen erhalten, gemessen zum Beispiel an ihrer Anbaufläche, überdurchschnittlich viel Aufmerksamkeit, das ist nun mal so, auch hier im Buch, hier in diesem Kapitel, in dem wir jeder deutschen Weinbauregion die gleiche Aufmerksamkeit schenken und (fast) den gleichen Raum geben, egal ob sie nun 500 Hektar Reben besitzt oder 25.000 Hektar. Das bietet Chancen, aber diese muss man auch zu nutzen wissen. Und die Ahr hat sie genutzt, hat den einfachen Weg verlassen, der da hieß restsüße Weine für Wochenendtouristen zu erzeugen, und mit dem Weg hin zu hochwertigen trockenen Weinen haben sich auch Tourismus und Gastronomie an der Ahr verändert. Die Konzentration auf Rotwein und vor allem Spätburgunder hat sich bezahlt gemacht, auch Wenn Weißweine derzeit überall in Deutschland gefragt sind. Aber es entstehen immer spannendere Weißweine an der Ahr, nicht nur Rieslinge, einige Weingüter wie Burggarten, Meyer-Näkel oder Deutzerhof deuten Ambitionen an bei Weißburgunder, Grauburgunder und Chardonnay.
Schon im vergangenen Jahr haben wir darauf verwiesen, dass die besten Betriebe dabei sind ich stilistisch weiterzuentwickeln, hin zu mehr Frische, zu Finesse und Eleganz, weg von Überreife und hohem Alkohol. Das zeigt sich auch in diesem Jahr wieder bei der Verkostung der Jahrgänge 2016 und 2017. Zu denen, die besonders auf Frische setzen, gehören Julia Bertram, Paul Schumacher und das Weingut Erwin Riske. Im Vergleich dazu sind Brogsitter oder Adeneuer, die nach eigenem, Bekunden auch in Richtung Frische arbeiten, was sich auch in dem einen oder anderen Wein wiederfindet, doch noch sehr auf Reife bedacht. Die konzentriertesten und alkoholstärksten Weine der Ahr erzeugt derzeit die Winzergenossenschaft – die wir aber nicht deswegen aufgewertet haben, sondern trotzdem sie noch Alkoholmonster mit 14,5 Prozent erzeugt.
Wie überall in Deutschland versuchen auch an der Ahr die Winzer sich Weinberge in Top-Lagen zu sichern. Das Lagenbewusstsein war schon immer sehr hoch an der Ahr, kein Wunder, es ist ein kleines, überschaubares Gebiet.
Die Spitze ist auch im Jahrgang 2016 wieder bärenstark, die Top-Spätburgunder der Ahr gehören wieder zu den Jahrgangsbesten in Deutschland. Meyer-Näkel hat wieder eine großartige Kollektion, die Top-Weine aus Kräuterberg haben sich in der nationalen Spitze etabliert, auch sein Sonnenberg wird immer stärker, Stodden ist nicht mehr wegzudenken

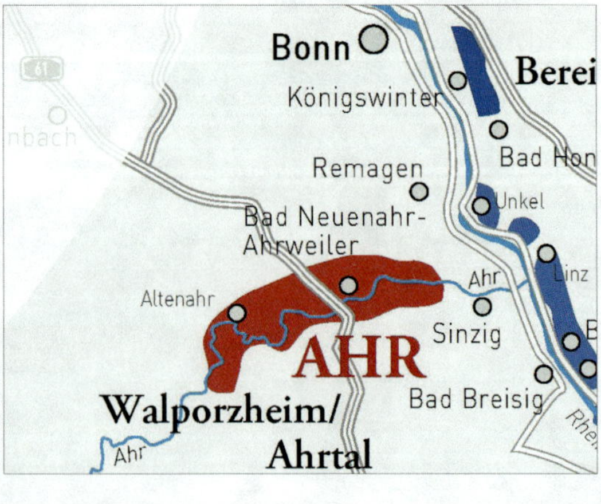

aus Deutschlands Spätburgunder-Elite ebensowenig wie seine Paradelage Recher Herrenberg. Dahinter folgt der Deutzerhof, aus dessen drei Große Gewächs-Lagen meist das Altenahrer Eck ein klein wenig die Nase vorne hat. Adeneuer hat vor allem, aber nicht nur, die Gärkammer, bei Kreuzberg ist oft eine Lagencuvée der beste Wein und bei Burggarten ist der im Vorjahr neu eingeführte Kräuterberg im Jahrgang 2016 ganz klar der stärkste Wein.
Bei Julia Bertram hat uns in diesem Jahr der Spätburgunder aus dem Marienthaler Trotzenberg am besten gefallen, bei Paul Schumacher sehen wir Weine aus Kräuterberg und Rosenthal ex aequo in Front. Aufsteiger des Jahres an der Ahr ist das Weingut Erwin Riske in Dernau mit hervorragenden Spätburgundern aus Pfarrwingert und Sonnenberg und Klaus Sermann ist der einzige Betrieb, bei dem wir einen Frühburgunder – aus dem Dernauer Hardtberg – besser bewerteten als den besten Spätburgunder. Bei Brogsitter hat die Alte Lay die Nase vorne, bei Nelles ein Wein aus dem Heimersheimer Burggarten. Bei unseren weiteren Aufsteigern Maibachfarm und den Mayschosser Genossen haben Spätburgunder aus dem Heimersheimer Burggarten respektive Kräuterberg und Altenahrer Eck von uns die höchste Bewertung erhalten. Das Weingut Sonnenberg nutzt keine Lagennamen und bei unserer einzigen Neuaufnahme, der Weinmanufaktur Dagernova, sehen wir einen Spätburgunder aus dem Heimersheimer Kapellenberg vorne.

Die besten Erzeuger

Weltklasse

★★★★★

Weingut **Meyer-Näkel**
Weingut Jean **Stodden**

Hervorragende Erzeuger

★★★★

Weingut **Adeneuer**
Weingut **Deutzerhof**
Weingut **Kreuzberg**

★★★☆

Weingut **Burggarten**

Sehr gute Erzeuger

★★★

Weingut Julia **Bertram**
Weingut Erwin **Riske** ↑
Weingut Paul **Schumacher**
Weingut **Sermann**

★★☆

Brogsitter Weinguter und Privat-Sektkellerei

Gute Erzeuger

★★

Winzergenossenschaft **Mayschoß-Altenahr** ↑
Weingut **Maibachfarm** ↑
Weingut **Nelles**
Weingut **Sonnenberg**

★

Weinmanufaktur **Dagernova** (N)

Baden

Baden hat uns dieses Jahr so viel Freude bereitet wie schon lange nicht. Sicher, in der Spitze ist Baden immer ganz stark, bei Spätburgunder und Grauburgunder, bei Weißburgunder und Chardonnay nehmen badische Weine regelmäßig Spitzenplätze in unseren Verkostungen ein und sind stark vertreten in unseren Bestenlisten. Trotzdem blieb doch immer der Eindruck, als sei Baden eine eher statische Region, insgesamt überschattet von der alles andere als einfachen Entwicklung im Genossenschaftssektor. Junge Winzer taten sich oft schwer, kamen nicht gegen die Platzhirsche an und hatten es nicht einfach Aufmerksamkeit zu erlangen.

Dieses Jahr nun ist alles anders. Gleich 19 neue Weingüter stellen wir aus Baden vor, mehr als aus jeder anderen deutschen Weinbauregion. Und teilweise zeigen diese Winzer, teils Newcomer, teils Quereinsteiger, aber auch schon länger etablierte Betriebe, ein erstaunlich hohes Niveau. Das schöne ist auch, dass wir aus allen badischen Teilregionen Newcomer präsentieren können.

Vom Bodensee sind dies Thomas Geiger aus Meersburg und das Weingut Vollmayer aus Hilzingen. Das Markgräflerland ist eine Region im Aufbruch, nach Neuaufnahmen in den letzten Jahren und vielen Aufsteigern, auch dieses Jahr wieder, stellen wir mit Franz Herbster aus Kirchhofen und dem Weingut Walz aus Heitersheim zwei weitere neue Betriebe vor, Lämmlin-Schindler ist nach längerer Abstinenz wieder mit an Bord. Vom Tuniberg ist Frank Bärmann aus Merdingen mit einer ganz starken Kollektion neu dabei, vom Kaiserstuhl Peter Wagner aus Oberrotweil, das Weingut Weiß aus Bahlingen und Tomislav Markovic, der in Breisach zuhause ist. Das Breisgau erweist sich einmal mehr als sehr dynamische Region, mit Daniel Bach aus Hecklingen, dem Weingut Isele aus Münchweier und der Genossenschaft Roter Bur stellen wir gleich drei Betriebe erstmals vor, das Weingut Bieselin ist zurück.

Auch in der Ortenau, wo die Dynamik in den letzten Jahren etwas zu erlahmen schien, sind wir fündig geworden, präsentieren Rainer Börsig aus Oberkirch, das neue Weingut Pieper-Basler aus Zell-Weierbach und das Weingut Vollmer aus Durbach neu. Thomas Hockenberger aus Elsenz und Edwin Menges aus Rauenberg kommen aus dem Kraichgau, Michael Baumann aus Gerlachsheim in Tauberfranken, nur an der kleinen Badischen Bergstraße bleibt alles beim Alten.

Auch in der Spitze bleibt alles beim Alten, badische Weine sind auch in diesem Jahr wieder ganz stark vertreten beim Spätburgunder, aus fast allen badischen Regionen kommen inzwischen hochklassige Rotweine. Beim Grauburgunder sowieso, hat diese Rebsorte doch nirgendwo sonst eine solche Bedeutung wie in Baden. Bei Weißburgunder und Chardonnay wird die bundesweite Konkurrenz stärker, trotzdem dominieren badische Weine wieder einmal die Bestenlisten.

Die neue Dynamik zeigt sich nicht nur bei den vielen Neuaufnahmen in diesem Jahr, es gibt auch eine Vielzahl an Aufsteigern. Das Markgräflerland ist hier an erster Stelle zu nennen, wo viele Weingüter sich weiter gesteigert haben, hier geht es auf breiter Front voran: Martin Waßmer, Lothar Heinemann, Rainer Schlumberger, Blankenhorn, Philipp Rieger, Dirk Brennei-

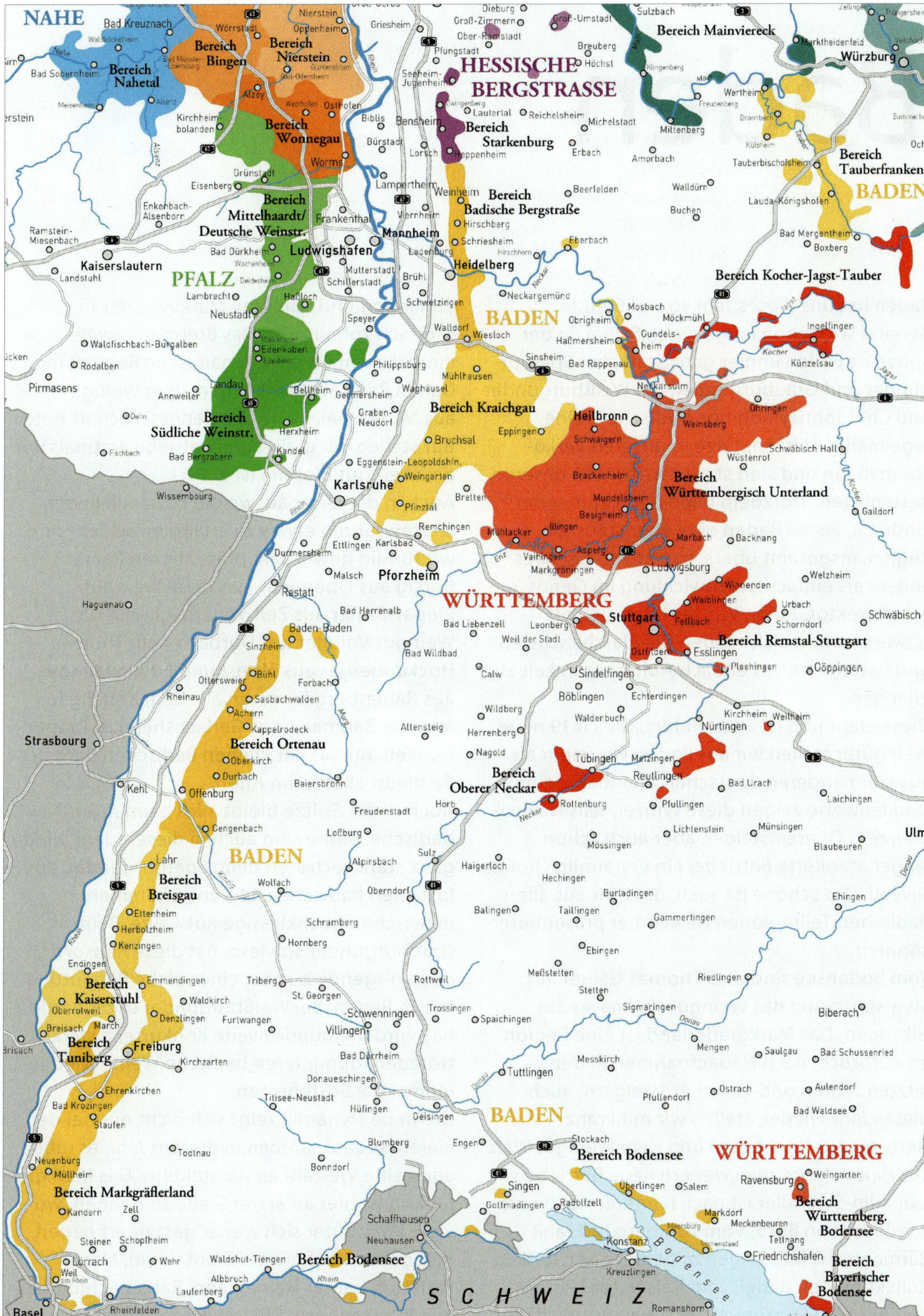
NAHE
Bad Kreuznach
Bereich Nahetal
Bad Sobernheim
Bereich Bingen
Bereich Nierstein
Nierstein
Oppenheim
Wörrstadt
Alzey
Bereich Wonnegau
Osthofen
Worms
Kirchheimbolanden
Grünstadt
Eisenberg
Bereich Mittelhaardt/ Deutsche Weinstr.
Frankenthal
Mannheim
Ludwigshafen
Bad Dürkheim
Kaiserslautern
Landstuhl
Ramstein-Miesenbach
Enkenbach-Alsenborn
PFALZ
Lambrecht
Neustadt
Mutterstadt
Schifferstadt
Haßloch
Speyer
Waldfischbach-Burgalben
Rodalben
Pirmasens
Edenkoben
Landau
Annweiler
Bereich Südliche Weinstr.
Bad Bergzabern
Wissembourg
Herxheim
Kandel
Germersheim
Bellheim
Philippsburg
Waghäusel
Graben-Neudorf
Eggenstein-Leopoldshfn.
Karlsruhe
Weingarten
Pfinztal
Bretten
Remchingen
Ettlingen
Karlsbad
Durmersheim
Malsch
Pforzheim
Rastatt
Haguenau
Bad Herrenalb
Baden-Baden
Sinzheim
Bühl
Forbach
Ottersweier
Rheinau
Sasbachwalden
Achern
Kappelrodeck
Bereich Ortenau
Oberkirch
Durbach
Strasbourg
Kehl
Offenburg
Baiersbronn
Gengenbach
BADEN
Lahr
Bereich Breisgau
Ettenheim
Herbolzheim
Kenzingen
Endingen
Emmendingen
Bereich Kaiserstuhl
Waldkirch
Denzlingen
Breisach
March
Bereich Tuniberg
Freiburg
Kirchzarten
Ehrenkirchen
Bad Krozingen
Staufen
Neuenburg
Müllheim
Bereich Markgräflerland
Kandern
Zell
Steinen
Schopfheim
Lörrach
Weil am Rhein
Wehr
Waldshut-Tiengen
Albbruck
Laufenberg
Rheinfelden
Basel
Bereich Bodensee
Schaffhausen
Neuhausen
SCHWEIZ
Griesheim
Dieburg
Groß-Zimmern
Ober-Ramstadt
Groß-Umstadt
Pfungstadt
Seeheim-Jugenheim
HESSISCHE BERGSTRASSE
Breuberg
Höchst
Bensheim
Lautertal
Reichelsheim
Michelstadt
Bereich Starkenburg
Heppenheim
Erbach
Biblis
Bürstadt
Lorsch
Lampertheim
Viernheim
Weinheim
Bereich Badische Bergstraße
Hirschberg
Schriesheim
Beerfelden
Eberbach
Heidelberg
Brühl
Schwetzingen
Neckargemünd
BADEN
Walldorf
Wiesloch
Sinsheim
Mühlhausen
Bereich Kraichgau
Bruchsal
Eppingen
Heilbronn
Schwaigern
Mosbach
Obrigheim
Haßmersheim
Bad Rappenau
Gundelsheim
Möckmühl
Neckarsulm
Weinsberg
Öhringen
Ingelfingen
Künzelsau
Bereich Kocher-Jagst-Tauber
Schwäbisch Hall
Wüstenrot
Brackenheim
Bereich Württembergisch Unterland
Mundelsheim
Besigheim
Gaildorf
Mühlacker
Illingen
Vaihingen
Markgröningen
Asperg
Marbach
Backnang
Ludwigsburg
Welzheim
Winnenden
Waiblingen
Urbach
Schorndorf
Schwäbisch Gmünd
WÜRTTEMBERG
Stuttgart
Fellbach
Bereich Remstal-Stuttgart
Leonberg
Bad Liebenzell
Weil der Stadt
Bad Wildbad
Ostfildern
Esslingen
Plochingen
Göppingen
Calw
Sindelfingen
Böblingen
Echterdingen
Wildberg
Herrenberg
Waldenbuch
Kirchheim
Weilheim
Nürtingen
Nagold
Altensteig
Bereich Oberer Neckar
Tübingen
Metzingen
Reutlingen
Bad Urach
Rottenburg
Pfullingen
Laichingen
Lichtenstein
Münsingen
Mössingen
Blaubeuren
Ulm
Freudenstadt
Horb
Loßburg
Sulz
Haigerloch
Hechingen
Alpirsbach
Wolfach
Oberndorf
Balingen
Burladingen
Tailfingen
Gammertingen
Ehingen
Schramberg
Hornberg
Ebingen
Meßstetten
Riedlingen
Stetten
Triberg
St. Georgen
Rottweil
Schwenningen
Villingen
Furtwangen
Trossingen
Spaichingen
Sigmaringen
Biberach
Bad Dürrheim
Donaueschingen
Mengen
Saulgau
Bad Schussenried
Tuttlingen
Messkirch
Titisee-Neustadt
Hüfingen
Pfullendorf
Ostrach
Aulendorf
Bad Waldsee
Geisingen
BADEN
Blumberg
Engen
Stockach
Bereich Bodensee
WÜRTTEMBERG
Todtnau
Bonndorf
Singen
Überlingen
Salem
Ravensburg
Weingarten
Bereich Württemberg. Bodensee
Gottmadingen
Radolfzell
Markdorf
Meckenbeuren
Tettnang
Konstanz
Friedrichshafen
Bodensee
Kreuzlingen
Romanshorn
Bereich Bayerischer Bodensee
Lindau
Sulzbach
Bereich Mainviereck
Marktheidenfeld
Würzburg
Klingenberg
Wertheim
Miltenberg
Amorbach
Külsheim
Tauberbischofsheim
Bereich Tauberfranken
BADEN
Walldürn
Buchen
Lauda-Königshofen
Bad Mergentheim
Boxberg
Rhein
Neckar
Main
Kocher
Jagst
Donau
Enz
Murg
Kinzig

sen, Michael Wiesler, Schneider-Pfefferle, Röschard, Scherer & Zimmer.
Auch am Kaiserstuhl gibt es Aufsteiger, Holger Koch, Landerer, Falk Hermann, Abril, Bettina Schumann, Kublin, Stefan Rinklin, Hubert Lay, Armin Göring und Ralf Trautwein, am Tuniberg hat St. Remigius seine bisher beste Kollektion präsentiert. Im Breisgau geht es bei Horst Holub weiter voran, in der Ortenau haben Sven Nieger, Schloss Eberstein und Alexander Danner weiter zugelegt, im Kraichgau das Weingut Bosch. Schöne Überraschungen aus Baden!

Die besten Erzeuger

Weltklasse

★★★★★

Weingut **Bercher**
Weingut Dr. **Heger**
Weingut Bernhard **Huber**
Weingut Schwarzer Adler. Franz **Keller**
Weingut **Michel**
Weingut **Seeger**

★★★★☆

Weingut Martin **Waßmer** ↑
Weingut **Wöhrle**

Hervorragende Erzeuger

★★★★

Weingut Hermann **Dörflinger**
Weingut Ernst **Heinemann** ↑
Biologisches Weingut **Höfflin**
Weingut **Klumpp**
Weingut **Knab**
Weingut Arndt **Köbelin**
Weingut Holger **Koch** ↑
Weingut Andreas **Laible**
Weingut **Salwey**
Weingut Konrad **Schlör**
Privat-Weingut H. **Schlumberger**
Weingut Fritz **Waßmer**

★★★☆

Schlossgut **Ebringen**
Weingut Otto und Martin **Frey**
Weingut Freiherr von **Gleichenstein**
Weingut Klaus **Hermann** ↑
Weingut **Holub** ↑
Weingut Schloss **Neuweier**
Weingut Sven **Nieger** ↑
Weingut **Plag**
Weingut Burg **Ravensburg**

Sehr gute Erzeuger

★★★

Weingut **danner** ↑
Weingut **Fischer**
Weingut **Heitlinger**
Wein- und Sektgut Bernd **Hummel**
Weingut Alexander **Laible**
Weingut Thomas **Landerer** ↑
Weingut Stefan **Rinklin** ↑
Weingut Gregor und Thomas **Schätzle**

★★☆

Weingut **Abril** ↑
Weingut Markgraf von **Baden**, Schloss Staufenberg
Weingut **Blankenhorn** ↑
Weingut Rudolf **Bosch** ↑
Weingut **Brenneisen** ↑
Weingut Susanne u. Berthold **Clauß**
Weingut Schloss **Eberstein** ↑
Weingut Armin **Göring** ↑
Kalkbödele – Weingut der Gebrüder Mathis
Weingut Friedrich **Kiefer**
Weingut Hubert **Lay** ↑
Weingut **Moosmann**
Gut **Nägelsförst**
Weingut Schloss **Ortenberg**
Weingut **Rieger** ↑
Weingut **St. Remigius** ↑
Weingut Rainer **Schlumberger** ↑
Weinhaus Bettina **Schumann** ↑
Weingut **Stigler**
Weingut Michael **Wiesler** ↑

GUTE ERZEUGER

★★

Weingut **Aufricht**
Wein-Werkstatt Daniel **Bach** Ⓝ
Weingut Markgraf von **Baden**, Schloss Salem
Weingut **Bärmann** Ⓝ
Weingut **Bielig**
Weingut **Engler**
Weinfamilie **Fendt**
Staatsweingut **Freiburg**
Weingut Simon **Huber**
Weingut Kilian & Martina **Hunn**
Weingut **Jägle**
Weingut **Lämmlin-Schindler** Ⓝ
Weingut Tomislav **Markovic** Ⓝ
Weingut **Röschard** ↑
Weingut **Rosenhof**
Weingut **Scherer&Zimmer** ↑
Weingut **Schneider-Pfefferle** ↑
Weingut Lothar **Schwörer**
Weingut Josef J. **Simon**
Weingut Ralf **Trautwein** ↑
Weingut Peter **Wagner** Ⓝ
Weingut **Weber**
Weingut **Weishaar**
Weingut Hans **Winter**
Weingut R. **Zimmerlin**
Weingut Julius **Zotz**

★☆

Weingut **Bimmerle**
Winzergenossenschaft **Bischoffingen-Endingen**
Weingut **Börsig** Ⓝ
Durbacher Winzergenossenschaft
Weingut **Engelhof**
Weingut **Geiger** Ⓝ
Weingut **GravinO**
Weingut **Hiss**
Weingut **Huck-Wagner**
Weingut **Isele** Ⓝ
Weingut Lorenz & Corina **Keller**
Weingut **Königsrain**
Seegut **Kress**
Weingut **Kublin** ↑
Weingut **Landmann**
Weingut Peter **Landmann**
Weingut Philipp **Lang**
Weingut **Löffler**
Weingut **Nägele**
Weingut **Oesterlein**
Weingut Leopold **Schätzle**
Weingut - Weinhaus **Schwörer**
Weingut **Sonnenhof**
Villa Heynburg
Weingut & Destillerie **Weiß** Ⓝ
Weingut **Zähringer**

ZUVERLÄSSIGE ERZEUGER

★

Weingut **Albert**
Winzergenossenschaft **Auggen**
Bioweingut **Baumann** Ⓝ
Weingut Andreas **Bieselin** Ⓦ
Weingut **Englert**
Weingut **Feuerstein**
Stiftungsweingut **Freiburg**
Weingut **Gallushof**
Weinmanufaktur **Gengenbach-Offenburg**
Weingut **Gmelin**
Weingut Franz **Herbster** Ⓝ
Winzerkeller **Hex vom Dasenstein**
Weingut Thomas **Hockenberger** Ⓝ
Weingut Ludwig **Honold**
Weingut **Ihle**
Weingut **Jäck**
Weingut **Klenert**
Weingut Andreas **Männle**
Weingut **Maier**
Weingut Edwin **Menges** Ⓝ
Winzergenossenschaft **Oberbergen**
Weingut **Pieper-Basler** Ⓝ
Winzergenossenschaft **Rammersweier**
Roter Bur Glottertäler Winzer Ⓝ
Weingut **Rüdiger**
Winzerhof **Strebel**
Weingut **Vollmayer** Ⓝ
Weingut **Vollmer** Ⓝ
Weingut **Walz** Ⓝ
Weingut Adrian **Zimmer**
Weingut **Zimmermann**

Franken

Auch Franken war 2017 von Frühjahrfrösten getroffen, von Wetterkapriolen im Sommer, mit Hagel, die Ernte begann sehr früh und wurde so schnell zu Ende gebracht wie selten.
Aber all das scheint den fränkischen Winzern nicht auszumachen, seit über einem Jahrzehnt nun geht es stetig aufwärts, die Qualität steigt unaufhörlich. Und jedes Jahr gibt es Neues zu berichten, können wir neue Weingüter aus Franken in diesem Buch präsentieren.
Dieses Jahr stellen wir gleich vierzehn neue Betriebe vor.
Vom Untermain – oder aus Churfranken, wie immer es beliebt – stellen wir gleich zwei ganz starke neue Betriebe vor. Bastian Hamdorf, ehemals Betriebsleiter bei Fürst Löwenstein, hat in Klingenberg sein eigenes Weingut gegründet und erzeugt charakterstarke, sehr eigenständige Weine. Ein klein wenig flussaufwärts folgt in Bürgstadt eine weitere beeindruckende Neuentdeckung: Laura Burkhardt und Sebastian Schür, Außenbetriebsleiter bei Paul Fürst, haben mit ihrem 2012 gegründeten Sekthaus BurkhardtSchür 2018 die ersten zwei Sekte herausgebracht und beide gleich in unseren Bestenlisten platziert.
Mit Alfred Blank und Michael Huller aus Homburg schließen wir endlich unsere Lücke, denn nach Kreuzwertheim waren wir flussaufwärts bisher erst wieder im Karlstadter Ortsteil Gambach präsent. Das ist nun anders, beide debütieren mit starken Kollektionen, wir freuen uns auf die kommenden Jahrgänge.
In Randersacker sind die Trockenen Schmitts nach längerer Abstinenz wieder zurück im Buch. In Sommerach stellen wir mit der Genossenschaft und dem Weingut Zehnthof der Familie Weickert gleich zwei neue Betriebe vor, im benachbarten Nordheim das Familienweingut Johannes Nickel und ein Stück weiter in Volkach ist das Weingut Zur Schwane wieder zurück im Buch.
Aber es geht noch toller, nämlich im Steigerwald: Aus Iphofen können wir gleich weitere drei Weingüter präsentieren, nachdem wir schon in den vergangenen Jahren einige Betriebe neu aufgenommen hatten: Elf Iphöfer Weingüter empfehlen wir damit in unserem Buch, das ist Spitze. Die Neuen sind Wilhelm Lutz, die Familie Olinger mit dem Weingut Gebrüder Müller und Steffen von der Tann.
Iphofen ist der bekannteste Weinort im Steigerwald, aber aus zwei weiteren, unbekannten Gemeinden stellen wir ebenfalls neue Betriebe vor. Ergersheim liegt bereits in Mittelfranken, hier ist der Winzerhof Hofmann zuhause, und in Lisberg Kerstin Laufer, ihre Weinberge verteilen sich auf verschiedene Lagen, teils schon in Oberfranken.
Über die Renaissance des Silvaners braucht man nicht mehr zu schreiben, das hat sich herumgesprochen, die Qualität der Weine spricht für sich. Über die Experimentierfreude fränkischer Winzer vielleicht schon eher, gibt es doch hier nicht nur besonders viele Amphoren-, Orange- und Naturweine, sondern auch besonders gute.
Aus Franken kommen dieses Jahr gleich zwei unserer Preisträger. Horst Sauer präsentiert wieder einmal eine grandiose Kollektion an edelsüßen Weinen, und Stefan Vetter aus Gambach haben wir als Aufsteiger des Jahres ausgewählt. Noch nie von Gambach gehört? Dann können sie auf der folgenden Doppelseite zumindest einen optischen Eindruck vom Gambacher Kalbenstein gewinnen.

Die besten Erzeuger

Weltklasse

★★★★★

Weingut Rudolf **Fürst**
Weingut Horst **Sauer**
Weingut Rainer **Sauer**
Weingut Luckert – **Zehnthof**

★★★★☆

Weingut Am Stein – Ludwig **Knoll**

Hervorragende Erzeuger

★★★★

Bürgerspital zum Heiligen Geist
Weingut **Glaser-Himmelstoß**
Weingut der Stadt **Klingenberg**
Ökologischer Weinbau **Kraemer**
Weingut Rudolf **May**
Weingut Max **Müller I**
Weingut Richard **Östreicher**
Weingut **Schmitt's Kinder**
Weingut J. **Störrlein & Krenig**
Weingut Stefan **Vetter** ↑
Weingut **Weltner**
Weingut Hans **Wirsching**

★★★☆

Weingut **Bickel-Stumpf**
Weingut **Brügel** ↑
Weingut Michael **Fröhlich**
Weingut **Hofmann**
Weingut **Roth**
Weingut Schloss **Sommerhausen**
Winzerhof **Stahl**

Sehr gute Erzeuger

★★★

Weingut **Alte Grafschaft** ↑
Weingut Waldemar **Braun**
Weingut **Brennfleck** ↑
Fürstlich **Castell'sches** Domänenamt
Weingut H. **Deppisch**
Weingut **Dereser** ↑
Weinmanufaktur **Drei Zeilen**
Weingut **Emmerich** ↑
Weingut **Giegerich**
Weingut **Hench**
Weingut **Höfler**
Weingut **Höfling**
Weingut **Hofmann** ↑

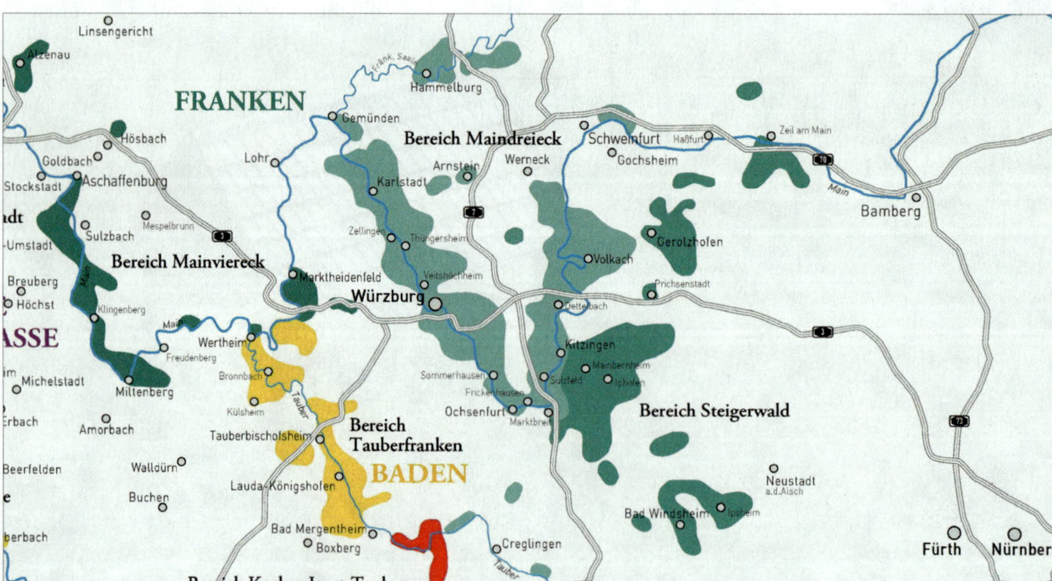

Weingut **Juliusspital** Würzburg
Weingut Fürst **Löwenstein**
Weingut Ewald **Neder** ↑
Weingut **Rothe**
Weingut Graf von **Schönborn**
Weingut Artur **Steinmann**
Weingut **Stich**
Weingut Josef **Walter**

★★☆
Weingut & Winzerhof Johann **Arnold**
Weingut Wilhelm **Arnold** ↑
Weingut **Augustin**
Weingut & Gästehaus **Felshof** ↑
Weingut Clemens **Fröhlich**
Weingut **Heilmann**
Weingut Erhard & Max **Helmstetter**
Weingut **Hemberger** ↑
Weingut **Hillabrand** ↑
Weingut **Hiller** ↑
Weingut Wolfgang **Kühn**
Weingut Max **Markert**
Winzerhof **Nagel** ↑
Weingut **Neuberger**
Weingut Christine **Pröstler**
Weingut A. & E. **Rippstein**
Weingut **Rudloff**
Privat-Weingut Schloss **Saaleck** ↑
Weingut Egon **Schäffer** ↑
Silvaner Weingut **Seufert** ↑
Weinbau **Stritzinger**
Weingut **Then**
Weingut **Waigand**

Gute Erzeuger

★★
Weingut Bruno **Bienert** ↑
Weingut **Borst** ↑
Weingut Ignaz **Bunzelt**
Sekthaus **Burkhardt+Schür** (N)
Weingut Walter **Erhard**
Weingut **Geiger** + Söhne ↑
Weingut Bastian **Hamdorf** (N)
Weingut **Hausknecht**
Weingut **Ilmbacher Hof**
Kremers Winzerhof
Weingut **Leipold**
Weingut **Lother** ↑
Weingut **Mend**
Weingut Franziska **Schömig**
Bocksbeutelweingut **Scheller**
Weingut Berthold **Schmachtenberger** ↑
Weingut Zur **Schwane** (N)
Weinbau **Six** ↑
Weingut **Trockene Schmitts** (N)
Weingut Georg **Zang**
Weingut **Zehntkeller**

★☆
Weingut **Bausewein**
Weingut Alfred **Blank** (N)
Winzerhof **Burrlein**
Weingut **Fischer** ↑
Weingut **Glaser**
Weingut Martin **Göbel**
Staatlicher **Hofkeller** Würzburg (W)
Weingut **Huller** (N)
KL-Weine (N)
Weingut **Martin**
Weingut **Meyer** ↑
Weingut Bernhard **Rippstein**
Weingut **Schwab**
Winzerkeller **Sommerach** (N)
Weingut Christian **Sturm**
Der **Weinhof** ↑
Weingut **Zehnthof** – Fam. Weickert (N)

Zuverlässige Erzeuger

★
Weingut **Dahms**
Wein- und Obstbau **Hofmann**
Winzerhof **Hofmann** (N)
Weingut Alfons **Knauer**
Weingut Wilhelm **Lutz** (N)
Müller! Das Weingut
Weingut Gebrüder **Müller** (N)
Familienweingut Johannes **Nickel** (N)
Weingut **Römmert**
Weingut **Scheuring**
Weingut **Schmidt**
Weingut Roland **Staudt**
Weingut **Vollhals**
Weingut **Von der Tann** (N)

Hessische Bergstraße

Seit neues Leben in die Grieselstraße 34 in Bensheim, die ehemalige hessische Staatsdomäne, eingezogen ist, erhält die Hessische Bergstraße auch außerhalb der Region Aufmerksamkeit. Das liegt am vor fünf Jahren gegründeten Sektgut Griesel, das in diesem Jahr einen weiteren Schritt nach vorne macht. Die Schaumweine von Niko Brandner müssen keinen Vergleich scheuen, die handwerklich hergestellten Sekte von Griesel & Compagnie gehören zu den besten Deutschlands. Im gleichen Keller baut Rabea Trautmann die Weine des vor zwei Jahren gegründeten Weinguts Schloss Schönberg aus. Vor allem mit ihren beiden Lagenweinen, Grauburgunder und Spätburgunder, zeigt sie das Potenzial der kleinen Hessischen Bergstraße. Es ist gut, dass die Besitzer der beiden Güter, das Unternehmerehepaar Jürgen Streit und Petra Greißl-Streit, den jungen Talenten die Möglichkeit zur Verwirklichung ihrer Ideen gibt.

Das Weingut Simon-Bürkle aus Zwingenberg behauptet sich mit einem breiten und tadellosen Sortiment in der Drei-Sterne-Liga, Hanno Rothweiler aus Bensheim-Auerbach überrascht mit einem Eiswein von Cabernet Sauvignon, die Verkostung seines Sortiments ist immer eine Freude.

Erfreulich auch, dass der größte Erzeuger des Anbaugebiets, die Genossenschaft der Bergsträßer Winzer, sehr ordentliche Qualitäten liefert. Die anderen Winzer bleiben eher in Deckung, aus Marketing-Gründen müssen sie auch nicht angreifen – die Weine des kleinen Gebiets verkaufen sich auch ohne Werbung, ab Weingut und in den Gasthöfen und Straußwirtschaften. ➡

Die besten Erzeuger

Sehr gute Erzeuger

★★★☆

Griesel & Compagnie ↑

★★★

Weingut Schloss **Schönberg** ↑
Weingut **Simon-Bürkle**

Gute Erzeuger

★★

Weingut **Rothweiler**

Zuverlässige Erzeuger

★

Bergsträßer Winzer

Anmerkung: Domäne Bergstraße → **Kloster** Eberbach

Mittelrhein

Jahr für Jahr kann man es wiederholen, die „einfachen" Jahre scheint es am Mittelrhein, und nicht nur dort, nicht mehr zu geben. Viel Niederschlag im Sommer 2017 und sehr wechselhafte Bedingungen während der Ernte verlangten den Winzern alles ab. Aber wer sorgfältig gearbeitet und selektiert hat, wurde mit guten Weinen belohnt. Die Ernte war so früh beendet wie selten, trotzdem konnten auch edelsüße Weine erzeugt werden.
Auch wenn trocken angesagt ist , so hat beispielsweise Matthais Müller, derzeit der Spitzenbetrieb am Mittelrhein, noch nie so viele trockene Weine erzeugt wie 2017. Wobei trocken wie bei allen Weingütern am Mittelrhein praktisch niemals durchgegoren heißt, 5 bis 6 Gramm Restzucker sind immer vorhanden, die Regel aber sind 8 oder 9 Gramm.
Oft hatten wir in den vergangenen beiden Jahrzehnten den halbtrockenen Rieslingen vom Mittelrhein den Vorzug gegeben gegenüber den trockenen, und auch 2016 noch sahen wir sie in der Spitze zumindest gleichauf. 2017 ist das anders, die trockenen Weine von Matthias Müller und Jörg Lanius sind besonders stark, auch Randolf Kauer, die Philipps-Brüder und Florian Weingart können trocken punkten, Marc Josten, der uns die letzten Jahre zusammen mit Torsten Klein mit Sauvignon Blanc überraschte, setzt nun die Reise allein fort und präsentiert dieses Jahr einen starken Grauburgunder.
Besonders freut es uns, dass wir in diesem Jahr gleich zwei starke neue Betriebe vorstellen können. Einmal das Weingut Pieper aus Königswinter, das größte Weingut in Nordrhein-Westfalen, sowie das Weingut Goswin Lambrich in Oberwesel-Dellhofen.

Die besten Erzeuger

Hervorragende Erzeuger

★★★★

Weingut Matthias **Müller**

★★★☆

Weingut **Lanius-Knab** ↑
Weingut **Weingart**

Sehr gute Erzeuger

★★★

Weingut **Josten & Klein**
Weingut Dr. **Kauer**
Weingut **Philipps-Mühle**

Gute Erzeuger

★★

Weingut **Heilig Grab**
Weingut **Selt**

★☆

Weingut **Pieper** (N)
Weingut **Scheidgen**

Zuverlässige Erzeuger

★

Weingut Goswin **Lambrich** (N)

Bereich Siebengebirge
Bad Honnef
MITTELRHEIN
Unkel
Bereich Loreley
Ahr
Linz
Westerburg
inzig
Bad Hönningen
Ransbach-Baumbach
Rheinbrohl
Breisig
Rhein
Neuwied
48
Montabaur
Hadamar
Andernach
Vallendar
endig
Limbu
Koblenz
48
Bad Ems
Nassau
Kobern-Gondorf
Lahnstein
Bereich
g Cochem
Spay
Bereich Loreley
Moselkern
Boppard
Rhein
MITTELRHEIN
St. Goarshausen
Bruttig-Fankel
St. Goar
Bad Schwalba
Beilstein
Oberwesel
RHEINGA
Kastellaun
Kaub
Senheim
61
Bacharach
Bereich Johannisberg
Lorch
ll
Eltvill
Rheinböllen
Simmern
Niederheimbach
Rüdesheim
Argenthal
Ingelheim
Gau-Algesheim
Bingen
he
rarbach

Mosel

Nach einem schwierigen Jahrgang 2016 fiel auch 2017 nicht einfach aus – aber die Art der Probleme unterschied sich deutlich. Diesmal stand nicht das nasse Frühjahr mit einem Kampf gegen Pilzkrankheiten im Fokus, es war der Spätfrost, der für Ausfälle sorgte und dazu beitrug, dass die Ernte an der Mosel vergleichsweise klein blieb. In manchen Betrieben wurde nur ein vergleichsweise überschaubares Sortiment erzeugt, anderswo war das komplette Programm möglich, auch wenn es von vielen Auslesen nur sehr geringe Mengen gab. Die 2017er präsentierten sich auch aufgrund dieser Voraussetzungen konzentriert, nicht immer ganz so kühl, frisch und präzise wie 2016, eher fruchtig, recht kompakt, mit viel Spiel und mineralischer Würze. Im besten Falle sehr spannende, alterungsfähige Weine.
Die Saar, die zu den Gewinnern des vergangenen Jahrgangs gehörte, produzierte auch 2017 viele sehr gelungene Weine, aber so spektakulär wie 2016 waren dann doch nicht alle. Dorothee Zilliken ist beinah abonniert auf feine, duftige und elegante Rieslinge, aber auch Newcomer wie das Weingut Peter Burens sollte man nicht unterschätzen. An der Ruwer legte Maximin Grünhaus ein überzeugendes Sortiment vor, beeindruckte nicht nur mit Riesling, sondern auch mit Weiß- und Spätburgunder. Positiv ist die Entwicklung auch beim Karthäuserhof, die Weingüter Karlsmühle, Dominikanergut und Heinrich Mertes (kraftvolle, zupackende Rieslinge) fielen sehr angenehm auf. Doch auch an der Obermosel tut sich was – etwa im Weingut Apel, wo die nächste Generation das Zepter übernommen hat und allerlei Ambitionen zeigt. Gewinnerin des Jahrgangs ist allerdings die Mittelmosel. Die Bischöflichen Weingüter, die ja auch Parzellen in anderen Teilen des Anbaugebietes besitzen, stellten ein umfangreiches, geradliniges Sortiment vor, auch im trockenen und feinherben Bereich. Unter den Großen Gewächsen und vergleichbaren Abfüllungen gab es aber noch viele andere überzeugende Vertreter. Schloss Lieser und Fritz Haag, beide auch stark bei süßen Weinen, legten bemerkenswert feine durchgegorene Rieslinge vor, Martin Conrad beeindruckte mit 2016er wie 2017ern, Andreas Adam ist für seine gleichmäßig hohe Qualität zu loben, Kees-Kieren sowieso. Sich selbst übertroffen hat Alexander Loersch, einer der Aufsteiger des Jahres. Ausgezeichnet geschlagen hat sich aber auch ganz Piesport – die Weingüter Haart und Hain, Reuscher-Haart und Lehnert-Veit erfüllten die Erwartungen voll. Schließlich sollte man auch Weinorte wie Briedel (Timo Stölben dreht im Weingut Zum Eulenturm weiter an der Qualitätsschraube) nicht vernachlässigen. Clemens Busch erinnerte in Pünderich mit einigen spät gefüllten Weinen nochmals daran, dass 2016 ein herausragender Jahrgang war – seine 2017er waren, soweit bislang präsentiert, allerdings ebenfalls spannend. Über bewährte Erzeuger wie Steffens-Kess und Brohl muss man auch dieses Mal sprechen, über den Norden der Mosel ebenfalls: In Cochem, lange Zeit Stiefkind des Qualitätsweinbaus, macht der Australier Martin Cooper im Weingut Kloster Ebernach von sich reden; sein Weinstil widerspricht teilweise drastisch den Gepflogenheiten der Mosel. Winningen wiederum ist auch 2017 eine Bank – Richard Richter, Kroeber und das Weingut Fries gehören zu jenen Erzeugern, die ihren eigenen, unverwechselbaren Stil gefunden haben.

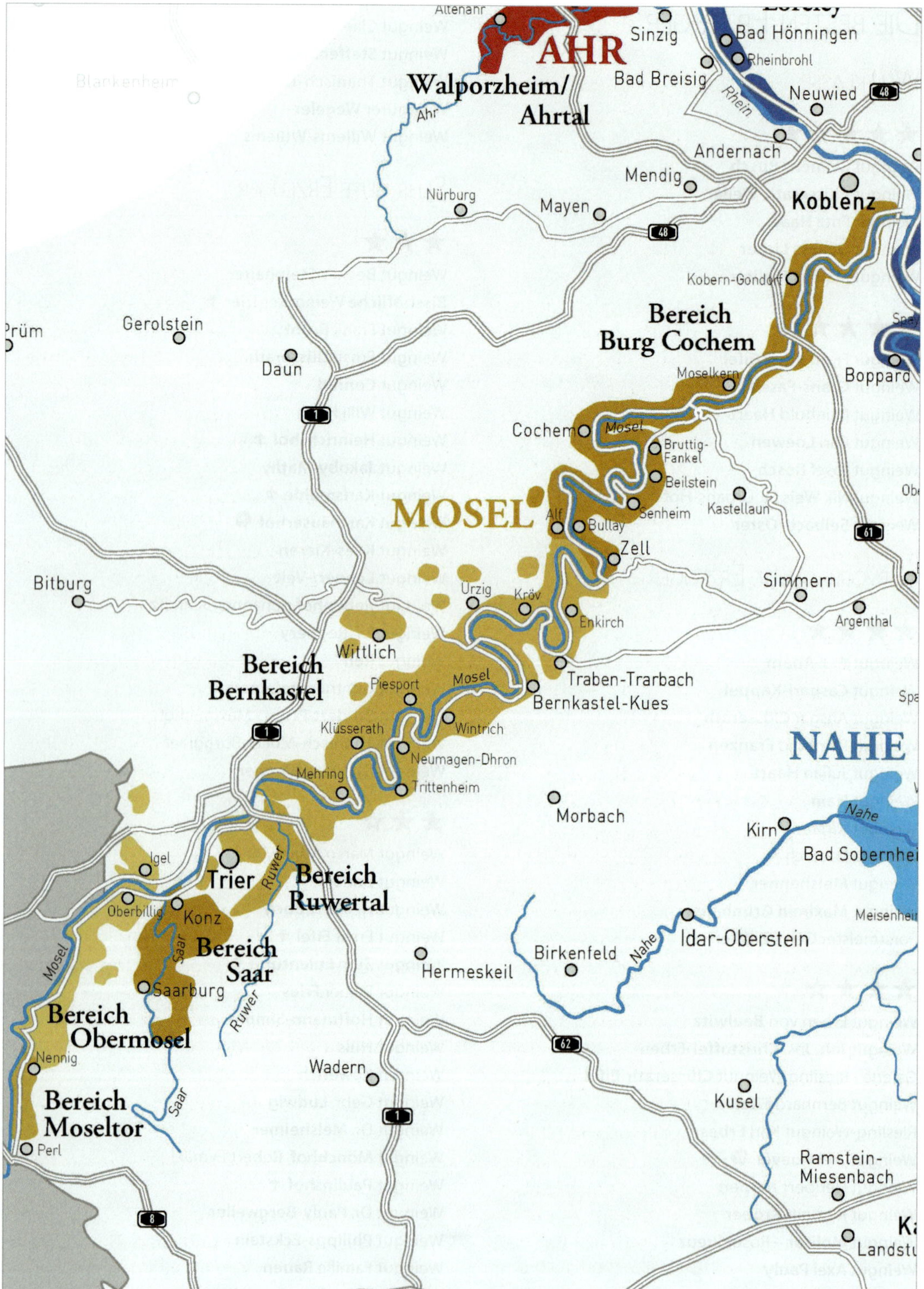
AHR
Altenahr
Sinzig
Bad Hönningen
Rheinbrohl
Bad Breisig
Walporzheim/
Ahrtal
Ahr
Rhein
Neuwied
48
Andernach
Mendig
Nürburg
Mayen
Koblenz
48
Kobern-Gondorf
Bereich
Burg Cochem
Prüm
Gerolstein
Daun
Moselkern
Boppard
1
Cochem
Mosel
Bruttig-
Fankel
Beilstein
Kastellaun
Senheim
MOSEL
Alf
Bullay
61
Zell
Bitburg
Simmern
Ürzig
Kröv
Enkirch
Argenthal
Wittlich
Bereich
Bernkastel
Piesport
Mosel
Traben-Trarbach
Bernkastel-Kues
Wintrich
Klüsserath
1
NAHE
Neumagen-Dhron
Mehring
Trittenheim
Morbach
Nahe
Kirn
Bad Sobernheim
Igel
Trier
Ruwer
Bereich
Ruwertal
Oberbillig
Konz
Saar
Bereich
Saar
Idar-Oberstein
Birkenfeld
Nahe
Mosel
Hermeskeil
Saarburg
Ruwer
Bereich
Obermosel
62
Nennig
Wadern
Saar
Kusel
Bereich
Moseltor
1
Perl
Ramstein-
Miesenbach
8
Landstu

Die besten Erzeuger

Weltklasse

★★★★★

Weingut Clemens **Busch**
Weingut **Clüsserath-Weiler**
Weingut Fritz **Haag**
Weingut Schloss **Lieser**
Weingut Markus **Molitor**

★★★★☆

Weingut Franz-Josef **Eifel**
Weingut **Grans-Fassian**
Weingut Reinhold **Haart**
Weingut Carl **Loewen**
Weingut Josef **Rosch**
Weingut Nik **Weis** St. Urbans-Hof
Weingut **Selbach-Oster**

Hervorragende Erzeuger

★★★★

Weingut A. J. **Adam**
Weingut **Caspari-Kappel**
Weingut Ansgar **Clüsserath**
Weingut Reinhold **Franzen**
Weingut Julian **Haart**
Weingut **Hain**
Weingut **Kirsten**
Weingut **Loersch** ↑
Weingut **Melsheimer**
Weingut **Maximin Grünhaus**
Forstmeister Geltz-**Zilliken**

★★★☆

Weingut Erben von **Beulwitz**
Weingut Joh. Jos. **Christoffel**-Erben
Galerie - Riesling Weingut **Clüsserath-Eifel**
Weingut Bernhard **Eifel**
Riesling-Weingut Karl **Erbes**
Weingut von **Hoevel** Ⓦ
Weingut Heribert **Kerpen**
Weingut Rüdiger **Kröber**
Weingut **Molitor** – Rosenkreuz
Weingut Axel **Pauly**
Weingut S. A. **Prüm**
Weingut Claes **Schmitt** Erben
Weingut **Steffens-Keß** ↑
Weingut **Thanisch-Thanisch**
Weingüter **Wegeler**
Weingut **Willems-Willems**

Sehr gute Erzeuger

★★★

Weingut **Becker-Steinhauer**
Bischöfliche Weingüter Trier ↑
Weingut Frank **Brohl**
Weingut Ernst **Clüsserath**
Weingut **Conrad**
Weingut Willi **Haag**
Weingut **Heinrichshof** ↑
Weingut **Jakoby-Mathy**
Weingut **Karlsmühle** ↑
Weingut **Karthäuserhof** Ⓦ
Weingut **Kees-Kieren**
Weingut **Lehnert-Veit**
Weingut **Rebenhof**, Johannes Schmitz
Weingut F.J. **Regnery**
Weingut **Reh**
Weingut Günther **Steinmetz** ↑
Weingut **Studert-Prüm** - Maximinhof
Weingut **Thanisch**-Müller-Burggraef
Weingut Dr. Heinz **Wagner**

★★☆

Weingut Marco **Adamy** ↑
Weingut **Bauer** ↑
Weingut Heribert **Boch**
Weingut Ernst **Eifel** ↑
Weingut Zum **Eulenturm** ↑
Weingut Reiner **Fries**
Weingut **Hoffmann-Simon**
Weingut **Hüls**
Weingut **Köwerich**
Weingut Gebr. **Ludwig**
Weingut Dr. **Melsheimer**
Weingut **Mönchhof**, Robert Eymael
Weingut **Paulinshof** ↑
Weingut Dr. **Pauly-Bergweiler**
Weingut **Philipps-Eckstein**
Weingut Familie **Rauen**
Weingut **Reuscher-Haart** ↑

Weingut Richard **Richter**
Weingut **Rinke** ↑
Weingut Zur **Römerkelter** ↑
Weingut **Schunk**
Weingut **Vols** Ⓦ
Weingut **Walter**
Weingut O. **Werner** & Sohn
Weingut **Würtzberg** ↑

Gute Erzeuger

★★

Weingut **Blesius**
Weingut Richard **Boecking** Ⓦ
Weingut **Borchert** - Springiersbacher Hof
Weingut **Bottler**
Weingut Manfred **Breit**
Weingut Christoph **Clüsserath**
Dominikaner Weingut
Weingut Kloster **Ebernach** Ⓝ
Weingut Albert **Gessinger**
Winzerhof **Gietzen**
Alexander **Häßler** Burgenweingut Ⓦ
Weingut **Henrichs + Friderichs**
Weingut Bernd **Hermes** ↑
Weingut **Kanzlerhof**
Weingut Christoph **Koenen**
Weingut Dr. **Leimbrock** – C. Schmidt
Wein- und Sektgut Günter **Leitzgen**
Weingut Johann Peter **Mertes**
Weingut Johannes **Peters**
Weingut Karl O. **Pohl**
Weingut **Reverchon**
Weingut **Römerhof** (Riol)
Weingut **St. Nikolaus-Hof**
Weingut **Schömann**

★☆

Wein- und Gästehaus **Baum** ↑
Weingut **Befort**
Weingut **Berweiler-Merges**
Weingut Christian **Bindges** ↑
SaarWeinGut Peter **Burens** ↑
Weingut Hermann-Josef **Botzet**
Weingut Jürgen **Dostert**
Weingut Matthias **Dostert**
Weingut **Friderichs**
Weingut **Frieden-Berg**
Weingut **Geierslay** Ⓝ
Weingut Otto **Görgen**
Weingut **Immich-Anker** ↑
Weingut **Junglen**
Weingut **Karp-Schreiber**
Weingut Louis **Klein** Ⓝ
Weingut **Knodt-Trossen**
Weingut **König Johann** ↑
Weingut **Kranz-Junk**
Weingut **Laurentiushof**
Weingut Theo **Loosen** ↑
Weingut Heinrich **Mertes** ↑
Weingut **Petgen-Dahm** Ⓝ
Weingut Ulrich **Schumann**
Weingut Michael **Trossen**
Weingut **Viermorgenhof** ↑

Zuverlässige Erzeuger

★

Weingut **Alter Weinhof**
Weingut Hubertus M. **Apel** Ⓝ
Weingut **Arns**
Weingut **Haupts**
Weingut C.A. **Haussmann**
Classisches Weingut **Hoffranzen**
Weinhaus **Kiebel** Ⓝ
Weingut **Kochan-Platz** Ⓝ
Weingut Ulrich **Langguth**
Weingut Josef **Linden** Ⓝ
Weingut **Margarethenhof**
Moselland - Goldschild Ⓝ
Weingut Ingo **Norwig**
Weingut **Quint**
Weingut **Raevenhof**
Weingut **Römerhof** (Traben-Trarbach)
Weingut Andreas **Roth** Ⓝ
Weingut Heinz **Schmitt** Erben Ⓝ
Weingut **Schneiders & Moritz** Ⓝ
Weingut **Schumacher**
Weingut **Schwaab**
Weingut **Schwaab** & Sohn
Weingut **Simonis**
Weingut Josef **Thielmann** Ⓝ

Nahe

Auch 2017 war wieder kein einfacher Jahrgang für die Winzer an der Nahe, nach einem sehr frühen Austrieb der Reben erforen bei einem Spätfrost Ende April viele der jungen Triebe. Vereinzelter Hagel führte zu weiteren Schäden, so dass der Gesamtertrag 2017 knapp 20 Prozent unter dem langjährigen Mittel liegt, in den vom Spätfrost betroffenen Lagen waren die Ernteausfälle teilweise beträchtlich höher. Nach starken Regenfällen im Juni und Juli war die Wasserversorgung gesichert und vor allem die Rieslingtrauben konnten im warmen und trockenen Spätsommer gut ausreifen, so dass das Fazit lauten kann: Wenig Wein, aber sehr erfreuliche Qualitäten.

Neben drei Neuaufnahmen kehren dieses Jahr zwei altbekannte Nahe-Weingüter, Kruger-Rumpf und Hexamer, mit Kollektionen in das Buch zurück, die sich mühelos in der Spitze der Nahe einreihen, das Weingut Dr. Crusius wird nach zwei sehr überzeugenden Jahrgängen wieder in die Vier-Sterne-Kategorie aufgewertet. Gleich geblieben ist das Spitzen-Trio aus Dönnhoff, Emrich-Schönleber und Schäfer-Fröhlich, die Verfolger Gut Hermannsberg, Joh. Bapt. Schäfer und Diel legen in diesem Jahr sehr elegante Weine vor, Martin Tesch hat seine beste Kollektion der vergangenen Jahre erzeugt, wie auch Marcus Hees, auch wenn wir uns hier einen weiteren Aufstieg noch vorbehalten.

Die Weine an der Nahe haben in den vergangenen Jahrzehnten einen erstaunlichen Aufschwung genommen, noch in den achtziger Jahren gab es nur eine Handvoll Erzeuger mit guten Qualitäten. Helmut Dönnhoff war dann der Erste, der große Weine erzeugt hat. Andere Betriebe wie Emrich-Schönleber, Diel, Crusius, Hahnmühle, Korrell oder Joh. Bapt. Schäfer und natürlich Schäfer-Fröhlich erzeugen seit den neunziger Jahren edelsüße Rieslinge, die zur deutschen Spitze zählen. „Trocken" hat der Aufstieg ein wenig später begonnen, genauso beeindruckend aber sind heute die Ergebnisse. Werner Schönleber und Helmut Dönnhoff ist es zu verdanken, dass heute an der Nahe trockene Rieslinge von Weltklasse erzeugt werden. Tim Fröhlich tut es ihnen mittlerweile gleich, das Gut Hermannsberg pirscht sich Jahr für Jahr ein klein wenig näher heran. An der „unteren" Nahe hat sich Martin Tesch auf trockene Rieslinge spezialisiert, in einem sehr präzisen Stil. Diel setzte in der Vergangenheit mehr auf Opulenz, aber die Weine wurden in den letzten Jahren präziser. Und auch die Burgunder haben sich im letzten Jahrzehnt hier fest etabliert.

Es gibt eine Vielfalt an unterschiedlichen Böden: Rotliegendes, Lehm, Porphyr, Quarzit, Schiefer, Kies, Löss. Alles auf kleinstem Raum. Und eine Vielzahl von Rebsorten: Aus Riesling werden die besten Naheweine gemacht, er steht mit knapp 29 Prozent auf Platz eins der Rebsortenstatistik. Auf Platz zwei folgt Müller-Thurgau, der bei rückläufiger Tendenz immer noch ein Achtel der Fläche einnimmt. Ein Viertel der Rebfläche an der Nahe nehmen rote Sorten ein, vor allem Dornfelder und Spätburgunder, aus dem es so manchen bemerkenswerten Wein gibt. Und noch mehr geben könnte, wenn doch nur mehr Nahe-Winzer den Mut hätten, ihre Spätburgunder tatsächlich trocken auszubauen. In der Statistik folgen Silvaner und die weißen Burgundersorten, von denen es erfreulich viele gelungene Exemplare gibt.

Die besten Erzeuger

Weltklasse

★★★★★

Weingut Hermann **Dönnhoff**
Weingut **Emrich-Schönleber**
Weingut **Schäfer-Fröhlich**

Hervorragende Erzeuger

★★★★

Weingut Dr. **Crusius** ↑
Schlossgut **Diel**
Gut **Hermannsberg**
Weingut Joh. Bapt. **Schäfer**
Weingut **Tesch**

★★★☆

Wein- und Sektgut **Bamberger**
Weingut **Hahnmühle**
Weingut **Hees**
Weingut **Kruger-Rumpf** Ⓦ
Weingut **Lindenhof** ↑

Sehr gute Erzeuger

★★★

Weingut **Göttelmann**
Weingut **Hexamer** Ⓦ
Weingut Gebr. **Kauer** ↑
Weingut **Korrell** – Johanneshof
Weingut **Montigny**
Weingut **Poss** ↑
Weingut K.H. **Schneider** ↑

★★☆

Weingut Theo **Enk** ↑
Weingut **Genheimer-Kiltz**
Weingut und Gästehaus **Honrath** ↑
Weingut **Marx**
Prinz zu **Salm**-Dalberg'sches Weingut ↑

Gute Erzeuger

★★

Weingut **Gabelmann** ↑
Weingut **Gemünden**
Weingut St. **Meinhard** ↑
Weingut Heinrich **Schmidt**
Weingut Meinolf **Schömehl**

★☆

Weingut **Alt**
Weingut Reinhold **Barth**
Weingut **Emmerich-Koebernik** ↑
Weingut **Haack**
Weingut S.J. **Montigny**
Weingut Wolfgang **Schneider**
Weingut Karl **Stein** ↑
Weingut **Weber** ↑
Weingut im **Zwölberich**

Zuverlässige Erzeuger

★

Weingut Carl **Adelseck**
Weingut **Bicking & Bicking**
Weingut **Franzmann**
Weingut **Lorenz** & Söhne Ⓝ
Weingut **Pieroth** Ⓝ
Weingut **Semus** Ⓝ

Pfalz

Der Spätfrost im April führte in der Pfalz 2017 zu beträchtlichen Ernteeinbußen von rund 20 Prozent gegenüber dem Durchschnitt, so dass die Mengen gering, aber die Qualitäten sehr gut sind. Teilweise erstaunlich gute Qualitäten fanden wir auch bei Weingütern, deren Weine wir das erste Mal verkosten konnten und die neu im Buch vertreten sind, allen voran bei Hörner, nach Stern der zweite starke Betrieb aus Hochstadt, ebenfalls aus der Südpfalz kommen die Familienbetriebe Hof und Gerhard Hochdörffer und das Garagenweingut Weincooperation Viermorgen, aber auch die Mittelhaardt ist mit Gerd Stepp (GP Winery) vertreten, ebenso wie die Nordpfalz mit dem Gut Obercarlenbach.

An der Spitze bleibt alles beim Alten, Knipser hat wieder ein verblüffend hohes Niveau und bleibt in der Pfalz alleine in der Fünf-Sterne-Kategorie – was aber auch daran liegt, dass Anwärter auf den fünften Stern wie Rebholz oder Becker uns seit Jahren keine Basisweine zur Verkostung schicken, die für die Betriebsbewertung besonders wichtig sind. Weitere 20 Weingüter fallen in die Viereinhalb- und Vier-Sterne-Kategorie, eine immens breite Spitze, wie sie sonst in keinem anderen deutschen Anbaugebiet vorhanden ist. Hier finden sich etliche der spannendsten Kollektionen des Jahres, wie etwa von den immer stärker auftrumpfenden Rings-Brüdern, von Matthias Gaul, der seinen Aufstieg des vergangenen Jahres beeindruckend bestätigt, aber auch von den immer modern bleibenden „Klassikern" wie Christmann, Bassermann-Jordan, Buhl und von Winning.

Die Trends der vergangenen Jahre setzen sich weiterhin fort, weg vom Rotwein und hin zum Weißwein, auch wenn Spätburgunder natürlich ein großes Thema ist. Fast jeder Winzer hat mittlerweile Sauvignon Blanc im Programm, und immer öfter wird er auch im Holz ausgebaut. Auch die weißen Burgunder werden gehegt, ebenso der Muskateller, dazu kommen als alte Pfälzer Spezialitäten Gewürztraminer und zwar immer noch zu wenige, aber zunehmend spannende Silvaner. Riesling steht weiterhin und zu Recht im Vordergrund, der Ausbau im Holzfass nimmt zu, nicht nur im Barrique, auch größere Gebinde kommen wieder mehr zum Einsatz.

Dazu experimentieren die Winzer mit Maischestandzeiten, immer mehr Weine werden auch spontan vergoren. Und die Pfalz bleibt weiterhin der Vorreiter beim Umstieg in den biologischen Weinbau, immer mehr Winzer, Top-Betriebe wie solche aus dem Mittelbau, sehen nur darin die Möglichkeit, Qualität von Boden und Wein auf Dauer zu erhalten.

Die besten Erzeuger

Weltklasse

★★★★★

Weingut **Knipser**

★★★★☆

Weingut Geh. Rat Dr. v. **Bassermann-Jordan**
Weingut Friedrich **Becker**
Weingut Reichsrat von **Buhl**
Weingut **Christmann**
Weingut Frank **John** Hirschhorner Hof
Weingut Philipp **Kuhn**
Weingut Georg **Mosbacher**
Weingut Ökonomierat **Rebholz**
Weingut **von Winning**

Hervorragende Erzeuger

★★★★

Wein- und Sektgut **Bernhart**
Weingut Matthias **Gaul**
Weingut **Gies-Düppel**
Weingut Familie **Kranz**
Weingut Jürgen **Leiner**
Weingut Theo **Minges**
Weingut **Müller-Catoir**
Weingut **Pfeffingen** – Fuhrmann-Eymael
Weingut **Rings**
Weingut **Siegrist**
Weingut Heinrich **Spindler**
Weingut Dr. **Wehrheim**

★★★☆

Weingut **Bergdolt** St. Lamprecht
Weingut **Dengler-Seyler**
Weingut **Jülg** ↑
Weingut Alois **Kiefer** (bisher: Aloisiushof) ↑
Weingut **Pfirmann**
Weingut Heiner **Sauer**
Weingut **Siener**
Weingut **Stern**
Weingut **Wageck-Pfaffmann**
Weingut **Wilhelmshof**
Weingut Oliver **Zeter** ↑

Sehr gute Erzeuger

★★★

Sektkellerei **Andres & Mugler**
Weingut **Benderhof**
Weingut **Bremer**
Weingut **Eymann**
Weingut **Fußer** ↑
Weingut **Gabel**
Weingut Der **Glücksjäger** ↑
Weingut **Horcher**
Weingut Gerhard **Klein**
Weingut **Klundt** ↑
Weingut Bernhard **Koch** ↑
Weingut **Lucashof**
Weingut **Meßmer**
Weingut Eugen **Müller**
Weingut **Münzberg**
Weingut **Nauerth-Gnägy**
Weingut Ludi **Neiss**
Weingut am **Nil**
Weingut Karl **Pfaffmann**
Weingut **Pflügser**
Weingut **Porzelt**
Weingut Egon **Schmitt**
Weingut **Schumacher**
Weingut **Schwedhelm**
Weingut **Wegner**
Weingut **Zelt**
Weingut **Zimmermann**

★★☆

Weingut **Ackermann**
Weingut Michael **Andres** ↑
Weingut Karlheinz **Becker** ↑
Benzinger – Weingut im Leiningerhof
Weingut **Borell-Diehl** ↑
Weingut **Brand** ↑
Weingut **Corbet**

Weingut **Ehrhart** ↑
Weingut **Fader** – Kastanienhof
Weingut Karl-Heinz **Gaul**
Weingut **Jesuitenhof** ↑
Weingut Jul. Ferd. **Kimich** ↑
Weingut **Krebs**
Weingut **Mehling** ↑
Weingut **Meier**
Weingut Klaus **Meyer**
Weingut Stefan **Meyer**
Weingut **Petri**
Weinhof **Scheu**
Weingut Erich **Stachel**
Weingut **Weik**
Sekt- und Weingut **Winterling**

Gute Erzeuger

★★

Weingut **Bärenhof**
Wein- und Sektgut **Bergdolt-Reif & Nett**
Weingut **Darting** ↑
Weingut **Fitz-Ritter**
Weingut Christian **Heußler**
Weingut **Hörner** Ⓝ
Weingut **Hollerith**
Wein- und Sektgut **Immengarten Hof**
Weingut **Langenwalter**
Weinbau der **Lebenshilfe**
Weingut **Margarethenhof** ↑
Weingut Karl-Heinz & Andreas **Meyer**
Weingut Georg **Naegele**
Weingut **Neuspergerhof** ↑
Weingut Thomas **Pfaffmann** ↑
Weingut **Reibold**
Weingut **Sankt Annaberg** Ⓝ
Weingut **Schäfer** ↑
Weingut Karl **Schaefer**
Weingut **Schroth**
Weingut **Stortz-Nicolaus**
Weingut **Wöhrle** ↑
Weingut Klaus **Wolf**

★☆

Weingut **Arnold** ↑
Weingut **Arnold & Lang**
Weingut **Braun**
Weingut **Brendel**
Weingut **Bühler**
GP Winery Ⓝ
Weingut **Grimm**
Weingut **Hahn-Pahlke**
Weingut Fritz **Herberger** Ⓦ
Weingut Gerhard **Hochdörffer** Ⓝ
Weingut am **Kaiserbaum**
Weingut **Kassner-Simon** ↑
Weingut **Kirchner**
Weingut Dr. **Kopf**
Weingut **Krieger**
Weingut **Lauermann & Weyer** ↑
Weingut **Lidy** Ⓝ
Stiftsweingut Frank **Meyer**
Weingut Rudi **Möwes**
Weingut **Obercarlenbach** Ⓝ
Weingut Johann F. **Ohler**
Weingut **Scholler**
Weingut **Wilker**
Wein- und Sektgut **Wind-Rabold** ↑

Zuverlässige Erzeuger

★

Weingut **Anton**
Weingut Peter **Argus**
Weingut **Bohnenstiel**
Weingut **Bus** Ⓝ
Weingut **Diehl**
Weingut **Hammel**
Weingut **Hauer**
Weingut Villa **Hochdörffer**
Weingut **Hof** Ⓝ
Weingut Alfons **Hormuth**
Staatsweingut mit **Johannitergut**
Weingut Lothar **Kern**
Weingut **Leiling**
Weingut **Manderschied**
Weingut **Mathis**
Weingut **Schädler**
Weingut **Schenk-Siebert**
Weingut Georg **Siben** Erben
Weingut **Sonnenberg**
Weingut **Spieß**
Weingut Eugen **Spindler**
Weingut Jürgen **Stentz**
Weincooperative **Viermorgen** Ⓝ

Rheingau

In 2017 haben Frühjahrsfrost und Hagel auch den Winzern im Rheingau zu schaffen gemacht. Besonders die Gemeinden Oestrich und Hattenheim im Mittleren Rheingau waren von einem Unwetter in der Nacht zum 1. August betroffen, bei dem der Starkwind sogar Rebstöcke umriss. Die Unbilden des Wetters sorgten für eine sehr kleine Ernte, die zeitig eingebracht werden musste. Die Selektion der Trauben spielte wegen der vielerorts früh eintretenden Fäulnis eine besondere Rolle für die Güte der Weine. Nach dem eher milden Jahrgang 2016 präsentieren sich die aktuellen 2017er prägnanter in der Säurestruktur, was bei den Basisqualitäten oft etwas auf Kosten der Balance geht. So sind eher unreife Fruchtaromen nicht die Seltenheit. Die trockenen Spitzenrieslinge erreichen dagegen im Allgemeinen ein gewohnt hohes Niveau. Das gilt nicht im selben Maße für die edelsüßen Rieslinge, denen es bei aller Konzentration oft ein wenig an Klarheit mangelt, um ganz groß zu sein. Hier sind die besten Weine unter den edelsüßen Spät- und Auslesen zu finden. Es gibt nicht wenige Kollektionen, die in diesem Jahr herausragen. Unter den großen Namen sind die Rieslingkollektionen von Josef Leitz und besonders Theresa Breuer aus Rüdesheim auf allerhöchstem Niveau. Auch Carl Erhard bietet wieder druckvolle, eigensinnige Lagenweine aus dem Rüdesheimer Berg. Chat Sauvage untermauert mit gelungenen Chardonnay und Spätburgunder seine Position in der deutschen Spitze. Besonders gelungen sind auch die Weine von Urban Kaufmann aus Hattenheim, der neben ausgewogenen Rieslingen zwei stilistisch und qualitativ überragende Spätburgunder präsentiert und Corvers-Kauter aus Oestrich, wo die Entwicklung der Qualitäten ebenso deutlich ansteigende Tendenz zeigt. Von den Neuaufnahmen in diesem Jahr ist das Weingut Thilo Strieth besonders zu empfehlen, das spannende, individuelle Weine vom Spätburgunder und Riesling angestellt hat; aber auch sonst sind die Neuen stark, ob Schumann-Nägler in Geisenheim, Höhn in Wiesbaden oder Weiler in Lorch. ▬

Die besten Erzeuger

Weltklasse

★★★★★

Weingut Georg **Breuer**
Weingut Peter Jakob **Kühn**
Weingut **Leitz** ↑
Weingut Robert **Weil**

★★★★☆

Weingut **Querbach**

Hervorragende Erzeuger

★★★★

Weinbaudomäne Schloss **Johannisberg**
Weingut **Chat Sauvage**
Weingut Carl **Ehrhard**
Weingut Franz **Künstler**
Weingut **Prinz**
Weingut Josef **Spreitzer**

★★★☆

Bischöfliches Weingut Rüdesheim
Weingut Dr. **Corvers-Kauter**
Weingut Joachim **Flick**
Weingut Jakob **Jung** ↑
Weingut **Krone**
Weingut **Kaufmann** (früher: Hans Lang)
Weingüter **Wegeler**

Sehr gute Erzeuger

★★★

Weingut **Altenkirch**
Sektmanufaktur **Bardong**
Wein- und Sektgut **Barth**
Weingut **Bibo & Runge** ↑
Weingut Jörn **Goziewski** ↑
Weingut Emmerich **Himmel**
Weingut **Mohr**
Weingut Georg-**Müller**-Stiftung ↑
Sekthaus **Solter**
Domdechant **Werner'sches** Weingut

★★☆

Diefenhardt'sches Weingut
Weingut H.T. **Eser**
Weingut **49point9** ↑
Weingut Alexander **Freimuth**
Weinhof **Goldatzel**
Weingut Prinz von **Hessen** ↑
Weingut Graf von **Kanitz**
Weingut Paul **Laquai**
Weingut W. J. **Schäfer**
Wein- und Sektgut F.B. **Schönleber**
Weingut **Sohns** ↑
Sektmanufaktur Schloss **Vaux**
Weingut Im **Weinegg** ↑

Gute Erzeuger

★★

Weingut Fritz **Allendorf**
Weingut Hans **Bausch**
Weingut **Biebers** Weinkultur
Weingut **Crass** ↑
Weingut August **Eser**
Weingut Friedr. **Fendel** Erben
Staatsweingüter **Kloster** Eberbach
Weingut **Koegler** Ⓦ
Weingut **Strieth** Ⓝ
Weingut **Wurm** (früher: Ottes)

★☆

Weingut Konrad **Berg** & Sohn
Weingut **Hirschmann**
Weingut Baron **Knyphausen**
Weingut **Schumann-Nägler** Ⓝ
Weingut **Trinks-Trinks**

Zuverlässige Erzeuger

★

Weingut H.J. **Ernst**
Weingut **Höhn** Ⓝ
Weingut **Jonas**
Weingut Hans **Prinz**
Weingut **Schreiber**
Weingut **Weiler** Ⓝ

Rheinhessen

Im vergangenen Jahr, mit dem Jahrgang 2016, dominierte Rheinhessen mit trockenem Riesling die deutsche Spitze, und auch 2017 belegen rheinhessische Rieslinge wieder sehr viele Spitzenplätze, neben den etablierten und allseits bekannten Lagen treten auch weniger bekannte Lagen mit Toprieslingen oder anderen Topweinen in Erscheinung. Aber auch bei anderen Rebsorten werden die Weine in der Spitze immer besser, ob bei Weißburgunder oder Chardonnay, bei Grauburgunder oder Sauvignon Blanc, bei Spätburgunder und bei roten Cuvées, sogar mit Blaufränkisch kann man inzwischen punkten.
Das Reservoir an jungen Talenten scheint unerschöpflich, gleich 17 Weingüter stellen wir dieses Jahr erstmals vor, mit teilweise erstaunlich starken Kollektionen.

Aus Alsheim beispielsweise stellen wir erstmals überhaupt Weingüter vor, gleich zwei konnten wir dieses Jahr ins Buch aufnehmen, Seidel und Dr. Balzhäuser. Aus Alzey stammt Christopher Barth, aus Badenheim das Weingut Kilzer, aus Bubenheim das Weingut Finkenauer, in Dittelheim-Hessloch stößt das Weingut Dackermann zu den bereits seit längeren vertretenen Betrieben. In Dorn-Dürkheim ist das Weingut Fluhr-Eller zu Hause und auch in Flonheim kommt mit dem Weingut Werner ein weiterer Betrieb hinzu. Zwei ganz starke neue Weingüter kommen aus Flörsheim-Dalsheim, das inzwischen – in Sachen Wein – eine Weltstadt ist: Das Weingut Engel und das Ökologische Weingut Schmitt. Aus Gau-Odernheim kommt der Johanneshof hinzu, aus Monzernheim – mit tollem Sauvignon Blanc – das Weingut Weedenborn. Aus Ockenheim kommt das Weingut Bungert-Mauer, aus Spiesheim ein weiteres Weingut Becker. Nach der Lage benannt hat sich das Weingut Elsheimer Tempelchen in Stadecken-Elsheim, während Neverland Vineyards aus Vendersheim vielleicht auf den Export oder auf ein junges Publikum abzielt, das Weingut Rettig aus Westhofen komplettiert unsere Neuaufnahmen.
Durch Frühjahrsfröste und aller Wetter-Unbilden liegt die Erntemenge deutlich unter dem langjährigen Mittel. Die Lese hat den Winzern wieder einmal alles abverlangt, aber viele Weingüter haben diese Herausforderungen grandios gemeistert und wieder erstklassige Kollektionen auf die Flasche gebracht, viele Betriebe haben weiter klar zugelegt – kein Ende in Sicht also für das nun schon zwei Jahrzehnte andauernde rheinhessische Weinwunder.

Die besten Erzeuger

Weltklasse

★★★★★

Weingut Klaus **Keller**
Weingut **Wittmann**

★★★★☆

Weingut **Battenfeld-Spanier**
Weingut **Bischel**
Weingut **Dreißigacker**
Weingut **Kühling-Gillot**
Sekthaus **Raumland**

Hervorragende Erzeuger

★★★★

Weingut **Becker-Landgraf**
Weingut **Braunewell**
Weingut **Gunderloch**
Wein- und Sektgut **Hofmann**
Weingut **Landgraf**
Weingut **Sankt Antony**
Weingut **Wagner-Stempel**

★★★☆

Weingut Karlheinz **Keller**
Weingut **Kissinger**
Weingut **Knewitz**
Weingut Karl **May**
Weingut **Peth-Wetz** ↑
Weingut **Riffel**
Weingut Château **Schembs**
Weingut **Spiess**, Riederbacherhof ↑
Winzerhof **Thörle**

Sehr gute Erzeuger

★★★

Weingut J. **Bettenheimer**
Weingut Lisa **Bunn** ↑
Weingut **Espenhof**
Weingut Alexander **Flick**
Weingut **Franz** ↑
Geil's Sekt- und Weingut
Weingut **Gres**
Weingut Heinrich **Groh**
Weingut **Gysler**
Weingut Fritz Ekkehard **Huff**
Weingut Georg Gustav **Huff**
Weingut Karl-Hermann **Milch**
Weingut **Sander**
Weingut **Schneider** – Mirjam Schneider
Spiess Weinmacher
Weingut **Stallmann-Hiestand**
Weingut **Steinmühle** ↑
Weingut Dr. Eva **Vollmer**
Weingut **Weinreich**
Weingut Arndt F. **Werner**
Weingut **Wernersbach** ↑

★★☆

Weingut **Brandt** ↑
Weingut K. & K. **Dautermann**
Weingut **Frey**
Weingut **Goldschmidt** ↑
Weingut Eckehart **Gröhl**
Weingut **Hedesheimer Hof**
Weingut **Huff-Doll**
Weingut Dr. **Koehler**
Weingut **Lamberth**
Weingut Dieter **Michel** ↑
Weingut **Michel-Pfannebecker**
Weingut **Neef-Emmich** ↑
Weingut Daniel **Schmitt** ↑
Weingut Eugen **Schönhals** ↑
Weingut Uwe **Spies**
Strauch Sektmanufaktur
Weingut Eckhard **Weitzel**

Gute Erzeuger

★★

Weingut **Alte Schmiede**
Weingut Brüder Dr. **Becker**
Weingut **Beiser**
Weingut **Bernhard** ↑
Weingut **Brüssel** ↑
Weingut **Büsser-Paukner** ↑
Weingut **Engel** Ⓝ
Weingut **Fischborn-Bergeshof**
Flik Sektmanufaktur ↑
Weingut **Full** ↑

Weingut Klaus **Gallé**
Weingut Helmut **Geil**
Weingut **Göhring**
Weingut **Hiestand**
Weingut **Hirschhof**
Weingut **Hothum** ↑
Weingut **Kampf**
Weingut Klaus **Knobloch**
Weingut **Krämer**
Weingut **Kühling**
Bioweingut **Lorenz**
Weingut **Mertz** ↑
Weingut **Mett** & Weidenbach ↑
Weingut **Meyerhof** ↑
Weingut J. **Neus**
Weingut **Neverland** Ⓝ
Weingut **Ruppert-Deginther**
Weingut **Scherner-Kleinhanss**
Ökologisches Weingut **Schmitt** Ⓝ
Weingut **Schweickardt**
Weingut **Strohm** ↑
Weingut Schloss **Westerhaus**
Weingut **Walldorf-Pfaffenhof**
Weingut **Weedenborn** Ⓝ
Weingut **Werther Windisch** ↑
Weingut Arthur & Fabian **Zimmermann** ↑
Weingut **Zimmer-Mergel** ↑

★☆

Weingut **Barth** Ⓝ
Weingut **Becker** (Spiesheim) Ⓝ
Weingut **Eberle-Runkel**
Weingut Udo & Timo **Eppelmann** ↑
Weingut **Feth-Wehrhof**
Weingut **Götz**
Weingut Louis **Guntrum**
Weingut **Hauck**
Huster Ökologischer Weinbau
Weingut **Julius** ↑
Weingut **Kapellenhof**
Cisterzienser Weingut **Michel**
Weingut **Müller-Dr. Becker**
Weingut **Münzenberger**
Weingut **Posthof** - Doll & Göth
Weingut **Rettig** Ⓝ
Weingut G.A. **Schneider**
Weingut **Schreiber-Kiebler** ↑
Weingut **Stauffer** ↑
Weingut **Wagner**
Weingut **Wasem**
Weingut **Zöller**

Zuverlässige Erzeuger

★

Weingut **Adam**
Weingut Dr. **Balzhäuser** Ⓝ
Weingut **Baum**
Weingut **Becker** (Mettenheim)
Weingut **Boxheimerhof**
Weingut **Brinkmann**
Weingut **Bungert-Mauer** Ⓝ
Weingut **Dackermann** Ⓝ
Weingut **Dessoy** Vino Fredi
Weingut **Diel**
Weingut **Domhof**
Weingut **Elsheimer Tempelchen** Ⓝ
Weingut **Finkenauer** Ⓝ
Weingut **Fischborn-Schenk**
Weingut **Fluhr-Eller** Ⓝ
Weingut **Freitag** (Georgenhof)
Weingut **Hemer**
Weingut **Fritzsch**
BioWeingut **Gänz**
Weingut **Hemer**
Weingut **Jäger**
Weingut **Johanneshof** Ⓝ
Weingut **Julianenhof**
Weingut Georg **Jung**
Weingut **Kinges-Kessel**
Weingut **Kitzer** Ⓝ
Weingut **Kronenhof**
Weingut **Martinshof** Ⓦ
Weingut **Meiser**
Weingut **Merl**
Weingut Dr. **Schreiber**
Weingut Arno **Schröder**
Weingut **Seidel** Ⓝ
Weingut **Wedekind**
Weingut **Weinmann**
Weingut **Werner** Ⓝ
Weingut Peter & Julian **Wolf**

Saale-Unstrut

Nach einem nicht ganz einfachen Jahrgang 2016 war auch 2017 nicht unproblematisch, aber es gab ausreichend Niederschläge und keinen Trockenstress, so dass die Erträge überdurchschnittlich hoch waren. Vor allem die frühreifenden Sorten haben vom Jahrgang profitiert, die Säurewerte liegen insgesamt ein wenig höher als im Vorjahr.
In den vergangenen Jahren erbrachten oft Weißburgunder und rote Sorten die spannendsten Weine der Region. Riesling hatten wir eigentlich nicht so recht auf dem Radar, auch wenn wir immer schon einmal sehr gute Weine von verschiedenen Erzeugern verkostet hatten. In diesem Jahr nun stimmt uns ausgerechnet eine unserer zwei Neuaufnahmen nachdenklich, hat doch Matthias Hey aus Naumburg uns den bisher besten Riesling aus Saale-Unstrut vorgestellt.
An der Spitze der Region steht André Gussek, der weiter zulegt, mit Rotweinen auftrumpft, mit Weiß- und Grauburgunder, aber auch zwei ganz starke Rieslinge präsentiert in diesem Jahr. Matthias Hey positioniert sich auf Anhieb in der Gruppe der guten Erzeuger, quasi als „Verfolger“, mit Schwerpunkt Riesling. Bei der zweiten Neuaufnahme, der Weinmanufaktur Alte Zuckerfabrik in Laucha, ist noch nicht ersichtlich, auf welche Rebsorten man besonders setzt. Auch die mengenmäßig und für die Außendarstellung der Region wichtigen Betriebe wie die Winzervereinigung Freyburg oder das Landesweingut Kloster Pforta, nun unter neuer Führung, bieten zuverlässig gute Qualität.

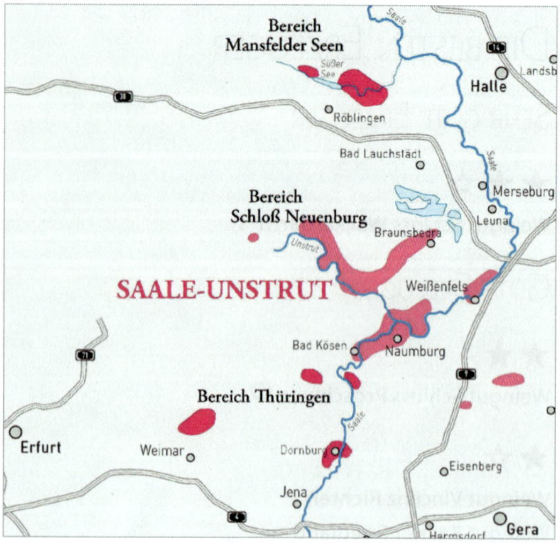

Die besten Erzeuger

Sehr gute Erzeuger

★★★

Winzerhof **Gussek** ↑

Gute Erzeuger

★★

Weingut **Hey** Ⓝ

★☆

Winzervereinigung Freyburg

Zuverlässige Erzeuger

★

Weinmanufaktur **Alte Zuckerfabrik** Ⓝ

Landesweingut Kloster **Pforta**

Sachsen

Sachsen blieb weitestgehend von Frühjahrsfrösten verschont, so dass 2017 die Erntemenge über dem langjährigen Mittel liegt. Die Ernte verlangte Geduld von den Winzern, und wer diese mitbrachte und nicht zu früh las, konnte ausgereifte Trauben in den Keller bringen.

Schloss Wackerbarth hat sich in den letzten Jahren erfreulich entwickelt und legt weiter zu, punktet vor allem mit Riesling, trocken wie edelsüß, dazu mit Weißburgunder, Rotweine – zuletzt beeindruckend – konnten wir dieses Jahr nicht verkosten. Nach einer Auszeit im vergangenen Jahr ist Schloss Proschwitz wieder mit an Bord, trumpft vor allem mit Rotwein auf, aber auch Riesling und Grauburgunder präsentieren sich sehr gut. Das traditionsreiche Weingut Vincenz Richter unter der Führung von Thomas Herrlich ist einmal mehr eine sichere Bank – und wartet mit dem kuriosesten Wein des ganzen Anbaugebietes auf, einen zwanzig Jahre gereiften Riesling Likörwein. Schließlich Bernd Kastler und Enrico Friedland, die weiter zulegen, ein Grauburgunder hat uns bei ihnen dieses Jahr besonders gut gefallen.

Sachsen besitzt ein ausgeprägtes Kontinentalklima mit kalten Wintern und der Gefahr von Winter-, aber auch Frühjahrsfrösten, aber recht heißen Sommern mit warmen Tagen und kühlen Nächten. Das Elbtal ist geprägt von einer Vielzahl unterschiedlicher geologischer Formationen – das bietet die Chance, sich mit Terroirweinen zu profilieren. Hauptsächlich herrschen Granit-Syenit-Verwitterungsböden vor, aber man findet auch Sandstein, Löss, verschiedene Tonarten und Flusssand. Der größte Teil der Weinberge in Sachsen wird von Nebenerwerbswinzern bewirtschaftet, die in der Winzergenossenschaft Meißen zusammengeschlossen sind. Gut die Hälfte der Weinberge befindet sich in Hang- und Steillagen, wo die Weinberge oft in Terrassen angelegt sind.

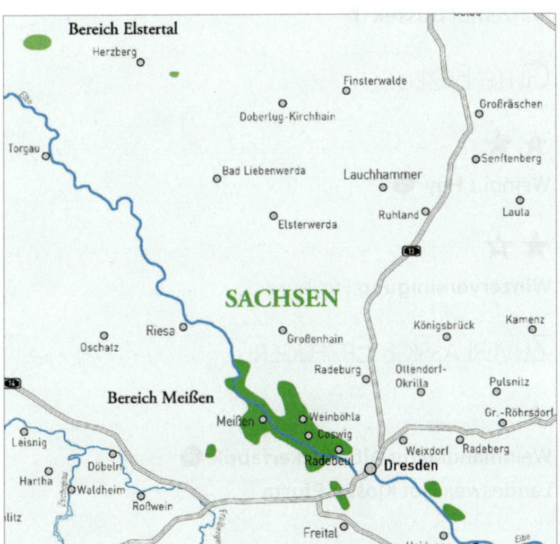

DIE BESTEN ERZEUGER

SEHR GUTE ERZEUGER

★★☆

Weingut Schloss **Wackerbarth** ↑

GUTE ERZEUGER

★★

Weingut Schloss **Proschwitz** Ⓦ

★☆

Weingut Vincenz **Richter**

Weingut **Kastler Friedland**

Württemberg

Wäre es wichtig für Württemberg eine Leit-Rebsorte zu haben? So wie in Franken, wo man den Silvaner quasi wiederentdeckt hat und über den man sich nun profiliert?
Und falls man diese Frage bejaht – welche Rebsorte sollte oder könnte denn eine solche Leitfunktion übernehmen?
Lemberger hätte sicherlich das Potenzial dazu, die Qualität der Weine wird stetig besser und auch außerhalb der Region beginnt man die Rebsorte zu schätzen. Wenn auch oft unter dem Namen Blaufränkisch. Und hier beginnt schon das Dilemma, scheinen doch in Württemberg die Traditionalisten in der Mehrheit, die glauben, man müsse am Namen Lemberger festhalten, habe dadurch ein Alleinstellungsmerkmal gegenüber den Weinen aus Österreich oder aus anderen deutschen Anbaugebieten. Oder scheut man den Wettbewerb? Dafür gibt es keinen Grund, die Qualität der Weine spricht für sich.
Natürlich könnte auch Spätburgunder diese Leitsorte sein. 28 Württemberger Spätburgunder haben wir dieses Jahr mit „hervorragend" bewertet, im Vergleich zu 24 Lembergern – und das obwohl mehr Lemberger als Spätburgunder vorgestellt wurden. Originell ist das aber nicht, unabhängig von der Qualität, sich als Spätburgunder-Region zu etablieren zu wollen, das wäre schwierig, der Erfolg ungewiss.
Bei der möglichen weißen Leitsorte Riesling ist das Bild identisch, nein noch krasser, ist doch die bundesweite Konkurrenz allzu groß. Dabei positionieren sich Jahr für Jahr Württemberger Rieslinge sehr gut in unseren bundesweiten Schlussverkostungen.
Viele Rebsorten und viele Weine im Programm zu führen, sind ein Vorteil, wenn der Ab-Hof-Verkauf wichtig ist, werden aber zum Nachteil wenn man sich über den Fachhandel und außerhalb der Region positionieren will – oder gar im Export.
Anders als beispielsweise in Baden, besitzen die unterschiedlichen Teilgebiete in Württemberg keine klare eigenen Identität – zumindest nicht, was die Rebsorten betrifft. Wir standen selbst vor dem Dilemma in diesem Jahr, wollten wir doch endlich, und überhaupt zum ersten Mal, eine Württemberger Lage auszeichnen in unserer „Klassiker-Bibliothek". Welche Lage auswählen über welchen Wein? Denn wir definieren ja große Lagen über große Weine. Wir griffen auf unsere Datenbank mit nunmehr fast 200.000 Weinbewertungen zurück, es zeigte sich schnell, dass über 20 Jahre hinweg mehr Weine aus der Lage Lämmler in Fellbach mit „hervorragend" bewertet wurden als aus jeder anderer Lage. Und welcher Wein nun wurde im Durchschnitt der letzten zehn Jahre am höchsten bewertet? Wir waren selbst ein wenig überrascht zu sehen, dass es ein Spätburgunder war, fast genauso gut hätte es ein Lemberger oder Riesling sein können. Definieren sich große Lagen über eine Rebsorte oder einen Weintyp? Über lange Sicht sicher ja. Trotzdem würden wir nicht wagen zu prognostizieren, welche Rebsorte dies sein sollte, beispielsweise im Lämmler.
Auch dieses Jahr freuen wir uns über viele neue Weingüter im Buch. Zwei kommen ganz aus dem Süden des Anbaugebietes und genau genommen gar nicht aus Württemberg, sondern aus Bayern, aber der Bayerische Bodensee ist weingesetzlich Württemberg zugeschlagen. In Bayern, in Nonnenhorn sind

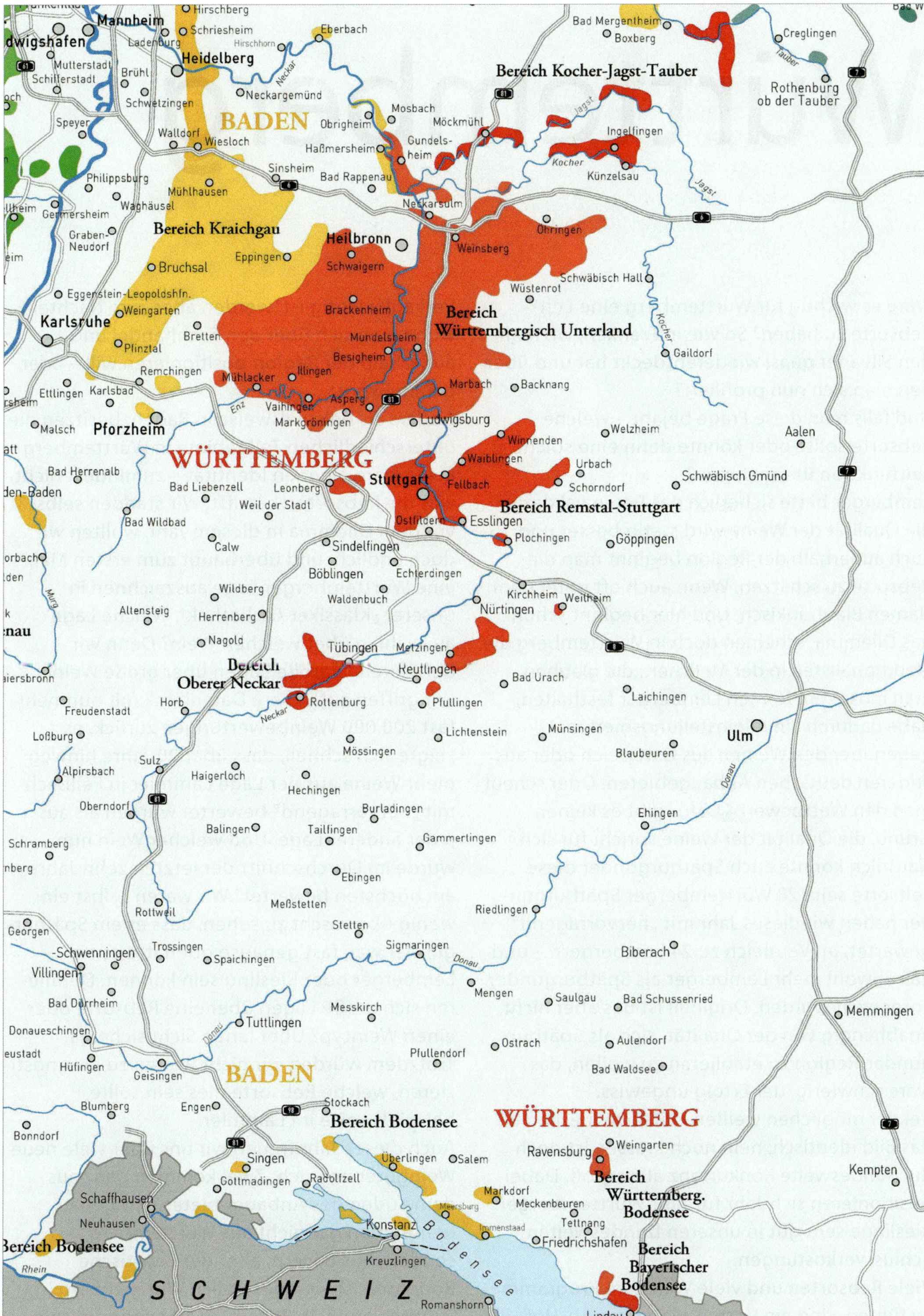

BADEN
WÜRTTEMBERG
BADEN
WÜRTTEMBERG
SCHWEIZ
Bereich Kocher-Jagst-Tauber
Bereich Kraichgau
Bereich Württembergisch Unterland
Bereich Remstal-Stuttgart
Bereich Oberer Neckar
Bereich Bodensee
Bereich Bodensee
Bereich Württemberg. Bodensee
Bereich Bayerischer Bodensee
Mannheim
Ludwigshafen
Heidelberg
Hirschberg
Schriesheim
Ladenburg
Mutterstadt
Schifferstadt
Brühl
Schwetzingen
Neckargemünd
Eberbach
Hirschhorn
Neckar
Speyer
Walldorf
Wiesloch
Obrigheim
Mosbach
Möckmühl
Haßmersheim
Gundelsheim
Bad Mergentheim
Boxberg
Creglingen
Tauber
Rothenburg ob der Tauber
Jagst
Ingelfingen
Kocher
Künzelsau
Philippsburg
Mühlhausen
Sinsheim
Bad Rappenau
Neckarsulm
Germersheim
Waghäusel
Graben-Neudorf
Heilbronn
Weinsberg
Öhringen
Eppingen
Schwaigern
Bruchsal
Schwäbisch Hall
Wüstenrot
Eggenstein-Leopoldshfn.
Weingarten
Brackenheim
Karlsruhe
Bretten
Pfinztal
Mundelsheim
Besigheim
Gaildorf
Remchingen
Mühlacker
Illingen
Marbach
Backnang
Ettlingen
Karlsbad
Enz
Vaihingen
Asperg
Markgröningen
Ludwigsburg
Malsch
Pforzheim
Welzheim
Aalen
Winnenden
Waiblingen
Urbach
Bad Herrenalb
Bad Liebenzell
Leonberg
Stuttgart
Fellbach
Schorndorf
Schwäbisch Gmünd
Baden-Baden
Weil der Stadt
Bad Wildbad
Ostfildern
Esslingen
Plochingen
Göppingen
Calw
Sindelfingen
Böblingen
Echterdingen
Murg
Wildberg
Waldenbuch
Kirchheim
Weilheim
Altensteig
Herrenberg
Nürtingen
Nagold
Tübingen
Metzingen
Reutlingen
Bad Urach
Laichingen
Freudenstadt
Horb
Rottenburg
Pfullingen
Loßburg
Lichtenstein
Münsingen
Ulm
Blaubeuren
Mössingen
Sulz
Alpirsbach
Haigerloch
Hechingen
Donau
Oberndorf
Burladingen
Balingen
Tailfingen
Ehingen
Schramberg
Gammertingen
Ebingen
Meßstetten
Rottweil
Riedlingen
Stetten
Sigmaringen
Biberach
Trossingen
Spaichingen
Villingen-Schwenningen
Mengen
Bad Dürrheim
Saulgau
Bad Schussenried
Tuttlingen
Messkirch
Memmingen
Donaueschingen
Pfullendorf
Ostrach
Aulendorf
Hüfingen
Geisingen
Bad Waldsee
Blumberg
Engen
Stockach
Bonndorf
Singen
Überlingen
Salem
Ravensburg
Weingarten
Kempten
Gottmadingen
Radolfzell
Schaffhausen
Markdorf
Meersburg
Meckenbeuren
Neuhausen
Konstanz
Immenstaad
Tettnang
Friedrichshafen
Rhein
Kreuzlingen
Bodensee
Romanshorn
Lindau

die Weingüter Peter Hornstein und Lanz zuhause, Ersterer mit einem konventionellen Programm, Letzterer Biowinzer ausschließlich mit Piwi-Sorten. Aus Stuttgart stellen wir gleich drei weitere Betriebe vor: Die Genossenschaft Collegium Wirtemberg, den Jungwinzer Fabian Rajtschan und, nach einigen Jahren der Abstinenz, Christel Currle aus Uhlbach; aus dem Remstal ist das Weingut Parfum der Erde wieder mit an Bord. In Affaltrach ist das Weingut Dr. Baumann zuhause, nicht weit davon in Willsbach das Weingut Laicher, in Neckarsulm Bernhard Holzapfel und aus dem Bottwartal kommt das Weingut Waldbüßer.
Die Spitze in Württemberg bleibt in diesem Jahr unverändert, aber viele Betriebe präsentierren sich als Aufsteiger, zeigen sich klar verbessert, im gesamten Anbaugebiet. Da sind im Remstal die Weingüter Escher und Häußermann, auch die Fellbacher Genossen sind stark wie nie, in Stuttgart das Weingut Schwarz, im Kirbachtal legen Gerd Keller und Martin Notz weiter zu, in Lauffen das Weingut Hirschmüller und im Hohenloher Land Boris Birkert und das Weingut Ungerer, auch Gruber und Weinreuter legen zu, Berthold in Neckarsulm und in der Vaihinger Gegend Johannes Häge und Kinzinger.

Die besten Erzeuger

Weltklasse

★★★★★

Weingut Gerhard **Aldinger**
Weingut **Dautel**

★★★★☆

Weingut Karl **Haidle**, Inh. H. Haidle
Weingut Rainer **Schnaitmann**

Hervorragende Erzeuger

★★★★

Weingut Graf **Adelmann**
Weingut **Beurer**
Weingut Jürgen **Ellwanger**
Weingut **Escher** ↑
Weingut **Heid**
Weingut Fürst zu **Hohenlohe-Öhringen**
Weingut Wolfgang **Klopfer**
Weingut **Knauß**
Weingut **Kusterer**
Weingut Albrecht **Schwegler**
Weingut **Wachtstetter**
Weingut **Wöhrwag**
Weingut **Zimmerle**

★★★☆

Weingut **Drautz-Able**
Weingut Fritz **Funk**
Weingut G.A. **Heinrich**

Sehr gute Erzeuger

★★★

Weingut **Bächner**
Weingut Hedwig & Helmut **Dolde**
Weingut **Doreas**
Weingut Bernhard **Ellwanger**
Weingut **Hirschmüller** ↑
Schlossgut **Hohenbeilstein**
Weingut Gerd **Keller** ↑
Weingut **Kistenmacher-Hengerer**
Weingut **Leiss**
Weingut **Maier**
Weingut **Medinger**
Weingut des Grafen **Neipperg**
Weingut Martin **Notz** ↑
Weingut **Rux**
Weingut **Schäfer-Heinrich**
Staatsweingut **Weinsberg**
Weingut **Zipf**

★★☆

Panoramaweingut **Baumgärtner**
Weingut **Birkert** ↑
Weingut **Eisele**
Fellbacher Weingärtner ↑
Weingut **Gold**
Weingut Albert **Häußermann** ↑
Weingut **Johannes B.**
Weingut **Hirsch**
Weingut **Idler**
Weingut **Schwarz** ↑

Weingut **Siegloch**
Weingut **Weigel**

Gute Erzeuger

★★

Weingut **Albrecht-Kießling**
Weingut **Alt**
Weingut Alexander **Bauer**
Weingut Graf v. **Bentzel-Sturmfeder**
Weingut **Bruker**
Wein- und Sektgut Christel **Currle** Ⓝ
Weingärtner **Dürrenzimmern-Stockheim**
Weingut **Forsthof**
wein & gut **frank**
Weingut **Gruber** ↑
Weingut **Häge** ↑
Weingut **Haller**
Weingut **Hirth** – Rebhof
Weingut **Kinzinger** ↑
Weingut Eberhard **Klein**
Weingut **Mödinger**
Weingut **Parfum der Erde** Ⓦ
Weingut Reinhard **Schäfer**
Weingut Michael **Schiefer**
Weingut **Seybold**
Weingut **Singer-Bader**
Weingut **Sonnenhof**
Weingut **Supp**
Weingut **Ungerer** ↑
Weinmanufaktur **Untertürkheim**
Weinfactum
BioWeingut **Weinreuter** ↑
Weingut Herzog von **Württemberg**

★☆

Weingut **Albrecht-Gurrath**
Weingut Dr. **Baumann** Ⓝ
Weingut **Berthold** ↑
Weingut **Bihlmayer**
Weingut **Dobler**
Weingut **Faschian**
Weinbau **Frick**
Weingut **Häge**
Weingut **Keil**
Weingut **Lanz** Ⓝ
Weingut **Lutz**
Weingut Martin **Schropp**
Weingut **Springer** ↑

Zuverlässige Erzeuger

★

Weingärtner **Cleebronn-Güglingen**
Collegium Wirtemberg Ⓝ
Weinhof **Dieroff**
Weingut **Gaufer**
Weingut und Edelbrennerei **Gemmrich**
Weingut **Golter** Ⓦ
Weingut Rolf **Heinrich**
Weingut **Holzapfel** Ⓝ
Weingut Peter **Hornstein** Ⓝ
Weingut **Kurz-Wagner**
Weingut **Laicher** Ⓝ
Weingut Anita **Landesvater**
Winzergenossenschaft **Markelsheim**
Weingut **Rajtschan – 70469R!** Ⓝ
Weingärtner **Stromberg-Zabergäu**
Weingut **Waldbüßer** Ⓝ

Deutsche Weingüter von A bis Z

A

ABRIL

★★☆

KONTAKT

Am Enselberg 1
79235 Vogtsburg-Bischoffingen
Tel. 07662-949323-0
Fax: 07662-949323-99
www.weingut-abril.de
weingut@weingut-abril.de

Inhaber
Abril Weine GmbH & Co. KG
Betriebsleiter Eva-Maria-Köpfer
Kellermeister Daniel Hank
Rebfläche 23 Hektar
Produktion 130.000 Flaschen

BESUCHSZEITEN

Mo.-Fr. 8-12 + 13-18 Uhr, Sa. 9:30-12:30 Uhr, So. 11-16 Uhr (April/Mai/Sept./Okt.)

ABRIL

1740

Seit 2015 führt ein neues Team das größte biologisch wirtschaftende Weingut am Kaiserstuhl. Die Familie Abril betreibt seit dem Jahr 1740 Weinbau in Bischoffingen am Kaiserstuhl, Hans-Friedrich Abril und Ehefrau Gabi gaben 2007 das Weingut an Cousine Helga und ihren Mann Erivan Haub, den Seniorchef von Tengelmann, ab. Die Rebfläche, bei Übernahme 6,5 Hektar, wurde seither deutlich vergrößert, unter anderem durch die Übernahme des benachbarten Weinguts Consequence. Der neue Weinkeller konnte nicht wie geplant am alten Sitz realisiert werden, ein kompletter Neubau am Ortsrand von Bischoffingen inmitten der Weinberge wurde im September 2012 eröffnet. Die Weinberge liegen in den Bischoffinger Lagen Enselbuck, Rosenkranz und Steinbuck, sowie im Jechtinger Eichert. Die Weinberge werden biologisch bewirtschaftet, man ist Mitglied bei Ecovin. Der Schwerpunkt liegt auf den Burgundersorten, dazu gibt es Spezialitäten wie Gewürztraminer, Muskateller, Riesling, Scheurebe, Chardonnay oder Blauer Silvaner. Das Sortiment ist dreistufig gegliedert in die Linien Frucht, Stein und Zeit, einige Weine der beiden Linien Stein und Zeit tragen Lagenbezeichnungen.

Kollektion

Das neue Team hat den richtigen Kurs gesetzt, die neue Kollektion ist ein klarer Schritt voran. Die Frucht-Weine machen ihrem Namen Ehre, sind reintönig, frisch und fruchtbetont. Mehr Fülle und Kraft besitzen die beiden Stein-Weine: Der Grauburgunder ist strukturiert, fruchtbetont und zupackend, der Magmatit genannte Spätburgunder besitzt intensive Frucht und viel Konzentration. Der im Barrique ausgebaute Zeit-Chardonnay besitzt Fülle und Kraft, gute Struktur und Substanz, der Gewürztraminer besitzt herrlich viel Stoff, unser Favorit aber ist der intensiv fruchtige, reintönige Enselberg-Pinot Noir. Aber auch die beiden rauchig-harmonischen Crémants sollte man nicht vergessen – klar im Aufwind!

Weinbewertung

86 Crémant **12,5 %/13,- €**
86 Crémant „Gold“ **12,5 %/22,- €**
84 2017 Scheurebe trocken „Frucht“ **12 %/9,50 €**
83 2017 Blauer Sylvaner trocken „Frucht“ **13 %/9,- €**
85 2017 Weißer Burgunder trocken „Frucht“ **12 %/8,50 €**
86 2016 Grauer Burgunder trocken „Stein“ Bischoffinger Enselberg **13,5 %/15,- €**
88 2016 Chardonnay trocken „Zeit“ Bischoffinger Enselberg **13,5 %/23,- €**
88 2017 Gewürztraminer Auslese „Zeit“ Enselberg **13,5 %/17,- €/0,5l**
83 2017 Rosé trocken „Frucht“ **13 %/8,50 €**
86 2016 Spätburgunder trocken „Magmatit“ „Stein“ **13,5 %/16,- €**
89 2015 Pinot Noir trocken „Zeit“ Bischoffinger Enselberg **13,5 %/28,- €**

Ackermann

★★☆

KONTAKT

Oberdorfstraße 40
76831 Ilbesheim
Tel. 06341-30664
Fax: 06341-32547
www.weingut-ackermann.de
info@weingut-ackermann.de

Inhaber
Familie Ackermann
Rebfläche
14 Hektar
Produktion
60.000 Flaschen

BESUCHSZEITEN

nach Vereinbarung
Brennerei; Ferienwohnung

Die Familie Ackermann spezialisierte sich Mitte der sechziger Jahre auf Weinbau. Mit der Aussiedlung an den Ortsrand von Ilbesheim 1972 begann man die Selbstvermarktung zu forcieren. Neben Weinbergen an der Kleinen Kalmit in Ilbesheim (Landschneckenkalk) und im Leinsweiler Sonnenberg (Buntsandsteinverwitterung) besitzt die Familie auch Weinberge in Eschbach (Hasen), Göcklingen (Kaiserberg), Mörzheim (Pfaffenberg) und im Ilbesheimer Rittersberg. Riesling, Weißburgunder und Spätburgunder stehen im Vordergrund, aber auch internationale Rebsorten wie Chardonnay, Sauvignon Blanc, Merlot und Cabernet Franc wurden gepflanzt. Frank Ackermann ist seit 1996 für den Keller verantwortlich, Vater Karl-Heinz kümmert sich um den Außenbetrieb. Momentan befindet sich das Weingut in der Umstellungsphase zum biologischen Weinbau.

Kollektion

Von den Lagenweinen, die normalerweise immer an der Spitze des Sortiments stehen, konnten wir in diesem Jahr nur einen, den Sauvignon Blanc vom Ritterberg, verkosten, er zeigt viel klare Frucht, etwas Pfirsich und Zitrusfrucht, und nur sehr feine, dezente Röstnoten, besitzt gute Konzentration und ein frisches, lebendiges Säurespiel. Neu im Programm ist der „Red Orange", ein Orangewein, bei dem Weißweintrauben zusammen mit 15 Prozent Rotweintrauben auf der Maische vergoren wurden, der Wein ist komplex und sehr fruchtbetont, zeigt Noten von Mango, Mandarine und vor allem Himbeeren und Kirschen, er besitzt dezente Tannine, nachhaltigen Säurebiss und gute Länge, ein gelungenes Experiment. Gelungen sind auch die kraftvolle, konzentrierte Cuvée aus Cabernet Franc und Merlot, die Noten von grüner Paprika und dunkler Schokolade im Bouquet zeigt und die beiden Orts-Weißburgunder, die beide klare Frucht, Birne und etwas Aprikose, und florale Noten zeigen und Kraft und Frische besitzen, der Riesling vom Landschneckenkalk wirkt noch etwas unruhig, besitzt aber schon klare, gelbe Frucht.

Weinbewertung

80 2017 Riesling trocken (1l) **12 %/4,90 €**
83 2017 Riesling trocken „Glühwürmchen" **12,5 %/6,20 €**
83 2017 Sauvignon Blanc trocken „Glühwürmchen" **12,5 %/7,10 €**
83 2017 Grauburgunder trocken **13 %/5,50 €**
86 2017 Weißburgunder trocken „Landschneckenkalk" Ilbesheimer **13,5 %/8,- €**
86 2017 Weißburgunder trocken „Kalkmergel" Ilbesheimer **13 %/9,- €**
85 2017 Riesling trocken „Landschneckenkalk" Ilbesheimer **13 %/8,- €**
87 2017 Sauvignon Blanc trocken „Fumé" Ilbesheimer Ritterberg **13,5 %/13,- €**
88 2016 „Red Orange" Rotling „unfiltriert" **13 %/15,- €/0,5l**
86 2014 Cabernet Franc - Merlot trocken „No1" **14 %/14,- €**

WEINGUT ACKERMANN

A.J. Adam

★★★★

KONTAKT

Metschert 14
54347 Neumagen-Dhron
Tel. 06507-9393713
Fax: 06507-702865
www.aj-adam.com
andreas@aj-adam.com,
barbara@aj-adam.com

Inhaber
Andreas Adam, Barbara Gudelj
Rebfläche
5 Hektar
Produktion
35.000 Flaschen

BESUCHSZEITEN

nach Vereinbarung

Andreas Adam übernahm das zwischenzeitlich stillgelegte Weingut des Großvaters und etwa einen Hektar Rebfläche. Im Jahr 2000 wurden die ersten Weine gekeltert, inzwischen erweiterte er die Fläche. Außer den Parzellen im Hofberg werden auch Reben im Piesporter Goldtröpfchen bewirtschaftet, wo er 2009 zusammen mit Julian Haart aus Piesport eine Parzelle erworben hat. 2011 konnte er weitere Felsterrassen im Hofberg dazu gewinnen und hat Terrassenstücke im Goldtröpfchen neu bepflanzt, inzwischen konnte er die kleine, nur 0,3 Hektar große Einzellage Dhroner Häs'chen erwerben, eine Terrassenlage mit 1930 wurzelecht bepflanzten Rieslingreben, der Jahrgang 2014 brachte den ersten Wein aus dem Häs'chen. 40 verschiedene Parzellen gibt es derzeit im Betrieb. Andreas Adam geht einen extrem traditionellen Weg, arbeitet mit einer alten Korbpresse, hat diese inzwischen aber durch eine moderne Presse ergänzt, was allein schon aus Kapazitätsgründen notwendig war. Er vergärt die Rieslinge mit eigenen Hefen und baut sie mit langer Lagerung auf der Feinhefe teils im Holz, teils im Edelstahl aus. Der Gutsriesling von jungen Reben kommt ins Edelstahl, der Dhroner teils ins Edelstahl, teils ins Holz, die großen Weine werden alle im Holz ausgebaut, die in kleinen Mengen erzeugten edelsüßen Spitzen kommen in Immervolltanks. Abhängig vom Jahrgang werden etwa 50 bis 60 Prozent der Produktion trocken ausgebaut, die Hälfte der Produktion wird exportiert. 2013 ist Andreas Adams Schwester Barbara, nach Geisenheim-Studium, in den Betrieb eingetreten, eine vorsichtige Erweiterung des Betriebes haben beide ins Auge gefasst. Erstmals wurde im Jahr 2015 aus der Monopollage Dhroner Häs'chen auch eine kleine Menge Kabinett restsüß ausgebaut.

Kollektion

In den vergangenen Jahren machten uns die Weine aus dem Weingut Adam immer große Freude. Der Winzer hat über die Jahre hinweg einen

eigenständigen Stil entwickelt, der Saftigkeit und Mineralität miteinander verbindet. 2017 mangelt es nicht an Vielfalt und Qualität – weder im trockenen noch im süßen Teil des Sortiments. Der Basisriesling besitzt eine unruhige, von der Spontanvergärung beeinflusste Note, ist stoffig, besitzt überdurchschnittlichen Schmelz. Der Dhroner dagegen ist frisch, puristisch trocken wirkend, mit Noten von Zitrus und Hefe, noch verschlossen. Die drei trockenen Spitzen unterscheiden sich wieder einmal auf erfreuliche Weise. Der Häs'chen-Wein ist frisch, eher schlank, würzig, öffnet sich langsam; der Riesling aus dem Hofberg dagegen zeigt eine dunkle Würze, ist zupackend, enorm saftig, vibrierend, mit reifer Säure. Beim Riesling aus dem Piesporter Goldtröpfchen tritt die saftige, für die Lage so typische Frucht zutage. Sehr gelungen ist der feinherbe Bereich, in dem beispielsweise der wunderschön balancierte, geradlinige und strukturierte Riesling Sängerei gefällt. Die qualitativen Unterschiede zum „Pfarrgarten"-Riesling sind allerdings nur gering. Bei den Kabinetten wirkt derjenige aus dem Hofberg etwas vibrierender als der Häs'chen-Vertreter, allerdings ist letzterer Wein etwas nachhaltiger und kraftvoller. Die Auslese aus dem Hofberg ist eher verhalten in der Nase, wirkt im Mund enorm saftig, besitzt eine eher verhaltene Süße und dafür eine überdurchschnittliche Würze und Struktur. Ein Auslesestil, der durchaus fordert aber auf Dauer ungeheuer animierend wirkt. Noch eine Spur mehr Potenzial scheint die Auslese aus dem Häs'chen zu haben, die ebenfalls zupackend ausfällt, dicht und würzig, keineswegs übertrieben süß.

Barbara Gudelj & Andreas Adam

Weinbewertung

87	2017 Riesling trocken **11 %/9,- €**
88	2017 Riesling trocken Dhroner **11 %/15,- €**
89	2017 Riesling „von den Terrassen" Dhroner Hofberg **11,5 %/21,- €**
90	2017 Riesling trocken Dhroner Häs´chen **11 %/23,- €**
91	2017 Riesling trocken Dhroner Hofberg **12 %/27,- €**
91	2017 Riesling trocken Piesporter Goldtröpfchen **12,5 %/35,- €**
87	2017 Riesling feinherb „Im Pfarrgarten" **9,5 %/9,- €**
89	2017 Riesling „feinherb" „In der Sängerei" **10 %/19,- €**
88	2017 Riesling Kabinett Dhroner Hofberg **8 %/13,- €**
89	2017 Riesling Kabinett Dhroner Häs´chen **8,5 %/15,- €**
89	2017 Riesling Spätlese Dhroner Hofberg **8 %/19,- €**
91	2017 Riesling Auslese Dhroner Hofberg **7,5 %/25,- €**
92	2017 Riesling Auslese Dhroner Häs´chen **7,5 %/25,- €**

LAGEN

HOFBERGER (DHRON)
GOLDTRÖPFCHEN (PIESPORT)
HÄS'CHEN (DHRON)

REBSORTEN

RIESLING (100 %)

A

ADAM

★

KONTAKT

Am Weiher 18
55288 Partenheim
Tel. 06732-1289
Fax: 06732-930909
www.weingut-adam.de
info@weingut-adam.de

Inhaber
Thomas Adam
Rebfläche
20 Hektar

BESUCHSZEITEN

nach Vereinbarung
Weinschänke

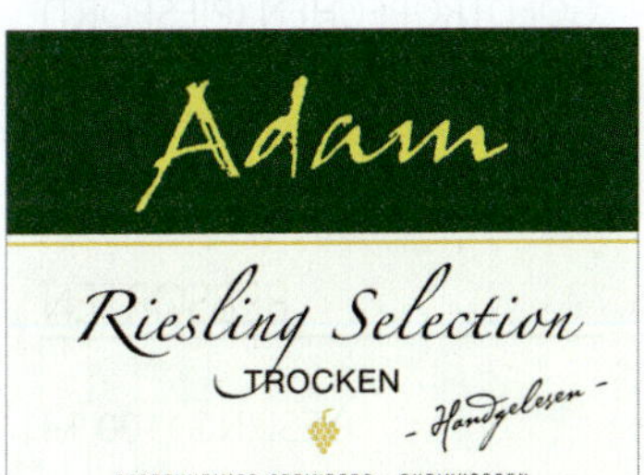

Thomas Adam führt heute in vierter Generation dieses in Partenheim gelegene Weingut, ein Ort, in dem Weinbau bereits im 8. Jahrhundert urkundlich erwähnt wurde. Seine Weinberge liegen in den beiden Partenheimer Lagen St. Georgen (Löss und Ton) und Steinberg (toniger Lehm), der westlich an den Saulheimer Schlossberg anschließt, die Gewanne Am Himmelberg grenzt unmittelbar an den Schlossberg an, aus dieser Gewanne wird der Spitzenriesling des Weingutes erzeugt. Silvaner und Riesling sind die wichtigsten Rebsorten, es folgen Müller-Thurgau, Grauburgunder, Spätburgunder, Weißburgunder, Chardonnay und Dornfelder, aber auch Cabernet Sauvignon, Scheurebe, Regent, Portugieser, Cabernet Mitos, Bacchus, Ortega, Würzer und Rubinet – siebzehn Rebsorten insgesamt. Die Weine werden vor allem über Weinmessen verkauft, auf mehr als zwanzig Messen in ganz Deutschland ist das Weingut vertreten.

Kollektion

Der Riesling Am Himmelberg, Jahrgang 2015, war im vergangenen Jahr unser Favorit in einer gleichmäßigen Kollektion, und sein Nachfolger aus dem Jahrgang 2016 gefällt uns auch dieses Jahr am besten: Er zeigt feine Würze und reife Frucht, ist füllig und kompakt im Mund, besitzt viel reife Frucht und Substanz. Die trockene Riesling Spätlese aus dem Steinberg, Jahrgang 2017, ist würzig, kompakt, verhalten, noch jugendlich. Deutlich offener ist die Würzer Auslese, ebenfalls aus dem Partenheimer Steinberg, zeigt feine Zitrusnoten im Bouquet, ist klar und zupackend im Mund bei viel Biss. Nicht zu vergessen: Der Silvaner im Liter – klar, zupackend und frisch. Im roten Segment gefällt uns der jugendliche Pinot Noir aus dem Partenheimer St. Georgen am besten, der frisch und fruchtbetont im Bouquet ist, klar und zupackend im Mund, feine Frucht und Biss besitzt.

Weinbewertung

82 2017 Silvaner trocken (1l) **12 %/5,80 €**
81 2017 Pinot Gris Partenheimer St. Georgen **13,5 %/6,90 €**
83 2017 Riesling Spätlese trocken „D3“ Partenheimer Steinberg **12 %/7,80 €**
82 2017 Sauvignon Blanc Auslese Partenheimer Steinberg **13 %/8,50 €**
85 2016 Riesling „S“ trocken „sur lie“ Partenheim „Am Himmelberg“ **13 %/17,95 €**
80 2017 Silvaner „feinherb“ (1l) **11,5 %/5,80 €**
81 2017 Chardonnay Spätlese („feinherb“) Partenheimer St. Georgen **11 %/6,90 €**
84 2017 Würzer Auslese Partenheimer Steinberg **8 %/7,80 €**
80 2017 Rotling **9,5 %/5,90 €**
81 2017 Rosé **12 %/6,90 €**
83 2017 Pinot Noir trocken Partenheimer St. Georgen **13 %/14,90 €**
81 2016 Cabernet Mitos Partenheimer St. Georgen **11 %/6,30 €**

MARCO ADAMY

★★☆

KONTAKT

St. Petersweg 7
54538 Kinheim
Tel. 06532-4982
www.weingut-adamy.de
marco.adamy@weingut-adamy.de

Inhaber
Marco Adamy
Rebfläche
3 Hektar

BESUCHSZEITEN

nach Vereinbarung

Marco Adamy hat erst eine Ausbildung zum Groß- und Einzelhandelskaufmann absolviert, dann in Geisenheim studiert, ein Auslandspraktikum in Neuseeland und diverse Praktika im Inland gemacht, nach Beendigung seines Studiums wurde er Weinbauberater an der Mosel. Bereits seit seinem Studienbeginn 2005 war er im elterlichen Weingut für den Weinausbau verantwortlich, Ende 2013 gründete er sein eigenes Weingut, 2014 war sein erster Jahrgang. Seine Weinberge befinden sich überwiegend in Steillagen, liegen in Kinheim im Rosenberg und in Kröv, 2015 kamen Parzellen im Ürziger Würzgarten (mit über 100 Jahre alten wurzelechten Reben) und im Erdener Treppchen (ebenfalls mit wurzelechten Reben) hinzu. Riesling nimmt 80 Prozent der Fläche ein, hinzu kommen Spätburgunder, Sauvignon Blanc und Weißburgunder. Die Weine werden spontanvergoren und lange auf der Hefe ausgebaut.

Kollektion

2017 machen schon die Basisweine Spaß, beispielsweise der süffige trockene Riesling und der Weißburgunder, der duftig ist, fein, mit einem Hauch von Süße und zurückgenommenem Alkohol. Die trockene Spitze ist 2017 mit zwei Weinen besetzt: Der Riesling aus dem Erdener Treppchen ist mit seiner leicht hefigen Art und viel Würze uneingeschränkt empfehlenswert, sein Pendant von alten Reben aus dem Ürziger Würzgarten ist noch etwas verhalten in der Aromatik, aber mit viel Schmelz ausgestattet. Die süßen Rieslinge zeigen dann die ganze Klasse des Jahrgangs und des Weinmachers. Mit offener Frucht und feinem Süße-Säure-Spiel präsentiert sich der Treppchen-Kabinett, duftig, mit feiner Nektarinennote und rassiger Art zeigt sich die Rosenberg-Spätlese. Sowohl die Auslese (Noten von kandiertem Apfel) als auch die Goldkapsel-Auslese (Zitrus, getrockneter Apfel, Kräuter) und die Beerenauslese (cremige Blütennoten) sind stilistisch sehr gelungen. ▬

Weinbewertung

84 2017 Riesling trocken **11,5 %/5,90 €**
84 2017 Weißer Burgunder **11 %/7,90 €**
86 2017 Riesling trocken Erdener Treppchen **11,5 %/9,- €**
87 2017 Riesling „Alte Reben" Ürziger Würzgarten **12 %/9,50 €**
84 2017 Riesling „vom grauen Schiefer" Kinheimer **11 %/6,90 €**
84 2017 Riesling Spätlese „feinherb" Kinheimer Rosenberg **10 %/8,50 €**
86 2017 Riesling Kabinett Erdener Treppchen **8,5 %/6,90 €** ☺
87 2017 Riesling Spätlese Kinheimer Rosenberg **8,5 %/8,50 €** ☺
89 2017 Riesling Auslese Ürziger Würzgarten **7,5 %/14,- €**
90 2017 Riesling Auslese „Goldkapsel" Kinheimer Rosenberg **7,5 %/25,- €**
92 2017 Riesling Beerenauslese Kinheimer Rosenberg **7,5 %/30,- €/0,375l**
85 2016 Spätburgunder trocken **13,5 %/9,50 €**

GRAF ADELMANN

★★★★

KONTAKT

Burg Schaubeck
71711 Steinheim-Kleinbottwar
Tel. 07148-92122-0
Fax: 07148-92122-25
www.graf-adelmann.com
weingut@graf-adelmann.com

Inhaber
Felix Graf Adelmann
Betriebsleiter/Kellermeister
Ruben Röder
Rebfläche
19 Hektar
Produktion
110.000 Flaschen

BESUCHSZEITEN

Mo.-Fr. 9-12 + 14-18 Uhr,
Sa. 9-13 Uhr

Die Grafen Adelmann erwarben 1914 das Gut, das seit 1978 von Michael Graf Adelmann geführt wurde; 2012 hat sein Sohn Felix das Gut übernommen. Weinbau ist auf der Burg Schaubeck bereits im 13. Jahrhundert nachgewiesen. Das Gros der Weinberge von Graf Adelmann, 16 Hektar, liegt in Kleinbottwar (roter Keuperboden), 1 Hektar in Großbottwar und 3 Hektar in Ludwigsburg-Hoheneck am Neckar, wo die Reben auf Muschelkalkböden wachsen. In Kleinbottwar gehören dem Weingut zwei Weinbergslagen im Alleinbesitz: Süßmund und Oberer Berg, wobei Oberer Berg auch die Lagenbezeichnung für den Adelmann'schen Besitz in Hoheneck am Neckar ist. Die Weinberge werden biologisch bewirtschaftet, 2017 wurde der dreijährige Umstellungsprozess abgeschlossen, dies wird der erste zertifizierte Jahrgang sein. 65 Prozent der Weinberge sind mit roten Reben bestockt: Vor allem Lemberger, Spätburgunder, Trollinger und Samtrot, aber auch etwas Frühburgunder, Muskattrollinger, Urban und andere Sorten. Rotweine werden maischevergoren und im Holzfass ausgebaut. Bei den weißen Rebsorten dominiert Riesling, es folgen Weißburgunder und Grauburgunder, dazu gibt es etwas Muskateller und Traminer, inzwischen auch 85 Ar Grüner Veltliner. Die Weißweine werden, oft nach Ganztraubenpressung, kühl vergoren und im Edelstahl ausgebaut, nur der Grauburgunder kommt hin und wieder ins Holz. 99 Prozent der Weine werden trocken ausgebaut. Die besten Rieslinge, Burgunder und Lemberger werden als „Brüssele'r Spitze mit eigenem Etikett vermarktet, benannt nach den Vorbesitzern des Gutes, den Freiherren von Brüssele, denen Burg Schaubeck von 1853 bis zum Verkauf an die Grafen Adelmann im Jahr 1914 gehörte. Bei den Rotweinen setzte Michael Graf Adelmann verstärkt auf Cuvées. Nach ersten Versuchen ab 1981 lancierte man im Jahr 1989 die Cuvée „Vignette" als roten Spitzenwein, Graf Adelmann gehört damit zu den Pionieren roter Cuvées in Deutschland. Die weiteren Spitzenweine wurden 1996 eingeführt, der „Löwe von Schaubeck" (als Lemberger und als Weißweincuvée) und die rote Cuvée „Herbst im Park". Die Cuvée „Carpe Diem" wurde erstmals 1999 erzeugt. Cuvées dürfen nach den Statuten des VDP keine Großen Gewächse sein, dies ist dem Lemberger Oberer Berg und dem Süßmund-Riesling vorbehalten.

Kollektion

Eine starke Kollektion präsentierten Felix Graf Adelmann und Ruben Röder im vergangenen Jahr, Weiß- und Rotweine überzeugten gleichermaßen, sowohl in der Basis als auch in der Spitze. Vergleichbar ist nun die neue Kollektion, die bemerkenswert hohes Niveau schon bei den Gutsweinen zeigt. Beim Weißburgunder beispielsweise, der fruchtbetont und reintönig im Bouquet ist, frisch und zupackend im Mund, gute Fülle und reintönige

Frucht besitzt. Oder beim Weißen Löwen, wie die lange „Der Löwe von Schaubeck" genannte Cuvée aus Riesling, Weißburgunder und Grauburgunder seit dem Jahrgang 2016 heißt. Jahrgang 2017, ein Teil wie gewohnt im Tonneau ausgebaut, zeigt gute Konzentration und feine Würze, ist füllig und saftig im Mund, besitzt gute Struktur und Frucht. Die nun folgenden Weißweine stammen alle aus dem Jahrgang 2016. Der Weißburgunder aus dem Kleinbottwarer Lichtenberg, ausgebaut in Fässern mit 300 und 500 Liter Inhalt, ist würzig und eindringlich, zeigt dezent rauchige Noten, besitzt Fülle und Kraft im Mund, gute Struktur und klare Frucht, ist seinem Jahrgangsvorgänger ebenbürtig. Dies gilt auch für den Hades-Grauburgunder, der in neuen französischen Tonneau vergoren und ausgebaut wurde. Er zeigt intensive rauchige Noten im Bouquet, Vanille, ist füllig im Mund, stoffig, dominant, besitzt viel Substanz, ist derzeit noch sehr vom Ausbau im Holz geprägt. Das Große Gewächs aus dem Kleinbottwarer Süßmund, im Edelstahl ausgebaut, ist würzig und eindringlich, zeigt viel reife Frucht, ist füllig und saftig im Mund bei viel Substanz, recht süß. Auch im roten Segment ist das Einstiegsniveau hoch, der Guts-Spätburgunder ist frisch und fruchtbetont im Bouquet, reintönig im Mund bei feiner Frucht. Die „Herbst im Park" genannte Cuvée kennen wir schon lange, so gut gefallen wie im Jahrgang 2015 hat sie uns aber noch nie. Lemberger und Spätburgunder mit etwas Cabernet und Dornfelder, achtzehn Monate in zu 30 Prozent neuen Barriques ausgebaut: Intensive Frucht, Fülle, Kraft, gute Struktur und Frische. Passt. Der Schwarze Löwe, das Große Gewächs, zwanzig Monate in zur Hälfte neuen Barriques ausgebaut, zeigt viel Würze und intensive, fast schon vordergründige Frucht, ist klar im Mund, füllig und harmonisch. Der Hades-Merlot in seinem Debüt-Jahrgang 2015 war im vergangenen Jahr im Abgang noch von dezente Bitternoten geprägt. Braucht Zeit, lautete unser Resümee im vergangenen Jahr – und diese Zeit hat ihm gut getan, er besitzt intensive Frucht, gute Struktur, viel Kraft und Konzentration.

Felix Graf Adelmann

Weinbewertung

86 2017 Weißburgunder trocken **12 %/9,80 €**
86 2017 Weißer Löwe Weißwein trocken **12,5 %/10,80 €**
88 2016 Weißburgunder trocken Kleinbottwarer Lichtenberg **13 %/14,50 €**
90 2016 Riesling „GG" „Das Lied von der Erde" Süßmund **12,5 %/25,- €**
88 2016 Grauburgunder trocken „Hades" **13,5 %/19,50 €**
85 2015 Spätburgunder trocken **13,5 %/8,90 €**
89 2015 „Herbst im Park" Rotwein trocken **13,5 %/16,90 €**
89 2015 Lemberger „GG" „Der Schwarze Löwe" Oberer Berg **14,5 %/29,- €**
90 2015 Merlot „Hades" **14 %/35,- €**

LAGEN

SÜSSMUND (KLEINBOTTWAR)
OBERER BERG (KLEINBOTTWAR)
LICHTENBERG (KLEINBOTTWAR)

REBSORTEN

LEMBERGER (18 %)
RIESLING (16 %)
WEISSBURGUNDER (15 %)
TROLLINGER (8 %)

ADELSECK

★

KONTAKT

Saarstraße 41
55424 Münster-Sarmsheim
Tel. 06721-97440
Fax: 06721-974422
www.adelseck.de
info@adelseck.de

Inhaber
Carl Adelseck
Betriebsleiter
Carl Martin Adelseck
Rebfläche
12 Hektar
Produktion
95.000 Flaschen

BESUCHSZEITEN

nach Vereinbarung

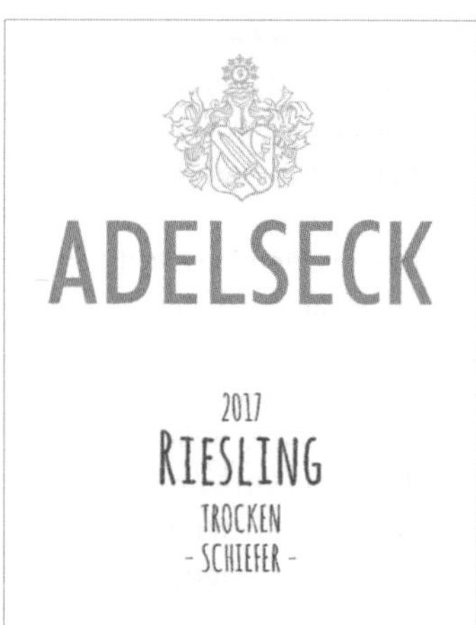

Bereits seit dem 11. Jahrhundert ist die Familie Adelseck im Bingener Raum urkundlich nachweisbar und schon damals hatten die Vorfahren als Küfer mit Wein zu tun. Nach dem Abschluss seiner Ausbildung zum Techniker für Weinbau und Önologie ist mit Carl Martin Adelseck als Betriebsleiter seit 2016 die fünfte Generation der Familie im Weingut tätig. Ihre Weinberge liegen in den Münsterer Lagen Dautenpflänzer (Quarzit), Pittersberg (Schiefer), Kapellenberg und Königsschloss, in den Laubenheimer Lagen Karthäuser (Sandstein), Fuchsen und Vogelsang, sowie in der Sarmsheimer Liebehöll. 70 Prozent der Weinberge befinden sich in Steil- oder Hanglagen. Wichtigste Rebsorte ist Riesling, der auf der Hälfte der Fläche steht, gefolgt von Spätburgunder mit einem Anteil von 20 Prozent und 10 Prozent Weißburgunder. Dazu gibt es etwas Silvaner, Grauburgunder, Scheurebe, Chardonnay, Dornfelder und Cabernet Sauvignon. Etwa 80 Prozent der Weine werden trocken oder halbtrocken ausgebaut. Aus Riesling und Scheurebe wird auch Sekt erzeugt. Zum Betrieb gehört auch das Weinhaus Adelseck, ein Großhandelshaus, das Weine aus Frankreich, Australien, Südafrika, Argentinien und Uruguay importiert.

Kollektion

Auch in diesem Jahr konnten wir nur eine kleine Kollektion verkosten, die aber zwei Überraschungen bereithält: Noch nie waren Grau- und Spätburgunder so stark wie die beiden Lagenweine mit der „S"-Bezeichnung. Der Spätburgunder zeigt klare rote Frucht von reifen Kirschen und etwas kräutrige Würze und besitzt eine gute Struktur mit frischer Säure, der Grauburgunder zeigt feine röstige Würze, gelbe Frucht, etwas Zitrusnoten, ist kraftvoll und konzentriert und besitzt Eleganz und Länge. Der zweite Grauburgunder ist saftig und geradlinig mit klarer Birnen- und Pfirsichfrucht und dezenten Honignoten, der Spätburgunder von alten Reben ist ganz fruchtbetont mit Noten von Schwarzkirsche. Der Rosé vom Spätburgunder zeigt dezente rote Frucht und etwas florale Noten, bleibt aber kurz, wie auch der Riesling Classic mit süßer Frucht und deutlichen Honignoten.

Weinbewertung

83 2017 Grauburgunder trocken Laubenheimer Karthäuser **13 %/8,50 €**
86 2017 Grauburgunder „S" trocken Laubenheimer Karthäuser **14 %/13,- €**
80 2017 Riesling Classic **12 %/6,- €**
81 2017 Spätburgunder Rosé trocken **13,5 %/6,- €**
82 2016 Spätburgunder trocken „Alte Reben" **13 %/8,50 €**
85 2016 Spätburgunder „S" trocken Münsterer Dautenpflänzer **13,5 %/13,- €**

J.J. Adeneuer

★★★★

KONTAKT

Max-Planck-Straße 8
53474 Bad Neuenahr-Ahrweiler
Tel. 02641-34473
Fax: 02641-37379
www.adeneuer.de
jjadeneuer@t-online.de

Inhaber
Frank & Marc Adeneuer
Rebfläche
13 Hektar
Produktion
100.000 Flaschen

BESUCHSZEITEN

Mo.-Fr. 9-12 + 13:30-18 Uhr,
Sa. 10-15 Uhr

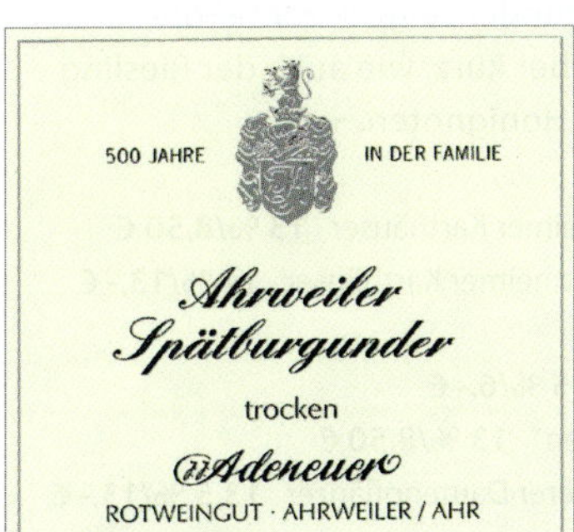

Seit über 500 Jahren betreiben die Adeneuers Weinbau an der Ahr. Seit 1984 wird das Weingut von den Brüdern Frank und Marc Adeneuer geführt. Sie bauten lange Zeit ausschließlich rote Sorten an, inzwischen gibt es ein wenig Weißburgunder. Neben dem dominierenden Spätburgunder gibt es etwa 10 Prozent Frühburgunder sowie seit einigen Jahren eben ein klein wenig Weißburgunder. Die nach Süden ausgerichtete steil terrassierte Lage Walporzheimer Gärkammer (0,64 Hektar), zwischen Kräuterberg und Pfaffenberg gelegen, eine der kleinsten Einzellagen Deutschlands, gehört dem Weingut Adeneuer seit 1714 im Alleinbesitz, der Boden besteht aus Schieferverwitterungsgestein und Gehängelehm. Aber auch in anderen Spitzenlagen ist das Weingut vertreten, so im Ahrweiler Rosenthal (vielfältige Bodenarten von Grauwacke über Gehängelehm bis zu Löss, Lösslehm und Schiefer) und im Neuenahrer Sonnenberg (Grauwacke und Grauwackeschiefer mit Lehmanteilen, Gehängelehm, Löss und Lösslehm), aber auch im Walporzheimer Kräuterberg, in dem Schieferverwitterungsgestein vorherrscht, sowie in weiteren vom VDP als Große Lagen klassifizierten Lagen, von denen aber keine Einzellagenweine erzeugt werden (Ahrweiler Silberberg, Heimersheimer Burggarten, Heimersheimer Landskrone, Neuenahrer Schieferlay). Prädikatsbezeichnungen verwendet man bereits seit 2004 nicht mehr. Die Weine werden nach Kaltmaceration möglichst spontanvergoren und alle im Holz ausgebaut. Die Spitzenweine kommen 18 bis 20 Monate ins Barrique, ab dem „No. 1" werden ausschließlich neue Fässer verwendet. An der Spitze der Kollektion stehen die Großen Gewächse aus Gärkammer und Rosenthal, inzwischen ergänzt um einen Frühburgunder aus dem Sonnenberg, des Weiteren gibt es einen Spätburgunder aus dem Kräuterberg als Großes Gewächs, der erst deutlich später in den Verkauf kommt als die anderen Großen Gewächse. Hinter den Großen Gewächsen gibt es „J.J. Adeneuer No. 1" und „J.J. Adeneuer No. 1".

Kollektion

Im vergangenen Jahr hatten wir von den Spitzenweinen jeweils die Jahrgänge 2014 und 2015 verkostet, an der Spitze sahen wir im Jahrgang 2015 Gärkammer und Kräuterberg knapp vor Rosenthal, 2014 Gärkammer vor Kräuterberg und vor Rosenthal, die 2015er hatten uns insgesamt ein klein wenig besser gefallen als die 2014er. In diesem Jahr präsentieren Frank und Marc Adeneuer den Jahrgang 2016 und beim Spätburgunder nur die beiden Großen Gewächse, die auch jetzt schon in den Verkauf kommen. Beide sind hervorragend, aber wieder sehen wir den Wein aus der Gärkammer knapp vorne. Er zeigt ein expressives

Bouquet mit einer Mischung aus viel reifer Frucht (fast schon Überreife) und gleichzeitig floralen und kräuterigen Noten, ist füllig im Mund, komplex, noch sehr jugendlich, konzentriert und lang. Der Wein aus dem Rosenthal zeigt reife süße Frucht im Bouquet, rote Früchte, ist wunderschön füllig und harmonisch im Mund, cremig und ausgewogen, besitzt viel reife reintönige Frucht und Länge. Der Frühburgunder aus dem Sonnenberg zeigt wie das Gros der 2016er Frühburgunder von der Ahr ein wenig florale Noten, reife rote Früchte, ist füllig im Mund, besitzt reife süße Frucht, gute Harmonie und Länge, aber nicht den Druck der beiden Spätburgunder. Den „J.J. Adeneuer No. 1" gibt es im Jahrgang 2016 auch in einer Goldkapsel-Version, und diese macht den Großen Gewächsen starke Konkurrenz, zeigt intensive Frucht, rote Früchte, ist herrlich eindringlich und reintönig im Bouquet, besitzt Fülle und Kraft, reife Frucht, gute Struktur und Biss, ist noch recht jugendlich. Intensive Frucht kennzeichnet auch den „normalen" „J.J. Adeneuer No. 1", er ist frisch, fruchtbetont und zupackend, besitzt gute Struktur und viel Frucht. Der „J.J. Adeneuer No. 2" glänzt mit Reintönigkeit und mit Frische, ist lebhaft und zupackend, strukturiert und fruchtbetont. Der „J.J. Adeneuer" ist fruchtbetont und würzig im Bouquet, zeigt einen Anflug von Kapern, ist frisch dann im Mund, fruchtbetont, reintönig und zupackend und auch der Ahrweiler Spätburgunder aus dem Jahrgang 2017 macht eine sehr gute Figur, zeigt rote Früchte, Erdbeeren und Kirschen, ist lebhaft, frisch, fruchtbetont und zupackend. Spätburgunder gibt es schließlich auch noch als Blanc de Noir, der Wein ist fruchtbetont wie seine roten Kollegen, frisch und zupackend, besitzt feine süße Frucht, ist betont süffig. Der würzige, frische, zupackende Weißburgunder rundet die stimmige, starke Kollektion ab.

Weinbewertung

84 2017 Weißburgunder trocken **12,5 %/10,50 €**
85 2017 Spätburgunder „Blanc de Noir" trocken **12 %/9,50 €**
85 2017 Spätburgunder trocken Ahrweiler **13 %/9,50 €**
86 2016 Spätburgunder trocken „J.J. Adeneuer" **13 %/11,50 €**
87 2016 Spätburgunder trocken „J.J. Adeneuer No. 2" **13 %/16,- €**
88 2016 Spätburgunder trocken „J.J. Adeneuer No. 1" **13,5 %/24,- €**
90 2016 Spätburgunder trocken Goldkapsel „J.J. Adeneuer No. 1" **13,5 %/32,- €**
88 2016 Frühburgunder „GG" Neuenahrer Sonnenberg **13 %/38,- €**
90 2016 Spätburgunder „GG" Ahrweiler Rosenthal **13,5 %/35,- €**
91 2016 Spätburgunder „GG" Walporzheimer Gärkammer **13,5 %/56,- €**

LAGEN

GÄRKAMMER (WALPORZHEIM)
KRÄUTERBERG (WALPORZHEIM)
ROSENTHAL (AHRWEILER)
SONNENBERG (NEUENAHR)

REBSORTEN

SPÄTBURGUNDER (87 %)
FRÜHBURGUNDER (10 %)
WEISSBURGUNDER (3 %)

A

ALBERT

★

KONTAKT

Albertushof 1
68789 St. Leon-Rot
Tel. 06227-51717
Fax: 06227-881222
www.weingut-albert.de
wein@weingut-albert.de

Inhaber
Erwin-Peter Albert
Rebfläche
2,5 Hektar
Produktion
5.000 Flaschen

BESUCHSZEITEN

Vinothek Do. 17-19 Uhr,
Sa. 10-13 Uhr und nach
Vereinbarung

St. Leon-Rot ist eher für Spargel bekannt denn für Weinbau und Weinberge gibt es hier auch nicht – aber ein Weingut. Auch auf dem Alberthof ist Spargel das wichtigste Produkt, aber Erwin-Peter Albert setzt verstärkt auf Wein. Nach seiner Winzerlehre bei Klumpp und Bassermann-Jordan hat er mehrere Jahre bei Bassermann-Jordan gearbeitet, auch am Neusiedlersee (bei Judith Beck) und an der Walker Bay in Südafrika (bei Hermanuspietersfontein). 2013 ist er auf den elterlichen Albertushof zurückgekommen, den er 2015 übernommen hat. Seine Weinberge liegen in Malsch, wo er vor allem Spätburgunder anbaut, der 40 Prozent der Rebfläche einnimmt. Es folgen jeweils 20 Prozent Weißburgunder und Müller-Thurgau, dazu gibt es vor allem noch Grauburgunder, weitere Sorten sind neu gepflanzt oder sollen in den kommenden Jahren gepflanzt werden. Im Oktober 2017 wurde die neu gestaltete Vinothek eröffnet.

Kollektion

Erwin-Peter Albert bleibt seinem puristischen Stil treu: Gute Weine ohne Schnickschnack. Das gilt schon für den Müller-Thurgau in der Literflasche mit frischer, lebendiger Säure und typischem, leichten Mandelaroma. Der leichtfüßige Secco ist etwas für Süßmäuler. Der Weißburgunder ist ganz klar, saftig und süffig. Kräftig ist der Blanc de Noir mit Zitrusaromen und feiner Säure. Viel Biss hat auch der Grauburgunder mit heller Frucht. Sehr ordentlich ist der Spätburgunder in der Literflasche, keine Süße, er ist fruchtbetont mit guten Tanninen; dies gilt auch für das Mauerblümchen, einen reinsortigen Dunkelfelder aus den Jahrgängen 2015 und 2016. Der Spätburgunder von 2015 zeigt klare rote Frucht, gut eingebundene Säure und Tannine. Viel Würze und feine Röstaromen prägen das Bouquet des Pinot Noir aus dem Jahrgang 2015. Er zeigt rote Früchte, Säure und Tannine stimmen auch, er ist relativ leicht und deshalb elegant.

Weinbewertung

81	2017 Secco Perlwein trocken **11 %/4,70 €**
82	2017 Müller-Thurgau trocken (1l) **12 %/4,10 €**
84	2017 Weißer Burgunder trocken **13 %/6,50 €**
83	2017 Grauer Burgunder trocken **12,5 %/6,5 0€**
83	2017 „Blanc de Noir" trocken **13 %/6,50 €**
82	2015 Spätburgunder (1l) **12,5 %/4,30 €**
84	2015 Spätburgunder **12,5 %/8,50 €**
83	„Mauerblümchen" Rotwein **11,5 %/8,50 €**
87	2015 Pinot Noir **12,5 %/17,- €**

ALBRECHT-GURRATH

★☆

KONTAKT

Äußere Mausklinge 2
74074 Heilbronn
Tel. 07131-507194
Fax: 07131-578075
www.weingut-albrecht-gurrath.de
info@weingut-albrecht-gurrath.de

Inhaber
Denis, Peter & Gabriele Gurrath
Rebfläche
10 Hektar
Produktion
85.000 Flaschen

BESUCHSZEITEN

Mo.-Fr. nach Vereinbarung,
Sa. 8-16 Uhr

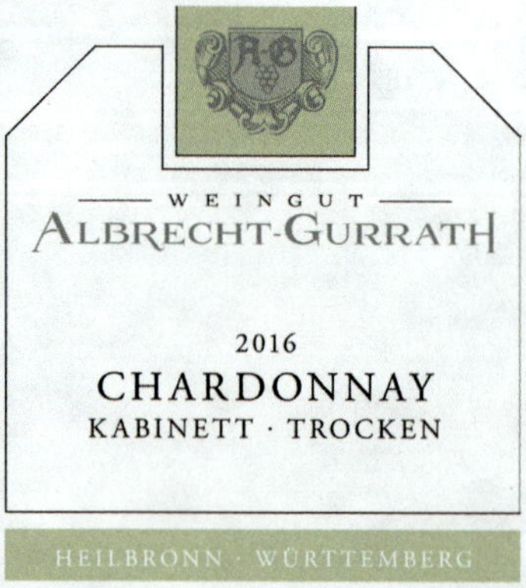

Peter und Gabriele Gurrath übernahmen 1987 das Weingut und siedelten alsbald in die Äußere Mausklinge aus. Ihre Weinberge liegen in Heilbronn (Stiftsberg, Wartberg, Staufenberg), aber auch in Weinsberg, Neckarsulm und Flein (Eselsberg). Die Reben wachsen hauptsächlich auf tiefgründigen Keuperböden. Rote Rebsorten nehmen mehr als die Hälfte der Rebfläche ein: Trollinger, Lemberger, Spätburgunder, Samtrot und Schwarzriesling, aber auch Cabernet Dorsa, Acolon, Muskat-Trollinger und Frühburgunder respektive Clevner. An weißen Rebsorten gibt es hauptsächlich Riesling, Chardonnay und Sauvignon Blanc. Sohn Denis hat nach der Winzerlehre die Ausbildung zum Weinbautechniker in Weinsberg abgeschlossen, unterstützt seine Eltern seit 2010 im Betrieb, in dem sich der Generationswechsel vollzieht.

Kollektion

Eine stimmige Kollektion präsentieren die Gurraths auch in diesem Jahr, Sauvignon Blanc und Riesling aus der S-Klasse gefallen uns besonders gut. Der Muskateller-Sekt ist geradlinig, der Chardonnay lebhaft und zupackend, der Riesling „G" würzig und frisch, der Muskat-Trollinger Rosé reintönig und geradlinig. Der Riesling S zeigt klare Frucht, etwas Pfirsiche, ist füllig und saftig bei viel Substanz. Gleichauf sehen wir den Sauvignon Blanc S, der reintönige Frucht zeigt, Stachelbeeren, klar, und zupackend ist. Sehr gleichmäßig präsentieren sich die Rotweine. Der Lemberger ist wunderschön reintönig und süffig, der duftige Cabernet Dorsa zeigt feine Cassisnoten, ist geradlinig und klar. Der Acolon ist rauchig und strukturiert, merklich süß, die Samtrot Auslese besitzt intensive Frucht, ist süffig und klar. Unsere leichte Präferenz im roten Segment gilt dem Spätburgunder S, der fruchtbetont und reintönig ist, gute Struktur und Frische besitzt.

Weinbewertung

82 2015 Muskateller Sekt trocken Heilbronner Stiftsberg **11,5 %/11,50 €**
82 2017 Chardonnay Kabinett trocken Heilbronner Stiftsberg **12,5 %/6,80 €**
82 2017 Weißer Riesling trocken „G" Heilbronner Staufenberg **11,5 %/6,50 €**
87 2017 Riesling „S" trocken Heilbronner Stiftsberg **12,5 %/10,80 €**
87 2017 Sauvignon Blanc „S" trocken Heilbronner Stifsberg **13 %/9,80 €**
82 2017 Muskat-Trollinger Rosé **11,5 %/6,90 €**
80 2016 Trollinger mit Lemberger Classic **12,5 %/6,- €**
83 2017 Lemberger trocken Heilbronner Staufenberg **12 %/6,80 €**
84 2015 Spätburgunder „S" trocken Heilbronner Stiftsberg **13,5 %/12,20 €**
83 2015 Acolon „S" trocken Heilbronner Stiftsberg **13 %/9,90 €**
83 2016 Cabernet Dorsa „S" trocken Fleiner Eselsberg **13,5 %/10,80 €**
83 2017 Samtrot Auslese **11,5 %/10,20 €**

Albrecht-Kiessling

★★

Kontakt

Im Breitenloch 37
74076 Heilbronn
Tel. 07131-178947
Fax: 07131-166825
www.albrecht-kiessling.de
weingut@albrecht-kiessling.de

Inhaber
Annette & Peter Albrecht
Rebfläche
16 Hektar
Produktion
150.000 Flaschen

Besuchszeiten

Do.+Fr. 9-18:30 Uhr, Sa. 9-16 Uhr, oder nach Vereinbarung

Das Weingut Albrecht-Kiessling ist hervorgegangen aus den Weinbergen von Gerhard Kiessling und Walter Albrecht, die beide aus Familien stammen, die seit Jahrhunderten Wein anbauen. Heute führen Annette und Peter Albrecht den Betrieb. Tochter Viola hat nach Lehre bei Christmann und Stefan Winter ihr Geisenheim-Studium abgeschlossen, stieg im Sommer 2018 in den Betrieb ein, die zweite Tochter Luisa absolviert die Ausbildung bei Klumpp und im Staatsweingut Meersburg. Zuletzt wurde in das Weingut investiert, unter anderem ein neuer Sektkeller gebaut. Die Weinberge befinden sich fast ganz in den Heilbronner Lagen Wartberg, Stiftsberg und Stahlbühl. Rote Rebsorten nehmen 60 Prozent der Rebfläche ein. Wichtigste rote Rebsorten sind Lemberger, Trollinger und Samtrot, dazu gibt es einige Cabernet-Kreuzungen und Merlot. Drei Viertel der Weißweinfläche nimmt Riesling ein, dazu gibt es Grauburgunder, Weißburgunder, Kerner und Muskateller.

Kollektion

Die neue Kollektion ähnelt sehr der vom vergangenen Jahr, ist weiß wie rot sehr gleichmäßig, bietet gutes Einstiegsniveau. Der Weißburgunder Sekt ist frisch, füllig und saftig, der Johanna genannte Grauburgunder ist reintönig bei feiner süßer Frucht. Die trockene Riesling Spätlese besitzt feine Frische und Konzentration, gute Struktur und Biss, noch ein klein wenig besser gefällt uns die füllige, kraftvolle Cuvée aus Chardonnay und Weißburgunder, die gute Struktur und reife Frucht besitzt. Der Lemberger von alten Reben ist frisch und würzig, recht süß, die trockene Spätlese vom Wartberg zeigt intensive Frucht, rauchige Noten, besitzt Fülle, Saft, reife Frucht und gute Struktur. Die würzige, frische Cabernet-Cuvée besitzt feine süße Frucht und ganz dezente jugendliche Bitternoten, unser Favorit aber ist die zweite präsentierte rote Cuvée, Privatkeller genannt, die intensive Frucht und Gewürznoten im Bouquet zeigt, rote Früchte, Fülle und Kraft im Mund besitzt, gute Struktur und Frische, ebenfalls noch sehr jugendlich und tanninbetont ist.

Weinbewertung

83	2016 Weißburgunder Sekt brut Heilbronner Stiftsberg **13,5 %/11,50 €**
85	2017 Riesling Spätlese trocken Heilbronner Stiftsberg **11,5 %/7,80 €**
83	2017 Grauburgunder trocken „Johanna“ **12,5 %/8,80 €**
86	2017 Chardonnay mit Weißburgunder trocken „Viola“ **12,5 %/14,40 €**
82	2016 Lemberger trocken „alte Reben“ **12,5 %/5,90 €**
85	2015 Lemberger Spätlese trocken Heilbronner Wartberg **14 %/9,20 €**
87	2015 „Privatkeller“ Rotwein trocken Barrique **14 %/14,50 €**
84	2015 Cabernet Cuvée trocken Barrique **14 %/8,80 €**

Aldinger

★★★★★

Kontakt

Schmerstraße 25/Ecke
Lutherstraße
70734 Fellbach
Tel. 0711-581417
Fax: 0711-581488
www.weingut-aldinger.de
info@weingut-aldinger.de

Inhaber
Gert Aldinger
Betriebsleiter
Hansjörg & Matthias Aldinger
Kellermeister
Matthias Aldinger
Außenbetrieb
Hansjörg Aldinger
Rebfläche
30 Hektar
Produktion
220.000 Flaschen

Besuchszeiten

Mo.-Fr. 9-12 + 14-18 Uhr,
Sa. 9-13 Uhr

Bentz der Aldinger legte 1492 den Grundstock für das heutige Weingut, indem er von Aldingen nach Fellbach zog um dort Reben zu bewirtschaften. Aber erst in den fünfziger Jahren des letzten Jahrhunderts entstand das Weingut, als Gerhard Aldinger nach seiner Heirat mit Anneliese Pflüger beschloss, die Holzküferei seines Schwiegervaters in ein Weingut umzuwandeln. 1973 erwarb man die Lage Gips in Untertürkheim, eine 9,5 Hektar große Einzellage, die dem Weingut allein gehört, der Boden besteht aus Gipskeuper. Unter der Führung von Gert Aldinger wurde der Betrieb nach und nach vergrößert, heute besitzt man Weinberge im ganzen Remstal und am Neckar, vor allem in den Fellbacher Lagen Lämmler und Goldberg (Stubensandstein, Mergel und Keuper), aber auch in Stetten (Mönchberg, Pulvermächer, Kieselsandstein), Rotenberg (Schlossberg, leichter Mergel), Uhlbach (Götzenberg) und Hanweiler (Mergelböden). 2,5 Hektar besitzt Gert Aldinger bei der Burg Lichteneck (Keuperböden) im Bottwartal. Knapp 30 Prozent der Weinberge nimmt Riesling ein. An roten Sorten gibt es vor allem Spätburgunder, Lemberger und Trollinger. Wobei die Aldingers auch internationale Sorten anbauen: Cabernet Sauvignon und Merlot gibt es bereits seit 1990, Sauvignon Blanc seit 1994. An der Spitze der Kollektion stehen die Großen Gewächse aus Gips und Lämmler. Ihnen zur Seite stehen die „Großen Reserven" von Merlot und Cabernet Sauvignon („Cuvée C"), von Sauvignon Blanc (meist eine Cuvée aus den Lagen Gips, Lämmler und Schlossberg) und Chardonnay. Inzwischen sind Gert Aldingers Söhne Hansjörg und Matthias im Betrieb tätig, die beide ihre Ausbildung bei renommierten Weingütern in Deutschland absolvierten und beide auch im Ausland Erfahrung sammelten.

Kollektion

Schon vom ersten Jahrgang 2009 des Brut Nature-Sektes waren wir begeistert, der 2011er aber ist besser denn je, rauchig, komplex, nachhaltig, noch jugendlich: Der Einstige in die diesjährige Kollektion beginnt mit einem Paukenschlag. Genauso begeistert uns aber auch der Gutsriesling, Rebhuhn genannt, er ist fruchtbetont, lebhaft und strukturiert. Die stimmige Riesling-Kollektion kulminiert in zwei Großen Gewächsen, die sich sehr deutlich voneinander unterscheiden. Der rauchig-würzige Marienglas-Riesling besitzt viel Substanz und Druck, während der Lämmler mehr auf Fülle, Frucht und Kraft setzt; spannend sind beide. Der Reserve-Sauvignon Blanc ist füllig und reintönig, der Ovum im Jahrgang 2016 sehr würzig und eigenwillig. Der Reserve-Chardonnay ist klar, konzentriert und zupackend, der Marienglas-Weißburgunder besitzt Fülle und Kraft, reife Frucht und gute Struktur. Das rote Segment beginnt wie gewohnt mit zwei spannenden Trollingern. Der Wein von alten Reben ist klar, zupackend und strukturiert, der Sine, ohne Zusatz von Schwefel ausgebaut, ist eindringlich

und kraftvoll, besitzt Frucht und Druck. Merlot und Cabernet Sauvignon sehen wir meist gleichauf, im Jahrgang 2016 aber gilt unsere leichte Präferenz dem fülligen harmonischen Merlot, der ebenfalls hervorragende kraftvolle Cabernet Sauvignon zeigt dezent florale Noten. Lemberger und Spätburgunder sehen wir dann gleichauf: Reintönig und fruchtbetont sind schon die beiden Ortsweine, der intensive Lemberger vom Hanweiler Berg besitzt Fülle und Kraft, der Gips-Spätburgunder ist lebhaft und wunderschön reintönig. Der Lemberger Großes Gewächs aus dem Lämmler ist enorm würzig, konzentriert und dominant im Bouquet, füllig und saftig im Mund, vereint Kraft, Eleganz und Komplexität und ist noch sehr jugendlich. Der Lämmler-Spätburgunder Großes Gewächs ist reintönig, sehr präzise, druckvoll, sein Pendant aus dem Gips zeigt rote Früchte, etwas Gewürz- und Kräuternoten, besticht aber ebenfalls mit viel Präzision, beide zeigen, dass hervorragende Rotweine auch mit moderaten Alkoholwerten möglich sind. Wieder einmal eine enorm starke Kollektion aus dem Hause Aldinger, vom Sekt bis hin zu den Rotweinen!

Hansjörg & Matthias Aldinger

Weinbewertung

92	2011 Aldinger Sekt brut nature **12 %/50,- €**
86	2017 Riesling trocken „Rebhuhn" **11,5 %/7,10 €**
87	2017 Riesling trocken „Alte Reben" Fellbacher **12 %/9,50 €**
85	2017 Weißburgunder trocken Untertürkheimer Gips **12 %/11,40 €**
88	2017 Riesling trocken Untertürkheimer Gips **12 %/11,40 €**
89	2017 Sauvignon Blanc trocken „Reserve" **12 %/18,70 €**
88	2016 „Ovum" (Sauvignon Blanc) **12,5 %/38,66 €**
90	2016 Chardonnay „Reserve" **12,5 %/42,- €**
90	2016 Weißburgunder trocken „GG" „Marienglas" Gips **12,5 %/29,90 €**
92	2017 Riesling trocken „GG" Fellbacher Lämmler **12,5 %/29,90 €**
92	2017 Riesling trocken „GG" „Marienglas" Gips **12,5 %/29,90 €**
87	2017 Riesling Kabinett Götzenberg **7,5 %/14,10 €**
88	2017 Riesling Stettener Pulvermächer **11,5 %/11,40 €**
86	2016 Spätburgunder Rosé trocken „Reserve" **13 %/18,70 €**
87	2016 Trollinger trocken „Alte Reben" Fellbacher **13 %/9,50 €**
87	2016 Trollinger trocken „Sine" Fellbacher **11 %/14,10 €**
88	2016 Spätburgunder trocken Untertürkheimer Gips **13 %/15,30 €**
88	2016 Lemberger trocken Hanweiler Berg **13 %/15,30 €**
91	2016 Merlot trocken „Reserve" **13,5 %/29,90 €**
90	2016 Cabernet Sauvignon „Reserve" **13 %/29,90 €**
91	2016 Spätburgunder trocken „GG" „Marienglas" Gips **12,5 %/33,90 €**
91	2016 Spätburgunder trocken „GG" Fellbacher Lämmler **12,5 %/42,- €**
90	2016 Lemberger trocken „GG" Fellbacher Lämmler **13 %/42,- €**

LAGEN

GIPS (UNTERTÜRKHEIM)
LÄMMLER (FELLBACH)
PULVERMÄCHER (STETTEN)
GÖTZENBERG (UHLBACH)
GOLDBERG (FELLBACH)
BERG (HANWEILER)

REBSORTEN

RIESLING (31 %)
SPÄTBURGUNDER (13 %)
LEMBERGER (13 %)
TROLLINGER (8 %)
CABERNET (7 %)
WEISSBURGUNDER (6 %)
SAUVIGNON BLANC (6 %)
MERLOT (5 %)
CHARDONNAY (4 %)
SCHWARZRIESLING (1 %)

FRITZ ALLENDORF

★★

KONTAKT

Kirchstraße 69
65375 Oestrich-Winkel
Tel. 06723-91850
Fax: 06723-918540
www.allendorf.de
allendorf@allendorf.de

Inhaber
Ulrich Allendorf & Christine Schönleber
Betriebsleiter
Josef Schönleber
Kellermeister
Max Schönleber
Rebfläche
70 Hektar
Produktion
550.000 Flaschen

BESUCHSZEITEN

Mo.-Fr. 8-12 + 13-18 Uhr,
Sa. 10-16 Uhr

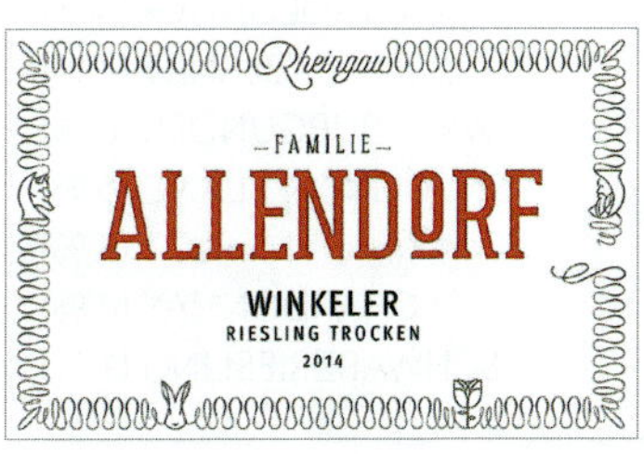

Die Familie Allendorf kann ihre Geschichte bis ins späte 13. Jahrhundert zurückverfolgen. Inzwischen sind Ulrich Allendorf und Christine Schönleber verantwortlich für das Unternehmen, das 1955 erst ein Kleinbetrieb mit 1,5 Hektar war, heute aber mit einer Rebfläche von 70 Hektar längst zu den Schwergewichten im Rheingau zählt. In Lagen wie Winkeler Jesuitengarten, Hasensprung, Rüdesheimer Berg Roseneck oder Assmannshäuser Höllenberg stehen zu drei Viertel Riesling, hinzu kommt Spätburgunder sowie ein wenig Chardonnay und Roter Riesling.

Kollektion

Die Weine zeigen sich im trockenen Bereich spürbar verbessert. Das fällt besonders bei den Basisweinen auf, von denen der trinkfreudige und fokussierte trockene Kabinett nur beispielhaft erwähnt werden soll. Der gerbstoffbetonte Riesling Alter Hase ist wuchtig und würzig, der kräftige „Goethewein" von traditioneller Machart, kühl und saftig. Bei den Großen Gewächsen hat das aus dem Roseneck mit seiner reifen Gelbfrucht die Nase vorne, es ist cremig und tiefgründig. Auch der balancierte halbtrockene Riesling Charta ist gelungen und bietet rheingautypisches, herzhaftes Trinkvergnügen. Die Spätburgunder sind alle saftig und reif, beim Großen Gewächs aus dem Höllenberg fällt der reduzierte Einsatz von Holz in diesem Jahr positiv auf, es ist fein verwoben und nachhaltig. —

Weinbewertung

85	2017 Roter Riesling trocken **12,5 %/12,95 €**
84	2017 Riesling Kabinett trocken **11,5 %/9,90 €**
83	2017 Riesling trocken Winkel **12,5 %/9,90 €**
87	2017 Riesling trocken „Goethewein aus dem Brentanohaus" **12,5 %/19,- €**
87	2017 Riesling trocken Rüdesheimer Berg **13 %/17,50 €**
87	2017 Riesling trocken „GG" Winkel Jesuitengarten **13 %/25,- €**
88	2017 Riesling trocken „GG" Rüdesheim Berg Roseneck **13 %/27,50 €**
87	2016 Riesling trocken „MonCheri" **12 %/29,- €**
87	2016 Riesling „Alter Hase" **13 %/39,- €**
87	2017 Riesling Spätlese halbtrocken Winkeler Jesuitengarten **10,5 %/25,- €**
86	2017 Riesling „Charta" **12 %/11,95 €**
83	2017 Riesling Kabinett **10,5 %/9,90 €**
87	2017 Riesling „Goethewein aus dem Brentanohaus" **9 %/19,- €/0,5l**
79	2017 Riesling Spätlese Rüdesheimer Berg Rottland **11,5 %/25,- €**
85	2015 Pinot Noir trocken „Quercus" **13,5 %/18,50 €**
88	2016 Spätburgunder trocken „GG" Höllenberg **13,5 %/27,50 €**
88	2012 Pinot Noir trocken „Quercus Superius" **14 %/55,- €**

ALT

★ ☆

KONTAKT

Hauptstraße 67
55569 Monzingen
Tel. 06751-94560
Fax: 06751-94561
www.weingut-alt.de
info@weingut-alt.de

Inhaber
Holger Alt
Rebfläche
8,5 Hektar
Produktion
60.000 Flaschen

BESUCHSZEITEN

Mo.-Sa. 8-12 + 14-18 Uhr, sonst nach Vereinbarung
Straußwirtschaft (bis 50 Personen), Gästezimmer, Ferienwohnungen

Das Weingut Alt ist ein Familienbetrieb in Monzingen, der seit über 100 Jahren besteht. Eckhard Alt, der Vater des heutigen Inhabers Holger Alt, richtete den Betrieb in den siebziger Jahren ganz auf den Weinbau aus. Die Weinberge von Holger Alt liegen alle in den beiden Monzinger Lagen Frühlingsplätzchen und Halenberg. Wichtigste Rebsorte ist der Riesling, der 45 Prozent der Rebfläche einnimmt, dazu kommen 30 Prozent Weiß-, Grau- und Spätburgunder, auf dem Rest der Fläche stehen Müller-Thurgau, Kerner, Bacchus, Dornfelder, Domina, Cabernet Dorsa und Dunkelfelder. Die Weine werden überwiegend trocken und halbtrocken ausgebaut, wenn es der Jahrgang zulässt, werden auch edelsüße Weine erzeugt. Die Weine werden zu 90 Prozent an Privatkunden verkauft.

Kollektion

Die aktuelle Kollektion von Holger Alt bestätigt den Aufwärtstrend der vergangenen Jahre: Bei den Weinen, bei denen er im letzten Jahr zugelegt hatte, kann er sich auch in diesem Jahr noch einmal etwas steigern, der im Holzfass ausgebaute Grauburgunder ist kraftvoll, zeigt klare Frucht und dezentes Holz, ist harmonisch und besitzt Länge, die beiden restsüßen Rieslinge zeigen wieder klare mineralische Noten und sind animierend und elegant, die Spätlese besitzt gute Konzentration und zeigt leicht rauchig-mineralische Würze. Auch die trockenen Rieslinge sind präzise und animierend, besitzen ein lebendiges Säurespiel und klare Frucht, schon der „Grundlage"-Riesling zeigt feine kräutrig-mineralische Würze und besitzt Saft und etwas Fülle. Die beiden trockenen Lagenrieslinge lagen im letzten Jahr gleichauf an der Spitze des Sortiments, in diesem Jahr sehen wir den Halenberg vorne, der steinige und rauchige Noten zeigt, gute Länge besitzt und etwas eleganter und nachhaltiger als der Wein aus dem Frühlingsplätzchen ist, der Kraft, feinen Druck und viel jugendlichen Biss besitzt. Grau- und Weißburgunder sind ebenfalls reintönig und besitzen Frische, der Grauburgunder zeigt feine nussige Würze, der Weißburgunder florale Noten.

Weinbewertung

83	2017 Riesling trocken „Grundlage" Monzinger **12,5 %/6,- €**
83	2017 Grauburgunder trocken Monzinger Frühlingsplätzchen **13 %/6,40 €**
83	2017 Weißburgunder trocken Monzinger Frühlingsplätzchen **13 %/5,80 €**
86	2017 Riesling trocken „vom Rotliegenden" Frühlingsplätzchen **13 %/8,50 €**
87	2017 Riesling trocken „vom Blauschiefer" Halenberg **13 %/8,50 €** ☺
86	2017 Grauburgunder trocken Holzfass **13,5 %/9,40 €**
83	2017 Riesling halbtrocken Monzinger Frühlingsplätzchen **12 %/6,- €**
84	2017 Riesling Kabinett Monzinger Frühlingsplätzchen **10,5 %/6,30 €**
86	2017 Riesling Spätlese Monzinger Halenberg **9 %/7,20 €**

Wolfgang Alt

★★☆

KONTAKT

Schwaigerner Straße 1
74336 Brackenheim/Neipperg
Tel. 07135-936514
Fax: 07135-936514
www.wolfgangalt-weingut.de
info@wolfgangalt-weingut.de

Inhaber
Wolfgang Alt
Rebfläche
2,95 Hektar
Produktion
9.500 Flaschen

BESUCHSZEITEN

nach Vereinbarung
„Wein-Garten“ saisonal geöffnet (siehe Webseite)

Die Weinberge von Wolfgang Alt liegen im Zabergäu in den beiden Lagen Neipperger Steingrube und Brackenheimer Zweifelberg, wo die Reben auf mittelschweren Keuperböden mit Tonanteil wachsen. Wolfgang Alt hat sich fast ganz auf Lemberger spezialisiert, der 85 Prozent seiner Weinberge einnimmt. Hinzu kommen zu etwa gleichen Teilen Weißburgunder und Riesling sowie die Piemonteser Spezialität Nebbiolo, die in ihrer Heimat für so berühmte Weine wie Barolo und Barbaresco verantwortlich ist. Nach einer offenen Maischegärung von etwa 20 Tagen, oft auch länger, werden die Weine in 600 Liter-Eichenfässern und/oder im Barrique ausgebaut, wobei Wolfgang Alt keine neuen Barriques nutzt, die Weine werden komplett durchgegoren und weder geschönt noch filtriert.

Kollektion

Wie schon in den Vorjahren ist der Weißburgunder der einzige Weißwein, den Wolfgang Alt präsentiert. Der Weißburgunder G aus dem Jahrgang 2016 besitzt intensive Frucht, viel Frische, ist klar und zupackend bei guter Struktur. Im roten Segment konnten wir den schon im vergangenen Jahr vorgestellten 2014er Nebbiolo sowie zwei Lemberger aus dem Jahrgang 2015 verkosten. Alle Rotweine sind deutlich oxidativ im Bouquet, im Mund dann aber – fast schon überraschend – frisch und klar, vor allem die beiden 2015er Lemberger überzeugen mit Präzision und Frucht. Der Nebbiolo zeigt viel Duft im Bouquet, rote Früchte, ist füllig und harmonisch im Mund, besitzt gute Struktur, die Säure steht nicht mehr so im Vordergrund wie noch im vergangenen Jahr. Unsere Favoriten sind die beiden Lemberger und wie gewohnt gilt unsere ganz leichte Präferenz dem Wein aus dem Brackenheimer Zweifelberg. Er zeigt viel Duft im Bouquet, viel reife Frucht, ist kraftvoll und konzentriert im Mund, besitzt herrlich viel Frucht, gute Komplexität, Struktur, Länge und Frische. Der Lemberger aus der Neipperger Steingrube steht ihm kaum nach, auch er ist recht duftig, vom dezidiert oxidativen Ausbau im Bouquet geprägt, kommt dann aber klar und zupackend in den Mund, ist kraftvoll und strukturiert, besitzt feine Frucht und eine dezente Schokonote im Hintergrund.

Weinbewertung

86	2016 Weißburgunder „G“ trocken **13 %/9,- €**
87	2015 Lemberger trocken Neipperg Steingrube **13,5 %/22,50 €**
88	2015 Lemberger trocken Brackenheim Zweifelberg **13,5 %/22,50 €**
86	2014 Nebbiolo trocken **13 %/19,- €**

ALTE GRAFSCHAFT

★★★

KONTAKT

Rathausgasse 5
97892 Kreuzwertheim
Tel. 09342-5500
Fax: 09342-22019
www.altegrafschaft.de
info@altegrafschaft.de

Inhaber
Christoph Dinkel & Norbert Spielmann
Betriebsleiter/Kellermeister/ Außenbetrieb
Anne Dumbsky
Rebfläche
11 Hektar
Produktion
70.000 Flaschen

BESUCHSZEITEN

Mo.-Fr. 9-18 Uhr, Sa. 9-14 Uhr; Weinpicknick zu den Öffnungszeiten; Häckerwirtschaftszeiten und Hofweinfeste siehe Webseite

Das junge Weingut hat seinen Sitz in einer von Peter Herrschaft 1594 erbauten Weinkellerei in Kreuzwertheim, dieses Anwesen gehörte ab 1611 den Wertheimer Grafen. Die ehemalige Grafschaft Wertheim wurde unter Napoleon teils Baden, teils Bayern zugeschlagen, der Main bildete die Grenze. Da Norbert Spielmann und Christoph Dinkel bei Gründung ihres Weingutes je eine Spitzenlage aus Baden – den Reicholzheimer Satzenberg – und aus Franken – den Kreuzwertheimer Kaffelstein – besaßen, die beide ehemals den Wertheimer Grafen gehörten, wählten sie den Namen Alte Grafschaft für ihr Weingut. Der Satzenberg wurde 2009 vom Weingut Fürst Löwenstein übernommen, die teilweise brachgefallenen Terrassen wurden in den folgenden Jahren gerodet, neu aufgebaut und mit Weißburgunder und Riesling bepflanzt. Spätburgunder nimmt insgesamt zwei Fünftel der Rebfläche ein, es folgen Weißburgunder und Riesling, dazu gibt es Silvaner, Müller-Thurgau, Scheurebe, Bacchus und Kerner.

Kollektion

Die 2017er Weißweine überzeugen: Der Silvaner ist fruchtbetont, klar und zupackend, die Fass 3-Cuvée besitzt feine Frische und reife süße Frucht, der Alte Satz ist strukturiert und zupackend, hat Biss – und auch der Rosé macht eine sehr gute Figur, ist fruchtbetont, klar und frisch. Die 2016er Satzenberg-Cuvée aus Weißburgunder und Riesling zeigt rauchige Noten, dezente Reife, ist füllig und saftig bei guter Struktur. Die beiden 2015er Weißweine hatten wir schon im vergangenen Jahr vorgestellt, der Mauerriesling ist fein gereift, hat an Komplexität gewonnen, auch der 2014er Spielmann-Pinot Noir überzeugt, besitzt feine Tannine und reintönige Frucht. Neu sind der Kaffelstein-Spätburgunder – rauchig, füllig, saftig und frisch – und der Spielmann-Pinot Noir R, der rauchige Noten und intensive Frucht zeigt, füllig und stoffig ist, viel reife Frucht, gute Struktur und Länge besitzt. Starke Kollektion! ▬

Weinbewertung

84 2017 Silvaner trocken Wertheimer **13 %/8,- €**
84 2017 „Fass 3" Weißweincuvée trocken **11,5 %/8,30 €**
85 2017 Wertheimer „Alter Satz" Weißwein trocken **12 %/9,- €**
87 2016 Weißburgunder & Riesling trocken Satzenberg **12 %/14,- €**
88 2015 Riesling trocken „Mauerriesling" Satzenberg **12 %/19,50 €**
88 2015 Weißburgunder trocken „Zazo" Satzenberg **14 %/30,- €**
85 2017 „Fass 6" Rosé trocken **11,5 %/8,30 €**
88 2015 Spätburgunder „R" trocken Kaffelstein **13,5 %/29,50 €**
89 2014 Pinot Noir trocken „Spielmann" **13 %/39,50 €**
91 2015 Pinot Noir „R" trocken „Spielmann" **13,5 %/59,50 €**

A

Alte Schmiede/Seyberth

★★

KONTAKT

Sandgasse 8
55599 Siefersheim
Tel. 06703-705
Fax: 06703-715
www.weingut-seyberth.de
hallo@weingut-alte-schmiede.de

Inhaber
Andreas & Bernd Seyberth
Rebfläche
7,5 Hektar
Produktion
35.000 Flaschen

BESUCHSZEITEN

nach Vereinbarung
Weinstube „Kleines Rheinhessen"

Das Weingut Alte Schmiede liegt in Siefersheim, ganz im Westen des Anbaugebietes Rheinhessen. Andreas und Bernd Seyberth bewirtschaften ihre Weinberge biologisch, zertifiziert seit dem Jahrgang 2012, sie sind Mitglied bei Bioland, seit 2016 arbeiten sie biodynamisch. Ihre Weinberge liegen vor allem in den beiden Siefersheimer Lagen Heerkretz und Martinsberg. In der Siefersheimer Heerkretz haben sie in den vergangenen Jahren alte Trockenmauern wieder instand gesetzt, brachgefallene Weinberge wieder bestockt, auch Lavendelstöcke gepflanzt. Die klassischen Rebsorten dominieren, es gibt Riesling, Silvaner, Weißburgunder und Grauburgunder, Portugieser und Spätburgunder, Frühburgunder und St. Laurent, aber auch Chardonnay und einige Neuzüchtungen wie Würzer und Morio-Muskat. Das Sortiment ist gegliedert in Gutsweine, Ortsweine (die meist aus Siefersheim kommen) und Lagenweine. Zum Weingut gehört eine Weinstube im Landhausstil.

Kollektion

Wie im vergangenen Jahr beginnt der Reigen mit einem sehr guten Silvaner-Sekt brut nature: Rauchig, harmonisch, elegant, strukturiert und klar. Die weißen Gutsweine sind fruchtbetont und geradlinig, Silvaner und Grauburgunder gefallen uns besonders gut. Kraftvoller und fülliger sind die Ortsweine: Unsere Favoriten in diesem Segment sind der konzentrierte, kraftvolle Weißburgunder und der rauchig-würzige Neu-Bamberger Riesling, der füllig und kompakt ist, gute Struktur und Frische besitzt. Der Heerkretz-Silvaner ist konzentriert, reintönig und füllig, der Elixier-Silvaner besitzt herrlich viel Frucht und Substanz. Gleichauf sehen wir den Heerkretz-Riesling, der Fülle und Kraft mit Präzision vereint, gute Struktur und Druck besitzt. Der leicht gewürzduftige Frühburgunder besitzt herrlich viel Frucht und Saft. Die Kollektion überzeugt, zeigt eine klare Stilistik, die nicht auf Primärfrucht setzt.

Weinbewertung

87 2016 Silvaner Sekt brut nature **12 %/17,- €**
83 2017 Silvaner **11,5 %/6,80 €**
82 2017 Weißer Burgunder **11,5 %/7,20 €**
83 2017 Grauer Burgunder **12 %/7,30 €**
84 2016 Silvaner Siefersheimer **10,5 %/9,90 €**
86 2016 Riesling Neu-Bamberger **12,5 %/11,- €**
85 2016 Weißburgunder Siefersheimer **13 %/9,50 €**
86 2016 Silvaner Heerkretz **12,5 %/16,- €**
87 2016 Riesling Heerkretz **11,5 %/16,- €**
87 2016 Silvaner „Elexier" Heerkretz **13 %/29,50 €**
84 2017 Riesling Kabinett Siefersheimer **10,5 %/11,- €**
86 2012 Frühburgunder Auslese trocken Siefersheimer **11,5 %/10,50 €**

Alte Zuckerfabrik

★

N

KONTAKT

Weinmanufaktur
Zur Zuckerfabrik 5
06636 Laucha
Tel. 0341-9629923
Fax: 0341-26327053
www.wein-zuckerfabrik.de
m.schubert@wein-zuckerfabrik.de

Inhaber
GmbH & Co KG (Gesellschafter: Dabbert, Beyer, Schubert)
Rebfläche Traubenzukauf
Produktion 15.000 Flaschen

BESUCHSZEITEN

nach Vereinbarung

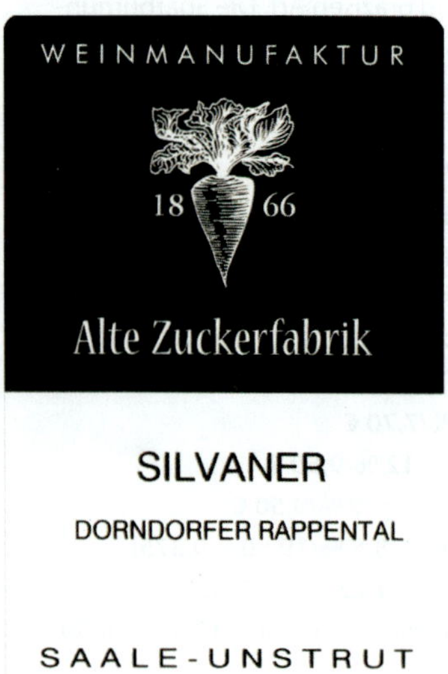

Auf dem Gelände der Alten Zuckerfabrik in Laucha, die von 1866 bis 1945 in Betrieb war, wurde 2013 eine Weinmanufaktur gegründet. Johannes Beyer, der ein eigenes Weingut in Dorndorf besitzt, ist für den Weinausbau verantwortlich. Beyer ist auch einer der drei Gesellschafter, die anderen sind Marcus Schubert, der für das Marketing und den Vertrieb der Weine verantwortlich ist, und Chris Dabbert, der Besitzer des Areals der Alten Zuckerfabrik, auf dem es einen Bootsverleih sowie Ferienwohnungen und ein Restaurant gibt. Die Trauben werden überwiegend von Hobbywinzern aus der Umgebung bezogen, aus Lagen wie Dorndorfer Rappental, Wetterzeuber Bischofsleite, Naumburger Sonneck, Naumburger Göttersitz, Steigraer Hahnenberge oder Karsdorfer Hohe Gräte, das Rebsortenspektrum umfasst Weißburgunder, Silvaner, Müller-Thurgau, Grauburgunder, Riesling, Kerner, Bacchus, Dornfelder und Cabernet Mitos. Alle Parzellen und Sorten werden gesondert ausgebaut.

Kollektion

Eine stimmige, sehr gleichmäßige Kollektion präsentiert die Weinmanufaktur Alte Zuckerfabrik zum Debüt. Wer vom Namen auf süße Weine schließt, der liegt falsch, die Hälfte der vorgestellten Weine ist nicht nur trocken, sondern sogar durchgegoren, die anderen sind gesetzlich trocken oder halbtrocken ausgebaut. Der Müller-Thurgau zeigt dezente Muskatnoten und feine Würze, ist klar, frisch und geradlinig bei feiner Frucht, der würzige, duftige Silvaner ist etwas fülliger und saftiger. Der Weißburgunder ist fruchtbetont, reintönig und konzentriert, besitzt Fülle und Saft, viel reife Frucht und Substanz, die Burgunderhochzeit genannte Cuvée aus Grauburgunder und Weißburgunder zeigt feine Reife, besitzt herrlich viel Frucht, Fülle und Substanz. Auch der Kerner besitzt viel reife Frucht, ist klar und harmonisch, füllig und lang. Unsere leichte Präferenz gilt dem einzigen vorgestellten Rotwein, dem Cabernet Dorsa aus dem Naumburger Göttersitz. Er zeigt intensive Frucht im Bouquet, rote und dunkle Früchte, dezent Johannisbeeren, ist klar, kraftvoll und zupackend, besitzt gute Struktur und Frucht, aber auch kräftige Tannine. Eine schöne Entdeckung in Saale-Unstrut! —

Weinbewertung

82 2017 Müller-Thurgau Naumburger Sonneck **12 %/7,50 €**
82 2017 Silvaner Dorndorfer Rappental **12 %/7,- €**
84 2017 Weißburgunder Schloss Neuenbürg **12,5 %/8,- €**
84 2016 „Burgunderhochzeit" Spätlese Schloss Neuenbürg **12,5 %/10,50 €**
84 2017 Kerner Spätlese Wetterzeuber Bischofsleite **11,5 %/10,50 €**
85 2016 Cabernet Mitos Naumburger Göttersitz **12,5 %/17,- €**

A

ALTENKIRCH

★★★

KONTAKT

Binger Weg 2
65391 Lorch
Tel. 06726-830012
Fax: 06726-2483
www.weingut-altenkirch.de
info@weingut-altenkirch.com

Inhaber
Franziska Breuer-Hadwiger
Betriebsleiter
Jasper Bruysten
Kellermeister
Jasper Bruysten, Lutz Loosen
Außenbetrieb
Lutz Loosen
Rebfläche
15 Hektar
Produktion
100.000 Flaschen

BESUCHSZEITEN

Vinothek Mo.-Fr. 8-16 Uhr; Gutsausschank April-Okt. Fr./Sa. ab 17 Uhr, Sonn- & Feiertage ab 15 Uhr

Friedrich Altenkirch gründete 1826 in Lorch sein eigenes Weingut, um die Versorgung des renommierten Hotels „Zum Schwan" sicherzustellen. Er baute die Kellerei weiter aus und wurde Lieferant des kaiserlichen Hofes in Berlin. 1935 übernahm Dr. Franz Breuer den Betrieb und konzentrierte sich auf Riesling aus eigenem Anbau. Heute ist das Weingut im Besitz seiner Tochter Franziska Breuer-Hadwiger, die 2018 die gesamten Weinberge an das Weingut Georg Breuer übergab, die Marke Altenkirch bleibt bestehen. Die Weinberge liegen in den Lorcher Lagen Schlossberg, Krone, Bodental-Steinberg, Kapellenberg und Pfaffenwies. Vier Fünftel der Fläche nimmt Riesling ein, hinzu kommt vor allem Spätburgunder, dazu gibt es ein klein wenig Sauvignon Blanc, Gewürztraminer und Weißburgunder. An der Spitze der Kollektion stehen die Lagenweine, Riesling und Spätburgunder aus der Pfaffenwies werden als Erstes Gewächs angeboten. Im Weingut finden regelmäßig Kunstausstellungen statt.

Kollektion

Der trockene Riesling Steillage bietet wie alle Rieslinge des Jahrgangs viel Trinkanimation, ist saftig, hat Zug, der Grauschiefer besitzt würzigen Schmelz und Länge. Mit feinen mineralischem Schliff gefällt der schlanke und griffige Riesling aus der Krone, der aus dem Bodenthal-Steinberg ist fülliger. Straff und klar ist der Schlossberg, ein Riesling voller Finesse und Spannkraft. An der Spitze der trockenen Rieslinge steht das vielschichtige Erste Gewächs aus der Pfaffenwies, es überzeugt mit großer Ausgewogenheit und Druck. Der feinherbe Quarzschiefer ist stoffig und strukturiert. Die Spätlese aus dem Kapellenberg ist saftig, frisch und klar, verfügt ebenso über Finesse wie die Schlossberg-Auslese mit ihrer schlanken und präzisen Art. Die Spätburgunder sind robust und kräftig, verbinden dunkle Beerenaromen mit feiner Toastwürze, das Erste Gewächs aus der Pfaffenwies ist konzentrierter. ➡

Weinbewertung

84 2017 Riesling trocken Steillage **12 %/7,70 €**
85 2017 Riesling trocken „Grauschiefer" **12 %/9,50 €**
86 2017 Riesling trocken Lorcher Krone **12,5 %/12,50 €**
87+ 2017 Riesling trocken „Alte Reben" Lorcher Bodental-Steinberg **12,5 %/15,50 €**
87+ 2017 Riesling trocken Lorcher Schlossberg **12,5 %/15,50 €**
88+ 2017 Riesling Erstes Gewächs Lorcher Pfaffenwies **13 %/19,50 €**
84 2017 Riesling „feinherb" Steillage **12 %/7,70 €**
85 2017 Riesling „feinherb" „Quarzschiefer" **12 %/9,50 €**
86 2017 Riesling Spätlese Lorcher Kapellenberg **9 %/9,50 €**
88 2017 Riesling Auslese Lorcher Schlossberg **8,5 %/19,50 €/0,375l**
85 2016 Spätburgunder trocken „Rotschiefer" **13,5 %/13,50 €**
87 2015 Spätburgunder Erstes Gewächs Lorcher Pfaffenwies **13,5 %/28,50 €**

A

Alter Weinhof

★

KONTAKT

Hauptstraße 69
54492 Erden
Tel. 06532-4026
Fax: 06532-93228
www.alter-weinhof.de
info@alter-weinhof.de

Inhaber
Andrea Krämer
Rebfläche
2,7 Hektar
Produktion
25.000 Flaschen

BESUCHSZEITEN

nach Vereinbarung
Gästezimmer

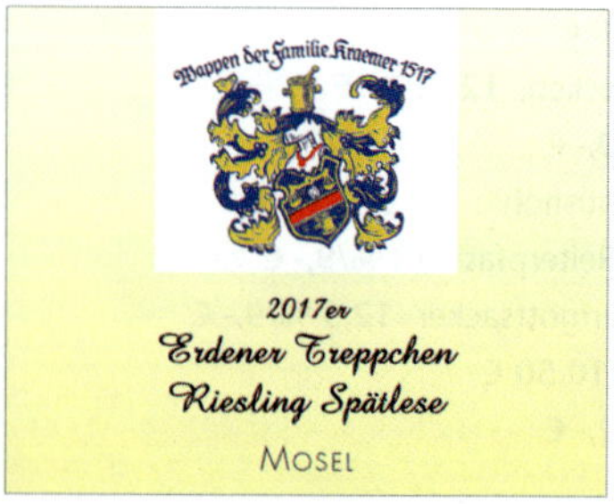

Franz und Andrea Krämer, die beide aus Winzerfamilien stammen, erwarben 1988 ein ehemaliges Weinhotel in Erden und gründeten ein Hobby-Weingut. Nach und nach erweiterten sie den Betrieb auf die heutige Größe von 2,7 Hektar. Die Weinberge liegen in den Erdener Lagen Treppchen und Bußlay, im Zeltinger Himmelreich, im Zeltinger Schlossberg und im Zeltingen-Rachtiger Deutschherrenberg. Der Betrieb befindet sich derzeit in der dreijährigen Umstellungsphase auf den ökologischen Weinbau. Riesling dominiert im Anbau, nimmt allerdings vergleichsweise bescheidene 70 Prozent der Rebfläche ein, hinzu kommen Weißburgunder und Kerner, Müller-Thurgau und Schwarzriesling sowie ein klein wenig Bacchus. Alle Weine werden spontanvergoren. Im altehrwürdigen Haus Alter Weinhof werden vier Gästezimmer angeboten.

Kollektion

Die Weine des Alten Weinhofs sind Jahr für Jahr kraftvoll, direkt, leicht zugänglich und preiswert. Die 2017er machen da keine Ausnahme, lassen zusätzlich den guten Jahrgang durchschimmern. Saftig und puristisch trocken ist der Rivaner, rassig und kraftvoll der trockene Basisriesling aus dem Himmelreich. Noch besser gefällt der Weißburgunder, der sehr sortentypisch und straff ausfällt – man vermeidet es hier, diese Kategorie von Wein mit zu viel Süße auszubauen. An der Spitze der trockenen Weine steht die gut balancierte Schlossberg-Spätlese, straff, trocken, in der Nase noch etwas verhalten. Die süßen Vertreter sind in diesem Jahrgang konsequent süß gehalten, was im Fall der Deutschherrenberg-Spätlese derzeit noch etwas unbalanciert wirkt. Die Kerner Spätlese ist sehr direkt gehalten mit Noten von Pfirsich und gekochter Ananas, die Auslese ist offen, fast ein bisschen parfümiert und sehr saftig, die angenehm klare, süffige Beerenauslese wirkt derzeit noch zu jung.

Weinbewertung

81	2017 Rivaner trocken **12,5 %/4,- €**
79	2017 Bacchus trocken **12,5 %/4,- €**
84	2017 Weißburgunder trocken **12,5 %/4,50 €** ☺
81	2017 Riesling trocken Zeltinger Himmelreich **13 %/4,50 €**
85	2017 Riesling Spätlese trocken Zeltinger Schlossberg **12,5 %/6,- €** ☺
80	2017 Riesling halbtrocken Zeltingen-R. Deutschherrenberg (1l) **11 %/5,- €**
81	2017 Riesling (1l) **9 %/5,- €**
84	2017 Kerner Spätlese Erdener Bußlay **9 %/5,50 €**
83	2017 Riesling Spätlese Zeltingen-Rachtiger Deutschherrenberg **8 %/7,- €**
85	2017 Riesling Spätlese Erdener Treppchen **8 %/8,- €**
85	2017 Riesling Auslese Erdener Treppchen **7 %/12,- €**
86	2017 Riesling Beerenauslese **7 %/25,- €/0,5l**

A

Michael Andres

★★☆

Kontakt

Hauptstraße 33a
67152 Ruppertsberg
Tel. 06326-8667
Mobil: 0177-7738313
Fax: 06326-8667
www.andres-wein.de
info@andres-wein.de

Inhaber
Michael Andres
Rebfläche
7 Hektar
Produktion
35.000 Flaschen

Besuchszeiten

Sa. und nach Vereinbarung

Michael Andres war nach seiner Winzerlehre bei Reichsrat von Buhl und seinem Weinbaustudium in Geisenheim mehrere Jahre für andere Pfälzer Betriebe tätig (Müller-Erben, Meßmer), bevor er mit seinem Freund Steffen Mugler 1989 eine eigene Sektmanufaktur, Andres & Mugler, gründete (siehe nachstehenden Eintrag). 1993 gründete Michael Andres sein eigenes Weingut, 2006 hat er auf organisch-biologische Bewirtschaftung umgestellt und die Rebfläche um knapp zwei Hektar – alles ältere Rieslinganlagen – erweitert. Seit 2010 ist das Weingut zertifizierter Ökobetrieb, seit dem Jahrgang 2011 betreibt Michael Andres biodynamischen Weinbau. Seine Weinberge liegen in Deidesheim (Mäushöhle, Herrgottsacker, Kieselberg und im Gewann Am Kirchenberg), Ruppertsberg (Reiterpfad), Königsbach (Jesuitengarten) und Niederkirchen.

Kollektion

In diesem Jahr präsentiert uns Michael Andres seine bislang stärkste Kollektion und kann bei allen Weinen zulegen: Die Weine besitzen eine feine innere Spannung, sind präzise, ausdrucksstark und reintönig, ohne das die Frucht zu sehr im Vordergrund steht. Auch bei den Aromasorten Sauvignon Blanc und Muskateller ist die Frucht klar, aber nicht übertrieben, beide sind harmonisch, der Sauvignon ist gelbfruchtig, der Muskateller frisch und schlank. Die Burgunder zeigen alle feine florale Würze, der Grauburgunder besitzt Frische und leicht nussige Noten, der Weißburgunder besitzt mehr Würze als Frucht und die Cuvée aus Chardonnay und Auxerrois besitzt gute Konzentration und leicht rauchige Noten. Bei den Rieslingen ist der „Ferus" geradlinig und animierend mit steiniger Würze, der wohl irrtümlich noch einmal geschickte 2016er Reiterpfad zeigt leicht kräutrige, rauchige Würze, ist animierend, schlank und immer noch frisch und auch Herrgottsacker und Mäushöhle besitzen Frische, Zitrus- und Kräuternoten und sind leicht salzig. ▬

Weinbewertung

85 2017 Weißer Burgunder trocken **13 %/7,80 €**
86 2017 Grauer Burgunder trocken **13 %/7,80 €**
87 2017 Chardonnay-Auxerrois trocken **13 %/7,80 €** ☺
84 2017 Muskateller trocken **11,5 %/8,20 €**
85 2017 Spätburgunder „Blanc de Noir" trocken **12 %/7,- €**
85 2017 Sauvignon Blanc trocken **13 %/9,- €**
87 2017 Riesling trocken Deidesheimer Mäushöhle **12,5 %/9,- €**
88 2016 Riesling trocken Ruppertsberger Reiterpfad **13 %/9,- €** ☺
87 2017 Riesling trocken Deidesheimer Herrgottsacker **12,5 %/9,- €**
88 2017 Riesling trocken „Ferus" **12,5 %/10,50 €**
87 2016 Spätburgunder trocken **13 %/12,- €**

A

Andres & Mugler

★★★

KONTAKT

Sektkellerei Andres & Mugler
Hauptstraße 33a
67152 Ruppertsberg
Tel. 06326-8667
Fax: 06326-8667
www.andresundmugler.de
info@andresundmugler.de

Inhaber
Michael Andres & Steffen Mugler
Rebfläche
Weine werden von Michael Andres und Steffen Mugler (Weingut M. Schädler) bezogen
Produktion
25.000 Flaschen

BESUCHSZEITEN

nach Vereinbarung
Weitere Verkaufsstelle: Weingut Schädler, Maikammer

Michael Andres (siehe den vorherigen Eintrag) und Steffen Mugler (seit 2002 Inhaber des Weinguts M. Schädler in Maikammer) gründeten 1989 die kleine Sektmanufaktur Andres & Mugler, versekteten in diesem Jahr 1000 Liter Riesling Spätlese von zugekauften Trauben. Seit 1993 bezogen sie die Trauben nur aus den eigenen Weinbergen von Michael Andres, seit kurzem steuert nun auch Steffen Mugler Trauben bei, alles verwendete Traubengut stammt nun aus biodynamischer Produktion. Neben Riesling und Weißburgundersekt erzeugen sie eine Reihe von Cuvées: Einen Blanc de Noir aus Spätburgunder und Schwarzriesling, eine Cuvée aus Chardonnay und Auxerrois, die Cuvée Elena aus Chardonnay, Auxerrois und Schwarzriesling, die Cuvée Louis aus Schwarzriesling und Spätburgunder mit etwas im Barrique ausgebautem Auxerrois und Chardonnay, die Cuvée Fleur d'Emely aus Muskateller und Sauvignon Blanc und mittlerweile gibt es auch einen Rosé aus Spätburgunder. Die Sekte waren lange Zeit mit einem Metallbügel versehen, seit dem letzten Jahrgang wird jetzt darauf verzichtet. Seit dem Jahrgang 2012 sind die Sekte biologisch zertifiziert.

Kollektion

Wie schon in den letzten Jahren favorisieren wir auch dieses Mal wieder die Cuvée Louis, er ist der komplexeste Sekt von Michael Andres und Steffen Mugler, ist eindringlich, zeigt gelbe und rote Frucht, etwas Aprikose und rote Johannisbeere und feine florale Würze im Bouquet, am Gaumen ist er animierend und frisch. Die 2014er Cuvée Elena zeigt leicht gereifte Frucht mit Noten von Datteln, ist herb und geradlinig, besitzt feinen Schmelz und ein animierendes Säurespiel, Fleur d'Emely ist sehr aromatisch und reintönig, der Muskateller-Anteil dominiert im Bouquet mit Noten von Holunderblüte und Zitrusfrüchten, am Gaumen ist der Sekt klar und frisch. Die Cuvée aus Chardonnay und Auxerrois ist in diesem Jahr noch leicht verhalten im Bouquet, besitzt aber gute Konzentration und feine Würze, ist elegant und leicht cremig, der Blanc de Noir besitzt ebenfalls gute Konzentration und Frische, zeigt etwas rote Frucht, im Vordergrund steht aber feine florale Würze, der Riesling ist reintönig mit Zitrusnoten, Orangenschale und ganz leicht gereifter Frucht. —

Weinbewertung

85 2016 Riesling Sekt brut **12,5 %/12,50 €**
87 2015 Chardonnay Auxerrois Sekt brut **12,5 %/15,50 €**
86 2016 Blanc de Noir Sekt Brut **12,5 %/13,- €**
88 2014 Cuvée Elena Sekt brut **12,5 %/16,- €**
89 2015 Cuvée Louis Sekt brut **12,5 %/16,- €**
87 2016 Fleur d´Emely Sekt brut **12,5 %/16,- €**

A

Anton

★

Kontakt

Obere Hauptstraße 50
76863 Herxheim bei Landau
Tel. 07276-5030332
Fax: 07276-5030332
www.weingut-anton.de
info@weingut-anton.de

Inhaber
Franz-Josef, Maria & Matthias Anton
Betriebsleiter/Kellermeister/Außenbetrieb
Matthias Anton
Rebfläche
20 Hektar
Produktion
100.000 Flaschen

Besuchszeiten

Mo.-Fr. 8-12 + 15-18 Uhr, Mi. nachmittags geschlossen, Sa. 8-14 Uhr oder nach Vereinbarung

Franz Josef Anton stieg nach seiner Ausbildung zum Landwirt und Winzer 1971 in den elterlichen Mischbetrieb ein, in dem bis dahin der Ertrag von 2 Hektar Reben in erster Linie in der eigenen, 1928 gegründeten, Straußwirtschaft verkauft wurde. Ein Jahr später begann er mit der Flaschenweinvermarktung, legte 1979 seine erste Obstanlage mit Apfelbäumen an und gab dann 1990 die restliche Landwirtschaft auf und führte den Betrieb als Weingut mit Obstbau fort. Matthias, der Sohn von Franz Josef und Maria Anton, stieg nach der Beendigung von Fachschule und Meisterkurs 1997 in den Betrieb ein. Die Rebfläche wurde stetig auf die heutige Größe von 20 Hektar erweitert, wichtigste Sorte ist mit einem Anteil von 22 Prozent der Riesling, danach folgen Grauburgunder und Dornfelder mit je 15 Prozent, 8 Prozent Portugieser, und je 5 Prozent St. Laurent, Spätburgunder, Sauvignon Blanc, Gewürztraminer und Weißburgunder. Das Sortiment ist gegliedert in Gutsweine in der Literflasche, Ortsweine mit der Silberkapsel und Lagenweine aus dem Herxheimer Engelsberg mit der Goldkapsel.

Kollektion

Eine sehr gleichmäßige Kollektion präsentiert uns die Familie Anton in diesem Jahr, bei der die Weißweine alle etwas füllig und weich und zurückhaltend in der Säure sind. Die Spitze des vergangenen Jahres, den Lagenriesling aus dem Engelsberg, konnten wir dieses Mal nicht verkosten, der Grauburgunder aus derselben Lage zeigt klare gelbe Frucht und leichte Honignoten, der Sauvignon Blanc zeigt ebenfalls gelbe Frucht mit Noten von Maracuja und Pfirsichen, während der halbtrocken ausgebaute Cabernet Blanc etwas grasige Noten und Stachelbeerwürze besitzt. Riesling und Weißburgunder zeigen zurückhaltende, aber klare Frucht und bleiben beide recht kurz, der halbtrockene Blanc de Noir ist weich mit süßer Frucht. Unser Favorit ist der Cabernet Sauvignon, den wir im vergangenen Jahr schon einmal verkostet hatten und den wir jetzt einen Punkt höher bewerten: Er besitzt Kraft und Stoff, zeigt viel dunkle Frucht, kräutrige Würze und deutliche Röstnoten. —

Weinbewertung

78 2017 Riesling trocken (1l) **12,5 %/4,- €**
81 2017 Weißer Burgunder trocken Herxheimer **12 %/5,- €**
82 2017 Sauvignon Blanc trocken Herxheimer **12 %/7,- €**
81 2017 Riesling trocken Herxheimer **12,5 %/5,80 €**
82 2016 Grauer Burgunder trocken Herxheimer Engelsberg **12,5 %/8,- €**
80 2017 Spätburgunder „blanc de noir" „feinherb" Herxheimer **11 %/5,- €**
81 2017 Cabernet Blanc halbtrocken Herxheimer **11,5 %/5,- €**
81 2016 Sankt Laurent trocken Herxheimer **13 %/7,- €**
83 2015 Cabernet Sauvignon trocken Herxheimer Engelsberg **13 %/13,- €**

A

Hubertus M. Apel

★

N

KONTAKT

Weinstraße 26
54463 Nittel
Tel. 06584-314
Fax: 06584-1263
www.apel-weingut.de
info@apel-weingut.de

Inhaber
Matthias, Johannes & Philip Apel
Betriebsleiter
Johannes Apel
Kellermeister
Philip Apel
Außenbetrieb
Matthias Apel
Rebfläche
31 Hektar
Produktion
200.000 Flaschen

BESUCHSZEITEN

Mo.-Fr. 8-18 Uhr, Sa. 9-17 Uhr,
So. nur nach Vereinbarung

APEL WEINGUT

Über 30 Jahre lang haben die Brüder Harald und Hubert Apel das Weingut zu einer der renommiertesten Adressen in Nittel und an der ganzen Obermosel gemacht. Nun hat die vierte Generation in Gestalt der Brüder Matthias, Johannes und Philip die Leitung des Weinguts übernommen. Kellermeister Philip Apel blickt auf Stationen in Oregon, in Kalifornien (Stag's Leap) und in Neuseeland zurück und hat Ambitionen. Mit kraftvollen, aber dennoch eleganten Charakterweinen will er nicht nur an der Mosel zu den führenden Weingütern im Segment der Burgundersorten gehören, sondern in Zukunft auch national ganz weit vorne mitspielen. Doch auch die Sorte Elbling, die auf 30 Prozent der Fläche neben Auxerrois (10 Prozent), Grauburgunder (15 Prozent), Weißburgunder (10 Prozent), Spätburgunder (20 Prozent), Chardonnay und Sauvignon Blanc angebaut wird, soll weiter ihre Berechtigung haben.

Kollektion

Die Weine des Jahrgangs 2017 besitzen eine sehr angenehme Struktur und Präzision, wie sie an der Obermosel nicht selbstverständlich sind. Spritzig, klar und würzig fällt etwa der Auxerrois aus, sortentypisch etwas fülliger zeigen sich die beiden Grauburgunder – der vom Muschelkalk und jener namens Herzstück aus dem Nitteler Rochusfels. Frisch, leicht grasig, straff schließlich der Sauvignon Blanc aus dem Leiterchen, der beweist, dass Philip Apel in Neuseeland den Umgang mit dieser Sorte perfektionieren konnte. Der trockene Rosé namens Orchideenfels besitzt eine schöne Balance, die beiden Rotweine weisen eine klare Frucht auf, zu der beim „Herzstück" noch eine leichte Gewürznote hinzutritt. Insgesamt ein sehr überzeugender Einstieg!

Weinbewertung

86	Elbling Sekt extra-brut **12,5 %/9,- €**
82	2017 Elbling „vom Kalkfels" (1l) **12 %/5,- €**
84	2017 Weißer Burgunder „vom Muschelkalk" **11,5 %/7,- €**
85	2017 Auxerrois „vom Muschelkalk" **12 %/7,- €**
84	2017 Grauer Burgunder „vom Muschelkalk" **12 %/8,- €**
85	2017 Grauer Burgunder „Herzstück" **12,5 %/10,- €**
85	2017 Chardonnay „vom Muschelkalk" **12,5 %/9,- €**
86	2017 Sauvignon Blanc „Herzstück" **12,5 %/10,- €**
83	2017 „Blanc de Noir" „feinherb" **12 %/7,- €**
85	2017 „Orchideenfels" trocken **12,5 %/7,- €**
85	2016 Blauer Spätburgunder „vom Muschelkalk" **13,5 %/8,- €**
85	2016 Blauer Spätburgunder „Herzstück" Barrique **13 %/14,- €**

A

PETER ARGUS

★

KONTAKT

Hauptstraße 23
76835 Gleisweiler
Tel. 06345-919424
Fax: 06345-919425
www.argus-wein.de
mail@argus-wein.de

Inhaber
Peter Argus
Rebfläche
9 Hektar
Produktion
60.000 Flaschen

BESUCHSZEITEN

Mo.-Fr. nach Vereinbarung,
Sa. 10-17 Uhr
Straußwirtschaft geöffnet Mitte Sept. bis Ende Okt.

Seit Generationen betreibt die Familie Weinbau in Gleisweiler, 1954 wurden die ersten Weine in Flaschen verkauft. Heute führen Peter und Eva Argus das Weingut, das als einziges in Gleisweiler noch im alten Ortskern angesiedelt ist, wo die Weine in einem alten Gewölbekeller aus dem Jahr 1610 ausgebaut werden. Die Weinberge von Peter Argus liegen in Gleisweiler und Umgebung, in den Lagen Gleisweiler Hölle, Frankweiler Kalkgrube, Böchinger Rosenkranz sowie dem Godramsteiner Münzberg. Die Reben wachsen teils auf Buntsandsteinverwitterungsböden, auf denen vor allem Riesling steht, der knapp zwei Fünftel der Rebfläche einnimmt, teils auf kalkhaltigen Lehmböden, wo vor allem die weißen und roten Burgunder angebaut werden. Portugieser, Dornfelder, Silvaner, Muskateller, Chardonnay, Sauvignon Blanc, Cabernet Dorsa und die pilzwiderstandsfähigen Sorten Regent und Pinotin ergänzen das Programm. Spezialität des Hauses sind neben im Barrique ausgebauten Weinen die bereits seit 1988 erzeugten Sekte.

Kollektion

In diesem Jahr steht ein kraftvoller, stoffiger, im Barrique ausgebauter Grauburgunder aus der Frankweiler Kalkgrube an der Spitze des Sortiments, der neben klarer gelber Frucht auch Noten von Räucherspeck zeigt. Dahinter folgen zwei Weine aus der Gleisweiler Hölle, unser weißer Favorit des Vorjahres, der Sauvignon Blanc mit reintöniger, leicht süßer Frucht von grünen Stachelbeeren und Pfirsich, und die trockene Riesling-Spätlese vom Muschelkalk mit kräutriger Würze, Zitrusnoten und feinem Säurebiss. Auch die anderen Weine sind alle reintönig und klar, wenn auch teilweise etwas verhalten: Der Grauburgunder ist schlank mit typischer Birnenfrucht, die Classic-Versionen von Riesling und Weißburgunder besitzen dezente Süße und bleiben recht kurz, der Muskateller besitzt Frische und ebenfalls leicht süße Frucht. Als einzigen Rotwein konnten wir dieses Jahr einen Pinotin verkosten, der im Bouquet etwas rote Johannisbeere zeigt, unkompliziert und süffig ist und mit leichter Restsüße ausgebaut wurde. ▬

Weinbewertung

82 2017 Grauburgunder Kabinett trocken Frankweiler Kalkgrube **12,5 %/5,80 €**
83 2017 Sauvignon Blanc Kabinett trocken Gleisweiler Hölle **12,5 %/6,40 €**
85 2017 Grauburgunder Spätlese trocken Barrique Kalkgrube **14 %/10,50 €**
85 2017 Riesling Spätlese trocken „Muschelkalk" Gleisweiler Hölle **12,5 %/7,30 €**
80 2017 Riesling Classic **12 %/4,70 €**
80 2017 Weißburgunder Classic **12 %/4,70 €**
81 2017 Gelber Muskateller **11,5 %/4,70 €**
81 2016 Pinotin trocken **13,5 %/5,- €**

Johann Arnold

★★☆

KONTAKT

Weingut & Winzerhof Johann Arnold
Lange Gasse 26/28
97346 Iphofen
Tel. 09323-89833
Fax: 09323-89834
www.weingut-arnold.de
mail@weingut-arnold.de

Inhaber
Johannes Arnold jr.
Rebfläche
8 Hektar
Produktion
50.000 Flaschen

BESUCHSZEITEN

Mo.-Sa. 8-19 Uhr, So. 9-18 Uhr
Gästezimmer, Ferienwohnungen

Als Johann Arnold 1959 mit der Selbstvermarktung begann, war das heutige Weingut ein landwirtschaftlicher Gemischtbetrieb mit 1,5 Hektar Weinbergen, 10 Hektar Ackerland und eigener Viehhaltung. Nach und nach hat er sich ganz auf Weinbau konzentriert, die Rebfläche kontinuierlich auf die heutige Größe erweitert, 1974 das benachbarte damalige Gasthaus Zum Lamm erworben und in den eigenen Betrieb integriert. Seit 2000 führen Johannes Arnold jr. und Ehefrau Claudia das Gut. Ihre Weinberge liegen in Iphofen in den Lagen Kalb, Kronsberg (mit der ehemaligen Einzellage Kammer) und Julius-Echter-Berg (mit dem Filetstück „Im Frohntal") und in den Rödelseer Lagen Schwanleite und Küchenmeister. Silvaner ist mit einem Anteil von 35 Prozent die wichtigste Rebsorte im Weingut. Es folgen Riesling, Scheurebe, Spätburgunder und Weißburgunder, dazu gibt es Sorten wie Domina, Müller-Thurgau, Bacchus und Chardonnay.

Kollektion

Wie so oft stellt Johannes Arnold auch in diesem Jahr wieder seine Literweine vor: Der Müller-Thurgau ist frisch und geradlinig, der Silvaner fruchtbetont, harmonisch, der Rotling betont süffig: Gutes im Liter! Eine Steigerung bringen die Gutsweine: Der Silvaner ist frisch, fruchtbetont und zupackend, der Weißburgunder lebhaft, der Riesling klar und zupackend, alle drei sind durchgegoren ausgebaut. Die reintönige halbtrockene Scheurebe steht ihnen nicht nach, ebenso die fruchtbetonten, zupackenden Rotweine, der intensiv fruchtigen Domina gilt unsere leichte Präferenz. An der Spitze der Kollektion stehen zwei sehr eigenständige, kraftvolle Silvaner. Das Große Gewächs aus der Kammer, der ehemaligen Einzellage, die 1971 im Kronsberg aufging, besitzt Fülle, Kraft und viel Substanz, der Gelber Sylvaner aus dem Iphöfer Kalb besticht mit reintöniger Frucht, besitzt gute Struktur, Kraft und Frische.

Weinbewertung

80 2017 Müller-Thurgau trocken (1l) **12 %/5,- €**
82 2017 Silvaner trocken (1l) **12 %/5,50 €**
84 2017 Silvaner (trocken) **12,5 %/7,50 €**
84 2017 Riesling (trocken) **12,5 %/7,50 €**
84 2017 Weißburgunder trocken **12,5 %/7,50 €**
88 2017 Gelber Sylvaner trocken Iphöfer Kalb **13 %/22,- €**
88 2017 Silvaner trocken „GG Granitfass" „Kammer" **14 %/29,- €**
84 2017 Scheurebe (halbtrocken) **12 %/7,- €**
82 2017 Rotling halbtrocken (1l) **10,5 %/5,- €**
84 2016 Domina trocken **12,5 %/7,50 €**
83 2016 Spätburgunder trocken **13,5 %/7,50 €**

A

WILHELM ARNOLD

★★☆

KONTAKT

Friedenstraße 4-6
97236 Randersacker
Tel. 0931-708326
Fax: 0931-700903
www.arnoldwein.de
info@arnoldwein.de

Inhaber
Bruno Arnold
Rebfläche
10 Hektar
Produktion
75.000 Flaschen

BESUCHSZEITEN

Mo.-Sa. 8-18 Uhr, sonst nach Vereinbarung

Seit 1673 baut die Familie Arnold Wein in Randersacker an. Heute wird das Gut von Bruno und Diana Arnold geführt. Großvater Wilhelm, Namensgeber des Weingutes, war Gründungsmitglied des Verbandes Fränkischer Weingüter und Selbstvermarkter. Die Weinberge von Bruno Arnold liegen in Randersacker in den Lagen Pfülben, Teufelskeller, Marsberg und Sonnenstuhl, sowie Eibelstadter Kapellenberg. Wichtigste Rebsorte ist Silvaner, nimmt mehr als ein Drittel der Rebfläche ein, es folgen Müller-Thurgau, Scheurebe und Riesling, aber auch Bacchus, Weißburgunder, Kerner, Rieslaner und Morio-Muskat sowie Würzer. An roten Sorten gibt es Domina, Zweigelt und Blaufränkisch.

Kollektion

Eine starke Kollektion präsentiert Bruno Arnold in diesem Jahr, in der qualitative Unterschiede zwischen Guts-, Orts- und Erste Lage-Weinen kaum zu erkennen sind, lediglich die Großen Gewächse heben sich ab vom starken Durchschnittsniveau. Die Scheurebe ist wunderschön reintönig, dies gilt auch für Kerner und Würzer. Unter den Ortsweinen ragt der füllige, saftige Riesling von 1967 gepflanzten Reben hervor, in der Erste Lage-Kategorie ist der strukturierte, füllige Sonnenstuhl-Silvaner unser Favorit. Sonnenstuhl steht auch auf den Großen Gewächsen: 2015 besitzt feine Reife und viel Substanz, 2016 ist strukturierter, jugendlicher. Die beiden Pfülben-Rieslinge sehen wir gleichauf, sie sind füllig und saftig, besitzen viel reife Frucht, der 2015er zeigt deutliche Reife. Mit dem klaren, kraftvollen Reserve-Spätburgunder zeigt Bruno Arnold, dass er sich auch auf Rotwein versteht.

Weinbewertung

84	2017 Scheurebe trocken **12 %/7,- €**
83	2017 Silvaner trocken „Muschelkalk" Randersacker **12,5 %/8,50 €**
86	2017 Riesling trocken „Alte Reben" Randersacker **12 %/9,50 €**
84	2017 Weißer Burgunder trocken Eibelstadt **12,5 %/8,50 €**
86	2017 Silvaner trocken Randersacker Sonnenstuhl **12,5 %/12,- €**
84	2016 Riesling trocken Randersacker Marsberg **12,5 %/11,- €**
85	2017 Riesling trocken Randersacker Marsberg **12,5 %/12,- €**
88	2015 Silvaner „GG" Randersacker Sonnenstuhl **14 %/21,- €**
89	2016 Silvaner „GG" Randersacker Sonnenstuhl **13,5 %/21,- €**
87	2015 Riesling „GG" Randersacker Pfülben **13 %/19,- €**
87	2016 Riesling „GG" Randersacker Pfülben **13 %/21,- €**
84	2017 Würzer Randersacker **12 %/9,50 €**
84	2017 Kerner Randersacker **12 %/9,- €**
85	2016 Rieslaner Spätlese Randersacker **12,5 %/14,- €**
85	2015 Rieslaner Auslese Randersacker Pfülben **13,5 %/22,- €**
86	2015 Spätburgunder trocken „Reserve" **13,5 %/15,- €**

ARNOLD

★☆

KONTAKT

Hauptstraße 25
76831 Heuchelheim
Tel. 06349-1480
Fax: 06349-996432
www.arnold-weingut.de
weingut.arnold@web.de

Inhaber
Kurt Arnold
Kellermeister
Philipp Arnold
Rebfläche
11,5 Hektar
Produktion
70.000 Flaschen

BESUCHSZEITEN

Mo.-Sa. 11-18 Uhr

Kurt Arnold begann Ende der 1980er Jahre in dem ehemaligen Fassweinbetrieb die ersten eigenen Weine in Flaschen zu füllen. Seit 2010 ist sein Sohn Philipp für den Ausbau der Weine zuständig, Kurt kümmert sich um den Außenbetrieb, Mutter Bärbel um den Ab-Hof-Verkauf. Die Weinberge befinden sich in den Lagen Heuchelheimer Herrenpfad (Buntsandstein und Kalkmergel), Göcklinger Kaiserberg (Kalkmergel) und Appenhofener Steingebiss (Kalkgestein). Grau-, Weiß- und Spätburgunder nehmen zusammen ca. 40 Prozent der Rebfläche ein, Riesling steht auf 20 Prozent, daneben gibt es 10 Prozent Sauvignon Blanc und diverse andere Sorten. Das Sortiment ist gegliedert in die Linien „No 1" (Literweine), „No 2" (Gutsweine), „No 3" (Terroirweine) und Lagenweine, die in 500 Liter-Tonneaux vergoren werden.

Kollektion

Nach dem überzeugenden Debüt im vergangenen Jahr können die Arnolds in diesem Jahr sogar noch etwas zulegen: Die Weißweine sind alle sehr fruchtbetont, süffig, frisch und weniger für die Reife als vielmehr für den unmittelbaren Trinkspaß ausgelegt. Zwei Weine sehen wir gleichauf an der Spitze, den Sauvignon Blanc aus dem Kaiserberg mit feiner, dezenter Holzwürze, viel gelber Frucht und gutem Grip und den Riesling aus dem Steingebiss, der als einziger Wein weniger auf die Frucht abzielt, mehr kräutrige Würze zeigt und ein animierendes Säurespiel besitzt. Der Grauburgunder aus dem Herrenpfad zeigt ebenfalls dezente Holzwürze und besitzt gute Konzentration, der Riesling „Kalkgestein" und der Weißburgunder „Kalkmergel" zeigen viel gelbe Frucht und Biss. Die beiden Rotweine zeigen typische Frucht und gekonnten Holzeinsatz, der Spätburgunder ist mit seiner klaren Sauerkirschfrucht etwas präsenter als die Cuvée aus Cabernet Sauvignon und Merlot mit ihren leicht verhaltenen Noten nach schwarzen Johannisbeeren.

Weinbewertung

81 2017 Riesling trocken „No 1" (1l) **12 %/4,50 €**
83 2017 Weißburgunder trocken „No 2" **12,5 %/5,60 €**
82 2017 Grauburgunder trocken „No 2" **13 %/5,60 €**
82 2017 Riesling trocken „No 2" „Buntsandstein" **12,5 %/5,60 €**
82 2017 Sauvignon Blanc trocken „No 2" **12,5 %/6,20 €**
84 2017 Weißburgunder trocken „No 3" „Kalkmergel" **13 %/6,90 €**
84 2017 Riesling trocken „No 3" „Kalkgestein" **12,5 %/6,90 €**
86 2017 Sauvignon Blanc trocken Göcklinger Kaiserberg **13,5 %/8,90 €**
86 2017 Riesling trocken Appenhofer Steingebiss **13 %/8,90 €**
85 2017 Grauburgunder trocken Heuchelheimer Herrenpfad **13,5 %/8,90 €**
85 2015 Cabernet Sauvignon & Merlot trocken „No 3" Barrique **13,5 %/8,90 €**
86 2015 Spätburgunder trocken „No 3" Barrique **13 %/10,20 €**

ARNOLD

Arnold & Lang

★☆

KONTAKT

Speyererstraße 7
67273 Herxheim am Berg
Tel. 0176-64913177
www.arnoldundlang.de
mail@arnoldundlang.de

Inhaber
Michael Lang
Rebfläche
3,2 Hektar
Produktion
20.000 Flaschen

BESUCHSZEITEN

nach Vereinbarung

Michael Lang erwarb 2009 den Jahrzehnte leer stehenden spätbarocken Hakenhof aus dem Jahr 1755 und begann mit der Restaurierung. 2011 pachtete er die ersten Weinberge, vom ersten Jahrgang wurden ein Rotwein und zwei Weißweine erzeugt. Für den Weinausbau war von Beginn an Roger Arnold verantwortlich, der nach der Lehre bei Rebholz in Siebeldingen Erfahrungen in Österreich, Südafrika und der Pfalz sammelte. Im Sommer 2016 ist Roger Arnold aus dem gemeinsamen Weingut ausgestiegen, um sich neuen Projekten zu widmen, der Name Arnold & Lang bleibt jedoch bestehen. Zu 80 Prozent werden weiße Sorten angebaut, Riesling vor allem, aber auch Grauburgunder, Silvaner und Sauvignon Blanc, 20 Prozent der Rebfläche nehmen rote Sorten wie Merlot, Cabernet Franc, Cabernet Cubin, Portugieser und Dornfelder ein. Die Reben stehen im Herxheimer Honigsack, im Leistadter Herrenmorgen und im Freinsheimer Musikantenbuckel. Die Weißweine werden gekühlt vergoren, Rotweine werden nach der Maischegärung 15 bis 18 Monate in französischen Barriques ausgebaut. Mit dem Jahrgang 2017 wurde die Produktion zurückgefahren und mit den Vorbereitungen zur Umstellung auf biodynamischen Anbau begonnen.

Kollektion

Aus der geringeren Produktion konnten wir drei Weine verkosten, zwei davon, der „Felsenberg" und der Cabernet Franc, entstanden mit Beratung und Betreuung durch Olaf Richter, dem ehemaligen Kellermeister von Zind-Humbrecht. Der Cabernet Franc wurde 18 Monate in drei Jahre alten Barriques ausgebaut und nur minimal geschwefelt, er zeigt dunkle Beerenfrucht im Bouquet, schwarze Johannisbeere, dezent grüne Paprika und etwas dunkle Schokolade, besitzt kühle kräutrige Würze, frische Säure und gute Struktur mit noch jugendlichen, ganz leicht staubigen Tanninen. Der „Felsenberg" besteht aus 60 Prozent Silvaner und 40 Prozent Riesling, beide auf Riffkalk gewachsen, wurde ohne Einsatz von Pumpen verarbeitet, unfiltriert und nur mit minimaler Schwefelzugabe von Hand gefüllt, er ist eindringlich, zeigt feine mostige und hefige Würze im Bouquet, etwas Brotkruste, hat fast schon eine Champagnernase, am Gaumen ist er noch leicht moussierend, hat noch etwas Gärungskohlensäure, besitzt quasi keine Frucht, aber viel Frische und Würze, ist animierend und leicht salzig – ein spannender Naturwein. Der Riesling bleibt dagegen ganz konventionell, ist eindringlich, zeigt klare Frucht, gelben Apfel, Zitrusnoten, etwas Orangenschale, besitzt am Gaumen Saft und feinen Grip.

Weinbewertung

86	2017 Riesling trocken	**12 %/9,90 €**
88	2017 Felsenberg Weißwein	**13,5 %/19,90 €**
87	2016 Cabernet Franc	**13 %/12,90 €**

Arns

★

KONTAKT

Weingut Arns und Sohn
Kringstraße 36
56861 Reil
Tel. 06542-2495
Fax: 06542-2411
www.arnswein.de
info@arnswein.de

Inhaber
Richard Arns
Rebfläche
4 Hektar
Produktion
25.000 Flaschen

BESUCHSZEITEN

Mo.-Fr. 9-18 Uhr, Sa. 9-14 Uhr,
So. 9-12 Uhr

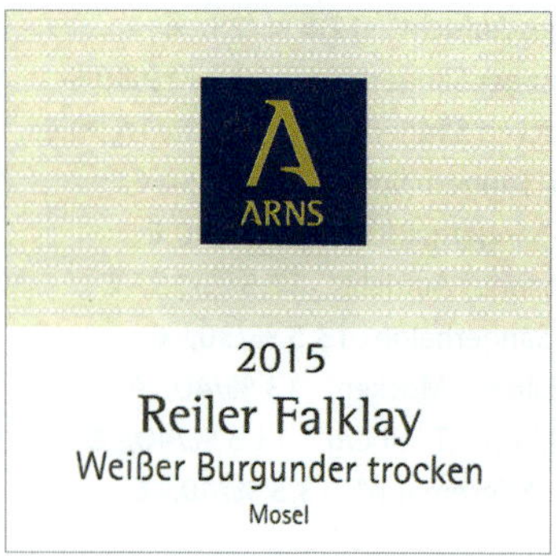

Seit über 400 Jahren baut die Familie Wein an. Richard Arns, Geisenheim-Absolvent, übernahm 1991 das Weingut von seinem Vater Rainer, führt es heute zusammen mit Ehefrau Martina, seit 2015 unterstützt von Sohn Alexander, der ebenfalls in Geisenheim studiert hat. Ihre Weinberge, insgesamt 4 Hektar, liegen vor allem in den Reiler Lagen Falklay und Goldlay, aber auch im Briedeler Weißerberg sind sie vertreten. Riesling nimmt die Hälfte der Weinberge ein, hinzu kommen 40 Prozent Burgundersorten – Spätburgunder, Weißburgunder und Grauburgunder – sowie etwas Müller-Thurgau. 2011 wurde mit der Umstellung auf ökologischen Weinbau begonnen, seit dem Jahrgang 2014 werden alle Flächen biologisch bewirtschaftet. Mit dem Jahrgang 2015 wurde wieder begonnen, bei den Topweinen von alten Reben aus Steillagen die Lage herauszustellen. Gästezimmer und zwei Ferienwohnungen bieten Übernachtungsmöglichkeiten auf dem Weingut.

Kollektion

Die Weine des Weinguts sind in aller Regel leicht verständlich und schon im jugendlichen Zustand zugänglich. Bereits im vergangenen Jahr deutete sich die Qualität der Abfüllungen an, beispielsweise mit einem Spätburgunder Weißherbst Schaumwein aus dem Jahrgang 2015 oder mit dem saftigen 2016er Riesling mit gut integrierter Restsüße. Auch der Grauburgunder gefiel. Diesmal wurden sowohl Weine des Jahrgangs 2016 als auch solche aus 2017 präsentiert. Saftig und würzig Weiß- und Grauburgunder, letzterer Wein noch etwas präziser und saftiger. Puristisch trocken und nachhaltig ist der 2016er „Golden Choir" von alten Rieslingreben aus der Reiler Goldlay, deutlich süßer der 2017er aus der Reiler Goldlay, ein rassiger Wein mit überdurchschnittlichem Spiel und zum Glück keineswegs aufdringlichem Restzucker. Schon der Spätburgunder Rosé zeigt, dass diese Rebsorte nicht stiefmütterlich behandelt wird; der Wein ist trocken, fest und würzig. Eine schöne Frucht weist der Rotwein aus 2016 auf. Schön, dass sich auch das Preis-Leistungs-Verhältnis loben lässt und dass Arns in Reil zu den uneingeschränkt empfehlenswerten Betrieben zu rechnen ist.

Weinbewertung

85 2017 Weißer Burgunder trocken **11 %/8,50 €**
86 2017 Grauer Burgunder trocken **12 %/9,50 €**
85 2016 Riesling trocken „Alte Reben" „Golden Choir" Goldlay **12 %/12,50 €**
84 2016 Riesling halbtrocken **11 %/8,20 €**
84 2017 Riesling „feinherb" **11 %/8,20 €**
87 2017 Riesling Reiler Goldlay **9 %/9,50 €**
84 2016 Spätburgunder Rosé trocken **13 %/9,- €**
84 2016 Spätburgunder trocken **13 %/9,50 €**

Aufricht

★★

KONTAKT

Höhenweg 8
88709 Meersburg-Stetten
Tel. 07532-2427
Fax: 07532-2421
www.aufricht.de
info@aufricht.de

Inhaber
Robert & Manfred Aufricht
Kellermeister
Robert Markheiser
Rebfläche
40 Hektar
Produktion
250.000-300.000 Flaschen

BESUCHSZEITEN

Mo.-Sa. 8-12 + 14-18 Uhr

Die Brüder Robert und Manfred Aufricht haben 1985 den Betrieb von ihren Eltern übernommen, inzwischen ist Johannes, der Sohn von Manfred Aufricht, nach Abschluss seines Studiums in den elterlichen Betrieb zurückgekehrt. Das Gros der Weinberge ist in einer Lage – Meersburger Sängerhalde – rund um das Weingut arrondiert, die sich durch besonders schwere Böden mit hohem Kalkgehalt auszeichnet. Sie bauen hauptsächlich die Burgundersorten an, wobei allein Spätburgunder 40 Prozent ihrer Weinberge einnimmt. Neben Grau- und Weißburgunder haben sie auch Auxerrois und Chardonnay im Anbau. Hinzu kommen vor allem Frühburgunder, Lemberger, Sauvignon Blanc und Riesling. Hochwertigere Weine werden mit 1 Lilie ausgezeichnet, das Top-Segment mit 3 Lilien: Lange Zeit gab es nur den 3 Lilien-Spätburgunder, inzwischen gibt es auch weiße 3 Lilien-Weine, beim Spätburgunder wurde weiter differenziert nach Gewannen.

Kollektion

Nach einer weiß wie rote recht gleichmäßigen Kollektion im vergangenen Jahr, haben nun eindeutig die Rotweine die Nase vorne. In Form der 3 Lilien-Spätburgunder aus dem Jahrgang 2015: Der gewürzduftige Mocken ist stoffig und füllig, besitzt reife süße Frucht und kräftige Tannine, der Trielberg ist rauchig und konzentriert, besitzt gute Struktur und Frucht, kräftige Tannine, der Kriesemann schließlich ist würzig, kraftvoll, zupackend, besitzt gute Struktur, Frische und reife süße Frucht. Im weißen Segment gefallen uns der von Johannes Aufricht vinifizierte Auxerrois von alten Reben – füllig, kraftvoll, reintönige Frucht, gute Substanz – und der 3 Lilien-Sauvignon Blanc am besten, der intensive Frucht im Bouquet zeigt, gute Konzentration, füllig und saftig ist bei reifer süßer Frucht.

Weinbewertung

82	2017 Auxerrois trocken Meersburger Sängerhalde **12,5 %/10,90 €**
80	2016 Riesling trocken „1 Lilie" Meersburger Sängerhalde **13 %/16,90 €**
81	2017 Grauburgunder trocken „1 Lilie" Sängerhalde **12,5 %/13,40 €**
82	2017 Sauvignon Blanc trocken „Johannes Aufricht" **12,5 %/25,- €**
82	2016 Riesling trocken „3 Lilien" Meersburger Sängerhalde **13 %/19,30 €**
83	2017 Chardonnay & Grauburgunder trocken Sängerhalde **13,5 %/16,90 €**
85	2017 Sauvignon Blanc trocken „3 Lilien" Sängerhalde **13 %/29,50 €**
83	2017 Grauburgunder trocken „3 Lilien" Sängerhalde **13 %/16,90 €**
85	2017 Auxerrois trocken „Alte Reben Johannes Aufricht" **12,5 %/25,- €**
83	2015 Spätburgunder trocken „2 Lilien" Sängerhalde **13,5 %/30,- €**
87	2015 Spätburgunder trocken „Isabel 3 Lilien" „Mocken" **13 %/40,- €**
88	2015 Spätburgunder trocken „Isabel 3 Lilien" „Trielberg" **13,5 %/40,- €**
88	2015 Spätburgunder trocken „3 Lilien" „Kriesemann" **13,5 %/40,- €**

A

Auggener Schäf

★

KONTAKT

Winzerkeller Auggener Schäf eG
Kleinfeldele 1
79424 Auggen
Tel. 07631-36800
Fax: 07631-368080
www.auggener-wein.de
info@auggener-wein.de

Inhaber
400 Mitglieder
Geschäftsführer
Thomas Basler
Kellermeister
Andreas Philipp
Rebfläche
500 Hektar
Produktion
6.000.000 Flaschen

BESUCHSZEITEN

Mo.-Fr. 8-18 Uhr, Sa. 9-13,
So./Feiertage 10-13 Uhr

Gutedel ist mit einem Anteil von 45 Prozent die dominierende Rebsorte in den Weinbergen der Auggener Genossen. Danach folgen Spätburgunder, Müller-Thurgau und Regent, aber auch Weißburgunder, Chardonnay und Sauvignon Blanc. Drei Viertel der Rebfläche entfällt auf die Lage Auggener Schäf, ein Viertel auf die Lage Auggener Letten. Der Letten ist eine 60 Hektar große steile Südlage mit schweren, fruchtbaren Böden (Lehm). Im Letten werden Sorten wie Chardonnay, Gewürztraminer und Grauburgunder angebaut. Der 180 Hektar große Auggener Schäf besteht aus fünf Hügeln mit bis zu 50-prozentigen Steillagen. Im Schäf wächst auf Kalkschieferböden vor allem die Rebsorte, für die Auggen und der Auggener Schäf bundesweit bekannt ist: Der Gutedel. Nach der Fusion mit der WG Laufen ist man seit Herbst 2011 auch im Laufener Altenberg vertreten. Der Name Auggen steht für Gutedel, die Gutedel sind meist die Stärke der Auggener Genossen. Aber auch mit Rotweinen und im edelsüßen Segment lassen sie immer wieder aufhorchen.

Kollektion

Die neue Kollektion überzeugt auf der ganzen Linie, bietet gutes Basisniveau sowie weiße, edelsüße und rote Spitzen. Die beiden trockenen Gutedel sind fruchtbetont und sortentypisch, der Weißburgunder ist füllig, würzig, recht süß. Stark ist der im Barrique ausgebaute Chardonnay, besitzt Fülle und Kraft, gute Struktur und Vanillenoten. Edelsüß trumpft Kellermeister Andreas Philipp mit zwei konzentrierten Gutedel Eisweinen auf, wir präferieren die etwas strukturiertere barriqueausgebaute Variante. Nicht das erste Mal präsentieren die Auggener Genossen einen sehr guten Regent mit klarer Frucht, gute Struktur und deutlichen Vanillenoten, die rote Reserve-Cuvée besitzt viel reife Frucht, Kraft und Substanz.

Weinbewertung

82	2017 Weißer Gutedel trocken Auggener Schäf	**12,5 %/4,90 €**
81	2017 Gutedel Kabinett trocken „Edition No. 3" Laufener Altenberg	**11,5 %/5,50 €**
81	2017 Chardonnay Kabinett trocken Auggener Schäf	**13 %/6,70 €**
83	2017 Weißburgunder Spätlese trocken Auggener Schäf	**13 %/7,50 €**
86	2016 Chardonnay Spätlese trocken Barrique Auggener Schäf	**13,5 %/12,90 €**
81	2017 Muskat-Ottonel Kabinett „Edition N 3" Laufener Altenberg	**11,5 %/6,90 €**
81	2017 Gewürztraminer Spätlese Auggener Schäf	**12,5 %/7,95 €**
86	2016 Gutedel Eiswein Auggener Schäf	**7,5 %/25,- €(0,375l**
88	2016 Gutedel Eiswein Barrique Auggener Schäf	**8 %/26,- €/0,375l**
79	2015 Pinot Noir trocken Laufener Altenberg	**13,5 %/8,90 €**
85	2016 Regent trocken Barrique Auggener Schäf	**13,5 %/9,90 €**
86	2015 „Cuvée Réserve Rot" trocken „Edition No.5" Altenberg	**13,5 %/15,90 €**

AUGUSTIN

★★★

KONTAKT

Raiffeisenstraße 5
97320 Sulzfeld
Tel. 09321-5663
Fax: 09321-24704
www.weingut-augustin.de
info@weingut-augustin.de

Inhaber
Arno Augustin
Verkauf
Verena & Arno Augustin
Rebfläche
11 Hektar
Produktion
70.000 Flaschen

BESUCHSZEITEN

Mo.-Sa. 9-12 + 13-18 Uhr,
So. 10-12 Uhr und nach
Vereinbarung
Vinotel Augustin

Das 1988 gegründete Weingut wird seit 2001 von Geisenheim-Absolvent Arno Augustin geführt. Die Weinberge liegen alle in den Sulzfelder Lagen Maustal, Cyriakusberg und Sonnenberg, wo die Reben auf schweren Muschelkalkböden wachsen. Wichtigste weiße Rebsorten sind Silvaner, Bacchus, Müller-Thurgau, Kerner, Weißburgunder, Riesling und Sauvignon Blanc. Die Rotweinfläche wurde mit Spätburgunder, Schwarzriesling und Merlot auf 20 Prozent ausgeweitet. Die Weine werden überwiegend trocken angeboten. Seit dem Jahrgang 2003 führt Arno Augustin auch Barriqueweine im Programm, nicht nur Rotweine, auch den Weißburgunder baut er gerne im Barrique aus. 2015 und 2016 wurden Kelter- und Füllhalle sowie Maschinenhalle neu gebaut. Dem Weingut ist ein Hotel angeschlossen, Vinotel genannt, ein Designhotel mit unterschiedlichen Themenzimmern.

Kollektion

Arno Augustin legt weiter zu. Das Basisniveau ist hoch, die Spitzen konsolidieren sich, neben dem prägenden Weißburgunder spielt Sauvignon Blanc inzwischen im weißen Segment eine wichtige Rolle, der Wein ist intensiv und kraftvoll. Die beiden Silvaner sind reintönig, fruchtbetont, zupackend wie auch der Riesling, die Perle ist lebhaft, der Bacchus intensiv und zupackend. Der 2017er Weißburgunder besitzt reintönige Frucht, gute Struktur und Frische, der im Barrique ausgebaute 2016er zeigt intensive Frucht und rauchige Noten, besitzt Fülle und Kraft, gute Struktur und Komplexität. Ganz stark sind auch die beiden im Barrique ausgebauten Rotweine des Jahrgangs 2015. Der Spätburgunder ist fruchtbetont, reintönig, zeigt rote Früchte, ist klar und harmonisch, enorm druckvoll, besitzt gute Struktur und Frische. Der intensiv fruchtige Merlot steht ihm nicht nach, ist reintönig, zupackend, besitzt gute Struktur und Biss.

Weinbewertung

85 2016 Pinot Meunier „Jahrgangssekt" brut **13 %**
85 2017 Perle trocken Sulzfeld am Main **11,5 %/7,- €**
85 2017 Bacchus trocken „Der Bacchus" Sulzfeld Maustal **12,5 %/8,- €**
86 2017 Silvaner trocken „Der Silvaner" Sulzfeld Maustal **13 %/10,- €**
87 2017 Silvaner trocken „alte Reben" „Der Alte" Sulzfeld Maustal **13 %/13,- €**
86 2017 Riesling trocken „Der Riesling" Sulzfeld **12,5 %/10,- €**
88 2017 Sauvignon Blanc trocken Sulzfeld Cyriakusberg **13 %/13,50 €**
87 2017 Weißer Burgunder trocken Sulzfeld Maustal **13 %/11,- €**
86 2017 „Blanc de Noir" trocken Sulzfeld Maustal **12 %/10,- €**
89 2016 Weißer Burgunder trocken Barrique Sulzfeld Maustal **14 %/19,- €**
88 2015 Spätburgunder trocken Barrique Sulzfeld Maustal **14 %/20,- €**
88 2015 Merlot trocken Barrique Sulzfeld Sonnenberg **14 %/26,- €**

B

Daniel Bach

★★

KONTAKT

Wein-Werkstatt Daniel Bach
Dorfstraße 12
79341 Kenzingen-Hecklingen
Tel. 07644-9296800
www.weinwerkstatt-daniel-bach.de
info@weinwerkstatt-daniel-bach.de /
daniel.bach1@gmx.net

Inhaber
Daniel Bach
Rebfläche
0,67 Hektar
Produktion
1.800 Flaschen

BESUCHSZEITEN

Do. 17:30-20 Uhr oder mach Vereinbarung

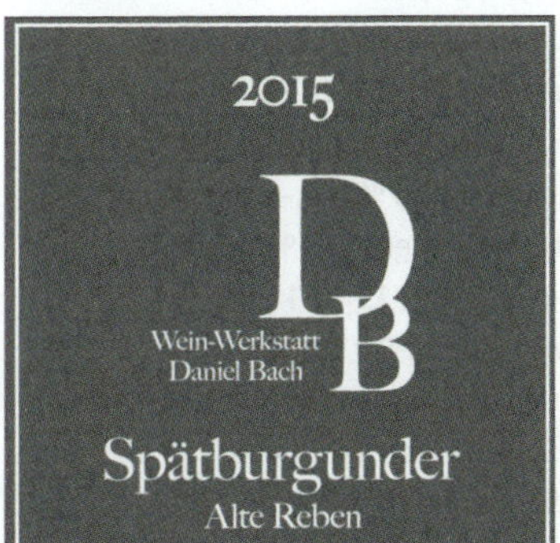

Daniel Bach begann seine Winzerlaufbahn mit der Ausbildung zum Winzergesellen beim Weingut Hügle in Bombach, danach trat er seine Stelle beim Weingut Bernhard Huber an, wo er bis heute hauptberuflich tätig ist. 2008 kamen Yquem Viehhauser und ihm beim Barrique-Abfüllen die Idee selbst Rotwein auszubauen und im Jahr darauf setzten sie dieses Vorhaben in die Tat um. 2012 arbeitete er neun Monate bei Felton Road in Neuseeland, einem der führenden Weingüter des Landes, das seine Weinberge biodynamisch bewirtschaftet und vor allem für großartigen Pinot Noir berühmt ist. 2014 dann gründete Daniel Bach sein Weingut, pardon: Seine „Wein-Werkstatt", die er heute im Nebenerwerb und mit Unterstützung von Freunden und Familie betreibt. Er und seine Wein-Werkstatt sind in Kenzingen-Hecklingen zuhause, unterhalb der Burgruine Lichteneck, also im Breisgau, seine Weinberge liegen aber derzeit in Riegel in der Lage St. Michaelsberg, also am Kaiserstuhl, wo die Reben auf Lössböden wachsen. Er bewirtschaftet seine Weinberge biologisch, strebt die Zertifizierung an, hat 2017 mit der Umstellung begonnen. Neben Spätburgunder baut Daniel Bach ein klein wenig Weißburgunder an. Die Spätburgunder werden nach der Maischegärung mindestens zwölf Monate auf der Feinhefe ausgebaut und unfiltriert abgefüllt. Er bietet Spätburgunder in zwei Qualitätsstufen an, einen „Basiswein" und den Spätburgunder von alten Reben.

Kollektion

Zwei Weine präsentiert Daniel Bach zum Debüt – und diese zeigen eine stilistische Sicherheit, die man bei einem jungen Winzer so nicht vermuten würde. Die Weine setzen auf Frische und Lebendigkeit bei moderaten Alkoholwerten, denn 13 Prozent sind für einen warmen Jahrgang wie 2015 und für eine recht heiße Gegend wie den Kaiserstuhl moderat zu nennen. Wobei man die Weine so gar nicht an den Kaiserstuhl verorten möchte, sondern versucht ist sie ins Breisgau „zu stecken", nun ja, wenn man weiß, dass Daniel Bach im Breisgau wohnt und beim Weingut Bernhard Huber arbeitet, liegt das nahe. Der Spätburgunder zeigt feine Frucht im Bouquet, rote Früchte, Frische, ist frisch und klar im Mund, harmonisch und geradlinig. Auf der gleichen stilistischen Linie liegt der Spätburgunder von alten Reben, ist aber etwas kraft- und druckvoller bei guter Präzision. Ein beeindruckendes Debüt! —

Weinbewertung

87 2015 Spätburgunder **13 %/10,- €**
89 2015 Spätburgunder „Alte Reben" **13 %/15,- €**

MARKGRAF V. BADEN, SCHLOSS SALEM

★★

KONTAKT

Schloss Salem
88682 Salem
Tel. 07553-81284
Fax: 07553-81569
www.markgraf-von-baden.de
weingut@markgraf-von-baden.de

Inhaber
SKH Bernhard Prinz von Baden
Betriebsleiter
Volker Faust
Kellermeister
Martin Kölble
Rebfläche
110 Hektar
Produktion
900.000 Flaschen

BESUCHSZEITEN

Mo.-Sa. 9-18 Uhr, Sonn- + Feiertage 11-18 Uhr; Verkaufstellen in Birnau (Oberhof 1a) und Überlingen (Haus Greth)

Schloss Salem zählt seit 1802 zu einem der Amtssitze der Markgrafen von Baden, die seit dieser Zeit auch die umfangreichen Rebflächen des ehemaligen Zisterzienserklosters kultivieren. Heute ist Schloss Salem Wohnsitz des Markgrafen von Baden und Heimat des Weingutes Markgraf von Baden. Insgesamt werden vom Markgrafen 110 Hektar Reben am Bodensee und 25 Hektar in der Ortenau bewirtschaftet (Weingut Schloss Staufenberg). Die Trauben wachsen in den Lagen Birnauer Kirchhalde, Bermatinger Leopoldsberg, Meersburger Chorherrenhalde und Gailinger Schloss Rheinburg größtenteils auf eiszeitlichen Verwitterungsböden, unmittelbar am See findet man Sandsteinfels, der eine mehr oder weniger dicke Schicht an Moränenschotter trägt, welcher von eiszeitlichen Gletschern stammt. Spätburgunder nimmt knapp 40 Prozent der Fläche ein, Müller-Thurgau ein Viertel, es folgen Weißburgunder, Grauburgunder und Riesling.

Kollektion

Eine stimmige Kollektion präsentieren Volker Faust und Martin Kölble in diesem Jahr, die angeführt wird von den beiden Großen Gewächsen. Die weißen Guts- und Ortsweine sind frisch und geradlinig, am besten gefallen uns der intensive, zupackende Birnauer Sauvignon Blanc und der Birnauer Müller-Thurgau, der feine Frische und Würze zeigt, klar und geradlinig ist und Grip besitzt. Der Riesling Großes Gewächs aus der Chorherrenhalde, als Fassprobe verkostet, zeigt gute Konzentration und reife Frucht, besitzt Fülle und Kraft, reintönige Frucht und gute Struktur. Eine schöne Steigerung bieten die drei Spätburgunder-Rotweine vom fruchtbetonten, frischen Bermatinger über den kraftvollen, zupackenden Erste Lage-Wein vom Leopoldsberg bis hin zum Großen Gewächs aus dem Buchberg, einer Gewanne im Leopoldsberg, das reintönige Frucht zeigt, faszinierend klar ist, zupackend, Kraft, gute Struktur und feine Frucht besitzt. —

Weinbewertung

81	2017 Weißburgunder trocken Bodensee **12 %/8,25 €**
81	2017 Müller Thurgau trocken Bodensee **11 %/8,25 €**
84	2017 Müller Thurgau trocken Birnauer **12 %/12,- €**
82	2017 Weißburgunder trocken Birnauer **11,5 %/12,- €**
83	2017 Sauvignon Blanc trocken Birnauer **12,5 %/12,- €**
(88)	2017 Riesling trocken „GG" Meersburger Chorherrenhalde **12,5 %/35,- €**
81	2017 Spätburgunder Rosé trocken Bodensee **11,5 %/8,25 €**
83	2016 Spätburgunder trocken Bermatinger **13 %/12,- €**
85	2016 Spätburgunder trocken Bermatinger Leopoldsberg **13 %/18,- €**
88	2016 Spätburgunder trocken „GG" „B" Bermatinger Leopoldsberg **13,5 %/45,- €**

B

Markgraf v. Baden, Schloss Staufenberg

★★☆

KONTAKT

Schloss Staufenberg 1
77770 Durbach
Tel. 0781-42778
Fax: 0781-440578
www.schloss-staufenberg.de
info@schloss-staufenberg.de

Inhaber
Markgraf von Baden
Betriebsleiter
Volker Faust
Kellermeister
Frederic Kirch
Rebfläche
25 Hektar
Produktion
120.000 Flaschen

BESUCHSZEITEN

April bis Okt.: Mo.-Fr. 10-17 Uhr,
Sa./So./Feiertage 11-17 Uhr
Gutsausschank

FIDELITAS
MARKGRAF VON BADEN
WEINGUT

Schloss Staufenberg kam 1693 in den Besitz des Hauses Baden. In den Weinbergen von Schloss Staufenberg, am Durbacher Schlossberg, spielt Riesling mit 45 Prozent die wichtigste Rolle. Es folgen 30 Prozent Spätburgunder, dazu gibt es Müller-Thurgau, Traminer, Weiß- und Grauburgunder, sowie Chardonnay und Sauvignon Blanc. Das Programm ist vierstufig gegliedert in Gutsweine, Ortsweine (Durbacher), Erste Lagen (Durbacher Schlossberg) und Große Lagen. Letztere kommen wie alle Weine aus dem Durbacher Schlossberg, der Riesling aus der Gewanne Marienberg im oberen Hangbereich des Schlossbergs (Südost-exponiert, karge Granitverwitterungsböden), der Spätburgunder aus der Gewanne Sophienberg am östlichen Ende des Schlossbergs (Südost-exponiert, höhere Lehm- und Lössanteile). Die Rieslinge werden alle in Edelstahltanks ausgebaut, die Spätburgunder im Barrique. Markgraf von Baden gehört auch ein großes Weingut am Bodensee, Schloss Salem (siehe vorherigen Eintrag).

Kollektion

Die neue Kollektion präsentiert sich noch geschlossener, noch stärker als im Vorjahr. Die Durbacher Ortsweine sind frisch , geradlinig, der reintönige, zupackende Chardonnay gefällt uns besonders gut, der Klingelberger 1782 ist füllig und saftig. Die Erste Lage-Weine aus dem Schlossberg besitzen mehr Substanz. Auch hier überzeugt der als Fassprobe verkostete Chardonnay, zeigt rauchige Noten, intensive Frucht, ist kraftvoll, füllig; der Riesling besitzt gute Struktur und reintönige Frucht, noch etwas druckvoller und intensiver ist dann das Große Gewächs. Der rotfruchtige Schlossberg-Spätburgunder ist kraftvoll und zupackend, das Große Gewächs aus dem Sophienberg zeigt rauchige Noten, besitzt Substanz, Fülle und Länge, ist das Highlight der Kollektion und der beste Spätburgunder der Ortenau.

Weinbewertung

82 2017 Klingelberger (Riesling) trocken Ortenau **12 %/8,25 €**
83 2017 Klingelberger Riesling trocken Durbacher **12,5 %/12,- €**
83 2017 Weißburgunder trocken Durbacher **12,5 %/12,- €**
81 2017 Grauburgunder trocken Durbacher **13 %/12,- €**
84 2017 Chardonnay trocken Durbacher **13,5 %/12,- €**
84 2017 Klingelberger Riesling trocken „1782" **12,5 %/17,- €**
(86) 2017 Chardonnay trocken Durbacher Schlossberg **13,5 %/17,- €**
87 2017 Klingelberger Riesling trocken Durbacher Schlossberg **12,5 %/17,- €**
88 2017 Klingelberger Riesling trocken „GG K" Durbacher Schlossberg **13 %/45,- €**
82 2016 Spätburgunder trocken Ortenau „Ortswein" **13 %/12,- €**
86 2017 Spätburgunder trocken Durbacher Schlossberg **13 %/18,- €**
90 2016 Spätburgunder trocken „GG Sophienberg" Schlossberg **13,5 %/45,- €**

BÄCHNER

★★★

KONTAKT

Sulzweg 4
72581 Dettingen
Tel. 07123-920511
Fax: 07123-920512
www.weingut-baechner.de
info@weingut-baechner.de

Inhaber
Petra Bächner
Betriebsleiter/Außenbetrieb
Petra Bächner
Kellermeister
Thomas Bächner
Rebfläche
1,7 Hektar
Produktion
10.000 Flaschen

BESUCHSZEITEN

Di.-Sa. nach Vereinbarung

Die Weinberge von Petra Bächner liegen am Rande der Schwäbischen Alb unterhalb der Burg Hohenneuffen. Seit mehr als 900 Jahren wird hier Wein angebaut, die Weinberge reichen bis in eine Höhe von 526 Meter über dem Meeresspiegel. Auf karstigen Juraböden baut Petra Bächner Silvaner, Kerner und Riesling an, dazu Spät- und Frühburgunder, 2013 brachte Sauvignon Blanc den ersten Ertrag. Um den Weinausbau kümmert sich Ehemann Thomas Bächner. Seit der Gründung des Weingutes 2007 werden die Weinberge biologisch bewirtschaftet, zertifiziert, da immer wieder Flächen hinzukamen, gingen diese neuen Anlagen in die Umstellung ein. Seit dem Jahrgang 2011 ist man vollständig zertifiziert, was inzwischen auch auf den Flaschen deklariert wird. 2014 wurde erstmals ein Sekt erzeugt, der 2016 auf den Markt kam, zukünftig aber soll er ein längeres Hefelager erhalten.

Kollektion

2017 brachte Frostschäden – und die früheste Ernte des Betriebes, mit Lesebeginn am 9. September. Der Spätburgunder Sekt ist klar, füllig und harmonisch, von Erdbeernoten geprägt. Die 2017er Weißweine präsentieren sich geschlossen. Die Cuvée Gottfried – Kerner, teils im Barrique ausgebaut, dazu Riesling und Sauvignon Blanc – ist frisch, fruchtbetont und zupackend, der Riesling besitzt viel Frische, Frucht und Druck, dezent mineralische Noten, der intensiv fruchtige Sauvignon Blanc ist zupackend und strukturiert. Unser Favorit im weißen Segment ist der im Barrique ausgebaute Kerner des Jahrgangs 2016, der feine Frische und Zitrus im Bouquet zeigt, weich und füllig ist, kraftvoll bei viel Substanz. Der Rosé ersetzt nun und zukünftig den Blanc de Noir, er zeigt feine Kirsch- und Erdbeernoten, ist frisch und zupackend, recht süß. Der Frühburgunder zeigt eindringlich rote Früchte, ist klar, zupackend und fruchtbetont. Spätburgunder gibt es 2016 keinen, der schon im Vorjahr vorgestellte 2015er besticht mit rauchigen Noten und reintöniger Frucht.

Weinbewertung

83 2017 „Secco" Perlwein **12,5 %/8,- €**
86 2015 Bächner Sekt brut **12 %/13,50 €**
84 2017 „Cuvée Gottfried" Weißwein **12,5 %/8,50 €**
85 2017 Riesling **12,5 %/9,50 €**
85 2017 Sauvignon Blanc **12 %/10,- €**
88 2016 Kerner Barrique **13,5 %/13,50 €**
85 2017 Rosé **12 %/10,- €**
87 2016 Frühburgunder 480 NN **13,5 %/15,- €**
90 2015 Spätburgunder „510 NN" **14 %/18,- €**

B

Bärenhof

★★

KONTAKT

Weinstraße 4
67098 Bad Dürkheim-Ungstein
Tel. 06322-4137
Fax: 06322-8212
www.weingut-baerenhof.de
weingut-baerenhof@t-online.de

Inhaber/Betriebsleiter
Günther Bähr
Kellermeister
Jürgen Bähr
Außenbetrieb
Volker Helbig, Udo Unkrich
Rebfläche
37 Hektar
Produktion
400.000 Flaschen

BESUCHSZEITEN

Mo.-Fr. 8-18 Uhr, Sa. 9-16 Uhr,
So. 10-12 Uhr

Seit dem sechzehnten Jahrhundert baut die Familie Wein in Ungstein an, aber erst Günther Bähr brachte 1973 die ersten eigenen Weine auf die Flasche. Inzwischen hat Sohn Jürgen, der seit 2004 im Betrieb tätig ist, die Verantwortung übernommen. Bis 1989 besaß man 8 Hektar Reben, seither hat sich die Rebfläche vervielfacht. Die Weinberge liegen in verschiedenen Ungsteiner (Herrenberg, Weilberg, Michelsberg, Nussriegel, Osterberg) und Dürkheimer Lagen (Hochbenn, Ritterberg). Mit Abstand die wichtigste Sorte ist Riesling, der 40 Prozent der Rebfläche einnimmt. Es folgen die Burgundersorten, rote Sorten wie Portugieser, Dornfelder, Cabernet Sauvignon und Merlot und weiße Sorten wie Silvaner, Chardonnay, Scheurebe oder Sauvignon Blanc.

Kollektion

Auch in diesem Jahr präsentiert uns Jürgen Bähr wieder eine durchgängig sehr reintönige Kollektion, im trockenen Bereich liegen drei gekonnt im Holz ausgebaute Weine vorne: Der Michelsberg-Riesling und der Chardonnay vom Spielberg wurden im Stückfass ausgebaut, die Cuvée „Lebenslang" aus Grauburgunder, Riesling, Weißburgunder und Silvaner im 500 Liter-Fass, die Weine lagen jeweils neun Monate auf der Hefe. Der Chardonnay ist kraftvoll und weich mit Noten von Banane, Melone und Vanille, der Michelsberg zeigt Pfirsich und Zitrusfrüchte im Bouquet und besitzt leicht salzige Länge und die Cuvée ist ebenfalls ganz gelbfruchtig mit feinem Biss. Der Riesling aus dem Herrenberg zeigt kräutrig-mineralische Würze und besitzt etwas mehr Grip als der füllige Weilberg-Riesling, Silvaner und Grauburgunder sind beide stoffig und besitzen Kraft und viel klare Frucht. Herrlich reintönig ist auch wieder der Gewürztraminer mit harmonischem Süße-Säure-Spiel, die Huxelrebe Auslese ist cremig mit viel süßer Frucht.

Weinbewertung

86	2017 „Lebenslang" Weißwein trocken **13 %/9,20 €**
86	2017 Riesling Spätlese trocken Ungsteiner Michelsberg **13 %/9,20 €**
83	2017 Riesling Spätlese trocken Dürkheimer Rittergarten **13 %/5,40 €**
85	2017 Riesling Spätlese trocken Ungsteiner Herrenberg **13 %/6,50 €**
84	2017 Riesling Spätlese trocken Ungsteiner Weilberg **13 %/6,50 €**
85	2017 Grauer Burgunder Spätlese trocken Ungsteiner Honigsäckel **13,5 %/6,60 €**
83	2017 Chardonnay Spätlese trocken Ungsteiner Osterberg **13,5 %/6,50 €**
87	2017 Chardonnay Spätlese trocken Dürkheimer Spielberg **13,5 %/12,- €**
84	2017 Weißer Burgunder Spätlese trocken Ungsteiner Osterberg **13 %/6,50 €**
85	2017 Grüner Silvaner Spätlese trocken Ungsteiner Weilberg **13,5 %/6,40 €**
84	2017 Riesling Spätlese Ungsteiner Honigsäckel **10 %/5,40 €**
86	2017 Gewürztraminer Spätlese Ungsteiner Kobnert **8,5 %/5,60 €** ☺
86	2017 Huxelrebe Auslese Ungsteiner Osterberg **8,5 %/6,80 €/0,5l**

BÄRMANN

★★

N

KONTAKT

Kirchgasse 38
79291 Merdingen
Tel. 07668-9790373
www.weingut-baermann.com
info@weingut-baermann.com

Inhaber
Frank Bärmann
Rebfläche
1,38 Hektar
Produktion
11.000 Flaschen

BESUCHSZEITEN

nach Vereinbarung

Frank Bärmann kehrte 2013 auf den 1814 gegründeten Winzerhof seiner Vorfahren am Tuniberg zurück, um als Quereinsteiger sein eigenes Weingut zu gründen, 2014 brachte er seine ersten Weine auf den Markt. Seine Reben wachsen teils im Merdinger Bühl am Tuniberg, teils im Ihringer Fohrenberg am Kaiserstuhl. Gut die Hälfte der Rebfläche nimmt Spätburgunder ein, hinzu kommen Grauburgunder, Weißburgunder, Müller-Thurgau und Muskateller. Das Sortiment ist dreistufig gegliedert in Gutsweine, Ortsweine und Lagenweine, die Weine werden teils im Edelstahl, teils in kleinen und großen Eichenholzfässern ausgebaut.

Kollektion

So lassen wir uns gerne überraschen! Nicht oft bekommen wir von neuen Winzern eine solch starke Kollektion vorgesetzt wie in diesem Jahr von Frank Bärmann. Die Lagenweine gehören zu den Besten in der Region, die Guts- und Ortsweine präsentieren sich geschlossen auf gutem Niveau. Schon der Müller-Thurgau ist fruchtbetont und reintönig, ebenso der geradlinige Weißburgunder-Gutswein. Der Muskateller besitzt feine süße Frucht und schöne Frische, der Spätburgunder Rosé setzt ganz auf Frucht, ist zupackend und reintönig, der Merdinger Spätburgunder ist ebenfalls herrlich fruchtintensiv und klar, besitzt reintönige Frucht und Biss. Sehr gut sind alle drei Lagenweine. Der Weißburgunder aus dem Merdinger Bühl zeigt gute Konzentration, viel reife Frucht, rauchige Noten, besitzt Fülle und Kraft, gute Struktur und Substanz. Der Fohrenberg-Pinot Noir zeigt intensive Frucht im Bouquet, ist füllig und harmonisch im Mund bei reifer Frucht und guter Struktur. Ein klein wenig besser noch gefällt uns der Pinot Noir aus dem Merdinger Bühl, zeigt dezent rauchige Noten und reintönige Frucht im Bouquet, ist füllig und kraftvoll im Mund, wunderschön reintönig, besitzt herrlich viel Frucht, gute Struktur und feine Tannine. Klasse Debüt!

Weinbewertung

83	2017 Müller-Thurgau trocken **12 %/5,50 €**
82	2017 Weißburgunder trocken **12,5 %/7,- €**
88	2016 Weißburgunder trocken Merdinger Bühl **13,5 %/14,- €**
83	2017 Muskateller Merdinger **12 %/8,- €**
83	2017 Spätburgunder Rosé trocken **13 %/6,50 €**
84	2016 Spätburgunder trocken Merdinger **13 %/8,- €**
88	2016 Pinot Noir trocken Ihringer Fohrenberg **14,5 %/15,- €**
89	2016 Pinot Noir trocken Merdinger Bühl **14 %/20,- €**

BÄRMANN
WEINGUT AM TUNIBERG

Benedikt Baltes

★★★★

KONTAKT

Wilhelmstraße 107
63911 Klingenberg
Tel. 09372-2438
Fax: 09372-921059
www.weingut-benedikt-baltes.de
info@weingut-benedikt-baltes.de

Inhaber
Benedikt Baltes
Rebfläche
9,5 Hektar
Produktion
40.000 Flaschen

BESUCHSZEITEN

Mi.-Fr. 13-18 Uhr, Sa. 10-18 Uhr
oder nach Vereinbarung

Aus dem Weingut der Stadt Klingenberg wurde 2017 das Weingut Benedikt Baltes. Das 1912 gegründete Weingut der Stadt Klingenberg wurde 2010 von Benedikt Baltes erworben, der in Mayschoß an der Ahr aufgewachsen ist, seine Lehre bei Adeneuer machte, dann hatte er in Österreich und Ungarn gearbeitet, nach seiner Technikerausbildung in Bad Kreuznach folgten Aufenthalte in Portugal und Rheinhessen. Die Umbenennung des Weingutes war nicht die einzige Neuerung. 2016 hat Benedikt Baltes offiziell mit der Umstellung auf biologischen Weinbau begonnen, er arbeitet nach den Prinzipien der Biodynamie und der Permakultur. Und das Programm hat sich mit dem Jahrgang 2016 verändert, zu den Weinbergen im Klingenberger Schlossberg und im Großheubacher Bischofsberg, beides Lagen mit überwiegend Terrassen-Weinbergen, sind Weinberge in den Bürgstadter Lagen Centgrafenberg und Hundsrück hinzugekommen. Benedikt Baltes möchte sich ganz auf Spätburgunder konzentrieren, andere Sorten pflanzt er nicht neu, ausschließlich Spätburgunder, nur Spätburgunder erzeugen in seiner ganzen Vielfalt vom Blanc de Noir und Blanc de Noir-Sekt bis hin zu den großen Lagenweinen. Derzeit liegt der Anteil bei 90 Prozent, es gibt noch ein wenig Portugieser, Riesling, Cabernet Franc und Müller-Thurgau. Seit dem Jahrgang 2016 gibt es neben den Lagenweinen aus Schlossberg (Großes Gewächs) und Bischofsberg (2016 als Großes Gewächs) zwei weitere Lagenweine aus dem Bürgstadter Berg (Erste Lage) und dem Bürgstadter Hundsrück (Großes Gewächs) . Die Basis des Sortiments bildet der Buntsandstein-Spätburgunder, dann folgen die Ortsweine, der Klingenberger Spätburgunder und der Großheubacher Spätburgunder. Mit dem Jahrgang 2013 wurde der „Terra 1261" eingeführt, eine spezielle Selektion aus dem Schlossberg, der nach dem Jahr benannt wurde, in dem erstmals urkundlich Weingärten „auf dem hohen Berge" als Eigentum des Schenken von Clingenburg und Prozelten erwähnt wurden. Die Weine werden etwas kaltmaceriert und spontanvergoren, der Ausbau erfolgt überwiegend in 300 Liter-Fässern, ein kleiner Teil wird in 500 Liter-Fässern ausgebaut. Benedikt Baltes Ehefrau Julia Baltes führt unter ihrem vorehelichen Namen Julia Bertram seit 2013 ein Weingut an der Ahr, sie kümmern sich gemeinsam um beide Weingüter.

Kollektion

Beeindruckende Kollektionen präsentierte Benedikt Baltes in den vergangenen Jahren, er ist einer der Shooting-Stars der deutschen Weinszene in diesem Jahrzehnt. Jahr für Jahr begeisterten uns seine Weine mehr, nicht nur die Topweine wie das Große Gewächs aus dem

Schlossberg oder die „Terra 1261" genannte Cuvée, auch Guts- und Ortsweine sind immer von zuverlässiger Güte, so dass wir ihn im vergangenen Jahr als Weingut des Jahres für die beste Rotweinkollektion in Deutschland auszeichneten. Mit dem Jahrgang 2016 nun hat sich sein Programm geändert, neue Weine von den Weinbergen in Bürgstadt sind hinzu gekommen, zu dem bisherigen alleinigen Großen Gewächs aus dem Schlossberg kamen zwei weitere Große Gewächse hinzu, aus dem Großheubacher Bischofsberg (den 2015er Wein aus dem Bischofsberg hatten wir im vergangenen Jahr an dieser Stelle als Großes Gewächs-würdig befunden) sowie aus dem Bürgstadter Hundsrück. Aber beginnen wir mit dem einzigen Nicht-Spätburgunder, den Benedikt Baltes dieses Jahr eingeschickt hat: Der Portugieser ist kraftvoll und stoffig, konzentriert und zupackend. Viel Freude bereitet wieder der Gutswein: Der Buntsandstein-Spätburgunder ist frisch und lebendig, wunderschön fruchtbetont und klar. Die Spätburgunder von alten Reben sehen wir gleichauf: Der Großheubacher ist fruchtbetont, leicht floral, frisch und geradlinig, der Klingenberger besticht mit seiner reintönigen Frucht, besitzt viel Frische und Biss. Feine Frische und Frucht zeigt der Spätburgunder vom Bürgstadter Berg, ist klar und geradlinig im Mund, besitzt gute Struktur, Frische und Grip. Gleichauf an der Spitze sehen wir die drei Großen Gewächse. Der Wein aus dem Bischofsberg besticht mit viel Frische und Frucht, zeigt dezent florale Noten, rote Früchte, ein klein wenig Johannisbeeren, ist lebhaft, zupackend, hat Biss. Der Hundsrück zeigt rote Früchte, viel Frische, ist präzise im Mund, lebhaft und frisch, besitzt gute Struktur und ebenfalls viel Grip. Der Wein aus dem Schlossberg zeigt viel Duft im Bouquet, viel Frische, ein klein wenig Eukalyptus, besitzt viel Frucht auch im Mund, ist offen und offensiv, besitzt gute Struktur, Frische und Grip. Eine feine Spätburgunder-Kollektion!

Benedikt Baltes

Weinbewertung

87	2016 Spätburgunder „Buntsandstein"	**12,5 %/14,50 €**
89	2016 Spätburgunder „Alte Reben" Großheubach	**13 %/18,50 €**
89	2016 Spätburgunder „Alte Reben" Klingenberg	**13 %/29,- €**
88	2016 Portugieser „R" Klingenberg	**11,5 %/39,- €**
88	2016 Spätburgunder Bürgstadt Berg	**12,5 %/39,- €**
91	2016 Spätburgunder „GG" Großheubach Bischofsberg	**12,5 %/49,- €**
91	2016 Spätburgunder „GG" Bürgstadt Hundsrück	**12,5 %/49,- €**
91	2016 Spätburgunder „GG" Klingenberg Schlossberg	**12,5 %/69,- €**

B

LAGEN

SCHLOSSBERG (KLINGENBERG)
BISCHOFSBERG (GROSSHEUBACH)
BERG (BÜRGSTADT)
HUNDSRÜCK (BÜRGSTADT
CENTGRAFENBERG (BÜRGSTADT)

REBSORTEN

SPÄTBURGUNDER (90 %)
PORTUGIESER
RIESLING
CABERNET FRANC
MÜLLER-THURGAU

B

DR. BALZHÄUSER

★

N

KONTAKT

Mittelgasse 25
67577 Alsheim
Tel. 06249-945130
Fax: 06249-945132
www.balzhaeuser.de
mail@balzhaeuser.de

Inhaber
Johannes Balzhäuser
Rebfläche
10 Hektar
Produktion
70.000 Flaschen

BESUCHSZEITEN

nach Vereinbarung

Seit 1732 baut die Familie Balzhäuser Wein in Alsheim an, heute führt Johannes Balzhäuser in neunter Generation den Betrieb, 2014 hat er das Weingut von seinem Vater übernommen. Er hat Agrarwissenschaften in Stuttgart studiert, praktische Erfahrungen in Luxemburg und in den Macedon Ranges in Australien gesammelt. Die Reben wachsen auf Löss- und Kalksteinböden in Alsheim. Johannes Balzhäuser baut vor allem Riesling, Weißburgunder, Grauburgunder und Chardonnay an, sowie Portugieser, Spätburgunder, Cabernet Sauvignon und Syrah. Das Sortiment ist gegliedert in Gutsweine, Ortsweine und Lagenweine, in letzterer Kategorie gibt es derzeit nur einen Wein, den Riesling aus dem Kälbchen, einer Gewanne innerhalb der Lage Alsheimer Frühmesse. Johannes Balzhäuser möchte sich in den kommenden Jahren auf internationale Rebsorten konzentrieren.

Kollektion

Eine stimmige, gleichmäßige Kollektion präsentiert Johannes Balzhäuser zum Debüt. Die weißen Gutsweine sind frisch, klar und geradlinig, oft von merklicher Restsüße geprägt, der reintönige Grauburgunder gefällt uns besonders gut in diesem Segment. Sehr gut ist der einzige vorgestellte Ortswein, der Chardonnay aus Alsheim, er ist konzentriert und reintönig, füllig und kraftvoll, besitzt gute Struktur und Substanz. Sehr gut sind auch die beiden Jahrgänge des Kälbchen-Rieslings, wenn auch sehr unterschiedlich, aber so soll das ja auch sein, schließlich waren auch die beiden Jahrgänge sehr unterschiedlich. Jahrgang 2015 ist füllig und kraftvoll, herrlich saftig, Jahrgang 2016 noch sehr jugendlich, deutlich schlanker, präziser und druckvoller. Eine sehr gute Figur machen auch die beiden Rotweine: Die Coq au Vin genannte Cuvée zeigt intensive Frucht, rote Früchte, Johannisbeeren, der Shiraz-Cabernet ist ebenfalls intensiv fruchtig, pfeffrig und würzig, klar und zupackend. Starkes Debüt, wir freuen uns auf die kommenden Jahrgänge! —

Weinbewertung

82 2017 Riesling trocken **12 %/7,65 €**
81 2017 Weißburgunder trocken **12,5 %/7,65 €**
83 2017 Grauburgunder trocken **12,5 %/7,65 €**
82 2017 Chardonnay trocken **13 %/7,65 €**
85 2016 Chardonnay trocken Alsheim **12,5 %/10,20 €**
86 2015 Riesling trocken „Kälbchen" **13,5 %/15,20 €**
86 2016 Riesling trocken „Kälbchen" **12,5 %/15,20 €**
82 2017 Riesling Kabinett „feinherb" **10,5 %/7,65 €**
85 2015 „Coq au Vin" Rotwein trocken **13 %/10,20 €**
85 2016 Shiraz - Cabernet trocken **13 %/14,- €**

B

Bamberger

★★★☆

Kontakt

Wein- und Sektgut Bamberger
Römerstraße 10
55566 Meddersheim
Tel. 06751-2624
Fax: 06751-2141
www.weingut-bamberger.de
kontakt@weingut-bamberger.de

Inhaber
Heiko Bamberger
Rebfläche
15 Hektar
Produktion
100.000 Flaschen

Besuchszeiten

Mo.-Fr. 8-12 + 14-18 Uhr,
Sa. 9-17 Uhr

Karl-Kurt Bamberger hatte sich in den sechziger Jahren entschieden, den landwirtschaftlichen Gemischtbetrieb aufzugeben und ganz auf Weinbau zu setzen. Seit 1993 ist Sohn Heiko für den Weinausbau verantwortlich und hat mittlerweile den Betrieb übernommen. Die Weinberge liegen in Meddersheim (Rheingrafenberg, Altenberg), sowie in Monzingen (Frühlingsplätzchen) und Sobernheim (Marbach). Riesling nimmt 60 Prozent der Rebfläche ein. Es folgen Spät-, Weiß- und Grauburgunder mit zusammen 25 Prozent und kleine Anteile Müller-Thurgau, Gewürztraminer, Acolon und Dornfelder. Eine Spezialität des Weinguts sind die Winzersekte, deren Anteil an der Gesamtproduktion mittlerweile bei 20 Prozent liegt. Seit dem Jahrgang 2015 kommen die trockenen Toprieslinge erst zwei Jahre nach der Ernte als Réserve-Weine in den Verkauf.

Kollektion

Der beiden Vertreter des zweiten Jahrgangs von Heiko Bambergers Réserve-Sekten führen die aktuelle Kollektion an: Die Cuvée Pinot zeigt deutlich gereifte Frucht, Trockenfrüchte, etwas Rosinen, besitzt ein frisches Säurespiel und ist für einen Sekt sehr kraftvoll und stoffig, der Riesling ist wesentlich eleganter, zeigt Zitrusnoten, ist cremig, animierend und lang. Sehr gut ist auch der neue, aromatische und komplexe #attitudezerodosage, der Noten von Holunderblüte, etwas Litschi und Apfelmost im Bouquet zeigt, der normale Riesling-Sekt zeigt leichte Reifenoten von Quitte und besitzt ein lebendiges Säurespiel. Auch bei den Stillweinen liegt eine Réserve vorne, der Altenberg-Riesling zeigt klare Frucht, besitzt etwas Druck und gute Länge, das Frühlingsplätzchen zeigt die lagentypischen steinigen Noten und besitzt gute Konzentration. Bei den beiden Rotweinen ist der Spätburgunder sehr fruchtbetont, der Pinot Noir ist strukturierter und etwas komplexer.

Weinbewertung

88 2015 „#attitudezerodosage" Sekt brut nature **13 %/16,50 €**
87 2014 Riesling Sekt brut **12,5 %/13,70 €**
89 2013 Riesling Sekt extra brut „Réserve" **12,5 %/21,50 €**
89 2011 „Cuvée Pinot" Sekt brut nature „Réserve" **13,5 %/31,50 €**
86 2017 Weißburgunder trocken Meddersheimer Rheingrafenberg **13 %/10,50 €**
87 2017 Grauburgunder trocken Meddersheimer Rheingrafenberg **13 %/13,70 €**
87 2017 Riesling trocken Monzinger Frühlingsplätzchen **12 %/10,10 €**
88 2016 Riesling trocken „Réserve" Meddersheimer Altenberg **12,5 %/17,- €**
86 2017 Riesling „feinherb" Meddersheimer Rheingrafenberg **11 %/10,10 €**
86 2017 Riesling Spätlese Monzinger Frühlingsplätzchen **8 %/10,10 €**
86 2016 Spätburgunder trocken Meddersheimer Altenberg **13 %/10,10 €**
87 2015 Pinot Noir trocken Meddersheimer Altenberg **13 %/15,50 €**

B

BARDONG

★★★

KONTAKT

Sektmanufaktur Bardong
Bahnstraße 7
65366 Geisenheim
Tel. 06722-47136
Fax: 06722-47555
www.bardong.de
info@bardong.de

Inhaber
Norbert Bardong
Rebfläche
keine eigenen Weinberge

BESUCHSZEITEN

nach Vereinbarung

Norbert Bardong gründete 1984 seine eigene Sektkellerei, spezialisierte sich auf Jahrgangs- und Lagensekte in kleinen Auflagen, ausschließlich in den Geschmacksrichtungen brut oder extra-brut. Kunden, die höher dosierte Schaumweine bevorzugen, verweist er gern an Kollegen – er selbst bleibt konsequent. Alle Sekte reifen in alten, eindrucksvollen Kelleranlagen, in denen früher Weinbrand gelagert wurde. Eine Mindestreifezeit von drei Jahren auf der Hefe ist hausintern vorgeschrieben, Spezialitäten können aber schon mal bis zu zwanzig Jahre gelagert werden, degorgiert wird nach Bedarf. In erster Linie verwendet Bardong, unterstützt von seiner Frau Renate, die klassischen Rheingauer Rebsorten Riesling und Spätburgunder, dazu aber auch Weißburgunder und Chardonnay, und selbst Gewürztraminer, Cabernet Sauvignon oder die weiße Neuzüchtung namens Hölder, deren Trauben er aus dem Anbaugebiet Saale-Unstrut bezieht. Für alle Produkte gilt, dass sie eine gute Balance aufweisen, nie vom Alkohol dominiert sind. Die regelmäßig veranstalteten Sekt-Diners zeigen, dass man Schaumwein und Speisen perfekt kombinieren kann.

Kollektion

Der Weißburgunder ist präzise, frisch und nachhaltig, der 2014er Chardonnay zeigt Brioche und tropische Früchte, besitzt Verve und reife Frucht, der lange auf der Hefe gelagerte 2007er ist komplexer und druckvoller, besitzt dezente Salzigkeit im langen Finish. Zwischen Saft und Frische wechselt der jahrgangslose Blanc de Noir, der 2014er Blanc de Noir ist kraftvoller, eine straffe Säureader sorgt für Trinkanimation. Fein ist der Spätburgunder Weißherbst geraten, ist mild und saftig am Gaumen. Von den beiden säurebetonten Rieslingen aus dem Honigberg ist der 2012er straff und präzise, der 2009er gereift, etwas üppiger, aber ebenso packend. Dem saftigen Riesling aus dem Rüdesheimer Burgweg wird etwas Zeit auf der Flasche gut tun. Die komplex gereifte Riesling Reserve ist sehr ausgewogen und lang.

Weinbewertung

87 2009 Riesling Sekt extra brut Erbacher Honigberg **12,5 %/19,- €**
86 2012 Riesling Sekt extra brut Erbacher Honigberg **13 %/16,- €**
86 2015 Weißburgunder Sekt brut **13 %/18,- €**
88 2007 Chardonnay Sekt brut **12,5 %/28,- €**
87 2014 Chardonnay Sekt brut **12,5 %/20,- €**
89 1998 Riesling „Reserve" Sekt brut **13 %/32,- €**
86 2012 Riesling Sekt brut Rüdesheimer Burgweg **12,5 %/16,- €**
86 Spätburgunder „Blanc de Noir" Sekt brut Rüdesheimer Klosterberg **13 %/19,- €**
87 2014 Spätburgunder „Blanc de Noir" Sekt brut Assm. Hinterkirch **12,5 %/21,- €**
86 Spätburgunder Weißherbst Sekt brut **13 %/15,- €**

Barth

★☆

KONTAKT

Offenheimer Straße 8
55232 Alzey
Tel. 06731-4714118
www.barthwein-alzey.de
info@barthwein-alzey.de

Inhaber
Christopher Barth
Rebfläche
3 Hektar
Produktion
10.000 Flaschen

BESUCHSZEITEN

nach Vereinbarung

Christopher Barth hat sich zunächst weniger für Wein interessiert, mehr für Informatik. Zu Beginn seines Studiums verstarb sein Onkel, dem ein kleines Weingut in Alzey gehörte. Christopher Barth half dabei, den Betrieb weiterzuführen und entdecke dabei seine Liebe für den Winzerberuf. Er machte eine Winzerlehre, studierte dann in Geisenheim – und erzeugt nun seit einigen Jahren selbst Weine. Seine Weinberge liegen im Alzeyer Rotenfels und im Weinheimer Kapellenberg, sie werden biologisch bewirtschaftet, Christopher Barth ist Mitglied bei Bioland. 70 Prozent der Fläche nehmen weiße Rebsorten ein, ein Viertel derzeit der Riesling, hinzu kommen Silvaner, Weißburgunder und Sauvignon Blanc. An roten Sorten baut er Spätburgunder, Frühburgunder und Portugieser an. Sein Programm ist derzeit gegliedert in Gutsweine und Ortsweine.

Kollektion

Ein solches Debüt lassen wir uns gefallen. Das Einstiegsniveau ist bemerkenswert hoch. Der Silvaner ist fruchtbetont und frisch, reintönig und zupackend, der Riesling ist würzig, besitzt gute Struktur und Frucht, feine Frische und Biss und auch der Sauvignon Blanc ist recht würzig, kraftvoll, klar und zupackend: Ganz starke Gutsweine. Eine Steigerung bringen die Ortsweine, die wir als Fassproben unmittelbar vor der Abfüllung verkosten konnten. Der Weinheimer Silvaner ist würzig und konzentriert, leicht rauchig, besitzt Fülle und Kraft, viel reife Frucht und gute Struktur. Der Riesling Melaphyr ist würzig und eindringlich im Bouquet, zeigt gute Konzentration, ist füllig und saftig im Mund, besitzt klare reife Frucht, gute Struktur und Substanz. Riesling gibt es auch noch in süßer Form, als frische, zupackende Spätlese, die gute Struktur besitzt und Biss hat. Der als Fassprobe verkostete Pinot Noir ist eine Cuvée aus den Jahrgängen 2015 und 2016. Er ist fruchtbetont und frisch im Bouquet, zeigt reife Frucht, ist dann lebhaft im Mund, klar und zupackend. Ein bemerkenswertes Debüt – im Auge behalten!

Weinbewertung

84	2017 Silvaner trocken **12,5 %/8,- €**
84	2017 Riesling trocken **12 %/8,- €**
84	2017 Sauvignon Blanc trocken **12,5 %/8,- €**
(86)	2017 Silvaner trocken Weinheim **12 %/13,- €**
(86)	2017 Riesling trocken „Melaphyr" Alzey **12,5 %/13,- €**
85	2017 Riesling Spätlese **8 %/10,- €**
(85)	Pinot Noir trocken **13 %/15,- €**

BARTH

B

BARTH

★★★

KONTAKT

Wein- und Sektgut Barth
Bergweg 20, 65347 Hattenheim
Tel. 06723-2514, Fax: -4375
www.weingut-barth.de
mail@weingut-barth.de

Inhaber Mark Barth
Betriebsleiter Mark Barth
Kellermeister Mark Barth
Rebfläche 20 Hektar
Produktion 150.000 Flaschen

BESUCHSZEITEN

Mo.-Fr. 14-18 Uhr, Sa. 11-16 Uhr

Das Weingut, das seit einigen Jahren offiziell als „Wein- und Sektgut Barth" firmiert, gehört zu den vielfältigsten Betrieben im Rheingau. Riesling ist die wichtigste Rebsorte bei Norbert Barth, der seit einiger Zeit von seinem Schwiegersohn Mark P. Barth unterstützt wird, der den Betrieb inzwischen übernommen hat. Die Barths besitzen einen für Hattenheim hohen Spätburgunderanteil, auch Weißburgunder und Cabernet Sauvignon werden angebaut. Norbert Barth lässt seine Schaumweine teilweise sehr lange auf der Hefe reifen, gerüttelt wird per Hand. Teilweise werden sie spät gefüllt, dann wieder komplett ohne Dosage vinifiziert wie der „Ultra".

Kollektion

Die Sekte gehören zu den besten der Region. Der intensive, kräutrig herbe Riesling Brut Nature aus dem Schützenhaus ist reif, besitzt packende Frische, Kraft und Schmelz. Mit straffer Ader und salziger Frische gehört dem nach Brioche, Nüssen und gezuckerten Zitrusfrüchten duftenden 2012er Hassel-Sekt die Zukunft. Der kraftvolle Ultra Blanc de Noir vom Spätburgunder mit seiner perfekten Reife ist fein, würzig und anhaltend. Auch die Rieslingweine sind wieder absolut empfehlenswert, alle sind saftig, balanciert und klar, werden zu den Spitzenqualitäten hin immer würziger und stoffiger. Der straffe, mineralische Riesling aus Hallgarten sei neben dem saftigen, attraktiv reifen Charta Riesling nur beispielhaft genannt. Die Großen Gewächse entwickeln sich ausgesprochen gut. Der Wein aus der Schönhell ist reifer und offener als der aus dem Wisselbrunnen, dessen würzige Ader und Kraft wir vorziehen. Dem kühlen, präzisen und griffigen 2015er Hassel-Riesling gehört wie im letzten Jahr der Spitzenplatz.

Weinbewertung

84 2017 „B-Nat" **12 %/19,- €**
87 Riesling Sekt extra brut **12,5 %/15,- €**
90 2011 Pinot Sekt brut nature „Ultra" **12,5 %/28,- €**
91 2012 Riesling Sekt brut nature Hattenheim Hassel **12,5 %/65,- €**
89 2013 Riesling Sekt brut nature Hattenheim Schützenhaus **12,5 %/35,- €**
86 2017 Riesling trocken Hallgarten **12 %/11,50 €**
88 2017 Riesling trocken Hattenheim Schützenhaus **11 %/16,50 €**
88 2016 Riesling „Singularis" **13 %/24,- €**
91 2015 Riesling trocken „GG" Hattenheim Hassel **12,5 %/36,- €**
90 2017 Riesling trocken „GG" Hattenheim Wisselbrunnen **12,5 %/34,- €**
89 2017 Riesling trocken „GG" Hallgarten Schönhell **12,5 %/33,- €**
86 2017 Riesling „feinherb" Rüdesheim **11 %/10,50 €**
87 2017 Riesling „Charta" **12 %/13,- €**
88 2017 Riesling Auslese Hallgarten Schönhell **7,5 %/17,- €/0,375l**

GREGOR BARTH

★☆

B

KONTAKT

Lindenallee 23
55590 Meisenheim
Tel. 06753-5477
Fax: 06753-124849
www.hotelweingut-barth.de
hotelweingut-barth@t-online.de

Inhaber
Gregor Barth
Rebfläche
8 Hektar
Produktion
55.000 Flaschen

BESUCHSZEITEN

Mo.-Sa. 8-19 Uhr oder nach Vereinbarung
Hotel
Restaurant (Di.-Sa. ab 18 Uhr)

Jakob Sottong begann 1895 mit dem Anbau von Wein in Meisenheim. Sein Sohn führte den Betrieb mit Landwirtschaft und Weinbau weiter, Enkelin Anna heiratete 1955 den Winzer Alois Barth aus Wallhausen. Ihr Sohn Reinhold Barth übernahm 1989 den elterlichen Betrieb, weitete den Weinanbau aus und errichtete 1991 ein Hotel. Mit dem Jahrgang 2011 ging die Verantwortung im Keller an den Geisenheim-Absolventen Gregor Barth über, der den Betrieb inzwischen übernommen hat. Die Weinberge – ausschließlich Steillagen im Glantal – befinden sich in den Raumbacher Lagen Schwalbennest und Schlossberg und in der Meisenheimer Obere Heimbach, 2011 ergänzt durch eine Neuanlage im Rehborner Herrenberg. Angebaut werden Riesling, Weißburgunder, Grauburgunder, Kerner, Auxerrois, Dornfelder, Spätburgunder und Frühburgunder. Gregor Barth hat damit begonnen, die Moste teilweise spontan zu vergären, der Ausbau erfolgt teils im Edelstahl, teils im Holz.

Kollektion

Gregor Barths Rotweine, eindeutig unsere drei Favoriten im Sortiment, zeigen auch im 2016er Jahrgang die süße Frucht, die wir von ihnen gewohnt sind, sind aber etwas schlanker und eleganter als in den letzten Jahren: Der Spätburgunder „Nummer 1" zeigt Kirschfrucht und feine Krokantwürze, besitzt gute Struktur, ist harmonisch und elegant, der Pinot Noir und der Frühburgunder zeigen Noten von Süßkirsche und Cassis und sehr dezentes Holz. Die Weißweine präsentieren sich zunächst verhalten, mit einer feinen, zurückhaltenden Säure, werden dann aber mit etwas Luft lebendiger. Neben dem trockenen S-Riesling aus dem Schwalbennest mit etwas steiniger Würze, Zitrusnoten und Biss, gefallen uns zwei restsüße Rieslinge am besten, die Spätlese aus dem Herrenberg besitzt dezente Süße und zeigt Noten von grünem Apfel und etwas rauchige Würze, der 2017er Dreistern aus dem Schwalbennest besitzt Saft und Frische, duftet nach Aprikosen und Brotkruste.

Weinbewertung

84	2016 Weißburgunder „S" trocken Meisenheimer Obere Heimbach **13 %/9,80 €**
83	2017 Riesling trocken „Metamorphit" **12 %/8,90 €**
84	2017 Riesling „S" trocken Raumbacher Schwalbennest **12 %/10,90 €**
80	2017 Riesling Classic **11,5 %/6,90 €**
82	2017 Riesling „feinherb" Rehborner Herrenberg **11,5 %/7,90 €**
83	2016 Riesling*** „süß" Raumbacher Schwalbennest **9 %/9,- €**
84	2017 Riesling*** „süß" Raumbacher Schwalbennest **9,5 %/9,- €**
84	2017 Riesling Spätlese Rehborner Herrenberg **9,5 %/8,70 €**
86	2016 Frühburgunder trocken Raumbacher Schwalbennest **13 %/14,50 €**
86	2016 Pinot Noir Meisenheimer Obere Heimbach **13 %/15,- €**
87	2016 Spätburgunder trocken „Nummer 1" Rehborner Herrenberg **13 %/17,- €**

B

GEH. RAT DR. V. BASSERMANN-JORDAN

★★★★☆

KONTAKT

Kirchgasse 10
67146 Deidesheim
Tel. 06326-6006
Fax: 06326-6008
www.bassermann-jordan.de
info@bassermann-jordan.de

Inhaber
Jana Niederberger
Kaufmänn. Geschäftsführer
Gunther Hauck
Technischer Geschäftsführer
Ulrich Mell
Rebfläche
49 Hektar
Produktion
450.000 Flaschen

BESUCHSZEITEN

Mo.-Fr. 8-12 + 13-18 Uhr,
Sa./So. 10-15 Uhr

Bassermann-Jordan ist eines der traditionsreichsten und bekanntesten Weingüter in Deutschland, seit 1783 hat es seinen Sitz in Deidesheim, in der Schatzkammer des Weinguts finden sich noch Weine bis zurück zum legendären „Kometenjahrgang" 1811. 2002 erwarb Achim Niederberger das Gut von der Familie von Bassermann-Jordan, seit seinem Tod führt es seine Frau Jana Niederberger mit dem seit vielen Jahren bewährten Team aus Gunther Hauck als kaufmännischem Betriebsleiter und Ulrich Mell als technischem Betriebsleiter. Die Weinberge verteilen sich auf 20 Einzellagen in Forst (Ungeheuer, Kirchenstück, Jesuitengarten, Pechstein, Stift), Deidesheim (Paradiesgarten, Leinhöhle, Hohenmorgen, Kieselberg, Grainhübel, Langenmorgen, Kalkofen, Herrgottsacker), Ruppertsberg (Reiterpfad, Hoheburg) und Königsbach (Ölberg). Im Anbau dominiert Riesling mit einem Anteil von 90 Prozent, hinzu kommen Chardonnay, Weißburgunder, Grauburgunder, Sauvignon Blanc, Muskateller, Spätburgunder und Merlot. Die Weine werden teils in Holzfässern (sehr sehenswerter Gewölbekeller!), teils im Edelstahl ausgebaut. Das Programm ist für die Rieslinge nach dem vierstufigen VDP-Modell gegliedert, daneben gibt es Rebsortenweine und die Linie „von Bassermann-Jordan" für Weine, die im Eichenholz ausgebaut werden, das Programm ergänzen edelsüße Weine und Sekte.

Kollektion

Die Entwicklung, die wir schon im vergangenen Jahr festgestellt hatten, setzt sich auch in diesem Jahr fort, die Großen Gewächse gewinnen mehr und mehr an Profil und Eigenständigkeit und können in diesem Jahr insgesamt zulegen. Mittlerweile spielt Holz in verschiedenen Gebindegrößen beim Ausbau bei jedem der Großen Gewächse eine wichtige Rolle, zwei der Weine gehören für uns zu den besten Rieslingen, die 2017 in der Pfalz erzeugt wurden: Das in zwei Halbstückfässern spontan vergorene Kirchenstück besitzt gute Konzentration, zeigt im Bouquet sehr feine Holzwürze, viel gelbe Frucht, Aprikose, Pfirsich, Zitrusnoten, Grapefruit und auch etwas Kräuternoten, am Gaumen wirkt der Wein noch sehr jung, besitzt Kraft, feinen, sehr animierenden Säuregrip und ist sehr lang, das Ungeheuer wurde nach einer kurzen Maischestandzeit zum Großteil im Stückfass vergoren, ist eindringlich und sehr komplex mit der lagentypischen kräutrig-mineralischen Würze und Noten von Aprikose, Pfirsich, Mango, Orangenschale und Ananas, es besitzt ebenfalls viel Saft und Kraft, animierende Zitruswürze, Grip und Länge. Das Große Gewächs aus dem Pechstein wurde zu Teilen im Stückfass und im Edelstahl ausgebaut, zeigt kaum

merkliche Holzwürze, feine rauchig-mineralische Noten, mit Luft auch deutliche gelbe Frucht, Pfirsich, Ananas, besitzt Biss. Der Jesuitengarten wurde spontan im Holz und Edelstahl vergoren, zeigt kräutrige Würze und klare Frucht, grüner Apfel, Orangenschale, besitzt feinen Grip und Länge. Der Hohenmorgen ist in diesem Jahr das geradlinigste und straffeste der Großen Gewächse, zeigt Kräuter und dezente Holzwürze vom Ausbau im Stückfass, er entwickelt feinen Druck, ist animierend mit leicht salzigen Noten, auch der Kalkofen wurde in einem Mix aus Stückfass und Edelstahl ausgebaut, zeigt kalkige und steinige Noten und auch etwas gelbe Frucht, Aprikose, Zitrusnoten, besitzt viel Kraft und Druck am Gaumen, ist animierend und nachhaltig. Die beiden Erste Lage-Rieslinge wurden komplett im Edelstahl vergoren und ausgebaut, der Kieselberg zeigt im Bouquet klare Frucht, Aprikose, Pfirsich, besitzt dunkle kräutrige Würze, guten Grip, ist sehr kraftvoll, der Reiterpfad zeigt Zitrusnoten, Ananas, Grapefruit, besitzt leicht süße Frucht und ist der fülligste der verkosteten Rieslinge. Der Forster Ortsriesling ist reintönig und fruchtbetont mit Noten von Aprikose und gelbem Apfel, besitzt ein frisches Säurespiel, der Gutsriesling zeigt ebenfalls klare, typische Frucht und leicht kräutrige Würze. Die beiden mit „S" gekennzeichneten Weine der „von Bassermann-Jordan"-Linie sind ebenfalls ganz reintönig, der Gewürztraminer zeigt klare Noten von Litschi und Rosenblättern, er ist harmonisch, besitzt gute Konzentration, feine Muskatwürze und Länge, der in 500 Liter-Tonneaux ausgebaute Weißburgunder zeigt dezente Holzwürze, viel klare, gelbe Frucht, Aprikose, Birne, und etwas florale Noten, besitzt Kraft und Frische.

Ulrich Mell

Weinbewertung

84 2017 Riesling trocken **12,5 %/10,90 €**
86 2017 Riesling trocken Forst **12,5 %/14,- €**
87 2017 Riesling trocken Ruppertsberger Reiterpfad **12,5 %/17,- €**
88 2017 Riesling trocken Deidesheimer Kieselberg **13,5 %/17,- €**
88 2017 Weißer Burgunder „S" trocken **13 %/19,50 €**
88 2017 Gewürztraminer „S" trocken **12,5 %/19,50 €**
92 2017 Riesling „GG" Pechstein **13 %/38,- €**
91 2017 Riesling „GG" Kalkofen **13 %/35,- €**
91 2017 Riesling „GG" Hohenmorgen **13 %/38,- €**
93 2017 Riesling „GG" Ungeheuer **13 %/35,- €**
91 2017 Riesling „GG" Jesuitengarten **12,5 %/45,- €**
93 2017 Riesling „GG" Kirchenstück **13 %/75,- €**

LAGEN

HOHENMORGEN (DEIDESHEIM)
GRAINHÜBEL (DEIDESHEIM)
KALKOFEN (DEIDESHEIM)
KIESELBERG (DEIDESHEIM)
MÄUSHÖHLE (DEIDESHEIM)
LEINHÖHLE (DEIDESHEIM)
KIRCHENSTÜCK (FORST)
PECHSTEIN (FORST)
UNGEHEUER (FORST)
JESUITENGARTEN (FORST)
REITERPFAD (RUPPERTSBERG)

REBSORTEN

RIESLING (85 %)

BattenfeldSpanier

★★★★☆

Kontakt

Bahnhofstraße 33
67591 Hohen-Sülzen
Tel. 06243-906515
Fax: 06243-906529
www.battenfeldspanier.de
kontakt@battenfeld-spanier.de

Inhaber Carolin Spanier-Gillot & H.O. Spanier
Verkauf Frank Schuber
Kellermeister Axel Thieme
Außenbetrieb Johannes Trautwein
Rebfläche 28 Hektar
Produktion 150.000 Flaschen

Besuchszeiten

Verkauf **nur** bei Kühling-Gillot, Mo.-Fr. 9-12 + 14-17 Uhr, Sa. 10-12 Uhr und nach Vereinbarung

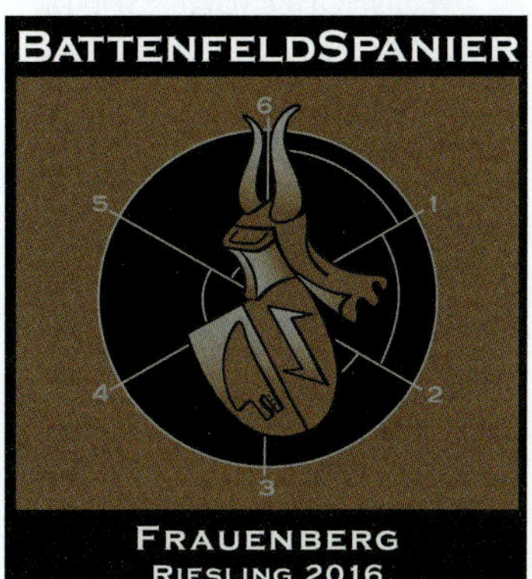

Anfang der neunziger Jahre gründete Hans Oliver Spanier sein eigenes Weingut. Zwei Drittel seiner Weinberge liegen in Hohen-Sülzen und im benachbarten Nieder-Flörsheim, ein Drittel in Mölsheim. Die Böden in den Lagen Nieder-Flörsheimer Frauenberg, Hohen-Sülzener Kirchenstück und Mölsheimer Zellerweg am Schwarzen Herrgott sind von Kalkstein geprägt. Frauenberg und Zellerweg am Schwarzen Herrgott sind deutlich höher gelegen als das Kirchenstück, dessen Boden im Unterboden extrem kalkhaltig ist, die Auflage besteht aus weichen, kalkhaltigen Steinen, weswegen die Lage ihren ursprünglichen Namen Griebelstein erhalten hatte. Von Beginn an hat Hans Oliver Spanier seine Weinberge biologisch bewirtschaftet, 2005 begann er auf biodynamischen Anbau umzustellen. Wichtigste Rebsorte ist Riesling, der inzwischen mehr als zwei Drittel der Rebfläche einnimmt. Es folgt Spätburgunder, dazu gibt es Weißburgunder, Silvaner und ein wenig Chardonnay. Alle Weine werden spontanvergoren. Basis des Sortiments bilden die Gutsweine, dann kommen die Ortsweine aus Hohen-Sülzen und Mölsheim und an der Spitze stehen die Großen Gewächse aus den Lagen Hohen-Sülzener Kirchenstück (Riesling und Spätburgunder), Nieder-Flörsheimer Frauenberg (Riesling) und, erstmals 2010, Mölsheimer Zellerweg am Schwarzen Herrgott (Riesling). In besonders guten Jahren gibt es noch den Spitzenriesling „CO" und die rote Cuvée „Sinope", sowie, wenn es der Jahrgang erlaubt, edelsüße Rieslinge. Hans Oliver Spaniers Ehefrau Carolin gehört das Weingut Kühling-Gillot in Bodenheim, sie führen beide Weingüter gemeinsam.

Kollektion

Starke Kollektionen hatten Carolin Spanier-Gillot und H.O. Spanier in den letzten Jahren, sowohl bei BattenfeldSpanier als auch bei Kühling-Gillot, beide Weingüter haben sie in die rheinhessische – und deutsche – Spitze geführt. Und sie sind immer wieder für Überraschungen gut, so auch in diesem Jahr. Beginnen wir gleich mit dieser Überraschung, dem Rosé R. Er ist fruchtbetont im Bouquet, würzig, herrlich eindringlich, klar, frisch und zupackend im Mund, besitzt gute Struktur, Substanz und Kraft. Kein Spätburgunder, wie man vermuten könnte, sondern eine Cuvée aus Syrah, Merlot und Cabernet Sauvignon. Eine Überraschung ist auch der Sekt, den wir zwar schon kennen, aber nicht so lange gereift: Feine Reifenoten im Bouquet, rauchige Noten, dezent Brioche, weiße Früchte, füllig und harmonisch im Mund, gereift, ganz feine Bitternote im Abgang. Der Gutsriesling zeigt rauchige Noten und klare Frucht, ist frisch, klar, zupackend, strukturiert und fruchtbetont: Die Basis stimmt. Der Weißburgunder R zeigt gute Konzentration, rauchige Noten, reife Frucht, ist füllig und saftig im Mund, besitzt gute Struktur, Frucht und Frische. Weißburgunder gibt es

ein zweites Mal, als Pinot Blanc Louis, deutlich vom Ausbau im Holz geprägt, konzentriert, viel reife Frucht, viel Vanille, füllig, saftig, dominant, gute Struktur und Substanz: Ein stoffiger Pinot Blanc. Der Leopold-Sylvaner zeigt gute Konzentration und intensive Frucht, ist füllig und kraftvoll, besitzt viel reife Frucht und Substanz. Ganz stark sind wieder einmal die Riesling-Ortsweine, wobei wir eindeutig den Wein aus Hohen-Sülzen präferieren – im vergangenen Jahr war es genau umgekehrt. Der Riesling aus Hohen-Sülzen zeigt reintönige Frucht, gelbe Früchte, ist klar, kraftvoll und zupackend, besitzt gute Struktur und reintönige Frucht, baut deutlich mehr Druck auf als der recht würzige Mölsheimer Riesling. Das Große Gewächs aus dem Kirchenstück ist würzig, eindringlich, zeigt leichte Schärfe, ist kompakt, füllig, noch jugendlich; in prächtiger Form präsentiert sich derzeit der füllige 2011er. Das Große Gewächs vom Zellerweg ist rauchig, dominant, enorm würzig, besitzt Fülle und Kraft, feine mineralische Noten. Unser Favorit, wenn auch nur ganz knapp, ist in diesem Jahr der Wein aus dem Frauenberg, der Fülle und Kraft besitzt, viel reife Frucht und Substanz. Neu ist der Riesling aus dem Zellertaler Kreuzberg, als Versteigerungswein angeboten: Gelbfruchtig im Bouquet, füllig, stoffig und konzentriert im Mund, völlig verschlossen, öffnet sich auch nach Tagen nicht. Sehr präsent ist hingegen die Auslese vom Zellerweg, füllig, saftig, herrlich reintönig, rundet eine wieder einmal tolle Kollektion ab.

Hans Oliver Spanier

B

Weinbewertung

89	2008 „Cuvée Louis Blanc de Blancs" Sekt Zéro Dosage **11 %/40,- €**
86	2017 Riesling trocken **12 %/11,50 €**
87	2017 Weißburgunder „R" trocken **12,5 %/13,50 €**
89	2017 Grüner Sylvaner trocken „Leopold" **12,5 %/18,50 €**
89	2017 Pinot Blanc trocken „Louis" **13 %/18,50 €**
90	2017 Riesling trocken Hohen-Sülzen **12 %/17,50 €**
88	2017 Riesling trocken Mölsheim **12 %/21,- €**
91	2011 Riesling „GG" Kirchenstück **13,5 %**
90	2017 Riesling trocken „GG" Kirchenstück Hohen-Sülzen **12,5 %/40,- €**
91	2017 Riesling trocken „GG" Zellerweg am Schwarzen Herrgott **12,5 %/48,- €**
92	2017 Riesling trocken „GG" Frauenberg Nieder-Flörsheim **12,5 %/48,- €**
89	2017 Riesling trocken Zellertal Kreuzberg **12,5 %/Vst.**
90	2017 Riesling Auslese Zellerweg am Schwarzen Herrgott Mölsheim **9 %/39,50 €**
88	2017 Rosé „R" trocken **12 %/13,50 €**

LAGEN

FRAUENBERG (NIEDER-FLÖRSHEIM)
KIRCHENSTÜCK (HOHEN-SÜLZEN)
ZELLERWEG AM SCHWARZEN HERRGOTT (MÖLSHEIM)

REBSORTEN

RIESLING (70 %)
SPÄTBURGUNDER (10 %)
SILVANER (10 %)
WEISSBURGUNDER (10 %)

B

Bauer

★★

KONTAKT

Spitzwegstraße 15/1-17
74081 Heilbronn-Sontheim
Tel. 07131-570374
Fax: 07131-507165
www.bauer-weingut.com
info@bauer-weingut.com

Inhaber
Alexander Bauer
Rebfläche
8,5 Hektar
Produktion
60.000 Flaschen

BESUCHSZEITEN

Di. + Fr. ab 18 Uhr, Sa. 9-13 Uhr, während der Öffnungszeiten des Gutsausschanks oder nach Vereinbarung
Weinausschank von Sept. Bis April an 150 Tagen geöffnet
Weinhotel

Franz und Monika Bauer starteten 1974 mit einem halben Hektar Reben, Ackerbau und Viehzucht, entwickelten den anfänglichen Mischbetrieb zu einem reinen Weingut mit 6 Hektar Reben und einem Gutsausschank, der 150 Tage im Jahr geöffnet hat, 2012 kamen Gästezimmer hinzu. Im Juli 2015 ist Alexander Bauer in den Betrieb eingestiegen. Nach Abitur und Winzerlehre bei den Weingütern Albrecht-Kiessling und Aldinger studierte er in Geisenheim, absolvierte Praktika bei von Winning und in Südafrika. Die mittlerweile 9 Hektar Weinberge liegen im Heilbronner Stiftsberg und im Talheimer Schlossberg. Trollinger, Lemberger, Riesling und Spätburgunder sind die wichtigsten Rebsorten, dazu gibt es Weißburgunder und Gewürztraminer sowie Sauvignon Blanc, dem zusammen mit dem Lemberger das Hauptaugenmerk von Alexander Bauer gilt, beide baut er im Barrique aus, lange auf der Vollhefe. Neben der klassischen Linie seines Vaters, meist in Literflaschen gefüllt, hat Alexander eine moderne Linie etabliert, die seinen eigenen Namen trägt.

Kollektion

Mit dem neuen Jahrgang schließt Alexander Bauer nahtlos an die starken Vorjahreskollektionen an. Ganz stark ist wieder einmal der intensive, kraftvolle Sauvignon Blanc, auch der kompakte Riesling AB und der cremig-saftige Weißburgunder AB überzeugen. Darüber sollte man nicht die Literweine vergessen, von denen Alexander Bauer gleich drei vorgestellt hat, sie bieten durchweg gutes Niveau, der zupackende trockene Riesling gefällt uns am besten. Sehr gut und sehr gleichmäßig präsentieren sich die AB-Rotweine, da fällt es schwer einen Favoriten auszumachen: Der Trollinger ist frucht- und tanninbetont, der Lemberger noch sehr vom Holz geprägt, der Spätburgunder strukturiert und konzentriert, der Zweigelt zeigt intensiven Toast, alle werden noch von der Flaschenreife profitieren. —

Weinbewertung

82 2016 Riesling trocken (1l) **12,5 %/4,90 €**
84 2017 Riesling trocken „AB“ **13 %/6,50 €**
85 2017 Weißburgunder trocken „AB“ **12,5 %/8,90 €**
87 2016 Sauvignon Blanc trocken „Reserve“ „AB“ **13 %/8,90 €**
81 2017 Riesling (1l) **12 %/4,90 €**
80 2016 Trollinger trocken (1l) **12 %/4,90 €**
82 2015 Spätburgunder trocken **12,5 %/6,- €**
84 2015 Lemberger trocken **12,5 %/6,- €**
86 2016 Trollinger „R“ trocken „AB“ **5,5 %/7,90 €**
86 2015 Spätburgunder trocken „Reserve“ „AB“ **12,5 %/9,90 €**
86 2015 Blauer Zweigelt trocken „Reserve“ „AB“ **13,5 %/12,90 €**
86 2015 Lemberger trocken „Reserve“ „AB“ **13 %/15,90 €**

Bauer

★★☆

KONTAKT

Moselstraße 3
54486 Mülheim
Tel. 06534-571
Fax: 06534-570
www.weingut-bauer.de
info@weingut-bauer.de

Inhaber
Jörg & Thomas Bauer
Rebfläche
8,3 Hektar

BESUCHSZEITEN

Mo.-Fr. 8-12 + 13-18 Uhr,
Sa. 8-16 Uhr oder nach
Vereinbarung
Probierstube, Gästehaus

Jörg und Thomas Bauer besitzen Weinberge in den Lagen Mülheimer Sonnenlay, Veldenzer Kirchberg und Brauneberger Juffer – und sie sind einer von zwei Eigentümern der Lage Elisenberg, die teils auf Mülheimer, teils auf Veldenzer Gemarkung liegt. Neben Riesling, der 82 Prozent der Fläche einnimmt, werden vor allem noch Spätburgunder und Müller-Thurgau angebaut. Die Weine werden teils in Holzfässern, teils in Edelstahltanks ausgebaut, kühl und langsam vergoren und bleiben lange auf der Feinhefe. Einen Namen gemacht hat sich der Betrieb mit klaren, eleganten Weinen, vom trockenen Riesling bis zur edelsüßen Spezialität, auch die Erfahrungen beim Rotwein sind hervorzuheben. Neben Wein werden auch Edel- und Tresterbrände sowie Fruchtliköre erzeugt.

Kollektion

Von Jahr zu Jahr gewinnen die Weine aus dem Weingut Bauer an Präzision und Eleganz. Die 2017er sind sehr geradlinig, besitzen einen rundum überzeugenden Stil. Die trockenen Weine – beispielsweise die rassige Elisenberg-Spätlese oder die klare, noch leicht hefig wirkende Spätlese von alten Reben aus der Sonnenlay – sind alles andere als gefällig. Der trockene Elisenberg-Spitzenwein aus 2016 ist noch sehr jugendlich, kompakt, fast puristisch, kraftvoll, braucht noch Zeit. Präsenter ist da schon die feinherbe Spätlese aus dem Elisenberg (Schmelz!) oder die klare, nicht übertrieben süße Spätlese aus der Juffer. Selbst im Auslesebereich wird die Finesse gewahrt, wie die im besten Sinne süffige Variante aus dem Elisenberg und die duftige, frische, mit einem Hauch Ananas aufwartende Auslese aus der Juffer (ein Versteigerungswein) beweisen. Saftig, würzig, mit Anklängen an Tabak schließlich präsentiert sich der Spätburgunder aus 2016, leicht rauchig ist jener aus 2015.

Weinbewertung

85	2017 Riesling Kabinett trocken Mülheiner Sonnenlay **11 %/7,- €**
88	2017 Riesling Spätlese trocken Mülheimer Elisenberg **12,5 %/10,- €** ☺
88	2017 Riesling Spätlese trocken „Alte Reben" Mülheimer Sonnenlay **12 %/12,- €**
87+	2016 Riesling trocken „GG" Mülheimer Elisenberg **12,5 %/24,- €**
88	2017 Riesling Spätlese „feinherb" Mülheimer Elisenberg **11,5 %/10,- €** ☺
85	2017 Riesling Kabinett Mülheiner Sonnenlay **9 %/8,- €**
87	2017 Riesling Spätlese Mülheimer Elisenberg **8 %/10,- €**
87	2017 Riesling Spätlese Brauneberger Juffer **8 %/12,- €**
87	2017 Riesling Auslese Mülheimer Elisenberg **7,5 %/20,- €**
89	2017 Riesling Auslese Brauneberger Juffer **8 %/Vst.**
86	2015 Spätburgunder trocken **13,5 %/18,- €**
86	2016 Spätburgunder trocken **13 %/8,- €**

Baum

★☆

KONTAKT

Wein- und Gästehaus Baum
Weingartenstraße 54
54492 Zeltingen-Rachtig
Tel. 06532-1438
www.wein-und-gaestehaus-baum.de
wein-und-gaestehaus-baum@web.de

Inhaber
Peter Baum
Rebfläche
0,7 Hektar
Produktion
5.000 Flaschen

BESUCHSZEITEN

ganzjährig, jederzeit
Gästehaus

Peter Baum baute lange Zeit ausschließlich Riesling an, im März 2011 pflanzte er allerdings auf einer kleinen Parzelle in der Sonnenuhr Spätburgunder, der 2013 den ersten Ertrag brachte. Heute sind 10 Prozent der Fläche von insgesamt 0.7 Hektar mit der roten Sorte bepflanzt. Peter Baums Weinberge befinden sich alle in Steillagen, vor allem in der Wehlener Sonnenuhr, aber auch im Graacher Himmelreich. In der Sonnenuhr besitzt er teils wurzelechte, alte Rieslingreben, die er auch nach der Flurbereinigung und der Zuteilung neuer Parzellen weiterbewirtschaftet. Seit einigen Jahren werden alle Weine in Edelstahltanks ausgebaut, die Weine bleiben lange auf der Feinhefe, Süßreserve ist tabu. Dem Weingut ist ein Gästehaus angeschlossen, das vom 1. Mai bis zum 30. September geöffnet ist.

Kollektion

Die vor zwei Jahren vorgestellten Rieslinge befanden sich auf einem erfreulich gleichmäßigen Niveau. Wie gut die Baum-Weine reifen können, zeigte darüber hinaus eine Auslese von alten Reben aus 2011. Im Jahrgang 2016, verkostet im Sommer letzten Jahres, gefiel dann eine trockene Auslese von alten Reben besonders gut, aber auch der Kabinett aus dem Graacher Himmelreich machte mit seiner Balance viel Freude, der erdig-würzige Spätburgunder besaß Potenzial. In diesem Jahr wurden neben zwei 2017ern nochmals Weine der Jahrgänge 2016 und 2015 vorgestellt. Besonders gut gefallen diesmal die beiden trockenen Spätlesen aus der Wehlener Sonnenuhr – die eine aus 2016, straff und würzig, die andere aus 2017, noch etwas jugendlich, mit etwas mehr Schmelz ausgestattet. Die beiden feinherb ausgebauten Weine haben sich gut entwickelt: Der 2015er wirkt noch ein wenig saftiger als sein Pendant aus 2016, aber bei beiden ist die Süße gut integriert. Der Himmelreich-Kabinett aus 2016 gefällt mit seiner Frische, welche die Süße gut balanciert. Bei der Spätlese aus dem Jahrgang 2017 wirkt der Zucker derzeit noch ein wenig präsent, aber hier dürfte sich mit etwas Lagerzeit eine bessere Harmonie einstellen. Wie immer ist die Gleichmäßigkeit der Kollektion zu loben.

Weinbewertung

86 2017 Riesling Spätlese trocken Wehlener Sonnenuhr **13 %/5,80 €**
86 2016 Riesling Spätlese trocken „Alte Reben" Wehlener Sonnenuhr **13 %/5,80 €**
86 2015 Riesling Spätlese „feinherb" Wehlener Sonnenuhr **11,5 %/5,30 €**
86 2016 Riesling Spätlese „feinherb" Wehlener Sonennuhr **12 %/5,30 €**
85 2016 Riesling Kabinett Graacher Himmelreich **8,5 %/5,- €**
85 2017 Riesling Spätlese Graacher Himmelreich **8,5 %/5,30 €**

BAUM

★

KONTAKT

Oberhofstraße 16, 55218
Ingelheim-Großwinternheim
Tel. 06130-945146
Fax: 06130-945145
www.weingut-baum.de
info@weingut-baum.de

Inhaber
Peter Baum
Kellermeister/Außenbetrieb
Sebastian Baum
Rebfläche
9,5 Hektar
Produktion
15.000 Flaschen

BESUCHSZEITEN

Mo.-Fr. 16-19 Uhr, Sa. 10-17 Uhr

Das 1928 von seinem Urgroßvater gegründete Weingut wird heute von Sebastian Baum geführt, sein Vater Peter Baum leitet den seit Mitte der sechziger Jahre bestehenden Abfüllbetrieb. Sebastian Baums Weinberge liegen in Großwinternheim in den Lagen Bockstein (Löss, Mergel) und Heilighäuschen (Kalkstein, Löss-Lehm) sowie im Ingelheimer Sonnenhang (Löss, Kalkstein). Ein Viertel der Rebfläche nimmt Riesling ein, es folgen Spätburgunder und Portugieser, hinzu kommen Silvaner, Dornfelder, Müller-Thurgau, Grauburgunder, Dunkelfelder, Weißburgunder, Chardonnay, Kerner und Frühburgunder. Das Sortiment ist gegliedert in Guts-, Orts- und Lagenweine, derzeit ein Weißburgunder aus dem Heilighäuschen und Rieslinge aus Bockstein und Sonnenhang.

Kollektion

Eine ähnliche Kollektion wie im Vorjahr präsentieren Peter und Sebastian Baum, erneut ist der Riesling aus dem Bockstein unser Favorit. Gut gefällt uns in diesem Jahr schon der frische, geradlinige Literriesling, der birnenfruchtige Silvaner ist klar und frisch, lebhaft und betont süffig. Der Riesling vom Kalkmergel ist fruchtbetont, geradlinig und klar, gefällt uns ein klein wenig besser als sein feinherbes Pendant, Kalkspiel genannt, das feine Würze und Biss besitzt. Der Großwinternheimer Weißburgunder zeigt reintönige Frucht und feine Frische im Bouquet, ist klar und füllig im Mund, besitzt gute Struktur und Frucht. Unser Favorit aber ist wie eingangs erwähnt einmal mehr der Lagen-Riesling aus dem Großwinternheimer Bockstein, der von den ältesten Rieslingreben im Bockstein stammt, gute Konzentration besitzt, Fülle und Kraft, gute Struktur und Substanz. Spätburgunder konnten wir dieses Jahr in zwei Versionen verkosten, als feinherb ausgebauten, frischen, geradlinigen Blanc de Noir, sowie als roten Gutswein. Dieser ist frisch und fruchtbetont im Bouquet, zeigt rote Früchte, etwas Kirschen, ist klar und kraftvoll im Mund, geradlinig und zupackend, besitzt reintönige Frucht und gute Struktur.

Weinbewertung

81 2017 Riesling trocken (1l) **12 %/4,80 €**
82 2017 Grüner Silvaner trocken **12 %/4,50 €**
83 2017 Riesling trocken „vom Kalkmergel" Ingelheimer **12,5 %/6,- €**
84 2017 Weißburgunder trocken „vom Kalkstein" Großwinternheimer **12,5 %/6,- €**
85 2017 Riesling trocken Großwinternheimer Bockstein **12,5 %/9,50 €**
82 2017 Riesling halbtrocken „Kalkspiel" **12 %/5,- €**
81 2017 Spätburgunder „blanc de noir" halbtrocken **12 %/5,- €**
84 2016 Spätburgunder trocken **13 %/6,- €**

B

BAUMANN

★

N

KONTAKT

Bioweingut Baumann
Herrenbergstraße 7
97922 Gerlachsheim
Tel. 09343-614029
Fax: 09343-614031
www.bioweingut-baumann.de
info@bioweingut-baumann.de

Inhaber
Michael Baumann
Rebfläche
7,5 Hektar
Produktion
35.000 Flaschen

BESUCHSZEITEN

siehe Webseite und nach Vereinbarung

Baumann
Weingut

Das Weingut Baumann, zu dem auch Brennerei und Imkerei gehören, liegt in Gerlachsheim im Grünbachtal, am Fuße des Gerlachsheimer Herrenberg. Michael Baumann machte eine Winzerlehre, studierte Weinbau und entwickelte den Nebenerwerbsbetrieb zum selbstvermarktenden Weingut. Seit 2008 ist Michael Baumann biozertifiziert, seit 2013 Demeter-zertifiziert. Neben Weinbergen im Herrenberg besitzt Michael Baumann auch Reben im Marbacher Frankenberg. Müller-Thurgau, Schwarzriesling und Spätburgunder sind die wichtigsten Rebsorten, gefolgt von Grauburgunder, Kerner, Silvaner, Regent, Chardonnay und Riesling. Piwis nehmen 10 Prozent der Fläche ein: Saphira, Souvignier Gris, Muscaris und Solaris. Das Gasthaus Zur Sonne in Gerlachsheim wird in der Art einer Besenwirtschaft an etwa 16 Wochenenden im Jahr geöffnet. Die Weine werden als Taubertäler Landwein ohne Jahrgangsangabe verkauft, jede Abfüllung erhält jedoch eine eindeutige Codierung (aktuell: 809).

Kollektion

Wer fruchtbetonte, blitzblanke Weine sucht ist hier fehl am Platz. Michael Baumanns Weine sind eigenständig, etwas rustikal, können auch mal recht trübe sein. Der Qualität tut dies keinen Abbruch. Eine gleichmäßige Kollektion präsentiert er zum Debüt. Der Silvaner von 1971 gepflanzten Reben, unmittelbar nach der Füllung verkostet, ist hefeduftig, füllig, eigenwillig, die weiße Cuvée frisch, klar und zupackend, etwas „normaler". Sehr eigenwillig ist dann wieder der Riesling, ebenfalls unmittelbar nach der Füllung verkostet, intensiv, duftig, kraftvoll, saftig, füllig und strukturiert. Der Grauburgunder ist intensiv im Bouquet, zeigt dezent gelbe Früchte, ist füllig und stoffig im Mund, besitzt gute Struktur und Frucht. Eher ins gewohnte Geschmacksbild passen der frische, zupackende halbtrockene Rosé und die intensiv fruchtige rote Cuvée. Auch der Spätburgunder ist intensiv, der Regent kraftvoll, tanninbetont, der Pinot Noir ist geradlinig und hat Grip.

Weinbewertung

81 Perlwein Rosé trocken „809" **10 %/7,- €**
83 Cuvée Weiß trocken „809" **12 %/6,- €**
83 Silvaner trocken „alte Reben" „809" **11 %/8,- €**
85 Riesling trocken „809" **11,5 %/7,- €**
85 Grauer Burgunder trocken „809" **12,5 %/7,- €**
83 Cuvée Rosé trocken „809" **11 %/6,- €**
84 Cuvée Rot trocken „809" **12 %/6,- €**
84 Spätburgunder trocken „809" **12,5 %/7,- €**
84 Regent trocken Barrique „809" **12 %/8,- €**
84 Pinot Noir trocken „809" **12,5 %/14,- €**

DR. BAUMANN

★☆

N

KONTAKT

Am Ordensschloss 15-21
74182 Obersulm-Affaltrach
Tel. 07130-47440
Fax: 07130-474444
www.weingut-dr-baumann.de
info@weingut-dr-baumann.de

Inhaber
Tanja Baumann
Rebfläche
42 Hektar
Produktion
220.000 Flaschen

BESUCHSZEITEN

Mo.-Fr. 9-12 + 13-17 Uhr,
Sa. 9-13 Uhr

Willy und Elisabeth Baumann gründeten 1928 das Weingut, ihr Sohn Dr. Reinhold Baumann erweiterte den Betrieb, der heute in vierter Generation von Tanja Baumann geführt wird. Ihre Weinberge liegen im Weinsberger Tal in den Lagen Eschenauer Paradies, Affaltracher Dieblesberg, Eichelberger Hundsberg und Weiler Schlierbach (im Alleinbesitz), die Reben wachsen auf Keuperböden. Die Rebfläche verteilt sich auf viele Rebsorten, es gibt Trollinger und Riesling, Weißburgunder, Sauvignon Blanc, Merlot, Cabernet Sauvignon, Chardonnay, Muskateller, Muskattrollinger, Schwarzriesling und andere mehr. Die Weißweine werden kalt vergoren, alle Rotweine werden maischevergoren und überwiegend in kleinen und großen Eichenholzfässern ausgebaut.

Kollektion

Eine sehr gleichmäßige, geschlossene Kollektion präsentiert das Weingut zum Debüt, Weiß- und Rotweine überzeugen gleichermaßen. Der Sauvignon Blanc ist intensiv floral, der Muskateller besitzt reintönige Frucht und feinen Zitrusbiss, der Riesling ist kraftvoll und zupackend. Sehr gut gefallen uns die beiden Weißburgunder: Sie besitzen Fülle und Kraft, gute Struktur und Substanz, der neun Monate im 1000 Liter-Steinfass ausgebaute Wein besitzt gute Struktur und Druck. Sehr gut ist auch der deutliche vom Holz geprägte Chardonnay aus dem Jahrgang 2015. Im roten Segment fällt es noch schwerer einen Favoriten zu benennen, so gleichmäßig präsentieren sich die Weine. Der Trollinger ist wunderschön fruchtbetont und frisch, der Pinot Meunier besitzt feine Kirschenfrucht, der Merlot ist rauchig und kraftvoll. Die Cuvée Cabernet ist von roten Johannisbeeren geprägt, die Cuvée Contur ist intensiv fruchtig wie auch die Cuvée Epilog, aber etwas tanninbetonter. Überzeugendes Debüt!

Weinbewertung

84 2016 Riesling trocken **13,5 %/11,20 €**
83 2016 Sauvignon Blanc trocken **13 %/12,90 €**
85 2016 Weißburgunder trocken **13 %/12,90 €**
86 2016 Weißburgunder trocken „Granit 0/1 im Steinfass gereift" **13 %/17,90 €**
85 2015 Chardonnay trocken **13,5 %/22,90 €**
83 2016 Muskateller **11,5 %/8,90 €**
84 2015 Trollinger trocken **13,5 %/12,70 €**
84 2015 „Contur" Rotwein trocken **13 %/10,90 €**
85 2015 „Epilog" Rotwein trocken **13 %/10,90 €**
85 2015 Pinot Meunier trocken **13,5 %/13,20 €**
84 2015 Cuvée Cabernet trocken **13,5 %/13,90 €**
84 2015 Merlot trocken **14 %/14,90 €**

B

Baumgärtner

★★☆

KONTAKT

Panoramaweingut Baumgärtner
An der Steige 94
74343 Hohenhaslach
Tel. 07147-6298
Fax: 07147-13151
www.panoramaweingut.de
info@panoramaweingut.de

Inhaber
Reinhard Baumgärtner
Rebfläche
12,5 Hektar
Produktion
80.000 Flaschen

BESUCHSZEITEN

Vinothek Mo.- Sa. 8-12 +
13-18 Uhr

Reinhard Baumgärtner führt heute das von den Brüdern Gottlieb und Ernst Baumgärtner 1960 gegründete Gut unter dem Namen Panoramaweingut Baumgärtner. Seine Weinberge liegen an den Hängen des Strombergs von Häfnerhaslach (Heiligenberg) bis Hohenhaslach (Kirchberg), aber auch in Bönnigheim. Wichtigste Rebsorten sind Trollinger, Lemberger, Spätburgunder und Riesling, zuletzt kamen Chardonnay und Muskat-Trollinger hinzu, aber auch Sauvignon Blanc, Grauburgunder, Merlot und Cabernet Cubin, inzwischen auch Syrah und Malbec. Alle Rotweine werden maischevergoren. Die bisherige Sterne-Klassifizierung wurde mit dem Jahrgang 2015 ersetzt durch eine dreistufige Gliederung in Gutsweine, Terroir-Weine und Große Gewächse. 2014 wurden erstmals die beiden neuen Flaggschiffe des Hauses vorgestellt, zwei „Große Gewächse", Riesling (2012) und Lemberger (2011), beide aus dem Kirchberg, mit dem Jahrgang 2015 kam ein Spätburgunder hinzu. Zuletzt wurde in Kellertechnik, aber auch in neue Barriques und Tonneaux investiert. Sohn Josua hat seine Ausbildung bei den Weingütern Wachtstetter und Jürgen Ellwanger absolviert.

Kollektion

Wie im Vorjahr präsentiert Reinhard Baumgärtner eine geschlossene, sehr gleichmäßige Kollektion mit kraftvollen Weiß- und Rotweinen. Der reintönige, füllige Sauvignon Blanc gefällt uns wie in den Vorjahren sehr gut, auch Riesling, Grauburgunder und Chardonnay besitzen Struktur und Frucht, der duftige neue Orange-Gewürztraminer ist eigenständig, ein klein wenig bitter. Die Rotweine besitzen reife Frucht und kräftige Tannine. Der Cabernet Cubin ist intensiv fruchtig, füllig und kraftvoll, der Syrah besitzt reintönige Frucht und dezente Schokonoten. Die beiden Großen Gewächse bieten ein Mehr an Kraft und Konzentration, aber auch ein Mehr an Holz und Tanninen, zum Zeitpunkt der Verkostung schien uns das Holz allzu sehr dominant, die Weine allzu jugendlich. ➡

Weinbewertung

85 2017 Sauvignon Blanc trocken „Steinmergel" Häfnerhaslach **12,5 %/10,- €**
84 2016 Riesling trocken „Kalkmergel" Hohenhaslach **12,5 %/10,- €**
84 2017 Grauburgunder trocken „Tonmergel" Häfnerhaslach **13,5 %/10,- €**
84 2017 Chardonnay trocken „Gipskeuper" Hohenhaslach **13,5 %/11,- €**
85 2017 Gewürztraminer trocken „Orange" **12 %/10,- €**
84 2016 Trollinger trocken „Bunter Mergel" Hohenhaslach **14 %/10,- €**
82 2016 Spätburgunder trocken **12,5 %/8,- €**
85 2016 Cabernet Cubin trocken „Roter Mergel" **13,5 %/13,- €**
86 2016 Syrah trocken „Mergelkies" Hohenhaslach **13,5 %/14,- €**
86 2015 Spätburgunder trocken „GG" Hohenhaslacher Kirchberg **13,5 %/24,- €**
86 2015 Lemberger trocken „GG" Hohenhaslacher Kirchberg **13,5 %/22,- €**

HANS BAUSCH

★★

KONTAKT

Waldbachstraße 103
65347 Hattenheim
Tel. 06723-999203
Fax: 06723-999291
www.weingut-bausch.de
info@weingut-hans-bausch.de

Inhaber
Hans Bausch
Rebfläche
12 Hektar
Produktion
70.000 Flaschen

BESUCHSZEITEN

täglich 8-18 Uhr

Hans Bausch führt den Familienbetrieb und baut auf 85 Prozent der Fläche Riesling an, der Rest ist mit Spätburgunder bepflanzt. Bewirtschaftet werden Lagen in Hattenheim (Schützenhaus, Wisselbrunnen, Hassel und Engelmannsberg) oder Oestrich (Lenchen) – nicht weniger als 60 Prozent der Rebfläche sind als Erstes Gewächs klassifiziert. Gekühlte Vergärung und Lagerung der Rieslinge auf der Feinhefe im Edelstahl führen zu saftigen, klaren, fruchtbetonten und bis in die Spitze animierenden Weißweinen, die Rotweine dürfen im großen Fass oder im Barrique reifen. Mittlerweile sind Tochter Katharina und Sohne Maximilian neben ihrer Winzerausbildung voll in den Betrieb integriert.

Kollektion

Auch in diesem Jahr präsentieren sich die Rieslinge wieder stimmig. Der trockene Gutswein ist klar, angenehm saftig und doch knackig, Säure und Frucht stehen in einem passenden Verhältnis zueinander, so entsteht Trinkfluss. Der trockene Kabinett aus dem Schützenhaus kommt dank niedrigem Alkohol leichtfüßig daher. Die trockene Spätlese aus dem Schützenhaus ist recht füllig, ihre frische Apfelfrucht wechselt sich mit herben Schalenaromen ab. Noch mehr Kraft hat das Erste Gewächs aus dem Engelmannsberg, das mild und ausgewogen ist. Der Riesling Classic ist ebenfalls recht kräftig, saftig und frisch ist der feinherbe Kabinett. Die feinherbe Spätlese aus dem Rheingarten, der erste Wein der neuen Generation im Weingut, ist sehr gut gelungen, ein balancierter Riesling mit tollem Trinkfluss. Es folgt der Kabinett aus dem Lenchen, bei dem die hohe Fruchtsüße etwas zu Lasten der Frische geht. Die Spätlese aus dem Wisselbrunnen ist ausgewogen und frisch, würzig und lang. Die Hassel-Auslese zeigt reife Würze und Anklänge von Honig, in der jetzigen Phase tendiert sie etwas zu stark in Richtung Fülle und Süße. —

Weinbewertung

83	2017 Riesling trocken **11,5 %/5,50 €**
84	2017 Riesling Kabinett trocken Hattenheimer Schützenhaus **11 %/6,- €**
85	2017 Riesling Spätlese trocken Hattenheimer Schützenhaus **12 %/8,- €**
86	2017 Riesling trocken Erstes Gewächs Engelmannsberg **12 %/15,50 €**
83	2017 Riesling Classic **11,5 %/6,- €**
83	2017 Riesling Kabinett halbtrocken Hattenheimer Schützenhaus **12 %/6,- €**
85	2017 Spätlese „feinherb" „1 PS" Hattenheimer Rheingarten **11 %/9,50 €**
83	2017 Riesling Kabinett Oestricher Lenchen **9 %/6,- €**
86	2015 Riesling Spätlese Hattenheimer Wisselbrunnen **8 %/8,- €**
87	2015 Riesling Auslese Hattenheimer Hassel **8 %/23,- €**
82	2017 Spätburgunder Weißherbst **10,5 %/6,- €**
82	2015 Spätburgunder trocken Barrique **13 %/10,50 €**

BAUSEWEIN

★☆

B

KONTAKT

Breite Gasse 1
97346 Iphofen
Tel. 09323-876670
Fax: 09323-804090
www.weingut-bausewein.de /
www.altstadthotel-bausewein.de
bausewein@t-online.de

Inhaber
Familie Bausewein
Rebfläche
4 Hektar
Produktion
30.000 Flaschen

BESUCHSZEITEN

Mo.-Fr. 7-16 Uhr, Sa. 8-12 Uhr
und nach Vereinbarung
Weinstube (bis 40 Personen)
Hotel (ganzjährig geöffnet)

Die Familie Bausewein begann 1984 mit der Selbstvermarktung. Die Weinberge befinden sich vor allem in den Iphöfer Lagen Julius-Echter-Berg, Kronsberg und Kalb, wo die Reben auf Keuperböden wachsen, aber auch im Dettelbacher Berg-Rondell, wo Muschelkalkböden vorherrschen. Angebaut werden Silvaner, Müller-Thurgau, Scheurebe, Bacchus und Kerner, dazu gibt es die roten Sorten Spätburgunder und Regent. Die Weine werden überwiegend trocken und halbtrocken ausgebaut. Karl-Josef Bausewein stellte Anfang der neunziger Jahre die Weinberge auf biologische Bewirtschaftung um, seit 1995 werden sie zertifiziert biologisch bewirtschaftet, das Weingut ist Mitglied bei Naturland. Seit 2004 ist dem Weingut ein Hotel angeschlossen, das in der Iphöfer Altstadt liegt und von Tochter Sabrina Bausewein geführt wird, ihr Ehemann Matthias Popp kümmert sich zusammen mit dem Vater um das Weingut.

Kollektion

Wie in den Vorjahren präsentieren Sabrina Bausewein und Matthias Popp eine sehr gleichmäßige Kollektion, unsere leichte Präferenz gilt erneut dem im Holz ausgebauten Silvaner Fass No. 1. Der Perlwein aus Scheurebe und Silvaner ist gewohnt lebhaft und süffig, recht süß. Der Silvaner vom Keuper aus dem Kronsberg besitzt reintönige Frucht und feine Frische, der trockene Kabinett aus dem Julius-Echter-Berg ist deutlich fülliger und saftiger, der im großen Holzfass ausgebaute Silvaner No. 1 besitzt gute Struktur, reintönige Frucht und Substanz. Die Kronsberg-Scheurebe ist wie immer eine sichere Bank, zeigt etwas Cassis und feine Frische, ist klar und harmonisch. Der Rotling aus Müller-Thurgau und Regent ist frisch und fruchtbetont, betont süffig, was auch für den geradlinigen, fruchtbetonten Regent Rosé gilt. Der Spätburgunder aus dem Iphöfer Kalb zeigt intensive Frucht und etwas rauchige Noten im Bouquet, ist klar und geradlinig im Mund, kompakt und kraftvoll. ▬

Weinbewertung

83 „BRausewein" Perlwein **11 %/7,10 €**
84 2017 Silvaner trocken „Keuper" Iphöfer Kronsberg **11,5 %/7,- €**
86 2016 Silvaner trocken „Fass No. 1" **12,5 %/9,- €**
84 2017 Scheurebe trocken Iphöfer Kronsberg **12 %/7,- €**
85 2016 Silvaner Kabinett trocken Iphöfer Julius-Echter-Berg **13 %/9,- €**
82 2017 Rotling halbtrocken **11,5 %/6,10 €**
82 2017 Regent Rosé trocken **12,5 %/7,90 €**
84 2015 Spätburgunder trocken Iphöfer Kalb **13 %/10,20 €**

B

BRÜDER DR. BECKER

★★

KONTAKT

Mainzer Straße 3-7
55278 Ludwigshöhe
Tel. 06249-8430
Fax: 06249-7639
www.brueder-dr-becker.de
weingut@brueder-dr-becker.de

Inhaber
Lotte Pfeffer-Müller & Hans Müller
Betriebsleiter
Hans Müller
Rebfläche
11 Hektar
Produktion
80.000 Flaschen

BESUCHSZEITEN

nach Vereinbarung & jeden ersten Samstag im Monat

Das Weingut erhielt seinen Namen um die Jahrhundertwende von den beiden Brüdern Johann und Jakob Becker. Seither ist es über drei Generationen von der Mutter auf die Tochter vererbt worden. Heute wird das Weingut von Lotte Pfeffer-Müller und Hans Müller geführt. Bereits seit Mitte der achtziger Jahre bewirtschaften sie die Weinberge nach ökologischen Gesichtspunkten und sind Mitglied bei Ecovin, seit 2008 bewirtschaften sie ihre Weinberge biodynamisch, sind Demeter-zertifiziert. Riesling ist mit 40 Prozent die wichtigste Rebsorte, gefolgt von Silvaner mit 20 Prozent, sowie Scheurebe. Hinzu kommen Spätburgunder, Müller-Thurgau und die weißen Burgundersorten. Der Ausbau der Weine erfolgt teils im Edelstahl, teils in traditionellen Holzfässern, beim Spätburgunder manchmal auch im Barrique. Seit der ersten Ausgabe präsentieren Lotte Pfeffer-Müller und Hans Müller sehr gleichmäßige Kollektionen auf stets zuverlässigem Niveau. Die fülligen, saftigen Großen Gewächse haben sich in den letzten Jahren als Zugpferde herauskristallisiert, immer wieder aber trumpfen auch die Silvaner auf, und auch mit süßen Weinen, ob von Riesling oder Scheurebe, weiß das Weingut regelmäßig zu überzeugen.

Kollektion

Die neue Kollektion bestätigt diese Einschätzung. Klar an der Spitze steht das Große Gewächs aus dem Falkenberg, ansonsten präsentiert sich die Kollektion wunderschön gleichmäßig. Die beiden Gutsweine sind frisch und fruchtbetont, klar und geradlinig, der Dienheimer Riesling ist saftig und strukturiert, geprägt vom Gegenspiel aus Süße und Säure. Geradlinig und zupackend präsentiert sich der Ludwigshöher Silvaner, die feinherbe Scheurebe Spätlese besitzt intensive Frucht, feine Frische und Süße. Der Riesling Kabinett ist geradlinig und klar, der Dienheimer Spätburgunder rauchig-würzig, zupackend und strukturiert. Das Große Gewächs aus dem Falkenberg schließlich zeigt gute Konzentration im Bouquet, reife Frucht, etwas gelbe Früchte, ist wunderschön füllig und saftig, besitzt Kraft und Substanz, Jahrgang 2017 schließt nahtlos an seine Vorgänger an.

Weinbewertung

83 2017 Weißburgunder trocken **12,5 %/9,- €**
83 2017 Riesling trocken **12 %/8,50 €**
84 2017 Silvaner trocken Ludwigshöhe **12,5 %/12,80 €**
85 2017 Riesling trocken Dienheim **13,20 €**
89 2017 Riesling trocken „GG" Falkenberg **13 %/25,- €**
85 2017 Scheurebe Spätlese „feinherb" Dienheim **12 %/12,80 €**
84 2017 Riesling Kabinett Dienheim **7,50 €**
84 2016 Spätburgunder trocken Dienheim **13 %/16,50 €**

FRIEDRICH BECKER

★★★★☆

KONTAKT

Hauptstraße 29
76889 Schweigen-Rechtenbach
Tel. 06342-290
Fax: 06342-6748
www.friedrichbecker.de
wein@friedrichbecker.de

Inhaber
Friedrich & Friedrich Wilhelm Becker
Rebfläche
25 Hektar
Produktion
120.000 Flaschen

BESUCHSZEITEN

nach Vereinbarung

Friedrich Becker begann 1973 mit der Selbstvermarktung. Seit 2005 ist Friedrich Becker jun. im Betrieb, hat nach und nach die Verantwortung im Keller übernommen. Auf 80 Prozent ihrer Weinberge stehen Burgundersorten (einschließlich Chardonnay), dazu kommen Riesling sowie etwas Silvaner, Muskat Ottonel, Gewürztraminer, Cabernet Sauvignon und Merlot. Ihre Weinberge liegen in Schweigen, teils jenseits der Grenze in Frankreich. Die Beckers erzeugen drei Große Gewächse: Drei Spätburgunder aus den im Sonnenberg gelegenen Gewannen Kammerberg, Sankt Paul und Heydenreich, deren Namen aber momentan nicht auf den Etiketten verwendet werden dürfen. Sie liegen allesamt auf der französischen Seite der Grenze und können daher nicht als eigenständige Gewanne in die deutsche Weinbergsrolle eingetragen werden – absurd, da sie ja Teile einer weinrechtlich deutschen Lage sind. Im Kammerberg stehen 1,2 Hektar Spätburgunder, 1967 gepflanzt, aus denen das Große Gewächs erzeugt wird, Sankt Paul lag lange brach, wurde in den neunziger Jahren gerodet und neu bepflanzt. Seit dem Jahrgang 2012 ist auch der Heydenreich, der aus einer direkt oberhalb von Sankt Paul gelegenen Gewanne stammt, als Großes Gewächs klassifiziert, bis zum Jahrgang 2008 kam er als Pinot Noir Tafelwein in den Verkauf, seit dem Jahrgang 2011 trägt er den Gewannnamen. Der Steinwingert stammt ebenfalls aus einer Parzelle auf der französischen Seite des Sonnenbergs, ist von Heydenreich und Sankt Paul durch ein kleines Wäldchen getrennt, der Herrenwingert liegt hingegen auf der deutschen Seite. Seit einigen Jahren gibt es auch zwei Pinot Noir-Ortsweine aus Schweigen und Rechtenbach, mit dem Jahrgang 2017 ergänzt erstmals ein Orts-Chardonnay das Sortiment, der wie auch der Chardonnay „Mineral" aus pfälzischen und elsässischen Weinbergen stammt.

Kollektion

Auch im Jahrgang 2016 zeigen sich die fünf verkosteten Pinot Noir in ihrem jugendlichen Stadium wieder sehr unzugänglich, besitzen Konzentration und wie auch ihre Jahrgangsvorgänger sehr kräftige Struktur mit ausgeprägten Tanninen. Der Herrenwingert ist schon präsenter und offener als die anderen Pinots, er zeigt klare Schwarz- und Sauerkirschfrucht, feine Gewürznoten, besitzt gute Länge, deutliche Säure, die ihm Frische verleiht und auch schon Ansätze zur Eleganz, der Steinwingert besitzt noch strengere Tannine, zeigt sehr reintönige Schwarzkirsche, Kräuterwürze und etwas Gummi im Bouquet, besitzt auch etwas Eukalyptusnoten und Frische. Bei den Großen Gewächsen ist der Kammerberg schon etwas zugänglicher als

Sankt Paul und Heydenreich, er zeigt dunkle Kirschfrucht, Kräuterwürze, etwas Gewürznoten und Krokant, besitzt auch am Gaumen klare Frucht und noch sehr jugendliche, aber reife Tannine, der Sankt Paul ist insgesamt noch sehr verhalten, öffnet sich auch mit viel Luft kaum, zeigt etwas kräutrige Noten, ist noch ganz streng und straff, der Heydenreich zeigt im Bouquet viel Kräuterwürze, Eukalyptus, Minze und nur einen Hauch von Frucht, am Gaumen ist die Frucht etwas deutlicher, aber die Tannine sind noch sehr dominant. Der Grauburgunder „Kalkmergel" hat nach einer 6-tägigen Mazeration eine deutliche Roséfarbe angenommen, zeigt viel gelbe Frucht, Aprikose, Birne, etwas Pfirsich, besitzt gute Konzentration, feinen Schmelz und Grip, ist ein wenig nachhaltiger als der Weißburgunder „Kalkgestein", der ebenfalls viel gelbe Frucht und etwas Holzwürze zeigt, am Gaumen besitzt er ein frisches Säurespiel. Der Weißburgunder „Reserve" stammt von über 30 Jahre alten Reben, zeigt feine röstige Würze und klare gelbe Frucht im Bouquet, Pfirsich, Aprikose und Zitrusnoten, besitzt ein feines, nachhaltiges Säurespiel, gute Länge und auch noch Frische. Der neu im Programm vertretene Schweigener Chardonnay zeigt ebenfalls gelbe Frucht und feine Röstnoten, am Gaumen ist das Holz sehr dezent, dazu kommt etwas Zitrone, der Wein ist wunderschön harmonisch, animierend und elegant, der „Mineral" ist druckvoller und nachhaltiger, ist im Bouquet noch sehr verschlossen, zeigt etwas gelbe Frucht, Zitrusnoten, Mandarine, besitzt animierenden Säuregrip, Frische und Potential. Fehlt noch der „Muschelkalk"-Riesling: Er zeigt kalkig-kräutrige Würze und klare Aprikosenfrucht, besitzt viel Saft, feinen Grip, ist animierend und elegant.

Friedrich Becker jr.

Weinbewertung

88	2017 Weißer Burgunder trocken „Kalkgestein" **13 %/16,80 €**
89	2017 Grauer Burgunder trocken „Kalkmergel" **13 %/17,50 €**
88	2017 Chardonnay trocken Schweigen **13 %/22,- €**
88	2017 Riesling trocken „Muschelkalk" **12,5 %/14,- €**
91	2014 Weißer Burgunder trocken „Reserve" **13,5 %/42,- €**
90	2016 Chardonnay trocken „Mineral" **13 %/42,- €**
90	2016 Pinot Noir trocken Herrenwingert **13,5 %/38,- €**
90	2016 Pinot Noir trocken „Steinwingert" **13,5 %/38,- €**
92+	2016 Pinot Noir „GG" „Sankt Paul" **13,5 %/58,- €**
93	2016 Pinot Noir „GG" „Kammerberg" **13,5 %/65,- €**
92+	2016 Pinot Noir „GG" „Heydenreich" **13,5 %/125,- €**

LAGEN

SONNENBERG (SCHWEIGEN)
– KAMMERBERG
– SANKT PAUL
– HEYDENREICH

REBSORTEN

BURGUNDERSORTEN (80 %)

BECKER

★

KONTAKT

Hauptstraße 10
67582 Mettenheim
Tel. 06242-2845
Fax: 06242-6460
www.beckerwein.de
beckerwein@t-online.de

Inhaber
Gernot Becker
Betriebsleiter/Außenbetrieb
Gernot & Amadeus Becker
Kellermeister
Amadeus Becker
Rebfläche
6 Hektar
Produktion
40.000 Flaschen

BESUCHSZEITEN

nach Vereinbarung

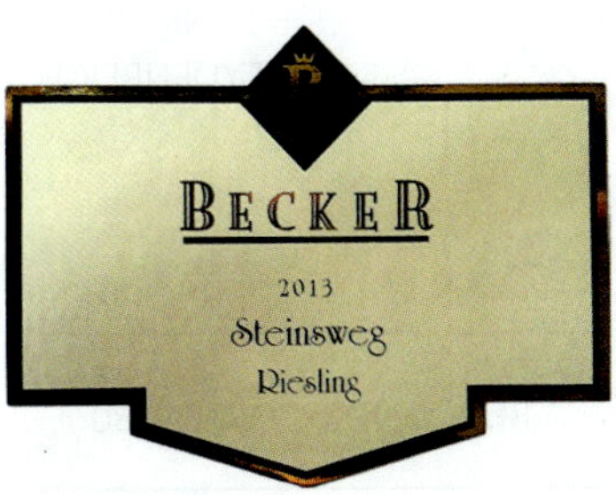

Die Familie Becker betreibt seit Generationen Weinbau in Mettenheim, Philipp Menger, der Urgroßvater des heutigen Besitzers, hatte das Weingut im 19. Jahrhundert gegründet, damals seine Weine an Weinstuben und Händler verkauft. Gernot Becker kaufte nach seiner Winzerlehre die Gebäude und den Kundenstamm des benachbarten Weingutes und legte damit den Grundstein für den heutigen Betrieb. Im Betrieb wird er inzwischen von Sohn Amadeus unterstützt. In den Mettenheimer Lagen Michelsberg und Schlossberg wachsen die Reben vorwiegend auf Löss- und Lehmböden, teils mit Muschelkalk durchsetzt. Gernot Becker besitzt aber auch Weinberge im Bechtheimer Geyersberg (Lehm) und im Mettenheimer Goldberg, wo auf Sandböden überwiegend rote Rebsorten stehen wie Spätburgunder, Dornfelder und Cabernet Dorsa. Riesling nimmt ein Viertel der Rebfläche ein, an weißen Sorten folgen Grauburgunder, Weißburgunder, Bacchus, Sauvignon Blanc, Scheurebe, Müller-Thurgau und Chardonnay. In den letzten Jahren wurde verstärkt mit Maischestandzeiten und Spontangärung gearbeitet, erste Weine wurden unfiltriert abgefüllt.

Kollektion

Eine stimmige Kollektion präsentieren Gernot und Amadeus Becker in diesem Jahr. Nachdem im vergangenen Jahr ausschließlich Weißweine vorgestellt wurden, komplettieren dieses Jahr einige Rote wie der gewürzduftige, kraftvolle Cabernet Dorsa oder der duftig-tanninbetonte Spätburgunder das Programm, in der Spitze stärker sind aber die Weißweine. Der Heilbrunnen-Chardonnay ist unser Favorit, er besitzt intensive Frucht, viel Kraft und Stoff. Knapp dahinter sehen wir den Steinsweg-Riesling, von dem wir zwei Jahrgänge verkosten konnten: 2016 würzig, klar und kraftvoll, 2017 strukturiert, füllig, noch jugendlich.

Weinbewertung

80 2017 Riesling trocken (1l) **12,5 %/5,- €**
83 2017 Riesling Spätlese trocken Bechtheimer Geyersberg **12 %/6,50 €**
82 2016 Scheurebe Spätlese trocken Mettenheimer Schlossberg **12,5 %/7,90 €**
82 2017 Weißburgunder Kabinett trocken Mettenheimer Michelsberg **11,5 %/6,20 €**
81 2017 Chardonnay Spätlese trocken Mettenheimer Michelsberg **12 %/6,50 €**
81 2017 Grauburgunder Kabinett trocken Mettenheimer Michelsberg **12 %/6,40 €**
87 2017 Chardonnay Spätlese trocken „Heilbrunnen" Michelsberg **12,5 %/14,50 €**
86 2016 Riesling Spätlese trocken „Steinsweg" Mettenheimer Schlossberg **12 %/15,- €**
86 2017 Riesling Auslese trocken „Steinsweg" Mettenheimer Schlossberg **12,5 %/15,- €**
81 2017 Muskateller Spätlese trocken Bechtheimer Geyersberg **13 %/7,90 €**
84 2014 Cabernet Dorsa „R" trocken Barrique Mettenheimer Goldberg **12 %/8,90 €**
83 2013 Spätburgunder trocken Barrique Schlossberg **12,5 %/13,50 €**

Karlheinz Becker

★★☆

KONTAKT

Hauptstraße 34
76831 Heuchelheim-Klingen
Tel. 06349-5328
Fax: 06349-8056
wgkhbecker@gmx.de

Inhaber
Karlheinz & Dominik Becker
Rebfläche
14 Hektar
Produktion
75.000 Flaschen

BESUCHSZEITEN

nach Vereinbarung

Das Weingut war früher ein landwirtschaftlicher Gemischtbetrieb, der Fasswein vermarktete. Karlheinz Becker übernahm Ende der achtziger Jahre den Betrieb, forcierte die Flaschenweinvermarktung und veränderte die Rebsortenstruktur zugunsten der klassischen Rebsorten. Riesling, Weißburgunder und Grauburgunder sind die wichtigsten weißen Rebsorten, dazu gibt es Gewürztraminer, Chardonnay, Muskateller und Silvaner. Rotweine nehmen 30 Prozent der Rebfläche ein. Spätburgunder ist die wichtigste rote Sorte, dazu gibt es Frühburgunder und Merlot. Sohn Dominik kehrte nach seinem Weinbau- und Önologiestudium in Neustadt und Praktika in Neuseeland und den USA in den heimischen Betrieb zurück und will den Ausbau von Weißweinen im großen Holzfass forcieren und den Anteil an spontan vergorenen Weinen steigern.

Kollektion

Karlheinz und Dominik Becker legen uns auch in diesem Jahr wieder eine tadellose Kollektion mit präsenten, frischen Weinen vor: Der Liter-Riesling ist schlank und besitzt Biss, die „erdreich"-Weine sind sehr sortentypisch, Weiß- und Grauburgunder zeigen viel Frucht und sind etwas expressiver als der schon leicht gereifte Riesling. Bei den Weinen von „Bunten Böden" sind Chardonnay und Grauburgunder herrlich reintönig und fruchtbetont, der Chardonnay zeigt komplexe Frucht mit Noten von Pfirsich, Birne, Melone und etwas Banane, ist schlank und elegant mit feinem Grip, der Grauburgunder besitzt neben gelber Frucht auch florale Würze und gute Länge. Der im letzten Jahr schon einmal verkostete Käferflug-Chardonnay ist cremig und kraftvoll, besitzt Grip und feinen Holzeinsatz, nur an Nachhaltigkeit fehlt es ihm noch etwas, der Pinot Noir aus dem gleichen Gewann zeigt kühle Schwarzkirschfrucht, besitzt Struktur, Eleganz und gute Länge.

Weinbewertung

82 2017 Riesling trocken (1l) **11,5 %/5,90 €**
83 2016 Riesling Kabinett trocken „erdreich" **12,5 %/7,50 €**
84 2017 Weißburgunder Kabinett trocken „erdreich" **12,5 %/7,30 €**
84 2017 Grauburgunder Kabinett trocken „erdreich" **12,5 %/7,40 €**
86 2017 Riesling Spätlese trocken „Weißer Kalk" **13 %/9,70 €**
86 2017 Weißburgunder Spätlese trocken „Schwarzer Ton" **13 %/9,40 €**
87 2017 Grauburgunder Spätlese trocken „Weißer Kalk" **13 %/9,50 €**
86 2017 Spätburgunder „Blanc de Noir" Spätlese trocken **12 %/8,60 €**
87 2017 Chardonnay Spätlese trocken „Weißer Kalk" **12,5 %/9,80 €**
88 2015 Chardonnay Spätlese trocken „Im Käferflug" **14 %/14,- €**
85 2015 Frühburgunder trocken „Bunter Sand" **13,5 %/9,90 €**
88 2015 Pinot Noir trocken „Im Käferflug" Appenhofen **13,5 %/19,80 €**

B

BECKER

★☆

N

KONTAKT

Außerhalb 12
55288 Spiesheim
Tel. 06732-1460
Fax: 06732-65453
www.weingut-becker.com
info@weingut-becker.com

Inhaber
Wolfgang & Sabrina Becker
Rebfläche
25 Hektar
Produktion
85.000 Flaschen

BESUCHSZEITEN

Mo.-Fr. 9-17 Uhr, Sa. 9-12 Uhr

Heike und Wolfgang Becker sind 1987 an den heutigen Standort ausgesiedelt, 1990 eröffneten sie die Straußwirtschaft und begannen mit der Flaschenweinvermarktung. 2011 wurde der Betrieb in Spiesheim mit Heike Beckers Albiger Familienbetrieb zusammengelegt. Die Weinberge liegen im Spiesheimer Osterberg, in den Albiger Lagen Hundskopf und Schloss Hammerstein sowie im Ensheimer Kachelberg. Der Schwerpunkt liegt auf Riesling, Grauburgunder, Weißburgunder, Silvaner und Spätburgunder. Mit dem Einstieg von Sabrina Becker im Jahr 2017 wurde das Sortiment neu strukturiert in Guts-, Orts- und Lagenweine, Orts- und Lagenweine werden im Holz ausgebaut.

Kollektion

Eine starke Kollektion hat Sabrina Becker gleich mit ihrem ersten Jahrgang auf die Flasche gebracht, die Weine überzeugen mit reintöniger Frucht, sie sind strukturiert und frisch. Schon die Gutsweine sind allesamt richtig gut: Der Silvaner ist wunderschön sortentypisch und zupackend, der Riesling lebhaft und geradlinig, besitzt feine Zitrusnoten und Biss, der Weißburgunder zeigt weiße Früchte im Bouquet, besitzt klare reife süße Frucht, der Grauburgunder besticht durch reintönige Frucht, gute Struktur und Druck. Die feinherben Gutsweine stehen den trockenen nicht nach, der Weißburgunder ist geradlinig und süffig, die Scheurebe wunderschön lebhaft und reintönig, die Riesling-Spätlese zeigt feinen Duft, etwas Zitrus und florale Noten, ist lebhaft, klar und zupackend. Eine Steigerung bringen die Ortsweine: Der Weißburgunder zeigt feine Würze und reife Frucht, besitzt viel reife Frucht, gute Struktur und Substanz, ist noch jugendlich, die rote Cuvée zeigt rote Früchte im Bouquet, Gewürze, Kapernäpfel, ist klar und kraftvoll im Mund, besitzt dezente Vanillenoten, gute Struktur und Frucht. Klasse Debüt!

Weinbewertung

84	2017 Silvaner trocken	**12 %/6,30 €**
83	2017 Riesling trocken	**12 %/6,70 €**
84	2017 Weißer Burgunder trocken	**12 %/6,50 €**
84	2017 Grauer Burgunder trocken	**12,5 %/6,50 €**
86	2017 Weißer Burgunder trocken Albiger	**13 %/11,50 €**
83	2017 Weißer Burgunder halbtrocken	**10,5 %/5,50 €**
83	2017 Scheurebe halbtrocken	**11,5 %/5,70 €**
85	2017 Riesling Spätlese	**9,5 %/5,90 €**
87	2015 „Cuvée S" Rotwein trocken Albiger	**13,5 %/12,50 €**

BECKER-STEINHAUER

★★★

KONTAKT

Hauptstraße 72
54486 Mülheim
Tel. 06534-521
Fax: 06534-18378
www.becker-steinhauer.de
info@becker-steinhauer.de

Inhaber
Karsten Becker
Rebfläche
8 Hektar
Produktion
50.000 Flaschen

BESUCHSZEITEN

nach Vereinbarung
Gästehaus

Die Familie Becker betreibt seit etwa drei Jahrhunderten Weinbau. Heute wird das Weingut Becker-Steinhauer von Karsten Becker geführt, der die zum Großteil von Mauern umfasste Lage Carlsberg erworben und zu neuer Bedeutung geführt hat. Von dem 1850 erbauten Weinbergshäuschen heraus hat man einen prächtigen Ausblick auf Veldenz, wo die Hälfte der Weinberge liegt. Becker besitzt außerdem Parzellen in den Gemeinden Brauneberg (Juffer), in Mülheim, Zeltingen und Bernkastel. Neben dem dominierenden Riesling, der 90 Prozent der Rebfläche einnimmt, gibt es noch etwas Spätburgunder. Die Weine werden im Edelstahl ausgebaut und meist spontan vergoren. Während das Große Gewächs aus dem Veldenzer Kirchberg die nominelle Spitze im trockenen Bereich bildet, werden im süßen immer wieder faszinierende Auslesen, Trockenbeerenauslesen oder Eisweine erzeugt.

Kollektion

Das Programm des Weingut Becker-Steinheuer steht felsenfest, auch der zupackende Stil der Weine zieht sich von Jahrgang zu Jahrgang durch das Programm. Saftig waren schon 2015 und 2016 die Rieslinge, und 2017 schließt da an. Unter den trockenen Weinen gefallen der würzige, schlanke, aber nachhaltige Kabinett aus dem Kirchberg sowie die kompakter wirkende Spätlese aus dem Schlossberg. Beim als „herb" bezeichneten Wein aus dem Kirchberg wird die zupackende, würzige Art besonders gut interpretiert, der Wein besitzt eine schöne Länge und viel Struktur. Deutlich duftiger fällt die halbtrockene Spätlese aus dem Carlsberg aus, die Becker im Alleinbesitz gehört und aus der er immer spannende Weine erzeugt. Ein schönes Süße-Säure-Spiel besitzt die Juffer-Spätlese, während die edelsüßen Spitzen wie gewohnt glasklar ausfallen. Kandierter Apfel, Apfelschale, Kräuter, reife Stachelbeere ist der Beerenauslese eigen, die Trockenbeerenauslese ist mit ihrer cremigen Art, den Dattelnoten und der seidig wirkenden Struktur herausragend.

Weinbewertung

87 2016 Riesling Sekt brut **12 %/12,- €**
86 2017 Riesling Kabinett trocken Veldenzer Kirchberg **11,5 %/6,50 €** ☺
88 2017 Riesling Spätlese trocken „„Die Steinmauer““ Schlossberg **12,5 %/8,50 €** ☺
90 2017 Riesling Spätlese trocken „herb" „Alte Reben GG" Kirchberg **13 %/13,- €** ☺
86 2017 Riesling Kabinett „feinherb" Mülheimer Sonnenlay **11,5 %/6,50 €** ☺
87 2017 Riesling Spätlese „feinherb" Veldenzer Carlsberg **11,5 %/8,50 €** ☺
86 2017 Riesling Kabinett Veldenzer Kirchberg **8,5 %/6,50 €** ☺
88 2017 Riesling Spätlese Brauneberger Juffer **7,5 %/8,50 €** ☺
88 2017 Riesling Auslese Brauneberger Juffer **8 %/13,- €**
90 2017 Riesling Beerenauslese Veldenzer Kirchberg **8,5 %/35,- €/0,375l**
93 2017 Riesling Trockenbeerenauslese Veldenzer Carlsberg **6,5 %/65,- €/0,375l**

B

Becker-Landgraf

★★★★

KONTAKT

Im Felsenkeller 1
55239 Gau-Odernheim
Tel. 06733-7449
Fax: 06733-1847
www.weingut-beckerlandgraf.de
weingut@beckerlandgraf.de

Inhaber
Julia & Johannes Landgraf
Rebfläche
15 Hektar
Produktion
150.000 Flaschen

BESUCHSZEITEN

nach Vereinbarung

Julia und Johannes Landgraf gründeten 2006 ihr eigenes Weingut, brachten mit dem Jahrgang 2005 ihre ersten eigenen Weine auf den Markt. Ihr rasanter Aufstieg zeigt, was in einer solch dynamischen Region wie Rheinhessen möglich ist. Der Erfolg kommt nicht von Ungefähr: Johannes Landgraf war seit 1995 für den Weinausbau im elterlichen Weingut in Saulheim verantwortlich – und war auch dort maßgeblich für die Fortschritte verantwortlich. Die Großeltern von Julia Landgraf, Geisenheim-Absolventin, hatten nach dem Zweiten Weltkrieg Landwirtschaft und Weinbau betrieben, ihr Vater gründete eine Firma, die Tanks und Anlagen für Industrie und Weinbau herstellt. Seit ihrer Heirat führen Julia und Johannes Landgraf die Tradition des Weinguts der Familie Becker weiter, sie starteten neu unter dem Namen Becker-Landgraf. Ihre Weinberge liegen überwiegend am Petersberg in Gau-Odernheim, in den Lagen Herrgottspfad und Ölberg, in denen der Boden aus Ton, Kalkmergel und Muschelkalk besteht. Hinzu kommt jeweils ein Weinberg in Framersheim und im Biebelnheimer Rosenberg, wo der Boden aus Tonmergel mit Kalksteinablagerungen besteht, mit Steinanteil im Obergrund. Riesling ist ihre wichtigste Rebsorte, gefolgt von Spätburgunder, dazu gibt es Grauburgunder, Weißburgunder, Chardonnay und Sankt Laurent. Das Sortiment ist klar gegliedert in Guts-, Orts- und Lagenweine. Nur die Spitzen-Rieslinge und -Spätburgunder tragen die Namen ihrer besten Lagen: Rieslinge aus Herrgottspfad und Ölberg (zuletzt 2013), sowie Spätburgunder aus dem Rosenberg und erstmals mit dem Jahrgang 2011 auch aus dem Herrgottspfad. Die Weine der Edition Muschelkalk – Weißburgunder, Spätburgunder und St. Laurent – tragen keinen Lagennamen; restsüße Rieslinge mit Lagen- und Prädikatsbezeichnungen ergänzen das Sortiment. Die Weine werden alle spontanvergoren, die Burgunder durchlaufen die malolaktische Gärung, in manchen Jahren auch einzelne Riesling-Partien. Die Spitzenrieslinge werden recht lange, fast ein Jahr, bei Batonnage bis ins Frühjahr, auf der Vollhefe ausgebaut, im Stückfass, sie besitzen ein sehr gutes Reifepotenzial, einzelne Partien sollen zukünftig nach mehreren Jahren Reife erneut in den Verkauf kommen. Die Rotweine werden unfiltriert und ungeschönt abgefüllt.

Kollektion

Vor zehn Jahren haben wir das erste und bisher einzige Mal einen Sekt von Julia und Johannes Landgraf verkostet, nun ist es wieder soweit, ein Blanc et Noir aus Chardonnay und Spätburgunder, drei bis vier Jahre auf der Flasche ausgebaut und nicht dosiert, eröffnet den Reigen: Er zeigt rauchige Noten im Bouquet, feine Reife, ist füllig und harmonisch im Mund, besitzt gute Struktur und Frische. Unter den beiden Gutsweinen gilt unsere Präferenz in diesem Jahr dem ganz im Edelstahl ausgebauten Riesling, der fruchtbetont,

klar und zupackend ist, die Cuvée aus Weißburgunder und Chardonnay, zu 10 Prozent im Holz ausgebaut, besitzt feine Würze und Frische. Auch bei den drei weißen Gau-Odernheimer Ortsweinen ist der zur Hälfte im Holz ausgebaute Riesling unser Favorit, er ist konzentriert, füllig und kraftvoll, besitzt gute Struktur und Druck. Sehr gut sind aber auch der rauchige, kraftvolle Weißburgunder, der komplett im Holz ausgebaut wurde, und der zu 60 Prozent im Holz ausgebaute füllige Grauburgunder. Der komplett im Holz ausgebaute Riesling aus dem Herrgottspfad ist füllig und saftig, besitzt derzeit noch eine dezente jugendliche Bitternote im Abgang. Alle nun folgenden Weine wurden komplett im Barrique ausgebaut. Der Muschelkalk-Weißburgunder zeigt feine rauchige Noten und gute Konzentration, ist füllig und kraftvoll, besitzt viel reife Frucht, gute Struktur und Druck. Stark und stimmig präsentiert sich die Spätburgunder-Kollektion, schon der Ortswein ist sehr gut, er ist klar, zupackend und strukturiert. Eine Steigerung bringt der Muschelkalk-Spätburgunder, der zwar im Bouquet etwas würzig-oxidative Noten zeigt, im Mund aber Fülle und Kraft besitzt, gute Struktur und klare Frucht. Von den beiden Lagen-Spätburgundern konnten wir jeweils die Jahrgänge 2013 und 2014 verkosten. Der rauchig-würzige 2013er Rosenberg ist frisch und zupackend, besitzt gute Struktur und Frucht, wirkt fast noch etwas jugendlicher als der 2014er, der mit seiner reintönigen Frucht punktet und ebenfalls zupackend und strukturiert sich präsentiert. Der 2014er Herrgottspfad ist rauchig, füllig und kraftvoll, besitzt gute Struktur und feine Frische, der 2013er zeigt intensive Frucht und etwas florale Noten, ist kraftvoll und zupackend, enorm jugendlich, derzeit sind die Tannine noch allzu präsent. —

Julia & Johannes Landgraf

B

Weinbewertung

87	2013 „Blanc et Noir" Chardonnay & Spätburgunder Sekt brut nature	**12 %/19,80 €**
85	2017 Riesling trocken	**12 %/7,90 €**
84	2017 Weißburgunder & Chardonnay	**12,5 %/7,90 €**
86	2017 Weißer Burgunder trocken Gau-Odernheimer	**12,5 %/11,60 €**
85	2017 Grauer Burgunder trocken Gau-Odernheimer	**12,5 %/12,40 €**
88	2017 Riesling trocken Gau-Odernheimer	**12,5 %/11,60 €**
89	2017 Weißer Burgunder trocken „Muschelkalk"	**12,5 %/22,- €**
89	2017 Riesling trocken Herrgottspfad	**12,5 %/20,- €**
86	2016 Spätburgunder trocken Gau-Odernheimer	**13,5 %/12,80 €**
88	2014 Spätburgunder trocken „Muschelkalk"	**13,5 %/20,- €**
90	2013 Spätburgunder trocken Rosenberg	**13,5 %/24,- €**
90	2014 Spätburgunder trocken Rosenberg	**13,5 %/22,- €**
90	2013 Spätburgunder trocken Herrgottspfad	**13,5 %/36,- €**
89	2014 Spätburgunder trocken Herrgottspfad	**13,5 %/32,- €**

LAGEN

HERRGOTTSPFAD (GAU-ODERNHEIM)
ÖLBERG (GAU-ODERNHEIM)
ROSENBERG (BIEBELNHEIM)

REBSORTEN

RIESLING (38 %)
SPÄTBURGUNDER (20 %)
WEISSBURGUNDER (11 %)
GRAUBURGUNDER (8 %)
CHARDONNAY (6 %)
ST. LAURENT (6 %)

BEFORT

★☆

B

KONTAKT

Schulstraße 17
54453 Nittel
Tel. 06584-422
Fax: 06584-1201
www.befort.de
weingut@befort.de

Inhaber
Familie Befort
Rebfläche
4,5 Hektar
Produktion
30.000 Flaschen

BESUCHSZEITEN

Sa. 10-17 Uhr

Das von Hans und Maria Befort seit 1969 aufgebaute Gut wird seit 2011 von den Geschwistern Ruth, Hans-Jörg und Marcel Befort geführt. Hans-Jörg Befort, Betriebsleiter eines Weingutes in Luxemburg, kümmert sich um den Weinausbau. Die Burgundersorten dominieren: Spätburgunder, Grauburgunder und Weißburgunder nehmen einen etwa gleichen Anteil an der Rebfläche ein, hinzu kommen 15 Prozent Elbling sowie etwas Auxerrois und Cabernet Sauvignon. Zuletzt wurde Sauvignon Blanc im Nitteler Leiterchen gepflanzt, dazu ein neuer Weinberg mit Chardonnay, der inzwischen voll im Ertrag ist. Seit 2015 verzichtet man auf Herbizide im Weinberg. Die Weißweine werden temperaturgesteuert im Edelstahl ausgebaut, lagern bis zum Frühjahr auf der Vollhefe. Rotweine werden maischevergoren und 12 bis 15 Monate im Holz ausgebaut. Sekte und Crémants reifen mindestens 12 Monate auf der Hefe, werden mehrmals im Jahr frisch degorgiert, gehören regelmäßig zu den besten Schaumweinen in diesem Teil der Mosel.

Kollektion

Das Weingut Befort hat sich längst als eines der zuverlässigsten und ambitioniertesten an der Obermosel herauskristallisiert. Sehr geradlinig und klar sind bereits die Schaumweine: ein enorm saftiger Elblingsekt mit überraschender Fülle und Schmelz (der Hauch Süße ist stimmig), der Rosé-Sekt, der angenehm süffig ausfällt, oder der saftige, würzige Crémant Brut, der zwar nicht puristisch trocken ist, aber viel Schmelz aufweist. Bei den Stillweinen ist die Homogenität der vorgestellten Weine hervorzuheben. Der trockene Elbling in der Literflasche ist geradlinig, erfrischend, würzig, der Pinot Gris ist saftig und sortentypisch, der Chardonnay gefällt etwas besser als der süffige Pinot Blanc S. Eher reife Frucht mit einem Anklang an Spargel weist der Sauvignon Blanc auf, während die Cuvée aus Chardonnay und Pinot Blanc am meisten Substanz besitzt.

Weinbewertung

85	2015 Elbling Sekt brut **13 %/8,95 €**
85	2016 Pinot Noir Rosé Sekt **13 %/9,95 €**
86	2017 Crémant brut **13 %/9,95 €**
85	2017 Elbling trocken (1l) **11,5 %/5,50 €** ☺
84	2017 Auxerrois **12 %/6,60 €**
87	2017 Chardonnay & Pinot Blanc **12,5 %/11,90 €**
85	2017 Pinot Gris trocken **12,5 %/6,90 €**
86	2017 Chardonnay trocken **12,5 %/8,60 €**
85	2017 Sauvignon Blanc trocken **12,5 %/8,90 €**
85	2017 Pinot Blanc trocken „S" **12 %/9,90 €**
83	2017 Blanc de Noir „feinherb" **12 %/6,60 €**

B

Beiser

★★

KONTAKT

Außerhalb 1
55578 Vendersheim
Tel. 06732-8732
Fax: 06732-5061
www.weingut-beiser.de
info@weingut-beiser.de

Inhaber
Christiane Beiser, Simon Beiser
Kellermeister/Außenbetrieb
Simon Beiser
Rebfläche
23 Hektar
Produktion
100.000 Flaschen

BESUCHSZEITEN

täglich 9-12 + 13-19 Uhr und nach Vereinbarung
Vinothek und Gutsschänke

Otto Beiser begann 1971 mit der Selbstvermarktung, legte 1979 mit dem Neubau den Grundstein für das heutige Weingut. Sohn Simon schloss 2002 sein Geisenheim-Studium ab, ist seither für den Weinausbau verantwortlich, inzwischen hat er den Betrieb übernommen. Seine Weinberge befinden sich in der Vendersheimer Lage Sonnenberg, in den Sprendlinger Lagen Klostergarten, Honigberg, Geyersberg, Hölle und Wissberg, sowie in der Wallertheimer Heil und im Binger Schlossberg Schwätzerchen, wo man seit 2011 1,8 Hektar bewirtschaftet. 65 Prozent nehmen weiße Sorten ein. Wichtigste Rebsorten sind Riesling, Weißburgunder, Grauburgunder, Müller-Thurgau und Chardonnay, aber auch Sauvignon Blanc, Gewürztraminer, Scheurebe, Silvaner und Saphira baut Simon Beiser an. Hinzu kommen die roten Sorten Spätburgunder, Portugieser, Dornfelder, Frühburgunder, Merlot und Cabernet Sauvignon.

Kollektion

Das Einstiegsniveau ist hoch wie schon in den vergangenen Jahren und in der Spitze legt Simon Beiser weiter zu, die weißen Lagenweine aus dem Schlossberg Schwätzerchen gewinnen an Profil und Komplexität. Schon der „Vetter Riesling" ist klar und fruchtbetont, der Muschelkalk-Riesling ist würzig und eindringlich. Sehr gut gefällt uns der Sauvignon Blanc, der eine gute Balance zwischen Frucht und Frische, Struktur und Grip aufweist. Der Riesling aus dem Schlossberg Schwätzerchen besitzt Fülle und Kraft, viel reife Frucht, gute Struktur und Substanz, dezent mineralisch-bittere Noten, der Silvaner ist füllig und saftig, besitzt herrlich viel Frucht, Substanz und Länge. Auch bei den Roten stimmt die Basis, und auch bei den Roten legt Simon Beiser in der Spitze weiter zu, präsentiert einen rauchigen, kraftvollen Honigberg-Spätburgunder mit Struktur und Frucht. Im Aufwind!

Weinbewertung

83	2017 Riesling trocken „Vetter Riesling" **13 %/6,90 €**
83	2017 Scheurebe trocken „Tabularasa" **12 %/6,90 €**
84	2017 Riesling trocken „Muschelkalk" Vendersheimer **13 %/7,50 €**
85	2017 Sauvignon Blanc trocken „Muschelkalk" **13 %/8,40 €**
83	2017 Weißer Burgunder trocken „Kalkmergel" Vendersheim **13 %/7,50 €**
82	2017 Grauer Burgunder trocken „Tonmergel" Sprendlinger **13 %/7,50 €**
82	2017 Chardonnay trocken „Tonmergel" Vendersheim **13 %/7,50 €**
88	2016 Silvaner trocken Steillagen „Quarzit" Schlossberg Schwätzerchen **13 %/11,40 €**
88	2016 Riesling trocken Steillagen „Quarzit" Schlossberg Schwätzerchen **13 %/12,40 €**
83	2015 Frühburgunder trocken „Tonmergel" Vendersheim **14 %/7,50 €**
84	2015 Spätburgunder trocken „vom Kalkmergel" Sprendlingen **14 %/7,80 €**
87	2016 Spätburgunder trocken „vom Kalkstein" Honigberg **14 %/13,50 €**

Benderhof

★★★

KONTAKT

Neugasse 45
67169 Kallstadt
Tel. 06322-1520
Fax: 06322-980775
www.weingut-benderhof.de
info@weingut-benderhof.de

Inhaber
Martin Haaß
Rebfläche
12 Hektar
Produktion
75.000 Flaschen

BESUCHSZEITEN

Mo.-Sa. 9-12 + 14-18 Uhr
(mit Bitte um Anmeldung)

Seit dem 16. Jahrhundert baut die Familie Bender Wein in Kallstadt an. Heute wird der Betrieb von Martin Haaß geführt, der seit 2006 im Betrieb ist und das Weingut mittlerweile von seinen Eltern Karola Bender-Haaß und Otto Haaß übernommen hat. Die Weinberge liegen in den Kallstadter Lagen Saumagen (mit der Lage Nill), Steinacker (mit dem Gauberg und dem Hasenlauf) und Kreidkeller sowie in den Herxheimer Lagen Himmelreich und Honigsack, aber auch in Freinsheim (Oschelskopf) und Erpolzheim (Kirschgarten). Riesling ist die wichtigste Rebsorte beim Benderhof, nimmt ein Drittel der Rebfläche ein. Zweitwichtigste Weißweinsorte ist Weißburgunder, gefolgt von Scheurebe, Silvaner und Grauburgunder. Rote Sorten nehmen 35 Prozent der Rebfläche ein: Spätburgunder, Sankt Laurent, Schwarzriesling, Regent und Dornfelder. Das Sortiment ist in Guts-, Orts-, Lagen- und Große Weine gegliedert.

Kollektion

Leider konnten wir in diesem Jahr wenig Neues vom Benderhof verkosten, neun der eingesandten Weine hatten wir im vergangenen Jahr schon einmal im Glas. Und auch bei den Bewertungen bleiben wir weitgehend gleich, korrigieren uns zweimal nach unten, beim fülligen Riesling aus dem Kreidkeller, der gute Substanz besitzt, aber immer noch verhalten ist und beim schon leicht gereift wirkenden Nill-Riesling, der aber immer noch Druck und salzige Länge besitzt. Einmal legen wir auch einen Punkt zu, beim RS-Spätburgunder, bei dem wir letztes Jahr schon vermutet hatten, dass er noch zulegen könne, er zeigt kühle, kräutrig unterlegte Frucht, ist komplex und besitzt gute Struktur und Länge. Unter den 2017er Weinen ist der Literriesling reintönig und saftig, der „Kalkmergel"-Riesling zeigt klare Frucht, Aprikose und grünen Apfel, und der Silvaner ist sehr kraftvoll und stoffig.

Weinbewertung

81	2017 Riesling trocken (1l) **13 %/5,20 €**
85	2017 Silvaner trocken Kallstadt **14 %/8,- €**
85	2016 Weißer Burgunder trocken Kallstadt Steinacker **13 %/9,20 €**
85	2017 Riesling trocken „Kalkmergel" Kallstadt **13 %/7,- €**
85	2016 Riesling trocken Kallstadt Steinacker **12,5 %/9,20 €**
86	2016 Riesling trocken Kallstadt Saumagen **13 %/10,20 €**
86	2016 Riesling trocken „Alte Reben" Kallstadt Kreidkeller **12,5 %/11,20 €**
86	2016 Grauer Burgunder trocken Kallstadt Steinacker **13 %/9,20 €**
88	2016 Riesling „S" trocken „Nill" Kallstadt Saumagen **13 %/18,- €**
85	2014 Spätburgunder trocken Kallstadt Steinacker **13,5 %/10,50 €**
87	2014 Spätburgunder „S" trocken „Hasenlauf" Kallstadt Steinacker **13,5 %/17,- €**
89	2014 Spätburgunder „RS" trocken „Hasenlauf" Kallstadt Steinacker **13 %/23,- €**

B

GRAF VON BENTZEL-STURMFEDER

★★

KONTAKT

Sturmfederstraße 4
74360 Schozach
Tel. 07133-960894
Fax: 07133-960895
www.sturmfeder.de
weingut@sturmfeder.de

Inhaber
Kilian Graf von Bentzel-Sturmfeder
Betriebsleiter/Kellermeister/Außenbetrieb Holger Matz
Rebfläche
15 Hektar
Produktion
80.000 Flaschen

BESUCHSZEITEN

Mo.-Fr. 9-17 Uhr, Sa. 10-14 Uhr
Hotel „Landhaus Sturmfeder"

Die Geschichte des Sturmfederschen Weingutes reicht bis 1396 zurück, als Ritter Friedrich Sturmfeder von Graf Eberhard von Württemberg ein Gut in Schozach zu Lehen erhielt. Seit 1996 leitet Kilian Graf von Bentzel-Sturmfeder den Betrieb, seit 2001 ist er auch Eigentümer des Weinguts. 2010 wurde das Hotel „Landhaus Sturmfeder" eröffnet. Die 15 Hektar große Süd-Südost-Lage Schozacher Roter Berg mit ihren schweren Lehmkeuperböden gehört dem Weingut seit dem 19. Jahrhundert im Alleinbesitz. Drei Viertel der Rebfläche nehmen rote Sorten ein, hauptsächlich Burgundersorten wie Spätburgunder, Samtrot, Clevner und Schwarzriesling, dazu Lemberger, St. Laurent, Acolon, Cabernet Dorsa und Dornfelder. Alle Rotweine werden in Eichenholzfässern ausgebaut. Wichtigste weiße Rebsorte ist Riesling, es folgen Weiß- und Grauburgunder sowie Gewürztraminer, 2012 brachte Sauvignon Blanc den ersten Ertrag.

Kollektion

Die neue Kollektion präsentiert sich in der Spitze so geschlossen und stark wie noch nie. Vier Große Gewächse gibt es inzwischen, der neue Weißburgunder besitzt Fülle und Saft, viel reife Frucht und Substanz. Der Riesling steht ihm nicht nach, ist kraftvoll und strukturiert bei klarer reifer Frucht und auch der dritte vorgestellte Weißwein, der Sauvignon Blanc, ist sehr gut, er ist duftig, füllig und klar. Im roten Segment überzeugt der zupackende, mit Künstleretikett ausgestattete Cabernet Sauvignon, die Erste Lage-Rotweine besitzen Kraft und Struktur, der Spätburgunder mit seiner intensiven Frucht gefällt uns besonders gut. An der Spitze stehen auch im roten Segment die Großen Gewächse: Der Spätburgunder besitzt gute Konzentration und intensive Frucht, gute Struktur und Frische, der gewürzduftige Lemberger ist kraftvoll, fruchtintensiv, strukturiert und lang.

Weinbewertung

85 2016 Sauvignon Blanc trocken*** Schozacher Roter Berg **13 %/12,90 €**
88 2016 Riesling trocken „GG" Schozacher Roter Berg **14 %/21,90 €**
88 2016 Weißburgunder trocken „GG" Schozacher Roter Berg **13 %/21,90 €**
83 2015 Sankt Laurent trocken** Schozacher **12 %/8,90 €**
81 2015 Spätburgunder trocken** Schozacher **13,5 %/8,90 €**
83 2015 Blaufränkisch trocken** Schozacher **12,5 %/8,90 €**
82 2016 Merlot trocken** Schozacher **13 %/8,90 €**
86 2015 Spätburgunder trocken*** Schozacher Roter Berg **13 %/12,90 €**
84 2016 Lemberger trocken*** Schozacher Holzfass Roter Berg **12,5 %/12,90 €**
85 2016 Cabernet Sauvignon trocken Holzfass Schozacher **13 %/12,90 €**
88 2015 Spätburgunder trocken „GG" Schozacher Roter Berg **13,5 %/21,90 €**
89 2015 Lemberger trocken „GG"* Schozacher Roter Berg **13,5 %/21,90 €**

BENZINGER

★ ★ ☆

B

KONTAKT

Weingut im Leiningerhof
Weinstraße Nord 24
67281 Kirchheim
Tel. 06359-1339
Fax: 06359-2327
www.weingut-benzinger.de
info@weingut-benzinger.de

Inhaber
Volker Benzinger
Kellermeister/Außenbetrieb
Volker Benzinger,
Julia Benzinger
Rebfläche
13 Hektar
Produktion
100.000 Flaschen

BESUCHSZEITEN

Mo.-Fr. 9-12 + 13-17 Uhr,
Sa. 11-17 Uhr, So. 11-14 Uhr
Restaurant mit Terrasse

Der über 400 Jahre alte Leiningerhof in Kirchheim wird heute von Volker und Inge Benzinger geführt. Seit 2007 ist die jüngere Tochter Julia im Betrieb tätig, die unter anderem bei Klaus Peter Keller gelernt hatte, sie kümmert sich zusammen mit ihrem Vater um den Keller und den Außenbetrieb. Die Weinberge liegen in Kirchheim (Kreuz, Steinacker, Geißkopf), Bockenheim (Schlossberg, Goldgrube) und Obersülzen (Schnepp), sie werden biologisch bewirtschaftet. Neben Riesling, Grau- und Weißburgunder spielen rote Sorten wie Spätburgunder, Dornfelder, Portugieser und St. Laurent eine wichtige Rolle, bereits 2001 hat Volker Benzinger etwas Merlot, Cabernet Sauvignon und Cabernet Franc gepflanzt, der Rotweinanteil liegt bei 35 Prozent. An weißen Sorten gibt es noch Scheurebe, Auxerrois, Sauvignon Blanc und Silvaner. Neben dem normalen Sortiment werden seit einigen Jahren die „Sans"-Weine und Orangeweine erzeugt, die ungeschönt, unfiltriert und ungeschwefelt sind.

Kollektion

In der aktuellen Kollektion sind es wieder zwei der Naturweine, die uns am besten gefallen, der „Orange de Pic", ein maischevergorener Silvaner, ist eindringlich und komplex, zeigt wenig Frucht, etwas Birnenmost, ist knochentrocken und besitzt Struktur, der Sauvignon Blanc „Sans" zeigt Noten von gerösteten Haselnüssen, ist geradlinig, komplex, frisch und nachhaltig. Der „Sans"-Riesling ist schlank, besitzt Noten von Apfelmost, der Pinot Noir „Sans" wirkt schon gereift und sollte jetzt getrunken werden. Neu im Programm sind die beiden spontan vergorenen „GG"-Rieslinge, der Schlossberg ist fruchtbetont mit feinem Säurebiss, der Steinacker ist mineralischer, besitzt feinen Druck, ist animierend und lang. Der Merlot ist rotfruchtig und charmant, ohne spürbares Holz, während das Holz beim kühlen und eleganten Schlossberg-Pinot Noir noch sehr deutlich ist.

Weinbewertung

87 2017 Riesling trocken „Sans" **11,5 %/10,- €**
85 2017 Sauvignon Blanc trocken Obersülzer Schnepp **12 %/10,50 €**
84 2017 Riesling trocken „Kalkmergel" Kirchheimer Steinacker **12 %/8,50 €**
89 2017 Sauvignon Blanc trocken „Sans" „Fumé" **12 %/19,50 €**
87 2017 Riesling „GG" Bockenheimer Schlossberg **12 %/15,90 €**
88 2017 Riesling „GG" Kirchheimer Steinacker **13 %/15,90 €**
89 2016 „Orange de Pic...Premier" trocken **11,5 %/16,50 €**
83 2017 Riesling „J!" **11,5 %/8,50 €**
82 2017 Riesling (1l) **12 %/5,90 €**
84 2015 Pinot Noir „Sans" **12 %/10,- €**
86 2016 Merlot trocken Kirchheimer Steinacker **13 %/15,90 €**
86 2015 Pinot Noir Bockenheimer Schlossberg **13 %/15,90 €**

BERCHER

★★★★★

B

KONTAKT

Mittelstadt 13
79235 Burkheim
Tel. 07662-9076-0
Fax: 07662-8279
www.weingutbercher.de
info@weingutbercher.de

Inhaber
Arne & Martin Bercher
Rebfläche
27 Hektar
Produktion
200.000 Flaschen

BESUCHSZEITEN

Mo.-Sa. 9-11:30 + 13:30-17 Uhr,
So. + feiertags geschlossen

Die aus der Schweiz stammende Familie ließ sich nach dem 30jährigen Krieg am Kaiserstuhl nieder. 1756 erbaute Franz-Michael Bercher das Gutshaus in Burkheim, das noch heute Sitz des Weinguts ist. Rainer und Eckhardt Bercher haben das Weingut in den siebziger Jahren mit damals 4 Hektar übernommen und zur heutigen Größe und zum heutigen Renommee geführt. Inzwischen hat die nächste Generation das Gut übernommen: Rainers Sohn Arne, der für den Weinausbau verantwortlich zeichnet, und Eckhardts Sohn Martin, der sich um den Außenbetrieb kümmert. Ihre Weinberge befinden sich in den Lagen Burkheimer Feuerberg (dunkles Vulkanverwitterungsgestein) und Schlossgarten (Lössterrassen), Sasbacher Limburg (Vulkangestein „Limburgit"), Jechtinger Eichert (Vulkanboden) und Steingrube, Königschaffhausener Hasenberg und Leiselheimer Gestühl. Über 40 Prozent sind mit Spätburgunder bestockt, dazu gibt es neben Weiß- und Grauburgunder vor allem noch Riesling, Müller-Thurgau und Chardonnay. Als Spezialitäten bauen sie Muskateller, Gewürztraminer, Scheurebe und Cabernet Sauvignon an. Über 90 Prozent der Weine werden trocken ausgebaut. Mit der Einführung des vierstufigen Systems des VDP Baden wurde mit dem Jahrgang 2013 das Sortiment diesen vier Stufen angepasst, auf Prädikatsbezeichnungen wird seither verzichtet. Aus den Kabinettweinen sind die Ortsweine geworden, aus den Spätlesen die Lagenweine, die Großen Gewächse tragen nun als Zusatz den Namen der Gewanne auf dem Etikett: Haslen bei Weiß- und Grauburgunder aus dem Feuerberg, Villinger beim Grauburgunder Schlossgarten, Kesselberg beim Spätburgunder aus dem Feuerberg. Seit der ersten Ausgabe dieses Buches zählen wir das Weingut zu den besten Weingütern Deutschlands. Unsere Wertschätzung für die Bercherschen Weine ist in dieser Zeit stetig gestiegen, die Kollektionen sind immer stimmig, von den Kabinettweinen bis hin zu den Großen Gewächsen. Stars der Kollektionen sind die Großen Gewächse aus dem Feuerberg, Spätburgunder, Grauburgunder und Weißburgunder, die regelmäßig zu den Topweinen in Deutschland rechnen; der Chardonnay und das Große Gewächs aus dem Schlossgarten kommen ihnen oft nahe.

Kollektion

Bestechend hoch ist auch in diesem Jahr wieder das Niveau bei den Ortsweinen, den früheren Kabinetten. Der Weißburgunder zeigt reintönige Frucht, weiße Früchte, feine Frische ist harmonisch, saftig und lang, der Grauburgunder steht ihm nicht nach, besitzt Fülle, Saft und reintönige Frucht. Unter den weißen Erste Lage-Weinen gehört im Jahrgang dem Weißburgunder aus der Sasbacher Limburg unsere leichte Präferenz. Er zeigt gute Konzentration, weiße und gelbe Früchte, ist füllig im Mund,

harmonisch, komplex, besitzt gute Substanz, reintönige Frucht und Länge. Die beiden Grauburgunder stehen ihm kaum nach, beide sind füllig und harmonisch, reintönig und lang, der Wein aus dem Feuerberg ist etwas kompakter. Die Cuvée aus Scheurebe und Chenin Blanc zeigt intensive Frucht, ist klar und zupackend. Etwas rauchige Noten und viel reife Frucht zeigt der Chardonnay im Bouquet, ist kraftvoll und saftig, besitzt gute Struktur, Substanz und Länge, ist dem nochmals verkosteten ein wenig üppigeren 2015er ebenbürtig. Es folgen die Großen Gewächse aus dem Feuerberg: Der Weißburgunder zeigt gute Konzentration und reife Frucht, ist füllig, saftig bei reintöniger Frucht und guter Substanz, der Grauburgunder ist offen im Bouquet, zeigt intensive Frucht, ist dann kraftvoll im Mund, noch jugendlich-verhalten. Der Grauburgunder aus dem Schlossgarten, bei einer Großen-Gewächs-Probe in Wiesbaden verkostet, kommt ihm sehr nahe. Sehr hohes Niveau zeigt wie schon im Vorjahr der rote Teil der Kollektion. Die Cuvée Limberg ist besser denn je, zeigt feine Würze und rauchige Noten, besitzt gute Konzentration, Struktur, viel Frucht und Kraft. Der Spätburgunder aus dem Eichert besticht mit seiner Reintönigkeit, er ist frisch, zupackend und strukturiert. Intensive Frucht zeigt der Limburg-Spätburgunder, ist füllig, harmonisch, schmeichelnd und lang. Der Spitzenplatz aber gebührt wie gewohnt dem Spätburgunder aus dem Feuerberg, der viel reife Frucht zeigt, etwas Herzkirschen, füllig und kraftvoll ist, enorm stoffig bei kräftigen Tanninen.

Arne & Martin Bercher

Weinbewertung

87	2017 Weißburgunder trocken Burkheimer	**13 %/8,90 €**
87	2017 Grauburgunder trocken Burkheimer	**13 %/8,90 €**
89	2017 Weißburgunder trocken Sasbacher Limburg	**13 %/15,50 €**
88	2017 Grauburgunder trocken Jechtinger Eichert	**13,5 %/14,- €**
88	2017 Grauburgunder trocken Burkheimer Feuerberg	**13,5 %/15,50 €**
86	2017 Scheurebe & Chenin Blanc trocken „SE“	**13 %/17,- €**
92	2015 Chardonnay trocken „SE“	**13,5 %**
92	2017 Chardonnay trocken „SE“	**13 %/22,- €**
90	2017 Weißburgunder „GG“ „Haslen“ Burkheimer Feuerberg	**13,5 %/23,- €**
90	2017 Grauburgunder „GG“ „Haslen“ Burkheimer Feuerberg	**13,5 %/27,- €**
89	2016 Spätburgunder trocken Jechtinger Eichert	**13,5 %/19,- €**
90	2015 Spätburgunder trocken Sasbacher Limburg	**13,5 %/23,- €**
91	2015 „Limberg XV“ Rotwein trocken „SE“	**13,5 %/23,- €**
92	2012 Spätburgunder „GG“ Burkheimer Feuerberg	**14 %**
93	2016 Spätburgunder „GG“ „Kesselberg“ Burkheimer Feuerberg	**13,5 %/40,- €**

LAGEN

FEUERBERG (BURKHEIM)
– HASLEN
– KESSELBERG
SCHLOSSGARTEN (BURKHEIM)
– VILLINGER
LIMBURG (SASBACH)
EICHERT (JECHTINGEN)

REBSORTEN

SPÄTBURGUNDER (40 %)
GRAUBURGUNDER (23 %)
WEISSBURGUNDER (17 %)
RIESLING (8 %)
CHARDONNAY (7 %)

B

Konrad Berg & Sohn

★☆

KONTAKT

Niederwaldstraße 18
65385 Rüdesheim
Tel. 06722-49990
Fax: 06722-47912
www.altebauernschaenke.de
info@konradberg.de

Inhaber
Konrad Berg
Rebfläche
2 Hektar
Produktion
9.000 Flaschen

BESUCHSZEITEN

Mo.-So. 14-18 Uhr

Die alte Bauernschänke in Rüdesheim wurde 1408 erbaut und befindet sich nun seit über 50 Jahren im Besitz der Familie Berg. Gastronomie und Hotelbetrieb wurden inzwischen auf zwei benachbarte Gebäude erweitert. Heute führt Konrad Berg den Betrieb, zu dem ein kleines, 2 Hektar großes Weingut gehört. Seine Weinberge liegen in den Lorcher Lagen Paffenwies und Krone, im Rüdesheimer Berg Schlossberg, im Assmannshäuser Höllenberg sowie in der Hattenheimer Hassel. Die Hälfte der Weinberge nimmt Riesling ein, 40 Prozent entfallen auf Spätburgunder, hinzu kommt Silvaner.

Kollektion

Wieder einmal gibt es eine Kollektion unaufgeregter, traditioneller Rieslinge und Spätburgunder zu verkosten. Der Gutsriesling ist eingängig, geradlinig und frisch. Apfelfrische Frucht und mineralischer Charakter prägen die trockene Riesling Spätlese „vom Schiefer", sie ist säuregetrieben und fokussiert. Die trockene Spätlese aus der Lorcher Pfaffenwies ist reifer und ausgewogener, sie besitzt passende Gerbstoffwürze und eine feine Frischeader. Mit reifer Gelbfrucht und mildem Charakter weiß auch die trockene Spätlese aus dem Berg Schlossberg zu punkten, trotz recht hohen Alkohols besitzt sie genug Frische, aber auch Schmelz und Wärme. Der feinherbe My Way verfügt über eine schöne Balance zwischen herb-saftiger Frucht und knackiger Säurestruktur, er ist klassisch halbtrocken. Die saftige, frische Spätlese aus dem Schlossberg ist animierend und würzig. Von den drei Spätburgundern ist der trockene 2017er aus dem Höllenberg leicht und fruchtig-frisch, bei seinem halbtrockenen Pendant, das eher trocken schmeckt, ist mehr Substanz spürbar, Saft und Frische stehen in guter Balance, die Tannine sind würzig. Der Spätburgunder „S" ist der feinste der drei, er hat Tiefe, Finesse und Druck und feine Extraktsüße.

Weinbewertung

83 2017 Riesling trocken **11,5 %/12,- €**
82 2017 Silvaner trocken Lorcher Krone **11,5 %/12,- €**
85 2017 Riesling Spätlese trocken „vom Schiefer" **12 %/12,- €**
86 2017 Riesling Spätlese trocken Lorcher Pfaffenwies **12,5 %/18,- €**
86 2017 Riesling Spätlese trocken Rüdesheimer Berg Schlossberg **13,5 %/16,- €**
84 2017 Riesling „feinherb My Way" **11 %/12,- €**
85 2017 Riesling Spätlese Rüdesheimer Berg Schlossberg **9 %/14,- €**
87 2016 Spätburgunder trocken „S" Assmannshäuser Höllenberg **13,5 %/22,- €**
82 2017 Spätburgunder trocken Assmannshäuser Höllenberg **13 %/16,- €**
86 2017 Spätburgunder halbtrocken Assmannshäuser Höllenberg **12,5 %/16,- €**

Bergdolt-Reif & Nett

★★

KONTAKT

Weingut Bergdolt-Reif & Nett
Gmbh & Co.KG
Dudostraße 24
67435 Neustadt-Duttweiler
Tel. 06327-2803
Fax: 06327-1485
www.weingut-brn.de
info@weingut-brn.de

Inhaber
Christian Nett
Außenbetriebsleiter
Bernhard Nett
Rebfläche
33 Hektar
Produktion
350.000 Flaschen

BESUCHSZEITEN

8-18 Uhr

Das Weingut wird heute in fünfter Generation von Christian Nett geführt, der bei den Weingütern August Ziegler, Dr. Deinhard und Müller-Catoir ausgebildet wurde. Die Weinberge liegen in den Duttweiler Lagen Kreuzberg und Mandelberg, im Kirrweiler Mandelberg, sowie in anderen Lagen in Lachen, Kirrweiler und Geinsheim. 70 Prozent der Weinberge nehmen weiße Rebsorten ein, vor allem Riesling, Weiß- und Grauburgunder, aber auch Sauvignon Blanc, Scheurebe, Silvaner, Muskateller und Gewürztraminer. An roten Sorten gibt es Spätburgunder, Dornfelder, Merlot und Lagrein. Die Weine werden in mehreren Linien vermarktet: Creation für Cuvées, Tradition für frische, unkomplizierte Weine, Black Edition für etwas kraftvollere Weine, Avantgarde für Weine aus den besten Parzellen, sowie Prestige für die besten Weine aus den seit 2011 mit einem Pferd bewirtschafteten Parzellen im Mandelberg.

Kollektion

Auch in diesem Jahr sind die vier verkosteten Rotweine wieder kraftvoll mit sehr dezentem Holzeinsatz, wirken aber etwas trockener als im vergangenen Jahr, als wir die Süße bemängelten. Der Shiraz zeigt am deutlichsten Holz, ist aber auch der komplexeste der Roten, zeigt klare Beerenfrucht und kühle kräutrige Würze, Eukalyptus, ist gut strukturiert und harmonisch, der Spätburgunder besitzt wieder gute Substanz, zeigt Pflaume, Mandeln und Krokant im Bouquet, bei dem wir etwas die Pinot-Typizität vermissen. Drei reintönige Grauburgunder konnten wir verkosten, der Prestige ist komplex und lang mit feinen Röstnoten, der „Steinfass" ist kraftvoll und harmonisch und der Hansen zeigt florale und nussige Noten und deutliche Holzwürze. Die Gewürztraminer Auslese ist reintönig und cremig, die Beerenauslese vom Gewürztraminer und Riesling zeigt viel süße Frucht, Aprikose, Quitte, Zitrusnoten, besitzt ein frisches Säurespiel.

Weinbewertung

86	2017 Muskateller trocken „Avantgarde" „Märzen" **12,5 %/15,- €**
86	2017 Chardonnay trocken „Nettswerk" **13 %/12,50 €**
87	2017 Weißburgunder trocken „Avantgarde" „Elf" **12,5 %/15,- €**
87	2017 Grauburgunder trocken „Avantgarde" „Hansen" **13,5 %/15,- €**
88	2017 Grauburgunder trocken „Avantgarde" „Steinfass Hansen" **13,5 %/19,- €**
89	2017 Grauburgunder trocken „Prestige" Duttweiler Mandelberg **13 %/25,- €**
86	2017 Gewürztraminer Auslese **10 %/13,- €/0,375l**
88	2017 Beerenauslese **10,5 %/33,- €/0,375l**
87	2016 Merlot trocken „Avantgarde" „Kreuz" **14 %/16,- €**
87	2016 Lagrein trocken „Avantgarde" „Kolben" **13,5 %/18,- €**
88	2016 Spätburgunder trocken „Prestige" Kirrweiler Mandelberg **14 %/30,- €**
89	2016 Shiraz trocken „Réserve" **14 %/36,- €**

BERGDOLT ST. LAMPRECHT

★★★☆

KONTAKT

Dudostraße 17
67435 Neustadt-Duttweiler
Tel. 06327-5027
Fax: 06327-1784
www.weingut-bergdolt.de
info@weingut-bergdolt.de

Inhaber
Rainer & Günther Bergdolt
Rebfläche
28 Hektar
Produktion
150.000 Flaschen

BESUCHSZEITEN

Mo.-Fr. 8-12 + 14-18 Uhr,
Sa. 10-16 Uhr

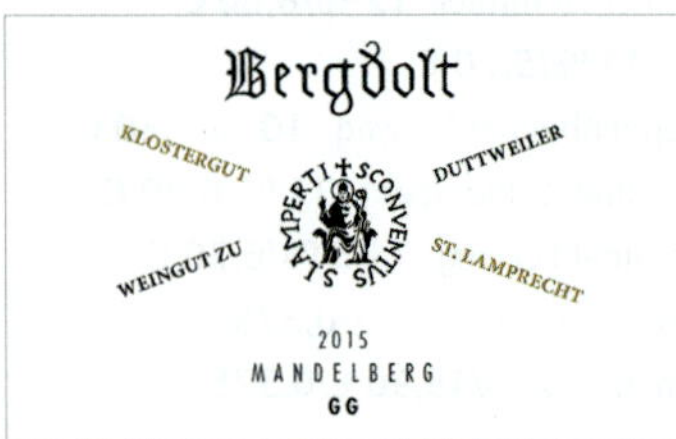

Das ehemalige Hofgut des Klosters St. Lamprecht wurde 1754 von Jacob Bergdolt erworben. Im 19. Jahrhundert hat die Familie die Rebfläche erweitert, Friedrich Bergdolt begann 1911 mit der Flaschenabfüllung und Selbstvermarktung. Die Weinberge liegen vor allem in Duttweiler (Kalkberg, Mandelberg, Kreuzberg) und Ruppertsberg (Reiterpfad, Nussbien), in Kirrweiler (Mandelberg), Mussbach (Eselshaut) und Deidesheim (Mäushöhle). Wichtigste Rebsorten bei Rainer und Carolin Bergdolt, die das Weingut in achter und neunter Generation führen, sind Weißburgunder und Riesling mit einem Anteil von jeweils etwa einem Drittel. Hinzu kommen vor allem rote Sorten wie Spätburgunder, aber auch Dornfelder und dazu ein wenig Cabernet Dorio und Merlot.

Kollektion

Die vier verkosteten Rieslinge weisen eine sehr ähnliche Stilistik auf, sie zeigen alle Zitrusnoten, vor allem Orangenschale, und besitzen leicht süße Frucht und feinen Biss, in aufsteigender Reihenfolge zeigen sie immer deutlichere kräutrige Würze, das Große Gewächs aus dem Reiterpfad an der Spitze besitzt gute Konzentration und leicht salzige Länge und wirkt herber als der füllige Wein aus der Mäushöhle. Auch die drei Weißburgunder-Lagenweine ähneln sich sehr und unterscheiden sich nur in Nuancen, sie zeigen alle gelbe Frucht mit Noten von Birne und Melone, dazu florale und leicht nussige Noten, das Große Gewächs aus dem Kirrweiler Mandelberg ist etwas konzentrierter und nachhaltiger als die Weine aus dem Duttweiler Mandelberg und dem Duttweiler Kreuzberg. Der im vergangenen Jahr schon einmal verkostete Fluxus-Sekt besitzt immer noch Frische und gute Länge, ist würzig und zeigt gereifte Frucht, das Spätburgunder-Große Gewächs zeigt Noten von Süßkirsche, Cassis und Krokant im Bouquet und besitzt Kraft und gute Länge.

Weinbewertung

87	2015 Weißburgunder Sekt extra brut **13 %/14,50 €**
89	2012 „Fluxus Grand Cuvée" Sekt extra brut 2012 **13 %/22,- €**
85	2017 Riesling trocken „Kalkmergel" Duttweiler **12,5 %/9,50 €**
84	2017 Weißburgunder trocken „St. Lamprecht" **12,5 %/8,90 €**
87	2017 Weißburgunder trocken Duttweiler Kreuzberg **13,5 %/14,50 €**
87	2017 Weißburgunder trocken „Lössriedel" Duttweiler Mandelberg **13 %/16,50 €**
87	2017 Riesling trocken Deidesheimer Mäushöhle **13 %/14,- €**
86	2017 Riesling trocken Duttweiler Mandelberg **12,5 %/14,- €**
89	2017 Riesling „GG" Reiterpfad An den Achtmorgen links der Viehtrift **13 %/30,- €**
90	2017 Weißburgunder „GG" Mandelberg **13,5 %/30,- €**
84	2015 Spätburgunder trocken **13,5 %/9,90 €**
89	2016 Spätburgunder „GG" Kalkberg **13,5 %/32,- €**

B

Bergsträsser Winzer

★

KONTAKT

Darmstädter Straße 56
64646 Heppenheim
Tel. 06252-79940
Fax: 06252-799450
www.bergstraesserwinzer.de
info@bweg.de

Inhaber 389 Mitglieder
Geschäftsführer Otto Guthier
Kellermeister
Gerhard Weiß & Dirk Herdner
Rebfläche 264 Hektar
Produktion 1.800.000 Flaschen

BESUCHSZEITEN

Vinothek im Viniversum
Mo.-Fr. 9-19 Uhr, Sa. 9-18 Uhr,
So. 10-16 Uhr

Die Bergsträßer Winzer sind mit Abstand der größte Erzeuger an der Hessischen Bergstraße. Sie erzeugen mit etwa 1,8 Millionen Flaschen im Jahr mehr als die Hälfte des insgesamt in der Region produzierten Weins. Wichtigste Rebsorte ist Riesling mit einem Anteil von 50 Prozent. Es folgen Müller-Thurgau, Grauburgunder, Spätburgunder und Silvaner, aber auch Rebsorten wie St. Laurent, Weißburgunder, Gewürztraminer, Scheurebe und Kerner, inzwischen auch Cabernet Sauvignon, Merlot, Sauvignon Blanc, Roter Riesling und Rosa Chardonnay. Die Weinberge verteilen sich auf 17 Einzellagen. Da auch Winzer aus den badischen Nachbargemeinden bis Dossenheim (Badische Bergstraße) ihre Trauben in Heppenheim anliefern, führen die Bergsträßer Winzer auch einige badische Weine im Programm. 60 Prozent der Weine werden trocken ausgebaut.

Kollektion

Die Bergsträßer Winzer zeigen in diesem Jahr eine starke Riesling-Kollektion. Der Stemmler-Kabinett ist frisch, klar, zeigt viel Frucht und Biss. Die trockene Spätlese besitzt viel süße Frucht, neben Pfirsich gibt es auch Aromen von exotischen Früchten wie Litschi. Der feinherbe Riesling aus dem Schlossberg ist ein vollschlankes, süßes Früchtchen. Der Rote Riesling aus dem Eckweg ist nicht zu süß, zeigt Aromen von Blüten und Honig, hat Biss. Der Eiswein aus dem Maiberg ist sehr dunkel, fast braun, sehr süß, dick, konzentriert, zeigt Aromen von gekochten Früchten und Tabak, hat eine sehr gute Säurestruktur. Der ebenfalls konzentrierte Eiswein aus dem Stemmler ist auch dunkel, die herben Noten von Zigarren-Tabak harmonieren mit Waldhonig-Aromen. Der Goldmuskateller ist herrlich leicht und schlank, nicht zu süß. Der feinherbe Vinas besitzt viel süße Frucht, ist opulent und hat eine feine Säure. Fein und leicht mit süßer Frucht präsentieren sich die Weißburgunder. —

Weinbewertung

83	2016 Goldmuskateller Sekt trocken **12,5 %/10,50 €**
85	2016 Pinot Sekt brut **12 %/11,80 €**
82	2016 Weißer Burgunder trocken **11,5 %/5,20 €**
84	2017 Weißer Burgunder Kabinett trocken Heppenh. Schlossberg **12,5 %/6,50 €**
82	2017 Riesling Kabinett trocken Heppenheimer Stemmler **11,5 %/6,50 €**
85	2017 Riesling Spätlese trocken Heppenheimer Stemmler **12 %/8,60 €**
83	2017 Vinas First Weißwein-Cuvée feinherb **11 %/5,70 €**
83	2017 Roter Riesling Kabinett „feinherb" Heppenheimer Eckweg **10 %/6,80 €**
84	2017 Riesling Kabinett „feinherb" Heppenheimer Schlossberg **11 %/6,20 €**
85	2017 Goldmuskateller „feinherb" Heppenheimer Eckweg **11,5 %/6,70 €**
88	2016 Riesling Eiswein Heppenheimer Maiberg **6 %/24,50 €/0,375l**
87	2016 Riesling Eiswein Heppenheimer Stemmler **7 %/19,90 €/0,375l**

BERNHARD

★★

KONTAKT

Klostergasse 3
55578 Wolfsheim
Tel. 06701-7130 oder -3578
Fax: 06701-7117
www.weingut-bernhard.de
service@weingut-bernhard.de

Inhaber
Jörg & Martina Bernhard
Rebfläche
25 Hektar
Produktion
150.000 Flaschen

BESUCHSZEITEN

nach Vereinbarung

Wolfsheim liegt im Rheinhessischen Hügelland, nördlich des Wissbergs. Hier ist das Weingut von Jörg Bernhard zuhause, das er 1995 von seinen Eltern Max und Marliese übernommen hat. Seit 2015 führt er es zusammen mit seiner Tochter Martina. In den beiden überwiegend süd-exponierten Wolfsheimer Lagen Osterberg und Sankt Kathrin wachsen die Reben auf tonigen, kalkhaltigen Lehmböden. Riesling, Grauburgunder und Silvaner sind die wichtigsten Rebsorten im breiten Programm. Das Programm ist gegliedert in Gutsweine, Ortsweine und Lagenweine, an der Spitze der Kollektion stehen der Silvaner Sankt Kathrin und der Riesling Osterberg. Das Weingut befindet sich in der Umstellung auf biologischen Weinbau.

Kollektion

Es geht weiter voran auch mit der neuen Kollektion. Die Gutsweine zeigen geschlossen gutes Niveau von der klaren, geradlinigen Chardonnay-Weißburgunder-Cuvée über den zupackenden Riesling bis hin zur leicht cassis- und holunderduftigen Cuvée aus Scheurebe und Silvaner. Noch stärker sind die Ortsweine, die sich ebenfalls sehr gleichmäßig präsentieren: Der Silvaner ist füllig und saftig, der Riesling würzig und kraftvoll, die Scheurebe besitzt intensive Frucht, Kraft und Substanz, auch der Weißburgunder ist füllig und kraftvoll, der Spätburgunder rauchig und zupackend. An der Spitze der Kollektion stehen die Lagenweine zusammen mit dem halbtrocken ausgebauten Riesling von alten Reben, der viel reife Frucht und Substanz besitzt. Der Silvaner St. Kathrin besitzt viel Kraft und viel reintönige Frucht, der Götzenborn-Chardonnay ist wunderschön kraftvoll und reintönig, unsere leichte Präferenz aber gilt dem Osterberg-Riesling, der gute Struktur, viel reife Frucht und Druck besitzt. Weiter im Aufwind!

Weinbewertung

83 2017 Chardonnay & Weißburgunder trocken **12,5 %/8,- €**
82 2017 Riesling trocken **12,5 %/7,- €**
83 2017 Scheurebe & Silvaner trocken „71|95" **12,5 %/7,50 €**
84 2016 Silvaner trocken „vom Kalkmergel" Wolfsheimer **12,5 %/10,- €**
84 2016 Riesling trocken „vom Kalkstein" Wolfsheimer **12,5 %/10,- €**
85 2015 Scheurebe trocken „vom Kalkmergel" St. Johanner **12 %/10,- €**
84 2016 Weißer Burgunder trocken „vom Kalkmergel" Wolfsheimer **12,5 %/10,- €**
86 2016 Silvaner trocken St. Kathrin **12,5 %/17,50 €**
87 2016 Riesling trocken Osterberg **12,5 %/17,50 €**
86 2016 Chardonnay trocken Götzenborn **13 %/17,50 €**
86 2016 Riesling „Alte Reben" **12 %/15,- €**
83 2013 Spätburgunder trocken „vom Tonmergel" St. Johanner **12,5 %/10,50 €**

BERNHART

★★★★

KONTAKT

Wein- und Sektgut Bernhart
Hauptstraße 8
76889 Schweigen-Rechtenbach
Tel. 06342-7202
Fax: 06342-6396
www.weingut-bernhart.de
info@weingut-bernhart.de

Inhaber
Gerd Bernhart
Rebfläche
17 Hektar
Produktion
110.000 Flaschen

BESUCHSZEITEN

Mo.-Fr. 9-13 + 14-17 Uhr,
Sa. 9-16 Uhr, So. Ruhetag

Das Weingut Bernhart in Schweigen an der Grenze zum Elsass wird heute in vierter Generation von Gerd Bernhart geführt, der schon lange für den Keller verantwortlich ist. Sein Vater Willi gab 1971 die bis dahin betriebene Vieh- und Ackerwirtschaft auf, konzentrierte sich als Autodidakt ganz auf den Weinbau und begann mit der Flaschenweinvermarktung. Zwei Drittel der Rebfläche liegen auf elsässischem Boden, darunter auch die beste Parzelle des Weinguts, der Rädling, ein Kernstück des Schweigener Sonnenbergs in einem windgeschützten Seitental mit einer südost ausgerichteten Hangneigung bis zu 35 Prozent, geprägt von Kalkmergel mit Kalkfelsen im Untergrund. Von hier stammen die beiden Großen Gewächse, die mit „RG" gekennzeichnet sind, da Bernhart die Verwendung der Bezeichnung Rädling momentan von der Weinkontrolle untersagt ist. Seit dem Jahrgang 2016 gibt es ein drittes Großes Gewächs aus einem weiteren Teilstück des Sonnenbergs, dem direkt oberhalb von Wissembourg gelegenen, nach Süden ausgerichteten Kostert. Der Boden ist sehr stark vom Kalkstein geprägt, enthält aber auch Ton und Kalkmergel. Da die Parzelle ebenfalls auf französischem Boden liegt, darf auch ihr Name nicht auf dem Etikett verwendet werden, statt dessen verwendet Bernhart die Bezeichnung „KT". Wichtigste Sorte im Betrieb ist ungewöhnlicherweise der Spätburgunder mit einem Flächenanteil von 26 Prozent, es folgen 17 Prozent Weißburgunder, 15 Prozent Riesling und 10 Prozent Grauburgunder, dazu kommen Chardonnay und Silvaner sowie kleinere Anteile von Auxerrois, Gewürztraminer, Muskateller, Sauvignon Blanc sowie St. Laurent, Cabernet Sauvignon und Merlot. Die Rotweine kommen grundsätzlich ins Holz, teilweise in große Fässer und die besten Partien bis zu 24 Monate in Barriques. Bereits seit 1985 stellt man hier auch eigenen Sekt her. 90 Prozent der Weine werden an Privatkunden verkauft. Seit dem Jahrgang 2012 (2011 bei den Rotweinen) setzt Gerd Bernhart konsequent das vierstufige VDP-Klassifikationsmodell um.

Kollektion

Die Palette von Gerd Bernharts immer sehr guten Spätburgundern wurde in diesem Jahr um einen weiteren Wein ergänzt: Das neu im Programm vertretene Große Gewächs, der Spätburgunder „KT", zeigt im Bouquet sehr feine Röstnoten, etwas Krokant und dunkle kräutrige Würze, besitzt klare Schwarzkirschfrucht im Mund, gute Struktur und viel Länge, der Spätburgunder „R" weist ein ähnliches Bouquet auf, zeigt auch noch etwas Noten von Schwarztee, ist ebenfalls strukturiert im Mund, elegant und sehr lang. Das zweite Große Gewächs vom

Spätburgunder, der „RG“, unterscheidet sich deutlich von diesen beiden Weinen, ist feiner und eleganter, zeigt viel rote Frucht im Bouquet, Kirsche, rote Johannisbeere, feine Krokantwürze und ebenfalls etwas Schwarztee, ist am Gaumen kühl und kräutrig mit noch jugendlicher Tanninstruktur, viel Substanz und guter Länge. Die Spätburgunder „S“ und „Kalkmergel“ sind beide rotfruchtig, zeigen nur sehr dezentes Holz und etwas kräutrige Würze, der „S“ ist etwas animierender und nachhaltiger als der „Kalkmergel“. Die Reihe der Rotweine wird durch den mit viel klarer Frucht, feiner Krokantwürze und reifen Tanninen ausgestatteten St. Laurent komplettiert. Auch die Weißweine sind wie gewohnt sehr reintönig, allen voran das Weißburgunder-Große Gewächs, das Kraft und gute Konzentration besitzt, klare Birnenfrucht und feine Kräuternoten im Bouquet zeigt, ein frisches Säurespiel und gute Länge besitzt. Den Grauburgunder vom Kalkmergel schätzen wir in diesem Jahr etwas stärker ein als sein Pendant aus 2016, er zeigt klare Frucht im Bouquet, gelbe Früchte, besitzt viel Kraft im Mund, Schmelz und Frische, der Chardonnay vom Tonmergel ist wieder sehr deutlich vom Holz geprägt, zeigt Noten von Kokos im Bouquet, aber auch gelbe Frucht, Banane, ist kraftvoll und doch weich im Mund. Der Riesling vom Kalkmergel zeigt Zitrusnoten im Bouquet, etwas grünen Apfel und kalkig-kreidige Würze, ist schlank und frisch. Der Kalkmergel-Weißburgunder ist, wie auch der Auxerrois, sehr sortentypisch, beide sind etwas schlanker als im vergangenen Jahr, der Weißburgunder zeigt gelbe Frucht im Bouquet, florale Noten und leicht kalkige Würze, besitzt feinen Biss, der Auxerrois ist ebenfalls gelbfruchtig, frisch und lang.

Gerd Bernhart

B

Weinbewertung

87	2017 Auxerrois trocken „Tonmergel“ Schweigen **13 %/10,70 €**
87	2017 Weißburgunder trocken „Kalkmergel“ Schweigen **13 %/10,70 €**
88	2017 Grauburgunder trocken „Kalkmergel“ Schweigen **13,5 %/10,70 €**
87	2017 Riesling trocken „Kalkmergel“ Schweigen **12,5 %/10,70 €**
87	2016 Chardonnay „S“ trocken „Tonmergel“ Schweigen **13,5 %/14,- €**
90	2017 Weißburgunder „GG“ Sonnenberg „RG“ **13,5 %/22,50 €**
87	2016 Spätburgunder trocken „Kalkmergel“ Schweigen **13,5 %/14,- €**
88	2016 St. Laurent „S“ trocken **13,5 %/18,- €**
88	2016 Spätburgunder „S“ trocken **13 %/19,50 €**
90	2016 Spätburgunder „R“ trocken **13 %/26,- €**
90	2016 Spätburgunder „GG“ Sonnenberg „KT“ **13 %/30,- €**
91	2016 Spätburgunder „GG“ Sonnenberg „RG“ **13 %/37,- €**

LAGEN

SONNENBERG (SCHWEIGEN)
RÄDLING (SCHWEIGEN)
WORMBERG (SCHWEIGEN)
FINSTERGASSE (SCHWEIGEN)
KOSTERT (SCHWEIGEN)

REBSORTEN

SPÄTBURGUNDER (26 %)
WEISSBURGUNDER (17 %)
RIESLING (15 %)
GRAUBURGUNDER (10 %)
CHARDONNAY (5 %)
SILVANER (5 %)

B

BERTHOLD

★☆

KONTAKT

Reutweg 4
74172 Neckarsulm
Tel. 07132-37117
Fax: 07132-37488
www.weingut-berthold.de
weingut-berthold@t-online.de

Inhaber
Hermann Berthold
Rebfläche
10 Hektar
Produktion
50.000 Flaschen

BESUCHSZEITEN

Mo.-Fr. 12-14 + 17-19 Uhr,
Sa. 8-14 Uhr
Besenstube

Hermann Berthold übernahm 1985 den Betrieb von seinem Vater Ludwig, konzentrierte sich ganz auf Weinbau und gründete das eigene Weingut. Seine Weinberge liegen alle in Neckarsulm, wo die Reben auf Keuperböden wachsen. Neben traditionellen Sorten wie Trollinger, Lemberger, Samtrot, Muskattrollinger, Riesling, Traminer und Grauburgunder baut er auch Neuzüchtungen wie Acolon, Regent, Cabernet Cubin und Cabernet Blanc an. Seit dem Weinjahrgang 2011 werden die Weine betriebsintern mit bis zu 3 Sternen klassifiziert, Prädikate werden nicht mehr verwendet. Brände und Liköre ergänzen das Programm. Hermann und Brigitte Berthold werden inzwischen im Betrieb unterstützt von den Kindern Elisabeth, Geisenheim-Absolventin, und Ludwig, der 2015 seinen Abschluss als Techniker für Weinbau und Önologie in Weinsberg machte.

Kollektion

Hermann Berthold legt weiter zu, präsentiert eine stimmige Kollektion mit gleichermaßen überzeugenden Weiß- und Rotweinen, auch der klare, saftige Sekt bereitet Freude. Der Grauburgunder ist fruchtbetont und reintönig, wie auch der Cabernet Blanc, der feine süße Frucht besitzt. Der 2 Sterne-Riesling ist frisch und zupackend, unser Favorit im weißen Segment ist sein Kollege mit den 3 Sternen, Jahrgang 2016, er besitzt Fülle und Kraft, reife Frucht und gute Struktur. Der intensiv würzige, süffige Muskattrollinger Rosé leitet über zum roten Segment. Dass Trollinger auch ein ernsthafter Rotwein sein kann, zeigt der im Holz ausgebaute „H" mit seiner intensiven Frucht, mit guter Struktur und feiner Kirscharomatik. Der Lemberger ist reintönig und fruchtbetont, geradlinig und frisch. Unser Favorit ist die im Barrique ausgebaute Cabernet-Cuvée aus Cabernet Dorsa, Cabernet Mitos und Cabernet Cubin, die intensive Frucht und Gewürznoten besitzt, Fülle und Kraft, herrlich viel Stoff und Substanz und feine Schokonoten.

Weinbewertung

84 2014 „Glockengießer" Pinot Sekt brut Neckarsulmer **13 %/11,50 €**
83 2017 Grauburgunder** trocken Neckarsulmer Scheuerberg **12,5 %/6,50 €**
83 2017 Riesling** trocken Neckarsulmer Scheuerberg **12,5 %/6,20 €**
83 2017 Cabernet Blanc** trocken Neckarsulmer Scheuerberg **13 %/6,90 €**
85 2016 Riesling*** trocken Neckarsulmer Scheuerberg **12,5 %/8,90 €**
83 2017 Muskattrollinger Rosé** Neckarsulmer Scheuerberg **11 %/6,50 €**
81 2016 „RAD"** aus Neckarsulm Rotwein trocken **13,5 %/7,20 €**
85 2016 Trollinger** „H" trocken Neckarsulmer Scheuerberg **13 %/7,50 €**
84 2016 Lemberger*** trocken Neckarsulmer Scheuerberg **14 %/9,50 €**
87 Cuvée Cabernet*** trocken „Fass Nr. 5" Barrique **14,5 %/18,50 €**

JULIA BERTRAM

★★★

B

KONTAKT

Ahrweg 20
53507 Dernau
Tel. 02643-903312
Fax: 02643-9029657
www.juliabertram.de
spaetburgunder@juliabertram.de

Inhaber
Julia Baltes (geb. Bertram)
Rebfläche
3,5 Hektar
Produktion
20.000 Flaschen

BESUCHSZEITEN

nach Vereinbarung

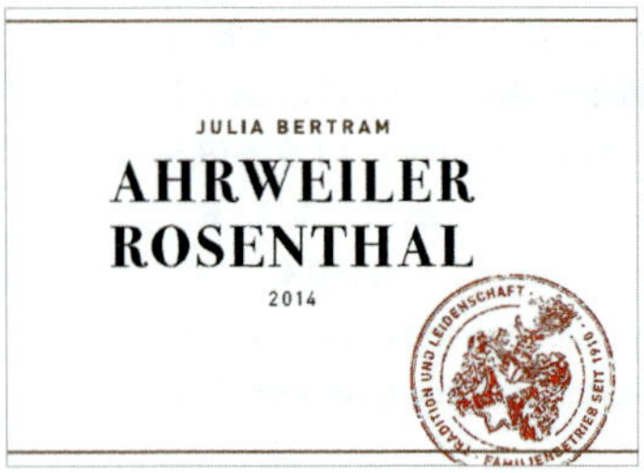

Julia Bertram ist in Dernau aufgewachsen, hat Weinbau und Önologie in Geisenheim studiert, war dann als Deutsche Weinkönigin viel unterwegs. Sie stammt aus einer Winzerfamilie, das kleine Dernauer Weingut am Fuße des Pfarrwingerts wird in vierter Generation von ihrer Mutter und ihrer Tante geführt, gegründet hatte es Gottfried Sebastian im Jahr 1910. 2014 kreierte Julia Bertram ihre erste eigene Weinlinie von damals 1,3 Hektar Reben. Ihre Weinberge liegen in Dernau in den Lagen Hardtberg, Pfarrwingert, Schieferlay und Burggarten, im Mayschosser Mönchberg, im Marienthaler Jesuitengarten, in den Ahrweiler Lagen Daubhaus, Forstberg und Rosenthal, sowie in den Neuenahrer Lagen Sonnenberg und Kirchtürmchen. Julia Bertrams erste Weine wurden bei Benedikt Baltes in Klingenberg ausgebaut, mit dem sie inzwischen verheiratet ist und weshalb sie nun den Namen Julia Baltes trägt; zukünftig soll der komplette Ausbau an der Ahr erfolgen.

Kollektion

Fruchtbetonte Spätburgunder mit moderaten Alkoholwerten erzeugt Julia Baltes, und dies ist ihr auch 2016 wie schon in den Vorjahren sehr gut gelungen. Schon das Basisniveau ist hoch, die beiden Handwerk-Weine sind fruchtbetont, klar und zupackend. Hohes Niveau zeigen die Ortsweine: Der Ahrweiler ist frisch, reintönig, zupackend, der Dernauer noch ein wenig intensiver, aber ebenso lebhaft und reintönig. Viel Frucht zeigen dann alle Lagen-Spätburgunder im Bouquet – zu viel? Johannisbeernoten sind allen zu eigen, erst im Mund werden die Lagenunterschiede evident. Der Weine aus dem Forstberg ist frisch, fruchtbetont, säurebetont, etwas besser gefällt uns in diesem Jahr der Rosenthal-Spätburgunder, ist etwas druckvoller, ebenso zupackend und reintönig. Der Wein aus dem Mayschosser Mönchberg ist herrlich karg, präzise und zupackend, dabei fruchtintensiv. Unser Favorit im Jahrgang 2016 ist der Spätburgunder aus dem Trotzenberg, der viel Frucht zeigt, klar und präzise ist, druckvoll und nachhaltig. Ein eigenständiger Stil – die Suche nach Frische und Frucht hat fast das gesamte Ahrtal erfasst.

Weinbewertung

86 2017 „Blanc de Noir" „Handwerk" **12,5 %/11,- €**
85 2016 Spätburgunder „Handwerk" **11,5 %/11,- €**
88 2016 Spätburgunder Ahrweiler **12 %/17,- €**
88 2016 Spätburgunder Dernauer **12 %/17,- €**
88 2016 Spätburgunder Ahrweiler Forstberg **13 %/28,- €**
89 2016 Spätburgunder Ahrweiler Rosenthal **12,5 %/35,- €**
89 2016 Spätburgunder Mayschoßer Mönchberg **12,5 %/38,- €**
90 2016 Spätburgunder Marienthaler Trotzenberg **12,5 %/38,- €**

B

Sandra Berweiler

★☆

KONTAKT

Euchariusstraße 35
54340 Leiwen
Tel. 06507-3285
Fax: 06507-80175
www.weingutberweiler.de
weingutberweiler@t-online.de

Inhaber
Sandra Berweiler
Betriebsleiter/Kellermeister
Sandra Berweiler
Außenbetrieb
Klaus Berweiler
Rebfläche
4 Hektar
Produktion
20.000 Flaschen

BESUCHSZEITEN

Vinothek ab Ostern tägl. 9-17 Uhr oder nach Vereinbarung
Straußwirtschaft (1. Juli bis 31. Oktober, Do.-So. 17-22 Uhr)
Gästezimmer

Sandra Berweiler, die das Familienweingut heute führt, aber schon lange im gleichen Betrieb als Kellermeisterin tätig war, besitzt vier Hektar Weinberge in Leiwen (Klostergarten), Pölich (Held), Schweich (Annaberg) und Neumagen (Rosengärtchen). Die engagierte Winzerin, die jahrelang Vorsitzende der Leiwener Jungwinzer war und sich immer schon mit dem beschäftigt, was jenseits der eigenen Weinberge passiert, baut neben Riesling etwas Weißburgunder und Spätburgunder an und kann auf die Unterstützung ihrer Eltern zählen, Vater Klaus kümmert sich noch immer um die Weinberge. Von Ende Juni/Anfang Juli bis Ende Oktober bzw. Anfang November hat die Straußwirtschaft geöffnet, auch Gästezimmer bieten die Berweilers an, und sowohl das Sommerfest namens „Summer Wine" im Juni als auch das Herbstfest im Oktober sind für viele Kunden feste Termine.

Kollektion

Das Weingut hat sich einen Namen gemacht für saftige, leicht zugängliche und erstaunlich preiswerte Rieslinge. In diesem Jahr konnten wir außer den 2017ern nochmals einige 2016er verkosten, die sich gut entwickelt haben. Das wäre zum Beispiel die feste, würzige trockene Spätlese von alten Reben aus der Lage Pölicher Held. Kein offensiver, effektheischender Wein, aber ein würziger, stoffiger, schon offener Riesling. Sandra's Riesling ist meist etwas charmanter und leichter, so auch diesmal. Im halbtrockenen Bereich ist es die Spätlese von alten Reben, die überzeugt, weil die Süße nur angedeutet wird. Schließlich die Auslese aus dem Schweicher Annaberg, die in der Regel die Spitze des Sortiments bildet, denn Beerenauslesen werden nur äußerst selten erzeugt. Die saftige, nicht übertrieben süße, angenehm kühlfruchtige Auslese namens „Herz & Seele" wirkt im Jahrgang 2017 etwas präsenter als im Vorgängerjahrgang, aber empfehlenswert sind beide – nicht zuletzt des bemerkenswerten Preis-Leistungs-Verhältnisses wegen.

Weinbewertung

86	2017 Riesling Spätlese trocken „Sandra''s" **12 %/7,- €** ☺
86	2016 Riesling Spätlese trocken „Alte Reben" Pölicher Held **12 %/7,80 €**
87	2017 Riesling Spätlese trocken „Alte Reben" Pölicher Held **12,5 %/8,- €** ☺
86	2016 Riesling Spätlese halbtrocken „Alte Reben" Annaberg **11,5 %/8,50 €**
86	2017 Riesling Spätlese halbtrocken „Alte Reben" Annaberg **11,5 %/8,50 €**
85	2017 Riesling Spätlese „feinherb" Leiwener Klostergarten **11 %/7,- €**
86	2016 Riesling Spätlese „Alte Reben" Pölicher Held **8,5 %/7,50 €**
87	2016 Riesling Auslese „Herz & Seele" Schweicher Annaberg **8,5 %/9,- €**
87	2017 Riesling Auslese „Herz & Seele" Schweicher Annaberg **8,5 %/9,- €**

Bettenheimer

★★★

B

KONTAKT

Stiegelgasse 32
55218 Ingelheim
Tel. 06132-3041
Fax: 06132-786795
www.weingut-bettenheimer.de
info@weingut-bettenheimer.de

Inhaber
Jens Bettenheimer
Rebfläche
14 Hektar
Produktion
80.000 Flaschen

BESUCHSZEITEN

nach Vereinbarung und zu Öffnungszeiten des Gutsausschanks „Zum Kuhstall"
Gästezimmer

Nach Geisenheim-Diplom und achtmonatigem Auslandspraktikum in Neuseeland (Fromm Winery) übernahm Jens Bettenheimer das elterliche Weingut. Seine Weinberge liegen vor allem in den Ingelheimer Lagen Sonnenhang, Burgberg, Schlossberg und Täuscherspfad sowie in den Appenheimer Lagen Eselspfad und Hundertgulden. Die klassischen Rebsorten möchte Jens Bettenheimer forcieren: Spätburgunder und Frühburgunder, Grau- und Weißburgunder, Riesling und Silvaner, dazu Chardonnay. Rot- wie Weißweine werden überwiegend spontanvergoren. Alle Rotweine werden nach langer Maischegärung im Holz ausgebaut.

Kollektion

Eine ganz starke Kollektion präsentiert Jens Bettenheimer auch in diesem Jahr, die wie so oft mit einem feinen Liter-Silvaner beginnt. Der Ingelheimer Silvaner ist klar und fruchtbetont, der Wein aus dem Eselspfad, zu 30 Prozent in neuen Barriques ausgebaut, besitzt Fülle und Kraft, viel reife Frucht und Substanz. Der Chardonnay ist klar und geradlinig, der in gebrauchten Tonneaux ausgebaute Weißburgunder 500 besitzt rauchige Noten, gute Struktur und Substanz. Der im Stückfass ausgebaute Ingelheimer Grauburgunder besitzt gute Struktur und Frische, der Aureus, nach elf Tagen Maischstandzeit in neuen Tonneaux ausgebaut, zeigt intensive Frucht, besitzt gute Struktur, Fülle und Kraft. Der duftige Riesling aus dem Burgberg ist klar und kraftvoll, wir favorisieren seinen Kollegen aus dem Hundertgulden, der gelbe Früchte zeigt, rauchige Noten, Fülle, Kraft und Druck besitzt. Die drei Lagen-Rotweine zeigen sehr hohes Niveau: Der Sonnenhang-Spätburgunder ist fruchtbetont, kraftvoll und strukturiert, der Schlossberg- Frühburgunder besitzt intensive Frucht, dezente Schokonoten und Fülle, der Spätburgunder aus dem Täuscherspfad betört mit Fülle, Kraft und reifer Frucht. –

Weinbewertung

82 2017 Silvaner trocken (1l) **12,5 %/4,90 €**
84 2017 Chardonnay trocken **13,5 %/7,90 €**
84 2017 Grüner Silvaner trocken Ingelheim **13 %/9,90 €**
85 2017 Grauburgunder trocken Ingelheim **13,5 %/9,90 €**
88 2017 Sylvaner trocken Eselspfad **13,5 %/14,90 €**
87 2017 Weißer Riesling trocken „Illumino" Burgberg **13 %/14,90 €**
89 2017 Weißer Riesling trocken Hundertgulden **12,5 %/16,90 €**
88 2017 Weißburgunder „500" Appenheim **12,5 %/14,90 €**
88 2017 Grauer Burgunder trocken „Aureus" Ingelheimer Sonnenhang **14 %/14,90 €**
87 2016 Blauer Spätburgunder trocken Ingelheimer Sonnenhang **14 %/15,90 €**
88 2016 Blauer Frühburgunder trocken Ingelheimer Schlossberg **14 %/16,90 €**
89 2016 Blauer Spätburgunder trocken Ingelheimer Täuscherspfad **13,5 %/22,90 €**

Erben von Beulwitz

★★★☆

B

KONTAKT

Eitelsbacher Straße 4
54318 Mertesdorf
Tel. 0651-95610
Fax: 0651-9561150
www.von-beulwitz.de
info@hotel-weis.de

Inhaber
Herbert Weis
Rebfläche
7,5 Hektar
Produktion
55.000 Flaschen

BESUCHSZEITEN

jederzeit
Hotel Weis, Restaurant „Vinum", Weinstube

Herbert Weis erwarb 1982 das traditionsreiche Weingut Erben von Beulwitz und gliederte es seinem eigenen Betrieb an. Seine Weinberge liegen in Steillagen über der Ruwer hauptsächlich in der Lage Kaseler Nies'chen, aber auch im Kaseler Kehrnagel, in der Kaseler Hitzlay und im Eitelsbacher Marienholz, wo der Gutsriesling erzeugt wird, aber auch Weißburgunder und Spätburgunder stehen. Ein großer Teil der Weinberge ist mit wurzelechten Reben bestockt, die teilweise noch im 19. Jahrhundert gepflanzt wurden. Neben Riesling, der 90 Prozent der Fläche einnimmt, baut Herbert Weis seit 1993 ein wenig Weiß- und Spätburgunder an.

Kollektion

Das Weingut Erben von Beulwitz stellt Jahr für Jahr eine sehr klare, überschaubare und logisch gegliederte Kollektion vor. Zunächst muss der straffe, würzige Basisriesling gewürdigt werden. Die anderen beiden trockenen Weine sind die Großen Gewächse aus dem Taubenberg des Kaseler Nies'chens und aus der Parzelle Auf den Mauern. Üblicherweise wirkt der Taubenberg-Vertreter merklich weniger komplex, doch diesmal zeigt er schon jetzt eine sehr feine Art, wirkt etwas zugänglicher als sein Pendant, welches freilich etwas mehr Würze und Mineralität besitzt. Der Kabinett Nr. 11 und die Spätlese Nr. 6 fallen, was die süßen Rieslinge angeht, sehr präzise aus. Unter den höheren Prädikaten gefallen beispielsweise die rassige, recht süße Versteigerungsauslese Nr. 4 mit Anklängen an kandierten Apfel, die „normale" Auslese (Nr. 5) mit Noten von Apfel und Ananas und die cremige, nach Sanddorn duftende, enorm saftige und nachhaltige Beerenauslese von alten Reben. Die Trockenbeerenauslese kommt da nicht ganz mit, obwohl auch sie ein blitzsauberer, feiner Süßwein ist mit Noten von Nektarinen, Schwarztee, Mango und Honig, im Nachklang mit Eindrücken von frischen Datteln.

Weinbewertung

84	2017 Riesling trocken **12 %/8,50 €**
90	2017 Riesling „GG" „Im Taubenberg" Kaseler Nies'chen **12,5 %/17,50 €**
89+	2017 Riesling „GG" „Auf den Mauern" Kaseler Nies'chen **12 %/19,50 €**
87	2017 Riesling Spätlese „feinherb" Kaseler Nies'chen **11 %/12,50 €**
88	2017 Riesling Kabinett Fass „Nr. 11" Kaseler Nies"chen **8 %/12,50 €**
87	2017 Riesling Kabinett „Fass Nr. 8" Kaseler Nies"chen **8,5 %/9,50 €**
89	2017 Riesling Spätlese „Fass Nr. 6 Alte Reben"" Kaseler Nies"chen **8 %/19,50 €**
88	2017 Riesling Spätlese „Fass Nr. 7 Alte Reben"„ Kaseler Nies',chen **8,5 %/12,50 €**
91	2017 Riesling Auslese „Fass Nr. 4 Alte Reben"„ Kaseler Nies',chen **7 %/28,50 €**
89	2017 Riesling Auslese „Fass Nr. 5 Alte Reben"" Kaseler Nies"chen **7,5 %/19,50 €**
93	2017 Riesling Beerenauslese „„Fass Nr. 2" Kaseler Nies"chen **6,5 %/48,50 €**
91	2017 Riesling Trockenbeerenauslese „Fass Nr. 1" Kaseler Nies"chen **6 %/96,50 €**

B

BEURER

★★★★

KONTAKT

Lange Straße 67
71394 Kernen-Stetten
Tel. 07151-42190, Fax: -41878
www.weingut-beurer.de
info@weingut-beurer.de

Inhaber Jochen Beurer
Rebfläche 10 Hektar
Produktion 80.000 Flaschen

BESUCHSZEITEN

Fr. 14-19 Uhr, Sa. 9-14 Uhr und nach Vereinbarung

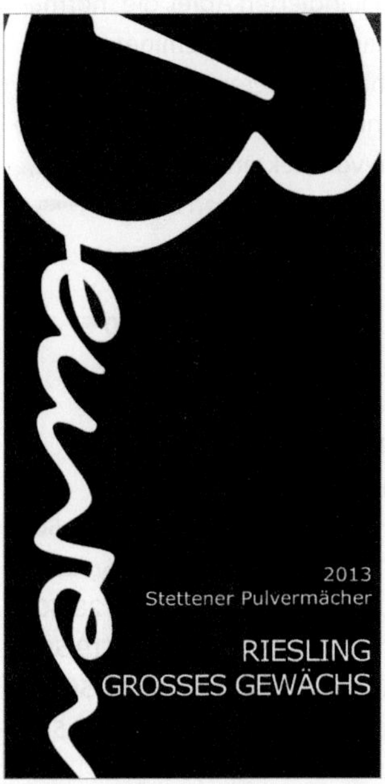

Die Familie Beurer ist eine alteingesessene Winzerfamilie in Stetten im Remstal, die seit Generationen Wein- und Obstbau betreibt. Nachdem Sohn Jochen seine Ausbildung in Weinsberg beendet hatte, gründete er mit Vater Siegfried das Weingut Beurer (zuvor hatte Siegfried Beurer die Trauben an die Genossenschaft abgeliefert). 1997 war der erste Jahrgang im eigenen Betrieb. Im Gegensatz zu vielen anderen Württemberger Weingütern setzt Jochen Beurer auf Weißwein. Riesling ist seine wichtigste Rebsorte und da die Weinberge in Stetten (in Lagen wie Pulvermächer, Häder oder Mönchberg), auf kleinem Raum unterschiedliche Böden aufweisen, je nach Höhenlage, hat er nach diesen Bodenformationen sein Rieslingsortiment gegliedert. Dazu gibt es Kerner, Grauburgunder, Gewürztraminer und Sauvignon Blanc, aber auch rote Sorten wie Trollinger, Portugieser und Dornfelder. In den letzten Jahren hat er auf tiefgründigeren, schweren Böden auch rote Sorten wie Spätburgunder, Lemberger und Zweigelt gepflanzt, die bis zu zwei Jahre ins Holzfass kommen. Auch bei den Weißweinen arbeitet Jochen Beurer je nach Jahrgang mit mehr oder weniger langen Maischestandzeiten. Die Weinberge werden biologisch bewirtschaftet, seit 2006 auch biodynamisch, Jochen Beurer ist Mitglied bei Ecovin. Seit dem Jahrgang 2003 werden alle Weine mit ihren natürlichen Hefen vergoren. Jochen Beurer hat einen brachliegenden Weinberg direkt unterhalb der Yburg mit alten, in Vergessenheit geratenen Rebsorten neu bepflanzt, 2013 ist daraus der erste Wein entstanden. An der Spitze des Sortiments stand lange Zeit der erstmals 2003 erzeugte Riesling „Junges Schwaben", der ursprünglich aus dem Pulvermächer kam, und der erst im zweiten Jahr nach der Ernte in den Verkauf kommt. Seit Jochen Beurer in den VDP aufgenommen wurde, erzeugt er aus dem Pulvermächer ein Großes Gewächs (erstmals 2013), der Riesling Junges Schwaben kommt seit 2013 aus dem Stettener Häder. An der Spitze des roten Teils der Kollektion stehen Spätburgunder und Lemberger aus dem Mönchberg respektive den Gewanne Öde Halde und Schalksberg. Schon in der ersten Ausgabe dieses Weinführers waren wir erstaunt und angenehm überrascht vom guten Niveau der Weine Jochen Beurers. Seither hat er eine interessante Entwicklung genommen. Durch Spontangärung und Maischestandzeiten sind seine Weine eigenwilliger und eigenständiger geworden, durch die lange Gärdauer brauchen sie auch längere Zeit auf der Flasche bis sie zeigen, was in ihnen steckt, wer also primärfruchtige und jung konsumreife Weine sucht, der ist bei Jochen Beurer fehl am Platz. Spannend ist aber allemal, was er macht, die Weine haben zuletzt an Komplexität zugelegt, weiß wie rot.

Kollektion

Zu Beginn ein Tipp an alle Leser: Wenn sie einen Reinzuchttrinker ärgern wollen, dann setzen sie ihm einen Beurer-Wein vor. Egal welchen, ob den Gutsriesling oder das Große Gewächs. Wir finden die Weine klasse – anstrengend, gewiss,

B

manchmal fast zu anstrengend, aber wir finden das toll. Extrem sponti-geprägt sind schon die geradlinigen, zupackenden Basisweine. Die 2016er Riesling-Serie ist wieder beeindruckend. Der Gipskeuper ist geradlinig, zupackend, der Schilfsandstein herrlich lebendig, zupackend und strukturiert, derzeit etwas einnehmender als der enorm präzise, noch sehr jugendliche Kieselsandstein. Der Riesling Junges Schwaben zeigt Konzentration und viel Würze, besitzt Fülle, Kraft, gute Struktur und Frische, dass auch er enorm jugendlich ist, braucht man fast nicht mehr zu erwähnen. So richtig anstrengend wird es mit dem Großen Gewächs: Viel Konzentration, rauchig, kraftvoll, stoffig, enorm fest, druckvoll, auch mit viel Belüftung, nach vielen Tagen, bewegt er sich nicht, bleibt verschlossen, anstrengend. Brutal anstrengend. Weniger anstrengend ist der „Riesling mal anders", mit Restsüße, frisch, lebhaft, zupackend. Auch der füllig-frische Sauvignon Blanc ist nicht ganz so anstrengend oder der klare Grauburgunder mit seiner feinen süßen Frucht. Grauburgunder gibt es nun auch als Großes Gewächs: Intensiv, komplex, gute Struktur, feine Frische und Grip. Kompakt, füllig und saftig ist der Gemischte Satz mit dem schönen Namen „Rettet die Reben! Spannend sind auch die Roten, der fruchtintensive, reintönige Lemberger Unterer Mergel, der stoffige, tanninbetonte Lemberger Großes Gewächs oder der leicht gewürzduftige Spätburgunder Öde Halde, der gute Struktur und Substanz besitzt – und sich gut entwickelt, wie der heute herrlich präsente 2012er zeigt.

Weinbewertung

85	2017 „Weiss" trocken **11 %/8,- €**
86	2017 Riesling trocken **11,5 %/8,- €**
87	2016 Riesling trocken „Gipskeuper" Stettener **11,5 %/12,- €**
90	2016 Riesling trocken „Schilfsandstein" **11,5 %/12,- €** ☺
89	2016 Riesling trocken „Kieselsandstein" Stettener **12 %/14,50 €**
90	2016 Riesling trocken „Junges Schwaben" Stettener Häder **12 %/28,- €**
90+	2016 Riesling „GG" „Berge" Stettener Pulvermächer **12,5 %/35,- €**
88	2016 Sauvignon Blanc trocken Stettener Pulvermächer **12,5 %/18,50 €**
88	2016 Grauburgunder trocken Stettener Pulvermächer **13 %/18,50 €**
89	2016 „Rettet die Reben" Gemischter Satz **12 %**
91	2015 Grauburgunder „GG" Stettener Pulvermächer **35,- €**
87	2016 Riesling „mal anders" **10,5 %/12,- €**
85	2016 Trollinger trocken **11,5 %/8,- €**
88	2015 Lemberger trocken „Untere Bunte Mergel" Stettener **14,50 €**
91	2012 Spätburgunder „GG" Stettener Mönchberg **13 %**
90	2015 Spätburgunder „GG" „Öde Halde" Stettener Mönchberg **35,- €**
90	2015 Lemberger „GG" „Schalksberg" Stettener Mönchberg **35,- €**

LAGEN

PULVERMÄCHER (STETTEN)
MÖNCHBERG (STETTEN)
HÄDER (STETTEN)

REBSORTEN

RIESLING (65 %)
SPÄTBURGUNDER (10 %)
SAUVIGNON BLANC (5 %)
ZWEIGELT (5 %)

B

Bibo & Runge

★★★

KONTAKT

Eberbacherstraße 5
65375 Oestrich-Winkel-Hallgarten
Tel. 06723-9986900
Fax: 06723-9986901
www.bibo-runge-wein.de
info@bibo-runge-wein.de

Inhaber
Markus Bonsels, Monika Eichner, Walter Bibo
Betriebsleiter
Walter Bibo
Rebfläche
5 Hektar
Produktion
40.000 Flaschen

BESUCHSZEITEN

täglich nach Vereinbarung
Mai/Juni/Sept. Sa./So./feiertags
Ausschank im historischen
Gartenhaus, Hallgartener Platz 1

Walter Bibo wuchs im Rheingau auf, war später in Baden aktiv, wo er lange Jahre für das Weingut Dr. Heger arbeitete, anschließend war er dann einige Jahre Leiter von Schloss Reinhartshausen; Kai Runge stammt aus Baden. Zusammen gründeten sie Bibo & Runge, 2017 ist Runge ausgeschieden, dafür ist Markus Bonsels an Bord, der vom Niederrhein stammt. Die Weine werden auf einer traditionellen Korbpresse gekeltert, mit Maischestandzeiten von 14 bis 24 Stunden, die Moste werden in Eichenholzfässern vergoren.

Kollektion

Eine starke Kollektion. Der sehr trockene, intensive Sekt entwickelt Komplexität und Ausgewogenheit. Fein gereift sind die 2016er Rieslinge. Der Gutsriesling ist präzise, besitzt animierende Frische, der halbtrockene Riesling ist gelbfruchtig, harmonisch. Deutlich an Komplexität gewonnen hat der kraftvolle Hargardun, er ist intensiv, findet zu schöner Balance, ist präzise, salzig und lang. Der Romantiker ist saftiger und kühler, dabei verspielter und feingliedriger. Die mineralische Kühle und Stoffigkeit des Revoluzzer ist beeindruckend. Er ist sehr fein, kompakt und nachhaltig und steht erst am Anfang seiner Entwicklung. Die 2017er Rieslinge wurden als füllfertige Fassproben eingereicht. Sie sind kraftvoll, zugleich aber auch sehr fein ausgefallen. Der Gutsriesling ist saftig und animierend, der halbtrockene Gutsriesling ist ebenso pointiert wie sein Vorgänger. Der Hargardun ist druckvoll und kompakt, ausgeprägt mineralisch, der duftige, filigrane Romantiker ist straff, präzise und sehr nachhaltig. Die fruchtigen Qualitäten sind nicht auf dem Niveau der trockenen Rieslinge. Die saftige Spätlese aus der Jungfer ist recht füllig, die gereifte Spätlese aus dem Hasensprung ist cremiger.

Weinbewertung

88	2014 Riesling Sekt brut **12,5 %/17,50 €**
86	2016 Riesling trocken **12 %/11,50 €**
(86)	2017 Riesling trocken **11,50 €**
89	2016 Riesling trocken „Hargardun" **12,5 %/16,- €**
(90)	2017 Riesling trocken „Hargardun" **16,- €**
91	2016 Riesling trocken „Revoluzzer" **12 %/26,- €**
86	2016 Riesling halbtrocken „Alte Reben" Winkeler Jesuitengarten **11,5 %/11,50 €**
(86)	2017 Riesling halbtrocken **11,50 €**
88	2016 Riesling trocken „Romantiker" **12 %/16,- €**
(89)	2017 Riesling trocken „Romantiker" **16 €**
85	2016 Riesling Spätlese Hallgartener Jungfer **10 %/15,- €/0,5l**
85	2015 Riesling Spätlese Winkeler Hasensprung **9 %/15,- €/0,5l**

BICKEL-STUMPF

★★★☆

KONTAKT

Kirchgasse 5
97252 Frickenhausen
Tel. 09331-2847
Fax: 09331-7176
www.bickel-stumpf.de
info@bickel-stumpf.de

Inhaber
Reimund & Carmen Stumpf,
Melanie & Matthias Stumpf
Rebfläche
13,5 Hektar
Produktion
100.000 Flaschen

BESUCHSZEITEN

Mo.-Fr. 9-13 Uhr, Sa. 10-15 Uhr
oder nach Vereinbarung

Das Weingut Bickel-Stumpf entstand 1976 mit der Heirat der beiden Winzermeister Carmen Bickel aus Frickenhausen und Reimund Stumpf aus Thüngersheim, die ihre gleich großen elterlichen Weinbaubetriebe unter dem neuen Namen zusammenlegten. Seit 2008 werden sie im Betrieb unterstützt von Sohn Matthias und Tochter Melanie. Während die Reben im Frickenhäuser Kapellenberg auf Muschelkalk wachsen, findet man im 200 bis 330 Meter hoch gelegenen Johannisberg im so genannten Thüngersheimer Sattel den Übergang vom Buntsandstein zum Muschelkalk, der auch als Wellenkalk bezeichnet wird. Mit Abstand wichtigste Rebsorte ist Silvaner, der vier Fünftel der Fläche einnimmt, es folgen Riesling und Spätburgunder. Das Sortiment ist gegliedert in Guts-, Orts- und Erste Lage-Weine, darüber stehen die Großen Gewächse, für die alte Gewannnamen aus Johannisberg (Rothlauf, Freiberg) und Kapellenberg (Mönchshof) verwendet werden. 2009 brachte den ersten Gemischten Satz aus einem 2007 mit Silvaner, Elbling, Gutedel und Muskateller bepflanzten Weinberg.

Kollektion

Eine starke Kollektion präsentiert das Weingut auch in diesem Jahr, an der Spitze steht das Große Gewächs aus dem Mönchshof mit dem aktuell sich im Verkauf befindlichen Jahrgang 2015: Eine sehr eigenständige, sehr „burgundische" Interpretation von Silvaner, intensiv, gereift, druckvoll, puristisch, zupackend; 2016 verspricht noch mehr „burgundische" Konsequenz, auch ein Großes Gewächs aus dem Rothlauf wird es dann wieder geben. Die Gegenüberstellung Thüngersheim gegen Frickenhausen findet man auch bei den Ortsweinen (Muschelkalk mit etwas mehr Druck) und bei den Erste Lage-Weinen (auch hier leichte Präferenz für den deutlich fülligeren Kapellenberg). Füllig und harmonisch der Sekt, fein gereift der Gemischte Satz.

Weinbewertung

87 2014 „Francophile de la Chapelle" Crémant extra-brut **12,5 %/24,- €**
83 2017 Silvaner „von den Bergen" **11,5 %/9,90 €**
83 2017 Riesling trocken **12 %/9,90 €**
85 2017 Silvaner trocken „Buntsandstein" **12 %/12,90 €**
86 2017 Silvaner trocken „Muschelkalk" **12 %/12,90 €**
87 2016 Silvaner trocken Kapellenberg Frickenhausen **13,5 %/18,- €**
86 2016 Silvaner trocken Johannisberg Thüngersheim **12,5 %/18,- €**
86 2017 Scheurebe trocken Johannisberg Thüngersheim **12 %/16,50 €**
86 2016 „Fränkischer Gemischter Satz" trocken Kapellenberg **13 %/19,50 €**
90 2015 Silvaner „GG" „Mönchshof" **14 %/36,- €**
83 2017 „twentysix" Weißwein **11,5 %/9,90 €**
87 2015 „Quintessence" Weißweincuvée **11 %/39,- €**

BICKING&BICKING

★

KONTAKT

Hauptstraße 33
55595 Wallhausen
Tel. 06706-279
www.bickingundbicking.de
weingut@bickingundbicking.de

Inhaber
Achim & Lukas Bicking
Rebfläche
9 Hektar
Produktion
15.000 Flaschen

BESUCHSZEITEN

Mo.-Fr. 9-11 + 13-17 Uhr,
Sa. 11-17 Uhr, So. 11-14 Uhr

Die Brüder Achim und Lukas Bicking begannen im elterlichen Weingut in Gauersheim im Zellertal ihren eigenen Wein auszubauen. Da es aber bei der Übernahme des Betriebs Unstimmigkeiten gab, sind sie 2016 ins Gräfenbachtal, nach Wallhausen, übergesiedelt, wo sie das Weingut ihres Stiefvaters übernehmen konnten. Vor zwei Jahren präsentierten uns die Brüder also noch Weine aus der Pfalz, ab dem Jahrgang 2016 kommt der Großteil des Sortiments aus dem Anbaugebiet Nahe, aus den Wallhäuser Lagen Pastorenberg, Backöfchen, Johannisberg und Höllenpfad. Aber auch in der Pfalz möchten Achim und Lukas Bicking weiterhin noch einige Weinberge bewirtschaften. Wichtigste Rebsorte im Betrieb ist der Riesling, der auf einem Viertel der Fläche steht, 15 Prozent macht der Müller-Thurgau aus, dazu kommen je 10 Prozent Grau- und Spätburgunder, je 5 Prozent Weißburgunder und Sauvignon Blanc und noch weitere Sorten. Das Sortiment ist gegliedert in Guts-, Orts- und Lagenweine.

Kollektion

In diesem Jahr konnten wir nur eine kleine Auswahl aus sieben Weinen verkosten, darunter leider keinen der Lagenweine und auch keinen der Rotweine, die im vergangenen Jahr unsere Favoriten waren. So führt der Riesling vom Schiefer das Sortiment an, er zeigt gelbe Frucht, Aprikosen und Zitrusnoten im Bouquet, ist von schiefriger Würze geprägt und besitzt Biss. Der Sauvignon Blanc ist saftig, frisch und schlank, zeigt grasige Noten und grüne Stachelbeere, der Grauburgunder zeigt klare Frucht und florale Noten und besitzt leicht nussige Würze. Die weiße Brüderchen-Cuvée duftet nach feiner Muskatwürze, besitzt auch florale Noten und ist frisch und leicht, der Gutsriesling zeigt klare Frucht, Zitrusnoten, etwas Orangenschale und besitzt ein frisches Säurespiel. Mit zwei Weinen, das wollen wir nicht verschweigen, hatten wir unsere Probleme: Der Weißburgunder besitzt Biss und zeigt Honignoten, aber wir vermissen bei ihm die Typizität. Und der als Fassprobe verkostete Riesling Kabinett war schwierig zu bewerten, zeigte Noten von Most und Hefe im Bouquet und perlte mit seiner Gärungskohlensäure am Gaumen. Die vorläufige Bewertung gibt es hier für seine Zitrusnoten und den Biss. —

Weinbewertung

82 2017 „Brüderchen" Weißwein trocken **11,5 %/7,20 €**
82 2017 Riesling trocken **11,5 %/7,70 €**
80 2017 Weißburgunder trocken **12 %/7,20 €**
84 2017 Grauburgunder trocken **12,5 %/8,- €**
85 2017 Riesling trocken „vom Schiefer" **12,5 %/9,90 €**
84 2017 Sauvignon Blanc trocken **11,5 %/10,50 €**
(83?) 2017 Riesling Kabinett Wallhäuser **10 %/10,90 €**

BIEBER

★★

KONTAKT

Biebers Weinkultur
Lehnstraße 2
65366 Geisenheim
Tel. 06722-4025545
www.biebers-weinkultur.de
info@bieber-wein.rocks

Inhaber
Stefan Bieber
Rebfläche
1,92 Hektar
Produktion
15.000 Flaschen

BESUCHSZEITEN

Mo.-Sa. 14-18 Uhr

Es gibt sie, ganz junge Weingüter im Rheingau, Weingüter ohne Tradition. Biebers Weinkultur gehört zu ihnen. Stefan Bieber ist im Rheingau aufgewachsen, absolvierte eine Weinküfer-Ausbildung bei Schloss Schönborn, studierte Getränketechnologie in Geisenheim, war dann Kellermeister bei einem Ausbildungsbetrieb bevor er ins Kellermeister-Team des Weinguts Robert Weil wechselte. 2008 gründete er als Feierabendwinzer Biebers Weinkultur, erzeugte zunächst Weine für den Eigenverbrauch. 2013 machte Stefan Bieber sich selbständig, in diesem Jahr brachte er seine ersten eigenen Weine auf den Markt. Seine knapp 2 Hektar Reben liegen vor allem in der Kiedricher Sandgrub und im Hallgartener Hendelberg, sowie im Oestricher Lenchen. Er baut ausschließlich Riesling an. Die Trauben werden teils mit wilden Hefen, teils mit Reinzuchthefen vergoren. Stefan Bieber arbeitet mit Maischestandzeiten und Ganztraubenpressung, der Most wird mal mehr oder weniger stark vorgeklärt.

Kollektion

In diesem Jahr wurden die Weinberge von Stefan Bieber sowohl vom Frost als auch vom Hagel getroffen. Es spricht für Ihn, dass er wieder eine grundsolide Kollektion von animierenden Rieslingen auf die Beine gestellt hat. Der trockene Literwein ist gewohnt klar und fruchtig, ebenso der duftige Riesling Stilbruch. Der Riesling Nummer 1 ist knackiger, seine schnörkellose Art bereitet Trinkfreude. Während der Lagenriesling aus dem Schönhell Fülle und intensive Würze bietet, ist das Kleine Biest aus dem Hendelberg straffer, deutlich kühler in der Frucht. Das Biest ist auch in diesem Jahr wieder sehr gut geraten, besitzt Komplexität, Substanz, Tiefe und weiteres Potenzial. Der aus zehn verschiedenen Partien aus Jahrgängen zurück bis 2008 assemblierte Riesling X ist ausgewogen, stoffig und würzig. Gut ins Bild passen auch die feinherben und fruchtigen Qualitäten, der herzhafte Riesling Tradition genauso wie der milde Xanadu. —

Weinbewertung

82 2017 Riesling trocken „Biebers Liter" (1l) **12 %/6,95 €**
83 2017 Riesling trocken „Stilbruch" **12 %/6,50 €**
84 2017 Riesling trocken „Nummer 1" **12 %/7,90 €**
85 2017 Riesling trocken „Kleines BieSt" Hallgarten Hendelberg **12,5 %/9,95 €**
86 2017 Riesling trocken „Schönhell" Hallgarten Schönhell **12,5 %/9,95 €**
87 2017 Riesling trocken „BieSt" Kiedrich Sandgrub **13 %/14,50 €**
87 Riesling „X" **12,5 %/12,- €**
84 2017 Riesling „Tradition" **12 %/7,90 €**
84 2017 Riesling süß „Xanadu" Kiedricher Sandgrub **9,5 %/12,- €**

BIELIG

★★

KONTAKT

Aussiedlerhof 5A
69198 Schriesheim
Tel. 06203-925198
Fax: 06203-925199
www.weingut-bielig.de
post@weingut-bielig.de

Inhaber
Eva & Georg Bielig
Rebfläche
4,5 Hektar
Produktion
35.000 Flaschen

BESUCHSZEITEN

Mi. + Fr. 14-18 Uhr, Sa. 9-15 Uhr

Georg Bielig gründete 1994 im Alter von 18 Jahren sein eigenes Weingut und bewirtschaftet es heute im Nebenerwerb zusammen mit seiner Frau Eva; hauptberuflich ist er Kellermeister bei einem anderen Weingut der Badischen Bergstraße. Angefangen hat er als „Garagenwinzer" mit 25 Ar, heute stehen 4,5 Hektar in Ertrag. Seine Weinberge liegen in den Schriesheimer Lagen Kuhberg und Staudenberg, im Dossenheimer Ölberg und im Heidelberger Heiligenberg. Er baut Riesling (1 Hektar), Müller-Thurgau und Weißburgunder an, aber auch Grauburgunder, Silvaner, Roten Muskateller und Gewürztraminer, dazu rote Sorten wie Spätburgunder, Lemberger, Cabernet Sauvignon, Merlot, Dornfelder oder Cabernet Mitos. Rote Sorten nehmen die Hälfte der Rebfläche ein, die Top-Rot- und Weißweine werden im Holz ausgebaut.

Kollektion

Der Riesling Kabinett ist wie im Vorjahr herrlich leicht, mit feiner Zitrus- und Pfirsichfrucht und Säure, nicht zu süß. Der Grauburgunder zeigt gelbe Früchte und cremigen Schmelz, ist dennoch schlank. Der Sylvaner von 2016 duftet fein, er ist kräftig-füllig, die Säure gibt ihm bei aller Opulenz eine schlanke Taille. Von den „Piwis", den pilzwiderstandsfähigen Sorten, die Georg Bielig anbaut, gefällt uns der Muscaris gut, der sensorisch vom Muskateller nicht zu unterscheiden ist. Ein lebendiger Wein mit viel süßer Frucht. Der Souvignier Gris ist fett und scharf. Sehr leicht ist dagegen der Rosé vom Cabernet Sauvignon, frisch und klar, helle Früchte, guter Säure-Grip. Eindringlich aromatisch ist der Rosé vom Merlot, zeigt fruchtigen Biss ohne Süße: Klare Kante. Sehr saftig und süffig ist der Badisch-Rotgold, bei dem Grauburgunder und Spätburgunder zusammen vergoren werden. Er zeigt feine Frucht und Säure. Eine gute Struktur hat der Merlot, eine noch etwas unruhige Cuvée aus drei Jahrgängen. Mit „Klara" hat Georg Bielig eine aromatisch vielschichtige, süße Cuvée aus Riesling und Sylvaner gemacht. Der Wein ist füllig, konzentriert, die Säure macht ihn lebhaft.

Weinbewertung

86 2016 Sylvaner „Nr. 25" **13 %/6,50 €** ☺
84 2017 Grauburgunder trocken Schriesheimer **12,5 %/5,- €** ☺
80 2017 Souvignier Gris trocken **14,5 %/7,50 €**
84 2017 „Blanc de Noir" trocken **10,5 %/6,50 €**
84 2017 „Green Cow" Weißwein Schriesheimer Kuhberg **11 %/5,- €** ☺
85 2017 Riesling Kabinett trocken Dossenheimer Ölberg **12 %/5,- €** ☺
83 2017 Muscaris **12 %/7,- €**
87 2017 „Klara" Weißwein Auslese **14,5 %**
85 2017 Badisch Rotgold **12 %/7,- €**
84 2017 Merlot Rosé trocken Schriesheimer **12 %/7,50 €**
83 Merlot trocken Schriesheimer **13 %/7,- €**

B

Bruno Bienert

★★

KONTAKT

Kapellenweg 7
97332 Volkach
Tel. 09381-2261
Fax: 09381-803671
www.weingut-bienert.de
info@weingut-bienert.de

Inhaber
Oliver Bienert
Außenbetrieb
Bruno & Oliver Bienert
Rebfläche
5,8 Hektar
Produktion
45.000 Flaschen

BESUCHSZEITEN

Mo.-Sa. 9-18 Uhr, So. 10-12 Uhr
Vinothek, Weinstube Torbäck,
Hauptstraße 35

Seit 1977 führten Bruno Bienert und Ehefrau Sigrid dieses Volkacher Gut, inzwischen hat Sohn Oliver, Weinbautechniker, den Betrieb übernommen. Ihre Weinberge liegen hauptsächlich im Volkacher Ratsherr, aus dem Escherndorfer Fürstenberg kommt die Kuriosität im Programm, der Schönburger, im Neusetzer Glatzen wächst Scheurebe. In allen drei Lagen wachsen die Reben auf Muschelkalkböden. Bruno und Sigrid Bienert bauen Silvaner, Müller-Thurgau, Riesling, Scheurebe, Bacchus, Weißburgunder und Grauburgunder an, aber auch Optima, Morio-Muskat, Kerner und Ortega, 2018 wurde die historische Rebsorte Grünfränkisch gepflanzt. An roten Sorten gibt es Spätburgunder, Domina und Dornfelder sowie Regent. Die Weine werden zum größten Teil an Endverbraucher verkauft. Edelbrände und Liköre ergänzen das Sortiment. 2018 hat Oliver Bienert kleine Edelstahlgebinde angeschafft, in denen er zukünftig einzelne Partien spontanvergären will.

Kollektion

Eine starke Kollektion präsentiert Oliver Bienert in diesem Jahr, die mit einem bemerkenswert saftigen, fruchtbetonten Liter beginnt. Dann folgen mehrere Schnäppchen im trockenen Kabinettbereich: Der Silvaner ist fruchtbetont, füllig und harmonisch, der Riesling lebhaft, klar und zupackend, die Scheurebe zeigt feine Würze und Duft, ist klar und zupackend. Der Grauburgunder ist etwas verhaltener, wie auch die Weißburgunder Spätlese, dafür trumpfen die weißen Burgundersorten mit dem im Barrique ausgebauten Grauburgunder aus dem Jahrgang 2016 auf: Gute Konzentration im Bouquet, etwas Vanille, viel Fülle und Saft, klare reife Frucht, gute Struktur und Substanz – man findet nicht viele solchermaßen überzeugende Grauburgunder in Franken. Dass Olaf Bienert sich auch auf Rotwein versteht stellt er mit der im Barrique ausgebauten Domina aus dem Jahrgang 2015 unter Beweis, die intensive Frucht besitzt, gute Struktur und Frische.

Weinbewertung

83 2017 Riesling Kabinett trocken Volkacher Ratsherr (1l) **11,5 %/5,90 €**
86 2017 Silvaner Kabinett trocken Volkacher Ratsherr **12 %/6,60 €** ☺
83 2017 Grauburgunder Kabinett trocken Volkacher Ratsherr **12,5 %/6,60 €**
86 2017 Riesling Kabinett trocken Volkacher Ratsherr **12 %/6,60 €** ☺
86 2017 Scheurebe Kabinett trocken Volkacher Kirchberg **11 %/5,80 €** ☺
83 2017 Weißburgunder Spätlese trocken Volkacher Ratsherr **13 %/7,20 €**
88 2016 Grauburgunder Spätlese trocken Barrique Ratsherr **13,5 %/9,90 €** ☺
82 2017 „Blanc de Noir" Kabinett trocken Volkacher Ratsherr **12 %/6,60 €**
86 2015 Domina Spätlese trocken Barrique Volkacher Ratsherr **13 %/8,90 €**

B

ANDREAS BIESELIN

★

W

KONTAKT

Im Pfaffenbach 61
77955 Ettenheim
Tel. 07822-446319
Fax: 07822-446320
www.andreas-bieselin.de
weingut@andreas-bieselin.de

Inhaber
Andreas Bieselin
Betriebsleiter
Olivia Bieselin
Kellermeister
Andreas Bieselin
Rebfläche
7 Hektar
Produktion
20.000 Flaschen

BESUCHSZEITEN

Mo.-Mi. 9-12 + 13-15:30 Uhr, Do./Fr. 9-12 + 14-18 Uhr, Sa. 9-12 Uhr, So. geschlossen

Andreas Bieselin arbeitete unter anderem bei Bernhard Huber in Malterdingen und beim Weingut Poggio al Sole in der Toskana, bevor er sich mit einem halben Hektar Reben im heimischen Ettenheim selbständig machte. 2002 erzeugte er seinen ersten eigenen Wein. Die Reben wachsen in Ettenheim und Tutschfelden auf tiefgründigen Löss-Lehm-Böden mit Muschelkalk im Untergrund, sowie auf Buntsandstein. Andreas Bieselin baut vor allem die Burgundersorten an (Weißburgunder, Grauburgunder, Spätburgunder, Auxerrois), aber auch Riesling, Muskateller, Chardonnay, Cabernet Franc und Merlot. Die Weine werden teils im Edelstahl, teils im Barrique ausgebaut, auf Lagenbezeichnungen wird verzichtet. Das Sortiment ist gegliedert in drei Linien, die seit dem Jahrgang 2014 auf dem Etikett gekennzeichnet sind durch Blatt (Basislinie), Stamm (mittlere Linie) und Wurzel (Spitzenlinie). Im April 2018 haben Andreas und Olivia Bieselin ihr neues Weingut inmitten der Ettenheimer Weinberge eröffnet.

Kollektion

Der Bau des neuen Weinguts hat sie so in Anspruch genommen, dass sie die beiden letzten Jahre vergessen haben Wein einzuschicken, so Andreas Bieselin. Die neue Kollektion bietet Interessantes in der Stamm-Linie und mit den Erdenreich-Cuvées zwei Spitzen. Der frische, zupackende Weißburgunder gefällt uns unter den trockenen weißen Stamm-Weinen besonders gut, der liebliche Gewürztraminer besitzt Fülle, Saft, reintönige Frucht, der Rosé – eine in gebrauchten Barriques ausgebaute Cuvée aus Spätburgunder, Cabernet Franc und Merlot – ist zupackend und fruchtbetont. Der rote Erdenreich besteht aus den selben Rebsorten wie der Rosé, wurde achtzehn Monate in neuen Barriques ausgebaut. Er ist eindringlich, puristisch, zupackend, jugendlich. Mindestens ebenso spannend ist der weiße Erdenrauch, Chardonnay und Weißburgunder, kraftvoll, stoffig, mit deutlichen Vanillenoten.

Weinbewertung

81	2017 Müller Thurgau trocken (Blatt)	**11 %/6,50 €**
81	2017 Riesling trocken (Blatt)	**11 %/8,- €**
82	2017 Auxerrois trocken (Stamm)	**11 %/9,- €**
83	2017 Weißer Burgunder trocken (Stamm)	**13 %/9,- €**
81	2017 Grauer Burgunder trocken (Stamm)	**13 %/10,- €**
86	2015 „Erdenreich weiß" Weißwein trocken	**13,5 %/16,- €**
82	2017 „Wein.Laune" Weißweincuveè (Stamm)	**11 %/9,- €**
82	2017 Muskateller halbtrocken (Stamm)	**9 %/9,50 €**
84	2017 Gewürztraminer „lieblich" (Stamm)	**10,5 %/9,- €**
83	2017 Rosé trocken (Stamm)	**12 %/9,- €**
85	2014 „Erdenreich rot" Rotwein trocken	**13,5 %/21,- €**

Bihlmayer

★☆

KONTAKT

Reisacher Straße 60
74245 Löwenstein
Tel. 07130-8172
Fax: 07130-3881
www.bihlmayer.de
info@bihlmayer.de

Inhaber
Bernd & Cathrin Bihlmayer
Rebfläche
16 Hektar
Produktion
100.000 Flaschen

BESUCHSZEITEN

Mo.-Fr. 9:30-11:30 + 13:30-18 Uhr,
Sa. 9:30-11:30 + 13:30-16 Uhr,
So. 9:30-11:30 Uhr

Herbert Bihlmayer verließ 1969 die Genossenschaft und begann mit der Selbstvermarktung. Seit 1982 führt sein Sohn Bernd zusammen mit Ehefrau Sabine den Betrieb. Seit 2010 werden sie von Cathrin, einer ihrer vier Töchter unterstützt, die Diplomingenieurin für Weinbau und Önologie ist, Praktika bei Seyfried (Neuseeland), Gies-Düppel und Breuer absolvierte und sich um den Keller kümmert, während ihr Vater und ihr Ehemann Alexander Kästel den Außenbetrieb leiten. Die jüngste Tochter Amelie kümmert sich um Vertrieb, Marketing und Wein-Events. Die Reben wachsen in Löwenstein auf Buntem Mergel und Gipskeuper, teils überlagert von Stubensandstein. Die einzige Lage Wohlfahrtsberg besteht aus unterschiedlichen Böden und Höhenlagen (von 360 bis 490 Meter). 2014 entstand ein neuer Weinverkaufsraum, wo zahlreiche Veranstaltungen stattfinden.

Kollektion

Mit einer stimmigen Kollektion knüpfen die Bihlmayers an die gute Vorjahresleistung an. Das Sortiment ist nun eingeteilt in Guts-, Orts- und Lagenweine, dazu gibt es die neue Linie Weinschwestern, allerdings steht bei allen Weinen nach wie vor die Lage Wohlfahrtsberg auf dem Etikett. Das Einstiegsniveau überzeugt, Riesling und Weißburgunder sind fruchtbetont und sortentypisch. Der Riesling vom bunten Mergel ist kompakt bei klarer reifer Frucht, mehr Kraft und Spannung besitzt der Riesling-Lagenwein, unser Favorit im weißen Teil der Kollektion, der strukturierte, intensiv fruchtige Chardonnay-Lagenwein kommt ihm nahe. Auch die Rotweine sind stark: Der Spätburgunder-Lagenwein besticht mit gute Struktur und reintöniger Frucht, der Lemberger vom bunten Mergel besitzt intensive Frucht, ist ebenfalls wunderschön reintönig, und dies gilt auch für den Lemberger-Lagenwein, der gute Struktur und Substanz besitzt. Weiter im Aufwind!

Weinbewertung

82 2017 Riesling trocken Wohlfahrtsberg **11,5 %/6,- €**
83 2017 Weißburgunder trocken Wohlfahrtsberg **11,5 %/6,- €**
84 2017 Riesling trocken „vom bunten Mergel" Wohlfahrtsberg **12,5 %/8,- €**
87 2017 Riesling trocken „Lagenwein" Wohlfahrtsberg **14 %/10,- €**
82 2017 Weißburgunder „Weinschwestern" Wohlfahrtsberg **12,5 %/9,90 €**
82 2017 Cabernet Blanc „Weinschwestern" Wohlfahrtsberg **12,5 %/12,90 €**
86 2017 Chardonnay trocken „Lagenwein" Wohlfahrtsberg **13 %/12,- €**
86 2016 Lemberger trocken „vom bunten Mergel" Wohlfahrtsberg **13 %/8,- €**
83 2015 Lemberger „Weinschwestern" Wohlfahrtsberg **12,5 %/11,90 €**
83 2016 Spätburgunder „Weinschwestern" Wohlfahrtsberg **12,5 %/11,90 €**
87 2016 Lemberger trocken „Lagenwein" Wohlfahrtsberg **13,5 %/14,- €**
86 2016 Spätburgunder trocken „Lagenwein" Wohlfahrtsberg **12,5 %/14,- €**

B

BIMMERLE

★☆

KONTAKT

Kirchstraße 4
77871 Renchen
Tel. 07843-654
Fax: 07843-1502
www.wein-bimmerle.de
info@wein-bimmerle.de

Inhaber
Siegbert Bimmerle
Rebfläche
150 Hektar
Produktion
1.100.000 Flaschen

BESUCHSZEITEN

Mo.-Fr. 8-12 + 13-18 Uhr,
Sa. 9-14 Uhr

Das Weingut Bimmerle wurde 1936 von Josef Bimmerle gegründet. Er war Weinhändler, sein Sohn Gerold begann mit eigenem Weinbau. Als gelernter Weinküfer übernahm Enkel Siegbert 1986 den Betrieb in dritter Generation. Mit seinem Sohn Benedikt arbeitet bereits die nächste Generation im Betrieb mit. Die Weinkellerei Bimmerle verfügt über 38 Vertragswinzer, die sich mit dem Weingut zu einer Erzeugergemeinschaft zusammengeschlossen haben. Die Weinberge dieser Erzeugergemeinschaft befinden sich vor allem in den Lagen Oberkircher Renchtäler, Oberkircher Schlossberg und Waldulmer Pfarrberg, erstrecken sich über mehr als 90 Kilometer, beginnend im Norden in Baden-Baden über Oberkirch und Durbach bis tief in den Süden nach Ettenheim und Ringsheim. Rote und weiße Sorten nehmen jeweils etwa die Hälfte der Rebfläche ein, wobei Spätburgunder, Müller-Thurgau und Riesling die dominierenden Rebsorten sind.

Kollektion

Nach einer sehr gleichmäßigen Kollektion im vergangenen Jahr stellen wir in diesem Jahr nun eine starke Diskrepanz zwischen Weiß- und Rotweinen fest. Die 2017er Reserve-Weißweine besitzen nicht ganz die Komplexität ihrer Vorgänger, am besten gefällt uns der sehr gute Chardonnay, der füllig und saftig ist bei jugendlicher Bitternote. Bärenstark sind dafür die Rotweine, die man Fans kraftvoller, tanninbetonter Rotweine vorbehaltlos empfehlen kann. Die Cuvée aus Merlot, Cabernet Sauvignon und Pinot Noir besitzt Fülle und kräftige Tannine, der Cabernet Sauvignon feine Cassisfrucht, gute Struktur und viel Stoff. Stark ist auch das Spätburgunder-Trio, die füllige, etwas süße Eichenfass-Variante, der gewürzduftige, kraftvolle Barriquewein und der enorm konzentrierte, stoffige Reservewein. —

Weinbewertung

81 2017 Grauer Burgunder Kabinett trocken **13 %/9,50 €**
80 2016 Weißer Burgunder Spätlese trocken **13,5 %/11,50 €**
78 2017 Chardonnay trocken **13 %/9,50 €**
81 2017 Riesling trocken „Reserve" **12,5 %/16,- €**
83 2017 Weißer Burgunder trocken „Reserve" **13,5 %/19,- €**
81 2017 Grauer Burgunder trocken „Reserve" **13,5 %/19,- €**
85 2017 Chardonnay trocken „Reserve" **13,5 %/19,- €**
79 2017 Riesling Spätlese „feinherb" **12 %/11,50 €**
84 2015 Spätburgunder „Eichenfass" **14 %/11,90 €**
86 2015 Spätburgunder Barrique **14,5 %/17,50 €**
86 2015 „Gerold Cuvée Noir" Rotwein trocken **14,5 %/19,50 €**
87 2015 Cabernet Sauvignon trocken Barrique **14 %/19,50 €**
88 2015 Spätburgunder trocken „Reserve" **14 %/35,- €**

CHRISTIAN BINDGES

★☆

KONTAKT

Rißbacher Straße 166
56841 Traben-Trarbach
Tel. 06541-7029508
www.weingut-bindges.de
info@weingut-bindges.de

Inhaber
Christian Bindges
Rebfläche
1 Hektar
Produktion
5.000 Flaschen

BESUCHSZEITEN

nach Vereinbarung

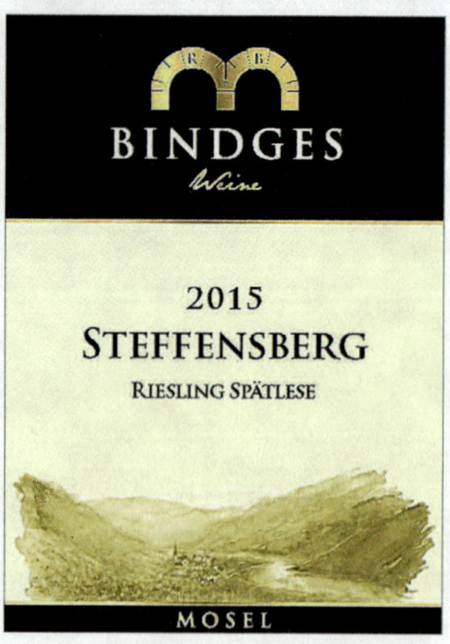

Christian Bindges stammt aus einer Winzerfamilie von der Mosel, hat aber nach dem Abitur die Mosel verlassen, nach dem Studium in Süddeutschland in der Autoindustrie gearbeitet. Nach seiner Rückkehr an die Mosel erwarb er einige alte Rieslingweinberge in den Kröver Steillagen Letterlay und Steffensberg, sowie im Trabener Königsberg, bewirtschaftet heute insgesamt 1 Hektar. Die Lagen Letterlay und Steffensberg sind süd- bis südwest-exponiert, die Reben wachsen hier auf tiefgründigen Schieferböden, der Trabener Königsberg, benannt nach der französischen Festung Mont Royal, die sich einst auf dem Plateau des Berges befand, ist süd- bis südost-exponiert. 2014 erzeugte Christian Bindges seine ersten eigenen Weine, 2015 übernahm er die Verantwortung für die Rieslingweine des väterlichen Betriebes, der im Nebenerwerb bewirtschaftet wird. Christian Bindges hat inzwischen auf Spontangärung umgestellt, seine Frau Jennifer ist im Betrieb aktiv, an der neuen Adresse wird 2019 eine Vinothek eröffnen.

Kollektion

Nach gelungenen Weinen aus dem Jahrgang 2016 wird ein Nachzügler in Form eines Schaumweines vorgestellt. Ein recht kompakter, zupackender Sekt aus Riesling, der angenehm niedrig dosiert wirkt und eine gute Länge besitzt. Der trockene Basiswein aus 2017 ist stoffig, zupackend, ohne allzu viel Länge und Komplexität zu besitzen – aber das muss man in diesem Segment auch nicht erwarten. Deutlich würziger zeigt sich der mit einer eher hell wirkenden Frucht ausgestattete Riesling namens „Brückenschlag", der eine Lagencuvée darstellt. Beim Riesling aus dem Steffensberg bleibt die stoffige, würzige Grundstruktur des Weines erhalten, hinzu kommen eine schöne Frucht und ein gewisser Schmelz, der Wein ist sehr geradlinig. Es ist allerdings nicht nur das trockene Sortiment, das überzeugt, auch im feinherben und noch süßeren kann sich der Betrieb sehen lassen. Die feinherben „Alten Reben" aus 2016 zeigen etwas Zitrus und Kräuterwürze in der Nase, die Auslese ist kühl und würzig mit einer winziger Bitternis im Nachhall, eher animierend als breit, relativ dicht und nachhaltig.

Weinbewertung

86 2016 Riesling Sekt brut **12,5 %/11,50 €**
85 2017 Riesling trocken **11 %/6,90 €**
87 2017 Riesling trocken „Brückenschlag" **11,5 %/8,50 €** ☺
87 2017 Riesling trocken Steffensberg **12 %/12,50 €**
86 2016 Riesling „feinherb" „Alte Reben" **11 %/12,50 €**
87 2017 Riesling Auslese Steffensberg **9 %/15,- €/0,375l**

BIRKERT

★★☆

KONTAKT

Unterheimbacher Straße 28
74626 Bretzfeld-Adolzfurt
Tel. 07946-484
Fax: 07946-3378
www.weingut-birkert.com
info@weingut-birkert.com

Inhaber
Boris & Regina Birkert
Rebfläche
15 Hektar
Produktion
110.000 Flaschen

BESUCHSZEITEN

nach Vereinbarung
Besenwirtschaft (Öffnungszeiten siehe Webseite)

Boris Birkert war im Jahr 2000 in den Betrieb eingestiegen, 2012 übernahm er ihn von seinem Vater Manfred, führt ihn zusammen mit Ehefrau Regina. Mit seinem Einstieg 2000 führte er die Barrique-Serie „roburis" ein. Der Name rührt von der botanischen Bezeichnung für die Stieleiche her, aus der die Fässer gemacht werden, quercius robur, und den letzten beiden Buchstaben des Vornamen von Boris Birkert. Hinzu gefügt wird der Buchstabe für die Rebsorte. Seine Weinberge liegen im Adolzfurter Schneckenhof und im Bretzfelder Goldberg. Zuletzt hinzugekommen sind die Weinberge seiner Schwiegereltern in der Michelbacher Margarethe. Riesling, Trollinger und Lemberger sind die wichtigsten Rebsorten, dazu gibt es Spätburgunder, Schwarzriesling, Merlot, Chardonnay, Sauvignon Blanc, Syrah und einige andere mehr. In der hauseigenen Brennerei wird das eigene Obst zu Schnäpsen gebrannt.

Kollektion

In diesem Jahr präsentiert Boris Birkert seine bisher stärkste Kollektion. Natürlich findet man die Spitzen wie gewohnt im roten Segment, aber auch die Weißweine überzeugen auf breiter Front, der zupackende Sauvignon Blanc ebenso wie der harmonische Chardonnay, der kraftvolle Pinot Blanc oder der geradlinige Muskateller. Riesling überzeugt trocken mit Frische und Frucht, aber auch süß mit einer fülligen Auslese. Der in gebrauchten Barriques ausgebaute Syrah betört mit reintöniger Frucht, der gewürzduftige Spätburgunder besitzt Fülle und Kraft. Der Lemberger besitzt herrlich viel Frucht, Substanz und Tannine, der intensiv fruchtige Merlot besitzt Fülle und Kraft, gute Struktur und Substanz. Unser Favorit ist die leicht schokoduftige Cuvée CM, die intensive Frucht besitzt (rote und dunkle Früchte), herrlich füllig, saftig und lang ist. ➡

Weinbewertung

84	2017 Chardonnay trocken Adolzfurter Schneckenhof **12,5 %/7,50 €**
85	2017 Sauvignon Blanc trocken Adolzfurter LIndelberg **12,5 %/8,50 €**
85	2016 Pinot Blanc „S" trocken Bretzfelder Goldberg **13,5 %/8,50 €**
86	2017 Riesling „S" trocken Adolzfurter Schneckenhof **13 %/8,50 €**
84	2017 Muskateller Adolzfurter Schneckenhof **11,5 %/7,- €**
88	2017 Riesling Auslese Adolzfurter Schneckenhof **10 %/9,- €/0,375l**
84	2015 Triequus Rotwein Cuvée trocken **14 %/9,50 €**
86	2016 Syrah „S" trocken Adolzfurter Schneckenhof **13,5 %/11,50 €**
88	2015 Spätburgunder trocken „Roburis S" Barrique **14 %/12,50 €**
88	2015 Lemberger trocken Barrique „Roburis L" Schneckenhof **14 %/13,50 €**
88	2015 Merlot trocken Barrique „Roburis M" Adolzfurter Schneckenhof **14,5 %/15,- €**
90	2015 „CM" Rotwein trocken Barrique Adolzfurter Schneckenhof **14 %/20,- €**

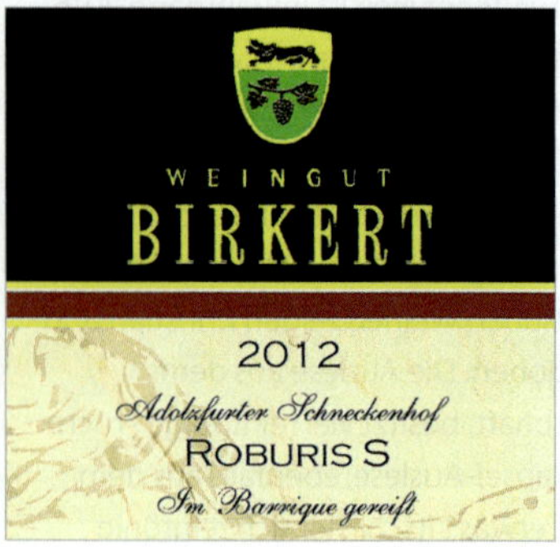

BISCHEL

★★★★☆

KONTAKT

Sonnenhof
55437 Appenheim
Tel. 06725-2683
Fax: 06725-5127
www.weingut-bischel.de
info@weingut-bischel.de

Inhaber
Familie Runkel
Kellermeister
Christian & Matthias Runkel
Rebfläche
20 Hektar
Produktion
130.000 Flaschen

BESUCHSZEITEN

Mo.-Fr. 9-18 Uhr und nach Vereinbarung

Seit fünf Generationen baut die Familie Wein in Appenheim an. Heute wird der Sonnenhof von Christian und Matthias Runkel geführt, ihr Großvater hatte in den sechziger Jahren den außerhalb von Appenheim gelegenen Sonnenhof erbaut. Die Weinberge liegen in den Appenheimer Lagen Hundertgulden und Eselspfad, in der an Kalkstein reichen Gau-Algesheimer St. Laurenzikapelle sowie in den Gau-Algesheimer Lagen Johannisberg und Goldberg. Seit 2004 besitzt man auch eine Parzelle mit alten Rieslingreben im Binger Scharlachberg, zuletzt konnte man sich dort noch einmal kräftig vergrößern und 2,5 Hektar hinzu pachten. Wichtigste Rebsorte ist Riesling, der zwei Fünftel der Weinberge einnimmt, gefolgt von Grauburgunder, Weißburgunder, Silvaner und Spätburgunder zu etwa gleichen Teilen, dazu gibt es etwas Chardonnay und Frühburgunder, zuletzt wurden Merlot, Cabernet Sauvignon und Sauvignon Blanc neu gepflanzt. Die Rotweine werden maischevergoren und kommen dann ins Holzfass, die Weißweine werden in Edelstahltanks recht lange auf der Hefe ausgebaut. Die Weine werden zum größten Teil spontanvergoren. Seit dem Jahrgang 2006, seit Christian und Matthias Runkel die Weine vinifizieren, gibt es die „Quarzit" (Binger Scharlachberg) und „Terra Fusca" genannten Ortsweine. Die Basis des Sortiments bilden die Gutsweine, an der Spitze stehen die Lagenweine: Rieslinge aus Hundertgulden, Scharlachberg und Heerkretz, Silvaner aus dem Goldberg, Weißburgunder aus der St. Laurenzikapelle und Spätburgunder aus dem Johannisberg. Des Weiteren gibt es Réserve-Weine von Weißburgunder, Chardonnay, Sauvignon Blanc und Spätburgunder. Dazu gibt es, abhängig vom Jahrgang, süße und edelsüße Weine, die als einzige Weine Prädikatsbezeichnungen tragen.

Kollektion

Sie gehören zu den Shooting-Stars der deutschen Weinszene in diesem Jahrzehnt, wie die Brüder Christian und Matthias Runkel sich stetig gesteigert haben, ist bewundernswert. Und sie lassen nicht nach, geben weiter Gas, feilen Jahr für Jahr an ihrer Kollektion. Beim Spätburgunder beispielsweise waren sie noch nie so gut wie in diesem Jahr. Der Réserve-Pinot Noir ist im Jahrgang 2016 ganz große Klasse, herrlich intensiv im Bouquet, zeigt viel Duft, rote Früchte, ist klar, präzise und druckvoll im Mund, besitzt feine Tannine. Der Spätburgunder aus dem Johannisberg zeigt rote Früchte im Bouquet, ist füllig und kraftvoll im Mund bei klarer reifer Frucht und auch der Appenheimer Frühburgunder macht eine sehr gute Figur, zeigt reife reintönige Frucht, ist frisch und klar, zupackend, fruchtbetont und strukturiert. Auch mit edelsüßen Weinen zeigen Christian und Matthias Runkel nicht zum ersten Mal Ambitionen. Die Auslese aus dem Scharlachberg ist wunderschön frisch und lebhaft, besitzt viel reintönige Frucht und Länge. Eine Steigerung bringt die Goldkapsel-Auslese, ebenfalls aus dem Scharlachberg, die gute Konzentration zeigt, etwas Litschi, herrlich reintönig

und zupackend ist. Eine sichere Bank wie immer ist der Gutsriesling: Reintönig, frisch, präzise und zupackend. Die beiden Ortsrieslinge sehen wir gleichauf: Der Terra Fusca aus Appenheim ist konzentriert, frisch, zupackend, druckvoll, der Quarzit aus Bingen ist noch etwas intensiver im Bouquet, präzise und zupackend im Mund. Der Silvaner von den Terrassen in Gau-Algesheim zeigt rauchige Noten, gute Konzentration, feine Würze, ist füllig, harmonisch, kompakt. Die drei weißen Réserve-Weine sind deutlich vom Ausbau im Holz geprägt, was sie vor allem im Bouquet sehr ähnlich erscheinen lässt. Der Weißburgunder ist rauchig, eindringlich, stoffig, besitzt Substanz und Kraft, ist noch recht jugendlich. Auch der Sauvignon Blanc zeigt rauchig-würzige Noten, besitzt Fülle, Kraft und Konzentration. Unsere leichte Präferenz gilt dem Chardonnay, der etwas komplexer ist als seine Kollegen, aber ebenso viel Substanz und Kraft besitzt. Großartig sind die drei Lagen-Rieslinge. Der Wein aus dem Hundertgulden zeigt gute Konzentration, anfangs leichte Schärfe, öffnet sich dann schnell, besitzt viel reife Frucht, Substanz und Länge. Der Heerkretz-Riesling ist anfangs recht verschlossen, zeigt rauchig-würzige Noten, ist kraftvoll, stoffig, druckvoll, zunächst von jugendlichen Bitternoten geprägt, mit etwas Luft aber faszinierend nachhaltig und mineralisch. An der Spitze sehen wir den Wein aus dem Scharlachberg, der wie im Vorjahr zu den großen Rieslingen des Jahrgangs in Deutschland gehört. Er zeigt reintönige Frucht, feine rauchige Noten, ist kraftvoll, stoffig, zupackend, besitzt gute Struktur und viel Frucht, enormen Druck und Nachhall. ▬

Christian und Matthias Runkel

B

Weinbewertung

86	2017 Riesling trocken	**12 %/8,40 €**
88	2017 Silvaner trocken Terrassen Gau-Algesheim	**13 %/13,90 €**
88	2017 Riesling trocken „Terra Fusca" Appenheim	**12,5 %/12,90 €**
88	2017 Riesling trocken „Quarzit" Bingen	**12,5 %/12,90 €**
88	2017 Weißburgunder & Chardonnay trocken Appenheim	**13 %/13,90 €**
89	2017 Weißburgunder trocken „Réserve"	**13 %/23,- €**
90	2017 Chardonnay trocken „Réserve"	**13 %/19,90 €**
89	2017 Sauvignon Blanc trocken „Réserve"	**13 %/19,90 €**
92	2017 Riesling trocken Hundertgulden	**13 %/24,- €**
94	2017 Riesling trocken Scharlachberg	**13 %/24,- €** ☺
93	2017 Riesling trocken Heerkretz	**13 %/24,- €** ☺
90	2017 Riesling Auslese Binger Scharlachberg	**7 %/17,90 €/0,375l**
92	2017 Riesling Auslese Goldkapsel Binger Scharlachberg	**7 %/21,90 €/0,375l**
88	2016 Frühburgunder trocken Appenheimer	**13 %/17,90 €**
89	2016 Spätburgunder trocken Johannisberg	**13 %/24,- €**
93	2016 Pinot Noir trocken „Réserve"	**13 %/34,- €**

LAGEN

HUNDERTGULDEN (APPENHEIM)
SCHARLACHBERG (BINGEN)
JOHANNISBERG (GAU-ALGESHEIM)
GOLDBERG (GAU-ALGESHEIM)
ST. LAURENZIKAPELLE (GAU-ALGESHEIM)
ESELSPFAD (APPENHEIM)

REBSORTEN

RIESLING (35 %)
SPÄTBURGUNDER (15 %)
WEISSBURGUNDER (15 %)
GRAUBURGUNDER (15 %)
SILVANER (10 %)

B

BISCHÖFLICHES WEINGUT RÜDESHEIM BISTUM LIMBURG

★★★☆

KONTAKT

Marienthalerstraße 3
65385 Rüdesheim
Tel. 06722-910560, Fax: -910562
www.bischoefliches-weingut.de
s.trick@bischoefliches-weingut.de
weingut@bistumlimburg.de

Inhaber
Bistum Limburg
Geschäftsführerin
Silke Trick
Techn. Betriebsleiter/Kellermeister
Peter Perabo
Rebfläche
9 Hektar
Produktion
50.000 Flaschen

BESUCHSZEITEN

Mo.-Fr. 14-17 Uhr und nach Vereinbarung

Das Weingut des Bistums Limburg führt seine Geschichte auf das Mittelalter zurück, im 11. Jahrhundert wurde es bereits urkundlich erwähnt, wurde später als Pfarrweingut Rüdesheim bekannt und 1984 vom Limburger Bistum übernommen. Der Klosterkeller stammt aus dem Jahr 1683. Die Reben befinden sich in Rüdesheim, in den Berg-Lagen Schlossberg (mit den Gewannen Katerloch und Ehrenfels), Rottland (mit teils 1960 gepflanzten Reben) und Roseneck, aber auch im Bischofsberg, in der Klosterlay und im Magdalenenkreuz. Riesling nimmt vier Fünftel der Rebfläche ein, auf dem restlichen Fünftel wächst Spätburgunder. Für den Keller und die technische Leitung des Betriebes ist seit 2007 Peter Perabo zuständig, der inzwischen von der Geschäftsführerin Silke Trick unterstützt wird.

Kollektion

Eine starke Kollektion. Die 2017er Rieslinge sind elegant und präzise, schon die Basisqualitäten haben Substanz und animierenden Trinkfluss. Der Berg Rottland baut Spannung auf, besitzt Druck, Würze und mineralische Kühle. Der nach frischen Kräutern duftende Episcopus ist fülliger, kraftvoll und nachhaltig. Die beiden 2016er Lagenrieslinge aus dem Schlossberg haben sich gut entwickelt. Das Katerloch ist schon zugänglich, dabei stoffig, der Ehrenfels ist straffer und frischer, besitzt große Spannung und ein sehr gutes Potenzial. Die drei sehr trocken ausgebauten, eleganten Spätburgunder beeindruckten schon im letzten Jahr und legen seitdem weiter zu. Der fein nach roten Beeren und ätherischen Ölen duftende Assmannshäuser ist saftig, packend, kühl. Der athletische Assmannshäuser S steigert das noch, besitzt Würze, Struktur und fokussierten Druck, seine Gerbstoffe benötigen jedoch noch weitere Reife. Der Rüdesheimer S ist im Moment am präsentesten, intensiv, dabei beeindruckend frisch und straff. ➡

Weinbewertung

84 2017 Riesling trocken „a priori" **11,5 %/7,50 €**
86 2017 Riesling trocken Rüdesheim „Laudate" **12 %/10,- €**
88 2017 Riesling trocken Rüdesheim „Episcopus" **12 %/15,- €**
87 2017 Riesling trocken Rüdesheimer Berg Rottland **12,5 %/15,- €**
89 2016 Riesling trocken Rüdesheimer Berg Schlossberg „Katerloch" **12,5 %/18,- €**
90 2016 Riesling trocken Rüdesheimer Berg Schlossberg „Ehrenfels" **12,5 %/18,- €**
84 2017 Riesling Kabinett „feinfruchtig" **9,5 %/8,50 €**
90 2017 Riesling Auslese Rüdesheim **9 %/15,- €/0,375l**
89 2015 Pinot Noir trocken Assmannshausen **13 %/24,- €**
91 2015 Pinot Noir „S" trocken Rüdesheim **14 %/30,- €**
90 2015 Pinot Noir „S" trocken Assmannshausen **13,5 %/30,- €**

Bischöfliche Weingüter Trier

★★★

B

KONTAKT

Bischöfliche Weingüter Trier (BWG) & Friedrich-Wilhelm-Gymnasium (FWG)
Gervasiusstraße 1
54290 Trier
Tel. 0651-14576-0
Fax: 0651-40253
www.bwgtrier.de
info@bwgtrier.de

Inhaber
Bischöfliches Priesterseminar Trier
Hohe Domkirche Trier
Bischöfliches Konvikt Trier
Güterdirektor Dr. Karsten Weyand
Kellermeister Johannes Becker
Außenbetrieb Klaus Backes
Rebfläche
130 Hektar (100 Hektar BWG + 30 Hektar FWG)
Produktion
650.000 Flaschen (+ 200.000 Flaschen FWG)

BESUCHSZEITEN

Mo.-Fr. 9-18 Uhr; Sa. 10-14 Uhr

Die Bischöflichen Weingüter in Trier bewirtschaften den Weingutsbesitz des Bischöflichen Priesterseminars, der Hohen Domkirche und des Bischöflichen Konvikts Trier – insgesamt 100 Hektar. Sie verfügen über umfangreichen Weinbergbesitz in besten Lagen, sowohl an Mosel (Avelsbacher Altenberg, Trittenheimer Apotheke, Dhron-Hofberger, Piesporter Goldtröpfchen, Bernkasteler Badstube, Graacher Domprobst und Himmelreich, Ürziger Würzgarten und Erdener Treppchen) als auch an Saar (Falkensteiner Hofberg, Wiltinger Kupp, Kanzemer Altenberg, Ayler Kupp und Scharzhofberger) und Ruwer (Eitelsbacher Marienholz, Kaseler Kehrnagel und Nies'chen).

Kollektion

Vorgestellt werden nun Weine der Jahrgänge 2015 bis 2017, die praktisch durchweg zeigen, dass sich der Betrieb auf einem ausgezeichneten Niveau befindet. Hervorgehoben werden muss beispielsweise der überraschend nachhaltige trockene Kabinettwein aus der Apotheke oder die nicht weniger als 18 Monate im Doppelstückfass ausgebaute Réserve aus der Apotheke aus 2015. Bei den süßen Weinen gefällt beispielsweise die saftige 2016er Dhroner Hofberger Auslese sehr, auch fast alle anderen Weine zeigen die Lagen- und Jahrgangscharakteristik. Und was Rotwein angeht: Der Pinot Noir, im neuen Fuder ausgebaut, besitzt wunderschöne Frucht und Eleganz, ganz ohne übertriebene Holzwürze. Eine rundum überzeugende Leistung!

Weinbewertung

87 2016 Pinot Blanc trocken **12,5 %/12,90 €**
86 2017 Riesling Kabinett trocken Kanzemer **11 %/9,90 €**
87 2017 Riesling Kabinett trocken Kaseler **11,5 %/9,90 €**
88 2017 Riesling Kabinett trocken Trittenheimer **11 %/9,90 €** ☺
86 2016 Riesling trocken Wiltinger Schlangengraben **12 %/9,50 €**
87 2016 Riesling Spätlese trocken „Azubiwein" Ayler Kupp **11 %/15,- €**
88 2016 Riesling Spätlese trocken Graacher Himmelreich **11,5 %/13,90 €**
89 2017 Riesling Spätlese trocken Dhroner Hofberger **12 %/13,90 €**
87 2016 Riesling „feinherb" Ayler Herrenberger **11,5 %/10,50 €**
87 2016 Riesling Spätlese „feinherb" Kaseler Nies´chen **10 %/13,90 €**
87 2016 Riesling Spätlese „feinherb" Ayler Kupp **10,5 %/13,90 €**
88 2017 Riesling Kabinett „feinherb" Bernkasteler **11 %/9,90 €** ☺
89 2017 Riesling Kabinett „feinherb" Kanzemer **11 %/9,90 €** ☺
90 2015 Riesling „Réserve" Trittenheimer Apotheke **12,5 %/29,- €**
87 2017 Riesling Kabinett Scharzhofberger **8,5 %/10,90 €**
87 2017 Riesling Kabinett Kaseler Nies´chen **7,5 %/9,90 €**
90 2016 Riesling Auslese Dhroner Hofberger **7,5 %/29,- €**
87 2016 Pinot Noir trocken **13 %/18,- €**

B

BISCHOFFINGEN

★☆

KONTAKT

Winzergenossenschaft
Bischoffingen-Endingen
Bacchusstraße 20
79235 Vogtsburg-Bischoffingen
Tel. 07662-9301-0 / -25
Fax: 07662-930140
www.wg-bischoffingen.de
info@wg-bischoffingen.de

Geschäfsführender Vorstand
Thomas Weller
Betriebsleiter
Thomas Weller & Norbert Kuhn
Kellermeister
Norbert Kuhn
Rebfläche
275 Hektar
Produktion
2.200.000 Flaschen

BESUCHSZEITEN

März-Dez.: Mo.-Fr. 8:30-12 + 13:30-17 Uhr, Sa. 9-13 Uhr; Jan./Feb. Sa. geschlossen
April bis Okt.: Jeden Dienstag 14 Uhr Kellerführung mit Weinprobe

Bischoffinger & Endinger
Weine vom Kaiserstuhl

Die Genossenschaft von Bischoffingen wurde 1924 von damals 26 Winzern gegründet. Die Reben wachsen in den Bischoffinger Lagen Steinbuck (Vulkangestein mit hohem Anteil Tonerde), Enselberg (Vulkanverwitterungsboden mit hohem Lösslehm-Anteil) und Rosenkranz (Lössboden mit vulkanischem Tuffgestein), seit der Fusion mit der Endinger Genossenschaft auch im Endinger Engelsberg. Spätburgunder ist die mit Abstand wichtigste Rebsorte, gefolgt von Müller-Thurgau, Grauburgunder, Weißburgunder und Chardonnay. Dazu gibt es Silvaner, Riesling, Muskateller, Gewürztraminer, Sauvignon Blanc, Merlot und diverse Cabernet-Sorten. 2015 wurde Thomas Weller neuer Geschäftsführer der Genossenschaft. Das Sortiment wurde 2016 neu gegliedert. Die Basis bilden die Traditionsweine, es folgt die Enselberg-Linie, die BB-Linie („Bischoffinger Burgunder), an der Spitze der Kollektion stehen die Reserve-Weine aus den Bischoffinger Spitzenlagen.

Kollektion

Beim starken Debüt im vergangenen Jahr hatte uns der 2014er Reserve-Spätburgunder aus dem Enselberg besonders gut gefallen – und mehr durch die klare Stilistik und Handschrift der Weine. Die neue Kollektion schließt nahtlos daran an, überzeugt sowohl im weißen als auch im roten Segment. Die Basis ist stark, die Reserve-Weine bilden die Spitze: Der Grauburgunder ist füllig, saftig, strukturiert, der Chardonnay besitzt reife Frucht, gute Struktur und Frische, unser Favorit ist der würzige Weißburgunder, der Fülle, Druck und Frische besitzt, auch der Reserve-Spätburgunder vom Enselberg ist wieder prächtig, intensiv fruchtig, herrlich reintönig: Eine überzeugende Kollektion! —

Weinbewertung

83	2016 Weißer Burgunder & Chardonnay trocken Bischoffinger Enselberg **13 %/6,95 €**
82	2017 Spätburgunder „Blanc de Noir" Kabinett trocken Enselberg **13,5 %/6,95 €**
84	2017 Weißer Burgunder trocken „Alte Rebe BB" Vulkanfelsen **13 %/7,95 €**
83	2016 Grauer Burgunder trocken „Alte Rebe BB" Vulkanfelsen **13,5 %/7,95 €**
87	2016 Weißer Burgunder trocken „Réserve" Endinger Engelsberg **13 %/13,50 €**
85	2016 Grauer Burgunder trocken „Réserve" Bischoffinger Steinbuck **13,5 %/13,50 €**
85	2016 Chardonnay trocken „Réserve" Bischoffinger Enselberg **13,5 %/13,50 €**
82	2017 Muskateller „feinfruchtig" Bischoffinger Vulkanfelsen **11,5 %/7,95 €**
82	2017 Weißer Burgunder & Sauvignon Blanc „feinfruchtig" Vulkanfelsen **11,5 %/6,95 €**
82	2017 Gewürztraminer Kabinett „feinfruchtig" Bischoffinger Vulkanfelsen **12 %/7,95 €**
85	2015 Ruländer Beerenauslese „Eichenfass" Enselberg **10 %/19,50 €/0,375l**
81	2017 Spätburgunder Rosé trocken „Tradition" Bischoffinger Vulkanfelsen **13 %/5,65 €**
84	2015 Spätburgunder trocken „Alte Rebe" „BB" Vulkanfelsen **13,5 %/8,95 €**
86	2015 Spätburgunder trocken „Réserve" Bischoffinger Enselberg **13,5 %/15,50 €**
84	2015 Merlot trocken „Réserve" Bischoffinger Rosenkranz **14 %/15,50 €**

Alfred Blank

★☆

B

N

KONTAKT

Maintalstraße 33
97855 Triefenstein-Homburg
Tel. 09395-99319, 0173-4472471
www.weingut-blank.de
info@weingut-blank.de

Inhaber
Alfred & Angelika Blank
Rebfläche
3,5 Hektar
Produktion
25.000 Flaschen

BESUCHSZEITEN

Mi./Fr./Sa. oder nach Vereinbarung; Weinproben mit Moderation (bis 35 Personen), Weinbergsführung; Gästezimmer, Ferienwohnung

Das Weingut Blank hat seinen Sitz in einem fränkischen Vierseithof. Alfred Blank begann nach seiner Technikerausbildung 1996 mit der Selbstvermarktung. Die Weinberge liegen in den beiden Homburger Lagen Kallmuth und Edelfrau, wo die Reben auf den unteren Schichten des Muschelkalks wachsen, der Wellenkalk genannt wird. Die Hälfte der Weinberge befindet sich in Steillagen, die nur mit Seilzug bewirtschaftet werden können. Nach dem Jahrhundertsommer 2003 hat Alfred Blank auf 1,8 Hektar eine Tröpfchenbewässerung installiert, die aus einem eigenen Brunnen gespeist wird. Gut die Hälfte der Rebfläche nimmt Silvaner ein, es folgen Riesling und Müller-Thurgau, Domina, Spätburgunder und Blauburger, hinzu kommt ein Weinberg auf den Terrassen zum Homburger Schloss, den Alfred Blank im Gemischten Satz angelegt hat, darunter alte Sorten wie Vogelfränkisch, Adelfränkisch, Geißdutte oder Heunisch. Alfred Blanks Ziel ist es harmonisch trockene Weine zu erzeugen; alle Rotweine werden maischevergoren und 10 bis 12 Monate in großen oder kleinen Eichenholzfässern ausgebaut.

Kollektion

Eine starke Kollektion präsentiert Alfred Blank zum Debüt, die Weine zeigen eine klare Handschrift, das fängt schon beim reintönigen, zupackenden Silvaner Kabinett an. Der im Holz ausgebaute Tradition-Silvaner besitzt feine rauchige Noten, Fülle und Kraft, reife Frucht und gute Struktur. Noch stärker ist der „Blanc de Blank“ genannte Silvaner, besitzt reintönige Frucht, Birnen, gelbe Früchte, ist kraftvoll und füllig, überzeugt mit guter Struktur, reifer Frucht und viel Druck. Eine sehr gute Figur macht auch der Riesling Kabinett aus der Edelfrau, besitzt reintönige Frucht (Pfirsiche, Aprikosen), ist klar und konzentriert, kraftvoll und zupackend. Die beiden Rotweine sind kompromisslos trocken ausgebaut. Der Spätburgunder aus der Edelfrau ist fruchtbetont bei dezenter Kräuternote, besitzt gute Struktur und Frische, der Blauburger aus dem Kallmuth ist frisch, fruchtbetont, würzig, klar und zupackend bei dezenter jugendlicher Bitternote. Wir freuen uns auf die kommenden Jahrgänge!

Weinbewertung

83 2017 Silvaner Kabinett trocken Homburger Kallmuth **12 %/7,10 €**
85 2017 Silvaner trocken „Tradition“ Homburger Kallmuth **11,5 %/8,10 €**
86 2017 Riesling Kabinett trocken Homburger Edelfrau **11,5 %/8,10 €**
87 2016 Silvaner trocken „Blanc de Blank No. 1“ Homburger Kallmuth **12,5 %/11,50 €**
84 2015 Blauburger trocken Homburger Kallmuth **12 %/7,- €**
84 2015 Spätburgunder trocken Homburger Edelfrau **12 %/7,50 €**

BLANKENHORN

★★☆

KONTAKT

Basler Straße 2
79418 Schliengen
Tel. 07635-82000
Fax: 07635-82020

Inhaber
Martin Männer
Betriebsleiter
Markus Weickert
Kellermeister
Yvonne Keßler
Rebfläche
25 Hektar
Produktion
130.000 Flaschen

BESUCHSZEITEN

Mo.-Fr. 9-12 + 14-17 Uhr,
Sa. 10-13 Uhr oder nach Vereinbarung
Gutsschänke Blankenhorn

Johann Friedrich Blankenhorn legte 1857 den Grundstein für das heutige Weingut, als er 1857 die damalige Poststation einschließlich der zugehörigen Gewölbekeller aus dem Jahr 1624 ersteigerte. Seit 1994 führte Rosemarie Blankenhorn, genannt Roy, in fünfter Generation das Weingut. Da keine ihrer drei Töchter den Betrieb übernehmen wollte, hat sie im Sommer 2014 das Weingut an den Freiburger Juristen Martin Männer verkauft. Die Weinberge liegen vor allem im Schliengener Sonnenstück, aber auch in Mauchen und Liel. Spätburgunder ist die wichtigste Rebsorte, gefolgt von Gutedel. Dazu gibt es Weiß- und Grauburgunder, etwas Riesling, Chardonnay und Müller-Thurgau, inzwischen auch internationale Sorten wie Sauvignon Blanc, Cabernet Sauvignon, Merlot und Syrah. Es wurde mit dem Bau eines neuen Kellergebäudes und der Sanierung des Gutsgebäudes begonnen, die Umbauarbeiten sollen bis Frühjahr 2020 abgeschlossen werden. Seit Mai 2018 ist Markus Weickert Betriebsleiter, der zuvor bei Gunderloch in Nackenheim war.

Kollektion

Die neue Kollektion ist ein großer Schritt voran. Die Gutsweine sind klar und fruchtbetont, was auch für die Ortsweine gilt. Besonders gut gefallen uns der zu 40 Prozent im Barrique ausgebaute, konzentrierte, reintönige Chardonnay, der gute Struktur, Frucht und Grip besitzt, und der Chasselas Courage, Jahrgang 2016, im neuen Halbstück spontan vergoren und zehn Monate auf der Vollhefe ausgebaut: Rauchige Noten, viel reife Frucht, Fülle und Kraft, Struktur und viel Substanz. An der Spitze der Kollektion stehen die Großen Gewächse des Jahrgangs 2016. Der in neuen Barriques ausgebaute Chardonnay zeigt gute Konzentration, rauchige Noten, besitzt gute Struktur, Kraft und Frische. Etwas offener ist der burgundisch anmutende Grauburgunder, füllig, komplex, er besitzt reife Frucht, gute Struktur und Frische. Sehr gut sind auch die sehr reintönigen Rotweine, Spätburgunder und Merlot.

Weinbewertung

85 2017 Gutedel trocken **12 %/6,50 €**
83 2017 Weißburgunder trocken **12,5 %/8,50 €**
84 2017 Grauburgunder trocken **13 %/8,50 €**
83 2017 Sauvignon Blanc trocken Schliengen **13,5 %/9,80 €**
84 2017 Auxerrois trocken Schliengen **13 %/9,80 €**
86 2017 Chardonnay trocken Schliengen **13 %/9,80 €**
88 2016 Chasselas trocken Schliengen „Courage" **12,5 %/18,- €**
90 2016 Grauburgunder „GG" Schliengen Sonnenstück **13 %**
89 2016 Chardonnay „GG" Schliengen „Sonnenstück" **13 %/24,- €**
85 2016 Spätburgunder trocken **13,5 %/9,50 €**
85 2015 Merlot trocken Schliengen **13 %/15,- €**

Blesius

★★

KONTAKT

Hauptstraße 75
54470 Graach
Tel. 06531-2227
Fax: 06531-91353
www.weingut-blesius.com
weingut@blesius.com

Inhaber
Klaus Blesius
Rebfläche
4 Hektar
Produktion
35.000 Flaschen

BESUCHSZEITEN

Mo.-Sa. 9-19 Uhr, So. 10-12 Uhr

Seit Mitte des 18. Jahrhunderts betreibt die Familie Weinbau an der Mosel. Heute führen Klaus und Raphaela Blesius das kleine Graacher Weingut, sie werden im Betrieb unterstützt von Sohn Florian. Klaus und Florian Blesius kümmern sich um Weinberge und Keller, Raphaela Blesius sorgt sich um Kunden und Gäste. Ihre Weinberge, insgesamt vier Hektar, liegen alle in Graach in den Lagen Domprobst und Himmelreich – und Graach steht für Steillagen und Schiefer. 90 Prozent der Rebfläche nimmt Riesling ein, dazu gibt es etwas Spätburgunder sowie kleine Flächen mit Weißburgunder und Müller-Thurgau. Ein Teil der Weine wird spontanvergoren. Dem Weingut sind Appartements angeschlossen sowie eine Brennerei.

Kollektion

Vor zwei Jahren wirkte der von Klaus und Florian Blesius vorgestellte „BB" kraftvoll, im letzten Jahr schien der Wein eher verschlossen, zeigte aber eigenständigen Stil. Und 2017? Der „BB" zeigt sich als ein duftiger, schon zugänglicher Wein mit viel Schmelz und Struktur, vielleicht mit noch etwas mehr Potenzial ausgestattet als die beiden Vorgänger. Doch die erfreulichen Leistungen beginnen schon vorher, etwa bei dem klaren, zupackenden trockenen Kabinett aus dem Himmelreich oder der trockenen, festen, straffen Spätlese aus dem Domprobst, bei der wirklich keine Spur von Süße zu bemerken ist. Der feinherbe Kabinett aus dem Himmelreich ist frisch und klar, die feinherbe „Jungspund's"-Spätlese aus dem Domprobst ist duftig und fein, rassig und, was den Restzucker angeht, sehr ausgewogen. Im restsüßen Bereich bauen die drei Weine, alle aus dem Graacher Domprobst, sehr schön aufeinander auf. Der Kabinett ist rassig und balanciert, lebhaft und erfrischend, die Spätlese wirkt sehr offen, die Auslese ist elegant, fein, in einem eher ruhigen Stil gehalten und zurückhaltend in der Süße. Ein sehr überzeugendes Programm, das keine Schwächen aufweist.

Weinbewertung

84	2017 Riesling Kabinett trocken Graacher Himmelreich **10,5 %/6,50 €**
86	2017 Riesling Spätlese trocken Graacher Domprobst **11 %/7,50 €**
87	2017 Riesling „BB" Graacher Domprobst **12,5 %/13,- €**
83	2017 Riesling Kabinett „feinherb" Graacher Himmelreich **10 %/6,50 €**
86	2017 Riesling Spätlese „feinherb" Jungspund´s" Domprobst **10,5 %/7,50 €**
85	2017 Riesling Kabinett Graacher Domprobst **8 %/6,80 €**
86	2017 Riesling Spätlese Graacher Domprobst **7 %/8,- €**
87	2017 Riesling Auslese Graacher Domprobst **7 %/15,- €**

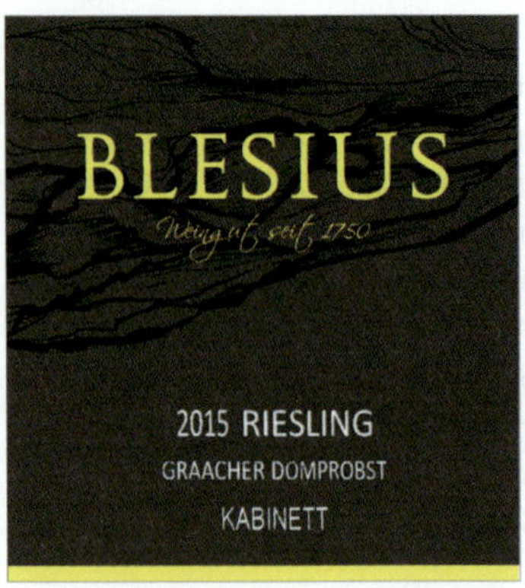

B

HERIBERT BOCH

★★☆

KONTAKT

Moselweinstraße 62
54349 Trittenheim
Tel. 06507-2713
Fax: 06507-6795
www.weingut-boch.de
info@weingut-boch.de

Inhaber
Michael Boch
Rebfläche
8 Hektar
Produktion
60.000 Flaschen

BESUCHSZEITEN

Mo.-Sa. 9-12 + 14-18 Uhr,
So. 10-14 Uhr (Bitte um Anmeldung)
4 Doppelzimmer, 1 Ferienwohnung

Das Weingut Heribert Boch in Trittenheim wird seit 1989 von Michael Boch geführt, seit 1999 unterstützt ihn seine Frau Anne. Nach der Übernahme des Betriebes kaufte Boch etwa 6000 Stock Riesling mit wurzelechten, 100 Jahre alten Reben in den besten Trittenheimer Steillagen hinzu. Die Weinberge liegen in den Trittenheimer Lagen Apotheke (darunter die ehemaligen Einzellagen Laurentiusberg und der ursprüngliche, namensgebende Abtsweinberg, aus dem der Urstück genannte Wein stammt) und Altärchen. Michael Boch hat sich nach und nach auf Steillagen und auf Riesling konzentriert, der heute 63 Prozent seiner Weinberge einnimmt. Hinzu kommen ein Viertel Spätburgunder sowie ein wenig Kerner, Chardonnay und Müller-Thurgau. Die Moste werden nach kurzer Maischestandzeit kühl vergoren und reifen in Edelstahltanks, die Rotweine werden teils im Barrique ausgebaut.

Kollektion

Schon im vergangenen Jahr zeigte sich ein Aufwärtstrend im Weingut Boch – und dieser hält auch 2017 an. Generell zeigen sich alle vorgestellten Weine saftig, zugänglich, nachhaltig, fast alle besitzen Schmelz und Frucht. Auch die drei trockenen Rieslinge, an deren Spitze der Abtswingert-Vertreter steht: kompakt, kraftvoll, leicht mineralisch und dennoch kein bisschen anstrengend. Die nach Pfirsich duftende, leicht cremige Spätlese aus der Trittenheimer Apotheke ist ein Schnäppchen mit ihrer deutlichen, aber nicht übertriebenen Süße, die dreifach besternte Spätlese mit offener Nektarinenfrucht wirkt eher wie eine gelungene Auslese. Da ist es nur logisch, dass die offizielle Auslese nach Aprikosen duftet und eher einen Beerenauslesestil zeigt. Dicht und opulent schließlich die Trockenbeerenauslese mit Anklängen an Datteln, cremig, saftig, ausgestattet mit einer extrem hohen Restsüße und viel zu jung.

Weinbewertung

85	2017 Riesling Kabinett trocken Trittenheimer Apotheke **12 %/6,90 €**
87	2017 Riesling trocken „Urstück" Trittenheimer Apotheke **12,5 %/10,20 €**
88	2017 Riesling Spätlese trocken „Abtswingert" Apotheke **12,5 %/13,- €**
86	2017 Riesling Spätlese „feinherb" Trittenheimer Apotheke **11 %/9,20 €**
84	2017 Riesling Kabinett Trittenheimer Altärchen **9 %/6,90 €**
90	2017 Riesling Spätlese*** Trittenheimer Apotheke **7,5 %/13,- €** ☺
87	2017 Riesling Spätlese Trittenheimer Apotheke **8 %/8,90 €**
89	2017 Riesling Auslese Trittenheimer Apotheke **7,5 %/18,- €**
90	2017 Riesling Trockenbeerenauslese Trittenheimer Apotheke **7,5 %/65,- €/0,375l**
85	2016 Spätburgunder trocken Trittenheimer Altärchen **13 %/8,90 €**

Richard Böcking

★★

W

KONTAKT

Schottstraße 12-14
56841 Traben-Trarbach
Tel. 06541-9385
Fax: 06541-5944
www.weingut-boecking.de
riesling@weingut-boecking.de

Inhaber Denman Zirkle
Rebfläche 7 Hektar
Produktion 25.000 Flaschen

BESUCHSZEITEN

Mo.-Fr. nach Vereinbarung

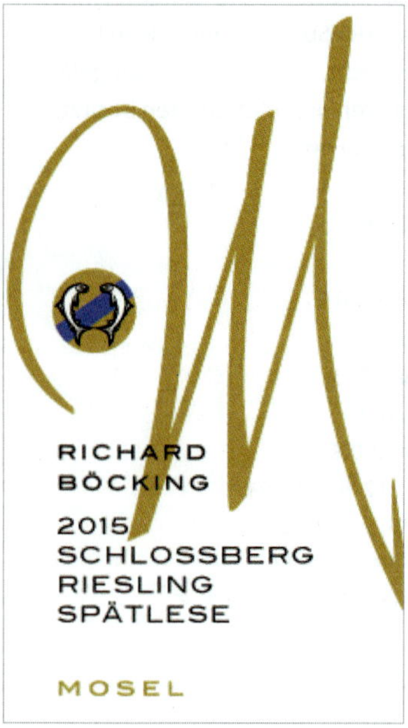

Bis ins Jahr 1623 reicht die Geschichte der Böckings in Traben-Trarbach zurück, über Jahrhunderte hinweg war die Familie im Weinhandel aktiv und trug mit dazu bei, dem Doppelort die Bedeutung zu verleihen, die er im 19. Jahrhundert und zu Beginn des 20. Jahrhunderts hatte. Heute führt Denman Zirkle das Unternehmen, unterstützt von seiner Tochter Sigrid Zirkle Carroll und Betriebsleiter Philipp Buchkremer sowie freundschaftlich beraten von Ulrike Böcking, der früheren Inhaberin. Die sieben Hektar Reben verteilen sich auf die Lagen Burgberg, Schlossberg, Ungsberg, Hühnerberg und Taubenhaus. Neben Riesling (95 Prozent der Fläche) wird auch eine kleine Menge Spätburgunder gepflegt. Im Keller finden sowohl Stahltanks als auch Moselfuder und gebrauchte Barriques Anwendung, vergoren werden die Weine spontan.

Kollektion

Das Weingut orientiert sich an der langen Tradition des Moselweines und gönnt den Weinen Reifezeit. Vorgestellt wurden konsequenterweise keine 2017er, sondern ausschließlich Riesling der Jahrgänge 2016 und 2015. Allesamt geradlinige, saftige, die Jahrgänge widerspiegelnde Weine, darunter ein zugänglicher, angenehm trockener 2015er Ungsberg, dessen etwas verhalteneres Pendant aus 2016 oder der kräuterige, noch etwas festere und geradlinigere Hühnerberg-Riesling aus 2016. Die Reserve aus 2015 ist ein kompakter, würziger, nachhaltiger Wein mit Schmelz und einem kaum zu bemerkenden Hauch Süße, der sich bei der Verkostung allerdings noch etwas verhalten zeigte. Unter den mehr oder weniger süßen Weinen gefällt der Kabinett aus 2015 besonders gut, die recht würzige, füllige, zugängliche Spätlese aus 2015 beeindruckt mit der Balance aus Restzucker und Extrakt. Das Weingut Böcking in der derzeitigen Form ist eine echte Bereicherung für Traben-Trarbach und die Mosel.

Weinbewertung

84 2016 Riesling **10 %/7,90 €**
86 2016 Riesling „Devon" **11 %/9,90 €**
88 2015 Riesling Schlossberg **10 %/19,90 €**
88 2016 Riesling Schlossberg **10 %/19,90 €**
88 2015 Riesling Ungsberg **10,5 %/22,90 €**
87+? 2016 Riesling Ungsberg **11 %/22,90 €**
87 2016 Riesling Burgberg **11 %/19,90 €**
89 2016 Riesling Hühnerberg **11,5 %/24,90 €**
89 2015 Riesling Ungsberg Reserve **11 %/35,- €**
87 2015 Riesling Kabinett „M" Burgberg **8 %/15,90 €**
85 2016 Riesling Kabinett „M" Burgberg **8 %/17,90 €**
88 2015 Riesling Spätlese „M" Schlossberg **7,5 %/24,90 €**

B

Börsig

★☆

N

KONTAKT

Niederlehen 9
77704 Oberkirch
Tel. 07802-6262
Fax: 07802-7009690
www.weingut-boersig.de
info@weingut-boersig.de

Inhaber
Rainer Börsig
Rebfläche
5 Hektar
Produktion
30.000 Flaschen

BESUCHSZEITEN

Mi.-Fr. 13-18 Uhr, Sa. 9-16 Uhr
oder nach Vereinbarung

Bis ins Jahr 1736 lässt sich die Weinbautradition der Familie Börsig zurückverfolgen, heute führt Rainer Börsig diesen Ortenauer Familienbetrieb. Alle Weinberge liegen im Oberkircher Schlossberg. Neben Spätburgunder und Riesling gibt es Grauburgunder, Müller-Thurgau, Chardonnay, Sauvignon Blanc, Syrah, Cabernet Mitos, Scheurebe und Muskateller. 2001 wurde der ehemalige Heustall zur Straußwirtschaft „s'Rebhisli" umgebaut, die badische Vespergerichte und Flammkuchen anbietet, aber auch für Hochzeiten oder Familienfeiern gemietet werden kann.

Kollektion

Eine starke Kollektion präsentiert Rainer Börsig zum Debüt, die rot wie weiß gleichermaßen überzeugt, hohes Einstiegsniveau besitzt und weiße wie rote Spitzen. Der Sauvignon Blanc ist wunderschön reintönig, frisch und zupackend, die Scheurebe besitzt intensive Frucht, feine Cassisnoten, Fülle und Saft, der Chardonnay überzeugt mit Reintönigkeit und reifer süßer Frucht. Der Riesling am Schloss zeigt etwas Pfirsiche und Aprikosen im Bouquet, ist füllig und saftig bei reifer Frucht. Unser Favorit im weißen Segment ist der Riesling Freigeist, der klar und zupackend ist, druckvoll, gute Struktur und feine süße Frucht besitzt. Der Lebenslust-Rosé ist fruchtbetont und geradlinig, ganz spannend aber ist der zweite Rosé, den Rainer Börsig präsentiert, ein Rosé aus Syrah, ein enorm druckvoller und intensiver Wein, der gute Struktur und Substanz besitzt, kein Terrassen-Rosé, ein enorm „ernsthafter" Wein. Die Schwarzer Sepp genannte Cuvée aus Cabernet Mitos und Spätburgunder ist fruchtbetont und klar, der Spätburgunder Familiengewächs besitzt gute Struktur und reintönige Frucht, noch etwas besser gefällt uns der intensiv fruchtige Syrah, der Brombeeren und Pfeffernoten besitzt, gute Struktur, Fülle, Kraft und viel Frucht. Bravo!

Weinbewertung

84 2017 Sauvignon Blanc trocken **12 %/8,50 €**
83 2017 Scheurebe trocken **12 %/8,50 €**
84 2017 Riesling trocken „Am Schloss" **12 %/8,50 €**
85 2017 Chardonnay trocken **12,5 %/9,- €**
86 2017 Riesling trocken „Freigeist" **12,5 %/12,- €**
82 2016 Riesling „feinherb" „No. 4" **13 %/6,50 €**
83 2017 Rosé trocken „Lebenslust" **12,5 %/8,50 €**
87 2017 Syrah Rosé trocken „Börsigspontan" **12 %/12,50 €**
82 2017 Spätburgunder Rosé halbtrocken **11,5 %/7,- €**
83 2016 „Schwarzer Sepp" Rotwein trocken **13 %/9,50 €**
85 2016 Spätburgunder trocken „Familiengewächs" **13,5 %/12,- €**
86 2016 Syrah trocken **13 %/12,- €**

Bohnenstiel

★

KONTAKT

Weinstraße 77
67273 Herxheim am Berg
Tel. 06353-91186
Fax: 06353-91196
www.weingut-bohnenstiel.de
weingut.bohnenstiel@t-online.de

Inhaber
Edwin & Martina Bohnenstiel
Rebfläche
14 Hektar
Produktion
80.000 Flaschen

BESUCHSZEITEN

Mo.-Fr. 9-12 + 13-18 Uhr,
Sa. 9-17 Uhr, sonn- und
feiertags geschlossen
Probierstube, Ferienwohnung

Seit Ende des 17. Jahrhunderts betreibt die Familie Bohnenstiel Weinbau in Herxheim am Berg. Die Weinberge liegen vor allem im Herxheimer Honigsack, aber auch im Herxheimer Himmelreich, im Herxheimer Kirchenstück und in Dackenheim. Neben den traditionellen Weißweinsorten wie Riesling, Weiß-, Grauburgunder, Müller-Thurgau und Silvaner bauen Edwin und Martina Bohnenstiel inzwischen auch Chardonnay, Sauvignon Blanc und Gelber Muskateller an. An roten Sorten gibt es Portugieser, Dornfelder, Spätburgunder, St. Laurent, Acolon, Cabernet Mitos, Cabernet Sauvignon und Merlot. Die Weißweine werden kühl und langsam vergoren, alle Rotweine werden maischevergoren. Für seine Topweine nutzt Edwin Bohnenstiel alte Lagenbezeichnungen wie Wermuth, Mahlstein, Felsenberg oder Sommertal. Das Sortiment ist gegliedert in Guts-, Orts-, Lagen- und Premiumweine.

Kollektion

Zwei Rieslinge aus dem Wermuth stehen in diesem Jahr an der Spitze des Sortiments, der von Sohn Maximilian ausgebaute „Seiner" ist offener und etwas komplexer als der normale Wermuth, der zwar klare Steinobstnoten und Biss besitzt, aber auch etwas mit dem Alkohol zu kämpfen hat. Der Seiner zeigt feine mineralische Würze, ist animierend, harmonisch und lang. Gut gefallen uns auch die beiden ganz unterschiedlichen Sauvignon Blanc, die normale Version ist gelbfruchtig mit frischem Säurespiel, der Fumé zeigt dagegen klare Stachelbeerwürze und perfekt eingebundenes Holz. Der Riesling aus dem Honigsack besitzt kräutrige Würze und Zitrusnoten, der Grauburgunder ist harmonisch und leicht cremig. Die Rotweine, unter denen wir die weiche und füllige Cuvée aus Cabernet Sauvignon und Merlot mit klarer, dunkler Beerenfrucht vorne sehen, sind kraftvoll, mit süßer, dunkler Frucht.

Weinbewertung

83	2017 Sauvignon Blanc trocken **12,5 %/7,50 €**
82	2017 Weißburgunder trocken Herxheim **12 %/6,- €**
83	2017 Grauburgunder trocken Herxheimer Honigsack **13 %/7,30 €**
85	2017 Sauvignon Blanc trocken „Fumé" **13 %/9,60 €**
84	2017 Riesling trocken Herxheimer Honigsack **12,5 %/7,30 €**
86	2017 Riesling trocken „Im Wermuth" **14 %/9,90 €**
87	2017 Riesling trocken „Im Wermuth Seiner" **13,5 %/10,50 €**
82	2017 Gelber Muskateller Dackenheim **12 %/7,- €**
83	2015 Spätburgunder trocken Herxheimer Honigsack **13,5 %/7,50 €**
83	2015 Merlot trocken Laumersheimer Steinbuckel **14 %/7,60 €**
81	2016 St. Laurent trocken Laumersheimer Kirschgarten **13 %/7,- €**
85	2014 Cabernet Sauvignon Merlot trocken **14 %/11,50 €**

B

Borchert

★★

KONTAKT

Springiersbacher Hof
Oberbachstraße 30
56814 Ediger-Eller
Tel. 02675-1560
Fax: 02675-910149
www.moselhof.de
info@moselhof.de

Inhaber
Gabriele & Michael Borchert
Betriebsleiter/Kellermeister
Michael Borchert
Außenbetrieb
Bartek Oller
Rebfläche
3 Hektar
Produktion
15.500 Flaschen

BESUCHSZEITEN

Wein-Café 12-22 Uhr, Di. Ruhetag, Vinothek und Weinverkauf, Destillerie 4 und 5 Sterne-Ferienwohnungen und Ferienhaus

Das Weingut hat seinen Sitz in einem Barockgebäude, das die Augustiner-Chorherren vom Kloster Springiersbach 1752 errichten ließen. 1997 gründeten Gabriele und Michael Borchert das Weingut praktisch neu, in dem sie einen Weinberg im Ediger Feuerberg pachteten. Nach und nach kauften sie Parzellen in besten Lagen im Ellerer Calmont und im Ediger Elzhofberg, wo sie brachgefallene Terrassen rodeten und neu bepflanzten und eine Monorackbahn bauten. Des Weiteren sind sie im Ediger Osterlämmchen und im Ellerer Pfirsichgarten vertreten. Riesling nimmt 90 Prozent der Rebfläche ein, Grauburgunder 5 Prozent 2014 wurden zwei weitere Weinberge in Steilstlagen hinzugepachtet, der eine mit 1993 gepflanztem Spätburgunder, der andere mit 1980 gepflanzten wurzelechten Rieslingreben. Inzwischen gehört auch Gewürztraminer zum Sortiment. 2005 eröffnete die Familie ein Wein-Café in einer ehemaligen Kelterscheune, 2010 nahmen sie eine Destille in Betrieb. Sohn Johannes hat 2016 sein Studium in Geisenheim beendet. Zur Steigerung der Qualität plant das Gut eine neue Produktionsstätte mit Holzfasskeller und Vinothek in einem denkmalgeschützten Haus aus dem 15. Jahrhundert.

Kollektion

Das Weingut geht seinen Weg zwischen Tradition und Moderne, hat Ambitionen vor allem im trockenen und feinherben Bereich. Beim Schaumwein auch, wie der 2015er Riesling Sekt zeigt, der eine leichte Süße aufweist, aber auch eine gelungene Kräuterwürze. Ein saftiger Riesling namens „Roter Schiefer" steht am Beginn des Sortiments der stillen Weine, der trockene Calmont spielt natürlich in einer eigenen Liga, zeigt klare Würze und Struktur. Noch mehr Kraft, allerdings etwas weniger Finesse, zeigt der „Elzig von den oberen Mauern". Die feinherbe Spätlese ist der süßeste Wein, saftig und voller Schmelz. Ambitionen zeigt das Weingut auch beim Rotwein: Der Spätburgunder besitzt Anklänge an schwarze Beeren und Rauch, dazu Volumen und Würze.

Weinbewertung

86	2015 Riesling Sekt trocken **11 %/10,50 €**
84	2017 Grauburgunder Eller Pfirsichgarten **13 %/8,50 €**
85	2017 Riesling trocken „Roter Schiefer" **12 %/7,- €**
87	2017 Riesling trocken Calmont **12,5 %/13,90 €**
87	2016 Riesling trocken „Elz!" **12,5 %/11,80 €**
86	2017 Riesling trocken „Elzig von den oberen Mauern" **13,5 %/12,90 €**
85	2017 Riesling „feinherb" Ediger Elzhofberg **11 %/7,- €**
85	2017 Riesling Spätlese „feinherb" **9,5 %/8,50 €**
83	2017 Spätburgunder Rosé **11 %/7,- €**
86	2016 Blauer Spätburgunder trocken „Lehmener Turm Terrassen" **13,5 %/24,90 €**

BORCHERT
SPRINGIERSBACHER HOF

BORELL-DIEHL

★★☆

KONTAKT

Weinstraße 47
76835 Hainfeld
Tel. 06323-980530
Fax: 06323-980570
www.borrell-diehl.de
info@borell-diehl.de

Inhaber
Thomas Diehl &
Annette Borell-Diehl
Betriebsleiter/Kellermeister
Georg & Thomas Diehl
Rebfläche
30 Hektar
Produktion
280.000 Flaschen

BESUCHSZEITEN

Mo.-Fr. 8-12 + 13-18 Uhr,
Sa. 9-17 Uhr

Die Familie Borell ist seit dem 17. Jahrhundert in Hainfeld ansässig, das Weingut hat seinen Sitz in einem Fachwerkhaus aus dem Jahr 1619, in dessen Innenhof 2014 eine neue Vinothek eingeweiht wurde. In seiner heutigen Form entstand das Weingut 1990 durch die Heirat von Annette Borell mit Thomas Diehl, der ebenfalls aus einer Winzerfamilie (im benachbarten Edesheim) stammt. Seit Juli 2016 ist Sohn Georg, der seine Lehre bei Möwes, Rebholz und Wittmann machte, dann eine Weinbautechnikerausbildung anschloss, Betriebsleiter und Kellermeister im Weingut. Die Weinberge der Familie liegen in den Hainfelder Lagen Letten und Kapelle, den Flemlinger Lagen Vogelsprung und Herrenbuckel, den Edesheimer Lagen Forst und Rosengarten sowie im Burrweiler Altenforst und im Maikammer Heiligenberg.

Kollektion

Auch die aktuelle Kollektion hat wieder ein durchgängig hohes Niveau: Die drei verkosteten Spätburgunder sind sich stilistisch sehr ähnlich, sie besitzen gute Struktur, zeigen Schwarzkirschfrucht und deutliche röstige Würze mit Noten von Räucherspeck, die Réserve ist etwas eleganter als Kupperwolf und Georg XIV. Auch die weißen Réserve-Weine zeigen deutliches Holz und Kokosnoten, der Weißburgunder ist saftig und weich mit klarer Frucht, Birne und Zitrusnoten, der Chardonnay ist kraftvoll und zeigt Banane und etwas Vanille im Bouquet. Der Grauburgunder von alten Reben besitzt dezentere Holzwürze, feinen Schmelz und gute Länge, der Riesling Kupperwolf ist frisch, zeigt klare Frucht und etwas kräutrige Würze, der Riesling von alten Reben ist etwas verhaltener und besitzt Fülle. Sehr reintönig sind die beiden süßen Rieslaner, die Auslese besitzt klare, süße Frucht und ein lebendiges Säurespiel, die Beerenauslese ist konzentriert und cremig und besitzt feine Frische.

Weinbewertung

83	2017 Riesling trocken „vom Muschelkalk" **12,5 %/6,- €**
86	2017 Weißer Burgunder trocken „Alte Reben" Hainfelder **13 %/9,- €**
87	2017 Grauer Burgunder trocken „Alte Reben" Hainfelder Letten **13,5 %/9,- €**
85	2017 Riesling trocken „Alte Reben" Edesheimer Forst **13 %/8,- €**
86	2017 Riesling trocken „Kupperwolf" Edesheimer Rosengarten **13 %/9,50 €**
87	2017 Weißer Burgunder trocken „Réserve" **13 %/13,- €**
87	2017 Chardonnay trocken „Réserve" „vom Muschelkalk" **13,5 %/13,- €**
87	2017 Rieslaner Auslese Flemlinger Herrenbuckel **9 %/9,50 €**
89	2017 Rieslaner Beerenauslese Hainfelder Kapelle **11 %/20,- €/0,375l**
86	2016 Spätburgunder trocken „Kupperwolf" Edesheimer Rosengarten **13 %/13,50 €**
87	2016 Spätburgunder trocken „Georg XIV" Hainfelder Letten **13 %/18,80 €**
88	2016 Pinot Noir trocken „Réserve" **13 %/25,- €**

B

Borst

★★

KONTAKT

Am Rain 16
97334 Nordheim
Tel. 09381-2949
Fax: 09381-802568
www.weingut-borst.de
info@weingut-borst.de

Inhaber
Thomas Borst
Rebfläche
9 Hektar
Produktion
60.000 Flaschen

BESUCHSZEITEN

Mo.-Sa. 8-12 + 14-17 Uhr
Gästehaus

Das Nordheimer Familienweingut wird heute in siebter Generation von Thomas Borst geführt, der nach Winzerlehre und Neuseelandaufenthalt Önologie in Geisenheim studiert hat. Seine Weinberge liegen vor allem im Nordheimer Vögelein und im Sommeracher Katzenkopf, des Weiteren ist er im Nordheimer Kreuzberg, im Neuseser Glatzen und in Dettelbach vertreten. Das Hauptaugenmerk liegt auf Weißweinen, vor allem dem Silvaner, aber auch Müller-Thurgau, Bacchus, Riesling und Rieslaner spielen eine wichtige Rolle im Betrieb, auch Weißburgunder und Scheurebe werden angebaut, an roten Sorten gibt es Spätburgunder und Domina, aber auch ein wenig Regent, Schwarzriesling und Cabernet Dorsa.

Kollektion

Eine überzeugende Kollektion präsentiert Thomas Borst auch in diesem Jahr, es geht stetig weiter voran. Das Einstiegsniveau ist hoch: Der Liter-Silvaner ist frisch und saftig, dies gilt auch für den halbtrockenen Bacchus im Liter, der Inselwein ist klar und zupackend, der Müller würzig und lebhaft. Der trockene Silvaner Kabinett ist lebhaft, fruchtbetont und zupackend, der Weißburgunder harmonisch und süffig bei reifer süßer Frucht. Eine klare weitere Steigerung bieten dann die beiden trockenen Spätlesen aus dem Jahrgang 2016. Der im neuen Halbstückfass ausgebaute Silvaner zeigt gute Konzentration und reife Frucht, ist füllig und saftig im Mund, besitzt viel reife Frucht und Substanz. Der Weißburgunder aus dem Katzenkopf, spontanvergoren im Stückfass, steht ihm nicht nach, ist füllig und saftig, wunderschön reintönig, besitzt viel Substanz und Länge. Die Rieslaner Spätlese besitzt viel Frische und feine süße Frucht. Ganz stark sind dann die beiden Spätburgunder. Der 2016er aus dem Vögelein ist reintönig, frisch und zupackend, deutlich komplexer ist der 2015er „Tempus et Spatium“, unser Favorit in der aktuellen Kollektion: Rauchig, reintönig, gute Struktur, viel Frische und Frucht.

Weinbewertung

82 2017 Silvaner trocken (1l) **12 %/5,30 €**
83 2017 „Insel-Cuvée“ Weißwein trocken **12 %/5,50 €**
82 2017 „Der“ Müller trocken **11,5 %/5,50 €**
84 2017 Silvaner Kabinett trocken Nordheimer Vögelein **12,5 %/6,50 €**
84 2017 Weißer Burgunder **12,5 %/6,50 €**
87 2016 SIlvaner Spätlese trocken **13,5 %/9,50 €**
87 2016 Weißer Burgunder Spätlese trocken S. Katzenkopf **13,5 %/8,50 €** ☺
82 2017 Bacchus halbtrocken (1l) **11,5 %/5,10 €**
84 2017 Rieslaner Spätlese Nordheimer Vögelein **11,5 %/8,50 €**
85 2016 Spätburgunder trocken Nordheimer Vögelein **13,5 %/8,50 €**
88 2015 Spätburgunder trocken „Tempus et Spatium“ **13,5 %/16,- €**

B

Rudolf Bosch

★★☆

KONTAKT

An der oberen Lußhardt 1/1
76709 Kronau
Tel. 07253-9324024
www.weingut-bosch-kronau.de
info@weingut-bosch-kronau.de

Inhaber
Rudolf Bosch &
Andreas Braunecker
Rebfläche
8 Hektar
Produktion
40.000 Flaschen

BESUCHSZEITEN

Mi. + Fr. 17:30-19 Uhr, Sa. 14-17 Uhr, Im Dez. auch Do. 17:30-19 Uhr, oder nach Vereinbarung

Das Weingut entstand als Hobby-Weingut, gegründet von Rudolf Bosch in Bad Schönborn. Erst mit dem Einstieg seines Neffen Andreas Braunecker nach dessen Geisenheim-Studium im Jahr 2008 (nach Winzerlehre beim Lucashof und bei Christmann) und dem Neubau eines Kellereigebäudes in Kronau wurde aus dem Hobbybetrieb ein Haupterwerbsweingut. Die Weinberge erstrecken sich über mehrere Gemarkungen im Kraichgau, so Langenbrücken, Zeutern, Stettfeld und Obergrombach, die Reben wachsen teils auf Löss, teils auf Kalkmergel, teils auf Posidonienschiefer. Riesling nimmt ein Viertel der Rebfläche ein, Spätburgunder ein Fünftel, es folgen Müller-Thurgau, Frühburgunder, Weißburgunder und Grauburgunder, dazu gibt es etwas Auxerrois, Scheurebe und Portugieser, sowie Cabernet Mitos und Merlot. Die Weine werden in den drei Linien Esprit, Signatur und Charisma vermarktet.

Kollektion

Im Weingut Bosch wird weiter auf hohem Niveau gearbeitet. Die Rebsorten werden klar herausgearbeitet, die Weine sind typisch. Man merkt, dass im Weinberg sehr gut gearbeitet wird, und dass im Keller keine Fehler gemacht werden. Das Ergebnis sind Weine, die wie gute Freunde daherkommen: Man kann ihnen vertrauen. Sehr fein ist der Rosé, mit animierender Stachelbeerfrucht und bitzelnder Säure. Der Auxerrois ist herrlich leicht und zeigt viel helle Frucht, Mirabellen und Reineclauden, gute Säure, ein schlanker Burgunder. Der Grauburgunder ist füllig, aber nicht zu opulent, ein stabiler Wein mit feiner Holzunterstützung. Müller-Thurgau einmal anders: Der Signatur von 2016 macht ordentlich Druck, er zeigt exotische Früchte, Würze und salzige Mineralität. Bei den Rotweinen gefiel uns der Portugieser am besten. Typische Nase, aber sehr dicht, würzig, vielschichtig, gute Konzentration. Die roten Burgunder sind alle empfehlenswert. Gute Kollektion! —

Weinbewertung

84	2017 Müller-Thurgau „Esprit" **12,5 %/7,40 €**
85	2017 Auxerrois trocken „Esprit" Obergrombacher Michaelsberg **11,5 %/7,90 €**
83	2017 Weißburgunder „Esprit" **12,5 %/7,90 €**
83	2017 Riesling „Esprit" **12 %/7,90 €**
87	2016 Müller-Thurgau „Signatur" **12,5 %/12,80 €**
86	2016 Grauburgunder „Signatur" **13 %/9,80 €**
86	2017 „Spielart" Rosé **12 %/7,90 €**
84	2015 Spätburgunder trocken „Esprit" **13 %/7,90 €**
88	2015 Portugieser „Signatur" **13,5 %/14,50 €**
86	2015 Frühburgunder „Signatur" **13,5 %/14,50 €**
87	2015 Spätburgunder „Terra Sigma" **13,5 %/22,- €**
87	2015 Spätburgunder trocken „Elysium" Obergrombacher Michaelsberg **13,5 %/a.A.**

Bottler

★★

KONTAKT

Hauptstraße 11
54486 Mülheim
Tel. 06534-324
Fax: 06534-18395
www.weingut-bottler.de
wein-gaestehaus-bottler@t-online.de

Inhaber
Hermann & Andreas Bottler
Rebfläche
6,5 Hektar
Produktion
55.000 Flaschen

BESUCHSZEITEN

Mo.-Sa. 8-12 + 13-18 Uhr oder nach Vereinbarung
Vinothek, Straußwirtschaft, Gästehaus

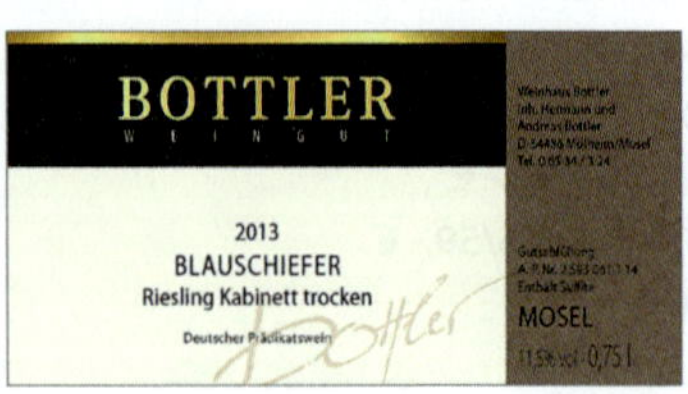

Das Familienweingut in Mülheim wird heute von Hermann und Andreas Bottler geführt. Ihre Weinberge liegen in der Mülheimer Sonnenlay, sie bauen zu 85 Prozent Riesling an, hinzu kommen 10 Prozent Spätburgunder sowie ein wenig Weißburgunder, Kerner, Müller-Thurgau und Regent. Die Weine werden kühl vergoren, teils im Holz, teils im Edelstahl ausgebaut. Das Gros der Produktion wird trocken ausgebaut. Zu den Spezialitäten gehört der Eiswein, der fast in jedem Jahr erzeugt wird, und von dem es auch einige ältere Jahrgänge noch im Verkauf gibt. Im Juli 2013 wurde die neue Vinothek fertig gestellt, die bis zu 40 Personen Platz für Weinverkostungen und Veranstaltungen bietet.

Kollektion

Seit wir dieses Weingut verfolgen, hat sich die Qualität der Weine langsam, aber sicher nach oben entwickelt. Im vergangenen Jahr war dann eine deutliche Steigerung festzustellen, die Weine waren geradlinig und zuverlässig, nicht von Süße kaschiert und frisch. In diesem Jahr zeigen praktisch alle Weine eine schöne, saftige Art, sind zugänglich, ohne banal zu wirken. Die beiden Schaumweine aus 2016 sind gelungen, auch wenn der Riesling einen Hauch von Süße aufweist, besser gefällt der saftige Crémant. Der trockene „Blauschiefer"-Riesling beispielsweise, würzig und angenehm trocken, ist ein guter, rundum empfehlenswerter Basiswein. Eine trockene Spätlese von alten Reben aus der Sonnenlay, die noch präziser ausfällt, puristisch trocken, rassig, mit moderatem Alkohol, muss ebenfalls erwähnt werden. Dieser Wein wurde ausdrücklich auf diese Weise ausgebaut, um die Mineralität in den Vordergrund zu stellen. Unter den feinherben Weinen gefällt der Riesling von alten Reben aus der Sonnenlay am besten, bei den süßen ist es die zwar deutlich süße, aber rassige Spätlese aus dem Johannesberg; auch die Auslese zeigt eine angenehme Art und dazu noch Substanz.

Weinbewertung

86 2016 Crémant brut **13 %/11,50 €**
85 2016 Riesling Sekt brut **12,5 %/9,50 €**
83 2017 Riesling Kabinett trocken „Blauschiefer" **11,5 %/7,- €**
85 2017 Riesling Spätlese trocken „S" Mülheimer Sonnenlay **13 %/8,50 €**
87 2017 Riesling Spätlese trocken „Alte Reben S" Sonnenlay **12,5 %/10,50 €**
85 2017 Riesling Kabinett „feinherb" „Held" **11 %/7,- €**
86 2017 Riesling Spätlese „feinherb" „Alte Reben" Mülheimer Sonnenlay **11,5 %/9,- €**
84 2017 Riesling Kabinett „Johannesberg" **9 %/7,- €**
87 2017 Riesling Spätlese „Johannesberg" **9 %/9,- €**
88 2017 Riesling Auslese Goldkapsel **9 %/13,50 €/0,5l**

HERMANN-JOSEF BOTZET

★☆

KONTAKT

Hauptstraße 18
54340 Thörnich
Tel. 06570-3708
Fax: 06507-80174
www.botzet-weingut.de
info@botzet-weingut.de

Inhaber
Bernhard Botzet
Rebfläche
6,5 Hektar
Produktion
20.000 Flaschen

BESUCHSZEITEN

nach Vereinbarung

Bernhard Botzet hat im Jahr 2006 das Weingut von seinem Vater übernommen. Er baut zu 98 Prozent Riesling an, dazu gibt es ein klein wenig Spätburgunder. Seine Weinberge liegen vor allem in den beiden Steillagen Thörnicher Ritsch und Pölicher Held und in der flacher gelegenen Thörnicher Schießlay, hinzu kommen kleinere Flächen im Thörnicher St. Michael, im Enscher Mühlenberg und in der Klüsserather Bruderschaft. In der Thörnicher Ritsch, seiner wichtigsten Lage, besitzt Bernhard Botzet über 70 Jahre alte Reben. Die Weine werden teils mit den natürlichen Hefen, teils mit Reinzuchthefen vergoren, wobei der Anteil der spontan vergorenen in den vergangenen Jahren erhöht wurde, und werden sehr lange auf der Feinhefe im Edelstahl ausgebaut.

Kollektion

Bernhard Botzet arbeitet den Charakter der Lage Thörnicher Ritsch ausgezeichnet heraus, wie sich das schon im vergangenen Jahr beim Jahrgang 2016 zeigte. Damals überzeugten die geradlinig saftigen Rieslinge von Anfang an. Auch im Jahrgang 2017 erweisen sich die vorgestellten Weine als typisch, würzig und nachhaltig. Der Literriesling ist süffig und belanciert, sowohl im trockenen als auch im feinherben Bereich – das Einstiegsniveau überzeugt. Deutlich spannender noch ist der bereits zugängliche, sehr würzige trockene Riesling von alten Reben aus der Thörnicher Ritsch: Straff, harmonisch, von feiner Säure geprägt. Offene Frucht und Schmelz weist der feinherbe Riesling auf. Die beiden Süßweine besitzen beide eine markante Süße und dürften mit etwas Reifezeit noch spannender schmecken als jetzt: Die Auslese mit Steinobstnoten und saftigem Charakter und die erstaunlich süffige Beerenauslese, die zwar nicht extrem komplex ausfällt, aber eine schöne Fülle und gute Länge aufweist. Erneut muss das günstige Preis-Leistungs-Verhältnis erwähnt werden, das auch den süffigen, erfrischenden und leicht süßen Spätburgunder Rosé einschließt.

Weinbewertung

82	2017 Riesling trocken Thörnicher St. Michael (1l) **12 %/5,50 €**
87	2017 Riesling trocken „Alte Reben" Thörnich Ritsch **12 %/9,- €**
82	2017 Riesling feinherb" Thörnicher St. Michael (1l) **11,5 %/5,50 €**
86	2017 Riesling „feinherb" „Alte Reben" Thörnich Ritsch **12 %/9,- €**
87	2017 Riesling Auslese Thörnicher Ritsch **8,5 %/18,- €**
87	2017 Riesling Beerenauslese Thörnicher Ritsch **8 %/59,- €**
82	2017 Spätburgunder Rosé **12,5 %/5,50 €**

BOXHEIMERHOF

★

KONTAKT

Wonnegaustraße 31
67550 Worms-Abenheim
Tel. 06242-60180
Fax: 06242-2765
www.boxheimerhof.de
info@boxheimerhof.de

Inhaber
Walter Boxheimer & Johannes Boxheimer
Kellermeister
Johannes Boxheimer
Außenbetrieb
Walter Boxheimer
Rebfläche
25 Hektar

BESUCHSZEITEN

Mo.-Sa. 8-19 Uhr,
So. geschlossen

Seit über 350 Jahren baut die Familie Wein in Rheinhessen an. Der Boxheimerhof ist in Abenheim zu Hause, einem Ort, der bereits im Lorcher Codex erwähnt wurde, seit 1969 ein Stadtteil von Worms ist. Heute führen Walter und Gudrun Boxheimer zusammen mit ihrem Sohn Johannes das Gut. Ihre Weinberge liegen im Abenheimer Klausenberg, in den Gundheimer Lagen Sonnenberg und Mandelbrunnen sowie im Osthofener Kirchberg. Riesling, Weißburgunder, Grauburgunder und Gewürztraminer werden angebaut, aber auch internationale Rebsorten wie Sauvignon Blanc und Chardonnay, dazu eine breite Palette an Neuzüchtungen wie Müller-Thurgau, Huxelrebe, Scheurebe, Kerner oder Ortega. An roten Sorten gibt es Spätburgunder, Dornfelder, Portugieser und Sankt Laurent. Die Weine werden teils im Edelstahl, teils im Holz ausgebaut, Johannes Boxheimer möchte zukünftig verstärkt mit Spontangärung arbeiten und experimentiert mit Maischegärung bei Weißweinen.

Kollektion

Die neue Kollektion präsentiert sich nicht ganz so homogen wie im vergangenen Jahr, überzeugt aber in der Spitze, vor allem mit dem Pinot Noir haben die Boxheimers weiter zugelegt. Der 2015er wurde sieben Wochen auf der Maische vergoren, er zeigt intensive Frucht im Bouquet, ist klar und zupackend im Mund, besitzt gute Struktur und reintönige Frucht. Auch der Reserve-Dornfelder macht eine sehr gute Figur, ist konzentriert, leicht gewürzduftig, besitzt Fülle, Saft und viel süße Frucht. Der Sauvignon Blanc aus dem Klausenberg, ausgebaut mit 46 Stunden Maischestandzeit, ist füllig und saftig, besitzt reife süße Frucht. Unser eindeutiger Favorit im weißen Segment ist aber der sechs Monate im großen Holzfass ausgebaute Chardonnay, der Fülle und Kraft, besitzt, gute Struktur und Substanz. —

Weinbewertung

80 2017 Riesling trocken (1l) **12 %/5,- €**
83 2017 Sauvignon Blanc trocken Abenheimer Klausenberg **12,5 %/6,70 €**
80 2017 Weißburgunder trocken **12 %/6,20 €**
81 2017 Chardonnay trocken **12,5 %/6,20 €**
82 2017 Riesling trocken „Brummelochsenboden" Klausenberg **13 %/6,50 €**
82 2017 Kerner Spätlese **9 %/6,50 €**
79? 2017 Riesling trocken „Alte Reben" **12,5 %/10,- €**
85 2017 Chardonnay trocken Holzfass „Abenheimer Klausenberg **13 %/9,70 €**
83 2017 Gewürztraminer Spätlese Abenheimer Klausenberg **8,5 %/6,50 €**
81 2015 Spätburgunder trocken **12,5 %/6,50 €**
85 2016 Dornfelder trocken „Reserve" **13 %/10,70 €**
87 2015 Pinot Noir trocken **13 %/13,70 €**

B

BRAND

★★☆

KONTAKT

Weinstraße 7
67278 Bockenheim
Tel. 06359-4944
Fax: 06359-40014
www.weingut-brand.com
wein@weingut-brand.com

Inhaber
Daniel & Jonas Brand
Rebfläche
18 Hektar
Produktion
50.000 Flaschen

BESUCHSZEITEN

Mo.-Sa. 8-17 Uhr

In dem 1891 gegründeten Weingut in Bockenheim wurde 1971 mit der Selbstvermarktung begonnen, 2000 wurde ein neues Betriebsgebäude gebaut, 2003 ein Gästehaus mit sechs Zimmern eröffnet. 2014 haben die Brüder Daniel und Jonas den Betrieb von ihrem Vater Jürgen Brand übernommen, 2015 haben sie damit begonnen, auf ökologische Bewirtschaftung umzustellen. Daniel Brand absolvierte seine Lehrjahre bei Gutzler, Neiss und Wageck-Pfaffmann und machte anschließend seinen Abschluss als Weinbautechniker in Bad Kreuznach, sein jüngerer Bruder Jonas wurde beim Jesuitenhof und Philipp Kuhn ausgebildet und absolvierte ein Praxisjahr beim Weingut Jurtschitsch im Kamptal, dem eine Technikerausbildung in Veitshöchheim folgte. Mit dem Jahrgang 2011 hatte Daniel Brand begonnen, eigene Weine auszubauen, seitdem haben sich die Brüder mehr und mehr den Naturweinen gewidmet und ihre Produktion jedes Jahr etwas ausgeweitet. Die Weine werden von Hand gelesen, nach Maischestandzeiten und Spontangärung werden sie ohne Schönung und Filtration und ohne zugesetzten Schwefel hefetrüb abgefüllt, alle Weine sind vegan.

Kollektion

Die Brand-Brüder gehen unbeirrt ihren Weg der Naturweine weiter und gehören in diesem Bereich mittlerweile zu den profiliertesten Erzeugern in Deutschland. Ganz stark ist in diesem Jahr der Sylvaner „Elis", dessen Jahrgangsvorgänger uns mit der Frage, wie er sich wohl weiter entwickeln würde, etwas Kopfzerbrechen bereitet hatte, die 2016er Version ist komplex, mit Noten von Birnenmost und Zitrusfrüchten, er besitzt spürbare Tannine, eine animierende Säure, sehr feinen Druck und Länge, eine ganz eigenständige Silvaner-Interpretation. Der Cabernet Franc ist deutlich schlanker als im vergangenen Jahr, aber trotzdem sehr komplex, mit dunkler Frucht und Noten von dunkler Schokolade und Kakao, er ist konzentriert, elegant und lang. Der Pinot Blanc besitzt ebenfalls spürbare Tannine, ist knochentrocken und frisch, der „Monastery"-Riesling zeigt grünen Apfel und kräutrige Würze, ist druckvoll, harmonisch und besitzt Biss, der „Hill of Flags" ist schlank, animierend und elegant, während der „vom Berg" ganz konventionell auf Frische und klare Frucht setzt.

Weinbewertung

84 2017 Riesling „vom Berg" **12 %/8,90 €**
88 2016 Pinot Blanc „Holy Chapel" **12 %/17,90 €**
88 2016 Riesling „Monastery" **12,5 %/20,- €**
88 2016 Riesling „Hill of Flags" **11,5 %/25,90 €**
89 2016 Sylvaner „Elis Pur" **12,5 %/32,- €**
84 2016 „Flora Pur" Rotwein **11,5 %/12,90 €**
89 2016 Cabernet Franc „Pur" **12 %/39,90 €**

BRANDT

★★☆

KONTAKT

Dalbergstraße 27
67596 Dittelsheim-Heßloch
Tel. 06244-5521
www.brandt-weine.de
kontakt@brandt-weine.de

Inhaber
Markus Brandt
Rebfläche
10 Hektar

BESUCHSZEITEN

nach Vereinbarung

Der landwirtschaftliche Gemischtbetrieb hat lange Zeit nur Fasswein erzeugt, erst 2011 begannen Hans-Richard Brandt und Sohn Markus mit der Flaschenweinvermarktung. Markus Brandt studierte in Geisenheim, hat inzwischen den Betrieb übernommen. Seine Weinberge liegen in den Hesslocher Lagen Mondschein und Liebfrauenberg, in den Bechtheimer Lagen Stein und Hasensprung sowie in Alsheim und Guntersblum. Der Betriebsschwerpunkt liegt beim Riesling, dazu spielen die Burgundersorten und Scheurebe eine wichtige Rolle, ebenso Silvaner. Das Weingut ist einer der wenigen Betriebe, die noch Schönburger im Programm hat, eine Rebsorte, die in den siebziger Jahren vor allem in Rheinhessen angebaut wurde, heute aber praktisch keine Rolle mehr spielt, Markus Brandt aber schickt Schönburger manchmal sogar zur Verkostung ein. Inzwischen hat Markus Brandt Blaufränkisch gepflanzt. Die Spitzenweine werden in den Bechtheimer Lagen Stein und Hasensprung sowie im Hesslocher Mondschein erzeugt.

Kollektion

Mit der neuen Kollektion legt Markus Brandt weiter zu, weiß wie rot. Der Grauburgunder-Gutswein ist reintönig, frisch und zupackend, der Alsheimer Riesling besitzt gute Struktur, Frucht und Druck. Der Mondschein-Riesling zeigt gute Konzentration, gelbe Früchte, ist füllig und kraftvoll, besitzt viel reife Frucht, gute Struktur und Frische. Der Mondschein-Weißburgunder steht ihm kaum nach, zeigt feine rauchige Noten, besitzt Kraft, Druck und viel Substanz. Auch die beiden süßen Weine überzeugen: Der Riesling Kabinett ist wunderschön lebhaft, klar und zupackend, die Muskateller Spätlese ist herrlich wild und eindringlich, kraftvoll, zupackend und strukturiert, sehr eigenständig. Eine sehr gute Figur machen auch die beiden im Barrique ausgebauten Rotweine, die Stilistik überzeugt. Der Blaufränkisch zeigt intensive reife reintönige Frucht im Bouquet, besticht auch im Mund mit Reintönigkeit, besitzt gute Struktur und Frische. Der Pinot Noir steht ihm kaum nach ist ebenfalls bestechend reintönig, besitzt gute Struktur, Frische und Frucht. Weiter im Aufwind!

Weinbewertung

83 2017 Grauburgunder trocken **12 %/9,80 €**
85 2017 Riesling trocken Alsheimer **12 %/8,- €**
88 2017 Riesling trocken Hesslocher Mondschein **12 %**
87 2017 Weißburgunder Hesslocher Mondschein **12 %**
84 2017 Riesling Kabinett Bechtheimer Hasensprung **10,5 %/12,80 €**
86 2017 Gelber Muskateller Spätlese **11 %/12,80 €**
88 2016 Blaufränkisch trocken Barrique Bechtheimer **12,5 %/15,- €**
87 2016 Pinot Noir trocken Barrique Hesslocher **12 %/15,- €**

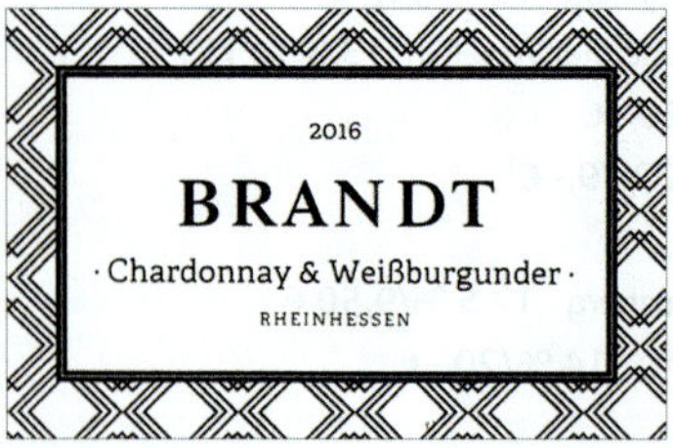

WALDEMAR BRAUN

★★★

KONTAKT

Langgasse 10
97334 Nordheim
Tel. 09381-9061
Fax: 09381-71179
www.weingut-waldemar-braun.de
info@weingut-waldemar-braun.de

Inhaber
Waldemar & Heidi Braun
Kellermeister/Außenbetrieb
Waldemar & Patrick Braun
Rebfläche
14,4 Hektar
Produktion
80.000 Flaschen

BESUCHSZEITEN

Mo.-Sa. 9-18 Uhr, April bis Okt. auch So. 10-12 Uhr; Weinbar (bei guter Witterung) April bis Okt. Mo.-Sa. 9-18 Uhr, So. 10-12 Uhr

Waldemar Braun gründete 1985 sein eigenes Weingut. Seine Weinberge liegen vor allem in Nordheim in den Lagen Vögelein und Kreuzberg, aber auch in den Escherndorfer Lagen Lump und Fürstenberg sowie im Sommeracher Rosenberg. Silvaner nimmt 30 Prozent der Rebfläche ein, es folgen Müller-Thurgau und Bacchus, Scheurebe, Weißburgunder, Chardonnay, Riesling und Spätburgunder, dazu gibt es ein klein wenig Rieslaner, Blauer Silvaner, Grauburgunder und andere Rebsorten. Waldemar und Heidi Braun werden im Betrieb von Sohn Patrick unterstützt, der für den Weinausbau verantwortlich ist. Seit dem Jahrgang 2014 tragen die Spitzenweine nicht mehr die Namen der Gewanne aus denen sie stammen (wie Hohe Setz, Heerweg oder Am starken Holz im Nordheimer Vögelein), sondern werden durch den Zusatz Quintessenz gekennzeichnet.

Kollektion

Wie schon im Vorjahr präsentieren Waldemar und Patrick Braun eine starke, durch und durch stimmige Kollektion. Die Basis stimmt, wie die Cuvée ML oder der Rotling beweisen. Der Riesling aus dem Lump ist reintönig und zupackend, der gelbfruchtige Grauburgunder vom Vögelein konzentriert, füllig und saftig, noch besser gefällt uns der Chardonnay, der reife reintönige Frucht, Substanz und Struktur besitzt, und auch die restsüße Scheurebe glänzt mit Reintönigkeit, Fülle und Komplexität. Am meisten beeindruckt das starke Silvaner-Trio aus drei Jahrgängen. Der Wein aus dem Lump, Jahrgang 2017, besitzt Fülle, Saft und reintönige Frucht. Der Quintessenz-Silvaner aus dem Vögelein, Jahrgang 2016, zeigt gelbe Früchte, etwas Orangenschalen, besitzt Fülle und Kraft, herrlich viel Stoff. Der Reserve-Silvaner, Jahrgang 2012 (!), zeigt feine Reife, ist kraftvoll, harmonisch. Der druckvolle, zupackende Rosé und der kraftvoll Spätburgunder runden die klasse Kollektion ab: Hier geht es weiter voran. ➚

Weinbewertung

85 2016 Scheurebe Sekt extra-dry Nordheimer Vögelein **12,5 %/14,50 €**
83 2017 „ML" Weißwein trocken **11,5 %/5,50 €**
88 2017 Silvaner trocken Escherndorfer Lump **12,5 %/9,- €** ☺
86 2017 Riesling trocken Escherndorfer Lump **12,5 %/9,50 €**
87 2017 Grauer Burgunder trocken Nordheimer Vögelein **12 %/8,50 €** ☺
88 2017 Chardonnay trocken Nordheimer Vögelein **13 %/11,- €**
89 2016 Silvaner trocken „Quintessenz" Nordheimer Vögelein **13,5 %/15,- €**
89 2012 Silvaner trocken „Réserve" **14 %/20,- €**
87 2017 Scheurebe Escherndorfer Lump **12 %/9,- €**
84 2017 Rotling **11 %/6,- €**
86 2017 Pinot Rosé trocken Nordheimer Kreuzberg **12,5 %/9,50 €**
87 2015 Spätburgunder trocken „Quintessenz" **14 %/20,- €**

Braun

★☆

KONTAKT

Hauptstraße 51
67149 Meckenheim
Tel. 06326-8596
Fax: 06326-5212
www.braun-wein-sekt.de
bws@braun-wein-sekt.de

Inhaber
Familie Braun
Kellermeister
Michael Braun & Kristoffer Grass
Außenbetrieb
Franz Käferböck
Rebfläche
38 Hektar
Produktion
300.000 Flaschen

BESUCHSZEITEN

Mo.-Fr. 9-18:30 Uhr,
Sa. 9-16:30 Uhr; Herbstausschank im Sept./Okt.

Nach dem Abschluss der Weinbauschule Weinsberg bei Heilbronn und der Ausbildung zum Weinbautechniker gründete der heutige Seniorchef Fritz Braun das Weingut Anfang der siebziger Jahre. Seine Ehefrau Brunhilde stammt aus einem Weingut in Ellerstadt, das nach dem Krieg von ihrem Vater gegründet worden war, der kurioserweise ebenfalls Fritz Braun hieß, der Weinausbau wurde nach und nach komplett nach Meckenheim verlagert. In Meckenheim (Spielberg, Neuberg) und Ellerstadt (Kirchenstück, Bubeneck) bewirtschaftet die Familie heute knapp 40 Hektar Weinberge. Kellermeister ist der ältere Sohn Michael Braun, der nach seiner Ausbildung in Weinsberg und Bad Kreuznach als Weinbautechniker 1995 in das elterliche Gut einstieg, er ist verantwortlich für die Verarbeitung der Trauben und den Ausbau der Weine. Sein Bruder Martin studierte Weinbetriebswirtschaft in Heilbronn und ist seit 2008 zuständig für Vermarktung und Kundenbetreuung.

Kollektion

Die Rotweine, immer eine Stärke der Familie Braun, besitzen gute Konzentration und weisen spürbaren, aber gut dosierten Holzeinsatz auf. In diesem Jahr sind sie etwas eleganter als in den vergangenen Jahren, was besonders für den Spätburgunder „2punkt0" gilt, der feine Schwarzkirschfrucht, Kräuter und etwas Mokka im Bouquet zeigt und gut strukturiert ist. Gleichauf liegt die konzentrierte Cuvée „Lignum One" aus je einem Drittel Cabernet Sauvignon, Cabernet Dorsa und Sankt Laurent mit viel roter und dunkler Frucht und ebenfalls Mokka und Kräutern und auch der reinsortig ausgebaute Sankt Laurent besitzt gute Konzentration und Struktur. Bei den Weißweinen sind in der jeweiligen Kategorie die Grauburgunder etwas präsenter und ausdrucksstärker als Chardonnay und Riesling, alle zeigen aber viel Sortentypizität.

Weinbewertung

84	2016 Spätburgunder trocken Ellerstadter Kirchenstück **13,5 %/8,90 €**
82	2017 Weißburgunder trocken Hasslocher Leisböhl **12 %/6,- €**
82	2017 Riesling trocken „Auf der Höhe" Meckenheimer Spielberg **12 %/6,50 €**
84	2017 Riesling trocken Ellerstadter Kirchenstück **12,5 %/8,20 €**
85	2017 Grauburgunder trocken Meckenheimer Neuberg **13 %/8,20 €**
85	2017 Chardonnay trocken Meckenheimer Neuberg **13 %/8,20 €**
86	2017 Riesling trocken „2punkt0" Meckenheimer Spielberg **13 %/11,- €**
87	2017 Grauburgunder „2punkt0" trocken **13 %/13,50 €**
86	2017 Chardonnay trocken „2punkt0" Meckenheimer Neuberg **13 %/13,50 €**
86	2015 Portugieser trocken „Anno 1951" Meckenheimer Spielberg **13 %/15,- €**
87	2015 Sankt Laurent trocken „2punkt0" Meckenheimer Spielberg **13 %/15,- €**
88	2015 Lignum One Rotwein trocken **13,5 %/15,- €**
88	2015 Spätburgunder trocken „2punkt0" Ellerstadter Bubeneck **13 %/15,- €**

Braunewell

★★★★

KONTAKT

Am Römerberg 34
55270 Essenheim
Tel. 06136-88917
Fax: 06136-81226
www.weingut-braunewell.de
info@weingut-braunewell.de

Inhaber
Familie Braunewell
Kellermeister
Christian Braunewell
Rebfläche
26 Hektar
Produktion
220.000 Flaschen

BESUCHSZEITEN

Mo.-Do. 13:30-19 Uhr, Fr. 10-12 + 13:30-19 Uhr, Sa. 9-17 Uhr

Seit über 350 Jahren bewirtschaften die Braunewells Weinberge in Essenheim im Selztal, damals, im Jahr 1655 kam der Hugenotte François Breiniville nach Rheinhessen, heiratete und lies sich in Essenheim nieder. Aus Breiniville wurde Braunewell, Weinberge wurden seither immer bewirtschaftet, aber erst in den sechziger Jahren des letzten Jahrhunderts füllte Adam Braunewell erstmals Wein in Flaschen ab. Heute wird das Weingut von seinem Sohn Axel Braunewell und seiner Ehefrau Ursula geführt, zusammen mit ihren Söhnen Stefan und Christian, die beide wie schon ihr Vater in Geisenheim studiert haben. Ihre Weinberge liegen in den Lagen Essenheimer Teufelspfad (mit der Gewanne Am Klopp) und Elsheimer Blume. In beiden Einzellagen, vor allem aber im Teufelspfad gibt es eine Reihe von Teillagen mit unterschiedlichen Böden, prägend ist der hohe Kalkanteil sowohl im Teufelspfad als auch in der Blume, aber es gibt auch Kalkmergel, Löss und Lehm. Riesling ist die wichtigste Rebsorte im Betrieb, gefolgt von Spätburgunder und Grauburgunder. Des Weiteren gibt es Weißburgunder, Silvaner, Sauvignon Blanc, Scheurebe, Kerner und Gewürztraminer, sowie an roten Sorten Portugieser, St. Laurent, Dornfelder, Syrah, Cabernet Sauvignon, Cabernet Franc und Merlot. 2009 wurden Stück und Halbstückfässer erworben, in denen die spontanvergorenen Terroir- und Lagen-Weißweine ausgebaut werden. Das Sortiment ist gegliedert in Guts-, Orts- und Lagenweine. An der Spitze der Kollektion stehen die Rieslinge und Spätburgunder jeweils aus Blume und Teufelspfad, sowie der Grauburgunder aus dem Teufelspfad. Prädikatsbezeichnungen werden nur für süße und edelsüße Weine verwendet.

Kollektion

Die neue Kollektion ist die bisher beste des Weingutes – und schon in den vergangenen Jahren waren wir begeistert von den Weinen der Braunewells. Ein feiner Blanc de Blancs-Sekt eröffnet den Reigen, er zeigt feine Frische und Frucht im Bouquet, besitzt gute Substanz, ist gleichzeitig puristisch, zupackend, noch allzu jugendlich. „Unser täglich Riesling": Was für ein schöner Name für einen feinen Wein, einen frischen, lebhaften Riesling im Liter. Der Gutsriesling ist lebhaft und zupackend, der Grauburgunder wunderschön reintönig und harmonisch: Klasse Gutsweine. Noch besser sind dann die Ortsweine. Der Riesling vom Kalkstein besitzt reintönige Frucht, Fülle und Kraft, gute Struktur und Frische, der Grauburgunder vom Kalkmergel ist fruchtbetont, herrlich saftig. Chardonnay und Sauvignon Blanc werden als „Réserve" angeboten. Der Sauvignon Blanc zeigt intensive Frucht, gute Konzentration, ist füllig, kraftvoll, besitzt reife Frucht und gute Struktur. Der Chardonnay zeigt rauchige Noten, besitzt reintönige Frucht, gute Struktur, viel Substanz. Es folgen jeweils zwei Lagenweine von Riesling und Grauburgunder. Im letzten Jahr war der Teufelspfad-Riesling unser Favorit, gehörte zu den großen Rieslingen des

Jahrgangs in Deutschland. In diesem Jahr sehen wir Teufelspfad und Blume gleichauf, beide besitzen Potenzial. Der Wein aus der Blume zeigt reife gelbe Früchte im Bouquet, ist herrlich präzise im Mund, druckvoll, jugendlich, während der Teufelspfad würziger und stoffiger ist, aber ebenso jugendlich und zupackend. Der Grauburgunder aus dem Teufelspfad zeigt gute Konzentration, gelbe Früchte, ist stoffig, kraftvoll, kompakt. Der Grauburgunder Am Klopp gibt sich sofort als Maischegärer zu erkennen, ist würzig und konzentriert, klar und kompakt, ganz Struktur. Der Rosé Braunewell & Dinter zeigt intensive Frucht, ist füllig und kraftvoll, besitzt viel reife Frucht und Substanz. Die Spätburgunder sind stark wie im Vorjahr: Der Ortswein besitzt reintönige Frucht, Frische und Struktur, der Wein aus der Blume besticht ebenfalls mit Reintönigkeit, zeigt rote Früchte, ist klar und zupackend, ein klein wenig stärker ist auch im Jahrgang 2016 wieder der Wein aus dem Teufelspfad, der intensive Frucht, Fülle, Kraft und viel Stoff besitzt. Großes Kino dann bei den „großen" François-Cuvées, die aus Cabernet Sauvignon, Cabernet Franc, Merlot und (bis auf den Grande Réserve) Syrah bestehen: Ein Steigerungslauf hinsichtlich Konzentration und Kraft, Stoffigkeit und Komplexität, alle drei sind hervorragend, besitzen herrlich viel Frucht, sind eindringlich, nachhaltig.

Stefan und Christian Braunewell / Foto: Peter Bender

Weinbewertung

90 2015 Chardonnay „Blanc de Blancs" Sekt brut nature „François" **12,5 %/17,50 €**
84 2017 Riesling trocken „Unser täglich Riesling" (1l) **12 %/6,50 €**
85 2017 Riesling trocken **12,5 %/7,65 €**
86 2017 Grauer Burgunder trocken **12 %/7,65 €**
88 2017 Riesling trocken „Kalkstein" Essenheim **13 %/11,50 €**
87 2017 Grauer Burgunder trocken „Kalkmergel" Essenheim **13 %/11,50 €**
88 2017 Sauvignon Blanc „Réserve" **13 %/15,- €**
89 2017 Chardonnay „Réserve" **13 %/15,- €**
91 2017 Riesling trocken Blume **13 %/18,50 €**
91 2017 Riesling trocken Teufelspfad **13 %/18,50 €**
89 2017 Grauer Burgunder trocken Teufelspfad **12,5 %/18,50 €**
90 2017 Grauer Burgunder trocken Essenheim „Am Klopp" **12,5 %/22,50 €**
88 2017 Rosé „Braunewell & Dinter" **13 %/25,- €**
88 2016 Spätburgunder trocken „Kalkmergel" Essenheim **13 %/15,- €**
90 2016 Spätburgunder trocken Blume **13 %/22,50 €**
91 2016 Spätburgunder trocken Teufelspfad **13 %/25,- €**
86 2015 „der kleine François" Rotweincuvée trocken **13 %/9,90 €**
90 2015 „François" Rotwein trocken **13,5 %/15,- €** ☺
91 2015 „François Reserve" Rotwein trocken **14 %/30,- €**
93 2015 „François Grande Reserve" Rotwein trocken **14,5 %/40,- €**

LAGEN

TEUFELSPFAD (ESSENHEIM)
– AM KLOPP (ESSENHEIM)
BLUME (ELSHEIM)

REBSORTEN

RIESLING (30 %)
GRAUBURGUNDER (30 %)
SPÄTBURGUNDER (25 %)

B

Manfred Breit

★★

KONTAKT

Bahnhofstraße 31
54498 Piesport
Tel. 06507-99033
Fax: 06507-99034
www.manfredbreit.de
info@manfredbreit.de

Inhaber
Holger Breit
Rebfläche
6,5 Hektar
Produktion
40.000 Flaschen

BESUCHSZEITEN

„KostBar" täglich 10-19 Uhr, in den Wintermonaten nach Vereinbarung

Holger Breit, der das Gut seit dem Jahr 2000 führt, hat den Betrieb durch Zukauf insbesondere im Piesporter Goldtröpfchen vergrößert. Aber nicht nur im Goldtröpfchen ist er vertreten, auch in anderen Piesporter Lagen wie Günterslay, Falkenberg und Treppchen sowie im Dhroner Hofberg. Neben Riesling baut er etwas Weißburgunder, Bacchus und Müller-Thurgau sowie Spätburgunder an. Im Mittelpunkt des Programms stehen allerdings stets die restsüßen Rieslinge, die seit 2007 anhand des Lesezeitpunktes definiert werden: Die erste Vorlese des Goldtröpfchen ergibt den Kabinett, die zweite Selektion die Spätlese, die „wertigsten" Trauben werden in den Auslesen vinifiziert. Die Weine werden im Edelstahl ausgebaut, teilweise nach Maischestandzeiten, zum Teil werden sie spontanvergoren. 2008 wurde eine neue Lagerhalle gebaut, 2011 wurden Haupthaus und Probierstube renoviert. Täglich sind Verkostungen in der KostBar möglich, in den Wintermonaten nach Anmeldung.

Kollektion

Saftig, zugänglich, häufig im besten Sinne zupackend: So präsentieren sich die Weine des Weinguts Breit schon seit Jahren. Ein unverkennbarer Stil, der zusammen mit dem guten Preis-Leistungs-Verhältnis der Flaschen zum Erfolg geführt hat. Das Programm des Jahrgangs 2017 beinhaltet einen sehr ausgewogenen, saftig-süffigen Literriesling im Schnäppchenformat und eine überaus gleichmäßige Abfolge der trockenen und süßen Weine. Der Riesling aus dem Piesporter Falkenberg wirkt etwas schlanker als jener aus dem Piesporter Goldtröpfchen, aber überzeugen können beide, sie besitzen gute Harmonie und feine süße Frucht. Kabinett, Spätlese und Auslese, alle drei aus dem Piesporter Goldtröpfchen, sind dann deutlich süß und auf den ersten Schluck überzeugend. Der Kabinett ist frisch und klar, lebhaft und zupackend. Während die Spätlese mit ein wenig Flaschenreife noch etwas zusätzliche Balance gewinnen könnte, ist die Auslese schon jetzt ausgewogen; sie duftet nach frischem Pfirsich, Pfirsichhaut und Melone, wirkt sehr klar und saftig.

Weinbewertung

84 2017 Riesling trocken (1l) **11,5 %/4,90 €** ☺
87 2017 Riesling Spätlese trocken Piesporter Goldtröpfchen **11,5 %/9,- €**
86 2017 Riesling Spätlese trocken Piesporter Falkenberg **11 %/7,- €** ☺
86 2017 Riesling Kabinett Piesporter Goldtröpfchen **8,5 %/6,- €** ☺
87 2017 Riesling Spätlese Piesporter Goldtröpfchen **7,5 %/11,- €**
88 2017 Riesling Auslese Piesporter Goldtröpfchen **7 %/15,- €**

BREMER

★★★

KONTAKT

Brückenstraße 2
67308 Zellertal
Tel. 06355-8639166
www.weingutbremer.de
info@weingutbremer.de

Inhaber
Familie Bremer
Önologe
Michael Acker
Außenbetrieb
Heiko Maul
Rebfläche
18 Hektar
Produktion
66.000 Flaschen

BESUCHSZEITEN

Mi.-Fr. 14-18 Uhr, Sa. 11-17 Uhr
oder nach Vereinbarung;
Weinbar Do./Fr. 17-24 Uhr

Das Weingut Bremer, im Zellertal, ganz in der nordwestlichen Ecke des Anbaugebiets Pfalz gelegen, ist ein brandneues Weingut – mit einer langen Geschichte. Schon vor hundert Jahren verkaufte das Weingut Herr seine Weine in die ganze Welt, 2014 hat die Familie Bremer aus Calw im Schwarzwald das historische Gut mit besten Lagen im Zellertal übernommen. Geleitet wird das Gut von den drei Schwestern Anna, Rebecca und Leah Bremer, als Önologe wurde Michael Acker, der langjährige Betriebsleiter des Herxheimer Weinguts Schumacher, mit an Bord geholt, den Außenbetrieb leitet Heiko Maul. Das Herrenhaus und der Keller wurden umfassend saniert, eine neue Presse, neue Edelstahlgebinde und Fässer in den verschiedensten Größen angeschafft und mehrere Hektar Weinberge wurden neu bestockt.

Kollektion

Fünf sehr gute Spätburgunder konnten wir in diesem Jahr verkosten, die sich fast auf einem Niveau befinden und eine durchgehende Stilistik aufweisen, alle zeigen feine, klare Schwarzkirschfrucht und dezentes Holz, besitzen gute Struktur und sind harmonisch und elegant, Philippsbrunnen, Apotheker und die Réserve sind etwas ausgeprägter als Marien-Garten und Borbach. Der sechste Spätburgunder, der Zellertaler Ortswein, unterscheidet sich von den anderen, ist fruchtbetont mit viel roter Frucht. Der Riesling vom Schwarzen Herrgott zeigt wieder kalkige Würze und deutliche Kräuternoten, etwas Rosmarin, er ist elegant, besitzt feinen Grip und gute Länge, der erst Anfang 2018 gefüllte 2016er Riesling Hengstgewanne zeigt dezente Reifenoten und kreidige Würze, besitzt ein nachhaltiges Säurespiel, der Chardonnay vom Königsweg ist im Bouquet noch etwas verschlossen, besitzt aber am Gaumen klare Frucht, Zitrusnoten, etwas Blutorange und ganz dezente Kokoswürze vom Holzausbau.

Weinbewertung

82 2017 Riesling trocken (1l) **11,5 %/6,50 €**
85 2017 Riesling trocken Zellertaler **12 %/9,80 €**
85 2017 Gelber Muskateller trocken Kleinkarlbacher **12 %/9,80 €**
87 2016 Riesling trocken Niefernheimer Hengstgewanne **12,5 %/14,- €**
89 2017 Riesling trocken Zeller Schwarzer Herrgott **12,5 %/21,- €**
88 2017 Chardonnay trocken Zeller Königsweg **13,5 %/17,50 €**
87 2015 Spätburgunder trocken Zellertaler **13 %/14,- €**
89 2016 Pinot Noir trocken „Marien-Garten" Kleinkarlbacher Herrgottsacker **13 %/25,- €**
90 2016 Pinot Noir trocken „Philippsbrunnen" Zeller Kreuzberg **13 %/28,- €**
89 2016 Pinot Noir trocken „Borbach" Zeller Königsweg **13 %/28,- €**
90 2016 Pinot Noir trocken Niefernheimer Apotheker **13 %/32,- €**
90 2016 Pinot Noir trocken „Reserve" **13 %/36,- €**

Brendel

★☆

B

KONTAKT

Hauptstraße 13
76889 Pleisweiler-Oberhofen
Tel. 06343-8450
Fax: 06343-5534
www.weingut-brendel.de
info@weingut-brendel.de

Inhaber
Walter, Waltraud & Christian Brendel
Rebfläche
10 Hektar
Produktion
55.000 Flaschen

BESUCHSZEITEN

nach Vereinbarung

Walter und Waltraud Brendel strukturierten den ehemaligen landwirtschaftlichen Gemischtbetrieb um und konzentrierten sich auf den Weinbau. Seit Abschluss seines Geisenheim-Studiums 2010 ist ihr Sohn Christian Brendel für den Außenbetrieb und den Keller verantwortlich, die Eltern kümmern sich um die eigene Weinstube, die die Familie seit 1995 neben dem Weingut betreibt. Die Weinberge liegen rund um Pleisweiler-Oberhofen, wo es Buntsandstein-, Kalkmergel- und Lösslehmböden gibt. Auf 25 Prozent der Rebfläche steht Riesling, die wichtigste Sorte im Betrieb, dazu kommen 30 Prozent Burgundersorten, aber auch Silvaner, Müller-Thurgau, Blaufränkisch, Dornfelder, Scheurebe und Gewürztraminer. Der Großteil des Sortiments besteht aus Gutsweinen, darüber angesiedelt sind die Terroirrieslinge und die Lagenweine vom Pleisweiler-Oberhofener Schlossberg.

Kollektion

Unseren Favoriten des vergangenen Jahres, den Chardonnay-Lagenwein aus dem Schlossberg, konnten wir in diesem Jahr nicht verkosten. Stattdessen stehen drei andere Lagenweine an der Spitze der aktuellen Kollektion: Allen voran der animierende Schlossberg-Riesling mit viel Biss, klarer Frucht, Ananas, und viel kräutriger Würze. Knapp dahinter stehen Weißburgunder und Silvaner, die beide gute Substanz besitzen, aber auch etwas zu viel Alkohol, der Silvaner besitzt gute Konzentration, zeigt klare Birnenfrucht und etwas Kräuter im Bouquet, ist kraftvoll und sehr stoffig, der Weißburgunder besitzt ebenfalls viel Stoff, zeigt Birne, Zitrusnoten und dezentes Holz in der Nase, wirkt aber am Gaumen wegen des Alkohols leicht unharmonisch. Die Rieslaner Auslese besitzt Saft, feine Süße und ein frisches Säurespiel, der trockene Riesling vom Buntsandstein zeigt Zitrusnoten und kräutrige Würze, Weiß- und Grauburgunder zeigen florale Würze, der Weißburgunder zeigt Noten von Birne und Melone, der Grauburgunder ist etwas kraftvoller und zeigt nussige Noten und der Riesling in der Literflasche besitzt Würze, Saft, etwas Biss und leicht süße Frucht.

Weinbewertung

81	2017 Riesling trocken (1l) **12,5 %/4,60 €**
83	2017 Weißburgunder trocken **13 %/6,50 €**
83	2017 Grauburgunder trocken **13,5 %/6,50 €**
84	2017 Riesling trocken „Buntsandstein" **12,5 %/7,50 €**
85	2017 Weißer Burgunder trocken Pleisweiler-Oberh. Schlossberg **14,5 %/8,50 €**
85	2017 Silvaner trocken Pleisweiler-Oberhofener Schlossberg **14 %/8,50 €**
86	2017 Riesling trocken Pleisweiler-Oberhofener Schlossberg **13 %/9,- €**
84	2017 Rieslaner Auslese **11 %/9,- €**

BRENNEISEN

★★☆

KONTAKT

Am Weiler Weg 2
79588 Egringen
Tel. 07628-800987
Fax: 07628-941798
www.weingut-brenneisen.de
dirk.brenneisen@web.de

Inhaber
Dirk Brenneisen
Rebfläche
8 Hektar
Produktion
45.000 Flaschen

BESUCHSZEITEN

Fr. 15-19 Uhr oder nach Vereinbarung

Brenneisen
WEINGUT

Von Anfang an, seit der Gründung des Weingutes im Jahr 2000, werden die Weine in den Gewölbekellern des Gasthauses Rebstock in Egringen ausgebaut, einem kleinen Ort im südlichen Markgräflerland, der im 8. Jahrhundert erstmals urkundlich erwähnt wurde. Die Weinberge von Dirk Brenneisen liegen in Egringen (Sonnhohle) und Fischingen (Weingarten). Die Markgräfler Spezialität Gutedel nimmt 40 Prozent der Rebfläche ein, es folgen Spätburgunder, Weißburgunder und Grauburgunder sowie Chardonnay. Die Rotweine werden alle im Holz ausgebaut, auch ein Teil der Weißweine und der Sektgrundweine kommt ins Holz, die Weine werden lange auf der Feinhefe ausgebaut, auf Schönungsmittel wird weitestgehend verzichtet, die Spätburgunder werden überwiegend unfiltriert abgefüllt. Alle Weine sind durchgegoren, der Restzucker ist auf dem Rückenetikett vermerkt. Seit 2006 werden die Weine nicht mehr zur Qualitätsweinprüfung angestellt und als badischer Landwein bezeichnet.

Kollektion

Starkes Debüt im vergangenen Jahr, grandiose Fortsetzung. Ein harmonischer Sekt eröffnet den Reigen, die Gutsweine sind klar und zupackend. Schwyzer und Kehri wurden zwei Jahre im Barrique ausgebaut: Der Chardonnay ist intensiv, konzentriert, stoffig wie auch der Grauburgunder, der noch etwas druckvoller ist. Aus dem Jahrgang 2010 stammen der Chardonnay „L-X-IR", von luftgetrockneten Trauben, und der Pinot „Blanc de Noir" „Medicus" von gefrorenen Spätburgunder-Trauben: Eigenwillig alle beide, duftig, würzig, enorm konzentriert – für findige Sommeliers! Frisch, präzise und sehr reintönig dann alle Spätburgunder, vom zupackenden Hütte über den intensiven, strukturierten Läufelberg und dem fülligeren, recht Toast-geprägten Himmelreich hin zum faszinierend reintönigen, druckvollen Doktorgarten. Bravo!

Weinbewertung

85 2015 Weißer Burgunder Sekt brut **12,5 %/9,- €**
84 2017 Gutedel **11,5 %/4,- €** ☺
85 2017 Weißer Burgunder **12 %/6,- €** ☺
85 2017 Grauer Burgunder **12,5 %/8,- €**
87 2014 Chardonnay „Schwyzer" **12,5 %/12,- €**
88 2015 Grauer Burgunder „Kehri" **13,5 %/17,- €**
87 2010 Chardonnay „L-X-IR" **13 %/16,- €/0,375l**
89 2010 Pinot „Blanc de Noir" „Medicus" **9 %/27,- €/0,375l**
85 2016 Spätburgunder „Hütte" **13 %/7,- €**
88 2015 Spätburgunder „Läufelberg" **13 %/10,- €** ☺
89 2015 Spätburgunder „Himmelreich" **13 %/16,- €**
91 2015 Spätburgunder „Doktorgarten" **13 %/34,- €**

BRENNFLECK

★★★

KONTAKT

Papiusgasse 7
97320 Sulzfeld/Main
Tel. 09321-4347
Fax: 09321-4345
www.weingut-brennfleck.de
info@weingut-brennfleck.de

Inhaber
Hugo Brennfleck
Rebfläche
29 Hektar
Produktion
256.000 Flaschen

BESUCHSZEITEN

Mo.-Fr. 8-17 Uhr oder nach Vereinbarung

Das Weingut Brennfleck hat seinen Sitz in einem im 15. Jahrhundert errichteten Gutshof. Hugo Brennfleck übernahm das Weingut 1998 mit damals 12 Hektar Rebfläche, hat seither kräftig expandiert. Seine Weinberge liegen in den Sulzfelder Lagen Maustal, Cyriakusberg und Sonnenberg, in den Iphöfer Lagen Kalb und Kronsberg, im Rödelseer Küchenmeister und im Escherndorfer Lump. Fast 60 Prozent der Rebfläche nimmt Silvaner ein, es folgen Grauburgunder und Weißburgunder, Riesling und Müller-Thurgau, dazu gibt es Sauvignon Blanc, Scheurebe und Bacchus. Seit 1994 gibt es auch rote Sorten – Domina, Spätburgunder, Dornfelder. Die Weine werden langsam in temperaturgesteuerten Edelstahltanks vergoren. Hugo Brennfleck nutzt nach wie vor Prädikatsbezeichnungen wie Kabinett für seine trockenen Weine. In der mit dem Jahrgang 2012 eingeführten Edition JHB werden spontanvergorene Weine angeboten. 2015 bot er als trockene Spitzen erstmals zwei Große Gewächse an.

Kollektion

Eine starke Kollektion präsentiert Hugo Brennfleck in diesem Jahr, die angeführt wird von den Großen Gewächsen. Der gelbfruchtige Mönchshöflein-Silvaner besitzt Fülle und Saft, reife Frucht, Substanz und Länge. Noch ein klein wenig besser gefällt uns der Himmelsleiter-Riesling, der Fülle und Kraft besitzt reintönige Frucht, viel Stoff. Die beiden JHB-Weine stehen ihnen nicht viel nach: Der Riesling ist rauchig, kraftvoll, frisch, der Silvaner ist zurückhaltend im Bouquet, kraftvoll im Mund bei viel Substanz. Stark ist auch der Silvaner von alten Reben aus dem Sonnenberg, herrlich reintönig, füllig und strukturiert, der Keuper-Silvaner besitzt Fülle und intensive Frucht. Auch sonst zeigt die Kollektion das gewohnt zuverlässige Niveau, den zupackenden Sauvignon Blanc wollen wir noch gesondert erwähnen.

Weinbewertung

82 2017 Silvaner Kabinett trocken Rödelseer Küchenmeister **12 %/9,30 €**
84 2017 Silvaner Kabinett trocken „Anna Lena" **11,5 %/9,80 €**
82 2017 Silvaner trocken Iphöfer Kronsberg **12,5 %/10,30 €**
86 2017 Sauvignon Blanc trocken Sulzfelder Cyriakusberg **12 %/11,- €**
84 2017 Blauer Silvaner trocken Sulzfelder Sonnenberg **12,5 %/12,- €**
87 2017 Silvaner trocken „Muschelkalk S" Sulzfelder Maustal **13 %/14,- €**
87 2017 Silvaner „Alte Reben" trocken Sulzfelder Sonnenberg **12,5 %/12,70 €**
85 2017 Silvaner trocken „Keuper S" Iphöfer Kronsberg **13 %/14,- €**
88 2017 Silvaner trocken „JHB S" **13 %/16,- €**
88 2017 Riesling trocken „JHB Johann S" **13,5 %/19,- €**
89 2017 Silvaner trocken „GG Mönchshöflein" Sulzfelder Maustal **13 %/29,- €**
90 2017 Riesling trocken „GG Himmelsleiter" Escherndorfer Lump **13 %/29,- €**

B

GEORG BREUER

★★★★★

KONTAKT

Geisenheimer Straße 9
65385 Rüdesheim
Tel. 06722-1027
Fax: 06722-4531
www.georg-breuer.com
info@georg-breuer.com

Inhaber
Marcia & Theresa Breuer
Betriebsleiter
Hermann Schmoranz
Kellermeister
Markus Lundén
Rebfläche 34 Hektar
Produktion 260.000 Flaschen

BESUCHSZEITEN

Vinothek, täglich 10-18 Uhr
Breuer's Rüdesheimer Schloss
(Weinhotel und Weingasthaus,
Steingasse 10, Tel. 06722-90500)

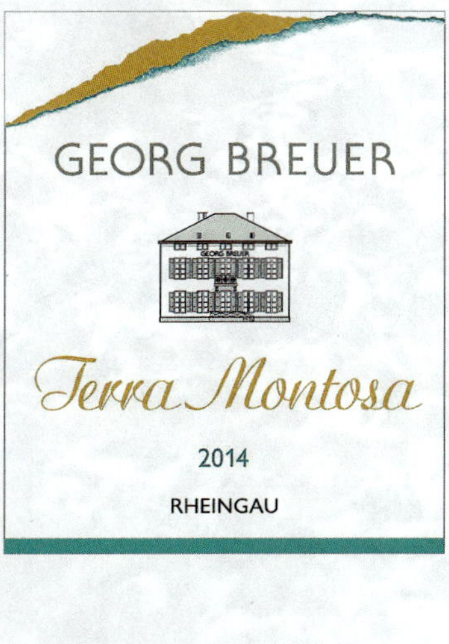

Das 1880 von Bernhard Scholl und Albert Hillebrand als Teil einer Weinhandlung gegründete Weingut befindet sich seit Anfang des 19. Jahrhunderts im Besitz der Familie Breuer. Georg Breuer, der Namensgeber des Gutes, baute Export und Gut weiter aus, auch seine Söhne Heinrich und Bernhard, sowie seit dessen Tod 2004 seine Tochter Theresa erweiterten die Rebfläche. Heute wird es in fünfter Generation von Theresa Breuer geführt, bei der Weinbereitung wird Betriebsleiter Hermann Schmoranz vom jungen Markus Lundén als Kellermeister unterstützt. Die Weinberge liegen in Rüdesheim (27 Hektar) und in Rauenthal (7 Hektar). Dort, in Rauenthal, gehört dem Weingut die 5,6 Hektar große Lage Nonnenberg im Alleinbesitz. In Rüdesheim ist man vor allem in den Lagen Berg Schlossberg, Berg Rottland und Berg Roseneck vertreten, knapp zwei Drittel der Weinberge befinden sich in Steillagen. 81 Prozent der Weinberge sind mit Riesling bepflanzt, hinzu kommen 10 Prozent Spätburgunder, etwas Weiß- und Grauburgunder, sowie kleine Flächen mit Gelber Orleans (seit 2000) und Weißer Heunisch (seit 2004), Rebsorten, die es einst im Rüdesheimer Berg gab. Das Programm ist sehr klar und übersichtlich gestaltet. Die Basis bilden die Gutsrieslinge, die es trocken („Sauvage") und halbtrocken („Charm") gibt. Dann kommen die beiden Ortsrieslinge, Rüdesheim Estate und Rauenthal Estate, welche die unterschiedlichen Böden in Rüdesheim und Rauenthal widerspiegeln. Während die Reben in Rüdesheim auf den schieferhaltigen Böden des Rüdesheimer Bergs und den mit Lehm durchsetzten Weinbergen des ehemaligen Oberfeldes wachsen, herrschen in Rauenthal Ablagerungen von Lehm, Kies und Sand vor. Nach diesen beiden Ortsrieslingen folgt der „Terra Montosa", der die zweitbesten Partien der großen Lagen enthält. Die Spitze des Programms bilden schließlich die Weine aus den Lagen Berg Schlossberg (der seit 1980 ein Künstleretikett trägt), Berg Roseneck und Berg Rottland in Rüdesheim sowie dem Nonnenberg in Rauenthal. Je nach Jahrgang werden auch edelsüße Rieslinge erzeugt.

Kollektion

Ein großer Jahrgang für Theresa Breuer und ihre Mannschaft. Da kann man nur den Hut ziehen. Die Weine sind in den letzten Jahren stetig besser geworden und das auf höchstem Niveau. 2017 ist ein weiterer Meilenstein in der Entwicklung, alle Rieslinge sind ausdruckstark und mineralisch, von den Gutsweinen bis zu den Spitzenweinen sitzt alles wie aus einem Guss. Der Riesling Sauvage ist herb und frisch, seine Leichtigkeit in Kombination mit seiner herzhaften, saftigen Art machen ihn zu einem rassigen Alltagswein par excellence. Der Rauenthal Estate duftet eindringlich nach Birnen und getrockneten Kräutern, ist nicht laut, vielmehr ein Riesling mit Schmelz, rasantem Trinkfluss und Länge. Der Rüdesheim Estate ist pikanter,

B

duftet zart nach frischen Kräutern und roten Äpfeln, am Gaumen ist er packend, geradlinig und kühl, entfaltet feines mineralisches Spiel. Wie immer baut der Terra Montosa eine Brücke zu den großen Lagenweinen des Gutes. Er zeigt gelbe Früchte im Bouquet, Heu, nassem Stein und süße Gewürze. Der eindrucksvollen Fülle am Gaumen stehen akzentuierte Gerbstoffe und eine eindringliche Säureader gegenüber. Die Lagenweine setzen Maßstäbe für das gesamte Anbaugebiet. Sie verbinden Konzentration und Leichtigkeit auf einzigartige Weise. Nur im direkten Vergleich mit den beiden anderen Lagenweinen ist der Berg Rottland eher weich und cremig. In Wahrheit ist auch er ein stoffiger Riesling, der mineralisch fundiert ist. Bei aller Saftigkeit und lagentypischer Würze, bleibt er immer pointiert kühl. Der Nonnenberg gehört zu den ganz großen Rieslingen des Jahrgangs in Deutschland. Er bietet unwiderstehlichen Druck, ist dabei karg mineralisch. Er wird geduldige Genießer brauchen, die ihm mindesten 5 Jahre Flaschenreife gönnen, damit er sich entfalten kann. Ein steiniger großer Riesling, der Kraft und Mineralität verbindet, fordernd durch und durch. In sich selbst ruhend und mit großer Feinheit ausgestattet, präsentiert sich der Berg Schlossberg. Die Selbstverständlichkeit mit der hier immense Kraft und Finesse zusammen kommen ist atemberaubend. Dabei ist es ein eher zarter Jahrgang für diesen Riesling. Die Frucht ist fein, er ist salzig und saftig zugleich, ein Wein der in Zurückhaltung schwelgt. Der halbtrocken ausgebaute Riesling Charm passt in seiner frischen, leichten Art zum trockenen Sauvage, die Fruchtsüße ist perfekt akzentuiert, tritt an keiner Stelle in den Vordergrund. Die Beerenauslese ist straff und markant, kann in der Entwicklung weitere Harmonie aufbauen. Last but not least zeigt der saftige Spätburgunder frankophile Züge, er erinnert an Weine des südlichen Burgund.

Theresa Breuer

Weinbewertung

86	2017 Riesling trocken „GB Sauvage"	**12 %/10,- €**
88	2017 Riesling trocken Rüdesheim „Estate"	**12 %/13,50 €**
88	2017 Riesling trocken Rauenthal „Estate"	**11,5 %/13,50 €**
91	2017 Riesling trocken „Terra Montosa"	**12,5 %/21,- €**
93	2017 Riesling trocken Rüdesheim Berg Rottland	**12,5 %/39,- €**
95	2017 Riesling trocken Rauenthal Nonnenberg	**12 %/49,- €**
94	2017 Riesling trocken Rüdesheim Berg Schlossberg	**12,5 %/58,- €**
86	2017 Riesling halbtrocken „GB Charm"	**11,5 %/10,- €**
92	2017 Riesling Beerenauslese Berg Schlossberg	**8,5 %/92,- €/0,375l**
88	2016 Spätburgunder trocken „Pinot Noir"	**12,5 %/21,- €**

LAGEN

BERG SCHLOSSBERG (RÜDESHEIM)
BERG ROTTLAND (RÜDESHEIM)
BERG ROSENECK (RÜDESHEIM)
NONNENBERG (RAUENTHAL)

REBSORTEN

RIESLING (81 %)
SPÄTBURGUNDER (10 %)
GRAUBURGUNDER (4 %)
WEISSBURGUNDER
GELBER ORLEANS
HEUNISCH

B

Brinkmann

★

KONTAKT

Hintergasse 48
55270 Jugenheim
Tel. 06130-1817
Fax: 06130-949395
www.weingut-brinkmann.de
info@weingut-brinkmann.de

Inhaber
Elisabeth Brinkmann
Betriebsleiter/Kellermeister
Axel & Gerd Brinkmann
Rebfläche
10 Hektar
(3 Hektar nicht in Ertrag)
Produktion
46.000 Flaschen

BESUCHSZEITEN

Mo.-Sa. 8-18 Uhr und nach Vereinbarung

Seit dem Tod von Heimo Brinkmann im Jahr 2015 führen seine Söhne Axel und Gerd den Betrieb. Die Weinberge liegen in den Jugenheimer Lagen Goldberg und Hasensprung, südexponiert, die Reben wachsen in 170 bis 260 Meter Höhe, die Böden bestehen hauptsächlich aus Kalkstein, Ton und Mergel. Riesling nimmt 30 Prozent der Rebfläche ein, die Burgundersorten 40 Prozent, Silvaner spielt eine wichtige Rolle, aber auch Müller-Thurgau, Kerner, Dornfelder, Portugieser, St. Laurent und Regent, in den vergangenen Jahren wurde die Sortenvielfalt reduziert. Das Sortiment ist dreistufig gegliedert in Gutsweine, Ortsweine und Lagenweine, die sich Jahr für Jahr als die herausragenden Weine im Sortiment herauskristallisieren: Der Silvaner von alten Reben im Goldberg sowie Riesling und Spätburgunder aus dem Hasensprung.

Kollektion

Auch die neue Kollektion bietet wie schon ihre Vorgänger weiße und rote Spitzen und wie gewöhnlich sind es auch in diesem Jahr wieder die Lagenweine, die hervorstechen. Unter den kompakten, fülligen weißen Ortsweinen gefällt uns der geradlinige, zupackende Grauburgunder besonders gut. Der Riesling aus dem Hasensprung ist kraftvoll und fruchtbetont, strukturiert und druckvoll. Auch der Silvaner von alten Reben im Goldberg vereint Fülle und Kraft mit reifer Frucht und guter Struktur. Aus dem Goldberg gibt es 2017 auch eine im Barrique ausgebaute Silvaner Auslese, die Fülle, Kraft und Substanz besitzt. Der Jugenheimer Spätburgunder zeigt feine Kirschnoten wie auch der Wein aus dem Hasensprung, der aber viel intensiver und konzentrierter ist, gute Struktur und Grip besitzt.

Weinbewertung

78	2017 Riesling trocken (1l) **12 %/4,50 €**
81	2017 Silvaner trocken **12 %/4,40 €**
81	2017 Weißer Burgunder trocken **12,5 %/4,50 €**
83	2017 Weißer Burgunder trocken Jugenheimer **13,5 %/6,- €**
82	2017 Grauer Burgunder trocken Jugenheimer **12,5 %/6,- €**
82	2017 Riesling trocken Jugenheimer **12 %/5,10 €**
85	2017 Silvaner trocken „Alte Reben" Goldberg **13,5 %/6,- €** ☺
85	2017 Riesling trocken Hasensprung **13 %/6,70 €**
80	2017 Riesling „Schöne Aussicht" Jugenheimer **12 %/5,90 €**
86	2017 Silvaner Auslese Barrique Goldberg **10 %/8,90 €**
84	2017 Riesling Auslese Goldberg **9,5 %/8,90 €**
81	2017 Spätburgunder Rosé trocken **12 %/4,80 €**
83	2015 Spätburgunder trocken Jugenheimer **13 %/5,50 €**
86	2015 Spätburgunder trocken Hasensprung **12,5 %/8,- €**

Brönner & Heilmann

★★☆

KONTAKT

Am Sportplatz 19
63791 Karlstein am Main
Tel. 06023-5042395
Fax: 06188-959540
www.weingut-heilmann.de
info@weingut-heilmann.de

Inhaber
Thomas Brönner
Betriebsleiter/Kellermeister
Simon Quass
Außenbetrieb
Markus Erbacher
Rebfläche
15 Hektar
Produktion
80.000 Flaschen

BESUCHSZEITEN

Mo.-Fr. 8-17 Uhr

Nach dem Tod seines Vaters hat Armin Heilmann 1978 den Obst- und Gemüsehandel seiner Familie übernommen. Großvater Josef Gündling hatte mit dem Weinbau begonnen, unter seiner Anleitung begann Armin Heilmann sich intensiver mit Weinbau zu beschäftigen. Anfangs gab es nur Weißweine, 1991 wurde der erste Spätburgunder abgefüllt. Seit der Modernisierung des Betriebes 1994 gibt es eine Häckerwirtschaft in einer ehemaligen Scheune. Armin Heilmanns Weinberge liegen vor allem in den Michelbacher Lagen Apostelgarten und Steinberg, aber auch in Wasserlos (Schlossberg) und Hörstein (Abtsberg), allesamt Lagen mit Urgesteinsböden. Wichtigste Rebsorten sind Riesling, Silvaner und Spätburgunder, dazu gibt es Weißburgunder, Frühburgunder und St. Laurent, auch Domina, Bacchus, Kerner und Sauvignon Blanc. Da Armin Heilmann keinen Nachfolger hat, verkaufte er sein Weingut an den Unternehmer Thomas Brönner, der bereits im Nachbarort Wasserlos, wo er geboren ist, einen Betrieb übernommen hat; dort soll eine neue Kellerei entstehen, in der dann auch die Michelbacher Weine vinifiziert werden.

Kollektion

Der Übergang ist geschafft, Armin Heilmann ist im Ruhestand – und das Niveau konnte gehalten werden. Die Basiscuvées sind frisch und fruchtbetont, der Müller-Thurgau ist würzig und klar. Sehr gut sind die Michelbacher Ortsweine: Der Sauvignon Blanc zeigt intensive Frucht, besitzt Fülle und Kraft, der trockene Riesling ist reintönig, fruchtbetont und zupackend, und auch der würzige feinherbe Riesling überzeugt mit Frische und reintöniger Frucht. Der Riesling vom Wasserloser Schlossberg zeigt etwas Zitrus und gelbe Früchte, ist klar, kraftvoll und strukturiert, etwas fülliger ist der Riesling vom Apostelgarten, der viel reife Frucht und Substanz besitzt. Sehr viel versprechend ist der als Fassprobe verkostete St. Laurent.

Weinbewertung

84	2017 „Summertime" Weißwein trocken **11,5 %/7,- €**
84	2017 Müller-Thurgau trocken **11,5 %/7,- €**
84	2017 „Fresh" Weißweincuvée trocken **12 %/7,50 €**
82	2017 Riesling trocken „Heilmännchen" **12 %/8,- €**
86	2017 Riesling trocken Michelbach **11,5 %/10,50 €**
85	2017 Sauvignon Blanc trocken Michelbach **12,5 %/9,50 €**
87	2017 Riesling trocken Wasserloser Schlossberg **11,5 %/12,- €**
87	2017 Riesling trocken „Herzstück" Apostelgarten **12,5 %/19,50 €**
86	2017 Riesling „feinherb" Michelbach **10,5 %/10,50 €**
83	2017 „Summertime" Rotling halbtrocken **12 %/8,- €**
(88)	2016 St. Laurent trocken Barrique Michelbacher Steinberg **13 %/25,- €**

Brogsitter

★★☆

KONTAKT

Brogsitter Weingüter und
Privat-Sektkellerei
Max-Planck-Straße 1
53501 Grafschaft-Gelsdorf
Tel. 02225-918111
Fax: 02225-918112
www.brogsitter.de
verkauf@brogsitter.net

Inhaber
Hans-Joachim Brogsitter
Betriebsleiter
Elmar Sermann
Kellermeister
Elmar Sermann,
Markus Hallerbach
Rebfläche
33 Hektar
Produktion
190.000 Flaschen

BESUCHSZEITEN

Vinothek der tausend Weine (Gelsdorf): Mo.-Fr. 8-20 Uhr, Sa. 9-20 Uhr, So. 13-19 Uhr
Vinothek im Gasthaus Sanct Peter täglich ab 10 Uhr (außer Do.)

Hans-Joachim Brogsitter besitzt Weinberge in vielen verschiedenen Lagen, unter anderem in den Walporzheimer Lagen Pfaffenberg, Alte Lay (1,8 Hektar), Domlay und Kräuterberg, im Neuenahrer Sonnenberg, im Ahrweiler Silberberg und im Marienthaler Stiftsberg. Spätburgunder ist mit einem Anteil von knapp zwei Drittel die wichtigste Rebsorte. Es folgen Frühburgunder (15 Prozent), Portugieser, Dornfelder und Riesling. Die Weine der Serie „Ad Aram" werden 14 bis 18 Monate im Barrique ausgebaut.

Kollektion

Einige der 2016er Rotweine hatten wir schon im vergangenen Jahr als Fassproben verkostet, der eine oder andere war uns damals durch die expressive Frucht ein wenig viel versprechender erschienen, die heute etwas zurückgetreten ist hinter den derzeit etwas dominanten Aromen vom Holz. Überraschungen gibt es zunächst im weißen Segment: Der Riesling Großes Gewächs zeigt eindringlich Zitrus und reife Frucht im Bouquet, ist klar, zupackend und strukturiert im Mund. Der im Barrique ausgebaute Blanc de Noir besitzt viel Konzentration und Stoff, aber auch kräftige Vanillenoten, der Grauburgunder ist frisch und reintönig. Die beiden roten Ad Aram-Weine besitzen Fülle und Saft, deutliche Vanille- und Schokonoten. Der Frühburgunder aus dem Pfaffenberg zeigt rauchige Noten, reife Frucht, ist füllig, schmeichelnd, allzu opulent. Besser gefallen uns die Großen Gewächse vom Spätburgunder. Der Wein aus dem Kräuterberg zeigt Gewürze, viel Duft, ist füllig und kraftvoll, besitzt viel reife Frucht, gute Struktur und kräftige Tannine. Noch etwas besser gefällt uns der Spätburgunder aus der Walporzheimer Alte Lay, er ist würzig und eindringlich, besitzt Kraft und Substanz, viel reife Frucht, gute Struktur und Tannine, ist derzeit sehr vom Ausbau im Holz geprägt.

Weinbewertung

82 2017 Spätburgunder „Blanc de Noir" trocken „Brogsitter No. 1" **12 %/7,95 €**
84 2017 Grauburgunder trocken Ahrweiler Klosterberg **12 %/7,95 €**
86 2016 Spätburgunder „Blanc de Noir" trocken „Ad Aram" **13,5 %/19,80 €**
87 2017 Riesling trocken „Großes Gewächs" Walporzheimer Alte Lay **12 %/29,80 €**
83 2016 Pinot Noir trocken „Schiefer" **13 %/10,80 €**
81 2016 Frühburgunder trocken „Edition B" **13,5 %/12,95 €**
85 2016 Spätburgunder trocken „Edition B" **13,5 %/12,95 €**
86 2016 Frühburgunder trocken „Ad Aram" **13,5 %/19,80 €**
87 2016 Spätburgunder trocken „Ad Aram" **13 %/19,80 €**
89 2016 Spätburgunder trocken „Großes Gewächs" Alte Lay **13,5 %/29,80 €**
88 2016 Spätburgunder trocken „Großes Gewächs" Kräuterberg **13,5 %/29,80 €**
87 2016 Frühburgunder trocken „Großes Gewächs" Pfaffenberg **14,5 %/29,80 €**

Frank Brohl

★★★

Kontakt

Zum Rosenberg 2
56862 Pünderich
Tel. 06542-22148, Fax: -1295
www.weingut-brohl.de
info@weingut-brohl.de

Inhaber
Jutta & Frank Brohl
Rebfläche
7 Hektar
Produktion
40.000 Flaschen

Besuchszeiten

nach Vereinbarung
Ferienwohnung

Frank Brohl übernahm 1983 nach dem Tod des Vaters mit 19 Jahren den damals 2 Hektar großen Betrieb, im Jahr darauf begann er mit der Umstellung auf biologischen Weinbau, ist Mitglied bei Ecovin. Seine Weinberge befinden sich in den Pündericher Lagen Marienburg, Nonnengarten und Rosenberg sowie in den Reiler Lagen Mullay-Hofberg und Goldlay. Seit 2001 werden nur noch die besten Rieslinge aus den Lagen Marienburg, Nonnengarten und Goldlay mit Lagenbezeichnungen versehen; seine ältesten Rieslingreben wurden 1889 gepflanzt. 70 Prozent der Rebfläche nimmt Riesling ein, hinzu kommen etwa je 10 Prozent Müller-Thurgau, Weißburgunder und Spätburgunder. Die Weine werden teils im Fuder, teils im Edelstahl ausgebaut, sie werden teilweise spontanvergoren, der Großteil der Weine wird trocken ausgebaut. Sohn Stefan ist inzwischen mit im Betrieb aktiv, der von ihm vinifizierte Wein nennt sich „S-Sential".

Kollektion

Mit seinem Einsteigerriesling namens „Heartbreak" hat das Weingut seit vielen Jahren einen echten Klassiker im Programm – einen, der bereits 2016 überzeugen konnte und der auch 2017 seinem Namen alle Ehre macht. Er ist angenehm trocken, stoffig, aber dennoch nachhaltig und mit Spiel ausgestattet. Der feinherb ausgebaute Nonnengarten-Riesling kann als Pendant im nicht ganz trockenen Bereich durchgehen, auch er macht viel Spaß mit seiner rassigen Art. Richtig spannend wird es dann aber bei der puristischen, mineralischen trockenen Spätlese „Rosenberg" oder dem kraftvollen, nach Kräutern und Hefe duftenden Riesling „1889" aus über 100 Jahre alten wurzelechten Reben. Die süßen Weine sind überdurchschnittlich gut balanciert: eine nach Kernobst und Kräutern duftende Spätlese mit beachtlicher Länge und die Auslese mit kühler Frucht, Noten von Boskoop und einem guten Süße-Säure-Spiel.

Weinbewertung

87	2017 Riesling Spätlese trocken Pündericher Nonnengarten **12,5 %/11,- €**
86	2017 Riesling Hochgewächs trocken „Heartbreak" **12 %/8,- €**
89	2017 Riesling Spätlese trocken „Rosenberg" Pündericher Marienburg **12,5 %/12,90 €**
89	2017 Riesling Spätlese trocken „Alte Reben 1889" **13 %/12,90 €**
86	2017 Riesling „feinherb" Pündericher Nonnengarten **11,5 %/7,80 €**
85	2017 Riesling Kabinett „feinherb" „S-Sential" Pündericher Marienburg **11 %/8,- €**
88	2017 Riesling Spätlese „feinherb" Reiler Goldlay **12 %/10,50 €**
88	2017 Riesling Spätlese** Pündericher Marienburg **8 %/12,- €**
89	2017 Riesling Auslese Pündericher Marienburg **7,5 %/12,- €/0,5l**

B

BRÜGEL

★★★☆

KONTAKT

Hauptstraße 49
97355 Castell-Greuth
Tel. 09383-7619
Fax: 09383-6733
www.weingut-bruegel.de
info@weingut-bruegel.de

Inhaber
Harald Brügel
Rebfläche
8,9 Hektar
Produktion
67.000 Flaschen

BESUCHSZEITEN

Mo.-Fr. 8-12 + 13-18 Uhr,
Sa. 9-12 + 13-17 Uhr und nach Vereinbarung

Die Weinberge dieses 1992 gegründeten Weingutes liegen am Fuß des Steigerwalds in den Orten Abtswind (Altenberg), Greuth (Bastel) und Castell (Kirchberg), wo die Reben auf Gipskeuperböden wachsen. Heinrich Brügel hatte einen landwirtschaftlichen Gemischtbetrieb, die Trauben seiner damals 1,8 Hektar Weinberge lieferte er an eine Genossenschaft. Als Sohn Harald begann sich für Wein zu interessieren, eine Küferlehre machte und die Schule in Veitshöchheim besuchte, wurde nach und nach der Betrieb erweitert und ganz auf die Selbstvermarktung gesetzt. Seit 1998 ist Harald Brügel voll im Betrieb tätig, inzwischen hat er das Weingut übernommen. Wichtigste Rebsorten sind Silvaner und Müller-Thurgau, dazu gibt es Riesling, Spätburgunder, Scheurebe, Bacchus und Domina.

Kollektion

Eine ganz starke Kollektion präsentiert Harald Brügel in diesem Jahr. Silvaner überzeugt als harmonischer Sekt ebenso wie als frischer, fruchtbetonter Monalina-Weißwein, als reintöniger, kraftvoller Altenberg-Silvaner und ebenso als Bastel, als zupackender, druckvoller Keuper-Silvaner und strukturierter, fülliger Wein von alten Altenberg-Reben. Highlight dieser Silvaner-Orgie ist der 2016er pur, intensiv fruchtig, komplex, lang und nachhaltig: Klasse! Die Keuper-Linie bietet eine reintönige, frische, geradlinige Scheurebe, strukturierten, zupackenden Weißburgunder, faszinierend reintönigen Muskateller und würzigen, kraftvollen Riesling – und Riesling überzeugt auch als litschiduftige Beerenauslese mit viel Substanz. Ganz stark auch die Spätburgunder, allen voran der faszinierend druckvolle, nachhaltige pur. —

Weinbewertung

87 Silvaner „pur" Sekt brut nature **13,5 %/19,50 €**
84 2017 Silvaner trocken „Monalina" **12 %/6,- €**
86 2017 Spätburgunder „weißgekeltert" trocken **12,5 %/10,- €**
87 2017 Silvaner trocken Abtswinder Altenberg **12,5 %/8,- €** ☺
87 2017 Silvaner trocken Greuther Bastel **12,5 %/7,50 €** ☺
87 2017 Silvaner trocken „vom Keuper" **13 %/9,50 €**
87 2017 Weißburgunder trocken „vom Keuper" **13 %/9,50 €**
87 2017 Riesling trocken „vom Keuper" **12,5 %/9,50 €**
87 2017 Gelber Muskateller trocken „vom Keuper" **12 %/9,50 €**
88 2017 Silvaner trocken „Alte Reben" Abtswinder Altenberg **13 %/12,- €**
90 2016 Silvaner trocken „pur" Greuther Bastel **13 %/16,- €**
86 2017 Scheurebe „vom Keuper" **12,5 %/9,50 €**
88 2013 Riesling Beerenauslese Greuther Bastel **9 %/24,50 €/0,375l**
87 2014 Spätburgunder trocken „vom Keuper" **13 %/10,- €**
90 2015 Spätburgunder trocken „pur" Greuther Bastel **13,5 %/18,- €**

B

Brüssel

★★

KONTAKT

Winzerstraße 15
67595 Bechtheim
Tel. 06242-7048
Fax: 06242-7077
www.bruessel-wein.de
info@bruessel-wein.de

Inhaber
Dieter Brüssel & Janine Brüssel
Rebfläche
10 Hektar

BESUCHSZEITEN

Mi. + Fr. 9-12 + 13-18 Uhr,
Sa. 9-12 + 13-16 Uhr und nach Vereinbarung

Das Weingut Brüssel (Bisher: Scultetus-Brüssel) wird von Dieter und Martina Brüssel geführt, sowie Tochter Janine, die seit 2007 im Betrieb tätig ist und seit 2012 für den Weinausbau verantwortlich ist. Sie besitzen Weinberge in den Bechtheimer Lagen Geyersberg, Rosengarten und Stein. Die wichtigsten Rebsorten sind Riesling, Silvaner, Weißburgunder, Grauburgunder, Spätburgunder, Portugieser und Dornfelder, aber auch Chardonnay, Merlot und Cabernet Sauvignon werden angebaut, dazu Bacchus, Scheurebe, Kerner, Huxelrebe, Faberrebe und Gewürztraminer. Das Sortiment ist gegliedert in Literweine, Gutsweine, Ortsweine und Lagenweine, nur süße Weine tragen Prädikatsbezeichnungen.

Kollektion

Die neue Kollektion ist in der Spitze so stark wie nie, vor allem die Rotwein trumpfen groß auf. Unter den weißen Gutsweinen gefällt uns der saftig-süffige Grauburgunder am besten. Der Bechtheimer Riesling ist fruchtbetont, geradlinig und frisch, der gelbfruchtige Geyersberg Riesling ist deutlich kraftvoller und konzentrierter, besitzt gute Struktur und Druck. Der füllige im Barrique ausgebaute Weißburgunder ist sehr von Vanillenoten dominiert. Der Cabernet Sauvignon zeigt dezent Cassis und Kräuter im Bouquet, ist klar und zupackend im Mund. Sehr stimmig präsentiert sich das Spätburgunder-Trio. Der Gutswein ist frisch und fruchtbetont, zeigt etwas Kirschen und rote Früchte, besitzt gute Struktur und Frische. Der Bechtheimer Spätburgunder zeigt intensive Frucht im herrlich eindringlichen Bouquet, rote Früchte, ist klar im Mund, fruchtbetont, zupackend, besitzt gute Struktur und Druck. Dies alles findet sich in noch konzentrierterer Form beim faszinierend reintönigen Spätburgunder aus dem Stein, der noch intensivere Frucht besitzt, rauchige Noten, Fülle und Kraft, gute Struktur, Druck und Länge. Bravo! —

Weinbewertung

81 2017 Spätburgunder „Blanc de Noir" trocken **12,5 %/5,- €**
83 2017 Grauer Burgunder trocken **13 %/6,20 €**
82 2017 Chardonnay trocken **13 %/6,20 €**
83 2017 Riesling trocken Bechtheimer **13 %/8,50 €**
87 2017 Riesling trocken Geyersberg **13 %/11,50 €**
84 2016 Weißer Burgunder trocken Barrique Bechtheimer **13 %/10,- €**
81 2017 Gelber Muskateller „feinherb" **11 %/6,20 €**
84 2016 Spätburgunder trocken **13 %/5,40 €**
84 2014 Cabernet Sauvignon trocken **13 %/6,60 €**
87 2016 Spätburgunder trocken Bechtheimer **13 %/9,50 €**
90 2016 Spätburgunder trocken Stein **13,5 %/13,50 €** ☺

B

BRUKER

★★

KONTAKT

Kleinaspacher Straße 18
71723 Großbottwar
Tel. 07148-921050
Fax: 07148-6190
www.weingut-bruker.de
info@weingut-bruker.de

Inhaber
Markus Bruker
Rebfläche
10 Hektar
Produktion
70.000 Flaschen

BESUCHSZEITEN

10-12 + 15-18 Uhr
Hotel Bruker, „Wengerterstüble"

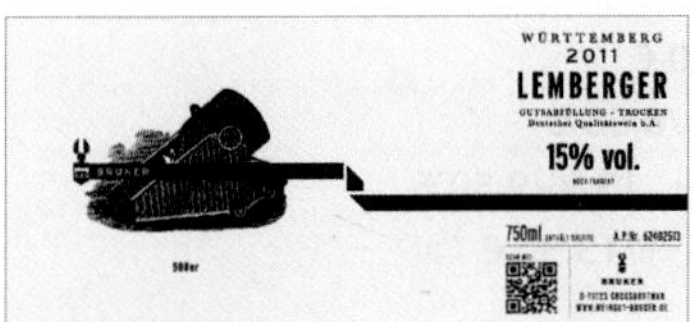

Otto Bruker, der Urgroßvater des heutigen Besitzers, hatte als hauptberuflicher Landwirt um 1930 auch einige Weinberge angelegt. Sein Sohn Rudolf führte die Landwirtschaft weiter, Wein spielte nur eine Nebenrolle. Das änderte sich erst, als dessen Sohn Herbert den Betrieb 1974 übernahm. 1977 eröffnete er die „Wengerterstüble" genannte Besenwirtschaft, 1984 wurde das Gut umgebaut und man konzentrierte sich mit damals 2,5 Hektar Reben ganz auf Weinbau, später kam eine Pension hinzu, die dann Ende der neunziger Jahre zum Hotel ausgebaut wurde. Heute führt Sohn Markus den Betrieb. Seine Weinberge liegen in den Großbottwarer Lagen Harzberg und Lichtenberg und im Oberstenfelder Forstberg, wo die Reben jeweils auf Gipskeuperböden wachsen. Muschelkalkböden, teils von Lettenkeuper und Lösslehmschollen durchzogen, herrschen in den Hessigheimer Felsengärten, sowie in den Mundelsheimer Lagen Käsberg, Mühlbächer und Rozenberg vor. Wichtigste Rebsorten sind Trollinger, Muskat-Trollinger, Lemberger, Riesling und Dornfelder. Daneben gibt es Chardonnay, Spätburgunder, Samtrot, Zweigelt und Sauvignon Blanc; Markus Bruker hat die Bio-Zertifizierung begonnen.

Kollektion

Eine stimmige, sehr gleichmäßige, starke Kollektion präsentiert Markus Bruker in diesem Jahr. Die Gretchen-Cuvée ist füllig und saftig, der Grauburgunder reintönig und süffig, der 502er Riesling konzentriert bei viel reifer süßer Frucht. Der Sauvignon Blanc ist reintönig, recht süß, deutlich stoffiger und kraftvoller ist der 503er Sauvignon Blanc. Das rote Segment wird angeführt von drei stoffigen, konzentrierten Barriqueweinen: Der 500er Lemberger ist kraftvoll und strukturiert, die Black Berry-Cuvée (Merlot, Cabernet & Cabernet Franc) ist von Gewürz- und Cassisnoten geprägt, noch besser gefällt uns das Dicke Ding aus Cabernet Franc und Merlot, das viel Kraft und Substanz besitzt.

Weinbewertung

85 2017 „Gretchen" Weißwein trocken **13 %/10,40 €**
83 2017 Grauer Burgunder trocken **13,5 %/9,50 €**
84 2017 Sauvignon Blanc trocken **14 %/10,40 €**
86 2017 Riesling „502er" „Schilfsandstein" Lichtenberg **12,5 %/12,50 €**
86 2017 Sauvignon Blanc trocken „503" Großbottwarer Lichtenberg **14 %/17,50 €**
82 2017 „Rosalie" Roséwein trocken **13 %/8,90 €**
83 2016 Trollinger „Gips" **13 %/5,90 €**
82 2016 Lemberger „Gips" Großbottwar **13 %/8,20 €**
83 2015 „Black Jack" Rotwein trocken **13 %/10,- €**
86 2015 „Black Berry" Rotwein **14 %/19,50 €**
85 2012 Lemberger trocken „500er" **13,5 %/15,- €**
87 2015 „Dickes Ding" Merlot & Cabernet Franc **14 %/25,- €**

BÜHLER

★☆

KONTAKT

Backhausgasse 2, 67169 Kallstadt
Tel. 06322-61261, Fax: -981090
www.buehler-pfalz.de
weingut@buehler-pfalz.de

Inhaber Familie Bühler
Betriebsleiter Werner Bühler
Kellermeister Jens Bühler
Verkauf Sarah Bühler
Rebfläche 16 Hektar
Produktion 100.000 Flaschen

BESUCHSZEITEN

Mo.-Fr. 10-12 + 13-18 Uhr und zu den Öffnungszeiten des Landhauses, Fr. und Sa. ab 16 Uhr, Sonn- und Feiertage ab 12 Uhr

Pia und Werner Bühler übernahmen 1992 den elterlichen Betrieb, zwei Jahre später wurde ein neues Weingut am Rande der Lage Kallstadter Saumagen errichtet. Schon während der Ausbildung zum Winzer in drei Pfälzer Betrieben (unter anderem bei Knipser) übernahm Sohn Jens Bühler die Verantwortung für den Ausbau der Weine. Nach Auslandsaufenthalten in Frankreich, Italien, Portugal und Österreich schloss er 2005 seine Ausbildung zum Techniker für Weinbau und Önologie in Bad Kreuznach ab. Die besten Lagen sind Steinacker und Saumagen in Kallstadt. Auf 16 Hektar wird vor allem Riesling, Weiß- und Grauburgunder, Sauvignon Blanc, Spätburgunder und Dornfelder angebaut, aber auch Gewürztraminer, Merlot, Cabernet Sauvignon, Silvaner, Rieslaner und Syrah, der Rotweinanteil liegt bei 30 Prozent. Die Eltern von Jens Bühler betreiben ein Restaurant mit Blick in den Saumagen.

Kollektion

In diesem Jahr haben wir einen eindeutigen Favoriten in Jens Bühlers Kollektion: Der Saumagen-Riesling besitzt viel Saft und Frucht, zeigt dezente mineralische Noten, ist frisch und animierend, während der Riesling „Herzstück", ebenfalls aus dem Saumagen, noch sehr deutlich vom Ausbau im Holz geprägt ist und Kokosnoten zeigt, er besitzt gute Substanz, aber die Frucht hat gegen das Holz noch keine Chance. Auch der Syrah zeigt noch sehr deutliche röstige Würze, besitzt ebenfalls gute Substanz und lässt auch etwas dunkle Frucht und Kräuternoten erkennen, die Cuvée „MeCaDo" zeigt dezenteres Holz und rote und dunkle Beerenfrüchte. Der Rosé, der uns die vergangenen Jahren immer gut gefallen hatte, ist verhaltener als gewohnt und lässt die Würze, die wir an ihm schätzen, vermissen, dafür überzeugt uns der Grauburgunder mit gelber Frucht und floraler Würze, Kraft und guter Konzentration, der Sekt ist cremig, füllig und frisch.

Weinbewertung

84	2016 Blanc de Noir Sekt brut **12 %/9,- €**
82	2017 Riesling Kabinett trocken **12 %/6,50 €**
81	2017 Blanc de Noir trocken **12 %/6,80 €**
83	2017 Sauvignon Blanc trocken **12,5 %/8,- €**
85	2017 Grauburgunder „S" trocken **13 %/9,- €**
83	2017 Chardonnay & Weißburgunder trocken **12,5 %/7,50 €**
86	2017 Riesling trocken Kallstadter Saumagen **12,5 %/9,50 €**
85	2016 Riesling trocken „Herzstück" Kallstadter Saumagen **13 %/14,50 €**
81	2017 Rosé trocken „Saignée" **11,5 %/6,50 €**
84	2015 MeCaDo Rotwein trocken **13 %/8,- €**
82	2015 Spätburgunder trocken **13 %/6,- €**
85	2017 Syrah trocken **13,5 %/18,- €**

B

Bürgerspital zum Heiligen Geist

★★★★

KONTAKT

Theaterstraße 19
97070 Würzburg
Tel. 0931-3503441
Fax: 0931-3503444
www.buergerspital.de
weingut@buergerspital.de

Inhaber
Stiftung des öffentlichen Rechts
Gutsdirektor Robert Haller
Rebfläche 120 Hektar
Produktion 820.000 Flaschen

BESUCHSZEITEN

nach Vereinbarung
Weinhaus/Vinothek/Weinverkauf: Mo. 9-18 Uhr, Di.-Sa. 9-24 Uhr, So. 11-18 Uhr
Bürgerspital-Weinstuben (Pächter: Familie Wiesenegg), Weinproben, kulinarische Weinproben

Das Bürgerspital wurde 1316 von Johannes und Mergardis von Steren als Spital gegründet, Im Jahr 2016 konnte man also groß feiern – 700 Jahre Bürgerspital. 1321 erhielt man durch Schenkungen die ersten Weinberge. Heute gehört das Bürgerspital zu den größten Weingütern in Deutschland. Seit 2007 führt Robert Haller als Gutsdirektor den Betrieb. Das Gros der Weinberge, fast 80 Hektar, liegt in Würzburg. Fast 30 Hektar besitzt man im Würzburger Stein, die Einzellage Stein-Harfe im Zentrum des Steins gehört dem Bürgerspital im Alleinbesitz. Neben den Würzburger Lagen Innere Leiste, Pfaffenberg und Abtserde erweitern Weinberge in Randersacker (Teufelskeller, Pfülben, Marsberg), Frickenhausen (Kapellenberg), in Veitshöchheim (Sonnenschein) und in Thüngersheim (Scharlachberg) das Lagenportfolio. Silvaner hat mittlerweile den Riesling als wichtigste Rebsorte überholt, nimmt knapp ein Drittel der Rebfläche ein, es folgt Riesling mit einem Anteil von 27 Prozent, dann kommen Müller-Thurgau und die weißen Burgunder, dazu gibt es Scheurebe, Bacchus, Rieslaner und Gewürztraminer. An roten Sorten werden Domina, Blaufränkisch und Spätburgunder angebaut. Mit dem Jahrgang 2012 hat man das Sortiment neu strukturiert in Gutsweine, Ortsweine, Erste Lagen sowie Große Lagen und Premiumweine. In der Vinifikation wird zunehmend mit Maischestandzeiten, Holzfassausbau und Spontangärung gearbeitet, je nach Wein und Jahrgang in unterschiedlichen Anteilen.

Kollektion

Robert Haller hat das Bürgerspital zurück gebracht in die fränkische Spitze. Das bestätigt auch wieder die 2017er Kollektion. Der Gutssilvaner ist klar und geradlinig, der Würzburger Silvaner ist lebhaft, reintönig, süffig, der Würzburger Riesling frisch und zupackend. Sehr homogen präsentieren sich die drei Erste Lage-Rieslinge: Der Wein aus dem Pfaffenberg ist füllig und saftig, besitzt reife Frucht und Substanz, der Stein-Riesling ist würziger, eindringlicher, kraftvoll und strukturiert, und der RR aus dem Marsberg ist klar und frisch, besitzt reintönige Frucht und Grip. Etwas mehr Varianz zeigen die Erste Lage-Silvaner: Der Stein-Silvaner zeigt feine Frische und reintönige Frucht, besitzt gute Struktur und klare Frucht, der Wein aus dem Pfaffenberg ist ebenfalls wunderschön reintönig, im Mund dann lebhaft und frisch, komplex und lang, am besten aber gefällt uns der Silvaner von der Inneren Leiste, der intensive Frucht und gute Konzentration zeigt, Fülle und Kraft besitzt, reintönige Frucht, gute Struktur und Länge. Im Würzburger Stein wachsen nicht nur Silvaner und Riesling, von dort kommen auch ein reintöniger, saftiger Weißburgunder, ein rosenduftiger Gewürztraminer mit reifer süßer Frucht und der Chardonnay R, der uns im letzten Jahr mit dem Jahrgang 2015 so begeistert hatte. Sein Jahrgangsnachfolger 2016 ist

auch wieder bärenstark, zeigt rauchige Noten, gute Konzentration, ist komplex, besitzt gute Struktur, Substanz und Grip. Die Großen Gewächse sehen wir jeweils gleichauf. Der Stein-Silvaner besitzt viel reife Frucht, Fülle und Saft, gute Komplexität und Länge, der Wein aus der Stein-Harfe ist etwas würziger, nicht ganz so offensiv, aber ebenfalls komplex und lang. Der Riesling aus der Stein-Harfe ist würzig, füllig, saftig, besitzt reife süße Frucht wie auch der Hagemann aus dem Stein, der deutlich duftiger ist. Auch die süße Klaviatur beherrscht das Bürgerspital, vom frischen, reintönigen feinherben Muskateller über die lebhafte edelsüße Riesling Spätlese und den nach kandierten Früchten duftenden, konzentrierten 2016er Silvaner Eiswein aus dem Pfaffenberg bis hin zur 2015er Silvaner Trockenbeerenauslese aus dem Pfaffenberg – kandierte Früchte, getrocknete Datteln, enorme Substanz und Konzentration – wird alles geboten. Der Spätburgunder aus dem Sonnenschein ist 2016 fruchtbetont, leicht rauchig, harmonisch und klar – dass der 2008er sich so lebendig, klar und geradlinig zeigt bei dezenter Sauerkirschnote, ist eine schöne Überraschung.

Robert Haller

B

Weinbewertung

84	2017 Silvaner trocken	**12 %/7,60 €**
85	2017 Silvaner trocken Würzburger	**12,5 %/9,60 €**
85	2017 Riesling trocken Würzburger	**12 %/9,60 €**
88	2017 Silvaner trocken Würzburger Pfaffenberg	**13 %/12,40 €**
89	2017 Silvaner trocken Würzburger Innere Leiste	**13 %/12,90 €**
86	2017 Silvaner trocken Würzburger Stein	**13 %/13,40 €**
87	2017 Riesling trocken Würzburger Pfaffenberg	**12 %/12,40 €**
88	2017 Riesling trocken Würzburger Stein	**12,5 %/13,40 €**
88	2017 Riesling trocken „RR" Randersackerer Marsberg	**13 %/13,90 €**
88	2017 Weißer Burgunder trocken Würzburger Stein	**13 %/13,40 €**
87	2017 Gewürztraminer trocken Würzburger Stein	**13 %/17,- €**
91	2017 Silvaner trocken „GG" Würzburger Stein	**13 %/26,- €**
91	2017 Silvaner trocken „GG" Würzburger Stein-Harfe	**13,5 %/26,- €**
90	2017 Riesling trocken „GG" Würzburger Stein-Harfe	**13,5 %/26,- €**
90	2017 Riesling trocken „GG" „Hagemann" Würzburger Stein	**13 %/40,- €**
92	2016 Chardonnay „R" trocken Würzburger Stein	**13 %/30,- €**
86	2017 Muskateller „feinherb"	**11,5 %/10,90 €**
88	2017 Riesling Spätlese Würzburger Stein-Harfe	**7,5 %/16,40 €**
92	2016 Silvaner Eiswein Würzburger Pfaffenberg	**6,5 %/80,- €/0,5l**
93	2015 Silvaner Trockenbeerenauslese Würzburger Pfaffenberg	**6 %/100,- €/0,375l**
89	2008 Spätburgunder „R" trocken Veitshöchheimer Sonnenschein	**13 %**
88	2016 Spätburgunder „R" trocken Veitshöchheimer Sonnenschein	**13,5 %/23,- €**

LAGEN

STEIN (WÜRZBURG)
STEIN-HARFE (WÜRZBURG)
ABTSLEITE (WÜRZBURG)
INNERE LEISTE (WÜRZBURG)
PFAFFENBERG (WÜRZBURG)
PFÜLBEN (RANDERSACKER)
TEUFELSKELLER (RANDERSACKER)
MARSBERG (RANDERSACKER)
SONNENSCHEIN (VEITSHÖCHHEIM)

REBSORTEN

SILVANER (32 %)
RIESLING (27 %)
MÜLLER-THURGAU (10 %)

Büsser-Paukner

★★

KONTAKT

Mainzerstraße 50
55239 Gau-Odernheim
Tel. 06733-6001
Fax: 06733-8319
www.ae-wein.de
info@ae-wein.de

Inhaber
Eva & Andreas Paukner
Rebfläche
6 Hektar
Produktion
25.000 Flaschen

BESUCHSZEITEN

nach Vereinbarung

Seit 1921 baut die Familie Wein in Rheinhessen an. 2014 haben Eva Büsser und ihr Ehemann Andreas Paukner das Gut übernommen. Sie haben den Namen geändert von Weingut Büsser in Weingut Büsser-Paukner, aber auch Ausstattung und Weinstilistik. Ihre Weinberge liegen rund um den Petersberg in Gau-Odernheim, in den Lagen Herrgottspfad und Ölberg (mit der Gewanne Lieberg), sowie in Alsheim in den Lagen Sonnenberg und Fischerpfad (mit der Gewanne Stratzenberg). Während in Gau-Odernheim tonige Lösslehmböden mit hohem Kalkanteil und Muscheleinlagerungen vorherrschen, findet man in Alsheim sandige Lösslehmböden. Hauptrebsorten sind Riesling, Grauburgunder, Weißburgunder, Chardonnay, Spätburgunder, St. Laurent und Dornfelder. Das Sortiment haben Eva und Andreas Paukner neu strukturiert in Guts- und Lagenweine, aufgrund der kleinen Betriebsgröße bieten sie keine Ortsweine an. Bei den Gutsweinen streben sie Rebsortentypizität an, die Weißweine werden kühl im Edelstahl vergoren, die Rotweine teilweise in gebrauchten Eichenholzfässern ausgebaut. Die Lagenweine werden lange auf der Hefe belassen, Chardonnay und Rotweine im Barrique.

Kollektion

Nach guten Kollektionen in den beiden vorausgegangenen Jahren bringt die neue Kollektion Eva und Andreas Paukner einen deutlichen Sprung voran. Die weißen Gutsweine sind reintönig und saftig, der Riesling herrlich zupackend, die Scheurebe besitzt gute Struktur, Kraft und Frucht. Der Herrgottspfad-Riesling besitzt gute Konzentration, reife Frucht, Kraft, gute Struktur und Substanz, der vom Barriqueausbau geprägte Sonnenberg-Chardonnay besitzt Fülle, Saft und viel reife Frucht. Der Lieberg-Spätburgunder, Jahrgang 2015, besitzt reintönige Frucht, rauchige Noten, gute Fülle und Frucht, noch besser gefällt uns der Hösel-Spätburgunder aus dem Jahrgang 2014, der intensive, herrlich eindringliche, reintönige Frucht besitzt, Kraft, gute Struktur und Substanz. Klar im Aufwind!

Weinbewertung

84 2017 Riesling trocken **12 %/4,90 €** ☺
83 2017 Pinot Blanc trocken **12 %/5,40 €**
87 2017 Scheurebe trocken „Lieblingsstück" **12 %/6,30 €** ☺
86 2017 Riesling trocken Gau-Odernheimer Herrgottspfad **12,5 %/7,80 €**
86 2017 Chardonnay trocken Alsheimer Sonnenberg **13 %/8,40 €**
82 2015 Spätburgunder trocken **12,5 %/5,50 €**
83 2016 St. Laurent trocken **12 %/5,10 €**
87 2015 Spätburgunder trocken Gau-Odernheimer Lieberg **12,5 %/10,50 €**
89 2014 Spätburgunder trocken Gau-Odernheimer „Hösel" **13 %/15,- €**

REICHSRAT VON BUHL

★★★★☆

KONTAKT

Weinstraße 16-24
67146 Deidesheim
Tel. 06326-965017
Fax: 06326-965024
www.reichsrat-von-buhl.de
info@reichsrat-von-buhl.de

Inhaber Familie Niederberger
Geschäftsführer Richard Grosche, Mathieu Kauffmann
Außenbetrieb
Christian Bohmüller
Rebfläche 64 Hektar
Produktion 420.000 Flaschen

BESUCHSZEITEN

Mo.-Fr. 10-18 Uhr, Sa./So./
Feiertage 10-17 Uhr

Das 1849 von Franz-Peter Buhl gegründete Weingut entstand aus der Erbteilung des Jordan'schen Weingutes. Der erste Reichsrat war Armand von Buhl, der für seine Verdienste bei der deutschen Sozialgesetzgebung von König Ludwig II. zum „Reichsrat der bayrischen Krone" ernannt wurde, den Titel integrierte aber erst sein Sohn Franz Eberhard von Buhl in den Weingutsnamen, als er 1912 zum „Reichsrat der bayrischen Kammer" ernannt wurde. Nach seinem Tod 1921 führte seine Witwe Frieda Piper von Buhl das Weingut bis 1952. Unter der Leitung des Dirigenten Enoch von und zu Guttenberg, der das Weingut erbte, wurde die Rebfläche von einst rund 100 Hektar auf ungefähr die Hälfte verkleinert, dabei konzentrierte man sich auf die besten Lagen der Mittelhaardt. 1989 wurde es an eine japanische Weinhandelsfirma verpachtet, es wurden Millionenbeträge in Keller und Außenbetrieb investiert. Noch während der Pacht erwarb 2005 der Neustadter Unternehmer Achim Niederberger das Weingut, nach seinem frühen Tod ist mittlerweile Jana Niederberger die Eigentümerin, der auch die Weingüter Bassermann-Jordan und von Winning (ehemals Dr. Deinhard) gehören, die ebenfalls durch die Jordan'sche Teilung 1849 entstanden sind. Der Pachtvertrag lief Ende 2013 aus, seit dem Jahrgang 2013 führt eine neue Mannschaft das Weingut. Spektakulärster Neuzugang war Mathieu Kauffmann, zuvor Kellermeister des renommierten Champagnerhauses Bollinger in Aÿ, er teilt sich die Geschäftsführung mit Richard Grosche. Reichsrat von Buhl verfügt über beste Lagen in Forst (Freundstück, Jesuitengarten, Pechstein, Ungeheuer, Kirchenstück), Deidesheim (Kieselberg, Mäushöhle, Leinhöhle, Herrgottsacker, Paradiesgarten) und Ruppertsberg (Reiterpfad). Riesling ist die dominierende Rebsorte. Daneben findet man etwas Weißburgunder, Grauburgunder, Scheurebe und Gewürztraminer, sowie Spätburgunder. Seit 2009 ist der Betrieb bio-zertifiziert. Seit das neue Team am Ruder ist erfolgte auch ein Stilwandel, hin zu konsequent durchgegorenen Weinen, auch die Sekte, die schon seit gut 20 Jahren von zuverlässiger, sehr guter Qualität waren, gewinnen mit jedem neuen Jahrgang mehr an Profil, heute zählt das Gut wieder zur Spitze in Deutschland.

Kollektion

Drei der Großen Gewächse kommen erst zwei Jahre nach der Ernte in den Verkauf, der Jesuitengarten ist eindringlich und konzentriert, besitzt eine feine, cremige Textur, dezente Zitrusnoten, etwas Limette, kräutrige Würze, er bleibt über Tage in der offenen Flasche stabil und hat einiges an Potential, genauso stark ist das „Hofstück", der ebenfalls zurückhaltend in der Frucht ist und leicht salzige Noten, kühle, kräutrige Würze, viel Druck und Zug

besitzt. Das Freundstück ist noch leicht verschlossen, braucht viel Luft, zeigt dezente Reifenoten, etwas Stein und besitzt ein animierendes Säurespiel. Bei den 2017er Großen Gewächsen ist das Ungeheuer schon sehr präsent, zeigt gelbe Frucht, Pfirsich, Zitrusfrucht, etwas Kräuter und feine Holzwürze, es besitzt Druck, Grip und Länge, der Kieselberg ist noch etwas fruchtbetonter, zeigt Noten von Ananas, Orangenschale, Aprikose, besitzt viel Biss und ist nachhaltig. Bei den beiden Erste Lage-Rieslingen braucht der Herrgottsacker einiges an Luft, ist auch dann noch ganz zurückhaltend in der Frucht, ist geradlinig und puristisch, besitzt herbe kräutrige Würze, Grip, Druck und salzige Länge, der Paradiesgarten zeigt deutliche kräutrig-mineralische Noten, etwas Rosmarin, aber auch etwas Aprikose und Zitrusfrucht, er ist ebenfalls geradlinig, druckvoll und lang. Neu im Programm ist der „Late Release" aus dem Jahrgang 2013, die Bezeichnung verwirrt uns allerdings etwas: Eigentlich als Ortswein gekennzeichnet trägt er doch die Lagenbezeichnung Herrgottsacker, er ist eindringlich, zeigt feine Reifenoten, etwas Mürbegebäck, Quitte, aber auch Kräuter- und Zitrusnoten im Bouquet, besitzt noch ein frisches, animierendes Säurespiel und gute Länge. Der Deidesheimer Riesling zeigt kräutrige Würze und klare Frucht, grüner Apfel, Aprikose, besitzt gute Konzentration und feinen Grip, und auch der Gutsriesling ist konsequent trocken ausgebaut, ist frisch, reintönig und besitzt Biss. Der „Suez"-Rosé hat ein komplexes Bouquet mit Noten von roter Frucht, Kirsche, Erdbeere, rote Johannisbeere, dazu kommen florale Würze und dezentes Holz, er besitzt ein feines, frisches Säurespiel und gute Länge, und auch der Rosé-Sekt vom Spätburgunder ist sehr gut, besitzt gute Konzentration, viel feine, hefige Würze, ist zurückhaltend in der Frucht, besitzt Frische und Biss.

Mathieu Kauffmann (links) und Richard Grosche

Weinbewertung

89	2015 Rosé Sekt brut	**12,5 %/18,90 €**
86	2017 Riesling trocken	**12,5 %/9,90 €**
88	2017 Riesling trocken Deidesheimer	**12,5 %/11,90 €**
88	2013 Riesling trocken „Late Release" Deidesheimer	**13 %/14,90 €**
89	2016 Riesling trocken Deidesheimer Herrgottsacker	**12,5 %/18,- €**
89	2016 Riesling trocken Deidesheimer Paradiesgarten	**12,5 %/18,- €**
92	2016 Riesling „GG" Reiterpfad „Hofstück"	**14 %/39,- €**
92	2017 Riesling „GG" Ungeheuer	**13 %/30,- €**
91	2016 Riesling „GG" Freundstück	**13 %/39,- €**
92	2016 Riesling „GG" Jesuitengarten	**13 %/45,- €**
91	2017 Riesling „GG" Kieselberg	**13 %/30,- €**
88	2016 Rosé trocken „Suez"	**12,5 %/17,90 €**

LAGEN

UNGEHEUER (FORST)
PECHSTEIN (FORST)
KIRCHENSTÜCK (FORST)
JESUITENGARTEN (FORST)
FREUNDSTÜCK (FORST)
KIESELBERG (DEIDESHEIM)
MÄUSHÖHLE (DEIDESHEIM)
LEINHÖHLE (DEIDESHEIM)
PARADIESGARTEN (DEIDESHEIM)
HERRGOTTSACKER (DEIDESHEIM)
REITERPFAD (RUPPERTSBERG)

REBSORTEN

RIESLING (87 %)
SPÄTBURGUNDER (7 %)

BUNGERT-MAUER

★

N

KONTAKT

Bergstraße 24
55437 Ockenheim
Tel. 06725-2616
Fax: 06725-2426
www.bungert-mauer.de
weingut@bungert-mauer.de

Inhaber
Matthias Bungert
Rebfläche
23 Hektar
Produktion
160.000 Flaschen

BESUCHSZEITEN

Mo.-Fr. 9-17 Uhr, Sa. 10-14 Uhr

Seit Generationen baut die Familie Wein in Ockenheim an, heute führen Martina und Matthias Bungert den Betrieb. Ihre Weinberge liegen in Ockenheim am Jakobsberg, in den Lagen St. Jakobsberg, Klosterweg, Kreuz und Laberstall. Die Reben wachsen auf verschiedenen Böden, man findet Löss und Lehm, Ton, Sand und Muschelkalk. Portugieser und Regent sind die wichtigsten Rebsorten, hinzu kommen die Burgundersorten, Silvaner, Scheurebe und Riesling.

Kollektion

Je fünf Weiß- und Rotweine präsentiert Matthias Bungert zum Debüt. Alle zehn Weine sind trocken ausgebaut, meist im oberen Bereich dessen, was gesetzlich trocken ist, eine Restsüße ist meist merklich, auch bei den Rotweinen. Die Weißweine sind allesamt klar und geradlinig, harmonisch und sortentypisch. Besonders gut gefallen uns die Riesling Spätlese aus dem Klosterweg, die feine Würze und reintönige Frucht besitzt, wunderschön frisch und zupackend ist, sowie die Weißburgunder Spätlese aus dem St. Jakobsberg, die wunderschön füllig und saftig ist, viel reife Frucht und Substanz besitzt. Der Portugieser ist fruchtbetont und geradlinig, der Spätburgunder Ortswein besitzt reintönige Frucht und feine Frische. Sehr gut gefällt uns der Spätburgunder Réserve aus dem Klosterweg, Jahrgang 2013, zeigt eindringlich Gewürze im Bouquet, ist füllig und harmonisch im Mund, besitzt reife Frucht, feine Vanillenoten, gute Struktur und Substanz. Regent spielt neben Portugieser die wichtigste Rolle im Betrieb, die beiden vorgestellten Weine, beide aus dem Jahrgang 2015, überzeugen voll und ganz. Der Ortswein ist fruchtbetont und frisch im Bouquet, besitzt reintönige Frucht und deutliche Süße, der Laberstall-Regent zeigt gute Konzentration und eindringliche Gewürznoten, ist füllig und saftig, besitzt reife Frucht, gute Struktur und Substanz. Ein überzeugendes Debüt!

Weinbewertung

81	2017 Silvaner trocken „RS" **12,5 %/6,20 €**
82	2017 Weißer Burgunder trocken Ockenheim **12,5 %/7,- €**
81	2017 Grauer Burgunder trocken Ockenheim **13 %/7,- €**
84	2016 Weißer Burgunder Spätlese trocken Ockenh. St. Jakobsweg **13,5 %/12,50 €**
84	2017 Riesling Spätlese trocken Ockenheimer Klosterweg **13 %/12,50 €**
82	2015 Blauer Portugieser trocken Ockenheimer Kreuz **13,5 %/7,30 €**
82	2015 Blauer Spätburgunder trocken Ockenheimer **13,5 %/7,30 €**
84	2015 Regent trocken Ockenheimer **13,5 %/8,50 €**
85	2013 Spätburgunder trocken „Reserve" Ockenheimer Klosterweg **14 %/14,50 €**
85	2015 Regent trocken Barrique Ockenheimer Lauberstall **13,5 %/16,90 €**

LISA BUNN

★★★

KONTAKT

Mainzer Straße 86
55283 Nierstein
Tel. 06133-59290
Fax: 06133-60309
www.lisa-bunn.de
info@weingut-bunn.de

Inhaber
Lisa Bunn
Rebfläche
21 Hektar
Produktion
80.000 Flaschen

BESUCHSZEITEN

Di.-Fr. 13-17 Uhr, Sa. 11-16 Uhr

Seit drei Generationen ist der Margarethenhof im Besitz der Familie Bunn. Er wird heute von Geisenheim-Absolventin Lisa Bunn geführt, die seit ihrem Studienabschluss 2011 die Regie im Keller führt, zwei Jahre später das Gut von ihren Eltern Georg und Eva Bunn übernahm. Ihre Weinberge liegen in Nierstein (darunter Anteile an den Lagen Hipping, Oelberg und Orbel), Dienheim und Guntersblum, wo sich auch der Keller befindet. Heute umfasst das Weingut Lisa Bunn auch die Weinberge ihres Ehemanns Bastian Strebel und dessen elterliches Weingut in Wintersheim.

Kollektion

Es geht Schritt für Schritt weiter voran. Lisa Bunn präsentiert eine umfangreiche, aber sehr stimmige Kollektion mit geradlinigen Gutsweinen, kompakten Ortsweinen und durch die Bank sehr guten Lagen- und Reserveweinen. Die drei Lagenrieslinge stehen Kopf an Kopf an der Spitze der weißen Kollektion, alle drei besitzen Fülle, Kraft, reife Frucht und Substanz, Ölberg präsentiert sich etwas fruchtbetonter, Hipping etwas mineralischer, beide zeigen gelbe Früchte während Orbel enorm würzig ist, gute Struktur und feine mineralische Noten besitzt. Die Überraschung ist der wunderschön frische, zupackende Riesling Kabinett aus dem Wintersheimer Fraugarten. Der Reserve-Chardonnay besitzt viel reife Frucht und Substanz, der intensive, eindringliche Sauvignon Blanc Fumé Fülle und Kraft. Sehr gut sind alle Rotweine, der intensiv-fruchtige St. Laurent ebenso wie der reintönige, zupackende Spätburgunder, der kraftvolle Merlot und der intensive, rauchige Portugieser. ▬

Weinbewertung

82 2017 Riesling trocken „fleißiges Lieschen" **12,5 %/7,90 €**
85 2017 Riesling Wintersheim **12,5 %/10,50 €**
84 2017 Riesling trocken „vom Kalkstein" **12,5 %/9,50 €**
85 2017 Riesling trocken „vom Rotliegenden" Nierstein **13 %/10,50 €**
83 2017 Sauvignon Blanc trocken **12,5 %/9,50 €**
88 2017 Riesling trocken Nierstein Orbel **13 %/16 ,-€**
88 2017 Riesling trocken Nierstein Oelberg **13 %/16,50 €**
88 2017 Riesling trocken Nierstein Hipping **13 %/20,- €**
86 2017 Sauvignon Blanc „Fumé" **12,5 %/18,50 €**
87 2017 Chardonnay trocken „Reserve" Dienheimer Tafelstein **12,5 %/19,- €**
87 2017 Riesling Kabinett Wintersheim Fraugarten **9,5 %/16,- €**
86 2016 Saint Laurent trocken „vom Rotliegenden" Nierstein **13,5 %/12,50 €**
86 2016 Spätburgunder trocken Wintersheim **13,5 %/14,50 €**
88 2015 Portugieser „Reserve" **13 %/18,50 €**
88 2015 Merlot trocken „Reserve" **14 %/25,- €**

B

Ignaz Bunzelt

★★

KONTAKT

Heerweg 12
97334 Nordheim
Tel. 09381-4657 oder 4511
Fax: 09381-6283
www.weingut-bunzelt.de
info@weingut-bunzelt.de

Inhaber
Nina & Barbara Bunzelt
Rebfläche
9 Hektar

BESUCHSZEITEN

Mo.-Sa. 9-12 + 13-17 Uhr

Das 1969 von Ignaz und Irmina Bunzelt gegründete Weingut wurde seit 1975 von Hans Bunzelt geführt. 2016 hat Tochter Nina, Geisenheim-Absolventin, den Betrieb übernommen, führt ihn zusammen mit ihrem Partner Alexander Huber, ebenfalls Geisenheim-Absolvent, den Jahrgang 2015 haben sie bereits gemeinsam vinifiziert, zuvor hatte Nina Bunzelt schon den Silvaner-2 und die Weißweincuvée Patriarch kreiert. Sie besitzen Rebflächen in den Iphöfer Lagen Julius-Echter-Berg, Kronsberg und Kalb (mit Gipskeuperböden), in den Nordheimer Lagen Vögelein und Kreuzberg, im Sommeracher Katzenkopf und im Escherndorfer Fürstenberg (jeweils mit Muschelkalkböden), sowie im Frankenwinheimer Rosenberg, wo die Reben auf Lettenkeuper wachsen. Weiße Rebsorten nehmen neun Zehntel der Fläche ein. Wichtigste Sorten sind Müller-Thurgau, Silvaner und Bacchus. Dazu kommt eine breite Palette weiterer Sorten wie Domina, Riesling, Weißburgunder, Scheurebe, Traminer, Kerner und Rieslaner.

Kollektion

Die neue Kollektion schließt nahtlos an die überzeugende, starke Vorjahreskollektion an. Die Kabinettweine sind frisch, fruchtbetont und sortentypisch, der reintönige, strukturierte Weißburgunder aus dem Kronsberg und die zupackende, würzige Scheurebe, ebenfalls aus dem Kronsberg, gefallen uns besonders gut. Die trockene Traminer Spätlese aus dem Vögelein besitzt Fülle und Saft, reife Frucht und gute Struktur. Dazu gibt es gleich drei sehr gute trockene Silvaner: Die Spätlese von alten Reben im Kronsberg besitzt reintönige Frucht, Fülle, Kraft und gute Struktur, der Liaison genannte Silvaner, eine Cuvée von Muschelkalk- und Keuper-Weinbergen, steht ihm nicht nach, ist strukturiert und reintönig. Unser Favorit ist der füllige, kraftvolle, etwas monolithische Reserve-Silvaner aus dem Kronsberg, Jahrgang 2015. Ganz stark ist auch die Domina: Intensiv fruchtig, zupackend, strukturiert, rundet eine rundum gelungene Kollektion ab. —

Weinbewertung

83 2017 Müller Thurgau Kabinett trocken „Steinbruch" **11,5 %/6,- €**
83 2017 Silvaner Kabinett trocken Nordheimer Vögelein **12 %/6,50 €**
82 2017 Silvaner Kabinett trocken Escherndorfer Fürstenberg **12 %/7,50 €**
84 2017 Weißer Burgunder Kabinett trocken Iphöfer Kronsberg **12,5 %/7,- €**
85 2017 Scheurebe Kabinett trocken Iphöfer Kronsberg **12 %/7,- €**
85 2017 Silvaner Spätlese trocken „Alte Reben" Iphöfer Kronsberg **12,5 %/9,- €**
85 2017 Silvaner trocken „Liaison Muschelkalk & Keuper" **12,5 %/10,- €**
87 2015 Silvaner trocken „Réserve" Iphöfer Kronsberg **13,5 %/15,- €**
86 2017 Traminer Spätlese trocken Nordheimer Vögelein **12 %/9,- €**
86 2016 Domina trocken Frankenwinheimer Rosenberg **12,5 %/8,- €**

PETER BURENS

★☆

B

KONTAKT

SaarWeinGut Peter Burens
Graf-Siegfried-Straße 47
54439 Saarburg
Tel. 0176-55614844
Fax: 06581-8330445
www.saarweingut-burens.de
info@saarweingut-burens.de

Inhaber/Betriebsleiter/Außenbetrieb
Peter Burens
Kellermeister
Peter & Eva Burens
Rebfläche
0,7 Hektar
Produktion
3.600 Flaschen

BESUCHSZEITEN

nach Vereinbarung

Erst 2015 wurde das Weingut von Eva und Peter C. N. Burens als Garagenweingut gegründet – und das offensichtlich mit Ansprüchen. Der Newcomer bewirtschaftet derzeit 0,7 Hektar, zu 70 Prozent wird Riesling in der Saarlage Auf Schonfels angebaut, zu 30 Prozent Grauburgunder auf Muschelkalk an der Obermosel. Unvorbereitet war Peter Burens allerdings nicht. Er absolvierte seine Winzerausbildung von 2008 bis 2011 auf Schloss Saarstein, bei Hans Wirsching im fränkischen Iphofen und bei Peter Lauer in Ayl. Es folgten ein Praktikum in Oregon sowie die Weiterbildung zum Wirtschafter und Winzermeister. Eva Burens schloss das Studium der Getränketechnologie ab, arbeitete bei Robert Weil und im Kirschweingut Frederiksdal in Dänemark. Ihren Fokus wollen sie in Saarburg auf unfiltrierte, trockene Saarrieslinge legen. Im Keller arbeitet das Paar gemeinsam. In den kommenden Jahren wollen Eva und Peter Burens weiter expandieren – ihr Augenmerk liegt auf der insgesamt 1,2 Hektar großen Lage „Auf Schonfels".

Kollektion

Schon im vergangenen Jahr wurden eigenständige, spannende Weine vorgestellt, und diesmal ist es nicht anders. Der unfiltriert abgefüllte Riesling von alten Reben aus 2016 ist duftig, zugänglich, im Mund dann komplexer, als man es nach dem allerersten Eindruck erwarten würde. Ein straffer, würziger, geradliniger Wein, der sich gut entwickeln dürfte. Sein unfiltriertes Pendant aus 2017 soll, weil die Burens ihm ausreichend Reife gönnen, erst 2019 vorgestellt werden, der filtrierte trockene 2017er Riesling von alten Reben ist noch etwas verhalten in der Nase, besitzt dann eine gewisse Fülle im Mund und viel Würze. Der Grauburgunder vom Muschelkalk besitzt eine Menge Schmelz, gute Harmonie und Länge, der feinherbe Riesling von alten Reben, eine Spätlese, ist duftig und frisch, ganz leicht pflanzlich und schlank, besitzt zudem eine merkliche, gut integrierte Süße. Schließlich die edelsüße Spätlese, ebenfalls von alten Reben, präsentiert sich klar und animierend, mit Noten von Apfel und Cassisblättern, saftig und mit balancierter Süße. —

Weinbewertung

85	2017 Grauburgunder „MuschelKalk"	**11 %/8,50 €**
87	2017 Riesling trocken „Alte Reben GelbKopf" „Auf Schonfels"	**12,5 %/11,80 €**
87	2016 Riesling trocken „Alte Reben GelbKopf" „Auf Schonfels"	**12,5 %/11,80 €**
87	2017 Riesling Spätlese „feinherb Alte Reben GrünKopf" „Auf Schonfels"	**9,5 %/12,80 €**
87	2017 Riesling Spätlese „Alte Reben RotKopf" „Auf Schonfels"	**7,5 %/13,80 €**

B

BURGGARTEN

★★★☆

KONTAKT

Landskroner Straße 61
53474 Bad Neuenahr-Ahrweiler-Heppingen
Tel. 02641-21280
Fax: 02641-79220
www.weingut-burggarten.de
burggarten@t-online.de

Inhaber
Familie Schäfer
Betriebsleiter
Paul & Heiko Schäfer
Kellermeister
Paul Schäfer
Außenbetrieb
Heiko Schäfer
Rebfläche
16 Hektar
Produktion
120.000 Flaschen

BESUCHSZEITEN

Mo.-Fr. 10-12 + 13-18 Uhr,
Sa./So. 10-13 Uhr
Gästehaus

Paul Josef Schäfer hat das Weingut zusammen mit Ehefrau Gitta zur heutigen Größe erweitert, ihr Domizil haben sie im ehemaligen Heppinger Winzerverein gefunden. Doch sie sind heute nicht mehr allein, alle drei Söhne – Paul Michael, Heiko und Andreas – unterstützen sie mittlerweile im Betrieb, alle drei sind ausgebildete Winzer; im Juli 2018 haben Paul und Heiko Schäfer den Betrieb übernommen. Die Weinberge liegen im Heimersheimer Burggarten (schwere Lehmböden), in den Neuenahrer Lagen Sonnenberg und Schieferlay (Grauwacke und Grauwackeschiefer) sowie im Ahrweiler Ursulinengarten (Kies am Fluss, weiter oben schwerere Böden). Spätburgunder und Frühburgunder nehmen mehr als zwei Drittel der Rebfläche ein. Dazu gibt es Riesling, Portugieser (mit bis zu 100 Jahre alten Reben) und Dornfelder, aber auch ein klein wenig Zweigelt (seit 1982), Regent, Cabernet Sauvignon und Merlot, dazu weitere Sorten wie Weißburgunder, Grauburgunder und Chardonnay.

Kollektion

Die neue Kollektion präsentiert sich in der Spitze etwas uneinheitlich. Unser Favorit ist der im vergangenen Jahr neu eingeführte Spätburgunder aus dem Kräuterberg, der Fülle und Kraft besitzt, gute Struktur, Frucht und kräftige Tannine. Die Lagen-Spätburgunder aus Neuenahr und Heimersheim reichen da nicht heran. Der Schieferlay ist füllig, fruchtbetont, der Sonnenberg ist füllig bei viel Substanz, der Burggarten R kräuterwürzig, recht streng, geradlinig, hat Biss. Die Ortsweine zeigen das gewohnt sehr gute Niveau, allen voran der intensiv fruchtige Heimersheimer Spätburgunder. Auch P.J.s Signatur präsentiert sich gewohnt reintönig, fruchtbetont und frisch. Stark sind auch wieder der füllige, saftige Weißburgunder und der reintönige Grauburgunder, der reife Frucht, gute Struktur und Frische besitzt. ▬

Weinbewertung

84 2017 Spätburgunder „Blanc de Noir" trocken **12,5 %/9,40 €**
87 2017 Weißburgunder trocken Neuenahrer **13 %/13,- €**
88 2017 Grauburgunder trocken Heimersheimer Burggarten **13,5 %/19,- €**
84 2016 Spätburgunder trocken (1l) **13,5 %/10,- €**
87 2016 Spätburgunder trocken „P.J.'s Signatur" **13,5 %/14,20 €**
85 2016 Frühburgunder trocken Neuenahrer **13,5 %/20,- €**
87 2016 Spätburgunder trocken Neuenahrer **13,5 %/15,- €**
88 2016 Spätburgunder trocken Heimersheimer **13,5 %/20,- €**
86 2016 Spätburgunder trocken Neuenahrer Sonnenberg **13,5 %/26,- €**
88 2016 Spätburgunder trocken Neuenahrer Schieferlay **13,5 %/38,- €**
86 2016 Spätburgunder „R" trocken Heimersheimer Burggarten **13,5 %/42,- €**
91 2016 Spätburgunder trocken Walporzheimer Kräuterberg **13,5 %/55,- €**

Burkhardt+Schür

★★

N

KONTAKT

Sekthaus BurkhardtSchür
Raiffeisenring 7
63927 Bürgstadt
Tel. 09371-6688732
Fax: 09371-6688734
www.burkhardtschuer.de
mail@burkhardtschuer.de

Inhaber
Laura Burkhardt &
Sebastian Schür
Kellermeister
Sebastian Schür
Rebfläche
Traubenzukauf

BESUCHSZEITEN

Verkostung nur nach vorheriger Vereinbarung

Laura Burkhardt und Sebastian Schür haben 2012 ihr eigenes Sekthaus gegründet, das Sekthaus BurkhardtSchür. Ihre ersten Sekt aber haben sie erst 2018 auf den Markt gebracht. Sebastian Schür ist seit 2006 als Außenbetriebsleiter beim Weingut Fürst in Bürgstadt tätig. Sie besitzen selbst keine eigenen Weinberge. Die Trauben für die Sekte kauft Sebastian Schür von befreundeten Winzern, ehemaligen Azubis und von seinem Bruder Marcus hinzu. Laura Burkhardt und Sebastian Schür konzentrieren sich ganz auf die drei Rebsorten Pinot Noir, Pinot Meunier und Chardonnay. Der Pinot Noir kommt aus Bürgstadt, der Pinot Meunier aus dem württembergischen Teil des Taubertals, der Chardonnay und eine weitere Partie Pinot Noir stammt vom Kaiserstuhl, aus Sebastian Schürs Heimat; inzwischen beziehen sie auch Trauben aus dem badischen Teil des Taubertals. 2018 kamen ein reinsortiger Pinot Noir aus dem Jahrgang 2012 und eine Cuvée aus Pinot Noir und Pinot Meunier aus dem Jahrgang 2013 auf den Markt, beide als Blanc de Noirs. Ein reinsortiger Chardonnay sowie ein reinsortiger Pinot Meunier sollen folgen. Die Sekte werden im eigenen Buntsandsteinkeller in Bürgstadt im Doppelstückfass elf Monate auf der Vollhefe ausgebaut, ohne Batonnage, das Dégorgement – ohne Schwefel – erfolgt beim Sekthaus Griesel in Bensheim, der dortige Betriebsleiter Nico Brandner war Auszubildender im Weingut Fürst.

Kollektion

Ihre beiden ersten Sekte haben Laura Burkhardt und Sebastian Schür in diesem Jahr vorgestellt. Das ist einmal der Blanc de Noirs aus dem Jahrgang 2013, der aus 60 Prozent Pinot Noir und 40 Prozent Pinot Meunier besteht. Der Pinot Noir stammt jeweils zur Hälfte aus Bürgstadt (Buntsandstein) und aus dem Glottertal (Gneis), der Pinot Meunier aus dem Württembergischen Teil des Taubertals (Muschelkalk). Der Sekt wurde 40 Monate auf der Hefe ausgebaut, im Dezember 2017 degorgiert und mit 4 Gramm dosiert. Er zeigt feine rauchige Noten im Bouquet, etwas gelbe und rote Früchte, ist füllig und komplex im Mund, besitzt gute Substanz, Reife und Harmonie. Der Blanc de Noirs brut nature aus dem Jahrgang 2012 ist ein reinsortiger Pinot Noir von Trauben aus Bürgstadt (60 Prozent) und dem Glottertal (40 Prozent), er wurde 52 Monate auf der Hefe ausgebaut, ebenfalls im Dezember 2017 degorgiert und nicht dosiert. Er zeigt gute Konzentration im Bouquet, viel reife Frucht, etwas rauchige Noten, gelbe Früchte, ist komplex im Mund, kraftvoll, zupackend, besitzt ganz dezent bitter-mineralische Noten im Abgang. Was für eine Entdeckung, was für ein grandioses Debüt!

Weinbewertung

90 2013 „Blanc de Noirs" Sekt brut **12 %/22,- €**
90 2012 „Blanc de Noirs" Sekt brut nature **12,5 %/28,- €**

BurkhardtSchür
Blanc de Noirs
brut nature

Burrlein

★☆

B

KONTAKT

Winzerhof Burrlein
Hauptstraße 149
97320 Mainstockheim
Tel. 09321-5578
Fax: 09321-5510
www.burrlein.com
mail@burrlein.com

Inhaber
Frieder Burrlein
Kellermeister
Achim Bräunel
Rebfläche
29 Hektar
Produktion
200.000 Flaschen

BESUCHSZEITEN

Mo.-Fr. 9-18 Uhr, Sa. 9-16 Uhr

Die Familie Burrlein betreibt seit 1904 Weinbau, heute führen Frieder und Jutta Burrlein den Winzerhof. Die Trauben kommen alle aus der Lage Mainstockheimer Hofstück, der einzigen eingetragenen Lage in Mainstockheim, wo die Reben auf Muschelkalkböden mit einer Keuperauflage wachsen. Sie werden teils selbst erzeugt, teils von Mainstockheimer Vertragswinzern übernommen. Vor allem weiße Sorten werden angebaut, nehmen 86 Prozent der Rebfläche ein: Silvaner ist die wichtigste Rebsorte, es folgen Müller-Thurgau, Bacchus, Kerner, Scheurebe und Weißburgunder, seit 2004 gibt es auch Riesling, jüngst ist Sauvignon Blanc hinzu gekommen. An roten Sorten gibt es Domina, Dornfelder, Regent und Zweigelt. Die Weißweine werden temperaturgesteuert in Edelstahltanks vergoren. Die Rotweine werden nach der Maischegärung in Eichenholzfässern (auch Barriques) ausgebaut. Das Weinangebot gliedert sich in die fünf Weinlinien Auftakt Fritz, Frank&Frei, Edition Karl, Hofstück und Schlossportal.

Kollektion

Starke 2015er Weißweine führten im vergangenen Jahr die Kollektion an, in diesem Jahr nun sind zwei Rotweine unsere eindeutigen Favoriten. Der mächtige Cabernet Dorio – es ist das erste Mal, dass Frieder Burrlein uns diese Rebsorte reinsortig präsentiert – zeigt intensive Frucht, besitzt Fülle und Kraft, viel reife Frucht und gute Struktur. Noch besser gefällt uns der Schlossportal-Frühburgunder, der uns schon im Jahrgang 2012 begeistert hatte. Der 2015er zeigt rauchige Noten, reintönige Frucht, ist klar, frisch und zupackend, besitzt reintönige Frucht und gute Struktur. Die beiden weißen 2016er „von selbst"-Weine sind duftig und unruhig, unter den gleichmäßigen 2017er Weißweinen gefallen uns der frische, leicht zitrusduftige Frank & Frei-Müller-Thurgau und der klare, zupackende trockene Riesling Kabinett besonders gut.

Weinbewertung

83	2017 Müller-Thurgau trocken „Frank & Frei M-TH"	**12 %/6,50 €**
82	2017 Silvaner trocken „Edition Karl"	**12 %/6,50 €**
81	2017 Scheurebe trocken „Edition Karl"	**11,5 %/6,50 €**
81	2017 Silvaner Kabinett trocken „alte Reben" Hofstück	**12,5 %/7,50 €**
83	2017 Riesling Kabinett trocken Hofstück	**12,5 %/7,50 €**
82	2017 Weißer Burgunder Kabinett trocken Hofstück	**12,5 %/7,50 €**
83	2016 Sauvignon Blanc trocken „von selbst"	**13,5 %/12,50 €**
82	2016 Weißer Burgunder trocken „von selbst"	**13,5 %/11,50 €**
82	2017 Scheurebe Kabinett Hofstück	**12 %/8,- €**
82	2016 Frühburgunder trocken Hofstück	**13 %/10,- €**
86	2015 Cabernet Dorio trocken „mazerare"	**14,5 %/15,- €**
88	2015 Frühburgunder trocken „Schlossportal" Hofstück	**14 %/19,- €**

BUS

★

N

KONTAKT

Bacchushof
76865 Insheim
Tel. 06341-83653
Fax: 06341-88422
www.weingut-bus.de
info@weingut-bus.de

Inhaber
Carsten Bus
Rebfläche
42 Hektar

BESUCHSZEITEN

Di.-Fr. 9-12 + 14-18 Uhr, Sa. 9-12 Uhr, Mo. + Sonn- & Feiertage geschlossen

Bereits seit dem späten 16. Jahrhundert gibt es Weinbau in der Familie, heute leitet Carsten Bus mit seiner Frau Sandra das Weingut in der siebten Generation. Die Weinberge liegen rund um Insheim, die besten Parzellen befinden sich in den Gewannen Im hinteren Kitzelgrund, Im Kreuz, In den Achtmorgen und In der Hölle, die allesamt zum Insheimer Schäfergarten gehören. Angebaut wird eine Vielzahl von Rebsorten, unter denen Dornfelder, Riesling, Grauburgunder, Müller-Thurgau und Portugieser die mengenmäßig wichtigsten sind und drei Viertel der Rebfläche einnehmen, dazu kommen Weißburgunder, Sauvignon Blanc, Spätburgunder, Saint Laurent, Merlot, Cabernet Sauvignon und etwas Gewürztraminer, Goldmuskateller, Silvaner, Chardonnay, Bacchus und Ortega.

Kollektion

Die Familie Bus präsentiert uns ein rundum überzeugendes Debüt: Alle Weißweine sind reintönig und zeigen viel klare Frucht, am besten gefallen uns der Chardonnay „Vom sandigen Lehm" mit Noten von Banane und Zitrusfrüchten und dezenter Holzwürze und der herrlich reintönige Goldmuskateller, der fruchtbetont und harmonisch mit gut ausgepegeltem Süße-Säure-Spiel ist, einer der besten Muskateller, die wir dieses Jahr aus der Pfalz verkostet haben. Der Grauburgunder „Im Kreuz" ist kraftvoll mit klarer Birnen- und Melonefrucht, der Riesling aus dem „Kitzelgrund" ist füllig und besitzt kräutrige Würze. Auch die Rotweine sind gut gemacht, besitzen gute Substanz und zeigen einen gekonnten, dezenten Holzeinsatz, aber Saint Laurent, Spätburgunder und Merlot sind auch recht süß, was zu Lasten ihrer Sortentypizität geht. Nur der Cabernet Sauvignon ist mit viel Frucht von schwarzen Johannisbeeren und kühler kräutriger Würze klar als solcher zu erkennen und besitzt trotz seines Alters auch noch weiteres Potenzial. –

Weinbewertung

80 2017 Riesling trocken (1l) **12,5 %/5,50 €**
83 2017 Weißburgunder trocken **13 %/6,70 €**
83 2017 Grauburgunder trocken **13,5 %/6,7 0€**
83 2017 Chardonnay trocken **13 %/6,70 €**
85 2017 Grauburgunder trocken Insheimer Im Kreuz **14 %/7,70 €**
84 2017 Riesling trocken Insheimer Im hinteren Kitzelgrund **12 %/7,70 €**
86 2017 Chardonnay trocken „vom sandigen Lehm" **13,5 %/8,70 €**
86 2017 Goldmuskateller „Exotic" **12 %/9,- €**
83 2015 Saint Laurent trocken **13 %/6,7,- €**
83 2015 Spätburgunder trocken Insheimer In den Achtmorgen **13 %/7,70 €**
83 2013 Merlot trocken **13,5 %/7,70 €**
85 2012 Cabernet Sauvignon trocken **13,5 %/7,70 €**

BUS
WEINGUT

B

Clemens Busch

★★★★★

KONTAKT

Kirchstraße 37
56862 Pünderich
Tel. 06542-22180
Fax: 06542-1625
www.clemens-busch.de
info@clemens-busch.de

Inhaber
Clemens & Rita Busch
Kellermeister
Clemens Busch
Außenbetrieb
Johannes Busch
Rebfläche
16 Hektar
Produktion
100.000 Flaschen

BESUCHSZEITEN

nach Vereinbarung sind von Mo.-Sa. Weinproben möglich

clemensbusch

Clemens und Rita Busch bewirtschaften ihre Weinberge seit 1984 biologisch, sind bei Ecovin, seit 2005 bewirtschaften sie ihre Weinberge biodynamisch. Eine Zeit lang hatte ihr ältester Sohn Florian im Betrieb mitgearbeitet, ist aber nun Betriebsleiter auf einem Weingut in Südfrankreich; seit 2013 ist nun der jüngste Sohn Johannes, Geisenheim-Absolvent, im Betrieb tätig. Der größte Teil der Weinberge von Clemens und Rita Busch liegt in der Lage Pündericher Marienburg, angebaut wird ausschließlich Riesling. Die Marienburg ist ein steiler Süd-Südost-ausgerichteter Hang gegenüber von Pünderich. Bis 1971 bestand sie aus verschiedenen kleinen Einzellagen, die dann alle zur Lage Marienburg zusammengefasst wurden. Zu diesen Teillagen gehören die Fahrlay mit den Fahrlay-Terrassen (die einzige Lage, in der blauer Schiefer dominiert), die Falkenlay (grauer Schiefer, etwas tiefgründigerer Boden; das älteste Stück der Falkenlay wird Raffes genannt), der Rothenpfad (roter Schiefer) und die Felsterrasse (hellgrauer Schiefer mit eisenhaltigen Schichten). Die Weine werden spontanvergoren und in Eichenholzfässern ausgebaut, lagern lange auf der Hefe. Die Basis des trockenen Teils des Sortiments bildet der Gutsriesling, dann folgen die Rieslinge vom grauen und roten Schiefer, an der Spitze stehen die Lagenweine aus Marienburg, Rothenpfad, Falkenlay, Fahrlay und Fahrlay-Terrassen, die in den jüngsten Jahren meist trocken ausgebaut und als Große Gewächse vermarktet wurden. Werden Spitzenweine in gereiftem Stadium auf den Markt gebracht, werden sie als Reserve bezeichnet – als Großes Gewächs, wenn sie trocken sind, als Große Lage, wenn dies nicht der Fall ist. Die trockenen und fast trockenen Top-Rieslinge sind über die Jahre immer feiner und präziser geworden, die Alkoholwerte sind nicht überschießend, die Balance wird gewahrt. Manche zeigen erst nach einigen Jahren, was in ihnen steckt, sind in ihrer Jugend teilweise noch schwer einzuschätzen. Süße und edelsüße Rieslinge spielen eine wichtige Rolle im Betrieb: Wenn es der Jahrgang erlaubt, erzeugen Rita und Clemens Busch die ganze Bandbreite vom Kabinett bis hin zur Beerenauslese oder gar Trockenbeerenauslese.

Kollektion

Die Weine von Clemens Busch zählen zu den eindrücklichsten an der Mosel – und das nicht nur im trockenen Bereich, sondern auch im süßen. Das zeigte sich übrigens schon in den vergangenen Jahren, als die Weine immer feiner und straffer wurden. Die Politik von Rita und Clemens Busch, einige ihrer Spitzenweine erst im zweiten auf die Lese folgenden Jahr vorzustellen, ist sehr zu begrüßen, denn manche ihrer Terroirrieslinge benötigen nach der Abfüllung Zeit. Der trockene Basisriesling und der „vom grauen Schiefer" genannte Riesling wirken, was den Jahrgang 2017 angeht, allerdings offen und klar, straff und puristisch. Kraftvoll und zugänglich ist auch das Große

Gewächs aus der Lage Pündericher Marienburg ohne Angabe einer Parzelle. Der Falkenlay wirkt etwas unzugänglich, kommt in diesem Jahr nicht ganz an den Riesling aus der Fahrlay heran. Letzterer dagegen ist klar, frisch, mit Noten von Kräutern und Kernobst, im Mund angenehm fest, würzig, straff, wunderschön trocken und animierend. Das Große Gewächs aus dem Rothenpfad wirkt etwas würziger und saftiger, entwickelt sich im Glas ausgezeichnet. Noch spannender wird es allerdings bei den Spitzen aus 2016, die nun erstmals vorgestellt werden. Der Nonnengarten-Riesling wirkt zugänglich, betont saftig, ohne gefällig zu sein; ein geradliniger, einschmeichelnder Wein. Deutlich mehr Struktur hat der Fahrlay-Terrassen-Riesling, der nach geriebenem Stein und Kräutern duftet, im Mund straff, mineralisch und nachhaltig ausfällt. Die Felsterrasse ist nochmals deutlich straffer und würziger, wunderbar mineralisch, lang und präzise: einer der besten trockenen Weine des Jahrgangs 2016 an der Mosel. Ganz anders, mit einer eher dunklen Würze ausgestattet, ist der Raffes-Riesling, der erst in ein, zwei Jahren wirklich zeigen dürfte, was in ihm steckt. Unter den süßen Weinen des Jahrgangs 2017 ist beispielsweise der Kabinettriesling zu erwähnen mit seinen unruhigen Hefenoten; er ist lang und würzig, besitzt vergleichsweise wenig Süße, ist rassig und voller Substanz: eine beachtliche Leistung und einer der besten und eigenständigsten Kabinette an der Mosel. Hefe, gehackte, Kräuter und Kernobst prägen die vielschichtige Spätlese aus der Marienburg, sie ist enorm würzig und animierend, wird von der wunderbar kompletten Goldkapsel-Spätlese allerdings noch in den Schatten gestellt. Noch süßere Weine wurden in diesem Jahr nicht präsentiert.

Clemens Busch

Weinbewertung

86	2017 Riesling trocken **10,5 %/9,50 €**
87	2017 Riesling „vom grauen Schiefer" **11 %/14,50 €**
91	2016 Riesling Nonnengarten **12 %/18,50 €**
90	2017 Riesling „GG" Marienburg **12 %/26,- €**
92	2017 Riesling „GG" „Rothenpfad" Marienburg **12,5 %/28,- €**
89+?	2017 Riesling „GG" „Falkenlay" Marienburg **12,5 %/32,- €**
93	2017 Riesling „GG" „Fahrlay" Marienburg **12,5 %/32,- €**
93	2016 Riesling „GG" „Fahrlay-Terrassen" Marienburg **12 %/45,- €**
94	2016 Riesling „GG" „Felsterrasse" Marienburg **12 %/69,- €**
93	2016 Riesling „GG" „Raffes" Marienburg **13 %/69,- €**
88	2017 Riesling Kabinett Marienburg **7,5 %/14,50 €**
90	2017 Riesling Spätlese Marienburg **7,5 %/18,50 €**
92	2017 Riesling Spätlese Goldkapsel Marienburg **8 %/27,- €**

LAGEN

MARIENBURG (PÜNDERICH)
– ROTHENPFAD
– FALKENLAY
– FAHRLAY
– FAHRLAY-TERRASSEN
– FELSTERRASSE
– RAFFES

REBSORTEN

RIESLING (100 %)

Caspari-Kappel

★★★★

KONTAKT

Am Steffensberg 29
56850 Enkirch
Tel. 06541-6348
Fax: 06541-1628
www.caspariwein.de
info@caspariwein.de

Inhaber
Nico Caspari & Uwe Jostock
Rebfläche
12 Hektar
Produktion
65.000 Flaschen

BESUCHSZEITEN

jederzeit nach Vereinbarung

Peter Kappel legte Mitte des 19. Jahrhunderts den Grundstein für das heutige Weingut. Seine Enkelin heiratete 1949 den Sanitätsrat und Weingutsbesitzer Dr. Caspari, was zur Zusammenlegung der beiden Weingüter und zum heute noch genutzten Namen Caspari-Kappel führte, Weinbau ist in der Familie Caspari bereits seit dem 15. Jahrhundert belegt, in der Familie Kappel seit 1701. 1970 übernahm Thomas Caspari das Gut, 2007 stieg Uwe Jostock als Kellermeister und Mitinhaber ein (er war zuvor bei Immich-Batterieberg und Clemens Busch tätig). 2010 übernahm Nico Caspari dann die Position von Thomas Caspari. Ihre Weinberge liegen alle am rechten Moselufer. Ihre nördlichste Lage ist der Burger Schlossberg, wo auf tiefgründigen Schwemmlandböden ihr Weißburgunder wächst. Alle weiteren Weinberge liegen in Enkirch respektive in Traben. Die Lage Monteneubel weist durch einen erhöhten Eisenanteil rötlichen Schiefer aus. Daran schließt sich der Steffensberg an, der direkt hinter dem Weingut liegt. Weiter in Richtung Süden und direkt an der Mosel folgen drei extreme Steillagen. Der Zeppwingert weist blauen Devonschiefer auf, die Ellergrub besteht aus unzähligen kleinen Schieferterrassen, im anschließenden, extrem steilen Trabener Gaispfad mit seinem grauen Schiefer besitzen Nico Caspari und Uwe Jostock teils über 100 Jahre alte wurzelechte Reben. Das Gros der Weinberge von Caspari-Kappel war in der preußischen Klassifikationskarte des 19. Jahrhunderts der obersten Kategorie zugerechnet. Neben dem dominierenden Riesling bauen sie ein wenig Weißburgunder (im Schlossberg) und Spätburgunder an. Seit 2009 werden die Weinberge biologisch bewirtschaftet. Die Lagenweine aus Monteneubel und Ellergrub werden in der Regel trocken ausgebaut, die aus Zeppwingert und Gaispfad feinherb, die Spätlese aus dem Steffensberg süß, auch aus dem Gaispfad gibt es jedes Jahr eine süße Spätlese, weitere süße und edelsüße Rieslinge bis hin zur Trockenbeerenauslese ergänzen je nach Jahrgang das Sortiment. Jedes Jahr Mitte August findet im Weingut ein Riesling & Delikatessen-Festival mit Spitzenköchen und Livemusik statt, mit kulinarischen Weinproben, Moselschifffahrt, Weinbergswanderungen und Kellerführungen. Caspari-Kappel ist einer der Shooting Stars der letzten Jahre an der Mosel. Nico Caspari und Uwe Jostock haben es innerhalb eines Jahrzehnts geschafft sich mit einem klaren Sortiment und einer klaren Handschrift vor allem mit ihren trockenen und feinherben Lagenrieslingen auch außerhalb der Region einen Namen zu machen. An der Spitze der Kollektion steht meist der feinherb ausgebaute, im Jahrgang 2017 erstmals auch trocken vinifizierte Gaispfad-Riesling von den über 100 Jahre alten Reben, dem allerdings oft die

Weine aus Monteneubel, Zeppwingert oder Ellergrub sehr nahe kommen.

Nico Caspari & Uwe Jostock

Kollektion

Die Kollektion des vergangenen Jahres beeindruckte nicht zum ersten Mal mit ihrer Gleichmäßigkeit und der Nachhaltigkeit der Lagenweine. Wie gut 2017 ausgefallen ist im Weingut Caspari-Kappel, beweist schon der Basiswein, ein trockener Liter-Riesling mit fester Art und Würze, saftig und klar. Der trockene Kabinettriesling ist etwas teurer, aber auch qualitativ nochmals deutlich darüber angesiedelt – ein filigraner Riesling, der die Qualitätsstufe deutlich widerspiegelt, mit vergleichsweise niedrigem Alkohol und einer Menge Frucht und Frische. Beileibe nicht von jedem Kabinett der Mosel kann man dies sagen! Ganz anders der trockene Riesling von alten Reben aus der Ellergrub, mit Anklängen an Kräuter und viel mineralischer Würze, ein spannender Lagenriesling mit Grip und Länge. Erfreulicherweise gibt es den offiziellen Spitzenwein des Hauses, den traditionell in eine historisch anmutende Flasche abgefüllten Gaispfad-Riesling von 100 Jahre alten Reben, diesmal zum ersten Mal auch in einer trockenen Variante: offen, mit Kräuter- und Hefenoten sowie Würze, eher mineralisch und lang als kraftvoll und üppig. Ein gänzlich eigenständiger Wein, der das Potenzial der alten Reben ausschöpft. Die feinherbe Variante desselben Weines wirkt demgegenüber zwar ebenfalls mineralisch, aber deutlich jugendlicher, die merkliche Süße scheint noch nicht perfekt integriert. Etwas zugänglicher dagegen scheint der Lagenwein aus dem Zeppwingert, vibrierend, finessenreich, mit dezenter Süße und einer Menge Potenzial. Die Spätlese von alten Gaispfad-Reben, mit Anklängen an getrockneten Apfel und eher cremig-elegant als rassig, sollte man in der bemerkenswerten Kollektion allerdings auf keinen Fall vergessen.

Weinbewertung

84	2017 Riesling trocken (1l) **12,5 %/7,- €**
87	2017 Riesling Kabinett trocken **11,5 %/9,50 €**
88	2017 Weißer Burgunder trocken Schlossberg **12,5 %/14,- €**
90	2017 Riesling trocken „von alten Reben" Ellergrub **13 %/16,- €**
91	2017 Riesling trocken „100" Gaispfad **12,5 %/21,- €**
85	2017 Riesling „Schiefercuvée" **12,5 %/7,50 €**
86	2017 Riesling Kabinett „feinherb" **11,5 %/9,50 €**
89	2017 Riesling „feinherb" „von alten Reben" Zeppwingert **12,5 %/16,- €**
90	2017 Riesling „feinherb" „100" Gaispfad **12 %/21,- €**
86	2017 Riesling Kabinett **7,5 %/9,50 €**
88	2017 Riesling Spätlese „von alten Reben" Gaispfad **8 %/16,- €**

LAGEN

ELLERGRUB (ENKIRCH)
STEFFENSBERG (ENKIRCH)
ZEPPWINGERT (ENKIRCH)
MONTENEUBEL (ENKIRCH)
GAISPFAD (TRABEN)
SCHLOSSBERG (BURG)

REBSORTEN

RIESLING (85 %)
SPÄTBURGUNDER (8 %)
WEISSBURGUNDER (7 %)

FÜRSTLICH CASTELL'SCHES DOMÄNENAMT

★★★

KONTAKT

Schlossplatz 5
97355 Castell
Tel. 09325-60160
Fax: 09325-60188
www.castell.de
weingut@castell.de

Inhaber
Ferdinand Fürst zu Castell-Castell
Betriebsleiter
Peter Geil
Rebfläche
70 Hektar
Produktion
450.000 Flaschen

BESUCHSZEITEN

Mo.-Fr. 8-18 Uhr, Sa. 10-16 Uhr
Restaurant „Weinstall", Schlossplatz 5 (Pächter: Martin Schulze, Mi.-So. ab 12 Uhr, Tel. 09325-9809949, willkommen@weinstall-castell.de)

Seit 800 Jahren betreibt die Familie Weinbau in Castell. Die Weinberge des Fürstlich Castell'schen Domänenamtes befinden sich größtenteils rings um Castell im Steigerwald. Die Casteller Lagen Schlossberg, Reitsteig, Trautberg, Hohnart, Kugelspiel und Feuerbach gehören dem Weingut im Alleinbesitz, die Lagen Bausch und Kirchberg teilt man sich mit anderen Besitzern. Neben den Trauben der eigenen Weinberge werden auch die Trauben von ca. 90 Winzern der Erzeugergemeinschaft Steigerwald mit weiteren 30 Hektar Weinbergen in den Schlosskellern ausgebaut und über das Weingut vermarktet. Wichtigste Rebsorte ist der Silvaner, der 40 Prozent der Rebfläche einnimmt. 2016 ist Weingutsleiter Karl-Heinz Rebitzer, nach 50 Jahren Betriebszugehörigkeit, in den Ruhestand gegangen, nach einem kurzen Intermezzo wurde Peter Geil neuer Betriebsleiter.

Kollektion

Dieses Jahr liegen die Stärken eindeutig im Lagen-Segment. Der Kugelspiel-Silvaner ist frisch, zupackend, der Hohnart-Silvaner besitzt Fülle und Kraft, reife Frucht und gute Struktur. Der Hohnart-Riesling ist würzig, eindringlich, ebenfalls kraftvoll und füllig wie der Silvaner. Angeführt wird der weiße Teil der Kollektion von den beiden Großen Gewächsen aus dem Schlossberg, Jahrgang 2016. Der Riesling besitzt reintönige Frucht, gute Substanz und Frische, der Silvaner ist würziger, duftiger, enorm kraftvoll und konzentriert, besitzt viel Substanz und Frucht. Die würzige edelsüße Silvaner Auslese überzeugt ebenso wie der fruchtbetonte Spätburgunder aus dem Reitsteig, der klar, kraftvoll und zupackend ist. Klar übertroffen wird er noch vom Schloss Spätburgunder des Jahrgangs 2013: Gute Konzentration, reintönige Frucht, Substanz und Frische. —

Weinbewertung

81	2017 Silvaner trocken „Schloss Castell" **12 %/8,- €**
81	2017 Silvaner trocken „Die Gefährten" „Gräfin Sophia Juliana" **12,5 %/11,- €**
81	2017 Weiß- & Grauburgunder trocken „Die Gefährten" **12,5 %/11,- €**
86	2017 Silvaner trocken Casteller Hohnart **12,5 %/16,50 €**
84	2017 Silvaner trocken Casteller Kugelspiel **13 %/14,50 €**
86	2017 Riesling trocken Casteller Hohnart **13 %/16,50 €**
89	2016 Silvaner trocken „GG" Casteller Schlossberg **13 %/28,- €**
88	2016 Riesling trocken „GG" Schlossberg **13 %/28,- €**
87	2016 Silvaner Auslese Casteller Kugelspiel **9,5 %/35,- €/0,5l**
82	2016 „Die Gefährten" Rotwein trocken „Gräfin Dorothea Renata" **12,5 %/13,- €**
86	2015 Spätburgunder trocken Casteller Reitsteig **13 %/18,- €**
89	2013 Spätburgunder trocken Schlossberg **13,0 %/33,- €**

Chat Sauvage

★★★★

KONTAKT

Hohlweg 23
65366 Geisenheim-Johannisberg
Tel. 06722-9372586
Fax: 06722-9372588
www.chat-sauvage.de
pinot@chat-sauvage.de

Inhaber
Günter Schulz
Verwalter/Kellermeister
Verena Schöttle
Rebfläche
8 Hektar
Produktion
30.000 Flaschen

BESUCHSZEITEN

täglich nach Vereinbarung

Das Weinbauprojekt Chat Sauvage („wilde Katze") wurde vom Hamburger Unternehmer Günter Schulz ins Leben gerufen und wird heute von Verena Schöttle geleitet, einer jungen Önologin, die zuvor schon den Außenbetrieb leitete und nun die Nachfolge von Michael Städter angetreten hat. Im Jahr 2000 beschloss Günter Schulz seinen eigenen Wein zu produzieren, 2001 wurde aus zugekauften Spätburgundertrauben der erste Wein vinifiziert, gleichzeitig wurden eigene Weinberge gekauft, zwischen Winkel und Lorch. Günter Schulz versteigerte bei Christies einen Großteil seiner Burgunder-Sammlung, mit dem Erlös wurde ein Kellerneubau samt Vinothek inmitten der Weinberge in Johannisberg errichtet, der 2010 bezogen wurde. Die Weinberge liegen im Assmannshäuser Höllenberg, im Rüdesheimer Drachenstein, im Lorcher Kapellenberg sowie im Lorcher Schlossberg und in der Johannisberger Hölle, aber auch im Dachsberg in Winkel und im Assmannshäuser Frankenthal. Im Rüdesheimer Berg Roseneck wurde ein vorher mit Riesling bestockter Weinberg mit Chardonnay neu bepflanzt, im Lorcher Bodental-Steinberg kam ein halber Hektar hinzu, eine Steillage, die mit Spätburgunder bepflanzt wurde. Zwei Drittel der Weinberge befinden sich in Steillagen. Chat Sauvage erinnert eher an ein Gut in der Bourgogne als im Rheingau, denn man konzentriert sich ganz auf Spätburgunder, der vier Fünftel der Rebfläche einnimmt, sowie Chardonnay. Der erste Chardonnay wurde 2006 im Winkeler Dachsberg angepflanzt, später kam Chardonnay im Rüdesheimer Berg Roseneck hinzu. Der Spitzen-Chardonnay „Clos de Schulz" stammt aus dem Winkeler Dachsberg. Die Weine werden achtzehn Monate in französischen Barriques ausgebaut und ohne Filtration abgefüllt.

Kollektion

In diesem Jahr präsentiert das Weingut Chardonnay aus dem aktuellen Jahrgang 2016 und bis auf eine Ausnahme Pinot Noir aus 2015. Neu sind die beiden Spitzenqualitäten „Bestes Fass" vom Chardonnay, ein Barrique, das auffällig gut gelungen ist und sich deshalb in diesem Jahr eine eigene Abfüllung verdient hat und der „Rouge de Schulz No. 1" aus einer Einzellage im Bodental-Steinberg, der wegen seiner besonderen Traubenqualität auch getrennt gefüllt wurde. Der ebenfalls neue Pinot Noir „Selection Schulz" ist eine Fassselektion des Rheingau Pinot mit mehr Reife. Die Chardonnay sind wieder kühl und pointiert. Schon der Rheingau Chardonnay ist voller Understatement, würzig und stoffig, anhaltend, der Clos de Schulz mit seiner kräutrigen Ader und reifen Gelbfrucht ist kraftvoll und fein, das Beste Fass misst sich mit den besten Chardonnay in Deutschland, seine Frucht ist puristisch, er ist straff gewirkt, bei viel Kraft ist alles in bester Balance. Der 2015er Pinot Noir offenbart die Fülle und Kraft des

reifen Spätburgunderjahrgangs, er duftet fein, wie alle Pinot, baut auf feine, säurefrische Saftigkeit, ist nachhaltig. Die Selection Schulz zeigt Schwarzkirsche und zarte Bitterschokolade, ist reifer, ihr jugendliches Feuer mündet in attraktive Frische und fokussiertem Nachhall. Die beiden Orts-Pinot bieten einen spürbaren Sprung an Intensität und Finesse. Der Lorcher ist trotz hohen Alkohols kühl und pointiert, baut durchgängig Druck auf, der Assmannshäuser punktet mit Fülle und Saftigkeit, ist duftiger und zugänglicher. Hier mag man sich kaum entscheiden, wir geben jedoch dem Assmannshäuser wegen seiner Frische den Vortritt. Mit immenser Reife und üppiger Cassisfrucht, die von feinen Toastnoten eingerahmt wird, macht der Lorcher Schlossberg gleich deutlich, wo die Reise bei den Lagenweinen hingeht. Sein hoher Extrakt lässt bei komplett trockenem Ausbau den Eindruck von Süße entstehen, diese wird jedoch von feinen, präsenten Tanninen und Frische in Zaum gehalten, er besitzt viel dunkle Frucht, Druck und Nachhall. Es geht aber tatsächlich noch besser. Der „Rouge de Schulz No. 1" spielt in der oberen Liga des deutschen Spätburgunders moderner frankophiler Prägung. Im Moment dominieren die röstigen Toastaromen zusammen mit erdigen Noten den Duft. Am Gaumen entwickelt sich ein fulminanter Wein mit perfekter Dichte, großer Kraft und packend feinen Gerbstoffen, der bis in den extrem langen Nachhall nicht nachlässt – und noch sehr gutes Potenzial verspricht, er sollte ein paar Jahre im Keller reifen. Die Kombination aus Reife und Kühle ist kultiviert durch und durch. Last but not least hat es der kräftige 2014er Drachenstein trotz der starken Konkurrenz aus 2015 gar nicht so schwer. Eine jahrgangstypisch eher puristische Frucht zeichnet ihn aus, er ist straff verwoben, filigran, die frischen Gerbstoffe von feinster Qualität lassen weiteres Potenzial erkennen. Er wird auf lange Sicht einige der heute präsenteren 2015er noch hinter sich lassen.

Verena Schöttle

Weinbewertung

87	2016 Chardonnay Rheingau **13 %/17,- €**
91	2016 Chardonnay „Clos de Schulz" **13,5 %/35,- €**
93	2016 Chardonnay „Bestes Fass" **13 %/100,- €**
87	2015 Pinot Noir Rheingau **13 %/18,- €**
89	2015 Pinot Noir „Selection Schulz" **13,5 %/23,- €**
91	2015 Pinot Noir Lorch **14 %/28,- €**
90	2015 Pinot Noir Assmannshausen **13,5 %/28,- €**
92	2015 Pinot Noir Lorch Schlossberg **14,5 %/65,- €**
92	2014 Pinot Noir Rüdesheim Drachenstein **14,5 %/45,- €**
93	2015 Pinot Noir „Rouge de Schulz No.1" **13,5 %/150,- €**

LAGEN

DACHSBERG (WINKEL)
HÖLLE (JOHANNISBERG)
DRACHENSTEIN (RÜDESHEIM)
HÖLLENBERG (ASSMANNSHAUSEN)
FRANKENTHAL (ASSMANNSHAUSEN)
KAPELLENBERG (LORCH)
SCHLOSSBERG (LORCH)

REBSORTEN

SPÄTBURGUNDER (80 %), CHARDONNAY (20 %)

CHRISTMANN

★★★★☆

C

KONTAKT

Peter-Koch-Straße 43
67435 Neustadt-Gimmeldingen
Tel. 06321-66039
Fax: 06321-68762
www.weingut-christmann.de
info@weingut-christmann.de

Inhaber/Betriebsleiter
Steffen Christmann
Kellermeister
Oskar Micheletti
Außenbetrieb
Stefan Jung
Rebfläche
21 Hektar
Produktion
130.000 Flaschen

BESUCHSZEITEN

Mo.-Fr. 8-12 + 13-18 Uhr,
Sa. 10-16 Uhr oder nach
Vereinbarung

Karl-Friedrich Christmann hat 1965 das Weingut übernommen, heute führt es sein Sohn Steffen. Die Weinberge befinden sich in besten Lagen der Mittelhaardt, in Gimmeldingen in den Lagen Mandelgarten (Buntsandsteingeröll und kalkhaltiger Löss über einem Kalkrücken), Biengarten (Buntsandsteingeröll mit Einlagerungen von eisenhaltigem Lösslehm) und Kapellenberg (Terrassenschotter aus Buntsandstein über massivem Kalk), in Königsbach in den Lagen Idig (3,5 Hektar, Terra Fusca-Oberboden aus Kalk, Ton und Buntsandstein über einem Kalkfelsmassiv) und Ölberg (Kalkmergel mit Buntsandsteingeröll), in Ruppertsberg in den Lagen Reiterpfad (Buntsandstein), Spiess (Buntsandsteingeröll) und Linsenbusch und in den Deidesheimer Lagen Langenmorgen (Buntsandsteingeröll und Löss über Buntsandsteinfels), Paradiesgarten (Buntsandsteingeröll mit etwas Löss über Fels) und Mäushöhle. Riesling ist mit einem Anteil von 70 Prozent die wichtigste Rebsorte. Hinzu kommen Spätburgunder, Weißburgunder, Grauburgunder und Gewürztraminer. Die Weinberge werden biodynamisch bewirtschaftet, zertifiziert seit dem Jahrgang 2004. 2007 wurde Steffen Christmann zum Präsidenten des VDP gewählt. Die Umstellung auf biodynamischen Weinbau, sicherlich auch die Spontangärung, haben die Weine verändert, zu ihrem Vorteil verändert, wie wir meinen, sowohl die „einfachen" Weine, als auch die Spitzenweine – die Großen Gewächse – sind komplexer und präziser geworden. Und dass sie hervorragend reifen können stellte eine Vertikalverkostung des Idig unter Beweis.

Kollektion

An der Spitze der Kollektion steht auch in diesem Jahr unverrückbar das Große Gewächs aus dem Idig: Er zeigt kräutrig-mineralische Würze und etwas Feuerstein, bleibt im Bouquet verhalten in der Frucht, besitzt am Gaumen dann Noten von grünem Apfel und herber Grapefruit, viel Grip und Druck, ist tief und sehr nachhaltig. Der „Kapelle" ist das eleganteste der Großen Gewächse, besitzt Frische, kräutrige und steinige Würze und auch klare gelbe Frucht, Aprikose und Zitrusnoten, das „Hofstück" aus dem Reiterpfad besitzt neben gelber Frucht auch viel Grip und Zug, ist sehr animierend, salzig und lang, die Meerspinne ist ganz geradlinig und straff, mit Noten von Stein, Tabak und Brotkruste, der Wein besitzt herbe kräutrige Würze, feinen Druck und ein sehr animierendes Säurespiel, der Langenmorgen ist noch verschlossen, zeigt etwas steinige Würze, mit viel Luft auch etwas Zitrusfrucht und besitzt nachhaltigen Säurebiss. Bei den Orts- und Erste Lage-Rieslingen geben wir wieder den Weinen aus Königs-

bach den Vorzug, der Gimmeldinger Riesling zeigt kräutrige Würze, ist im Bouquet leicht zurückhaltend, am Gaumen besitzt er dann klare Aprikosenfrucht, etwas Zitrusnoten und ein frisches Säurespiel, der Königsbacher ist deutlich komplexer, zeigt Noten von Kräutern, Brotkruste und Feuerstein, auch etwas Grapefruit, ist sehr animierend, elegant, besitzt feinen Grip. Auch der Ölberg zeigt Brotkruste und Feuerstein, ist zunächst leicht verhalten im Bouquet und braucht Luft, besitzt auch klare Aprikosenfrucht, Grip, salzige Noten, ist elegant und sehr nachhaltig, der Kapellenberg zeigt kräutrig-mineralische Würze und viel gelbe Frucht, Aprikose, Orangenschale, besitzt Würze, Biss und Länge. Der Gutsriesling ist in diesem Jahr ungewöhnlich fruchtbetont und wirkt leicht süß, ist schlank, besitzt auch ein animierendes Säurespiel, der neu im Programm vertretene „Pfarrwingert"-Weißburgunder wurde „naturel" lange auf der Hefe und dem Fruchtfleisch ausgebaut, ist ebenfalls sehr fruchtbetont, zeigt vor allem Pfirsich, auch etwas Aprikose, wirkt insgesamt aber noch etwas unruhig und unfertig und könnte sich mit Reifezeit noch steigern. Die beiden Spätburgunder wirken ebenfalls noch sehr jung und besitzen Potential, der Ölberg ist der etwas elegantere Wein, besitzt feine, kühle Sauerkirschfrucht und ein noch jugendliches Tanningerüst, zeigt dezentes Holz und etwas Krokantwürze, der Biengarten zeigt feine Röstnoten im Bouquet, dazu leicht kräutrige Würze und viel klare, rote Frucht mit Noten von Süßkirschen, roten Johannisbeeren und Himbeeren, am Gaumen ist er gut strukturiert und sehr lang.

Steffen Christmann

Weinbewertung

85 2017 Riesling trocken **12 %/11,30 €**
87 2017 Weißburgunder trocken Gimmeldingen „Pfarrwingert" **12 %/20,- €**
87 2017 Riesling trocken Gimmeldingen **12 %/16,- €**
89 2017 Riesling trocken Königsbach **12,5 %/18,- €**
89 2017 Riesling trocken Gimmeldinger Kapellenberg **12,5 %/23,- €**
90 2017 Riesling trocken Königsbacher Ölberg **12,5 %/24,- €**
92 2017 Riesling „GG" Ölberg-Hart „Kapelle" **12,5 %/Vst.**
92 2017 Riesling „GG" Reiterpfad „Hofstück" **13 %/42,- €**
92 2017 Riesling „GG" Meerspinne im Mandelgarten **12,5 %/46,- €**
91+ 2017 Riesling „GG" Langenmorgen **12,5 %/44,- €**
93 2017 Riesling „GG" Idig **13 %/50,- €**
90 2015 Spätburgunder trocken Königsbacher Ölberg **12,5 %/33,- €**
90 2015 Spätburgunder trocken Gimmeldinger Biengarten **12,5 %/35,- €**

LAGEN

IDIG (KÖNIGSBACH)
MANDELGARTEN (GIMMELDINGEN)
LANGENMORGEN (DEIDESHEIM)
REITERPFAD (RUPPERTSBERG)
BIENGARTEN (GIMMELDINGEN)
KAPELLENBERG (GIMMELDINGEN)
PARADIESGARTEN (DEIDESHEIM)
ÖLBERG (KÖNIGSBACH)

REBSORTEN

RIESLING (70 %)
SPÄTBURGUNDER (15 %)
WEISSBURGUNDER (8 %)
GRAUBURGUNDER (4 %)
MUSKATELLER (3 %)

JOH. JOS. CHRISTOFFEL-ERBEN

★★★☆

KONTAKT

Verwaltung Weingut Mönchhof, Robert Eymael,
54539 Ürzig
Tel. 06532-93164
Fax: 06532-93166
www.moenchhof.de
info@moenchhof.de

Inhaber
Robert Eymael
Rebfläche
4 Hektar
Produktion
30.000 Flaschen

BESUCHSZEITEN

Mo.-Sa. 9-17 Uhr, am Wochenende nach Vereinbarung
3 Gästezimmer

Die Geschichte des Weinguts lässt sich 400 Jahre zurückverfolgen, berühmt wurden die Rieslinge aber erst in der zweiten Hälfte des 20. Jahrhunderts. Im Jahr 2000 ging Hans-Leo Christoffel eine Kooperation mit dem Weingut Mönchhof ein, die Weinberge werden zusammen bearbeitet, und seit 2001 werden auch die Kellerarbeiten und der Verkauf gemeinsam betrieben. Da er keinen Nachfolger hatte, entschied sich Hans-Leo Christoffel für diese Lösung. Die beiden Weingüter blieben trotz der gemeinsamen Bewirtschaftung selbstständig und werden unter den bisherigen Namen weitergeführt. Das ist auch nach dem Verkauf des Weinguts Mönchhof an chinesische Investoren der Fall: Robert Eymael ist und bleibt weiterhin verantwortlich für das operative Geschäft. Die Weinberge des Weingutes liegen in besten Lagen von Ürzig und Erden. Ausschließlich Riesling wird angebaut, überwiegend wurzelechte Reben, die teilweise bis zu 100 Jahre alt sind. Alle Weine werden in Holzfässern ausgebaut, vergoren werden sie mit den eigenen Hefen.

Kollektion

Nicht erst im vergangenen Jahr waren die Christoffel-Weine als „typisch Christoffel" zu erkennen. Rassige, saftige, schon jung zugängliche Rieslinge, die dennoch Substanz besaßen. Auch die 2017er sind in diesem Stil gehalten und überdies sehr gleichmäßig in der Qualität – Ausreißer nach unten oder oben gibt es nicht. Was die trockenen Weine angeht, ist allerdings das Große Gewächs aus 2016 zu nennen: straff, würzig, kompakt; es benötigt noch etwas Zeit. Unter den sehr feinen, duftigen Kabinettweinen gefällt der Riesling aus dem Treppchen noch etwas besser als jener aus dem Würzgarten. Bei den Spätlesen ergibt sich ein vergleichbares Bild: Der Vertreter des Würzgartens ist offen, rassig, würzig, jener aus dem Treppchen noch etwas komplexer, mit klaren Aromen nach Zitrus, Steinobst und Kräutern. Bei der Auslese wirkt alles etwas reifer, zu den Steinobst- und Kräuternoten kommt Ananas hinzu. Ein enorm saftiger, eleganter Wein, der zur langen Lagerung gemacht ist.

Weinbewertung

89	2016 Riesling trocken „GG" Ürzig Würzgarten	**11,5 %/17,80 €**
88	2017 Riesling Kabinett Erden Treppchen	**8,5 %/11,80 €**
87	2017 Riesling Kabinett Ürzig Würzgarten	**9 %/11,80 €**
89	2017 Riesling Spätlese Ürzig Würzgarten	**8 %/14,90 €**
90	2017 Riesling Spätlese Erden Treppchen	**8,5 %/14,90 €** ☺
92	2017 Riesling Auslese** Erden Treppchen	**8 %/26,80 €**

SUSANNE U. BERTHOLD CLAUSS

★★☆

C

KONTAKT

Obere Dorfstraße 39
79807 Lottstetten-Nack
Tel. 07745-5492
Fax: 07745-927951
www.weingutclauss.de
info@weingutclauss.de

Inhaber
Susanne & Berthold Clauß
Betriebsleiter/Kellermeister
Berthold Clauß
Außenbetrieb
Stefan Birta
Rebfläche
17 Hektar
Produktion
100.000 Flaschen

BESUCHSZEITEN

Mo.-Fr. 10-12 + 14-18 Uhr,
Sa. 9-13 Uhr, Mi. geschlossen

Das Weingut wurde 1981 von Elisabeth und Friedrich Clauß aus Esslingen gegründet, 2003 von ihrem Sohn Berthold Clauß und Ehefrau Susanne übernommen. Berthold Clauß machte seine Winzerlehre bei Fritz Currle und Hans Haidle. Die Weine wurden anfangs in den Kellern der Weingüter des Markgrafen von Baden in Schloss Salem ausgebaut, die Ernte 2003 dann erstmals im eigenen Keller vinifiziert, den Berthold Clauß am Fuße des Nacker Weinberges neu erbaute. Gut die Hälfte der Weinberge liegt am Nacker Hausberg, die Einzellage trägt den Namen Steinler (sandiger Lehm und Kiesgestein). Hinzu kommen Weinberge in Rechberg und Erzingen im Klettgau in der Lage Kapellenberg (schwerer Lehm und Kalkgestein), wo vor allem Burgundersorten angebaut werden; alle Belemnit- und Urbanus-Weine kommen aus Erzingen. Spätburgunder nimmt 60 Prozent der Rebfläche ein, es folgen Grauburgunder, Müller-Thurgau, Sauvignon Blanc, Weißburgunder und Frühburgunder.

Kollektion

Gleich vier Jahrgänge des Pinot Noir Urbanus konnten wir dieses Jahr verkosten. Dass er gut reift, davon waren wir immer schon überzeugt, anhand des fein gereiften, eleganten 2007er konnten wir uns nun davon überzeugen. Dass er jung immer schwierig und tanninbetont ist, das wussten wir auch schon immer und der 2016er stellt es erneut unter Beweis. Der 2014er ist rauchig, kraft- und druckvoll, jugendlich bei etwas harten Tanninen. Unser eindeutiger Favorit in dieser Mini-Vertikale ist Jahrgang 2015, ein fülliger, komplexer Wein mit reifer Frucht und guter Struktur. Im weißen Segment überzeugt der füllige, saftige, spontan im Tonneau vergorene Müller-Thurgau. Und natürlich die beiden kraftvollen Urbanus-Weißweine, Pinot Blanc und Pinot Gris, die wie ihr roter Bruder von etwas Lagerung profitieren.

Weinbewertung

83	2017 Riesling trocken Esslinger **13,5 %/9,- €**
82	2017 Grauburgunder trocken Nacker **13,5 %/9,50 €**
85	2017 Müller-Thurgau trocken „Belemnit Wildfang" **12,5 %/9,90 €**
87	2017 Pinot Blanc trocken „Urbanus" **13,5 %/18,50 €**
87	2017 Pinot Gris trocken „Urbanus" **13,5 %/18,- €**
83	2017 Spätburgunder Rosé trocken Nacker **12,5 %/8,50 €**
81	2016 Spätburgunder trocken Nacker **13,5 %/8,70 €**
83	2016 Frühburgunder trocken „Belemnit" **13,5 %/18,- €**
88	2007 Pinot Noir trocken „Urbanus" **14 %/27,- €**
88	2014 Pinot Noir trocken „Urbanus" **13,5 %/27,- €**
90	2015 Pinot Noir trocken „Urbanus" **14 %/27,- €**
87+	2016 Pinot Noir trocken „Urbanus" **13,5 %/27,- €**

Cleebronn-Güglingen

★

C

KONTAKT

Weingärtner
Cleebronn-Güglingen
Ranspacher Straße 1
74389 Cleebronn
Tel. 07135-98030
Fax: 07135-13228
www.cleebronner-winzer.de
info@cleebronner-winzer.de

Inhaber
580 Mitglieder
Geschäftsführer
Axel Gerst
Kellermeister
Andreas Reichert
Rebfläche
270 Hektar
Produktion
2.200.000 Flaschen

BESUCHSZEITEN

Mo.-Fr. 8-18 Uhr, Sa. 8:30-13 Uhr, von März bis Dez. So. 11-14 Uhr

Die 1951 gegründete Genossenschaft ist ein Zusammenschluss der Weingärtner der Gemeinden Cleebronn, Eibensbach, Frauenzimmern und Güglingen. Wichtigste Lagen sind der Cleebronner Michaelsberg und der Güglinger Kaiserberg, die beide aus kalkhaltigen Keuperböden bestehen. Rote Rebsorten nehmen zwei Drittel der Rebfläche ein: Lemberger und Schwarzriesling sind die wichtigsten Rebsorten, gefolgt von Riesling, Trollinger und Spätburgunder. Das Sortiment besteht aus vier Haupt-Linien: Rebsortenweine, St. Michael (inzwischen Sankt M), Herzog Christoph und Emotion CG, hinzu kommen restsüße Prädikatsweine, sowie weitere Linien wie Neo, Baron von Lamezan oder Virenda, in letzterer werden biologisch erzeugte Weine vermarktet (Bioland).

Kollektion

Noch eindeutiger als im Vorjahr liegen auch dieses Jahr wieder die Stärken im roten Segment – sieht man einmal vom 2016er Riesling Eiswein ab, der viel Duft zeigt, Litschi und eingelegte süße Aprikosen, klar und konzentriert im Mund ist bei viel Substanz. Unter den trockenen Weißweinen gefällt uns der würzige, honigduftige Riesling Emotion CG am besten, dem an sich interessanten Rieslingsekt hätte etwas Dosage gut getan. Durch die Bank sehr gut sind die Rotweine. Der Cabernet Sauvignon zeigt etwas Cassis im Bouquet, Paprika und Schokolade, ist füllig und kraftvoll im Mund, besitzt reife Frucht, gute Struktur und kräftige Tannine. Roter Hirsch nennt sich der Spitzen-Rotwein der Cleebronner Genossen. Der Wein, eine Cuvée aus den roten Bordeaux-Sorten und Lemberger, zeigt gute Konzentration und Gewürze im dominanten Bouquet, besitzt viel Substanz, gute Struktur und viel Tannine, ist derzeit noch allzu tanninbetont. Deshalb ziehen wir den Lemberger Reserve vor, der reife Frucht zeigt, Vanille und Schokolade, füllig und saftig ist, viel reife Frucht und Substanz besitzt. —

Weinbewertung

81 2016 Riesling „Réserve" Sekt brut nature **12 %/15,- €**
80 2017 Weißburgunder trocken „Sankt M" **12 %/6,50 €**
80 2017 Riesling trocken „Sankt M" **12 %/6,- €**
81 2017 Sauvignon Blanc trocken „Herzog C" **12,5 %/9,- €**
80 2017 Grauburgunder trocken „Herzog C" **13 %/9,- €**
82 2016 Riesling trocken „Herzog C" **12,5 %/9,- €**
83 2016 Riesling trocken „Emotion CG" **12,5 %/16,50 €**
88 2016 Riesling Eiswein Cleebronner Michaelsberg **8 %/30,- €/0,375l**
87 2015 Lemberger trocken „Reserve Emotion CG" **14 %/20,- €**
85 2015 Cabernet Sauvignon trocken „Emotion CG" **14 %/20,- €**
86 2015 „Roter Hirsch Cuvée Reserve" Rotwein trocken **14 %/38,- €**

CHRISTOPH CLÜSSERATH

★★

C

KONTAKT

Im Hof 7
54349 Trittenheim
Tel. 06507-2167
Fax: 06507-99086
www.christoph-cluesserath.de
info@christoph-cluesserath.de

Inhaber
Christoph Clüsserath &
Alexandra Clüsserath-Eifel
Rebfläche
5 Hektar
Produktion
30.000 Flaschen

BESUCHSZEITEN

täglich ab 9 Uhr oder nach
Vereinbarung
Gästehaus

Christoph Clüsserath und Alexandra Clüsserath-Eifel (sie stammt aus dem Weingut Bernhard Eifel), beide Geisenheim-Absolventen, haben den Betrieb im Jahr 2008 von Christophs Eltern Klaus und Marie-Theres Clüsserath übernommen; Weinbau betreibt die Familie bereits seit dem 16. Jahrhundert. Ihre Weinberge liegen hauptsächlich in den Trittenheimer Lagen Apotheke und Altärchen, aber auch im Piesporter Falkenberg, es werden insgesamt 5,5 Hektar bewirtschaftet. Vier Fünftel der Rebfläche nimmt Riesling ein, dazu gibt es ein wenig Weißburgunder, Müller-Thurgau, Kerner und Dornfelder. Die Weine werden, teils nach Maischestandzeiten, gekühlt im Edelstahl oder im traditionellen Fuder vergoren, die Spitzenweine ausschließlich mit den natürlichen Hefen. Dem Weingut ist ein Gästehaus angeschlossen.

Kollektion

Die Rieslinge der letzten Jahrgänge zeigten das, was man durchaus als Stil des Hauses bezeichnen kann. Sie sind schon in der Jugend zugänglich, fein und preiswert. Obwohl die Zusammenarbeit mit dem Weingut Bernhard Eifel kein Geheimnis ist – zusammen baut man eine neue Halle für Traubenannahme und Lagerung –, unterscheidet sich der Charakter der Weine deutlich. Straff, würzig, saftig sind die Rieslinge aus dem Hause Christoph Clüsserath, beginnend beim trockenen, animierenden Literwein mit attraktiver Frucht. Der zweite vorgestellte trockene Wein wurde aus Weißburgunder gekeltert, wirkt sortentypisch, zeigt leichte florale Noten und einen beachtliche Würze. Ganz anders der trockene Apotheke-Riesling, duftig, frisch, mit Anklängen an Zitrus, fest, angenehm trocken, zwar nicht wirklich puristisch, aber mit beachtlicher Länge. Der „Schiefer"-Riesling besitzt eine zugängliche Art, der feinherbe Altärchen-Riesling zeigt eine Menge Schmelz und besitzt ein unschlagbares Preis-Leistungs-Verhältnis. Etwas mehr Fülle und Länge zeigt der Falkenberg-Riesling, während die süße Spätlese aus der Trittenheimer Apotheke sehr offen wirkt, leicht hefige Noten zeigt und eine rassige Art obendrein.

Weinbewertung

83 2017 Riesling trocken (1l) **11,5 %/5,80 €**
85 2017 Weißer Burgunder trocken **11,5 %/6,80 €**
87 2017 Riesling trocken Trittenheimer Apotheke **12 %/8,80 €**
85 2017 Riesling „Schiefer" **11,5 %/6,80 €**
86 2017 Riesling „feinherb" Trittenheimer Altärchen **10,5 %/6,80 €** ☺
87 2017 Riesling „feinherb" Piesporter Falkenberg **11,5 %/8,80 €**
83 2017 Riesling (1l) **10 %/5,80 €**
87 2017 Riesling Spätlese Trittenheimer Apotheke **8 %/8,80 €**

ANSGAR CLÜSSERATH

★★★★

C

KONTAKT

Spielesstraße 4
54349 Trittenheim
Tel. 06507-2290
Fax: 06507-6690
www.ansgar-cluesserath.de
weingut@ansgar-cluesserath.de

Inhaber
Eva Clüsserath-Wittmann
Rebfläche
5 Hektar
Produktion
35.000 Flaschen

BESUCHSZEITEN

nach Vereinbarung
Gästehaus (4 Gästezimmer)

Seit dem 17. Jahrhundert wird in der Familie Weinbau betrieben. Heute bewirtschaften Ansgar Clüsserath und seine Tochter Eva 5 Hektar Weinberge, die fast ganz mit Riesling bestockt sind, lediglich auf 5 Prozent der Fläche wächst Weißburgunder. Die Zusammenarbeit zwischen der älteren und der jüngeren Generation funktioniert seit Jahren einwandfrei. Ansgar Clüsserath ist immer noch im Weinberg aktiv, steht aber auch im Keller mit Rat und Tat zur Verfügung, Eva ist dagegen schon seit 1998 hauptsächlich für die Vinifikation zuständig, repräsentiert aber das Weingut auch häufig nach außen. Sie ist mit Philipp Wittmann vom Weingut Wittmann in Westhofen verheiratet und setzt nach wie vor auf eine traditionelle Weinbereitung, hat die Prinzipien des Weinguts beibehalten. Die Weine werden nach Maischestandzeiten von bis zu zwei Tagen spontanvergoren, im traditionellen Holzfass ausgebaut und bleiben recht lange auf der Hefe liegen. Außer Parzellen in der Trittenheimer Apotheke (mit bis zu 80 Jahre alten Reben) besitzt das Weingut auch Flächen im Piesporter Goldtröpfchen, im Trittenheimer Altärchen, im Neumagener Rosengärtchen, in der Mülheimer Sonnenlay und im Dhron Hofberger; aber nur Apotheke und Goldtröpfchen werden als Lagenweine angeboten, die anderen Lagen gehen in den Schiefer-Riesling, den Gutsriesling, ein. Daneben wäre auch noch der Steinreich zu erwähnen, ein straffer, mineralischer Riesling, der fast immer ein herausragendes Preis-Leistungs-Verhältnis bietet und dessen Traubenmaterial aus der Trittenheimer Apotheke stammt. Mit seinem speziellen Etikett unterscheidet sich dieser Wein deutlich von den anderen Abfüllungen des Weinguts. Außer trockenen, fast trockenen und leicht süßen Weinen werden immer wieder Auslesen erzeugt, die allerdings eher kühl und straff ausfallen. Sehr dicke Süßweine sind nicht die Spezialität des Hauses. Es ist insgesamt ein sehr klares, leicht überschaubares und logisch aufgebautes Sortiment, wie es an der Mosel längst nicht die Regel ist. Zum Betrieb gehört auch ein Gästehaus mit vier Zimmern.

Kollektion

Das Weingut Ansgar Clüsserath ist schon deshalb ein Phänomen, weil es seit vielen Jahren sehr gute, oft herausragende Rieslinge in trockener oder süßer Variante produziert, aber immer noch als eine Art Geheimtipp gilt, als Beispiel für das exzellente Preis-Leistungs-Verhältnis, das an der Mosel nach wie vor möglich ist – nicht nur an der Basis, sondern auch in der Spitze. In den Vorjahren war dies häufig zu beobachten, beispielsweise beim Weißburgunder aus dem Jahrgang 2015, der uns vor zwei Jahren begeisterte, oder beim trockenen und beim süßen

Lagenwein aus dem Jahrgang 2016, die im vergangenen Jahr am meisten überzeugten. Auf den Jahrgang 2017 trifft nun erneut zu, dass sich das Weingut sowohl im Basisbereich wie in der Spitze auskennt, dass aber auch im Mittel-Segment überzeugende Weine erzeugt werden. Der „Vom Schiefer" genannte Riesling zeigt bereits eine beachtliche Würze, ist eher verhalten im Alkohol, sehr animierend, besitzt ein besonders gutes Preis-Leistungs-Verhältnis. Deutlich spannender noch der „Steinreich", wie in fast allen Jahren leicht mineralisch, straff, würzig, mit Spiel und beachtlicher Länge. So was schaffen andere Weingüter selbst im Bereich der Großen Gewächse nicht, auch wenn sie sich anstrengen. Dieser Wein allerdings wirkt alles andere als gemacht, bemüht oder anstrengend, ist einfach nur bei sich selbst. Verschlossen mit Hefe-Melonen-Anklängen gibt sich der Apotheke-Riesling, das trockene Spitzengewächs, straff, balanciert und nachhaltig, dabei kein bisschen gefällig. Sehr duftig mit Apfelfrucht und der typischen Goldtröpfchen-Würze präsentiert sich der feinherbe Wein dieser Lage, merkbar verschieden von den Apotheke-Weinen, rassig und zupackend sind die beiden Kabinette. Zwar wirkt die Spätlese noch unruhig und hefig in der Nase, sie ist aber überdurchschnittlich würzig und lang. Kühle Frucht ist der Auslese eigen, sie erinnert in der Nase an getrockneten Apfel, ist animierend mit vergleichsweise wenig Zucker, nachhaltig, lang. Die vorgestellte Beerenauslese ist eigentlich nicht wirklich typisch für den eher zu Understatement neigenden, selten mit sehr süßen Weinen auftrumpfenden Stil des Hauses. Dieser Wein ist zum Glück nicht offensiv, sondern ruhig, seidig, besitzt eine schon an Trockenbeerenauslesen der besten Art erinnernde Würze, ist im Mund absolut klar, präzise lang. Ein großer Süßwein, der erst in einigen Jahren wirklich zeigen dürfte, was in ihm steckt.

Elsbeth & Ansgar Clüsserath mit Tochter Eva

C

Weinbewertung

87	2017 Riesling trocken „vom Schiefer" **11 %/9,60 €**
89	2017 Riesling trocken „Steinreich" **11,5 %/14,50 €**
91	2017 Riesling trocken Trittenheimer Apotheke **12 %/24,50 €**
86	2017 Riesling feinherb „vom Schiefer" **10 %/9,60 €**
90	2017 Riesling „feinherb" Piesporter Goldtröpfchen **10 %/15,50 €**
87	2017 Riesling Kabinett Trittenheimer **8 %/11,- €**
88	2017 Riesling Kabinett Trittenheimer Apotheke **8 %/13,- €**
90	2017 Riesling Spätlese Trittenheimer Apotheke **8 %/15,50 €**
92	2017 Riesling Auslese Trittenheimer Apotheke **8 %/21,50 €/0,5l**
93	2017 Riesling Beerenauslese Trittenheimer Apotheke **8 %/0,375l**

LAGEN

Apotheke (Trittenheim
Goldtröpfchen (Piesport)

REBSORTEN

RIESLING (95 %)
WEISSBURGUNDER (5 %)

ERNST CLÜSSERATH

★★★

KONTAKT

Hinkelweg 8
54349 Trittenheim
Tel. 06507-2607
Fax: 06507-6607
www.ernst-cluesserath.de
info@weingut-ernst-cluesserath.de

Inhaber
Ernst Clüsserath
Rebfläche
3,8 Hektar
Produktion
25.000 Flaschen

BESUCHSZEITEN

Ostern bis Mitte Nov.: Mo.-Do. 15-18 Uhr, Fr./Sa. 10-12 + 15-18 Uhr, So. 10-12 Uhr oder gerne nach Vereinbarung
Gästehaus „Weinhotelchen" (4 Zimmer, 1 Ferienwohnung)

Ernst Clüsserath übernahm 1991 das Familienweingut, das er heute mit seiner Frau Heike führt. 2011 verlagerten sie ihr Weingut an den Ortsrand von Trittenheim, wo Keller und Kelterhaus, Weinverkostungsraum und Gästehaus gebaut wurden. Ihre Weinberge liegen in den Trittenheimer Lagen Apotheke und Altärchen, sie bauen zu 97 Prozent Riesling an, hinzukommt ein klein wenig Müller-Thurgau. Seit 2006 wird die Traubenzone entblättert, so dass die Trauben möglichst viel Luft und Sonne erhalten und die im August häufigen Regenfälle nicht zur frühen Fäulnis führen. Ernst Clüsserath baut seine Weine im traditionellen Fuder aus, die Vergärung erfolgt spontan. Verkauft werden die Rieslinge überwiegend an Privatkunden, die oftmals im angegliederten Gästehaus des Weingutes, dem so genannten Weinhotelchen, ihren Urlaub verbringen.

Kollektion

Die Weine des Gutes sind von Jahr zu Jahr überzeugend, nie vordergründig oder übertrieben, immer geradlinig und animierend. Im Jahrgang 2017 gefällt schon der trockene Basisriesling ausgezeichnet, stoffig, klar, angenehm trocken, animierend. Dass die trockene Spätlese aus der Apotheke überzeugt, ist kein Wunder; sie besitzt eine etwas unruhige Nase und Kernobstnoten, aber wie gut und animierend schon der durchgegorene Kabinettriesling, ebenfalls aus der Apotheke, ausfällt, überrascht. Schmelz besitzt die „Emma Marie" genannte Variante mit einem Hauch von Süße, der Riesling Classic ist fast trocken, geradlinig und unkompliziert. Der Kabinett-Riesling aus dem Altärchen wirkt verhalten in der Süße, ist ausgezeichnet balanciert und überraschend nachhaltig. Noch spannender die Apotheke-Auslese mit ebenfalls vergleichsweise reduzierter Süße und viel Substanz. Noch höhere Prädikate wurden in diesem Jahr nicht vorgestellt. Das günstige Preis-Leistungs-Verhältnis muss auch dieses Mal hervorgehoben werden. —

Weinbewertung

85 2017 Riesling trocken **12 %/7,- €**
87 2017 Riesling Kabinett trocken Trittenheimer Apotheke **11,5 %/9,- €**
88 2017 Riesling Spätlese trocken Trittenheimer Apotheke **11,5 %/11,- €**
85 2017 Riesling Classic **11,5 %/8,- €**
86 2017 Riesling „feinherb" „Emma Marie" **11 %/8,50 €**
88 2017 Riesling Kabinett Trittenheimer Altärchen **9,5 %/8,50 €** ☺
88 2017 Riesling Spätlese Trittenheimer Altärchen **9 %/10,- €** ☺
89 2017 Riesling Spätlese Trittenheimer Apotheke **7,5 %/11,- €** ☺

Clüsserath-Eifel

★★★☆

Kontakt

Im Hof 6, 54349 Trittenheim
Tel. 06507-99000, Fax: -99002
www.galerie-riesling.de
info@galerie-riesling.de

Inhaber
Gerhard Eifel
Rebfläche
4 Hektar
Produktion
25.000 Flaschen

Besuchszeiten

Weinproben nach Vereinbarung, in der Saison täglich um 17 Uhr
Gutshotel-Restaurant „Galerie Riesling", Tel. 06507-939774

Gerhard Eifel leitet das 1745 gegründete Steillagen-Weingut Clüsserath-Eifel in der achten Generation. Der Winzer verfügt über Spitzenlagen, beispielsweise im Urstück der Trittenheimer Apotheke. Im steilsten Teil, vis-à-vis von Trittenheim, erhält und pflegt er alte Reben aus den Pflanzjahren 1900 bis 1960. Jede Lage bzw. jedes Einzelstück wird getrennt ausgebaut und mit eigenen Hefen vergoren. Im Jahr 2016 erwarb Eifel das 1929 erbaute historische Wasserwerk in Trittenheim mit einem halben Hektar Rebland. Der Winzer füllt seine Weine sehr spät ab und stellt immer wieder ältere Jahrgänge vor, die sich in aller Regel ausgezeichnet entwickeln.

Kollektion

Gerhard Eifel zählt zu den eigenständigsten Winzern der Region. Er lässt seinen Weinen viel Zeit, bevor er sie präsentiert – und Zeit tut allen seinen Rieslingen gut. Der „Vis A Vis" etwa ist in der Nase noch hefig, dann straff und würzig. Das Große Gewächs aus dem Laurentiusberg ist noch verhaltener, fest, würzig, besitzt mineralische Länge. Der „In den Gähteilen" besitzt eine reife Frucht, Noten von Steinobst, getrockneten Kräutern, Hefe, ist kraftvoll, würzig. Der „Auf'm Kaulsbohr" besitzt beachtliche Würze, Noten von Kräutern und Pfirsich, die Süße ist gut integriert. Deutlich süßer der „In den Gähteil-Terrassen", mit Schmelz, derzeit schwer zu beurteilen. Die süße Spätlese von alten Reben ist noch etwas verhalten, schlank und präzise. Die Apotheke-Auslese ist klar und offen mit Anklängen an getrockneten Apfel, im Mund elegant mit Apfelnachhall und verhältnismäßig wenig Restzucker. Die Beerenauslese ist klar, mit Anklängen an Pfirsich, Ananas und kalten Tee, dick und süffig. Die Trockenbeerenauslese zeigt Noten von Schwarzbrot, Pfirsichkompott, ist dicht, lang und völlig unentwickelt. Eine 1999er Auslese besitzt Noten von Pfirsichen und Melone, ist würzig und lang.

Weinbewertung / keine Preisangaben

87	2017 Riesling „Vis A Vis" **12 %/a.A.**
91	2017 Riesling „In den Gähteilen" Trittenheimer Apotheke **12 %/a.A.**
90	2017 Riesling „GG Alte Reben" „Im Laurentiusberg" Apotheke **12 %/Vst.**
87	2017 Riesling Neumagener Rosengärtchen **11 %/a.A.**
88	2017 Riesling „Alte Reben" Klüsserather Bruderschaft **12 %/a.A.**
90	2017 Riesling „Alte Reben" „In den Gähteil-Terrassen" Apotheke **11 %/a.A.**
89	2017 Riesling „Alte Reben" „Auf'm Kaulsbohr" Apotheke **11,5 %/a.A.**
88	2017 Riesling Spätlese „Alte Reben" Leiwener Laurentiuslay **8 %/a.A.**
91	1999 Riesling Auslese Trittenheimer Apotheke **7,5 %/0,375l/Vst.**
91	2017 Riesling Auslese Trittenheimer Apotheke **8 %/a.A.**
91	2017 Riesling Beerenauslese „Alte Reben" Bruderschaft **6 %/0,375l/a.A.**
89+	2017 Riesling Trockenbeerenauslese Trittenheimer Apotheke **6 %/a.A.**

CLÜSSERATH-WEILER

★★★★★

C

KONTAKT

Brückenstraße 9
54349 Trittenheim
Tel. 06507-5011
Fax: 06507-5605
www.cluesserath-weiler.de
info@cluesserath-weiler.de

Inhaber Verena Clüsserath
Rebfläche 6,5 Hektar
Produktion 50.000 Flaschen

BESUCHSZEITEN

nach Vereinbarung
Gästehaus (7 Zimmer)

Seit Generationen baut die Familie Wein an der Mosel an. Das direkt an der Moselbrücke in Trittenheim gelegene Weingut wurde lange Zeit von Helmut und Hilde Clüsserath geführt. Sie wurden schon viele Jahre im Betrieb unterstützt von Tochter Verena, die inzwischen den Betrieb übernommen hat. Verena Clüsserath hatte 2004 ihr Weinbaustudium in Geisenheim abgeschlossen und Erfahrungen bei verschiedenen Weingütern in Deutschland, aber auch in Italien und Australien gesammelt. Ihr Ehemann Raphael Ianniello eröffnete 2013 eine Kochschule im Weingut, in der auch zu bestimmten Terminen Menüs serviert werden. Das Weingut Clüsserath-Weiler baut ausschließlich Riesling an. Die Weinberge befinden sich in den Trittenheimer Lagen Apotheke und Altärchen sowie im Mehringer Zellerberg. Während in der Apotheke, die dem Weingut direkt auf der anderen Moselseite gegenüberliegt, blauer Schiefer vorherrscht, findet man im Zellerberg mit Eisenablagerungen durchsetzten Schiefer, der dadurch eine rötliche Färbung erhält. Zusammen mit Gerhard Eifel vom Weingut Clüsserath-Eifel erwarb Helmut Clüsserath 1996 vom Weingut Friedrich-Wilhelm-Gymnasium den so genannten Fährfels, eine der besten Parzellen der Apotheke, der schon in der preußischen Lagenkarte des 19. Jahrhunderts der höchsten Kategorie zugerechnet wurde. Die Reben im Fährfels wurden im Jahr 1900 gepflanzt. Die Weine werden im alten Kreuzgewölbekeller langsam und kühl spontanvergoren, teils im Edelstahl, teils in traditionellen Fuderfässern. Nur für süße Weine werden Prädikatsbezeichnungen verwendet, die trockenen und feinherben Rieslinge sind in Gutsriesling, Ortsriesling („HC") und Lagenrieslinge gegliedert, die Lagenrieslinge stammen von alten Reben und kommen ausschließlich aus Steillagen, sie werden alle im Fuder vergoren. Mit dem Jahrgang 2016 wurden neue Etiketten eingeführt, die sich deutlich von den über viele Jahre genutzten unterscheiden. In der hauseigenen Destillerie werden Edelbrände erzeugt, deren Qualität beachtlich ist – vom Kirschbrand bis zum lange gereiften Tresterbrand. Seit der ersten Ausgabe empfehlen wir die Clüsserath-Weiler'schen Weine, schon damals gehörte das Weingut für uns zu den absoluten Top-Betrieben an der Mosel, und in allen diesen Jahren hat sich daran nichts geändert, niemals kam auch nur der leiseste Zweifel auf, dass dem nicht so ist. Kaum ein anderes Weingut hat seine Weine so präzise definiert, arbeitet so klar die Unterschiede heraus. Das Terroir, wie man heute so gerne zu sagen pflegt.

Kollektion

Neue Entwicklungen im Weingut Clüsserath-Weiler sind nicht unbedingt dem Wein zuzuschreiben, sondern eher der Kochschule des Schwiegersohns Raphael Ianniello, der nun mit dem ehemaligen Drei-Sterne-Koch Harald Wohlfahrt zusammenarbeitet. Von den Weinen dürfte dieses Projekt

profitieren, denn die haben sich seit vielen Jahren auf einem sehr hohen Niveau eingependelt. Der Literriesling ist saftig und würzig, besitzt eine sehr klare Frucht und eine zupackende Art: Der Wein ist sehr viel spannender, als es bei einem Grundwein in der Literflasche zu erwarten ist. Der trockene „HC" ist ebenfalls offen und zugänglich, er besitzt noch eine Spur mehr Würze und Länge als der Einsteiger und ein ausgezeichnetes Preis-Leistungs-Verhältnis dazu. Die in der trockenen Hierarchie folgenden Weine sind ebenfalls bemerkenswert – an der Spitze steht natürlich der „Primus", allerdings ist er vergleichsweise verschlossen, benötigt noch etwas Zeit. Er zeugt vom typischem Stil des Hauses, der auf Würze beruht und auf Ausgeglichenheit; der Alkohol ist nie dominierend, die Balance wird gewahrt. Deutlich zugänglicher ist da schon der saftige feinherbe „HC", der noch etwas Kohlendioxid aufweist. Offene Frucht und ein Hauch von Zitrus kennzeichnen den Alte Reben-Riesling aus dem Mehringer Zellerberg. Der Fährfels ist verhalten, besitzt eine fast nussig wirkende Hefewürze und Anklänge an Steinobst, ist enorm saftig mit einer merklichen Süße; er dürfte erst in ein paar Jahren seinen geschmacklichen Höhepunkt erreichen. Dieser Wein ist seit Jahren schon deshalb bemerkenswert, weil er mit seinem feinherben Schmelz, verbunden mit mineralischer Würze, eine beinah singuläre Stellung aufweist. Viel offener: der duftige Kabinettriesling. Mit einem Hauch von Cassis aufwartend die Spätlese. Während die Mehringer Auslese noch etwas vom Schwefel beeinflusst ist, saftig und rassig wirkt, ist jene aus der Apotheke offen, klar mit Noten von Steinobst, Melone und Zitrus, saftig und lang.

Helmut & Verena Clüsserath

Weinbewertung

85 2017 Riesling trocken (1l) **12 %/8,50 €**
86 2017 Riesling „HC" trocken Trittenheimer **12 %/9,50 €**
88 2017 Riesling trocken Trittenheimer Apotheke **11,5 %/13,50 €**
88 2017 Riesling trocken „Terra Rossa" Mehringer Zellerberg **11,5 %/15,- €**
90 2017 Riesling trocken „Alte Reben" Trittenheimer Apotheke **12 %/17,- €**
90 2017 Riesling trocken „Primus" Trittenheimer Apotheke **12 %/21,- €**
85 2017 Riesling „feinherb" **11,5 %/8,50 €**
87 2017 Riesling „HC" „feinherb" Trittenheimer **11 %/9,50 €**
88 2017 Riesling „feinherb" Trittenheimer Apotheke **11 %/13,50 €**
89 2017 Riesling „feinherb" „Alte Reben" Mehringer Zellerberg **11 %/17,- €**
90 2017 Riesling „Fährfels" **11,5 %/29,- €**
87 2017 Riesling Kabinett Trittenheimer Altärchen **8,5 %/10,50 €**
89 2017 Riesling Spätlese Trittenheimer Apotheke **8,5 %/15,- €**
91 2017 Riesling Auslese Tritttenheimer Apotheke **7,5 %/22,- €**
90 2017 Riesling Auslese Mehringer Zellerberg **7,5 %/17,- €/0,5l**

LAGEN

APOTHEKE (TRITTENHEIM)
– FÄHRFELS (TRITTENHEIM)
ZELLERBERG (MEHRING)
ALTÄRCHEN (TRITTENHEIM)

REBSORTEN

RIESLING (100 %)

COLLEGIUM WIRTEMBERG

★

C

N

KONTAKT

Württembergstraße 230
70327 Stuttgart
Tel. 0711-32777580
Fax: 0711-327775850
www.collegium-wirtemberg.de
info@collegium-wirtemberg.de

Mitglieder
210
Betriebsleiter
Martin Kurrle
Kellermeister
Thomas Eckard
Rebfläche
150 Hektar

BESUCHSZEITEN

Kelter Rotenberg und Kelter Uhlbach: Mo.-Fr. 9-12+13-18 Uhr, Sa. 9-16 Uhr

COLLEGIUM WIRTEMBERG
ROTENBERG & UHLBACH

Das Collegium Wirtemberg entstand 2007 durch den Zusammenschluss der Genossenschaften von Rotenberg und Uhlbach. Die Weinberge der Mitglieder, darunter 15 Vollerwerbsbetriebe, befinden sich im Rotenberger Schlossberg und im Uhlbacher Götzenberg. Neben traditionellen Rebsorten wie Trollinger, Lemberger, Riesling und Spätburgunder werden auch internationale Sorten wie Chardonnay, Sauvignon Blanc, Syrah, Merlot, Cabernet Franc oder Cabernet Sauvignon angebaut, aber auch Heroldrebe, Silvaner oder Traminer.

Kollektion

Eine gute Kollektion präsentiert das Collegium Wirtemberg zum Debüt, in der die Weine der Edition Wirtemberg ein wenig verhalten sind, die Weine der Kult-Linie sind aber durch die Bank sehr gut. In der Edition Wirtemberg gefällt uns die Cuvée Noir besonders gut, sie ist frisch, fruchtbetont und geradlinig, den Syrah sehen wir gleichauf, er ist intensiv fruchtig, etwas rauchig, frisch, reintönig und zupackend. Der Sauvignon Blanc Réserve besitzt intensive Frucht, Fülle und Kraft, viel reife süße Frucht. Durchgegoren sind hingegen die beiden Chardonnay, und das steht ihnen gut zu Gesicht: Der Réserve-Chardonnay zeigt reife Frucht, intensiv gelbe Früchte, besitzt Fülle und Saft, reife Frucht, gute Struktur und Substanz, der Grande Réserve ist ihm sehr ähnlich, noch etwas konzentrierter, besitzt viel Substanz und viel reife Frucht. Der Spätburgunder Réserve zeigt rauchig-würzige Noten, besitzt Fülle, Kraft, reife Frucht und Substanz, etwas Vanille- und Schokonoten. Noch besser gefällt uns der Lemberger Réserve, der intensive Frucht im Bouquet zeigt, etwas Gewürze und Schokolade, Fülle und Kraft besitzt, viel reife Frucht und Substanz.

Weinbewertung

80 2017 „Cuvée Blanc" Weißwein trocken (Edition Wirtemberg) **12,5 %/6,90 €**
78 2017 Weißburgunder trocken (Edition Wirtemberg) **13 %/8,50 €**
81 2017 Riesling trocken „Alte Reben" (Edition Wirtemberg) **12,5 %/7,50 €**
82 2017 Riesling trocken „Sand" Uhlbacher Götzenberg **12 %/7,50 €**
86 2016 Sauvignon Blanc trocken „Réserve" (Kult) **13 %/28,- €**
87 2016 Chardonnay trocken „Réserve" (Kult) **13,5 %/19,- €**
88 2015 Chardonnay trocken „Grande Réserve" (Kult) **14 %/30,- €**
82 2016 Trollinger trocken „Wilhelm" **13 %/7,50 €**
83 2015 „Cuvée Noir" Rotwein trocken (Edition Wirtemberg) **13 %/6,90 €**
83 2015 Syrah trocken (Edition Wirtemberg) **14 %/13,- €**
87 2015 Lemberger trocken „Réserve" (Kult) **14 %/22,- €**
85 2014 Spätburgunder trocken „Réserve" (Kult) **13,5 %/22,- €**

Martin Conrad

★★★

KONTAKT

Moselweinstraße 133
54472 Brauneberg
Tel. 06534-93980
Fax: 06534-939855
www.martinconrad.de,
info@martinconrad.de

Inhaber
Martin Conrad
Rebfläche
6,5 Hektar
Produktion
36.000 Flaschen

BESUCHSZEITEN

täglich und am Wochenende nur nach Vereinbarung
Hotel Restaurant Brauneberger Hof (Tel. 06534-1400), täglich außer Do. von 18-21:30 Uhr

Martin Conrad übernahm 1998 die Führung des Weingutes, das bereits seit 14 Generationen von der Familie bewirtschaftet wird; urkundlich wurde der Betrieb erstmals 1558 erwähnt. Seine Weinberge liegen in der Brauneberger Juffer und in der Juffer-Sonnenuhr, in der Mülheimer Sonnenlay und im Veldenzer Kirchberg, ab 2018 wird auch eine Fläche im Kestener Paulinshofberg bewirtschaftet. Neben Riesling, der 95 Prozent der Rebfläche einnimmt, gibt es ein wenig Weißburgunder. Die Weine werden mit den natürlichen Hefen vergoren. Die besten trockenen und halbtrockenen Weine wurden lange als Goldkapsel bezeichnet, doch inzwischen rangieren oberhalb dieser Weine noch die Großen Gewächse aus Juffer und Juffer-Sonnenuhr.

Kollektion

Noch immer gehört das Weingut Conrad zu jenen Betrieben, die bei manchen Verbrauchern lediglich als Geheimtipp gelten. Doch in Wirklichkeit ist Martin Conrad drauf und dran, sich an die erweiterte Spitze der Mosel vorzuarbeiten. Das war schon in den Vorjahren immer wieder zu erkennen, beispielsweise bei den kraftvollen Weinen des Jahrgangs 2015 oder den würzigen, frischen aus 2014. Was der Betrieb nun aus 2017 und 2016 vorstellt, ist nichts anderes als herausragend. Der „Conradus" aus 2017 ist ein kraftvoller, zupackender Riesling, der Juffer-Riesling zeigt jugendliche Art und Kraft. Wunderbar offen, duftig, mit Steinobstnase und Würze am Gaumen der 2017er Juffer-Sonnenuhr-Goldkapsel-Riesling. Was die 2016er Großen Gewächse angeht, gelingt es ihnen, mineralische Würze zu transportieren – deutlich beim GG aus der Juffer, noch klarer beim vielschichtigen Vertreter aus der Juffer-Sonnenuhr mit reifer gelber Frucht, verbunden mit Zitrusschale, später auch Kräutern. Der feinherbe 2017er Goldkapsel-Riesling kommt da nicht ganz heran, aber auch er zeigt Klasse. ➖

Weinbewertung

85	2017 Riesling trocken (1l)	**12 %/8,90 €**
87	2017 Riesling trocken „Conradus"	**12 %/10,90 €**
87	2017 Riesling trocken Brauneberger Juffer	**12 %/14,90 €**
89	2017 Riesling trocken Goldkapsel Brauneberger Juffer	**13 %/19,90 €**
91	2017 Riesling trocken Goldkapsel Brauneberger Juffer-Sonnenuhr	**13 %/24,90 €**
87	2016 Weißburgunder trocken „Gavius"	**13 %/23,90 €**
90	2016 Riesling „GG" Brauneberger Juffer	**13,5 %/28,90 €**
92	2016 Riesling „GG" Brauneberger Juffer-Sonnenuhr	**13,5 %/32,90 €**
87	2017 Riesling „feinherb" Mülheimer Sonnenlay	**11,5 %/12,90 €**
87	2017 Riesling „feinherb" Brauneberger Juffer	**11,5 %/14,90 €**
90	2017 Riesling „feinherb" Goldkapsel Brauneberger Juffer	**12 %/19,90 €**
89	2016 Riesling Auslese Brauneberger Juffer	**8,5 %/19,90 €**

Corbet

★★☆

KONTAKT

Wein- & Sektgut Corbet
Kreuzstraße 7
67434 Neustadt-Diedesfeld
Tel. 06321-86144
Fax: 06321-84468
www.corbet.de
weingut@corbet.de

Inhaber
Lukas Corbet
Rebfläche
9 Hektar
Produktion
60.000 Flaschen

BESUCHSZEITEN

Fr. 10-18 Uhr, Sa. 10-16 Uhr und nach Vereinbarung

Johann Adam Corbet erwarb die ersten Weinberge, gründete 1882 in Maikammer das Weingut mit Weingroßhandlung J.A. Corbet, das sein Sohn Rudolf nach einer Erbteilung nach Diedesfeld verlegte. Sein Sohn Rudolf Corbet jun. übernahm 1950 den Betrieb und konzentrierte sich ganz auf die Flaschenweinvermarktung aus eigenem Weinbau. 1989 übernahm sein Sohn Lukas, Geisenheim-Absolvent, den Betrieb, den er zusammen mit Ehefrau Christina führt. Ihre Weinberge liegen in Diedesfeld (Johanneskirchel, Ölgässel, Berg), Maikammer (Kirchenstück), Hambach (Schlossberg) und Neustadt (Erkenbrecht). Riesling und die Burgundersorten nehmen zusammen drei Viertel der Rebfläche ein, dazu gibt es Chardonnay, Silvaner, Sauvignon Blanc, Portugieser, Cabernet Sauvignon und Sankt Laurent.

Kollektion

Ungewöhnlicherweise konnten wir in diesem Jahr keinen der Sekte der Corbets verkosten, die sich in den vergangenen Jahren immer zuverlässig an der Spitze des Sortiments fanden. Statt dessen teilen sich zwei Rotweine, ein Weißburgunder und ein Chardonnay die Spitzenposition: Der Spätburgunder besitzt kühle, rote Frucht, rote Johannisbeere und dezente röstige Würze, der Cabernet Sauvignon ist dunkler in der Frucht, duftet nach Pflaume, Mokka und etwas Schokolade, beide besitzen gute Struktur. Der Weißburgunder „S" zeigt viel klare Frucht, Birne, Melone, und feine florale Würze, ist animierend und lang und der Chardonnay „R" zeigt Röstnoten und etwas Zitrusfrucht, ist kraftvoll und nachhaltig. Auch die anderen Weine sind alle sehr reintönig und sortentypisch, der Erkenbrecht-Riesling besitzt etwas Fülle und ist kräuterwürzig, Grau- und Weißburgunder vom Löss zeigen jeweils florale Noten und besitzen Frische, der Sauvignon Blanc zeigt leicht grasige Noten, Stachelbeere und dezente gelbe Frucht.

Weinbewertung

82	2017 Riesling trocken **12 %/6,40 €**
83	2017 Silvaner trocken **12,5 %/7,- €**
85	2017 Weißer Burgunder trocken „vom Löss" Diedesfeld **12,5 %/8,20 €**
85	2017 Grauer Burgunder trocken „vom Löss" Diedesfeld **13 %/8,20 €**
83	2017 Riesling trocken „Buntsandstein" Hambach **12 %/8,20 €**
85	2017 Sauvignon Blanc trocken Diedesfeld **12,5 %/8,80 €**
85	2017 Riesling trocken Hambacher Schlossberg **12,5 %/11,- €**
86	2017 Riesling trocken Neustadter Erkenbrecht **13 %/13,- €**
87	2017 Weißer Burgunder „S" trocken Diedesfelder Johanniskirchel **13 %/10,50 €**
87	2016 Chardonnay „R" trocken „Réserve" **14 %/13,50 €**
87	2016 Spätburgunder „R" trocken „Réserve" **13,5 %/18,50 €**
87	2015 Cabernet Sauvignon „R" trocken „Réserve" **13,5 %/19,50 €**

DR. CORVERS-KAUTER

★★★☆

C

KONTAKT

Rheingaustraße 129
65375 Oestrich-Winkel
Tel. 06723-2614
Fax: 06723-2404
www.corvers-kauter.de
info@corvers-kauter.de

Inhaber
Dr. Matthias & Brigitte Corvers
Rebfläche
16 Hektar
Produktion
100.000 Flaschen

BESUCHSZEITEN

nach Vereinbarung oder während der Vinotheksöffnungszeiten (April bis Oktober Mi.-Fr. 16-20 Uhr, Sa. & So. 14-20 Uhr)
Gutsausschank

CORVERS
KAUTER

2013
BERG ROSENECK —
RIESLING FEINHERB

Die Weinberge von Matthias und Brigitte Corvers verteilen sich auf verschiedene Parzellen in Rüdesheim, Johannisberg, Winkel, Mittelheim, Oestrich und Rauenthal. 2013 begannen sie mit der Umstellung auf ökologischen Weinbau, 2018 haben sie die Weinberge von Langwerth von Simmern übernommen. Wichtigste Rebsorte ist der Riesling, der drei Viertel der Fläche einnimmt. Hinzu kommt vor allem noch etwas Spätburgunder, bereits seit 2004 auch Roter Riesling. Die Weißweine werden kühl und langsam vergoren und überwiegend im Edelstahl ausgebaut.

Kollektion

Die sehr trocken ausgebauten Rüdesheimer Spätlesen sind alle fein, die aus dem Drachenstein ist schlank, mineralisch, animierend durch und durch. Ein Highlight ist die Spätlese aus dem Roseneck, sie ist fokussiert, stoffig, würzig und lang. Nicht minder spannend ist die Schlossberg-Spätlese, die puristische Finesse und große Struktur offenbart. Der Rottland ist würzig, besitzt jene Struktur, die die großen Weine aus dieser Lage auszeichnet, ist lang, erstaunlich kühl und immens salzig. Saftig, knackig und frisch ist der feinherbe Kabinett. Sein fruchtiges Pendant ist ebenso trinkfreudig, ist feiner und zart würzig. Die fruchtige Spätlese ist saftig, ihre von roten Äpfeln geprägte Frucht bietet packendes Spiel und feines Trinkvergnügen. Eine Auslese mit beeindruckend klarer Würze rundet die starke Rieslingkollektion ab. Die drei dunkelbeerigen, sehr trockenen Spätburgunder präsentieren sich ebenso ausgezeichnet, sie sind vital und packend, übertreffen in ihrer Finesse ihre Vorgänger. Der Assmannshäuser ist würzig und füllig, ohne dass es ihm an Frische mangelt. Der Drachenstein ist kühler und straffer, besitzt Eleganz und delikate Würze. An der Spitze steht der immens kraftvolle Pinot Noir aus dem Höllenberg, der Schmelz und viel Potenzial besitzt. —

Weinbewertung

90	2017 Riesling Spätlese „Vom Quarzit" Rüdesheimer Drachenstein **13 %/22,- €**
85	2017 Riesling trocken „R^3 Remastered" **12 %/9,50 €**
90	2017 Riesling Spätlese Rüdesheimer Berg Schlossberg **12,5 %/31,- €**
90	2017 Riesling Spätlese Rüdesheimer Berg Rottland **13 %/31,- €**
91	2017 Riesling Spätlese Rüdesheimer Berg Roseneck **13 %/31,- €**
87	2017 Riesling Kabinett „feinherb" Rüdesheimer Berg Roseneck **11,5 %/9,90 €**
88	2017 Riesling Kabinett „fruchtig" Rüdesheimer Drachenstein **10 %/16,- €**
89	2017 Riesling Spätlese „fruchtig" Rüdesheimer Berg Roseneck **8,5 %/19,50 €**
90	2017 Riesling Auslese Rüdesheimer Berg Roseneck **8,5 %/49,- €**
89	2016 Pinot Noir Assmannshäuser **13,5 %/28,- €**
91	2016 Pinot Noir Rüdesheimer Drachenstein **13,5 %/48,- €**
92	2016 Pinot Noir Assmannshäuser Höllenberg **13,5 %/68,- €**

CRASS

★★

KONTAKT

Taunusstraße 2
65346 Erbach
Tel. 06123-63169
Fax: 06123-676878
www.weingut-crass.de
info@weingut-crass.de

Inhaber
Matthias Craß
Rebfläche
8 Hektar
Produktion
65.000 Flaschen

BESUCHSZEITEN

Vinothek geöffnet D./Fr. 14-18 Uhr, Sa. 11-18 Uhr

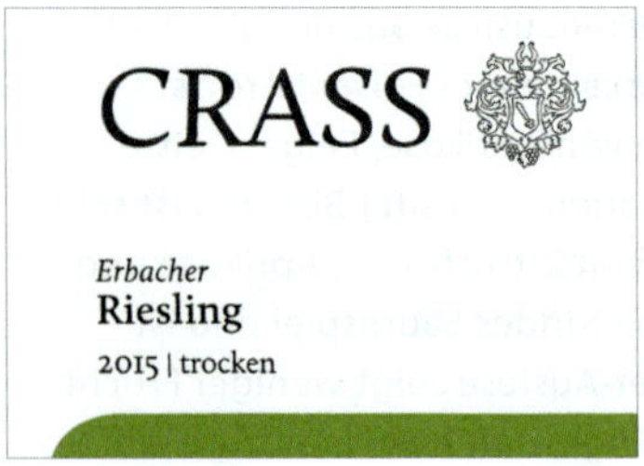

Seit vielen Generationen betreibt die Familie Weinbau im Rheingau, 2014 hat Matthias Craß die Führung von seinem Vater Wolfgang Craß übernommen. Er zog in ein größeres Hofgut in der Nachbarschaft um, wo auch eine Vinothek erbaut wurde. Matthias Craß hatte seine Lehre bei Schloss Vollrads gemacht, es folgte die Weinbautechnikerausbildung, dann Stationen als Kellermeister beim Rauenthaler Winzerverein, beim Wein- und Sektgut Barth und in Schloss Reinhartshausen. Seine Weinberge liegen hauptsächlich in Erbach in den Lagen Siegelsberg, Michelmark, Hohenrain und Steinmorgen, des Weiteren ist er in der Kiedricher Sandgrub vertreten. Riesling ist die dominierende Rebsorte im Betrieb, dazu gibt es Spätburgunder und Grauburgunder, aber auch ein klein wenig Sauvignon Blanc, Gelber Muskateller, Merlot und Frühburgunder.

Kollektion

Der neue Jahrgang ist wieder gut gelungen. Der Gelbe Muskateller ist sortentypisch, frisch und ansprechend würzig. Der Literriesling ist klar und frisch, genauso wie der einladend saftige Erbacher Riesling. Von den beiden kraftvollen 2017er Lagenweinen verfügt der aus dem Steinmorgen über zartwürzigen Schmelz, der aus dem Hohenrain ist fülliger und cremiger, beide werden von einer frischen Säure flankiert, die für ausreichend Spannung sorgt. Der feinherbe Riesling aus der Michelmark ist saftig und animierend, der fein gereifte Schatzkammer-Riesling besitzt schöne Frische und viel Länge. Die Spätlese aus dem Siegelsberg versprüht saftiges Trinkvergnügen. Unter den Spätburgundern ist das dunkelbeerige, zart röstige Erste Gewächs aus dem Siegelsberg unser Favorit. Ein frischer Frühburgunder aus dem Steinmorgen und ein üppiger, beeriger Merlot mit würzigen Tanninen fügen sich passend ins Bild.

Weinbewertung

82 2017 Riesling trocken (1l) **12 %/6,40 €**
84 2017 Riesling trocken Erbacher **11,5 %/6,90 €**
83 2017 Gelber Musktaller trocken Erbacher **11,5 %/7,90 €**
85 2017 Riesling trocken Erbacher Steinmorgen **12,5 %/8,40 €**
86 2017 Riesling trocken Erbacher Hohenrain **12,5 %/9,40 €**
87 2016 Riesling „Schatzkammer" Erbacher Siegelsberg **12,5 %/17,90 €**
84 2017 Riesling „feinherb" Erbacher Michelmark **12,5 %/8,20 €**
85 2017 Riesling Spätlese Erbacher Siegelsberg **9 %/9,40 €**
84 2015 Spätburgunder trocken Erbacher Michelmark **13,5 %/11,90 €**
84 2015 Frühburgunder trocken Erbacher Steinmorgen **13 %/11,90 €**
87 2015 Spätburgunder Erstes Gewächs Erbacher Siegelsberg **14 %/17,90 €**
86 2015 Merlot trocken Erbacher Michelmark **14,5 %/17,90 €**

DR. CRUSIUS

★★★★

C

KONTAKT

Hauptstraße 2
55595 Traisen
Tel. 0671-33953
Fax: 0671-28219
www.weingut-crusius.de
info@weingut-crusius.de

Inhaber
Dr. Peter Crusius
Rebfläche
22 Hektar
Produktion
120.000 Flaschen

BESUCHSZEITEN

Mo.-Sa. 9-12 Uhr + 13.30 – 17.00 Uhr nach Vereinbarung

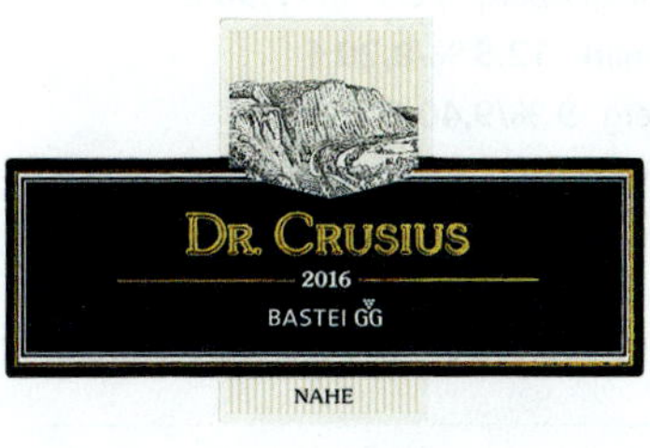

Die Familie betreibt seit dem 16. Jahrhundert Weinbau in Traisen, das Gutsgebäude stammt aus dem Jahr 1888. Hans Crusius entwickelte den landwirtschaftlichen Mischbetrieb in den fünfziger Jahren des 20. Jahrhunderts zum reinen Weingut mit 7,5 Hektar Reben, 1955 wurde die Produktion komplett auf Flaschenweine umgestellt. Sein Sohn Peter Crusius, der heutige Besitzer, erweiterte durch Neuanlagen und Zukäufe das Weingut auf die heutige Größe. 70 Prozent der Weinbergsfläche sind vom VDP, dem das Weingut seit 1984 angehört, als „Große Lage" oder „ Erste Lage" klassifiziert. Die Weinberge befinden sich in den Traiser Lagen Bastei (ein halber Hektar, rotes Porphyrverwitterungsgestein) und Rotenfels (7 Hektar, Porphyrverwitterungsböden) mit der Gewanne Mühlberg, in Schlossböckelheim im Felsenberg (2,5 Hektar, bis zu 60 Prozent steiler Südhang mit schwarz-grauem Melaphyr-Vulkangestein) und in der Kupfergrube (1,5 Hektar, schwarz-graues Melaphyr-Vulkangestein mit hohem Feinerde und Gesteinsanteil), im Norheimer Kirschheck (graue Schieferverwitterung mit Sandeinlagerungen) und im Niederhäuser Felsensteyer (Gehängelehmboden mit hohem Schieferanteil). Peter Crusius, der mittlerweile von seinen Töchtern Judith und Rebecca im Betrieb unterstützt wird, baut zu 55 Prozent Riesling an. Dazu kommen an weißen Sorten Weißburgunder, Grauburgunder, Auxerrois, Chardonnay und Müller-Thurgau, auf 10 Prozent der Fläche stehen die roten Sorten Spätburgunder, Frühburgunder und Schwarzriesling. Die Weine werden teils spontan, teils mit Reinzuchthefen vergoren, teils im Edelstahl und teils im Holz ausgebaut.

Kollektion

Die edelsüßen Rieslinge sind, wenn es der Jahrgang erlaubt, immer eine Stärke der Familie Crusius. An der Spitze steht hier die faszinierende, sehr eindringliche Goldkapsel-Auslese aus dem Schlossböckelheimer Felsenberg, die im komplexen Bouquet viel klare, gelbe Frucht, steinige Noten und herbe kräutrige Würze zeigt, am Gaumen ist der Wein sehr konzentriert und cremig, besitzt Zitrusnoten, auch etwas Schwarztee, viel Biss und Länge. Die Beerenauslese aus der gleichen Lage, also ebenfalls aus dem Schlossböckelheimer Felsenberg, ist ebenfalls sehr konzentriert, zeigt Noten von Aprikose, Feige, Quitte, Grapefruit und auch Kräuterwürze im Bouquet, besitzt Biss und ist sehr nachhaltig, die Auslese aus der Bastei zeigt Zitrusfrucht, Aprikose und etwas Kräuter, besitzt ein frisches, animierendes Säurespiel und ist elegant und nachhaltig. Die Felsensteyer-Auslese zeigt weniger Frucht im Bouquet als die anderen süßen Rieslinge, dafür viel kräutrige Würze,

Rosmarin, Schwarz- und Roibuschtee, am Gaumen besitzt der Wein dann aber klare Frucht, Aprikosen, eine frische Säure, ist fein und elegant. Die trockenen Rieslinge sind wie gewohnt wieder sehr klar in der Frucht und kraftvoll: Der „Vom Fels" zeigt etwas kräutrige Würze, besitzt Saft und viel gelbe Frucht, Aprikose und Pfirsich, der „Top of the Rock", eine Selektion aus vier Ersten und Großen Lagen, ist deutlich komplexer, straffer und nachhaltiger, zeigt kräutrig-steinige Würze und ebenfalls viel gelbe Frucht im Bouquet, Ananas, Orangenschale, besitzt sehr feinen Grip, ist animierend. Bei den beiden Erste Lage-Rieslingen zeigt der Rotenfels Kräuter- und Zitrusnoten, besitzt feinen Biss, der Kirschheck ist zunächst leicht zurückhaltend im Bouquet, zeigt dezente steinig-mineralische Würze, dann auch Zitrusfrucht, Limette, besitzt Saft, Grip und Länge. An der Spitze der drei Großen Gewächse steht wieder einmal der Bastei, der deutlich komplexer und nachhaltiger ist als Kupfergrube und Felsenberg, er könnte sich auch mit etwas Reifezeit noch steigern, ist im Bouquet noch leicht verschlossen, zeigt feine kräutrige Würze, auch am Gaumen wirkt er noch sehr jung, ist ganz verhalten in der Frucht, besitzt etwas steinige Noten, ein animierendes Säurespiel, ist sehr lang. Die Kupfergrube zeigt feine kräutrige Noten, grünen Apfel und auch etwas gelbe Frucht im Bouquet, Orangenschalen, am Gaumen sind die Kräuternoten noch prägnanter, der Wein besitzt Kraft, Biss und leicht salzige Länge, der Felsenberg zeigt leicht steinige Würze, mit Luft dann auch Kräuter und grünen Apfel, am Gaumen ist die Frucht deutlicher, Aprikose, wieder Apfel und er besitzt gute Konzentration und viel Biss.

Familie Crusius

Weinbewertung

86	2017 Riesling trocken „vom Fels" **12,5 %/12,50 €**
87	2017 Weißburgunder trocken „Kaffel" Traiser **13,5 %/15,50 €**
88	2017 Riesling trocken „Top of the Rock" **12,5 %/17,50 €**
88	2017 Riesling trocken Norheimer in der Kirschheck **12,5 %/16,- €**
87	2017 Riesling trocken Traiser Rotenfels **12,5 %/15,50 €**
90	2017 Riesling „GG" Felsenberg **13 %/29,- €**
90	2017 Riesling „GG" Kupfergrube **13 %/29,- €**
91+	2017 Riesling „GG" Bastei **13 %/45,- €**
91	2017 Riesling Auslese Traiser Bastei **8 %/0,375l/Vst.**
90	2017 Riesling Auslese Niederhäuser Felsensteyer **8,5 %/13,- €/0,375l**
93	2017 Riesling Auslese „Goldkapsel" Felsenberg **9 %/45,- €/0,375l**
92	2017 Riesling Beerenauslese „Goldkapsel" Felsenberg **9 %/75,- €/0,375l**

LAGEN

BASTEI (TRAISEN)
ROTENFELS (TRAISEN)
– MÜHLBERG (TRAISEN)
FELSENBERG (SCHLOSSBÖCKELHEIM)
KUPFERGRUBE (SCHLOSSBÖCKELHEIM)
KIRSCHHECK (NORHEIM)
FELSENSTEYER (NIEDERHAUSEN)

REBSORTEN

RIESLING (55 %)
WEISSE BURGUNDER (35 %)
ROTE SORTEN (10 %)

CHRISTEL CURRLE

★★

C

N

KONTAKT

Wein- und Sektgut Christel Currle, Tiroler Straße 17
70329 Stuttgart
Tel. 0711-322451
Fax: 0711-3280841
www.weingut-currle.de
info@weingut-currle.de

Inhaber
Christel Currle
Kellermeister
Christel Currle & Dr. Markus Emmel
Rebfläche
7,5 Hektar

BESUCHSZEITEN

Mi./Do. 16-19 Uhr, Fr. 14-19 Uhr, Sa. 10-14 Uhr und nach Vereinbarung

Christel CURRLE
WEIN- UND SEKTGUT

Christel Currle hat 2007 das Weingut von ihren Eltern Fritz und Heiderose übernommen, führt den Betrieb heute mit Unterstützung ihres Ehemannes Markus Emmel; sie war aber schon seit Beendigung ihrer Weintechnikerausbildung 1997 im elterlichen Weingut tätig. Fritz Currle war 1973 aus der Genossenschaft ausgetreten und hatte mit der Selbstvermarktung begonnen, 1974 wurde die Besenwirtschaft „Dreimädelhaus" gegründet, die zweimal im Jahr für jeweils etwa vier Wochen geöffnet hat. Ihre Weinberge liegen in der Uhlbacher Lage Götzenberg. Die Sortenvielfalt ist groß, Christel Currle baut Riesling, Kerner, Sauvignon Blanc, Weißburgunder und Grauburgunder an, sowie die roten Sorten Trollinger, Lemberger, Spätburgunder, Merlot und Syrah. Eine Spezialität von Christel Currle ist die Sekterzeugung unter anderem aus der Rebsorte Muskattrollinger, die sie allein für diesen Zweck anbaut. Die Rotweine werden maischevergoren und im großen Holzfass oder im Barrique ausgebaut. Das Gros der Weine wird an Endverbraucher verkauft.

Kollektion

Nachdem wir viele Jahre lang keine Weine von Christel Currle mehr verkostet haben, freut es uns umso mehr, dass sie uns dieses Jahr eine Auswahl zugeschickt hat. Diese Kollektion ist stark, schon die beiden Sekte zeigen sehr hohes Niveau, so wie wir das von früher kannten. Der Kerner-Sekt zeigt feine Frische und Frucht, ist lebhaft, klar und zupackend, während der Muskateller-Sekt deutlich süßer und süffiger ist, mit seiner faszinierenden Frucht betört. Die weiße Cuvée besteht zur Hälfte aus barriqueausgebautem Chardonnay, zu jeweils einem Viertel aus Weiß- und Grauburgunder; sie ist rauchig, kraftvoll und kompakt. Der sehr sortentypische Kerner besitzt feine süße Frucht und Grip. Der im Barrique ausgebaute Chardonnay besitzt Struktur, Kraft, Druck, ist deutlich vom Ausbau im Holz geprägt, die Riesling Auslese besitzt viel Substanz und Frucht, aber auch etwas Alkohol-Bitternoten. Der Spätburgunder ist fruchtbetont, strukturiert und frisch, und das Highlight der Kollektion, der im Barrique ausgebaute Merlot besitzt gute Struktur, deutliche Barriquewürze, aber auch viel Substanz und Wärme. ▬

Weinbewertung

87 2015 Kerner Sekt brut Uhlbacher Götzenberg **14 %/15,50 €**
87 2015 Muskatteller Sekt trocken Uhlbacher Götzenberg **12 %/13,80 €**
84 2016 „Blanc" Weißwein trocken **13 %/9,- €**
84 2016 Kerner Spätlese trocken Uhlbacher Götzenberg **13 %/9,50 €**
87 2015 Chardonnay trocken Barrique Uhlbacher Götzenberg **12,5 %/14,50 €**
87 2015 Riesling Auslese Uhlbacher Götzenberg **14 %/16,50 €**
85 2015 Spätburgunder trocken Uhlbacher Götzenberg **13 %/8,80 €**
89 2015 Merlot Auslese trocken Barrique Uhlbacher Götzenberg **14 %/19,80 €**

DACKERMANN

★

N

KONTAKT

Gaustraße 15
67596 Dittelsheim-Heßloch
Tel. 06244-7054
www.weingut-dackermann.de
info@weingut-dackermann.de

Inhaber
Sascha Dackermann
Rebfläche
15 Hektar

BESUCHSZEITEN

Vinothek geöffnet nach Voranmeldung

Sascha Dackermann führt in vierter Generation das in Dittelsheim-Heßloch gelegene Weingut, das 1949 von seinem Urgroßvater Philipp Dackermann gegründet wurde. Seine Weinberge liegen in den Bechtheimer Lagen Stein, Hasensprung und Heilig Kreuz, im Dittelsheimer Kloppberg sowie in den Hesslocher Lagen Liebfrauenberg, Mondschein und Steinbügel, Letztere eine Gewanne innerhalb der Lage Edle Weingärten. Das Sortiment ist gegliedert in Liter- und Gutsweine, Ortsweine und Lagenweine.

Kollektion

Eine gute, sehr gleichmäßige Kollektion präsentiert Sascha Dackermann zum Debüt, die mit der konstanten Qualität ihrer Weine überzeugt, aber auch Spitzen bietet. So im weißen Segment den im Holz ausgebauten Steinbügel-Weißburgunder, unseren Favoriten: Er besitzt gute Konzentration und feine Würze, Fülle und Kraft, viel reife Frucht und Substanz. Der zweite weiße Lagenwein, der Riesling aus dem Hasensprung, reicht da nicht ganz heran, ist deutlich verhaltener. Reintönige Frucht und feine Frische zeigt die Scheurebe im Liter, unter den sehr gleichmäßigen weißen Ortsweinen gilt unsere leichte Präferenz dem Bechtheimer Grauburgunder, der gute Struktur und klare Frucht besitzt. Auch auf Rotwein versteht sich Sascha Dackermann, das zeigt der füllige, saftige Spätburgunder aus dem Bechtheimer Stein, der viel reife Frucht und Substanz besitzt, aber auch merklichen Alkohol. Auch beim zweiten vorgestellten Rotwein, der Schwarzer Goliath genannten Cuvée aus St. Laurent und Dornfelder, steht die 14,5 % auf dem Etikett: Er zeigt viel Würze und intensive Frucht, besitzt Fülle, Saft, reife Frucht und gute Struktur. Ein gelungenes Debüt! —

Weinbewertung

82 2017 Chardonnay Sekt extra dry **14 %/10,50 €**
82 2017 Scheurebe trocken „Der Literwein" **13 %/5,50 €**
82 2017 Riesling trocken **13 %/5,90 €**
82 2017 Weißburgunder & Chardonnay trocken **13,5 %/5,90 €**
83 2017 Grüner Silvaner trocken Hesslocher **13,5 %/6,50 €**
83 2017 Riesling trocken „vom Kalkstein" Hesslocher **13 %/6,50 €**
84 2017 Grauer Burgunder trocken Bechtheimer **14,5 %/7,50 €**
83 2017 Chardonnay trocken Bechtheimer **14 %/7,- €**
83 2017 Riesling Spätlese trocken Bechtheimer Hasensprung **13,5 %/9,50 €**
87 2017 Weißer Burgunder trocken Hesslocher „Steinbügel" **14 %/9,50 €**
82 2017 Pinot Noir Rosé trocken **13 %/5,90 €**
84 2015 Spätburgunder trocken Bechtheimer Stein **14,5 %/9,50 €**
85 2015 „Schwarzer Goliath" Rotwein trocken „Réserve" **14,5 %/10,50 €**

Dackermann

D

Dagernova

★

N

KONTAKT

Ahr-Winzer eg/Dagernova
Weinmanufaktur,
Heerstraße 91-93
53474 Bad Neuenahr-Ahrweiler
Tel. 02641-9472-0, Fax: -947294
www.dagernova.de
info@dagernova.de

Geschäftsführer Thomas Monreal
Kellermeister Günter Schüller
Rebfläche 512 Hektar
Produktion 1.500.000 Flaschen

BESUCHSZEITEN

Vinothek in Dernau Mo.-Fr. 8-18 Uhr, Sa./So. 10-18 Uhr; Vinothek Bad Neuenahr Mo.-Fr. 8-18 Uhr, Sa. 8-12 Uhr; Restaurant Dagernova Culinarium täglich 11-23 Uhr (durchgehend warme Küche)

Dernau wurde als Dagernova im 8. Jahrhundert erstmals urkundlich erwähnt. 1873 wurden in Dernau der damalige Winzerverein und der Weinbauverein gegründet, die 1970 zur Dernauer Winzergenossenschaft fusionierten. Dieser schlossen sich in der Folgezeit die Winzervereine von Bachem, Heimersheim, Bad Neuenahr und Rech an, 1981 bezog die nun Vereinigte Ahrwinzergenossenschaft neue Räumlichkeiten in Bad Neuenahr. 2004 gab man sich den neuen Namen Weinmanufaktur Dagernova. Neben einer Beteiligung am Weingut Kloster Marienthal wurde seither vor allem in Kellertechnik und Traubenannahme investiert, das Restaurant „Culinarium und Weinstube" wurde renoviert und 2013 neueröffnet. 600 Mitglieder bewirtschaften über 500 Hektar Weinberge im ganzen Ahrtal. Spätburgunder nimmt 70 Prozent der Rebfläche ein, dazu gibt es Portugieser, Frühburgunder, Müller-Thurgau, Riesling, Kerner, Grauburgunder und Weißburgunder.

Kollektion

Starke Barrique-Rotweine präsentiert die Weinmanufaktur Dagernova zum Debüt, während die Weißweine etwas verhaltener ausfallen, am besten gefällt uns der geradlinige Blanc de Noir der Jungwinzervereinigung „Mission Steillage". Der Frühburgunder aus dem Hardtberg, Jahrgang 2016, zeigt viel Würze und Frucht, ist füllig und saftig, besitzt gute Struktur und Substanz. Die leicht gewürzduftige, rotfruchtige Cuvée Edition FS besitzt Fülle und Kraft und eine dezente Kräuternote. Unsere Favoriten sind zwei Spätburgunder aus dem Jahrgang 2015. Der Wein aus der Dernauer Schieferlay zeigt gute Konzentration und intensive Frucht, ist füllig und saftig, besitzt gute Struktur, reife Frucht und deutliche Vanillenoten. Noch ein klein wenig besser gefällt uns der intensiv fruchtige, rauchige Spätburgunder aus dem Kapellenberg, der klar und frisch ist, gute Struktur, reintönige Frucht und viel Länge besitzt.

Weinbewertung

81	2017 Weißburgunder trocken „Handschrift" **12 %/7,90 €**
81	2017 Riesling trocken **12 %/6,50 €**
82	2017 Spätburgunder „Blanc de Noir" trocken „Mission Steillage" **12 %/9,- €**
80	2017 Spätburgunder Rosé trocken **11,5 %/6,90 €**
81	2016 Frühburgunder trocken **13 %/10,90 €**
81	2016 Spätburgunder „J" trocken „Handschrift" **12,5 %/10,90 €**
87	2015 Spätburgunder trocken Dernauer Schieferlay **13 %/22,90 €**
88	2015 Spätburgunder trocken Heimersheimer Kapellenberg **13 %/22,90 €**
86	2016 Frühburgunder trocken Dernauer Hardtberg **13 %/24,90 €**
85	2016 „Edition FS" Rotwein trocken **13,5 %/14,50 €**

DAHMS

★

KONTAKT

August-Borsig-Straße 8
97526 Sennfeld
Tel. 09721-69123
Fax: 09721-609426
www.weingut-dahms.de
info@weingut-dahms.de /
www.dahms-shop.de

Inhaber
Alexander, Jürgen & Horst Dahms
Kellermeister
Jürgen Dahms
Rebfläche
9,5 Hektar (+ Zukauf)
Produktion
140.000 Flaschen

BESUCHSZEITEN

Mo.-Fr. 8-17 Uhr, Sa. 9-13 Uhr

Das Weingut Dahms wird heute in dritter Generation von Jürgen und Alexander Dahms geführt. Alexander Dahms kümmert sich um den Vertrieb, Jürgen Dahms, Geisenheim-Absolvent, ist für Weinanbau und -ausbau verantwortlich. Die eigenen Weinberge befinden sich in den Lagen Schweinfurter Peterstirn (Lettenkeuper und sandiger Lehm; die gleichnamige Burg gehört ebenfalls der Familie), Mainberger Schlossberg (Muschelkalk und Keuper) und Stammheimer Eselsberg, aus anderen Lagen wie Schonunger Mainleite, Wirmsthaler Scheinberg, Nordheimer Vögelein, Astheimer Karthäuser, Wipfelder Zehntgraf, Obereisenheimer Höll oder Volkacher Kirchberg kauft man Trauben zu. Drei Viertel der Weinberge nehmen weiße Sorten wie Bacchus, Silvaner, Müller-Thurgau, Scheurebe, Riesling, Optima, Kerner und Gewürztraminer ein, an roten Sorten baut man Domina, Spätburgunder und als Spezialität Rondo an.

Kollektion

Eine relativ kleine, überschaubare Kollektion von nur sieben Weinen – sechs Weißweine und ein Rotwein – präsentiert die Familie Dahms in diesem Jahr. Unser Favorit ist der einzige Rotwein, der Rondo, der uns schon früher sehr gut gefallen hatte. Er zeigt Vanille und Schokonoten im Bouquet, ein wenig Gewürze, ist im Mund füllig und saftig, besitzt feine Vanille- und Schokonoten, ist ein Rotwein im internationalen Stil bei dem der Ausbau ein wenig den Wein dominiert so dass es schwierig ist zu erkennen, was eigentlich die Rebsorte Rondo ausmacht. Die 2017er Weißweine sind frisch, klar und geradlinig, unsere beiden Favoriten im weißen Segment sind die Weine des Jahrgangs 2016. Der trockene Silvaner Kabinett aus dem Mainberger Schlossberg zeigt feine Reife im Bouquet, ist klar und harmonisch im Mund, füllig, besitzt gute Struktur. Noch ein klein wenig besser gefällt uns der nach etwas Maischestandzeit spontan vergorene Sylvaner Fass N° 1, der acht Monate auf der Hefe ausgebaut wurde. Er zeigt viel Duft im Bouquet, ein wenig Vanille, ist füllig und saftig im Mund, weich und cremig, ist deutlich vom Ausbau im Holz geprägt. —

Weinbewertung

81 2017 Silvaner trocken **12 %/7,- €**
81 2017 Weißburgunder trocken **12,5 %/7,50 €**
84 2016 Silvaner Kabinett trocken Mainberger Schlossberg **11 %/8,- €**
85 2016 Sylvaner trocken „Fass N° 1" **13,5 %/25,- €**
82 2017 Müller-Thurgau „feinfruchtig" „Frau Müller" **11,5 %/6,- €**
82 2017 Bacchus „feinfruchtig" „bio" **11,5 %/7,- €**
86 2015 Rondo trocken **13 %/21,- €/1,5l**

Danner

★★★

D

KONTAKT

Heimbach 3
77770 Durbach
Tel. 0781-9483123
Fax: 0781-94869537
www.danner-weingut.de
info@danner-weingut.de

Inhaber
Alexander Danner
Rebfläche
4,5 Hektar
Produktion
25.000 Flaschen

BESUCHSZEITEN

Mo.-Fr. 9-12 + 13-18 Uhr,
Sa. 10-16 Uhr, So. auf Anfrage
Ferienwohnung

Das Weingut Danner entstand 2006 aus der Verbindung zweier Familien, der Familie Danner, seit 1761 in Durbach ansässig, und der Familie Zöllin, die seit fünf Generationen im Weinbau tätig ist. Inzwischen sind nur noch die Danners an Bord, Alexander Danner führt den in Durbach ansässigen Betrieb. Auf Lagen- und Prädikatsangaben verzichtet er, dafür hat er drei Weintypen festgelegt, in die er sein Sortiment einteilt: Die Weine vom Typ 1 werden ausschließlich im Edelstahl ausgebaut, die des Typs 2 stammen aus ertragsreduzierten Anlagen und werden im Holzfass ausgebaut, die des Typs 3 stammen aus noch stärker ertragsreduzierten Anlagen und kommen komplett ins Barrique. Alexander Danner baut die klassischen Ortenauer Rebsorten Riesling und Spätburgunder an, daneben unter anderem Weiß- und Grauburgunder sowie Chardonnay. Er bringt seine Weißweine erst im zweiten Jahr nach der Ernte in den Verkauf, die Weine des Typs 3 noch ein Jahr später.

Kollektion

Eine starke Kollektion mit kompromisslos vinifizierten Weinen präsentiert Alexander Danner in diesem Jahr, Weine, die reifen können, weiß wie rot. Das Basisniveau ist hoch, wie die beiden sehr guten Typ 1-Weißweine zeigen: Der Riesling ist lebhaft, zupackend, strukturiert, der Grauburgunder reintönig und zupackend. Die Typ 2-Weine sind nochmals kraft- und druckvoller, der Grauburgunder besitzt Intensität und reintönige Frucht, der Weißburgunder Fülle und Saft, der Riesling besticht mit Reintönigkeit. An der Spitze dann stehen die Typ 3-Weine: Der Chardonnay ist reintönig, kraft- und druckvoll, der Riesling fein gereift im Bouquet, kraftvoll und jugendlich im Mund. Der Exot ist zupackend und klar bei dezenter Süße, die Cuvée rauchig, würzig, besitzt gute Struktur und Frucht. Der Typ 2-Pinot Noir ist kraftvoll, dezent oxidativ, Typ 3 besticht mit intensiver Frucht, Fülle, Kraft und viel Substanz.

Weinbewertung

83	2013 Sekt Cuvée brut **12 %/16,- €**
85	2016 Riesling „Typ1 Vertrauen" **12 %/9,- €**
85	2016 Grauburgunder „Typ1 Vertrauen" **13,5 %/9,50 €**
87	2016 Riesling „Typ2 Leidenschaft" **13 %/14,- €**
86	2016 Weißburgunder „Typ2 Leidenschaft" **13 %/14,- €**
87	2016 Grauburgunder „Typ2 Leidenschaft" **14 %/14,- €**
88	2014 Riesling „Typ3 Liebe" **12,5 %/26,- €**
88	2016 Chardonnay „Typ3 Liebe" **13,5 %/18,- €**
86	2016 Exot „Typ2 Leidenschaft" **13,5 %/14,- €**
86	2013 Pinot Noir „Typ2 Leidenschaft" **12,5 %/14,- €**
90	2015 Pinot Noir „Typ3 Liebe" **13 %/26,- €**
89	2015 Cuvée „Typ3 Liebe" (Rotweincuvée) **13 %/18,- €**

Darting

★★

KONTAKT

Am Falltor 2
67098 Bad Dürkheim
Tel. 06322-979830
Fax: 06322-9798326
www.darting.de
info@darting.de

Inhaber / Kellermeister
Helmut Darting
Außenbetrieb
Christof Reuther
Rebfläche
25 Hektar
Produktion
180.000 Flaschen

BESUCHSZEITEN

Mo.-Fr. 8-18 Uhr, Sa. 8-16 Uhr

Seit dem 18. Jahrhundert baut die Familie Wein in der Pfalz an, heute führt Helmut Darting den Betrieb. Seine Weinberge liegen vor allem in verschiedenen Dürkheimer (Michelsberg, Spielberg, Hochbenn, Nonnengarten, Fronhof) und Ungsteiner Lagen (Herrenberg, Weilberg), aber auch in Wachenheim (Mandelgarten). Wichtigste Rebsorte ist Riesling, der knapp die Hälfte der Rebfläche einnimmt, hinzu kommen Weißburgunder, Grauburgunder, Chardonnay und Sauvignon Blanc, sowie rote Sorten wie Spätburgunder, St. Laurent, Dornfelder und Schwarzriesling. Aus Gewürztraminer, Kanzler, Rieslaner, Scheurebe, Muskateller oder Huxelrebe werden edelsüße Weine erzeugt, die das Weingut berühmt gemacht haben.

Kollektion

Wie gewohnt sind alle Weine von Helmut Darting sehr reintönig, die Bezeichnung als Kabinett-Weine für die beiden kraftvollen Rieslinge vom Annaberg und vom Weilberg ist allerdings etwas irreführend: Der Annaberg zeigt leicht kräutrige Würze, besitzt viel gelbe Frucht, Pfirsich, Aprikose und Ananas und ein feines, animierendes Säurespiel, der Weilberg ist etwas fülliger und besitzt gute Konzentration. Muskateller und Sauvignon Blanc sind reintönig, frisch und ausgewogen, der Gewürztraminer ist konzentriert und cremig und die Beerenauslese ist eindringlich, besitzt viel klare, süße Frucht, ein lebendiges Säurespiel und gute Länge. Die vier verkosteten Rotweine sind kraftvoll, füllig und stoffig, mit reichlich Alkohol und süßer Frucht ausgestattet, der Cabernet Cubin ist mit Noten von schwarzen Johannisbeeren und Mokka eine gelungene Version der Rebsorte, lässt aber auch den Alkoholgehalt leicht spüren, der Barrique-Spätburgunder vom Feuerberg ist harmonischer, zeigt im Bouquet Noten von Süß- und Schwarzkirsche, etwas Zuckerwatte und Röstnoten, besitzt gute Struktur und Potential. —

Weinbewertung

82	2017 Riesling trocken (1l) **12,5 %/5,- €**
85	2017 Riesling Kabinett trocken Ungsteiner Weilberg **13,5 %/7,50 €**
83	2017 Weißburgunder Kabinett trocken Schenkenböhl **12,5 %/6,50 €**
85	2017 Sauvignon Blanc Kabinett trocken Schenkenböhl **12,5 %/8,- €**
85	2017 Muskateller trocken Dürkheimer Hochbenn **12,5 %/7,50 €**
86	2017 Riesling Kabinett trocken „vom weißen Kalk" Annaberg **13,5 %/8,50 €**
85	2017 Gewürztraminer Kabinett Dürkheimer Nonnengarten **11 %/7,- €**
89	2016 Rieslaner Beerenauslese Dürkheimer Nonnengarten **8,5 %/16,- €/0,5l**
83	2015 St. Laurent trocken Dürkheimer Feuerberg **14,5 %/7,50 €**
84	2015 Spätburgunder trocken Dürkheimer Feuerberg **14 %/7,50 €**
85	2013 Cabernet Cubin trocken Wachenheimer Mandelgarten **14,5 %/10,- €**
87	2013 Spätburgunder trocken Barrique Dürkheimer Feuerberg **14 %/17,- €**

DAUTEL

★★★★★

D

KONTAKT

Lauerweg 55
74357 Bönnigheim
Tel. 07143-870326
Fax: 07143-870327
www.weingut-dautel.de
info@weingut-dautel.de

Inhaber
Christian Dautel
Rebfläche
14 Hektar
Produktion
100.000 Flaschen

BESUCHSZEITEN

Mo.-Fr. 10-12 + 14-18 Uhr,
Sa. 10-16 Uhr

Weinbau gibt es seit Anfang des 16. Jahrhunderts in der Familie, mit der Selbstvermarktung hat aber erst Ernst Dautel Ende der siebziger Jahre begonnen, nach Abschluss eines Studiums in Geisenheim. Konsequent hat Ernst Dautel seine Vorstellungen vom Wein umgesetzt, hat viel ausprobiert und ist stetig vorangekommen: Seit Mitte der achtziger Jahre baute er Weine im Barrique aus, 1988 pflanzte er Chardonnay, 1990 erzeugte er seine erste Cuvée, die Kreation Rot. Seit einigen Jahren schon wurde Ernst Dautel im Betrieb unterstützt von Sohn Christian, der ihn 2013 übernommen hat; es wurden neue Rebflächen erworben, Spätburgunder möchte Christian Dautel im Anbau forcieren. Seine Weinberge liegen vor allem in Bönnigheim (Sonnenberg) und Besigheim (Wurmberg). Der Sonnenberg besteht aus buntem Mergel, Schilfsandstein und Gipskeuper, die Großen Gewächse stammen von alten Reben im Herzstück des Sonnenbergs; mit dem Jahrgang 2014 kam ein neues Großes Gewächs hinzu, der Spätburgunder aus dem Forstberg in Oberstenfeld. Die Muschelkalkterrassen des Wurmbergs liegen am Ufer der Enz. Rote Sorten nehmen 60 Prozent der Fläche ein. Hauptrebsorten sind Riesling und Lemberger. Dazu gibt es Spätburgunder, Weißburgunder, Samtrot und Trollinger, aber auch Chardonnay, Cabernet Sauvignon und Merlot. Die Weißweine werden lange auf der Feinhefe ausgebaut, die Rotweine kommen nach der Maischegärung bis zu zwei Jahre ins Barrique. Prädikatsbezeichnungen werden ausschließlich für edelsüße Weine verwendet. An der Spitze des Sortiments stehen die Weine der S-Klasse und die Großen Gewächse. Schon in der ersten Ausgabe haben wir die Weine von Ernst Dautel wärmstens empfohlen, schon damals gehörte er für uns zur absoluten Spitze in Württemberg. Seine Weine kennen wir noch viel länger, von seinen Anfängen als „wilder Barriquewinzer", als er noch Riesling und Kerner ins kleine Eichenholzfass zwang, wenn uns die Erinnerung nicht täuscht. Er hat sich kontinuierlich gesteigert, nicht nur bei den weißen und roten Spitzenweinen, nein, auch die Basisweine sind stets von zuverlässiger Güte, und unter der Führung von Christian Dautel setzt sich dies fort. Die Rotweine sind kompromisslos vinifiziert, in ihrer Jugend oft etwas verschlossen und tanningeprägt, entwickeln sie sich sehr schön über viele Jahre hinweg: Es sind Rotweine mit Potenzial. In den jüngsten Jahren haben sie weiter an Finesse gewonnen (die Spätburgunder ebenso wie die Lemberger), zeigen manchmal feine mineralische Noten. Neben reinsortigen Weinen gibt es die erstmals 1990 erzeugte Cuvée Kreation Rot, ein Klassiker unter den deutschen Cuvées.

Kollektion

Nicht zum ersten Mal überrascht Christian Dautel uns mit einem hervorragenden Sekt: Komplex, harmonisch, sehr lang – obwohl brut nature. Der Gutsriesling ist frisch, fruchtbetont, geradlinig, der Gipskeuper-Riesling

besitzt reintönige Frucht und gute Struktur. Eine kräftige Steigerung bringt dann der Riesling vom Wurmberg, zeigt gute Konzentration, reife Frucht, ist füllig, saftig, besitzt viel Substanz und Länge. Viel reife Frucht zeigt auch das Große Gewächs im Bouquet, ist klar, fruchtbetont, strukturiert und zupackend. Aber es gibt mehr als Riesling: Der Gipskeuper-Weißburgunder ist wunderschön reintönig, lebhaft, zupackend, und der rauchige Weißburgunder S gehört wieder einmal zu den besten Weißburgundern Deutschlands, ist füllig, komplex, besitzt Struktur, Substanz und Grip. Der Chardonnay S steht ihm kaum nach, ist konzentriert, strukturiert, lang und nachhaltig. Die Kreation Weiß ist wie immer eine sichere Bank, die Gewürztraminer Auslese ist bestechend reintönig bei viel Stoff. Der Gipskeuper-Lemberger ist klar und zupackend, der Sonnenberg-Lemberger fruchtintensiv, reintönig wie auch der Sonnenberg-Spätburgunder. Faszinierend frisch und lebendig ist die Kreation rot, druckvoll, präzise, nachhaltig. Der gewürzduftige Lemberger vom Michaelsberg ist enorm dominant, geradlinig, unruhig, muss sich noch harmonisieren. Ganz großes Kino bieten wieder einmal die beiden großen Spätburgunder: Der Forstberg zeigt reintönige Frucht, etwas Johannisbeeren, ist fruchtbetont, harmonisch, elegant, lebhaft, lang und nachhaltig, der Schupen zeigt feine Frische und dezenten Toast, ist fruchtbetont, kraftvoll, strukturiert, frisch und lang.

Christian Dautel

Weinbewertung

90	2015 Pinot Sekt brut nature **12,5 %/19,80 €**
85	2017 Riesling trocken **12,5 %/7,90 €**
87	2017 Riesling „Gipskeuper" Bönnigheim **12,5 %/9,80 €**
89	2017 Weißburgunder „Gipskeuper" Bönnigheim **13 %/13,10 €**
90	2017 Riesling Besigheimer Wurmberg **12,5 %/14,90 €** ☺
89	2017 „Kreation Weiß S" **13 %/15,90 €**
93	2017 Weißburgunder „S" **13 %/26,30 €**
92	2017 Chardonnay „S" **13 %/26,30 €**
91	2017 Riesling „GG" Bönningheimer „Steingrüben" **13 %/26,30 €**
88	2017 Gewürztraminer Auslese **10,5 %/17,90 €**
86	2016 Lemberger „Gipskeuper" Bönnigheim **13 %/13,50 €**
88	2016 Spätburgunder Bönnigheimer Sonnenberg **13,5 %/20,40 €**
88	2016 Lemberger Bönnigheimer Sonnenberg **13,5 %/20,40 €**
92	2016 „Kreation Rot S" **13,5 %/30,90 €**
93	2016 Spätburgunder „GG" „Schupen" **13,5 %/30,90 €**
95	2016 Spätburgunder „GG" Forstberg **13,5 %/30,90 €**
90	2016 Lemberger „GG" Michaelsberg **13,5 %/30,90 €**

LAGEN

SONNENBERG (BÖNNIGHEIM)
– STEINGRÜBEN
– SCHUPEN
WURMBERG (BESIGHEIM)
MICHAELSBERG (CLEEBRONN)
FORSTBERG (OBERSTENFELD)

REBSORTEN

RIESLING (22 %)
LEMBERGER (22 %)
SPÄTBURGUNDER (21 %)
WEISSBURGUNDER (18 %)
CHARDONNAY (6 %)

K.&K. DAUTERMANN

★★☆

D

KONTAKT

Unterer Schenkgarten 6
55218 Ingelheim
Tel. 06132-1279
Fax: 06132-431191
www.dautermannwein.de
info@dautermannwein.de

Inhaber
Kristian Dautermann
Rebfläche
14,5 Hektar

BESUCHSZEITEN

Mo.-Sa. nach Vereinbarung
„Erlebnis-Weinproben",
Gästehaus Dautermann

Das Weingut Dautermann, im Zentrum von Ingelheim gelegen, besteht bereits seit über 100 Jahren. Heute wird es geführt von Kristian Dautermann, der bereits seit 2005 voll im Betrieb an der Seite seines Vaters tätig war. Er konzentriert sich vor allem auf Spätburgunder. Daneben findet man bei ihm eine breite Palette weiterer roter Sorten wie Frühburgunder, Portugieser, St. Laurent und Domina. Der Weißweinanteil beträgt gut ein Drittel. Es werden hauptsächlich Riesling, Silvaner, Weißburgunder und Grauburgunder angebaut. Auf Lagenbezeichnungen wurde lange Zeit verzichtet, ebenso auf Prädikatsbezeichnungen, inzwischen hat man das Sortiment dreistufig gegliedert in Guts-, Orts- und Lagenweine. 2011 wurde die historische 3,5 Hektar große Lage Ingelheimer Kirchenstück übernommen.

Kollektion

Die neue Kollektion überzeugt wie gewohnt, besonders stark sind wieder einmal die Lagen-Rotweine mit denen Kristian Dautermann zeigt, welches Potenzial die Ingelheimer Lagen besitzen. Im weißen Segment präsentiert er sehr gleichmäßige, klare Ortsweine und als Highlight den kraftvollen Grauburgunder aus dem Sonnenhang, der viel Substanz und klare reife Frucht besitzt. Der Frühburgunder aus dem Sonnenhang ist wunderschön reintönig, frisch und zupackend, der Pinot Madeleine ein klein wenig komplexer, aber ebenso faszinierend reintönig und saftig. Der Spätburgunder aus dem Sonnenhang besitzt reintönige Frucht und rauchige Noten, gute Struktur und Biss. Unser Favorit ist wie schon im vergangenen Jahr der Spätburgunder aus dem Kirchenstück, der gute Konzentration und reintönige Frucht besitzt, deutliche Vanillenoten, Fülle und Saft, Kraft und Substanz. ▬

Weinbewertung

81 2017 Riesling trocken „Bruchstein" **12 %/6,30 €**
83 2017 Cabernet Blanc trocken Ingelheimer **12,5 %/7,80 €**
83 2017 Weißer Burgunder trocken Ingelheimer **12,5 %/8,90 €**
82 2017 Chardonnay trocken Ingelheimer **12,5 %/8,90 €**
82 2017 Riesling trocken Ingelheimer **12,5 %/9,90 €**
87 2017 Grauer Burgunder trocken „500" Ingelheimer Sonnenhang **12,5 %/14,50 €**
84 2015 Frühburgunder trocken Ingelheimer **13 %/9,90 €**
85 2015 Spätburgunder trocken Ingelheimer **13,5 %/9,20 €**
88 2015 Blauer Spätburgunder trocken Ingelheimer Sonnenhang **14 %/19,80 €**
87 2015 Blauer Frühburgunder trocken Ingelheimer Sonnenhang **14 %/19,80 €**
88 2014 Pinot Madeleine trocken Ingelheimer Sonnenhang **13,5 %/29,90 €**
89 2014 Spätburgunder trocken „Réserve" Ingelheimer Kirchenstück **13,5 %/28,- €**

Dengler-Seyler

★★★☆

KONTAKT

Weinstraße Süd 6
67487 Maikammer
Tel. 06321-5103
Fax: 06321-57325
www.dengler-seyler.de
info@dengler-seyler.de

Inhaber
Familie Seyler
Rebfläche
15 Hektar
Produktion
100.000 Flaschen

BESUCHSZEITEN

Mo.-Fr. 9-12 + 13-18 Uhr,
Sa. 9-17 Uhr
Gasthaus „Zum Winzer" mit Gästezimmern

Das Weingut Dengler-Seyler in Maikammer wird heute in vierter Generation von der Familie Seyler bewirtschaftet. Wichtigste Lage ist der Heiligenberg, wo das Weingut 6 Hektar besitzt. Die weiteren Weinberge befinden sich in den anderen Maikammer Lagen Kirchenstück (tiefgründige Lösslehmböden) und Kapellenberg (Ton, Lehm und tertiärer Kalkstein), hinzu kommen Weinberge in Kirrweiler, Alsterweiler und Diedesfeld. Auf den sehr unterschiedlichen Böden des Heiligenbergs erzeugt Matthias Seyler vier Rieslinge, einen Lagenwein und drei Weine aus „Bester Lage": Der Am Heiligen Berg wächst in der ursprünglich 8 Hektar großen, kalkgeprägten Kernlage, der Im Obern Weinsper stammt von den ältesten Rieslingreben von der Spitze des Heiligenbergs (Parabraunerde über Löss) und in der 2006 erworbenen Lage Schlangengässel wachsen die Reben auf carbonathaltigem Kieslehm.

Kollektion

Matthias Seylers Lagenrieslinge sind in diesem Jahr etwas schlanker als in den Vorjahren, sind aber wie gewohnt prägnant und präzise: Das Schlangengässel ist sehr komplex, zeigt deutliche steinige Würze und klare Frucht, ist salzig, animierend und lang, der Weinsper-Riesling ist noch eine Spur mineralischer, zeigt aber auch viel klare Frucht, Zitrusnoten, Ananas und besitzt ebenfalls salzige Länge, der Am Heiligen Berg zeigt viel Frucht, Aprikose, grüner Apfel, Zitrusfrucht und feine kräutrige Würze. Der Weißburgunder vom Kapellenberg ist sehr kraftvoll und stoffig, besitzt gute Substanz und zeigt dezente Holzwürze, der Chardonnay zeigt noch deutlicheres Holz und Zitrusnoten. Ganz ungewöhnlich ist in diesem Jahr der Autumnus aus Chardonnay und Gewürztraminer, der Wein ist sehr aromatisch, mit Noten von Ananas, Orangenschale, Litschi und Rosenblättern.

Weinbewertung

84 2017 Riesling trocken **12 %/6,80 €**
86 2017 Riesling trocken Maikammer **12,5 %/9,50 €**
87 2017 Chardonnay trocken Maikammer **13,5 %/10,50 €**
84 2017 Muskateller trocken **11 %/7,80 €**
87 2017 Weißburgunder trocken Kirrweiler **13,5 %/9,50 €**
86 2017 Grauburgunder trocken Maikammer **13,5 %/9,50 €**
88 2017 „Autumnus" Weißwein trocken **14 %/10,50 €**
90 2017 Riesling trocken Maikammer „Im Obern Weinsper" **13 %/16,50 €**
90 2017 Riesling trocken Maikammer „Schlangengässel" **12,5 %/16,50 €**
89 2017 Riesling trocken Maikammer „Am Heiligen Berg" **12,5 %/16,50 €**
88 2017 Weißburgunder trocken Alsterweiler Kapellenberg **14,5 %/12,50 €**
83 2017 Scheurebe „feinherb" **11,5 %/6,80 €**
(88) 2016 Spätburgunder trocken Maikammer Heiligenberg **13,5 %/18,- €**

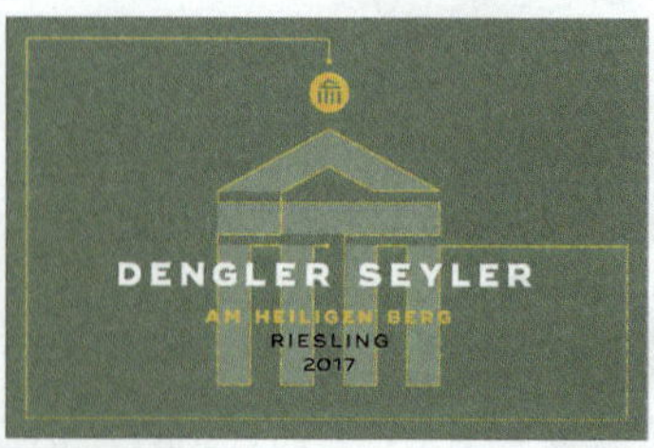

H. Deppisch

★★★

D

KONTAKT

Thürschengraben 3
97288 Theilheim
Tel. 09303-9800048,
0177-6338263
Fax: 09303-980183
www.weingut-deppisch.com
kontakt@weingut-deppisch.com

Inhaber
Christian Deppisch
Rebfläche
4 Hektar
Produktion
20.000 Flaschen

BESUCHSZEITEN

Mo.-Fr. 17-19 Uhr, Sa. 10-17 Uhr
Heckenwirtschaft

Hermann Deppisch, langjähriger Außenbetriebsleiter beim Bürgerspital, pachtete 1989 die ersten Rebstöcke. Sohn Christian Deppisch arbeitete, nach Ausbildung beim Bürgerspital und Önologiestudium, zunächst in Geisenheim, seit 2009 bei der Bayerischen Landesanstalt für Weinbau und Gartenbau, wo er hauptsächlich für ökologischen Weinbau zuständig ist. Die Weinberge liegen bisher alle im nicht flurbereinigten Theilheimer Altenberg, zukünftig werden auch Weinberge im benachbarten Randersacker hinzukommen. Christian Deppisch baut vor allem Silvaner an. Riesling, Weißburgunder und Blauer Silvaner wurden zuletzt hinzugepflanzt, sowie ein paar Stock Muskateller. An roten Sorten gibt es Spätburgunder, Frühburgunder, Domina, Regent und Portugieser. Die Weinberge werden biologisch-dynamisch bewirtschaftet (Mitglied bei Demeter), 2011 war der erste vollzertifizierte Jahrgang. Die Weine werden nach der Ganztraubenpressung komplett spontanvergoren. Ausgewählte Spitzen werden in der Reihe „per se" angeboten, diese Spitzen bringt Christian Deppisch erst später in den Verkauf.

Kollektion

Auch in diesem Jahr gehört der Seitensprung wieder zu den schönsten Perlweinen Deutschlands, noch spannender ist der nun Urbusche genannte Pet Nat, nicht ganz so ungestüm wie im vergangenen Jahr. Die Basis stimmt, das zeigen Weiß und Rosé, die Ortsweine besitzen Fülle und Kraft, gute Struktur und Substanz, der als Fassprobe verkostete 2017er Silvaner gefällt uns besonders gut. An der Spitze stehen die per se-Weine. Den saftigen, immer noch frischen Silvaner kennen wir schon vom vergangenen Jahr, ebenso den fülligen Weißburgunder, der fein gereifte Riesling hat weiter zugelegt. Neu ist der Frühburgunder, der reintönige Frucht besitzt, Struktur und Frische.

Weinbewertung

86 2017 „Seitensprung" Perlwein **11 %/7,50 €**
87 2016 „Urbursche" „Pet Nat" **12,5 %/12,50 €**
85 2017 Weiß **11,5 %/7,- €**
86 2016 Silvaner trocken Theilheimer **13 %/7,80 €**
(87) 2017 Silvaner trocken Theilheimer **7,80 €**
86 2016 Riesling trocken Theilheimer **12,5 %/7,80 €**
86 2016 Blauer Silvaner trocken Theilheimer **13 %/7,80 €**
(86) 2017 Pinot Blanc trocken Theilheimer **7,80 €**
89 2013 Silvaner trocken „per se" Altenberg **13 %/15,60 €**
88 2014 Weißer Burgunder trocken „per se" Altenberg **14 %/17,60 €**
89 2015 Riesling trocken „per se" Altenberg **14 %/17,60 €**
(84) 2017 Rosé **7,- €**
88 2014 Frühburgunder „per se" Altenberg **13 %/15,60 €**

deppisch
weingut

DERESER

★★★

D

KONTAKT

Maintalstraße 8
97509 Stammheim
Tel. 09381-2187
Fax: 09381-802973
www.weingut-dereser.de
info@weingut-dereser.de

Inhaber
Hermann Dereser
Rebfläche
8 Hektar
Produktion
50.000 Flaschen

BESUCHSZEITEN

nach Vereinbarung
Gästezimmer (2 Doppelzimmer, 1 Ferienwohnung)

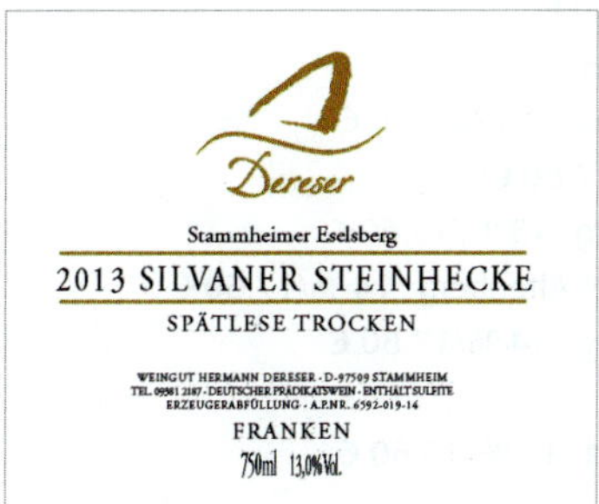

Seit sieben Generationen baut die Familie Wein an, aus dem ehemaligen Gemischtbetrieb hat sich im Laufe der Zeit ein Weingut mit Brennerei entwickelt. Hermann Dereser baut am Stammheimer Eselsberg Müller-Thurgau, Bacchus, Silvaner, Riesling, Weißburgunder und Kerner an, dazu die roten Sorten Domina, Spätburgunder, Portugieser und Acolon, die Reben wachsen auf Muschelkalkböden. Die Weine werden im Edelstahl ausgebaut, bleiben lange auf der Hefe, ausgesuchte Partien kommen auch ins Barrique. Hermann Dereser ist dabei den Betrieb schrittweise zu erweitern durch den Erwerb guter Parzellen (z.B. im Volkacher Ratsherr). Nach Abschluss seines Geisenheim-Studiums ist Sohn Johannes Dereser seit Herbst 2011 im Betrieb tätig.

Kollektion

Es geht Schritt für Schritt weiter voran, vor allem in der Spitze haben Hermann und Johannes Dereser nochmals zugelegt. Die Kabinett-Linie bietet gleichmäßiges Niveau mit fruchtbetonten, sortentypischen Weinen. Stark ist der reintönige, etwas florale Sauvignon Blanc, die trockene Weißburgunder Spätlese besitzt Fülle und Saft, gute Struktur und Frucht, noch beeindruckender ist der im Barrique spontan vergorene Wildfang-Weißburgunder, der deutlich druckvoller ist. Die trockene Silvaner Spätlese aus dem Ratsherr ist reintönig, frisch und zupackend, ihr Pendant aus dem Eselsberg etwas rauchiger, strukturierter, der maischevergorene „unterm Horizont"-Silvaner ist stoffig und druckvoll, aber auch beim Silvaner ist die Wildfang-Variante unser Favorit, die rauchig und konzentriert ist, druckvoll und strukturiert. Sehr gut sind auch die drei vorgestellten Rotweine: Die im Barrique ausgebaute Domina besitzt intensive Frucht und viel Substanz, der Spätburgunder ist rauchig, zupackend, der im Barrique ausgebaute Spätburgunder besticht mit Reintönigkeit, Frische und Länge.

Weinbewertung

83 2017 Silvaner Kabinett trocken Volkacher Ratsherr **12,5 %/6,50 €**
84 2017 Weißburgunder Kabinett trocken Stammheimer Eselsberg **12 %/6,50 €**
83 2017 Riesling Kabinett trocken Stammheimer Eselsberg **11,5 %/6,50 €**
86 2017 Sauvignon Blanc trocken Volkacher Ratsherr **13 %/8,- €**
85 2017 Silvaner Spätlese trocken Volkacher Ratsherr **13 %/8,50 €**
86 2017 Silvaner Spätlese trocken Stammheimer Eselsberg **13 %/8,50 €**
88 2017 Silvaner trocken „Wildfang" **13 %/10,- €** ☺
88 2017 Weißburgunder trocken „Wildfang" **13 %/10,- €** ☺
86 2017 Weißburgunder Spätlese trocken Stammheimer Eselsberg **13 %/8,50 €**
86 2017 Silvaner trocken „unterm Horizont" **12,5 %/10,- €**
85 2016 Spätburgunder trocken Stammheimer Eselsberg **13 %/8,50 €**
87 2016 Domina trocken Barrique Stammheimer Eselsberg **13 %/13,- €**
89 2016 Spätburgunder trocken Barrique Stammheimer Eselsberg **13 %/13,- €**

Dessoy

★

KONTAKT

Außerhalb 74
55411 Bingen-Kempten
Tel. 06721-799060
Fax: 06721-799080
www.vino-fredi.de
vino.fredi@weingut-dessoy.de

Inhaber
Andree Dessoy
Kellermeisterin
Frederike Dessoy
Rebfläche
18 Hektar
Produktion
30.000 Flaschen

BESUCHSZEITEN

nach Vereinbarung
Ferienwohnungen

WEINGUT DESSOY BINGEN-KEMPTEN
DESSOY BY FREDI

Seit vier Generationen betreibt die Familie Weinbau im Binger Ortsteil Kempten, mit der Flaschenweinvermarktung wurde aber erst 2010 begonnen. Die Weinberge von Andree Dessoy liegen rund um den Binger Rochusberg im nordwestlichen Rheinhessen, in den Binger Lagen Scharlachberg, Kirchberg, Schlossberg-Schwätzerchen (mit der ehemaligen Einzellage Eisel), Pfarrgarten und Kapellenberg. Riesling nimmt ein Viertel der Rebfläche ein, Silvaner ein Fünftel, es folgen Weißburgunder, Dornfelder, Spätburgunder, Grauburgunder und Portugieser, des Weiteren gibt es Bacchus, Acolon, Müller-Thurgau, Gelber Muskateller, Kerner, Frühburgunder und Chardonnay. Für den Weinausbau ist Tochter Frederike zuständig, die ihre eigene Marke „Vino Fredi" kreierte; die Weine werden mit den traubeneigenen Hefen vergoren. Das Programm ist dreistufig gegliedert in Gutsweine, Ortsweine und Lagenweine.

Kollektion

Die Guts- und Ortsweine zeigen sehr gleichmäßige Qualität, der herausragende Wein in der aktuellen Kollektion ist der einzige vorgestellte Lagenwein, der Riesling aus dem Scharlachberg. Der Silvaner ist frisch und fruchtbetont, harmonisch und süffig, der Grauburgunder ist enorm würzig im Bouquet, besitzt viel Saft, reife Frucht und gute Struktur. Der feinherbe Weißburgunder ist würzig im Bouquet, füllig und saftig im Mund, besitzt reintönige süße Frucht wie auch der feinherbe Muskateller, der viel Substanz aufweist. Der trockene Riesling ist frisch und zupackend, der feinherbe klar und süffig, die Spätlese zeigt feinen Duft im Bouquet, ist dann klar, frisch und zupackend im Mund. Herausragender Wein im Programm ist, wie eingangs gesagt, der trockene Lagen-Riesling aus dem Binger Scharlachberg: Er zeigt gute Konzentration im Bouquet, klare reife Frucht, ist enorm füllig und saftig im Mund, besitzt gute Struktur, reintönige Frucht und Länge. ◄

Weinbewertung

83 2017 Silvaner trocken **13 %/6,20 €**
82 2017 Riesling trocken Kempter **12,5 %/6,40 €**
83 2017 Grauburgunder trocken Kempter **13 %/6,90 €**
86 2017 Riesling trocken Scharlachberg **13 %/14,40 €**
83 2017 Riesling „feinherb" „Einfach Wild!" **12 %/6,20 €**
82 2017 Weißburgunder „feinherb" Kempter **12,5 %/6,90 €**
84 2017 Gelber Muskateller „feinherb" **11,5 %/6,40 €**
83 2017 Riesling Spätlese **10 %**

Deutzerhof

★★★★

D

KONTAKT

Weingut Deutzerhof
Cossmann-Hehle
Deutzerwiese 2
53508 Mayschoß
Tel. 02643-7264
Fax: 02643-3232
www.weingut-deutzerhof.de
info@weingut-deutzerhof.de

Inhaber
Hella Hehle
Betriebsleiter/Kellermeister
Hans-Jörg Lüchau
Rebfläche
7 Hektar
Produktion
37.000 Flaschen

BESUCHSZEITEN

Mo.-Fr. 10-12 + 13-17 Uhr,
Sa. 10-16 Uhr, So. & Feiertage
nach Vereinbarung

Wolfgang Hehle, einer der profiliertesten und bekanntesten Winzer der Ahr, ist 2013 verstorben; seine Frau Hella führt den Betrieb fort, unterstützt vom langjährigen Kellermeister und Betriebsleiter Hans-Jörg Lüchau. Ihr Vater Alfred Cossmann hatte 1952 bei damals 3,5 Hektar mit der Selbstvermarktung begonnen, Weinbau ist aber in der Familie bereits seit dem Jahr 1574 urkundlich belegt. Nach und nach vergrößerte man sich, und als der Betrieb zu klein wurde, errichtete man 1980 einen Aussiedlerhof. Dieser entstand auf einer Außenstelle des ehemaligen Kloster Deutz – und erhielt daher seinen Namen Deutzerhof, der den Namen Weingut Cossmann ersetzte. Wolfgang Hehle absolvierte bei seinem Schwiegervater eine Winzerlehre und führte nach und nach Veränderungen ein, so beispielsweise den Barriqueausbau, die Rebfläche wurde weiter vergrößert, die Weine wurden zunehmend trocken ausgebaut. Die Weinberge verteilen sich auf verschiedene Lagen entlang der ganzen Ahr: Vom Altenahrer Eck, Mayschosser Laacherberg, Mönchberg und Burgberg, Recher Herrenberg, Dernauer Schieferley, Ahrweiler Daubhaus, Neuenahrer Kirchtürmchen und Schieferley und Heimersheimer Landskrone bis Lohrsdorf. Spätburgunder nimmt knapp drei Viertel der Rebfläche ein, hinzu kommen Frühburgunder und Riesling, sowie ein klein wenig Chardonnay, Dornfelder und Portugieser. Von Letzterem gibt es 1927 gepflanzte Reben, die ältesten Rieslinge sind über 50 Jahre alt. Wolfgang Hehle hatte manche seiner Weine mit Namen aus der Cossmann-Historie versehen. Balthasar C. und Caspar C. für zwei Spätburgunder, Catharina C. für Riesling oder Alfred C. für Portugieser, seine Rosés nannte er „Toujours" und „Saumon de l'Ahr", er war ja schließlich auch einer der Initiatoren für die Rückkehr der Lachse an die Ahr, beide entstehen durch Saftabzug bei den Rotweinen. Der Spitzen-Spätburgunder im Programm war lange Zeit der Grand Duc, im letzten Jahrzehnt übernahmen dann die Großen Gewächse die Führungsrolle im Betrieb, die Spätburgunder aus Eck und Mönchberg vor allen Dingen, der Wein aus dem Kirchtürmchen wird erst in den letzten Jahren auch regelmäßig erzeugt, mit dem Jahrgang 2014 gesellte sich ein Frühburgunder aus dem Mönchberg zu diesem Spätburgunder-Trio. Für seine Großen Gewächse nutzt Betriebsleiter Hans-Jörg Lüchau je nach Lage Barriques von unterschiedlichen Tonneliers.

Kollektion

Der intensive, rotfruchtige Frühburgunder Rosé-Sekt eröffnet in diesem Jahr den Reigen. Die Cuvée Catharina C ist frisch und fruchtbetont im Bouquet, zeigt etwas Zitrus, ist klar und zupackend im Mund, ein feiner Riesling. Der Blanc de Noir besitzt feine Würze und Frucht, ist frisch und fruchtbetont, betont süffig. Ganz spannend ist der Chardonnay, zeigt gute

Konzentration, rauchige Noten, reife Frucht, etwas Vanille, besitzt Fülle und Stoff, viel Kraft, reife Frucht und Substanz. Der Saumon de l'Ahr ist wie immer eine sichere Bank, ist klar, fruchtbetont und zupackend. Im roten Segment steigen wir dieses Jahr erst beim Grand Duc ein. Er ist fruchtbetont, frisch, würzig, besitzt gute Struktur, Präzision und reintönige Frucht, die Reserve-Version besitzt noch etwas mehr Konzentration und Stoff. Der Frühburgunder aus dem Mönchberg zeigt rauchig-würzige Noten, etwas Kräuter, ist füllig und kompakt bei dezenter jugendlicher Bitternote. Deutlich stärker sind im Jahrgang die drei Großen Gewächse vom Spätburgunder. Der Wein vom Mayschosser Mönchberg zeigt ein wenig Gewürze im Bouquet, intensive Frucht, ist füllig und kraftvoll im Mund, besitzt gute Struktur und kräftige Tannine. Für uns ganz knapp die Nase vorne hat der Spätburgunder aus dem Altenahrer Eck, der feine rauchige Noten zeigt, etwas Gewürze, füllig und kraftvoll ist, reife Frucht und gute Struktur besitzt, der 2012er präsentiert sich derzeit in prächtiger Form. Deutzerhof-Weine sind eher Spätzünder, das gilt für den Eck-Spätburgunder ebenso wie für den Wein aus dem Kirchtürmchen, von dem wir dieses Jahre mehrere Jahrgänge verkosteten, die gleichmäßiges, hervorragendes Niveau zeigen. Der 2016er zeigt rauchige Noten, etwas rote Früchte und Gewürze, ist kraftvoll im Mund, präzise, frisch und zupackend, noch sehr jugendlich. Starkes Trio!

Hans-Jörg Lüchau

Weinbewertung

84	2013 Frühburgunder Rosé Sekt brut	**13 %/19,90 €**
86	2017 Riesling trocken „Alte Reben" „Catharina C"	**12 %/15,- €**
89	2017 Chardonnay trocken Heimersheimer	**13 %/18,50 €**
85	2017 Spätburgunder „Blanc de Noir"	**11 %/9,50 €**
86	2017 Spätburgunder Rosé trocken „Saumon de l'Ahr"	**13 %/16,- €**
89	2013 Spätburgunder „Grand Duc"	**13,5 %**
90	2016 Spätburgunder „Grand Duc"	**13,5 %/35,- €**
91	2015 Spätburgunder „Grand Duc Reserve"	**13,5 %/Vst.**
88	2016 Frühburgunder „GG" Mayschoss Mönchberg	**14 %/38,- €**
89	2012 Spätburgunder „GG" Mayschoss Mönchberg	**13,5 %**
91	2016 Spätburgunder „GG" Mayschoss Mönchberg	**13,5 %/52,- €**
91	2012 Spätburgunder „GG" Altenahr Eck	**13,5 %**
92	2016 Spätburgunder „GG" Altenahr Eck	**14 %/52,- €**
90	2012 Spätburgunder „GG" Neuenahr Kirchtürmchen	**13,5 %**
91	2013 Spätburgunder „GG" Neuenahr Kirchtürmchen	**13,5 %**
90	2014 Spätburgunder „GG" Neuenahr Kirchtürmchen	**13,5 %**
91	2016 Spätburgunder „GG" Neuenahr Kirchtürmchen	**13,5 %/52,- €**

LAGEN

ECK (ALTENAHR)
MÖNCHBERG (MAYSCHOSS)
HERRENBERG (RECH)
DAUBHAUS (AHRWEILER)
KIRCHTÜRMCHEN (NEUENAHR)
SCHIEFERLEY (NEUENAHR)
LANDSKRONE (HEIMERSHEIM)

REBSORTEN

SPÄTBURGUNDER (72 %)
FRÜHBURGUNDER (13 %)
RIESLING (10 %)
CHARDONNAY (2 %)
PORTUGIESER (1 %)
DORNFELDER (1 %)

DIEFENHARDT

★★☆

D

KONTAKT

Hauptstraße 9-11
65344 Eltville-Martinsthal
Tel. 06123-71490
Fax: 06123-74841
www.diefenhardt.de
weingut@diefenhardt.de

Inhaber Peter Seyffardt
Kellermeister Julia Seyffardt, Peter Seyffardt
Rebfläche 18 Hektar
Produktion 100.000 Flaschen

BESUCHSZEITEN

Mo.-Sa. 10-12 + 14-20 Uhr
Gutsausschank Di.-Sa. ab 17 Uhr

Jakob Diefenhardt erwarb 1917 den Besitz, dem er seinen Namen gab. Seither wird das Weingut von seiner Familie bewirtschaftet, heute führen Peter Seyffardt und Tochter Julia den Betrieb. Schwester Ariane führt den angeschlossenen Gutsausschank. Seyffardt arbeitete zuvor unter anderem als Kellermeister in Südafrika, engagierte sich auch in der Weinbau- und Lokalpolitik, 2009 bis 2014 war er Abgeordneter des Hessischen Landtags, seit 2013 ist er Präsident des Rheingauer Weinbauverbandes. Tochter Julia Seyffardt hat in Geisenheim studiert, sammelte Auslandserfahrung in Frankreich und Südafrika. Die Weinberge befinden sich in den Martinsthaler Lagen Langenberg, Wildsau und Rödchen sowie in den Rauenthaler Lagen Rothenberg und Langenstück. Neben dem dominierenden Riesling spielt Spätburgunder eine wichtige Rolle. Im vergangenen Jahr wurde in neue Stückfässer investiert.

Kollektion

Julia und Peter Seyffardt präsentieren eine in sich schlüssige Kollektion klassischer Rheingaucharaktere. Der trockene Kabinett ist klar und zupackend, deutlich fülliger ist der saftige Riesling von alten Reben. Mit attraktiv würzigem Duft und knackiger Apelfrucht weiß der kräftige Wildsau-Riesling zu gefallen. Der Wein aus dem Rothenberg ist ausgewogener und milder, aber ebenso geradlinig und klar. Der Riesling „Wildes Holz" ist vollmundig, seine saftige Frucht kombiniert gut mit seiner gerbstofffrischen Ader. Das 2016er Große Gewächs aus dem Schlenzenberg ist straff und kühl, entfaltet Kraft, bleibt durchgängig fokussiert. Das zitrusduftige 2017er Große Gewächs aus dem Langenberg spielt mit akzentuierter Frische und süßer Würze, besitzt Potenzial. Der Spätburgunder aus der Wildsau punktet mit delikater Frische, dunkler Frucht und würzigen Tanninen, rundet die Kollektion zusammen mit dem recht konzentrierten, eigenwillig floralen Schlenzenberg-Spätburgunder ab. ▬

Weinbewertung

85	2017 Riesling Kabinett trocken **11,5 %/7,80 €**
86	2017 Riesling trocken „Wildes Holz" **12,5 %/11,- €**
85	2017 Riesling trocken „Alte Reben" Martinsthal **12 %/9,90 €**
86	2017 Riesling trocken Rauenthaler Rothenberg **12,5 %/12,90 €**
85	2017 Riesling trocken Martinsthaler Wildsau **12,5 %/11,90 €**
87	2017 Riesling trocken „GG" Langenberg **12,5 %/24,- €**
88	2016 Riesling trocken „GG" Schlenzenberg **12,5 %/23,50 €**
85	2017 Riesling Kabinett „feinherb" Martinsthaler Wildsau **11 %/8,10 €**
85	2017 Riesling Kabinett Rauenthal **10 %/8,50 €**
85	2016 Pinot Noir trocken Martinsthaler Wildsau **13 %/13,90 €**
87	2016 Spätburgunder trocken „GG" Schlenzenberg **13 %/28,- €**

Diehl

★

Kontakt

Weingut Sektgut Destillerie
A. Diehl
Eisenbahnstraße 3a
67483 Edesheim
Tel. 06323-93893-0
Fax: 06323-93893-38
www.diehl-wein.de
info@diehl-wein.de

Inhaber
Andreas Diehl
Rebfläche
48 Hektar
Produktion
500.000 Flaschen

Besuchszeiten

Mo./Di./Do./Fr. 8-18 Uhr,
Mi. 8-12 Uhr, Sa. 10-14 Uhr

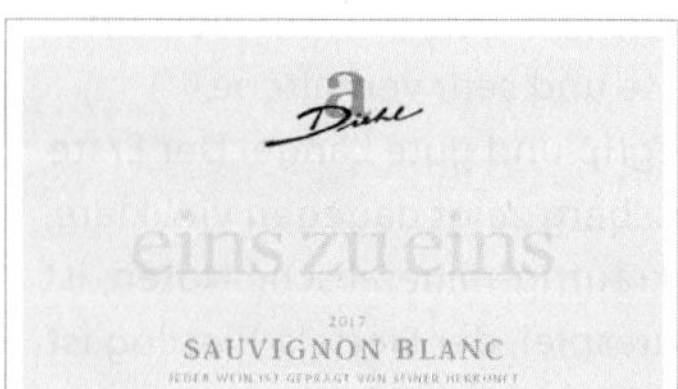

Andreas Diehl übernahm 1999 das Weingut von seinem Vater, der seit den achtziger Jahren verstärkt auf den Flaschenweinverkauf gesetzt hatte. Seitdem wurden konsequent die Rebfläche und die Produktion ausgeweitet, auf eine mittlerweile stattliche Zahl von jährlich 500.000 Flaschen. Die wichtigsten Rebsorten im breiten Sortenspektrum sind mit einem Anteil von je 10 Prozent Riesling, Spätburgunder, Merlot und Dornfelder, dazu kommen je 5 Prozent Sauvignon Blanc und Chardonnay, 20 Prozent Burgundersorten, zusammengenommen 10 Prozent Cabernet Sauvignon und Syrah, außerdem noch Müller-Thurgau, Kerner, Scheurebe, Morio-Muskat, Gewürztraminer, Huxelrebe, Schwarzriesling, Regent und Dunkelfelder. Die Weinberge liegen in Einzellagen wie dem Weyherer Michelsberg, Edenkobener Bergel und dem Burrweiler Schlossberg.

Kollektion

Die Weißweine der Familie Diehl sind alle sehr sauber, fruchtbetont und reintönig und setzen auf recht viel Restsüße. Einzig der Riesling „Superior" ist etwas trockener, er zeigt deutliche Reifenoten nach Quitte und Gebäck, besitzt gute Konzentration und Länge. Unser zweiter Favorit, der Sauvignon Blanc „Superior" besitzt viel klare, gelbe Frucht, etwas Stachelbeerwürze und wird von einem dezenten Holzeinsatz gestützt. Ganz reintönig ist auch der Sauvignon Blanc-Sekt mit leichter Süße, der Blanc de Blancs-Sekt besitzt feinen Biss, die Cuvée 3/1 aus Scheurebe, Riesling und Muskateller ist sehr aromatisch und fruchtbetont mit frischem Säurespiel. Die Rotweine besitzen viel Kraft und Fülle, aber auch spürbaren Alkohol. Zudem vermissen wir bei den recht süßen Weinen etwas die Typizität, am besten gefällt uns hier der im letzten Jahr schon einmal verkostete „Superior"-Spätburgunder mit Noten von Süßkirsche und etwas Zuckerwatte und gut eingebundenem Holz.

Weinbewertung

84 2015 „Blanc de Blancs" Sekt extra brut **12,5 %/14,- €**
85 2014 Sauvignon Blanc Sekt brut Edesheimer Ordensgut **12,5 %/17,- €**
83 2017 Riesling Kabinett trocken Edesheimer Ordensgut **12 %/7,- €**
83 2017 Chardonnay Kabinett trocken **12,5 %/7,- €**
82 2017 Sauvignon Blanc trocken **12,5 %/7,50 €**
82 2017 Merlot „Blanc de Noirs" trocken **13 %/7,- €**
83 2017 „Cuvée 3/1" Weißwein trocken **12,5 %/8,- €**
86 2014 Riesling trocken „Superior" **13 %/17,- €**
86 2016 Sauvignon Blanc trocken „Superior" **13 %/17,- €**
80 2016 St. Laurent trocken Edesheimer Ordensgut **13 %/7,- €**
84 2014 Spätburgunder trocken „Superior" **14,5 %/19,- €**
82 2015 Syrah trocken Hainfelder Kapelle **14 %/13,- €**

D

DIEL

★★★★

KONTAKT

Schlossgut Diel, Burg Layen
55452 Rümmelsheim-Burg Layen
Tel. 06721-96950
Fax: 06721-45047
www.schlossgut-diel.de
info@schlossgut-diel.com

Inhaber
Caroline Diel
Technischer Betriebsleiter:
Christoph J. Friedrich
Kellermeister
Caroline Diel
Rebfläche
25 Hektar
Produktion
180.000 Flaschen

BESUCHSZEITEN

Mo.-Do. 8-12 + 13-16 Uhr,
Fr. 8-14 Uhr, Wochenende
nach Vereinbarung

Peter Diel erwarb 1802 das Landgut des Barons von Dalberg mit der Burg Layen. Unter der Führung von Armin Diel und seiner Ehefrau Monika wurde der Betrieb erweitert und auf Riesling und die Burgundersorten umgestellt. Seit 2006 ist Tochter Caroline im Betrieb tätig, die während ihres Geisenheim-Studiums unter anderem Praktika bei Ruinart in Reims und bei Romanée-Conti absolvierte und anschließend auch in Österreich, Südafrika und Neuseeland gearbeitet hat. Nachdem sie schon längere Zeit für den Keller verantwortlich war, hat sie den Betrieb mittlerweile übernommen. Im Verkauf wird sie von ihrem Mann Sylvain Taurisson und ihrem Bruder Victor unterstützt, der sich auch um den Export kümmert. In den Dorsheimer Spitzenlagen ist die Familie Diel gut vertreten, besitzt die Hälfte (knapp 2 Hektar) am Burgberg (eisenhaltiger Lehmboden mit hohem Anteil an Taunusquarzit), 5 Hektar im Goldloch (Urgesteinsboden mit dünner, von Kieselsteinen durchsetzten Lehmschicht) und 1 Hektar im Pittermännchen (Lehmboden, mit grauem Schiefer, Kieselstein und Quarzit durchsetzt). Im Burg Layer Schlossberg (tonhaltiger Lehmboden mit stark verwittertem Devonschiefer) gehören ihnen 1,3 Hektar, daneben sind sie noch im Burg Layer Johannisberg vertreten (verwitterter Grauschiefer). Wichtigste Rebsorte ist Riesling mit 60 Prozent. Hinzu kommen 20 Prozent Grauburgunder, sowie Weißburgunder, Spätburgunder und Chardonnay.

Kollektion

An der Spitze der trockenen Kollektion stehen einmal mehr die drei Großen Gewächse: Der Burgberg kommt mit dem 2016er Jahrgang jetzt erstmals erst zwei Jahre nach der Ernte in den Verkauf, ist eindringlich und sehr würzig mit Noten von Brotkruste und Kräutern, am Gaumen zeigt er auch etwas gelbe Frucht, besitzt guten Grip, ist animierend und sehr nachhaltig. Die beiden anderen Großen Gewächse stammen aus dem Jahrgang 2017, der Riesling aus dem Goldloch zeigt deutliche kräutrig-mineralische Noten im komplexen Bouquet, etwas Rosmarin, ist noch ganz verhalten in der Frucht, entwickelt feinen Druck und wird von einem lebendigen Säurespiel getragen, das Große Gewächs aus dem Pittermännchen ist zunächst sehr verschlossen, braucht viel Luft, zeigt dann Kräuternoten, etwas Brotkruste und sehr verhaltene Zitrusfrucht, besitzt animierenden Säuregrip und gute Länge. Der Erste Lage-Riesling aus dem Burg Layer Schlossberg zeigt dagegen viel klare, gelbe Frucht, Orangenschale, und auch kräutrig-mineralische Noten, ist elegant und besitzt ein nachhaltiges Säurespiel, der Eierfels-Riesling ist sehr steinig und mineralisch, zeigt sehr dezente Grapefruitnoten,

besitzt feinen Druck und gute Länge. Die Burg Layer und Dorsheimer Ortsrieslinge besitzen herbe Frucht mit deutlichen Zitrusnoten und etwas Brotkruste, sind schlank und frisch, der Nahesteiner zeigt viel klare Frucht, besitzt dezente Kräuterwürze und kräftigen Biss. Sehr gut ist auch wieder der Riesling-Sekt aus dem Dorsheimer Goldloch, in diesem Jahr konnten wir die dritte Charge verkosten, die nach 9 Jahren Hefelager im August 2018 degorgiert wurde, der Sekt zeigt deutlich gereifte Frucht mit Noten von Quitte, besitzt klare Zitruswürze, noch frischen Säurebiss, ist animierend und nachhaltig. Die drei weißen Burgunder sehen wir auf einem Niveau, alle besitzen guten Grip und Länge, der Pinot Gris zeigt feine nussige Würze und Noten von Birne und Honigmelone, der Pinot Blanc zeigt etwas Aprikose, Tabakwürze und Kräuternoten und die Cuvée „Victor" zeigt am deutlichsten Holz, ebenfalls etwas Tabak und Zitrusnoten. An der Spitze des süßen Segments steht eine eindringliche, konzentrierte Trockenbeerenauslese aus dem Burg Layer Johannisberg, die im komplexen Bouquet Noten von Schwarztee, Nougat und Feige zeigt, am Gaumen cremig ist und süße, gelbe Frucht, Aprikose, Quitte und Limette und viel Biss besitzt. Auch die Auslese aus dem Dorsheimer Goldloch besitzt viel Biss und gute Konzentration, ist leicht cremig und zeigt kräutrige und steinige Noten, der Kabinett aus dem Goldloch ist frisch und animierend, besitzt herbe Zitrusnoten, etwas Tabakwürze und gute Länge.

Caroline Diel

Weinbewertung

89	2008 Riesling Sekt brut nature Dorsheim Goldloch	**12 %/39,- €**
86	2017 Riesling trocken „Nahesteiner"	**12,5 %/10,80 €**
87	2017 Riesling trocken Dorsheim	**11,5 %/14,50 €**
87	2017 Riesling trocken Burg Layen	**12 %/14,50 €**
88	2017 Riesling trocken „Eierfels" Dorsheim	**12,5 %/19,50 €**
89	2016 Pinot Blanc trocken „Reserve"	**13 %/23,- €**
89	2016 Pinot Gris trocken „Reserve"	**13 %/23,- €**
89	2016 Cuvée Victor Weißwein trocken	**13 %/40,- €**
89	2017 Riesling trocken Burg Layer Schlossberg	**12,5 %/24,- €**
91	2016 Riesling „GG" Burgberg	**13 %/45,- €**
91	2017 Riesling „GG" Pittermännchen	**12 %/37,- €**
91	2017 Riesling „GG" Goldloch	**12,5 %/34,- €**
88	2017 Riesling Kabinett Dorsheim Goldloch	**9 %/16,80 €**
91	2017 Riesling Auslese Dorsheim Goldloch	**8 %/39,- €**
93	2017 Riesling Trockenbeerenauslese Johannisberg	**7,5 %/0,375l/a.A.**

LAGEN

GOLDLOCH (DORSHEIM)
BURGBERG (DORSHEIM)
PITTERMÄNNCHEN (DORSHEIM)
SCHLOSSBERG (BURG LAYEN)
JOHANNISBERG (BURG LAYEN)

REBSORTEN

RIESLING (60 %)
BURGUNDERSORTEN (40 %)

DIEL

★

KONTAKT

Hauptstraße 10
55234 Biebelnheim
Tel. 06733-960054
Fax: 06733-960055
www.weingut-diel.de
info@weingut-diel.de

Inhaber
Udo Diel
Rebfläche
5 Hektar

BESUCHSZEITEN

Fr. 17-19 Uhr, Sa. 10-16 Uhr oder nach Vereinbarung

Der Weinbau in der Familie geht bis in das 17. Jahrhundert zurück. Heute wird der Betrieb von Udo Diel, gelernter Techniker für Weinbau und Kellerwirtschaft und Diplom-Betriebswirt, und Ehefrau Sandra geführt. Ihre Weinberge liegen in den beiden Biebelnheimer Lagen Rosenberg und Pilgerstein. Der Rosenberg, südwest-exponiert, zählt zu den ältesten Lagen Rheinhessens, der Boden besteht aus fruchtbarem Löss und feinem Tonmergel, im Pilgerstein herrschen verwitterte Muschelkalkböden vor. 60 Prozent der Rebfläche nehmen weiße Rebsorten ein, vor allem Weißburgunder, Grauburgunder, Chardonnay und Sauvignon Blanc, dazu auch Bukettsorten wie Gelber Muskateller, Huxelrebe oder Gewürztraminer. Ein besonderes Interesse gilt den roten Sorten: Neben klassischen Sorten wie St. Laurent, Spätburgunder und Frühburgunder gibt es Regent, Dornfelder und Cabernet Sauvignon.

Kollektion

Im vergangenen Jahr war der im Barrique ausgebaute Cabernet Sauvignon aus dem Rosenberg – wie so oft – der herausragende Wein in einer ansonsten recht verhaltenen Kollektion, und sehr ähnlich ist das Bild nun auch dieses Jahr. Dem Cabernet Sauvignon hat das eine Jahr Flaschenreife sehr gut getan, er zeigt intensive Frucht im Bouquet, etwas Cassis, ist herrlich eindringlich und reintönig, kommt klar und frisch in den Mund, besitzt gute Struktur und feine Frucht, ist zupackend, immer noch sehr jugendlich. Die anderen Rotweine sind deutlich verhaltener, am besten gefällt uns der St. Laurent aus dem Pilgerstein, der sehr intensiv und fruchtbetont im Bouquet ist, frisch und geradlinig dann im Mund. Der feinherbe Spätburgunder Rosé ist betont fruchtbetont, saftig und süffig wie auch der feinherbe Blanc de Noir von Cabernet Sauvignon, der geradlinige Chardonnay ist etwas verhalten wie auch die weiteren Weißweine. —

Weinbewertung (Abholpreise ab Hof)

80 2017 Grauer Burgunder trocken Biebelnheimer Rosenberg **12 %/5,- €**
81 2017 Chardonnay trocken **12 %/5,20 €**
81 2017 Cabernet Sauvignon „Blanc de Noir feinherb" Rosenberg **12 %/5,- €**
80 2017 Grauer Burgunder Spätlese „feinherb" Rosenberg **12 %/5,- €**
82 2017 Spätburgunder Rosé „feinherb" **11 %/4,60 €**
82 2015 Saint Laurent trocken Biebelnheimer Pilgerstein **12,5 %/5,50 €**
81 2015 Regent trocken Holzfass Biebelnheimher Rosenberg **13,5 %/6,20 €**
87 2015 Cabernet Sauvignon trocken Barrique Rosenberg **13 %/8,80 €**
79 2017 Regent „feinherb" **11,5 %/4,80 €**

DIEROFF

★

D

KONTAKT

Brunnengasse 17/3
74613 Öhringen-Michelbach
Tel. 07941-65148
Fax: 07941-6481437
www.weinhof-dieroff.de
info@weinhof-dieroff.de

Inhaber
Rainer Dieroff
Rebfläche
6 Hektar
Produktion
40.000 Flaschen

BESUCHSZEITEN

Mi.-Fr. 17-19 Uhr, Sa. 9-13 Uhr
sowie nach Vereinbarung

Michelbach am Wald liegt im Hohenloher Land, wenige Kilometer südöstlich von Öhringen, dessen Ortsteil Michelbach seit 1973 ist. Rainer und Nicole Dieroff bewirtschaften zusammen mit ihren Eltern und Kindern 6 Hektar Reben in der Michelbacher Margarete sowie im benachbarten Heuholzer Dachsteiger, recht hoch gelegenen Weinbergen in denen die Reben auf Keuperböden wachsen. Rote Sorten nehmen mehr als 70 Prozent der Rebfläche ein, Lemberger, Spätburgunder und Trollinger vor allem, aber auch Portugieser, Dornfelder, Acolon, Samtrot und Muskattrollinger, jüngster Zugang im Programm ist Merlot. Mit Abstand wichtigste weiße Rebsorte ist Riesling, dazu gibt es etwas Grauburgunder, Müller-Thurgau, Silvaner und Muskateller. Das Programm ist gegliedert in Literweine, Gutsweine und die Premiumweine der Linie „bouquet", die zum Teil im Barrique oder in großen Eichenholzfässern ausgebaut werden. Destillate und Liköre aus der hauseigenen Edelbrennerei ergänzen das Programm. 2016 wurde die neue Vinothek eröffnet.

Kollektion

Drei Weißweine und drei Rotweine präsentiert Rainer Dieroff, und es gefällt uns gut, was er zeigt, gesellen sich doch zum bekannt zuverlässigen guten Gesamtniveau je eine weiße und rote Spitze. Der Riesling ist frisch und geradlinig, besitzt feine Frucht und Biss, der Grauburgunder ist lebhaft und klar bei feiner süßer Frucht. Der im Holz ausgebaute Grauburgunder aus dem Dachsteiger ragt hervor, er zeigt reife Frucht im Bouquet, etwas gelbe Früchte, dezent Vanille im Hintergrund, ist füllig und saftig im Mund, besitzt reife süße Frucht und gute Substanz. Die duftige Samtrot Auslese ist harmonisch – für alle, die Rotwein etwas süßer mögen. Der Lemberger ist frisch und fruchtbetont, zeigt rote Früchte, ist klar, kraftvoll und zupackend im Mund. Der Merlot aus dem Dachsteiger ist der herausragende Rotwein der kleinen Kollektion. Er ist würzig im Bouquet, enorm rauchig, die Frucht bleibt etwas im Hintergrund, er besitzt Fülle und Kraft im Mund, reife Frucht, viel Konzentration und Substanz und gute Struktur. ▬

Weinbewertung

82 2017 Grauburgunder trocken Heuholzer Dachsteiger **12,5 %/6,30 €**
83 2017 Riesling trocken „bouquet" Michelbach a.W. Margarete **12,5 %/6,30 €**
86 2016 Grauburgunder trocken „bouquet" Holzfass Dachsteiger **13,5 %/13,20 €**
83 2016 Lemberger trocken „bouquet" Margarete **12,5 %/6,30 €**
86 2016 Merlot trocken Heuholzer Dachsteiger **13,5 %/15,20 €**
82 2015 Samtrot Auslese Michelbach a.W.Margarete **12,5 %/7,90 €**

Dobler

★☆

KONTAKT

Eberhardstraße 18/1
71384 Weinstadt-Beutelsbach
Tel. 07151-660437
Fax: 07151-660437
www.weingut-dobler.de
info@weingut-dobler.de

Inhaber
Markus Dobler, Andreas Dobler
Rebfläche
8,5 Hektar
Produktion
65.000 Flaschen

BESUCHSZEITEN

während der Öffnungszeiten der Weinstube, Mi. + Fr. 14-18 Uhr
Weinstube (saisonal geöffnet), Gästezimmer, Ferienwohnungen

Lange Zeit Mitglied bei einer Genossenschaft, begann man erst 1996 mit der Selbstvermarktung. Nach abgeschlossener Weintechnikerausbildung ist Sohn Andreas Dobler in den Betrieb eingestiegen, der bereits in den letzten Jahren für den Weinausbau verantwortlich war. Die Weinberge liegen in Beutelsbach und Schnait. An weißen Sorten bauen Markus und Andreas Dobler Riesling, Kerner, Müller-Thurgau, Chardonnay und Sauvignon Blanc sowie Muskateller und Gewürztraminer an. Das rote Sortiment ist umfangreicher: Trollinger, Dornfelder, Zweigelt, Acolon, Regent, Frühburgunder, Spätburgunder, Merlot und Muskat-Trollinger, dazu die Cabernet-Neuzüchtungen (Dorio, Mitos, Cubin), aber auch Lemberger und Syrah. In den letzten Jahren wurde in neue Kellertechnik investiert, eine neue Presse wurde angeschafft. Die Weißweine werden kühl vergoren, inzwischen zum Teil auch im Barrique ausgebaut. Die Rotweine werden ausschließlich maischevergoren, teils im Edelstahl, zum größeren Teil im Barrique ausgebaut, die Spitzenweine bleiben bis zu drei Jahre im Barrique.

Kollektion

Eine sehr gleichmäßige Kollektion präsentieren Markus und Andreas Dobler auch in diesem Jahr, wie so oft sind die Rotweine in der Spitze ein wenig stärker als die Weißen. Diese zeigen sich geschlossen, die 3 Sterne-Weißweine besitzen Substanz und Kraft, der intensiv duftige Sauvignon Blanc ebenso wie der würzige Riesling oder der duftige, saftige Gewürztraminer. Der Schiller ist fruchtbetont und klar, zupackend und strukturiert. Der Merlot ist reintönig, geradlinig und zupackend, der Syrah zeigt etwas Brombeeren, feine Frische, besitzt gute Struktur und Frucht. Der Frühburgunder zeigt intensive Erdbeer- und Kirschfrucht, etwas strukturierter und kraftvoller ist der rauchige, konzentrierte Spätburgunder. Weiter so!

Weinbewertung

81	2017 Chardonnay** trocken **13 %/7,50 €**
82	2017 Sauvignon Blanc** trocken **12,5 %/7,50 €**
84	2017 Sauvignon Blanc*** trocken **13 %/12,50 €**
84	2017 Riesling*** trocken **12,5 %/12,50 €**
84	2017 Gewürztraminer*** **12,5 %/12,50 €**
82	2017 Muskattrollinger Weißherbst** **12 %/6,80 €**
84	2017 Schiller*** trocken **13,5 %/11,50 €**
82	2016 Trollinger trocken „Alte Reben" **13,5 %/8,- €**
84	2015 Merlot** trocken **15 %/9,80 €**
85	2016 Syrah** trocken **13,5 %/9,80 €**
86	2016 Frühburgunder trocken Barrique **14 %/17,50 €**
87	2015 Spätburgunder trocken Barrique **14 %/17,50 €**

Dönnhoff

★★★★★

Kontakt

Weingut Hermann Dönnhoff
Bahnhofstraße 11
55585 Oberhausen
Tel. 06755-263
Fax: 06755-1067
www.doennhoff.com
weingut@doennhoff.com

Inhaber
Cornelius Dönnhoff
Rebfläche
28 Hektar
Produktion
180.000 Flaschen

Besuchszeiten

nach Vereinbarung

Helmut Dönnhoff setzte immer schon auf Riesling, schon als er 1971 die Verantwortung für die Weinberge und den Weinausbau von seinen Eltern übernommen hatte und Riesling an der Nahe nur die Nummer 3 war, hinter Müller-Thurgau und Silvaner. 80 Prozent seiner Rebfläche nimmt Riesling ein, dazu gibt es Weißburgunder und Grauburgunder. Er bewirtschaftet Weinberge in der Niederhäuser Hermannshöhle, in der er heute größter Anteilseigner ist, im Schlossböckelheimer Felsenberg, in den Norheimer Lagen Kirschheck und Dellchen, in Oberhausen in den Lagen Leistenberg und Brücke, die Dönnhoff im Alleinbesitz gehört, sowie in den Bad Kreuznacher Lagen Kahlenberg und Krötenpfuhl und im Roxheimer Höllenpfad. Helmut Dönnhoff hat die Nahe bekannt gemacht, gezeigt, welches Potenzial die Region besitzt und als Erster bewiesen, dass die Region Weine von großer Klasse erzeugen kann. Schon in der ersten Ausgabe dieses Buches gehörte Dönnhoff für uns zu einer Handvoll deutscher Winzer mit Weltformat. Seitdem ist deutscher Wein in der Spitze dramatisch besser geworden. Aber auch die Weine von Helmut Dönnhoff sind immer noch faszinierender geworden. Dabei ist er seiner Stilistik treu geblieben, die süßen Kabinettweine, Spät- und Auslesen von Helmut Dönnhoff wirken niemals zu süß, niemals zu fett, sie sind immer elegant und animierend und stehen mustergültig dafür, wie Riesling der verschiedenen Prädikatsstufen sein sollte. Und Dönnhoff hat seine Stilistik immer weiter verfeinert, neben den süßen und edelsüßen Weltklasse-Rieslingen ist er auch mit den trockenen Rieslingen in eine neue Dimension vorgestoßen, zusammen mit seinem Sohn Cornelius, der schon seit fast einem Jahrzehnt für den Keller verantwortlich ist und mittlerweile das Weingut übernommen hat.

Kollektion

Gleich zwei neue Große Gewächse präsentiert Cornelius Dönnhoff in diesem Jahr, die Lagen dazu sind schon lange im Portfolio vertreten: Die Gewanne Im Mühlenberg ist ein 4,5 Hektar großes Teilstück des Roxheimer Höllenpfads und ist wie dieser von rotem Sandstein geprägt, der Wein zeigt deutliche kräutrige Würze und gelbe Frucht, Aprikose, ist schon sehr präsent, ist konzentriert, elegant und besitzt guten Grip. Vom Kreuznacher Krötenpfuhl wurde bislang stets ein restsüßer Kabinett erzeugt, das neue Große Gewächs kommt von einem mit Quarzit durchsetzten Lösslehmboden, der Wein zeigt feine, kühle kräutrig-mineralische Noten und etwas grünen Apfel im Bouquet, besitzt Frische und Eleganz und ist sehr nachhaltig. Der Felsenberg wirkt noch sehr kompakt und leicht verhalten, zeigt

rauchige und kräutrige Würze, am Gaumen ist die Frucht aber schon präsent mit Noten von Aprikose und grünem Apfel, dazu kommen Grip und gute Länge. Das Dellchen, im vergangenen Jahr erstmals unser Favorit, sehen wir in diesem Jahr wieder an zweiter Stelle im Sortiment, es besitzt Konzentration, wirkt aber ebenfalls noch leicht verhalten, zeigt dezente Frucht und Kräuternoten, besitzt aber sehr gute Anlagen, viel feinen Druck und Zug. Die Hermannshöhle beeindruckt einmal mehr, besitzt ein komplexes Bouquet mit kräutrig-steiniger Mineralität und klarer Frucht, ist am Gaumen herb und kraftvoll, entwickelt viel feinen Druck und ist elegant und sehr nachhaltig. Auch die Erste Lage-Rieslinge sind stark, der Wein aus dem Höllenpfad zeigt rauchige Noten und viel gelbe Frucht, ist steinig, druckvoll und elegant, der Kahlenberg-Riesling zeigt deutliche Zitrusnoten, ist animierend und besitzt leicht salzige Länge. Der Tonschiefer-Riesling zeigt steinige und schiefrige Würze und klare Zitrusfrucht, besitzt feinen Druck und gute Länge. Die Auslesen sind beide sehr elegant, die Hermannshöhle zeigt feine kräutrige Würze und reintönige Frucht, ist cremig, besitzt sehr animierende Zitrusnoten, Limette, Ananas, und ist sehr nachhaltig, die Auslese aus der Brücke zeigt ebenfalls viel klare, süße Frucht, ist animierend und lang und besitzt feinen Biss. Die Spätlese aus der Hermannshöhle zeigt dezente steinige und kräutrige Noten, ist animierend, frisch und elegant, die Spätlese aus der Brücke zeigt viel gelbe Frucht, besitzt dezente Süße und feinen Druck und der Kabinett aus dem Leistenberg ist ebenfalls reintönig, frisch, elegant und lang.

Helmut & Cornelius Dönnhoff

Weinbewertung

88	2017 Riesling trocken „Tonschiefer" **12 %/13,50 €**
89	2017 Riesling trocken Kreuznacher Kahlenberg **12,5 %/18,50 €**
90	2017 Riesling trocken Roxheimer Höllenpfad **12,5 %/20,50 €**
92	2017 Riesling „GG" Krötenpfuhl **13 %/34,50 €**
91	2017 Riesling „GG" Höllenpfad im Mühlenberg **13 %/35,50 €**
92	2017 Riesling „GG" Felsenberg **13 %/35,50 €**
93	2017 Riesling „GG" Dellchen **13 %/41,- €**
94	2017 Riesling „GG" Hermannshöhle **13 %/47,- €**
88	2017 Riesling Kabinett Oberhäuser Leistenberg **9 %/13,50 €**
90	2017 Riesling Spätlese Oberhäuser Brücke **8,5 %/25,- €**
91	2017 Riesling Spätlese Niederhäuser Hermannshöhle **8,5 %/29,- €**
92	2017 Riesling Auslese Oberhäuser Brücke **7,5 %/22,- €/0,375l**
93	2017 Riesling Auslese Niederhäuser Hermannshöhle **7,5 %/24,50 €/0,375l**

LAGEN

HERMANNSHÖHLE (NIEDERHAUSEN)
BRÜCKE (OBERHAUSEN)
FELSENBERG (SCHLOSSBÖCKELHEIM)
DELLCHEN (NORHEIM)
KAHLENBERG (KREUZNACH)
KRÖTENPFUHL (KREUZNACH)
LEISTENBERG (OBERHAUSEN)
KIRSCHHECK (NORHEIM)
HÖLLENPFAD (ROXHEIM)

REBSORTEN

RIESLING (80 %)
GRAUBURGUNDER (10 %)
WEISSBURGUNDER (10 %)

Dörflinger

★★★★

D

KONTAKT

Mühlenstraße 7,
79379 Müllheim
Tel. 07631-2207
Fax: 07631-4195
www.weingut-doerflinger.de
mail@weingut-doerflinger.de

Inhaber
Hermann Dörflinger
Rebfläche
20 Hektar
Produktion
140.000 Flaschen

BESUCHSZEITEN

Mo.-Fr. 8-12 + 13:30-18:30 Uhr,
Sa. 9-16 Uhr
Weinproben in Probierstube oder Holzfasskeller

Seit dem Jahr 1900 hat das Weingut seinen Sitz in der Mühlenstraße mitten in Müllheim. 1973 hat Hermann Dörflinger den elterlichen Betrieb übernommen. Er hat von Anfang an kompromisslos auf durchgegorene Weine gesetzt, zu einer Zeit, als badischer Wein noch durch und durch süß war, der Restzucker wird auf dem Etikett vermerkt. Seine Weinberge liegen in den Müllheimer Lagen Sonnhalde, Reggenhag und Pfaffenstück, sowie im Badenweiler Römerberg. Sie bieten hinreichend Differenzierungsmöglichkeiten, denn die Böden sind sehr unterschiedlich, reichen von leichtem Löss und Braunjura bis hin zu schweren Lettenböden. Möglichkeiten, die er unter anderem dergestalt nutzt, dass er Jahr für Jahr gleich drei Lagen-Gutedel anbaut. Dem Gutedel gilt seine Liebe, er ist auch Mit-Initiator des seit 1997 vergebenen Gutedel-Preises, der Preisträger erhält ein 225 Liter-Fass mit Dörflinger-Gutedel. Neben Gutedel baut er vor allem die Burgundersorten an: Weißburgunder, Grauburgunder und Spätburgunder. Dazu gibt es ein wenig Silvaner, Müller Thurgau, Riesling, Gewürztraminer, Nobling und Chardonnay, inzwischen auch Merlot. Chardonnay hat er gepflanzt gleich nachdem die Sorte in Baden zugelassen war, vom Weißburgunder besitzt er alte Reben im Römerberg, noch älter sind die ältesten Spätburgunder-Reben, Anfang der sechziger Jahre gepflanzt. Sohn Hermann hat nach Lehre bei Wehrheim und Dönnhoff in Geisenheim studiert, ein Semester in Bordeaux absolviert, ist nach Aufenthalten in Burgund und Australien seit 2008 Mitinhaber des Weinguts. Natürlich kennen wir schon lange die Weine von Hermann Dörflinger, wer kennt sie nicht. Natürlich empfehlen wir sie auch schon seit unserer ersten Ausgabe. Die kompromisslos trockenen Weine von Hermann Dörflinger gehören Jahr für Jahr zu den besten in Baden. Bei ihm bereitet immer schon der einfachste Gutedel viel Freude, ist glasklar und präzise wie alle anderen Weine im Sortiment auch. In der Spitze hat das Weingut in den letzten Jahren weiter zugelegt, vor allem die Rotweine sind feiner und komplexer geworden, sie setzen niemals auf Wucht und Konzentration, sondern auf Finesse und Eleganz.

Kollektion

In der starken Kollektion des vergangenen Jahres hatten uns unter den Weißweinen die im Barrique ausgebaute Grauburgunder Spätlese aus dem Römerberg und die ebenfalls im Barrique ausgebaute Chardonnay Spätlese aus dem Reggenhag, beide Jahrgang 2015, besonders gut gefallen, im roten Segment war es der Spätburgunder aus dem Pfaffenstück, ebenfalls Jahrgang 2015 und ebenfalls im Barrique ausgebaut. Mindestens genauso beeindruckt hatte uns aber auch das Niveau der 2016er Basisweine – und dies gilt nun auch wieder – wie immer – für den Jahrgang 2017. Das

gewohnte Gutedel-Lagen-Trio eröffnet den Reigen und obwohl die drei Weine sich deutlich voneinander unterscheiden, können wir uns dieses Jahr für keinen Favoriten entscheiden. Alle drei sind reintönig, frisch und zupackend, der Reggenhag-Kabinett ist betont lebhaft, der Wein aus dem Römerberg deutlich würziger, zupackender, der Gutedel aus dem Pfaffenstück setzt ganz auf Frucht und Frische. Schon im vergangenen Jahr hatte uns die Silvaner Spätlese aus dem Pfaffenstück überrascht und auch 2017 betört sie wieder mit reintöniger Frucht, besitzt Fülle und Kraft. Der Grauburgunder Kabinett aus der Sonnhalde besitzt reintönige Frucht, feine Frische und Grip, der Chardonnay Kabinett aus dem Reggenhag ist klar, frisch und geradlinig. Die im Barrique ausgebaute Grauburgunder Spätlese aus dem Römerberg zeigt gute Konzentration, gelbe Früchte, rauchige Noten, ist füllig und saftig, besitzt viel reife Frucht und Substanz. Ein klein wenig besser gefällt uns auch im Jahrgang 2016 wieder der Chardonnay aus dem Reggenhag, zeigt gute Konzentration, reintönige Frucht, besitzt Fülle und Kraft, gute Struktur und viel Frucht. Der letzte Merlot, den uns Hermann Dörflinger präsentierte, stammte aus dem Jahrgang 2011 – der 2016er schließt da an, besitzt intensive reintönige Frucht, rauchige Noten, ist kraftvoll, zupackend und strukturiert. Der im Barrique ausgebaute Spätburgunder aus dem Pfaffenstück zeigt etwas rote Früchte, Kräuter, ist klar und zupackend, besitzt gute Struktur und Frucht. Ein klein wenig besser gefällt uns dieses Jahr der im Barrique ausgebaute Spätburgunder aus dem Römerberg, zeigt reintönige Frucht, etwas florale Noten, besitzt gute Struktur, Frische und Frucht – und wird sicherlich ebenso gut reifen wie der 2007er, der heute noch feine Frische besitzt.

Hermann & Hermann Dörflinger

D

Weinbewertung

85	2017 Gutedel Kabinett trocken Müllheimer Reggenhag **11,5 %/6,80 €**
85	2017 Gutedel trocken Badenweiler Römerberg **11,5 %/6,30 €**
85	2017 Gutedel trocken Müllheimer Pfaffenstück **11,5 %/6,80 €**
87	2017 Silvaner Spätlese trocken Müllheimer Pfaffenstück **13 %/8,50 €** ☺
85	2017 Grauburgunder Kabinett trocken Müllheimer Sonnhalde **13 %/8,- €**
85	2017 Chardonnay Kabinett trocken Müllheimer Reggenhag **13 %/9,50 €**
89	2016 Grauburgunder Spätlese trocken Barrique Römerberg **14 %/17,- €**
90	2016 Chardonnay Spätlese trocken Barrique Reggenhag **13,5 %/17,- €**
84	2017 Spätburgunder Weißherbst Kabinett trocken Sonnhalde **13 %/7,80 €**
88	2016 Merlot trocken Barrique Badenweiler Römerberg **13,5 %/17,- €**
89	2007 Spätburgunder Spätlese trocken Barrique Römerberg **13,5 %**
89	2016 Spätburgunder trocken Barrique Römerberg **13,5 %/17,- €**
88	2016 Spätburgunder trocken Barrique Pfaffenstück **13,5 %/17,- €**

LAGEN

SONNHALDE (MÜLLHEIM)
REGGENHAG (MÜLLHEIM)
PFAFFENSTÜCK (MÜLLHEIM)
RÖMERBERG (BADENWEILER)

REBSORTEN

GUTEDEL (37 %)
SPÄTBURGUNDER (23 %)
WEISSBURGUNDER (12 %)
GRAUBURGUNDER (10 %)
CHARDONNAY (4 %)
SILVANER (3 %)

HEDWIG & HELMUT DOLDE

★★★

D

KONTAKT

Beurener Straße 16
72636 Frickenhausen
Tel. 07025-4982
Fax: 07025-840620
www.doldewein.de
info@doldewein.de

Inhaber
Hedwig & Helmut Dolde
Rebfläche
2 Hektar
Produktion
10.000 Flaschen

BESUCHSZEITEN

Do. 16-19 Uhr, Sa. 10-13 Uhr
oder nach Vereinbarung

Hedwig und Helmut Dolde führen ein kleines Weingut am Rande der Schwäbischen Alb. 1982 kelterte Helmut Dolde, im Hauptberuf Gymnasiallehrer, seinen ersten Wein, und was als Hobby begann, wurde nach und nach immer wichtiger. Die Weinberge liegen in Linsenhofen und im Neuffener Tal, gehören mit bis zu 530 Höhenmetern zu den höchstgelegenen Weinbergen Deutschlands. Die Reben wachsen auf Verwitterungsböden aus braunem und weißem Jura. Die Linsenhöfer Weinberge stehen auf Mittlerem (braunen) Jura, teilweise auch auf einem Vulkanschlot, der Boden ist stark kalkhaltig, tonig-lehmig bei geringem Steinanteil, der vulkanische Boden ist dunkel, sandig und mineralienreich, wogegen die Neuffener und Beurener Weinberge einen hohen Steinanteil von weißen Jurabrocken besitzen. Silvaner spielt im Betrieb die wichtigste Rolle, nimmt die Hälfte der Rebfläche ein, es gibt ihn in mehreren Varianten. Dazu gibt es je ein Fünftel Spätburgunder und Riesling, ein wenig Weißburgunder, sowie etwas Kerner, Müller-Thurgau und einige rote Rebsorten, die Bestandteil der Cuvée Roter Jura sind.

Kollektion

Auch in diesem Jahr präsentieren Hedwig und Helmut eine bestechend gleichmäßige Kollektion, alle Weine wurden mit „sehr gut" bewertet. Die weiße Cuvée aus Kerner mit ein klein wenig Sauvignon Blanc ist frisch und zupackend, der Riesling geradlinig und reintönig, auch der Weißburgunder besitzt herrlich viel Frucht und Frische. Das Silvaner-Trio zeigt deutliche Unterschiede: Weißer Jura ist würzig und zupackend, Vulkan präziser, druckvoller, unser Favorit ist der rauchige, konzentrierte Silvaner von alten Reben. Ebenso deutliche Unterschiede weist das Spätburgunder-Trio auf, alle Weine wurden im 500 Liter-Fass ausgebaut. Spätburgunder Fass 2, bei maximaler Traubenreife gelesen, präsentiert sich würzig und strukturiert, Spätburgunder Fass 1, nach Säure gelesen, besitzt die klarere Frucht, aber ebenso Fülle und Kraft, unser Favorit ist der „einfach Rot" genannte Spätburgunder mit deutlicher Holzprägung, reintöniger Frucht, Kraft und Frische.

Weinbewertung

85 2017 „Creation K." Weißwein trocken „vom Jurakalk" **12,5 %/8,- €**
86 2017 Silvaner trocken „Vulkan" Linsenhöfer **12,5 %/8,- €**
85 2017 Silvaner trocken „Weißer Jura" **12,5 %/7,80 €**
87 2017 Silvaner trocken „Alte Reben" **13 %/9,- €**
85 2017 Riesling trocken „Jurakalk" **12,5 %/8,- €**
86 2017 Weißburgunder trocken „Brauner Jura" **12,5 %/8,50 €**
87 2015 Spätburgunder trocken „Schwäbische Eiche Fass 2" Linsenhöfer **14,5%/12,-€**
88 2015 Spätburgunder trocken „Schwäbische Eiche Fass 1" Linsenhöfer **13 %/14,-€**
89 2014 Spätburgunder trocken „...einfach Rot!" Linsenhöfer **13,5 %/16,- €**

Domhof

★

Kontakt

Bleichstraße 12-14
67583 Guntersblum
Tel. 06249-8057671
Fax: 06249-80039
www.weingut-domhof.de
baumann@weingut-domhof.de

Inhaber
Alexander Baumann
Rebfläche
9,4 Hektar
Produktion
50.000 Flaschen

Besuchszeiten

Do.-Fr. 17-19 Uhr, Sa. 10-14 Uhr
und nach Vereinbarung
Hotel

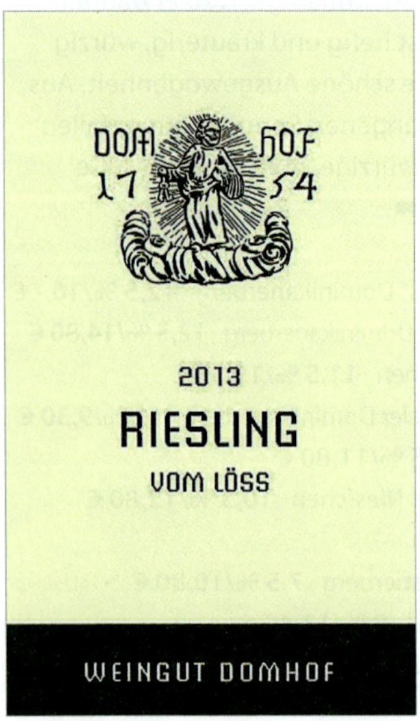

Das einst dem Domstift Worms gehörende Gut ist seit 1874 im Familienbesitz. Alexander Baumann übernahm den elterlichen Betrieb 2004, führt ihn zusammen mit Ehefrau Chris. Seine Weinberge liegen in Guntersblum (Himmelthal, Bornpfad, Eiserne Hand, Kreuz-Kapelle), Alsheim und Nierstein (Heiligenbaum, Paterberg, Oelberg, Auflangen, Pettenthal). Neben Riesling, der gut ein Drittel der Rebfläche einnimmt, baut er vor allem noch Silvaner, Grauburgunder, Sauvignon Blanc, Scheurebe, Bacchus und Kerner, sowie die roten Sorten Schwarzriesling, Spätburgunder, Portugieser, Regent und Dornfelder an. Das Sortiment ist dreigeteilt in Guts-, Orts- und Lagenweine, allerdings tragen auch die Ortsweine größtenteils noch Lagennamen auf dem Etikett. 2016 wurde ein Hotel mit 12 Doppelzimmern gebaut.

Kollektion

In diesem Jahr nun ist nicht wie gewohnt ein Riesling unser Favorit in der Kollektion von Alexander Baumann, sondern mit dem im Barrique ausgebauten Spätburgunder aus dem Jahrgang 2015 ein Rotwein. Er ist fruchtbetont im Bouquet, etwas rauchig, ist klar, frisch und zupackend im Mund, besitzt gute Struktur, Fülle und reife Frucht. Die Weißweine präsentieren sich sehr gleichmäßig, werden angeführt von zwei kraftvollen Lagen-Rieslingen. Der Wein aus dem Guntersblumer Himmelthal zeigt feine Würze und reife Frucht im Bouquet, ist klar und geradlinig im Mund, frisch und zupackend. Gleichauf sehen wir den Riesling aus dem Niersteiner Pettenthal, der reife reintönige Frucht im Bouquet zeigt, viel Fülle und Substanz im Mund, reife Frucht und gute Struktur. Die geradlinigen Rieslinge vom Löss und vom Roten Hang sind frisch und zupackend. —

Weinbewertung

79	2017 Riesling trocken **12,5 %/5,90 €**
81	2017 Riesling „vom Kalk" Niersteiner Paterberg **12,5 %/9,90 €**
80	2017 Silvaner trocken „vom Löss" Guntersblumer Bornpfad **12 %/8,60 €**
81	2017 Sauvignon Blanc trocken Guntersblumer **13 %/7,90 €**
82	2017 Riesling trocken „vom Löss" Guntersblumer Himmelthal **12 %/9,90 €**
82	2017 Riesling trocken „vom Roten Hang" Nierst. Heiligenbaum **12,5 %/9,90 €**
79	2017 Grauer Burgunder trocken Guntersblumer **12,5 %/7,40 €**
84	2017 Riesling trocken Guntersblumer Himmelthal **12,5 %/13,50 €**
84	2017 Riesling trocken Niersteiner Pettenthal **12,5 %/13,50 €**
80	2017 Rosé trocken „Lebenslust" **12,5 %/5,90 €**
85	2015 Blauer Spätburgunder trocken Barrique **13,5 %/16,50 €**

Dominikaner Weingut

★★

KONTAKT

Bahnhofstraße 37
54317 Kasel
Tel. 0651-5180
Fax: 0651-53701
www.weingut-von-nell.de
cvnb@weingut-von-nell.de

Inhaber
Dr. Carmen von Nell-Breuning
Rebfläche
7 Hektar
Produktion
45.000 Flaschen

BESUCHSZEITEN

ganztags, am Wochenende
nach Vereinbarung
Landgasthaus Pauliner Hof

Carmen von Nell-Breuning hat das Weingut im Sommer 2013 von ihren Eltern Christoph und Ingeborg von Nell-Breuning übernommen, führt es nunmehr in 13. Generation, denn ihr Vorfahr Peter Christian von Nell begründete um 1670 die Weinbautradition der Familie; das Weingut in Kasel wurde um 1890 von Oskar von Nell erbaut. Die Weinberge von Carmen von Nell-Breuning liegen alle in Steillagen an der Ruwer, in Kasel genau genommen: Die Lage Dominikanerberg gehört ihr im Alleinbesitz, dazu ist sie in den weiteren Kaseler Lagen Nies'chen und Kehrnagel vertreten. Riesling nimmt 90 Prozent der Rebfläche ein, die restlichen 10 Prozent sind mit Spätburgunder bepflanzt. Zum Weingut gehört die älteste Sektmanufaktur im Ruwertal, alle Rieslingsekte werden mindestens zwei Jahre auf der Hefe ausgebaut.

Kollektion

Wie gut die Weine reifen können, zeigte sich bei einer Verkostung mit Christoph von Nell-Breuning, die bis zum Jahr 1976 (eine Riesling Auslese) und 1971 (eine Beerenauslese ohne Rebsortenangabe) zurückreichte. Beide Weine präsentierten sich in ausgezeichnetem Zustand. Es spricht viel dafür, dass auch die jüngeren Jahrgänge ein vergleichbares Reifepotenzial aufweisen. Gelungen sind in der nun vorgestellten Kollektion die Schaumweine – ein extra brut ausgebauter 2014er ist kraftvoll, würzig, beinah puristisch, etwas mehr Schmelz besitzt der Ludovicus, ebenfalls ein 2014er, auch der Rosé überzeugt mit seiner Balance und der zurückhaltenden Dosage. Unter den stillen Weinen ist beispielsweise der trockene, schlanke Ruva Nova mit wenig Alkohol, aber schöner Nachhaltigkeit zu erwähnen, die feinherbe Spätlese aus dem Nies'chen ist hefig und kräuterig, würzig und animierend, auch die Auslese zeigt eine schöne Ausgewogenheit. Aus dem Jahrgang 2016, der uns schon im vergangenen Sommer gut gefallen hatte, stellt das Weingut noch eine straffe, würzige, nur verhalten süße Spätlese aus dem Kaseler Kehrnagel vor.

Weinbewertung

87	2014 Riesling Sekt extra brut „Dominikus" Dominikanerberg **12,5 %/16,- €**
86	2014 Riesling Sekt brut „Ludovico" Kaseler Dominikanerberg **12,5 %/14,80 €**
87	2016 Pinot Rosé Sekt brut Kaseler Nies'chen **11,5 %/15,50 €**
85	2017 Riesling trocken „vom Schiefer" Kaseler Dominikanerberg **11 %/9,30 €**
86	2017 Riesling trocken „Ruva Nova" **10,5 %/11,80 €**
87	2017 Riesling Spätlese „feinherb" Kaseler Nies´chen **10,5 %/12,80 €**
85	2017 Riesling Kaseler **9,5 %/8,50 €**
86	2017 Riesling Kabinett Kaseler Dominikanerberg **7,5 %/10,80 €**
87	2016 Riesling Spätlese Kaseler Kehrnagel **8 %/13,40 €**
88	2017 Riesling Auslese Kaseler Dominikanerberg **9,5 %/30,- €**

DOREAS

★★★

D

KONTAKT

Ernst-Heinkel-Straße 85
73630 Remshalden-Grunbach
Tel. 07151-75569
Fax: 07151-2061200
www.doreas.de
info@doreas.de

Inhaber
Dorothee Wagner-Ellwanger & Andreas Ellwanger
Rebfläche
9 Hektar
Produktion
35.000-45.000 Flaschen

BESUCHSZEITEN

Do./Fr. 16-18:30 Uhr, Sa. 9:30-14 Uhr und nach Vereinbarung

Dorothee Wagner-Ellwanger und Andreas Ellwanger, lange Zeit im elterlichen Betrieb in Winterbach (Weingut Jürgen Ellwanger) für den Weinausbau verantwortlich, begannen unter dem Namen Doreas 2007 mit der Selbstvermarktung im Aussiedlerhof von Dorothee Wagners Eltern, ihr Vater war Vorstand der Grunbacher Weingärtnergenossenschaft. Ihre beiden Söhne sind ebenfalls am Wein interessiert, der eine hat bei Haidle und Aldinger gelernt, der andere bei Schnaitmann und Bernhard Ellwanger – die Zukunft scheint gesichert, die Cuvée Carol ist das erste Projekt der beiden. Die meisten Weinberge liegen in Grunbach in den beiden Lagen Klingle und Berghalde, mit bis zu 40 Jahre alten Reben, dazu ist man im Großheppacher Zügernberg und im Hebsacker Lichtenberg vertreten. Die Weinberge werden biologisch bewirtschaftet (Ecovin).

Kollektion

Eine starke Kollektion folgt auf die nächste. Gleich zwei sehr gute Sekte wurden in diesem Jahr präsentiert, der Schiller ist klar, rauchig und konzentriert, der Muskat-Trollinger Rosé besticht mit viel Frucht und Grip. Im weißen Segment gefällt uns der strukturierte, kraftvolle Chardonnay noch ein klein wenig besser als der füllige Riesling, die würzig-duftige Riesling Auslese besitzt Substanz und Kraft. Der Muskat-Trollinger Rosé zeigt sortentypische Frucht und der Trollinger gehört zu den Ernsthaften seiner Art, besitzt gute Struktur und reintönige Frucht, bietet viel, was auch für die intensiv fruchtige Ballade in Rot gilt. Die meisten 2015er Rotweine hatten wir schon im vergangenen Jahr als Fassproben verkostet, damals sahen wir sie gleichauf, in diesem Jahr nun gilt unsere leichte Präferenz dem konzentrierten, kraftvollen Lemberger, alle besitzen viel Konzentration und sortentypische Frucht, Fülle und gute Substanz.

Weinbewertung

87 2015 Schillerwein Sekt brut „Prélude" **12,5 %/13,- €**
87 2016 Muskat-Trollinger Rosé Sekt brut „Prélude" **12 %/13,- €**
86 2017 Riesling trocken „Symphonie" **12 %/9,- €**
87 2017 Chardonnay trocken „Symphonie" **13 %/14,- €**
88 2017 Riesling Auslese „Oper" **9,5 %/18,- €**
84 2017 Muskat-Trollinger Rosé „Ballade" **11,5 %/7,30 €**
86 2017 Trollinger trocken „Symphonie" **12 %/8,- €**
85 2016 „Ballade in Rot" Rotwein trocken **12,5 %/7,60 €**
90 2015 Lemberger trocken „Symphonie" **14 %/23,- €**
87 2015 „Symphonie in Rot" Rotwein trocken **14 %/21,- €**
89 2015 Syrah trocken „Symphonie" **14,5 %/23,- €**
89 2015 „Choral" Rotwein trocken **14 %/49,- €/1,5l**

Jürgen Dostert

★☆

D

KONTAKT

Moselstraße 45
54453 Nittel
Tel. 06584-263
Fax: 06584-1459
www.dostert-nittel.de
info@dostert-nittel.de

Inhaber
Jürgen Dostert
Rebfläche
7 Hektar
Produktion
50.000 Flaschen

BESUCHSZEITEN

Mo.-Sa. 8-19 Uhr
Gästehaus (4 Sterne)

Seit Mitte des 18. Jahrhunderts betreiben die Dosterts Weinbau an der Obermosel. Jürgen Dostert führt heute den Betrieb, Sohn Jonas sammelt nach Geisenheim-Abschluss 2012 derzeit praktische Erfahrungen bei einem Bio-Weingut in Luxemburg, wird aber in den elterlichen Betrieb einsteigen. Jürgen Dosterts Weinberge liegen hauptsächlich in den Nitteler Lagen Leiterchen (Dolomit und Kalkstein) und Rochusfels (tiefgründiger Muschelkalk). Elbling nimmt die Hälfte der Rebfläche ein, dazu gibt es inzwischen stolze 30 Prozent Grauburgunder, nicht zu vergessen Auxerrois und Spätburgunder, Weißburgunder und Chardonnay, Riesling, Kerner und Dornfelder. Seit 1993 ist dem Weingut ein Gästehaus angeschlossen.

Kollektion

Gleich drei Schaumweine stellt das Weingut dieses Mal an, von denen der als extra brut bezeichnete Elblingsekt – spritzig mit feiner Säure – und der harmonische, füllige Pinot Crémant am meisten überzeugen. Etwas dahinter rangiert der würzige, unkomplizierte Pinot Rosé Crémant. Die stillen Weine sind allesamt geradlinig und klar, auch wenn wir Spitzen vergeblich suchen. Was die beiden Elblingweine angeht – ein Literwein und ein fast trocken wirkender Classic –, so sind beide saftig und würzig, man merkt ihnen an, dass die Sorte in diesem Jahrgang ausreifen konnte. Der Auxerrois gefällt mit seiner klaren, sortentypischen Frucht und dem geradlinigen Stil gut, der Weißburgunder Classic ist harmonisch und süffig, recht süß und unkompliziert. Beim Chardonnay würden wir uns etwas mehr Würze und Finesse wünschen, wie überhaupt in dem vorgestellten Programm noch etwas mehr Präzision und Nachhaltigkeit erstrebenswert wäre. Gerade in einem Jahrgang wie 2017 hätte noch ein wenig mehr möglich sein können.

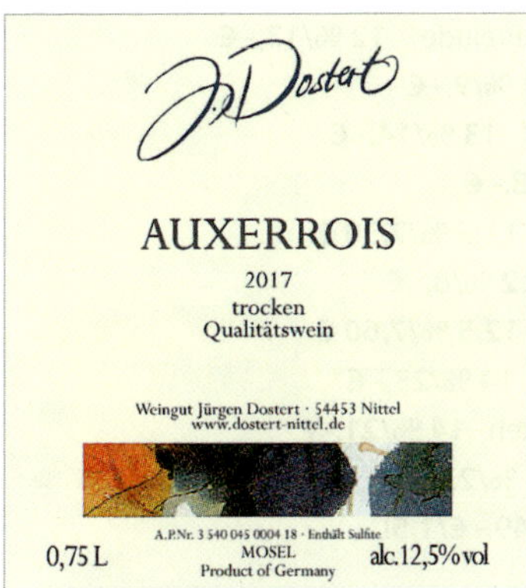

Weinbewertung

85	Elbling Sekt extra brut **12,5 %/9,60 €**
85	Pinot Crémant brut **12,5 %/9,90 €**
84	Pinot Rosé Crémant **12,5 %/11,90 €**
81	2017 Elbling trocken (1l) **12 %/5,70 €**
81	2017 Elbling Classic **11,5 %/5,30 €**
84	2017 Auxerrois trocken **12,5 %/6,60 €**
83	2017 Weißburgunder Classic **12 %/5,70 €**
82	2017 Chardonnay trocken **12,5 %/8,50 €**
82	2017 Rotling **12 %/5,70 €**
82	2016 Spätburgunder trocken **13,5 %/6,90 €**

Matthias Dostert

★☆

KONTAKT

Weinstraße 5
54453 Nittel
Tel. 06584-91450
Fax: 06584-914526
www.weingutdostert.de
info@weingutdostert.de

Inhaber
Anita & Matthias Dostert
Betriebsleiter
Matthias Dostert
Kellermeister
Carina Curman
Rebfläche 20 Hektar
Produktion 200.000 Flaschen

BESUCHSZEITEN

9-12 + 13-18 Uhr, So. 9-12 Uhr
Gutsrestaurant Culinarium (Tel. 06584/91450) Mi.-Sa. ab 18 Uhr, So. ab 12 Uhr; Gästehaus

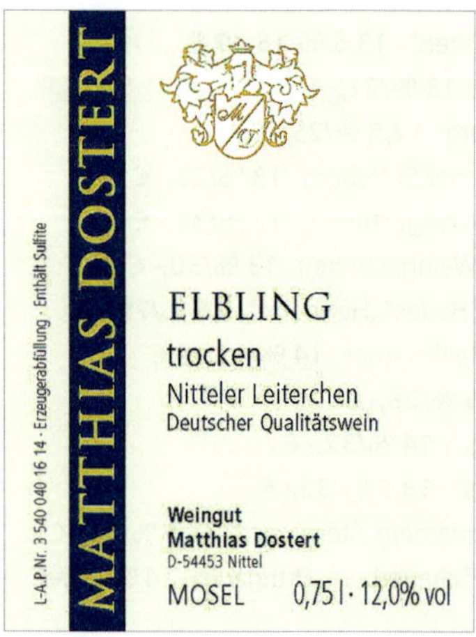

Das Weingut Dostert ist ein klassischer Familienbetrieb, der mittlerweile stolze 20 Hektar bewirtschaftet. Vier Fünftel der Weinberge von Matthias und Anita Dostert sind mit Elbling bepflanzt. Spezialität dieses Weingutes an der Obermosel – gegenüber dem Großherzogtum Luxemburg – sind die Sekte aus weißem und rotem Elbling. Neben Elbling werden noch die Burgundersorten angebaut, Weißburgunder, Grauburgunder, Auxerrois, Spätburgunder, dazu etwas Müller-Thurgau, Bacchus, Gewürztraminer und Kerner. Die Tochter von Anita und Matthias Dostert, Carina Curman, war 2000/2001 Deutsche Weinkönigin und hat sich mit ihrem Mann und dem gemeinsamen Projekt namens „Culinarium" ein zweites Standbein geschaffen, sie führen ein Landrestaurant mit Kochschule. Das Weingut Dostert ist unser Klassiker von der Obermosel, als einziger Betrieb von dort empfehlen wir das Gut seit unserer ersten Ausgabe Jahr für Jahr. Matthias Dostert liefert sehr gleichmäßige Kollektionen, er hat uns nie enttäuscht, seine Sekte gehören regelmäßig zu den besten Elbling-Sekten im Land.

Kollektion

Gleich vier Sekte aus 2016 zeigen diesmal, wie gut dieser Jahrgang geeignet war für die Produktion von Schaumweinen. Am besten gefällt der Elbling Sekt extra brut, konsequent trocken, würzig und animierend, aber auch der saftige Blanc de Noirs-Sekt mit seiner im besten Sinne süffigen Art und der Rote Elbling mit seiner merklichen, aber nicht aufdringlichen Süße sind mustergültig gearbeitet. 2017 scheint ein sehr gutes Jahr für stillen Elbling, wie der Basiswein beweist. Saftig und animierend wirkt der Grauburgunder, etwas breiter, aber auch nachhaltiger der Auxerrois. Gut balanciert ist der nach Teerose duftende, angenehm würzige, nicht zu breit wirkende Gewürztraminer. Schließlich der überraschend geradlinige Spätburgunder Blanc de Noirs, ein frischer, klarer und unangestrengter Essensbegleiter. —

Weinbewertung

86 2016 Elbling Sekt extra brut **12,5 %/8,90 €**
85 2016 Elbling Sekt brut **12,5 %/8,90 €**
86 2016 Spätburgunder „Blanc de Noirs" Sekt brut **12,5 %/10,50 €**
86 2016 Roter Elbling Sekt trocken **12,5 %/9,80 €**
84 2017 Elbling trocken **12 %/5,20 €**
85 2017 Grauer Burgunder **12 %/6,80 €**
85 2017 Auxerrois **12 %/7,30 €**
83 2017 Spätburgunder „Blanc de Noirs" **12 %/7,30 €**
84 2017 Elbling Classic **11,5 %/5,80 €**
87 2017 Gewürztraminer **12 %/8,50 €** ☺

DRAUTZ-ABLE

★★★☆

D

KONTAKT

Faißtstraße 23
74076 Heilbronn
Tel. 07131-177908
Fax: 07131-941239
www.drautz-able.de
info@drautz-able.de

Inhaber
Monika Drautz & Markus Drautz
Rebfläche
16 Hektar
Produktion
120.000 Flaschen

BESUCHSZEITEN

Mo.-Fr. 8-12 + 13:30-18 Uhr,
Sa. 9-16 Uhr
Beteiligung an der Wein Villa Heilbronn

Richard Drautz fehlt, dem Betrieb und der Familie, aber seine Ehefrau Monika und Sohn Markus führen sein Werk in seinem Sinne fort. Die Weinberge liegen hauptsächlich in Heilbronn in Wartberg und Stiftsberg sowie im Neckarsulmer Scheuerberg. Lemberger, Trollinger, Riesling, Sauvignon Blanc und Weißburgunder sind die wichtigsten Rebsorten.

Kollektion

Auch Markus Drautz probiert „Orange", unter dem Namen Weingärtnerei bietet er kompakten Fumé Blanc 2016 und duftigen Riesling 2015 – wir halten uns lieber an Hades-Sauvignon Blanc und Riesling Großes Gewächs. Letzteres zeigt reife Frucht, feine Frische, etwas gelbe Früchte, ist füllig, kompakt – Jahrgang 2009 ist harmonisch gereift, komplex. Der Hades-Sauvignon Blanc besitzt gute Konzentration, Fülle und Kraft, viel Substanz und Struktur, das Holz wirkt heute mächtiger als noch vor einem Jahr, nichtsdestotrotz ein hochinteressanter Sauvignon Blanc. Wer Frische und Frucht liebt, dem sei der Drei Tauben-Sauvignon Blanc empfohlen, der reintönig und zupackend ist; auch der Guts-Weißburgunder bietet Frische und reintönige Frucht. Die nach Töchterchen Henriette benannte Trockenbeerenauslese ist intensiv und konzentriert, zeigt etwas Zitrus, ist dominant, stoffig, monumental. Gratulation! Zu Wein und Tochter! Im roten Segment trumpft wie gewohnt der Jodokus auf, ist kraftvoll und dominant bei noch kräftigen Tanninen. Ganz stark sind aber auch die beiden Großen Gewächse: Der Spätburgunder zeigt viel reife Frucht und dezenten Toast, besitzt Fülle, Kraft und Struktur, der Lemberger zeigt intensive Frucht, etwas Kräuter, ist jugendlich und tanninbetont. Starke Kollektion! —

Weinbewertung

84	2017 Weißburgunder trocken	**12,5 %/8,49 €**
85	2017 Sauvignon Blanc trocken „Drei Tauben"	**13,5 %/15,49 €**
89	2016 Sauvignon Blanc trocken „Hades"	**13 %/21,- €**
89	2009 Riesling „GG" Heilbronner Stiftsberg	**12,5 %/25,- €**
88	2016 Riesling „GG" „Hunsperg" Heilbronner Stiftsberg	**13 %/25,- €**
85	2016 „FB16" Schwäbischer Landwein (Weingärtnerei)	**12 %/30,- €**
83	2015 „RO15" Schwäbischer Landwein (Weingärtnerei)	**13 %/30,- €**
91	2017 „Jodokus" Trockenbeerenauslese „Hades" „Henriette"	**9,5 %/79,- €**
84	2016 Trollinger trocken „Drei Tauben" Heilbronner	**14 %/11,99 €**
88	2013 Samtrot „R" trocken „Hades"	**13,5 %/28,- €**
89	2009 „Jodokus" Rotwein trocken „Hades"	**14 %/32,- €**
90	2014 „Jodokus" Rotwein trocken „Hades"	**13,5 %/32,- €**
90	2015 Lemberger „GG" Neckarsulmer Scheuerberg „Steinkreuz"	**13,5 %/38,- €**
90	2015 Spätburgunder „GG" Neckarsulmer Scheuerberg „Orthgang"	**14 %/28,- €**

Drei Zeilen

★★★

D

Kontakt

Weinmanufaktur 3 Zeilen
Heinrich-Wiegand-Str. 2
97348 Rödelsee
Tel. 09323,876454, 0172-6918712
Fax: 09323-5776
www.3-zeilen.de; 3zeilen@web.de

Inhaber Christian Ehrlich
Rebfläche 2,5 Hektar
Produktion 10.000 Flaschen

Besuchszeiten

gerne nach Vereinbarung

Christian Ehrlich bekam als 16jähriger von seinem Vater drei Weinbergszeilen geschenkt. Im Herbst 2007 gründete er zusammen mit Alexandra Müller die Weinmanufaktur 3 Zeilen. Die Weinberge wurden von Beginn an biologisch bewirtschaftet, Christian Ehrlich ist Mitglied bei Bioland. Anfangs lagen alle seine Weinberge im Rödelseer Küchenmeister, inzwischen besitzt er auch Parzellen in der Rödelseer Schwanleite und im Iphöfer Kalb (mit Müller-Thurgau), Adelfränkisch hat er neu gepflanzt. Alle Weine werden spontanvergoren. Sie werden in der Regel trocken ausgebaut und sind heute Qualitätsweine, nachdem sie in den ersten Jahren als Landwein in den Verkauf kamen, sie tragen nun auch Lagennamen.

Kollektion

Christian Ehrlich ist einer der Shooting-Stars der letzten Jahre, nach etwas erratischen Anfängen hat er nun seinen Stil und seine Sicherheit gefunden; er füllt sehr spät, weshalb wir einen Teil seiner 2017er nur als Fassproben verkosten konnten. Und wir haben nochmals die 2016er verkostet, die sich in prächtiger Verfassung vorstellen. Der Müller-Thurgau ist puristisch und druckvoll, alles andere als ein Allerweltswein. Das gilt auch für den reintönigen, präzisen Hopfertanz-Bacchus oder den druckvollen, leicht mineralischen Johanniter. Viel Spannung besitzt der Blanc genannte Sauvignon Blanc, der Fränkische Satz ist stoffig, zupackend, Jahrgang 2017 noch sehr unruhig. Füllig und kraftvoll ist der Platin-Silvaner, 2017 noch allzu unruhig wie auch der Riesling, auch die Rotweine profitieren von weiterer Flaschenreife. Weiter im Aufwind! ▬

Weinbewertung

85 2017 „Petillant Naturel" **12,50 €**
87 2017 Silvaner trocken Rödelseer Küchenmeister **8,50 €** ☺
87 2016 Müller-Thurgau trocken „Kahler Berg" Iphöfer Kalb **13 %/8,50 €** ☺
87 2017 Müller-Thurgau trocken „Kahler Berg" Iphöfer Kalb **13 %/8,50 €** ☺
88 2017 Bacchus trocken „Hopfertanz" Rödelseer Küchenmeister **12,5 %/9,- €** ☺
88 2017 Johanniter trocken „Im Thal" Rödelseer Küchenmeister **12 %/8,50 €** ☺
89 2016 „Blanc" Weißwein trocken Rödelseer Küchenmeister **13 %/16,50 €**
(88+) 2017 „Blanc" Weißwein trocken Rödelseer Küchenmeister
89 2016 „Fränkischer Satz" Weißwein trocken R. Küchenmeister **13 %/9,50 €** ☺
(87+) 2017 „Fränkischer Satz" Weißwein trocken Rödelseer Küchenmeister
89 2016 Silvaner trocken Rödelseer Küchenmeister (Platin) **14,50 €**
87+ 2017 Silvaner trocken Rödelseer Küchenmeister (Platin) **14,50 €**
(85+) 2017 Riesling trocken Rödelseer Schwanleite (Platin)
84 2016 Rosé „16 sechs" tr Rödelseer Küchenmeister (Platin) **13 %/9,- €**
85 2016 „Rouge" Rotwein **14,50 €**
88 2015 Spätburgunder trocken Rödelseer Schwanleite **14,50 €**

D

DREISSIGACKER

★★★★☆

KONTAKT

Untere Klinggasse 4
67595 Bechtheim
Tel. 06242-2425
Fax: 06242-6381
www.dreissigacker-wein.de
info@dreissigacker-wein.de

Inhaber
Jochen Dreissigacker
Rebfläche
28 Hektar
Produktion
200.000 Flaschen

BESUCHSZEITEN

Mo.-Fr. 8-12 + 13-18 Uhr,
Sa. 9-16 Uhr

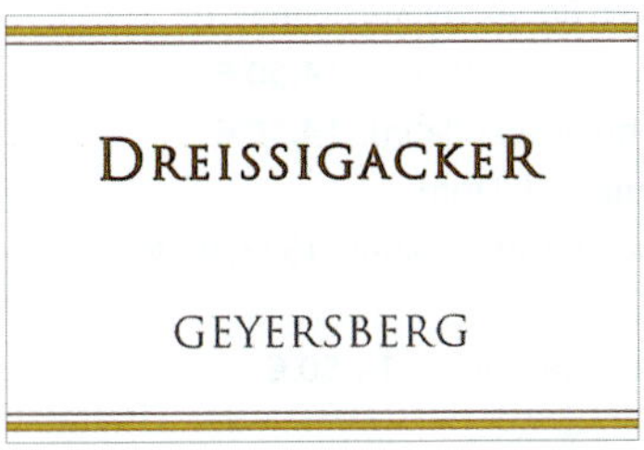

Seit die Dreissigackers im Sommer 2006 das Bechtheimer Weingut Dr. Koehler übernommen haben, führt der älteste Sohn Christian das Weingut Dr. Koehler, der jüngere Sohn Jochen kümmert sich um das elterliche Gut. Jochen Dreissigacker hat seine Lehre bei Klaus-Peter Keller und Bergdolt gemacht, dann die Technikerausbildung in Weinsberg. Seine Weinberge liegen in den verschiedenen Bechtheimer Lagen, Geyersberg, Rosengarten, Hasensprung, Rosengarten, Stein und Heilig-Kreuz, dazu gibt es Weinberge in Westhofen in den Lagen Morstein, Aulerde und Kirchspiel. 60 Prozent der Rebfläche nimmt Riesling ein, hinzu kommen jeweils 10 Prozent Grauburgunder, Weißburgunder und Spätburgunder, sowie Chardonnay und Silvaner. Die Weinberge werden biologisch bewirtschaftet. Jochen Dreißigacker arbeitet verstärkt mit Maischestandzeiten und Spontangärung. Das Programm ist klar gegliedert in Gutsweine, Ortsweine und Lagenweine. An der Spitze des Sortiments stehen die Bechtheimer Rieslinge aus Geyersberg, Rosengarten und Hasensprung und die Westhofener Rieslinge aus Morstein, Aulerde und Kirchspiel, dazu gibt es den Weißburgunder Einzigacker, 2013 gab es einen Morstein-Silvaner. 2016 wurde mit dem Bau einer neuen Kellerei inmitten der Bechtheimer Weinberge begonnen, die im Frühjahr 2018 offiziell eröffnet wurde.

Kollektion

Mit großartigen Kollektionen hat Jochen Dreissigacker sich in den vergangenen Jahren in Rheinhessens Spitze etabliert. Eine starke Kollektion folgte auf die nächste, und ganz stark ist nun auch die neue Kollektion. Ausschließlich Weißweine präsentiert er in diesem Jahr, Guts- und Ortsweine sowie edelsüße Weine aus dem Jahrgang 2017 sowie die Lagen-Rieslinge des Jahrgangs 2015, des Jahrgangs also, der aktuell im Verkauf ist, den wir aber vor zwei Jahren schon einmal verkosten konnten. Diese fünf Lagen-Rieslinge präsentieren sich in prächtiger Form. Der Wein aus dem Rosengarten ist würzig, eindringlich, zeigt feine Reife, ist füllig und saftig, besitzt gute Struktur und Substanz. Der Aulerde-Riesling ist kraft- und druckvoller, fein gereift, aber erst am Anfang seiner Entwicklung. Der würzig-duftige Riesling aus dem Kirchspiel ist anfangs etwas verhaltener, besitzt feine süße Frucht, mit etwas Luft entwickelt er dann salzig-mineralische Noten, ist lang und nachhaltig. Der Geyersberg zeigt gute Konzentration, feine Würze und herrlich viel Frucht, ist füllig und saftig, besitzt viel reife Frucht, gute Struktur und Länge – typisch Geyersberg! Unsere leichte Präferenz, bei identischer Bewertung, gilt dem Morstein, der recht würzig und eindringlich ist, füllig und kraftvoll, viel reife Frucht und Substanz und dezent mineralischen Nachhall besitzt.

Aber nicht nur die Spitze ist stark, auch die Gutsweine bieten hohes Niveau. Der Gutsriesling ist frisch, zupackend, besitzt gute Struktur und Grip, der Weißburgunder ist füllig und saftig, besitzt reintönige Frucht, gute Struktur und Frische, und auch der gelbfruchtige Chardonnay ist klar und frisch, zupackend und strukturiert. Hohes Niveau also bei den Gutsweinen, trotzdem aber bringen die Ortsweine eine deutliche Steigerung. Der Gundersheimer Riesling ist klar, frisch, zupackend, der Bechtheimer Riesling fruchtbetonter und intensiver, zeigt reife Frucht, gelbe Früchte, betört im Mund mit guter Struktur und reintöniger Frucht. Die beiden Chardonnay sehen wir gleichauf, beide sind herrlich eindringlich und reintönig im Bouquet, besitzen gute Struktur, klare Frucht und Substanz, der Westhofener Chardonnay ist etwas fülliger und stoffiger, der Bechtheimer besitzt ein wenig mehr Grip. Hervorragend ist wieder einmal der Einzigacker, zeigt ein faszinierendes Bouquet, etwas Gewürze, Orangenschalen, Macis, viel Konzentration, ist füllig und stoffig im Mund, dominant, besitzt viel Stoff und Kraft, ist noch sehr jugendlich. Auch edelsüß kann Jochen Dreissigacker oben mitspielen, auch das beweist er nicht zum ersten Mal. Die Riesling Auslese zeigt reintönige Frucht im Bouquet, ist wunderschön frisch, klar und zupackend, die Auslese aus dem Morstein ist noch etwas griffiger, aber ebenso reintönig, die Rieslaner Beerenauslese zeigt viel Würze und Konzentration, ist dominant, konzentriert. Ganz starke Kollektion!

Jochen Dreissigacker

D

Weinbewertung

85	2017 Riesling trocken **12,5 %/10,50 €**
87	2017 Weißburgunder trocken **13 %/10,50 €**
87	2017 Chardonnay trocken **13 %**
88	2017 Riesling trocken Gundersheimer **13 %**
89	2017 Riesling trocken Bechtheimer **13 %/17,50 €**
89	2017 Chardonnay trocken Westhofener **13,5 %/17,- €**
89	2017 Chardonnay trocken Bechtheimer **13 %/19,- €**
90	2017 Weißburgunder trocken „Einzigacker" **13,5 %/40,- €**
90	2015 Riesling trocken Bechtheimer Rosengarten **13,5 %/34,- €**
91	2015 Riesling trocken Westhofener Aulerde **13,5 %/30,- €**
90	2015 Riesling trocken Westhofener Kirchspiel **13,5 %/38,- €**
92	2015 Riesling trocken Bechtheimer Geyersberg **13 %/45,- €**
92	2015 Riesling trocken Westhofener Morstein **13 %/55,- €**
89	2017 Riesling Auslese **8,5 %/21,50 €**
90	2017 Riesling Auslese Westhofener Morstein **7,5 %/27,- €**
90	2017 Rieslaner Beerenauslese Bechtheimer Heilig-Kreuz **9,5 %/36,50 €/0,375l**

LAGEN

GEYERSBERG (BECHTHEIM)
ROSENGARTEN (BECHTHEIM)
HASENSPRUNG (BECHTHEIM)
MORSTEIN (WESTHOFEN)
KIRCHSPIEL (WESTHOFEN)
AULERDE (WESTHOFEN)

REBSORTEN

RIESLING (60 %)
WEISSBURGUNDER (10 %)
GRAUBURGUNDER (10 %)
SPÄTBURGUNDER (10 %)
CHARDONNAY (2 %)
SILVANER (2 %)

DÜRRENZIMMERN

★★

D

KONTAKT

Weinkonvent Dürrenzimmern
Meimsheimer Straße 11
74336 Brackenheim-Dürrenzimmern
Tel. 07135-95150, Fax: -951539
www.weinkonvent-duerren-zimmern.de; info@weinkon-vent-duerrenzimmern.de

Inhaber 323 Mitglieder
Vorstandsvorsitzender
Alfred Heckel
Kaufmännischer Leiter
Timo Gebert
Kellermeister
Kurt Freudenthaler
Rebfläche
200 Hektar
Produktion
1.500.000 Flaschen

BESUCHSZEITEN

Mo.-Fr. 8-18 Uhr, Sa. 9-13 Uhr

WEIN KONVENT DÜRRENZIMMERN

Die 1937 gegründete Genossenschaft von Dürrenzimmern, wo seit 1147 Weinbau belegt ist, fusionierte 1970 mit der Weingärtnergenossenschaft Stockheim zur Weingärtnergenossenschaft Dürrenzimmern-Stockheim, inzwischen hat man umfirmiert, nennt sich nun Weinkonvent Dürrenzimmern. Die Reben wachsen auf schweren Keuperböden an der Südseite des Heuchelbergs vor allem in den Lagen Dürrenzimmerner Mönchsberg und Stockheimer Altenberg. Wichtigste Rebsorte ist der Lemberger, der mehr als ein Viertel der Rebfläche einnimmt. Es folgen Riesling und Trollinger, Schwarzriesling und Spätburgunder, aber auch Samtrot, Portugieser, Müller-Thurgau, Kerner und Dornfelder, hinzu kommen die Weinsberger Neuzüchtungen und internationale Rebsorten. Das Programm ist gegliedert in Literweine als Basis des Sortiments, dann folgen die Linien Klosterhof, Cellarius und Divinus. Etwa ein Fünftel der Weine wird trocken ausgebaut.

Kollektion

In diesem Jahr sind die Rollen noch klarer verteilt als im Jahr zuvor, die Spitzen finden wir alle im roten Segment wo gleich sechs Barriqueweine vorgestellt wurden, alle werden mit sehr gut bewertet. Top ist die konzentrierte, intensive fruchtige Cuvée Abt, die herrlich viel Frucht und Substanz besitzt, Fülle und Saft. Der Cabernet Sauvignon zeigt etwas Cassis und Paprika, ist kraftvoll und zupackend, der Merlot ist von Vanille- und Gewürznoten dominiert, besitzt dabei aber enorm viel Frucht und Substanz. Auch der Lemberger zeigt eindringlich Gewürze, ist kompakt und tanninbetont, der Dornfelder vereint intensive Frucht mit Fülle und Kraft. Und wir lernen, dass auch ein Portugieser konzentriert und dick ausfallen kann, so wie der aus Dürrenzimmern, der mit intensiver Frucht und viel Substanz punktet.

Weinbewertung

80 2017 Riesling trocken „Klosterhof" **11,5 %/5,- €**
82 2017 Weißburgunder trocken „Cellarius" **12,5 %/8,90 €**
81 2017 Grauburgunder Kabinett trocken „Cellarius" **12 %/6,60 €**
82 2017 Sauvignon Blanc trocken „Cellarius" **12 %/8,90 €**
84 2015 „Benediktus" Rotwein trocken Holzfass „Cellarius" **13,5 %/12,50 €**
82 2016 Lemberger trocken Holzfass „Cellarius" **14,5 %/8,90 €**
87 2015 Portugieser trocken Barrique „Divinus" **14 %/17,50 €**
86 2015 Lemberger trocken Barrique „Divinus" **14 %/17,50 €**
87 2015 Cabernet Sauvignon trocken Barrique „Divinus" **14 %/22,- €**
87 2015 Merlot trocken Barrique „Divinus" **14,5 %/22,- €**
86 2015 Dornfelder trocken Barrique „Divinus" **13,5 %/17,50 €**
89 2015 „Der Abt" Rotwein trocken Barrique „Divinus" **14 %/30,- €**

DURBACHER

★☆

KONTAKT

Durbacher Winzergenossenschaft
Nachtweide 2, 77770 Durbach
Tel. 0781-93660, Fax: 0781-36547
www.durbacher.de
wg@durbacher.de

Inhaber
235 Mitglieder
Geschäftsführender Vorstand
Stephan Danner
Vorstandsvorsitzender
Emil Klaus
Kellermeister
Rüdiger Nilles
Rebfläche
335 Hektar
Produktion
3.000.000 Flaschen

BESUCHSZEITEN

Mo.-Fr. 9-18 Uhr, Sa./So. 9-13 Uhr

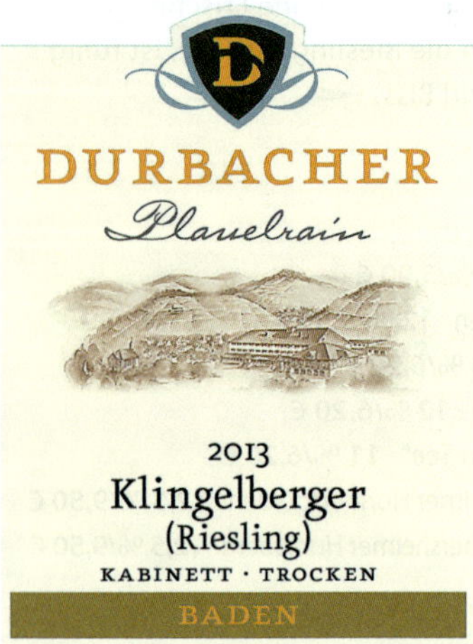

Die Durbacher Winzergenossenschaft wurde 1928 gegründet. Die Weinberge liegen in den Durbacher Lagen Ölberg, Plauelrain, Kochberg und Steinberg, die Reben wachsen auf Gneis und Granitverwitterungsböden. Der Steinberg, früher im Besitz des Staatsweingutes, wird als Premiumlage der Genossenschaft in einer eigenen Weinlinie herausgestellt. Viele der 235 Genossenschaftsmitglieder sind Vollerwerbswinzer. 43 Prozent der Weinberge der Mitglieder der Durbacher Winzergenossenschaft nimmt Spätburgunder ein, ein gutes Viertel Riesling. Es folgen Müller-Thurgau, Grauburgunder, Traminer und Gewürztraminer, aber auch Scheurebe, Weißburgunder, Chardonnay, Sauvignon Blanc, Muskateller, Cabernet Sauvignon und Cabernet Dorio werden angebaut. Die Weißweine werden im Edelstahl ausgebaut, Rotweine auch in großen und kleinen Eichenholzfässern. Edelbrände und Liköre ergänzen das Sortiment.

Kollektion

Edelsüße Weine führten im vergangenen Jahr eine starke, gleichmäßige Kollektion an und ähnlich ist das Bild nun auch im neuen Jahrgang, zwei edelsüße Scheureben ragen heraus aus einer ansonsten sehr gleichmäßigen Kollektion. Die Beerenauslese zeigt viel Duft und Frische, ist konzentriert und klar bei viel Substanz, die Trockenbeerenauslese zeigt Gewürze und kandierte Früchte im Bouquet, ist dick und dominant, noch konzentrierter. Unter den trockenen Weißweinen gefallen uns der intensiv fruchtige, saftige Steinberg-Weißburgunder und der eindringliche, etwas süße Sauvignon Blanc, ebenfalls aus dem Steinberg, besonders gut. Im roten Segment sind die gewürzduftige, im Barrique ausgebaute trockene Spätburgunder Spätlese und die rote Steinberg-Cuvée, die etwas Vanille zeigt, viel reife Frucht und kräftige Tannine besitzt, unsere Favoriten.

Weinbewertung

81 2017 Klingelberger (Riesling) Kabinett trocken Plauelrain **11,5 %/7,20 €**
82 2017 Chardonnay trocken Durbacher (Edition) **12,5 %/7,20 €**
81 2017 Klingelberger (Riesling) Spätlese trocken Plauelrain **12 %/8,30 €**
84 2017 Weißburgunder trocken Durbacher Steinberg **12,5 %/11,90 €**
84 2017 Sauvignon Blanc trocken Durbacher Steinberg **13 %/11,90 €**
83 2017 Gewürztraminer Spätlese Durbacher Ölberg **11,5 %/8,20 €**
85 2017 Gewürztraminer Auslese Durbacher Steinberg **10 %/10,50 €/0,375l**
87 2017 Scheurebe Beerenauslese Durbacher Plauelrain **9,5 %/30,- €/0,5l**
87 2017 Scheurebe Trockenbeerenauslese Steinberg **8 %/34,- €/0,375l**
82 2016 Cabernet Sauvignon trocken (Edition) Durbacher **13,5 %/8,90 €**
84 2016 Spätburgunder Spätlese trocken Barrique Kochberg **13,5 %/14,90 €**
85 2015 Rotwein-Cuvée trocken Durbacher Steinberg **13,5 %/18,50 €**

Eberle-Runkel

★☆

KONTAKT

Niedergasse 23-25
55437 Appenheim
Tel. 06725-2810
Fax: 06725-5273
www.weingut-eberle-runkel.de
info@weingut-eberle-runkel.de

Inhaber
Michael Runkel
Kellermeister
Stefan Runkel
Rebfläche
13 Hektar
Produktion
40.000 Flaschen

BESUCHSZEITEN

Straußwirtschaft geöffnet von Mai bis Sept. am Wochenende, sonst nach Vereinbarung

Seit mehreren Generationen betreibt die Familie Weinbau in Appenheim, aus einem landwirtschaftlichen Gemischtbetrieb entstand nach und nach das Weingut in seiner heutigen Form. Die Weinberge von Michael Runkel liegen in den Appenheimer Lagen Eselspfad (hoher Sandanteil), Daubhaus (leichte und sandige Löss-Lehmböden) und Hundertgulden (tonhaltige Lehmböden), sowie im Nieder-Hilbersheimer Honigberg (ebenfalls tonhaltige Lehmböden). Die Rebsortenvielfalt ist groß, reicht von Müller-Thurgau, Silvaner, Riesling, Portugieser und Spätburgunder über Scheurebe, Dornfelder, Chardonnay, Weißburgunder und Grauburgunder hin zu Huxelrebe, Würzer, Regent und Frühburgunder. Sohn Stefan hat nach seiner Weinküferlehre das Studium in Geisenheim abgeschlossen, ist nun für den Weinausbau verantwortlich.

Kollektion

Mit der neuen Kollektion schließen Michael und Stefan Runkel nahtlos an die guten Vorjahreskollektionen an, unsere Favoriten sind wieder einmal die Lagen-Rieslinge, die in diesem Jahrgang Konkurrenz in Form einer Auslese bekommen, Rotweine wurden dieses Mal nicht vorgestellt. Die Gutsweine sind frisch und geradlinig, am besten gefallen uns der zupackende, fruchtbetonte, sehr reintönige Silvaner sowie der Weißburgunder, der feine Frische und klare Frucht besitzt. Sehr dicht beieinander sehen wir auch in diesem Jahr wieder die beiden Lagen-Rieslinge. Der Wein aus dem Honigberg zeigt gute Konzentration, feinen Duft, ist füllig und kraftvoll, besitzt gute Struktur, Frische und Frucht. Dem Hundertgulden-Riesling gilt unsere leichte Präferenz, er zeigt gute Konzentration, reife Frucht, etwas gelbe Früchte, ist füllig und kraftvoll, besitzt gute Struktur und Substanz, feine Frische. Konzentriert und würzig präsentiert sich die Riesling Auslese, ist füllig und saftig, besitzt feine Säure, Frucht und Biss.

Weinbewertung

83 2017 Silvaner trocken **12 %/5,90 €**
81 2017 Riesling trocken **12,5 %/5,90 €**
83 2017 Weißer Burgunder trocken **12,5 %/5,90 €**
82 2017 Grauer Burgunder Spätlese trocken **12 %/5,90 €**
81 2017 Chardonnay Spätlese trocken **13 %/6,20 €**
81 2017 Sauvignon Blanc Spätlese trocken **12 %/6,20 €**
82 2017 Riesling Kabinett trocken „auf dem See“ **11 %/6,20 €**
86 2017 Riesling Spätlese trocken Appenheimer Hundertgulden **12,5 %/9,50 €**
85 2017 Riesling Spätlese trocken Nieder-Hilbersheimer Honigberg **12,5 %/9,50 €**
86 2017 Riesling Auslese **9 %/9,50 €**

Kloster Ebernach

★★

N

KONTAKT

Sehler Anlagen 36
56812 Cochem
Tel. 02671-9171122
www.ebernachwein.de
info@ebernachwein.de

Inhaber
Martin Cooper
Rebfläche
10 Hektar
Produktion
60.000 Flaschen

BESUCHSZEITEN

nach Vereinbarung

WEINGUT KLOSTER EBERNACH

E

Ein Australier an der Mosel: Allein dies ist bereits eine bemerkenswerte Geschichte. Der erfahrene Winemaker Martin Cooper, zuvor beispielsweise verantwortlich für die Weinproduktion bei McWilliam's Wines und Eden Road Wines, übernahm 2014 zusammen mit seiner deutschen Frau das Weingut Kloster Ebernach von den Franziskanermönchen inklusive fünf Hektar Weinbergen. Seit 1673 wird hier ununterbrochen Wein hergestellt. Cooper hat die Fläche zwischenzeitlich auf 10 Hektar erweitert, sie dann aber erneut reduziert, nachdem er sich in das Thema Moselweinbau eingearbeitet hat. Parzellen mit weniger Potenzial wurden abgestoßen, dafür bewirtschaftet er nun Weinberge, die es in sich haben. 80 Jahre alte Reben im Pommerner Goldberg, ein großes Stück im Valwiger Herrenberg, das Martin Cooper als seine beste und verrückteste Lage ansieht, oder den Kloster Sonnenberg, wo Pinot Noir und Pinot Blanc gepflanzt wurden und der Riesling reduziert wurde. Aus dem Klostergarten um das Kloster herum stammt der Gutswein. Martin Cooper produziert ungewöhnliche Weine mit erstaunlicher Würze in verschiedenen Linien, darunter Orange Wine oder Moselwein mit Florhefe ausgebaut. Inzwischen arbeitet er auch für das österreichisch-ungarische Weingut Esterházy.

Kollektion

Eigenwillige Weine stellte Martin Cooper vor. Einen trockenen Pinot Blanc aus dem Jahrgang 2016 mit 48 Stunden Maischestandzeit, sehr feiner Frucht, floralen Noten, Anklängen an Birne und Kräuter sowie sehr geradliniger Art, puristisch trocken wirkend und straff, alles andere als gefällig. Der Riesling aus 2016 besitzt einen Hauch von Süße, aber auch Schmelz, der auf den Säureabbau und die lange Lagerung auf der Hefe zurückzuführen sein dürfte. Noch ungewöhnlicher ist der trockene „Artisan"-Riesling, der eine sehr feine Aromatik zeigt, etwas an Melisse erinnert, sehr fest, straff und würzig ausfällt. Der lange auf der Maische vergorene Orange Wine aus 2015 ist kraftvoll, würzig und lang, der „Devo", eine Jahrgangscuvée, wurde ähnlich wie ein Fino Sherry ausgebaut, besitzt fast nussige Hefenoten und eine straffe Säure.

Weinbewertung

88 2016 Pinot Blanc trocken „Domäne MC" **11,5 %/15,- €**
89 2016 Riesling trocken „Artisan" **12,5 %/30,- €**
90 2015 Riesling trocken „Orange" „Artisan" **11,5 %/30,- €**
88 „Devo" Landwein der Mosel trocken **11 %/20,- €**
87 2016 Riesling Kabinett „feinherb" „Domäne MC" **11,5 %/15,- €**

Schloss Eberstein

★★☆

KONTAKT

E

Schloss Eberstein 1
76593 Gernsbach
Tel. 07843-9959217
Fax: 07843-9959215
www.weingut-schloss-eberstein.de
info@weingut-schloss-eberstein.de

Inhaber
Jürgen Decker & Ernst Möschle
Betriebsleiter Jürgen Decker
Kellermeister Urban Jung
Rebfläche 11 Hektar
Produktion 70.000 Flaschen

BESUCHSZEITEN

Vinothek im Schlosshof, Fr.-So.
und an Feiertagen 14-19 Uhr
Schloss-Gastronomie
(Familie Wörner)

Seit dem 14. Jahrhundert existierten Reben auf Schloss Eberstein, in den neunziger Jahren des letzten Jahrhunderts gaben die Markgrafen von Baden den Weinbau auf. Mit dem Erwerb von Schloss Eberstein begannen Gerd und Jörg Overlack in den Jahren 2002 und 2003 mit der Neubepflanzung der Lage, die einst den Namen Grafensprung trug, und die nördlichste Lage in der Ortenau ist. Der Boden hier im Murgtal besteht aus rotem Granit. Spätburgunder und Riesling hat man gepflanzt, dazu Merlot, Weißburgunder und Sauvignon Blanc. Erster offizieller Jahrgang war 2005. Die Weißweine werden kühl vergoren und im Edelstahl, die Rotweine nach Saftabzug offen maischevergoren und etwa 18 Monate im Fass ausgebaut. Die Weine sind betriebsintern mit ein bis drei Sternen klassifiziert. Alle Weine werden durchgegoren ausgebaut. 2012 haben der Ortenauer Unternehmer Ernst Möschle, der Behälter für die Wein- und Fruchtsaftindustrie baut, sowie Jürgen Decker, langjähriger Geschäftsführer des Winzerkellers Hex vom Dasenstein, das Gut übernommen.

Kollektion

Die neue Kollektion ist ein Schritt voran. Weiß- und Grauburgunder sind frisch und zupackend, der würzige Sauvignon Blanc ist geradlinig und klar, der rosenduftige Gewürztraminer wunderschön reintönig, strukturiert und fruchtbetont. Der 2 Sterne-Riesling ist würzig, kraftvoll und zupackend, der 2017er ist etwas eindringlicher als sein Jahrgangsvorgänger. Die 3 Sterne-Version ist unser Favorit im weißen Segment, ist gelbfruchtig und kraftvoll bei viel Substanz. Frisch und fruchtbetont präsentieren sich beide Rosés, die Rotweine bieten einen Steigerungslauf vom zupackenden, reintönigen 1 Stern-Spätburgunder über die kraftvolle, füllige 2 Sterne-Version hin zum, komplexen, strukturierten, wunderschön reintönigen 3 Sterne-Wein.

Weinbewertung

85 2016 Riesling** trocken **12,5 %/13,50 €**
86 2017 Riesling** trocken **12,5 %/13,50 €**
84 2017 Weißburgunder** trocken **13 %/13,50 €**
83 2017 Grauburgunder** trocken **13,5 %/13,50 €**
85 2017 Sauvignon Blanc** trocken **12,5 %/17,90 €**
86 2017 Gewürztraminer** trocken **12,5 %/15,50 €**
88 2017 Riesling*** trocken **12,5 %/18,50 €**
83 2017 Spätburgunder Rose* trocken **12,5 %/8,50 €**
85 2017 Spätburgunder Rosé** trocken **13 %/10,50 €**
85 2015 Spätburgunder* trocken **13,5 %/9,50 €**
87 2015 Spätburgunder** trocken **13,5 %/19,50 €**
89 2015 Spätburgunder*** trocken **13,5 %/35,50 €**

SCHLOSSGUT EBRINGEN

★★★☆

KONTAKT

Schlossplatz 1
79299 Ebringen
Tel. 07664-6805
Fax: 07664-60695
www.schlossgut-ebringen.de
andreas.engelmann@
schlossgut-ebringen.de
schlossgut@wein-ebringen.de

Geschäftsführer
Klaus Ruh
Gutsverwalter
Andreas Engelmann
Rebfläche
7,5 Hektar
Produktion
45.000 Flaschen

BESUCHSZEITEN

nach Vereinbarung

Mit dem Jahrgang 2003 hat die Winzergenossenschaft Ebringen ein Projekt unter der Führung von Andreas Engelmann ins Leben gerufen: Sie hat Weinberge von ihren Mitgliedern gepachtet und Andreas Engelmann bewirtschaftet diese mit seinem Team. Die Reben wachsen in der Lage Ebringer Sommerberg auf mäßig kalkhaltigen Lösslehmböden oder tonigem Lehm, teils auf Mergel- und Kalkverwitterungsböden, teils mit hohem Steingehalt. Die Weine werden im alten Schlosskeller ausgebaut und unter dem Namen Schlossgut Ebringen vermarktet. Man konzentrierte sich anfangs ganz auf Pinot: Pinot Blanc, Pinot Gris und Pinot Noir. Seit 2007 ergänzen Sauvignon Blanc und Gutedel das Sortiment, seit 2014 stehen Lagenweine an der Spitze des Sortiments, die Gewannnamen wie Schädler, Klämle, Biegarten oder Leinele tragen.

Kollektion

Starke Kollektion mit sehr guten Weißweinen und faszinierenden Spätburgundern: Hier wird Pinot Noir verstanden. Schon der Basis-Spätburgunder ist fruchtbetont, reintönig und zupackend, der Pinot Noir S zeigt rauchig-würzige Noten, ist klar, harmonisch und zupackend. Hervorragend sind dann die beiden Lagen-Pinot Noir, ganz fein, ohne störende Tannine, voller Finesse und Eleganz. Der Biegarten ist bestechend reintönig, harmonisch und frisch, fließt im Mund, das Leinele dann ist noch etwas eindringlicher, stoffiger, noch länger und nachhaltiger: Pinot vom Feinsten! Die weißen Gutsweine sind klar und fruchtbetont, die S-Klasse besitzt Substanz und Kraft, gute Struktur und reife Frucht, der stoffige Weißburgunder gefällt uns besonders gut. Viel Substanz und Kraft besitzen der Klämle-Sauvignon Blanc und der Schädler-Chardonnay, beide sind stoffig, kompakt, noch recht zugeknöpft.

Weinbewertung

85	2016 Pinot Noir Rosé Crémant brut **12 %/13,90 €**
84	2017 Weißburgunder trocken **13 %/8,90 €**
83	2017 Grauburgunder trocken **13 %/8,90 €**
87	2017 Chasselas „S" trocken **12 %/11,90 €**
88	2017 Weißburgunder „S" **13 %/11,90 €**
87	2017 Grauburgunder „S" **13,5 %/11,90 €**
86	2017 Sauvignon Blanc „S" **12,5 %/11,90 €**
88	2016 Sauvignon Blanc Ebringer „Klämle" **13,5 %/17,90 €**
88	2016 Chardonnay Ebringer „Schädler" **13,5 %/17,90 €**
86	2016 Spätburgunder **13 %/8,90 €**
88	2015 Pinot Noir „S" **13,5 %/13,90 €**
90	2015 Pinot Noir Ebringer „Biegarten" **13 %/24,50 €**
92	2015 Pinot Noir Ebringer „Leinele" **13,5 %/39,- €**

CARL EHRHARD

★★★★

E

KONTAKT

Geisenheimer Straße 3
65385 Rüdesheim
Tel. 06722-47396
Fax: 06722-406690
www.carl-ehrhard.com
info@carl-ehrhard.com

Inhaber
Carl & Petra Ehrhard
Außenbetrieb
Carl Ehrhard
Rebfläche
8,5 Hektar
Produktion
40.000 Flaschen

BESUCHSZEITEN

Vinothek Mo.-Fr. 15-18:30 Uhr, Sa. 10-14 Uhr und nach Vereinbarung
kulinarische Weinproben, private Feiern, Veranstaltungen vieler Art

Carl und Petra Ehrhard haben das traditionsreiche Weingut 1998 übernommen, führen in fünfter Generation den Betrieb. Zuvor hatten sie eine zeitlang in Stellenbosch gewohnt, mit dem Gedanken gespielt, in Südafrika zu bleiben und dort Wein zu erzeugen. Ihre Weinberge liegen alle in Rüdesheim, in den Lagen Berg Rottland und Berg Roseneck, aber auch in Bischofsberg, Klosterberg, Klosterlay und Kirchenpfad. Neben 85 Prozent Riesling bauen sie Spätburgunder und ein klein wenig Grauburgunder an. Die Weine werden in einem Gewölbekeller ausgebaut, der Ende des 19. Jahrhunderts erbaut wurde. Die restsüßen Weine und die trockenen Einzellagen-Rieslinge werden auf einer neuen Korbpresse gekeltert. Die Weine werden überwiegend spontanvergoren und hauptsächlich in Stückfässern vergoren, bleiben 7 bis 11 Monate auf der Feinhefe und werden nur vor der Abfüllung einmal leicht filtriert. Für die Urstücks-Weine, die ursprünglich durchnummeriert waren, nutzt Carl Ehrhard seit dem Jahrgang 2014 zur Differenzierung Gewannnamen wie Kuhweg (Bischofsberg), Unterer und Oberer Platz (Berg Roseneck) und Rottland, Wilgert und Am Brunnen im Berg Rottland. Die Spätburgunder werden 12 bis 18 Tage auf der Maische vergoren, dann teils in neuen und gebrauchten Barriques ausgebaut, teils im großen Holzfass, bleiben zwischen 12 und 18 Monaten im Holz und werden unfiltriert abgefüllt. Das Gros der Weine wird trocken oder feinherb ausgebaut. Dem Weingut ist ein Gutsausschank und eine Winebar angeschlossen, die ganzjährig geöffnet hat und auch Weine anderer Weingüter anbietet.

Kollektion

Unsere Faszination für die bodenständigen Rieslinge von Carl Erhard ist auch in diesem Jahr ungebrochen. Die Lagenweine werden von geduldiger Lagerung in hohem Maße profitieren, wer sie jung trinken möchte, sollte sie ordentlich belüften und nicht zu kühl genießen. Alle trockenen Weine sind kompromisslos durchgegoren, versuchen auch im säurebetonten Basisbereich nicht mit helfender Süße zu gefallen. Die Lagenweine wurden langsam mir der Korbpresse gepresst, um möglichst komplexe Moste zu erhalten, mit eigenen Hefen vergoren, dann ungefiltert abgefüllt. Sie werden erst im April des kommenden Jahres in den Verkauf kommen, um sich weiter harmonisieren zu können. Die Säurewerte der trockenen Rieslinge sind zwar objektiv eher niedrig, trotzdem schmecken alle Weine spürbar herb. In diesem Kontext ist schon der saftige Literriesling ganz nach unserem Geschmack. Ein herber Zechwein par excellence. Der trockene Kabinett ist kühl und zupackend, wird von etwas Flaschenreife profitieren. Sein feinherbes Pendant ist dagegen jetzt schon deutlich ausgewogener. Bei den Lagenweinen gibt es spannende Unterschiede zu entdecken. Der Bischofsberg Kuhweg möchte von seiner typischen Würze noch nicht allzu viel preisgeben, er ist geradlinig, sein packendes Spiel ist

animierend und delikat. Mit seinem kräutrig-hefigen Duft nimmt der Berg Roseneck Unterer Platz sofort ein, er ist saftig, frisch, besitzt salzige Zitrusaromen, noch verbirgt er seine Feinheiten hinter den schalenherben Aromen, er wird in der Flaschenreifung seinen kühlen Charakter weiter offen legen, besitzt viel Finesse. Die animierend saftige und vollmundige Art des Berg Roseneck Ramstein offeriert in Kombination von ausgeprägter mineralischen Ader und würziger Zitrusfrucht packende Trinkanimation. Er ist der tiefgründige der beiden Rieslinge aus dem Roseneck, besitzt das größere Potenzial. Von den beiden schalenherben, noch kraftvolleren und im Fass vergorenen Lagenweinen aus dem Rottland, ist der Wilgert im Vergleich der schlankere und frischere. Seine würzigen, rotbeerigen Aromen sind einnehmend, er ist gerbstoffdurchdrungen, man kann aber auch jetzt schon die große Ausgewogenheit dieses Weines erahnen, er ist stoffig und nachhaltig. Der rauchig duftende Rottland Urstück präsentiert sich tiefgründiger, sein druckvoller Schmelz entfaltet sich unaufhaltsam, er besitzt Substanz, ist immens würzig, von einer feinen Säureader durchzogen, beeindruckend lang. Auch die fruchtigen und edelsüßen Qualitäten sind sehr stark, gehören zur Spitze des Rheingau. Hier seien die spannend herbe und beerige Spätlese aus dem Rottland, die filigrane Auslese aus dem Roseneck und die tiefgründige, packende Auslese aus dem Rottland nur beispielhaft erwähnt. Eine spannende Kollektion urwüchsiger Rieslinge, vielleicht die markanteste der letzten Jahre, die erst mit der geduldigen Flaschenlagerung ihre ganze Größe offenbaren wird. Wer schnell genussfertige Weine sucht ist hier fehl am Platz, Freunde authentischen Rheingauweins sollten hingegen nicht zögern.

Carl Ehrhard

E

Weinbewertung

84 2017 Riesling trocken Rüdesheim (1l) **12 %/8,50 €**
86 2017 Riesling Kabinett trocken Rüdesheim **12 %/9,50 €**
90 2017 Riesling trocken „Urstück" „Ramstein" Berg Roseneck **12,5 %/17,- €**
88 2017 Riesling trocken „Urstück" „Kuhweg" Bischofsberg **12,5 %/14,- €**
90 2017 Riesling trocken „Urstück" „Unterer Platz" Berg Roseneck **12,5 %/17,- €**
91 2017 Riesling trocken „Urstück Rottland" Berg Rottland **13 %/20,- €**
90 2017 Riesling trocken „Urstück Wilgert" Berg Rottland **12,5 %/18,- €**
86 2017 Riesling Kabinett „feinherb" Rüdesheim **11,5 %/9,50 €**
87 2017 Riesling Kabinett Rüdesheim Berg Roseneck **9,5 %/9,50 €**
89 2017 Riesling Spätlese Rüdesheim Berg Rottland **8,5 %/17,- €**
92 2017 Riesling Auslese Rüdesheim Berg Rottland **8,5 %/40,- €**
90 2017 Riesling Auslese Rüdesheim Berg Roseneck **7,5 %/22,- €/0,375l**
93 2017 Riesling Beerenauslese Rüdesheim Berg Rottland **8 %/50,- €/0,375l**
94 2017 Riesling Trockenbeerenauslese Berg Rottland **8,5 %/70,- €/0,375l**

LAGEN

BERG ROTTLAND (RÜDESHEIM)
BERG ROSENECK (RÜDESHEIM)
BISCHOFSBERG (RÜDESHEIM)
KIRCHENPFAD (RÜDESHEIM)
KLOSTERBERG (RÜDESHEIM)
KLOSTERLAY (RÜDESHEIM)

REBSORTEN

RIESLING (85 %)
SPÄTBURGUNDER (13 %)
GRAUBURGUNDER (2 %)

Ehrhart

★★☆

Kontakt

Weinstraße 2
76831 Eschbach
Tel. 06345-7474
Fax: 06345-7474
www.weingut-ehrhart.de
mail@weingut-ehrhart.de

Inhaber
Reinhold & Benjamin Ehrhart
Kellermeister
Benjamin Ehrhart
Rebfläche
11 Hektar

Besuchszeiten

April-Okt. Mo.-Fr. 13-17 Uhr, Sa. 10-17 Uhr und gerne nach Vereinbarung; Winter nach Vereinbarung
Jahrgangspräsentation Ende Mai/Anfang Juni, Gutsausschank im Sept. & Okt., Ferienzimmer, Campingstellplatz mit Lounge und Grillplatz

Die Familie Ehrhart füllte 1959 den ersten Wein unter ihrem Namen, 1988 übernahmen Reinhold und Ute Ehrhart den Betrieb und erweiterten ihn auf die heutige Größe. Mittlerweile ist Sohn Benjamin nach seiner Ausbildung zum Weinbautechniker für den Weinausbau verantwortlich und dreht an der Qualitätsschraube. Die Weinberge liegen rund um Eschbach, die besten Lagen der Familie sind der Leinsweiler Sonnenberg, der Ilbesheimer Rittersberg und der Eschbacher Hasen. Wichtigste Rebsorten im Betrieb sind Riesling und Spätburgunder, daneben gibt es Weiß- und Grauburgunder, Sauvignon Blanc, Gewürztraminer, Morio-Muskat, Dornfelder und Schwarzriesling. Ab dem Jahrgang 2017 ist das Weingut biozertifiziert.

Kollektion

Im vergangenen Jahr hatten wir besonders Benjamin Ehrharts Rotweine gelobt, sein Rotweinprogramm ergänzt er jetzt noch um eine sehr gelungene Cuvée, der „Bergwingert" besteht aus 70 Prozent Cabernet Sauvignon und 30 Prozent Syrah, der Wein ist eindringlich, zeigt viel dunkle Frucht, Beeren und Pflaumen, und feine Röstnoten, besitzt Kraft und ein reifes Tanningerüst. Die drei Spätburgunder sind stilistisch sehr klar, schon der Ortswein aus Göcklingen zeigt kühle, rote Frucht und besitzt Struktur, der „R" zeigt ähnliche, aber intensivere Frucht, besitzt Frische, Eleganz und Länge, der Wein aus dem Sonnenberg ist etwas dunkler in der Frucht, Schwarzkirsche, ist harmonisch und besitzt gute Konzentration und Struktur. Die beiden Lagen-Rieslinge sind elegant, besitzen feinen Druck und frische Säure, die beiden Sauvignon Blancs ähneln sich mit ihrer Stachelbeerwürze in der Nase, die zusammen mit Sven Klundt erzeugte Reserve ist dann aber deutlich komplexer und länger. —

Weinbewertung

83 2017 Weißburgunder trocken **12 %/6,- €**
84 2017 Sauvignon Blanc trocken **12,5 %/6,- €**
86 2017 Grau- & Weißburgunder trocken Ilbesheim **12,5 %/7,50 €**
85 2017 Chardonnay trocken Eschbach **12,5 %/7,50 €**
85 2017 Riesling trocken Leinsweiler **13 %/8,- €**
87 2017 Sauvignon Blanc trocken „Reserve" **13 %/10,- €**
87 2015 Riesling trocken Ilbesheimer Rittersberg **13,5 %/12,- €**
87 2016 Riesling trocken Leinsweiler Sonnenberg **12,5 %/12,- €**
84 2017 Cuvée Rosé trocken **12 %/7,50 €**
84 2016 Spätburgunder trocken Göcklingen **13 %/7,50 €**
85 2015 Portugieser trocken „R" Eschbach **12,5 %/10,- €**
87 2016 Spätburgunder „R" trocken Eschbach **12,5 %/12,- €**
88 2015 Spätburgunder trocken Leinsweiler Sonnenberg **13 %/20,- €**
88 2015 „Bergwingert Cuvée" Rotwein trocken **14 %/20,- €**

BERNHARD EIFEL

★★★☆

KONTAKT

Laurentiusstraße 17
54340 Trittenheim
Tel. 06507-5972
Fax: 06507-6460
www.weingut-bernhard-eifel.de
bernhard.eifel@t-online.de

Inhaber
Bernhard Eifel
Kellermeister/Außenbetrieb
Bernhard Eifel & Alexandra Clüsserath-Eifel
Rebfläche
5,5 Hektar
Produktion
45.000 Flaschen

BESUCHSZEITEN

9-18 Uhr nach Vereinbarung
Gästehaus, Weinwanderungen, Fahrradtouren, kulinarische Veranstaltungen

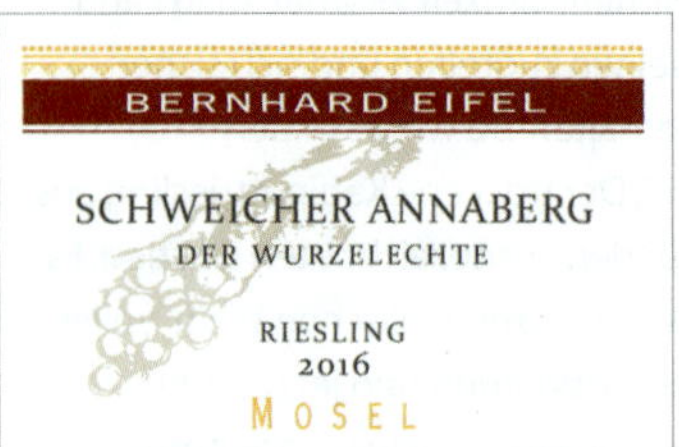

Bis ins 17. Jahrhundert lässt sich die Weinbautradition in der Familie zurückverfolgen, seit 1976 führen Bernhard und Marietta Eifel das Gut. Ihre Tochter Alexandra hat in Geisenheim studiert, ist seit 2008 zusammen mit ihrem Vater für den Weinausbau verantwortlich. Zusammen mit ihrem Ehemann Christoph Clüsserath gründete sie das eigene, nach ihrem Gatten benannte Weingut. Die Weinberge von Bernhard Eifel liegen in Trittenheim in den Lagen Apotheke und Altärchen, im Longuicher Maximiner Herrenberg und im Schweicher Annaberg, wo teilweise wurzelechte, bis zu 100 Jahre alte Reben stehen. Riesling dominiert, daneben gibt es ein wenig Weiß- und Grauburgunder. 2018 wurde, zusammen mit dem Weingut Christoph Clüsserath, eine neue Lager- und Produktionshalle in Betrieb genommen.

Kollektion

Nur wenige Weingüter verstehen sich an der Mosel so gut auf die Erzeugung saftiger, zugänglicher, vibrierender Rieslinge wie das Weingut Bernhard Eifel. Die Weine sind stilistisch ausgearbeitet, lassen sich fast blind erkennen. Der „Maximilian E." zum Beispiel, der auch 2017 klar ist, etwas unruhig mit Hefenoten und Kräuterwürze, im Mund trocken, fest, würzig. Wirklich kompromisslos trocken sind dann noch der Riesling aus der Apotheke mit Kernobstnoten, später immer mehr Birne zeigend, fest und elegant, sowie das sehr feste, vielschichtige Große Gewächs. Mehr Schmelz haben die deutlich verschieden schmeckenden Rieslinge „Vom Rotliegenden" und „Der Wurzelechte", Letzterer mit bemerkenswerter Länge. Die dezente Süße im „Alex E." ist perfekt ins Gesamtbild integriert: Ein toller, kraftvoller Wein. Die Auslesen unterscheiden sich: Kühl mit Noten von kandiertem Apfel die Altärchen-Auslese, leicht hefig mit Mirabellenwürze jene aus dem Annaberg, offen mit reifer Zitrusnote und leicht hefiger Note die Auslese aus der Apotheke. ➖

Weinbewertung

88	2017 Riesling „Maximilian E." Trittenheimer	**12 %/9,- €** ☺
88	2017 Riesling trocken Trittenheimer Apotheke	**12 %/11,- €**
91	2017 Riesling „GG" Schweicher Annaberg	**13 %/20,- €**
89	2017 Riesling „vom Rotliegenden" Schweicher	**11,5 %/9,- €** ☺
90	2017 Riesling „Der Wurzelechte" Schweicher Annaberg	**12,5 %/16,- €**
89	2017 Riesling Schweicher Annaberg	**12,5 %/18,- €**
86	2017 Riesling „feinherb" Trittenheimer Apotheke	**11 %/9,- €**
88	2017 Riesling „Alex E." Longuicher Maximiner Herrenberg	**11 %/13,- €**
88	2017 Riesling Spätlese Longuicher Maximiner Herrenberg	**8 %/10,- €** ☺
90	2017 Riesling Auslese Trittenheimer Altärchen	**7,5 %/12,50 €** ☺
91	2017 Riesling Auslese Trittenheimer Apotheke	**7 %/15,- €** ☺
91	2017 Riesling Auslese Schweicher Annaberg	**7 %/12,50 €** ☺

Franz-Josef Eifel

★★★★☆

KONTAKT

Engelbert-Schue-Weg 2
54349 Trittenheim
Tel. 06507-70009
Fax: 06507-7139
www.fjeifel.de
info@fjeifel.de

Inhaber
Franz-Josef Eifel
Rebfläche
5 Hektar
Produktion
30.000-35.000 Flaschen

BESUCHSZEITEN

nach Vereinbarung
Gästehaus

Das Weingut, etwas versteckt in Trittenheim gelegen, wird seit 1985 in vierter Generation von Franz-Josef Eifel geführt, 1976 war der erste Jahrgang, den er selbst vinifizierte. Mit 1,3 Hektar fing er an, heute verfügt er über 5 Hektar Weinberge in den Trittenheimer Lagen Apotheke und Altärchen, erwähnenswert sind vor allem die Parzellen Jungheld und Sonnenfels. Riesling, mit bis zu 80 Jahre alten Reben, nimmt 95 Prozent seiner Rebfläche ein, dazu gibt es ein wenig Weißburgunder und inzwischen auch einen kleinen Anteil an Scheurebe. Die Weinberge werden biologisch bewirtschaftet (Ecovin). Franz-Josef Eifel vergärt seine Weine recht kühl und langsam, teilweise mit den eigenen Hefen. Ausgebaut werden sie teils in Edelstahltanks, teils in Fuderfässern. Das Sortiment ist in drei Stufen gegliedert. Die Basis bilden die Kabinettweine und der Riesling „Su wie frieja", der aus einer 2005 neu gepflanzten Steilhangparzelle stammt. Das Mittelsegment bilden Steillagenweine aus der Apotheke von 50 Jahre alten Reben, zwischen 1961 und 1964 gepflanzt, jeweils trocken, feinherb und süß, die feinherbe Variante stammt aus dem Jungheld, einer Teillage der Apotheke. Die Topweine, ebenfalls jeweils eine trockene, feinherbe und süße Variante, kommen von kleinen Felsenterrassen mit wurzelechten Reben in der Apotheke, bis zu 80 Jahre alt, heißen Sonnenfels, „Die große Leidenschaft" und Goldstückchen. Gelegentlich werden auch Eisweine und Beerenauslesen ausgebaut, auch mit Sekt kann Franz-Josef Eifel punkten. Die Weine werden spontanvergoren, normalerweise; Franz-Josef Eifel denkt nicht daran, allzu viele Dogmen aufzustellen oder die Weine so zu vinifizieren, wie es die aktuelle Mode zufällig gerade vorgibt. Sein Programm ist ausgereift, die Philosophie sehr nachvollziehbar. Seit der ersten Ausgabe empfehlen wir das Weingut als einen der Top-Betriebe an der Mosel.

Kollektion

Wir und sind immer wieder beeindruckt, wie gut sich der Charakter der Trittenheimer Lagen in den Weinen widerspiegelt. Mehr noch: Auch die Jahrgänge sind zu spüren. Doch das Programm steht felsenfest, und über allen Unterschieden, die aufs Klima und vielleicht auf die Wasserversorgung der Böden zurückzuführen sind, steht doch die eingeübte Stilistik des Hauses. Eine, die seit jeher den Basisweinen besondere Aufmerksamkeit widmet. Man kann ohne Bedenken auch bei den günstigsten Weinen zugreifen und sich sicher sein, eine überdurchschnittliche Qualität zu erhalten. So war es in den Jahrgängen 2015 und 2016, so ist es auch 2017. Der trockene Kabinettriesling aus der Trittenheimer Apotheke ist ein Beispiel für den ausgezeichneten Einstieg. Es handelt sich um einen straffen, würzigen, fast schon mineralischen Wein, voller Würze, gut balanciert, nicht puristisch, sondern vibrierend und jetzt schon zugänglich. Noch etwas würziger, gleichzeitig mit einem gewissen Schmelz

ausgestattet ist der „Su wie frieja“ – ein Wein, der seinen moselfränkischen Namen ernst nimmt und der herrlich unaufgeregt wirkt. Showeffekte sind halt nicht die Sache des Winzers Franz-Josef Eifel, der lieber still und leise mit nachhaltigen Weinen überzeugt und fast so etwas wie ein Geheimtipp geblieben ist. Der Riesling von alten Reben aus der Apotheke ist auch dieses Mal sehr frisch, er besitzt leichte Zitruswürze und Anklänge an Hefe, wirkt straff und nachhaltig. Erstaunlich offen dann der Sonnenfels-Riesling, der „Grand Cru“ unter den trockenen Weinen, sehr mineralisch, sehr fest, präzise, nachhaltig. Ohne Zweifel ein großer trockener Wein, der mit der Zeit nochmals interessanter werden könnte und sicher so manches Große Gewächs an Würze und Nachhaltigkeit übertreffen dürfte. Sein Pendant im feinherben Segment, die „Große Leidenschaft“, ist da schon wesentlich offener, leicht hefig, mineralisch, vibrierend. Darunter aber stehen in der hauseigenen Hierarchie Kabinett (duftig, etwas Melone, voller Schmelz – sehr gelungen) und Spätlese namens Jungheld, unruhig in der Nase, sehr geradlinig, deutlich süß, aber auch mineralisch. Schließlich das restsüße Sortiment. Sehr offen zeigt sich die Alte Reben-Spätlese aus der Apotheke, das Goldstückchen, süßes Pendant zur „Großen Leidenschaft“, wirkt im Vergleich zur normalen Spätlese nicht süßer, wie man eigentlich hätte vermuten können, sondern einfach nur etwas komplexer, würziger. Dass sich solche Weine über viele Jahre und Jahrzehnte gut entwickeln, hat Eifel schon häufig mit gereiften Spezialitäten unter Beweis gestellt. Weil die 2017er viel Extrakt aufweisen, dürfte die Alterungsfähigkeit auch diesmal überdurchschnittlich ausfallen. Was die Auslese angeht: Sie ist typisch Eifel, eher ruhig mit Noten von getrocknetem Apfel und einem Hauch Ananas, nicht übertrieben süß. Ein Stil, der sich unter seinen Kunden längst herumgesprochen hat.

Franz-Josef Eifel

Weinbewertung

88 2017 Riesling Kabinett trocken Trittenheimer Apotheke **11 %/10,80 €**
88 2017 Riesling „Su wie frieja“ Trittenheimer Apotheke **11 %/12,80 €**
90 2017 Riesling trocken „Alte Reben“ Trittenheimer Apotheke **11,5 %/19,- €**
92 2017 Riesling trocken „Sonnenfels“ Trittenheimer Apotheke **12 %/35,- €**
88 2017 Riesling Kabinett „feinherb“ Trittenheimer Altärchen **10 %/10,80 €**
90 2017 Riesling Spätlese „feinherb“ „Jungheld“ Apotheke **10 %/19,- €**
91 2017 Riesling Auslese „feinherb Die große Leidenschaft“ Apotheke **10,5 %/24,- €**
87 2017 Riesling Kabinett Trittenheimer Altärchen **8 %/10,80 €**
89 2017 Riesling Spätlese „Alte Reben“ Trittenheimer Apotheke **7 %/19,- €**
92 2017 Riesling Spätlese „Goldstückchen“ Apotheke **7 %/22,- €** ☺
92 2017 Riesling Auslese Trittenheimer Apotheke **7 %/22,- €/0,5l**

LAGEN

APOTHEKE (TRITTENHEIM)
- JUNGHELD
- SONNENFELS
ALTÄRCHEN (TRITTENHEIM)
ROSENGÄRTCHEN (NEUMAGEN)

REBSORTEN

RIESLING (95 %)
WEISSBURGUNDER (5 %)

Ernst Eifel

★★☆

KONTAKT

Johannes-Tithemius-Straße 21
54349 Trittenheim
Tel. 06507-2632
Fax: 06507-6683
www.weinguteifel.de
info@weinguteifel.de

Inhaber
Ernst & Marlene Eifel,
Christoph Eifel
Rebfläche
6 Hektar

BESUCHSZEITEN

täglich 8-18 Uhr
Gästehaus „Moselkloster"
(45 Betten)

Seit 1635 bewirtschaftet die Familie Eifel Weinberge in Trittenheim. 1980 hat Ernst Eifel einen Teil des Betriebes von seinem Vater übernommen (den anderen Teil sein Bruder Bernhard, siehe vorherigen Eintrag). Die Weinberge von Ernst und Marlene Eifel befinden sich in den Lagen Trittenheimer Apotheke, Trittenheimer Altärchen und im Neumagener Rosengärtchen. Sie bauen auf sechs Hektar zu 90 Prozent Riesling an, Weißburgunder und Müller-Thurgau ergänzen das Angebot. Sohn Christoph ist nach seiner Winzerausbildung beim Sankt Urbanshof und bei Schloss Lieser sowie dem Studium in Geisenheim zusammen mit seinen Eltern verantwortlich für den Betrieb. Dem Weingut ist ein großes Gästehaus, Moselkloster genannt, angeschlossen, das über 45 Betten verfügt.

Kollektion

Die Jahrgangstypizität wird in diesem Weingut immer gut herausgearbeitet. Das war 2015 so, das gelang auch 2016, als bereits der Literriesling überzeugte. Die 2017er wirken nun vergleichsweise offen, sind würzig und voller Substanz, ausnahmslos stimmig. Die starke, gleichmäßige Kollektion beginnt bereits beim Trittenheimer Riesling, stoffig und schön trocken, setzt sich fort mit den beiden trockenen Topweinen. Der „Schiefergestein"-Riesling wirkt etwas schlanker und rassiger als die Spätlese aus der Apotheke, aber Substanz haben beide. Gute Balance weist auch die Spätlese von alten Reben aus der Apotheke auf – duftig mit Anklängen an Zitrusschalen und Ananas, nicht übertrieben süß. Die drei Süßweine zeigen, was in diesem Jahrgang möglich war. Ist die Auslese vergleichsweise rassig, mit Noten von gelben Früchten, Pfirsich und einem Hauch Konfitüre, zeigt sich die Beerenauslese elegant, cremig, mit Noten von welken Früchten und Honig. Noch etwas höher hinauf geht es bei der Trockenbeerenauslese, die ihrem Prädikat Ehre macht und sich sehr dicht und cremig zeigt, nach Blütenhonig duftet, zwar sehr süß ist, aber auch eine animierende Säure zeigt. Wiedervorlage in 20 Jahren!

Weinbewertung

84	2017 Riesling trocken Trittenheimer **11,5 %/7,50 €**
87	2017 Riesling Spätlese trocken „Schiefergestein" **11,5 %/10,- €**
87	2017 Riesling Spätlese trocken Trittenheimer Apotheke **12 %/11,- €**
85	2017 Riesling Kabinett halbtrocken Trittenheimer Apotheke **10,5 %/8,50 €**
86	2017 Riesling Kabinett Trittenheimer Apotheke **8,5 %/9,- €**
87	2017 Riesling Spätlese „Alte Reben" Trittenheimer Apotheke **8 %/10,50 €**
88	2017 Riesling Auslese Trittenheimer Apotheke **9 %/14,- €/0,5l**
90	2017 Riesling Beerenauslese*** Trittenheimer Apotheke **7 %/0,375l/a.A.**
90+	2017 Riesling Trockenbeerenauslese Trittenheimer Apotheke **6 %/0,375l/a.A.**

EISELE

★★☆

KONTAKT

Mittelgasse 1
74394 Hessigheim
Tel. 07143-272399
Fax: 07143-9098183
www.weingut-eisele.de
info@weingut-eisele.de

Inhaber
Alexander Eisele
Rebfläche
9,5 Hektar

BESUCHSZEITEN

Vinothek: Mi./Do. 13-14 + 17-19 Uhr, Fr. 14-16 Uhr, Sa. 10-12 + 13-15 Uhr
„Gässles-Stüble"

Seit 1989 gibt es das Weingut Eisele in Hessigheim, ein Familienbetrieb, der heute von Alexander Eisele geführt wird. Seine Weinberge, 2 Hektar davon in Steillagen, liegen im Neckartal, in Hessigheim (Felsengarten), Besigheim (Felsengarten, Wurmberg) und Mundelsheim (Rozenberg), wo die Reben überwiegend auf Muschelkalkböden, teils auf Keuper wachsen. Der Rebsortenspiegel ist umfangreich: Lemberger, Trollinger, Riesling und Spätburgunder sind die wichtigsten Rebsorten, dazu gibt es Grauburgunder, Sauvignon Blanc, Chardonnay und Weißburgunder, inzwischen auch Cabernet Franc, Cabernet Sauvignon und Merlot. Rote Rebsorten nehmen 70 Prozent der Fläche ein. Das Sortiment ist gegliedert in Gutsweine, Terroirweine, Editionsweine und S-Linie, die für im Holz ausgebaute Weine von Weinbergen mit niedrigem Ertrag steht, seit 2015 werden die Weine der S-Linie komplett spontanvergoren. 2017 wurde mit der Umstellung auf biologischen Weinbau begonnen (Bioland), 2018 eine Vinothek gebaut.

Kollektion

Mit der neuen Kollektion bestätigt Alexander Eisele den sehr guten Eindruck des Vorjahres, bietet wieder viele sehr gute Weiß- und Rotweine. Die Terroir-Weißweine sind kraftvoll und geradlinig, Grauburgunder und Sauvignon Blanc gefallen uns besonders gut. Der Riesling Edition ist füllig und kraftvoll, der Weißburgunder besitzt gute Struktur und klare Frucht. Der Riesling S ist nochmals kraft- und druckvoller, die White Pearl genannte Cuvée aus Chardonnay und Weißburgunder besitzt gute Struktur und Substanz, der reinsortige Chardonnay vereint Fülle, Kraft und Komplexität. Gleichmäßig sehr gutes Niveau zeigen die Rotweine, vom kraftvollen Trollinger über den reintönigen Spätburgunder bis hin zu den beiden zupackenden, strukturierten Lembergern. Starke Kollektion!

Weinbewertung

82	2017 Riesling trocken „Terroir" **11 %/6,50 €**
84	2017 Grauburgunder trocken „Terroir" **11 %/7,- €**
86	2017 Riesling trocken „Edition" **11,5 %/9,- €**
84	2017 Sauvignon blanc trocken „Terroir" **11,5 %/7,50 €**
86	2017 Weißburgunder trocken „Edition" **11 %/9,- €**
87	2017 Riesling trocken „S-Line" **12 %/15,- €**
88	2017 Chardonnay trocken „S-Line" **12 %/15,- €**
87	2017 White Pearl trocken „S-Line" **12 %/16,- €**
86	2016 Trollinger trocken „Consortium Montis Casei" **12,5 %/10,- €**
86	2015 Spätburgunder trocken „S-Line" **13,5 %/15,- €**
87	2015 Lemberger trocken „ S-Line" **13,5 %/15,- €**
86	2016 Lemberger trocken „ S-Line" **13 %/15,- €**

Jürgen Ellwanger

★★★★

KONTAKT

Bachstraße 21
73650 Winterbach
Tel. 07181-44525
Fax: 07181-46128
www.weingut-ellwanger.de
info@weingut-ellwanger.de

Inhaber
Jörg & Felix Ellwanger
Rebfläche
26 Hektar
Produktion
200.000 Flaschen

BESUCHSZEITEN

Di.-Fr. 8-12 + 15-19 Uhr,
Sa. 8-15 Uhr

Weinbau wird schon seit dem 16. Jahrhundert in der Familie betrieben, das heutige Weingut Ellwanger wurde 1949 von Gottlob Ellwanger gegründet. Jürgen Ellwanger vergrößerte den Betrieb und machte das Gut über Württemberg hinaus bekannt, war als Mitglied der 1986 gegründeten Hades-Gruppe einer der Pioniere des Barriqueausbaus in Deutschland. Heute führt sein Sohn Jörg Ellwanger den Betrieb zusammen mit Ehefrau Sylvia und unterstützt von seinem jüngsten Bruder Felix. Die Weinberge verteilen sich auf mehrere Gemeinden im Remstal. Wichtigste Lagen sind Winterbacher Hungerberg, Grunbacher Berghalde und Klingle, Hebsacker Lichtenberg und Schnaiter Altenberg, auch in Beutelsbach (Altenberg) und in Schorndorf (Grafenberg) besitzen die Ellwangers Weinberge. Die Ellwangers bauen zu 65 Prozent rote Sorten an, vor allem Lemberger, Trollinger und Spätburgunder, aber auch Zweigelt, Merlot (dem Hauptbestandteil im Nicodemus) und Syrah, sowie etwas Samtrot, Dornfelder, Regent, Cabernet Dorsa und Muskat-Trollinger. Mit Abstand wichtigste weiße Rebsorte ist Riesling, dazu gibt es Weißburgunder, Grauburgunder, Kerner und Chardonnay, seit einigen Jahren auch Sauvignon Blanc. Das Sortiment wurde inzwischen an das 4-stufige VDP-Modell angepasst. An der Spitze stehen die Großen Gewächse: Der Riesling aus dem Schnaiter Altenberg und der Weißburgunder aus dem Winterbacher Hungerberg, erstmals 2015 erzeugt, bilden zusammen mit den Hades-Weinen wie dem Grauburgunder und dem Nikodemus Candidus, einer Cuvée aus Kerner und Chardonnay, die Spitze des weißen Segments. An der Spitze des roten Segments stehen die Großen Gewächse aus dem Hebsacker Lichtenberg, Spätburgunder (der mit dem Jahrgang 2007 den bis dahin erzeugten Hades-Spätburgunder ersetzte) und Lemberger, sowie Hades-Rotweine wie Lemberger, Merlot, Zweigelt, früher ab und an auch Syrah, und natürlich den Klassiker Nicodemus, eine Cuvée aus Merlot, Lemberger und Cabernet. Wenn es der Jahrgang erlaubt, werden auch edelsüße Rieslinge erzeugt, Eisweine und/oder Trockenbeerenauslesen.

Kollektion

Sechs Weißweine haben Jörg und Felix Ellwanger dieses Jahr präsentiert, sie zeigen bestechend gleichmäßiges Niveau, auch wenn sie völlig unterschiedlich sind. Der Sauvignon Blanc zeigt feine Frische und etwas Stachelbeeren, ist fruchtbetont und zupackend. Der Riesling vom Beutelsbacher Altenberg ist klar, harmonisch und fruchtbetont, das Große Gewächs aus dem Schnaiter Altenberg ist würziger, geradlinig und zupackend, deutlich verschlossener. Der Weißburgunder aus dem Hungerberg zeigt gute Konzentration, reife gelbe Früchte, ist füllig im Mund, saftig, harmonisch. Deutlich vom Holz geprägt sind die beiden Hades-Weißweine. Der Nicode-

mus Candidus setzt dem Holz viel reife süße Frucht entgegen, ist weich und üppig. Auch der Grauburgunder hat dem Holz viel Frucht und Konzentration entgegenzusetzen, ist füllig und saftig, besitzt gute Struktur und Substanz. Der Zweigelt vom Lichtenberg setzt ganz auf Frische und Frucht, der Hades-Zweigelt ist enorm würzig und stoffig, strukturiert und tanninbetont. Der Spätburgunder Großes Gewächs zeigt gute Konzentration, etwas Kräuter, rote Früchte, besitzt Fülle und Kraft, gute Struktur aber derzeit auch viel Tannine. Wir haben ein paar andere Jahrgänge dieses Weines geöffnet, sie zeigen sehr gleichmäßiges, hervorragendes Niveau. Der Lemberger Großes Gewächs zeigt gute Konzentration und klare reife Frucht, ist strukturiert und zupackend bei guter Substanz. Im Vergleich zu dem ein Jahr älteren Hades-Lemberger tut er sich schwer, denn dieser ist herrlich eindringlich und intensiv, zeigt reife Herzkirschen, ist füllig und komplex, sehr einnehmend, wenn auch immer noch jugendlich. Der Hades-Merlot zeigt gute Konzentration und reintönige Frucht, ist fruchtbetont, klar und zupackend im Mund. Deutlich besser gefällt uns der Cabernet Sauvignon, der intensive Frucht zeigt, Cassis, herrlich kraftvoll, klar und zupackend im Mund ist, gute Struktur, reintönige Frucht und Länge besitzt. Auch der Nicodemus zeigt intensive Frucht, Herzkirschen, etwas Schokolade im Hintergrund, ist füllig und komplex, besitzt viel reife Frucht, gute Struktur und Länge. Was für großartige Rotweine!

Jörg und Felix Ellwanger

E

Weinbewertung

88	2017 Sauvignon Blanc trocken **12,5 %/13,- €**
88	2017 Riesling trocken Beutelsbacher Altenberg **12,5 %/12,50 €**
88	2017 Weißburgunder „GG" Winterbacher Hungerberg **12,5 %/24,- €**
89	2016 Grauburgunder trocken „Hades" **13 %/21,- €**
88	2017 Riesling „GG" Schnaiter Altenberg **12,5 %/24,- €**
88	2016 „Nikodemus Candidus" Weißwein trocken „Hades" **14 %/21,- €**
85	2016 Zweigeltrebe trocken Geradstettener Lichtenberg **12,5 %/13,50 €**
89	2015 Zweigeltrebe trocken „Hades" **14 %/27,- €**
90	2010 Spätburgunder „GG" Hebsacker Lichtenberg **13,5 %**
90	2012 Spätburgunder „GG" „Fleischstein" Hebsacker Lichtenberg **13,5 %**
90	2014 Spätburgunder „GG" Hebsacker Lichtenberg **12,5 %**
89	2016 Spätburgunder „GG" „Linnenbrunnen" Hebsacker Lichtenberg **13 %/28,- €**
93	2015 Lemberger trocken „Hades" **13,5 %/24,- €** ☺
90	2016 Lemberger „GG" „Berg Lemberg" Hebsacker Lichtenberg **13 %/29,- €**
89	2015 Merlot trocken „Hades" **14 %/27,- €**
91	2015 Cabernet Sauvignon trocken „Hades" **13,5 %/45,- €**
92	2015 „Nicodemus" Rotwein trocken „Hades" **14 %/29,- €**

LAGEN

HUNGERBERG (WINTERBACH)
ALTENBERG (SCHNAIT)
LICHTENBERG (HEBSACK)
BERGHALDE (GRUNBACH)
KLINGLE (GRUNBACH)
ALTENBERG (BEUTELSBACH)

REBSORTEN

RIESLING (20 %)
TROLLINGER (15 %)
LEMBERGER (15 %)
SPÄTBURGUNDER (10 %)
WEISSBURGUNDER (10 %)
GRAUBURGUNDER (10 %)
ZWEIGELT (10 %)
KERNER (5 %)
MERLOT (5 %)

BERNHARD ELLWANGER

★★★

E

KONTAKT

Rebenstraße 9
71384 Weinstadt-Großheppach
Tel. 07151-62131
Fax: 07151-603209
www.weingut-ellwanger.com
info@weingut-ellwanger.com

Inhaber
Familie Ellwanger
Betriebsleiter
Yvonne & Sven Ellwanger
Kellermeister
Sven Ellwanger
Außenbetrieb
Christian Medinger
Rebfläche 31 Hektar
Produktion 220.000 Flaschen

BESUCHSZEITEN

Mo./Di./Do./Fr. 10-12 +14-18:30 Uhr, Sa. 9:30-14 Uhr

Bernhard und Ingrid Ellwanger gründeten 1975 das Weingut, mit einem halben Hektar Weinberge. Heute gehört das Gut mit 31 Hektar zu den großen Weingütern in der Region. Die Weinberge liegen vor allem in Großheppach (Lage Steingrüble mit buntem Mergel, Lage Wanne mit der südexponierten Gewanne Klingenberg, Kieselsandstein), Schorndorf (Grafenberg, Keuperböden) und Geradstetten (Lichtenberg mit der 380 Meter hoch gelegenen Gewanne Oberholz, Sandsteinverwitterungsböden). 60 Prozent der Fläche nehmen rote Sorten ein. Neben Trollinger, Spätburgunder und Lemberger gibt es auch Muskattrollinger, Hegel, Merlot, Syrah oder Cabernet Franc. Wichtigste Weißweinsorte ist Riesling, danach folgt Sauvignon Blanc. Seit 1999, nach Geisenheim-Studium und Aufenthalt in Neuseeland, ist Sohn Sven im Betrieb tätig und für den Keller verantwortlich.

Kollektion

Eine starke Kollektion präsentiert Sven Ellwanger auch in diesem Jahr, mit weißen und roten Spitzen und dem gewohnt guten Niveau der Basisweine. Der Gutsriesling ist frisch und zupackend, die beiden Lagenrieslinge sind füllig und saftig. Der Lichtenberg-Chardonnay ist herrlich reintönig bei reifer süßer Frucht, der Höhenluft-Sauvignon Blanc ist fruchtbetont, klar und zupackend. Der herausragende Weißwein ist der Sauvignon Blanc Junges Schwaben aus dem Jahrgang 2016, der intensiv und rauchig ist, füllig, kraftvoll und strukturiert. Im ansonsten sehr gleichmäßigen roten Segment ragt ein Wein hervor: Der SL-Lemberger besitzt reintönige Frucht, etwas florale Noten, Fülle, Kraft, reife Frucht und feine Frische. Dass Sven Ellwangers Rotweine gut reif können, stellt der 2007er Spätburgunder SL aus dem Steingrüble unter Beweis.

Weinbewertung

85	2014 Pinot Sekt brut **12 %/14,90 €**
83	2016 Riesling trocken „vom bunten Mergel" **12,5 %/9,80 €**
85	2017 Sauvignon Blanc trocken „Höhenluft" **12,5 %/9,80 €**
87	2016 Chardonnay trocken Geradstettener Lichtenberg **13 %/16,90 €**
86	2016 Riesling „SL" Großheppacher Steingrüble **12,5 %/19,90 €**
89	2016 Sauvignon Blanc trocken „Junges Schwaben" **13 %/24,90 €**
85	2017 Riesling Spätlese Großheppacher Steingrüble **9 %/9,80 €**
83	2016 Lemberger trocken Steillage **13,5 %/10,20 €**
85	2016 Merlot trocken Großheppacher Steingrüble **13,5 %/13,50 €**
85	2015 „Kreation CMX" Rotwein trocken **13,5 %/14,90 €**
90	2007 Spätburgunder trocken „SL" Großheppacher Steingrüble **13,5 %**
84	2015 Spätburgunder trocken „SL" Großheppacher Steingrüble **13 %/28,90 €**
88	2015 Lemberger trocken „SL" Großheppacher Wanne **14 %/28,90 €**

BE ELLWANGER

ELSHEIMER TEMPELCHEN

★

N

KONTAKT

Am Weiherborn 24
55271 Stadecken-Elsheim
Tel. 06130-1709
Fax: 06130-946876
www.elsheimer-tempelchen.de
weingutgloeckner@web.de

Inhaber
Jörg Krug, Stephan Glöckner, Ralf & Volker Hamm
Rebfläche
7,5 Hektar
Produktion
6.000 Flaschen

BESUCHSZEITEN

nach Vereinbarung

Drei befreundete Winzer aus Elsheim taten sich 2014 zusammen und pachteten die Lage Elsheimer Tempelchen von der Eigentümerfamilie Schleußner. Die drei Weingüter (Glöckner, Hamm und 11.000-Mägde-Mühle) bewirtschaften die Lage gemeinsam, die Vermarktung der Weine erfolgt über eine eigens gegründete GbR. Das Elsheimer Tempelchen, eine der kleinsten Einzellagen in Rheinhessen, benannt nach einem Pavillon des Windhäuser Hofs, ist von einer Mauer umgeben. Von den 10 Hektar sind derzeit 7,5 Hektar bestockt. Riesling nimmt knapp die Hälfte der recht hoch gelegenen Lage ein, die ältesten Rieslingreben sind 40 Jahre alt. Dazu gibt es Silvaner und Portugieser, Grauburgunder, Weißburgunder und Gewürztraminer.

Kollektion

Weine aus drei Jahrgängen und von drei Rebsorten wurden zum Debüt vorgestellt. Weißburgunder gibt es aus den Jahrgängen 2016 und 2017. Während Ersterer etwas florale Noten im Bouquet aufweist, frisch und zupackend ist, überzeugt 2017 mit guter Konzentration, besitzt Fülle und Kraft, reife Frucht, gute Struktur und Druck. Die beiden Grauburgunder stammen aus den Jahrgängen 2015 und 2016. Der jüngere Wein zeigt feine reife Frucht, ist klar und harmonisch, besitzt gute Fülle und reife süße Frucht, der 2015er ist würzig und konzentriert, herrlich eindringlich, besitzt reife Frucht, gute Struktur und Substanz. Riesling gibt es in zwei Varianten. Der Basis-Riesling, Jahrgang 2017, ist fruchtbetont und reintönig, geradlinig und frisch. Deutlich mehr Kraft und Spannung besitzt der Riesling I, von dem wir gleich drei Jahrgänge verkosten konnten. Jahrgang 2015 besitzt Fülle und Kraft, viel reife Frucht und Substanz, Jahrgang 2016 ist ebenso füllig und saftig, aber deutlich würziger bei feiner, dezenter Reife im Bouquet. Noch sehr jugendlich und von Primärfrucht geprägt ist Jahrgang 2017, zeigt intensive Frucht im Bouquet, etwas Pfirsiche, besitzt Fülle und Kraft, klare Frucht, gute Struktur und Frische. Ein überzeugendes Debüt – wir freuen uns auf die kommenden Jahrgänge.

Weinbewertung

83	2017 Riesling trocken Elsheimer Tempelchen	**12 %/6,50 €**
82	2016 Weißer Burgunder trocken Elsheimer Tempelchen	**13 %/7,50 €**
85	2017 Weißer Burgunder trocken Elsheimer Tempelchen	**13 %/7,50 €**
85	2015 Grauer Burgunder trocken Elsheimer Tempelchen	**13 %/7,50 €**
84	2016 Grauer Burgunder trocken Elsheimer Tempelchen	**13,5 %/7,50 €**
86	2015 Riesling „I" trocken Elsheimer Tempelchen	**12,5 %/9,50 €**
85	2016 Riesling „I" trocken Elsheimer Tempelchen	**13 %/9,50 €**
86	2017 Riesling „I" trocken Elsheimer Tempelchen	**12,5 %/9,50 €**

EMMERICH

★★★

KONTAKT

Einersheimer Straße 47
97346 Iphofen
Tel. 09323-87593-0
Fax: 09323-87593-99
www.weingut-emmerich.de
info@weingut-emmerich.de

Inhaber
Werner Emmerich
Rebfläche
9 Hektar
Produktion
60.000 Flaschen

BESUCHSZEITEN

Mo.-Sa. 8-18 Uhr, So. 9-12 Uhr
und nach Vereinbarung
Gästezimmer, Ferienwohnung
(Seinsheim), Wohnmobilstell-
plätze

Werner und Irmgard Emmerich führen seit nunmehr 30 Jahren ihr Familienweingut in Iphofen, wo sie am Ortsrand im Jahr 2000 ihren neuen Winzerhof bezogen haben, auf dem sie auch Gästezimmer anbieten. Ihre Weinberge liegen in den Iphöfer Lagen Julius-Echter-Berg, Kronsberg und Kalb, sowie in Seinsheim, dem Geburtsort von Irmgard Emmerich, wo sie in der Lage Hohenbühl einen um das Jahr 1900 gepflanzten Gemischten Satz vor allem mit Silvaner, aber auch Riesling, Elbling, Traminer, Muskateller und anderen Reben besitzen, wurzelecht gepflanzt, aber auch 1972 gepflanzten Gewürztraminer. Die Reben wachsen in Iphofen und Seinsheim, am Westrand des Steigerwalds, auf Gipskeuperböden. Silvaner ist mit Abstand wichtigste Rebsorte, nimmt etwa zwei Fünftel der Weinberge ein, es folgen Scheurebe und Müller-Thurgau, Riesling, Bacchus, Kerner und Gewürztraminer, an roten Sorten gibt es Domina, Merlot und Portugieser. Die Weißweine und der Portugieser werden im Edelstahl ausgebaut, ein Teil des „Ursprung"-Silvaners auch im Holz, Domina und Merlot werden in großen und kleinen Eichenholzfässern aus französischer und Iphöfer Eiche ausgebaut.

Kollektion

Auch in diesem Jahr ist das Einstiegsniveau wieder erfreulich hoch. Die Kabinettweine überzeugen auf der ganzen Linie, der Kalb-Silvaner ist fruchtbetont und zupackend, die Echter-Berg-Scheurebe ist wunderschön reintönig, dies gilt auch für die halbtrockene Kronsberg-Scheurebe. Der Pfaffensteig-Silvaner besitzt herrlich viel Frucht, Kraft und Substanz, die trockene Riesling Spätlese, Jahrgang 2015, zeigt feine Reife, besitzt Fülle und Kraft. Der Alte Fränkische Satz besitzt intensive Frucht, gute Struktur und Substanz. Viel Substanz besitzt auch die halbtrocken ausgebaute Gewürztraminer Spätlese aus dem Hohenbühl, ist konzentriert und reintönig, besitzt gute Struktur und Frische. Richtig süß ist dann die Rieslaner Beerenauslese, zeigt viel Konzentration, Litschi, besitzt viel Substanz und Reintönigkeit. Weiter im Aufwind!

Weinbewertung

84	2017 Silvaner Kabinett trocken Iphöfer Kalb **12 %/7,- €**
85	2016 Scheurebe Kabinett trocken Iphöfer Julius-Echter-Berg **12,5 %/9,50 €**
87	2016 Silvaner Spätlese trocken „Pfaffensteig" Iphöfer Kronsberg **13 %/9,- €**
87	2015 Riesling Spätlese trocken Iphöfer Kronsberg **12,5 %/9,50 €**
88	2016 „Alter Fränkischer Satz" Kabinett Seinsheimer Hohenbühl **11,5 %/14,- €**
84	2017 Scheurebe Kabinett Iphöfer Kronsberg **11 %/7,50 €**
87	2017 Gewürztraminer Spätlese Seinsheimer Hohenbühl **13 %/14,50 €**
88	2017 Riesling Beerenauslese Iphöfer Kronsberg **8,5 %/22,- €/0,5l**

Emmerich-Koebernik

★☆

KONTAKT

Hauptstraße 44
55596 Waldböckelheim
Tel. 06758-426
Fax: 06758-7697
www.emmerich-koebernik.de
weingut@emmerich-koebernik.de

Inhaber
Familie Emmerich-Koebernik
Inhaber
Christiane Koebernik
Rebfläche
14 Hektar
Produktion
80.000 Flaschen

BESUCHSZEITEN

Mo.-Sa. 9-12 + 13-18 Uhr oder nach Vereinbarung
Aktuelle Themenweinproben und besondere Wein-Events

Das Weingut in Waldböckelheim wird von Ernst-Günter und Doris Koebernik geführt, Tochter Christiane ist mittlerweile für den Ausbau der Weine zuständig. Ihre Weinberge liegen in den Waldböckelheimer Lagen Kronenfels, Mühlberg und Kirchberg, sowie im Schlossböckelheimer Königsfels. In der Lage Kronenfels, wo man 10 Hektar besitzt, werden vor allem die Guts- und Terroirweine erzeugt. Im Mühlberg (1,6 ha) baut man ausschließlich Riesling an, ebenso im Königsfels (1,2 ha). Im Kirchberg hat man 2012 eine einen Hektar große Parzelle erworben, die im Jahr darauf mit Riesling und Grauburgunder bepflanzt wurde. Im letzten Jahrzehnt wurde der Rebsortenspiegel konsequent umgestellt, so dass heute der Schwerpunkt auf traditionellen Rebsorten liegt: Riesling, Weißburgunder, Grauburgunder, Silvaner, Scheurebe, Gewürztraminer, Spätburgunder und St. Laurent werden angebaut.

Kollektion

Die Rieslinge zeigen in der aktuellen Kollektion der Familie Koebernik eine durchgängige Stilistik: Sie sind schlank, frisch, besitzen Biss, sind eher zurückhaltend in der Frucht und ganz auf kräutrige und mineralische Noten ausgelegt. An der Spitze steht der im vergangenen Jahr schon einmal verkostete Wein aus dem Mühlberg, der sich gut entwickelt hat, neben mineralischer Würze auch Noten von Aprikose, Limette und Orangenschale zeigt und gute Länge besitzt. Bei den „Bock auf..."-Weinen zeigt der Riesling feine Tabakwürze, der Silvaner besitzt gute Konzentration, zeigt feine erdige Würze und klare Birnenfrucht, die Cuvée aus Weiß- und Grauburgunder ist füllig, floral und cremig und deutlich nachhaltiger als die sortenrein ausgebauten Weiß- und Grauburgunder, gut gelungen ist auch der „Böcklein"-Kabinett mit feinem Süße-Säure-Spiel.

Weinbewertung

81 2017 Riesling trocken **11,5 %/6,20 €**
82 2017 Weißburgunder trocken **12 %/7,20 €**
85 2017 Silvaner trocken „Bock auf Silvaner" **12 %/8,80 €**
84 2017 Riesling trocken „vom Tonschiefer" **11,5 %/8,80 €**
84 2017 Riesling trocken „Bock auf Riesling" **11,5 %/8,80 €**
83 2017 Grauburgunder trocken „vom Rotliegenden" **12 %/8,80 €**
85 2017 Weißburgunder Grauburgunder „Bock auf Weiß & Grau" **12 %/8,80 €**
85 2016 Riesling trocken Waldböckelheimer Kirchberg **11,5 %/14,- €**
87 2016 Riesling trocken Waldböckelheimer Mühlberg **12 %/14,- €**
82 2017 Riesling „feinherb" **11,5 %/6,20 €**
84 2017 Riesling Kabinett „Das Böcklein" **10,5 %/9,20 €**
82 2017 Gewürztraminer **10 %/8,30 €**

Emrich-Schönleber

★★★★★

KONTAKT

Soonwaldstraße 10a
55569 Monzingen
Tel. 06751-2733
Fax: 06751-4864
www.emrich-schoenleber.de
weingut@emrich-schoenleber.de

Inhaber
Werner Schönleber &
Frank Schönleber
Rebfläche
19 Hektar
Produktion
130.000 Flaschen

BESUCHSZEITEN

nach Vereinbarung:
Mo.-Fr. 8-12 + 13:30-18 Uhr,
Sa. 8-12 + 13-16 Uhr

Seit mehr als 250 Jahren gibt es Weinbau in der Familie, aber erst Ende der sechziger Jahre – mit zwei Hektar Weinbergen – begann die Entwicklung zum Weingut durch Hannelore und Werner Schönleber, die heute im Betrieb von Sohn Frank unterstützt werden. Sie bauen neben 85 Prozent Riesling etwas Grau- und Weißburgunder und Müller-Thurgau an. Ihnen gehören Weinberge in den Monzinger Lagen Frühlingsplätzchen und Halenberg (5,3 Hektar), beides steile Süd- bis Südwesthänge, in denen die Reben auf Gesteinsböden aus unterschiedlichen Schieferarten, Quarzit und Quarz wachsen. Der Halenberg, die kleinste Monzinger Lage, besteht aus steinigen, von blauem Schiefer und Quarzit geprägten Böden. Das Frühlingsplätzchen ist von rotem Schiefer und Kiesel geprägt, häufig durchsetzt mit rotem Lehm und Rotliegendem. Im Filetstück des Halenberg, früher Lay und heute Auf der Ley genannt, haben Werner und Frank Schönleber 2007 eine 0,64 Hektar große Brachfläche rekultiviert, 2008 eine weitere, 1,2 Hektar groß, direkt über dem Halenberg, hier ist der Boden, neben Schiefer, stark von Kieselsteinen geprägt. Wir sind immer wieder beeindruckt, wie die Qualität in den vergangenen Jahren stetig weiter gesteigert wurde, wie die Weine immer noch präziser, noch ausdrucksstärker geworden sind. Wir sind beeindruckt, weil dies nicht nur für die Großen Gewächse gilt, sondern in gleichem Maße auch für den Gutsriesling und für alle anderen Weine: Das ist Größe!

Kollektion

Zum ersten Mal bewerten wir in diesem Jahr die drei Großen Gewächse von Werner und Frank Schönleber gleich stark, auch wenn sie sich natürlich deutlich unterscheiden: Der Halenberg ist noch leicht verhalten im Bouquet, zeigt steinige Würze und dezente gelbe Frucht, besitzt am Gaumen auch etwas Brotkrustenwürze, viel Druck und Zug und ist sehr nachhaltig, das Frühlingsplätzchen zeigt die charakteristische steinige Würze und sehr dezente Zitrusnoten, entwickelt feinen Druck, ist konzentriert und nachhaltig und besitzt Eleganz. Der Versteigerungs-Wein Auf der Ley ist das puristischste und eleganteste der drei Großen Gewächse, zeigt deutliche Noten von nassem Stein, etwas grünen Apfel, besitzt feinen Druck und viel Grip. Bei den „Zweitweinen“ sehen wir den Halgans aus den Halenberg aber eindeutig vorne, er zeigt ebenfalls steinige Noten und etwas Brotkruste, ist druckvoll, besitzt Grip und salzige Länge, der Frühtau zeigt neben Noten von Kräutern und Schwarztee auch deutliche Frucht, Aprikose, Orangenschale, ist elegant und besitzt ein animierendes Säurespiel. Der „Mineral“ wird seinem Namen mit steinig-mineralischen

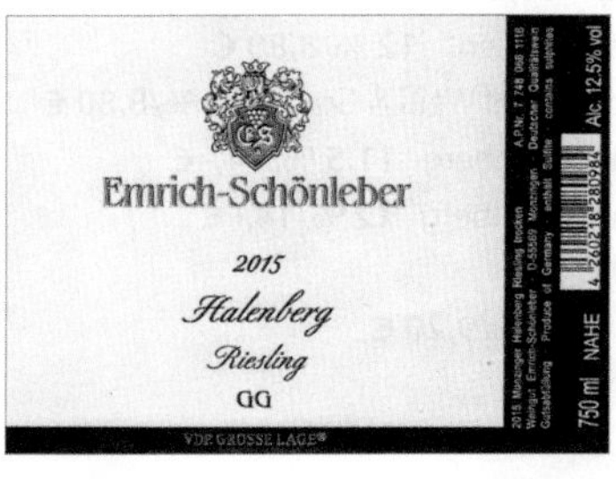

Noten einmal mehr gerecht, zeigt ebenfalls etwas Schwarztee, besitzt feinen Grip und Länge, der Gutsriesling ist frisch und besitzt viel klare, leicht süße Frucht mit Noten von Ananas und Orangenschale. Die beiden S-Burgunder sind reintönig, zeigen nussige und leicht florale Noten sowie dezente Holzwürze und besitzen ein feines Säurespiel, der R-Grauburgunder lässt mit Noten von nassem Stein und etwas Schwarztee seine Herkunft aus dem Frühlingsplätzchen erkennen, er ist frisch und elegant, besitzt nussige Würze und leicht salzige Länge. Der Lenz ist animierend mit ausgewogenem Süße-Säure-Spiel, der Halenberg-R wird mit reichlich Luft immer komplexer, zeigt rauchige Noten und leicht gereifte Frucht, besitzt feinen Schmelz, sehr dezente Süße, Druck und Eleganz. Der Kabinett ist ebenfalls komplex und würzig, mit Noten von Brotkruste, Rosmarin und gelbem Steinobst, die Spätlese zeigt wie die anderen Weine aus dem Frühlingsplätzchen steinige Noten, dazu viel gelbe Frucht, Aprikosen, Orangenschale und besitzt nachhaltige Säurefrische, die Halenberg-Spätlese braucht Luft, zeigt dann kräutrige und steinige Würze, besitzt viel feine, süße Frucht, Grip und leicht salzige Länge und die Auslese aus dem Halenberg ist eindringlich, konzentriert und komplex mit Noten von gelbem Steinobst, Zitruswürze und etwas Brotkruste im Bouquet, besitzt im Mund Frische und ein lebendiges Säurespiel.

Werner Schönleber & Frank Schönleber

Weinbewertung

86	2017 Riesling trocken **12 %/9,90 €**
88	2017 Weißburgunder „S" trocken **13 %/14,- €**
88	2017 Grauburgunder „S" trocken **13 %/15,50 €**
86	2017 Riesling „Lenz" **11,5 %/10,90 €**
88	2017 Riesling trocken „Mineral" **12 %/14,90 €**
90	2017 Riesling trocken „Frühtau" Monzinger **12 %/17,50 €**
91	2017 Riesling trocken „Halgans" Monzinger **12 %/20,90 €**
91	2016 Grauburgunder „R" trocken **13,5 %/32,- €**
93	2017 Riesling „GG" Frühlingsplätzchen **12,5 %/39,- €**
93	2017 Riesling „GG" Halenberg **12,5 %/42,- €**
93	2017 Riesling „GG" Auf der Ley **12,5 %/1,5l/Vst.**
91	2015 Riesling „R" Monzinger Halenberg **12,5 %/a.A.**
88	2017 Riesling Kabinett Monzinger **9,5 %/13,- €**
91	2017 Riesling Spätlese Monzinger Frühlingsplätzchen **8,5 %/19,50 €**
91	2017 Riesling Spätlese Monzinger Halenberg **8,5 %/21,- €**
92	2017 Riesling Auslese Monzinger Halenberg **8 %/36,- €**

LAGEN

HALENBERG (MONZINGEN)
- AUF DER LEY
FRÜHLINGSPLÄTZCHEN
(MONZINGEN

REBSORTEN

RIESLING (85 %)
GRAUBURGUNDER (7 %)
WEISSBURGUNDER (6 %)
MÜLLER-THURGAU (2 %)

ENGEL

★★

N

KONTAKT

Untergasse 39
67592 Flörsheim-Dalsheim
Tel. 06243-6574
www.der-wein-engel.de
webmaster@der-wein-engel.de

Inhaber
Udo Engel
Kellermeister
Albrecht Engel
Rebfläche
10,5 Hektar

BESUCHSZEITEN

Mo.-Fr. 8-12 + 13-18 Uhr,
Sa. 9-16 Uhr, So. 10-12 Uhr
Straußwirtschaft jeden Freitag
im Juli und Sept. ab 17 Uhr

Weingut Engel

Seit 1673

Seit dem 17. Jahrhundert betreibt die Familie Weinbau, heute führt Udo Engel zusammen mit Ehefrau Ulrike den Betrieb. Sohn Albrecht Engel absolvierte seine Lehre bei Wittmann, Gutzler und Christmann und baute 2012 seine ersten eigenen Weine auf dem elterlichen Weingut aus. Die Weinberge liegen in den Nieder-Flörsheimer Lagen Frauenberg und Goldberg, sowie in den Dalsheimer Lagen Bürgel und Hubacker. Die Weine werden überwiegend spontanvergoren, teils im Edelstahl, teils im Holz ausgebaut. Das Sortiment ist gegliedert in Guts-, Orts- und Lagenweine.

Kollektion

So eine starke und vor allem stilsichere Kollektion haben wir nur ganz selten von einem Debütanten erhalten, die Weine zeigen eine klare Handschrift, sind gekonnt vinifiziert, das Augenmerk liegt auf Eleganz und Frische. Der leicht zitrusduftige feinherbe Himmlische Liter aus Riesling und Müller-Thurgau ist klar und geradlinig, ein Literwein im Schnäppchenformat. Die Scheurebe ist klar und zupackend, der Gutsriesling besitzt Frische, Frucht und Biss. Der Nieder-Flörsheimer Riesling ist deutlich konzentrierter, besitzt viel Frische, reintönige Frucht und Grip. Eine weitere deutliche Steigerung bringt der Lagen-Riesling aus dem Frauenberg: Konzentriert, kraftvoll, zupackend, gute Struktur und Frucht, enorm druckvoll, noch jugendlich. Die Rotweine stehen den Weißen nicht nach, im Gegenteil: Alle vier präsentierten Weine haben wir mit „sehr gut" bewertet. Der Spätburgunder-Gutswein besitzt reintönige Frucht und feine Frische, ist lebhaft und zupackend. Der Kieselstein-Schwarzriesling besticht ebenfalls mit reintöniger Frucht und guter Struktur, ist herrlich präzise. Intensive Frucht, Fülle und Kraft zeichnen den Reserve-Portugieser aus. An der Spitze steht auch im roten Segment der Lagenwein aus dem Frauenberg, ein faszinierend reintöniger, lebhafter Spätburgunder der gute Struktur und viel Frucht besitzt und wie schon der Schwarzriesling mit seiner Präzision besticht. Tolles Debüt!

Weinbewertung

84 2017 Silvaner trocken **12 %/7,50 €**
84 2017 Scheurebe trocken **11,5 %/7,90 €**
83 2017 Riesling trocken **11 %/7,90 €**
85 2017 Riesling trocken Nieder Flörsheimer **12 %/11,90 €**
89 2017 Riesling trocken Nieder-Flörsheimer Frauenberg **12,5 %/19,50 €**
82 2017 „Himmlischer Liter" Weißwein „feinherb" (1l) **11 %/4,- €** ☺
85 2015 Spätburgunder trocken **13 %/10,50 €**
87 2015 Schwarzriesling trocken „Kieselstein" **13 %/14,50 €**
86 2015 Portugieser trocken „Reserve" **13 %/11,90 €**
89 2015 Spätburgunder trocken Nieder-Flörsheimer Frauenberg **12,5 %/19,50 €**

ENGELHOF

★☆

KONTAKT

Engelhof 1
79801 Hohentengen am Hochrhein
Tel. 07742-7497
Fax: 07742-7960
www.engelhof.de
engelhof@t-online.de

Inhaber
Gebrüder Netzhammer
Kellermeister
Alexander Schira
Außenbetrieb
Adrian Häfner
Rebfläche
26 Hektar
Produktion
180.000 Flaschen

BESUCHSZEITEN

Mo.-Fr. 8-12 + 14:30-18 Uhr, Sa. 9-13 Uhr oder nach Vereinbarung

Das 1628 gegründete Gut wurde 1982 von Obst- auf Weinbau umgestellt. 1986 übernahm die Familie Georg Netzhammer den Betrieb. Georg Netzhammer beendete 1990 in Wädenswil sein Önologiestudium und baute seither das Weingut mit seiner Frau Andrea auf. Neben der arrondierten 20 Hektar großen Lage um das Gut am Hohentengener Oelberg bewirtschaftet Georg Netzhammer 6 Hektar am Erzinger Kapellenberg. Der Schwerpunkt liegt auf den Burgundersorten und Gutedel, zuletzt wurden Chardonnay, Johanniter und Solaris gepflanzt. Mit Ausnahme edelsüßer Spezialitäten werden alle Weine traditionell trocken ausgebaut, alle Weine durchlaufen den biologischen Säureabbau. Die letzten Jahre investierte man in Betrieb und Kellertechnik, ein Weinforum für Degustationen und Verkauf wurde mitten im Weinberg errichtet.

Kollektion

Eine umfangreiche, sehr gleichmäßige Kollektion präsentiert Alexander Schira in diesem Jahr. Im weißen Segment ragen die beiden Barriqueweine hervor. Der Kalkofen-Chardonnay zeigt reife Frucht, etwas Vanille, besitzt Fülle und Kraft, ist noch allzu jugendlich. Etwas offener ist schon der Pinot Gris, ebenfalls von Vanillenoten geprägt, besitzt reintönige Frucht, gute Struktur und Substanz. Im roten Segment ist der gewürzduftige, tanninbetonte Cabernet Mitos zu beachten, am stärksten aber ist der Reserve-Pinot Noir, der rauchig-würzige Noten und Vanille zeigt, Fülle, Kraft und Struktur besitzt. —

Weinbewertung

83 2013 Rivaner Sekt brut **12,5 %/9,90 €**
84 2013 Pinot Sekt brut **13 %/12,90 €**
83 2017 Gutedel trocken „S“ **11,5 %/6,40 €**
82 2017 Müller-Thurgau trocken **11 %/6,40 €**
83 2017 Weißburgunder trocken **12,5 %/8,50 €**
81 2017 Grauburgunder trocken **13 %/8,50 €**
82 2017 Chardonnay trocken **13 %/9,50 €**
84 2015 Riesling trocken **12 %/10,50 €**
84 2015 Weißburgunder Spätlese trocken **13 %/9,90 €**
82 2015 Grauburgunder Spätlese trocken **13 %/10,50 €**
86 2017 Pinot Gris trocken Barrique **13 %/14,- €**
85 2017 Chardonnay trocken Barrique „Kalkofen“ **13 %/14,- €**
83 2014 „Schorsch“ Rotwein trocken **12,5 %/9,50 €**
82 2015 Spätburgunder Spätlese trocken „Alte Reben“ **13,5 %/10,90 €**
85 2015 Cabernet Mitos trocken Barrique **13,5 %/19,50 €**
82 2015 Pinot Noir trocken Barrique **13,5 %/12,90 €**
87 2015 Pinot Noir trocken „Reserve“ **14 %/22,- €**

ENGLER

★★

KONTAKT

Moltkeplatz 2
79379 Müllheim
Tel. 07631-170550
Fax: 07631-173345
www.weingut-engler.de
info@weingut-engler.de

Inhaber
Andrea Engler-Waibel
Rebfläche
11 Hektar
Produktion
80.000 Flaschen

BESUCHSZEITEN

Mo.-Fr. 9-18:30 Uhr, Sa. 9-16 Uhr
oder nach Vereinbarung

Seit 1892 ist das Gut am Moltkeplatz in Müllheim in Familienbesitz, Max Engler Rieggerdt, der Urgroßvater der heutigen Besitzerin, erwarb damals das Anwesen. 1960 übernahm Hans Engler das Gut. Zusammen mit seiner Frau Ursula erweiterte er es auf die heutige Fläche und stellte ganz auf Flaschenvermarktung um. Tochter Andrea war nach ihrem Geisenheimstudium 5 Jahre Betriebsleiterin eines Weingutes am Bodensee bevor sie 1999 in das elterliche Weingut zurückkehrte, das sie dann 2004 übernahm. Ihre Weinberge befinden sich in den Müllheimer Lagen Reggenhag, Pfaffenstück und Sonnhalde sowie im Badenweiler Römerberg. Hauptrebsorten sind Spätburgunder und Gutedel. Hinzu kommen Grau- und Weißburgunder, Nobling, sowie etwas Riesling, Chardonnay, Auxerrois und Gewürztraminer. Die Weißweine werden reduktiv ausgebaut mit Betonung auf Frische und Frucht. Die Spätburgunder werden maischevergoren und in Holzfässern ausgebaut. 2011 wurde der neue Weinverkauf mit Probierstube eröffnet.

Kollektion

Bestechend gleichmäßig ist die neue Kollektion. Zwei feine, harmonische, gekonnt vinifizierte Sekte eröffnen den Reigen. Die trockenen Kabinettweine bestechen wie gewohnt mit ihrer reintönigen Frucht, sie sind frisch und klar, enorm gleichmäßig in der Qualität und immer zuverlässig: Dies ist eine der großen Stärken von Andrea Engler-Waibel. Nur eine trockene Spätlese wurde diesmal vorgestellt: Der Cabernet Blanc besitzt Fülle, Kraft, ist enorm gehaltvoll bei dezenter jugendlicher Bitternote. Der Spätburgunder Rosé ist fruchtbetont, geradlinig und zupackend, leitet über zu zwei sehr guten Spätburgundern. Der trockene Kabinett zeigt tolle Frucht und Frische, diese Frucht ist derzeit beim Barrique-Pinot Noir noch etwas von Holz- und Schokonoten überlagert, aber auch er besitzt reintönige Frucht – und viel Substanz, braucht Zeit.

Weinbewertung

86	2014 Nobling Sekt extra brut **12,5 %/11,- €**
87	2016 Weißburgunder Sekt brut **12,5 %/11,- €**
82	2017 Gutedel trocken Müllheim **12 %/5,- €**
84	2017 Gutedel Kabinett trocken Müllheimer Reggenhag **11,5 %/6,50 €**
85	2017 Auxerrois Kabinett trocken Müllheimer Pfaffenstück **12,5 %/7,- €**
84	2017 Weißburgunder Kabinett trocken Müllheimer Pfaffenstück **12,5 %/7,- €**
85	2017 Grauburgunder Kabinett trocken Müllheimer Sonnhalde **13 %/7,30 €**
85	2017 Chardonnay Kabinett trocken Müllheimer Sonnhalde **13 %/7,50 €**
86	2017 Cabernet Blanc Spätlese „3-Stern" trocken Pfaffenstück **13,5 %/9,- €**
84	2017 Spätburgunder Rosé Kabinett trocken Müllheimer Sonnhalde **12,5 %/7,- €**
86	2016 Spätburgunder Kabinett trocken Müllheimer Reggenhag **13 %/9,- €**
86	2015 Pinot Noir trocken Barrique **13,5 %/14,50 €**

ENGLERT

★

KONTAKT

Kembachtalstraße 37
97877 Wertheim
Tel. 09397-1275
Fax: 09397-95045
www.weingut-englert.de
weingut.englert.
kembach@t-online.de

Inhaber
Rolf Englert
Rebfläche
3,5 Hektar

BESUCHSZEITEN

nach Vereinbarung

Rolf Englert bewirtschaftet mit seiner Familie im Nebenerwerb Weinberge im badischen Tauberfranken östlich von Wertheim. Er ist im Kembachtal zu Hause, in dem die Grenze zwischen Buntsandstein und Muschelkalk verläuft, und wo auch das Gros seiner Weinberge in der Lage Kembacher Sonnenberg liegt, einer kleinen Süd-Südost-exponierten Hanglage mit Muschelkalkböden. Die Weinberge dort wurden Ende der sechziger Jahre neu angelegt, nachdem sie nach der Reblauskatastrophe verschwunden waren. Daneben ist er im benachbarten Lindelbacher Ebenrain vertreten, in dem ebenfalls Muschelkalk vorherrscht, und wo er seine Spezialität stehen hat, den Auxerrois, den man sonst kaum in Tauberfranken findet. Neben den typischen Rebsorten der Region wie Müller-Thurgau, der knapp die Hälfte seiner Rebfläche einnimmt, Bacchus, Kerner und Silvaner gibt es Spätburgunder sowie etwas Solaris, den Rolf Englert vor allem für Federweißen nutzt, und Cabernet Mitos.

Kollektion

Eine gewohnt kleine Kollektion aus nur sechs Weinen präsentiert Rolf Englert auch in diesem Jahr, aber schließlich besitzt er ja auch keinen Riesenbetrieb. Und wie so oft ist es der Auxerrois aus dem Lindelbacher Ebenrain, der es uns besonders angetan hat, im Jahrgang 2017 als trockene Spätlese. Er zeigt gute Konzentration im Bouquet, gelbe und weiße Früchte, ist füllig und harmonisch im Mund, saftig, besitzt reife süße Frucht, gute Substanz und Frische. Zuverlässig wie immer präsentieren sich auch die Literweine: Der Müller-Thurgau ist würzig und eindringlich bei feiner Muskatnote, ist klar, frisch und zupackend, der trockene Bacchus Kabinett zeigt Cassis und etwas florale Noten, ist frisch und geradlinig, betont süffig. Der trockene Silvaner Kabinett zeigt feine Würze und Duft, etwas Birnen, ist reintönig im Mund, frisch und geradlinig bei feiner Frucht. Auch der Spätburgunder aus dem Jahrgang 2014 passt in dieses Bild, zeigt rote Früchte, reintönige Frucht, feine Frische, ist zupackend im Mund und recht tanninbetont, wirkt dadurch noch sehr jugendlich. ➖

Weinbewertung

85	2017 Auxerrois Spätlese trocken Lindelbacher Ebenrain	**12,5 %/6,20 €**
83	2017 Silvaner Kabinett trocken Kembacher Sonnenberg	**11,5 %/6,- €**
81	2017 Müller Thurgau trocken Kembacher Sonnenberg (1l)	**11 %/4,50 €**
82	2017 Bacchus Kabinett trocken Kembacher Sonnenberg (1l)	**11 %/4,50 €**
82	2017 Rotling halbtrocken Kembacher Sonnenberg	**11 %/4,60 €**
83	2014 Spätburgunder trocken Kembacher Sonnenberg	**12,5 %/6,60 €**

THEO ENK

★★☆

KONTAKT

Weinbergstraße 13
55452 Dorsheim
Tel. 06721-45470
Fax: 06721-47884
www.weingut-theo-enk.de
info@weingut-theo-enk.de

Inhaber
Steffen Enk
Rebfläche
11 Hektar
Produktion
125.000 Flaschen

BESUCHSZEITEN

nach Vereinbarung

Theo Enk hat mittlerweile das Weingut an seinen Sohn Steffen übergeben, der 2002 seine Ausbildung zum staatlich geprüften Weinbautechniker abschloss und jetzt den Betrieb in vierter Generation führt. Die Weinberge liegen in den Laubenheimer Lagen Karthäuser und Fuchsen sowie im Dorsheimer Goldloch. 40 Prozent der Weinberge nimmt Riesling ein, dazu gibt es 20 Prozent Grauburgunder, je 10 Prozent Weißburgunder und Spätburgunder sowie ein wenig Scheurebe, Kerner, Silvaner und Dornfelder. 2016 konnte Steffen Enk eine 30 Jahre alte Chardonnay-Anlage übernehmen. Im Sommer 2014 wurde die Probierstube zu einer modernen Vinothek umgebaut, das Jahr 2017 stand ganz im Zeichen des Neubau von Kelterhaus, Keller und Flaschenlager.

Kollektion

Auch in diesem Jahr sind Steffen Enks Rieslinge und Burgunder wieder sehr sauber, präzise und reintönig, besitzen Frische und Biss. Der trockene Riesling vom Goldloch ist komplex, elegant und animierend, zeigt feine rauchig-mineralische Noten, besitzt Druck und Länge, der „Mariage"-Riesling ist sehr direkt und ganz fruchtbetont mit feiner Zitruswürze, Limette und Orangenschale, der Karthäuser ist noch etwas verschlossen, lässt etwas kräutrige Würze und grünen Apfel erkennen und der feinherbe Goldloch-Riesling zeigt viel gelbe Frucht, besitzt dezente Süße und ein animierendes Säurespiel. Der Chardonnay kann in diesem Jahr zur Cuvée „Felix" und dem Grauburgunder „Florian" aufschließen, alle drei zeigen dezenten Holzeinsatz, besitzen gute Konzentration und klare Frucht, der Denkstoff-Weißburgunder zeigt viel Frucht, Birne, Melone und leicht kräutrige Würze. Bei der Basis konnte Steffen Enk in diesem Jahr zulegen: Der Guts-Grauburgunder ist saftig und füllig und der Blanc de Noir zeigt ebenfalls florale Noten, klare rote Frucht, besitzt ein frisches Säurespiel.

Weinbewertung

84 2017 Grauer Burgunder trocken **12,5 %/6,90 €**
84 2017 Spätburgunder „Blanc de Noir" trocken **12,5 %/6,90 €**
86 2017 Riesling „mariage VIII" Laubenheimer Fuchsen **12,5 %/9,- €**
85 2017 Riesling „S" trocken Laubenheimer Karthäuser **12,5 %/9,20 €**
84 2017 Weißer Burgunder trocken Laubenheimer Karthäuser **12,5 %/7,50 €**
87 2017 Grauer Burgunder trocken „Florian" **13 %/9,80 €**
87 2017 Grauburgunder & Weißburgunder trocken „Grau Weiß" „Felix" **13 %/9,50 €**
86 2017 Weißburgunder trocken „Denkstoff 5zig/5zig" **12,5 %/9,50 €**
87 2017 Chardonnay „S" trocken **13 %/11,80 €**
88 2017 Riesling trocken Dorsheimer Goldloch **12,5 %/13,80 €**
86 2017 Riesling „feinherb" Dorsheimer Goldloch **11,5 %/9,- €**

EPPELMANN

★☆

KONTAKT

Kirchgasse 10
55271 Stadecken-Elsheim
Tel. 06136-2778
Fax: 06136-3403
www.eppelmann.de
info@eppelmann.de

Inhaber
Timo & Simone Eppelmann
Rebfläche
20 Hektar
Produktion
120.000 Flaschen

BESUCHSZEITEN

Di.-Fr. 13-18 Uhr, Sa. 10-17 Uhr
und nach Vereinbarung
Panorama-Vinothek

Die Weinberge von Timo und Simone Eppelmann liegen in den Elsheimer Lagen Blume und Bockstein sowie den Stadecker Lagen Lenchen und Spitzberg. Riesling und Spätburgunder nehmen je ein Fünftel der Fläche ein, die weiteren Burgundersorten 30 Prozent, dann folgt Silvaner, dazu gibt es unter anderem Dornfelder, Portugieser, Müller-Thurgau und Sankt Laurent, aber auch Spezialitäten wie Gewürztraminer und Huxelrebe. Rote Rebsorten nehmen zwei Fünftel der Rebfläche ein. Die Weißweine werden gezügelt vergoren, verstärkt spontan, und in der Regel im Edelstahl ausgebaut, immer öfter aber auch im Holz, die Rotweine reifen nach der Maischegärung in Holzfässern. Im Barrique ausgebaute Spitzenweine werden in der Linie „Turmjuwel" vermarktet. 2010 wurde die neue Vinothek fertig gestellt. Die Kinder Corinna und Christian, beide in der Winzerausbildung, haben den ersten Sauvignon Blanc des Hauses verantwortet, First 17 genannt.

Kollektion

Ein würzig-rauchiger, recht süßer Pinotsekt eröffnet in diesem Jahr den Reigen. Die Traditions-Weißweine sind geradlinig und klar. Der Silvaner von 1965 gepflanzten Reben ist füllig und saftig, besitzt reife Frucht und Substanz. Deutlich jünger sind die Reben des Sauvignon Blanc, der reintönige Frucht besitzt, florale Noten und gute Struktur. Der Terra Fusca-Riesling ist konzentriert, zeigt weiße und gelbe Früchte, besitzt Fülle und Saft, der Kalkmergel-Riesling ist würziger, besitzt viel reife Frucht und Substanz. Der gelbfruchtige Pinot Gris zeigt reintönige Frucht, ist klar und füllig bei deutlicher Süße. Unser Favorit ist in diesem Jahr der im Barrique ausgebaute Pinot Noir, der intensive Frucht besitzt, rote Früchte, rauchige Noten, Fülle und Kraft, gute Struktur und Frische. Überzeugende Vorstellung!

Weinbewertung

84 Sinfonie Pinot Sekt brut **13 %/10,10 €**
82 2017 Silvaner trocken „Tradition" **11 %/7,10 €**
81 2017 Riesling trocken „Tradition" **11,5 %/7,10 €**
82 2017 Weißer Burgunder trocken „Tradition" **12 %/7,10 €**
82 2017 Chardonnay trocken Elsheimer Blume **13,5 %/8,10 €**
84 2017 Silvaner trocken „Alte Reben" Elsheimer **12,5 %/9,10 €**
85 2016 Riesling Spätlese trocken „Terra Fusca" Bockstein **12,5 %/9,70 €**
85 2016 Riesling Spätlese trocken „Kalkmergel" Blume **12,5 %/9,70 €**
85 2017 Sauvignon Blanc trocken „First 17" **12,5 %/9,70 €**
83 2017 Gewürztraminer & Riesling Spätlese trocken Blume **13 %/7,70 €**
85 2016 Pinot Gris Spätlese trocken „Kalkmergel" Blume **13,5 %/9,70 €**
86 2017 Pinot Noir trocken Barrique „Terra Fusca" Bockstein **13 %/10,70 €**

Karl Erbes

★★★☆

KONTAKT

Riesling-Weingut Karl Erbes
Moseluferstraße 27-29
54539 Ürzig
Tel. 06532-94465
Fax: 06532-953736
www.weingut-karlerbes.com
info@weingut-karlerbes.de

Inhaber
Stefan Erbes
Rebfläche
5 Hektar
Produktion
45.000 Flaschen

BESUCHSZEITEN

nach Vereinbarung

E

Karl Erbes gründete 1967 das Weingut, das heute von seinem Sohn Stefan geführt wird, der seit 1984 im Betrieb arbeitet und ihn 2002 übernommen hat. Stefan Erbes baut ausschließlich Riesling an, besitzt nur wurzelechte Reben im Ürziger Würzgarten und im Erdener Treppchen, auch im Erdener Prälat ist er vertreten. Die Kranklei liegt zwischen dem ursprünglichen Würzgarten und dem ursprünglichen Treppchen, wurde 1971 Teil des Würzgarten, darf aber nun auch wieder offiziell auf dem Etikett erscheinen, da sie als Gewanne eingetragen wurde.

Kollektion

Bereits in den vergangenen Jahren hat sich der Stil des Weinguts klar abgezeichnet, auch 2017 überzeugen die saftigen, würzigen, zugänglichen Weine. Hinter der Oberfläche verbirgt sich allerdings viel Substanz, auch und gerade im Jahrgang 2017, der mengenmäßig gering ausfiel, aber eine Fülle an hochklassigen Rieslingen quer durch alle Qualitätsstufen lieferte. Der einzige vorgestellte trockene Wein gefällt mit seiner Würze, er ist stoffig, zeigt Steinobstnoten und besitzt Spiel. Unter den süßen Spätlesen ist jene aus der Kranklei am vielschichtigsten, allerdings auch am unzugänglichsten: ein Wein, der Zeit benötigt. Selbiges kann man auch von der Kranklei-Auslese sagen, die in der Nase deutlich tropisch ausfällt. Deutlich verschieden: die duftige, rassige, derzeit sehr süß wirkende, aber enorm nachhaltige Prälat-Auslese. Die Würzgarten-Beerenauslese besitzt eine glasklare cremige Art, während die üppige Trockenbeerenauslese sehr jugendlich wirkt und derzeit kaum zu beurteilen ist.

Weinbewertung

87 2017 Riesling Spätlese trocken Ürziger Würzgarten **12 %/10,- €**
88 2017 Riesling Spätlese „feinherb" Ürziger Würzgarten **11 %/10,- €** ☺
87 2017 Riesling Kabinett Ürziger Würzgarten **8 %/8,50 €** ☺
88 2017 Riesling Spätlese Erdener Treppchen **7 %/10,- €** ☺
89 2017 Riesling Spätlese Ürziger Würzgarten **7 %/10,- €** ☺
90 2017 Riesling Spätlese Ürziger „in der Kranklei" **7,5 %/10,50 €** ☺
90 2017 Riesling Auslese Ürziger Würzgarten **8 %/15,- €** ☺
91 2017 Riesling Auslese Erdener Prälat **7 %/32,- €**
92 2017 Riesling Auslese Ürziger in der Kranklei **7,5 %/22,- €** ☺
91 2017 Riesling Auslese* Ürziger Würzgarten **7,5 %/18,50 €**
92 2017 Riesling Beerenauslese Ürziger Würzgarten **6 %/38,- €/0,375l**
92 2017 Riesling Beerenauslese Ürziger „in der Kranklei" **5,5 %/38,- €/0,375l**
88 2017 Riesling Trockenbeerenauslese Ürziger Würzgarten **5,5 %/85,- €/0,375l**

Walter Erhard

★★

KONTAKT

Weinstraße 21
97332 Volkach
Tel. 09381-2623
Fax: 09381-71116
www.weingut-erhard.de
info@weingut-erhard.de

Inhaber
Walter Erhard
Rebfläche
7,5 Hektar
Produktion
60.000 Flaschen

BESUCHSZEITEN

Mo.-Fr. 9-18 Uhr, Sa. 10-16 Uhr, So. 10-12 Uhr und nach Vereinbarung
Weinrestaurant „Schoppenhäusle" ganzjährig geöffnet; „Schatzsuche" in den Volkacher Weinbergen

Walter Erhard übernahm 1990 den ehemals landwirtschaftlichen Betrieb mit Fassweinerzeugung. Zusammen mit Ehefrau Sabine restrukturierte er den Betrieb, stellte auf Selbstvermarktung um. Ihre Reben, überwiegend in der Lage Volkacher Ratsherr, wachsen auf Muschelkalkböden. Neben dem Ratsherr sind sie im Obervolkacher Landsknecht vertreten, im Escherndorfer Fürstenberg, wo die Reben ebenfalls auf Muschelkalkböden wachsen, sowie am Steigerwald im Großlangheimer Kiliansberg, wo auf Keuperböden rote Sorten aber auch Müller-Thurgau stehen. Wichtigste Rebsorte ist Silvaner, der 30 Prozent der Fläche einnimmt. Es folgen Müller-Thurgau, Weißburgunder, Scheurebe und Bacchus, dazu gibt es 20 Prozent rote Sorten wie Domina, Regent, Spätburgunder und Schwarzriesling. Im gutseigenen Weinrestaurant, dem Schoppenhäusle, können alle Weine glasweise verkostet werden.

Kollektion

Mit guten, sehr gleichmäßigen Kollektionen wartete Walter Erhard in den vergangenen Jahren auf, so auch im letzten Jahr, als die trockene Silvaner Spätlese aus dem Ratsherr die starke, homogene Kollektion anführte. In diesem Jahr nun gibt es eine Neuerung, eine maischevergorene Cuvée aus Weißburgunder und Silvaner, von vollreifen Trauben im Ratsherr. Der Weißburgunder wurde mit der Hefe im Barrique ausgebaut, der Silvaner auf der Vollhefe im Edelstahl. „Edel.Weiß" nennt sich das Ergebnis, Jahrgang 2016, ein konzentrierter, eindringlicher Wein, füllig und kraftvoll, dominant, mit viel Würze und Substanz – ein Gastronomiewein. Die 2017er Weißweine sind von bestechend gleichmäßiger Qualität, das Einstiegsniveau ist hoch, wie der fruchtbetonte, zupackende Liter-Silvaner beweist oder die reintönigen, frischen Frank & Frei Weine. Die Kabinettweine überzeugen trocken wie süß, der im großen Holzfass ausgebaute rotfruchtige Spätburgunder ist frisch und zupackend. —

Weinbewertung

83 2015 Riesling Sekt brut **12,5 %/13,50 €**
82 2017 Silvaner trocken Volkacher Ratsherr (1l) **12 %/6,- €**
83 2017 Silvaner trocken „Frank & Frei" **12 %/6,50 €**
83 2017 Müller-Thurgau trocken „Frank & Frei" **12 %/6,50 €**
83 2017 Silvaner Kabinett trocken Volkacher Ratsherr **12 %/7,- €**
82 2017 Weißburgunder Kabinett trocken Volkacher Ratsherr **12,5 %/7,50 €**
82 2017 Riesling Kabinett trocken Obervolkacher Landsknecht **12 %/7,50 €**
88 2016 „Edel.Weiß" Weißwein Spätlese trocken **13,5 %/25,- €**
83 2017 Scheurebe Kabinett Volkacher Ratsherr **11,5 %/7,50 €**
84 2015 Spätburgunder trocken Volkacher Ratsherr **13 %/9,50 €**

H.J. ERNST

★

KONTAKT

Holzstraße 40, 65343 Eltville
Tel. 06123-2363
Fax: 06123-4062
www.weingut-ernst.de
info@weingut-ernst.de

Inhaber
Johannes Ernst
Rebfläche
35 Hektar
Produktion
250.000 Flaschen

BESUCHSZEITEN

Mo.-Fr. 9-12 + 13-18 Uhr,
Sa. 9-18 Uhr

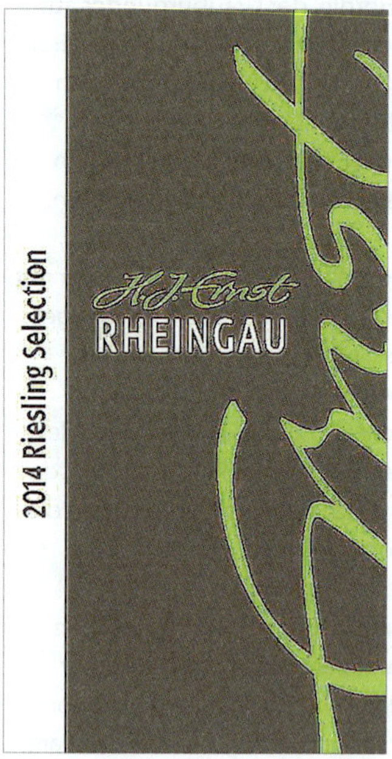

Das Weingut wird heute in vierter Generation von Johannes Ernst geführt, unterstützt von den Eltern Gisela und Hans-Josef. Die Weinberge des 33 Hektar-Betriebes liegen vor allem in Eltville, in den Lagen Taubenberg, Langenstück, Sonnenberg und Rheinberg, aber auch im Martinsthaler Rödchen, der Rauenthaler Gehrn sowie im Wallufer Walkenberg. Riesling nimmt 70 Prozent der Rebfläche ein. Dazu gibt es Spätburgunder und ein wenig Weißburgunder, Grauburgunder und Chardonnay. Es wird auch Sauvignon Blanc angebaut, der 2013 die erste Ernte erbrachte, ebenso Roter Riesling. Das Weingut nutzt nach wie vor Prädikatsbezeichnungen bei trockenen Weinen, neben der trockenen Riesling Spätlese werden auch Bezeichnungen wie Selection oder Erstes Gewächs (aus der Gehrn) genutzt.

Kollektion

Insgesamt vier Sekte, alle brut dosiert, zeigt das Eltviller Weingut in diesem Jahr. Der Sauvignon Blanc ist ausgewogen und cremig, lässt an gezuckerte Zitrusfrüchte und süße Gewürze denken. Auch der Riesling präsentiert sich sortentypisch, würzig und angenehm frisch, wenn auch etwas grober in der Perlage. Eleganter ist der Pinot-Sekt aus Weißburgunder und Spätburgunder, wegen seiner etwas höheren Dosage sehr saftig aber doch animierend frisch. Ein zupackender, herb-frischer roter Spätburgunder-Sekt gesellt sich in diesem Jahr hinzu. Bei den Stillweinen gibt es in diesem Jahr neben den Rieslingen einen Sauvignon Blanc, der kräftig und reif ist, sowie einen geradlinigen Chardonnay mit zart nussigem Charakter. Unter den Rieslingen ist der trockene Kabinett recht stoffig geraten, der Classic saftig, die halbtrockene Spätlese aus dem Sonnenberg präsentiert sich kraftvoll und ausgewogen. Kabinett und Spätlese sind klar, jedoch vermisst man bei beiden etwas Frische, die der Süße in Zaum halten könnte. —

Weinbewertung

84	2016 Sauvignon Blanc Sekt brut **13 %/12,- €**
83	2015 Riesling Sekt brut Eltviller Sonnenberg **13 %/9,- €**
84	2015 Pinot Sekt brut **13 %/10,50 €**
82	2015 Spätburgunder Sekt brut Eltviller Langenstück **13 %/9,- €**
82	2017 Riesling Kabinett trocken Martinsthaler Rödchen **12 %/6,50 €**
83	2017 Chardonnay trocken **12 %/6,50 €**
83	2017 Sauvignon Blanc trocken **12,5 %/8,- €**
83	2017 Riesling Classic **12 %/6,50 €**
82	2017 Riesling halbtrocken Eltviller Langenstück **11,5 %/5,50 €**
83	2017 Riesling Spätlese halbtrocken Eltviller Sonnenberg **12 %/8,- €**
81	2017 Riesling Kabinett Eltviller Sonnenberg **11 %/6,50 €**
80	2017 Riesling Spätlese Eltviller Taubenberg **9,5 %/8,- €**

Escher

★★★★

KONTAKT

Seestraße 4
71409 Schwaikheim
Tel. 07195-57256
Fax: 07195-137319
www.wein-escher.de
info@wein-escher.de

Inhaber
Christian & Ottmar Escher
Kellermeister/Außenbetrieb
Christian Escher
Rebfläche
14 Hektar
Produktion
85.000 Flaschen

BESUCHSZEITEN

Di.-Fr. 16:30-18:30 Uhr, Sa. 9-14 Uhr; Gutsausschank, „Wein & Tapas"

Christian Escher hat seine Winzerlehre bei Aldinger in Fellbach und beim Staatsweingut in Weinsberg gemacht, dann ein Jahr in einer Weinhandlung in Ludwigsburg gearbeitet. Es schloss sich die Ausbildung zum Weinbautechniker in Weinsberg an mit kurzen Praxisaufenthalten In Kanada und Südafrika. Bereits mit 22 Jahren hat er seinen ersten Jahrgang im elterlichen Betrieb vinifiziert. Seine Eltern Lisa und Otmar Escher haben 1990 mit 30 Ar Reben mit der Selbstvermarktung begonnen, nach und nach den Betrieb auf die heutige Größe erweitert. In Schwaikheim selbst, wo die Eschers zuhause sind, gibt es keine Reben. Die Weinberge liegen verstreut im ganzen Remstal, in Stetten (Pulvermächer), Strümpfelbach (Altenberg), Hanweiler (Berg), Steinreinach (Hörnle), Korb (Sommerhalde), Neustadt (Söhrenberg) und inzwischen auch in Hertmannsweiler (Himmelreich), wo Riesling und Lemberger angebaut werden. Drei Fünftel der Rebfläche nehmen rote Sorten ein: Trollinger, Lemberger und Spätburgunder vor allem, aber auch Muskattrollinger, Merlot, Cabernet Franc und Zweigelt. Wichtigste weiße Rebsorte ist Riesling, dazu gibt es Müller-Thurgau, Sauvignon Blanc, Chardonnay, Weißburgunder, Grauburgunder, Muskateller und Cabernet Blanc. Das Programm ist gegliedert in Gutsweine, Bergkeuper- (2 Sterne) und Goldréserve-Weine (3 Sterne). Die weißen Goldréserve-Weine tragen inzwischen Lagenbezeichnungen: Der Sauvignon Blanc kommt aus dem Steinreinacher Hörnle, der Grauburgunder aus dem Korber Steingrüble, der Riesling aus dem Stettener Pulvermächer. Bei den roten Goldréserve-Weinen werden bisher noch keine Lagenbezeichnungen genutzt, nur beim 2014 neu eingeführten Lemberger „Höchste Lage" erscheint die Lage Korber Berg auf dem Etikett. Die Weine werden überwiegend spontanvergoren, alle Rotweine werden maischevergoren.

Kollektion

Nach starken Kollektionen in den vergangenen Jahren legt Christian Escher mit dem neuen Jahrgang nochmals zu. Ein frischer, zupackender, sehr reintöniger Muskateller-Sekt eröffnet den Reigen. Der Riesling vom Hertmannsweiler Himmelreich besitzt schöne Frische und feine süße Frucht, der trockene Riesling von jungen Reben ist fruchtbetont, klar und zupackend wie auch der Riesling von alten Reben (von über 40 Jahre alten Reben im Pulvermächer), der etwas druckvoller und strukturierter ist. Sehr gleichmäßiges Niveau zeigen die weißen Bergkeuper-Weine. Der Weißburgunder (aus dem Hanweiler Berg) besitzt klare Frucht, schöne Frische und Grip, der Chardonnay (aus dem Stettener Lindhälder) ist klar, harmonisch, der Sauvignon Blanc (die Trauben kommen aus Korb und Steinreinach) ist frisch, zupackend und fruchtbetont. Fülliger und konzentrierter sind dann die Goldréserve-Weine. Der Sauvignon Blanc aus dem Steinreinacher Hörnle ist kraftvoll und stoffig, besitzt reife klare

Frucht und Grip. Der lange auf der Feinhefe ausgebaute Riesling aus dem Pulvermächer ist saftig, zupackend, während der Grauburgunder aus dem Steingrüble deutlich vom Ausbau im Holz geprägt ist, stoffig und kraftvoll ist, noch allzu jugendlich. In der Spitze noch stärker sind die Rotweine, aber auch im mittleren Segment ist das Niveau hoch, wie die Bergkeuper-Weine zeigen. Der Trollinger von 39 Jahre alten Reben in der Sommerhalde ist klar und zupackend, der Spätburgunder besitzt herrlich reintönige Frucht wie auch der frische, zupackende Lemberger. Die Cuvée Meisterwerk – Lemberger, Merlot und Cabernet Franc, im Jahrgang 2016 auch ein klein wenig Cabernet Sauvignon – setzt ganz auf Fülle, Komplexität und Harmonie, 2016 ist etwas kraftvoller, 2015 eleganter. Auch die anderen Goldréserve-Rotweine sind bärenstark. Der Spätburgunder aus dem Steinreinacher Hörnle ist herrlich reintönig, jugendlich, der Cabernet Franc (aus Korb) zeigt gute Konzentration und rauchige Noten, ist kraftvoll, stoffig, reintönig, der Merlot (ebenfalls aus Korb) besitzt gute Struktur, Kraft und klare reife Frucht. Der Lemberger ist würzig und klar, zeigt reife rote Früchte, sein Kollege aus der höchsten Lage in Korb ist faszinierend reintönig und frisch, komplex, strukturiert und lang. Klasse Kollektion!

Christian und Ottmar Escher

E

Weinbewertung

87 2016 Muskateller Sekt brut **11 %/13,80 €**
85 2017 Riesling trocken „Junge Reben" **11,5 %/5,80 €** ☺
87 2017 Weißburgunder trocken „Bergkeuper" **12,5 %/7,80 €** ☺
87 2017 Riesling trocken „Alte Reben" **12,5 %/7,80 €** ☺
86 2017 Chardonnay trocken „Bergkeuper" **13 %/9,50 €**
87 2017 Sauvignon Blanc trocken „Bergkeuper" **12,5 %/9,50 €**
89 2017 Sauvignon Blanc trocken „Goldréserve" Steinrein. Hörnle **13 %/15,80 €**
89 2017 Grauburgunder trocken „Goldréserve" Korber Steingrüble **13 %/14,80 €**
88 2016 Riesling trocken „Goldréserve" Stettener Pulvermächer **12,5 %/12,80 €**
85 2017 Riesling Hertmannsweiler Himmelreich **10,5 %**
85 2016 Trollinger trocken „Alte Reben" „Bergkeuper" **12,5 %/6,80 €**
86 2016 Spätburgunder trocken „Bergkeuper" **13 %/10,50 €**
87 2016 Lemberger trocken „Bergkeuper" **13 %/8,- €** ☺
90 2015 Spätburgunder trocken „Goldréserve" **13,5 %/18,50 €**
91 2015 „Meisterwerk" Rotwein trocken „Goldréserve" **13,5 %/16,80 €** ☺
90 2016 „Meisterwerk" Rotwein trocken „Goldréserve" **13,5 %/16,80 €**
89 2015 Lemberger trocken „Goldréserve" **13,5 %/18,50 €**
91 2015 Cabernet Franc trocken „Goldréserve" **14 %/24,- €**
90 2015 Merlot trocken „Goldréserve" **14 %/22,50 €**
92 2015 Lemberger trocken „Höchste Lage" Korber Berg **14 %/33,50 €**

LAGEN

PULVERMÄCHER (STETTEN)
HÖRNLE (STEINREINACH)
SOMMERHALDE (KORB)
SÖHRENBERG (NEUSTADT)
BERG (HANWEILER)
HIMMELREICH (HERTMANNSWEILER)

REBSORTEN

TROLLINGER (20 %)
RIESLING (18 %)
LEMBERGER (14 %)
SPÄTBURGUNDER (10 %)
MÜLLER-THURGAU (6 %)
SAUVIGNON BLANC (4 %)
MUSKAT-TROLLINGER (4 %)
MERLOT (4 %)
CHARDONNAY (4 %)
WEISSBURGUNDER (4 %)
ZWEIGELT (4 %)
GRAUBURGUNDER (3 %)
MUSKATELLER (3 %)
CABERNET FRANC (3 %)

AUGUST ESER

★★

KONTAKT

Friedensplatz 19
65375 Oestrich-Winkel
Tel. 06723-5032
Fax: 06723-87406
www.eser-wein.de
mail@eser-wein.de

Inhaber
Désirée Eser Freifrau zu Knyphausen & Dodo Freiherr zu Knyphausen
Kellermeister/Außenbetrieb
Désirée Eser Freifrau zu Knyphausen
Rebfläche
11 Hektar
Produktion
70.000 Flaschen

BESUCHSZEITEN

Mo.-Fr. 9-12 + 13-17 Uhr, Sa. 9-12 Uhr oder nach Vereinbarung

Neben Riesling baut Désirée Eser Freifrau zu Knyphausen, die inzwischen offiziell Inhaberin des Betriebes ist, etwas Spätburgunder und Roter Riesling an. Ihre Weinberge verteilen sich auf acht Gemeinden und 17 verschiedene Parzellen, darunter berühmte Lagen wie Hallgartener Schönhell, Hattenheimer Nussbrunnen, Oestricher Lenchen und Rauenthaler Rothenberg. Auch im Rüdesheimer Bischofsberg und im Mittelheimer St. Nikolaus stehen Eser-Reben. Etwa 80 Prozent der Weine werden trocken oder halbtrocken ausgebaut, süße Spezialitäten sind die Ausnahme. Die Weine reifen in einem aus dem 17. Jahrhundert stammenden Gutshaus in Oestrich, werden in traditionellen Holzfässern vergoren.

Kollektion

Der Rote Riesling ist kräftig geraten, er hat Saft aber auch kräftigen Gerbstoffbiss. Der Riesling „Vom Aueboden" aus Winkeler Lagen ist süßlich und würzig, der Oestricher Ortswein „Vom Löss" ist dagegen frischer und präziser. Jahrgangstypisch weicher ist der gereifte 2016er Riesling aus Hattenheim. Die Erste Lage-Riesling aus dem Rüdesheimer Bischofsberg zeigt dann versöhnliche Feinheiten und anregende Frische, der druckvoller geratene Riesling aus dem Rauenthaler Rothenberg verbindet würzige Substanz mit salzigen Noten. Der viel versprechenste Riesling ist der Wein aus dem Engelmannsberg, er zeigt gelbe Steinobstfrucht, ist kompakt, baut an der Luft Druck auf, ist lang. Der feinherbe Rieslinge aus Rauenthal bietet markanten Biss, der Oestricher aus 2016 ist dagegen saftig mild. Der entwickelten edelsüßen Auslese aus dem Jahrgang 2011 würde man mehr Klarheit und Spiel wünschen. Der fruchtbetonte Spätburgunder aus Mittelheimer Lagen schließlich ist angenehm frisch und saftig.

Weinbewertung

82 2017 Roter Riesling trocken **12 %/11,90 €**
83 2017 Riesling trocken „Vom Aueboden" Winkel **11,5 %/9,50 €**
82 2016 Riesling trocken Hattenheim **12 %/8,90 €**
83 2017 Riesling trocken „Vom Löss" Oestrich **12 %/8,50 €**
86 2017 Riesling trocken Hattenheim Engelmannsberg **12 %/14,90 €**
85 2017 Riesling trocken Rauenthaler Rothenberg **12 %/14,90 €**
85 2017 Riesling trocken Rüdesheim Bischofsberg **12 %/14,90 €**
82 2016 Riesling „feinherb" Oestrich **11,5 %/8,90 €**
82 2017 Riesling „feinherb" Rauenthal **11,5 %/8,90 €**
79 2011 Riesling Auslese Hattenheim Wisselbrunnen **11 %/25,- €**
81 2016 Spätburgunder trocken Mittelheim **12,5 %/8,90 €**

E

H.T. ESER

★★☆

KONTAKT

Rheingaustraße 12
65375 Oestrich-Winkel
Tel. 06723-6016980
Fax: 06723-6016980
www.weingut-eser.de
post@weingut-eser.de

Inhaber
Christoph & Thomas Eser
Rebfläche
15 Hektar
Produktion
100.000 Flaschen

BESUCHSZEITEN

Fr. 14-18.30 Uhr, Sa. 13.30-18 Uhr

Das Weingut Eser wurde 1936 gegründet und wird heute in dritter Generation von Christoph und Thomas Eser geführt. Ihre Weinberge liegen vor allem in den Oestricher Lagen Doosberg und Lenchen, aber auch im Rauenthaler Rothenberg und im Mittelheimer St. Nikolaus, die ältesten Reben sind über 60 Jahre alt. Neben dem dominierenden Riesling (85 Prozent) wird vor allem Spätburgunder angebaut, aber auch Weißburgunder und Sauvignon Blanc. Die Weine werden teils im Edelstahl, teils im Holz ausgebaut, bleiben recht lange auf der Hefe und werden erst spät gefüllt. Der Betrieb hat sich auf den Vertrieb durch den Fachhandel spezialisiert.

Kollektion

Die Kollektion ist handwerklich stark, bietet Weine mit individuellem Charakter. Der Weißburgunder-Sekt ist kraftvoll und animierend frisch. Als Wein ausgebaut präsentiert der Weißburgunder sich füllig und saftig. In diese Reihe passt auch der trockene Sauvignon Blanc, der zwischen sortentypischer Frucht und anregend herber Ader spielt. Es folgt der gewohnt geradlinige Gutsriesling No 1. Spannend sind wieder die fein gesetzten Unterschiede zwischen dem Purist, der saftig mild und stoffig, aber auch zupackend und frisch ist, und dem Mineralist, der straffer und feiner gewirkt ist, zart salzig endet. Beide besitzen sehr gute Reife und sind trinkanimierend. Der Riesling Urwerk ist reif, er besitzt saftige Fülle, ist würzig und lang. An der Spitze der trockenen Rieslinge steht der druckvolle Editus, der zwischen reifer Frucht und gut eingebundenen würzigen Gerbstoffen spielt, kraftvoll und sehr nachhaltig ist. Der 2015er Riesling 1894 zeigt ein komplexes Bouquet, ist würzig, weich und füllig. Der erstaunlich frische 2014er Spätburgunder mit seiner rauchigen Aromatik rundet die Kollektion stimmig ab. —

Weinbewertung

85 2014 Weißburgunder Sekt extra brut **13 %/12,50 €**
85 2017 Weißburgunder trocken **12,5 %/8,60 €**
83 2017 Riesling trocken „N 1" **12,5 %/7,30 €**
86 2017 Riesling trocken „Mineralist" Oestricher Lenchen **12 %/8,80 €**
86 2017 Riesling trocken „Der Purist" **12,5 %/8,90 €**
85 2017 Spätburgunder „Blanc de Noir" „Schwarzweiß" **13 %/8,90 €**
85 2017 Sauvignon Blanc trocken **12,5 %/9,80 €**
86 2017 Riesling trocken „Urwerk Alte Reben" **12,5 %/12,- €**
87 2015 Riesling „1894" Oestricher Doosberg **12 %/16,20 €**
88 2015 Riesling „Editus" Oestrich Doosberg **13 %/22,- €**
85 2017 Riesling „feinherb Harmonist" Oestricher Lenchen **12,5 %/8,60 €**
86 2014 Spätburgunder trocken „Alte Reben" **14 %/15,40 €**

Espenhof

★★★

KONTAKT

Weingut Espenhof GbR
Hauptstrasse 81
55237 Flonheim
Tel. 06734-94040
Fax: 06734-940450
www.espenhof.de
weingut@espenhof.de

Inhaber
Wilfried & Nico Espenschied
Betriebsleiter/Kellermeister/Außenbetrieb
Nico Espenschied
Rebfläche
28 Hektar
Produktion
220.000 Flaschen

BESUCHSZEITEN

im Internet + nach Vereinbarung
Weingut & Vinothek,
Landhotel & Weinrestaurant

Der Espenhof im Flonheimer Ortsteil Uffhofen wird heute in siebter und achter Generation von Wilfried und Nico Espenschied geführt. Der Rebsortenspiegel wird dominiert von klassischen Rebsorten wie Riesling (30 Prozent), Weiß- und Grauburgunder sowie Chardonnay (zusammen 30 Prozent), Silvaner, Scheurebe und Sauvignon Blanc. An roten Sorten, die gut ein Viertel der Fläche einnehmen, gibt es Spätburgunder, Portugieser, Dornfelder, Cabernet Sauvignon und Franc, Syrah und Merlot.

Kollektion

Und wieder präsentiert Nico Espenschied eine umfangreiche Kollektion mit vielen spannenden Weinen, auf die man leider nicht alle eingehen kann. Die Gutsweine sind frisch und fruchtbetont, die Ortsweine fülliger, kraftvoller, der Riesling Kabinett ist betörend lebhaft, der gelbfruchtige 2016er La Roche besitzt viel Substanz und Power. Hochinteressantes gibt es auch in der Nico Espenschied-Linie. Beispielsweise einen stoffigen Riesling Herz + Hand mit Substanz und Nachhall; oder einen würzigen, kraftvollen Grauburgunder Herz + Hand; oder den konzentrierten, enorm intensiven maischevergorenen Hautnah-Sauvignon Blanc, der Fülle und Kraft besitzt, puristisch ist und enorm anstrengend. Rote Brause nennt sich der duftige Petnat vom Syrah - puristisch, anstrengend, für Freaks. Fast klassisch hingegen der Syrah Rotwein, intensive Frucht, etwas Brombeeren, gute Struktur, Frische und Grip.

Weinbewertung

85 2016 „Petnat - Rote Brause" Syrah **12 %/21,- €**
81 2017 Weißer Burgunder trocken **12 %/7,90 €**
81 2017 Riesling trocken (1l) **11,5 %/6,90 €**
84 2017 Grauer Burgunder trocken **12 %/7,90 €**
83 2017 Riesling trocken **12 %/6,90 €**
83 2017 Sauvignon Blanc trocken **12 %/7,90 €**
84 2017 Scheurebe trocken **12 %/6,90 €**
85 2017 Riesling trocken Flonheim **12,5 %/10,5 €**
85 2017 Weißer Burgunder trocken Flonheim **12,5 %/10,50 €**
89 2017 Riesling trocken „Herz+Hand" „Nico Espenschied" **12,5 %/10,- €**
88 2016 Sauvignon Blanc trocken „Hautnah" „Nico Espenschied" **12,5 %/18,- €**
86 2017 Scheurebe trocken „Herz+Hand" „Nico Espenschied" **12 %/9,- €**
88 2017 Grauburgunder trocken „Herz+Hand" „Nico Espenschied" **12,5 %/11,- €**
90 2016 Riesling trocken La Roche **12,5 %/18,- €**
86 2016 Roter Traminer trocken „Hautnah" „Nico Espenschied" **13 %/18,- €**
86 2017 Riesling Kabinett La Roche **8,5 %/7,90 €**
85 2016 Spätburgunder trocken **13,5 %/7,90 €**
88 2016 Syrah trocken „Herz+Hand" „Nico Espenschied" **14 %/14,- €**

ZUM EULENTURM

★★☆

KONTAKT

Zum Eulenturm
Weingut - Brennerei
Hauptstraße 218
56867 Briedel
Tel. 06542-4702
Fax: 06542-41673
www.zum-eulenturm.de
info@zum-eulenturm.de

Inhaber
Timo C. Stölben
Rebfläche
3,5 Hektar
Produktion
20.000 Flaschen

BESUCHSZEITEN

Mo.-Fr. 9-18 Uhr, Sa. 10-16 Uhr (vorher anrufen) oder nach Vereinbarung

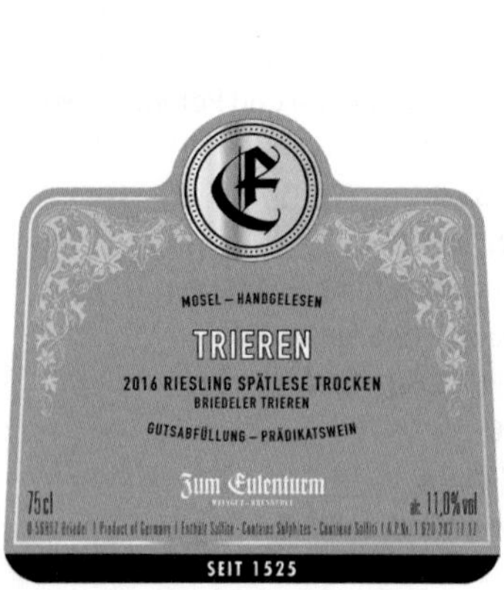

Matthias Schinnen, der Urgroßvater des heutigen Besitzers, begann Anfang des 20. Jahrhunderts mit der Flaschenweinvermarktung. Im Juli 2013 hat Timo Stölben den Betrieb von seinen Eltern Hans-Otto und Marie-Luise Stölben übernommen. Er hatte in Geisenheim und Udine studiert und war seit dem Studiumabschluss 2008 für den Weinausbau verantwortlich. Seine Weinberge liegen in den Briedeler Lagen Schäferlay, Herzchen (mit den Felsenterrassen Trieren) und Nonnengarten. Die Lagen Schäferlay und Trieren wurden in den preußischen Lagenkarten des 19. Jahrhunderts der höchsten Kategorie zugerechnet; Ende 2016 wurde Trieren wieder als Gewanne in die Weinbergsrolle eingetragen. Riesling nimmt 80 Prozent der Rebfläche ein, hinzukommen Müller-Thurgau und Spätburgunder sowie ein wenig Dornfelder und Acolon. Ein knappes Drittel der Produktion entfällt auf Sekt. Das Weingut wurde mit der Betriebsübergabe renoviert, neue Holzfässer und Edelstahltanks wurden angeschafft, ebenso eine neue Weinpresse. Timo Stölben möchte in den kommenden Jahren weitere Parzellen in Steillagen zukaufen und die Sekt-Lagerdauer auf der Hefe noch weiter erhöhen. Edelbrände aus der eigenen Brennerei ergänzen das Sortiment.

Kollektion

Die vorgestellten Sekte zeigen, dass lange Lagerzeit auf der Hefe wichtig ist für erstklassigen Schaumwein an der Mosel; und erstklassig ist beispielsweise der 2014er Rosé brut nature tatsächlich: duftig, fein, unangestrengt. Die Stillweine sind nicht zu vernachlässigen, wirken eher ruhig als offensiv, elegant und nachhaltig. Fest und mineralisch ist beispielsweise der trockene Trieren-Riesling, rassig, frisch und balanciert der Kabinettwein aus dem Herzchen. Bei dem „Connubio" handelt es sich im wahrsten Wortsinne um die Verschmelzung zweier Kulturen; der aus Müller-Thurgau und Riesling komponierte Wein nimmt Bezug auf Timo Stölben und Partnerin Ursula Voss, der eine von der Mosel, die andere aus der Schweiz, die sich in Italien kennen gelernt haben.

Weinbewertung

87	2014 Riesling Sekt brut nature **12 %/12,80 €**
87	2014 Riesling Sekt brut **12 %/12,80 €**
88	2014 Spätburgunder Rosé Sekt brut nature **12,5 %/14,- €**
87	2017 „Connubio" Weißwein **11 %/9,- €**
88	2017 Riesling Spätlese trocken Briedeler Schäferlay **12 %/11,50 €**
89	2017 Riesling Spätlese trocken Briedeler „Trieren" **12 %/15,- €**
85	2017 Riesling „feinherb" **10,5 %/7,- €**
87	2017 Riesling Spätlese „feinherb" Briedeler Trieren **11 %/11,50 €**
87	2017 Riesling Kabinett Briedeler Herzchen **8,5 %/9,- €**

EYMANN

★★★

E

KONTAKT

Ludwigstraße 35
67161 Gönnheim
Tel. 06322-2808
Fax: 06322-68792
www.weingut-eymann.de
info@weinguteymann.de

Inhaber
Vincent Eymann
Rebfläche
17,5 Hektar
Produktion
120.000 Flaschen

BESUCHSZEITEN

Mo.-Fr. 8-12 + 13-19 Uhr,
Sa. 10-19 Uhr
Weinstube im Haus, geöffnet abends (Do./Fr./Sa.)

Rainer Eymann gehörte zu den ersten Winzern in der Pfalz, die ihre Weinberge ökologisch bewirtschafteten. Bereits mit der Betriebsübernahme 1982 begann er mit der Umstellung, seit 2005 wird nach biodynamischen Prinzipien gearbeitet. Mittlerweile hat Sohn Vincent, der schon seit ein paar Jahren die Verantwortung im Keller hatte, den Betrieb übernommen. Den Anteil an spontan vergorenen Weinen hat er schon in den letzten Jahren ausgebaut, er will sich in Zukunft ganz auf Pinot Noir, Riesling und die Erzeugung von Schaumweinen konzentrieren. Im laufenden Jahr konnte er neue Weinberge im Dürkheimer Fuchsmantel und im Wachenheimer Königswingert übernehmen, die seine Parzellen in den Gönnheimer Lagen Sonnenberg und Mandelgarten ergänzen. Das Sortiment ist gegliedert in Guts- und Ortsweine und die „Selektion Toreye" – benannt nach einem bereits 1350 erwähnten Lehnshof Toreye, auf den auch der Familienname Eymann zurückgeht.

Kollektion

Schon im vergangenen Jahr hatte uns Vincent Eymann einen starken Sekt, den Blanc de Blanc Réserve, präsentiert, den kann er jetzt mit dem spontan im Holzfass vergorenen und 66 Monate auf der Hefe ausgebauten Vintage noch toppen. Der Sekt aus 50 Prozent Pinot Noir, 30 Prozent Chardonnay und 20 Prozent Weißburgunder besitzt eine sehr feine Perlage, ist herrlich puristisch, animierend, elegant und sehr nachhaltig. Die mittlerweile vierte Version des im Solera-Verfahren ausgebauten Gewürztraminers besteht aus Weinen der Jahrgänge 2014, 15, 16 und 17, ist sehr komplex und reintönig, zeigt Noten von Litschi, Rosenblättern, Limette und Nuss, besitzt viel feine Würze, ist sehr animierend und salzig, eine sehr eigenständige Interpretation der Sorte. Die Cuvée „Ménage à trois" ist konzentriert und cremig, besitzt viel gelbe Frucht, Eleganz und Frische, wie auch der Fumé-Silvaner, der nur sehr dezentes, feines Holz zeigt, der Riesling von alten Reben zeigt kräutrige Würze und besitzt feinen Druck. Bei den Rotweinen zeigt der Merlot dunkle Frucht und besitzt etwas staubige Tannine, der Pinot Noir vom Sonnenberg ist kraftvoll, besitzt eine gute Struktur mit noch jugendlichen Tanninen und Potential.

Weinbewertung

90 2011 „Vintage" Sekt brut nature **12 %/35 €**
84 2017 Riesling trocken Gönnheimer **12,5 %/8,9 €**
88 2017 „Ménage à trois" Weißwein trocken „Toreye" **13 %/14,9 €**
87 2017 Riesling trocken „Alte Reben" „Toreye" **12,5 %/14,9 €**
88 2017 Silvaner trocken „Fumé" „Toreye" **12,5 %/14,9 €**
90 Gewürztraminer „MDG #4" **13 %/29 €**
86 2016 Merlot trocken „Toreye" **13,5 %/16,9 €**
89 2016 Pinot Noir Gönnheimer Sonnenberg **13,5 %/29 €**

Fader

★★☆

KONTAKT

Kastanienhof
Theresienstraße 62
76835 Rhodt
Tel. 06323-5193
Fax: 06323-980841
www.wein-fader.de
info@wein-fader.de

Inhaber
Knut Fader
Rebfläche
16,5 Hektar
Produktion
140.000 Flaschen

BESUCHSZEITEN

Mo.-Sa. 9-12 + 13-18 Uhr

Der Kastanienhof in Rhodt ist seit 1780 in Familienbesitz und wird heute von Karl-Heinz Fader, Sohn Knut und ihren Ehefrauen Hedwig und Heike bewirtschaftet. Ihre Weinberge liegen hauptsächlich in Rhodt in den Lagen Rosengarten (sandiger und toniger Lehm), Klosterpfad (sandiger Lehm) und Schlossberg (leichter lehmiger Sand, Kalkmergel, Buntsandstein). Auf den zwei Hektar im Godramsteiner Münzberg, wo die Reben auf Lehm-Löss-Kalk-böden wachsen, stehen vor allem rote Sorten. Wichtigste weiße Rebsorte ist mit einem Flächenanteil von 30 Prozent der Riesling, daneben gibt es Grauburgunder, Weißburgunder, Gewürztraminer und Chardonnay. Wichtigste rote Sorten sind Spätburgunder und Portugieser. Auf rund einem Viertel der Fläche stehen aber noch etliche andere Sorten, etwa Silvaner, Sauvignon Blanc, Muskateller, Dornfelder, St. Laurent, Merlot, Cabernet Sauvignon.

Kollektion

Unser eindeutiger Favorit unter denen wie gewohnt sehr klaren, ganz reintönigen Weinen ist der kraftvolle und cremige Grauburgunder von alten Reben, der gute Substanz und Länge besitzt, stark ist auch der mit viel gelber Frucht und feiner Holzwürze ausgestattete Weißburgunder Réserve, der Kraft und Konzentration besitzt. Unter den Rieslingen ist der Wein vom Granit der ausdrucksstärkste, er ist präzise und geradlinig, zeigt steinige Würze, besitzt feinen Druck und ein animierendes Säurespiel, der „Alte Reben" zeigt kräutrige Würze und etwas grünen Apfel, besitzt leichte Fülle und gute Länge. Der Cabernet Sauvignon zeigt schwarze Johannisbeere und etwas Leder im Bouquet, ist kraftvoll und stoffig mit reifen Tanninen, der Pinot Noir besitzt ein eindringliches, komplexes Bouquet mit Noten von dunkler Kirschfrucht, röstiger Würze und etwas Waldboden, am Gaumen ist er gut strukturiert, noch ganz jugendlich, besitzt Potential.

Weinbewertung

85	2017 Silvaner Spätlese trocken „Kalkmergel" **13,5 %/7,- €**
84	2017 Sauvignon Blanc trocken **12 %/7,20 €**
85	2017 Weißer Burgunder Spätlese trocken Rhodter Rosengarten **13 %/6,80 €**
85	2017 Grauer Burgunder Spätlese trocken Rhodter Rosengarten **13,5 %/7,- €**
84	2017 Muskateller trocken **12,5 %/7,20 €**
86	2017 Riesling Spätlese trocken „Alte Reben" „Buntsandstein" **13 %/8,20 €**
87	2017 Riesling Spätlese trocken „Granit" **13 %/7,90 €**
84	2017 Riesling Spätlese trocken Rhodter Schlossberg **12,5 %/6,80 €**
87	2017 Weißer Burgunder trocken „Réserve" Rhodter Rosengarten **13 %/9,80 €**
88	2017 Grauer Burgunder trocken „Alte Reben" Rosengarten **13,5 %/9,20 €**
86	2015 Cabernet Sauvignon trocken „Réserve" Klosterpfad **14,5 %/13,- €**
87	2014 Pinot Noir trocken „Réserve" Münzberg **13,5 %/13,50 €**

FASCHIAN

★☆

KONTAKT

Weingut Faschian KG
Überm Neckar 7
74394 Hessigheim
Tel. 07143-967447
Fax: 07143-967448
www.weingut-faschian.de
info@weingut-faschian.de

Inhaber Karsten Faschian, Dr. Herbert Müller
Betriebsleiter Karsten Faschian
Außenbetrieb Fabian Alber
Rebfläche 8 Hektar
Produktion 50.000 Flaschen

BESUCHSZEITEN

Do.-Fr. 14:30-18:30 Uhr, Sa. 9-14 Uhr oder nach Vereinbarung
Landhaus Müller Hotel garni

Das Weingut Faschian liegt am Ortsrand von Hessigheim, inmitten der Reben. Die Weinberge von Karsten Faschian liegen in den Hessigheimer Lagen Felsengarten und Wurmberg sowie im Mundelsheimer Käsberg, die Reben wachsen auf Muschelkalkböden. Lemberger nimmt ein knappes Drittel der Rebfläche ein, Trollinger ein Fünftel, es folgen Riesling, Muskattrollinger, Spätburgunder, Grauburgunder, Zweigelt, Chardonnay, Merlot und Silvaner. Karsten Faschian hat sich mit dem Consortium Montis Casei zusammengetan um herauszufinden, welche Rebsorten sich in den Muschelkalkterrassen am Neckar anstelle des traditionellen Trollingers besonders gut eignen. In neu erworbenen Weinbergen wurden im Frühjahr 2015 Cabernet Franc, Merlot, Syrah, Tempranillo und Weißburgunder gepflanzt, inzwischen auch Sangiovese, Cabernet Sauvignon und Albariño. Karsten Faschian arbeitet mit langen Maischestandzeiten. Die Weine werden im Edelstahl ausgebaut, die besten Rotweine und inzwischen auch Weißweine kommen ins Barrique, werden lange auf der Feinhefe gelagert und teilweise unfiltriert abgefüllt.

Kollektion

Wie schon im vergangenen Jahr sind die „Consortium Monte Casei"-Weine die herausragenden Weine des Sortiments. Hinzu kommt der sehr gelungene Riesling-Sekt, der würzig und zupackend ist bei viel Biss. Der Weißburgunder besitzt gute Konzentration und intensive Frucht, gute Struktur und Substanz. Überzeugend ist auch der Rosé Saignée, ein Merlot: Fruchtbetont und frisch, klar und geradlinig, zupackend und strukturiert – ein sehr eigenständiger Rosé. Der Zweigelt aus dem Wurmberg zeigt feine Würze und herrlich viel Frucht im Bouquet, ist füllig und kraftvoll, besitzt reife Frucht, gute Struktur und Frische. Noch ein klein wenig besser gefällt uns der Merlot, der ebenfalls aus dem Hessigheimer Wurmberg stammt: Intensive Frucht prägt das herrlich eindringliche Bouquet, im Mund ist er füllig und saftig, geprägt von reifer, enorm süßer Frucht.

Weinbewertung

85 2016 Riesling Sekt Zero Dosage **13 %/15,- €**
82 2017 Riesling „S" trocken **13 %/10,- €**
80 2017 Grauer Burgunder trocken **12 %/8,20 €**
83 2017 Weißburgunder mit Chardonnay trocken **12,5 %/8,50 €**
86 2017 Weißer Burgunder trocken „Consortium Montis Casei" **13 %/14,- €**
85 2017 Rosé „Saignée" trocken „Consortium Montis Casei" Wurmberg **13 %/9,- €**
86 2016 Zweigelt trocken „Consortium Montis Casei" Wurmberg **13 %/16,80 €**
87 2016 Merlot trocken „Consortium Monte Casei" Wurmberg **14 %/18,80 €**
82 2015 Lemberger „GS" trocken **14 %/20,- €**

Fellbacher Weingärtner

★★☆

KONTAKT

Kappelbergstraße 48
70734 Fellbach
Tel. 0711-578803-0
Fax: 0711-578803-40
www.fellbacher-weine.de
info@fellbacher-weine.de

Mitglieder 120
Vorstandsvorsitzender
Thomas Seibold
Geschäftsführer Verwaltung
Friedrich Georg Benz
Geschäftsführer Vertrieb
Albrecht Schurr
Kellermeister
Werner Seibold
Rebfläche
189 Hektar
Produktion
1.500.000 Flaschen

BESUCHSZEITEN

Mo.-Sa. 9-18:30 Uhr

Die Fellbacher Weingärtnergenossenschaft wurde 1858 gegründet, ist damit die älteste noch bestehende Winzergenossenschaft Württembergs. Auf den Keuperböden am Kappelberg in den Fellbacher Lagen Lämmler und Goldberg werden zu zwei Drittel rote Sorten angebaut, vor allem Trollinger, dazu Schwarzriesling, Lemberger und Spätburgunder, aber auch Dornfelder, Acolon, verschiedene Cabernet-Kreuzungen, Blauburger und Merlot. Der Weißweinanteil wird dominiert vom Riesling, dazu gibt es Müller-Thurgau, Kerner, Grauburgunder, Chardonnay, Sauvignon Blanc und Gewürztraminer. Neben Literweinen gibt es drei Editionslinien, C, S und P. In der Top-Linie Edition P werden Trollinger und Merlot angeboten, Spätburgunder und Lemberger, dazu Barrique-Versionen von Spätburgunder und Lemberger, sowie die Cuvée Amandus, lange das Aushängeschild der Fellbacher Genossen, die seit dem Jahrgang 2009 betriebsinterne Konkurrenz erhielt durch einen Lemberger Großes Gewächs, dem inzwischen ein Spätburgunder Großes Gewächs folgte.

Kollektion

Die Fellbacher Weingärtner hinterlassen unter den vielen starken Württemberger Genossenschaften derzeit den stärksten Eindruck, mit der neuen Kollektion legen sie nochmals zu. Im stimmigen weißen Segment ragt das kraftvolle, konzentrierte Große Gewächs hervor. Sieben bärenstarke Rotweine konnten wir dieses Jahr verkosten, der kraft- und druckvolle Merlot stammt aus dem Jahrgang 2016, die anderen alle aus 2015. Der Lemberger P ist füllig und harmonisch, das Große Gewächs besitzt mehr Kraft und Konzentration. Der Spätburgunder Großes Gewächs ist konzentriert und tanninbetont, wir ziehen aber den eleganteren Spätburgunder P vor. Der Syrah besitzt gute Substanz und jugendliche Tannine, unser Favorit ist wieder einmal der Amandus, der Fülle und Saft besitzt, Substanz und Länge. ➡

Weinbewertung

83 2017 Justinus K." Weißwein „S" trocken **13 %/8,10 €**
84 2017 Sauvignon Blanc „S" trocken **12,5 %/9,90 €**
88 2016 Riesling „P" trocken „Großes Gewächs" Fellbacher Lämmler **13,5 %/26,50 €**
85 2016 Chardonnay „P" trocken Barrique Fellbacher Lämmler **13 %/19,50 €**
82 2017 Muskat-Trollinger Rosé „C" „fruchtig" **11,5 %/6,90 €**
88 2016 Merlot „P" trocken Fellbacher Lämmler **13,5 %/13,50 €**
87 2015 Lemberger „P" trocken Barrique Fellbacher Lämmler **13,5 %/19,50 €**
88 2015 Spätburgunder „P" trocken Barrique Fellbacher Lämmler **13,5 %/19,50 €**
90 2015 „Amandus" Rotwein trocken „Edition P" Barrique Lämmler **13,5 %/26,50 €**
89 2015 Lemberger trocken „Großes Gewächs" Fellbacher Lämmler **13,5 %/26,50 €**
86 2015 Spätburgunder trocken „Großes Gewächs" Lämmler **13,5 %/26,50 €**
87 2015 Syrah „P" trocken Barrique Fellbacher Lämmler **13,5 %/19,50 €**

F

Felshof

★★☆

KONTAKT

Weingut & Gästehaus Felshof
97286 Sommerhausen
Tel. 09333-90480
Fax: 09333-904838
www.felshof.de
info@felshof.de

Inhaber
Familie Wenninger
Rebfläche
11,9 Hektar
Produktion
70.000 Flaschen

BESUCHSZEITEN

Mo.-Sa. 10-19 Uhr, So. 11-15 Uhr
Gästehaus (9 Doppelzimmer)

Der Felshof in Sommerhausen ist ein Familienbetrieb mit Weinbergen, mit 5 Hektar Obst (Äpfel und Birnen), eigener Brennerei und einem Gästehaus mit 9 Zimmern. Die Weinberge liegen in den Sommerhäuser Lagen Reifenstein, Steinbach und Ölspiel (einer ursprünglichen Einzellage, aber heutigen Großlage). Silvaner und Scheurebe sind die wichtigsten Rebsorten, rote Rebsorten nehmen über ein Viertel der Rebfläche ein. Das Sortiment ist gegliedert in Gutsweine, Ortsweine, Lagenweine aus Steinbach und Reifenstein sowie die „Großen Weine" wie der Silvaner Alter Berg (Steinbach), die Rieslinge Stachelberg (Reifenstein) und Schulmeister (Steinbach) oder die Scheureben Neuer Berg und Absetz (Steinbach).

Kollektion

Die neue Kollektion ist die bisher beste, die wir von den Wenningers verkostet haben. Das Einstiegsniveau ist hoch wie der geradlinige Liter-Silvaner beweist. Die Ortsweine besitzen reintönige Frucht, gute Fülle und Kraft, die zupackende trockene Scheurebe gefällt uns besonders gut. Dann folgen durch die Bank sehr gute Lagenweine: Der Steinbach-Silvaner ist fruchtbetont, strukturiert und kraftvoll, der Reifenstein-Weißburgunder klar und zupackend, besonders gut gefällt uns der Steinbach-Sauvignon Blanc, der intensive Frucht besitzt, Fülle und Kraft. Auch die reintönige lebhafte halbtrockene Steinbach-Scheurebe gehört in diese Kategorie, ebenso wie der zupackende Ölspiel-Spätburgunder. An der Spitze der Kollektion stehen der bis Juli auf der Vollhefe im Edelstahl ausgebaute Stachelberg-Riesling, der Fülle, Kraft und viel reife Frucht besitzt, noch sehr jugendlich ist, und der im Halbstück ebenfalls bis Juli auf der Vollhefe ausgebaute Silvaner Alter Berg, der herrlich intensiv und kraftvoll ist, ebenfalls noch sehr jugendlich. Bravo!

Weinbewertung

82	2017 Silvaner trocken (1l)	**11,5 %/6,30 €**
82	2017 Silvaner trocken	**11,5 %/6,50 €**
84	2017 Silvaner trocken Sommerhäuser	**12 %/7,50 €**
84	2017 Riesling trocken Sommerhäuser	**11,5 %/7,- €**
85	2017 Scheurebe trocken Sommerhäuser	**12 %/7,50 €**
87	2017 Silvaner trocken Steinbach	**13,5 %/9,90 €**
86	2017 Weißer Burgunder trocken Reifenstein	**13 %/9,90 €**
88	2017 Sauvignon Blanc trocken Steinbach	**11,5 %/12,- €**
89	2017 Silvaner trocken „Alter Berg"	**13,5 %/16,- €**
88	2017 Riesling trocken „Stachelberg"	**13 %/16,- €**
84	2017 Scheurebe halbtrocken Sommerhäuser	**11,5 %/7,- €**
87	2017 Scheurebe halbtrocken Steinbach	**11 %/9,90 €**
86	2015 Spätburgunder trocken Ölspiel	**13,5 %/9,90 €**

Friedrich Fendel

★★

KONTAKT

Marienthaler Straße 46
65385 Rüdesheim
Tel. 06722-90570
Fax: 06722-905766
www.friedrich-fendel.de
info@friedrich-fendel.de

Inhaber
Familie Fendel - Hetzert
Betriebsleiter/Kellermeister/
Außenbetrieb
Paul P. Hetzert
Rebfläche
12,5 Hektar
Produktion
110.000 Flaschen

BESUCHSZEITEN

nach Vereinbarung
Weinhaus Fendel

Das Weingut Fendel führt seine Geschichte auf das Jahr 1510 zurück, baute zunächst in Niederheimbach am Mittelrhein Wein an, seit 1860 in Rüdesheim. Seit 1990 wird es von den Brüdern Paul Peter und Walter Hetzert geführt. Die Weinberge befinden sich vor allem in Rüdesheim in den Berg-Lagen Schlossberg, Rottland und Roseneck, sowie in der Klosterlay und im Kirchenpfad, aber auch in Geisenheim und Assmannshausen. 90 Prozent der Rebfläche nimmt Riesling ein, hinzu kommt Spätburgunder. Der Ausbau der Weine erfolgt teils im Holz, teils im Edelstahl. Vielleicht der bekannteste Wein des Betriebes ist der halbtrockene Riesling „fum Allerhinnerschde", eine bereits seit 1903 geschützte Wortmarke. Die trockenen Spitzenweine wurden bis 2011 als Erstes Gewächs bezeichnet, seither als Große Gewächse („GG"). Sie kamen in den letzten Jahren aus Berg Roseneck, Kirchenpfad und Klosterlay, Berg Schlossberg wird im Weingut meist als süße Spätlese ausgebaut.

Kollektion

Die Rieslinge sind alle gewohnt kräftig, bieten durch ihre Saftigkeit, Gerbstoffwürze und frische Säure einen herzhaften Charakter. Schon der Literriesling ist animierend und aromatisch. Der Riesling aus der Normalflasche ist deutlich feiner, frischer und länger. Beim Rüdesheimer Ortswein kommen noch mehr Feinheiten ins Spiel, er ist geradlinig und mineralisch, präzise. Der Riesling aus dem Berg Rottland ist reif und würzig, eine rasante Frischeader sorgt für Trinkanimation. Mit attraktivem Bukett von reifen Äpfeln, süßen Gewürzen und gezuckerten Zitronen weiß der Riesling aus der Klosterlay zu gefallen, er ist saftig und nachhaltig. Die beiden feinherben Rieslinge zeigen attraktives Spiel. Der zitrusfrische Rüdesheimer ist der feingliedrigere der beiden, der „fum Allerhinnerschde" ist recht cremig, ein betont süffiger Wein, der süßlich-herb endet. Der trockene Spätburgunder schließlich ist eher einfach, seine saftige Frucht wird von kräftigen Gerbstoffen begleitet.

Weinbewertung

82 2017 Riesling trocken (1l) **12,5 %/8,- €**
83 2017 Riesling trocken **12,5 %/7,70 €**
84 2017 Riesling trocken Rüdesheim **12,5 %/9,- €**
83 2017 Weißer Burgunder trocken **12,5 %/8,50 €**
86 2017 Riesling trocken „S" Klosterlay **13 %/11,10 €**
87 2017 Riesling trocken Berg Rottland **12,5 %/14,10 €**
84 2017 Riesling „fum Allerhinnerschde" **12 %/7,70 €**
84 2017 Riesling „feinherb" Rüdesheim **12 %/9,- €**
83 2016 Spätburgunder trocken **14 %/9,- €**

F

Fendt

★★

KONTAKT

Weinfamilie Fendt
Häuserwiesenstraße 13
70771 Leinfelden-Echterdingen
Tel. 0711-75854477
www.fendtwein.de
info@fendtwein.de

Inhaber
Maren & Jürgen Fendt
Rebfläche
3,5 Hektar
Produktion
12.000 Flaschen

BESUCHSZEITEN

kein Besuch

Jürgen Fendt, bundesweit bekannter Spitzensommelier, erwarb 2001 eine erste Parzelle in der Klüsserather Bruderschaft. Ab 2008 kamen Parzellen in Baden hinzu, teils gekauft, teils gepachtet. Heute ist er vertreten in den Lagen Altschweier Sternenberg, Steinbach Stich den Buben, Neuweier Mauerberg und Neuweier Altenberg. Riesling dominiert im Anbau, nimmt fast zwei Drittel der Rebfläche ein, gefolgt von Spätburgunder, dazu gibt es ein wenig Müller-Thurgau und Kerner. Seit dem Jahrgang 2014 werden die Weine als Badischer Landwein bezeichnet. Die neue Qualitätspyramide beginnt mit der Weißwein-Cuvée „Saugut", zweite Stufe ist der „Fendtwein" mit Riesling und Rosé, die Weine der dritten Stufe heißen „Steinwerk" und „Mauerwerk", ganz oben steht das „Handwerk". Aus organisatorischen Gründen wurde der Weinberg an der Mosel an einen Winzerkollegen abgegeben. Maren und Jürgen Fendt sind 2017 nach Leinfelden-Echterdingen umgezogen.

Kollektion

Die starke Kollektion im vergangenen Jahr wurde angeführt von Mauerwerk-Riesling und Handwerk-Spätburgunder. Rotweine wurden dieses Jahr nicht vorgestellt, lediglich der spontan im Edelstahl vergorene Rosé, der frisch und fruchtbetont im Bouquet ist, klar im Mund, frisch und zupackend, gute Struktur und Frucht besitzt. Vom 2013er Riesling-Sekt wurde nun die zweite Charge degorgiert. Er zeigt feine Würze im Bouquet, gleichzeitig Frische und Reife, ist klar und frisch im Mund bei feiner süßer Frucht – wir fragen uns, ob ein so lange auf der Hefe ausgebauter Sekt mit weniger Dosage nicht komplexer wäre? Saugut heißt wie gewohnt der Basiswein im Liter, eine Cuvée aus Müller-Thurgau, Kerner und Riesling, spontanvergoren im Edelstahl: Schöne Frische und Würze im Bouquet, frisch und klar auch im Mund, betont süffig. Der ebenfalls im Edelstahl spontanvergorene Steinwerk-Riesling ist würzig und eindringlich, zeigt viel Frucht, ist füllig und saftig dann im Mund bei viel Substanz und Süße. Etwas besser gefällt uns auch in diesem Jahr wieder der im großen Holzfass spontanvergorene Mauerwerk-Riesling, der viel Duft und Würze im Bouquet zeigt, kraftvoll und stoffig ist bei viel Substanz. Wer eigenständige Weine abseits des Mainstreams sucht liegt hier goldrichtig. —

Weinbewertung

85 2013 Riesling Sekt trocken **11,5 %/14,- €**
88 2015 Riesling „Mauerwerk" **12,5 %/20,- €**
87 2016 Riesling „Steinwerk" **12,5 %/14,- €**
83 2017 „Saugut" Weißwein (1l) **11 %/8,50 €**
84 2017 Rosé **11 %/10,- €**

FETH-WEHRHOF

★☆

KONTAKT

Rodensteinerstraße 17
67592 Flörsheim-Dalsheim
Tel. 06243-7501, Fax: -4754100
www.weingut-feth.de
florianfeth@feth-wehrhof.de

Inhaber
Florian & Volker Feth
Rebfläche
23 Hektar
Produktion
150.000 Flaschen

BESUCHSZEITEN

Fr. 14-17 Uhr, Sa. 10-14 Uhr

Volker Feth stellte 1985 auf biologisch-dynamischen Weinbau um, ist seit 1988 Demeter-zertifiziert. Sohn Florian war seit 2006 als Betriebsleiter beim Weingut Wehrhof in Pfeddersheim tätig; dieses Weingut hat er 2011 übernommen und mit dem elterlichen Betrieb zum Weingut Feth-Wehrhof zusammengelegt. Die Weinberge liegen vor allem in Dalsheim in den Lagen Hubacker, Bürgel und Steig, in Pfeddersheim in den Lagen St. Georgenberg, Hochberg und Kreuzblick, sowie im Heddesheimer Schloss und im Abenheimer Klausenberg. 60 Prozent der Rebfläche nehmen weiße Rebsorten ein, vor allem Riesling und die Burgundersorten, aber auch Bukettsorten. Das Programm ist dreistufig gegliedert in Gutsweine, Ortsweine und Lagenweine, wobei Letztere weiterhin Prädikatsbezeichnungen tragen.

Kollektion

Weine aus den letzten drei Jahrgängen stellen Florian und Volker Feth in diesem Jahr vor, präsentieren eine stimmige, gleichmäßige Kollektion, in der schon die Gutsweine überzeugen wie der geradlinige Riesling oder die süffige feinherbe Scheurebe. Die weißen Ortsweine sind fruchtbetont, klar und geradlinig, eine deutliche Steigerung bringt der einzige vorgestellte Lagen-Weißwein: Der Riesling aus dem Dalsheimer Bürgel, Jahrgang 2016, zeigt feine Würze und Reife, ist füllig und saftig, besitzt gute Struktur und reife Frucht. Viel Duft und relativ viel Alkohol weist die Gewürztraminer Trockenbeerenauslese aus dem Jahrgang 2015 auf. Sehr geschlossen präsentiert sich das rote Segment, alle drei Rotweine sind sehr gut. Die Mineralstaub genannte Cuvée überzeugt auch im Jahrgang 2016, zeigt viel Duft, Gewürze, dunkle Früchte, besitzt Fülle, Kraft und gute Struktur; auch der Regent aus dem Klausenberg ist füllig, kraftvoll und stoffig. Unsere leichte Präferenz gilt dem Pfeddersheimer Spätburgunder, der geradlinig und intensiv ist, frisch und zupackend, gute Struktur und reintönige Frucht besitzt. –

Weinbewertung

81	2016 Riesling trocken **12 %/7,20 €**
83	2016 Riesling trocken Pfeddersheimer **13,5 %/9,30 €**
83	2017 Weißburgunder trocken Pfeddersheimer **13 %/9,20 €**
82	2017 Grauburgunder trocken Pfeddersheimer **13 %/9,20 €**
86	2016 Riesling trocken Dalsheimer Bürgel **13,5 %/14,- €**
82	2017 Scheurebe „feinherb" **12 %/7,20 €**
83	2015 Gewürztraminer Trockenbeerenauslese **12,5 %/45,- €/0,375l**
85	2016 „Mineralstaub" Rotwein trocken **13 %/10,20 €**
86	2017 Spätburgunder trocken Pfeddersheimer **13 %/9,40 €**
85	2015 Regent trocken Abenheimer Klausenberg **13 %/9,40 €/0,5l**

Feuerstein

★

Kontakt

Hauptstraße 8
79423 Heitersheim
Tel. 07634-595759
Fax: 07634-595866
www.weingut-feuerstein.de
info@weingut-feuerstein.de

Inhaber
Daniel Feuerstein
Rebfläche
4 Hektar
Produktion
25.000 Flaschen

Besuchszeiten

nach Vereinbarung

Das in den siebziger Jahren gegründete Weingut wird seit Ende der achtziger Jahre von Daniel Feuerstein geführt, der seit 1990 seine Weinberge biologisch bewirtschaftet, Mitglied bei Ecovin ist. Seine Weinberge liegen im Heitersheimer Maltesergarten. 40 Prozent der Fläche nimmt Gutedel ein, auf einem Viertel wächst Spätburgunder. Dazu gibt es Grauburgunder und Muskateller, sowie pilzwiderstandsfähige Sorten wie Johanniter, Helios, Prior oder Cabernet Carbon.

Kollektion

Mit einer bestechend gleichmäßigen, überzeugenden Kollektion stellten wir Daniel Feuerstein im vergangenen Jahr erstmals vor. Eine ebenso gleichmäßige, starke Kollektion legt er in diesem Jahr nach, alle Weine überzeugen gleichermaßen, da fällt es schwer sich auf einen Favoriten festzulegen. Der Johanniter-Sekt ist frisch und geradlinig bei feinen Zitrusnoten, der Muskateller-Sekt betört mit seiner reintönigen Frucht. Unter den beiden Gutedel-Varianten bevorzugen wir klar die zweite Abfüllung, der Wein ist deutlich saftiger und zupackender, beide sind reintönig und frisch. Der Johanniter ist lebhaft, frisch und geradlinig, der Grauburgunder sehr reintönig und strukturiert, der Muskateller besticht auch als Stillwein mit seiner reintönigen Frucht, ist lebhaft und zupackend. Der Helios ist würzig, etwas floral, recht lebhaft, der Spätburgunder Rosé beisitzt feine Frucht und Frische. Sehr gut gefallen uns die beiden vorgestellten Rotweine. Ob wir uns mit Cabernet Carbon einmal anfreunden werden, dessen sind wir uns noch nicht ganz sicher, der von Daniel Feuerstein aber überzeugt, er besitzt viel Duft, etwas Gewürz- und Kräuternoten, besitzt Fülle, Kraft und gute Struktur. Der Spätburgunder steht ihm nicht nach, ist aber ein völlig anderer Typ, lebhaft, reintönig und zupackend. Eine rundum überzeugende Kollektion!

Weinbewertung

83	2016 Johanniter Sekt brut Heitersheim Maltesergarten	**12,5 %/12,- €**
84	2016 Muskateller Sekt brut Heitersheim Maltesergarten	**12 %/12,- €**
84	2017 Gutedel Kabinett trocken (02/18) Heitersheim Maltesergarten	**11,5 %/7,- €**
82	2017 Gutedel Kabinett trocken (01/18) Heitersheim Maltesergarten	**12 %/7,- €**
83	2017 Johanniter Kabinett trocken Heitersheim Maltesergarten	**13 %/8,- €**
84	2017 Grauburgunder Kabinett trocken Heitersheim Maltesergarten	**13 %/8,50 €**
84	2017 Muskateller Kabinett trocken Heitersheim Maltesergarten	**12,5 %/9,50 €**
83	2017 Helios Kabinett trocken Heitersheim Maltesergarten	**12,5 %/7,- €**
83	2017 Spätburgunder Rosé Kabinett trocken H. Maltesergarten	**12 %/7,- €**
85	2016 Spätburgunder trocken Heitersheim Maltesergarten	**13 %/8,50 €**
85	2015 Cabernet Carbon trocken Heitersheim Maltesergarten	**13 %/12,- €**

FINKENAUER

★

N

F

KONTAKT

Außerhalb 7
55270 Bubenheim
Tel. 06130-944206
Fax: 06130-944207
www.finkenauer.de
info@finkenauer.de

Inhaber
Yvonne Kleiker
Rebfläche
15 Hektar

BESUCHSZEITEN

nach Vereinbarung

Wilfried Finkenauer hat das Weingut aufgebaut, heute wird es von seiner Tochter Yvonne und ihrem Ehemann Stephan Kleiker geführt, die in den kommenden Jahren das Weingut umbauen und modernisieren wollen. Ihre Weinberge liegen in den Bubenheimer Lagen Honigberg und Kallenberg sowie im Schwabenheimer Schlossberg, die Reben wachsen im Selztal auf unterschiedlichen Böden von Löss über Kalkmergel bis hin zu Muschelkalk. Die Vielfalt an Rebsorten ist groß, reicht von regionalen Klassikern wie Silvaner, Riesling, weißen und roten Burgundern bis hin zu internationalen Rebsorten wie Cabernet Sauvignon, Chardonnay oder Sauvignon Blanc. Die Weißweine werden im Edelstahl ausgebaut, die Rotweine überwiegend im Holz, bleiben bis zu zwei Jahre in großen Eichenholzfässern oder im Barrique.

Kollektion

Mit einer starken Kollektion stellen wir Yvonne Kleiker und ihre Weine erstmals vor, insbesondere die Rotweine trumpfen auf. Aber auch das weiße Segment überzeugt, präsentiert sich geschlossen über alle Rebsorten hinweg. White & Easy nennt sich eine weiße Einstiegscuvée aus Faberrebe, Müller-Thurgau und Riesling, und der Wein wird seinem Namen gerecht, ist lebhaft, frisch und zupackend. Der trockene Riesling Kabinett ist geradlinig, der Riesling vom Löss besitzt mehr Zug und Substanz. Der Basis-Grauburgunder ist klar und zupackend wie auch der Grauburgunder vom Löss, der ein wenig komplexer noch ist. Der Sauvignon Blanc zeigt florale Noten, besitzt reife Frucht, unser Favorit ist der füllige, saftige trockene Weißburgunder. Nur zwei Rotweine hat Yvonne Kleiker vorgestellt, aber die haben es in sich. Der im Barrique ausgebaute Cabernet Sauvignon ist füllig, kraftvoll, besitzt reintönige Frucht und Substanz. Noch besser gefällt uns der intensiv fruchtige Akrobat, ein rauchiger, herrlich komplexer Spätburgunder mit Substanz und reintöniger Frucht. —

Weinbewertung

83 2017 „White & Easy" Weißwein trocken **11,5 %/5,90 €**
82 2017 Riesling Kabinett trocken Bubenheimer Honigberg **12 %/6,30 €**
83 2017 Grauer Burgunder trocken **12,5 %/6,50 €**
81 2017 Chardonnay trocken Bubenheimer Honigberg **13 %/7,70 €**
84 2017 Riesling trocken „vom Löss" Bubenheimer Honigberg **12 %/8,10 €**
84 2017 Sauvignon Blanc trocken Bubenheimer **12,5 %/8,50 €**
85 2017 Weißer Burgunder trocken Bubenheimer Kallenberg **13 %/8,10 €**
84 2017 Grauer Burgunder trocken Muschelkalk Bub. Kallenberg **13 %/8,90 €**
83 2017 Weißer Burgunder „feinherb" **12 %/6,10 €**
82 2017 Gelber Muskateller „feinherb" **11 %/6,30 €**
86 2014 Cabernet Sauvignon trocken Barrique Bub. Kallenberg **14 %/13,90 €**
88 2015 Spätburgunder „Akrobat" **13,5 %/25,- €**

Fischborn-Bergeshof

★★

KONTAKT

Dalheimer Straße 57
55278 Dexheim
Tel. 06133-60156
Fax: 06133-927324
www.bergeshof.de
martin@bergeshof.de

Inhaber
Ruth & Andreas Fischborn
Rebfläche
12 Hektar

BESUCHSZEITEN

Mo.-Sa. 9-19 Uhr, So. 9-12 Uhr

Ruth und Andreas Fischborn führen heute das Dexheimer Weingut, sie werden im Betrieb unterstützt von ihren Söhnen Martin und Eric. Die Weinberge liegen weit verstreut in Rheinhessen, hauptsächlich in Dexheim in der Lage Doktor, daneben ist man aber auch im Roten Hang vertreten in den Niersteiner Lagen Pettenthal, Hipping und Oelberg, aber auch in Lagen der Rheinterrassen wie Niersteiner Königsgarten, Heiligenbaum und Paterberg, Oppenheimer Schloss und Dienheimer Falkenberg, sowie im rheinhessischen Hügelland in den Weinolsheimer Lagen Kehr und Hohberg, den Badenweiler Lagen Römerberg und Galgenberg sowie der Alsheimer Frühmesse. Riesling ist die wichtigste Rebsorte im Betrieb, gefolgt von Silvaner und Spätburgunder, Weißburgunder, Grauburgunder und Chardonnay, hinzu kommt eine Vielzahl an weiteren weißen und roten Rebsorten.

Kollektion

Der Hipping-Riesling gefiel uns schon im vergangenen Jahr sehr gut, mit dem Jahrgang 2017 hat er nun nochmals zugelegt, er besitzt Fülle und Kraft, reife Frucht, gute Struktur und Substanz. Aber auch sonst überzeugen die Weißweine auf der ganzen Linie, präsentieren sich sehr geschlossen, besitzen Struktur und Frucht, Substanz und Frische, das gilt für den Weißburgunder-Gutswein ebenso wie für alle Ortsweine, unter denen unsere leichte Präferenz dem fülligen, kraftvollen Badenheimer Weißburgunder gilt. Sehr gut ist auch der feinherbe Riesling Kabinett aus dem Heiligenbaum, er ist lebhaft, reintönig und zupackend. Ganz stark sind dann auch in diesem Jahr wieder die im Barrique ausgebauten Rotweine. Der St. Laurent, Jahrgang 2014, zeigt intensive Frucht und etwas Gewürze, dezent Schokolade im Hintergrund, ist kraftvoll, strukturiert, fruchtbetont. Der Königsberg-Portugieser, ebenfalls aus dem Jahrgang 2014, ist enorm füllig und saftig, besitzt viel reife Frucht und Substanz, viel Wärme. —

Weinbewertung

83 2017 Weißburgunder trocken **12 %/4,50 €**
83 2017 Riesling trocken „Löss" Alsheim **12,5 %/6,- €**
84 2017 Riesling trocken „Muschelkalk" Badenheimer **12,5 %/6,- €**
84 2017 Riesling trocken „Kalkstein" Dexheimer **12,5 %/6,- €**
84 2017 Riesling trocken „Rotliegend" Nierstein **12,5 %/6,- €**
86 2017 Weißburgunder trocken Badenheimer **13,5 %/6,- €** ☺
87 2017 Riesling trocken Niersteiner Hipping **12,5 %/12,50 €**
85 2017 Riesling Kabinett „feinherb" Niersteiner Heiligenbaum **12 %/9,50 €**
82 2017 Scheurebe „feinherb" „Sundowner" **10 %/5,- €**
87 2014 St. Laurent Barrique Doktor **14,5 %/18,50 €**
88 2014 Blauer Portugieser Barrique „Königsberg" **14,5 %/18,50 €**

WEINGUT FISCHBORN BERGESHOF

Fischborn-Schenk

★

KONTAKT

Weingasse 2
55546 Biebelsheim
Tel. 06701-1214
Fax: 06701-2304
www.schenkwein.de
hw.schenk@t-online.de

Inhaber
Hans-Werner Schenk
Rebfläche
13,5 Hektar

BESUCHSZEITEN

Mo.-Sa. 8-18 Uhr oder nach Vereinbarung

Der „Weinhof" befindet sich seit 1833 in Familienbesitz und wird heute in fünfter Generation von Hans-Werner Schenk und seiner Ehefrau Martina geführt. Zwei Drittel ihrer Weinberge liegen in Biebelsheim und in Gensingen (Goldberge) in Rheinhessen, ein Drittel in den benachbarten Bad Kreuznacher Stadtteilen Planig und Ippesheim im Anbaugebiet Nahe (in den Lagen Kreuznacher Römerhelde, Junker und Himmelgarten). Im Biebelsheimer Kieselberg mit seinen kargen, steinigen Kiessandböden mit Lehm- und Tonanteilen bauen sie vor allem Riesling und Spätburgunder an, im Biebelsheimer Honigberg wachsen vor allem rote Rebsorten und Bacchus auf tiefgründigen, sandigen Lössböden. Traditionelle Rebsorten wie Riesling, Silvaner und Burgunder bilden den Schwerpunkt der Produktion, aber auch internationale Rebsorten wie Chardonnay und Merlot werden angebaut. Die Weißweine werden recht lange auf der Feinhefe und überwiegend im Edelstahl ausgebaut. Die roten Trauben werden entrappt, in offenen Behältern etwa 14 Tage maischevergoren, der Wein wird dann in Eichenholzfässern ausgebaut.

Kollektion

In diesem Jahr sind die Rollen klar verteilt. Die 2017er Weißweine sind von sehr gleichmäßiger Qualität, allesamt aber ein wenig verhalten, so dass die beiden Spätburgunder des Jahrgangs 2016 unsere Favoriten in der aktuellen Kollektion von Hans-Werner Schenk sind. Im weißen Segment gilt unsere leichte Präferenz dem etwas floralen, fruchtbetonten, harmonischen Bacchus – eine Rebsorte, die uns kaum ein Winzer aus Rheinhessen vorstellt, die aber Hans-Werner Schenk schon für die allererste Ausgabe und seither fast in jedem Jahr präsentiert hat. Der im Stückfass ausgebaute Spätburgunder ist frisch, fruchtbetont, klar und zupackend, besitzt gute Struktur und reintönige Frucht. Etwas kraftvoller noch ist der im Barrique ausgebaute Kieselberg-Spätburgunder, der intensive Frucht besitzt, Struktur, Frische und Länge.

Weinbewertung

81 2016 Riesling Sekt brut **11,5 %/10,- €**
80 2017 Riesling trocken **11 %/5,- €**
80 2017 Weißer Burgunder trocken Nahe **12,5 %/5,20 €**
81 2017 Grauer Burgunder trocken Nahe **13 %/5,- €**
80 2017 Riesling trocken Biebelsheimer Kieselberg **12 %/7,- €**
81 2017 Silvaner trocken Gensinger Goldberg(e) **12 %/7,- €**
78 2017 Riesling „feinherb" **11 %/5,- €**
82 2017 Bacchus Spätlese Biebelsheimer Honigberg **9 %/5,- €**
84 2016 Spätburgunder trocken **13 %/5,- €** ☺
86 2016 Spätburgunder trocken Biebelsheimer Kieselberg **13,5 %/9,- €**

FISCHER

★★★

KONTAKT

Auf der Ziegelbreite 4
79331 Nimburg-Bottingen a.K.
Tel. 07663-1747
Fax: 07663-50175
www.weingut-fischer-baden.de
info@weingut-fischer-baden.de

Inhaber Silvia & Joachim Heger
Gutsleiter Lisa Meyer & Stefan Schneider
Kellermeister David Beck & Team Dr. Heger
Rebfläche 20 Hektar
Produktion 120.000 Flaschen

BESUCHSZEITEN

nach Vereinbarung

Otto und Mina Fischer, die damals in Nimburg-Bottingen rund 8 Hektar Reben bewirtschafteten, beschlossen 1978 ihre Trauben selbst zu keltern und die Weine unter eigenem Etikett zu vermarkten. Durch die Tätigkeit als Rebveredler besaß die Familie Fischer viele Parzellen mit interessanten Klonen der Burgunderfamilie. Aus Altersgründen wurde das Weingut Otto Fischer 1997 an Joachim und Silvia Heger aus Ihringen verkauft. Der Nimberg ist ein isoliert stehender Vorberg der Freiburger Bucht. Weinbaulich ist er dem Bereich Kaiserstuhl zugeordnet. Auf dem Schuttkegel lagerte sich wie beim vulkanisch entstandenen Kaiserstuhl eine Lösssandschicht ab, der Boden ist geprägt von braunem Jura, Muschelkalk und eben dieser Lössauflage. Die Weinberge auf dem Nimberg – die Lage heißt Nimburg-Bottinger Steingrube – sind vor allem mit Burgundersorten bepflanzt. Grauburgunder ist die wichtigste Rebsorte, gefolgt von Weißburgunder und Spätburgunder, dazu gibt es Sauvignon Blanc, Chardonnay, Auxerrois, Frühburgunder und Lemberger. Die Weine werden zu 95 Prozent durchgegoren ausgebaut.

Kollektion

Chardonnay und Spätburgunder, beide im Holz ausgebaut, führten im vergangenen Jahr eine starke, sehr gleichmäßige Kollektion an. Die neue Kollektion präsentiert sich noch geschlossener, alle Weine sind sehr gut. Der Auxerrois ist wunderschön reintönig und zupackend, hat Grip. Die Pescatus genannte Burgundercuvée ist füllig und saftig bei guter Struktur, der Sauvignon Blanc ist geradlinig, frisch und zupackend. Unser Favorit im weißen Segment ist erneut der Chardonnay, der füllig und harmonisch ist, reife Frucht und gute Struktur besitzt. Die drei präsentierten Rotweine sehen wir auf Augenhöhe. Der Frühburgunder zeigt intensive Frucht im Bouquet, ist füllig und kraftvoll, besitzt reintönige Frucht und Substanz. Der Lemberger ist etwas würziger, eindringlich, besticht mit Kraft, guter Struktur und reifer Frucht. Der Spätburgunder ist wunderschön reintönig im Bouquet, fruchtbetont und frisch, ist lebhaft im Mund, klar, zupackend und strukturiert. Erneut eine starke Kollektion vom Team Dr. Heger!

Weinbewertung

(86)	2017 Auxerrois trocken	**12 %/9,40 €**
85	2017 Sauvignon Blanc trocken	**12,5 %/9,90 €**
87	2016 „Pescatus" Weißwein trocken	**13 %/11,- €**
88	2016 Chardonnay trocken Holzfass Nimburg-B. Steingrube	**13 %/12,90 €**
88	2016 Frühburgunder trocken Holzfass Nimburg-B. Steingrube	**13 %/13,90 €**
88	2015 Spätburgunder trocken Holzfass Nimburg-B. Steingrube	**13 %/13,90 €**
88	2015 Lemberger trocken Holzfass Nimburg-B. Steingrube	**13,5 %/13,90 €**

FISCHER

★☆

KONTAKT

Erweinstraße 6
97353 Wiesentheid
Tel. 09383-377
Fax: 09383-1735
www.fischer-wein.de
post@fischer-wein.de

Inhaber
Thomas Fischer
Eigene Rebfläche
8,5 Hektar
Produktion
73.000 Flaschen

BESUCHSZEITEN

Mo.-Fr. 8-12 + 13:30-18 Uhr,
Sa. 10-12 + 13:30-16 Uhr,
So. 10-13:30 Uhr
Gasthaus „Krone" (Mo.-Sa. 17-22 Uhr, So. + Feiertage 11-14:30, Di. Ruhetag), 6 Gästezimmer,
www.krone-wiesentheid.de

Martin Fischer gründete 1948 eine Weinhandlung in Geiselwind, die vor allem Süßweine vermarktete sowie selbst hergestellte Liköre. 1964 wurde das Gasthaus Zur Krone erworben, dass Fassweingeschäft wurde ständig erweitert. 1979 erwarb man die ersten Weinberge und gründete das Weingut Fischer. 1990 übernahm Joachim Fischer den Betrieb von seinem Vater, heute führt sein Sohn Thomas den Betrieb. Neben den Trauben der eigenen Weinberge wird die Ernte von Vertragswinzern verarbeitet. Die eigenen Weinberge liegen im Handthaler Stollberg, Kammerforster Teufel, Oberschwarzacher Herrenberg, Kleinlangheimer Wutschenberg und Wiesenbronner Wachhügel, weitere Trauben werden aus Abtswind, Castell, Großlangheim, Nordheim, Prichsenstadt, Sommerach, Volkach und Wiebelsberg bezogen. Wichtigste weiße Rebsorten sind Silvaner, Müller-Thurgau, Bacchus, Scheurebe, Riesling, Weiß- und Grauburgunder, Rieslaner und Gewürztraminer, hinzu kommen rote Rebsorten wie Spätburgunder, Domina, Portugieser, Dornfelder, Schwarzriesling und Regent.

Kollektion

Dies ist die beste Kollektion, die wir bisher von Thomas Fischer erhalten haben, sowohl in der Basis, vor allem aber in der Spitze legen die Weine zu. Die Kabinettweine sind fruchtbetont und klar, sehr gleichmäßig, unsere leichte Präferenz gilt dem wunderschön reintönigen halbtrockenen Bacchus. Die Scheurebe Spätlese ist füllig und saftig, die Gewürztraminer Spätlese besticht mit reintöniger Frucht und feiner Frische, die trockene Silvaner Spätlese besitzt Fülle, Kraft und Substanz. An der Spitze der Kollektion stehen die 3 Sterne-Selektionen von alten Reben: Der Grauburgunder besitzt gute Konzentration, reife Frucht und gute Struktur, der Silvaner besticht mit klarer reifer Frucht, gute Struktur und Substanz.

Weinbewertung

82	2017 Silvaner Kabinett trocken Rödelseer Schlossberg **12,5 %/6,50 €**
83	2016 Silvaner Kabinett trocken Escherndorfer Lump **12,5 %/6,50 €**
81	2017 Riesling Kabinett trocken Rödelseer Schlossberg **12 %/6,50 €**
83	2017 Sauvignon Blanc Kabinett trocken Oberschw. Herrenberg **12 %/8,- €**
82	2017 Weißburgunder Kabinett trocken **12 %/6,50 €**
85	2017 Silvaner Spätlese trocken Handthaler Stollberg **13,5 %/9,50 €**
88	2016 Sylvaner*** trocken „Alte Reben" **13,5 %/14,- €**
87	2016 Grauburgunder*** trocken „Alte Reben" **13,5 %/14,- €**
84	2017 Bacchus Kabinett halbtrocken Kammerforster Teufel **11,5 %/6,50 €**
83	2017 Scheurebe Kabinett halbtrocken Kammerforster Teufel **11 %/6,50 €**
85	2017 Scheurebe Spätlese Kammerforster Teufel **11,5 %/9,50 €**
85	2017 Gewürztraminer Spätlese Kammerforster Teufel **11,5 %/9,50 €**

Fitz-Ritter

★★

Kontakt

Weinstraße Nord 51
67098 Bad Dürkheim
Tel. 06322-5389
Fax: 06322-66005
www.fitz-ritter.de
info@fitz-ritter.de

Inhaber
Johann Fitz
Betriebsleiter
Achim Eberle
Kellermeister
Achim Eberle, Max Fisch
Rebfläche
25 Hektar
Produktion
160.000 Flaschen

Besuchszeiten

Mo.-Fr. 9-18 Uhr, Sa./So. 11-17 Uhr, an Feiertagen geschlossen, Vinothek mit Flammkuchen

Das traditionsreiche Weingut Fitz-Ritter war bereits vor über 100 Jahren Gründungsmitglied des Verbandes Deutscher Prädikatsweingüter VDP und wird heute in neunter Generation von Johann Fitz geführt. Zum Betrieb gehört auch die Sektkellerei Fitz, die älteste der Pfalz. Auf dem weitläufigen Anwesen erstreckt sich der prämierte Park mit der Eventlocation „RebArena" inmitten der Hauslage Rittergarten. Daneben ist das Weingut im Ungsteiner Herrenberg und in den Bad Dürkheimer Lagen Michelsberg, Hochbenn und Spielberg vertreten und besitzt mit dem Abtsfronhof auch eine von einer Mauer umgebene Monopollage im Stadtgebiet der Kurstadt. Zwei Drittel der Rebfläche nimmt Riesling ein. Dazu gibt es etwas Spätburgunder, Gewürztraminer, Weiß- und Grauburgunder, Chardonnay und Sauvignon Blanc.

Kollektion

Bei den 2017er Großen Gewächsen erkennen wir eine leichte Steigerung zu den Vorjahren, wieder ist der Herrenberg etwas komplexer und nachhaltiger als der Michelsberg: Während der Michelsberg deutlich gelbe Frucht zeigt, mit Noten von Aprikose und Orangenschale, und ein frisches Säurespiel besitzt, ist der Herrenberg mineralischer, zeigt neben grünem Apfel und etwas Pfirsich auch kräutrige Noten im Bouquet, ist kraftvoll, animierend und lang. Und auch mit einem starken edelsüßen Wein kann Johann Fitz wieder punkten, die Trockenbeerenauslese vom Rieslaner ist konzentriert und cremig, besitzt viel süße Frucht mit Aprikosen- und Zitrusnoten, feinen Biss und gute Länge. Der „Palatinum"-Sekt ist kraftvoll, würzig und frisch, der RiffRiesling ist sehr präsent und fruchtbetont, der Riesling aus dem Abtsfronhof ist kraftvoll und geradlinig mit Noten von grünem Apfel und Kräutern, gut gelungen sind auch der reintönige Gewürztraminer und der frische Sauvignon Blanc.

Weinbewertung

86 2014 „Palatinum" Pinot Cuvée brut **13 %/18,- €**
81 2017 Riesling trocken (1l) **12 %/6,- €**
83 2017 Riesling tocken „RebArena" Dürkheim **12,5 %/8,50 €**
85 2017 Riesling trocken Dürkheimer Abtsfronhof **13 %/13,- €**
84 2017 Sauvignon Blanc trocken Dürkheim **12 %/9,- €**
83 2017 Grauburgunder trocken Wachenheim **12,5 %/9,- €**
86 2017 Riesling trocken „RiffRiesling" **13 %/15,- €**
88 2017 Riesling „GG" Michelsberg **13 %/25,- €**
89 2017 Riesling „GG" Herrenberg **13 %/25,- €**
85 2017 Gewürztraminer Spätlese Dürkheimer Abtsfronhof **10,5 %/12,- €**
89 2017 Rieslaner Trockenbeerenauslese **8 %/0,375l/a.A.**
84 2015 Pinot Noir trocken **12,5 %/9,50 €**

Joachim Flick

★★★☆

KONTAKT

In der Straßenmühle
65439 Flörsheim-Wicker
Tel. 06145-7686
Fax: 06145-54393
www.flick-wein.de
info@flick-wein.de

Inhaber
Reiner Flick
Kellermeister
Dirk Bohnensack
Rebfläche
19 Hektar
Produktion
150.000-170.000 Flaschen

BESUCHSZEITEN

Mo.-Fr. 15-19 Uhr, Sa. 10-14 Uhr
Veranstaltungen (bis 240 Personen)

Reiner Flick erweiterte in den letzten drei Jahrzehnten den Betrieb auf 19 Hektar Rebfläche. Inzwischen wurde in dem Weingut, das seit 1997 in der Straßenmühle untergebracht ist, auch ein Kreuzgewölbekeller zur Lagerung von Stück- und Doppelstückfässern fertig gestellt, eine moderne Lichtinstallation inklusive. Es existiert auch eine renovierte alte Scheune für größere Veranstaltungen, auch der Weinladen wurde renoviert, ein neuer Verkostungsbereich eingerichtet. Riesling ist klar die wichtigste Rebsorte, daneben gibt es Spätburgunder, aber auch Chardonnay, Weiß- und Grauburgunder sowie Sauvignon Blanc. Flicks wichtigste Lagen sind Wickerer Mönchsgewann, Stein und Nonnberg, Flörsheimer Herrnberg und Hochheimer Hölle. Seit 2010 bewirtschaftet er auch den Hochheimer Königin Victoriaberg.

Kollektion

Die Guts- und Ortsrieslinge sind frisch und trinkanimierend. Sehr fein und präzise ist der zitrusbetonte Riesling aus dem Nonnberg. Der 2008er Nonnberg Reserve mit seinem sehr reifen würzigen Duft und prägnant ausladendem Geschmack zeigt die Reifefähigkeit eines lange unterschätzten Jahrgangs. Der Riesling aus dem Viktoriaberg ist fein und vielschichtig, besitzt Stoff und Würze. Die beiden Großen Gewächse sind stoffig, das aus dem Viktoriaberg ist akzentuierter, besitzt Schmelz und Frische und eine salzig-mineralische Ader. Der Wein aus dem Nonnberg ist deutlich würziger, leicht nussig, sehr nachhaltig. Das Spätburgunder Fuchshohl ist ein typischer Vertreter des Jahrgangs 2015, wärmend und eindringlich, knochentrocken ausgebaut und mit feinen Toastnoten versehen, gehört zu den Highlights der diesjährigen Kollektion. ▬

Weinbewertung

83	2017 Riesling trocken „F. vini et vita" **12,5 %/7,50 €**
83	2017 Sauvignon Blanc trocken **12,5 %/9,80 €**
84	2017 Riesling trocken Lorch **12 %/9,80 €**
84	2017 Riesling trocken Wicker **12,5 %/9,80 €**
88	2008 Riesling trocken Wicker Nonnberg **13 %/35,- €**
86	2017 Riesling trocken Wicker Nonnberg **12,5 %/13,90 €**
86	2017 Riesling trocken Hochheim Königin Victoriaberg **12,5 %/13,90 €**
91	2017 Riesling trocken „GG Vier Morgen" Wicker Nonnberg **13 %/a.A.**
90	2017 Riesling trocken „GG" Königin Victoriaberg **13 %/28,50 €**
84	2017 Riesling Classic **12 %/7,50 €**
85	2017 Riesling „Charta" **12 %/9,80 €**
86	2017 Riesling Kabinett Hochheim Königin Victoriaberg **9,5 %/14,50 €**
82	2017 Spätburgunder Rosé **11 %/7,50 €**
90	2017 Spätburgunder trocken „GG Fuchshohl" Nonnberg **14,5 %/28,50 €**

ALEXANDER FLICK

★★★

KONTAKT

Brückesgasse 15
55234 Bechtolsheim
Tel. 06733-6814
Fax: 06733-961863
www.weingut-flick.de
info@weingut-flick.de

Inhaber
Alexander & Ulrich Flick
Betriebsleiter
Alexander Flick
Rebfläche
24 Hektar
Produktion
150.000 Flaschen

BESUCHSZEITEN

Vinothek April-Dez. Do. + Fr.
13-18 Uhr, Sa. 10-17 Uhr

Die Weinberge von Alexander Flick, der nach Geisenheim-Studium und Neuseeland-Praktikum seit 2008 für die Vinifikation verantwortlich ist, und Ulrich Flick liegen in Bechtolsheim, Gau-Odernheim (Herrgottspfad), Siefersheim (Goldenes Horn), Gundersheim (Höllenbrand) und Westhofen (Morstein). An weißen Sorten, die 70 Prozent der Rebfläche einnehmen, werden Riesling, Chardonnay, Weißburgunder, Silvaner, Müller-Thurgau und Sauvignon Blanc angebaut, an roten Sorten findet man Spätburgunder, Portugieser, Dornfelder, Frühburgunder, Regent und St. Laurent, aber auch Merlot, Cabernet Sauvignon, Cabernet Dorsa und Cabernet Cubin.

Kollektion

Mit dem neuen Jahrgang bestätigt das Weingut den starken Eindruck des Vorjahres. Schon die Gutsweine machen Spaß, präsentieren sich sehr geschlossen mit sortentypischer Frucht, sind lebhaft und frisch. Die Ortsweine dann sind allesamt sehr gut. Der Siefersheimer Silvaner ist fruchtbetont und zupackend, der Bechtolsheimer Weißburgunder besitzt Fülle und Saft. Unsere Favoriten sind die beiden Rieslinge: Der Gau-Odernheimer Riesling ist zupackend, strukturiert, fruchtbetont wie auch der Westhofener Riesling, der zur Hälfte im gebrauchten Tonneau ausgebaut wurde und noch etwas druckvoller und präziser ist und den beiden Lagen-Rieslingen starke Konkurrenz macht. Der Wein aus dem Herrgottspfad zeigt rauchige Noten, reife Frucht, gelbe Früchte, ist füllig und saftig, besitzt Kraft und Substanz. Gleichauf sehen wir den Höllenbrand-Riesling, der etwas würziger ist, aber ebenfalls viel reife Frucht, Fülle und Saft besitzt. Der intensiv fruchtige Grauburgunder Réserve ist zupackend und strukturiert. Unser Favorit in diesem Jahr ist aber der Lagen-Silvaner aus dem Goldenen Horn, der viel Konzentration und intensive gelbe Frucht besitzt, viel Substanz, Druck, Fülle und Kraft.

Weinbewertung

84	2017 Silvaner trocken **12,5 %/5,90 €**
83	2017 Weißer Burgunder trocken **12 %/5,90 €**
83	2017 Chardonnay trocken **12,5 %/5,90 €**
84	2017 Riesling trocken **12 %/6,90 €**
86	2017 Silvaner trocken Siefersheimer **12,5 %/8,90 €**
86	2017 Weißburgunder trocken Bechtolsheimer **12,5 %/8,90 €**
87	2017 Riesling trocken Gau-Odernheimer **12,5 %/8,90 €**
88	2017 Riesling trocken Westhofener **12,5 %/9,90 €** ☺
89	2017 Silvaner trocken Siefersheimer Goldenes Horn **12,5 %/17,90 €**
88	2017 Riesling trocken Gau-Odernheimer Herrgottspfad **12,5 %/17,90 €**
88	2017 Riesling trocken Gundersheimer Höllenbrand **12,5 %/18,90 €**
87	2017 Grauer Burgunder trocken „Réserve“ **12,5 %/10,90 €**

FLIK

★★

KONTAKT

Flik Sektmanufaktur
Marienhofstraße 1
55130 Mainz
Tel. 06131-1446755 /
0151-24050575
www.flik.de
info@flik.de

Inhaber
Rüdiger Flik
Rebfläche
0,5 Hektar
Produktion
20.000 Flaschen

BESUCHSZEITEN

Do.-Fr. 15-19 Uhr, Sa. 10-15 Uhr

Rüdiger Flik sammelte erste Sekt-Erfahrungen während eines einjährigen Praktikums bei Bernhard Huber, später studierte er Önologie in Geisenheim. 2011 gründete er seine eigene Sektmanufaktur in der Sekte im traditionellen Verfahren erzeugt werden. Ende 2016 zog er mit seiner Sektmanufaktur in den Marienhof in Mainz-Laubenheim. Der Marienhof wurde 1746 auf einem seit dem 12. Jahrhundert bestehenden Gut des Mainzer Liebfrauenstiftes erbaut. 1850 gründete Christian Adalbert Kupferberg in diesem Haus die Sektkellerei Kupferberg, blieb hier fünf Jahre bevor er nach Mainz in die nach ihm benannten Kupferbergterrassen umzog. 1935 erwarb die Familie Göhlen das Anwesen und gründete das Weingut Marienhof. Rüdiger Flik baut seine Sekte überwiegend im Holzfass aus, alle Weine durchlaufen die malolaktische Gärung. Seine Trauben bezieht er von ehemaligen Studienkollegen. Seit 2016 besitzt er einen halben Hektar großen Weinberg mit Pinot Noir im Laubenheimer Edelmann. Neben Pinot Noir nutzt er für seine Sekte bisher Riesling, Chardonnay und Auxerrois, derzeit sind alle Sekte sortenrein. Die Weine werden bis März oder April auf der Hefe ausgebaut, nicht geschönt und nur leicht filtriert, die bisher in den Verkauf gebrachten Sekte blieben 12 bis 24 Monate auf der Flasche, bevor sie degorgiert wurden.

Kollektion

Beim Debüt im vergangenen Jahr sah man schon die klare Handschrift, auch wenn die Sekte noch sehr jugendlich-unruhig waren. In diesem Jahr nun wird noch deutlicher, wo die Reise hingeht – und wir lassen uns gerne mitnehmen auf diese Reise. Der Riesling ist rauchig, harmonisch, vereint Fülle und Frische, der Chardonnay ist kraftvoll, füllig, strukturiert. Der 2016er Blanc de Noirs besitzt Fülle und Substanz, eine ganz dezente jugendliche Bitternote, mit etwas Flaschenreife wird sich das geben, das zeigt die 2015er Version. Der Auxerrois zeigt rauchig-oxidative Noten im Bouquet, ist füllig und harmonisch im Mund, fruchtbetont und strukturiert. Unser Favorit ist der rauchig-komplexe Rosé Suavium, der Fülle und Substanz, Harmonie, gute Struktur und erstaunliche Länge besitzt. Klasse Kollektion, wir freuen uns auf die kommenden Jahre!

Weinbewertung

85 (2016) Riesling Sekt brut **12,5 %/12,50 €**
85 (2016) Chardonnay Sekt brut **12,5 %/14,50 €**
86 (2015) Auxerrois Sekt brut **12,5 %/16,50 €**
87 (2015) Pinot „Blanc de Noir" Sekt extra-brut **12,5 %**
85 (2016) „Blanc de Noirs" Sekt brut **12,5 %/17,50 €**
89 2015 Pinot Noir Rosé Sekt extra-brut „Suavium" **12,5 %/22,50 €**

FLUHR-ELLER

★

N

KONTAKT

Bechtheimerstraße 25
67585 Dorn-Dürkheim
Tel. 06249-670975
www.fluhr-eller.de
hc@fluhr-eller.de

Inhaber
Hans-Christian Eller
Rebfläche
20 Hektar

BESUCHSZEITEN

nach Vereinbarung

Hans-Christian Ellers Eltern stammen beide aus Winzerfamilien. Er hat seine Lehrjahre in Rheinhessen, aber auch am Kaiserstuhl (bei Salwey) und in Niederösterreich (Weingut Topf) verbracht, in Veitshöchheim die Weinbautechniker-Ausbildung abgeschlossen, dann 2009 sein eigenes Weingut gegründet. Seine Weinberge liegen entlang der Rheinfront von Guntersblum (Steig-Terrassen) über Alsheim (Fischerpfad) bis Nierstein (Spiegelberg), sowie im Bechtheimer Hasensprung. Weiße und rote Burgunder sowie Riesling bilden den Schwerpunkt im Betrieb, Hans-Christian Eller baut aber auch internationale Rebsorten wie Cabernet Sauvignon und Sauvignon Blanc an. Die Weinberge werden biologisch bewirtschaftet.

Kollektion

Eine sehr gleichmäßige Kollektion präsentiert Hans-Christian Eller zum Debüt, die gleichermaßen weiß wie rot, trocken wie süß überzeugt. Das Basisniveau ist hoch wie der geradlinige, fruchtbetonte Weißburgunder, der nach Tropenfrüchten und Stachelbeeren duftende Sauvignon Blanc und der reintönige feinherbe Roter Traminer zeigen – oder besser noch der fruchtbetonte, zupackende Riesling im Liter. Der Riesling vom Rotliegenden – vom Niersteiner Roter Hang – zeigt etwas Zitrus, ist geradlinig, saftig, recht süß. Viel reife Frucht und Substanz besitzt die reintönige Riesling Auslese aus dem Spiegelberg. Der Weißburgunder aus dem Fischerpfad zeigt etwas florale Noten, ist kraftvoll und strukturiert bei klarer Frucht. Gutes Niveau dann auch bei den Rotweinen: Der Merlot ist fruchtbetont, frisch und zupackend, der Cabernet Sauvignon etwas floral, geradlinig, der Spätburgunder zeigt rote Früchte, besitzt Frische und Biss. Unser Favorit ist der neue Lagen-Spätburgunder aus dem Hasensprung, der reintönige Frucht besitzt, feine Frische und Biss. Schönes Debüt! –

Weinbewertung

83 2017 Weißer Burgunder trocken **11,5 %/5,90 €**
83 2017 Sauvignon Blanc **11,5 %/6,90 €**
84 2017 Riesling trocken „vom Rotliegenden" **12,5 %/8,90 €**
85 2017 Weißer Burgunder trocken Fischerpfad **12,5 %/8,90 €**
82 2017 Riesling (1l) **11 %/5,50 €**
83 2017 Roter Traminer „feinherb" **11,5 %/6,90 €**
86 2017 Riesling Auslese Niersteiner Spiegelberg **7,5 %/9,90 €**
84 2016 Merlot trocken **13,5 %/6,90 €**
82 2016 Cabernet Sauvignon trocken **13 %/6,90 €**
84 2015 Spätburgunder trocken **13,5 %/6,90 €**
86 2016 Spätburgunder trocken Hasensprung **13,5 %**

WEINGUT FLUHR-ELLER

FORSTHOF

★★

F

KONTAKT

Forsthof 4
71711 Steinheim-Kleinbottwar
Tel. 07148-6134, Fax: 07148-4011
www.weingut-forsthof.com
info@weingut-forsthof.com

Inhaber Andreas Roth
Rebfläche 12 Hektar
Produktion 90.000 Flaschen

BESUCHSZEITEN

Mo.-Fr. 9-12 + 14-18 Uhr, Sa. 8-14 Uhr; „Gutsschänke" (saisonal geöffnet, 70 Sitzplätze, auf der Freiterrasse 50 Sitzplätze)

Der Forsthof liegt bei Kleinbottwar auf einer Anhöhe des Bottwartals. Die Weinberge von Wilfried und Andreas Roth befinden sich im Bottwartal zwischen Steinheim und dem Lichtenberg, im Großbottwarer Harzberg und im Kleinbottwarer Götzenberg. Drei Viertel der Weinberge nehmen rote Sorten ein. Es dominieren die Burgundersorten, Trollinger und Lemberger. Daneben gibt es Dornfelder, Acolon, Merlot, Muskattrollinger und Cabernet Mitos. Ein Fünftel der Fläche nimmt Riesling ein, hinzu kommen ein wenig Weiß- und Grauburgunder, sowie Kerner, es werden auch pilzwiderstandsfähige Sorten wie Cabernet Blanc, Muscaris, Cabernet Carbon, Regent und Souvignier Gris angebaut. Im August 2009 begann das Weingut mit der Umstellung auf ökologischen Weinbau, seit Januar 2010 ist man Mitglied bei Naturland, 2012 war der erste zertifizierte Jahrgang. Die Rotweine werden alle im Holz ausgebaut, die Weißweine in den letzten Jahren ausschließlich im Edelstahl.

Kollektion

Im vergangenen Jahr hatten uns in einer starken Kollektion die Rotweine besonders gut gefallen, und auch in diesem Jahr haben sie wieder die Nase vorne. Die Weißweine präsentieren sich bestechend gleichmäßig, sind allesamt fruchtbetont und reintönig, unsere ganz leichte Präferenz gilt der fülligen, kraftvollen weißen Cuvée Ars Vinitoris. Ganz stark sind, wie schon erwähnt, die Rotweine: Der Spätburgunder ist wunderschön reintönig und zupackend, der Acolon besitzt intensive Frucht, Fülle und Kraft. Die rote Cuvée Ars Vinitoris besitzt gute Struktur und Substanz, der Merlot betört mit reifer süßer Frucht, ist reintönig und kraftvoll. Unser Favorit ist der im Barrique ausgebaute Lemberger, der intensive Würze und reintönige Frucht besitzt, Fülle und Kraft, gute Struktur und Länge. Im Aufwind!

Weinbewertung

84 2017 Weißburgunder trocken **12,5 %/7,90 €**
84 2017 Grauburgunder trocken **12,5 %/7,90 €**
84 2017 Riesling Kabinett trocken **12,5 %/6,80 €**
85 2017 „Ars Vinitoris" Weißwein **12 %/7,90 €**
84 2017 Muscaris „Calypso" **12,5 %/6,80 €**
84 2017 Muskateller **11,5 %/7,20 €**
85 2016 Spätburgunder trocken **13 %/7,50 €**
85 2016 Acolon trocken **13,5 %/9,50 €**
87 2016 „Ars Vinitoris" Rotwein trocken **13,5 %/8,90 €**
87 2016 Merlot trocken **14 %/9,90 €**
88 2015 Lemberger trocken Barrique **14 %/16,- €**
83 2017 Muskattrollinger **12 %/7,20 €**

49point9

★★☆

KONTAKT

Peterstraße 24
65385 Rüdesheim am Rhein
Tel. 0163-4589114
www.49point9.de
wein@49point9.de

Inhaber
Maik Werner, Michael Sobe
Rebfläche
1 Hektar
Produktion
6.000 Flaschen

BESUCHSZEITEN

nur nach Vereinbarung

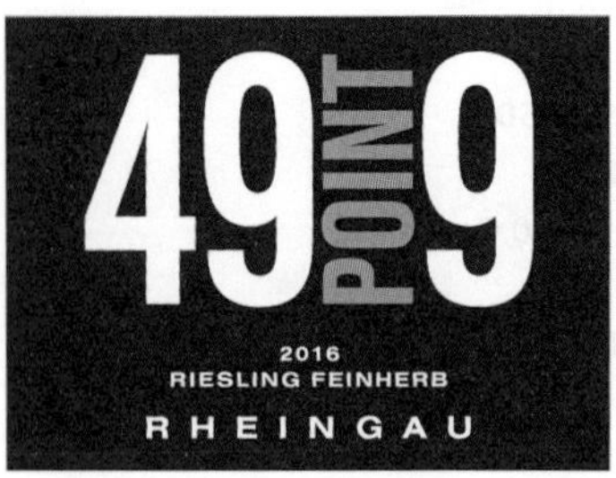

F

Michael Sobe stammt aus der Oberlausitz, Maik Werner aus Niedersachsen: Dass man da beim Wein landet, ist alles andere als selbstverständlich. Beide haben Weinbau in Geisenheim studiert, dort lernten sie sich kennen und 2013 gründeten sie ihr eigenes Projekt: 49point9. – handgemachter Wein vom 50. Breitengrad, „ohne Tradition und ohne Gutshof, dafür mit internationaler Erfahrung im Weinmachen" – in Südafrika, Australien und Frankreich – „und mit großer Begeisterung für Wein", wie sie schreiben. Ihre Weinberge liegen im Geisenheimer Kilzberg, wo die Reben auf tiefgründigen, kalkhaltigen Lössböden wachsen, und im Geisenheimer Mönchspfad, dessen Boden in der Tiefe von Taunusquarzit, in den oberen Schichten von Löss und Mergel geprägt ist. Sie bauen ausschließlich Riesling an. Die Trauben werden bei niedrigem Druck auf einer Korbpresse gekeltert, langsam vergoren und lange auf der Feinhefe ausgebaut.

Kollektion

Der Jahrgang 2017 ist für das noch junge Projekt ein weiterer Schritt in Richtung Qualität und Stilfindung. Vor allem die Rheingauer Weine sind noch etwas besser als in den Vorjahren. Der trockene Riesling aus dem Mönchspfad besitzt klare Zitrusaromen, changiert zwischen saftiger Frucht und Frische, besitzt Balance und Spannung. Der feinherbe Riesling aus dem Kitzberg ist harmonisch, seinem milden Fruchtgeschmack steht eine vitale Säureader entgegen. Dem im Barrique vergorenen und auf der Vollhefe ausgebauten trockenen Geisenheimer Riesling sollte man etwas Luft gönnen, dann entfaltet er neben typischen Toastaromen auch reife Steinobstfrucht und Noten von getrockneten und frischen Kräutern, er besitzt Substanz und Länge, setzt sich in gelungener Weise über jegliche Sortentypizität hinweg und lässt in seiner stoffigen Art Assoziationen an Burgundersorten aufkommen. Auch die beiden 2016er Rotweine von der anderen Rheinseite passen, setzten auf reife Frucht, der Cabernet Dorsa ist saftig und würzig, verzichtet ebenso auf helfende Süße wie der Spätburgunder, der ebenfalls würzig ist und sortentypisch, mehr Struktur, Feinheit und Länge entfaltet. Weiter so!

Weinbewertung

85 2017 Riesling trocken Geisenheimer Mönchspfad **12,5 %/8,- €**
87 2017 Riesling trocken Geisenheimer **13 %/15,- €**
86 2017 Riesling Kabinett „feinherb" Geisenheimer Kilzberg **11,5 %/12,- €**
85 2016 Cabernet Dorsa trocken **12,5 %/9,- €**
87 2016 Pinot Noir trocken **12,5 %/15,- €**

Frank

★★

KONTAKT

wein & gut Frank
Bönnigheimer Straße 29
74336 Brackenheim-Botenheim
Tel. 07135-9361281
Fax: 07135-2017
www.weingutfrank.de
info@weingutfrank.de

Inhaber
Florian Frank
Kellermeister
Florian Frank
Rebfläche
3 Hektar

BESUCHSZEITEN

Fr. 14-19 Uhr, Sa. 10-16 Uhr oder nach Vereinbarung

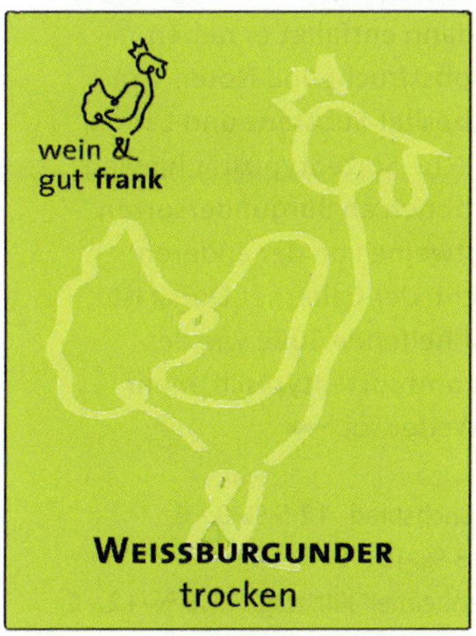

★ ★

Manuela und Florian Frank, die sich während des Geisenheim-Studiums kennen lernten, verließen 2009 die Genossenschaft und begannen mit der Selbstvermarktung, mit damals einem Hektar, zur Risikominderung schlossen sie Traubenablieferverträge mit verschiedenen Kellereien. Ihr erster Jahrgang war 2009, im Jahr darauf übernahm Florian Frank den elterlichen Betrieb, einen Mischbetrieb aus Weinbau und Landwirtschaft. Inzwischen vermarkten Manuela, die aus einem rheinhessischen Weinbaubetrieb stammt, und Florian Frank bereits den Ertrag von 3 Hektar selbst. Ihre Weinberge liegen im Cleebronner Michaelsberg, im Botenheimer Ochsenberg und im Meimsheimer Katzenöhrle. Sie bauen Riesling, Weißburgunder, Grauburgunder und Gewürztraminer an, sowie die roten Sorten Trollinger, Lemberger, Acolon und Merlot. Die Weißweine werden kalt und langsam vergoren, teils nach Maischestandzeiten. Alle Rotweine werden maischevergoren, sie bleiben 18 bis 24 Monate im Fass und werden unfiltriert abgefüllt. Alle Weine werden in der Regel trocken ausgebaut, alle Rotweine sind durchgegoren.

Kollektion

Eine kleine, recht gleichmäßige Kollektion von nur sechs Weinen präsentiert Florian Frank in diesem Jahr, Weiß- und Rotweine überzeugen gleichermaßen. Der Traminer ist etwas allzu würzig und eindringlich. Deutlich besser gefällt uns da der Sauvignon Blanc, der frisch und fruchtbetont ist, ein wenig floral, klar und zupackend. Unser Favorit im weißen Segment ist der Grauburgunder, der feine Würze und Frucht im Bouquet zeigt, klar und zupackend im Mund ist, viel Kraft und gute Struktur besitzt. Der Trollinger ist frisch und fruchtbetont im Bouquet, geradlinig im Mund, klar und strukturiert. Der Merlot zeigt viel Duft im Bouquet, etwas oxidative Noten, ist aber frisch im Mund, strukturiert und kraftvoll. Unser eindeutiger Favorit ist der Lemberger aus dem Jahrgang 2016; Er zeigt reintönige Frucht im Bouquet, feine Frische, rote Früchte, ist herrlich klar und zupackend im Mund, besitzt gute Struktur und Elan und viel reintönige Frucht.

Weinbewertung

86 2017 Grauburgunder** trocken **12,5 %/9,50 €**
82 2016 Traminer** trocken **12 %/8,50 €**
85 2017 Sauvignon Blanc** trocken **12 %/9,50 €**
84 2016 Trollinger** trocken **13 %/7,- €**
87 2016 Lemberger*** trocken **13,5 %/15,- €**
85 2015 Merlot*** trocken **13 %/15,- €**

FRANZ

★★★

KONTAKT

Hauptstraße 3
55437 Appenheim
Tel. 06725-96060
Fax: 06725-96062
www.weingut-franz.de
info@weingut-franz.de

Inhaber
Heinrich Josef Franz
Kellermeister
Christopher Franz
Rebfläche
4,3 Hektar
Produktion
40.000 Flaschen

BESUCHSZEITEN

nach Vereinbarung

Die Weinberge von Heinrich Josef Franz liegen in den Appenheimer Lagen Hundertgulden, Eselspfad und Daubhaus. Er baut die weißen Sorten Riesling, Silvaner, Scheurebe, Sauvignon Blanc, Chardonnay und Müller-Thurgau, sowie die roten Sorten Spätburgunder, Frühburgunder, Portugieser und Dornfelder an. Für den Weinausbau ist Sohn Christopher Franz verantwortlich. Die Weine werden meist spontanvergoren, teils im Edelstahl, teils in alten Holzfässern, und bis zur Abfüllung auf der Feinhefe gelagert. Das Programm ist gegliedert in Guts-, Orts- und Lagenweine, bisher ist der Riesling aus dem Hundertgulden der einzige Wein im Sortiment mit Lagenbezeichnung.

Kollektion

Und dieser Hundertgulden-Riesling ist im Jahrgang 2017 stark wie nie, führt eine stimmige, rundum überzeugenden Kollektion an. Schon die Gutsweine machen richtig Spaß. Der Silvaner ist frisch und zupackend, der Riesling fruchtbetont, reintönig, der Weißburgunder besitzt feine Frische, gute Struktur und reintönige Frucht, der Sauvignon Blanc ist reintönig, ein wenig floral, klar und zupackend, die Scheurebe würzig, eindringlich, zupackend: Solche Gutsweine bereiten Freude. Die Ortsweine sind dann allesamt sehr gut. Der Weißburgunder ist konzentriert, leicht rauchig, kraftvoll und strukturiert, dies gilt auch für den kompakten Chardonnay, der Riesling besitzt intensive Frucht, Fülle und Saft, gute Struktur und Substanz – findet seine Steigerung dann im hervorragenden Lagenriesling aus dem Hundertgulden: Intensive Frucht, rauchige Noten, gelbe Früchte im Bouquet, Kraft und Struktur im Mund, reintönige Frucht, Druck und Länge, dezent mineralischer Nachhall. Zu Guter Letzt zeigt Christopher Franz mit dem Frühburgunder, dass er sich auf Rotwein versteht, der Wein besitzt reintönige Frucht, rauchige Noten, gute Struktur und Frische. Einer der bemerkenswertesten Aufsteiger des Jahres in Rheinhessen! —

Weinbewertung

83 2017 Silvaner trocken **12,5 %/6,50 €**
85 2017 Weißburgunder trocken **12,5 %/7,10 €**
84 2017 Riesling trocken **12,5 %/6,50 €**
85 2017 Sauvignon Blanc trocken **12,5 %/7,10 €**
85 2017 Scheurebe trocken **12,5 %/7,10 €**
87 2017 Riesling trocken Appenheimer **12,5 %/8,50 €** ☺
86 2017 Weißburgunder trocken Appenheimer **13 %/8,50 €**
85 2017 Chardonnay trocken Appenheimer **13 %/8,50 €**
90 2017 Riesling trocken Appenheimer Hundertgulden **12,5 %/14,- €** ☺
87 2015 Frühburgunder trocken Appenheimer **13 %/14,- €**

Franzen

★★★★

KONTAKT

Gartenstraße 14
56814 Bremm
Tel. 02675-412, Fax: 02675-1655
www.weingut-franzen.de
info@weingut-franzen.de

Inhaber Kilian Franzen
Betriebsleitung
Kilian & Angelina Franzen
Außenbetrieb
Johannes Haupts, Leon Heimes, Simon Troes
Rebfläche 10 Hektar
Produktion 80.000 Flaschen

Kilian Franzen machte zunächst eine Druckerausbildung, arbeitete dann bei Johannes Leitz im Rheingau, bevor er in Geisenheim zusammen mit seiner heutigen Ehefrau Angelina zu studieren begann. Beide brachen ihr Studium ab als Kilians Vater Ulrich Franzen 2010 mit dem Schmalspurschlepper tödlich verunglückte. Ulrich Franzen hatte sich wie kein anderer um den Bremmer Calmont und den Steilstlagenweinbau in diesem Teil der Mosel verdient gemacht, ihm ist die Renaissance der steilsten Lage Europas ganz wesentlich zu verdanken, er hatte im letzten Jahrzehnt zahlreiche aufgelassene Parzellen im Calmont neu bepflanzt. Seine Ehefrau Iris Franzen führte zunächst den Betrieb weiter, wurde dabei unterstützt von Sohn Kilian, der das Weingut inzwischen übernommen hat und zusammen mit Ehefrau Angelina führt. Ihre Reben wachsen zur Hälfte im Bremmer Calmont. Der Boden im 2 Kilometer langen, stark zerklüfteten Calmont besteht aus Schiefer mit einem sehr hohen Steinanteil. Hinzu kommen 1,8 Hektar im Neefer Frauenberg, sowie weitere Flächen in Bremm und Neef, aber auch in Ediger-Eller, zum Beispiel in der Ellerer Kapplay mit 1944 gepflanzten Reben. Riesling nimmt 90 Prozent der Rebfläche ein, hinzu kommen je 5 Prozent Weißburgunder und Elbling. Die Weine werden alle spontanvergoren, alle durchlaufen normalerweise den biologischen Säureabbau. Das Sortiment ist gegliedert in Gutsweine, wie den Riesling „vom Quarzitschiefer", den durchgegorenen, immer enorm puristischen und straffen „FranZero" oder den Riesling „Der Sommer war sehr groß", eine Lagencuvée aus Kapplay, Calmont (Klosterkaul) und Abtei Kloster Stuben. Dann folgen die Lagenweine mit schwarzer Kapsel aus Frauenberg und Calmont, schließlich die mit einer Goldkapsel ausgestatteten, trocken ausgebauten und deshalb als Große Gewächse bezeichneten Weine aus Calmont und Frauenberg, sowie als Spitzenwein des Gutes der „Calidus Mons", der aus einer Parzelle stammt, die während des Ersten Weltkrieges gepflanzt wurde. Inzwischen wurde allerdings ein weiterer Wein hinzugefügt: Das Große Gewächs aus dem Fachkaul ist in der gutsinternen Hierarchie nun die Nummer eins. Die Spitzenweine werden konsequent erheblich später vorgestellt, als dies bei anderen Weingütern üblich ist, auch sonst lässt man sich immer wieder gern Zeit. In manchen Jahren werden edelsüße Rieslinge erzeugt, das Gros der Weine aber wird trocken ausgebaut, nur der „Calidus Mons" lag immer ein wenig höher in der Restsüße, wirkte aber zuletzt trockener. Schon seit der ersten Ausgabe empfehlen wir die Franzen-Weine, schon damals waren wir besonders angetan von der Nachhaltigkeit der beiden Goldkapsel-Weine, den „Calidus Mons" gab es zu jener Zeit noch nicht. Seither haben die Weine stetig an Ausdruck gewonnen, sie sind präzise und kraftvoll, besitzen Substanz und viel Mineralität und einen ganz eigenen Stil.

Kollektion

Wie die Spitzenweine aus dem Jahrgang 2017 schmecken, wird sich erst im nächsten Jahr ergründen lassen, denn wie immer lässt sich das Weingut deutlich mehr Zeit als die Konkurrenz. Eine sehr nachvollziehbare, richtungsweisende Maßnahme. Doch schon die Weine aus dem Jahrgang 2017, die jetzt verfügbar sind, zeigen Klasse. Da wäre zum Beispiel der straffe „Quarzit"-Riesling, offen, geradlinig und animierend. Deutlich saftiger der „Der Sommer war sehr groß", der Länge aufweist und dazu eine fast eigenwillig zu nennende Würze, insgesamt sehr spannend. Deutlich unterschiedlich dann die beiden Lagenweine. Jener aus dem Frauenberg zeigt sich mit reifer Frucht und Anklängen an Melone und Kräuter enorm würzig und fest, der aus dem Calmont ist duftiger, finessenreicher, puristischer als der Frauenberg-Vertreter; gelungen sind beide. Auch bei den Großen Gewächsen des Jahrgangs 2016 ist das Qualitätsniveau ähnlich gleichmäßig, während sich die Charaktere der Weine deutlich unterscheiden. Kräuter und reife Steinobstnoten weist der Frauenberg-Riesling auf, während das Große Gewächs aus dem Calmont deutlich mehr in Richtung Kernobst tendiert, aber ebenfalls Anklänge an Kräuter aufweist. Zwei nachhaltige, straffe und mineralische Weine, die keinen Überschuss an Alkohol erkennen lassen. Beim Großen Gewächs aus dem Fachkaul ist das Potenzial erst im Ansatz zu erkennen. Es handelt sich um einen nach Hefe und Kräutern duftenden Wein, der mineralische Länge aufweist, aber sehr verschlossen wirkt; Süße ist nicht zu bemerken, der Alkohol ist gut integriert, die Mineralität ausgeprägt. In zwei Jahren dürfte sich dieser Wein noch wesentlich spannender präsentieren. Der Zeit genannte Riesling gärte nicht weniger als 461 Tage, besitzt eine eigenwillig hefige Würze, Anklänge an Zitrus und Apfel, etwas Süße und Länge. Einen „Calidus Mons" wird es aus 2016 nicht geben, allerdings ist für 2017 wieder einer geplant. Schließlich der einzige explizit süße Wein, ein rassiger, vibrierender 2017er Kabinett mit ausgezeichneter Balance.

Kilian und Angelina Franzen

Weinbewertung

86	2017 Quarzit Schiefer Riesling	**11,5 %/9,20 €**
86	2017 Riesling „Quarzit Schiefer"	**11,5 %/8,20 €**
88	2017 Riesling „Der Sommer war sehr groß"	**11,5 %/11,- €**
88	2017 Riesling Neefer Frauenberg	**11,5 %/13,90 €**
88	2017 Riesling Bremmer Calmont	**11,5 %/13,90 €**
90	2016 Riesling „GG" Neefer Frauenberg	**12 %/22,- €**
91	2016 Riesling „GG" Bremmer Calmont	**12 %/22,- €**
91+	2016 Riesling „GG" Fachkaul	**12 %/59,- €**
88	2016 Riesling „Zeit"	**11 %/15,90 €**
87	2017 Riesling Kabinett Bremmer Calmont	**8,5 %/13,90 €**

BESUCHSZEITEN

nach Vereinbarung, So. geschlossen

LAGEN

CALMONT (BREMM)
– FACHKAUL (BREMM)
FRAUENBERG (NEEF)

REBSORTEN

RIESLING (85 %)
WEISSBURGUNDER (5 %)
ELBLING (5 %)

FRANZMANN

★

KONTAKT

Weingut & Gästehaus Franzmann
Winzerstraße 20 u. 22
55585 Niederhausen
Tel. 06758-6768
Fax: 06758-6212
www.weingut-franzmann.de
info@weingut-franzmann.de

Inhaber/Außenbetrieb
Horst Franzmann
Kellermeister
Gregor Franzmann
Rebfläche
12 Hektar

BESUCHSZEITEN

nach Vereinbarung
Gästehaus (April-Dez.)

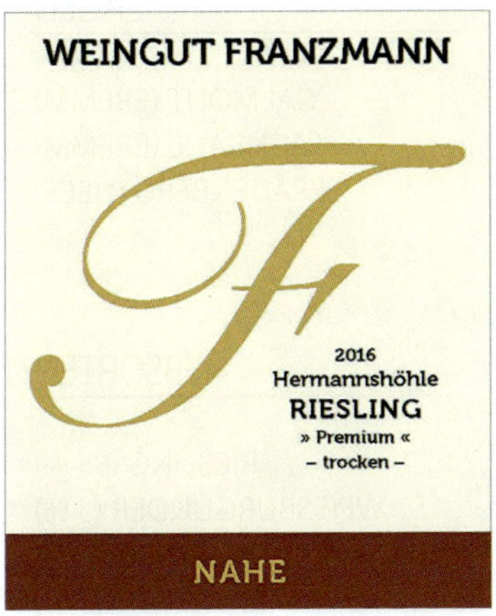

Die Familie Franzmann erzeugt seit fünf Generationen Wein in Niederhausen an der Nahe, heute wird das Weingut von Horst Franzmann geleitet, der im Betrieb mit seinem Sohn Gregor zusammen arbeitet, der seit 2017 den Weinausbau verantwortet. Ihre Weinberge liegen alle in Niederhausen, in den Lagen Hermannshöhle (steiler Südhang mit grauem Schiefer und Vulkangestein), in der sie ihren Premium-Riesling erzeugen, im Felsensteyer (verwittertes Melaphyr), im Rosenheck (Schiefer), in der Kertz (Steillage mit grauem Schiefer), sowie im Steinwingert, wo der Boden aus sandigem Lehm, Schiefer und Löss besteht und im von Löss-Lehm-Boden geprägten Pfaffenstein; des Weiteren ist man im Hüffelsheimer Steyer vertreten. Mit weitem Abstand wichtigste Rebsorte im Betrieb ist mit einem Flächenanteil von 50 Prozent der Riesling, auf 20 Prozent der Fläche steht Grauburgunder, dazu kommen 10 Prozent Weißburgunder, etwas Spätburgunder, Gewürztraminer, Dornfelder, Schwarzriesling, Regent und Portugieser. Neben dem Weingut betreibt die Familie ein Gästehaus.

Kollektion

Die aktuelle Kollektion der Familie Franzmann ist quasi zweigeteilt: Die Burgunder sind zwar sauber und frisch, besitzen aber nur wenig Typizität. Die trockenen und restsüßen Rieslinge sind wesentlich ausdrucksstärker und besitzen feine mineralische Noten, der Wein aus der Hermannshöhle zeigt steinige Noten im Bouquet, besitzt gute Konzentration und ein animierendes Säurespiel, der Felsensteyer besitzt ebenfalls gute Konzentration und zeigt kräutrige Würze und der Klamm zeigt dezente rauchige Noten und viel klare Aprikosen- und Apfelfrucht. Die feinherbe Spätlese aus dem Rosenheck besitzt dezente Süße und Frische, die Spätlese vom Vulkangestein ist rauchig mit viel klarer, süßer Frucht und die Auslese aus der Klamm besitzt gute Konzentration, ist leicht cremig und zeigt steinige Würze.

Weinbewertung

80 2017 Pinot Meunier „Blanc de Noir" trocken Rosenheck **11,5 %/6,50 €**
81 2017 Spätburgunder „Blanc de Noir" trocken Klamm **12,5 %/6,20 €**
80 2017 Weißburgunder trocken Niederhäuser Felsensteyer **13 %/6,- €**
80 2017 Grauburgunder trocken Niederhäuser Pfaffenstein **12,5 %/6,20 €**
83 2017 Riesling trocken „vom Vulkangestein" Niederhäuser Klamm **12,5 %/6,50 €**
84 2017 Riesling trocken „Alte Reben" Niederhäuser Felsensteyer **12,5 %/6,50 €**
85 2017 Riesling Spätlese trocken „Premium" Hermannshöhle **12,5 %/7,50 €**
84 2017 Riesling Spätlese „feinherb" Niederhäuser Rosenheck **11 %/6,- €**
84 2017 Riesling Spätlese „vom Vulkangestein" **8 %/7,- €**
85 2017 Riesling Auslese „Junior" Niederhäuser Klamm **7,5 %/12,50 €**
78 2017 Spätburgunder Rosé Niederhäuser Klamm **10 %/6,- €**

Staatsweingut Freiburg

★★

KONTAKT

Merzhauser Straße 119
79100 Freiburg
Tel. 0761-40165-44
Fax: 0761-40165-944
www.wbi-freiburg.de
staatsweingut@wbi.bwl.de

Inhaber
Land Baden-Württemberg
Betriebs-/Vertriebsleiter
Bernhard Huber, Kolja Bitzenhofer
Kellermeister Werner Scheffelt (Freiburg), Marvin Friedrich (Blankenhornsberg)
Außenbetrieb Frank Fischer
Rebfläche 37 Hektar
Produktion 200.000 Flaschen

BESUCHSZEITEN

Blankenhornsberg: Mo.- Fr. 12-17 Uhr, Sa. 10-16 Uhr;
Freiburg: Mo.- Fr. 10-13:30 + 14-19 Uhr, Sa. 10-16 Uhr

Das Staatsweingut dient den Wissenschaftlern des Weinbauinstituts Freiburg als Versuchsgut. Im Staatsweingut Freiburg & Blankenhornsberg sind seit 1997 alle Aktivitäten zusammengefasst, die Erzeugung und Vermarktung der Produkte aus den Gutsbetrieben in Freiburg und am Blankenhornsberg in Ihringen am Kaiserstuhl betreffen. 24 Hektar der Rebfläche des Staatsweingutes liegen auf dem Blankenhornsberg bei Ihringen, wo man die Lage Doktorgarten im Alleinbesitz hat. Der Rest verteilt sich in Freiburg auf die Lagen Schlossberg und Jesuitenschloss. Die wichtigste Sorte ist Spätburgunder, es folgen Riesling, Weißburgunder, Grauburgunder und Müller-Thurgau.

Kollektion

Zwölf Weine wurden dieses Jahr vorgestellt, darunter acht Große Gewächse. Die beiden Jahrgänge des Weißburgunders sehen wir gleichauf, beide Weine besitzen Kraft und Struktur, Fülle und Wärme. Der 2016er Grauburgunder besitzt gute Struktur und reintönige Frucht. Beim Chardonnay ist eindeutig der Wein aus dem Schlossberg unser Favorit, er zeigt intensive reintönige Frucht, ist klar, und fruchtbetont, zupackend und strukturiert, während der Wein aus dem Doktorgarten zwar mächtig ist, aber doch zu wenig Komplexität besitzt, vom hohen Alkohol geprägt ist. Den besitzen auch die Spätburgunder, die stecken das aber besser weg, zeigen rauchige Noten, besitzen gute Struktur und Präzision, der 2016er ist noch allzu jugendlich und tanninbetont, zeigt aber schöne Frische und kühle Frucht, liegt im Alkohol ein klein bisschen niedriger. Auch die Erste Lage-Weine überzeugen, der Auxerrois ist geradlinig, fruchtbetont, der Spätburgunder frisch und strukturiert, die duftige Solaris Auslese ist saftig und konzentriert. Feine Frische und reintönige Frucht besitzt der Blankenhornsberger Muskateller.

Weinbewertung

84 2017 Auxerrois trocken Freiburger „Jägerhäusleweg" **13 %/15,- €**
87 2017 Muskateller trocken Blankenhornsberger **13,5 %/9,80 €**
88 2015 Weißburgunder „GG" Blankenhornsberger Doktorgarten **14 %/23,- €**
88 2016 Weißburgunder „GG" Blankenhornsberger Doktorgarten **14 %/19,- €**
88 2016 Grauburgunder „GG" Blankenhornsberger Doktorgarten **14 %/20,- €**
86 2016 Chardonnay „GG" Blankenhornsberger Doktorgarten **14,5 %/25,- €**
89 2016 Chardonnay „GG" Freiburger Schlossberg **14 %/39,- €**
85 2016 Solaris Auslese **11 %/15,- €**
85 2016 Spätburgunder Freiburger Jesuitenschloss **13,5 %/17,- €**
88 2014 Spätburgunder „GG" Blankenhornsberger Doktorgarten **14,5 %/49,- €**
89 2015 Spätburgunder „GG" Blankenhornsberger Doktorgarten **14,5 %/29,- €**
89 2016 Spätburgunder „GG" Blankenhornsberger Doktorgarten **14 %/25,- €**

STIFTUNGSWEINGUT FREIBURG

★

KONTAKT

Jesuitenschloss
79249 Merzhausen b. Freiburg
Tel. 0761 404714
Fax: 0761-4098981
www.stiftungsweingut-freiburg.de
info@stiftungsweingut-freiburg.de

Inhaber Heiliggeistspital-stiftung Freiburg
Betriebsleiter Thomas Schneider
Vertrieb Erwin Schneider
Rebfläche 16 Hektar
Produktion 80.000 Flaschen

BESUCHSZEITEN

Mo.-Fr. 11-17:30 Uhr,
Sa. 10-12:30 Uhr
Probierstube, Gaststätte

Die Geschichte des Stiftungsweinguts Freiburg lässt sich bis ins Jahr 1298 zurückverfolgen. Im Laufe dieser Zeit wechselte das Weingut mehrmals seinen Standort, bis es 1985 in das Jesuitenschloss über der Stadt Freiburg einzog. Ein Teil der Weinberge liegt in Freiburg: Die nach Süden ausgerichtete Steillage Freiburger Schlossberg besitzt steinige Gneisverwitterungsböden, in der Lage Freiburger Jesuitenschloss, rund um das Weingut, herrschen schwere lehmhaltige Böden vor. Der andere Teil der Weinberge liegt am Tuniberg (Lössböden) in den Gemeinden Opfingen, Tiengen, Munzingen und Niederrimsingen. Die Burgundersorten nehmen zwei Drittel der Rebfläche ein. Dazu gibt es Gutedel und Müller-Thurgau, aber auch Chardonnay, Riesling und Merlot. Die Weißweine werden lange auf der Hefe ausgebaut, die Rotweine werden maischevergoren, die Spitzenqualitäten werden im Barrique oder im großen Eichenholzfass ausgebaut.

Kollektion

Aufgrund der Aprilfröste war der Ertrag 2017 nur halb so groß wie in normalen Jahren. Neben Weinen des Jahrgangs 2017 wurde auch ein 2016er sowie mehrere 2015er vorgestellt, darunter der Grauburgunder RS, der unser Favorit ist in der aktuellen Kollektion: Er zeigt gute Konzentration im Bouquet, reife Frucht, dezente Reifenoten, ist füllig und saftig im Mund, kompakt, gut strukturiert, aber doch ein wenig vom hohen Alkohol geprägt. Auch unter den 2017er Weißweinen gefallen uns die beiden Grauburgunder besonders gut, beide sind trockene Kabinettweine. Der im Holz ausgebaute Niederrimsinger ist fruchtbetont, kraftvoll, strukturiert, der Freiburger ist würziger und frischer, klar, fruchtbetont und zupackend. Ein Merlot wurde dieses Jahr nicht präsentiert, so dass drei Spätburgunder die rote Fraktion bilden. Unser Favorit ist der RS, der etwas rauchige Noten zeigt, dezent Speck, Fülle und Kraft besitzt, reife Frucht und gute Struktur. —

Weinbewertung

83	2014 Pinot Sekt brut **12 %/10,- €**
82	2017 Gutedel trocken Freiburger Jesuitenschloss **12 %/4,50 €**
81	2017 Riesling Kabinett trocken Freiburger Schlossberg **12,5 %/7,50 €**
84	2017 Grauburgunder Kabinett trocken Holzfass Niederrimsinger **12,5 %/8,50 €**
84	2017 Grauer Burgunder Kabinett trocken Freiburger **12,5 %/7,- €**
83	2016 Muskateller Kabinett trocken Niederrimsinger **12 %/7,- €**
86	2015 Grauburgunder „RS" trocken **14 %/11,- €**
82	2015 Spätburgunder trocken Freiburger **13 %/7,50 €**
82	2015 Spätburgunder trocken Niederrimsinger **13,5 %/9,- €**
84	2015 Spätburgunder „RS" trocken **13 %/12,50 €**

Freimuth

★★☆

KONTAKT

Am Rosengärtchen 25
65366 Geisenheim-Marienthal
Tel. 06722-981070
Fax: 06722-981071
www.freimuth-wein.de
info@freimuth-wein.de

Inhaber
Alexander & Karin Freimuth
Kellermeister
Jonas Freimuth
Rebfläche
13 Hektar
Produktion
60.000 Flaschen

BESUCHSZEITEN

Mo.-Sa. nach Vereinbarung
Straußwirtschaft (8 Wochen im Mai/Juni,4 Wochen im Nov./Dez.)

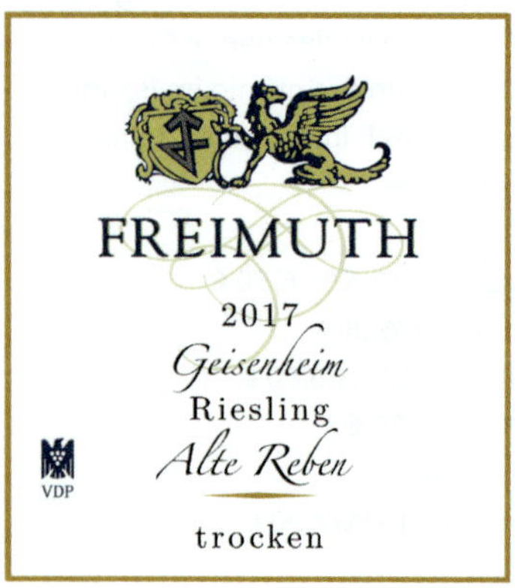

Alexander Freimuth übernahm 1984 noch während seines Geisenheim-Studiums das elterliche Weingut, führt es seit 1989 zusammen mit Ehefrau Karin, die ebenfalls in Geisenheim studiert hat. 1996 sind sie nach Marienthal ausgesiedelt, 2006 wurde ein neues Wirtschaftsgebäude mit Straußwirtschaft und Ferienapartments errichtet. Sohn Jonas, Geisenheim-Absolvent, hat die Regie im Keller übernommen. 2015 wurde die Rebfläche nochmals deutlich erweitert auf nunmehr 13 Hektar. Die Weinberge liegen in den Geisenheimer Lagen Kläuserweg, Mönchspfad, Kilzberg und Mäuerchen sowie in den Rüdesheimer Lagen Bischofsberg, Magdalenenkreuz und Kirchenpfad. Im Niersteiner Roten Hang besitzt man die Monopollage Niersteiner Goldene Luft, eine kleine gesetzliche Einzellage, die vollständig vom Niersteiner Hipping umgeben ist. Neben 65 Prozent Riesling gibt es 20 Prozent Spätburgunder, etwas Grau- und Weißburgunder sowie Sauvignon Blanc und Roter Riesling.

Kollektion

Der Riesling von alten Reben ist saftig, würzig und mild, der Zero anhaltend frisch und fein, mit etwas Reife sicher ein toller Speisenbegleiter. Mit seiner druckvollen Ader und intensiven Mineralität ragt der Niersteiner Riesling deutlich heraus, ein echter Terroirwein mit individuellem Charakter. Beide Kabinettweine sind mild und frisch, der Orange ist gerbstoffwürzig, dabei herb und säuerlich frisch, eine Empfehlung für Experimentierfreudige. Der fruchtbetonte Rote Riesling weiß ebenso zu gefallen wie der fein würzige Rosé und der Blanc de Noir. Die weißen Burgunder, angenehm trocken ausgebaut, überzeugen mit Klarheit und feiner Frucht, sind geradezu filigran, die Cuvée Blanc aus Weißburgunder und Sauvignon Blanc ist frisch und angenehm herb. Eine stimmige, gelungene Kollektion!

Weinbewertung

85	2017 Weißer Burgunder trocken **12 %/8,- €**
86	2017 Grauer Burgunder trocken **12 %/8,- €**
84	2017 Cuvée Blanc trocken **12 %/8,- €**
86	2017 Riesling trocken „Zero" Geisenheim **13 %/8,- €**
84	2017 Spätburgunder „Blanc de Noir" trocken **12 %/8,- €**
85	2017 Riesling „Alte Reben" Geisenheim **12,5 %/8,50 €**
85	2017 Roter Riesling trocken Geisenheim **12 %/9,- €**
86	2017 Riesling trocken „Orange" **11,5 %/14,50 €**
88+	2017 Riesling trocken Nierstein **12 %/23,- €**
84	2017 Riesling Kabinett halbtrocken **10,5 %/7,50 €**
84	2017 Riesling Kabinett lieblich **10 %/7,- €**
84	2017 Spätburgunder Rosé trocken **12 %/8,- €**

FREITAG

★

KONTAKT

Außerhalb 6
55291 Saulheim
Tel. 06732-5236
www.weingut-freitag.com
info@weingut-freitag.com

Inhaber
Philipp Freitag
Rebfläche
3,6 Hektar

BESUCHSZEITEN

ganzjährig nach Vereinbarung

WEINGUT FREITAG

Bis 2012 hat die Familie Freitag auf ihrem Georgenhof in Saulheim ausschließlich Wein für Großkellereien erzeugt. Mit dem Jahrgang 2012 wurden erstmals zwei Weine selbst erzeugt und als Flaschenweine vermarktet, im Jahr darauf ergänzte man das Sortiment um acht weitere Weine. Der Georgenhof wird heute von Philipp Freitag geführt, der den Betrieb im vergangenen Jahr von seinem Vater Werner übernommen hat, aber schon zuvor für die Vinifikation verantwortlich war. Philipp Freitag beendete 2013 seine Winzerlehre und bildete sich danach zum Weinbautechniker weiter. Die Weinberge der Freitags liegen in den Saulheimer Lagen Haubenberg und Domherr (der Großlage). Müller-Thurgau nimmt ein Drittel der Weinberge ein, es folgt Silvaner, hinzu kommen Sorten wie Dornfelder, Riesling und Spätburgunder, aber auch Chardonnay, Kerner, Scheurebe und Portugieser. Mit dem Jahrgang 2015 wurde die Ausstattung geändert, man stellt seither den Familiennamen Freitag in den Vordergrund, der „Georgenhof" ist von den Etiketten verschwunden. Die Gutsweine werden nun in der Linie „Casual Freitag" vermarktet, die Premiumweine in der Linie „Thank God It's Freitag".

Kollektion

Eine gewohnt kleine Kollektion mit nur sechs Weinen präsentiert Philipp Freitag in diesem Jahr. Friday Delight nennt sich eine würzige, frische Weißweincuvée, Friday Night das rote Pendant, das wunderschön fruchtbetont ist, rote und dunkle Früchte zeigt, klar und zupackend im Mund ist, feine Frische, Frucht und Biss besitzt. Ganz leicht vorne sehen wir den zweiten vorgestellten Rotwein, den Spätburgunder, der fruchtbetont ist, feine Frische zeigt, etwas rote Früchte und rauchige Noten, frisch, klar und zupackend ist, gute Struktur und reintönige Frucht besitzt. Er stammt aus der Linie „Casual Freitag" wie auch der würzige, geradlinige feinherbe Rosé oder der „feinfruchtige" Riesling, der recht würzig ist, geradlinig und frisch. Unser Favorit in der vorgestellten Kollektion ist der zweite Casual Freitag-Weißwein, der Silvaner, der fruchtbetont und reintönig im Bouquet ist, feine Birnennoten aufweist, klar und harmonisch im Mund ist, feine süße Frucht, gute Struktur und Frische besitzt. —

Weinbewertung

81 2017 „Friday Delight" Weißweincuvée trocken **13,5 %/6,50 €**
85 2017 Silvaner trocken „Casual Freitag" **12,5 %/6,80 €**
82 2017 Riesling „feinfruchtig" „Casual Freitag" **11,5 %/6,80 €**
81 2017 Rosé „feinherb" „Casual Freitag" **13 %/6,50 €**
83 2017 „Friday Night" Rotwein trocken **13 %/6,- €**
84 2016 Spätburgunder trocken „Casual Freitag" **13 %/7,90 €**

Frey

★★★☆

KONTAKT

Im Brühl 1
79211 Denzlingen
Tel. 07666-5253
Fax: 07666-2314
www.frey-weine.de
info@frey-weine.de

Inhaber
Otto & Martin Frey
Betriebsleiter
Martin Frey
Außenbetrieb
Volker Schimanski
Rebfläche
12 Hektar
Produktion
90.000 Flaschen

BESUCHSZEITEN

Do./Fr. 9-12 + 14-19 Uhr,
Sa. 9-16 Uhr

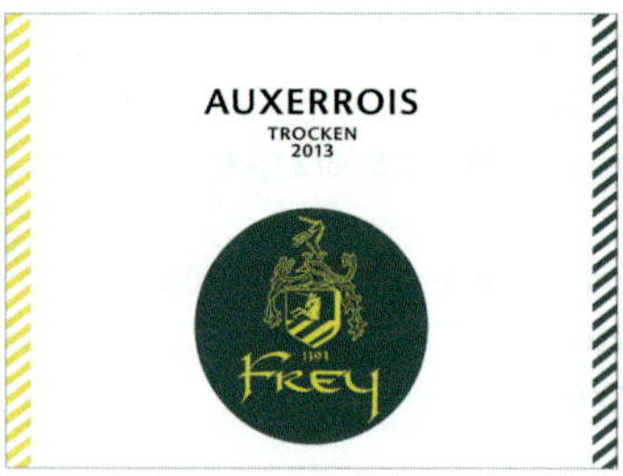

Otto Frey übernahm 1970 den landwirtschaftlichen Mischbetrieb von seinem Vater, siedelte 1972 vom Ortskern Denzlingen aus, seit 1995 ist Sohn Martin im Betrieb tätig. Die Weinberge liegen im Glottertäler Eichberg (mit Teillage Rinzberg, Gneis), aber auch in Denzlingen (Sonnhalde mit den Teillagen Steinhalde und Hummelgarten, Buntsandstein und Muschelkalk), Sexau (Sonnhalde mit Teillage Reichenbächle, Gneis) und Gundelfingen-Wildtal (Sonnenberg, Gneis und Buntsandstein), der Wöpplinsberg in Emmendingen (Muschelkalk) wurde neu angelegt, 60 Prozent befinden sich in Steillagen. Spätburgunder nimmt ein Drittel der Rebfläche ein, es folgen Grau- und Weißburgunder, dazu gibt es Riesling, Auxerrois, Müller-Thurgau, Gewürztraminer, Sauvignon Blanc und Merlot. Das Programm ist gegliedert in drei Linien: Die Basisqualität bilden Lagenweine aus Glottertäler Eichberg, Gundelfinger Sonnenberg oder Denzlinger Sonnhalde. Dann folgt die mittlere Stufe „Gneis" und als Toplinien Aigi (der ursprüngliche Name der Lage Eichberg) und Steinhalde.

Kollektion

In einer starken Kollektion im vergangenen Jahr war der 2015er Eichberg-Grauburgunder unser Favorit. Auch der 2017er gefällt uns wieder ausnehmend gut, ist reintönig, strukturiert, der Steinhalde-Grauburgunder ist etwas fülliger und saftiger, offener. Gewohnt gutes Niveau zeigen die klaren Basisweine, die Gneis-Linie besitzt mehr Fülle und Kraft, die Aigi-Cuvée aus Weißburgunder und Chardonnay ist strukturiert, kraftvoll und fruchtbetont. Der Eichberg-Spätburgunder ist rauchig, würzig, kraftvoll, sehr vom Ausbau im Holz geprägt, so dass uns derzeit der intensiv fruchtige, zupackende Aigi-Spätburgunder im roten Segment am besten gefällt. Gewohnt starke Kollektion!

Weinbewertung

84 2017 Auxerrois trocken Glottertäler Eichberg **12 %/7,30 €**
84 2017 Weißburgunder trocken Glottertäler Eichberg **12 %/7,30 €**
84 2017 Grauburgunder trocken Glottertäler Eichberg **12,5 %/7,30 €**
86 2017 Weißburgunder trocken „Gneis"** **13 %/9,80 €**
86 2017 Grauburgunder trocken „Gneis"** **12,5 %/9,80 €**
83 2017 Chardonnay trocken „Gneis"** **12,5 %/9,80 €**
88 2016 Weißburgunder-Chardonnay trocken „Aigi"*** **13,5 %/14,50 €**
88 2017 Grauburgunder trocken „Steinhalde"*** **13 %/35,- €/1,5l**
89 2017 Grauburgunder trocken Eichberg **13 %/21,- €**
82 2015 Spätburgunder trocken Glottertäler Eichberg **13,5 %/7,30 €**
85 2015 Spätburgunder trocken „Alte Rebe"* **13,5 %/9,80 €**
89 2016 Spätburgunder trocken „Aigi"*** **13,5 %/24,- €**
88 2016 Spätburgunder Eichberg **13,5 %/31,- €**

FREY

★★☆

F

KONTAKT

Weedegasse 10
55234 Ober-Flörsheim
Tel. 06735-941272
Fax: 06735-941273
weingut@bechtel-frey.de
www.frey-wines.com

Inhaber
Philipp & Christopher Frey
Betriebsleiter
Christopher Frey
Kellermeister
Philipp Frey
Rebfläche
10 Hektar
Produktion
75.000 Flaschen

BESUCHSZEITEN

nach Vereinbarung

Ober-Flörsheim liegt ganz im Südwesten Rheinhessens; dort im alten Ortskern, befindet sich im Katharinenhof das Weingut der Familie Frey, die seit dem 18. Jahrhundert Weinbau betreibt. Stefan Frey und seine Söhne Philipp und Christopher haben 2013 mit der Umstellung auf biologischen Weinbau begonnen, nach EU-Richtlinien. Philipp Frey hat sein Geisenheim-Studium abgeschlossen, Christopher Frey studiert in Geisenheim. Ihre Weinberge liegen zwischen Biebelnheim im Norden und Ober-Flörsheim im Süden, beispielsweise in den Lagen Hangen-Weisheimer Sommerwende, Kettenheimer Wartberg und Gundersheimer Königsstuhl. Die Böden sind sehr unterschiedlich, reichen von Kalksteinverwitterung über Lösslehm mit Kalkfels bis hin zu Kalkmergel und kiesig-schottrigen Böden. Riesling nimmt gut die Hälfte der Rebfläche ein, die Burgundersorten zusammen ein Viertel, hinzu kommt ein Fünftel Cabernet Sauvignon. Die Weine werden mit den traubeneigenen Hefen vergoren und teils im Edelstahl, teils in großen und kleinen Eichenholzfässern ausgebaut.

Kollektion

Es geht stetig weiter voran bei den Freys, wobei uns mehr noch als die wiederum bärenstarken Rotweine in diesem Jahr der faszinierende Riesling aus der Sommerwende begeistert hat, der herrlich reintönig ist, kraftvoll, dezent mineralisch, noch jugendlich und etwas unausgewogen: Aber große Klasse! Die Weißweine sind allesamt kraftvoll, klar und zupackend, der kraftvolle Reserve-Chardonnay besitzt herrlich viel Frucht, gute Struktur und Substanz. Die Rotweine bestätigen den starken Eindruck der Vorjahre, der gewürzduftige Assemblage ist füllig und kraftvoll, der ebenfalls gewürzduftige Cabernet Sauvignon besitzt Konzentration und Substanz, Unser Favorit ist der Sommerwende-Pinot Noir, der wunderschön reintönige Frucht besitzt, gute Struktur und Frische. Im Auge behalten! ➡

Weinbewertung

84 2017 Riesling **12,5 %/7,70 €**
84 2017 Weißer Burgunder **13 %/7,20 €**
83 2017 Grauer Burgunder **13 %/7,20 €**
84 2017 Silvaner Hangen-Weisheim **13,5 %/11,20 €**
85 2017 Riesling Hangen-Weisheim **12,5 %/12,20 €**
88 2017 Chardonnay „Reserve" **13,5 %/13,20 €**
91 2017 Riesling Hangen-Weisheim Sommerwende **12,5 %/21,- €**
85 2016 Pinot Noir **13,5 %/11,20 €**
88 2016 Pinot Noir Hangen-Weisheim Sommerwende **13,5 %/19,20 €**
87 2016 Assemblage Rotwein **14 %/13,20 €**
87 2015 Cabernet Sauvignon **13 %/25,20 €**

Frick

★☆

KONTAKT

Schillerstraße 64
73614 Schorndorf
Tel. 07181-9943412
www.weinbau-frick.de
info@weinbau-frick.de

Inhaber
Oliver Frick
Rebfläche
0,8 Hektar
Produktion
5.000 Flaschen

BESUCHSZEITEN

Sa. 10-12 Uhr und nach Vereinbarung

Oliver Frick ist Projektleiter in der Automobilindustrie, seit einem Vierteljahrhundert bereits aber auch Nebenerwerbs-Winzer „mit Leib und Seele", wie er schreibt. Anfang der neunziger Jahre hat er mit 10 Ar begonnen, fast ein Hektar ist bis heute daraus geworden. 2015 hat er den Betrieb auf ökologischen Anbau ausgerichtet, 2018 soll der erste zertifizierte Jahrgang werden. Alle Weinberge liegen auf Weinstädter Gemarkung. Der älteste Weinberg liegt im Wetzstein in Endersbach, hier wird Zweigelt angebaut. In der Gewann Hüttentobel in Strümpfelbach baut Oliver Frick Spätburgunder und Riesling an, auf einer 2011 erworbenen Fläche in unmittelbarer Nachbarschaft wächst Syrah. Im Sonnenberg zwischen Schnait und Manolzweiler wachsen Cabernet Franc und Grauburgunder, einen weiteren Grauburgunder-Weinberg hat er auf dem Schönbühl angelegt. Zweigelt, Spätburgunder, Grauburgunder und Lemberger sind die wichtigsten Rebsorten, dazu gibt es Riesling, Trollinger, Syrah und Cabernet Franc. Die Ernte einer Spalierobstanlage in Beutelsbach nutzt Oliver Frick zur Herstellung von Edelbränden.

Kollektion

Mit einer starken Kollektion haben wir Oliver Frick und seine Weine im vergangenen Jahr erstmals vorgestellt, die neue Kollektion schließt nahtlos daran an. Eine schöne Überraschung bietet der Grauburgunder, er ist fruchtbetont, wunderschön reintönig, frisch und zupackend, besitzt gute Struktur und reife Frucht. Die rote Cuvée – Spätburgunder, Lemberger und Zweigelt aus den Jahrgängen 2014 und 2015, zwei Jahre im großen Holzfass ausgebaut – ist duftig, geradlinig, ein klein wenig oxidativ wie auch der gewürzduftige, kompakte Lemberger. Deutlich besser gefällt uns der Zweigelt, der auch feinen Duft und Gewürznoten im Bouquet aufweist, rote Früchte, im Mund frisch, klar und zupackend ist, feine Frucht und gute Struktur besitzt. Unser Favorit aber ist der im Barrique ausgebaute Syrah, der intensive Frucht im herrlich sortentypischen Bouquet zeigt, etwas Brombeeren, Pfeffer, klar und frisch auch im Mund ist, strukturiert und zupackend, wunderschön reintönige Frucht und viel Substanz, allerdings auch viel Alkohol besitzt.

Weinbewertung

86 2017 Grauburgunder „Kolorit" **12 %/5,90 €** ☺
82 „Cuvée rot" Rotwein **14 %/7,50 €**
83 2015 Lemberger „Attitude" Barrique **14,5 %/12,50 €**
86 2015 Zweigelt „Philosophie" **14,5 %/14,90 €**
87 2015 Syrah Barrique **15 %/14,90 €**

Friderichs

★☆

KONTAKT

Moselweinstraße 30
56814 Ediger-Eller
Tel. 02675-266, Fax: 02675-1366
www.friderichs-wein.de
info@friderichs-wein.de

Inhaber Klaus Fett
Rebfläche 4 Hektar
Produktion 25.000 Flaschen

BESUCHSZEITEN

Vinothek Im historischen Fachwerkhaus Do.-Sa. ab 17 Uhr und nach Vereinbarung; Ferienwohnungen

Die Weinberge von Sigrid Friderichs und Klaus Fett liegen in den Ediger Lagen Elzhofberg und Feuerberg), im Osterlämmchen sowie im Ellerer Calmont. Die Weinberge in den Steillagen wurden auf Querterrassierung umgestellt. Riesling dominiert im Anbau, nimmt gut die Hälfte der Rebfläche ein, dazu gibt es Spätburgunder, Müller-Thurgau, Dornfelder, Weißburgunder und St. Laurent. Die Weißweine werden, teils nach Kaltmazeration, kühl im Edelstahl vergoren, die Rotweine werden maischevergoren. Zweimal im Jahr findet ein Hof- und Kellerfest statt, darüber hinaus werden Ferienwohnungen angeboten. Weinproben für Gruppen werden in der Vinothek des 1628 erbauten historischen Fachwerkhauses abgehalten.

Kollektion

Die Etiketten des Weinguts Friderichs sind immer leicht erkennbar, auch im Jahrgang 2017, aus dem bis auf einen alle in diesem Jahr vorgestellten Weine stammen. Doch es ist nicht nur die Ausstattung, die in diesem Familienbetrieb für Aufmerksamkeit sorgt, es ist auch die innere Qualität der Flaschen. Da wäre zum Beispiel der trockene Riesling aus dem Ediger Elzhofberg, puristisch trocken, kraftvoll, würzig, klar und zupackend. Noch besser: Der Elzhofberg-Wein von alten Reben, fülliger, kraftvoller, herrlich zupackend. Der Wein von alten Reben aus dem Calmont, der einzige 2016er der Kollektion ist deutlich offener, besitzt Schmelz, ist nicht ganz trocken. Die Süßweine fallen im Weingut Friderichs nie übertrieben zuckrig aus, sind auch diesmal allesamt ausgezeichnet balanciert: Die duftige Spätlese aus dem Elzhofberg mit ihren Noten von Steinobst, saftig, im Mund eher schlank, und die Auslese, ebenfalls aus dem Ediger Elzhofberg, die Aromen von Apfelschalen und Kräutern erkennen lässt, saftig und in der Süße reduziert ausfällt. Ein interessanter Stil von Wein, der auch beim zweiten oder dritten Glas noch begeistert.

Weinbewertung

84 2017 Weißburgunder **13 %/5,50 €**
82 2017 Spätburgunder „Blanc de Noirs" **12 %/5,50 €**
85 2017 Riesling trocken Ediger Elzhofberg **11,5 %/6,50 €**
85 2017 Riesling Spätlese trocken Ediger Feuerberg **11 %/6,50 €**
88 2017 Riesling trocken „Alte Reben" Ediger Elzhofberg **12 %/9,- €** ☺
87 2016 Riesling „Steillagenhelden Alte Reben" Ellerer Calmont **10,5 %/12,- €**
84 2017 Riesling Spätlese halbtrocken Ediger Osterlämmchen **10 %/6,50 €**
86 2017 Riesling Spätlese Ediger Elzhofberg **8 %/7,50 €**
87 2017 Riesling Auslese Ediger Elzhofberg **10,5 %/9,- €**

Frieden-Berg

★☆

KONTAKT

Weinstraße 19
54453 Nittel
Tel. 06584-99070
Fax: 06584-99072
www.frieden-berg.de
info@frieden-berg.de

Inhaber
Horst & Maximilian Frieden
Kellermeister
Maximilian Frieden
Außenbetrieb
Horst Frieden
Rebfläche
12 Hektar
Produktion
90.000 Flaschen

BESUCHSZEITEN

Mo.-Sa. 9-18 Uhr, So. 10-12 Uhr, mit Bitte um Anmeldung

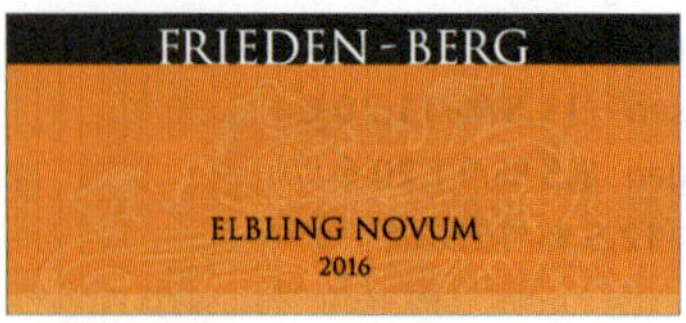

Seit Generationen baut die Familie Wein an der Obermosel an, heute wird das Gut geführt von Horst Frieden zusammen mit seinem Sohn Maximilian, der auch als Kellermeister firmiert. Elbling, die typische Rebsorte der Obermosel, nimmt heute nur noch knappe 40 Prozent ihrer Rebfläche ein, dazu gibt es jeweils 10 Prozent Auxerrois, Grauburgunder und Spätburgunder sowie 14 Prozent Müller-Thurgau. Weitere Sorten kommen zusammen auf knapp 20 Prozent der Fläche. Die Reben wachsen auf Muschelkalkböden in den Nitteler Lagen Leiterchen und Rochusfels. Die Weine der Premiumlinie „Max" stammen aus ertragsreduzierten Anlagen und werden lange auf der Feinhefe ausgebaut. Im alten Kuhstall ist das Restaurant Novum untergebracht, das mediterrane und regionale Küche serviert und beweist, dass sich das Weingut in vielerlei Hinsicht modern präsentieren will.

Kollektion

Als eines der wenigen Weingüter an der Obermosel versucht dieser Betrieb das Potenzial des Elblings auszureizen. Auch wenn man mit der historischen Sorte nicht das Renommee wie mit Riesling erreichen kann, sind doch Weine möglich wie der kräftig wirkende Wein namens „Urgestein" oder der spritzige, noch animierendere „Novum"-Elbling. Was den Elbling Crémant angeht, so ist er frisch und animierend, der Pinot Crémant aus 2013 wirkt nochmals komplexer, offen, vielschichtig in der Nase mit Anklängen an Hefe und Kräuter, ausgestattet mit einer schönen Länge: eine sehr beachtliche Qualität! Unter den Nicht-Elblingweinen gefällt beispielsweise der Weißburgunder (schlank mit animierender Säure), der angenehm trockene Auxerrois ist noch eine Spur spannender, während der 2017er Grauburgunder Schmelz besitzt, aber nicht allzu lang ausfällt. Der 2016er Chardonnay ist eher schlank und präzise, der 2016er Grauburgunder würzig mit einem Hauch von Bitternote.

Weinbewertung

85	2016 Elbling Crémant brut **12,5 %/10,50 €**
87	2013 Pinot Crémant brut „Max" **12,5 %/16,- €**
84	2017 Elbling trocken „Novum" Nitteler Leiterchen **12 %/7,50 €**
83	2017 „Hand aufs Herz" Weißweincuvee trocken **12 %/7,80 €**
85	2017 Elbling „Urgestein" **12 %/6,- €** ☺
84	2017 Spätburgunder „Blanc de Noir" trocken **12,5 %/7,50 €**
85	2017 Auxerrois trocken **12 %/7,50 €**
84	2017 Weißburgunder trocken **12,5 %/7,50 €**
85	2017 Grauburgunder trocken **12,5 %/9,- €**
84	2016 Grauburgunder trocken „Max" **13 %/15,50 €**
85	2016 Chardonnay trocken „Max" **13 %/12,50 €**

Fries

★★☆

KONTAKT

Bachstraße 66
56333 Winningen
Tel. 02606-2686
Fax: 02606-200016
www.weingut-fries.de
info@weingut-fries.de

Inhaber
Reiner & Anke Fries
Rebfläche
9 Hektar
Produktion
60.000 Flaschen

BESUCHSZEITEN

nach Vereinbarung

Reiner und Anke Fries führen heute dieses Winninger Gut in achter Generation. Ihre Weinberge befinden sich in den Winninger Lagen Röttgen, Uhlen und Hamm. 70 Prozent der Weinberge nimmt Riesling ein, hinzu kommen ein Viertel Spätburgunder und 5 Prozent Weißburgunder. Bereits 1986, noch während seines Studiums, pflanzte Rainer Fries mit einer Sondergenehmigung Rotwein, wenige Jahre später begann er mit dem Barriqueausbau. Seit dem Jahrgang 2002 verzichten Reiner und Anke Fries bei trockenen und halbtrockenen Weinen auf Prädikatsbezeichnungen wie Spät- und Auslese, nur das Prädikat Kabinett wird weiterhin verwendet. Die Weißweine werden gekühlt im Edelstahl vergoren, die roten Trauben werden entrappt und 10 bis 14 Tage maischevergoren, kommen dann ins Barrique, wo sie den biologischen Säureabbau durchlaufen; die jungen Spätburgunder werden acht Monate in gebrauchten Barriques ausgebaut, die Selektionen kommen für zwanzig Monate in neue oder einmal belegte Barriques.

Kollektion

Im Weingut Fries ist es immer wieder der klare, kompakte, würzige und zupackende Stil der Weine, der überzeugt und ihn von dem anderer Winninger Betriebe unterscheidet. Am deutlichsten ist dies beispielsweise beim Weißburgunder zu spüren, der hier nicht gefällig ist, sondern in der Nase floral und würzig, im Mund strukturiert und kraftvoll. Die Rieslinge stehen nicht nach. Eher verschlossen wirkt der Kabinettwein aus dem Röttgen, eigenwillig, trocken, kompakt. Deutlich dichter der „Apollo-Terrassen"-Riesling mit beachtlicher Länge. Schließlich der kompakte, nachhaltige, von Kräuterwürze und leichten Hefenoten beherrschte Riesling aus dem Uhlen. Die beiden feinherben Weine sind überdurchschnittlich gut balanciert. Auch die süße Spätlese mit Noten von Hefe, Apfel und getrockneten Beeren weist eine nicht selbstverständliche Balance auf. Schließlich der Spätburgunder. Der vorgestellte 2016er ist rauchig, zeigt Anklänge an Tabak und eine beachtliche Würze.

Weinbewertung

85	2017 Riesling trocken „vom Schiefer" **11 %/6,70 €**
87	2017 Weißburgunder trocken **12,5 %/9,70 €**
86	2017 Riesling Kabinett trocken Winninger Röttgen **11,5 %/8,40 €**
87	2017 Riesling trocken „Apollo-Terrassen" **12,5 %/11,20 €**
89	2017 Riesling trocken „Alte Reben" Winninger Uhlen **12,5 %/16,- €**
86	2017 Riesling Kabinett „feinherb" Winninger Hamm **11 %/8,40 €**
87	2017 Riesling „feinherb" „Apollo-Terrassen" **11,5 %/11,20 €**
89	2017 Riesling Spätlese Winninger Röttgen **8,5 %/11,20 €** ☺
88	2016 Spätburgunder trocken Barrique **12,5 %/15,50 €**

FRITZSCH & SOHN

★

KONTAKT

Schmittstraße 16
55576 Sprendlingen
Tel. 06701-2007902
Fax: 06701-2007903
www.weingut-fritzsch.de
info@weingut-fritzsch.de

Inhaber
Norbert & Thomas Fritzsch
Rebfläche
17 Hektar
Produktion
60.000 Flaschen

BESUCHSZEITEN

Mo.-Fr. 18-19 Uhr, Sa. 9-15 Uhr
oder nach Vereinbarung
(Sonntag Ruhetag)

Norbert und Thomas Fritzsch bewirtschaften 17 Hektar Weinberge in den Sprendlinger Lagen Wißberg, Honigberg, Klostergarten, Hölle und Sonnenberg, aber auch im St. Johanner Wißberg, im Welgesheimer Kirchgärtchen und im Horrweiler Goldberg, die Reben wachsen auf sehr unterschiedlichen Böden, von Muschelkalk und Kalksandstein bis hin zu Tonmergel- und Lössböden. Weiße Rebsorten nehmen zwei Drittel der Rebfläche ein, es gibt Riesling, Müller-Thurgau, Silvaner, Chardonnay, Grauburgunder und Weißburgunder, aber auch Gewürztraminer und Gelber Muskateller, Ortega, Bacchus und Scheurebe. An roten Sorten werden Spätburgunder, Frühburgunder, Portugieser, Dornfelder und St. Laurent angebaut, die besten Rotweine werden im Barrique ausgebaut. Die Weine werden in vier Linien angeboten: Traditionelle Weine (im Liter), Klassische Weine, Prestigeweine und Exklusive Weine.

Kollektion

Eine umfangreiche, sehr gleichmäßige Kollektion präsentieren Norbert und Thomas Fritzsch in diesem Jahr. Unter den trockenen Weißweinen gefallen uns der saftige Wißberg-Riesling und füllige, strukturierte Wißberg-Chardonnay am besten, im restsüßen Segment ist der reintönige, zupackende Muskateller, ebenfalls aus dem Wißberg, unser Favorit. Der Frühburgunder aus dem Holzfass ist füllig und kompakt, unser klarer Favorit in diesem Jahr ist der im Barrique ausgebaute Spätburgunder aus dem Jahrgang 2015, der klar und zupackend ist, Fülle und reife Frucht besitzt, gute Substanz und Frische.

Weinbewertung

78	2017 Weißer Burgunder trocken „Traditionell" (1l) **12 %/3,80 €**
81	2017 Grüner Silvaner trocken **12 %/4,80 €**
82	2017 Riesling trocken „Prestige" **12 %/5,40 €**
81	2017 Weißer Burgunder trocken „Prestige-Linie" **13 %/5,40 €**
81	2017 Grauer Burgunder trocken „Prestige-Linie" **12,5 %/5,40 €**
84	2017 Riesling trocken Sprendlinger Wißberg **13 %/6,30 €**
83	2017 Chardonnay trocken Sprendlinger Wißberg **12,5 %/6,30 €**
80	2017 Blauer Frühburgunder „Blanc de Noir" trocken Wißberg **12 %/6,30 €**
83	2017 Gelber Muskateller trocken Sprendlinger Wißberg **12,5 %/6,30 €**
82	2016 Gewürztraminer Spätlese „lieblich Prestige-Line" **11,5 %/5,40 €**
80	2017 Blauer Spätburgunder Rosee halbtrocken **11,5 %/4,90 €**
82	2016 Blauer Spätburgunder trocken „Prestige-Line" **13 %/5,80 €**
81	2016 Blauer Frühburgunder trocken „Prestige-Linie" **13 %/6,10 €**
83	2016 Blauer Frühburgunder trocken Holzfass **13,5 %/7,60 €**
86	2015 Blauer Spätburgunder trocken Barrique „Exklusive" **13,5 %/9,90 €**

CLEMENS FRÖHLICH

★★☆

KONTAKT

Bocksbeutelstraße 19
97332 Escherndorf
Tel. 09381-1776
Fax: 09381-6163
www.weingut-froehlich.de
info@weingut-froehlich.de

Inhaber
Clemens Fröhlich
Rebfläche
6 Hektar

BESUCHSZEITEN

Mo.-Fr. 9-18 Uhr, Sa. 9-17 Uhr
4 Gästezimmer (Aufenthaltsraum, Küche)

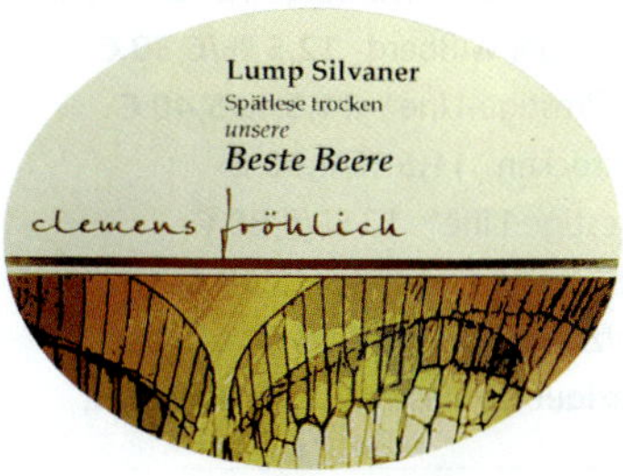

Clemens Fröhlich begann 1987 mit der Selbstvermarktung, mit damals einem halben Hektar Weinberge. Heute bewirtschaftet er 6 Hektar, 3,5 Hektar davon in Steillagen. Ehefrau Ingrid Fröhlich ist für den Verkauf zuständig, Sohn Philip hat erstmals im Jahrgang 2015 Weine nach seinen eigenen Vorstellungen ausgebaut. Wichtigste Rebsorten sind Riesling und Silvaner. Hinzu kommen vor allem noch Müller-Thurgau, Kerner und Bacchus. Zum Weingut gehören auch ein Hektar Obstbäume, aus deren Ertrag Edelbrände erzeugt werden. Alle als trocken bezeichneten Weine (85 Prozent der Produktion) von Clemens Fröhlich sind „fränkisch trocken", Restzucker und Säure sind auf dem Etikett angegeben; die nicht als trocken bezeichneten Weine liegen in der Regel ebenfalls im gesetzlich trockenen Bereich.

Kollektion

Gewohnt gleichmäßig und zuverlässig präsentiert sich auch die neue Kollektion, angefangen beim feinen Liter-Müller-Thurgau bis hin zu den fülligen Spätlesen. Die „Exoten" sind fruchtbetont, saftig und süffig, die trockenen Kabinettweine, deutlich trockener, besitzen Struktur und Biss, der Riesling, Jahrgang 2016, gefällt uns in diesem Jahr besonders gut, er ist frisch und zupackend, besitzt klare Frucht und Grip. Die Spätlesen stammen alle aus dem Jahrgang 2016: Der Silvaner ist würzig, duftig, kompakt, die „Beste Beere" besitzt mehr Fülle und Saft, aber auch merkliche Reife, der Riesling zeigt gute Konzentration und reintönige Frucht, ist kraftvoll, harmonisch und strukturiert. Sehr gut gefällt uns auch die intensive, reintönige halbtrockene Bacchus-Spätlese, und auch mit den Rotweinen überzeugt Clemens Fröhlich, der Spätburgunder ist reintönig und zupackend, die rauchige Domina besitzt Frucht und Biss.

Weinbewertung

82 2017 Müller-Thurgau Kabinett trocken (1l) **11,5 %/5,50 €**
83 2017 Müller-Thurgau Kabinett „Unsere Exoten" **11,5 %/5,90 €**
84 2017 Silvaner Kabinett „Unsere Exoten" **12 %/6,50 €**
84 2016 Escherndorfer Lump Silvaner Kabinett trocken **12 %/6,50 €**
85 2016 Riesling Kabinett trocken Escherndorfer Lump **12 %/6,50 €**
83 2017 Kerner Kabinett trocken Escherndorfer **13 %/6,- €**
84 2016 Silvaner Spätlese trocken Escherndorfer Lump **13 %/9,- €**
86 2016 Riesling Spätlese trocken Escherndorfer Lump **13 %/9,- €**
86 2016 Silvaner Spätlese trocken „Beste Beere" Lump **13 %/10,50 €**
85 2016 Bacchus Spätlese halbtrocken Escherndorfer Fürstenberg **12,5 %/8,- €**
85 2016 Domina trocken **13 %/7,- €**
84 2016 Spätburgunder trocken Escherndorfer Fürstenberg **13 %/7,- €**

Michael Fröhlich

★★★☆

F

KONTAKT

Bocksbeutelstraße 41
97332 Escherndorf
Tel. 09381-2847
Fax: 09381-71360
www.weingut-michael-froehlich.de
info@weingut-michael-froehlich.de

Inhaber
Michael Fröhlich
Rebfläche
11 Hektar
Produktion
85.000 Flaschen

BESUCHSZEITEN

Mo.-Fr. 9-18 Uhr, Sa. 10-17 Uhr
sowie nach Vereinbarung
Hofschoppenfest Ende August

Michael Fröhlich gründete 1985 sein eigenes Weingut, anfangs mit einer Rebschule als zweitem Standbein. Seine Weinberge liegen in Escherndorf, hauptsächlich in den Lagen Lump und Fürstenberg, sein Muskateller steht im Untereisenheimer Sonnenberg. Silvaner und Müller-Thurgau nehmen jeweils ein Viertel der Rebfläche ein, Riesling 10 Prozent, dazu gibt es Rieslaner und Scheurebe, als Spezialität Muskateller und etwa 10 Prozent rote Rebsorten. Michael Fröhlich hat sein Sortiment den VDP-Vorgaben angepasst, die ehemaligen Kabinettweine sind nun die Escherndorfer Ortsweine, die trockenen Spätlesen aus dem Lump werden nun als „Erste Lage"-Weine bezeichnet, die Großen Gewächse als „Am Lumpen 1655", auf diese Bezeichnung haben sich die Escherndorfer VDP-Winzer festgelegt.

Kollektion

Wie in den vergangenen Jahren präsentiert Michael Fröhlich eine starke Kollektion, an der Spitze stehen wie gewohnt die Großen Gewächse. Der Silvaner ist enorm würzig, füllig und saftig, besitzt viel reife Frucht und Substanz. Der Riesling ist ebenfalls sehr würzig, füllig, fast opulent. Aber es gibt noch weitere ganz starke Weine. Die Rieslaner Beerenauslese ist intensiv, konzentriert, enorm stoffig. Muskateller gibt es im Jahrgang 2017 als reintönigen, frischen Kabinett, aber auch in einer intensiven trockenen Version, druckvoll, zupackend, mit guter Struktur, Frucht und Präzision. Die beiden Erste Lage-Weine aus dem Lump besitzen Fülle und Kraft, viel reife Frucht und Substanz, dem reintönigen Silvaner gilt unsere leichte Präferenz. Die beiden Ortsweine sehen wir gleichauf, beide sind reintönig und frisch, der Riesling betont süffig, der Silvaner besitzt mehr Grip. Zuverlässig wie gewohnt auch die Frank & Frei-Linie mit geradlinigem Müller und frischem Silvaner. Die Preise sind moderat: So gefällt uns das.

Weinbewertung

84 2017 Müller-Thurgau trocken „Frank & Frei" **11,5 %/6,50 €**
83 2017 Silvaner trocken „Frank & Frei" **12,5 %/6,50 €**
85 2017 Silvaner trocken Escherndorf **12,5 %/8,- €**
85 2017 Riesling trocken Escherndorf **12 %/8,- €**
88 2017 Silvaner trocken Escherndorfer Lump **13 %/10,- €** ☺
87 2017 Riesling trocken Escherndorfer Lump **13,5 %/10,- €**
88 2016 Gelber Muskateller trocken Escherndorfer Fürstenberg **12 %/10,- €** ☺
90 2017 Silvaner trocken „GG Am Lumpen 1655" Escherndorf **13,5 %/19,- €**
89 2017 Riesling trocken „GG Am Lumpen 1655" Escherndorf **13,5 %/19,- €**
86 2017 Gelber Muskateller Kabinett **11 %/7,50 €**
89 2017 Rieslaner Beerenauslese Escherndorfer Lump **7 %/35,- €**

Rudolf Fürst

★★★★★

KONTAKT

Hohenlindenweg 46
63927 Bürgstadt
Tel. 09371-8642
Fax: 09371-69230
www.weingut-rudolf-fuerst.de
info@weingut-rudolf-fuerst.de

Inhaber
Paul & Sebastian Fürst
Kellermeister
Sebastian Fürst
Außenbetrieb
Sebastian Schür
Rebfläche
22 Hektar
Produktion
120.000 Flaschen

BESUCHSZEITEN

nach Vereinbarung

Monika und Paul Fürst errichteten 1979 ihr Gutsgebäude in den Weinbergen am Centgrafenberg. Sie besitzen neben Weinbergen im Centgrafenberg und im Hundsrück in Bürgstadt auch 4 Hektar im Volkacher Karthäuser. Allein ihnen ist es zu verdanken, dass der Centgrafenberg in Bürgstadt allen Weinkennern in Deutschland ein Begriff ist. Im vergangenen Jahrzehnt hat Paul Fürst, heute im Betrieb unterstützt von Sohn Sebastian, der sich vor allem um den Ausbau der Rotweine kümmert, ein Projekt gestartet im Klingenberger Schlossberg. 2004 hat er seinen ersten Wein in Klingenberg gemacht, von den alten, vorhandenen Reben. 2008 war der erste Jahrgang als „Großes Gewächs", der Schlossberg-Spätburgunder ergänzt seither die Großen Gewächse aus Centgrafenberg und „Hunsrück" (erstmals 2003 erzeugt), der inzwischen wieder „Hundsrück" heißen darf, nachdem die alte Einzellage wieder anerkannt und in ihrer ursprünglichen Schreibweise in die Lagenrolle eingetragen wurde; unter den Großen Gewächsen steht der Spätburgunder Bürgstadter Berg, darunter die Spätburgunder Ortsweine aus Bürgstadt und Klingenberg; quasi neben den Großen Gewächsen steht der Frühburgunder R. Spätbur gunder ist ihre wichtigste Rebsorte, dann folgen Riesling, Weißburgunder, Silvaner, Frühburgunder und Chardonnay. Das weiße Segment ist gegliedert in die „pur mineral" genannten Gutsweine, die Lagenweine vom Centgrafenberg, die inzwischen die neue Lagenbezeichnung Bürgstadter Berg tragen, sowie den Riesling Großes Gewächs aus dem Centgrafenberg; daneben gibt es den Chardonnay aus dem Karthäuser (der seit dem Jahrgang 2016 aber keine Lagenbezeichnung mehr trägt) und den Weißburgunder R aus dem Centgrafenberg.

Kollektion

Dreizehn Jahre ist es her, dass Paul Fürst zuletzt einen Sekt einschickte. Schade, denn wenn der Sekt in all diesen Jahre immer so gut war wie der nun eingeschickte 2014er, dann ist uns etwas entgangen. Er zeigt feine rauchige Noten im Bouquet, etwas gelbe und rote Früchte, ist frisch und klar im Mund, füllig und harmonisch, besitzt reife Frucht, Substanz und Länge. Aus der „pur mineral"-Serie wurde dieses Jahr nur der Riesling präsentiert, er ist würzig, klar und eindringlich, präzise und druckvoll. Damit springen wir gleich zum Riesling Großes Gewächs, das sich im Jahrgang 2017 stilistisch deutlich von seinen Vorgängern unterscheidet, konzentriert und herrlich eindringlich ist, reife Frucht zeigt, füllig und kraftvoll ist, reife süße Frucht besitzt, deutlich offener ist als die vorherigen Jahrgänge, weniger „anstrengend", karg und mineralisch. Wir mögen es anstrengend. Der Chardonnay wird uns erstmals in zwei Versionen präsentiert, als Astheimer Ortswein und als Chardonnay R, beide stammen aus dem Astheimer Karthäuser, also vom

Muschelkalk. Der Ortswein zeigt feine rauchige Noten, Fiische und klare Frucht, besitzt gute Fülle und Substanz, Struktur und Länge. Der Chardonnay R zeigt feine rauchige Noten und etwas Toast, ist klar und frisch im Mund, herrlich präzise und druckvoll. Der Weißburgunder R stammt aus Bürgstadt, ist also auf Buntsandstein gewachsen; er zeigt rauchige Noten, etwas Toast, reife Frucht, ist füllig und komplex im Mund, besitzt reife Frucht, gute Struktur, ist noch merklich vom Holzausbau geprägt. Der Frühburgunder zeigt rauchige, auch florale Noten, klare Frucht, ist kompakt, geradlinig, besitzt gute Substanz und Frische ohne aber die Eleganz der früheren, großen Jahrgänge zu besitzen. Die Spätburgunder-Serie dann ist gewohnt stark. Der Bürgstadter Ortswein ist faszinierend klar und frisch im Bouquet, geradlinig, lebhaft und zupackend im Mund, beim Klingenberger irritieren uns zunächst etwa eigenwillig rauchige Noten im Bouquet, das gibt sich dann schnell mit etwas Luft, er ist lebhaft, kraftvoller als der Bürgstadter, besitzt gute Struktur und Länge. Präzise und frisch, reintönig und einnehmend präsentiert sich der Spätburgunder Bürgstadter Berg, ganz der kleine Bruder des Centgrafenberg. Der gefällt uns unter den Großen Gewächsen besonder gut –was für eine Harmonie, was für eine Eleganz! Alles fließt, ist harmonisch und lang: Wir verlieben uns in diesen Wein Jahr für Jahr aufs Neue. Der Schlossberg zeigt wie schon in einigen früheren Jahrgängen deutlich Toast und rauchig-würzige Noten, besitzt gute Struktur, Frische und Länge, das Holz ist uns momentan eine Spur zu präsent. Auch der Hundsrück zeigt etwas Toast und Würze im Bouquet, ist wunderschön füllig und konzentriert, harmonisch, besitzt viel reife Frucht, gute Struktur und Länge.

Sebastian und Paul Fürst

F

Weinbewertung

89	2014 Pinot Sekt brut „blanc" „Vintage" **12,5 %/24,- €**
88	2017 Riesling „pur mineral" **11,5 %/11,- €**
90	2017 Chardonnay Astheimer **13 %/25,- €**
90	2017 Riesling „GG" Centgrafenberg **12 %/38,- €**
91	2016 Weißer Burgunder „R" **13 %/39,- €**
93	2016 Chardonnay „R" **13 %/45,- €**
88	2016 Spätburgunder Bürgstadter **13 %/19,50 €**
89	2016 Spätburgunder Klingenberger **13 %/29,- €**
91	2016 Spätburgunder Bürgstadter Berg **13,5 %/32,- €**
89	2016 Frühburgunder „R" **13,5 %/59,- €**
94	2016 Spätburgunder „GG" Centgrafenberg **13,5 %/55,- €**
92	2016 Spätburgunder „GG" Schlossberg **13,5 %/75,- €**
93	2016 Spätburgunder „GG" Hundsrück **13,5 %/125,- €**

LAGEN

CENTGRAFENBERG (BÜRGSTADT)
HUNDSRÜCK (BÜRGSTADT)
SCHLOSSBERG (KLINGENBERG)
KARTHÄUSER (VOLKACH)

REBSORTEN

SPÄTBURGUNDER (50 %)
RIESLING (18 %)
FRÜHBURGUNDER (10 %)
CHARDONNAY (10 %)
WEISSBURGUNDER (7 %)
SILVANER (5 %)

Full

★★

KONTAKT

Hauptstraße 21
67591 Mölsheim
Tel. 06243-7866
www.christopher-full.de
kontakt@christopher-full.de

Inhaber
Thomas Full
Kellermeister
Christopher Full
Rebfläche
13 Hektar
Produktion
45.000 Flaschen

BESUCHSZEITEN

Mo.-Sa. 9-18 Uhr

Das Weingut Full ist ein Familienbetrieb im rheinhessischen Teil des Zellertals. Die Weinberge liegen in den Mölsheimer Lagen Zellerweg am Schwarzen Herrgott und Silberberg, in den Hohen-Sülzer Lagen Kirchenstück und Sonnenberg, im Nieder-Flörsheimer Frauenberg und im Monsheimer Silberberg. Der Rebsortenspiegel ist umfangreich: Riesling, Müller-Thurgau, Grau- und Weißburgunder sowie Spätburgunder stehen derzeit auf den vorderen Plätzen, es folgen Scheurebe, Portugieser und Sankt Laurent. Der Betrieb wird von Thomas Full geführt; Sohn Christopher hat eine eigene Wein-Linie begonnen, die von den „Full of Joy" genannten Basisweinen bis hin zu Lagenweinen aus Zellertal am Schwarzen Herrgott (Riesling, Spätburgunder) und Frauenberg (Portugieser) reicht.

Kollektion

Auf das starke Debüt im vergangenen Jahr folgt eine noch stärkere 2017er Kollektion. Schon die „Full of Joy"-Weine überzeugen auf der ganzen Linie, angefangen beim wunderschön reintönigen, zupackenden Weißburgunder (zu einem Drittel im Barrique ausgebaut) über den klaren frischen, dezent muskatwürzigen, in gebrauchten Barriques ausgebauten Müller-Thurgau und den reintönigen, geradlinigen trockenen Riesling bis zum rauchig-würzigen, herrlich eleganten Riesling Kabinett. Aus Mölsheim stammen der fruchtbetonte, strukturierte Riesling-Ortswein und der frische, zupackende Spätburgunder, der 30 Monate im Barrique ausgebaut wurde. Unser Favorit im Ortsweinsegment ist aber die Scheurebe Fumé, lange auf der Feinhefe in neuen und gebrauchten Fässern ausgebaut, die intensive Frucht im Bouquet zeigt, viel Duft und Frische, gute Struktur und reife Frucht besitzt. Noch etwas besser gefällt uns der einzige präsentierte Lagenwein, der Weißburgunder aus dem Frauenberg, der Fülle und Kraft besitzt, reife Frucht, gute Struktur, Substanz und Frucht. Die Weine zeigen eine klare Handschrift, sind gekonnt vinifiziert: Wir freuen uns auf die kommenden Jahrgänge.

Weinbewertung

85 2017 Weißburgunder „Full Of Joy" **11,5 %/7,50 €**
83 2017 Riesling „Full of Joy" **12,5 %/7,- €**
84 2017 Müller Thurgau „Fumé" „Full Of Joy" **12,5 %/6,50 €**
85 2017 Riesling trocken Mölsheim **12 %/12,50 €**
87 2017 Scheurebe „Fumé" „Wonderfull" Monsheimer **12,5 %/12,50 €**
88 2017 Weißburgunder trocken Nieder-Försheimer Frauenberg **13 %/18,- €**
85 2017 Riesling Kabinett „Full of Joy" **9,5 %/7,- €**
84 2014 Spätburgunder trocken Mölsheim **13,5 %/13,50 €**

Fritz Funk

★★★☆

F

Kontakt

Friedhofstraße 25
Postadresse: Finkenweg 13
74369 Löchgau
Tel. 07143-7666
Fax: 07143-24873
www.weinbau-fritz-funk.de
info@weinbau-fritz-funk.de

Inhaber
Fritz Funk
Rebfläche
2,2 Hektar
Produktion
18.000 Flaschen

Besuchszeiten

nach Vereinbarung
Besenwirtschaft (2 x im Jahr für 4 Wochen geöffnet, Jan./Febr. und Sept.)

Das Weingut Funk ist ein kleiner Betrieb in Löchgau, der bis 1987 seine Trauben an die Felsengartenkellerei Besigheim abgeliefert hatte. Die Weinberge von Fritz Funk liegen alle in der Gemeinde Löchgau, wo die Reben auf Keuper- und Muschelkalkböden wachsen. Riesling, Lemberger, Schwarzriesling, Trollinger und Spätburgunder sind die wichtigsten Rebsorten, dazu gibt es ein klein wenig Dornfelder, sowie die zuletzt angelegten Sorten Cabernet Dorio, Zweigelt und Kerner, 2007 hatte Fritz Funk in seiner Toplage den Trollinger gerodet und Syrah gepflanzt, 2009 brachte er den ersten Ertrag, der für ein Barrique reichte, 2012 brachte Weißburgunder den ersten Ertrag. Alle Weine werden durchgegoren und kompromisslos trocken ausgebaut.

Kollektion

Frisch, fruchtbetont, zupackend: Ein Literriesling der Spaß macht. Die trockene Riesling Auslese besitzt Fülle und Kraft, die leicht zitrusduftige Kerner Auslese ist zupackend und strukturiert: Drei überzeugende Weißweine, zu moderaten Preisen. Das gilt auch für den Trollinger, der intensiv fruchtig, füllig und kraftvoll ist. Die sieben präsentierten roten Barriqueweine wurde alle zwei Jahre im Holz ausgebaut. Duett in Rot – jeweils zur Hälfte Lemberger und Spätburgunder – ist zupackend und strukturiert, der Barrique-Zweigelt besitzt intensive Frucht und Grip. Der Lemberger besitzt Fülle und Kraft, gute Struktur und Substanz, der Pinot Meunier betört mit intensiver, reintöniger Frucht, ist frisch und zupackend. Cabernet Dorio kann sehr guten Rotwein ergeben, das lernen wir bei Fritz Funk: Intensiv fruchtig, füllig, kraftvoll. Der Spätburgunder zeigt etwas Minze im Bouquet, ist frisch und zupackend, der Syrah ist im Jahrgang 2015 enorm würzig und füllig, im fehlt ein wenig die Frische, die uns in früheren Jahrgängen so gefiel, aber: Viel Wein!

Weinbewertung

84	2017 Riesling trocken Muschelkalk (1l) **12,5 %/5,50 €** ☺
88	2017 Riesling Auslese trocken **13,5 %/8,50 €** ☺
86	2017 Kerner Auslese trocken **14 %/8,- €**
86	2017 Trollinger Steillage trocken Holzfass **11,5 %/5,20 €** ☺
84	2017 Zweigelt Spätlese trocken Holzfass **12,5 %/6,50 €**
87	2015 „Duett in Rot" Rotwein trocken Barrique **14 %/14,- €**
86	2015 Zweigelt Auslese trocken Barrique **13,5 %/15,- €**
87	2015 Lemberger Auslese trocken Barrique **14 %/15,- €**
88	2015 Pinot Meunier Auslese trocken Barrique **14 %/14,- €**
88	2015 Cabernet Dorio Auslese trocken Barrique **14 %/16,- €**
87	2015 Spätburgunder Auslese trocken Barrique **14 %/14,- €**
88	2015 Syrah Auslese trocken Barrique **14,5 %/22,- €**

FUSSER

★★★

KONTAKT

Weingut Martin & Georg Fußer
Friedhofstraße 7
67150 Niederkirchen
Tel. 06326-259782
Fax: 06326-259782
www.mfg-wein.de
info@mfg-wein.de

Inhaber
Martin & Georg Fußer
Rebfläche
13,5 Hektar
Produktion
70.000 Flaschen

BESUCHSZEITEN

nach Vereinbarung

Die Brüder Martin und Georg Fußer entschlossen sich während des Weinbaustudiums in Geisenheim, einige Weinberge aus dem elterlichen Betrieb auszugliedern, um sie nach eigener Idee und Philosophie zu kultivieren. Begonnen haben die Brüder im Jahr 2006 mit den Rebsorten Riesling, Weißburgunder, Muskateller und Spätburgunder, 2010 wurde das Sortiment um Sauvignon Blanc ergänzt. 2011 erfolgte die Umstellung auf ökologischen Weinbau, im Jahr darauf wurde begonnen, biodynamisch zu arbeiten. Seit 2017 werden auch die Weinberge der Eltern biologisch bewirtschaftet.

Kollektion

Auch in diesem Jahr können Martin und Georg Fußer wieder bei einigen Weinen zulegen, alle zeigen eher zurückhaltende Frucht, besitzen aber viel Würze und feinen Biss. Schon die beiden verkosteten Gutsweine sind geradlinig und konsequent trocken ausgebaut, der Weißburgunder zeigt florale Würze und besitzt Frische, der Riesling zeigt etwas grünen Apfel und besitzt eine feine, herbe kräutrige Würze. Die klare Linie setzt sich bei den deutlich komplexeren Ortsweinen fort, der Sauvignon Blanc ist gelbfruchtig, ohne übertrieben zu wirken, ist harmonisch und ausgewogen, der Weißburgunder zeigt dezentes Holz, besitzt feine Zitruswürze und gute Länge, der Deidesheimer Riesling ist animierend und frisch mit Kräuternoten, wird aber vom Ruppertsberger Riesling getoppt, der leicht rauchige, steinige Würze zeigt, Konzentration, Biss und Länge besitzt. Auch der Reiterpfad zeigt rauchige Noten, besitzt klare Frucht, etwas Orangenschale, und viel Zug, während der Paradiesgarten ganz puristisch ist, mit Noten von Stein und Brotkruste und salziger Länge, der restsüße Kabinett besitzt gute Länge und ein fein austariertes Süße-Säure-Spiel. Der Deidesheimer Spätburgunder besitzt kühle Frucht und frische Säure, der Herrgottsacker ist dunkler in der Frucht, besitzt sehr dezente Holzwürze und entwickelt mit Luft eine feine Eleganz.

Weinbewertung

84	2017 Riesling trocken **12,5 %/7,90 €**
84	2017 Weißburgunder trocken **12,5 %/7,90 €**
87	2017 Riesling trocken Deidesheimer **13 %/11,- €**
88	2017 Riesling trocken Ruppertsberger **13 %/12,- €**
87	2017 Sauvignon Blanc trocken Ruppertsberger **13 %/11,- €**
87	2017 Weißburgunder trocken Deidesheimer **13 %/11,- €**
89	2016 Riesling trocken „No. 1" Reiterpfad Ruppertsberg **13 %/25,- €**
89	2017 Riesling trocken Paradiesgarten Deidesheim **12,5 %/18,- €**
87	2017 Riesling Kabinett Musenhang Forst **8,5 %/18,- €**
86	2016 Spätburgunder trocken Deidesheimer **13 %/13,50 €**
88	2016 Spätburgunder trocken Deidesheimer Herrgottsacker **13 %/24,- €**

Gabel

★★★

Kontakt

Weinstraße 45
67273 Herxheim am Berg
Tel. 06353-7462
Fax: 06353-91019
wein@weingut-gabel.de
www.weingut-gabel.de

Inhaber
Oliver & Wolfgang Gabel
Rebfläche
21 Hektar
Produktion
120.000 Flaschen

Besuchszeiten

Mo.-Fr. 10-12 + 13-17 Uhr,
Sa. 9-12 Uhr

Caspar Gabel ließ sich 1655 als Küfer in der Pfalz nieder und begründete das Weingut, das bis heute im Familienbesitz ist. Seit 2014 ist Oliver Gabel in der 13. Generation für den heimischen Keller verantwortlich. Er führt das Gut gemeinsam mit den Eltern Wolfgang und Rianne, nachdem er Weinbau und Önologie in Neustadt an der Weinstraße studiert und Erfahrungen in Baden, Bordeaux, Burgund und Südafrika gesammelt hat. Das Sortiment ist gegliedert in Gutsweine, Traditionsweine, die in teilweise über 100 Jahre alten Holzfässern ausgebaut werden und Lagenweine, die im großen oder kleinen Holz spontan vergoren werden. Momentan befindet sich das Weingut in der Umstellungsphase auf ökologischen Weinbau, erster zertifizierter Jahrgang wird 2019 sein.

Kollektion

Die beiden Spätburgunder aus dem Honigsack besitzen noch jugendliche Tannine und sind ganz auf Reife ausgelegt, vor allem die Réserve-Version. Beide sind reintönig, zeigen feine Röstnoten, besitzen Struktur und Länge, während der „Tradition" und der Guts-Spätburgunder etwas fruchtbetonter sind und Frische besitzen. Auch vom Lagrein gibt es jetzt erstmals eine Réserve, der Wein ist komplex, gut strukturiert und lang, zeigt rote und dunkle Beerenfrucht, der Blaufränkisch ist elegant, zeigt Brombeere und etwas Krokant im Bouquet. Unter den weißen Gutsweinen ist der Weißburgunder mit dezenter Holzwürze und feinen floralen Noten am ausdrucksstärksten, er besitzt feinen Grip, der Grauburgunder ist klar in der Frucht, aber etwas kürzer und der Riesling zeigt Zitrusnoten und etwas Kräuter. Der Weißburgunder „Tradition" besitzt Schmelz, florale Noten und gute Länge, der Steig braucht viel Luft, zeigt noch etwas dominantes Holz, besitzt Länge und Potential und der Goldberg-Riesling ist elegant und animierend, besitzt feinen Grip und gute Länge.

Weinbewertung

84	2017 Riesling trocken	**12 %/7,50 €**
85	2017 Weißburgunder trocken	**12,5 %/7,50 €**
84	2017 Grauburgunder trocken	**12,5 %/7,50 €**
87	2017 Weißburgunder trocken „Tradition"	**12,5 %/12,- €**
89	2017 Weißburgunder trocken Bissersheimer Steig	**13 %/16,- €**
88	2017 Riesling trocken Bissersheimer Goldberg	**12,5 %/16,- €**
86	2016 Spätburgunder trocken	**13 %/9,- €**
87	2016 Spätburgunder trocken „Tradition"	**13 %/14,50 €**
89	2016 Spätburgunder trocken Herxheimer Honigsack	**13 %/22,50 €**
88	2016 Blaufränkisch trocken Bissersheimer Held	**13 %/19,50 €**
88	2013 Lagrein trocken „Réserve"	**13 %/19,- €**
91	2016 Spätburgunder trocken „Réserve" Herxheimer Honigsack	**13 %/35,- €**

GABELMANN

★★

G

KONTAKT

Schulstraße 11
55585 Niederhausen
Tel. 06750-8004070
www.weingutgabelmann.de
kontakt@weingutgabelmann.de

Inhaber
Sebastian Gabelmann
Rebfläche
7 Hektar
Produktion
15.000 Flaschen

BESUCHSZEITEN

nach Vereinbarung

Sebastian Gabelmann, zum Winzer ausgebildet bei Schick in Rheinhessen und Dönnhoff an der Nahe, konnte mit seiner Freundin Nathalie Schwartz, gelernte Werbe- und Produktfotografin, das ehemalige Weingut Germann in Niederhausen übernehmen. Die ersten eigenen Weine wurden 2014 erzeugt, unterstützt wird Gabelmann von seinem Vater Kurt, der zehn Jahre lang Betriebsleiter bei der ehemaligen staatlichen Domäne Niederhausen-Schlossböckelheim war und 2004 zum Rheingauer Weingut Graf von Kanitz wechselte. Zu den ursprünglich knapp vier Hektar Rebfläche zum Großteil in Steillagen, in Niederhausen in den Lagen Rosenheck und Rosenberg, im Duchrother Feuerberg, im Waldböckelheimer Mühlberg und im Schlossböckelheimer Heimberg kamen im vergangenen Jahr weitere drei Hektar in den Niederhäuser Lagen Felsensteyer und Klamm hinzu. Auf 70 Prozent der Fläche stehen Rieslingreben, dazu kommen 10 Prozent Weißburgunder, etwas Grau- und Spätburgunder, Silvaner, Chardonnay und Scheurebe. Das Sortiment ist in Guts-, Orts- und Lagenweine gegliedert.

Kollektion

Sebastian Gabelmann bleibt auch mit dem 2017er Jahrgang seiner Stilistik treu und präsentiert uns schlanke, elegante Rieslinge, vor allem die Lagenrieslinge brauchen einiges an Luft, öffnen sich dann sehr langsam. Unser Favorit aus der Niederhäuser Klamm ist mit steinigen und rauchigen Noten deutlich der mineralischste Wein, ist salzig und lang, der Rosenheck besitzt am Gaumen viel klare, gelbe Frucht und animierende Säure, der Rosenberg zeigt kräutrig-mineralische Noten und mit etwas Luft auch Pfirsich und Aprikose. Der Grauburgunder aus dem Mühlberg ist eindringlich mit viel gelber Frucht, Zitrusnoten und feiner Holzwürze, die Auslese aus dem Rosenheck ist saftig und cremig mit leicht verhaltener Säure und die Beerenauslese besitzt gute Konzentration und viel süße Frucht mit Noten nach Aprikose und Quitte.

Weinbewertung

82 2017 Riesling trocken **12 %/6,90 €**
82 2017 Weißburgunder trocken **12 %/6,70 €**
83 2017 Weißburgunder trocken Niederhäuser **12,5 %/7,60 €**
84 2017 Grauburgunder trocken Waldböckelheimer **12,5 %/7,60 €**
84 2017 Riesling trocken Schloßböckelheimer **11,5 %/7,80 €**
86 2017 Grauburgunder trocken Waldböckelheimer Mühlberg **13 %/13,70 €**
86 2017 Riesling trocken Niederhäuser Rosenberg **12,5 %/10,90 €**
87 2017 Riesling trocken Niederhäuser Rosenheck **12,5 %/11,20 €**
88 2017 Riesling trocken Niederhäuser Klamm **12 %/14,30 €**
86 2017 Riesling Auslese Niederhäuser Rosenheck **8 %/24,40 €/0,5l**
88 2017 Riesling Beerenauslese Niederhäuser Klamm **8 %/43,20 €/0,375l**

A. Gänz

★

Kontakt

BioWeingut A. Gänz
Bosenheimer Straße 46
55546 Hackenheim
Tel. 0671-8963453
Fax: 0671-8963455
www.gaenz.bio
info@gaenz.com

Inhaber
Albert Gänz
Kellermeister/Kellermeister
Peter Paul Gänz
Rebfläche
10,5 Hektar
Produktion
70.000 Flaschen

Besuchszeiten

8-18 Uhr
Bio-Hotel

Seit über 250 Jahren betreibt die Familie Acker- und Weinbau in Hackenheim, das ganz im Westen Rheinhessens liegt, unmittelbar an der Grenze zum Anbaugebiet Nahe. Seit Ende der achtziger Jahre wird auf den Einsatz von Mineraldünger und Herbiziden verzichtet, seit 1997 ist der Betrieb biologisch zertifiziert, man ist Mitglied bei Bioland. Im Jahr 2000 wurde der neue Biohof in den Weinbergen von Hackenheim errichtet, zu dem auch ein Bio-Hotel gehört. Seit 2001 ist Peter Gänz für den Weinausbau verantwortlich. Die Weinberge liegen in den Hackenheimer Lagen Kirchberg (Tonmergelböden, die von Porphyrfelsen durchzogen sind) und Sonnenberg (Lössböden), sowie im Kreuznacher Rosenberg (karge Böden mit feinem Kies), der zum Anbaugebiet Nahe gehört. Zwei Drittel der Weinberge nehmen weiße Rebsorten ein, vor allem Riesling, Grauburgunder, Sauvignon Blanc, Silvaner und Gewürztraminer. An roten Sorten werden Spätburgunder, Dornfelder und Regent angebaut.

Kollektion

Beim guten Debüt im vergangenen Jahr haben uns der Tonmergel-Riesling aus dem Kirchberg und die Gewürztraminer Auslese, ebenfalls aus dem Kirchberg, besonders gut gefallen. Den Nachfolger des Tonmergel-Rieslings konnten wir auch dieses Jahr wieder verkosten, er besitzt intensive Frucht, ist frisch, zupackend, jugendlich, gehört wieder zu den besten Weinen der Kollektion. Gleichauf sehen wir den im Barrique ausgebauten Riesling aus dem Kreuznacher Rosenberg, also von der Nahe, der deutlich vom Ausbau im Holz geprägt ist, eindringliche Vanillenoten aufweist, aber auch viel Substanz und Kraft besitzt. Der Sauvignon Blanc ist frisch und fruchtbetont, klar und zupackend und auch sonst können die Weißweine überzeugen, auch der intensive Pétillant Naturel. Sehr gut gefällt uns der einzige präsentierte Rotwein, der Noir genannte Spätburgunder aus dem Sonnenberg, der rauchig-würzige Noten zeigt, reife rote Früchte, frisch und zupackend im Mund ist, gute Struktur und klare Frucht besitzt. —

Weinbewertung

82 2017 „Pétillant Naturel" trocken **12,5 %/15,80 €**
80 2017 Riesling trocken (Nahe) **12,5 %/6,80 €**
82 2017 Weißburgunder trocken Hackenheimer Sonnenberg **12 %/8,50 €**
81 2017 Grauburgunder trocken **12,5 %/6,80 €**
85 2017 Riesling trocken „vom Tonmergel" Hackenheimer Kirchberg **12,5 %/8,50 €**
84 2017 Sauvignon Blanc trocken Hackenheimer Kirchberg **12 %/9,- €**
85 2016 Riesling trocken „von der Eiche" Barrique Kreuzn. Rosenberg **11,5 %/9,- €**
82 2017 Spätburgunder Weißherbst trocken **12 %/6,80 €**
85 2015 Spätburgunder „Noir" trocken Hackenheimer Sonnenberg **13 %/9,- €**

KLAUS GALLÉ

★★

KONTAKT

Langgasse 69
55237 Flonheim
Tel. 06734-8961
Fax: 06734-6676
www.weingut-galle.de
info@weingut-galle.de

Inhaber
Klaus & Ortrud Gallé
Betriebsleiter/Außenbetrieb
Klaus Gallé
Kellermeister
Klaus & Jonathan Gallé
Rebfläche
13 Hektar
Produktion
60.000 Flaschen

BESUCHSZEITEN

nach Vereinbarung

Klaus und Ortrud Gallé kauften 1995 ein damals 5 Hektar großes Weingut in Flonheim und erweiterten es nach und nach auf die heutige Fläche. Ihre Weinberge liegen in der Uffhofener Lage La Roche, in den Flonheimer Lagen Rotenpfad, Klostergarten und Bingerberg, im Erbes-Büdesheimer Vogelsang, sowie in Badenheim, Pleitersheim und Wöllstein. An roten Sorten, 30 Prozent der Rebfläche, gibt es Spätburgunder, Cabernet Sauvignon, Dornfelder, Portugieser, Dunkelfelder und St. Laurent. Beim Weißwein überwiegen Riesling und die Burgundersorten, hinzu kommen Sauvignon Blanc, aber auch Silvaner und Chardonnay. Nur die Spitzenweine aus La Roche, Bingerberg und Rotenpfad tragen den Lagennamen auf dem Etikett, die weißen Lagenweine werden im 500 Liter-Holzfass ausgebaut, die roten im Barrique. Sohn Jonathan, nach Stationen bei Hirschhof, Thörle und Knipser, hat mit dem 2015er Rotenpfad-Silvaner seinen ersten eigenen Wein kreiert.

Kollektion

Bedingt durch den Spätfrost im April war die Ernte 2017 nur sehr klein. Was aber auf die Flasche kam, das präsentiert sich klar und fruchtbetont. Ein süffig-harmonischer Chardonnay-Sekt eröffnet den Reigen. Die Gutsweine überzeugen, schon der Liter-Silvaner ist saftig und klar. Die Ortsweine dann sind fülliger: Der Flonheimer Weißburgunder ist füllig und saftig, besitzt reife süße Frucht, der Wöllsteiner Riesling ist klar, frisch und zupackend, der leicht florale, würzige Sauvignon Blanc besitzt Frische und Biss. Einen La Roche-Riesling konnten wir dieses Jahr nicht verkosten, so dass der von Sohn Jonathan vinifizierte Rotenpfad-Silvaner der beste Weißwein der diesjährigen Kollektion ist: Reintönig, füllig, saftig, stoffig, jugendlich. Bester Rotwein ist der Spätburgunder La Roche, der intensive Frucht im Bouquet zeigt, rote Früchte, füllig und saftig ist, viel reife Frucht und Substanz besitzt. —

Weinbewertung

83	2016 Chardonnay Sekt brut **13 %/10,80 €**
82	2017 Silvaner trocken (1l) **12,5 %/5,70 €**
81	2017 Riesling trocken **12,5 %/6,80 €**
82	2017 Grauer Burgunder trocken **12,5 %/6,80 €**
84	2017 Weißer Burgunder trocken Flonheimer **13 %/8,50 €**
83	2017 „Blanc de Noir" trocken **12,5 %/6,80 €**
83	2017 Sauvignon Blanc trocken „Identität" **13 %/8,50 €**
84	2017 Riesling trocken Wöllsteiner **12,5 %/8,50 €**
86	2017 Silvaner trocken „Jonathan Gallé" Flonheimer Rotenpfad **13 %/13,- €**
82	2016 Spätburgunder trocken **13 %/6,80 €**
83	2016 „Furioso" Rotwein trocken „Identität" **13 %/9,80 €**
88	2016 Spätburgunder trocken Uffhofener La Roche **13,5 %/24,- €**

Gallushof

★

Kontakt

Am Kenzelberg 16
79331 Teningen-Heimbach
Tel. 0761-51242
www.bioweingut-gallushof.com
gallushof@web.de

Inhaber
Johannes Gallus Hügle
Rebfläche
8,5 Hektar
Produktion
45.000 Flaschen

Besuchszeiten

nach Vereinbarung

Seit Generationen baut die Familie Wein in den Hügeln bei Heimbach an. 1976 wurde der neue Hof erbaut, der nach dem irischen Mönch Gallus benannt wurde, der im 6. Jahrhundert den alemannischen Raum missionierte. 1986 begannen Norbert und Gerda Hügle mit der Selbstvermarktung, 1991 stellten sie den kompletten Betrieb auf biologische Bewirtschaftung um. 2004 hat ihr Sohn Johannes das Gut übernommen, er bewirtschaftet inzwischen die Reben nach biodynamischen Richtlinien, ist Mitglied bei Ecovin und Demeter. Die Weinberge liegen im Heimbacher Bienenberg und in der Bombacher Sommerhalde, die Weine tragen aber keine Lagenbezeichnungen. Spätburgunder nimmt gut ein Drittel der Rebfläche ein, Müller-Thurgau ein Viertel. Dazu gibt es Grauburgunder, Kerner, Riesling und Chardonnay sowie die pilzwiderstandsfähigen Sorten Regent und Cabernet Carol. Die Weißweine werden mit Reinzuchthefen vergoren, durchlaufen je nach Jahrgang die malolaktische Gärung. Die Rotweine werden mit den traubeneigenen Hefen auf der Maische vergoren, alle durchlaufen den biologischen Säureabbau.

Kollektion

Mit einer sehr eigenständigen Kollektion haben wir den Gallushof im vergangenen Jahr erstmals vorgestellt und auch in diesem Jahr zeigen die Weine Ecken und Kanten. Jeweils zwei Weiß- und Rotwein haben uns besonders gut gefallen. Der 2015er Müller-Thurgau ist füllig, konzentriert, harmonisch und strukturiert, der im Barrique ausgebaute Chardonnay zeigt intensive Vanillenoten im Bouquet, ist auch im Mund dominiert von viel Vanille und viel Süße, ein opulenter Wein. Der im Barrique ausgebaute Spätburgunder steht ihm an Opulenz nicht nach, besitzt viel Duft, Gewürznoten, Fülle und Kraft, viel Substanz und reife Frucht. Viel Duft und reife Frucht zeigt auch der Gallus Royal im Bouquet, ein reinsortiger Regent, ist dann im Mund überraschend frisch und klar, strukturiert und zupackend.

Weinbewertung

81 2017 Weißburgunder trocken **12,5 %/7,80 €**
80 2016 Grauburgunder trocken **12,5 %/7,80 €**
85 2015 Müller-Thurgau Kabinett trocken „Johannes Gallus" **13,5 %/8,80 €**
86 2015 Chardonnay Barrique „Johannes Gallus" **14,5 %/16,80 €**
82 2015 Kerner „feinherb" „Johannes Gallus" **15 %/18,- €**
79 „Zwiefacher" Rotwein trocken (1l) **13 %/9,- €**
82 2016 Spätburgunder trocken „Muschelkalk Alte Rebe" **13,5 %/12,80 €**
82 2015 „Gallus Nero" Rotwein trocken **13 %/9,80 €**
86 2015 Spätburgunder trocken Barrique „Johannes Gallus" **14,5 %/25,- €**
85 „Gallus Royal" Rotwein trocken **13,5 %/9,80 €**

GAUFER

★

KONTAKT

Mariannenstraße 24
74653 Ingelfingen
Tel. 07940-57373
Fax: 07940-55069
www.weingut-gaufer.de
info@weingut-gaufer.de

Inhaber
Susanne & Peter Schmezer
Kellermeister
Susanne Schmezer, Gerrit Schmezer
Rebfläche
11 Hektar
Produktion
50.000 Flaschen

BESUCHSZEITEN

Mi.-Fr. 17-19 Uhr, Sa. 9-14 Uhr
und nach Vereinbarung

Susanne Schmezer übernahm 1991 zusammen mit ihrem Ehemann Peter Schmezer die Weinberge ihrer Eltern Karl und Erika Gaufer und stellte den Genossenschaftsbetrieb auf Selbstvermarktung um, mit damals 5 Hektar Reben. Inzwischen hat sich die Rebfläche mehr als verdoppelt, alle Weinberge liegen im Kochertal, in der Ingelfinger Lage Hoher Berg sowie den beiden Niedernhaller Lagen Burgstall und Engweg. Hauptrebsorten sind Müller Thurgau, Riesling, Silvaner, Portugieser und Spätburgunder. Des Weiteren werden Dornfelder, Schwarzriesling, Trollinger, Lemberger, Zweigelt und Cabernet, Grauburgunder und Weißburgunder sowie neuerdings wieder Kerner angebaut. In den letzten Jahren wurde in Fassraum (Edelstahl, Barriques, Holzfässer), Keltertechnik und Gärsteuerung investiert. Die Weißweine werden kühl vergoren, die Rotweine werden mit Ausnahme der Literweine generell maischevergoren. Seit zwei Jahren nehmen die Söhne Gerrit und Yannik Einfluss auf die Vinifizierung.

Kollektion

Eine umfangreiche Kollektion mit den Serien Beständiges (B), Geschmackvolles (G) und Erlesenes (E) präsentieren Susanne und Peter Schmezer in diesem Jahr. Der klare, fruchtbetonte Müller-Thurgau im Liter bietet einen feinen Einstieg. Die Weißweine sind frisch und geradlinig, unser Favorit ist der Weißburgunder Erlesenes, der Fülle und Kraft besitzt, gute Struktur und reintönige Frucht. Insgesamt etwas stärker sehen wir die Rotweine, insbesondere der Serie Erlesenes: Der leicht gewürzduftige Zweigelt ist klar, zupackend, frisch, der Lemberger besitzt gute Konzentration und reintönige Frucht, die rote Cuvée zeigt rote Früchte, besitzt Struktur, viel Frucht und schöne Frische. ▬

Weinbewertung

82 2017 Müller-Thurgau trocken (B) Niedernhaller Burgstall (1l) **12,5 %/4,80 €**
81 2016 Silvaner trocken (G) Ingelfinger Hoher Berg **12,5 %/6,70 €**
82 2017 Riesling trocken (G) Niedernhaller Burgstall **12,5 %/7,- €**
82 2017 Weißburgunder trocken (G) Ingelfinger Hoher Berg **12,5 %/7,- €**
81 2017 Grauburgunder trocken (G) Ingelfinger Hoher Berg **12,5 %/7,- €**
81 2016 Silvaner trocken (E) Ingelfinger Hoher Berg **13 %/12,- €**
85 2017 Weißburgunder trocken (E) Ingelfinger Hoher Berg **12,5 %/12,- €**
83 2017 Trollinger „Blanc de Noir" trocken (G) Ingelfinger Hoher Berg **12 %/6,30 €**
81 2016 Blauer Zweigelt trocken (G) Ingelfinger Hoher Berg **12,5 %/7,- €**
82 2016 Lemberger trocken (G) Ingelfinger Hoher Berg **12,5 %/7,- €**
85 2015 Blauer Zweigelt trocken (E) Ingelfinger Hoher Berg **13 %/12,90 €**
84 2015 Lemberger trocken (E) Ingelfinger Hoher Berg **14 %/13,90 €**
82 2015 Spätburgunder trocken (E) Ingelfinger Hoher Berg **12,5 %/12,90 €**
86 2015 Rotwein Cuvée trocken (E) Ingelfinger Hoher Berg **13,5 %/12,90 €**

Karl-Heinz Gaul

★★☆

Kontakt

Bärenbrunnenstraße 15
67269 Grünstadt-Sausenheim
Tel. 06359-84569
Fax: 06359-87498
www.weingut-gaul.de
info@weingut-gaul.de

Inhaber
Karoline & Dorothee Gaul
Rebfläche
20 Hektar
Produktion
130.000 Flaschen

Besuchszeiten

Mo.-Fr. 8-12 + 13-18 Uhr,
Sa. 9-16 Uhr
Ferienwohnungen

2011 haben Karoline und Dorothee Gaul das Weingut von ihrem Vater übernommen, nachdem sie zuvor bereits seit 2008 für die Weinberge und den Keller verantwortlich waren. Beide haben in Top-Betrieben der Pfalz (Bassermann-Jordan, Mosbacher, Wehrheim) eine Winzerlehre absolviert, in Geisenheim studiert und danach Auslandserfahrungen in Neuseeland, Österreich und Südtirol gesammelt. Die Weinberge liegen vor allem in Sausenheim und Asselheim, wo die Böden hauptsächlich von Kalkstein geprägt sind. Wichtigste Rebsorte ist Riesling. Dazu kommen Spätburgunder, Sankt Laurent, Schwarzriesling, Cabernet Cubin und Blaufränkisch. Bei den weißen Sorten folgen Weiß- und Grauburgunder, Müller-Thurgau und Muskateller.

Kollektion

Der Zugpferd-Riesling an der Spitze des Sortiments ist kraftvoll und konzentriert, zeigt klare, gelbe Frucht, entwickelt feinen Druck, ist leicht salzig und nachhaltig, der „Zugpferd"-Weißburgunder zeigt Holzwürze, Kokos, Blutorange und Pfirsich im Bouquet, besitzt Länge und Potential, der Riesling aus der Hütt zeigt Zitrus- und Kräuternoten, besitzt Grip und Biss. Bei den Ortsweinen ist der Neuleininger Riesling etwas präsenter und besitzt feineren Grip als der verhaltenere Asselheimer, der Gelbe Muskateller ist sehr aromatisch und reintönig, der Grauburgunder zeigt reife Birne und dezentes Holz, besitzt Würze und Grip und der zu einem Drittel auf der Maische vergorene Gewürztraminer zeigt ebenfalls reintönige Frucht, Litschi und Zitrusnoten, besitzt ein lebendiges Säurespiel. Der St. Laurent besitzt gute Struktur, zeigt dunkle Frucht und deutliche Röstnoten, die Schwesterherz-Cuvée ist etwas ausgewogener, zeigt dunkle Beerenfrucht, etwas Pflaume und Kräuter im Bouquet, verfügt über reife Tannine.

Weinbewertung

81	2017 Riesling trocken (1l) **12,5 %/4,90 €**
82	2017 Weißer Burgunder trocken **12,5 %/6,50 €**
86	2017 Grauer Burgunder trocken Sausenheimer **13 %/8,80 €**
85	2017 Riesling trocken Asselheimer **13 %/9,50 €**
86	2017 Riesling trocken Neuleininger **13,5 %/9,80 €**
88	2017 Weißer Burgunder trocken „i.G." „Zugpferd" Honigsack **13,5 %/19,50 €**
84	2017 Gelber Muskateller trocken Sausenheimer **12,5 %/9,50 €**
87	2017 Riesling trocken Sausenheimer Hütt **13,5 %/13,- €**
89	2017 Riesling trocken „i.d.R." „Zugpferd" Sausenheimer Hütt **13,5 %/19,50 €**
85	2017 Gewürztraminer Sausenheimer **11,5 %/9,- €**
87	2016 St. Laurent trocken Sausenheimer Honigsack **13 %/16,- €**
87	2015 „Schwesterherz" Rotwein trocken **14 %/13,- €**

MATTHIAS GAUL

★★★★

KONTAKT

Weinstraße 10
67269 Grünstadt-Asselheim
Tel. 06359-3668
Fax: 06359-86575
www.gaul-weine.de
gaul@gaul-weine.de

G

Inhaber
Matthias Gaul
Rebfläche
30 Hektar
Produktion
250.000 Flaschen

BESUCHSZEITEN

Mo.-Sa. 8-12 + 13-18 Uhr

Werner Gaul hatte in den siebziger Jahren den damaligen Gemischtbetrieb auf Weinbau spezialisiert und von Fass- auf Flaschenweinvermarktung umgestellt. Nach Studium und Auslandsaufenthalten hat Matthias Gaul 1995 den elterlichen Betrieb mit damals 8 Hektar Reben übernommen, seit damals hat er seine Rebfläche stetig auf heute 30 Hektar erweitert. Die Böden rund um Asselheim sind karg, steinig und kalkreich, die Lagen hier im Norden der Pfalz, wie St. Stephan, Schloss und Goldberg in Asselheim und der Sonnenberg in Mühlheim, liegen nicht mehr im Schutz des Haardtgebirges und des Pfälzer Waldes, durch die Winde die vom Westen durch das Eistal über die Weinberge ziehen, entsteht ein kühles Mikroklima, das zu einer späteren und langsameren Traubenreife führt. Matthias Gaul produziert je zur Hälfte Weiß- und Rotwein, wichtigste weiße Sorte ist der Riesling, dazu kommen Grauburgunder, Weißburgunder, Sauvignon Blanc, Scheurebe und Chardonnay, den Gaul bereits 1990 pflanzte. Seit den 1990er Jahren baut er auch Cabernet Sauvignon, Cabernet Franc, Merlot und seit 2005 auch Tempranillo an, wichtigste rote Rebsorte ist aber der Spätburgunder, der mittlerweile auf fünf Hektar steht. Das Sortiment ist gegliedert in Basisweine, Ortsweine und Lagenweine, daneben gibt es noch eine Reihe von weißen und roten Cuvées. Zuletzt wurde in neue Weinberge investiert.

Kollektion

Auch in diesem Jahr präsentiert uns Matthias Gaul wieder einige überraschende und beeindruckende Weine – rot wie weiß – und bestätigt so die Entwicklung der vergangenen Jahre, die wir in unserer letzten Ausgabe mit dem vierten Stern belohnten. Schon im letzten Jahr hatten wir mehrere starke 2015er Pinot Noirs verkostet, in diesem Jahr kommen nochmals drei aus diesem Jahrgang hinzu, der Wein aus dem Asselheimer Schloss zeigt feine Röstnoten und etwas kräutrige Würze, mit Luft kommt noch etwas Cassisfrucht hinzu, er besitzt Kraft, gute Struktur und Länge und wirkt noch sehr jung, der „Steinrassel Auf dem Berg" zeigt ebenfalls kräutrige und röstige Würze und ist elegant mit klarer Kirschfrucht, ähnlich wie der noch etwas fruchtbetontere normale „Steinrassel". Und dann gibt es noch eine ganze weitere Palette sehr guter Rotweine aus 2015, die sich über Tage hinweg in der offenen Flasche gut entwickeln, allen voran der Merlot „Réserve" mit sehr dezentem Holz, dunkler Frucht, Pflaume und kühler kräutriger Würze mit Noten von Minze und Eukalyptus, er ist sehr kraftvoll, aber elegant, besitzt Länge und noch eine jugendliche Tanninstruktur, was auch für den „Réserve"-Tempranillo gilt, der Noten von Pflaume,

dunkler Schokolade und Kakao zeigt, Potential besitzt und wesentlich nachhaltiger als der normale Tempranillo ist, der neben Pflaume auch etwas Brombeere und feine Röstnoten im Bouquet zeigt. Die Cuvée „Grand Jeté" ist eleganter als ihre Jahrgangsvorgänger, zeigt rote und dunkle Beerenfrucht, Brombeere, rote Johannisbeere und besitzt eine gute Struktur, der Cabernet Franc besitzt viel feine, kühle Frucht, Cassis und Kirsche, ist reintönig und elegant. Der Chardonnay vom St. Stephan duftet wie eine Backstube voller frisch gebackenem Brot, nach Stunden kommen dann deutliche Röstnoten und etwas gelbe Frucht und Zitrusnoten hinzu, bevor er sich dann wieder verschließt, er ist elegant, lebendig und lang und der ungewöhnlichste Chardonnay, den wir in der Pfalz in diesem Jahr verkostet haben. Mit etwas Reife könnte er sich noch steigern – wie auch der Sauvignon Blanc aus der gleichen Lage, der ein ganz eigenes Bouquet besitzt, eine Mischung aus Apfelmost, Brotkruste und vor allem viel Würze, am Gaumen ist er komplex und besitzt noch jugendliche Tannine. Der „Hector" genannte Pinot Gris ist konzentriert und komplex, mit Noten von gelbem Apfel, Aprikose und kräutriger Würze, ist cremig und besitzt gute Struktur. Unter den drei Asselheimer Ortsweinen ragt der Chardonnay mit klarer, gelber Frucht, Zitrusnoten und feiner röstiger Würze heraus, der Sauvignon Blanc ist sehr fruchtbetont mit Noten von Pfirsich und Maracuja, der Riesling zeigt fein gereifte Frucht, ist cremig, besitzt aber auch noch Frische und guten Grip.

Matthias Gaul

Weinbewertung

87	2015 Riesling trocken Asselheim **13 %/12,50 €**
88	2016 Chardonnay trocken Asselheim **13,5 %/14,50 €**
87	2016 Sauvignon Blanc trocken Asselheim **12 %/14,50 €**
89	2016 Pinot Gris trocken „Hector" **13 %/19,50 €**
89+	2016 Sauvignon Blanc trocken Asselheimer St. Stephan **12 %/35,- €**
90+	2016 Chardonnay trocken Asselheimer St. Stephan **13,5 %/a.A.**
89	2015 Cabernet Franc trocken **13 %/25,- €**
90	2015 „Grand Jeté" Rotwein trocken **14 %/29,- €**
88	2015 Pinot Noir trocken „Steinrassel" **13,5 %/19,50 €**
89	2015 Pinot Noir trocken „Steinrassel" „Auf dem Berg" **13 %/25,- €**
88	2015 Tempranillo trocken **14 %/25,- €**
91	2015 Pinot Noir trocken Asselheimer Schloss **13 %/35,- €**
91	2015 Merlot trocken „Réserve" **14,5 %/1,5l/a.A.**
90	2015 Tempranillo trocken „Réserve" **14,5 %/a.A.**

LAGEN

ST. STEPHAN (ASSELHEIM)
GOLDBERG (ASSELHEIM)
SONNENBERG (MÜHLHEIM)
SCHLOSS (ASSELHEIM)

REBSORTEN

RIESLING
GRAUBURGUNDER
CHARDONNAY
WEISSBURGUNDER
SAUVIGNON BLANC
SPÄTBURGUNDER
DORNFELDER
CABERNET SAUVIGNON
CABERNET FRANC
MERLOT
TEMPRANILLO

Geierslay

★☆

N

KONTAKT

G

Moselweinstraße 1
54487 Wintrich
Tel. 06534-18211
Fax: 06534-18212
www.geierslay.de
info@geierslay.de

Inhaber
Rudolf Kilburg
Kellermeister
Max Kilburg
Rebfläche
13 Hektar
Produktion
80.000 Flaschen

BESUCHSZEITEN

Juni-Okt. Mo.-Fr. 9-18 Uhr, Sa./So./Feiertage 10-18 Uhr, Nov.-Mai nach Vereinbarung Straußwirtschaft Juli-Okt. Mi.-Fr. 13-20 Uhr, Sa./So. 12-20 Uhr

Tradition ist an der Mosel selbstverständlich, aber dass eine Familie auf 19. Generationen Weinbau zurückblicken kann, ist auch in dieser Region die absolute Ausnahme. Ein gewisser Johann von Kilburg machte 1465 den Anfang, seit 1975 verantwortet die Familie Kilburg die Weinerzeugung im Wintricher Weingut Geierslay. Dieser Name wiederum wurde schon im Jahre 1254 erstmals urkundlich erwähnt. Inzwischen ist Max Kilburg zuständig für die Weinbereitung, ein Jungwinzer, der bei Julian Haart gelernt, in Geisenheim studiert, in renommierten Betrieben in Südafrika, den USA und Australien Erfahrungen gesammelt hat. Inzwischen werden 13 Hektar bewirtschaftet, die sich beispielsweise in den Lagen Wintricher Ohligsberg oder Piesporter Goldtröpfchen befinden. Außer Riesling werden auch Weiß-, Grau- und Spätburgunder angebaut.

Kollektion

Allzu umfangreich ist das zum Debüt in diesem Buch vorgestellte Sortiment nicht, aber was das Weingut präsentiert, kann überzeugen. Da wäre zum Beispiel der gelungene, würzige, zugängliche Gutsriesling. Aber auch der aus im Schnitt über 60 Jahre alten Reben gewonnene Riesling, spontan vergoren, straff und würzig, zwar nicht ewig lang, aber gut balanciert, ist erwähnenswert. Deutlich länger und komplexer der trockene Riesling aus dem Wintricher Ohligsberg, der in der Nase Noten von Steinobst, vor allem Nektarinen, aufweist und dann sehr würzig und überdurchschnittlich lang ausfällt. Eine schöne Balance weist der Kabinett mit seinem Süße-Säure-Spiel auf. Die beiden Rotweine sind nicht zu unterschätzen. Der eine stammt aus dem Jahrgang 2016 und besitzt eine leicht rauchige Nase, dahinter aber schöne Frucht, eine gute Struktur und eine animierende Säure. Von anderem Kaliber ist der 2015er Pinot Noir, der Tabak- und schwarze Beerennoten miteinander verbindet. Spannende Weine, eine gekonnte Außendarstellung und eine attraktive Flaschenausstattung: Auch wenn es zu früh wäre, schon jetzt ein endgültiges Urteil zu fällen, kann man dem Betrieb eine beachtliche Zukunft konstatieren. —

Weinbewertung

83 2017 Riesling trocken **11,5 %/6,50 €**
86 2017 Riesling trocken „Alte Reben" **12 %/8,90 €**
87 2017 Riesling trocken Wintricher Ohligsberg **12,5 %/14,90 €**
85 2017 Riesling „feinherb" „Alte Reben" **11 %/8,90 €**
86 2017 Riesling Kabinett Wintricher Ohligsberg **8 %/10,90 €**
86 2016 Spätburgunder „SAX" **13 %/10,90 €**
87 2015 Pinot Noir Wintricher Ohligsberg **13 %/19,90 €**

GEIGER

★☆

N

KONTAKT

Baitenhauser Straße 3
88709 Meersburg
Tel. 07532-9856
www.weingut-geiger.de
info@weingut-geiger.de

Inhaber
Thomas Geiger
Rebfläche
4,5 Hektar
Produktion
40.000 Flaschen

BESUCHSZEITEN

Hofladen Stettener Straße 41 in Meersburg (Tel. 07532-414227; Besenwirtschaft (Ende März bis Anfang Mai); Hoffest am 1. Mai

Das Ende der achtziger Jahre von Thomas Geiger im Meersburger Ortsteil Riedetsweiler gegründete Weingut gehört zu den ältesten privaten Weingütern am Bodensee. Seine Weinberge liegen alle im Meersburg Fohrenberg. Der Rebsortenspiegel ist sehr typisch für den Bodensee: Müller-Thurgau nimmt gut ein Drittel der Rebfläche ein, Spätburgunder ein knappes Drittel, hinzu kommen Grauburgunder und Weißburgunder sowie ein wenig Muskateller. Neben Wein wird auf 2,5 Hektar Obst angebaut, aus dem Destillate erzeugt werden. Ferienhäuser und -wohnungen mit Blick auf Bodensee und Alpen bietet Thomas Geiger ebenfalls an und in der Besenwirtschaft wird für das leibliche Wohl der Gäste gesorgt.

Kollektion

Eine starke Kollektion mit kraftvollen saftigen Weinen präsentiert Thomas Geiger zum Debüt, Weiß- und Rotweine überzeugen gleichermaßen, das Einstiegsniveau ist hoch. Das zeigt der wunderschön reintönige, zupackende Müller-Thurgau, der gute Struktur, Frische und viel Frucht besitzt. Auch der duftige Muskateller ist reintönig und zupackend, der Weißburgunder Edition ist füllig und saftig, besitzt viel reife Frucht und Substanz. Die beiden Grauburgunder sehen wir gleichauf: Der im Holzfass ausgebaute Wein ist deutlich reifer, besitzt gute Fülle und Kraft, der Grauburgunder Edition ist füllig und saftig, sehr reintönig, besitzt viel reife süße Frucht. Der trockene Rosé zeigt rote Früchte und feine Würze im Bouquet, ist frisch und zupackend im Mund, die feinherbe Variante ist ebenfalls fruchtbetont und frisch, lebhaft und klar. Auch der 2017er Spätburgunder ist von Rotfruchtaromatik geprägt, ist frisch, klar, zupackend, noch sehr jugendlich und tanninbetont. Unser Favorit bei Thomas Geiger ist ganz klar der im Holzfass ausgebaute Spätburgunder Edition, der gute Konzentration und intensive Frucht besitzt, Fülle und Kraft, gute Struktur und reife Frucht. Ein starkes Debüt!

Weinbewertung

84 2017 Muskateller trocken **11,5 %/11,- €**
84 2017 Müller Thurgau trocken **12 %/7,50 €**
85 2017 Weißburgunder trocken „Edition" Meersburger Fohrenberg **12,5 %/11,- €**
84 2017 Grauburgunder trocken „Edition" Meersburger Fohrenberg **12,5 %/11,80 €**
84 2017 Grauburgunder trocken Holzfass Meersburger Fohrenberg **13 %/12,- €**
83 2017 Spätburgunder Rosé trocken Meersburger Fohrenberg **12 %/11,- €**
83 2017 Spätburgunder Rosé „feinherb" **11,5 %/11,- €**
83 2017 Spätburgunder trocken **12,5 %/12,- €**
87 2016 Spätburgunder trocken „Edition" Holzfass Fohrenberg **13 %/15,50 €**

GEIGER + SÖHNE

★★

KONTAKT

Weingut Geiger + Söhne
Veitshöchheimer Straße 1
97291 Thüngersheim
Tel. 09364-9605
Fax: 09364-6673
www.geigerundsoehne.de
info@geigerundsoehne.com

Inhaber
Gunter Geiger
Kellermeister
Florian Schär, Reinhold Full
Rebfläche
42 Hektar
Produktion
400.000 Flaschen

BESUCHSZEITEN

Mo.-Fr. 9-12 + 14-18 Uhr,
Sa. 10-13 Uhr

Das 1850 gegründete Weingut ist der älteste Weinhandels- und Weinbaubetrieb in Thüngersheim, der größten fränkischen Weinbaugemeinde nördlich von Würzburg. Heute, nach Winzerlehre bei Robert Weil und Önologiestudium in Geisenheim, führt Gunter Geiger den Betrieb. Müller-Thurgau und Silvaner sind die beiden wichtigsten Rebsorten, es folgen Bacchus, Kerner, Grauburgunder, Spätburgunder, Riesling, Weißburgunder, Domina, Scheurebe und Regent.

Kollektion

Gunter Geiger strukturiert die Weinberge um, pflanzt neu, schafft Holzfässer an – und schärft das Profil seiner Weine: Eine geschlossene, ganz starke Kollektion stellt er in diesem Jahr vor, die weiß wie rot, trocken wie süß überzeugt. Schon die beiden Kabinettweine sind stark, der Silvaner ist rauchig und zupackend, der Nonnenloch-Riesling besitzt gute Struktur, Frucht und Druck. Sehr geschlossen präsentieren sich die trockenen Spätlesen: Der birnenduftige Vögelswäldle-Silvaner ist füllig und saftig, der Weißburgunder besitzt gute Struktur, Kraft und reife Frucht, der Grauburgunder ist konzentriert, klar und saftig. Eine Steigerung bringen die beiden „Big G"-Spätlesen, die nochmals konzentrierter und fülliger sind, beide wurden im Tonneau spontan vergoren und acht Monate auf der Hefe ausgebaut: Der Wagenwand-Silvaner ist von Vanillenoten geprägt, der Rothmännle-Pinot Gris besitzt viel reife süße Frucht und Substanz. Edelsüß trumpft Gunter Geiger mit zwei konzentrierten, reintönigen Rieslanern auf. Die achtzehn Monate im Barrique ausgebaute rote Cuvée Michele besitzt intensive Frucht, gute Struktur und Substanz, noch besser gefällt uns der Pinot Noir „Big G", der reintönige Frucht besitzt, Fülle, Kraft und gute Substanz. Klar im Aufwind!

Weinbewertung

84 2017 Silvaner Kabinett trocken „Doppelstück" Johannisberg **12 %/7,- €**
86 2017 Silvaner Spätlese trocken „Vögelswäldle" „Erste Geige" **13,5 %/9,90 €**
85 2017 Weißburgunder Spätlese trocken „Erste Geige Doppelstück" **12,5 %/9,90 €**
85 2017 Grauburgunder Spätlese trocken „Erste Geige Doppelstück" **13 %/9,90 €**
87 2017 Silvaner Spätlese trocken „Big G" „Wagenwand" **14 %/15,50 €**
87 2017 Pinot Gris Spätlese trocken „Big G" Holzfass „Rothmännle" **13 %/15,50 €**
86 2017 Riesling Kabinett trocken „Nonnenloch" Johannisberg **12 %/8,50 €**
87 2017 Rieslaner Auslese Thüngersheim Johannisberg **9 %/15,- €/0,5l**
88 2017 Rieslaner Beerenauslese Thüngersheim Johannisberg **9 %/30,- €/0,5l**
84 2016 Pinot Noir trocken „Erste Geige" Johannisberg **13,5 %/9,90 €**
87 2016 „Big G Michele" Rotwein trocken Barrique Johannisberg **14,5 %/16,50 €**
88 2016 Pinot Noir trocken „Big G" Thüngersheim Johannisberg **14 %/16,50 €**

HELMUT GEIL

★★

KONTAKT

Am Römer 26
55234 Monzernheim
Tel. 06244-220
Fax: 06244-57489
www.geilwein.de
info@geilwein.de

Inhaber
Andreas Geil
Rebfläche
9 Hektar
Produktion
50.000 Flaschen

BESUCHSZEITEN

Mo.-Fr. 9-18 Uhr, Sa. 9-13 Uhr
und nach Vereinbarung
Gästezimmer, Wohnmobilstellplätze

2010, nach Abschluss seines Geisenheim-Studiums mit Auslands-Praktika in Argentinien und Neuseeland, ist Andreas Geil in den elterlichen Betrieb eingestiegen, Vater Helmut Geil kümmert sich seither vor allem um den Außenbetrieb, Andreas Geil, der den Betrieb inzwischen übernommen hat, um Vinifikation und Vermarktung. Ihre Weinberge liegen im heimischen Monzernheim (Goldberg), aber auch in Bechtheim (Hasensprung) und Westhofen (Kirchspiel, Steingrube). Sie bauen Müller-Thurgau, Riesling und Grauburgunder an, aber auch Weißburgunder, Albalonga und Sauvignon Blanc. Die wichtigsten roten Sorten sind Dornfelder, Portugieser, Spätburgunder und St. Laurent. Das Sortiment ist gegliedert in Basisweine (Bonus), Lagenweine (Melior) und Spitzenweine (Optimus); früher trugen die Weine keinerlei Lagenbezeichnungen, seit 2012 respektive 2011 (Spätburgunder) verwendet man diese sowohl für die Melior- als auch für die Optimus-Serie. Bei diesen Weinen arbeitet Andreas Geil mit Maischestandzeiten.

Kollektion

Grauburgunder und Riesling liefern sich in diesem Jahr in allen drei Segmenten ein Kopf-an-Kopf-Rennen. Der Guts-Riesling ist würzig und frisch, der Grauburgunder fruchtbetont und zupackend. Der Melior-Riesling ist rauchig, zupackend, strukturiert, der Grauburgunder kraftvoll und würzig, fast scharf. Der Optimus-Grauburgunder zeigt intensive Frucht, besitzt Fülle und Kraft, viel reife Frucht und Substanz, der Optimus-Riesling ist konzentriert und stoffig, besitzt gute Struktur und Substanz, reife Frucht, ist noch sehr jugendlich. Auch im roten Segment gibt es einen sehr guten Optimus-Wein: Der Spätburgunder aus dem Monzernheimer Goldberg zeigt viel Duft und etwas Gewürze im Bouquet, ist füllig und saftig im Mund, besitzt reife Frucht und gute Struktur. ➡

Weinbewertung

83	2017 Grauer Burgunder trocken „Bonus" **11 %/6,30 €**
83	2017 Riesling trocken „Bonus" **11,5 %/6,30 €**
85	2017 Grauer Burgunder trocken „Melior" Westhofener Kirchspiel **12,5 %/8,70 €**
85	2017 Riesling trocken „Melior" Westhofener Kirchspiel **12 %/8,70 €**
83	2017 Sauvignon Blanc trocken „Melior" Bechtheimer Hasensprung **12 %/9,50 €**
87	2017 Grauer Burgunder trocken „Optimus" Kirchspiel **12,5 %/15,20 €**
88	2017 Riesling trocken „Optimus" Westhofener Kirchspiel **13 %/15,20 €**
81	2017 Scheurebe „feinherb" (1l) **11,5 %/5,- €**
82	2017 Riesling „feinherb" „Bonus" **11,5 %/6,30 €**
84	2017 Albalonga Spätlese „Melior" Westhofener Kirchspiel **10 %/8,50 €**
84	2017 Spätburgunder trocken „Melior" Westhofener Steingrube **13 %/9,30 €**
87	2016 Spätburgunder trocken „Optimus" Monzernheimer Goldberg **13 %/15,20 €**

Geil[s]

★★★

KONTAKT

Geils Sekt- und Weingut
Zeller Straße 8
67593 Bermersheim
Tel. 06244-4413
Fax: 06244-57384
www.geils.de
mail@geils.de

Inhaber
Rudolf, Birgit und Florian R. Geil
Kellermeister
Florian R. Geil
Rebfläche
14 Hektar
Produktion
90.000 Flaschen

BESUCHSZEITEN

Mo.-Sa. nach Vereinbarung

Das Weingut von Rudolf und Birgit Geil ist in einem alten Hof mitten in Bermersheim zuhause. Ihre Weinberge liegen vor allem im Dalsheimer Bürgel, im Nieder-Flörsheimer Frauenberg, im Bermersheimer Hasenlauf und im Gundersheimer Höllenbrand. Sie bauen vor allem weiße Rebsorten an: Riesling, Weißburgunder, Müller-Thurgau, Grauburgunder, Silvaner und Chardonnay spielen die wichtigste Rolle, bei den roten Sorten Spätburgunder, Portugieser und Dornfelder. Dazu gibt es aber auch Merlot und Cabernet Sauvignon (beide bereits seit 1995) und Gelber Muskateller. Bereits 1987 begannen sie mit der Herstellung eigener Sekte nach der klassischen Methode, seit 1989 bauen sie Weine im Barrique aus. Sohn Florian hat seine Lehre bei Schembs und Bergdolt absolviert, 2014 sein Geisenheim-Studium abgeschlossen (mit Praktika bei Chat Sauvage im Rheingau und Méo-Camuzet in Burgund), ist nun voll im Betrieb tätig.

Kollektion

Auch die neue Kollektion ist stark, bietet Spitzen bei Weiß- und Rotweinen – und natürlich wie gewohnt auch bei den Sekten. Der Weißburgunder-Sekt ist fruchtbetont, klar und harmonisch, der Blanc de Noirs rauchig, leicht floral, zupackend und frisch. Die weißen Gutsweine sind fruchtbetont und frisch, der Nieder-Flörsheimer Riesling besitzt Fülle und Saft, gute Struktur und Substanz. Die Cuvée P zeigt rauchige Noten und dezent Vanille, ist stoffig und kraftvoll. Angeführt wird das weiße Segment wie gewohnt vom Frauenberg-Riesling, der reintönige Frucht, viel Substanz und Länge besitzt. Sehr gut sind alle Rotweine: Der Nocture besitzt viel Frucht und Kraft, auch viel Tannine, der intensive fruchtige Spätburgunder S ist frisch, zupackend, strukturiert. An der Spitze steht einmal mehr der Spätburgunder aus dem Bürgel, der reintönige Frucht besitzt, Kraft und Fülle, gute Struktur und Frische.

Weinbewertung

87 2015 Weißer Burgunder Sekt brut **12 %/14,70 €**
88 2015 „Blanc de Noirs" Sekt brut **12,5 %/16,- €**
83 2017 Weißer Burgunder trocken **12,5 %/7,80 €**
83 2017 Chardonnay trocken **12,5 %/8,90 €**
82 2017 Riesling trocken **12,5 %/7,80 €**
86 2016 Riesling „S" trocken Nieder-Flörsheim **12,5 %/13,50 €**
88 2016 „Cuvée P" Weißwein „S" trocken **13,5 %/16,90 €**
89 2016 Riesling trocken Frauenberg **12,5 %/22,50 €**
83 2017 Merlot & Spätburgunder Rosé trocken **12,5 %/8,40 €**
85 2014 „Nocturne" Rotwein trocken **13,5 %/12,20 €**
87 2015 Spätburgunder „S" trocken Dalsheim **13,5 %/17,50 €**
89 2015 Spätburgunder trocken Bürgel **13,5 %/30,- €**

Gemmrich

★

KONTAKT

Löwensteiner Straße 34
71717 Beilstein
Tel. 07062-3514
Fax: 07062-23886
www.gemmrich.de
bg@gemmrich.de

Inhaber
Bernd Gemmrich
Rebfläche
7,5 Hektar
Produktion
60.000 Flaschen

BESUCHSZEITEN

Do./Fr. 9-18 Uhr, Sa. 9-14 Uhr, auf Anfrage
Weinstube: Do./Fr. ab 18 Uhr

Das Weingut Gemmrich ist in Schmidhausen zu Hause, das am Schmidbach liegt, der talabwärts in die Bottwar mündet, am Rand der Löwensteiner Berge. Seit 1971 ist Schmidhausen ein Teil von Beilstein, alle Weinberge von Schmidhausen und der einst zu Schmidhausen gehörenden Weiler im Schmidbachtal wurden der Lage Beilsteiner Wartberg zugeschlagen. Das Weingut Gemmrich wird von Bernd und Petra Gemmrich geführt, alle ihre Weinberge liegen im Beilsteiner Wartberg, die Reben wachsen auf verschiedenen Keuperformationen. Lemberger ist die mit Abstand wichtigste Rebsorte im Betrieb, nimmt etwa ein Drittel der Rebfläche ein. Es folgen Riesling, Trollinger und Regent, dann Spätburgunder, Bronner, Cabernet Cortis und Muscaris, dazu diverse andere Sorten wie Muskattrollinger und Gewürztraminer sowie weitere Piwi- und Cabernet-Sorten. Spezialität des Betriebes sind die im klassischen Verfahren hergestellten Sekte, die über 30 selbst erzeugten Edel- und Wildobstbrände sowie Liköre.

Kollektion

Eine sehr gleichmäßige Kollektion präsentiert Bernd Gemmrich auch in diesem Jahr, mit zwei Highlights im roten Segment. Der Gewürztraminer-Sekt ist wunderschön sortentypisch, füllig und harmonisch. Das weiße Segmente präsentiert sich sehr geschlossen mit fruchtbetonten Piwis wie Muscaris, Souvignier Gris und Bronner (Kontessa), die Gewürztraminer Spätlese ist wunderschön reintönig, was auch für den zupackenden Muskattrollinger gilt. An der Spitze der Kollektion stehen zwei deutlich vom Holzausbau geprägte Rotweine, der eine Piwi (Cabernet Cortis), der andere nicht (Cabernet Cubin). Der Cabernet Cortis zeigt intensive Frucht im Bouquet, ist frisch und zupackend im Mund, besitzt gute Struktur und Druck, der Cabernet Cubin zeigt viel Konzentration und Schokonoten im Bouquet, ist kraftvoll und dominant, besitzt viel Substanz und auch im Mund deutliche Schokonoten – zwei spannende Rotweine.

Weinbewertung

84	2013 Gewürztraminer Sekt trocken **12,5 %/13,50 €**
81	2017 Riesling Kabinett trocken Beilsteiner Wartberg **12,5 %/6,90 €**
83	2017 Muscaris trocken „unkaputtbar" Beilsteiner Wartberg **13 %/15,90 €**
83	2017 Souvignier Gris Spätlese trocken „unkaputtbar" **12 %/9,40 €**
83	2017 Gewürztraminer Spätlese Beilsteiner Wartberg **12 %/9,40 €**
83	2017 „Kontessa" „feinherb" „unkaputtbar" Beilsteiner Wartberg **11,5 %/7,40 €**
83	2017 Muskattrollinger trocken **12,5 %/7,60 €**
82	2015 Lemberger trocken Holzfass **14 %/9,50 €**
86	2015 Cabernet Cortis trocken Holzfass **15 %/15,90 €**
87	2016 Cabernet Cubin trocken Holzfass **13,5 %/16,50 €**

GEMÜNDEN

★★

KONTAKT

Brückes 33
55545 Bad Kreuznach
Tel. 0671-27925
Fax: 0671-4820090
www.weingut-gemuenden.de
info@weingut-gemuenden.de

Inhaber
Daniel Gemünden
Rebfläche
27 Hektar
Produktion
20.000 Flaschen

BESUCHSZEITEN

kein Besuch

Weinbau wird in der Familie Gemünden seit Mitte des 19. Jahrhunderts betrieben, 1929 gründete Josef Gemünden das Weingut, damals noch in Sommerloch vor den Toren Bad Kreuznachs. Seit 1976 befindet sich das Weingut an seiner heutigen Betriebsstätte, 1987 stieg Andreas Gemünden in den Betrieb ein, den er 2002 in vierter Generation übernahm. Seit 2009 ist sein Sohn Daniel Gemünden im elterlichen Weingut tätig und ist seit Beendigung seiner Weiterbildung zum Techniker für Weinbau und Önologie 2012 für den Ausbau der Weine und die Vermarktung zuständig. Mit dem 2014er Jahrgang brachte er seine erste eigene Weinkollektion auf die Flasche und produziert gegenwärtig rund 20.000 Flaschen unter eigenem Etikett, 2017 übernahm er das Weingut von seinem Vater. Wichtigste Sorten auf den 27 Hektar Rebfläche sind Riesling, Rivaner und Grauburgunder, die besten Lagen sind Brückes, Forst und Narrenkappe in Bad Kreuznach. Das Sortiment ist gegliedert in Gutsweine und Spitzenweine.

Kollektion

Wie im vergangenen Jahr sind es wieder die Lagenrieslinge, die aus einer durch und durch reintönigen Kollektion herausragen, übertroffen noch vom spontan vergorenen Riesling Nature, der kräutrige und steinige Noten und herbe Apfelfrucht zeigt, feinen Druck und gute Länge besitzt. Der Brückes zeigt ebenfalls kräutrig-mineralische Würze, besitzt Druck und ein animierendes Säurespiel, der Forst aus dem Jahrgang 2016 zeigt ganz dezente Reifenoten, besitzt gute Konzentration und Länge. Die Burgunder befinden sich auf einem gleichmäßig guten Niveau, der Grauburgunder zeigt nussige Würze, der Weißburgunder Noten von Birne und Aprikose und florale Würze, der Chardonnay ist ebenfalls fruchtbetont mit etwas Zitruswürze und frischem Säurespiel, der Blanc de Noir ist leicht cremig, frisch und floral. —

Weinbewertung

83 2017 Silvaner trocken **12 %/7,60 €**
83 2017 Riesling trocken **12 %/7,60 €**
84 2017 Spätburgunder „Blanc de Noir" trocken **12,5 %/8,60 €**
84 2017 Weißburgunder trocken **12 %/8,60 €**
84 2017 Grauburgunder trocken **12,5 %/8,60 €**
84 2017 Chardonnay trocken **12 %/9,80 €**
87 2017 Riesling trocken Kreuznacher Brückes **12,5 %/12,- €**
86 2016 Riesling trocken Kreuznacher Forst **13 %/12,- €**
88 2017 Riesling trocken „Nature" **13 %/15,20 €**
83 2017 Riesling halbtrocken „Kiemen-Kitzler" **12 %/7,60 €**
83 2017 Scheurebe „lieblich" **10,5 %/8,60 €**
83 2017 Riesling Spätlese „lieblich" **11,5 %/8,60 €**

Gengenbach-Offenburg

★

G

Kontakt

Weinmanufaktur Gengenbach-Offenburg eG
Am Winzerkeller 2
77723 Gengenbach
Tel. 07803-9658-33
Fax: 07803-9658-58
www.weinmanufaktur-gengenbach.de
info@weinmanufaktur-gengenbach.de

Inhaber
200 Mitglieder
Geschäftsführer
Christian Gehring
Vorstandsvorsitzender
Horst Seger
Kellermeister
Philipp Milke
Rebfläche
280 Hektar

Besuchszeiten

Fr. 8-17 Uhr, Sa. 9-13 Uhr

In der Stadt Gengenbach liegen die Wurzeln der Weingeschichte in der Ortenau, bereits seit 888 wird hier Wein angebaut. Nachdem die Zeller-Abtsberg Winzer im Jahr 2012 und die Winzer aus Fessenbach im Jahr 2015 mit den Gengenbacher Winzern fusionierten, treten die Genossen nun in einem gemeinsamen Auftritt unter dem neuen Dach „Weinmanufaktur Gengenbach- Offenburg" auf. Mit einem einheitlichen, gemeinsamen Erscheinungsbild soll dies in Zukunft sichtbar werden. Die Tradition der Weinkeller und die unterschiedlichen Charakteristiken der Weine sollen jedoch nicht verloren gehen. Deshalb werden die Weine in drei Kellern in drei Orten ausgebaut. Die Weinberge befinden sich in den Lagen Kirchherrenberg (Fessenbach), Abstberg (Zell), Franzensberger (Ortenberg) und Freudental (Ortenberg).Spätburgunder ist die wichtigste Rebsorte, gefolgt von Müller-Thurgau, Riesling und Grauburgunder, dazu gibt es etwas Weißburgunder, Chardonnay, Riesling, Sauvignon Blanc, Muskateller und Gewürztraminer.

Kollektion

Die 2017er Weißweine sind frisch und klar, ein wenig verhalten, spannender sind die Weine des Jahrgangs 2016 wie der würzig-vanillige, deutlich vom Holzausbau geprägte Premium-Riesling oder der Barrique-Chardonnay, der eindringlich Zitrus und Vanille zeigt, füllig und kraftvoll ist, auch im Mund eindringliche Vanillenoten, gute Struktur und Substanz besitzt. Auch die beiden sehr guten Eisweine stammen aus dem Jahrgang 2016: Der litschiduftige Gewürztraminer besitzt Noten von kandierten Früchten und Kaffee, der Riesling vereint Frische mit Konzentration und Substanz. Stark ist das Spätburgunder-Trio: „Herz & Hand", der Wein des Jungwinzer-Projekts, ist kraftvoll und tanninbetont, der Premium-Spätburgunder gewürzduftig, ebenfalls sehr tanninbetont, unser Favorit ist der Zeller Rother, der Kraft, klare Frucht und gute Struktur besitzt.

Weinbewertung

80 2017 Riesling Kabinett trocken Zeller Abtsberg **11,5 %/6,50 €**
80 2017 Weißer Burgunder trocken **12,5 %/5,50 €**
80 2017 Grauer Burgunder trocken **12 %/5,50 €**
79 2017 Sauvignon Blanc „Premium" **13 %/8,50 €**
83 2016 Riesling „Premium SL" Zeller Abtsberg **12 %/11,90 €**
85 2016 Chardonnay Barrique „Premium SL" Zeller Abtsberg **14 %/12,50 €**
82 2017 Muskateller Kabinett **10 %/6,80 €**
86 2016 Gewürztraminer Eiswein Zeller Abtsberg **9 %/18,90 €/0,375l**
87 2016 Riesling Eiswein Fessenbacher Bergle **7,5 %/18,90 €/0,375l**
84 2015 Spätburgunder trocken „Herz & Hand" **14,5 %/10,50 €**
84 2015 Spätburgunder „Premium SL" Kirchherrenberg **14,5 %/18,90 €**
86 2015 Spätburgunder „Zeller Rother" Zeller Abtsberg **15 %/18,- €**

GENHEIMER-KILTZ

★★☆

KONTAKT

Zum Sportfeld 6
55595 Gutenberg
Tel. 06706-8633
Fax: 06706-6319
www.genheimer-kiltz.de
info@genheimer-kiltz.de

Inhaber
Harald, Georg & Gerlinde Kiltz
Rebfläche
12 Hektar
Produktion
100.000 Flaschen

BESUCHSZEITEN

Mo.-Sa. 9-17 Uhr oder nach Vereinbarung
Gästehaus

Das in Gutenberg im Gräfenbachtal gelegene Weingut wird von Georg und Gerlinde Kiltz zusammen mit Sohn Harald geführt, der Weinbau studierte, in Frankreich und Australien gearbeitet hat und seit 2001 im elterlichen Weingut für den Weinausbau verantwortlich ist. Die Weinberge liegen in den Gutenberger Lagen Schlossberg (rötlicher, sandig-kiesiger Lehmboden), Römerberg (lehmiger Sand, sandig-kiesiger Lehm) und Felseneck (rotliegender Sandboden mit geringem Lehmanteil). Weitere Weinberge besitzen sie in den Kreuznacher Lagen Hinkelstein (feinsandige Lehmböden) und Narrenkappe (verschiedene Lehmarten, teils Kies und Schotter). Der Sauvignon Blanc ist mit über 40 Prozent der Rebfläche die wichtigste Sorte im Betrieb, gefolgt von Riesling, Grau- und Weißburgunder. An roten Sorten werden Spätburgunder, Dornfelder und etwas Regent angebaut. Zuletzt wurde in neue Burgunderflächen investiert, ein neues Kellereigebäude ist in Planung.

Kollektion

Unsere beiden Favoriten des Vorjahres finden sich auch dieses Mal wieder an der Spitze des Sortiments, allerdings in umgekehrter Reihenfolge: Der Sauvignon Blanc vom Felseneck zeigt feine Stachelbeernoten, besitzt Frische, ist harmonisch, elegant und sehr nachhaltig, der „Flavia" ist noch sehr vom Ausbau im Holz geprägt, zeigt Walnuss, grasige Noten und etwas Stachelbeere im Bouquet, besitzt gute Länge. Die Narrenkappe ist füllig und weich, zeigt gelbe Frucht, Pfirsich und Maracuja und auch der Römerberg ist gelbfruchtig und frisch. Die vier Rotweine hatten wir im vergangenen Jahr alle schon einmal verkostet, an der Spitze liegt immer noch eindeutig der Pinot Noir aus dem Schlossberg, der mit seiner kühlen Frucht und feinen Röstnoten harmonisch und elegant ist.

Weinbewertung

84 2017 Sauvignon Blanc trocken Gutenberg **12,5 %/7,90 €**
83 2017 Grauer Burgunder trocken „Terrassenkies" **12,5 %/6,80 €**
87 2017 Sauvignon Blanc trocken Kreuznacher Narrenkappe **13,5 %/13,- €**
85 2017 Sauvignon Blanc trocken Gutenberger Römerberg **13,5 %/9,90 €**
89 2017 Sauvignon Blanc trocken Gutenberger Felseneck **13 %/17,- €**
88 2017 Sauvignon Blanc trocken „Flavia" Gutenberger Felseneck **13 %/24,- €**
85 2017 Sauvignon Blanc „fruchtig" Gutenberger Römerberg **9 %/9,90 €**
82 2017 „harry & george" Rosé trocken **12,5 %/7,- €**
83 2014 Spätburgunder trocken Gutenberg **12,5 %/7,50 €**
85 2015 Pinot Noir trocken Gutenberger Felseneck **13,5 %/10,90 €**
85 2015 „harry & george barrel aged" Rotwein trocken **13,5 %/12,- €**
88 2015 Pinot Noir trocken Gutenberger Schlossberg **13,5 %/18,- €**

Albert Gessinger

★★

KONTAKT

Moselstraße 9
54492 Zeltingen
Tel. 06532-2369
Fax: 06532-1578
www.weingut-gessinger.de
kontakt@weingut-gessinger.de

Inhaber
Sarah Gessinger
Rebfläche
2,9 Hektar
Produktion
25.000 Flaschen

BESUCHSZEITEN

jederzeit nach Anmeldung

Bis zum Jahr 1680 reicht die Geschichte des Weinguts zurück, mindestens seit diesem Jahr betreibt die Familie Weinbau in Zeltingen. Albert Gessinger führte 40 Jahre den Betrieb, im Juli 2013 hat ihn Tochter Sarah nach abgeschlossener Winzerlehre übernommen, führt ihn seither in zehnter Generation. Ihre Weinberge liegen hauptsächlich in der Zeltinger Sonnenuhr, die Trauben aus den Zeltinger Lagen Schlossberg und Himmelreich werden als Blauschiefer- oder Steillagen-Riesling vermarktet. Neben dem dominierenden Riesling baut das Gut ein klein wenig Weißburgunder an. Die Weine werden mit den traubeneigenen Hefen im traditionellen Fuder vergoren, reifen lange auf der Feinhefe.

Kollektion

In den vergangenen Jahren war zu beobachten, dass die Weine des Gutes etwas eleganter, feiner, duftiger ausfielen als früher. Waren sie 2015 noch teilweise unzugänglich, wirkten sie bereits im Jahrgang 2016 offen, ohne es an Substanz vermissen zu lassen. Die sechs vorgestellten Rieslinge des Jahrgangs 2017 zeigen nun erstens die generelle Qualität des Jahrgangs und zweitens die Entwicklung des Betriebes. Schon der „Ambrosia"-Riesling ist stoffig, duftet nach Kräutern und wirkt sehr geradlinig und trocken. Viel verschlossener zeigt sich der zweite trockene Wein, die Spätlese von alten Reben aus der Rothlay der Zeltinger Sonnenuhr: kraftvoll, stoffig, mit beachtlicher Säure und wiederum ohne schmeckbare Süße. Ganz anders die süße Spätlese aus dem Josefsberg, die sich offen präsentiert, Noten von Birne und Kräutern entwickelt und zwar nicht extrem lang ist, aber sehr saftig und balanciert. Deutlich mehr Restzucker weist die Auslese „Caldo Infernale" auf, die mit Kernobst- und Kräuternoten beeindruckt, im Mund eher weich und saftig daherkommt. Eine wunderschön kühle Frucht samt Noten von Steinobst und kandiertem Apfel zeichnet die Drei-Sterne-Auslese aus, voller Würze, straff und lang.

Weinbewertung

86	2017 Riesling Kabinett trocken „Blauschiefer Ambrosia" **10,5 %/6,- €** ☺
88	2017 Riesling Spätlese** trocken „Alte Reben Rothlay" **11,5 %/9,- €** ☺
87	2017 Riesling Spätlese „„feinherb" „Alte Reben" Sonnenuhr **9,5 %/9,- €**
87	2017 Riesling Spätlese** „Alte Reben" „Josefsberg" Sonnenuhr **8,5 %/10,50 €**
88	2017 Riesling Auslese** „Caldo Infernale" Zeltinger Sonnenuhr **8 %/16,- €**
92	2017 Riesling Auslese*** Zeltinger Sonnenuhr **7,5 %/30,- €**

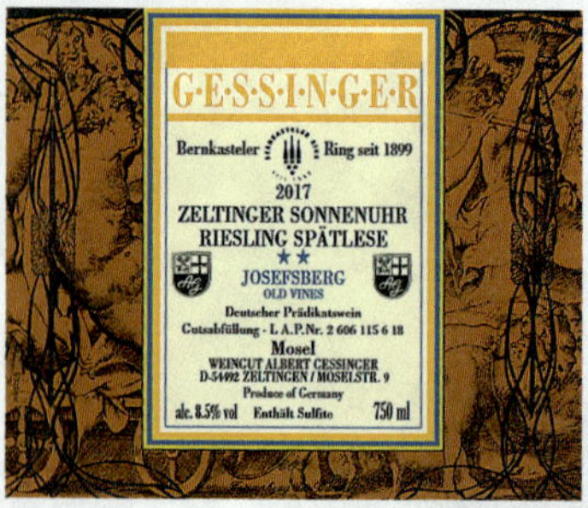

GIEGERICH

★★★

KONTAKT

Weichgasse 19
63868 Großwallstadt
Tel. 06022-655355
Fax: 06022-655366
www.weingut-giegerich.de
info@weingut-giegerich.de

Inhaber
Klaus Giegerich
Außenbetrieb
Kilian Giegerich
Kellermeister:
Klaus & Kilian Giegerich
Rebfläche
11,5 Hektar
Produktion
70.000 Flaschen

BESUCHSZEITEN

Di.- Fr. 10-12 + 14-18 Uhr,
Sa. 9-13 Uhr
Weinbergshüttenfest (Juli), Hofschoppenfest, Kulinarische Weinproben, Theater im Weingut

Klaus Giegerich übernahm 1992 den Betrieb mit damals 2,5 Hektar Weinbergen, entschloss sich 1994 zusammen mit Ehefrau Helga den Nebenerwerbsbetrieb in ein Weingut umzuwandeln, 1996 wurden Häckerstube und Kelterhalle fertig gestellt und das Weingut eingeweiht. Die Reben wachsen in Großwallstadt (Lützeltalerberg), Elsenfeld/Rück (Schalk, Jesuitenberg) und Wörth am Main. Zukünftig wird eine Anlage im Klingenberger Schlossberg hinzukommen, die mit Spätburgunder bestockt wurde, von einem befreundeten Weingut bezieht man Spätburgunder-Trauben aus dem Leinacher Himmelberg. Die wichtigsten Rebsorten sind Silvaner, Riesling, Bacchus, Müller-Thurgau, Kerner, Spätburgunder und Portugieser. Zuletzt wurden Weißburgunder, Rieslaner, Frühburgunder, Regent und Dornfelder gepflanzt. Nach Abschluss seiner Weinbautechnikerausbildung ist Sohn Kilian seit September 2012 im Weingut tätig.

Kollektion

Eine ganz starke Kollektion präsentieren Klaus und Kilian Giegerich in diesem Jahr. Schon die Terra-Linie bietet durchweg sehr gutes Niveau: Der Silvaner ist wunderschön reintönig, der Weißburgunder besitzt gute Struktur und Substanz, der Sauvignon Blanc besticht mit Reintönigkeit und Frucht wie auch die beiden lebhaften Spätburgunder. Eine weitere Steigerung bringt die Carus-Linie: Der Chardonnay ist rauchig, füllig und saftig, der Riesling kraft- und druckvoll bei viel Substanz, der Silvaner besitzt gute Struktur, viel reife Frucht und Kraft, die Granitfass-Variante ist ein klein wenig verhaltener. An der Spitze der Kollektion stehen die beiden hervorragenden Carus-Rotweine: Der Frühburgunder zeigt intensive Frucht, rauchige Noten, ist kraftvoll, jugendlich, der Spätburgunder besticht mit Reintönigkeit, besitzt gute Struktur, Substanz, Länge und Frische.

Weinbewertung

83	2017 Müller-Thurgau trocken „Frank & Frei" **12 %/7,- €**
85	2017 Silvaner trocken „Terra" Lützeltalerberg **11,5 %/8,80 €**
85	2017 Weißer Burgunder trocken „Terra" Campestres Wörth **12,5 %/9,50 €**
88	2016 Silvaner „Carus" Rücker Schalk **13 %/22,- €**
86	2017 Sauvignon Blanc trocken „Terra" Rücker Schalk **12 %/11,- €**
88	2016 Chardonnay trocken „Carus" Großwallstadt Lützeltalerberg **13 %/18,- €**
88	2016 Riesling trocken „Carus" Großwallstadt Lützeltalerberg **12,5 %/18,- €**
87	2016 Silvaner trocken „Granitfass Carus" Lützeltalerberg **13 %/22,- €**
86	2017 Spätburgunder trocken „Muschelkalk Terra" Lein. Himmelberg **13 %/9,80 €**
85	2017 Spätburgunder trocken „Buntsandstein Terra" Lützeltalerberg **13 %/11,50 €**
90	2016 Frühburgunder trocken „Carus" Campestres Wörth **14 %/24,50 €**
90	2016 Spätburgunder trocken „Carus" Lützeltalerberg **14,5 %/24,50 €**

GIES-DÜPPEL

★★★★

KONTAKT

Am Rosenberg 5
76831 Birkweiler
Tel. 06345-919156
Fax: 06345-919157
www.gies-dueppel.de
info@gies-dueppel.de

Inhaber
Volker Gies
Außenbetrieb
Valentin Fischlhammer
Rebfläche
21 Hektar
Produktion
125.000 Flaschen

BESUCHSZEITEN

Mo.-Fr. 9-12 +14-18 Uhr,
Sa. 10-16 Uhr

Weinbau wurde in den Familien Gies und Düppel schon lange betrieben, bevor Franz-Josef Gies und seine Frau Ulrike (geborene Düppel) 1976 das heutige Weingut am Ortsrand von Birkweiler erbauten, auf dem Rosenberg, von dem aus man einen herrlichen Rundumblick über die Lagen rund um Birkweiler und bis hinüber nach Albersweiler, auf der anderen Seite des Talkessels, genießen kann. Volker Gies hat den Familienbetrieb 1999 in der vierten Generation von seinem Vater übernommen. Zusammen mit seiner Frau Tanja hat er in den letzten Jahren an der Expansion des Weinguts gearbeitet, seit 2009 wurde die Rebfläche um rund sieben Hektar erweitert. Zu den Weinbergen in den Birkweiler Lagen Kastanienbusch (teils Quarzsandstein, teils roter Sandstein, teils Rotliegendes), Mandelberg (Ton- und Kalkmergel) und Rosenberg (Mergel) kamen Flächen im Ranschbacher Seligmacher (teils Muschelkalk, teils Rotliegendes) und in der Ilbesheimer Kalmit (Kalkstein) hinzu. Im Frühjahr 2013 wurden 1,3 Hektar im Albersweiler Latt (Rotliegendes und Buntsandstein) neu mit Riesling bestockt. Weitere Parzellen in der Latt und im Seligmacher wurden 2015 erworben, zuletzt wurde das Lagenportfolio mit einem Weinberg im Siebeldinger Im Sonnenschein (Muschelkalk) ergänzt. Riesling ist mit einem Flächenanteil von 39 Prozent die wichtigste Rebsorte im Betrieb, gefolgt von Spätburgunder, Weißburgunder und Grauburgunder. Dazu gibt es Chardonnay, Sauvignon Blanc, Dornfelder und Cabernet, aber auch Scheurebe und Viognier, deren Flächen 2014 erweitert wurden. Mehrmals konnten wir in den letzten Jahren neben dem aktuellen Jahrgang jeweils 10 Jahre alte Gies-Düppel-Weine verkosten, die fein gereift und noch sehr präsent und lebendig waren, noch viel Freude bereiteten.

Kollektion

Überraschenderweise wird unser Favorit der vergangenen Jahre, der Riesling aus dem Kastanienbusch, im Jahrgang 2017 vom Weißburgunder aus dem Mandelberg übertroffen, den wir noch nie so stark und beeindruckend fanden: Der Wein wirkt noch sehr kompakt und leicht verhalten, öffnet sich sehr langsam und zeigt dann klare Frucht, Birne, Aprikose und deutliche Zitrusnoten, besitzt gute Konzentration, Substanz, Länge und Potential. Der Kastanienbusch-Riesling ist ebenfalls sehr komplex, zeigt kräutrige und steinig-mineralische Noten und viel klare Frucht, besitzt Druck, Länge und viel Biss, wie überhaupt alle trockenen Rieslinge in diesem Jahr kräftigen Biss besitzen, was durch recht hohe Restzuckerwerte ausgeglichen wird. Dachsberg und Latt zeigen kräutrige Noten, besitzen viel Druck und salzige Länge, der Dachsberg ist etwas deutlicher in der Frucht, der Seligmacher zeigt

neben Kräuterwürze deutliche Zitrusnoten, Limette und ist nachhaltig. Die Terroir-Rieslinge wurden alle komplett im Edelstahl ausgebaut, der Tonstein besitzt etwas Fülle und herbe Zitrusnoten, grünen Apfel und süße, reife Ananas, der Kalkstein zeigt kreidig-mineralische Noten, der Granit ist schlank und animierend mit deutlicher Zitruswürze und der Schiefer ist noch leicht verhalten, zeigt leicht rauchige Würze. Neu im Programm ist der halbtrocken ausgebaute Riesling „360°" aus Lagen rund um Birkweiler, er zeigt viel klare Frucht, Aprikose, grünen Apfel und besitzt ebenfalls Biss, der restsüße Kabinett aus dem Seligmacher zeigt feine rauchig-steinige Würze und besitzt ein harmonisches Süße-Säure-Spiel, die Spätlese aus dem Latt besitzt gute Konzentration und Säuregrip und zeigt viel gelbes Steinobst im Bouquet. Der Weißburgunder aus dem Rosenberg zeigt kräutrige Noten und klare Birnenfrucht, ist elegant und lang, der Mandelberg-Grauburgunder ist komplex mit floralen und nussigen Noten, zeigt sehr dezente Holzwürze und viel reintönige Frucht. Die beiden Spätburgunder besitzen gute Struktur, zeigen Schwarzkirsche und dezente Röstnoten, der Kalmit ist etwas komplexer, kraftvoll und harmonisch. Und auch die Basis stimmt, Grau- und Weißburgunder „Calcit" zeigen feine florale Noten, sind reintönig und frisch.

Volker Gies

Weinbewertung

87 2017 Riesling trocken „Granit" **12 %/10,50 €**
87 2017 Riesling trocken „Kalkstein" **12 %/10,50 €**
87 2017 Riesling trocken „Roter Tonstein" **12,5 %/10,50 €**
87 2017 Riesling trocken „Schiefer" **12,5 %/10,50 €**
84 2017 Weißer Burgunder trocken „Calcit" **13 %/7,80 €**
84 2017 Grauer Burgunder trocken „Calcit" **13 %/7,80 €**
88 2017 Weißer Burgunder trocken Birkweiler Rosenberg **13 %/13,- €**
91 2017 Weißer Burgunder trocken Birkweiler Mandelberg **13,5 %/18,50 €**
89 2017 Grauer Burgunder trocken Birkweiler Mandelberg **13,5 %/14,- €**
89 2017 Riesling trocken Albersweiler Latt **12,5 %/16,- €**
88 2017 Riesling trocken Ranschbacher Seligmacher **12,5 %/14,- €**
89 2017 Riesling trocken Birkweiler „Am Dachsberg" **13 %/14,- €**
90 2017 Riesling trocken Birkweiler Kastanienbusch **12,5 %/18,50 €**
85 2017 Riesling „360„ **12 %/9,80 €**
87 2017 Riesling Kabinett Ranschbacher Seligmacher **9 %/10,50 €**
88 2017 Riesling Spätlese Albersweiler Latt **8,5 %/16,- €**
87 2016 Spätburgunder trocken Birkweiler Rosenberg **13,5 %/16,50 €**
89 2016 Spätburgunder trocken Ilbesheimer Kalmit **14 %/28,- €**

LAGEN

KASTANIENBUSCH (BIRKWEILER)
MANDELBERG (BIRKWEILER)
ROSENBERG (BIRKWEILER)
SELIGMACHER (RANSCHBACH)
LATT (ALBERSWEILER)
IM SONNENSCHEIN (SIEBELDINGEN)

REBSORTEN

RIESLING (39 %)
SPÄTBURGUNDER (15 %)
WEISSBURGUNDER (13 %)
GRAUBURGUNDER (13 %)

Gietzen

★★

KONTAKT

Winzerhof Gietzen
Moselstraße 52
56332 Hatzenport
Tel. 02605-952371
Fax: 02605-952372
www.winzerhof-gietzen.de
service@winzerhof-gietzen.de

Inhaber
Albrecht Gietzen
Rebfläche
3 Hektar
Produktion
12.000 Flaschen

BESUCHSZEITEN

am Wochenende ganztägig, in der Woche nach Vereinbarung
Gästezimmer, Ferienwohnungen

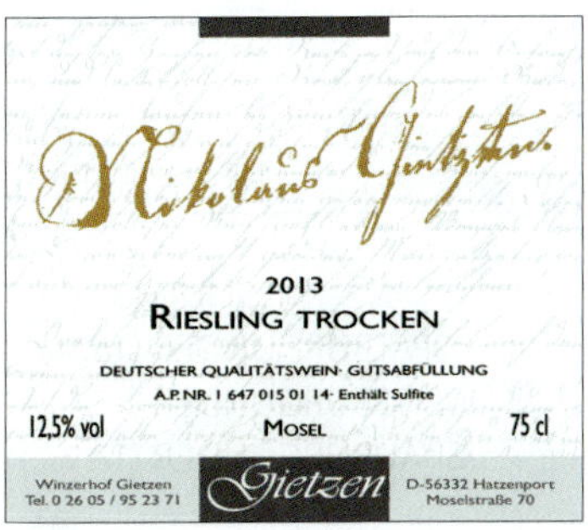

Die Weinberge von Albrecht Gietzen liegen an der Terrassenmosel, in den Hatzenporter Lagen Stolzenberg, Kirchberg und Burg Bischofstein, überwiegend in Steillagen mit Süd- und Südwestausrichtung. Sowohl Kirchberg als auch Stolzenberg zählten in der preußischen Lagenklassifikation von 1897 zur obersten Güteklasse. 85 % seiner Rebfläche nimmt Riesling ein, dazu gibt es Spätburgunder und Weißburgunder. Die Weine werden langsam vergoren und lange auf der Feinhefe ausgebaut, teils im Holz, teils im Edelstahl. Prädikatsbezeichnungen werden nur für süße und edelsüße Rieslinge verwendet, die besten Weine aus Kirchberg und Stolzenberg werden mit einer Goldkapsel gekennzeichnet, der Spitzenriesling „Elatus Mons" stammt aus der Terrassenlage Lay-Geisinger im Stolzenberg. Dem Weingut ist ein Gästehaus angeschlossen.

Kollektion

Rieslinge der Jahrgänge 2016 und 2015 wurden im vergangenen Jahr vorgestellt. Sie zeigten, dass die Weine dieses Betriebes durch eine direkte, geradlinige Art auffallen, die es aber auch an Substanz nicht vermissen lässt; der feinherbe Goldkapsel-Riesling aus dem Stolzenberg und der trockene Goldkapsel-Riesling aus dem Kirchberg waren unsere Favoriten. Im Jahrgang 2017, der diesmal exklusiv präsentiert wird, ist das nicht anders. Schon in der Basis ist eine deutlich saftige Art zu bemerken. Der trockene Basisriesling Nikolaus Gietzen zeigt sich offen und zugänglich, besitzt gute Länge und Schmelz, der ebenfalls trockene Goldkapselwein aus dem Hatzenporter Kirchberg ist im ersten Moment eher verhalten, entwickelt aber später eine schöne Würze. Mit dem Stolzenberg-Riesling namens „Elatus Mons" kann man sich schneller anfreunden, er ist offen, besitzt Schmelz und Substanz, gute Harmonie und viel Länge. Dass alle trockenen Weine eher charmant als puristisch ausfallen, schadet ihrer Qualität nicht – das ist eben der Stil des Hauses, und der findet Anklang. Am besten gefällt uns diesmal übrigens der feinherbe Riesling aus der Lage Hatzenporter Burg Bischofstein, offen, duftig, mit einem Hauch von Süße und schöner Würze.

Weinbewertung

85	2017 Riesling trocken „Nikolaus Gietzen" **12,5 %/11,- €**
86	2017 Riesling trocken Goldkapsel Hatzenporter Kirchberg **12,5 %/14,- €**
86	2017 Riesling trocken „Elatus Mons" Hatzenporter Stolzenberg **13 %/17,- €**
87	2017 Riesling „feinherb" Hatzenporter Burg Bischofstein **12 %/11,- €**
85	2017 Riesling „feinherb" Goldkapsel Hatzenporter Stolzenberg **12 %/14,- €**
85	2017 Riesling Hatzenporter Kirchberg **10,5 %/11,- €**

Glaser

★☆

KONTAKT

Sommeracher Straße 42
97334 Nordheim
Tel. 09381-9464
Fax: 09381-6810
www.weingut-glaser.com
info@weingut-glaser.com

Inhaber
Rudolf Glaser
Rebfläche
12,5 Hektar
Produktion
95.000 Flaschen

BESUCHSZEITEN

Weinverkauf immer geöffnet,
Anmeldung erbeten
Heckenwirtschaft

Das von Richard Glaser gegründete Weingut, ein Familienbetrieb in Nordheim am Main, wird heute von Sohn Rudolf Glaser und Ehefrau Melanie geführt. Ihre Weinberge erstrecken sich über die gesamte Mainschleife, liegen vor allem in den beiden Nordheimer Lagen Vögelein und Kreuzberg, aber auch in den Sommeracher Lagen Katzenkopf und Rosenberg, der Dettelbacher Sonnenleite und dem Volkacher Ratsherr, die Reben wachsen teils auf Muschelkalk, teils auf leichten Sandböden. Vier Fünftel der Rebfläche nehmen weiße Sorten ein: Silvaner, Müller-Thurgau, Bacchus, Riesling, Grauburgunder, Weißburgunder, Kerner, Scheurebe und Rieslaner. An roten Sorten baut Rudolf Glaser Früh- und Spätburgunder, Domina, Regent und Dornfelder an. Die Rotweine kommen nach der Maischegärung teils ins große Holzfass, teils ins Barrique. 2017 wurde das neue Weingut mitten in den Weinbergen eröffnet.

Kollektion

Die Weine der Jungen Linie sind frisch und süffig, deutlich mehr Komplexität zeigen die Weine der Pur-Linie. Der Silvaner, aus dem Jahrgang 2016, ist klar und zupackend, besitzt gute Struktur und Frucht, die Scheurebe, mit 48 Stunden Maischestandzeit ausgebaut, ist wunderschön reintönig, druckvoll und präzise und auch der Riesling präsentiert reintönige Frucht, etwas Pfirsiche, ist frisch, klar und zupackend. In prächtiger Verfassung zeigen sich wieder einmal die sehr guten Rotweine. Der Frühburgunder aus dem Rosenberg ist fruchtbetont und frisch, klar und strukturiert, noch ein klein wenig besser gefällt uns der Spätburgunder aus dem Kreuzberg zeigt reintönige Frucht und feine Frische im Bouquet, ist klar und geradlinig im Mund, besitzt gute Struktur und viel reife Frucht. ▬

Weinbewertung

82 2017 Silvaner trocken „Junge Linie" **11,5 %/5,40 €**
82 2017 Silvaner trocken „bb" Nordheimer Vögelein **12 %/7,- €**
85 2016 Silvaner „Pur Best of Muschelkalk" **11,5 %/10,- €**
85 2017 Scheurebe „Pur Best of Muschelkalk" **12,5 %/9,50 €**
84 2017 Riesling „Pur Best of Muschelkalk" **11,5 %/9,50 €**
81 2017 Weißer Burgunder Kabinett trocken Nordheimer Kreuzberg **11 %/7,90 €**
80 2017 Grauer Burgunder Kabinett trocken Nordheimer Vögelein **11 %/8,50 €**
81 2017 „Summerwine" Weißwein „feinherb" „Junge Linie" **11 %/5,40 €**
81 2017 Rotling halbtrocken „Junge Linie" **11,5 %/5,40 €**
83 2017 Spätburgunder Rosee „feinherb" „Tag & Nacht" Kreuzberg **12 %/7,50 €**
85 2015 Frühburgunder Spätlese trocken Holzfass Rosenberg **12,5 %/12,40 €**
86 2015 Spätburgunder trocken Holzfass Nordheimer Kreuzberg **13,5 %/12,40 €**

Glaser-Himmelstoss

★★★★

KONTAKT

Langgasse 7
97334 Nordheim
Tel. 09381-4602
Fax: 09381-6402
www.weingut-glaser-himmelstoss.de
info@weingut-glaser-himmelstoss.de

Inhaber
Wolfgang & Monika Glaser
Kellermeister
Wolfgang & Julia Glaser
Rebfläche
14 Hektar
Produktion
90.000 Flaschen

BESUCHSZEITEN

Vinothek Nordheim / Dettelbach: Mo./Mi.-Sa. 13-18 Uhr, Sonn- & Feiertage 14-17 Uhr
Restaurant Himmelstoss, Pächter: Romann Krückel (Sommelier), Bernd Enssle (Küchenchef); Gästezimmer

Das Weingut Glaser-Himmelstoss entstand durch die Vereinigung der jeweils elterlichen Weingüter von Wolfgang und Monika Glaser (Weingut Siegfried Glaser und Weingut Himmelstoss) und hat Betriebssitze in zwei fränkischen Ortschaften, Dettelbach und Nordheim, wo der Ausbau der Weine erfolgt. Inzwischen werden sie im Betrieb von Tochter Julia unterstützt, die sich zusammen mit ihrem Vater um den Keller kümmert. Die wichtigste Lage ist das Dettelbacher Berg-Rondell; innerhalb dieser recht großen Lage möchte Wolfgang Glaser die historische Einzellage Berg wieder zum Leben erwecken und als geschützte Ursprungsbezeichnung eintragen lassen. Weitere wichtige Lagen sind Nordheimer Vögelein, Sommeracher Katzenkopf und Dettelbacher Sonnenleite. Silvaner ist die wichtigste Rebsorte, nimmt 30 Prozent der Fläche ein, Müller-Thurgau ein Viertel. Es folgen Riesling und Spätburgunder, Grau- und Weißburgunder, dazu gibt es Spezialitäten wie Scheurebe, Schwarzriesling, Gewürztraminer und Rieslaner. Das Programm ist vierstufig gegliedert: Die Basis bilden die Gutsweine, dann folgen Ortsweine aus Dettelbach und Nordheim (bis 2013 als Kabinett trocken bezeichnet) und Erste Lage-Weine aus Berg-Rondell, Vögelein und Katzenkopf (bis 2012 Spätlese trocken), die zukünftigen Großen Gewächse sollen aus der Lage Berg kommen. Edelsüße Weine spielen eine wichtige Rolle im Betrieb, Wolfgang Glaser erzeugt, wenn es der Jahrgang erlaubt, die ganze Bandbreite an Prädikaten bis hin zur Trockenbeerenauslese. Seit einigen Jahren erzeugt er auch maischevergorene Weißweine. Schon seit der ersten Ausgabe empfehlen wir die Weine von Wolfgang Glaser, seither hat er uns niemals enttäuscht, mit keinem einzigen Wein, Jahr für Jahr sind seine Kollektionen hervorragend, Jahr für Jahr ist das Niveau schon der Basisweine sehr hoch. „Einer der Top-Betriebe in Franken!", lautete unser Fazit in der ersten Ausgabe, an dieser Aussage mussten wir nie etwas ändern, man könnte aber besser ergänzen „und Deutschland".

Kollektion

Jahr für Jahr ganz starke Kollektionen, das trifft auch auf den neuen Jahrgang zu. Schon die beiden Gutsweine haben wir mit sehr gut bewertet: Der Silvaner ist fruchtbetont und wunderschön reintönig im Bouquet, geradlinig und zupackend im Mund, zeigt viel Frische und Frucht, besitzt gute Struktur und Grip. Die Ortsweine dann sind deutlich fülliger, kraftvoller. Der Müller-Thurgau aus Dettelbach zeigt reintönige Frucht, feine Frische, ist lebhaft, zupackend, fruchtbetont. Die Dettelbacher Scheurebe zeigt intensive Frucht im Bouquet, etwas Cassis, ist zupackend, lebhaft, hat Grip. Der Nordheimer Silvaner ist würzig, kraftvoll, hat viel Substanz, sein Dettelbacher Kollege glänzt mit reintöniger Frucht, ist zupackend und strukturiert. Ganz stark sind die Burgunder im Ortswein-Segment. Der Weißburgunder aus Nordheim

zeigt reintönige Frucht, gute Konzentration, ist zupackend im Mund, reintönig, strukturiert, fruchtbetont. Noch etwas besser gefällt uns der Grauburgunder aus Dettelbach: Reintönige Frucht im Bouquet, feine Frische, etwas gelbe Früchte, Substanz, Kraft und Druck. Und auch der Blanc de Noir aus Nordheim überzeugt, zeigt intensive reintönige Frucht, viel Konzentration, ist klar, frisch und druckvoll. Die Lagen-Weine sind alle kraftvoll und stoffig, aber nicht alle bringen eine Steigerung. Beim Grauburgunder beispielsweise gefällt uns der Ortswein besser als der Berg Rondell-Wein, der gute Intensität und Klarheit besitzt, aber nicht ganz so druckvoll ist. Der Rieslaner aus dem Vögelein zeigt reintönige Frucht, ist füllig, kraftvoll und fruchtbetont, gehört wieder zu den wenigen überzeugenden trockenen Rieslanern. Dies gilt auch für den Traminer, der ebenfalls aus dem Vögelein stammt: Feiner Duft, reintönige Frucht, Fülle und Kraft, gute Substanz und Struktur. Die süße Riesling Spätlese aus dem Vögelein zeigt reintönige Frucht und feine Frische, ist harmonisch und elegant, wunderschön klar und frisch. Besonders gut gefallen uns die beiden Silvaner. Der Wein aus dem Katzenkopf zeigt reintönig, feine Frische, ist füllig und saftig im Mund, harmonisch und lang. Noch spannender ist der Silvaner aus dem Berg-Rondell, einer der großen Silvaner des Jahrgangs in Deutschland: Konzentriert, reintönig, intensiv, füllig, saftig, komplex, druckvoll, ganz leicht mineralisch, nachhaltig. Einen Rotwein hat Wolfgang Glaser dieses Jahr nicht präsentiert, aber wir haben noch einen harmonischen, fein gereiften 2013er entdeckt, der beweist, dass Wolfgang Glaser auch dieses Metier beherrscht.

Monika, Wolfgang & Julia Glaser / Foto: C. Weiss

G

Weinbewertung

85 2017 Silvaner trocken **12 %/6,50 €**
85 2017 Riesling **12 %/6,50 €**
86 2017 Müller-Thurgau trocken Dettelbach **12,5 %/8,- €**
86 2017 Silvaner trocken Nordheim **13 %/8,50 €**
87 2017 Silvaner trocken Dettelbach **13 %/9,- €**
88 2017 Weißer Burgunder trocken Nordheim **13 %/10,50 €**
86 2017 Scheurebe trocken Dettelbach **12 %/9,- €**
89 2017 Grauer Burgunder trocken Dettelbach **13,5 %/12,- €** ☺
88 2017 Spätburgunder „Blanc de Noir" trocken Nordheim **12 %/11,50 €**
90 2017 Silvaner trocken Sommeracher Katzenkopf **13,5 %/12,- €** ☺
93 2017 Silvaner trocken Dettelbacher Berg-Rondell **14 %/16,- €** ☺
88 2017 Rieslaner trocken Nordheimer Vögelein **13,5 %/14,50 €**
87 2017 Grauer Burgunder trocken Dettelbacher Berg-Rondell **14 %/16,50 €**
89 2017 Traminer trocken Nordheimer Vögelein **13,5 %/14,50 €**
88 2017 Riesling Spätlese Nordheimer Vögelein **12,5 %/14,50 €**
90 2013 Spätburgunder trocken „Rebell" Dettelbach **13 %**

LAGEN

BERG-RONDELL (DETTELBACH)
VÖGELEIN (NORDHEIM)
KATZENKOPF (SOMMERACH)

REBSORTEN

SILVANER (30 %)
MÜLLER-THURGAU (25 %)
RIESLING (10 %)
SPÄTBURGUNDER (10 %)
GRAUBURGUNDER (6 %)
WEISSBURGUNDER (5 %)
SCHEUREBE (3 %)
SCHWARZRIESLING (3 %)

Freiherr von Gleichenstein

★★★☆

KONTAKT

Bahnhofstraße 12
79235 Vogtsburg-Oberrotweil
Tel. 07662-288, Fax: 07662-1856
www.gleichenstein.de
weingut@gleichenstein.de

Inhaber
Johannes Freih. von Gleichenstein
Kellermeister
Odin Bauer
Außenbetriebsleiter
Franz Galli
Rebfläche
45 Hektar
Produktion
300.000 Flaschen

BESUCHSZEITEN

Mo.-Fr. 10-12 + 13-17 Uhr, Sa. 10-17 Uhr, So. 11-15 Uhr (April - Okt.), feiertags geschlossen; Kelterhalle (bis 200 Personen, überdacht); neue Vinothek

Die Familie der jetzigen Freiherren von Gleichenstein erwarb 1634 die Gebäude und Ländereien des Benediktinerordens St. Blasien im damaligen Rothwyhl. Hans-Joachim von Gleichenstein hatte 1959 das Gut als landwirtschaftlichen Mischbetrieb übernommen und ganz auf Wein ausgerichtet. Seit 2003 führt Sohn Johannes von Gleichenstein das Gut in elfter Generation, seit 2004 unterstützt von Ehefrau Christina. Seine Weinberge liegen in den Oberrotweiler Lagen Eichberg (Vulkanverwitterungsgestein) und Henkenberg (Vulkanverwitterungsböden mit Basaltschichten), in der Oberbergener Bassgeige (mit mächtiger Lössschicht überlagertes Vulkangestein), im Achkarrer Schlossberg (Vulkanverwitterungsböden) und im Ihringer Winklerberg. Im Anbau dominieren die Burgunder, Grauburgunder, Spätburgunder und Weißburgunder, dazu gibt es ein wenig Müller-Thurgau, Chardonnay, Riesling und Muskateller. „Hofgarten" ist die gutsinterne Bezeichnung für Qualitäts- und Kabinettweine.

Kollektion

Starke Burgunder, weiß wie rot, präsentiert Johannes von Gleichenstein auch in diesem Jahr. Der Henkenberg-Grauburgunder ist reintönig, füllig, saftig, der Baron Louis, Jahrgang 2013, enorm konzentriert und kompakt. Etwas besser noch gefallen uns zwei Winklerberg-Weine: Der Chardonnay ist komplex und kraftvoll, füllig und saftig, der Weißburgunder zeigt feine rauchige Noten, gute Konzentration, ist füllig, komplex, besitzt gute Struktur und Frucht. Eine starke Vorstellung geben auch einmal mehr die Spätburgunder: Der Wein aus dem Kessel ist rauchig, würzig, der Winklerberg-Spätburgunder besitzt dezente Toastnoten, ist klar, strukturiert und zupackend, noch jugendlich, während der 2010er Baron Philipp etwas für Liebhaber reiferer Spätburgunder ist, denn vor allem das Bouquet weist schon deutliche Reifenoten auf, im Mund ist er füllig und kompakt, besitzt reife Frucht und gute Struktur.

Weinbewertung

84	2016 Riesling trocken Ihringer Winklerberg **12 %/21,50 €**
88	2016 Grauer Burgunder trocken Oberrotweiler Henkenberg **13 %/16,- €**
84	2015 Muskateller trocken Oberrotweiler Eichberg **13 %/16,- €**
90	2016 Weißer Burgunder trocken Ihringer Winklerberg **13 %/21,50 €**
90	2015 Chardonnay trocken Ihringer Winklerberg **13 %/21,50 €**
89	2013 Grauer Burgunder trocken „Baron Louis" Henkenberg **13,5 %/30,- €**
85	2015 Gewürztraminer Ihringer Winklerberg **12 %/16,- €**
87	2015 Spätburgunder trocken „Aus dem Kessel" Eichberg **14 %/16,- €**
89	2016 Spätburgunder trocken Ihringer Winklerberg **13,5 %/21,50 €**
88	2010 Spätburgunder trocken „Baron Philipp" Eichberg **13,5 %/50,- €**

Der GlücksJäger

★★☆

KONTAKT

Raiffeisenstraße 5
67482 Venningen
Tel. 06323-5505
Fax: 06323-6937
www.dergluecksjaeger.de
info@dergluecksjaeger.de

Inhaber
Andreas Pfaffmann-Wiedemann
Rebfläche
3 Hektar
Produktion
8.000 Flaschen

BESUCHSZEITEN

nach Vereinbarung

G

Andreas Pfaffmann-Wiedemann arbeitet eigentlich im Betrieb seines Schwiegervaters Georg Heinrich Wiedemann, der als „Essigdoktor" weit über die Pfalz hinaus Berühmtheit erlangt hat, da sein Doktorenhof in Venningen ausschließlich hochwertige Essige herstellt. Mit dem Jahrgang 2012 begann Andreas Pfaffmann-Wiedemann seine eigenen Weine zu erzeugen, zunächst nur Riesling und Cabernet Sauvignon, mittlerweile sind noch Weißburgunder, Grüner Veltliner, Sauvignon Blanc und etwas Chardonnay dazugekommen, die Produktion beschränkt sich auf wenige tausend Flaschen im Jahr. Die Trauben werden von Hand entrappt, die Weine werden spontan maischevergoren, im Halbstückfass oder im Barrique ausgebaut und schließlich ohne Schönung oder Filtration mit möglichst geringer Schwefelzugabe abgefüllt.

Kollektion

Schon im vergangenen Jahr sahen wir Andreas Pfaffmann-Wiedemanns Cabernet Sauvignon an der Spitze der kleinen Kollektion und hatten geschrieben, dass er einer der besten Cabernets der Pfalz sei. Und dieses Mal toppt er die Leistung vom letzten Jahr noch einmal deutlich: Der Cabernet Sauvignon ist herrlich eindringlich und komplex im Bouquet, zeigt viel Beerenfrucht, von Himbeeren über rote Johannisbeeren bis zu Brombeeren und auch feine Kräuternoten, Eukalyptus, auch am Gaumen besitzt er viel kräutrige Würze, ist gut strukturiert mit noch jugendlichen, aber reifen Tanninen, er ist kraftvoll, elegant und sehr lang und besitzt einiges an Potential. Der Sauvignon Blanc Fumé ist harmonisch und elegant, zeigt klare gelbe Frucht, Pfirsich, feine Stachelbeerwürze und sehr dezentes, kaum spürbares Holz, der Grüne Veltliner ist ebenfalls gelbfruchtig mit Noten von Birne, Melone und Pfirsich, besitzt etwas Fülle, ist animierend, pfeffrig-würzig und lang. Der Riesling zeigt klare, reintönige Frucht, besitzt gute Konzentration, viel Grip, feinen Druck und salzige Länge, die neu im Programm vertretene Cuvée aus Chardonnay und Weißburgunder besitzt gute Substanz, Saft, klare, gelbe Frucht, feine Würze und ein frisches Säurespiel. Starke Kollektion! —

Weinbewertung

86 2017 Chardonnay - Weißer Burgunder trocken „Knochentrocken" **13 %/11,- €**
88 2017 Riesling trocken **12,5 %/15,- €**
88 2017 Grüner Veltliner trocken **12,5 %/18,- €**
89 2017 Sauvignon Blanc trocken „Fumé" **12,5 %/18,- €**
91 2016 Cabernet Sauvignon trocken „Réserve" **13,5 %/33,- €**

NICO GMELIN

★

KONTAKT

Karlstraße 14
74918 Angelbachtal
Tel. 07265-917759
www.weingut-gmelin.de
info@weingut-gmelin.de

Inhaber
Nico Gmelin
Rebfläche
3,5 Hektar
Produktion
16.000 Flaschen

BESUCHSZEITEN

Fr. 15-18 Uhr, Sa. 10-14 Uhr

Der gelernte Winzer Nico Gmelin gründete 2009 mit 30 Ar Rebfläche, das sind 3000 Quadratmeter, sein eigenes Weingut. Mittlerweile ist das Weingut um mehr als das Zehnfache auf 3,5 Hektar gewachsen. In einem bäuerlichen, urigen Anwesen in der Karlstraße 14 in Angelbachtal betreibt er mit seiner Frau die Besenwirtschaft „Zum Geißenpeter", wo ein Großteil der Weine vermarktet wird. Im Frühjahr und im Herbst ist der Besen mit 40 Sitzplätzen für jeweils acht Wochen geöffnet. Weine und Besenwirtschaft kommen gut an, deshalb vergrößert sich das Weingut Jahr für Jahr. Mit dem in diesem Frühjahr fertig gestellten Neubau eines Wirtschaftsgebäudes mit neuester Verarbeitungs- und Kellereitechnik soll die Qualität gesteigert werden. Im Mai wurde die Vinothek eröffnet. Hauptrebsorte von Nico Gmelin ist der Spätburgunder mit einem Anteil von fast vierzig Prozent, dazu unterstreichen Weißburgunder und Grauburgunder mit jeweils rund 20 Prozent die Burgunderdominanz. Die Weinberge von Nico Gmelin liegen in verschiedenen Kraichgauer Lagen wie Eichtersheimer Sonnenberg, Malscher Ölbaum, Malscher Rotsteig, Weiler Goldberg und Elsenzer Spiegelberg.

Kollektion

Die klare Linie des vergangenen Jahres hat Nico Gmelin mit einigen Weinen der vorgestellten Kollektion verlassen. Das betrifft vor allem den Chardonnay, der an eine Schnapspraline - die mit der Kirsche - erinnert. Der Weißburgunder wirkt auch brandig, hat aber auch interessante Aromen zu bieten. Der Weißburgunder „Holz" hat eben dieses nicht vertragen, dazu kommen laktische Noten. Möglicherweise richtet es die Zeit. Freude macht dagegen der Rosé mit frischer Erdbeerfrucht. Vielfruchtig ist der Blanc de Noir mit Aromen von Zitrus, Mandel und roten Beeren. Wild ist die Weißwein-Cuvée GGR. Angenehm weich und füllig-leicht ist die Cuvée Anne. Von der Säure leben die Spätburgunder, bei der Barrique-Ausgabe fehlen Tiefe und Konzentration.

Weinbewertung

81	2017 „GGR" Weißwein **12 %/6,50 €**
80	2017 Weißburgunder **12 %/7,- €**
82	2017 „Blanc de Noir" trocken **12 %/7,- €**
78	2017 Chardonnay **12,5 %/7,- €**
78	2017 Weißburgunder „Holz" **12 %/10,90 €**
82	2017 Rosé **12 %/7,- €**
82	2016 „Anne" Rotwein trocken **13 %/7,40 €**
83	2014 Spätburgunder Barrique **12 %/15,50 €**
81	2016 Spätburgunder Weilerner Goldberg **13,5 %/15,50 €**

Martin Goebel

★☆

G

KONTAKT

Friedhofstraße 9
97236 Randersacker
Tel. 0931-709380
Fax: 0931-4677721
www.weingut-martin-goebel.de
info@weingut-martin-goebel.de

Inhaber
Martin Göbel
Rebfläche
8 Hektar
Produktion
60.000 Flaschen

BESUCHSZEITEN

Mo.-Fr. 9-18 Uhr, Sa. 9-16 Uhr,
So. nach Vereinbarung

Seit dem 17. Jahrhundert betreibt die Familie Weinbau in Randersacker. Lange Zeit hatten Hubert Göbel und Ehefrau Rosemarie den Betrieb geführt, im Sommer 2015 haben sie ihn an Sohn Martin übergeben. Die Weinberge liegen in verschiedenen Randersackerer Lagen wie Pfülben, Sonnenstuhl und Marsberg, wo die Reben auf Muschelkalkböden wachsen. Silvaner und Müller-Thurgau spielen die wichtigste Rolle im Betrieb, dazu gibt es Riesling und Weißburgunder, aber auch Grauburgunder, Traminer, Rieslaner, Scheurebe und Albalonga (von der es regelmäßig edelsüße Weine gibt), sowie an roten Sorten Spätburgunder, Frühburgunder und Domina, neuerdings auch etwas Merlot, Cabernet Dorsa und Cabernet Dorio. Die Weißweine werden überwiegend im Edelstahl ausgebaut, Rotweine im großen oder kleinen Eichenholzfass.

Kollektion

Rock und Roots steht nun auf den neuen Etiketten und es sind die fülligen, saftigen, oft mächtigen Roots-Weine die den Ton angeben in einer ansonsten gleichmäßigen Kollektion. Der Roots-Silvaner aus dem Sonnenstuhl zeigt feine Würze und Duft, besitzt viel reife Frucht und Substanz, ein klein wenig besser gefällt uns sein Pendant aus dem Pfülben mit herrlich viel Frucht und Substanz. Der Ewig Leben-Grauburgunder ist füllig und saftig bei klarer reifer Frucht, der Marsberg-Traminer ist duftig und kompakt. Der Frühburgunder aus dem Marsberg, Jahrgang 2015, ist fruchtbetont und reintönig, konzentriert, geradlinig und frisch. Unser Favorit aber ist wie schon des Öfteren ein edelsüßer Wein aus der Rebsorte Albalonga – aber dafür ist der Name Göbel ja auch bekannt: Die Albalonga Auslese aus dem Marsberg zeigt viel Duft, Litschi, ist konzentriert und dominant bei viel Substanz.

Weinbewertung

82 2017 Silvaner trocken „Rock" **11,5 %/6,30 €**
81 2017 Blauer Silvaner trocken „Rock" **12 %/7,- €**
82 2017 Silvaner trocken Randersackerer Sonnenstuhl **13 %/9,50 €**
80 2017 Weißer Burgunder trocken „Rock" **11 %/7,- €**
84 2017 Silvaner trocken Randersackerer Sonnenstuhl „Roots" **14 %/15,- €**
85 2017 Silvaner trocken Randersackerer Pfülben „Roots" **13,5 %/12,- €**
80 2017 Riesling trocken Randersackerer Pfülben „Roots" **13 %/15,- €**
82 2017 Weißer Burgunder trocken Randersackerer Ewig Leben **13 %/11,- €**
84 2017 Grauer Burgunder trocken Randersackerer Ewig Leben „Roots" **13 %/13,-€**
83 2017 Traminer trocken Randersackerer Marsberg **14 %/10,50 €**
87 2017 Albalonga Auslese Randersackerer Marsberg „Roots" **7,5 %/15,- €**
84 2015 Frühburgunder trocken Randersackerer Marsberg „Roots" **14 %/13,- €**

GÖHRING

★★

KONTAKT

Alzeyer Straße 60
67592 Flörsheim-Dalsheim
Tel. 06243-408
Fax: 06243-6525
www.goehring-wein.de
info@goehring-wein.de

Inhaber
Arno Göhring
Rebfläche
19,5 Hektar
Produktion
100.000 Flaschen

BESUCHSZEITEN

Di.-Fr. 9-11:30 + 14-18 Uhr,
Sa. 9-11:30 + 14-17 Uhr,
So. nach Vereinbarung 10-12 Uhr; „Göhrings Weinkehr" Gartenausschank siehe Homepage

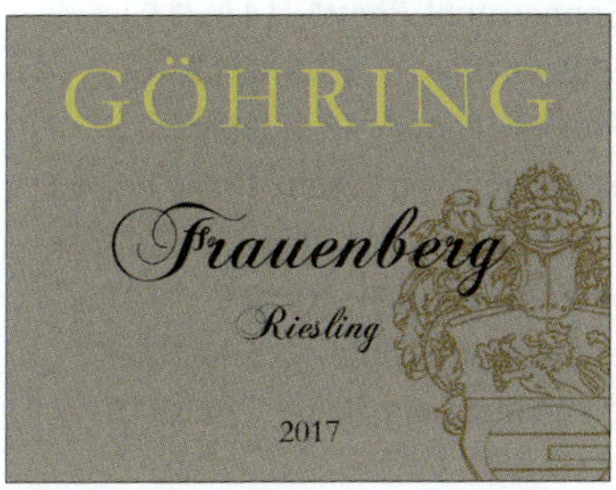

Wilfried Göhring entwickelte zusammen mit Ehefrau Marianne den traditionellen landwirtschaftlichen Gemischtbetrieb zum reinen Weingut. Sohn Arno absolvierte seine Ausbildung bei den Weingütern Wittmann, Keth und Mosbacher und an der Weinbauschule in Weinsberg, machte ein Praktikum bei Müller-Catoir und sammelte Auslandserfahrungen in Kanada bevor er 2005 in den Betrieb einstieg, wo er seither hauptsächlich für den Weinausbau verantwortlich ist; heute ist er der Inhaber. Die Weinberge liegen vor allem im Nieder-Flörsheimer Frauenberg (sandiger bis toniger Lehm mit unterschiedlich hohem Kalksteinanteil) und im Dalsheimer Bürgel (überwiegend Löss, etwas Mergel mit Kalkstein), aber auch im Nieder-Flörsheimer Goldberg, in den Dalsheimer Lagen Sauloch und Steige, im Mölsheimer Silberberg und im Mölsheimer Zellerweg am schwarzen Herrgott. Weißwein dominiert, wobei man nicht nur auf Riesling und die Burgundersorten setzt, sondern auch Spezialitäten wie Albalonga, Scheurebe und Muskateller pflegt.

Kollektion

Gutes Einstiegsniveau und eindringliche Spitzenweine: Arno Göhrings neue Kollektion überzeugt. Schon der Literriesling macht Spaß, ist klar und saftig, überzeugt wie alle Gutsweine mit Frische und Frucht. Und Riesling überzeugt auch in der Spitze mit dem konzentrierten, gelbfruchtigen Großen Gewächs aus dem Frauenberg, das viel Kraft und Substanz besitzt. Edelsüß glänzt Arno Göhring mit dem Klassiker des Weinguts: Albalonga. Die Auslese ist frisch, zupackend, jugendlich, die litschiduftige Beerenauslese ist noch deutlich konzentrierter und dicker, enorm saftig. Der einzige vorgestellte Rotwein, der Spätburgunder aus dem Silberberg, besitzt Kraft, gute Struktur und jugendliche Tannine.

Weinbewertung

82	2017 Riesling trocken (1l) **11,5 %/4,80 €**
83	2017 Riesling trocken **11,5 %/6,- €**
83	2017 Gelber Muskateller trocken **11 %/6,- €**
83	2017 Riesling trocken „Urgestein" **13 %/8,- €**
82	2017 Scheurebe trocken **11,5 %/6,- €**
84	2017 Gewürztraminer trocken Dalsheimer **13,5 %/8,- €**
88	2017 Riesling trocken „Großes Gewächs" N-F. Frauenberg **13 %/15,- €**
83	2017 Gelber Muskateller **9 %/5,50 €**
84	2017 Riesling Spätlese Nieder-Flörsheimer Frauenberg **9,5 %/6,- €**
87	2017 Albalonga Auslese Nieder-Flörsheimer Frauenberg **10,5 %/12,- €/0,5l**
89	2017 Albalonga Beerenauslese N-F. Frauenberg **9,5 %/15,- €/0,5l**
86	2015 Spätburgunder trocken „Großes Gewächs" Mölsh. Silberberg **12,5 %/17,- €**

Otto Görgen

★☆

KONTAKT

Römerstraße 30-32
56820 Briedern
Tel. 02673-1809
Fax: 02673-900038
www.weingut-goergen.de
weingut-goergen@t-online.de

Inhaber
Matthias Görgen
Rebfläche
13,5 Hektar
Produktion
120.000 Flaschen

BESUCHSZEITEN

Di.-So. 9-11:30 Uhr, Vinothek Beilstein: Ostern b is Anfang Juli Sa./So./Feiertage 14-19 Uhr, Juli-Anfang Nov. tägl. 14-19 Uhr
Ferienwohnung

Die Familie Görgen betreibt seit mindestens 1707 Weinbau im Cochemer Krampen, wie man den windungsreichen Moselabschnitt zwischen Cochem und Zell nennt. Heute führt Matthias Görgen in achter Generation den Betrieb. Seine 13,5 Hektar Weinberge liegen in Briedern (Rüberberger Domherrenberg, Römergarten), Beilstein (Schlossberg, Silberberg), Briedel (Herzchen) und Mesenich (Goldgrübchen). Riesling ist die wichtigste Rebsorte im Betrieb, dazu gibt es Grauburgunder, Müller-Thurgau und Kerner, aber auch 20 Prozent rote Rebsorten: Spätburgunder, Dornfelder und Schwarzriesling. Die Weine werden kühl vergoren und zum größten Teil im Edelstahl ausgebaut, ein Teil der Rotweine auch im Holz. Die Weine werden überwiegend trocken und halbtrocken vinifiziert.

Kollektion

Aus dem Jahrgangs 2017 können wir eine Fülle von Weinen loben, auch wenn der Basiswein, ein klarer, eher leichter Literriesling nicht allzu nachhaltig ausfällt und spannender sein könnte. Deutlich interessanter ist der würzige „Grauschiefer"-Wein, dem wir ebenso eine gute Entwicklung zutrauen wie dem Nikolaus G. genannten Riesling, der sehr stoffig ist. Auch der Stil des Alte Reben-Rieslings aus dem Silberberg gefällt: Dieser Wein ist betont würzig, besitzt recht reife Fruchtnoten, ist aber angenehm trocken. Der kompakte Wein aus dem Domherrenberg weist eine kühlere Frucht auf, erinnert an frisches Steinobst, ist dann kompakt und sehr trocken. Die beiden feinherben Weine sind gut balanciert, Kabinett wie Spätlese von alten Reben; die ausdrücklich süße Spätlese ist rassig. Betont saftig und ein wenig rustikal dann die Auslese aus dem Domherrenberg. Sehr gleichmäßig in der Qualität sind die beiden Spätburgunder, der eine im großen Fass, der andere im Barrique ausgebaut.

Weinbewertung

80	2017 Riesling trocken (1l) **11,5 %/5,20 €**
82	2017 Riesling trocken „vom Grauschiefer" **12 %/5,90 €**
84	2017 Riesling trocken „Nikolaus G" **12,5 %/6,50 €**
85	2017 Riesling trocken „von alten Reben" Beilsteiner Silberberg **12 %/8,50 €**
85	2017 Riesling trocken „von alten Reben" Domherrenberg **12,5 %/8,50 €**
82	2017 Grauburgunder Classic **12,5 %/6,- €**
84	2017 Riesling „feinherb" Briedeler Herzchen **11,5 %/5,90 €**
85	2017 Riesling Spätlese „feinherb" „von alten Reben" **10,5 %/8,50 €**
85	2017 Riesling Spätlese Rüberberger Domherrenberg **9 %/8,50 €**
85	2017 Riesling Auslese Rüberberger Domherrenberg **8 %/9,50 €**
84	2017 Spätburgunder trocken Holzfass **13,5 %/7,- €**
85	2017 Spätburgunder trocken Barrique **13 %/13,- €**

Armin Göring

★★☆

KONTAKT

Amthofstraße 2
79235 Vogtsburg-Bischoffingen
Tel. 07662-452
www.goering-wein.de
info@goering-wein.de

Inhaber
Armin Göring & Ulrike Lenhardt
Rebfläche
1 Hektar
Produktion
7.000 Flaschen

BESUCHSZEITEN

nach Vereinbarung

Armin Göring war mehr als 30 Jahre in leitenden Positionen in der badischen, deutschen und internationalen Weinwirtschaft tätig, viele kennen ihn noch als langjährigen Leiter des Deutschen Weininstituts in Mainz. Seine Ehefrau Ulrike Lenhardt ist Winzertochter aus dem Rheingau und ausgebildete Önologin. 2006 kehrte Armin Göring auf den elterlichen Winzerhof in Bischoffingen am Kaiserstuhl zurück und begann einen Teil der Weinberge der Familie selbst zu bearbeiten und zusammen mit Ulrike Lenhardt Wein unter eigenem Namen auszubauen und zu vermarkten. Er baut Spätburgunder, Weißburgunder, Grauburgunder und Müller-Thurgau sowie ein klein wenig Merlot an. Alle Weinberge befinden sich in Bischoffingen. Spätburgunder, Grauburgunder und Merlot stehen auf vulkanischen Böden, Weißburgunder und Müller-Thurgau auf Löss. Der Weißburgunder wächst in einer Hangfußlage am Hüttenberg, der Grauburgunder stammt von einer alten Terrasse im Hüttenberg. Der Pinot Noir wächst auf dem Haberbückle südlich des Dorfes Bischoffingen auf schweren schwarzen Vulkanverwitterungsböden. Die Rotweine werden entrappt, maischevergoren und im Holzfass ausgebaut. Alle Weine werden durchgegoren ausgebaut und als Badischer Landwein vermarktet. Ulrike Lenhardts Sohn Till hat seine Winzerlehre abgeschlossen und mit dem Weinbaustudium in Geisenheim begonnen.

Kollektion

Mit der neuen Kollektion schließen Ulrike Lenhardt und Armin Göring an die guten Vorjahreskollektionen an – und on Top bieten sie nun auch im weißen Segment einen Spitzenwein mit dem neuen im Barrique ausgebauten Grauburgunder: Er besitzt Fülle und Kraft, reife Frucht und Konzentration, gute Struktur und Substanz. Der Rivaner ist würzig und geradlinig, der Weißburgunder frisch, zupackend und strukturiert, der „normale" Grauburgunder besitzt wie sein großer Bruder Fülle und Kraft, gute Struktur und klare Frucht. Der Rosé ist frisch, fruchtbetont, zupackend, der Pinot Noir zeigt intensive Frucht, rote Früchte, Erdbeeren, ist strukturiert und zupackend, die Goldkapsel-Variante ist ebenso fruchtbetont und intensiv, aber deutlich druckvoller. Starke Kollektion!

Weinbewertung

83 2017 Rivaner **12 %/5,20 €**
85 2017 Weißer Burgunder **12,5 %/6,80 €**
85 2017 Grauer Burgunder **13,5 %/6,80 €**
88 2017 Grauer Burgunder Barrique **13 %/14,80 €**
84 2017 Pinot Noir Rosé **13 %/6,80 €**
85 2017 Pinot Noir **13 %/7,80 €**
88 2016 Pinot Noir Goldkapsel **13,5 %/14,80 €**

GÖTTELMANN

★★★

KONTAKT

Rheinstraße 77
55424 Münster-Sarmsheim
Tel. 06721-43775
Fax: 06721-42605
www.goettelmann-wein.de
goettelmannwein@aol.com

Inhaber
Ruth Göttelmann-Blessing,
Götz Blessing
Rebfläche
14 Hektar
Produktion
90.000 Flaschen

BESUCHSZEITEN

nach Vereinbarung
Straußwirtschaft Mai - Nov.
Fr.-So. ab 18 Uhr

Die Weinberge von Ruth Göttelmann-Blessing und Götz Blessing liegen in Münster-Sarmsheim in den Lagen Dautenpflänzer, Kapellenberg, Pittersberg und Rheinberg. Wichtigste Rebsorte ist der Riesling, der etwa 60 Prozent der Rebfläche einnimmt. Hinzu kommen Weißburgunder, Grauburgunder, Chardonnay, Sauvignon Blanc und Gewürztraminer, sowie Dornfelder, Spätburgunder und Portugieser. Seit dem Jahrgang 2008 werden bei trockenen Weinen keine Prädikatsbezeichnungen mehr verwendet. Um die prägenden Terroirs hervorzuheben wurden die Weine vom roten Schiefer (Kapellenberg) und schwarzen Schiefer (Rheinberg) eingeführt. Seit dem Jahrgang 2010 erzeugt Götz Blessing aus dem vordersten Kapellenberg, unterhalb einer vor wenigen Jahren errichteten Bruchsandsteinmauer, aus besonders kleinbeerigen Trauben den „Le Mur" genannten Riesling, der spontan im großen Holzfass vergoren wird. 2016 wurde eine Parzelle mit Silvaner neu angelegt.

Kollektion

Zu unseren beiden Favoriten des Vorjahres, den Rieslingen „Le Mur" und Dautenpflänzer, kommt in diesem Jahr ein dritter Wein hinzu: Die eindringliche, konzentrierte und cremige Riesling Auslese aus dem Rheinberg zeigt Noten von süßer Aprikose, Zitrusfrüchten und etwas Schwarztee und besitzt ein frisches Säurespiel und gute Länge. Der Riesling „Le Mur" zeigt im Bouquet neben steiniger Würze auch etwas Holz, besitzt klare Frucht, Biss, Druck und salzige Länge, der Dautenpflänzer ist etwas fülliger, zeigt klare Zitrusnoten, Ananas, ist animierend, elegant und lang. Der im großen Holz ausgebaute Chardonnay zeigt klare, gelbe Frucht und etwas Vanille, ist cremig, besitzt aber auch feinen Grip, bei den beiden restsüßen Riesling Spätlesen besitzt der Kapellenberg mit seiner animierenden Säure etwas mehr Biss, ist nachhaltiger als der Rheinberg. —

Weinbewertung

85	2017 Riesling trocken „vom schwarzen Schiefer" Münsterer **13 %/7,80 €**
86	2017 Riesling trocken „vom roten Schiefer" Münsterer **13 %/8,30 €**
86	2017 Chardonnay trocken Münsterer **13,5 %/8,50 €**
83	2017 Grauer Burgunder trocken Münsterer **13 %/7,80 €**
84	2017 Sauvignon Blanc trocken Münsterer **13 %/7,50 €**
88	2017 Riesling trocken Münsterer Dautenpflänzer **13 %/9,30 €** ☺
89	2017 Riesling trocken „Le Mur" Münsterer Kapellenberg **13 %/12,50 €**
83	2017 Riesling „feinherb" Münsterer **12,5 %/7,20 €**
86	2017 Riesling Spätlese Münsterer Rheinberg **7,5 %/8,90 €**
87	2017 Riesling Spätlese Münsterer Kapellenberg **7,5 %/8,90 €**
89	2017 Riesling Auslese Münsterer Rheinberg **7,5 %/18,- €**
84	2017 Spätburgunder „S" trocken Münsterer **13,5 %/9,80 €**

GÖTZ

★☆

KONTAKT

Weinolsheimer Straße 10
55278 Uelversheim
Tel. 06249-7105
Fax: 06249-80284
www.weingut-goetz.de
weingut@weingut-goetz.de

Inhaber
Holger Götz, Renate Götz
Betriebsleiter/Kellermeister/
Außenbetrieb
Holger Götz
Rebfläche
10 Hektar
Produktion
75.000 Flaschen

BESUCHSZEITEN

nach Vereinbarung

Reinhard Götz übernahm von seinem Vater den landwirtschaftlichen Gemischtbetrieb, konzentrierte sich nach und nach ganz auf Weinbau. Sohn Holger, Diplom-Önologe, sammelte Erfahrungen im In- und Ausland (Johner, Château Margaux, Chard Farm), bevor er in den Betrieb einstieg, den er inzwischen übernommen hat. Die Weinberge liegen vor allem in den Uelversheimer Lagen Tafelstein und Aulenberg, sowie im Dienheimer Tafelstein. Weiße Rebsorten nehmen drei Fünftel der Fläche ein, es dominiert Riesling, gefolgt von Weißburgunder, Grauburgunder und Scheurebe, dazu gibt es Huxelrebe und Kanzler, inzwischen auch Sauvignon Blanc. Bei den roten Sorten dominieren Spätburgunder und Dornfelder, inzwischen ergänzt Merlot das Programm. Die Rotweine werden überwiegend im großen Holzfass ausgebaut, teilweise auch im Barrique, die Weißweine fast komplett im Edelstahl. Seit 2009 werden alle Weinberge biologisch bewirtschaftet, man ist Mitglied bei Ecovin.

Kollektion

Der Pinot Noir h3 aus dem Uelversheimer Tafelstein war im vergangenen Jahr unser Favorit in einer stimmigen Kollektion. Dieses Jahr konnten wir nur einen Rotwein verkosten, die Wildnis genannte Cuvée, die klar, frisch und zupackend ist. Der Weißburgunder-Sekt ist frisch und fruchtbetont, der Liter-Riesling hat Frucht, die Guts- und Ortsweine besitzen Frische und sortentypische Frucht. An der Spitze der Kollektion stehen die weißen Lagenweine. Der Pinot Blanc aus dem Aulenberg zeigt reife Frucht und feine Würze, ist klar und harmonisch, der Pinot Gris, ebenfalls aus dem Aulenberg, ist deutlich würziger. Unser Favorit ist der fruchtbetonte Riesling aus dem Aulenberg, der reintönige Frucht im Bouquet zeigt, füllig und saftig ist bei guter Struktur. ▬

Weinbewertung

83 2016 Weißer Burgunder Sekt brut **11,5 %/9,80 €**
80 2017 Riesling trocken (1l) **12 %/4,60 €**
82 2017 Weißer Burgunder trocken **12 %/5,90 €**
81 2017 Grauer Burgunder trocken **12 %/5,90 €**
83 2017 Riesling trocken „Kalkstein" **12 %/6,90 €**
81 2017 Sauvignon Blanc trocken **11,5 %/6,50 €**
86 2017 Riesling trocken „h4" Dienheimer Tafelstein **12 %/9,50 €**
84 2017 Pinot Blanc trocken „h1" Uelversheimer Aulenberg **12 %/8,50 €**
84 2017 Pinot Gris trocken „h2" Uelversheimer Aulenberg **12,5 %/8,50 €**
82 2017 Riesling „feinherb" **11,5 %/5,60 €**
82 2017 Rosé trocken **11,5 %/5,- €**
84 2016 „Wildnis" Rotweincuvée trocken **13,5 %/10,- €**

GOLD

★★☆

KONTAKT

Buocher Weg 9, 71384 Weinstadt
Tel. 07151-1691215, Fax: -1679121
www.weingut-gold.de
info@weingut-gold.de

Inhaber Leon Gold
Rebfläche 9 Hektar

BESUCHSZEITEN

Weinverkauf Mi. 17-19 Uhr,
Sa. 10-13 Uhr

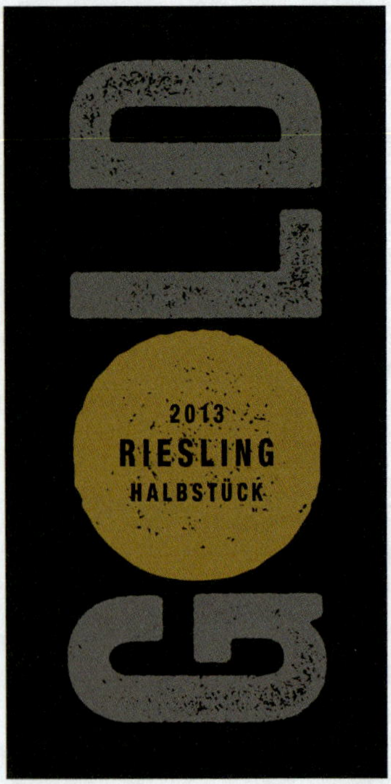

Über das Bottwartal (Weingut Bruker) und das Remstal (Weingut Bernhard Ellwanger) kam der aus dem Heilbronner Raum stammende Leon Gold in die Pfalz, wo er bei Sven Leiner in Ilbesheim mit ökologischem und biodynamischem Weinbau Bekanntschaft machte. Danach folgte die Ausbildung zum Weinbautechniker in Weinsberg, ab 2011 arbeitete er wieder in seiner Wahlheimat Remstal bei Jochen Beurer. Nebenher hat er sein eigenes Weingut gegründet, in Gundelsbach im ehemaligen Gasthaus „Im Krug zum grünen Kranze" mit einem historischen Gewölbekeller aus dem Jahr 1816. 2014 bzw. 2013 (Riesling Halbstück) erzeugte er seine ersten Weine. Seine Weinberge befinden sich in Gundelsbach, aber auch in Schnait, Beutelsbach, Großheppach, Beinstein und Geradstetten. Riesling nimmt gut ein Drittel der Rebfläche ein, es folgen Trollinger, Cabernet Sauvignon, Kerner und Müller-Thurgau, des Weiteren gibt es Portugieser, Schwarzriesling, Spätburgunder und Merlot, inzwischen auch Zweigelt. Die Reben wurden von jeher biologisch bewirtschaftet, 2016 wurde die Zertifizierung begonnen.

Kollektion

Leon Gold gehört zu den Shooting Stars der letzten Jahre in Württemberg und auch mit der neuen Kollektion überzeugt er, weiß wie rot. Nicht zu vergessen der fein rauchige, harmonisch-elegante Sekt. Die Gutsweine sind frisch, geradlinig, der Gundelsbacher Riesling kraft- und druckvoll, ein wenig Reife steht ihm gut, der 2017er ist noch extrem jugendlich. Der Halbstück-Riesling aus der Lage Koih ist rauchig, würzig, duftig, besitzt Fülle und Kraft, gute Struktur und Druck. Der Trollinger von alten Reben ist frisch, fruchtbetont, lebhaft, geradlinig. Ganz stark ist der Zweigelt aus Beinstein, zeigt intensive Frucht im Bouquet, ist fruchtbetont und zupackend im Mund, besitzt gute Struktur und Frische. Der Spätburgunder aus der Großheppacher Wanne zeigt gute Konzentration und intensive Frucht, ist kraftvoll, stoffig, zupackend, besitzt gute Struktur und reintönige Frucht. —

Weinbewertung

86 2016 „Ida Marie" Sekt brut **12 %/13,50 €**
83 2017 „Weiß" Weißwein trocken **11,5 %/6,90 €**
83 2017 Riesling trocken **11,5 %/7,50 €**
84 2017 Grauer Burgunder trocken **12 %/8,50 €**
86 2016 Riesling trocken Gundelsbach **12 %/12,90 €**
85 2017 Riesling trocken Gundelsbach **12 %/12,90 €**
88 2016 Riesling trocken „Halbstück" Gundelsbach „Koih" **12 %/20,- €**
84 2016 Trollinger trocken „Alte Reben" **12 %/6,90 €**
88 2016 Zweigelt trocken Beinstein **13 %/12,90 €**
88 2015 Spätburgunder trocken Großheppacher Wanne **13 %/25,- €**

GOLDATZEL

★★☆

KONTAKT

Hansenbergallee 1a
65366 Geisenheim-Johannisberg
Tel. 06722-50537
Fax: 06722-6009
www.goldatzel.de
wein@goldatzel.de

Inhaber
Andrea & Gerhard Groß
Betriebsleiter
Johannes Groß
Rebfläche 13 Hektar
Produktion 90.000 Flaschen

BESUCHSZEITEN

täglich außer Mo., 10-18 Uhr
Gutsschänke (März bis November), Terrasse mit Weitblick

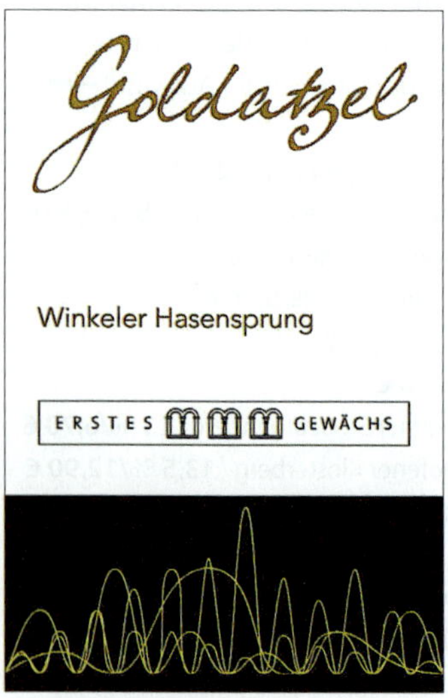

Seit dem 16. Jahrhundert betreibt die Familie Weinbau, aber erst Gerd Groß entwickelte zusammen mit seinem Vater den Betrieb zum reinen Weingut, seine Ehefrau Andrea kümmert sich um Gäste und Gutsausschank, inzwischen hat ihr Sohn Johannes die Regie in Keller und Weinberg übernommen. Die Weinberge liegen in Johannisberg (Vogelsang, Hölle, Goldatzel), Winkel (Hasensprung) und Geisenheim (Kläuserweg), Riesling nimmt 80 Prozent der Rebfläche ein, dazu gibt es Grau-, Früh- und Spätburgunder.

Kollektion

Eine ganz starke Kollektion präsentiert Johannes Groß auch in diesem Jahr. Der „Wie im Fluge" ist ein kurzweiliger, fruchtbetonter Riesling mit sommerlicher Leichtigkeit, der trockene Kabinett besitzt Trinkfluss, ist angenehm stoffig und pointiert. Frisch und saftig präsentiert sich die trockene Spätlese aus dem Geisenheimer Kläuserweg, ihr Pendant aus dem Bischofsberg ist drahtig, besitzt Würze, Substanz und Nachhall. Die Spätlese „Bestes Fass" ist saftig, frisch und harmonisch. Bei den beiden Ersten Gewächsen ist das aus dem Hasensprung würzig und straff, das aus dem Kläuserweg fülliger und konzentrierter, noch etwas gerbstoffherb, besitzt Potenzial. Die feinherbe Spätlese aus der Hölle ist saftig und würzig, was auch für den etwas trockener ausgebauten feinherben Vogelsang-Riesling gilt, der deutlich kraftvoller ist. Zurückhaltend und filigran ist die feinherbe Spätlese aus dem Hasensprung, von deutlicher Fruchtsüße geprägt, die fruchtige Spätlese aus derselben Lage bleibt dieser Linie treu. Der Spätburgunder besitzt feine Süße und süffigen Charme, die trockene Auslese aus dem Kläuserweg ist deutlich ambitionierter, duftet intensiv nach Johannisbeere, ist saftig, fein und frisch. —

Weinbewertung

85	2017 Riesling Kabinett trocken Winkeler Hasensprung **11,5 %/7,60 €**
84	2017 Riesling Spätlese trocken Geisenheimer Kläuserweg **12,5 %/9,30 €**
86	2017 Riesling Spätlese trocken Rüdesheimer Bischofsberg **13 %/10,60 €**
87	2017 Riesling Spätlese trocken „Bestes Fass" Goldatzel **12,5 %/10,60 €**
88	2017 Riesling trocken Erstes Gewächs Geisenheimer Kläuserweg **13 %/17,- €**
88	2017 Riesling trocken Erstes Gewächs Winkeler Hasensprung **12,5 %/17,- €**
83	2017 Riesling „Wie im Fluge" **10,5 %/6,50 €**
86	2017 Riesling Spätlese „feinherb" Winkeler Hasensprung **11,5 %/10,60 €**
85	2017 Riesling Spätlese „feinherb" Johannisberger Hölle **11,5 %/9,30 €**
87	2017 Riesling „feinherb Alte Reben" Johannisberger Vogelsang **12 %/13,90 €**
85	2017 Riesling Spätlese Winkeler Hasensprung **8,5 %/9,30 €**
85	2016 Spätburgunder trocken **13 %/8,- €**
88	2016 Spätburgunder Auslese trocken Kläuserweg **13,5 %/25,50 €**

GOLDSCHMIDT

★★☆

KONTAKT

Enzingerstraße 27-31
67551 Worms-Pfeddersheim
Tel. 06247-7044
Fax: 06247-6205
www.wein-goldschmidt.de
weingut.goldschmidt@t-online.de

Inhaber
Ulrich Goldschmidt
Rebfläche
15 Hektar

BESUCHSZEITEN

Vinothek (im ehemaligen Kuhstall), Fr. 13-18 Uhr, Sa. 10-12 + 13-18 Uhr, sonst nach Vereinbarung

Das Weingut Goldschmidt ist aus einem typisch rheinhessischen landwirtschaftlichen Mischbetrieb entstanden. Jochen Goldschmidt pflanzte Ende der sechziger Jahre die ersten Reben und begann mit der Selbstvermarktung. Seit 1998 wird das Gut von Ulrich Goldschmidt geführt, unterstützt wird er im Betrieb von Ehefrau Elke und seinen Eltern. Seine Weinberge liegen in Pfeddersheim (Kreuzblick, St. Georgenberg, Hochberg), Osthofen (Liebenberg, Klosterberg) und Dalsheim (Hubacker, Bürgel, Steig, Sauloch). In jeder Gemarkung herrscht ein anderer Bodentyp vor, so dass Ulrich Goldschmidt ein breites Spektrum von schweren, kalkhaltigen Tonböden bis hin zu leichten Lösslehmböden in seinen Weinbergen hat. 2002 stellte er den Betrieb auf ökologische Bewirtschaftung um, ist Mitglied bei Ecovin und Bioland. Sohn Jonas erzeugte mit dem Chardonnay S 2015 seinen ersten eigenen Wein, 2017 hat er Erfahrungen in Neuseeland gesammelt.

Kollektion

Es geht weiter voran, in der Spitze haben die Weine nochmals zugelegt, und die Basis stimmt, das ist ja schon lange so, alle Weine sind fruchtbetont und sortentypisch egal ob Silvaner oder Riesling, Scheurebe, Gewürztraminer oder Sauvignon Blanc. Der Hubacker-Riesling ist füllig und saftig, besitzt Substanz, wie auch der Bürgel-Riesling, der etwas würziger und strukturierter ist. Der Grauburgunder S ist kraftvoll und konzentriert, besitzt gute Struktur und klare Frucht, der Chardonnay zeigt ein wenig Gewürze und Vanille im Bouquet, ist füllig und kraftvoll im Mund bei viel Substanz. Beide Gewürztraminer sind sortentypisch, der Editions-Wein ist deutlich konzentrierter und stoffiger. Auch die beiden Rotweine sind sehr gut, der Cabernet Sauvignon zeigt etwas Cassis und Kräuter, ist strukturiert und zupackend, der Spätburgunder zeigt rote Früchte, Erdbeeren und Kirschen, besitzt Kraft und Struktur. Im Aufwind!

Weinbewertung

84 2017 Silvaner trocken Pfeddersheimer St. Georgenberg **12,5 %/6,- €**
83 2017 Grauer Burgunder trocken Pfeddersheimer St. Georgenberg **12,5 %/6,30 €**
85 2017 Riesling trocken Dalsheimer Hubacker **12 %/6,30 €**
86 2017 Riesling „S" trocken Dalsheimer Bürgel **12,5 %/9,30 €**
84 2017 Scheurebe trocken „Jeanette" **12 %/6,10 €**
83 2017 Sauvignon Blanc trocken **12 %/6,30 €**
84 2017 Gewürztraminer trocken Pfeddersheimer St. Georgenberg **13 %/6,70 €**
88 2017 Grauer Burgunder „S" trocken Osthofener Klosterberg **13,5 %/12,90 €**
88 2017 Chardonnay „S" trocken „Edition Jonas" Pf. Kreuzblick **13,5 %/12,90 €**
87 2017 Gewürztraminer „S" trocken „Edition Jonas" St. Georgenberg **13 %/12,90 €**
86 2016 Spätburgunder trocken Dalsheimer Bürgel **13 %/7,- €** ☺
86 2016 Cabernet Sauvignon trocken Dalsheimer Steig **13 %/7,40 €**

GOLTER

★

KONTAKT

Klee 1, 74360 Ilsfeld
Tel. 07062-978940
Fax: 07062-978949
www.weingut-golter.de
info@weingut-golter.de

Inhaber
Reinhard & Christoph Golter
Kellermeister Christoph Golter
Rebfläche 20 Hektar
Produktion 150.000 Flaschen

BESUCHSZEITEN

Di.-Fr. 10-12 + 15-17:30 Uhr,
Do. vormittags geschlossen,
Sa. 9-12 Uhr; Besenwirtschaft

Weinbau wird in der Familie bereits seit 1743 betrieben, mit der Selbstvermarktung begann aber erst Reinhard Golter in den achtziger Jahren des letzten Jahrhunderts. Seit 1990 betreiben Reinhard und Christine Golter auch eine Besenwirtschaft, die zwei Mal im Jahr für zehn Tage geöffnet hat. Seit 2017 ist der jüngste Sohn Christoph im Weingut, der nun zusammen mit seinem Vater den Betrieb führt und begonnen hat die Anbau- und Produktionsprozesse neu zu strukturieren. Das Gros der Weinberge liegt im Schozachtal (Ilsfeld, Helfenberg, Abstatt), hinzu kommen Weinberge in Haberschlacht und Talheim. Neben traditionellen Württemberger Rebsorten wie Trollinger, Lemberger, Spätburgunder, Schwarzriesling, Samtrot, Riesling, Grauburgunder, Weißburgunder, Muskateller, Müller-Thurgau und Kerner baut Reinhard Golter auch internationale Rebsorten wie Merlot oder Neuzüchtungen wie Dornfelder, Acolon, Cabernet Mitos, Cabernet Dorio oder Cabernet Dorsa an. Christine Golter ist Mitbegründerin des Projektes „Der Trollinger".

Kollektion

Eine sehr gleichmäßige Kollektion präsentieren Reinhard und Christoph Golter in diesem Jahr, unsere Favoriten finden wir im roten Segment. Da ist einmal der fruchtbetonte, strukturierte, zupackende Cabernet Dorsa, zum anderen der im Barrique ausgebaute Lemberger aus dem Abstatter Burgberg, Jahrgang 2012, der intensiv Gewürze und rote Früchte im Bouquet zeigt, klar und kompakt im Mund ist, gute Struktur und reife Frucht besitzt. Merlot zeigt, dass er auch als Rosé interessant sein kann, der Wein ist lebhaft und frisch, geradlinig und klar. Die Weißweine zeigen wie auch die weiteren Rotweine sehr gleichmäßiges Niveau, sie sind geradlinig und klar. Eine Kollektion, auf der sich aufbauen lässt.

Weinbewertung

82 2017 Weißburgunder trocken **12,5 %/6,90 €**
82 2017 Riesling Kabinett trocken Ilsfelder Rappen **12 %/7,10 €**
82 2017 Sauvignon Blanc trocken Ilsfelder Rappen **12,5 %/8,70 €**
82 2017 „Sommerwein" Weißwein „feinherb" **12,5 %/6,90 €**
81 2017 Kerner Kabinett „feinherb" **11,5 %/7,10 €**
83 2017 Merlot Rosé trocken Ilsfelder Rappen **12,5 %/8,70 €**
82 2015 Lemberger trocken Ilsfelder Schozachtal **14 %/7,30 €**
82 2017 „Der" Trollinger trocken Helfenberger Schlossberg **13 %/8,20 €**
81 „Fass Nr. 7" Rotweincuvée trocken **13 %/7,40 €**
81 2015 Spätburgunder trocken Talheim Schlossberg **14 %/7,40 €**
84 2015 Cabernet Dorsa trocken Ilsfelder Rappen **13,5 %/9,30 €**
85 2012 Lemberger trocken Barrique Abstatter Burgberg **14 %/17,50 €**

JÖRN GOZIEWSKI

★★★

KONTAKT

Gartenstraße 18
65366 Geisenheim
Tel. 0172-4776942
www.joernweinshop.de
joern@joernwein.de

Inhaber
Jörn Goziewski
Rebfläche
1,3 Hektar

BESUCHSZEITEN

nach Vereinbarung

Jörn Goziewski gehört zur jungen Garde der engagierten Kellermeister im Rheingau, die sich nicht mit dem Erreichten zufrieden geben, sondern neue Wege suchen. Die hat der in Geisenheim ausgebildete Önologe nach Auslandsaufenthalten in Spanien, Italien und Neuseeland zunächst in der Ankermühle beschritten. Dort baute er Riesling sowohl in Edelstahltanks als auch im Stückfass und in Barriques aus, experimentierte viel mit Maischestandzeiten und Batonnage und erzeugte einige eigenwillige, aber überzeugende Weine. Im Jahr 2015 hat Jörn Goziewski sich selbstständig gemacht und einen eigenen Keller in Oestrich-Winkel bezogen. Er bewirtschaftet heute 1,3 Hektar, überwiegend in Rüdesheim in den Lagen Berg Rottland, Berg Roseneck, Berg Schlossberg und Drachenstein, aber auch im Winkeler Hasensprung und in der Johannisberger Hölle. 2019 werden neue Weinberge und Weine aus Thüringen hinzu kommen. Neben Riesling baut er ein wenig Spätburgunder an. Den Ausbau der Weine auf unterschiedliche Weise – im Edelstahl, aber auch im Barrique oder im Stückfass – hat er beibehalten, auch die teilweise sehr langen Maischestandzeiten werden weiterhin praktiziert.

Kollektion

Bei Jörn Goziewski gibt es keine gewöhnlichen Weine. Durch experimentelle Ausbauweisen mit Maischevergärung, langem Hefelager, Barrique beim Riesling bis hin zum Verzicht auf Schwefelung entstehen Weine jenseits der Normen. Der bei 10 Prozent Alkohol knochentrockene Riesling aus 2017 ist ein geradliniger Wein mit markanter Frische und erstaunlicher Nachhaltigkeit. Der 2013er Hasensprung mit packender Ader und herb würzigem Schmelz, ist fordernd, changiert stark. Ein Highlight dann der drei Jahre im Barrique gelagerte Hasensprung Bellersweg aus 2014, mit Substanz, entwickelt er Zug und Kraft, ist salzig und nachhaltig. Der Riesling Schlossberg entzieht sich jeder Definition, er ist intensiv würzig und wärmend, besitzt Wucht und süßen Schmelz, trinkt sich so wie ein Rotwein. Man kann ihn nur lieben oder eben nicht. Last-but-not-least ist der ungeschwefelte 2016er Riesling schnörkellos durch und durch, herb, er erinnert an Lambik. Mit dem Drachenstein Spätburgunder ist wieder ein großer Wurf gelungen. Dunkelbeerig, intensiv und packend strukturiert, wird seine weitere Entwicklung spannend sein.

Weinbewertung

86 2016 Riesling **11,5 %/11,90 €**
86 2017 Riesling **10 %/11,90 €**
90 2014 Riesling trocken Hasensprung „lieu-dit Bellersweg" **13 %/35,- €**
89 2015 Riesling trocken Schlossberg **15 %/45,- €**
88 2013 Riesling trocken Hasensprung „Stückfass" **12,5 %/29,90 €**
90+ 2015 Pinot Noir trocken Drachenstein „lieu-dit Sonnenberg" **14 %/45,- €**

GP Winery

★☆

N

KONTAKT

Friedelsheimer Straße 15
67098 Bad Dürkheim
Tel. +44-7798765430,
0173-3053656
g_stepp@yahoo.de,
udo@mail-bischoff.de

Inhaber
Gerd Stepp
Rebfläche
keine eigenen Weinberge
Produktion
60.000 Flaschen

BESUCHSZEITEN

nach Vereinbarung

STEPP

Pinot Noir
2016

Gerd Stepp stammt aus einer Bad Dürkheimer Winzerfamilie, entschied sich aber nach seinem Weinwirtschaftsstudium zunächst für eine internationale Karriere. Nach Stationen in Neuseeland, Simbabwe, Nigeria, Italien und Südafrika arbeitete er rund zehn Jahre lang für ein großes britisches Einzelhandelsunternehmen im Einkauf und als „Flying Winemaker". Zurück in der Pfalz, begann er seine eigene Weinlinie aufzubauen, die international vertrieben wird. Stepp konzentriert sich auf wenige, für die Pfalz typische Rebsorten, vor allem Riesling und Spätburgunder, aber auch Weiß- und Grauburgunder, Gewürztraminer und Scheurebe. Die Trauben stammen von der Mittelhaardt, eigene Weinberge besitzt Stepp aber noch keine.

Kollektion

Die acht Weine, die wir in diesem Jahr erstmals verkosten konnten, stellen den Großteil von Gerd Stepps Kollektion dar, alle Weine sind sehr sortentypisch und reintönig: Der Riesling besitzt Saft, etwas Fülle und leicht süße, gelbe Frucht, Pfirsich und Zitrusnoten, Pinot Blanc und Pinot Gris sind kraftvoll und zeigen klare Birnenfrucht, der Pinot Blanc zeigt auch florale Noten und leicht kräutrige Würze, der Pinot Gris besitzt ein frisches, animierendes Säurespiel. Der trocken ausgebaute Gewürztraminer ist ebenfalls sehr reintönig mit Noten von Litschi, Holunderblüte und Zitruswürze, besitzt gute Konzentration, ist kraftvoll, der Riesling aus dem Kallstadter Saumagen zeigt im Bouquet viel klare, gelbe Frucht, Aprikose, Zitrusnoten, Orangenschale und auch etwas kalkig-kreidige und kräutrige Würze, am Gaumen ist er animierend und besitzt gute Länge. Die Beerenauslese aus Riesling- und Scheurebetrauben ist saftig und cremig, besitzt klare, süße Aprikosenfrucht und leicht zurückhaltende Säure. Der Pinot Noir ist fruchtbetont mit Noten von Sauerkirsche und Cassis, er zeigt auch etwas Gewürznelke und dezente Holzwürze, besitzt frische Säure, der „Buntsandstein"-Pinot Noir zeigt etwas dunklere Frucht, Schwarz- und Sauerkirsche und ebenfalls dezente Röstnoten, er besitzt Konzentration, gute Struktur mit noch leicht jugendlichen Tanninen und gute Länge.

Weinbewertung

85 2017 Gewürztraminer „Stepp" **13 %/9,50 €**
85 2017 Pinot Gris „Stepp" **13,5 %/8,50 €**
84 2017 Pinot Blanc „Stepp" **13,5 %/8,50 €**
83 2017 Riesling „Stepp" **12,5 %/8,90 €**
86 2017 Riesling „Stepp" „vom Kallstadter Saumagen" **13 %/14,90 €**
87 2016 Beerenauslese „Stepp" **10,5 %/16,90 €/0,375l**
85 2016 Pinot Noir „Stepp" **13,5 %/12,90 €**
88 2016 Pinot Noir „Stepp" „vom Buntsandstein" **13,5 %/19,90 €**

Grans-Fassian

★★★★☆

KONTAKT

Römerstraße 28
54340 Leiwen
Tel. 06507-3170
Fax: 06507-8167
www.grans-fassian.de
weingut@grans-fassian.de

Inhaber
Gerhard Grans
Rebfläche
13 Hektar
Produktion
120.000 Flaschen

BESUCHSZEITEN

nach Vereinbarung

Gerhard Grans übernahm 1982 das Weingut von seinem Vater Matthias, vergrößerte den Betrieb von damals 4 Hektar auf die heutige Fläche und begann mit der Selbstvermarktung, sein Vater hatte nur für den Eigenverbrauch Flaschen abgefüllt. Er verfügt über Weinberge in einigen der besten Lagen der mittleren Mosel: Die Leiwener Laurentiuslay ist eine südwest-exponierte Steillage gegenüber von Leiwen mit tiefgründigem, verwittertem Grauschieferboden; die Apotheke, gegenüber von Trittenheim gelegen, ist eine Steillage mit grau-blauem Schiefergestein; der Dhroner Hofberg, in einem Seitental zwischen Trittenheim und Piesport gelegen, ist eine steile Südlage mit rötlichem Schiefergestein; das Piesporter Goldtröpfchen ist eine Südlage mit grau-blauem Schieferverwitterungsboden, der mit Quarz und Mineralien durchsetzt ist. Knapp die Hälfte der Fläche liegt in diesen Steillagen, dazu ist Grans im Trittenheimer Altärchen und im Leiwener Klostergarten vertreten. Neben dem dominierenden Riesling baut Gerhard Grans ein wenig Weißburgunder und Grauburgunder an. Tochter Catherina hat mit dem Jahrgang 2016 die Nachfolge des Vaters angetreten, was die Verantwortung für die Weinproduktion angeht, übernahm 2018 auch die Leitung des Gutes. 2011 hatte sie erstmals einen eigenen Wein kreiert, als „Steiles Stück" bezeichnet, der von 90 Jahre alten Reben in der Laurentiuslay stammt. Catherina Grans studierte in Geisenheim, hat inzwischen die Ausbildung zum European Master of Science in Viticulture & Enology mit einem Studium in Frankreich und Portugal abgeschlossen. Das Programm ist auch weiterhin überschaubar. Im trockenen Teil des Sortiments gibt es den „Mineralschiefer" genannten Gutsriesling, sein Pendant im feinherben Bereich, erstmals 1988 erzeugt, wird „Catherina" genannt, die Alten Reben von über 50 Jahre alten Reben in der Laurentiuslay sowie seit 2005 Große Gewächse, inzwischen sind es drei – aus Laurentiuslay, Apotheke und Hofberg. Für die trockenen Rieslinge wird nur absolut gesundes Lesegut verwendet, je nach Jahrgang wird mit mehr oder weniger langer Maischestandzeit gearbeitet, die Moste werden bei 20 bis 25 Grad vergoren, die Weine werden ohne Schwefel recht lange auf der Hefe ausgebaut. Süß und edelsüß erzeugt Catherina Grans, so es der Jahrgang erlaubt, die ganze Bandbreite von Kabinett und Spätlese über Auslese bis hin zur Trockenbeerenauslese.

Kollektion

Auch diesmal ist die Basis sehr gelungen, macht schon auf Anhieb Freude. Der „Mineralschiefer" genannte Wein besitzt straffe Art und Würze, etwas Kohlensäure und Schmelz am Gaumen. Der trockene

Riesling von alten Reben wirkt schlank und betont würzig, ist alles andere als gefällig, mit guter Länge und Würze, sogar Ansätzen von Mineralität. Das „Steile Stück" ist dann nochmals deutlich kraftvoller, straff, würzig – ein wunderschön präzise gearbeiteter Wein, der ohne Zweifel eine großartige Zukunft besitzt und den man ohne Sorgen als Großes Gewächs verkaufen könnte. An den drei nominellen Großen Gewächsen ist nicht das Geringste auszusetzen, sie wirken straff, würzig und präzise, auch wenn die Lagenunterschiede bei zwei Verkostungen vergleichsweise gering ausfielen. Den Wein aus der Laurentiuslay bevorzugen wir leicht, der Riesling aus dem Hofberg wirkt ein wenig verhaltener, ist kompakt und fest, auch der Wein aus der Apotheke macht viel Spaß. Auf alle drei trifft zu, dass die Weine nicht gefällig sind, sondern einen geradlinigen Stil aufweisen, auch nicht zu viel Alkohol besitzen. Was die süßen Weine angeht, startet das Programm wie gewohnt mit einem Trittenheimer Kabinett, kühl, mit Anklängen an Apfel und Kräutern, mit verhaltener Süße und unerwartetem Schmelz am Gaumen. Noch interessanter die Spätlese, kühl, straff, würzig mit Schmelz, eher der ruhige, aber mit jedem Schluck an Spannung zulegende Typ. Die Auslese führt diesen angenehmen Stil auf die Spitze, ist wundeschön saftig und würzig – ein kraftvoller, zupackender Wein, der auch all jene überzeugen dürfte, die von süßen Weinen selten etwas wissen wollen. Klar, aber jugendlich, noch etwas vom Schwefel geprägt ist die Trockenbeerenauslese, leicht cremig, mit Anklängen an frische Mandeln, Biskuit, frische Datteln, im Mund enorm saftig, zupackend, süß, aber komplex. Sie reiht sich ein in die Phalanx der großen Trockenbeerenauslesen, die im Weingut Grans immer mal wieder erzeugt werden und die für die Ewigkeit gemacht scheinen.

Gerhard & Catherina Grans

Weinbewertung

85	2017 Riesling trocken „Mineralschiefer" **12 %/9,50 €**
87	2017 Riesling trocken „Alte Reben" Leiwener **12,5 %/14,- €**
89	2017 Riesling trocken „Steiles Stück" **12,5 %/19,- €**
91	2017 Riesling trocken „GG" Leiwen Laurentiuslay **12,5 %/27,- €**
90	2017 Riesling trocken „GG" Dhron Hofberg **12,5 %/27,- €**
90	2017 Riesling trocken „GG" Trittenheim Apotheke **12,5 %/27,- €**
87	2017 Riesling Kabinett Trittenheimer **9 %/13,- €**
89	2017 Riesling Spätlese Trittenheimer Apotheke **9 %/20,- €**
90	2017 Riesling Auslese Trittenheimer Apotheke **7 %/30,- €**
94	2017 Riesling Trockenbeerenauslese Trittenheimer Apotheke **8 %/0,375l/a.A.**

LAGEN

LAURENTIUSLAY (LEIWEN)
APOTHEKE (TRITTENHEIM)
GOLDTRÖPFCHEN (PIESPORT)
HOFBERG (DHRON)

REBSORTEN

RIESLING (88 %)
WEISSBURGUNDER (10 %)
GRAUBURGUNDER (2 %)

G

GravinO

★☆

KONTAKT

Gräfental 54
75057 Kurnbach
Tel. 07258-7784
Fax: 07258-925373
www.gravino.de
gravino.kuernbach@t-online.de

G

Inhaber
H. + J. Grahm GbR
Betriebsleiter/Kellermeister
Jochen Grahm
Außenbetrieb
Helmut Grahm
Rebfläche
6,5 Hektar
Produktion
30.000 Flaschen

BESUCHSZEITEN

Mi.-Fr. 17-20 Uhr, Sa. 10-12 + 13-17 Uhr

Als „Hobby" ist der Betrieb entstanden, heute bewirtschaftet man Reben sowohl in Baden, als auch in Württemberg, wobei der größere Teil der Trauben immer noch verkauft wird. Helmut und Hannelore Grahm hatten mit dem Weinbau begonnen, seit 2010 ist Sohn Jochen für die gesamte Produktion bis hin zur Vermarktung verantwortlich. Er hatte seine Ausbildung bei den Weingütern G.A. Heinrich und Burg Ravensburg absolviert, dann die Weinbautechnikerschule in Weinsberg besucht. Die Reben sind im Durchschnitt 25 Jahre alt, wachsen in Kürnbach, Heidelsheim und Oberderdingen teils auf Keuper, teils auf Tonböden, teils auch auf Löss und Sandsteinverwitterung. Schwarzriesling, Grauburgunder, Weißburgunder und Riesling sind die wichtigsten Rebsorten, dazu gibt es Muskateller, Traminer, Scheurebe, Cabernet Sauvignon und Spätburgunder. Die Weine werden betriebsintern mit bis zu drei Sternen klassifiziert.

Kollektion

Weine vom aktuellen Jahrgang 2017 konnten wir in diesem Jahr nicht verkosten, dafür einen Exoten. „Three Barrels" heißt der aufgesprittete, also mit Alkohol versetzte Rotwein, gedacht als „Kraichgauer Portwein". Er hat viel Kraft und ist noch sehr jung, er dürfte mit der Zeit an Ausdruck gewinnen. Der einzige weiße Stillwein ist der Riesling aus der Steillage von 2016, der nach einem Jahr Reife zugelegt hat. Er zeigt feine Zitrusnoten im Bouquet, ist elegant und feingliedrig, im Mund kommen vielfältige andere Aromen hinzu. Dazu eine herbe Frische, gut abgepufferte Säure, gute Konzentration und Kraft, ein nachhaltiger Riesling. Eindringlich ist der Sekt aus Scheurebe und Traminer, der in der Nase und auch im Mund den Ton angibt. Dazu kommen feine Zitrusnoten und eine feine Würze, er ist frisch und nicht zu süß. Der Rose-Sekt ist erdbeersüß, hat aber auch etwas Herbes. Eine elegante Tanninstruktur mit viel reifer, saftiger Frucht hat der gut konzentrierte Lemberger mit Cabernet Franc. Wunderbar reintönig und nicht überkonzentriert ist der Lemberger, er ist sehr würzig mit dunkler Frucht unterlegt.

Weinbewertung

85 2015 Scheurebe mit Traminer Sekt brut **12,5 %/11,- €**
83 2015 Pinot Rosé Sekt trocken **13 %/11,- €**
88 2016 Riesling*** trocken Steillage **12,5 %/14,- €**
88 2015 Lemberger trocken **13,5 %/11,- €**
89 2015 Lemberger mit Cabernet Franc trocken **13,5 %/18,50 €**
86 2013 Three Barrels Likörwein **18 %/11,- €**

Gres

★★★

KONTAKT

Ingelheimer Straße 6
55437 Appenheim
Tel. 06725-3310
Fax: 06725-5529
www.weingut-gres.de
weingut.gres@t-online.de

Inhaber/Kellermeister
Klaus Gres
Außenbetrieb
Hans-Jürgen Gres
Rebfläche
15 Hektar
Produktion
100.000 Flaschen

BESUCHSZEITEN

Fr./Sa. 8-18 Uhr oder nach Vereinbarung
Weinstube, Straußwirtschaft, Gästezimmer

Seit über 300 Jahren baut die Familie Gres Wein in Rheinhessen an, davor schon im Burgund und im Elsass. Klaus Gres, der seit Abschluss seines Weinbaustudiums für den Weinausbau verantwortlich ist, hat inzwischen den Betrieb von seinem Vater Hans-Jürgen Gres übernommen. Seine Weinberge verteilen sich auf fünf Gemeinden, liegen hauptsächlich aber in den Appenheimer Lagen Hundertgulden, Eselspfad und Daubhaus. Aus dem Niersteiner Hipping erzeugt Klaus Gres einen Lagenriesling. Spätburgunder, Riesling und Silvaner sind die wichtigsten Rebsorten, nehmen je 15 Prozent der Rebfläche ein, dazu gibt es Weißburgunder und eine breite Palette weiterer Rebsorten wie Huxelrebe, Sauvignon Blanc, Chardonnay, Dornfelder, Merlot und Frühburgunder. Die Weißweine werden im Edelstahl ausgebaut, Rotweine im Holz, auch im Barrique. Das Sortiment ist gegliedert in Guts-, Orts- und Lagenweine.

Kollektion

Hohes Einstiegsniveau, starke Spitzen: Klaus Gres schließt nahtlos an die starken Vorjahre an. Die Ortsweine zeigen konstantes Niveau, alle Weine besitzen Fülle, Substanz und Kraft, der zupackende Riesling ebenso wie der intensiv fruchtige Sauvignon Blanc, der kraftvolle Weißburgunder, ebenso wie der saftige Grauburgunder oder reintönige, konzentrierte Silvaner. Unser Favorit in diesem Segment ist der Appenheimer Chardonnay, der rauchige Noten besitzt, Fülle und Kraft, gute Struktur und Substanz. Ganz stark sind wieder einmal die Lagenweine. Der Sauvignon Blanc aus dem Daubhaus besitzt intensive Frucht, viel Fülle und Saft, der Hipping-Riesling besitzt reife Frucht, gute Struktur und Frische, der intensiv gelbfruchtige Riesling aus dem Hundertgulden besitzt herrlich viel Frucht und Substanz. Und dass Klaus Gres sich auch auf edelsüß versteht, stellt er mit der litschiduftigen, konzentrierten Riesling Beerenauslese unter Beweis.

Weinbewertung

84	2017 Riesling „von der Kreide" Engelstadter **12,5 %/8,30 €**
85	2017 Riesling „vom Tertiär" Appenheimer **12,5 %/8,30 €**
85	2017 Sauvignon Blanc trocken **12,5 %/7,50 €**
85	2017 Silvaner „vom Muschelkalk" Appenheimer **12,5 %/8,30 €**
85	2017 Weißer Burgunder „vom Urmeer" **12,5 %/9,30 €**
84	2017 Grauer Burgunder „vom Löss" **12,5 %/7,50 €**
87	2017 Chardonnay trocken „vom Korallenriff" Appenheimer **13 %/11,30 €**
88	2017 Sauvignon Blanc trocken Appenheimer Daubhaus **12,5 %/11,30 €**
89	2017 Riesling trocken Appenheimer Hundertgulden **12,5 %/13,50 €**
88	2017 Riesling trocken Niersteiner Hipping **12,5 %/13,50 €**
88	2017 Riesling Beerenauslese Appenheimer Hundergulden **8,5 %/28,50 €/0,5l**

Griesel & Compagnie

★★★☆

KONTAKT

Grieselstraße 34
64625 Bensheim
Tel. 06251-8696891
Fax: 06251-8696899
www.griesel-sekt.de
info@griesel-sekt.de

Inhaber
Petra Greißl-Streit
Rebfläche
7,5 Hektar
Produktion
50.000 Flaschen

BESUCHSZEITEN

Mi.-Fr. 15-18 Uhr, Sa. 10-14 Uhr
oder nach Vereinbarung

Niko Brandner hat in Neustadt Weinbau studiert und ergriff im Jahr 2013 die Gelegenheit, Griesel als Sektmanufaktur nach seinen Vorstellungen aufzubauen. Ein Glücksgriff für alle Beteiligten. Das Unternehmerehepaar Jürgen Streit und Petra Greißl-Streit hatten gerade die ehemalige Domäne Bergstraße der Hessischen Staatsweingüter gekauft hatten und suchten einen Betriebsleiter. Das erste Sekthaus an der Hessischen Bergstraße ist bereits jetzt das Aushängeschild der Hessischen Bergstraße. Heute werden 7,5 Hektar eigene Flächen in den Auerbacher Lagen Höllberg und Fürstenlager bewirtschaftet. Niko Brandner hat bei einigen ganz Großen der deutschen Weinszene gelernt, er war bei Paul Fürst und bei Volker Raumland, Deutschlands Sektmacher Nr. 1. Brandners Blick geht aber auch in die Champagne und auch dort orientiert er sich an den Spitzenbetrieben. Die grundsätzliche Idee Brandners für die Weinherstellung ist puristisch: Handlese, Ganztraubenpressung, keine Schönung oder Filtration, spontane erste Gärung, keine oder minimale Schwefelung.

Kollektion

Es geht weiter voran. Und wieder ist jeder Sekt ein Treffer. Im Bouquet sind sehr elegante und feine Hefenoten bei zurückhaltender Frucht allen Sekten gemeinsam. Die Weine der Traditions-Linie des warmen Jahrgangs 2015 sind überraschend dezent im Alkohol, zeichnen sich aus durch kraftvolle Frische. Wunderbar leicht und dank des Hefelagers unaufdringlich ist der Sauvignon Blanc. An der Spitze sehen wir die Grande Cuvée aus dem Jahr 2014, die ohne Dosage abgefüllt wurde. Der Wein tanzt schon in der Nase, zeigt feinstes Haselnussaroma, im Mund ist er hoch elegant, großartiger Grip und Biss, Frische und Reife gleichzeitig, salzige Länge. Knapp dahinter der Pinot Brut nature von 2014, der in diesem Jahr degorgiert wurde. Ein Sekt von feinster Frucht, eleganter Konzentration und großer Leichtigkeit.

Weinbewertung

88 2015 Riesling Sekt brut „Tradition" **12,5 %/14,50 €**
88 2015 Blanc de Blancs Sekt brut „Tradition" **12,5 %/16,50 €**
89 2014 Sauvignon Blanc „Prestige" Sekt extra-brut **11,5 %/21,- €**
90 2015 Chardonnay „Prestige" Sekt brut nature **12,5 %/23,- €**
88 2015 Blanc de Noirs Sekt brut „Tradition" **12,5 %/14,50 €**
90 2014 Pinot Sekt brut nature „Prestige" **12,5 %/23,- €**
90 2014 Pinot „Prestige" Sekt extra-brut **12,5 %/21,- €**
88 2015 Rosé Sekt brut „Tradition" **12,5 %/14,50 €**
90 2014 Rosé Sekt extra brut „Prestige" **12,5 %/21,- €**
92 2014 Grande Cuvée Sekt zero dosage **12,5 %/29,- €**

Grimm

★☆

KONTAKT

Paulinerstraße 3
76889 Schweigen-Rechtenbach
Tel. 06342-7106
Fax: 06342-249
www.weingutgrimm.de
info@weingutgrimm.de

Inhaber
Bruno Grimm & Andreas Grimm
Betriebsleiter/Kellermeister
Andreas Grimm
Außenbetrieb
Bruno Grimm
Rebfläche
10 Hektar
Produktion
75.000 Flaschen

BESUCHSZEITEN

Sa. 9-18 Uhr oder nach Vereinbarung
Probierstube

Bruno Grimm gründete das Weingut, füllte 1974 seine ersten Flaschen ab. Sohn Andreas ist nach Winzerlehre und Weinbautechnikerausbildung seit 2001 für den Keller verantwortlich. Wie andere Winzer in Schweigen auch besitzen Bruno und Andreas Grimm Weinberge sowohl in der Pfalz als auch jenseits der Grenze im Elsass. Ihre Reben wachsen in der Lage Sonnenberg und den darin liegenden Gewannen Kammerberg, Wormberg und Rädling. Neben Riesling, den weißen Burgundersorten und Gewürztraminer bauen sie vor allem rote Sorten an, die inzwischen etwa ein Drittel der Fläche einnehmen. Mit dem Jahrgang 2013 verzichteten die Grimms erstmals auf die Angabe der Prädikate, das Sortiment gliedert sich seitdem in drei Stufen, die kenntlich gemacht sind durch blaue, silberne und goldene Kapseln.

Kollektion

Das die Grimms jedes Jahr sehr reintönige Weine produzieren, sind wir ja gewohnt, aber der Silvaner, der in der Literflasche abgefüllt ist, war dann doch eine große Überraschung: Ein tadelloser Wein, mit Frische, klarer Frucht und erdigen Noten, der beste Literwein, den wir in diesem Jahr in der Pfalz verkostet haben. Pinot Gris und Pinot Blanc führen wieder den weißen Teil der Kollektion an, beide schätzen wir etwas stärker als im vergangenen Jahr ein, der Pinot Gris besitzt gute Konzentration, zeigt gelbe Frucht, ist kraftvoll, zitruswürzig und frisch, der Pinot Blanc ist ebenfalls gelbfruchtig und zeigt feine Noten von gerösteten Haselnüssen. Und auch die drei Spätburgunder sind wieder gut gelungen, der Spätburgunder zeigt rote Frucht und kräutrige Würze, der Kalkgestein ist dunkler in der Frucht und zeigt feine Röstnoten, etwas Krokant, und der Pinot Noir ist kraftvoll und konzentriert, besitzt noch jugendliche Tannine, gute Struktur und Potential. —

Weinbewertung

83 2017 Silvaner trocken (1l) **13 %/4,40 €** ☺
82 2017 Riesling trocken **11,5 %/6,10 €**
82 2017 Weißburgunder trocken **12 %/6,10 €**
85 2017 Sauvignon Blanc trocken **12,5 %/7,30 €**
84 2017 Riesling „Buntsandstein" **12 %/7,30 €**
83 2017 Grauburgunder trocken **12 %/6,10 €**
85 2017 Pinot Blanc trocken **13,5 %/7,30 €**
86 2017 Pinot Gris trocken **13,5 %/7,30 €**
83 2017 Gewürztraminer **12,5 %/6,10 €**
84 2016 Spätburgunder trocken **13 %/6,10 €**
86 2015 Spätburgunder „Kalkgestein" **13,5 %/12,- €**
88 2015 Pinot Noir „âgé" **13,5 %/18,- €**

ECKEHART GRÖHL

★★☆

KONTAKT

Uelversheimer Straße 4
55278 Weinolsheim
Tel. 06249-93988
Fax: 06249-93998
www.weingut-groehl.de
info@weingut-groehl.de

Inhaber
Eckehart Gröhl
Rebfläche
20 Hektar
Produktion
170.000 Flaschen

BESUCHSZEITEN

Mo.-Fr. 8-12:30 + 14-17 Uhr, Sa. 8-16 Uhr sowie nach Vereinbarung
Vinothek

Die Familie Gröhl lebt seit dem 16. Jahrhundert in Weinolsheim und baut heute in zwölfter Generation Wein an. Eckehart und Angela Gröhl haben das Weingut 1994 von seinen Eltern gepachtet und 2003 übernommen. Ihre Weinberge liegen in den Weinolsheimer Lagen Hohberg und Kehr, im Dalheimer Kranzberg und im Uelversheimer Aulenberg. Eckehart Gröhl hat 2003 durch Pacht sein Lagenpotenzial um Weinberge an der Rheinfront erweitert, in den Niersteiner Lagen Pettenthal, Hölle und Bergkirche und in den Oppenheimer Lagen Sackträger, Schützenhütte (im Alleinbesitz) und Herrenberg.

Kollektion

Mit dem neuen Jahrgang schließt Eckehart Gröhl nahtlos an die starke Vorjahreskollektion an. Das Einstiegsniveau ist hoch, die Guts- und Ortsweine besitzen Substanz und Frucht. Gleich fünf Lagen-Riesling präsentiert Eckart Gröhl in diesem Jahr, alles sind sehr gut. Der Herrenberg-Riesling ist reintönig, zupackend, der Sackträger klar und frisch, der Wein aus der Schützenhütte ist würzig, strukturiert, fruchtbetont. Unsere Favoriten sind die beiden Reserve-Weine: Der aus dem Pettenthal , Jahrgang 2017, zeigt rauchig-würzige Noten, etwas gelbe Früchte und Zitrus, besitzt reife Frucht, Fülle und Kraft; der aus dem Ölberg, Jahrgang 2016, ist füllig und saftig, besitzt reife Frucht, gute Struktur, Druck und Länge. Der Reserve Weißburgunder aus der Hölle ist kraftvoll, stoffig, noch allzu jugendlich, der Weißburgunder aus der Hölle ist strukturiert, klar und frisch. Eine überzeugende Vorstellung liefert der Silvaner von alten Reben im Brückchen, ist wunderschön füllig und saftig, und auch der einzige vorgestellte Rotwein – Cabernet Sauvignon mit Merlot – überzeugt mit Fülle und Kraft.

Weinbewertung

84	2017 Riesling trocken „Roter Hang" **12,5 %/8,90 €**
83	2017 Scheurebe trocken **12,5 %/6,90 €**
87	2015 Silvaner trocken „Alte Reben" Niersteiner Brückchen **13 %/19,- €**
84	2017 Grauer Burgunder trocken Dalheim **12,5 %/8,70 €**
84	2017 Weißer Burgunder trocken „Kalkstein" Niersteiner Hölle **12,5 %/9,90 €**
85	2017 Riesling trocken „Kalkmergel" Oppenheimer Herrenberg **12 %/8,70 €**
86	2017 Riesling trocken „Alte Reben" Oppenheimer Sackträger **12,5 %/9,70 €**
89	2016 Riesling trocken „Reserve" Niersteiner Ölberg **12,5 %/15,50 €**
87	2017 Riesling trocken „Alte Stadtmauer" Schützenhütte **12,5 %/19,- €**
85	2017 Weißer Burgunder trocken „Reserve" Niersteiner Hölle **12,5 %/25,- €**
88	2017 Riesling trocken „Roter Hang" „Reserve" Pettenthal **12,5 %/25,- €**
84	2017 Riesling Spätlese Oppenheimer Herrenberg **7,5 %/8,90 €**
87	2012 Cabernet Sauvignon & Merlot trocken **13,5 %/15,50 €**

Groh

★★★

KONTAKT

Deichelgasse 8
67595 Bechtheim
Tel. 06242-1443
Fax: 06242-60046
www.heinrichgroh.com
weine@heinrichgroh.de

Inhaber
Axel Groh
Rebfläche
12 Hektar
Produktion
100.000 Flaschen

BESUCHSZEITEN

nach Vereinbarung, Sonntag geschlossen

G

Das Weingut Groh wurde 1899 gegründet und wird heute in vierter Generation von Axel Groh geführt. Seine Weinberge liegen in Bechtheim (Geyersberg, Rosengarten), Mettenheim (Schlossberg) und Alsheim (Römerberg). Wichtigste Rebsorten sind Weißburgunder, Grauburgunder, Chardonnay und Spätburgunder. Die Weine werden überwiegend trocken ausgebaut. Eine Spezialität des Weingutes sind Barriqueweine, die in der Linie „Edition Haus Groh" vermarktet werden: Bereits 1985 (mit einem Silvaner!) begannen die Grohs mit dem Barriqueausbau. Seit 1999 gibt es einen barriqueausgebauten Cabernet Sauvignon, inzwischen auch einen Merlot, seit 2006 die Cuvée „Trei", am längsten schon Spätburgunder.

Kollektion

Nachdem Axel Groh in den vergangenen Jahren keine Barrique-Rotweine erzeugt hat, gibt es sie nun wieder, und sie knüpfen nahtlos an das hohe Niveau an, dass sie in früheren Jahren regelmäßig bestätigten. Der Spätburgunder zeigt intensive Frucht und rauchige Noten, ist füllig, harmonisch und kraftvoll, der Grohsmaul-Spätburgunder steht ihm kaum nach. Auch der Merlot besitzt intensive Frucht, Fülle und Kraft, gute Struktur, unser Favorit aber ist der Cabernet Sauvignon, der wie seine Kollegen intensive Fruchtnoten im Bouquet aufweist, etwas Cassis, frisch und zupackend im Mund ist, druckvoll und präzise, sehr jugendlich. Die Weißweine bestätigen den sehr guten Eindruck der Vorjahre. Im Basis-Segment gefällt uns der fruchtbetonte, zupackende Grauburgunder besonders gut, der Grohkost-Weißburgunder besitzt enorm viel Stoff, ist aber noch verschlossen, der Grohstoff-Chardonnay, ist füllig und saftig, der Rosengarten-Chardonnay noch deutlich von Vanillenoten geprägt, besitzt aber gute Struktur und Substanz.

Weinbewertung

83	2017 Weißburgunder & Chardonnay trocken „Grohsartig" **12,5 %/8,- €**
85	2017 Grauburgunder trocken **12,5 %/8,50 €**
84	2017 Sauvignon Blanc trocken **12 %/8,50 €**
87	2017 Weißburgunder trocken „Grohkost" **13,5 %/15,- €**
87	2017 Chardonnay Rosengarten **13,5 %/26,- €**
86	2017 Chardonnay trocken „Grohstoff" **13,5 %/15,- €**
84	2017 Kerner Spätlese **9,5 %/5,90 €**
83	2017 Rosé trocken **12 %/8,50 €**
87	2016 Spätburgunder „Grohsmaul" **13,5 %/15,- €**
88	2016 Spätburgunder „Edition Haus Groh" **13,5 %/15,- €**
88	2016 Merlot „Edition Haus Groh" **13,5 %/15,- €**
89	2015 Cabernet Sauvignon „Edition Haus Groh" **13,5 %/15,- €**

GRUBER

★★

KONTAKT

Tannenhof 1
74182 Obersulm-Eschenau
Tel. 07130-450128
Fax: 07130-450128
www.weingut-gruber.de
info@weingut-gruber.de

Inhaber
Andrea & Markus Gruber
Rebfläche
8 Hektar

BESUCHSZEITEN

Mi./Fr. nachmittags., Sa. ganztägig, ansonsten (auch So.) nach Vereinbarung
Gutsgasthof (1 Woche im Monat geöffnet)

Anneliese und Reinhold Gruber begannen 1990 mit der Selbstvermarktung, seit September 2007 führen Andrea und Markus Gruber – der zuvor schon für den Weinausbau verantwortlich war – das Gut. Ihre Weinberge liegen im Weinsberger Tal, in Eschenau (Paradies), Lehrensteinsfeld (Steinacker), Weinsberg (Ranzenberg) und Affaltrach (Dieblesberg), sowie im Eichelberger Hundsberg, die Reben wachsen auf Gipskeuperböden. Anneliese und Reinhold Gruber bauen insgesamt siebzehn verschiedene Rebsorten an, Hauptrebsorten sind Lemberger und Riesling. Dazu gibt es vor allem Chardonnay, Kerner, Muskateller, Gewürztraminer, Müller-Thurgau und Weißburgunder, sowie die roten Sorten Trollinger, Spätburgunder, Dornfelder und Acolon. Mit der Betriebsübernahme wurde das Sortiment neu gegliedert, auf Prädikatsbezeichnungen für trockene Weine wird seither verzichtet.

Kollektion

Im vergangenen Jahr war der im Barrique ausgebaute Spätburgunder des Jahrgangs 2012 unser Favorit, nun hat ein Weißwein die Nase knapp vorne. Die im Holz vergorene Cuvée aus Chardonnay und Weißburgunder zeigt intensive Frucht im Bouquet, ist füllig und saftig im Mund, besitzt gute Struktur und reife Frucht. Sonst präsentieren sich die Weißweine sehr gleichmäßig von der zupackenden Cuvée 4 über den lebhaften Riesling und dem frischen Muskateller bis hin zur mächtigen, fast allzu mächtigen trockenen Gewürztraminer Auslese. Der Lemberger Rosé ist fruchtbetont und zupackend, der Muskattrollinger lebhaft und süffig. Die rote Cuvée im Liter bietet bemerkenswertes Einstiegsniveau, auch sonst sind die Rotweine kraftvoll und sortentypisch, der im Barrique ausgebaute Lemberger ragt hervor, er besitzt intensive Frucht, Kraft, gute Struktur und Tannine.

Weinbewertung

83	2017 „4" Weißwein **12 %/6,80 €**
83	2017 Weißer Riesling trocken Eschenauer Paradies **12,5 %/6,80 €**
88	2016 Chardonnay Weißburgunder trocken Holzfass Ranzenberg **13 %/9,40 €** ☺
84	2016 Gewürztraminer Auslese trocken Eschenauer Paradies **13,5 %/9,40 €**
83	2017 Muskateller Affaltracher Dieblesberg **12 %/6,80 €**
84	2017 Lemberger Rosé trocken Eschenauer Paradies **12,5 %/6,80 €**
83	2017 Muskattrollinger Rosé **12,5 %/7,40 €**
82	2017 Trollinger mit Lemberger trocken (1l) **13 %/5,20 €**
84	2014 Blauer Spätburgunder trocken Eschenauer Paradies **13 %/7,40 €**
84	2015 Lemberger trocken Eschenauer Paradies **13 %/7,40 €**
83	2015 Acolon trocken Eschenauer Paradies **13,5 %/7,40 €**
87	2015 Lemberger trocken Barrique Eschenauer Paradies **14 %/14,40 €**

Gunderloch

★★★★

KONTAKT

Carl-Gunderloch-Platz 1
55299 Nackenheim
Tel. 06135-2341
Fax: 06135-2431
www.gunderloch.de
info@gunderloch.de

Inhaber
Johannes Hasselbach
Rebfläche
24 Hektar
Produktion
200.000 Flaschen

BESUCHSZEITEN

Mo.-Fr. 9-16 Uhr, Sa. 11-14 Uhr

Das Weingut Gunderloch wurde 1890 vom Bankier Carl Gunderloch mit dem Erwerb von Weinbergen im Rothenberg gegründet, 1932 eröffnete er eine Straußwirtschaft, die jedoch später wieder aufgegeben wurde. 1979 traten Fritz und Agnes Hasselbach in den Betrieb ein, den sie anfangs mit ihren Eltern, seit 1986 dann alleine drei Jahrzehnte lang führten, in dieser Zeit vergrößerten sie den Betrieb, unter anderem 1996 durch die Übernahme des Niersteiner Weingutes Balbach Erben. 2013 ist Sohn Johannes Hasselbach in den Betrieb eingestiegen, hat ihn im Jahr 2015 übernommen. Er hatte Wirtschaftswissenschaften studiert, bei einer Weinweltreise bei Weingütern in Kanada, Chile, Neuseeland und Australien Station gemacht. Seine Weinberge liegen im Nackenheimer Rothenberg sowie in den Niersteiner Lagen Pettenthal und Hipping, also alle im Roten Hang, wo die Reben auf rotem Tonschiefer wachsen. 90 Prozent der Rebfläche nimmt Riesling ein, hinzu kommen Silvaner und Grauburgunder, sowie ein klein wenig Sauvignon Blanc, Spätburgunder und Weißburgunder. Johannes Hasselbach hat das Sortiment zweigeteilt in Weine aus dem Weingut Gunderloch und Weine der Carl Gunderloch Weingutsverwaltung. Das Sortiment des Weingutes Gunderloch, in dem es außer einem Guts-Spätburgunder und dem Nackenheimer Silvaner ausschließlich Riesling gibt, ist dreistufig gegliedert in Gutsweine, die Ortsweine aus Nackenheim und Nierstein und die Großen Gewächse aus Rothenberg, Pettenthal und Hipping. Wenn es der Jahrgang erlaubt werden edelsüße Rieslinge bis hin zur Trockenbeerenauslese erzeugt. Seit 2013 wird mit längeren Maischestandzeiten gearbeitet, für jede Lage wird durch eine kleine Vorlese fünf Tage vor der Ernte ein eigener Gäransatz aus den jeweiligen Weinbergen entwickelt. Mit dem „Virgo" („Vergoren Im Rothenberg Ganz Ohne") genannten Wein hat Johannes Hasselbach 2013 ein spannendes Experiment gestartet: Die Trauben werden mit den Füßen eingemaischt, im Weinberg gepresst, der Wein wird ohne jede Zusatzstoffe im Weinberg, aus dem er stammt, also dem Rothenberg, vergoren und ausgebaut. 2016 wurde mit der Renovierung und Erweiterung des Gutshofes begonnen, im August 2017 wurde die Eröffnung des neuen Baus gefeiert.

Kollektion

Eine starke Kollektion präsentiert Johannes Hasselbach in diesem Jahr, die in der Spitze nochmals ein wenig stärker ist als im Vorjahr. Dass unter seiner Regie die Qualität der Basisweine sich stabilisiert hat, lobten wir im vergangenen Jahr, und dies bestätigt sich auch im neuen Jahrgang 2017. Der Weißburgunder vom Kalk ist frisch und fruchtbetont, klar und zupackend, besitzt feine süße Frucht, Säure und Biss, der Nackenheimer

Johannes Hasselbach

G

Weißburgunder ist deutlich würziger, ebenso geradlinig und fruchtbetont bei feiner Süße. Der duftige Riesling vom roten Schiefer, ist frisch und geradlinig. Unter den beiden Orts-Rieslingen gilt anders als im Vorjahr dieses Mal unsere Präferenz dem Nackenheimer. Er zeigt rauchige Noten, reintönige Frucht, ist frisch, klar und zupackend, besitzt gute Struktur und Druck, der Niersteiner Riesling ist würziger, geradliniger, ebenso frisch und zupackend. Es folgen drei hervorragende Große Gewächse. Der Jungspund in diesem Segment, der Hipping, den es erst seit dem Jahrgang 2014 gibt, ist gleichzeitig über die nun vier Jahrgänge hinweg der gleichmäßigste, in allen nun vier Jahrgängen haben wir ihm die gleiche Bewertung zugedacht. Ob es an uns liegt oder am Wein? Er zeigt viel Duft, reife Frucht, etwas Orangen, ist klar, präzise, druckvoll, leicht salzig-bitter, enorm jugendlich: Hierin steckt Potenzial! Der Pettenthal ist klar und frisch, präzise und druckvoll, mineralisch, ebenfalls noch sehr jugendlich. Unsere Präferenz gilt im Jahrgang 2017 dem Rothenberg, der gute Konzentration und gelbe Früchte im herrlich eindringlichen Bouquet zeigt, dazu rauchige Noten, im Mund dann herrlich stoffig und druckvoll ist, enorm jugendlich und nachhaltig – ein faszinierender Riesling. Auch die süße Klaviatur spielt Johannes Hasselbach gekonnt. Der Kabinett Jens-Baptiste ist klar, frisch und zupackend, der Rothenberg-Kabinett ist würziger und strukturierter, ebenso griffig, die Spätlese zeigt viel Würze und Duft, ist zupackend, besitzt viel Substanz und Biss. Die Auslese bringt eine weitere Steigerung hinsichtlich Konzentration und Substanz, zeigt ansonsten ähnliche Ausprägungen wie die Spätlese, ist aber deutlich druckvoller. Ganz starke Kollektion!

Weinbewertung

85	2017 Weißburgunder trocken „vom Kalk"	**12 %/8,60 €**
85	2017 Riesling trocken „vom Roten Schiefer"	**12 %/9,40 €**
86	2017 Weißburgunder trocken Nackenheim	**12,5 %/13,50 €**
87	2017 Riesling trocken Nierstein	**12,5 %/13,50 €**
88	2017 Riesling trocken Nackenheim	**12,5 %/15,50 €**
91	2017 Riesling „GG" Nierstein Hipping	**12,5 %/27,- €**
92	2017 Riesling „GG" Nierstein Pettenthal	**12,5 %/32,- €**
93	2017 Riesling „GG" Nackenheim Rothenberg	**12,5 %/37,- €**
84	2017 Riesling Kabinett „Jean-Baptiste"	**10,5 %/9,40 €**
86	2017 Riesling Kabinett Nackenheim Rothenberg	**9,5 %/22,50 €**
89	2017 Riesling Spätlese Nackenheim Rothenberg	**9 %/25,- €**
91	2017 Riesling Auslese Nackenheim Rothenberg	**8,5 %/17,50 €/0,375l**

LAGEN

ROTHENBERG (NACKENHEIM)
PETTENTHAL (NIERSTEIN)
HIPPING (NIERSTEIN)

REBSORTEN

RIESLING (90 %)
SILVANER
SPÄTBURGUNDER
WEISSBURGUNDER
GRAUBURGUNDER
SAUVIGNON BLANC

LOUIS GUNTRUM

★☆

KONTAKT

Rheinallee 62
55283 Nierstein
Tel. 06133-97170
Fax: 06133-971717
www.guntrum.de
info@guntrum.de

Inhaber
Louis Konstantin Guntrum
Kellermeister
Dirk Roth
Rebfläche
15 Hektar
Produktion
100.000 Flaschen

BESUCHSZEITEN

Mo.-Do. 7-12 + 13-16:30 Uhr,
Fr. 7-12 Uhr oder nach Vereinbarung
guntrum's weingarten
(Öffnungszeiten siehe Webseite)

Bereits seit 1648 ist Weinbau in der Familie Guntrum urkundlich belegt, seit 1867 ist man im Weinexport tätig, heute noch ist man stark im Export, ist in über 60 Ländern vertreten. Das Gutshaus in Nierstein, der Sitz des Weingutes, wurde in den zwanziger Jahren des letzten Jahrhunderts erbaut. Seit 2003 führt Louis Konstantin Guntrum in elfter Generation den Betrieb. Seine Weinberge liegen in Nierstein in den Lagen Orbel, Pettenthal, Oelberg und Hipping, sowie in Oppenheim in den Lagen Sackträger, Herrenberg und Kreuz. Riesling nimmt drei Viertel der Weinberge ein, dazu gibt es ein wenig Spätburgunder, Grauburgunder, Weißburgunder, Gewürztraminer und andere Sorten. Das Programm ist gegliedert in Rebsorten-, Orts- und Lagenweine, an der Spitze stehen die beiden Großen Gewächse aus Hipping und Pettenthal.

Kollektion

Im vergangenen Jahr überraschte uns Louis Konstantin Guntrum mit einem reintönigen, strukturierten Pinot Noir Réserve, Jahrgang 2014, der zu den besten Rotweinen Rheinhessens zählte. Und sein Jahrgangsnachfolger aus 2015 schließt daran an, ist in diesem Jahr der herausragende Wein der Kollektion. Er zeigt rauchig-würzige Noten im Bouquet, feinen Toast, ist füllig und harmonisch im Mund, elegant, besitzt gute Struktur und reife Frucht, ganz dezent überreife Noten. Weißburgunder und Scheurebe sind geradlinig und frisch wie auch der würzige Niersteiner Riesling, der feinherbe Oppenheimer zeigt etwas gelbe Früchte, ist süffig und unkompliziert. Sehr gut gefallen uns die beiden Lagen-Rieslinge. Der Wein aus dem Niersteiner Ölberg zeigt feine Frische und reife Frucht im Bouquet, ist klar im Mund, frisch und zupackend bei einer dezenten jugendlichen Bitternote im Abgang. Wie schon im Vorjahr gefällt uns auch im Jahrgang 2017 der Riesling aus dem Oppenheimer Sackträger ein klein wenig besser. Er zeigt gute Konzentration im Bouquet, reintönige Frucht und feine Frische, ist fruchtbetont im Mund, klar und zupackend, besitzt feine Frucht, gute Struktur und Grip.

Weinbewertung

81	2017 Weißburgunder trocken **12,5 %/8,20 €**
81	2017 Scheurebe trocken **12 %/7,- €**
82	2017 Riesling trocken Niersteiner **12,5 %/10,- €**
85	2017 Riesling trocken Nierstein Oelberg **13,5 %/15,- €**
86	2017 Riesling trocken Oppenheim Sackträger **13 %/15,- €**
82	2017 Riesling „feinherb" Oppenheimer **12 %/10,- €**
88	2015 Pinot Noir trocken „Réserve" **14,5 %/30,- €**

GUSSEK

★★★

KONTAKT

Winzerhof Gussek
Kösener Straße 66
06618 Naumburg
Tel. 03445-778428
Fax: 03445-778428
www.winzerhof-gussek.de
winzerhofgussek@t-online.de

Inhaber André Gussek
Kellermeister Hella Päger
Außenbetrieb Thomas Gussek
Rebfläche 11 Hektar
Produktion 70.000 Flaschen

BESUCHSZEITEN

nach Vereinbarung

André Gussek war 20 Jahre lang Kellermeister des Landesweingutes Kloster Pforta. 1993 kaufte er die Gebäude und das Gelände der ehemaligen volkseigenen Rebschule in der Kösener Straße und gründete sein eigenes Weingut, seit 1993 werden die Weine im eigenen Keller ausgebaut, die damals 1,8 Hektar Reben wurden anfangs nebenberuflich bewirtschaftet. André Gussek besitzt die Kernlage des steilterrassierten Kaatschener Dachsberg (1 Hektar, unter anderem mit 1927 gepflanzten Silvanerreben), sowie weitere 1,5 Hektar im Dachsberg (in der früheren Lage Boxberg, die heute ebenfalls zum Dachsberg zählt) und in Naumburg ist er in den Lagen Steinmeister und Sonneck vertreten. Zwei Drittel der Weinberge nehmen weiße Rebsorten ein. Hauptrebsorte ist Müller-Thurgau, der gut ein Viertel der Rebfläche einnimmt. Es folgen Spätburgunder, Riesling, Zweigelt, Grauburgunder, Portugieser, Weißburgunder, Silvaner, Kerner und Traminer. Die Weine werden überwiegend trocken ausgebaut. Seit 1994 erzeugt André Gussek auch edelsüße Weine, im Jahr darauf hat er mit dem Barriqueausbau begonnen.

Kollektion

Auch in diesem Jahr trumpft André Gussek groß auf, weiß und rot, trocken und edelsüß. Die weißen Lagenweine zeigen geschlossen hohes Niveau. Der Dachsberg-Riesling ist konzentriert, kompakt, noch jugendlich verschlossen, der Wein aus dem Steinmeister ist deutlich offener, besitzt intensive Frucht. Der Sonneck-Weißburgunder ist füllig, strukturiert, der 2016er Grauburgunder aus dem Dachsberg ist füllig, kraftvoll, der 2017er enorm stoffig, konzentriert, er braucht noch Zeit. Litschi und eingelegte süße Aprikosen zeigt der dicke, reintönige Müller-Thurgau Eiswein. Ganz stark die beiden Roten: Der Frühburgunder ist intensiv fruchtig, zupackend, strukturiert, der Zweigelt noch etwas kraftvoller, fülliger, ebenso fruchtbetont. Klasse Kollektion! ▬

Weinbewertung / keine Preisangaben

84 2017 Müller-Thurgau trocken „Muschelkalk" **12,5 %/9,- €**
83 2017 Weißburgunder trocken **13 %/9,50 €**
83 2017 Riesling trocken **13 %/9,50 €**
88 2016 Riesling trocken Kaatschener Dachsberg **12 %/15,50 €**
87 2017 Weißburgunder trocken Naumburger Sonneck **14 %/14,50 €**
88 2016 Riesling trocken Naumburger Steinmeister **12,5 %/16,50 €**
87 2016 Grauer Burgunder trocken Kaatschener Dachsberg **14,5 %/21,- €**
88+ 2017 Grauburgunder trocken „Breitengrad 51" Dachsberg **13,5 %/21,- €**
85 2017 Roter Traminer Spätlese „feinherb" **12,5 %/16,- €**
89 2015 Müller-Thurgau Eiswein **7 %/75,- €/0,375l**
88 2016 Frühburgunder trocken Naumburger Göttersitz **14 %/22,- €**
89 2016 Blauer Zweigelt trocken „Breitengrad 51" Dachsberg **13,5 %/31,- €**

GYSLER

★★★

KONTAKT

Großer Spitzenberg 8
55232 Alzey-Weinheim
Tel. 06731-41266
Fax: 06731-44027
www.weingut-gysler.de
info@weingut-gysler.de

Inhaber
Alexander Gysler
Rebfläche
12 Hektar
Produktion
80.000 Flaschen

BESUCHSZEITEN

Di.-Sa., bitte mit Vereinbarung
Hoffest (erstes September-wochenende)

Alexander Gysler, Geisenheim-Absolvent, hat das Weingut 1999 nach dem Tod seines Vater Gernot Gysler übernommen, der mit der Flaschenweinvermarktung begonnen hatte. Alexander Gysler bewirtschaftet das Weingut zusammen mit Ehefrau Heike und Mutter Renate. Seine Weinberge befinden sich in den Weinheimer Lagen Hölle, Kirchenstück, Kapellenberg und Mandelberg, eine Parzelle liegt auf Alzeyer Gemarkung. Alexander Gysler hat den Rieslinganbau forciert, die Rieslingfläche in den letzten Jahren auf 40 Prozent erweitert. Daneben spielen die Burgundersorten eine wichtige Rolle, Scheurebe und Huxelrebe möchte er als Spezialitäten erhalten. Im Jahr 2004 hat Alexander Gysler mit der Umstellung auf ökologische Bewirtschaftung begonnen, 2007 war der erste zertifiziert biologische Jahrgang, seit 2008 ist Alexander Gysler Mitglied bei Demeter.

Kollektion

Spannende Weine präsentiert Alexander Gysler auch in diesem Jahr wieder, die Naturwein-Idee rückt noch stärker in den Vordergrund. Der Pet Nat gehört zu den sehr guten Vertretern seiner Art, ist füllig und klar, unter den beiden Sekten ist der rauchig-kompakte Blanc de Noir unser Favorit. Die Gutsweine zeigen geschlossen starkes Niveau, sind kraftvoll, füllig und klar, der zupackende Sternenglanz-Weißburgunder gefällt uns besonders gut. Die beiden Ortsweine, Jahrgang 2016, sind sehr gut, sie zeigen dezente Reife, besitzen Kraft und Druck. Der Riesling „vum Helle Klangwerk" ist würzig und eindringlich, kraftvoll und dominant, hat starke Konkurrenz vom Riesling Natur, der faszinierend stoffig und druckvoll ist. Und dass Alexander Gysler sich auch auf edelsüß versteht, stellt er wieder einmal mit einer Huxelrebe unter Beweis, die Beerenauslese zeigt Rhabarber und Litschi im Bouquet, besitzt viel Konzentration und Substanz. Starke Kollektion! ▬

Weinbewertung

87 2017 Scheurebe „Pet Nat" brut nature **12 %/16,- €**
83 2015 Riesling Sekt brut **12,5 %/16,- €**
86 2014 Pinot „Blanc de Noir" Sekt brut **13 %/16,- €**
84 2017 Riesling trocken „Sandstein" **12 %/9,50 €**
84 2017 Scheurebe trocken „Sonnentau" **12 %/9,50 €**
85 2017 Weißburgunder trocken „Sternenglanz" **12,5 %/9,50 €**
84 2017 Grauburgunder trocken „Feldstärke" **12,5 %/9,50 €**
87 2016 Riesling trocken „Kammerton" Weinheimer **12,5 %/12,50 €**
86 2016 Weißburgunder trocken „Leuchtkraft" Weinheimer **13 %/14,50 €**
90 2016 Riesling trocken „GG vum Helle Klangwerk" **12,5 %/18,50 €**
90 2016 Riesling „Natur" **12,5 %/18,50 €**
88 2015 Huxelrebe Beerenauslese „vum Helle Lichtspiel" **8 %/18,- €/0,375l**

HAACK

★☆

KONTAKT

Burg Layen 3
55452 Burg Layen
Tel. 06721-4978016
www.weingut-haack.de
info@weingut-haack.de

Inhaber
Familie Haack
Gutsverwalter
Günter Thies
Önologe
Ruben Kretzschmann
Außenbetrieb
Lasse Haack
Rebfläche
9,45 Hektar
Produktion
22.000 Flaschen

BESUCHSZEITEN

nach Vereinbarung

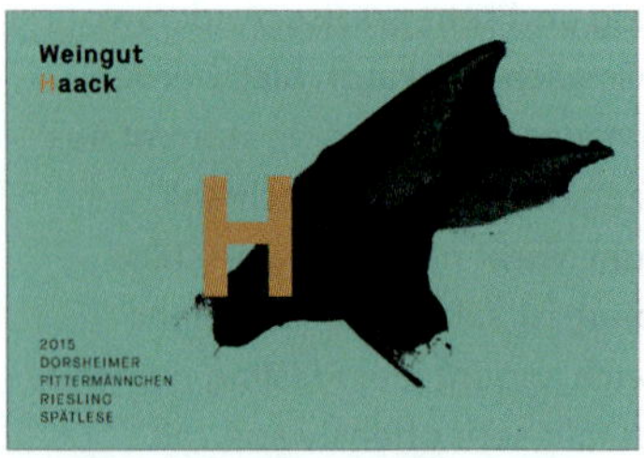

2015 übernahm die Familie Haack das ehemalige Weingut Michael Schäfer in Burg Layen, bestehend aus einer 1732 erbauten dreiseitigen Hofreite, einem Kellereigebäude im Außenbereich und damals acht Hektar Weinbergen. Sohn Lasse, der in Geisenheim Weinbau und Önologie studiert hat, hat Anfang 2018 die Verantwortung für den Außenbetrieb übernommen, Ruben Kretzschmann, ebenfalls Geisenheim-Absolvent, ist der technische Betriebsleiter. Als Gutsverwalter hat sich die Familie Haack Günter Thies mit ins Boot geholt, den ehemaligen Gutsdirektor von Schloss Schönborn im Rheingau, der danach das neuseeländische Weingut Elephant Hill mit aufgebaut hat. Die Weinberge liegen im Dorsheimer Pittermännchen, im Burg Layer Schlossberg und im Laubenheimer Vogelsang. Riesling ist die wichtigste Rebsorte im Betrieb und steht auf 42 Prozent der Fläche, dazu kommen Kerner, Silvaner, Scheurebe, Weißburgunder und Dornfelder.

Kollektion

Die Stärken liegen auch im dritten Jahrgang der Familie Haack wieder bei den größtenteils spontan vergorenen Rieslingen, die alle schlank, frisch und elegant sind und Biss besitzen. Am besten gefällt uns der nachhaltige Wein aus dem Laubenheimer Vogelsang mit rauchiger und kräutriger Würze, viel klarer Frucht und gut austariertem Süße-Säure-Spiel, der Riesling von alten Reben ist saftig und tabakwürzig mit noch leicht verhaltener Frucht, der Kabinett-Riesling vom Burg Layer Schlossberg zeigt Noten von Brotkruste und Zitrusfrüchten im Bouquet, der Sekt aus der gleichen Lage zeigt nussige Würze und besitzt ebenfalls viel Biss. Der Ortsriesling aus Laubenheim besitzt steinig-mineralische Würze und dezente Süße, sein Burg Layer Pendant, der trockenste Riesling im Programm, ist animierend und besitzt guten Grip. Die Cuvée Ole ist aromatisch mit Noten von Cassis und Muskatwürze und der Weißburgunder zeigt florale Noten, besitzt süße Frucht und ein frisches Säurespiel. —

Weinbewertung

85	2015 Riesling Sekt brut Burg Layer Schlossberg **12 %/13,- €**
82	2017 Cuvée OLE Weißwein **11,5 %/7,50 €**
83	2017 Riesling **11,5 %/7,50 €**
86	2017 Riesling Kabinett Burg Layer Schlossberg **9 %/10,- €**
82	2017 Scheurebe **11,5 %/8,50 €**
83	2017 Weißburgunder **11,5 %/8,50 €**
85	2017 Riesling Laubenheimer **11 %/9,- €**
84	2017 Riesling Burg Layer **11,5 %/9,- €**
87	2017 Riesling „Alte Reben" **11,5 %/13,- €**
88	2017 Riesling Laubenheimer Vogelsang **11 %/16,- €**
82	2017 Rosé **10,5 %/7,50 €**

Fritz Haag

★★★★★

KONTAKT

Dusemonder Straße 44
54472 Brauneberg
Tel. 06534-410
Fax: 06534-1347
www.weingut-fritz-haag.de
info@weingut-fritz-haag.de

Inhaber
Oliver Haag
Kellermeister
Oliver Haag
Außenbetrieb
Nico Rieb
Rebfläche
20 Hektar
Produktion
140.000 Flaschen

BESUCHSZEITEN

nach Vereinbarung

Oliver Haag hat das Weingut 2005 von seinem Vater Wilhelm übernommen, führt es heute zusammen mit Ehefrau Jessica. Er hatte seine Lehre bei Dönnhoff und beim Karthäuserhof gemacht, dann in Geisenheim studiert, anschließend war er fast fünf Jahre Betriebsleiter des Rheingauer Wegeler-Gutes, bevor er zurück an die Mosel kam. Sein Vater Wilhelm Haag hatte den Betrieb seit den fünfziger Jahren geführt, dem Gut zu internationalem Renommee verholfen. Oliver Haags Weinberge, ausschließlich mit Riesling bepflanzt, liegen in den besten Lagen von Brauneberg, in der Juffer und in der Juffer-Sonnenuhr, dem Herzstück der Juffer. Die Weine werden mit den natürlichen Hefen vergoren und teils im Holz, teils im Edelstahl ausgebaut. Das Sortiment wurde an das VDP-System angepasst, seit dem Jahrgang 2008 werden für trockene Weine keine Prädikatsbezeichnungen mehr verwendet. Im trockenen Segment gibt es folglich nun Gutswein und Ortswein, an der Spitze stehen die beiden Großen Gewächse aus Juffer und Juffer-Sonnenuhr, im feinherben Segment gibt es ebenfalls Guts- und Ortswein, dazu einen Wein aus der Juffer. Auch wenn die trockenen Weine zunehmend an Bedeutung und an Profil gewinnen, sind es doch die restsüßen Rieslinge, für die das Weingut weltweit bekannt ist, vor allem für seine immer wieder großartigen Serien von Spät- und Auslesen, zur Differenzierung der Auslesen werden die Top-Selektionen als Goldkapsel oder gar lange Goldkapsel gekennzeichnet.

Kollektion

Was das Weingut im vergangenen Jahr vorstellte, war nicht weniger als sensationell. Neben spannenden trockenen Weinen gab es auch eine Fülle an hochkarätigen, sehr feinen Auslesen. Die Rieslinge des Jahrgangs 2017 stehen den 2016ern nicht nach, auch wenn sich die Akzente leicht verschieben. Doch der Reihe nach, denn der trockene Basisriesling besitzt eine enorm würzige, stoffige Art, ist in der Nase noch leicht unruhig, dann präsent, kraftvoll. Einer der schönsten Gutsweine, die wir in diesem Jahr verkosten konnten. Die Distanz zur Nummer zwei ist dann freilich groß, es handelt sich um einen Quantensprung. Der Brauneberger Riesling „J" lässt den Schmelz bereits in der Nase erkennen, zeigt Anklänge an Mirabelle und Birne, ist würzig und sehr präzise. Anderswo würde ein Wein dieser Klasse als Großes Gewächs verkauft, hier werden nochmals gleich zwei Große Gewächse hinzugefügt. Das eine stammt aus der Juffer und ist schon vergleichsweise zugänglich, duftig, schlank, straff. Das andere, aus der Juffer-Sonnenuhr, wirkt noch sehr verschlossen, kraftvoller, puristischer als sein Pendant, ist salzig und lang. Sehr saftig zeigt sich, was den feinherben Bereich angeht, der Riesling namens Brauneberger. Der Brauneberger Kabinett fällt sehr offensiv aus, mit

deutlicher Hefenote, noch unruhig und kräuterwürzig, ist im Mund dann sehr präzise. Kühlfruchtig mit Anklängen an Mirabellen und kandierten Apfel zeigt sich die Spätlese aus der Juffer-Sonnenuhr: ein Musterbeispiel an Eleganz. Bei den Süßweinen ist einer überzeugender als der andere – beispielsweise die Versteigerungsspätlese mit der Nummer 14, die wunderbar klar ausfällt, eine feine Nase mit Anklängen an Pfirsich und frische Aprikosen aufweist, rassig und lang ist. Die Auslese Lange Goldkapsel ist ähnlich klar, in der Nase überraschend frisch mit Anklängen an reifes Steinobst und Kräuterwürze, lang und seidig. Bereits die Beerenauslese aus der Juffer ist ein Beispiel dafür, wie gut in diesem Weingut auch in diesem Segment selektiert wird, diejenige aus der Juffer-Sonnenuhr ist mit Noten von Pfirsichen und Pfirsichblüten noch feiner und präziser. Die beiden Trockenbeerenauslesen sind extrem klar, jene aus der Juffer-Sonnenuhr ist mit ihren Anklängen an Pfirsiche und Mango besonders duftig, im Mund klar, fein, elegant und saftig. Schon in diesem Zustand macht der Wein Spaß und dürfte sich über Jahrzehnte ausgezeichnet entwickeln.

Oliver Haag

H

Weinbewertung

86	2017 Riesling trocken **11,5 %/9,90 €**
89	2017 Riesling trocken „J" Brauneberger **12 %/15,30 €**
91	2017 Riesling trocken „GG" Brauneberger Juffer **12,5 %/23,50 €**
92	2017 Riesling trocken „GG" Brauneberger Juffer-Sonnenuhr **13 %/28,70 €**
87	2017 Riesling Brauneberger **11,5 %/12,80 €**
89	2017 Riesling Brauneberger Juffer **12 %/20,- €**
88	2017 Riesling Kabinett Brauneberger **8,5 %/12,80 €**
89	2017 Riesling Spätlese Brauneberger Juffer **8 %/16,- €**
94	2017 Riesling Spätlese „#14" Brauneberger Juffer-Sonnenuhr **7,5 %/Vst.**
91	2017 Riesling Spätlese Brauneberger Juffer-Sonnenuhr **7,5 %/20,50 €**
91	2017 Riesling Auslese Brauneberger Juffer **7,5 %/23,50 €**
92	2017 Riesling Auslese Brauneberger Juffer-Sonnenuhr **7,5 %/28,70 €**
93	2017 Riesling Auslese „#10" Brauneberger Juffer-Sonnenuhr **7 %/a.A.**
92	2017 Riesling Auslese Goldkapsel Brauneberger Juffer **7,5 %/19,50 €/0,375l**
93	2017 Riesling Auslese Goldkapsel Brauneberger Juffer-Sonnenuhr **7,5 %/47,- €**
93+	2017 Riesling Auslese Goldkapsel „#12" Juffer-Sonnenuhr **7 %//0,375l/a.A.**
95	2017 Riesling Auslese Lange Goldkapsel „#15" Juffer-Sonnenuhr **7 %/0,375l/Vst.**
93	2017 Riesling Beerenauslese Brauneberger Juffer **6,5 %/0,375l/a.A.**
94	2017 Riesling Beerenauslese Brauneberger Juffer-Sonnenuhr **6 %/0,375l/a.A.**
94	2017 Riesling Trockenbeerenauslese Brauneberger Juffer **6 %/0,375l/a.A.**
95	2017 Riesling Trockenbeerenauslese Juffer-Sonnenuhr **6 %/0,375l/a.A.**

LAGEN

JUFFER-SONNENUHR (BRAUNEBERG)
JUFFER (BRAUNEBERG)

REBSORTEN

RIESLING (100 %)

Willi Haag

★★★

KONTAKT

Burgfriedenspfad 5
54472 Brauneberg
Tel. 06534-450
Fax: 06534-689
www.willi-haag.de
info@willi-haag.de

Inhaber
Marcus Haag
Rebfläche
7 Hektar
Produktion
35.000-45.000 Flaschen

BESUCHSZEITEN

nach Vereinbarung

Die Familie ist seit dem Jahr 1500 in Brauneberg ansässig. Heute wird das Weingut von Marcus Haag geführt, der neben Weinbergen in den beiden Brauneberger Lagen Juffer und Juffer-Sonnenuhr auch Reben in Veldenz, Burgen und Mülheim besitzt, letztere werden für den Gutsriesling genutzt. Die Weinberge, ausschließlich mit Riesling bepflanzt, liegen fast ganz in Steillagen. 80 Prozent der Weine werden süß ausgebaut, jeweils 10 Prozent trocken und halbtrocken bzw. „feinherb". Die Weine präsentieren sich stets als Rieslingklassiker: finessenreich und elegant. Die Kabinette sind Kabinette und keine verkappten Auslesen, und die Spätlesen besitzen immer viel Frische. Werden Auslesen erzeugt, sind sie immer angenehm klar und feingliedrig, nie übertrieben mächtig.

Kollektion

Obwohl die mehr oder weniger süßen Weine aus dem Weingut Willi Haag bekannter sind als die trockenen, wäre es ein Fehler, letztere zu unterschätzen. Im vergangenen Jahr bereits konnte die trockene Spätlese rundum überzeugen, diesmal ist schon der rassige, straffe Gutswein in trockener Variante beeindruckend, die stoffige trockene Spätlese von alten Reben setzt noch einiges drauf an Komplexität. Den Gutswein gibt es auch in halbtrockener, feinherber und lieblicher Version, eine seltene Vielfalt, zumal die prinzipielle Würze und Frucht bei allen zu finden sind. Unter den süßen Weinen müssen der frische, rassige und lange Kabinettwein aus der Juffer hervorgehoben werden, die besonders saftige Goldtröpfchen-Spätlese (nicht zu süß!) und die bereits offene, perfekt ausgewogene Spätlese aus der Juffer-Sonnenuhr. Klar mit Noten von kandiertem Apfel wirkt die Auslese aus der Juffer, während die etwas süßer wirkende Auslese aus der Juffer-Sonnenuhr zum Zeitpunkt der Verkostung noch merklich vom Schwefel geprägt war; sie in zwei Jahren zu trinken, sollte dagegen viel Vergnügen bereiten.

Weinbewertung

85 2017 Riesling trocken **12 %/7,- €**
88 2017 Riesling Spätlese trocken „Alte Reben" **12 %/10,- €**
85 2017 Riesling halbtrocken **12 %/7,- €**
85 2017 Riesling „feinherb" **10 %/7,- €**
85 2017 Riesling „lieblich" **9,5 %/7,- €**
87 2017 Riesling Kabinett Brauneberg Juffer **8,5 %/9,80 €**
88 2017 Riesling Spätlese Brauneberg Juffer **8,5 %/11,50 €**
89 2017 Riesling Spätlese Brauneberg Juffer-Sonnenuhr **8,5 %/13,50 €**
88 2017 Riesling Spätlese Piesport Goldtröpfchen **8 %/11,50 €**
89 2017 Riesling Auslese Brauneberg Juffer **8 %/15,- €**
89+ 2017 Riesling Auslese Brauneberg Juffer-Sonnenuhr **8 %/22,- €**

Julian Haart

★★★★

KONTAKT

Triererstraße 12
54498 Piesport
Tel. 0160-5543432
www.julian-haart.de
info@julian-haart.de

Inhaber
Julian & Nadine Haart
Rebfläche
5 Hektar
Produktion
30.000 Flaschen

BESUCHSZEITEN

nach Vereinbarung

Julian Haart gründete sein Weingut 2010 mit dem Kauf einer großen Parzelle mit 40 Jahre alten Rieslingreben im Wintricher Ohligsberg. Der Devonschieferboden im Ohligsberg ist stark mit hartem Quarzit durchsetzt. Anfang 2011 konnte er weitere Parzellen in Piesport in den Lagen Goldtröpfchen und Schubertslay erwerben, mit vor dem Ersten Weltkrieg gepflanzten Reben. Spätestens mit dieser Akquisition legte er die Grundlagen zu seinem weiteren Aufstieg. Dabei hatte seine Jugend noch nicht unbedingt vermuten lassen, was einige Jahre später passieren sollte. Julian Haart stammt zwar aus einer seit 650 Jahren in Piesport ansässigen Winzerfamilie, ist aber nicht den in dieser Situation zu vermutenden Weg gegangen, sondern hat zunächst als Koch in deutschen Spitzenrestaurants gearbeitet, bevor er über Stationen bei deutschen Spitzenweingütern (Heymann-Löwenstein, Emrich-Schönleber, Egon Müller, Klaus-Peter Keller) die Passion für Riesling verinnerlichte. Nicht zuletzt die Zeit bei Klaus-Peter Keller dürfte den letzten Anschub gegeben haben, um das heutige Qualitätsniveau zu erreichen. Mit dem Jahrgang 2013 hat sich die Rebfläche vergrößert durch die Übernahme eines Teiles der Weinberge seines Onkels (Weingut Joh. Haart). Die inzwischen vorhandenen fünf Hektar bewirtschaftet Haart nun zusammen mit seiner Frau Nadine, angebaut wird ausnahmslos Riesling. Nicht nur Haarts unter eigenem Label erzeugte Weine sind bemerkenswert eigenständig, auch die aus einer Zusammenarbeit mit dem Weingut A.J. Adam erzeugten Spezialitäten aus dem Goldtröpfchen sind von bemerkenswerter Güte. Alle Rieslinge – beginnend beim Riesling Mosel über die Ortsweine und die trockenen Lagenweine bis zu den mehr oder weniger (eher weniger!) süßen Kabinetten – begeistern mit saftiger, würziger Art. In manchen Fällen setzt Julian Haart auf signifikante Maischestandzeiten, um den Weinen eine gewisse Struktur zu verleihen – Übertreibungen sind aber nie festzustellen. Auch die dezidiert süßen Weine, die Spätlesen und Auslesen, zeigen sich enorm saftig, besitzen Kraft und bisweilen einen fast rauchigen Charakter, vibrieren beinah. Wenn man diesen Stil einmal verkostet hat, ist er unabhängig vom Jahrgang leicht wieder zu erkennen.

Kollektion

Julian Haart ist nicht nur einer der Aufsteiger der Region, sondern auch einer jener Winzer, der zusammen mit zwei, drei jungen, engagierten Kollegen Piesport zu einem der Zentren der modernen Moselweinkultur gemacht hat. Zu beobachten ist dies nicht nur beim Thema Kooperation oder beim 150-jährigen Jubiläum der Lage Piesporter Goldtröpfchen, bei der Haart engagiert mitwirkte. Im Jahrgang 2016 bewunderten wir die saftige, zugängliche, gleichzeitig aber auch nachhaltige und viel verspre-

chende Art, die allen Weinen eigen war. Dieses Mal stellt das Weingut nur einen Teil des erzeugten Sortiments an, was auf die kleine Menge der erzeugten Weine zurückzuführen ist. Auslesen beispielsweise konnten bis Redaktionsschluss nicht verkostet werden. Allerdings ist schon das beeindruckend, was das Weingut unterhalb dieser Kategorie zustande gebracht hat. Da wäre, in der Basis, etwa der einfach als Mosel bezeichnete Riesling, der mit einer erstaunlich komplexen Aromatik aufwartet, eine kühle Steinobstfrucht mit jener leicht hefig-würzigen Nase verbindet, die so vielen Haart-Weinen eigen ist. Ein trockener, würziger Wein, der eine gewisse Spritzigkeit aufweist, aber auch Struktur beweist. Trocken sind auch die beiden Ortsweine – der Wintricher Riesling mit kühler Steinobstnote und einem Hauch von Kräutern plus Mineralität, straff, voller Würze, vibrierend. Der Piesporter Riesling ist noch etwas puristischer, kühl in der Nase, mit Steinobst- und Kräuterfrucht, dazu eine leicht cremige Note; der Wein wirkt noch sehr fest, öffnet sich erst nach einer Weile. Fast noch etwas verschlossener ist der Goldtröpfchen-Riesling, trocken und mit einer unentwickelten Nase ausgestattet, die Pfirsich und Kräuter in den Vordergrund stellt, sich aber über Stunden hinweg zu beachtlicher Komplexität entwickelt. Am Gaumen zeigt dieser mineralische, dichte Wein erst zu einem Bruchteil, was in ihm steckt. Der Riesling aus dem Wintricher Ohligsberg ist dann noch etwas länger, puristischer, mineralischer, gefällt in diesem Jahr noch etwas besser als sein Lagenpendant aus Piesport und ist vor allen Dingen alles andere als gefällig – Wiedervorlage in vier oder fünf Jahren. Was den süßen Bereich angeht, ist erst ein kleiner Einblick möglich, aber der fasziniert schon – etwa mit der Ein-Stern-Spätlese, einem wunderschön dichten, vibrierenden Wein, der Steinobstnoten mit tropischen Anklängen verbindet, im Mund leicht cremig, enorm dicht und fest ist. Schon dieser Blick ins 2017er Sortiment zeigt, dass Julian Haart zur absoluten Spitze an der Mosel zu rechnen ist.

Julian und Nadine Haart

H

Weinbewertung

87	2017 Riesling Mosel	**11 %/a.A.**
89	2017 Riesling trocken Piesporter	**12 %/a.A.**
89	2017 Riesling trocken Wintricher	**12 %/a.A.**
93	2017 Riesling trocken Goldtröpfchen	**13 %/a.A.**
93	2017 Riesling trocken Ohligsberg	**12,5 %/a.A.**
90	2017 Riesling Kabinett Goldtröpfchen	**8 %/a.A.**
91	2017 Riesling Kabinett Ohligsberg	**7,5 %/a.A.**
91	2017 Riesling Spätlese Goldtröpfchen	**7 %/a.A.**
93	2017 Riesling Spätlese* Goldtröpfchen	**8 %/a.A.**

LAGEN

GOLDTRÖPFCHEN (PIESPORT)
SCHUBERTSLAY (PIESPORT)
OHLIGSBERG (WINTRICH)

REBSORTEN

RIESLING (100 %)

Reinhold Haart

★★★★☆

Kontakt

Ausoniusufer 18
54498 Piesport
Tel. 06507-2015
Fax: 06507-5909
www.haart.de
info@haart.de

H

Inhaber
Johannes Haart, Marcus Haart
Rebfläche
9 Hektar
Produktion
60.000 Flaschen

Besuchszeiten

nach Vereinbarung

Seit 1337 betreibt die Familie Haart Weinbau in Piesport. Das Gut mitsamt der modern-eleganten Vinothek liegt im ursprünglichen Teil des Dorfes, nur wenige Meter von der Mosel entfernt und vor der Piesporter Paradelage, dem Goldtröpfchen. Dieser überwiegend südlich ausgerichtete Steilhang mit verwittertem, tiefgründigem Blauschieferboden ist die wichtigste Lage der Haarts. Theo Haart hat den Betrieb zu einem der Spitzenweingüter der Mosel entwickelt, seit 2007 wird er im Betrieb von Sohn Johannes, Geisenheim-Absolvent, unterstützt, der sich heute um den Keller kümmert, hauptsächlich, aber nicht ausschließlich, denn in einem kleinen Familienweingut kümmert sich jeder um alles. Neben dem Goldtröpfchen ist man im Piesporter Grafenberg vertreten, einem sehr steilen, südost-exponierten Hang mit steinigem, leichtem Rotschieferboden. Der Piesporter Kreuzwingert, nur 0,1 Hektar groß, ist eine Monopollage der Haarts. Der Süd-exponierte Steilhang besitzt einen tonigen, tiefgründigen Boden mit grau-braunem Schiefer. Hinzu kommen Weinberge im Wintricher Ohligsberg, einem sehr steilen, Süd- bis West-exponierten Hang mit hartem blau-grauem Schiefer und Quarzit. Theo und Johannes Haart bauen ausschließlich Riesling an. Die Weine werden spontanvergoren, teils im Fuder, teils im Edelstahl, bleiben sehr lange auf der Vollhefe. Das Sortiment wurde in den letzten Jahren nach den Vorgaben des VDP strukturiert: Gutsriesling und „Haart to Heart" bilden die Basis, dann folgen der Piesporter und der Wintricher Ortswein, schließlich drei Große Gewächse aus Goldtröpfchen, Ohligsberg und – erstmals mit dem Jahrgang 2012 – Kreuzwingert oder Grafenberg. Trockene Weine machen aber je nach Jahrgang nur 30 bis 40 Prozent der Produktion aus, die rest- und edelsüßen Rieslinge dominieren, vom Kabinett bis hin zu den Auslesen wird aus dem Goldtröpfchen und dem Ohligsberg in der Regel die ganze Bandbreite erzeugt, der Grafenberg wird als Kabinett angeboten. Das Weingut legt Wert darauf, immer wieder Weine zu archivieren, um auch 20 oder 30 Jahre nach der Ernte zeigen zu können, wie gut sich die Rieslinge aus dem Goldtröpfchen und den anderen Lagen entwickeln.

Kollektion

In den letzten Jahren hat sich die Kollektion des Weingutes stets als eine der besten und spannendsten an der Mosel herauskristallisiert. Immer wieder konnten wir die Qualität der Basisrieslinge loben, aber auch die trockene Spitze wird längst in einer erfreulich sortentypischen Weise herausgearbeitet. Im Jahrgang 2016 etwa gefielen die beiden Großen Gewächse aus Goldtröpfchen und Ohligsberg besonders gut, die süße, nachhaltige Ohligsberg-Spätlese begeisterte. Der Jahrgang 2017 hat eine überschaubare Menge hervorgebracht, und auch das Sortiment der angestellten Weine ist diesmal eher klein. Eine trockene Basis wurde nicht präsentiert, dafür sind die beiden Großen

Gewächse des Jahrgangs 2017 geradlinig und straff, der Riesling aus dem Piesporter Goldtröpfchen gefällt mit seiner saftigen, lagentypischen Frucht eine Spur besser als sein Pendant aus dem Wintricher Ohligsberg, aber die qualitativen Unterschiede sind gering. Der „Haart to Heart" genannte Wein macht ebenfalls sehr viel Spaß. Er besitzt eine offene, fast offensive Frucht mit Noten von Hefe, Kräutern, Kernobst und Zitrusfrüchten, wirkt trotz der leichten Süße gut balanciert, ist würzig und straff. Nochmals deutlich komplexer ist der Piesporter Riesling mit einem Hauch von Süße und jenen würzigen, leicht cremig anmutenden Aromen, die so typisch sind für viele Rieslinge des Weinguts Haart. Im süßen Bereich werden drei Weine vorgestellt, die auf einem erstaunlich gleichmäßigen Niveau liegen. Besonders beeindruckt der Kabinettriesling mit einer klaren, fast offensiven Frucht, die Anklänge an gehackte Kräuter zeigt, verbunden mit leicht mineralischen Noten, später auch Kernobst. Dieser Wein zeigt eine vergleichsweise niedrige Süße, ist enorm rassig, erfrischend und lang, ansatzweise mineralisch. Bei der Spätlese aus dem Goldtröpfchen ist dann etwas mehr Schmelz zu beobachten, auch die Süße ist deutlich höher, ohne allerdings dominant zu sein. In der Nase mischen sich hier Noten von Kräutern und kühle Kern- und Steinobstanklänge. Es spricht viel dafür, dass sich dieser Wein im kommenden Jahr noch etwas interessanter präsentieren wird. Die Auslese ist straff und würzig, ebenfalls noch etwas unentwickelt, die Süße ist gut integriert. Deutlich präsenter ist da schon die Auslese mit der Nummer 35 aus 2016, die erst im Jahr 2018 abgefüllt und angestellt wurde. Es handelt sich um einen jener typischen Süßweine, wie sie das Weingut immer wieder vorstellt: offen, mit saftigen, recht kühl wirkenden Pfirsichnoten und einer ansatzweise cremig-würzigen Komponente, im Mund saftig, vibrierend, würzig und lang. Dass derartige Auslesen lange reifen können, bewies das Weingut bei der Jubiläumsveranstaltung zu Ehren des 150. Geburtstages des Piesporter Goldtröpfchens, wo auch Reifes aus den Neunzigern, Achtzigern und Siebzigern in hervorragendem Zustand präsentiert wurde.

Theo Haart und Johannes Haart

H

Weinbewertung

91 2017 Riesling „GG" Ohligsberg **12,5 %/27,- €**
91 2017 Riesling „„GG““ Goldtröpfchen **12,5 %/27,- €**
87 2017 Riesling „Haart to Heart" **11 %/9,50 €**
89 2017 Riesling „feinherb" Piesporter **12 %/12,50 €**
90 2017 Riesling Kabinett Goldtröpfchen **9 %/14,- €** ☺
90 2017 Riesling Spätlese Goldtröpfchen **8 %/20,- €**
92 2017 Riesling Auslese Goldtröpfchen **8 %/32,- €**
93 2016 Riesling Auslese „#35" Goldtröpfchen **8 %/38,- €**

LAGEN

GOLDTRÖPFCHEN (PIESPORT)
KREUZWINGERT (PIESPORT)
GRAFENBERG (PIESPORT)
OHLIGSBERG (WINTRICH)

REBSORTEN

RIESLING (100 %)

HÄGE

★★

KONTAKT

Illinger Straße 13
75428 Illingen-Schützingen
Tel. 07043-8915
Fax: 07043-5930
www.weingut-haege.de
info@weingut-haege.de

Inhaber
Johannes Häge & Sascha Reich
Rebfläche
5 Hektar

BESUCHSZEITEN

Di., Fr. 16:30-18:30 Uhr, Sa. 9-13 Uhr und immer, wenn die Gutsschenke geöffnet hat

Ilse und Johannes Häge gründeten 1987 ihr eigenes Weingut, ohne einen einzigen Rebstock zu besitzen. 2006 sind sie in die ehemalige Schützinger Kelter umgezogen. Die Weinberge befinden sich in den Lagen Mühlhauser Halde, Schützinger Heiligenberg und Illinger Schanzreiter. Seit den neunziger Jahren wurden zwei Hektar im Schützinger Heiligenberg von Ilse Häge ökologisch bewirtschaftet, 2004 wurden die ersten Weine zertifiziert. 2016, nach dem Tod von Ilse Häge, hat Johannes Häge den kompletten Betrieb auf biologische Bewirtschaftung umgestellt. Da keines seiner Kinder den Betrieb übernehmen will, ist zum 1. Juli 2017 Sascha Reich in den Betrieb eingestiegen, der ihn einmal übernehmen wird; die kommenden Jahre werden Johannes Häge und Sascha Reich den Betrieb gemeinsam führen. Neben Riesling gibt es Grauburgunder, Weißburgunder, Silvaner, Müller-Thurgau und Gewürztraminer, dazu die klassischen Württemberger Rotweinsorten wie Trollinger, Lemberger, Spätburgunder und Samtrot, aber auch Regent, Cabernet Sauvignon und Merlot. Die roten Spitzenweine werden zwölf Monate in kleinen Eichenholzfässern ausgebaut. Destillate aus der eigenen Brennerei ergänzen das Sortiment.

Kollektion

Die neue Kollektion besticht durch ihre Gleichmäßigkeit – und durch zwei Spitzen im roten Segment. Die Weißweine präsentieren sich sehr geschlossen vom saftigen Rivaner bis hin zum geradlinigen Muskateller. Der Rosé ist klar und zupackend, der Merlot besitzt reintönige Frucht, was auch für Lemberger und Spätburgunder gilt. Beeindruckt haben uns die beiden Reserve-Weine des Jahrgangs 2015: Der Lemberger zeigt intensive Frucht und rauchige Noten, besitzt Fülle, Kraft, reintönige Frucht und feine Frische, der Aldebaran, eine Cuvée aus Cabernet und Merlot, zeigt rauchige Noten, etwas Gewürze, besitzt herrlich viel Frucht, Kraft und Substanz.

Weinbewertung

83 2017 Rivaner Schützinger Heiligenberg **13 %/6,50 €**
82 2017 Weißburgunder trocken Schützinger Heiligenberg **13,5 %/7,50 €**
83 2017 Riesling trocken „Sirius" **13,5 %/6,80 €**
83 2017 Muskateller trocken (Mühlhauser Halde) **11 %/6,80 €**
82 2017 Gewürztraminer (trocken) Schützinger Heiligenberg **13 %/9,20 €**
84 2017 Rosé trocken **13 %/6,- €**
83 2016 Lemberger trocken **13,5 %/6,- €**
83 2016 Spätburgunder trocken „Balthasar Sprenger" **13 %/6,- €**
84 2016 Merlot trocken **13,5 %/7,20 €**
88 2015 Lemberger trocken „Réserve" **13,5 %/15,- €**
88 2015 Aldebaran Rotwein „Réserve" **13 %/15,- €**

HÄSSLER

★★

KONTAKT

Alexander Häßler Burgenweingut
Zum Kirchberg 4
54472 Burgen
Tel. 0162-2878707
www.burgenwein.de
ah@burgenwein.de

Inhaber
Alexander Häßler
Rebfläche
1,2 Hektar
Produktion
5.000 Flaschen

BESUCHSZEITEN

nach Vereinbarung

Alexander Häßler hat 2015 als Quereinsteiger einen Betrieb übernommen, den er seitdem unter dem ungewöhnlichen Namen Burgenweingut führt. Benannt ist es nach jenem Burgen, das Teil der historischen Grafschaft Veldenz war und sich im Frohnbachtal befindet, einem Seitental der Mosel, wenige Kilometer flussaufwärts von Bernkastel. Alexander Häßler bewirtschaftet 1,2 Hektar, davon 97 Prozent Riesling und lediglich 3 Prozent Spätburgunder. Häßlers Reben befinden sich in der Brauneberger Juffer, in den Burgener Lagen Kirchberg und Hasenläufer sowie in der Veldenzer Sonnenlay. Der Burgener Kirchberg, direkt hinter der Kirche gelegen, ist ein überwiegend südost- bis ostexponierter Weinberg mit weichem Schieferboden, der Hasenläufer ist überwiegend west- bis südwestexponiert, besitzt einen Devonschieferboden mit hohem Humusgehalt, teilweise stark mit Ton durchsetzt. Alexander Häßler baut außer Riesling auch Spätburgunder an, alle Reben wachsen in Steillagen. Im Jahre 2015 erzeugte Häßler seine ersten Weine: zwei trockene Rieslinge sowie einen Crémant rosé; beraten wurde er dabei von Michael Acker, der lange Zeit Betriebsleiter des Weinguts Schumacher in der Pfalz war und nun als beratender Önologe aktiv ist.

Kollektion

Bereits die vor zwei Jahren verkosteten Weine hatten uns gut gefallen – sowohl der Gutsriesling als auch jener von alten Reben aus der Lage Hasenläufer. Vorgestellt wurden diesmal, nicht verwunderlich angesichts der kleinen Fläche des Betriebes, lediglich drei Weine, aber die haben es in sich. Der 2015er Schaumwein Blanc de Noir wurde nicht weniger als 30 Monate auf der Hefe gereift und zeigt eine schöne Fülle, die von der Säure auf sehr animierende Weise abgepuffert wird; der Versuchung, zu viel Alkohol in einen Sekt zu integrieren, widersteht Alexander Häßler glücklicherweise. Der Riesling aus dem Jahrgang 2016 ist kraftvoll, würzig, trocken und stoffig, ohne es an Frische und Spiel mangeln zu lassen. Ein sehr erfreulicher, animierender Wein, der ein beachtliches Preis-Leistungs-Verhältnis aufweist. Der in kleinen Mengen vermarktete Spätburgunder (ebenfalls 2016) wurde 18 Monate im Barrique gereift und beeindruckt mit einer beachtlichen Balance und Würze.

Weinbewertung

87 2015 Sekt „Blanc de Noir" **12 %/18,- €**
87 2016 Riesling **12 %/8,- €** ☺
88 2016 Spätburgunder **12 %/22,- €**

Häussermann

★★☆

KONTAKT

Seestraße 6
71336 Waiblingen-Neustadt
Tel. 07151-83483
Fax: 07151-272541
www.bioweingut-häussermann.de
mail@haeussermann-weingut.de

Inhaber
Albert Häußermann
Rebfläche
3,5 Hektar
Produktion
25.000 Flaschen

BESUCHSZEITEN

Di. + Fr. 16-19 Uhr, gerne auch nach Vereinbarung

Seit 1735 betreibt die Familie Häußermann Landwirtschaft in Neustadt im Remstal, heute ein Stadtteil von Waiblingen. 1996 übernahmen Marlene und Albert Häußermann den Wein- und Obstbaubetrieb am Sö(h)renberg und begannen mit der Selbstvermarktung, 2010 erfolgte die Umstellung auf biodynamische Bewirtschaftung, seit 2014 sind sie biodynamisch zertifiziert, bei Ecovin und bei Demeter. Ihre Weinberge liegen im Neustadter Söhrenberg, einem Südwest- bis Südost-exponierten Hang, wo der Boden aus lehmigem Ton auf Gipskeuper besteht, sowie im östlichen Remstal im Bürger Schlossberg, einer kleinen, recht hoch gelegenen Steillage mit Keuperböden. Trollinger nimmt 30 Prozent der Rebfläche ein, Riesling 20 Prozent, es folgen Spätburgunder, Lemberger, Merlot, Sauvignon Blanc, Muskattrollinger, Cabernet Dorsa, Traminer und Dornfelder. Seit dem Jahrgang 2013 werden alle Weine spontanvergoren, der Ausbau erfolgt teils im Edelstahl, teils im Holz.

Kollektion

Die neue Kollektion hat Spannendes zu bieten, schrieben wir im vergangenen Jahr – und die diesjährige Kollektion ist nochmals spannender, bietet einige hochinteressante Weine. Den kraftvollen, zupackenden auf der Maische vergorenen Orange-Riesling beispielsweise. Oder den Riesling „wild + frei" aus einem „frei gewachsenen" Weinberg, die Haupttriebe unbeschnitten: Drei Wochen Maischestandzeit, im 500 Liter-Fass vergoren – ein druckvoller, eindringlicher Wein. Komplex, wenn auch recht süß, ist der Sekt, hoch das gesamte Niveau. Der Merlot ist fruchtbetont und reintönig, der Reserve-Merlot kraftvoller, allerdings wird die Frucht etwas von Barriquenoten überlagert. Besser gefällt uns der Reserve-Spätburgunder mit seiner Fülle, Kraft und reifen Frucht, noch besser der Reserve-Lemberger, der rauchige Noten zeigt, gute Struktur besitzt, Fülle und Kraft und reintönige Frucht. Eine wahrlich spannende Kollektion!

Weinbewertung

86 2016 Pinot Rosé Sekt trocken Neustadter Söhrenberg **12,5 %/14,50 €**
84 2016 Riesling trocken „Alte Reben" Neustadter Söhrenberg **12,5 %/7,50 €**
86 2015 Riesling trocken „Gipskeuper" (Orangewein) Söhrenberg **12,5 %/9,80 €**
88 2016 Riesling trocken „500 wild + frei" Neustadter Söhrenberg **13 %/15,- €**
84 2016 Muskattrollinger Rosé trocken Burger Schlossberg **12 %/8,80 €**
86 2015 Merlot trocken Burger Schlossberg **14 %/10,80 €**
87 2013 Lemberger trocken „kleines Holzfass" **13,5 %/10,80 €**
83 2016 Spätburgunder trocken **12,5 %/7,50 €**
88 2014 Spätburgunder trocken „Reserve" Neustadter Söhrenberg **13,5 %/15,- €**
89 2015 Lemberger trocken „Réserve" Neustadter Söhrenberg **14 %/20,- €**
87 2015 Merlot trocken „Réserve" Burger Schlossberg **14 %/20,- €**

HAHNMÜHLE

★★★☆

KONTAKT

Alsenzstraße 25
67822 Mannweiler-Cölln
Tel. 06362-993099
Fax: 06362-4466
www.weingut-hahnmuehle.de
info@weingut-hahnmuehle.de

Inhaber
Peter & Martina Linxweiler
Kellermeister
Johannes Linxweiler
Rebfläche
16 Hektar
Produktion
90.000 Flaschen

BESUCHSZEITEN

Mo.-Sa. 8-12 + 14-18 Uhr, Sa. 9-15 Uhr und nach Vereinbarung

Martina und Peter Linxweiler bewirtschaften ihr Weingut im Alsenztal – einem Seitental der Nahe – seit 1987 ökologisch, konsequenterweise versorgt eine eigene Wasserkraftanlage in der ehemaligen Getreidemühle den Betrieb mit Strom. Wichtigste Rebsorte ist der Riesling, der gut die Hälfte der Rebfläche einnimmt. Dazu gibt es Gewürztraminer, Silvaner, Chardonnay, Weißburgunder, sowie Spätburgunder als wichtigste rote Sorte. Der Alisencia genannte Riesling stammt aus einer Schieferlage, dem Alsenzer Elkersberg. Diese Steillage ist schon lange die Spitzenlage der Hahnmühle, zu der sich mit dem 2015er Jahrgang eine Parzelle im von Vulkangestein geprägten Ebernburger Schlossberg gesellt. Die weiteren Weinberge liegen im Cöllner Rosenberg, den Oberndorfer Lagen Beutelstein und Aspenberg und in der südlichsten Lage des Anbaugebiets Nahe, dem Steckweiler Mittelberg. Seit dem Jahrgang 2016 ist Sohn Johannes für den Ausbau der Weine verantwortlich.

Kollektion

Drei der vier trockenen Rieslinge, die auch in diesem Jahr wieder das Sortiment der Hahnmühle anführen, wurden neun Monate im großen Holzfass auf der Feinhefe ausgebaut: Der Schlossberg zeigt kräutrige und steinige Würze, etwas Zitrus und Apfel, ist kraftvoll, elegant und nachhaltig, der Elkersberg zeigt etwas mehr Frucht, Aprikose, Ananas und Orangenschale, besitzt Grip und auch feine, nachhaltige mineralische Würze, der Aspenberg zeigt viel klare, gelbe Frucht und etwas roten Apfel, besitzt feinen Druck und salzige Länge. Dazu kommt der Alisencia, der wie immer sehr elegant und animierend ist, kräutrige Noten, Druck und Länge besitzt. Der Steingrubener Silvaner von 40 Jahre alten Reben zeigt viel reintönige Frucht und erdige Würze, ist animierend und lang, der im großen Holz vergorene Oberndorfer Weißburgunder zeigt dezente Holzwürze, besitz Saft und Schmelz und ist elegant.

Weinbewertung

85 2017 Blauer Silvaner **12,5 %/7,80 €**
86 2017 Riesling + Roter Traminer trocken **12,5 %/8,80 €**
87 2017 Silvaner trocken „Steingrubener" **12 %/9,90 €**
84 2017 Riesling trocken „Alter Wingert" **12,5 %/8,40 €**
87 2017 Weißburgunder trocken Oberndorfer **12,5 %/10,20 €**
88 2017 Riesling trocken „Alisencia" **12,5 %/12,80 €**
90 2017 Riesling trocken Alsenzer Elkersberg **12,5 %/18,50 €**
90 2017 Riesling trocken Ebernburger Schlossberg **13 %/22,50 €**
89 2017 Riesling trocken Oberndorfer Aspenberg **12,5 %/19,50 €**
86 2017 Riesling Spätlese Steckweiler Mittelberg **9,5 %/10,80 €**

HAHN PAHLKE

★☆

KONTAKT

Kirchgasse 1
67271 Battenberg
Tel. 06359-2118
Fax: 06359-92036
www.hahn-pahlke.de
info@hahn-pahlke.de

Inhaber
Wolfgang Pahlke
Rebfläche
18 Hektar
Produktion
60.000 Flaschen

BESUCHSZEITEN

Mo.-Sa. 8-12 + 13-18 Uhr

Seit rund 150 Jahren wird von der Familie in Battenberg Wein angebaut, in den 1950er Jahren wurde der ehemalige Gemischtbetrieb ganz auf den Wein ausgerichtet. Seit 1991 führen Carla und Wolfgang Pahlke das Weingut in siebter Generation, 2012 stieg Sohn Thomas nach seiner Lehre bei Neiss und Horcher, Praktika in der Wachau, auf Mallorca, in Neuseeland und Südafrika und seinem Abschluss als Weinbautechniker in den elterlichen Betrieb ein. Das Sortiment ist gegliedert in Guts-, Orts-, Lagen- und die unter der Regie von Thomas Pahlke entstehenden Premiumweine. Zu 60 Prozent werden weiße Sorten angebaut, wichtigste Sorte ist der Riesling, daneben gibt es Spätburgunder, Grauburgunder, Portugieser und Dornfelder, aber auch Sorten wie Cabernet Sauvignon, Sauvignon Blanc, Chardonnay und Chenin Blanc, der 2011 gepflanzt wurde. 2016 wurde mit der Umstellung auf ökologischen Weinbau begonnen.

Kollektion

Zu unserem Favoriten der vergangenen Jahre, dem Chardonnay Réserve, der viel röstige Würze zeigt, aber auch klare gelbe Frucht und gute Substanz besitzt, gesellen sich in diesem Jahr zwei weitere Spitzen: Die Beerenauslese zeigt Aprikosen- und Quittenfrucht, ist konzentriert und cremig mit frischer Säure, die 20 Monate in Barriques ausgebaute Cuvée Roter Hahn braucht etwas Luft, zeigt dann dunkle Beerenfrucht und Röstnoten, ist kraftvoll, harmonischer als der ebenfalls ganz auf Kraft setzende Pinot Noir, bei dem sich etwas der Alkohol bemerkbar macht. Der Riesling Alpha zeigt kalkig-mineralische Noten, ist konzentriert, animierend, der Chenin Blanc, der im vergangenen Jahr ganz vom Holz dominiert wurde, ist in diesem Jahr harmonischer und mit seinen Aromen von Honigmelone sehr sortentypisch. —

Weinbewertung

82 2017 Riesling trocken Kleinkarlbacher **12,5 %/7,- €**
83 2017 Sauvignon Blanc trocken Kleinkarlbacher **12,5 %/8,- €**
84 2017 Riesling trocken „Grasweg" **12,5 %/9,- €**
82 2017 Weißburgunder trocken Neuleininger **12 %/7,- €**
84 2017 Grauburgunder trocken „Mönchacker" **13,5 %/9,- €**
85 2017 Chardonnay trocken Weisenheimer Mandelgarten **13,5 %/9,- €**
86 2016 Chenin Blanc trocken **13 %/12,50 €**
86 2016 Riesling trocken „Alpha" **13 %/12,50 €**
87 2016 Chardonnay trocken „Réserve" Mandelgarten **13,5 %/16,50 €**
83 2017 Riesling Kabinett „feinherb" Kleinkarlbacher **9,5 %/8,- €**
88 2017 Riesling Beerenauslese „edelsüß" Frauenländchen **8 %/19,50 €/0,375l**
87 2015 „Roter Hahn" Rotwein trocken **13,5 %/18,50 €**
85 2015 Pinot Noir trocken **13,5 %/16,50 €**

KARL HAIDLE

★★★★☆

KONTAKT

Hindenburgstraße 21
71394 Kernen-Stetten
Tel. 07151-949110
Fax: 07151-46313
www.weingut-karl-haidle.de
info@weingut-karl-haidle.de

Inhaber
Moritz Haidle
Rebfläche
25 Hektar
Produktion
160.000 Flaschen

BESUCHSZEITEN

Mo.-Fr. 9-12 + 13-18 Uhr,
Sa. 9-13 Uhr

Karl Haidle begann 1949 mit damals einem halben Hektar Reben mit der Selbstvermarktung. Hans Haidle, der den Betrieb 1968 mit damals eineinhalb Hektar übernahm, hat zusammen mit Ehefrau Susanne die Rebfläche vergrößert und das Weingut als Spitzen-Betrieb in Württemberg etabliert. Inzwischen hat Sohn Moritz den Betrieb übernommen, der in Geisenheim studierte, Praktika im Inland, aber auch in Australien, Kalifornien und Burgund absolvierte. Die Weinberge liegen alle im Remstal, vor allem in Stetten, wo das Weingut seinen Sitz hat. Moritz Haidle ist vor allem in den Stettener Lagen Pulvermächer, Häder und Mönchberg vertreten, in der Schnaiter Burghalde sowie in Strümpfelbach. Der Boden im Pulvermächer, wo das Weingut seine Spitzenrieslinge erzeugt, ist von Keuper-Verwitterungsgestein geprägt. Im Mönchberg, einer der wärmsten Lagen im Remstal, baut Moritz Haidle überwiegend rote Sorten an, ebenso in der Burghalde in Schnait. Wichtigste Rebsorte ist der Riesling, der knapp 40 Prozent der Weinberge einnimmt. Dazu gibt es an weißen Sorten Grauburgunder, Weißburgunder, Chardonnay, Kerner, Müller-Thurgau und Gewürztraminer. Wichtigste rote Sorten sind Lemberger, Spätburgunder und Trollinger, aber es gibt auch ein wenig Dornfelder, Zweigelt und Acolon, auch Cabernet Franc und Cabernet Sauvignon, die für Cuvées genutzt werden. An der Spitze des Sortiments stehen die Großen Gewächse: Der Riesling aus dem Pulvermächer, der Spätburgunder aus der Burghalde und der Lemberger aus dem Mönchberg, zu denen sich mit dem Jahrgang 2012 erstmals auch ein Weißburgunder aus dem Mönchberg gesellte. Mit dem Jahrgang 2014 gab es eine weitere Neuerung: Aus dem Mönchberg-Lemberger wurden zwei, da Moritz Haidle sich entschied, die Weine aus den Teillagen Gehrnhalde und Berge gesondert auszubauen. Auf gleicher Ebene sind die „Passion" genannten Weine angesiedelt, Barriqueweine von Chardonnay, Zweigelt und Dornfelder, sowie die rote Spitzencuvée Ypsilon, die erstmals 1997 erzeugt wurde und in der Lemberger die Hauptrolle spielt, hinzu kommen in unterschiedlichen Anteilen Zweigelt oder Acolon, in den letzten Jahren auch Cabernet Sauvignon und Cabernet Franc. Wenn es der Jahrgang erlaubt, werden auch edelsüße Rieslinge erzeugt. Moritz Haidle hat 2014 den Keller allein „geschmissen", hat keinen angestellten Kellermeister mehr, hat alle Weine, so es möglich war, spontanvergoren. Die Rieslinge vergärt er wieder in den alten, traditionellen Holzfässern und lässt sie deutlich länger auf der Hefe. Bei den Rotweinen strebt er einen etwas dezenteren Holzeinsatz und niedrigere Alkoholwerte an. 2014 wurde mit der zertifizierten Umstellung auf ökologischen Weinbau begonnen.

Kollektion

Ausschließlich Riesling und Blaufränkisch/Lemberger hat Moritz Haidle uns dieses Jahr vorgestellt, Weine aus den beiden Sorten, auf die er sich konzentrieren will; was aber nicht heißt, dass es nicht doch noch anderes gibt, bei der Vorpremiere der Großen Gewächse in Wiesbaden konnten wir den hervorragenden Burghalde-Spätburgunder verkosten, auf den Ypsilon allerdings, einen unserer Württemberger Lieblingsweine, mussten wir dieses Jahr verzichten. Ritzling heißt der Basis-Riesling, er ist frisch und zupackend, der Schilfsandstein deutlich kraftvoller, besitzt gute Struktur und Frucht. Eine weitere Steigerung bringt der Häder-Riesling, der füllig und saftig ist, reife Frucht und Substanz besitzt. Noch jugendlich und verschlossen ist der Pulvermächer, kompakt, besitzt viel Substanz – und dass man ihn jung nicht trinken sollte, zeigen die derzeit prächtigen Weine der Jahrgänge 2013 und 2014. Anscheinend will Moritz Haidle auch die süße Riesling-Klaviatur spielen, gleich vier süße Weine hat er präsentiert. Der Pfeffer genannte Kabinett ist lebhaft, frisch und zupackend, der Kabinett aus dem Pulvermächer recht duftig, deutlich süßer. Die Auslese ist intensiv und dominant bei viel Substanz, die Trockenbeerenauslese zeigt kandierte Früchte und getrocknete Feigen, ist konzentriert, stoffig, dick. Zum Rotwein: Der Blaufränkisch Bunter Mergel betört mit Frische und Frucht, der als Fassprobe verkostete Häder-Lemberger ist herrlich eindringlich und reintönig. Stark die Großen Gewächse: Gehrnhalde kirschduftig, reintönig, präzise, zupackend, Berge (unsere leichte Präferenz) kraftvoll, ebenso reintönig, präzise, kräftige Tannine. Klasse Kollektion!

Moritz und Hans Haidle

Weinbewertung

84	2017 Riesling trocken „Ritzling" **11,5 %/6,90 €**
86	2017 Riesling trocken „Schilfsandstein" Stettener **12,5 %/9,90 €**
88	2017 Riesling trocken Stettener Häder **13 %/16,20 €**
91	2013 Riesling „GG" Stettener Pulvermächer **13 %**
92	2014 Riesling „GG" Stettener Pulvermächer **13 %**
91	2017 Riesling „GG" Stettener Pulvermächer **13 %/32,- €**
86	2017 Riesling Kabinett „Pfeffer" Stettener **11 %/9,90 €**
86	2017 Riesling Kabinett Stettener Pulvermächer **8,5 %/16,40 €**
90	2017 Riesling Auslese Stettener Pulvermächer **7 %/16,- €/0,375l**
92	2017 Riesling Trockenbeerenauslese Stettener Pulvermächer **6,5 %/0,375l**
86	2017 Blaufränkisch trocken „Bunter Mergel" **12 %/9,90 €**
(89)	2017 Lemberger trocken Stettener Häder **13 %/16,40 €**
92	2014 Blaufränkisch „GG" „Berge" Stettener Mönchberg **14 %**
93	2016 Lemberger „GG" „Berge" Stettener Mönchberg **14 %/38,- €**
92	2016 Lemberger „GG" „Gehrnhalde" Stettener Mönchberg **14 %/48,- €**

LAGEN

PULVERMÄCHER (STETTEN)
MÖNCHBERG (STETTEN)
– GEHRNHALDE
– BERGE
HÄDER (STETTEN)
LINDHÄLDER (STETTEN)
BURGHALDE (SCHNAIT)
HINTERE KLINGE (ENDERSBACH)

REBSORTEN

RIESLING (38 %)
LEMBERGER (15 %)
SPÄTBURGUNDER (10 %)
TROLLINGER (10 %)

H

Hain

★★★★

KONTAKT

Am Domhof 5
54498 Piesport
Tel. 06507-2442
Fax: 06507-6879
www.weingut-hain.de
weingut-hain@t-online.de

Inhaber
Gernot Hain
Rebfläche
10 Hektar
Produktion
70.000 Flaschen

BESUCHSZEITEN

Mo.-Fr. 9-18 Uhr, Sa./So. nach Vereinbarung
Weinhotel „Piesporter Goldtröpfchen"

Das Weingut Hain ist ein klassischer Familienbetrieb, der seit langer Zeit in Piesport verwurzelt ist und seine Tradition auf das 17. Jahrhundert zurückführt. Kurt Hain, der Vater des heutigen Inhabers Gernot Hain, begleitete die Erfolge des Betriebes mit, verstarb 2016 im Alter von 82 Jahren. Gernot Hains Weinberge liegen alle in Piesport, vor allem in den Lagen Goldtröpfchen und Domherr. Er baut auf einer Fläche von inzwischen 10 Hektar zu 85 Prozent Riesling an, hinzu kommen jeweils 5 Prozent Weißburgunder, Spätburgunder und Chardonnay. Die Weine baut Gernot Hain überwiegend im Edelstahl aus, zu einem kleinen Teil auch in Holzfässern, den Spätburgunder im Barrique. Etwa die Hälfte der Weine wird trocken oder halbtrocken und feinherb ausgebaut, sowohl aus dem Piesporter Goldtröpfchen wie aus dem Domherr, in denen das Weingut zu den wichtigsten Besitzern zählt. Der Riesling von alten Reben und der Felsterrassen-Riesling signalisieren eine besondere Qualität innerhalb des Goldtröpfchens. In der Spitze sind immer wieder Auslesen, aber auch Beerenauslesen zu bewundern, aber auch Eiswein wurde bereits erzeugt, wenn die Bedingungen es zuließen. Seit der ersten Ausgabe empfehlen wir die Weine Gernot Hains, schon damals zählten wir ihn zur Spitze in Piesport, schon damals reüssierte er gleichermaßen mit trockenen und süßen Rieslingen. Seine Weine waren immer schon bestechend reintönig und fruchtbetont, sie zeigen Finesse und Länge, bringen den Charakter des Piesporter Goldtröpfchen ausgezeichnet zum Ausdruck, auch wenn man die Vorzüge der Lage Domherr nicht vergessen sollte. Mit dem Goldtröpfchen verbindet Gernot Hain übrigens eine besondere Beziehung: Bereits im Jahre 1875 verkaufte ein Vorfahr nachweislich Flaschen des Jahrgangs 1868 mit dieser Lagenbezeichnung, wie ein altes Verkaufsjournal beweist, das Gernot Hains Vater vor einiger Zeit aufstöberte. Sechs Mark für eine Flasche Goldtröpfchen-Wein waren auch damals eine durchaus beachtliche Summe Geld. Zum 150. Jubiläum des Goldtröpfchens im Sommer 2018 engagierte sich Gernot Hain deshalb auch stark, stellte sowohl jüngere als auch gereifte Weine vor. Zum Weingut gehört auch das Hotel Piesporter Goldtröpfchen, für das vor allem Gernot Hains Frau Susanne zuständig ist. Sogar ein eigenes Gutsrestaurant wird geführt, das kurz vor Weihnachten bis zum März geschlossen ist, das aber in der restlichen Zeit den familiären, aber stilvollen Aufenthalt mit ausgezeichneter Weinbegleitung ermöglicht.

Kollektion

Mit dem reifen Jahrgang 2015 hatte Gernot Hain sehr gut umgehen können, und was die 2016er anging, konnte sogar von einem fabelhaft gelungenen Jahrgang gesprochen werden. Vor allem die Basisweine zeigten in ihrer straffen, nachhaltigen Art, dass sich das Weingut nicht nur mit der Spitze

befasst, sondern auch den Basisweinen eine nicht selbstverständliche Aufmerksamkeit zuteil werden lässt. Die 2017er können da erfreulicherweise anschließen, auch wenn sich der eine oder andere Wein bei der Verkostung noch verschlossen zeigt. Wieder mal zeigt sich, dass Gernot Hain der Basis seines Sortiments besonders viel Aufmerksamkeit widmet und dass das Weingut seinen Stil gefunden hat. Fest, würzig, trocken präsentiert sich der Basisriesling. Nochmals deutlich spannender ist der trockene Kabinettwein aus dem Goldtröpfchen, rassig, mit etwas CO2, aber auch viel Substanz – mehr Struktur ist hier zu finden, als bei den meisten Kabinetten üblich ist. Bei den beiden trockenen Spitzenweinen dann ein deutlicher Unterschied. Elegant, fein, saftig: der Goldtröpfchen-Riesling, der allerdings sehr unzugänglich wirkt. Deutlich offener der trockene Domherr-Riesling. Er ist auf den ersten Eindruck zwar nicht spektakulär, auf den zweiten aber sehr fein mit Anklängen an Hefe und Steinobst, im Mund dann kraftvoll, puristisch, ausgestattet mit beachtlicher Fülle und langem Nachhall. Im feinherben Bereich sind die Alten Reben zu erwähnen, sehr ruhig, noch leicht hefig, saftig mit schmeckbarer Süße, aber langem Nachhall. Auch hier gilt es noch abzuwarten. Den restsüßen Kabinett mag man im ersten Moment unterschätzen, er ruht in sich selbst, ist fein, und würzig. Elegant und animierend dann die Domherr-Spätlese, während die „Felsterrassen"-Spätlese offensiv wirkt, kraftvoll, dicht und deutlich süßer, ohne ins Rustikale abzugleiten. Die Auslese ist in einem komplett anderen Stil gehalten: cremig in der Nase, mit Steinobst-, aber auch Blütennoten, saftig, mit hintergründiger Mineralität und einer eher verhaltenen Süße. Übertreibungen sind eben auch in diesem Bereich nie die Sache Gernot Hains, es geht nie um die Erreichung von Mostgewichten um jeden Preis.

Gernot Hain

H

Weinbewertung

86	2017 Riesling trocken Piesporter **11,5 %/7,- €**
88	2017 Riesling Kabinett trocken Piesporter Goldtröpfchen **11,5 %/8,50 €**
89	2017 Riesling trocken*** Piesporter Goldtröpfchen **12,5 %/13,50 €**
91	2017 Riesling trocken*** Piesporter Domherr **12,5 %/13,50 €**
87	2017 Riesling Kabinett „feinherb" Piesporter Goldtröpfchen **10,5 %/8,50 €**
87	2017 Riesling Spätlese „feinherb" Piesporter Goldtröpfchen **11 %/12,- €**
90	2017 Riesling „feinherb" Alte Reben"" Piesporter Goldtröpfchen **11 %/14,50 €**
88	2017 Riesling Kabinett Piesporter Goldtröpfchen **8 %/8,50 €**
89	2017 Riesling Spätlese Piesporter Goldtröpfchen **8 %/12,- €**
91	2017 Riesling Spätlese „Felsterrassen" Goldtröpfchen **8 %/14,50 €**
89+	2017 Riesling Spätlese Piesporter Domherr **8 %/13,50 €**
92	2017 Riesling Auslese Piesporter Goldtröpfchen **8 %/21,- €**

LAGEN

GOLDTRÖPFCHEN (PIESPORT)
DOMHERR (PIESPORT)

REBSORTEN

RIESLING (85 %)
WEISSBURGUNDER (5 %)
CHARDONNAY (5 %)
SPÄTBURGUNDER (5 %)

FRANK J. HALLER

★★

KONTAKT

Masurenstraße 60
70374 Stuttgart
Tel. 0711-51882710
www.weingutfrankjhaller.de
mail@weingutfrankjhaller.de

Inhaber Frank J. Haller
Rebfläche 3 Hektar
Produktion 15.000 Flaschen

BESUCHSZEITEN

Sa. 10-14 Uhr und nach Vereinbarung

Frank Haller stammt nicht aus einer Winzerfamilie: Er absolvierte zunächst eine Lehre zum Hotelfachmann, schloss dann eine Winzerlehre bei Hans Haidle an, nach seiner Ausbildung zum Weinbautechniker arbeitete er sechs Jahre als Kellermeister bei Haidle in Stetten. Mit dem Jahrgang 2007 brachte Frank Haller seine ersten eigenen Weine auf die Flasche. Seine Weinberge liegen im Cannstatter Zuckerle und im Stuttgarter Kriegsberg, inzwischen ist er auch am Nordrand der Schwäbischen Alb in der Beurener Schlosssteige vertreten. Bei den roten Sorten, die 60 Prozent der Fläche einnehmen, liegt der Schwerpunkt auf Lemberger, Spätburgunder und Trollinger, dazu gibt es Zweigelt, sowie inzwischen auch Cabernet Franc. Bei den weißen Sorten überwiegt Riesling, dazu gibt es Silvaner sowie etwas Muskateller und inzwischen auch Chardonnay.

Kollektion

So viele Weine wie bisher noch nie hat Frank Haller uns dieses Jahr präsentiert – die Kollektion ist aber natürlich noch immer überschaubar. Der Trollinger Rosé Sekt ist harmonisch und süffig, recht süß, besitzt feine Frische und reintönige Frucht: Ein schöner Einstieg. Das gilt auch für die weiße Cuvée 0711, die aus Riesling und Silvaner besteht, frisch und lebhaft ist, klar und zupackend wie auch der würzige Gutsriesling. Der sehr gute Muskateller besticht mit reintöniger Frucht, guter Struktur und Frische, noch etwas besser gefällt uns der als Fassprobe verkostete Silvaner aus Beuren, der konzentriert und füllig ist, reife Frucht besitzt, gute Struktur und Substanz besitzt – ein kraftvoller, auf Haltbarkeit vinifizierter Silvaner. Aus dem Cannstatter Zuckerle stammen drei recht gleichmäßige Rotweine: Der Spätburgunder ist fruchtbetont und reintönig, besitzt gute Struktur, feine Frische und Grip, der Zweigelt, als Fassprobe verkostet, ist kraftvoll und zupackend, wunderschön reintönig und strukturiert, der Lemberger schließlich, dem unsere Präferenz gilt, ist herrlich eindringlich und reintönig, frisch und zupackend, besitzt klare reife Frucht und Biss. Stimmige, sehr gleichmäßige Kollektion! ▬

Weinbewertung

84	2016 Trollinger Rosé Sekt brut **12,5 %/13,- €**
84	2017 „0711" Weißwein trocken **12 %/7,50 €**
83	2017 Riesling trocken **12,5 %/8,- €**
(86)	2017 Silvaner trocken Beuren **12 %/9,- €**
85	2017 Muskateller trocken **12 %/9,- €**
81	2016 „0711" Rotwein trocken **12,5 %/9,- €**
86	2015 Lemberger trocken Cannstatter Zuckerle **13,5 %/13,50 €**
(85)	2017 Zweigelt trocken Cannstatter Zuckerle **13,5 %/16,- €**
84	2015 Spätburgunder trocken Cannstatter Zuckerle **13,5 %/16,- €**

Bastian Hamdorf

★★

KONTAKT

Weingartenstraße 5
63911 Klingenberg
Tel. 09372-9290025
www.weingut-bastian-hamdorf.de
info@weingut-bastian-hamdorf.de

Inhaber
Bastian Hamdorf
Rebfläche
1,5 Hektar

BESUCHSZEITEN

nach Vereinbarung

Bastian Hamdorf ist Quereinsteiger, auf der Insel Föhr geboren und dort und dann in der Mitte Schleswig-Holsteins aufgewachsen, und es dauerte mehr als dreißig Jahre bis er sich dem Wein annäherte, erste Erfahrungen bei Gutzler in Rheinhessen und dann bei Neumeister in der Südost-Steiermark sammelte. Dann studierte er in Geisenheim, sammelte Erfahrungen bei Pegasus Bay in Neuseeland und vier Jahre lang bei FX Pichler in der Wachau, anschließend arbeitete er vier Jahre als Kellermeister und Betriebsleiter bei Fürst Löwenstein bevor er 2016 sein eigenes Weingut gründete;, zwei Jahre zuvor hatte er den ersten Weinberg im Großheubacher Bischofsberg erworben. Er besitzt Terrassenweinberge im Klingenberger Schlossberg und im Großheubacher Bischofsberg, die Weinberge werden biologisch bewirtschaftet, 2018 wurde die dreijährige Umstellungsphase beendet; 2018 erwarb er weitere Weinberge im Schlossberg mit über 80 Jahre altem Portugieser und 60 Jahre altem Spätburgunder. Neben diesen Sorten gibt es Silvaner und Riesling, ein wenig Domina und Blaufränkisch. Die Weine werden überwiegend im Tonneau oder Barrique lange auf der Hefe ausgebaut und spät abgefüllt.

Kollektion

Eine sehr eigenständige, ungewöhnliche Kollektion mit Weinen der Jahrgänge 2014 und 2015 präsentiert Bastian Hamdorf zum Debüt. Der 2014er Riesling, im Stahltank ausgebaut, besitzt Fülle, Saft und reife süße Frucht, der 2015er, im Tonneau ausgebaut, besitzt gute Struktur, Substanz und reife süße Frucht. Die Sylvaner, im Tonneau ausgebaut, zeigen rauchige Noten, besitzen Kraft, reife Frucht und Substanz, der 2014er zeigt etwas Vanillenoten, der 2015er ist deutlich fruchtbetonter. Die rote Cuvée ist füllig, besitzt reife Frucht und schöne Frische, der im Barrique ausgebaute Portugieser zeigt feine rauchige Noten, reintönige Frucht, ist kraftvoll, präzise, druckvoll und nachhaltig, sehr puristisch. Der im Tonneau ausgebaute 2015er Spätburgunder ist frisch und zupackend bei feiner Frucht, unsere Präferenz gilt dem im Barrique ausgebauten 2014er, der Kraft und reife Frucht besitzt, gute Struktur und Frische. Wir sind gespannt auf die weitere Entwicklung!

Weinbewertung

87 2014 Sylvaner **12,5 %/18,- €**
88 2015 Sylvaner **12 %/18,- €**
88 2014 Riesling **12 %/18,- €**
88 2015 Riesling **12 %/18,- €**
86 2015 Cuvée Rotwein **12 %/22,- €**
88 2014 Spätburgunder **12,5 %/28,- €**
86 2015 Spätburgunder **12 %/28,- €**
87 2015 Portugieser **11,5 %/32,- €**

Hammel

★

KONTAKT

Weinstraße Süd 4
67281 Kirchheim
Tel. 06359-86401
Fax: 06359-86431
www.weinhammel.de
info@weinhammel.de

Inhaber
Christoph, Thomas & Martin Hammel
Rebfläche
60,6 Hektar
Produktion
580.000 Flaschen

BESUCHSZEITEN

Mo.-Fr. 8-18:30 Uhr, Sa. 9-18 Uhr, So. 13-16 Uhr

Das Weingut Hammel ist seit 1723 im Familienbesitz, heute leiten die Brüder Christoph und Martin das Gut in achter Generation. Mit einer Produktion von rund 600.000 Flaschen ist das Gut ein Riese an der nördlichen Weinstraße. Angebaut wird eine Vielzahl von Sorten: Riesling, Müller-Thurgau, Scheurebe, Sauvignon Blanc, Chardonnay, Grau- und Weißburgunder, Silvaner, Grüner Veltliner, rote Sorten machen ungefähr ein Drittel der Rebfläche aus, darunter finden sich Dornfelder, Spätburgunder, Portugieser, St. Laurent und Cabernet Sauvignon.

Kollektion

Am besten gefällt uns in der aktuellen Hammel'schen Kollektion, aus der wir weniger Weine als gewohnt verkosten konnten, der kraftvolle und harmonische Spätburgunder vom Herrenberg mit vielen klaren Fruchtnoten nach Süß- und Sauerkirschen und feiner Holzwürze, der gute Substanz und Länge besitzt. Auch der im Halbstück ausgebaute Sauvignon Blanc zeigt feine Holzwürze, ist harmonisch und besitzt ein animierendes Säurespiel, der Riesling aus dem Herrenberg besitzt gute Konzentration, klare Frucht und kräutrige Würze und auch ein sehr guter Rosé ist wieder im Sortiment vertreten, er zeigt viel klare rote Frucht im Bouquet, Süßkirschen, Erdbeeren und leicht florale Noten. Die in Kooperation mit Simona Maier von der Hessischen Bergstraße entstandene Cuvée „Lirum Larum" ist frisch, schlank und sehr aromatisch, duftet nach Pfirsich, Cassis und Maracuja, der Grüne Veltliner „Retter & Hammel" erinnert aromatisch an Sauvignon Blanc, ist ganz fruchtbetont, während der im Doppelstück ausgebaute Veltliner etwas würziger ist und leicht pfeffrige Noten besitzt. Der Müller-Thurgau zeigt feine Muskatwürze und besitzt gute Länge, die restsüße „Liebfraumilch" ist fruchtbetont und harmonisch mit einem ausgewogenen Süße-Säure-Spiel. ▬

Weinbewertung

84 2017 „Lirum Larum" trocken „Maier & Hammel" **12 %/9,50 €**
85 2017 Müller-Thurgau trocken „Große Tradition" **12,5 %/9,50 €**
84 2017 Grüner Veltliner trocken „Retter & Hammel" **12,5 %/9,50 €**
82 2017 Scheurebe trocken Kirchheimer **12,5 %/7,50 €**
86 2017 Riesling trocken Kleinkarlbacher Herrenberg **12,5 %/12,50 €**
84 2017 Grüner Veltliner trocken „Doppelstück" **12,5 %/12,50 €**
87 2017 Sauvignon Blanc trocken „Halbstück" **12,5 %/12,50 €**
85 2017 „Liebfraumilch Premium Edition" Weißwein **12 %/12,50 €**
82 2017 Riesling „gegengerade" **12 %/8,90 €**
86 2017 „Für mich soll`s rote Rosen regnen" Rosé trocken **13 %/9,50 €**
88 2015 Spätburgunder trocken Kleinkarlbacher Herrenberg **14 %/25,- €**

Hauck

★☆

KONTAKT

Sonnenhof
55234 Bermersheim vor der Höhe
Tel. 06731-1272,3195
Fax: 06731-45652
www.weingut-hauck.de
vinum@weingut-hauck.de

Inhaber
Heinz-Günter & Heike Hauck
Betriebsleiter
Heinz-Günter Hauck, Jana Hauck
Rebfläche
28 Hektar

BESUCHSZEITEN

Mo.-Sa. 9-17 Uhr (mit Bitte um Anmeldung)
Weinproben, Weinseminare

Das von Heinz-Günter und Heike Hauck geführte Familienweingut ist in Bermersheim vor der Höhe zuhause, dem vermutlichen Geburtsort von Hildegard von Bingen. Ihre Weinberge liegen hauptsächlich in Bermersheim (Hildegardisberg, Klosterberg), aber auch in Ensheim (Kachelberg), Alzey und Albig (Hundskopf), die Reben wachsen auf tonreichen, kalksteindurchsetzten Böden. Zwei Drittel der Rebfläche nehmen weiße Rebsorten ein, vor allem Riesling, Silvaner, Weißburgunder, Grauburgunder und Müller-Thurgau, aber auch Auxerrois, Chardonnay und Sauvignon Blanc. Wichtigste rote Rebsorten sind Spätburgunder, Portugieser, St. Laurent, Regent und Dornfelder, sowie Merlot und Cabernet Sauvignon. 2017 ist Tochter Jana Hauck in den Betrieb eingestiegen.

Kollektion

Eine sehr gleichmäßige Kollektion präsentieren die Haucks in diesem Jahr. Der Weißburgunder im Liter ist frisch und geradlinig, der sortentypische, süffige Hildegard-Silvaner ist wie immer eine sichere Bank. Auch die saftige, füllige Kunststück genannte Cuvée aus Weißburgunder und Auxerrois ist von gewohnt zuverlässiger Qualität. Der Chardonnay ist geradlinig, der Riesling von alten Reben im Klosterberg füllig und saftig wie auch der Weißburgunder aus dem Hildegardisberg. Unsere leichte Präferenz im weißen Segment gilt wie so oft dem Grauburgunder aus dem Hildegardisberg, der reife Frucht im Bouquet zeigt, gelbe Früchte, gute Struktur, Fülle und Saft besitzt. Fast gleichauf sehen wir die saftig-süße Riesling Auslese. Die rote Cuvée aus Merlot und Cabernet Sauvignon ist uns im Jahrgang 2012 allzu tanninbetont, deutliche besser gefällt uns der 2015er Cabernet Sauvignon, der zwar ebenfalls sehr tanninbetont ist, aber mit Frische und klarer Frucht punktet. —

Weinbewertung

80	2017 Weißer Burgunder trocken (1l) **12 %/5,- €**
83	2017 Silvaner trocken „Hildegard“ **12,5 %/6,- €**
82	2017 Auxerrois trocken **12,5 %/8,- €**
84	2017 Weißer Burgunder Auxerrois trocken „Kunststück“ **12,5 %/7,50 €**
84	2017 Riesling Spätlese trocken „Alte Reben“ Klosterberg **12,5 %/7,50 €**
83	2017 Chardonnay Spätlese trocken Bermersheimer Hildegardisberg **13 %/8,- €**
84	2017 Weißer Burgunder Spätlese trocken Hildegardisberg **12,5 %/7,50 €**
86	2017 Grauer Burgunder Spätlese trocken Hildegardisberg **12,5 %/8,- €**
85	2017 Riesling Auslese Ensheimer Kachelberg **9 %/9,- €**
82	2017 „4 Rosés“ Rosé trocken **12,5 %/5,80 €**
83	2012 „essential Réserve“ Merlot & Cabernet Sauvignon trocken **14 %/12,- €**
85	2015 Cabernet Sauvignon trocken Ensheimer Kachelberg **14 %/9,80 €**

Hauer

★

Kontakt

In den Kornwiesen 1
67098 Bad Dürkheim
Tel. 06322-63375
Fax: 06322-981247
www.katharinenhof-hauer.de
info@weingut-hauer.de

H

Inhaber
Volker & André Hauer
Rebfläche
12 Hektar
Produktion
80.000 Flaschen

Besuchszeiten

Mi.-Fr. 9-12 + 13-17 Uhr, Sa. 9-13 Uhr oder nach Vereinbarung sowie zu den Öffnungszeiten des Gutsausschankes Katharinenhof

Das Weingut Hauer im Katharinenhof liegt direkt vor den Toren Bad Dürkheims. Volker Hauer begann 1980 seine Winzerlehre und richtete den ehemaligen landwirtschaftlichen Mischbetrieb ganz auf Weinbau aus. Die Weinberge befinden sich rund um Bad Dürkheim, in den Dürkheimer Lagen Michelsberg, Steinberg, Rittergarten, Feuerberg, Hochmess und Nonnengarten aber auch im Leistadter Kalkofen und im Kallstadter Steinacker, bei einem Hektar der Fläche erfolgt die Bodenbearbeitung schonend mit einem Pferd. Weiße Sorten nehmen 55 Prozent der Fläche ein, Riesling in erster Linie, aber auch Weißburgunder, Chardonnay, Silvaner, Gewürztraminer, Rivaner und Cabernet Blanc, an Rotweinen werden Spätburgunder, Schwarzriesling, Dornfelder, St. Laurent, Cabernet Sauvignon und Cabernet Mitos angebaut. Auf dem Katharinenhof gibt es neben dem Weingut noch einen Gutsausschank, Ferienwohnungen und Wohnmobilstellplätze.

Kollektion

Im vergangenen Jahr hatten wir über den auf der Maische vergorenen, ungeschönt und unfiltriert abgefüllten Riesling „OH" geschrieben, dass er von etwas Reifezeit profitieren werde – jetzt konnten wir ihn noch einmal verkosten und er hat sich deutlich entwickelt, wirkt nicht mehr so „wild", ist harmonisch, besitzt feine, herbe Zitrusfrucht, reifen Apfel, nur noch ganz dezente nussige Noten und ein feines, animierendes Säurespiel. Noch etwas besser gefällt uns der Riesling vom Steinberg, der viel Saft und Kraft, klare gelbe Frucht, feinen Grip und etwas kräutrige Würze besitzt. Wie schon im vergangenen Jahr können wir uns auch dieses Mal mit Volker Hauers wuchtigem, süßen Rotweinstil nicht so recht anfreunden. Die Weine haben durchaus Substanz und auch etwas Struktur, aber wir vermissen die Sortentypizität. Einzig der Cabernet Sauvignon ist an seinen dezenten Noten von schwarzen Johannisbeeren und etwas kräutriger Würze erkennbar, die Cuvée „Große Sau(se)" aus Cabernet Sauvignon, Cabernet Mitos und Dornfelder zeigt dunkle Frucht und etwas Noten von Rumtopf, ist unter den Rotweinen der am besten strukturierte.

Weinbewertung

82	2017 Weißburgunder trocken Dürkheimer **13 %/6,70 €**
81	2016 Riesling trocken „Tradition" Dürkheimer Rittergarten **12,5 %/7,70 €**
86	2017 Riesling trocken Dürkheimer Steinberg **13,5 %/9,50 €**
85	2016 Riesling trocken „OH" **11,5 %/10,20 €**
79	2012 Schwarzriesling trocken Dürkheimer Feuerberg **14 %/7,90 €**
80	2015 Schwarzriesling trocken „Stückfass" Dürkheimer Feuerberg **14 %/7,90 €**
81	2016 Cabernet Mitos trocken „Saustark" Dürkheimer Feuerberg **13,5 %/8,90 €**
82	2015 Große Sau(se) Rotwein trocken **14 %/10,50 €**
82	2015 Cabernet Sauvignon trocken **14,5 %/8,20 €**

Haupts

★

KONTAKT

Nikolausstraße 7
56814 Ediger-Eller
Tel. 02675-1592
Fax: 02675-911177
www.weingut-haupts.de
info@weingut-haupts.de

Inhaber
Karl Josef Haupts
Rebfläche
3 Hektar
Produktion
24.000 Flaschen

BESUCHSZEITEN

Mo.-Sa. nach Vereinbarung
Winzerstube (bis 45 Personen)

Seit Generationen betreibt die Familie Weinbau in Ediger-Eller. Karl Josef Haupts übernahm das Weingut von seinem Vater Rudi 1992, erweiterte seither den Betrieb. Seine Weinberge befinden sich in den Steillagen rund um Ediger-Eller, so in den Ediger Lagen Elzhofberg, Feuerberg und Osterlämmchen sowie im Ellerer Pfirsichgarten. Riesling nimmt vier Fünftel der Rebfläche ein, hinzu kommen Spätburgunder, Weißburgunder und Müller-Thurgau. Karl Josef Haupts pflanzte auch nach den Flurbereinigungen der achtziger und neunziger Jahre bis 2005 noch wurzelechte Reben. Die Weißweine werden im alten Gewölbekeller in Edelstahltanks ausgebaut. Sie werden gleichmäßig vergoren und bleiben lange auf der Hefe, Rotweine werden im Holz ausgebaut. Seit dem Abschluss seiner Weinbautechnikerschule in Bad Kreuznach im Jahr 2014 ist Sohn Johannes im Betrieb tätig. Zum Weingut gehört bereits seit 1988 eine Straußwirtschaft, die sich in einem restaurierten alten Fachwerkhaus befindet und von Ostern bis Mitte November geöffnet hat. Moderne Gästezimmer bieten die Möglichkeit zum Urlaub im Weingut.

Kollektion

Nach einer gleichmäßigen Kollektion 2015 und einer etwas weniger ausgewogenen 2016 hat das Weingut nun wieder ein homogenes Sortiment an Riesling, Rivaner und Spätburgunder vorzuweisen, wobei einige Weine bei der Verkostung noch etwas vom Schwefel geprägt schienen. Unter den trockenen Weinen gefallen der Kabinett-Riesling aus dem Feuerberg und der feste, stoffige „S"-Riesling aus dem Ediger Osterlämmchen am besten. Letzterer zeigt gut den Stil des Hauses: Kraftvoll, würzig, eindringlich. Etwas verhalten und merklich süß, aber mit guter Länge ausgestattet zeigt sich der feinherbe „Terrassen"-Riesling aus dem Elzhofberg. Die restsüße Spätlese wies bei der Verkostung neben Apfelwürze auch eine fast an Lorbeer erinnernde Kräuternote auf. Schließlich darf auch der Spätburgunder aus dem Jahrgang 2016 – klar, mit kühler, klarer Frucht – nicht unerwähnt bleiben.

Weinbewertung

81	2017 Rivaner trocken **11,5 %/5,50 €**
83	2017 Riesling Hochgewächs trocken Ediger Elzhofberg **11,5 %/6,50 €**
82	2017 Riesling Kabinett trocken Ediger Feuerberg **11,5 %/6,- €**
85	2016 Riesling trocken „S" Ediger Osterlämmchen **13 %/8,50 €**
83	2017 Riesling Hochgewächs halbtrocken Ellerer Pfirsichgarten **11,5 %/6,50 €**
84	2017 Riesling Kabinett Ediger Osterlämmchen **9,5 %/6,- €**
85	2017 Riesling „feinherb" „Terrassen" Ediger Elzhofberg **11,5 %/9,- €**
84	2017 Riesling Spätlese Ediger Elzhofberg **9 %/9,50 €**
84	2016 Spätburgunder trocken **13 %/7,- €**

HAUSKNECHT

★★

KONTAKT

Würzburger Straße 59
97250 Erlabrunn
Tel. 09364-2533
Fax: 09364-79346
www.weingut-hausknecht.de
info@weingut-hausknecht.de

H

Inhaber
Frank Hausknecht
Rebfläche
9,8 Hektar

BESUCHSZEITEN

Mo.-Sa. 8-18 Uhr und nach Vereinbarung
Heckenwirtschaft

Das Weingut Hausknecht war früher ein landwirtschaftlicher Gemischtbetrieb in Erlabrunn, der sich seit den achtziger Jahren ganz auf Wein- und Obstbau konzentrierte und die Rebfläche stetig vergrößerte. 1990 wurden die Betriebsgebäude erweitert, seit 1992 hat zweimal jährlich die Heckenwirtschaft geöffnet. Anfang der neunziger Jahre übernahm Frank Hausknecht den Betrieb von seinen Eltern Hans und Lydia. Seine Ehefrau Monika übernahm 2003 den elterlichen Betrieb in Escherndorf, weswegen sie Weinberge im Erlabrunner Weinsteig besitzen, aber auch im Escherndorfer Lump und in der Obereisenheimer Höll. Während Lump und Höll von reinem Muschelkalk geprägt sind, findet man im Weinsteig tiefgründigere Böden auf Muschelkalk, aber auch Ausläufer vom Buntsandstein. Weiße Rebsorten nehmen vier Fünftel der Rebfläche ein: Müller-Thurgau, Silvaner, Bacchus, Kerner, Scheurebe, Weißburgunder und Riesling. An roten Sorten bauen die Hausknechts Spätburgunder, Domina und Dornfelder an.

Kollektion

Eine starke Kollektion präsentiert Frank Hausknecht in diesem Jahr, mit einer Vielzahl sehr guter Spätlesen an der Spitze, die Kabinettweine sind klar und fruchtbetont. Die trockene Silvaner Spätlese von alten Reben im Lump besitzt feine Gelbfruchtaromatik, Fülle und Kraft, die trockene Riesling Spätlese, ebenfalls aus dem Lump, besitzt reintönige Frucht, Struktur und Substanz, auch die süße Variante überzeugt mit Fülle und Saft. Aus der Obereisenheimer Höll stammt der fruchtbetonte, geradlinige Weißburgunder, die im Barrique ausgebaute Variante aus dem Jahrgang 2016 besitzt rauchige Noten, Gewürze, viel reife Frucht und Substanz. Aus dem Erlabrunner Weinsteig kommen zwei wunderschön reintönige süße Spätlesen von Bacchus und Scheurebe. Sehr gut ist auch der rauchige, zupackende Barrique-Spätburgunder. ➡

Weinbewertung

81 2017 „Cuvée M" Kabinett Weißwein trocken **11,5 %/5,50 €**
82 2017 Silvaner Kabinett trocken Erlabrunner Weinsteig **12 %/5,50 €**
83 2017 Riesling Kabinett trocken Erlabrunner Weinsteig **11,5 %/6,20 €**
87 2017 Silvaner Spätlese trocken „Alte Reben" Lump **13 %/8,50 €** ☺
85 2017 Weißburgunder Spätlese trocken Obereisenheimer Höll **13,5 %/8,- €**
87 2016 Riesling Spätlese trocken Escherndorfer Lump **13,5 %/8,50 €** ☺
86 2016 Weißburgunder Spätlese trocken Barrique Obereisenh. Höll **14 %/10,50 €**
85 2017 Bacchus Spätlese Erlabrunner Weinsteig **11,5 %/7,20 €**
86 2017 Riesling Spätlese Escherndorfer Lump **12 %/8,50 €**
86 2017 Scheurebe Spätlese Erlabrunner Weinsteig **11,5 %/7,50 €**
82 2017 Spätburgunder Weißherbst Kabinett Erlabrunner Weinsteig **11 %/5,70 €**
86 2015 Spätburgunder Spätlese trocken Barrique **13,5 %/12,- €**

C.A. Haussmann

★

KONTAKT

Wilhelmstraße 13
56841 Traben-Trarbach
Tel. 0172-5375385
Fax: 06541-8167565
www.ca-haussmann.de
weingut@ca-haussmann.de

Inhaber
Stefan Stassen
Rebfläche
4 Hektar
Produktion
35.000 Flaschen

BESUCHSZEITEN

Mo.-Sa. nach Vereinbarung

Weingut C.A. Haussmann

Stefan Stassen ist seit 2014 der Inhaber dieses Vier-Hektar-Weingutes in Traben-Trarbach, das seine Geschichte auf das Jahr 1559 zurückführt. Der neue Chef, dessen Familie ebenfalls Weinbautradition bis ins 16. Jahrhundert vorweisen kann, hatte bereits seine Lehre bei Familie Haussmann absolviert, bevor er sich viele Jahre später dazu entschied, den Betrieb zu übernehmen. Angebaut werden außer Riesling (85 Prozent der Rebfläche) noch Grauburgunder (eine Neuanlage, die immerhin ein Zehntel der gesamten Fläche ausmacht) und Rivaner. Stassens Parzellen befinden sich in den Lagen Taubenhaus, Königsberg, Kräuterhaus und Würzgarten (alle Traben-Trarbach) sowie im Ürziger Würzgarten. Außer den Lagennamen wird auch der Begriff „Schieferjuwel" verwendet, bei dem allerdings nicht ganz deutlich wird, welche Aussagekraft er hat.

Kollektion

Im vergangenen Jahr hatte das Weingut eine kleine, aber nichtsdestotrotz überzeugende Kollektion an Weinen vorgestellt. Es beeindruckte die Gleichmäßigkeit der Rieslinge, trocken wie süß. Nun wurde ein überschaubares Sortiment an 2017ern angestellt, die wiederum mit ihrer Gleichmäßigkeit überzeugen. Der Rivaner trocken zeigt sich noch etwas verhalten und nicht allzu lang, doch schon der Kabinett von alten Reben aus dem Würzgarten hat beachtliche Substanz. Die trockene Spätlese aus dem Traben-Trarbacher Würzgarten stellt dann keine große Steigerung dar, doch ist sie stoffig, rassig, voller Würze. Noch etwas verspielter ist der „Schieferjuwel"-Riesling aus dem Ürziger Würzgarten, ebenfalls eine trockene Spätlese. Unter den drei feinherb ausgebauten Weinen ragen die saftige Spätlese aus dem Würzgarten und der geradlinige Schieferjuwel hervor. Saftig, aber nicht allzu komplex präsentiert sich der süße Riesling aus dem Traben-Trarbacher Königsberg. —

Weinbewertung

82 2017 Rivaner trocken *LängexBreite* **12 %/6,90 €**
85 2017 Riesling Kabinett trocken „Alte Reben" Würzgarten **11 %/7,20 €**
85 2017 Riesling trocken „Schieferjuwel" **12 %/8,30 €**
86 2017 Riesling Spätlese trocken Traben-Trarbacher Würzgarten **12 %/8,90 €**
86 2017 Riesling Spätlese trocken „Schieferjuwel" Ürziger Würzgarten **12 %/11,70 €**
84 2017 Riesling „feinherb" „Tradition" Traben-Trarbacher Königsberg **12 %/6,90 €**
86 2017 Riesling „feinherb" „Schieferjuwel" **12 %/8,30 €**
86 2017 Riesling Spätlese „feinherb" Traben-Trarbacher Würzgarten **12 %/8,70 €**
85 2017 Riesling „Tradition" Traben-Trarbacher Königsberg **11,5 %/6,90 €**

HEDESHEIMER HOF

★★☆

KONTAKT

Hedesheimer Hof
55271 Stadecken-Elsheim
Tel. 06136-2487
Fax: 06136-924413
www.hedesheimer-hof.de
weingut@hedesheimer-hof.de

Inhaber
Michael Beck
Rebfläche
29,5 Hektar
Produktion
180.000 Flaschen

BESUCHSZEITEN

Mi.-Fr. 14-19 Uhr, Sa. 9-16 Uhr
und nach Vereinbarung
Gästezimmer

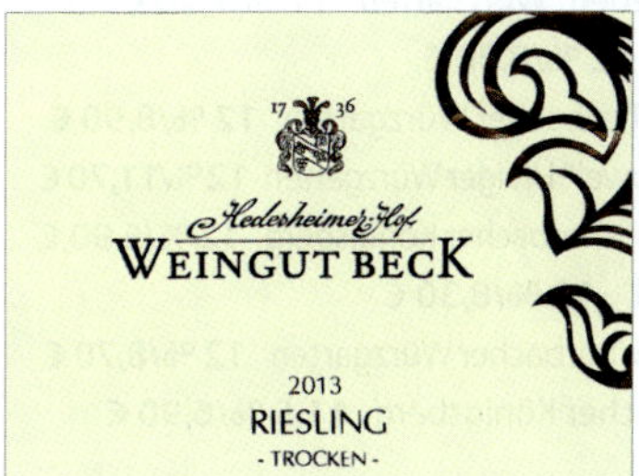

Gut ein Drittel der Weinberge von Michael Beck sind mit Rotweinreben bepflanzt, vor allem Portugieser, Spätburgunder und Dornfelder, aber auch ein wenig Frühburgunder und St. Laurent. Hinzu kommt Riesling als wichtigste Weißweinsorte, gefolgt von Weiß- und Grauburgunder, Silvaner, Kerner und ein klein wenig Müller-Thurgau, dessen Anteil reduziert wurde. Dafür wurde Auxerrois angepflanzt, der auch im Barrique ausgebaut wird. Die Reben stehen auf unterschiedlichen Böden, in Stadecken in den Lagen Lenchen (Löss) und Spitzberg (Pelosol), in Elsheim in den Lagen Bockstein und Blume (Kalkmergel), sowie im Jugenheimer Goldberg. Alle Weißweine werden, nach Ganztraubenpressung, gezügelt vergoren und in Edelstahltanks ausgebaut. Die Rotweine werden ausschließlich im Holzfass ausgebaut. Mit dem Jahrgang 2013 hat Michael Beck die Einteilung in Guts-, Orts- und Lagenweine auf das ganze Sortiment ausgeweitet; 2015 wurden die vierjährigen Umbau- und Renovierungsarbeiten abgeschlossen.

Kollektion

Michael Beck hat sein Sortiment gut strukturiert, die Lagenweine aus den Gewannen Horn und Marhans übernehmen mehr und mehr die Führungsrolle im weißen Segment. Schon die Ortsweine zeigen beeindruckende Konstanz, die Lagenweine sind alle sehr gut. Der Weißburgunder aus dem Horn besitzt Kraft, reife süße Frucht und Substanz, der Grauburgunder aus dem Lenchen ist kraftvoll, noch jugendlich, der Auxerrois füllig, weist wie gewohnt Vanillenoten auf. Die beiden Rieslinge sehen wir gleichauf: Marhans kraftvoll, kompakt, etwas verschlossen, Horn zupackend, etwas druckvoller. Ganz stark sind auch die roten Barriqueweine, der intensiv-fruchtige, üppige Bockstein-Spätburgunder ebenso wie der leicht röstige, kraftvolle Saint Laurent aus dem Goldberg. Eine überzeugende Vorstellung!

Weinbewertung

84 2017 Weißer Burgunder trocken Stadecker **12 %/7,50 €**
84 2017 Grauer Burgunder trocken Stadecker **12 %/7,50 €**
84 2017 Riesling trocken „Terra Fusca^{3}" Stadecken-Elsheimer **12 %/7,50 €**
87 2016 Weißer Burgunder trocken Stadecker „Horn" **14 %/10,50 €**
86 2017 Grauburgunder trocken Stadecker Lenchen **13,5 %/10,50 €**
88 2017 Riesling trocken Elsheimer „Marhans" **12,5 %/14,50 €**
88 2017 Riesling trocken Stadecker „Horn" **13 %/14,50 €**
86 2015 Auxerrois trocken Stadecker Spitzberg **13,5 %/14,50 €**
83 2017 Muskateller Kabinett „feinherb" „Freestyler" **10,5 %/8,50 €**
84 2017 Riesling Spätlese „Late Night" Elsheimer Blume **9,5 %/8,50 €**
87 2015 Blauer Spätburgunder trocken Barrique Bockstein **14,5 %/13,50 €**
86 2015 Saint Laurent trocken (Barrique) Jugenh. Goldberg **13,5 %/14,50 €**

HEES

★★★☆

KONTAKT

Zur feuchten Ecke 6
55569 Auen
Tel. 06754-373
Fax: 06754-946925
www.heeswein.de
info@heeswein.de

Inhaber
Marcus Hees
Rebfläche
9 Hektar
Produktion
55.000 Flaschen

BESUCHSZEITEN

Mi.-So. 10-20 Uhr, Mo./Di. nach Vereinbarung
Landgasthof und Pension: Weingut-Essgut-Schlafgut Hees „Zum Jäger aus Kurpfalz"

Seit 2007 führt Marcus Hees das 1824 gegründete Weingut in der mittlerweile neunten Generation. Zu Weinbergen in den Auener Lagen Römerstich und Kaulenberg, wo die Reben in steilen Südlagen auf unterschiedlich zusammengesetzten Böden aus Sandstein, Schiefer und Tonschiefer wachsen, kam 2011 eine Anlage im Monzinger Halenberg dazu. Im Sommer 2014 entstanden am Ortsrand neue Gebäude für die Traubenverarbeitung, das Tank- und Flaschenlager. Und Marcus Hees weitet seine Fläche aus: Zuletzt wurden alte Weinberge in Auen rekultiviert.

Kollektion

Auch in diesem Jahr sind wir wieder begeistert von der herrlich reintönigen, frischen und animierenden Art der Weißburgunder, von der Präzision, Komplexität und Nachhaltigkeit der trockenen Rieslinge und der Intensität und Frische der restsüßen Weine. Der Halenberg-Riesling ist eindringlich und konzentriert, sehr animierend, besitzt feinen Druck, etwas salzige Noten und ist sehr nachhaltig am Gaumen. Der trockene Römerstich zeigt klare Frucht, besitzt herbe Kräuternoten, etwas Tabakwürze und viel Biss, der Riesling von der Auener Höhe ist schlank und sehr elegant mit leicht steiniger Würze und guter Länge und auch der Basisriesling ist animierend, schlank und würzig. Der Basis-Weißburgunder zeigt viel klare Frucht und florale Noten, die Auener Höhe ist noch komplexer, ist sehr präsent mit leicht rauchigen Noten und viel gelber Frucht und der Römerstich-Weißburgunder ist sehr reintönig mit dezenter Holzwürze und frischen Zitrusnoten, besitzt Schmelz und ein sehr feines, nachhaltiges Säurespiel. Die herrlich saftige Auslese hatten wir im vergangenen Jahr schon einmal als Fassprobe verkostet, mit ihrer klaren, süßen Frucht mit Noten von Aprikose, Pfirsich, Limette und Ananas und ihrem animierenden Säurespiel bewerten wir sie jetzt einen Punkt höher, die Spätlese zeigt steinige Würze, besitzt Konzentration und feine Frische und der Kabinett ist schlank, würzig und lang mit sehr dezenter Süße.

Weinbewertung

86	2017 Weißburgunder trocken **12,5 %/8,70 €**
85	2017 Riesling trocken **12 %/8,70 €**
88	2017 Riesling trocken Auener Höhe **12 %/13,50 €**
88	2017 Weißburgunder trocken Auener Höhe **13 %/13,50 €**
(90)	2017 Weißburgunder trocken Römerstich **13 %/18,90 €**
(89)	2017 Riesling trocken Römerstich **13 %/17,90 €**
(91)	2017 Riesling trocken Halenberg **13 %/17,90 €**
86	2017 Riesling Kabinett Römerstich **9,5 %/9,90 €**
88	2017 Riesling Spätlese Römerstich **8,5 %/12,90 €**
91	2016 Riesling Auslese Römerstich **8,5 %/15,50 €/0,375l**

H

Dr. Heger

★★★★★

KONTAKT

Bachenstraße 19-21
79241 Ihringen
Tel. 07668-205
Fax: 07668-9300
www.heger-weine.de
info@heger-weine.de

Inhaber Sylvia & Joachim Heger
Weinbau Jürgen Kühnle
Kellermeister Jürgen Jehle
Rebfläche 28 Hektar
Produktion 160.000 Flaschen

BESUCHSZEITEN

Mo.-Fr. 8-12 + 13:30-17:30 Uhr, Sa. 10-14 Uhr und nach Vereinbarung

Das 1935 von Dr. Max Heger gegründete Weingut wurde ab 1949 von seinem Sohn Wolfgang (genannt Mimus) geführt. Dessen Sohn Joachim trägt seit 1981 die Verantwortung im Keller, 1992 übernahm Joachim Heger zusammen mit Ehefrau Silvia das Gut. Die Weinberge von Joachim Heger befinden sich vor allem in den Lagen Ihringer Winklerberg und Achkarrer Schlossberg, etwas auch im Freiburger Schlossberg. Wichtigste Rebsorten sind Spätburgunder, Grauburgunder, Weißburgunder, Riesling und Silvaner. Dazu gibt es Chardonnay und Muskateller, aber auch etwas Scheurebe, Cabernet Sauvignon, Müller-Thurgau und Gewürztraminer. Für die ökologische Ausrichtung der Arbeit in den Weinbergen hat Joachim Heger Claude Bourguignon als Berater verpflichtet. Fast alle Weine baut Joachim Heger durchgegoren aus, in manchen Jahren erzeugt er auch mal Auslesen. Als Zweitmarke führt Joachim Heger das 1986 gegründete „Weinhaus Joachim Heger", dessen Weine aus den Erträgen einer Erzeugergemeinschaft entstehen. Das Programm des Weingutes Dr. Heger ist zweistufig gegliedert: Es gibt Weine aus dem Winklerberg als „Erste Lage", darüber stehen die Großen Gewächse aus Winklerberg und Schlossberg. Die aus dem Winklerberg trugen bisher die weingutsinternen Bezeichnungen von Teillagen wie Gras im Ofen, Rappenecker, vorderer Berg oder Häusleboden, seit dem Jahrgang 2013 steht darüber hinaus auch der Gewannname auf dem Etikett.

Kollektion

Weiß wie rot ganz starke Kollektionen präsentierte Joachim Heger in den vergangenen Jahren und schließt mit der neuen Kollektion nahtlos daran an. Von den weißen Erst Lage-Weinen wurden dieses Jahr nur Weißburgunder und Grauburgunder präsentiert. Der Weißburgunder zeigt gute Konzentration und reife Frucht, ist kompakt, füllig, hat Substanz. Deutlich komplexer ist der leicht rauchige Grauburgunder, zeigt gelbe Früchte, besitzt Kraft und Struktur, gute Länge. Der Pferd Willi genannte Silvaner wurde 2016 erstmals erzeugt; sein Jahrgangsnachfolger zeigt etwas gelbe Früchte, ist würzig, rauchig, recht cremig. Der Weißburgunder Gras im Ofen zeigt rauchige Noten im Bouquet, eine eigenwillige Holznote, etwas weiße Früchte, besitzt Kraft im Mund, gute Struktur, Frische und reife süße Frucht; in prächtiger Verfassung befindet sich der immer noch enorm jugendliche 2014er, besitzt gute Struktur, etwas rauchig-bittere Noten, ist ganz auf Haltbarkeit vinifiziert. Deutlich stärker ist der Chardonnay Gras im Ofen, zeigt rauchige Noten, reife Frucht, gute Konzentration, ist füllig, komplex, druckvoll und lang; auch präsentiert sich der 2014er in blendender Verfassung, ist noch enorm jugendlich. Große Gewächse vom Grauburgunder wurden dieses Jahr nicht vorgestellt, bei der Vorpremiere der Großen Gewächse in Wiesbaden zeigte Joachim Heger den jugendlichen, recht

holzwürzigen 2017er Schlossberg und den hervorragenden 2016er Gras im Ofen; der komplexe 2014er Hinter Winklen zeigt derzeit „burgundischen" Touch. Eine frische, zupackende Scheurebe Kabinett und eine reintönige Muskateller Spätlese mit viel Frische und Grip runden den weißen Teil der Kollektion ab. Den Spätburgunder-Reigen eröffnet wie gewohnt der Mimus, der reintönige Frucht, feine Frische, gute Struktur und Kraft besitzt – der erstaunlich frische 2008er präsentiert sich derzeit in blendender Verfassung. Es folgen wie gehabt die vier Großen Gewächse. Der Rappenecker zeigt rauchige Noten, dezenten Toast ist herrlich eindringlich im Bouquet, klar, frisch und präzise im Mund, zupackend, besitzt gute Struktur und reintönige Frucht. Auch der Vorderer Winklerberg zeigt feine Würze und etwas Toast im Bouquet, ist frisch im Mund, präzise, zupackend, besitzt gute Struktur und Frucht, Tannine und Biss. Diese Tannine sind noch ausgeprägter beim Häusleboden, der viel Duft im Bouquet zeigt, etwas florale Noten, kraftvoll und tanninbetont im Mund ist, gute Struktur und Biss, die minimal bitteren Tannine sind derzeit allzu dominant. Unser Favorit im Jahrgang 2016 ist eindeutig der Spätburgunder vom Schlossberg, der reintönige Frucht zeigt, dezenten Toast, leicht rauchige Noten, Frische und Präzision mit Fülle und Kraft verbindet und mit viel reifer Frucht, ein druckvoller Spätburgunder mit Länge und Nachhall – und viel Potenzial, wie der faszinierende 2010er zeigt.

Joachim Heger / Foto: Baschi Bender

Weinbewertung

88	2017 Weißburgunder trocken Ihringer Winklerberg **13 %/17,40 €**
90	2017 Grauburgunder trocken Ihringer Winklerberg **13 %/17,40 €**
89	2017 Silvaner*** trocken „Pferd Willy" **13 %/21,50 €**
91	2014 Weißburgunder „GG" „Hinter Winklen Gras im Ofen" **14 %**
89	2016 Weißburgunder „GG" „Hinter Winklen Gras im Ofen" **13,5 %/32,50 €**
94	2014 Chardonnay „GG" „Hinter Winklen Gras im Ofen" **13 %**
93	2016 Chardonnay „GG" „Hinter Winklen Gras im Ofen" **13,5 %/32,50 €**
86	2016 Scheurebe Kabinett Ihringer Winklerberg **8 %/14,50 €**
88	2016 Muskateller Spätlese Ihringer Winklerberg **8 %/26,- €**
90	2008 Spätburgunder trocken „Mimus" Ihringer Winklerberg
89	2016 Spätburgunder trocken „Mimus" Ihringer Winklerberg **13,5 %/26,- €**
94	2010 Spätburgunder*** „GG" Achkarrer Schlossberg **13,5 %**
94	2016 Spätburgunder „GG" Achkarren Schlossberg **13,5 %/50,- €**
91	2016 Spätburgunder „GG" „Vorderer Winklerberg" **13,5 %/50,- €**
92	2014 Spätburgunder „GG" „Winklen Rappenecker" **13,5 %**
92	2016 Spätburgunder „GG" „Winklen Rappenecker" **13,5 %/50,- €**
91	2016 Spätburgunder „GG" „Wanne Häusleboden" **13,5 %/78,50 €**

LAGEN

WINKLERBERG (IHRINGEN)
– VORDERER WINKLERBERG
– WINKLEN
– HINTER WINKLEN
– WANNE
SCHLOSSBERG (ACHKARREN)
ECKARTSBERG (BREISACH)

REBSORTEN

SPÄTBURGUNDER (30 %)
GRAUBURGUNDER (30 %)
WEISSBURGUNDER (16 %)
RIESLING (7 %)
CHARDONNAY (7 %)
SILVANER (3 %)
MUSKATELLER (2 %)
GEWÜRZTRAMINER (1 %)

Heid

★★★★

KONTAKT

Cannstatter Straße 13/2
70734 Fellbach
Tel. 0711-584112
Fax: 0711-583761
www.weingut-heid.de
info@weingut-heid.de

Inhaber
Markus Heid
Rebfläche
10 Hektar
Produktion
70.000 Flaschen

BESUCHSZEITEN

Mo.-Fr. 17-19 Uhr, Sa. 9-13 Uhr

Das Weingut Heid ist aus einem ehemaligen Gemischtbetrieb entstanden, der neben Weinbau vor allem Obstbau betrieb. Markus Heid übernahm das Weingut 1996 von seinen Eltern. Er setzte verstärkt auf Qualität und ging „weg von der Literflasche und vom Trollinger", der bei seiner Betriebsübernahme über die Hälfte der Weinberge einnahm. Seine Weinberge liegen vor allem in Fellbach in den Lagen Goldberg und Lämmler, hinzu kommen weitere Parzellen im Remstal, vor allem in Stetten (Pulvermächer) und in Neustadt. Drei Viertel seiner Weinberge sind mit roten Reben bepflanzt, vor allem Lemberger, Trollinger und Spätburgunder, aber auch St. Laurent und Syrah, sowie ein klein wenig Cabernet Mitos, Regent, Cabernet Dorio, Cabernet Dorsa, Merlot und Samtrot. Wichtigste Weißweinsorte ist Riesling. Zuletzt hat er Sauvignon Blanc und Johanniter gepflanzt, auch Silvaner findet man noch bei Markus Heid im Anbau. Die Weinberge werden biologisch bewirtschaftet (Ecovin). Die Weißweine werden kühl und langsam vergoren und ebenso wie Trollinger und Rosé lange auf der Feinhefe ausgebaut. Die Weine wurden bisher mit einer bis drei Trauben klassifiziert, mit der Aufnahme in den VDP hat Markus Heid das System angepasst in Gutsweine, Ortsweine (Steinmergel, Kaiserblick) und Lagenweine, an der Spitze stehen die Großen Gewächse aus Lämmler und Pulvermächer, sowie Große Reserve-Weine wie die Cuvée M, die nach Melchisedec Heid benannt ist, der 1699 von Heilbronn nach Fellbach zog. Sie bestand früher aus Lemberger und Spätburgunder, manchmal auch etwas Regent und Cabernet Mitos, in den letzten Jahrgängen gesellten sich aber Syrah und St. Laurent zum Lemberger. Seit dem Jahrgang 2015 trägt auch der Sauvignon Blanc den Zusatz Melchisedec. Die roten Gutsweine werden 4 bis 8 Monate in gebrauchten Barriques ausgebaut, die Ortsweine kommen 7 bis 11 Monate teils in gebrauchte, teils in neue Barriques, die Lagenweine schließlich bleiben 15 bis 22 Monate im Barrique, bei hohem Neuholzanteil. Die Weißweine werden überwiegend im Edelstahl ausgebaut, etwas Sauvignon Blanc und Riesling auch im Holz. Als wir in der ersten Ausgabe die Weine von Markus Heid empfahlen, waren er und das Weingut weitgehend unbekannt. Seither hat er uns Jahr für Jahr mit sehr guten Kollektionen erfreut, nicht nur mit kraftvollen Rotweinen, die den größten Anteil seiner Produktion ausmachen, auch mit fülligen, fruchtintensiven Weißweinen von Riesling und Sauvignon Blanc vermochte er uns immer wieder zu überraschen.

Kollektion

Die starke Kollektion des vergangenen Jahres wurde angeführt von den drei Großen Gewächsen, wir sahen den Lemberger knapp vor Spätburgunder und Riesling. Letzterer, der Riesling aus dem Pulvermächer, hat in den

letzten zwölf Monaten weiter zugelegt, er zeigt rauchige Noten, reintönige Frucht, ist kraftvoll, druckvoll, enorm nachhaltig. Dass dies nicht von ungefähr kommt, zeigt der herrlich kraftvolle, nachhaltige 2013er, der enorm an Komplexität gewonnen hat seit wir ihn vor vier Jahren zuletzt verkosteten. Aber nicht nur die weiße Spitze ist stark, auch die Basis stimmt, wie der Pur-Riesling beweist, der frisch und klar ist, geradlinig und fruchtbetont. Riesling im Zusammenspiel mit Sauvignon Blanc – auch das funktioniert, davon konnten wir uns schon des Öfteren überzeugen, der Wein ist frisch und zupackend, besitzt Frucht und Grip. Und Sauvignon Blanc „solo" funktioniert sowieso, der seit 2015 Melchisedec genannte Sauvignon Blanc von Markus Heid gehört nun schon seit mehr als einem Jahrzehnt zu den besten und zuverlässigsten Sauvignon Blanc in Deutschland, ist im Jahrgang 2017 recht intensiv, etwas floral, besitzt Fülle, Kraft und Substanz. Der ungeschwefelte Blaufränkisch ist reintönig und frisch, harmonisch und zupackend: Schwefel vermisst man nicht. Mit intensiver, herrlich reintöniger Frucht trumpft der Lemberger vom Goldberg auf, ist fruchtbetont und zupackend, frisch und strukturiert, Lemberger in Reinkultur. Eine Steigerung bringt das Große Gewächs aus dem Lämmler: Gute Konzentration und etwas rauchige Noten im Bouquet, klar und frisch im Mund, herrlich präzise und druckvoll, sehr nachhaltig. Der Syrah Melchisedec besticht mit Reintönigkeit und Frische, er ist harmonisch, elegant, besitzt feine Frucht und Grip. Der Spätburgunder aus dem Lämmler, zeigt reintönige Frucht, etwas Herzkirschen, besitzt viel Konzentration, viel Substanz, ist noch sehr jugendlich. Und Pinot Noir bietet Markus Heid schließlich noch in sprudeliger Form als fruchtintensiven, klaren Rosé-Sekt. Klasse Kollektion!

Markus Heid

Weinbewertung

86	2014 Pinot Noir Rosé Sekt brut nature	**13 %/18,- €**
85	2017 Riesling trocken „pur"	**12 %/6,30 €**
87	2017 Silvaner trocken Schnaiter Altenberg	**12 %/10,50 €**
86	2017 Riesling Sauvignon Blanc trocken „Steinmergel"	**12 %/10,50 €**
88	2017 Sauvignon Blanc trocken „Melchisedec"	**13 %/20,- €**
91	2013 Riesling „GG" Stettener Pulvermächer	**13,5 %**
92	2016 Riesling „GG" Stettener Pulvermächer	**13 %**
86	2017 Blaufränkisch trocken „ungeschwefelt"	**12,5 %/8,50 €**
89	2017 Lemberger trocken Fellbacher Goldberg	**13 %/12,50 €**
90	2016 Syrah trocken „Melchisedec"	**13 %/28,- €**
92	2016 Lemberger „GG" Fellbacher Lämmler	**13 %/28,- €**
91	2016 Spätburgunder „GG" Fellbacher Lämmler	**13,5 %/28,- €**

LAGEN

LÄMMLER (FELLBACH)
GOLDBERG (FELLBACH)
PULVERMÄCHER (STETTEN)

REBSORTEN

RIESLING (21 %)
TROLLINGER (20 %)
SPÄTBURGUNDER (13 %)
LEMBERGER (11 %)
SAUVIGNON BLANC (6 %)
KERNER (5 %)
GRAUBURGUNDER (4 %)
WEISSBURGUNDER (4 %)
SILVANER (3 %)
SYRAH (3 %)
ST. LAURENT (3 %)
REGENT (2 %)

HEILIG GRAB

★★

KONTAKT

Zelkesgasse 12
56154 Boppard
Tel. 06742-2371
Fax: 06742-81220
www.heiliggrab.de
weinhausheiliggrab@t-online.de

Inhaber
Rudolf Schoeneberger
Kellermeister
Jonas Schoeneberger
Rebfläche
4 Hektar
Produktion
35.000 Flaschen

BESUCHSZEITEN

Öffnungszeiten der Weinstube älteste Weinstube in Boppard, Gartenwirtschaft unter Kastanienbäumen, täglich ab 15 Uhr geöffnet (außer Mo. + Di.); 5 Gästezimmer

Weingut Heilig Grab

Das Weingut Heilig Grab ist ein ganz und gar in Boppard integrierter Betrieb, der seine Weine zum größten Teil in der eigenen Weinstube mit Gartenwirtschaft verkauft, die sich seit mehr als 200 Jahren in Familienbesitz befindet. Den Titel „älteste Weinstube in Boppard" kann dem Haus keiner nehmen, die Herkunft des Namens Heilig Grab, die mit einer Karfreitags-Tradition zu tun hat, erläutert man gern. Rudolf Schoenebergers Weinberge, insgesamt vier Hektar, verteilen sich über die Einzellagen des Bopparder Hamm, allesamt reine Seilzuglagen: Fässerlay, Feuerlay, Ohlenberg und Mandelstein. Hauptrebsorte ist Riesling mit einem Anteil von 85 Prozent, daneben wird lediglich noch Spätburgunder angebaut. Das Gros ihrer Weine vinifizieren Rudolf Schoeneberger und Sohn Jonas Schoeneberger trocken oder halbtrocken, wenn der Jahrgang es erlaubt werden aber auch edelsüße Auslesen erzeugt. Die Weine werden im Edelstahl vergoren und je nach Bedarf anschließend in Eichenfässern gereift, bleiben recht lange auf der Feinhefe.

Kollektion

Eine gewohnt kleine Kollektion aus nur sechs Weinen präsentieren Rudolf und Jonas Schoeneberger aus dem Jahrgang 2017 – diese aber ist gewohnt stark, zeigt hohes, sehr gleichmäßiges Niveau. Die trockene Spätlese aus dem Ohlenberg ist würzig, klar, fruchtbetont und zupackend, ihr Pendant aus der Feuerlay ist ähnlich lebhaft, frisch, klar und zupackend. Aber diese Feuerlay-Spätlese gibt es auch noch in der Version mit einem Stern: Ein intensiver, kraftvoller, leicht brotduftiger Wein mit viel Fülle und Saft, viel Substanz und Länge. Das halbtrockene Hochgewächs aus dem Mandelstein ist würzig, frisch und zupackend, deutlich mehr Substanz besitzt die halbtrockene Spätlese, die ebenfalls aus dem Mandelstein stammt, sie ist würzig und eindringlich, klar, füllig und harmonisch. Darüber hinaus präsentieren Rudolf und Jonas Schoeneberger eine Auslese, die aus der Feuerlay stammt. Sie zeigt intensive Frucht und viel Frische im Bouquet, ist klar und füllig im Mund, wunderschön saftig bei reifer süßer Frucht.

Weinbewertung

85	2017 Riesling Spätlese trocken Bopparder Hamm Feuerlay	**12 %/8,50 €**
86	2017 Riesling Spätlese trocken Bopparder Hamm Ohlenberg	**12 %/9,80 €**
88	2017 Riesling Spätlese* trocken Bopparder Hamm Feuerlay	**12,5 %/12,80 €**
83	2017 Riesling Hochgewächs halbtrocken B-H. Mandelstein	**11 %/5,80 €**
85	2017 Riesling Spätlese* halbtrocken B.H. Mandelstein	**12 %/12,80 €**
87	2017 Riesling Auslese Bopparder Hamm Feuerlay	**8 %/12,80 €**

Heinemann

★★★★

KONTAKT

Mengenerstraße 4
79238 Ehrenkirchen-Scherzingen
Tel. 07664-6351
Fax: 07664-600465
www.weingut-heinemann.de
weingut-heinemann@t-online.de

Inhaber
Lothar Heinemann
Rebfläche
15 Hektar
Produktion
100.000 Flaschen

BESUCHSZEITEN

Mo.-Fr. 10-18 Uhr, Sa. 10-16 Uhr
Eigene Weinstube in der Freiburger Altstadt (Batzenbergstüble)

Seit dem 16. Jahrhundert baut die Familie Heinemann Wein in Scherzingen am Batzenberg an. Das im Jahr 1111 erstmals urkundlich erwähnte Scherzingen liegt im Markgräflerland, ist seit 1974 ein Ortsteil von Ehrenkirchen, und das Wein hier schon immer ein wichtiger Wirtschaftszweig war, zeigt der Weinstock im Scherzinger Wappen. Lothar Heinemanns Großvater begann in den dreißiger Jahren des letzten Jahrhunderts seinen Wein über die Region hinaus zu vermarkten. Sein Sohn Ernst pflanzte 1966 die ersten Chardonnay-Reben, allerdings ohne es zu wissen, hatte er doch Weißburgunder-Reben in Chablis geordert, fälschlicherweise aber Chardonnay erhalten. Im Jahr 2000 übernahm sein Sohn Lothar den Betrieb, in dem er bereits seit 1985 für den Weinausbau verantwortlich war. Das Gros seiner Weinberge liegt am Scherzinger Batzenberg, wo die Reben auf unterschiedlichen Böden wachsen von tonigem Lehm über Löss mit hohem Kalkgehalt bis hin zu Verwitterungsgestein. Inzwischen ist Lothar Heinemann auch im Pfaffenweiler Oberdürrenberg vertreten. Spätburgunder ist inzwischen vor Gutedel die wichtigste Rebsorte im Betrieb, es folgen Chardonnay, Weißburgunder, Sauvignon Blanc und Grauburgunder sowie kleine Flächen mit Muskateller, Merlot und Cabernet Sauvignon. Das Gros der Weine wird trocken ausgebaut, wobei trocken bei Lothar Heinemann durchgegoren heißt. Seit 2008 nutzt er statt des Begriffs Spätlese bei trockenen Weinen nur noch die Bezeichnungen „S" (für Selection) bzw. „SR" (für Selection Reserve) für die Jahrgangspitzen, mit den Jahrgängen 2014 (Spätburgunder) bzw. 2016 (Chardonnay) wurden darüber die Kategorie „SL Alte Reben" eingeführt. Seit der ersten Ausgabe empfehlen wir schon Lothar Heinemanns Weine. In diesem Zeitraum hat er sich stetig gesteigert, bietet Jahr für Jahr zuverlässige Kollektionen, weiß wie rot, gehört immer zur Spitze im Markgräflerland, auch mit hochklassigen Sekten hat er uns immer wieder überrascht; mit den jüngsten Jahrgängen hat er weiter zugelegt, sowohl in der Basis als auch in der Spitze.

Kollektion

Im vergangenen Jahr führten die beiden neuen Weine von Alten Reben, Chardonnay SL und Spätburgunder SL, ein sehr gleichmäßige, starke Kollektion an. Lothar Heinmanns neue Kollektion ist nun nochmals stärker, in der Basis wie auch in der Spitze. Ein Sekt aus Chardonnay und Sauvignon Blanc eröffnet in diesem Jahr den Reigen, er setzt ganz auf Frische, ist fruchtbetont und intensiv im Bouquet, klar und zupackend im Mund bei feiner süßer Frucht und Grip. Der trockene Gutedel Kabinett von alten Reben ist wie immer eine sichere Bank, ist betörend reintönig, lebhaft, besitzt viel Frucht und Frische und wenig Alkohol – und dass er auch

problemlos einen Sommer überstehen kann, zeigt der zunächst versehentlich geschickte 2016er. Auch den trockenen Muskateller Kabinett kennen wir schon lange, auch er zeigt zuverlässig hohes Niveau, zeigt feine Frische und reintönige Frucht, ist lebhaft, klar und zupackend. Alle Weine bestechen mit ihrer reintönigen Frucht, das gilt auch für den Weißburgunder S, der frisch, druckvoll und zupackend ist. Etwas kraftvoller noch ist der Grauburgunder S, zeigt gelbe Früchte im Bouquet, ist strukturiert, fruchtbetont und lang. Drei verschiedene Chardonnay gibt es seit dem Jahrgang 2016, und sie bilden auch im Jahrgang 2017 ein überzeugendes Trio, bieten eine Steigerung von Wein zu Wein. Der Kabinett ist fruchtbetont, konzentriert, klar und zupackend, besitzt gute Struktur und Länge, der SR ist deutlich konzentrierter, noch fruchtintensiver und eindringlicher, besitzt Fülle, Kraft und Substanz, und der SL von alten Reben zeigt sehr reintönige Frucht, ist stoffig und konzentriert, dabei aber auch komplex, frisch und präzise. Die Roten stehen den Weißweinen nicht nach, im Gegenteil. Der Merlot aus dem Oberdürrenberg zeigt gute Konzentration und klare reife Frucht, ist kraftvoll, besitzt gute Struktur und reintönige Frucht. Noch etwas besser gefällt uns die Cuvée aus Cabernet Sauvignon und Merlot, zeigt intensive Frucht, besitzt gute Struktur, Kraft und Länge. Der Spätburgunder SR zeigt intensive Frucht, dunkle Früchte, ist füllig und kraftvoll bei viel Substanz – und kann reifen, wie der immer noch erstaunlich frische 2007er zeigt. Eine deutliche Steigerung noch bringt der SL von alten Reben, ist stoffig, dominant, kraftvoll und komplex.

Lothar Heinemann

Weinbewertung

85	2016 Chardonnay & Sauvignon Blanc Sekt brut **12,5 %/16,- €**
85	2016 Weißer Gutedel Kabinett trocken „Alte Reben" Batzenberg **10,5 %/8,- €**
87	2017 Weißer Gutedel Kabinett trocken „Alte Reben" Batzenberg **10,5 %/8,- €** ☺
86	2017 Muskateller Kabinett trocken Scherzinger Batzenberg **12,5 %/12,- €**
88	2017 Chardonnay Kabinett trocken „Alte Reben" Batzenberg **12,5 %/14,- €**
87	2017 Weißburgunder „S" trocken Scherzinger Batzenberg **13,5 %/13,- €**
88	2017 Grauburgunder „S" trocken Scherzinger Batzenberg **13,5 %/13,- €**
90	2017 Chardonnay „SR" trocken Scherzinger Batzenberg **12,5 %/18,- €**
91	2017 Chardonnay „SL Alte Reben" trocken Batzenberg **12,5 %/51,- €**
88	2015 Merlot „Kalkstein Reserve" Pfaffenweiler Oberdürrenberg **13,5 %/16,- €**
89	2015 Cabernet Sauvignon & Merlot „S" trocken Batzenberg **13,5 %/18,- €**
89	2007 Blauer Spätburgunder „SR" trocken Scherzinger Batzenberg **13 %**
90	2015 Blauer Spätburgunder „SR" trocken Scherzinger Batzenberg **13,5 %/29,- €**
92	2015 Blauer Spätburgunder „SL Alte Reben" trocken Batzenberg **13,5 %/50,- €**

LAGEN

BATZENBERG (SCHERZINGEN)
OBERDÜRRENBERG
(PFAFFENWEILER)

REBSORTEN

SPÄTBURGUNDER (30 %)
GUTEDEL (25 %)
CHARDONNAY (12 %)
WEISSBURGUNDER (10 %)
SAUVIGNON BLANC (9 %)
GRAUBURGUNDER (8 %)
MUSKATELLER (2 %)
MERLOT (2 %)
CABERNET SAUVIGNON (2 %)

G.A. Heinrich

★★★☆

KONTAKT

Riedstraße 29, 74076 Heilbronn
Tel. 07131-175948
Fax: 07131-166306
www.weingut-heinrich.de
info@weingut-heinrich.de

H

Inhaber Björn & Tobias Heinrich
Rebfläche 14 Hektar
Produktion 90.000 Flaschen

BESUCHSZEITEN

Mo.-Fr. 9-12 + 13:30-18 Uhr,
Sa. 10-14 Uhr und nach Vereinbarung

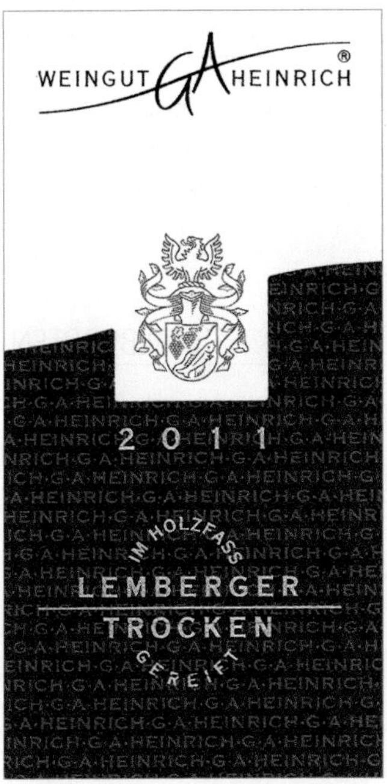

Martin Heinrich hat im Sommer 2017 den Betrieb nun offiziell an seine Söhne Björn und Tobias übergeben. Björn Heinrich hat nach Winzerlehre und Betriebswirtschaftsstudium als Marketing-Manager für Markenartikelunternehmen gearbeitet, Tobias Heinrich hat in Geisenheim studiert. Rote Sorten nehmen 70 Prozent der Fläche ein. Wichtigste Rebsorten sind Trollinger und Lemberger, sowie Riesling, der zwei Drittel der Weißweinfläche einnimmt. Björn und Tobias Heinrich möchten in Zukunft ihre Rotweine erst nach längerer Flaschenreife in den Verkauf bringen, sich als Lemberger- und Burgunderspezialisten positionieren.

Kollektion

Mit der neuen Kollektion schließen Björn und Tobias Heinrich nahtlos an das starke Vorjahr an. Das Basisniveau ist hoch, das zeigen der fruchtbetonte, harmonische Weißburgunder oder der zupackende, frische Riesling von alten Reben. Eine deutliche Steigerung bringen die GA-Weine. Der Riesling ist würzig, zeigt dezente Reife, besitzt gute Struktur und Frucht, der Weißburgunder ist reintönig und konzentriert, füllig und saftig bei viel Substanz. Der Löwenherz-Riesling zeigt reife Rieslingfrucht, besitzt Fülle, Kraft und Substanz wie auch der Weißburgunder Hinterer Hundsberg. Der reintönige, zupackende Trollinger von alten Reben eröffnet den roten Reigen. Der GA-Lemberger ist würzig, fruchtbetont, zupackend, der GA-Spätburgunder glänzt mit Frische und reintöniger Frucht. Der Löwenherz-Spätburgunder zeigt rauchige Noten, etwas Gewürze und Toast, besitzt Kraft, Substanz und Frucht. Der Löwenherz-Lemberger steht ihm nicht nach, zeigt viel reife Frucht, ist aber noch sehr vom Holz geprägt, der XR ist fein gereift. Aus dem Wollendieb wurde ein schlichter Dieb: Intensive Frucht, Kraft, Tannine. Stark!

Weinbewertung

85	2017 Weißer Burgunder trocken **12 %/9,- €**
85	2017 Riesling trocken „alte Reben" **12,5 %/9,50 €**
88	2016 Riesling trocken „GA" **12,5 %/15,- €**
88	2017 Weißer Burgunder trocken „GA" **12,5 %/15,- €**
89	2016 Riesling trocken Heilbronner „Löwenherz" **12,5 %/25,- €**
89	2016 Weißer Burgunder trocken Heilbronner „Hinterer Hundsberg" **13 %/22,- €**
84	2016 Trollinger trocken „alte Reben" **12 %/7,50 €**
87	2015 Spätburgunder trocken „GA" **13 %/15,- €**
86	2015 Lemberger trocken „GA" **12,5 %/15,- €**
90	2015 Lemberger trocken Heilbronner „Löwenherz" **13 %/28,- €**
90	2015 Spätburgunder trocken Heilbronner „Löwenherz" **12,5 %/35,- €**
88	2012 Lemberger „XR" trocken (Vorderer Hundsberg) **13,5 %/40,- €**
89	2014 „Dieb" Rotweincuvée trocken **13 %/30,- €**

Rolf Heinrich

★

KONTAKT

Riedstraße 23
74076 Heilbronn
Tel. 07131-982240
Fax: 07131-982249
www.heinrich-wein.de
info@heinrich-wein.de

Inhaber
Andreas & Thomas Heinrich
Rebfläche
19 Hektar
Produktion
120.000 Flaschen

BESUCHSZEITEN

Mo.-Fr. 8-12 Uhr, Sa. 8-14 Uhr
oder nach Vereinbarung
Besenwirtschaft

WEINGUT
ROLF HEINRICH
HEILBRONN

Seit dem 16. Jahrhundert betreibt die Familie Weinbau in Heilbronn, aber erst Rolf Heinrich begann 1955 mit dem Aufbau des eigenen Weingutes, 1972 siedelte er an die Riedstraße aus. Seit 1995 wird das Gut von seinen Söhnen Andreas und Thomas geführt. Ihre Weinberge liegen in den Heilbronner Lagen Wartberg und Stiftsberg. Trollinger, Lemberger, Dornfelder, Samtrot, Clevner, Schwarzriesling und Spätburgunder werden angebaut, dazu die weißen Sorten Riesling, Kerner, Grauburgunder, Muskateller, Müller-Thurgau und Traminer. Alle Rotweine werden für 10 bis 21 Tage maischevergoren.

Kollektion

Die Cuvée Blanc aus Weißburgunder und Grauburgunder war unser Favorit beim Debüt im vergangenen Jahr, aber auch mit zwei sehr guten Rotweinen aus dem Jahrgang 2012 konnten Andreas und Thomas Heinrich punkten, mit Dornfelder und Cuvée Nobilis. Der Dornfelder überzeugt auch im Jahrgang 2014, ist im Bouquet von Gewürznoten geprägt, besitzt gute Struktur und Kraft. Unser eindeutiger Favorit im roten Segment ist aber in diesem Jahr der Reserve-Lemberger aus dem Jahrgang 2014: Er zeigt gute Konzentration und Gewürze im Bouquet, ist füllig und kraftvoll im Mund, besitzt viel reife Frucht, gute Struktur und Frische. Im weißen Segment gefällt uns die Cuvée Blanc im Jahrgang 2016 nicht ganz so gut wie im Vorjahr die 2015er, die Vanillenoten sind etwas zu ausgeprägt, der Wein ist aber konzentriert, klar und zupackend. In diesem Jahr nun gefallen uns die süßen Weißweine ein wenig besser als die trockenen. Das liegt am Muskateller Kabinett, der wunderschön frisch und klar im Bouquet ist, zupackend dann im Mund, er besitzt feine süße Frucht und Biss. Und mehr noch liegt es am edelsüßen Reserve-Riesling des Jahrgangs 2016, der viel reife süße Frucht besitzt, Substanz und Fülle. ▬

Weinbewertung

81 2017 „Blanc de Noir" trocken **10,5 %/6,60 €**
81 2017 Rivaner Kabinett trocken **10,5 %/6,90 €**
83 2016 „Cuvée blanc" Weißwein trocken „Reserve" **13 %/11,50 €**
84 2017 Muskateller Kabinett **10,5 %/8,50 €**
86 2016 Riesling „Reserve" „edelsüß" **11 %/13,50 €**
82 2015 „Pur red" Rotwein trocken **12,5 %/8,50 €**
83 2014 Dornfelder trocken Holzfass „Reserve" **14 %/10,90 €**
85 2014 Lemberger trocken „Reserve" **13 %/13,50 €**
80 2012 „Rufus" trocken Barrique „Reserve" **13,5 %/26,- €**
81 2016 Lemberger „feinherb" **11 %/6,90 €**

HEINRICHSHOF

★★★

KONTAKT

Chur-Kölner-Straße 23
54492 Zeltingen-Rachtig
Tel. 06532-3151
Fax: 06532-933334
www.weingut-heinrichshof.de
mosel@weingut-heinrichshof.de

H

Inhaber
Peter & Ulrich Griebeler
Rebfläche
7 Hektar
Produktion
70.000 Flaschen

BESUCHSZEITEN

Vinothek Moselstraße 11, April bis Okt. tägl. 14-18 Uhr (außer Di./So.)

Peter und Ulrich Griebeler übernahmen 2014 den elterlichen Betrieb. Peter Griebeler hat nach seiner Winzerlehre (unter anderem bei Fritz Haag) Weinbau studiert und bei Kellereien im In- und Ausland gearbeitet. Ulrich Griebeler schloss nach der Winzerlehre (unter anderem bei Müller-Catoir) eine Weinbautechnikerausbildung an, arbeitete dann beim Weingut Hofstätter in Südtirol. Sie haben die Rebfläche von 3 auf 7 Hektar erweitert. Ihre Weinberge liegen in den Zeltinger Lagen Sonnenuhr, Schlossberg und Himmelreich. Riesling dominiert im Anbau mit vier Fünftel der Fläche, zuletzt wurde Weißburgunder gepflanzt, dazu gibt es ein klein wenig Spätburgunder, Müller-Thurgau und Dornfelder. Die Weine werden kühl und langsam vergoren, teils im Fuder, teils im Edelstahl, bleiben lange auf der Feinhefe. In Zukunft soll die Fläche weiter vergrößert werden.

Kollektion

2017 überzeugt schon der komplexe Weißburgunder, je zu einem Drittel in Fuder, Tonneau und Stahl ausgebaut, komplex und voller Würze. Die trockenen Rieslinge sind einer besser als der andere: alle wirklich trocken, würzig, rassig. Herausgehoben werden muss der sich nur langsam öffnende Sonnenuhr-Riesling, auch der „Tonneau"-Wein, der bis Juni auf der Hefe blieb und eine offene, würzige, komplexe Art zeigt, ist beachtlich. Noch ein bisschen spannender der im Fuder ausgebaute Rotlay-Riesling, der sich zunächst verschlossen zeigt, nach einigen Stunden aber eine würzige, salzige Art und viel Spiel und Länge zeigt. Auch den Süßweinen ist Charakter zu attestieren. Die Auslese „110°" ist frisch, duftig, besitzt Anklänge an Zitrusschalen und Steinobst, die Beerenauslese kann auch noch eine Spur tropischer Fruchtnuancen vorweisen, ist saftig, lang und trotz hoher Süße elegant. Nicht zu vergessen: Der dunkelbeerige, dichte Spätburgunder aus 2016.

Weinbewertung

85	2017 Weißburgunder trocken **12,5 %/8,50 €**
86	2017 Riesling trocken „Römische Kapelle" **12 %/8,- €**
88	2017 Riesling trocken Sonnenuhr **12 %/10,50 €**
88	2017 Riesling trocken Schlossberg **12 %/9,30 €** ☺
89	2017 Riesling trocken „Tonneau" **12,5 %/10,90 €** ☺
90	2017 Riesling trocken „Rotlay" Sonnenuhr **12 %/14,90 €** ☺
86	2017 Riesling Spätlese „feinherb" Sonnenuhr **10,5 %/10,- €**
87	2017 Riesling Spätlese Schlossberg **7,5 %/9,90 €**
89	2017 Riesling Auslese Sonnenuhr **8 %/13,50 €**
90	2017 Riesling Auslese „110°" Sonnenuhr **9 %/13,50 €/0,375l**
91	2017 Riesling Beerenauslese Sonnenuhr **8 %/27,50 €/0,375l**
86	2016 Spätburgunder trocken **14 %/10,70 €**

Heitlinger

★★★

KONTAKT

Am Mühlberg 3
76684 Östringen-Tiefenbach
Tel. 07259-9112-0, Fax: -911299
www.heitlinger-wein.de
info@weingut-heitlinger.de

Inhaber Weingüter Heitlinger & Burg Ravensburg GmbH, Heinz Heiler
Geschäftsführer: Claus Burmeister
Kellermeister: Jürgen Kern, Daniel Rupp
Rebfläche: 80 Hektar
Produktion: 580.000 Flaschen

BESUCHSZEITEN

Vinothek Tiefenbach Öffnungszeiten siehe Homepage, Restaurant im Weingut Heitlinger Öffnungszeiten siehe Homepage

Albert Heitlinger gründete 1960 das Weingut, sein Sohn Erhard expandierte stark. Inzwischen hat Heinz Heiler das Gut übernommen, seit Januar 2009 ist die Weingut Heitlinger GmbH auch Pächter des benachbarten Weinguts Burg Ravensburg. Claus Burmeister, vorher Betriebsleiter bei Burg Ravensburg, übernahm die Leitung beider Weingüter. Die Weinberge liegen hauptsächlich in Tiefenbach (Keuper- und Lössböden, Sandsteinverwitterungsböden mit Kalkunterlage im Spiegelberg) und im Odenheimer Königsbecher. Wichtigste Rebsorten sind Spätburgunder, Grauburgunder, Weißburgunder und Riesling. Hinzu kommen Lemberger, Auxerrois, Schwarzriesling und Chardonnay. Seit 2010 werden die Weinberge biologisch bewirtschaftet.

Kollektion

Beim Weingut Heitlinger überzeugen in diesem Jahr vor allem die Rotweine der Jahrgänge 2015 und 2016. Schön leicht ist der Pinot Noir, er zeigt helle rote Frucht und feine Säure. Der Pinot Noir Reserve zeigt viel kühle Frucht, eine gute Säure- und Tanninstruktur. Pinot Noir Königsbecher ist sehr saftig mit feinen Tanninen, feiner Würze und salzig-mineralischer Substanz. Pinot Noir Wormsberg ist sehr dicht, mit dunkler, kühler Frucht und eleganten Tanninen. Eine frische Kirschfrucht zeigt der eher leichte Pinot Meunier Reserve. Bei den Weißweinen ragen der Riesling Schellenbrunnen und der Pinot Blanc Eichelberg heraus. Der Riesling zeigt feine Spontangärnoten, viel Frucht und eine straffe Säure. Pinot Blanc Eichelberg ist hellfruchtig und kräftig-elegant, er hat Schmelz und feine, salzige Länge. Die Gutsweine von Pinot Blanc und Pinot Gris sind klar und leicht. Der Pinot Gris Spiegelberg ist kräftig, besitzt gelbe Frucht und salzige Mineralität, ist noch etwas unruhig. Die Chardonnay sind noch sehr jung, zeigen viel helle Frucht.

Weinbewertung

85	2017 Pinot Blanc trocken **12 %/9,50 €**
84	2017 Pinot Gris trocken **12 %/9,50 €**
86	2017 Chardonnay „Reserve" **13 %/15,- €**
88	2016 Auxerrois trocken „Hassapfel" **13 %/28,- €**
89	2016 Riesling „GG" Schellenbrunnen **13 %/28,- €**
89	2016 Pinot Blanc „GG" Eichelberg **13 %/28,- €**
88	2016 Pinot Gris „GG" Spiegelberg **13 %/28,- €**
88	2016 Chardonnay „GG" „Heinberg" **13 %/35,- €**
85	2016 Pinot Noir trocken **13 %/10,50 €**
87	2016 Pinot Meunier „Reserve" **12,5 %/15,- €**
87	2016 Pinot Noir „Reserve" **12,5 %/15,- €**
90	2015 Pinot Noir „GG" Königsbecher **13 %/28,- €**
91	2015 Pinot Noir „GG" „Wormsberg" **13 %/a.A.**

Erhard & Max Helmstetter

★★☆

KONTAKT

Bainweg 1
63927 Bürgstadt
Tel. 09371-3341
Fax: 09371-66237
www.weingut-helmstetter.de
info@weingut-helmstetter.de

H

Inhaber
Erhard & Max Helmstetter
Rebfläche
4,9 Hektar
Produktion
27.000 Flaschen

BESUCHSZEITEN

Mo.-Sa. 8-12 + 14-18 Uhr
Main-Vinotel

Seit 100 Jahren betreibt die Familie Helmstetter Weinbau, aber erst in jüngster Zeit wurde aus dem Nebenerwerbsbetrieb ein Weingut. Die Weinberge liegen in den Bürgstadter Lagen Centgrafenberg und Hundsrück (bisher ein Teil des Centgrafenberg). Rote Rebsorten nehmen gut die Hälfte der Rebfläche ein, Spätburgunder spielt die wichtigste Rolle, dazu gibt es Frühburgunder, Portugieser und Domina, sowie die weißen Sorten Riesling, Silvaner, Weißburgunder, Sauvignon Blanc, Bacchus und Müller-Thurgau. 2011 ist man an den Ortsrand von Bürgstadt ausgesiedelt, wo nicht nur das neue Weingut errichtet wurde, sondern auch das so genannte Main-Vinotel mit zehn Zimmern, zwei Ferienwohnungen und einer Vinothek mit Weinlounge und Veranstaltungsräumen.

Kollektion

Nachdem in den vergangenen Jahren Erhard und Max Helmstetter meist mit Rotweinen aufgetrumpft hatten, deutete sich schon im vergangenen Jahr mit dem 2015er Weißburgunder Passion an, dass sie auch bei den Weißweinen ganz oben mitspielen können. Der 2017er Weißburgunder Passion trägt ganz zurecht den Zusatz „feines Holz" auf dem Etikett, er ist klar und zupackend, strukturiert und fruchtbetont, wurde fünf Monate im Barrique aus Spessart-Eiche ausgebaut. Spannend ist auch der Grauburgunder, der nach zehn Tagen Maischegärung teils im Barrique, teils im Edelstahl ausgebaut wurde: Reintönige Frucht, gute Struktur, Frische. Auch der frische, zupackende Silvaner gefällt uns sehr gut, der reintönige Sauvignon Blanc zeigt intensive Frucht, besitzt Kraft und Grip. Aber auch die Rotweine sind spannend, alle drei vorgestellten Weine gefallen uns sehr gut. Der Churfranken-Spätburgunder ist fruchtbetont, lebhaft und zupackend, der Frühburgunder Passion besticht mit Reintönigkeit und Frucht, zeigt dezenten Toast und Kräuter im Hintergrund. Unser Favorit ist der Spätburgunder Passion aus dem Hundsrück, der intensive Frucht und rauchige Noten zeigt, füllig und kraftvoll ist bei noch jugendlichen Bitternoten.

Weinbewertung

85	2017 Silvaner trocken „Tradition" Bürgstadt Centgrafenberg	**11,5 %/7,50 €**
89	2017 Weißburgunder trocken „feines Holz Passion"	**12,5 %/15,- €**
85	2017 Grauburgunder trocken „Création" Centgrafenberg	**12,5 %/9,50 €**
87	2017 Sauvignon Blanc trocken „Passion" Centgrafenberg	**12,5 %/12,90 €**
83	2017 Spätburgunder „Blanc de Noir" trocken „Création"	**11,5 %/8,80 €**
85	2017 Weißburgunder halbtrocken „Passion" Centgrafenberg	**12,5 %/11,- €**
85	2015 Spätburgunder trocken „Churfranken" Centgrafenberg	**13,5 %/11,50 €**
87	2015 Frühburgunder trocken „Passion" Centgrafenberg	**13,5 %/18,- €**
89	2014 Spätburgunder trocken „Passion" Bürgstadter Hundsrück	**13,5 %/24,- €**

HEMBERGER

★★☆

KONTAKT

Aussiedlerhof 3
97348 Rödelsee
Tel. 09323-435
Fax: 09323-5072
www.weingut-hemberger.de
info@weingut-hemberger.de

Inhaber/ Betriebsleiter
Roland Hemberger
Kellermeister
Tobias Hemberger
Rebfläche
12 Hektar
Produktion
95.000 Flaschen

BESUCHSZEITEN

Mo.-Sa. 9:30-17 Uhr

Die Familie Hemberger baut seit Generationen Wein an, bis 1983 aber wurden die Trauben an eine Genossenschaft abgeliefert. Seit 1985 wird das Gut von Roland und Elisabeth Hemberger geführt, die ihren Aussiedlerhof an der Straße zwischen Rödelsee und Iphofen errichtet haben. Die Weinberge liegen in den Rödelseer Lagen Küchenmeister und Schwanleite und im Iphöfer Kronsberg. Hauptrebsorten sind Silvaner, Riesling, Domina und alle Burgundersorten, aber es werden auch Müller-Thurgau, Scheurebe, Bacchus, Kerner und Gewürztraminer angebaut. Nach Abschluss seiner Weinbautechnikerausbildung ist 2012 Sohn Tobias in den Betrieb eingestiegen, seit dem Frühjahr 2016 ist er vollzeitig im Betrieb tätig, ist heute verantwortlich für die Vinifikation. 2016 wurden drei Große Gewächse eingeführt, die die alten Lagennamen Hoheleite (Silvaner), Vilsenah (Grau- und Weißburgunder-Cuvée) und Im Roth (Spätburgunder) tragen. Diese Weine sind spontanvergoren und werden 18 Monate im Barrique ausgebaut, der Spätburgunder bleibt 24 Monate im Barrique und wird unfiltriert abgefüllt.

Kollektion

Es geht weiter voran. Der zupackende PetNat gehört zu den gelungenen Vertretern seiner Art, die Gutsweine und die Keuper-Weine sind reintönig und frisch, strukturiert und zupackend: Das Basisniveau ist hoch. Der Sauvignon Blanc ist wunderschön reintönig und konzentriert wie auch der rosenduftige Gewürztraminer, der Grauburgunder besitzt gute Struktur und herrlich viel Frucht, der Silvaner von alten Reben betört mit intensiver Frucht, ist lebhaft, klar und zupackend. Schon im Vorjahr hatten wir den Hoheleite-Silvaner vorgestellt, der das Holz schön integriert hat, druckvoll ist wie auch der Spätburgunder Im Roth, der intensive Frucht besitzt, Fülle und Saft, gute Struktur und Substanz. Ganz starke Kollektion!

Weinbewertung

85 2017 Silvaner „Pet Nat" **12,5 %/12,- €**
84 2017 Silvaner trocken **12 %/6,50 €**
83 2017 Riesling trocken **12,5 %/7,- €**
84 2017 Müller-Thurgau trocken **12 %/6,50 €**
84 2017 Silvaner trocken „vom Keuper" Rödelseer Küchenmeister **12,5 %/7,50 €**
84 2017 Scheurebe trocken „vom Keuper" Rödelseer Küchenmeister **12 %/7,50 €**
86 2017 Sauvignon Blanc trocken Iphöfer Kronsberg **13 %/10,- €**
88 2017 Silvaner trocken „Alte Reben" Rödelseer Küchenmeister **12,5 %/10,- €** ☺
86 2017 Grauer Burgunder trocken Rödelseer Schwanleite **13 %/10,- €**
89 2015 Silvaner trocken „Hoheleite" **13 %/20,- €**
86 2017 Gewürztraminer Iphöfer Kronsberg **11,5 %/10,- €**
89 2014 Spätburgunder trocken „Im Roth" **13 %/26,- €**

HEMER

★

KONTAKT

Rathausstraße 1
67550 Worms-Abenheim
Tel. 06242-2222
Fax: 06242-904649
www.weingut-hemer.de
info@weingut-hemer.de

H

Inhaber
Stefan & Andreas Hemer
Kellermeister
Andreas Hemer
Betriebsleiter
Stefan Hemer
Rebfläche
45 Hektar
Produktion
280.000 Flaschen

BESUCHSZEITEN

Mo.-Fr. 10-18 Uhr, Sa. 10-14 Uhr

Hemer
das Bioweingut

Das Weingut Hemer ist ein Familienbetrieb in Abenheim bei Worms. 1960 hat man – bei damals 2 Hektar Weinbergen – erstmals Weine selbst auf Flaschen gefüllt. Bis in die siebziger Jahre wurde noch Viehhaltung betrieben und Spargel angebaut. Heute ist der Betrieb ausschließlich Weingut, wird von den Brüder Andreas und Stefan Hemer geführt. Andreas Hemer ist für Vinifikation und Vermarktung verantwortlich, Stefan Hemer für die Weinberge. Diese liegen im Abenheimer Klausenberg und im Ludwigshöher Teufelskopf. Neben den traditionellen Rebsorten wie Riesling, Silvaner, Grauburgunder, Spätburgunder, Portugieser oder Weißburgunder bauen die Brüder Andreas und Stefan Hemer eine Vielzahl von weiteren Rebsorten an. Die Weinberge werden seit 2003 biologisch bewirtschaftet, man ist Mitglied bei Ecovin. Die Weißweine werden möglichst kühl gelesen und reifen im Edelstahl bis März auf der Feinhefe. Die Rotweine werden maischevergoren und in kleinen und großen Eichenholzfässern ausgebaut.

Kollektion

Beim guten Debüt im vergangenen Jahr ragte der Kapellenstück-Riesling aus einer stimmigen Kollektion hervor, und auch dieses Jahr gefällt er uns wieder besonders gut, hat aber starke Konkurrenz erhalten durch Chardonnay und Spätburgunder. Die Guts- und Ortsweine sind fruchtbetont und sortentypisch, zeigen gutes, gleichmäßiges Niveau. Sehr gut sind die beiden Lagen-Weißweine: Der Kapellenstück-Riesling ist füllig und kraftvoll, besitzt gute Struktur und Substanz, der Klausenberg-Chardonnay ist rauchig, kompakt, besitzt gute Struktur und viel Kraft. Sehr gut sind auch die beiden vorgestellten Rotweine: Die im Barrique ausgebaute Cuvée Charlotte aus Merlot und Spätburgunder zeigt intensive Frucht, dezent Cassis, ist stoffig und strukturiert, der Spätburgunder besitzt klare reife Frucht und kräftige Tannine. ▬

Weinbewertung

83 2015 Chardonnay Sekt brut **12,5 %/10,- €**
82 2017 Grüner Silvaner trocken **12 %/6,- €**
83 2017 Weißer Burgunder trocken **12 %/6,80 €**
82 2017 Grauer Burgunder trocken **13 %/6,80 €**
82 2017 Sauvignon Blanc trocken **12 %/6,50 €**
83 2016 Riesling trocken Ludwigshöher **12,5 %/8,50 €**
86 2016 Riesling trocken „Kapellenstück" Abenheimer Klausenberg **13,5 %/15,- €**
86 2016 Chardonnay trocken Abenheimer Klausenberg **13 %/12,- €**
81 2017 Scheurebe „feinherb" **12 %/6,50 €**
82 2017 Goldmuskateller „lieblich" „Edition S" **10 %/6,50 €**
86 2015 „Cuveé Charlotte" Rotwein trocken Barrique **13,5 %/15,- €**
85 2015 Spätburgunder trocken Abenheimer Klausenberg **13 %/15,- €**

HENCH

★★★

KONTAKT

Hauptstraße 32
63927 Bürgstadt
Tel. 09371-5752
Fax: 09371-948287
www.weingut-hench.de
info@weingut-hench.de

Inhaber
Burkhard Hench
Kellermeister
Peter Hench
Rebfläche
7 Hektar

BESUCHSZEITEN

Mo./Mi./Do./Fr. 15-18:30 Uhr, Sa. 9:30-15 Uhr oder nach Vereinbarung, Di./So. geschlossen

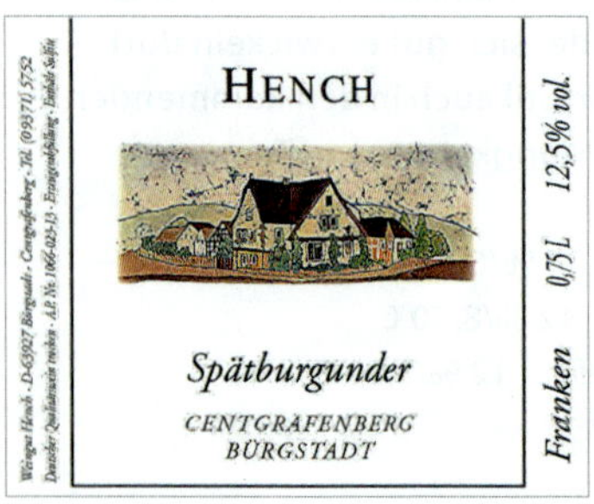

Der älteste Teil des mitten in Bürgstadt gelegenen Weingutes geht auf das Jahr 1563 zurück, unter dem Weingut ist ein historischer Sandsteingewölbekeller, aber auch ein 1998 erbauter neuer Keller. Die Weinberge von Burkhard Hench liegen im Bürgstadter Centgrafenberg, auch in der neu eingetragenen Lage Hundsrück besitzt er einen Terrassenweinberg, ebenso in der Bürgstadter Mainhölle. Er baut vor allem Burgundersorten an, der Rotweinanteil beträgt 65 Prozent. Spätburgunder dominiert, nimmt die Hälfte der Rebfläche ein, hinzu kommen Frühburgunder, Pinot Meunier, Domina, Regent und St. Laurent, die weißen Sorten Silvaner und Riesling sowie ein wenig Weißburgunder, Bacchus und Ortega. Burkhard Hench führt den Betrieb zusammen mit Ehefrau Helene, seit 2007 unterstützt von Sohn Peter, der für die Vinifikation verantwortlich ist. Seit 2004 haben sie Versuche mit biologischem Weinbau unternommen, seit 2013 ist man zertifiziert.

Kollektion

Eine starke Kollektion präsentieren Burkhard und Peter Hench auch in diesem Jahr, wieder mit leichten Vorteilen im roten Segment. Die Basis stimmt, das zeigen die fruchtbetonten, klaren 2017er Weißweine. Der weißgekeltere Spätburgunder ist rauchig, würzig, kraftvoll, der 2017er Blanc de Noir ist derzeit noch vom Holz dominiert. Unser Favorit ist wieder einmal der Weißburgunder R, der Fülle und Kraft besitzt, gute Struktur und Frucht. Der Frühburgunder zeigt etwas Weihrauchnoten, ist frisch, zupackend, jugendlich. Der Spätburgunder setzt ganz auf Frische und Grip, besitzt kandierte Früchte und Struktur, wir sehen beide Jahrgänge gleichauf. Unser eindeutiger Favorit ist in diesem Jahr der 2015er Spätburgunder R, der intensive reife Frucht zeigt, rauchige Noten, kraftvoll und zupackend ist, gute Struktur, Frucht und Länge besitzt.

Weinbewertung

83	2017 Müller-Thurgau **11,5 %/6,90 €**
84	2017 Silvaner trocken Bürgstadt Centgrafenberg **12 %/8,- €**
85	2017 Riesling Bürgstadt Centgrafenberg **12 %/9,50 €**
86	2015 Spätburgunder „weiß gekeltert" trocken Centgrafenberg **11,5 %/8,- €**
88	2016 Weißburgunder „R" trocken Bürgstadt Centgrafenberg **12,5 %/18,- €**
84	2017 „Blanc de Noirs" „unfiltriert" Holzfass **11 %/18,- €**
84	2017 Rosé „veris" **11 %/7,50 €**
84	2016 Regent trocken Bürgstadt Hundsrück **13 %/10,- €**
87	2015 Spätburgunder trocken Bürgstadt Centgrafenberg **13 %/13,- €**
87	2016 Spätburgunder trocken Bürgstadt Centgrafenberg **13 %/13,- €**
88	2015 Frühburgunder trocken Bürgstadt Centgrafenberg **14 %/17,- €**
90	2015 Spätburgunder „R" trocken Bürgstadt Centgrafenberg **14 %/18,- €**

Henrichs + Friderichs

★★

KONTAKT

Weingut: Paulusstraße 29
56814 Ediger
Tel. 02675-716
Vinothek: Moselstraße 10
56820 Nehren
Tel. 02673-4187
Fax: 02673-960281
www.wein-mosel-wein.de
info@wein-mosel-wein.de

Inhaber
Bernadette Friderichs

Rebfläche
1 Hektar

Produktion
8.000 Flaschen

BESUCHSZEITEN

Fr. + Sa. 13:30-17 Uhr (Vinothek); „im Weingut einfach mal klingeln"

Bernadette Friderichs und Thomas Henrichs übernahmen 1998 als Quereinsteiger den elterlichen Betrieb in Ediger. Sie ist Sprachheiltherapeutin, er Landschaftsarchitekt. Die „Mons Ignis" und „vom roten Schiefer" genannten Rieslinge kommen aus dem Ediger Feuerberg, einer steilen, felsigen Süd-Südwest-Lage mit eisenhaltigem roten Schiefer. Des Weiteren besitzen sie Weinberge im Bremmer Calmont, in den Ediger Lagen Osterlämmchen und Elzhofberg, sowie im Nehrener Römerberg. Neben Riesling, der zwei Drittel der Fläche einnimmt, bauen sie Gewürztraminer, Weißburgunder, Spätburgunder und Cabernet Sauvignon an. 2003 eröffneten sie eine Vinothek im Nachbarort Nehren. Sie haben sich auf trockene und halbtrockene Weine spezialisiert, seit dem Jahrgang 2003 wird auf Prädikatsbezeichnungen verzichtet.

Kollektion

Die vergangenen Jahrgänge waren nicht einfach für das Weingut, das die Auswirkungen des Klimawandels zu spüren bekommt. Dem Ziel des Hauses, schlanke Weine mit eher wenig Alkohol, trocken oder mit reduzierter Süße zu erzeugen, kamen nicht alle Jahre entgegen. Im Jahr 2017 kamen erhebliche Frostschäden im Weinberg hinzu; der gesamte Gewürztraminer, die Hälfte des Weißburgunders und rund 30 Prozent des Rieslings erfroren. Auch die Trockenheit des Sommers 2018 trug dazu bei, dass sich Bernadette Friderichs und Thomas Henrichs Gedanken über die Zukunft machen. Es ist verständlich, dass angesichts dieser Umstände nur ein sehr kleines, vier Weine umfassendes 2017er Sortiment angestellt wurde, doch dieses kann voll überzeugen. Der Riesling vom roten Schiefer ist noch verschlossen, aber angenehm würzig und rassig, der „unverzichtbar" genannte Wein, eine Cuvée aus Weißburgunder und Riesling, besitzt eine klare Art, wirkt animierend und würzig, ist sehr trocken und präzise. Deutlich saftiger fällt der „Devonschiefer" aus, würzig, vibrierend, noch etwas vom Kohlendioxid geprägt. Duftig, geradlinig und sehr fein der einzige süße Wein des Sortiments, ein sehr gelungener „C+P", der sich gut entwickeln dürfte. Es wäre schön, wenn das Weingut seinen Stil auch in den kommenden Jahren weiterverfolgen könnte – allen Widrigkeiten zum Trotz.

Weinbewertung

86 2017 Riesling trocken „unverzichtbar" **11 %/6,50 €** ☺
86 2017 Riesling trocken „Devonschiefer" **12 %/8,50 €**
87 2017 Riesling trocken „vom roten Schiefer" **12 %/9,50 €**
88 2017 Riesling „C+P" **8,5 %/8,50 €** ☺

Dr. Fritz Herberger

★☆

KONTAKT

Weinstraße 80
67147 Forst
Tel. 06326-966890
Fax: 06326-96689010
www.weingut-fritz.de
info@weingut-fritz.de

Inhaber
Dr. Armand Herberger
Rebfläche
3,26 Hektar
Produktion
22.000 Flaschen

BESUCHSZEITEN

nach Vereinbarung

Dr. Armand Herberger, der hauptberuflich eine Schönheitsklinik in Deidesheim leitet, erwarb 2006 ein Weingut im benachbarten Forst, das er nach seinem Großvater Dr. Fritz Herberger benannte, der um die Wende vom 19. zum 20. Jahrhundert selbst ein Weingut besessen hatte. Zu Beginn wurde Hans-Günther Schwarz als Berater gewonnen, um den Außenbetrieb kümmert sich Bruno Sebastian, langjähriger Außenbetriebsleiter bei Bürklin-Wolf, für den Keller ist Karl-Josef Kohlmann verantwortlich, ehemaliger Kellermeister des Ruppertsberger Winzervereins. Auf etwas über drei Hektar wird ausschließlich Riesling angebaut, die Weinberge liegen in den Königsbacher Lagen Ölberg (Kalkmergel, vermischt mit Buntsandsteingeröll) und Jesuitengarten (sandiger Lehm und Sandsteinkiesel), im Gimmeldinger Biengarten (Buntsandstein mit Lehm und Sandanteilen) und in der Deidesheimer Mäushöhle (sandiger Lehm mit Anteilen von Kalksteinverwitterung).

Kollektion

Nachdem wir im vergangenen Jahr keine Weine des Weinguts probieren konnten, stellte Armand Herberger dieses Mal die vier trockenen Lagenrieslinge zur Verkostung an, die den Großteil der Produktion ausmachen. Die Weine brauchen alle Luft, öffnen sich nur langsam und bleiben dann aber alle recht verhalten in der Frucht. Der Riesling aus dem Königsbacher Ölberg ist der präsenteste und komplexeste der Rieslinge, er zeigt etwas kräutrig-mineralische Würze und Zitrusnoten, Ananas und Orangenschale im Bouquet, ist saftig, klar und animierend. Der Wein aus der Deidesheimer Mäushöhle zeigt klare gelbe Frucht mit Noten von Aprikose und etwas Ananas, dazu kommen Kräuter und eine leicht rauchige Würze, am Gaumen besitzt er ein frisches Säurespiel, der Riesling aus dem Gimmeldinger Biengarten zeigt leicht zurückhaltende, etwas strenge Frucht, besitzt kräutrige Würze und ein nachhaltiges Säurespiel und der Wein aus dem Königsbacher Jesuitengarten ist insgesamt etwas verhalten, zeigt dezente gelbe Frucht, etwas grünen Apfel, besitzt Saft und mittlere Länge. ▬

Weinbewertung

84 2017 Riesling Spätlese trocken Königsbacher Jesuitengarten **13 %/9,50 €**
85 2017 Riesling Spätlese trocken Gimmeldinger Biengarten **13 %/10,50 €**
86 2017 Riesling Spätlese trocken Deidesheimer Mäushöhle **13 %/11,50 €**
87 2017 Riesling Spätlese trocken Königsbacher Ölberg **13 %/12,50 €**

Franz Herbster

★

N

KONTAKT

Salzgasse 6
79238 Kirchhofen
Tel. 07633-9231060
Fax: 07633-9231059
www.herbster-weine.de
info@herbster-weine.de

Inhaber
Franz Herbster
Rebfläche
10,7 Hektar
Produktion
100.000 Flaschen

BESUCHSZEITEN

Do./Fr. 15-18 Uhr, Sa. 9-13 Uhr
und nach Vereinbarung

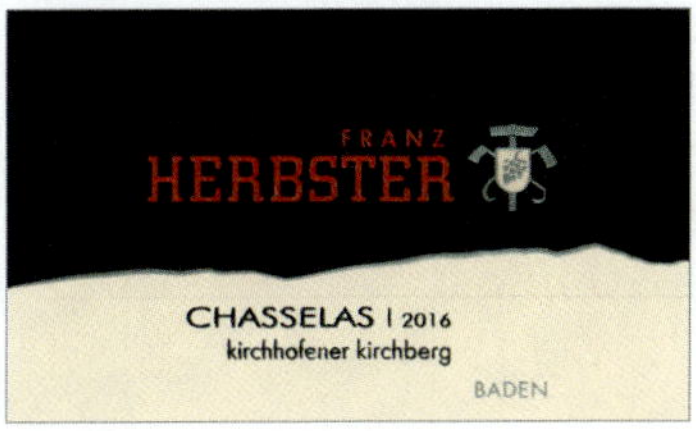

H

Mit drei Hektar Weinbergen gründeten Franz und Marlene Herbster 2006 ihr eigenes Weingut. Franz Herbster war zuvor Kellermeister der Winzergenossenschaft Ehrenstetten und Betriebsleiter des Weingutes Fischer in Nimburg-Bottingen. Gut zehn Hektar sind seither daraus geworden, die sich auf verschiedene Lagen verteilen: Auf die Kirchhofener Lagen Batzenberg (mit der Gewanne Prälaten), Kirchberg und Höllhagen, die Ehrenstetter Lagen Oelberg (mit der Gewanne Alter Oelberg) und Rosenberg, den Bollschweiler Steinberg und den Norsinger Batzenberg. Gutedel, Weißburgunder, Grauburgunder und Spätburgunder sind die wichtigsten Rebsorten, dazu gibt es Riesling, Sauvignon Blanc, Gewürztraminer, Muskateller, Auxerrois (mit 1958 gepflanzten Reben), Chardonnay, Merlot, Müller-Thurgau und Silvaner.

Kollektion

Eine stimmige Kollektion präsentiert Franz Herbster zum Debüt, schon die beiden Literweine überzeugen mit Frische und Frucht, die trockenen weißen Kabinettweine sind klar und geradlinig. Der Chasselas ist füllig und kraftvoll, recht cremig, der Fumé Blanc besitzt klare reife Frucht, gute Struktur und Substanz, der Chardonnay ist fruchtbetont und zupackend – alle drei Weine wurden im Holz ausgebaut. Im Barrique ausgebaut wurde der Grauburgunder aus der Gewanne Prälaten und er ist unser Favorit unter den Weißweinen, besitzt Fülle und Kraft, gute Struktur und klare reife Frucht. Füllig und saftig ist auch die Gewürztraminer Spätlese, der trockene Spätburgunder Kabinett ist lebhaft und frisch. Der zweite herausragende Wein der Kollektion stammt wie der Grauburgunder aus der Gewanne Prälaten: Der Pinot Noir zeigt viel reife Frucht im Bouquet, rote Früchte, besitzt Fülle und Kraft, reife Frucht und gute Struktur. Ein gelungenes Debüt. ▬

Weinbewertung

81 2017 Gutedel trocken (1l) **12 %/5,20 €**
82 2017 Gutedel Kabinett trocken Ehrenstetter Oelberg **11,5 %/5,90 €**
83 2017 Weißburgunder Kabinett trocken Kirchhofener Kirchberg **12,5 %/7,90 €**
83 2017 Riesling Kabinett trocken Bollschweiler Steinberg **11,5 %/9,60 €**
84 2016 Chardonnay Spätlese trocken Kirchhofener Batzenberg **13,5 %/9,20 €**
84 2017 Sauvignon Blanc „Fumé Blanc" trocken Ehrenstetter Oelberg **13 %/8,60 €**
85 2017 Chasselas trocken Kirchhofener Kirchberg **12,5 %/10,50 €**
86 2016 Grauburgunder Spätlese trocken Barrique „Prälaten" **14 %/12,50 €**
84 2016 Gewürztraminer Spätlese Ehrenstetter Oelberg **13,5 %/12,50 €**
81 2016 Spätburgunder trocken (1l) **13 %/6,70 €**
83 2016 Spätburgunder Kabinett trocken **13 %/8,60 €**
86 2015 Pinot Noir Spätlese trocken „Prälaten" Batzenberg **13,5 %/12,50 €**

HERMANN

★★★☆

KONTAKT

Alt-Vogtsburg 19
79235 Vogtsburg
Tel. 07662-6202
Fax: 07662-6202
www.weingut-hermann.de
mail@weingut-hermann.de

Inhaber
Falk Hermann
Rebfläche
4 Hektar
Produktion
20.000 Flaschen

BESUCHSZEITEN

Mo.-Fr. 9-19 Uhr, Sa. 9-17 Uhr
Probierstube

Gitta und Klaus Hermann gründeten 1995 ihr eigenes Weingut in Alt-Vogtsburg am Kaiserstuhl. Sohn Falk, Geisenheim-Absolvent, kümmerte sich von jeher um den Weinausbau, inzwischen hat er den Betrieb übernommen, führt ihn zusammen mit Ehefrau Karin, die ebenfalls Önologin ist. Die Weinberge verteilen sich auf verschiedene Lagen des Kaiserstuhls und liegen in der Oberbergener Bassgeige, den Oberrotweiler Lagen Henkenberg, Eichberg und Käsleberg, im Schelinger Kirchberg und im Gottenheimer Kirchberg am Tuniberg. Im Anbau dominieren die Burgundersorten, die zwei Drittel der Rebfläche einnehmen, vor allem Spätburgunder, aber auch Grauburgunder und Weißburgunder. Hinzu kommen Chardonnay, Sauvignon Blanc, Cabernet Sauvignon und Syrah. Einige der Burgunderanlagen sind über 40 Jahre alt, ab Mitte der neunziger Jahre wurden Burgunderklone gepflanzt. Die Weine werden ausschließlich trocken und durchgegoren ausgebaut. Vor allem die Burgunder reifen recht lange auf der Feinhefe, die Rotweine werden grundsätzlich im Holzfass ausgebaut. Die Weine der Serie „Cantus Avis" („Gesang des Vogels", benannt nach dem Vogelsangpass) kommen für achtzehn Monate komplett in neue Barriques aus französischer Eiche und werden unfiltriert abgefüllt. Sie sind auf Haltbarkeit vinifiziert und reifen hervorragend, wovon wir uns schon des Öfteren überzeugen konnten.

Kollektion

Das Gros der diesjährigen Kollektion verkosteten wir als Fassproben unmittelbar vor der Abfüllung, die Rotweine werden vor der Abfüllung nicht mehr filtriert. Schon im vergangenen Jahr zeigten sich die Weißweine von Falk Hermann klar verbessert, in diesem Jahr sind sie nochmals spannender. Der Sauvignon Blanc ist reintönig und zupackend, der Grauburgunder besitzt Fülle, Kraft und reintönige reife Frucht. Ganz spannend ist der Chardonnay: Rauchige Noten, feines Holz, gute Struktur und Komplexität. Stark und stimmig ist dann das Spätburgunder-Quartett vom zupackenden Gutswein über den würzigen, fruchtbetont 3 Sterne-Wein und den druckvollen, reintönigen Cantus Avis bis hin zur faszinierend fruchtbetonten Cantus Avis Reserve, die druckvoll, präzise und nachhaltig ist.

Weinbewertung

(87) 2017 Sauvignon Blanc trocken **12,5 %/11,- €**
89 2016 Chardonnay*** trocken **13 %/18,- €**
87 2016 Grauburgunder trocken **13,5 %/11,- €**
(86) 2016 Pinot Noir trocken **13,5 %/11,- €**
(88) 2016 Pinot Noir*** trocken **13,5 %/16,50 €**
(89) 2016 Pinot Noir trocken „Cantus Avis" **13,5 %/26,- €**
(91) 2016 Pinot Noir trocken „Reserve Cantus Avis" **13,5 %/45,- €**

Gut Hermannsberg

★★★★

KONTAKT

Ehemalige Weinbaudomaine
55585 Niederhausen
Tel. 06758-92500
Fax: 06758-925019
www.gut-hermannsberg.de
info@gut-hermannsberg.de

Inhaber
Jens Reidel, Dr. Christine Dinse
Geschäftsführer
Karsten Peter, Achim Kirchner
Kellermeister
Karsten Peter
Außenbetrieb
Philipp Wolf
Rebfläche
30 Hektar
Produktion
150.000 Flaschen

BESUCHSZEITEN

Vinothek Di.-So. 10-18 Uhr
Gästehaus (11 Zimmer), Fr. + Sa. Abends Menü (Anmeldung erforderlich); Tagungsraum

Die ehemalige Weinbaudomäne wurde 1902 vom Königreich Preußen als Lehr- und Mustergut gegründet und gehörte nach 1946 dem Land Rheinland-Pfalz. 1998 wurde das Gut privatisiert und an die Pfälzer Familie Maurer verkauft, im Sommer 2009 erwarb es der Unternehmer Jens Reidel, 2010 wurde die ehemalige Staatsdomäne in Gut Hermannsberg umbenannt. Betriebsleiter und Kellermeister ist der Pfälzer Karsten Peter. Die Domäne besitzt ausschließlich Weinberge in Lagen, die vom VDP als „Große Lagen" klassifiziert wurden: Kupfergrube (Melaphyr, von eingebrachtem Carbonschiefer überdecktes Eruptivgestein) und Felsenberg (Melaphyr, mit steinig-grusigen Lehmen durchsetzt) in Schlossböckelheim, Hermannsberg (Monopollage mit Tonschiefer, Löss und Melaphyr), Steinberg (Porphyrit und steiniger Lehm) und Kertz (Carbonschiefer und Porphyrit) in Niederhausen, aber auch im Altenbamberger Rotenberg (steile Südlage mit Ryolith und Lehm) und in der Traiser Bastei (Ryolithgeröll) ist man vertreten. Neben Riesling, der 95 Prozent der Rebfläche einnimmt, gibt es ein klein wenig Weißburgunder. Das Sortiment ist derzeit dreistufig gegliedert in Gutsweine, Ortsweine und die Weine aus Großen Lagen, die trocken ausgebaut Große Gewächse heißen und bei Gut Hermannsberg aus den Lagen Hermannsberg, Kupfergrube und Bastei, mit dem Jahrgang 2015 auch erstmals aus dem Steinberg und dem Rotenberg und 2016 auch aus dem Felsenberg stammen. Die Trauben für den Riesling „Steinterrassen" stammen aus den Lagen Steinberg, Rotenberg und Kertz, die Ortsweine stammen aus Niederhausen und Schlossböckelheim, aus Steinberg und Rotenberg werden auch süße Rieslinge erzeugt.

Kollektion

Es bleibt beim Gut Hermannsberg zunächst dabei: Drei der Großen Gewächse kommen nach einem Jahr in den Verkauf, die anderen drei mit längerer Ausbauzeit erst nach zwei Jahren – und bei diesen Weinen sehen wir auch die Stärken, was aber nicht alleine an der Ausbauzeit liegt, sondern bereits in den Lagen begründet sein dürfte. Der Riesling aus der Bastei ist das komplexeste der Großen Gewächse, schon im Bouquet ist der Wein sehr eindringlich, zeigt rauchig- und steinig-mineralische Würze, auch am Gaumen ist er sehr mineralisch, besitzt Fülle, viel klare, gelbe Frucht, ist sehr nachhaltig, die Kupfergrube und der Hermannsberg ähneln sich im Bouquet, zeigen dezente Reifenoten und kräutrige Würze, die Kupfergrube besitzt sehr feine Zitrusnoten, Limette, entwickelt feinen Druck, ist das geradlinigste der Großen Gewächse und bleibt lang am Gaumen, der Hermannsberg besitzt viel gelbe Frucht, animierende Säure und leicht salzige Länge. Unter den

2017er Großen Gewächsen gefällt uns der Felsenberg am besten, er zeigt steinige Würze und etwas Brotkruste, besitzt gelbe Frucht, ist mineralisch, elegant, sehr lang und deutlich vielschichtiger und tiefer als Rotenberg und Steinberg, der Rotenberg zeigt Zitrusnoten, Grapefruit, Ananas, auch etwas Aprikose, besitzt Fülle, aber auch Frische und gute Länge, der Steinberg zeigt kräutrig-mineralische Würze und viel klare, gelbe Frucht, Aprikose, ist elegant und besitzt sehr feinen, nachhaltigen Grip.

Der überwiegend in 600 Liter-Fässern aus Eiche ausgebaute Steinterrassen-Riesling zeigt in diesem Jahr ungewöhnlich viel Frucht, mit Noten von Ananas, Aprikose und Orange, besitzt auch steinige Würze, feinen Grip, ist leicht salzig und elegant, wie auch die Ortsrieslinge vom Schiefer und Vulkan, der Schiefer (aus dem Hermannsberg) zeigt rauchige Noten und etwas Zitruswürze, ist animierend, der Vulkan (aus jüngeren Parzellen der Kupfergrube) ist kräutrig, besitzt feinen Grip und etwas Salz. Der Gutsriesling zeigt ebenfalls Kräuternoten, ist schlank und frisch, der Weißburgunder aus dem Halbstückfass zeigt feine röstige Würze, etwas Walnussschale und Zitrusnoten, ist noch sehr jung. Der Riesling Kabinett zeigt klare Frucht und besitzt ein frisches Säurespiel, die Spätlese aus dem Rotenberg zeigt kräutrige Noten, Aprikose und grünen Apfel, ist schlank und besitzt Biss, die Spätlese aus dem Steinberg ist etwas komplexer und nachhaltiger, zeigt steinige Noten und etwas Tabak im Bouquet, besitzt viel klare, gelbe Frucht.

Weinbewertung

85 2017 Riesling trocken „Just Riesling!" **11,5 %/9,90 €**
87 2017 Weißburgunder trocken „Halbstück" **12,5 %/19,90 €**
88 2017 Riesling trocken „Vom Schiefer" Niederhäuser **12,5 %/15,50 €**
88 2017 Riesling trocken „Vom Vulkan" Schlossböckelheimer **12,5 %/15,50 €**
89 2017 Riesling trocken „Steinterrassen" **12,5 %/19,90 €**
92 2016 Riesling „GG" Bastei **12,5 %/45,- €**
91 2016 Riesling „GG" Hermannsberg **12,5 %/42,- €**
90 2017 Riesling „GG" Steinberg **12,5 %/26,- €**
92 2016 Riesling „GG" Kupfergrube **12,5 %/48,- €**
90 2017 Riesling „GG" Rotenberg **12,5 %/26,- €**
91 2017 Riesling „GG" Felsenberg **12,5 %/40,- €**
86 2017 Riesling Kabinett **9,5 %/13,50 €**
88 2017 Riesling Spätlese Altenbamberger Rotenberg **9 %/19,90 €**
89 2017 Riesling Spätlese Niederhäuser Steinberg **9 %/19,90 €**

LAGEN

HERMANNSBERG (NIEDERHAUSEN)
KUPFERGRUBE (SCHLOSSBÖCKELHEIM)
STEINBERG (NIEDERHAUSEN)
KERTZ (NIEDERHAUSEN)
BASTEI (TRAISEN)
ROTENBERG (ALTENBAMBERG)
FELSENBERG (SCHLOSSBÖCKELHEIM)

REBSORTEN

RIESLING (95 %)
WEISSBURGUNDER (5 %)

Bernd Hermes

★★

KONTAKT

Im Flurgarten 31-32
54536 Kröv
Tel. 06541-3619 oder 9984
Fax: 06541-3584
www.bernd-hermes.de
weingut@bernd-hermes.de

Inhaber
Bernd Hermes
Kellermeister
Bernd & Maximilian Hermes
Rebfläche
4,5 Hektar
Produktion
45.000 Flaschen

BESUCHSZEITEN

nach Vereinbarung
Luxusferienwohnungen
(5 Sterne)

Seit Generationen baut die Familie Wein in Kröv an, heute wird der Betrieb von Bernd Hermes geführt. Seine Weinberge liegen in den Kröver Lagen Steffensberg, Letterlay, Kirchlay und Paradies sowie im Wolfer Klosterberg. Riesling nimmt 70 Prozent der Rebfläche ein, dazu gibt es Müller-Thurgau (mit 20 Prozent der Fläche ein wichtiges Standbein des Weinguts) sowie ein wenig Weißburgunder, Spätburgunder und Dornfelder. Die Weine werden temperaturgesteuert vergoren und reduktiv vinifiziert. Ein neues Flaschenlager und Luxusferienwohnungen im Penthousestil (sie sind mit der Bewertung von fünf Sternen versehen) wurden gebaut. Inzwischen bringt auch Sohn Maximilian, nach Lehrjahren bei Daniel Vollenweider, Thorsten Melsheimer und beim Pfälzer Weingut Fitz-Ritter, seine Erfahrungen in die Weinbereitung ein. Die zusätzliche Kompetenz kann man erkennen, die Weine haben in letzter Zeit deutlich an Finesse und Ausdruck gewonnen, das gilt sowohl für die trockenen und feinherben Rieslinge, allen voran die Spätlesen aus der Letterlay, als auch für die restsüßen Weine vom Kabinett bis hin zur Auslese.

Kollektion

Schon im vergangenen Jahr ließen sich die Fortschritte im Weingut Hermes klar erkennen. Der 2017er Jahrgang ist nun wie gemacht, um noch einen Schritt weiterzugehen. Schon in der Basis lässt sich erkennen, wie sorgfältig Maximilian und Bernd Hermes arbeiten: Der Literriesling ist nämlich ein echtes Schnäppchen, frisch und mit Substanz versehen. Etwas stoffiger ist die trockene Spätlese aus der Letterlay; schmelzig, wenngleich mit einem Hauch Süße versehen, präsentiert sich der Weißburgunder. Der feinherb-süße Bereich wirkt insgesamt etwas spannender als der trockene. Vibrierend und balanciert zeigt sich die Spätlese, eine Spur breiter wirkt dagegen der „MX". Der Kirchlay-Kabinett scheint im Moment etwas balancierter als die Nacktarsch-Spätlese, mit Abstand am nachhaltigsten ist aber die Steffensberg-Spätlese mit kühler Apfel-Steinobst-Frucht und direkter, saftiger Art.

Weinbewertung

85 2017 Riesling trocken (1l) **11,5 %/7,- €** ☺
85 2017 Weißburgunder **12,5 %/7,90 €**
85 2017 Riesling Spätlese trocken Kröver Letterlay **11,5 %/8,50 €**
86 2017 Riesling Kabinett halbtrocken Kröver Paradies **11 %/7,60 €**
86 2017 Riesling „feinherb" „MX" **11 %/8,20 €**
87 2017 Riesling Spätlese „feinherb" Kröver Letterlay **11 %/9,- €**
87 2017 Riesling Kabinett Kröver Kirchlay **7,5 %/7,50 €** ☺
86 2017 Riesling Spätlese Kröver Nacktarsch **7,5 %/8,20 €**
87 2017 Riesling Spätlese Kröver Steffensberg **8,5 %/10,90 €**

Prinz von Hessen

★★☆

KONTAKT

Grund 1, 65366 Geisenheim
Tel. 06722-409180
Fax: 06722-4091820
www.prinz-von-hessen.de
weingut@prinz-von-hessen.de

Inhaber Hessische Hausstiftung
Betriebsleiter Dr. Clemens Kiefer
Kellermeister Sascha Huber
Rebfläche 47 Hektar
Produktion 300.000 Flaschen

BESUCHSZEITEN

Mo.-Fr. 9-17 Uhr, Sa. 11-16 Uhr, So. 11-16 Uhr (April-Nov.), Feiertage 11-16 Uhr (außer Neujahr, Rosenmontag, Ostermontag, Weihnachtsfeiertage)

PRINZ VON HESSEN WEINGUT

1957 erwarb Philipp Landgraf von Hessen für die Hessische Hausstiftung ein Weingut in Johannisberg mit damals 7 Hektar Weinbergen. In den darauf folgenden Jahren wurde der Besitz stark vergrößert, man erwarb Weinberge in verschiedenen Gemeinden des Rheingaus. Heute konzentriert man sich auf den Johannisberger Klaus, die Winkeler Lagen Hasensprung, Jesuitengarten und Dachsberg, die Kiedricher Sandgrub und den Geisenheimer Kläuserweg. Neben dem dominierenden Riesling werden Weißburgunder und Scheurebe, sowie Spätburgunder und Merlot angebaut. Das Sortiment ist gegliedert in Gutsweine, Ortsweine und Weine aus Großen Lagen, darunter fallen süße und edelsüße Rieslinge sowie drei trockene Große Gewächse aus Klaus, Jesuitengarten und Hasensprung.

Kollektion

Eine umfangreiche, stimmige Kollektion ausgewogener, milder und zugänglicher Weine präsentiert das Weingut in diesem Jahr. Die Scheurebe ist duftig und sehr trinkanimierend. Der Johannisberger Riesling ist saftig und ausgewogen, der trockene Kabinett Royal duftet nach Aprikosen, ist saftig und frisch. Der holzbetonte Riesling Dachsfilet hat sich ausgesprochen gut entwickelt, er ist kraftvoll und lang. Das gelbfruchtige Große Gewächs aus dem Hasensprung mit feinen Zitrusnoten ist saftig; würziger und stoffiger dagegen ist das Große Gewächs aus dem Jesuitengarten, baut mehr Druck auf. Am markantesten in Säure- und Gerbstoffstruktur ist das kräftige Große Gewächs aus dem Johannisberger Klaus. Die fruchtigen Rieslinge sind alle mild, saftig und zugänglich. Der saftige 2013er Pinot Noir schließlich ist harmonisch gereift, kraftvoll und würzig.

Weinbewertung

86 2017 Riesling trocken Johannisberger **12,5 %/12,90 €**
84 2017 Scheurebe trocken **13 %/9,50 €**
85 2017 Riesling Kabinett trocken „Kabinett Royal" **11,5 %/12,90 €**
88 2017 Riesling „GG" Johannisberger Klaus **13 %/28,90 €**
88 2017 Riesling „GG" Winkeler Jesuitengarten **12,5 %/28,90 €**
87 2017 Riesling „GG" Winkeler Hasensprung **12,5 %/28,50 €**
88 2016 Riesling „Dachsfilet" **12,5 %/22,50 €**
83 2017 Riesling Classic „feinherb" **11,5 %/9,50 €**
85 2017 Riesling „feinherb" Winkeler **11,5 %/12,90 €**
86 2017 Riesling „Steckenpferd" **10,5 %/22,50 €**
87 2017 Riesling Spätlese Winkeler Hasensprung **9,5 %/22,50 €**
86 2016 Riesling Auslese Johannisberger Klaus **8,5 %/19,50 €**
88 2016 Riesling Beerenauslese „Goldstück" **10,5 %/49,- €**
87 2013 Pinot Noir trocken **13,5 %/28,90 €**

Christian Heussler

★★

KONTAKT

Mühlgasse 5
76835 Rhodt
Tel. 06323-2235
Fax: 06323-980533
www.heussler-wein.de
info@heussler-wein.de

H

Inhaber
Christian Heußler
Rebfläche
16,5 Hektar
Produktion
90.000 Flaschen

BESUCHSZEITEN

Mo + Mi.-Fr. 10-12 + 13:30-18 Uhr, Sa. 10-17 Uhr

Seit 1750 bearbeitet die Familie Heußler Weinberge in Rhodt und Umgebung, stieg aber erst 1996 in die eigene Vermarktung von Flaschenweinen ein. Die Weinberge befinden sich vor allem in Rhodt in den Lagen Schlossberg (je nach Parzelle Buntsandsteinverwitterung, Rotliegendes, Letten mit Kalkstein und Sand), Rosengarten (überwiegend sandiger Lehm mit fossilem Kalkgestein) und Klosterpfad (Lehm, Sand und schwerer Letten mit hohem Tonanteil), aber auch in den Nachbargemeinden Hainfeld und Edenkoben. Zwei Drittel der Fläche nehmen weiße Sorten ein, vor allem Riesling, Grau- und Weißburgunder, aber auch Chardonnay, Muskateller, Gewürztraminer und Sauvignon Blanc. Wichtigste rote Sorten sind Spätburgunder, Dornfelder und Portugieser. St. Laurent, Dunkelfelder, Cabernet Sauvignon und Syrah kamen in den letzten Jahren hinzu. Die Rosswingert-Weine stammen aus drei Weinbergen, bei denen die Bodenbearbeitung ohne Traktor ausschließlich mit Hilfe des Kaltbluts Rico durchgeführt wird.

Kollektion

Die beiden Rosswingert-Weine sind zunächst verhalten und brauchen viel Luft, bis sie sich öffnen: Der Grauburgunder ist kraftvoll und konzentriert, zeigt klare Birnenfrucht, etwas florale Noten und feine Holzwürze, besitzt ein frisches Säurespiel und gute Länge, der Riesling besitzt ebenfalls Kraft, entwickelt feinen Druck und leicht salzige Länge. Der Riesling von den Sandsteinterrassen ist schon etwas präsenter, ist füllig und saftig mit Noten von Aprikose, Grapefruit und etwas Rauch, der Sauvignon Blanc Fumé zeigt nur sehr dezentes Holz, aber viel klare, gelbe Frucht, Maracuja, Pfirsich und Stachelbeerwürze, ist kraftvoll und frisch, auch der Chardonnay aus dem Rosengarten besitzt Kraft und feine Holzwürze und der Weißburgunder ist ganz reintönig mit feinen floralen Noten. Als einzigen Rotwein konnten wir in diesem Jahr einen stoffigen Portugieser verkosten, der dunkle Frucht und röstige Würze zeigt.

Weinbewertung

83 2017 Muskateller trocken **12,5 %/7,20 €**
83 2017 Riesling trocken „Sandstein" **12,5 %/6,20 €**
85 2017 Riesling trocken „Roter Sandstein" Rhodter Schlossberg **13 %/7,90 €**
86 2017 Weißburgunder trocken Rhodter Klosterpfad **13 %/8,20 €**
87 2017 Chardonnay trocken Rhodter Rosengarten **13,5 %/8,20 €** ☺
87 2017 Riesling trocken „Rosswingert" Rhodter Schlossberg **13 %/9,80 €**
87 2017 Riesling trocken „Sandsteinterrassen" Rhodter Schlossberg **13 %/9,80 €**
87 2017 Sauvignon Blanc trocken „Fumé" **13,5 %/11,20 €**
88 2017 Grauburgunder trocken „Rosswingert" Schlossberg **13,5 %/10,80 €**
85 2015 Portugieser trocken Rhodter Schlossberg **14 %/11,50 €**

HEXAMER

★★★

W

KONTAKT

Sobernheimer Straße 3
55566 Meddersheim
Tel. 06751-2269
www.weingut-hexamer.de
info@weingut-hexamer.de

Inhaber
Harald Hexamer
Rebfläche
29 Hektar
Produktion
190.000 Flaschen

BESUCHSZEITEN

Mo.-Fr. 8:30-12:30 + 13:30-19 Uhr,
Sa. 8:30-12:30 + 13:30-17:30 Uhr

Harald Hexamer hat 1999 das Weingut von seinem Vater Helmut übernommen. Er hat seither den Betrieb erweitert, sein Lagenpotenzial vergrößert, verstärkt auf Riesling und die Burgundersorten gesetzt. Seine Weinberge liegen vor allem im vom Quarzit geprägten Meddersheimer Rheingrafenberg und im vom Porphyr geprägten Schlossböckelheimer In den Felsen, außerdem ist er im Meddersheimer Altenberg, in der Gewanne Eisendell auf der Südseite, im Schlossböckelheimer Königsfels und im Sobernheimer Marbach vertreten. Riesling ist mit einem Anteil von 70 Prozent die mit Abstand wichtigste Rebsorte im Betrieb, es folgen Weiß-, Spät- und Grauburgunder und Sauvignon Blanc.

Kollektion

Harald Hexamer kehrt in diesem Jahr mit einer rundum guten Kollektion ins Buch zurück. An der Spitze stehen einige edelsüße Rieslinge, die zu den besten der Anbauregion zählen: Der Eiswein besitzt gute Konzentration und viel Biss, zeigt klare Frucht mit Noten von Feige, Quitte und Ananas, ist animierend und komplex, die Beerenauslese ist konzentriert, cremig und lang, zeigt viel gelbe Frucht und etwas kräutrige Würze und wird, wie auch der Eiswein, von einem feinen Säurenerv getragen. Unter den beiden Auslesen ist der eindringliche, leicht kräutrige Wein aus dem Rheingrafenberg etwas konzentrierter und besitzt mehr Grip als die Eisendell-Auslese, die viel süße Frucht mit Noten von Pfirsichmark und Grapefruit besitzt, die Spätlese duftet nach gelbem Steinobst, besitzt ein markantes Säurespiel und gute Länge. Die markante Säure, die für Hexamers Rieslinge typisch ist, finden wir auch bei den trockenen Weinen, um sie abzupuffern sind die Weine aber auch recht hoch im Restzucker, unser Favorit ist hier der Riesling No. 1 mit feinen rauchigen und steinigen Noten im Bouquet, viel gelber Frucht und leicht salziger Länge.

Weinbewertung

84	2017 Riesling trocken **12,5 %/7,90 €**
85	2017 Sauvignon Blanc trocken **13 %/9,50 €**
85	2017 Riesling trocken Meddersheim „Eisendell auf der Südseite" **12,5 %/9,20 €**
86	2017 Riesling trocken Schloßböckelheimer In den Felsen **12,5 %/9,80 €**
88	2017 Riesling trocken „No. 1" Meddersheimer Rheingrafenberg **12,5 %/18,80 €**
85	2017 Riesling „Porphyr" **12 %/8,80 €**
86	2017 Riesling Kabinett Meddersheimer Altenberg **7,5 %/9,80 €**
88	2017 Riesling Spätlese Meddersheimer Rheingrafenberg **8 %/16,80 €**
89	2017 Riesling Auslese Meddersheim „Eisendell auf der Südseite" **8 %/26,80 €**
90	2017 Riesling Auslese Meddersheimer Rheingrafenberg **7,5 %/36,- €**
91	2017 Riesling Beerenauslese Meddersheimer Rheingrafenberg **6 %/38,- €**
92	2016 Riesling Eiswein Meddersheimer Rheingrafenberg **6,5 %/66,- €**

HEX VOM DASENSTEIN

★

KONTAKT

Burgunderplatz 1
77876 Kappelrodeck
Tel. 07842-9938-0
Fax: 07842-993838
www.dasenstein.de
info@dasenstein.de

H

Inhaber
275 Mitglieder
Geschäftsführer
Marco Köninger
Kellermeister
Alexander Spinner
Rebfläche
178 Hektar
Produktion
1.500.000 Flaschen

BESUCHSZEITEN

Mo.-Fr. 8-12 + 13:30-17:30 Uhr, Sa. 9-13 Uhr, So. 10-13 Uhr (Mai-Okt.)

Die Genossenschaft von Kappelrodeck wurde 1934 gegründet. Nach der Kappelrodecker Lage Hex vom Dasenstein, einer Steillage im Achertal mit Granit- und Urgesteinsverwitterungsböden, nennt sich die Genossenschaft heute Winzerkeller Hex vom Dasenstein. Die Mitglieder bauen zu 72 Prozent Spätburgunder an, dazu vor allem Müller-Thurgau, Grauburgunder, Riesling und Weißburgunder, sowie Merlot, Gewürztraminer und Sauvignon Blanc. Die Rotweine werden alle maischevergoren und reifen anschließend in Holzfässern, teilweise im Barrique, alle werden mindestens ein Jahr im Holz ausgebaut; im weißen Segment werden geradlinige, sortentypische Weine angestrebt, die Weißweine werden überwiegend im Edelstahl ausgebaut, nur die Grauburgunder Spätlese im großen Holzfass. Die Burgundersorten durchlaufen teilweise den biologischen Säureabbau, der Riesling wird teilweise spontanvergoren.

Kollektion

Ein konzentrierter, reintöniger Riesling Eiswein aus dem Jahrgang 2016 führte im vergangenen Jahr eine ansonsten gleichmäßige Kollektion an. Der in diesem Jahr vorgestellte Spätburgunder Weißherbst Eiswein, ebenfalls aus dem Jahrgang 2016 und im Barrique ausgebaut, ist enorm konzentriert, dominant, nicht ganz so komplex, von Säure und Holz dominiert, ungewöhnlich, aber interessant. Spannend sind ansonsten vor allem die Rotweine: Der Barrique-Spätburgunder zeigt Gewürze, etwas Vanille, reife Frucht, ist füllig, kraftvoll, tanninbetont; die trockene Spätlese von alten Reben zeigt rote Früchte, ist füllig, harmonisch, geprägt vom Kontrast aus dezenter Süße und kräftigen Tanninen. ▬

Weinbewertung

81 2017 Weißburgunder Kabinett trocken **12,5 %/6,90 €**
81 2017 Grauburgunder Kabinett trocken **13 %/6,90 €**
81 2017 Grauburgunder Spätlese trocken **14 %/7,90 €**
80 2017 Riesling Spätlese trocken **13 %/7,90 €**
80 2017 Riesling Spätlese trocken „Klingelberger 1782" **13 %/15,- €**
81 2017 Gewürztraminer Spätlese **11,5 %/8,70 €**
81 2017 Riesling Auslese **9,5 %/9,80 €**
80 2016 Spätburgunder trocken **13,5 %/6,40 €**
85 2016 Spätburgunder Weißherbst Eiswein Barrique **9 %/39,90 €/0,375l**
80 2017 Spätburgunder Rosé trocken „Karat" **12,5 %/5,20 €**
85 2015 Spätburgunder trocken Barrique **14 %/11,40 €**
84 2015 Spätburgunder Spätlese trocken „alte Rebe" **13,5 %/12,30 €**
83 2015 Merlot trocken Barrique **14 %/12,- €**
81 2016 Spätburgunder Auslese trocken **14,5 %/15,- €**

Hey

★★

N

KONTAKT

Weinberge 1d
06618 Naumburg
Tel. 03445-6774165
www.weinguthey.de
kontakt@weinguthey.de

Inhaber
Matthias Hey
Rebfläche
5 Hektar
Produktion
30.000 Flaschen

BESUCHSZEITEN

Straußwirtschaft und Ausschank April-Okt. Mi.-So. 12-18 Uhr, Nov.-Weihnachten Fr./Sa. 12-18 Uhr sowie nach Vereinbarung; kulturelle und kulinarische Veranstaltungen

WEINGUT HEY

Das Weingut liegt wenige Kilometer westlich von Naumburg an der Straße von Roßbach nach Bad Kösen, im Naumburger Stadtteil Weinberge, am Fuße des Naumburger Steinmeisters. 2001 kauften Sigrun und Reinhard Hey den Gutshof und eine Parzelle im Steinmeister, sie setzten die alten Trockenmauern wieder instand und befreiten die noch vorhandenen Reben vom Gestrüpp, legten damit den Grundstein für das heutige Weingut Hey. Nach seinem Geisenheim-Studium und Praxissemestern in Italien kehrte ihr Sohn Matthias 2007 auf den Gutshof zurück und erzeugte die ersten Weine. Die Weinberge befinden sich in den Naumburger Lagen Steinmeister und Sonneck, die Reben wachsen teils auf Muschelkalk, teils auf Buntsandstein. Riesling nimmt die Hälfte der Rebfläche ein, hinzu kommt Weißburgunder sowie etwas Zweigelt, Grauburgunder und Spätburgunder. Das Sortiment ist gegliedert in Gutsweine, Ortsweine und Lagenweine aus dem Naumburger Steinmeister.

Kollektion

Eine ganz starke Kollektion präsentiert Matthias Hey zum Debüt, eine Kollektion, die uns nachdenklich stimmt: Sollte man vielleicht doch auf Riesling setzen an Saale und Unstrut? Der 2017er Breitengrad 51 aus dem Steinmeister, spontan im Holzfass vergoren, ist der beste trockene Riesling, den wir bisher aus Saale-Unstrut verkostet haben. Er zeigt intensive Frucht, gelbe Früchte, besitzt Fülle, Kraft, Substanz, ist druckvoll und lang, noch sehr jugendlich. Der 2015er besitzt ebenfalls viel Substanz und Fülle, ist aber nicht ganz so druckvoll. Ganz stark ist auch die Cuvée aus Weiß- und Grauburgunder, besitzt Kraft und Struktur, der Grauburgunder wurde maischevergoren. Auch sonst überzeugen alle Weine, die Basis stimmt, im roten Segment gefällt uns der intensiv fruchtige Zweigelt besonders gut. Tolle Kollektion! —

Weinbewertung

82 2017 „Weißer Hey" Weißwein trocken **11,5 %/12,90 €**
83 2017 Weißburgunder trocken **12,5 %/8,90 €**
83 2017 Riesling trocken „Buntsandstein" Naumburg **12 %/14,- €**
84 2017 Weißburgunder trocken Naumburg **12,5 %/12,90 €**
86 2017 Weißburgunder trocken Naumburger Steinmeister **14 %/21,- €**
88 2017 Weiß- & Grauburgunder trocken Naumburger Steinmeister **13 %/24,- €**
88 2015 Riesling trocken „Breitengrad 51" Naumburger Steinmeister **13 %/24,- €**
90 2017 Riesling trocken „Breitengrad 51" Naumburger Steinmeister **13 %/24,- €**
87 2017 Riesling Auslese „104°" Naumburger Steinmeister **8,5 %/24,- €**
88 2017 Riesling Auslese „114°" Naumburger Steinmeister **9 %/24,- €/0,5l**
84 2015 Spätburgunder trocken „Muschelkalk" Naumburger **13,5 %/12,90 €**
86 2016 Blauer Zweigelt trocken Naumburger Steinmeister **13,5 %/18,- €**

HIESTAND

★★

KONTAKT

Weingut & Hofbrennerei Hiestand
Nordhöferstraße 19
67583 Guntersblum
Tel. 06249-2266
Fax: 06249-7835
www.hiestand-weingut.de
info@hiestand-weingut.de

Inhaber
Gunther Hiestand
Rebfläche
12 Hektar
Produktion
90.000 Flaschen

BESUCHSZEITEN

Sa. 10-18 Uhr und nach Vereinbarung

Die Weinberge von Gunther Hiestand liegen in den Guntersblumer Lagen Kreuzkapelle, Steig-Terrassen, Bornpfad und Eiserne Hand, sowie im Albiger Schloss Hammerstein. Seine wichtigsten Rebsorten sind Silvaner, Riesling, Weißburgunder und Gewürztraminer, dazu gibt es Grauburgunder, Scheurebe und Sauvignon Blanc sowie rote Sorten wie Portugieser oder Schwarzriesling. Während der Gutshof der Hiestands in der Nordhöferstraße liegt, befindet sich der Keller im Guntersblumer Kellerweg. Dort reifen die Weine in Fässern aus Spessarteiche. Alle Weine werden seit jeher mit den natürlichen Hefen vergoren. Seit 1997 wird das alte Brennrecht wieder ausgeübt und Trauben, Hefe, Holunder, Weinbergpfirsich und Quitte werden in der hauseigenen Destille gebrannt.

Kollektion

Die Weine von Gunther Hiestand sind wohltuend anders, sie heben sich ab im Meer der Weine, in dem das Gros der Weingüter auf Primärfrucht setzt. Die komplette Kollektion zeigt eine klare Handschrift, von den Gutsweinen bis hin zu den Lagenweinen. Das Einstiegsniveau ist hoch, die Gutsweine zeigen gleichmäßiges Niveau, sie sind rauchig und würzig, klar und zupackend. Im Ortsweinsegment gefällt uns der kraftvolle Sylvaner besonders gut, der im Stückfass spontanvergoren wurde und bis Juni auf der Vollhefe lag, auch der strukturierte, zupackende Riesling, genauso ausgebaut wie der Sylvaner, ist sehr gut. Das so kompromisslos ausgebaute Weine sehr gut reifen, zeigt der JJ Kreuz-Riesling aus dem Jahrgang 2008. Der Riesling Kabinett ist ein klassischer Kabinett mit 16 Gramm Restzucker, ein Kabinett, wie es sie früher gab, bevor die Winzer den Restzucker immer mehr in die Höhe trieben, er ist klar und zupackend. Auch die duftige Gewürztraminer Spätlese oder die Riesling Auslese, die feine Reifenoten und Substanz besitzt, sind moderat süß. Uns gefällt dieser Stil.

Weinbewertung

83 2017 Grüner Sylvaner trocken **11 %/7,- €**
84 2017 Riesling trocken **11,5 %/8,- €**
84 2017 Weißer Burgunder trocken **12 %/8,- €**
86 2017 Sylvaner trocken Guntersblum **12,5 %/11,- €**
85 2017 Riesling trocken Guntersblum **11,5 %/12,- €**
84 2017 Gewürztraminer trocken Guntersblum **13 %/12,- €**
87 2008 Riesling Spätlese „JJ Kreuz" Guntersblumer Kreuzkapelle **11,5 %/24,- €**
85 2017 Riesling Kabinett **10 %/8,- €**
84 2017 Gewürztraminer Spätlese Guntersblumer Bornpfad **10 %/12,- €**
87 2016 Riesling Auslese Guntersblumer Kreuzkapelle **9 %/17,50 €**
84 2016 Schwarzriesling trocken Guntersblum **13 %/12,- €**

Hillabrand

★★☆

KONTAKT

Hüttenheim 96
97348 Hüttenheim
Tel. 09326-1765
Fax: 09326-979008
www.weingut-hillabrand.de
info@weingut-hillabrand.de

Inhaber
Markus Hillabrand
Rebfläche
9 Hektar
Produktion
50.000 Flaschen

BESUCHSZEITEN

nach Vereinbarung
Heckenwirtschaft
Gästezimmer

Seit 1929 baut die Familie Wein in Hüttenheim an. Bis 2006 wurde der Weinbau im Nebenerwerb betrieben, mit dem Abschluss der Winzerlehre, beim Weingut Wirsching in Iphofen, konzentriert sich Markus Hillabrand seither ganz auf Weinbau. Bereits seit 1999 wird eine Heckenwirtschaft im historischen Fachwerkhaus von 1572 betrieben. Die Weinberge liegen größtenteils im Hüttenheimer Tannenberg, ein Teil in Steillagen, dazu besitzt man Parzellen in Bullenheim in der Lage Paradies, die nicht mehr in Unterfranken liegt, sondern schon zu Mittelfranken gehört, sowie im Reuscher Hohenlandsberg. Hüttenheim liegt am Fuß des südlichen Steigerwalds; seit 1199 ist Weinbau in Hüttenheim urkundlich belegt, die Reben wachsen auf Gipskeuperböden, in unterschiedlichen Expositionen. Scheurebe spielt eine wichtige Rolle im Betrieb, dazu gibt es Silvaner, Müller-Thurgau, Bacchus, Riesling, Weißburgunder, sowie die roten Sorten Dornfelder, Regent, Spätburgunder und Domina, zuletzt hat Markus Hillabrand Goldmuskateller gepflanzt. Eine neue Vinothek wurde gebaut, man bietet nun auch Gästezimmer an.

Kollektion

Auch in diesem Jahr ist das Einstiegsniveau bestechend hoch, die Kollektion bestechend gleichmäßig. Schon der Liter-Silvaner ist füllig und kraftvoll, der „g'scheit" trockene Silvaner besitzt reintönige Frucht, ist frisch und zupackend, präzise und druckvoll. Deutlich fülliger ist der zur Hälfte im Holz ausgebaute Silvaner vom steilen Südhang, besitzt herrlich viel Frucht, gute Harmonie, Struktur und Länge. Der Müller-Thurgau von alten Reben ist kraftvoll und füllig, der Goldmuskateller klar und zupackend bei feiner Frucht, der Riesling würzig und konzentriert. Gleich drei Scheureben präsentiert Markus Hillabrand, die Entscheidung fällt schwer. Die Scheurebe vom steilen Südhang besitzt herrlich viel Frucht, gute Struktur und Saft. Unsere leichte Präferenz gilt der holunderduftigen Scheurebe von alten Reben aus dem Bullenheimer Paradies, die Fülle und Kraft besitzt, gute Struktur und Substanz – und reifen kann, wie der füllige, komplexe 2011er beweist.

Weinbewertung

84 2017 Silvaner trocken Hüttenheimer Tannenberg (1l) **12 %/5,50 €** ☺
85 2017 Müller-Thurgau trocken „Alte Reben" Hüttenh. Tannenberg **12,5 %/7,- €**
85 2017 Silvaner „g´scheit" trocken Hüttenheimer Tannenberg **13 %/6,50 €**
85 2017 Gold Muskateller trocken Hüttenheimer Tannenberg **12 %/6,50 €**
87 2017 Silvaner trocken „Steiler Südhang" Hüttenheimer Tannenberg **14 %/10,- €**
85 2017 Riesling trocken „Steiler Südhang" Hüttenheimer Tannenberg **13 %/10,- €**
86 2017 Scheurebe Steiler Südhang trocken Hüttenheimer Tannenberg **13 %/10,- €**
87 2017 Scheurebe trocken „Alte Reben" Bullenheimer Paradies **13,5 %/10,- €**
86 2011 Scheurebe „Alte Reben" Bullenheimer Paradies **13 %/8,- €**

Hiller

★★☆

KONTAKT

Alandsgrundweg 8
97236 Randersacker
Tel. 0931-26094373
www.hiller-wein.de
post@hiller-wein.de

Inhaber
Christian Hiller
Rebfläche
1,5 Hektar
Produktion
4.000 Flaschen

BESUCHSZEITEN

jederzeit nach Vereinbarung

HILLER

Mitte der siebziger Jahre errichtete Walter Hiller das Betriebs- und Kellereigebäude im Alandsgrund, zwischen Randersacker und Würzburg. Er war Traubenproduzent, erzeugte Wein nur für den Eigenverbrauch. Otto Hiller übernahm später den Betrieb, richtete ihn ganz auf Traubenerzeugung aus und erweiterte die Rebfläche. Erst mit der Übernahme durch Christian Hiller änderte sich alles. Schon während seiner Winzerlehre und später während seines Geisenheim-Studiums – mit Auslandspraktika in Österreich und Kanada – fasste er den Entschluss selbst Wein zu erzeugen. 2014 vinifizierte er seine ersten eigenen Weine, einen Silvaner und einen Spätburgunder. Er führt den kleinen Betrieb im Nebenerwerb zusammen mit Ehefrau Karoline. Ihre Weinberge liegen alle in Randersacker, in den Lagen Marsberg (mit alten Silvanerreben), Sonnenstuhl und Teufelskeller. Zwei Drittel der Rebfläche nimmt Silvaner ein, ein Viertel Scheurebe, die aber inzwischen gerodet und im Frühjahr 2017 durch Riesling ersetzt wurde, dazu gibt es etwas Spätburgunder. Die Weine werden im Edelstahl vergoren, teils spontan, und lange auf der Feinhefe ausgebaut, der Spätburgunder wird maischevergoren und in Barriques aus heimischer und französischer Eiche ausgebaut und unfiltriert abgefüllt. Ein Rosé und ein Sekt sollen demnächst das Sortiment ergänzen.

Kollektion

Eine bestechend gleichmäßige Kollektion mit einer klaren Handschrift zeigt Christian Hiller, wir haben alle Weine mit „sehr gut" bewertet. Der Sonnenstuhl-Silvaner ist frisch und zupackend, herrlich präzise, der Wein aus dem Teufelskeller ist fülliger und kraftvoller, besitzt viel reife Frucht und Substanz. Die „sur lie" ausgebaute Silvaner-Variante besitzt dezente Reife, Kraft und Substanz, der Silvaner von alten Reben besitzt gute Struktur und reife Frucht, wir ziehen ganz knapp den jugendlich-kraftvollen 2017er dem füllig-gereiften 2015er vor. Die beiden Spätburgunder sind klar, fruchtbetont und zupackend, der 2015er betört mit seiner intensiven, etwas an Johannisbeeren erinnernde Frucht. Ganz starke Kollektion!

Weinbewertung

85	2017 Silvaner trocken Randersackerer Sonnenstuhl **12,5 %/7,50 €**
86	2017 Silvaner trocken Randersackerer Teufelskeller **13,5 %/8,50 €**
85	2016 Silvaner „sur lie" **13,5 %/9,- €**
86	2015 Silvaner trocken „Alte Reben" Randersackerer Marsberg **14 %/12,- €**
87	2017 Silvaner trocken „Alte Reben" Randersackerer Marsberg **13 %/12,- €**
87	2015 Spätburgunder trocken Randersackerer Sonnenstuhl **14,5 %/15,- €**
87	2016 Spätburgunder trocken Randersackerer Sonnenstuhl **13,5 %/14,- €**

EMMERICH HIMMEL

★★★

KONTAKT

Holger-Crafoord-Straße 4
65239 Hochheim
Tel. 06146-6590
Fax: 06146-601570
www.weingut-himmel.de
info@weingut-himmel.de

H

Inhaber
Annette Himmel
Rebfläche
6,7 Hektar
Produktion
40.000 Flaschen

BESUCHSZEITEN

Mi.-Fr. 14-18 Uhr, Sa 10-14 Uhr mit Verkostung und nach Vereinbarung

Emmerich Himmel übernahm das Weingut 1984 von seinem Vater als Fassweinbetrieb, stellte auf Flaschenweinvermarktung um und siedelte von der Altstadt an den Stadtrand aus. Zusammen mit Ehefrau Annette führte er den Betrieb bis zu seinem Tod Anfang 2018; Mitte 2018 hat der Hochheimer Winzer Peter Flick das Gut übernommen. Die Reben stehen in verschiedenen Lagen in Hochheim wie Hölle, Stielweg Stein, Kirchenstück und Reichestal sowie in der Kostheimer Weiß Erd. Schwerpunkt im Betrieb ist natürlich der Riesling, dazu gibt es Weißburgunder und Spätburgunder. Die Weine werden zum Teil mit den eigenen Hefen vergoren, überwiegend im Edelstahl, ein Teil aber auch im Holz ausgebaut, Spät- und gelegentlich Weißburgunder auch im Barrique.

Kollektion

Nach einer ungewohnt umfangreichen Kollektion im vergangenen Jahr wurde in diesem Jahr nun eine ungewohnt kleine Kollektion präsentiert. Alle Weine punkten mit Zugänglichkeit, die schon bei den trockenen Qualitäten durch spürbare und passende Fruchtsüße unterstützt wird; zugleich verfügen sie über animierende Frische und passend akzentuierte Phenole, die ihnen Spannung und Trinkfluss verleihen. Der trockene Kabinett mit seinem geradlinigen und erfrischenden Charakter eröffnet den Reigen. Die trockene Spätlese aus der Hochheimer Hölle ist straff, würzig und anhaltend, zeigt mineralische Anklänge. Besonders gut gefällt uns die trockene Spätlese aus der Kostheimer Weiß Erd, die kraftvoll ist, dezent herb, aber reife Frucht besitzt, lang und nachhaltig ist: Noch etwas besser gefällt uns das präzise Erste Gewächs aus dem Hochheimer Kirchenstück, das viel weichen Schmelz besitzt, aromatische Fülle und durch viel Frische sehr harmonisch und ausgewogen ist. Liebhabern des nicht ganz trockenen Rieslings sei die feinherbe Spätlese aus dem Hochheimer Kirchenstück empfohlen, die Süße wird durch eine herb-frische Ader gut ausbalanciert, der Wein ist mild und saftig, erinnert etwas an reife Äpfel, ist klar und fruchtbetont, harmonisch und lang.

Weinbewertung

83 2017 Cuvée trocken Himmelsstürmer **11 %/7,50 €**
83 2017 Riesling Kabinett trocken „Himmel" **11,5 %/7,- €**
85 2017 Riesling Spätlese trocken Hochheimer Hölle **12 %/10,- €**
86 2017 Riesling Spätlese trocken Kostheimer Weiß Erd **12 %/15,- €**
87 2017 Riesling Erstes Gewächs Hochheimer Kirchenstück **12,5 %/18,- €**
86 2017 Riesling Spätlese „feinherb" Hochheimer Kirchenstück **12 %/15,- €**

Christian Hirsch

★★☆

KONTAKT

Kastanienstraße 1
74211 Leingarten
Tel. 07131-401682
Fax: 07131-403493
www.hirschweine.de
info@hirschweine.de

Inhaber
Christian Hirsch
Rebfläche
10 Hektar
Produktion
70.000 Flaschen

BESUCHSZEITEN

Mo. 9-12 Uhr, Di.-Fr. 9-12 + 14-18 Uhr, Sa. 9-13 Uhr

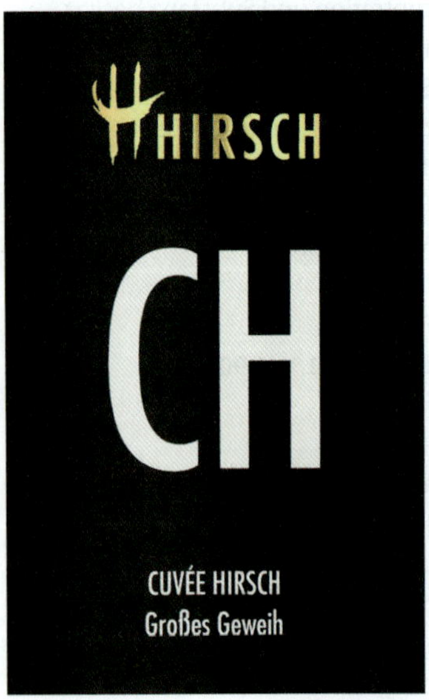

Seit drei Generationen baut die Familie Wein in Leingarten an, am Fuße des Heuchelbergs. Neben dem Ertrag der 10 Hektar eigenen Weinberge wird auch die Ernte einer angeschlossenen Leingartener Erzeugergemeinschaft mit weiteren 35 Hektar verarbeitet und vermarktet. 8 Hektar Weinberge besitzt man in Leingarten, wo die Reben auf Keuperböden wachsen; hinzu kommen 2 Hektar am Neckar, im Lauffener Katzenbeißer, wo Muschelkalkböden vorherrschen. Der Fokus liegt dabei auf den Burgundersorten, Lemberger, Riesling und Sauvignon Blanc. Christian Hirsch hat in Geisenheim und Davis Önologie studiert, war dann bei Reh-Kendermann für die Premiummarken verantwortlich, bevor er im Mai 2013 in den elterlichen Betrieb einstieg. Die Rotweine, 70 Prozent der Produktion, werden maischevergoren und 20 bis 30 Monate in Barriques aus schwäbischer Eiche ausgebaut, ausschließlich schwäbische Eiche wird genutzt. Die Weißweine werden nach Maischestandzeit gekühlt im Edelstahl vergoren und bleiben bis kurz vor der Füllung auf der Vollhefe.

Kollektion

Christian Hirsch bringt zukünftig einige Rotweine ein wenig später in den Verkauf, hat deshalb nochmals Weine vorgestellt, die wir bereits vom letzten Jahr kennen: Ganz stark wieder der Lemberger, auch Cabernet Sauvignon und Trollinger bestätigen den sehr guten Eindruck des Vorjahres, den strukturierten Pinot Noir hatten wir bereits vor zwei Jahren vorgestellt. Neu ist die Cuvée Edition W. aus Lemberger, Cabernet und Merlot, die konzentriert und fruchtbetont ist. Sehr gut sind auch die drei Weißweine vom intensiv fruchtigen Sauvignon Blanc über den füllig-kompakten Riesling bis hin zur kraftvollen Cuvée aus Grauburgunder und Chardonnay, die viel reife Frucht und Substanz besitzt.

Weinbewertung

86 2017 Sauvignon Blanc trocken „Virgina Erste Trauben" **13,5 %/15,- €**
86 2016 Riesling „R!" „Großes Geweih" **13,5 %/24,90 €**
87 2016 Grauburgunder Chardonnay „GC" trocken „Großes Geweih" **14 %/24,90 €**
84 „Rot und Wild" Rotwein trocken **13 %/7,90 €**
85 2015 Lemberger trocken „LL" Leingartener **13,5 %/9,90 €**
87 2015 „CH Cuvée Hirsch" Rotwein trocken „Großes Geweih" **13,5 %/12,90 €**
85 2013 „MV Cuvée Rot" trocken **13 %/17,90 €**
88 2014 „Edition W." Rotwein trocken „Großes Geweih" **13 %/19,90 €**
87 2014 Trollinger trocken „GT Großes Geweih" **13 %/24,90 €**
87 2014 Cabernet Sauvignon „RC" trocken „Reserve Großes Geweih" **13,5 %/39,90 €**
87 2013 Pinot Noir trocken „PN Großes Geweih" **13 %/29,90 €**
88 2014 Lemberger trocken „L! Großes Geweih" **14 %/39,90 €**

HIRSCHHOF

★★

KONTAKT

Seegasse 29
67593 Westhofen
Tel. 06244-349
Fax: 06244-57112
www.weingut-hirschhof.de
info@weingut-hirschhof.de

Inhaber
Tobias Zimmer
Rebfläche
30 Hektar
Produktion
200.000 Flaschen

BESUCHSZEITEN

Mo.-Fr. 8-12 + 13-18 Uhr

Die Ursprünge des Hirschhofs reichen bis ins Jahr 1466 zurück, als ein Vorfahre des heutigen Besitzers seinen Landesherrn vor einem angreifenden Hirsch rettete und zum Dank dafür die Ländereien, das Wappen und den Namen erhielt. Seit 1991 werden alle Rebflächen des Weingutes nach ökologischen Gesichtspunkten bewirtschaftet, man ist Mitglied bei Ecovin. 2014 hat Tobias Zimmer das Gut von seinen Eltern übernommen. Neben den klassischen Sorten wie Riesling (30 Prozent), Silvaner und Burgundern spielen rote Sorten wie St. Laurent, Dornfelder und Portugieser eine wichtige Rolle in den Weinbergen, die vor allem in Westhofen in den Lagen Kirchspiel, Morstein und Aulerde liegen, sowie in Guntersblum und Bechtheim. Aber auch Chardonnay und Sauvignon Blanc baut Tobias Zimmer an. Neben Wein wird Traubensaft hergestellt, ein Riesling-Hefebrand, Marc vom Gewürztraminer sowie – bereits seit 1986 – Sekte im traditionellen Verfahren.

Kollektion

Die neue Kollektion gefällt uns in der Spitze nochmals besser – und das Einstiegsniveau ist hoch, wie in den Vorjahren wartet Tobias Zimmer mit einem klaren, feinen Literriesling auf. Der Westhofener Weißburgunder ist fruchtbetont und frisch, der Sauvignon Blanc reintönig, füllig und saftig. Der Stückfass-Riesling zeigt intensive Frucht, der gelbfruchtige Riesling S aus der Aulerde ist noch konzentrierter und kraftvoller, er besitzt Substanz und wunderschön reintönige Frucht. Den Chardonnay aus Westhofen kennzeichnen Fülle, Saft und reife süße Frucht, dies gilt auch für den Weißburgunder S aus dem Kirchspiel, der viel Konzentration und Substanz besitzt. Die Gewürztraminer Spätlese zeigt intensive Frucht, war aber zum Zeitpunkt der Verkostung noch sehr unruhig. Einen Spätburgunder präsentierte Tobias Zimmer dieses Jahr nicht, so dass die Platzhirsch genannte Cuvée aus Merlot und Cabernet Sauvignon in diesem Jahr allein das rote Segment vertritt: Intensive reife Frucht, Fülle, Kraft, gute Struktur und Substanz. Die Bordeauxrebsorten überzeugen nicht nur in heißen Jahren.

Weinbewertung

82 2017 Riesling trocken (1l) **12 %/6,- €**
83 2017 Weißer Burgunder trocken Westhofener **12 %/6,90 €**
84 2017 Sauvignon Blanc trocken **12,5 %/7,60 €**
85 2017 Riesling trocken „Stückfass" **13 %/8,50 €**
85 2017 Chardonnay trocken Westhofener **13 %/8,40 €**
86 2017 Weißburgunder „S" trocken Westhofener Kirchspiel **13,5 %/12,50 €**
87 2017 Riesling „S" trocken Westhofener Aulerde **13 %/12,50 €**
84 2017 Gewürztraminer Spätlese Westhofen Kirchspiel **9,5 %/8,20 €**
86 2016 Merlot & Cabernet Sauvignon trocken „Platzhirsch" **13 %/10,90 €**

Hirschmann

★☆

KONTAKT

Hauptstraße 10
65375 Oestrich-Winkel
Tel. 06723-2800
Fax: 06723-885484
www.hirschmann-wein.de
info@hirschmann-wein.de

Inhaber
Christoph Hirschmann
Rebfläche
5,5 Hektar
Produktion
50.000 Flaschen

BESUCHSZEITEN

Mo.-Sa. nach Vereinbarung

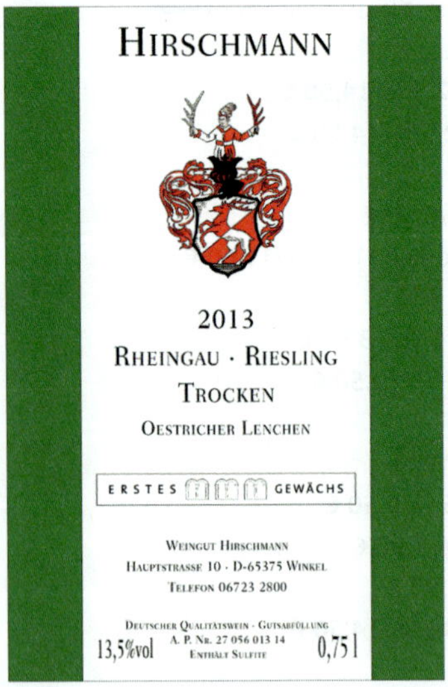

Die Familie betreibt seit dem 17. Jahrhundert Weinbau in Oestrich-Winkel. 1860 erwarb Johann Hirschmann das historische Gutshaus in Winkel, in dessen altem Gewölbekeller immer noch die Weine ausgebaut werden. Christoph und Gabriele Hirschmann bauen neben Riesling auch 15 Prozent Spätburgunder an. Ihre besten Lagen sind Doosberg, Lenchen (beide Oestrich) sowie Hasensprung (Winkel), allerdings werden auch Parzellen im Mittelheimer Edelmann und im Mittelheimer Goldberg bewirtschaftet. Die im Stahl gereiften Rieslinge besitzen auch in schwierigen Jahrgängen eine eindrucksvolle Balance, vom einfachen trockenen Qualitätswein über die „Edition" bis hin zum Ersten Gewächs. Im Vergleich mit den Ersten Gewächsen anderer Rheingauer Weingüter drängt sich dieses nie auf, ist im Alkohol wie im Zucker gemäßigt.

Kollektion

Wie im Vorjahr präsentiert das Weingut geradlinige, klare Rieslinge, schon der Literwein ist sortentypisch und frisch, der Gutsriesling aus der Normalflasche ist herzhaft und zupackend, der Doosberg-Kabinett ist würzig und knackig. Der recht füllige Riesling Edition aus dem Hasensprung vereint Saft und Frische, die trockene Lenchen-Spätlese ist feiner geraten, entfaltet Spiel und Fluss. An der Spitze der trockenen Rieslinge steht auch in diesem Jahr das Erste Gewächs aus der selben Lage, seine durch spürbaren Extrakt getragene Frucht wird von einer anregend frischen Ader durchzogen, hier besteht weiteres Potenzial. Ein in seiner herb saftigen Art stimmiger Classic, ein pointierter halbtrockener Kabinett und eine klassische halbtrockene Spätlese aus dem Doosberg passen ebenso gut ins Bild wie die fruchtige Spätlese aus dem Lenchen.

Weinbewertung

81	2017 Riesling trocken Winkeler Gutenberg (1l) **12 %/5,50 €**
82	2017 Riesling trocken **12,5 %/6,- €**
85	2017 Riesling Spätlese trocken Oestricher Lenchen **12 %/8,30 €**
83	2017 Riesling Kabinett trocken Oestricher Doosberg **11,5 %/6,50 €**
85	2017 Riesling trocken „Edition" Winkeler Hasensprung **12,5 %/10,20 €**
86+	2017 Riesling trocken Erstes Gewächs Oestricher Lenchen **13 %/15,50 €**
83	2017 Riesling Classic **12 %/6,- €**
84	2017 Riesling Kabinett halbtrocken Winkeler Hasensprung **11 %/6,50 €**
85	2017 Riesling Spätlese halbtrocken Oestricher Doosberg **11,5 %/8,30 €**
85	2017 Riesling Spätlese Oestricher Lenchen **8 %/8,30 €**
81	2017 Spätburgunder Weißherbst „feinherb" **12 %/6,50 €**
83	2017 Spätburgunder trocken „S" Oestricher Klosterberg **13,5 %/10,20 €**

Hirschmüller

★★★

KONTAKT

Wein- & Sektgut Hirschmüller
La-Ferté-Bernard-Straße 30
74348 Lauffen
(Verkauf: Leuchtmannshof 12,
74382 Neckarwestheim)
Tel. 0173-3763603
www.weingut-hirschmueller.de
info@weingut-hirschmueller.de

Inhaber
Tobias Hirschmüller &
Wiebke Krüger
Rebfläche
5 Hektar
Produktion
30.000 Flaschen

BESUCHSZEITEN

Fr. 17-19 Uhr und nach Vereinbarung

Anfang 2013 haben die beiden Önologen Wiebke Krüger und Tobias Hirschmüller das Weingut gegründet. Tobias Hirschmüller stammt aus einer Lauffener Winzerfamilie, die seit Generationen Mitglied der Lauffener Genossenschaft ist. Nach absolvierter Winzerlehre im Remstal studierte er in Geisenheim, sammelte praktische Erfahrungen an der Sonoma Coast in Kalifornien, begann aber schon während seines Studiums die eigenen Weinberge zu bewirtschaften. Wiebke Krüger stammt aus Hannover, studierte ebenfalls in Geisenheim und sammelte praktische Erfahrungen in Franken, in der Schweiz und in Kalifornien. Wichtigste Rebsorte war bisher Schwarzriesling (Pinot Meunier), inzwischen liegt Grauburgunder gleichauf. Dazu gibt es Chardonnay, Lemberger, Riesling, Spätburgunder und Muskateller.

Kollektion

Die beiden haben ein feines Händchen für Schwarzriesling – und nicht nur für Schwarzriesling, auch was Tobias Hirschmüller und Wiebke Krüger sonst anfassen gelingt. Die Sekte sind fruchtbetont und harmonisch, gekonnt gemacht. Das Einstiegsniveau ist hoch, alle Weine sind sortentypisch und kraftvoll, der geradlinige Riesling überzeugt ebenso wie der zupackende Grauburgunder oder der intensive Muskateller. Besonders gut gefällt uns der kraftvolle, strukturierte Blanc de Noirs, der rauchige Reserve-Chardonnay besitzt reintönige Frucht, Kraft und gute Struktur. Stark wie nie präsentieren sich die Rotweine, vom fruchtbetonten Schwarzriesling über die intensiv fruchtige Cuvée und den faszinierend reintönigen, zupackenden Spätburgunder bis hin zum intensive, strukturierten Meunier und zum faszinierend reintönigen, kraftvollen Reserve-Lemberger: Klasse Kollektion!

Weinbewertung

87 2015 Perlage Rosé Sekt brut nature **12,5 %/14,50 €**
86 2015 Perlage Blanc Sekt extra brut **12,5 %/14,50 €**
84 2017 Riesling trocken **12 %/7,90 €**
85 2017 Grauburgunder trocken **13,5 %/8,90 €**
88 2017 Pinot Meunier „Blanc de Noirs“ trocken **12,5 %/11,50 €**
86 2017 Muskateller trocken **12 %/7,90 €**
88 2016 Chardonnay trocken „Réserve“ **13 %/13,90 €**
87 2017 Chardonnay Auslese „edelsüß“ **10 %/9,50 €**
84 2017 Rosé trocken **11 %/6,50 €**
86 2016 Schwarzriesling trocken **13 %/7,90 €**
86 2015 „dreizehn“ Rotwein trocken **13,5 %/9,50 €**
88 2015 Spätburgunder trocken **13,5 %/11,90 €**
88 2015 Pinot Meunier trocken **14 %/11,90 €**
89 2015 Lemberger trocken „Réserve“ **13,5 %/14,50 €**

Hirth

★★

KONTAKT

Rebhof 1
74182 Obersulm-Willsbach
Tel. 07134-5369454, Fax: -5298223
www.weinguthirth.de
info@weinguthirth.de

Inhaber
Weingut Hirth GmbH
Betriebsleiter/Kellermeister
Frank Kayser
Rebfläche
10 Hektar
Produktion
75.000 Flaschen

BESUCHSZEITEN

Fr. 10-18 Uhr, Sa. 10-15 Uhr und nach Vereinbarung

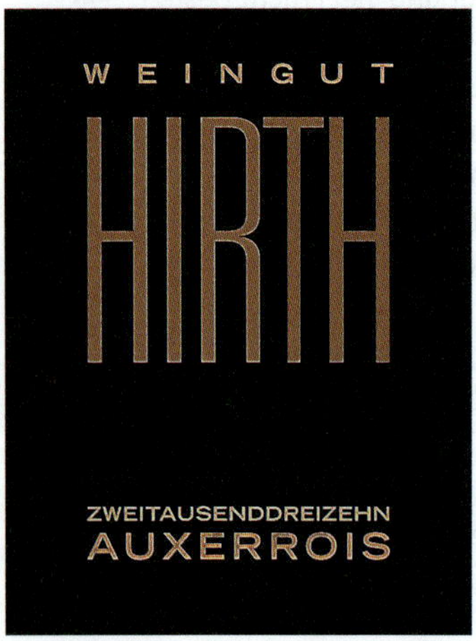

Seit mehreren Generationen betreibt die Familie Hirth Weinbau in Willsbach. Walter Hirth begann Anfang der siebziger Jahre selbst Wein auszubauen, im Jahr 2000 übernahm Helmuth Hirth den Betrieb. 2010 nahm man den Weinbautechniker Gebhard Steng als Außenbetriebsleiter und den Kellermeister Frank Kayser als Betriebsleiter an Bord und gründete die Weingut Hirth GmbH. Die Weinberge liegen in Willsbach und Umgebung, in den Gewannen Föhrenberg, Aurain und Brauchert, die Reben wachsen auf Keuper- und Mergelböden. Die Weinberge sind mit den roten Sorten – drei Fünftel der Fläche – Spätburgunder, Trollinger, Dornfelder, Lemberger Schwarzriesling und St. Laurent bestockt, inzwischen auch Merlot und Cabernet Sauvignon, sowie den weißen Sorten Auxerrois, Riesling, Weißburgunder, Grauburgunder und Chardonnay. Seit 2009 werden die Weinberge biologisch bewirtschaftet, man ist Mitglied bei Ecovin. Die Weißweine werden kühl vergoren, alle Rotweine werden maischevergoren.

Kollektion

Die neue Kollektion zeigt das gewohnt zuverlässige, durchweg gute und sehr gute Niveau, das wir nun seit vielen Jahren gewohnt sind. Die beiden Sekte sind würzig und saftig, füllig und harmonisch. Die Weißweine sind füllig und kraftvoll, alle von dezenter Restsüße geprägt, unser Favorit ist der teils im großen, teils im kleinen Holzfass ausgebaute Chardonnay, der feine Würze und rauchige Noten zeigt, gute Konzentration, Fülle und Kraft besitzt, gute Struktur und Substanz. Die Rotweine sind stoffig und kraftvoll, der Lemberger überzeugt mit reintöniger Frucht, guter Struktur und Frische, auch der Pinot Noir ist intensiv fruchtig, die Kairos genannte Cuvée aus Lemberger und Spätburgunder ist kraftvoll und zupackend. Unser eindeutiger Favorit ist die im Barrique ausgebaute Cuvée Calma, die aus je einem Drittel Merlot, Cabernet und Lemberger besteht, intensive Frucht (etwas Brombeeren), Fülle, Kraft, gute Struktur, Druck und Länge besitzt.

Weinbewertung

85 2016 Auxerrois Sekt extra-brut **12,5 %/19,- €**
84 2016 Pinot Rosé Sekt brut **12,5 %/14,- €**
81 2017 Riesling trocken **11,5 %/10,- €**
84 2017 Auxerrois trocken **12 %/12,- €**
83 2017 „Chronos" Weißwein trocken **11,5 %/10,- €**
86 2017 Chardonnay trocken **12,5 %/16,- €**
86 2015 Lemberger trocken **13,5 %/14,- €**
84 2015 Pinot Noir trocken **13,5 %/14,- €**
84 2016 „Kairos" Rotwein trocken **13 %/12,- €**
89 2015 „Calma" Rotwein trocken **13 %/29,- €**

Hiss

★★

KONTAKT

Hauptstraße 31
79356 Eichstetten
Tel. 07663-1236
Fax: 07663-2017
www.weingut-hiss.de
info@weingut-hiss.de

Inhaber
Andreas Hiss
Kellermeister
Manuel Mößner
Rebfläche
30 Hektar

BESUCHSZEITEN

Mo.-Fr. 10-12 + 14-18:30 Uhr,
Sa. 10-12 + 14-16 Uhr
Ferienwohnung, Gästezimmer

Karl Hiss legte als Weinküfer und Winzer den Grundstock für den heutigen Betrieb. Sein Sohn Karl-Heinz gründete 1962 zusammen mit Ehefrau Christa eines der ersten selbstvermarktenden Weingüter in Eichstetten. Heute führt Andreas Hiss in dritter Generation zusammen mit Ehefrau Alexandra den Betrieb. Neben den Burgundersorten baut er Riesling, Muskateller, Müller-Thurgau, Chardonnay, Scheurebe und Gewürztraminer, sowie etwas Dornfelder und Cabernet an. Da alle Weinberge in Eichstetten zur riesigen Einzellage Herrenbuck zusammengefasst wurden, hat Andreas Hiss begonnen seine Spitzenweine der Linie Edition mit Gewannnamen näher zu kennzeichnen, so Eichenlaub für den Spätburgunder, Eigenacker für Weißburgunder, Hasen für Grauburgunder und Hagen für Chardonnay.

Kollektion

Nach einer weiß wie rot sehr gleichmäßigen Kollektion im Vorjahr zeigt sich die neue Kollektion nochmals verbessert, die Weine haben in der Spitze weiter zugelegt. Weißburgunder mit Chardonnay: Das passt, vor allem im Jahrgang 2016: Kraftvoll, zupackend, jugendlich. Spannend und sehr eigen ist der Wannenberg-Müller-Thurgau, kraftvoll, strukturiert. Der Eigenacker-Weißburgunder zeigt feine Vanillenoten, reife Frucht und Struktur, der Hagen-Chardonnay ist konzentriert, klar und zupackend. Feine Würze und reintönige Frucht zeigt der Hasen-Grauburgunder, ist strukturiert und zupackend. Eine schöne Steigerung bietet das Spätburgunder-Quartett vom frischen Kabinett über die fruchtbetonte, zupackende Holzfass-Variante und den intensiv fruchtigen Spätburgunder von alten Reben bis hin zum Eichenlaub-Spätburgunder, der rote Früchte zeigt, klar und zupackend ist, gute Struktur und viel Frucht besitzt.

Weinbewertung

82 2017 Sauvignon Blanc trocken **12,5 %/9,50 €**
84 2015 Weißburgunder Chardonnay trocken **13,5 %/8,50 €**
86 2016 Weißburgunder Chardonnay trocken **13,5 %/8,50 €**
87 2017 Müller-Thurgau trocken „Wannenberg" **12 %/20,- €**
86 2016 Weißburgunder trocken „Eigenacker" **14 %/13,90 €**
87 2016 Grauburgunder trocken „Hasen" **13,5 %/13,90 €**
86 2016 Chardonnay trocken „Hagen" **13,5 %/13,90 €**
81 2017 Muskateller Auslese **11 %/12,50 €**
83 2015 Spätburgunder Kabinett trocken **13 %/7,50 €**
84 2015 Spätburgunder trocken Holzfass **13,5 %/9,70 €**
85 2015 Spätburgunder trocken „Alte Rebe" **14 %/12,40 €**
88 2015 Spätburgunder trocken „Eichenlaub" **13,5 %/19,50 €**

Gerhard Hochdörffer

★☆

N

KONTAKT

Kaiserberg 13
76829 Landau-Nußdorf
Tel. 06341-61225
Fax: 06341-63841
www.weingut-hochdoerffer.de
info@weingut-hochdoerffer.de

Inhaber
Gerhard & Sabine Hochdörffer
Betriebsleiter
Sabine Hochdörffer
Kellermeister
Matthias Dollt
Rebfläche
14 Hektar
Produktion
120.000 Flaschen

BESUCHSZEITEN

Mo.-Do. nach Vereinbarung, Fr./ Sa. 10-12 + 13-18 Uhr

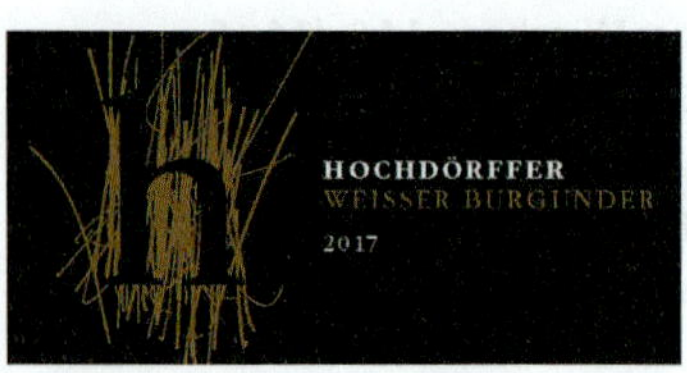

Gerhard Hochdörffer siedelte mit seinem Sonnenhof an den Ortsrand von Nußdorf aus und füllte 1974 seinen ersten Wein auf die Flasche. Heute leitet seine Tochter Sabine Hochdörffer den Betrieb, die in Geisenheim Weinbau und Önologie studiert hat, ihr Mann Matthias Dollt, ebenfalls Geisenheim-Absolvent, ist für den Keller verantwortlich, Gerhard kümmert sich noch um den Außenbetrieb. In den letzten Jahren wurde der Rebsortenspiegel auf Riesling und die Burgundersorten ausgerichtet, Riesling steht auf 30 Prozent der Fläche, Weiß-, Grau-, Spätburgunder und Chardonnay machen zusammen 40 Prozent aus, daneben gibt es an weißen Sorten noch Silvaner, Scheurebe, Müller-Thurgau und Kerner und die roten Sorten St. Laurent, Dornfelder und Portugieser. Das Sortiment ist in drei Linien gegliedert, die graue Kapsel steht für die Basis, die schwarze Kapsel für das Mittelsegment, das den Großteil der Kollektion ausmacht und die goldene Kapsel für die „Aurel"-Weine.

Kollektion

Alle Weine, die wir erstmals verkosten konnten, sind reintönig und sortentypisch, schon der Müller-Thurgau aus der Basislinie ist sehr gelungen, besitzt Frische und feine Muskatwürze und gefällt uns genauso gut wie der leicht florale, gelbfruchtige Weißburgunder und der zitruswürzige Riesling aus dem Mittelsegment. Der Aurel-Riesling besitzt gute Konzentration, etwas kräutrige Würze und leicht süße Frucht, der Aurel-Weißburgunder zeigt feine Holzwürze, etwas Kokos, besitzt Saft und Kraft. Überrascht waren wir von den gut strukturierten Rotweinen, die alle einen gekonnten, zurückhaltenden Holzeinsatz zeigen, der Aurel-Spätburgunder an der Spitze zeigt viel Frucht, Schwarzkirsche, Cassis, feine Krokantwürze, besitzt Eleganz, der St. Laurent besitzt Kraft und gute Konzentration.

Weinbewertung

83 2016 Riesling Sekt brut **12,5 %/8,80 €**
83 2017 Müller Thurgau trocken „Yes, he can!" **12,5 %/5,90 €**
82 2017 Grüner Silvaner trocken **12,5 %/5,30 €**
83 2017 Weißer Burgunder trocken **13 %/6,10 €**
82 2017 Chardonnay trocken **13 %/5,80 €**
83 2017 Riesling trocken „vom Löss" **12 %/5,40 €**
86 2017 Weißer Burgunder trocken „Aurel" Goldkapsel **13,5 %/12,90 €**
88 2007 Riesling Spätlese trocken „Aurel" Nußdorfer Herrenberg
86 2017 Riesling trocken „Aurel" Goldkapsel **13 %/10,30 €**
82 2017 Scheurebe **11 %/5,90 €**
85 2015 Spätburgunder „S" trocken **13,5 %/9,20 €**
86 2015 St. Laurent trocken Goldkapsel **13,5 %/10,40 €**
88 2015 Spätburgunder trocken „Aurel" Goldkapsel **13,5 %/14,50 €**

Villa Hochdörffer

★

KONTAKT

Lindenbergstraße 79
76829 Landau
Tel. 06341-649630
Fax: 06341-6496329
www.weingut-villa.de
info@weingut-villa.de

Inhaber/Betriebsleiter
Hans-Martin Hochdörffer
Kellermeister/Außenbetrieb
David Hochdörffer
Rebfläche
42 Hektar
Produktion
280.000 Liter

BESUCHSZEITEN

Mo.-Fr. 8-12 + 14-18 Uhr,
Sa./So. nach Vereinbarung

Die Familie Hochdörffer betreibt bereits in der sechsten und siebten Generation Weinbau. Winzermeister Hans-Martin Hochdörffer und seine Frau Lieselotte Hahn-Hochdörffer, ebenfalls gelernte Winzerin, die bei Hans-Günther Schwarz in die Lehre ging, werden von ihren beiden Kindern im Betrieb unterstützt: Seit dem Jahrgang 2012 ist David Hochdörffer, der nach seiner Lehre in den Weingütern Lidy, Georg Mosbacher und Salwey noch eine Ausbildung zum Wirtschafter absolvierte, verantwortlich für den heimischen Keller, seine Schwester Anna ist für Marketing und Export zuständig. Die Familie besitzt knapp 40 Hektar Weinberge in Frankweiler, Nußdorf und Godramstein, angebaut wird ein breites Spektrum an Rebsorten. 60 Prozent der Fläche sind mit Weißweinreben bestockt, wichtigste Sorten sind Riesling, Grauburgunder, Gewürztraminer, Weißburgunder und Chardonnay, bei den roten Sorten sind es Spätburgunder, Dornfelder und Cabernet Sauvignon.

Kollektion

Wie schon bei ihren Jahrgangsvorgängern sind die Chardonnay- und Grauburgunder-Lagenweine, die beide gute Substanz besitzen, noch sehr deutlich vom Holz geprägt, beim kraftvollen, stoffigen Chardonnay steht es noch ganz im Vordergrund und deckt die Frucht etwas zu, beim Grauburgunder, der Würze und gute Länge besitzt, ist das Holz etwas dezenter. Die Terroirweine sind alle reintönig mit klarer Frucht, der kräuterwürzige, kraftvolle Riesling, der harmonische, von grünen Noten geprägte Sauvignon Blanc und der konzentrierte, fruchtbetonte Gewürztraminer sind etwas ausdrucksstärker als Chardonnay, Weiß- und Grauburgunder. Bei den Roten ist der Cabernet Sauvignon mit seinen Noten nach grüner Paprika und kräutriger Würze etwas prägnanter und typischer als der Merlot mit leicht verhaltener Pflaumenfrucht. —

Weinbewertung

80 2017 Riesling trocken (1l) **12,5 %/6,- €**
84 2017 Riesling trocken „Kalkstein“ **13 %/7,- €**
82 2017 Weißer Burgunder trocken „Löss“ **13,5 %/7,- €**
83 2017 Grauer Burgunder trocken „Löss“ **13,5 %/7,- €**
83 2017 Chardonnay trocken „Muschelkalk“ **13 %/7,- €**
84 2017 Sauvignon Blanc trocken „Letten“ **13 %/7,- €**
84 2017 Gewürztraminer trocken „Keuper“ **13 %/7,- €**
86 2017 Grauer Burgunder trocken Nussdorfer Kirchenstück **13,5 %/12,- €**
85 2017 Chardonnay trocken Godramsteiner Münzberg **14 %/14,- €**
82 2017 Gelber Muskateller „Letten“ **12,5 %/8,- €**
82 2017 Lila Wolken Rosé trocken **12 %/7,- €**
82 2017 Merlot trocken „Löss“ **13 %/7,- €**
83 2017 Cabernet Sauvignon trocken „Sand“ **13 %/8,- €**

THOMAS HOCKENBERGER

★

N

KONTAKT

Sinsheimer Straße 47
75031 Eppingen / Elsenz
Tel. 07260-684
Fax: 07260-920086
www.weingut-hockenberger.de
info@weingut-hockenberger.de

Inhaber
Thomas Hockenberger
Rebfläche
4,5 Hektar
Produktion
30.000 Flaschen

BESUCHSZEITEN

Do.-Fr. 16-18:30 Uhr,
Sa. 10:30-16 Uhr oder nach Vereinbarung

WEINGUT Thomas Hockenberger

Ewald Hockenberger stellte 1965 mit der Anlage von Rebflächen in der Lage Elsenzer Spiegelberg die Weichen für die Gründung des Weingut Thomas Hockenberger im Jahr 1993. In der Lage Elsenzer Spiegelberg in Eppingen werden vier Hektar bewirtschaftet. Auf den Böden der Kraichgauer Keuper- und Muschelkalkformation werden die Sorten Riesling, weiße und rote Burgunder, Lemberger und Cabernet Mitos angebaut. Ziel im Keller ist es, durch schonenden und handwerklichen Weinausbau im Keller ausgereifte, fruchtige, sortentypische Weine und harmonische Cuvées herzustellen. Daneben sind Winzersekte im Flaschengärungs-Verfahren, Barriqueweine und Destillate im Sortiment.

Kollektion

Die vorgestellten Weißweine aus den Jahrgängen 2015 und 2016 sind alle trocken und im mittleren Restsüßebereich angesiedelt. Das ergibt eine gute Balance zwischen Frucht und Struktur. Der Pinot Blanc de Noir ist typisch, ein Hauch von Tannin gibt ihm eine gute Struktur bei angenehmer Frische. Etwas mehr in die fruchtige Richtung geht der Spätburgunder Rosé, ein guter Essensbegleiter für die Grillsaison. Der Riesling zeigt eine typische klare Frucht, die Säure gibt ihm elegante Kraft. Helle, frische Frucht und ein feines Säurespiel zeichnen den Weißburgunder aus, der Grauburgunder ist kräftig mit typischem Birnen-Aroma. Noch sehr jung und geprägt von vanilligen Holz-Aromen präsentiert sich der kräftige Chardonnay mit guter Säurestruktur - braucht noch etwas Zeit. Die Rotweine von Thomas Hockenberger erreichen nicht ganz die Qualität der Weißweine. Der Barrique-Spätburgunder zeigt eine reife, zurückhaltende Frucht, die Struktur des Weins ist gut, er zeigt schon leicht oxidative Töne. Typisch und klar ist der Lemberger, die Lemberger-Cuvée mit Cabernet Mitos zeigt eine gewisse Cabernet-Härte, der Spätburgunder ist erdbeerfruchtig und tanninbetont. —

Weinbewertung

83 2016 Riesling trocken **12,5 %/7,50 €**
83 2016 Weißer Burgunder trocken **12,5 %/7,80 €**
82 2016 Grauer Burgunder trocken **13 %/7,80 €**
81 2015 Pinot „Blanc de Noir" trocken **12,5 %/5,50 €**
85 2015 Chardonnay trocken Holzfass **13,5 %/11,- €**
81 2015 Spätburgunder Rosé trocken **12,5 %/5,50 €**
80 Cuvée Lemberger mit Cabernet-Mitos trocken **12,5 %/5,20 €**
81 2015 Lemberger trocken **12 %/5,50 €**
80 2014 Spätburgunder trocken **12,5 %/7,40 €**
82 2009 Spätburgunder Spätlese trocken Barrique **13 %/17,90 €**

H

Höfflin

★★★★

KONTAKT

Biologisches Weingut Höfflin
Schambachhof
79268 Bötzingen
Tel. 07663-1474
Fax: 07663-1461
www.weingut-hoefflin.de
info@weingut-hoefflin.de

Inhaber
Matthias Höfflin
Rebfläche
13 Hektar
Produktion
70.000 Flaschen

BESUCHSZEITEN

Mo.-Fr. 8:30-12 Uhr, Do./Fr. auch 13-17 Uhr, Sa. 10-16 Uhr oder nach Vereinbarung

Die Höfflins sind 1970 in das Schambachtal ausgesiedelt, einem Kastental bei Bötzingen, seit 1974 wird der Hof – Obst, Gemüse, Reben – biologisch bewirtschaftet (Bioland). 1994 wurde zur Weinlagerung ein Keller gebaut, dessen Dach mit einer Erdschicht bedeckt und begrünt ist. Mit der Selbstvermarktung begann man erst, nachdem Matthias Höfflin seine Ausbildung beendete und im Keller die Regie übernahm. Die Weinberge liegen in Bötzingen sowie im benachbarten Eichstetten. Da die Lagen dort zu sehr großen Lagen zusammengefasst wurden, verzichtete Matthias Höfflin lange Zeit auf Lagenbezeichnungen, seit einigen Jahren nutzt er die Gewannnamen für seine Spitzenweine. Im Anbau dominieren die Burgundersorten, allen voran Spätburgunder, gefolgt von Grau- und Weißburgunder. Dazu gibt es Chardonnay und Auxerrois, aber auch etwas Gewürztraminer. Muskateller, Sauvignon Blanc und Sauvignon Gris, aber auch pilzresistente Sorten wie Regent, Cabernet Carbon, Cabernet Carol (die zusammen die Cuvée Rufus ergeben) und Johanniter. Diese pilzresistenten Rebsorten sollen zukünftig ein Drittel der Rebfläche einnehmen. Alle Weine werden spontanvergoren und durchgegoren ausgebaut. 2015 wurden die Etiketten neu gestaltet, sie zeigen nun die kristalline Struktur der Weine, von einem Schweizer Labor unter dem Mikroskop fotografiert. Seit der ersten Ausgabe empfehlen wir die Weine von Matthias Höfflin. Mehr zufällig sind wir bei einer Veranstaltung mit Biowinzern auf ihn aufmerksam geworden. Die Qualität seiner Weine überraschte uns, wobei wir damals seine reintönigen weißen Burgunder präferierten. Seither steigerte er sich kontinuierlich, die Weine haben an Kraft und Konzentration gewonnen, vor allem auch im roten Segment, bieten Stoff und Fülle, sind kompromisslos vinifiziert, immer eigenständiger, manchmal auch eigenwilliger geworden in den letzten Jahren, nicht mehr so zugänglich, fordernder, puristischer. Sicher mit ein Ergebnis der Spontangärung, die er seit einigen Jahren konsequent praktiziert, die Weine werden dadurch spannender, druckvoller, brauchen aber auch mehr Zeit. Die Weine gewinnen alle mit Flaschenreife an Komplexität, auch die Weißweine, die Rotweine, die jung oft recht verschlossen sind, verlieren das Rigorose, das Harte und Karge, das ihnen jung oft eigen ist, sie sind ganz natürlich vinifiziert, also von sehr guter Haltbarkeit und Entwicklungsfähigkeit.

Kollektion

Matthias Höfflins Weine strahlen seit einigen Jahren eine Souveränität und Gelassenheit aus, die sich auf denjenigen überträgt, der sie trinkt. Sie sind wohltuend unprätentiös, ungekünstelt, auch mal karg, mal anstrengend, aber geben nie vor etwas anderes zu sein als das, was sie sind. Ein harmonischer Sekt eröffnet in diesem Jahr den Reigen, füllig, saftig und doch

frisch. Der Auxerrois besitzt Frische und Grip wie auch die Löss-spontan-Varianten von Weißburgunder und Grauburgunder. Deutlich kraftvoller sind die beiden als Löss/Lehm_spontan-Weine: Der Weißburgunder lebhaft und zupackend, der Grauburgunder reintönig, geradlinig, besitzt feine Frische und Grip. Grauburgunder gibt es noch in zwei faszinierenden weiteren Versionen, als druck- und kraftvollen, intensiven, noch sehr jugendlichen Endhahle sowie als intensiv stoffigen Maischegärer, der viel Substanz und Druck besitzt, noch extrem jugendlich ist. Souvignier Gris gibt es als lebhafte, zupackende Variante und als Orange-Wein: Duftig, intensiv, anstrengend. Der Meisental-Sauvignon Blanc ist würzig, kraftvoll, eindringlich, der Laire-Chardonnay zeigt reife Frucht, ist kraftvoll, füllig, nachhaltig, der Gewürztraminer braucht Luft, ist noch unruhig, gehört zu den spannendsten Vertretern dieser Rebsorte in Deutschland. Große Klasse sind auch wieder die Spätburgunder. Schon der Schambach ist herrlich präzise, reintönig und druckvoll, der Breitenacker ist etwas wilder, ungestümer, ist druckvoll und zupackend, der Biegarten ist Spannung pur, konzentriert, reintönig, druckvoll, füllig und dabei doch präzise, enorm jugendlich wie seine beiden Kollegen auch. Man braucht Geduld und Gelassenheit, muss abwarten können bei Matthias Höfflins Weinen.

Matthias Höfflin

H

Weinbewertung

88 2015 Cuvée Prestige Sekt extra brut **12,5 %/18,50 €**
86 2017 Auxerrois trocken „Löss/Lehm_spontan" **11,5 %/9,60 €**
86 2017 Souvignier Gris „Löss_spontan" **13 %/9,80 €**
87 2017 Weißer Burgunder trocken „Löss_spontan" **12,5 %/9,60 €**
87 2017 Grauer Burgunder trocken „Löss_spontan" **13 %/9,60 €**
88 2017 Weißer Burgunder trocken „Löss/Lehm_spontan" **13,5 %/16,50 €**
88 2017 Grauer Burgunder trocken „Löss/Lehm_spontan" **13 %/16,50 €**
90 2016 Grauer Burgunder „Prestige_spontan_Fumé" „Endhahle" **14 %/22,50 €**
90 2016 Chardonnay trocken „Prestige_spontan" „Laire" **14 %/21,- €**
88 2016 Sauvignon Blanc „Prestige_spontan_Fumé" „Meisental" **14 %/22,50 €**
89 2017 Souvignier Gris „spontan_orange" **14 %/22,50 €**
91 2017 Grauer Burgunder „maischevergoren" **13 %/33,- €**
89 2017 Gewürztraminer trocken „Prestige_spontan" **14 %/21,- €**
89 2015 Spätburgunder trocken „Prestige_spontan" „Schambach" **13 %/18,50 €**
87 2015 Rufus Rotweincuvée trocken „Prestige_spontan" **13 %/16,50 €**
90 2015 Spätburgunder trocken „Prestige_spontan" „Breitenacker" **13 %/22,- €**
91 2015 Spätburgunder trocken „Prestige_spontan" „Biegarten" **13,5 %/44,- €**

LAGEN

– SCHAMBACH
– BREITENACKER
– BIEGARTEN
– WÄCHTELBERG
– ENDHAHLE
– MEISENTAL
– FOHBERG
– LAIRE

REBSORTEN

SPÄTBURGUNDER (30 %)
WEISSBURGUNDER (20 %)
GRAUBURGUNDER (20 %)

HÖFLER

★★★

H

KONTAKT

Albstädter Straße 1
63755 Alzenau-Michelbach
Tel. 06023-5495
Fax: 06023-31417
www.weingut-hoefler.de
info@weingut-hoefler.de

Inhaber
Edeltraud & Bernd Höfler
Rebfläche
10 Hektar
Produktion
60.000-75.000 Flaschen

BESUCHSZEITEN

Mo.-Fr. 9-12:30 + 14-18 Uhr,
Sa. 9-14:30 Uhr

Seit 1924 baut die Familie Wein in Michelbach an, als die Brüder Josef und Richard Höfler brachliegende Weinberge neu bepflanzten. Seit 1981 wird das Weingut von Edeltraud und Bernd Höfler geführt, inzwischen werden sie im Betrieb von Sohn Johannes unterstützt. Ihre Weinberge liegen hauptsächlich in Michelbach in den beiden Lagen Apostelgarten (der seit 1985 unter Denkmalschutz steht) und Steinberg, sowie im Hörsteiner Abtsberg. Die Reben wachsen hier, am Westrand des Spessarts, auf Quarzitschiefer, Gneis und Lössböden mit einem hohen Anteil an Mineralien. Riesling nimmt gut ein Drittel der Rebfläche ein, dazu gibt es Müller-Thurgau, Silvaner, Bacchus, Weiß- und Grauburgunder, sowie die roten Sorten Spätburgunder, Domina und Schwarzriesling.

Kollektion

Die neue Kollektion schließt nahtlos an die Vorjahre an, bietet gutes Basisniveau und hervorragende weiße und rote Spitzen. Der Gutsriesling ist wie immer eine sichere Bank, der Ortsriesling ist reintönig, zupackend und strukturiert, der Steinberg-Riesling besitzt Fülle und Kraft, gute Konzentration und reife Frucht, das Große Gewächs aus dem Apostelgarten ist druckvoll und nachhaltig. Sehr gut sind auch der klare, zupackende Michelbacher Silvaner und der Michelbacher Weißburgunder, Jahrgang 2016, der klar und zupackend ist, gute Struktur und Substanz besitzt, auch der frische Rosé und der füllige, harmonische Blanc de Noir-Sekt (aus Schwarzriesling) überzeugen. Die Rotweine sind in den letzten Jahren deutlich wilder und expressiver geworden. Der 2samkeit-Spätburgunder ist frisch und zupackend wie auch der Steinberg-Schwarzriesling (trotz leicht oxidativem Touch). Highlight ist ganz klar der intensiv duftige Steinberg-Spätburgunder, der Fülle und Kraft besitzt, viel reife Frucht und Substanz.

Weinbewertung

85	„Blanc de Noir" Sekt brut **13 %/14,- €**
84	2017 Riesling trocken **11,5 %/6,50 €**
85	2017 Silvaner trocken Michelbacher **11,5 %/8,80 €**
87	2016 Weißburgunder trocken Michelbacher **12,5 %/19,- €**
86	2017 Riesling trocken Michelbacher **11,5 %/10,- €**
88	2017 Riesling trocken Michelbacher Steinberg **12,5 %/15,- €**
90	2016 Riesling trocken „GG" Michelbacher Apostelgarten **12,5 %/25,- €**
83	2017 Riesling „feinherb Urgestein" Michelbach **10 %/7,50 €**
84	2017 Rosé trocken Michelbach **11,5 %/7,50 €**
86	2016 Spätburgunder trocken „2samkeit" Michelbach **13 %/16,- €**
87	2015 Schwarzriesling trocken „Magnificum" Steinberg **14 %/18,- €**
90	2015 Spätburgunder trocken „Magnificum" Steinberg **14 %/30,- €**

HÖFLING

★★★

KONTAKT

Kellereigasse 14
97776 Eußenheim
Tel. 09353-7632
Fax: 09353-1264
www.weingut-hoefling.fwo.de
weingut-hoefling@t-online.de

Inhaber
Klaus Höfling
Rebfläche
20 Hektar
Produktion
150.000 Flaschen

BESUCHSZEITEN

Mo.-Fr. 9-18 Uhr, Sa. 9-16 Uhr
Gastwirtschaft (saisonal geöffnet, bis 65 Personen), kulinarische Weinproben; Bauernladen

Unter der Regie von Klaus Höfling hat das im Werntal gelegene Weingut in den letzten Jahren mächtig an Fahrt aufgenommen. Seit sein Vater aus der Genossenschaft austrat und die Selbstvermarktung begann wurde das Weingut stetig erweitert, die Rebfläche vervielfacht. 2004 baute man einen neuen Keller, der in den letzten Jahren nochmals erweitert wurde. Die Weinberge verteilen sich auf vier Lagen: Eußenheimer First, Gössenheimer Homburg, Stettener Stein und Gambacher Kalbenstein.

Kollektion

Gutes Basisniveau, kraftvolle Spitzen; Klaus Höfling bestätigt den sehr guten Eindruck der letzten Jahre. Die Ortsweine sind stark, allen voran der reintönige Weißburgunder aus Gössenheim. Die Lagenweine kommen erst ein Jahr später in den Verkauf. Der Homburg-Weißburgunder besitzt gute Struktur und Substanz, der Riesling vom Stein ist saftig und füllig, der Grenzstein-Silvaner, ebenfalls vom Stein, von 60 Jahre alten Reben, besitzt viel Kraft und Substanz, ist noch jugendlich. Die starke edelsüße Riege wird angeführt vom reintönigen Spätburgunder Eiswein. Ganz stark sind wieder einmal die Rotweine. Die Stein-Domina ist reintönig, kraftvoll, der Frühburgunder besitzt viel reife Frucht und Substanz. Gleichauf sehen wir den Spätburgunder vom First, der wie gewohnt übertroffen wird vom faszinierend reintönigen, noch sehr vom Holz geprägten Spätburgunder aus dem Kalbenstein.

Weinbewertung

83 2017 Silvaner trocken (1l) **11 %**
84 2017 Müller-Thurgau trocken „First Class“ **11 %/5,90 €**
84 2017 Silvaner trocken Gössenheim **11,5 %/6,50 €**
85 2017 Silvaner trocken Stetten **12 %/7,50 €**
86 2017 Weißburgunder trocken Gössenheim **12,5 %/7,50 €**
85 2017 Scheurebe trocken Gössenheim **11,5 %/7,50 €**
88 2016 Weißburgunder trocken Homburg Gössenheim **13 %/10,50 €**
88 2016 Riesling trocken Stein Stetten **13 %/12,- €**
88 2016 Silvaner trocken „Grenzstein“ Stein Stetten **13 %/17,- €**
87 2017 Bacchus Auslese Homburg Gössenheim **10 %/12,- €/0,375l**
88 2017 Silvaner Auslese Stein Stetten **10 %/12,- €/0,375l**
89 2016 Silvaner Beerenauslese Stein Stetten **9 %/25,- €/0,375l**
90 2016 Spätburgunder „Blanc de Noir“ Eiswein First **10 %/40,- €/0,375l**
85 2016 Spätburgunder trocken Eußenheim **12,5 %/7,50 €**
87 2016 Domina trocken Stein Stetten **13 %/14,- €**
88 2016 Frühburgunder trocken First Eußenheim **13 %/30,- €**
88 2016 Spätburgunder trocken First Eußenheim **13 %/15,- €**
90 2016 Spätburgunder trocken Kalbenstein Gambach **13 %/27,- €**

Höhn

★

N

KONTAKT

Freudenbergerstraße 200
65201 Wiesbaden
Tel. 0611-7168789
Fax: 0611-7242817
www.weinguthoehn.de
info@weinguthoehn.de

H

Inhaber
Jürgen Höhn
Rebfläche
19,55 Hektar

BESUCHSZEITEN

Mi.-Sa. 16-23 Uhr, So. 12-19 Uhr

Weinbau gibt es in der Familie Höhn schon seit dem Ende des 17. Jahrhunderts. Bis in die 1980er Jahre waren die Rebflächen in ihrer Größe noch sehr überschaubar, wurden danach stetig erweitert. Neben den Lagen in Dotzheim, Schierstein und Frauenstein sind vor kurzem auch Weinberge in Eltville und Kiedrich hinzu gekommen, sowie kleine Stücke im Marcobrunn und Nussbrunnen in Hattenheim, aus denen zwei im Holzfass gereifte Lagenweine entstehen. Mit 80 Prozent Anteil ist der Riesling die wichtigste Rebsorte im Weingut, daneben gibt es noch Spätburgunder und einen Mix verschiedener internationaler Weiß- und Rotweinsorten. Zum Weingut gehören auch eine Vinothek sowie ein Restaurant, in dem man die gutseigenen Weine serviert. Der Betrieb wird von Jürgen Höhn geführt, der mit den neuen Lagen sich im gehobenen Segment etablieren will.

Kollektion

Die trockenen Rieslinge sind allesamt geradlinig und frisch. Kräftiges Fruchtaroma bietet der trockene Kabinett, das Erste Gewächs aus der Schiersteiner Hölle ist ausgewogen und nachhaltig. Die trockene Spätlese aus derselben Lage, im Granitfass gereift, ist jugendlich und säurebetont, mit etwas Luft kommen reife Gelbfrüchte hinzu. Von den beiden Hattenheimer Lagenrieslingen ist der aus dem Mannberg klar, frisch und saftig, der aus dem Marcobrunn intensiv reif und stoffig. Eine klare Spätlese mit rasanter Frische und tropischer Aromatik und eine Beerenauslese mit Würze und angenehm milder Fülle runden die Weißweinkollektion ab. Der beerige, kräftige Spätburgunder besitzt trotz hohen Alkohols Trinkfluss, Tiefe und Länge.

Weinbewertung

81 2017 Riesling trocken (1l) **11,5 %/5,60 €**
82 2017 Weißburgunder trocken **12 %/6,50 €**
82 2017 Chardonnay trocken **12,5 %/7,90 €**
80 2017 Spätburgunder „Blanc de Noir" trocken **12 %/6,50 €**
82 2017 Riesling Kabinett trocken Dotzheimer Judenkirsch **11,5 %/6,30 €**
85 2017 Riesling Spätlese trocken Schiersteiner Hölle **12 %/12,50 €**
85 2016 Riesling trocken Erstes Gewächs Schiersteiner Hölle **12 %/15,50 €**
86 2017 Riesling trocken Hattenheimer Mannberg **12 %/16,50 €**
85 2017 Riesling trocken Erbacher Marcobrunn **12,5 %/17,50 €**
82 2017 Riesling Classic **11,5 %/6,50 €**
81 2017 Riesling Kabinett halbtrocken Dotzheimer Judenkirsch **11 %/6,30 €**
84 2017 Riesling Spätlese Hattenheimer Nussbrunnen **7,5 %/12,50 €**
86 2015 Riesling Beerenauslese Schiersteiner Hölle **7,5 %/17,50 €/0,5l**
81 2017 Spätburgunder Rosé „feinherb" **11 %/6,50 €**
82 2014 Spätburgunder trocken Barrique Frauensteiner Herrnberg **14,5 %/12,50 €**

Hörner - Hainbachhof

★★

N

Kontakt

Hainbachhof
76879 Hochstadt
Tel. 06347-8814
www.hoerner-wein.de
info@hoerner-wein.de

Inhaber
Reinhold & Thomas Hörner
Rebfläche
30 Hektar
Produktion
160.000 Flaschen

Besuchszeiten

Di.-Fr. 10-12 + 14-18 Uhr,
Sa. 10-12 + 14-17 Uhr

Weinbau betreibt die Familie Hörner seit einigen Generationen, aber erst Reinhold Hörner begann vor einem Vierteljahrhundert damit, Weine über die Flasche zu vermarkten. Sein Sohn Thomas, genannt Thommy, hat seine Winzerlehre bei den Weingütern Knipser und Münzberg gemacht und Praktika im Burgund und der Wachau absolviert. Wieder zuhause hat er auf Teilflächen des elterlichen Betriebs damit angefangen, seine eigenen Weine zu erzeugen, die Produktion in den Folgejahren ausgeweitet und sein Sortiment in drei durch verschiedene Hörner auf dem Etikett gekennzeichnete Linien eingeteilt: Stier für die Gutsweine, Steinbock für das Mittelsegment und Widder für seine Spitze. Die wichtigsten Sorten im Betrieb sind Sauvignon Blanc und Weiß-, Grau- und Spätburgunder, daneben gibt es Gelben Muskateller, Riesling und Müller-Thurgau.

Kollektion

Die Weine von Thommy Hörner sind alle sehr klar, sortentypisch und auf der frischen, leichten und eleganten Seite, die Widder-Weine sind etwas kraftvoller, aber ebenfalls elegant, bei ihnen zeigt sich im Bouquet auch jeweils deutliches Holz, das aber am Gaumen harmonisch eingebunden ist. Der Widder-Sauvignon Blanc an der Spitze des Sortiments zeigt Noten von gerösteten Haselnüssen, besitzt viel gelbe Frucht und ein feines Säurespiel, ist harmonisch und lang. Auch die anderen Widder-Weine sind sehr gut, der Weißburgunder besitzt gute Konzentration und klare Birnenfrucht, der Grauburgunder ist kraftvoll und lang, der Spätburgunder zeigt dunkle Frucht, Kirsche und etwas Beeren, besitzt Eleganz und Länge. Der restsüße Rieslaner zeigt viel gelbe Frucht und etwas hellen Nougat im Bouquet, der Steinbock-Sauvignon Blanc ist ebenfalls gelbfruchtig, frisch und sehr aromatisch mit Noten von Maracuja, Mandarine und Pfirsich. —

Weinbewertung

82	2017 Müller-Thurgau trocken „Stier"	**11,5 %/6,50 €**
83	2017 Riesling trocken „Stier"	**12 %/6,50 €**
84	2017 Gelber Muskateller trocken „Steinbock"	**11,5 %/8,- €**
85	2017 Sauvignon Blanc trocken „Steinbock"	**12 %/8,- €**
84	2017 Grauburgunder trocken „Steinbock"	**12,5 %/7,50 €**
85	2017 Weißburgunder trocken „Steinbock"	**12,5 %/7,50 €**
88	2015 Sauvignon Blanc trocken „Widder"	**13 %/19,- €**
87	2015 Grauburgunder trocken „Widder"	**13,5 %/14,- €**
87	2015 Weißburgunder trocken „Widder"	**13,5 %/14,- €**
86	2016 Rieslaner „Steinbock"	**7 %/19,- €**
83	2017 Rosé Cuvée „Horny" „Stier"	**11,5 %/7,- €**
87	2015 Spätburgunder trocken „Widder"	**12,5 %/19,- €**

H

von Hövel

★★★☆

W

KONTAKT

Agritiusstraße 5-6
54329 Konz-Oberemmel
Tel. 06501-15384
Fax: 06501-18498
www.weingut-vonhoevel.de
info@weingut-vonhoevel.de

Inhaber
Maximilian von Kunow
Rebfläche
11 Hektar

BESUCHSZEITEN

nach Vereinbarung

Das Weingut befindet sich seit mehr als zwei Jahrhunderten im Besitz der Familie und wird seit 2010 von Maximilian von Kunow geführt. Stolze 22 Hektar Rebfläche sind vorhanden, darunter nicht weniger als zwei Monopollagen: die Oberemmeler Hütte und der Kanzemer Hörecker. Eine andere Lage sollte allerdings nicht vergessen werden: Der Scharzhofberger sorgt immer wieder für kraftvolle und dennoch filigrane Weine der Kategorie Großes Gewächs oder finessenreiche Weine bis hinauf zur Trockenbeerenauslese. Schaumwein wird ebenso angeboten, und als einer der wenigen Winzer der deutschen Mosel interessiert sich Maximilian von Kunow für das, was jenseits des Flusses in Luxemburg entsteht. Das grenzüberschreitende Weinbauprojekt mit der Luxemburger Köchin Léa Linster nennt sich Crossmosel.

Kollektion

Zum Wiedereinstieg in dieses Buch stellte das Weingut 2017er Rieslinge vom trockenen Riesling bis zur Auslese vor, dazu aber auch einen 2015er aus der Lage Kanzemer Hörecker. Der ist zwar nicht völlig trocken, aber ein extrem spannender Wein: Voller Würze und Schmelz, duftig und saftig. Doch schon der trockene Basisriesling aus 2017 ist sehr gelungen, frisch, mit jener typischen Aromatik, die gehackte Kräuter, Zitrusfrüchte und Apfel miteinander verbindet. Geradlinig, trocken, dennoch filigran: Das Große Gewächs. Von den gleich vier Kabinettweinen sind der betont würzige, eigenständige „S“-Vertreter ohne Lagenbezeichnung und der in der Nase offensive rassige Hütte-Kabinett herauszuheben. Am spannendsten allerdings ist der nach Steinobst duftende, komplexe Scharzhofberger. Die Hütte-Spätlese, herrlich saftig, wirkt in der Nase noch etwas reifer, die Auslese mit der Nummer 48 wirkt trotz der Süße verspielt und zart. Ein herausragender Jahrgang im Weingut von Hövel.

Weinbewertung

85	2017 Riesling trocken Saar **11 %/10,80 €**
90	2017 Riesling „GG“ Oberemmel Hütte **11,5 %/22,- €**
92	2015 Riesling Kanzem Hörecker **12 %/36,- €**
86	2017 Riesling Kabinett Saar **8 %/10,80 €**
88	2017 Riesling Kabinett „S“ Saar **8,5 %/18,90 €**
89	2017 Riesling Kabinett Oberemmel Hütte **7,5 %/14,95 €**
89	2017 Riesling Kabinett Scharzhofberger **8 %/17,95 €**
91	2017 Riesling Spätlese Oberemmel Hütte **8 %/22,- €**
93	2017 Riesling Spätlese Kanzem Hörecker **8 %/Vst.**
92	2017 Riesling Spätlese Scharzhofberger **9 %/24,- €**
92	2017 Riesling Auslese „5“ Oberemmel Hütte **7,5 %/42,- €**
93	2017 Riesling Auslese „48“ Scharzhofberger **8 %/48,- €**

JOACHIM HOF

★

N

KONTAKT

Klingbachstraße 29
76831 Heuchelheim-Klingen
Tel. 06349-1591
Fax: 06349-3066
www.weingut-joachim-hof.de
info@weingut-joachim-hof.de

Inhaber
Philipp, Julian, Joachim & Karin Hof
Rebfläche
22 Hektar
Produktion
45.000 Flaschen

BESUCHSZEITEN

nach Vereinbarung

Die Vorfahren der Familie Hof betrieben bereits seit 1769 Weinbau in der Südpfalz, über zwei Jahrhunderte hinweg blieb es aber bei einem typischen landwirtschaftlichen Mischbetrieb, in dem neben Wein auch Getreide angebaut und Vieh gehalten wurde. Joachim Hof richtete den Betrieb mit seiner Frau Karin ganz auf den Wein aus, seit 2011 führen ihre Söhne Julian und Philipp den Betrieb weiter. Die weißen und roten Burgundersorten stehen auf 35 Prozent der Fläche, Riesling auf 20 Prozent, daneben gibt es noch Sorten wie Silvaner, Muskateller, Gewürztraminer, St. Laurent, Merlot und Cabernet Sauvignon.

Kollektion

Zum ersten Mal konnten wir in diesem Jahr die Weine der Hof-Brüder verkosten: Die vier Rotweine sind sehr dunkel, kraftvoll und fleischig, profitieren von einem gekonnten Holzeinsatz und besitzen gute Substanz, lediglich die Sortentypizität könnte etwas deutlicher herausgearbeitet werden. Der Merlot an der Spitze des Sortiments zeigt dunkle Frucht mit Noten von Pflaumen und Schwarzkirschen, er ist stoffig und besitzt ein noch jugendliches Tanningerüst, auch beim Cabernet Sauvignon sind die Tannine noch spürbar, er zeigt neben dunkler auch etwas rote Frucht und dezente Noten von grüner Paprika. Der Frühburgunder zeigt im Bouquet kräutrige Würze, etwas Cola und dunkle Frucht und besitzt am Gaumen gut eingebundenes Holz, beim Spätburgunder ist das Holz im Bouquet noch sehr dominant. Die Weißweine zeigen alle typische Frucht, auch hier ziehen wir die im Holz ausgebauten trockenen Spätlesen den etwas verhaltenen Kabinettweinen vor: Weiß- und Grauburgunder zeigen dezentes Holz, besitzen gute Konzentration und ein frisches Säurespiel, der Weißburgunder besitzt kräutrige Würze und ist harmonisch, beim Chardonnay ist das Holz noch sehr präsent.

Weinbewertung

80 2017 Silvaner trocken (1l) **11,5 %/4,80 €**
82 2017 Muskateller trocken **12 %/6,90 €**
82 2017 Grauer Burgunder Kabinett trocken Klingener Herrenpfad **12,5 %/5,90 €**
81 2017 Weißer Burgunder Kabinett trocken Klingener Herrenpfad **12 %/5,90 €**
82 2017 Riesling Kabinett trocken Klingener Herrenpfad **12 %/5,90 €**
84 2017 Grauer Burgunder Spätlese trocken Klingener Herrenpfad **13 %/10,50 €**
85 2017 Weißer Burgunder Spätlese trocken Klingener Herrenpfad **13 %/10,50 €**
83 2016 Chardonnay Spätlese trocken Klingener Herrenpfad **13 %/10,50 €**
85 2016 Frühburgunder trocken Klingener Herrenpfad **13,5 %/11,50 €**
84 2016 Spätburgunder trocken Klingener Herrenpfad **13,5 %/11,50 €**
85 2016 Cabernet Sauvignon trocken Klingener Herrenpfad **13,5 %/18,- €**
86 2016 Merlot trocken Klingener Herrenpfad **14 %/20,- €**

Hoffmann-Simon

★★☆

Kontakt

Kettergasse 24
54498 Piesport
Tel. 06507-5025
Fax: 06507-992227
www.hoffmann-simon.de
weingut@hoffmann-simon.de

Inhaber
Dieter Hoffmann
Rebfläche
11 Hektar
Produktion
60.000 Flaschen

Besuchszeiten

nach Vereinbarung

Dieter Hoffmann ist, nach Lehre in der Pfalz und Geisenheim-Studium, seit 1994 im Betrieb, 1999 hat er ihn übernommen. Seine Weinberge liegen vor allem in Piesport in den Lagen Goldtröpfchen, Günterslay und Treppchen, aber auch in Klüsserath (Bruderschaft) und Köwerich (Laurentiuslay, 1,1 Hektar im Herzstück der Lage), sowie in Maring (Honigberg). Er baut neben dem dominierenden Riesling ein klein wenig Müller-Thurgau, Spätburgunder, Sauvignon Blanc, Weißburgunder und Regent an. Die Weine werden im Edelstahl kühl vergoren, die trockenen Rieslinge bleiben recht lange auf der Feinhefe. 2012 begann Dieter Hoffmann mit der Umstellung auf biologischen Weinbau, er ist Mitglied bei Ecovin. Er möchte in den nächsten Jahren den Ausbau im Holz forcieren.

Kollektion

Die neue Kollektion schließt nahtlos an das sehr gute Vorjahr an, hat darüber hinaus noch eine breite Palette an edelsüßen Weinen zu bieten. Die Basis stimmt, das zeigen der frische, zupackende Blauschiefer Riesling, der reintönige Sauvignon Blanc oder der frische feinherbe Günterslay-Kabinett. Ganz stark ist wie im Vorjahr der Riesling von alten Reben im Goldtröpfchen, besitzt gute Struktur und faszinierend reintönige Frucht, wobei der füllige, saftige Riesling aus der Bruderschaft ihm recht nahe kommt. Die beiden würzigen, intensiv fruchtigen Spätlesen aus der Laurentiuslay sehen wir gleichauf, die Goldtröpfchen-Spätlese besitzt herrlich viel Frucht, gute Struktur und Frische. Die Auslese ist noch ein wenig konzentrierter, ebenso reintönig, dies gilt auch für die Goldtröpfchen-Beerenauslese und die dominante, zupackende Trockenbeerenauslese aus der Laurentiuslay. Der achtzehn Monate im Barrique ausgebaute Spätburgunder besitzt gute Struktur, reintönige Frucht und Biss. Weiter im Aufwind!

Weinbewertung

83 2017 Riesling Kabinett trocken „Blauschiefer" **11 %/9,50 €**
84 2017 Sauvignon Blanc trocken **12,5 %/9,50 €**
88 2017 Riesling trocken Klüsserather Bruderschaft **13 %/14,50 €**
89 2017 Riesling*** „Alte Reben" Piesporter Goldtröpfchen **12,5 %/18,- €**
83 2017 Riesling Kabinett „feinherb" Piesporter Günterslay **11,5 %/9,50 €**
86 2017 Riesling Spätlese „feinherb" Köwericher Laurentiuslay **12,5 %/14,50 €**
86 2017 Riesling Spätlese Köwericher Laurentiuslay **9,5 %/14,50 €**
88 2017 Riesling Spätlese*** Piesporter Goldtröpfchen **8,5 %/18,- €**
88 2017 Riesling Auslese Piesporter Goldtröpfchen **7,5 %/24,- €**
90 2017 Riesling Beerenauslese Piesporter Goldtröpfchen **7,5 %/35,- €/0,375l**
91 2017 Riesling Trockenbeerenauslese Köw. Laurentiuslay **8,5 %/55,- €/0,375l**
86 2014 Spätburgunder* Barrique **12 %/24,- €**

Hoffranzen

★

KONTAKT

Classisches Weingut Hoffranzen
Schulstraße 22
54346 Mehring
Tel. 06502-8441
Fax: 06502-980574
www.weingut-hoffranzen.de
info@weingut-hoffranzen.de

Inhaber
Gertrud Hoffranzen
Rebfläche
10 Hektar
Produktion
bis zu 40.000 Flaschen

BESUCHSZEITEN

nach Vereinbarung
Gästehaus

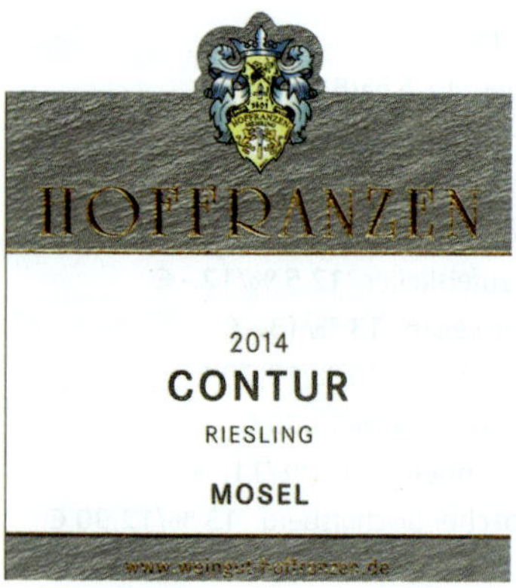

Seit 1601 baut die Familie Wein in Mehring an, heute wird das Weingut von Gertrud Hoffranzen geführt, unterstützt von ihrem Mann Hans, der Tochter Carolin und deren Mann Martin. Die Weinberge liegen in den Mehringer Lagen Zellerberg, Goldkupp und Blattenberg sowie in der Detzemer Maximiner Klosterlay. 90 Prozent der Rebfläche nimmt Riesling ein, hinzu kommen ein wenig Weißburgunder und Spätburgunder. Der trockene und der halbtrockene Spitzenriesling, Layterrassen bzw. Contur, stammen beide aus dem Blattenberg. Alle Weine werden spontanvergoren, alle besitzen eine gewisse Eigenwilligkeit, sind das genaue Gegenteil austauschbarer Mainstream-Weine.

Kollektion

Im vergangenen Jahr konnte das Weingut seine Klasse unter Beweis stellen. Aus dem Jahrgang 2017 wurden lediglich drei Weine vorgestellt, drei weitere stammen aus 2016. Überzeugen kann bereits der Basisriesling namens „Einmaleins", der einen recht fülligen, würzigen Eindruck macht. Sehr viel mehr Substanz weist der „Layterrassen"-Riesling aus dem Jahrgang 2016 auf: in der Nase duftig und offen, am Gaumen würzig, straff, rassig mit Länge. Eleganz und Nachhaltigkeit besitzen auch die beiden „Contur" und „Manufact" genannten Rieslinge, dazu eine kaum schmeckbare Spur Süße. Der erste Wein besitzt eine gewisse Fülle, der zweite ist zupackend, würzig, noch etwas jugendlich, aber mit viel Potenzial ausgestattet. Nur der „Caro" besitzt eine deutliche Süße, Anklänge an Cassis und Birne, saftige Art, wenngleich er nicht extrem komplex ausfällt. Insgesamt eine überzeugende Leistung und ein klar erkennbarer Stil. ▬

Weinbewertung

83 2017 Riesling trocken „Einmaleins" (1l) **11,5 %/5,40 €**
87 2016 Riesling trocken „Alte Reben Layterrassen" **12 %/11,- €**
86 2017 Riesling „feinherb" „Manufact" **11,5 %/7,50 €**
85 2016 Riesling „Contur" **11,5 %/11,- €**
85 2017 Riesling „Caro" **7 %/8,- €**
85 2016 Spätburgunder trocken **13 %/8,- €**

STAATLICHER HOFKELLER WÜRZBURG

★☆

W

KONTAKT

Residenzplatz 3
97070 Würzburg
Tel. 0931-3050923
Fax: 0931-3050966
www.hofkeller.de
hofkeller@hofkeller.bayern.de

Inhaber Freistaat Bayern
Betriebsleiter Thilo Heuft
Kellermeister Klaus Kuhn
Außenbetrieb Stefan Schäfer
Rebfläche 120 Hektar
Produktion 800.000 Flaschen

BESUCHSZEITEN

Mo.-Fr. 9-18 Uhr, Sa. 10-16 Uhr (Hauptsaison), 10-14 Uhr (Nebensaison); Veranstaltungen im Fasskeller (bis 320 Personen)

H

Die Geschichte des Hofkellers lässt sich bis ins Jahr 1128 zurückverfolgen, ist das älteste urkundlich belegte Weingut Deutschlands. 1814 fiel der zuvor Fürstbischöfliche Hofkeller als Königlich Bayerischer Hofkeller an das Königreich Bayern, ist seit 1918 als Staatlicher Hofkeller Würzburg Eigentum des Freistaates Bayern. Der Hofkeller verfügt über umfangreichen Besitz nicht nur in Würzburg und Randersacker, sondern in ganz Franken. Die Geschäftsführung hat zum 15. Januar 2018 Thilo Heuft übernommen, der zuvor Geschäftsführender Vorstand der Weingärtner Stromberg-Zabergäu war. Er will den Hofkeller zum Vorzeigebetrieb ausbauen – eine gewaltige Aufgabe, muss man doch zuallererst bei der Weinqualität damit beginnen.

Kollektion

Nach wechselhaften Kollektionen in den vergangenen Jahren, zwei Mal hatte man uns auch keine Weine zur Verkostung geschickt, wurde dieses Jahr eine kleine Kollektion von Guts-, Orts- und Erste Lage-Weinen vorgestellt. Der Scheurebe-Gutswein ist fruchtbetont und lebhaft, die beiden Ortsweine sind recht verhalten. Der Silvaner aus der Inneren Leiste besitzt reintönige Frucht, ist lebhaft und zupackend, etwas besser aber gefällt uns sein Kollege aus dem Julius-Echter-Berg, der fülliger und saftiger ist aber auch feine Frische besitzt. Die beiden Rieslinge aus Teufelskeller und Innerer Leiste sehen wir gleichauf, beide sind würzig, frisch und zupackend. Der Weißburgunder aus dem Würzburger Stein besitzt Fülle und Saft, reife Frucht und Substanz, aber auch Säure und Frische, der Spätburgunder vom Großheubacher Bischofsberg ist geradlinig, leicht laktisch. Unser Favorit in der vorgestellten Kollektion ist der Chardonnay vom Würzburger Stein, der füllig und kraftvoll ist, süße Frucht und feine Frische besitzt. Es gibt viel zu tun für Thilo Heuft.

Weinbewertung

82 2017 Scheurebe trocken **11,5 %/7,500 €**
80 2017 Müller-Thurgau trocken Würzburger **11,5 %/8,80 €**
81 2017 Riesling trocken Randersackerer **11,5 %/8,- €**
84 2017 Silvaner trocken Würzburger Innere Leiste **12,5 %/13,- €**
85 2017 Silvaner trocken Iphöfer Julius-Echter-Berg **12,5 %/12,50 €**
84 2017 Riesling trocken Randersackerer Teufelskeller **12,5 %/12,- €**
84 2017 Riesling trocken Würzburger Innere Leiste **13 %/13,- €**
85 2017 Weißburgunder trocken Würzburger Stein **13 %/13,70 €**
86 2017 Chardonnay trocken Würzburger Stein **13 %/13,70 €**
82 2017 Scheurebe Kabinett Abtswinder Altenberg **11,5 %/11,- €**
84 2016 Spätburgunder trocken Großheubacher Bischofsberg **13 %/12,90 €**

HOFMANN

★★★☆

KONTAKT

Strüther Straße 7
97285 Röttingen
Tel. 09338-1577
Fax: 09338-993375
www.weinguthofmann.com
info@weinguthofmann.com

Inhaber
Jürgen Hofmann
Rebfläche
8 Hektar
Produktion
60.000 Flaschen

BESUCHSZEITEN

nach Vereinbarung
Heckenwirtschaft, Gästezimmer

Alois Hofmann beschloss 1990 seine Trauben nicht länger an eine Weinkellerei abzuliefern und im Jahr darauf vermarktete er erstmals den Wein seiner damals 1,3 Hektar Weinberge komplett selbst. 2001 ist Sohn Jürgen nach Beendigung seines Geisenheim-Studiums (die Winzerlehre hat er bei Paul Fürst in Bürgstadt gemacht) in den Betrieb eingestiegen, hat ihn mittlerweile übernommen. Seine Weinberge liegen vor allem im Röttinger Feuerstein, wo die Reben auf Muschelkalkböden wachsen, die mit Feuerstein durchzogen sind. Hinzu kommen Weinberge in der Lage Tauberrettersheimer Königin sowie im Markelsheimer Propstberg und im Weikersheimer Schmecker, die zur Region Württemberg gehören.

Kollektion

Die neue Kollektion ist bärenstark, die Weißweine gewinnen in der Spitze an Profil und die Roten sind ohnehin über jeden Zweifel erhaben. So der 2016er Spätburgunder RR, ein faszinierend reintöniger Pinot Noir, elegant, fein, lang, Pinot-Genuss pur. Aber schon die fruchtbetonten, reintönigen roten Basisweine von Schwarzriesling und Tauberschwarz sind sehr gut. Der Tauberschwarz R zeigt rauchige Noten und Toast, besitzt Fülle, Kraft und Substanz, der Tauberschwarz RR ist nochmals konzentrierter und intensiver, komplex und strukturiert, der Spätburgunder R besitzt feine süße Frucht und Biss. Auch bei den Weißen ist das Einstiegsniveau hoch wie der zupackende Flint oder die beiden reintönigen Kabinettweine beweisen. Die Rieslinge sind allesamt fruchtbetont und saftig, von merklicher Restsüße geprägt. In der Spitze ein klein wenig besser gefallen uns die Silvaner, der neue R, der Kraft und gute Struktur besitzt, Substanz und Länge.

Weinbewertung

85 2017 „Flint" Weißwein trocken **11,5 %/6,80 €**
85 2017 Silvaner Kabinett trocken Röttinger Feuerstein **11,5 %/7,50 €**
84 2017 Riesling Kabinett trocken Röttinger Feuerstein **11,5 %/7,50 €**
87 2017 Silvaner Spätlese trocken Röttinger Feuerstein **12 %/9,80 €**
88 2017 Silvaner*** Spätlese trocken Röttinger Feuerstein **12,5 %/11,50 €**
87 2017 Riesling*** Röttinger Feuerstein **12 %/9,80 €**
89 2017 Silvaner „R" trocken Röttinger Feuerstein **12,5 %/14,50 €**
87 2017 Riesling „Sankt Martin" Röttinger Feuerstein **12 %/11,50 €**
85 2016 Tauberschwarz trocken Röttinger Feuerstein **13,5 %/8,90 €**
85 2016 Schwarzriesling trocken **13,5 %/8,- €**
88 2015 Tauberschwarz „R" trocken Propstberg **13,5 %/19,- €**
90 2015 Tauberschwarz „RR" Röttinger Feuerstein trocken **13,5 %/25,- €**
89 2015 Spätburgunder „R" trocken Röttinger Feuerstein **13,5 %/19,- €**
92 2016 Spätburgunder „RR" trocken Röttinger Feuerstein **13,5 %/25,- €**

HOFMANN

★★★★

KONTAKT

Vor dem Klopp 4
55437 Appenheim
Tel. 06725-300063
Fax: 06725-300477
www.schiefer-trifft-muschelkalk.de
info@schiefer-trifft-muschelkalk.de

Inhaber
Carolin & Jürgen Hofmann
Rebfläche
22 Hektar
Produktion
260.000 Flaschen

BESUCHSZEITEN

nach Vereinbarung

H

Klaus und Irene Hofmann begannen 1972 mit der Flaschenweinvermarktung, entwickelten aus dem landwirtschaftlichen Mischbetrieb ein Weingut. Ihr Sohn Jürgen Hofmann, der nach Studium in Geisenheim in Weinbaugebieten wie Kalifornien, Südafrika, Ungarn, Rumänien und Australien gearbeitet hatte, dann als Weinmacher bei Reh-Kendermann für die Premiummarken verantwortlich war, konzentrierte sich seit Ende der neunziger Jahre ganz auf den elterlichen Betrieb, investierte in Kellertechnik und Weinberge in besten Lagen, errichtete ein neues Weingut am Fuße des Kloppbergs. Seine Weinberge liegen in Appenheim in den Lagen Hundertgulden und Eselspfad, in St. Johann im Steinberg, in der Gau-Algesheimer St. Laurenzikapelle sowie im Niersteiner Ölberg. Er baut vor allem Riesling, Silvaner und die Burgundersorten – Weißburgunder, Spätburgunder, Grauburgunder – an, aber auch internationale Sorten wie Sauvignon Blanc, der fast schon so etwas wie das Markenzeichen von Jürgen Hofmann geworden ist, dazu regionale Spezialitäten wie Scheurebe und Huxelrebe. Das Sortiment ist dreistufig gegliedert in Gutsweine, Ortsweine und Lagenweine, im obersten Segment gibt es den Sauvignon Blanc aus der St. Laurenzikapelle, erstmals 2014 auch in einer im Betonei ausgebauten Version, Silvaner und Weißburgunder aus dem Eselspfad sowie die Rieslinge aus Hundertgulden und Ölberg, seit dem Jahrgang 2016 gibt es auch einen Riesling aus dem Gau-Algesheim Goldberg, mit dem Jahrgang 2015 gab es erstmals den Lagen-Chardonnay aus dem St. Johanner Steinberg. Jürgen Hofmanns Ehefrau Carolin, ebenfalls ausgebildete Önologin, stammt aus dem Weingut Willems-Willems in Oberemmel an der Saar, sie führen heute beide Weingüter gemeinsam.

Kollektion

Jahr für Jahr präsentiert Jürgen Hoffmann sehr gleichmäßige Kollektionen mit hohem Einstiegsniveau bei den Gutsweinen, gleichmäßig sehr guten Ortsweinen und Spitzen im Lagenweinsegment. Dies ist auch im Jahrgang 2017 nicht anders. Der Silvaner ist frisch und herrlich reintönig, klar und saftig, der Weißburgunder ist würzig und klar, besitzt gute Struktur, Frische und Grip. Der Riesling ist würzig, lebhaft und zupackend, auch die Scheurebe ist recht würzig im Bouquet, besitzt dann im Mund reintönige Frucht und Biss. Unser Favorit im Ortwein-Segment ist wieder einmal der Sauvignon Blanc, auch wenn er, wie ein Blick auf den Preis verrät, betriebsintern den Ortsweinen zugerechnet wird. Er ist wunderschön reintönig im Bouquet, zeigt etwas Tropenfrüchte, aber auch florale Noten und Stachelbeeren, ist frisch im Mund, geradlinig, besitzt gute Fülle, Struktur und viel Frucht: So ein Wein macht Spaß. Die

Ortswein sind füllig und kraftvoll, besitzen reife Frucht und Substanz, bestechen wie schon die Gutsweine mit ihrer Reintönigkeit. Der Silvaner ist füllig und saftig, besitzt reintönige reife Frucht, der Weißburgunder ist noch etwas intensiver im Bouquet, ebenso füllig und saftig im Mund, besitzt gute Struktur und reife Frucht. Auch der Muschelkalk-Riesling ist intensiv fruchtig, besitzt Fülle und Kraft, reife Frucht, gute Struktur, Säure und Biss. Unsere leichte Präferenz im Ortsweinsegment gilt dem Chardonnay vom Korallenriff, der Frische und Frucht vereint, gute Struktur und Grip besitzt. Intensiver und fülliger ist dann der Lagen-Chardonnay aus dem Steinberg, ist füllig und saftig bei viel Substanz. Auch der Lagen-Sauvignon Blanc aus der St. Laurenzikapelle besitzt deutlich mehr Kraft und Substanz wie der „einfache" Sauvignon Blanc, hat aber nicht dessen Unbekümmertheit. Hervorragend gefällt uns der Weißburgunder aus dem Eselspfad, der intensive Frucht und feine Frische im Bouquet zeigt, füllig und kraftvoll im Mund ist, gute Struktur, reife Frucht und Substanz besitzt. Unter den drei Lagen-Rieslingen gefällt uns im Jahrgang 2017 der Wein aus dem Goldberg am besten, er zeigt feine rauchige Noten, ist druckvoll, präzise und zupackend. Im Vergleich dazu ist der Wein aus dem Hundertgulden füllig und üppig, besitzt viel reife Frucht, und der Riesling aus dem Ölberg zeigt feine Schärfe, ist zupackend, jugendlich, noch etwas unruhig. Ein fruchtbetonter, lebhafter, reintöniger Spätburgunder rundet die gelungene Kollektion ab.

Jürgen Hofmann

Weinbewertung

84 2017 Grüner Silvaner trocken **12 %/7,80 €**
85 2017 Weißer Burgunder trocken **12 %/7,80 €**
84 2017 Riesling trocken **12,5 %/7,80 €**
84 2017 Scheurebe trocken **12 %/7,80 €**
87 2017 Grüner Silvaner trocken „aus der Tiefe" Appenheimer **12,5 %/10,80 €**
87 2017 Weißburgunder trocken „Urmeer" Appenheimer **13 %/10,80 €**
88 2017 Chardonnay trocken „vom Korallenriff" **13 %/10,80 €**
87 2017 Sauvignon Blanc trocken **12,5 %/10,80 €**
87 2017 Riesling trocken „vom Muschelkalk" Appenheimer **12,5 %/10,80 €**
89 2017 Riesling trocken Nierstein Oelberg **12 %/19,50 €**
90 2017 Riesling trocken Gau-Algesheim Goldberg **12 %/19,50 €**
88 2017 Riesling trocken Appenheim Hundertgulden **12,5 %/19,50 €**
90 2017 Weißer Burgunder trocken Appenheim Eselspfad **13 %/19,50 €**
88 2017 Sauvignon Blanc trocken St. Laurenzikapelle **13 %/19,50 €**
89 2017 Chardonnay trocken St. Johann Steinberg **13 %/19,50 €**
87 2016 Spätburgunder trocken Appenheim **13 %/14,50 €**

LAGEN

HUNDERTGULDEN (APPENHEIM)
ESELSPFAD (APPENHEIM)
ÖLBERG (NIERSTEIN)
ST. LAURENZIKAPELLE (GAU-ALGESHEIM)
STEINBERG (ST. JOHANN)

REBSORTEN

RIESLING (25 %)
SAUVIGNON BLANC (20 %)
WEISSBURGUNDER (15 %)
SILVANER (15 %)
CHARDONNAY
SPÄTBURGUNDER
SCHEUREBE
HUXELREBE

Hofmann

★★★

KONTAKT

Oberndorfer Straße 20
91472 Ipsheim
Tel. 09846-727
Fax: 09846-9791717
www.wein-hofmann.de
weingut@wein-hofmann.de

H

Inhaber
Bernd Hofmann
Rebfläche
21 Hektar
Produktion
150.000 Flaschen

BESUCHSZEITEN

Vinothek Mo.-Fr. 8-18 Uhr,
Sa. 9-17 Uhr

Das Weingut Hofmann liegt in Ipsheim in Mittelfranken, wird von Bernd Hofmann geführt. Die Reben wachsen in den Lagen Bad Windsheimer Rosenberg (Gipskeuperboden mit Kalkstein im Untergrund), Ipsheimer Burg Hoheneck (schwere Tonböden) und Weimersheimer Roter Berg (tiefgründige Böden mit hohem Löss-Lehm-Anteil), im Hüttenheimer Tannenberg (mit Gips durchsetzter Keuper) sowie im Krassolzheimer Pfaffenberg (Gipskeuperböden), wo Regent und Domina angebaut werden. Zu den weißen Sorten Silvaner, Müller-Thurgau, Bacchus, Riesling und Kerner kamen in den letzten Jahren Weißburgunder, Scheurebe, Johanniter, Gewürztraminer und Sauvignon Blanc hinzu. An roten Sorten baut Bernd Hofmann Spätburgunder, Dornfelder, Regent und Domina an, inzwischen auch Cabernet Sauvignon. Die Weine werden recht kühl in Edelstahltanks vergoren und bleiben bis März auf der Feinhefe; ausgewählte Rotweine werden im Barrique ausgebaut. Das Sortiment ist in 4 Klassen gegliedert: „L" (leicht und unkompliziert), „J" (jung und lebendig), „F" (feinfruchtig und klar) und „S" (selektiv und vielstimmig), nur die Topweine tragen Lagenbezeichnungen.

Kollektion

Eine prächtige Kollektion reiht sich an die nächste, in der Spitze sind die Weine stark wie nie. Und die Basis überzeugt wie gewohnt, die Weine sind frisch und sortentypisch, der zupackende Johanniter gefällt uns besonders gut. Der S-Silvaner ist wunderschön reintönig, füllig, kraftvoll, der Weißburgunder geradlinig und fruchtbetont, die feinherbe Scheurebe besticht mit Reintönigkeit. Der Sauvignon Blanc besitzt gute Struktur und reife Frucht, Highlight der Kollektion ist aber ganz klar der Roter Berg-Silvaner, der Fülle und Kraft besitzt, gute Struktur und viel reife Frucht. Bärenstark sind auch die beiden Rotweine: Der Rosenberg-Spätburgunder besitzt reintönige Frucht, gute Struktur und Substanz, der Cabernet Sauvignon zeigt intensive Frucht, ist kraftvoll und zupackend – ein beeindruckender Cabernet Sauvignon, aus Mittelfranken!

Weinbewertung

85	2017 Johanniter trocken **12,5 %/6,90 €**
83	2017 Silvaner „F" trocken **12,5 %/7,90 €**
83	2017 Riesling „F" trocken **12,5 %/7,90 €**
86	2017 Silvaner „S" trocken **12,5 %/9,50 €**
85	2017 Weißer Burgunder trocken **12,5 %/9,50 €**
87	2017 Sauvignon Blanc „S" trocken Ipsheimer Burg Hoheneck **13 %/12,- €**
90	2017 Silvaner „S" trocken Weimersheimer Roter Berg **13 %/24,- €**
86	2017 Scheurebe „feinherb" **11,5 %/9,50 €**
88	2016 Spätburgunder „S" trocken Rosenberg **13 %/24,- €**
89	2016 Cabernet Sauvignon „S" trocken Burg Hoheneck **13 %/26,- €**

HOFMANN

★

KONTAKT

Weinbau Hofmann GbR
Schulgasse 2
97355 Wiesenbronn
Tel. 09325-6871
Fax: 09325-902672
www.weinbau-hofmann.de
info@weinbau-hofmann.de

Inhaber
Mario & Heinrich Hofmann
Kellermeister
Mario Hofmann
Rebfläche
4,5 Hektar
Produktion
30.000 Flaschen

BESUCHSZEITEN

Mo.-Sa. 8-19 Uhr, Sonn- und Feiertage 9-12 + 13-18 Uhr
Probierstube (bis 50 Personen) für Veranstaltungen

Seit 1750 sind die Hofmanns Weinbauern und Büttner (bis 1960) in Wiesenbronn. Michael Hofmann begann 1970 mit der Selbstvermarktung, sein Sohn Heinrich Hofmann übernahm 1993 den 20 Hektar großen Betrieb, einen Teil der Fläche nutzt er für Wein- und Obstbau. Seit 2004 kümmert sich Heinrich Hofmanns Sohn Mario um den Weinbereich. Die Weinberge liegen in Wiesenbronn in den Lagen Wachhügel und Geißberg, sowie im Casteller Kirchberg. Silvaner, Müller-Thurgau, Weißburgunder, Bacchus, Riesling und Grauburgunder werden angebaut, dazu die roten Sorten Spätburgunder, Portugieser, Blauburger, Regent, Dornfelder und Domina. Edelbrände aus der eigenen Brennerei und von eigenen Früchten gewonnene Liköre ergänzen das Sortiment. In einem 200 Jahre alten ehemaligen Kellerhaus, das als Schankwirtschaft und Kegelbahn genutzt wurde, schräg gegenüber vom Weingut gelegen, wurde ein Vinotel mit zwei Zimmern eingerichtet.

Kollektion

Eine gute Kollektion präsentieren Heinrich und Mario Hofmann in diesem Jahr mit frischen, ein wenig verhaltenen, überwiegend spontan vergorenen 2017er Weißweinen, überzeugenden 2015er Rotweinen und einem 2016er Wein, der das Highlight der Kollektion ist: Der im Holz ausgebaute Pinot Blanc besitzt gute Konzentration und klare reife Frucht, Fülle und Saft, gute Struktur und Frische. Die drei 2015er Rotweine wurden alle zwei Jahre im Holz ausgebaut. Der Portugieser ist lebhaft, klar und zupackend, ein klein wenig zu oxidativ, der Blauburger besitzt feine Reife, gute Struktur, Frische und reintönige Frucht, die Domina zeigt viel Duft im Bouquet, rote Früchte, ist füllig und kraftvoll im Mund, besitzt gute Struktur und klare reife Frucht. —

Weinbewertung

81	2017 Rivaner trocken „Sommerfrischler" **12,5 %/5,50 €**
82	2017 Blanc de Noir trocken Sommerfrischler **12,5 %/5,50 €**
80	2017 Riesling trocken „Sommerfrischler" **12,5 %/6,50 €**
81	2017 Silvaner Kabinett trocken „anno 1712" **12,5 %/6,50 €**
81	2017 Silvaner Spätlese trocken Wiesenbronner Geisberg **13 %/8,- €**
80	2017 Riesling Spätlese trocken Wiesenbronner Wachhügel **13 %/8,50 €**
82	2017 Weißer Burgunder Spätlese trocken Wiesenbronner Wachhügel **13 %/8,- €**
86	2016 Pinot Blanc trocken „Weinart" **13 %/10,50 €**
82	2017 Rieslaner Spätlese Wiesenbronner Wachhügel **8 %/8,50 €**
84	2015 Blauburger trocken Wiesenbronner Wachhügel **13 %/8,- €**
84	2015 Portugieser trocken „Weinart" **5,5 %/10,50 €**
84	2015 Domina Spätlese trocken Casteller Kirchberg **5,5 %/8,- €**

Hofmann

★

KONTAKT

Winzerhof Hofmann
Herrengasse 9
91465 Ergersheim
Tel. 09847-203
Fax: 09847-984857
www.winzerhof-hofmann.de
info@winzerhof-hofmann.de

Inhaber
Stefan Hofmann, Anne Hahn
Rebfläche
8 Hektar
Produktion
60.000 Flaschen

BESUCHSZEITEN

Mo.-Sa. 9-12 + 13-18 Uhr, So. nach Vereinbarung

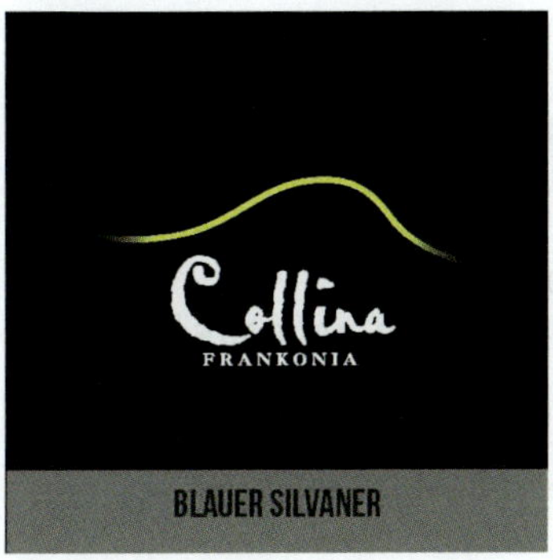

Der Winzerhof Hofmann im mittelfränkischen Ergersheim wird heute von Stefan Hofmann und Anne Hahn geführt. Weinbau ist in Ergersheim seit dem 13. Jahrhundert urkundlich erwähnt, die Reben wachsen im Ergersheimer Altenberg ebenso wie im Bad Windsheimer Rosenberg auf Gipskeuperböden. Müller-Thurgau, Bacchus, Silvaner (auch die Spielart Blauer Silvaner), Grauburgunder, Rieslaner, Weißburgunder und Riesling werden angebaut, dazu die roten Sorten Dornfelder, Frühburgunder, Domina, Spätburgunder und Cabernet Dorsa. 2016 wurde mit der Umstellung auf biologischen Weinbau begonnen, Stefan Hofmann ist Mitglied bei Bioland. Neben jungen fruchtbetonten Weinen „JuLi") werden Lagenweine in den beiden Linien „Terra Argara" und „Collina Frankonia" angeboten.

Kollektion

Eine sehr gleichmäßige Kollektion aus 8 Weiß- und 4 Rotweinen präsentieren Stefan Hofmann und Anne Hahn zum Debüt. Die weißen „Terra Argara"-Weine überzeugen, der Silvaner ist frisch, geradlinig und zupackend wie auch der würzige Riesling, die weiße Rosenberg-Cuvée aus Blauer Silvaner und Rieslaner hat Grip wie auch der strukturierte „einfach spontan" genannte Bacchus. Unsere leichte Präferenz gilt dem reintönigen Grauburgunder, der füllig und saftig ist, reife Frucht und gute Struktur besitzt. Der Blauer Silvaner aus der „Collina Frankonia"-Linie ist fruchtbetont, strukturiert und zupackend, aber auch in dieser Linie gilt unsere leichte Präferenz dem Grauburgunder, diesmal halbtrocken ausgebaut, der füllig und saftig ist und reintönige reife süße Frucht besitzt. Die Rotweine stehen den Weißen nicht nach, der trockene Dornfelder ist reintönig und süffig, der Cabernet Dorsa besitzt Fülle, Kraft und gute Struktur, auch der Frühburgunder ist füllig und kraftvoll bei guter Harmonie. Ein überzeugendes Debüt mit eigenständigen Weinen!

Weinbewertung

81 2017 Silvaner trocken **11,5 %/4,50 €**
83 2017 Silvaner trocken „Terra Argara" Ergersheimer Altenberg **11,5 %/6,50 €**
83 2017 Riesling trocken „Terra Argara" Rosenberg **11,5 %/6,50 €**
84 2017 Grauer Burgunder trocken „Terra Argara" Altenberg **12 %/6,50 €**
82 2016 Rosenberg-Cuvée Weißwein trocken „Terra Argara" **13 %/6,50 €**
83 2016 „einfach spontan" Weißwein trocken „Terra Argara" **11,5 %/6,50 €**
84 2016 Blauer Silvaner trocken „Collina Frankonia" Rosenberg **11,5 %/6,50 €**
85 2017 Grauer Burgunder halbtrocken „Collina Frankonia" **11,5 %/8,50 €**
83 2016 Dornfelder trocken „Terra Argara" Ergersheimer Altenberg **12 %/6,20 €**
84 2014 Cabernet Dorsa trocken „Collina Frankonia" Altenberg **12,5 %/7,90 €**
85 2014 Frühburgunder trocken „Collina Frankonia" Altenberg **13 %/10,50 €**
80 2017 Dornfelder halbtrocken Ergersheimer Altenberg **11 %/6,- €**

Hohenbeilstein

★★★

KONTAKT

Schlossgut Hohenbeilstein
Schlossstraße 40
71717 Beilstein
Tel. 07062-937110
Fax: 07062-9371122
www.schlossgut-hohenbeilstein.de
info@schlossgut-hohenbeilstein.de

Inhaber
Hartmann Dippon
Rebfläche
16 Hektar
Produktion
100.000 Flaschen

BESUCHSZEITEN

Mo.-Fr. 9-12 + 13-18 Uhr,
Sa. 9-13 Uhr

Eberhard Dippon erwarb 1959 das von Kommerzienrat Robert Vollmöller gegründete Gut, 1987 begann er mit der Umstellung auf ökologischen Weinbau, seit 1990 führt sein Sohn Hartmann Dippon den Betrieb, seit 1994 ist das Weingut komplett auf ökologischen Weinbau umgestellt, Hartmann Dippon ist Mitglied bei Naturland. Seit 2014 arbeiten Sohn Joscha und Tochter Elske voll im Betrieb mit. Der zum Teil terrassierte Hohenbeilsteiner Schlosswengert gehört Hartmann Dippon im Alleinbesitz. Am Eingang zur Burg hat er einen Lehrweinpfad mit pilzresistenten Rebsorten angelegt. Neben klassischen Württemberger Rebsorten wie Trollinger, Riesling, Lemberger, Spätburgunder, Weißburgunder, Silvaner, Samtrot oder Muskattrollinger werden Cabernet-Neuzüchtungen angebaut, aber auch pilzresistente Rebsorten wie Regent, Cabernet Blanc oder Johanniter. Das Sortiment ist gegliedert in Gutsweine, die Reihe Silberling respektive Silberling Edition J (von Junior Joscha Dippon) und die Großen Gewächse aus den Filetstücken des Schlosswengerts.

Kollektion

Ein fruchtbetonter, intensiver Muskattrollinger Sekt eröffnet den Reigen. An der Spitze des weißen Sortiments steht der enorm kompakte Weißburgunder Großes Gewächs, der viel Kraft und Substanz besitzt. Auch der zupackende restsüße Überflieger-Riesling überzeugt ebenso wie die honigduftige Winterlese. In der Spitze stärker sind in diesem Jahr die Rotweine, wobei auch schon die Weine der Edition J-Linie eine gute Figur machen: Der Lemberger ist strukturiert und zupackend wie auch der von Würz- und Toastnoten geprägte Spätburgunder. Beide Rebsorten gibt es auch als Großes Gewächs. Der Lemberger besitzt viel Konzentration, Fülle und Kraft, viel Substanz und reife Frucht, ist ein mächtiger Wein. Gleichauf sehen wir den Spätburgunder, der etwas Gewürze und Herzkirschen im Bouquet zeigt, Fülle und Saft besitzt, gute Struktur und Substanz: Viel Wein!

Weinbewertung

85	2014 Muskattrollinger Sekt brut **12 %/16,80 €**
81	2017 Weißburgunder trocken „Silberling" **13,5 %/8,40 €**
82	2017 Cabernet Blanc trocken „Silberling" **13 %/9,20 €**
87	2015 Weißburgunder trocken „GG" Schlosswengert **14 %/21,- €**
85	2017 Riesling „Überflieger" „Silberling" **12 %/12,90 €**
85	2015 Riesling „Winterlese" **10 %/18,80 €**
84	2015 Lemberger trocken „Edition J" „Silberling" **14 %/16,90 €**
85	2015 Spätburgunder trocken „Edition J" **13,5 %/16,90 €**
89	2015 Spätburgunder „GG" Hohenbeilsteiner Schlosswengert **14 %/23,- €**
89	2015 Lemberger „GG" Hohenbeilsteiner Schlosswengert **14 %/23,- €**

Fürst Hohenlohe-Oehringen

★★★★

KONTAKT

Wiesenkelter
74613 Öhringen-Verrenberg
Tel. 07941-94910
Fax: 07941-37349
www.verrenberg.de
info@verrenberg.de

Inhaber
Fürst Kraft zu Hohenlohe-Oehringen
Betriebsleiter
Joachim Brand
Rebfläche
29 Hektar
Produktion
150.000-175.000 Flaschen

BESUCHSZEITEN

Mo.-Fr. 9-18 Uhr, Sa. 10-14 Uhr
und nach Vereinbarung
Restaurant Wiesenkelter direkt
am Weingut

Dem Weingut Fürst Hohenlohe-Öhringen gehört der 17 Hektar große Verrenberger Verrenberg im Alleinbesitz, ein erstmals 1260 urkundlich erwähnter Südhang mit bis zu 45 Prozent Hangneigung, wo die Reben in 260 bis 310 Meter Höhe auf Gipskeuperböden wachsen, die teilweise Einlagerungen von Muschelkalk aufweisen. Die weiteren Weinberge liegen ebenfalls in Verrenberg (Goldberg). 2016 kamen 8 Hektar in Untersteinbach und Harsberg hinzu, beides Ortsteile der Gemeinde Pfedelbach. Dort wachsen die Reben auf fast 400 Meter, der Keuperboden enthält weniger Lehmanteil als in Verrenberg. Das Weingut wurde 1253 gegründet, befindet sich seit 26 Generationen in Familienbesitz. 2008 errichtete man eine neue moderne Kellerei am Fuße des Verrenberg, das dazugehörige Restaurant Wiesenkelter wird von einem Pächter betrieben. Joachim Brand ist seit 2008 im Betrieb, 2011 übernahm er die Nachfolge des langjährigen Gutsverwalters Siegfried Roll. Nach der Ernte 2008 wurden ersten Versuche mit biologischem Weinbau unternommen, inzwischen ist man zertifizierter Biobetrieb. Wichtigste Rebsorte ist Riesling, der mehr als die Hälfte der Fläche einnimmt. Dazu gibt es Weißburgunder, Chardonnay und Sauvignon Blanc, Müller-Thurgau und Kerner wurden ebenso abgeschafft wie Grauburgunder. Bei den roten Sorten, die zwei Fünftel der Rebfläche einnehmen, dominieren Lemberger und Spätburgunder, dazu gibt es Cabernet Franc und Cabernet Sauvignon, Trollinger wurde etwas reduziert, dafür mehr Merlot angelegt, auch Malbec wurde versuchsweise gepflanzt. Das Sortiment ist eingeteilt in Gutsweine, Lagenweine der Gewanne „Butzen", sowie Hades-Weine und Große Gewächse, wenn es der Jahrgang erlaubt werden auch edelsüße Weine erzeugt. Das Weingut gehört als Mitglied der Hades-Gruppe zu den Pionieren des Barriqueausbaus in Deutschland, ebenso zu den Vorreitern roter Cuvées in Deutschland. Bereits 1986 wurde erstmals die nach dem Wappenspruch des Hauses benannte Cuvée „Ex flammis orior" erzeugt, die heute meist aus 60 bis 70 Prozent Lemberger, sowie Cabernet Franc und Merlot besteht, seit Anfang der neunziger Jahre gibt es die zweite Spitzencuvée „In senio", die nach Bordeauxvorbild aus Cabernet Franc, Merlot und Cabernet Sauvignon besteht. Die einzelnen Rebsorten werden gesondert vinifiziert und ein Jahr gesondert ausgebaut, dann werden die endgültigen Cuvées zusammengestellt und die Weine kommen für ein weiteres Jahr ins Barrique. Die Weine werden nach Maischestandzeiten von bis zu 36 Stunden teilweise spontan-, teilweise mit Reinzuchthefen vergoren.

Kollektion

Im vergangenen Jahr wurde die hervorragende Kollektion angeführt von den beiden roten Top-Cuvées aus dem Jahrgang 2015, die sich so stark zeigten wie nie. Dieses Jahr nun sind die Rollen nicht ganz so klar verteilt, die Weißweine können den Roten Paroli bieten. Ein klarer, harmonischer Crémant eröffnet den Reigen. Der Gutsriesling ist frisch und fruchtbetont, lebhaft und zupackend, der feinherbe Riesling aus Untersteinbach ist ebenso klar und frisch, etwas süffiger. Der Sauvignon Blanc ist intensiv im Bouquet, strukturiert, fruchtbetont und zupackend im Mund, der Muskateller besticht mit seiner Reintönigkeit. Der Hades-Weißwein ist ein maischevergorener Silvaner, im Holz ausgebaut, unfiltriert und ohne Schwefel gefüllt. Er ist intensiv, beerig, dominant, besitzt viel Substanz und Druck. Der Große Gewächs-Riesling ist würzig, herrlich eindringlich, stoffig, puristisch, fordernd – braucht Zeit. Der Guts-Lemberger ist frisch und fruchtbetont, der Verrenberger Lemberger besitzt intensive Würze, klare Frucht, etwas florale Noten. Diese zeigt auch das eigenwillige Große Gewächs, das zupackend und tanninbetont ist, noch jugendlich. Besser gefällt uns der Spätburgunder, er zeigt rauchige Noten, gute Konzentration, rote Früchte, ist präzise und druckvoll. Der Malbec zeigt etwas Kräuternoten, besitzt gute Struktur und Biss. Der duftige „Ex flammis orior" ist füllig, kraftvoll, besitzt gute Struktur und reife Frucht, wir sehen aber ganz knapp den „In senio" vorne, der rauchige und florale Noten zeigt, kraftvoll und zupackend ist, recht jugendlich.

Joachim Brand

H

Weinbewertung

86	2013 Crémant brut nature **13 %/20,- €**
84	2017 Riesling trocken **11,5 %/7,20 €**
86	2017 Sauvignon Blanc trocken Verrenberg **12,5 %/12,90 €**
90	2017 Riesling „GG" Verrenberger Verrenberg **13 %/26,- €**
89	2016 „Hades" Weißwein trocken **12,5 %/17,50 €**
85	2017 Riesling „feinherb" Untersteinbach **10 %/9,80 €**
84	2017 Muskateller Verrenberg **10 %/12,90 €**
83	2016 Lemberger trocken **13 %/7,90 €**
85	2016 Lemberger trocken Verrenberg **12,5 %/13,60 €**
90	2016 Spätburgunder trocken „GG" Verrenberger Verrenberg **13 %/33,- €**
88	2016 Lemberger trocken „GG" Verrenberger Verrenberg **13,5 %/33,- €**
87	2016 Malbec trocken „Hades" **14 %/33,- €**
89	2016 „Ex flammis orior" Rotwein trocken „Hades" **13,5 %/38,- €**
90	2016 „In senio" Rotwein trocken „Hades" **14 %/40,- €**

LAGEN

VERRENBERG (VERRENBERG)

REBSORTEN

RIESLING (45 %)
LEMBERGER (15 %)
BURGUNDERSORTEN (30 %)

HOLLERITH

★★

KONTAKT

Gartenstraße 17
67487 Maikammer
Tel. 06323-6168
Fax: 06323-6362
www.weingut-hollerith.de
info@weingut-hollerith.de

H

Inhaber
Peter & Florian Hollerith
Kellermeister
Florian Hollerith
Rebfläche
9,5 Hektar
Produktion
60.000 Flaschen

BESUCHSZEITEN

nach Vereinbarung

Hugo Hollerith, der Vater des heutigen Besitzers Peter Hollerith, kaufte Weinberge, baute den Hof und betrieb eine Rebschule. Peter Hollerith begann dann 1981 mit der Selbstvermarktung. Inzwischen ist sein Sohn Florian in den Betrieb eingestiegen und ist für den Keller verantwortlich. Die Weinberge liegen in den Maikammer Lagen Heiligenberg, Kapellenberg und Immengarten. Bei den weißen Sorten dominiert der Riesling. Hinzu kommen Weiß- und Grauburgunder, Chardonnay und Sauvignon Blanc. Etwa die Hälfte der Rebfläche ist mit roten Sorten bestockt. Neben Spätburgunder hat das Weingut auch Cabernet Sauvignon und Merlot im Anbau, mit dem Jahrgang 2009 kam noch Syrah dazu. Bereits seit Ende der achtziger Jahre baut Peter Hollerith Weine im Barrique aus.

Kollektion

Nur eine kleine Kollektion aus sechs Weinen konnten wir in diesem Jahr von Peter und Florian Hollerith verkosten, darunter mit dem Syrah nur einen der starken Rotweine, die normalerweise immer an der Spitze des Sortiments stehen. Die Cuvée „Luna Silva" und der Syrah, haben eine ähnliche Stilistik, sie zeigen kräutrige Würze, deutliche Eukalyptus-Frische und dezente Röstnoten, der Syrah ist aber deutlich ausgeprägter, komplexer und länger, er besitzt noch jugendliche Tannine, gute Konzentration und Länge, während die Cuvée etwas fruchtbetonter und auch schon zugänglicher ist. Der Rosé stammt ebenfalls von Syrah-Trauben, zeigt rote Beerenfrucht im Bouquet, Johannisbeeren und etwas Erdbeere, ist frisch und leicht floral, der Spätburgunder besitzt Saft und dunkle Schwarzkirschfrucht. Bei den beiden verkosteten Weißweinen zeigt der Chardonnay etwas deutlicheres Holz als die Rotweine, dazu kommt klare Frucht mit Noten von Banane, Melone und Zitrusfrüchten, am Gaumen besitzt er gute Konzentration und wieder klare Frucht mit dezenter röstiger Würze. Der Sauvignon Blanc ist ganz reintönig, zeigt gelbe Frucht, Pfirsich, Maracuja und typische Stachelbeerwürze, er besitzt etwas Fülle, aber auch Frische. —

Weinbewertung

85 2017 Sauvignon Blanc „S" trocken **13 %/9,50 €**
86 2016 Chardonnay trocken „Reserve" **13 %/16,- €**
83 2016 Pink Diamond Rosé trocken **12 %/6,80 €**
83 2016 Spätburgunder trocken **13,5 %/6,80 €**
86 2015 Luna Silva Rotwein trocken **14 %/15,- €**
88 2015 Syrah trocken **13,5 %/28,- €**

HOLUB

★★★☆

KONTAKT

Weinstraße 4
79336 Herbolzheim
Tel. 07643-9141412
Fax: 07643-9141414
www.weingut-holub.com
info@weingut-holub.com

Inhaber
Horst Holub
Kellermeister
Horst Holub
Außenbetrieb
Tobias Holub
Rebfläche
1,9 Hektar
Produktion
8.000 Flaschen

BESUCHSZEITEN

Mo.-Fr. 9-17 Uhr oder nach Vereinbarung; Weinprobe mit Vesper nach Voranmeldung

Es begann mit 7 Ar Spätburgunder, die Horst Holub 1999 zu seinem 50. Geburtstag zum Geschenk erhielt. Ein Barrique ergab die erste Ernte. Jedes Jahr kamen dann einige Parzellen hinzu, so dass heute fast 2 Hektar Weinberge Horst Holub gehören. Spätburgunder ist die wichtigste Rebsorte, knapp gefolgt von Weißburgunder, der immer wichtiger geworden ist in den letzten Jahren, sowie Grauburgunder, aber auch Sauvignon Blanc gibt es sowie Gemischten Satz. Die Weinberge befinden sich in den Lagen Malterdinger Bienenberg, in der Sundhalde in Herbolzheim und in der Bombacher Sommerhalde. Die Spätburgunder werden nach der Maischegärung (2 bis 3 Wochen) etwa achtzehn Monate in neuen Barriques aus französischer Eiche ausgebaut und dann unfiltriert abgefüllt. Die Weißburgunder werden teils im Edelstahl, teils in einjährigen französischen Barriques, die Grauburgunder ganz in neuen und einjährigen Barriques ausgebaut.

Kollektion

Dieses Jahr zeigen sich die Weißweine erneut verbessert. Schon der Basis-Grauburgunder zeigt reintönige Frucht, besitzt gute Struktur und Kraft. Der Weißburgunder aus dem Bienenberg zeigt intensive Frucht und rauchige Noten, ist füllig, kraftvoll und strukturiert. Der Grauburgunder aus der Sundhalde ist druckvoll, besitzt Substanz und Länge. Ein klein wenig besser gefällt uns aber auch dieses Jahr wieder der Grauburgunder aus dem Bienenberg, der reintönige Frucht, gute Struktur und Komplexität besitzt; sein Vorgänger aus dem Jahrgang 2015 hat nochmals an Komplexität gewonnen. Nicht nur die Weißen entwickeln sich gut, auch die Holub'schen Spätburgunder können reifen, davon konnten wir uns überzeugen anhand einiger älterer SH-Spätburgunder, Jahrgang 2007 ist noch sehr gut in Form, Jahrgang 2012 präsentiert sich derzeit in prächtiger Verfassung. Der 2016er Spätburgunder zeigt rauchige Noten und reintönige Frucht, ist klar und frisch im Mund, strukturiert und zupackend. Der SH ist rauchig, reintönig, konzentriert, besitzt gute Struktur und herrlich viel Frucht, Substanz, Druck und Länge. Klein, aber fein!

Weinbewertung

86 2017 Grauburgunder **12,5 %/8,80 €**
88 2016 Weißburgunder Spätlese Malterdinger Bienenberg **13,5 %/12,50 €**
88 2016 Grauburgunder Spätlese Herbolzheimer Sundhalde **14 %/12,50 €**
90 2015 Grauburgunder Spätlese Malterdinger Bienenberg **13,5 %**
89 2016 Grauburgunder Spätlese Malterdinger Bienenberg **14 %/12,50 €**
88 2016 Spätburgunder **13,5 %/14,50 €**
91 2016 Spätburgunder „SH" **14 %/24,- €**

HOLZAPFEL

★

N

KONTAKT

Wilfenseeweg 78/1
74172 Neckarsulm
Tel. 07132-37869
Fax: 07132-2706
www.weingut-holzapfel.de
info@weingut-holzapfel.de

Inhaber
Bernhard Holzapfel
Rebfläche
14 Hektar
Produktion
100.000 Flaschen

BESUCHSZEITEN

Di. 10-13 Uhr, Do. 11-18 Uhr,
Fr. 14-18 Uhr, Sa. 9-13 Uhr

Bereits im 17. Jahrhundert bauten die Holzapfels Wein in Neckarsulm an, und seit den siebziger Jahren des 20. Jahrhunderts konzentriert man sich ganz auf Weinbau. Tradition hat auch die Besenwirtschaft, die, mit Unterbrechungen, seit 1910 existiert. Heute führt Bernhard Holzapfel den Betrieb. Seine Weinberge liegen vor allem am Neckarsulmer Scheuerberg, aber auch am Erlenbacher und Oedheimer Kayberg, die Reben wachsen auf schweren Keuperböden. Rote Rebsorten nehmen 70 Prozent der Fläche ein: Trollinger, Spätburgunder, Samtrot, Lemberger und Schwarzriesling vor allem, aber es gibt auch Heroldrebe, Dornfelder, Cabernet Mitos, Acolon und Muskattrollinger. Im weißen Segment dominiert Riesling, hinzu kommen die Burgundersorten, aber auch etwas Kerner, Silvaner, Traminer, Muskateller und Cabernet Blanc. Die Weine werden gezügelt vergoren und lange auf der Feinhefe ausgebaut.

Kollektion

Eine gute Kollektion präsentiert Bernhard Holzapfel zum Debüt, schon die Literweine sind richtig gut wie der fruchtbetonte, zupackende Weißherbst oder der saftige Württemberger Klassiker, der Trollinger mit Lemberger. Der Pinot Blanc ist saftig und süffig, unser Favorit im weißen Segment ist der restsüße Muskateller der wunderschön frisch und lebhaft ist, viel reintönige Frucht besitzt. Im roten Segment weiß der wunderschön reintönige, zupackende Trollinger zu überzeugen, auch der deutlich vom Ausbau im Holz geprägte Lemberger „H" macht eine gute Figur, ist klar, frisch und strukturiert. Unser Favorit in der vorgestellten Kollektion ist aber ganz klar der im Barrique ausgebaute Spätburgunder, der gute Konzentration im Bouquet zeigt, rauchige Noten, klare reife Frucht, Fülle und Kraft besitzt, gute Struktur und reintönige Frucht. Ein gelungenes Debüt! ▬

Weinbewertung

81 2017 Sauvignon Blanc trocken Neckarsulmer Staufenberg **12 %/8,50 €**
83 2017 Pinot Blanc trocken Neckarsulmer Staufenberg **12 %/6,- €**
82 2017 Riesling Neckarsulmer Scheuerberg **12 %/5,50 €**
85 2017 Muskateller Neckarsulmer Staufenberg **9 %/6,- €** ☺
82 2017 Spätburgunder Weißherbst trocken Scheuerberg (1l) **12,5 %/4,50 €**
80 „W.H.1" Rotwein trocken Neckarsulmer Staufenberg **12,5 %/8,50 €**
84 2015 Trollinger trocken „Alte Reben" Neckarsulmer Scheuerberg **11 %/7,50 €**
82 2015 Lemberger trocken Neckarsulmer Scheuerberg **12,5 %/8,50 €**
84 2015 Lemberger „H" trocken Neckarsulmer Scheuerberg **14 %/13,50 €**
87 2015 Spätburgunder „B" trocken Neckarsulmer Scheuerberg **12,5 %/15,50 €**
81 2016 Trollinger mit Lemberger Neckarsulmer Scheuerberg (1l) **11,5 %/4,80 €**
82 2015 Samtrot Neckarsulmer Scheuerberg **12 %/7,- €**

L. HONOLD

★

KONTAKT

Am Hummelberg 1
76684 Östringen
Tel. 07253-278627
Fax: 07253-278628
www.weingut-honold.de
info@weingut-honold.de

Inhaber
Ludwig Honold
Rebfläche
10 Hektar
Produktion
65.000 Flaschen

BESUCHSZEITEN

Mo.-Fr. 10-12 + 15-18 Uhr,
Sa. 9-13 Uhr; Sommerbistro Mitte Mai bis Ende Juli Do./Fr. ab 18 Uhr

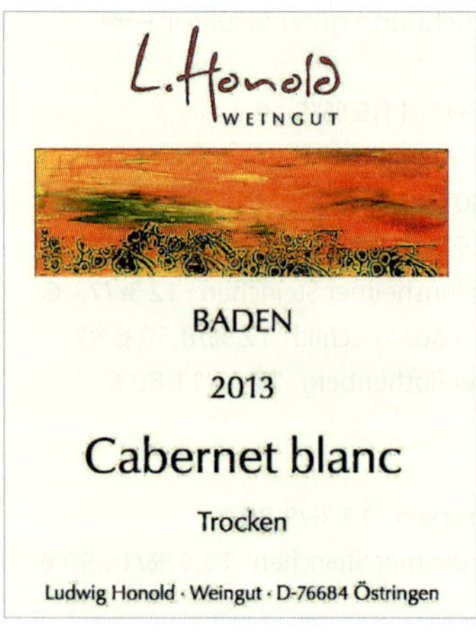

Das Weingut wurde 1938 von Ludwig Honold gegründet und dann von seinem Sohn Theo auf die heutige Größe erweitert. Seit 1985 führt Ludwig Honold, der Enkel des Gründers, das Gut. 1999 ist das Weingut auf den 234 Meter hoch gelegenen Hummelberg oberhalb von Östringen ausgesiedelt. Ludwig Honolds Weinberge liegen in Östringen (Hummelberg, Rosenkranzweg) und Malsch. 70 Prozent der Rebfläche nehmen weiße Sorten ein: Müller-Thurgau, Riesling, Grauburgunder, Weißburgunder, Sauvignon Blanc, Auxerrois und Chardonnay. An roten Sorten gibt es Portugieser, Spätburgunder, Lemberger, Trollinger und Dornfelder. Zuletzt hat er pilzresistente Sorten gepflanzt: 2003 Cabernet Cortis und Cabernet Carbon, 2006 Muscaris und 2008 Cabernet Blanc, inzwischen eine weitere Versuchssorte; einen Hektar „Piwis" besitzt er insgesamt. In der angeschlossenen Brennerei werden Schnäpse, Tresterbrände und ein Bitterlikör erzeugt.

Kollektion

Von den Piwis, den pilzwiderstandsfähigen Sorten, die Ludwig Honold anbaut, ist der VB Cal 6-04, eine namenlose Züchtung des Schweizers Valentin Blattner, die interessanteste. Der Wein „Weitblick" hat viel Frucht und auch Säure, ist leicht dropsig. Der Cabernet Blanc, ebenfalls von Herrn Blattner gezüchtet, zeigt mehr grüne Noten, Gras und Paprika und etwas Stachelbeere. Die Cuvée der beiden Rebsorten, Ludwigs Leidenschaft, zeigt mehr reife, süße Frucht. Auch rote Piwis baut Ludwig Honold an. Zwei davon, Cabernet Cortis und Cabernet Carbon, bilden die rote Leidenschaft Ludwigs. Ein straffes Tanningerüst ist das Gegengewicht zur saftigen Fülle mit intensiven Aromen von roten und schwarzen Johannisbeeren. Gut gefallen uns die traditionellen Rebsorten. Der Auxerrois ist etwas opulenter als der schlanke Weißburgunder, der Chardonnay zeigt Frische und helle Frucht. Gut komponiert ist die rote Cuvée Coronari, saftige dunkle Frucht trifft auf straffe Tannine. Der Pinot Noir ist eindringlich, vielschichtig, Röstaromen verdecken die Frucht.

Weinbewertung

83	2017 Auxerrois trocken **13 %/7,50 €**
83	2017 Weißburgunder trocken **12,5 %/7,50 €**
83	2016 VB Cal 6-04 trocken „Weitblick" **13 %/9,90 €**
84	2017 Chardonnay trocken **12,5 %/7,50 €**
81	2017 Cabernet Blanc trocken **12,5 %/7,50 €**
82	2017 „Ludwig´s Leidenschaft" Weißweincuvée trocken **12 %/7,50 €**
84	2015 „Ludwig`s Leidenschaft" Rotweincuvée trocken **14 %/12,- €**
85	2015 „Coronari" Rotweincuvée trocken **14,5 %/12,- €**
86	2015 Pinot Noir trocken „Reserve" **14,5 %/42,- €/1,5l**

CLEMENS HONRATH

★★☆

KONTAKT

Obere Grabenstraße 2
55450 Langenlonsheim
Tel. 06704-729
Fax: 06704-717
www.weingut-honrath.de
info@weingut-honrath.de

Inhaber/Außenbetrieb
Clemens Honrath
Betriebsleiter/Kellermeister
Christian Honrath
Rebfläche
6,5 Hektar
Produktion
45.000 Flaschen

BESUCHSZEITEN

Mo.-Fr. 9-18 Uhr (nach Vereinbarung)
Gästehaus

Die Familie baut schon lange Wein in Langenlonsheim an, so richtig Schwung in den Betrieb kam aber erst 2007, als Christian Honrath in den Betrieb einstieg, der in diesem Jahr sein Geisenheim-Studium abschloss, Praktika bei Emrich-Schönleber, in Neuseeland (Oyster Bay Winery) und Südafrika absolviert hatte. Heute führt er das Weingut zusammen mit seinen Eltern Inge und Clemens, der mit der Übernahme des Betriebs 1977 aus der Genossenschaft ausgetreten war und das eigene Weingut aufbaute. Die Weinberge liegen fast ganz auf Langenlonsheimer Gemarkung, in den Lagen Rothenberg, Königsschild, Löhrer Berg und Steinchen, nur ein Grauburgunder-Weinberg liegt in Guldental in der Lage Hipperich. Weiße Sorten nehmen drei Viertel der Rebfläche ein, vor allem Riesling, gefolgt von Weiß- und Grauburgunder. Wichtigste rote Rebsorten sind Spätburgunder und Acolon.

Kollektion

Auch in diesem Jahr erkennen wir bei den Rieslingen eine klare Linie: Die trockenen Rieslinge sind alle schlank und geradlinig, setzen mehr auf Würze als auf Frucht, besitzen eine animierende Art und viel Biss. An der Spitze liegt wie gewohnt der Wein aus dem Rothenberg, der im eindringlichen Bouquet steinig-mineralische Noten und Tabakwürze zeigt, ganz puristisch ist und salzige Länge besitzt. Auch der Königsschild-Riesling ist sehr würzig mit Noten von Tabak und Brotkruste, ist animierend und lang, der Riesling vom Kieselstein zeigt kräutrige Noten, etwas gelbe Frucht und grünen Apfel und besitzt feinen Grip, der Riesling vom Löss zeigt etwas Tabak und Zitrusnoten nach Grapefruit und Orangenschale. Der 18 Monate lang vergorene 2016er Riesling ist mit dezenter Restsüße ausgebaut, ist noch verhalten, besitzt aber gute Substanz und Grip, sehr gut gefällt uns auch der Spätburgunder mit kühler Schwarzkirschfrucht und guter Struktur.

Weinbewertung

83 2017 Müller-Thurgau trocken „Herr Müller" **11,5 %/5,- €**
83 2017 Scheurebe trocken **12,5 %/6,- €**
85 2017 Riesling trocken „Löss" **12 %/6,80 €**
85 2017 Riesling trocken „Kieselstein" **12,5 %/6,80 €**
84 2017 Weißer Burgunder trocken Langenlonsheimer Steinchen **12 %/7,- €**
87 2017 Riesling trocken Langenlonsheimer Königsschild **12 %/8,50 €** ☺
88 2017 Riesling trocken Langenlonsheimer Rothenberg **12 %/11,80 €**
84 2017 Grauer Burgunder **13 %/7,- €**
87 2016 Riesling **12 %/17,- €**
85 2016 Acolon und Spätburgunder „AS" trocken **13 %/9,80 €**
87 2017 Spätburgunder trocken Langenlonsheimer Steinchen **13,5 %/16,90 €**

Horcher

★★★

KONTAKT

Freinsheimer Straße 86a
67169 Kallstadt
Tel. 06322-941520
Fax: 06322-941521
www.weingut-horcher.de
w.gruen@horcher-wein.de

Inhaber
Herbert Beltle
Betriebsleiter
Wolfgang Grün
Eigene Rebfläche
5 Hektar
Produktion
50.000 Flaschen

BESUCHSZEITEN

jederzeit nach Vereinbarung

Herbert Beltle, Gastronom in Berlin, erwarb 2005 ein Weingut in der Pfalz. Seine Weinberge liegen in Kallstadt in den Lagen Saumagen, Kreidkeller, Kobnert, Steinacker und Kronenberg und in Leistadt im Kalkofen und Herrenmorgen, auf Lagenbezeichnungen wird aber verzichtet. Betriebsleiter ist seit Gründung des Weingutes der gebürtige Heidelberger Wolfgang Grün, der nach Studium und Praktika in verschiedenen Ländern auch bei Paul Fürst arbeitete. Wolfgang Grün macht sich viel Arbeit mit seinen Reben und seinen Weinen, entwickelt klare Vorstellungen über die Stilistik. Bei einigen Weinen ergibt das eine hohe Wiedererkennbarkeit, bei anderen weist der Jahrgang den Weg. Ein starres Schema gibt es also nicht.

Kollektion

In diesem Jahr ist der aus einer kühlen Lage am Waldrand auf 300 Metern Höhe stammende Chardonnay W unser Favorit in der durchgehend stimmigen Kollektion, er zeigt feine Röstnoten, etwas Kokos, Zitrusfrucht und Melone im komplexen Bouquet, besitzt feinen Grip, ist sehr elegant, animierend und nachhaltig. Auch der zweite Chardonnay besitzt gute Länge, ist cremig und zeigt Noten von Honigmelone, der Riesling „Lagenspiel" ist sehr fruchtbetont und leicht füllig, zeigt auch kreidige Noten, besitzt Biss und Länge, der feinherbe Riesling besitzt dezente Süße und guten Grip. Der normale Sauvignon Blanc stammt zum Großteil aus einer kühlen Lage, zeigt grasige Noten und Stachelbeerwürze, die „Wintervariante" wächst in einer wärmeren Lage, ist gelbfruchtig mit kräutriger Würze und frischer Säure, der Muskateller ist saftig, reintönig und schlank, während der Spätburgunder viel Kraft mitbringt, kühle, kräutrige Noten zeigt und Potential besitzt.

Weinbewertung

86 2015 HB Rosé Sekt brut **12,5 %/14,50 €**
82 2017 Cuvée Horcher Weiß Bronze (1l) **12 %/6,90 €**
86 2017 Sauvignon Blanc „Wintervariante" „Silber" **12 %/9,50 €**
85 2017 Sauvignon Blanc „Silber" **11,5 %/9,50 €**
85 2017 Grauburgunder „Silber" **13 %/9,50 €**
86 2017 Chardonnay „Silber" **13 %/9,50 €**
87 2017 Riesling „Lagenspiel" „Silber" **12,5 %/9,50 €**
90 2017 Chardonnay „W" „Gold" **13 %/25,- €**
86 2017 Riesling „feinherb" „Silber" **11 %/9,50 €**
86 2017 Muskateller „Silber" **11 %/12,50 €**
84 2017 Rosé „Silber" **12 %/8,90 €**
83 2015 Cuvée Horcher Rot Bronze (1l) **13,5 %/7,50 €**
87 2015 Spätburgunder „Gold" **13,5 %/19,- €**

ALFONS HORMUTH

★

KONTAKT

Edenkobener Straße 11
67487 St. Martin
Tel. 06323-5309
Fax: 06323-3238
www.alfons-hormuth.de
info@alfons-hormuth.de

Inhaber
Andreas Hormuth
Rebfläche
10 Hektar

BESUCHSZEITEN

nach Vereinbarung

Andreas Hormuth hat das Weingut 1989 von seinem Vater Alfons übernommen, der bereits 1959 mit der Flaschenweinvermarktung begonnen hatte, führt den Betrieb zusammen mit Ehefrau Tanja. Seine Weinberge befinden sich vor allem in St. Martin (Baron, Kirchberg), aber auch in Alsterweiler, Edenkoben und Edesheim. 40 Prozent der Fläche nehmen rote Sorten ein, wobei zu Portugieser, Dornfelder und Spätburgunder zuletzt Frühburgunder, Cabernet Mitos, Merlot und Cabernet Sauvignon hinzugekommen sind. Die wichtigsten weißen Sorten sind Riesling, Gewürztraminer, Weißburgunder und Grauburgunder, dazu gibt es Silvaner, Kerner und Müller-Thurgau, sowie als Spezialitäten Huxelrebe, inzwischen auch Muskateller, Chardonnay und Sauvignon Blanc. Die besten Weine des Jahrgangs wurden bis vor wenigen Jahren in der Serie „Expression" vermarktet, mittlerweile ist darüber noch die „Passion"-Linie für im Holz ausgebaute Weine angesiedelt.

Kollektion

Wieder präsentiert uns Andreas Hormuth eine Kollektion aus reintönigen Weinen, bei denen die meisten eine Kombination aus Süße und Stoff aufweisen. Darunter sind auch Weine wie der nach Holunderblüten duftende Muskateller oder der Cabernet Sauvignon mit Noten von grüner Paprika und schwarzen Johannisbeeren, bei denen der hohe Alkoholgehalt auffällt. Der Merlot ist harmonischer und zeigt ebenfalls Noten von grüner Paprika, der Frühburgunder gefällt uns wesentlich besser als sein Jahrgangsvorgänger, der hohe Alkohol ist harmonisch eingebunden, der Wein zeigt Noten von dunkler Frucht, Schokolade und röstige Würze. Unser Favorit unter den Weißweinen ist einmal mehr der cremige und stoffige Chardonnay, der deutliche Röstnoten und Aromen von Banane und Melone zeigt, der Silvaner ist kraftvoll bei leicht süßer Birnenfrucht und der Rosé ist wieder frisch und schlank.

Weinbewertung

79	2017 Riesling trocken (1l) **12,5 %/4,50 €**
83	2017 Riesling trocken „Expression" **12,5 %/6,30 €**
84	2017 Silvaner trocken „Expression" **13,5 %/6,30 €**
81	2017 Weißburgunder trocken „Expression" **13,5 %/6,30 €**
83	2017 Grauburgunder trocken „Expression" **14 %/6,60 €**
83	2017 Muskateller trocken „Expression" **13,5 %/6,30 €**
86	2016 Chardonnay trocken „Passion" St. Martiner Kirchberg **14 %/14,30 €**
80	2017 Huxelrebe Spätlese **10 %/5,50 €**
83	2017 Cabernet Sauvignon & Merlot Rosé trocken „Expression" **12,5 %/7,- €**
83	2016 Merlot trocken „Expression" **14 %/k.A.**
83	2016 Cabernet Sauvignon trocken „Expression" **14 %/k.A.**
86	2016 Frühburgunder trocken „Passion" St. Martiner Baron **14,5 %/14,60 €**

PETER HORNSTEIN

★

N

KONTAKT

Sonnenbichlstraße 5
88149 Nonnenhorn
Tel. 08382-887570
Fax: 08382-887358
www.hornstein.wine
info@hornstein.wine

Inhaber
Peter Hornstein
Rebfläche
11 Hektar
Produktion
85.000 Flaschen

BESUCHSZEITEN

Mo.-Sa. 8-12 + 13-18 Uhr, Sa. 10-12 Uhr, zu Öffnungszeiten der Gutsschenke oder nach Vereinbarung

WEINGUT PETER HORNSTEIN

Rudi Hornstein gründete 1963 den Betrieb, seit 1997 wird er von seinem Sohn Peter geführt. Seine beiden Töchter sind inzwischen im Betrieb tätig: Marie-Luise, die bei Rainer Schnaitmann und Jürgen Ellwanger in die Lehre ging, ist vor allem für den Keller verantwortlich, Magdalena kümmert sich um den Außenbetrieb, sie hat ihre Lehrjahre in der Pfalz verbracht, beim Staatsweingut, bei Möwes und Weegmüller. Die Weinberge liegen im bayerischen Teil des Bodensees, gehören aber weinbaurechtlich zur Region Bodensee. In den Lagen Nonnenhorner Sonnenbichl und Lindauer Seegarten ist man vertreten, besitzt aber auch 1,1 Hektar im Bregenzer Sonnenufer, also in Österreich, wo Grüner Veltliner und Sauvignon Blanc angebaut werden. Wichtigste Rebsorten sind Müller-Thurgau, Sauvignon Blanc, Spätburgunder, Riesling und Bacchus, gefolgt von Grauburgunder, Grüner Veltliner, Cabernet Mitos, Weißburgunder, St. Laurent und Gewürztraminer, sowie als Spezialität Elbling. Neben Reben gehören zum Gut auch 5 Hektar Obst und 3 Hektar Wald. Auf dem Hof befindet sich die Gutsschenke „Zum Winzer“, in Memmingen besitzt man die älteste Weinstube der Stadt, „Zum goldenen Löwen“. Mit dem Bau einer Vinothek mit Gästezimmern wurde 2018 begonnen.

Kollektion

Eine stimmige Kollektion präsentiert Peter Hornstein zum Debüt. Elbling vom Bodensee war uns bisher noch nicht untergekommen, der Wein ist frisch und lebhaft, besitzt feine süße Frucht und Biss – und nur 11 Prozent Alkohol, da kommt Trinkfreude auf. Das gilt auch für die anderen Weißweine, den grasigen Sauvignon Blanc, den lebhaften Müller-Thurgau, den fülligen Grauburgunder oder den reintönigen Grüner Veltliner aus Vorarlberg. Am meisten aber beeindruckt der im Holz ausgebaute Riesling des Jahrgangs 2014, der füllig und stoffig ist, gute Struktur besitzt, Substanz und Länge. Auch im roten Segment findet sich ein sehr guter Wein aus einem zurückliegenden Jahrgang der gewürzduftige, kraftvolle Cabernet Mitos, der Spätburgunder besitzt feine süße Frucht, Frische und Biss.

Weinbewertung

83 2017 Elbling trocken Nonnenhorner Sonnenbichl **11 %/7,- €**
82 2017 Müller-Thurgau Classic Nonnenhorner Sonnenbichl **12 %/8,- €**
82 2016 Grüner Veltliner trocken Bregenzer Sonnenufer **12,5 %/9,50 €**
84 2017 Grauburgunder trocken Lindauer Seegarten **12,5 %/11,- €**
87 2014 Riesling trocken Holzfass Nonnenhorner Sonnenbichl **12,5 %/13,50 €**
81 2017 Bacchus halbtrocken Lindauer Seegarten **12 %/7,50 €**
82 2016 Sauvignon Blanc Nonnenhorner Sonnenbichl **12,5 %/10,50 €**
83 2016 Spätburgunder trocken Nonnenhorner Sonnenbichl **12 %/11,- €**
85 2010 Cabernet Mitos trocken Nonnenhorner Sonnenbichl **13 %/26,50 €**

HOTHUM

★★

KONTAKT

Wein- und Sektgut Am Rothes
Germaniastraße 30
55459 Aspisheim
Tel. 06727-8696
Fax: 06727-8411
www.hothum.com
info@hothum.com

Inhaber
Karlfried & Andreas Hothum GbR
Rebfläche
15 Hektar

BESUCHSZEITEN

nach Vereinbarung

Seit dem 19. Jahrhundert baut die Familie Wein in Aspisheim an, das ganz im Nordwesten Rheinhessens liegt, wenige Kilometer südlich von Bingen. Karlfried und Regina Hothum betreiben seit 1989 ökologischen Weinbau nach den Richtlinien von Naturland und Ecovin, stellten den landwirtschaftlichen Gemischtbetrieb ganz auf Weinbau um. Heute führen ihre Söhne Andreas und Christoph, beide Önologen, den eingeschlagenen Weg fort. „Am Rothes" bedeutet im rheinhessischen Dialekt „Am Rathaus", der Name des Weingutes rührt daher, dass es direkt am Rathaus in Aspisheim liegt. Die Weinberge liegen vor allem in und um Aspisheim (Sonnenberg, Johannisberg), aber auch im St. Johanner Steinberg und in Bingen in der Lage Schlossberg Schwätzerchen, wo die Reben auf Quarzitböden wachsen, sowie in Burgsponheim an der Nahe, wo ihr Bruder Benjamin einen Steillagenweinberg pachten konnte, mit Riesling bestockt. Riesling und Silvaner sind die wichtigsten Rebsorten, gefolgt von Dornfelder, Portugieser, Grau-, Weiß- und Spätburgunder, sowie Sauvignon Blanc, St. Laurent, Frühburgunder und Gewürztraminer, dazu gibt es diverse Neuzüchtungen.

Kollektion

Die Hothums sind dabei ihren Stil zu entwickeln, zu verfeinern. Das zeigt sich exemplarisch an den Rieslingen. Der Riesling vom Muschelkalk ist wunderschön füllig und kraftvoll, dabei doch präzise, besitzt gute Struktur und Druck, feine Länge. Und dass dieser relativ puristische Ansatz der Entwicklungsfähigkeit der Weine auf der Flasche gut bekommt, zeigt wunderbar der Lagenriesling aus dem Schlossberg Schwätzerchen, der 2015er präsentiert sich nochmals druckvoller als im Jahr zuvor, besitzt feine Reife, gute Struktur und Kraft. Der Riesling-Sekt ist von Zitrusnoten geprägt, der Chardonnay etwas eleganter, die Rotweine sind fruchtbetont, sehr sortentypisch, frisch und kraftvoll: Eine rundum gelungene, stimmige Kollektion!

Weinbewertung

84 2015 Chardonnay Sekt extra brut **12,5 %/11,50 €**
84 2015 Riesling Sekt brut **12,5 %/11,50 €**
82 2017 Grüner Silvaner trocken **12 %/5,70 €**
86 2017 Riesling trocken „vom Muschelkalk" Aspisheimer **12,5 %/7,20 €**
83 2017 Grauburgunder trocken **12,5 %/6,70 €**
83 2017 Sauvignon Blanc trocken Aspisheimer **13 %/7,70 €**
88 2015 Riesling trocken Binger Schlossberg Schwätzerchen **12 %/12,50 €**
82 2017 Riesling („feinherb") **12,5 %/6,20 €**
81 2017 Cabernet Sauvignon „Blanc de Noir" **12,5 %/7,90 €**
84 2016 St. Laurent trocken Holzfass **13 %/8,50 €**
85 2016 Portugieser trocken Holzfass **12,5 %/10,90 €**

Simon Huber

★★

KONTAKT

Mattenhofweg 3
77723 Gengenbach
Tel. 07803-934850
Fax: 07803-934840
www.simonhuber-wein.de
mail@simonhuber-wein.de

Inhaber
Simon Huber
Rebfläche
3,5 Hektar
Produktion
18.000 Flaschen

BESUCHSZEITEN

Mo./Di./Do./Fr. 15-19 Uhr,
Sa. 10-18 Uhr, So. 10-12 Uhr
Weinhotel-Restaurant „Pfeffer & Salz"

Simon Huber gründete 2012 sein eigenes Weingut, Keller und Vinothek befinden sich im Hotel-Restaurant Pfeffer & Salz. Nach Winzer- und Weintechnikerausbildung sammelte er Erfahrungen in Österreich und Neuseeland, zurück in Baden gründete er zusammen mit Ehefrau Julia das eigene Weingut. Seine Weinberge liegen größtenteils in Gengenbach (Lehm und Granitverwitterung), aber auch in Berghaupten (Gneisverwitterung), Ohlsbach (Granitverwitterung und Lösslehm) und in Fessenbach (Granitverwitterung). Spätburgunder nimmt ein Drittel der Rebfläche ein, es folgen Riesling, Grauburgunder, Müller-Thurgau, Weißburgunder, St. Laurent und Muskateller. Anfangs arbeitete Simon Huber hauptsächlich mit Vertragswinzern zusammen, heute werden die meisten Weinberge selbst bewirtschaftet. Die Weißweine werden teils im Edelstahl, teils im Holz ausgebaut, bleiben lange auf der Feinhefe, die Rotweine werden maischevergoren und in neuen oder gebrauchten Barrique ausgebaut. 2018 wurden Flaschenlager und Vinothek neu gebaut, das Weinhotel wurde erweitert.

Kollektion

In nur wenigen Jahren hat Simon Huber sich als feste Größe in der Region etabliert. Eine starke Kollektion präsentiert er auch in diesem Jahr, an der Spitze drei sehr gute 2016er Réserve-Weine. Ein würziger, frischer, süffiger Sekt eröffnet den Reigen. Die 2017er Weißweine sind frisch und fruchtbetont, dem zupackenden Grauburgunder gilt unsere leichte Präferenz. Der Reserve-Grauburgunder zeigt gelbe Früchte, dezent Vanille, gute Konzentration, ist füllig, kraftvoll und strukturiert – ein Gastronomie-Wein. Hohes Niveau zeigen die Rotweine: Der Spätburgunder ist fruchtbetont, reintönig und zupackend, der gewürzduftige St. Laurent ist strukturiert und zupackend, fruchtbetont und druckvoll. Noch ein klein wenig besser gefällt uns der Réserve-Spätburgunder, der intensive, herrlich reintönige Frucht besitzt, Fülle und Kraft.

Weinbewertung

84	2014 Weißer Sekt brut **12 %/12,50 €**
82	2017 „Cuvée S" Weißwein trocken **12 %/5,90 €**
83	2017 Riesling trocken **12,5 %/7,80 €**
82	2017 Weißer Burgunder trocken **13 %/7,80 €**
83	2017 Grauer Burgunder trocken **13 %/7,80 €**
87	2016 Grauer Burgunder trocken „Réserve" **13,5 %/12,50 €**
82	2017 Riesling „feinfruchtig" **11,5 %/7,80 €**
82	2017 Spätburgunder Rosé trocken **12,5 %/7,30 €**
85	2016 Spätburgunder trocken **13 %/8,20 €**
87	2016 St. Laurent trocken „Réserve" **13,5 %/15,50 €**
88	2016 Spätburgunder trocken „Réserve" **13,5 %/14,50 €**

Bernhard Huber

★★★★★

KONTAKT

Helmbacher Weg 19
79364 Malterdingen
Tel. 07644-929722-0
Fax: 07644-929722-99
www.weingut-huber.com
info@weingut-huber.com

Inhaber
Barbara & Julian Huber
Betriebsleiter
Julian Huber
Rebfläche
28 Hektar
Produktion
145.000 Flaschen

BESUCHSZEITEN

Mo.-Fr. 14-18 Uhr, Sa. 10-12 Uhr

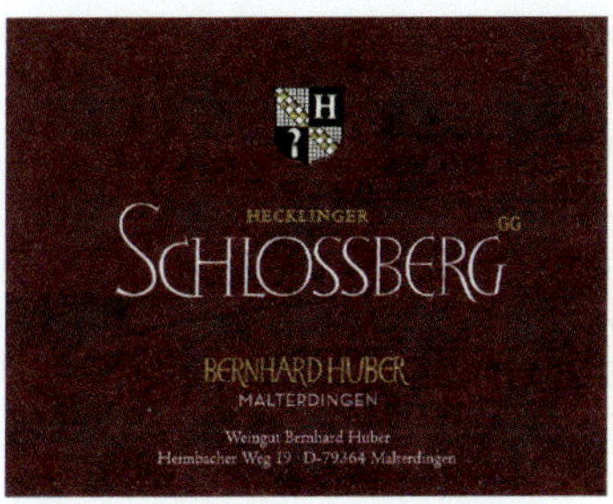

Barbara Huber führt Bernhard Hubers Werk fort zusammen mit Sohn Julian. Der Weg von Bernhard und Barbara Huber war bemerkenswert. Bei Null hatten sie angefangen, 1987 mit der Selbstvermarktung begonnen, in einem Jahrzehnt zusammen den Betrieb als Spitzenweingut etabliert, dann sich aber nicht zufrieden zurückgelehnt, sondern immer weiter an der Qualität gefeilt, die Weine sind immer noch besser geworden. Das Portfolio an Weinbergen haben sie stetig erweitert über das heimatliche Malterdingen und den Bienenberg hinaus, mit Weinbergen im Hecklinger Schlossberg und in der Bombacher Sommerhalde. Und von Anfang an auf Spätburgunder gesetzt und sich immer an Burgund orientiert, Burgund war Bernhard Hubers zweites Zuhause. Zwei Drittel der Weinberge nimmt Spätburgunder ein, dazu gibt es Chardonnay, Weißburgunder und Grauburgunder, daneben ein klein wenig Auxerrois, Muskateller, Freisamer, Riesling und Müller-Thurgau. Der Guts-Spätburgunder, früher als Spätburgunder von jungen Reben bekannt, bildet die Basis des Sortiments, es folgt der Malterdinger Spätburgunder und dann der Spätburgunder von alten Reben, quasi der Zweitwein hinter den Großen Gewächsen. An der Spitze der roten Kollektion stehen vier Große Gewächse, die Spätburgunder aus Bienenberg, Sommerhalde und Schlossberg, sowie der Wildenstein, ein besonderer Weinberg innerhalb des Bienenbergs. Im weißen Teil der Kollektion gibt es Große Gewächse vom Bienenberg für Weißburgunder und Grauburgunder. Vom Chardonnay gab es immer zwei Weine, einen Chardonnay ohne Lagenbezeichnung und den Schlossberg-Chardonnay, mit dem Jahrgang 2014 wurde ein weiterer Lagen-Chardonnay aus dem Bienenberg eingeführt, der ebenso wie erstmals auch der Schlossberg-Chardonnay als Großes Gewächs bezeichnet wird, der Chardonnay ohne Lagenbezeichnung erhielt den Zusatz „Alte Reben".

Kollektion

Als Pendant zum Malterdinger Spätburgunder gibt es mit dem Jahrgang 2016 nun den weißen Malterdinger, der rauchige Noten im Bouquet zeigt, viel Frische, kraftvoll und präzise ist, feine Frische und Frucht besitzt. Große Gewächse von Weißburgunder und Grauburgunder werden nicht mehr erzeugt. Wir verstehen das, wir finden es richtig, dass sich Weingüter beschränken und begrüßen es ausdrücklich, dass Julian Huber sich ganz auf Spätburgunder und Chardonnay beschränken will. Hat man dann aber nochmals die Gelegenheit, ältere Huber'sche Jahrgänge von anderen Rebsorten zu verkosten, wie wir dieses Jahr zwei 2010er, dann kommt doch etwas Wehmut auf. Der Weißburgunder ist kraftvoll, klar, sehr harmonisch, der Grauburgunder zeigt ein „burgundisches" Bouquet, ist komplex und lang. Die Chardonnay sind wie schon in den beiden Vorjahren schon aufgrund ihres Bouquets leicht zu identifizieren – als Verkoster freut man

sich natürlich, wenn man in Blindproben Weine erkennt, trotzdem fragen wir uns, ob wir das wollen, dass ein Wein ganz laut schreit: „Ich bin ein Huber-Chardonnay!" Großartig sind sie allemal. Der Chardonnay von alten Reben besitzt viel Frische und Druck, viel Präzision, ist herrlich schlank und lebendig. Der Bienenberg-Chardonnay zeigt feine Frische, rauchige Noten, dezenten Toast, ist frisch, klar und zupackend, präzise, strukturiert, druckvoll, enorm jugendlich. Zwei ganz hinten im Regal vergessene „Junge Reben" – aber Hallo: Die leben noch! Wie auch der strahlende 2011er Malterdinger. Wenn schon die „kleinen" Huber-Spätburgunder so gut reifen, dann muss man sich um die „großen" erst recht keine Sorgen machen. Der 2016er Malterdinger ist herrlich reintönig, frisch und zupackend, der Alte Reben faszinierend reintönig, kraftvoll, lebendig, nachhaltig. Der Wein von der Sommerhalde zeigt reintönige Frucht, rote Früchte, ist frisch, harmonisch und elegant bei guter Struktur. Der Wildenstein zeigt faszinierend reintönige Frucht, viel Frische, ist klar, harmonisch, strukturiert, besticht mit viel Frische und Reintönigkeit. Auch der Schlossberg zeigt viel Frische im Bouquet, reintönige Frucht, ist klar und präzise, harmonisch, druckvoll und elegant, enorm nachhaltig bei viel Frische noch im Abgang. Der Bienenberg zeigt faszinierend viel Frucht, ist herrlich eindringlich und reintönig, im Mund klar, präzise, druckvoll, wie an der Schnur gezogen, lang und nachhaltig und durch und durch lebendig. Großartige Kollektion!

Julian Huber

H

Weinbewertung

88 2016 Malterdinger Weißwein **12,5 %/18,- €**
93 2010 Grauburgunder „GG" Malterdinger Bienenberg
91 2010 Weißburgunder „GG" Malterdinger Bienenberg **12,5 %**
91 2016 Chardonnay trocken „Alte Reben" Malterdinger **12,5 %**
93 2016 Chardonnay trocken „GG" Bienenberg **12,5 %**
86 2006 Spätburgunder trocken „Junge Reben"
88 2007 Spätburgunder trocken „Junge Reben" **13,5 %**
90 2011 Spätburgunder Malterdinger **13,5 %**
89 2016 Spätburgunder trocken Malterdinger **12,5 %/18,- €**
92 2016 Spätburgunder trocken „Alte Reben" **12,5 %**
93 2013 Spätburgunder „GG" Malterdinger Bienenberg **13,5 %**
96 2016 Spätburgunder „GG" Malterdinger Bienenberg **12,5 %**
94 2011 Spätburgunder „R GG" Bombacher Sommerhalde
94 2016 Spätburgunder „GG" Bombacher Sommerhalde **12,5 %**
96 2016 Spätburgunder „GG" Hecklinger Schlossberg **13 %**
95 2016 Spätburgunder „GG" „Wildenstein" **12,5 %/120,- €**

LAGEN

BIENENBERG (MALTERDINGEN)
- WILDENSTEIN
SCHLOSSBERG (HECKLINGEN)
SOMMERHALDE (BOMBACH)

REBSORTEN

SPÄTBURGUNDER (65 %)
CHARDONNAY (10 %)
WEISSBURGUNDER (10 %)
GRAUBURGUNDER (7 %)

HUCK-WAGNER

★☆

KONTAKT

Engetalstraße 31
79588 Efringen-Kirchen
Tel. 07628-1462
Fax: 07628-800319
www.huck-wagner.de
huck-wagner@gmx.de

H

Inhaber
Familie Huck-Wagner
Betriebsleiter
Christiane Huck-Wagner &
Roland Wagner
Kellermeister
Christiane Huck-Wagner
Rebfläche
15 Hektar
Produktion
100.000 Flaschen

BESUCHSZEITEN

Mo.-Sa. 8-19 Uhr

Das Weingut der Familie Huck-Wagner liegt am Fuße des Efringer Ölbergs. Dort befindet sich auch der größte Teil der Weinberge, die Reben wachsen in Efringen auf Jura-Kalk-Formationen. Hinzu kommen Parzellen in den Lagen Binzener Sonnhole, Blansinger Wolfer und Riedlinger Steingässle, über 100 Parzellen besitzt man insgesamt. Wichtigste Rebsorten sind Gutedel (auch die Spielart Roter Gutedel), Müller-Thurgau und Spätburgunder. Dazu gibt es Silvaner (inzwischen im Markgräflerland eine Seltenheit, hier in einer 1969 gepflanzten Terrassenlage), Muskateller, Grauburgunder, Riesling, Chardonnay, Weißburgunder und Gewürztraminer, sowie Regent und Merlot. Die Weißweine reifen vorwiegend im Edelstahl, einige auch im Holz, die Rotweine werden maischevergoren und im Holz ausgebaut. Sekte und Brände aus der eigenen Brennerei ergänzen das Sortiment. Das Weingut wird seit 1992 in dritter Generation von Christine Huck-Wagner, die für den Keller verantwortlich ist, und Ehemann Roland Wagner geführt, 2005 haben sie den Betrieb übernommen, inzwischen haben auch ihre Kinder Simone und Oliver ihre Liebe zum Wein entdeckt und zum Beruf gemacht .

Kollektion

Im vergangenen Jahr war in einer gleichmäßigen Kollektion der im Barrique ausgebaute Spätburgunder unser Favorit, und auch dieses Jahr hat er wieder die Nase vorn, hat aber starke betriebsinterne Konkurrenz durch den duftigen neuen Pinot Noir, der reife Frucht und gute Struktur besitzt, aber noch recht jugendlich ist, so dass der ein Jahr reifere Barrique-Spätburgunder ihm Paroli bieten kann. Die Weißweine sind frisch und sortentypisch, die beiden trockenen Spätlesen ragen hervor: Der Chardonnay ist frisch und reintönig, besitzt feine süße Frucht, der Grauburgunder ist würzig, kraftvoll und zupackend. Fazit: Eine gute Adresse im Markgräflerland!

Weinbewertung

83	2015 Pinot Rosé Sekt extra trocken **12,5 %/10,50 €**
81	2017 Roter Gutedel trocken **12 %/6,- €**
82	2017 Gutedel Kabinett trocken **11,5 %/6,- €**
81	2017 Silvaner Kabinett trocken **13,5 %/6,- €**
81	2017 Weißburgunder Kabinett trocken **13 %/7,20 €**
80	2017 Grauburgunder Kabinett trocken **13,5 %/8,- €**
85	2017 Chardonnay Spätlese trocken Efringer Ölberg **13,5 %/9,50 €**
81	2016 Chasselas trocken Efringer Ölberg **12,5 %/12,- €**
85	2017 Grauburgunder Spätlese trocken Efringer Ölberg **14 %/10,- €**
83	2016 Spätburgunder Spätlese trocken Efringer Ölberg **13,5 %/10,- €**
86	2015 Spätburgunder trocken Barrique Efringer Ölberg **13 %/9,50 €**
86	2016 Pinot Noir trocken **13,5 %/19,- €**

HUCK-WAGNER

Hüls

★★☆

H

KONTAKT

Moselweinstraße 44
54536 Kröv
Tel. 06541-8189369
Fax: 06541-8167926
www.weinguthuels.de
kontakt@weinguthuels.de

Inhaber
Markus Hüls
Rebfläche
5 Hektar
Produktion
25.000 Flaschen

BESUCHSZEITEN

Mo.-Sa. 10-17 Uhr

HÜLS
STEILLAGEN-CHARAKTERWEINE

Markus Hüls stammt aus einem Weingut, hat zu Hause und bei Markus Molitor seine Winzerlehre gemacht. Inzwischen hat er sein eigenes Weingut gegründet, das mittlerweile auf 5 Hektar gewachsen ist, bietet darüber hinaus einen Steillagenbewirtschaftungsservice als Dienstleistung für andere Weingüter an. Seine Weinberge liegen in Kröv in den Lagen Steffensberg, Letterlay und Kirchlay. Neben Riesling baut er ein wenig Spätburgunder und Weißburgunder an. Die Weine werden nach Maischestandzeiten spontanvergoren, teils im traditionellen Fuder, teils im Edelstahl, bleiben lange auf der Feinhefe. Sie werden auf dem Etikett mit Zahlen von 1 bis 9 gekennzeichnet, die den Grad der Restsüße von trocken bis edelsüß wiedergeben: Eine Methode, die in ähnlicher Form im Elsass Verbreitung gefunden und sich dort bewährt hat, in Deutschland aber noch als Neuheit gilt.

Kollektion

Es erstaunte schon in den letzten Jahren, welche Fülle an Weinen das überschaubar große Weingut Hüls produziert und welche unterschiedlichen Stilistiken zu finden sind. Da wäre beispielsweise, was den Jahrgang 2017 angeht, der Gutsriesling, ein nach Kernobst duftender, sehr offener Wein, der auf Anhieb Trinkfreude vermittelt. Der Weißburgunder ist deutlich kräuterwürzig und fest, dabei schlank und feingliedrig. Rassig und geradlinig ist dann der Riesling namens Schieferspiel, der bereits als Terroirwein durchgeht. Das gilt erst recht für die Lagenrieslinge aus der Letterlay und dem Steffensberg. Der erste frisch, duftig mit Noten von Mirabellen und Kräutern; der andere eher nach Steinobst duftend, würzig und kompakt. Zeit brauchen beide. Der feinherbe Alte Reben besitzt Schmelz und ist schon präsent. Die elegante Auslese bildet den süßen Abschluss. Der 2016er Spätburgunder Gutswein besitzt Anklänge an Tabak und eine sehr ruhige Art, der Lagenwein ist leicht rauchig, würzig, straff, noch zu jung, ein Wein mit bemerkenswerter Substanz!

Weinbewertung

86	2017 Weißburgunder trocken **11,5 %/8,50 €**
85	2017 Riesling trocken **11 %/8,50 €**
87	2017 Riesling trocken „Schieferspiel" **11 %/12,50 €**
84	2017 Riesling „feinherb" **10 %/8,50 €**
87	2017 Riesling „Alte Reben" **10 %/14,50 €**
88	2017 Riesling Kröver Letterlay **11 %/21,- €**
88	2017 Riesling Kröver Steffensberg **11 %/21,- €**
86	2017 Riesling Kabinett **8 %/11,50 €**
88	2017 Riesling Auslese **8 %/11,50 €/0,375l**
87	2016 Spätburgunder trocken **13 %/13,50 €**
88	2016 Spätburgunder trocken Kröver Letterlay **12,5 %/39,50 €**

FRITZ EKKEHARD HUFF

★★★

KONTAKT

Hauptstraße 90
55283 Nierstein
Tel. 06133-58003
Fax: 06133-58617
www.weinguthuff.de
info@weingut-huff.de

H

Inhaber
Fritz Ekkehard Huff
Betriebsleiter
Ekkehard & Christine Huff
Kellermeister
Christine Huff &
Jeremy Bird-Huff
Rebfläche
8,5 Hektar
Produktion
45.000 Flaschen

BESUCHSZEITEN

nach Vereinbarung

Seit über 300 Jahren baut die Familie Wein in Schwabsburg an, aus dem ursprünglichen Gemischtbetrieb entwickelte sich nach und nach ein reines Weingut. Heute führen Fritz Ekkehard Huff und seine Ehefrau Doris den Betrieb. Seit Beendigung ihres Geisenheim-Studiums 2010 ist Tochter Christine für die Vinifikation verantwortlich, unterstützt von ihrem Ehemann Jeremy, einem gebürtigen Neuseeländer. Die Weinberge liegen in Nierstein und Schwabsburg, unter anderem in den Lagen Schloss Schwabsburg, Orbel und Paterberg, zuletzt kam eine Parzelle im Pettenthal hinzu. Riesling und die Burgundersorten dominieren im Anbau, dazu gibt es Silvaner und Scheurebe, rote Sorten wie Spätburgunder oder St. Laurent nehmen inzwischen 30 Prozent der Fläche ein. Das Sortiment ist dreistufig gegliedert in Guts-, Orts- und Lagenweine, an der Spitze der Kollektion stehen die Lagenrieslinge aus Orbel und Pettenthal sowie der Rabenturm aus dem nicht flurbereinigten Filetstück der Lage Schloss Schwabsburg mit über 50 Jahre, teilweise 80 Jahre alten Reben.

Kollektion

Die neue Kollektion schließt nahtlos an die starken Vorjahre an. Die Gutsweine zeigen auch 2017 hohes Niveau, am besten gefallen uns die beiden Vögel: Green Bird (Scheurebe) klar und geradlinig, Yellow Bird (Sauvignon Blanc) reintönig, herrlich zupackend. Unter den weißen Ortsweinen ist der Riesling vom Rotliegenden unser Favorit, er ist rauchig, reintönig, strukturiert. Im Lagen-Segment präsentiert sich der Pettenthal-Riesling eigenwillig würzig, der Orbel ist klar und zupackend, besitzt süße Frucht, unser Favorit ist dieses Jahr ganz klar der Rabenturm, der Fülle und Saft besitzt, reife Frucht und Substanz. Die Auslese ist füllig und saftig, die Beerenauslese noch deutlich konzentrierter, der reintönige, zupackende Kalkstein-Spätburgunder hält die rote Fahne hoch. —

Weinbewertung

83	2017 Sylvaner trocken **11,5 %/6,70 €**
84	2017 Grauburgunder trocken Niersteiner **12,5 %/8,60 €**
84	2017 Scheurebe trocken „The Green Bird" **12 %/7,50 €**
83	2017 Riesling trocken **12,5 %/7,50 €**
86	2017 Riesling trocken „vom Rotliegenden" **12,5 %/9,20 €**
85	2017 Sauvignon Blanc trocken „The Yellow Bird" **12,5 %/8,60 €**
84	2017 Riesling trocken Schwabsburger **12 %/9,20 €**
86	2017 Riesling trocken Orbel **12 %/17,20 €**
88	2017 Riesling trocken „Rabenturm" **12,5 %/20,70 €**
82?	2017 Riesling trocken Pettenthal **13 %/23,- €**
87	2017 Riesling Auslese Niersteiner Schloss Schwabsburg **9,5 %/11,50 €**
87	2017 Riesling Beerenauslese „The Little Bird" Orbel **8,5 %/28,80 €/0,375l**
85	2013 Spätburgunder trocken „vom Kalkstein" **12,5 %/9,20 €**

GEORG GUSTAV HUFF

★★★

KONTAKT

Woogstraße 1
55283 Nierstein
Tel. 06133-50514
Fax: 06133-61395
www.weinguthuff.com
info@weingut-huff.com

Inhaber
Dieter Huff
Kellermeister
Daniel & Stefan Huff
Rebfläche
22 Hektar
Produktion
180.000 Flaschen

BESUCHSZEITEN

Mo.-Fr. 8-12 + 13:30-18 Uhr,
Sa. 9-17 Uhr, So. 10-12 Uhr

Seit 300 Jahren baut die Familie Wein in Nierstein an. Dieter Huff hat das Weingut 1989 übernommen. Die Weinberge liegen unter anderem in den Niersteiner Lagen Hipping, Pettenthal, Schloss Schwabsburg, Bildstock, Ebersberg und Kirchplatte. Riesling nimmt etwa ein Viertel seiner Rebfläche ein. Es folgen Spätburgunder, Dornfelder, Müller-Thurgau, Portugieser, Chardonnay, Grauburgunder und Weißburgunder. Sohn Daniel, Weinbautechniker, ist seit 2003 für den Ausbau der Weine verantwortlich. Der jüngere Sohn Stefan ist nach Beendigung seiner Technikerausbildung in Weinsberg und praktischen Erfahrungen in Rheinhessen (Peth-Wetz), an der Ahr (Burggarten), in Österreich und in Australien 2010 ebenfalls in den Betrieb eingestiegen, kümmert sich um den Ausbau der Rotweine.

Kollektion

Die trockenen Lagen-Rieslinge sind stark wie nie, allen voran der Wein vom Rehbacher Steig Sonnenseite, der konzentriert und kraftvoll ist, faszinierend reintönig und eindringlich, gute Struktur und Substanz besitzt. Der gelbfruchtige Riesling von alten Reben im Hipping besitzt viel Fülle und Saft wie auch der konzentrierte Riesling Schloss Schwabsburg. Aber nicht nur die Spitze überzeugt, auch die Basis: Der Niersteiner Silvaner ist füllig und saftig, der Riesling vom Löss frisch und geradlinig, der Riesling vom roten Hang ist würziger, zupackender. Auch der Reserve-Pinot Blanc ist stark wie nie, zeigt intensive Frucht, etwas Vanille, ist kompakt, besitzt viel reife Frucht und Substanz. Edelsüße hat der Jahrgang 2017 mit Auslese und Beerenauslese aus Schloss Schwabsburg zu bieten, beide sind duftig, konzentriert und dick. Die Rotweine sind im Jahrgang 2015 recht kompakt, der Niersteiner Spätburgunder ist frisch und zupackend, der Spätburgunder von alten Reben aus dem Rosenberg ist rauchig, kraftvoll und strukturiert.

Weinbewertung

84	2017 Silvaner trocken Niersteiner **12,5 %/11,- €**
83	2017 Riesling trocken „vom Löss" **11,5 %/5,50 €**
84	2017 Riesling trocken „Roter Hang" Niersteiner **12 %/6,20 €**
88	2017 Pinot Blanc trocken „Reserve" **12,5 %/11,50 €**
87	2017 Riesling trocken Niersteiner Schloss Schwabsburg **12,5 %/12,50 €**
88	2017 Riesling trocken „Alte Reben" Niersteiner Hipping **13 %/17,- €**
90	2017 Riesling trocken „Rehbacher Steig Sonnenseite" Pettenthal **12,5 %/21,- €**
86	2017 Riesling Auslese Niersteiner Schloss Schwabsburg **8 %/13,- €**
88	2017 Riesling Beerenauslese Niersteiner Schloss Schwabsburg **7,5 %/16,- €**
84	2015 Spätburgunder trocken Niersteiner **13 %/10,50 €**
81	2015 Frühburgunder trocken Niersteiner **12,5 %/11,50 €**
85	2015 Spätburgunder trocken „Alte Reben" Niersteiner Rosenberg **13,5 %/17,- €**

HUFF-DOLL

★★☆

KONTAKT

Weedstraße 6
55457 Horrweiler
Tel. 06727-343
Fax: 06727-5366
www.huff-doll.de
weingut@huff-doll.de

H

Inhaber
Bettina & Ulrich Doll
Kellermeister
Ulrich Doll
Rebfläche
13 Hektar
Produktion
60.000 Flaschen

BESUCHSZEITEN

Mo.-Sa. nach Vereinbarung

Seit 1848 bewirtschaftet die Familie Weinberge rund um Horrweiler, wo die Reben auf schweren, kalkhaltigen Böden wachsen. Gudrun und Ernst Doll übernahmen 1960 das Gut und stellten von einem landwirtschaftlichen Mischbetrieb auf Weinbau und Flaschenweinvermarktung um. 2002 ist ihr Sohn Ulrich, Weinbautechniker, in den Betrieb eingestiegen, den er inzwischen übernommen hat. Seit 2011 ist auch seine Frau Bettina im Betrieb tätig, kümmert sich um Büro und Marketing. Die Weinberge liegen in Horrweiler, nur beim Spitzenriesling wird die Lage Gewürzgärtchen auf dem Etikett hervorgehoben. Grauburgunder, Riesling und Spätburgunder sind die wichtigsten Rebsorten, gefolgt von Silvaner und Weißburgunder, dazu gibt es Scheurebe, Chardonnay, St. Laurent und Cabernet Dorsa. 2014 konnte die Rebfläche kräftig erweitert werden von bisher gut 8 Hektar auf nun 13 Hektar.

Kollektion

Eine stimmige Kollektion präsentieren Bettina und Ulrich Doll auch in diesem Jahr, die aber anders als im vergangenen Jahr nicht von einem Riesling – der neuen Gewürzgärtchen-Riesling wurde noch nicht präsentiert – sondern von einem Silvaner angeführt wird. Der Silvaner Reserve aus dem Jahrgang 2016 ist sehr vom Ausbau im Holz geprägt, aber er besitzt Fülle und Kraft, viel reife Frucht und gute Struktur, auch der 2016er Prestige-Silvaner hat seit vergangenem Jahr an Komplexität gewonnen. Die Scheurebe ist frisch und geradlinig, der Chardonnay lebhaft und fruchtbetont, der Grauburgunder Prestige besitzt intensive Frucht, der Riesling Prestige ist würzig und saftig. Unter den roten Cuvées war die von Gewürznoten geprägte Cuvée Milena Johanna bei unserer Verkostung (noch?) ein wenig aggressiv und unharmonisch, so dass uns die Rote Leidenschaft am besten gefallen hat, sie besitzt rauchige Noten, eine feine Rotfruchtaromatik, gute Struktur und Frische. ➡

Weinbewertung

84 2017 Scheurebe trocken „Independent" **12,5 %/6,90 €**
83 2017 Chardonnay trocken **12,5 %/6,90 €**
82 2017 Grauburgunder trocken **12,5 %/6,90 €**
83 2017 Riesling trocken **12,5 %/6,50 €**
84 2017 Grauburgunder trocken „Prestige" **13 %/8,90 €**
84 2017 Riesling trocken „Prestige" **12,5 %/8,90 €**
84 2016 Silvaner trocken „Prestige" **13,5 %/8,90 €**
87 2016 Silvaner trocken „Reserve" **13,5 %/19,90 €**
82 2016 „Rote Freude" Rotwein trocken **13 %/6,90 €**
85 2016 „Rote Leidenschaft" Rotwein trocken **13,5 %/9,20 €**
83? 2015 „Milena Johanna" Rotwein trocken „Reserve" **14 %/19,90 €**

HULLER

★☆

N

KONTAKT

Maintalstraße
97855 Homburg am Main
Tel. 09395-7809520
Fax: 09395-7809522
www.weingut-huller.de
info@weingut-huller.de

Inhaber
Michael Huller
Rebfläche
6 Hektar
Produktion
24.000 Flaschen

BESUCHSZEITEN

Mo./Mi./Fr. 13-18 Uhr oder nach Vereinbarung

HULLER
WEINGUT

Michael Huller, gelernter Schreiner, beschloss die Familienweinberge nicht länger im Nebenerwerb zu bewirtschaften, sammelte Erfahrungen bei bekannten Weingütern in Franken (Schloss Sommerhausen, Fürst, Stadt Klingenberg), in Kalifornien (Boeger) und in der Toskana (Corzano e Paterno), kaufte 2010 zusammen mit Ehefrau Isabella einen alten Gutshof aus dem Jahr 1860 und legte damit den Grundstein für das eigene Weingut. Nach Umbauten und der Erweiterung der Rebfläche begannen sie im Jahr 2013 den Wein komplett in eigener Regie auszubauen. 2018 wurde ein über 100 Jahre brach liegender, 1,2 Hektar großer Terrassenweinberg in Collenberg im Gemischten Satz neu bestockt. Der Rest der Reben wächst in den Homburger Lagen Kallmuth und Edelfrau, wo vor allem weiße Rebsorten, aber auch 20 Prozent rote Sorten angebaut werden.

Kollektion

Eine starke Kollektion präsentiert Michael Huller zum Debüt, schon die Basisweine sind fruchtbetont, frisch und sortentypisch. Sehr stimmig präsentiert sich das Silvaner-Quartett vom lebhaften Gutswein über den klaren, zupackenden trockenen Kabinett und dem fruchtbetonten, geradlinigen Blauen Silvaner bis hin zur Luna genannten trockenen Spätlese, dem Highlight der Kollektion: Feine Würze, Konzentration, Fülle, Kraft, gute Struktur und viel reife Frucht. Sehr gut ist auch die Rieslaner Spätlese, zeigt gute Konzentration, reintönige Frucht, etwas Grapefruit, ist klar und zupackend, strukturiert und frisch. Aber Michael Huller versteht sich auch auf Rotweine: Der Regent ist intensiv fruchtbetont bei dezenter jugendlicher Bitternote, die Domina besitzt Fülle und Kraft, gute Struktur und Frucht, noch ein klein wenig besser gefällt uns der im Barrique ausgebaute gewürzduftige Cabernet Dorsa, der gute Struktur und reife Frucht besitzt. Ein überzeugendes Debüt!

Weinbewertung

82	2016 Silvaner trocken Homburger Kallmuth **11,5 %/5,50 €**
83	2017 Müller-Thurgau trocken Homburger Kallmuth **12 %/5,50 €**
84	2016 Silvaner Kabinett trocken Homburger Kallmuth **12 %/7,50 €**
85	2016 Blauer Silvaner Kabinett trocken Homburger Kallmuth **12 %/8,50 €**
84	2016 Weißer Burgunder Kabinett trocken Homburger Kallmuth **12,5 %/7,50 €**
87	2016 Silvaner Spätlese trocken „Luna" Homburger Kallmuth **13 %/12,- €**
82	2017 „Einfach Weiß" Weißwein halbtrocken **11,5 %/5,50 €**
85	2017 Rieslaner Spätlese Homburger Kallmuth **11,5 %/10,- €**
83	2017 Domina Rosé trocken Homburger Kallmuth **12 %/6,- €**
83	2015 Regent trocken Homburger Kallmuth **13 %/6,- €**
85	2016 Domina trocken Homburger Kallmuth **13 %/8,- €**
86	2015 Cabernet Dorsa trocken Barrique Homburger Kallmuth **13 %/12,- €**

Hummel

★★★

KONTAKT

Wein & Sektgut Bernd Hummel,
Inh. Daniel Rhein
Oberer Mühlweg 5
69254 Malsch
Tel. 07253-27148
Fax: 07253-25799
www.weingut-hummel.de
info@weingut-hummel.de

Inhaber
Daniel Rhein
Rebfläche
8 Hektar
Produktion
50.000 Flaschen

BESUCHSZEITEN

Mo.-Fr. 17-19 Uhr, Sa. 10-14 Uhr und nach Vereinbarung

Daniel Rhein ist seit 1. Juli 2016 neuer Inhaber des Weinguts Hummel in Malsch. Der junge Oberfranke hat in Geisenheim Weinbau und Önologie studiert und an der Uni Gießen einen Masterabschluss erlangt. Während des Studiums hatte er bereits ein Praktikum bei Bernd Hummel gemacht. Burgundersorten (inklusive Schwarzriesling und Auxerrois) nehmen 80 Prozent der Rebfläche ein, rote Sorten zusammen zwei Drittel. Spätburgunder, Lemberger, Schwarzriesling und Cabernet Sauvignon werden angebaut, aber auch Cabernet Mitos, Regent und Dornfelder, inzwischen auch Syrah. Bei den weißen Sorten dominieren Riesling und die Burgundersorten, Sauvignon Blanc spielt eine immer wichtigere Rolle.

Kollektion

Am besten haben uns bei den Weißweinen die beiden Sekte gefallen. Interessant ist das Trio der Sauvignon Blanc. Keine Fruchtbomben, sondern Weine aus hoch reifem Lesegut, was sich (leider) am hohen Alkoholgehalt bemerkbar macht. Guten Extrakt und gute Balance zeigt Sauvignon Blanc „S" mit etwas Zitrus und salziger Länge, „Leopold" ist konzentrierter, zeigt kräftige Eleganz. Der „Reserve" von 2015 erinnert an einen Condrieu und hat auch eine ähnliche opulente Fülle wie der Viognier von der Rhone. Schwere Blüten- und Honigaromatik mit salzigem Ende. Bei den sehr guten Rotweinen sehen wir zwei elegante, vibrierende Spätburgunder an der Spitze, gefolgt vom kraftvollen Schwarzriesling Spätlese R, dem pfeffrig-würzigen Syrah und dem sehr guten Cabernet Sauvignon, der sich erst nach Tagen öffnete.

Weinbewertung

89 2013 „Blanc de Noir" Sekt brut **12,5 %/7,50 €/0,375l**
88 2013 Riesling Sekt brut **13 %/7,50 €/0,375l**
84 2017 Weißburgunder Kabinett trocken Malscher Ölbaum **12,5 %/9,90 €**
85 2017 Chardonnay „S" trocken Malscher Ölbaum **13 %/13,20 €**
86 2017 Sauvignon Blanc „S" trocken Malscher Ölbaum **13 %/15,- €**
84 2017 Grauburgunder „S" trocken Malscher Ölbaum **13 %/13,20 €**
87 2017 Sauvignon Blanc trocken „Leopold" Malscher Ölbaum **13,5 %/19,- €**
87 2015 Sauvignon Blanc trocken „Reserve" Malscher Ölbaum **14,5 %/35,- €**
87 2015 Cabernet Sauvignon Spätlese trocken Malscher Rotsteig **13,5 %/12,90 €**
86 2015 Cuvée Cabernet Spätlese trocken Malscher Rotsteig **13,5 %/12,90 €**
87 2015 Lemberger Auslese „R" trocken Malscher Rotsteig **14,5 %/35,- €**
89 2015 Spätburgunder trocken „Reserve" Malscher Rotsteig **13,5 %/25,- €**
87 2015 Schwarzriesling trocken „Reserve" Malscher Rotsteig **13,5 %/25,- €**
88 2015 Schwarzriesling Spätlese „R" trocken Malscher Rotsteig **14 %/39,- €**
88 2015 Syrah trocken „Reserve" Malscher Rotsteig **14 %/29,- €**
90 2015 Spätburgunder Auslese trocken „RR" Malscher Rotsteig **14 %/75,- €**

Kilian und Martina Hunn

★★

KONTAKT

Rathausstraße 2
79288 Gottenheim
Tel. 07665-6207
Fax: 07665-6223
www.weingut-hunn.de
mail@weingut-hunn.de

Inhaber
Kilian & Martina Hunn
Rebfläche
24 Hektar
Produktion
190.000 Flaschen

BESUCHSZEITEN

Mo.-Fr. 8-12:30 Uhr + 14:30-19 Uhr, Sa. 8-16 Uhr
Straußwirtschaft (Mitte Juni bis Ende Aug., Mo.-Fr. ab 17 Uhr, Sa. ab 16 Uhr)

Das Weingut Hunn in Gottenheim, westlich von Freiburg am Tuniberg gelegen, wurde 1982 von Felix Hunn gegründet mit damals einem halben Hektar Weinberge. 1998 übernahmen es Sohn Kilian und Ehefrau Martina. Nach und nach erweiterten sie die Rebfläche auf die heutige Größe (überwiegend in der Lage Gottenheimer Kirchberg). Der Gottenheimer Kirchberg ist eine mit einer Lössschicht überzogene Kalkscholle aus der Zeit des Jura. Des Weiteren sind sie im Merdinger Bühl und im Opfinger Sonnenberg vertreten. Die Burgundersorten nehmen drei Viertel der Weinberge ein. Wichtigste Rebsorte ist Spätburgunder mit einem Anteil von 35 Prozent. Es folgen Weiß- und Grauburgunder, Chardonnay, Riesling und Müller-Thurgau. Seit 1993 gibt es im traditionellen Verfahren erzeugte Sekte. 2011 wurde die Ausstattung geändert, drei verschiedene Farben kennzeichnen die Weinlinien „Die jungen Frischen", „Die jungen Wilden" und die „Hunn-Selectionen".

Kollektion

Im vergangenen Jahr führte der wunderschön reintönige 2014er Pinot Noir eine starke Kollektion an. Rotweine konnten wir dieses Jahr nicht verkosten, aber das, was Kilian und Martina Hunn präsentieren, gefällt. Der rauchige, harmonische Sekt beispielsweise oder die allesamt fruchtbetonten, sortentypischen Kabinettweine. Der Viognier besitzt reintönige Frucht, Fülle und Kraft, der Fumé Blanc Reserve ist rauchig, herrlich eindringlich, komplex und strukturiert. Der Reserve-Chardonnay zeigt gute Konzentration und reintönige Frucht, besitzt reife Frucht, gute Struktur und Kraft. Ganz Stark ist auch der Reserve-Grauburgunder, zeigt gelbe Früchte, ist kraftvoll, druckvoll, besitzt viel reife Frucht und Substanz. Eine starke Kollektion mit der das Weingut beweist, dass es zur Spitze am Tuniberg zählt.

Weinbewertung

85 2015 Pinot Sekt brut **12,5 %/12,50 €**
82 2017 Weißer Burgunder Kabinett trocken (Junge Frische) **12 %/8,50 €**
83 2017 Grauer Burgunder Kabinett trocken (Junge Frische) **13 %/9,- €**
84 2017 Grauer Burgunder trocken (Junge Wilde) **14 %/9,50 €**
84 2017 Chardonnay Kabinett trocken (Junge Wilde) **14 %/9,50 €**
87 2016 Grauburgunder „Reserve" **14 %/16,50 €**
84 2017 Weißer Burgunder trocken „Alte Reben" (Junge Wilde) **13 %/9,50 €**
86 2016 Chardonnay „Reserve" **13,5 %/16,50 €**
87 2015 „Fumé Blanc Reserve" **14 %/18,50 €**
86 **2016** Viognier trocken (Junge Wilde) **14 %/12,50 €**
81 2017 Weißer Burgunder Kabinett (Junge Frische) **12 %/8,50 €**
85 2016 Ruländer Eiswein **9,5 %/29,50 €/0,375l**

Huster

★☆

KONTAKT

Huster Ökologischer Weinbau
Rosenstraße 13
55218 Ingelheim
Tel. 06130-944114
Fax: 06130-944116
www.weingut-huster.de
info@weingut-huster.com

Inhaber
Raimund & Jutta Huster,
Tobias Huster
Betriebsleiter/Kellermeister/
Außenbetrieb
Tobias Huster
Rebfläche
12 Hektar

BESUCHSZEITEN

Di.-Fr. 17-19 Uhr, Sa. 10-16 Uhr
Straußwirtschaft

Friedrich und Anneliese Huster gründeten 1955 den Betrieb als typischen rheinhessischen Gemischtbetrieb mit Viehzucht, Acker- und Weinbau, Anfang der siebziger Jahre spezialisierte man sich auf Wein. Sohn Raimund begann mit damals 3 Hektar Reben mit der Flaschenweinvermarktung. Zusammen mit Ehefrau Jutta Huster baut er den Betrieb weiter aus, eröffnet 1996 eine Straußwirtschaft, die drei Monate im Jahr an den Wochenenden geöffnet hat. Im gleichen Jahr wurde auf ökologische Bewirtschaftung umgestellt. Nach Abschluss seines Geisenheim-Studiums stieg Sohn Tobias 2008 in den Betrieb ein und übernahm die Verantwortung für den Keller. 2012 wurden Traubenproduktion und Außenbetrieb ausgesiedelt, befinden sich nun inmitten der Ingelheimer Weinberge. 55 Prozent der Rebfläche nehmen weiße Sorten ein, wie Riesling, Silvaner, Weiß- und Grauburgunder. Wichtigste rote Rebsorten sind Spätburgunder, Portugieser, Regent und St. Laurent.

Kollektion

Im vergangenen Jahr führten Syrah und Frühburgunder eine starke, gleichmäßige Kollektion an. Auch in diesem Jahr haben mit Spät- und Frühburgunder wieder die Rotweine die Nase vorne, gleichauf sehen wir aber auch einen Weißwein – der jedoch auch von einer roten Traube stammt. Der Spätburgunder Blanc de Noir besitzt Fülle und Kraft, gute Struktur und Frucht, ist noch jugendlich. Der zweite Blanc de Noir, der Syrah, ist geradlinig und fruchtbetont, aber auch deutlich restsüß. Die sonstigen Weißweine sind frisch und sortentypisch, am besten gefällt uns der klare, zupackende Grauburgunder. Aus dem Jahrgang 2013 stammen die beiden sehr guten Rotweine: Die trockene Spätburgunder Spätlese zeigt intensiv rote Früchte, ist füllig, zupackend, besitzt eine dezente Schokonote, der erdbeerduftige Frühburgunder setzt ganz auf Frische und Frucht. ▬

Weinbewertung

81 2017 „frizzz" Perlwein trocken **10,5 %/6,50 €**
81 2015 Pinot „Blanc de Noirs" Sekt brut **12,5 %/9,30 €**
81 2017 Riesling trocken **12 %/6,50 €**
82 2017 Silvaner trocken **12,5 %/6,30 €**
84 2017 Grauer Burgunder trocken **12 %/6,30 €**
81 2017 Souvignier Gris **11,5 %/6,70 €**
85 2017 Spätburgunder „Blanc de Noir" trocken „Q1" **11 %/7,20 €**
83 2017 Syrah „Blanc de Noirs" **10,5 %/7,- €**
82 2017 Weißburgunder **12 %/6,50 €**
82 2017 Kerner **10 %/6,10 €**
85 2013 Spätburgunder Spätlese trocken **14 %/11,80 €**
86 2013 Frühburgunder Auslese trocken „Q1" **13 %/14,80 €**

IDLER

★★☆

KONTAKT

Hauptstraße 74
71384 Weinstadt-Strümpfelbach
Tel. 07151-600631
www.weingut-idler.de
info@weingut-idler.de

Inhaber
Marcel Idler
Rebfläche
6,5 Hektar

BESUCHSZEITEN

Mi. 17-19 Uhr, Sa. 10-13 Uhr und nach Vereinbarung

Marcel Idler gründete 2012, mit 24 Jahren, sein eigenes Weingut, das mitten in Strümpfelbach liegt. Marcel Idler hat nach seiner Winzerlehre in Geisenheim studiert und zahlreiche Praktika absolviert (Südafrika, Roussillon, Provence, Schweiz). Seine Weinberge liegen in Strümpfelbach, wo die Reben auf kalkhaltigen Keuper- und Mergelböden wachsen, die mit Schichten von Sandstein durchzogen sind. Er baut vor allem Trollinger, Riesling und Lemberger an, aber auch Müller-Thurgau, Silcher und Cabernet Blanc, Sauvignon Blanc, sowie an weiteren roten Rebsorten Cabernet Sauvignon, Merlot, Portugieser und Dornfelder, hat inzwischen den Sortenspiegel ergänzt um Rebsorten wie Weißburgunder, Chardonnay und Grauburgunder. Die Weine werden teils im Holz, teils im Edelstahl ausgebaut. Die Weinberge werden biologisch bewirtschaftet, Marcel Idler ist Mitglied bei Bioland.

Kollektion

Es geht stetig weiter voran, weiß wie rot. Ein rauchiger, zupackender Brut Nature-Sekt eröffnet in diesem Jahr den Reigen. Sehr gut gefällt uns die fruchtbetonte weiße Keupergrund-Cuvée, die konzentrierte, kraftvolle Pinot-Cuvée bietet eine weitere Steigerung. Gleiches Bild beim Riesling-Duo: Der Wein vom bunten Mergel ist strukturiert und zupackend, der Riesling von alten Reben deutlich kraft- und druckvoller. Der Rosé ist fruchtbetont und klar, der Lemberger wunderschön reintönig und zupackend, die rote Keupergrund-Cuvée setzt ganz auf Frische und Frucht. An der Spitze der Kollektion stehen drei beeindruckende Reserve-Rotweine: Die Cuvée besitzt Kraft, Struktur und viel Frucht wie auch der gewürzduftige Zweigelt, der noch von Kräuter- und Toastnoten geprägte Lemberger ist stoffig und kraftvoll, braucht noch Zeit. Weiter im Aufwind!

Weinbewertung

87 2015 Pinot Sekt brut nature **11,5 %/12,90 €**
85 2017 „Vom Keupergrund" Weißweincuvée trocken **12 %/7,40 €**
85 2016 Riesling trocken „vom bunten Mergel" **12 %/8,90 €**
83 2017 Weißburgunder trocken „vom Gipskeuper" **12 %/8,90 €**
87 2016 „Pi-not" Weißweincuvée trocken **13 %/14,50 €**
87 2016 Riesling trocken „Alte Reben" **12,5 %/15,- €**
85 2017 Rosé trocken **11,5 %/6,- €** ☺
83 2017 Trollinger trocken **12,5 %/6,- €**
85 2016 „Vom Keupergrund" Rotweincuvée trocken **12,5 %/8,90 €**
86 2016 Lemberger trocken **13 %/10,- €**
88 2015 „Vom Keupergrund" Rotweincuvée trocken „Reserve" **14 %/19,50 €**
88 2016 Zweigelt trocken „Reserve" **13,5 %/18,50 €**
88 2015 Lemberger trocken „Reserve" **14 %/22,- €**

IDLER

Ihle

★

KONTAKT

Höfe am Sträßel 3
69231 Rauenberg
Tel. 06222-64692
Fax: 06222-64259
www.weingut-ihle.de
weingut.ihle@t-online.de

Inhaber
Michael Ihle, Andreas Ihle, Sabine Haas
Rebfläche
6 Hektar
Produktion
35.000 Flaschen

BESUCHSZEITEN

Mo.-Fr. 10-12 + 16-18:30 Uhr, Sa. 10-14 Uhr
Besenwirtschaft (Mitte März bis Anfang Juni und Mitte Sept. bis Ende Nov.)

Der Ihle-Hof in Rauenberg ist nicht nur ein Weingut, sondern auch ein Bauernhof mit Schweinen, Hühnern, Ziegen und Pferden. Im Hofladen kann man alle Produkte aus der eigenen Produktion erwerben. Das Weingut besteht seit 1988, heute wird es von drei Geschwistern geführt. Für Weinberge und Keller sind Michael Ihle und Andreas Ihle verantwortlich, ihre Schwester Sabine kümmert sich um den Verkauf und die Besenwirtschaft. Die Weinberge liegen alle in der einzigen für Rauenberg eingetragenen Lage, dem Burggraf, allerdings wird die Lage nicht auf den Etiketten angegeben. An weißen Sorten werden Müller-Thurgau, Weißburgunder, Grauburgunder, Auxerrois, Riesling, Scheurebe und Gewürztraminer angebaut, inzwischen auch Cabernet Blanc. An roten Sorten gibt es Portugieser, Spätburgunder, Dornfelder, Lemberger, St. Laurent, Cabernet Mitos und Syrah. Auch Sekt wird hergestellt, ebenso Edelbrände und Liköre.

Kollektion

Eine gleichmäßige Kollektion zeigt uns das Weingut Ihle in diesem Jahr. Zwei Barriqueweine sehen wir an der Spitze. Der Weißburgunder aus dem kleinen Holzfass zeigt Vanille im Bouquet, er ist nicht breit, noch vom Holz geprägt, hat eine schöne Saftigkeit mit feiner Frucht. Der Spätburgunder zeigt Röstaromen, die in Richtung Reifenabrieb (Pirelli-Ton) gehen, was nicht uninteressant ist. Die Säurestruktur ist gut, es fehlt die Konzentration. Tanninbetont ist der Cabernet Sauvignon mit typischen Aromen von grünem Paprika. Tanninbetont ist auch die Cuvée Dreiklang, die viel Frucht zeigt. Charta Cuvée ist saftig und gut komponiert, ausgewogen. Feine reife Frucht zeigt der Weißburgunder. Sortentypisch sind Riesling und Grauburgunder, der Cabernet Blanc ist sehr füllig. Viel süße Frucht zeigt der Auxerrois.

Weinbewertung

80	2017 Cabernet Blanc trocken **14 %/8,60 €**
81	2017 Auxerrois Kabinett trocken **13 %/7,20 €**
83	2017 „Charta" Weißwein trocken **12,5 %/8,90 €**
82	2016 Riesling Spätlese trocken **12,5 %/8,60 €**
83	2017 Weißburgunder Spätlese trocken **12,5 %/8,60 €**
82	2017 Grauburgunder Kabinett trocken **13 %/7,20 €**
84	2016 Weißburgunder Barrique **13 %/12,80 €**
83	2015 „Dreiklang" Rotweincuvée trocken **13,5 %/9,80 €**
82	2016 Lemberger trocken „Alte Reben" **12,5 %/8,60 €**
81	2016 Cabernet Sauvignon trocken **12 %/8,60 €**
84	2015 Spätburgunder trocken Barrique **13,5 %/15,80 €**

ILMBACHER HOF

★★☆

KONTAKT

Lange Gasse 36
97346 Iphofen
Tel. 09323-3657
Fax: 09323-6306
www.ilmbacher-hof.de
info@ilmbacher-hof.de

Inhaber
Thomas Fröhlich
Rebfläche
4,7 Hektar
Produktion
35.000 Flaschen

BESUCHSZEITEN

Mo.-Fr. 10-18 Uhr, Di. 14-18 Uhr, Sa. 10-16 Uhr sowie nach Vereinbarung
Besenwirtschaft (Mai, Sept.)
Ferienwohnungen

Der mitten in Iphofen gelegene Ilmbacher Hof, ursprünglich ein Gutshof der Kartäusermönche des Klosters Ilmbach, befindet sich seit sechs Generationen im Besitz der Familie Fröhlich, wird heute von Thomas und Andrea Fröhlich geführt. Ihre Weinberge liegen in den Iphöfer Lagen Julius-Echter-Berg, Kalb und Kronsberg (mit über 40 Jahre alten Reben), sowie im Rödelseer Küchenmeister, die Reben wachsen auf Keuperböden. Silvaner ist die wichtigste Rebsorte im Betrieb, nimmt knapp ein Drittel der Weinberge ein, es folgen Müller-Thurgau und Bacchus, Kerner, Riesling, Scheurebe und Weißburgunder. Rote Sorten wie Domina, Regent oder Acolon nehmen 14 Prozent der Rebfläche ein. Die Weine werden teils im Holz, teils im Edelstahl ausgebaut, Thomas Fröhlich hat zuletzt weiter in Holz investiert. Im Mai 2016 war erstmalig die Besenwirtschaft geöffnet, im Winter 2018/2019 wird die Karthäuser-Scheune zur Vinothek und Event-Location umgebaut.

Kollektion

Thomas Fröhlich schärft weiter das Profil seiner Weine. Bestechend der Einstieg: Der Liter-Silvaner ist fruchtbetont und frisch, klar und zupackend. Auch sonst kristallisiert sich Silvaner immer mehr zur Leitsorte im Betrieb heraus: Der Sekt ist fein rauchig, frisch und klar, die beiden Julius-Echter-Berg-Silvaner besitzen gute Fülle, Kraft und Substanz. An der Spitze steht der teilweise im Tonneaux ausgebaute Silvaner von alten Reben, der gute Konzentration und rauchige Noten zeigt, Fülle, Kraft und reintönige reife Frucht besitzt. Aber auch der Müller wird von Thomas Fröhlich nicht vernachlässigt, das kennen wir schon seit wir seine Weine vorstellen. Der Müller-Thurgau Edition ist würzig, klar und zupackend, der zu einem Drittel im Barrique ausgebaute Müller-Thurgau von alten Reben besitzt Fülle und Saft, gute Struktur und Substanz. Starke Kollektion!

Weinbewertung

84	2016 Silvaner „Alte Reben" Sekt **12,5 %/14,- €**
84	2017 Silvaner trocken (1l) **12 %/6,- €** ☺
86	2017 Silvaner trocken Iphöfer Julius-Echter-Berg **11,5 %/7,50 €**
84	2017 Müller-Thurgau trocken „Edition 105" **12 %/7,50 €**
87	2017 Weißer Burgunder trocken „JMF" Iphöfer Kronsberg **12 %/9,50 €**
86	2017 Scheurebe trocken Iphöfer Kronsberg **12,5 %/9,50 €**
86	2017 Silvaner trocken „Echter" Iphöfer Julius-Echter-Berg **12 %/9,50 €**
85	2017 Riesling trocken Iphöfer Kronsberg **12 %/9,50 €**
88	2017 Müller-Thurgau trocken „Alte Reben" **13 %/13,50 €**
88	2017 Silvaner trocken „Alte Reben" **13 %/13,50 €**
84	2017 „SommerTime" Weißwein **11,5 %/6,- €**

Immengarten Hof

★★

KONTAKT

Marktstraße 62
67487 Maikammer
Tel. 06321-59400
Fax: 06321-57437
www.immengarten-hof.de
info@immengarten-hof.de

Inhaber
Frank Höhn
Rebfläche
15 Hektar
Produktion
100.000 Flaschen

BESUCHSZEITEN

Mo.-Fr. 14-18 Uhr, Sa. 10-17 Uhr, So. 10:30-12:30 Uhr und nach Vereinbarung
Gästezimmer, Ferienwohnung

Der Immengarten Hof in Maikammer gehört seit 1865 der Familie Höhn. Frank Höhn, der seit dem Jahr 2000 seine Eltern im Betrieb unterstützt hatte, hat das Gut 2010 übernommen. Die Weinberge liegen nicht nur in Maikammer (Heiligenberg, Kapellenberg) sondern auch in Diedesfeld (Berg), Hambach (Schlossberg) und Venningen. Die Sortenvielfalt ist groß bei den Höhns, über 20 verschiedene Rebsorten werden angebaut. So findet man neben Dornfelder, Spätburgunder und Sankt Laurent auch Merlot, Syrah, Cabernet Franc, Blaufränkisch und einige der Weinsberger Neuzüchtungen (Cabernet Dorsa, Cabernet Cubin). Im weißen Segment gibt es Riesling, Weiß- und Grauburgunder, Auxerrois, Chardonnay, Sauvignon Blanc, Muskateller und Gewürztraminer, dazu aber auch Neuzüchtungen wie Kerner, Müller-Thurgau und Huxelrebe.

Kollektion

Nur eine kleine Rumpfkollektion aus sechs Weinen konnten wir in diesem Jahr vom Immengarten Hof verkosten, alle sind von einer jeweils deutlichen Restsüße geprägt, auch die beiden Roten: Der Syrah, der an der Spitze des Sortiments steht, zeigt röstige Würze, Mokka und dunkle Schokolade im Bouquet, ist kraftvoll, besitzt gute Konzentration und viel Würze, lässt aber auch etwas den hohen Alkoholgehalt spüren, der Spätburgunder zeigt dunkle Frucht, Schwarzkirsche, duftet auch nach Rum-Trauben-Nuss-Schokolade, am Gaumen besitzt er Kraft und Stoff und gut eingebundenes Holz. Beim Chardonnay aus dem Heiligenberg ist das Holz deutlicher präsent, mit Noten von Kokos und Blutorange, der Wein ist kraftvoll, füllig und weich mit dezenter Zitruswürze, der 2016er Riesling aus dem Kapellenberg zeigt dezente Reifenoten, aber auch Zitrusfrüchte, Ananas, und ebenfalls etwas Kokoswürze vom Ausbau im Holz, am Gaumen besitzt er gute Länge. Der Buntsandstein-Riesling ist saftig und frisch und zeigt viel klare Frucht im Bouquet, mit Noten von Aprikose, grünem Apfel und Zitrusfrucht, Zitrusnoten erkennen wir auch beim restsüß ausgebauten Muskateller, dessen süße Frucht von einem frischen Säurespiel gut abgepuffert wird.

Weinbewertung

84 2017 Riesling trocken „Buntsandstein" **12,5 %/7,50 €**
86 2016 Riesling Maikammer Kapellenberg **13 %/8,90 €**
86 2016 Chardonnay trocken Maikammer Heiligenberg **13,5 %/10,90 €**
84 2017 Gelber Muskateller **11,5 %/7,30 €**
87 2015 Spätburgunder „R" trocken **13,5 %/15,90 €**
88 2015 Syrah trocken Maikammer Heiligenberg **14,5 %/15,90 €**

IMMICH-ANKER

★☆

KONTAKT

Am Steffensberg 19
56850 Enkirch
Tel. 06541-6230
Fax: 06541-4965
www.mosel.net
immich-anker@mosel.net

Inhaber
Daniel S. Immich
Rebfläche
3,5 Hektar
Produktion
23.000 Flaschen

BESUCHSZEITEN

Vinothek täglich ab 9 Uhr,
Weinproben nach Vereinbarung
Saisonal Straußwirtschaft
(Do.-Sa. ab 17 Uhr)

IMMICH ANKER

Daniel Immich führt das Weingut im Zentrum von Enkirch seit 2009. Selbstverständlich war diese Entscheidung nicht, denn der junge Mann studierte erst Politik, BWL, Englisch und Germanistik, arbeitete in England, begann 2007 eine Winzerausbildung bei Clüsserath-Weiler und in den Bischöflichen Weingütern. Die Familie kann ihre Weinbaugeschichte bis ins Jahr 1425 zurückverfolgen, was nicht bedeutet, dass nicht auch neue Ideen umgesetzt werden. So hat Immich alte Flächen rekultiviert und eine schonende Weinpresse angeschafft, er investierte auch in Edelstahltanks. Die Weine vergären teils spontan, auf die Zugabe von Enzymen verzichtet er. Dank seiner Erfahrungen hat Immich auch im Export Erfolge vorzuweisen; die USA sind ein wichtiger Markt geworden.

Kollektion

Die im vergangenen Jahr verkostete Kollektion des Weinguts gefiel mit ihrer Gleichmäßigkeit, die auch die Schaumweine einschloss. Dass sich der Betrieb mit dieser Form der Vinifikation seit vielen Jahren auskennt, beweisen nun die beiden vorgestellten Sekt-Spezialitäten, die beide mit dreijährigem Hefelager aufwarten. Der als brut nature bezeichnete Sekt wirkt mit seiner komplexen Aromatik und Noten von Hefe, reifen Äpfeln, Birnen und Gewürzen noch etwas spannender als das – leicht – dosierte Pendant. Unter den trockenen Stillweinen ragen die Alten Reben aus dem Zeppwingert heraus, während der „Eisbruch" genannte Riesling etwas verschlossen, straff und würzig ausfällt. Beide sind erfreulich trocken gehalten. Der „Liebling vom Chef" genannte Riesling verfügt über eine leichte Süße, ist schon jetzt offen und unkompliziert. Auch die Auslese aus dem Enkircher Steffensberg wirkt bereits zugänglich, besitzt feine, cremige Steinobstnoten mit einem Touch ins Exotische, ist elegant, nicht übertrieben süß und im allerbesten Sinne süffig. ▬

Weinbewertung

87 2014 Riesling Sekt brut nature „1425" Enkircher Zeppwingert **13 %/14,- €**
86 2014 Riesling Sekt brut Enkircher Zeppwingert **12,5 %/11,- €**
84 2017 Riesling trocken „I-A" **11 %/7,20 €**
87 2017 Riesling trocken „Eisbruch" **11,5 %/8,- €** ☺
88 2017 Riesling trocken „Alte Reben" Enkircher Zeppwingert **11 %/9,- €** ☺
85 2017 Riesling halbtrocken „I-A" (1l) **12 %/6,- €** ☺
85 2017 Riesling „feinherb" „Eschewingert" **10,5 %/8,- €**
86 2017 Riesling Spätlese halbtrocken „Liebling vom Chef" Herrenberg **10,5 %/9,-€**
88 2017 Riesling Auslese Enkircher Steffensberg **8 %/10,- €/0,5l**

Isele

★☆

N

KONTAKT

Hauptstraße 46
77955 Ettenheim
Tel. 07822-2712
www.weingut-isele.de
fi@weingut-isele.de

I

Inhaber
Familie Isele
Rebfläche
9,5 Hektar

BESUCHSZEITEN

Mo.-Sa. ab 17 Uhr, Sonn- & Feiertage ab 16 Uhr oder nach Vereinbarung, Di. Ruhetag

WEINGUT ISELE Münchweier

Münchweier liegt im Breisgau, ist sein 1971 ein Stadtteil von Ettenheim. Joachim Isele führt zusammen mit seinen Söhnen Florian und Philipp ein 6 Hektar großes Gut in Münchweier, Ehefrau Andrea kümmert sich um die angeschlossene Straußwirtschaft, seit 2016 bietet man auch eine Ferienwohnung an. Die Reben wachsen im Münchweierer Kirchberg an süd- bis südwest-exponierten Hängen auf tiefgründigen Löss-Lehm-Böden. Spätburgunder ist die wichtigste Rebsorte im Betrieb, es folgen Müller-Thurgau, Weißburgunder, Grauburgunder und Chardonnay, dazu gibt es etwas Gewürztraminer und Muskateller.

Kollektion

Eine gleichmäßige, starke Kollektion präsentiert die Familie Isele zum Debüt, in der uns die Spätburgunder besonders gut gefallen. Hoch ist das Einstiegsniveau, der Müller-Thurgau im Liter ist frisch, fruchtbetont und süffig. Der Grauburgunder ist würzig und zupackend wie auch der lebhafte Weißburgunder, ein wenig besser noch gefällt uns die rauchige Cuvée aus Weißburgunder und Chardonnay, die schöne Frische und feine süße Frucht besitzt. Unser Favorit unter den trockenen Weinen ist der 2016er Chardonnay, der feine rauchige Noten im Bouquet zeigt, gute Struktur, Frische und Frucht besitzt. Gutes Niveau zeigen auch die beiden restsüßen Weine: Der rosenduftige Gewürztraminer ist frisch und zupackend, der Muskateller reintönig und lebhaft. Der frische, fruchtbetonte Rosé leitet über zum roten Segment. Die drei Spätburgunder gefallen uns alle sehr gut, zeigen eine schöne Stilistik, setzen auf Frische und Frucht und ein wenig burgundische Wildheit. Der Wein von bis zu 60 Jahre alten Reben ist lebhaft und zupackend, der Pinot Noir rauchiger, reintönig und strukturiert, der Barrique-Spätburgunder zeigt intensiv rauchige Noten, rote Früchte, ist zupackend und strukturiert. Starkes Debüt!

Weinbewertung

82	2017 Müller-Thurgau trocken Münchweierer Kirchberg (1l) **12 %/5,- €**
83	2016 Weißer Burgunder trocken Münchweierer Kirchberg **12,5 %/7,- €**
82	2017 Grauer Burgunder trocken Münchweierer Kirchberg **13 %/7,- €**
84	2016 Chardonnay & Weißburgunder **13 %/7,- €**
81	2017 Pinot Noir „Blanc de Noirs" trocken **12,5 %/7,- €**
85	2016 Chardonnay trocken Münchweierer Kirchberg **13 %/12,50 €**
84	2016 Gewürztraminer Münchweierer Kirchberg **11,5 %/9,- €**
83	2017 Muskateller „feinfruchtig" Münchweierer Kirchberg **8 %/8,50 €**
83	2017 Rosé trocken Münchweierer Kirchberg **12,5 %/7,- €**
85	2015 Spätburgunder trocken „alte Reben" Münchw. Kirchberg **14 %/8,50 €**
86	2015 Pinot Noir trocken Münchweierer Kirchberg **13,5 %/12,50 €**
87	2015 Spätburgunder trocken Barrique Münchweierer Kirchberg **14 %/14,- €**

Max Jäck

★

KONTAKT

Aussiedlerhof 7a
69198 Schriesheim
Tel. 06203-692725
Fax: 06203-692726
www.weingut-max-jaeck.de
max@weingut-max-jaeck.de

Inhaber
Maximilian Jäck
Rebfläche
3 Hektar
Produktion
13.000 Flaschen

BESUCHSZEITEN

Mo.-Do. 9-13 + 15-18:30 Uhr, Fr. 8-13 + 15-18:30 Uhr, Sa. 8-13 Uhr

Max Jäck hat sein Weingut 2014 mit Übernahme von zwei Hektar Rebfläche aus dem elterlichen Betrieb (Obstbau, Weinbau, Brennerei, Hofladen, Veranstaltungslocation) gegründet. Vater und Großvater haben auch schon Wein angebaut, aber anderes Obst stand bei den Jäcks immer im Vordergrund. Max Jäcks Weinberge sind meist sehr klein, die Parzellen sind im Rebenmeer zwischen Leutershausen und Dossenheim verteilt. Nach der Ausbildung zum Weinküfer studierte Max Jäck Weinbau und Oenologie in Geisenheim, Praktika machte er in der Südtiroler Kellerei St. Michael in Eppan und im Weingut Bernd Hummel in Malsch. Das Basissegment nennt Jäck „Stiel", das sind Literweine aus zum Teil mehreren Parzellen die im Edelstahl ausgebaut und früh, nach etwa drei Monaten, gefüllt werden. Das ertragsreduzierte Mittelsegment heißt „Schale", Weißweine und Rosé bleiben bis zu sechs Monate im Edelstahltank, Rotweine kommen nach der Maischegärung für zwölf Monate in gebrauchte Barriques. Die Weißweine im stark ertragsreduzierten Premiumsegment „Kern" werden nach zwei bis drei Tagen Maischestandzeit zwölf Monate in neuen und gebrauchten Barriques ausgebaut und unfiltriert abgefüllt, die Rotweine bleiben 18 Monate in Barriques.

Kollektion

Die Weißweine und Rosé des Jahrgangs 2017 aus der Linie „Schale" sind klar und frisch und herrlich leicht. Der Riesling zeigt viel helle frucht, der Weißburgunder ist saftig, tänzelt auf der Zunge, hat guten Grip. Der frische Rosé zeigt dezente Erdbeerfrucht. Silvaner „Kern" von 2015 ist konzentriert, kräftig-füllig, erinnert an Chenin Blanc. Zu tief ins Glas geschaut hat der Weißburgunder „Kern". 14,5 Prozent Alkohol sind zuviel, Kraft frisst Frucht. Deutlich angenehmer ist der immer noch kräftige Grauburgunder, er zeigt Frucht und eine gute Struktur. Der Spätburgunder von 2015 zeigt feine Röstaromen, zeigt viel weiche Wärme, da fehlt etwas Säure. Fast wie aufgespritet wirkt der Cabernet Dorio, er ist konzentriert, Säure macht den Wein lebendig. —

Weinbewertung

83 2017 Weißburgunder trocken „Schale" **11,5 %/7,50 €**
83 2017 Riesling trocken „Schale" **12 %/7,50 €**
85 2016 Silvaner trocken „Kern" **13,5 %/11,50 €**
86 2016 Grauburgunder trocken „Kern" **12,5 %/13,50 €**
83 2016 Weißburgunder trocken „Kern" **14,5 %/14,50 €**
81 2017 Müller-Thurgau feinherb „Stiel" **11 %/5,- €**
81 2017 Spätburgunder Rosé trocken „Schale" **12 %/7,- €**
83 2016 Spätburgunder trocken „Schale" **13,5 %/9,- €**
86 2015 Cabernet Dorio trocken „Kern" **15,5 %/19,50 €**
85 2015 Spätburgunder trocken „Kern" **14,5 %/18,- €**

J

JÄGER

★

KONTAKT

Rheinstraße 17
55437 Ockenheim
Tel. 06725-2330
Fax: 06725-5586
www.jaegerwein.de
weingut@jaegerwein.de

Inhaber
Armin & Diana Jäger
Rebfläche
16 Hektar
Produktion
90.000 Flaschen

BESUCHSZEITEN

Mo.-Fr. 10-12 + 13-17 Uhr,
Sa./So. nach Vereinbarung

Das Ockenheimer Weingut Jäger wird seit dem Jahr 2000 in fünfter Generation von den Geschwistern Armin und Diana Jäger geführt. Unterstützt werden sie im Betrieb von Dianas Sohn Benedikt, der sich zusammen mit Armin Jäger um Weinbau und Keller kümmert, während Diana Jäger für den Vertrieb verantwortlich ist. Dem Weingut ist eine Rebveredlung und Rebenzüchtung angegliedert, man betreibt eine eigene Klonen- und Rebsortenzüchtung. Die Weinberge liegen zu 90 Prozent auf Ockenheimer Gemarkung in den Lagen Kreuz, Hockenmühle, Laberstall, Schönhölle und St. Jakobsberg, dazu sind sie in den Binger Lagen Pfarrgarten und Schwarzenberg vertreten. Weißburgunder, Riesling, Müller-Thurgau, Silvaner, Grauburgunder und Chardonnay sind die wichtigsten weißen Rebsorten, im roten Segment dominieren Spätburgunder, Dornfelder und Portugieser. Die Weißweine werden nach mehr oder weniger langen Maischestandzeiten in temperaturgesteuerten Edelstahltanks überwiegend spontanvergoren, alle Rotweine werden ein bis zwei Wochen maischevergoren und anschließend in Holzfässern ausgebaut.

Kollektion

Eine sehr gleichmäßige Kollektion präsentieren Armin und Diana Jäger auch in diesem Jahr, in der uns in der Spitze die Weißweine etwas besser gefallen, die Rotweine dafür durch ihr konstant gutes Niveau überzeugen. Unser leichte Präferenz im roten Segment gilt dem rauchigen, fülligen St. Laurent, der kompakt, frisch und strukturiert ist. Der Weißburgunder aus dem Ockenheimer Kreuz besitzt Fülle und Kraft, reife Frucht, gute Struktur und Substanz. Noch ein klein wenig besser gefällt uns der Hockenmühle-Riesling, der gute Konzentration und reintönige Frucht besitzt, Struktur, Kraft und Frische.

Weinbewertung

80 2017 Chardonnay Spätlese trocken Ockenheimer St. Jakobsberg **13 %/5,30 €**
79 2017 Spätburgunder „Blanc de Noir" trocken Ockenheimer Kreuz **12 %/5,10 €**
80 2017 Sauvignon Blanc trocken Ockenheimer Schönhölle **12,5 %/5,30 €**
81 2017 Silvaner trocken Ockenheimer Schönhölle **13,5 %/9,50 €**
85 2017 Riesling trocken Ockenheimer Hockenmühle **13 %/10,- €**
84 2017 Weißer Burgunder trocken Ockenheimer Kreuz **13 %/9,50 €**
81 2017 Scheurebe Kabinett Binger Schwarzenberg **7,5 %/5,40 €**
81 2017 Gewürztraminer Kabinett Ockenheimer Hockenmühle **9 %/5,40 €**
83 2015 St. Laurent trocken Ockenheimer Kreuz **14 %/5,10 €**
81 2015 Cabernet Sauvignon trocken Ockenheimer Hockenmühle **13,5 %/5,50 €**
82 2016 Neronet trocken Ockenheimer **12,5 %/5,20 €**
82 2016 Blauer Burgunder trocken Ockenheimer Schönhölle **12,5 %/5,20 €**

Jägle

★★

KONTAKT

Balger Straße 8
79341 Kenzingen
Tel. 07644-4105
Fax: 07644-930031
www.weingut-jaegle.de
info@weingut-jaegle.de

Inhaber
Gudrun & Bernhard Jägle
Kellermeister
Bernhard & Maximilian Jägle
Vertrieb/Verkauf
Gudrun Jägle
Rebfläche
13 Hektar
Produktion
80.000 Flaschen

BESUCHSZEITEN

Mo.-Do. 16:30-18:30 Uhr,
Fr. 15-18:30 Uhr, Sa. 9-13 Uhr
oder nach Vereinbarung

Das Weingut Jägle, 1987 gegründet, liegt in Kenzingen im Breisgau. Alle Weinberge liegen in Kenzingen in den Lagen Hummelberg und Roter Berg, wo die Reben teils auf Löss-, Löss-Lehm-, Kalkmergel- und Muschelkalkböden wachsen. Riesling und Spätburgunder sind die beiden wichtigsten Rebsorten im Betrieb, nehmen jeweils etwa ein Viertel der Weinberge ein. An roten Sorten bauen Gudrun und Bernhard Jägle neben Spätburgunder auch etwas Merlot, Cabernet Sauvignon und Dornfelder an. An weißen Sorten gibt es neben Riesling noch Müller-Thurgau, Weißburgunder, Chardonnay, Grauburgunder, Roter Traminer und Auxerrois. Die Weißweine werden kühl vergoren, durchlaufen den biologischen Säureabbau, die Rotweine werden maischevergoren und in großen oder kleinen Eichenholzfässern ausgebaut. Die Spitzenweine von alten Reben werden in der Reihe „MJ" (Methode Jägle) angeboten. In der hauseigenen Destillerie werden Edelbrände erzeugt.

Kollektion

Wie schon im Vorjahr präsentieren Gudrun und Bernhard Jägle eine sehr gleichmäßige Kollektion und erneut ist der Chardonnay MJ unser Favorit, der Jahrgangsnachfolger 2016: Er zeigt gute Konzentration im Bouquet, reife Frucht, gelbe Früchte, Vanille, ist füllig und saftig im Mund bei reifer süßer Frucht. Sonst präsentieren sich die Weißweine sehr gleichmäßig, der trockene Riesling ist klar und zupackend, der Grauburgunder besitzt reintönige Frucht, gute Struktur und Biss, der Weißburgunder ist saftig bei reifer Frucht und guter Struktur, der Crémant ist rauchig, klar und frisch. Sehr gut sind die beiden Rotweine: Der Merlot ist fruchtbetont und klar, harmonisch und zupackend, der Cabernet Sauvignon zeigt gute Konzentration und reintönige Frucht im Bouquet, ist kraftvoll und elegant im Mund bei kräftigen, aber feinen Tanninen. —

Weinbewertung

83	2016 Crémant Sekt brut **12,5 %/11,90 €**
83	2017 Riesling trocken **12,5 %/6,90 €**
82	2017 Auxerrois trocken **12,5 %/7,90 €**
84	2017 Weißer Burgunder trocken **13 %/6,90 €**
84	2017 Grauer Burgunder trocken **13 %/7,90 €**
82	2017 Chardonnay trocken **13 %/8,90 €**
87	2016 Chardonnay trocken „MJ" **13,5 %/14,- €**
81	2017 Riesling „feinherb" **12 %/6,90 €**
81	2017 Rosé trocken **11,5 %/6,90 €**
86	2016 Cabernet Sauvignon trocken **13 %/11,60 €**
85	2016 Merlot trocken **13,5 %/8,60 €**

Jakoby-Mathy

★★★

KONTAKT

Königstraße 4
54538 Kinheim
Tel. 06532-3819
Fax: 06532-953443
www.jakobypur.de
info@jakobypur.de

Inhaber
Erich Jakoby
Kellermeister
Erich & Peter Jakoby
Rebfläche
4,5 Hektar
Produktion
40.000 Flaschen

BESUCHSZEITEN

nach Vereinbarung

Seit der Mitte des 19. Jahrhunderts betreibt die Familie Weinbau an der Mosel. Heute führt Erich Jakoby zusammen mit seinen beiden Söhnen den Betrieb. Erich Jakoby und Sohn Peter sind für den Keller zuständig, während dessen Bruder Stefan sich in erster Linie um den Verkauf kümmert. Angebaut wird vor allem Riesling, aber auch Spätburgunder, Kerner, Müller-Thurgau und Dornfelder. Die Weinberge liegen vor allem in den Kinheimer Lagen Rosenberg (mit der alten Gewanne Eulenlay) und Hubertuslay. Insgesamt werden 4,5 Hektar bewirtschaftet. Die Weine werden zum großen Teil an Privatkunden verkauft, ein guter Teil geht in den Export.

Kollektion

In den letzten Jahren überzeugte nicht nur die Durchschnittsqualität der vorgestellten Weine, es waren auch immer wieder erstaunlich präzise gearbeitete Spitzen zu bewundern – sowohl im trockenen als auch im süßen oder edelsüßen Bereich. In 2017 fallen im trockenen Bereich gleich mehrere Weine angenehm auf. Schon der „Aufstieg"-Riesling ist gelungen, angenehm trocken, voller Würze. Der „Bergspitze"-Riesling, eine Spätlese, besitzt deutlich mehr Struktur. Noch etwas verschlossen dagegen der Eulenlay-Wein, trocken, mit dezenten Kräuternoten, im Mund zupackend und vibrierend. Ganz anders, aber ebenfalls sehr gut: der saftige, vibrierend wirkende Wein namens Lay, ausgestattet mit merklicher Süße. Im restsüßen Segment fasziniert die duftige Spätlese (feines Süße-Säure-Spiel), auch die nach Kernobst und etwas Ananas duftende Auslese ist gelungen. Deutlich süß und nach Nektarinen duftend die Goldkapsel-Auslese, tropische Fruchtnoten aufweisend die Beerenauslese, sehr präzise die Trockenbeerenauslese. Wie gut die Weine reifen können, beweist eine vorgestellte 2008er Spätlese, sie ist zupackend und würzig. ➡

Weinbewertung

87	2017 Riesling Kabinett trocken „Aufstieg" Hubertuslay **11,5 %/7,50 €** ☺
88	2017 Riesling Spätlese trocken „Bergspitze" Hubertuslay **12 %/9,50 €** ☺
89	2017 Riesling trocken „Eulenlay" Kinheimer Rosenberg **12 %/14,- €**
87	2017 Riesling „Lay" Kinheimer Hubertuslay **12 %/14,- €**
88	2008 Riesling Spätlese Kinheimer Rosenberg **8,5 %**
87	2017 Riesling Kabinett „feinherb" „Weitblick" Hubertuslay **11 %/7,50 €** ☺
87	2017 Riesling Kabinett Kinheimer Rosenberg **9,5 %/7,50 €** ☺
88	2017 Riesling Spätlese Kinheimer Rosenberg **8 %/9,50 €** ☺
89	2017 Riesling Auslese Kinheimer Rosenberg **8 %/14,- €**
90	2017 Riesling Auslese Goldkapsel **8 %/17,50 €/0,375l**
89+	2017 Riesling Beerenauslese Kinheimer Rosenberg **8 %/25,- €/0,375l**
92+	2017 Riesling Trockenbeerenauslese Rosenberg **6 %/70,- €/0,375l**

Jesuitenhof

★★☆

KONTAKT

Obertor 6
67246 Dirmstein
Tel. 06238-2942
Fax: 06238-4601
www.jesuitenhof.de
jesuitenhof.dirmstein@t-online.de

Inhaber
Klaus & Moritz Schneider
Rebfläche
25 Hektar
Produktion
140.000 Flaschen

BESUCHSZEITEN

Mo.-Fr. 8-18 Uhr, Sa. 9-16 Uhr

Der Jesuitenhof in Dirmstein ist seit 1803 als Guts- und Weingutsbetrieb in Familienbesitz. Nach einer Erbteilung 1969 wurde die Flaschenweinvermarktung eingestellt. Erst Mitte der achtziger Jahre wurde wieder mit der Selbstvermarktung begonnen, die Betriebsfläche seither auf die heutige Größe von 25 Hektar erweitert. Seit Beendigung seines Geisenheim-Studiums 2011 und einem Praktikum in Neuseeland ist Moritz Schneider fest in den Betrieb eingestiegen. Die Weinberge liegen vor allem in Dirmstein in den Lagen Mandelpfad und Herrgottsacker, sowie im Jesuitenhofgarten, der Klaus und Moritz Schneider im Alleinbesitz gehört. Die 2,5 Hektar innerhalb der ehemaligen Klostergartenmauer sind ausschließlich mit Riesling und Spätburgunder bestockt. Wichtigste Rebsorte ist Riesling, es folgen Spätburgunder, Weißburgunder und Grauburgunder.

Kollektion

Die Weine der Schneiders sind wie gewohnt sehr reintönig, besitzen viel Kraft und Stoff. Der im Halbstück ausgebaute Riesling aus dem Mandelpfad gefällt uns wesentlich besser als sein Jahrgangsvorgänger, er braucht viel Luft, ist komplex, konzentriert und animierend, besitzt viel gelbe Frucht und dezente Holzwürze und ist etwas präsenter als der Riesling aus dem Jesuitenhofgarten, der leicht steinige Noten, Zitruswürze und Biss besitzt. Der Chardonnay aus dem Mandelpfad besitzt Kraft, Konzentration und viel gelbe Frucht, ist weich und füllig, der im Halbstück ausgebaute Weißburgunder zeigt dezente Holznoten, besitzt Stoff und klare Frucht, der Silvaner vom Kalkmergel zeigt reintönige Birnenfrucht und feine erdige Würze. Die beiden Spätburgunder-Lagenweine sind elegant und harmonisch und zeigen viel klare, reife Kirschfrucht, der „Kleine Garten" zeigt etwas deutlicheres Holz als der Kirschgarten und ist auch etwas nachhaltiger.

Weinbewertung

83	2017 Riesling trocken „Fundament"	**12,5 %/6,- €**
85	2017 Silvaner trocken „Kalkmergel" Laumersheimer	**13,5 %/9,- €**
85	2017 Riesling trocken „Kalkmergel" Dirmsteiner	**13 %/8,- €**
85	2017 Weißer Burgunder trocken „Kalkmergel" Dirmsteiner	**13,5 %/8,- €**
84	2017 Sauvignon Blanc trocken Laumersheimer	**12,5 %/8,- €**
87	2017 Riesling trocken Dirmsteiner Jesuitenhofgarten	**13 %/10,50 €**
86	2017 Weißer Burgunder trocken „Halbstück" Mandelpfad	**13,5 %/11,50 €**
88	2017 Riesling trocken „Halbstück" Dirmsteiner Mandelpfad	**13 %/11,50 €**
87	2017 Chardonnay trocken „Reserve" Dirmsteiner Mandelpfad	**13,5 %/14,- €**
86	2016 Cabernet Sauvignon & Merlot trocken Herrgottsacker	**13,5 %/15,- €**
87	2016 Spätburgunder trocken Laumersheimer Kirschgarten	**13,5 %/15,- €**
88	2016 Spätburgunder trocken „Kleiner Garten" Jesuitenhofgarten	**13,5 %/18,- €**

Johannes B.

★★☆

KONTAKT

Höhe 1
70736 Fellbach
Tel. 0711-534128, 0174-2486728
Fax: 0711-5360777
www.weingut-johannesb.de
info@weingut-johannesb.de

Inhaber
Johannes Bauerle
Kellermeister/Außenbetrieb
Johannes Bauerle & Jennifer Höhl
Rebfläche
12,5 Hektar
Produktion
80.000 Flaschen

BESUCHSZEITEN

zu Besenzeiten sowie Mi. + Fr. 16-19 Uhr, Sa. 10-14 Uhr, Januar geschlossen
Gutsausschank im Bauerles Besen mit Spezialitäten von eigenen Limousin-Rindern u.a.m.

J

Johannes Bauerle, gelernter Weinküfer und Weinbautechniker (Veitshöchheim) mit Auslandserfahrungen in Neuseeland und Südtirol, übernahm 2013 die elterlichen Weinberge und begann selbst Wein auszubauen. Seine Weinberge liegen in den Fellbacher Lagen Lämmler und Goldberg, in den Cannstatter Lagen Zuckerle, Steinhalde und Berg, sowie in der Lage Kupferhalde am Stromberg; zuletzt wurden Flächen in höher gelegenen Lagen in Schnait zugepachtet. Der Sortenspiegel im Betrieb wurde im Hinblick auf die Neuausrichtung in den letzten Jahren verändert, zu Rebsorten wie Riesling, Trollinger und Lemberger kamen Weißburgunder, Spätburgunder, Cabernet Sauvignon, Muskattrollinger und Sauvignon Blanc hinzu, aber es gibt auch Müller-Thurgau, Kerner, Grauburgunder und Acolon.

Kollektion

Mit der neuen Kollektion schließt Johannes Bauerle an die guten Vorjahreskollektionen an, wie schon im vergangenen Jahr sind die Rotwein in der Spitze etwas stärker als die Weißen. Die Cuvée aus Grauburgunder und Chardonnay ist füllig und saftig, besitzt reife süße Frucht, der zur Hälfte im Holz ausgebaute Grauburgunder ist rauchig, kraftvoll und klar bei viel Substanz. Der Urgestein-Riesling ist saftig und süffig, der duftige Riesling Plan B sehr süß, muss sich noch harmonisieren. Ein fruchtbetonter, zupackender Muskattrollinger Rosé leitet über zu drei sehr guten Rotweinen. Dickes B nennt sich die achtzehn Monate im Barrique ausgebaute Cabernet Sauvignon-Lemberger-Cuvée aus Stuttgarter Steillagen, sie besitzt Kraft, Struktur, dezente Schokonoten. Der ebenfalls achtzehn Monate im Barrique ausgebaute Best Barrels-Spätburgunder stammt aus den Lagen Zuckerle und Steinhalde, besitzt Kraft, Struktur und viel Frucht, ist noch sehr jugendlich. Unser Favorit ist der Großmutter-Spätburgunder aus dem Zuckerle, der Fülle und Kraft besitzt, viel reife Frucht, gute Struktur und Druck. —

Weinbewertung

82 2017 Weißburgunder trocken **13 %/8,90 €**
80 2017 Sauvignon Blanc trocken „Partie Fumé" **12,5 %/11,90 €**
85 2017 Grauburgunder trocken „Mergel + Keuper" Holzfass **13 %/12,30 €**
84 2017 Grauburgunder + Chardonnay trocken **9,50 €**
83 2016 Riesling trocken „Urgestein" Steinhalde **13 %/12,- €**
83 2017 Riesling. trocken „Plan B" Steinhalde **13 %/13,50 €**
84 2017 Muskat-Trollinger Rosé Steinhalde **12 %/7,70 €**
85 2016 „Dickes B" Rotweincuveè trocken **18,50 €**
87 2016 Spätburgunder „Best Barrels" trocken **13,5 %/15,90 €**
88 2015 Spätburgunder trocken „Großmutter" Cannstatter Zuckerle **32,- €**

Johanneshof

★

N

KONTAKT

Hansengasse 13
55239 Gau-Odernheim
Tel. 06733-588
Fax: 06733-929589
www.johanneshof-becker.de
weingut@johanneshof-becker.de

Inhaber
Axel Becker
Rebfläche
22 Hektar
Produktion
90.000 Flaschen

BESUCHSZEITEN

nach Vereinbarung

Das Weingut Johanneshof liegt am Fuß des Petersberg, in Gau-Odernheim. Die Weinberge von Axel Becker, der den einstigen landwirtschaftlichen Mischbetrieb ganz auf Weinbau umstellte und mit Ehefrau Liane den Betrieb führt, liegen vor allem in den Gau-Odernheimer Lagen Herrgottspfad und Oelberg, aber auch im Dolgesheimer Kreuzberg sowie im Bechtolsheimer Homberg. Insgesamt sechzehn Rebsorten baut er an, die wichtigsten sind Grauburgunder, Riesling, Spätburgunder, Chardonnay, Weißburgunder, Dornfelder und Silvaner.

Kollektion

Der Schwerpunkt des Betriebes liegt auf trockenen Weinen, wobei Axel Beckers Weine immer noch eine merkliche Restsüße aufweisen, sowohl die Weißweine als auch die Rotweine, allein der im Barrique ausgebaute Merlot aus dem Oelberg ist wirklich durchgegoren. Dieser ist auch unser Favorit im vorgestellten Sortiment, zeigt gute Konzentration und Gewürznoten im Bouquet, besitzt Fülle und Kraft im Mund, viel reife Frucht und Substanz. Die ebenfalls im Barrique ausgebaute Cuvée aus Regent und Dornfelder steht ihm kaum nach, besitzt viel Toast und viel Frucht, feine Schokonoten. Der weiße Teil der Kollektion präsentiert sich geschlossen, schon der frische, lebhafte Riesling Perlwein macht Spaß, der florale Cabernet Blanc ist klar, frisch und zupackend, auch der Grauburgunder besticht, wie alle Weine von Axel Becker, mit Reintönigkeit und feiner süßer Frucht. Unser Favorit im weißen Segment ist die trockene Riesling Spätlese aus dem Herrgottspfad, die Fülle und Saft besitzt, viel reife süße Frucht, Substanz und Länge. Ein gelungenes Debüt!

Weinbewertung

83 2017 Riesling „Secco" Perlwein **12 %/5,60 €**
81 2017 Silvaner trocken (1l) **12,5 %/4,50 €**
84 2017 Cabernet Blanc trocken **12,5 %/5,80 €**
82 2017 Weißer Burgunder trocken **12,5 %/5,- €**
83 2017 Grauer Burgunder trocken **12,5 %/5,20 €**
82 2017 Chardonnay trocken **12,5 %/5,20 €**
85 2017 Riesling Spätlese trocken „RJ" Gau-Odernh. Herrgottspfad **12,5 %/7,- €**
81 2017 Riesling „feinherb" **12 %/4,80 €**
82 2017 Spätburgunder Weißherbst trocken **12 %/5,- €**
80 2015 Spätburgunder trocken **12,5 %/5,50 €**
84 2015 „Cuvée J" Regent & Dornfelder trocken Barrique Petersberg **12,5 %/9,50 €**
86 2015 Merlot trocken „RJ" Barrique Gau-Odernheimer Oelberg **13 %/11,- €**

SCHLOSS JOHANNISBERG

★★★★

KONTAKT

Weinbaudomäne Schloss Johannisberg
65366 Geisenheim-Johannisberg
Tel. 06722-70090
Fax: 06722-700933
www.schloss-johannisberg.de
info@schloss-johannisberg.de

Geschäftsführer
Stefan Doktor, Marcel Szopa
Kellermeister
Gerd Ritter
Außenbetrieb
Michel Städter
Rebfläche
40 Hektar
Produktion
250.000 Flaschen

BESUCHSZEITEN

Mo.-Fr. 10-13 + 14-18 Uhr,
Sa. + So. 11-18 Uhr
Schlossschänke Schloss Johannisberg täglich ab 11:30 Uhr geöffnet,
Tel. 06722-96090, Fax: 7392,
restaurant@schloss-johannisberg.de

Das Weingut gehört zu den traditionsreichsten Betrieben Deutschlands. Bereits im 18. Jahrhundert waren die hier erzeugten Weine berühmt, seit 1784 existieren lückenlose Aufzeichnungen über die Qualität der Ernte. Schloss Johannisberg gehört seit 1980 mehrheitlich der Oetker-Gruppe, die die Verwaltung mit dem des ebenfalls der Oetker-Gruppe gehörenden Weingutes G.H. von Mumm zusammenlegte. Heute gehört Schloss Johannisberg zu 100 Prozent der Henkell & Co. Sektkellerei KG, die zur Oetker-Gruppe gehört. Auf Schloss Johannisberg wird ausschließlich Riesling angebaut. Die Weinberge umgeben voll arrondiert das Schloss und bilden die Monopollage Schloss Johannisberger. Da Schloss Johannisberg ein eigener Ortsteil von Geisenheim ist, erlaubt das Weingesetz, dass Schloss Johannisberger ohne Ortsbezeichnung auf dem Etikett stehen darf. Die Reben wachsen auf einem Untergrund aus Taunusquarzit mit einer Lehm-Löss-Auflage. Nach der Ganztraubenpressung werden die Weine langsam und kühl vergoren. Mit Einführung des deutschen Weingesetzes 1971 hat man die gutseigene Kennzeichnung der Weine mit Lackfarben an die Prädikatsstufen des Weingesetzes angepasst. Christian Witte, der seit 2005 Gutsverwalter von Schloss Johannisberg und G.H. von Mumm war, hat den Betrieb wieder in die Spitze der Rheingauer Betriebe geführt. Neue Fässer wurden angeschafft, das Sortiment wurde gestrafft (so gibt es keinen trockenen Grünlack mehr, sondern oberhalb des Kabinetts Rotlack gleich das Große Gewächs). Als Gelblack wird der trockene bzw. feinherb vinifizierte Basiswein bezeichnet, der zwischenzeitlich, seit dem Jahrgang 2016 aber nicht mehr, vom Weißlack ergänzt wurde, als Grünlack die immer mit Süße ausgestattete Spätlese. Auslesen kommen mit rosafarbener Kapsel auf den Markt (sie können auch eine Fass-Bezeichnung tragen), Trockenbeerenauslesen firmieren als Goldlack. Vergleichsweise neu ist der Silberlack, eine Zusatzbezeichnung für das trockene Große Gewächs. Kaum ein anderer Betrieb in Deutschland kann eine so große Menge eines trockenen Spitzenrieslings anbieten, und dieser besitzt sogar einen eigenen Stil, ist betont würzig, ruht in sich selbst. Vor allem der Ausbau in großen Holzfässern trägt zu diesen Eigenschaften bei. Der Schloss Johannisberger Silberlack gehört regelmäßig zu den besten trockenen Weinen des Rheingaus. Die Süßweine wirken dagegen schon jung saftig, sie sind ungemein reintönig und komplex, sicher auch eine Folge der Weinbergsarbeit. Christian Witte ist nun innerhalb des Oetker-Konzerns in anderer Funktion tätig, die Geschäftsführung von Schloss Johannisberg haben Stefan Doktor und Marcel Szopa übernommen.

Kollektion

Schloss Johannisberg

Der trockene Gelblack ist filigran, besitzt neben feiner Frucht und Ausgewogenheit auch Kraft und delikate Würze, ist schon jung sehr offen und bietet Trinkvergnügen. Der feinherbe Gelblack steht ihm in puncto Feinheit in nichts nach, der etwas höhere Restzucker passt ausgesprochen gut, hebt die Frucht, ohne einen deutlichen Eindruck von Süße zu hinterlassen, vielmehr spielt er gekonnt zwischen Frucht und Frische, die salzigen Anklänge im Nachhall sind bei ihm sogar stärker ausgeprägt, was zusätzliche Spannung erzeugt. Der Bronzelack ist zupackend, seine kompakte, herbe Frucht ergänzt seinen kraftvollen Charakter, er bleibt durch und durch straff, baut dabei subtilen Druck auf, er wird etwas Zeit zur weiteren Entfaltung brauchen. Auch der Silberlack mit seinen spannungsvollen mineralischen Akzenten und seiner fein ziselierten Art weiß wieder voll und ganz zu überzeugen, duftet attraktiv und doch mit jugendlicher Zurückhaltung nach gelbem Steinobst, Apfelspalten und frischen Kräutern, im Mund paart er gekonnt mineralische Würze und zarten Schmelz, er könnte sich mit Flaschenreifung noch deutlich verbessern. Der feinherbe Kabinett Rotlack besitzt im Jahrgang 2017 feinen Duft, ist sehr harmonisch und filigran, ein Paradebeispiel seiner Kategorie, ein mustergültiger feinherber Kabinett. Seine ausgeprägte Mineralität verleiht ihm Substanz und Tiefe, er vereint vielschichtige Fruchtaromen mit immenser Spannung. Die brillante Grünlack Spätlese ist begeisternd straff und reintönig. Auch die Bronzelack Auslese beeindruckt durch ihre reintönige, elegante und tänzelnde Art – ein filigranes Meisterwerk. Die Purpurlack Beerenauslese wird lange brauchen, um zu ganzer Größe zu reifen, ihre herbe Ader ist schon jetzt begeisternd. Die Trockenbeerenauslese schließlich besitzt beerige Intensität, sie ist eher leicht und fein, im Kontext ihres Prädikates, aber genau das ist es, was ihren Reiz ausmacht.

Weinbewertung

87	2017 Riesling trocken „Gelblack" Schloss Johannisberger **12 %/15,- €**
89+	2017 Riesling trocken „Bronzelack" Schloss Johannisberger **12 %/23,- €**
(90+)	2017 Riesling trocken „GG" „Silberlack" Schloss Johannisberger **13 %/43,- €**
87	2017 Riesling „feinherb Gelblack" Schloss Johannisberger **11,5 %/15,- €**
88	2017 Riesling Kabinett „Rotlack" Schloss Johannisberger **11 %/23,- €**
91	2017 Riesling Spätlese „Grünlack" Schloss Johannisberger **8,5 %/36,- €**
92+	2017 Riesling Auslese „Rosalack" Schloss Johannisberger **7 %/74,- €**
93	2017 Riesling Beerenauslese „Purpurlack" Johannisberger **7,5 %/145,- €/0,375l**
93	2017 Riesling Trockenbeerenauslese „Blaulack" Johannisberger **7 %/315,-€/0,375l**

LAGEN

SCHLOSS JOHANNISBERGER

REBSORTEN

RIESLING (100 %)

Staatsweingut mit Johannitergut

★

KONTAKT

Breitenweg 71
67435 Neustadt-Mußbach
Tel. 06321-671319
Fax: 06321-671222
www.staatsweingut-johannitergut.de
staatsweingut-neustadt@dlr.rlp.de

Inhaber Land Rheinland-Pfalz
Direktor Dr. Günter Hoos
Betriebsleiter Sascha Wolz
Rebfläche 22,5 Hektar
Produktion 150.000 Flaschen

BESUCHSZEITEN

Mo. 14-17 Uhr, Di-Fr. 9-13 + 14-17 Uhr

Das Staatsweingut in seiner heutigen Form ist 1970 entstanden, als das Land Rheinland-Pfalz das Johannitergut erwarb, eines der ältesten Weingüter in Deutschland, dessen Ursprünge bis ins 8. Jahrhundert zurück reichen. In den siebziger und achtziger Jahren wurden am Ortsrand von Mußbach neue Gebäude für die staatliche Lehr- und Forschungsanstalt (SLFA) errichtet, die seit 1993 diesen Namen trägt. Sie unterhält Lehr- und Versuchsbetriebe für Weinbau, Gartenbau, Obstbau und Rebveredlung. Die Weinberge des Staatsweinguts liegen im Haardter Herrenletten, in den Mußbacher Lagen Johannitergarten (im Alleinbesitz), Glockenzehnt, Kurfürst und Eselshaut, im Gimmeldinger Kapellenberg, im Königsbacher Ölberg, in Ruppertsberg und im Deidesheimer Herrgottsacker. Ein gutes Drittel der Rebfläche ist mit Riesling bestockt. An sonstigen Rebsorten hat man alles zu bieten, was in der Pfalz üblicherweise angebaut wird, einschließlich der vor 500 Jahren bekanntesten Rebsorte in der Pfalz, den wegen unsicherer Erträge in Vergessenheit geratenen Gänsfüßer.

Kollektion

Drei Weine sind es, die im aktuellen Sortiment des Staatsweinguts aus den zwar allesamt technisch gut gemachten, sauberen aber auch recht einfach und teilweise kurz bleibenden Weinen herausragen: Der Riesling aus dem Haardter Herrenletten zeigt viel klare gelbe Frucht, Aprikose, Orange, ist animierend und besitzt dezente mineralische Würze, er ist etwas expressiver und auch länger als der Ölberg-Riesling, der kräutrige Noten und grüne Apfelfrucht zeigt und ein frisches Säurespiel besitzt. Der Spätburgunder aus dem Herrenletten ist sehr kraftvoll und stoffig, zeigt dunkle Frucht und etwas Mokka im Bouquet, besitzt gute Substanz.

Weinbewertung

81	2017 Grauburgunder trocken Haardter **13,5 %/6,20 €**
81	2017 Spätburgunder „Blanc de Noir" trocken Mußbacher **12 %/6,20 €**
81	2017 Muskateller trocken Haardter **12 %/7,- €**
85	2017 Riesling Spätlese trocken Königsbacher Ölberg **12,5 %/12,50 €**
86	2017 Riesling Spätlese trocken Haardter Herrenletten **12,5 %/12,50 €**
82	2017 Riesling „feinherb" Gimmeldinger **12 %/6,20 €**
83	2017 Muskateller Spätlese Haardter Herrenletten **8,5 %/9,50 €**
81	2017 Rosé trocken **12,5 %/5,20 €**
83	2015 Spätburgunder trocken Mußbacher **13,5 %/7,- €**
86	2015 Spätburgunder trocken „Kalkmergel" Haardter Herrenletten **14,5 %/15,- €**
81	2016 Merlot trocken **13,5 %/6,50 €**

FRANK JOHN

★★★★☆

KONTAKT

Weingut Hirschhorner Hof
Hirschhornring 34
67435 Neustadt
Tel. 06321-670537
Fax: 06321-670804
www.hirschhornerhof.de
f.john@hirschhornerhof.de

Inhaber
Frank John
Rebfläche
3 Hektar
Produktion
25.000 Flaschen

BESUCHSZEITEN

nach Vereinbarung
Ferienwohnung

Frank John wurde bekannt als Betriebsleiter des Deidesheimer Weingutes Reichsrat von Buhl, fast neun Jahre war er dort tätig. Er ist Diplom-Agraringenieur, hat in Hohenheim und Gießen studiert, dann in Montpellier, sich sein Studium über einen eigenen Weinhandel finanziert, bei Hans-Günter Schwarz assistiert, vier Jahre bei Heyl zu Herrnsheim gearbeitet, zur Zeit der Umstellung auf biologischen Weinbau. 1994 ging er dann zu Reichsrat von Buhl; nach seinem Ausscheiden dort begann er sein eigenes Projekt, mehrere eigene Projekte, genau genommen. Unter der Bezeichnung Hirschhorner Hof erzeugte er im Jahrgang 2003 seinen ersten Wein, gleichzeitig begann er als Berater für Weingüter zu arbeiten, vor allem was biologischen und biodynamischen Weinbau betrifft, heute berät er Weingüter in ganz Europa. Von Anfang an setzte Frank John auf biologisch und biodynamisch erzeugte Trauben, die teils aus den eigenen Weinbergen kommen, teils von Winzern stammen, die ihre Weinberge nach den Vorgaben von Frank John biodynamisch bewirtschaften, Winzer, die er meist schon aus seiner Zeit bei Reichsrat von Buhl kennt, als eine seiner Aufgaben war, die an Buhl abliefernden Winzer weinbautechnisch zu beraten. 2013 ist Frank John Demeter beigetreten, sein kompletter Betrieb ist Demeter-zertifiziert. Inzwischen ist der Hirschhorner Hof auf dem Etikett verschwunden, Frank John stellt seinen eigenen Namen in den Vordergrund, vielleicht wird es einmal Frank John & Sohn werden, sollte denn Sohn Sebastian, der am Niederrhein Landwirtschaft studiert hat und nun in Stuttgart-Hohenheim seinen Master machen wird, den Betrieb einmal fortführen wollen; oder aber Frank John & Tochter, wenn die Tochter, die gerade Abitur gemacht hat und in Geisenheim studieren will, vielleicht einmal den Betrieb übernehmen wird; dann würde Frank John auch die eigene Rebfläche vergrößern, die bisher etwa die Hälfte der Produktion deckt. Die Trauben für seine Weine kommen überwiegend aus nördlich von Neustadt gelegenen Weinbergen, aus Gimmeldingen und Königsbach, auch aus Kallstadt und einigen anderen Gemeinden. Alle Moste werden spontanvergoren, Frank John vergärt ganze Beeren mit den Mosten, arbeitet mit mehr oder weniger langen Maischestandzeiten; alle Weine werden in Eichenholzfässern unterschiedlicher Größe ausgebaut, Frank John nutzt Fässer mit 500, 1200 und 2400 Litern Inhalt, die malolaktische Gärung wird nicht verhindert, sie erfolgt ebenfalls spontan; für die 2018er Ernte hat er ein neues 8.000 Liter-Fass angeschafft. Alle Weine bleiben recht lang auf der Feinhefe, ohne dass Schwefel zugegeben wird, fast ein Jahr der Riesling, noch länger der Spätburgunder, den

Frank John erst nach knapp zwei Jahren abfüllt. Der Riesling, in 1200 und 1400 Liter-Fässern ausgebaut, wird einmal ganz leicht filtriert, der Spätburgunder wird unfiltriert abgefüllt, die Schwefelgaben sind auf ein Minimum reduziert. Der Spätburgunder wird nur in Tonneaux ausgebaut. Alle Weine werden trocken und durchgegoren ausgebaut. Alle Weine kommen frühestens ein halbes Jahr nach der Abfüllung in den Verkauf. Das Programm ist überschaubar: Es gibt je einen Riesling und einen Spätburgunder, dazu einen Rieslingsekt, ein weiterer Sekt, ein Blanc de Noir, soll zukünftig das Sortiment ergänzen. Beim Rieslingsekt bietet Frank John je nach Dauer des Ausbaus drei Varianten: 32 Monate, 41 Monate oder 50 Monate Flaschenreifung, diese drei Varianten basieren auf leicht unterschiedlichen Cuvées, in denen der Anteil der ersten Pressung variiert, eine vierte Variante mit 100 Monaten Flaschenreife liegt im Keller, deren Cuvée ist identisch mit der mit 50 Monaten Flaschenreifung. Frank John bietet seinen Kunden an, jede ungeöffnete Flasche ohne Angabe von Gründen zurückzunehmen und gegen einen anderen Jahrgang auszutauschen.

Frank & Gerlinde John

Kollektion

Keine Neuerungen im Betrieb, keine Neuerungen in der Vinifikation, keine Neuerungen im Sortiment – und stilistisch bleibt Frank John sich ohnehin treu. Nach einem faszinierenden 2012er Sekt, 50 Monate gereift, besticht auch der 2013er, mit 2 Gramm dosiert, mit feinen rauchigen Noten, ist herrlich komplex, druckvoll, faszinierend reintönig, zupackend, lang und nachhaltig: Ein grandioser Rieslingsekt. Der 2017er Riesling, Mitte September gelesen, schließt wie der Sekt nahtlos an seine Vorgänger an, zeigt etwas gelbe Früchte, rauchige Noten, ist druckvoll, stoffig, frisch, besitzt ganz dezent mineralische Noten, gute Struktur, Substanz und viel Länge. Und auch der dritte im Bunde, der Spätburgunder, schließt nahtlos an seine Vorgänger an, ist herrlich eindringlich und reintönig im Bouquet, konzentriert, zeigt rauchige Noten, etwas rote Früchte, ganz dezent Johannisbeeren und auch ein wenig Kräuter, ist stoffig im Mund, kompakt und klar bei ganz dezenter jugendlicher Bitternote im Abgang. Kleine Kollektion ganz groß!

Weinbewertung

92 2013 Riesling -50- Sekt brut **12 %/35,- €**
91 2017 Riesling trocken „Buntsandstein" **12 %/18,- €** ☺
91 2016 Pinot Noir trocken **13 %/37,- €**

LAGEN

GIMMELDINGEN
KÖNIGSBACH
KALLSTADT

REBSORTEN

RIESLING (60 %)
SPÄTBURGUNDER (40 %)

Jonas

★

KONTAKT

Schwalbacher Str. 101
65343 Eltville
Tel. 06123-2367
Fax: 06123-5805
www.weingut-jonas.de
steffen.jonas@weingut-jonas.de

Inhaber
Wilhelm & Silvia Jonas
Kellermeister
Steffen Jonas
Außenbetrieb
Axel Jonas
Rebfläche 9 Hektar
Produktion 60.000 Flaschen

BESUCHSZEITEN

Di.-Sa. 10-19 Uhr; Weinausschank Di.-Sa. ab 16 Uhr

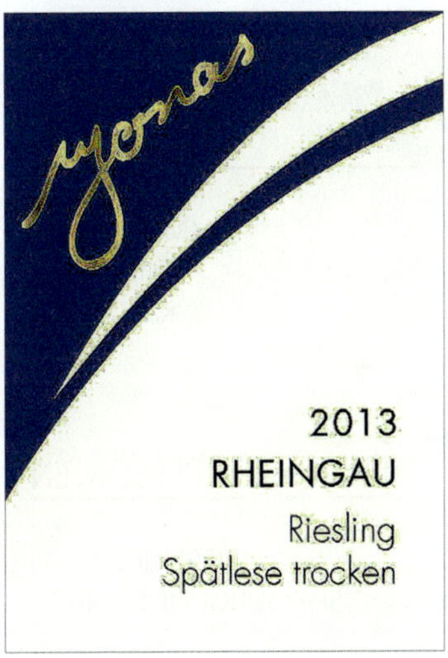

Johann Jonas legte 1925 den Grundstein für Gutshaus samt Weingut in Eltville, nach und nach wurde die Fläche auf die heute bewirtschafteten neun Hektar vergrößert. Der Betrieb wird inzwischen von Wilhelm und Silvia Jonas geleitet, allerdings teilen sich die Brüder Steffen Jonas, staatlich geprüfter Wirtschafter und Weinbautechniker, Axel Jonas und Markus Jonas die anfallenden Aufgaben. Angebaut werden primär Riesling (82 Prozent der Rebfläche) und Spätburgunder (15 Prozent), auch der Rote Riesling ist jetzt im Anbau. Es werden Parzellen in zahlreichen Lagen des Rheingaus bewirtschaftet – in Kalbspflicht, Langenstück, Sonnenberg und Taubenberg (alle in Eltville), in den Kiedricher Lagen Klosterberg und Sandgrub sowie in den Rauenthaler Lagen Rothenberg, Steinmächer und Wülfen. An der Spitze des Sortiments stehen die Weine namens „Prima Noctis"; sie zeigen mit ihrer in der Regel kraftvollen, animierenden Art die Zukunft des Betriebes auf.

Kollektion

Die beiden Sekte gefallen mit ihrer kräftigen und fruchtbetonten Art. Es gibt drei Rieslinge in der Literflasche, von denen der halbtrockene aus dem Langenstück der saftigste ist. Der geradlinige trockene Kabinett aus dem Eltviller Sonnenberg ist kräutrig und frisch, die trockene Spätlese aus dem Rauenthaler Rothenberg würzig und kräftig. Bei den Rieslingen ragen die halbtrockenen und fruchtigen Prädikate etwas hervor, den größten Trinkspaß mit ihrer saftigen und klaren Art vermitteln der halbtrockene Kabinett aus der Eltviller Kalbspflicht und der fruchtige Kabinett aus dem Steinmächer. Die rotfruchtige Spätlese ist etwas zu süß, mehr Balance hätte ihr sicher gut getan. Ein recht kräftiger Spätburgunder aus der Literflasche mit rustikalem Charme rundet eine wieder gleichmäßige Kollektion ab.

Weinbewertung

83	2016 Riesling Sekt brut Kiedricher Sandgrub **12 %/9,- €**
82	2016 Spätburgunder Weißherbst Sekt trocken Sandgrub **12 %/9,50 €**
81	2017 Riesling trocken Eltviller Taubenberg (1l) **12 %/5,- €**
82	2017 Riesling Kabinett trocken Eltviller Sonnenberg **11,5 %/6,50 €**
82	2017 Riesling Spätlese trocken Rauenthaler Rothenberg **12,5 %/8,- €**
82	2017 Riesling halbtrocken Eltviller Langenstück (1l) **11,5 %/5,- €**
81	2017 Riesling „feinherb" „Schütz Hannes" Steinmächer **11,5 %/4,60 €/0,5l**
82	2017 Riesling Kabinett halbtrocken Eltviller Kalbspflicht **11 %/6,50 €**
82	2017 Riesling Kabinett Rauenthaler Steinmächer **8,5 %/6,50 €**
81	2017 Riesling Spätlese „süß" Rauenthaler Steinmächer **9,5 %/8,- €**
80	2017 Rotling „feinherb" Rauenthaler Steinmächer (1l) **11,5 %/5,20 €**
81	2017 Spätburgunder Rosé Kabinett „feinherb" Sandgrub **10,5 %/6,90 €**
80	2017 Spätburgunder trocken Eltviller Taubenberg (1l) **13,5 %/7,50 €**

Josten & Klein

★★★

KONTAKT

Ringofenstraße 3
53424 Remagen
Tel. 02643-902550
Fax: 02643-902570
www.josten-klein.com
info@josten-klein.com

Inhaber
Marc Josten
Rebfläche
6 Hektar
Produktion
40.000 Flaschen

BESUCHSZEITEN

nach Vereinbarung

Marc Josten, Weinbautechniker, und Torsten Klein, Diplom-Önologe, gründeten 2011 ihr eigenes Weingut, inzwischen aber hat Torsten Klein das Weingut verlassen, Marc Josten macht mit etwas verringerter Rebfläche alleine weiter. Seine Weinberge erstrecken sich über zwei Anbaugebiete, Ahr und Mittelrhein. An der Ahr ist er im Mayschosser Mönchberg vertreten, am Mittelrhein liegen seine Weinberge alle in Leutesdorf, wo es heute nur noch die Lage Gartenlay gibt, er nutzt zusätzlich den Gewannnamen Im Forstberg, der namensgebend für die einstige Einzellage Forstberg war. In Leutesdorf baut Marc Josten neben Riesling Grauburgunder und Sauvignon Blanc an, an der Ahr Spätburgunder und ein wenig Frühburgunder.

Kollektion

Anders als in den vergangenen Jahren, als wir stets recht umfangreiche Kollektionen verkosten konnten, meist paritätisch besetzt aus der gleichen Anzahl von Rotweinen und Weißweinen, liegt in der in diesem Jahr vorgestellten Kollektion der Schwerpunkt ganz eindeutig auf den Weißweinen. Der einzige präsentierte Rotwein ist der von Marc Josten Pinot Madeleine genannte Frühburgunder aus dem Mayschosser Mönchberg, der viel Würze und Duft im Bouquet zeigt, füllig und kraftvoll ist, reife Frucht, gute Struktur und Substanz besitzt, im Abgang geprägt ist von dezenten Bitternoten. Der Blanc de Noir-Sekt, ein reinsortiger Spätburgunder, zeigt reintönige Frucht und feine Würze im Bouquet, ist klar, frisch und harmonisch im Mund. Nur einen einzigen Riesling hat Marc Josten in diesem Jahr vorgestellt, der aber gefällt uns sehr gut. Der trockene Schiefer-Riesling ist frisch und klar im Bouquet, zupackend im Mund, besitzt gute Struktur und Frucht. Der intensiv fruchtige Schiefer-Sauvignon Blanc ist frisch, zupackend und strukturiert, besitzt feine Frucht und dezente Süße. Der Schiefer-Grauburgunder ist fruchtbetont und reintönig, kompakt, besitzt gute Struktur und feine Frische. Unser Favorit in der kleinen Kollektion ist der unfiltriert abgefüllte Lagen-Grauburgunder aus der Gartenlay: Er zeigt gute Konzentration im Bouquet, gelbe Früchte, besitzt Fülle und Kraft, reintönige Frucht, feine Wärme, gute Struktur und Substanz.

Weinbewertung

83	2012 „Blanc de Noir" Sekt brut **12 %/26,- €**
85	2017 Riesling trocken „vom Schiefer" **12 %/9,90 €**
84	2017 Grauburgunder trocken „vom Schiefer" **12 %/9,90 €**
84	2017 Sauvignon Blanc trocken „vom Schiefer" **12,5 %/12,50 €**
88	2016 Grauburgunder trocken Leutesdorf Gartenlay **13,5 %/26,- €**
84	2015 Pinot Madeleine Mayschoss Mönchberg **13 %/36,- €**

Jülg

★★★☆

KONTAKT

Hauptstraße 1
76889 Schweigen-Rechtenbach
Tel. 06342-919090
Fax: 06342-919091
www.weingut-juelg.de
info@weingut-juelg.de

Inhaber
Familie Werner Jülg
Rebfläche
17 Hektar
Produktion
130.000 Flaschen

BESUCHSZEITEN

täglich außer Do. + Fr. (Weinstube geschlossen)
Pfälzer Weinstube, bewirteter Innenhof

Die Weinberge der Familie Jülg liegen rund um Schweigen, jeweils ungefähr zur Hälfte auf der deutschen und der französischen Seite der Grenze. Nach dem Weingesetz gibt es nur eine Einzellage für Schweigen, den Sonnenberg, der aber aus unterschiedlichen Bodenarten wie Kalkmergel, Ton, Löss und Sand besteht. Deshalb unterscheiden die Jülgs nach Teillagen wie Kammerberg, St. Paul oder Wormberg. Da diese aber auf der französischen Seite liegen, können sie in Deutschland nicht als eigenständige Gewanne eingetragen werden und dürfen auch nicht auf den Etiketten verwendet werden. An weißen Sorten bauen Werner und sein Sohn Johannes Jülg vor allem Riesling, Weiß- und Grauburgunder an, aber auch Silvaner, Gewürztraminer, Muskateller, Sauvignon Blanc und bereits in den 1960er Jahren gepflanzten Chardonnay. An roten Sorten gibt es Spätburgunder, St. Laurent, Merlot, Cabernet Sauvignon und Dornfelder.

Kollektion

Gleich drei Weine der „Opus Oskar"-Linie konnten wir in diesem Jahr verkosten, der Chardonnay ist herrlich eindringlich und komplex, zeigt feine gelbe Frucht und sehr dezentes Holz, besitzt am Gaumen etwas Salzzitrone, ist harmonisch, elegant und nachhaltig, der Sauvignon Blanc ist stilistisch ähnlich und profitiert vom feinfühligen Holzausbau, ist kraftvoll, animierend und sehr lang, der Weißburgunder zeigt Noten von gerösteten Haselnüssen, etwas Zitrusfrucht, besitzt Saft, Fülle und Länge. Die vier Spätburgunder besitzen deutliche, aber reife Tannine und Potential, der Sonnenberg zeigt dunkle und rote Frucht, Kirsche und Cassis, besitzt Struktur und Länge, der Pinot Noir zeigt feine rote Frucht, rote Johannisbeeren und Himbeeren, ist komplex und elegant.

Weinbewertung

84 2017 Weißburgunder trocken **12 %/7,10 €**
86 2017 Riesling trocken „Buntsandstein" **13,5 %/8,90 €**
87 2017 Riesling trocken „Kalkmergel" **13 %/8,90 €**
86 2017 Weißburgunder trocken „Kalkmergel" **12,5 %/9,10 €**
88 2017 Weißburgunder trocken Schweigener Sonnenberg **13,5 %/15,- €**
89 2017 Chardonnay trocken Schweigener Sonnenberg **13 %/17,- €**
88 2017 Riesling trocken Schweigener Sonnenberg **13,5 %/16,50 €**
91 2017 Sauvignon Blanc trocken „Opus Oskar" **14 %/48,- €**
90 2017 Weißburgunder trocken „Opus Oskar" **13,5 %/48,- €**
91 2017 Chardonnay trocken „Opus Oskar" **13 %/48,- €**
87 2016 Spätburgunder trocken „Kalkmergel" **13,5 %/10,90 €**
88 2016 Spätburgunder trocken „Réserve" **13,5 %/18,- €**
90 2016 Spätburgunder trocken Schweigener Sonnenberg **13,5 %/24,- €**
91 2016 Pinot Noir trocken **13 %/36,- €**

JULIANENHOF

★

KONTAKT

Uttrichstraße 9
55283 Nierstein
Tel. 06133-58121
Fax: 06133-57451
www.weingut-julianenhof.de
schmitt@weingut-julianenhof.de

Inhaber
Jochen Schmitt
Kellermeister
Laurenz Schmitt
Rebfläche
13 Hektar
Produktion
60.000 Flaschen

BESUCHSZEITEN

nach Vereinbarung

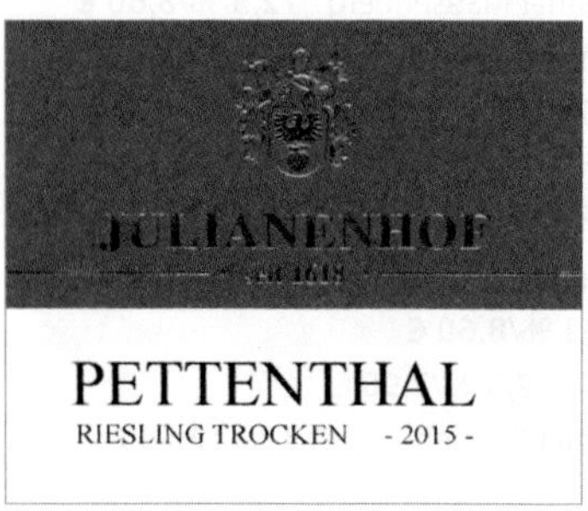

Seit 1618 baut die Familie Wein in Nierstein an, seit Anfang der neunziger Jahre ist Jochen Schmitt im Weingut aktiv, der den Betrieb heute zusammen mit Ehefrau Beatrice führt. Ihre Weinberge befinden sich in verschiedenen Niersteiner Lagen wie Pettenthal, Hipping, Orbel oder Rehbach. Riesling spielt die wichtigste Rolle im Betrieb, aber es werden eine Vielzahl weiterer Rebsorten wie Silvaner, Müller-Thurgau, Grauburgunder, Weißburgunder, Chardonnay, Sauvignon Blanc und Bacchus sowie die roten Sorten Spätburgunder, Dornfelder und Cabernet Cubin angebaut. Seit Anfang der neunziger Jahre ist dem Weingut ein Gästehaus angegliedert.

Kollektion

Auch wenn wie im vergangenen Jahr ein edelsüßes Highlight wie die Beerenauslese aus dem Pettenthal im Jahrgang 2017 fehlt, entschädigen dafür die trockenen Lagen-Rieslinge, die weiter zugelegt haben. Ansonsten präsentieren sich die Weine sehr gleichmäßig, die Niersteiner Ortsweine sind klar, fruchtbetont und geradlinig, der Grauburgunder besitzt reintönige Frucht, der Chardonnay ist füllig und harmonisch, der Riesling vom Roten Hang frisch und zupackend, am besten gefällt uns in diesem Segment der reintönige Sauvignon Blanc, der würzig und eindringlich im Bouquet ist, klare Frucht zeigt, frisch und zupackend ist bei guter Struktur und reifer Frucht. Der Orbel-Riesling zeigt gute Konzentration im Bouquet, etwas gelbe Früchte, ist füllig und saftig im Mund, besitzt reife Frucht, gute Struktur und Frische. Der Pettenthal-Riesling aus dem Jahrgang 2016 hat an Komplexität gewonnen, zeigt gute Konzentration, viel Würze und Frucht, dezente Reife, ist füllig und kraftvoll im Mund, besitzt feine reife Frucht, gute Struktur und Länge. —

Weinbewertung

82 2017 Grauer Burgunder trocken Niersteiner **13 %/6,- €**
82 2017 Chardonnay trocken Niersteiner **12,5 %/6,50 €**
84 2017 Sauvignon Blanc trocken Niersteiner **12,5 %/7,- €**
82 2017 Riesling trocken „Roter Hang" Niersteiner **12,5 %/7,- €**
85 2017 Riesling trocken Niersteiner Orbel **13 %/9,50 €**
87 2016 Riesling trocken Niersteiner Pettenthal **13 %/12,50 €**
82 2017 Riesling „feinherb" „vom Rotliegenden" Niersteiner **12 %/7,- €**
80 2017 Bacchus Kabinett **8 %/4,90 €**
82 2017 Riesling Spätlese „lieblich" „Roter Hang" **8,5 %/7,- €**
80 2017 Spätburgunder Weißherbst **11 %/4,90 €**
81 2016 Spätburgunder Niersteiner **13 %/8,50 €**

JULIUS

★☆

KONTAKT

Hauptstraße 5
67599 Gundheim
Tel. 06244-905218
Fax: 06244-905219
www.weingut-julius.de
info@weingut-julius.de

J

Inhaber
Georg Julius
Rebfläche
19 Hektar

BESUCHSZEITEN

Mo.-Fr. 10-18 Uhr, Sa. 10-17 Uhr
nach Vereinbarung
„Design Vinothek"

Georg und Helene Julius kauften 1926 einen Bauernhof mit Ackerbau, Vieh und einigen Reben in Gundheim, legten damit den Grundstock für das heutige Weingut. Ihr Enkel Georg Julius führt heute mit Ehefrau Marianne den Betrieb, sie erweiterten das Gut von damals 5 Hektar auf die heutige Größe. Die Weinberge befinden sich unter anderem im Nieder-Flörsheimer Frauenberg, in den Gundheimer Lagen Mandelbrunnen und Sonnenberg, im Abenheimer Klausenberg, im Dalsheimer Sauloch, im Bermersheimer Hasenlauf und in den Westhofener Lagen Morstein (2009 mit Riesling bepflanzt) und Rotenstein. Die Weinberge werden seit 2007 ökologisch bewirtschaftet, 2010 war der erste zertifiziert biologische Jahrgang (Mitglied bei Naturland). 60 Prozent der Weinberge sind mit weißen Sorten bepflanzt, vor allem Riesling, Silvaner, Müller-Thurgau, Weißburgunder, Grauburgunder, Chardonnay und Sauvignon Blanc. Wichtigste rote Sorten sind Dornfelder, Spätburgunder, Portugieser und Merlot. Die Weine werden überwiegend trocken ausgebaut.

Kollektion

Die neue Kollektion überzeugt, zeigt gutes, sehr gleichmäßiges Niveau, die Weine gewinnen an Profil. Ein reintöniger, harmonischer Weißburgunder-Sekt eröffnet in diesem Jahr den Reigen. Der Silvaner ist füllig und saftig, besitzt reife süße Frucht, der Sauvignon Blanc weist feine Tropenfruchtaromatik auf. Der Grauburgunder ist würzig und zupackend, der Chardonnay frisch und klar. Unter den beiden Rieslingen ist der Morstein unser Favorit, er besitzt reintönige Frucht, gute Konzentration, Struktur und Frische. Gleichauf sehe wir den Weißburgunder aus dem Klausenberg, der gute Struktur und klare Frucht besitzt, frisch und zupackend ist. Sehr gut ist auch der intensiv fruchtige, zupackende Spätburgunder aus dem Gundheimer Sonnenberg.

Weinbewertung

85 2016 Weißburgunder Sekt brut **12,5 %/12,50 €**
85 2017 Silvaner trocken Westhofener Rotenstein **12 %/7,90 €**
84 2017 Sauvignon Blanc trocken Abenheimer Klausenberg **12,5 %/8,60 €**
86 2017 Weißer Burgunder trocken Abenheimer Klausenberg **12,5 %/7,90 €**
83 2017 Grauer Burgunder trocken Nieder-Flörsheimer Frauenberg **13,5 %/8,40 €**
83 2017 Chardonnay trocken Abenheimer Klausenberg **12 %/7,90 €**
83 2017 Riesling trocken Bermersheimer Hasenlauf **12 %/7,90 €**
86 2016 Riesling trocken Westhofener Morstein **12 %/15,- €**
81 2017 Goldmuskateller (halbtrocken) **11 %/8,60 €**
83 2015 Spätburgunder trocken „Pinot 15" **12,5 %/7,90 €**
85 2016 Spätburgunder trocken Gundheimer Sonnenberg **13 %/12,50 €**

Juliusspital Würzburg

★★★

KONTAKT

Klinikstraße 1, 97070 Würzburg
Tel. 0931-3931400
Fax: 0931-3931414
www.juliusspital.de
weingut@juliusspital.de

Inhaber
Stiftung des öffentlichen Rechts
Leiter
Horst Kolesch
Kellermeister
Nicolas Frauer, Helmut Klüpfel
Rebfläche 180 Hektar
Produktion 1.000.000 Flaschen

BESUCHSZEITEN

Mo.-Do. 7:30-16:30 Uhr, Fr. 7:30-15 Uhr; Weinstuben (Juliuspromenade 19), täglich 10-24 Uhr; Weinverkauf im Weineck „Julius Echter" (Koellikerstraße 1a), Mo.-Fr. 9:30-18:30 Uhr, Sa. 9-16 Uhr

Die Stiftung Juliusspital wurde 1576 vom Würzburger Fürstbischof Julius Echter von Mespelbrunn gegründet. Das Weingut der Stiftung trägt mit seinen Erlösen zu den gemeinnützigen Stiftungsaufgaben (z.B. Klinik, Altenpflege) bei. Der ausgedehnte Besitz verteilt sich auf viele Lagen, darunter so renommierte Namen wie Würzburger Stein, Würzburger Innere Leiste, Iphöfer Julius-Echter-Berg, Randersackerer Pfülben, Volkacher Karthäuser, Rödelseer Küchenmeister oder Escherndorfer Lump. Wichtigste Rebsorten sind Silvaner, Riesling und Müller-Thurgau.

Kollektion

Die Gutsweine sind frisch und unkompliziert, die Ortsweine deutlich fülliger, sehr gleichmäßig präsentieren sich dann die Erste Lage-Weine, am besten gefallen uns der saftige, strukturierte Silvaner aus dem Küchenmeister und der klare, zupackende, noch recht tanninbetonte Spätburgunder aus dem Pfaffenberg. An der Spitze der Kollektion stehen die Großen Gewächse, allesamt aus dem Jahrgang 2016. Der rauchige Weißburgunder aus dem Karthäuser ist kraftvoll und strukturiert, der würzige Stein-Silvaner besitzt viel Substanz, sein Kollege aus dem Julius-Echter-Berg ist kompakt, etwas verhalten. Unser eindeutiger Favorit ist der rauchig-würzige Stein-Riesling, der viel Kraft, Substanz und Komplexität besitzt.

Weinbewertung

82	2017 Silvaner trocken **12 %/8,- €**
81	2017 Sauvignon Blanc trocken **12 %/9,50 €**
83	2017 Grauburgunder trocken Thüngersheimer **12 %/10,- €**
84	2017 Silvaner trocken Würzburger **12,5 %/9,80 €**
84	2017 Riesling trocken Würzburger **12,5 %/9,80 €**
87	2017 Silvaner trocken Rödelseer Küchenmeister **12,5 %/12,50 €**
86	2017 Silvaner trocken Würzburger Stein **12,5 %/14,- €**
85	2016 „Fränkischer Satz" Weißwein Spätlese trocken **13 %/25,- €**
86	2017 Riesling trocken Würzburger Stein **12,5 %/14,- €**
89	2016 Silvaner trocken „GG" Würzburger Stein **13 %/30,- €**
88	2016 Silvaner trocken „GG" Iphöfer Julius-Echter-Berg **13,5 %/30,- €**
89	2016 Weißer Burgunder trocken „GG" Volkacher Karthäuser **13,5 %/32,- €**
91	2016 Riesling trocken „GG" Würzburger Stein **13,5 %/32,- €**
85	2016 Traminer trocken Würzburger Abtsleite **13,5 %/35,- €**
87	2016 Sauvignon Blanc trocken **13,5 %/32,- €**
84	2017 Riesling Kabinett Würzburger **11 %/10,- €**
84	2017 Muskateller Kabinett Würzburger Abtsleite **10 %/14,50 €**
81	2017 Rosé trocken **11 %/8,- €**
87	2016 Spätburgunder trocken Würzburger Pfaffenberg **13 %/25,- €**

GEORG JUNG

★

KONTAKT

Alzeyer Straße 4
55278 Undenheim
Tel. 06737-246
Fax: 06737-9952
www.wein-macht-jung.de
info@wein-macht-jung.de

Inhaber
Georg Jung
Kellermeister
Johannes Jung
Außenbetrieb
Georg & Johannes Jung
Rebfläche
18 Hektar
Produktion
70.000 Flaschen

BESUCHSZEITEN

täglich 8 -18 Uhr nach Vereinbarung
Gästezimmer (3 Doppelzimmer), Ferienwohnung

J

Das Weingut Jung, ursprünglich ein typischer rheinhessischer Mischbetrieb, konzentriert sich heute ganz auf Wein. Georg Jung übernahm den Betrieb 1994 von seinem Vater Walter, führt ihn zusammen mit Ehefrau Helga. Sohn Johannes, ihr Jüngster, absolvierte eine Winzerlehre und sammelte Erfahrungen in Neuseeland (Crossroads) und Südafrika (De Wetshof). Ihre Weinberge liegen im Undenheimer Goldberg, wo die Reben überwiegend auf Löss wachsen, sowie im Selzener Gottesgarten und im Spiesheimer Osterberg, wo Lösslehmböden vorherrschen. Das Sortenspektrum ist groß, umfasst mehr als zwanzig verschiedene Rebsorten, Riesling, Silvaner, Weißburgunder, Grauburgunder, Müller-Thurgau und Sauvignon Blanc gehören dazu ebenso wie viele Neuzüchtungen, unter den roten Sorten findet man St. Laurent und Portugieser, Spätburgunder, Dornfelder und Cabernet Dorsa. Das Sortiment wurde neu ausgerichtet und in Guts-, Orts- und Lagenweine eingeteilt. Georg Jung beabsichtigt den Ausbau im Holz und die Spontangärung zu forcieren. 2018 wurde mit dem Neubau von Vinothek und Flaschenlager begonnen.

Kollektion

Die neue Kollektion ist der des Vorjahres sehr ähnlich, das Einstiegsniveau ist wieder hoch und an der Spitze steht ein im Barrique ausgebauter Rotwein. Der Müller-Thurgau im Liter ist frisch, lebhaft, saftig, die Gutsweine zeigen gleichmäßiges Niveau, unter den weißen Gutsweinen gefallen uns der reintönige, geradlinige Undenheimer Sauvignon Blanc und der etwas süße, wunderschön fruchtbetonte Weißburgunder aus Spiesheim besonders gut. Der Grauburgunder „aus der Sau" ist konzentriert, füllig und saftig, der Rindertanz-Riesling besitzt reintönige Frucht, gute Struktur und Substanz. Unser Favorit ist der im Barrique ausgebaute Spätburgunder, der intensiv rote Früchte im Bouquet zeigt, füllig und kraftvoll ist, reife Frucht besitzt, gute Struktur, dezent Schokolade und feine Frische. ▬

Weinbewertung

82 2017 Müller Thurgau trocken (1l) **12 %/4,50 €**
80 2017 Grauburgunder trocken **13,5 %/7,- €**
83 2017 Sauvignon Blanc trocken Undenheim **12,5 %/7,20 €**
82 2017 Chardonnay trocken Undenheim **12,5 %/7,20 €**
81 2017 Riesling trocken **12 %/5,50 €**
84 2017 Weißburgunder trocken Spiesheim **12 %/7,20 €**
84 2016 Grauburgunder Spätlese trocken „aus der Sau" **14 %/10,- €**
85 2016 Riesling Spätlese trocken „Rindertanz" **13 %/15,50 €**
81 2017 Gelber Muskateller „feinherb" **11,5 %/6,- €**
83 2015 Cabernet Dorsa trocken **14,5 %/6,50 €**
86 2014 Spätburgunder Barrique **13 %/11,50 €**

JAKOB JUNG

★★★☆

KONTAKT

Eberbacher Straße 22
65346 Eltville-Erbach
Tel. 06123-900620
Fax: 06123-900621
www.weingut-jakob-jung.de
info@weingut-jakob-jung.de

Inhaber
Alexander Johannes Jung
Kellermeister
Alexander Johannes Jung
Außenbetrieb
Ludwig Jung & Burkhard Kirchner
Rebfläche
18 Hektar
Produktion
100.000 Flaschen

BESUCHSZEITEN

Mo.-Fr. 13-18 Uhr, Sa. 10-17 Uhr
Weinproben (bis 50 Personen)

Seit 1799 befindet sich das Weingut im Besitz der Familie. Ludwig Jung stieg 1969 mit 18 Jahren in den Betrieb ein, inzwischen wird das Gut von seinem Sohn Alexander Johannes Jung geleitet. Vater Ludwig ist allerdings immer noch aktiv und unterstützt den Junior im Weinberg. Alexander Jung absolvierte ein Studium in Geisenheim sowie Praktika in Baden und Südafrika. Die Reben befinden sich in Erbach (Steinmorgen, Honigberg, Michelmark, Hohenrain) und Kiedrich (Sandgrub). Wichtigste Rebsorte ist der Riesling, der 85 Prozent der Fläche einnimmt. Hinzu kommen vor allem Spätburgunder, aber auch Chardonnay und Weißburgunder. Die Rieslinge von Alexander Johannes Jung bleiben nach einer kühlen Gärung, die im Edelstahl stattfindet, recht lange auf der Feinhefe, damit sie mehr Fruchtfülle und Extrakt erhalten. Sie werden größtenteils erst im Spätsommer abgefüllt. Die Weine werden meist trocken und halbtrocken angeboten.

Kollektion

Alexander Jung hat in diesem Jahr eine Kollektion hingelegt, die seine Ambitionen in die Spitze der Region vorzudringen, deutlich unterstreichen. Schon der Gutsriesling ist animierend und ausdrucksstark, der Erbacher Ortswein fügt dem noch mehr Finesse und pikante Frische hinzu. Der kühle Steinmorgen ist straff und präzise, der kräftige Charta Riesling besitzt saftige Frische und eine salzige Ader, die „Alten Reben" sind mild, saftig und würzig. Während der reife Hohenrain mit immenser Kraft, herb würziger Creme und druckvoller Länge aufwartet, ohne es dabei im Geringsten an Frische vermissen zu lassen, ist das Große Gewächs aus dem Siegelsberg geradezu stahlig und kühl durch und durch. Beide Spätburgunder, für Liebhaber des reifen Stils, sind dunkelbeerig und sparen nicht mit Fülle und Toastwürze, sie besitzen Frische, Struktur und Kraft.

Weinbewertung

85	2017 Riesling trocken **12 %/8,20 €**
86	2017 Sauvignon Blanc trocken **12,5 %/11,90 €**
86	2017 Riesling trocken Erbach **12 %/9,60 €**
87	2017 Riesling trocken Erbach Steinmorgen **12,5 %/13,40 €**
87	2017 Riesling trocken „Alte Reben" **12,5 %/13,40 €**
91	2017 Riesling trocken „GG" Erbach Hohenrain **13 %/24,40 €**
90+	2017 Riesling trocken „GG" Erbach Siegelsberg **12,5 %/27,90 €**
88	2017 Riesling trocken „Charta" **12,5 %/13,40 €**
86	2017 Riesling „feinherb" Erbach Steinmorgen **11,5 %/13,40 €**
86	2017 Riesling Spätlese Erbacher Michelmark **9,5 %/13,40 €**
88	2013 Spätburgunder trocken „Alexander Johannes" **13,5 %/20,40 €**
90	2013 Spätburgunder trocken „Alexander Johannes R" **13,5 %/39,40 €**

JUNGLEN

★☆

KONTAKT

Stablostrasse 20
54536 Kröv
Tel. 06541-3292
Fax: 06541-814537
www.junglenwein.de
info@junglenwein.de

Inhaber
Markus Junglen
Rebfläche
4,6 Hektar
Produktion
35.000 Flaschen

BESUCHSZEITEN

täglich (am besten nach Vereinbarung)
Gästehaus „Weinquartier" mit Gästezimmern und Ferienwohnungen

J

Hermann-Josef Junglen und Ehefrau Gerti bauten den Nebenerwerbsbetrieb zum Weingut aus, seit 2008 wurden sie im Betrieb unterstützt von Sohn Markus, nach Winzerlehre, Technikerlehre und vier Jahren Kellermeistertätigkeit an der unteren Mosel. 2016 übernahmen Markus und Linda Junglen die Verantwortung komplett. Ihre Weinberge liegen in Kröv und Kinheim. Der Kröver Steffensberg ist ein steiler Südwesthang mit tiefgründigen Devonschieferböden, in der über 160 Hektar großen Einzellage Kröver Paradies sind die Böden schwerer, vor allem im unteren Teil. Gleiches gilt für den Kinheimer Rosenberg. Außer Riesling, der mit 65 Prozent dominiert, werden auch Müller-Thurgau, Weiß- und Spätburgunder (allein die rote Sorte nimmt stolze 12 Prozent der Fläche ein), Sauvignon Blanc und Dornfelder angebaut. Die Weißweine werden kühl vergoren, teilweise mit den natürlichen Hefen, teils im Edelstahl, teils im Holz ausgebaut. 90 Prozent der Produktion wird an Privatkunden verkauft. Das Weingut bietet Ferienwohnungen und Gästezimmer an, im Herbst hat die Straußwirtschaft geöffnet.

Kollektion

Im vergangenen Jahr hatte das Weingut neben 2016ern auch überzeugende 2015er vorgestellt; besonders die Gleichmäßigkeit der Kollektion gefiel. Diesmal sind es überwiegend 2017er, die von einer weiteren positiven Entwicklung im Weingut zeugen. Schon der trockene Basisriesling gefällt ausgezeichnet, die Letterlay-Spätlese wirkt kompakt, jene aus dem Steffensberg ist verhalten, aber kraftvoll. Etwas verschlossen, aber substanzreich ist auch der 2016er Weißburgunder. Noch spannender indes der offen wirkende feinherbe Riesling von alten Steffensberg-Reben – mit Noten von Steinobst, Kräutern und Apfelschale. Der Spätburgunder aus 2015 besitzt eine klare Kirschfrucht und beachtliche Würze – ein Beweis, dass sich das Weingut längst auch auf die Rotweinbereitung versteht. ▬

Weinbewertung

84 2017 Riesling trocken **11,5 %/5,80 €**
84 2017 Sauvignon Blanc trocken **12 %/7,50 €**
86 2017 Riesling Spätlese trocken Kröver Letterlay **12 %/8,50 €**
87 2017 Riesling trocken „Edition M" Kröver Steffensberg **12,5 %/11,50 €**
85 2016 Weißburgunder trocken „Edition M" Kröver Paradies **13 %/11,50 €**
87 2017 Riesling „feinherb" „von Alten Reben" Kröver Steffensberg **11,5 %/11,50 €**
85 2017 Riesling Kabinett Kröver Paradies **8,5 %/6,- €** ☺
86 2015 Spätburgunder trocken „Edition M" **14,5 %/11,50 €**

AM KAISERBAUM, HAMMEL-HUNDINGER

★☆

KONTAKT

Hauptstraße 33
67229 Gerolsheim
Tel. 06238-3562
Fax: 06238-929272
www.weingut-am-kaiserbaum.de
info@weingut-am-kaiserbaum.de

Inhaber
Familie Hundinger
Rebfläche
20 Hektar

BESUCHSZEITEN

Mi.-Fr. 13-18 Uhr, Sa. 10-17 Uhr
und nach Vereinbarung

Das Weingut am Kaiserbaum ist in der nördlichen Pfalz, in Gerolsheim, gelegen. Die Weinberge befinden sich vor allem in Gerolsheim (Lerchenspiel), Weisenheim (Rosenbühl, Hasenzeile, Altenberg) und Kirchheim (Schwarzerde), aber auch in Freinsheim, Laumersheim und Herxheim. Der Anteil der mit Spätburgunder und anderen roten Sorten bestockten Rebfläche ist hoch. Seit einigen Jahren bringt auch Gerald Hundinger seine Rotwein-Erfahrung ein. Sammeln konnte er diese unter anderem bei seinem Önologie-Studium in Bordeaux und bei Rotwein-Pionieren in der Pfalz. Burgundersorten und Riesling liegen bei den weißen Sorten im Fokus des jungen Kellermeisters, der letzter Schüler des Weißweinspezialisten Hans-Günter Schwarz bei Müller-Catoir war. Bei den edelsüßen Weinen spielen Rieslaner und Gewürztraminer eine besondere Rolle.

Kollektion

Die klare Stilistik, die wir im vergangenen Jahr erkannt hatten, setzt sich auch in diesem Jahr fort: Wieder sind alle Weine, trocken wie süß, harmonisch und elegant mit einem frischen, animierenden Säurespiel. Und wie im letzten Jahr führt wieder ein süßer Rieslaner die Kollektion an, die Auslese aus dem Lerchenspiel zeigt viel klare Frucht im Bouquet, Aprikose, Zitrusnoten und etwas Nougat, ist konzentriert und cremig und besitzt gute Länge. Auch der trockene Riesling vom Goldberg besitzt gute Konzentration und feinen Biss, duftet nach Aprikosen, Ananas und Kräutern, der Cabernet Blanc ist saftig und harmonisch, zeigt kräutrige Würze und etwas Maracuja und ist einer der wenigen überzeugenden Vertreter dieser Rebsorte. Der Weißburgunder ist reintönig mit feiner floraler Würze und leicht süßer gelber Frucht, der Grauburgunder zeigt etwas nussige Noten und klare Birnen- und Melonenfrucht, beide besitzen auch ein frisches Säurespiel. In der restsüßen Cuvée aus Gewürztraminer und Riesling dominiert wieder der Gewürztraminer, der Wein zeigt Litschi, Rosenblüten und Zitrusnoten im Bouquet und besitzt eine feine, dezente Süße, der Liter-Riesling besitzt Biss und klare, typische Frucht. ▬

Weinbewertung

81 2017 Riesling trocken (1l) **12,5 %/5,50 €**
86 2017 Riesling trocken Freinsheimer Goldberg **12,5 %/9,50 €**
85 2017 Cabernet Blanc trocken **12,5 %/9,50 €**
83 2017 Grauburgunder trocken „Vum Wingertshaisel" **12,5 %/7,50 €**
84 2017 Weißburgunder trocken „Unner'm Mandelbaam" **12 %/7,50 €**
84 2017 Gewürztraminer & Riesling „fruchtig" **11 %/9,50 €**
87 2017 Rieslaner Auslese Gerolsheimer Lerchenspiel **8 %/13,- €/0,375l**

Kalkbödele

★★☆

KONTAKT

Weingut der Gebrüder Mathis
Enggasse 21
79291 Merdingen
Tel. 07668-902672
Fax: 07668-94505
www.kalkboedele.de
weingut@kalkboedele.de

Inhaber
Sonja Mathis-Stich
Gutsverwalter/Kellermeister
Manfred Zimmermann
Rebfläche
20 Hektar
Produktion
130.000 Flaschen

BESUCHSZEITEN

Mo.-Fr. 10-12 + 14-17 Uhr,
Sa. 10-13 Uhr

KALKBÖDELE

Paul Mathis, Gründer eines Kalkwerks in Merdingen, und seine Brüder Bernhard und Franz begannen 1978 mit der Herstellung eigener Weine vom Tuniberg. Sie setzten von Anfang an auf trocken ausgebaute Weine und auf den Barriqueausbau. Heute wird das Weingut von Sonja Mathis-Stich geführt, Betriebsleiter und Kellermeister ist Manfred Zimmermann. Rote Rebsorten nehmen über die Hälfte der Rebfläche ein, Spätburgunder vor allem, aber auch Merlot, Cabernet Sauvignon und Lagrein. Das Weingut ist auf Spätburgunder spezialisiert, der mehr als die Hälfte der Rebfläche einnimmt. Weiß- und Grauburgunder sind die wichtigsten weißen Sorten, dazu gibt es Müller-Thurgau und Chardonnay, aber auch Auxerrois und Riesling, dazu ein wenig Cabernet Sauvignon und Merlot. Die Rotweine werden maischevergoren und in Holzfässern ausgebaut, auch ein Teil der Weißweine kommt ins Holz. Alle Weine werden durchgegoren ausgebaut. Schon seit der ersten Ausgabe empfehlen wir die Weine vom Kalkbödele, in den letzten Jahren haben die Kollektionen deutlich an Konstanz gewonnen, die Weißweine sind fruchtbetonter und reintöniger geworden, den Holzeinsatz bei den Rotweinen hat man etwas zurückgefahren.

Kollektion

Die Kollektion präsentiert sich sehr ähnlich wie im vergangenen Jahr, das weiße Segment wird angeführt von den im Holz ausgebauten Weinen, an der Spitze steht aber erneut ein Spätburgunder. Die 2017er Weißweine sind klar und frisch, deutlich mehr Konzentration und Substanz besitzen die 2016er Holzfass-Weine: Der Pinot Blanc zeigt dezent Vanille, ist kompakt, strukturiert, der Pinot Gris hat das Holz etwas besser integriert, besitzt Harmonie, gute Struktur und reife Frucht. Geschlossen und stark präsentieren sich die drei 2015er Spätburgunder, alle sind reintönig und kraftvoll, der konzentrierte, duftige 2014er Reserve-Spätburgunder ist unser Favorit im roten Segment, er besitzt Fülle und Stoff, viel reife Frucht und Substanz. ➔

Weinbewertung

83 2016 „Mathis Cuvée" Pinot Blanc Sekt brut **12,5 %/13,90 €**
82 2017 Auxerrois Kabinett trocken **12 %/8,50 €**
81 2017 Weißburgunder Kabinett trocken **12,5 %/8,50 €**
82 2017 Grauburgunder Kabinett trocken **13 %/8,50 €**
86 2016 Pinot Blanc trocken Holzfass Merdinger Bühl **14 %/10,50 €**
86 2016 Pinot Gris trocken Holzfass Merdinger Bühl **14 %/10,50 €**
84 2015 Spätburgunder trocken **13,5 %/8,80 €**
85 2015 Spätburgunder trocken „Alte Rebe" Merdinger Bühl **13,5 %/11,- €**
86 2015 Spätburgunder trocken Barrique „Tradition" Merdinger Bühl **14 %/13,- €**
88 2014 Spätburgunder trocken „Reserve" Merdinger Bühl **14 %/25,- €**

KAMPF

★★

KONTAKT

Langgasse 75
55237 Flonheim
Tel. 06734-1626
Fax: 06734-7117
www.weingut-kampf.de
info@weingut-kampf.de

Inhaber
Hanspeter & Patrick Kampf
Rebfläche
12 Hektar
Produktion
30.000 Flaschen

BESUCHSZEITEN

Mo.-Fr. 8-12 + 14-18 Uhr, Sa. 8-15 Uhr, Anmeldung empfohlen

Lange Zeit wurden die Weine zwar ausgebaut, aber dann füllfertig an andere Betriebe verkauft. Mit dem Einstieg von Patrick Kampf hat sich dies geändert: Geisenheim-Studium, Praktika bei Wagner-Stempel, Schäfer-Fröhlich und BattenfeldSpanier, bei Pichler in Oberloiben und bei Hartford Family in Sonoma – da will man mehr erreichen. Seit 2008 werden die Weinberge biologisch bewirtschaftet, 2011 war der erste zertifizierte Jahrgang. Der Fokus liegt auf Riesling, dazu gibt es Weiß- und Grauburgunder, Scheurebe, Sauvignon Blanc und Silvaner, auch etwas rote Sorten. Das Sortiment ist gegliedert in Gutsweine, Ortsweine und Lagenweine, wobei die Gutsweine absolut dominieren, einen Lagen-Riesling aus der Uffhofener La Roche gab es erstmals 2012, dann wieder im Jahrgang 2015.

Kollektion

Die letztjährige Kollektion von 2016er Weinen präsentierte sich geschlossen, herausragender Wein war der Riesling aus der Uffhofener La Roche. Auf diesen mussten wir dieses Jahr verzichten, aber die Kollektion überzeugt auf der ganzen Linie, zeigt noch gleichmäßigeres Niveau. Ein toller Einstieg ist die Cuvée Weiß aus Müller-Thurgau, Riesling und Silvaner, sie ist fruchtbetont und frisch, geradlinig und klar bei feiner süßer Frucht – ein unkomplizierter Terrassenwein. Der Grauburgunder ist fruchtbetont und würzig, herrlich eindringlich, frisch und zupackend, der trockene Riesling ist ebenfalls würzig und eindringlich, lebhaft, zupackend und frisch. Unser Favorit ist in diesem Jahr der Sauvignon Blanc, ein Sauvignon eher von der aggressiven Art, fast scharf, dominant, würzig, eindringlich, fruchtbetont und zupackend – uns gefällt das. Der feinherbe Riesling ist frisch, klar und fruchtbetont, betont süffig und unkompliziert wie auch der klare, frische Spätburgunder Rosé, der geradlinig und fruchtbetont ist. Zur Cuvée Weiß gibt es ein Rouge genanntes rotes Pendant aus Spätburgunder und St. Laurent: Fruchtbetont und intensiv im Bouquet zeigt es rote Früchte, ist klar, frisch und zupackend im Mund.

Weinbewertung

85 2017 „Cuvée Weiß" Weißwein trocken **12 %/6,- €** ☺
84 2017 Grauburgunder trocken **13 %/7,50 €**
84 2017 Riesling trocken **12 %/7,50 €**
86 2017 Sauvignon Blanc trocken **13 %/8,50 €**
83 2017 Riesling „feinherb" **12 %/6,- €**
84 2017 Spätburgunder Rosé trocken **12 %/7,- €**
85 2016 „Rouge" Rotwein **12,5 %/9,50 €**

K

GRAF VON KANITZ

★★☆

KONTAKT

Rheinstraße 49
65391 Lorch
Tel. 06726-346, Fax: 06726-2178
www.weingut-graf-von-kanitz.de
info@weingut-kanitz.de

Inhaber
Sebastian Graf von Kanitz
Betriebsleiter Jens Pape
Rebfläche 14 Hektar
Produktion 70.000 Flaschen

BESUCHSZEITEN

Mo.-Fr. 8-16 Uhr, Mai bis Okt.
Sa. 10-15 Uhr und nach Vereinbarung

Bis ins 13. Jahrhundert lassen sich die Wurzeln des Weingutes zurückverfolgen. Gegründet von den Herren von Staffel, gehörte es einige Jahrhunderte den Freiherrn von Stein bevor es 1926 in direkter Erbfolge in den Besitz der Grafen von Kanitz kam. Seit den sechziger Jahren werden die Weinberge ökologisch bewirtschaftet, seit 1992 ist man Mitglied bei Ecovin. Die Weinberge liegen in den Lorcher Lagen Bodental-Steinberg, Kapellenberg, Pfaffenwies, Schlossberg und Krone. Neben dem dominierenden Riesling (70 Prozent) spielt vor allem der Spätburgunder eine wichtige Rolle, auch etwas Grauburgunder wird im Schlossberg angepflanzt, dazu gibt es Weißburgunder und etwas Gewürztraminer in der Lorcher Pfaffenwies. Der langjährige Betriebsleiter Kurt Gabelmann hat die Verantwortung 2015 an seinen bisherigen Assistenten Jens Pape übergeben, der schon den Jahrgang 2014 ausgebaut hatte. Alle Weine sind vegan.

Kollektion

Die Rieslinge verkörpern den klassischen Rheingaustil. Schon im Basis- und Ortsweinbereich sind sie recht kräftig, in den Erste Lagen-Weinen werden sie spürbar stoffiger. Der Sekt ist saftig und frisch, der Grauburgunder weich und füllig, der Gutsriesling ist eingängig. Der Lorcher Riesling ist duftiger und intensiver als der Gutswein, sein recht hoher Alkohol tritt im Abgang jedoch etwas wärmend in Erscheinung. Mit seinem zart würzigen und milden Charakter gefällt der Riesling aus der Pfaffenwies, ist angenehm saftig und lang. Der Schiefer aus derselben Lage besitzt merklich mehr Substanz und mineralische Feinheiten, er ist wegen seiner animierenden und fein balancierten Art unser Favorit. Der Quarzit-Riesling aus dem Bodenthal-Steinberg besitzt würzigen Schmelz, ist mild und lang. Da der Alkohol sich beim Riesling aus der Lorcher Krone im Abgang etwas aufdrängt, fällt er trotz aller Kraft und Tiefe dagegen etwas ab. Die fruchtige Spätlese aus der Krone ist zupackend, sie besitzt attraktive Saftigkeit und würzige Frische. —

Weinbewertung

83 2015 Riesling Sekt brut **12,5 %/11,50 €**
83 2017 Riesling trocken **12,5 %/7,30 €**
83 2017 Riesling trocken Lorch **13 %/7,70 €**
82 2017 Grauburgunder trocken Lorch **12,5 %/11,50 €**
84 2017 Riesling trocken Lorcher Pfaffenwies **12,5 %/8,90 €**
86 2017 Riesling trocken „Schiefer“ Lorcher Pfaffenwies **13 %/11,50 €**
85 2017 Riesling trocken „Quarzit“ Lorcher Bodental-Steinberg **12,5 %/11,40 €**
85 2017 Riesling trocken „Alte Reben“ Lorcher Krone **13 %/15,50 €**
84 2017 Riesling Spätlese Lorcher Krone **10,5 %/11,50 €**

Kanzlerhof

★★

KONTAKT

Hauptstraße 23
54340 Pölich
Tel. 06507-9389660 /
0175-7145501
Fax: 06507-9389661
www.kanzlerhof.de
weingutkanzlerhof@web.de

Inhaber
Familie Schömann-Kanzler
Betriebsleiter/Kellermeister
Alfred Schömann
Rebfläche
4,9 Hektar
Produktion
33.000 Flaschen

BESUCHSZEITEN

täglich nach Vereinbarung
Weinstube, Gästezimmer,
Straußwirtschaft Schömann

Seit vielen Generationen betreibt die Familie Schömann-Kanzler ein Weingut in Pölich, das heute von Alfred Schömann geführt wird. Die Weinberge des Kanzlerhofs liegen in den Lagen Mehringer Blattenberg und Pölicher Held (zum Teil noch mit wurzelechten Reben bestockt). Neben Riesling, der 90 Prozent der Rebfläche einnimmt, gibt es ein klein wenig Weißburgunder und Müller-Thurgau. Das Stammhaus, der Kanzlerhof, wo die Weine heute noch vinifiziert werden, wurde im Jahr 1578 als Fronhaus der Trierer Abtei St. Maximin errichtet. Der Ausbau der Weine erfolgt teils im traditionellen Fuderfass, teils im Edelstahl. 80 Prozent der Weine werden trocken oder halbtrocken ausgebaut. Zum Weingut gehören ein Gästehaus und Schömanns Weinstube, die ab April an Wochenenden geöffnet hat.

Kollektion

Die Weine des Kanzlerhofs zeigten schon in den vergangenen Jahren eine bemerkenswerte Konstanz. Wie gleichmäßig die 2017er allerdings wirkten, überraschte dann doch. Sie sind nicht nur qualitativ überzeugend, sondern bereits zugänglich – wie beispielsweise der Literriesling (duftig mit Noten von Kernobst und saftiger Art) zeigt. Der Rivaner besitzt einen Hauch von Süße, der „Schieferheld" wirkt ausgewogener. Deutlich kraftvoller der „S"-Riesling aus der Pölicher Held, noch von leichten Hefenoten beeinflusst, aber angenehm würzig. Die feinherbe Spätlese aus dem Mehringer Blattenberg besitzt bereits unverkennbare Süße, cremig anmutende Würze und in der Nase Anklänge an Melone. Genau die – eine an Melonen erinnernde Frucht – weist auch die Goldkapsel-Auslese aus der Held auf; sie wirkt derzeit noch etwas süß, besitzt aber Schmelz und dürfte sich gut entwickeln. Die Auslese erwies sich bei der Verkostung als extrem jung, die Beerenauslese ist ein Schnäppchen: reintönig, duftig mit Noten von kandiertem Apfel und confierten Früchten: ein Wein mit viel Zukunft.

Weinbewertung

82	2017 Riesling trocken Pölicher (1l) **12 %/5,80 €**
84	2017 Riesling trocken „Schieferheld" **12 %/6,50 €**
87	2017 Riesling „S" trocken Pölicher Held **12 %/8,50 €** ☺
82	2017 Rivaner **12 %/5,50 €**
85	2017 Riesling Kabinett „feinherb" Pölicher Held **11 %/6,50 €**
87	2017 Riesling Spätlese „feinherb" Mehringer Blattenberg **11 %/8,50 €** ☺
86	2017 Riesling Kabinett Mehringer Blattenberg **8,5 %/Vst,**
88	2017 Riesling Spätlese Goldkapsel Mehringer Blattenberg **8 %/10,50 €**
88	2017 Riesling Auslese Pölicher Held **5,5 %/Vst.**
90	2017 Riesling Beerenauslese Mehringer Blattenberg **8 %/29,- €**

K

KAPELLENHOF

★☆

KONTAKT

Weingut Kapellenhof Oek.Rat
Schätzel Erben
Kapellenstraße 18
55278 Selzen
Tel. 06737-204
Fax: 06737-8670
www.kapellenhof-selzen.de
kapellenhof@t-online.de

Inhaber
Thomas Schätzel
Rebfläche
18 Hektar
Produktion
120.000 Flaschen

BESUCHSZEITEN

Mo.-Fr. 8-12 + 13-17 Uhr,
Sa. 9-14 Uhr
Kauper's Restaurant im Kapellenhof
Wohnmobilstellplätze

Der Kapellenhof in Selzen wurde erstmals 1373 als „Capell-Hube" urkundlich erwähnt, gehörte bis zum 16. Jahrhundert dem Wormser Domstift. Heute wird das Gut in fünfter Generation von Thomas Schätzel geführt, der nach dem Abschluss seines Weinbaustudiums 1984 in den elterlichen Betrieb eingetreten ist. Seine wichtigsten Lagen sind Hahnheimer Knopf, wo die Reben auf Kalkmergelböden wachsen, und Selzener Gottesgarten und Osterberg, auch im Sörgenlocher Moosberg ist er vertreten. Weißweine machen vier Fünftel der Produktion aus. Wichtigste Rebsorte ist Riesling, der gut ein Drittel der Rebfläche einnimmt, gefolgt von Silvaner, Müller-Thurgau, Grau- und Weißburgunder, sowie Chardonnay und Sauvignon Blanc. An roten Sorten baut Thomas Schätzel Dornfelder, Spätburgunder, Portugieser, sowie ein wenig St. Laurent und Cabernet Cubin an. Das Sortiment ist gegliedert in Liter-, Guts-, Orts- und Lagenweine.

Kollektion

Einen Orange-Wein gab es dieses Jahr nicht zu verkosten, trotzdem schließt die neue Kollektion nahtlos an das Vorjahr an, unsere beiden Favoriten sind die gleichen wie im vergangenen Jahr, nur kommen sie diesmal nun aus dem Jahrgang 2017. Der Sylvaner von alten Reben im Osterberg zeigt viel reife Frucht und etwas rauchige Noten, ist füllig und saftig, besitzt gute Struktur und Druck. Der Riesling Oekonomie-Rat ist würzig und eindringlich, besitzt Fülle und Kraft, reife Frucht und gute Substanz. Aber auch sonst überzeugt die Kollektion auf der ganzen Linie, bietet enorm gleichmäßiges, zuverlässiges Niveau. Unter den Gutsweinen gefällt uns der frische, zupackende Silvaner besonders gut. Das Ortswein-Segment bietet unter anderem einen fruchtbetonten zupackenden Weißburgunder aus Hahnheim, den zitrusduftigen, lebhaften Kalkmergel-Riesling, ebenfalls aus Hahnheim, aber auch zwei überzeugende Weine aus Selzen, den intensiven, strukturierten Grauburgunder und den geradlinigen Chardonnay. ▬

Weinbewertung

83 2017 Grüner Silvaner trocken **12,5 %/6,- €**
83 2017 Weißer Burgunder „trocken" „Kalkmergel" Hahnheim **12,5 %/7,50 €**
84 2017 Grauer Burgunder trocken „Am Dicken Stein" Selzener **12,5 %/7,50 €**
82 2017 Riesling trocken „Cabinet" **13 %/6,50 €**
82 2017 Sauvignon Blanc trocken **12,5 %/7,50 €**
84 2017 Riesling trocken „Kalkmergel" Hahnheim **13 %/8,10 €**
83 2017 Chardonnay trocken Selzener **12 %/7,50 €**
87 2017 Sylvaner trocken „Alte Reben" Selzener Osterberg **12,5 %/15,- €**
87 2017 Riesling trocken „Oekonomie-Rat E" Hahnheimer Knopf **13 %/15,- €**
83 2017 Riesling „feinherb" Hahnheimer **13 %/7,50 €**

K

Karlsmühle

★★★

Kontakt

Im Mühlengrund
54318 Mertesdorf
Tel. 0651-5123
Fax: 0651-5610296
www.weingut-karlsmühle.de
anfrage@weingut-karlsmuehle.de

Inhaber
Peter Geiben
Rebfläche
14,5 Hektar
Produktion
70.000 Flaschen

Besuchszeiten

Mo.-Sa. 8-17 Uhr und nach Vereinbarung
Gutsausschank Karlsmühle
(Di.-So. ab 12 Uhr)

Die Geschichte der Mühle, die als älteste Gesteinsmühle nördlich der Alpen gilt, reicht bis weit ins erste nachchristliche Jahrtausend zurück. 1889 heiratete der erste Geiben in die Besitzerfamilie ein, seit Ende der siebziger Jahre führt Peter Geiben den im Ruwertal gelegenen Betrieb. Die Mertesdorfer Einzellagen Lorenzhöfer Mäuerchen und Lorenzhöfer Felslay gehören ihm im Alleinbesitz (vermarktet werden sie nur als Lorenzhöfer), hinzu kommen Weinberge in den Lagen Nies'chen, Kehrnagel, sowie im Kaseler Timpert auf der linken Ruwerseite, der Peter Geiben ebenfalls im Alleinbesitz gehört und wodurch die Karlsmühle zum einzigen Ruwer-Weingut geworden ist, das auf beiden Ruwerseiten Weinberge besitzt. Neben 90 Prozent Riesling gibt es ein wenig Spätburgunder, Grau- und Weißburgunder, Müller-Thurgau, Dornfelder und Elbling. Die Weine werden überwiegend im Edelstahl ausgebaut. Das dazugehörige Hotel und das Restaurant werden von einem Pächter betrieben.

Kollektion

Dieses Jahr sind schon die Basisweine überzeugend wie lange nicht mehr. Der trockene „Molaris L." ist wunderschön straff und würzig. Sehr gelungen auch der Kabinett Lorenzhöfer mit Schmelz und Struktur. Fast puristisch dann die trockene Spätlese die unter dem Begriff „feinste Selektion" abgefüllt wurde: verhalten in der Nase, aber fest, würzig, dicht und mit Spiel. Schmelz und einen Hauch von Süße weist der „Quarzitschiefer"-Riesling auf, während der Kabinett aus dem Nies'chen eine eher zarte Frucht und ein beachtliche Süße-Säure-Spiel besitzt. Den feinen, präzise wirkenden Ruwerstil führt das Weingut auch bei der Auslese fort, die kühle Frucht und Anklänge an Ananas aufweist und saftig, unaufgeregt und lang ausfällt. ▬

Weinbewertung

84 2017 Riesling trocken (1l) **11 %/7,- €**
87 2017 Riesling trocken „Molaris L." **11 %/8,50 €** ☺
87 2017 Riesling Kabinett trocken Lorenzhöfer **11,5 %/8,50 €** ☺
88 2017 Riesling Spätlese „Selektion von Quarzitschiefer" Lorenzhöfer **12 %/13,50 €**
90 2017 Riesling Spätlese trocken „feinste Selektion" Nies'chen **12,5 %/17,50 €**
84 2017 Riesling „feinherb" (1l) **10 %/7,- €**
86 2017 Riesling „feinherb Molaris L." **10,5 %/8,50 €**
87 2017 Riesling Kabinett „feinherb" Kaseler Nies'chen **9,5 %/8,50 €** ☺
89 2017 Riesling Spätlese „feinherb" Kaseler Timpert **10,5 %/12,- €** ☺
87 2017 Riesling Kabinett Kaseler Nies'chen **8,5 %/8,50 €** ☺
89 2017 Riesling Spätlese Kaseler Nies'chen **7 %/12,- €** ☺
91 2017 Riesling Auslese Kaseler Nies'chen **7 %/20,50 €**

Karp-Schreiber

★☆

KONTAKT

Moselweinstraße 186
54472 Brauneberg
Tel. 06534-236
Fax: 06534-790
www.karp-schreiber.de
karp-schreiber@t-online.de

Inhaber
Jobst-Julius Karp
Rebfläche
7 Hektar
Produktion
40.000 Flaschen

BESUCHSZEITEN

nach Vereinbarung

Die Familie betreibt seit dem 17. Jahrhundert Weinbau an der Mosel und möchte Weine erzeugen, die reife Säure und Frucht miteinander vereinen. Geleitet wird der Betrieb inzwischen von Jobst-Julius Karp, der vor allem Riesling anbaut (zu 80 Prozent), allerdings auch Weißburgunder und Regent im Ertrag hat. Der junge Mann studierte in Geisenheim, verbrachte einige Zeit in Kalifornien, in Neuseeland in der Kellerei Cloudy Bay, in Australien sowie in Spanien. Die professionelle Basis für die Erzeugung überdurchschnittlich guter Weine ist also allein schon durch die Erfahrung gelegt worden, und mit den Lagen Brauneberger Juffer und Juffer-Sonnenuhr sind auch die entsprechenden Flächen vorhanden. Die Straußwirtschaft öffnet traditionell zweimal im Jahr und bietet dann Speisen, die weit über das normale Angebot einer derartigen Winzerwirtschaft hinausgehen. Auch stilvoll übernachten kann man auf dem Weingut.

Kollektion

Das Weingut geht einen Weg zwischen Tradition und Moderne, stellt Weine wie den „Dry Karp" oder den feinherb vinifizierten „My Karp" vor, hat aber auch Lagenweine im Sortiment. Vor allem der stoffige „Dry Karp" gefällt im Basisbereich ausgezeichnet, besitzt viel Würze und überdurchschnittliche Länge. Die übrigen trockenen Weine sind in einem vergleichbaren Stil gehalten: Der leicht hefige Kabinett-Riesling, und das Große Gewächs aus der Juffer-Sonnenuhr, etwas verhalten, noch sehr jugendlich, aber angenehm trocken und voller Substanz. Mit dem restsüßen Kabinett kann das Weingut einen großen Erfolg verbuchen, der Wein wirkt rassig, zurückgenommen in der Süße und sehr erfrischend. Noch etwas stumpf wirkt bei der Verkostung die Juffer-Sonnenuhr-Spätlese, die ebenfalls eine nur verhaltene Süße aufweist und sich gut entwickeln dürfte. Das Weingut befindet sich auf einem sehr guten Weg.

Weinbewertung

85 2017 Riesling trocken „Dry Karp" **11 %/6,- €** ☺
87 2017 Riesling Kabinett trocken Brauneberger Juffer **12 %/7,90 €** ☺
88 2016 Riesling trocken „GG" Brauneberger Juffer-Sonnenuhr **12 %/15,- €**
84 2017 Riesling „feinherb" „My Karp" **10,5 %/6,- €**
86 2017 Riesling Spätlese „feinherb" „Alte Reben" **11,5 %/9,90 €**
87 2017 Riesling Kabinett Brauneberger Juffer **9 %/7,90 €** ☺
87 2017 Riesling Spätlese Brauneberger Juffer-Sonnenuhr **9,5 %/15,- €**

Karthäuserhof

★★★

KONTAKT

Karthäuserhof, Eitelsbach
54292 Trier-Eitelsbach
Tel. 0651-5121
Fax: 0651-53557
www.karthaeuserhof.com
mail@karthaeuserhof.com

Inhaber
Albert Behler
Geschäftsführerin
Julia Lübcke
Kellermeister
Sascha Dannhäuser
Außenbetrieb
Tim Thesen
Rebfläche
17,5 Hektar
Produktion
120.000 Flaschen

BESUCHSZEITEN

Mo.-Fr. 9-17 Uhr, Sa. nach Vereinbarung

Bis ins 14. Jahrhundert reicht die Geschichte, über Epochen hinweg sammelte der Betrieb Ruhm an, wurde nicht zuletzt durch sein charakteristisches Etikett und den feinziselierten Ruwer-Weinstil bekannt. Auf die Mönche und, seit 1811, die Familie Rautenstrauch folgten die Tyrells, bis Christoph Tyrell das Weingut an seinen Cousin Albert P. Behler übergab. Ein paar Jahre lange war dann nicht recht zu erkennen, wohin der Weg führte, doch nun scheint alles geregelt. Julia Lübcke wechselte aus dem Weinhandel nach Trier, fungiert seit dem vergangenen Jahr als Geschäftsführerin, Sascha Dannhäuser ist Kellermeister, Tim Thesen ist neu für den Außenbetrieb zuständig. 2018 wurden weitere Ruwertalweinberge gekauft sowie Lücken durch Neuanpflanzungen geschlossen. Start für Umbau und Restaurierung des Gutes ist voraussichtlich 2019. Außer Riesling wird nach wie vor auch etwas Weißburgunder angepflanzt.

Kollektion

Nicht nur 2016er wurden im vergangenen Jahr vorgestellt, sondern auch ältere Weine, von denen etwa eine 2013er trockene Spätlese und die beiden süßen 2011er – eine Auslese und eine Beerenauslese – sehr überzeugen konnten. Die 2017er zeigen deutlich, dass der Betrieb in die richtige Richtung geht. Alle Weine besitzen jene Präzision, deretwegen der Karthäuserhof einst bekannt geworden ist und die man in manchen Jahren vergeblich suchte. Stoffig mit etwas CO2 der Weißburgunder, nachhaltig die „Alten Reben". An der trockenen Spitze steht mit Abstand das feste, noch etwas verschlossen wirkende, aber wunderbar geradlinige Große Gewächs: ein Wein, der sich erst nach einigen Stunden öffnet. Herrlich ausgewogen und rassig der Kabinettriesling, der auch noch einen verblüffende Länge zeigt, nach gehackten Kräutern, Apfel und Hefe duftend die elegante Auslese, sehr fein und elegant, fast schwerelos die Beerenauslese. Ein Jahrgang nach Maß, auf den das neue Team stolz sein kann.

Weinbewertung

85	2017 Weißburgunder trocken **12 %/9,90 €**
86	2017 Riesling trocken **11,5 %/9,90 €**
87	2017 Riesling trocken „Schieferkristall" **11 %/12,50 €**
88	2017 Riesling trocken „Alte Reben" **12 %/17,- €**
91	2017 Riesling „GG" Karthäuserhofberg **12 %/32,- €**
87	2017 Riesling Kabinett „feinherb" Karthäuserhofberg **10 %/12,50 €**
89	2017 Riesling Kabinett Karthäuserhofberg **9 %/14,50 €**
90	2017 Riesling Spätlese Karthäuserhofberg **8,5 %/19,50 €**
91	2017 Riesling Auslese Karthäuserhofberg **8 %/28,- €**
93	2017 Riesling Beerenauslese „No. 34" Karthäuserhofberg **8 %/106,- €/0,375l**

Kassner-Simon

★☆

KONTAKT

Am Musikantenbuckel 7
67251 Freinsheim
Tel. 06353-989320
Fax: 06353-989321
www.kassner-simon.de
info@kassner-simon.de

Inhaber
Thomas Simon
Rebfläche
16,3 Hektar
Produktion
120.000 Flaschen

BESUCHSZEITEN

Mo.-Sa. 13-18 Uhr, So. 10-13 Uhr sowie nach Vereinbarung; feiertags nur nach Vereinbarung bis 13 Uhr
Gutsausschank „Musikantenbuckel KostBar (Öffnungszeiten siehe Webseite)
3 Ferienwohnungen
Landhotel „Altes Wasserwerk"

Das 1949 von Mathilde Kassner und Willi Simon gegründete Weingut wird heute von Thomas Simon geführt. 2011 wurde mit dem Neubau der Kellerei am Ortsrand von Freinsheim begonnen, nachdem die neue Vinothek fertig gestellt war, zog das Weingut Anfang 2016 dann komplett aus der Ortsmitte an den Fuß des Musikantenbuckels. Simons Weinberge befinden sich in den Freinsheimer Lagen Musikantenbuckel, Oschelskopf und Schwarzes Kreuz. Für seine Spitzenweine nutzt er die Gewannnamen „Im Tal" (im Musikantenbuckel, an der Gemarkungsgrenze zu Bissersheim) und „Auf dem mittleren Groß" (im Oschelskopf, an der Gemarkungsgrenze zu Herxheim). Wichtigste Rebsorte ist Riesling, der gut ein Drittel der Rebfläche einnimmt. Es folgen die roten Sorten Spätburgunder, Merlot und Portugieser, sowie an weißen Sorten Weiß- und Grauburgunder, Scheurebe, Auxerrois, Chardonnay, Rieslaner und Müller-Thurgau. Dazu gibt es Dornfelder und Cabernet Dorsa, Cabernet Sauvignon und Cabernet Franc.

Kollektion

In der aktuellen Kollektion sind einige der Weißweine etwas prägnanter als im vergangenen Jahr, vor allem gilt das für den geradlinigen Sauvignon Blanc mit grünen Noten nach Gras, Erbsen und Stachelbeeren und einem frischen Säurespiel und den saftigen und harmonischen Chardonnay-Weißburgunder mit viel klarer, gelber Frucht. Der Weißburgunder „im Tal" ist cremig, konzentriert und sehr stoffig, lässt den Alkohol auch leicht spüren, der Riesling „auf dem vorderen Gross" ist fruchtbetont und besitzt herbe kräutrige Würze. Die rote Cuvée „Kostbar" ist kraftvoll und harmonisch, zeigt dunkle Frucht und deutliche Röstnoten, der Spätburgunder „im Tal" ist dezenter im Holzeinsatz, zeigt ebenfalls dunkle Frucht und ist in diesem Jahr sehr stoffig.

Weinbewertung

85 2016 Chardonnay Pinot Blanc Sekt brut **12,5 %/12,40 €**
81 2017 Riesling trocken (1l) **12,5 %/5,70 €**
82 2017 Riesling trocken **12,5 %/7,- €**
81 2017 Grauer Burgunder trocken **13 %/7,- €**
84 2017 Sauvignon Blanc trocken Freinsheimer Musikantenbuckel **13 %/8,90 €**
85 2017 Chardonnay-Weißburgunder Spätlese trocken **13,5 %/8,90 €**
84 2017 Riesling Spätlese trocken Freinsheimer Oschelskopf **13 %/8,90 €**
86 2017 Riesling Spätlese trocken „auf dem vorderen Gross" **13,5 %/13,20 €**
85 2017 Weißer Burgunder Spätlese trocken Freinsheim „im Tal" **14,5 %/13,20 €**
84 2015 Riesling Spätlese „Gross" Freinsheimer Oschelskopf **12 %/13,20 €**
86 2015 Spätburgunder trocken Freinsheim „im Tal" **14,5 %/17,70 €**
86 2014 „Kostbar" Rotwein trocken **13,5 %/17,70 €**

Kastler Friedland

★☆

Kontakt

Coswiger Straße 23
01445 Radebeul
Tel. 0175-1780763
Fax: 0351-4241947
www.kastlerfriedland.de
info@kastlerfriedland.de

Inhaber
Dr. Bernd Kastler & Enrico Friedland
Rebfläche
4 Hektar
Produktion
13.000 Flaschen

Besuchszeiten

Mi.-So. ab 18 Uhr, Restaurant Gaumenkitzel (Tel. 0251-79514393, gaumenkitzel.radebeul@gmail.com)

Bernd Kastler erwarb 2002 zusammen mit seiner Ehefrau das Haus des Weinbaupioniers Carl Pfeiffer samt einem Weinberg in der Lage Radebeuler Johannisberg, den ursprünglich Pfeiffer, einer der Wiederbegründer des sächsischen Weinbaus im beginnenden 20. Jahrhundert, angelegt hatte. Enrico Friedland bearbeitet seit 2004 einen Steillagenweinberg im Radebeuler Goldener Wagen, den er zusammen mit einem Haus in Radebeul erwarb, inzwischen kam ein Weinberg im Radebeuler Steinrücken hinzu. Die beiden Hobbywinzer haben sich zusammengetan um ihre Weine gemeinsam auszubauen und zu vermarkten. Sie begannen unter dem Namen Kastler Friedland im April des Jahres 2014 fünf Weißweine des Jahrgangs 2013 zu vermarkten. Weißburgunder nimmt 30 Prozent ihrer Weinberge ein, es folgen Spätburgunder, Riesling, Kerner und Silvaner, hinzu kommen auch Traminer, Bacchus, Morio-Muskat, Scheurebe, Müller-Thurgau, Grauburgunder und Regent. Das Weingut befindet sich auf einem 1827 erbauten Anwesen, das Bernd Kastler 2004 erwarb und bis 2007 sanierte, neben dem Weingut gibt es auf dem Anwesen ein Restaurant und Fremdenzimmer.

Kollektion

Eine eigenständige und interessante Kollektion präsentieren Bernd Kastler und Enrico Friedland auch in diesem Jahr. Die Cuvée aus Müller-Thurgau und Morio-Muskat ist würzig und lebhaft, der Riesling klar und zupackend. Die Scheurebe besitzt reintönige Frucht und feine Frische, der Bacchus ist frisch, reintönig und zupackend, der Silvaner ist lebhaft bei klarer Frucht. Sehr gut gefällt uns der Weißburgunder, der würzig und eindringlich im Bouquet ist, füllig und saftig im Mund, reife süße Frucht und Substanz besitzt. Unser klarer Favorit aber ist der Grauburgunder Goldener Wagen, der gute Konzentration zeigt, Vanillenoten, klare reife Frucht, herrlich füllig und saftig im Mund, viel reife Frucht, gute Struktur und Substanz besitzt. Überzeugende Kollektion, konsolidiert auf gutem und sehr gutem Niveau.

Weinbewertung

85 2017 Weißburgunder **12 %/13,50 €**
83 2017 Silvaner Radebeuler Goldener Wagen **12 %/12,50 €**
84 2017 Scheurebe **12 %/13,50 €**
84 2017 Bacchus Radebeuler Steinrücken **12 %**
87 2017 Grauburgunder Radebeuler Goldener Wagen **13 %/16,- €**
82 2017 Riesling **12 %/13,50 €**
83 2017 Müller-Thurgau/Morio-Muskat Radebeuler Lößnitz **11,5 %**

FETTE HENNE
SACHSEN
2016

Gebrüder Kauer

★★★

KONTAKT

Bürgermeister Dielhenn-Straße 1
55452 Windesheim
Tel. 06707-255
Fax: 06707-517
www.kauerwein.de
info@kauerwein.de

Inhaber
Markus & Christoph Kauer
Rebfläche
11,5 Hektar
Produktion
90.000 Flaschen

BESUCHSZEITEN

Vinothek Bruchgasse, Kauer-lounge: Di./Do. 17-19 Uhr und nach Vereinbarung

Der einstige landwirtschaftliche Gemischtbetrieb hat sich seit den achtziger Jahren ganz auf Weinbau konzentriert. 1992 hat Markus Kauer die Führung des Gutes übernommen, seit 2000 steht ihm sein Cousin Christoph zur Seite, der sich um den Weinausbau kümmert. Die Weinberge liegen in den Windesheimer Lagen Sonnenmorgen, Rosenberg, Saukopf und Römerberg, sowie im Schlossböckelheimer Felsenberg. Die Reben wachsen auf Sandsteinverwitterungsböden des Rotliegenden und des Hunsrückschiefers, aber auch auf Sand und Lehm, im Felsenberg auf Vulkangestein. 2017 kam eine Parzelle im Schweppenhäuser Schlossgarten mit Grauschieferböden hinzu. Die Burgundersorten – Weißburgunder, Grauburgunder, Spätburgunder – nehmen inzwischen 45 Prozent der Rebfläche ein, Riesling wächst auf 42 Prozent der Rebfläche, hinzu kommen Müller-Thurgau und Scheurebe.

Kollektion

Markus und Christoph Kauer präsentieren uns auch in diesem Jahr wieder eine Kollektion auf geschlossen gutem Niveau, bei der sie sich bei einigen Weinen steigern können. Der im vergangenen Jahr schon einmal verkostete Weißburgunder „R" hat sich gut entwickelt, zeigt Noten von Kokos, Quitte und Zitrusfrucht im Bouquet, besitzt Kraft, Eleganz und Länge, die S-Versionen von Weiß- und Grauburgunder liegen in diesem Jahr gleichauf, beide sind reintönig, besitzen Frische und Länge. Die Rieslinge sind wieder alle schlank und elegant und von feinen mineralischen Noten geprägt, besonders der Felsenberg an der Spitze ist sehr elegant und nachhaltig, zeigt leicht steinige, rauchige Noten, subtile Tabakwürze und besitzt feinen Grip, der Römerberg ist etwas deutlicher in der Frucht, zeigt aber ebenfalls steinige Würze, ist animierend und besitzt Druck, der Riesling Sekt zeigt leicht gereifte Frucht und besitzt ein lebendiges Säurespiel. —

Weinbewertung

86	2014 Riesling Sekt brut **12,5 %/14,50 €**
83	2017 Riesling trocken **12 %/7,40 €**
84	2017 Weißburgunder trocken **12,5 %/7,40 €**
84	2017 Scheurebe trocken **12 %/9,20 €**
86	2017 Riesling trocken „Roter Sandstein" Windesheimer **12,5 %/9,40 €**
86	2017 Riesling trocken „Grauschiefer" Schweppenhäuser **12,5 %/10,- €**
86	2017 Weißburgunder „S" trocken Windesheimer **13 %/11,40 €**
86	2017 Grauburgunder „S" trocken Windesheimer **13 %/11,40 €**
88	2017 Riesling trocken Windesheimer Römerberg **12,5 %/15,50 €**
89	2017 Riesling trocken Schlossböckelheimer Felsenberg **12,5 %/17,50 €**
88	2016 Weißburgunder „R" trocken Windesheimer **13,5 %/15,50 €**
86	2017 Riesling Kabinett Windesheimer Römerberg **9,5 %/8,90 €**

DR. KAUER

★★★

KONTAKT

Mainzer Straße 21
55422 Bacharach
Tel. 06743-2272
Fax: 06743-93661
www.weingut-dr-kauer.de
info@weingut-dr-kauer.de

Inhaber
Martina & Dr. Randolf Kauer
Rebfläche
3,6 Hektar
Produktion
18.000 Flaschen

BESUCHSZEITEN

nach Vereinbarung

Randolf Kauer legte 1982 mit Beginn seines Weinbau-Studiums den Grundstein für sein eigenes Weingut, erweiterte es seither nach und nach auf die heutige Betriebsgröße. Zusammen mit seiner Ehefrau Martina bewirtschaftet Randolf Kauer, der im Hauptberuf an der Fachhochschule Geisenheim Professor für ökologischen Weinbau ist, die Weinberge nach den Richtlinien des ökologischen Weinbaus (Mitglied bei Ecovin), 1996 wurden die Räumlichkeiten einer ehemaligen Weinkellerei in Bacharach bezogen. Die Weinberge, allesamt Steillagen, liegen in den Bacharacher Lagen Wolfshöhle und Kloster Fürstental, im Oberweseler Oelsberg, im Oberdiebacher Fürstenberg und im Urbarer Beulsberg. 90 Prozent der Rebfläche nimmt Riesling ein, die restliche Fläche ist mit Spätburgunder bestockt. 2009 wurden Traubenannahme und Kelterhaus komplett erneuert. Randolf Kauer hat eine benachbarte Parzelle in der Wolfshöhle, vor allem aber weitere Parzellen im Fürstenberg erworben, die nach und nach bepflanzt werden. Tochter Anne beendete 2017 ihr Geisenheim-Studium und ist in den Betrieb eingestiegen, möchte zukünftig das Weingut übernehmen, weshalb die Rebfläche kontinuierlich erweitert werden soll.

Kollektion

Der Jahrgang 2017 überzeugt, bietet trockene, feinherbe und süße Spitzen. Schon der klare, zupackende Gutsriesling gefällt, unter den trockenen Kabinettweinen ist ganz klar der kraftvolle Wein aus dem Kloster Fürstental unser Favorit. Die trockene Spätlese von alten Reben im Oelsberg gehört zu den Jahrgangsbesten am Mittelrhein, sie besitzt Fülle und Kraft, gute Struktur und Frucht. Feinherb bereitet schon der reintönige, zupackende Kabinett aus dem Kloster Fürstental viel Freude, die Spätlese aus dem Oelsberg ist würzig, frisch und zupackend. Die Spätlese aus dem Fürstenberg zeigt etwas kandierte Früchte im Bouquet, ist füllig und saftig bei viel Konzentration, gefällt uns sogar besser als die würzig-duftige Auslese aus dem Kloster Fürstental. Der lebhafte Tornado-Rosé rundet eine gelungene Kollektion ab.

Weinbewertung

84 2017 Riesling trocken **11,5 %/8,- €**
85 2017 Riesling Kabinett trocken Bacharacher Kloster Fürstental **11,5 %/9,20 €**
81 2017 Riesling Kabinett trocken Bacharacher Wolfshöhle **11,5 %/9,20 €**
89 2017 Riesling Spätlese trocken „Alte Reben" Oberweseler Oelsberg **13 %/13,50 €**
86 2017 Riesling Kabinett „feinherb" Bacharacher Kloster Fürstental **10,5 %/9,20 €**
87 2017 Riesling Spätlese „feinherb" Oberweseler Oelsberg **11,5 %/13,50 €**
88 2017 Riesling Spätlese Oberdiebacher Füstenberg **8,5 %/13,50 €**
86 2017 Riesling Auslese edelsüß Bacharacher Kloster Fürstental 8 %/24,- €/0,5l
84 2017 Spätburgunder Rosé trocken „Tornado" **12,5 %/8,- €**

Kaufmann

★★★☆

KONTAKT

Rheinallee 6
65347 Hattenheim
Tel. 06723-2475
Fax: 06723-7963
www.kaufmann-weingut.de
info@kaufmann-weingut.de

Inhaber
Urban Kaufmann
Betriebsleiter
Eckart Waitz
Rebfläche
20 Hektar
Produktion
120.000 Flaschen

BESUCHSZEITEN

Mo.-Fr. 8-17 Uhr, Sa. 9-13 Uhr oder nach Vereinbarung

Der Schweizer Urban Kaufmann, Inhaber einer Appenzeller-Käserei, und Eva Raps, VDP-Geschäftsführerin, übernahmen 2013 das Weingut Hans Lang in Hattenheim, sie gaben ihre bisherigen Tätigkeiten auf und konzentrieren sich seither ganz auf das Weingut. Die Weinberge liegen in den Hattenheimer Lagen Wisselbrunnen, Hassel und Schützenhaus, sowie in den Hallgartener Lagen Hendelberg, Jungfer und Schönhell. Neben Riesling, der drei Viertel der Fläche einnimmt, gibt es Spätburgunder, aber auch etwas Weißburgunder Chardonnay, Silvaner und Grauburgunder, der Spätburgunder-Anteil wurde von Urban Kaufmann erhöht, er hat 2014 weitere Parzellen mit französischen Klonen in Dichtpflanzung angelegt. Die Weinberge werden weiterhin biologisch bewirtschaftet, 2009 hatte Johann Maximilian Lang den kompletten Betrieb auf ökologische Bewirtschaftung umgestellt, seit 2017 ist das Weingut Demeter-zertifiziert. Die Weine werden überwiegend im Edelstahl ausgebaut, teilweise aber auch in kleinen und großen Eichenholzfässern. Im Sommer 2016 wurde die neue Vinothek fertig gestellt, 2017 erfolgte die Umbenennung des Weingutes.

Kollektion

Wie sehr Quereinsteiger einem Anbaugebiet mit ihren neuen Ideen gut tun können sieht man am Weingut Kaufmann. Bereits der Gutsriesling ist sehr fein, der Hattenheimer Riesling ist geschliffen, saftig und frisch. Der Tell vereint kräftigen Schmelz und animierende Zitrusfrüchte zu einem harmonischen, zugleich spannungsreichen Ganzen. Das Große Gewächs strotzt vor Kraft, ohne dabei seinen sehr feinen Charakter zu verleugnen. Eine große Stärke des Betriebes ist die Stilsicherheit bei den Burgundern. Die Cuvée Uno aus zu gleichen Teilen Weißburgunder und Chardonnay ist immens druckvoll und ausgesprochen elegant. Der Pinot Noir bietet Finesse pur in seiner an Perfektion grenzenden Reintönigkeit. Ein absolutes Highlight des Rheingauer Spätburgunders ist das Große Gewächs aus dem Hassel. Hier findet sich alles wieder, was einen großen Pinot ausmacht: Reintönige Frucht, großartige Frische, feinster Toast, Tiefe, Filigranität und Länge.

Weinbewertung

86	2017 Riesling trocken **12 %/10,50 €**
87	2017 Riesling trocken Hattenheim **12 %/13,80 €**
89	2017 Weißburgunder Chardonnay trocken „Uno" **13 %/18,50 €**
89	2017 Riesling trocken „Tell" **12,5 %/18,50 €**
92	2017 Riesling trocken „GG" Hattenheim Wisselbrunnen **13 %/25,- €**
87	2017 Riesling Kabinett „feinherb" **11,5 %/13,80 €**
90	2016 Pinot Noir trocken **13 %/20,- €**
94	2016 Pinot Noir „GG" Hattenheim Hassel **13,5 %/70,- €**

Kees-Kieren

★★★

KONTAKT

Hauptstraße 22
54470 Graach
Tel. 06531-3428
Fax: 06531-1593
www.kees-kieren.de
weingut@kees-kieren.de

Inhaber
Ernst-Josef & Werner Kees
Rebfläche
6,5 Hektar
Produktion
50.000 Flaschen

BESUCHSZEITEN

Mo.-Sa. 9-12 + 13-18 Uhr nach Vereinbarung
Gutsausschank, Tage der offenen Weinkeller (Pfingsten, Mo.-Fr., und Fronleichnam, Do.-So.)
Gästezimmer

Seit 1980 führen die Brüder Ernst-Josef und Werner Kees diesen Graacher Betrieb, der seine Weinbautradition über 300 Jahre zurückverfolgen kann. Ihre Weinberge liegen in Graach (Himmelreich, Domprobst), Erden (Treppchen), Kinheim (Rosenberg, Hubertuslay) und Kesten (Paulinshofberg). Neben Riesling, der 90 Prozent der Fläche einnimmt, gibt es Spätburgunder, Müller-Thurgau und Kerner. Die Weine werden überwiegend spontanvergoren und in traditionellen Fuderfässern ausgebaut.

Kollektion

Die Weine von Ernst-Josef und Werner Kees sind häufig auf den ersten Schluck zu identifizieren; sie waren es bereits 2015, als sie hochklassig und saftig ausfielen, waren es auch 2016, als sie etwas schlanker wirkten. 2017 stellt sich nun als vielleicht komplettester Jahrgang heraus: Die Rieslinge wirken allesamt enorm saftig, sind zugänglich, besitzen Substanz. Die günstigen Preise, etwa für den stoffigen Hochgewächs-Riesling, sollte man immer wieder aufs Neue würdigen. Sehr gelungen ist auch der trockene Kabinettwein aus dem Domprobst, Schmelz besitzt die trockene Spätlese „S", während das Große Gewächs fast federleicht und elegant wirkt, aber dennoch Substanz aufweist. Unter den nicht ganz trockenen Weinen ist das halbtrockene Himmelreich-Hochgewächs ebenso zu erwähnen wie der zugängliche, nach Apfel und Steinobst duftende restsüße Himmelreich-Kabinettwein. Unter den Spät- und Auslesen ist ein Wein besser als der andere: etwa die enorm rassige Treppchen-Spätlese oder die Drei-Sterne-Auslese mit Noten von Mango, Ananas und Nektarinen, lang und faszinierend. —

Weinbewertung

85 2017 Riesling Hochgewächs trocken (1l) **12,5 %/8,20 €**
85 2017 Riesling Hochgewächs trocken **12,5 %/6,70 €**
87 2017 Riesling Kabinett trocken Graacher Domprobst **11,5 %/9,- €**
89 2017 Riesling Spätlese trocken „S" Graacher Domprobst **12,5 %/13,- €**
90 2017 Riesling** „GG" Graacher Domprobst **12,5 %/18,- €**
86 2017 Riesling Hochgewächs halbtrocken Graacher Himmelreich (1l) **12 %/8,20 €** ☺
86 2017 Riesling Hochgewächs halbtrocken Graacher Himmelreich **12 %/6,70 €** ☺
86 2017 Riesling Kabinett „feinherb" Graacher Himmelreich **10,5 %/8,50 €**
88 2017 Riesling Spätlese „feinherb" Graacher Domprobst **11 %/11,50 €**
87 2017 Riesling Kabinett Graacher Himmelreich **7,5 %/8,50 €** ☺
90 2017 Riesling Spätlese** Graacher Himmelreich **8 %/13,- €** ☺
93 2017 Riesling Spätlese** Erdener Treppchen **7,5 %/Vst.**
91 2017 Riesling Auslese* Graacher Himmelreich **8 %/15,- €** ☺
93 2017 Riesling Auslese*** Vst. Graacher Domprobst **8 %/0,375l/Vst**
93 2017 Riesling Auslese*** Graacher Domprobst **8 %/0,375l/Vst**

KEIL

★

KONTAKT

Alt-Renzener Weg 2
74629 Pfedelbach-Untersteinbach
Tel. 07949-528
Fax: 07949-940645
www.weingut-keil.de
info@weingut-keil.de

Inhaber
Ralf Keil
Rebfläche
3,5 Hektar
Produktion
30.000 Flaschen

BESUCHSZEITEN

Mo.-Fr. 18 -20 Uhr, Sa. 13:30-18 Uhr, oder nach Vereinbarung
Probierstube mit integrierter Schaubrennerei (bis 50 Personen)
Ferienwohnungen

K

Ralf Keil gründete 2004 mit damals 1,7 Hektar Weinbergen sein eigenes Weingut. Seine Weinberge liegen alle im Steinbacher Tal in der Lage Heuholzer Dachsteiger. Dort wachsen die Reben überwiegend auf schweren Keuperböden, einzelne Parzellen sind mit Muschelkalk durchsetzt. Ralf Keil hat neue Rebsorten gepflanzt und mit dem Barriqueausbau begonnen. Neben traditionellen Rebsorten wie Riesling, Trollinger, Lemberger und Spätburgunder, die vier wichtigsten Rebsorten im Betrieb, gibt es 12 weitere Rebsorten, darunter internationale Rebsorten wie Chardonnay und Sauvignon Blanc, Neuzüchtungen wie Cabernet Dorsa und Cabernet Mitos oder Klassiker wie Muskateller und Muskattrollinger. Die besten Weine werden betriebsintern mit 2 oder 3 Sternen gekennzeichnet, zusätzlich aber auch mit Prädikatsbezeichnungen versehen. Neben Weinbergen besitzt Ralf Keil auch 5 Hektar Sonderkulturen, darunter Obst und Beerenfrüchte, stellt daraus Destillate und Liköre her, in seiner Probierstube ist eine Schaubrennerei integriert.

Kollektion

Aufgrund massiver Frostschäden im Jahrgang 2017 ist das vorgestellte Sortiment deutlich kleiner als zuletzt, neben zwei Weißweinen und einem Muskattrollinger aus dem Jahrgang 2017 hat Wolfgang Keil drei Rotweine aus 2016 präsentiert. Der Sauvignon Blanc zeigt feine Würze und Frucht, etwas Stachelbeeren und Rhabarber, der Muskateller ist fruchtbetont und würzig im Bouquet, frisch und zupackend im Mund, geradlinig, ungewöhnlich trocken ausgebaut. Der Muskattrollinger besitzt feine Muskatnoten und klare Frucht, ist frisch und zupackend. Die rote Cuvée aus verschiedenen Cabernet-Sorten, Lemberger und Spätburgunder ist fruchtbetont, frisch und geradlinig, besser aber gefallen uns die beiden reinsortigen Rotweine. Der Cabernet Dorsa zeigt intensive Frucht im Bouquet, ist klar, frisch und zupackend im Mund, besitzt feine süße Frucht und Biss. Auch der Merlot ist wunderschön fruchtbetont im Bouquet, zeigt reintönige Frucht, rote Früchte, ist frisch im Mund, recht lebhaft, klar und zupackend, besitzt feine Frische und reintönige Frucht. —

Weinbewertung

81 2017 Sauvignon Blanc** trocken Heuholzer Dachsteiger **12,5 %/6,20 €**
82 2017 Muskateller** trocken Heuholzer Dachsteiger **12,5 %/4,90 €**
81 2016 „Cuvée C"** Rotwein trocken Holzfass Heuholzer Dachsteiger **13 %/6,50 €**
83 2016 Cabernet Dorsa** trocken Holzfass Heuholzer Dachsteiger **13,5 %/5,90 €**
84 2016 Merlot** trocken Heuholzer Dachsteiger **13 %/6,50 €**
82 2017 Muskattrollinger halbtrocken Heuholzer Dachsteiger **12 %/4,90 €**

GERD KELLER

★★★

KONTAKT

Rechentshofer Straße 8
74343 Sachsenheim
Tel. 07147-7909 oder
0170-2343949
www.weinbauer-gerd-keller.de
kontakt@weinbauer-gerd-keller.de

Inhaber
Gerd Keller
Rebfläche
5 Hektar
Produktion
36.000 Flaschen

BESUCHSZEITEN

Fr. 17-19 UHr, Sa. 9-16 Uhr oder nach Vereinbarung

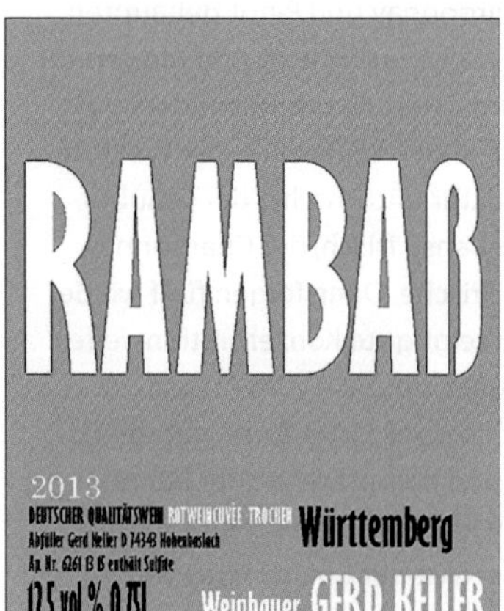

Bereits mit 17 Jahren bepflanzte Gerd Keller die ersten Terrassenlagen im Geigersberg in Ochsenbach, einen halben Hektar, seit dem Jahr 2000 erzeugt er selber Wein. Seine Lehre hatte er bei Wöhrwag in Stuttgart absolviert, später dann im In- und Ausland Erfahrungen gesammelt, unter anderem bei Bründlmayer und Mosbacher, bei anderen Betrieben gearbeitet, erst seit 2013 kümmert er sich ganz um das eigene Weingut. Seine Weinberge liegen alle im Kirbachtal, in den Lagen Hohenhaslacher Kirchberg, Ochsenbacher Liebenberg (mit den Terrassen am Geigersberg) und Häfnerhaslacher Heiligenberg, wo die Reben auf Keuperböden wachsen. Zu 70 Prozent baut Gerd Keller Rotweine an, Lemberger vor allem, dazu Trollinger, Portugieser, Schwarzriesling, Regent, Spätburgunder, Cabernet Sauvignon und Merlot, inzwischen hat er Muskat-Trollinger gepflanzt und in den Terrassen am Geigersberg etwas Syrah. Dazu gibt es weiße Sorten wie Riesling, Grauburgunder, Kerner, Müller-Thurgau und Gewürztraminer, neu gepflanzt hat Gerd Keller Weißburgunder, Sauvignon Blanc und Muskateller.

Kollektion

Die neue Kollektion ist stark wie nie, zeigt die gewohnt klare Handschrift, bietet beeindruckende rote Spitzen und die Basis überzeugt wie gewohnt. So der saftige Graßdackel genannte Liter-Riesling oder die fruchtbetonte Schella-Cuvée. Alle Weißweine zeigen sehr gleichmäßiges Niveau, der Sekt ist kraftvoll und zupackend. Auch im roten Segment ist die Basis stark wie die klare, zupackende Rambaß-Cuvée beweist. Faszinierend reintönig und fruchtbetont sind die beiden Lemberger bzw. Blaufränkisch, der Mia genannte Wein besitzt viel Kraft, gute Struktur und Substanz. Das Geigenspiel ist zupackend, strukturiert, fruchtbetont, der neue Syrah zeigt intensiv Brombeeren, Pfeffer, besitzt Fülle, Kraft, gute Struktur und Frische. ▬

Weinbewertung

85 2014 „Heilix Blechle“ Sekt brut **11 %/10,50 €**
84 2017 Riesling trocken „Frosch“ Häfnerhaslacher Heiligenberg **12,5 %/5,90 €**
83 2017 „Hannah“ Weißwein trocken **13 %/6,40 €**
83 2017 Grauburgunder trocken Hohenhaslacher Kirchberg **13 %/6,80 €**
84 2017 „Schella“ Weißwein **10,5 %/6,50 €**
83 2017 Riesling „Graßdackel“ (1l) **12,5 %/4,50 €** ☺
83 2017 Muskattrollinger „Badkap“ **12 %/6,40 €**
84 2016 „Rambaß“ Rotwein trocken **12 %/6,40 €**
86 2016 Lemberger trocken Hohenhaslacher Kirchberg **13 %/5,90 €** ☺
89 2015 Blaufränkisch trocken „Mia“ **13,5 %/11,90 €** ☺
88 2015 „Geigenspiel“ Rotwein trocken Ochsenbacher Geigersberg **14 %/11,90 €**
89 2016 Syrah **13 %/14,90 €**

Franz Keller

★★★★★

Kontakt

Weingut Schwarzer Adler
Badbergstraße 24
79235 Vogtsburg-Oberbergen
Tel. 07662-93300
Fax: 07662-719
www.franz-keller.de
keller@franz-keller.de

Inhaber
Fritz Keller
Rebfläche
35 Hektar
Produktion
200.000 Flaschen

Besuchszeiten

Mo.-Fr. 9-18 Uhr, Sa. 10-18 Uhr, So. 10-16 Uhr
Hotel und Restaurant Schwarzer Adler, Restaurant Keller-Wirtschaft, Winzerhaus Rebstock

Kein Anderer in Deutschland hat sich so für trockene, durchgegorene Weine eingesetzt wie Franz Keller. Sein Sohn Fritz Keller führt diesen Weg konsequent fort: Alle Weine sind durchgegoren und trocken, auch wenn dies nicht auf dem Etikett vermerkt ist. Dafür stehen Restzucker und Säure auf dem Etikett. Seine Weinberge liegen vor allem in der Oberbergener Bassgeige, wo er begonnen hat Gewannnamen wieder zu beleben wie Leh, Kähner oder Schäfacker. Dazu ist er im Oberbergener Pulverbuck vertreten, im Achkarrer Schlossberg, im Jechtinger Enselberg sowie in den Oberrotweiler Lagen Kirchberg und Eichberg. Im Anbau dominieren die Burgundersorten und Chardonnay. Dazu kommen vor allem Müller-Thurgau und Silvaner, beide aber mit abnehmender Bedeutung. Ein wenig Sauvignon Blanc hat Fritz Keller gepflanzt, auch Merlot und Cabernet Sauvignon. Alle Selectionsweine werden zu 100 Prozent im Holz ausgebaut. Bei den Weißweinen geht Fritz Keller weg vom Barrique und hin zu 360 Liter-Fässern. Er hat begonnen das Sortiment neu zu strukturieren, vor allem die Selections-Linien S und A. Diese trugen lange Zeit keine Lagenbezeichnungen, seit 2013 ist dies anders. Die S-Linie bleibt wie bisher ohne Lagennamen, die A-Linie aber trägt nun Lagennamen. 2013 wurde der neue Keller mitten in den Oberbergener Weinbergen eröffnet, mit einem Restaurant, der Kellerwirtschaft, nunmehr Fritz Kellers drittes Restaurant nach Schwarzem Adler und Rebstock. Winzer, Gastronom und Hotelier, aber auch Weinhändler ist Fritz Keller, und nebenher (?) noch Präsident des SC Freiburg. Nur gut, dass er inzwischen Unterstützung von Sohn Friedrich hat – und natürlich von einem Team von engagierten Mitarbeitern.

Kollektion

Die Sekte sind harmonisch und klar, zeigen gleichmäßiges Niveau, der neue frische Petit Adler kann sich gut neben Chardonnay und Pinot behaupten. Die weißen „vom Löss"-Weine setzen auf Frische und Frucht und moderate Alkoholwerte, der zupackende Müller-Thurgau gefällt uns besonders gut. Ganz stark sind wieder einmal die drei Bassgeige-Weißweine: Der Weißburgunder besitzt reintönige Frucht, gute Struktur und Frische, der Grauburgunder ist etwas kraftvoller, fülliger, aber ebenso frisch, der Chardonnay besitzt viel reife Frucht, gute Struktur und Frische. Dann folgen fünf weiße Große Gewächse. Der Weißburgunder Leh zeigt gute Konzentration, reife Frucht, rauchige Noten, ist füllig und kompakt, deutlich vom Ausbau im Holz geprägt. Der Grauburgunder vom Schlossberg ist präzise, geradlinig, noch recht verschlossen, deutlich offener und komplexer ist der Kähner, besitzt Fülle, Kraft und Druck, ist deutlich vom Holzausbau geprägt. Unser Favorit unter den weißen Großen Gewächsen ist der Chardonnay vom Kirchberg, der rauchige Noten zeigt, viel reife Frucht, füllig und komplex ist,

lang und nachhaltig. Viel Freude bereitet der lebhafte, geradlinige Jedentag-Rosé, der Spätburgunder vom Löss ist frisch und zupackend. Der Bassgeige-Spätburgunder zeigt reintönige Frucht und etwas rauchige Noten, ist klar und zupackend, der Spätburgunder Franz Anton besitzt Fülle und Kraft, klare Frucht und gute Struktur. Der Spätburgunder aus dem Enselberg wurde mit dem Jahrgang 2016 zum Großen Gewächs „befördert". Zurecht, er ist faszinierend reintönig, frisch, fruchtbetont und lang, deutlich offener als seine drei Kollegen. Der Wein aus dem Eichberg zeigt reintönige Frucht, etwas Kirschen, ist klar und elegant, besitzt viel Frische, reintönige Frucht, gute Struktur und Säure. Der Schlossberg zeigt feine rauchige Noten, dezent Schokolade, auch florale Noten, ist frisch und klar, zupackend und strukturiert, ist präzise und druckvoll, noch sehr jugendlich. Der Kirchberg ist würzig, füllig, kompakt, besitzt reife Frucht, Säure und Biss. Große Weine, die Zeit brauchen.

Friedrich & Fritz Keller

Weinbewertung

88	Petit Adler Sect brut **12 %/12,- €**
89	Chardonnay Sect Blanc de Blancs brut **12,5 %/16,- €**
88	Pinot Sect brut **12,5 %/16,- €**
87	2017 Müller-Thurgau „vom Löss" **11,5 %/8,- €** ☺
87	2017 Riesling „vom Löss" **12 %/9,50 €**
86	2017 Weißburgunder „vom Löss" **12,5 %/9,50 €**
85	2017 Grauburgunder „vom Löss" **12,5 %/9,50 €**
90	2017 Weißburgunder Oberbergener Bassgeige **12,5 %/13,50 €** ☺
90	2017 Grauburgunder Oberbergener Bassgeige **12,5 %/13,50 €** ☺
(90)	2017 Chardonnay Oberbergener Bassgeige **12,5 %/14,- €** ☺
90	2016 Weißburgunder „GG" „Leh" Oberbergener Bassgeige **12,5 %/35,- €**
92	2016 Grauburgunder GG „Kähner" Oberbergener Bassgeige **13 %/24,- €**
90+	2016 Grauburgunder „GG" Schlossberg **13 %/35,- €**
94	2016 Chardonnay „GG" Kirchberg **12,5 %/35,- €**
86	2017 Riesling Kabinett Oberbergener Bassgeige **8,5 %/12,- €**
87	2017 Jedentag Saignée Rosé **12 %/8,50 €** ☺
86	2016 Spätburgunder „vom Löss" **13 %/11,- €**
88	2016 Spätburgunder Oberbergener Bassgeige **12,5 %/15,- €**
90	2016 Spätburgunder „Franz Anton" **12,5 %/20,- €**
92	2016 Spätburgunder „GG" Enselberg **12,5 %/27,- €**
93	2016 Spätburgunder „GG" Eichberg **12,5 %/45,- €**
92	2016 Spätburgunder „GG" Kirchberg **12,5 %/45,- €**
93	2016 Spätburgunder „GG" Schlossberg **12,5 %/60,- €**

LAGEN

BASSGEIGE (OBERBERGEN)
– KÄHNER (OBERBERGEN)
– LEH (OBERBERGEN)
PULVERBUCK (OBERBERGEN)
SCHLOSSBERG (ACHKARREN)
EICHBERG (OBERROTWEIL)
KIRCHBERG (OBERROTWEIL)
ENSELBERG (JECHTINGEN)

REBSORTEN

GRAUBURGUNDER (35 %)
SPÄTBURGUNDER (30 %)
WEISSBURGUNDER (15 %)
CHARDONNAY (10 %)

KARLHEINZ KELLER

★★★☆

KONTAKT

Landgrafenstraße 74-76
67549 Worms-Pfiffligheim
Tel. 06241-75562
Fax: 06241-74836
www.weingutkeller.de
info@weingutkeller.de

Inhaber
Karlheinz & Markus Keller
Betriebsleiter/Kellermeister
Markus Keller
Außenbetrieb
Karlheinz Keller
Rebfläche
21 Hektar
Produktion
180.000 Flaschen

BESUCHSZEITEN

Mo./Di./Do./Fr. 9-18 Uhr,
Mi. 9-13 Uhr, Sa. 9-14 Uhr

Karlheinz Keller übernahm 1975 den elterlichen Betrieb und verdoppelte seither die Rebfläche. Seit 1997 werden er und Ehefrau Petra im Betrieb von Sohn Markus unterstützt. Die Weinberge liegen in Pfiffligheim (Nonnenwingert, Lössböden), Pfeddersheim (St. Georgenberg und Hochberg, roter Kiesboden mit hohem Lehmanteil, auch Löss und teils Kalk), Mettenheim (Schlossberg) und Nieder-Flörsheim (Frauenberg).

Kollektion

Dieses Jahr ist die Kollektion nochmals umfangreicher – aber ebenso stark, wieder sehen wir ganz leichte Vorteile im roten Segment. Und wieder gefällt uns der Top-Lagrein besonders gut, besitzt intensive, reintönige Frucht, gute Struktur, Kraft und Tannine. Auch der Top-Syrah beeindruckt mit Intensität, reifer Frucht, Kraft und Struktur, der leicht gewürzduftige Zinfandel ist fülliger und saftiger, der Spätburgunder vom Pfrimmrotliegenden ist reintönig, herrlich eindringlich und kraftvoll. Über die roten Spitzen sollte man nicht die Basis vergessen, die Weine besitzen reintönige Frucht und ein gutes Preis-Leistungs-Verhältnis. Dies gilt auch für den weißen Teil der Kollektion, der sich sehr gleichmäßig präsentiert mit fruchtbetonten, frischen Weinen, darunter ein wunderschön reintöniger Grüner Veltliner und drei sehr interessante Rieslinge: Der gelbfruchtige Wein aus dem Mettenheimer Schlossberg gefällt uns besonders gut, er besitzt Fülle, Kraft, viel Frucht und Substanz. ➖

Weinbewertung

85	2017 Weißburgunder „S" trocken Pfeddersheimer St. Georgenberg **13 %/6,70 €**
85	2017 Grauer Burgunder „S" trocken Wormser Nonnenwingert **13 %/6,70 €**
84	2017 Sauvignon Blanc trocken Pfeddersheimer **12,5 %/5,80 €**
86	2017 Grüner Veltliner „S" trocken Wormser Nonnenwingert **13 %/7,60 €**
85	2017 Chardonnay „S" trocken Pfeddersheimer St. Georgenberg **13 %/6,30 €**
86	2017 Riesling „S" trocken Nieder-Flörsheimer Frauenberg **13 %/7,30 €**
86	2017 Riesling „S" trocken Pfeddersheimer St. Georgenberg **13 %/7,30 €**
88	2017 Riesling trocken Mettenh. Schlossberg (Theresia von Waldner) **13 %/10,60 €**
86	2016 Frühburgunder trocken Pfeddersheimer St. Georgenberg **13,5 %/7,80 €**
86	2017 Spätburgunder trocken Pfeddersheimer **12,5 %/6,60 €** ☺
85	2016 Spätburgunder trocken Pfeddersheimer Hochberg **13 %/6,60 €**
85	2016 Syrah „R" trocken Wormser Nonnenwingert **13,5 %/9,- €**
86	2015 „Cuvée Gabriel" Rotwein trocken **13,5 %/10,80 €**
87	2016 Lagrein „R" trocken Pfeddersheimer St. Georgenberg **13,5 %/9,80 €**
88	2015 Spätburgunder trocken „Pfrimmrotliegendes" St. Georgenberg **13,5 %/15,- €**
90	2016 Lagrein trocken St. Georgenberg (Theresia von Waldner) **13,5 %/25,- €**
89	2016 Syrah trocken Wormser Nonnenwingert (Theresia von Waldner) **14 %/25,- €**
88	2015 Zinfandel trocken Nonnenwingert (Theresia von Waldner) **14 %/25,- €**

K

Keller

★★★★★

Kontakt

Bahnhofstraße 1
67592 Flörsheim-Dalsheim
Tel. 06243-456
Fax: 06243-6686
www.keller-wein.de
info@keller-wein.de

Inhaber
Klaus Keller
Rebfläche
19,5 Hektar
Produktion
100.000 Flaschen

Besuchszeiten

Mo.-Fr. 8-12 + 13-17 Uhr, Sa. 10-15 Uhr (Bitte um Anmeldung)

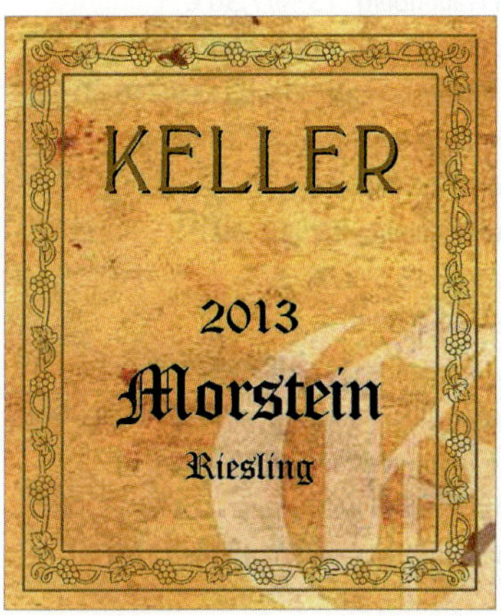

Klaus Keller hat das Weingut aufgebaut, das heute von seinem Sohn Klaus Peter geführt wird. Klaus Keller hatte sich schon in den neunziger Jahren einen Namen gemacht für seine edelsüßen Weine, heute steht der Name Keller ganz oben, trocken wie edelsüß. Die Rieslinge der Kellers wachsen im Dalsheimer Hubacker, einem nach Südosten geneigten Hang (Kalksteinfels), sowie in Westhofen in den Lagen Morstein, Brunnenhäuschen (Abtserde) und Kirchspiel. Die Spätburgunder kommen von Muschelkalkböden aus dem Dalsheimer Bürgel und vom Nieder-Flörsheimer Frauenberg, mit dem Jahrgang 2012 kam ein Wein aus dem Morstein hinzu, von überpropften alten Reben. 2009 hat Klaus Peter Keller Weinberge im Niersteiner Pettenthal zugepachtet, die er 2011 erwerben konnte, dazu einen halben Hektar im besten Teil des Niersteiner Hipping. Die Kellers bauen vor allem Riesling und die Burgundersorten an. Dazu gibt es Silvaner, Rieslaner und Scheurebe. Die Moste werden bei niedrigen Temperaturen möglichst spontan vergoren. Die Gärung dauert mindestens acht bis zehn Wochen, edelsüße Spitzenweine gären oft ein halbes Jahr. Die Weine werden teils im Edelstahl, teils in Eichenholzfässern ausgebaut. Das Programm ist gegliedert in Gutsweine, den Westhofener Riesling als Ortswein, dazwischen steht der Riesling von der Fels, an der Spitze stehen die großen Gewächse aus Hubacker, Morstein, Kirchspiel, Abtserde, Pettenthal und Hipping (Riesling), bzw. Bürgel, Frauenberg und Morstein (Spätburgunder), darüber steht der G-Max, der keine Lagenbezeichnung trägt. Top-Weiß- und Grauburgunder tragen die Bezeichnung „S", der Spitzensilvaner hört auf den Namen Feuervogel.

Kollektion

2017 bringt mengenmäßig die kleinste Ernte im Weingut seit 1971, schreibt Klaus Peter Keller, qualitativ aber sei er sehr zufrieden. Wir sind es auch. Spannende Gutsweine präsentiert Klaus Peter Keller in diesem Jahr: Einen zupackenden Silvaner mit deutlich Säure und Grip, präzise und druckvoll, eine fruchtbetonte, intensive Scheurebe, die ebenfalls zupackend ist und viel Biss besitzt, sowie den geradlinigen, zupackenden, enorm frischen Riesling von der Fels. Der Feuervogel genannte Sylvaner zeigt viel Frucht, weiße und gelbe Früchte, ist reintönig, harmonisch, frisch. Der Niersteiner Ortsriesling ist kraftvoll, zupackend, strukturiert und nachhaltig, gehört in die Kategorie Großes Gewächs, schließlich besitzt Klaus Peter Keller auch ausschließlich Top-Lagen in Nierstein. Die Großen Gewächse sind im Jahrgang 2017 so unterschiedlich wie nie zuvor, der G-Max mit eingeschlossen. Fangen wir mit ihm an: Würzig, stoffig, konzentriert, viel Intensität, enormer Druck und Nachhall, auch enorm anstrengend – aber muss ein großer Wein in einem solch jugendlichen Stadium nicht anstrengend sein? Man muss das nicht mögen oder groß finden, ganz klar. Wir aber lieben

anstrengende Weine und finden ihn groß! „Zu" anstrengend war uns der Pettenthal, das geben wir zu, kraftvoll, verschlossen, über Tage und Wochen verkostet: Keine Änderung. Auch die Abtserde ist noch verschlossen, kompakt, deutet feine mineralische Noten an. Wunderschön reintönig und elegant das Kirchspiel, da mag man nicht warten – auch wenn sich wie bei allen großen Keller'schen Rieslingen das Warten auszahlt, das weiß man von den frühen Jahrgängen, und die letzten Jahrgänge sind noch stärker auf ganz lange Haltbarkeit vinifiziert – sollte man sie deswegen zukünftigen Generationen überlassen? Der Hubacker gehört zu den schon präsenteren Weinen, besitzt Druck, Kraft, Nachhall. Der Morstein kommt dem G-Max sehr nahe, ist ihm auch aromatisch am nächsten, am ähnlichsten, besitzt Kraft und Substanz, Länge, viel Präzision und Nachhall. Eine so diverse, herausfordernde Kollektion hat Klaus Peter Keller bisher noch nicht präsentiert – aber wie oben gesagt lieben wir diese Herausforderung, wir bewundern anstrengende Weine. Es folgt eine großartige Serie an süßen und edelsüßen Weinen. Der Kabinett aus dem Hipping ist faszinierend frisch und verspielt, die Abtserde-Spätlese herrlich reintönig und zupackend. Die Rieslaner Auslese besitzt Würze und Grip wie auch die Hubacker-Auslese, die Abtserde-Auslese ist faszinierend komplex und reintönig, die Trockenbeerenauslese sucht ganz die Perfektion. Großartige Kollektion!

Klaus Peter Keller

K

Weinbewertung

87	2017 Silvaner trocken **12 %/8,50 €** ☺
88	2017 Scheurebe trocken **12 %/9,80 €** ☺
89	2017 Riesling trocken „von der Fels" **12 %/18,50 €**
91	2017 Sylvaner „Feuervogel" **12,5 %/28,50 €**
92	2017 Riesling trocken Nierstein **12,5 %/39,- €**
93	2017 Riesling „GG" Kirchspiel **12,5 %/45,- €**
93	2017 Riesling „GG" Hubacker **12,5 %/48,- €**
91+	2017 Riesling „GG" Pettenthal **13 %/Vst.**
95	2017 Riesling „GG" Morstein **12,5 %**
91	2017 Riesling „GG" „Abts E" **12,5 %/89,- €**
96	2017 Riesling „G-Max" **13 %**
90	2017 Riesling Kabinett Hipping **8,5 %/32,- €**
93	2017 Riesling Spätlese „Abts E" **8,5 %/52,- €**
91	2017 Rieslaner Auslese **9 %/16,50 €/0,375l**
94	2017 Riesling Auslese „Abts E" **8,5 %/79,- €**
91	2017 Riesling Auslese Hubacker **8,5 %/48,- €**
97	2017 Riesling Trockenbeerenauslese Goldkapsel „Abts E" **7 %/650,- €/0,375l**
91	2016 Spätburgunder „GG" Frauenberg **13 %/75,- €**

LAGEN

HUBACKER (DALSHEIM)
BÜRGEL (DALSHEIM)
FRAUENBERG (NIEDER-FLÖRSHEIM)
MORSTEIN (WESTHOFEN)
KIRCHSPIEL (WESTHOFEN)
AULERDE (WESTHOFEN)
BRUNNENHÄUSCHEN - ABTSERDE (WESTHOFEN)
HIPPING (NIERSTEIN)
PETTENTHAL (NIERSTEIN)
SILBERBERG (MONSHEIM)

REBSORTEN

RIESLING (60 %)
BURGUNDER/SILVANER (30 %)
SCHEUREBE/RIESLANER (10 %)

Lorenz & Corina Keller

★☆

KONTAKT

Steinbuck 36
79771 Klettgau-Erzingen
Tel. 07742-858664
Fax: 07742-858670
www.weingut-lck.de
info@weingut-lck.de

Inhaber
Lorenz Keller
Rebfläche
14 Hektar
Produktion
80.000 Flaschen

BESUCHSZEITEN

Do. 15-20 Uhr, Fr. 15-18 Uhr,
Sa. 10-15 Uhr

Das Weingut Lorenz und Corina Keller befindet sich ganz im Süden von Baden, in Erzingen im Klettgautal, an der Schweizer Grenze. Lorenz Keller ist gelernter Weinküfer, Corina Keller Konditormeisterin. Die schon zum Teil von Schweizer Luft verwöhnten Trauben wachsen größtenteils in der Lage Erzinger Kapellenberg, einem Südhang, 400 bis 450 Meter über dem Meeresspiegel, benannt nach der weithin sichtbaren Bergkapelle. Die Juraausläufer mit ihren lehm- und tonhaltigen Kalkböden bieten eine gute Grundlage für alle Burgundersorten, neben Spät-, Weiß- und Grauburgunder werden Chardonnay und Müller Thurgau, sowie Dornfelder, Cabernet Dorsa und Cabernet Cortis angebaut, zuletzt wurde versuchsweise Elbling gepflanzt. Das Sortiment im Hause Keller wir durch die hauseigene Confiserie abgerundet.

Kollektion

Die neue Kollektion ist sehr gleichmäßig, hat ihre Stärken aber eindeutig im roten Segment. Die Weißweine sind deutlich verhaltener als in den vergangenen Jahren, am besten gefallen uns die beiden relativ süßen, saftig-fülligen Weißburgunder und der Chardonnay, der ebenfalls viel reife Frucht und deutliche Süße besitzt. Deutlich spannender sind in der Spitze die Rotweine, die allerdings ebenfalls alle eine dezente Restsüße aufweisen. Unser Favorit in der aktuellen Kollektion ist der im Barrique ausgebaute Spätburgunder aus dem Jahrgang 2015, der viel reife Frucht und Gewürznoten besitzt, Fülle und Kraft, gute Struktur und Substanz. Auch die Leopold genannte Cuvée aus Zweigelt und Blaufränkisch überzeugt, zeigt Gewürznoten und rote Früchte im Bouquet, besitzt gute Struktur und Kraft und eine ganz dezente jugendliche Bitternote, braucht noch Zeit. —

Weinbewertung

81 2016 Cuveé Sekt brut **12,5 %/12,90 €**
81 2017 Müller Thurgau trocken Erzinger Kapellenberg **12 %/6,90 €**
81 2017 Elbling trocken Erzinger Kapellenberg **11,5 %/5,90 €**
82 2017 Weißburgunder trocken Erzinger Kapellenberg **13 %/8,50 €**
82 2016 Weißburgunder trocken „102^{2}" Erzinger Kapellenberg **14 %/18,50 €**
81 2017 Grauburgunder trocken Erzinger Kapellenberg **13 %/9,30 €**
82 2017 Chardonnay trocken Erzinger Kapellenberg **13,5 %/14,90 €**
81 2017 Scheurebe „feinherb" Erzinger Kapellenberg **12 %/9,50 €**
81 2016 Spätburgunder trocken Holzfass Erzinger Kapellenberg **13 %/9,90 €**
81 2016 „Ungewohnt Rot" Rotwein trocken Erzinger Kapellenberg **13 %/14,- €**
84 2016 „Leopold^{2}" Blaufränkisch & Zweigelt trocken Kapellenberg **13,5 %/14,90 €**
86 2015 Spätburgunder trocken Barrique Erzinger Kapellenberg **13,5 %/15,80 €**

Lothar Kern

★

KONTAKT

Hauptstraße 17
76833 Böchingen
Tel. 06341-63461
Fax: 06341-960489
www.weingut-kern.com
info@weingut-kern.com

Inhaber/Außenbetrieb
Lothar Kern
Betriebsleiter/Kellermeister
Michael Kern
Rebfläche
22 Hektar
Produktion
40.000 Flaschen

BESUCHSZEITEN

Mo.-Fr. 10-12 + 14-18 Uhr,
Sa. 10-16 Uhr

kern

Das Weingut Lothar Kern befindet sich gerade in der Phase des Generationenwechsels: Während Lothar Kern in dem ehemaligen landwirtschaftlichen Gemischtbetrieb noch für den Außenbetrieb zuständig ist, kümmert sich sein Sohn Michael, staatlich geprüfter Techniker für Weinbau und Önologie, um den Keller und das Marketing. Renate Kern, Lothars Frau und Michaels Mutter, ist für Büro und Kundenmanagement verantwortlich. Auf rund einhundert verschiedenen Parzellen – unter anderem in den Lagen Böchinger Rosenkranz, Walsheimer Silberberg, Godramsteiner Münzberg und Frankweiler Königsgarten – stehen 19 verschiedene Rebsorten: Wichtigste weiße Sorten sind Müller Thurgau, Riesling und Grauburgunder, bei den roten Sorten sind es Dornfelder, Spätburgunder und Regent. Neben Reben gibt es noch einen Anteil an Obstbäumen, deren Ertrag in der hauseigenen Brennerei verwertet wird. Das Sortiment ist gegliedert in Traditionsweine in der Literflasche, die „Privat Edition" und die Linie „Privat Réserve" für im Holz ausgebaute Weine.

Kollektion

An der Spitze der diesjährigen Kollektion, die insgesamt an Profil gewonnen hat und bei der wir einen Aufwärtstrend erkennen, stehen zwei Weine aus der „Privat Réserve"-Linie: Der Spätburgunder zeigt klare Schwarzkirschfrucht, feine röstige Würze und etwas Krokant im Bouquet, besitzt gute Konzentration und leicht süße Frucht, der Silvaner ist kraftvoll, stoffig und komplex mit klarer gelber Frucht, Birne und etwas Banane und zeigt deutliche röstige Würze. Wie schon im vergangenen Jahr sind sich der Chardonnay und der Weißburgunder wieder recht ähnlich, beide sind sehr fruchtbetont, der Chardonnay mit Noten nach Aprikose, Melone und Birne, der Weißburgunder mit Noten nach Aprikose, Birne und Pfirsich. Der Riesling „Privat Edition" gefällt uns wesentlich besser als sein Jahrgangsvorgänger, er zeigt Zitrusnoten und Kräuterwürze, ist kraftvoll und besitzt Biss, der Riesling in der Literflasche ist saftig, sauber und reintönig, der Silvaner „Tradition" ist füllig mit klarer Frucht und der feinherb ausgebaute Muskateller ist ebenfalls reintönig, besitzt dezente Süße und Frische.

Weinbewertung

82 2017 Silvaner trocken „Tradition" Böchinger Bischofskreuz **12,5 %/3,90 €**
81 2017 Riesling trocken „Tradition" Böchinger Bischofskreuz (1l) **12 %/4,30 €**
83 2017 Riesling trocken „Privat Edition" Böchinger Rosenkranz **13,5 %/5,50 €**
83 2017 Weißburgunder trocken „Privat Edition" Rosenkranz **13,5 %/5,70 €**
83 2017 Chardonnay trocken „Privat Edition" Münzberg **13 %/5,70 €**
86 2017 Silvaner trocken „Privat Réserve" Böchinger Rosenkranz **14,5 %/11,80 €**
82 2017 Gelber Muskateller „feinherb" „Privat Edition" **11 %/5,90 €**
86 2016 Spätburgunder trocken „Privat Réserve" Bischofskreuz **13,5 %/16,50 €**

Kerpen

★★★☆

K

KONTAKT

Uferallee 6
54470 Bernkastel-Wehlen
Tel. 06531-6868, Fax: 06531-3464
www.weingut-kerpen.de
info@weingut-kerpen.de

Inhaber
Martin Kerpen
Rebfläche
8 Hektar
Produktion
65.000 Flaschen

BESUCHSZEITEN

Mo.-Fr. 9-17 Uhr, Sa. 10-15 Uhr und nach Vereinbarung; Weinprobierstube, Weinkellerwoche (Christi Himmelfahrt bis Pfingsten), Riesling Café (Mitte Mai-Ende Juni + Mitte Aug.-Ende Sept. Do./Fr. 12-18 Uhr)

Das Weingut blickt auf 250 Jahre Tradition zurück, die Familie Kerpen betreibt Weinbau in der achten Generation. Martin Kerpen hat 1988 den elterlichen Betrieb übernommen, inzwischen ist auch Sohn Matthias auf dem besten Wege, die Geschichte der Kerpens als einer der führenden Weinbaubetriebe weiterzuführen. Als Jahrgangsbester beendete der Filius seine zweijährige Ausbildung zum Winzer, die er im Weingut Melsheimer in Reil und im Weingut Meßmer in der Pfalz absolvierte, mit der 2016er Spätlese aus dem Graacher Himmelreich legte er inzwischen seinen Jungfernwein vor. Das Gros der Weinberge des Betriebes liegt in Steillagen in Wehlen (Sonnenuhr) und Graach (Domprobst, Himmelreich), hinzu kommen Parzellen im Bernkasteler Bratenhöfchen. Martin Kerpen baut ausschließlich Riesling an.

Kollektion

Der Blauschiefer-Riesling ist ein leichter, angenehm präzise gestalteter Basiswein, stoffig und würzig ist der Kabinett. Mit den „Alten Reben" aus der Sonnenuhr kann man sich leicht anfreunden, der Wein ist schlank, straff, würzig. Das Große Gewächs aus der Sonnenuhr ist eigenwillig, kräuterig, schlank, leicht, eher elegant als druckvoll. Vergleichsweise trocken ist die Spätlese, duftig und straff. Die Ein Stern-Auslese aus der Sonnenuhr ist noch etwas vom Schwefel geprägt, ist am Gaumen straff und präzise. Etwas reifer die Auslese mit zwei Sternen, an Mirabellen und Apfel erinnernd. Deutlich saftiger die Bratenhöfchen Auslese mit leicht cremiger Länge. Noten von kaltem Tee und frischen Datteln zeigt die Trockenbeerenauslese, die eine beachtliche Fülle aufweist.

Weinbewertung

84	2017 Riesling trocken „Blauschiefer" **11,5 %/7,50 €**
85	2017 Riesling Kabinett trocken Graacher Domprobst **10,5 %/9,50 €**
87	2017 Riesling Spätlese trocken Wehlener Sonnenuhr **11 %/10,50 €**
88	2017 Riesling Spätlese trocken „Alte Reben" Wehlener Sonnenuhr **11,5 %/12,50 €**
88	2016 Riesling „GG" Graacher Domprobst **12 %/17,50 €**
89	2016 Riesling „GG" Wehlener Sonnenuhr **12 %/16,50 €**
87	2017 Riesling „GG" Wehlener Sonnenuhr **11,5 %/17,50 €**
86	2017 Riesling Kabinett „feinherb" „Kollektion Kerpen" Himmelreich **10,5 %/9,50 €**
87	2017 Riesling Spätlese „feinherb" Graacher Domprosbst **10,5 %/10,50 €**
87	2017 Riesling Kabinett Wehlener Sonnenuhr **8,5 %/9,50 €**
87	2017 Riesling Spätlese Wehlener Sonnenuhr **8 %/10,50 €**
88	2017 Riesling Spätlese* Wehlener Sonnenuhr **7,5 %/12,50 €**
90	2017 Riesling Auslese* Wehlener Sonnenuhr **7 %/17,50 €**
89	2017 Riesling Auslese** Bernkasteler Bratenhöfchen **7,5 %/22,- €**
89	2017 Riesling Auslese** Wehlener Sonnenuhr **7 %/22,- €**
88	2017 Riesling Trockenbeerenauslese Wehlener Sonnenuhr **6,5 %/85,- €/0,375l**

Kiebel

★

N

KONTAKT

Am Hang 17
54317 Farschweiler
Tel. 06500-7177
Fax: 06500-95177
www.weinhaus-kiebel.de,
www.kiebel-wine.de
info@kiebel-wine.de

Inhaber
Markus Kiebel
Rebfläche
3 Hektar
Produktion
20.000 Flaschen

BESUCHSZEITEN

nur mit Voranmeldung

Markus Kiebel führt das Weinhaus, das eigentlich an zwei Standorten zuhause ist: Im Weindorf Mehring an der Mosel sowie in Farschweiler am Fuße des Hochwaldes. Seit vier Jahrhunderten baut die Familie Wein an, seit 2011 führt Markus Kiebel den Betrieb. Seine Weinberge befinden sich in den Mehringer Lagen Goldkupp, Blattenberg und Zellerberg, außer Riesling werden auch Weißburgunder und Müller-Thurgau, Spätburgunder und St. Laurent angebaut, eine Spezialität ist die Herstellung von Sekten. Zum Unternehmen gehört eine Brennerei, die Brände und Liköre aus Früchten herstellt. Die hier erzeugten Weine sind klar und frisch, allesamt leicht zugänglich, besitzen aber durchaus Substanz.

Kollektion

Zur Premiere stellte das Weingut Rieslinge aus nicht weniger als drei Jahrgängen, einen Weißburgunder und zwei Schaumweine an, die mit einer modernen Flaschenausstattung und eingängigen Namen auffallen. Qualität ist allerdings ebenso vorhanden, auch wenn die Weine alles andere als puristisch wirken, sondern eher eingängig und leicht verständlich. Der kraftvolle Sekt namens „Cuvée 1623" wirkt sehr direkt, der „For Champions" ist etwas feiner, auch wenn er, für die Bezeichnung brut, vergleichsweise hoch dosiert ausfällt und in der Nase recht aromatisch wirkt. Zugänglich und sortentypisch ist der „After-Work"-Pinot Blanc, straff und würzig die Spätlese von alten Rieslingreben aus dem Mehringer Zellerberg (Jahrgang 2016), die tatsächlich angenehm trocken wirkt. Ganz anders, die saftige süße Spätlese, die keine Lagenbezeichnung trägt und unter dem Namen „Prinzessin" vermarktet wird und mit ihrer leicht parfümiert wirkenden Aromatik den Charakter des reifen Jahrgangs 2015 angenehm widerspiegelt. Die beiden feinherben Rieslinge sind harmonisch und saftig, süffig im positiven Sinne.

Weinbewertung

84 „For Champions" Riesling Sekt brut **12,5 %/12,90 €**
84 „Cuvée 1623" Sekt brut **13 %/9,80 €**
83 2017 Pinot Blanc trocken „After Work" **13 %/7,90 €**
82 2017 Riesling Hochgewächs trocken „Principia" **11 %/5,50 €**
86 2016 Riesling Spätlese trocken „Alte Reben" Mehringer Zellerberg **11 %/7,40 €**
84 2016 Riesling Kabinett „feinherb" Mehringer Blattenberg **9,5 %/6,90 €**
84 2017 Riesling „feinherb" „Wild Life" **11 %/7,90 €**
82 2017 Riesling Hochgewächs „Inspiration" **9,5 %/5,50 €**
86 2015 Riesling Spätlese „Prinzessin" **9,5 %/8,50 €**

K

KIEFER

★★☆

KONTAKT

Bötzinger Straße 13
79356 Eichstetten
Tel. 07663-1063
Fax: 07663-3927
www.weingutkiefer.de
info@weingutkiefer.de

Inhaber
Helen & Martin Schmidt
Kellermeister
Markus Weishaar
Rebfläche
150 Hektar
Produktion
1.200.000 Flaschen

BESUCHSZEITEN

Mo.-Fr. 8-12 + 13-17:30 Uhr,
Sa. 10-14 Uhr

Helen und Martin Schmidt übernahmen 2008 den Betrieb, der 1851 von Friedrich Kiefer gegründet worden war. Der Önologe Martin Schmidt war bereits seit dem Jahrgang 2003 für die Vinifikation der Weine verantwortlich, sowohl des 12 Hektar großen eigenen Weingutes als auch der angeschlossenen Erzeugergemeinschaft. In den letzten Jahren wurden neue Weinberge erworben, der Keller erneuert und neue große Holzfässer und Barriques für den Ausbau der Rotweine angeschafft. Das Weingut ist auf die Burgundersorten spezialisiert: 38 Prozent der Rebfläche nimmt Spätburgunder ein, 19 Prozent Grauburgunder und 10 Prozent Weißburgunder. Hinzu kommen Rebsorten wie Scheurebe, Muskateller oder Sauvignon Blanc. Die Paradelage des Weingutes, der Eichstetter Herrenbuck, besteht aus Löss-, Lehm- und Vulkanverwitterungsböden in unterschiedlicher Zusammensetzung. Die Weine werden nach intensiver Vorklärung langsam und kühl vergoren und auf der Feinhefe ausgebaut. Die Rotweine werden maischevergoren und in großen Eichenholzfässern oder im Barrique ausgebaut.

Kollektion

Eine starke Kollektion präsentiert das Weingut auch in diesem Jahr, schon der frische, fruchtbetonte Weißburgunder im Liter bereitet Freude. Unter den trockenen weißen Kabinettweinen gefällt uns der füllige, saftige Chardonnay besonders gut, unter den trockenen Spätlesen der konzentrierte, kraftvolle Grauburgunder, der reife Frucht und gute Struktur besitzt. An der Spitze der Kollektion stehen die Dreistern-Weine. Der Spätburgunder ist füllig und kraftvoll, besitzt reife Frucht, gute Struktur und Frische. Der Grauburgunder besticht mit reintöniger Frucht und rauchigen Noten, zeigt gelbe Früchte, ist strukturiert, druckvoll und lang. Unser Favorit ist der Weißburgunder, der reintönige reife Frucht im Bouquet zeigt, gute Struktur und Kraft besitzt, viel Konzentration, reintönig und zupackend ist, noch jugendlich. —

Weinbewertung

83	2017 Weißburgunder trocken (1l) **12,5 %/6,60 €**
84	2017 Grauburgunder Kabinett trocken Eichstetter Herrenbuck **12,5 %/8,- €**
85	2017 Chardonnay Kabinett trocken Eichstetter Herrenbuck **13 %/8,- €**
83	2017 Auxerrois trocken Eichstetter Herrenbuck **12,5 %/8,- €**
84	2016 Weißburgunder Spätlese trocken „Tradition“ Herrenbuck **13,5 %/10,70 €**
86	2016 Grauburgunder Spätlese trocken „Tradition“ Herrenbuck **13,5 %/10,70 €**
89	2017 Weißburgunder trocken „Dreistern“ Eichstetter Herrenbuck **13 %/14,90 €**
88	2017 Grauburgunder trocken „Dreistern“ Eichstetter Herrenbuck **13 %/14,90 €**
83	2017 Rivaner-Riesling „feinherb“ „Bio“ „Charakterwein“ **11,5 %/7,50 €**
82	2015 Spätburgunder trocken Eichstetter Herrenbuck **13,5 %/8,- €**
87	2015 Spätburgunder trocken „Dreistern“ Eichstetter Herrenbuck **13 %/21,50 €**

ALOIS KIEFER

★★★☆

KONTAKT

Wein- und Sekthaus Alois Kiefer
Mühlstraße 2
67487 St. Martin
Tel. 06323-2099
Fax: 06323-5149
www.aloisiushof.de
weinundsekthaus@aloisiushof.de

Inhaber
Bernhard, Michael, Andreas & Philipp Kiefer
Kellermeister
Philipp Kiefer
Außenbetrieb
Michael Kiefer
Rebfläche
22 Hektar
Produktion
220.000 Flaschen

BESUCHSZEITEN

Stammhaus: Mo.-Sa. 9-12 + 13-17 Uhr
Vinothek Maikammer Straße: Mo.-So. 9-12 + 13-17 Uhr

Alois und Rita Kiefer gründeten 1950 den Betrieb mit damals 2 Hektar Reben. Ihre drei Söhne Bernhard, Michael und Andreas haben das Gut zur heutigen Größe ausgebaut. Bernhard Kiefer und sein Sohn Philipp sind für den Weinausbau verantwortlich. Die Weinberge liegen vor allem in St. Martin (Kirchberg, Baron), sowie auf Edenkobener Gemarkung, das in Querterrassen bestockte Gewann Am Guckuckberg befindet sich im Alleinbesitz.

Kollektion

Gleich vier starke Pinots präsentieren uns die Kiefers in diesem Jahr, zwei davon aus der Zusammenarbeit Philipp Kiefers mit seinem Cousin Dominic Stern: Der Pinotimes ist herrlich fruchtbetont mit Tiefgang, zeigt kühle Cassisnoten und perfekt eingebundenes Holz, die Réserve hat sich gut entwickelt und kann leicht zulegen, hat ein sehr komplexes Bouquet mit Noten von Kräutern, etwas Minze und viel klarer Süß- und Sauerkirschfrucht, besitzt gute Struktur, Länge und Potential, der Kirchberg ist ebenfalls fruchtbetont und sehr elegant, der Guckuckberg besitzt etwas mehr Struktur, beide zeigen auch Philipp Kiefers gute Hand für einen zurückhaltenden, stützenden Holzeinsatz. Davon profitieren auch der konzentrierte Sauvignon Blanc Fumé mit viel Grip und der Chardonnay, der feine Frische und viel klare Frucht, etwas Zitrone, besitzt. Der Riesling aus dem Kirchberg ist animierend und besitzt gute Substanz, der Guckuckberg-Riesling ist druckvoll, lang und zeigt feine Holzwürze. Und dass die Weine gut reifen können zeigt der 2010er Riesling aus dem Kirchberg, der noch Frische, feinen Druck und salzige Länge besitzt.

Weinbewertung

85	2016 Chardonnay Sekt brut **12,5 %/10,90 €**
84	2017 Weißer Burgunder trocken „Element" **13,5 %/6,90 €**
83	2017 Riesling trocken „Element" **13 %/6,90 €**
86	2017 Riesling trocken „Stein & Erde" „vom Buntsandstein" St. Martiner **13 %/9,90 €**
89	2010 Riesling trocken „Ambrosia" St. Martiner Kirchberg **13,5 %/16,90 €**
88	2017 Riesling trocken St. Martiner Kirchberg **13,5 %/16,90 €**
89	2017 Sauvignon Blanc trocken „Fumé" „Ambrosia" Am Guckuckberg **13,5 %/22,90 €**
90	2017 Chardonnay trocken „Ambrosia" St. Martiner Baron **13,5 %/18,90 €**
88	2017 Chardonnay & Weißer Burgunder trocken „Goldfass Ambrosia" **13,5 %/18,90 €**
88	2017 Pinot Blanc trocken „Pinotimes" **13,5 %/17,- €**
89	2017 Riesling trocken St. Martiner Am Guckuckberg **13,5 %/22,90 €**
86	2016 Spätburgunder trocken „Stein & Erde" „vom Kalkstein" **14 %/13,90 €**
89	2016 Pinot Noir trocken St. Martiner Kirchberg **13,5 %/22,90 €**
89	2016 Pinot Noir trocken „Pinotimes" **13,5 %/22,90 €**
89	2016 Pinot Noir trocken St. Martiner Am Guckuckberg **13,5 %/22,90 €**
91	2015 Pinot Noir trocken „Pinotimes" „Réserve" **13,5 %/65,- €**

Jul. Ferd. Kimich

★★☆

Kontakt

Weinstraße 54
67146 Deidesheim
Tel. 06326-342
Fax: 06326-980414
www.weingut-kimich.de
info@weingut-kimich.de

Inhaber
Franz Arnold
Betriebsleiter
Matthias Arnold
Kellermeister
Matthias Arnold &
Fabian Kerbeck
Rebfläche
22,5 Hektar
Produktion
150.000 Flaschen

Besuchszeiten

Mo.-Sa. 8-12 + 13:30-18 Uhr,
Sonn- und Feiertage April bis
Dez. 10-13 Uhr oder nach
Vereinbarung

Der Elsässer Küfer Andreas Kimich gründete 1758 ein Weingut, das noch heute in der achten Generation in Familienbesitz ist. 1949 heiratete Joachim Arnold eine Tochter von Julius Ferdinand Kimich, heute führt Franz Arnold zusammen mit seinem Sohn Matthias, Geisenheim-Absolvent und für den Ausbau der Weine verantwortlich, das Gut. Die Weinberge liegen in den Deidesheimer Lagen Grainhübel, Kieselberg, Paradiesgarten, Kalkofen, Mäushöhle und Leinhöhle, in den Forster Lagen Ungeheuer und Pechstein sowie im Ruppertsberger Reiterpfad. Riesling ist die wichtigste Rebsorte, nimmt über 80 Prozent der Rebfläche ein. Dazu gibt es etwas Grauburgunder, Müller-Thurgau, Gewürztraminer, Weißburgunder, Chardonnay, Auxerrois, Sauvignon Blanc, Spätburgunder und Regent. In den letzten Jahren wurde in neue Tanks und große Holzfässer investiert, die Erweiterung des Flaschenlagers und die Optimierung der Traubenannahme stehen als nächste Projekte an.

Kollektion

Im letzten Jahr überraschte uns der eigentlich als Riesling-Weingut bekannte Betrieb mit einem sehr gelungenen, harmonischen Syrah, in diesem Jahr wiederholen die Arnolds diese Überraschung mit einem eindringlichen, stoffigen Merlot, der dunkle Frucht, Pflaume, etwas Kräuter und Mokka im Bouquet zeigt und gute Länge besitzt. Die Rieslinge sind von Jahr zu Jahr sehr konsistent mit hohem Wiedererkennungswert, die deutlich vorhandene Restsüße wird bei allen Rieslingen durch ein lebendiges Säurespiel ausgeglichen: Der Grainhübel ist in diesem Jahr ganz stark, zeigt komplexe Frucht mit Noten von Aprikose, Ananas und Kräutern, besitzt gute Konzentration, Druck und salzige Länge, der zur Hälfte im großen Holz ausgebaute Kalkofen zeigt Zitrusnoten, reifen Apfel und kalkig-mineralische Würze, ist saftig und nachhaltig, der spontan vergorene Pechstein zeigt klare Zitrusfrucht, Limette und Grapefruit, ist mineralisch und animierend und der Ungeheuer ist insgesamt noch leicht verhalten, besitzt aber Kraft. Die beiden trockenen Kabinett-Rieslinge sind fruchtbetont und animierend, die Scheurebe ist reintönig mit Noten von Cassis und Holunderblüten. —

Weinbewertung

85	2017 Riesling Kabinett trocken Deidesheimer Mäushöhle **12,5 %/9,30 €**
84	2017 Riesling Kabinett trocken Deidesheimer Leinhöhle **12,5 %/8,80 €**
88	2017 Riesling Spätlese trocken Deidesheimer Kalkofen **13 %/12,80 €**
88	2017 Riesling Spätlese trocken Forster Pechstein **13 %/12,80 €**
87	2017 Riesling Spätlese trocken Forster Ungeheuer **13 %/13,80 €**
90	2017 Riesling Spätlese trocken Deidesheimer Grainhübel **13 %/16,30 €**
84	2017 Scheurebe Spätlese trocken **13 %/9,30 €**
88	2015 Merlot trocken **14,5 %/18,80 €**

Kinges-Kessel

★

KONTAKT

Langgasse 30
67591 Mörstadt
Tel. 06247-377
Fax: 06247-1067
www.kinges-kessel.de
weingut@kinges-kessel.de

Inhaber
Familie Kessel
Betriebsleitung
Hans & Jochen Kessel
Kellermeister
Jochen Kessel
Rebfläche
12 Hektar

BESUCHSZEITEN

Mo.-Sa. 8-17 Uhr oder nach Vereinbarung
Winzerhotel & Weinrestaurant (ab 17 Uhr)

KINGES-KESSEL
WEINGUT · MÖRSTADT · TRADITION SEIT 1864

Seit fünf Generationen betreibt die Familie Weinbau in Mörstadt, heute führt Hans Kessel zusammen mit seinem Sohn Jochen den Betrieb. Ihre Weinberge befinden sich in den Mörstadter Lagen Nonnengarten und Katzenbuckel sowie im benachbarten Flörsheim-Dalsheim, dort in den Nieder-Flörsheimer Lagen Goldberg, Frauenberg und Steig. Riesling, die Burgundersorten und Silvaner sind die wichtigsten weißen Rebsorten im Betrieb, bei den roten Sorten dominieren Spätburgunder, St. Laurent und Dornfelder. Sohn Jochen Kessel hat nach Abschluss einer Weinbautechnikerausbildung in Weinsberg und diversen Praktika im Ausland (Kanada, Neuseeland) die Verantwortung im Keller übernommen. Dem Weingut sind ein Winzerhotel sowie ein ganzjährig geöffnetes Weinrestaurant angeschlossen. Das Sortiment ist gegliedert in Literweine, Gutsweine und Selectionsweine („S").

Kollektion

Mit der neuen Kollektion schließt Jochen Kessel nahtlos an die guten Vorjahre an, sie zeigt einmal mehr sehr gleichmäßiges Niveau, weiß wie rot. Im weißen Segment gefällt uns der füllige, saftige Chardonnay aus dem Katzenbuckel besonders gut, der Riesling aus dem Goldberg ist klar, frisch und geradlinig, die restsüße Riesling-Spätlese aus dem Nonnengarten ist fruchtbetont und harmonisch. Eine gute Figur macht auch der feinherbe Muskateller, der reintönige Frucht und feine Frische besitzt. Im roten Segment überzeugt der im Holz ausgebaute Merlot, der feinen Duft, gute Struktur und reife Frucht besitzt. Unser Favorit aber ist in diesem Jahr die zwei Jahre im Barrique ausgebaute Cuvée aus Cabernet und Merlot, die intensive Frucht im Bouquet zeigt, etwas Schokolade, füllig und kraftvoll im Mund ist, reife Frucht, gute Substanz und viel Saft besitzt.

Weinbewertung

81 2017 Silvaner trocken **12 %/5,50 €**
81 2017 Weißburgunder trocken **13 %/5,70 €**
82 2017 Sauvignon Blanc „S" trocken **13 %/6,30 €**
84 2017 Chardonnay „S" trocken Mörstadter Katzenbuckel **13 %/6,50 €**
83 2017 Riesling „S" trocken Nieder-Flörsheimer Goldberg **13 %/7,50 €**
83 2017 Riesling Spätlese Mörstadter Nonnengarten **9 %/5,80 €**
83 2017 Muskateller „feinherb" **11,5 %/5,80 €**
81 2016 Saint Laurent trocken Holzfass **13 %/5,90 €**
82 2016 Spätburgunder „S" trocken Holzfass Nieder-Flörsheimer Steig **13,5 %/6,60 €**
84 2016 Merlot „S" trocken Holzfass **14 %/7,10 €**
86 2015 Cabernet x Merlot trocken Barrique Nieder-Flörsheimer Steig **14 %/12,10 €**

K

KINZINGER

★★

KONTAKT

Berghof
71665 Vaihingen/Enz
Tel. 07042-4660
Fax: 07042-370988
www.weingut-kinzinger.com
info@weingut-kinzinger.com

Inhaber
Gerd & Michael Kinzinger
Betriebsleiter/Kellermeister
Michael Kinzinger
Rebfläche
5,7 Hektar
Produktion
37.000 Flaschen

BESUCHSZEITEN

Mi.+Do. 8-13 + 17-18 Uhr,
Fr. 8-18 Uhr, Sa. 8-13 Uhr
Besenwirtschaft Kinzinger
Berghof (täglich ab 11 Uhr),
Herbstbesen (13.10.-4.11. 2018),
Winterbesen (1.1.-27.1.2019)

Seit 2011 gibt es das Weingut Kinzinger. Der schon lange bestehende Weinbaubetrieb wurde mit dem Einstieg von Sohn Michael erweitert, man setzt seither ganz auf Selbstvermarktung. Michael Kinzinger absolvierte seine Ausbildung im Remstal bei den Weingütern Bernhard Ellwanger und Schnaitmann, bis zu Beginn seiner Technikerausbildung in Weinsberg im Herbst 2012 hat er bei Hofstätter in Tramin und Wachtstetter in Pfaffenhofen gearbeitet. Die Reben wachsen auf tiefgründigen Keuperböden in den beiden Vaihinger Stadtteilen Horrheim (Klosterberg) und Enzweihingen (Halde). Rotweine nehmen zwei Drittel der Rebfläche ein. Trollinger, Lemberger und Spätburgunder spielen die wichtigste Rolle, dazu gibt es Muskattrollinger, Acolon, Merlot und Schwarzriesling. An weißen Sorten gibt es Sauvignon Blanc, Silvaner, Riesling und Kerner. Neben dem Weingut betreibt die Familie eine Edelbrennerei, einen Hofladen zur Vermarktung der eigenen landwirtschaftlichen Produkte sowie eine Besenwirtschaft, die zehn Wochen im Jahr geöffnet ist.

Kollektion

Starke Kollektion, schöne Stilistik: Alle Weine sind wunderschön reintönig, Michael Kinzinger setzt auf Frische und Eleganz. Der Silvaner vom Löss ist wunderschön klar und fruchtbetont, der zitrusduftige Muschelkalk-Riesling frisch, zupackend, der Sauvignon Blanc geradlinig und reintönig. Am besten gefallen uns im weißen Segment der wunderschön reintönige Chardonnay und der Silvaner von alten Reben, der Fülle, Kraft und viel Substanz besitzt. Der Rosé ist fruchtbetont und frisch, der Spätburgunder reintönig, zupackend, die rote Cuvée Paul zeigt intensiv rote Früchte und der Merlot ist strukturiert und zupackend. Unser Favorit unter den Rotweinen aber ist der Reserve-Lemberger aus dem Klosterberg, der Konzentration und reintönige Frucht besitzt, herrlich frisch, strukturiert und zupackend ist. Im Aufwind!

Weinbewertung

84	2017 Silvaner trocken „Vom Löss" **12 %/6,50 €**
84	2017 Riesling trocken „Muschelkalk" **12 %/6,50 €**
84	2017 Sauvignon Blanc trocken „Bergluft" **12,5 %/8,90 €**
86	2016 Silvaner „Alte Reben" Enzweihingen **13 %/12,50 €**
82	2017 „White" Weißwein **12 %/5,90 €**
86	2017 Chardonnay trocken Horrheim **12 %/8,90 €**
84	2017 Rosé trocken **12 %/6,50 €**
84	2016 Spätburgunder trocken „Fundament" **12,5 %/6,50 €**
85	2016 „Paul" Rotweincuvee trocken **13 %/8,90 €**
86	2016 Merlot trocken Horrheim **13 %/12,50 €**
88	2015 Lemberger trocken „Reserve" Horrheimer Klosterberg **13,5 %/18,- €**

KIRCHNER

★☆

KONTAKT

Burgstraße 21
67251 Freinsheim
Tel. 06353-3441 oder 1838
Fax: 06353-5056900
www.weingut-kirchner.de
info@weingut-kirchner.de

Inhaber
Ralph Kirchner
Rebfläche
18 Hektar
Produktion
120.000 Flaschen

BESUCHSZEITEN

Vinothek Fr./Sa. 14-18:30 Uhr, Weinverkauf Mo.-Sa. nach Vereinbarung

Ulrike und Günter Kirchner haben 1974 ihr eigenes Weingut gegründet, mittlerweile hat Sohn Ralph den Betrieb übernommen. Ihre Weinberge liegen in Freinsheim in den Lagen Schwarzes Kreuz (sandige Böden auf schwerem Grund), Oschelskopf (hoher Lehm- und Kalkanteil), Rosenbühl (schwere Böden mit Humusauflage) und Musikantenbuckel (teils leichte lehmige Sandböden, teils schwere Lehmböden), aber auch in Kallstadt im Saumagen (Kalksandstein) und im Steinacker (kalkig-steiniger Boden), sowie im Herxheimer Honigsack (kalkhaltiger, mit Lehm und Ton vermischter Boden). Zu 60 Prozent werden weiße Rebsorten und zu 40 Prozent rote Sorten angebaut, das Hauptaugenmerk liegt bei Riesling und den Burgundersorten. Das Sortiment ist in Guts-, Orts- und Lagenweine gegliedert, die weißen Lagenweine werden spontan in großen Holzfässern vergoren, die roten Lagenweine reifen in Barriques. Im April 2015 wurde eine neue Vinothek eingeweiht und der Sitz des Weinguts aus dem Ortskern an den Rand von Freinsheim verlegt.

Kollektion

Drei starke Rieslinge liegen in diesem Jahr an der Spitze von Ralph Kirchners Kollektion: Der Wein aus dem Honigsack zeigt viel kräutrige Würze und klare Frucht mit Noten von Aprikose und grünem Apfel, der Saumagen ist im Bouquet noch leicht verhalten, besitzt gute Konzentration und entwickelt am Gaumen feinen Druck und gute Länge und der „Terra Petra" aus dem Musikantenbuckel ist saftig, weich und fruchtbetont, duftet nach Aprikosen, Orangenschale und Mango. Der Gewürztraminer ist reintönig und cremig mit feiner Süße, die Freinsheimer Ortsweine vom Weißburgunder, Auxerrois und Sauvignon Blanc sind ebenfalls reintönig, geradlinig und frisch. Die Rotweine sind alle kraftvoll und zeigen dunkle Frucht und dezente Röstnoten, an der Spitze liegt der Spätburgunder aus dem Rosenbühl mit Noten von Schwarzkirsche, etwas Cassis und Mokka.

Weinbewertung

82	2017 Weißburgunder trocken **12,5 %/5,70 €**
84	2017 Sauvignon Blanc trocken Freinsheim **13 %/7,80 €**
83	2017 Auxerrois trocken Freinsheim **13 %/7,80 €**
84	2017 Weißburgunder trocken Freinsheim **13 %/7,90 €**
88	2017 Riesling trocken Herxheimer Honigsack **12,5 %/18,- €**
88	2017 Riesling trocken Kallstadter Saumagen **13 %/20,- €**
87	2017 Riesling trocken „Terra Petra" Freinsheimer Musikantenbuckel **13 %/16,- €**
84	2017 Gewürztraminer Spätlese Freinsheimer Oschelskopf **10 %/7,50 €**
84	2016 XL Rotwein trocken **14 %/8,80 €**
87	2015 Spätburgunder trocken Freinsheimer Rosenbühl **13,5 %/17,- €**
84	2016 Portugieser trocken „Alte Reben" Freinsheim **14 %/8,80 €**

K

Kirsten

★★★★

KONTAKT

Krainstraße 5, 54340 Klüsserath
Tel. 06507-99115, Fax: -99113
www.weingut-kirsten.de
mail@weingut-kirsten.de

Inhaber
Schlossgut Liebieg GmbH
Betriebsleiter
Bernhard Kirsten
Rebfläche
17 Hektar
Produktion
70.000 Flaschen

BESUCHSZEITEN

nach Vereinbarung

Bernhard Kirsten hat 2007 seine ersten Versuche mit biologischem Weinbau angestellt, in einer 1,6 Hektar großen Parzelle im Herzstück der Klüsserather Bruderschaft. Im Jahr darauf hat er den gesamten Betrieb, komplett umgestellt. Ein mutiges Unterfangen angesichts einer Betriebsgröße von heute 17 Hektar, die sich auf verschiedene Gemeinden und etwa 70 Parzellen verteilen, alle in Steillagen. Inzwischen firmiert die Schlossgut Liebieg GmbH mit Geschäftsführer Andreas Kreuter als Inhaber des Weinguts, Bernhard Kirsten ist Betriebsleiter, hat auf diese Weise eine Möglichkeit gefunden, das Gut für die Zukunft aufzustellen. Das Gros seiner Weinberge liegt in Kirstens Heimatgemeinde Klüsserath, für die aber nur eine einzige Lage in das Lagenregister eingetragen ist, die Klüsserather Bruderschaft. Dass diese bei etwa 200 Hektar Reben nicht homogen sein kann, ist sonnenklar, das Herzstück aber, das heute den ganzen Weinbergen der Gemeinde den Namen gab, ist ein beeindruckender Steilhang, eine spannende Lage mit viel Potenzial, wie man aus den Weinen von Bernhard Kirsten erkennen kann. Des Weiteren ist er in der Köwericher Laurentiuslay vertreten, im Pölicher Held, wo er 2 Hektar besitzt, die er hauptsächlich für Süßweine und zur Sektproduktion nutzt, im Mehringer Zellerberg und im Longuicher Maximiner Herrenberg. Riesling dominiert in diesem Weingut, schon lange aber gibt es auch etwas Weißburgunder und Spätburgunder, inzwischen sogar ein wenig Sauvignon Blanc. Die Weine werden spontan vergoren, und nur bei trockenen Weinen, die nicht zu Ende gären wollen, werden später Reinzuchthefen zugesetzt. Außer den Klassikern „Herzstück" (aus der ursprünglichen Bruderschaft) und „Alte Reben" erzeugt Kirsten den „von Geldern pur", alle drei aus der Klüsserather Bruderschaft; dazu gibt es den Riesling „1904", der von alten Rebstöcken aus dem Longuicher Maximiner Herrenberg stammt, und den „BK". Die Lagenweine tragen alle die Bezeichnung Spätlese auf dem Rückenetikett, ganz egal ob sie trocken, halbtrocken oder restsüß ausgebaut sind. Das Weingut Kirsten hat sich in den letzten Jahren auch immer wieder dem Sekt gewidmet und dort eine Präzision erreicht, wie sie an der Mosel keineswegs üblich ist. Vor allem der so genannte „Heldensekt" bekommt die Balance zwischen Fülle und Frische ausgezeichnet hin.

Kollektion

Im vergangenen Jahr konnten wir ganz zum Schluss der Verkostungsperiode noch straffe, würzige und komplexe Weine des Jahrgangs 2016 verkosten – besonders gefielen uns aus diesem Sortiment „Herzstück", „Alte Reben" sowie „Pur" und „1904", aber auch den Sauvignon Blanc konnten wir als sehr eigenständigen Vertreter dieser Rebsorte würdigen. Die Weine des Jahrgangs 2017 präsentieren sich ähnlich verschlossen, besitzen aber durchschnittlich noch etwas mehr Würze. Ein Schaumwein wurde dieses Mal nicht vorgestellt,

Kirsten
Wein· Sekt· Gut·
Mosel

also kann man nur spekulieren über die Qualität der jüngsten Abfüllungen. Was die stillen Weine angeht, ist es im Falle des Weinguts Kirsten beinah unwichtig, ob sie gesetzlich trocken sind oder knapp über dieser Grenze liegen und als halbtrocken bezeichnet werden – sie alle weisen so viel Schmelz auf, verfügen über eine solch mineralische Struktur, dass auch einige Gramm Restzucker kaum je zu bemerken sind. Das „Herzstück", einer der Klassiker des Weinguts, zeigt das bereits auf eindrückliche Weise besitzt es doch viel Schmelz und eine geradlinige Art, ist würzig, hat innere Spannung. Kühl, klar, mit Anklängen an Kräuter, Hefe und Mirabellen zeigt sich der Riesling aus der Köwericher Laurentuslay. Die Alten Reben aus der Klüsserather Bruderschaft wiederum wirken verschlossen, kühl, zeigen mineralische Struktur und einen dunkelwürzigen Schmelz, besitzen viel Potenzial; ein Wein, der sich nach 24 Stunden in der geöffneten Flasche nochmals wesentlich spannender zeigt. Eine verhaltene Art und nussige Hefewürze besitzt der „1904", der im Nachhall deutlich mineralische Struktur zeigt – ein spannender Wein. Der „Von Geldern Pur" besitzt Aromen, die zunächst eher an einen im großen Holzfass ausgebauten Chardonnay erinnern, im Mund setzt sich dann die Rieslingart durch, der Wein vereint eine faszinierende Würze mit Mineralität und Schmelz, ist lang und völlig unentwickelt. Wirklich süß sind im vorgestellten Programm nur zwei Weine: Der „For Friends" duftet nach Pfirsichen, ist enorm saftig, würzig, überraschend süß, zeigt Schmelz. Typisch Kirsten. Merkliche Süße weist auch der „BK" auf, eine Spätlese aus der Klüsserather Bruderschaft, die dunkle, nussige Hefenoten und eine Spur von Pfirsichhaut aufweist und saftig ist. Hier ist die Süße schon gut integriert, gleichwohl dürfte der Wein noch deutlich zulegen. Nicht vergessen werden sollte der Spätburgunder Blanc de Noir, der wenig mit einem konventionellen Rosé zu tun hat, sondern angenehm trocken wirkt, eine sehr klare Frucht aufweist und Würze im Nachhall: alles andere als selbstverständlich in dieser Kategorie.

Bernhard Kirsten

Weinbewertung

87 2017 Spätburgunder „Blanc de Noir" trocken **12 %/10,- €**
90+ 2017 Riesling Spätlese trocken „Von Geldern Pur" Bruderschaft **13 %/18,- €**
89 2017 Riesling Spätlese trocken „Herzstück" Bruderschaft **13 %/19,50 €**
88 2017 Riesling halbtrocken „Wolkentanz" **11 %/8,50 €** ☺
89 2017 Riesling Spätlese halbtrocken „Laurentiuslay" K. Laurentiuslay **12 %/16,- €**
90 2017 Riesling Spätlese trocken „Alte Reben" Bruderschaft **12,5 %/22,- €**
87 2017 Riesling Kabinett „For Friends" Mehringer **9 %/15,- €**
89+ 2017 Riesling halbtrocken „1904"" Maximiner Herrenberg **11,5 %/22,- €**
90+ 2017 Riesling Spätlese „BK" Klüsserather Bruderschaft **12 %/28,- €**

LAGEN

BRUDERSCHAFT (KLÜSSERATH)
HELD (PÖLICH)
LAURENTIUSLAY (KÖWERICH)
ZELLERBERG (MEHRING)
MAXIMINER HERRENBERG (LONGUICH)

REBSORTEN

RIESLING (72 %)
WEISSBURGUNDER (20 %)
SPÄTBURGUNDER (5 %)
SAUVIGNON BLANC (3 %)

Kissinger

★★★☆

Kontakt

Außerhalb 13
55278 Uelversheim
Tel. 06249-7969
Fax: 06249-7989
www.weingutkissinger.de
info@weingutkissinger.de

Inhaber
Jürgen Kissinger
Rebfläche
12,65 Hektar
Produktion
80.000 Flaschen

Besuchszeiten

nach Vereinbarung
Jahrgangspräsentation Ende April/Anfang Mai

Jürgen Kissinger vergrößerte den väterlichen Betrieb nach und nach, errichtete im Jahr 2000 neue Gutsgebäude außerhalb von Uelversheim. Er führt das Weingut zusammen mit Ehefrau Sonja, inzwischen werden sie im Betrieb von Sohn Moritz unterstützt. Ihre Weinberge liegen vor allem in Uelversheim (Tafelstein) und Dienheim (Kreuz), aber auch in Oppenheim (Herrenberg, Sackträger) und Guntersblum (Steinberg). Neben Riesling spielen die weißen Burgunder, Chardonnay und Spätburgunder eine wichtige Rolle, dazu gibt es traditionelle Rebsorten wie Silvaner und Portugieser, aber auch internationale Sorten wie Sauvignon Blanc und Merlot. Das Gros der Weine baut Jürgen Kissinger trocken aus. Das Sortiment ist gegliedert in Liter- und Gutsweine, die Lagenweine von der Rheinterrasse, sowie Premium (Goldkapsel) und S-Weine. Letztere werden im 500 Liter-Fass ausgebaut, in dieser Kategorie gibt es einen Riesling aus dem Dienheimer Tafelstein und einen Weißburgunder aus dem Uelversheimer Tafelstein.

Kollektion

Jahr für Jahr präsentieren die Kissingers ganz starke Kollektion: Hohes Basisniveau, dazu Spitzen – und moderate Preise. Die Gutsweine schon sind allesamt sehr gut, sie sind frisch und fruchtbetont, wunderschön reintönig. Die Ortsweine sind kraftvoll und klar, der Riesling besitzt gute Struktur und Substanz, der Weißburgunder ist strukturiert, fruchtbetont, wunderschön reintönig, der Chardonnay ist füllig und saftig und auch der Spätburgunder reiht sich problemlos ein, besitzt herrlich viel Frucht und gute Struktur. Die beiden Duo-Weine zeigen intensive Frucht und besitzen merkliche Süße, wir ziehen den fülligen, kraftvollen Sauvignon Blanc vor. Der Reserve-Chardonnay besitzt intensive Frucht, Substanz und Kraft, ist stoffig und druckvoll. Gleichauf sehen wir den Geierscheiß-Riesling, der Fülle und Kraft besitzt, reintönige reife Frucht, gute Struktur, Substanz und Druck. Bravo!

Weinbewertung

85	2017 Riesling trocken **11,5 %/6,20 €**
85	2017 Weißburgunder trocken **11,5 %/6,20 €**
85	2017 Sauvignon Blanc trocken **12 %/7,20 €**
88	2017 Riesling trocken „Kalkmergel" Oppenheim **12,5 %/8,50 €** ☺
88	2017 Weißburgunder trocken „Löss" Uelversheim **12,5 %/8,50 €** ☺
87	2017 Chardonnay trocken „Kalkstein" Guntersblum **12,5 %/8,50 €** ☺
87	2017 Sauvignon Blanc trocken „Fumé Duo No1" **11,5 %/9,70 €**
86	2017 Scheurebe trocken „Duo No2" **12 %/7,40 €**
90	2017 Chardonnay trocken „Réserve" **12,5 %/12,30 €** ☺
90	2017 Riesling trocken Uelversheimer „Geierscheiß" **12,5 %/18,20 €**
87	2016 Spätburgunder trocken Uelversheim **13,5 %/7,30 €** ☺

KISTENMACHER-HENGERER

★★★

KONTAKT

Eugen-Nägele-Straße 23-25
74074 Heilbronn
Tel. 07131-172354
Fax: 07131-172350
www.kistenmacher-hengerer.de
kistenmacher-hengerer-wein@t-online.de

Inhaber
Hans Hengerer
Rebfläche
12 Hektar
Produktion
75.000 Flaschen

BESUCHSZEITEN

Mo.-Fr. 16-18:30 Uhr,
Sa. 9-11 + 13-16 Uhr oder nach Vereinbarung

Das Weingut in seiner heutigen Form ist in den fünfziger Jahren entstanden, wird seit Mitte der neunziger Jahre von Hans Hengerer zusammen mit Ehefrau Sabine geführt. Ihre Weinberge liegen hauptsächlich in den Heilbronner Lagen Stiftsberg, Wartberg und Stahlbühl, hinzu kommen Weinberge auf Löwensteiner und Fleiner (Eselsberg) Gemarkung. Sie bauen zu 60 Prozent rote Rebsorten an, vor allem Trollinger, Spätburgunder und Lemberger. Dazu gibt es Muskattrollinger, Clevner und Schwarzriesling, seit 2000 auch Merlot, seit 2005 Cabernet Franc. Bei den weißen Sorten dominiert Riesling, dazu gibt es Muskateller, Weiß- und Grauburgunder. Die Rotweine werden überwiegend maischevergoren, auch die Weißweine durchlaufen heute den biologischen Säureabbau, was einen stilistischen Wandel mit sich gebracht hat. Das Programm ist vierstufig gegliedert in Guts-, Orts-, Erste Lage- und Große Lage-Weine. Sohn Jonathan hat seine Winzerlehre beendet.

Kollektion

Ein feiner, harmonischer Trollinger-Sekt eröffnet den Reigen. Die Riesling-Serie stimmt: Theresa ist würzig und füllig, der Stiftsberg-Riesling deutlich fülliger und saftiger, das Große Gewächs mit viel Würze, Saft und Struktur. Die Grau-Weiß-Cuvée ist füllig und harmonisch, der Stiftsberg-Grauburgunder besitzt gute Struktur und reintönige Frucht, der Muskateller ist frisch und zupackend. In der Spitze stärker sind die Rotweine, und das liegt genau an einem Wein, dem hervorragenden Lemberger Großes Gewächs aus dem Wartberg, der intensive reintönige Frucht zeigt, herrlich eindringlich und konzentriert ist, Fülle und Kraft besitzt, gute Struktur und kräftige Tannine. Sein Spätburgunder-Kollege reicht da nicht heran, zeigt rote Früchte, besitzt gute Struktur und Grip, ein wenig harte Tannine, die auch die kraftvolle Cuvée Max – Merlot, Cabernet Franc, Lemberger – kennzeichnet.

Weinbewertung

86 2013 „Louise" Sekt brut **11,5 %/12,90 €**
85 2017 „Grau + Weiß" Weißwein trocken **12,5 %/10,90 €**
84 2017 Weißer Riesling trocken „Theresa" Heilbronn a.N. **13 %/10,90 €**
86 2016 Weißer Riesling trocken Heilbronner Stiftsberg **12,5 %/15,90 €**
87 2016 Grauer Burgunder „VI" trocken Heilbronn Stiftsberg **13,5 %/18,90 €**
84 2017 Gelber Muskateller trocken Heilbronn a.N. **12,5 %/10,90 €**
88 2016 Weißer Riesling trocken „GG Sonnenstrahl" Heilbronn Wartberg **13 %/24,- €**
84 2017 Cabernet Franc Rosé trocken **12,5 %/7,90 €**
86 2015 „Cuvée Maximilian" Rotwein trocken **14,5 %/14,90 €**
85 2015 Lemberger trocken Heilbronn Stiftsberg **13,5 %/18,90 €**
87 2015 Spätburgunder trocken „GG" „Gewann Klinge" Stiftsberg **13,5 %/33,- €**
90 2015 Lemberger trocken „GG" „Sonnenstrahl" Heilbronn Wartberg **13,5 %/33,- €**

KITZER

★

N

KONTAKT

Ernst-Ludwig-Straße 28
55576 Badenheim
Tel. 06701-2449
Fax: 06701-2490
www.weingut-kitzer.de
wg@weingut-kitzer.de

Inhaber
Hans-Friedrich, Tobias & Björn Kitzer

Rebfläche
95 Hektar

BESUCHSZEITEN

nach Vereinbarung

K

Seit sechs Generationen baut die Familie Kitzer Wein in Badenheim an. Heute führt Hans-Friedrich Kitzer den Betrieb zusammen mit seinen drei Söhnen: Die beiden älteren, Tobias und Björn, sind Weinbautechniker, der jüngste, Julian, hat nach Geisenheim-Studium bei Dönnhoff gearbeitet, ist seit 2017 ebenfalls im elterlichen Betrieb tätig. Fast 100 Hektar Reben besitzen sie, die sich auf verschiedene Gemarkungen und Lagen verteilen, darunter der Siefersheimer Höllberg, das Wöllsteiner Äffchen und die Alte Römerstraße in Volxheim. An Rebsorten gibt es unter anderem Riesling, Grauburgunder, Weißburgunder, Spätburgunder, Sauvignon Blanc, Gewürztraminer, Silvaner und Scheurebe.

Kollektion

Eine stimmige Kollektion mit durchweg guten und sehr guten Weinen präsentieren die Kitzers zum Debüt. Die trockenen Ortsweine sind frisch und geradlinig, aber die restsüßen haben die Nase vorne, die cassisduftige feinherbe Scheurebe und die saftig-frische Gewürztraminer Spätlese. Sehr gleichmäßig zeigen sich die trockenen Ortsweine: Der Grauburgunder aus Wöllstein ist füllig und harmonisch, der Weißburgunder aus Volxheim zupackend und strukturiert, der Riesling vom Porphyr reintönig und fruchtbetont. Ambitionen lässt der im Barrique ausgebaute Grauburgunder aus dem Äffchen erkennen, ist konzentriert, kompromisslos vinifiziert, stoffig und kraftvoll, noch sehr jugendlich, besitzt gute Struktur und Substanz. Stark ist ebenfalls der Silvaner Eiswein, besitzt viel Fülle, reife süße Frucht. Auch die Rotweine überzeugen: Die Cuvée aus Spätburgunder und Regent ist fruchtbetont und geradlinig, der Spätburgunder aus Volxheim wunderschön reintönig, besitzt gute Struktur und feine Frucht. Ein gelungenes Debüt!

Weinbewertung

80 2017 „Anytime" Weißwein trocken **11 %/7,40 €**
81 2017 Riesling + Weißburgunder trocken „Gebrüder Kitzer" **11,5 %/4,99 €**
84 2017 Riesling trocken „vom Porphyr" Wöllsteiner **11,5 %/7,80 €**
84 2017 Weißburgunder trocken „vom Muschelkalk" Volxheimer **12 %/7,80 €**
83 2017 Grauburgunder trocken „vom Tonmergel" Wöllsteiner **12,5 %/7,80 €**
87 2016 Grauburgunder trocken „Bestes Fass" Barrique Äffchen **13 %/17,50 €**
82 2017 Müller-Thurgau+Scheurebe „feinherb Tobi aus Rheinhessen" **10 %/4,99 €**
83 2017 Scheurebe Kabinett „feinherb" **11 %/7,40 €**
84 2016 Gewürztraminer Spätlese **9 %/8,- €**
88 2016 Silvaner Eiswein Hackenheimer Kirchberg **8,5 %/32,50 €/0,375l**
83 2015 Spätburgunder + Regent trocken „Gebrüder Kitzer" **12,5 %/4,99 €**
84 2015 Spätburgunder trocken Volxheimer **12,5 %/7,80 €**

KL-Weine

★☆

N

KONTAKT

Burg 2
96170 Lisberg
Tel. 0151-16138376
www.kl-weine.de
kerstinlaufer@kl-weine.de

Inhaber
Dieter Laufer
Rebfläche
11,5 Hektar
Produktion
110.000 Flaschen

BESUCHSZEITEN

Mo. + Mi. 9-12 + 13-18 Uhr,
Sa. 9-12 + 13-16 Uhr,
So. 9:30-12 Uhr

Kerstin Laufer ist Winzerin, Steuerfachangestellte, Technikerin für Weinbau und Önologie – und will ihre eigenen Weine machen. Ihre Eltern unterstützen sie dabei, aus deren Weinberge kann sie sich die Trauben aussuchen, die sie für ihre eigenen Weine haben möchte. So entstand KL-Weine, im ersten Jahrgang 2018 hat Kerstin Laufer 10.000 Flaschen erzeugt. Der elterliche Betrieb ist ein Weingut mit mehreren Standorten: Burggut Lisberg nahe Bamberg (1976 erworben), Schlossgut Bimbach sowie einer Verkaufsstelle auf Hof Wöllmen bei Leipzig. Dieter Laufer besitzt Weinberge in Sommerach (Katzenkopf, Rosenberg) und Obervolkach (Landsknecht), den Schlossgarten in Bimbach-Prichsenstadt, dazu Weinberge am nördlichen Steigerwald in Wiebelsberg (Dachs), Kammerforst (Teufel) und Traustadt (Falkenberg) sowie im Unterhaider Röthla im Landkreis Bamberg, ganz im Osten des fränkischen Weinanbaugebietes. Silvaner und Bacchus sind die wichtigsten Rebsorten, gefolgt von Kerner, Müller-Thurgau und Riesling, das rote Spektrum wird angeführt von Regent.

Kollektion

Ein kleines, aber doch beeindruckendes Sortiment präsentiert Kerstin Laufer zum Debüt, die Weine zeigen eine klare Handschrift, sind sehr eigenständig, druckvoll, alle durchgegoren ausgebaut – mit Ausnahme der Kluvée genannten Cuvée aus Bacchus, Kerner und Riesling, die floral und fruchtbetont ist, klar und zupackend. Der Bacchus zeigt etwas Holunder und Johannisbeeren im Bouquet, ist reintönig, zupackend, besitzt feine Frucht. Der Silvaner ist frisch und klar, zeigt weiße Früchte im Bouquet, Birnen, ist wunderschön präzise und druckvoll im Mund. Der spontan vergorene Rosé, Jahrgang 2016, reifte bis zur Füllung auf der Feinhefe im Tonneau – es ist ein ernsthafter Rosé, mehr Essensbegleiter denn Aperitif. Er zeigt feine Würze und rauchige Noten im Bouquet, zurückhaltende Frucht, ist kraft- und druckvoll im Mund, strukturiert, sehr eigenständig, immer noch jugendlich. Ganz spannend ist auch der Kerner aus der Unterhaider Röthla, ebenfalls aus dem Jahrgang 2016, wie der Rosé spontan vergoren und bis zur Füllung auf der Feinhefe ausgebaut, zu einem Drittel im Barrique. Er zeigt viel Duft und Würze, besitzt Substanz, Frische, ist enorm druckvoll, sehr eigenständig, ja eigenwillig. Ein beeindruckendes Debüt!

Weinbewertung

84 2017 Silvaner trocken **11,5 %/7,50 €**
84 2017 Bacchus trocken **12 %/7,50 €**
86 2016 Kerner trocken Unterhaider Röthla **12 %/12,- €**
84 2017 „Kluvee" Weißwein **11,5 %/7,50 €**
85 2016 Pinot Noir Rosé trocken Sommeracher Katzenkopf **13 %/15,- €**

KL
KERSTIN LAUFER

K

Eberhard Klein

★★

KONTAKT

Blumenstraße 1
74399 Walheim
Tel. 07143-35745
Fax: 07143-35720
www.schalkstein.de
terrassenweinbau@t-online.de

Inhaber
Eberhard Klein
Rebfläche
3,3 Hektar

BESUCHSZEITEN

nach Vereinbarung

Knapp die Hälfte der Weinberge von Eberhard Klein liegt in terrassierten Steillagen am Zusammenfluss von Neckar und Enz, wo die Reben auf Muschelkalkböden wachsen. Bis auf einen Weinberg in Besigheim (Wurmberg) liegen alle Parzellen in Walheim, darunter einige im ursprünglichen Schalkstein, der 1971 Namensgeber für alle Walheimer Weinberge wurde. Die Weinberge, 28 Parzellen, zwischen 4 und 40 Ar groß, sind dauerbegrünt, befinden sich zur Hälfte in Steillagen. Eberhard Klein baut Riesling, Grauburgunder, Traminer, Lemberger, Trollinger, Schwarzriesling und Zweigelt an, er setzte verstärkt auf Chardonnay und Spätburgunder, legte Merlot neu an. Die Weißweine werden komplett spontanvergoren, die Rotweine teilweise, alle Rotweine werden 15 bis 20 Tage maischevergoren und in großen und kleinen Eichenholzfässern ausgebaut, Weißweine kommen ebenfalls gelegentlich ins Barrique. In der hauseigenen Brennerei werden Obst- und Tresterbrände erzeugt, die teilweise in Fässern aus Eichen-, Eschen- oder Kirschholz reifen.

Kollektion

Mit der neuen Kollektion schließt Eberhard Klein nahtlos an die guten Vorjahre an, Weiß- und Rotweine sind gleichermaßen stark. Wobei nur zwei Weißweine vorgestellt wurden, beide aber sind sehr gut: Der im Holz ausgebaute Grauburgunder besitzt Fülle und Kraft, reife reintönige Frucht, gute Struktur und Substanz, die relativ alkoholreiche und also recht trockene Riesling Auslese des Jahrgangs 2015 zeigt feine Reife, besitzt viel Kraft und Substanz. Der Trollinger ist frisch, klar und geradlinig, der Zweigelt punktet mit reintöniger Frucht, mit guter Struktur und Frische, die rote Cuvée ist fruchtbetont, geradlinig und klar. Der Spätburgunder zeigt intensive Frucht im Bouquet, ist klar im Mund, frisch und zupackend, besitzt gute Struktur und reintönige Frucht. Der im Barrique ausgebaute Lemberger zeigt feinen Duft, ist klar, geradlinig, noch recht jugendlich. Der Merlot glänzt mit reintöniger Frucht und feiner Frische, ist strukturiert, zupackend, ebenfalls noch sehr jugendlich.

Weinbewertung

86 2016 Grauburgunder trocken Holzfass **13 %/10,50 €**
86 2015 Riesling Auslese **13,5 %/10,50 €**
83 2015 Trollinger trocken Steillagen **13 %/5,20 €**
85 2016 Zweigelt trocken **13 %/7,40 €**
83 2016 „Epona" Rotwein trocken **13 %/6,80 €**
85 2016 Lemberger trocken Barrique **13,5 %/10,50 €**
86 2016 Spätburgunder trocken Holzfass **13 %/10,50 €**
86 2016 Merlot trocken Barrique **13,5 %/13,50 €**

GERHARD KLEIN

★★★

KONTAKT

Weinstraße 38
76835 Hainfeld
Tel. 06323-2713
Fax: 06323-81343
www.weingut-gerhard-klein.de
klein-wein@t-online.de

Inhaber
Peter, Gerhard & Sieglinde Klein
Betriebsleiter
Peter Klein
Betriebsleiter
Peter Klein & Pascal Schlosser
Rebfläche
26 Hektar
Produktion
150.000 Flaschen

BESUCHSZEITEN

Mo.-Fr. 8-12 + 13-18 Uhr,
Sa. 10-16 Uhr

Gerhard und Sieglinde Klein haben die Regie in dem 350 Jahre alten Familienbetrieb mittlerweile ihren Kindern Barbara und Peter überlassen. Ihre Weinberge liegen vor allem in den Hainfelder Lagen Letten, Kirchenstück und Kapelle, hinzu kommen Parzellen im Burrweiler Altenforst, im Weyherer Michelsberg und mittlerweile auch im Ilbesheimer Kalmit. Neben den Burgundersorten und Riesling wurden auch Sauvignon Blanc, Cabernet Sauvignon und Syrah gepflanzt, und nachdem Peter Klein in der Wachau gearbeitet hatte auch etwas Grüner Veltliner.

Kollektion

Auch in diesem Jahr gibt es einige neue Weine im Sortiment der Familie Klein, das aufgrund einer kleinen Ernte 2017 aber etwas weniger Weine als gewohnt aufweist: Neu ist die „Reserve"-Version des Sauvignon Blanc Fumé mit noch leicht verhaltenem Bouquet, am Gaumen ist der Wein dann aber ganz reintönig, gelbfruchtig und sehr elegant, ausgewogen und frisch, der normale Fumé ist ähnlich in der Aromatik, ist aber etwas weniger nachhaltig. Neu ist auch der 2015er R-Riesling aus dem Altenforst, er besitzt gute Konzentration und komplexe Zitrusfrucht mit Noten von Orangenschale, Ananas und Grapefruit, hat Biss, ist animierend und frisch. Und auch der 2015er Reserve-Syrah ist neu, ein sehr kraftvoller, stoffiger, konzentrierter Wein mit mächtiger Struktur, dunkler Frucht und kräutriger Würze, er öffnet sich mit Luft nur langsam und könnte mit etwas Reifezeit noch zulegen. Stark sind auch die beiden Kalmit-Weine, der Riesling ist sehr komplex, mit steinigen Noten, Kräuterwürze, etwas Rosmarin und viel Biss, der Weißburgunder ist kraftvoll und elegant mit viel klarer Frucht und frischem Säurespiel, Früh- und Grauburgunder sind ebenfalls sehr reintönig und profitieren von einem sehr dezenten Holzeinsatz.

Weinbewertung

85	2017 Riesling trocken „vom Kalkmergel" **13 %/9,- €**
86	2017 Grüner Veltliner trocken „vom Löss" **13 %/10,- €**
86	2017 Grauburgunder trocken „vom Löss" **13 %/9,- €**
89	2017 Riesling trocken Ilbesheimer Kalmit **13 %/15,- €**
89	2015 Riesling „R" trocken „Im Alten Forst" Burrweiler Altenforst **13 %/a.A.**
89	2016 Weißburgunder trocken Ilbesheimer Kalmit **13,5 %/15,- €**
88	2017 Grauburgunder trocken Hainfelder Kirchenstück **13 %/14,50 €**
88	2017 Chardonnay trocken Hainfelder Letten **13,5 %/14,50 €**
87	2017 Scheurebe trocken „Fumé" **13,5 %/15,- €**
87	2017 Sauvignon Blanc trocken „Fumé" **13 %/13,50 €**
89	2017 Sauvignon Blanc trocken „Fumé Reserve" **13 %/25,- €**
88	2016 Frühburgunder trocken Hainfelder Kirchenstück **13,5 %/18,- €**
90	2015 Syrah trocken „Reserve" **14,5 %/a.A.**

Louis Klein

★☆

KONTAKT

Enkircher Straße 20
56841 Traben-Trarbach
Tel. 06541-6246
Fax: 06541-5744
www.klein-wein.de
weingut@klein-wein.de

Inhaber
Ulrike und Markus Boor
Betriebsleiter
Ulrike Boor
Kellermeister/Außenbetrieb
Markus Boor
Rebfläche
11 Hektar
Produktion
50.000 Flaschen

BESUCHSZEITEN

Vinothek im Gutshaus
Mo.-Sa. 10-18 Uhr, So. 10-12 Uhr

Louis Klein
WEINGUT

Über rund 450 Jahre reicht die Geschichte des Weinguts Louis Klein zurück, das lange Zeit vom 2015 verstorbenen Winzer Louis Klein geprägt wurde und das mit seinem markanten, 1896 errichteten Weinkellereigebäude am Ortseingang kaum zu übersehen ist. Seit 2017 haben Louis' Tochter Ulrike und ihr Mann Markus Boor die beiden Weingüter – Weingut Louis Klein und Kirchengut Wolf – zur Weingut Louis Klein GbR zusammengeschlossen. Außer Riesling, Weißburgunder oder Rivaner werden auch ungewöhnlich viele Rotweinsorten angebaut – darunter Spätburgunder, Schwarzriesling, Merlot oder Cabernet Sauvignon. Die Weinberge, die sich etwa im Kröver Steffensberg, im Trabener Würzgarten oder in der Wolfer Goldgrube befinden, werden zertifiziert biologisch bewirtschaftet. Zum Unternehmen gehören auch Ferienwohnungen.

Kollektion

Ein saftiger Weißburgunder mit Schmelz, der unkomplizierte, durch und durch ehrliche „Schiefer"-Riesling und die zwar verhaltene, aber stoffige trockene Riesling Spätlese aus dem Trabener Würzgarten gefallen gut. Die als „feinherb" bezeichnete Kröver Spätlese besitzt Schmelz, die süße Goldgrube-Spätlese wirkt offen, besitzt eine attraktive Steinobstfrucht und eine deutliche Süße, die sich bald noch besser einbinden dürfte. Balancierter ist da bereits die Auslese aus dem Steffensberg, duftig, mit Anklängen an Zitrus und Kräuter, straff und saftig, mit eleganter Stilistik. Schließlich die Rotweine, unter denen der klare, beerenduftige Schwarzriesling etwas besser gefällt als die Cuvée aus Cabernet Sauvignon und Merlot, die auch einen Hauch von pflanzlichen Noten zeigt. Insgesamt eine sehr erfreuliche Leistung eines traditionsreichen, jetzt neu positionierten Weingutes.

Weinbewertung

82 2017 Rivaner trocken **11 %/6,50 €**
84 2017 Weißburgunder trocken **13 %/8,30 €**
84 2017 Riesling trocken „Schiefer" **11 %/8,30 €**
87 2017 Riesling Spätlese trocken Trabener Würzgarten **12 %/12,50 €**
83 2017 Riesling halbtrocken (1l) **10,5 %/6,50 €**
84 2017 Riesling „feinherb C Schiefer" **10,5 %/8,30 €**
86 2017 Riesling Spätlese „feinherb" Kröver **11 %/10,50 €**
87 2017 Riesling Spätlese Wolfer Goldgrube **7,5 %/10,50 €**
87 2017 Riesling Auslese Kröver Steffensberg **8 %/14,50 €**
84 2017 Spätburgunder Weißherbst trocken **11 %/8,30 €**
85 2016 Schwarzriesling trocken **13 %/9,50 €**
83 2016 Cabernet Sauvignon & Merlot **13 %/8,50 €**

Klenert

★

KONTAKT

Rathausstraße 4
76703 Kraichtal
Tel. 07250-3319755
Fax: 07250 -3319950
www.klenert-wein.de
david@klenert-wein.de

Inhaber
David Klenert
Rebfläche
8 Hektar
Produktion
40.000 Flaschen

BESUCHSZEITEN

Verkaufsstelle Münzesheim, Ulmenstraße 10: Mo. 8-12 Uhr, Di. 15-18 Uhr, Do. 15-18 Uhr, Fr. 8-12 + 15-18 Uhr, Sa. 8-14 Uhr

KLENERT

David Klenert, Bachelor Weinbau & Oenologie, ist im Schwarzrieslingdorf Kürnbach aufgewachsen und somit von klein auf mit Wein und Weinanbau verwachsen. Er studierte von 2009 bis 2013 im dualen System Weinbau & Oenologie in Neustadt an der Weinstraße. Während des Studiums lernte er verschiedene Weinbauregionen in Deutschland kennen und reiste darüber hinaus nach Neuseeland und in die Schweiz, um sich Ideen und Anregungen zu holen. Unterstützt wird David Klenert von seiner Frau Eva. Die Sozialpädagogin unterstützt das „Abenteuer Selbständigkeit". David Klenerts Weinberge liegen im Lerchenberg und im Silberberg, zwei Lagen, die sich jeweils über mehrere Gemarkungen im Kraichgau erstrecken. Er hat sich auf klassische Sorten konzentriert: Angebaut werden die weißen Sorten Grauburgunder, Weißburgunder, Chardonnay, Riesling und Auxerrois sowie die Rotweinsorten Spätburgunder, Schwarzriesling und Lemberger. Klenert ist bestrebt, die Eigenheiten jeder Sorte herauszuarbeiten. Sein Ziel ist bei den Weißweinen Frische, Frucht und Eleganz, bei den Rotweinen Frucht, Wärme und Substanz. Er hat mit der Umstellung auf biologischen Weinbau begonnen.

Kollektion

David Klenerts Weine sind von großer Klarheit. Das ist alles gut gemacht. Eine herbe Frische gibt den Weinen Struktur und Straffheit. Die Cuvée weiß ist süffig, leicht grasig. Der Riesling ist kraftvoll-fruchtig mit viel Spiel. Der Auxerrois ist eindringlich, kräftig und saftig. Der Chardonnay hat weniger Süße und eine elegante Frucht. Der Weißburgunder ist deutlich süßer, der leichte Bitterton ergibt aber einen guten Zug. Süffig und straff zugleich ist der Grauburgunder. Der Rosé ist süß und süffig. Noch etwas süßer ist der fein blubbernde Secco Rosé mit erfreulich wenig Alkohol. Der Spätburgunder ist duftig, fruchtig, durchgegoren. Die Cuvée rot ist leicht und fruchtig, kann wie der Spätburgunder auch gekühlt getrunken werden.

Weinbewertung

82 2017 Secco-Rosé **11,5 %/7,- €**
82 2017 Cuvée weiß **12 %/6,50 €**
84 2017 Riesling trocken **12 %/7,50 €**
84 2017 Auxerrois trocken **12,5 %/7,50 €**
83 2017 Weißburgunder trocken **12,5 %/7,50 €**
83 2017 Grauburgunder trocken **12,5 %/7,50 €**
84 2017 Chardonnay trocken **12,5 %/8,50 €**
82 2017 Rosé **12 %/7,- €**
83 2016 Cuvée Rot trocken **12,5 %/7,50 €**
83 2016 Spätburgunder trocken **13 %/9,- €**

K

WOLFGANG KLOPFER

★★★★

KONTAKT

Gundelsbacher Straße 1
71384 Weinstadt-Großheppach
Tel. 07151-603848
Fax: 07151-600956
www.weingut-klopfer.de
info@weingut-klopfer.de

Inhaber
Wolfgang Klopfer
Kellermeister
Christoph Klopfer
Rebfläche
15 Hektar
Produktion
90.000 Flaschen

BESUCHSZEITEN

Di.- Fr. 16-19 Uhr, Sa. 9-16 Uhr
oder nach Vereinbarung

Wein baut die Familie Klopfer schon lange im Remstal an, das eigene Weingut hat Wolfgang Klopfer Anfang der achtziger Jahre gegründet, führt es zusammen mit Ehefrau Dagmar. Seit 2013 ist Sohn Christoph im Betrieb tätig, der in Neustadt Weinbau studiert hat (sein Kooperationsbetrieb war das Weingut Bassermann-Jordan), Auslandserfahrungen im kanadischen Okanagan Valley sammelte. Christoph Klopfer kümmert sich überwiegend um den Keller. Ihre Weinberge, ein großer Teil in Steillagen, liegen in Großheppach in den Lagen Steingrüble (mit den Gewannen Trosthalde und Klingenberg) und Wanne, sowie im Kleinheppacher Greiner, aber auch in Grunbach (Klingle), Gundelsbach und Geradstetten (Lichtenberg), hinzu kommt eine terrassierte Steillage im Cannstatter Zuckerle, in der Riesling angebaut wird, wo man Trockenmauern restauriert und eine pilzresistente rote Sorte aus der Schweiz (VB Cal. 1-22) neu angepflanzt hat, die 2015 den ersten Ertrag brachte und den „Mauerpfeffer" genannten Wein ergibt. Rote Sorten nehmen zwei Drittel ihrer Fläche ein. Trollinger, Schwarzriesling, Lemberger und Spätburgunder sind die Hauptsorten. Seit 1995 bauen sie auch Merlot, Cabernet Dorio und Cabernet Dorsa an, später dann kamen Frühburgunder und Zweigelt hinzu. Mit Abstand wichtigste Weißweinsorte ist Riesling, dazu gibt es Sauvignon Blanc und Sauvignon Gris – zusammen einen Hektar, Weiß- und Grauburgunder, etwas Gewürztraminer, inzwischen auch Goldmuskateller. Die Weinberge werden seit 2013 biologisch bewirtschaftet, man ist seit 2015 Mitglied bei Ecovin, 2015 war auch der erste zertifizierte Jahrgang. Wolfgang Klopfer hat von Beginn an das Gros seiner Weine trocken und durchgegoren ausgebaut. Die Rotweine werden maischevergoren und im Holz ausgebaut, sie bleiben wie auch die Weißweine lange auf der Hefe.

Kollektion

Wolfgang und Christoph Klopfer haben in den vergangenen Jahren stetig zugelegt. Im letzten Jahr führten zwei hervorragende Rotweine, der Spätburgunder aus dem Steingrüble, Jahrgang 2015, und der Lemberger aus dem Greiner, Jahrgang 2014, zusammen mit einer faszinierenden Riesling Trockenbeerenauslese aus dem Jahrgang 2015 die Kollektion an. Auch in diesem Jahr ist der rote Teil der Kollektion deutlich stärker, aber auch die Weißweine behaupten sich gut. Das Einstiegesniveau ist hoch, der Grauburgunder Gutswein ist fruchtbetont und frisch, klar und zupackend. Der Premium-Sauvignon Blanc zeigt intensive Frucht und florale Noten, ist kraftvoll und zupackend im Mund, schön klar und ein wenig aggressiv. Deutlich konzentrierter ist der mächtige Sauvignon Gris Reserve aus dem Jahrgang 2016, besitzt

viel Konzentration, gute Struktur und Substanz, etwas rauchige Noten und klare reife Frucht. Der Lagen-Riesling aus dem Steingrüble zeigt feine Würze und dezente Reife im Bouquet, ist klar, frisch und geradlinig im Mund. Ein wenig besser gefällt uns sein Kollege aus dem Zuckerle, der intensiv im Bouquet ist, ebenfalls erste dezente Reife zeigt, füllig und kraftvoll ist, reife Frucht besitzt, gute Struktur und Frische. Gleichauf sehen wir den Weißburgunder aus dem Steingrüble, der fruchtbetont und klar ist, füllig und kraftvoll, gute Struktur und Frische besitzt. Der Frühburgunder Premium ist fruchtbetont und rauchig im Bouquet, herrlich eindringlich und reintönig, ist frisch, klar und zupackend im Mund. Der Premium-Lemberger ist fruchtbetont und intensiv, lebhaft und klar, zupackend und strukturiert. Sehr eigenständig ist der Mauerpfeffer, zeigt intensive Frucht, dunkle Früchte, ist klar im Mund, frisch, fruchtbetont und strukturiert, anfangs im Abgang von dezenten jugendlichen Bitternoten geprägt, aber das gibt sich dann. Der Spätburgunder aus dem Steingrüble zeigt wunderschön reintönige Frucht, ist frisch und harmonisch, besitzt gute Fülle, klare Frucht und Länge. Der achtzehn Monate im Barrique ausgebaute Modus-K zeigt gute Konzentration im Bouquet und viel reife Frucht, rote und dunkle Früchte, etwas Herzkirschen, ist kraftvoll und klar im Mund, harmonisch, fruchtbetont und lang. Der herausragende Wein ist in diesem Jahr der 2015er Lemberger aus dem Greiner. Er zeigt gute Konzentration und viel reife reintönige Frucht, ist füllig und komplex im Mund, kraftvoll und klar: Ein klassischer Lemberger, haben wir notiert. Der Star in einer starken Kollektion, fügen wir an.

Wolfgang & Christoph Klopfer / Foto: Rainer Kwiotek

Weinbewertung

85	2017 Grauburgunder trocken **12 %/7,10 €**
87	2017 Sauvignon Blanc trocken „Premium" **12,5 %/10,20 €**
87	2016 Riesling trocken Großheppacher Steingrüble **12 %/13,- €**
88	2016 Riesling trocken Cannstatter Zuckerle **12 %/13,- €**
88	2016 Weißburgunder trocken Großheppacher Steingrüble **13,5 %/13,- €**
89	2016 Sauvignon Gris „Reserve" **13,5 %/15,- €**
87	2016 Frühburgunder trocken „Premium" **12,5 %/12,80 €**
86	2016 Lemberger trocken „Premium" **12,5 %/9,80 €**
90	2016 „Mauerpfeffer" Rotwein trocken Cannstatter Zuckerle **13 %/19,- €**
93	2015 Lemberger trocken Kleinheppacher Greiner **13,5 %/26,- €**
90	2016 Spätburgunder trocken Großheppacher Steingrüble **13 %/26,- €**
90	2015 „Modus-K" Rotwein trocken **13,5 %/24,- €**

LAGEN

STEINGRUEBLE (GROSSHEPPACH)
GREINER (KLEINHEPPACH),
KLINGLE (GRUNBACH),
ZUCKERLE (CANNSTATT),
WANNE (GROSSHEPPACH)
LICHTENBERG (GERADSTETTEN)

REBSORTEN

RIESLING (20 %)
LEMBERGER (10 %)
SPÄTBURGUNDER (10 %)
SAUVIGNON BLANC (7 %)
WEISSBURGUNDER (7 %)
ZWEIGELT (7 %)
GRAUBURGUNDER (6 %)
MERLOT (6 %)

Kloster Eberbach

★★

KONTAKT

Hessische Staatsweingüter GmbH Kloster Eberbach, Kloster Eberbach, 65346 Eltville
Tel. 06123-6046-0, Fax: -420
www.kloster-eberbach.de
weingut@kloster-eberbach.de

Inhaber Land Hessen
Direktor Dieter Greiner
Önologin Kathrin Puff
Kellermeister Bernd Kutschick
Rebfläche 252 Hektar
Produktion 2.500.000 Flaschen

BESUCHSZEITEN

Vinothek im Kloster Eberbach: April-Oktober tägl. 10-19 Uhr; November-März tägl. 10-18 Uhr; Vinothek Domäne Bergstraße, Darmstädter Straße 133, 64646 Heppenheim (Tel. 06252-1262690), April-Okt. tägl. 10-19 Uhr; Nov.-März: Mo.-Fr. 10-18 Uhr; Sa., So. & Feiertage 10-16 Uhr; Gästehaus Kloster Eberbach; Klosterschänke Kloster Eberbach, Gutsauschank im Baiken (Eltville)

K

Die Hessischen Staatsweingüter sind das größte Weingut in Deutschland: Außer den Rheingauer Gütern (Domäne Assmannshausen, Kloster Eberbach) wird auch das an der Hessischen Bergstraße von Kloster Eberbach aus verwaltet. Die Hessische Landesregierung hat den Staatsbetrieb in eine GmbH umgewandelt, die aber weiterhin zu hundert Prozent in Staatsbesitz ist.

Kollektion

Die trockenen Weine besitzen nicht ganz die Substanz früherer Jahrgänge. Besonders gut gefallen uns der frische trockene Riesling aus dem Steinberg und der würzige, saftige Baiken, das Große Gewächs aus dem Marcobrunn ist der fülligste und konzentrierteste Wein unter den trockenen Rieslingen. Bei den fruchtigen Rieslingen ragt die Goldkapsel-Spätlese aus dem Berg Schlossberg heraus, die über Frische, Saft und Spiel verfügt. Die beiden edelsüßen Rieslinge sind intensiv, rosiniert und konzentriert, kompakt und dick. Die Spätburgunder erreichen nicht ganz das starke Niveau des Vorjahres, sie agieren mehr auf der saftigen und frischen Seite des Geschmacksspektrums, davon profitieren vor allem die einfacheren Qualitäten, an der Spitze steht das Große Gewächs aus dem Berg Schlossberg.

Weinbewertung

85 2017 Riesling trocken „Crescentia" Rauenthaler Baiken **11,5 %/11,90 €**
83 2017 Riesling trocken „Crescentia" Wiesbadener Neroberg **11,5 %/11,90 €**
84 2017 Riesling trocken „Crescentia" Steinberger **11,5 %/11,90 €**
87 2017 Riesling trocken „GG" Erbacher Marcobrunn **12 %/32,- €**
84 2017 Riesling „feinherb Crescentia" Berg Roseneck **12,5 %/11,90 €**
84 2017 Riesling Kabinett „Crescentia" Steinberger **8 %/11,90 €**
85 2017 Riesling Spätlese „Crescentia" Rauenthaler Baiken **7,5 %/16,20 €**
78 2017 Riesling Spätlese „Crescentia" Steinberger **7,5 %/20,50 €**
85 2017 Riesling Spätlese „Crescentia" Erbacher Marcobrunn **8,5 %/16,20 €**
87 2017 Riesling Spätlese Goldkapsel Rüdesheimer Berg Schlossberg **10 %/Vst.**
88 2017 Riesling Beerenauslese Rauenthaler Baiken **6 %/0,375l/Vst.**
89 2017 Riesling Trockenbeerenauslese Berg Schlossberg **7 %/0,375l/Vst.**
86 2016 Spätburgunder trocken Assmannshäuser **13 %/14,- €**
86 2016 Spätburgunder trocken Rüdesheimer **13 %/a.A.**
85 2016 Pinot Noir trocken „Crescentia" **13 %/14,90 €**
87 2016 Cabernet Sauvignon trocken „Crescentia" **13,5 %/17,90 €**
86 2016 Spätburgunder trocken „Crescentia" Höllenberg **13 %/20,50 €**
89 2016 Spätburgunder trocken „GG" Rüdesheimer Berg Schlossberg **13,5 %/39,- €**
82 2017 Weißburgunder trocken „Crescentia" Schönb.Herrnwingert **12,5 %/11,90 €**
82 2017 Grauburgunder trocken „Crescentia" Centgericht **12,5 %/11,90 €**

KLUMPP

★★★★

KONTAKT

Heidelberger Straße 100
76646 Bruchsal
Tel. 07251-16719
Fax: 07251-10523
www.weingutklumpp.com
info@weingut-klumpp.com

Inhaber
Markus & Andreas Klumpp
Kellermeister
Markus Klumpp
Außenbetriebsleiter
Andreas Klumpp
Rebfläche
28,5 Hektar
Produktion
180.000 Flaschen

BESUCHSZEITEN

Mo.-Fr. 9-12 + 14-18 Uhr,
Sa. 9-13 Uhr und nach Vereinbarung

Ulrich Klumpp machte sich 1983 selbstständig mit damals 4,5 Hektar Weinbergen. 1990 baute er das neue Weingut am Stadtrand von Bruchsal. Seit 1996 wird der gesamte, mittlerweile 28,5 Hektar große Betrieb nach den Richtlinien des ökologischen Weinbaus (Ecovin) bewirtschaftet. Die Böden im Kraichgau sind sehr heterogen, man findet auf kleinstem Raum Buntsandstein, Muschelkalk und Keuper. Seit 2007 tragen die Premiumweine Lagenbezeichnungen. Grauburgunder, Spätburgunder (Alte Reben) und St. Laurent kommen aus der neu eingetragenen Lage Rothenberg in Bruchsal (zuvor trugen sie die Bezeichnung Eichholz), einer 2,7 Hektar großen Lage im Alleinbesitz. Weißburgunder und Chardonnay, sowie die Cuvée M aus Cabernet Sauvignon, Merlot und Cabernet Franc und der Syrah kommen aus dem Kirchberg in Unteröwisheim, einer windexponierten Südlage aus Kalksandstein mit hoher Lössauflage. Der Pinot Noir wächst im Weiherberg südlich von Bruchsal, einer windoffenen Süd-Ost-Lage mit Kalksandsteinverwitterungsboden mit lehmiger Tonauflage, die 1,1 Hektar große Lage gehört ganz dem Weingut Klumpp. Im Zeuterner Himmelreich (Tonmergel in unterschiedlichen Verwitterungsstufen) wachsen Riesling und Lemberger. Ein weiterer Lagen-Riesling wird im Bruchsaler Klosterberg erzeugt (Muschelkalk mit dünner Löss- bzw. Keuperauflage). Wichtigste Rebsorte ist Spätburgunder, gefolgt von Riesling, Grauburgunder, Weißburgunder, Auxerrois (die älteste Anlage wurde 1965 gepflanzt) und Lemberger. Bei den roten Sorten setzen die Klumpps neben Spätburgunder und Blaufränkisch auf St. Laurent, rote Rebsorten nehmen etwa ein Drittel der Rebfläche ein. Seit 2004 ist Markus Klumpp für die Vinifikation zuständig, seit 2010 ist auch der zweite Sohn Andreas im Betrieb tätig, sie haben inzwischen gemeinsam den Betrieb übernommen. Sie fokussieren sich noch stärker auf die Burgunderrebsorten. Alle neu angelegten Flächen werden mit „Selection Massale"-Reben aus dem Burgund bepflanzt. Die Lagenweißweine vergären alle im Tonneau, mit bis zu 10 Monaten Hefelager und Battonage. Ausnahme ist der Chardonnay, der in Barriques vergoren wird. Die Fässer beziehen die Klumpps in den letzten Jahren ausschließlich aus dem Burgund. Barrique-Fässer aus dem Burgund haben ein Volumen von 228 Litern. Die Rotweine lagern alle in Barriques, die Gutsweine etwa zehn Monate, die Lagenweine 15 bis 24 Monate in Barriques. Alle Lagenweine werden unfiltriert gefüllt. Die Kollektion wurde noch übersichtlicher gestaltet: Es gibt neun Gutsweine und neun Lagenweine.

Kollektion

Die Gutsweine aus dem Hause Klumpp sind zuverlässig sehr gut, von wieder erkennbarer Klarheit und stoffiger Textur. Der Auxerrois ist wunderbar leicht, herrlich frisch und saftig, der Spätburgunder Gutswein ist ein guter Einstieg in die Klumpp'sche Welt der Burgunder – eine leicht kühle Frucht wird gehalten

von einem deutlichen Tanninkleid. Die weißen Lagenweine vom Jahrgang 2017 waren bei den Verkostungen noch nicht lange gefüllt, mit dem Trinken sollte man wenigstens bis Weihnachten warten, aber man wird sich auch noch in einigen Jahren über sie freuen. Trotz jugendlichen Ungestüms ist eine hohe Präzision erkennbar. Der Weißburgunder Kirchberg ist noch sehr jung und schlank, feines Holz ist als strukturbildendes Element erkennbar. Der Grauburgunder Rothenberg ist säurebetont, straff, herb, schlank, dennoch besitzt er viel Kraft. Der Chardonnay Kirchberg zeigt noch etwas mehr Prägnanz, besitzt eine unbändige Frucht, die vom Holz gerade gezähmt wird. Sehr gut gebaut ist der Riesling Himmelreich, zeigt eine sehr helle und klare Frucht, entwickelt einen guten Druck mit herber Frische und salziger Länge. Die Rotweine sind von transparenter Leichtigkeit, haben einen saftigen Kern, es herrscht eine große Harmonie zwischen Fruchtsäure und Tanninen – eine sehr aktuelle, in Deutschland moderne und burgundische Interpretation von Rotwein. Bei den Cuvées gesellt sich die etwas strengere Art des Bordeaux hinzu. Der Pinot Noir Weiherberg zeigt bei aller Komplexität eine große Klarheit, eine elegante, kühle Frucht und feinsten Saft. Der Spätburgunder Rothenberg spielt auf noch mehr Registern, die in barocker Manier in logischer Folge miteinander verbunden sind. Die Kunst der Fuge in flüssiger Form. Tannine und Säure sind gut abgestimmt, es entsteht viel Spannung und Tiefe. Der St. Laurent Rothenberg ist herrlich saftig, zeigt rote Kirschen mit Steinaromen und dezente, feinkörnige Tannine, ist sehr harmonisch. Der Lemberger Himmelreich besitzt Frucht und Würze, alle Komponenten sind sehr fein, ein eleganter, tiefer Wein mit salziger Länge. Der Syrah Kirchberg zeigt eher schwarzen als weißen Pfeffer im Bouquet, ist herrlich saftig mit viel reifer Frucht. Die Cuvée M ist enorm saftig, rund, vielschichtig, bei aller Wärme nicht überkonzentriert.

Andreas & Markus Klumpp

K

Weinbewertung

86	2017 Auxerrois trocken **12,5 %/10,50 €**
89	2017 Riesling trocken Zeuterner Himmelreich **12,5 %/17,- €**
89	2017 Weißburgunder trocken Unteröwisheimer Kirchberg **13 %/17,- €**
90	2017 Grauburgunder trocken Bruchsaler Rothenberg **13 %/19,- €**
91	2017 Chardonnay trocken Unteröwisheimer Kirchberg **13 %/21,- €**
86	2016 Spätburgunder trocken **13,5 %/11,50 €**
90	2015 St. Laurent trocken Bruchsaler Rothenberg **13,5 %/19,- €**
89	2015 Blaufränkisch trocken Zeuterner Himmelreich **13,5 %/17,- €**
91	2015 Pinot Noir trocken Bruchsaler Weiherberg **13,5 %/17,- €** ☺
93	2015 Spätburgunder trocken Bruchsaler Rothenberg **13,5 %/25,- €** ☺
90	2013 „Cuvée M" Rotwein trocken Unteröwisheimer Kirchberg **14 %/25,- €**
91	2015 Syrah trocken Unteröwisheimer Kirchberg **14 %/32,- €**

LAGEN

ROTHENBERG (BRUCHSAL)
WEIHERBERG (BRUCHSAL)
KIRCHBERG (UNTERÖWISHEIM)
HIMMELREICH (ZEUTERN)

REBSORTEN

GRAUBURGUNDER (25 %)
SPÄTBURGUNDER (19 %)
WEISSBURGUNDER (17 %)
RIESLING (12 %)
AUXERROIS (8 %)
CHARDONNAY (8 %)
BLAUFRÄNKISCH (4 %)
ST. LAURENT (4 %)

KLUNDT

★★★

KONTAKT

Mörzheimer Hauptstraße 15
76829 Landau
Tel. 06341-32392
Fax: 06341-932703
www.klundt.de
weingut@klundt.de

Inhaber
Hans und Sven Klundt
Kellermeister
Sven Klundt
Außenbetrieb
Hans Klundt
Rebfläche
21 Hektar

BESUCHSZEITEN

Mo.-Fr. 8:30-12 + 13:30-18 Uhr, Sa. 9-16 Uhr, Sonn- & Feiertage geschlossen

Die Familie Klundt richtete in den 1970er Jahren ihren traditionellen landwirtschaftlichen Mischbetrieb mehr und mehr auf Weinbau aus, Hans Klundt beschäftigte sich aber hauptsächlich mit der Erzeugung von Fasswein. Sven Klundt, Geisenheim-Absolvent mit Auslandserfahrungen in Österreich, begann mit dem Jahrgang 2009 seine eigenen Weine zu erzeugen. Er konzentriert sich dabei auf nur wenige Rebsorten, Weißburgunder, Chardonnay, Riesling, Sauvignon Blanc, Silvaner, Muskateller und Pinot Noir, die er als Guts- und Ortsweine, „Obsession"-Weine und als Lagenweine vermarktet. Die Lagenweine stammen aus dem Birkweiler Kastanienbusch (Rotliegendes), dem Hochborn (eine Parzelle im Godramsteiner Münzberg, Kalk) und dem Wacholderberg (eine Parzelle im Mörzheimer Pfaffenberg, Kalkmergel).

Kollektion

Der Riesling aus dem Kastanienbusch, unser Vorjahresfavorit, ist auch in der aktuellen Kollektion von Sven Klundt wieder sehr stark, zeigt zurückhaltende Frucht, kräutrig-steinige Würze, besitzt feinen Grip und Druck, ist elegant und sehr nachhaltig. Grip und Druck besitzt auch der Hochborn-Riesling, der von kalkig-kreidiger Würze geprägt ist, puristisch und fast karg ist, der Weißburgunder aus dem Wacholderberg ist sehr reintönig und geradlinig, zeigt etwas florale Noten und besitzt gute Substanz und Länge. Die Orts- und die „Obsession"-Weine sind ebenfalls geradlinig und konsequent trocken ausgebaut, der Silvaner zeigt erdige Würze und ist animierend, der Weißburgunder und die Rieslinge sind frisch und schlank. Der Réserve-Sauvignon Blanc ist ein Gemeinschaftsprojekt mit Benjamin Ehrhart, er zeigt viel gelbe Frucht, kräutrige Noten, etwas Stachelbeerwürze und dezentes Holz, was auch die beiden kraftvollen, von dunkler Frucht geprägten Pinot Noir auszeichnet.

Weinbewertung

82	2017 Riesling trocken (1l) **12 %/4,- €**
83	2017 Blanc de Noir trocken **13 %/6,- €**
85	2017 Silvaner trocken Birkweiler **13 %/8,50 €**
85	2017 Riesling trocken Birkweiler **12 %/8,50 €**
86	2017 Riesling trocken „Obsession" **12 %/9,- €**
86	2017 Weißer Burgunder trocken „Obsession" **12,5 %/8,50 €**
88	2017 Weißer Burgunder trocken Mörzheimer Wacholderberg **13,5 %/11,- €**
88	2017 Riesling trocken Godramsteiner Hochborn **12 %/13,- €**
90	2017 Riesling trocken Birkweiler Kastanienbusch **12,5 %/15,- €** ☺
87	2017 Sauvignon Blanc trocken „Réserve" **13 %/10,- €**
86	2016 Pinot Noir trocken „Obsession" **13 %/9,50 €**
88	2016 Pinot Noir trocken Birkweiler Kastanienbusch **13,5 %/16,- €**

Knab

★★★★

KONTAKT

Hennengärtle 1a
79346 Endingen
Tel. 07642-6155
Fax: 07642-931377
www.knabweingut.de
regina-rinker@t-online.de

Inhaber
Thomas, Regina & Johannes Rinker
Betriebsleiter
Thomas Rinker
Kellermeister
Johannes Rinker
Außenbetrieb
Thomas & Johannes Rinker
Rebfläche
23 Hektar
Produktion
150.000 Flaschen

BESUCHSZEITEN

Mo.-Fr. 17-18:30 Uhr,
Sa. 10-14 Uhr
vinologische Exkursionen mit dem Unimog-Oldtimer

Thomas und Regina Rinker haben das Weingut Knab 1994 übernommen. Ihr Sohn Johannes ist nach Geisenheim-Studium und praktischen Erfahrungen in Neuseeland, Italien und der Schweiz 2016 in den Betrieb eingestiegen. Ihre Weinberge befinden sich fast ganz in der großen Lage Endinger Engelsberg (mit den früheren Einzellagen Wihlbach, Schönenberg, Eckkinzig) sowie in der Amolterer Steinhalde. Jeweils etwa 30 Prozent der Fläche nehmen Weißburgunder, Grauburgunder und Spätburgunder ein, dazu gibt es etwas Chardonnay, aber auch ein klein wenig Muskateller, Gewürztraminer, Auxerrois und Riesling. Die Weine werden, teils nach Maischestandzeiten, kühl vergoren und lange auf der Feinhefe ausgebaut. Die Weißweine werden im Edelstahl ausgebaut, der Chardonnay auch im Barrique. Die Spätburgunder werden alle im Holz ausgebaut. Thomas Rinker nutzt nach wie vor Prädikate bei den Weißweinen, mit dem Jahrgang 2017 erhielten die beiden weißen trockenen Spätlesen, den Zusatz Alte Reben, dies gilt auch für den bisherigen Barrique-Spätburgunder. An der Spitze der Kollektion stehen die 3 Sterne-Selektionen von Weißburgunder, Grauburgunder und Spätburgunder, die seit dem Jahrgang 2015 bei den Weißweinen präzisere Lagennamen tragen. Es gibt nun jeweils zwei Grauburgunder und Weißburgunder. Die 3 Sterne-Weißburgunder stammen aus den Endinger Lagen Wihlbach (kalkreicher Lössboden, über 35 Jahre alte Reben) und Schönenberg, eine hochgelegene Terrassenlage mit Vulkanverwitterungsboden, auf dem über 40 Jahre alte Reben stehen, die Grauburgunder aus der Amolterer Steinhalde (Vulkanverwitterungsböden) und aus der Endinger Lage Wihlbach (tiefgründige Lössböden). Seit dem Jahrgang 2017 werden die 3 Sterne-Weißweine im großen Holzfass ausgebaut, ein kleiner Anteil im Barrique. Der 3 Sterne-Spätburgunder Endinger Engelsberg trägt keine präzisere Lagenbezeichnung. In besonders guten Jahrgängen werden vom Spätburgunder spezielle Selektionen erzeugt.

Kollektion

In den beiden Vorjahren waren wir sehr angetan von der Differenzierung der Weine und mehr noch natürlich von der hohen Qualität. Auch in diesem Jahr ist das Einstiegsniveau wieder enorm hoch, der einzige vorgestellte trockene Kabinett, der Weißburgunder, ist fruchtbetont und reintönig, frisch und lebhaft, besitzt feine Frucht und Biss. Die beiden trockenen Spätlesen erhalten nun den Zusatz Alte Reben, sie stammen jeweils von etwa 30-jährigen Anlagen, der Weißburgunder wird komplett im Edelstahl ausgebaut, der Grauburgunder zu 10 Prozent im Barrique. Wir sehen beide gleichauf: Der Weißburgunder zeigt intensive Frucht im Bouquet, besitzt Fülle und Kraft, reife Frucht und Substanz, der Graubur-

gunder ist noch ein klein wenig fülliger und saftiger, aber ebenso strukturiert und fruchtbetont. Die 3 Sterne-Selektion zeigen gleichmäßiges, bis auf den neuen Chardonnay Eckkinzig haben wir alle mit hervorragende bewertet. Der komplett im Barrique ausgebaute Eckkinzig-Chardonnay, Jahrgang 2016, zeigt viel Konzentration und reife Frucht, ist füllig und kraftvoll bei viel Substanz. Weiß- und Grauburgunder wurden überwiegend im großen Holzfass ausgebaut, erhalten nur einen kleinen Barriqueanteil. Der Wihlbach-Weißburgunder ist füllig und saftig, besitzt viel reife Frucht und Substanz, gute Komplexität wie auch der Schönenberg-Weißburgunder, der ebenfalls füllig und saftig ist, gute Struktur und Substanz besitzt. Der Grauburgunder aus der Steinhalde glänzt mit reintöniger Frucht, ist herrlich eindringlich und konzentriert, besitzt gute Struktur, viel Substanz und reife Frucht. Der Wihlbach-Grauburgunder ist deutlich rauchiger, besitzt ebenfalls Fülle und Kraft, viel Konzentration und klare reife Frucht. Geschlossen und sehr stimmig präsentieren sich auch die Spätburgunder. Der Barrique-Spätburgunder trägt nun den Zusatz Alte Reben, er wurde zwölf Monate in gebrauchten Barriques ausgebaut. Er zeigt rauchig-würzige Noten und reife Frucht im Bouquet, ist füllig im Mund, harmonisch, besitzt reife Frucht, gute Struktur und Frische. Deutlich rauchiger und kraftvoller ist der zunächst sechzehn Monate im Barrique, dann weitere sechs Monate im großen Holzfass ausgebaute 3 Sterne-Spätburgunder. Er ist konzentriert und würzig, füllig und kraftvoll, besitzt reife süße Frucht und viel Substanz. Eine weitere Steigerung bringt der auf den Rappen vergorene Spätburgunder R, der nach achtzehn Monaten im Barrique für sechs Monate ins große Holzfass kam. Er zeigt intensiv rauchig-würzige Noten, ist füllig und kraftvoll, besitzt reintönige Frucht und gute Struktur – hat viel Zukunft.

Thomas & Regina Rinker

Weinbewertung

86	2017 Weißer Burgunder Kabinett trocken Endinger Engelsberg	**13 %/8,40 €**
88	2017 Weißer Burgunder Spätlese trocken „Alte Reben" Engelsberg	**13,5 %/11,30 €**
88	2017 Grauer Burgunder Spätlese trocken „Alte Reben" Engelsberg	**13,5 %/11,30 €**
91	2017 Weißburgunder Spätlese*** trocken „Wihlbach"	**13,5 %/17,50 €** ☺
90	2017 Weißburgunder Spätlese*** trocken „Schönenberg"	**13,5 %/17,50 €**
90	2017 Grauburgunder Spätlese*** trocken „Wihlbach"	**13,5 %/17,50 €**
90	2017 Grauburgunder Spätlese*** trocken Amolterer Steinhalde	**13,5 %/17,50 €**
88	2016 Chardonnay*** trocken „Eckkinzig"	**13,5 %/17,50 €**
88	2016 Spätburgunder trocken „Alte Reben" Endinger Engelsberg	**13,5 %/14,50 €**
90	2016 Spätburgunder*** trocken Endinger Engelsberg	**13,5 %/24,- €**
91	2016 Spätburgunder*** trocken „R" Endinger Engelsberg	**13,5 %/42,- €**

LAGEN

ENGELSBERG (ENDINGEN)
– WIHLBACH (ENDINGEN)
– SCHÖNENBERG (ENDINGEN)
– ECKKINZIG (ENDINGEN)
STEINHALDE (AMOLTERN)

REBSORTEN

WEISSBURGUNDER (30 %)
GRAUBURGUNDER (30 %)
SPÄTBURGUNDER (30 %)
CHARDONNAY (5 %)

KNAUER

★

KONTAKT

Kühngasse 1
97337 Dettelbach
Tel. 09324-3494
www.weingut-knauer.de
info@weingut-knauer.de

Inhaber/Betriebsleiter
Wolfgang Knauer
Kellermeister
Kilian Kleine-Tebbe
Rebfläche
10 Hektar
Produktion
80.000 Flaschen

BESUCHSZEITEN

Mo.-Fr. 9-18 Uhr, Sa. 9-16 Uhr
Gästezimmer, Ferienwohnung

Seit dem 19. Jahrhundert betreibt die Familie Weinbau im Nebenerwerb, seit Mitte der siebziger Jahre des zwanzigsten Jahrhunderts konzentriert man sich ganz auf Wein, begann 1978 mit der Selbstvermarktung. Zu Beginn des letzten Jahrzehnts erweiterte Wolfgang Knauer die Rebfläche. 2012 begann die Zusammenarbeit mit dem Winzermeister Kilian Kleine-Tebbe und dessen heutiger Ehefrau Jess Weaver, Önologin aus Neuseeland, die für den Keller verantwortlich sind. Seither wurde in Kellertechnik investiert, Rebfläche und Sortiment wurden nochmals erweitert. Wolfgang Knauer führt das Weingut zusammen mit Ehefrau Doris, die sich zusammen mit Tochter Johanna um Vermarktung und Vertrieb kümmert. Die Weinberge liegen alle in Dettelbach, in den Lagen Berg-Rondell und Sonnenleite, wobei hauptsächlich der Name der Großlage Honigberg verwendet wird. Zu 85 Prozent werden weiße Rebsorten angebaut. Der Ausbau der Weine erfolgt teils im Edelstahl, teils im Holz, ausgewählte Weine werden in 500 Liter-Fässern und Barriques aus lokaler Steigerwald-Eiche oder französischer Eiche vergoren und ausgebaut.

Kollektion

„Man vermeint zwei Kollektion in einer zu verkosten", vermerkten wir beim Debüt im vergangenen Jahr. Und dies gilt auch in diesem Jahr wieder. Da sind einerseits die betont fruchtbetonten, süffigen Basisweine, von merklicher Restsüße geprägt, unter denen uns der saftige Blanc de Noirs am besten gefällt. Und auf der anderen Seite stehen zwei ambitionierte, gekonnt im Holz vinifizierte Weine, ein Weißer und ein Roter. Der Silvaner wurde neun Monate im Tonneau ausgebaut – und steckt dies problemlos weg, besitzt gute Konzentration und reife Frucht, Fülle und Saft, gute Struktur und Druck. Auch der zwanzig Monate im Barrique ausgebaute Pinot Noir hat das Holz schön integriert, zeigt reintönige Frucht im Bouquet, rote Früchte, ist strukturiert und frisch im Mund, fasziniert mit seiner wunderschön reintönigen Frucht.

Weinbewertung

85 2015 Pinot Sekt brut **13 %/12,- €**
82 2017 „Blanc de Blancs" Kabinett trocken Dettelbacher Honigberg **11 %/5,50 €**
80 2017 Rivaner Kabinett trocken Dettelbacher Honigberg **12 %/5,50 €**
81 2017 Grüner Silvaner Kabinett trocken Dettelbacher Honigberg **12,5 %/6,- €**
82 2017 Riesling Kabinett trocken Dettelbacher Honigberg **11 %/6,- €**
81 2017 Weißburgunder Kabinett trocken Dettelbacher Honigberg **12,5 %/7,- €**
83 2017 „Blanc de Noirs" Kabinett trocken Dettelbacher Honigberg **12 %/6,- €**
88 2017 Silvaner trocken Dettelbacher Sonnleite **12,5 %/13,- €**
88 2016 Pinot Noir trocken Dettelbacher Berg-Rondell **12,5 %/14,- €**

KNAUSS

★★★★

KONTAKT

Nolten 2
71384 Weinstadt-Strümpfelbach
Tel. 07151-606345
Fax: 07151-960145
www.weingut-knauss.com
info@weingut-knauss.com

Inhaber
Familie Knauß
Betriebsleiter
Andreas & Horst Knauß
Kellermeister
Andreas Knauß
Außenbetrieb
Horst Knauß
Rebfläche
18 Hektar
Produktion
110.000 Flaschen

BESUCHSZEITEN

Mi. + Fr. 15-18 Uhr,
Sa. 9:30-12 Uhr
Besenwirtschaft „Sonna-Besa“

Mit damals 50 Ar Reben begann 1995 das Abenteuer Selbstvermarktung. 1998 ist man an den Ortsrand von Strümpfelbach ausgesiedelt, seit dem Einstieg von Andreas Knauß im Jahr 2003 wurde die Rebfläche kräftig erweitert, 2012 wurde ein komplett neuer Keller erbaut. Die Weinberge liegen vor allem in Strümpfelbach in den Lagen Altenberg und Nonnenberg, aber auch in Schnait besitzt die Familie Knauß 5 Hektar Reben in den Lagen Altenberg und Burghalde, des Weiteren ist man in Beutelsbach (Altenberg, Sonnenberg) und in Endersbach vertreten. In Löwenstein besitzt man eine über einen Hektar große Parzelle mit 1982 gepflanztem Lemberger. Die Remstaler Böden sind sehr variabel, man findet Gipskeuper, Schilfsandstein, Stubensandstein, Kieselsandstein und Mergel. Seit 2013 werden die Weinberge biologisch bewirtschaftet, 2015 begann die zertifizierte Umstellung. 65 Prozent der Fläche ist mit roten Reben bestockt. Der Schwerpunkt liegt auf gebietstypischen Sorten wie Trollinger, Lemberger, Spätburgunder und Riesling. Dazu gibt es internationale Sorten wie Merlot, Chardonnay und Sauvignon Blanc. Die Weine werden überwiegend mit den weinbergseigenen Hefen vergoren, mit je nach Jahrgang unterschiedlich langen Maischestandzeiten. Die Weißweine werden kalt und gezügelt vergoren, im Edelstahl, aber auch im Holz ausgebaut, die Rotweine prinzipiell alle auf der Maische vergoren und teils im Edelstahl, teils in kleinen (300 oder 500 Liter) oder großen Eichenholzfässern ausgebaut. Andreas Knauß hat in den letzten Jahren den Holzausbau forciert, den Neuholz-Anteil aber reduziert. Die Spitzenweine werden unfiltriert abgefüllt. 40 Prozent der Produktion wird exportiert. Mit dem Jahrgang 2016 hat Andreas Knauß sein Sortiment neu gegliedert. Die Basis bilden weiterhin die Gutsweine, dann kommen die Ortsweine (die bisherigen Selektionsweine) und schließlich die Lagenweine (die bisherigen Reserveweine). Im weißen Segment gibt es Riesling aus dem Altenberg in Schnait (genau genommen aus der Gewanne Sandmorgen, auf Stubensandstein), Sauvignon Blanc aus dem Altenberg in Beutelsbach, Chardonnay aus dem Sonnenberg in Beutelsbach und Grauburgunder aus dem Strümpfelbacher Nonnenberg. An der Spitze des roten Segments stehen der Spätburgunder aus dem Nonnenberg (der auf buntem Mergel wächst), der Lemberger aus dem Altenberg in Schnait und ein zweiter Lemberger aus dem Löwensteiner Wohlfahrtsberg. Dazu gibt es die rote Altenberg-Cuvée, die anfangs überwiegend aus Merlot bestand, seit dem Jahrgang 2012 aber dominiert Lemberger (60 bis 70 Prozent), hinzu kommen Merlot und Zweigelt.

Kollektion

Andreas Knauß / Foto: Frederik Laux

Eine ganz starke Kollektion präsentierte Andreas Knauß im vergangenen Jahr, neben einer Batterie an hochklassigen Rotweinen hatte er auch im weißen Segment mit den Lagenweinen deutlich zugelegt, die Basis und das Mittelsegment überzeugten weiß wie rot. Die Basis ist nun auch in diesem Jahr wieder von zuverlässiger Güte, das gilt sowohl für die beiden Signatur-Cuvées – vor allem den herrlich fruchtbetonten, zupackenden Rotwein – als auch für den zupackenden Gutsriesling. Ganz stark sind der Sauvignon Blanc, der herrlich reintönig und zupackend ist, und der Basis-Lemberger, der wunderschön fruchtbetont und lebhaft ist, reintönig und strukturiert. Der Riesling aus Schnait ist fruchtbetont und frisch, klar und zupackend, der Lagen-Riesling vom Altenberg zeigt intensive Frucht im Bouquet, besitzt Fülle, Saft und Kraft, gute Struktur, reife Frucht und Substanz. Der Chardonnay aus dem Beutelsbacher Sonnenberg zeigt gute Konzentration und klare reife Frucht im Bouquet, ist recht fruchtbetont im Mund, füllig, kompakt, besitzt gute Substanz. Diesen zwei hervorragenden Lagen-Weißweinen stehen gleich drei hervorragende Rotweine gegenüber. Die Altenberg-Cuvée zeigt intensive Frucht im Bouquet, rote Früchte, ist klar und fruchtbetont im Mund, zupackend und strukturiert, nicht ganz so tanninbetont wie in früheren Jahrgängen. Der Spätburgunder vom Strümpfelbacher Nonnenberg zeigt faszinierend reintönige Frucht, ist frisch, zupackend und fruchtbetont, fasziniert auch im Mund mit seiner Reintönigkeit. Der Lemberger vom Schnaiter Altenberg schließlich ist enorm würzig und eindringlich, ist klar im Mund, kraftvoll, besitzt gute Struktur und Biss, ist sehr puristisch und tanninbetont. Erneut eine ganz starke Kollektion von Andreas Knauß!

Weinbewertung

89 2013 Pinot Sekt Zero **12 %/45,- €/1,5l**
85 2017 Riesling trocken **11,5 %/7,60 €**
88 2017 Sauvignon Blanc trocken **12 %/14,90 €**
84 2017 „Signatur Weiß" Weißwein trocken **12,5 %/11,90 €**
86 2017 Riesling trocken Schnait **11,5 %/10,90 €**
90 2017 Riesling trocken Schnait Altenberg **11,5 %/19,80 €**
90 2017 Chardonnay trocken Beutelsbach Sonnenberg **12,5 %/25,- €**
87 2017 Lemberger trocken **12,5 %/7,60 €** ☺
86 2016 „Signatur Rot" Rotwein trocken **13 %/11,90 €**
90 2016 Spätburgunder trocken Strümpfelbach Nonnenberg **12,5 %/25,- €**
91 2016 Lemberger trocken Schnait Altenberg **13 %/25,- €**
90 2016 Altenberg Rotwein trocken **13,5 %/28,- €**

K

LAGEN

NONNENBERG (STRÜMPFELBACH)
ALTENBERG (STRÜMPFELBACH)
ALTENBERG (BEUTELSBACH)
SONNENBERG (BEUTELSBACH)
ALTENBERG (SCHNAIT)
BURGHALDE (SCHNAIT)
WOHLFAHRTSBERG (LÖWENSTEIN)

REBSORTEN

LEMBERGER (18 %)
RIESLING (14 %)
TROLLINGER (13 %)
SPÄTBURGUNDER (12 %)
MERLOT (8 %)
WEISSBURGUNDER (6 %),
CHARDONNAY (5 %)
SAUVIGNON BLANC (5 %)
ZWEIGELT (5 %)
GRAUBURGUNDER (4 %)

KNEWITZ

★★★☆

KONTAKT

Rheinblick 13
55437 Appenheim
Tel. 06725-2949
Fax: 06725-96003
www.weingut-knewitz.de
info@weingut-knewitz.de

Inhaber
Gerold Knewitz
Kellermeister
Tobias & Björn Knewitz
Rebfläche
20 Hektar
Produktion
120.000 Flaschen

BESUCHSZEITEN

nach Vereinbarung

Die Weinberge der Familie Knewitz verteilen sich auf vier Gemeinden und sechs Lagen: In Appenheim die Lagen Hundertgulden (Kalkstein) und Eselspfad (Löss, gelber Sand), Goldberg und St. Laurenzikapelle in Gau-Algesheim (Kalkstein und Kalkmergel), Steinacker in Nieder-Hilbesheim (am Waldrand, mit hohem Eisenerzanteil im Boden) und schließlich Schlossberg in Ingelheim (Löss über Kalkstein), wo ausschließlich Spätburgunder angebaut wird. Riesling nimmt inzwischen knapp die Hälfte der Rebfläche ein, hinzu kommen Weißburgunder und Silvaner, Chardonnay und Spätburgunder. Seit 2010 baut Sohn Tobias Knewitz die Weine aus, inzwischen ist auch der jüngere Bruder Björn in den Betrieb eingestiegen.

Kollektion

Das Einstiegsniveau ist hoch, die Gutsweine besitzen Frische und reintönige Frucht. Der Holzfass-Chardonnay ist kraftvoll und zupackend, der Appenheimer Weißburgunder füllig und cremig. Die beiden Riesling-Ortsweine sehen wir gleichauf, der Appenheimer ist würziger, der Nieder-Hilbersheimer kräutriger und salziger. Der 2017er Réserve-Chardonnay wird derzeit vom Holz dominiert, der Eselspfad-Weißburgunder besitzt Fülle und Kraft. Neu in diesem Jahr: Riesling von der Nahe, aus der Norheimer Kirschheck. Der trockene Kirschheck-Riesling besitzt gute Präzision und Säure: Spannend! Zu den drei Rheinhessen: Der Goldberg ist frisch und zupackend, besitzt gute Präzision und Druck, der Hundertgulden besitzt Kraft, Struktur und Substanz, unser Favorit aber ist der Steinacker, der deutlich druckvoller, mineralischer und nachhaltiger ist. Die säurebetonte, süße Kirschheck-Spätlese und eine füllige, saftige Auslese aus dem Steinacker runden eine starke Kollektion ab. –

Weinbewertung

84	2017 Weißer Burgunder trocken **12,5 %/8,- €**
85	2017 Riesling trocken **12,5 %/8,- €**
87	2017 Chardonnay trocken Holzfass **13 %/13,- €**
86	2017 Weißer Burgunder trocken Appenheimer **13 %/13,- €**
87	2017 Riesling trocken „Eisenerz" Nieder-Hilbersheim **12,5 %/13,- €**
87	2017 Riesling trocken „Kalkstein" Appenheimer **12,5 %/13,- €**
88	2017 Weißer Burgunder trocken Appenheimer Eselspfad **13 %/24,- €**
89	2017 Riesling trocken Gau-Algesheimer Goldberg **13 %/20,- €**
91	2017 Riesling trocken Nieder-Hilbersheimer Steinacker **12,5 %/26,- €**
90	2017 Riesling trocken Appenheimer Hundertgulden **12,5 %/26,- €**
90	2017 Riesling trocken Norheimer Kirschheck **12,5 %**
88	2017 Chardonnay trocken „Réserve" **13 %**
86	2017 Riesling Spätlese Norheimer Kirschheck **7 %/a.A.**
88	2017 Riesling Auslese Nieder-Hilbersheimer Steinacker **7 %/20,- €**

Knipser

★★★★★

KONTAKT

Hauptstraße 47
67229 Laumersheim
Tel. 06238-742
Fax: 06238-4377
www.weingut-knipser.de
mail@weingut-knipser.de

Inhaber
Werner Knipser, Volker Knipser, Stephan Knipser
Betriebsleiter
Stephan Knipser
Kellermeister
Sven Ohlinger
Außenbetrieb
Philipp Seeger
Rebfläche
80 Hektar
Produktion
500.000 Flaschen

BESUCHSZEITEN

Mo.-Fr. 10-12 + 14-18 Uhr, Sa. 10-16 Uhr, Sonn- & Feiertage geschlossen

Werner und Volker Knipser haben Laumersheim bekannt gemacht. Für Rotwein zunächst, aber in den letzten Jahren erzeugen sie regelmäßig auch faszinierende Chardonnay, Grauburgunder und Rieslinge, die zur Spitze in der Pfalz und in Deutschland zählen. Daneben gibt es insbesondere noch Weißburgunder, Sauvignon Blanc, Gewürztraminer und Silvaner. Als Spezialitäten bauen sie früher in der Pfalz und in Deutschland weit verbreitete Sorten wie Gelber Orleans oder Blauer Arbst an, die inzwischen ganz aus deutschen Weinbergen verschwunden sind. An roten Sorten gibt es neben Spätburgunder, Sankt Laurent und Dornfelder schon recht lange auch internationale Rebsorten wie Cabernet Sauvignon, Cabernet Franc, Merlot und Syrah. Seit 2005 ist auch Werner Knipsers Sohn Stephan im Betrieb tätig.

Kollektion

Wieder einmal steht der Vier Sterne-Chardonnay an der Spitze des weißen Teils der Kollektion, er ist sehr eindringlich, zeigt viel gelbe Frucht, Pfirsich, Mango, Zitrusnoten und sehr feine Röstnoten, besitzt feinen Grip, Länge und Potential, kommt ja aber auch erst im September 2022 in den Verkauf. Der Drei Sterne-Chardonnay ist ähnlich, aber etwas weniger komplex, zeigt Noten von gerösteten Haselnüssen und gelber Frucht, besitzt animierende Zitruswürze und ein frisches Säurespiel. Auch das Weißburgunder Große Gewächs besitzt viel Frische und ein feines Säurespiel, zeigt kräutrige und röstige Würze und viel klare Frucht, Aprikose, Birne, bei den Großen Gewächsen vom Riesling zeigt der Mandelpfad deutliche steinig-mineralische Noten, ist ungewöhnlich straff, besitzt Zitruswürze, viel Biss und feinen Druck, der Steinbuckel zeigt etwas mehr Frucht und kräutrige Würze, besitzt gute Konzentration, Biss und Länge. Bei der weißen Basis fällt vor allem der Grauburgunder auf, er zeigt nussige und florale Würze, besitzt klare Birnenfrucht und Frische, die Cuvée aus Chardonnay und Weißburgunder ist ebenfalls leicht floral, gelbfruchtig und frisch, der Riesling vom Kapellenberg zeigt kräutrige Würze, besitzt leicht süße Pfirsichfrucht und ein frisches Säurespiel, der Sauvignon Blanc zeigt etwas gelbe Frucht und reintönige Stachelbeerwürze. Bei den Spätburgundern sind der Kirschgarten und der Im Großen Garten, die im September 2020 in den Verkauf kommen, schon sehr präsent, „RdP" und „Reserve", die erst ab September 2021 verkauft werden, sind noch verhalten und ganz auf die Reife ausgelegt. Der Kirschgarten ist komplex, besitzt herrlich viel klare Frucht, Schwarzkirsche, Cassis, spürbare, aber sehr dezente röstige Würze, ist frisch, strukturiert und lang, der Im großen Garten zeigt ebenfalls viel rote Frucht, feine Cassisnoten, Süßkirschen, etwas Krokantwürze, ist animierend und nachhaltig. Der „RdP" zeigt zwar ebenfalls klare Frucht, Schwarzkirsche, ist

aber noch sehr straff mit jugendlichem Tanningerüst und besitzt viel Potenzial, der „Reserve" ist ähnlich straff, öffnet sich nur sehr langsam über Tage hinweg, zeigt etwas kühle, rote Frucht und rauchige Noten, besitzt ebenfalls einiges an Potenzial. Die Cuvées X und XR zeigen feine Röstnoten und klare Frucht von schwarzen Johannisbeeren, der X zeigt auch etwas Eisen und Eukalyptus im Bouquet, besitzt Kraft, noch jugendliche, aber reife Tannine und Länge, der XR" besitzt noch etwas deutlichere Tannine und Potenzial, zeigt auch rauchige Noten, Mokka, Brombeere und Lakritze im komplexen Bouquet. Ganz stark und vielschichtig sind auch wieder die beiden Syrah, beide zeigen feine rote Frucht, rote Johannisbeere, etwas Kräuter- und Krokantwürze und besitzen gute Struktur, die „Reserve" ist noch etwas komplexer, zeigt noch deutlichere Frucht als die normale Version, ist animierend und lang. Von der roten Basis konnten wir in diesem Jahr nur den Gaudenz verkosten, er zeigt dunkle Frucht, Schwarzkirsche, Brombeere, besitzt Kraft und sehr dezentes Holz, der Clarette-Rosé zeigt viel klare, rote Frucht, Johannisbeere, Himbeere, Erdbeere, besitzt etwas florale Würze und Frische.

Weinbewertung

85	2017 Sauvignon Blanc trocken **12 %/9,80 €**
86	2017 Riesling trocken Laumersheimer Kapellenberg **12 %/9,40 €**
88	2017 Grauburgunder trocken **13 %/12,80 €**
86	2017 Chardonnay & Weißburgunder trocken **13 %/10,80 €**
91	2017 Riesling „GG" Steinbuckel **12,5 %/27,- €**
91	2017 Riesling „GG" Mandelpfad **12,5 %/27,- €**
91	2017 Chardonnay trocken*** **13,5 %/a.A.**
93	2017 Chardonnay trocken**** **14 %/a.A.**
86	2017 „Clarette" Rosé trocken **12 %/9,40 €**
86	2015 „Gaudenz" Rotwein trocken **13,5 %/9,80 €**
92	2016 Spätburgunder „GG" Im großen Garten **13,5 %/a-A.**
94	2016 Spätburgunder „GG" Kirschgarten **13,5 %/a.A.**
93	2017 Weißburgunder „GG" Kirschgarten **13 %/27,- €**
93+	2016 Spätburgunder trocken „RdP" **13,5 %/a.A.**
92+	2016 Spätburgunder trocken „Reserve" **13,5 %/a.A.**
91	2015 Syrah trocken **13,5 %/a.A.**
91	2015 „Cuvée X" Rotwein trocken **13,5 %/39,- €**
92+	2015 „Cuvée XR" Rotwein trocken **14 %/a.A.**
92	2015 Syrah trocken „Reserve" **14 %/a.A.**

LAGEN

KIRSCHGARTEN (LAUMERSHEIM)
STEINBUCKEL (LAUMERSHEIM)
BURGWEG (GROSSKARLBACH)
MANDELPFAD (DIRMSTEIN)

REBSORTEN

SPÄTBURGUNDER (25 %)
RIESLING (25 %)
CHARDONNAY
MERLOT
CABERNET SAUVIGNON
GRAUBURGUNDER
ST. LAURENT
SAUVIGNON BLANC

KNOBLOCH

★★

KONTAKT

Saurechgäßchen 7
55234 Ober-Flörsheim
Tel. 06735-344
Fax: 06735-8244
www.bioweingut-knobloch.de
info@bioweingut-knobloch.de

Inhaber
Ralf & Arno Knobloch
Rebfläche
33,1 Hektar
Produktion
300.000 Flaschen

BESUCHSZEITEN

siehe
www.bioweingut-knobloch.de

K

Klaus Knobloch wurde 1988 Mitglied bei Ecovin, heute wird das Weingut von seinen Söhnen Ralf (Keller) und Arno (Weinberge) geführt. In den letzten Jahren setzten sie verstärkt auf die weißen Burgundersorten, Riesling und Rotwein. An roten Sorten gibt es Dornfelder, Spätburgunder, Portugieser, St. Laurent, Lemberger, Regent, Cabernet Mitos und Dunkelfelder. Die Rotweine werden maischevergoren, überwiegend im Holz ausgebaut. Für die Weine der Edelsteinlinie, die aus den besten Lagen Westhofener Morstein und Brunnenhäuschen, Gundersheimer Höllenbrand, Dintesheimer Felsen und Esselborner Goldberg stammen, wird der Ertrag auf 25 bis 30 hl/ha reduziert. Die Rotweine der Edelsteinlinie werden 12 Monate in neuen und gebrauchten Barriques ausgebaut. Die Barriqueweine werden bis zu 18 Monate im Holz ausgebaut, wobei meist drei Viertel neue Barriques verwendet werden, in der Regel Allier- und Spessarteiche. In den letzten Jahren wurden alle Weißweine mit Maischestandzeiten ausgebaut, bis zu 24 Stunden für den Riesling „No. 1", die Weine werden überwiegend mit ihren eigenen Hefen vergoren. 2015 wurde im Gundersheimer Höllenbrand Spätburgunder und Riesling gepflanzt und in der Westhofener Steingrube Riesling.

Kollektion

Die Gutsweine sind frisch und fruchtbetont, so wie man das kennt, am besten gefällt uns der klare, zupackende trockene Riesling Kabinett, der nur über den Fachhandel erhältlich ist; der Perlwein ist lebhaft und betont süffig. Die Edelstein-Serie präsentiert sich sehr geschlossen, weiß wie rot, bietet gereiften, fülligen 2016er Jade-Riesling, reintönigen, saftigen Grauburgunder, frischen, lebhaften, wunderschön reintönigen Dornfelder und rotfruchtigen, strukturierten Spätburgunder. Unser Favorit in der vorgestellten Kollektion ist der Spätburgunder SK aus dem Westhofener Morstein: Er zeigt intensive Frucht im Bouquet, rauchige Noten, gute Konzentration, ist frisch, klar und zupackend im Mund, besitzt reife Frucht und gute Struktur, ist noch jugendlich.

Weinbewertung

83 2017 „Vivasecco" Perlwein trocken **12 %/6,- €**
84 2017 Riesling Kabinett trocken **11 %/Fachhandel**
82 2017 Weißer Burgunder trocken **11,5 %/6,30 €**
82 2017 Grauer Burgunder trocken **12 %/6,30 €**
84 2016 Riesling trocken „Jade" Gundersheim Höllenbrand **12,5 %/9,- €**
85 2017 Grauer Burgunder trocken „Feueropal" Dintesheim Felsen **13,5 %/9,- €**
85 2016 Dornfelder trocken „Sterngranat" Esselborn Goldberg **14 %/9,- €**
85 2015 Spätburgunder trocken „Turmalin" Eppelsheim Felsen **14 %/9,- €**
87 2016 Spätburgunder trocken „SK" Westhofen Morstein **14 %/25,- €**

Knodt-Trossen

★☆

KONTAKT

Plenterstraße 47
54536 Kröv
Tel. 06541-4795
Fax: 06541-4765
www.weingut-knodt-trossen.de
info@weingut-knodt-trossen.de

Inhaber
Andrea & Udo Knodt
Betriebsleiter/Kellermeister/
Außenbetrieb
Udo Knodt
Rebfläche
3 Hektar
Produktion
25.000 Flaschen

BESUCHSZEITEN

Mo.-Sa. 17-19 Uhr, So. 10-11:30 Uhr oder nach Vereinbarung

Das Weingut wird heute von Andrea und Udo Knodt geleitet und verfügt über Parzellen in den Lagen Paradies, Kirchlay, Letterlay und Steffensberg (alle in Kröv) sowie in der Kinheimer Hubertuslay. Neben Riesling (50 %) baut das Weingut auch Weiß- und Spätburgunder, Dornfelder und Kerner an. Das Kürzel „J.A." kennzeichnet Weine, die den Töchtern Josephine und Aline gewidmet werden und bei denen die Spitze dessen erreicht werden soll, was in einem Jahr machbar ist. Doch auch jenseits dieser Spitze sind die Weine klar und feingliedrig, neigen nicht zu Opulenz, besitzen eine feine Frucht. Die Weißweine werden in temperaturgesteuerten Tanks ausgebaut und lange auf der Feinhefe gelagert, für die Rotweinbereitung kommen Barriques zum Einsatz. Dem Weingut sind Ferienwohnungen und Gästezimmer angeschlossen.

Kollektion

Die Weine des Jahrgangs 2016 kamen nicht ganz an die Kollektion von 2015 heran. Von den 2017ern indes lässt sich nur Gutes sagen – und das bereits beginnend bei der Basis. Ein trockener „Grauschiefer"-Kabinett macht schon jetzt viel Spaß, unter den Lagenweinen weist der „K" aus der Letterlay offene Frucht auf, während der „J.A" aus dem Steffensberg verschlossen wirkt, aber feste Struktur und Würze besitzt. Auch der Weißburgunder dürfte sich noch entwickeln, er wirkt kompakt, geradlinig und balanciert. Unter den restsüßen Weinen gefällt besonders die Spätlese namens „J.A." mit Noten von Apfel und Mirabellen. Schließlich die Rotweine, nicht weniger als drei, allesamt aus dem Jahrgang 2015. Der „J.A." ist deutlich offener, feiner, saftiger als der im Barrique gereifte Kirchlay-Wein mit seinen röstigen Anklängen. Hier sollte man noch etwas abwarten, wie sich der Wein entwickelt und währenddessen die präsente „Cuvée No. 15" genießen.

Weinbewertung

85	2017 Weißburgunder Kröver Paradies **13 %/11,80 €**
84	2017 Riesling Kabinett trocken „Grauschiefer" **11 %/6,90 €**
87	2017 Riesling trocken „K" Kröver Letterlay **12 %/7,80 €** ☺
87	2017 Riesling Spätlese trocken „J.A." Kröver Steffensberg **12,5 %/11,50 €**
82	2017 Riesling „feinherb" **11 %/6,50 €**
86	2017 Riesling Spätlese „feinherb" Kröver Steffensberg **11,5 %/9,30 €**
85	2017 Riesling Kabinett Kinheimer Hubertuslay **8 %/7,40 €**
87	2017 Riesling Spätlese „J.A." „Kröver Steffensberg **8 %/9,80 €**
84	2017 Riesling „vom blauen Schiefer" **11,5 %/6,60 €**
86	2015 „Cuvée N 15" Rotwein trocken Barrique **13,5 %/12,30 €**
86	2015 Spätburgunder „J.A." Barrique Kröver Kirchlay **13,5 %/12,- €**
85	2015 Pinot Noir Barrique Kröver Kirchlay **14 %/15,40 €**

LUDWIG KNOLL

★★★★☆

KONTAKT

Weingut Am Stein
Mittlerer Steinbergweg 5
97070 Würzburg
Tel. 0931-25808
Fax: 0931-25880
www.weingut-am-stein.de
mail@weingut-am-stein.de

Inhaber
Ludwig Knoll
Kellermeister
Dominik Diefenbach
Rebfläche
37 Hektar
Produktion
200.000 Flaschen

BESUCHSZEITEN

Mo.-Fr. 10-12:30 + 14-18 Uhr,
Sa. 10-14 Uhr
„Weinstein" Weinbar - Restaurant; Gästezimmer

Das Weingut Am Stein liegt umgeben von Reben am Fuße des berühmten Würzburger Stein. Ludwig Knoll hat es 1990 von seinem Vater übernommen und führt es mit Ehefrau Sandra. Er besitzt Weinberge in den Würzburger Lagen Innere Leiste und Stein, sowie im Stettener Stein, aber auch in Randersacker, Escherndorf und Thüngersheim. Gut die Hälfte seiner Reben aber besitzt er im Stettener Stein. In dessen Kernlage wachsen die Reben 80 Meter über dem Main oberhalb eines Kalksteinabbruches auf Muschelkalkböden. 2007 stellte Ludwig Knoll auf biologische Bewirtschaftung um, inzwischen werden die Weinberge nach der biodynamischen Methode bearbeitet, Ludwig Knoll ist Mitglied bei Naturland. Silvaner und die Burgundersorten (Weißburgunder, Grauburgunder, Spätburgunder) nehmen jeweils etwa 30 Prozent der Rebfläche ein, Riesling 20 Prozent. Dazu gibt es Rieslaner, Müller-Thurgau, Bacchus und Scheurebe. Die Weine werden spontanvergoren, einige werden unfiltriert abgefüllt; der Ausbau erfolgt teils im Edelstahl, teils im Holz, teils auch im Betonei – Ludwig Knoll hat nach der Kellererweiterung 2015 im neuen Steinkeller, der dem ganzheitlichen Konzept der Biodynamie auch bei der Weinbereitung Rechnung trägt, nun mehr Platz, so dass er sich noch einige Betoneier zulegen konnte. Die Basis des Programms bilden die Gutsweine, dann folgen die Ortsweine aus Stetten, Würzburg und Randersacker, sowie die Lagenweine aus Würzburger Stein, Würzburger Innere Leiste und Randersackerer Pfülben. Die Spitze des Programms bilden „Vinz" (Silvaner und Scheurebe von den besten Parzellen im Stettener Stein mit über 40 Jahre alten Reben), „Montonia" (im Barrique ausgebaute Burgunder, der Weißburgunder wird zur Hälfte im großen Holzfass ausgebaut) und die beiden Großen Gewächse aus dem Stettener Stein; Silvaner und Riesling, edelsüße Spitzen ergänzen Jahr für Jahr das Programm. Die „Hoch 3" genannten Weine stammen von alten Reben aus dem Stettener Stein, ebenfalls aus der steilen Kernlage direkt am Main, von Weinbergen, die Ludwig Knoll zusammen mit zwei Freunden bewirtschaftet. Bei der Vinifikation arbeitet Ludwig Knoll zunehmend mit Spontangärung und längeren Maischestandzeiten, mit höheren Resttrubgehalten und längerem Vollhefelager, setzt verstärkt auf große Holzfässer, aber auch auf Betoneier und Amphoren, viele Weine werden ohne Filtration abgefüllt. Der Ausbau im Betonei über fast alle Rebsorten hinweg und der Rückverschnitt mit in der Amphore maischevergorenen Partien ist strukturbildend.

Kollektion

Reichlich „PetNats" wurden uns dieses Jahr eingeschickt, und nicht für viele konnten wir uns begeistern, der von Ludwig Knoll aber gehört absolut dazu: Frisch, lebhaft, zupackend, herrlich belebend – der absolute Party-Knaller!

Für Partys nicht so ganz geeignet ist sicherlich die Neuerung des Weinguts, der Gemischte Satz aus der Amphore, ein stoffiger, sehr fester, kraftvoller Wein, der eine leichte Traminernote aufweist, strukturiert und verschlossen ist. Der Randersackerer Silvaner besitzt ein betörend reintöniges Bouquet, ist im Mund recht süß und saftig. Der Stettener Grauburgunder ist ebenfalls faszinierend reintönig im Bouquet, zeigt gelbe Früchte, ist frisch und harmonisch im Mund, klar und lang. Der Stettener Riesling ist füllig und saftig, besitzt reife süße Frucht und Substanz, die moderat süße Scheurebe, ebenfalls aus Stetten, ist fruchtbetont und frisch, lebhaft und klar. Der Silvaner aus dem Würzburger Stein zeigt reintönige Frucht, feine Frische, besitzt gute Fülle, Struktur und Grip, sein Pendant aus der Inneren Leiste ist wunderschön reintönig im Bouquet, klar und frisch im Mund, komplex und lang. Auch die beiden Vinz-Weine von alten Reben im Stettener Stein sind wieder einmal bestechend stark. Die Scheurebe ist eindringlich, würzig, konzentriert, ist stoffig, geradlinig, dominant und frisch. Der Silvaner zeigt gute Konzentration, viel reife Frucht, gelbe Früchte, ist füllig und stoffig im Mund, eindringlich, besitzt reife Frucht und ganz dezent bitter-mineralische Noten, ist nachhaltig. Der Silvaner Großes Gewächs aus dem Stettener Stein ist dieses Jahr enorm offensiv im Bouquet, zeigt intensive Frucht, ist füllig, stoffig, harmonisch und sehr lang. Der Riesling zeigt gute Konzentration im Bouquet, zurückhaltende Frucht, etwas rauchige Noten, ist füllig und komplex im Mund, kraftvoll, strukturiert, sehr jugendlich und deutlich verschlossener als der Silvaner. Die Rieslaner Spätlese aus dem Sonnenstuhl ist reintönig, lebhaft und zupackend, rundet eine erneut ganz starke Kollektion ab.

Sandra & Ludwig Knoll

Weinbewertung

88 2017 „Pure & Naked PetNat" **11,5 %/18,- €**
86 2017 Silvaner trocken Randersackerer **12 %/10,- €**
88 2017 Grauburgunder trocken Stetten **12 %/10,- €** ☺
87 2017 Riesling trocken Stetten **12 %/10,- €**
89 2017 Würzburger Stein Silvaner trocken **12,5 %/16,- €**
90 2017 Silvaner trocken Würzburger Innere Leiste **12,5 %/16,- €**
91 2017 Silvaner trocken „Vinz" „Alte Reben" **12,5 %/22,- €**
90 2017 Scheurebe trocken „Vinz" „Alte Reben" **12 %/22,- €**
92 2017 Silvaner „GG" Stettener Stein **12,5 %/39,- €**
91 2017 Riesling „GG" Stettener Stein **12,5 %/39,- €**
91 2016 „Amphore" Gemischter Satz **12 %/49,- €**
86 2017 Scheurebe Stetten **10,5 %/10,- €**
88 2017 Rieslaner Spätlese Randersackerer Sonnenstuhl **9,5 %/22,- €**

LAGEN

STEIN (STETTEN)
INNERE LEISTE (WÜRZBURG)
STEIN (WÜRZBURG)
PFÜLBEN (RANDERSACKER)
SONNENSTUHL (RANDERSACKER)

REBSORTEN

SILVANER (30 %)
RIESLING (20 %)
MÜLLER-THURGAU (10 %)
SCHEUREBE (8 %)
SPÄTBURGUNDER (8 %)
WEISSBURGUNDER (6 %)
GRAUBURGUNDER (4 %)

BARON KNYPHAUSEN

★☆

KONTAKT

Erbacher Straße 28
65346 Eltville-Erbach
Tel. 06123-790710
Fax: 06123-7907118
www.baron-knyphausen.de
weingut@baron-knyphausen.com

Inhaber
Frederik zu Knyphausen
Kellermeister/Außenbetrieb
Arne Wilken
Rebfläche
12 Hektar
Produktion
60.000 Flaschen

BESUCHSZEITEN

Mo.-Mi. 10-17 Uhr, Do. + Fr. 10-19 Uhr, Sa. + So. 10-16 Uhr Bistro im Gutspark „Weinlounge 1141“ Fr. 16-21 Uhr, Sa. 14-22 Uhr, So. 11-22 Uhr

BARON KNYPHAUSEN

K

Der im 12. Jahrhundert von den Zisterziensern der Abtei Kloster Eberbach gegründete Draiser Hof in Erbach ist seit 1818 Sitz des Weinguts Baron Knyphausen. Seit Januar 2015 wird das Weingut wieder von der Familie geführt, Frederik zu Knyphausen, der älteste Sohn von Gerko Freiherr zu Knyphausen, hat die Führung des Betriebes übernommen. Die Weinberge verteilen sich auf eine Vielzahl von Lagen in Erbach (Steinmorgen, Michelmark, Hohenrain, Marcobrunn), Kiedrich (Sandgrub), Eltville (Rheinberg) und Hattenheim (Rheingarten). Riesling nimmt drei Viertel der Rebfläche ein, hinzu kommen Spätburgunder und Roter Riesling. 2011 wurde im Eltviller Rheinberg ein Weinberg im Gemischten Satz angepflanzt, der sieben Rebsorten enthält: Gelber Orleans, Weißer Heunisch, Elbling, Silvaner, Riesling, Roter Riesling und Gewürztraminer.

Kollektion

Auch in diesem Jahr präsentiert das Weingut eher zurückhaltende Weine klassischer Prägung. Der trockene Gutsriesling ist herb und angenehm frisch. Der sehr trocken ausgebaute Erbacher Ortswein bietet etwas mehr Stoffigkeit, bleibt aber genau so geradlinig und klar. Von den trockenen Rieslingen ist der Chartawein am kräftigsten, er ist ausgewogen und ausgesprochen süffig. Mit Substanz wartet der transparente und kraftvolle Lagenriesling aus dem Steinmorgen auf, er ist würzig und straff, bleibt fordernd. Der Gemischte Satz aus sieben zum Teil historischen Rebsorten hat ein ungewöhnliches, nussiges Aroma, ist zupackend und kraftvoll. Der feinherbe Gutsriesling ist eingängig und saftig, seine Fruchtsüße ist gut integriert. Durch eine kurze Maischestandzeit gibt sich der Rote Riesling schon in der Farbe zu erkennen, sein Aroma nach Steinobst und Heu ist eigenwillig, aber eindringlich, er ist mild und saftig, endet mit feinen Zitrusaromen. Geradezu rosinig wirkt der Spätburgunder, ist recht füllig und lässt es etwas an sortentypischen Feinheiten vermissen. ▬

Weinbewertung

83 2017 Riesling trocken „1141“ **11,5 %/8,90 €**
85 2017 Roter Riesling trocken **11 %/15,- €**
84 2017 Riesling trocken Erbach **12 %/11,- €**
85 2017 Rheingauer Gemischter Satz trocken **11,5 %/15,- €**
86 2017 Riesling trocken Erbacher Steinmorgen **11,5 %/19,- €**
83 2017 Riesling „feinherb 1818“ **10,5 %/8,90 €**
85 2017 Riesling „Charta“ **11,5 %/12,- €**
83 2016 Spätburgunder trocken **13,5 %/14,50 €**

Bernhard Koch

★★★

Kontakt

Weinstraße 1
76835 Hainfeld
Tel. 06323-2728
Fax: 06323-7577
www.weingut-koch.com
info@weingut-koch.com

Inhaber
Bernhard Koch
Betriebsleiter
Bernhard & Alexander Koch
Kellermeister
Chie Sakata
Rebfläche
50 Hektar
Produktion
450.000 Flaschen

Besuchszeiten

Mo.-Fr. 9-12 Uhr + 13-18 Uhr,
Sa. 10-12 + 13-17 Uhr

Weinbau wird in der Familie nachweislich seit 1610 betrieben, heute leitet Bernhard Koch den Betrieb zusammen mit seiner Frau Christine. Und die nächste Generation steht in den Startlöchern: Der ältere Sohn Alexander hat nach der Lehre bei Knipser und Dr. Heger 2014 ein Weinbaustudium in Geisenheim begonnen, sein Bruder Konstantin begann 2015 sein Studium der Weinbetriebswirtschaft in Heilbronn. Gerade mal fünf Hektar eigene Weinberge hatte Bernhard Koch Anfang der 1990er Jahre, heute sind es stolze 50 Hektar, die wichtigsten Lagen sind Letten und Kapelle in Hainfeld und der Weyherer Michelsberg, daneben sind die Kochs aber auch in den Flemlinger Lagen Herrenbuckel und Vogelsprung, im Hainfelder Kirchenstück, dem Walsheimer Silberberg, in den Edesheimer Lagen Rosengarten und Mandelhang, im Roschbacher Rosenkränzel und im Burrweiler Altenforst vertreten. Gegenwärtig wird das Kelterhaus erweitert und an einem Neubau mit Verkaufsräumen, Holzfass- und Flaschenlager gearbeitet.

Kollektion

Im letzten Jahrgang waren die beiden Chardonnay doch sehr vom Holz geprägt, in den 2016er Versionen finden wir die Weine deutlich harmonischer, bei der Réserve, die über viel gelbe Frucht verfügt, Banane, Melone und Pfirsich, ist das Holz noch präsent, aber gut eingebunden, die Grande Réserve ist feiner, ausgewogener, ebenfalls sehr gelbfruchtig und lässt auch etwas Eleganz erkennen. Sehr gut sind auch der schlanke, harmonische, leicht florale Weißburgunder mit viel klarer Frucht und der ebenfalls fruchtbetonte, konzentrierte Grauburgunder. Noch stärker sind allerdings die Pinots, die Kraft, gute Struktur, dunkle Frucht und feine Röstnoten besitzen, der Grande Réserve ist der eleganteste und nachhaltigste der vier Weine, wirkt noch ganz jugendlich und besitzt Potential. —

Weinbewertung

86 2015 Pinot Blanc Sekt extra brut **12,5 %/11,- €**
86 2017 Riesling trocken „Granit" Weyherer Michelsberg **12,5 %/9,80 €**
85 2017 Chardonnay & Weißburgunder trocken **13 %/8,50 €**
87 2017 Grauburgunder trocken „Réserve" Hainfelder Letten **13 %/9,50 €**
88 2016 Chardonnay trocken „Réserve" Hainfelder Letten **13,5 %/16,- €**
88 2017 Weißburgunder trocken „Grande Réserve" Silberberg **12,5 %/16,50 €**
90 2016 Chardonnay trocken „Grande Réserve" Hainfelder Letten **13,5 %/24,- €**
87 2015 Cuvée Alexander Rotwein trocken **13 %/16,- €**
88 2015 Pinot Noir trocken Hainfelder Kirchenstück **13,5 %/18,- €**
89 2015 Pinot Noir trocken „Réserve" Hainfelder Letten **13,5 %/24,- €**
90 2015 Pinot Noir trocken „Réserve HE" **13,5 %/28,- €**
92 2014 Pinot Noir trocken „Grande Réserve" Hainfelder Letten **13,5 %/40,- €**

K

Holger Koch

★★★★

KONTAKT

Mannwerk 3
79235 Bickensohl
Tel. 07662-912258
Fax: 07662-949859
www.weingut-holger-koch.de
hk@weingut-holger-koch.de

Inhaber
Holger Koch, Gabriele Engesser
Rebfläche
8 Hektar
Produktion
50.000 Flaschen

BESUCHSZEITEN

nach Vereinbarung

K

Seit Generationen betreibt die Familie Weinbau am Kaiserstuhl. Holger Koch war unter anderem Praktikant beim Grafen Neipperg in St. Emilion und Kellermeister bei Franz Keller in Oberbergen bevor er 1999 den Winzerhof der Familie übernahm, den er zusammen mit seinen Eltern und Ehefrau Gabriele Engesser führt 2001 war sein erster Jahrgang; bis dahin hatte man die Trauben an die Genossenschaft geliefert. Seine Weinberge befinden sich in Bickensohl, vor allem in den höher gelegenen Teilen der Lage Herrenstück, die höchst gelegenen liegen in 350 bis fast 400 Meter Höhe, seine besten Weinberge liegen in Gewannen wie Halbuck, Eichbuck, Katzenloch und Scheibenhardt. Er baut ausschließlich Weißburgunder, Grauburgunder und Spätburgunder an, diese Konzentration auf nur drei Rebsorten ist selten, selbst in der „Burgunderregion" Kaiserstuhl. Die Weine werden spontanvergoren, die weißen Qualitätsweine im Edelstahl ausgebaut, Rotweine und weiße Selektionsweine kommen in Barriques aus französischer Eiche, inzwischen nutzt Holger Koch überwiegend 300 und 500 Liter-Fässer, aber auch 1.200 Liter-Fässer. Die Weine bleiben bis zur Abfüllung auf der Feinhefe liegen. Alle Weine sind durchgegoren und trocken, auch wenn dies nicht auf dem Etikett vermerkt ist. Im Weinberg arbeitet Holger Koch biologisch, ohne aber zertifiziert zu sein. Das Programm ist gegliedert in die Kaiserstuhl-Linie, die Herrenstück-Linie und die Selectionsweine (***), in jeder Linie gibt es je Rebsorte einen Wein, nur beim Pinot Noir differenziert Holger Koch, erzeugt zwei Selectionsweine (gekennzeichnet mit einem Stern respektive drei Sternen), darüber hinaus gibt es den Pinot Noir Reserve aus der Terrassenlage Halbuck. Bereits seit der dritten Ausgabe empfehlen wir die Weine von Holger Koch. Seither hat er sich stilistisch weiterentwickelt, setzt ganz auf Frische und Eleganz, auf Komplexität und Finesse, wobei seine Pinot Noir trotzdem druckvoll und nachhaltig sind. Wer den traditionellen Kaiserstühler Spätburgunder-Stil mit ganz auf Reife und Fülle setzenden Weinen liebt, wird mit den im Vergleich dazu schlank erscheinenden Koch'schen Weinen wenig anfangen können, wer sich im Geschmacksbild eher auf Burgund eingeschossen hat, dafür umso mehr. Meist ragen die Pinot Noir-Selektionen aus den stets starken, zuverlässigen Kollektionen hervor, aber auch mit Weiß- und Grauburgunder nähert Holger Koch sich der badischen – und deutschen – Spitze.

Kollektion

Eine gewohnt kleine, aber auch gewohnt starke Kollektion präsentiert Holger Koch auch in diesem Jahr, die schon in der Basis sehr gutes Niveau zeigt und in der Spitze, weiß wie rot, hervorragend ist. Der Kaiserstuhl-Weißburgunder ist frisch und fruchtbetont im Bouquet, zeigt

reintönige Frucht, ist klar und zupackend im Mund, strukturiert und fruchtbetont. Der Kaiserstuhl-Grauburgunder zeigt gelbe Früchte, ist recht lebhaft im Mund, geradlinig bei feiner Frucht. Eine deutliche Steigerung in Sachen Konzentration und Fülle bringen dann die Herrenstück-Weine. Der Weißburgunder zeigt viel Konzentration, leicht rauchige Noten, besitzt Fülle und Kraft, gute Struktur und reife Frucht. Etwas druckvoller noch ist der Grauburgunder, ebenfalls konzentriert und kraftvoll, fruchtbetont und strukturiert. Bei den weißen Selektionsweinen gilt unsere leichte Präferenz dann dem Weißburgunder, auch wenn wir beide identisch bewertet haben, verspricht uns doch im Jahrgang 2017 der Weißburgunder etwas mehr Potenzial. Er zeigt gute Konzentration und reife Frucht im Bouquet, ist stoffig im Mund, kraftvoll, konzentriert, besitzt viel Substanz und Frucht, braucht aber noch Zeit. Der Grauburgunder zeigt viel Konzentration und gelbe Früchte im herrlich einnehmenden Bouquet, ist strukturiert und kraftvoll im Mund, füllig und harmonisch, besitzt klare reife Frucht und Substanz. Die Rotweine stehen den Weißen nicht nach, im Gegenteil, der 3 Sterne Pinot Noir ist auch in diesem Jahr wieder unser Favorit bei Holger Koch. Aber schon der Herrenstück-Pinot Noir bereitet viel Freude, zeigt exemplarisch, was Holger Koch-Pinot Noir auszeichnet. Er ist frisch und fruchtbetont im Bouquet, herrlich reintönig, klar im Mund, frisch, zupackend, besitzt gute Struktur und reintönige Frucht, ist lebhaft und elegant. Deutlich druckvoller und konzentrierter sind dann die Selektionsweine, ohne dabei aber Frische und Eleganz vermissen zu lassen. Der 1 Stern-Pinot Noir zeigt rauchige Noten, dezenten Toast, ist klar im Mund, frisch, zupackend, besitzt gute Struktur und reintönige Frucht, viel Frische noch im Abgang. Auch der 3 Sterne-Pinot Noir zeigt rauchige Noten und feinen Toast, auch ein wenig Gewürze, ist klar und komplex im Mund, harmonisch und frisch, dabei druckvoll und nachhaltig.

Holger Koch & Gabriele Engesser

Weinbewertung

86	2017 Weißburgunder Kaiserstuhl	**12,5 %/8,80 €**
86	2017 Grauburgunder Kaiserstuhl	**12,5 %/9,30 €**
88	2017 Weißburgunder Herrenstück	**13 %/12,50 €**
89	2017 Grauburgunder Herrenstück	**13 %/12,50 €**
90	2017 Weißburgunder*** Selektion	**13,5 %/18,50 €**
90	2017 Grauburgunder*** Selektion	**13,5 %/18,50 €**
88	2016 Pinot Noir Herrenstück	**13 %/13,- €**
90	2016 Pinot Noir* Selektion	**13 %/23,- €**
92	2016 Pinot Noir*** Selektion	**13 %/35,- €**

LAGEN

HERRENSTÜCK (BICKENSOHL)

REBSORTEN

SPÄTBURGUNDER (45 %)
GRAUBURGUNDER (25 %)
WEISSBURGUNDER (20 %)
CHARDONNAY (10 %)

K

KOCHAN & PLATZ

★

N

KONTAKT

Beethovenstraße 8
54470 Lieser
Tel. 06531-6432 oder 9729320
Fax: 06532-972395
www.kochan-platz.de
wein@kochan-platz.de

Inhaber
Aribert Kochan, Daniel Kochan, Oliver Platz
Rebfläche
9 Hektar
Produktion
80.000 Flaschen

BESUCHSZEITEN

nach Vereinbarung

Über viele Generationen hinweg haben die Familienbetriebe Kochan und Platz, der eine in Lieser angesiedelt, der andere in Veldenz, Erfahrungen im Weinbau gesammelt. Seit 2015 bündeln Aribert Kochan, Daniel Kochan und Oliver Platz ihre Ressourcen unter dem Label Kochan & Platz und haben die Weichen für die Zukunft gestellt. Doch nicht nur die Besitzverhältnisse unterscheiden sich von dem, was üblich ist in der Region, die Inhaber haben auch ein modernes Erscheinungsbild geschaffen und bringen Weine auf den Markt, die auf charmante Weise Bezug nehmen auf den Namen des Unternehmens. „Platz an der Sonne" oder „Plätzchen" heißen sie, aber Lagenweine aus Niederberg-Helden (Lieser) beziehungsweise Kirchberg (Veldenz) existieren auch. Insgesamt werden neun Hektar Reben bewirtschaftet, außer um Riesling und Rivaner kümmert man sich auch um Weiß- und Grauburgunder, um Dornfelder und Kerner.

Kollektion

Straff, geradlinig und gleichmäßig gut – so könnte man die Weine des Jahrgangs 2017 beschreiben, die zum Debüt in diesem Buch vorgestellt wurden. Würzig, in der Nase noch leicht hefig ist die trockene Spätlese Lieser Niederberg-Helden, etwas offener und kräuteriger der Riesling von alten Reben. Mit der feinherben Spätlese aus dem Veldenzer Kirchberg freundet man sich leicht an – sie besitzt Würze und Schmelz, zeigt sich schon recht offen, ist harmonisch und lang. Unter den süßen Weinen gefallen derzeit der Kabinett aus dem Veldenzer Kirchberg (ein Wein mit faszinierendem Süße-Säure-Spiel!) und die Auslese, ebenfalls aus dem Veldenzer Kirchberg, etwas besser als die Spätlese, die keine Lagenbezeichnung trägt. Ersterer Wein ist duftig, frisch, besitzt eine schöne Frische und Finesse. Ganz anders präsentiert sich die Auslese, mit kühler Eleganz und leicht cremiger Art, ist bereits jetzt sehr zugänglich und mit ihrer fein eingebundenen Süße alles andere als aufdringlich. –

Weinbewertung

86 2017 Riesling trocken „Alte Reben" **12,5 %/7,- €** ☺
85 2017 Riesling Spätlese trocken Lieserer Niederberg-Helden **12 %/9,- €**
81 2017 Riesling Classic **12,5 %/6,- €**
82 2017 Riesling „feinherb" „Lieblingsplatz" **11,5 %/6,- €**
86 2017 Riesling Spätlese „feinherb" Veldenzer Kirchberg **11,5 %/9,- €**
86 2017 Riesling Kabinett Veldenzer Kirchberg **8 %/7,- €** ☺
84 2017 Riesling Spätlese **7,5 %/8,- €**
86 2017 Riesling Auslese Veldenzer Kirchberg **7,5 %/13,- €/0,5l**

ARNDT KÖBELIN

★★★★

KONTAKT

Altweg 131
79356 Eichstetten
Tel. 07663-1414
Fax: 07663-912666
www.weingut-koebelin.de
info@weingut-koebelin.de

Inhaber
Arndt Köbelin
Weinverkauf
Monika Köbelin, Alexandra Dinger
Kellermeister
Arndt Köbelin, Daniel Landerer
Außenbetrieb
Arndt Köbelin, Florian Höfflin
Rebfläche
20 Hektar
Produktion
125.000 Flaschen

BESUCHSZEITEN

Do. + Fr. 9-12 + 15-18 Uhr,
Sa. 9-12 Uhr und nach Vereinbarung

Arndt Köbelin gründete – nach Küferlehre und Tätigkeit in verschiedenen Betrieben, zuletzt als Kellermeister der Winzergenossenschaft Durbach – 2005 sein eigenes Weingut. Seine Eltern hatten bis dahin den Ertrag ihrer 3,5 Hektar Reben an die örtliche Genossenschaft abgeliefert. Arndt Köbelin erweiterte nach und nach die Rebfläche, baute 2006 ein neues Weingut mit Keller, 2011 wurde ein neuer Degustations- und Verkaufsraum eröffnet. Die Weinberge liegen alle im Eichstetter Herrenbuck, der einzigen Lage, die das Weingesetz für Eichstetten „übriggelassen" hat. Die Lage ist sehr unterschiedlich, nicht nur, was die Höhe betrifft (von 200 bis 350 Meter), sondern auch, was den Boden betrifft. Während am Waldrand die Reben auf Vulkanverwitterungsböden wachsen, stehen andere Reben auf bis zu 50 Meter hohen Lössschichten in den Eichstetter „Burgunderterrassen". Arndt Köbelin baut vor allem die Burgundersorten an, Spätburgunder, Grauburgunder und Weißburgunder nehmen jeweils etwa ein Viertel der Rebfläche ein. Dazu gibt es Riesling, Müller-Thurgau, Scheurebe, Muskateller, Gewürztraminer und Elbling, sowie Sauvignon Blanc. Die ältesten Reben sind über 40 Jahre alt, Junganlagen werden mit altem, ungeklontem Pflanzmaterial bestockt. Die Trauben werden schonend gepresst und langsam mit den weinbergseigenen Hefen vergoren. Sie werden lange auf der Hefe ausgebaut, auch die Weißweine durchlaufen teilweise den biologischen Säureabbau. Die Spätburgunder werden unfiltriert abgefüllt. Das Programm ist gegliedert in Gutsweine, die als Kabinettweine angeboten werden, und drei Selektionsweine sowie den Eichenlaub-Spätburgunder, diese stammen von alten Reben. Die beiden weißen Selektionsweine – Weißburgunder (von 1970 gepflanzten Reben) und Grauburgunder – werden in 500 Liter-Fässern vergoren und ausgebaut und tragen seit dem Jahrgang 2014 den Namen Lösswand auf dem Etikett, der Spätburgunder wird im Barrique ausgebaut. An der Spitze des Sortiments steht der Reserve-Spätburgunder aus der Einzellage Eichenlaub, der erstmals im Jahrgang 2010 erzeugt wurde. Mit dem Jahrgang 2015 gibt es erstmals auch zwei weiße Reserveweine, den Weißburgunder aus dem Steinenweg und den Grauburgunder Kaltenbrunnen. In den letzten Jahren hat Arndt Köbelin verstärkt auch edelsüße Weine erzeugt. Arndt Köbelin führt das Weingut zusammen mit Ehefrau Monika, die sich hauptsächlich um Verkauf und Marketing kümmert.

Kollektion

Auch in diesem Jahr präsentiert Arndt Köbelin wieder seine weißen Kabinettweine, das Einstiegsniveau ist hoch. Den Rivaner hatten wir schon in den vergangenen Jahren immer wieder einmal als Schnäppchen ausgezeichnet, und auch im Jahrgang 2017 zeigt er wieder einmal gutes Preis-Leistungs-Niveau, er ist frisch, fruchtbetont, klar und zupackend, ein feiner, süffiger

Terrassenwein. Der Weißburgunder steht ihm nicht nach, betört mit seiner reintönigen Frucht, ist lebhaft und zupackend. Der Grauburgunder, wie der Weißburgunder zu 20 Prozent im Holz ausgebaut, ist füllig im Mund, saftig bei reifer süßer Frucht. Viel Würze und Duft zeigt der Muskateller, der nach 48 Stunden Maischestandzeit langsam im Edelstahl vergoren wurde. Er ist frisch, zupackend, süffig – für Muskatellerfreunde. Unser Favorit in diesem Segment ist der duftige Sauvignon Blanc aus der Lange Niemandstal, ein frischer, zupackender Sauvignon Blanc mit Struktur und Frucht. Das weiße Mittelsegment bilden wie gewohnt die beiden Lösswand-Burgunder. Der Weißburgunder, von 46 Jahre alten Reben, wird langsam im Tonneau vergoren. Er besitzt ein tolles Bouquet, zeigt rauchige Noten, reintönige Frucht, ist füllig und saftig im Mund, besitzt gute Struktur und viel reife süße Frucht. Der Grauburgunder, ebenfalls von 46 Jahre alten Reben, langsam im Holz vergoren, zeigt intensiv gelbe Früchte im Bouquet, ist füllig und harmonisch im Mund, besitzt gute Struktur und Substanz. Die Reserve-Weine hatten wir im vergangenen Jahr erstmals vorgestellt. Der Weißburgunder aus dem Sternenweg, von 48 Jahre alten Reben, ist füllig, komplex, besitzt herrlich viel Frucht. Der Grauburgunder Kaltenbrunnen stammt gar von 50 Jahre alten Reben, er besitzt viel Konzentration und reife süße Frucht, beide wurden in Tonneaux aus Eichstetter Eiche ausgebaut. Die Spätburgunder-Trilogie startet wie gewohnt mit dem Holzfass-Spätburgunder, der fruchtbetont, harmonisch und saftig ist. Intensive Frucht und rauchige Noten zeigt der Lösswand-Spätburgunder, besitzt Fülle, Kraft, gute Struktur und reife süße Frucht. An der Spitze steht wie gewohnt der Reserve-Spätburgunder aus der Lage Eichenlaub, ein kraftvoller, komplexer Wein, der gute Struktur, Substanz und Länge besitzt, auf Haltbarkeit vinifiziert ist.

Arndt Köbelin

Weinbewertung

85	2017 Rivaner Kabinett trocken **11,5 %/6,- €** ☺
85	2017 Weißer Burgunder Kabinett trocken **13 %/8,50 €**
84	2017 Grauer Burgunder Kabinett trocken **13 %/8,50 €**
86	2017 Sauvignon Blanc Kabinett trocken „Niemandstal" **12 %/10,50 €**
84	2017 Muskateller Kabinett trocken **12 %/9,50 €**
88	2016 Weißer Burgunder*** trocken „Lösswand" Holzfass **13,5 %/15,50 €**
88	2016 Grauer Burgunder*** trocken „Lösswand" Holzfass **13,5 %/15,50 €**
91	2016 Weißer Burgunder*** trocken „Reserve" „Steinenweg" **14 %/35,- €**
91	2016 Grauer Burgunder*** trocken „Reserve" „Kaltenbrunnen" **14 %/35,- €**
85	2016 Spätburgunder trocken Holzfass **13,5 %/10,- €**
88	2016 Spätburgunder*** trocken Barrique „Lösswand" **13,5 %/18,50 €**
91	2015 Spätburgunder*** trocken „Reserve" „Eichenlaub" Barrique **13,5 %/40,- €**

LAGEN

HERRENBUCK (EICHSTETTEN)
– EICHENLAUB
– NIEMANDSTAL
– STEINENWEG
– KALTENBRUNNEN

REBSORTEN

SPÄTBURGUNDER (25 %)
WEISSBURGUNDER (25 %)
GRAUBURGUNDER (25 %)
MÜLLER-THURGAU (10 %)
RIESLING
SAUVIGNON BLANC
MUSKATELLER
GEWÜRZTRAMINER
SCHEUREBE

K

KOEGLER

★★

W

KONTAKT

Weingut Koegler KG
Kirchgasse 5
65343 Eltville
Tel. 06123-2437
Fax: 06123-81118
www.weingut-koegler.de
info@weingut-koegler.de

K

Inhaber
Ferdinand Koegler
Rebfläche
34 Hektar
Produktion
240.000 Flaschen

BESUCHSZEITEN

ganzjährig geöffnet
Mo.-So. ab 8 Uhr

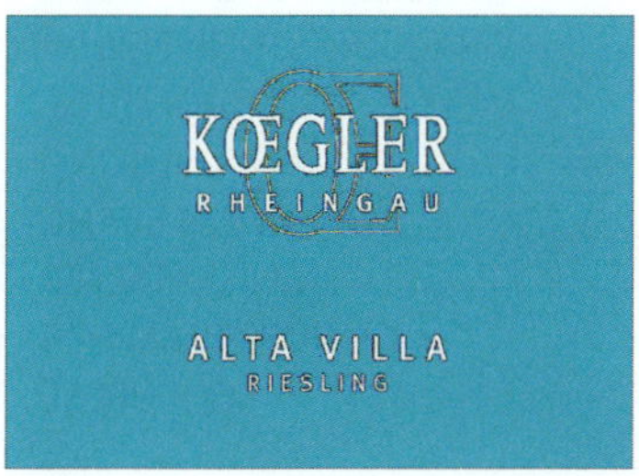

Das Weingut befindet sich in einem Gebäude, dessen Geschichte auf das Jahr 1420 zurückgeht, die Weinberge liegen in Eltville, Kiedrich, Walluf und Hochheim. Neben Riesling und Spätburgunder baut Ferdinand Koegler ein wenig Grünen Veltliner an. Als weitere Kuriosität gehört inzwischen der Zweigelt zum Programm. Im Jahr 2000 übernahm Ferdinand Koegler das traditionsreiche Eltviller Weingut Oekonomierat Fischer Erben mit 7,5 Hektar Weinbergen in den Eltviller Lagen Sonnenberg und Kalbspflicht. Ferdinand Koegler vergärt die Weine teils mit Reinzucht-, teils mit natürlichen Hefen und lässt sie möglichst lange auf der Feinhefe lagern.

Kollektion

Der Gutsriesling ist saftig und herb, hat animierenden Trinkfluss. Kräftiger und deutlich würziger präsentiert sich der Riesling Alte Villa, er ist reifer, dabei substanzreich. Das gereifte 2015er Erste Gewächs aus dem Eltviller Sonnenberg mit seinem intensiven Duft nach getrockneten Kräutern und Nüssen ist am Gaumen erstaunlich fest. Saftig und trinkanimierend, beschert der feinherbe Riesling 1467 eingängiges Vergnügen, ebenso wie der fruchtsüße Rheingau Riesling, der aber etwas einfacher ist und nicht dessen Balance erreicht. Der Grüne Veltliner, als Exot im Rheingau, ist sortentypisch, trotz geringem Alkohol ist er aromatisch und angenehm stoffig, ist so eine gelungene Interpretation dieser österreichischen Rebsorte. Die beiden Sommersturm-Weißweine sind einfach und frisch. Der Rosé präsentiert sich feinfruchtig, der Blanc de Noir geradlinig. Bei den Rotweinen überzeugt der staubtrockene Blaue Zweigelt aus dem Jahrgang 2015 mit prallem Saft und intensiver Würze, der Rubeus Pinot Noir aus dem Jahrgang 2012 setzt dem mehr Kraft entgegen, seine rustikalen Gerbstoffe bremsen den Trinkfluss jedoch merklich.

Weinbewertung

81 2017 „Sommersturm" Perlwein **12 %/7,50 €**
82 2017 „Sommersturm still" Weißwein **12 %/6,- €**
82 2017 Riesling trocken **12 %/6,- €**
85 2017 Grüner Veltliner trocken **11 %/9,- €**
83 2017 „Blanc de Noir Weiß aus Rot" **12 %/9,- €**
84 2016 Riesling trocken „Alte Villa" **12 %/9,- €**
87 2015 Riesling trocken Erstes Gewächs Eltviller Sonnenberg **12,5 %/19,50 €**
83 2017 Riesling „mild" **9 %/6,- €**
84 2016 Riesling „1467" **12 %/9,- €**
83 2017 Rosé **12 %/7,50 €**
86 2015 Blauer Zweigelt trocken **12,5 %/9,- €**
87 2012 Pinot Noir trocken „Rubeus" **14 %/19,- €**

CHRISTOPH KOENEN

★★

KONTAKT

Am Eichhaus 4a
54518 Minheim
Tel. 06507-939970
Fax: 06507-939975
www.ck-weine.de
info@ck-weine.de

Inhaber
Simone & Christoph Koenen
Rebfläche
4 Hektar
Produktion
20.000 Flaschen

BESUCHSZEITEN

täglich nach Vereinbarung

Christoph Koenen übernahm im Jahr 2000 den elterlichen Betrieb in Minheim, begann nach und nach mit der Selbstvermarktung. Alle seine Weinberge liegen in Minheim, allerdings nutzt er keine Lagenbezeichnungen. Er baut zu 95 Prozent Riesling an, daneben gibt es Weißburgunder. Seit dem Umzug in ein neues Kellereigebäude werden die Weine überwiegend im Edelstahl vergoren und sehr lange auf der Feinhefe ausgebaut. Sein Spitzenriesling von alten Reben, Goldschiefer genannt, wurde 2015 erstmals im Holz ausgebaut. Mit seiner Flaschengestaltung fällt das Weingut Koenen auf. Die moderne Ausstattung, die hier geschätzten Schraubverschlüsse und das durchdachte Programm heben den Betrieb ab von der Masse der Weingüter an der Mosel.

Kollektion

Die Weinqualität hält mit dem Erscheinungsbild stand, wie wir schon in den Vorjahren immer wieder erleben konnten. Die Weine sind präzise und klar, Substanz ist vorhanden. Bei den diesmal vorgestellten Weinen können wir Ähnliches sagen und erwähnen gern auch die beiden präsentierten Schaumweine. Der 2015er Riesling brut besitzt eine jahrgangstypische Aromatik, reife Steinobstnoten und Würze, der 2016er ist deutlich geradliniger und frischer, die Säure steht etwas mehr im Vordergrund, aber überzeugen können beide Weine. Rassig und frisch ist dann der „Sound of Riesling" in der trockenen Version (es existiert auch eine feinherbe Variante, die fast ebenso präzise wirkt), klar, direkt und animierend, dazu sehr preisgünstig. Strukturierter ist der „Goldschiefer"-Wein, straff mit Noten von Stachelbeere und Kräutern, rassig und angenehm trocken. Das „Leichte Möselchen" macht seinem Namen Ehre, besitzt sehr wenig Alkohol und einen Hauch von Süße, wirkt leicht und fein. Ein interessanter Stil von Wein, an den sich fast kein Winzer herantraut! Der Kabinett ist dann der süßeste vorgestellte Wein, aber auch er ist eher Understatement, besitzt eine gute Balance; Übertreibungen sind nicht die Sache des Winzers.

Weinbewertung

86	2015 Riesling Sekt brut **12 %/16,90 €**
86	2016 Riesling Sekt brut **12 %/16,90 €**
87	2017 Pinot Blanc **12,5 %/9,90 €**
85	2017 Riesling trocken „Sound of Riesling" **11 %/6,90 €**
86	2016 Riesling trocken „Goldschiefer" **12 %/19,90 €**
85	2017 Riesling „feinherb" „Sound of Riesling" **11 %/6,90 €**
84	2017 Leichtes Möselchen **8,5 %/8,90 €**
85	2017 Riesling Kabinett **9 %/8,90 €**

König Johann

★☆

KONTAKT

Saartalstraße 9-9a
54329 Konz-Filzen
Tel. 06501-969810
Fax: 06501-9698120
www.koenig-johann.eu
info@koenig-johann.eu

Inhaber
Andrea Schmitt, Sarah & Dennis Schmitt
Kellermeister
Sarah & Dennis Schmitt
Rebfläche
11 Hektar
Produktion
74.000 Flaschen

BESUCHSZEITEN

Mo- Sa. 10-18 Uhr

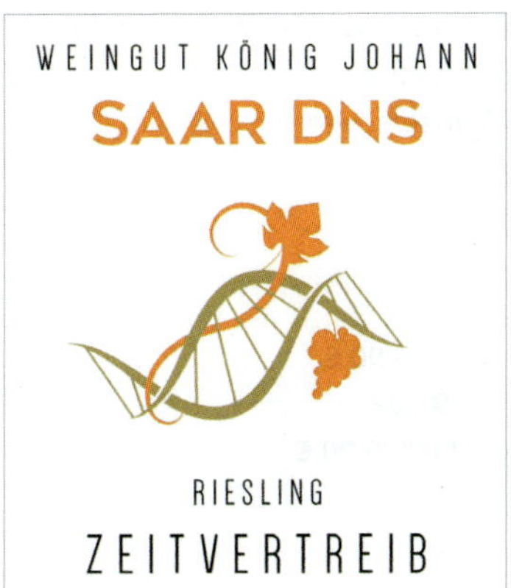

König Johann ist ein Traditionsweingut in Konz-Filzen, das den Generationenwechsel schon früh vollzogen hat. Neben Andrea Schmitt, der Mutter, sind nun auch die Tochter, Sarah, sowie Sohn Dennis Schmitt in diesem Betrieb involviert, der über elf Hektar Reben verfügt. Die Geschwister teilen sich auch den Job des Kellermeisters. Bewirtschaftet werden Parzellen in den Filzener Lagen Steinberger, Unterberg und Urbelt sowie im Serriger König Johann Berg. Außer Riesling, der mit 94 Prozent der Fläche dominiert, finden sich auch kleine Anteile Weißburgunder und Regent. Die Weine werden inzwischen zum Teil mit originellen Bezeichnungen wie „Hummingbird" oder „Mehrwert" bezeichnet. Man spürt das Bemühen um ein zeitgemäßes Marketing und einen unverwechselbaren Stil des Weinguts. Gästezimmer und eine Straußwirtschaft werden ebenfalls betrieben und ergänzen das Gesamtprogramm des Familienbetriebes.

Kollektion

Zum Debüt im vergangenen Jahr wurden beachtliche Weine vorgestellt, beginnend beim saftigen, zugänglichen Crémant. Der diesmal vorgestellte Sekt brut nature ist aus Weißburgunder gewonnen, nicht dosiert und straff, aber auch kraftvoll – man merkt ein wenig den Alkohol. Deutlich filigraner und dennoch schön nachhaltig zeigt sich der „Fernblick"-Riesling. Bei den mehr oder weniger süßen Weinen gibt es verschiedene Stilrichtungen. Der Kabinett ist filigran und fein, mit wenig Süße, der „Lebenslust" genannte Riesling macht seinem Namen Ehre, ist direkt, reif, saftig und für einen als „feinherb" bezeichneten Wein relativ süß. Mit kühler Frucht und Anklängen an kandierten Apfel präsentiert sich die elegante „Eule"-Auslese. Der Rotwein, ein Versuch von Jungwinzerin Sarah Schmitt, ist nicht zu unterschätzen. Ein geradliniger, gekonnt vinifizierter Wein mit dunklen Beerennoten und einer leichten Rauchwürze. —

Weinbewertung

85 2017 Pinot Blanc Sekt brut nature „Seitensprung prickelnd" **13 %/9,- €**
83 2017 Weißburgunder „Seitensprung weiß" Filzener Unterberg **12 %/6,90 €**
87 2017 Riesling trocken „Fernblick" Serriger König Johann Berg **12 %/7,50 €** ☺
84 2017 Riesling Classic „Hummingbird" **12 %/6,90 €**
86 2017 Riesling „feinherb" „Lebenslust" Serriger König Johann Berg **10 %/9,50 €**
85 2017 Riesling Kabinett „Zeitvertreib" Serriger König Johann Berg **11 %/8,50 €**
87 2017 Riesling Spätlese „Eule" Wiltinger Scharzberg **9 %/7,50 €** ☺
87 2017 Riesling Auslese „Eule" Wiltinger Scharzberg **8 %/8,90 €/0,5l**
87 2017 Riesling Auslese „Mehrwert" Serriger König Johann Berg **8,5 %/15,- €**
84 2017 Regent Spätlese trocken „Seitensprung rot" Filzener Unterberg **11 %/7,- €**

KÖNIGSRAIN

★☆

KONTAKT

Königsrainstraße 19
77887 Sasbachwalden
Tel. 0151-23549011
www.koenigsrain.de
koenigsrain@googlemail.com

Inhaber
Katja & Tobias Pfeifer
Rebfläche
2 Hektar
Produktion
11.000 Flaschen

BESUCHSZEITEN

Sa. + So. ganztägig

Katja und Tobias Pfeifer, die beide aus Weinbaubetrieben stammen, gründeten 2011 ihr eigenes Weingut und pflanzten die ersten Reben, 2012 erzeugten sie von zugekauften Trauben ihre ersten Weine, ganze 2000 Flaschen, die im Frühjahr 2013 abgefüllt wurden. Katja Pfeifer machte nach dem Abitur eine Winzerlehre, studierte dann in Geisenheim. Tobias Pfeifer stammt aus einem landwirtschaftlichen Betrieb in Sasbachwalden, ist ebenfalls gelernter Winzer. Ihre Weinberge liegen in Sasbachwalden und angrenzenden Gemarkungen. Knapp die Hälfte der Rebfläche nimmt Spätburgunder ein, hinzu kommt ein Viertel Riesling, dazu gibt es jeweils etwa 10 Prozent Müller-Thurgau, Grauburgunder und Sauvignon Blanc.

Kollektion

Aufgrund von Frostschäden konnte 2017 nur eine kleinere Kollektion auf die Flasche gebracht werden. Sekt spielt eine wichtige Rolle in dem kleinen Betrieb, das zeigt sich auch in diesem Jahr wieder, unter den acht vorgestellten Weinen finden sich zwei Sekte und ein Perlwein. Dieser, Izibizi genannt, ist lebhaft und frisch, harmonisch und zupackend. Der Rosé zeigt rote Früchte und etwas rauchige Noten im Bouquet, ist harmonisch im Mund, recht kompakt. Der Riesling-Sekt ist würzig und klar, zeigt dezent rauchige Noten, ist klar und harmonisch im Mund, rechts süß. Die Weißweine präsentieren sich sehr gleichmäßig. Der Riesling ist würzig und fruchtbetont, klar und zupackend, der würzig-duftige Sauvignon Blanc ist klar, kraftvoll und zupackend, der Grauburgunder zeigt reintönige Frucht und feine Frische im Bouquet, ist frisch und zupackend im Mund, besitzt gute Struktur und klare Frucht. Viel Duft zeigt auch der Rosé im Bouquet, ist fruchtbetont und zupackend dann im Mund. Unser Favorit in der aktuellen Kollektion ist der Premium-Spätburgunder aus dem Jahrgang 2015: Er ist fruchtbetont und intensiv im Bouquet, zeigt reife rote Früchte, ein typischer Ortenauer, ist frisch und zupackend dann im Mund, besitzt gute Struktur und reintönige Frucht.

Weinbewertung

83 2017 „Izibizi Secco" Perlwein trocken **12,5 %/7,- €**
84 2016 Riesling Sekt brut **12,5 %/12,- €**
83 2016 Pinot Rosé Sekt brut **12,5 %/12,- €**
83 2017 Riesling trocken **12,5 %/7,- €**
84 2016 Sauvignon Blanc trocken **12,5 %/7,- €**
84 2017 Grauburgunder trocken **13 %/7,- €**
83 2017 Rosé trocken **12,5 %/7,- €**
86 2015 Spätburgunder trocken „Premium" **12,5 %/12,- €**

königsrain

K

NICK KÖWERICH

★★☆

KONTAKT

Maximinstraße 11
54340 Leiwen
Tel. 06507-4282
Fax: 06507-3037
www.weingutkoewerich.de
weingut.koewerich@t-online.de

Inhaber
Nick Köwerich
Rebfläche
10 Hektar
Produktion
90.000 Flaschen

BESUCHSZEITEN

nach Vereinbarung

Nick Köwerich, Geisenheim-Absolvent, übernahm das Weingut 1994 von seinen Eltern Annemie und Stefan. Er baut ausschließlich Riesling an. Seine Weinberge liegen in der Leiwener Laurentiuslay, der Köwericher Laurentiuslay sowie der Klüsserather Bruderschaft. Das Programm ist klar und überschaubar, es werden vergleichsweise wenige Weine erzeugt, in manchen Jahren ergänzen edelsüße Spezialitäten das Programm. „Einblick No. 1" und „Für Feen und Elfen" werden reduktiv ausgebaut, der „Für Träumer und Helden"-Riesling im großen Holzfass. Das Weingut ist mit seinem Marketingkonzept, den ungewöhnlichen Weinnamen und den originellen Etiketten weit über die Region hinaus bekannt geworden. In der Linie Nikolaus Köwerich gibt es auch ältere Jahrgänge noch im Verkauf, von denen Nick Köwerich regelmäßig welche zu unseren Verkostungen einschickt.

Kollektion

Nick Köwerich hat längst seinen eigenen, unverwechselbaren Stil gefunden sowohl bei den Einstiegsweinen als auch in der Spitze. Die in beachtlichen Mengen erzeugten Basisprodukte „Einblick No. 1" und „Für Feen und Elfen" besitzen eine erfreuliche Würze; der erste Wein ist frisch, zeigt Zitrusnoten und eine spritzige Art, ohne allzu komplex zu sein. Der „Feen-Elfen"-Riesling besitzt deutlich mehr Schmelz, ist saftig und zugänglich. Ein leicht verständlicher Riesling, der nicht nur bei Einsteigern gut ankommen wird. Die Spätlese „Für Träumer und Helden" aus der Bruderschaft wirkt offen, besitzt eine kühle Apfel-Steinobst-Note und eine markante Süße, der Kabinett „Fräulein Mosel" wirkt rassiger, besitzt etwas Kohlensäure, ist aber auch vergleichsweise süß. Frisch und rassig, dazu nachhaltig die Laurentiuslay-Spätlese, die auch in einer spannenden 2007er Variante vorgestellt wird. Sehr elegant schließlich sowohl die Auslese aus 2017 (offene Frucht, Mirabellen und Nektarinen) sowie die nur ganz leicht gereift wirkende, sehr elegante Auslese aus 2002. Ein Wein, den es noch im Verkauf gibt!

Weinbewertung

84 2017 Riesling „Einblick No. 1" **11 %/8,- €**
85 2017 Riesling „Für Feen und Elfen" **10 %/10,- €**
88 2017 Riesling Spätlese „feinherb" Klüsserather Bruderschaft **12 %/19,- €**
86 2017 Riesling Kabinett „Fräulein Mosel" Köwericher Laurentiuslay **9 %/13,- €**
87 2017 Riesling Spätlese „Für Träumer und Helden" Bruderschaft **8,5 %/15,- €**
89 2007 Riesling Spätlese Leiwener Laurentiuslay **8,5 %/28,- €**
88 2017 Riesling Spätlese Leiwener Laurentiuslay **8,5 %/28,- €**
89 2017 Riesling Auslese Leiwener Laurentiuslay **8,5 %/38,- €/0,5l**
90 2002 Riesling Auslese Leiwener Laurentiuslay **8,5 %/38,- €/0,5l**

DR. ANDREAS KOPF

★☆

KONTAKT

Am Frohnacker 1
76829 Landau-Mörzheim
Tel. 06341-32355
Fax: 06341-939395
www.weingut-dr-kopf.de
biolandhofkopf@t-online.de

Inhaber
Dr. Andreas Kopf
Rebfläche
1,4 Hektar
Produktion
10.000 Flaschen

BESUCHSZEITEN

nach Vereinbarung

Mit einer Rebfläche von nur 1,4 Hektar gehört der Betrieb von Dr. Andreas Kopf zu den ganz kleinen Weingütern in der Pfalz. In seinem Hauptberuf als Lehrer – nach Winzerlehre und Studium der Agrarwissenschaften – unterrichtet Andreas Kopf die angehenden Winzer an der Berufsbildenden Schule des DLR Rheinpfalz (Dienstleistungszentrum Ländlicher Raum), der „Weinbauschule" in Neustadt an der Weinstraße. Seit 1991 ist er Mitglied bei Bioland. In seinen Weinbergen in den Lagen Mörzheimer Pfaffenberg und Wollmesheimer Mütterle baut er an weißen Sorten Weißburgunder und Grauburgunder an, daneben Riesling und einen Silvaner von alten, 1959 gepflanzten Reben, dazu gibt es auf ungefähr einem Drittel der Rebfläche Spätburgunder als einzige rote Rebsorte, den er teils als Weißherbst, teils als Rotwein ausbaut, den roten manchmal in Pfälzer Eiche.

Kollektion

Andreas Kopfs Silvaner von alten Reben ist in diesem Jahr sehr prägnant, zeigt feine rauchige und erdige Noten und noch jugendliche Birnenfrucht, er besitzt gute Konzentration und ein feines Säurespiel. Er ist einmal mehr unser Favorit in der kleinen Kollektion, zusammen mit dem eleganten Pinot Sekt, der dezente Frucht und leichte Reifenoten zeigt. Der Weißburgunder aus dem Mütterle ist reintönig und harmonisch, besitzt gute Konzentration, zeigt leicht zurückhaltende Frucht und florale Noten, der Grauburgunder ist ebenfalls leicht floral, zeigt dezente Zitrusnoten und besitzt ein frisches Säurespiel, der Riesling zeigt klare Frucht, Zitrusfrüchte, etwas Kräuter und Honig im Bouquet. Die Cuvée „Chat au Garage" besitzt Fülle, ist aber wieder etwas verhalten, wie auch der Weißherbst vom Spätburgunder, der kurz bleibt, während der „Blanc de noirs" mit seinem feinen Schmelz, floralen Noten und frischer Säure etwas prägnanter ist, der als Rotwein ausgebaute Spätburgunder zeigt dunkle Kirschfrucht und etwas Pflaume im Bouquet, ist in diesem Jahr aber auch recht süß. —

Weinbewertung

85	2015 Pinot Sekt brut **13 %/12,- €**
85	2017 Sylvaner Kabinett trocken **12,5 %/7,- €**
83	2017 Riesling Kabinett trocken **12,5 %/7,- €**
80	2017 „Cuvée Chat au Garage" Weißwein Kabinett trocken **12,5 %/6,- €**
82	2017 Spätburgunder „Blanc de noirs" Kabinett trocken **12 %/7,- €**
80	2017 Spätburgunder Weißherbst Kabinett trocken **11,5 %/5,- €**
84	2017 Weißer Burgunder Kabinett trocken Wollmesheimer Mütterle **12,5 %/7,- €**
82	2017 Grauer Burgunder trocken **13 %/7,- €**
83	2017 Spätburgunder trocken **12,5 %/7,- €**

KORRELL

★★★

KONTAKT

Weingut Johanneshof
Parkstraße 4
55545 Bad Kreuznach-Bosenheim
Tel. 0671-63630
Fax: 0671-71954
www.korrell.com
weingut@korrell.com

Inhaber
Britta & Martin Korrell
Kellermeister
Martin Korrell
Rebfläche
25 Hektar
Produktion
160.000 Flaschen

BESUCHSZEITEN

Mo./Do./Fr. 10-12 + 14-18 Uhr, Sa. 10-15 Uhr, Di./Mi. nur nach Vereinbarung

Seit 1832 baut die Familie Wein im Nahetal an, heute führen Martin und Britta Korrell das Gut in sechster Generation. Die Weinberge befinden sich in den Kreuznacher Lagen Rosenberg, St. Martin und Paradies, hinzu kamen zuletzt Flächen in der Schlossböckelheimer Lage In den Felsen und Königsfels, im Norheimer Kirschheck, in der Niederhäuser Klamm und im Schlossböckelheimer Felsenberg. Wichtigste Rebsorte beim Weingut Korrell ist der Riesling, der die Hälfte der Fläche einnimmt. Dazu gibt es 40 Prozent Burgundersorten, etwas Portugieser, Müller-Thurgau, Scheurebe und Gelber Muskateller. Mit dem Jahrgang 2015 wurde das Sortiment reduziert, nur noch das Paradies wird als Lagenwein abgefüllt, die anderen Lagen ergeben den Riesling „von den großen Lagen".

Kollektion

In seiner aktuellen Kollektion präsentiert uns Martin Korrell seinen bislang stärksten trockenen Riesling, den Étape XX aus seinem 20. Jahrgang, 2015. Der Wein ist eine Selektion von über 50 Jahre alten Reben, insgesamt 24 Monate im Halbstückfass ausgebaut, davon 9 Monate auf der Vollhefe, er zeigt ganz dezente Reifenoten, besitzt gute Konzentration, viel Druck und Grip, salzig-herbe Noten und gute Länge. Auch einen gereiften Riesling konnten wir wieder verkosten, der 2013er Paradies zeigt Noten von Quitte und Rosinen, besitzt noch feinen Druck, etwas besser gefällt uns der aktuelle Jahrgang, der 2017er zeigt kräutrige und steinige Würze, ist druckvoll, animierend und salzig, der Riesling „von den Großen Lagen" zeigt mineralische Noten und viel klare Frucht. Neben einer schlanken, eleganten Riesling Auslese mit feinem, frischem Säurespiel, kann Korrell im edelsüßen Bereich auch mit einer konzentrierten, komplexen Trockenbeerenauslese glänzen, sie zeigt Noten von Aprikosenmark, weißem Nougat und Kräutern im Bouquet, ist elegant und sehr lang.

Weinbewertung

84	2017 Weißer Burgunder trocken **12,5 %/8,70 €**
83	2017 Riesling trocken **12 %/8,70 €**
87	2017 Grauburgunder Weißburgunder Chardonnay trocken „Steinmauer" **13,5 %/15,- €**
88	2017 Riesling trocken „von den Großen Lagen" **13 %/16,- €**
88	2013 Riesling trocken Kreuznacher Paradies **13,5 %/25,- €**
89	2017 Riesling trocken Kreuznacher Paradies **13 %/19,- €**
91	2015 Riesling trocken „Étape XX" **13 %/48,- €**
85	2017 Muskateller & Riesling „fruchtig" **7,5 %/9,50 €**
83	2017 Riesling „feinherb" **11,5 %/8,70 €**
89	2017 Riesling Auslese Kreuznacher Paradies **7,5 %/12,- €/0,375l**
92	2017 Riesling Trockenbeerenauslese „Jahrzehnt" Paradies **6 %/98,- €/0,375l**
88	2013 Spätburgunder trocken Kreuznacher Paradies **14 %/25,- €**

KRÄMER

★★

KONTAKT

Untere Pforte 19
55578 Gau-Weinheim
Tel. 06732-8460
Fax: 06732-63288
www.kraemer-straight.de
info@kraemer-straight.de

Inhaber
Hans-Bernhard & Tobias Krämer
Rebfläche
19 Hektar

BESUCHSZEITEN

nach Vereinbarung

Tobias Krämer, Winzersohn aus Rheinhessen, ist nach Ausbildung und Geisenheim-Studium in den elterlichen Betrieb eingestiegen und kreierte dort seine eigene Weinlinie, die er Krämer Straight nennt. 2013 hat er seine ersten vier Weißweine erzeugt: Riesling, Silvaner, Grauburgunder und Chardonnay, dazu eine rote Cuvée aus Cabernet, Regent und Dornfelder. Die Weinberge der Familie Krämer liegen rund um Gau-Weinheim am Wißberg, die Böden sind von weißem Kalkstein geprägt, der dem Wißberg („weißer Berg") auch seinen Namen einbrachte. Den Großteil ihrer Weine verkaufen Hans-Bernhard und Tobias Krämer bisher als Fassware, das Flaschenweingeschäft soll mit der Straight-Linie zukünftig an Bedeutung gewinnen.

Kollektion

Die starke, ansonsten sehr gleichmäßige Kollektion des Vorjahres hatte einen herausragenden Wein, den ersten Lagenwein von Tobias Krämer, einen stoffigen, druckvollen Riesling aus der Uffhofener La Roche. Seinen Nachfolger aus dem Jahrgang 2017 konnten wir als Fassprobe verkosten: Er zeigt viel reife Frucht im Bouquet, gelbe Früchte, besitzt viel reife Frucht, Fülle, Substanz, gute Struktur und Frische, falls er noch etwas an Komplexität und Nachhaltigkeit gewinnt könnte er an seinen Vorgänger heranreichen. In der Straight-Linie präsentiert Tobias Krämer fünf Weißweine von verschiedenen Rebsorten. Der Silvaner ist füllig und saftig, klar und zupackend, der Grauburgunder zeigt reintönige Frucht im Bouquet, ist dann etwas süß und süffig im Mund. Der Chardonnay zeigt rauchige Noten, ist frisch, klar und zupackend. Am besten gefallen uns der intensiv fruchtige Sauvignon Blanc, der Fülle und Kraft besitzt, reintönige Frucht und gute Struktur; und der würzige, eindringliche Riesling, der kraftvoll, klar und zupackend sich präsentiert bei guter Struktur und feiner Frische. Red Stuff nennt sich der einzige Rotwein, eine Cuvée aus Spätburgunder, Cabernet Sauvignon und Portugieser. Er zeigt intensive Frucht im Bouquet, rote und dunkle Früchte, ist füllig und kraftvoll im Mund bei reifer Frucht und guter Struktur.

Weinbewertung

84 2017 Silvaner trocken „Straight" **12,5 %/7,90 €**
85 2017 Riesling trocken „Straight" **12,5 %/7,90 €**
85 2017 Sauvignon Blanc trocken „Straight" **12,5 %/8,90 €**
83 2017 Grauburgunder trocken „Straight" **12 %/7,90 €**
84 2017 Chardonnay trocken „Straight" **12,5 %/8,90 €**
(87) 2017 Riesling trocken La Roche **13 %/14,50 €**
84 2015 „Red Stuff" Rotwein trocken **13,5 %/8,90 €**

Kraemer

★★★★

KONTAKT

Ökologischer Weinbau Kraemer
Lange Dorfstraße 24
97215 Auernhofen
Tel. 09848-96845
Fax: 09848-96847
www.kraemer-oeko-logisch.de
info@kraemer-oeko-logisch.de

Inhaber
Stephan Krämer
Rebfläche
3,5 Hektar
Produktion
15.000 Flaschen

BESUCHSZEITEN

nach Vereinbarung
Ferienwohnungen

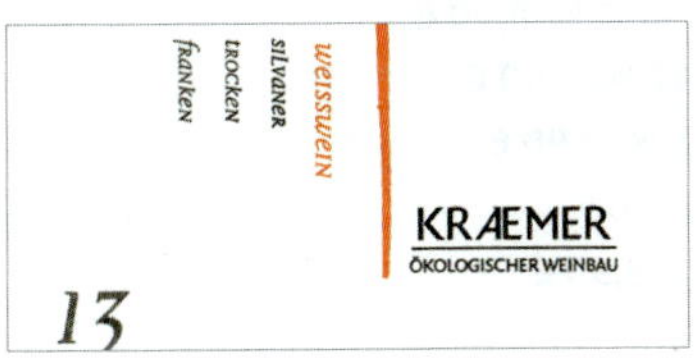

Seit 1989, mit dem Beitritt zu Naturland, bewirtschaftet die Familie Krämer ihr Land ökologisch, auch die 1983 erworbenen Weinberge in Tauberzell. Erst in den letzten Jahren hat Stephan Krämer den Weinausbau forciert, der bei Philipp Wittmann in Westhofen und Gerhard Roth in Wiesenbronn in die Lehre ging. Die Weinberge liegen in der Steillage Tauberzeller Hasennestle. Weinbau in Tauberzell ist seit dem 13. Jahrhundert urkundlich belegt. Im 16. Jahrhundert waren 89 Hektar mit Reben bestockt, 1973 gab es ganze 0,6 Hektar. Mit der Flurbereinigung 1984 wurde der beste Teil unter der Bezeichnung Hasennestle rekultiviert, danach gab es auch wieder Neuanpflanzungen außerhalb der flurbereinigten Lage, die Reben wachsen auf Muschelkalkböden an einem überwiegend südwest-exponierten Hang, der nicht flurbereinigte Teil ist süd-exponiert. Von einem befreundeten Ökowinzer in Iphofen kauft er Trauben aus der Lage Kronsberg zu, inzwischen hat er mehrere Weinberge im Röttinger Feuerstein erworben, ebenfalls im fränkischen Teil der Tauber gelegen, flussabwärts von Tauberzell. Auch in Röttingen gibt es Weinbau seit dem Mittelalter, Ende des 17. Jahrhunderts sollen 180 Hektar mit Reben bepflanzt gewesen sein, auch hier wachsen die Reben an einem süd-exponierten Hang auf Muschelkalkböden mit Feuerstein-Einlagerungen. Den ersten Wein aus Röttingen gab es im Jahrgang 2013, inzwischen besitzt Stefan Krämer 1,5 Hektar an einem Stück im steilsten Teil des Feuerstein. Silvaner und Müller-Thurgau sind die wichtigsten Rebsorten, dazu gibt es Johanniter, Bacchus und Scheurebe, sowie ein wenig Regent. Zuletzt kam mit den Röttinger Weinbergen etwas Riesling hinzu. Im Röttinger Feuerstein hat er eine 20 Ar große Fläche im Altfränkischen Satz bestockt, mit 13 verschiedenen Rebsorten, darunter mehrere Silvaner-Varianten aber auch alte, in Vergessenheit geratene Sorten wie Adelfränkisch. Die Weine werden teils im Edelstahl, teils im Holz ausgebaut, spontanvergoren, blieben anfangs mindestens fünf Monate auf der Hefe, inzwischen ist Stefan Krämer dazu übergegangen sie noch länger auf der Hefe zu belassen, im Jahrgang 2014 hat er erstmals einige Weine unfiltriert abgefüllt, die Schwefelgaben sind sehr niedrig. Alle Weine werden durchgegoren ausgebaut, die Scheurebe gab es ab und an auch mit etwas Restzucker. Inzwischen arbeitet Stefan Krämer verstärkt mit Maischeangärung, füllt die Weine später ab. Da Stephan Krämer seine Weine inzwischen als Taubertäler Landwein vermarktet, dürfen sie keine Lagenbezeichnungen mehr tragen, die Bezeichnung Muschelkalk steht nun für die Weine aus dem Tauberzeller Hasennestle, Silex bezeichnet die Weine aus dem Röttinger Feuerstein.

Kollektion

Stephan Krämer wird zukünftig das Gros seiner Weine erst etwas später in den Verkauf bringen, weswegen wir nochmals die 2016er Weine vorstellen, die wir schon im vergangenen Jahr unmittelbar nach der Abfüllung verkostet hatten; aus dem Jahrgang 2017 stammt allein der frische, zupackende Rosé. Der zwei Jahre auf der Hefe ausgebaute PetNat aus Müller-Thurgau ist frisch, druckvoll und komplex. Der Johanniter vom Muschelkalk ist cremig, recht üppig, besitzt Substanz und reife Frucht. Der Muschelkalk-Müller-Thurgau ist immer noch enorm jugendlich und verschlossen, sehr verhalten, der Silex-Müller-Thurgau zeigt eine dezente Muskatnote im Bouquet, ist geradlinig, zupackend, dezent mineralisch. Die weiße Cuvée ist kraftvoll, zupackend, sehr präzise, der weißgekelterte Pinot Meunier zeigt feine Frische und Frucht im Bouquet, ist frisch und präzise im Mund, dezent mineralisch. Der Silvaner ist frisch, geradlinig, zupackend, hat Zug. Der Silvaner von alten Reben, im Vorjahr noch völlig verschlossen, besitzt gute Konzentration und klare reife Frucht, ist kraftvoll, enorm mineralisch und nachhaltig. Der Silex-Silvaner ist kraftvoll, stoffig, mineralisch, bestätigt den hervorragenden Eindruck des vergangenen Jahres, er ist enorm mineralisch und nachhaltig. Unsere leichte Präferenz, bei identischer Bewertung, gilt dem Muschelkalk-Silvaner, der im vergangenen Jahr schon sehr präsent war, herrlich eindringlich und reintönig ist, kraftvoll, stoffig, zeigt mineralische Noten und ist enorm druckvoll und nachhaltig. Nicht mehr ganz so verschlossen wie vor einem Jahr ist der Silex-Riesling, er ist präzise, druckvoll, mineralisch und nachhaltig, aber immer noch sehr anstrengend.

Stephan Krämer / Foto: Holger Riegel

Weinbewertung

87	2016 Müller-Thurgau „PetNat" brut nature „Muschelkalk" **12 %/14,- €**
87	2016 Silvaner trocken **12,5 %/9,- €**
86	2016 „Cuvée weiß" trocken **12,5 %/7,50 €**
88	2016 Johanniter trocken „Muschelkalk" **12,5 %/11,50 €**
86	2016 Müller-Thurgau trocken Steillage „Muschelkalk" **12 %/10,- €**
87	2016 Müller-Thurgau trocken Steillage „Silex" **12 %/10,- €**
87	2016 Pinot Meunier weiß gekeltert trocken Terrassen **12,5 %/12,50 €**
89	2016 Silvaner trocken Steillage „Alte Reben" **12,5 %/13,- €**
91	2016 Silvaner trocken Steillage „Muschelkalk" **12,5 %/19,- €**
91	2016 Silvaner trocken Steillage „Silex" **12,5 %/19,- €**
89	2016 Riesling trocken Steillage „Silex" **12,5 %/15,- €**
86	2017 Rosé trocken **8,- €**

LAGEN

HASENNESTLE (TAUBERZELL)
FEUERSTEIN (RÖTTINGEN)
KRONSBERG (IPHOFEN)

REBSORTEN

SILVANER
MÜLLER-THURGAU
SCHEUREBE
JOHANNITER
RIESLING
REGENT
BACCHUS

Kranz

★★★★

KONTAKT

Mörzheimer Straße 2
76831 Ilbesheim
Tel. 06341-939206
Fax: 06341-939207
www.weingut-kranz.de
info@weingut-kranz.de

Inhaber
Boris Kranz
Rebfläche
20 Hektar
Produktion
100.000 Flaschen

BESUCHSZEITEN

Mo.-Mi. 8-12 Uhr, Do.-Fr. 8-12 + 14-18 Uhr, Sa. 9-16 Uhr

Wein wird schon lange angebaut in der Familie Kranz, aber erst in den siebziger Jahren entschlossen sich Robert und Lilo Kranz ihren Wein selbst abzufüllen und zu vermarkten. Seit 1990 ist Sohn Boris für den Weinausbau im Betrieb verantwortlich, den er mittlerweile übernommen hat und zusammen mit seiner Ehefrau Kerstin führt. Ihre Weinberge liegen vor allem in Ilbesheim und Arzheim, aber auch in Ranschbach und Göcklingen. Das Weingesetz von 1971 hat die ehemaligen Einzellagen in den beiden Gemeinden Ilbesheim und Arzheim in drei sehr große Lagen zusammen gefasst, Rittersberg für Ilbesheim, Seligmacher und Rosengarten für Arzheim. 2008 wurde die Einzellage Kalmit neu in die Lagenrolle eingetragen, als erste neue Einzellage in der Pfalz seit Verabschiedung des Deutschen Weingesetzes, aber auch diese neue Lage Kalmit wurde recht groß „geschnitten", umfasst neben der eigentlichen Lage Kalmit mehrere frühere Einzellagen wie Kirchberg oder Westerberg. Die Lage Kalmit enthält Landschneckenkalk im Untergrund, im Oberboden findet man wechselnd Löss, Mergel oder Lehm. Um diesen Unterschieden Rechnung zu tragen, differenziert Boris Kranz innerhalb der Lage Kalmit weitere Teillagen, nutzt die in Rheinland-Pfalz heute gegebene Möglichkeit alte Gewannnamen eintragen zu lassen und diese als Lagenbezeichnung auf dem Etikett zu verwenden. Innerhalb der Lage Kalmit hat Boris Kranz die Lagen Kirchberg und Westerberg eintragen lassen, innerhalb der Arzheimer Lage Seligmacher die Gewanne Am Fürstenweg und Klingenwingert. Wichtigste Rebsorten im Betrieb sind Riesling, Weißburgunder (mit steigender Tendenz) und Spätburgunder, dazu gibt es Silvaner, Auxerrois und bereits seit dem Jahrgang 1999 auch Chardonnay, zuletzt wurden Grauburgunder und Sauvignon Blanc gepflanzt. Mit der Aufnahme in den VDP 2012 hat Boris Kranz sein Sortiment neu am vierstufigen VDP-Modell ausgerichtet und in Gutsweine, Ortsweine, Erste Lage- und Große Lage-Weine unterteilt. An der Spitze der Kollektion stehen drei Große Gewächse aus dem Kalmit (Riesling, Weißburgunder, Spätburgunder), sowie ein weiterer Riesling als Großes Gewächs aus dem Kirchberg. Riesling aus Westerberg, Weißburgunder aus Klingenwingert und Chardonnay und Spätburgunder aus der Lage Am Fürstenweg bietet er in der Erste Lage-Linie an. Seit dem Jahrgang 2016 ist das Weingut bio-zertifiziert.

Kollektion

Im Jahrgang 2017 hat Boris Kranz alle seine Weine aus Ersten und Großen Lagen spontan vergoren, auch den Holzfassausbau forciert er und nutzt verschiedene Gebindegrößen, Barriques, Halbstück- und Stückfässer. Die beiden Großen Gewächse vom Riesling sind in diesem

Jahr etwas kraftvoller als 2016 und brauchen einiges an Luft, der Kalmit zeigt kräutrige und kreidig-mineralische Noten, besitzt klare, gelbe Frucht, feinen Grip, Substanz und gute Länge, der Kirchberg ist noch etwas deutlicher in der Frucht mit Noten von Ananas, Orangenschale, Aprikosen, zeigt auch etwas Holzwürze und besitzt gute Länge. Der Westerberg ist in diesem Jahr der schlankste und eleganteste der Rieslinge, zeigt viel klare Frucht, auch etwas Rosmarin, ist animierend und besitzt feinen Biss, der Riesling „Landschneckenkalk" besitzt Kraft und Konzentration, klare Frucht und kalkige Würze, der Ranschbacher Riesling zeigt steinige Noten und etwas Brotkruste, ist in diesem Jahr auch ungewohnt kraftvoll. Bei den Weißburgundern ist schon der Gutswein sehr reintönig und zeigt dezente Holzwürze, der „Landschneckenkalk" zeigt etwas deutlicheres Holz, besitzt klare, gelbe Frucht, ist stoffig und nachhaltig, der Klingenwingert ist etwas eleganter, zeigt feine florale Würze und besitzt guten Grip und das Große Gewächs besitzt viel Saft und Kraft, klare, reintönige Birnenfrucht, etwas Zitruswürze, besitzt gute Substanz, ein feines, nachhaltiges Säurespiel und Potential. Der Chardonnay zeigt im komplexen Bouquet gelbe Frucht, Zitrusnoten, feine röstige Würze, etwas Kokos, besitzt Eleganz und Frische, bei den Spätburgundern ist der Fürstenweg ganz fruchtbetont, mit Noten von Süß- und Sauerkirschen und roten Johannisbeeren, besitzt noch jugendliche Struktur und sehr dezentes Holz, das Große Gewächs vom Kalmit ist im Bouquet etwas verhaltener, besitzt gute Konzentration und lässt am Gaumen dann aber auch viel Frucht erkennen, Cassis und Himbeeren, ist elegant und lang.

Boris Kranz

Weinbewertung

86	2017 Weißer Burgunder trocken **13 %/7,80 €**
88	2017 Weißer Burgunder trocken „vom Landschneckenkalk" **14 %/15,50 €**
87	2017 Riesling trocken „Rotliegend" Ranschbach **13,5 %/12,50 €**
88	2017 Riesling trocken „vom Landschneckenkalk" Ilbesheim **13 %/15,50 €**
89	2017 Riesling trocken Ilbesheimer „Westerberg" **12,5 %/17,- €**
89	2017 Weißer Burgunder trocken Arzheimer „Klingenwingert" **13,5 %/17,- €**
89	2017 Chardonnay trocken Arzheimer „Am Fürstenweg" **13 %/17,- €**
91	2017 Riesling „GG" Kalmit **13,5 %/28,- €**
90	2017 Riesling „GG" Kirchberg **13 %/28,- €**
91	2017 Weißer Burgunder „GG" Kalmit **14 %/28,- €**
88	2015 Spätburgunder trocken Arzheimer „Am Fürstenweg" **13,5 %/18,- €**
90	2015 Spätburgunder „GG" Kalmit **13,5 %/32,- €**

LAGEN

KALMIT (ILBESHEIM)
– WESTERBERG (ILBESHEIM)
– KIRCHBERG (ILBESHEIM)
SELIGMACHER (ARZHEIM)
– AM FÜRSTENWEG (ARZHEIM)
– KLINGENWINGERT (ARZHEIM)

REBSORTEN

RIESLING (25 %)
WEISSBURGUNDER (20 %)
SPÄTBURGUNDER (20 %)

Kranz-Junk

★☆

KONTAKT

Brunnenstraße 7
54472 Brauneberg
Tel. 06534-223
Fax: 06534-18314
www.kranz-junk.de
kranz-junk@t-online.de

Inhaber
Gerti & Josef Kranz
Rebfläche
6 Hektar
Produktion
40.000 Flaschen

BESUCHSZEITEN

jederzeit nach Vereinbarung
Gästezimmer

K

Seit dem 15. Jahrhundert betreibt die Familie Weinbau an der Mosel, heute führen Gerti und Josef Kranz den kleinen Brauneberger Familienbetrieb. Ihre Weinberge liegen vor allem in Brauneberg, in der Juffer und in der Juffer-Sonnenuhr, aber auch im Klostergarten und im Mandelgraben, daneben sind sie auch im Kestener Paulinshofberg vertreten. Riesling ist naturgemäß die wichtigste Rebsorte im Betrieb, aber in den beiden letzten Jahrzehnten wurde der Rebsortenspiegel nach und nach erweitert, es gibt heute auch Weißburgunder, Grauburgunder und Chardonnay, Spätburgunder und Dornfelder. Die Weine werden überwiegend im Edelstahl ausgebaut, zum Teil aber auch noch im klassischen Fuder, der Spätburgunder auch im Barrique. Gerti und Josef Kranz bieten zudem Gästezimmer an.

Kollektion

Die im vergangenen Jahr vorgestellten Weine konnten überzeugen, auch wenn da und dort ein Vertreter des Jahrgangs 2016 nicht in der idealen Balance war. Diesmal wurde zwar kein Literriesling angestellt, wie er im vergangenen Sommer so viel Spaß machte, doch das nun vorgestellte Programm ist sehr stimmig, lässt eine klaren Fortschritt erkennen. Schon die beiden Schaumweine, sind sehr animierend und angenehm niedrig dosiert – der Riesling ist noch etwas straffer und nachhaltiger als der Chardonnay. Unter den 2017er Rieslingen gefällt beispielsweise der trockene Kabinettwein aus der Juffer: Klar, duftig, aber auch mit Schmelz ausgestattet. Substanz besitzen dafür die saftige Spätlese aus der Juffer-Sonnenuhr mit deutlicher Süße und die nach kandiertem Apfel und gelben Früchten duftende Auslese, ebenfalls aus der Juffer-Sonnenuhr. Erwähnenswert ist aber auch der 2015er Spätburgunder – ein eher heller Wein mit würziger, leicht rauchig wirkender Aromatik und beachtlicher Würze. Insgesamt eine starke Leistung.

Weinbewertung

86 2016 „K.J. Nr. 1" Riesling Sekt brut **12,5 %/14,- €**
85 2016 Chardonnay Sekt brut **12,5 %/10,50 €**
83 2017 Grauburgunder trocken **12,5 %/6,90 €**
86 2017 Riesling Kabinett trocken Brauneberger Juffer **11,5 %/7,70 €**
82 2017 Spätburgunder „Blanc de Noir" **12,5 %/7,70 €**
85 2017 Riesling Kabinett Brauneberger Juffer **9 %/7,70 €**
87 2017 Riesling Spätlese Brauneberger Juffer-Sonnenuhr **8 %/11,50 €**
87 2017 Riesling Auslese Brauneberger Juffer-Sonnenuhr **8 %/14,- €**
86 2015 Spätburgunder trocken Barrique **13 %/14,- €**

Kranz-Junk Weingut wine estate

Krebs

★★☆

Kontakt

Großkarlbacher Straße 10
67251 Freinsheim
Tel. 06353-3149
Fax: 06353-1012
www.weingut-krebs.eu
info@weingut-krebs.eu

Inhaber
Harald & Jürgen Krebs
Kellermeister
Jürgen Krebs
Außenbetrieb
Harald Krebs
Rebfläche
17 Hektar
Produktion
90.000 Flaschen

Besuchszeiten

Mo.-Fr. 10-12 + 14-18 Uhr,
Sa. 10-17 Uhr
Gästehaus

Harald Krebs wagte 1982 mit seinem am Ortsrand Freinsheims gelegenen Weingut und 7 Hektar Reben den Schritt in die Selbständigkeit. Seit 2005 wird er im Betrieb unterstützt von Sohn Jürgen, der bei den Weingütern Lucashof, Knipser und Kuhn seine Lehre und 2008 seinen Abschluss als Weinbautechniker machte. Die Weinberge von Harald und Jürgen Krebs liegen in den Freinsheimer Einzellagen Schwarzes Kreuz, Musikantenbuckel, Oschelskopf (mit der Gewanne Auf dem mittleren Groß) und Goldberg, sowie in den Herxheimer Lagen Honigsack und Himmelreich. 60 Prozent der Rebfläche nehmen weiße Sorten ein, vor allem Riesling, gefolgt von Weißburgunder, Grauburgunder und Sauvignon Blanc. An roten Sorten gibt es Spätburgunder, Merlot, Cabernet Sauvignon und Dornfelder.

Kollektion

Jürgen Krebs Rotweine zeugen auch in diesem Jahr wieder von einem gekonnten, gut dosierten Holzeinsatz, an der Spitze liegen die beiden Spätburgunder, die noch leicht jugendliche Tannine aufweisen: Der Musikantenbuckel ist der feinere und elegantere Wein, mit klarer roter Frucht, Süßkirschen, Cassis und Himbeeren, der „Gross" ist etwas kraftvoller mit kräutriger Würze. Und auch mit Merlot und Cabernet Sauvignon kommt Krebs gut zurecht, die Cuvée „Schwarzer Krebs" hat viel dunkle Frucht, ist gut strukturiert mit reifen Tanninen. Bei den Rieslingen ist der Himmelreich komplex und elegant, entwickelt feinen, nachhaltigen Druck und zeigt dezente Holzwürze, der „Gross" ist geradlinig, besitzt sehr animierende Zitrusnoten und ist leicht salzig, während der Honigsack zwar klare Frucht und kräutrige Würze zeigt, insgesamt aber noch zurückhaltend ist. Der Viognier ist sehr komplex und aromatisch im Bouquet, zeigt viel Frucht und Noten von gerösteten Haselnüssen, besitzt Saft und Länge.

Weinbewertung

83	2017 Riesling trocken **12 %/6,50 €**
83	2017 Weißburgunder trocken **12,5 %/6,50 €**
85	2017 Sauvignon Blanc trocken Freinsheim **13 %/8,50 €**
85	2017 Grauburgunder trocken Freinsheim **13 %/8,50 €**
88	2017 Riesling trocken „auf dem mittleren Gross" Oschelskopf **13 %/16,- €**
87	2017 Riesling trocken Herxheimer Honigsack **13 %/16,- €**
89	2017 Riesling trocken Herxheimer Himmelreich **13 %/24,- €**
87	2016 Viognier trocken „Reserve" **13 %/16,- €**
88	2015 Cuvée Schwarzer Krebs Rotwein trocken **14 %/24,- €**
87	2015 Portugieser trocken „Reserve" **13,5 %/21,- €**
89	2015 Spätburgunder trocken Freinsheimer Musikantenbuckel **13 %/28,- €**
89	2015 Spätburgunder trocken „Gross" Freinsheimer Oschelskopf **13,5 %/24,- €**

Kremers Winzerhof

★★

KONTAKT

Mühlgasse 12
63920 Großheubach
Tel. 09371-3270
Fax: 09371-3271
www.kremers-winzerhof.de
winzerhof-kremer@t-online.de

Inhaber
Stefan Kremer
Kellermeister
Stefan & Ulrich Kremer
Rebfläche
9 Hektar
Produktion
60.000 Flaschen

BESUCHSZEITEN

Mo.-Fr. 8:30-18:30 Uhr,
Sa. 8:30-15 Uhr
Heckenwirtschaft

Kremers Winzerhof, mit Sitz in der „unteren Mühle" im Ortszentrum von Großheubach, hat sich seit 1975 auf Weinbau spezialisiert und die alte Mühle zur Heckenwirtschaft umgebaut. Stefan Kremer übernahm, nach Ausbildung und Tätigkeit beim Staatlichen Hofkeller, 1990 den elterlichen Betrieb, führt ihn zusammen mit Ehefrau Christine, heute unterstützt von Sohn Ulrich, der zusammen mit seinem Vater für den Weinausbau verantwortlich ist. Die Weinberge liegen alle im Großheubacher Bischofsberg.

Kollektion

Eine umfangreiche Kollektion präsentieren Stefan und Ulrich Kremer auch in diesem Jahr. Die Basis überzeugt mit fruchtbetonten, sortentypischen Weinen, aus Platzgründen beschränken wir uns auf die Spitzen. Der First-Silvaner besitzt intensive Frucht, Kraft und Substanz, der First-Weißburgunder zeigt eindringlich weiße Früchte, ist herrlich saftig und strukturiert, der trockene Bischofsberg-Riesling steht ihnen kaum nach, ist klar, kraftvoll, strukturiert. Die Rotweine sind ebenfalls bärenstark, bei Kremers überzeugen sogar der intensiv fruchtige, zupackende Cabernet Dorsa oder der reintönige, kraftvolle im Barrique ausgebaute Regent, der viel Substanz besitzt. Der St. Laurent ist kraftvoll, besitzt reintönige Frucht und gute Struktur. Unsere leichte Präferenz gilt der intensiv fruchtigen Cuvée Othello, die Johannisbeeren zeigt, Fülle und Kraft besitzt, gute Struktur und Substanz. Weiter im Aufwind!

Weinbewertung

81 2017 Müller-Thurgau Großheubacher **11,5 %/7,20 €**
82 2017 Müller-Thurgau Kabinett trocken Bischofsberg **11,5 %/5,50 €**
83 2017 Silvaner Kabinett trocken Großheubacher Bischofsberg **12,5 %/7,- €**
83 2017 Weißer Burgunder Kabinett trocken Bischofsberg **12 %/8,20 €**
82 2017 Spätburgunder „Blanc de Noir" trocken Großheubacher **11,5 %/7,20 €**
84 2017 Scheurebe trocken Großheubacher **11,5 %/7,70 €**
84 2017 Muskateller trocken Großheubacher **11 %/8,20 €**
88 2017 Silvaner trocken „The First" Großheubacher Bischofsberg **13 %/10,- €** ☺
88 2017 Weißer Burgunder trocken „The First" Bischofsberg **13 %/10,- €** ☺
87 2017 Riesling trocken Großheubacher Bischofsberg **12,5 %/10,- €**
84 2017 Riesling Kabinett Großheubacher Bischofsberg **11,5 %/7,- €**
83 2016 Spätburgunder trocken Großheubacher **13,5 %/8,20 €**
85 2016 Spätburgunder Kabinett trocken Bischofsberg **13 %/8,70 €**
87 2016 St. Laurent trocken Barrique Großheubacher Bischofsberg **13 %/10,50 €**
87 2016 Cabernet Dorsa trocken Barrique Bischofsberg **13,5 %/11,50 €**
88 2016 „Othello R" Rotwein trocken Großheubacher Bischofsberg **13,5 %/10,50 €**
87 2016 Regent Barrique Großheubacher Bischofsberg **13,5 %/9,50 €**
83 2016 Müller-Thurgau Kabinett trocken Großheubacher Bischofsberg **12 %/5,80 €**

Kress

★☆

KONTAKT

Mühlbachstraße 115
88662 Überlingen
Tel. 07551-65855
Fax: 07551-3600
www.weingut-kress.de
info@weingut-kress.de

Inhaber
Familie Kress
Kellermeister
Volker Blum
Rebfläche
31 Hektar
Produktion
200.000 Flaschen

BESUCHSZEITEN

Mo.-Fr. 9-12:30 + 14-18 Uhr,
Sa. 10-13 Uhr

KRESS

Kristin und Thomas Kress haben nach ihrem Austritt aus der Genossenschaft 2001 ihren ersten eigenen Wein erzeugt. 2013 wurde das traditionsreiche Spitalweingut zum Heiligen Geist in Überlingen übernommen, das 25 Hektar Weinberge bewirtschaftet, die größtenteils von der Stadt bzw. dem Spital- und Spendfonds gepachtet sind. Damit haben sie ihre ursprünglich 7,5 Hektar in Hagnau mehr als vervierfacht. In Hagnau bauen sie vor allem Auxerrois, Weißburgunder, Grauburgunder, Spätburgunder, Müller-Thurgau und Kerner an, mit der Übernahme kamen viel Müller-Thurgau und Spätburgunder hinzu, dazu gibt es Chardonnay, Riesling und Gewürztraminer, Cabernet Sauvignon und Sauvignon Blanc wurden neu gepflanzt. Sohn Johannes hat seine Winzerlehre beim Weingut Dr. Heger beendet und ist jetzt im Betrieb tätig.

Kollektion

Die neue Kollektion ist der letztjährigen sehr ähnlich, an der Spitze stehen erneut die Goldbach-Weine. Die 2017er Weißweine sind etwas verhalten, geradlinig und frisch bei meist merklicher, dezenter Süße. Der weiße Teil der Kollektion wird angeführt von den beiden im Barrique ausgebauten Goldbach-Weinen des Jahrgangs 2016. Der Pinot Blanc zeigt rauchige Noten und etwas Vanille im Bouquet, ist füllig und kraftvoll im Mund, besitzt viel reife süße Frucht und Substanz, die Restsüße ist merklich. Der Pinot Gris ist nochmals konzentrierter im Bouquet, zeigt ebenfalls rauchige Noten und Vanille, ist füllig und kompakt im Mund bei klarer reifer Frucht. Unser Favorit in der vorgestellten Kollektion ist der rote Goldbach-Wein, der Pinot Noir, achtzehn Monate in erst- und zweitbelegten Barriques ausgebaut: Er zeigt rauchige Noten, feine Würze, dezenten Toast, ist kraftvoll, klar und zupackend, besitzt gute Struktur und klare Frucht.

Weinbewertung

82	2016 Pinot Blanc Sekt brut **12,5 %/14,80 €**
80	2017 „Cuvée Blanc" Weißwein Überlinger **12,5 %/9,- €**
80	2017 Müller-Thurgau trocken **12 %/8,50 €**
79	2017 Riesling trocken **13 %/11,20 €**
81	2017 Sauvignon Blanc trocken **13 %/14,20 €**
81	2017 Auxerrois trocken **13 %/13,20 €**
81	2017 Weißer Burgunder trocken **13 %/11,20 €**
80	2017 Grauer Burgunder trocken **13 %/11,20 €**
85	2016 Pinot Blanc „Goldbach" **13,5 %/24,- €**
84	2016 Pinot Gris „Goldbach" **14 %/24,- €**
79	2017 Pinot Noir Rosé trocken **13 %/10,80 €**
87	2015 Pinot Noir „Goldbach" **13,5 %/24,- €**

H.J. KREUZBERG

★★★★

KONTAKT

Schmittmann-Straße 30
53507 Dernau
Tel. 02643-1691, Fax: -3206
www.weingut-kreuzberg.de
info@weingut-kreuzberg.de

Inhaber Ludwig Kreuzberg & Frank Josten
Geschäftsführer Ludwig Kreuzberg & Frank Josten
Kellermeister Ludwig Kreuzberg & Albert Schamaun
Rebfläche 9,2 Hektar
Produktion 60.000 Flaschen

BESUCHSZEITEN

Mo.-Fr. 8-12 + 13-18 Uhr, Sa./So./Feiertage: April-Nov. 10-18 Uhr, Dez.-März 10-15 Uhr, Weihnachten & Neujahr geschlossen; Straußwirtschaft und Pension

Hermann-Josef Kreuzberg, Prokurist des Dernauer Winzervereins, gründete 1953 sein eigenes Gut, das in 40 Jahren auf 3,5 Hektar anwuchs. Ludwig Kreuzberg hat es 1994 übernommen und auf die heutige Größe von mehr als 9 Hektar erweitert. 2013 ist Frank Josten in die Geschäftsführung eingetreten, führt seither zusammen mit Ludwig Kreuzberg den Betrieb. Sandra Kreuzberg betreut die zugehörige Straußwirtschaft und die Pension. Die Weinberge, über 60 Parzellen, liegen in den Dernauer Lagen Pfaffenwingert und Hardtberg, im Marienthaler Trotzenberg, in den Ahrweiler Lagen Rosenthal und Silberberg sowie in den Neuenahrer Lagen Schieferlay und Sonnenberg; zwei Drittel der Rebfläche liegt in Steillagen. Spätburgunder nimmt gut drei Viertel der Weinberge ein, Frühburgunder ist zweitwichtigste Rebsorte, dazu gibt es Dornfelder und Portugieser, seit 1999 auch Regent, Cabernet Sauvignon und Cabernet Franc, sowie ein klein wenig Riesling und Weißburgunder. Das Gros der Rotweine wird nach der klassischen Maischegärung – 10 bis 12 Tage für die Basisweine, 14 bis 20 Tage für die Großen Gewächse – in großen Holzfässern oder im Barrique ausgebaut, alle durchlaufen die malolaktische Gärung und werden ganz schonend filtriert. Weißweine und Weißherbst werden kalt vergoren um Frische und Lebendigkeit zu erhalten. An der Spitze des Sortiments stehen der Spätburgunder Devonschiefer R, sowie vier Große Gewächse – die Spätburgunder aus Schieferlay, Silberberg und Sonnenberg, und der Frühburgunder aus dem Hardtberg. Der Devonschiefer R (2011 gab es einmalig auch einen Devonschiefer RR) ist bisher eine Lagencuvée, wird aber voraussichtlich zukünftig ganz aus einer Lage kommen, aus dem Trotzenberg oder aber aus einem neuen Weinberg in der Walporzheimer Alte Lay.

Kollektion

Im Jahrgang 2016 ist der Devonschiefer R nach wie vor eine Lagencuvée – und wie schon im Vorjahr der herausragende Wein der Kollektion, wobei ihm allerdings im vergangenen Jahr in der 2015er Kollektion das Große Gewächs aus dem Silberberg Paroli bieten konnte. 2016 zeigt der Devonschiefer R intensive Frucht im Bouquet, viel Konzentration, ist herrlich eindringlich und dominant, kommt stoffig und druckvoll in den Mund, besitzt herrlich viel Frucht und gute Struktur, aber auch schöne Frische. Die drei Großen Spätburgunder-Gewächse liefern sich ein Kopf-an-Kopf-Rennen. Der Wein aus dem Silberberg zeigt etwas kräutrig-florale Noten im Bouquet, rote Früchte, ist frisch, klar und präzise, geradlinig, noch sehr jugendlich. Deutlich offener ist der Spätburgunder aus dem Sonnenberg, zeigt intensive Frucht, rote Früchte, ist füllig und kompakt im Mund, besitzt reife Frucht, gute Struktur und feine Frische. Unsere leichte Präferenz, bei

Frank Josten & Ludwig Kreuzberg

identischer Bewertung, gilt dem Spätburgunder aus der Schieferlay, der rote Früchte und feine Frische im Bouquet zeigt, klar und frisch auch im Mund ist, präzise und zupackend, jugendlich. Der Frühburgunder aus dem Hardtberg zeigt intensive Frucht, rauchige Noten, etwas Kräuter, das Bouquet ist deutlich vom Holz geprägt, im Mund ist er füllig, kompakt, konzentriert, besitzt wiederum deutliche Holznoten, dezent Schokolade. Immer eine sichere Bank ist der „normale" Devonschiefer-Spätburgunder: Er zeigt rauchige Noten, ein wenig Kräuter und Schokolade, ist klar, frisch und zupackend, strukturiert und fruchtbetont. Der Frühburgunder C ist fruchtbetont und intensiv im Bouquet, frisch und zupackend im Mund, besitzt gute Struktur und Frucht, die leicht cassisduftige Cuvée Noir zeigt ebenfalls intensive Frucht im Bouquet, besitzt im Mund dann eigenwillig süße Frucht. Da halten wir uns lieber an den Spätburgunder Unplugged, der ganz auf Frische und Frucht setzt, rote Früchte zeigt, lebhaft, klar und zupackend ist wie auch schon der geradlinige Guts-Spätburgunder, und auch in weißer Form überzeugt der Spätburgunder, der Blanc de Noir ist fruchtbetont, reintönig, zupackend. Stimmige, starke Kollektion.

Weinbewertung

85 2017 Spätburgunder „Blanc de Noir" trocken **11,5 %/9,90 €**

84 2016 Spätburgunder trocken **12,5 %/10,- €**

86 2016 Spätburgunder Unplugged **13 %/15,- €**

84 2016 „Cuvée Noir" Rotwein **13 %/9,90 €**

86 2016 Frühburgunder „C" **13 %/22,- €**

89 2016 Spätburgunder „Devonschiefer" **13 %/22,- €**

89 2016 Frühburgunder „GG" Dernauer Hardtberg **13,5 %/39,- €**

90 2016 Spätburgunder „GG" Neuenahrer Schieferlay **13 %/33,- €**

89 2016 Spätburgunder „GG" Ahrweiler Silberberg **13,5 %/39,- €**

90 2016 Spätburgunder „GG" Neuenahrer Sonnenberg **13 %/39,- €**

91 2016 Spätburgunder „Devonschiefer R" **13,5 %/75,- €**

LAGEN

HARDTBERG (DERNAU)
PFARRWINGERT (DERNAU)
TROTZENBERG (MARIENTHAL)
SCHIEFERLAY (NEUENAHR)
SONNENBERG (NEUENAHR)
SILBERBERG (AHRWEILER)
ROSENTHAL (AHRWEILER)
ALTE LAY (WALPORZHEIM)

REBSORTEN

SPÄTBURGUNDER (77 %)
FRÜHBURGUNDER (9 %)
DORNFELDER (4 %)
CABERNET (4 %)
PORTUGIESER (2 %)
RIESLING (2 %)
WEISSBURGUNDER (2 %)

Thorsten Krieger

★☆

KONTAKT

Theresienstraße 71
76835 Rhodt
Tel. 06323-704998
Fax: 06323-938728
www.weingut-thorsten-krieger.de
info@weingut-thorsten-krieger.de

Inhaber
Thorsten Krieger
Rebfläche
26 Hektar

BESUCHSZEITEN

nach Vereinbarung

Das Weingut Krieger befindet sich seit 1652 in Familienbesitz. Mit dem Jahrgang 2001 hat Thorsten Krieger das Weingut von seinem Vater Ludwig übernommen, er hat in Heilbronn Betriebswirtschaft mit Schwerpunkt Weinwirtschaft studiert, eine Sommelierausbildung angeschlossen. Seine Weinberge befinden sich vor allem in den Rhodter Lagen Rosengarten, Klosterpfad und Schlossberg, aber auch im Edenkobener Bergel und im Burrweiler Schäwer. Weiße Sorten nehmen 65 Prozent der Rebfläche ein. Sortenschwerpunkte sind Riesling, sowie weiße und rote Burgunder. Hinzu kommen Dornfelder, Dunkelfelder, St. Laurent und Portugieser, sowie Scheurebe, Chardonnay und Gewürztraminer. Neu gepflanzt wurden zuletzt Cabernet Sauvignon, Merlot und Regent.

Kollektion

Wie im vergangenen Jahr führen auch die 2016er Versionen von Pinot Noir und Syrah wieder Thorsten Kriegers überzeugende Kollektion an: Der Pinot Noir ist in der Frucht noch leicht verhalten und wird noch von den deutlichen Röst- und Kokosnoten dominiert, besitzt aber gute Substanz und Länge, der Syrah ist schon präsenter mit Noten von Pflaumen, Brombeeren und Mokka im Bouquet, er ist kraftvoll und elegant, besitzt gute Struktur und Länge. Auch die beiden anderen Rotweine überzeugen, die Cuvée aus Merlot und Cabernet Sauvignon duftet nach schwarzen Johannisbeeren und Lakritze, besitzt Kraft und eine reife Tanninstruktur und der Spätburgunder zeigt klare Kirschfrucht und dezente röstige Würze. Bei den Weißweinen steht die konzentrierte, frische Rieslaner Auslese mit viel süßer Frucht und floraler Würze an der Spitze, gefolgt vom eindringlichen trockenen Bergel-Riesling mit Noten von Orangenschale, Grapefruit und Kräutern und dem fruchtbetonten Chardonnay, der Birne, Banane und Zitrusfrüchte im Bouquet zeigt.

Weinbewertung / keine Preisangaben

83 2017 Riesling trocken **12 %**
84 2017 Weißburgunder trocken **13 %**
84 2017 Grauburgunder trocken **13,5 %**
85 2017 Chardonnay trocken **13,5 %**
83 2017 Scheurebe trocken **12,5 %**
86 2017 Riesling „S" Spätlese trocken Edenkobener Bergel **13,5 %**
87 2017 Rieslaner Auslese **9 %**
85 2016 Spätburgunder trocken **13,5 %**
87 2015 Merlot & Cabernet Sauvignon trocken „Rhodter Kult" **14 %**
86 2016 Spätburgunder „S" trocken **14 %**
88 2016 Pinot Noir trocken Rhodter Rosengarten **14 %**
88 2016 Syrah trocken Rhodter Rosengarten **14 %**

Rüdiger Kröber

★★★☆

KONTAKT

Hahnenstraße 14
56333 Winningen
Tel. 02606-351
Fax: 02606-2600
www.weingut-kroeber.de
info@weingut-kroeber.de

Inhaber
Rüdiger Kröber
Rebfläche
7 Hektar
Produktion
50.000 Flaschen

BESUCHSZEITEN

Mo.-Sa. 9-18 Uhr

Ute und Rüdiger Kröber übernahmen das Weingut 1991 von Erika und Werner Kröber. Werner Kröber hatte als Küfer den Grundstock für das Weingut gelegt. Seither haben Ute und Rüdiger Kröber, die inzwischen von Sohn Florian im Betrieb unterstützt werden, die Rebfläche mehr als verdoppelt, indem sie Weinberge in Steil- und Terrassenlagen zugekauft haben. Ihre Weinberge befinden sich in den Winninger Lagen Uhlen, Röttgen, Brückstück und Hamm. Die Hälfte der Weinberge liegt in Steillagen, weitere 40 Prozent in Terrassenlagen. Neben Riesling – 92 Prozent der Rebfläche – gibt es ein klein wenig Spätburgunder und Weißburgunder. Die Weine werden teils im Holz, teils im Edelstahl ausgebaut, zuletzt wurden neue Doppelstückfässer angeschafft.

Kollektion

Der feste, würzige Stil der Rieslinge aus dem Weingut Kröber lässt sich über die Jahre hinweg gut nachvollziehen. In Blindverkostungen kann man die Weine oft sehr einfach herausfinden. Immer wieder hatten wir in den vergangenen Jahren die Qualität der Basis gelobt, auch diesmal ist sie überzeugend ausgefallen. Der Literriesling besitzt eine offene Frucht und eine stoffige Art und gehört zu den besten Literweinen, die wir in diesem Jahr von der Mosel verkosten konnten. Noch etwas würziger und mit mehr Spiel aufwartend der Riesling „vom Schiefer". Sehr präzise und trocken fällt der Kabinett aus der Lage Hamm aus, während der Uhlen-Riesling „S" deutlich verschlossen wirkt, straff ist und Schmelz aufweist. Rassig und noch etwas präziser ist sein Pendant aus der Blaufüßer Lay. Die „Alten Reben" wirken rassig-hefig, der Hauch von Süße ist gut ins Gesamtbild integriert. Bei der Spätlese ist die Süße schon sehr viel markanter, der nach Apfel und Cassis duftende Wein gefällt aber mit seiner Struktur. Und der kompakte, balancierte Spätburgunder ist nicht zum ersten Mal sehr gelungen.

Weinbewertung

84 2017 Riesling trocken (1l) **11,5 %/6,80 €**
86 2017 Riesling trocken „vom Schiefer" **11,5 %/7,50 €**
86 2017 Riesling trocken „Steinig" **11,5 %/9,50 €**
87 2017 Riesling Kabinett trocken Winninger Hamm **11,5 %/7,80 €** ☺
88 2017 Riesling Uhlen „S" **11,5 %/10,50 €**
89 2017 Riesling Uhlen „Blaufüßer Lay" **12 %/15,- €**
86 2017 Riesling Kabinett „feinherb" Winninger Brückstück **10,5 %/7,80 €**
88 2017 Riesling „feinherb „Alte Reben"„ Winninger Röttgen **11 %/9,80 €** ☺
89 2017 Riesling Spätlese „Alte Reben" Winninger Röttgen **7,5 %/12,80 €**
88 2017 Spätburgunder trocken **14 %/14,50 €**

KRONE ASSMANNSHAUSEN

★★★☆

KONTAKT

Niederwaldstraße 2
65385 Assmannshausen
Tel. 06722-2525
Fax: 06722-48346
www.weingut-krone.de
info@weingut-krone.de

Inhaber Familie Drieseberg
Betriebsleiter Michael Burgdorf
Kellermeister
Michael Burgdorf, Dominic Borgwardt, Peter Perabo
Außenbetrieb
Dominic Borgwardt
Rebfläche 5,5 Hektar
Produktion 20.000 Flaschen

BESUCHSZEITEN

Weinkontor Fr. 16-18 Uhr, Sa. 14-18 Uhr, So. 13-18 Uhr; Hotel Krone Assmannshausen

Seit dem 16. Jahrhundert gibt es das Gasthaus Krone in Assmannshausen, seit 1860 das gleichnamige Weingut, für das im gleichen Jahr ein 60 Meter langer Felsenkeller gebaut wurde, in dem die Weine noch heute vinifiziert werden. 2006 wurden erstmals in der Geschichte Hotel und Weingut nicht gemeinsam an die nächste Eigentümergeneration übergeben. Das Weingut blieb im Besitz von Botho Jung, im Jahr 2007 ist die Familie Drieseberg (Weingüter Wegeler) als Mitgesellschafter in das Weingut Krone eingestiegen, das sie seit dem Tod von Botho Jung im Jahr 2014 allein führt. Die Weinberge liegen in den Assmannshäuser Lagen Höllenberg, Frankenthal und Hinterkirch, sowie in Rüdesheim im Berg Schlossberg und im Drachenstein, aber auch im Lorcher Schlossberg. Spätburgunder nimmt vier Fünftel der Fläche ein, dazu gibt es etwas Weißburgunder und Riesling. Der Spitzen-Spätburgunder des Hauses trägt seit 2005 den Namen Juwel – aber keinen Lagennamen, auch wenn er überwiegend aus dem Höllenberg stammt. Der Höllenberg-Spätburgunder, der einzige Wein des Weingutes mit Lagenbezeichnung, ist betriebsintern hinter dem Juwel angesiedelt. Die Top-Spätburgunder stammen von in den sechziger Jahren gepflanzten Burgunderklonen und werden in französischen Barriques ausgebaut.

Kollektion

Die neue Kollektion ist der letztjährigen sehr ähnlich, wird, wie man das kennt, angeführt von den Spätburgundern. Aber auch die Weißweine überzeugen: Der feinherbe Riesling von alten Reben ist klar, frisch und zupackend, der Weißburgunder ist geradlinig, besitzt feine süße Frucht wie auch der cremige, feinherbe Blanc de Noir. Frisch und präzise ist der Guts-Spätburgunder, etwas kraftvoller und fruchtbetonter der Assmannshäuser. Der Höllenberg-Spätburgunder zeigt im Jahrgang 2013 feine reife Frucht, besitzt Säure und Biss, der 2014er ist ebenfalls wunderschön reintönig, punktet mit seiner Jugendlichkeit. An der Spitze steht wieder einmal der Spätburgunder Juwel, der rauchige Noten und reintönige Frucht zeigt, harmonisch, elegant und strukturiert ist.

Weinbewertung

85 2018 Riesling „Alte Reben" **12 %/17,50 €**
85 2017 Weißburgunder trocken **12,5 %/20,- €**
84 2017 Spätburgunder „Blanc de Noir" **11 %/17,50 €**
85 2015 Spätburgunder trocken **12 %/18,50 €**
87 2015 Spätburgunder trocken Assmannshäuser **12,5 %/22,- €**
90 2013 Spätburgunder trocken Assmannshäuser Höllenberg **13 %/43,- €**
90 2014 Spätburgunder trocken Assmannshäuser Höllenberg **13 %/43,- €**
91 2013 Spätburgunder trocken „Juwel" Assmannshäuser **13,5 %/63,- €**

KRONENHOF

★

KONTAKT

Langgasse 8
55435 Gau-Algesheim
Tel. 06725-95703
Fax: 06725-95704
www.kronenhof.de
weingut@kronenhof.de

Inhaber
Andreas Hattemer
Rebfläche
8,5 Hektar
Produktion
30.000 Flaschen

BESUCHSZEITEN

Fr. 13-18 Uhr, Sa. 10-13 Uhr
oder nach Vereinbarung
Restaurant im Weingut, tägl. Ab 17 Uhr, So./Feiertage ab 11 Uhr, Mo. geschlossen
Gästehaus

Seit Mitte des 15. Jahrhunderts betreiben die Hattemers Weinbau in Gau-Algesheim. Vor hundert Jahren, damals noch ein landwirtschaftlicher Mischbetrieb mit Ackerbau und Viehhaltung, bezog man den Kronenhof im Stadtkern von Gau-Algesheim. 2001 übernahm Andreas Hattemer, Geisenheim-Absolvent, von seinem Vater Bernhard die Leitung des Weinguts. Er stellte auf ökologische Bewirtschaftung um, ist seit 2008 Mitglied bei Ecovin. Die Weinberge liegen alle in Gau-Algesheim in den Lagen Steinert, Johannisberg, Rothenberg und Goldberg. Riesling nimmt ein Viertel der Rebfläche ein, hinzu kommen mit etwa gleichen Anteilen Silvaner, Grauburgunder, Weißburgunder, Müller-Thurgau, Spätburgunder und Portugieser, des Weiteren Scheurebe, Cabernet Blanc, Kerner, Merlot und Frühburgunder. Dem Weingut ist ein Gästehaus angeschlossen.

Kollektion

Eine umfangreiche Kollektion präsentiert Andreas Hattemer in diesem Jahr, Die Rotweine zeigen sich geschlossener, den herausragenden Wein findet man jedoch im weißen Segment: Der Steinert-Riesling, mit 20 Prozent handentrappten Beeren vergoren, zeigt gelbe Früchte, ist füllig, komplex, besitzt gute Struktur und Frucht, viel Zug. Unter den weiteren Weißweinen gefällt uns die klare, zupackende trockene Riesling Spätlese am besten. Das rote Segment bietet einen reintönigen, geradlinigen Frühburgunder und einen rauchigen Merlot mit wunderschön reintöniger Frucht, noch besser gefällt uns der Rothenberg-Spätburgunder, der Fülle, Kraft und gute Struktur besitzt. ━

Weinbewertung

81	2017 „Secco" trocken **11,5 %/6,- €**
81	2017 „Secco" Rosé Trocken **10 %/6,- €**
80	2017 Riesling trocken (1l) **12 %/5,50 €**
82	2017 Grüner Silvaner trocken **12,5 %/5,50 €**
81	2017 Weißer Burgunder trocken **12,5 %/6,- €**
83	2017 Grauer Burgunder trocken **13,5 %/7,40 €**
84	2017 Riesling Spätlese trocken **12,5 %/7,50 €**
82	2017 Cabernet Blanc trocken **12 %/7,40 €**
88	2016 Riesling trocken Gau-Algesheimer Steinert **12,5 %/11,50 €**
81	2017 Riesling halbtrocken **12 %/5,70 €**
83	2017 Kerner Spätlese **10 %/6,40 €**
83	2016 Spätburgunder trocken **13 %/6,40 €**
84	2015 Frühburgunder trocken Gau-Algesheimer Johannisberg **13,5 %/8,50 €**
84	2016 Merlot trocken **13 %/7,50 €**
85	2015 Spätburgunder trocken „Alte Reben" Rothenberg **13 %/12,50 €**
82	2016 Portugieser halbtrocken **12 %/5,30 €**

K

KRUGER-RUMPF

★★★☆

W

KONTAKT

Rheinstraße 47
55424 Münster-Sarmsheim
Tel. 06721-43859
Fax: 06721-41882
www.kruger-rumpf.com
info@kruger-rumpf.com

Inhaber
Stefan Rumpf, Georg Rumpf
Rebfläche
30 Hektar
Produktion
180.000 Flaschen

BESUCHSZEITEN

Mo.-Sa. 9-18 Uhr, während der Öffnungszeiten der Weinstube und nach Vereinbarung
Weinstube (Di.-Fr. ab 17 Uhr, Sa./So. 12-14 Uhr und ab 16 Uhr)

KRUGER RUMPF

Weinbau wird in der Familie seit 1708 betrieben, bis 1984, als Stefan Rumpf das Weingut von seinen Eltern übernahm, wurden die Weine vorwiegend im Fass vermarktet. Stefan Rumpf stellte auf Selbstvermarktung um und gliederte dem Weingut einen Gutsausschank an. Heute wird der Betrieb von seinen Söhnen Georg und Philipp geführt. Ihre Weinberge liegen in den Münster-Sarmsheimer Lagen Dautenpflänzer (Lösslehm über Quarzit und Schiefer), Rheinberg (überwiegend Quarzit und Schiefer), Kapellenberg (Quarzitverwitterung mit Lösslehm und rotem Schiefer) und in den Gewannen Im Langenberg (Quarzit und Devonschiefer mit Lehmauflage) und Im Pitterberg (grauer Devonschiefer), außerdem in der Bingerbrücker Abtei Rupertsberg (Phylit-Schiefer), im Dorsheimer Burgberg (eisenhaltiger Lehm mit Schiefer und Quarzit) und im Binger Scharlachberg (Quarzit- und Schieferverwitterung mit hohem Eisenoxidanteil). 60 Prozent sind mit Riesling bestockt, dazu gibt es Weiß-, Grau- und Spätburgunder.

Kollektion

Nach vier Jahren, in denen wir keine Weine verkosten konnten, kehrt das Weingut Kruger-Rumpf jetzt mit einer starken Kollektion zurück: An der Spitze liegen die vier Großen Gewächse, der Im Pitterberg ist leicht rauchig, zeigt Aprikose und gelben Apfel, besitzt viel Druck und Grip, der Burgberg zeigt steinige Würze und Kräuter, Rosmarin, der Scharlachberg besitzt viel herbe Zitrusfrucht und kräutrige Würze und der Dautenpflänzer zeigt viel gelbe Frucht, Aprikose, Grapefruit und Ananas. Sehr gut sind auch der feinherbe Im Langenberg mit rauchigen Noten, dezenter Süße und gutem Grip, der Abtei mit viel steiniger Würze und salziger Länge und die konzentrierte, cremige und elegante Auslese Im Pitterberg. ▬

Weinbewertung

85 2017 Riesling trocken „Quarzit" **12 %/8,50 €**
85 2017 Weißer Burgunder trocken **12,5 %/8,90 €**
86 2017 Riesling trocken Binger **12,5 %/9,90 €**
89 2017 Riesling trocken Bingerbrücker Abtei Rupertsberg **12,5 %/18,- €**
88 2017 Weißer Burgunder „S" trocken **13 %/17,- €**
91 2017 Riesling „GG" Burgberg **13 %/34,90 €**
91 2017 Riesling „GG" „Im Pitterberg" **12,5 %/33,- €**
90 2017 Riesling „GG" Dautenpflänzer **13 %/30,- €**
90 2017 Riesling „GG" Scharlachberg **13 %/30,- €**
89 2017 Riesling Münsterer „Im Langenberg" **12,5 %/30,- €**
86 2017 Riesling Kabinett Münsterer „Im Pitterberg" **9,5 %/13,- €**
88 2017 Riesling Spätlese Münsterer „Im Pitterberg" **8 %/18,- €**
90 2017 Riesling Auslese Münsterer „Im Pitterberg" **7,5 %/36,- €**

K

Kublin

★☆

KONTAKT

Obere Guldenstraße 12
79346 Endingen
Tel. 0172-7235915
www.weingut-kublin.de
info@weingut-kublin.de

Inhaber
Wolfram & Sebastian Kublin
Kellermeister
Sebastian Kublin
Außenbetrieb
Wolfram & Sebastian Kublin
mit Team
Rebfläche
4 Hektar
Produktion
17.000 Flaschen

BESUCHSZEITEN

nach Vereinbarung

Der Wein- und Obstbaubetrieb Kublin liegt im Endinger Ortsteil Königschaffhausen, wurde 1992 von Petra und Wolfram Kublin gegründet. Weinbau spielte anfangs nur eine Nebenrolle, mit dem Einstieg von Sohn Sebastian im Jahr 2004 wurde die Rebfläche nach und nach erweitert. Die Burgundersorten dominieren im Anbau, wie könnte das anders sein am Kaiserstuhl. Grauburgunder ist die wichtigste Rebsorte im Betrieb, nimmt ein Drittel der Rebfläche ein, gefolgt von Spätburgunder und Müller-Thurgau, dazu gibt es Weißburgunder und Chardonnay, aber auch Gewürztraminer. Das Sortiment ist zweistufig gegliedert. Die Basis bilden die Qualitäts- und Kabinettweine, das Premium-Segment wird Edition SK genannt. Die Weine werden langsam und gekühlt vergoren und überwiegend trocken ausgebaut. Destillate aus eigener Herstellung ergänzen das Sortiment.

Kollektion

Beim guten Debüt im vergangenen Jahr standen die Weine der Edition SK an der Spitze, Grauburgunder und Chardonnay gefielen uns besonders gut. Die neue Kollektion ist nochmals stärker – und wartet mit einer Überraschung auf, denn dass ein Müller-Thurgau vom Kaiserstuhl eine so gute Figur abgibt, das war nicht zu erwarten. Er zeigt gute Konzentration, intensive Frucht, ist füllig und kraftvoll bei reintöniger reifer Frucht. Auch sonst geben die SK-Weine ein prächtiges Bild: Der Weißburgunder ist konzentriert und reintönig, besitzt Fülle, Kraft, viel Substanz, der Grauburgunder ist noch etwas intensiver in der Frucht, kompakt und kraftvoll. Der Chardonnay aus dem Jahrgang 2016 ist am deutlichsten vom Holz geprägt, zeigt viel Duft und Vanille, ist füllig und saftig im Mund, aber auch sehr cremig und vanillig. Die Kabinettweine sind frisch und geradlinig, am besten gefällt uns der fruchtbetonte, süffige Rosé. Der SK-Spätburgunder des Jahrgangs 2015 ist im Bouquet etwas von Gewürznoten geprägt, ist kraftvoll und zupackend dann im Mund, besitzt gute Struktur und klare Frucht. Im Aufwind!

Weinbewertung

81 2017 Weißer Burgunder Kabinett trocken **12,5 %/6,- €**
82 2017 Grauer Burgunder Kabinett trocken **13 %/6,- €**
87 2017 Müller Thurgau trocken „Edition SK" **12,5 %/10,80 €**
86 2017 Weißer Burgunder trocken „Edition SK" **13 %/10,80 €**
86 2017 Grauer Burgunder trocken „Edition SK" **14 %/10,80 €**
85 2016 Chardonnay trocken „Edition SK" Barrique **13,5 %/12,80 €**
83 2017 Spätburgunder Rosé Kabinett trocken **12,5 %/6,- €**
83 2016 Spätburgunder trocken **13,5 %/7,50 €**
85 2015 Spätburgunder trocken „Edition SK" **14,5 %/12,80 €**

Weingut KUBLIN

Kühling

★★

Kontakt

Gartenstraße 2
67599 Gundheim
Tel. 06244-666
Fax: 06244-840
www.weingut-kuehling.de
info@weingut-kuehling.de

Inhaber
Berthold & Benedikt Kühling
Rebfläche
16 Hektar
Produktion
50.000 Flaschen

Besuchszeiten

nach Vereinbarung

Berthold und Silvia Kühling führen heute das Gut, das sich seit mehreren Generationen in Familienbesitz befindet. 2008, nach Beendigung seines Geisenheim-Studiums, ist Sohn Benedikt in den Betrieb eingestiegen. Ihre Weinberge liegen in Gundheim (Sonnenberg, Hungerbiene, Mandelbrunnen), Westhofen (Rotenstein), Abenheim (Klausenberg) und Monzernheim (Steinböhl). Riesling nimmt ein Viertel der Rebfläche ein, die Burgundersorten zusammen 35 Prozent, dazu gibt es Sauvignon Blanc, Müller-Thurgau, Silvaner, Dornfelder und andere Rebsorten. Die Rotweine werden maischevergoren und überwiegend im Holzfass, auch im Barrique ausgebaut. Die Weißweine werden großteils im Edelstahl ausgebaut. Seit 2007 werden die Weinberge ökologisch bewirtschaftet, man ist Mitglied bei Naturland; 2010 war der erste zertifiziert biologische Jahrgang. Im gleichen Jahr wurde das Sortiment neu gegliedert in Guts-, Orts- und Lagenweine, Prädikatsbezeichnungen werden für trockene Weine nicht länger verwendet.

Kollektion

In der starken Kollektion im vergangenen Jahr hatte der Reserve-Pinot Noir knapp die Nase vorne, vor einer Reihe sehr guter Weißweine. Die neue Kollektion nun bietet fruchtbetonte, klare Gutsweine, etwas kompaktere Ortsweine und eine Vielzahl sehr guter Lagenweine. Der Grauburgunder aus der Hungerbiene besitzt Fülle, Saft und gute Struktur, der leicht gewürzduftige Sonnenberg-Chardonnay besitzt viel reife Frucht und Substanz. Vom Steinböhl-Riesling konnten wir gleich zwei Jahrgänge verkosten: 2016 ist würzig, eindringlich besitzt viel reife Frucht und Substanz, während der reintönige, konzentrierte 2017er deutlich druckvoller und nachhaltiger ist. Der herausragende Wein im roten Teil der Kollektion ist in diesem Jahr der Cabernet Sauvignon, der Fülle und Kraft vereint mit Reintönigkeit. Im Aufwind!

Weinbewertung

82 2017 Riesling trocken **12 %/6,50 €**
82 2017 Weißburgunder trocken **12 %/6,50 €**
83 2017 Grauburgunder trocken Gundheimer **12,5 %/7,50 €**
87 2017 Weißburgunder trocken Gundheimer Mandelbrunnen **13 %/8,50 €**
84 2017 Chardonnay trocken Bermersheimer **12,5 %/7,50 €**
86 2017 Grauburgunder trocken Gundheimer Hungerbiene **13 %/8,50 €**
87 2017 Chardonnay „S" trocken Gundheimer Sonnenberg **13 %/10,90 €**
87 2016 Riesling trocken Monzernheimer Steinböhl **13 %/13,50 €**
88 2017 Riesling trocken Monzernheimer Steinböhl **13 %/13,50 €**
85 2017 Riesling Auslese **8 %/9,90 €**
84 2015 St. Laurent Gundheimer **13 %/8,50 €**
87 2015 Cabernet Sauvignon trocken „Reserve" **13 %/15,- €**

Kühling-Gillot

★★★★☆

Kontakt

Ölmühlstraße 25
55294 Bodenheim
Tel: 06135-2333
Fax: 06135-6463
www.kuehling-gillot.com
info@kuehling-gillot.de

Inhaber
Carolin Spanier-Gillot &
H.O. Spanier
Verkauf Frank Schuber
Kellermeister Axel Thieme
Außenbetrieb Johannes
Trautwein
Rebfläche
18 Hektar
Produktion
100.000 Flaschen

Besuchszeiten

Mo.-Fr. 9-12 + 14-17 Uhr, Sa. 10-12 Uhr und nach Vereinbarung; 6 x im Jahr „LiquidLife" Restaurant und Weinbar (Termine siehe Homepage)

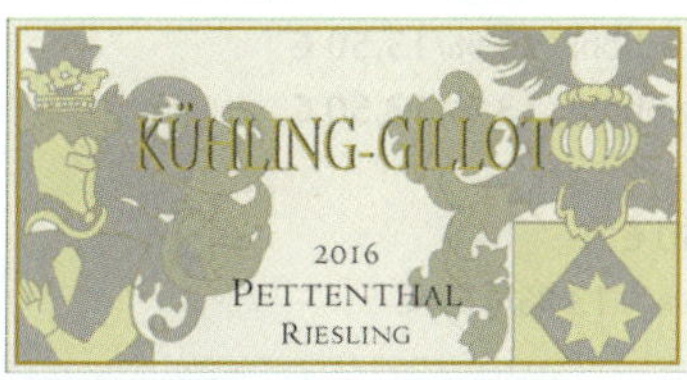

Das Weingut Kühling-Gillot entstand in seiner heutigen Form 1970 durch die Heirat von Roland Gillot und Gabi Kühling, mit der die beiden Weingüter Kühling und Gillot verschmolzen wurden. Seit 2002 führt Tochter Carolin das Gut, die mit Hans Oliver Spanier vom Weingut BattenfeldSpanier verheiratet ist, sie führen beide Weingüter gemeinsam. Ihre Weinberge liegen in den Niersteiner Lagen Pettenthal und Ölberg, inzwischen sind sie auch im Hipping vertreten, in den Oppenheimer Lagen Kreuz, Sackträger und Herrenberg, im Nackenheimer Rothenberg (mit teils wurzelechten Reben) und im Bodenheimer Burgweg. Wichtigste Rebsorte ist Riesling, nimmt mehr als zwei Drittel der Weinberge ein. Es folgt Spätburgunder, hinzu kommen ein wenig Grauburgunder, Scheurebe, Gewürztraminer und Chardonnay, Silvaner und Weißburgunder gibt es nicht mehr bei Kühling-Gillot, diese Rebsorten erhält man im Weingut BattenfeldSpanier. Die Weine der beiden Weingüter werden von Hans Oliver Spanier vinifiziert, behalten aber ihre eigene Lagenidentität. Das Programm von Kühling-Gillot ist in drei Stufen gegliedert: Die Basis bilden die Gutsweine, Qvinterra genannt, es folgen die Ortsweine, die Rieslinge aus Nierstein, Nackenheim und Oppenheim, dann die Reserve-Weine mit Chardonnay und erstmals 2017 auch Grauburgunder, an der Spitze stehen die Großen Gewächse, wobei man sich beim Riesling inzwischen auf die Lagen Pettenthal, Rothenberg und Oelberg beschränkt, mit dem Jahrgang 2014 ist ein Wein aus dem Hipping hinzugekommen, aus Oppenheim werden vom Riesling keine Großen Gewächse mehr erzeugt, aber es gibt einen Spätburgunder Großes Gewächs aus dem Oppenheimer Kreuz, einen weiteren aus dem Bodenheimer Burgweg. Das Große Gewächs aus dem Pettenthal stammt von einer extrem steilen Parzelle, das Große Gewächs aus dem Rothenberg stammt aus dem steilsten Stück des Rothenberg, aus der Gewanne Kapellchen, ist von einer Steinmauer umfasst, die Reben sind noch wurzelecht gepflanzt. Wenn es der Jahrgang erlaubt, werden auch edelsüße Weine erzeugt. Die Weinberge werden biologisch bewirtschaftet.

Kollektion

Nur der Riesling wurde uns in diesem Jahr aus der Gutswein-Linie Qvinterra präsentiert, er ist frisch und rauchig, zeigt klare Frucht, ist zupackend im Mund, strukturiert und fruchtbetont. Wie schon im Jahrgang 2016 hat auch 2017 im Ortswein-Segment wieder der Niersteiner Riesling ganz knapp die Nase vorne, er ist würzig und dominant im Bouquet, füllig und saftig im Mund bei viel Substanz, der Nackenheimer Riesling ist rauchiger, klar, fruchtbetont, zupackend und strukturiert.

Zum ersten Mal gibt es den Grauburgunder R zu verkosten, der in französischen Tonneaux vergoren und ausgebaut wurde. Er zeigt rauchig-würzige Noten und gute Konzentration im Bouquet, ist füllig und kompakt im Mund, besitzt reife Frucht, gute Struktur und Frische. Etwas besser gefällt uns der im großen Holzfass ausgebaute Chardonnay R von Weinbergen in Oppenheim, der ein faszinierendes Bouquet besitzt, rauchig-würzige Noten zeigt, reife Frucht, füllig und saftig im Mund ist, druckvoll, viel Substanz besitzt bei moderatem Alkohol. An der Spitze der Kollektion steht ein großartiges Quartett von Großen Gewächsen. Der Wein aus dem Ölberg zeigt gute Konzentration im Bouquet, reife Frucht, rauchige Noten, ist füllig und saftig im Mund, besitzt reife Frucht und Substanz. Der Hipping ist enorm würzig und eindringlich im Bouquet, druckvoll im Mund, komplex, saftig, besitzt viel Substanz und Länge. An der Spitze liefern sich wieder einmal Pettenthal und Rothenberg ein Kopf-an-Kopf-Rennen, beide gehören zu den großen Rieslingen des Jahrgangs in Deutschland. Der Rothenberg zeigt viel Konzentration, gelbe Früchte, ist füllig und kraftvoll im Mund, stoffig und konzentriert, komplex und lang. Auch der Pettenthal zeigt viel Konzentration und viel reife Frucht im Bouquet, gelbe Früchte, ist kraftvoll im Mund, besitzt herrlich viel Frucht und Substanz, Druck und Länge, ist noch enorm jugendlich und braucht Zeit – in den meisten Jahrgängen ist der Rothenberg der verschlossenste Wein unter den Kühling-Gillot'schen Großen Gewächsen, im Jahrgang 2017 aber der Pettenthal. Auch bei den Auslesen liefern sich die beiden Lagen ein Kopf-an-Kopf-Rennen, die Rothenberg-Auslese zeigt intensive Frucht, feinen Duft, ist klar und zupackend, die Pettenthal-Auslese ist enorm würzig, füllig, saftig, besitzt viel Substanz.

Carolin Spanier-Gillot

Weinbewertung

85	2017 Riesling trocken „Qvinterra" **12 %/11,50 €**
89	2017 Riesling Nierstein **12,5 %/21,- €**
88	2017 Riesling Nackenheim **12,5 %/19,50 €**
89	2017 Grauer Burgunder „R" trocken **12,5 %/13,50 €**
90	2017 Chardonnay „R" trocken **12,5 %/25,- €**
91	2017 Riesling „GG" Ölberg **12,5 %/40,- €**
92	2017 Riesling „GG" Hipping **12,5 %/48,- €**
94	2017 Riesling „GG" Pettenthal **12,5 %/48,- €**
93	2017 Riesling „GG" „wurzelecht" Rothenberg **12,5 %/100,- €**
90	2017 Riesling Auslese Rothenberg **9 %/39,50 €**
91	2017 Riesling Auslese Pettenthal **8,5 %/39,50 €**

LAGEN

PETTENTHAL (NIERSTEIN)
OELBERG (NIERSTEIN)
HIPPING (NIERSTEIN)
ROTHENBERG (NACKENHEIM)
KREUZ (OPPENHEIM)
BURGWEG (BODENHEIM)

REBSORTEN

RIESLING (70 %)
SPÄTBURGUNDER (10 %)
GRAUBURGUNDER
SCHEUREBE
CHARDONNAY

Peter Jakob Kühn

★★★★★

KONTAKT

Mühlstraße 70
65375 Oestrich-Winkel
Tel. 06723-2299
Fax: 06723-87788
www.weingutpjkuehn.de
info@weingutpjkuehn.de

Inhaber
Peter Jakob Kühn
Rebfläche
20 Hektar
Produktion
110.000 Flaschen

BESUCHSZEITEN

Mo.-Fr. 9-17 Uhr, Sa. 11-17 Uhr,
So. geschlossen

Seit über 200 Jahren baut die Familie Wein im Rheingau an. Das Weingut in seiner heutigen Form haben Peter Jakob und Angela Kühn seit Ende der siebziger Jahre aufgebaut. Heute werden sie im Betrieb unterstützt von Sohn Peter Bernhard und den Töchtern Kathrin und Sandra. Die Weinberge liegen in den Oestricher Lagen Doosberg (mit der alten Einzellage Landpflecht), Lenchen und Klosterberg, im Mittelheimer St. Nikolaus (mit der alten Einzellage Schlehdorn) und im Hallgartener Hendelberg und der alten Einzellage Hallgartener Frühenberg, sowie in der Hallgartener Jungfer. Neben dem dominierenden Riesling wird ein klein wenig Spätburgunder angebaut. Seit 2004 arbeitet Peter Jakob Kühn biologisch und biodynamisch, seit 2009 ist er Mitglied bei Demeter. Die Weine werden mit den natürlichen Hefen vergoren, ohne Temperaturkontrolle, teilweise durchlaufen sie auch die malolaktische Gärung. Peter Jakob und Peter Bernhard Kühn haben in den letzten Jahren wieder verstärkt auf Holz gesetzt, heute werden alle Orts- und Lagenweine im Holz ausgebaut. Und sie haben die Ausbaudauer deutlich verlängert. Die Weine der ersten Lagen (Klosterberg, Hendelberg) bleiben ein Jahr im Fass, die Großen Gewächse (Doosberg, St. Nikolaus) zwei Jahre, noch länger – angestrebt sind drei Jahre – sollen zukünftig Schlehdorn und Landgeflecht im Fass bleiben.

Kollektion

Die 2017er Weine bis hinauf zu den Ersten Lagen sind pointiert und kraftvoll, bereiten anspruchsvolles und differenziertes Trinkvergnügen. Der Jacobus ist austariert und schon in seiner Jugend ausgesprochen zugänglich. Sein würziger Charakter ist von zarten Aromen von Nüssen und getrockneten Kräutern geprägt, er ist schlank und frisch. Der Rheinschiefer zeigt den mineralischen Charakter der Hallgartener Lagen, er besitzt Frische, Gerbstoffbiss und würzigen Schmelz, besitzt feine Zitrusnoten und Mineralität. Deutlich kraftvoller und reifer ist der Quarzit. Seinem beerigen, gelbfruchtigen Duft mit rauchigen und kräuterwürzigen Komponenten folgen am Gaumen Würze und Schmelz, der von einer straffen Frischeader durchzogen ist und mit Luft immer mehr Druck entwickelt, er ist ausgewogen und recht füllig, lang und nachhaltig. Auch bei den beiden Erste Lage-Rieslingen sind die unterschiedlichen Charaktere deutlich ausgeprägt. Der zitrusfrische Klosterberg ist schlank und kompakt, geradlinig und präzise, endet mit herber Saftigkeit und mineralischem Salz. Der Hendelberg ist stärker vom Holzfassausbau geprägt, was seine Fülle noch unterstützt. Sein cremiger Kern und würziger Schmelz, wird von reifen Gerbstoffen und einer dezent herben Frischeader durchkreuzt, der Alkohol tritt im Nachgeschmack angenehm wärmend in Erscheinung, was ihm

Länge verleiht. Die weitere Entwicklung der beiden wird spannend sein. Die beiden Großen Gewächse aus 2016 sind offener als in den Vorjahren. Bevorzugt man Reife und Fülle, wird man vom Doosberg mit seinem vom Holzfassausbau geprägten, rauchigen Duft begeistert sein, der Wein ist ausgesprochen zugänglich, mild und cremig, ein sehr reifer Charakter mit großer Substanz, der extrem lange nachhallt, dabei recht wuchtig ist, aber immer auch feines Säurespiel zeigt. Das im Vergleich schlankere Große Gewächs aus dem St. Nikolaus mit seiner strafferen Ader ist deutlich frischer, ist vielleicht nicht mit der Würze und Tiefe des Doosberg ausgestattet, dafür bietet es mehr Finesse. Seine salzige Zitrusfrucht animiert, der Wein ist lang und nachhaltig. Für welches Große Gewächs man sich entscheidet, hängt von den persönlichen Präferenzen ab. Der Riesling „R" ist ein Wein der ganz einnimmt. Er erinnert in seiner oxidativen Stilistik an spät gelesene Lagenweine aus dem Elsass. Hierfür wurde ein Fass der Ernte im Doosberg lange gelagert und erst nach 4 Jahren gefüllt. Die Intensität dieses Rieslings ist faszinierend. Getrocknete gelbe Früchte, Ingwer und Walnüsse, ergeben zusammen mit steinigen und rauchigen Tabakaromen ein vielgestaltiges, eindringliches Bouquet. Im Mund ist er füllig, eindringlich würzig, eine stabile Säure durchdringt seinen dichten üppigen Schmelz, sorgt so im Wechselspiel für akzentuierte Spannung, die das große Gewicht dieses Weines ausbalanciert, ein titanischer Wein, zum andächtigen Genießen. Die fruchtigen Qualitäten aus dem Lenchen sind schlank und fein, der Kabinett ist wie gewohnt recht trocken, ist kühl und knackig, das gilt ebenso für die cremige Spätlese, die eine straffe Ader besitzt. Die elegante edelsüße Auslese ist sehr fein ziseliert, ihre Anklänge von Cassis und tropischen Früchten sind attraktiv, sie ist cremig und würzig bei knackiger Frische.

Peter Bernhard & Peter Jakob Kühn

Weinbewertung

86 2017 Riesling trocken „Jacobus" **12 %/12,50 €**

88 2017 Riesling trocken „Rheinschiefer" Hallgarten **12 %/15,50 €**

89 2017 Riesling trocken „Quarzit" Oestrich **12 %/17,50 €**

90 2017 Riesling trocken Oestrich Klosterberg **12,5 %/23,- €**

90 2017 Riesling trocken Hallgarten Hendelberg **12,5 %/24,- €**

92 2016 Riesling trocken Mittelheim St. Nikolaus **13 %/44,- €**

92 2016 Riesling trocken Oestrich Doosberg **13 %/44, €**

92 2013 Riesling „R" **13 %/105,- €**

87 2017 Riesling Kabinett Oestricher Lenchen **10 %/16,5ß €**

88 2017 Riesling Spätlese Oestricher Lenchen **9 %/57,4ß €**

91 2017 Riesling Auslese Oestricher Lenchen **7 %/38,- €/0,375l**

LAGEN

DOOSBERG (OESTRICH)
- LANDGEFLECHT
LENCHEN (OESTRICH)
ST. NIKOLAUS (MITTELHEIM)
- SCHLEHDORN
KLOSTERBERG (OESTRICH)
HENDELBERG (HALLGARTEN)

REBSORTEN

RIESLING (95 %)
SPÄTBURGUNDER (5 %)

WOLFGANG KÜHN

★★☆

KONTAKT

Ludwigstraße 29
63913 Klingenberg
Tel. 09372-3169
Fax: 09372-12365
www.weingut-wolfgang-kuehn.de
weingut_kuehn@web.de

Inhaber
Wolfgang & Ulrike Kühn
Rebfläche
2,5 Hektar
Produktion
15.000 Flaschen

BESUCHSZEITEN

nach Vereinbarung
Häckerwirtschaft (2 x im Jahr)

Wolfgang Kühn übernahm 1987 die elterlichen Weinberge, die alle im Klingenberger Schlossberg liegen, der rote Bundsandsteinböden besitzt und nach Süd-Südwest exponiert ist. Alle Weinberge befinden sich in denkmalgeschützten kleinen Terrassen. Spätburgunder nimmt die Hälfte der Rebfläche ein, es folgen Portugieser, Frühburgunder, St. Laurent, Müller-Thurgau, Silvaner, Riesling und Gewürztraminer, sowie die pilzresistenten Sorten Regent, Rondo und Johanniter, dazu gibt es ein wenig Cabernet Sauvignon. Der Altrod stammt aus einer Parzelle mit in den dreißiger Jahren gepflanzten Reben, in der Portugieser, Spätburgunder und St. Laurent wachsen, aber auch einige unbekannte Rebsorten; wenn Wolfgang Kühn einzelne Reben in dieser Parzelle ersetzt, pflanzt er Spätburgunder. Der Spitzen-Spätburgunder „U" stammt aus einer Parzelle mit alten Reben, die Ulrike Kühn allein bearbeitet. Alle Rotweine werden zwei bis drei Wochen maischevergoren und durchgegoren ausgebaut.

Kollektion

Eine kleine, aber feine Kollektion von nur sechs Weinen präsentiert Wolfgang Kühn in diesem Jahr. Der einzige Weißwein, der Silvaner, ist frisch und fruchtbetont, geradlinig und klar. Der Portugieser zeigt reintönige Frucht und feine Frische im Bouquet, ist klar, frisch und zupackend im Mund. Mehr Substanz weist der Altrod auf, eine im Gemischten Satz gepflanzte Cuvée aus Spätburgunder, Portugieser, St. Laurent und anderen Rebsorten. Er zeigt rote Früchte, feine Frische, besitzt gute Struktur und Frucht. Die drei Spätburgunder bieten einen schönen Steigerungslauf. Der Qualitätswein ist fruchtbetont, frisch und reintönig. Die trockene Spätlese zeigt reife Frucht im Bouquet, rote Früchte, ist reintönig im Mund, frisch und zupackend, besitzt gute Struktur, Frucht und Grip. Ganz klar an der Spitze steht der nach Ehefrau Ulrike benannte Spätburgunder U. Er zeigt gute Konzentration im Bouquet, reintönige Frucht, feine Frische, ist klar im Mund, frisch, reintönig, fruchtbetont, besitzt gute Struktur und Druck, ist eindeutig der nachhaltigste und druckvollste der Kühn'schen Rotweine. —

Weinbewertung

83 2017 Silvaner Kabinett trocken Klingenberger Schlossberg **12,5 %/8,50 €**
83 2016 Portugieser trocken Klingenberger Schlossberg **12 %/7,- €**
85 2016 „Altrod" Rotwein trocken Klingenberger Schlossberg **13 %/10,50 €**
84 2015 Spätburgunder trocken Klingenberger Schlossberg **12,5 %/10,50 €**
87 2015 Spätburgunder Spätlese trocken Klingenberger Schlossberg **13,5 %/17,- €**
89 2015 Spätburgunder „U" Spätlese trocken Klingenberger Schlossberg **13,5 %/25,- €**

K

FRANZ KÜNSTLER

★★★★

KONTAKT

Geheimrat-Hummel-Platz 1a
65239 Hochheim
Tel. 06146-8386-0
Fax: 06146-7335
www.weingut-kuenstler.de
info@weingut-kuenstler.de

Inhaber
Gunter Künstler
Betriebsleiter
Rolf Schregel
Kellermeister
Gunter Künstler & Rolf Schregel
Rebfläche 48,8 Hektar
Produktion 310.000 Flaschen

BESUCHSZEITEN

Mo.-Fr. 8-12 + 13-18 Uhr,
Sa. 10-15 Uhr, So. (saisonal,
siehe Homepage) 11-16 Uhr

Die Geschichte des Weinguts Künstler unterscheidet sich deutlich von dem anderer Betriebe im Rheingau. Seit Mitte des 17. Jahrhunderts betrieb die Familie Künstler in Südmähren Weinbau. Nach dem Zweiten Weltkrieg musste sie die Heimat verlassen. Franz Künstler leitete 15 Jahre lang andere Weingüter in Hochheim, bevor er sich 1965 selbstständig und rasch Karriere machte. Bereits in den Siebzigern schloss der Newcomer qualitativ zu vielen etablierten Erzeugern auf. Seit 1988 führt sein Sohn Gunter das Weingut, seit 1994 ist es Mitglied im VDP. 1996 übernahm Künstler das Weingut Aschrott Erben, vor einigen Jahren zog er in neue Räume um: Hier ist ausreichend Platz, um die Erträge der mit der Zeit auf fast 49 Hektar angewachsenen Rebfläche zu verarbeiten. Künstler baut 80 Prozent Riesling an, hinzu kommen Spätburgunder und kleine Mengen Chardonnay, Sauvignon Blanc und Grüner Veltliner, inzwischen auch Merlot und Albariño. Er bewirtschaftet Parzellen in den Hochheimer Lagen Hölle, Kirchenstück oder Domdechaney, aber auch im Kostheimer Weiß Erd oder im Rüdesheimer Berg Rottland. Die Hochheimer Lagen Stein und Reichestal sind von großer Bedeutung für die Rotweinerzeugung, ebenso wie die Weinberge im Assmannshäuser Höllenberg. Im Keller wie im Außenbetrieb wird Gunter Künstler von Rolf Schregel unterstützt.

Kollektion

Wie immer präsentieren Gunther Künstler und sein Team eine zuverlässige Kollektion auf hohem Niveau. Die Basisqualitäten bieten viel Wein fürs Geld. Der substanzreiche Gutsriesling ist animierend frisch und fein mineralisch. Etwas dichter und kompakter präsentiert sich der stoffige und straffe Riesling aus dem Herrnberg, der sich in der Flasche sehr gut weiterentwickeln kann. Der Signature-Riesling des Hauses, der trockene Kabinett aus der Hölle, mit typischer Gelbfrucht und kräutrigen Noten im Bouquet, erscheint im Geschmack heuer straffer als sonst, was auch an seinem dezenten Gerbstoffbiss liegt, der für Substanz und Struktur sorgt. Die Alten Reben aus dem Stielweg sind wie gewohnt etwas fülliger, die Neigung zur Opulenz wird jedoch von einer feinen zitrusfrischen Ader geleitet. Bei den Großen Gewächsen entwickeln die Rüdesheimer Lagen eine klare Vorstellung von Terroir. Allein der recht hohe Restzucker geht etwas zu Lasten der Präzision. Der Schlossberg ist straff, seine ausgeprägte Mineralität ist packend. Der Rottland ist ausgewogener und kraftvoll, sein gerbstoffwürziger Schmelz ist lagentypisch, die Fülle sorgt in Kombination mit einer pointierten Säure für spannendes Spiel. Bei den Großen Gewächsen aus dem Oberen Rheingau hat die Hölle wie gewohnt die Nase vorne. Ihre Frucht ist fein und animierend, spielt zwischen reifen gelben Aromen und würzigem Kern, die mineralisch gebundene

Säureader erzeugt Spannung und Finesse, der Wein ist druckvoll und nachhaltig. Das Große Gewächs aus dem Kirchenstück tritt gewohnt wuchtig auf, mit kompaktem würzig durchdrungenem Schmelz, ist füllig, kraftvoll lang. Den zugänglichsten Charakter der Großen Gewächse zeigt der reif duftende Riesling aus der Weiß Erd: Er ist füllig, mild, vollmundig. Mit viskoser Fülle und herber Würze beeindruckt die Trockenbeerenauslese aus der Hölle, ihre markante Säure sorgt für animierende Frische, sie ist balanciert und lang. Die Spätburgunder aus 2016 sind gewohnt aromatisch, wirken vom Holzfasseinsatz etwas zurück genommen, was ihnen sehr gut steht, weil sie dadurch frischer und präziser sind. Der Spätburgunder Tradition ist anfänglich etwas reduktiv, entwickelt an der Luft saftige Frische und Trinkfluss. Der Assmannshäuser Ortswein duftet intensiver, bietet deutlich mehr Substanz und Struktur. Dezente rauchige Aromen und ein Reigen dunkler Beeren entströmen dem Hochheimer Stein, er ist gewohnt kraftvoll, prägnant und würzig, lang und tanninbetont. Der Assmannshäuser Höllenberg ist perfekt reif und intensiv ätherisch. Er verbindet dunkle Frucht und packende, feinkörnige Tannine zu einem eleganten Auftritt mit animierend herber Saftigkeit und langem Nachhall. Dass Große Gewächs aus dem Reichestal schließlich profitiert von seiner Frische, saftigen Substanz und von einem dezent herben Gerbstoffbiss. Dadurch bleibt es bei aller Reife prägnant, lang und delikat.

Gunter Künstler

K

Weinbewertung

86	2017 Riesling trocken	**12,5 %/9,90 €**
87	2017 Hochheimer Hölle Riesling Kabinett trocken	**12,5 %/13,50 €**
87	2017 Sauvignon Blanc trocken „Kalkstein"	**12,5 %/18,50 €**
87	2017 Riesling trocken Hochheimer Herrnberg	**12,5 %/12,- €**
88	2017 Riesling trocken „Alte Reben" Hochheimer Stielweg	**13 %/18,- €**
91	2017 Riesling trocken „GG" Hochheimer Kirchenstück	**13 %/35,- €**
90	2017 Riesling trocken „GG" Kostheimer Weiß Erd	**12,5 %/26,- €**
92	2017 Riesling trocken „GG" Hochheimer Hölle	**12,5 %/35,- €**
91	2017 Riesling trocken „GG" Rüdesheimer Berg Rottland	**12,5 %/35,- €**
91	2017 Riesling trocken „GG" Rüdesheimer Berg Schlossberg	**12 %/48,- €**
92	2015 Riesling Trockenbeerenauslese Hochheim Hölle	**6,5 %/150,- €/0,375l**
85	2016 Spätburgunder trocken „Tradition"	**13,5 %/14,50 €**
87	2015 Spätburgunder trocken „Rotschiefer" Assmannshäuser	**13 %/19,50 €**
88	2016 Spätburgunder trocken Hochheimer Stein	**13,5 %/26,50 €**
91	2016 Spätburgunder trocken „GG" Hochheim Reichestal	**14 %**
92	2016 Spätburgunder trocken „GG" Assmannshausen Höllenberg	**14 %**

LAGEN

HERRNBERG (HOCHHEIM)
HÖLLE (HOCHHEIM)
KIRCHENSTÜCK (HOCHHEIM)
STIELWEG (HOCHHEIM)
DOMDECHANEY (HOCHHEIM)
STEIN (HOCHHEIM)
REICHESTAL (HOCHHEIM)
WEISS ERD (KOSTHEIM)
BERG ROSENECK (RÜDESHEIM)
BERG ROTTLAND (RÜDESHEIM)

REBSORTEN

RIESLING (79 %)
SPÄTBURGUNDER (14,8 %)
CHARDONNAY (2,7 %)
SAUVIGNON BLANC (1,6 %)
ALBARIÑO (1,1 %)
GRÜNER VELTLINER (0,4 %)

Philipp Kuhn

★★★★☆

KONTAKT

Großkarlbacherstraße 20
67229 Laumersheim
Tel. 06238-656
Fax: 06238-4602
www.weingut-philipp-kuhn.de
weingut-philipp-kuhn@gmx.de

Inhaber
Philipp Kuhn
Kellermeister
Philipp Kuhn
Rebfläche
32 Hektar
Produktion
220.000 Flaschen

BESUCHSZEITEN

Mo.-Sa. 10-12 + 13-17 Uhr
(telefonische Voranmeldung)
und nach Vereinbarung

K

Philipp Kuhn übernahm 1992 mit gerade einmal 20 Jahren bereits die Verantwortung für das elterliche Weingut. Heute erzeugt er zu ungefähr 60 Prozent Weißweine und zu 40 Prozent Rotweine. Seine Weinberge liegen rund um Laumersheim, in den Lagen Kirschgarten, Steinbuckel und Kapellenberg, im Großkarlbacher Burgweg, in Kallstadt im Saumagen und Steinacker und seit einigen Jahren auch im Zeller Schwarzen Herrgott. Der Schwerpunkt beim Rotwein liegt auf Spätburgunder, daneben gibt es Cabernet Sauvignon, Merlot, Frühburgunder, St. Laurent, und Blaufränkisch. Alle Rotweine werden in Holzfässern ausgebaut, die Topweine lagern bis zu 20 Monate in neuen Barriques. Bei den Weißweinen dominiert Riesling, gefolgt von Weißburgunder, Sauvignon Blanc, Chardonnay und Grauburgunder, daneben gibt es etwas Viognier und Gewürztraminer. Der Ausbau erfolgt teils im Edelstahl, teils in Holzfässern (auch Barriques). Seit der ersten Ausgabe empfehlen wir die Weine von Philipp Kuhn, kaum ein Anderer in Deutschland hat sich in diesem Zeitraum so gesteigert, so dass er heute mit Rotweinen und Weißweinen regelmäßig zur Jahrgangsspitze in Deutschland zählt. Philipp Kuhn setzt bei den Rotweinen auf Haltbarkeit, die Spätburgunder sind beim Verkostungstermin knapp zwei Jahre nach der Lese oft noch sehr verschlossen, zeigen aber bereits ihre Qualität und deuten großes Potenzial an. Es wäre schade, diese Weine zu früh zu öffnen. Einige Jahre Flaschenreife sollte man ihnen gönnen. Aber auch seine Weißweine werden von Jahr zu Jahr besser, einige sind besser als die besten Roten.

Kollektion

Die Überraschung unter den Großen Gewächsen ist in diesem Jahr der Große Garten: Im Vorjahr war der Wein sehr fruchtbetont, der 2017er ist wesentlich straffer, besitzt herbe kräutrige Würze, etwas Rosmarin, dezente Zitrusnoten, ist animierend und lang. Der Saumagen zeigt steinige Noten, kalkige Mineralität und klare Zitrusfrucht, Grapefruit, Orangenschale und besitzt ebenfalls Länge, der Schwarze Herrgott hat ein ganz ungewöhnliches Bouquet, duftet nach etwas Ananas und kalkige Noten, er besitzt viel Grip und Biss. Der Steinbuckel zeigt kräutrige Würze, aber auch klare Frucht, Ananas, Orange, und besitzt ein animierendes Säurespiel, der Kirschgarten ist straff, zurückhaltend in der Frucht, hat steinige Noten, der Pinot Blanc aus dem Kirschgarten hat ein sehr komplexes Bouquet mit Noten von gerösteten Haselnüssen, etwas Rauch und viel gelber Frucht und besitzt Frische und Länge. Stark sind auch die Erste Lage-Rieslinge, der Kapellenberg ist noch leicht verhalten, zeigt Kräuter und grünen Apfel, der Burgweg besitzt animierende Zitruswürze und der Steinacker zeigt dezente steinige Würze, etwas Limette und ist leicht salzig. Die drei weißen „Réserve"-Weine liegen auf einem Niveau,

sind elegant, besitzen viel reintönige Frucht und feine röstige Würze. Die beiden Spätburgunder-Großen Gewächse sehen wir gleichauf, beiden zeigen dezente Röstnoten und besitzen gute Struktur, der Steinbuckel ist noch leicht zurückhaltend in der Frucht, zeigt etwas Schwarzkirsche und besitzt gute Länge, der Kirschgarten ist etwas präsenter, zeigt auch kräutrige Würze, beide wirken noch sehr jung. Die Cuvée Luitmar zeigt dunkle Beerenfrucht und etwas dunkle Schokolade, ist stoffig, besitzt noch jugendliche Tannine, der Cabernet Sauvignon ist reintönig mit Noten von schwarzen Johannisbeeren, ist konzentriert und lang und der Cabernet Franc zeigt kräutrige Würze, etwas grüne Paprika, besitzt kühle Frucht und Kraft. Die beiden Auslesen sind von ihren Werten her eigentlich Beerenauslesen, beide sind konzentriert und cremig, der Rieslaner besitzt süße Aprikosenfrucht, etwas Quitte und Nougat, der Riesling ist deutlich komplexer, ist fast schon ölig mit viel süßer Frucht, Aprikose, Pfirsich, Mango, Limette und besitzt ein lebendiges Säurespiel.

Philipp Kuhn

K

Weinbewertung

87 2017 Riesling trocken „vom Kalksteinfels" **12 %/13,- €**
88 2017 Weißburgunder „Kalksteinfels" **12,5 %/12,70 €**
87 2017 Gewürztraminer & Riesling trocken „Edelsatz" Laumersheimer **13 %/14,- €**
88 2017 Riesling trocken Laumersheimer Kapellenberg **12,5 %/17,50 €**
89 2017 Riesling trocken Großkarlbacher Burgweg **13 %/17,50 €**
89 2017 Riesling trocken Kallstadter Steinacker **13 %/17,50 €**
89 2017 Sauvignon Blanc trocken „Réserve" Dirmsteiner **12,5 %/20,- €**
89 2017 Grauburgunder trocken „Réserve" Laumersheimer **12,5 %/20,- €**
89 2017 Chardonnay trocken „Réserve" Dirmsteiner **12,5 %/20,- €**
92 2017 Pinot Blanc „GG" Kirschgarten **13 %/28,- €**
91 2017 Riesling „GG" Steinbuckel **12,5 %/28,- €**
91 2017 Riesling „GG" Kirschgarten **13 %/32,- €**
92 2017 Riesling „GG" Im Großen Garten **13 %/32,- €**
92 2017 Riesling „GG" Saumagen **12,5 %/32,- €**
92 2017 Riesling „GG" Schwarzer Herrgott **12,5 %/32,- €**
89 2017 Rieslaner Auslese Laumersheimer **7,5 %/20,- €/0,375l**
91 2017 Riesling Auslese Laumersheimer Kirschgarten **7,5 %/25,- €/0,375l**
90 2015 Luitmar Rotwein trocken Laumersheimer **14,5 %/25,- €**
87 2015 Blaufränkisch trocken „Réserve" Laumersheimer **13,5 %/25,- €**
89 2015 Pinot Noir trocken „Réserve" Laumersheimer **14 %/25,- €**
88 2015 Cabernet Franc trocken „Réserve" Laumersheimer **13,5 %/25,- €**
89 2015 Cabernet Sauvignon trocken „Réserve" Laumersheimer **14 %/25,- €**
91 2015 Pinot Noir „GG" Kirschgarten **13,5 %/38,- €**
91 2015 Pinot Noir „GG" Steinbuckel **13,5 %/38,- €**

LAGEN

KIRSCHGARTEN (LAUMERSHEIM)
STEINBUCKEL (LAUMERSHEIM)
BURGWEG (GROSSKARLBACH)
SAUMAGEN (KALLSTADT)
SCHWARZER HERRGOTT (ZELL)
KAPELLENBERG (LAUMERSHEIM)
STEINACKER (KALLSTADT)

REBSORTEN

RIESLING (28 %)
SPÄTBURGUNDER (22 %)
WEISSBURGUNDER (18 %)
SAUVIGNON BLANC (7 %)
CABERNET SAUVIGNON (5 %)
MERLOT (5 %)
CHARDONNAY (4 %)

KURZ-WAGNER

★

KONTAKT

Haigern 8
74388 Talheim
Tel. 07133-8436
Fax: 07133-963196
www.kurz-wagner.de
info@kurz-wagner.de

Inhaber
Oliver Kurz
Rebfläche
15 Hektar
Produktion
100.000 Flaschen

BESUCHSZEITEN

Mo.-Fr. 18-20 Uhr, Sa. 9-16 Uhr
oder nach Vereinbarung
Ferienwohnung
Wohnmobilstellplätze

Die Großeltern von Oliver Kurz pachteten 1964 den Landgasthof Haigern und gründeten das Weingut, das auf einer Anhöhe zwischen Talheim und Flein inmitten der Weinberge liegt. Seine Eltern Sybille und Otto Kurz haben nach und nach Betriebsgebäude und Rebfläche erweitert. Oliver Kurz unterstützte seit 2002 seine Eltern im Weingut, ist seither für den Weinausbau verantwortlich, 2012 hat er den Betrieb übernommen. Seine Weinberge liegen in Heilbronn (Stiftsberg) und Talheim (Schlossberg). Ein Drittel der Fläche nehmen weiße Sorten ein: Riesling, Chardonnay, Weißburgunder, Grauburgunder, Kerner, Scheurebe und Gewürztraminer. An roten Sorten gibt es Spätburgunder, Lemberger, Schwarzriesling, Samtrot, Trollinger, Dornfelder, Acolon, Cabernet Dorsa, Cabernet Mitos und Merlot. Die Rotweine werden teils maischevergoren, teils maischeerwärmt, der Ausbau erfolgt teils im Holz, teils im Edelstahl. Im roten Segment kreierte Oliver Kurz zwei Cuvées: Der Baron genannte Wein besteht aus Acolon, Cabernet Dorsa und Cabernet Mitos, der Othello aus Merlot und Cabernet Mitos.

Kollektion

Nach einer weiß wie rot sehr gleichmäßigen Kollektion im vergangenen Jahr folgt eine ähnliche Kollektion nach, wobei uns allerdings ein Wein besonders gut gefällt: Der zu 30 Prozent im Barrique ausgebaute Chardonnay m1 zeigt gute Konzentration, klare Frucht, dezent rauchige Noten, ist klar und harmonisch im Mund, kraftvoll und kompakt, besitzt gute Struktur und Frucht. Sonst präsentieren sich die Weißweine sehr gleichmäßig, sie sind fruchtbetont, kompakt und klar, unsere leichte Präferenz gilt dem Grauburgunder aus dem Talheimer Schlossberg, der etwas gelbe Früchte zeigt, klar, zupackend und strukturiert ist. Die zweite Füllung des 2013er Baron ist würzig, geradlinig, der Lemberger aus dem Stiftsberg lebhaft und frisch. Unser Favorit im roten Segment ist der im Barrique ausgebaute Pinot Noir P1 aus dem Schlossberg, der etwas rote Früchte im Bouquet zeigt, klar, kraftvoll und zupackend im Mund ist, viel Tannine besitzt.

Weinbewertung

82	2017 Weißburgunder trocken Talheimer Schlossberg **12,5 %/5,80 €**
83	2017 Grauburgunder trocken Talheimer Schlossberg **13 %/5,80 €**
82	2017 Riesling „S" trocken **13 %/6,- €**
86	2017 Chardonnay trocken „m1" **13 %/8,- €**
82	2013 „Baron" Rotwein trocken Holzfass **13 %/7,- €**
82	2015 Lemberger „S" trocken Heilbronner Stiftsberg **13,5 %/7,50 €**
84	2015 Pinot Noir trocken „P1" Talheimer Schlossberg **14 %/14,- €**

KUSTERER

★★★★

KONTAKT

Untere Beutau 44
73728 Esslingen
Tel. 0711-357909
Fax: 0711-3508105
www.weingut-kusterer.de
weinwelt.hmkusterer@
weingut-kusterer.de

Inhaber
Hans und Monika Kusterer
Kellermeister
Maximilian Kusterer
Rebfläche
5,6 Hektar
Produktion
40.000 Flaschen

BESUCHSZEITEN

Di. 16-19 Uhr, Sa. 9-13 Uhr und nach Vereinbarung
Gravitationskelter, Gayernweg 55, Sa. 11-16 Uhr

Das Weingut Kusterer lag lange Zeit im Herzen der Altstadt von Esslingen. 2012 wurde eine neue viergeschossige Kelter mitten in die Weinberge der Neckarhalde gebaut, inklusive Vinothek. Anfang der neunziger Jahre erwarben Hans und Monika Kusterer ein Keltergebäude aus dem 14. Jahrhundert, das sie restaurierten und wo sie heute Veranstaltungen abhalten. Die knapp 6 Hektar Weinberge von Hans und Monika Kusterer befinden sich in den um das Jahr 1200 angelegten Terrassen des Esslinger Schenkenberg, wo sie 50 Parzellen besitzen, sowie in der kleinsten Einzellage Württembergs, der Esslinger Neckarhalde. 2007 konnten sie diese Lage ganz erwerben, bauen hier Spätburgunder und Chardonnay an. Der Schenkenberg besteht im unteren Teil aus buntem Mergel, dazwischen findet man Stubensandstein, darüber Knollenmergel. Die Neckarhalde besteht aus kalkhaltigem, tonreichen Knollenmergel. Die wichtigsten Rebsorten von Hans und Monika Kusterer sind Lemberger, Spätburgunder und Riesling, gefolgt von Merlot (den es bereits seit 1994 im Weingut gibt, der aber anfangs vor allem für Cuvées genutzt wurde), Zweigelt, Trollinger und Muskattrollinger. Hinzu kommen Grauburgunder und Chardonnay, ein wenig Silvaner, zuletzt wurde ein klein wenig Cabernet Franc gepflanzt, in Zukunft soll etwas mehr Chardonnay hinzukommen, auch um daraus einen Sekt zu erzeugen. Sohn Maximilian Kusterer studierte in Geisenheim, machte Praktika bei Friedrich Becker, Paul Fürst und bei Newton Johnson in Südafrika. Er hat 2012 seinen ersten eigenen Wein kreiert, ist seit 2016 für den Keller verantwortlich, er setzt verstärkt auf Maischestandzeiten und Holzeinsatz. Die Top-Rotweine werden alle mindestens zwei Jahre in neuen Barriques ausgebaut, der Spätburgunder Rosenholz drei Jahre. Alle Weine werden in der Regel durchgegoren ausgebaut. In den letzten Jahren wurden das Sortiment und die Etiketten neu gestaltet, man nutzt seither für die Topweine alte Flurstücksbezeichnungen wie Herzogen (Steillage im oberen Teil des Schenkenbergs, tonreicher, tiefgründiger Boden mit Mergelanteil, mit Zweigelt bestockt), Rosenholz (Südwest-exponiert mit kalkhaltigem Bunten Mergel, mit Spätburgunder bepflanzt) oder Felsen (Steillage im oberen Teil des Schenkenbergs, Stubensandstein, darüber geringe Bodenauflage mit Buntem Mergel, hier wächst Lemberger), erstmals im Jahrgang 2017 wurde ein im Barrique ausgebauter Grauburgunder aus der Lage Gern erzeugt.

Kollektion

Ein feiner, lange auf der Hefe gereifter Sekt eröffnet in diesem Jahr den Reigen. Die Grande Cuvée aus der Neckarhalde, Pinot Noir und Chardonnay, wurde 42 Monate auf der Hefe ausgebaut und im November 2017 degorgiert. Sie zeigt feine rauchige Noten im Bouquet, besitzt gute

Harmonie und Länge im Mund. Des Weiteren konnten wir drei Weißweine, zwei Rosés und sechs Rotweine verkosten. Der Riesling vom bunten Mergel zeigt rauchige Noten und reintönige Frucht, ist klar, zupackend und fruchtbetont. Der Steillage-Grauburgunder besticht mit seiner reintönigen Frucht im Bouquet, er besitzt gute Struktur, feine Frucht und Frische. Unser eindeutiger Favorit im weißen Segment ist der neue Grauburgunder Gern, der rauchige Noten zeigt, reife Frucht, herrlich eindringlich und konzentriert ist, Fülle und Saft besitzt, viel reife Frucht und gute Struktur, sich auf Anhieb in der Spitzengruppe der württembergischen Grauburgunder platziert. Die beiden Rosés sind sehr gut: Der Muskattrollinger ist lebhaft, fruchtbetont und zupackend, der Merlot besitzt reintönige Frucht, gute Struktur und Frische. Auch im roten Segment ist das Einstiegsniveau hoch wie der fruchtbetonte, reintönige Spätburgunder beweist, der gute Struktur und Grip besitzt. Der Spätburgunder aus der Neckarhalde ist reintönig, frisch und zupackend, besitzt Struktur und klare Frucht. Unser Favorit im Spätburgunder-Trio ist aber der Rosenholz: Reintönige Frucht, feine Frische, rote Früchte im Bouquet, klar und zupackend im Mund, reintönig und strukturiert, komplex, frisch und nachhaltig. Der Steillage-Blaufränkisch ist frisch und fruchtbetont, reintönig und zupackend, der Zweigelt zeigt intensive Frucht im Bouquet, ist herrlich klar und zupackend im Mund, besitzt feine Frische und gute Struktur. Den Mélac, einen der Klassiker unter den Württemberger Cuvées, konnten wir als Fassprobe verkosten: Er zeigt intensive Frucht und rauchige Noten, ist klar, frisch und zupackend, besitzt gute Struktur und reife Frucht. Einmal mehr eine stimmige, rundum überzeugende Kollektion aus dem Hause Kusterer!

Familie Kusterer

Weinbewertung

89	2013 „K Grande Cuvée" Pinot brut nature Neckarhalde **12,5 %/23,- €**
86	2017 Riesling trocken „vom bunten Mergel" **13 %/9,80 €**
87	2017 Grauburgunder trocken Steillage **13,5 %/13,50 €**
90	2017 Grauburgunder trocken „Gern" **13,5 %/23,- €**
85	2017 Muskattrollinger Rosé trocken **12,5 %/9,80 €**
86	2017 Merlot Rosé trocken **12,5 %/9,80 €**
85	2014 Blaufränkisch trocken Steillage **13,5 %/9,80 €**
86	2014 Spätburgunder trocken **13,5 %/9,80 €**
88	2013 Blauer Zweigelt trocken „Herzogen" **13,5 %/15,- €**
89	2014 Spätburgunder trocken Neckarhalde **13,5 %/16,- €**
(90)	2014 „Mélac" Rotwein trocken **13,5 %/26,- €**
91	2014 Spätburgunder trocken „Rosenholz" **13,5 %/30,- €**

LAGEN

SCHENKENBERG (ESSLINGEN)
- HERZOGEN
- ROSENHOLZ
- FELSEN
- GERN
NECKARHALDE (ESSLINGEN)

REBSORTEN

LEMBERGER (15 %)
SPÄTBURGUNDER (15 %)
RIESLING (12 %)
MERLOT (10 %)
ZWEIGELT (10 %)
TROLLINGER (10 %)
MUSKATTROLLINGER (10 %)
GRAUBURGUNDER (8 %)
CHARDONNAY (6 %)

Lämmlin-Schindler

★★

Kontakt

Müllheimer Straße 4
79418 Mauchen
Tel. 07635-440, Fax: 07635-436
www.laemmlin-schindler.de
weingut@laemmlin-schindler.de

Inhaber/Außenbetrieb Gerd Schindler
Kellermeister Gerd Schindler & Friedhelm Maier
Rebfläche 19,6 Hektar
Produktion 140.000 Flaschen

Besuchszeiten

Mo.-Fr. 8:30-12 + 14-18 Uhr,
Sa. 8:30-12 + 14-16:30 Uhr
Gutsausschank Gasthaus „Zur Krone" in Mauchen

Weinbau ist seit dem 12. Jahrhundert in der Familie nachgewiesen, seit dem 17. Jahrhundert ist die Familie in Mauchen ansässig. 1995 übernahm Gerd Schindler das Gut, dem die Gastwirtschaft Zur Krone angeschlossen ist. Seine Weinberge liegen in den Mauchener Lagen Sonnenstück und Frauenberg, wo die Reben auf Kalkverwitterungsböden mit Lösslehmauflage wachsen, die Reben werden ökologisch bewirtschaftet. Wichtigste Rebsorte ist Spätburgunder, der gut ein Drittel der Fläche einnimmt. Es folgen Gutedel, Weißburgunder und Chardonnay, dazu gibt es unter anderem Grauburgunder, Sauvignon Blanc, Gewürztraminer und Riesling. Rotweine werden grundsätzlich im Holzfass ausgebaut.

Kollektion

Nach längerer Abstinenz freuen wir uns wieder die Weine von Gerd Schindler präsentieren zu können. Gutedel gibt es als frischen, zupackenden Grüner Markgräfler und als rauchigen Reserve-Chasselas aus dem Jahrgang 2016, ein bemerkenswert kraftvoller, fülliger Wein. Im weißen Ortswein-Segment gefallen uns der fruchtbetonte, reintönige Weißburgunder und der klare, zupackende Sauvignon Blanc besonders gut. Das weiße Große Gewächs, der Chardonnay aus dem Frauenberg, Jahrgang 2016, zeigt intensive Frucht im herrlich eindringlichen Bouquet, besitzt Fülle und Saft, viel Substanz und reife Frucht, gute Struktur. Zwei moderat süße Spätlesen runden den weißen Teil der Kollektion ab, der Cabernet Blanc ist intensiv, zupackend, der rosenduftige Gewürztraminer besitzt viel Substanz. Das rote Segment bietet reintönigen, fruchtbetonten Merlot, einen klaren, zupackenden Spätburgunder von alten Reben und das duftige Große Gewächs aus dem Frauenberg, das viel Substanz und reife Frucht besitzt. Willkommen zurück!

Weinbewertung

83	2017 Gutedel trocken „Grüner Markgräfler" **10,5 %/6,20 €**
84	2017 Weißburgunder trocken Mauchen **13 %/8,80 €**
82	2017 Grauburgunder trocken Mauchen **13 %/8,80 €**
85	2017 Sauvignon Blanc trocken Mauchen **13,5 %/9,50 €**
87	2016 Chasselas trocken „Reserve" **12,5 %/9,80 €**
88	2016 Chardonnay trocken „GG" Frauenberg **13 %/18,50 €**
84	2016 Cabernet Blanc Spätlese Mauchener Sonnenstück **11,5 %/9,80 €**
86	2017 Gewürztraminer Spätlese Mauchener Sonnenstück **12,5 %/13,- €**
83	2017 Rosé trocken **12,5 %/7,80 €**
85	2015 Spätburgunder trocken „Alte Reben" Mauchen **13 %/13,80 €**
85	2015 Merlot trocken Mauchen **13,5 %/13,80 €**
88	2015 Spätburgunder „GG" Frauenberg **13 %/31,- €**

Alexander Laible

★★★

KONTAKT

Unterweiler 48
77770 Durbach
Tel. 0781-2842380
Fax: 0781-2842180
www.weingut-alexanderlaible.de
info@weingut-alexanderlaible.de

Inhaber
Alexander Laible
Rebfläche
12,5 Hektar
Produktion
70.000 Flaschen

BESUCHSZEITEN

Mo.-Fr. 14-18 Uhr, Sa. 9-17 Uhr

Alexander Laible, Sohn von Andreas Laible übernahm 2007 ein Anwesen am Eingang zum Durbachtal und im Herbst des gleichen Jahres erzeugte er seinen ersten eigenen Wein. Nach Winzerlehre und Ausbildung zum Weinbautechniker war er mehrere Jahre an der Mosel tätig, seit 2004 ist er wieder in der Ortenau. Seine Weinberge liegen zum Teil in Sinzheim bei Baden-Baden, in den Lagen Sätzler und Frühmessler, teils aber auch im Durbacher Plauelrain. Die Reben wachsen teils auf Lehmlöss, teils auf Kalkmergel und Muschelkalk. Riesling ist die wichtigste Rebsorte, nimmt knapp die Hälfte der Weinberge ein, dazu gibt es Spätburgunder, Weißburgunder, Grauburgunder und Chardonnay, sowie ein wenig Scheurebe und Lemberger.

Kollektion

Im vergangenen Jahr konnten wir ausschließlich Weißweine verkosten, der Riesling Tausend Sterne und der Heaven genannte Chardonnay waren unsere Favoriten in einer überzeugenden Kollektion. Dieses Jahr nun präsentiert Alexander Laible zwei starke Reserve-Rotweine aus dem Jahrgang 2015. Der Blaufränkisch zeigt feine Würze und etwas Toast, ist zupackend und strukturiert, aber sehr vom Holz geprägt. Besser gefällt uns der Spätburgunder, der feine Frische und reintönige Frucht zeigt, etwas Johannisbeeren, klar und zupackend ist, strukturiert und fruchtbetont. Das weiße Segment bietet fruchtbetonte, geradlinige Weine. Der würzige SL-Chardonnay gefällt uns sehr gut, er ist frisch, klar, zupackend, besitzt feine süße Frucht. Unser Favorit aber ist der Riesling Tausend Sterne, der viel Konzentration zeigt, viel reife Frucht, gelbe Früchte, etwas Pfirsich und Zitrus, Fülle und Saft besitzt, viel reife Frucht und Substanz. Sehr gut gefällt uns schließlich auch der Louis genannte Sekt, der feine Frische und jugendliche Frucht besitzt, Süße und Biss. —

Weinbewertung

85 2016 „Louis" Sekt brut **12 %/22,- €**
84 2017 Riesling*** trocken „Chara" **13 %/14,50 €**
82 2017 Riesling*** trocken „SL" **13 %/12,- €**
83 2017 Riesling*** trocken „Kalkmergel" **13 %/13,50 €**
83 2017 Weißburgunder*** trocken „Alte Reben" **13 %/13,50 €**
83 2017 Weißburgunder trocken „Chara" **13 %/14,50 €**
83 2017 Grauburgunder*** trocken „SL" **13 %/12,- €**
87 2017 Riesling trocken „Tausend Sterne" **13 %/22,- €**
85 2017 Chardonnay*** trocken „SL" **13 %/12,50 €**
82 2017 Rosé** trocken **13 %/9,50 €**
88 2015 Spätburgunder trocken „Reserve" **13,5 %/25,- €**
86 2015 Blaufränkisch*** trocken „Reserve" **13,5 %/25,- €**

Andreas Laible

★★★★

KONTAKT

Am Bühl 6
77770 Durbach
Tel. 0781-41238
Fax: 0781-38339
www.weingut-laible.de
post@andreas-laible.com

Inhaber
Andreas Christian Laible
Rebfläche
7,5 Hektar
Produktion
50.000 Flaschen

BESUCHSZEITEN

Mo.-Fr. 8-11:30 + 13:30-18 Uhr, Sa. 8-16 Uhr oder nach Vereinbarung

Bis ins 17. Jahrhundert lässt sich die Weinbautradition der Familie Laible in Durbach zurückverfolgen. Andreas Laible hatte zusammen mit Ehefrau Ingrid das Weingut in der Spitze der deutschen Rieslingerzeuger etabliert. Heute führt sein Sohn Andreas Christian Laible zusammen mit Ehefrau Petra den Betrieb. Ihre Weinberge liegen alle im Durbacher Plauelrain, einer teils sehr steilen Süd-Lage mit Granitverwitterungsböden, Porphyr, Gneis und Achat. In den letzten Jahren wurden für die Großen Gewächse zwei alte Lagennamen reaktiviert, die 1971 im Durbacher Plauelrain aufgingen. Das ist zum einen die Lage Am Bühl, unmittelbar am Weingut gelegen; zum anderen die Lage Stollenberg, die am östlichen Ortsrand von Durbach unterhalb der Ruine Stollenburg liegt. Gut die Hälfte der Rebfläche nimmt Riesling ein, ein Dutzend verschiedene Riesling-Klone werden angebaut, einige hat Andreas Laible sen. selbst selektioniert. Neben Riesling werden vor allem die Burgundersorten angebaut, Spätburgunder, Weißburgunder und Grauburgunder, aber auch Chardonnay, Traminer (Clevner) und Gewürztraminer, Scheurebe, Muskateller und Sauvignon Blanc. Der Achat als der Spitzen-Riesling des Weingutes ist seit dem Jahrgang 2005 nur noch die Nummer 2, wurde an der Spitze abgelöst durch das Große Gewächs, das seit dem Jahrgang 2013 den Namen der Gewanne Am Bühl auf dem Etikett trägt. Mit dem Jahrgang 2007 gab es erstmals ein Großes Gewächs vom Grauburgunder, 2010 dann vom Weißburgunder, der aber heute nicht mehr erzeugt wird, 2011 folgte ein Spätburgunder, 2013 ein Chardonnay, 2014 kam ein zweiter Grauburgunder aus der Gewanne Stollenberg hinzu. An der Spitze der Kollektion stehen heute insgesamt fünf Große Gewächse, die aus den Gewannen Am Bühl (Riesling, Grauburgunder, Chardonnay, Spätburgunder) und Stollenberg (Grauburgunder) kommen. Die zweite Stufe des Sortiment, unterhalb der Großen Gewächse, bilden die Erste Lage-Weine aus dem Plauelrain, die Basis stellen die Gutsweine dar. Neben trockenen Weinen werden auch süße und edelsüße Weine angeboten, Riesling vor allem, aber auch Traminer, Gewürztraminer und Scheurebe.

Kollektion

Eine umfangreiche, hochklassige Kollektion konnten wir im vergangenen Jahr verkosten, der Riesling Am Bühl und der Chardonnay Am Bühl gefielen uns zusammen mit der Riesling Auslese, ebenfalls aus der Lage Am Bühl, besonders gut. Die 2017er Erste Lage-Rieslinge aus dem Plauelrain präsentieren sich sehr geschlossen. Der SL ist frisch und fruchtbetont, zeigt etwas gelbe Früchte, ist füllig und fruchtbetont im

Mund, klar, zupackend und strukturiert. Der Klingelberger 1782 ist würziger und eindringlicher im Bouquet, geradlinig im Mund, etwas eigenwillig bei feiner süßer Frucht und ganz dezenter Bitternote. Am besten gefällt uns der Achat, der gute Konzentration, feine Würze und rauchige Noten zeigt, füllig und saftig im Mund ist, viel reife Frucht und Substanz besitzt. Herausragender trockener Riesling ist auch im Jahrgang 2017 aber wie schon im Vorjahr wieder das Große Gewächs aus der Gewanne Am Bühl, das konzentriert und würzig ist, füllig und saftig ist, reife Frucht besitzt, gute Substanz und Druck. Der Chardonnay Am Bühl reicht nicht ganz an seinen Jahrgangsvorgänger heran, er ist würzig und frisch, klar und harmonisch, recht füllig, besitzt viel reife Frucht und gute Struktur. Vom Grauburgunder gibt es zwei Große Gewächse und wie schon im Vorjahr gefällt uns der Weine aus der Gewanne Am Bühl etwas besser. Er zeigt reife Frucht und gute Konzentration im Bouquet, ist herrlich füllig und saftig im Mund, besitzt viel reife Frucht und gute Struktur. Der Stollenberg-Grauburgunder zeigt intensive Frucht und Frische im Bouquet, ist geradlinig im Mund, klar, frisch und fruchtbetont. Die trockene Scheurebe aus dem Plauelrain ist frisch und klar, harmonisch und zupackend, besitzt feine süße Frucht und Biss. Neben diesen trockenen Weißweinen wurden drei restsüße Weine vorgestellt. Die würzige, duftige Gewürztraminer Spätlese ist frisch, klar und zupackend, besitzt gute Fülle und Substanz. Die Clevner Auslese zeigt reintönige Frucht im herrlich eindringlichen Bouquet, ist frisch und klar im Mund, reintönig und zupackend. Gleichauf sehen wir die Riesling Auslese, die reintönige Frucht im Bouquet zeigt, etwas gelbe Früchte und Litschi, süß und konzentriert im Mund ist, kompakt und dominant.

Andreas Christian Laible

L

Weinbewertung

87	2017 Riesling trocken „SL" Durbacher Plauelrain	**12,5 %/14,- €**
86	2017 Klingelberger trocken „1782" Durbacher Plauelrain	**12,5 %/16,- €**
88	2017 Riesling trocken „Achat" Durbacher Plauelrain	**12,5 %/18,50 €**
90	2017 Riesling „GG Am Bühl" Durbacher Plauelrain	**13 %/24,- €**
90	2017 Grauburgunder „GG Am Bühl" Durbacher Plauelrain	**13 %/24,- €**
88	2017 Grauer Burgunder trocken „GG Stollenberg" Plauelrain	**13 %/24,- €**
88	2017 Chardonnay trocken „GG Am Bühl" Durbacher Plauelrain	**13 %/24,- €**
85	2017 Scheurebe trocken Durbacher Plauelrain	**13 %/12,50 €**
86	2017 Gewürztraminer Spätlese Durbacher Plauelrain	**12,5 %/13,- €**
88	2017 Clevner-Traminer Auslese Durbacher Plauelrain	**10,5 %/16,50 €**
88	2017 Riesling Auslese Durbacher Plauelrain	**10 %/16,50 €**

LAGEN

PLAUELRAIN (DURBACH)
– AM BÜHL
– STOLLENBERG

REBSORTEN

RIESLING (55 %)
SPÄTBURGUNDER (13 %)
WEISSBURGUNDER (10 %)
GRAUBURGUNDER (6 %)
GEWÜRZTRAMINER & TRAMINER (5 %)
CHARDONNAY (3 %)
MUSKATELLER (3 %)
SCHEUREBE (3 %)
SAUVIGNON BLANC (3 %)

Laicher

★

N

KONTAKT

Heerweg 21
74182 Obersulm-Willsbach
Tel. 07134-3374
Fax: 07134-10807
www.weingut-laicher.de
info@weingut-laicher.de

Inhaber
Raimund & Heike Laicher
Rebfläche
15 Hektar
Produktion
100.000 Flaschen

BESUCHSZEITEN

Sa. 8-15 Uhr und nach Vereinbarung

In vierter Generation baut die Familie Laicher Wein an, Raimund und Heike Laicher führen heute das Gut. Ihre Weinberge liegen rund um Willsbach im Sulmtal, die Reben wachsen auf Keuperböden. Riesling und Lemberger sind die wichtigsten Rebsorten im Betrieb, gefolgt von Trollinger, Spätburgunder und Schwarzriesling. Die Weine werden gutsintern mit 1 bis 4 Sternen gekennzeichnet, auf Lagen- und Prädikatsangaben wird verzichtet. Die Besenwirtschaft hat mehrmals im Jahr für einige Wochen geöffnet, wer danach nicht mehr fahren will, kann eine der Ferienwohnungen mieten.

Kollektion

Eine gleichmäßige Kollektion präsentiert Raimund Laicher zum Debüt, mit leichten Vorteilen im roten Segment, die interne Sterne-Klassifikation lässt sich gut nachvollziehen. Im weißen Segment überzeugt der fruchtbetonte, zupackende Sauvignon Blanc, noch besser gefällt uns der Chardonnay, der feine Vanillenoten aufweist, füllig und saftig ist, viel reife Frucht und gute Substanz besitzt. Die Basis stimmt, weiß wie rot, schon der Trollinger mit Lemberger überzeugt, die Rotweincuvée II besitzt intensive Frucht. Der 3 Sterne-Lemberger ist fruchtbetont, geradlinig und klar, die trockene Variante etwas kraftvoller als die restsüße. Wobei auch die trockenen Weine von Raimund Laicher immer eine dezente, aber doch merkliche Restsüße aufweisen. Eine Ausnahme macht hier der Cabernet Sauvignon, der eindringlich Gewürze und etwas Cassis im Bouquet zeigt, Fülle, Kraft und viel Tannine besitzt. Der sehr gute Spätburgunder ist rauchig und würzig, füllig und kompakt, ganz dezent bitter, unser Favorit aber ist der 4 Sterne-Lemberger, der deutlich Gewürze und Toast zeigt, viel reife süße Frucht und Wärme besitzt. Gutes Debüt!

Weinbewertung

81 2017 Riesling** trocken **12,5 %/6,5 0€**
79 2017 Grauburgunder** trocken **12,5 %/6,50 €**
83 2017 Sauvignon Blanc*** trocken **12,5 %/9,10 €**
85 2016 Chardonnay*** trocken **13,5 %/9,10 €**
81 2016 Samtrot Rosé** **11,5 %/6,50 €**
82 2014 „II" Rotwein **13,5 %/9,10 €**
84 2015 Lemberger*** trocken **14,5 %/10,30 €**
85 2015 Spätburgunder**** trocken **14,5 %/14,50 €**
87 2015 Lemberger**** trocken **14,5 %/21,- €**
85 2015 Cabernet Sauvignon**** trocken **14,5 %/28,- €**
80 2016 Trollinger mit Lemberger **12 %/5,10 €**
83 2015 Lemberger*** **13,5 %/10,30 €**

LAICHER WEINGUT

Lamberth

★★☆

KONTAKT

Kirchstraße 20
55278 Ludwigshöhe
Tel. 06249-8611
Fax: 06249-906434
www.weingut-lamberth.de
info@weingut-lamberth.de

Inhaber
Armin & Carsten Lamberth
Rebfläche
19 Hektar
Produktion
60.000 Flaschen

BESUCHSZEITEN

Mo.-Sa. nach Vereinbarung

Das Weingut Lamberth wird in dritter Generation von Armin Lamberth geführt. Inzwischen steigt mit Carsten Lamberth und Ehefrau Nicole, beide Weinbauingenieure, die nächste Generation in den Betrieb mit ein, wobei Carsten Lamberth bis 2011 acht Jahre lang Kellermeister beim Weingut Knipser in Laumersheim war. Im elterlichen Weingut war er schon zuvor für die Lagenweine aus den besten, vor allem kalkgeprägten Lagen wie Guntersblumer Himmelthal und Authental verantwortlich; dazu ist man in der Guntersblumer Kreuz-Kapelle, im Dienheimer Tafelstein und im Ludwigshöher Teufelskopf vertreten. Besondere Weine werden im Barrique ausgebaut, herausragende Weine werden als Reserveweine („R") gekennzeichnet, so der Riesling von alten Reben aus der östlichen Parzelle des Teufelskopfs, die durch starke Lösslehmauflage über Kalkstein geprägt ist, oder der Grauburgunder aus der Parzelle Himmelthal, dem Filetstück der gleichnamigen Einzellage (dünne Lösslehmauflage über Kalkstein), sowie der Himmelthal-Merlot.

Kollektion

Mit einer starken Kollektion schließen Armin und Carsten Lamberth nahtlos an die guten Vorjahre an, sie zeigt gutes Einstiegsniveau und bietet weiße wie rote Spitzen. Im weißen Segment gefallen uns die beiden Kalkstein-Weine besonders gut: Der Riesling ist füllig und kraftvoll, besitzt reife Frucht, gute Struktur und Druck, die Cuvée aus Chardonnay und Weißburgunder ist fruchtbetont und konzentriert, ebenfalls strukturiert bei reifer Frucht und guter Substanz. Unser eindeutiger Favorit ist aber der Chardonnay R aus dem Teufelskopf, Jahrgang 2015, ein konzentrierter, komplexer Chardonnay, der herrlich viel Stoff und Kraft besitzt. Holzfass- und Kalkstein-Spätburgunder sind reintönig und zupackend, der 2009er R faszinierend ausgereift. Bravo!

Weinbewertung

83	2010 Pinot Rosé Sekt brut **11,5 %/9,80 €**
83	2017 Silvaner trocken **11,5 %/5,- €**
83	2017 Cabernet Sauvignon & Merlot „Blanc de Noir" trocken **12 %/6,50 €**
84	2017 Grauburgunder trocken **12 %/6,50 €**
86	2017 Riesling trocken „Kalkstein" **12,5 %**
85	2017 Chardonnay & Weißburgunder trocken „Kalkstein" **12,5 %**
89	2015 Chardonnay „R" trocken Teufelskopf **14 %**
83	2017 „Cuvée" Rosé trocken **11,5 %/5,- €**
82	2014 „Ein Stück vom Himmel" Rotwein trocken **13,5 %/6,90 €**
84	2014 Spätburgunder trocken Holzfass **13,5 %/6,90 €**
85	2014 Spätburgunder trocken „Kalkstein" **13,5 %/9,80 €**
88	2009 Spätburgunder „R" Auslese trocken **13,5 %/18,- €**

GOSWIN LAMBRICH

★

N

KONTAKT

Auf der Kripp 3
55430 Oberwesel-Dellhofen
Tel. 06744-8066
Fax: 06744-8003
www.weingut-lambrich.de
info@weingut-lambrich.de

Inhaber
Christiane Lambrich-Henrich & Matthias Lambrich
Rebfläche
15 Hektar
Produktion
90.000 Flaschen

BESUCHSZEITEN

Mo.-Fr. 8:30-12:30 Uhr, Di./Do./ Fr. 14-18 Uhr, Sa. 9-12:30 Uhr Gutsausschank

Das Weingut Goswin Lambrich wird heute in dritter Generation von den Geschwistern Christiane Lambrich-Henrich und Matthias Lambrich geführt. Gerhard Lambrich hatte den Betrieb Mitte der siebziger Jahre von seinem Vater Goswin, dem Namensgeber des Weingutes, übernommen und mit der Selbstvermarktung begonnen. Innerhalb eines Jahrzehnts vergrößerte er den Betrieb und macht aus dem Hobby seinen Beruf, gab die anfänglich mit betriebene Landwirtschaft komplett auf. Tochter Christiane ist nach ihrem Abschluss in Geisenheim 2002 in den Betrieb eingestiegen, ihr Bruder ist ausgebildeter Koch, war unter anderem bei Bareiss in Baiersbronn, hat dann in Geisenheim Internationale Weinwirtschaft studiert. Ihre Weinberge liegen überwiegend in Steillagen, in den Oberweseler Lagen Oelsberg, St. Martinsberg und Römerkrug, sowie im Dellhofener St. Wernerberg. Riesling nimmt drei Viertel der Rebfläche ein, dazu gibt es Spätburgunder, Weißburgunder, Cabernet Dorsa, Dornfelder, Sauvignon Blanc und Gewürztraminer.

Kollektion

Eine sehr gleichmäßige Kollektion präsentieren Christiane Lambrich-Henrich und Matthias Lambrich zum Debüt, in der zwar die Rieslinge mengenmäßig dominieren, aber auch die Weine aus anderen Rebsorten eine gute Figur machen. Der frische, geradlinige Weißburgunder beispielsweise, der konzentrierte, zupackende Sauvignon Blanc oder die acht Jahre im Barrique ausgebaute 2009er Cuvée Gowin aus Spätburgunder und Cabernet Dorsa, die viel Duft und Gewürze zeigt, Tannine und Biss besitzt. Auch in der weißen Cuvée Gowin spielt neben Riesling Gewürztraminer eine wichtige Rolle, der Wein ist füllig und saftig bei reifer Frucht. Riesling gefällt uns in feinherber Form als „Vollsteil" am besten, ein kraftvoller, strukturierter, noch sehr jugendlicher Wein. Ein gelungenes Debüt!

Weinbewertung

82	2017 Weißer Burgunder trocken Oberweseler	**13 %/7,90 €**
85	2017 Sauvignon Blanc trocken Oberweseler	**13 %/9,90 €**
83	2017 Riesling trocken „Blauschiefer" Oberweseler	**13,5 %/8,90 €**
82	2017 Riesling Hochgewächs trocken Oberweseler	**12,5 %/6,80 €**
83	2017 Riesling und Gewürztraminer „Cuvée Gowin"	**12,5 %/8,90 €**
81	2017 Riesling Hochgewächs halbtrocken Oberweseler	**12 %/6,80 €**
83	2017 Riesling „Felsenspiel" Oberweseler	**12 %/8,10 €**
85	2017 Riesling „feinherb" „Vollsteil" Oberweseler	**12,5 %/9,90 €**
82	2017 Riesling Hochgewächs Oberweseler	**9,5 %/6,80 €**
83	2017 Riesling „Handstreich" Oberweseler	**10,5 %/8,10 €**
83	2009 Spätburgunder und Cabernet Dorsa „Cuvée Gowin"	**14 %/15,20 €**

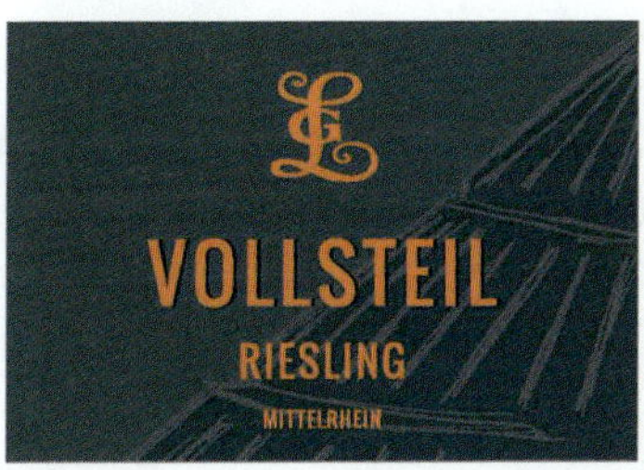

Landerer

★★★

Kontakt

Niederrotweil 3
79235 Vogtsburg-Oberrotweil
Tel. 07662-1070, Fax: 07662-94485
www.weingut-landerer.de
info@weingut-landerer.de

Inhaber
Karin & Johannes Landerer
Betriebsleiter/Kellermeister
Johannes Landerer
Rebfläche
22 Hektar
Produktion
160.000 Flaschen

Besuchszeiten

Mo.-Fr. 8-12 + 14-18 Uhr, Sa 8-16 Uhr; Ferienwohnungen(****)

Das Weingut Landerer ist aus einem bäuerlich-landwirtschaftlichen Betrieb entstanden und wurde seit 1989 von Thomas und Karin Landerer geführt; seit dem Tod von Thomas Landerer führt Karin Landerer den Betrieb zusammen mit ihrem Sohn Johannes, der nach seiner Technikerausbildung bei Weingütern in Deutschland und Italien arbeitete und seit 2013 im elterlichen Weingut tätig ist. 1989 gab es 6 Hektar Reben, die Ernte wurde zum Teil als Trauben, zum Teil als Fasswein weiterverkauft. Thomas und Karin Landerer sanierten den Winzerhof und erweiterten die Rebfläche. Neben Reben bewirtschaftet man 4 Hektar Obstanlagen. Die Weinberge befinden sich in den Oberrotweiler Lagen Käsleberg, Henkenberg und Eichberg sowie im Leiselheimer Gestühl. Spätburgunder nimmt 40 Prozent der Rebfläche ein. Hinzu kommen 30 Prozent Grauburgunder, aber auch Müller-Thurgau und Weißburgunder. Chardonnay, Sauvignon Blanc, Muskateller, Merlot und Cabernet Sauvignon ergänzen das Programm.

Kollektion

Das ist die bisher beste Kollektion von Johannes Landerer, vor allem in der Spitze haben die Weine weiter zugelegt. Die Ortsweine sind fruchtbetont und klar, der intensive, reintönige Sauvignon Blanc gefällt uns besonders gut. Noch komplexer ist der Sauvignon Blanc Fumé, ist rauchig und konzentriert, kraftvoll, strukturiert, druckvoll. Einen prächtigen Eindruck hinterlässt auch der neue Weißburgunder aus dem Leiselheimer Gestühl, er besitzt Kraft und Frische, gute Struktur und Frucht. Auch die rote Riege ist stark, schon der unfiltriert abgefüllte „Schwarze Erde"-Pinot Noir betört mit intensiver Frucht. Eine Steigerung bringt der Henkenberg-Spätburgunder, der reintönige Frucht und feine Frische besitzt, gute Struktur und Druck. Ganz hervorragend ist der Spätburgunder aus dem Eichberg, besitzt intensive Frucht, gute Struktur, Reintönigkeit und Länge. Klar im Aufwind!

Weinbewertung

84 2017 Weißburgunder trocken Oberrotweiler **13 %/8,50 €**
83 2017 Grauburgunder trocken Oberrotweiler **13 %/9,- €**
86 2017 Sauvignon Blanc trocken Oberrotweiler **13 %/9,- €**
83 2017 Weißburgunder & Chardonnay trocken Oberrotweiler **13 %/9,50 €**
89 2016 Weißburgunder trocken Leiselheimer Gestühl **13 %/15,- €**
88 2017 Sauvignon Blanc trocken „Fumé" **13 %/15,- €**
84 2016 „Insider" Rotwein trocken **13,5 %/9,50 €**
84 2016 Spätburgunder trocken „Alte Reben" Oberrotweiler **13,5 %/9,50 €**
87 2016 Pinot Noir trocken „Schwarze Erde" Oberrotweiler **13,5 %/13,- €**
89 2015 Spätburgunder trocken Oberrotweiler Henkenberg **13,5 %/20,- €**
91 2015 Spätburgunder trocken Oberrotweiler Eichberg **13,5 %/30,- €**

ANITA LANDESVATTER

★

KONTAKT

Schlossstraße 15
74336 Brackenheim
Tel. 07135-9318781
Fax: 07135-9318782
www.weingut-landesvatter.de
info@weingut-landesvatter.de

Inhaber
Anita Landesvatter
Kellermeister
Anita Landesvatter
Rebfläche
5 Hektar
Produktion
40.000 Flaschen

BESUCHSZEITEN

Fr. 14-18 Uhr, Sa. 11-16 Uhr oder nach Vereinbarung

Nach ihrer Winzerlehre arbeitete Anita Landesvatter ein Jahr in Kalifornien, schon während der anschließenden Technikerausbildung gründete sie 1998 auf dem Anwesen der Eltern und Großeltern in Brackenheim ihr eigenes Weingut. Zusammen mit ihrem Ehemann bewirtschaftet sie 5 Hektar Weinberge im Diefenbacher König sowie in Brackenheim (Zweifelberg) und in Haberschlacht (Dachsberg), die Reben wachsen auf Keuper- und Sandsteinböden. Trollinger und Lemberger sind die wichtigsten Rebsorten, nehmen jeweils ein Fünftel der Fläche ein, es folgen Riesling und Muskattrollinger. Dazu gibt es Muskateller, Chardonnay, Weißburgunder und Cabernet Mitos, aber auch Acolon, Portugieser, Dornfelder, Traminer und Silvaner. Die Rotweine, 70 Prozent der Rebfläche, werden maischevergoren, die Spitzenweine werden im Holz ausgebaut.

Kollektion

Ein süßer Weißburgunder-Sekt eröffnet in diesem Jahr den Reigen: Er zeigt feine rauchige Noten im Bouquet, besitzt klare reife Frucht, ist süffig und saftig. Der Weißburgunder-Weißwein ist würzig und kompakt, merklich süß wie auch der lebhafte, fruchtbetonte Chardonnay. Dem Riesling aus dem Haberschlachter Dachsberg steht diese deutliche Süße gut zu Gesicht, er ist würzig und eindringlich im Bouquet, klar, frisch und zupackend im Mund. Restsüß ausgebaut sind der frische, süffige Lemberger Rosé und der intensiv fruchtige Muskat-Trollinger, der klar, frisch und zupackend ist. Der Dornfelder besitzt feine Süße und Biss, die duftige rote Cuvée Regulus ist geprägt vom Kontrast aus Süße und Säure. Unser eindeutiger Favorit im roten Segment und in der gesamten Kollektion ist der im Holz ausgebaute trockene Trollinger Kabinett aus dem Brackenheimer Zweifelberg. Ein sehr „ernsthafter" Trollinger, der rauchige Noten im Bouquet zeigt, ein wenig Vanille und klare Frucht, klar und kraftvoll im Mund ist, zupackend, gute Struktur und Frucht besitzt – bravo!

Weinbewertung

84	2016 Weißburgunder Sekt trocken Diefenbacher König **12 %/10,- €**
83	2017 Weißburgunder trocken Diefenbacher König **12,5 %/5,90 €**
82	2017 Chardonnay trocken Diefenbacher König **13 %/5,90 €**
84	2017 Riesling trocken*** Haberschlachter Dachsberg **13 %/12,50 €**
81	2017 Lemberger Rosé Diefenbacher König **12 %/5,50 €**
82	2017 Dornfelder trocken Diefenbacher König **13 %/5,- €**
85	2015 Trollinger Kabinett trocken Holzfass Brackenh. Zweifelberg **11,5 %/12,50 €**
80	2012 „Regulus" Rotwein-Cuvée trocken Holzfass **13 %/9,90 €**
82	2016 Muskat-Trollinger Diefenbacher König **12 %/5,90 €**

Landgraf

★★★★

KONTAKT

Außerhalb 9
55291 Saulheim
Tel. 06732-5126
Fax: 06732-62646
www.weingut-landgraf.de
info@weingut-landgraf.de

Inhaber
Andre Landgraf
Rebfläche
20 Hektar
Produktion
150.000 Flaschen

BESUCHSZEITEN

Hofverkauf: Mo.-Fr. 10-12 + 16-18 Uhr, Sa. 10-15 Uhr, Mi. Nachmittags geschlossen, Verkostungen nach Vereinbarung

Seit 1752 betreibt die Familie Weinbau. Bernd Landgraf konzentrierte sich zunehmend auf Weinbau und erweiterte die Rebfläche. Seit 2001 wird er im Betrieb unterstützt von Sohn Andre, Geisenheim-Absolvent, der ihn inzwischen übernommen hat. Der ältere Bruder Johannes gründete 2006 mit seiner Ehefrau Julia das Weingut Becker-Landgraf in Gau-Odernheim. Die Weinberge liegen allesamt in Saulheim, etwa 20 Kilometer südwestlich von Mainz, in den Lagen Hölle, Schlossberg und Haubenberg. Der Schlossberg ist eine geschützte, leicht ansteigende Lage, deren Boden aus tertiärem Mergel mit einer Kalksteinschicht besteht. Die Hölle ist eine offene, nach Süden ausgerichtete Hanglage, deren Boden aus tiefgründigem Löss besteht, der mit Kalkstein durchsetzt ist. Sortenschwerpunkte sind Riesling mit inzwischen 40 Prozent Anteil an der Gesamtfläche, die weißen Burgunder – Weißburgunder und Grauburgunder – sowie Spätburgunder, mit steigender Tendenz. Dazu gibt es Chardonnay, etwas Silvaner und Portugieser, zuletzt wurden ein wenig Cabernet Sauvignon und Merlot gepflanzt. Weiße Rebsorten nehmen knapp drei Viertel der Rebfläche ein. Die Weine werden zum größten Teil direkt an den Endverbraucher vermarktet. Seit 2004 werden die Weinberge biologisch bewirtschaftet. Das Sortiment ist klar gegliedert in Gutsweine, Ortsweine (Saulheimer) und die Spitzenweine mit Lagenbezeichnung, Rieslinge aus Schlossberg und Hölle sowie Weißburgunder und Spätburgunder aus der Hölle. Vielleicht kommen zukünftig Lagenweine aus dem Haubenberg hinzu, wo Andre Landgraf Riesling und Spätburgunder gepflanzt hat. Bei den Weißweinen arbeitet Andre Landgraf mit Maischestandzeiten, Spontangärung und langem Feinhefelager, ausgebaut werden sie teils im Edelstahl, teils im Holz, auch die Weißweine durchlaufen oft ganz oder teilweise die malolaktische Gärung. Rotweine werden maischevergoren und im kleinen oder großen Holzfass ausgebaut. Orts- und Lagenweine werden prinzipiell nicht filtriert. Die Weine haben in den letzten Jahren stetig an Profil gewonnen. Seit 2006 werden alle mit den natürlichen Hefen vergoren, inzwischen wird selbst bei den Gutsweinen mit Maischestandzeiten gearbeitet. Diese Gutsweine sind stets von guter, zuverlässiger Qualität, überzeugen mit reintöniger Frucht. Die Ortsweine bringen eine weitere Steigerung, ein Mehr an Fülle und Kraft. Die herausragenden Weine aber sind die Lagenweine, die in den letzten Jahren stets zu den Jahrgangsbesten in Rheinhessen gehörten.

Kollektion

Seit Jahren schon loben wir das hohe Niveau und die Zuverlässigkeit von Andre Landgrafs Gutsweinen, und auch im Jahrgang 2017 ist das nicht anders, das Einstiegsniveau ist gewohnt hoch. Der Gutsriesling ist herrlich

reintönig und frisch, lebhaft, fruchtbetont und zupackend, der Grauburgunder zeigt etwas gelbe Früchte, ist klar und geradlinig. Unsere leichte Präferenz gilt in diesem Jahr dem Weißburgunder, der harmonisch und reintönig ist, frisch und zupackend, gute Fülle und Frucht besitzt. Der Saulheimer Riesling zeigt etwas gelbe Früchte und Aprikosen, ist klar und zupackend, strukturiert und fruchtbetont, der Saulheimer Weißburgunder besitzt ebenfalls gute Struktur und Frucht, dazu viel Frische. Im Ortsweinsegment gefällt uns der gelbfruchtige Grauburgunder ein wenig besser, der gute Struktur, Frische und Frucht besitzt; den rauchigen, konzentrierten Chardonnay sehen wir gleichauf, er ist füllig und kraftvoll bei reifer Frucht. Der Weißburgunder aus der Saulheimer Hölle, Jahrgang 2016, zeigt viel reife Frucht und etwas Vanille, ist füllig, kraftvoll, kompakt, besitzt reife Frucht, gute Struktur und Frische. Der Lagen-Riesling aus der Hölle ist füllig, saftig und konzentriert, besitzt viel reife Frucht, Substanz und Frische. Unsere leichte Präferenz gilt im Jahrgang 2017 aber dem Wein aus dem Schlossberg, der gute Konzentration und reife Frucht zeigt, etwas gelbe Früchte, kraftvoll und stoffig im Mund ist, gute Struktur und Frucht besitzt und dezent mineralische Noten. Auch mit seinen Spätburgundern schließt Andre Landgraf an die starken Vorjahre an. Der Saulheimer Ortswein aus dem Jahrgang 2016 zeigt etwas rauchige Noten, reintönige Frucht, ist klar, frisch und zupackend im Mund bei guter Struktur. Hervorragend ist wieder einmal der Spätburgunder aus der Hölle, zeigt viel reife Frucht im Bouquet, gute Konzentration, ist enorm füllig und kraftvoll im Mund, besitzt gute Struktur, Substanz und viel reife Frucht. Einmal mehr eine gewohnt starke, überzeugende Kollektion!

Andre Landgraf

Weinbewertung

86	2017 Weißburgunder trocken **12 %/7,90 €**
85	2017 Grauburgunder trocken **12,5 %/7,90 €**
85	2017 Riesling trocken **12 %/7,90 €**
87	2017 Weißburgunder trocken Saulheimer **13 %/11,90 €**
88	2017 Grauburgunder trocken Saulheimer **13 %/11,90 €**
87	2017 Riesling trocken Saulheimer **12,5 %/11,90 €**
88	2017 Chardonnay trocken „Kalkstein" Saulheimer **13 %/15,90 €**
89	2016 Weißburgunder trocken Saulheimer Hölle **13 %/20,50 €**
90	2017 Riesling trocken Saulheimer Hölle **13 %/20,50 €**
91	2017 Riesling trocken Saulheimer Schlossberg **12,5 %/20,50 €**
87	2016 Spätburgunder trocken Saulheimer **13 %/12,90 €**
90	2015 Spätburgunder trocken Saulheimer Hölle **13,5 %/21,90 €**

LAGEN

SCHLOSSBERG (SAULHEIM)
HÖLLE (SAULHEIM)
HAUBENBERG (SAULHEIM)

REBSORTEN

RIESLING (40 %)
WEISSBURGUNDER (20 %)
GRAUBURGUNDER (16 %)
SPÄTBURGUNDER (13 %)

LANDMANN

★☆

KONTAKT

Umkircher Straße 29
79112 Freiburg-Waltershofen
Tel. 07665-6756
Fax: 07665-51945
www.weingut-landmann.de
info@weingut-landmann.de

Inhaber
Jürgen Landmann
Rebfläche
26 Hektar
Produktion
150.000 Flaschen

BESUCHSZEITEN

Mo.-Sa. 8-18 Uhr
7 Ferienwohnungen

L

Josef Landmann hatte seine Trauben immer an die Genossenschaft abgeliefert. Als seine Söhne Peter und Jürgen das Weingut 1995 mit 2 Hektar Weinbergen übernahmen, bauten sie einen eigenen Keller und begannen mit der Selbstvermarktung. Inzwischen ist Jürgen Landmann alleiniger Inhaber. Das Gros der Weinberge liegt in der Lage Freiburg-Waltershofener Steinmauer, hinzu kommen Weinberge in den Lagen Freiburger Kapellenberg und Merdinger Bühl. Spätburgunder ist die wichtigste Rebsorte, dazu gibt es Weißburgunder, Müller-Thurgau, Grauburgunder, Sauvignon Blanc und Chardonnay, sowie ein wenig Cabernet Sauvignon, Gewürztraminer, Riesling und Bronner. Von Anfang an wurden die Weine unter Verzicht auf Prädikatsbezeichnungen konsequent trocken ausgebaut. Seit 2007 werden die Weinberge biologisch bewirtschaftet (Mitglied bei Bioland).

Kollektion

Eine umfangreiche Kollektion präsentiert Jürgen Landmann in diesem Jahr, die vor allem in der Spitze überzeugt, eine Vielzahl von sehr guten Weiß- und Rotweinen bietet. Die Spitzen-Weißweine wurden alle im Barrique ausgebaut: Sauvignon Blanc SL ist füllig und kraftvoll, der Chardonnay SL saftig und strukturiert, der noch jugendliche Grauburgunder aus dem Kapellenberg besitzt Power und Konzentration. Der im Holzfass ausgebaute Spätburgunder SL ist rauchig, zupackend, beim Barrique-Spätburgunder ziehen wir ganz leicht Jahrgang 2015 vor, ein kraftvoller, noch sehr jugendlicher Wein.

Weinbewertung

83	2017 Pinot & Chardonnay Sekt brut **12,5 %/13,90 €**
82	2016 Pinot Rosé Sekt brut **12 %/12,90 €**
78	2017 Rivaner Freiburg **12,5 %/6,90 €**
79	2017 Cuvée La Tuni" Freiburg **12,5 %/6,90 €**
80	2017 Pinot Blanc Freiburg **13 %/9,90 €**
79	2017 Pinot Gris Freiburg **13,5 %/9,90 €**
79	2017 Sauvignon Blanc Freiburg **13 %/13,30 €**
83	2016 Weißer Burgunder „S.L." Freiburger Steinmauer **13,5 %/19,90 €**
87	2016 Grauer Burgunder Barrique Freiburger Kapellenberg **13,5 %/21,60 €**
86	2016 Sauvignon Blanc „S.L." Freiburger Steinmauer **13 %/19,90 €**
86	2016 Chardonnay „S.L." Freiburger Steinmauer **13,5 %/19,90 €**
81	2017 Pinot Noir Rosé Freiburg **12,5 %/8,90 €**
82	2015 Pinot Noir trocken Holzfass Freiburger **13,5 %/9,90 €**
86	2015 Spätburgunder „S.L." Freiburger Steinmauer **13,5 %/19,90 €**
86	2014 Spätburgunder trocken Barrique Freiburger Steinmauer **13,5 %/21,60 €**
87	2015 Spätburgunder Barrique Freiburger Steinmauer **13 %/21,60 €**
87	2009 Cabernet Sauvignon „Edition CS" (Ungarn) **14,5 %/31,60 €**

Peter Landmann

★☆

KONTAKT

Auf dem Rempart 2
79219 Staufen
Tel. 07633-5510
Fax: 07633-500472
www.landmann-wein.de
info@landmann-wein.de

Inhaber
Peter Landmann
Betriebsleiter
Judit & Peter Landmann
Kellermeister/Außenbetrieb
Peter Landmann
Rebfläche 22 Hektar
Produktion 120.000 Flaschen

BESUCHSZEITEN

Mo.-Sa. 9-18 Uhr, So. 10-16 Uhr

WEINGUT
PETER
LANDMANN

Peter Landmann hatte zusammen mit seinem Bruder Jürgen das Weingut Landmann in Freiburg-Waltershofen am Tuniberg aufgebaut. 2013 trennten sie sich, er übernahm die Winzergenossenschaft Staufen und wandelte sie in ein privates Weingut um. Neben den eigenen Weinbergen, die biologisch bewirtschaftet werden (Bioland), verarbeitet er im Weinhaus Peter & Judit Landmann die Trauben von ehemaligen Genossenschafts-Winzern. Seine Weinberge liegen teils im Markgräflerland im Staufener Schlossberg und im Ehrenstetter Ölberg, teils am Tuniberg in den Lagen Kapellenberg und Steinmauer. In Judit Landmanns Heimat in Villány (Ungarn) bauen sie Syrah, Cabernet Sauvignon, Cabernet Franc und Merlot an. Spätburgunder und Gutedel sind die wichtigsten Rebsorten, nehmen jeweils ein gutes Viertel der Rebfläche ein, es folgen Grauburgunder, Weißburgunder, Chardonnay und Müller-Thurgau, aber auch Cabernet Sauvignon, Cabernet Franc, Syrah, Sauvignon Blanc, Gewürztraminer, Riesling, Muskateller und Merlot werden angebaut.

Kollektion

Eine sehr gleichmäßige Kollektion präsentierte Peter Landmann im vergangenen Jahr, Weiß- und Rotweine überzeugten gleichermaßen. Und dies könnten wir auch dieses Jahr wieder schreiben, ja, wenn da nicht dieser Rotwein aus Ungarn wäre, der ja eigentlich in einem Buch über deutsche Weine nichts verloren hat: Intensive Frucht, Fülle und Kraft besitzt die Cuvée aus Cabernet Sauvignon, Cabernet Franc und Merlot. Das weiße Segment bietet einen klaren, zupackenden Gutedel und vor allem starke Burgunder: Der duftige Auxerrois aus dem Ölberg besitzt Fülle und Kraft, der Weißburgunder aus dem Schlossberg gute Struktur und Frische, der Grauburgunder, wiederum aus dem Ölberg, von alten Reben, besitzt gute Struktur, Kraft und reintönige Frucht. Der einzige rote Burgunder steht seinen weißen Kollegen nicht nach: Der Schlossberg-Spätburgunder ist klar, fruchtbetont und zupackend.

Weinbewertung

83 2017 Gutedel Staufener Schlossberg **11 %/6,80 €**
82 2017 Sauvignon Blanc Spätlese trocken Stauffener Schlossberg **13,5 %/8,90 €**
84 2017 Auxerrois Spätlese trocken Ehrenstetter Ölberg **12,5 %/9,90 €**
84 2017 Weißer Burgunder trocken Staufener Schlossberg **13 %/12,50 €**
85 2017 Grauer Burgunder Spätlese trocken Ehrenstetter Ölberg **12 %/12,50 €**
82 2017 Muskateller Markgräfler **10 %/9,90 €**
84 2015 Gewürztraminer Beerenauslese Freiburger Kapellenberg **12,5 %/29,50 €**
85 2015 Spätburgunder trocken Staufener Schlossberg **13 %/12,50 €**
88 2015 „Meine Wurzeln Lajos" Rotwein (Ungarn) **14 %/22,50 €**

PHILIPP LANG

★☆

KONTAKT

Alter Weg 52
79112 Freiburg-Munzingen
Tel. 07664-59283
Fax: 07664-400052
www.philipp-lang.com
contact@philipp-lang.com

Inhaber
Philipp Lang
Rebfläche
10 Hektar

BESUCHSZEITEN

nach Vereinbarung Mo.-Sa.

Seit mehreren Generationen betreibt die Familie Weinbau und eine Küferei am Tuniberg. 2009 gründete Philipp Lang nach Abschluss seines Geisenheim-Studiums zusammen mit seinem Vater Meinrad Lang das Weingut. Die Reben wachsen alle auf tiefgründigen Löss-Lehmböden im Munzinger Kapellenberg. Spätburgunder, Grauburgunder und Weißburgunder nehmen zusammen 70 Prozent der Rebfläche ein. Hinzu kommen 15 Prozent Riesling, aber auch Muskateller, Gewürztraminer und Müller-Thurgau, inzwischen auch Syrah. Die Weißweine werden kalt vergoren, lagern meist bis zum Frühjahr auf der Hefe, die Spätburgunder werden entrappt und lange auf der Maische vergoren, dann überwiegend in Stückfässern oder im Barrique ausgebaut.

Kollektion

Wie schon im Vorjahr präsentiert Philipp Lang auch in diesem Jahr eine weiß wie rot sehr gleichmäßige Kollektion. Ein geradliniger frischer, Zweiklang genannter Perlwein eröffnet den Reigen. Der Rivaner ist würzig, reintönig und zupackend, der trockene Weißburgunder Kabinett lebhaft und klar. Die trockene Riesling Spätlese ist würzig und geradlinig. Die im Holz ausgebaute trockene Chardonnay Spätlese zeigt Vanille und reife Frucht im Bouquet, ist füllig und saftig im Mund bei reifer Frucht und guter Struktur. Grauburgunder konnten wir gleich zwei Mal als trockene Spätlese verkosten. Der 2017er Wein besitzt Fülle und Saft, reintönige reife süße Frucht, während der im Barrique ausgebaute 2016er viel Duft und Würze im Bouquet zeigt, im Mund aber ebenso füllig und saftig ist – das Bouquet spricht für den jüngeren Wein. Fruchtbetont, klar und geradlinig präsentiert sich die Muskateller Spätlese. Der Spätburgunder Rosé punktet mit Frische und Frucht, während der trockene Spätburgunder Kabinett aus dem Jahrgang 2015 geradlinig ist und viel Grip besitzt.

Weinbewertung

84	„Zweiklang Secco" Perlwein **13 %/6,40 €**
83	2017 Rivaner trocken **13 %/5,- €**
83	2017 Weißburgunder Kabinett trocken **12,5 %/7,- €**
85	2017 Grauburgunder Spätlese trocken **13 %/9,20 €**
83	2017 Riesling Spätlese trocken **12,5 %/8,40 €**
84	2016 Grauburgunder Spätlese trocken Barrique **14 %/12,90 €**
85	2016 Chardonnay Spätlese trocken Holzfass **13,5 %/12,90 €**
84	2017 Muskateller Spätlese „feinfruchtig" **13,5 %/9,- €**
83	2017 Spätburgunder Rosé Kabinett (trocken) **12 %/5,80 €**
81	2017 Spätburgunder Weißherbst Kabinett „feinfruchtig" **14 %/7,- €**
84	2015 Spätburgunder Kabinett trocken **14 %/6,- €**

Langenwalter

★★

Kontakt

Bahnhofstraße 45
67256 Weisenheim am Sand
Tel. 06353-7390
Fax: 06353-4152
www.weingut-langenwalter.de
info@weingut-langenwalter.de

Inhaber
Thorsten Langenwalter
Rebfläche
30 Hektar
Produktion
180.000 Flaschen

Besuchszeiten

Mo./Di./Fr. 10-12 + 14-18 Uhr,
Sa. 9-15 Uhr

Die Familie von Thorsten Langenwalter betreibt seit dem 17. Jahrhundert Weinbau in der Pfalz. Willi Langenwalter hatte in den sechziger Jahren mit der Selbstvermarktung begonnen, sein Sohn Klaus und dessen Ehefrau Renate erweiterten den Betrieb. 2002 stieg ihr Sohn Thorsten in den Betrieb mit ein, den er mittlerweile übernommen hat und zusammen mit Ehefrau Daniela führt. 2012 hat er den Betrieb der Schwiegereltern in Freinsheim übernommen. Die Weinberge liegen in Weisenheim am Sand in den Lagen Burgweg, Hahnen, Goldberg, Altenberg, Hasenzeile und Halde, sowie in den Freinsheimer Lagen Schwarzes Kreuz und Musikantenbuckel, die Reben wachsen teils auf sandigen Lehmböden, teils auf kalkhaltigen, tiefgründigen Böden, teils auf Lösslehm. Hauptrebsorte ist Riesling, dicht gefolgt von Weißburgunder, Grauburgunder und Spätburgunder, hinzu kommen Chardonnay, Cabernet Sauvignon und Portugieser sowie etwas Gewürztraminer, Silvaner und St. Laurent.

Kollektion

Das weiße Segment der Kollektion wird vom in 500 Liter-Fässern ausgebauten Weißburgunder aus dem Hahnen angeführt, der Wein besitzt gute Konzentration, zeigt nur dezente Holzwürze und feine Zitrusnoten, der ebenfalls im 500 Liter-Fass ausgebaute Chardonnay besitzt gute Substanz, ist aber noch sehr verschlossen, während der im großen Holz ausgebaute, animierende Riesling aus dem Burgweg deutliche Kokosnoten zeigt und noch etwas zulegen könnte, wenn er das sehr präsente Holz verdaut hat. Die Rotweine besitzen Kraft und dunkle Frucht, der Portugieser und die Cuvée „Goldberg" sind noch sehr verhalten im Bouquet, am Gaumen besitzt die Cuvée gute Struktur, noch jugendliche Tannine und ist etwas nachhaltiger als der Portugieser, der Cabernet Sauvignon ist dagegen schon sehr präsent, zeigt schwarze Johannisbeeren und etwas Mokka im Bouquet, ist kraftvoll und besitzt ebenfalls noch jugendliche Tannine.

Weinbewertung

83 2017 Riesling trocken „vom Löss" **12 %/6,90 €**
83 2017 Weißer Burgunder trocken „vom Löss" **12,5 %/6,90 €**
85 2017 Riesling trocken Weisenheimer Hahnen **12,5 %/10,80 €**
85 2017 Grauer Burgunder trocken Weisenheimer Altenberg **13 %/10,80 €**
86 2017 Riesling trocken Weisenheimer Burgweg **13 %/16,80 €**
87 2016 Weißer Burgunder trocken Weisenheimer Hahnen **13,5 %/16,80 €**
86 2016 Chardonnay „R" trocken Freinsheimer Musikantenbuckel **13 %/16,80 €**
86 2015 Sankt Laurent trocken Freinsheimer Schwarzes Kreuz **13 %/22,- €**
87 2015 Der Goldberg Rotwein trocken Weisenheimer Goldberg **13,5 %/23,- €**
87 2015 Cabernet Sauvignon trocken Weisenheimer Goldberg **13,5 %/23,- €**
86 2015 Portugieser trocken Weisenheimer Goldberg **13,5 %/23,- €**

L

Ulrich Langguth

★

KONTAKT

Rissbacherstraße 1
56841 Traben-Trarbach
Tel. 06541-9396
Fax: 06541-4557
www.langguth-ulrich.com
info@langguth-ulrich.com

Inhaber Patrick & Markus Langguth
Betriebsleiter Paul Gräber
Rebfläche 4 Hektar
Produktion 25.000 Flaschen

BESUCHSZEITEN

Mo.-Fr. 8-17 Uhr, Sa. nach Vereinbarung

Seit 1789 betreibt die Familie Weinhandel an der Mosel. Das heutige Weingut Ulrich Langguth wurde im Rahmen einer Erbteilung 1921 von Ulrich Langguth gegründet und wird heute von seinen Enkeln Patrick und Markus Langguth geführt, unterstützt von Betriebsleiter Paul Gräber. Ihre Weinberge, alle in Steillagen, liegen im Trabener Gaispfad, in der Enkircher Ellergrub sowie in den Piesporter Lagen Goldtröpfchen und Günterslay. Neben dem dominierenden Riesling wird ein klein wenig Reichensteiner (in der Günterslay) angebaut, der unter dem Namen „Madeleine vom Grauschiefer" vermarktet wird. Der 1905 von Franz Langguth erbaute Gutskeller befindet sich in Enkirch. Das Weingut bietet auch noch ältere Jahrgänge – zurück bis 1985 – zum Verkauf an. Die Weine werden teils im traditionellen Fuder, teils im Edelstahl ausgebaut.

Kollektion

An ihrer klaren Frucht und der kühlen Art sind die Weine aus dem Hause Langguth meist sehr schnell zu identifizieren. Dies trifft auch auf den Jahrgang 2017 zu, der nicht nur gute Rieslinge hervorgebracht hat, sondern auch einen Wein der Sorte Reichensteiner, der im Weingut Langguth unter dem Namen „Madeleine vom Grauschiefer" vermarktet wird; ein saftiger Wein mit eher verhaltener Säure und einer gewissen Substanz. Der Riesling aus dem Gaispfad ist etwas rassiger, die Spätlese von alten Reben aus der Ellergrub gefällt sehr gut mit ihrer präzise wirkenden, würzigen Art. Das „GG" aus dem Piesporter Goldtröpfchen dagegen wirkt für ein Großes Gewächs vergleichsweise schlank, erinnert eher an eine Spätlese. Ist es sinnvoll, hier die Bezeichnung „GG" zu verwenden? Kraftvoll, würzig und kompakt präsentiert sich der „Urschiefer Reserve"-Riesling aus dem Trabener Gaispfad, dem ein Hauch von Süße anzumerken ist. Die beiden süßen Weine aus der Lage Günterslay überzeugen – der feine Kabinett und die zupackende Spätlese. —

Weinbewertung

84 2017 Madeleine vom Grauschiefer **13 %/8,- €**
86 2017 Riesling trocken Trabener Gaispfad **12 %/9,90 €**
87 2017 Riesling Spätlese trocken „Alte Reben" Enkircher Ellergrub **12 %/13,- €**
85 2017 Riesling „vom Urschiefer Reserve" Trabener Gaispfad **12 %/15,- €**
86 2017 Riesling trocken „GG" Piesporter Goldtröpfchen **11,5 %/18,- €**
85 2017 Riesling Hochgewächs „feinherb" „Renaissance" **11,5 %/9,- €**
84 2017 Riesling Kabinett Piesporter Günterslay **8,5 %/9,- €**
86 2017 Riesling Spätlese Piesporter Günterslay **8 %/12,- €**

Lanius-Knab

★★★☆

KONTAKT

Mainzer Straße 38
55430 Oberwesel
Tel. 06744-8104
Fax: 06744-1537
www.lanius-knab.de
weingut@lanius-knab.de

Inhaber
Jörg Lanius
Rebfläche
10,5 Hektar
Produktion
65.000 Flaschen

BESUCHSZEITEN

Mo.-Sa. 9-18 Uhr, April-Dez. auch So. 10-18 Uhr
So. + feiertags kulinarische Weinproben, Gewölbekellerführung mit Weinprobe

Jörg Lanius übernahm 1991 den elterlichen Betrieb, baute ihn kontinuierlich aus und führt ihn zusammen mit Ehefrau Anja Lanius-Kastien. Die Weinberge liegen im Engehöller Tal in den Lagen Engehöller Bernstein (grauer Schiefer, mit der Gewanne Am Lauerbaum) und Goldemund (Schiefer mit eingelagertem Quarzit und hohem Lehmanteil) sowie im Oberweseler Oelsberg (Schiefer, Lösslehm und Buntsandstein). Neben dem dominierenden Riesling baut Jörg Lanius ein wenig Spätburgunder und inzwischen auch Weißburgunder an. Die Weine werden im Edelstahl mit den traubeneigenen Hefen vergoren und reifen anschließend in alten Eichenholzfässern. Jörg Lanius bringt den neuen Jahrgang immer erst recht spät in den Verkauf. Eine Spezialität sind edelsüße Weine, von denen er in vielen Jahren eine breite Auswahl bis hin zur Trockenbeerenauslese im Programm hat.

Kollektion

Schon im Vorjahr war die Kollektion enorm stark, trocken wie süß, und mit dem neuen Jahrgang bestätigt Jörg Lanius diesen Eindruck. Schon der fruchtbetonte, zupackende Gutsriesling ist sehr gut, der Rheinschiefer besitzt noch etwas mehr Fülle und Saft, der trockene Bernstein-Riesling ist füllig, kraftvoll und strukturiert. Das intensiv gewürzduftige Große Gewächs aus dem Oelsberg ist kompakt bei reifer Frucht, ein wenig besser gefällt uns der Kollege „Am Lauerbaum“, der kraftvoll, strukturiert und lang ist – und gut reifen wird, wie der verkostete 2007er beweist. Im feinherben Segment gefallen uns der frische, zupackende Rheingold und der kraftvoll, konzentrierte Bernstein-Riesling besonders gut. Die beiden würzigen, duftigen Spätlesen sehen wir gleichauf, die litschiduftige Oelsberg-Auslese besitzt viel Substanz und Kraft. Top-Kollektion!

Weinbewertung

85 2017 Riesling trocken **12 %/7,90 €**
86 2017 Riesling trocken „Rheinschiefer“ Oberweseler **12,5 %/8,90 €**
88 2017 Riesling trocken Engehöller Bernstein **13 %/13,20 €**
90 2007 Riesling („GG“) („Am Lauerbaum“) Engehöller Bernstein
90 2017 Riesling trocken „GG“ „Am Lauerbaum“ Engehöller Bernstein **13 %/26,- €**
89 2017 Riesling trocken „GG“ Oberweseler Oelsberg **13 %/26,- €**
83 2017 Riesling „feinherb“ **11,5 %/7,90 €**
86 2017 Riesling „feinherb Rheingold“ Oberweseler **11,5 %/8,90 €**
88 2017 Riesling „feinherb“ Engehöller Bernstein **12 %/13,20 €**
84 2017 Riesling „fruchtsüß“ **11 %/7,90 €**
87 2017 Riesling Spätlese Engehöller Bernstein **9 %/13,20 €**
87 2017 Riesling Spätlese Oberweseler Oelsberg **9,5 %/13,20 €**
89 2017 Riesling Auslese Oberweseler Oelsberg **10 %/26,- €/0,5l**

LANZ

★☆

KONTAKT

Sonnenbichlstraße 8
88149 Nonnenhorn
Tel. 08382-888579
Fax: 08382-8383
www.lanzwein.de
info@lanzwein.de

Inhaber
Ingeborg Lanz, Johannes Haug, Benjamin Lanz
Rebfläche
4 Hektar
Produktion
15.000 Flaschen

BESUCHSZEITEN

nach Vereinbarung

L

Seit 1836 besitzt die Familie das Gut am Bodensee, 1994 wurde auf ökologische Bewirtschaftung umgestellt (Bioland-Mitglied), 2003 wurden die ersten Reben gepflanzt, Weinbau ist heute das zweite Standbein neben dem Obstbau. Ingeborg Lanz und Johannes Haug, studierter Önologe, leiten den Betrieb heute zusammen mit Sohn Benjamin, der nach seinem Geisenheim-Studium praktische Erfahrungen in Österreich, Südafrika und Neuseeland sammelte. Die Weinberge befinden sich in den Lagen Nonnenhorner Sonnenbichl, Lindauer Entenberg und Bodolzer Halde. Man setzt ganz auf pilzwiderstandsfähige Rebsorten: Johanniter ist die Nummer Eins im Betrieb, es folgen Solaris, Cabernet Blanc, Souvignier Gris, Pinotin, Muscaris und Cabertin. Die Weine werden spontanvergoren, nur mittels Schwerkraft bewegt.

Kollektion

Eine spannende Kollektion präsentiert die Familie Lanz zum Debüt, unabhängig von der stark variierenden Restsüße sind alle Weine druckvoll und zupackend. Der Rosé-Perlwein zeigt intensive Frucht im Bouquet, rote Früchte, Erdbeeren, florale Noten, ist lebhaft, frisch und fruchtbetont im Mund. Der bei Teresa Deufel in Lindau abgefüllte Sekt zeigt ebenfalls intensive Frucht im Bouquet, eindringlich Apfel, ist klar und zupackend, besitzt feine Frucht, Frische und Biss. Der würzige Johanniter zeigt etwas Aprikosen und florale Noten im Bouquet, ist klar, geradlinig und frisch, besitzt feine Frucht, gute Struktur und Druck. Auch der Cabernet Blanc ist fruchtbetont und intensiv, herrlich eindringlich und dominant, klar und zupackend, besitzt gute Struktur, Kraft und Druck. Der halbtrocken ausgebaute Solaris zeigt ebenfalls intensive Frucht im Bouquet, etwas Aprikosen, Orangen, ist frisch und zupackend im Mund, besitzt – für die Rebsorte ungewöhnlich – feine Säure und Biss. Der deutlich süß ausgebaute Muscaris ist wunderschön lebhaft und frisch schon im Bouquet, besitzt feine Muskatnoten, ist geradlinig und zupackend. Die gesamte Kollektion ist eine eindrucksvolle Demonstration und beweist, dass aus den so genannten Piwis spannende Weine entstehen können. ➡

Weinbewertung

83	2017 „Spannenlanger Hansel" „Secco" Rosé	**12 %/8,50 €**
86	2015 „Sprudeldicke Dirn" Sekt „dosage zero"	**13,5 %/17,50 €**
85	2017 Johanniter	**12 %/9,50 €**
86	2017 Cabernet Blanc	**12 %/12,- €**
83	2017 Solaris	**12,5 %/11,- €**
84	2017 Muscaris	**8,5 %/13,- €**

Lanz

PAUL LAQUAI

★★☆

KONTAKT

Park Wispertal 2
65391 Lorch
Tel. 06726-830838
Fax: 06726-830840
www.weingut-laquai.de
kontakt@weingut-laquai.de

Inhaber
Gundolf Laquai, Gilbert Laquai
Kellermeister
Gilbert Laquai
Rebfläche 24 Hektar
Produktion 120.000 Flaschen

BESUCHSZEITEN

Mi.-Fr. 10-12 + 15-17 Uhr, Sa./So. 10-12 Uhr; Gutsausschank Weinwirtschaft Laquai in Lorch, Schwalbacher Straße 20-22, Mi.-Fr. Ab 17 Uhr, Sa./So. ab 15 Uhr

Das Weingut Paul Laquai ging 1990 an die beiden Brüder Gilbert und Gundolf Laquai über. Seither wurde die Rebfläche von 3,5 auf heute 22 Hektar erweitert, auf 12 Hektar wurden alte, brachliegende Rebflächen rekultiviert, teils in Querterrassen. Mit der Erweiterung des Weingutes wurden die alten Anlagen zu klein, deshalb kaufte man in Wispertal bei Lorch neue Betriebsgebäude. 2003 haben Gilbert und Gundolf Laquai eine Gutsschänke im alten Fachwerkhaus der Familie in Lorch eröffnet, einige Jahre später kam die Gutsschänke Langehof in Rauenthal hinzu. Die Weinberge, fast alle in Steillagen, liegen vor allem in Lorch, in den Lagen Kapellenberg, Bodental-Steinberg, Schlossberg und Pfaffenwies. Riesling ist die dominierende Rebsorte im Betrieb, gefolgt von Spätburgunder, dazu gibt es etwas Weißburgunder, Merlot, Cabernet Sauvignon, Silvaner und Auxerrois. An der Spitze der Kollektion stehen zwei Erste Gewächse, ein Riesling von 50 Jahre alten Reben im Schlossberg und ein Spätburgunder aus dem Bodental-Steinberg. Edelbrände ergänzen das Sortiment.

Kollektion

Die Rieslinge sind alle würzig und säurebetont, gefallen mit ihrem Spiel von konzentrierter Frucht und animierender Frische. Das reife, schmelzige Erste Gewächs aus dem Schlossberg besitzt derzeit die beste Präsenz, die pointierte trockene Spätlese ist deutlich verschlossener. Sehr gut sind auch der feinherbe Quarzit-Riesling, dessen Fruchtsüße die Säure in Zaum hält und die fruchtige Spätlese mit ihrer Reife und Würze. Der Weißburgunder ist würzig und frisch, der kräftigere Rosa Chardonnay zart cremig, der im Holz vergorene Auxerrois ist druckvoller und nachhaltiger. Bei den Rotweinen überzeugt das saftige, feine, frische Spätburgunder Erste Gewächs, der Cabernet Sauvignon besitzt intensive Frucht, feine Tannine und Frische.

Weinbewertung

87	2017 Auxerrois trocken Lorcher Bodental-Steinberg	**12,5 %/11,50 €**
85	2017 Weißer Burgunder trocken Lorcher Bodental-Steinberg	**12,5 %/8,50 €**
85	2017 Riesling trocken „vom Löss" Lorcher Kapellenberg	**11,5 %/8,50 €**
85	2017 Riesling trocken „vom Schiefer" Lorcher Schlossberg	**12,5 %/8,50 €**
85	2017 Rosa Chardonnay Lorcher Bodental-Steinberg	**12,5 %/11,50 €**
87+	2017 Riesling Spätlese trocken Lorcher Schlossberg	**13 %/14,50 €**
87	2017 Riesling Erstes Gewächs Lorcher Schlossberg	**13,5 %/21,50 €**
85	2017 Riesling „vom Quarzit" „feinherb"	**11,5 %/8,50 €**
86	2017 Riesling Spätlese Lorcher Pfaffenwies	**7,5 %/14,50 €**
84	2016 Spätburgunder trocken Lorcher Bodental-Steinberg	**12,5 %/11,50 €**
87	2014 Cabernet Sauvignon trocken Lorcher Kapellenberg	**13,5 %/15,- €**
87	2015 Spätburgunder trocken Erstes Gewächs Bodental-Steinberg	**14 %/25,- €**

L

Lauermann & Weyer

★☆

KONTAKT

Leininger Ring 79
67278 Bockenheim
Tel. 06359-4231
Fax: 06359-409238
www.lauermannundweyer.de
info@lauermannundweyer.de

Inhaber
Elisabeth Weyer
Rebfläche
20 Hektar

BESUCHSZEITEN

Mo.-Fr. 8-12 + 13-18 Uhr,
Sa. 9-12 + 13-16 Uhr

Seit Mitte des 18. Jahrhunderts wird in der Familie Weinbau betrieben, seit 1904 besteht das Weingut am nördlichen Zipfel der deutschen Weinstraße, ist seither in Familienbesitz. Heute wird es von Elisabeth Weyer geführt, unterstützt wird sie dabei von den Söhnen Hans Jörg und Hans Heinrich. Die insgesamt 20 Hektar Reben wachsen auf unterschiedlichsten Bodentypen wie Kalkstein, Ton oder Letten, die für geschmackliche Vielfalt sorgen. Die Weißweine werden gezügelt vergoren, die Rotweine durchlaufen die Maischegärung. Das Sortiment ist gegliedert in Gutsweine, Prädikatsweine und Lagenweine aus Bockenheim wie den Riesling aus der Goldgrube, den Riesling Mulde aus dem ältesten Weinberg des Betriebes oder den Riesling Kerzenstümmel.

Kollektion

Nachdem die beiden Spitzen des Sortiments, die Rieslinge Kerzenstümmel und Mulde im vergangenen Jahr ungewöhnlich kraftvoll waren, kehren sie in diesem Jahr zu ihrer gewohnten Eleganz zurück. In der Nase sind beide recht verhalten, der Mulde-Riesling ist animierend und besitzt Zitrus- und Kräuterwürze, beim Kerzenstümmel erkennen wir die für den Wein typischen kräutrig-mineralischen Noten, am Gaumen besitzt er feinen Druck und gute Länge. Neu im Programm ist der aus eingetrockneten Trauben erzeugte „unYkat", im Bouquet zeigt er Noten von getrockneten Aprikosen, besitzt gute Konzentration, viel süße Frucht und Biss, aber auch deutlich spürbaren Alkohol. Der Silvaner besitzt viel klare Frucht und feine erdige Würze, der Grauburgunder ist etwas prägnanter als der leicht verhaltene Weißburgunder. Der Saint Laurent ist ungewöhnlich aromatisch mit Noten von Granatapfel und deutlicher Holzwürze, die beiden Spätburgunder sind sehr kraftvoll, der Vogelsang besitzt gute Substanz und Länge aber ebenfalls sehr viel röstige Würze.

Weinbewertung

80 2017 Riesling trocken „HW" (1l) **12 %/4,90 €**
84 2017 Silvaner trocken **13,5 %/5,90 €**
82 2017 Riesling trocken **12,5 %/5,90 €**
84 2017 Riesling trocken „Villa Lauermann" **13 %/6,90 €**
83 2017 Weißburgunder trocken **13 %/6,20 €**
84 2017 Grauburgunder trocken **13 %/6,20 €**
86 2016 Riesling trocken „Mulde" **12,5 %/8,90 €**
88 2016 Riesling trocken „Kerzenstümmel" **13 %/12,90 €**
83 2017 Muskateller „feinherb" **11 %/6,20 €**
86 2015 „unYkat" **13,5 %/29,90 €/0,5l**
84 2016 Saint Laurent trocken **12,5 %/8,90 €**
84 2015 Spätburgunder trocken **13,5 %/9,20 €**
86 2014 Spätburgunder trocken Bockenheimer Vogelsang **13,5 %/24,90 €**

LAURENTIUSHOF

★☆

KONTAKT

Gartenstraße 13
56814 Bremm
Tel. 02675-508
Fax: 02675-910285
www.weingut-laurentiushof.de
info@weingut-laurentiushof.de

Inhaber
Thomas Franzen-Martiny
Rebfläche
5,3 Hektar
Produktion
35.000 Flaschen

BESUCHSZEITEN

nach Vereinbarung
Komfort-Ferienhaus und
Luxus-Loft-Wohnung

Thomas Franzen-Martiny und Liz Martiny führen den Laurentiushof in Bremm nach ökologischen Richtlinien; das Weingut ist Mitglied bei Ecovin. Ihre Weinberge liegen in Bremm, Neef und Bullay, gut die Hälfte davon befindet sich in Steillagen wie dem Bremmer Calmont oder dem Neefer Frauenberg, ein Teil der Reben ist 100 Jahre alt. Riesling nimmt drei Viertel der Fläche ein, hinzu kommen 20 Prozent Elbling sowie etwas Weißburgunder, Müller-Thurgau und Spätburgunder. Die Weine werden spontanvergoren und im Edelstahl ausgebaut. Dem Weingut sind ein Komfort-Ferienhaus und eine Luxus-Loft-Wohnung angeschlossen, die weit über das hinausgehen, was anderswo bezüglich Ferienwohnungen an der Mosel üblich ist.

Kollektion

Eine gewohnt kleine Kollektion, ganze fünf Weine aus dem Jahrgang 2017, präsentiert Thomas Franzen-Martiny in diesem Jahr. Das Niveau ist gewohnt hoch, unabhängig davon ob die Weine trocken oder restsüß ausgebaut sind. Und immer präsentiert er uns überzeugende Literweine so wie dieses Jahr den Müller-Thurgau, der wunderschön saftig und süffig ist, viel reife sortentypische Frucht besitzt und unkomplizierten Trinkgenuss bereitet. Der Weißburgunder ist fruchtbetont, frisch und reintönig im Bouquet, harmonisch und klar im Mund, saftig und süffig, besitzt feine süße Frucht. Der Rosarot genannte Rosé vom Spätburgunder setzt ganz auf Frische und Frucht, ist wunderschön lebhaft, klar und zupackend, besitzt reintönige Frucht und Grip. Riesling ist also zahlenmäßig in diesem Jahr unterlegen, den zwei Rieslingen stehen drei Weine von anderen Rebsorten gegenüber. Die Rieslinge aber bilden die qualitative Spitze der kleinen Kollektion. Der trockene Urgestein-Riesling aus dem Bremmer Calmont zeigt gute Konzentration und klare reife Frucht im Bouquet, etwas gelbe Früchte, besitzt Fülle und Kraft, gute Struktur und reintönige Frucht. Sein feinherber Kollege steht ihm nicht nach, zeigt feine Würze im Bouquet, reintönige Frucht, ist klar und frisch im Mund, lebhaft und zupackend, besitzt gute Struktur, viel Frische und Frucht. Eine kleine, aber gewohnt zuverlässige Kollektion.

Weinbewertung

84	2017 Weißburgunder (trocken) **12 %/8,- €**
87	2017 Riesling trocken „Urgestein" Bremmer Calmont **11,5 %/9,10 €**
87	2017 Riesling „feinherb" Bremmer Calmont **11,5 %/9,80 €**
83	2017 Müller-Thurgau Bremmer Laurentiusberg (1l) **11,5 %/6,50 €**
84	2017 Rosarot (Blauer Spätburgunder Rosé trocken) **12 %/8,- €**

Hubert Lay

★★☆

KONTAKT

Scherkhofenstraße 52
79241 Ihringen
Tel. 07668-1870
Fax: 07668-626
www.weingut-hubert-lay.de
info@weingut-hubert-lay.de

Inhaber
Hubert Lay
Kellermeister
Hubert & Christian Lay
Rebfläche
5,3 Hektar
Produktion
22.000 Flaschen

BESUCHSZEITEN

nachmittags und samstags
oder nach Vereinbarung

Hubert und Gisela Lay übernahmen 1987 das Weingut von seinen Eltern Adolf und Johanna, 1990 stellten sie auf biologische Bewirtschaftung um, sie sind Mitglied bei Ecovin. 1997 wurden die Betriebsgebäude erneuert, die Rebfläche wurde erweitert. Seit 2008 arbeiten sie nach biodynamischen Richtlinien. Nach Winzerlehre, Abschluss seiner Weinbautechnikerausbildung und verschiedenen Stationen bei badischen Weingütern ist 2013 Sohn Christian in den Betrieb eingestiegen. Die Weinberge liegen alle in Ihringen, in den Lagen Fohrenberg und Winklerberg. Spätburgunder ist die mit Abstand wichtigste Rebsorte im Betrieb, es folgen Grauburgunder, Riesling, Chardonnay, Weißburgunder und Silvaner, dazu gibt es etwas Müller-Thurgau, Regent, Muskateller, Gewürztraminer und Cabernet Sauvignon. Die Weine werden teilweise ohne den Zusatz von Schwefel und unfiltriert abgefüllt. Die Spitzenweine werden in der SL-Linie („Selektion Lay") angeboten. Edelbrände aus der hauseigenen Brennerei sowie ein Balsamico-Essig aus Gewürztraminer ergänzen das Programm.

Kollektion

Auch in diesem Jahr präsentiert Hubert Lay wieder eine sehr eigenständige Kollektion, die eine Reihe von Weinen enthält, denen kein Schwefel zugesetzt wurde. Dem fülligen Weißburgunder S beispielsweise, dem saftigen Grauburgunder S, der alkoholreich wirkt, auch wenn der Wert es nicht belegt, dem frischen, zupackenden Rosé oder dem intensiv fruchtigen, zupackend Spätburgunder „schwefelfrei". Im weißen Segment ist der Lösskindel-Chardonnay unser Favorit, der gute Konzentration, reintönige Frucht, Kraft und Substanz besitzt. Noch stärker sind in der Spitze wieder die Pinot Noir: Die trockene Spätlese, Jahrgang 2015, ist intensive fruchtig, kraftvoll, der 2016er „Steihäckerle" ist enorm kraftvoll, füllig und strukturiert. —

Weinbewertung

84 2017 Silvaner Kabinett trocken **13,5 %/9,- €**
83 2017 Weißburgunder Kabinett trocken **13 %/7,- €**
82 2017 Riesling trocken „S schwefelfrei" **12,5 %/9,90 €**
84 2017 Weißburgunder „S schwefelfrei" **13,5 %/9,90 €**
84 2017 Grauburgunder „S schwefelfrei" **13 %/9,90 €**
86 2017 Chardonnay Auslese trocken „Lösskindel" **14,5 %/13,50 €**
85 2017 Gewürztraminer Spätlese trocken **14 %/12,- €**
84 2017 Rosé trocken „schwefelfrei" **12,5 %/9,90 €**
85 2016 Spätburgunder „schwefelfrei" **12 %/9,40 €**
86 2015 Spätburgunder Spätlese trocken „SL" **13,5 %/14,50 €**
88 2015 Pinot Noir Spätlese trocken **14 %/22,- €**
88 2016 Pinot Noir trocken „Steihäckerle" **14 %/24,- €**

L

Weinbau der Lebenshilfe

★★

KONTAKT

Sägmühle 15
67098 Bad Dürkheim
Tel. 06322-980580
Fax: 06322-938197
www.lebenshilfe-weinbau.de
weinbau@lebenshilfe-duew.de

Inhaber
Lebenshilfe Bad Dürkheim e.V.
Betriebsleiter
Jan Hock
Rebfläche
23 Hektar
Produktion
160.000 Flaschen

BESUCHSZEITEN

Mo.-Do. 8-12 + 13-16 Uhr, Fr. 8-12 + 13-18 Uhr, Sa. 10-14 Uhr; Weine zu gleichen Preisen erhältlich im LePrima Ökomarkt der Lebenshilfe

Die Lebenshilfe Bad Dürkheim e.V. ist ein 1965 von Angehörigen geistig behinderter Menschen gegründeter Selbsthilfeverein. Seit Anfang der 1980er Jahre wird im Rahmen der Schaffung persönlichkeitsfördernder Arbeitsplätze auch Weinbau betrieben, seit Beginn wird biologisch gewirtschaftet. Heute arbeiten hier sechs ausgebildete Winzer zusammen mit rund 35 zu betreuenden Mitarbeitern. Unter den 23 Hektar Rebfläche sind knapp drei Hektar rekultivierte Terrassenweinberge, am Wachenheimer Schlossberg (karger Sandstein) und dem Dürkheimer Michelsberg (Kalkeinlagerungen), von denen die Riesling-Lagenweine des Betriebs stammen. Rote Lagenweine werden in der Wachenheimer Altenburg (Cabernet Sauvignon) und im Friedelsheimer Schlossgarten (Spätburgunder) angebaut. Die Guts- und Ortsweine stammen von Lagen rund um Bad Dürkheim und Wachenheim. In den letzten Jahren wurde in die Kellertechnik investiert, eine zweite Presse, neue Tanks und Holzfässer angeschafft.

Kollektion

In einer rundum gelungenen Kollektion sind es wieder zwei Riesling-Lagenweine, die uns am besten gefallen haben: „Die Burg" aus dem Schlossberg besitzt gute Konzentration, zeigt leichte Reifenoten, Birne und Quitte und entwickelt am Gaumen feinen Druck, der Michelsberg ist leicht verhalten in der Frucht, zeigt ebenfalls dezente Reifenoten, ist animierend und lang. Der 2015er Weißburgunder aus dem Michelsberg ist jetzt auf dem Punkt, besitzt feine Holzwürze und gelbe Frucht mit Zitrusnoten. Und auch die Rotweine überzeugen, der Spätburgunder aus dem Schlossgarten zeigt rote Frucht und feine Röstnoten, ist gut strukturiert und elegant, die Cuvée „Lebenshilfe mal anders" aus Cabernet Sauvignon, Cabernet Franc und Merlot zeigt schwarze Johannisbeeren, etwas Pflaume und Mokka im Bouquet, besitzt reife Tannine.

Weinbewertung

82	2017 Riesling trocken „5 Wingert" **12 %/6,20 €**
83	2017 Weißburgunder trocken **12,5 %/7,50 €**
84	2017 Riesling trocken Wachenheimer **12,5 %/8,- €**
85	2017 Riesling trocken Dürkheimer **13 %/9,- €**
86	2016 Riesling trocken Wachenheimer Schlossberg **12 %/11,- €**
88	2016 Riesling trocken Dürkheimer Michelsberg **13 %/15,- €**
87	2015 Weißburgunder trocken Dürkheimer Michelsberg **13 %/15,- €**
88	2016 Riesling trocken „Die Burg" Wachenheimer Schlossberg **12,5 %/18,- €**
84	2017 Riesling Spätlese „Joy" **9 %/8,- €**
83	2016 Spätburgunder trocken **13 %/8,- €**
86	2015 Lebenshilfe mal anders Rotwein trocken **13,5 %/12,- €**
87	2015 Spätburgunder trocken Friedelsheimer Schlossgarten **13 %/18,- €**

Lehnert-Veit

★★★

KONTAKT

In der Dur 6-10
54498 Piesport
Tel. 06507-2123
Fax: 06507-7145
www.weingut-lv.net
info@lehnert-veit.de

Inhaber
Erich & Peter Lehnert
Betriebsleiter/Kellermeister/
Außenbetrieb
Peter Lehnert
Rebfläche
11,5 Hektar
Produktion
60.000 Flaschen

BESUCHSZEITEN

täglich 9-20 Uhr
Vinothek von Mai - Oktober,
Gästezimmer, Gutsausschank

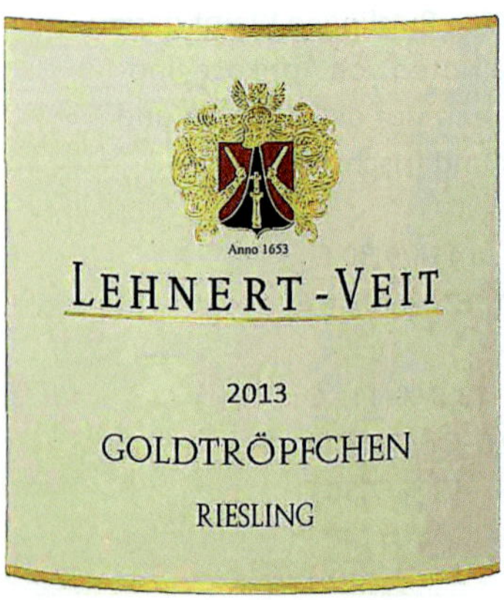

Die Weinbautradition des Betriebs reicht bis ins Jahr 1653 zurück, als ein gewisser Eucharius Lehnert Weinberge bewirtschaftete. Heute führen Erich Lehnert und Sohn Peter das Gut, dem eine Straußwirtschaft und Gästezimmer angeschlossen sind. Ihre Weinberge liegen in den Piesporter Lagen Goldtröpfchen, Falkenberg, Günterslay und Treppchen. Neben Riesling, der 70 Prozent der Rebfläche einnimmt, bauen sie Spätburgunder und Weißburgunder an, sowie ein wenig Chardonnay, Sauvignon Blanc und Merlot. 2013 wurden ein neuer Keller und eine neue Vinothek gebaut. Das Sortiment ist gegliedert in Gutsweine (roter Schraubverschluss), Ortsweine (blauer Schraubverschluss/blaue Kapsel) und Lagenweine (goldener Schraubverschluss/goldene Kapsel), an der Spitze der Kollektion stehen das Große Gewächs aus Riesling und die Erste Lage-Weine aus Spätburgunder, die jeweils ein Jahr später präsentiert werden, als dies bei vielen Kollegen üblich ist.

Kollektion

Unter den Piesporter Weingütern fällt das Weingut Lehnert-Veit als eines auf, dass seinen eigenen Stil pflegt. Saftig und würzig sind die Weine, besitzen Potenzial. 2017 ist dies beispielsweise der Fall beim Riesling Kies, der schon in der Nase würzige Noten neben der Steinobstaromatik zeigt, fest und trocken ausfällt. Auch der Riesling aus der Günterslay ist angenehm trocken, in der Nase etwas komplexer, mit Steinobst- und Kräuterwürze. Spät vorgestellte Weine sind hier Standard: Der 2016er Tradition ist kühl und würzig, kaum fruchtig, fest und saftig, ein interessanter Stil. Das Große Gewächs aus 2016 gerät straff, würzig. Im süßen Bereich machen Spät- und Auslese trotz deutlicher Süße viel Spaß. Auch beim Rotwein hat sich das Gut etabliert. Deutlich fruchtig ist der Günterslay-Spätburgunder, ein Wein mit Länge und animierender Säure. Der Falkenberg-Spätburgunder besitzt neben der Tabakwürze Anklänge an rote Beeren und Kirschen, ist straff und betont würzig, muss sich noch entwickeln.

Weinbewertung

85 2017 Riesling trocken „Kies" **11 %/6,90 €**
85 2017 Riesling trocken „Schiefer" **11 %/7,90 €**
86 2017 Riesling trocken Günterslay **12,5 %/8,50 €**
89 2016 Riesling trocken „GG" Goldtröpfchen **13 %/18,50 €**
87 2017 Riesling „feinherb" Falkenberg **11 %/8,50 €** ☺
87 2017 Riesling „feinherb" Goldtröpfchen **11,5 %/10,50 €**
88 2017 Riesling Spätlese Goldtröpfchen **7,5 %/15,- €**
89 2017 Riesling Auslese Goldtröpfchen **7,5 %/18,- €**
88 2015 Spätburgunder trocken Günterslay **13 %/13,20 €**
89 2015 Spätburgunder trocken Falkenberg **13,5 %/19,80 €**

Leiling

★

KONTAKT

Hauptstraße 3
76889 Schweigen-Rechtenbach
Tel. 06342-7039
www.weingutleiling.de
post@weingutleiling.de

Inhaber
Herbert & David Leiling
Rebfläche
15 Hektar
Produktion
70.000 Flaschen

L

BESUCHSZEITEN

Mo.-Fr. 9-12 + 14-17 Uhr

Herbert und David Leilings Weinberge liegen, wie bei vielen Schweigener Winzern, zum großen Teil auf der französischen Seite der Grenze, in verschiedenen Gewannen des Schweigener Sonnenbergs wie Steingrub, Rädling, Hohlaub und Banholz. Die Verwendung der Gewannbezeichnungen auf den Etiketten ist allerdings von der Weinkontrolle verboten. Auf je einem Viertel der Rebfläche stehen Spätburgunder und Weiß- und Grauburgunder, dazu kommen 20 Prozent Riesling und 30 Prozent andere Sorten wie Chardonnay, Auxerrois, Gewürztraminer und Dornfelder. „Boom Bottles", ausgestattet mit auffälligen Etiketten und ausgefallenen Namen, nennt David Leiling die Weine, die er ganz nach seinen Vorstellungen ausbaut, das handselektierte Lesegut wird nach einer Maischestandzeit in einer alten Korbkelter gepresst und vor allem in großem und kleinem Holz lange auf der Feinhefe ausgebaut und anschließend ohne Schönung gefüllt, die Weißweine werden nur mittels Sedimentation geklärt.

Kollektion

Alle Weißweine aus der kleinen Kollektion, die wir in diesem Jahr verkosten konnten, wurden spontan vergoren, im Holz ausgebaut und ohne Schönung gefüllt. An der Spitze stehen die beiden Grauburgunder, die wir im vergangenen Jahr schon einmal verkostet hatten und die sich beide gut entwickelt haben: Der „Prima Ballerina" zeigt klare gelbe Frucht, Birne und dezente Zitrusnoten, ist kraftvoll und besitzt Frische, der „Prima Ballerina 2.Oak" ist ebenfalls kraftvoll, aber noch etwas ausdrucksstärker, zeigt im Bouquet Pfirsich- und Zitrusfrucht und profitiert vom sehr gut eingebundenen Holz. Auch der Weißburgunder zeigt sehr dezente Holzwürze, ist kraftvoll und besitzt gute Konzentration und klare gelbe Frucht, der „Alte Satz" besitzt Saft und Fülle, ist weich und fruchtbetont, unter den Rieslingen bleibt der „Hôpital" etwas verhalten, zeigt dezente Noten von Aprikose und gelbem Apfel, der „Kalkstein" ist präsenter, zeigt gelbe Frucht und etwas kalkig-kreidige Würze, ist schlank und frisch. —

Weinbewertung

84 2017 Weißer Burgunder trocken „Hôpital" **14 %/9,50 €**
83 2017 Riesling Kabinett trocken „Kalkstein" **12 %/10,50 €**
81 2017 Riesling „Hôpital" **13,5 %/9,50 €**
85 2016 Grauer Burgunder „Prima Ballerina" **13,5 %/11,- €**
86 2016 Grauer Burgunder „Prima Ballerina 2.Oak" **14 %/16,- €**
83 2017 Cuvée „Alter Satz" Kabinett Weißwein **12 %/7,50 €**
74 2016 Pinot Noir Holzfass **13,5 %/10,- €**

Dr. Leimbrock - C. Schmidt

★★

KONTAKT

Bergfried 2
54486 Mülheim an der Mosel
Tel. 06534-357
Fax: 06534-948727
www.dr-leimbrock.de
info@dr-leimbrock.de

Inhaber
Ulrike Oeffling
Rebfläche
9 Hektar
Produktion
40.000 Flaschen

BESUCHSZEITEN

Mo.-Fr. 9:30-12 + 14-18 Uhr,
Sa./So. 9:30-12 Uhr und nach Vereinbarung

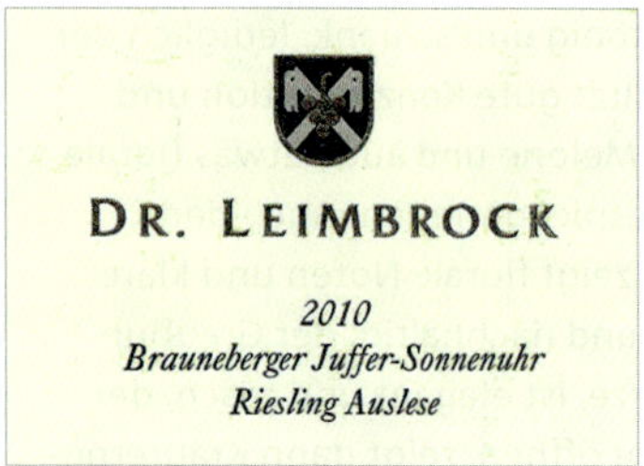

Das Weingut ist seit mehr als 250 Jahren in Familienbesitz, entstand in seiner heutigen Form 1967, als Friedhelm Leimbrock und Lore Leimbrock, geb. Schmidt, die Betriebe ihrer Vorfahren Conrad Schmidt, Dr. Wilhelm Leimbrock und Friedrich Herrmann zusammenlegten. Das Weingut wird heute von Ulrike Oeffling geführt. Die Weinberge befinden sich in den Brauneberger Lagen Juffer und Juffer-Sonnenuhr, im Graacher Himmelreich, der Bernkasteler Badstube, dem Veldenzer Grafschafter Sonnenberg und der Mülheimer Sonnenlay. Neben Riesling, der 91 Prozent der 9 Hektar umfassenden Rebfläche einnimmt, gibt es ein wenig Weißburgunder und Kerner. Der Schwerpunkt der Produktion liegt auf trockenen und halbtrockenen Rieslingen, allerdings werden immer wieder feine Süßweine bis hinauf zur Trockenbeerenauslese erzeugt.

Kollektion

Dieses Jahr wurden ausschließlich Weine des Jahrgangs 2017 vorgestellt – und die müssen sich nicht verstecken. Im vergleichsweise umfangreichen Sortiment finden sich jede Menge empfehlenswerte und preiswerte Spezialitäten. Der Weißburgunder ist zum Beispiel angenehm sortentypisch und saftig, wenngleich ein Hauch von Süße zu spüren ist. Sehr duftig und fein ist der Kabinettriesling aus der Juffer, während der „Steckenpferd"-Riesling in der auffälligen Flasche noch verschlossen scheint, aber straff und würzig ausfällt. Viel offener dagegen eines der Highlights des Jahrgangs, die halbtrockene Spätlese aus der Juffer-Sonnenuhr. Unter den süßen Weinen wirken jene aus der Juffer-Sonnenuhr besonders attraktiv: Die sehr verhaltene, aber straffe Spätlese sowie die sehr saubere, cremige, nach Blütenhonig duftende Beerenauslese.

Weinbewertung

84 2017 Riesling trocken **11,5 %/6,50 €**
84 2017 Riesling Kabinett trocken Brauneberger Mandelgraben **11 %/7,50 €**
84 2017 Weißer Burgunder trocken **12 %/7,- €**
85 2017 Riesling Kabinett trocken Brauneberger Juffer **11 %/8,- €**
88 2017 Riesling trocken „Steckenpferd" **11,5 %/15,- €**
82 2017 Riesling Classic **11,5 %/6,- €**
85 2017 Riesling Kabinett halbtrocken Mülheimer Sonnenlay **11 %/7,50 €**
84 2017 Riesling Kabinett „feinherb" Mülheimer Sonnenlay **10,5 %/8,- €**
88 2017 Riesling Spätlese halbtrocken Brauneberger Juffer-Sonnenuhr **11 %/12,90 €**
86 2017 Riesling Spätlese „feinherb" Graacher Himmelreich **10 %/9,90 €**
87 2017 Riesling Spätlese Brauneberger Juffer **8,5 %/12,- €**
88 2017 Riesling Spätlese Brauneberger Juffer-Sonnenuhr **10 %/13,- €**
89 2017 Riesling Auslese Brauneberger Juffer **7,5 %/18,- €**
91 2017 Riesling Beerenauslese Brauneberger Juffer-Sonnenuhr **8,5 %/35,- €/0,375l**

Jürgen Leiner

★★★★

KONTAKT

Arzheimer Straße 14
76831 Ilbesheim
Tel. 06341-30621
Fax: 06341-34401
www.weingut-leiner.de
info@weingut-leiner.de

Inhaber
Sven Leiner
Rebfläche
16 Hektar
Produktion
120.000 Flaschen

BESUCHSZEITEN

nach Vereinbarung
Ferienwohnungen

Das in den siebziger Jahren gegründete Weingut Jürgen Leiner liegt im Ortskern von Ilbesheim, am Fuß der Kleinen Kalmit. Die Weinberge liegen in Ilbesheim, Arzheim und Göcklingen. Nachdem Sohn Sven, der mittlerweile das Weingut leitet, nach seinem Geisenheim-Studium in den Familienbetrieb einstieg, stellte er zunächst auf biologischen Anbau um und ging anschließend noch einen Schritt weiter zur biodynamischen Bewirtschaftung, seit 2011 ist das Weingut Demeter-zertifiziert. Riesling und Grauburgunder nehmen jeweils rund 20 Prozent der Weinberge ein, Weißburgunder, Chardonnay und Spätburgunder zusammen weitere 40 Prozent, dazu kommen noch etwas Gewürztraminer, Dornfelder und Tempranillo, den Leiner 1998 gepflanzt hat und mit dem Jahrgang 2001 erstmals auf die Flasche brachte. Die besten Weine wurden eine zeitlang mit Gewannnamen bezeichnet, seit dem 2013er Jahrgang ergänzt durch den Ortsnamen, respektive mit der Lagenbezeichnung Ilbesheimer Kalmit, die mit dem Jahrgang 2009 als Einzellage anerkannt wurde. Mit dem Jahrgang 2014 schließlich fielen dann bei den Ortsweinen die Gewannnamen weg, Sven Leiner bleibt bei einem vierstufigen System: Die Cuvées der Fusion-Linie, die Gutsweine der Handwerk-Linie, Ortsweine sowie Lagenweine der Ilbesheimer Kalmit. Die Rotweine kommen nach der Maischegärung ins Holzfass oder Barrique. Die Weine der „Handwerk"-Linie werden komplett spontan im Edelstahl vergoren und liegen bis Ende Februar auf der Vollhefe. Die Orts- und Lagenweine vom Riesling, Chardonnay, Weiß- und Grauburgunder bleiben lange auf der Presse, wodurch Leiner auf eine Mostvorklärung verzichten kann. Für ihren anschließenden Ausbau gibt es kein Patentrezept, je nach Jahrgang verwendet Leiner verschiedene Holzgebinde und verschiedene Anteile von Holz und Edelstahl, die Weine bleiben meist bis kurz vor der nächsten Ernte auf der Vollhefe.

Kollektion

Die vier Weine der Handwerk-Linie brauchen in diesem Jahr viel Luft, sind zunächst sehr verschlossen, bleiben dann aber auch über Tage hinweg stabil. Sie sind wieder sehr reintönig und schlank, lediglich der Chardonnay ist etwas kraftvoller, er besitzt gute Konzentration und innere Dichte, zeigt klare Frucht, Birne, Melone und auch etwas florale Würze und wird von einem feinen Säurespiel getragen. Auch der Weißburgunder besitzt viel feinen Biss, zeigt florale Noten und klare Birnenfrucht, ist eindringlich, lebendig und nachhaltig, der Grauburgunder zeigt nussige und kräutrige Würze, ist elegant und frisch, der Riesling braucht am längsten, um sich zu öffnen, zeigt dann Kräuterno-

ten und etwas grünen Apfel, besitzt herbe Zitruswürze und feinen Biss. Auch die anderen Weißweine entfalten sich erst mit viel Luft, der Göcklinger Riesling zeigt kräutrige Würze und feine, leicht gereifte Frucht mit Noten von Aprikosentarte und Quitte, ist sehr schlank, aber konzentriert, besitzt ein lebendiges Säurespiel und leicht salzige Länge, der Ilbesheimer Grauburgunder ist noch sehr kompakt, ganz geradlinig und konsequent trocken ausgebaut, er zeigt klare Frucht, Aprikose, Birne, etwas Quitte und leicht nussige Noten, besitzt gute Substanz und Länge und auch der Ilbesheimer Gewürztraminer verzichtet ganz auf kitschige Süße, ist stattdessen knochentrocken ausgebaut, ganz geradlinig, besitzt viel herbe, reintönige Frucht mit Noten von Rosenblättern, Litschi, Zitrusfrucht und auch etwas Kräuterwürze, ist druckvoll und lang. Die beiden weißen Lagenweine aus dem Ilbesheimer Kalmit stehen an der Spitze des Sortiments, der Weißburgunder zeigt viel klare Frucht im Bouquet, Birne, Aprikose, florale und kräutrige Noten und sehr dezentes Holz, ist kraftvoll im Mund und besitzt ein animierendes Säurespiel, der Riesling zeigt kräutrig-mineralische Würze und klare, fein gereifte Frucht, Aprikose, Quitte, etwas Mürbeteig, am Gaumen besitzt er viel innere Dichte, feine salzige Noten, ist sehr animierend und enorm nachhaltig. Die beiden Spätburgunder sind eindringlich und besitzen gute Konzentration, der Ortswein aus Ilbesheim zeigt viel klare, reintönige Schwarzkirschfrucht und nur sehr dezentes Holz, der Kalmit zeigt etwas deutlicheres Holz, feine Krokantwürze und neben dunkler auch rote Frucht, ist harmonisch, elegant und nachhaltig.

Sven Leiner

Weinbewertung

87 2017 Weißer Burgunder trocken „Handwerk" **12 %/8,50 €** ☺
86 2017 Grauer Burgunder trocken „Handwerk" **12 %/8,50 €**
86 2017 Riesling trocken „Handwerk" **12 %/8,50 €**
87 2017 Chardonnay trocken „Handwerk" **13 %/8,50 €** ☺
88 2016 Riesling trocken Göcklingen **11,5 %/14,- €**
89 2016 Grauer Burgunder trocken Ilbesheim **13 %/14,- €**
90 2016 Riesling trocken Ilbesheimer Kalmit **12,5 %/18,- €**
89 2016 Gewürztraminer trocken Ilbesheim **13 %/14,- €**
90 2016 Weißer Burgunder trocken Ilbesheimer Kalmit **13,5 %/18,- €**
88 2015 Spätburgunder trocken Ilbesheim **13 %/17,- €**
89 2017 Spätburgunder trocken Ilbesheimer Kalmit **13 %/27,- €**

LAGEN

KALMIT (ILBESHEIM)

REBSORTEN

RIESLING (20 %)
GRAUBURGUNDER (20 %)
WEISSBURGUNDER (15 %)
SPÄTBURGUNDER (15 %)
CHARDONNAY (10 %)

Leipold

★★

KONTAKT

Landsknechtstraße 14
97332 Obervolkach
Tel. 09381-4472
Fax: 09381-716728
www.weingut-leipold.de
paul-leipold@t-online.de

Inhaber
Paul & Inge Leipold
Rebfläche
5,7 Hektar
Produktion
45.000 Flaschen

BESUCHSZEITEN

Mo.-Fr. 9-12 + 13-19 Uhr,
Sa. 9-17 Uhr

Weinbau wird in der Familie Leipold in Obervolkach, einem Ortsteil von Volkach, seit den dreißiger Jahren des letzten Jahrhunderts betrieben, aber erst mit der Übernahme des Betriebes durch Paul Leipold wurde die Fläche erweitert und in die Vermarktung investiert. Die Weinberge liegen alle im Obervolkacher Landsknecht, einem zwischen Obervolkach und Rimbach gelegenen, im westlichen Teil (Stettenberg) steilen Südhang mit Muschelkalkböden, der östliche Teil ist etwas flacher, die schwereren Böden dort bestehen aus tonigem Lehm. Ein Drittel der Fläche nimmt Silvaner ein, hinzu kommen vor allem Müller-Thurgau und Bacchus, aber auch Domina und Spätburgunder, Regent, Dornfelder, Scheurebe und Traminer, inzwischen auch Riesling. Sohn Peter absolvierte 2014 die Weinbaufachschule in Veitshöchheim, hatte im Herbst 2013 ein Praktikum in Burgund gemacht, arbeitete zwei Jahre bei Klaus Peter Keller in Flörsheim-Dalsheim, ist aber 2017 in den elterlichen Betrieb eingestiegen, in Teilzeit arbeitet er im Außenbetrieb bei Rainer Sauer in Escherndorf.

Kollektion

Das Einstiegsniveau ist gewohnt hoch wie der fruchtbetonte Liter-Silvaner zeigt. Die Muschelkalk-Weine sind reintönig und harmonisch. Dann folgen drei sehr gute Silvaner: Der Wein von alten Reben besitzt intensive Frucht, Fülle und Kraft, der lange auf der Hefe ausgebaute Schilfsandstein-Silvaner ist fruchtbetont, zupackend und strukturiert, unser Favorit aber ist der Gässberg aus einer Steillage mit kargen Muschelkalkböden, wie seine Kollegen spontanvergoren, aber komplett im Holz ausgebaut: Intensive Frucht, viel Konzentration, stoffig, zupackend, druckvoll. Auch die süßen Weine sind stark: Die Bacchus Spätlese ist wunderschön reintönig und zupackend, die Auslese ist würzig, noch konzentrierter, die Riesling Spätlese ist klar und zupackend. Fruchtbetont und reintönig ist der in französischen Barriques ausgebaute Spätburgunder R, frisch und zupackend. Weiter im Aufwind! ▬

Weinbewertung

82 2017 Silvaner Kabinett trocken (1l) **12 %/5,70 €**
84 2017 Silvaner Kabinett trocken „Muschelkalk" Obervolkacher **12,5 %/6,- €**
83 2017 Riesling Kabinett trocken „Muschelkalk" Obervolkacher **12 %/6,- €**
85 2017 Silvaner trocken „Alte Reben" Obervolkacher Landsknecht **13 %/8,- €**
86 2016 Silvaner Spätlese trocken „Schilfsandstein" Landsknecht **13,5 %/10,- €**
88 2016 Silvaner Spätlese trocken „Gässberg" Landsknecht **13 %/9,50 €** ☺
85 2017 Bacchus Spätlese Obervolkacher Landsknecht **8 %/8,- €**
86 2017 Riesling Spätlese Obervolkacher Landsknecht **8,5 %/9,- €**
86 2017 Bacchus Auslese Obervolkacher Landsknecht **8,5 %/12,- €**
87 2016 Spätburgunder „R" trocken Obervolkacher Landsknecht **13,5 %/10,- €**

LEISS

★★★

KONTAKT

Lennacher Straße 7
74189 Gellmersbach
Tel. 07134-14389
Fax: 07134-20621
www.weingut-leiss.de
info@weingut-leiss.de

Inhaber/Betriesleiter
Wolf-Peter Leiss
Kellermeister
Gerhard Leiss, Wolf-Peter Leiss, MatthiasHechler
Rebfläche
17 Hektar
Produktion
120.000 Flaschen

BESUCHSZEITEN

Mo.-Fr. 9:30-12 + 17:30-19 Uhr,
Sa. 9-16 Uhr
Besenwirtschaft

Das von Gerhard Leiss gegründete Weingut wird heute von seinem Sohn Wolf-Peter und dessen Ehefrau Christa geführt. Tochter Stefanie studiert Weinbetriebswirtschaft, Sohn Gerhard studierte, nach Ausbildung bei Aldinger, in Geisenheim. Die Weinberge liegen vor allem in Gellmersbach (Dezberg) und Erlenbach (Kayberg, mit Teillage Herzgrüble), die Reben wachsen teils auf Gipskeuper-, teils auf Sandsteinverwitterungsböden. Wichtigste rote Sorten sind Lemberger und Trollinger, gefolgt von Spätburgunder und Schwarzriesling. Riesling nimmt gut ein Viertel der Rebfläche ein, dazu gibt es ein wenig Kerner, Müller-Thurgau und Gewürztraminer. Die 1998 erstmals erzeugte Cuvée Nobilis aus Cabernet Cubin und Lemberger war lange Zeit die Spitzencuvée, inzwischen gibt es eine weitere rote Top-Cuvée, Kyrie Leiss genannt. 2018 wurde ein neuer Barriquekeller gebaut.

Kollektion

Die neue Kollektion ist der Vorjahreskollektion sehr ähnlich: Hohes Gesamtniveau, zwei rote Cuvées an der Spitze. Der Gellmersbacher Grauburgunder besitzt reintönige Frucht und gute Substanz, der im Barrique ausgebaute Tonmergel-Grauburgunder besitzt mehr Fülle, Kraft und Konzentration. Ganz stark ist das Riesling-Duo: Der Schilfsandstein ist füllig, saftig, strukturiert, der Reserve-Riesling, maischevergoren und lange auf der Vollhefe ausgebaut, zeigt feine Reifenoten, besitzt Substanz und Komplexität. Der Lemberger Herzgrüble setzt auf Frische und Frucht, der Gipskeuper-Lemberger ist konzentrierter, besitzt gute Struktur und klare reife Frucht, was auch für den reintönigen Spätburgunder gilt. Cabernet Cubin, Merlot und Lemberger enthalten die beiden Cuvées, bei der Cuvée Nobilis kommt noch Cabernet Dorsa hinzu. Beide sind gewürzduftig, konzentriert, enorm stoffig und tanninbetont, beide besitzen viel Kraft und Substanz.

Weinbewertung

84 2014 Pinot Sekt brut **13 %/12,50 €**
85 2017 Grauburgunder trocken Gellmersbach **12,5 %/8,50 €**
84 2017 Sauvignon Blanc trocken Gellmersbach **12,5 %/10,- €**
87 2016 Riesling trocken „Schilfsandstein“ **12 %/15,- €**
87 2016 Grauburgunder trocken „Tonmergel“ **13 %/15,- €**
88 2015 Riesling trocken „Reserve“ **13 %/24,- €**
84 2017 Rosé trocken „Leissium“ **12 %/6,- €**
85 2015 Lemberger trocken „Herzgrüble“ **13,5 %/9,50 €**
88 2015 Lemberger trocken „Gipskeuper“ Kayberg Erlenbach **14 %/18,50 €**
87 2015 Spätburgunder trocken Dezberg Gellmersbach **13,5 %/25,- €**
89 2015 „Cuvée Nobilis“ Rotwein trocken „Gipskeuper“ **14 %/19,50 €**
90 2015 „Kyrie Leiss“ Rotwein trocken **14 %/32,- €**

LEITZ

★★★★★

KONTAKT

Theodor-Heuss-Straße 5
65385 Rüdesheim
Tel. 06722-48711
Fax: 06722-47658
www.leitz-wein.de
Johannes.leitz@leitz-wein.de

Inhaber Johannes Leitz
Betriebsleiter Markus Roll
Kellermeister Manuel Zuffer
Rebfläche 110 Hektar
Produktion 750.000 Flaschen

BESUCHSZEITEN

Mo.-Fr. 8-17 Uhr n. Vereinbarung

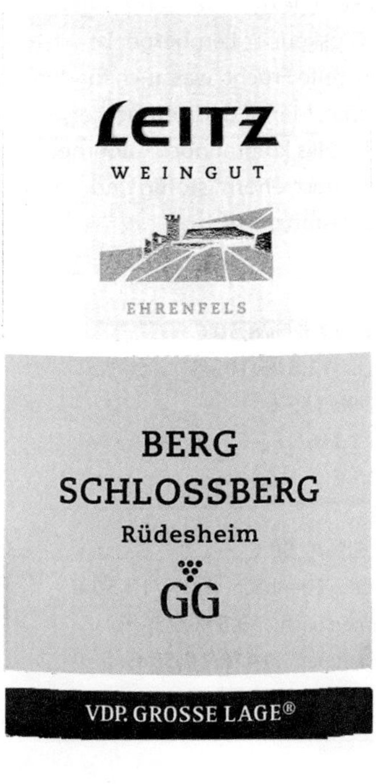

Weinbau gibt es in der Familie Leitz bereits seit 1744, aber erst in den fünfziger Jahren des letzten Jahrhunderts hatte sich Josef Leitz, der Großvater des heutigen Besitzers Johannes Leitz, ganz auf Weinbau spezialisiert. Nach dem frühen Tod des Vaters hat die Mutter von Johannes Leitz das Weingut als Feierabendbetrieb erhalten. Er selbst vinifizierte bereits 1985 seinen ersten Jahrgang. Seither hat Johannes Leitz das Weingut beträchtlich vergrößert und zu einem der führenden Betriebe im Rheingau entwickelt. Das Gros seiner Weinberge liegt in Rüdesheim. Er ist in allen vier Rüdesheimer Berg-Lagen vertreten, in Rottland, Roseneck, Schlossberg und Kaisersteinfels, sowie in den weiteren Rüdesheimer Lagen Drachenstein, Magdalenenkreuz, Bischofsberg, Kirchenpfad und Klosterlay. Seine Spitzenweine, mit natürlichen Hefen vergoren und im Holz vinifiziert, erzeugt er aus dem Rüdesheimer Berg, aus den Lagen Berg Roseneck, Berg Schlossberg und Berg Rottland sowie aus dem Berg Kaisersteinfels, wo er alte, brachliegende Terrassen rekultiviert hat. Mit dem Jahrgang 2011 fielen die „Alten Reben", die lange die Prestigegewächse des Hauses waren, weg: Die Spitzenrieslinge nennen sich nun „Terrassen" (Kaisersteinfels), „Hinterhaus" (Rottland), „Katerloch" (Roseneck) und „Ehrenfels" (Schlossberg), mit dem Jahrgang 2016 kam ein Großes Gewächs aus dem Rosengarten hinzu. Der Riesling aus dem Berg Kaisersteinfels wurde lange Zeit halbtrocken ausgebaut, 2015 wurde er erstmals trocken angeboten als Großes Gewächs wie seine drei Kollegen. In diesem Jahrgang 2015 gab es auch erstmals einen Wein der neuen „Erste Lage"-Kategorie des Rheingauer VDP, den Riesling aus dem Rüdesheimer Drachenstein. Das Sortiment ist insgesamt klar und straff gegliedert, der Gutsriesling nennt sich „Eins-Zwei-Dry", dann folgen der Rüdesheimer Ortwein und der „Magic Mountain", der ebenfalls ein Rüdesheimer Orts-Riesling ist. Das Gros der Weine wird trocken ausgebaut, im restsüßen Segment gibt es einen feinherben Kabinett aus dem Kirchenpfad, einen süßen Kabinett aus der Klosterlay sowie zwei Spätlesen aus Magdalenenkreuz und Berg Roseneck.

Kollektion

Der trockene Gutsriesling setzt die Geradlinigkeit und Substanz des Jahrgangs bestens in Szene und zählt zu seinen animierensten Vertretern. Der Rüdesheimer Ortswein ist kühl, seine saftige Frische fordert immer zum nächsten Schluck auf, er bleibt angenehm herb. Der Magic Mountain präsentiert sich in diesem Jahr im Duft gewohnt reif und beerig, im Geschmack stoffig und cremig, ein intensiver Riesling mit würziger Länge. Von den ersten Lagen und großen Lagen gibt es in diesem Jahr wieder die 2016er, weil Johannes Leitz entschieden hat, die Weine zukünftig ein

Jahr später in den Verkauf zu bringen. Mit schöner erster Reife punktet der Riesling aus dem Drachenstein, ist in sich geschlossen, kraftvoll und durch und durch mineralisch. Intensiven und eindringlichen Duft nach getrockneten Kräutern und reifen gelben Früchten verbreitet das Große Gewächs aus dem Rosengarten, ist strukturiert und ausgewogen. Das Große Gewächs aus dem Rottland ist kräuterduftig, pointierte Gerbstoffe und straffe Säure sorgen für Struktur. Das Große Gewächs Berg Roseneck besitzt eine attraktive Zugänglichkeit, ist feingliedrig, mit lebhafter Säure durchsetzt, besitzt Spannung, Klarheit, Ausgewogenheit und Länge. Der Berg Schlossberg ist der ungeschliffene Rohdiamant unter den Großen Gewächsen, ist kräuterwürzig und doch steinig kühl, besitzt unwiderstehlichen Zug, feine Zitrusfrische und mineralisch-salzige Länge: Ein großer Terroirwein, der noch etwas Zeit brauchen wird. Einen spannenden Ausflug in die Welt des reiferen Riesling beschert der 2011er Roseneck, ist durch und durch ausgewogen, erste Ansätze von Akazienhonig klingen zart an, trotzdem bewahrt er bei aller Fülle seinen frischen Charakter. Der 2016er Kabinett aus dem Kaisersteinfels ist ein Unikat. Beerig, dicht und tiefgründig, von feiner lebhafter Säure durchzogen und perfekt ausgewogen, steht seine Fruchtsüße ganz im Dienst der komplexen Aromen, die Frische und Gerbstoffstruktur ist viel versprechend, es wird spannend sein wie sich der Wein mit der Reifung entwickelt. Aufgrund seiner Stoffigkeit ist man versucht ihn ein fruchtsüßes Großes Gewächs zu nennen. Die Trockenbeerenauslese aus dem Roseneck, mit üppigen Trockenobstaromen im Bouquet, mündet in einen herben Geschmack, besitzt fulminanten Saft und kantige, zugleich klare Frische und gehört zur Spitze eines für edelsüße Qualitäten nicht ganz einfachen Jahrgangs.

Johannes Leitz

L

Weinbewertung

85	2017 Riesling trocken	**12 %/9,50 €**
87	2017 Riesling trocken Rüdesheim	**12 %/12,- €**
89	2017 Riesling trocken „Magic Mountain" Rüdesheim	**12,5 %/17,50 €**
90	2016 Riesling trocken Rüdesheimer Drachenstein	**12,5 %/25,- €**
90	2011 Riesling trocken „GG" „Katerloch" Rüdesheim Berg Roseneck	**13 %/a.A.**
91	2016 Riesling trocken „GG" „Katerloch" Rüdesheim Berg Roseneck	**12,5 %/35,- €**
91	2016 Riesling trocken „GG" Rüdesheimer Rosengarten	**12,5 %/40,- €**
92	2016 Riesling trocken „GG" „Hinterhaus" Rüdesheim Berg Rottland	**12,5 %/38,- €**
93	2016 Riesling trocken „GG" „Ehrenfels" Rüdesheimer Berg Schlossberg	**12,5 %/40,- €**
90	2016 Riesling Kabinett Berg Kaisersteinfels	**9,5 %/22,50 €**
95	2017 Riesling Trockenbeerenauslese Rüdesheimer Berg Roseneck	**7 %/Vst.**

LAGEN

BERG SCHLOSSBERG – EHRENFELS (RÜDESHEIM)
BERG ROTTLAND – HINTERHAUS (RÜDESHEIM)
BERG ROSENECK – KATERLOCH (RÜDESHEIM)
BERG KAISERSTEINFELS (RÜDESHEIM)
DRACHENSTEIN (RÜDESHEIM)
BISCHOFSBERG (RÜDESHEIM)
KIRCHENPFAD (RÜDESHEIM)
MAGDALENENKREUZ (RÜDESHEIM)

REBSORTEN

RIESLING (99 %)
SPÄTBURGUNDER (1 %)

GÜNTER LEITZGEN

★★

KONTAKT

Wein- und Sektgut
Auf Cales 28
56814 Bremm
Tel. 02675-1673
Fax: 02675-1709
www.leitzgen-weine.de
info@leitzgen-weine.de

Inhaber
Günter & Susanne Leitzgen
Betriebsleiter
Günter Leitzgen
Rebfläche 3 Hektar
Produktion 25.000 Flaschen

BESUCHSZEITEN

nach Vereinbarung

LEITZGEN

CALMONT

Nach zehn Jahren Tätigkeit als Kellermeister in zwei großen Kellereibetrieben machte sich Günter Leitzgen selbständig. Seine Weinberge befinden sich in Bremm (darunter der legendäre Calmont), Eller (Pfirsichgarten und Bienenlay) und Neef (Frauenberg). Neben Riesling (75 Prozent der 3 Hektar Rebfläche) baut er ein ganz klein wenig Müller-Thurgau und immerhin fast ein Viertel Elbling an. Die Weine werden langsam und kühl vergoren, teilweise mit natürlichen Hefen, die Spitzenweine lagern anschließend rund sechs Monate auf der Feinhefe. Das Gros der Weine wird trocken oder halbtrocken ausgebaut. Sekt spielt eine bedeutende Rolle im Sortiment, wird selbst in traditioneller Flaschengärung erzeugt.

Kollektion

Der Rosé Sekt extra dry ist mit seiner an Kräuter, Hefe und rote Beeren erinnernden Frucht und der zarten Süße eher charmant als puristisch, besitzt aber durchaus Substanz. Niemals unterschätzen sollte man den Elbling, den Basiswein des 2017er Sortiments, auch diesmal nicht; man merkt den reifen Jahrgang, er zeigt sogar Schmelz. Stoffig ist der Riesling „Tradition", der trockene Calmont-Riesling ist saftig, der mit einem Stern ausgestattete Wein besitzt deutlich mehr Struktur und jenen Schmelz, der zum Markenzeichen des Gutes geworden ist. Der Terroir-Wein aus dem Calmont zeigt frische Hefenoten, ist dann kühlfruchtig, nicht ganz trocken, zeigt viel Schmelz. Die Spielerei ist in der Nase unauffällig, dann mit sehr feiner Säure ausgestattet, lang, besitzt Schmelz und leichte Süße. Im süßen Bereich überzeugt der elegante, feine Avantgarde-Wein. Auch die Frauenberg-Auslese spiegelt – saftig und elegant – den Stil des Hauses wider. —

Weinbewertung

82 Rosé Sekt extra dry **12,5 %/13,- €**
84 2017 Elbling trocken **11,5 %/7,- €**
85 2017 Riesling trocken „Tradition" **13 %/9,- €**
85 2017 Riesling trocken Bremmer Calmont **12 %/9,- €**
87 2017 Riesling trocken „Stern" Bremmer Calmont **13 %/10,60 €**
87 2017 Riesling trocken „Stern" Ellerer Pfirsichgarten **12,5 %/10,60 €**
88 2017 Riesling „Prestige" **12,5 %/11,50 €**
86 2017 Riesling Bremmer Calmont **12 %/9,- €**
87 2017 Riesling „Terroir" Bremmer Calmont **13 %/18,- €**
86 2017 Riesling „Spielerei" **11,5 %/9,- €**
88 2017 Riesling „Avantgarde" **8 %/10,60 €**
88 2017 Riesling Auslese Neefer Frauenberg **8 %/17,- €/0,5l**

Lidy

★☆

N

KONTAKT

Frankenburgstraße 6
76833 Frankweiler
Tel. 06345-3472
Fax: 06345-5238
www.weingut-lidy.de
info@weingut-lidy.de

Inhaber
Bertram & Marcel Lidy
Rebfläche
20 Hektar

BESUCHSZEITEN

Mo.-Sa. 9-11:30 + 13-17 Uhr

Seit den fünfziger Jahren vermarktet die Familie Lidy ihre Weine selbst. Die Aufgaben sind in der Familie klar verteilt: Senior Bertram Lidy kümmert sich um die Destillerie, Sohn Marcel leitet den Außenbetrieb, sein Bruder ist für das Marketing zuständig und arbeitet im Keller, wo sich alle drei über den Ausbau der Weine abstimmen. Die Weinberge liegen in Frankweiler, wo die Reben auf Schichten von Kalkstein, blauem Keuper und Buntsandstein wachsen. Ein Drittel der Rebfläche ist mit Riesling bestockt, auf einem Drittel stehen rote Sorten (Spätburgunder, St. Laurent, Frühburgunder, Portugieser, Schwarzriesling und Dornfelder), dazu kommen Sorten wie Silvaner, Weißburgunder, Grauburgunder, Chardonnay, Gewürztraminer, Rieslaner und Müller-Thurgau. Das Sortiment wird nach den vier Metallen Kupfer (Basisweine in der Literflasche), Silber (Gutsweine), Gold (Ortsweine) und Platin (Lagenweine aus den Frankweiler Lagen Kalkgrube und Biengarten) gegliedert.

Kollektion

Nachdem wir fünf Jahre lang keine Weine der Familie Lidy verkosten konnten, kehren sie in diesem Jahr mit einer durchgängig überzeugenden Kollektion ins Buch zurück. An der Spitze stehen die Lagenweine, die alle kompromisslos trocken ausgebaut sind und klare, kalkige Würze zeigen: Der Riesling aus der Kalkgrube zeigt kreidige Mineralität, besitzt klare Frucht und ist animierend, der Weißburgunder besitzt gute Konzentration und zeigt dezente Holzwürze, Grauburgunder und Chardonnay zeigen etwas deutlichere Röstnoten und besitzen herbe, fast karge Frucht, die beiden Spätburgunder sind kraftvoll und würzig mit Noten von Kirsche und Cassis, die Kalkgrube ist der etwas konzentriertere Wein. Die Guts- und Ortsweine sind alle technisch sehr sauber vinifiziert, auch wenn wir hier noch etwas den Mut zur Eigenständigkeit vermissen, wie wir ihn bei den Lagenweinen schon sehen. —

Weinbewertung

81 2017 Riesling trocken „Ag" (1l) **12,5 %/4,60 €**
84 2017 Riesling trocken „Au" Frankweiler **12,5 %/6,90 €**
82 2017 Weißer Burgunder trocken „Ag" **12,5 %/5,80 €**
83 2017 Grauer Burgunder trocken „Ag" **12,5 %/5,80 €**
84 2017 Chardonnay trocken „Au" Frankweiler **13,5 %/6,90 €**
87 2017 Riesling trocken „Pt" Frankweiler Kalkgrube **13,5 %/12,90 €**
87 2017 Weißer Burgunder trocken „Pt" Frankweiler Kalkgrube **13,5 %/12,90 €**
86 2017 Grauer Burgunder trocken „Pt" Frankweiler Kalkgrube **13,5 %/12,90 €**
86 2017 Chardonnay trocken „Pt" Frankweiler Kalkgrube **13,5 %/12,90 €**
83 2016 Spätburgunder trocken „Au" Frankweiler **13,5 %/7,90 €**
86 2016 Spätburgunder trocken „Pt" Frankweiler Biengarten **13,5 %/12,90 €**
87 2016 Spätburgunder trocken „Pt" Frankweiler Kalkgrube **13,5 %/16,90 €**

L

SCHLOSS LIESER

★★★★★

KONTAKT

Am Markt 1
54470 Lieser
Tel. 06531-6431
Fax: 06531-1068
www.weingut-schloss-lieser.de
info@weingut-schloss-lieser.de

Inhaber
Thomas & Ute Haag
Kellermeister
Thomas Haag
Rebfläche
23 Hektar
Produktion
130.000 Flaschen

BESUCHSZEITEN

Mo.-Fr. 10-17 Uhr, Sa. 10-15 Uhr
Apartment

Das Weingut Schloss Lieser wurde 1904 in unmittelbarer Nachbarschaft zum 1875 aus Grauschiefer erbauten Schloss Lieser errichtet, das Sitz der Freiherren von Schorlemer war, heute das Wahrzeichen von Lieser ist. Nach mehreren Besitzerwechseln übernahm 1992 Thomas Haag die Betriebsleitung des Gutes. Thomas Haag ist der älteste Sohn von Wilhelm Haag (Weingut Fritz Haag in Brauneberg). Er hat seine ersten Erfahrungen im elterlichen Weingut gesammelt, dann in Geisenheim studiert, ein Jahr an der Saar gearbeitet, bevor sich die Chance ergab als Betriebsleiter bei Schloss Lieser einzusteigen. 1997 konnte er dann zusammen mit Ehefrau Ute das Gut übernehmen, sie haben es von Grund auf saniert und auf die heutige Größe erweitert. Das Gros ihrer Weinberge liegt in Lieser, vor allem in der Lage Niederberg-Helden, wo sie 6,5 Hektar besitzen, des Weiteren sind sie in der Brauneberger Juffer-Sonnenuhr und der Brauneberger Juffer vertreten, in Kesten und neuerdings auch in der Wehlener Sonnenuhr und im Graacher Himmelreich, inzwischen ist das Weingut auch im Piesporter Goldtröpfchen vertreten. Der Jahrgang 2016 ist der erste, in dem Thomas Haag auch Weine aus der Prestigelage Bernkasteler Doctor erzeugt. Das Weingut baut ausschließlich Riesling an, sieht man einmal ab von den paar Stock Spätburgunder, die es bei einem Zukauf mit erworben hat. Die Weine werden alle spontanvergoren und im Edelstahl ausgebaut.

Kollektion

Der Jahrgang 2016 war durch alle Segmente hindurch rassig und würzig, die Weine wiesen eine bemerkenswerte Struktur auf, waren lang und komplex. Besonders beeindruckend war, dass nicht nur die süßen Weine, wie man hätte erwarten können, mit hoher und höchster Qualität überzeugten, sondern dass auch die trockenen ausgezeichnet gefielen. 2017 ist das im Prinzip nicht anders. Doch bevor man auf die Großen Gewächse zu sprechen kommt, muss man die SL genannte Basis würdigen. Die drei derart bezeichneten trockenen Rieslinge unterscheiden sich deutlich voneinander, lassen aber auch den Stil des Hauses erkennen. Mit offensiver Frucht, frisch und würzig zeigt sich der trockene SL, ein ausgezeichneter Einstieg. Deutlich feiner der trockene SL-Kabinett mit Noten von gehackten Kräutern und einem Hauch Zitrus, fein und verspielt. Die Spätlese SL ist am spannendsten, fest, neben Kräutern auch von Steinobst geprägt, ein Wein, der anderswo als Großes Gewächs angeboten würde. Die echten „GGs" bieten ebenfalls Hochklassiges, vor allem beim Wein aus der Lage Niederberg-Helden und jenem aus dem Piesporter Goldtröpfchen. Der mehrfach verkostete Wein aus der Juffer-Sonnenuhr, zunächst verhalten, profitierte von einigen Wochen Reife, während die Wehlener Sonnenuhr vergleichsweise verhalten blieb. Unter den süßen Weinen ist zuallererst der Basisriesling SL zu würdigen – ein kühlfruchtiger, duftiger Wein mit Noten von Pfirsich und Kräutern, saftig und sehr gelungen, auch der Kabinett ohne Lagen-

bezeichnung besitzt eine sehr schöne Balance. Herauszuheben ist dann beispielsweise der kühlfruchtige Kabinett aus dem Niederberg-Helden, der Kabinett aus dem Goldtröpfchen wirkt noch saftiger und komplexer. Generell fallen die Goldtröpfchen-Rieslinge in diesem Jahr besonders überzeugend aus, was man auch an der Spätlese erkennen kann. Wunderbar reif mit Steinobstnoten und kühler, leicht tropischer Frucht zeigt sich die saftige Goldtröpfchen-Auslese, kühl und duftig die Goldkapselauslese aus der Juffer-Sonnenuhr. Die Goldkapsel-Auslese aus der Wehlener Sonnenuhr besitzt eine verblüffend klare, kühle und animierende Frucht mit Noten von Pfirsich und Pfirsichkompott, aber auch dezent cremigen Noten und einer Spur kandierter Zitrone. Ein wunderbar frischer und würziger Wein, der gänzlich unangestrengt wirkt, schon jetzt verführerisch gut schmeckt, sich ausgezeichnet entwickeln dürfte. Weine aus dem Bernkasteler Doctor wurden bis Redaktionsschluss nicht vorgestellt.

Thomas Haag

Weinbewertung

86	2017 Riesling trocken „SL" **11 %/8,90 €**
88	2017 Riesling Kabinett trocken „SL" **11,5 %/11,50 €**
89	2017 Riesling Spätlese trocken „SL" **12 %/17,- €**
91	2017 Riesling trocken „GG" Himmelreich **12,5 %/29,- €**
91	2017 Riesling trocken „GG" Juffer **12,5 %/27,- €**
90	2017 Riesling trocken „GG" Wehlen Sonnenuhr **12,5 %/29,- €**
93	2017 Riesling trocken „GG" Piesport Goldtröpfchen **12,5 %/29,- €**
92	2017 Riesling trocken „GG" Brauneberg Juffer-Sonnenuhr **12,5 %/29,- €**
92	2017 Riesling trocken „GG" Lieser Niederberg-Helden **12,5 %/29,- €**
87	2017 Riesling „SL" **10,5 %/8,90 €**
88	2017 Riesling Kabinett „SL" **8,5 %/11,50 €**
89	2017 Riesling Kabinett Brauneberger Juffer **8 %/13,50 €**
87	2017 Riesling Kabinett Wehlener Sonnenuhr **8 %/13,50 €**
88	2017 Riesling Kabinett Graacher Himmelreich **8 %/13,50 €**
90	2017 Riesling Kabinett Piesporter Goldtröpfchen **8 %/13,50 €**
89	2017 Riesling Kabinett Niederberg-Helden **8 %/13,50 €**
89	2017 Riesling Spätlese Lieser Niederberg-Helden **7 %/18,- €**
91	2017 Riesling Spätlese Brauneberger Juffer-Sonnenuhr **7,5 %/18,50 €**
89	2017 Riesling Spätlese Wehlener Sonnenuhr **7,5 %/18,50 €**
91	2017 Riesling Spätlese Piesporter Goldtröpfchen **7 %/18,50 €**
90+	2017 Riesling Auslese Lieser Niederberg-Helden **7 %/27,- €**
92	2017 Riesling Auslese Piesporter Goldtröpfchen **7 %/16,- €/0,375l**
92	2017 Riesling Auslese Wehlener Sonnenuhr **7 %/28,- €**
92	2017 Riesling Auslese Goldkapsel Niederberg-Helden **7 %/21,- €/0,375l**
93	2017 Riesling Auslese Goldkapsel Juffer-Sonnenuhr **7 %/22,- €/0,375l**
94	2017 Riesling Auslese Goldkapsel Wehlener Sonnenuhr **7 %/22,- €/0,375l**

LAGEN

NIEDERBERG-HELDEN (LIESER)
JUFFER-SONNENUHR (BRAUNEBERG)
JUFFER (BRAUNEBERG)
SONNENUHR (WEHLEN)
HIMMELREICH (GRAACH)
GOLDTRÖPFCHEN (PIESPORT)

REBSORTEN

RIESLING (100 %)

JOSEF LINDEN

★

N

KONTAKT

Im Weingarten 1
54340 Köwerich
Tel. 06507-3696
Fax: 06507-802511
www.weingut-linden.de
mail@weingut-linden.de

Inhaber
Josef Linden
Rebfläche
7 Hektar
Produktion
50.000 Flaschen

BESUCHSZEITEN

nach Vereinbarung (bis 10 Personen)

WEINGUT LINDEN

L

Das Weingut von Josef Linden befindet sich in Köwerich und ist stark auf Riesling konzentriert. Nicht weniger als 90 Prozent der Fläche sind mit dem Klassiker bestockt, dazu kommen kleine Mengen an Grauburgunder und Sauvignon Blanc. Unter Lindens Parzellen sind vor allem jene in den namhaften Lagen Köwericher Laurentiuslay und Klüsserather Bruderschaft zu nennen, aber auch die Lage Köwericher Held, in der beispielsweise der Grauburgunder gedeiht. Das Weingut kann auf mehr als zwei Jahrhunderte Geschichte zurückblicken, ist aber beim Auftritt, beim Marketing und in der Vinifikation in der Gegenwart angekommen. Die Weine werden langsam vergoren, sind fruchtbetont und geradlinig.

Kollektion

Es handelt sich nur um ein sehr kleines, fünf Weine umfassendes Sortiment, das zur Premiere in diesem Buch vom Weingut Linden vorgestellt wurde. Es ist zu klein, um schon ein endgültiges Urteil über das Weingut abzugeben, aber immerhin ein Hinweis darauf, wie man in diesem Betrieb arbeitet – auch wenn der gute Jahrgang 2017 sicher noch nicht repräsentativ sein dürfte für die Gesamtleistung. Doch das Debüt gelingt, denn schon der Einstieg ist überzeugend. Unter dem Begriff „Lindgrün" wird nämlich ein Riesling vorgestellt, der offen ist und eine würzige, fast muskatig wirkende Note aufweist, der straff und würzig ausfällt. Das Weingut selbst empfiehlt ihn zu Austern – und diese Empfehlung lässt sich tatsächlich gut nachvollziehen. Deutlich würziger ist übrigens der als „herb" bezeichnete, geschmacklich trockene Riesling aus der Laurentiuslay (der ebenfalls gut zu Meeresfrüchten passt!), knackig und straff und durchaus präzise. Der feinherbe Riesling aus der Bruderschaft ist dann deutlich saftiger, besitzt mehr Schmelz, auch eine merkliche, aber sehr gut integrierte Süße. Mit dem saftigen, unkomplizierten Gutsriesling und der gelungenen, dichten, würzigen Auslese ist der Höhepunkt erreicht. Alle Weine sind geradlinig und klar, sie besitzen eine feine Frische und eine schöne Frucht – ein gutes Preis-Leistungs-Verhältnis gehört ohnehin zu den Vorzügen des Betriebes.

Weinbewertung

84 2016 Riesling trocken „Lindgrün" **11 %/6,50 €**
87 2017 Riesling Spätlese „herb" Laurentiuslay **12 %/7,- €** ☺
83 2017 Gutsriesling **8,5 %/6,- €**
85 2017 Riesling Spätlese „feinherb" Bruderschaft **11,5 %/7,- €**
87 2017 Riesling Auslese Laurentiuslay **9,5 %/10,- €**

Lindenhof

★★★☆

Kontakt

Lindenhof
55452 Windesheim
Tel. 06707-330
Fax: 06707-8310
www.weingutlindenhof.de
info@weingutlindenhof.de

Inhaber
Martin Reimann
Rebfläche
10 Hektar
Produktion
70.000 Flaschen

Besuchszeiten

Mo.-Fr. 10-12 + 14-18 Uhr,
Sa. 10-16 Uhr, Probe nach Vereinbarung

Der Lindenhof ist seit über 100 Jahren in Familienbesitz und wird heute von Martin Reimann geführt. Er hat in den letzten Jahren geringere Lagen aufgegeben oder verpachtet und Weinberge in guten Lagen hinzugekauft. Seine Weinberge liegen in Windesheim im Fels (steil abfallender Südhang mit stark verwittertem Sandstein), im Römerberg (rote Sandsteinverwitterung), im Rosenberg (leicht erwärmbarer Boden, entstanden aus tertiären Meeressand) und im Sonnenmorgen (tiefgründiger Terrassenkies mit Lössauflage) sowie im Schweppenhäuser Steyerberg (Schiefergestein). Neben 50 Prozent Riesling und 47 Prozent Spätburgunder, Weißburgunder und Chardonnay steht in seinen Weinbergen noch etwas Gewürztraminer. Ende des Sommers 2015 wurde auf dem Weingut eine neue Vinothek eingeweiht.

Kollektion

Vier starke Reserve-Weine stehen an der Spitze von Martin Reimanns aktueller Kollektion, allen voran der Goldkapsel-Spätburgunder aus dem Rosenberg, der sehr feine Röstnoten zeigt, Kraft besitzt, Struktur, noch jugendliche Tannine, Länge und Potential, und der Weißburgunder aus dem Sonnenmorgen, der viel gelbe Frucht im Bouquet zeigt, Birne, Melone und etwas Banane, gute Länge besitzt und schon etwas harmonischer ist als der noch deutlicher vom Holz geprägte Chardonnay, der etwas Zitrusnoten und auch Eleganz besitzt. Den Riesling aus dem Fels hatten wir letztes Jahr schon einmal verkostet, er zeigt mittlerweile leichte Reifenoten, etwas Quitte, aber auch noch frische Aprikosen- und Zitrusfrucht im komplexen Bouquet, besitzt feinen Druck, der normale Fels-Riesling ist etwas fülliger und zeigt leicht rauchige Noten. Sehr gut sind auch der reintönige Sonnenmorgen-Weißburgunder mit dezentem Holz und der ebenfalls sehr sortentypische, harmonische Frühburgunder mit klarer Süßkirsch- und Cassisfrucht.

Weinbewertung

84 2017 Riesling trocken **12 %/8,- €**
84 2017 Weißburgunder trocken **12,5 %/8,- €**
86 2017 Weißburgunder trocken Windesheimer **13 %/10,50 €**
88 2017 Weißburgunder trocken Windesheimer Sonnenmorgen **13,5 %/14,50 €**
86 2017 Chardonnay trocken Windesheimer **13 %/10,50 €**
87 2017 Riesling trocken Windesheimer Fels **12,5 %/14,50 €**
89 2016 Riesling trocken „Reserve" Windesheimer Fels **12,5 %/21,50 €**
90 2016 Weißburgunder trocken „Reserve" Sonnenmorgen **13,5 %/21,50 €**
89 2015 Chardonnay trocken „Reserve" Windesheimer **13,5 %/31,50 €**
83 2017 Riesling „feinherb" **11 %/8,- €**
88 2016 Frühburgunder trocken Windesheimer Rosenberg **13,5 %/18,- €**
90 2015 Spätburgunder trocken „Reserve Goldkapsel" Rosenberg **13,5 %/34,50 €**

LÖFFLER

★☆

KONTAKT

Fohrenbergstraße 43
79219 Staufen-Wettelbrunn
Tel. 07633-6307
Fax: 07633-808994
www.weingut-loeffler.de
info@weingut-loeffler.de

Inhaber
Wolfgang Löffler
Kellermeister
Andreas Löffler
Rebfläche
21 Hektar
Produktion
190.000 Flaschen

BESUCHSZEITEN

Mo.-Fr. 8:30-12 + 14-17 Uhr, Sa. 9-12 Uhr oder nach Vereinbarung
Straußwirtschaft: März bis Mitte Juni + Aug. bis Anfang Nov., Mo./Di. Ruhetag

Wolfgang Löffler arbeitete als Kellermeister bei Winzergenossenschaften, bevor er 1988 das eigene Weingut gründete, 1994 zog er in einen Neubau in Staufen-Wettelbrunn. 1996 erweiterte man den Betrieb um Keller, Flaschenlager und Veranstaltungsraum, 2009 wurde ein Holzfasskeller gebaut. Seit 2001 wird Wolfgang Löffler im Betrieb von Sohn Andreas unterstützt, der ausgebildeter Weinküfer und Kellermeister ist. Die Weinberge liegen im Castellberg in Ballrechten-Dottingen, sowie im Grunerner Altenberg. Gutedel nimmt knapp ein Drittel der Rebfläche ein, Spätburgunder ein Viertel, dazu gibt es Müller-Thurgau, Weißburgunder und Grauburgunder, sowie etwas Regent, Gewürztraminer, Chardonnay und Sauvignon Blanc. Von den bewirtschafteten Obstwiesen werden in der hauseigenen Brennerei Edelbrände und Liköre erzeugt. Dem Weingut ist eine Straußwirtschaft angeschlossen, die sowohl im Frühjahr als auch im Herbst mehrere Monate geöffnet hat.

Kollektion

Die neue Kollektion bietet geradlinige, unkomplizierte Weine – aber auch Spitzen in allen Segmenten. Die trockenen Weißweine werden angeführt von zwei im gebrauchten Barriques vergorenen und dann acht Monate darin ausgebauten Reserve-Weinen: Der Chardonnay zeigt rauchige Noten, besitzt Fülle, Kraft und Substanz, der Grauburgunder ist noch etwas kraftvoller, ebenso stoffig und dominant. Kandierte Früchte zeigt die Gutedel Trockenbeerenauslese im Bouquet, ist stoffig, konzentriert, dominant. Auch im roten Segment trumpft ein Reserve-Wein auf, der achtzehn Monate im Barrique ausgebaute Spätburgunder besitzt reife Frucht, gute Struktur und Substanz.

Weinbewertung

79	2017 Gutedel trocken „Grüner Markgräfler" **10,5 %/6,50 €**
82	2017 Roter Gutedel trocken Ballrechten-Dottinger Castellberg **11 %/6,50 €**
81	2017 Weißburgunder trocken „Edition" B.-D.Castellberg **12,5 %/7,50 €**
81	2017 Grauburgunder trocken „Edition" B.-D. Castellberg **12,5 %/7,50 €**
80	2016 Sauvignon Blanc trocken Ballrechten-Dottinger Castellberg **12 %/9,- €**
81	2016 Chasselas trocken Ballrechten-Dottinger Castellberg **12 %/8,- €**
81	2017 Chardonnay Kabinett trocken Ballrechten-Dottinger Castellberg **13 %/8,- €**
86	2015 Chardonnay trocken „Reserve" B.-D.Castellberg **13,5 %/15,- €**
86	2015 Grauburgunder trocken „Reserve" B.-D.Castellberg **13,5 %/15,- €**
80	2017 „Cuvée blanc" Weißwein „Edition lieblich" B.-D.Castellberg **11,5 %/7,50 €**
81	2017 Spätburgunder Rosé trocken „Rosa Markgräfler" B.-D.Castellberg **12 %/7,50 €**
87	2015 Gutedel Trockenbeerenauslese B.-D. Castellberg **10,5 %/22,50 €/0,375l**
81	2015 Spätburgunder Spätlese trocken B.-D.Castellberg **13 %/10,50 €**
86	2015 Spätburgunder trocken „Reserve" B.-D. Castellberg **14 %/15,- €**
83	2016 „Black For rest" Rotweincuvée trocken Holzfass **13 %/15,- €**

Loersch

★★★★

Kontakt

Tannenweg 11
54340 Leiwen/Zummet
Tel. 06507-3229
Fax: 06507-3205
www.weingut-loersch.de
info@weingut-loersch.de

Inhaber
Alexander Loersch
Rebfläche
7 Hektar
Produktion
55.000 Flaschen

Besuchszeiten

nach Vereinbarung
Gästehaus

Das Weingut befindet sich dort, wo man gewiss die beste Aussicht über die Mosel und die Weinberge von Leiwen und Trittenheim hat: hoch oben, auf der so genannten Zummethöhe. Der Betrieb führt seine Tradition über einen Zeitraum von rund 400 Jahren zurück. Alexander Loersch war bereits seit dem Jahr 2002 im elterlichen Weingut für den Ausbau der Weine verantwortlich, 2009 hat er den Betrieb von seinem Vater Ernst-Albrecht übernommen. Die bewirtschaftete Fläche wurde in den letzten Jahren deutlich ausgeweitet, auch die Flaschenausstattung wurde überarbeitet, und der früher genutzte Weingutsname Loersch-Eifel verwandelte sich in den weniger verwechselbaren heutigen Namen. Loerschs Weinberge, liegen in den Trittenheimer Lagen Apotheke und Altärchen, im Leiwener Klostergarten, im Dhroner Hofberg, im Neumagener Rosengärtchen und im Piesporter Goldtröpfchen. Neben Riesling (98 Prozent der Fläche) wird auch noch etwas Spätburgunder angebaut. Die Weine werden temperaturgekühlt mit den natürlichen Hefen vergoren, teils im Fuder, teils im Edelstahl ausgebaut, die Rotweine auch im Barrique. Einer der trockenen Spitzenrieslinge, Devon-Terrassen genannt, stammt von 70 bis 100 Jahre alten Reben im Kernstück der Trittenheimer Apotheke, ein anderer aus der Parzelle Sängerei im Dhroner Hofberg, ein weiterer aus der Jungheld, heute Teil der Apotheke; dieser Wein kommt erst im zweiten Sommer nach der Ernte in den Verkauf. Ausgebaut werden auch Weine aus den Parzellen Vogelsang und Laurentiusberg, die sich ebenfalls in der Apotheke befinden. In den vergangenen Jahren wurden die Rieslinge immer komplexer, saftiger, spannender; sie sind in der Jugend häufig noch verschlossen, entwickeln dann aber eine vibrierende, nachhaltige Art. Dem Weingut ist ein Gästehaus angeschlossen, inzwischen wurde die neue Vinothek, die so genannte Riesling-Sky-Lounge, eröffnet: Sie bietet einen Panoramablick über nicht weniger als zwölf verschiedene Steillagen. Weinproben werden nach telefonischer Anmeldung angeboten.

Kollektion

Schon in den letzten Jahren fiel auf, welche Klasse die Weine schon in der Basis erreichen. 2017 bietet eine weitere Steigerung, auch die nochmals verkosteten 2016er gefielen nun noch besser als im Sommer zuvor. Schon der Blauschiefer ist rassig, stoffig mit Spiel und Struktur – ein toller Einstieg. Noch etwas spannender ist der Altärchen-Kabinett, in der Nase fruchtbetont, im Mund würzig und geradlinig, trotz der beachtlichen Substanz elegant und kabinetttypisch. Sehr fest und straff, noch verschlossen, aber nachhaltig ist der Vogelsang-Riesling. Würzig, jugendlich, mit Aromen von Kern- und Steinobst, mineralisch und lang ist der Devon-Terrassen aus 2017, etwas mehr Schmelz besitzt der 2016er, der sich ausgezeichnet entwickelt hat. Der Riesling aus der Sängerei mit seinem einjährigen Hefelager besitzt viel Struktur und eine

spannende Würze, bleibt dabei aber präzise und nachhaltig; er zeigt im Moment nur ansatzweise, was er kann. Die Jungheld, im Akazienfass vinifiziert, wurde aus zwei Jahren vorgestellt: 2016 zeigt eine ruhige Art, 2017 ist noch völlig unzugänglich, fest, kühl und schlank. Im feinherben Bereich besitzen die Weine ebenfalls Substanz. Sehr rassig zeigt sich der Kabinett aus dem Hofberg, die Fels-Terrassen gibt es gleich zweimal, als „Fels 1" und „Fels 2", womit das Terroir-Prinzip auf die Spitze getrieben wird. Die Unterschiede indes sind nicht gewaltig, beide Weine besitzen eine würzige Hefenote mit Anklängen an Birne, Steinobst, Kräuter, eine überdurchschnittliche Saftigkeit und eine merkliche, aber ausgezeichnet eingebundene Süße. Offene Steinobstfrucht und eine ansatzweise mineralische Würze sind Kennzeichen des Kabinetts aus dem Goldtröpfchen. Rassig, geradlinig, lang und ansatzweise tropisch zeigt sich die restsüße Spätlese aus dem Laurentiusberg. Die Auslese aus der Apotheke ist da schon deutlich süßer, eher kühlfruchtig mit Anklängen an getrockneten Apfel und Birnen, im Mund würzig und mineralisch, straff und lang. Ganz anders die Beerenauslese mit Noten von Biskuit und Safran, Nektarinen, später auch etwas tropischen Früchten, saftig, lang und zupackend, ein mustergültiger edelsüßer Wein, der erst in einigen Jahren wirklich zeigen dürfte, welche Qualitäten er besitzt. Klar ist allerdings schon heute, dass Alexander Loersch unter den besten Weingütern der Mosel einzuordnen ist.

Alexander Loersch

Weinbewertung

85 2017 Riesling trocken „Blauschiefer" **11 %/7,50 €**
87 2017 Riesling Kabinett trocken Trittenheimer Altärchen **11 %/9,50 €**
88 2017 Riesling trocken „Vogelsang" Trittenheimer Apotheke **11,5 %/14,50 €**
(89+) 2017 Riesling trocken „Devon-Terrassen" Trittenheimer Apotheke **12,5 %/18,50 €**
(89) 2017 Riesling trocken „Sängerei" Dhroner Hofberg **12,5 %/24,- €**
90 2016 Riesling trocken „Jungheld" Trittenheimer Apotheke **12 %/30,- €**
(89+) 2017 Riesling trocken „Jungheld" Trittenheimer Apotheke **12,5 %/30,- €**
85 2017 Riesling „feinherb" „Glimmerschiefer" **10 %/7,50 €**
(87) 2017 Riesling Kabinett „„feinherb"„ Dhroner Hofberg **10 %/9,50 €**
89 2017 Riesling Spätlese „feinherb" „Fels-Terrassen Fels1" Apotheke **10,5 %/18,50 €**
89+ 2017 Riesling Spätlese „feinherb" „Fels-Terrassen" Fels 2" Apotheke **10,5 %/18,50 €**
90 2016 Riesling „Devon-Terrassen" Trittenheimer Apotheke **12 %/18,50 €**
87 2017 Riesling Kabinett Piesporter Goldtröpfchen **8 %/10,- €**
86 2017 Riesling Kabinett Trittenheimer Apotheke **8 %/9,50 €**
88 2017 Riesling Spätlese „Alte Reben" Trittenheimer Apotheke **8 %/16,50 €**
88 2017 Riesling Spätlese „Laurentiusberg" Trittenheimer Apotheke **8 %/14,50 €**
90 2017 Riesling Auslese „Alte Reben" Trittenheimer Apotheke **8,5 %/17,50 €/0,375l**
93 2017 Riesling Beerenauslese Trittenheimer Apotheke **7,5 %/39,- €/0,375l**

LAGEN

APOTHEKE (TRITTENHEIM)
– LAURENTIUSBERG (TRITTENHEIM)
– VOGELSANG (TRITTENHEIM)
– JUNGHELD (TRITTENHEIM)
ALTÄRCHEN (TRITTENHEIM),
HOFBERG (DHRON)
GOLDTRÖPFCHEN (PIESPORT)
ROSENGÄRTCHEN (NEUMAGEN)

REBSORTEN

RIESLING (98 %)
SPÄTBURGUNDER (2 %)

CARL LOEWEN

★★★★☆

KONTAKT

Matthiasstraße 30
54340 Leiwen
Tel. 06507-3094
Fax: 06507-802332
www.weingut-loewen.de
mail@weingut-loewen.de

Inhaber
Karl Josef & Christopher Loewen
Rebfläche
15 Hektar
Produktion
130.000 Flaschen

BESUCHSZEITEN

Mo.-Fr. nach Vereinbarung,
Sa. 13-16 Uhr

Die Geschichte des Weinguts lässt sich auf die Zeit Napoleons zurückführen. Damals war ein Vorfahr von Karl Josef Loewen Verwalter des Detzemer Gutshofs der Benediktinerabtei St. Maximin. Mit der Säkularisation übernahm er Weinberge des Klosters in der Detzemer Maximiner Klosterlay. Darauf basiert das heutige Weingut Carl Loewen. 1982 wurden Weinberge in der Laurentiuslay erworben, 1995 ein Weinberg in der Thörnicher Ritsch. 2008 wurde das Weingut Carl Schmitt-Wagner in Longuich übernommen, womit Karl Josef Loewen, der heutige Besitzer, seinen Weinbergsbesitz noch einmal vergrößert hat. Seine großen Lagen sind Laurentiuslay (Grauschiefer), Maximin Herrenberg (Südlage, roter Schiefer), Ritsch (brüchiger Grauschiefer) und Maximin Klosterlay (Blauschiefer), dazu besitzt er Weinberge im Leiwener Klostergarten (wo beispielsweise Varidor und „Alte Reben" herstammen) und im Pölicher Held. Neben Riesling baut er ein wenig Weißburgunder und Müller-Thurgau an. Inzwischen unterstützt Sohn Christopher seinen Vater im Betrieb. Karl Josef Loewen hat sein Programm klar gegliedert. Es gibt Riesling im Liter, Blauschiefer, Quant (erstmals 2004 erzeugt), Varidor, „Neun" (ein bewusst alkoholarmer trockener Riesling) und den Riesling von alten Reben (die jüngsten 1962 gepflanzt, die ältesten nach dem Krieg) im trockenen Segment. Dann folgen trockene Lagenweine: Aus der Maximin Klosterlay, „Alte Reben" von fast 100-jährigen wurzelechten Reben der Laurentiuslay, „Herrenberg 1896" von 1896 gepflanzten wurzelechten Reben und das Große Gewächs aus der Thörnicher Ritsch. Aus diesen Lagen erzeugt Karl Josef Loewen auch süße und edelsüße Rieslinge, hin und wieder Eisweine aus dem Klostergarten. Alkoholarme, klassische Moselrieslinge will Karl Josef Loewen erzeugen. 12,5 Prozent Alkohol in trockenen Rieslingen ist für ihn das Maximum dessen, was Moselriesling braucht, angestrebt sind 11,5 bis 12 Volumenprozente. Alle Weine werden spontanvergoren, alle Lagenweine im Fuder ausgebaut. Schon seit der ersten Ausgabe zählen wir das Weingut Carl Loewen zu den Top-Betrieben an der Mosel. Schon damals fiel besonders auf, dass trockene und edelsüße Rieslinge gleichermaßen überzeugen. Dies gilt nach wie vor: Wie nur wenige andere Winzer an der Mosel zeigt Karl Josef Loewen hohes Niveau sowohl im trockenen als auch im restsüßen Segment, schon die Basisweine sind immer zuverlässig gut. Mit Sohn Christopher ist neuer Schwung ins Weingut gekommen, neue Ideen sind zu spüren, auch neue Weine wie der „1896". Auch Engagement in der Lage Thörnicher Ritsch gehört dazu: Das Weingut erwarb 2016 eine Brache, bestockte sie mit Reben aus eigener Selektion, 2017 konnte eine weitere Fläche erworben werden, 2018 wurde eine vergessene Parzelle in der Ritsch neu bepflanzt.

Kollektion

Bei den Weinen des Jahrgangs 2017 ist zunächst der Varidor zu würdigen. Es handelt sich um einen duftigen Wein, der Aromen von Kernobst, Kräutern, auch eine würzige Hefenote aufweist, straff, würzig, kompakt wirkt, beachtlichen Schmelz und eine schöne Länge aufweist. Noch viel mehr trifft diese Aussage auf den Riesling aus der Detzemer Maximiner Klosterlay und jenen von alten Reben zu. Der eine besitzt eine frische Aromatik, Noten von Kernobst, gehackten Kräutern, dazu viel Würze und ein Hauch von Schmelz im Nachhall. Der Riesling von alten Reben, eine Lagencuvée, ist deutlich würziger in der Nase mit einer Mischung aus Apfel- und Birnennoten sowie Steinobst, dazu Kräuter und eine faszinierende Säure, kombiniert mit einer mineralischen Struktur: ein sehr gelungener Wein, schon zugänglich. Der trockene Riesling aus der Laurentiuslay, gewonnen aus wurzelechten und sehr alten Reben, setzt noch einen drauf, zeigt kühle Pfirsichfrucht, Noten von Kräutern und Kernobst, ist würzig und ganz leicht erdig, im Mund rassig, vibrierend, nachhaltig. Noch unentwickelt ist die Aromatik des „1896 Alte Reben", während das Große Gewächs aus der Thörnicher Ritsch mit seiner ätherischen Nase und der kraftvollen Würze schon zugänglich wirkt; auch das Pendant aus dem Maximin Herrenberg begeistert. Schließlich der Spitzenwein „1896", duftig, klar, kompakt und kraftvoll, deutlich mineralisch, zugänglicher als sein Jahrgangsvorgänger, lang, mit gewaltigem Potenzial. Unter den süßen Weinen gefällt bereits jetzt die Spätlese mit ihrer würzigen Aromatik, der zurückhaltenden Süße und dem straffen, würzigen Nachhall besonders gut.

Karl Josef & Christopher Loewen / Foto: David Maupilé

Weinbewertung

88 2017 Riesling trocken „Varidor" **12 %/8,90 €** ☺
89 2017 Riesling „Alte Reben" **12 %/10,50 €** ☺
91 2017 Riesling trocken „Alte Reben" Laurentiuslay **12 %/15,50 €** ☺
90+ 2017 Riesling trocken „1896 Alte Reben" Maximin Herrenberg **12,5 %/22,- €**
93 2017 Riesling trocken „GG" Ritsch **12,5 %/24,- €** ☺
93 2017 Riesling trocken „GG" Maximin Herrenberg **12,5 %/25,- €**
88 2017 Riesling Maximin Klosterlay **12 %/13,50 €**
91+ 2017 Riesling „1896" **12,5 %/43,- €**
88 2017 Riesling Kabinett Herrenberg **9 %/10,50 €**
92 2017 Riesling Spätlese Laurentiuslay **9 %/14,- €** ☺
92 2017 Riesling Auslese Ritsch **8,5 %/19,50 €** ☺

LAGEN

LAURENTIUSLAY (LEIWEN)
RITSCH (THÖRNICH)
MAXIMIN HERRENBERG (LONGUICH)
MAXIMIN KLOSTERLAY (LONGUICH)
KLOSTERGARTEN (LEIWEN)

REBSORTEN

RIESLING (96 %)
WEISSBURGUNDER (3 %)
MÜLLER-THURGAU (1 %)

FÜRST LÖWENSTEIN

★★★

KONTAKT

Schlosspark 3
63924 Kleinheubach
Tel. 09371-9486600
Fax: 09371-9486633
www.loewenstein.de
weingut@loewenstein.de

Inhaber
Dr. Stephanie Erbprinzessin zu Löwenstein
Technischer Leiter Peter Arnold
Außenbetriebsleiter (Franken)
Martin Amend
Außenbetriebsleiter (Rheingau)
Henning Brömser
Rebfläche: 22 Hektar
Produktion: 100.000 Flaschen

BESUCHSZEITEN

Mo.-Fr. 10-12 + 13-18 Uhr,
Sa. 10-15 Uhr; Tagungshotel im Schloss, Schlosspark am Main

Das traditionsreiche Weingut mit Gründungsjahr 1611 besitzt Weinberge in Franken und im Rheingau. 2009 wurde das Weingut komplett umstrukturiert, 2010 zog man von Kreuzwertheim in den Fürstlichen Schlosspark nach Kleinheubach. Seit dieser Umstrukturierung konzentriert man sich auf die Spitzenlagen, auf den unter Denkmalschutz gestellten Terrassenweinberg Kallmuth in Homburg und auf die Lagen Jungfer, Schönhell und Hendelberg in Hallgarten. In dem Kallmuth benachbarten Lengfurter Oberrot wird Spätburgunder angebaut. Wichtigste Rebsorten sind Silvaner und Riesling. Nach dem Tod von Carl Friedrich Prinz zu Löwenstein hat seine Frau Erbprinzessin Stephanie zu Löwenstein die Leitung der Betriebe übernommen, neuer Technischer Leiter ist seit 2016 Peter Arnold.

Kollektion

Der Aufwärtstrend hält an, auch in diesem Jahr ist die Kollektion bärenstark – und das liegt nicht nur an den Großen Gewächsen. Wobei der Asphodill großartig ist, reintönig, rauchig, zupackend, druckvoll, leicht mineralisch. Der gelbfruchtige Coronilla besitzt Fülle und Saft, gute Struktur, hat Potenzial und braucht Zeit. Klar und zupackend ist der Guts-Silvaner, der Kallmuth-Silvaner besitzt reintönige Frucht, gute Struktur und Grip. Eine weitere Steigerung bringt der Silvaner S mit guter Konzentration, reifer Frucht, Fülle und Saft: Ein starkes, stimmiges Silvaner-Quartett. Auch mit Riesling weiß Fürst Löwenstein zu überzeugen. Der Wein aus dem Kallmuth ist füllig und saftig, besitzt klare reife süße Frucht. Aus dem Hendelberg im Rheingau stammen der reintönige, süffige feinherbe Kabinett und der trockene H, der reife süße Frucht, feine Frische und Grip besitzt. Beim Spätburgunder-Trio sind die Steigerungen nur marginal vom zupackenden Gutswein über den würzigen Ortswein hin zum intensiv fruchtigen Wein von alten Reben. ▬

Weinbewertung

84	2017 Silvaner trocken „CF" **12 %/9,- €**
86	2017 Silvaner trocken Homburg Kallmuth **12 %/12,50 €**
85	2017 Riesling trocken Homburg Kallmuth **13 %/12,50 €**
88	2017 Silvaner „S" trocken Homburg Kallmuth **12 %/17,90 €**
87	2017 Riesling „H" trocken Hallgarten Hendelberg **12 %/17,- €**
92	2017 Silvaner trocken „GG" „Asphodill" Homburg Kallmuth **12,5 %/35,- €**
89	2017 Riesling trocken „GG" „Coronilla" Homburger Kallmuth **13 %/35,- €**
84	2017 Riesling Kabinett „feinherb" Hallgarten Hendelberg **12 %/12,- €**
84	2015 Spätburgunder trocken „CF" **13,5 %/9,80 €**
85	2015 Spätburgunder trocken Lengfurt **13,5 %/13,- €**
86	2015 Spätburgunder trocken „Alte Reben" Lengfurt Oberrot **14 %/20,80 €**

Theo Loosen

★☆

KONTAKT

Mittelstraße 12
56818 Klotten
Tel. 02671-7501
Fax: 02671-4839
www.weingut-loosen.de
weingut-loosen@t-online.de

Inhaber
Familien Theo & Hans-Theo Loosen
Rebfläche
5,7 Hektar
Produktion
50.000 Flaschen

BESUCHSZEITEN

ganzjährig 9-18 Uhr, am liebsten nach Vereinbarung
Gästezimmer

Theo Loosen und Sohn Hans-Theo Loosen führen zusammen dieses Familienweingut in Klotten, das auch Gästezimmer anbietet. Ihre Weinberge liegen in den Klottener Lagen Brauneberg und Burg Coraidelstein (dem ursprünglichen Burgberg wurde nach der Flurbereinigung 1983 die Lage Sonnengold zugeschlagen). Der Brauneberg mit seinem reinen Schieferverwitterungsboden wurde in den Steuerkarten des 19. Jahrhunderts unter seinem ursprünglichen Namen Wirges der höchsten Kategorie zugerechnet. Riesling ist die mit Abstand wichtigste Rebsorte (75 % der Fläche), die ältesten Reben sind über 60 Jahre alt. Dazu gibt es Weißburgunder, Müller-Thurgau, Dornfelder und Spätburgunder, sowie als Spezialität – fast ist man versucht zu sagen Kuriosität – Ehrenfelser. Der „VigNoble R" ist eine Cuvée aus Spätburgunder und Cabernet Dorsa, im Barrique gereift. Die Rieslinge werden weit überwiegend mit den natürlichen Hefen vergoren. 2011 wurde die neue Vinothek fertig gestellt; 2013 wurde durch Zukauf und Neuanlage von Querterrassen die Rebfläche ein wenig vergrößert.

Kollektion

Den Weinen ist anzumerken, dass man sich von Jahr zu Jahr mehr Mühe gibt und das Beste aus den Klottener Lagen herausholen will. Unter den trockenen Weinen gefällt schon der zugängliche „Grauschiefer"-Riesling, während der „Alte Reben"-Wein aus der Lage Burg Coraidelstein verschlossen wirkt und erst ansatzweise sein Potenzial zeigt. Offener ist da schon der „Querdenker"-Wein, angenehm trocken, rassig, mit offener, an Birne und Mirabelle erinnernder Frucht, in einem sehr geradlinigen Stil gehalten. Der „Finesse"-Riesling besitzt Schmelz, die Spätlese aus der Lage Burg Coraidelstein eine eher verhaltene Süße. Aprikosenfrucht besitzt die zugängliche Ehrenfelser Spätlese, Eleganz samt Apfel- und Steinobstnoten die Auslese. Saftig und zupackend: die Rotweincuvée „VigNoble R". —

Weinbewertung

83 2017 Riesling trocken „Grauschiefer" **12,5 %/7,- €**
85 2017 Riesling trocken „S" Klottener Brauneberg **12,5 %/9,- €**
86 2017 Riesling trocken „Alte Rebe" Klottener Burg Coraidelstein **12,5 %/11,- €**
86 2017 Riesling trocken „Querdenker" **12,5 %/11,50 €**
82 2017 Riesling halbtrocken „Grauschiefer" **11,5 %/7,- €**
86 2017 Riesling „Finesse" Klottener Brauneberg **11,5 %/9,- €**
85 2017 Ehrenfelser Spätlese Klottener Burg Coraidelstein **8,5 %/9,- €**
85 2017 Riesling Spätlese Klottener Burg Coraidelstein **8,5 %/9,- €**
87 2017 Riesling Auslese Klottener Brauneberg **8,5 %/13,- €**
85 2015 „VigNoble R" Rotwein trocken **13 %/12,- €**

Bioweingut Lorenz

★★

KONTAKT

Gaustraße 28
55278 Friesenheim
Tel. 06737-9703
Fax: 06737-1448
www.weingut-lorenz.de
info@weingut-lorenz.de

Inhaber
Wendelin & Johannes Lorenz
Betriebsleiter
Johannes Lorenz
Rebfläche
17 Hektar
Produktion
150.000 Flaschen

BESUCHSZEITEN

Sa. 9-12 + 13-17 Uhr, werktags nach Vereinbarung

Das Bioweingut Lorenz, inzwischen Mitglied bei Bioland, gehört Wendelin Lorenz und Sohn Johannes, Geisenheim-Absolvent, der heute den Betrieb leitet. Ihre Weinberge liegen rund um Friesenheim, im Windschatten des Petersberg. Die Reben wachsen hier teils auf tiefgründigen Löss- und Lehmböden, teils auf kalkreichen Ton-Mergelböden, sie werden seit 2003 biologisch bewirtschaftet. Wendelin und Johannes Lorenz bauen Riesling an, Weißburgunder, Chardonnay, Müller-Thurgau, Huxelrebe und Scheurebe, sowie an roten Sorten Dornfelder, Regent, Cabernet Sauvignon und St. Laurent. Die Weine werden spontan vergoren, Weißweine lagern bis Ende März auf der Feinhefe, Rotweine bleiben bis zu vier Jahre im Keller. 95 Prozent der Produktion wird trocken ausgebaut. Das Sortiment ist klar und übersichtlich, mit Kopfstand und Urschrei wurden zwei leicht verständliche Markenweine geschaffen, die Rebsortenweine tragen als Zusatz die dominierende Bodenart auf dem Etikett, nur für süße und edelsüße Weine (vor allem von Huxelrebe und Scheurebe) werden Prädikatsbezeichnungen verwendet.

Kollektion

Eine starke Kollektion präsentiert Johannes Lorenz auch in diesem Jahr, weiß wie rot. Die rote Cuvée Urschrei – Dornfelder, Regent, Portugieser und Cabernet Sauvignon – ist füllig und stoffig, der Cabernet Sauvignon besitzt intensive Frucht, Fülle, Kraft und gute Struktur. Unter den trockenen Weißweinen gefallen uns der reintönige, kompakte Silvaner, der gelbfruchtige, füllige Chardonnay und die beiden kraftvollen, zupackenden Weißburgunder besonders gut. Ganz stark sind im Jahrgang 2017 die edelsüßen Weine. Die Scheurebe Spätlese ist frisch, klar und zupackend, die Huxelrebe Auslese ist würzig und saftig, noch konzentrierter ist die Beerenauslese, die kandierte Früchte und Rhabarber zeigt, stoffig und dominant ist.

Weinbewertung

84	2017 Grüner Silvaner trocken **12 %/12,- €**
85	2017 Weißer Burgunder trocken **12,5 %/12,- €**
84	2017 Weißer Burgunder trocken „Kalkmergel" **12,5 %/8,- €**
82	2017 Riesling trocken **12 %/12,- €**
83	2017 „Kopfstand" Weißwein **11 %/7,50 €**
84	2017 Chardonnay trocken **12 %/12,- €**
83	2017 Riesling trocken „Kalkfels" **12,5 %/8,- €**
85	2017 Scheurebe Spätlese „edelsüß" Friesenheimer Knopf **7,5 %/8,- €**
86	2017 Huxelrebe Auslese Friesenheimer Bergpfad **7 %/8,- €/0,375l**
88	2017 Huxelrebe Beerenauslese Friesenheimer Bergpfad **6 %/30,- €/0,375l**
85	2014 „Urschrei" Rotwein **13 %/8,- €**
87	2013 Cabernet Sauvignon „Sum ut Sum" **13,5 %/15,- €**

LORENZ UND SÖHNE

★

N

KONTAKT

Rheinhessenstraße 87
55545 Bad Kreuznach
Tel. 0671-65563
Fax: 0671-76015
www.lorenzwein.de
info@lorenzwein.de

Inhaber
Werner & Ulrich Lorenz
Rebfläche
50 Hektar
Produktion
150.000 Flaschen

BESUCHSZEITEN

Weinkolonnade, Kurhausstraße 87, 55545 Bad Kreuznach
Mo.-Di. 14-18 Uhr, Sa. 10-15 Uhr

Das Weingut Lorenz & Söhne startete in den 1950er Jahren als typischer Mischbetrieb, der seine Trauben an die Genossenschaft ablieferte. Seniorchef Werner Lorenz konzentrierte sich auf den Weinbau und leitet das Weingut zusammen mit Sohn Ullrich, der für den Keller verantwortlich ist. Der Familienbetrieb hat mit 50 Hektar eine beträchtliche Größe, die Weinberge liegen unter anderem in den Kreuznacher Lagen Paradies (kalkhaltiger Ton), Kahlenberg (Sand-Lehm-Verwitterung über Sandstein) und Brückes (verwittertes Rotliegendes und sandiger Lehm mit dünner Lößdecke), im Sommerlocher Steinrossel (hoher Kiesgehalt mit Schieferanteilen), im Roxheimer Höllenpfad (kalkhaltiger, feinkörniger roter Sandstein) und im Wallhäuser Johannisberg (Kiessand, Kieslehm, querterrassiertes Hochplateau). Riesling steht auf 35 Prozent der Rebfläche, 28 Prozent machen Weiß- und Grauburgunder aus, dazu kommen Chardonnay, Sauvignon Blanc, Müller-Thurgau, Gewürztraminer und Muskateller. Zu 30 Prozent werden rote Sorten angebaut, Spätburgunder, Portugieser, Dornfelder, Cabernet Sauvignon und Merlot.

Kollektion

Die Familie Lorenz präsentiert uns eine überzeugende Kollektion mit sehr reintönigen, rebsortentypischen Weinen. Die Ortsweine zeigen alle viel klare Frucht, sind teilweise aber auch recht süß, an der Spitze stehen die sechs deutlich unterscheidbaren Lagenrieslinge: Der feinherbe Steinrossel zeigt klare gelbe Frucht, besitzt ein ausgewogenes Süße-Säure-Spiel und gute Länge, der Kahlenberg ist füllig mit animierenden Zitrusnoten und Biss, der Brückes zeigt Noten von grünem Apfel und Kräutern, der Paradies zeigt leicht rauchige Noten, ist füllig und weich mit leicht süßer Frucht, der Höllenpfad ist animierend, zeigt etwas steinig-mineralische Noten und gelbe Frucht und der Johannisberg zeigt rauchige und kräutrige Noten und besitzt gute Länge. –

Weinbewertung

83 2017 Sauvignon Blanc trocken Kreuznacher **12,5 %/7,30 €**
82 2017 Grauer Burgunder trocken Bosenheimer **12,5 %/7,20 €**
82 2017 Weißer Burgunder trocken Kreuznacher **12,5 %/7,- €**
83 2017 Chardonnay trocken Kreuznacher **13 %/7,20 €**
81 2017 Riesling trocken „Valentin" Kreuznacher **12 %/6,50 €**
85 2016 Riesling „Tatort" Kreuznacher Kahlenberg **12,5 %/8,50 €**
86 2016 Riesling „Tatort" Kreuznacher Brückes **12,5 %**
86 2016 Riesling „Tatort" Kreuznacher Paradies **12,5 %/10,- €**
87 2016 Riesling „Tatort" Roxheimer Höllenpfad **12,5 %/10,50 €**
87 2016 Riesling „Tatort" Wallhäuser Johannisberg **12,5 %/14,- €**
83 2017 Muskateller „fruchtig" Bosenheimer **8,5 %/7,80 €**
86 2016 Riesling „Tatort" Sommerlocher Steinrossel **12 %/10,- €**

L

LOTHER

★☆

KONTAKT

Birkenstraße 3
97537 Wipfeld
Tel. 09384-1867
Fax: 09384-8486
www.weingut-lother.de
info@weingut-lother.de

Inhaber
Sebastian Lother
Rebfläche
15 Hektar
Produktion
150.000 Flaschen

BESUCHSZEITEN

Mo.+ Mi.-Fr. 9-18 Uhr,
Sa. 9-16 Uhr

Wipfeld liegt am rechten Mainufer zwischen Schweinfurt und Volkach, an der Mündung des Kembachs in den Main. Weinbau in Wipfeld ist seit dem 13. Jahrhundert urkundlich erwähnt. Ende des 19. Jahrhunderts gab es 40 Hektar Reben in Wipfeld, nach dem Ersten Weltkrieg waren davon noch knapp 15 Hektar übrig geblieben. Heute gibt es etwa 85 Hektar Reben in der Lage Zehntgraf, die allerdings keine historische Wipfelder Einzellage ist, sondern eine sprachliche Neuschöpfung des Deutschen Weingesetzes von 1971. Seit drei Generationen baut die Familie Lother Wein in Wipfeld an, heute wird der Betrieb von Sebastian Lother geführt. Seine Weinberge liegen überwiegend im Wipfelder Zehntgraf, aber auch in der Obereisenheimer Höll ist er vertreten, die Reben wachsen auf Muschelkalkböden. Bacchus, Müller-Thurgau und Silvaner sind die mit Abstand wichtigsten Rebsorten, dazu gibt es Kerner, Grauburgunder, Scheurebe, Gewürztraminer und Chardonnay, sowie die roten Sorten Domina, Spätburgunder, Cabernet Dorsa, Blauburger und Dornfelder. Liköre, Edelbrände, Gelees, Traubenkernöl und Rotweinessig runden das Sortiment ab. 2017 wurden Flaschenlager und Rot- und Weißweinkeller umgebaut und erweitert.

Kollektion

Eine kleine, aber starke und sehr gleichmäßige Kollektion präsentiert Sebastian Lother in diesem Jahr. Der Silvaner Kabinett ist fruchtbetont, füllig, kraftvoll und strukturiert, der Sponti-Silvaner ist deutlich fülliger und saftiger, auch deutlich süßer. Der im Barrique ausgebaute Chardonnay zeigt gute Konzentration, reife Frucht, Vanille, besitzt Substanz und reife Frucht sowie deutliche Vanillenoten auch im Mund. Die halbtrocken ausgebaute Kerner Spätlese ist füllig und saftig, besitzt reintönige Frucht und gute Struktur – Kerner kann doch was! Der Blauburger zeigt gute Konzentration und intensive Frucht im Bouquet, ist füllig und kraftvoll, besitzt gute Substanz und reife Frucht. Der 30 Monate im Barrique ausgebaute Cabernet Dorsa ist merklich vom Holz dominiert, zeigt Gewürznoten im Bouquet, gute Konzentration, dezent Speck, ist füllig im Mund, besitzt viel reife Frucht und deutliche Vanillenoten.

Weinbewertung

84 2017 Silvaner Kabinett trocken Wipfelder Zehntgraf **11,5 %/6,20 €**
86 2016 Silvaner trocken „Sponti" Wipfelder Zehntgraf **12 %/8,20 €**
85 2015 Chardonnay Spätlese trocken Barrique Wipfelder Zehntgraf **13,5 %/12,90 €**
85 2017 Kerner Spätlese (halbtrocken) Wipfelder Zehntgraf **12,5 %/8,20 €**
84 2016 Blauburger trocken Wipfelder Zehntgraf **13,5 %/6,10 €**
85 2015 Cabernet Dorsa trocken Barrique Wipfelder Zehntgraf **14 %/12,90 €**

Lucashof

★★★

Kontakt

Wiesenweg 1a
67147 Forst
Tel. 06326-336
Fax: 06326-5794
www.lucashof.de
weingut@lucashof.de

Inhaber
Klaus Lucas
Kellermeister
Klaus & Philipp Lucas
Außenbetrieb
Hans & Philipp Lucas
Rebfläche
25 Hektar
Produktion
180.000 Flaschen

Besuchszeiten

Mo.-Fr. 8-12 + 13-18 Uhr,
Sa. 8-16 Uhr, So. 10-12 Uhr
Landhotel (7 Doppelzimmer)

Anfang der sechziger Jahre wurde der Lucashof gegründet, heute führen Klaus Lucas und Ehefrau Christine das Weingut und das angeschlossene Landhotel. Bruder Hans Lucas ist für die Weinberge verantwortlich. Neben Weinbergen in den Forster Lagen Ungeheuer, Pechstein, Musenhang, Elster, Bischofsgarten und Stift besitzt die Familie Lucas auch Reben im Deidesheimer Herrgottsacker und in den Wachenheimer Lagen Goldbächel und Altenberg. 90 Prozent der Weinberge sind mit Riesling bepflanzt. Seit der ersten Ausgabe empfehlen wir die Weine von Klaus Lucas, seine Kollektionen sind immer höchst zuverlässig. Im trockenen Segment ragen meist die Rieslinge aus Ungeheuer und Pechstein hervor. Und in manchen Jahren wartet der Lucashof auch mit edelsüßen Rieslingen auf, die immer wunderschön reintönig und elegant sind. Im Februar 2018 ist Philipp Lucas als nächste Generation in den Betrieb eingestiegen.

Kollektion

Die beiden „LS"-Rieslinge aus dem Pechstein und dem Ungeheuer stehen wieder an der Spitze der aktuellen Kollektion, beide besitzen Länge und Druck, der Pechstein ist etwas komplexer mit rauchig-steiniger Würze, Biss und salzigen Noten, das Ungeheuer zeigt die für die Lage typischen kräutrig-mineralischen Noten und viel reintönige Frucht. Der zweite Riesling aus dem Ungeheuer zeigt ähnliche Kräuterwürze und Frucht, ist aber leichter, die anderen Rieslinge, Musenhang, Herrgottsacker, Stift, Luginsland und der „P.Lucas"-Riesling sind ebenfalls reintönig mit feinen Zitrusnoten. Der Chardonnay-Sekt ist fruchtbetont, frisch und besitzt feinen Schmelz, der Riesling Kabinett besitzt dezente Süße, klare Frucht und ein frisches Säurespiel, der Gewürztraminer ist ebenfalls ganz reintönig mit Noten von Litschi, Rosenblättern und Zitrusfrüchten.

Weinbewertung

86 2016 Chardonnay „Blanc de Blanc" Sekt brut **12,5 %/14,- €**
84 2017 Grauburgunder trocken **12,5 %/8,20 €**
85 2017 Riesling trocken Deidesheimer Herrgottsacker **12 %/8,20 €**
84 2017 Riesling trocken Forster Stift **12 %/7,50 €**
86 2017 Riesling trocken Forster Musenhang **12,5 %/9,70 €**
86 2017 Riesling trocken Forster Ungeheuer **12,5 %/10,20 €**
84 2017 Riesling trocken Wachenheimer Luginsland **12,5 %/8,- €**
86 2017 Riesling trocken „P. Lucas" Forster **12 %/9,70 €**
88 2017 Riesling trocken „LS" Forster Ungeheuer **13,5 %/21,- €**
89 2017 Riesling trocken „LS" Forster Pechstein **13 %/23,- €**
85 2017 Riesling Kabinett Forster **9,5 %/8,50 €**
87 2017 Gewürztraminer Spätlese Forster Musenhang **11 %/12,50 €**

GEBR. LUDWIG

★★☆

KONTAKT

Im Bungert 10
54340 Thörnich
Tel. 06507-3760
Fax: 06507-4677
www.gebruederludwig.de
info@gebruederludwig.de

Inhaber
Thomas Ludwig
Rebfläche
10,5 Hektar
Produktion
90.000 Flaschen

L

BESUCHSZEITEN

nach Vereinbarung
neues Gästehaus am Weingut

Seit dem Jahr 1628 betreibt die Familie Ludwig Weinbau in Thörnich. Seit 2005 wird das Gut von Meike und Thomas Ludwig geführt. Ihre Weinberge, insgesamt 10,5 Hektar, liegen hauptsächlich in der Thörnicher Lage Ritsch, einer steilen, reinen Südlage, in der ausschließlich Riesling angebaut wird; der Schieferboden der Ritsch ist mit Quarzit durchzogen. Daneben sind sie in der Thörnicher Schießlay vertreten, wo neben Riesling auch Burgundersorten angebaut werden, sowie in der Klüsserather Bruderschaft, wo die Reben auf etwas tiefgründigeren Schieferböden stehen als in der Thörnicher Ritsch. Riesling – mit bis zu 100 Jahre alten Reben – nimmt 80 Prozent der Rebfläche ein, hinzu kommen Sauvignon Blanc, Weißburgunder, Grauburgunder und St. Laurent. Sekt spielt eine wichtige Rolle im Betrieb, alle Sekte werden mindestens 18 Monate auf der Hefe ausgebaut.

Kollektion

Dem Riesling-Sekt, einem 2014er, merkt man an, dass ihm die Entwicklung gut getan hat: Er duftet nach Kräutern und Hefe, besitzt Würze und Substanz. Der 2016er St. Laurent, ein Rosé-Sekt, fällt ebenfalls attraktiv aus. Für beide Schaumweine gilt, dass sie einen gewissen Schmelz aufweisen, der auch bei den stillen Weinen zu finden ist. Beim offenen, würzigen, schon zugänglichen Ritsch-Riesling ebenso wie beim Großen Gewächs, das Anklänge an Kräuter und Hefe zeigt, eigenständig ist. Deutlich straffer ist der nach Stachelbeeren duftende Sauvignon Blanc, während der Pinot Blanc, durchaus eigenwillig ist mit seiner kompakten, würzigen Art. Unter den beiden süßen Spätlesen ist jene aus der Bruderschaft offener, zeigt Anklänge an Steinobst, Melone und Hefe. Nicht zu unterschätzen ist auch der St. Laurent, ein Rotwein mit kühler Frucht, Noten von roten und schwarzen Beeren sowie Tabak.

Weinbewertung

87	2014 Riesling Sekt brut **12,5 %/12,50 €**
86	2016 St. Laurent Rosé Sekt brut **12,5 %/14,50 €**
83	2017 Riesling trocken (1l) **11,5 %/6,50 €**
85	2017 Riesling trocken Thörnicher **12 %/7,90 €**
86	2017 Sauvignon Blanc trocken **12 %/9,50 €**
86	2017 Riesling trocken Ritsch **12 %/11,- €**
86?	2016 Pinot Blanc „Handwerk" **12,5 %/15,90 €**
88	2017 Riesling „GG" Thörnicher Ritsch **12,5 %/25,- €**
86	2016 Riesling (Barrique) Bruderschaft **11,5 %/12,50 €**
86	2017 Riesling Kabinett Thörnicher Ritsch **9 %/7,90 €**
87	2017 Riesling Spätlese Thörnicher Ritsch **7,5 %/12,50 €**
87	2017 Riesling Spätlese Klüsserather Bruderschaft **7,5 %/12,50 €**
86	2015 St. Laurent trocken **13 %/9,50 €**

LUTZ

★☆

KONTAKT

Amthof 1
75038 Oberderdingen
Tel. 07045-201900
Fax: 07045-2019030
www.weingut-lutz.com
kontakt@weingut-lutz.com

Inhaber
Manuel Lutz
Rebfläche
17 Hektar
Produktion
140.000 Flaschen

BESUCHSZEITEN

Mo.-Sa. 9-18 Uhr; Weinstube Lutz Mi.-So. 11-22 Uhr

Das Weingut Lutz hat seinen Sitz mitten in Oberderdingen, in der im 18. Jahrhundert erbauten Amtsschreiberei des ehemaligen Rentamts Derdingen. Seit 2012 führt Manuel Lutz in vierter Generation den Betrieb. Oberderdingen liegt in Württemberg, direkt an der Grenze zu Baden, Manuel Lutz besitzt Weinberge sowohl auf Württemberger Seite in der Oberderdinger Kupferhalde, als auch im benachbarten Kraichgau in den Lagen Sulzfelder Lerchenberg und Kürnbacher Lerchenberg, die Reben wachsen auf Gipskeuperböden. Riesling und Lemberger sind seine wichtigsten Rebsorten, es folgen Trollinger, Schwarzriesling, Grauburgunder, Weißburgunder, Spätburgunder, Cabernet, Sauvignon Blanc und andere mehr. Zum Weingut gehören ein Gästehaus und eine Weinstube. Die Spitzenweine werden in der Linie „ML" (Manuel Lutz) vermarktet, bei diesen Weinen gibt Manuel Lutz in einer Broschüre, nicht auf dem Etikett, die genaue Herkunft an.

Kollektion

In der starken Kollektion im vergangenen Jahr waren die Barrique-Rotweine unsere Favoriten, wir sahen den Lemberger knapp vor Merlot und Cuvée ML. Auch dieses Jahr sehen wir zwei Rotweine gleichauf an der Spitze. Der gewürzduftige Lemberger besitzt Fülle und Kraft, gute Struktur und Tannine, der Spätburgunder zeigt rauchige Noten, reife rote Früchte, besitzt reife Frucht, gute Struktur und Fülle. Weitere Fortschritte erkennen wir bei den Weißweinen. Die Editions-Linie überzeugt wie gewohnt mit klaren, geradlinigen Weinen, aber auch hier bilden die ML-Weine die Spitze, gleich drei Weine sehen wir auf gleicher Höhe: Der Sauvignon Blanc besitzt Fülle, Saft und reife Frucht, der Grauburgunder viel Konzentration und viel Substanz, der Riesling zeigt feine Würze und Reife, ist kraftvoll und reintönig. —

Weinbewertung

83 2016 Silvaner trocken „Edition" Oberderdinger Kupferhalde **12 %/7,90 €**
82 2017 Weißburgunder trocken „Edition" Sulzfelder Lerchenberg **12,5 %/7,90 €**
83 2017 Grauburgunder trocken „Edition" Sulzfelder Lerchenberg **13 %/7,90 €**
85 2016 Sauvignon Blanc trocken „ML" **12,5 %/12,90 €**
85 2016 Riesling trocken „ML" **12,5 %/12,90 €**
85 2015 Grauburgunder trocken „ML" **14 %/18,90 €**
82 2017 Rosé trocken **12,5 %/5,90 €**
81 2016 „Amtschreibercuvée" Rotwein trocken Oberd. Kupferhalde **13,5 %/7,90 €**
82 2015 Spätburgunder trocken „Edition" Oberderdinger Kupferhalde **13 %/7,90 €**
83 2016 Lemberger trocken „Edition" Oberderdinger Kupferhalde **13 %/8,90 €**
87 2015 Spätburgunder trocken „ML" **13 %/18,90 €**
87 2015 Lemberger trocken „ML" **13 %/18,90 €**

WILHELM LUTZ

★

N

KONTAKT

Mittelgasse 7
97346 Iphofen
Tel. 09323-3560
Fax: 09323-876844
www.weinbau-lutz.de
info@weinbau-lutz.de

Inhaber
Wilhelm Lutz
Rebfläche
1,92 Hektar
Produktion
16.000 Flaschen

BESUCHSZEITEN

täglich, nach Vereinbarung

Mitten in Iphofen betreiben Wilhelm und Andrea Lutz ein kleines Weingut sowie ein Gästehaus, unterstützt von Tochter Christina, die ihre Winzerausbildung abgeschlossen hat. Knapp zwei Hektar Reben bewirtschaften sie in den Iphöfer Lagen Kronsberg und Julius-Echter-Berg, die Reben wachsen in Iphofen auf Keuperböden. Scheurebe ist ihre wichtigste Rebsorte, hauchdünn vor Silvaner, beide nehmen jeweils ein knappes Drittel der Rebfläche ein. Dazu gibt es Müller-Thurgau, Weißburgunder, Bacchus sowie als einzige Rotweinsorte Dornfelder, 2018 wurde ein wenig Riesling gepflanzt.

Kollektion

Praktisch die gesamte Kollektion haben Andrea und Wilhelm Lutz geschickt, auch ihre Literweine. Und die Weine im Liter sind schon richtig gut, der zupackende Silvaner ebenso wie der saftige Müller-Thurgau, unser Favorit aber ist der fruchtbetonte, reintönige Dornfelder aus dem Jahrgang 2016, auch der frische, geradlinige Rotling überzeugt. Halbtrocken ausgebaut sind der frische, saftig-süffige Rivaner sowie der wunderschön reintönige Bacchus Kabinett, der herrlich viel Frucht besitzt, klar, frisch und zupackend ist. Noch etwas besser gefallen uns zwei sehr gute trockene Kabinettweine: Der Silvaner ist frisch, klar und zupackend, besitzt gute Struktur und Frucht, der Weißburgunder ist deutlich würziger, auch süßer, besitzt Fülle, Kraft und reife süße Frucht. Spezialität von Andrea und Wilhelm Lutz aber ist die Scheurebe, und gleich drei sehr gute Weine haben sie präsentiert, allesamt Kabinettweine, einer trocken, die beiden anderen halbtrocken ausgebaut. Die trockene Scheurebe aus dem Julius-Echter-Berg besitzt reintönige Frucht und gute Struktur, ist frisch und zupackend, die halbtrockenen Varianten zeigen sehr ähnliche Aromatik, der im Bocksbeutel abgefüllte Wein besticht durch seine Saftigkeit. Eine weitere schöne Entdeckung in Iphofen!

Weinbewertung

81 2017 Silvaner trocken Iphöfer Kronsberg (1l) **12 %/5,80 €**
81 2017 Müller-Thurgau trocken Iphöfer Kronsberg (1l) **12 %/5,30 €**
83 2017 Rivaner halbtrocken Iphöfer Kronsberg **11,5 %/5,20 €**
84 2017 Bacchus Kabinett halbtrocken Iphöfer Kronsberg **11 %/5,80 €**
85 2017 Silvaner Kabinett trocken Iphöfer Kronsberg **11,5 %/6,60 €**
85 2017 Weißburgunder Kabinett trocken Iphöfer Kronsberg **11,5 %/7,- €**
86 2017 Scheurebe Kabinett trocken Iphöfer Julius-Echter-Berg **11,5 %/7,20 €**
85 2017 Scheurebe Kabinett halbtrocken Iphöfer Julius-Echter-Berg **11,5 %/7,- €**
86 2017 Scheurebe Kabinett halbtrocken Julius-Echter-Berg (BB) **11,5 %/7,50 €**
82 2017 Rotling trocken Iphöfer Kronsberg **11,5 %/5,70 €**
83 2016 Dornfelder trocken Iphöfer Kronsberg (1l) **13,5 %/7,- €**

Andreas Männle

★

KONTAKT

Heimbach 12
77770 Durbach
Tel. 0781-41486
Fax: 0781-42981
www.weingut-maennle.de
info@weingut-maennle.de

Inhaber
Thomas Männle
Kellermeister
Christian Idelhauser
Außenbetrieb
Andreas Gieringer & Markus Kiefer
Rebfläche
18 Hektar
Produktion
130.000 Flaschen

BESUCHSZEITEN

Mo.-Fr. 9-12 + 13:30-18 Uhr, Sa. 10-16 Uhr, März-Dez. Sa. 10-16 Uhr, So. 10-12 Uhr

Das bereits 1561 urkundlich erwähnte Weingut ist seit 1919 in Familienbesitz. Thomas Männle, der schon lange für den Weinausbau verantwortlich war und nun das Weingut von seinem Vater Alfred übernommen hat, bewirtschaftet in vierter Generation die Weinberge der Lage Durbacher Bienengarten, in der die Reben auf steinig-felsigen Granitverwitterungsböden wachsen. Riesling und die Burgundersorten spielen die Hauptrolle, dazu gibt es Chardonnay, Gewürztraminer und Clevner, Müller-Thurgau und Scheurebe. Nach Entrappung und kurzer Maischestandzeit – je nach Rebsorte 4 bis 40 Stunden – werden die Trauben gekeltert, der Most dann kühl und gezügelt vergoren, teils in Edelstahltanks, teils in Barriques, bleibt lange auf der Feinhefe. Edeldestillate und Liköre ergänzen das Programm.

Kollektion

Im vergangenen Jahr präsentierte sich die Kollektion sehr geschlossen, weiß wie rot. In diesem Jahr nun ziehen wir ganz leicht die Weißweine vor, weil sie sehr gleichmäßige Qualität bieten, auch wenn eine der Spitzen in diesem Jahr ein Rotwein ist: Der Spätburgunder Edition besitzt intensive Frucht, Fülle und Kraft, gute Struktur und Substanz. Sonst irritiert uns ein wenig die Restsüße bei den Spätburgundern, teils in Kombination mit Holzwürze. Das zweite Highlight der Kollektion ist der Klingelberger Eiswein aus dem Jahrgang 2016, er zeigt viel Würze, Litschiduft, eingelegte süße Aprikosen, ist konzentriert und dominant. Auch die süße Scheurebe Spätlese gefällt uns sehr gut, ist reintönig und frisch und hat Substanz. Die trockenen Weißweine präsentieren sich sehr gleichmäßig, sie besitzen Fülle und Substanz, der duftige Klingelberger 1782 aus dem Jahrgang 2016 gefällt uns am besten, er besitzt Fülle, Saft und klare reife Frucht.

Weinbewertung

83	2017 Klingelberger Spätlese trocken Durbacher Bienengarten **12,5 %/12,50 €**
83	2017 Grauburgunder Spätlese trocken Durbacher Bienengarten **13,5 %/12,50 €**
83	2017 Chardonnay Spätlese trocken Durbacher Bienengarten **13,5 %/12,50 €**
84	2017 Gewürztraminer Spätlese trocken Durbacher Bienengarten **13,5 %/12,50 €**
85	2016 Klingelberger trocken „1782" **13 %/17,- €**
85	2017 Scheurebe Spätlese Durbacher Bienengarten **10 %/12,50 €**
83	2017 Gewürztraminer Spätlese Durbacher Bienengarten **12 %/12,50 €**
88	2016 Klingelberger Eiswein Durbacher Bienengarten **9,5 %/45,- €/0,5l**
81	2016 Spätburgunder Kabinett trocken Durbacher Bienengarten **13 %/10,90 €**
82	2015 Spätburgunder Spätlese trocken Durbacher Bienengarten **13,5 %/14,50 €**
81	2015 Spätburgunder Spätlese trocken Barrique Bienengarten **13,5 %/25,- €**
87	2015 Spätburgunder trocken „Edition" Durbacher Bienengarten **14 %/30,- €**

ANDREAS MÄNNLE

M

MAIBACHFARM

★★

KONTAKT

Im Maibachtal 100
53474 Bad Neuenahr-Ahrweiler
Tel. 02641-36679, Fax: -36643
www.maibachfarm.de
info@maibachfarm.de /
aw@maibachfarm.de

Inhaber
Renate Günther
Betriebsleiter/Kellermeister
Alexander Weber
Außenbetrieb
Christian Peitz
Rebfläche 9 Hektar
Produktion 40.000 Flaschen

BESUCHSZEITEN

Mo.-Fr. 10-12 + 13-17 Uhr, Sa./So. 11-17 Uhr und nach Vereinbarung; Verkaufsladen Ahr Gourmet in der Stadt: Mo.-So. 10-18:30 Uhr, Di. Ruhetag; Straußwirtschaft (Juli-Okt. an allen Wochenenden 11-19 Uhr

Die Maibachfarm liegt südlich von Ahrweiler in einem Seitental der Ahr. Ende der neunziger Jahre wurde es gegründet mit dem Ziel ein biologisch wirtschaftendes Musterweingut an der Ahr aufzubauen, man ist Mitglied bei Bioland. Neben Weinbau gibt es auf der Maibachfarm Schafe und Esel, Streuobstwiesen und eine Brennerei. Die Maibachfarm besitzt Weinberge in Toplagen der Ahr, so im Ahrweiler Silberberg, im Heimersheimer Burggarten, in der Walporzheimer Domlay und im Recher Herrenberg. Spätburgunder nimmt 70 Prozent der Rebfläche ein, dazu gibt es 10 Prozent Frühburgunder, aber auch Weißburgunder, Grauburgunder, Regent und andere Rebsorten. 2013 hat Alexander Weber die Betriebsleitung übernommen.

Kollektion

Eine interessante Cuvée aus Grauburgunder und Chardonnay bildet in diesem Jahr den Auftakt, der Wein ist füllig, saftig, besitzt gute Substanz und reife süße Frucht. Die Gutsweine sind geradlinig, einfach, unter den Ortsweinen gefällt der frische, zupackende Dernauer – und natürlich der Wein von den Walporzheimer Terrassen, der fruchtbetont und reintönig ist, gute Struktur und Grip besitzt. Der Frühburgunder R zeigt intensive, sortentypische Frucht, ist kraftvoll, zupackend und strukturiert. Drei Lagen-Spätburgunder stellt Alexander Weber wie schon im Vorjahr vor. Der Wein aus dem Recher Herrenberg ist würzig, kompakt, ein klein wenig bitter, jugendlich. Würzig und etwas streng ist auch der Spätburgunder vom Ahrweiler Silberberg, kraftvoll, aber doch allzu tanninbetont. Unser eindeutiger Favorit ist der Spätburgunder aus dem Heimersheimer Burggarten, der klare reife Frucht im Bouquet zeigt, etwas rote Früchte und florale Noten, frisch und fruchtbetont im Mund ist, geradlinig und klar, die Tannine sind deutlich feiner als bei seinen Kollegen. —

Weinbewertung

86 2017 Grauburgunder & Chardonnay trocken Ahrweiler **12,5 %/16,- €**
82 2017 Spätburgunder „Blanc de Noir" **12,5 %/9,50 €**
81 2016 Frühburgunder **13 %/11,50 €**
81 2016 Spätburgunder **13 %/9,50 €**
82 2016 Spätburgunder Ahrweiler **13 %/14,50 €**
84 2016 Spätburgunder Dernau **13 %/19,- €**
87 2016 Spätburgunder Terrassen Walporzheimer **13,5 %/29,- €**
88 2016 Spätburgunder Heimersheimer Burggarten **13,5 %/29,- €**
86 2016 Spätburgunder Ahrweiler Silberberg **13,5 %/29,- €**
86 2016 Spätburgunder Recher Herrenberg **13,5 %/29,- €**
86 2016 Frühburgunder „R" **13 %/35,- €**

MAIER

★★★

KONTAKT

Zehnmorgenweg 2
71409 Schwaikheim
Tel. 07195-5565, Fax: -139508
www.maier-weingut.de
info@maier-weingut.de

Inhaber Weingut Maier GbR
Betriebsleiter Lothar Maier
Kellermeister Michael Maier
Außenbetrieb Rosemarie Maier
Rebfläche 14,5 Hektar
Produktion 80.000 Flaschen

BESUCHSZEITEN

Di.-Fr. 17-19 Uhr, Sa. 9-14 Uhr
Gutsausschank Jan./Febr.

Das Weingut in seiner heutigen Form besteht seit 1986 als Lothar Maier begann den Weinbaubetrieb auszuweiten und zusammen mit Ehefrau Rose eine Besenwirtschaft eröffnete. Heute werden sie im Betrieb unterstützt von Sohn Michael, Geisenheim-Absolvent, der seine eigene Weinlinie „vom Stein" kreiert hat. Ihre Weinberge liegen im Remstal, alle in einer Entfernung von nicht mehr als 5 Kilometer vom Weingut, vor allem in Korb (Sommerhalde) und Hanweiler (Berg, Maien), aber auch in Neustadt (Sörenberg), Steinreinach (Hörnle), Breuningsweiler (Haselstein) und Winnenden (Haselstein, Holzenberg) sowie in Endersbach (Wetzstein). Rote Sorten überwiegen im Anbau: Trollinger, Lemberger, Muskat-Trollinger, Samtrot, Zweigelt und Spätburgunder, dazu Cabernet Dorio und Dornfelder. An weißen Sorten gibt es Riesling, Silvaner, Kerner, Weißburgunder und Traminer, inzwischen auch Sauvignon Blanc und Grauburgunder.

Kollektion

Die neue Kollektion zeigt, dass es weiter vorangeht, die Rotweine haben es uns wieder besonders angetan, allen voran die Spätburgunder. Aber auch die Weißweine überzeugen, zeigen geschlossen sehr gutes Niveau vom fruchtbetonten Weißburgunder bis hin zum fülligen, kraftvollen Grauburgunder vom Stein. Der Riesling von alten Reben ist frisch und zupackend, der aus dem Hanweiler Berg intensiv fruchtig, kraftvoller. Der Sauvignon Blanc ist klar und zupackend, der Sauvignon Blanc vom Stein intensiv, füllig und strukturiert. Im roten Segment überrascht Michael Maier mit einem kraftvollen, reintönigen Trollinger. Der Lemberger vom Stein ist intensiv fruchtig und strukturiert, die Cuvée Drombach rauchig, fruchtbetont und frisch. Die Spätburgunder faszinieret mit Reintönigkeit, Frische und Eleganz, allen voran der Reserve-Wein – klare Handschrift, feine Stilistik!

Weinbewertung

85 2017 Weißburgunder trocken **12,5 %/7,70 €**
84 2017 Riesling trocken „Alte Reben" **12,5 %/8,90 €**
85 2017 Sauvignon Blanc trocken **12,5 %/9,50 €**
86 2016 Riesling trocken Hanweiler Berg **12,5 %/12,80 €**
87 2016 Sauvignon Blanc trocken „vom Stein" Steinreinacher Hörnle **13 %/15,20 €**
87 2016 Grauburgunder trocken „vom Stein" Breuningsw. Haselstein **13 %/14,50 €**
84 2016 Spätburgunder trocken **13 %/9,50 €**
87 2015 Trollinger trocken „Reserve" Korb Sommerhalde **13 %/13,80 €**
89 2017 Lemberger trocken „vom Stein" Korb Sommerhalde **13,5 %/18,90 €**
89 2016 Spätburgunder trocken „vom Stein" Breuningsw. Haselstein **13 %/18,50 €**
89 2015 „Der Drombach" Rotwein trocken **14 %/19,90 €**
91 2015 Spätburgunder trocken „vom Stein Reserve" B. Haselstein **13,5 %/29,50 €**

MAIER

★

KONTAKT

Karlsruher Straße 8, 76532
Baden-Baden-Haueneberstein
Tel. 07221-64197
Fax: 07221-995479
www.weingut-maier.de
info@weingut-maier.de

Inhaber
Volker Maier
Rebfläche
8,5 Hektar
Produktion
70.000 Flaschen

BESUCHSZEITEN

Di.-Fr. 9-12 + 15-18 Uhr, Sa. 9-13 Uhr, Mi. nachm. geschlossen, sowie nach Vereinbarung

M

Volker Maier pflegt badische Weinbau-Tradition in fünfter Generation. Urgroßvater und Winzer Ignatz Fritz begann mit Reben in Neuweier, von denen einige Lagen noch heute im Familienbesitz sind. Der Weißwein vom Ignatz war ausgezeichnet, beurkundete der Landwirtschaftliche Verein Großherzogtum Baden anno 1884 in Bühl. Volker Maier übernahm nach seinem Geisenheim-Studium 2001 den Betrieb mit damals gerade einmal einem halben Hektar Reben, heute bewirtschaftet er knapp neun Hektar. 2006 erwarb er die Gebäude der ehemaligen Winzergenossenschaft Bühlertal und renovierte sie: Dort baut er heute die Weine aus. Seine Weinberge liegen zwischen Baden-Baden und Bühlertal. Hauptsorte ist der Riesling, dazu werden Grauburgunder, Weißburgunder, Müller-Thurgau, Scheurebe und Gewürztraminer angebaut, dazu die roten Sorten Dornfelder, St. Laurent und Spätburgunder. Das Weingut befindet sich in der Umstellung zu einem zertifizierten Öko-Weinbetrieb.

Kollektion

In der guten Kollektion im vergangenen Jahr hatten die Rotweine mit dem beeindruckenden 2013er Spätburgunder aus dem Bühlertalfelsen in der Spitze die Nase vorne. In diesem Jahr sind die Roten etwas verhalten auch wenn der fruchtbetonte, frische „RosenRot" eine gute Figur macht. Im weißen Segment überzeugt vor allem Riesling – und das mit Weinen aus etwas älteren Jahrgängen. Die Riesling Auslese aus dem Mauerberg stammt aus dem Jahrgang 2015, zeigt viel Würze und Duft, ist klar, konzentriert und dick. Noch ein Jahr älter ist der trockene Riesling Passion, er stammt nämlich aus dem Jahrgang 2014: Würze und feine Reife prägen das Bouquet, im Mund ist er erstaunlich frisch, druckvoll und präzise, zupackend, ein sehr eigenständiger, wunderschön puristischer Riesling. ➡

Weinbewertung

81 2017 „Maier´s Müller" trocken **10 %/6,40 €**
80 2016 Weißer Burgunder trocken **12,5 %/8,40 €**
81 2016 Grauer Burgunder trocken **12,5 %/8,80 €**
81 2017 Johanniter **11 %/8,80 €**
86 2014 Riesling „Passion" **11,5 %/12,90 €**
83 2017 Scheurebe **11 %/8,40 €**
84 2015 Riesling Auslese Neuweier Mauerberg **12,5 %/19,80 €**
81 2017 Badisch Rotgold **10,5 %/8,10 €**
83 2017 „Rosa Rubignosa" (Rosé) **10 %/8,10 €**
81 2017 Spätburgunder Rosé trocken **11,5 %/8,10 €**
83 2017 „RosenRot" Rotwein trocken **11,5 %/7,50 €**
82 2015 Spätburgunder trocken „BB" **12,5 %/8,80 €**

Manderschied

★

KONTAKT

Dorfstraße 4
76889 Kapellen-Drusweiler
Tel. 0176-20611691
Fax: 06343-9891281
www.weingut-manderschied.de
weingut-manderschied@gmx.de

Inhaber
Martin Manderschied
Rebfläche
30 Hektar
Produktion
50.000 Flaschen

BESUCHSZEITEN

nach Vereinbarung

Wilfried Manderschied, Winzer aus Kapellen-Drusweiler in der Südpfalz, hat lange Zeit Fasswein an Großkellereien und andere Weingüter verkauft. 2002, mit dem Einstieg von Martin Manderschied, wurden die ersten eigenen Flaschenweine erzeugt. Die Weinberge liegen in den Gemarkungen der Gemeinden Kapellen-Drusweiler (in der Lage Rosengarten) und Bad Bergzabern (Lage Altenberg). Heute wachsen auf 70 Prozent der Rebfläche Weißweinreben – hauptsächlich Riesling, Chardonnay, Weißburgunder und Grauburgunder, aber auch Silvaner, Sauvignon Blanc, Gewürztraminer und Scheurebe – und auf 30 Prozent Rotweinreben, in erster Linie Spätburgunder, Dornfelder, Cabernet Sauvignon und Cabernet Dorsa. Das Sortiment ist gegliedert in Liter-, Guts- und Selectionsweine. Im September 2008 wurde mit der Umstellung auf biologischen Weinbau begonnen, mit dem Jahrgang 2011 waren die Weine des Bioland-Betriebs erstmals zertifiziert biologisch.

Kollektion

Martin Manderschied präsentiert uns auch in diesem Jahr wieder eine sehr homogene Kollektion mit klaren, reintönigen Weinen, die Weißweine besitzen durchgehend ein frisches, lebendiges Säurespiel. Der Sauvignon Blanc zeigt feine Stachelbeerwürze und etwas Pfirsichfrucht, Weiß- und Grauburgunder besitzen gute Konzentration, gelbe Frucht und leicht florale Noten, der Chardonnay ist cremig mit klarer Frucht nach Melone und Banane. Der Riesling zeigt Zitrusnoten und etwas Bienenwachs im Bouquet, besitzt Biss, die Scheurebe besitzt leicht zurückhaltende, herbe Frucht und der Gewürztraminer ist saftig und füllig mit süßer, reintöniger Frucht. Der Rosé zeigt etwas rote Frucht und florale Noten und besitzt guten Grip, der Spätburgunder ist kraftvoll mit dunkler Frucht und dezenter röstiger Würze und die Cuvée „Collin" ist ebenfalls kraftvoll, zeigt dunkle Pflaumenfrucht und kräutrige Würze.

Weinbewertung

82 2017 Riesling trocken **12 %/6,20 €**
83 2017 Weißburgunder trocken **12 %/6,20 €**
83 2017 Grauburgunder trocken **12,5 %/6,70 €**
83 2017 Chardonnay trocken **12,5 %/6,20 €**
83 2017 Sauvignon Blanc trocken **12 %/6,70 €**
82 2017 Scheurebe trocken **12 %/6,70 €**
83 2017 Gewürztraminer „lieblich" **11 %/6,70 €**
82 2017 Lisa`s Rosé **12 %/5,70 €**
83 2015 Spätburgunder trocken **13 %/7,90 €**
83 2016 Cuvée Collin Rotwein trocken **14 %/7,90 €**

Margarethenhof

★

KONTAKT

Kirchstraße 17
54441 Ayl
Tel. 06581-2538
Fax: 06581-6829
www.margarethenhof-ayl.de
mail@margarethenhof-ayl.de

Inhaber
Jürgen Weber
Rebfläche
20 Hektar

BESUCHSZEITEN

Mo.-Fr. 9:30-12:30 + 14-18 Uhr, Sa. 9:30-17 Uhr und nach Vereinbarung

MARGARETHENHOF
WEINGUT WEBER

Das Weingut, ursprünglich in Tawern zuhause, wird heute in dritter Generation von Jürgen und Dorothee Weber geführt, die seit 2000 den Betrieb erweitert haben und im benachbarten Ayl das historische Gebäude des ehemaligen Winzervereins erwarben. Die Weinberge liegen sowohl an der Saar auf Schieferböden (dort vor allem in der Ayler Kupp) als auch an der Obermosel, wo die Reben auf Muschelkalk wachsen. Riesling nimmt 40 Prozent der Rebfläche ein, Elbling 30 Prozent, hinzu kommen 25 Prozent Burgundersorten – Weißburgunder, Grauburgunder, Auxerrois – und etwas Sauvignon Blanc sowie rote Rebsorten, Spätburgunder und Dornfelder. Die Weine werden langsam und kühl in Edelstahltanks vergoren. Das Sortiment ist klar und überschaubar, lässt auf Basis- und Rebsortenweine die Lagenweine folgen, stellt Riesling von alten Reben aus der Ayler Kupp unter dem Begriff „Gold Line" an die Spitze.

Kollektion

Im vergangenen Jahr konnten sehr zuverlässige Weine quer durchs Sortiment verkostet werden. Die nun vorgestellte Kollektion schließt da an. Mit einem knackigen Sekt aus der Rebsorte Elbling reizt das Weingut das Potenzial der Sorte weitgehend aus. Der 2016er „Auf Spiess", eine saftige Burgundercuvée mit Anklängen an Tabak und viel Substanz, macht Spaß. Unter den trockenen 2017ern gefällt beispielsweise der sehr frische Sauvignon Blanc, der dezente Zitrusnoten und Nachhaltigkeit besitzt. Beim süßen „Gold Line" aus dem Jahrgang 2015 (!) beeindruckt eine offene Nase mit Anklängen an Apfel und Apfelschale sowie Kräuter und viel Saftigkeit. Kein extrem langer, aber ein sehr feiner, eleganter Riesling mit rassiger Art.

Weinbewertung

86	2016 Elbling Sekt brut **12,5 %/10,90 €**
83	2017 Grauer Burgunder Classic **12 %/7,90 €**
84	2017 Weißer Burgunder trocken **12 %/7,90 €**
84	2017 Riesling trocken Saar **11,5 %/7,90 €**
85	2017 Riesling Hochgewächs trocken Ayler Kupp **11,5 %/8,90 €**
83	2017 Rivaner **11,5 %/5,90 €**
87	2016 Auf Spieß Cuveé N 1 weiss **12 %/16,90 €**
87	2017 Sauvignon Blanc trocken **12 %/12,90 €**
84	2017 Riesling halbtrocken Saar **11,5 %/7,90 €**
82	2017 Elbling Classic **11,5 %/6,40 €**
85	2017 Riesling „feinherb Schieferstein" Ayler Kupp **11,5 %/8,90 €**
87	2015 Riesling „Gold Line Alte Reben fruchtsüß" Ayler Kupp **10 %/15,90 €**

Margarethenhof

★★

KONTAKT

Wiesenweg 4
67147 Forst
Tel. 06326-8302
Fax: 06326-980161
www.margarethenhof-forst.de
info@margarethenhof-forst.de

Inhaber
Franz & Elisabeth Lucas
Kellermeister/Außenbetrieb
Martin Lucas
Rebfläche
17 Hektar
Produktion
140.000 Flaschen

BESUCHSZEITEN

Mo.-Sa. 9-12 + 13-18 Uhr, Sonn- + Feiertage nur nach Vereinbarung

Das 1950 von Günther Lucas und seiner Mutter Margaretha gegründete Weingut Margarethenhof besitzt Weinberge in besten Lagen von Forst (Ungeheuer, Musenhang, Jesuitengarten und Pechstein) und Deidesheim (Herrgottsacker). Der Riesling ist mit einen Flächenanteil von 70 Prozent die wichtigste Sorte bei Franz und Elisabeth Lucas. Dazu kommen an Weißweinen Weiß- und Grauburgunder, Chardonnay und Auxerrois, aber auch Sauvignon Blanc, Rieslaner und Scheurebe, im roten Bereich sind es Spätburgunder Dornfelder, Sankt Laurent und etwas Portugieser. Sohn Martin ist seit 2011 fest im Weingut und hat seit 2015 freie Hand bei allen Entscheidungen, zusammen mit seiner Schwester Yvonne, die nach ihrem Geisenheimstudium auch noch beim Weinbau der Lebenshilfe in Bad Dürkheim mitverantwortlich für Keller und Weinverkauf ist. In den vergangenen Jahren wurde in schonendere Verarbeitungsmöglichkeiten im Keller investiert, bei den Weißweinen wird zunehmend mit Maischestandzeiten gearbeitet. Das Sortiment ist in Basis (Literweine), Kernstück (Rebsortenweine) und Spitze (Lagenweine) gegliedert.

Kollektion

In diesem Jahr haben wir keinen eindeutigen Favoriten im Sortiment, die drei starken Lagenrieslinge sehen wir gleichauf: Der Ungeheuer zeigt leichte Reifenoten und kräutrige Würze, entwickelt am Gaumen feinen Druck und gute Länge, der Pechstein besitzt gute Konzentration, zeigt Zitrusnoten, Grapefruit, ist druckvoll und nachhaltig und der Jesuitengarten zeigt leicht rauchig-mineralische Noten im Bouquet, ist kraftvoll, animierend und leicht salzig. Der restsüß ausgebaute Riesling aus dem Musenhang ist neu im Programm, er ist frisch und schlank und besitzt ein ausgewogenes Süße-Säure-Spiel, der Sauvignon Blanc ist gelbfruchtig mit klarer Stachelbeerwürze, der zu 20 Prozent im Holz ausgebaute Chardonnay zeigt etwas rauchige Noten, Banane und Melone und ist kraftvoll und der Grauburgunder zeigt ebenfalls leichte Holzwürze und florale Noten. —

Weinbewertung

80 2017 Riesling trocken „Basis" (1l) **12 %/5,- €**
84 2017 Chardonnay trocken „Kernstück" **13,5 %/6,80 €**
83 2017 Grauburgunder trocken „Kernstück" **12,5 %/6,80 €**
84 2017 Sauvignon Blanc trocken „Kernstück" **12 %/7,- €**
83 2017 Riesling Kabinett trocken „Kernstück" Forster Mariengarten **12,5 %/6,50 €**
87 2016 Riesling trocken „Spitze" Forster Ungeheuer **12,5 %/11,- €**
87 2016 Riesling trocken „Spitze" Forster Pechstein **13 %/13,- €**
87 2016 Riesling trocken „Spitze" Forster Jesuitengarten **13,5 %/15,- €**
85 2017 Riesling „Spitze" Forster Musenhang **9 %/8,- €**
82 2017 Rosé trocken „Kernstück" **12,5 %/5,80 €**

M

MARKELSHEIM

★

KONTAKT

Weingärtner Markelsheim eG
Scheuerntorstraße 19
97980 Bad Mergentheim-Markelsheim
Tel. 07931-90600
Fax: 07931-906030
www.markelsheimer-wein.de
info@markelsheimer-wein.de

Inhaber 250 Mitglieder
Geschäftsführender Vorstand Michael Schmitt
Kellermeister Peter Kilburg
Rebfläche 189 Hektar
Produktion 800.000 Flaschen

BESUCHSZEITEN

Mo.-Fr. 9-12 + 13-18 Uhr,
Sa. 9-12 + 13-16 Uhr,
So. (April-Dez.) 10-16 Uhr

Die 1898 gegründete Genossenschaft von Markelsheim gehört zu den ältesten in Württemberg. Ihre Mitglieder bewirtschaften das Gros der Weinberge im Tauber- und Vorbachtal, die zu Württemberg gehören. Weinbau hat hier eine lange Tradition, wurde in Markelsheim bereits 1096 erstmals urkundlich erwähnt. Bis ins späte 19. Jahrhundert hinein waren die Rebflächen wesentlich größer, Weinbau war neben Ackerbau und Viehzucht der zentrale Wirtschaftsfaktor im Taubertal. Durch Fusionen mit den Genossenschaften von Niederstetten 1978 und Laudenbach 1999 wuchs die Mitgliederzahl, so dass heute Weinberge in den Gemeinden Markelsheim, Laudenbach, Weikersheim, Schäftersheim, Vorbachzimmern, Haagen, Ebertsbronn, Elpersheim, Niederstetten und Oberstetten bewirtschaftet werden. Auf 85 Hektar wachsen weiße Rebsorten, Müller-Thurgau und Silvaner vor allem, aber auch Riesling, Kerner, Weiß- und Grauburgunder sowie Traminer und inzwischen auch Sauvignon Blanc. Rotwein wird auf 100 Hektar angebaut, es dominiert der Schwarzriesling, hinzu kommen Acolon, Zweigelt, Spätburgunder, Dornfelder, Trollinger sowie die regionale Spezialität Tauberschwarz.

Kollektion

Wie schon im Vorjahr präsentieren die Weingärtner Markelsheim eine sehr gleichmäßige Kollektion. Die beiden Sekte sind unkompliziert und süffig, unsere leichte Präferenz gilt dem Kerner. Diese Rebsorte macht auch als frische Spätlese eine gute Figur, der Wein besitzt feine süße Frucht und Biss. Der Bacchus ist reintönig und geradlinig, der Eiswein schon sehr gereift. Schön saftig und fruchtbetont ist der als Weißherbst ausgebaute Schwarzriesling Kabinett. Die Schwarzriesling Auslese ist geprägt vom Kontrast aus Süße und Biss, der Tauberschwarz ist fruchtbetont und geradlinig. Unser Favorit ist in diesem Jahr der Zweigelt aus dem Jahrgang 2016, der wunderschön frisch und fruchtbetont ist, reintönig und zupackend, ein Rotwein im Schnäppchenformat.

Weinbewertung

80	2016 Riesling Sekt trocken Markelsheimer **12 %/7,95 €**
81	2016 Kerner Sekt trocken Markelsheimer **12 %/7,30 €**
81	2017 Bacchus Markelsheimer Tauberberg **10 %/3,95 €**
82	2017 Kerner Spätlese Schäftersheimer Klosterberg **10 %/5,95 €**
81	2008 Riesling Eiswein Markelsheimer Propstberg **12 %/25,60 €/0,375l**
83	2017 Schwarzriesling Weißherbst Kabinett Markelsheimer Mönchsberg **10 %/4,80 €**
81	2017 Tauberschwarz trocken Laudenbacher Schafsteige **12 %/6,- €**
84	2016 Zweigelt trocken Laudenbacher Schafsteige **12,5 %/5,- €** ☺
81	2015 Schwarzriesling Auslese Markelsheimer Tauberberg **11,5 %/6,90 €**

Max Markert

★★★

Kontakt

Am Zöller 1
97246 Eibelstadt
Tel. 09303-1795
Fax: 09303-1090
www.weingut-markert.de
info@weingut-markert.de

Inhaber
Max Markert
Kellermeister
Thomas Heil
Rebfläche
11,1 Hektar
Produktion
75.000 Flaschen

Besuchszeiten

nach Vereinbarung

Eibelstadt, am Main gelegen zwischen Randersacker und Sommerhausen, ist lange nicht so bekannt wie seine Nachbargemeinden, was daran liegt, dass es nur einen Winzer von Renommee gibt, Max Markert. Er betreibt Weinbau erst seit 1995 im Vollerwerb. 1974 hatte er seine ersten Reben gepflanzt, seit 1977 das Weingut im Nebenerwerb geführt. Seine Weinberge liegen in den Eibelstadter Lagen Mönchsleite, Kapellenberg und Teufelstor (seit 1971 Großlage), sowie im Randersackerer Dabug, die Reben wachsen auf Muschelkalkböden. Weiße Rebsorten nehmen drei Viertel der Fläche ein: Silvaner, Müller-Thurgau, Bacchus, Kerner, Scheurebe, Rieslaner, Riesling und Weißburgunder baut er an. An roten Sorten gibt es Domina, Spätburgunder, Portugieser, Dornfelder und Cabernet Dorsa, die Rotweine werden teils im Edelstahl, teils in großen oder kleinen Eichenholzfässern ausgebaut. Neben überwiegend trocken ausgebauten Weinen erzeugt Max Markert auch Edelbrände in der eigenen Brennerei.

Kollektion

Eine ganz starke Kollektion präsentiert Max Markert in diesem Jahr, die Weine sind fruchtbetont und sortentypisch. Das Einstiegsniveau ist enorm hoch, aber das ist man ja gewohnt von Max Markert. Besonders beeindruckt das durchweg sehr gute Silvaner-Quartett: Vom zupackenden Alte Reben über den spontan vergorenen Mosaik-Kabinett, der gute Struktur und Substanz besitzt über die füllig-saftige trockene Spätlese bis hin zum kraftvollen, konzentrierten, im Holz ausgebauten Magma. Die trockene Weißburgunder Spätlese besitzt gute Struktur und Frucht, der würzig-reife Riesling-Sekt gehört zu den besten Sekten in Franken. Sehr gut sind auch die beiden Rotweine: Der rotfruchtige Spätburgunder ist strukturiert, noch jugendlich, der Cabernet Dorsa vereint Kraft mit Frucht und Frische.

Weinbewertung

86 2015 Riesling Sekt brut **13 %/14,- €**
84 2017 Müller-Thurgau trocken „Frank & Frei M-TH" **11,5 %/6,50 €**
85 2017 Silvaner Kabinett trocken „Alte Reben" Eibelstadter Kapellenberg **12 %/8,- €**
84 2017 Weißer Burgunder Kabinett trocken Eibelstadter Kapellenberg **12 %/7,50 €**
84 2017 „Alina" „Blanc de Noir" Spätlese trocken Eibelstadter Mönchsleite **12,5 %/9,- €**
87 2016 Silvaner Kabinett trocken „Mosaik" Eibelstadter Kapellenberg **12,5 %/12,- €**
87 2016 Silvaner Spätlese trocken Eibelstadter Kapellenberg **12,5 %/9,- €**
88 2016 Silvaner Spätlese trocken „Magna" Holzfass Kapellenberg **12,5 %/14,- €**
86 2016 Weißer Burgunder Spätlese trocken Eibelstadter Kapellenberg **13 %/9,- €**
85 2017 Rieslaner Kabinett „feinherb" Eibelstadter Kapellenberg **11,5 %/8,- €**
86 2015 Spätburgunder trocken Eibelstadter Kapellenberg **13,5 %/8,- €**
86 2016 Cabernet Dorsa trocken Holzfass Eibelstadter Kapellenberg **13 %/9,- €**

Tomislav Markovic

★★

N

KONTAKT

Kupfertorplatz 1
79206 Breisach
Tel. 07667-2070048
www.monsieurmarkovic.de
eintritt@monsieurmarkovic.de

Inhaber
Tomislav Markovic
Rebfläche
0,4 Hektar
Produktion
2.000 Flaschen

BESUCHSZEITEN

nach Vereinbarung

Die Eltern von Tomislav Markovic stammen aus Slawonien, er selbst aber ist im Rhein-Main-Gebiet geboren und aufgewachsen. Er studierte BWL, arbeitete danach bei großen Banken in Frankfurt. 2011 beendete er seinen Bankjob und begann sich seiner Leidenschaft Wein zu widmen, studierte Weinbau und Oenologie am Weincampus in Neustadt, damit einher ging die Ausbildung zum Winzer beim Weingut Bercher in Burkheim. Es folgten Praktika bei Luisa Borges (Viera de Sousa) in Portugal und bei Domaine de Montille in Volnay. Derzeit hat er eine Teilzeitstelle als Berater für ökologischen Weinbau & Önologie in Baden-Württemberg, davor war er ein Jahr für den Weinbau beim Weingut Höfflin verantwortlich. Er greift derzeit auf Rebflächen von Freunden am Kaiserstuhl und in Rheinhessen zurück, sowohl beim Spätburgunder aus Jechtingen und Eichstetten als auch beim Riesling vom Porphyr in Eckelsheim sind die Reben über 30 Jahre alt. Die Reben in Rheinhessen werden nach seiner Vorgabe bewirtschaftet, die Reben am Kaiserstuhl bewirtschaft er selbst nach ökologischen und biodynamischen Gesichtspunkten. Seinen Debütjahrgang vermarktete er unter dem Namen Le Dompteur, der nun aber seinem eigenen Namen Tomislav Markovic gewichen ist. Die Spätburgunder werden offen auf der Maische vergoren, je nach Jahrgang mit einem Anteil ganzer Trauben, auf einer Korbpresse gekeltert, in französischen Barriques ausgebaut, maximal zur Hälfte neu, unfiltriert abgefüllt. Die Rieslinge werden spontanvergoren, in gebrauchten Barriques und in neuen oder gebrauchten Tonneaux ausgebaut, bleiben mindestens bis Sommer auf der Hefe. Als nächstes, mit dem Jahrgang 2017, wird ein Chardonnay aus Siefersheim das Sortiment ergänzen.

Kollektion

Solche Quereinsteiger lassen wir uns gefallen. Der Debut-Riesling zeigt feine Reife, besitzt Fülle und Saft, der Riesling Kabinett aus Eckelsheim zeigt feine Frische und reintönige Frucht, ist lebhaft, klar und zupackend. Noch spannender sind die Spätburgunder. Das Windspiel stammt aus dem Eichstetter Herrenbuck, zeigt reife Frucht, dezent Vanille, rote Früchte, ist klar, frisch und zupackend. On the Rocks nennt sich der zweite Spätburgunder, der aus dem Jechtinger Eichert stammt, faszinierend präzise und frisch ist, reintönig und zupackend, noch allzu jugendlich. Ein beeindruckendes Debüt!

Weinbewertung

86 2015 Riesling (trocken) „Debut" **12,5 %/12,50 €**
85 2016 Riesling Kabinett **9,5 %/11,80 €**
87 2016 Spätburgunder trocken „Windspiel" **12,5 %/16,- €**
89 2016 Spätburgunder trocken „On the Rocks" **12,5 %/28,- €**

M

MARTIN

★☆

KONTAKT

Ziegelanger 6
97475 Zeil am Main
Tel. 0160-94906447
Fax: 09524-5701
www.weingut-max-martin.de
info@weingut-max-martin.de

Inhaber
Maximilian Martin
Rebfläche
7,4 Hektar
Produktion
50.000 Flaschen

BESUCHSZEITEN

Mi.-So. 11-20 Uhr, Mo./Di. nach Vereinbarung

Ziegelanger liegt am Main, zwischen Haßfurt und Bamberg, ist ein Ortsteil von Zeil am Main. Hier ist das Weingut Martin zuhause, das in vierter Generation von Max Martin geführt wird. Die Reben wachsen in den Lagen Ziegelanger Ölschnabel, Steinbacher Nonnenberg und Krümler Himmelreich, die alle zur Großlage Zeiler Kapellenberg gehören. Silvaner und Müller-Thurgau sind die wichtigsten Rebsorten, gefolgt von Bacchus, Kerner, Dornfelder, Spätburgunder, Weißburgunder, Blauer Silvaner und Riesling. Der Familie Martin gehören auch das Restaurant Martinsklause. Die Bocksbeutelweine und die „vom Keuper"-Weine werden lange auf der Feinhefe ausgebaut und zukünftig erst im August abgefüllt.

Kollektion

Weswegen wir dieses Jahr nur die Basis-Kollektion verkosten konnten, die „großen Weine" des Jahrgangs 2017 folgen dann im kommenden Jahr. Beim starken Debüt im vergangenen Jahr waren Keuper-Silvaner aus dem Ziegelanger Ölschnabel und Keuper-Weißburgunder aus dem Krümler Himmelreich unsere Favoriten. Die 2017er Basis-Kollektion präsentiert sich geschlossen auf gutem und sehr gutem Niveau. Ganz stark ist schon der Silvaner im Liter, fruchtbetont, klar, zupackend – so gefällt uns das. Auch sonst machen die Silvaner eine gute Figur. Der Wein aus dem Zeiler Kapellenberg ist lebhaft und frisch, besitzt gute Struktur und feine süße Frucht. Noch ein klein wenig besser gefällt uns der Blaue Silvaner aus dem Steinbacher Nonnenberg, ist wunderschön fruchtbetont und reintönig, lebhaft, strukturiert und frisch. Sehr gut ist auch die trockene Scheurebe, klar, frisch und zupackend, besitzt reintönige Frucht und Struktur. Ein geschlossenes Bild geben auch die Rotweine: Der Spätburgunder zeigt rote Früchte, feine Frische, ist klar und fruchtbetont, die Domina ist frisch, reintönig, geradlinig, der Barbarossa genannte Dornfelder aus dem Zeiler Kapellenberg besitzt Fülle und Kraft, gute Struktur und reintönige Frucht.

Weinbewertung

81 2017 Silvaner Sekt trocken **12 %/12,50 €**
83 2017 Silvaner trocken (1l) **12 %/6,- €**
85 2017 Silvaner Zeiler Kapellenberg **12 %/6,50 €**
86 2017 Blauer Silvaner Steinbacher Nonnenberg **12,5 %/7,- €** ☺
82 2017 Bacchus „Non plus ultra" Zeiler Kapellenberg **11 %/6,50 €**
85 2017 Scheurebe trocken **10,5 %/7,- €**
84 2016 Dornfelder trocken „Barbarossa" Zeiler Kapellenberg **12 %/6,50 €**
84 2017 Domina **12 %/8,50 €**
85 2016 Spätburgunder trocken **13 %/9,50 €**

Martinshof

★

W

KONTAKT

Außerhalb 1
55276 Dienheim
Tel. 06133-2280
Fax: 06133-70763
www.wein-martinshof.de
info@wein-martinshof.de

Inhaber
Achim Martin
Rebfläche
30 Hektar
Produktion
120.000 Flaschen

BESUCHSZEITEN

Sa. 11-16 Uhr „Wein&Talk" oder nach Vereinbarung

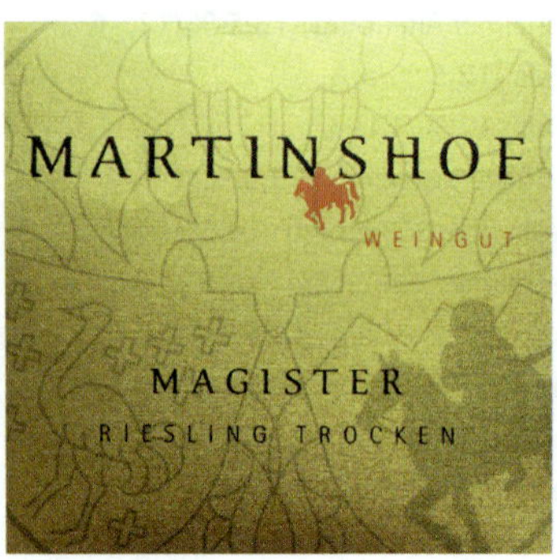

Die Weinberge der Familie Martin liegen in Dienheim und Oppenheim, seit 2003 ist man auch in Nierstein vertreten. Heute führt Achim Martin den Betrieb. Seine wichtigsten Lagen sind Paterhof in Dienheim, Sackträger, Kreuz und Herrenberg in Oppenheim, sowie Heiligenbaum in Nierstein. Die Reben wachsen teils auf schweren Kalksteinverwitterungsböden und teils auf tiefgründigen Lösslehmböden, in Nierstein auf Rotliegendem. Vor allem Riesling und die Burgundersorten werden angebaut, aber auch Silvaner, Müller-Thurgau, Huxelrebe und Scheurebe. An roten Sorten gibt es Dornfelder, St. Laurent, Spätburgunder, Portugieser, Cabernet Dorio, Merlot und Cabernet Sauvignon.

Kollektion

Nachdem man im vergangenen Jahr versäumt hatte Weine einzuschicken, ist der Martinshof in diesem Jahr wieder dabei. Wie schon in früheren Jahren präsentiert Achim Martin eine sehr gleichmäßige Kollektion, deren Stärken bei den trockenen Lagen-Rieslingen und im roten Segment liegen. Die Gutsweine sind sehr ausgewogen, frisch und sortentypisch. Unsere Favoriten unter den Lagen-Rieslingen stammen aus dem Jahrgang 2015: Der Sackträger besitzt Fülle und Substanz, klare Frucht und feine Reife, der Magister genannte Wein aus dem Herrenberg zeigt ebenfalls feine Reife, ist konzentriert und kraftvoll, besitzt reife süße Frucht. Sehr gleichmäßiges Niveau zeigen die beiden im Barrique ausgebauten Rotweine des Jahrgangs 2014. Der Cabernet Sauvignon zeigt gute Konzentration im Bouquet, etwas Gewürze, Cassis, ist klar, frisch und zupackend im Mund, strukturiert und tanninbetont. Der Spätburgunder ist enorm würzig, konzentriert, geradlinig, besitzt gute Struktur und klare Frucht.

Weinbewertung

82 2017 Weißer Burgunder trocken **12 %/6,- €**
82 2016 Grauer Burgunder trocken **13,5 %/6,- €**
81 2017 Grauer Burgunder trocken **13 %/6,- €**
81 2017 Riesling trocken **12 %/5,- €**
82 2016 Riesling trocken Oppenheimer Herrenberg **12,5 %/7,50 €**
81 2016 Riesling trocken Niersteiner Heiligenbaum **12,5 %/8,- €**
85 2015 Riesling trocken Oppenheimer Sackträger **13,5 %/8,- €**
83 2016 Riesling trocken Oppenheimer Sackträger **12,5 %/8,- €**
85 2015 Riesling trocken „Magister" Oppenheimer Herrenberg **13,5 %/14,50 €**
83 2016 Riesling Auslese Oppenheimer Herrenberg **8 %/8,- €**
81 2017 Spätburgunder Weißherbst trocken **11 %/6,- €**
84 2014 Cabernet Sauvignon trocken Barrique Oppenheimer Kreuz **13,5 %/18,- €**
84 2014 Spätburgunder trocken Barrique Oppenheimer Kreuz **13 %/16,- €**

MARX

★★☆

KONTAKT

Im Setzling 6
55452 Windesheim
Tel. 06707-316
Fax: 06707-1669
www.weingutmarx.com
info@weingutmarx.com

Inhaber
Rainer Marx
Rebfläche
9,5 Hektar
Produktion
75.000 Flaschen

BESUCHSZEITEN

nach Vereinbarung
Ferienwohnung

Seit über 300 Jahren betreibt die Familie Weinbau an der Nahe. Die Weinberge von Rainer Marx, der das Gut 2005 von seinen Eltern übernahm, liegen in Windesheim (Fels, Rosenberg, Römerberg, Sonnenmorgen), Waldlaubersheim (Altenberg) und Schweppenhausen (Schlossgarten). Grauburgunder ist mit einem Flächenanteil von 25 Prozent die wichtigste Rebsorte, auf je 20 Prozent stehen Spätburgunder, Riesling und Weißburgunder, dazu gibt es noch Chardonnay, Scheurebe, Müller-Thurgau und Cabernet Dorsa, 2017 wurde die Rebfläche um 0,8 Hektar erweitert und mit Grauburgunder und Cabernet Dorsa bepflanzt, ein halber Hektar wurde mit Scheurebe wieder bepflanzt.

Kollektion

In diesem Jahr konnten wir außer dem aktuellen Sortiment drei gereifte Weine von Rainer Marx verkosten, die jetzt alle auf dem Punkt sind: Der 2009er Spätburgunder zeigt klare, rote Frucht und dezente Röstnoten, besitzt Fülle und auch noch Potential, der 2011er Grauburgunder zeigt deutliche Reifenoten, Mürbegebäck, Quitte, ist weich, cremig, und der 2013er Riesling zeigt ebenfalls gereifte Frucht, besitzt aber noch ein frisches Säurespiel. Neu ist der spontan im Halbstück vergorene Weißburgunder R, der sich gleich an die Spitze des Programms setzt, er ist konzentriert, komplex, kraftvoll und elegant, zeigt im Bouquet feine rauchige Noten und florale Würze, der Grauburgunder R ist konzentriert, zeigt klare gelbe Frucht und feine Holzwürze, der Riesling R ist frisch, schlank und elegant mit etwas rauchig-kräutriger Würze. Die beiden Spätburgunder sind kraftvoll, füllig und zeigen viel klare rote Frucht.

Weinbewertung

86 2016 Pinot Sekt brut **13 %/12,50 €**
83 2017 Weißer Burgunder trocken **12 %/7,- €**
83 2017 Scheurebe trocken **12 %/7,50 €**
83 2017 Riesling „S" trocken Windesheimer Sonnenmorgen **12 %/9,- €**
86 2017 Weißer Burgunder „S" trocken Windesheimer Rosenberg **13 %/9,- €**
87 2017 Grauer Burgunder „S" trocken Waldlaubersheimer Altenburg **13 %/9,50 €**
87 2017 Chardonnay „S" trocken Waldlaubersheimer Altenburg **13,5 %/11,- €**
86 2013 Riesling „R" trocken Windesheimer Fels **12,5 %/a.A.**
87 2017 Riesling „R" trocken Windesheimer Fels **12 %/14,- €**
89 2017 Weißer Burgunder „R" trocken „Halbstück" Rosenberg **13,5 %/14,- €**
87 2011 Grauer Burgunder „R" trocken Windesheimer Römerberg **14,5 %/a.A.**
88 2017 Grauer Burgunder „R" trocken Windesheimer Römerberg **13,5 %/16,- €**
86 2016 Spätburgunder „S" trocken Windesheimer Rosenberg **13,5 %/12,- €**
88 2007 Spätburgunder „R" trocken Windesheimer Rosenberg **14 %**
89 2009 Spätburgunder „R" trocken Windesheimer Rosenberg **14,5 %/a.A.**
88 2015 Spätburgunder „R" trocken Windesheimer Rosenberg **14 %/21,- €**

MARX

MATHIS

★

KONTAKT

Alte Straße 8
76889 Klingenmünster
Tel. 06349-5576
Fax: 06349-7364
www.mathiswein.de
info@mathisweine.de

Inhaber
Ingo Mathis
Rebfläche
13,5 Hektar
Produktion
95.000 Flaschen

BESUCHSZEITEN

Di.-Sa. 10-18 Uhr, So. 10-14 Uhr

Das Weingut Mathis wurde in den 1950er Jahren gegründet, seit 2008 leitet Ingo Mathis, der ursprünglich Motorradmechaniker war, in der dritten Generation den Familienbetrieb zusammen mit seiner Frau Monika. Seit mehr als dreißig Jahren betreibt die Familie auch eine Weinstube, um die sich Ingos jüngerer Bruder Jakob und ihr Vater Wilfried kümmern, zudem gibt es ein kleines Gästehaus. Im Weinberg wird auf Herbizide verzichtet, 2011 wurde von Maschinenernte auf eine gestaffelte Handlese umgestellt. 70 Prozent der Weinberge sind mit weißen Sorten bestockt, angebaut werden Riesling, Weiß- und Grauburgunder, Chardonnay, Muskateller, Sauvignon Blanc und Gewürztraminer, an roten Sorten gibt es Portugieser, Spätburgunder, Cabernet Sauvignon, Merlot und Syrah. Das Sortiment ist gegliedert in Guts- und Ortsweine und die Weinhandwerk-Linie.

Kollektion

Wenig Neues konnten wir in diesem Jahr von Ingo Mathis verkosten: Die Hälfte der eingesandten Weine hatten wir im vergangenen Jahr schon einmal probiert. So auch die beiden Spitzen, den in 500 Liter-Fässern ausgebauten Chardonnay mit viel klarer Frucht und dezenter Holzwürze und den kraftvollen Grauburgunder aus dem 600 Liter-Fass, der jetzt schon deutliche Reifenoten nach Trockenfrüchten und Nüssen zeigt und bald getrunken werden sollte. Auch die drei Rotweine hatten wir schon verkostet, sie besitzen viel Kraft und süße, dunkle Frucht, der Pinot Noir besitzt gute Substanz, lässt aber auch etwas den Alkohol spüren. Der Silvaner Fumé punktet mit viel klarer Frucht und dezentem Holzeinsatz, der Muskateller ist saftig und frisch, der Rosé und der 2017er Grauburgunder besitzen süße Frucht, bleiben aber kurz, auch der Sauvignon Blanc ist recht süß, zeigt aber klare gelbe Frucht und Stachelbeernoten.

Weinbewertung

81 2017 Auxerrois „Lösslehm" Klingenmünsterer **13 %/7,20 €**
80 2017 Grauer Burgunder „Vintage" Klingenmünsterer **13,5 %/7,50 €**
83 2016 Muskateller „Quarzsand" Klingenmünsterer Maria Magdalena **12,5 %/8,50 €**
82 2017 Sauvignon Blanc „Early Bird" Klingenmünsterer **13 %/8,- €**
85 2015 Grauer Burgunder „600.2" Klingenmünsterer Maria Magdalena **14 %/15,50 €**
86 2015 Chardonnay „500.3" Klingenmünsterer Maria Magdalena **13 %/13,50 €**
84 2016 Silvaner „Fumé" Klingenmünsterer Maria Magdalena **13 %/9,80 €**
84 2015 Gewürztraminer „Lehm" Klingenmünsterer Maria Magdalena **10 %/9,- €**
80 2017 Mathis Rosé **11,5 %/6,80 €**
85 2014 Pinot Noir Klingenmünsterer Maria Magdalena **14 %/17,50 €**
84 2014 Saint Laurent „Quarzit" Klingenmünsterer Maria Magdalena **13,5 %/15,50 €**
82 2014 Cuvée Pallas Rotwein Klingenmünsterer **13,5 %/9,80 €**

M

Maximin Grünhaus

★★★★

KONTAKT

54318 Mertesdorf
Tel. 0651-5111
Fax: 0651-52122
www.vonschubert.com
info@vonschubert.com

Inhaber
Maximin von Schubert
Kellermeister
Stefan Kraml
Rebfläche
34 Hektar
Produktion
150.000 Flaschen

M

BESUCHSZEITEN

Mo.-Fr. 8-17 Uhr, Sa. 9-12 Uhr,
Mai-Okt. Sa. 10-16 Uhr

Jahrhunderte lang war das Gut im Besitz der Benediktinerabtei Sankt Maximin in Trier. Nach der Säkularisation kam der Betrieb zunächst unter französische Verwaltung, 1810 wurde das Gut an den ersten weltlichen Besitzer verkauft. 1882 kaufte Carl Ferdinand Freiherr von Stumm-Halberg den Besitz, den er seiner Tochter Ida am Tage ihrer Hochzeit mit Conrad von Schubert schenkte. Heute führt Maximin von Schubert in sechster Generation den Betrieb. Die Weinberge befinden sich in einer arrondierten Lage auf der linken Seite der Ruwer. Alle drei Teile dieser Lage, Bruderberg, Herrenberg und Abtsberg, gehören dem Sohn von Carl von Schubert im Alleinbesitz. Der 14 Hektar große Abtsberg besteht im Untergrund aus blauem Devonschiefer, im Herrenberg, 19 Hektar groß, dominiert roter Devonschiefer. Der nur 1,1 Hektar große Bruderberg hat als direkter Nachbar des Abtsbergs ebenfalls blauen Schieferboden. Lange Jahre hatte man nur Riesling angebaut, 2004 wurde dann ein Hektar im Herrenberg mit Weißburgunder bepflanzt, inzwischen sind 6 Prozent der Fläche des Gutes mit dieser Sorte bestockt. 2007 wurde eine erste, 90 Ar große Parzelle im Abtsberg mit Spätburgunder bepflanzt, 2011 eine zweite, 30 Ar groß. Die Weine werden mit Ihren natürlichen Hefen vergoren, teils im klassischen Fuder, teils in kleinen Edelstahltanks. Erstmals 2009 wurde der Fusion genannte Riesling erzeugt, der in Barriques aus Grünhaus-Eiche ausgebaut wird, fast zwei Jahre auf der Vollhefe bleibt, dann weitere zwei Jahre auf der Flasche, bevor er in den Verkauf kommt. An der Spitze des trockenen Sortiments stehen die Großen Gewächse, an der Spitze des feinherben Teils die beiden Superior-Weine, die mit dem Jahrgang 2005 eingeführt wurden. Mit dem Jahrgang 2016 wurden die Etiketten behutsam erneuert. Wie nur bei wenigen anderen Weingütern in Deutschland zeigen die Weine des Hauses eine klare, unverwechselbare Handschrift, sind wiedererkennbar. Sie sind kraftvoll und mineralisch, in ihrer Jugend manchmal etwas unzugänglich, selbst die nominell einfachen Rieslinge sind von bemerkenswerter Struktur.

Kollektion

Die Qualität der Weine konnte sich in den letzten Jahren weiter steigern, und schon im Vorjahr war klar, dass dieses historische Gut drauf und dran ist, an seine allerbesten Zeiten anzuknüpfen. Die 2017er wirken teilweise noch ein bisschen spannender als die 2016er, setzen der kräuterwürzigen Ruwerstilistik Schmelz entgegen. Doch auch ein 2015er wurde noch präsentiert, ein Schaumwein, der viel Würze zeigt und eine komplexe, fuchtige und hefige Nase. Die beiden Weißburgunder sind alles andere als aufdringlich oder gefällig, sondern sehr präzise. Der Réserve merkt man den Ausbau im Holz an, ohne dass der Wein von diesem dominiert ist; der Wein zeigt leicht cremige Art, besitzt kühle Frucht und beachtliche Länge. Die beiden Basisrieslinge unterscheiden sich deutlich voneinander – der „Maximin" ist zugänglich, zeigt

Aromen von Stein- und Kernobst, ist würzig und besitzt einen Hauch von Süße. Fast trocken, deutlich präziser und ausgestattet mit erfrischender kühler Frucht der „Monopol"-Wein aus eigenem Traubengut. Ein beachtlicher Einstieg ins Riesling-Sortiment, das seine Fortsetzung findet mit dem Alte Reben-Riesling, der praktisch trocken ausfällt, mit offener, mineralischer Aromatik und bemerkenswerter Würze. Die beiden Großen Gewächse unterscheiden sich: Der Herrenberg ist sehr klar, straff, mineralisch und präzise, wirkt sehr animierend und rassig. Der Abtsberg dagegen macht einen deutlich reiferen und würzigeren Eindruck. Er ist straff, eigenwillig, nachhaltig und bringt den Ruwer-Stil gut zum Ausdruck; von den Großen Gewächsen der Mittelmosel unterscheidet er sich deutlich. Auch im feinherben Bereich geht es sehr eigenständig weiter. Der Abtsberg-Superior-Wein ist in einer ausgezeichneten Balance, besitzt eine frische Aromatik und eine überdurchschnittliche Würze. Im restsüßen Bereich überrascht die Qualität des Bruderberg-Kabinettweines, der ja oft nur als Drittplatzierter nach Abtsberg und Herrenberg gilt, aber hier auftrumpft: kühl, straff, schlank und stilistisch wirklich ein Kabinett der feinen Art. Sein Pendant aus dem Herrenberg ist nochmals etwas puristischer, konzentrierter, würziger, schon die Nase ist faszinierend und gleichzeitig ruwertypisch mit Apfel- und Kräuternoten und einem Hauch von Cassis. Das süße Segment findet seinen Höhepunkt in der Abtsberg-Spätlese – etwas reifer und cremiger als der Kabinett, rassig, saftig, balanciert – und der Auslese, die zusätzlich eine cremige Würze mitbringt und nicht nur saftig ausfällt, sondern auch überdurchschnittliche Länge und Rasse aufweist.

Maximin von Schubert

M

Weinbewertung

87	2015 Riesling Sekt brut Maximin Grünhaus **12 %/16,90 €**
87	2017 Pinot Blanc Maximin Grünhaus **12 %/9,90 €**
89	2017 Pinot Blanc „Réserve" Maximin Grünhaus **12,5 %/14,90 €**
87	2017 Riesling „Maximin" **11 %/8,40 €** ☺
87	2017 Riesling „Monopol" Maximin Grünhaus **11,5 %/10,90 €**
89	2017 Riesling „Alte Reben" Maximin Grünhaus **11,5 %/15,90 €**
91	2017 Riesling „GG" Maximin Grünhaus Herrenberg **12 %/27,90 €**
91	2017 Riesling „GG" Maximin Grünhaus Abtsberg **12 %/29,90 €**
89	2017 Riesling „feinherb" „Alte Reben" Maximin Grünhaus **11 %/15,90 €**
91	2017 Riesling „Superior" Maximin Grünhaus Abtsberg **11,5 %/27,90 €**
88	2017 Riesling Kabinett Maximin Grünhaus Bruderberg **8 %/14,90 €**
89	2017 Riesling Kabinett Maximin Grünhaus Herrenberg **7,5 %/15,90 €**
92	2017 Riesling Spätlese Maximin Grünhaus Abtsberg **7,5 %/20,90 €** ☺
93	2017 Riesling Auslese Maximin Grünhaus Abtsberg **7,5 %/45,- €**
89	2016 Pinot Noir trocken Maximin Grünhaus **13,5 %/32,- €**

LAGEN

ABTSBERG
(MAXIMIN GRÜNHAUS)
HERRENBERG
(MAXIMIN GRÜNHAUS)
BRUDERBERG
(MAXIMIN GRÜNHAUS)

REBSORTEN

RIESLING (90 %)
WEISSBURGUNDER (6 %)
SPÄTBURGUNDER (4 %)

RUDOLF MAY

★★★★

KONTAKT

Im Eberstal
97282 Retzstadt
Tel. 09364-5760
Fax: 09364-896434
www.weingut-may.de
info@weingut-may.de

Inhaber
Petra & Rudolf May
Betriebsleiter
Rudolf May
Außenbetrieb
Benedikt May
Rebfläche
14,2 Hektar
Produktion
85.000 Flaschen

BESUCHSZEITEN

nach Vereinbarung
Weinprobierraum für Veranstaltungen

M

Seit 1987 vermarktet Rudolf May seine Weine selbst. Seither hat er seine Rebfläche vervielfacht. 1997 wurde der Betrieb in das Eberstal an den Ortsrand von Retzstadt ausgesiedelt, wo Petra und Rudolf May ein neues Weingut errichtet haben. Die Weine wachsen in Retzstadt und Umgebung, hauptsächlich auf Muschelkalkböden. Die wichtigsten Lagen sind Retzstadter Langenberg, Retzbacher Benediktusberg und Thüngersheimer Johannisberg mit der Teillage Rothlauf, im Stettener Stein hat Rudolf May Grauburgunder stehen sowie Silvaner in der ehemaligen Einzellage Rossthalberg. Zuletzt hat Rudolf May Müller-Thurgau- und Rotweinflächen abgegeben, dafür neue Rebflächen gekauft in den Lagen Rothlauf (Silvaner), Himmelspfad (Silvaner), Benediktusberg (Spätburgunder) und Langenberg (Silvaner, Spätburgunder). 2016 hat er mit der Umstellung auf biologischen Weinbau begonnen. Eindeutig wichtigste Rebsorte bei Rudolf May ist heute der Silvaner, der inzwischen mehr als zwei Drittel seiner Rebfläche einnimmt. Dazu gibt es Spätburgunder, Weißburgunder, Grauburgunder, Riesling und noch ein klein wenig Müller-Thurgau. Ausgewählte Weine, auch Weißweine, baut er im Barrique aus. Die Spitzenweine werden in der Linie „Recis“ vermarktet, mit der Aufnahme in den VDP wurde aus dem Recis-Silvaner, der von 1966 gepflanzten Reben stammt und zur Hälfte im Betonei, zur Hälfte im Edelstahl ausgebaut wird, 2013 das Große Gewächs Rothlauf (eine Teillage des Thüngersheimer Johannisberg), so dass es kurzfristig wieder nur einen Recis-Silvaner gab, den Recis 1963, der erstmals 2011 erzeugt wurde. Im Jahrgang 2014 durfte dieser dann erstmals ebenfalls als Großes Gewächs vermarktet werden, nachdem der VDP die Einzellage ebenfalls als Große Lage anerkannte, er trägt nun die Bezeichnung Himmelspfad nach der Gewanne im Herzstück des Retzstadter Langenbergs, aus der er stammt. Der älteste Sohn von Petra und Rudolf May, Benedikt, hat seine Winzerlehre in der Pfalz bei Münzberg und Mosbacher absolviert, dann Praktika an der Mosel und in Australien gemacht, ist inzwischen im Betrieb tätig. In den letzten Jahren wurden weitere Holzfässer und Holzgärständer angeschafft. Es war schon beeindruckend zu verfolgen, wie Rudolf May sich kontinuierlich gesteigert hat. Als wir ihn in der ersten Ausgabe vorstellten, war er noch weitgehend unbekannt, ebenso Retzstadt, wo er zuhause ist. Damals waren seine Weine klar, saftig und süffig. Diese Stilistik findet man auch heute noch bei seinen Weinen: Sie sind reintönig, fruchtbetont und wunderschön süffig, haben dabei aber deutlich an Struktur und Komplexität gewonnen, profitieren von geringerer Restsüße, denn „fränkisch trocken“ ausgebaut zeigen sie, was in ihnen steckt, gewannen sie in den jüngsten Jahren mehr und mehr an Länge und Nachhaltigkeit.

Kollektion

Petra, Benedikt und Rudolf May

Es geht immer noch weiter voran. Vor allem Silvaner hat Rudolf May wieder vorgestellt, aber nicht nur. Der Riesling aus dem Langenberg ist lebhaft und frisch, fruchtbetont und zupackend, der Grauburgunder aus dem Benediktusberg besitzt klare reife Frucht, gute Struktur und Fülle. Noch ein klein wenig besser gefällt uns der Weißburgunder aus dem Langenberg, der reintönige Frucht, gute Substanz und Länge besitzt. Stark sind auch die beiden Spätburgunder: Der Langenberg-Spätburgunder zeigt herrlich reintönige Frucht im Bouquet, ist frisch, lebhaft und zupackend im Mund, der Recis aus dem Benediktusberg ist würzig, präzise, herrlich druckvoll, strukturiert und lang. Die Silvaner-Orgie beginnt mit einem wunderschön reintönigen, frischen Gutssilvaner, der einfach nur Freude bereiten will. Der Retzstadter Silvaner ist ebenso reintönig, besitzt gute Harmonie und Länge. Der Silvaner aus dem Langenberg besticht mit reintöniger Frucht, mit Frische, besitzt Struktur und viel Länge. Der Wein aus dem Benediktusberg ist kraftvoll, kompakt, besitzt gute Substanz. Reintönige Frucht zeigt auch der neue Silvaner aus dem Rossthalberg, er ist bestechend harmonisch, klar und lang. Der Schäfer aus dem Langenberg ist kompakter, besitzt viel Substanz und Kraft. An der Spitze der Kollektion stehen wieder einmal die beiden Großen Gewächse, die sich fest in der deutschen Silvaner-Elite etabliert haben. Der Wein aus dem Himmelspfad ist recht offen im Bouquet, eindringlich, zeigt viel reife Frucht, besitzt gute Struktur und Druck, reife Frucht, ist enorm nachhaltig bei dezent mineralischen Noten. Der Rothlauf ist konzentriert, zeigt viel reife Frucht, weiße und gelbe Früchte, besitzt viel Substanz und ebenfalls leicht mineralische Noten. Ganz starke Kollektion!

Weinbewertung

86	2017 Silvaner trocken **12 %/8,- €**
87	2017 Silvaner trocken Retzstadt **12 %/10,- €**
88	2017 Riesling trocken Retzstadt Langenberg **12,5 %/15,- €**
89	2017 Silvaner trocken Retzstadt Langenberg **12,5 %/14,- €**
89	2017 Silvaner trocken Retzbach Benediktusberg **12,5 %/17,- €**
90	2017 Silvaner trocken Stetten Rossthalberg **12,5 %/17,- €**
89	2017 Silvaner trocken „Der Schäfer" Langenberg Retzstadt **12,5 %/21,- €**
89	2017 Weißburgunder trocken Retzstadt Langenberg **12,5 %/14,- €**
88	2017 Grauburgunder trocken Retzbach Benediktusberg **13 %/13,- €**
93	2017 Silvaner trocken „GG" „Rothlauf" Johannisberg Thüngersheim **13 %/40,- €**
93	2017 Sylvaner trocken „GG" „Himmelspfad" Langenberg Retzstadt **13 %/40,- €**
90	2017 Silvaner Beerenauslese Retzstadt Langenberg **8 %/42,- €/0,375l**
87	2017 Spätburgunder trocken Retzstadt Langenberg **12,5 %/15,- €**
90	2015 Spätburgunder „Recis" Retzbach Benediktusberg **13 %/32,- €**

LAGEN

LANGENBERG (RETZSTADT)
- HIMMELSPFAD (RETZSTADT)
- DER SCHÄFER (RETZSTADT)
BENEDIKTUSBERG (RETZBACH)
- ROTHLAUF (THÜNGERSHEIM)
STEIN (STETTEN)
- ROSSTHALBERG (STETTEN)

REBSORTEN

SILVANER (69 %)
SPÄTBURGUNDER (13 %)
WEISSBURGUNDER (5 %)
GRAUBURGUNDER (5 %)
RIESLING (4 %)
MÜLLER-THURGAU (2 %)

Karl May

★★★☆

KONTAKT

Ludwig-Schwamb-Straße 22
67574 Osthofen
Tel. 06242-2356
Fax: 06242-3690
www.weingut-karl-may.de
info@weingut-karl-may.de

Inhaber
Karl May, Peter May, Fritz May
Rebfläche
34 Hektar
Produktion
150.000 Flaschen

BESUCHSZEITEN

nach Vereinbarung

M

Der schon im Jahr 1309 beurkundete Liebenauer Hof wurde nach der Säkularisation 1815 von den Vorfahren der heutigen Besitzer erworben. Karl May erweiterte zusammen mit Ehefrau Irmgard den Betrieb auf die heutige Größe. Sie werden inzwischen im Betrieb unterstützt von den beiden Söhnen Peter und Fritz May. Ihre Weinberge liegen vor allem in Osthofen und Bechtheim, ihre Lagenweine erzeugen sie im Osthofener Goldberg und im Bechtheimer Geyersberg. Die breite Rebsortenpalette wird angeführt von Riesling. Es folgen Weißburgunder, Silvaner, Grauburgunder und Spätburgunder. 2010 wurde das 300 Jahre alte Fachwerkhaus renoviert, ein neues Barriquelager errichtet und die Vinothek fertig gestellt.

Kollektion

Stetig bessere Kollektionen stellten Peter und Fritz May in den letzten Jahren vor, und auch die neue Kollektion ist wieder stark. Das Einstiegsniveau ist hoch, das zeigen die beiden reintönigen, fruchtbetonten Gutsweine. Der Osthofener Riesling ist fruchtbetont, dabei präzise, der Weißburgunder-Ortswein, erstmals seit 2013 wieder erzeugt, besitzt gute Struktur, Frische und Grip, der im neuen Stückfass und im Tonneau ausgebaute Grauburgunder betört mit feinem Bouquet, besitzt Substanz, Kraft, deutliche Holzprägung. 2017 gibt es erstmals drei Lagen-Rieslinge. Neu ist der kräuterwürzige Morstein, ein erstaunlich karger Morstein. Mehr Substanz und Fülle besitzt der Geyersberg, der Goldberg ist puristisch, enorm druckvoll, präzise, mineralisch und nachhaltig. Der 2014er Réserve-Silvaner präsentiert sich in blendender Verfassung wie auch alle 2015er, alle hatten wir schon in früheren Ausgaben vorgestellt.

Weinbewertung

84	2017 Riesling trocken **12 %/7,90 €**
85	2017 Weißer Burgunder trocken **12,5 %/7,90 €**
87	2017 Riesling trocken Osthofener **12,5 %/10,90 €**
87	2017 Weißer Burgunder trocken Osthofen **13 %/11,90 €**
88	2016 Grauer Burgunder trocken Osthofener **13,5 %/11,90 €**
91	2017 Riesling trocken Osthofener Goldberg **13 %/18,90 €**
90	2015 Riesling trocken Bechtheimer Geyersberg **13 %**
90	2017 Riesling trocken Bechtheimer Geyersberg **13 %/17,90 €**
89	2017 Riesling trocken Westhofener Morstein **13 %**
88	2014 Silvaner trocken „Réserve" **13 %**
89	2015 Chardonnay trocken „Réserve" **13,5 %/25,- €**
89	2015 Spätburgunder trocken Bechtheimer Geyersberg **13 %/18,90 €**
90	2015 Spätburgunder trocken „Réserve" **13 %**
89	2015 „Großer Bruder" Rotwein trocken **14 %/35,- €**

MAYSCHOSS-ALTENAHR

★★

KONTAKT

Winzergenossenschaft
Ahrrotweinstraße 42
53508 Mayschoß
Tel. 02643-93600
Fax: 02643-936093
www.wg-mayschoss.de
baltes@wg-mayschoss.de

Inhaber 420 Mitglieder
Geschäftsführer Matthias Baltes
Kellermeister Rolf Münster
Verkaufsleiter Rudolf Stodden
Rebfläche 150 Hektar
Produktion 1.300.000 Flaschen

BESUCHSZEITEN

Mo.-Fr. 8-18 Uhr, Sa./So./ Feiertage 10-18 Uhr (außer 1.+2. Weihnachtstag, Neujahr, Rosenmontag); täglich Führungen mit Filmvorführung; Terrasse von Mai bis Okt. bewirtet mit Wein und Flammkuchen

MAYSCHOSS ALTENAHR
WINZERGENOSSENSCHAFT

Der Winzerverein Mayschoß wurde 1868 gegründet, ist damit die älteste Winzergenossenschaft der Welt. 1982 erfolgte die Fusion mit der Winzergenossenschaft Altenahr, im September 2009 mit der 1871 gegründeten Winzergenossenschaft Walporzheim. Über 400 Mitglieder hat die Winzergenossenschaft, die Weinberge in einer Vielzahl von Lagen bewirtschaften, unter anderem im Walporzheimer Kräuterberg, in den Mayschosser Lagen Laacherberg und Mönchberg sowie im Altenahrer Eck. Gut drei Fünftel der Weinberge der Mitglieder nimmt Spätburgunder ein, ein Fünftel Riesling, je 5 Prozent Portugieser und Frühburgunder, hinzu kommen 10 Prozent mit anderen weißen und roten Rebsorten wie Domina, Dornfelder, Müller-Thurgau, Kerner, Weißburgunder und Regent. Im vergangenen Jahr wurde ein neues Edelstahltanklager gebaut.

Kollektion

Eine starke Kollektion präsentieren die Mayschosser Genossen in diesem Jahr, die angeführt wird von einer Reihe von üppigen, konzentrierten Lagen-Spätburgundern. Nicht zu vergessen die duftige edelsüße Riesling Auslese, mit der Kellermeister Rolf Münster überrascht, sie ist süß, klar und zupackend. Der Goldkapsel-Frühburgunder ist fruchtbetont und intensiv, im Abgang ein klein wenig bitter. Der Spätburgunder der Edition Ponsart besitzt gute Struktur und Frucht, der Pinot Noir R zeigt feine rauchige Noten, ist geradlinig und zupackend. Der Alte Lay-Spätburgunder ist geradlinig, tanninbetont, der Wein aus dem Laacherberg zeigt viel Konzentration, Vanille, Schokolade, besitzt Fülle, Substanz und reife süße Frucht. Während der Trend an der Ahr hin zu Frische und weniger Alkohol geht, setzt man in Mayschoss nach wie vor ganz auf Konzentration. Was gut gelingt, wie unsere beiden Favoriten zeigen, der kräuterwürzige, kraftvolle Kräuterberg-Spätburgunder und der zupackende, druckvolle und strukturierte Wein aus dem Altenahrer Eck.

Weinbewertung

81 2017 Spätburgunder „Blanc de Noir" trocken **12,5 %/7,70 €**
82 2017 Riesling „S" trocken **13 %/11,50 €**
86 2017 Riesling Auslese „edelsüß" **9 %/20,- €/0,5l**
84 2016 Spätburgunder trocken „Edition Ponsart" **13,5 %/15,70 €**
85 2016 Frühburgunder trocken (Goldkapsel) **13,5 %/18,90 €**
85 2016 Pinot Noir „R" trocken **14 %/20,90 €**
85 2016 Spätburgunder trocken Walporzheimer Alte Lay **13,5 %/20,90 €**
88 2016 Spätburgunder trocken Walporzheimer Kräuterberg **14 %/28,- €**
87 2016 Spätburgunder trocken Mayschosser Laacherberg **14 %/38,- €**
88 2016 Spätburgunder trocken Altenahrer Eck **14 %/38,- €**

Medinger

★★★

KONTAKT

Brühlstraße 6
71394 Kernen-Stetten
Tel. 07151-44513, Fax: 07151-41737
www.weingut-medinger.de
weingut.medinger@t-online.de

Inhaber Barbara Medinger-Schmid & Markus Schmid
Rebfläche 5,8 Hektar
Produktion 35.000 Flaschen

BESUCHSZEITEN

Mo.-Fr. 18-19:30 Uhr,
Sa. 15:30-18 Uhr

Weinbau betreibt die Familie seit dem 18. Jahrhundert, aber erst 1988, als Barbara Medinger ihre Ausbildung beendet hatte, begann man mit der Selbstvermarktung. Barbara Medinger-Schmid und Ehemann Markus Schmid führen das Weingut, sie kümmert sich um den Ausbau der Weine, er um den Außenbetrieb. Seit 2013 werden sie im Betrieb unterstützt von Sohn Christian. Die Weinberge befinden sich in den Stettener Lagen Pulvermächer, Häder und Mönchberg, sowie im Strümpfelbacher Altenberg. Riesling ist die wichtigste weiße Sorte, dazu gibt es Kerner, Sauvignon Blanc und Chardonnay. An roten Sorten gibt es Trollinger, Lemberger, Schwarzriesling, Spätburgunder und Dornfelder, aber auch Regent, Cabernet Cubin, Syrah und Acolon. Die Rotweine werden in 800 bis 1000 Liter-Fässern ausgebaut, teilweise auch im Barrique, Barriqueweine werden 18 bis 24 Monate im Fass ausgebaut.

Kollektion

Die Spitzen finden wir auch in diesem Jahr wieder unter den Barrique-Rotweinen, die Weißweine aber zeigen sehr konstantes Niveau. Die Riesling-Riege bietet einen frischen trockenen Kabinett, den kompakten M und die leicht pfirsichduftige Spätlese Terra. Der feinherbe Muskateller besitzt Grip, der Chardonnay reife Frucht, am besten gefällt uns im weißen Segment der zupackende, strukturierte Sauvignon Blanc. Cabernet Cubin gibt es als fruchtbetonte, intensive trockene Auslese und in einer ebenfalls intensiv fruchtigen Barrique-Version, die Fülle, Kraft, reife Frucht und viel Konzentration besitzt. Gleichauf sehen wir den gewürzduftigen, noch sehr jugendlichen Lemberger, der gute Struktur und Substanz besitzt. Der leicht kräuterduftige Syrah besitzt Fülle und Kraft, reife Frucht und gute Struktur wie auch die intensiv fruchtige Cuvée M, beide sind noch sehr jugendlich und werden von Flaschenreife profitieren.

Weinbewertung

83 2017 Riesling Kabinett trocken Stettener Puvermächer **12 %/7,50 €**
84 2017 Riesling „M" trocken Stettener Pulvermächer **12,5 %/9,90 €**
85 2017 Sauvignon Blanc trocken **13 %/8,90 €**
83 2017 Chardonnay trocken **12,5 %/7,80 €**
83 2017 Muskateller „feinherb" **11 %/7,50 €**
84 2017 Riesling Spätlese „Terra" **12,5 %/12,50 €**
85 2016 Cabernet Cubin „M" Auslese trocken **13,5 %/9,90 €**
83 2015 Syrah trocken **13,5 %/12,90 €**
88 2016 Lemberger trocken Barrique **13 %/21,- €**
88 2016 Cabernet Cubin trocken Barrique **13,5 %/21,- €**
87 2016 „Cuvée M" Rotwein trocken Barrique **13 %/21,- €**
86 2016 Syrah trocken Barrique **13 %/21,- €**

MEHLING

★★☆

KONTAKT

Weinstraße 55
67146 Deidesheim
Tel. 06326-274
Fax: 06326-7473
www.weingut-mehling.de
info@weingut-mehling.de

Inhaber
Familie Mehling-Otte
Betriebsleiter/Kellermeister
Christoph Knäbel & Kathrin Otte
Außenbetrieb
Christoph Knäbel
Rebfläche
10 Hektar
Produktion
54.000 Flaschen

BESUCHSZEITEN

Mo.-Sa. 9-12 + 14-18 Uhr,
So. nach Vereinbarung

Der Jahrgang 2014 brachte eine Zäsur im Weingut Mehling: Seitdem sind Kathrin Otte, nach Beendigung ihres Önologie-Studiums in Geisenheim und dem Sammeln von beruflichen Erfahrungen in anderen Betrieben, und ihr Freund Christoph Knäbel, der vorher für den Außenbetrieb beim Weingut Christmann verantwortlich war, für den Weinan- und -ausbau zuständig, Knäbel für die Weinberge, Otte für den Keller. Kathrins Eltern Bernd Otte und Anne Mehling-Otte sind weiterhin im Weingut tätig, wollen sich aber mehr und mehr in den Hintergrund zurückziehen. Seit 2014 werden knapp zwei Hektar Weinberge mehr bewirtschaftet (unter anderem in Lagen wie Königsbacher Ölberg, Forster Ungeheuer und Forster Musenhang). Ebenso wurde 2014 die dreijährige Umstellungsphase zum ökologischen Weinbau beendet, das Weingut ist nun offiziell zertifiziert. Riesling ist mit einem Anteil von 85 Prozent die wichtigste Rebsorte. Die Orts- und Lagenweine werden in mehreren Durchgängen selektiv von Hand gelesen, die Lagenweine werden nach einer Maischestandzeit spontan vergoren, die Ersten Lagen liegen sechs Monate, die Großen Lagen mindestens 15 Monate auf der Vollhefe.

Kollektion

Unser diesjähriger Favorit, der 2016er Riesling aus dem Ölberg, wurde 22 Monate auf der Hefe ausgebaut und braucht viel Luft, dann zeigt er viel gelbe Frucht, Aprikose, Pfirsich und Orangenschale und kräutrig-mineralische Würze, er ist konzentriert, besitzt ein sehr feines Säurespiel und leicht salzige Länge. Fast genauso stark ist der Ungeheuer, der zurückhaltender in der Frucht ist und deutliche mineralische Noten zeigt, er entwickelt viel feinen Druck, ist animierend und noch ganz frisch, während der Kalkofen schon leichte Reifenoten zeigt, mit Noten von Quittengelee und Aprikosen, er ist kraftvoll und besitzt gute Länge. Bei den Erste Lage-Rieslingen sehen wir den Paradiesgarten vorne, er zeigt feine rauchig-mineralische Noten, ist der fülligste der Rieslinge, ist zitruswürzig mit Noten von Grapefruit und Ananas und besitzt Biss. —

Weinbewertung

83 2017 Riesling trocken „Herr Mehling" **12,5 %/6,80 €**
85 2017 Riesling trocken Forster Musenhang **12,5 %/9,50 €**
86 2017 Riesling trocken Deidesheimer Kieselberg **12,5 %/9,50 €**
85 2017 Riesling trocken Deidesheimer Leinhöhle **12,5 %/9,50 €**
87 2017 Riesling trocken Deidesheimer Paradiesgarten **12,5 %/10,50 €**
88 2016 Riesling trocken Deidesheimer Kalkofen **13 %/15,- €**
89 2016 Riesling trocken Forster Ungeheuer **12,5 %/15,- €**
90 2016 Riesling trocken Königsbacher Ölberg **12,5 %/18,- €**
86 2017 Riesling trocken Ruppertsberger Reiterpfad **12,5 %/a.A.**

M

MEIER

★★☆

KONTAKT

Hübühl 9
76835 Weyher
Tel. 06323-988599
Fax: 06323-988598
www.v-z-s.de
wein@v-z-s.de

Inhaber
Helmut, Barbara & Georg Meier
Betriebsleiter
Helmut & Georg Meier
Kellermeister
Georg Meier
Außenbetrieb
Helmut Meier
Rebfläche
15 Hektar
Produktion
100.000 Flaschen

BESUCHSZEITEN

Mo.-Fr. 14-19 Uhr, Sa. 9-16 Uhr
Ferienwohnungen

MEIER
WEINGUT IN WEYHER

M

Barbara Meiers Urgroßvater Valentin Ziegler gründete das Weingut 1885, Helmut Meier übernahm mit seiner Frau 1999 den Betrieb. Seit 2005 ist Sohn Georg, der unter anderem bei Siegrist und Christmann in die Lehre ging, für den Ausbau der Weine verantwortlich. Nachdem es in den Jahren zuvor bereits eine „Georg Meier"-Weinlinie gab, entschloss sich die Familie mit dem Jahrgang 2015 zur Namensänderung: Das ehemalige Weingut Valentin Ziegler Sohn heißt seitdem Weingut Meier. Die Weinberge liegen im Weyherer Michelsberg (Buntsandstein), im Burrweiler Altenforst (Granit und Rotliegendes), im Hainfelder Letten (Ton- und Kalkmergel), im Roschbacher Rosenkränzel und im Rhodter Rosengarten. Seit dem Jahrgang 2016 ist das Sortiment in Basis-, Guts-, Orts- und Lagenweine gegliedert.

Kollektion

Die Familie Meier präsentiert uns in diesem Jahr eine beeindruckende Reihe aus zehn starken trockenen Orts- und Lagen-Rieslingen aus den Jahrgängen 2016 und 2017, ganz vorne steht der im Holz ausgebaute 2016er Riesling aus dem Altenforst mit sehr komplexer Frucht, Aprikose, Orangenschale, Mirabelle, Limette und auch etwas mineralischen Noten, er ist kraftvoll, besitzt am Gaumen leicht cremige Textur und gute Länge. Dahinter stehen der 2016er Michelsberg, der dezente Reifenoten zeigt, feinen Druck entwickelt und animierende, salzige Länge besitzt, sein Pendant aus dem Jahrgang 2017 zeigt etwas deutlichere Frucht, gelbes Steinobst und dezente steinige Noten, besitzt Saft, Konzentration und Frische, und der Riesling „Steinwerk" mit leicht verhaltener Frucht, feinem, animierendem Säuregrip und guter Länge. Zwei gelungene Rotweine komplettieren das Sortiment, Spätburgunder und St. Laurent zeigen dunkle Frucht und feine röstige Würze, besitzen eine noch jugendliche Tanninstruktur und gute Länge.

Weinbewertung

87	2016 Riesling trocken „Rotliegendes" Burrweiler **13 %/13,- €**
86	2017 Riesling trocken „Rotliegendes" Burrweiler **13 %/9,60 €**
86	2016 Riesling trocken „Granit" Weyher **13 %/13,- €**
86	2017 Riesling trocken „Granit" Weyher **13 %/9,60 €**
86	2016 Riesling trocken „Schiefer" Burrweiler **13 %/13,- €**
86	2017 Riesling trocken „Schiefer" Burrweiler **13 %/9,60 €**
88	2017 Riesling trocken „Steinwerk" **13 %/18,90 €**
88	2016 Riesling trocken Weyher Michelsberg **13,5 %/17,- €**
88	2017 Riesling trocken Weyher Michelsberg **13 %/17,- €**
89	2016 Riesling trocken Burrweiler Altenforst **13 %/22,- €**
88	2015 St.Laurent trocken Weyher Michelsberg **13,5 %/22,- €**
88	2015 Spätburgunder trocken Hainfeld Letten **13,5 %/27,- €**

St. Meinhard

★★

KONTAKT

Kirchstraße 13
55545 Bad Kreuznach-Winzenheim
Tel. 0671-43030
Fax: 0671-43006
www.weingut-meinhard.de
info@weingut-meinhard.de

Inhaber
Steffen Meinhard
Rebfläche
16 Hektar
Produktion
100.000 Flaschen

BESUCHSZEITEN

täglich nach Vereinbarung
Weinstube (ganzjährig geöffnet)

Das Weingut wurde 1885 von David Meinhard gegründet. Seit den 1950er Jahren werden Flaschenweine produziert, Ende der 1960er Jahre wurde der landwirtschaftliche Mischbetrieb aufgegeben und die Familie konzentrierte sich ganz auf den Weinanbau. Seit 1990 wird das Gut von Steffen und Angela Meinhard geführt. Ihre Weinberge liegen in den Winzenheimer Lagen Berg und Honigberg, im Bad Kreuznacher St. Martin und Mönchberg und in der Bretzenheimer Pastorei. Wichtigste Rebsorten sind die weißen und roten Burgundersorten, die zusammengenommen auf 65 Prozent der Rebfläche wachsen, gefolgt von 25 Prozent Riesling. Dazu gibt es Chardonnay, Gewürztraminer, Silvaner und Portugieser. Das Sortiment ist gegliedert in Gutsweine, Lagenweine („S") und Premiumweine („R"). Seit mehreren Jahrzehnten betreibt die Familie eine Straußwirtschaft, aus der mittlerweile eine ganzjährig geöffnete Weinstube wurde, die David Meinhard, der Urenkel des Weingutsgründers führt. Im Sommer 2014 wurde in einer ehemaligen Schreinerei die neue, moderne Vinothek eröffnet.

Kollektion

In seiner aktuellen Kollektion hat Steffen Meinhard die Restsüße zurückgefahren, wodurch die Weine insgesamt etwas präziser sind. Unser Favorit ist, wie vor zwei Jahren, der Triple X-Sekt, der sich in der 2012er Version mit feiner gereifter Frucht mit Noten von Quitte und Feige präsentiert und Frische und Länge besitzt. Gut gefallen uns auch die eindringlichen, mit viel Kraft und Stoff ausgestatteten R-Weine, der Grauburgunder zeigt deutliche Röstnoten, Kokos und Waldhonig im Bouquet, beim Weißburgunder ist das Holz dezenter und lässt Raum für eine feine mineralische Würze. Auch die S-Weine haben zugelegt, besonders der Grauburgunder mit viel klarer Birnen- und Aprikosenfrucht und floralen Noten, aber auch der ebenfalls florale Weißburgunder und die beiden Rieslinge, die Zitruswürze und Biss besitzen.

Weinbewertung

88 2012 „Triple X" Sekt brut **12,5 %/16,50 €**
82 2017 Riesling trocken **11,5 %/6,- €**
83 2017 Weißburgunder trocken **12 %/6,- €**
83 2017 Grauburgunder trocken **12 %/6,- €**
85 2017 Riesling „S" trocken „beste Lagen" **12 %/9,80 €**
85 2017 Riesling „S" trocken Bretzenheimer Pastorei **12,5 %/9,- €**
85 2017 Weißburgunder „S" trocken Winzenheimer Berg **13 %/9,- €**
86 2017 Grauburgunder „S" trocken Winzenheimer Berg **13 %/9,- €**
87 2016 Weißburgunder „R" trocken Winzenheimer Berg **14 %/16,- €**
87 2016 Grauburgunder „R" trocken Kreuznacher St. Martin **13,5 %/16,- €**
85 2014 Spätburgunder „S" trocken Bretzenheimer Pastorei **13,5 %/9,50 €**

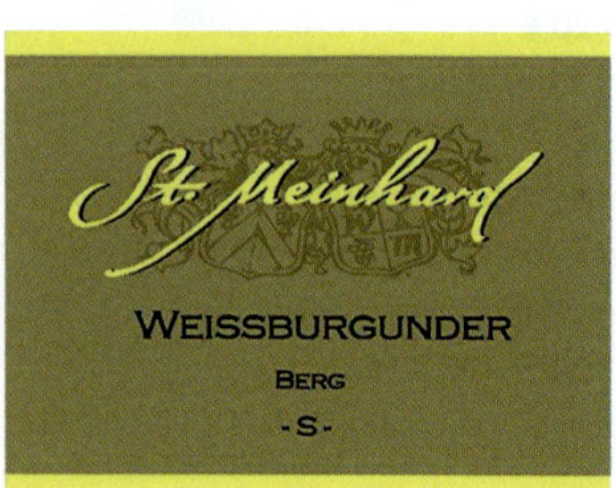

M

MEISER

★

KONTAKT

Alzeyer Straße 131
55239 Gau-Odernheim
Tel. 06733-508
Fax: 06733-8326
www.weingut-meiser.de
frank.meiser@weingut-meiser.de

Inhaber
Frank Meiser
Kellermeister
Charlotte Meiser
Rebfläche
35 Hektar
Produktion
150.000 Flaschen

BESUCHSZEITEN

nach Vereinbarung
Gutsschänke (Fr., Sa., Mo. ab 18 Uhr, Sonn- und Feiertage ab 11 Uhr), Gästehaus

Seit 1696 ist die Familie in Gau-Köngernheim ansässig, heute ein Ortsteil von Gau-Odernheim, betreibt dort Landwirtschaft und Weinbau. In den 30er Jahren des letzten Jahrhunderts hat man verstärkt in den Weinbau investiert, heute führt Frank Meiser das Gut. Tochter Charlotte hat 2015 ihr Geisenheim-Studium beendet, praktische Erfahrungen im Burgenland (Günter Triebaumer), in Bordeaux (Weingüter von Neipperg), in der Pfalz (von Winning) und in Neuseeland (Framingham) gesammelt, ist 2018 in den Betrieb eingestiegen und für Vinifikation und Vermarktung verantwortlich. Die Weinberge erstrecken sich von Bechtheim (Hasensprung) und Westhofen über Gau-Köngernheim und Gau-Odernheim (Herrgottspfad) bis nach Lonsheim (Mandelberg), Alzey (Römerberg, Rotenfels) und Weinheim (Kirchenstück, Hölle), die Reben wachsen auf unterschiedlichen Böden wie Löss, Kalkschotter, Kalkmergel, Rotliegendem, Austernsand oder vulkanischem Gestein. Die Burgundersorten nehmen die Hälfte der Rebfläche ein, Riesling 20 Prozent, man will sich verstärkt auf die traditionellen Rebsorten konzentrieren und den Ausbau im Stückfass forcieren, Sauvignon Blanc ist neu im Programm. Dem Weingut sind eine Gutsschänke sowie ein Gästehaus angeschlossen. Das Gros der Weine wird über den Fachhandel vertrieben.

Kollektion

Die Guts- und Ortsweine sind klar und geradlinig, spannender wird es im Lagensegment. Der Gewürztraminer besitzt intensive Frucht, ist aber ein klein wenig bitter, der im Barrique spontanvergorene Herrgottspfad-Weißburgunder, ein Projekt von Sohn Julius, der sich noch in der Ausbildung befindet, besitzt intensive Frucht und gute Konzentration, Fülle, Saft und Substanz. Der herausragende trockene Wein ist der Riesling aus dem Rotenfels, der fruchtbetont und zupackend ist, gute Struktur, Substanz und Frische besitzt. Der Sauvignon Blanc gibt ein doppeltes Debüt: Als trockener Wein und als Beerenauslese, die viel Duft und Litschi im Bouquet zeigt, süß und konzentriert ist bei viel Substanz. ▬

Weinbewertung

82 2017 Grüner Silvaner trocken **12,5 %/5,20 €**
81 2017 Weißer Burgunder trocken **12 %/5,20 €**
82 2017 Riesling trocken „Löss" Bechtheimer **12 %/6,80 €**
81 2017 Sauvignon Blanc trocken **13 %/7,- €**
82 2017 Grauer Burgunder trocken Westhofener **12,5 %/6,90 €**
83 2017 Gewürztraminer Spätlese trocken Weinheimer Kirchenstück **13,5 %/8,50 €**
84 2016 Weißer Burgunder trocken Gau-Odernheimer Herrgottspfad **13 %/11,- €**
86 2016 Riesling trocken Alzeyer Rotenfels **12,5 %/12,50 €**
88 2017 Sauvignon Blanc Beerenauslese Weinheimer Kirchenstück **9 %/12,- €/0,375l**

Dr. Melsheimer

★★☆

KONTAKT

Wolfer Weg 11
56841 Traben-Trarbach
Tel. 06541-811075
Fax: 06541-812844
www.weingut-dr-melsheimer.de
www.graifen.de
md@graifen.de

Inhaber
Fritz Horst Melsheimer
Verwalter Matthias Decker
Kellermeister
Thorsten Melsheimer
Rebfläche 2 Hektar
Produktion 10.000 Flaschen

BESUCHSZEITEN

nach Vereinbarung und zu Öffnungszeiten des Restaurants „Die Graifen" (Tel. 06541-811075)

Weingut
Dr. Melsheimer

Fritz Horst Melsheimer baut ausschließlich Riesling an. Die Reben stehen in den Lagen Trarbacher Schlossberg und Trabener Würzgarten sowie den beiden Enkircher Lagen Steffensberg und Zeppwingert. Seit 2009 werden die Weinberge biologisch bewirtschaftet (Mitglied bei Ecovin). Der Ausbau der Weine erfolgt überwiegend im traditionellen Fuder. Die Weine werden zum Teil über das Restaurant „Die Graifen" vermarktet, die Sortimentsplanung erfolgt in Abstimmung mit dem Restaurant. Um den Ausbau der Weine kümmert sich Thorsten Melsheimer (siehe Weingut Melsheimer) – womit über die Qualität schon einiges gesagt wäre.

Kollektion

Im vergangenen Jahr hatte das Weingut wie üblich eine kleine Kollektion von Weinen vorgestellt, unter denen der Sekt mit seiner markanten Würze ein wenig irritierte. Der feinherb ausgebaute „Süd-West" aus dem Trarbacher Schlossberg war dann unser Favorit im Bereich der stillen Rieslinge. In diesem Jahr ist kein Sekt im lediglich aus fünf Abfüllungen bestehenden vorgestellten Sortiment zu finden, dafür findet sich ein trocken ausgebauter „Süd-Ost" aus dem Trarbacher Schlossberg in einem eigenwilligen Stil: verhalten in der Nase, dann kompakt, würzig mit straffer Säure und angenehm trocken wirkend, aber durchaus nachhaltig. Der „Fabel-Wein" ist verhalten mit Noten von Kräutern und Steinen in der Nase, im Mund straff, puristisch, beinah salzig. Der „West" ist frisch, klar mit Anklängen an Zitrus, nicht überaus komplex, aber animierend und beinah trocken wirkend. Der „Süd-West" aus dem Schlossberg ist offen, im Mund zupackend mit betont würzigem Nachhall, durchaus eigenwillig. Schließlich der „Süd" genannte Riesling, eine Spätlese aus dem Enkircher Steffensberg, die zunächst zurückhaltend wirkt, dann mit ihrer zupackenden Art punktet, sehr frisch ist mit zarter, fast unauffälliger Süße und straffer Säure. Ein Wein, der wie alle anderen im Sortiment des Weinguts Dr. Melsheimer für die Liebhaber durchaus eigenständiger Rieslinge gemacht ist. Alle Weine dürften übrigens von ein wenig Reife noch profitieren. —

Weinbewertung

87	2017 Riesling trocken „Süd-Ost" Trarbacher Schlossberg **9,5 %/10,- €**
87	2017 Riesling trocken „Fabel-Wein" **11 %/13,- €**
86	2017 Riesling Kabinett „feinherb" „West" Trabener Würzgarten **9,5 %/10,- €**
87	2017 Riesling „feinherb" „Süd-West" Trarbacher Schlossberg **11,5 %/12,- €**
88	2017 Riesling Spätlese „Süd" Enkircher Steffensberg **8,5 %/9,- €**

M

Melsheimer

★★★★

KONTAKT

Dorfstraße 21, 56861 Reil
Tel. 06542-2422, Fax: -1265
www.melsheimer-riesling.de
mail@melsheimer-riesling.de

Inhaber
Thorsten Melsheimer
Rebfläche
12 Hektar
Produktion
55.000 Flaschen

BESUCHSZEITEN

Mo.-Fr. 9-11 + 14-18 Uhr,
Sa. 11-18 Uhr, So. 10-12 Uhr
Gästehaus (Frühstückspension, Ferienwohnungen)

Das Weingut ist seit 200 Jahren in Familienbesitz. 1995, nach seinem Weinbaustudium, ist Thorsten Melsheimer in den Betrieb eingestiegen, begann mit der Umstellung auf biologischen Weinbau. Seit 1997 ist er Mitglied bei Ecovin, inzwischen bewirtschaftet er seine Weinberge nach biodynamischen Prinzipien, seit 2013 ist er auch Demeter-zertifiziert. Die Weinberge liegen zur Hälfte in Steilstlagen, vor allem in der Lage Mullay-Hofberg, die erstmals 1143 urkundlich als Hofgut Molun des Klosters Springiersbach belegt ist, und ihm heute zu 90 Prozent gehört. Einzelne Parzellen im Mullay-Hofberg baut Thorsten Melsheimer in manchen Jahren gesondert aus, so Schäf, Kellerchen, Langeberg und Pfefferberg; trockene Premiumweine gibt es nur in Jahren, in denen botrytisfreies Lesegut eingebracht werden kann. Einige Flächen werden extensiv bewirtschaftet, um die Landschaft zu erhalten, wie Thorsten Melsheimer betont. Inzwischen verfügt das Weingut sogar über eine kleine Ziegenherde. Zwei Hektar Reben besitzt das Gut in der Reiler Goldlay, hinzu kommen kleine Flächen im Burger Thomasberg (0,5 Hektar), Burger Hahnenschrittchen (0,5 Hektar), in der Pündericher Marienburg (0,2 Hektar), der Kröver Burglay (0,2 Hektar) und der Reiler Falkenlay (0,04 Hektar). Thorsten Melsheimer baut ausschließlich Riesling an, sieht man von Versuchsanlagen mit pilzresistenten Rebsorten ab. Die Weine werden natürlich vergoren, ohne Reinzuchthefen, ohne Erwärmung und Kühlung, ohne Zusatz von Schwefel, normalerweise werden alle Weine in traditionellen Fuderfässern ausgebaut, nur falls er einmal kleine Mengen an Auslesen erzeugt, kommen diese in kleine Edelstahltanks. Der „Vade Retro" wird in gebrauchten Barriques ausgebaut, ohne Zusatz von Schwefel und ohne Pumpvorgang, ebenso der erstmals 2014 erzeugte maischevergorene Orange-Riesling. Die Vergärung dauert extrem lange, oft über ein Jahr, so dass Thorsten Melsheimer seine Weine oft erst im zweiten Jahr nach der Ernte auf den Markt bringt, im Normalfall durchlaufen alle trockenen Weine den biologischen Säureabbau. Filtration und Schwefel reduziert er auf ein Minimum. Ein wichtiges Standbein ist die Sektproduktion: Hier möchte Thorsten Melsheimer die bisher zwei bis drei Jahre Hefelager in den nächsten Jahren deutlich verlängern auf bis zu fünf Jahre.

Kollektion

Im vergangenen Jahr hatte Thorsten Melsheimer seine Weine sehr spät vorgestellt – es waren spannende, würzige, kraftvolle Weine, die sich ausgezeichnet entwickeln, wenn man ihnen Zeit gibt. Auch die neue Kollektion wurde spät präsentiert, einige Weine – wie der trockene Kabinett, der „Molun" oder die Rieslinge namens „Vade Retro" und „Orange" – waren zu diesem Zeitpunkt noch nicht gefüllt. Doch was von Thorsten Melsheimer schon gezeigt werden konnte, beeindruckte – etwa bei den Schaumweinen aus 2011 (enorm straff, würzig, lang, ohne dass die Hefewürze zu aufdringlich

wäre) und 2015. Der „Zéro Dosage" aus diesem Jahr ist in der Nase überraschend frisch, duftig, dann zupackend und gut strukturiert. Bessere Sekte stellt an der Mosel kaum jemand her, und auch einen ähnlich gelungeneren Pet Nat, hier „Rurale" genannt, wird man so schnell kein zweites Mal entdecken im Anbaugebiet. Er ist sauber, fruchtig, macht viel Spaß. Kühl und würzig ist der trockene Basisriesling, stoffig. Der feinherb vinifizierte Kabinett aus dem Mullay-Hofberg ist schon zugänglich, angenehm würzig und balanciert – ein ausgezeichneter Einstieg in das nichttrockene Sortiment des Jahrgangs 2017. Wunderschön balanciert ist der süße Kabinett aus dem Mullay-Hofberg, unter den Spätlesen gefällt jene aus dem Mullay-Hofberg noch etwas besser als ihr würziges Pendant aus der Goldlay, besitzt noch etwas mehr Spiel und eine rassige Art. Ein ähnliches Bild zeigt sich dann in der süßen Spitze. Die Auslese aus der Goldlay ist würzig und straff, zupackend, saftig, im Nachhall recht elegant, nicht übertrieben süß, sondern von Grund auf animierend. Ihr Pendant aus dem Mullay-Hofberg wirkt nochmals zupackender, würziger, länger, auch etwas mineralisch. Ganz anders dagegen die beiden Hochprädikate, bei denen Melsheimer nicht den kühlen, feinfruchtigen Stil anstrebt, wie ihn andere Weingüter an der Mosel hochhalten, sondern mehr Würze sucht. Die Beerenauslese ist mit ihren Trockenkräuternoten und Anklängen an Aprikosen offen, im Mund zupackend, sehr würzig, zeigt im Nachhall dann Blütennoten und eine cremig anmutende Art, ist lang and kraftvoll. Die eigenwillige Trockenbeerenauslese dagegen ist noch sehr jung, zeigt Anklänge an Malt Whisky, ist dicht, würzig, besitzt eine beachtliche Länge und ist dennoch völlig unentwickelt.

Thorsten Melsheimer

Weinbewertung

86	2017 „Pet Nat Rurale"	**10,5 %/15,- €**
88	2015 Riesling Sekt „Dosage Zéro" Reiler Mullay-Hofberg	**11,5 %/15,- €**
90	2011 Cuvée Prestige Sekt brut nature	**12 %/22,- €**
87	2015 Riesling Sekt brut Reiler Mullay-Hofberg	**11,5 %/15,- €**
86	2017 Riesling trocken	**11 %/9,50 €**
86	2017 Riesling „feinherb"	**10 %/9,50 €**
88	2017 Riesling Kabinett „feinherb" Reiler Mullay-Hofberg	**9,5 %/12,50 €**
88	2017 Riesling Kabinett Reiler Mullay-Hofberg	**9 %/12,50 €**
88	2017 Riesling Spätlese Reiler Goldlay	**7,5 %/12,50 €**
89	2017 Riesling Spätlese „Schäf" Reiler Mullay-Hofberg	**7,5 %/18,- €**
90	2017 Riesling Auslese Reiler Goldlay	**8 %/30,- €**
91	2017 Riesling Auslese Reiler Mullay-Hofberg	**7,5 %/30,- €**
92	2017 Riesling Beerenauslese Reiler Goldlay	**7 %/35,- €/0,375l**
90+	2017 Riesling Trockenbeerenauslese Reiler Mullay-Hofberg	**6 %/95,- €/0,375l**

LAGEN

MULLAY-HOFBERG (REIL)
- LANGEBERG
- KELLERCHEN
- PFEFFERBERG
- SCHÄF
GOLDLAY (REIL)

REBSORTEN

RIESLING (FAST 100 %)

Thomas Mend

★★

KONTAKT

Weinbergstraße 13
97346 Iphofen
Tel. 09323-3013
Fax: 09323-870171
www.weingut-mend.de
info@weingut-mend.de

Inhaber
Thomas Mend
Rebfläche
9 Hektar (Iphofen)
0,5 Hektar (Dänemark)
Produktion
60.000 Flaschen

M

BESUCHSZEITEN

Mo.-Fr. 9-18 Uhr, Sa. 10-17 Uhr,
So. 10-12 Uhr

Seit 1992 führt Thomas Mend in vierter Generation das Gut. Seine Weinberge liegen in den Iphöfer Lagen Julius-Echter-Berg, Kronsberg und Kalb. Bei den Rebsorten dominiert Silvaner, der die Hälfte der Weinberge einnimmt. Es folgen Riesling, Weißburgunder und Müller-Thurgau, dazu gibt es Bacchus, Scheurebe und Kerner, sowie die roten Sorten Spätburgunder, Domina, Dornfelder und Portugieser. 90 Prozent der Weine werden trocken ausgebaut. 2009 hat Thomas Mend zwei kleine Weinberge in Semsogard in Ostjütland (Dänemark) angelegt mit 1.000 Stock Seyval Blanc, im April 2011 kamen 500 Stock Johanniter hinzu. Seit 2012 gibt es eine „225" genannte Linie mit im Barrique spontanvergorenen Weinen, in der neben einem Silvaner mit dem Jahrgang 2015 erstmals auch eine Scheurebe angeboten wird.

Kollektion

Die gleichmäßige, starke Kollektion des vergangenen Jahres wurde angeführt vom 225er Silvaner aus dem Kronsberg – und sein Jahrgangsnachfolger gefällt uns auch dieses Jahr wieder am besten: Spontanvergoren und im Barrique ausgebaut zeigt er gute Konzentration und rauchige Noten. Ist füllig, kraftvoll und zupackend, besitzt gute Struktur und Frucht. Die identisch ausgebaute Scheurebe 225 aus dem Julius-Echter-Berg zeigt intensive Frucht im Bouquet, besitzt viel Saft und reife süße Frucht, sie würde uns mit weniger Restsüße besser gefallen. Sonst präsentiert sich die Kollektion sehr gleichmäßig, der Rivaner ist frisch und klar wie auch die Justus genannte Cuvée aus Bacchus, Scheurebe und Kerner. Der Echter-Berg-Müller-Thurgau ist fruchtbetont und zupackend, die Echter-Berg-Scheurebe lebhaft und reintönig, der Kronsberg-Weißburgunder reintönig und geradlinig, die trockene Kalb-Riesling-Spätlese ist klar, zupackend und strukturiert. Frische und Frucht zeigt der im großen Holzfass ausgebaute Spätburgunder, besitzt gute Struktur und Biss. Eine bestechend homogene, zuverlässige Kollektion.

Weinbewertung

82	2017 Rivaner trocken **11,5 %/5,40 €**
78	2017 Silvaner trocken (1l) **11,5 %/5,60 €**
83	2017 Scheurebe trocken Iphöfer Julius-Echter-Berg **11,5 %/6,50 €**
83	2017 „Justus" Weißwein trocken **11,5 %/5,60 €**
83	2017 Müller-Thurgau trocken Iphöfer Julius-Echter-Berg **12,5 %/6,40 €**
84	2017 Weißburgunder trocken Iphöfer Kronsberg **12,5 %/7,- €**
84	2017 Riesling Spätlese trocken Iphöfer Kalb **13 %/9,50 €**
87	2017 Silvaner trocken „225" Iphöfer Kronsberg **11,5 %/9,90 €**
85	2017 Scheurebe „225" Iphöfer Julius-Echter-Berg **11,5 %/9,90 €**
84	2016 Spätburgunder trocken Iphöfer Kalb **13 %/8,90 €**

Edwin Menges

★☆

KONTAKT

Suttenweg 1
69231 Rauenberg
Tel. 06222-9510
Fax: 06222-951100
www.gutshof-menges.de
info@gutshof-menges.de

Inhaber
Edwin Menges
Rebfläche
6,5 Hektar
Produktion
40.000 Flaschen

BESUCHSZEITEN

Mo.-Fr. ab 15 Uhr, Sa. nach Vereinbarung
Hotel, Weinstube

1988 hat sich Edwin Menges mit 1,5 Hektar Weinbaufläche seines Vaters selbstständig gemacht und das Weingut mit Hotel und Weinstube bis heute auf 6,5 Hektar vergrößert. Der klassische Familienbetrieb wird von Edwin und Susanne Menges geleitet, Sohn Sebastian – wie sein Vater in Weinsberg zum Weinbautechniker ausgebildet – arbeitet im Weingut mit, kümmert sich vor allem um Weinverkauf und Weinproben. Neben Riesling und den badischen Burgunderklassikern werden auch Silvaner, Muskateller und Sauvignon Blanc angebaut, bei den roten Sorten gesellen sich zum Spätburgunder Lemberger, St. Laurent, Cabernet Mitos, Dornfelder und Portugieser. Die Weißweine werden kühl vergoren, die Rotweine werden alle in kleinen, französischen Eichenfässern ausgebaut und liegen knapp ein Jahr im Holz.

Kollektion

Die vorgestellten Weine sprechen eine klare Sprache, besitzen wenig Alkohol und kaum Restzucker. Der Grauburgunder ist strukturiert, besitzt feines Birnenaroma, der Weißburgunder ist cremig mit heller Frucht und guter Säurestruktur. Die knackige Säure lässt den hellfruchtigen Riesling tänzeln. Der typische Muskateller ist enorm saftig, der Sauvignon Blanc ist vom grün-fruchtigen Typ, konzentriert und kräftig ist der Lagen-Sauvignon Blanc, durchgegoren, stoffig. Der St. Laurent besitzt typische, klare Kirschfrucht, ist ein fokussierter Wein. Lebendige Frische zeichnet den Spätburgunder aus, den kann man auch gekühlt trinken, der Lagen-Spätburgunder ist noch jung, hinter den Röstaromen kommt eine fokussierte Frucht zum Vorschein, er besitzt gute Tanninstruktur und Säure, die Cuvée Edvin ist schon etwas runder und weicher.

Weinbewertung

83	2017 Riesling **12 %/8,- €**
82	2017 Auxerrois Rauenberg **11,5 %/8,- €**
83	2017 Sauvignon Blanc Rauenberg **12,5 %/9,50 €**
83	2017 Weißer Burgunder Rauenberg **12 %/7,50 €**
83	2017 Grauer Burgunder Rauenberg **12 %/7,50 €**
85	2017 Gelber Muskateller Rauenberg **12 %/7,50 €**
86	2016 Sauvignon Blanc Rauenberger Burggraf **13,5 %/19,- €**
83	2017 Rosé Rauenberg **11,5 %/7,50 €**
84	2015 Saint Laurent Rauenberg **13 %/8,- €**
83	2015 Spätburgunder Rauenberg **13 %/6,- €**
86	2015 „Edvin" Rotwein **13 %/14,- €**
87	2015 Spätburgunder Rauenberger Burggraf **12,5 %/24,- €**

M

MERL

★

KONTAKT

Schwabenheimer Straße 32
55218 Ingelheim
Tel. 06130-1300
Fax: 06130-941450
www.weingut-merl.de
info@weingut-merl.de

Inhaber
Hans-Peter & Dominik Merl
Rebfläche
21 Hektar

BESUCHSZEITEN

Mo.-Sa. 9-19 Uhr

Der Christopherushof in Groß-Winternheim, seit 1972 ein Stadtteil von Ingelheim, wird heute von Hans-Peter Merl und Sohn Dominik sowie ihren Ehefrauen Erna und Bettina geführt. Früher ein landwirtschaftlicher Mischbetrieb mit Ackerbau, Viehzucht, Obst- und Weinbau, hat man sich seit den neunziger Jahren ganz auf Weinbau spezialisiert, sich aber erst in den letzten Jahren verstärkt auf den Flaschenweinverkauf konzentriert. Die Weinberge befinden sich in den Groß-Winternheimer Lagen Schlossberg, Klosterbruder, Heilig Häuschen und Bockstein. Neben traditionellen Rebsorten wie Spätburgunder, Portugieser, Riesling und Silvaner werden auch Sorten wie St. Laurent, Dornfelder, Domina, aber auch die weißen Burgundersorten, Gewürztraminer, Chardonnay und Sauvignon Blanc angebaut.

Kollektion

Mit der neuen Kollektion schließen Hans-Peter und Dominik Merl nahtlos an die Vorjahre an, sie präsentieren weiß wie rot sehr gleichmäßige Weine, neben dem Unikum genannten Riesling gefallen uns wieder einmal die im Barrique ausgebauten Weine besonders gut. Der würzige, eindringliche Chardonnay beispielsweise, der füllig und saftig ist, viel reife süße Frucht besitzt – etwas weniger Restsüße würde ihn noch profilierter erscheinen lassen. Oder der im Barrique ausgebaute Spätburgunder, der gute Konzentration im Bouquet zeigt, Gewürze und rauchige Noten, klar im Mund ist, füllig, zupackend, gute Struktur besitzt. Der Unikum-Riesling zeigt das gewohnte Niveau: Gute Konzentration, feine Würze und Frucht prägen das Bouquet, im Mund ist er klar, frisch und zupackend, besitzt gute Struktur und Frucht. Im Restsortiment gefallen uns der reintönige Kerner und der würzige Spätburgunder-Krönungswein am besten. ▬

Weinbewertung

81	2017 „Secco Christo" Perlwein trocken **11,5 %/5,40 €**
82	2017 Sauvignon Blanc trocken **12,5 %/6,20 €**
82	2017 Weißer Burgunder trocken **12,5 %/5,- €**
85	2017 Riesling trocken „Unikum" **13 %/5,80 €** ☺
82	2017 Pinot Noir „blanc de noirs" trocken **12 %/5,- €**
82	2017 Chardonnay trocken **13 %/5,30 €**
84	2016 Chardonnay trocken Barrique **13 %/8,40 €**
83	2017 Kerner „süß" **10 %/5,30 €**
81	2016 Blauer Portugieser trocken **12,5 %/4,90 €**
82	2017 Domina trocken **12,5 %/5,- €**
83	2015 Blauer Spätburgunder trocken „Krönungswein" **13,5 %/8,20 €**
85	2016 Blauer Spätburgunder trocken Barrique **13,5 %/10,10 €**

Wolfgang Mertes

★☆

KONTAKT

Hermeskeiler Straße 36
54326 Waldrach
Tel. 06500-480
Fax: 06500-9109876
www.mertes-waldrach.de
mail@mertes-waldrach.de

Inhaber
Wolfgang Mertes
Rebfläche
2,6 Hektar
Produktion
15.000 Flaschen

BESUCHSZEITEN

Sa. 9-16 Uhr und nach Vereinbarung
Ferienwohnung, Gästezimmer

Heinrich und Alberta Mertes gründeten das Weingut, heute wird es von Wolfgang Mertes geführt, der hauptberuflich als Betriebsleiter und Kellermeister beim Weingut Reichsgraf von Kesselstatt auf Schloss Marienlay in Morscheid arbeitet. Seine Weinberge liegen alle in Steillagen, hauptsächlich in den Waldracher Lagen Sonnenberg und Meisenberg. Neben 60 Prozent Riesling baut Wolfgang Mertes auf seinen 2,6 Hektar noch 30 Prozent Spätburgunder und 10 Prozent Grauburgunder an.

Kollektion

Wolfgang Mertes schafft es immer wieder, Weine zu produzieren, welche die Stilistik der Ruwer nicht verleugnen und gleichzeitig – im schönsten Sinne des Wortes – altmodisch wirken. Das war schon im Jahrgang 2015 so, als die Rieslinge eine besondere Würze zeigten, das war auch 2016 der Fall, als sie mit ihrer direkten Art überzeugten. Kraftvoll, würzig, zugänglich und animierend auch beim zweiten Glas, darüber hinaus günstig: So lassen sich die Charaktere zusammenfassen. 2017 ist das nicht anders. Schon der Literriesling ist in diesem Jahr saftig, straff und balanciert, die trockene Spätlese aus dem Meisenberg zeigt Spiel und ist angenehm trocken. Etwas aus dem Rahmen fällt die feinherbe Spätlese aus dem Sonnenberg, die deutlich süß wirkt und der man noch etwas Zeit geben sollte. Auch die dezidiert süße Spätlese aus dem Meisenberg wirkt in der Nase noch verschlossen, zeigt aber am Gaumen eine schöne Balance. Kraftvoll, saftig und ausgewogen dann der Pinot Noir aus dem Jahrgang 2015, klar, fruchtig, offen mit Anklängen an Leder, Tabak und schwarze Beeren. Auch dieser Wein macht viel Spaß und ist alles andere als teuer.

Weinbewertung

85 2017 Riesling trocken Waldracher (1l) **11 %/6,50 €** ☺
87 2017 Riesling Spätlese trocken Waldracher Meisenberg **11 %/9,- €**
86 2017 Riesling „feinherb" „Quarzit-Schiefer" Waldracher Sonnenberg **10,5 %/8,50 €**
85 2017 Riesling Kabinett „feinherb" Waldracher Sonnenberg **10 %/7,50 €**
86 2017 Riesling Spätlese „feinherb" Waldracher Sonnenberg **9,5 %/9,- €**
87 2017 Riesling Spätlese Waldracher Meisenberg **7,5 %/8,50 €** ☺
86 2015 Pinot Noir trocken „lara" Barrique Waldracher Meisenberg **13 %/9,50 €**

MERTES
WEINGUT WOLFGANG MERTES

M

JOHANN-PETER MERTES

★★

KONTAKT

Kirchstraße 19
54441 Kanzem
Tel. 06501-17163
Fax: 06501-16629
www.weingut-mertes.de
peter.mertes@weingut-mertes.de

Inhaber
Johann Peter Mertes
Rebfläche
11,8 Hektar
Produktion
62.000 Flaschen

BESUCHSZEITEN

Mo.-Sa. 8-18 Uhr und nach Vereinbarung

Seit 1891 bereits besteht das Weingut in Kanzem an der Saar, das heute in vierter Generation vom Geisenheim-Absolventen Johann Peter Mertes und seiner Frau Dagmar geführt wird. Die beiden verfügen über Parzellen in den Kanzemer Lagen Altenberg und Sonnenberg (in den Teillagen Breizwingert und Sank), den Wawerner Lagen Ritterpfad und Goldberg (fast 2 Hektar im Filetstück, wo bereits seit 1981 auch Spätburgunder angebaut wird), im Ockfener Bockstein und in den Saarburger Lagen Kupp (wo insbesondere die Grundweine für die Sekte gewonnen werden) und Stirn, dessen alleiniger Besitzer Johann Peter Mertes seit 2009 ist. Neben Riesling, der 95 Prozent der Fläche einnimmt, wird noch eine kleine Menge Spätburgunder angebaut.

Kollektion

Nicht immer sind die Weine des Weingutes Mertes schon in ihrer Jugend zugänglich und leicht verständlich. Vor allem die Lagenweine wirken wenige Monate nach der Füllung in vielen Fällen noch etwas verhalten, lassen oft erst ansatzweise erkennen, welches Potenzial sie tatsächlich aufweisen. Der trockene Literwein, ein rassiger, angenehm würziger Riesling, ist allerdings schon jetzt zugänglich und animierend. Der trockene Kabinett aus dem Wawerner Ritterpfad gefällt mit seiner Finesse ausgezeichnet, er wirkt würzig und lebendig. Etwas straffer und würziger ist der Wein aus dem Wawerner Goldberg, am meisten Potenzial und Struktur entfaltet in diesem Segment der trockene Riesling aus dem Kanzemer Altenberg. Saftig und zugänglich der feinherbe Kabinett, typisch für die Lage und sehr animierend der Bockstein-Riesling, der warm, würzig und vergleichsweise offen scheint. Die nicht ganz trockenen Weine sind aber nicht zu unterschätzen. Recht füllig mit einer merkliche Süße zeigt sich der Stirn-Riesling, der „Sank" ist offener, besitzt eine fast nussig wirkende Hefenote und viel Schmelz.

Weinbewertung

84 2017 Riesling trocken Kanzem Sonnenberg (1l) **12 %/6,50 €** ☺
87 2017 Riesling trocken Wawern Goldberg **12 %/8,40 €** ☺
86 2017 Riesling Kabinett trocken Wawern Ritterpfad **11 %/9,50 €**
88 2017 Riesling Spätlese trocken „Alte Reben" Kanzem Altenberg **12 %/11,90 €**
86 2017 Riesling „feinherb" Ockfener Bockstein **11 %/8,40 €**
86 2017 Riesling Kabinett „feinherb" „Alte Reben" Saarburger Stirn **10,5 %/9,50 €**
88 2017 Riesling Spätlese „feinherb" „Sank Alte Reben" Sonnenberg **11 %/10,80 €**
88 2017 Riesling Spätlese „feinherb" „Alte Reben" Saarburg Stirn **10,5 %/11,90 €**

Mertz

★★

KONTAKT

Hauptstraße 16
55599 Eckelsheim
Tel. 06703-1271
Fax: 06703-3806
www.weingut-mertz.de
info@weingut-mertz.de

Inhaber
Sina Mertz

Rebfläche
11 Hektar

Produktion
40.000 Flaschen

BESUCHSZEITEN

nach Vereinbarung

Sina Mertz hat mit 25 Jahren das elterliche Weingut übernommen und komplett neu ausgerichtet – neue Sortimentsstruktur, neue Weine, neue Etiketten. Ihr Weingut liegt in Eckelsheim, im Westen von Rheinhessen, nicht weit vom Anbaugebiet Nahe. Hier herrschen Porphyrböden vor, insbesondere in den Eckelsheimer Weinbergen. Ihre Weinberge liegen in Eckelsheim (Eselstreiber, Kirchberg), Wöllstein (Ölberg, Äffchen) und Gumbsheim. Riesling nimmt ein Viertel der Rebfläche ein, es folgen Silvaner und Grauburgunder, Scheurebe, Weißburgunder, Spätburgunder und Dornfelder und eine Reihe weiterer Rebsorten. Das Sortiment ist gegliedert in Liter- und Gutsweine, Ortsweine und Lagenweine, Orts- und Lagenweine werden spontan vergoren und bis zur Füllung auf der Vollhefe belassen.

Kollektion

Nach einem starken Debüt im vergangenen Jahr gefällt uns die neue Kollektion von Sina Mertz nochmals besser. Beeindruckend hoch ist das Einstiegsniveau wie der reintönige, fruchtbetonte Liter-Silvaner beweist. Der Riesling ist frisch und geradlinig, die Scheurebe wunderschön reintönig: Feine Gutsweine. Sehr geschlossen präsentieren sich die Ortsweine, unsere ganz leichte Präferenz gilt dem strukturierten, zupackenden Riesling vom Porphyr und der frischen, reintönigen Scheurebe vom Kliff. Der Kirchberg-Riesling, Jahrgang 2016, besitzt klare Frucht, feine Frische und Biss. Sehr gut sind die drei vorgestellten Rotweine. Der Dornfelder ist ein „ernsthafter" Dornfelder, besitzt gute Struktur und reintönige Frucht, der Spätburgunder-Ortswein ist lebhaft, klar und zupackend, unser Favorit ist der rauchige Spätburgunder aus dem Eselstreiber, der Fülle und Kraft, gute Struktur und reife Frucht besitzt. Feine Kollektion!

Weinbewertung

82 2017 Silvaner trocken (1l) **12,5 %/4,- €** ☺
82 2017 Riesling trocken **12 %/5,10 €**
84 2017 Scheurebe trocken **11,5 %/5,- €** ☺
85 2017 Riesling trocken „vom Porphyr" Eckelsheimer **12 %/9,80 €**
84 2017 Weißburgunder trocken „vom Kalkmergel" **12 %/9,- €**
84 2017 Grauburgunder trocken „vom Kalkmergel" **12,5 %/9,- €**
85 2017 Scheurebe trocken „vom Kliff" Eckelsheimer **12 %/7,- €**
85 2016 Riesling trocken Eckelsheimer Kirchberg **12 %/13,20 €**
83 2016 Riesling Kabinett Eckelsheimer **9 %/7,30 €**
85 2016 Spätburgunder trocken Eckelsheimer **13 %/9,50 €**
86 2015 Dornfelder „R" trocken **12,5 %/12,50 €**
87 2015 Spätburgunder trocken Eselstreiber **13 %/13,20 €**

Messmer

★★★

KONTAKT

Gaisbergstraße 5
76835 Burrweiler
Tel. 06345-2770
Fax: 06345-7917
www.weingut-messmer.de
m.messmer@weingut-messmer.de

Inhaber
Familie Meßmer
Betriebsleiter
Gregor Meßmer
Kellermeister
Bernd Henninger
Rebfläche
26 Hektar
Produktion
180.000 Flaschen

BESUCHSZEITEN

Mo.-Mi. 8-11:30 + 13:30-17 Uhr, Do./Fr. 8-11 Uhr, Sa. 9-13 Uhr; Vinothek in den Weinbergen (Mi.-So. 13-19 Uhr, Fr./Sa. bis 22 Uhr); Komfort-Ferienwohnungen

Herbert und Elisabeth Meßmer gründeten 1960 ihr Weingut. Beide stammen aus Winzerfamilien und machten sich mit dem Kauf eines bestehenden Weingutes selbstständig. Seit 1984 ist mit Gregor Meßmer und dessen Frau Sieglinde die zweite Generation im Weingut tätig. Der zweite Sohn Martin ist zuständig für die Bereiche Marketing und Vertrieb. Die Weinberge liegen in Burrweiler in den Lagen Schäwer, Altenforst und Schlossgarten, im Weyherer Michelsberg, in der Gleisweiler Hölle und in der Hainfelder Kapelle. Riesling nimmt 45 Prozent der Rebfläche ein. Es folgen Spätburgunder, Grau- und Weißburgunder, dazu gibt es St. Laurent, Gewürztraminer, Rieslaner, Muskateller, Chardonnay, Cabernet Sauvignon und Merlot. Die Großen Gewächse stammen aus Schäwer (Riesling), Auf der Hohl (Spätburgunder) sowie Im Goldenen Jost (Weißburgunder), zwei Teillagen des Schlossgartens.

Kollektion

Auch in diesem Jahr präsentiert uns Gregor Meßmer wieder zwei Grauburgunder, die zu den besten der Pfalz gehören: Der 2015er zeigt deutliche Holzwürze mit Kokosnoten, auch viel klare, gelbe Frucht und besitzt gute Länge, der 2016er ist noch etwas deutlicher in der Frucht mit Noten von Birne, Aprikose und Honigmelone und besitzt feinen Schmelz. Das Große Gewächs vom Riesling aus dem Schäwer zeigt steinig-mineralische Würze und etwas Waldhonig im Bouquet, ist zurückhaltend in der Frucht und besitzt gute Länge, das Große Gewächs vom Spätburgunder besitzt gute Struktur und leicht süßliche, dunkle Kirschfrucht. Der Riesling aus dem Weyherer Michelsberg zeigt viel Frucht, Aprikose, Pfirsich und Zitrusnoten und dezente Holzwürze, die beiden restsüß ausgebauten Grauburgunder und Rieslaner besitzen zwar viel reintönige, süße Frucht und gute Konzentration, aber wir vermissen etwas die Frische.

Weinbewertung

85 2017 Riesling trocken „Granit" Hainfeld **13,5 %/8,50 €**
87 2017 Riesling trocken „Schiefer" Burrweiler **12,5 %/9,40 €**
88 2016 Riesling trocken „einzig & artig" Weyherer Michelsberg **12,5 %/14,50 €**
89 2016 Riesling „GG" Schäwer **13 %/25,- €**
88 2016 Grauburgunder trocken Burrweiler Schlossgarten **13 %/16,50 €**
88 2016 Grauburgunder trocken Burrweiler Schlossgarten **13 %/16,50 €**
89 2015 Grauburgunder trocken „Holzfass" Burrweiler Schlossgarten **13 %/17,- €**
84 2017 Muskateller „feinherb" Burrweiler **11 %/10,50 €**
87 2017 Grauburgunder Auslese Burrweiler Schlossgarten **10,5 %/14,50 €**
86 2017 Rieslaner „restsüß" Burrweiler Altenforst **10,5 %/14,- €**
86 2015 Merlot trocken **13 %/16,80 €**
86 2015 Sankt Laurent trocken **13 %/12,- €**
88 2015 Spätburgunder „GG" Auf der Hohl **13 %/30,- €**

Mett & Weidenbach

★★

KONTAKT

Mainzer Straße 31
55218 Ingelheim
Tel. 06132-2682
Fax: 06132-3271
www.weingut-mett.de
info@weingut-mett.de

Inhaber
Jürgen Mett
Rebfläche
14 Hektar
Produktion
120.000 Flaschen

BESUCHSZEITEN

Di.-Fr. 9-12:30 + 14-18 Uhr,
Sa. 9-14 Uhr
Vinothek mit Kreuzgewölbe

Die Familie Mett bewirtschaftet seit 1842, seit fünf Generationen, Weinberge auf den Hügeln rund um Ingelheim, unter anderem in den Lagen Pares und Rotes Kreuz. Mehr als zwei Drittel der Weinberge sind mit roten Sorten bestockt, wobei Spätburgunder zusammen mit Frühburgunder mit 30 Prozent den größten Anteil einnimmt. Neben Spätburgunder wird vor allem noch Riesling, Silvaner, Grauburgunder, Müller-Thurgau und Portugieser angebaut, aber auch Cabernet Sauvignon. 2004 übernahm Jürgen Mett einige Weinberge seiner Schwiegereltern (Weingut Weidenbach) in besten Ober-Ingelheimer Lagen. Weißweine werden im Edelstahl ausgebaut, Rotweine werden 6 bis 14 Tage auf der Maische vergoren. Die Weine werden zum größten Teil ab Hof an Privatkunden verkauft.

Kollektion

Jürgen Mett präsentiert seine bisher beste Kollektion, die Weine gewinnen an Profil, weiß wie rot. Schon die Ingelheimer Weißwein-Serie überzeugt: Der Silvaner ist klar, geradlinig und zupackend, der Chardonnay fruchtbetont und harmonisch, der wunderschön reintönige Grauburgunder sticht hervor, ist kraftvoll, strukturiert und zupackend. Der Riesling aus der Unft reiht sich ein in dieses Bild, besitzt intensive Frucht, etwas Zitrus, ist kraftvoll und zupackend. Die Rotweine sind wie gewohnt in der Spitze noch ein wenig stärker. Der Portugieser besitzt intensive Frucht und rauchige Noten, viel Kraft, gute Struktur und Substanz. Der Frühburgunder ist fruchtbetont und intensiv, unsere Präferenz aber gilt in diesem Jahr ganz klar den Spätburgundern. Der 2015er Pares ist fruchtbetont und intensiv im Bouquet, druckvoll und präzise im Mund, der 2012er Reserve-Spätburgunder aus dem Höllenweg ist enorm kraftvoll und konzentriert bei viel Substanz, immer noch sehr jugendlich. Weiter im Aufwind!

Weinbewertung

82 2017 Grüner Silvaner trocken **12,5 %/5,80 €**
84 2016 Sylvaner „S" trocken Ingelheimer **12 %/8,90 €**
86 2017 Grauer Burgunder „S" trocken Ingelheimer **13,5 %/9,50 €**
84 2017 Chardonnay „S" trocken Ingelheimer **13 %/9,50 €**
85 2017 Riesling trocken Ingelheimer „In der Unft" **13 %/10,80 €**
83 2015 Blauer Spätburgunder „S" trocken Ingelheimer **13 %/9,30 €**
84 2015 „No. 6" Cabernet Sauvignon & Spätburgunder trocken Ingelheimer **13 %/9,30 €**
82 2015 „Mariage" Rotwein trocken Ingelheimer **13,5 %/9,30 €**
87 2015 Blauer Portugieser trocken Ingelheimer Rotes Kreuz **13,5 %/16,80 €**
85 2015 Blauer Frühburgunder trocken Ingelheimer Pares **13,5 %/18,90 €**
87 2015 Blauer Spätburgunder trocken Ingelheimer Pares **13,5 %/17,50 €**
88 2012 Spätburgunder „R" trocken Ingelheimer Höllenweg **13,5 %/24,50 €**

Stiftsweingut Frank Meyer

★☆

Kontakt

Winzergasse 4
76889 Gleiszellen-Gleishorbach
Tel. 06343-9395880
Fax: 06343-9395881
www.stiftsweingut-meyer.de
info@stiftsweingut-meyer.de

Inhaber
Frank Meyer
Rebfläche
11,5 Hektar
Produktion
75.000-90.000 Flaschen

Besuchszeiten

Sa. 10-17 Uhr, wochentags nach Vereinbarung

Es kommt selten vor, dass ein Weingut umzieht – und noch seltener, dass dabei gleich der Ort gewechselt wird. Frank und Manuela Meyer, die das Weingut seit 1999 führen und inzwischen von ihren Söhnen Nico und Johannes unterstützt werden, haben sich dieser Mammutaufgabe im Verlauf des Jahres 2015 gestellt. Sie haben den alten Klosterkeller der ehemaligen Benediktinerabtei in Klingenmünster verlassen und sind in einen Winzerhof im Nachbardorf Gleiszellen gezogen, dessen historische Wurzeln bis 1754 zurück reichen. Ihre Weinberge befinden sich in den Lagen Maria Magdalena in Klingenmünster und Frühmess in Gleiszellen. Weiße Sorten stehen auf 70 Prozent der Rebfläche, wichtigste weiße Rebsorten sind Riesling, Weiß- und Grauburgunder, Chardonnay, Sauvignon Blanc und Silvaner, bei den roten Sorten sind es Spätburgunder und Portugieser.

Kollektion

Wie schon im vergangenen Jahr weisen alle Weine wieder deutliche Restsüße auf, teilweise liegen sie auch – wie der füllige Chardonnay und der frische Muskateller – im halbtrockenen Bereich. An der Spitze liegen der fruchtbetonte 2016er Riesling vom Quarzsand, der dezente Reifenoten zeigt, etwas Quitte, aber ein frisches Säurespiel besitzt und der 2015er Riesling vom Kalkfels, der ebenfalls feine Reifenoten zeigt und komplexe Frucht von Apfel, Quitte und Ananas besitzt. Der Rote Riesling besitzt gute Konzentration und Biss, der Sauvignon Blanc ist reintönig und geradlinig, der trockenste Wein der Kollektion. Die beiden verkosteten Rotweine sind kraftvoll und stoffig, der Pinot Noir zeigt rote Frucht und etwas Zuckerwatte, besitzt viel Alkohol, aber wir vermissen die Typizität, die 36 Monate in Barriques ausgebaute „Cuvée No.37" zeigt im Bouquet dunkle Frucht, Kräuter und Lakritze, besitzt leicht süße Frucht, eine reife Tanninstruktur und ist harmonisch.

Weinbewertung

82 2017 Riesling trocken „federleicht Quarzsand" **12 %/7,- €**
82 2017 Riesling trocken „Kalkfels" **13 %/7,- €**
84 2017 Roter Riesling trocken „Kalkfels" **12,5 %/12,- €**
82 2017 Weißer Burgunder trocken **12,5 %/7,- €**
81 2017 Blanc de Noir **12,5 %/7,- €**
84 2017 Sauvignon Blanc trocken „Wild Nico Select" **12,5 %/7,- €**
86 2016 Riesling „S" trocken „Quarzsand" **13 %/12,- €**
86 2015 Riesling „S" trocken „Kalkfels" **13 %/13,- €**
84 2017 Chardonnay „Kalkfels" „Wild Nico Select" **13 %/9,- €**
83 2017 Muskateller „Kalkfels" „Wild Nico Select" **12 %/7,- €**
82 2016 Black Pin Pinot Noir trocken Wild Nico Select **14 %/9,- €**
86 2011 Cuvée No. 37 Rotwein trocken **14 %/22,- €**

Stiftsweingut
Frank Meyer
Gleiszellen

MEYER

★☆

KONTAKT

Alte Iphöfer Straße 15b
97348 Rödelsee
Tel. 09323-5198
Fax: 09323-6372
www.weingut-karl-meyer.de
info@weingut-karl-meyer.de

Inhaber
André Meyer
Rebfläche
11,2 Hektar

BESUCHSZEITEN

Mo.-Sa. 9-12 + 13-18 Uhr

Zum 1. Juli 2018 hat André Meyer das Weingut von seinen Eltern Karl und Ilse Meyer übernommen, die es 1984 gegründet hatten. Seine Weinberge liegen vor allem in der Rödelseer Lage Küchenmeister, daneben ist er in der Rödelseer Schwanleite und im Iphöfer Kronsberg vertreten. Die Reben wachsen hier, an den Hängen des Schwanbergs am Rande des Steigerwalds, auf Gipskeuperböden. Weiße Sorten dominieren im Betrieb: Silvaner, Müller-Thurgau, Bacchus, Scheurebe, Kerner und Kanzler werden angebaut, inzwischen auch Weißburgunder, Grauburgunder und Riesling. An roten Sorten gibt es Spätburgunder, Domina, Dornfelder und Cabernet Dorsa. Die Weine werden im Edelstahl ausgebaut, ein Teil der Rotweine im Barrique.

Kollektion

Die starke, gleichmäßige Kollektion des vergangenen Jahres wurde angeführt vom 2015er Level Fünfzehn-Silvaner und auch in diesem Jahr hat der Level Fünfzehn-Wein wieder ganz knapp die Nase vorne, allerdings ist es diesmal ein 2016er Grauburgunder. Der Wein zeigt viel Konzentration und intensive Frucht im Bouquet, dezent Vanille und Gewürze im Hintergrund, ist füllig und kraftvoll, besitzt reife Frucht und Substanz, gute Struktur und Frische. Er hat starke Konkurrenz durch eine Reihe von sehr guten trockenen Spätlesen. Der Riesling ist reintönig, lebhaft und zupackend, der Weißburgunder besitzt Fülle und Kraft, gute Struktur und Substanz, der Grauburgunder ist klar und saftig, geradlinig und zupackend. Nicht zu vergessen die trockene Domina Spätlese, mit der André Meyer zeigt, dass er sich auch auf Rotwein versteht: Intensiv fruchtig, füllig, kraftvoll, reife Frucht und gute Struktur. Aber auch die Basis überzeugt voll und ganz, der Rivaner Gutswein ist geradlinig und frisch, die Scheurebe reintönig und fruchtbetont, die trockenen Kabinettweine präsentieren sich geschlossen, sie besitzen reintönige Frucht, Frische und Struktur. Weiter im Aufwind!

Weinbewertung

82 2017 Rivaner trocken **12 %/6,80 €**
84 2017 Scheurebe trocken **12 %/7,- €**
84 2017 Silvaner Kabinett trocken Rödelseer Küchenmeister **12,5 %/8,- €**
84 2017 Riesling Kabinett trocken Rödelseer Küchenmeister **12 %/8,- €**
84 2017 Weißer Burgunder Kabinett trocken Rödelseer Küchenmeister **12,5 %/8,- €**
86 2017 Riesling Spätlese trocken Rödelseer Küchenmeister **12,5 %/9,80 €**
86 2016 Weißer Burgunder Spätlese trocken Rödelseer Küchenmeister **13 %/9,80 €**
85 2017 Grauer Burgunder Spätlese trocken Rödelseer Schlossberg **12,5 %/9,80 €**
87 2016 Grauer Burgunder Spätlese trocken Barrique „Level Fünfzehn" **14 %/17,- €**
86 2016 Domina Spätlese trocken Rödelseer Küchenmeister **13 %/12,50 €**

Karheinz & Andreas Meyer

★★

KONTAKT

Bahnhofstraße 10
76831 Heuchelheim-Klingen
Tel. 06349-5895
Fax: 06349-7812
www.meyer-weingut.de
mail@meyer-weingut.de

Inhaber
Karl-Heinz & Andreas Meyer
Inhaber
Andreas Meyer & Hauke Kerkau
Rebfläche
17 Hektar
Produktion
100.000 Flaschen

BESUCHSZEITEN

Mo.-Fr. 9-12 + 13-17 Uhr,
Sa. 9-16 Uhr

Das 1949 von Edmund Meyer gegründete Weingut begann Anfang der fünfziger Jahre mit der Selbstvermarktung. Karl-Heinz Meyer und Ehefrau Gudrun haben sich seit der Übernahme 1980 ganz auf Weinbau konzentriert und die ursprüngliche Rebfläche von 3,5 Hektar deutlich erweitert. Nach Abschluss seiner Technikerprüfung – und Ausbildung bei Weingütern wie Siegrist, Dr. Wehrheim und Christmann – ist Sohn Andreas im Juni 2008 in den Betrieb eingestiegen. 2013 wurde er in das „Spitzentalente"-Programm des VDP Pfalz aufgenommen. Die Weinberge liegen in Heuchelheim (Herrenpfad), Klingenmünster (Maria Magdalena) und Appenhofen (Steingebiss). Die Weißweine werden nach gezügelter Gärung lange auf der Hefe ausgebaut, die Rotweine kommen nach klassischer Maischegärung in Eichenholzfässer. Das Sortiment ist gegliedert in Literweine, Gutsweine (Blaukapsel), Terroirweine (Silberkapsel) und Lagenweine (Goldkapsel).

Kollektion

Mit der neuen Kollektion bestätigen Karl-Heinz und Andreas Meyer den starken Eindruck des Vorjahres. Die Gutsweine sind frisch und geradlinig, die Ortsweine besitzen deutlich mehr Substanz. Der Buntsandstein-Riesling gefällt uns am besten, er besitzt reintönige Frucht und Kraft. Der Muschelkalk-Weißburgunder ist füllig und saftig bei reifer Frucht, der Kalkmergel-Spätburgunder ist würzig und eindringlich, zupackend und fruchtbetont. An der Spitze der Kollektion stehen die beiden Lagen-Rieslinge. Die Auslese aus dem Herrenpfad zeigt viel Duft und Litschi im Bouquet, ist süß und konzentriert bei viel Substanz. Noch ein klein wenig besser gefällt uns der trockene Wein aus der Lage Maria-Magdalena, Jahrgang 2016: Er zeigt feine Würze und reife Frucht im Bouquet, ist füllig und kraftvoll im Mund, komplex und harmonisch, besitzt gute Struktur und klare reife Frucht.

Weinbewertung

81 2017 Riesling trocken **12 %/6,30 €**
82 2017 Weißer Burgunder trocken **12,5 %/6,30 €**
84 2017 Riesling trocken „Kalkmergel" Heuchelheimer **12,5 %/8,90 €**
86 2017 Riesling trocken „Buntsandstein" Klingenmünster **13 %/8,90 €**
85 2017 Weißer Burgunder trocken „Muschelkalk" Klingenmünster **13,5 %/8,90 €**
84 2017 Grauer Burgunder trocken „Kalkmergel" Heuchelheim **13,5 %/8,90 €**
82 2017 Sauvignon Blanc trocken **12,5 %/7,10 €**
88 2016 Riesling trocken Klingenmünster Maria-Magdalena **13,5 %/17,50 €**
87 2017 Riesling Auslese Heuchelheimer Herrenpfad **9 %/12,50 €**
85 2016 Spätburgunder trocken „Kalkmergel" Heuchelheim **13,5 %/9,50 €**

Klaus Meyer

★★☆

KONTAKT

Theresienstraße 80a
76835 Rhodt
Tel. 06323-93233
Fax: 06323-93235
www.weingut-meyer.com
marius@weingut-meyer.com

Inhaber
Klaus Meyer & Marius Meyer
Kellermeister
Marius Meyer
Rebfläche
15 Hektar
Produktion
150.000 Flaschen

BESUCHSZEITEN

Mo.-Sa. 14-18 Uhr, So. 10-12 Uhr

Klaus und Dorit Meyer haben das Weingut in Rhodt unter Rietburg 1987 gegründet. 2006 hat Sohn Marius Meyer nach Lehr- und Wanderjahren unter anderem bei Ökonomierat Rebholz in Siebeldingen und Praktika in Österreich, Burgund und Neuseeland die Verantwortung für den Keller übernommen. Seither wurde die Rebfläche auf 15 Hektar erweitert, wichtigste Rebsorten sind Riesling, Weiß- Grau- und Spätburgunder, Gewürztraminer, Dornfelder und St. Laurent. Die Reben stehen im Schlossberg und im Rosengarten in Rhodt und im Edenkobener Bergel, neu hinzugekommen sind mit dem Jahrgang 2014 Parzellen im Godramsteiner Münzberg, der Frankweiler Kalkgrube und in Schäwer und Altenforst in Burrweiler.

Kollektion

Gleich drei Beerenauslesen haben uns Klaus und Marius Meyer in diesem Jahr zur Verkostung geschickt, am besten gefällt uns der sehr aromatische Sauvignon Blanc mit komplexen Fruchtnoten nach Aprikosen, Pfirsichen und Zitrusfrüchten, der Wein ist konzentriert und cremig und besitzt ein lebendiges Säurespiel, wodurch er etwas frischer wirkt als der sehr reintönige Gewürztraminer, der Riesling besitzt ebenfalls viel süße Frucht und ein frisches Säurespiel, ist aber nicht ganz so nachhaltig wie die beiden anderen Beerenauslesen. An der Spitze des trockenen Segments steht der in diesem Jahr sehr mineralische und komplexe Riesling aus dem Schlossberg, er zeigt viel klare Frucht und auch kräutrige Noten und ist trotz aller Kraft auch elegant, der Schäwer ist in diesem Jahr ungewöhnlich fruchtbetont, zeigt auch rauchige Noten und ist leicht salzig, der Bergel ist im Bouquet noch etwas verhalten, besitzt am Gaumen aber viel Frucht und ist animierend und der Michelsberg zeigt kräutrige Würze, wirkt aber etwas weich, bei den Ortsrieslingen ist der Granit etwas präsenter und komplexer als Kalkstein und Rotliegendes.

Weinbewertung

85 2017 Sauvignon Blanc trocken **12,5 %/7,30 €**
86 2017 Riesling trocken „Kalkstein" Godramstein **13 %/8,90 €**
87 2017 Riesling trocken „Granit" Rhodt **13 %/9,70 €**
86 2017 Riesling trocken „Rotliegendes" Rhodt **13 %/9,70 €**
89 2017 Riesling trocken Rhodt Schlossberg **13,5 %/15,- €**
87 2017 Riesling trocken Weyher Michelsberg **13 %/12,50 €**
88 2017 Riesling trocken Edenkoben Bergel **13 %/12,50 €**
88 2017 Riesling trocken Burrweiler Schäwer **13 %/12,50 €**
87 2017 Sauvignon Blanc trocken „In der Blenk" Rhodt Schlossberg **14 %/15,- €**
90 2017 Sauvignon Blanc Beerenauslese „In der Blenk" **7,5 %/19,50 €/0,375l**
88 2017 Riesling Beerenauslese „Buntsandstein" **7,5 %/12,50 €/0,375l**
89 2017 Gewürztraminer Beerenauslese Rhodt Schlossberg **8 %/19,50 €/0,375l**

Stefan Meyer

★★☆

KONTAKT

Edesheimer Straße 17
76835 Rhodt
Tel. 06323-2348
Fax: 06323-81446
www.meyer-rhodt.de
weingut@meyer-rhodt.de

Inhaber
Stefan Meyer
Rebfläche
16 Hektar
Produktion
100.000 Flaschen

BESUCHSZEITEN

Mo.-Fr. 13-18 Uhr, Sa. 10-16 Uhr
Ferienwohnung, Reisemobilstellplätze

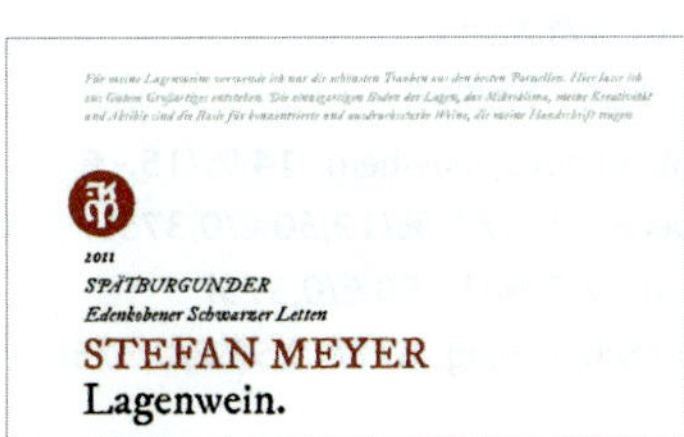

Die Familie Meyer betreibt seit 1702 Weinbau in Rhodt. Seit 2007, nach Abschluss seiner Ausbildung zum Weinbautechniker und Auslandsaufenthalten in Kalifornien und Österreich, ist Sohn Stefan im Betrieb tätig, 2010 übernahm er das Weingut von seinem Vater. Die besten Lagen sind Rhodter Schlossberg (Buntsandstein und roter Sandstein), Rhodter Rosengarten (Muschelkalk, schwerer Lehm), Rhodter Klosterpfad und Edenkobener Schwarzer Letten (schwerer Lehm). Die Lagenweine werden im Holz ausgebaut, die Weißweine in großen Holzfässern und 500 Liter-Fässern, die weißen Ortsweine werden im August des auf die Ernte folgenden Jahres gefüllt, die weißen Lagenweine erst nach der nächsten Ernte. Die Rotweine liegen elf bis achtzehn Monate in großen Fässern und neuen Barriques. Das Sortiment ist gegliedert in Literweine, die „3/4"-Liter-Linie und Orts- und Lagenweine.

Kollektion

Stefan Meyers mit Rappenanteil spontan vergorene und unfiltriert abgefüllte Pinot Noir sind im 2016er Jahrgang so stark wie noch nie, die beiden Lagenweine besitzen gute Substanz und kühle, rote Frucht, sind gut strukturiert mit frischer Säure und dezentem Holzeinsatz, der Rosengarten zeigt etwas deutlicheres Holz mit leicht rauchigen Noten, ist harmonisch und besitzt gute Länge, der Wein vom Schwarzen Letten zeigt deutliche kräutrige Würze. Und auch der Ortswein ist gut gelungen, ist ein ernst zu nehmender Pinot für kleines Geld mit klarer roter Frucht, Cassis, Sauerkirsche und etwas Krokantwürze. Der Syrah vom Klosterpfad besitzt Kraft und gute Konzentration, zeigt dunkle Frucht, Kräuternoten und etwas Pfeffer, wirkt noch sehr jung und könnte mit etwas Reife noch zulegen. Zugelegt hat auch der Chardonnay aus dem Rosengarten, den wir im vergangenen Jahr schon einmal verkostet hatten, er zeigt feine Röstnoten, etwas geröstete Haselnüsse, Pfirsich und Zitrusnoten, ist konzentriert und lang, der Weißburgunder zeigt einen ähnlichen Holzeinsatz, ebenfalls etwas Pfirsich und Zitrusnoten, ist aber nicht ganz so nachhaltig wie der Chardonnay.

Weinbewertung/keine Preisangaben

84 2017 Riesling trocken „3/4-Liter" **12 %/7,- €**
87 2016 Weißer Burgunder trocken Rhodter Rosengarten **13 %/16,- €**
88 2016 Chardonnay trocken Rhodter Rosengarten **13 %/16,- €**
84 2016 Spätburgunder trocken „3/4-Liter" **13 %/7,- €**
84 2016 Frühburgunder trocken „3/4-Liter" **13 %/8,50 €**
87 2016 Pinot Noir trocken „aus Rhodt" **13,5 %/11,- €**
89 2016 Pinot Noir trocken Edenkobener Schwarzer Letten **13 %/21,- €**
89 2016 Pinot Noir trocken Rhodter Rosengarten **13,5 %/21,- €**
88 2016 Syrah trocken Rhodter Klosterpfad **14 %/23,- €**

Meyerhof

★★

KONTAKT

Meyerhof
55237 Flonheim
Tel. 06734-8714
Fax: 06734-6857
www.weingut-meyerhof.de
info@weingut-meyerhof.de

Inhaber
Bernd Hammer,
Alina & Sebastian Engel
Rebfläche
12 Hektar
Produktion
70.000 Flaschen

BESUCHSZEITEN

Mo.-Fr. 9-12 + 14-18 Uhr,
Sa. 10-17 Uhr
Gästehaus

Bernd Hammer hat 1981 das von seinem Großonkel Artur Meyer gegründete und nach ihm benannte Weingut übernommen. Nach ihrem Geisenheim-Studium ist 2013 seine Tochter Alina in den Betrieb eingestiegen, die Praktika unter anderem beim Weingut Georg Breuer und beim Winzerhof Thörle absolvierte. Seit dem Herbst 2017 ist auch Alinas Ehemann Sebastian Engel im Betrieb, der nach seinem Maschinenbaustudium eine Winzerlehre bei Wagner-Stempel und Weinreich absolvierte. Die Weinberge liegen in der Uffhofener La Roche (kalkreiche Ton-, Schluff- und Sandsteine des Oberrotliegenden, mit über 40 Jahre alten Rieslingreben) und in den Flonheimer Lagen Geisterberg (Sandstein, steinhaltige, quarzitreiche Böden) und Rothenpfad (Löss- und Lehmböden mit Anteilen von vulkanischem Basaltgestein). 60 Prozent der Rebfläche nehmen weiße Sorten ein wie Riesling, Grauburgunder und Chardonnay, aber auch Sauvignon Blanc und Huxelrebe, hinzu kommen Spätburgunder und Dornfelder, Cabernet Sauvignon, Merlot und andere Sorten. 2017 wurde mit der Umstellung auf ökologischen Weinbau begonnen.

Kollektion

Stimmige Kollektion: Geradlinige, fruchtbetonte Gutsweine, kraftvolle, würzige, qualitativ sehr gleichmäßige Ortsweine und an der Spitze eine reintönige, an kandierte Früchte erinnernde Huxelrebe Beerenauslese sowie zwei eindringliche Lagenweine. Der Sauvignon Blanc aus dem Geisterberg ist wunderschön reintönig im Bouquet, gar nicht „laut", besitzt Fülle und Kraft, gute Struktur, reife Frucht und Frische. Der La Roche-Riesling ist ebenfalls bestechend reintönig, konzentriert und kraftvoll, besitzt herrlich viel Frucht und Substanz. Weiter im Aufwind!

Weinbewertung

82 2017 Riesling trocken **11,5 %/5,50 €**
82 2017 Grauer Burgunder trocken **12 %/5,90 €**
84 2017 Riesling trocken „vom Rotliegenden" **12,5 %/7,20 €**
84 2017 Grauer Burgunder trocken „vom Basalt" **13 %/7,20 €**
84 2017 Chardonnay trocken „vom Löss" **12,5 %/7,20 €**
87 2017 Sauvignon Blanc trocken Flonheimer Geisterberg **13 %/12,50 €**
88 2017 Riesling trocken Uffhofer La Roche **13 %/12,50 €**
83 2017 Riesling „süß" **7,5 %/5,90 €**
82 2017 Riesling „feinherb" **11 %/5,90 €**
81 2017 „Feierlaune" Weißwein „feinfruchtig" **10,5 %/5,90 €**
86 2005 Huxelrebe Beerenauslese **10 %/22,- €**
81 2017 „Sommerbrise" Rosé **11 %/5,90 €**
84 2015 Spätburgunder trocken „vom Sandstein" **13 %/8,- €**

Meyer-Näkel

★★★★★

KONTAKT

Hardtbergstraße 20
53507 Dernau
Tel. 02643-1628
Fax: 02643-3363
www.meyer-naekel.de
weingut@meyer-naekel.de

Inhaber
Werner Näkel
Rebfläche
22 Hektar
Produktion
135.000 Flaschen

BESUCHSZEITEN

nach Vereinbarung
Gutsschenke Restaurant Hofgarten Weingut Meyer-Näkel, Inhaber Hartwig Näkel, Bachstraße 26, 53507 Dernau (An der Kirche, Tel. 02643-1540); Ferienwohnung

Werner Näkel ist der renommierteste Winzer an der Ahr, ihm ist der Aufschwung, den die Region in den letzten zwanzig Jahren genommen hat, maßgeblich zu verdanken. Als er in den achtziger Jahren anfing trockene Weine zu erzeugen und Rotweine im Barrique auszubauen, war die Verwunderung groß. Heute sind Ahrweine überwiegend trocken, Barriqueausbau für die Spitzenweine ist heute eine Selbstverständlichkeit. Entstanden ist das Weingut 1950 mit der Heirat von Paula Meyer und Willibald Näkel, den Eltern von Werner Näkel, die 1,5 Hektar Reben besaßen. Unter Werner Näkels Regie hat sich die Rebfläche vervielfacht. Walporzheimer Kräuterberg, Dernauer Pfarrwingert und Neuenahrer Sonnenberg sind seine Paradelagen. Spätburgunder ist die absolute Nummer Eins in den Weinbergen, nimmt drei Viertel der Rebfläche ein. Dazu gibt es 12 Prozent Frühburgunder, etwas Weißburgunder (erster Jahrgang war 2003) und Riesling. Seine Spitzenweine baut er in 300 Liter-Fässern aus, medium getoastet. Werner Näkel füllte diese früher meist im Herbst vor der neuen Ernte ab, heute bleiben die Topweine deutlich länger im Fass. Inzwischen hat Werner Näkel starke Unterstützung erhalten: Tochter Meike, Geisenheim-Absolventin, ist seit 2005 im Betrieb und kümmert sich um die Vinifikation, die zweite Tochter Dörte, ebenfalls Geisenheim-Absolventin, ist seit 2008 mit dabei. Zusammen mit Neil Ellis erzeugt Werner Näkel auch in Südafrika Weine, die unter dem Namen „Zwalu" (auf deutsch „Neubeginn") vermarktet werden. Aber auch in Portugal ist er aktiv, an der Quinta da Carvalhosa beteiligt, im Douro-Gebiet. Das Spätburgunder-Sortiment ist klar und überschaubar gegliedert in Guts-Spätburgunder, Blauschiefer, und Spätburgunder S, an der Spitze der Kollektion stehen die drei Großen Gewächse aus Kräuterberg, Pfarrwingert und Sonnenberg, aus dem Pfarrwingert gibt es auch einen Frühburgunder als Großes Gewächs.

Kollektion

Mit beeindruckenden Kollektionen warteten die Näkels in den vergangenen Jahren auf, die Weine aus Kräuterberg und Pfarrwingert gehören Jahr für Jahr zu den großen Spätburgundern Deutschlands. Wobei sich der Wein aus dem Sonnenberg ganz langsam an die beiden heranpirscht. Aber beginnen wir zunächst mit den Weißweinen, die durch die Bank sehr gutes Niveau zeigen. Der Riesling ist frisch, fruchtbetont, lebhaft, strukturiert und zupackend. Der Weißburgunder ist würzig, klar, saftig, besitzt feine süße Frucht. Der Weißburgunder S, erstmals 2016 erzeugt, lässt auch im Folgejahrgang 2017 Ambitionen erkennen, zeigt intensive Frucht, fein rauchige Noten, ist füllig und saftig bei reifer Frucht und Substanz. Schon ein Klassiker ist hingegen der Illusion genannte Blanc de Noir, der füllig und kraftvoll ist, reife Frucht und Substanz besitzt. Frischer und lebhafter ist der Rosé, besitzt feine Frucht und Grip. Der Frühburgunder besticht mit feinen rauchigen Noten und reintöniger Frucht, ist

zupackend und strukturiert. Neu im Programm ist der Spätburgunder Grauwacke, als Pendant zum lange bekannten Blauschiefer. Er ist frisch, fruchtbetont, klar und zupackend, der Blauschiefer besitzt die feinere Frucht, ist wunderschön reintönig und harmonisch. Der S zeigt reintönige Frucht, feine Frische, rote Früchte, ist harmonisch, elegant, strukturiert und frisch. Es folgen dann vier Große Gewächse, denn mit dem Jahrgang 2015 wurde durch den Spätburgunder vom Silberberg aus dem langjährigen Trio ein Quartett. Der 2016er Silberberg zeigt etwas florale Noten, rote und dunkle Früchte, ist klar, frisch und präzise, druckvoll. Der Sonnenberg ist stark wie nie, zeigt intensive Frucht, dezenten Toast, ist elegant, lebhaft, herrlich frisch, präzise und nachhaltig. Der Pfarrwingert zeigt faszinierend reintönige Frucht, fließt im Mund, ist füllig, harmonisch, strukturiert, druckvoll, lebendig, sehr lang: Großartig! Gleichauf sehen wir den wie immer deutlich anderen Kräuterberg, der reintönige Frucht zeigt, florale Noten, Kräuter, füllig und kraftvoll ist, viel reife Frucht, Substanz und viel Länge besitzt bei einer dezenten Schokonote. Seit vielen Jahren ist er auf diesem Niveau, und der letzte Jahrgang, den wir, jung verkostet, nicht mit hervorragend bewertet hatten, 2006 (uns war die überbordende Frucht suspekt), ist heute harmonisch, weich, füllig und komplex. Der 2012 Spätburgunder SR, der Versteigerungswein, besitzt herrlich viel Frucht, Fülle, Komplexität, rundet eine herausragende Kollektion ab.

Familie Näkel

Weinbewertung

87	2017 Riesling **12,5 %/9,80 €**
86	2017 Weißburgunder **12,5 %/11,- €**
89	2017 Weißburgunder „S" **13 %/27,- €**
87	2017 Spätburgunder „Blanc de Noir" „Illusion" **12 %/12,50 €**
87	2017 Rosé **12 %/9,90 €**
88	2016 Frühburgunder **13,5 %/18,- €**
87	2016 Spätburgunder „Grauwacke" **13,5 %/15,50 €**
88	2016 Spätburgunder „Blauschiefer" **13,5 %/21,- €**
90	2016 Spätburgunder „S" **13,5 %/29,- €**
93	2012 Spätburgunder „SR" **13,5 %**
92	2016 Spätburgunder „GG" Ahrweiler Silberberg **13,5 %/39,- €**
91	2014 Spätburgunder „GG" Neuenahrer Sonnenberg **13,5 %**
93	2016 Spätburgunder „GG" Neuenahrer Sonnenberg **13,5 %/45,- €**
94	2016 Spätburgunder „GG" Dernauer Pfarrwingert **13,5 %/54,- €**
92	2006 Spätburgunder „GG" Walporzheimer Kräuterberg **14 %**
94	2013 Spätburgunder „GG" Walporzheimer Kräuterberg **13,5 %**
92	2014 Spätburgunder „GG" Walporzheimer Kräuterberg **13,5 %**
94	2016 Spätburgunder „GG" Walporzheimer Kräuterberg **13,5 %/72,- €**

LAGEN

KRÄUTERBERG (WALPORZHEIM)
PFARRWINGERT (DERNAU)
SONNENBERG (NEUENAHR)
SILBERBERG (AHRWEILER)

REBSORTEN

SPÄTBURGUNDER (75 %)
FRÜHBURGUNDER (10 %)
DORNFELDER (5 %)
WEISSBURGUNDER (4 %)
RIESLING (4 %)

MICHEL

★★★★★

KONTAKT

Winzerweg 24
79235 Achkarren
Tel. 07662-429
Fax: 07662-763
www.weingut-michel.com
info@weingut-michel.com

Inhaber
Josef Michel
Rebfläche
13 Hektar
Produktion
90.000 Flaschen

BESUCHSZEITEN

Mo.-Fr. 14-17 Uhr, Sa. 10-13 Uhr
und gerne nach Vereinbarung
Straußwirtschaft

Das Gros der Weinberge von Josef Michel liegt in Achkarren in den Lagen Schlossberg und Castellberg. Hinzu kommen 2 Hektar in Munzingen am Tuniberg in der Lage Kapellenberg, wo er ausschließlich Spätburgunder stehen hat. Die Liebe von Josef Michel galt schon immer eindeutig den Burgundersorten, die zusammen über 90 Prozent der Weinberge einnehmen – Grauburgunder hat inzwischen Spätburgunder überholt, dann folgt mit etwas Abstand Weißburgunder. Das bisschen Chardonnay, den man ja auch meist zu den Burgundern zählt, und Müller-Thurgau fällt da nicht ins Gewicht. Josef Michel hat mit der Aufnahme in den VDP sein Sortiment neu bezeichnet, verzichtet nun auf Prädikate, so dass die bisherigen Kabinettweine nun die Achkarrer Ortsweine sind, die bisherigen Spätlesen heißen nun Tephrit (der geologische Name des in Achkarren vorherrschenden Vulkangesteins), bei den Drei Sterne-Spätlesen wird nun auf die Prädikatsbezeichnung verzichtet, sie werden zukünftig die Großen Gewächse von Josef Michel. Beim Spätburgunder gab es bisher die Basisweine aus Kapellenberg und Achkarren, dann den Wein von alten Reben, schließlich die Barrique-Selektion aus dem Schlossberg, diese seit einigen Jahren auch in einer Reserve-Variante. Mit dem Jahrgang 2014 kam der Sumertal-Spätburgunder neu hinzu, der betriebsintern zwischen Alte Reben und 3 Sterne-Selektion angesiedelt ist, den es aber seither nicht mehr gab. Seit der ersten Ausgabe empfehlen wir die Weine von Josef Michel, seit damals rechnen wir ihn zu den Top-Winzern in Deutschland. Zweifel kamen nie auf, im Gegenteil, Jahr für Jahr hat er uns bestärkt in unserer Auffassung, Jahr für Jahr hat er weiter zugelegt. Immer bestechend reintönig und fruchtbetont präsentieren sich seine Basisweine, die Spätlesen und 3 Sterne-Selektionen von Weiß- und Grauburgunder gehören immer zu den Jahrgangsbesten in Deutschland, und mit seinen Spätburgundern spielt er seit einigen Jahren auch in der allerersten Liga. Das Ziel von Josef Michel ist es reintönige Weine zu erzeugen, die Frucht, Spiel und Frische aufweisen. Was ihm in den letzten Jahren, ja in den zwei Jahrzehnten, die wir seine Weine nun kennen, immer ganz fantastisch gelungen ist, die Konzentration auf die Burgunder macht sich bezahlt.

Kollektion

Die bisherigen Kabinettweine, die nun die Achkarrer Ortsweine sind, präsentieren sich im Jahrgang 2017 wieder einmal bestechend reintönig. Der Weißburgunder zeigt weiße Früchte, feine Frische, ist wunderschön harmonisch, klar und lang, noch etwas fruchtintensiver ist der ebenso harmonische, saftige Grauburgunder, der viel Länge besitzt. Der Weißburgunder der Tephrit-Linie ist herrlich kraftvoll, harmonisch und strukturiert, der Chardonnay ist elegant, sehr reintönig und harmonisch, besitzt gute Struktur und viel Frucht, unsere leichte Präferenz gilt dem Grauburgunder, der wunderschön

klar, präzise und druckvoll ist. Dann folgt die Drei Sterne-Linie. Der Weißburgunder ist enorm intensiv im Bouquet, zeigt viel reife Frucht, ist füllig und harmonisch im Mund, besitzt viel reife Frucht und einen dezenten Kontrast aus Süße und Säure. Der Grauburgunder zeigt gute Konzentration und reintönige Frucht im herrlich eindringlichen Bouquet, ist füllig und saftig, besitzt viel reife Frucht und Substanz. Der Chardonnay ist unser Favorit in diesem Trio, präsentiert sich sehr offen, ist kompakt, füllig, wunderschön reintönig, harmonisch und lang. Hohes Niveau zeigen auch wieder die Spätburgunder von Josef Michel. Der Wein von alten Reben ist frisch und fruchtbetont, etwas floral, besitzt gute Struktur und Grip – der 2014er hat deutlich an Komplexität gewonnen, präsentiert sich heute in prächtiger Verfassung wie auch der 2008er Spätburgunder aus dem Winklerberg oder der 2014er Sumertal. Die 3 Sterne-Selektion aus dem Schlossberg zeigt reintönige Frucht, gute Konzentration, ist frisch und klar, harmonisch, zupackend und strukturiert –und auch hier ist der 2008er harmonisch, komplex und frisch. Herausragender Spätburgunder ist wieder einmal der R, der seinem Jahrgangsvorgänger ebenbürtig ist. Er zeigt gute Konzentration, feine Würze, herrlich viel Frucht, etwas Herzkirschen, ist füllig und komplex bei klarer reifer Frucht und jugendlichen Tanninen. Ganz starke Kollektion!

Josef Michel

Weinbewertung

87	2017 Weißer Burgunder trocken Achkarren **13 %/8,80 €**
88	2017 Grauer Burgunder trocken Achkarren **13 %/8,80 €** ☺
90	2017 Weißer Burgunder trocken „Tephrit" **13,5 %/11,80 €** ☺
91	2017 Grauer Burgunder trocken „Tephrit" **13,5 %/11,80 €** ☺
90	2017 Chardonnay trocken „Tephrit" **13,5 %/11,80 €** ☺
91	2012 Weißburgunder Spätlese*** trocken Achkarrer Schlossberg **13,5 %**
92	2013 Weißburgunder Spätlese*** trocken Achkarrer Schlossberg **13,5 %**
90	2017 Weißer Burgunder*** trocken Achkarrer Schlossberg **13,5 %/18,- €**
90	2017 Grauer Burgunder*** trocken Achkarrer Schlossberg **13,5 %/18,- €**
91	2017 Chardonnay*** trocken Achkarrer Schlossberg **14 %/18,- €** ☺
90	2014 Spätburgunder trocken „Alte Reben" **13,5 %**
88	2016 Spätburgunder trocken „Alte Reben" **13,5 %/12,- €**
89	2014 Spätburgunder trocken „Sumertal" Achkarrer Schlossberg **13,5 %**
90	2008 Spätburgunder*** trocken Achkarrer Schlossberg
90	2016 Spätburgunder*** trocken Achkarrer Schlossberg **13,5 %/25,- €**
90	2008 Spätburgunder*** trocken Barrique Ihringer Winklerberg **13,5 %**
92	2010 Spätburgunder „R" Achkarrer Schlossberg **13,5 %**
91	2012 Spätburgunder „R" Achkarrer Schlossberg **13,5 %**
94	2016 Spätburgunder „R" trocken Achkarrer Schlossberg **13,5 %/36,- €**

M

LAGEN

SCHLOSSBERG (ACHKARREN)
CASTELLBERG (ACHKARREN)
WINKLERBERG (IHRINGEN)
KAPELLENBERG (MUNZINGEN)

REBSORTEN

GRAUBURGUNDER (41 %)
SPÄTBURGUNDER (32 %)
WEISSBURGUNDER (17 %)
CHARDONNAY (8 %)
MÜLLER-THURGAU (2 %)

DIETER MICHEL

★★☆

KONTAKT

Dittelsheimer Weg 31
55234 Hochborn
Tel. 06735-283
Fax: 06735-1598
www.weingut-michel.de
info@weingut-michel.de

Inhaber
Dieter Michel
Kellermeister
Sebastian Michel
Rebfläche
20 Hektar
Produktion
60.000 Flaschen

M

BESUCHSZEITEN

nach Vereinbarung

Dieter und Anneli Michel studierten zur gleichen Zeit in Hohenheim Agrarwissenschaft. In den achtziger Jahren übernahmen sie Annelis elterlichen Gemischtbetrieb, 1992 begannen sie mit der Selbstvermarktung. Die Weinberge liegen unter anderem im Westhofener Morstein und im Gundersheimer Höllenbrand, wo vor allem rote Rebsorten angebaut werden, des Weiteren ist man im Dautenheimer Himmelacker vertreten. Wichtigste Rebsorten sind Riesling, Dornfelder und Silvaner, dazu gibt es vor allem noch Weißburgunder, Grauburgunder und Chardonnay, Spätburgunder und Portugieser, aber auch rheinhessische Spezialitäten wie Scheurebe und Huxelrebe; im Zuge der Flurbereinigung im Höllenbrand wurden Merlot, Cabernet Franc, Cabernet Sauvignon und Sauvignon Blanc gepflanzt. Erst in den neunziger Jahren des letzten Jahrhunderts begann man mit der Selbstvermarktung. Sohn Sebastian hat nach seiner Winzerausbildung (bei Gaul, Seehof, Dreissigacker) in Geisenheim studiert, ist seit 2013 für den Weinausbau verantwortlich. Das Sortiment ist gegliedert in Guts-, Orts- und Lagenweine.

Kollektion

Der klare Aufwärtstrend hält an, Sebastian Michel präsentiert eine vielseitige, absolut stimmige Kollektion, die auch zwei sehr gute, reintönige süße Rieslinge und einen zupackenden, fruchtbetonten Spätburgunder umfasst. Die trockenen Weißweine sind in der Spitze am stärksten, aber auch die Basis überzeugt wie der fruchtbetonte Grauburgunder-Gutswein beweist. Die Ortsweine präsentieren sich sehr geschlossen, sind kraftvoll und kompakt, dem fülligen Chardonnay gilt unsere leichte Präferenz. Ganz stark sind die 2016er Lagenweine aus dem Morstein: Der Riesling ist würzig und eindringlich, kraftvoll und füllig, der Sylvaner besitzt herrlich viel Frucht und Saft, gute Struktur und Länge. Ganz starke Kollektion!

Weinbewertung

83 2017 Grauburgunder trocken **12,5 %/8,50 €**
84 2017 Weißburgunder trocken Westhofener **12,5 %/12,50 €**
85 2017 Riesling trocken „Kalkstein" **12,5 %/14,- €**
86 2017 Chardonnay trocken „Kalkstein" **13 %/9,50 €**
90 2016 Sylvaner trocken Morstein **12,5 %/18,- €**
89 2016 Riesling trocken Morstein **12 %/20,- €**
85 2017 Riesling Kabinett Westhofener Morstein **9 %/8,50 €**
85 2017 Riesling Spätlese Himmelacker **7,5 %/12,50 €**
87 2017 Riesling Auslese Morstein **10 %/18,- €/0,5l**
83 2017 Zwitschern Rosé **11 %/7,50 €**
85 2016 Spätburgunder trocken „Kalkstein" **13 %/9,50 €**

Cisterzienser Weingut Michel

★☆

KONTAKT

Dalbergstraße 28
67596 Dittelsheim-Heßloch
Tel. 06244-4921, Fax: -5499
www.cisterzienser-weingut.de
info@cisterzienser-weingut.de

Inhaber Familie Michel
Betriebsleiter/Kellermeister
Ulrich Michel
Rebfläche 30 Hektar
Produktion 200.000 Flaschen

BESUCHSZEITEN

Mo.-Fr. 8-11:30 + 13-18 Uhr, Sa. 9-13 Uhr, So./Feiertage geschlossen (mit Bitte um Anmeldung)

Das heutige Cisterzienser Weingut Michel geht auf ein im Jahr 1173 vom Cisterzienser Kloster Otterberg gegründetes Wein- und Hofgut zurück. 1780 wurde es von den Vorfahren der heutigen Eigentümer erworben. Ulrich Michel, Geisenheim-Absolvent, ist seit 1993 für den Weinausbau verantwortlich. Bis in die neunziger Jahre war das Gut ein landwirtschaftlicher Gemischtbetrieb. Inzwischen hat man die Ackerflächen verpachtet und konzentriert sich ganz auf den Weinbau. Die Weinberge befinden sich in Hessloch (Mondschein) – dort überwiegen tiefgründige Löss-Lehmböden mit hohem Kalkanteil – und im Bechtheimer Hasensprung (mit der ehemaligen Einzellage Löwenberg), wo die Böden eisenerzhaltig sind und mineralische Noten an die Weine abgeben. Wichtigste Rebsorte ist inzwischen mit einem Anteil von einem Viertel der Riesling. Es folgen Weiß-, Grau- und Spätburgunder, Dornfelder, Sauvignon Blanc, Silvaner, Frühburgunder, Merlot und Cabernet Sauvignon. Die Rotweine werden nach der Maischegärung im Holzfass ausgebaut, Weißweine im Edelstahl. Ulrich Michel hat zuletzt weitere Maischegärtanks angeschafft, aber auch Barriques aus französischer und amerikanischer Eiche, sowie 500 Liter-Fässer und kleine Edelstahltanks, um die einzelnen Lagen besser herausarbeiten zu können. 70 Prozent der Produktion wird an Privatkunden verkauft. 2016 wurde ein neues Tanklager mit Kelterhalle gebaut und eine zweite Traubenpresse angeschafft.

Kollektion

Eine bestechend gleichmäßige Kollektion stellt Ulrich Michel in diesem Jahr vor. Die Weißweine präsentieren sich enorm gleichmäßig, sie sind kompakt und klar, alle von merklicher Restsüße geprägt, dem stoffigen, würzigen Löwenerz-Riesling und dem cremigen, fülligen Chardonnay gilt unsere leichte Präferenz. Die neue Cuvée Monsignore, eine Cuvée aus Cabernet Sauvignon, Regent und St. Laurent, ist unser Favorit in diesem Jahr, sie zeigt gute Konzentration im Bouquet, dezent Kirschen, ist klar und kraftvoll im Mund, besitzt reife Frucht und gute Struktur.

Weinbewertung

83 2017 „Sommersprossen" Weißwein **12,5 %/6,80 €**
83 2017 Sauvignon Blanc trocken **13 %/8,80 €**
83 2017 Riesling trocken Bechtheim **12,5 %/6,80 €**
84 2016 Riesling „S" trocken „Löwenerz" **13 %/8,80 €**
84 2016 Chardonnay trocken **13,5 %/9,90 €**
83 2017 Riesling Spätlese Hesslocher Mondschein **13 %/6,80 €**
82 2015 Spätburgunder trocken **13,5 %/6,80 €**
85 2014 „Monsignore" Rotwein **13 %/12,90 €**

Michel-Pfannebecker

★★☆

KONTAKT

Langgasse 18/19
55234 Flomborn
Tel. 06735-355,1363
Fax: 06735-8365
www.michel-pfannebecker.de
info@michel-pfannebecker.de

Inhaber
Heinfried & Gerold Pfannebecker
Rebfläche
11,7 Hektar
Produktion
60.000 Flaschen

BESUCHSZEITEN

Mo.-Sa. 9-18 Uhr
nach Vereinbarung

Bis ins 17. Jahrhundert lässt sich die Geschichte der Familien Michel (aus Burgund) und Pfannebecker (aus Holland) in Flomborn zurückverfolgen. Heute führen Heinfried und Gerold Pfannebecker den Betrieb, den sie ganz auf Weinbau ausgerichtet haben. Heinfried Pfannebecker kümmert sich vor allem um die Weinberge, Gerold Pfannebecker mehr um den Keller. Die Weinberge liegen in Flomborn (Feuerberg, Goldberg) und Westhofen (Steingrube, Morstein), im Eppelsheimer Felsen, im Ober-Flörsheimer Blücherpfad und im Gundersheimer Höllenbrand. Die Reben wachsen auf leichten bis mittelschweren Lösslehmböden, teils mit extrem hohem Kalkanteil. Riesling nimmt gut ein Viertel der Rebfläche ein, es folgen Silvaner, Spätburgunder, Grauburgunder, Weißburgunder und Chardonnay, dazu gibt es etwas Müller-Thurgau, Scheurebe, Gewürztraminer und Würzer. Rote Sorten nehmen insgesamt ein Drittel der Fläche ein, neben Spätburgunder gibt es Portugieser, Dornfelder, Merlot und Cabernet Sauvignon.

Kollektion

Hohes Niveau auch in diesem Jahr, mit weißen wie roten Spitzen. Vier trockene Rieslinge präsentieren Heinfried und Gerold Pfannebecker in diesem Jahr, unser Favorit ist ganz klar der Wein von alten Reben aus dem Feuerberg, der Fülle und Saft besitzt, viel reife Frucht und Substanz. Sehr gut sind auch der zupackende Silvaner von alten Reben oder der füllig-saftige Feuerberg-Weißburgunder. Durchweg sehr gut sind alle Rotweine, der reintönige, zupackende Merlot ebenso wie der strukturierte, kraftvolle Cabernet Sauvignon oder der faszinierend reintönige (Pinot!) Höllenbrand-Spätburgunder. Unser Favorit aber ist ganz klar der intensiv fruchtige, konzentrierte Spätburgunder von alten Reben im Morstein, der Fülle und Kraft besitzt, gute Struktur, reintönige Frucht und Frische.

Weinbewertung

83	2017 Riesling Spätlese trocken Eppelsheimer Felsen **12,5 %/7,20 €**
83	2017 Riesling Spätlese trocken Westhofener Steingrube **12 %/7,20 €**
85	2017 Riesling Spätlese trocken Westhofener Morstein **13 %/8,70 €**
86	2017 Silvaner trocken „Alte Reben" Flomborner Feuerberg **13,5 %/9,8 0€**
85	2017 Weißburgunder Spätlese trocken Flomborner Feuerberg **12,5 %/7,40 €**
84	2017 Grauer Burgunder Spätlese trocken Flomborner Feuerberg **12,5 %/7,20 €**
88	2017 Riesling trocken „Alte Reben" Flomborner Feuerberg **13 %/10,50 €**
84	2017 Scheurebe Spätlese trocken Flomborner Feuerberg **12,5 %/6,90 €**
86	2015 Merlot trocken Flomborner Goldberg **14 %/9,40 €**
87	2015 Cabernet Sauvignon trocken Ober-Flörsheimer Blücherpfad **14 %/10,90 €**
89	2015 Spätburgunder trocken „Alte Reben" Westhofener Morstein **13,5 %/16,50 €**
87	2015 Spätburgunder trocken Gundersheimer Höllenbrand **13,5 %/12,50 €**

KARL-HERMANN MILCH

★★★

KONTAKT

Rüstermühle, Mühlstraße 14
67590 Monsheim
Tel. 06243-337
Fax: 06243-6707
www.weingut-milch.de
info@weingut-milch.de

Inhaber
Karl-Hermann Milch
Rebfläche
13 Hektar
Produktion
75.000 Flaschen

BESUCHSZEITEN

Mo.-Fr. nach Vereinbarung,
Sa. 9-12 + 13-17 Uhr

Karl-Hermann Milch übernahm 2001 das Weingut von seinem Vater Karlheinz Milch. Die Weinberge liegen in den Monsheimer Lagen Silberberg (mit der Gewanne Im Blauarsch) und Rosengarten sowie im Mörstadter Nonnengarten (mit der Gewanne Im Wasserland). Die Reben wachsen teils auf Löss-Lehmböden (teilweise mit Kalksteinanteilen), teils auf Sand und Kies. Wichtigste weiße Sorten sind Chardonnay (seit 1993, 45 Prozent an der Gesamtfläche!), Riesling, Grauburgunder und Müller-Thurgau. Spät- und Frühburgunder sind die wichtigsten roten Rebsorten, gefolgt von Dornfelder, dazu gibt es etwas Cabernet Sauvignon.

Kollektion

Karl-Hermann Milch setzt auf Chardonnay – und das zahlt sich so nach und nach aus. Die 2017er wird er erst später füllen, so dass er uns nochmals die 2016er geschickt hat, die wir im vergangenen Jahr unmittelbar nach der Abfüllung verkostet hatten. Sie haben deutlich an Komplexität gewonnen, allen voran der „Im Wasserland", der gute Konzentration und feinen Toast zeigt, füllig und kraftvoll ist, viel reife süße Frucht besitzt und Biss. Auch die beiden Réserve-Chardonnay haben noch zugelegt: Der Nonnengarten zeigt etwas Toast und rauchige Noten, ist füllig und komplex, der Blauarsch besitzt viel reife Frucht, gute Substanz und Struktur. Beide gibt es auch in einer „normalen" Version, der Blauarsch zeigt intensive Frucht, besitzt Kraft und Struktur, der Nonnengarten ist etwas rauchiger im Bouquet, im Mund ein wenig komplexer. Auch der Réserve-Grauburgunder präsentiert sich in prächtiger Form, ist rauchig, komplex und strukturiert. Die Gutsweine zeigen zuverlässiges Niveau, egal ob Blanc de Noir, Chardonnay oder Spätburgunder, der Monsheimer Chardonnay ist klar und zupackend, der rauchig-würzige Monsheimer Spätburgunder ist frisch und strukturiert. Weiter im Aufwind!

Weinbewertung

84	2017 Spätburgunder „Blanc de Noir" trocken **12 %/6,60 €**
84	2017 Chardonnay trocken „Valentin" **13 %/7,60 €**
86	2017 Chardonnay trocken Monsheim **13,5 %/11,50 €**
85	2017 Grauer Burgunder trocken Monsheim **13,5 %/11,50 €**
89	2016 Grauer Burgunder trocken „Reserve" „Im Blauarsch" **13,5 %/29,- €**
88	2016 Chardonnay trocken Monsheim „Im Blauarsch" **13,5 %/18,50 €**
89	2016 Chardonnay trocken Mörstadt Nonnengarten **13,5 %/18,50 €**
91	2016 Chardonnay trocken „Réserve" Monsheim „Im Blauarsch" **13,5 %/29,- €**
91	2016 Chardonnay trocken „Réserve" Mörstadt Nonnengarten **13,5 %/29,- €**
92	2016 Chardonnay trocken Mörstadt „Im Wasserland" **14 %/49,- €**
84	2013 Spätburgunder trocken **13 %/8,50 €**
86	2015 Spätburgunder trocken Monsheim **13,5 %/11,50 €**

M

Theo Minges

★★★★

Kontakt

Bachstraße 11
76835 Flemlingen
Tel. 06323-93350
Fax: 06323-93351
www.weingut-minges.com
info@weingut-minges.com

Inhaber
Theo Minges
Betriebsleiter
Theo Minges, Regine Minges
Kellermeister
Theo Minges,
Lukas Hammelmann
Rebfläche
25 Hektar
Produktion
180.000 Flaschen

Besuchszeiten

Mo.-Fr. 9-12 + 13-18 Uhr,
Sa. 9-17 Uhr

Ende der siebziger Jahre übernahm Theo Minges den elterlichen Betrieb, den er seither mit Ehefrau Martina führt, heute werden sie unterstützt von Tochter Regine, Geisenheim-Absolventin. Das Weingut hat seinen Sitz in einem Anwesen, das im 16. Jahrhundert den Grafen von der Leyen gehörte, von denen unter anderem der heute noch erhaltene Zehntkeller stammt, seit 1847 ist das Anwesen im Besitz der Familie Minges. Die Weinberge befinden sich in der Gleisweiler Hölle, den Flemlinger Lagen Vogelsprung und Herrenbuckel, im Böchinger Rosenkranz und in den Burrweiler Lagen Schlossgarten und Schäwer. Riesling ist die wichtigste Rebsorte im Betrieb, nimmt ein gutes Drittel der Rebfläche ein, ein Fünftel entfällt auf die weißen Burgundersorten, es folgen Spätburgunder und Scheurebe, dazu gibt es Chardonnay, Scheurebe, Gewürztraminer, Rieslaner und Muskateller, Dornfelder und St. Laurent sowie Cabernet Sauvignon, Cabernet Franc und Merlot. Seit dem Jahrgang 2013 ist das Weingut Bio-zertifiziert. Für die Weißweine werden die Trauben nach Maischestandzeiten von 6 bis 30 Stunden schonend gepresst und langsam und kühl im Holz oder im Edelstahl vergoren, sie reifen lange auf der Vollhefe. Seine Rotweine baut Theo Minges sehr lange im Fass aus. Das Programm ist gegliedert in Gutsweine, Ortsweine, Erste Lage und Große Lage. Ein Erste Lage-Riesling kommt aus der Gleisweiler Hölle, ein Grauburgunder aus dem Böchinger Rosenkranz. Das Große Gewächs aus der Hölle trägt seit dem Jahrgang 2014 den Gewannnamen Unterer Faulenberg. Ein weiterer Großes Gewächs-Riesling, erstmals 2014 erzeugt, kommt aus dem Burrweiler Schäwer, der Weißburgunder aus dem Böchinger Rosenkranz trägt seit dem Jahrgang 2014 den Gewannnamen Im untern Kreuz, der Spitzen-Spätburgunder stammt aus der Gewanne Zinkelerde im Böchinger Rosenkranz. Schon in der ersten Ausgabe lobten wir die Weine von Theo Minges, besonders die Rieslinge und Rotweine. Die Rieslinge haben sich seither immer mehr als seine Stärke erwiesen, auch die Rotweine haben uns immer beeindruckt, wenn wir denn welche zu verkosten bekamen, denn nicht jedes Jahr hat Theo Minges uns Rotweine vorgestellt. Die Qualität ist stetig gestiegen, die Konsistenz der Kollektionen ist beeindruckend.

Kollektion

Während wir im vergangenen Jahr die drei weißen Großen Gewächse gleich bewertet hatten, favorisieren wir in diesem Jahr den Weißburgunder: Er besitzt gute Konzentration, ist sehr reintönig und komplex mit Noten von Birne, Melone und Aprikose, ist kraftvoll und stoffig, besitzt auch etwas Kräuternoten, feinen Biss und gute Länge. Das Riesling-Große Gewächs aus dem Schäwer ist wie gewohnt ganz auf

der würzigen Seite mit kräutrigen und steinigen Noten, am Gaumen besitzt er viel Kraft, etwas Zitrusfrucht, feinen Grip, ist nachhaltig, der Untere Faulenberg besitzt deutlich mehr Frucht, ohne aber zu fruchtbetont zu sein, er zeigt Aprikose, Orangenschale und grünen Apfel, am Gaumen auch etwas saure Grapefruit und Kräuterwürze, besitzt Biss. Das vierte Große Gewächs, der Spätburgunder aus der Zinkelerde, zeigt viel dunkle Frucht, etwas Pflaume und deutliche Gewürznoten, vor allem Nelke, besitzt Kraft, feine röstige Würze und eine gute Struktur mit noch jugendlichen Tanninen. Der Grauburgunder vom Muschelkalk und der Chardonnay vom Kalkmergel zeigen beide deutliche Röstnoten und Kokos, der Grauburgunder besitzt Kraft, Stoff und feinen Schmelz, der Chardonnay besitzt viel gelbe Frucht, Banane, Aprikose, Melone und ein feines Säurespiel, der Grauburgunder aus dem Rosenkranz zeigt dagegen nur ganz dezente Holzwürze, etwas florale Noten, ist gelbfruchtig und cremig. Die beiden trockenen Rieslinge aus der Hölle und vom Buntsandstein zeigen klare Frucht und besitzen Biss, die Hölle ist etwas zitruswürziger, der Buntsandstein etwas kräutriger und nachhaltiger. Wie immer sind auch die Süßweine eine der Stärken der Familie Minges, dieses Jahr konnten wir drei Auslesen verkosten, von denen uns der kraftvolle, sehr reintönige Gewürztraminer mit seinen Noten von Holunderblüte, Litschi, Rosenblättern und Zitrusfrucht am besten gefällt, der Riesling aus der Hölle zeigt etwas Aprikose und Ananas im Bouquet, dazu deutliche kräutrige Würze, er ist cremig und etwas komplexer und tiefer als die Auslese vom Rieslaner, der viel klare, süße gelbe Frucht und ein frisches Säurespiel besitzt.

Regine & Theo Minges

Weinbewertung

87	2017 Riesling trocken „Buntsandstein" **12,5 %/12,- €**
88	2017 Grauburgunder trocken „Muschelkalk" **14 %/12,50 €**
88	2017 Chardonnay trocken „Kalkmergel" **13,5 %/12,80 €**
87	2017 Grauburgunder trocken Böchinger Rosenkranz **13,5 %/9,80 €**
86	2017 Riesling trocken Gleisweiler Hölle **13 %/9,80 €**
91	2017 Weißburgunder „GG" Rosenkranz „Im untern Kreuz" **13,5 %/24,- €**
90	2017 Riesling „GG" Schäwer **13,5 %/24,- €**
90	2017 Riesling „GG" Hölle „Unterer Faulenberg" **13 %/24,- €**
88	2017 Riesling Auslese Gleisweiler Hölle **9,5 %/12,- €/0,5l**
89	2017 Gewürztraminer Auslese Flemlinger Herrenbuckel **12,5 %/12,80 €/0,375l**
87	2017 Rieslaner Auslese **9,5 %/12,- €/0,5l**
90	2014 Spätburgunder „GG" Rosenkranz „Zinkelerde" **14 %/32,- €**

M

LAGEN

HÖLLE (GLEISWEILER)
– UNTERER FAULENBERG
ROSENKRANZ (BÖCHINGEN)
– IM UNTERN KREUZ
– ZINKELERDE
SCHLOSSGARTEN (BURRWEILER)
SCHÄWER (BURRWEILER)
VOGELSPRUNG (FLEMLINGEN)
HERRENBUCKEL (FLEMLINGEN)

REBSORTEN

RIESLING (35 %)
SPÄTBURGUNDER (12 %)
SCHEUREBE (8 %)

MÖDINGER

★★

KONTAKT

Waldstraße 27
71384 Weinstadt
Tel. 07151-61172
Fax: 07151-610162
www.moedinger-weingut.de
info@moedinger-weingut.de

Inhaber
Familie Mödinger
Rebfläche
3 Hektar
Produktion
18.000 Flaschen

M

BESUCHSZEITEN

Fr. 16-19 Uhr, Sa. 10-13 Uhr und nach Vereinbarung

Seit vier Generationen baut die Familie Wein im Remstal an, im Nebenerwerb, war lange Zeit Mitglied einer Genossenschaft, ehe man selbst mit dem Weinausbau begann, nachdem Sven Mödinger seine Winzerlehre abgeschlossen hatte. Die Weinberge liegen in den Strümpfelbacher Lagen Altenberg und Nonnenberg sowie den Beutelsbacher Lagen Altenberg und Burghalde. Angebaut werden hauptsächlich typische Württemberger Rebsorten wie Riesling, Müller-Thurgau oder Kerner – weiße Rebsorten nehmen 70 Prozent der Fläche ein – sowie rote Sorten wie Trollinger, Lemberger, Portugieser, Dornfelder und Muskattrollinger. Die Top-Weine, derzeit ein Riesling und ein Schillerwein, stammen aus der ehemaligen Einzellage Gastenklinge, die direkt am Gut liegt. Die Rotweine werden alle maischevergoren. Die Weine kann man alle auch in der hauseigenen Besenwirtschaft genießen, dem Koppa-Besa. 200 Meter vom Weingut entfernt wurde ein neues Kelterhaus errichtet.

Kollektion

Eine starke Kollektion präsentiert Sven Mödinger in diesem Jahr, und das obwohl wir unsere Favoriten der letzten Jahre, Riesling und Schiller aus der Gastenklinge, dieses Jahr nicht verkosten konnten; sie waren zwar zur Nachsendung avisiert, erreichten uns aber nicht mehr vor Redaktionsschluss. Aber auch ohne sie überzeugt die Kollektion, die mit einem frischen, zupackenden Sekt beginnt. Die weiße Cuvée von alten Reben – Kerner und Riesling – ist lebhaft, geradlinig und frisch, der Diego genannte Riesling ist herrlich reintönig, präzise, druckvoll und nachhaltig. Der feinherbe Riesling ist würziger, klar und harmonisch. Der Muskattrollinger Rosé besticht mit Muskatwürze und Frucht und auch der kirschduftige Trollinger ist klar und frisch, besitzt wunderschön reintönige Frucht. Die Cuvée Nelly aus Lemberger, Portugieser und Dornfelder besitzt viel Frucht und Grip. Unser Favorit ist die Cuvée aus Lemberger und Syrah, der fruchtbetont und intensiv im Bouquet ist, lebhaft, frisch und zupackend im Mund, gute Struktur und Frucht besitzt.

Weinbewertung

84	2016 „Romy" Riesling Sekt trocken **11 %/11,50 €**
84	2017 „Alte Reben" Weißwein Cuveé trocken **12 %/6,80 €**
86	2017 Riesling trocken „Diego" **12 %/7,50 €**
85	2017 Riesling „feinherb" **11,5 %/7,- €**
83	2017 Muskat-Trollinger Rosé **12 %/6,50 €**
84	2016 Trollinger trocken **12 %/5,50 €**
85	2016 „Nelly" Rotwein Cuveé trocken **12 %/6,50 €**
88	2016 Lemberger Syrah trocken **13 %/14,20 €**

Mönchhof, Robert Eymael

★★☆

KONTAKT

Mönchhof, 54539 Ürzig
Tel. 06532-93164
Fax: 06532-93166
www.moenchhof.de
info@moenchhof.de

Inhaber
Robert Eymael
Rebfläche
10 Hektar

BESUCHSZEITEN

Mo.-Sa. 9-17 Uhr, am Wochenende nach Vereinbarung
3 Gästezimmer

Der Mönchhof in Ürzig, der ehemals der Zisterzienserabtei Himmerod gehörte, ist eines der ältesten Weingüter an der Mosel. 1804, nach der Säkularisierung unter Napoleon, ersteigerte die Familie Eymael das Weingut in Paris, seither ist es in Familienbesitz, wird seit 1994 von Robert Eymael geführt, der später auch das Weingut Christoffel Erben übernahm. Auch nach dem Verkauf des Weinguts Mönchhof an chinesische Investoren bleibt Robert Eymael verantwortlich für das operative Geschäft. Die Weinberge liegen im Ürziger Würzgarten (zu dessen Fuß das Weingut liegt) sowie in den beiden Erdener Lagen Treppchen und Prälat, sie sind mit wurzelechten, teilweise hundert Jahre alten Rieslingreben bepflanzt – andere Sorten werden hier aus Prinzip nicht angebaut. Das Weingut hat seinen Sitz in einem Gutsgebäude aus dem 16. Jahrhundert. Alle Weine werden im alten Gewölbekeller in Holzfässern ausgebaut. Dem Weingut ist ein Gästehaus angeschlossen.

Kollektion

Lediglich vier Weine wurden im vergangenen Jahr vorgestellt, aber die überzeugten durch ihre Gleichmäßigkeit; an der Spitze rangierte der süße Prälat-Riesling. Auch 2017 sind die Weine im typischen Mönchhof-Stil gehalten: zugänglich, spritzig, schon in der Jugend verführerisch. Die Bedingungen des Jahrgangs erlaubten die Erzeugung sehr feiner, nachhaltiger Rieslinge. Die stoffige, kraftvolle trockene Spätlese von alten Reben aus dem Würzgarten muss ebenso herausgehoben werden wie der feinherbe, noch deutlich hefig-jugendliche Kabinettwein aus dem Treppchen. Die merkliche Süße wirkt derzeit noch etwas präsent, aber mit ein wenig Reifezeit ist dieses ein sehr gelungener Wein. Kabinett und Spätlese aus dem Würzgarten bauen auf logische Weise aufeinander auf. Der eine rassig mit etwas Kohlensäure und würziger Note, die andere in der Nase klar, aber recht verhalten mit Kernobstnoten, im Mund straff, saftig, mit deutlicher, aber passender Süße. Bei der Prälat-Auslese machte sich bei der Verkostung in der Nase etwas Schwefel bemerkbar, der Wein zeigte am Gaumen aber schon, welche Eleganz er besitzt.

Weinbewertung

89 2017 Riesling Spätlese trocken „Alte Reben" Ürzig Würzgarten **12 %/15,60 €**
87 2017 Riesling Kabinett „feinherb" Erden Treppchen **11 %/11,80 €**
87 2017 Riesling Kabinett Ürzig Würzgarten **9,5 %/11,80 €**
88 2017 Riesling Spätlese Ürzig Würzgarten **8,5 %/13,90 €**
90 2017 Riesling Auslese Erden Prälat **8 %/26,80 €**

M

Rudi Möwes

★☆

KONTAKT

Hübühl 10
76835 Weyher
Tel. 06323-5602
Fax: 06323-980158
www.weingut-moewes.de
info@weingut-moewes.de

Inhaber
Rudi & Michael Möwes
Rebfläche
10,1 Hektar
Produktion
75.000 Flaschen

M

BESUCHSZEITEN

nach Vereinbarung
Ferienhaus „An der Dorflinde",
Ferienwohnung

Die Weinberge von Rudi und Michael Möwes liegen im Weyherer Michelsberg, in Burrweiler Altenforst und in den Rhodter Lagen Schlossberg und Rosengarten, 2013 kam eine Parzelle im Hainfelder Letten dazu. Die Reben wachsen auf unterschiedlichen Böden von Schiefer über Granit, Rotliegendem, Kalkmergel bis Buntsandstein. Weiße Sorten nehmen 65 Prozent der Rebfläche ein: Riesling, Weißburgunder, Grauburgunder, Chardonnay und Silvaner, aber auch Müller-Thurgau, Kerner, Scheurebe, Rieslaner und Muskateller. An roten Sorten bauen sie Spätburgunder, Sankt Laurent, Portugieser und Dornfelder an. Die Rotweine werden nach der Maischegärung im großen oder kleinen Holz ausgebaut, der Ausbau der Weißweine erfolgt nach einer kontrollierten Vergärung im Edelstahl, seit dem 2014er Jahrgang wird ein Chardonnay im Barrique ausgebaut.

Kollektion

Rudi und Michael Möwes präsentieren uns ihre beste Kollektion der letzten Jahre. Die trockenen Rieslinge weisen alle reichlich Restzucker auf, sind aber sehr präsent und besitzen Saft und gute Konzentration: An der Spitze stehen zwei spontan vergorene Weine, der Riesling aus dem Pfarrgarten (mit der AP-Nummer-Endung 31 18) zeigt viel klare Frucht, Aprikose, reifen Apfel, ist komplex und harmonisch, der Steillagen-Wein aus dem Altenforst zeigt kräutrige und steinige Würze und besitzt gute Länge. Der zweite Wein aus dem Pfarrgarten (AP 21 18) ist kräutrig, zitruswürzig und frisch, die cremige Rieslaner Auslese besitzt viel süße Frucht mit Noten von Ananas und Grapefruit. Unter den beiden Chardonnay gefällt uns der Kalkmergel etwas besser als die im Barrique ausgebaute Version, er ist reintönig, kraftvoll und konzentriert, zeigt Banane und Birne im Bouquet, der Barrique ist stoffig mit viel röstiger Würze und leicht trocknendem Holztannin. —

Weinbewertung

83 2017 Riesling trocken „Kalkmergel" Weyher **12,5 %/6,- €**
87 2017 Riesling trocken „Granit" Weyherer Pfarrgarten (31 18) **13 %/9,50 €**
85 2017 Riesling trocken „Granit" Weyherer Pfarrgarten (21 18) **12,5 %/8,- €**
83 2017 Riesling trocken „Rotliegendes" Weyher **12 %/6,- €**
81 2017 Scheurebe trocken „Löss" Edesheim **12 %/6,- €**
83 2017 Gelber Muskateller trocken „Kalkmergel" Weyher **12 %/7,- €**
84 2017 Weißburgunder trocken „Kalkmergel" Weyherer Michelsberg **14 %/8,50 €**
85 2017 Chardonnay trocken „Kalkmergel" Hainfelder Letten **13,5 %/8,50 €**
86 2017 Riesling trocken „Schiefer-Steillage" Burrweiler Altenforst **13 %/10,- €**
84 2017 Chardonnay trocken Barrique Hainfelder Letten **14,5 %/11,50 €**
82 2017 Riesling Kabinett „Granit-Schiefer" Burrweiler Altenforst **12,5 %/6,- €**
85 2017 Rieslaner Auslese Weyherer Michelsberg **8,5 %/9,- €**

Mohr

★★★

KONTAKT

Rheinstraße 21
65391 Lorch
Tel. 06726-9484
Fax: 06726-1694
www.weingut-mohr.de
info@weingut-mohr.de

Inhaber
Jochen Neher
Rebfläche
7,5 Hektar
Produktion
40.000 Flaschen

BESUCHSZEITEN

nach Vereinbarung
Straußwirtschaft (Ende April-Ende Juni, Mitte Oktober-Mitte November), mit türkischer und regionaler Küche

Das 1875 von Wilhelm Mohr gegründete Weingut wird heute von dessen Urenkel Jochen Neher und seiner Frau Saynur Sonkaya-Neher geführt. Ihre Weinberge liegen in den Lorcher Lagen Krone (grauer Taunusschiefer), Bodental-Steinberg (roter und blauer Phyllitschiefer) und Schlossberg (blauer Taunusschiefer), wo Jochen Neher einen Weinberg mit 1934 gepflanzten Reben besitzt, die wohl ältesten im Rheingau, sowie im Assmannshäuser Höllenberg (roter Phyllitschiefer und Quarzit). Hauptrebsorte im Betrieb ist der Riesling, der drei Viertel der Rebfläche einnimmt. Daneben gibt es Spätburgunder und Weißburgunder, sowie ein klein wenig Silvaner, Scheurebe und Muskateller. Die Weinberge werden biologisch bewirtschaftet, Jochen Neher ist seit 2014 Mitglied bei Ecovin. 2017 erweiterte er die Rebfläche um einen Hektar in Lorch und Assmannshausen.

Kollektion

Drei Sekte stellt Jochen Neher in diesem Jahr vor. Der 2014er Riesling ist mild und ausgewogen, der würzige 2015er Pinot-Sekt zeigt jugendlich-explosives Mousseux, ist cremig und üppig. Die Reife des 2013er Riesling Reserve kommt vom langen Hefelager, das ihm Eleganz, Würze und Schmelz verleiht. Die trockenen Rieslinge sind alle mineralisch, fein und ausgewogen. Der Gutsriesling ist leicht und animierend, die Alten Reben besitzen ausgeprägte Mineralität und Frische. Gewohnt kraftvoll präsentiert sich der gelbfruchtige Erste Lage-Riesling aus dem Bodental-Steinberg, die hohe Reife wird von einer spannenden Gerbstoffader und salziger Mineralität gekontert. Das trockene Flaggschiff des Weingutes, der Riesling 34, dessen Kraft von alten Reben stammt, ist deutlich feingliederiger und steiniger, aber nicht minder kraftvoll. Die Spätburgunder sind gewohnt kühl und präzise, der Wein von alten Reben besitzt viel Finesse und Tiefe.

Weinbewertung

86	2014 Riesling Sekt brut **13 %/18,50 €**
88	2013 Riesling Sekt extra brut Locher Krone **12,5 %/30,- €**
85	2015 Pinot Sekt brut **12,5 %/18,50 €**
84	2017 Weißburgunder trocken **11,5 %/9,90 €**
83	2017 Spätburgunder „Blanc de Noir" trocken **11 %/9,50 €**
85	2017 Riesling trocken **12 %/8,90 €**
87	2017 Riesling trocken „Alte Reben" **12 %/15,90 €**
89	2017 Riesling trocken „34" Lorcher Schlossberg **13 %/28,- €**
88	2017 Riesling trocken Erstes Gewächs Lorcher Bodental-Steinberg **13 %/28,- €**
84	2017 Pinot Noir trocken **12,5 %/12,90 €**
86	2017 Spätburgunder trocken Assmannshäuser Höllenberg **12,5 %/18,50 €**
88	2016 Spätburgunder trocken „Alte Reben" Höllenberg **13,5 %/28,- €**

M

Markus Molitor

★★★★★

KONTAKT

Haus Klosterberg
54470 Bernkastel-Wehlen
Tel. 06532-954000
Fax: 06532-9540029
www.markusmolitor.com
info@markusmolitor.com

Inhaber
Markus Molitor
Rebfläche
100 Hektar
Produktion
500.000 Flaschen

BESUCHSZEITEN

Mo.-Fr. 10-17 Uhr, Sa./So. nach Vereinbarung
Vinothek (bis 50 Personen)

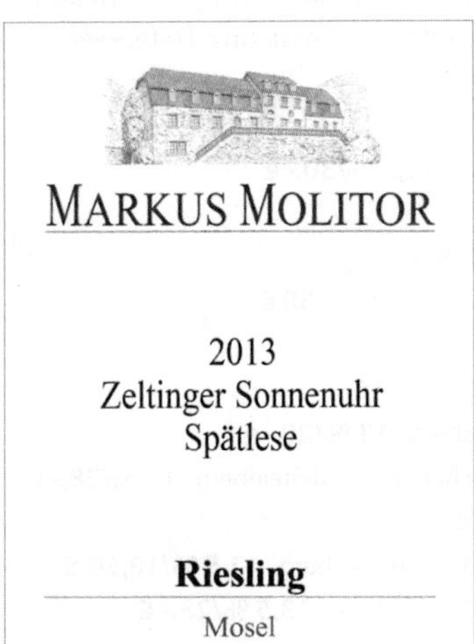

M

Ganz klein und sehr jung hat er angefangen, heute ist Markus Molitor größter Weingutsbesitzer an der mittleren Mosel. Direkt am Weingut besitzt Markus Molitor 10 Hektar Weinberge, das größte arrondierte Stück an der Mittelmosel (Wehlener Klosterberg). Beträchtlichen Besitz hat er auch in der Zeltinger Sonnenuhr, ist aber auch auf der Wehlener Seite vertreten und im Zeltinger Schlossberg. Hinzu kommen unter anderem Weinberge im Graacher Domprobst und Himmelreich, Erdener Treppchen, Ürziger Würzgarten und in der Bernkasteler Lay, auch in Kinheim. An der Saar hat er 3 Hektar im Saarburger Rausch erworben, einen halben Hektar im Ockfener Bockstein, zuletzt kamen Weinberge in Kinheim hinzu; als nächstes Projekt folgte die Wiederbestockung des Geisbergs, einer brachgefallenen Lage in Ockfen, danach erwarb er die ehemalige Staatsdomäne in Serrig. Neben Riesling baut er Weiß- und Spätburgunder an. Die Burgunder werden bei ihm prinzipiell im Holz ausgebaut. Markus Molitor vergärt alle Weine mit den natürlichen Hefen. Zum Keltern benutzt er in den letzten Jahren verstärkt Korbpressen, lässt die Weine 12 bis 18 Stunden macerieren, je nach Jahrgang auch mal zwei Tage. Zum Ausbau nutzt er Edelstahl und Holzfässer, hat den Holzfassanteil in den letzten Jahren weiter vergrößert. Er baut die Weine lange auf der Feinhefe aus, füllt sehr spät ab. Solche Weine sollte man eigentlich erst nach ein paar Monaten Flaschenreife zeigen, noch besser: Nach ein paar Jahren. Sie altern großartig, auch die trockenen Weine und selbst in Jahrgängen wie 2003. Bezeichnungen wie trocken oder „feinherb" hat Markus Molitor mit dem Jahrgang 2007 abgeschafft. Für ihn trocken schmeckende Weine (auch wenn nicht im gesetzlich trockenen Bereich) werden mit weißer Kapsel ausgestattet, feinherbe mit grüner und süße mit goldener.

Kollektion

Einmal mehr eine umfangreiche Kollektion, die wir von Markus Molitor verkostet haben, und nicht einmal die Hälfte der Weine können wir vorstellen, dabei hätte es ein jeder verdient. Die Weißburgunder zeigen 2017 Anklänge an Tropenfrüchte, der Drei Sterne-Wein ist kraftvoll und komplex. Unter den beiden faszinierenden 3 Sterne-Pinot Noir gilt unsere leichte Präferenz dem präzisen, druckvollen Schlossberg. Das trockene Segment (weiße Kapsel) bietet den kraftvollen, zupackenden Schiefersteil, den faszinierend lebhaften, leichten Domprobst-Kabinett und die druckvoll-elegant Bockstein-Spätlese, die Spätlese aus der Zeltinger Sonnenuhr ist noch fülliger und kraftvoller, wie überhaupt die Weine aus der Zeltinger Sonnenuhr in fast allen Kategorien heraus ragen, auch bei den trockenen 2 Sterne-Auslesen, die geschlossen hervorragendes Niveau zeigen. Auch die Kinheimer Rieslinge aus Hubertuslay und Rosenberg geben ein prächtiges Bild, behaupten sich ganz hervorragend neben den bekannteren Lagen. Großartig sind die trockenen 3 Sterne Auslesen, allen voran Zeltinger

Sonnenuhr (herrlich komplex), Bockstein (Fülle, Kraft) und Hubertuslay (mineralisch, jugendlich, spannend). Halbtrocken (grüne Kapsel) fasziniert von den Kabinettweinen bis zu den Auslesen und gleichermaßen spannend geht es im süßen Segment zu (goldene Kapsel), mit lebhaftem Kabinett, saftig-frischen Spätlesen und einer Batterie faszinierender Auslesen und Beerenauslesen, die alle erst in mehr als einem Jahrzehnt zu Hochform auflaufen werden.

Markus Molitor

Weinbewertung

86	2017 Pinot Blanc Klosterberg **12 %/9,90 €**
92	2017 Pinot Blanc*** Wehlener Klosterberg **12,5 %/45,- €**
87	2017 Riesling „Schiefersteil" **11,5 %/12,80 €**
88	2017 Riesling Kabinett Graacher Domprobst **10 %/14,80 €**
90	2017 Riesling Spätlese Ockfener Bockstein **11 %/19,50 €**
91	2017 Riesling Spätlese Zeltinger Sonnenuhr **11,5 %/22,- €**
89	2017 Riesling „Alte Reben" Saar **11,5 %/17,80 €**
91	2017 Riesling Auslese** Kinheimer Hubertuslay **11,5 %/36,- €**
92	2017 Riesling Auslese** Zeltinger Sonnenuhr **12 %/38,- €**
91+	2017 Riesling Auslese*** Kinheimer Hubertuslay **11,5 %/76,- €**
92	2017 Riesling Auslese*** Ockfener Bockstein **12,5 %/76,- €**
93	2017 Riesling Auslese*** Zeltinger Sonnenuhr **12,5 %/78,- €**
90	2017 Riesling Spätlese Kinheimer Rosenberg **10 %/18,50 €**
90	2017 Riesling Spätlese Graacher Himmelreich **10 %/19,50 €**
91	2017 Riesling Auslese** Bernkasteler Badstube **10,5 %/36,- €**
92	2017 Riesling Auslese*** Zeltinger Sonnenuhr **11,5 %/78,- €**
89	2017 Riesling Kabinett Zeltinger Sonnenuhr **7,5 %/17,- €**
90	2017 Riesling Spätlese Ürziger Würzgarten **7,5 %/19,50 €**
90	2017 Riesling Spätlese Zeltinger Sonnenuhr **7,5 %/22,- €**
92	2017 Riesling Auslese** Zeltinger Sonnenuhr **7,5 %/38,- €**
92	2017 Riesling Auslese** Zeltinger Himmelreich **7,5 %/36,- €**
92	2017 Riesling Auslese** Wehlener Klosterberg **7,5 %/36,- €**
93	2017 Riesling Auslese*** Wehlener Sonnenuhr **7,5 %/76,- €**
93	2017 Riesling Auslese*** Ockfener Bockstein **7 %/76,- €**
93	2017 Riesling Auslese*** Graacher Himmelreich **7,5 %/76,- €**
93	2017 Riesling Auslese*** Zeltinger Sonnenuhr **7,5 %/78,- €**
93	2017 Riesling Auslese*** Kinheimer Rosenberg **7,5 %/76,- €**
93	2017 Riesling Auslese*** Kinheimer Hubertuslay **7,5 %/76,- €**
94	2017 Riesling Beerenauslese Kinheimer Hubertuslay **6 %/53,- €/0,375l**
94	2017 Riesling Beerenauslese Ürziger Würzgarten **6,5 %/53,- €/0,375l**
94	2017 Riesling Beerenauslese* Zeltinger Sonnenuhr **6 %/77,- €/0,375l**
93	2015 Pinot Noir*** Trarbacher Schlossberg **13 %/95,- €**
92	2015 Pinot Noir*** Graacher Himmelreich **13 %/120,- €**

LAGEN

SONNENUHR (ZELTINGEN)
SCHLOSSBERG (ZELTINGEN)
SONNENUHR (WEHLEN)
DOMPROBST (GRAACH)
HIMMELREICH (GRAACH)
WÜRZGARTEN (ÜRZIG)
TREPPCHEN (ERDEN)
RAUSCH (SAARBURG)
BOCKSTEIN (OCKFEN)
LAY (BERNKASTEL)
BADSTUBE (BERNKASTEL)
KLOSTERBERG (WEHLEN)
ROSENBERG (KINHEIM)
HUBERTUSLAY (KINHEIM)
HIMMELREICH (ZELTINGEN)

REBSORTEN

RIESLING (92 %)
SPÄTBURGUNDER (5 %)
WEISSBURGUNDER (3 %)

Molitor - Rosenkreuz

★★★☆

KONTAKT

Am Rosenkreuz 1
54518 Minheim
Tel. 06507-6739
Fax: 06507-992109
www.weingut-molitor.eu
weingutmolitor-rosenkreuz@
freenet.de

Inhaber
Achim W. Molitor
Rebfläche
6 Hektar
Produktion
36.000 Flaschen

BESUCHSZEITEN

tägl. 11-18 Uhr im Gutsausschank Molitor in Bernkastel, Karlstraße 1

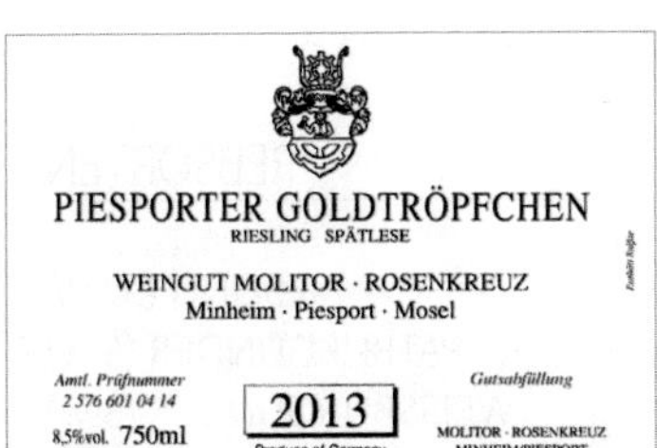

Achim Molitor hat 1995 ein Weingut in Minheim gekauft. Dadurch kam er in den Besitz von 4 Hektar Weinbergen in Piesport, darunter über 50 Jahre alte Reben im Piesporter Goldtröpfchen. Hinzu kam ein Hektar mit 50 bis 100 Jahre alten Reben in Wintrich, zuletzt hat er weitere Parzellen im Piesporter Berg erworben und neu bepflanzt. Bis auf eine Parzelle direkt am Weingut liegen alle Weinberge in Steillagen. Neben 95 Prozent Riesling baut er 5 Prozent Spätburgunder an. Alle Weine werden spontanvergoren und teils im Fuder, teils im Edelstahl ausgebaut, der Pinot Noir im Barrique. 1998 investierte Achim Molitor in neue Kelter- und Kelleranlagen in Minheim, 2004 eröffnete er eine Weinstube in Bernkastel.

Kollektion

Die Weine von Achim Molitor sind stets eigenständig, kraftvoll, würzig, nachhaltig. Sie werden spät abgefüllt und entwickeln sich ausgezeichnet. Der trockene Riesling ist eher verhalten in der Nase, im Mund dann überraschend würzig, zupackend. Die drei vorgestellten Großen Gewächse unterscheiden sich deutlich voneinander. Das aus dem Goldtröpfchen ist in der Nase verhalten, im Mund würzig, im Nachhall noch nussig-hefig, mit herber Würze. Das Große Gewächs aus dem Grafenberg frisch, straff, würzig mit deutlicher Säure, insgesamt etwas schlanker, aber ebenfalls nachhaltig. Jenes aus dem Ohligsberg ist am unzugänglichsten, kompakt, stoffig, braucht definitiv noch Zeit. Im süßen Bereich beeindruckt die Auslese mit Blütennoten, ist würzig und saftig, verhalten süß. Dass derartige Weine gut reifen, zeigen die beiden vorgestellten Rieslinge aus 1998 – vor allem die Auslese mit Noten von Kandis, verbunden mit Kräutern, erdiger Würze, im Mund straff, verhalten süß, mit Apfelwürze im Nachhall. Nicht vergessen sollte man die Rotweine: Der 2016er Pinot Noir ist klar, offen, mit Noten von Sauerkirsche und würziger Art, aber auch feiner Frucht. Der Falco ist eher verhalten, sortentypisch, elegant und gleichermaßen dicht, würzig und lang. ▬

Weinbewertung

86 2017 Riesling trocken **12 %/10,- €**
89 2017 Riesling trocken „GG" Piesporter Grafenberg **12 %/16,- €**
89 2017 Riesling trocken „GG" Piesporter Goldtröpfchen **12 %/24,- €**
88+ 2017 Riesling trocken „GG" Wintricher Ohligsberg **12 %/20,- €**
87 2017 Riesling Spätlese „feinherb" Piesporter Falkenberg **11 %/10,- €**
89 2017 Riesling Auslese „feinherb" Piesporter Goldtröpfchen **11 %/16,- €**
88 1998 Riesling Spätlese Piesporter Goldtröpfchen **7,5 %/18,- €**
89 1998 Riesling Auslese Piesporter Goldtröpfchen **9 %/15,- €**
87 2016 Pinot Noir trocken **13,5 %/15,- €**
88 2016 Pinot Noir trocken „Mont Piesport Falco" **14 %/24,- €**

Montigny

★★★

KONTAKT

Weidenpfad 46
55452 Laubenheim
Tel. 06704-1468
Fax: 06704-1602
www.montigny.de
sascha.montigny@montigny.de

Inhaber
Sascha Montigny
Rebfläche
7,5 Hektar
Produktion
55.000 Flaschen

BESUCHSZEITEN

Mo.-Fr. 10-12 + 14-18 Uhr,
Sa. 10-14 Uhr, jeweils nach Vereinbarung

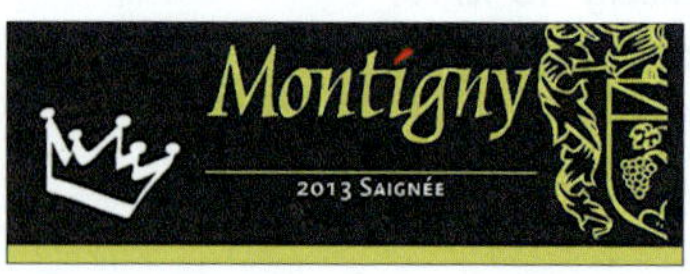

Das Weingut Montigny wurde in den sechziger Jahren von den Eltern des heutigen Besitzers gegründet, Sascha Montigny hat es 1994 übernommen. Ungewöhnlich für die Nahe ist, dass die Hälfte der Rebfläche mit roten Sorten bestockt ist. Spätburgunder, den es bereits seit 1975 gibt, ist die wichtigste rote Sorte. Zweite wichtige Rotweinsorte ist der St. Laurent, einige Frühburgunderanlagen hat Sascha Montigny jetzt angesichts des Klimawandels mit Merlot ersetzt. Der Schwerpunkt bei den Weißweinen liegt beim Riesling, der ein Viertel der Rebfläche einnimmt, dazu gibt es Grauburgunder und Weißburgunder.

Kollektion

Die aktuelle Rotweinkollektion ist insgesamt etwas schlanker als im Vorjahr, aber immer noch sehr kraftvoll, alle zeigen dunkle Frucht und einen gekonnten, dezenten Holzeinsatz. Zu unserem Favoriten der vergangenen Jahre, dem Spätburgunder aus der Krone, gesellt sich aus dem 2016er Jahrgang der genauso starke Saint Laurent „R", beide Weine zeigen kühle, kräutrige Würze, besitzen gute Konzentration, Struktur und auch Eleganz. Der Frühburgunder zeigt neben dunkler Kirschfrucht auch etwas Cassis und feine Krokantwürze, die Cuvée „Mariage" aus Spätburgunder, Saint Laurent und etwas Dunkelfelder zeigt im Bouquet Noten von Pflaume und Mokka. Bei den beiden Sekten gefällt uns der 40 Monate auf der Hefe ausgebaute, cremige „Blanc de Noirs" mit leicht rauchiger und floraler Würze wesentlich besser als der Riesling, der leichte Reifenoten zeigt. Der Riesling aus der Krone besitzt leicht süße Frucht und Fülle und zeigt auch etwas kräutrig-mineralische Würze, der Karthäuser-Riesling zeigt klare Zitrusnoten, der Grauburgunder ist wieder sehr vom Holz geprägt, besitzt aber auch Frische, beim cremigen, leicht floralen Weißburgunder ist das Holz dezenter.

Weinbewertung

87 2013 Pinot Noir „Blanc de Noirs" Sekt brut **13 %/13,- €**
84 2014 Riesling Sekt brut **12 %/11,- €**
82 2017 Riesling trocken Laubenheimer **12,5 %/6,- €**
84 2017 Weißburgunder trocken Laubenheimer **13 %/8,- €**
85 2017 Grauburgunder trocken Laubenheimer Karthäuser **13 %/10,- €**
84 2017 Riesling trocken Laubenheimer Karthäuser **13 %/8,50 €**
86 2017 Riesling trocken Laubenheimer Krone **13 %/13,50 €**
84 2017 Frühburgunder + Spätburgunder Rosé trocken „Saignée" Krone **13 %/9,50 €**
86 2016 Frühburgunder trocken Laubenheimer Krone **13,5 %/17,50 €**
87 2016 Cuvée Mariage Rotwein trocken Laubenheimer Krone **13,5 %/18,50 €**
89 2016 Saint Laurent „R" trocken Laubenheimer Krone **13,5 %/22,50 €**
89 2016 Spätburgunder trocken Laubenheimer Krone **14 %/29,50 €**

S. J. Montigny

★☆

KONTAKT

In den zehn Morgen 41
55559 Bretzenheim
Tel. 0671-48313040
Fax: 0671-483130419
www.weingut-montigny.de
info@weingut-montigny.de

Inhaber
S.J. Montigny KG
Betriebsleiter
Steffen J. Montigny
Kellermeister
Hermann Schott
Außenbetrieb
Alfred Schmitt
Rebfläche
35 Hektar
Produktion
200.000 Flaschen

BESUCHSZEITEN

Mo.-Fr. 8-12 + 14-17 Uhr oder
nach Vereinbarung

Das 2009 gegründete Weingut verfügte bei seiner Gründung zunächst über keine eigenen Rebflächen, die Trauben stammten von Winzern mit denen Anbauverträge abgeschlossen wurden. Zudem hat Steffen J. Montigny ebenfalls 2009 zwei Hektar in Grebin in Schleswig-Holstein bepflanzt, mit pilzresistenten Sorten wie Regent, Solaris und Johanniter. Nach der Übernahme des Bad Kreuznacher Weinguts Ökonomierat August E. Anheuser im Januar 2014 mitsamt Weinbergen in den Kreuznacher Lagen Kauzenberg (gelber und roter Sandstein), Krötenpfuhl (Terrassenschotter mit Löss), Kahlenberg (Sandstein mit mergeligem Material), Narrenkappe (roter, schwach verfestigter Sandstein mit Löss), Steinberg (Terrassenschotter) und der Bretzenheimer Pastorei (toniger Mergel) stammte der 2014er Jahrgang erstmals komplett aus eigenen Weinbergen. Riesling steht auf der Hälfte der Rebfläche, dazu kommen Weiß- und Grauburgunder, Chardonnay und Spätburgunder. 2017 wurden zwei Hektar neu mit Chardonnay und Weißburgunder bepflanzt.

Kollektion

Die 2017er Rieslinge von Steffen Montigny besitzen alle viel Biss, der Kreuznacher Ortsriesling zeigt kräutrige Würze und etwas Waldhonig, der Wein vom Steinberg zeigt deutliche steinig-mineralische Würze und besitzt gute Länge. Die beiden 2016er Lagenrieslinge, die wir im vergangenen Jahr noch nicht verkostet hatten, besitzen gute Substanz und Potential, der Kauzenberg zeigt viel reintönige Frucht, Aprikose, Pfirsich, aber auch kräutrige Würze, der Narrenkappe besitzt gute Konzentration und feinen Druck, braucht Zeit, um sich zu öffnen und zeigt dezente Holzwürze. Weiß- und Grauburgunder sind in diesem Jahr etwas verhaltener als im Vorjahr, der im Barrique ausgebaute, füllige und weiche Chardonnay zeigt röstige Würze und Noten von Kokos und Banane im Bouquet, der Sauvignon Blanc ist frisch und harmonisch mit Noten von Brennnesseln. —

Weinbewertung

83	2017 Riesling trocken **12,5 %/8,- €**
82	2017 Weißer Burgunder trocken **12,5 %/8,50 €**
83	2017 Grauer Burgunder trocken **12,5 %/8,50 €**
85	2017 Sauvignon Blanc trocken Kreuznacher **12,5 %/12,- €**
85	2017 Riesling trocken Kreuznacher **12,5 %/10,- €**
86	2017 Chardonnay trocken Kreuznacher **13 %/14,- €**
88	2016 Riesling trocken „500" Kreuznacher Narrenkappe **12,5 %/18,- €**
88	2016 Riesling trocken Kreuznacher Kauzenberg **13 %/18,- €**
86	2017 Riesling trocken Kreuznacher Steinberg **12,5 %/12,- €**
83	2017 Riesling „feinherb" **11,5 %/8,50 €**
81	2017 So mookt wi dat Weißwein **11 %/8,- €**

Moosmann

★★☆

KONTAKT

Schwarzwaldstraße 78
79183 Waldkirch-Buchholz
Tel. 07681-7574
Fax: 07681-25118
www.weingut-moosmann.de
weingut.moosmann@t-online.de

Inhaber
Georg Moosmann
Kellermeister
Georg Moosmann, Martin König
Außenbetrieb
Georg Moosmann, Ingo Killy, Daniel Brückner
Rebfläche
25 Hektar

BESUCHSZEITEN

Mo.-Fr. 8-18:30 Uhr, Sa. 8-16 Uhr

1986 begann Siegfried Moosmann seine Weine selbst auszubauen, seit 1994 ist Sohn Georg Moosmann für den Weinausbau verantwortlich, 2014 hat er den Betrieb von seinem Vater übernommen. Von ursprünglich 7,5 Hektar ist die Rebfläche auf die heutige Größe angewachsen. Die Weinberge liegen vor allem in Buchholz und Sexau (Sonnhalde), aber auch in Mundingen (Alte Burg) und Herbolzheim (Kaiserberg), dort stehen die Reben auf tiefgründigen Lössböden. Die Hälfte der Rebfläche nimmt Spätburgunder ein, es folgen Grauburgunder, Weißburgunder und Chardonnay. Dazu gibt es etwas Müller-Thurgau, Riesling, Gewürztraminer und Muskateller, seit 2005 auch Sauvignon Blanc. Im Oktober 2017 wurde die neue Vinothek in der Schwarzwaldstraße bezogen. Nachdem der Riesling bereits seit dem Jahrgang 2013 den Namen der Gewanne Reichenbächle trägt, werden seit 2017 auch die besten Weiß-, Grau- und Spätburgunder mit Gewannnamen bezeichnet.

Kollektion

Mit der neuen Kollektion bestätigt Georg Moosmann den starken Eindruck des Vorjahres. Wieder sehen wir im weißen Segment einen Chardonnay an der Spitze: Die trockene Spätlese ist rauchig, füllig, saftig, besitzt gute Struktur und reife Frucht. Aber auch die anderen trockenen Spätlesen sind allesamt sehr gut. Der Riesling zeigt etwas Zitrus im Bouquet, ist zupackend und druckvoll im Mund, der Weißburgunder vereint Fülle und Substanz mit reintöniger Frucht und guter Substanz und der gelbfruchtige Grauburgunder ist füllig und harmonisch. Der enorm litschiduftige, dominante Opal S ist aus getrockneten Muskatellertrauben entstanden. Klar uns stimmig präsentiert sich das Spätburgunder-Trio vom geradlinigen, etwas süßen Alte Rebe über die zupackende, strukturierte trockene Spätlese bis hin zum intensiv fruchtigen Barrique-Spätburgunder, der Fülle, Kraft und reintönige reife Frucht besitzt.

Weinbewertung

85	2015 Pinot Sekt brut **12,5 %/11,50 €**
82	2017 Weißburgunder Kabinett trocken **12,5 %/6,80 €**
85	2016 Riesling Spätlese trocken „Reichenbächle" Sonnhalde **12,5 %/15,50 €**
88	2017 Chardonnay Spätlese trocken „Reichenbächle" Sonnhalde **14 %/15,50 €**
83	2017 Muskateller trocken Herbolzheimer Kaiserberg **13 %/8,- €**
87	2017 Weißburgunder Spätlese trocken „Scheibenbühl" Sonnhalde **13,5 %/15,50 €**
86	2017 Grauburgunder Spätlese trocken „Scheibenbühl" Sonnhalde **14 %/15,50 €**
84	2017 Gewürztraminer Spätlese Buchholzer Sonnhalde **11,5 %/11,50 €**
88	2016 Opal*S Weißwein **10 %/22,- €**
83	2016 Spätburgunder trocken „Alte Rebe" Buchholzer Sonnhalde **14 %/9,- €**
85	2016 Spätburgunder Spätlese trocken Buchholzer Sonnhalde **13,5 %/11,- €**
88	2015 Spätburgunder trocken Barrique Buchholzer Sonnhalde **14 %/16,90 €**

M

Georg Mosbacher

★★★★☆

KONTAKT

Weinstraße 27
67147 Forst
Tel. 06326-329
Fax: 06326-6774
www.georg-mosbacher.de
info@georg-mosbacher.de

Inhaber
Familie Mosbacher
Betriebsleiter
Sabine Mosbacher-Düringer,
Jürgen Düringer
Rebfläche
20 Hektar
Produktion
140.000 Flaschen

M

BESUCHSZEITEN

Mo.-Fr. 8-12 + 13:30-18 Uhr,
Sa. 9-13 Uhr

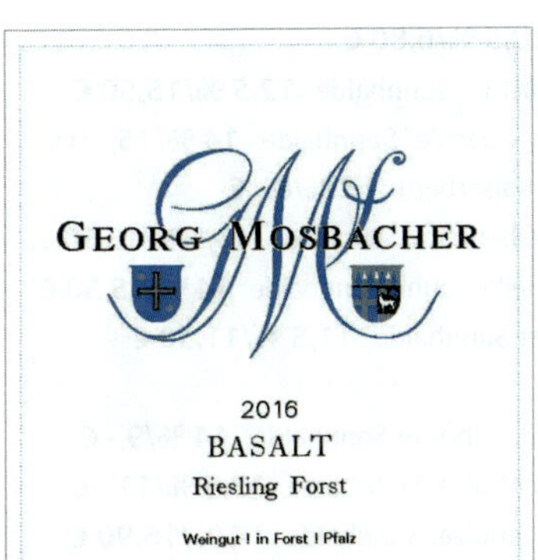

Seit über 200 Jahren betreibt die Familie Weinbau in Forst. Richard Mosbacher Sen. gründete das Weingut 1920 zusammen mit seinen Schwestern und benannte es nach seinem Vater Georg. Sein Sohn Richard und Ehefrau übernahmen das Gut in den sechziger Jahren, seit 1992 leiten Tochter Sabine und ihr Ehemann Jürgen Düringer, beide Geisenheim-Absolventen, den Betrieb. 1993 wurde das Weingut in den VDP aufgenommen. Die Weinberge liegen in Forst und Deidesheim. Große Gewächse erzeugen sie in den Forster Lagen Pechstein (Basalt, Buntsandsteingeröll), Ungeheuer (Buntsandstein mit Kalkgeröll und Basalt), Jesuitengarten (kräftiger Lehmboden, durchzogen mit Buntsandstein und Basaltgeröll) und Freundstück (Buntsandsteingeröll, stellenweise etwas Kalkgeröll), sowie im Deidesheimer Kieselberg (lehmiger Sand, stellenweise Buntsandstein und Geröll). Weitere Weinberge besitzen sie in den Forster Lagen Musenhang, Stift und Elster, in den Deidesheimer Lagen Herrgottsacker, Mäushöhle und Leinhöhle und in Wachenheim in den Lagen Gerümpel, Altenburg und Goldbächel. Riesling ist die mit Abstand wichtigste Rebsorte im Betrieb, steht auf drei Vierteln der Rebfläche. Daneben gibt es ein klein wenig Weiß- und Grauburgunder, Gewürztraminer, Sauvignon Blanc und Cabernet Blanc, Rotweinsorten stehen auf 10 Prozent der Fläche, Spätburgunder, Dornfelder und Merlot.

Kollektion

Wie schon im vergangenen Jahr ist der Pechstein wieder der komplexeste Wein unter den Großen Gewächsen, er zeigt kräutrige und rauchig-mineralische Noten, etwas grünen Apfel und feine Holzwürze vom Ausbau in 500 Liter-Tonneaux, am Gaumen ist das Holz noch etwas deutlicher, hier besitzt er auch herbe Grapefruitnoten, feinen Grip, ist animierend und leicht salzig. Das Ungeheuer zeigt kräutrig-mineralische Würze und viel klare Frucht, Aprikose und Zitrusnoten, besitzt Kraft, leichte Süße, viel Grip und gute Länge, der Jesuitengarten besitzt ebenfalls viel Frucht, Zitrusnoten, Grapefruit, feine Holzwürze, herbe kräutrige Noten und gute Länge. Freundstück und Kieselberg besitzen beide leichte Süße, das Freundstück ist noch leicht verhalten im Bouquet, zeigt etwas Aprikose und dezente Kräuternoten, besitzt Substanz und nachhaltigen Säuregrip, der Kieselberg besitzt deutliche Zitrusnoten, Ananas, Limette, die Süße wird durch ein frisches Säurespiel gut austariert. Die Orts- und Erste Lage-Rieslinge befinden sich fast durchgängig auf einem Niveau, das Gerümpel zeigt komplexe Frucht mit Noten von Ananas, Grapefruit und grünem Apfel, besitzt viel Saft, animierenden Säuregrip und Länge, der im neuen Stückfass ausgebaute

„Basalt" ist noch sehr vom Holz geprägt, zeigt dezente gelbe Frucht, besitzt gute Konzentration, Zitruswürze und Biss, der „Kalkstein", im Edelstahl und großen Holz ausgebaut, zeigt etwas kreidig-mineralische Würze, klare gelbe Frucht, Aprikose, Zitrusfrucht und entwickelt feinen Druck. Der „Buntsandstein" zeigt ebenfalls viel gelbe Frucht, auch Kräuternoten, ist kraftvoll und besitzt ein nachhaltiges Säurespiel, die Leinhöhle zeigt grünen Apfel und Zitrusnoten, besitzt Frische und Grip, der Musenhang ist leicht verhalten in der Frucht, zeigt etwas steinige Würze, besitzt ein feines Säurespiel und die Mäushöhle ist sehr fruchtbetont, mit Noten von Aprikosen, Zitrusfrucht und etwas Bienenwachs. Der Gutsriesling zeigt ebenfalls klare Frucht, gelbes Steinobst, ist frisch und schlank, die restsüße Spätlese aus dem Ungeheuer zeigt dezente Holzwürze, besitzt viel klare, süße Frucht, Aprikose, Pfirsich, Grapefruit, ein lebendiges Säurespiel und ist elegant. Der in Tonneaux und Barriques ausgebaute Sauvignon Blanc ist eindringlich, zeigt nur dezente Röstnoten und viel gelbe Frucht, Pfirsich und etwas Stachelbeere, am Gaumen ist das Holz etwas deutlicher und braucht noch etwas Zeit, um sich noch einzubinden, auch der Cabernet Blanc ist von Pfirsich- und Stachelbeeraromen geprägt, ist saftig, würzig und frisch, der „Blanc de Noirs" zeigt etwas rote Frucht und florale Noten, besitzt gute Konzentration und Frische.

Sabine Mosbacher-Düringer & Jürgen Düringer

Weinbewertung

85 2017 Riesling trocken **11,5 %/8,- €**
85 2017 „Blanc de Noirs" trocken **13 %/8,40 €**
88 2017 Riesling trocken Wachenheimer Gerümpel **12,5 %/16,- €**
87 2017 Riesling trocken Forster Musenhang **12,5 %/14,- €**
86 2017 Riesling trocken Deidesheimer Mäushöhle **12,5 %/11,- €**
87 2017 Riesling trocken Deidesheimer Leinhöhle **13 %/13,- €**
85 2017 Cabernet Blanc trocken **12 %/10,80 €**
88 2017 Sauvignon Blanc trocken „Fumé" **13 %/18,- €**
87 2017 Riesling trocken „Buntsandstein" Wachenheim **13 %/16,- €**
88 2017 Riesling trocken „Kalkstein" Deidesheim **13 %/15,- €**
88 2017 Riesling trocken „Basalt" Forst **12,5 %/17,- €**
90 2017 Riesling „GG" Kieselberg **12,5 %/28,- €**
91 2017 Riesling „GG" Freundstück **13 %/28,- €**
92 2017 Riesling „GG" Pechstein **13 %/33,- €**
91 2017 Riesling „GG" Jesuitengarten **13 %/35,- €**
91 2017 Riesling „GG" Ungeheuer **13 %/33,- €**
89 2017 Riesling Spätlese Forster Ungeheuer **8 %/24,- €**

LAGEN

UNGEHEUER (FORST)
PECHSTEIN (FORST)
FREUNDSTÜCK (FORST)
JESUITENGARTEN (FORST)
KIESELBERG (DEIDESHEIM)
LEINHÖHLE (DEIDESHEIM)
MÄUSHÖHLE (DEIDESHEIM)
HERRGOTTSACKER (DEIDESHEIM)
GERÜMPEL (WACHENHEIM)
ALTENBURG (WACHENHEIM)
GOLDBÄCHEL (WACHENHEIM)
MUSENHANG (FORST)
STIFT (FORST)
ELSTER (FORST)

REBSORTEN

RIESLING (76 %)
SPÄTBURGUNDER (7 %)
WEISSBURGUNDER (6 %)
SAUVIGNON BLANC (3 %)
GRAUBURGUNDER (2 %)
MERLOT (2 %)

Moselland – Goldschild

★

N

KONTAKT

Bornwiese 6
54470 Bernkastel-Kues
Tel. 06531-57253
Fax: 06531-85057253
www.moselland.de
dmeyer@moselland.de

Vorstandsvorsitzender
Henning Seibert
Kellermeister
Dominik Meyer
Rebfläche
10 Hektar (Moselland Goldschild)
Produktion
50.000 Flaschen

BESUCHSZEITEN

nach Vereinbarung

An der Genossenschaft Moselland kommt man nicht vorbei im Anbaugebiet. Unter der Leitung des Vorstandsvorsitzenden Henning Seibert und des Kellermeisters Dominik Meyer stellt die größte Kooperative der Region mit Sitz in Bernkastel-Kues, die längst auch außerhalb der Grenzen des Anbaugebietes aktiv ist, eine Fülle von Weinen her. Für die Linie namens Goldschild werden lediglich zehn Hektar genutzt, die sich in den Lagen Erdener Treppchen, Ürziger Würzgarten, im Müdener Funkenberg, im Kestener Paulinshofberg, im Lieserer Niederberg-Helden und im dortigen Schlossberg sowie in der Brauneberger Juffer und im Graacher Himmelreich befinden. Interessant ist, dass für diese Prestigeserie der Schraubverschluss Verwendung findet und nicht nur Riesling, sondern auch Weißer Burgunder, Chardonnay und Gewürztraminer genutzt werden.

Kollektion

Eine Fülle an Goldschild-Weinen stellt die Genossenschaft vor, abgefüllt in stilvolle Flaschen. Die Durchschnittsqualität ist sehr beachtlich, und es fällt schwer, einen bestimmten Wein herauszuheben. Spritzig und saartypisch ist der Saar-Riesling, wurzig, sortentypisch zeigt sich der Chardonnay, der allenfalls noch etwas präziser sein dürfte. Etwas komplexer ist der Riesling von großen Lagen, der in der Nase etwas verschlossen ist, im Mund recht kompakt und würzig ausfällt. Die Lagenunterschiede bei den süßeren Weinen wurden gut herausgearbeitet. Der Riesling vom Müdener Funkenberg ist offen, zeigt Noten von Pfirsich und Nektarinen, besitzt einen guten Nachhall. Ganz anders die Spätlese aus dem Treppchen, die noch leicht von Schwefel geprägt ist, aber eine schöne Frische aufweist. Während der Gewürztraminer etwas wenig Sortencharakteristik aufweist und eher gefällig ist, zeigt die Riesling Auslese aus dem Paulinshofberg warme Frucht und Noten von Pfirsich und Aprikose. Ein wirklich gelungener Wein!

Weinbewertung

84 2017 Riesling trocken „Goldschild" Saar **12 %/7,20 €**
85 2017 Chardonnay trocken „Goldschild" Mosel **12,5 %/7,20 €**
86 2017 Riesling trocken „Von Großen Lagen" **11,5 %/9,99 €**
83 2017 Riesling „feinherb" „Goldschild" Mosel **10,5 %/7,20 €**
82 2017 Gewürztraminer „Goldschild" Mosel **9 %/7,20 €**
85 2017 Riesling Kabinett „Goldschild" Lieserer Schlossberg **8 %/8,- €**
85 2017 Riesling Spätlese „Goldschild" Graacher Himmelreich **8 %/9,20 €**
86 2017 Riesling Spätlese „Goldschild" Erdener Treppchen **7,5 %/9,20 €**
85 2017 Riesling Spätlese „Goldschild" Müdener Funkenberg **7,5 %/9,20 €**
86 2017 Riesling Auslese „Goldschild" Erdener Treppchen **7,5 %/10,50 €**
87 2017 Riesling Auslese „Goldschild" Kestener Paulinshofberger **8 %/10,50 €**

Eugen Müller

★★★

KONTAKT

Weinstraße 34a
67147 Forst
Tel. 06326-330
Fax: 06326-6802
www.weingut-eugen-mueller.de
kontakt@weingut-eugen-mueller.de

Inhaber
Stephan Müller
Kellermeister
Jürgen Meißner
Rebfläche
17 Hektar
Produktion
150.000 Flaschen

BESUCHSZEITEN

Mo.-Fr. 8-12 + 13:30-18 Uhr,
Sa. 10-16 Uhr
Ferienwohnungen

Eugen Müller heiratete in die Familie Wallbillich ein, die seit 1767 eine Küferei in Forst betrieb. 1952 baute er seinen ersten Wein aus, später kaufte und pachtete er Weinberge zu, 1971 gründete er das Weingut Eugen Müller, das dann von seinem Sohn Kurt Müller und heute von dessen Sohn Stephan geführt wird. Er besitzt Weinberge in den besten Lagen von Forst: Kirchenstück (Buntsandsteingeröll mit Kalksteingeröll, sandigem Lehm und Basalt), Jesuitengarten (Sandsteingeröll, sandiger Lehm und Basalt), Pechstein (Basalt), Ungeheuer (Buntsandstein vermischt mit Kalksandsteingeröll und Basalt) und Freundstück (Buntsandsteingeröll mit Kalksteingeröll durchsetzt). Mehr als drei Viertel der Weinberge sind mit Riesling bestockt. Hinzu kommen Weiß- und Grauburgunder, aber auch rote Sorten wie Dornfelder, Spätburgunder, Portugieser, Dunkelfelder und Cabernet Cubin.

Kollektion

Unter den trockenen Riesling Spätlesen ragt auch in diesem Jahr der Wein aus dem Kirchenstück wieder heraus, er ist der kraftvollste der Rieslinge, ist konzentriert und komplex, zeigt kräutrig-mineralische Noten und viel klare Frucht, besitzt Grip, Druck und Länge. Die anderen vier Spätlesen ähneln sich stilistisch, alle besitzen klare Frucht, Zitruswürze und ein animierendes Säurespiel, der Pechstein zeigt Noten von grünem Apfel und Grapefruit, ist salzig und frisch, der Freundstück zeigt steinige Würze und besitzt guten Grip, der Ziegler zeigt die für das Ungeheuer typischen kräutrigen Noten und der Jesuitengarten ist noch etwas zurückhaltend, zeigt grünen Apfel und Kräuter. Bei den beiden trockenen Kabinett-Rieslingen besitzt das Ungeheuer mehr Grip als der etwas fülliger, weichere Jesuitengarten, die Auslese ist cremig mit dezenter Süße und frischer Säure, die beiden Sauvignon Blanc zeigen typische Stachelbeerwürze, der Fumé dazu noch Noten von gerösteten Haselnüssen.

Weinbewertung

85 2017 Riesling Kabinett trocken Forster Ungeheuer **12,5 %/9,50 €**
84 2017 Riesling Kabinett trocken Forster Jesuitengarten **12,5 %/9,90 €**
85 2017 Sauvignon Blanc trocken **12,5 %/9,- €**
83 2017 Spätburgunder trocken „Blanc de Noir" „Virtuoso" **12 %/7,90 €**
87 2017 Sauvignon Blanc trocken „Fumé" **12,5 %/12,50 €**
88 2017 Riesling Spätlese trocken Forster Pechstein **12,5 %/19,- €**
87 2017 Riesling Spätlese trocken „Im Ziegler" Forster Ungeheuer **12,5 %/19,- €**
87 2017 Riesling Spätlese trocken Forster Jesuitengarten **12,5 %/19,- €**
88 2017 Riesling Spätlese trocken Forster Freundstück **12,5 %/18,- €**
89 2017 Riesling Spätlese trocken „Cyriakus" Forster Kirchenstück **13,5 %/22,- €**
86 2017 Riesling Auslese „Cy" Forster Kirchenstück **10,5 %/16,50 €/0,5l**

GEORG-MÜLLER-STIFTUNG

★★★

KONTAKT

Eberbacher Straße 7-9
65347 Hattenheim
Tel. 06723-2020
Fax: 06723-2035
www.georg-mueller-stiftung.de
info@georg-mueller-stiftung.de

Inhaber
Peter Winter
Betriebsleiter
Tim Lilienström
Rebfläche
19 Hektar
Produktion
100.000 Flaschen

M

BESUCHSZEITEN

Mo.-Fr. 9-12 + 14-17 Uhr,
Wochenende nach Vereinbarung

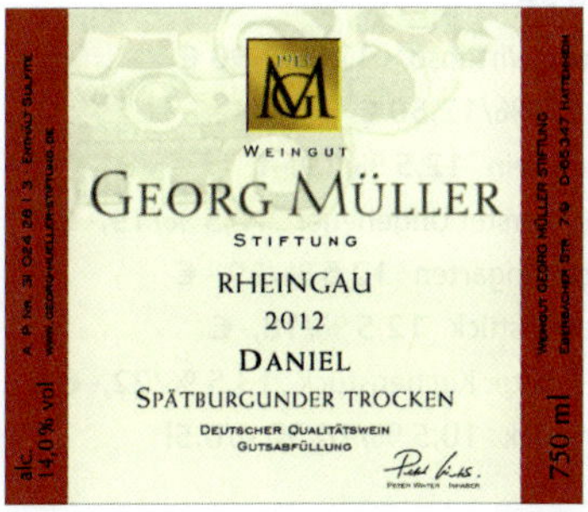

Georg Müller, Miteigentümer der Eltviller Sektkellerei „Matheus Müller", stiftete 1913 sein Weingut seiner Heimatgemeinde. Hattenheim wurde 1972 zu Eltville eingemeindet, seitdem trug das Weingut den Namen „Weingut der Stadt Eltville". 2003 erwarb schließlich Peter Winter das Gut. Seine Weinberge liegen vor allem in Hattenheim, in den Lagen Schützenhaus, Wisselbrunnen, Nussbrunnen, Hassel und Engelmannsberg, sowie in der Hallgartener Jungfer. Riesling nimmt 80 Prozent der Fläche ein, Spätburgunder 15 Prozent. Dazu gibt es ein klein wenig Frühburgunder, Auxerrois, Scheurebe, Ehrenfelser und Müller-Thurgau. Das Weingut hat sich auf klare, elegante Weine spezialisiert und verfolgt diesen Kurs auch unter Betriebsleiter Tim Lilienström weiter. Der Ausbau der Weißweine erfolgt in aller Regel im Edelstahl, für die Rotweine sowie weiße Spezialitäten kommen auch Barriques zum Einsatz.

Kollektion

Eine starke Kollektion präsentiert das Hattenheimer Weingut in diesem Jahr. Der Gutsriesling ist stoffig, vereint Frische und Frucht. Die beiden eigenständigen Großen Gewächse aus 2015 stechen hervor: Der Wein aus der Jungfer besitzt mineralischen Charakter und druckvolle Länge, der deutlich würzigere Wisselbrunnen ist stoffiger, lang und nachhaltig. Das 2017er Große Gewächs Hassel öffnet sich schnell, balanciert gekonnt zwischen Kühle und reifer Frucht, besitzt aber auch eine mineralische Ader. Alle Spätburgunder sind konzentriert, strukturiert, von dunkelbeeriger Aromatik, die Top-Weine besitzen weiteres Potenzial. Die edelsüßen Rieslinge sind konzentriert und opulent. ➛

Weinbewertung

84 2017 Riesling trocken **12 %/8,80 €**
85 2016 Riesling „Alte Reben" Hallgarten **12 %/12,- €**
89 2016 Auxerrois trocken „Hommage à George" **13,5 %/48,- €**
89 2015 Riesling „GG" Jungfer Hallgarten **12 %/27,- €**
90 2015 Riesling „GG" Wisselbrunnen Hattenheim **13,5 %/38,- €**
90 2017 Riesling „GG" Hassel Hattenheim **12,5 %/27,- €**
87 2017 Riesling Auslese Oestricher Lenchen **9 %/0,375l**
88 2017 Riesling Beerenauslese Hattenheimer Wisselbrunnen **8 %/0,375l**
89 2017 Riesling Trockenbeerenauslese Hattenheimer Wisselbrunnen **9 %/0,375l**
88 2017 Riesling Trockenbeerenauslese Oestricher Lenchen **8 %/0,375l**
86 2016 Spätburgunder „Daniel" **13 %/19,- €**
87 2016 Spätburgunder Hallgartener Hendelberg **13,5 %/28,- €**
89 2016 Spätburgunder „GG" Hattenheim Hassel **13,5 %**
90 2015 Pinot Noir „Hommage à George" **13,5 %/78,- €**

Müller!

★

KONTAKT

Müller! Das Weingut
Am Marktplatz 12
97762 Hammelburg
Tel. 09732-78770
Fax: 09732-787749
www.weingut-weinhotel-mueller.de
weingut@frankenwein-mueller.de

Inhaber
Thomas & Florian Müller GbR
Kellermeister/Außenbetrieb
Florian Müller
Rebfläche
10 Hektar
Produktion
50.000 Flaschen

BESUCHSZEITEN

Vinothek Mi.-Mo. 9-20 Uhr, Di. nach Vereinbarung
Weinhotel, Restaurant (Mi.-Mo. 9-20 Uhr)

Thomas Müller, damals Betriebsleiter des Städtischen Weinguts Schloss Saaleck, und Ehefrau Gabriele gründeten 1991 ihr eigenes Weingut. 2008 übernahmen sie den Gasthof Zum Engel am Hammelburger Marktplatz, den sie zum Weinhotel Müller umbauten und in dem sie eine Vinothek einrichteten. Heute ist Sohn Florian Müller, gelernter Weinbautechniker mit Auslandserfahrungen in Neuseeland und Österreich, für den Weinausbau verantwortlich. Die Weinberge von Thomas und Florian Müller liegen vor allem in den Hammelburger Lagen Trautlestal und Heroldsberg, aber auch in der Fuchsstadter Rubenhöll und im Feuerthaler Kreuz. Silvaner ist mit einem Anteil von 40 Prozent die mit Abstand wichtigste Rebsorte, es folgen Müller-Thurgau, Bacchus, Kerner, Weißburgunder und Riesling, als Spezialität gibt es Merzling, an roten Sorten werden Domina, Spätburgunder, Regent und Dornfelder angebaut, die Spitzenweine werden im Barrique ausgebaut, hin und wieder auch Weißweine. 2017 wurde mit der Umstellung auf biologischen Weinbau begonnen.

Kollektion

Im weißen Segment wurden uns dieses Jahr nur Basis- und Kabinettweine vorgestellt, sieht man einmal vom kompakten, maischevergorenen Silvaner der Ethos-Gruppe ab. Die Weißweine präsentieren sich allesamt frisch und klar, der Müller-Thurgau ist füllig und harmonisch, besitzt klare reife Frucht, der Weißburgunder aus dem Heroldsberg ist klar, fruchtbetont und geradlinig, der Riesling Kabinett besitzt gute Struktur und reintönige Frucht. Betont süffig sind die drei Weine der „Läuft"-Linie, setzen ganz auf unkomplizierten Trinkgenuss. Der herausragende Wein der diesjährigen Kollektion ist der achtzehn Monate im Barrique ausgebaute Spätburgunder aus dem Heroldsberg, der intensive Frucht und rauchige Noten im Bouquet zeigt, füllig und kompakt im Mund ist, reife Frucht, gute Struktur und Tannine besitzt.

Weinbewertung

81	2017 Silvaner **12 %/6,- €**
83	2017 Müller Thurgau **12 %/6,- €**
81	2017 Silvaner Kabinett Hammelburger Heroldsberg **12,5 %/8,- €**
84	2017 Riesling Kabinett Hammelburger Heroldsberg **8,- €**
83	2017 Weißer Burgunder Kabinett trocken Heroldsberg **12,5 %/8,- €**
85	2015 Silvaner trocken „Ethos No. 1" **12,5 %/35,- €**
82	2017 „Läuft Weiß" Weißwein **12 %/6,- €**
82	2017 Bacchus **12 %/6,- €**
82	2017 „Läuft Rosa" Rotling **12 %/6,- €**
82	2017 „Läuft Rot" Rotwein **11 %/7,- €**
86	2015 Spätburgunder Spätlese Barrique Heroldsberg **13,5 %/19,- €**

M

Matthias Müller

★★★★

KONTAKT

Mainzer Straße 45
56322 Spay
Tel. 02628-8741
Fax: 02628-3363
www.weingut-matthiasmueller.de
info@weingut-matthiasmueller.de

Inhaber
Familie Matthias Müller
Rebfläche
18,5 Hektar
Produktion
130.000 Flaschen

BESUCHSZEITEN

Mo.-Sa. 9-19 Uhr, So. 10-16 Uhr
Kulinarische Veranstaltungen in der neuen Vinothek

Seit 300 Jahren baut die Familie Wein am Mittelrhein an. Lange Zeit ein traditioneller Mischbetrieb, konzentriert man sich seit drei Generationen mehr und mehr auf Weinbau und die Flaschenweinvermarktung. Matthias Müller übernahm Ende der neunziger Jahre den Betrieb von seinen Eltern Heinrich und Hilde Müller, führt ihn seither mit Ehefrau Marianne. Die Söhne Johannes und Christoph wirken bereits bei der Erzeugung der Weine mit, Johannes Müller ist nach Abschluss seines Geisenheim-Studiums seit März 2016 voll im Betrieb tätig. Die Weinberge von Matthias Müller liegen in den Steillagen des Bopparder Hamm. Der Bopparder Hamm liegt zwischen Boppard und Spay an der größten Schleife des Rheins im Oberen Mittelrheintal, das seit 2002 zum Unesco-Weltkulturerbe zählt. Er bildet die größte zusammenhängende Rebfläche im Weinbaugebiet Mittelrhein, ist überwiegend Süd-exponiert. Die Weinberge von Matthias Müller liegen hauptsächlich in den Lagen Feuerlay, Mandelstein, Ohlenberg und Engelstein. Neben 92 Prozent Riesling baut er ein wenig Grauburgunder und Weißburgunder an, allerdings haben diese Sorten nur einen geringen Einfluss auf den in den letzten Jahren immer mehr gewachsenen Ruhm des Weinguts. Bereits seit dem Jahrgang 2000 werden ausgewählte Spitzenweine in der „Edition MM" (nach den Initialen von Matthias und Marianne Müller) vermarktet. 2007 gab es dann das erste Große Gewächs, aus dem Mandelstein, 2009 gab es dann ein Großes Gewächs aus dem Ohlenberg, 2010 und 2011 wieder aus dem Mandelstein, 2012 bis 2015 aus dem Engelstein, mit dem Jahrgang 2016 gab es dann erstmals zwei Große Gewächse, eines aus dem Engelstein, das andere aus dem Filetstück des Ohlenbergs, der Gewanne „An der Rabenlei", die schon immer gesondert ausgebaut wurde. 2010 wurde eine neue Kelterhalle mit Flaschenlager gebaut, eine neue Vinothek wurde eröffnet. Es gibt wohl kaum ein zweites Weingut am Mittelrhein, das so intensiv in die Zukunft der Region investiert. Matthias Müller versucht alle Weine spontan zu vergären, das heißt ohne Reinzuchthefen. Alle seine Rieslinge weisen sehr eigenständige Aromen auf, unterscheiden sich klar voneinander. Die nominell trockenen Weine sind meist von einer zarten, bemerkbaren, aber kaum je störenden Restsüße geprägt, aber dennoch ungemein saftig und animierend. Neben halbtrockenen Weinen gibt es seit einigen Jahren noch mit „feinherb" bezeichnete Rieslinge, die in der Restsüße noch einmal deutlich höher liegen. Angeführt werden die Kollektionen in der Regel von edelsüßen Rieslingen, bis hin zur Trockenbeerenauslese.

Kollektion

2017 wurde der Anteil trockener Weine deutlich erhöht. Der Erwerb eines alten, sehr steilen Weinbergs in der Lage Feuerlay ermöglichte es in diesem Jahrgang erstmals zwei trockene Rieslinge in der Edition MM anzubieten. Die sechs in diesem Jahr vorgestellten trockenen Rieslinge zeigen geschlossen sehr hohes Niveau: Dies ist die beste Kollektion trockener Weine des Jahrgangs 2017 am Mittelrhein, die Weine besitzen Substanz, Frucht und Saft. Der Mandelstein-Riesling ist füllig und saftig, besitzt feine Würze und reife Frucht. Noch etwas würziger und eindringlicher ist der Wein aus dem Ohlenberg, aber ebenso füllig, saftig und fruchtbetont. Der neue Feuerlay-Riesling aus der Edition MM besitzt viel Konzentration, viel Kraft, gute Struktur und klare reife Frucht. Ein klein wenig besser aber gefällt uns der zweite trockene Riesling der Edition MM, der Ohlenberg: Er zeigt intensive Frucht, gelbe Früchte, ist füllig, stoffig, kraftvoll, besitzt viel Substanz – ein prächtiger, noch jugendlicher Wein. Das gelbfruchtige Große Gewächs aus dem Engelstein ist herrlich eindringlich und konzentriert, ist dominant, kraftvoll, besitzt viel Substanz und Länge. Ebenfalls sehr intensiv und dominant präsentiert sich das zweite Große Gewächs An der Rabenlei, besitzt Fülle, Saft und Substanz, ist nicht ganz so nachhaltig wie der Engelstein-Riesling. Betörend gleichmäßig auf hohem Niveau präsentiert sich auch der süße Teil der 2017er Kollektion. Die beiden feinherben Weine sind füllig, saftig, betont süffig wie auch der fruchtbetonte, zupackende Feuerlay-Kabinett. Die Mandelstein-Spätlese, besitzt Saft und Substanz, die intensive, litschiduftige Spätlese der Edition MM ist noch deutlich konzentrierter, noch saftiger, was auch für die duftige Auslese gilt.

Matthias Müller

Weinbewertung

88 2017 Riesling trocken Bopparder Hamm Mandelstein **13 %/10,- €** ☺
88 2017 Riesling trocken Bopparder Hamm Ohlenberg **13 %/12,- €**
89 2017 Riesling trocken „Edition MM" Bopparder Hamm Feuerlay **13 %/14,50 €**
90 2017 Riesling trocken „Edition MM" B.H. Ohlenberg **13 %/14,50 €** ☺
91 2017 Riesling trocken „GG" Bopparder Hamm Engelstein **13 %/21,- €**
90 2017 Riesling trocken „GG" „An der Rabenlei" Bopparder Hamm **13,5 %/21,- €**
86 2017 Riesling „feinherb Alte Reben" Bopparder Hamm **12,5 %/8,20 €**
87 2017 Riesling „feinherb" Bopparder Hamm Feuerlay **12,5 %/10,- €**
86 2017 Riesling Kabinett Bopparder Hamm Feuerlayy **8,5 %/8,50 €**
87 2017 Riesling Spätlese Bopparder Hamm Mandelstein **8,5 %/10,- €**
89 2017 Riesling Spätlese „Edition MM" Bopparder Hamm Mandelstein **10 %/14,50 €**
90 2017 Riesling Auslese Bopparder Hamm Engelstein **8 %/16,- €/0,5l**

LAGEN

MANDELSTEIN (BOPPARDER HAMM)
ENGELSTEIN (BOPPARDER HAMM)
OHLENBERG (BOPPARDER HAMM)
– AN DER RABENLEI (BOPPARDER HAMM)
FEUERLAY (BOPPARDER HAMM)

REBSORTEN

RIESLING (92 %)
GRAUBURGUNDER (6 %)
WEISSBURGUNDER (2 %)

MAX MÜLLER I

★★★★

KONTAKT

Hauptstraße 46
97332 Volkach
Tel. 09381-1218
Fax: 09381-1690
www.max-mueller.de
info@max-mueller.de

Inhaber
Familie Rainer & Christian Müller
Betriebsleiter
Rainer Müller
Kellermeister
Rainer & Christian Müller
Außenbetrieb
Christian Müller
Rebfläche
10,6 Hektar
Produktion
135.000 Flaschen

BESUCHSZEITEN

Mo.-Fr. 9-18 Uhr, Sa. 9-15 Uhr,
So. 10-12 Uhr

M

Das seit 1991 von Rainer und Monika Müller geführte Familienweingut hat seinen Sitz in einem 1692 von den Würzburger Fürstbischöfen erbauten Winzerhof. Die Weinberge liegen in Volkach, Astheim, Sommerach, Escherndorf und Obereisenheim. Wichtigste Rebsorte ist Silvaner, der 38 Prozent der Rebfläche einnimmt. Es folgen Müller-Thurgau und Riesling, dazu gibt es Weißburgunder, Scheurebe und Bacchus. Die roten Sorten Spätburgunder, Domina und Portugieser nehmen 12 Prozent der Rebfläche ein. Die Weißweine werden teils im Edelstahl, teils im Holz ausgebaut, besondere Lagen im Halbstückfass, die Weine bleiben lange auf der Vollhefe. Die Maischestandzeiten wurden ausgedehnt, ebenso Spontangärung und Batonnage. Die Rotweine kommen nach der Maischegärung ins große Holzfass, Domina auch ins Barrique. 2008 wurde eine moderne Vinothek eröffnet. Traditionell bildeten die trockenen Spätlesen die Spitze des Sortiments; diese Spitze wurde durch die Lancierung neuer Weine in den vergangenen Jahren erweitert. 2008 wurden zwei Silvaner neu eingeführt. Der Eigenart genannte Silvaner wird in neuen 600 Liter-Fässern ausgebaut; der Silvaner Alte Reben stammt von über 40 Jahre alten Reben in der Lage Wilm, einer Teillage des Sommeracher Katzenkopf. Mit dem Jahrgang 2011 wurden gleich drei „neue" Weine im Top-Segment eingeführt: Die trockene Riesling Spätlese aus dem Lump gibt es nun auch in einer „Alte Reben"-Version; der „Lump 64", stammt von einem 1964 gemischt gepflanzten Weinberg aus etwa 55 Prozent Riesling, 40 Prozent Silvaner und etwas Traminer; der Riesling „Berg" stammt aus dem steilen Filetstück des Volkacher Ratsherr. 2012 brachte das Debüt des „Main Stoff", eines maischevergorenen Silvaners, 2015 des Lump-Silvaners. Nicht viele Weingüter in Franken zeigen seit den neunziger Jahren ein solch konstant hohes Niveau. Rainer Müller hat die Rebfläche kontinuierlich erweitert, der Qualität tat dies keinen Abbruch, im Gegenteil. In den letzten Jahren haben die Spitzenweine weiter an Profil und Klasse gewonnen, vor allem der Silvaner von alten Reben und der „Eigenart"-Silvaner, aber auch Weißburgunder, Riesling und Lump 64. Sohn Christian hat die Verantwortung im Keller übernommen.

Kollektion

Einfach Müller: Frisch, lebhaft klar. Passt. Der trockene Silvaner Kabinett ist reintönig, hat Grip. Der Weißburgunder aus dem Katzenkopf ist wunderschön harmonisch, füllig, saftig und lang, der im Holz ausgebaute Weißburgunder ist kraftvoll, kompakt und würzig, deutlich holzgeprägt. Die Scheurebe aus dem Katzenkopf besticht mit reintöniger Frucht, ist frisch und zupackend. Viel Substanz, Fülle und Saft besitzt der Silvaner aus dem Ratsherr. Der Silvaner aus dem Lump zeigt viel Duft, etwas Gewürze, ist

Toni, Michi, Rainer, Monika & Christian Müller

enorm üppig im Mund, besitzt Fülle, Saft und Substanz. Der im Holz ausgebaute Eigenart-Silvaner trumpft auch im Jahrgang 2017 wieder groß auf, ist sehr offensiv, zeigt dezent Orangenschalen, gelbe Früchte, besitzt viel Substanz und Länge: Ein Maul voll Silvaner! Der Wein von alten Reben im Katzenkopf steht ihm nicht nach, ist füllig und kraftvoll, besitzt viel Druck und Länge, dezent mineralische Noten. Großes Silvaner-Kino! Aber auch mit Riesling sind die Müllers bärenstark, stark wie nie. Der Berg-Riesling zeigt viel Würze, besitzt Fülle, Saft, gute Struktur und Biss. Der Lump-Riesling zeigt rauchige Noten, gute Konzentration, herrlich eindringliche Frucht, ist stoffig, druckvoll, mineralisch und nachhaltig, der Lump R besitzt Fülle, Substanz und enorm viel Druck. Der Gemischte Satz von 1964 gepflanzten Reben ist füllig, harmonisch, besitzt reife Frucht und Länge. Ein reintöniger Riesling Eiswein rundet eine starke Kollektion ab.

Weinbewertung

84	2017 Müller-Thurgau trocken „Einfach Müller" **11,5 %/7,- €**
85	2017 Silvaner Kabinett trocken Volkacher Ratsherr **12 %/8,50 €**
89	2017 Silvaner trocken Volkach Ratsherr **13 %/16,- €**
88	2017 Weißburgunder trocken Sommerach Katzenkopf **12 %/11,50 €**
88	2017 Scheurebe trocken Sommeracher Katzenkopf **12 %/11,50 €**
89	2017 Riesling trocken „Berg" **12,5 %/16,- €**
92	2017 Riesling trocken Escherndorfer Lump **12,5 %/16,- €** ☺
93	2017 Silvaner trocken „Eigenart" Holzfass **12,5 %/18,- €** ☺
93	2017 Silvaner trocken „Alte Reben" Katzenkopf **13 %/23,- €** ☺
92	2017 Silvaner trocken Eschendorfer Lump **12,5 %/27,- €**
89	2017 Weißburgunder trocken Holzfass Sommerach Katzenkopf **13 %/18,- €**
90	2017 „Lump 64" Gemischter Satz trocken **12,5 %/a.A.**
92	2017 Riesling „R" trocken Escherndorfer Lump **12,5 %/27,- €**
91	2016 Riesling Eiswein Volkacher Ratsherr **8 %/45,- €/0,375l**

LAGEN

RATSHERR (VOLKACH)
– BERG (VOLKACH)
KARTHÄUSER (VOLKACH)
LUMP (ESCHERNDORF
KATZENKOPF (SOMMERACH)

REBSORTEN

SILVANER (40 %)
WEISSBURGUNDER (15 %)
MÜLLER-THURGAU (12 %)
RIESLING (12 %)

GEBRÜDER MÜLLER

★

N

KONTAKT

Holzgasse 1
97346 Iphofen
Tel. 09323-89941
Fax: 09323-89993
www.olingerwein.de
hallo@olingerwein.de

Inhaber
Josef Olinger, Nicolas Olinger
Rebfläche
16 Hektar

M

BESUCHSZEITEN

Mo.-Fr. 9-13 Uhr und gerne
nach Vereinbarung
Gästehaus

OLINGER
WEIN&NATUR

Josef und Nicolas Olinger führen heute das mitten in Iphofen gelegene Gut. Ihre Weinberge liegen teils in Iphofen in den Lagen Julius-Echter-Berg, Kronsberg und Kalb, teil in Mittelfranken, die Reben wachsen auf Gipskeuperböden. Das Hauptaugenmerk gilt Silvaner, Riesling und den Burgundersorten, aber es gibt auch Müller-Thurgau, Bacchus, Kerner, sowie Dornfelder, Domina und Regent. Neben den „Gebrüder Müller"-Weinen gibt es die Weine der Olinger-Linie. Dem Weingut ist ein Gästehaus angeschlossen. Zusammen mit einer Nürnberger Brauerei hat Nicolas Olinger ein „GrapeAle" aus Silvanertrauben entwickelt.

Kollektion

Eine stimmige, sehr gleichmäßige Kollektion präsentieren Josef und Nicolas Olinger zum Debüt. Schon die Literweine überzeugen, der Silvaner aus dem Iphöfer Kalb, Jahrgang 2016, ist frisch, geradlinig, lebhaft, der Müller-Thurgau reintönig und süffig, der Bacchus besitzt schöne Würze und feine süße Frucht. Der Blanc de Blancs ist würzig, frisch und zupackend, der Auxerrois – eine Rarität in Franken – zeigt weiße und gelbe Früchte im Bouquet, ist klar und lebhaft im Mund. Der frische, lebhafte Weißburgunder ist deutlich süßer geraten, der Riesling ist würzig und lebhaft, geradlinig und frisch. Gute Substanz besitzt der Chardonnay, der klar, zupackend und fruchtbetont ist. Von der fränkischen Parade-Rebsorte Silvaner haben Josef und Nicolas Olinger neben dem Kalb-Silvaner im Liter zwei weitere Weine präsentiert, die allerdings keine Lagennamen tragen. Der durchgegorene „Grüner Sylvaner" ist reintönig, klar, zupackend, besitzt feine Frucht und Biss. Deutlich fülliger und komplexer ist der Silvaner von alten Reben, unser Favorit in der vorgestellten Kollektion: Er zeigt gute Konzentration im Bouquet, reife Frucht, etwas gelbe Früchte, ist füllig und kraftvoll im Mund, besitzt viel reife Frucht, gute Struktur und Substanz. —

Weinbewertung

81	2017 Müller-Thurgau trocken (1l)	**12 %/5,- €**
82	2016 Bacchus trocken (1l)	**12 %/6,- €**
81	2016 Silvaner trocken Iphöfer Kalb (1l)	**13 %/6,- €**
83	2017 „Blanc de Blancs" trocken „Olinger"	**12 %/7,- €**
84	2017 Grüner Sylvaner trocken „Olinger"	**12 %/8,- €**
83	2017 Auxerrois trocken „Olinger"	**12 %/10,- €**
83	2017 Weißer Burgunder trocken „Olinger"	**12 %/8,- €**
84	2017 Chardonnay trocken „Olinger"	**12 %/10,- €**
83	2017 Weißer Riesling trocken „Olinger"	**11,5 %/9,- €**
86	2017 Silvaner trocken „Alte Reben" „Olinger"	**12,5 %/12,- €**

Müller-Dr. Becker

★☆

KONTAKT

Vordergasse 14-18
67592 Flörsheim-Dalsheim
Tel. 06243.5524
Fax: 06243.6227
www.mueller-dr-becker.de
info@mueller-dr-becker.de

Inhaber
Jochen Becker
Kellermeister
Radek Niskiewicz
Rebfläche
15 Hektar
Produktion
120.000 Flaschen

BESUCHSZEITEN

Mo.-Fr. 9-18 Uhr, um Anmeldung wird gebeten, Wochenende nach Vereinbarung

Die Familie betreibt Weinbau in der zwölften Generation, seit 2006 führt Jochen Becker das Gut, der nach seinem Studium in Hohenheim bei Weingütern in Kalifornien und in Südfrankreich Praxiserfahrungen sammelte. Seine Weinberge liegen alle in Dalsheim in den Lagen Bürgel, Hubacker, Steig und Sauloch, die Reben wachsen auf unterschiedlichen Böden von tiefgründigen Lehm-Löss-Böden über Muschelkalkböden bis hin zu schweren Lettenböden. Gut drei Fünftel der Fläche nehmen weiße Rebsorten ein wie Riesling (30 Prozent), Weißburgunder, Grauburgunder, Chardonnay, Silvaner, Müller-Thurgau und Gewürztraminer, auch Muskateller oder Muskat-Ottonel. An roten Sorten gibt es hauptsächlich Spätburgunder, Schwarzriesling und St. Laurent.

Kollektion

Im vergangenen Jahr ragte ein kraftvoller 2014er Spätburgunder aus einer stimmigen, überzeugenden Kollektion hervor. Eine vergleichbare Kollektion präsentiert Jochen Becker in diesem Jahr, wobei wir diesmal in der Spitze die Rieslinge ganz knapp vor den Rotweinen sehen. Der zitrusduftige Bürgel-Riesling ist lebhaft und zupackend, der Wein vom Brummelochsenboden besitzt Fülle, Kraft und Substanz. Der im Stückfass ausgebaute Hubacker-Riesling besitzt Konzentration, Fülle und Kraft, ist nur leider recht süß; weniger süß ist die trockene Auslese aus dem Hubacker, besitzt reife Frucht, gute Struktur und Grip. Der im Barrique ausgebaute Chardonnay besitzt reife Frucht und dezente Vanillenoten, die Muskat-Cuvée ist von intensiven Fruchtnoten geprägt wie auch der enorm kraftvolle Gewürztraminer. Im roten Segment sehen wir die beiden Barriqueweine gleichauf, beide besitzen Fülle und Kraft, reife Frucht und Substanz.

Weinbewertung

79	2017 Riesling trocken (1l) **11,5 %/5,30 €**
81	2017 Grüner Silvaner trocken **11,5 %/5,50 €**
83	2017 Riesling trocken Dalsheimer „vom" Bürgel **13 %/7,50 €**
85	2017 Riesling „vom Brummelochsenboden" Dalsheimer Sauloch **13 %/9,50 €**
83	2017 Weißer Burgunder „Alte Reben" Dalsheimer Steig **13 %/9,50 €**
85	2017 Chardonnay trocken Barrique „MDCXXV" Dalsheimer Bürgel **13,5 %/10,- €**
86	2017 Riesling „Stückfass" Dalsheimer Hubacker **12,5 %/12,- €**
86	2017 Riesling Auslese trocken „MDCXXV" Dalsheimer Hubacker **13 %/13,50 €**
84	2017 Muskat Ottonel und Gelber Muskateller Dalsheimer Steig **11,5 %/8,50 €**
84	2017 Gewürztraminer Auslese trocken Dalsheimer Sauloch **14 %/12,50 €**
82	2014 Spätburgunder trocken Dalsheimer Steig **12,5 %/7,50 €**
85	2015 Saint Laurent trocken „MDCXXV" Dalsheimer Bürgel **14 %/16,- €**
85	2015 Spätburgunder trocken Barrique „MDCXXV" Dalsheimer Steig **14 %/18,- €**

M

Müller-Catoir

★★★★

KONTAKT

Mandelring 25
67433 Neustadt-Haardt
Tel. 06321-2815
Fax: 06321-480014
www.mueller-catoir.de
weingut@mueller-catoir.de

Inhaber
Philipp David Catoir
Kellermeister
Martin Franzen
Außenbetrieb
Thomas Michel
Rebfläche
21 Hektar
Produktion
150.000 Flaschen

BESUCHSZEITEN

Mo.-Fr. 8-12 + 13-17 Uhr,
Sa. 10-14 Uhr (Gruppen nach Vereinbarung)

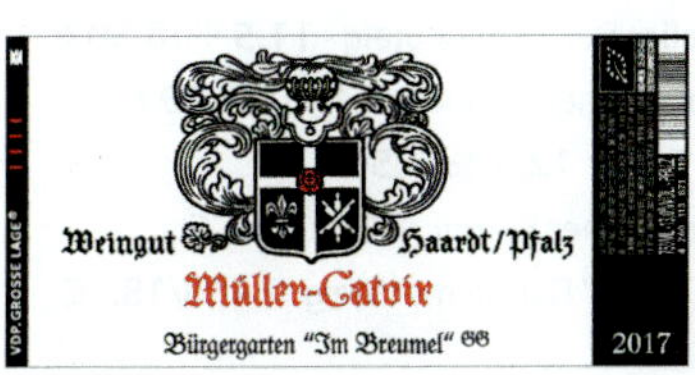

M

Die Familie Catoir, eine Hugenottenfamilie, betreibt nachweislich seit 1744 Weinbau in der Pfalz, hat ihren Sitz in einem im 18. Jahrhundert ursprünglich im Barockstil erbauten Gutshaus im Neustadter Stadtteil Haardt. An der Wende vom 19. zum 20. Jahrhunderts erhielt das Gebäude sein heutiges Gesicht als es – ganz typisch für die Gründerzeit – im neoklassizistischen Stil erweitert wurde. Jakob Heinrich Catoir hatte zusammen mit Kellermeister Hans Günter Schwarz das Weingut Müller-Catoir seit den sechziger Jahren in die Pfälzer Spitzenklasse geführt. 2002 hat sein Sohn Philipp David Catoir, studierter Architekt, den Betrieb übernommen, führt ihn in neunter Generation, und auch im Keller fand ein Stabwechsel statt, Martin Franzen hat die Nachfolge von Hans Günter Schwarz angetreten. Franzen stammt ursprünglich von der Mosel, hat in Geisenheim und Dijon studiert und war danach an der Nahe und in der Ortenau tätig. Die Weinberge von Philipp David Catoir liegen in den Haardter Lagen Bürgergarten, Herzog, Mandelring und Herrenletten, in den Gimmeldinger Lagen Mandelgarten und Schlössel, in der Mußbacher Eselshaut, aber auch in Neustadt (Grain, Mönchgarten) und Hambach (Römerbrunnen). Im Jahr 2018 wurden Teilstücke der historischen Lage Neustadter Vogelsang übernommen, der oberhalb der Neustadter Altstadt gelegene Südhang mit Muschelkalkböden wird bis 2020 im Zusammenarbeit mit dem Weingut Christmann neu angelegt. Im Kernstück des Bürgergartens besitzt das Weingut eine 2,8 Hektar große arrondierte Fläche, „Im Breumel" genannt, von Sandsteinmauern umgeben, aus der das einzige Große Gewächs erzeugt wird. Der Boden im Breumel ist tiefgründig und karger als im unteren Teil des Bürgergartens, besteht aus Buntsandsteinschotter mit hohem zersetzten Steinanteil und Lösslehmeinlagerungen, die Lage ist Süd-Südost-exponiert, erwärmt sich morgens schnell, kühlt abends aber durch die Nähe zum Waldrand deutlich ab. Riesling ist mit Abstand die wichtigste Rebsorte, nimmt 60 Prozent der Rebfläche ein. Hinzu kommen Weißburgunder und Grauburgunder, Rieslaner, Muskateller und Scheurebe, sowie Spätburgunder. Seit dem Jahrgang 2015 ist das Weingut ökologisch zertifiziert.

Kollektion

Unter den trockenen Weinen des Weinguts Müller-Catoir liegt in diesem Jahr deutlich das Große Gewächs aus dem „Breumel" vorne, der Riesling ist sehr präsent und komplex, zeigt sehr viel klare Frucht, gelbes Steinobst, Zitrusfrucht, Orangenschale und auch kräutrige Würze, besitzt gute Konzentration, feinen Grip, ist animierend und

lang. Von den drei Erste Lage-Rieslingen gefällt uns der Herrenletten am besten, er besitzt mehr Druck als die anderen beiden, zeigt klare Zitrusnoten, Ananas, Grapefruit und besitzt ein feines, nachhaltiges Säurespiel, der Bürgergarten ist zurückhaltend in der Frucht, zeigt aber deutliche steinig-kräutrige Würze und besitzt feinen Grip, der Mandelgarten ist noch sehr verschlossen, zeigt etwas steinige Noten und besitzt viel Kraft und ebenfalls ein nachhaltiges Säurespiel. Der Orts- und der Gutsriesling zeigen beide viel gelbe Frucht, Steinobst und Zitrusnoten und besitzen Biss. Ganz stark ist auch die Scheurebe aus dem Mandelring, der Wein besitzt gute Konzentration, zeigt herrlich viel reintönige Frucht, Zitrusnoten, Cassis, ist ganz trocken ausgebaut, animierend und harmonisch, besitzt Frische und Würze und ist sicher die Benchmark für trockene Scheureben in der Pfalz. Weißburgunder und Muskateller sind ebenfalls sehr reintönig, der Weißburgunder mit klarer Birnenfrucht und floraler Würze besitzt auch feinen Druck, der Muskateller ist frisch und harmonisch, zeigt Holunderblüte und Zitrusnoten im Bouquet. Und auch drei rest- und edelsüße Weine konnten wir verkosten, die Riesling Spätlese zeigt deutliche kräutrige Würze, Rosmarin, und dezent gelbes Steinobst, besitzt am Gaumen viel klare Frucht und ein frisches Säurespiel, ist schlank und elegant. Die Rieslaner-Auslese ist von ihren Werten her eigentlich eine heimliche Beerenauslese, ist cremig und dicht, besitzt viel süße, gelbe Frucht, aber auch eine feine Frische, ist lebendig und lang, die ganz goldfarbene Beerenauslese vom Rieslaner besitzt viel klare, süße Frucht, Aprikose, Zitruswürze und auch feine Nougatnoten, ist konzentriert, cremig und nachhaltig mit frischem Säurebiss.

Philipp David Catoir

Weinbewertung

85	2017 Riesling trocken „MC"	**12,5 %/9,60 €**
86	2017 Muskateller trocken Haardt	**12,5 %/12,80 €**
86	2017 Riesling trocken Haardt	**12,5 %/12,80 €**
89	2017 Scheurebe trocken Haardter Mandelring	**13 %/19,60 €**
88	2017 Riesling trocken Gimmeldinger Mandelgarten	**13,5 %/18,80 €**
89	2017 Riesling trocken Haardter Herrenletten	**13 %/18,80 €**
88	2017 Riesling trocken Haardter Bürgergarten	**13 %/18,80 €**
88	2017 Weißburgunder trocken Haardter Herrenletten	**13,5 %/18,80 €**
91	2017 Riesling „GG" Bürgergarten „Im Breumel"	**13 %/28,- €**
88	2017 Riesling Spätlese Gimmeldinger Mandelgarten	**10 %/18,80 €**
90	2017 Rieslaner Auslese Haardter Herzog	**9,5 %/18,80 €/0,375l**
91	2017 Rieslaner Beerenauslese Haardter Herzog	**8 %/39,40 €/0,375l**

M

LAGEN

HERRENLETTEN (HAARDT)
BÜRGERGARTEN (HAARDT)
- IM BREUMEL (HAARDT)
HERZOG (HAARDT)
MANDELRING (HAARDT)
MANDELGARTEN (GIMMELDINGEN)
SCHLÖSSEL (GIMMELDINGEN)

REBSORTEN

RIESLING (60 %)
WEISSBURGUNDER (15 %)
GRAUBURGUNDER (5 %)
MUSKATELLER (5 %)
SCHEUREBE (5 %)
RIESLANER (5 %)
SPÄTBURGUNDER (5 %)

MÜNZBERG

★★★

KONTAKT

Böchinger Straße 51
76829 Landau-Godramstein
Tel. 06341-60935
Fax: 06341-64210
www.weingut-muenzberg.de
wein@weingut-muenzberg.de

Inhaber
Gunter Keßler
Kellermeister
Nico Keßler
Rebfläche
17 Hektar
Produktion
120.000 Flaschen

BESUCHSZEITEN

Mo.-Fr. 8-12 + 14-18 Uhr,
Sa. 9-15 Uhr

Lothar Keßler zog 1974 vom Godramsteiner Ortskern an den Münzberg um. Nachdem seine Söhne Rainer und Gunter Keßler das Gut zunächst gemeinsam führten, leitet Gunter seit Oktober 2013 alleine den Betrieb. Für den Keller ist mittlerweile Sohn Nico verantwortlich. 60 Prozent der Fläche nehmen die Burgundersorten und Chardonnay ein, Riesling steht auf 22 Prozent.

Kollektion

Erneut konnten wir eine sehr gute Kollektion vom Münzberg verkosten, mit Stärken bei den weißen Burgundersorten, aber auch die Rieslinge und Spätburgunder überzeugen. Die Gutsweine sind sehr reintönig, saftig und frisch, das Niveau bei den Ortsweinen ist bereits sehr hoch, mit den harmonischen und komplexen Weißburgunder und Chardonnay vom „Kalkgestein" an der Spitze, die wir genauso gut einschätzen wie die präsenten und ausdrucksstarken Erste Lage-Weine, bei denen der Chardonnay vom Stahlbühl herausragt, der feine Holzwürze, Zitrusnoten und Potential besitzt. Bei den drei Großen Gewächsen bleibt der Riesling zurückhaltend in der Frucht, zeigt kalkig-mineralische Würze und Kräuternoten und besitzt gute Länge, der Weißburgunder besitzt gute Konzentration und viel klare Frucht, Birne und Aprikose, und ein nachhaltiges Säurespiel, der Spätburgunder zeigt dunkle Frucht und feine Röstnoten, besitzt Kraft, Stoff und Länge. —

Weinbewertung

84	2017 Grauer Burgunder trocken **12,5 %/7,80 €**
84	2017 Weißer Burgunder trocken **12,5 %/7,80 €**
84	2017 Riesling trocken **12 %/7,80 €**
88	2017 Weißer Burgunder „Kalkgestein" Godramstein **13,5 %/12,- €**
87	2017 Weißer Burgunder trocken „Löss-Lehm" Godramstein **13 %/12,- €**
87	2017 Grauer Burgunder trocken „Kalkmergel" Godramstein **13,5 %/12,- €**
88	2017 Chardonnay trocken „Kalkgestein" Godramstein **13 %/12,- €**
86	2017 Riesling trocken „Kalkgestein" Godramstein **12 %/12,- €**
88	2017 Weißer Burgunder trocken Godramstein „Ochsenloch" **13 %/16,- €**
88	2017 Grauer Burgunder trocken Godramstein „Schneckenberg" **13 %/16,- €**
89	2017 Chardonnay trocken Godramstein „Stahlbühl" **13 %/22,- €**
88	2017 Riesling trocken Godramstein „an der Kalkgrube" **12,5 %/16,- €**
90	2017 Weißer Burgunder „GG" Münzberg „Schlangenpfiff" **13,5 %/22,50 €**
90	2017 Riesling „GG" Münzberg „Schlangenpfiff" **12,5 %/22,50 €**
83	2017 Spätburgunder Rosé trocken **12 %/7,80 €**
83	2015 Spätburgunder trocken **13 %/9,- €**
87	2015 Spätburgunder trocken „Kalkgestein" Godramstein **13,5 %/18,- €**
88	2015 Spätburgunder trocken Godramstein „Mittlerer Affolter" **14 %/25,- €**
89	2015 Spätburgunder „GG" Münzberg „Schlangenpfiff" **14 %/30,- €**

MÜNZENBERGER

★☆

KONTAKT

Lindenplatz 9
55270 Zornheim
Tel. 06136-44573
Fax: 06136-46904
www.weingut-muenzenberger.de
info@weingut-muenzenberger.de

Inhaber
Andreas Münzenberger
Rebfläche
19 Hektar
Produktion
70.000 Flaschen

BESUCHSZEITEN

nach Vereinbarung

Andreas Münzenberger führt heute in zweiter Generation das 1963 von Hans-Walter Münzenberger gegründete Weingut, hat sich ganz auf Weinbau spezialisiert. Seine Weinberge liegen in Zornheim in den Lagen Pilgerweg, Vogelsang, Mönchbäumchen und Guldenmorgen, in den beiden Hahnheimer Lagen Knopf und Moosberg, aber auch in Selzen (Gottesgarten, Osterberg) und in Nierstein (Pfaffenkappe). Wichtigste weiße Rebsorten sind Riesling, Müller-Thurgau, Grauburgunder, Silvaner und Sauvignon Blanc, wichtigste rote Rebsorten sind Spätburgunder und Dornfelder. Andreas Münzenberger wird heute im Betrieb unterstützt von Sohn Dominik, der eine eigene Weinlinie kreiert hat.

Kollektion

Auch in diesem Jahr präsentiert Andreas Münzenberger wieder eine umfangreiche Kollektion, die ausschließlich aus Weißweinen besteht. Der duftige Sylvaner ist klar und zupackend wie auch der ebenfalls recht duftige Sauvignon Blanc. Der Kalk-Mergel-Weißburgunder ist konzentriert, etwas floral, zupackend, der Chardonnay Grüner Letten ist würzig, geradlinig und klar. Dies sind unsere Favoriten unter den trockenen Weißweinen, besser aber gefallen uns in diesem Jahr die beiden süßen Rieslinge, die Andreas Münzenberger präsentiert. Die süße Feuerstein-Spätlese aus Zornheim zeigt feinen Duft und viel Frische im Bouquet, ist sehr eigenständig, besitzt gute Struktur und Frucht. Die Sculptor genannte Auslese aus dem Zornheimer Guldenmorgen ist ebenfalls recht duftig, aber noch konzentrierter, noch saftiger, besitzt Fülle, viel reife Frucht und Substanz. —

Weinbewertung

80	2017 „Pulsario Secco blanc" Perlwein **10,5 %/6,20 €**
80	2017 Riesling trocken „Edel-Schoppen" (1l) **12,5 %/5,90 €**
83	2017 Sylvaner trocken „Other Worlds" Zornheim **12 %/9,90 €**
80	2017 „Blanc de Noir" trocken „Surprise" **11 %/6,50 €**
84	2017 Weißer Burgunder trocken „Kalk-Mergel" Zornheim **12 %/7,40 €**
80	2017 Grauer Burgunder Classic **12,5 %/7,40 €**
81	2017 Grauer Burgunder trocken „Löss" **12,5 %/6,30 €**
84	2017 Sauvignon Blanc trocken „Zwei Erden" **11,5 %/7,20 €**
83	2017 Chardonnay trocken „Grüner Letten" Selzen **11,5 %/7,50 €**
82	2017 Grauer Burgunder trocken „Dark Matter" **12 %/8,- €**
82	2017 Riesling trocken „Decoded Poetry" Zornheim **12,5 %/10,50 €**
81	2017 Riesling Classic **13 %/7,30 €**
79	2017 Gewürztraminer „feinherb" „White Rose" **11 %/6,60 €**
85	2017 Riesling Spätlese „Feuerstein" Zornheim **10 %/8,20 €**
87	2017 Riesling Auslese „Sculptor" Zornheimer Guldenmorgen **9,5 %/13,50 €**

Georg Naegele

★★

KONTAKT

Schlossstraße 27-29
67434 Neustadt-Hambach
Tel. 06321-84896
Fax: 06321-30708
www.naegele-wein.de
info@naegele-wein.de

Inhaber
Familie Bonnet
Rebfläche
14,5 Hektar
Produktion
130.000 Flaschen

BESUCHSZEITEN

Mo.-Fr. 9:30-12 + 13-17:30 Uhr, Sa. 9:30-12 Uhr und nach Vereinbarung
Vinothek und Probenräume im alten Barockanwesen, Jahrgangspräsentation und Weinfest „Schwarz-Rot-Gold" am 3. Juni-Wochenende

Das Weingut Georg Naegele am Schlossberg in Hambach ist ein bereits 1796 gegründetes Familien-Weingut. Zu den Trauben der 14 Hektar eigenen Weinberge werden die Trauben von befreundeten Winzern hinzugekauft. Eva und Ralf Bonnet führen heute das Gut, unterstützt von ihren Eltern Volker und Gerda Bonnet. In den Weinbergen haben sie verstärkt rote Sorten angepflanzt, wie Spätburgunder, Dornfelder, Portugieser, Merlot, Cabernet Sauvignon, Cabernet Franc, Merlot und Domina. Hauptrebsorte ist aber weiterhin der Riesling mit einem Anteil von einem Drittel. An weißen Sorten gibt es noch Chardonnay, Grau- und Weißburgunder, Gewürztraminer, Sauvignon Blanc, Rieslaner, Silvaner, Kerner, Müller-Thurgau und Muskateller. Unter dem Namen „Naegele Chronos" werden die im Barrique ausgebauten Spitzenweine angeboten.

Kollektion

Zu unserem Favoriten der vergangenen Jahre, dem 30 Monate auf der Hefe ausgebauten „Sekt ohne Namen", der feine Noten von gerösteten Haselnüssen zeigt, kraftvoll, geradlinig und animierend ist, gesellt sich in diesem Jahr die weiße „Chronos"-Cuvée, die sehr dezente Holzwürze zeigt und füllig konzentriert und harmonisch ist. Der Weißburgunder aus dem Kirschgarten ist kraftvoll, besitzt Schmelz und klare Frucht, der Kirchenberg-Riesling ist ebenfalls kraftvoll, ist fruchtbetont mit etwas kräutriger Würze und der Grauburgunder aus dem Heidengraben zeigt reintönige Frucht und dezenten Holzeinfluss. Die Rotweine sind wieder sehr stoffig und fleischig mit viel dunkler Frucht, der Spätburgunder „Kairos" besitzt Kraft, gute Substanz und viel süße Frucht mit Noten von Trockenfrüchten, lässt aber auch etwas den hohen Alkoholgehalt spüren.

Weinbewertung

88 2014 Chardonnay Spätburgunder brut nature „Sekt ohne Namen" **13,5 %/15,-€**
86 2016 Muskateller Sekt extra brut „Muscat de Bonnet" **12,5 %/13,- €**
82 2017 Riesling Kabinett trocken Hambacher Schlossberg **12 %/7,- €**
84 2017 Sauvignon Blanc trocken **12,5 %/7,20 €**
87 2017 Weißburgunder trocken Hambach „Im Kirschgarten" **13,5 %/10,50 €**
86 2017 Grauburgunder trocken Hambach „Am Heidengraben" **13,5 %/11,- €**
84 2017 Chardonnay trocken Hambacher Schlossberg **13,5 %/9,- €**
88 2017 Weißburgunder & Chardonnay trocken „Naegele Chronos" **13 %/12,- €**
84 2017 Riesling Spätlese trocken Hambacher Schlossberg **12,5 %/9,- €**
87 2017 Riesling trocken Hambach „Am Kirchenberg" **13 %/11,20 €**
84 2017 Riesling Spätlese Hambacher Schlossberg **9,5 %/9,- €**
85 2016 Spätburgunder trocken „Naegele Feuer" Schlossberg **13,5 %/13,- €**
87 2015 Spätburgunder trocken „Naegele Kairos" Schlossberg **14 %/20,- €**
86 2016 „Naegele Chronos" Rotwein trocken Schlossberg **14 %/16,- €**

Nägele

★☆

KONTAKT

Schafgasse 12
74889 Sinsheim-Weiler
Tel. 07142-967512
Fax: 07143-811931
www.naegele-baden.de
weingut@naegele-baden.de

Inhaber
Tobias Nägele
Rebfläche
3,5 Hektar
Produktion
20.000 Flaschen

BESUCHSZEITEN

Fr. 14-18 Uhr oder nach Vereinbarung

Tobias Nägele ist nach Winzerlehre beim Weingut Zipf und Wirtschafterausbildung in Weinsberg seit 2003 Winzermeister, arbeitet seither im elterlichen 10 Hektar-Betrieb in Hessigheim, der seine Trauben an die Genossenschaft abliefert. 2011 kaufte er Weinberge in Michelfeld im Kraichgau und pachtete die Weinberge des Weinguts Rapp-Kiess am Eichtersheimer Kletterberg (mit 1975 gepflanzten Spätburgunder- und Rieslingreben), für den ersten Jahrgang 2012 kaufte er noch Trauben aus dem Eschelbacher Sonnenberg zu, ist auch im Michelbacher Himmelfeld vertreten. Vergoren wurden die Weine in Hessigheim, abgefüllt aber dann in Sinsheim, wo man eine alte Scheune erwarb und zur Weinkellerei umbaute. 2013 eröffnete er offiziell sein Weingut in Sinsheim-Weiler. Anfangs hatte Tobias Nägele Riesling, Kerner, Spätburgunder, Grauburgunder, Müller-Thurgau und Dornfelder im Anbau. 2014 hat er einen Hektar Reben neu bepflanzt mit Lemberger, Cabernet Franc, Sauvignon Blanc, Weißburgunder und Chardonnay.

Kollektion

Auf Prädikate wie Kabinett und Spätlese verzichtet Tobias Nägele in diesem Jahr. Der Auxerrois ist wild-fruchtig, gleichzeitig herb und von guter Säurestruktur. Der Grauburgunder ist stoffig-herb mit gelber Frucht. Der Riesling Steillage ist sehr trocken bei griffiger Säure, noch etwas bitter, der von alten Reben hat einen angenehmen Reifeton, die Säure wirkt noch sehr jung, macht den herb-fruchtigen Wein quicklebendig. Der Weißburgunder kommt etwas laktisch in die Nase, im Mund kommen fruchtige Anteile dazu, ein griffiger, noch etwas unruhiger Wein. Beim Chardonnay überwiegt schon in der Nase eine ausladende Frucht, im Mund kommt etwas Süße dazu, puffert eine feine Säure ab. Der Cabernet Franc hat ein straffes Tanninkleid und reife Frucht. Der Blaufränkisch ist saftig, hat ebenfalls kräftige Tannine und wie auch der Cabernet viel Wärme, beide Weine sind noch sehr jung und unruhig. Die Cuvée Wild Cat aus den beiden genannten Rebsorten ist dichter und weicher, die Frucht ist reifer, er besitzt viel Wärme. —

Weinbewertung

84 2017 Auxerrois Weilerer Steinsberg **12 %/8,70 €**
82 2017 Weißburgunder Michelfelder Himmelberg **12,5 %/8,90 €**
85 2017 Grauburgunder Eschelbacher Sonnenberg **13 %/9,20 €**
85 2013 Riesling „Alte Reben" Eichtersheimer Kletterberg **12 %/7,90 €**
86 2017 Riesling Steillage Eichtersheimer Kletterberg **12 %/9,70 €**
84 2017 Chardonnay **12,5 %/11,80 €**
84 2016 Blaufränkisch Michelfelder Himmelberg **14 %/12,80 €**
84 2016 Cabernet Franc Michelfelder Himmelberg **14 %/14,80 €**
86 2016 „Wildcat" Rotwein **14 %/19,70 €**

N

Nägelsförst

★★☆

KONTAKT

Nägelsförst 1
76534 Baden-Baden (Varnhalt)
Tel. 07223-35550
Fax: 07223-355556
www.naegelsfoerst.de
info@naegelsfoerst.de

Inhaber Weingut Nägelsförst GmbH & Co. KG
Betriebsleiter Steffen Röll
Produktion Annette Bähr
Verkauf Waldemar Krapiec
Rebfläche 33 Hektar
Produktion 180.000 Flaschen

BESUCHSZEITEN

Mo.-Fr. 9-18 Uhr, Sa. 10-16 Uhr, So. geschlossen
Probierstube, Herrenhaus mit Bankett-Räumen, Gutspark für Wein-Menüs

N

Gut Nägelsförst wurde 1268 als Hofgut des Zisterzienserinnenklosters Lichtenthal gegründet. Aus der Klosterchronik geht hervor, dass die Nonnen bereits 1344 Pinot Noir am „Klosterberg“, dem Hausberg von Gut Nägelsförst pflanzten. Die Reben hatten die Nonnen aus dem Mutterkloster aus Cîteaux bei Beaune im Burgund mitgebracht. Mit dieser Erstpflanzung war der Grundstein für den Weinbau in der Region gesetzt. Nach der Säkularisierung gelangte das Anwesen in den Besitz der Markgrafen von Baden, später gehörte es unter anderem einem Bankier. Im Frühjahr 2016 hat eine Familie aus Mittelfranken das Weingut gekauft. Die Weinberge liegen im Varnhalter Klosterbergfelsen (granithaltige Böden), im Umweger Stich den Buben (Granit und Löss) und im Neuweierer Mauerberg (Granit und Porphyrschutt mit Lösslehmauflagen), aber auch in Waldulm und in Bühlertal. Wichtigste Rebsorten sind Riesling und Spätburgunder.

Kollektion

Mit der neuen Kollektion schließen Steffen Röll und sein Team an die starke Vorjahreskollektion an. Die Gutsweine sind frisch und fruchtbetont, unter den weißen Ortsweinen gefällt uns der intensiv fruchtige, strukturierte Chardonnay besonders gut. Der Steinterrassen-Riesling besitzt eindringliche Frucht, Fülle und Kraft, der Stich den Buben-Weißburgunder zeigt gelbe Früchte, besitzt Fülle, reintönige Frucht und Kraft, der 2017er ist ein wenig stoffiger als sein Jahrgangsvorgänger. Stark sind auch die Rotweine, vor allem das Pinot Noir-Trio überzeugt, angefangen beim fruchtbetonten Wein von alten Reben. Die beiden Lagenweine besitzen Fülle und Kraft, der Klosterbergfelsen ist offener, frischer, der Engelsfelsen intensiver und tanninbetonter. ▬

Weinbewertung

84 2014 „Cuvée Prestige“ Crémant extra-brut **12 %/19,90 €**
82 2017 Riesling trocken **12,5 %/7,90 €**
85 2017 Riesling trocken Baden-Baden **12,5 %/12,90 €**
87 2017 Chardonnay trocken Baden-Baden **12,5 %/12,90 €**
88 2017 Riesling trocken „Steinterrassen“ Mauerberg **12,5 %/15,90 €**
88 2016 Weißburgunder trocken Stich den Buben **13,5 %/18,90 €**
89 2017 Weißburgunder trocken Stich den Buben **13,5 %/18,90 €**
82 2017 Riesling „feinherb“ **13 %/7,90 €**
83 2017 Rosé trocken **12,5 %/8,90 €**
84 2016 Pinot Noir trocken Ortenau **13 %/8,90 €**
83 2015 „Quantum rot“ Rotwein trocken **13 %/9,90 €**
85 2016 Pinot Noir trocken „Alte Reben“ Bühlertal **13 %/12,90 €**
88 2016 Pinot Noir trocken Bühlertal Engelsfelsen **13,5 %/29,90 €**
87 2016 Pinot Noir trocken Baden-Baden Klosterbergfelsen **13 %/29,90 €**

NAGEL

★★☆

KONTAKT

Winzerhof Nagel
Raiffeisenstraße 1
97337 Dettelbach
Tel. 09324-2963
Fax: 09324-903602
www.winzerhof-nagel.de
mail@winzerhof-nagel.de

Inhaber
Roland Nagel
Betriebsleiter
Roland & Tobias Nagel
Kellermeister
Tobias Nagel
Außenbetrieb
Roland Nagel
Rebfläche **4,8 Hektar**
Produktion **26.000 Flaschen**

BESUCHSZEITEN

Mo.-Fr. 9-18 Uhr, Sa. 10-16 Uhr, Sonn- und Feiertage nach Vereinbarung
Zimmer, Ferienwohnungen

Roland Nagel führt heute den Winzerhof in Dettelbach, unterstützt von Sohn Tobias, der seine Lehre beim Juliusspital in Würzburg absolvierte und im Rahmen seiner Weintechnikerausbildung Praktika bei Knoll in der Wachau und bei Preisinger im Burgenland machte. Die Weinberge liegen in Dettelbach in den beiden Lagen Berg-Rondell und Sonnenleite. Silvaner nimmt 60 Prozent der Rebfläche ein, dazu gibt es Weißburgunder, Müller-Thurgau und Bacchus, Riesling, Chardonnay und Sauvignon Blanc wurden neu angelegt, 2016 wurden Kerner und Domina gerodet, dafür nochmals Weißburgunder und erstmals Spätburgunder gepflanzt. Das Programm ist in drei Linien gegliedert: Die Weine der Basislinie Stahlnagel werden im Edelstahl ausgebaut, sie sollen unkomplizierten Trinkspaß bieten. Für die Linie Ankernagel werden die Trauben aus der besten Lage, dem Berg-Rondell, ausgewählt, die Weine werden teils im Edelstahl, teils im Tonneau ausgebaut. Die Weine der Holznagel-Linie schließlich stammen von den ältesten Weinbergen, sie werden im Holzfass vergoren und ausgebaut, bleiben lange auf der Hefe und werden unfiltriert abgefüllt. Bis auf den „No Cuvée No Party" werden alle Weine spontanvergoren. Dem Weingut ist ein Gästehaus angeschlossen.

Kollektion

Es geht weiter voran, die Weine besitzen Struktur und Kraft, zeigen eine klare Handschrift. In der Stahlnagel-Linie gefallen uns der fruchtbetonte, zupackende Silvaner, der reintönige, frische Weißburgunder und der kraftvoll Riesling, der gute Struktur und Grip besitzt, besonders gut. Die Ankernagel- und Holznagel-Weine lagen bis August auf der Vollhefe, wurden unmittelbar nach der Füllung verkostet. Zu diesem Zeitpunkt präsentierte sich der Ankernagel-Silvaner am offensten, er besitzt Fülle und Saft, reife Frucht und Substanz. Der Holznagel-Silvaner ist derzeit nicht ganz so fruchtintensiv, der Weißburgunder kraftvoll, verschlossen, der Chardonnay besitzt gute Struktur und Substanz, der Sauvignon Blanc besitzt reintönige Frucht und Grip. ⬅

Weinbewertung

83	2017 „Blanc" Weißwein trocken „Stahlnagel" **12 %/6,- €**
85	2017 Silvaner trocken „Stahlnagel" **12,5 %/8,- €**
85	2017 Riesling trocken „Stahlnagel" **12 %/8,80 €**
84	2017 Weißburgunder trocken „Stahlnagel" **12,5 %/7,80 €**
88	2017 Silvaner trocken „Ankernagel" Berg-Rondell **12,5 %/11,- €**
86	2017 Silvaner trocken „Holznagel" **12,5 %/15,- €**
86	2017 Weißburgunder trocken „Holznagel" **12,5 %/15,- €**
87	2017 Sauvignon Blanc trocken „Holznagel" **13 %/15,- €**
87	2017 Chardonnay trocken „Holznagel" **12,5 %/15,- €**
82	2017 „No Cuvée No Party" Weißwein „Stahlnagel" **11,5 %/7,- €**

Nauerth-Gnägy

★★★

KONTAKT

Müllerstraße 5
76889 Schweigen-Rechtenbach
Tel. 06342-919042, 06349-8529
Fax: 06342-919043, 06349-6795
www.nauerth-gnaegy.de
info@nauerth-gnaegy.de

Inhaber
Familie Nauerth-Gnägy
Rebfläche
28 Hektar
Produktion
180.000 Flaschen

N

BESUCHSZEITEN

Sa. 9-17 Uhr und nach Vereinbarung
Weinprobierstube, Destillate aus eigener Brennerei, Gästezimmer

Das Weingut Nauerth-Gnägy entstand im Sommer 2011 aus einer Fusion der Weingüter Nauerth in Heuchelheim-Klingen und Gnägy in Schweigen-Rechtenbach, nachdem Mareen Nauerth und Michael Gnägy 2009 geheiratet hatten. In Rechtenbach wurde ein neues Betriebsgebäude gebaut, in dem seit dem Jahrgang 2013 die Weine ausgebaut werden. Die wichtigsten Rebsorten im Betrieb sind Riesling, Weiß-, Grau- und Spätburgunder, dazu gibt es Sauvignon Blanc, Auxerrois, Chardonnay und Gewürztraminer, bereits seit 1994 gibt es bei Gnägy Cabernet Sauvignon, seit 2001 auch Merlot. Mit der Fusion wurde das Sortiment neu in Guts-, Orts- und Lagenweine gegliedert, auf den Etiketten gekennzeichnet mit den Kürzeln ng.1, ng.2 und ng.3. Die mit dem aktuellen Jahrgang erstmals benutzten Bezeichnungen Lorch und Eisenbart sind Gewanne innerhalb des Sonnenbergs.

Kollektion

Was wir schon öfter in den vergangenen Jahren feststellen konnten, gilt auch dieses Mal wieder: Die Rotweine sind mehr auf Struktur und Würze ausgelegt, die Frucht spielt eine kleinere Rolle. So sind auch die beiden Spätburgunder an der Spitze der Kollektion noch etwas zurückhaltend in der Frucht, der neue Eisenbart zeigt mit Luft aber etwas Kirschkern und Cassis, besitzt gute Struktur und Länge und wirkt noch sehr jung, der Herrenwingert zeigt etwas deutlichere röstige Würze und auch Noten von Kräutern, besitzt gute Substanz und Potential. Und auch der Cabernet Sauvignon braucht noch etwas Zeit, zeigt aber auch schon reintönige Frucht. Der Chardonnay gefällt uns unter den Weißweinen am besten, er zeigt klare, gelbe Frucht, ist leicht cremig und lang, Grau- und Weißburgunder „ng.3" sind kraftvoll und reintönig und zeigen dezente Holzwürze, der Riesling ist kräutrig und zitruswürzig mit feinem Biss. —

Weinbewertung

86 2016 Weißer Burgunder Sekt brut Klingener Herrenpfad **12 %/9,90 €**
83 2017 Weißer Burgunder trocken „ng.2" **12,5 %/6,20 €**
84 2017 Sauvignon Blanc trocken „ng.2" **12,5 %/7,60 €**
85 2017 Gewürztraminer trocken „ng.2" **13,5 %/7,50 €**
86 2016 Riesling trocken „ng.3" Herrenwingert **13 %/9,40 €**
87 2017 Weißer Burgunder trocken „ng.3" Lorch **13,5 %/9,40 €**
87 2017 Grauer Burgunder trocken „ng.3" Pfarrwingert **13,5 %/9,50 €**
88 2017 Chardonnay trocken „ng.3" Herrenwingert **13 %/9,90 €** ☺
86 2015 Spätburgunder trocken „ng.3" Schweigener Sonnenberg **13,5 %/13,10 €**
87 2013 Cabernet Sauvignon trocken „ng.3" **14 %/10,90 €**
88 2015 Pinot Noir trocken „ng.3" Herrenwingert **13,5 %/19,60 €**
88 2014 Spätburgunder trocken „ng.3" Eisenbart **13,5 %/20,40 €**

ng.

NEDER

★★★

KONTAKT

Urbanusweg 5-9
97729 Ramsthal
Tel. 09704-5692
Fax: 09704-7469
www.weingut-neder.de
wein@weingut-neder.de

Inhaber
Ewald Neder
Betriebsleiter/Außenbetrieb
Ewald & Lorenz Neder
Kellermeister
Lorenz Neder
Rebfläche
11 Hektar
Produktion
60.000 Flaschen

BESUCHSZEITEN

Mo.-Fr. 14-18 Uhr, Sa. 9-16 Uhr und nach Vereinbarung
Neue Vinothek, Veranstaltungsraum mit Aussicht auf Ramsthal und Pavillon im Hof

WEINGUT NEDER

Ganz im Norden des fränkischen Anbaugebietes liegt in einem Seitental der Fränkischen Saale der Ort Ramsthal mit etwa 50 Hektar Weinbergen. Eugen Neder begann Ende der siebziger Jahre mit der Flaschenweinvermarktung und dehnte die Rebfläche aus, die größte Erweiterung erfolgte mit der Flurbereinigung 1981, in dem Jahr, in dem Ewald Neder den Betrieb mit damals 4,5 Hektar Weinbergen von seinen Eltern übernahm. 1991 errichtete er neben dem Wohnhaus im Urbanusweg ein neues Kellereigebäude, das 2015 vergrößert wurde. Seine Weinberge liegen allesamt in Steillagen vor allem im Ramsthaler St. Klausen. Hinzu kommen Weinberge im Wirmsthaler Scheinberg und seit kurzem im Westheimer Längberg. Er baut Silvaner, Müller-Thurgau, Bacchus, Kerner, Grauburgunder, Weißburgunder und Scheurebe an, sowie die roten Sorten Domina, Dornfelder und Regent. Seit 2012 ist Sohn Lorenz im Betrieb tätig, hat die Verantwortung für den Keller übernommen.

Kollektion

Es geht weiter voran bei Ewald und Lorenz Neder, das Einstiegsniveau ist gewohnt hoch und erstmals gibt es gleich drei starke Spitzen. Nicht zu vergessen der fruchtbetonte, frische, komplexe Scheurebe-Sekt und nicht nur als Sekt, auch als Wein bereitet die Scheurebe viel Freude, ist reintönig, fruchtbetont und zupackend. Die Kabinettweine besitzen alle reintönige Frucht, gute Struktur und Frische, der zupackende, druckvolle Scheinberg-Riesling gefällt uns besonders gut. Der Silvaner von alten Reben besitzt Fülle und Kraft, reintönige Frucht und gute Struktur. Der Weißburgunder ist würzig, eindringlich, zupackend, besitzt klare reife Frucht und gute Länge. Der Grauburgunder von alten Reben ist rauchig und konzentriert, füllig und saftig, dabei kompromisslos durchgegoren, nachhaltig. Klasse Kollektion!

Weinbewertung

87 2015 Scheurebe Sekt extra brut Ramsthaler St. Klausen **12,5 %/13,- €**
84 2017 Bacchus Kabinett trocken Ramsthaler St. Klausen **12 %/5,50 €**
84 2017 Silvaner Kabinett trocken Wirmsthaler Scheinberg **12 %/7,- €**
84 2017 Silvaner Kabinett trocken Ramsthaler St. Klausen **12 %/7,- €**
84 2017 Grauer Burgunder Kabinett trocken Ramsthaler St. Klausen **12 %/7,- €**
85 2017 Scheurebe trocken Ramsthaler St. Klausen **12 %/7,- €**
85 2017 Riesling Kabinett trocken Wirmsthaler Scheinberg **11,5 %/7,- €**
89 2017 Silvaner trocken „Alte Reben" Ramsthaler St. Klausen **12,5 %/11,50 €** ☺
88 2017 Weißer Burgunder trocken Ramsthaler St. Klausen **13 %/11,50 €**
89 2017 Grauer Burgunder trocken „Alte Reben" St. Klausen **12,5 %/11,50 €** ☺
84 2017 „a weng weiß" Weißwein **11,5 %/5,50 €**
83 2017 „a weng rot" Rotwein **12 %/6,50 €**

N

Neef-Emmich

★★☆

KONTAKT

Alzeyerstraße 15
67593 Bermersheim
Tel. 06244-905254
Fax: 06244-905255
www.neef-emmich.de
info@neef-emmich.de

Inhaber
Dirk Emmich
Rebfläche
20 Hektar
Produktion
120.000 Flaschen

BESUCHSZEITEN

nach Vereinbarung
Verkostungsraum

N

Die Weinberge von Dirk Emmich liegen in Bermersheim (Seilgarten, Hasenlauf) und benachbarten Gemeinden wie Westhofen (Rotenstein), Gundersheim (Höllenbrand) und Albig (Hundskopf, Schloss Hammerstein), wo unterschiedliche Böden zu finden sind von Kalkgestein über Rotliegendes bis hin zu schwerem Tonmergel. Riesling nimmt ein Viertel der Rebfläche ein, es folgen Silvaner, Müller-Thurgau, Weiß- und Grauburgunder sowie einige Bukettsorten im Weißweinbereich. An roten Sorten gibt es St. Laurent, Spätburgunder, Dornfelder und Portugieser. Dirk Emmich hat Weinbergsflächen im Höllenbrand in Gundersheim erworben, wo er nach der Flurbereinigung 2012 Riesling und Spätburgunder pflanzte. Die Rotweine werden nach der Maischegärung im Holz ausgebaut. 2010 wurde das Kelterhaus innerhalb des historischen Baubestandes umgebaut. 2012 wurde ein neuer Verkostungsraum in einer ehemaligen Kuhkapelle eröffnet.

Kollektion

Dirk Emmich präsentiert in diesem Jahr eine stimmige, starke Kollektion mit Highlights trocken wie süß, weiß wie rot. Die Zuverlässigkeit der Basisweine loben wir schon seit der ersten Ausgabe und auch im Jahrgang 2017 präsentieren sich alle Weine gewohnt fruchtbetont und sortentypisch. Bei den beiden Lagen-Rieslingen sehen wir Höllenbrand knapp vor Hundskopf, beide besitzen gute Konzentration und intensive Frucht, Fülle und Saft. Noch etwas besser gefällt uns in diesem Jahr der Weißburgunder aus dem Rotenstein, der herrlich fruchtbetont, kraftvoll und lang ist; aber auch der Weißburgunder-Ortswein aus Westhofen ist schon sehr gut, ist fruchtbetont, zupackend und strukturiert. Im süßen Segment ragt die litschi- und holunderduftige Bacchus Beerenauslese hervor. Der Höllenbrand-Spätburgunder besitzt intensive Frucht, bleibt aber etwas monolithisch, wir ziehen den Albiger St. Laurent vor, der betörend reintönig und fruchtbetont ist bei guter Struktur.

Weinbewertung

84 2017 Silvaner Bermersheim **12,5 %/9,50 €**
84 2017 Riesling Dalsheim **12,5 %/9,50 €**
85 2017 Weißer Burgunder Westhofen **13 %/9,50 €**
88 2017 Weißer Burgunder Westhofener Rotenstein **13 %/13,90 €**
86 2017 Riesling Hundskopf **12,5 %/13,90 €**
87 2017 Riesling Guntersheim Höllenbrand **12,5 %/19,- €**
83 2017 Scheurebe „feinherb" **11,5 %/7,30 €**
84 2017 Riesling Kabinett **10,5 %/7,30 €**
88 2017 Bacchus Beerenauslese **7 %/15,- €/0,375l**
88 2016 St. Laurent Albiger **14 %/15,50 €**
86 2015 Spätburgunder Höllenbrand **14,5 %/25,- €**

NEIPPERG

★★★

KONTAKT

Weingut Graf Neipperg
Schloss Neipperg
74193 Schwaigern
Tel. 07138-941400
Fax: 07138-4007
www.graf-neipperg.de
info@graf-neipperg.de

Inhaber
Erbgraf zu Neipperg
Kellermeister
Bernd Supp
Außenbetrieb
Klaus Schilling
Rebfläche
32 Hektar
Produktion
180.000 Flaschen

BESUCHSZEITEN

Mo.-Fr. 8-12 + 13-16 Uhr und nach Vereinbarung
Restaurant „Zum alten Rentamt" (www.altesrentamt.de, Tel. 07138-5258)

Die beiden Spitzenlagen des Gutes sind seit dem 13. Jahrhundert mit Reben bestockt. Im Neipperger Schlossberg ebenso wie in der Schwaigerner Ruthe wachsen die Reben auf Keuperböden. Anders in der dritten Lage des Weinguts, die seit dem Jahrgang 2008 ebenfalls auf Etiketten erscheint: Im Klingenberger Schlossberg – Klingenberg ist ein Stadtteil von Heilbronn – besteht der Boden aus Lösslehm auf Muschelkalkgestein. Aus dem Klingenberger Schlossberg, eine der kleinsten Einzellagen Württembergs, wird ausschließlich ein Riesling erzeugt. Lemberger und Riesling sind die wichtigsten Rebsorten im Weingut, es folgen Trollinger, Schwarzriesling, Spätburgunder und Müller-Thurgau, dazu gibt es Dornfelder, Samtrot, Weißburgunder und Muskateller, aber auch Merlot, aus dem der Spitzenrotwein des Hauses, der „S.E." bereitet wird. 2011 gab es erstmals auch einen Syrah „S.E.", 2013 den Cabernet Sauvignon.

Kollektion

In der Spitze ist die Kollektion wieder bärenstark und erneut sind es die Großen Gewächse vom Lemberger, die uns begeistern, die zu den Jahrgangsbesten in Deutschland gehören: Beide besitzen reintönige reife Frucht, Präzision und Druck, der Wein aus der Ruthe ist etwas tanninbetonter als der Schlossberg. Die Rote S.E.-Klasse präsentiert sich geschlossen, bietet gewürzduftigen Merlot, intensiven, jugendlichen Syrah und cassisduftigen, kraftvollen Cabernet Sauvignon, auch den rotfruchtigen, druckvollen Schlossberg-Spätburgunder sehen wir auf diesem Niveau. Das weiße Segment wird angeführt von den Großen Gewächsen, dem orangenduftigen, saftigen Schlossberg-Weißburgunder und dem zitrus- und pfirsichduftigen Ruthe-Riesling.

Weinbewertung

82 2017 Riesling trocken Neipperger **12 %/9,20 €**
85 2017 Weißburgunder trocken Neipperger **12,5 %/9,20 €**
84 2017 Muskateller trocken **12,5 %/8,90 €**
88 2017 Weißburgunder trocken „GG" Neipperger Schlossberg **13,5 %/21,50 €**
88 2017 Riesling trocken „GG" Schwaigerner Ruthe **13 %/19,50 €**
87 2017 Muskateller „S.E." **10 %/30,- €**
83 2015 Spätburgunder trocken Neipperger **13 %/14,- €**
85 2016 Lemberger trocken Neipperger **13 %/14,- €**
87 2016 Lemberger trocken Dürrenzimmerner Mönchsberg **13 %/20,- €**
89 2016 Spätburgunder trocken „GG" Neipperger Schlossberg **12,5 %/30,- €**
92 2016 Lemberger trocken „GG" Schwaigerner Ruthe **13 %/30,- €**
93 2016 Lemberger trocken „GG" Neipperger Schlossberg **13 %/30,- €**
89 2016 Merlot trocken „S.E." **13 %/47,- €**
89 2016 Syrah trocken „S.E." **13 %/47,- €**
89 2016 Cabernet Sauvignon trocken „S.E." **13 %/47,- €**

N

Ludi Neiss

★★★

KONTAKT

Hauptstraße 91
67271 Kindenheim
Tel. 06359-4327
Fax: 06359-40476
www.weingut-neiss.de
info@weingut-neiss.de

Inhaber
Familie Neiss
Kellermeister
Hendrik Amborn
Außenbetrieb
Christine Grasmück, Jochen Fleischmann
Rebfläche 38 Hektar
Produktion 300.000 Flaschen

BESUCHSZEITEN

Mo. + Mi.-Fr. 10-12 + 13:30-17 Uhr, Sa. 10-14 Uhr, Di., So. & Feiertage geschlossen
Veranstaltungsraum

Axel Neiss ist es zu verdanken, dass Weinkenner in Deutschland den Namen Kindenheim kennen. Nachdem er 1997 das Weingut von seinem Vater übernommen hatte, stellte er auf klassische Rebsorten um und konzentrierte sich auf die besten Lagen in Kindenheim und Bockenheim, wo die Reben auf schweren, kalksteindurchzogenen Lehmböden wachsen. In den letzten Jahren sind neben den barriqueausgebauten Rotweinen die Rieslinge immer wichtiger geworden in seinem Sortiment. Das Jahr 2013 war für die Familie Neiss geprägt vom eindrucksvollen Neubau des Weinguts, das 2014 eingeweiht wurde.

Kollektion

Rot, weiß, edelsüß – Axel Neiss kann wieder auf allen Gebieten punkten. Unter den beiden Spätburgundern ist der Réserve in diesem Jahr deutlich komplexer als der normale „Glockenspiel", beide zeigen klare Kirschfrucht und dezentes Holz, der Frühburgunder ist sehr reintönig, ist komplex, elegant und profitiert von einem feinen, stützenden Holzeinsatz. Und während der normale „That's Neiss"-Rotwein ganz auf süße Frucht setzt, ist die Réserve-Version ernsthafter, mit leicht rauchigen Noten, komplexer Beerenfrucht und guter Länge. Unter den trockenen Weißweinen ist der eindringliche Weißburgunder vom Burgweg mit komplexer, gelber Frucht unser Favorit, der Riesling aus der gleichen Lage zeigt kräutrig-mineralische Würze, besitzt Druck und ein animierendes Säurespiel. Zwei präzise, frische und elegante Edelsüße mit feinem Biss runden das Sortiment ab, der Rieslaner ist cremig mit viel gelber Frucht, der Riesling ist ölig mit herrlich komplexer, süßer Frucht mit Noten von Aprikose, Nektarine, Ananas und Limette.

Weinbewertung

86	2017 „That´s Neiss" Weißwein trocken **13,5 %/11,90 €**
87	2017 Riesling trocken Bockenheimer Heiligenkirche **12,5 %/11,80 €**
87	2017 Weißburgunder trocken „Alte Reben" Schlossberg **13 %/13,50 €**
88	2017 Riesling trocken „Alte Reben" Bockenheimer Sonnenberg **12,5 %/15,80 €**
89	2017 Riesling trocken Kindenheimer Burgweg **12,5 %/22,70 €**
90	2017 Weißburgunder trocken Kindenheimer Burgweg **13 %/22,70 €**
88	2017 Chardonnay trocken Bockenheimer Schlossberg **13,5 %/18,50 €**
90	2017 Rieslaner Beerenauslese Bockenheimer Sonnenberg **7 %/35,- €/0,375l**
92	2017 Riesling Trockenbeerenauslese Burgweg **6 %/100,- €/0,375l**
86	2016 „That´s Neiss" Rotwein trocken **13,5 %/11,90 €**
89	2015 „That´s Neiss" Rotwein „Réserve" trocken **13,5 %/29,- €**
89	2016 Frühburgunder trocken Bockenheimer Vogelsang **13,5 %/25,60 €**
88	2015 Spätburgunder trocken „Glockenspiel" Vogelsang **13 %/26,70 €**
90	2015 Spätburgunder trocken „Glockenspiel Réserve" Vogelsang **13,5 %/39,40 €**

Nelles

★★

KONTAKT

Göppinger Straße 13a
53474 Bad Neuenahr-Ahrweiler
Tel. 02641-24349
Fax: 02641-79586
www.weingut-nelles.de
info@weingut-nelles.de

Inhaber
Thomas Nelles
Betriebsleiter/Kellermeister
Philip Nelles
Rebfläche
9 Hektar
Produktion
60.000 Flaschen

BESUCHSZEITEN

Mo.-Fr. 9-12 + 14-18 Uhr,
Sa. 10-14 Uhr
Restaurant im Weinhaus Nelles (Mi.-Sa. 17:30-22:30 Uhr, So. 12-15 + 17:30-22 Uhr, Tel. -6868)

Die Anfänge des Weinguts lassen sich bis ins Jahr 1479 zurückverfolgen, weshalb diese Jahreszahl auch die Etiketten ziert. Seit den siebziger Jahren führt Thomas Nelles das Gut, wird dabei unterstützt von Sohn Philip, der für den Weinausbau verantwortlich ist. Die Weinberge liegen vor allem in den Heimersheimer Lagen Landskrone (3,8 Hektar) und Burggarten (1,8 Hektar), sowie im Neuenahrer Sonnenberg (1 Hektar). Drei Viertel der Rebfläche nimmt Spätburgunder ein, hinzu kommen Riesling, Grauburgunder, Frühburgunder, Domina und Weißburgunder. Bereits seit Ende der achtziger Jahre gibt es „B 48" und „B 52" als Spitzenweine des Hauses, seit dieser Zeit werden auch keine Prädikatsbezeichnungen mehr verwendet. Die beiden Spitzen-Spätburgunder „B 48" und „B 52" werden seit einigen Jahren als Große Gewächse bezeichnet und mit Lagennamen (Landskrone respektive Burggarten) ausgezeichnet. Die Rotweine werden entrappt und maischevergoren, alle werden im Holz ausgebaut, geschönt wird nicht und sie werden möglichst ohne Filtration abgefüllt.

Kollektion

Auch in diesem Jahr sind die beiden Großen Gewächse wieder die herausragenden Weine der Kollektion. Der Spätburgunder B 48 aus der Heimersheimer Landskrone zeigt gute Konzentration im Bouquet, rote Früchte, Gewürze und Kräuter, besitzt feine süße Frucht, gute Struktur und Biss. Ein klein wenig besser gefällt uns auch in diesem Jahr wieder der B 52 aus dem Heimersheimer Burggarten: Eindringliche Kräuternote im Bouquet, rote Früchte, viel Frische und Frucht, etwas Kräuter, gute Substanz und Länge. Sehr gut ist auch der Spätburgunder 1 Ahr, frisch, fruchtbetont und würzig, auch er zeigt rote Früchte im Bouquet, ist klar und zupackend im Mund bei feiner Frucht. Der Heimersheimer Pinot Noir ist frisch im Bouquet, fruchtbetont, etwas floral, klar, frisch und zupackend dann im Mund. Der Schieferboden-Spätburgunder ist frisch und unkompliziert wie auch der recht würzige Grauburgunder, der Riesling-Sekt ist ebenfalls sehr würzig, frisch und geradlinig, merklich süß.

Weinbewertung

82 2016 Riesling Sekt brut **12,5 %/14,- €**
81 2017 Grauburgunder trocken **12 %/11,- €**
82 2017 Spätburgunder trocken „Schieferboden" **12 %/9,99 €**
84 2016 Pinot Noir trocken Heimersheimer **13 %/14,50 €**
86 2015 Spätburgunder trocken „1 Ahr" **13,5 %/24,- €**
88 2016 Spätburgunder „B 48" „GG" Heimersheimer Landskrone **13,5 %/35,- €**
89 2016 Spätburgunder „B 52" „GG" Heimersheimer Burggarten **13,5 %/45,- €**

Neuberger

★★☆

KONTAKT

Freudenberger Straße 7
63927 Bürgstadt
Tel. 09371-2562
Fax: 09371-7008
www.weingut-neuberger.de
info@weingut-neuberger.de

Inhaber
Burkhard Neuberger
Rebfläche
11 Hektar
Produktion
80.000 Flaschen

BESUCHSZEITEN

Di.-Fr. 9-12 + 14-18:30 Uhr,
Sa. 9-15 Uhr
Häckerwirtschaft (3 x jährlich)

Bis 1983 war das Gut ein landwirtschaftlicher Gemischtbetrieb, dann hat man sich ganz auf Weinbau konzentriert. Burkhard Neuberger besitzt über 30 Parzellen im Bürgstadter Berg. Spätburgunder nimmt die Hälfte seiner Weinberge in den beiden Bürgstadter Lagen Centgrafenberg und Hundsrück ein, hinzu kommen weitere rote Sorten wie Frühburgunder, Domina, Cabernet Dorsa und Cabernet Mitos. Die Rotweine werden alle maischevergoren und grundsätzlich trocken ausgebaut. An weißen Sorten gibt es Riesling, Silvaner, Müller-Thurgau, Weißburgunder, Bacchus, Kerner und Rieslaner. Liköre und Brände ergänzen das Sortiment. Dreimal im Jahr hat die Häckerstube geöffnet, im Winter im historischen Fachwerkhaus, im Sommer im Innenhof des Gutes. Mit dem Jahrgang 2016 wurde das Sortiment neu strukturiert, auf Prädikatbezeichnungen für trockene Weine wird nun verzichtet; der Spätburgunder aus dem Hundsrück kommt erst nach drei Jahren in den Verkauf.

Kollektion

Aufgrund von Spätfrost brachte der Jahrgang 2017 für Burkhard Neuberger nur eine „halbe" Ernte, überwiegend fruchtbetonte Ortsweine, die sich bei der Verkostung sehr gleichmäßig präsentieren, frisch und klar sind. Unser Favorit im weißen Segment ist der einzige präsentierte 2016er: Der im Holz ausgebaute Weißburgunder zeigt gute Konzentration und reife klare Frucht, ist füllig und saftig, besitzt viel reife Frucht und Substanz. Besonders stark sind wieder die Rotweine. Der Bürgstadter Spätburgunder ist frisch und fruchtbetont, der Centgrafenberg-Frühburgunder zeigt rote Früchte, ist frisch und süffig. Intensive Frucht zeigt der Centgrafenberg-Spätburgunder, ist füllig, harmonisch und strukturiert. Intensive Frucht zeichnet auch den Hundsrück-Spätburgunder aus, der noch etwas fülliger und kraftvoller ist – Jahrgang 2015! – und viel reife Frucht und Substanz besitzt.

Weinbewertung

83 2017 Spätburgunder „Blanc de Noir" trocken Bürgstadter **12,5 %/6,90 €**
82 2017 Silvaner trocken Bürgstadter **12 %/5,80 €**
82 2017 Riesling trocken Bürgstadter **12,5 %/6,90 €**
83 2017 Weißburgunder trocken Bürgstadter **12,5 %/6,90 €**
83 2017 Silvaner trocken Bürgstadt Centgrafenberg **13 %/10,- €**
86 2016 Weißburgunder trocken Holzfass Bürgstadter Centgrafenberg **13 %/13,- €**
82 2017 Müller Thurgau „feinfruchtig" Bürgstadter **12 %/5,80 €**
83 2017 Spätburgunder Rosé Bürgstadter **12,5 %/6,30 €**
84 2016 Spätburgunder trocken Bürgstadter **13 %/8,- €**
86 2016 Frühburgunder trocken Bürgstadt Centgrafenberg **13,5 %/13,- €**
88 2016 Spätburgunder trocken Bürgstadt Centgrafenberg **13,5 %/13,- €**
88 2015 Spätburgunder trocken Bürgstadt Hundsrück **14 %/17,- €**

J. NEUS

★★

KONTAKT

Bahnhofstraße 96
55218 Ingelheim
Tel. 06132-73003
Fax: 06132-2690
www.weingut-neus.de
info@weingut-neus.de

Inhaber
Familie Schmitz
Betriebsleiter
Lewis Schmitt
Kellermeister
Julien Meissner
Rebfläche
12 Hektar
Produktion
50.000 Flaschen

BESUCHSZEITEN

Di.-Fr. 9-18 Uhr, Sa. nach Vereinbarung

Das 1881 von Josef Neus gegründete Weingut, seit Gründung des Betriebes in Familienbesitz, wurde 2013 von der Unternehmerfamilie Schmitz übernommen. Die Weinberge liegen in Ingelheim, vor allem in den beiden Paradelagen Pares und Horn. Spätburgunder spielt klar die wichtigste Rolle im Betrieb, nimmt 70 Prozent der Weinberge ein, dazu gibt es St. Laurent und etwas Frühburgunder, aber auch weiße Sorten wie Weißburgunder und Chardonnay. Das Sortiment ist gegliedert in Gutsweine, Ortsweine und Lagenweine (Große Gewächse). Die Weine werden im größten Gewölbekeller Rheinhessens ausgebaut, der Ende des 19. Jahrhunderts unter dem Anwesen errichtet wurde. Die ältesten Fässer, Fuderfässer von der Mosel, von der Josef Neus stammte, sind aus den Jahren 1893 und 1897 und werden seitdem kontinuierlich genutzt. Die Rotweine werden alle maischevergoren und mindestens ein Jahr im Holz ausgebaut.

Kollektion

Die Spitzen liegen im roten Segment, wie könnte das auch anders sein bei einem Ingelheimer Weingut, aber die Weißweine legen mit dem Jahrgang 2017 deutlich zu: Der Ingelheimer Weißburgunder ist strukturiert und zupackend wie auch der Ingelheimer Chardonnay, der rauchige, sehr vom Holz geprägte Chardonnay R besitzt Kraft und Grip. Der fruchtbetonte Muschelkalk-Spätburgunder bietet einen schönen Einstieg ins rote Burgundersortiment. Die Ortsweine besitzen Kraft und Struktur, der Spätburgunder von alten Reben ist konzentriert und zupackend. Sehr unterschiedlich sind die beiden Großen Gewächse. Der Horn-Spätburgunder zeigt dezent Schokolade, besitzt Fülle und Kraft, reife Frucht und Substanz. Der Pares ist viel wilder, von Toast- und Gewürznoten geprägt, präzise, geradlinig und druckvoll – ein interessanter Weg um die oft überbordende, reife Frucht Ingelheimer Spätburgunder in Zaum zu halten.

Weinbewertung

81 2017 Pinot Noir „Blanc de Noir" trocken **12 %/8,50 €**
84 2017 Weißer Burgunder trocken Ingelheim **12,5 %/14,- €**
84 2017 Chardonnay trocken Ingelheimer **13 %/14,- €**
86 2017 Chardonnay „R" trocken Ingelheimer **13 %/24,- €**
83 2016 Spätburgunder trocken „Muschelkalk" **12,5 %/9,50 €**
84 2017 Frühburgunder trocken Ingelheim **12,5 %/15,50 €**
85 2016 Spätburgunder trocken Ingelheim **12,5 %/14,- €**
86 2016 Spätburgunder trocken „Alte Reben" Ingelheim **13,5 %/20,- €**
88 2016 Spätburgunder trocken „GG" Pares Ingelheimer **13,5 %/36,90 €**
88 2016 Spätburgunder trocken „GG" Horn Ingelheimer **13,5 %/36,90 €**

N

NEUSPERGERHOF

★★

KONTAKT

Bioland Weingut Neuspergerhof
76865 Rohrbach
Tel. 06349-4110803
Fax: 06349-3668
www.neuspergerhof.de
info@neuspergerhof.de

Inhaber
Hans & Jochen Gradolph
Betriebsleiter/Kellermeister
Jochen Gradolph
Außenbetrieb
Hans Gradolph
Rebfläche
15 Hektar
Produktion
60.000 Flaschen

BESUCHSZEITEN

Sa. 10-15 Uhr Vinothek geöffnet

Hans Gradolph baute 1977 den Neuspergerhof außerhalb von Rohrbach und baute das Weingut zu einem selbstvermarktenden Betrieb auf. Seit 2009 ist sein Sohn Jochen, studierter Betriebswirt, als Quereinsteiger für den Ausbau der Weine verantwortlich, seit 2015 werden die Weinberge in der Umstellungsphase ökologisch bewirtschaftet. Die Weinberge liegen im Rohrbacher Mandelpfad und im Billigheimer Venusbuckel und sind durch sandige Lehmböden geprägt, angebaut werden zu 60 Prozent weiße Sorten, Riesling und die Burgundersorten, aber auch Chardonnay, Sauvignon Blanc, Silvaner, Kerner und Müller-Thurgau, an roten Sorten gibt es Spätburgunder, Merlot, Dornfelder, Cabernet Dorio und Portugieser. Das Sortiment ist gegliedert in Gutsweine in der Literflasche, die mit der Bodenstruktur gekennzeichneten Ortsweine, die teilweise mit Gewannnamen bezeichneten Lagenweine und das „Große Gewächs" aus dem knapp 30 Jahre alten Weinberg „Im Galgengrund".

Kollektion

Alle Weine von Jochen Gradolph sind sehr kraftvoll, stoffig und besitzen viel Frucht: An der Spitze steht wieder die rote Cuvée „Auszeit Grand Réserve", die wir im vergangenen Jahr schon einmal verkostet hatten, der Wein zeigt dunkle Beerenfrucht, Trockenfrüchte und Kräuter im Bouquet, ist füllig und weich und lässt etwas den hohen Alkoholgehalt spüren – was auch für die anderen Rotweine gilt, die zwar gute Substanz besitzen, bei denen aber ebenfalls der Alkohol spürbar ist. Bei den Weißweinen gefallen uns zwei Rieslinge am besten, der Mandelpfad-"GG", der dezente Reifenoten zeigt, füllig und stoffig ist und der Galgengrund-Réserve, der gute Konzentration besitzt und Noten von Vanille und süßer, gelber Frucht zeigt. —

Weinbewertung

80 2017 Riesling (1l) **13 %/5,90 €**
84 2017 Weißburgunder „Sandlöss" **14 %/8,70 €**
83 2017 Grauburgunder „Kalkmergel" **13,5 %/8,70 €**
83 2017 Riesling „Bienenglück" „Löss Pleistozän" **13 %/8,90 €**
84 2017 „Genusszeit" Weißwein Mandelpfad **13,5 %/9,70 €**
84 2017 Cabernet Blanc Mandelpfad **13,5 %/9,70 €**
86 2016 Riesling „Réserve Galgengrund" **13 %/12,90 €**
87 2016 Riesling „GG" Mandelpfad **13,5 %/19,80 €**
85 2017 Chardonnay Barrique „Sperberbaum" **13,5 %/11,80 €**
83 2017 „Mädelszeit" Rosé Cuvée „feinherb" **12,5 %/8,90 €**
85 2016 „Auszeit" Rotwein Mandelpfad **14 %/12,90 €**
84 2017 Spätburgunder „Alte Reben" **14 %/9,80 €**
87 2015 „Auszeit Grand Réserve" Rotwein Mandelpfad **14,5 %/19,80 €**

SCHLOSS NEUWEIER – ROBERT SCHÄTZLE

★★★☆

KONTAKT

Mauerbergstraße 21
76534 Baden-Baden (Neuweier)
Tel. 07223-96670
Fax: 07223-60864
www.weingut-schloss-neuweier.de
kontakt@weingut-schloss-neuweier.de

Inhaber
Familie Schätzle
Betriebsleiter/Kellermeister/Außenbetrieb
Robert Schätzle
Rebfläche
15 Hektar
Produktion
100.000 Flaschen

BESUCHSZEITEN

Mo.-Fr. 9-12 + 13-17 Uhr, Sa. 10-17 Uhr; April bis Nov. auch So. 10-13 Uhr

Die Geschichte des Schlosses reicht bis ins 12. Jahrhundert zurück. 2012 wurde es von Klaus Schätzle erworben, dessen Sohn Robert den Betrieb führt, er hatte zuvor unter anderem für Joachim Heger und Fritz Keller gearbeitet, bei Zind-Humbrecht und Clos du Val. Wichtigste Lagen sind der Neuweierer Mauerberg, unter anderem mit dem jahrzehntelang brachgelegenen Teilstück, dem so genannten „Goldenen Loch", und der Neuweierer Schlossberg, der dem Weingut im Alleinbesitz gehört. Riesling ist mit einem Anteil von 85 Prozent die mit Abstand wichtigste Rebsorte bei Schloss Neuweier. Hinzu kommen Spätburgunder, Weißburgunder, Sauvignon Blanc, Scheurebe und Gewürztraminer.

Kollektion

Im vergangenen Jahr standen die beiden Großen Gewächse an der Spitze einer stimmigen, starken Kollektion. Dieses Jahr hat Robert Schätzle nur den gelbfruchtigen Riesling Goldenes Loch präsentiert, der gute Konzentration, und reintönige Frucht besitzt, die Kollektion anführt zusammen mit der würzigen, dicken Trockenbeerenauslese. Hoch ist das Einstiegsniveau mit dem klaren, zupackenden Liter-Riesling und auch im Guts- und Ortsweinsegment sind die Rieslinge stark, sie sind fruchtbetont, kraftvoll, reintönig. Die beiden Erste Lage-Rieslinge sehen wir gleichauf, beide besitzen reintönige Frucht, gute Struktur und Substanz, der Wein aus dem Schlossberg ist etwas würziger und druckvoller als sein Kollege aus dem Mauerberg. Neben der Trockenbeerenauslese gibt es auch eine Auslese aus dem Mauerberg, die würzig, frisch und klar ist. Der Pinot Noir ist frisch, fruchtbetont, reintönig und zupackend, der Heiligenstein-Pinot Noir zeigt wie im Vorjahr Ambitionen, ist rauchig und konzentriert, besitzt Fülle, Kraft, reintönige Frucht und Substanz, ist noch jugendlich.

Weinbewertung

83	2017 Riesling trocken (1l) **12 %/8,- €**
85	2017 Riesling trocken **12 %/9,- €**
82	2017 Weißer Burgunder trocken **13 %/9,- €**
85	2017 Riesling trocken „Zeyt bringt Rosen" **11 %/9,- €**
86	2017 Riesling trocken „Alte Reben" Neuweier **12 %/23,50 €**
84	2017 Weißer Burgunder „RS" trocken Neuweier **12,5 %/12,50 €**
88	2017 Riesling trocken Neuweierer Mauerberg **12,5 %/16,- €**
88	2017 Riesling trocken Neuweierer Schlossberg **12,5 %/16,- €**
90	2017 Riesling trocken „GG" Neuweierer „Goldenes Loch" **13 %/29,50 €**
88	2017 Riesling Auslese Neuweierer Mauerberg **10 %/16,- €/0,375l**
90	2017 Riesling Trockenbeerenauslese „Mauerwein" **5,0 %/0,375l/a.A.**
84	2016 Pinot Noir trocken **12,5 %/9,80 €**
88	2016 Pinot Noir Neuweierer Heiligenstein **13 %/48,- €**

NEVERLAND

★★

KONTAKT

Neverland Vineyards
Außerhalb 2
55578 Vendersheim
Tel. 06732-6006767
Fax: 06732-6006767
www.neverland-vineyards.com
info@neverland-vineyards.com

Inhaber
Sebastian & Marcel Class
Betriebsleiter
Sebastian Class
Kellermeister/Außenbetrieb
Marcel Class
Rebfläche
15 Hektar
Produktion
40.000 Flaschen

BESUCHSZEITEN

nach Vereinbarung

N

Neverland Vineyards nennen die Brüder Marcel und Sebastian Class ihr Weingut. Aufgewachsen auf dem elterlichen Weingut in Vendersheim, sind sie zunächst getrennte Wege gegangen. Marcel Class stieg nach Winzerlehre und Weintechnikerausbildung in das elterliche Weingut ein, wo er sich um Weinberge und Keller kümmerte, Sebastian Class war im Finanzmanagement tätig. Mit dem Ausscheiden des Vaters 2013 entstand die Idee, das Weingut völlig neu auszurichten. Der Betrieb wurde auf ökologischen Weinbau umgestellt, Geräte wie der Vollernter wurden verkauft. Eine Vielzahl an Rebsorten wird angebaut, Lagenbezeichnungen werden nicht verwendet.

Kollektion

Modische Etiketten und ungewöhnliche Namen sind derzeit „in“ bei Jungwinzern, nicht nur in Rheinhessen. Unsere Skepsis legte sich aber schnell, nachdem wir begannen die Weine zu verkosten. Sebastian und Marcel Class präsentieren eine stimmige, eigenständige Kollektion mit individuellen Weinen, das Neverland-Sortiment zeigt eine klare Handschrift und überzeugt schon in der Basis. Good Old Times nennt sich eine weiße Cuvée aus einst weit verbreiteten, heute oft verpönten Rebsorten, ein frischer, geradliniger Weißwein mit Biss. Sehr gut gefallen uns die Handwerk-Grauburgunder: 2016 füllig und saftig, 2015 mit feiner Reife, reintöniger Frucht und guter Struktur, ähnlich 2014, nur noch etwas komplexer, fein gereift. Noch spannender sind der Reserve-Chardonnay, der Fülle und Kraft besitzt, Substanz, gute Struktur und Druck, noch sehr jugendlich ist, und die Unartig genannte weiße Cuvée, die Fülle und Kraft besitzt, mineralische Noten, viel Luft benötigt und noch sehr jugendlich ist. Intensive Frucht und etwas oxidative Noten zeigen die beiden Rotweine, aber sie besitzen Kraft, reife Frucht und Substanz. Ein beeindruckendes Debüt von Sebastian und Marcel Class!

Weinbewertung

83 2015 Riesling „C“ trocken **12,5 %/8,90 €**
84 2015 Grauburgunder trocken „vom Kalkmergel Class A“ **13 %/9,90 €**
83 2016 Grauburgunder trocken „vom Kalkmergel Class A“ **13 %/9,90 €**
84 2016 „GOT Good Old Times“ Weißwein trocken **13 %/11,- €**
86 2015 Grauburgunder trocken „Handwerk* Class A“ **13,5 %/13,- €**
85 2016 Grauburgunder trocken „Handwerk* Class A“ **13,5 %/13,- €**
83 2015 Chardonnay trocken „Handwerk Class A“ **13,5 %/13,- €**
88 2015 Chardonnay trocken „Réserve“ **13,5 %/30,- €**
87 2014 Grauburgunder trocken „Handwerk** Class A“ **13,5 %/20,- €**
88 2016 „Unartig“ Weißwein (trocken) „Cuvée Prestige“ **13 %/44,- €**
85 2014 „Schwarze Sonne“ Rotwein trocken **13,5 %/25,- €**
86 2014 „Harakiri SF 20“ Rotwein trocken **13 %/29,- €**

NEVERLAND
WWW.NEVERLAND-WINE.DE

NICKEL

★

N

KONTAKT

Familienweingut Johannes Nickel, Langgasse 44
97334 Nordheim
Tel. 09381-1372
www.nickel-wein.de
johannes@nickel-wein.de

Inhaber
Karin Johe-Nickel & Johannes Nickel
Rebfläche
4 Hektar

BESUCHSZEITEN

jederzeit, sehr gerne nach Vereinbarung

Johannes Nickel, der zunächst eine Schreinerlehre, dann eine Winzerlehre beim Weingut Glaser-Himmelstoss machte, und seine Schwester Karolin Schmitt, Diplom-Biologin und Gästeführerin, führen mit Unterstützung der Familie den Betrieb. Ihre Großeltern Karl und Irmgard Johe hatten das Gut 1954 gegründet und auch selbst Wein hergestellt, nach seinem Tod jedoch wurden die Trauben an die Genossenschaft abgeliefert, bis man 2013 wieder ein eigenständiges Weingut gründete, zunächst mit 0,5 Hektar, dann Flächen zupachtete. Die Weinberge liegen in den Nordheimer Lagen Vögelein und Kreuzberg sowie im Sommeracher Katzenkopf. Silvaner, Müller-Thurgau, Bacchus, Riesling, Kerner und Traminer werden angebaut, sowie die roten Sorten Spätburgunder und Schwarzriesling. Die Weine werden mit kurzen Maischestandzeiten von 6 bis 8 Stunden ausgebaut. Dem Weingut ist eine Edelbrennerei angeschlossen.

Kollektion

Die Gutsweine setzen ganz auf Frische und Frucht, sind betont süffig. Besonders gut gefällt uns der Müller-Thurgau, hier Rivaner genannt, der feine reintönige Frucht besitzt, gute Struktur und viel Frische. Der Silvaner ist sehr sortentypisch, harmonisch, der Kerner zitrusduftig, der Riesling geradlinig wie auch der Bacchus mit seiner feinen Holundernote, der Traminer ist reintönig und fruchtbetont. Spannender wird es dann mit den Weinen der „Johe 1954"-Linie, die ein Jahr auf der Feinhefe ausgebaut werden. Der Müller-Thurgau, Jahrgang 2016, zeigt ganz leicht rauchige Noten, ein klein wenig Muskat, besitzt gute Struktur und Frucht, dezente Tannine. Der Silvaner, ebenfalls aus dem Jahrgang 2016, ist klar und kraftvoll, besitzt gute Struktur und reife Frucht. Der Silvaner Tradition, im Kastanienholzfass ausgebaut, zeigt rauchig-würzige Noten im Bouquet, besitzt gute Substanz und Fülle. Ein gutes Debüt. —

Weinbewertung

81 2017 Rosé „Secco" **11 %/6,50 €**
85 2017 Rivaner trocken **11,5 %/5,- €** ☺
84 2017 Silvaner trocken **12 %/5,50 €**
83 2017 Kerner trocken **12 %/6,50 €**
82 2017 Riesling trocken **12 %/7,- €**
83 2017 Bacchus trocken **11 %/5,50 €**
84 2017 Traminer trocken **12,5 %/8,- €**
86 2016 Müller-Thurgau trocken „Johe 1954" **12,5 %/7,- €** ☺
87 2016 Silvaner trocken „Johe 1954" **13 %/8,50 €** ☺
86 2015 Silvaner trocken „Tradition" **13,5 %/10,- €**
82 2017 Rosé trocken **11,5 %/6,- €**

NICKEL Johannes

N

SVEN NIEGER

★★★☆

KONTAKT

Gartenstraße 21
76534 Baden-Baden
Tel. 07223-2837795
Fax: 07223-2837796
www.sven-nieger.de
info@sven-nieger.de

Inhaber
Sven Nieger
Rebfläche
9 Hektar

BESUCHSZEITEN

nach Vereinbarung

N

Sven Nieger ist Geisenheim-Absolvent, sammelte praktische Erfahrungen in Deutschland (bei Peter Siener in der Pfalz und Schloss Neuweier in der Ortenau), aber auch in Österreich (beim Weingut Salomon-Undhof im Kremstal) und in Neuseeland (bei Framingham in Marlborough. Im Jahr 2010 wurde er Besitzer eines eigenen Weinbergs in Varnhalt, 2011 hat er dann seine ersten eigenen Weine erzeugt, im Nebenerwerb. Inzwischen sind neun Hektar daraus geworden, in Varnhalt in der Lage Klosterbergfelsen, im Neuweierer Mauerberg und im Umweger Stich den Buben. Sven Nieger baut zu 80 Prozent Riesling an, 20 Prozent der Fläche ist mit Spätburgunder bestockt. Seit dem Jahrgang 2015 werden alle Weine als Badischer Landwein abgefüllt, dürfen folglich keine Lagebezeichnungen mehr tragen.

Kollektion

Natürlich würde es uns sehr interessieren, wo denn die Weine gewachsen sind, ob im Stich den Buben, im Mauerberg oder im Klosterbergfelsen oder wo auch immer, ertappen wir uns doch immer öfter dabei Winzer nicht nur nach Lagen, sondern gar nach Gewannen zu befragen. Sei's drum, um Lagen brauchen wir uns also keine Gedanken machen, konzentrieren uns ganz auf die Verkostung. Die ist spannend, wie immer. Zunächst die Spannung: Füllt Sven Nieger noch rechtzeitig vor unserem Redaktionsschluss? Er hat, und hat es sogar geschafft, dass die Weine uns noch erreicht haben. Und wir haben uns Zeit gelassen für sie, auch wenn schon eigentlich keine Zeit mehr blieb. Und sie brauchen das: Zeit. Der Riesling „unbeschwert" vielleicht nicht, wie der Name schon sagt, ist etwas leichter zugänglich, frisch, klar und zupackend, gute Struktur und Frucht. Wobei man Frucht nicht mit Primärfrucht verwechseln sollte, nicht bei Sven Nieger. Auch der Rosé Sophia ist schon recht offen, würzig, eindringlich, zeigt rote Früchte, ist frisch und zupackend, besitzt gute Struktur und Frucht. Relativ offen ist auch der Underdog, weshalb er derzeit die Nase vorne hat: Würzig, leicht streng, recht hefegeprägt, füllig, stoffig, viel Substanz. Dann braucht man sie aber wieder unausweichlich, die Zeit, bei „unbestechlich" und „ungezähmt", selbst nach Tagen noch, immer wieder nachverkostet, werden sie ihren Namen noch gerecht. Unbestechlich: Intensiv, würzig, kraftvoll, druckvoll, ganz Struktur. Ungezähmt: Stoffig, würzig, plötzlich enorm viel Frucht, dann wieder völlig verschlossen, eine Sphinx. Klasse, sehr eigenständige Kollektion!

Weinbewertung

85	2017 Riesling „unbeschwert" **9,50 €**
90	2017 Riesling „Underdog" **15,- €** ☺
89+	2017 Riesling „unbestechlich" **20,- €**
89+	2017 Riesling „ungezähmt" **25,- €**
87	2017 Rosé trocken „Sophia" **11,5 %/10,- €**

Weingut am Nil

★★★

KONTAKT

Neugasse 21
67169 Kallstadt
Tel. 06322-8011
Fax: 06322-68655
www.weingutamnil.de
info@weingutamnil.de

Inhaber **Dr. Ana Pohl**
Kellermeister **Johannes Häge**
Rebfläche **26 Hektar**
Produktion **150.000 Flaschen**

BESUCHSZEITEN

Mo.-Fr. 8-12 Uhr + 13-17 Uhr,
Sa. 15-20 Uhr, So. 12-20 Uhr
Restaurant (Mi.-Fr. ab 16 Uhr,
Sa./So. ab 12 Uhr)

Die Familie Pohl übernahm im Herbst 2010 das traditionsreiche Weingut Schuster in Kallstadt, hat seither den Betrieb rundum erneuert, ein Restaurant eröffnet und die Rebfläche erweitert. Dreieinhalb Hektar besitzt man im Kallstadter Saumagen, nach dessen ehemaliger Teillage Nill das Weingut benannt wurde. Hinzu kommen je ein Hektar Reben in den Ungsteiner Lagen Herrenberg und Weilberg, daneben ist man in den Kallstadter Lagen Steinacker und Kreidkeller, im Ungsteiner Nussriegel, Dürkheimer Hochbenn sowie in Herxheim vertreten. Riesling nimmt gut 60 Prozent der Rebfläche ein. Dazu gibt es Spätburgunder, Weiß- und Grauburgunder und Sauvignon Blanc, 2014 wurden Cabernet Sauvignon, Merlot und Cabernet Franc gepflanzt. Das Sortiment ist gegliedert in Guts-, Orts- und Lagenweine. Geisenheim-Absolvent Johannes Häge, der aus dem Weingut Häge in Schützingen stammt, ist für den Weinausbau verantwortlich.

Kollektion

Auch in diesem Jahr liegen wieder die beiden Lagenrieslinge an der Spitze des Sortiments, der Saumagen ist eindringlich und konzentriert, zeigt kalkig-mineralische Würze, besitzt feinen Druck, Salz und Länge und ist ein Wein für die Reife, der Herrenberg ist offener und fruchtbetonter, zeigt Zitrusfrüchte, besitzt Länge und Biss. Genauso gut schätzen wir den noch etwas verhaltenen Kallstadter Ortsriesling ein, er zeigt mit Luft Noten von Orangenschale und etwas Pfirsich und besitzt feinen Grip, auch in dieser Kategorie ist der Ungsteiner Riesling deutlich fruchtbetonter mit komplexen Zitrusnoten. Der Chardonnay zeigt klare gelbe Frucht, etwas Banane, und feine Röstnoten, beim Sauvignon Blanc aus dem Steinacker dominiert das Holz noch den schlanken Wein, der Spätburgunder aus dem Saumagen ist elegant und gut strukturiert mit noch jugendlichen Tanninen.

Weinbewertung

85	2017 Riesling trocken **12 %/8,90 €**
85	2017 Weißburgunder trocken **12 %/9,50 €**
86	2017 Grauburgunder trocken **13 %/9,50 €**
87	2017 Chardonnay trocken **13 %/14,50 €**
87	2017 Riesling trocken Ungsteiner **13 %/14,50 €**
88	2017 Riesling trocken Kallstadter **12,5 %/14,50 €**
86	2016 Sauvignon Blanc trocken Kallstadter Steinacker **12 %/17,50 €**
88	2016 Riesling trocken Ungsteiner Herrenberg **13 %/19,50 €**
89	2016 Riesling trocken Kallstadter Saumagen **13 %/21,50 €**
86	2016 Spätburgunder trocken **13,5 %/12,50 €**
86	2016 „Púrpura" Rotwein trocken **13,5 %/14,50 €**
88	2016 Spätburgunder trocken Kallstadter Saumagen **13 %/24,90 €**

INGO NORWIG

★

KONTAKT

Am Frohnbach 1
54472 Burgen
Tel. 06534-763
Fax: 06534-763
www.weingut-norwig.de
weingut-norwig@t-online.de

Inhaber
Ingo Norwig
Rebfläche
8,5 Hektar
Produktion
60.000 Flaschen

BESUCHSZEITEN

nach Vereinbarung
Ferienwohnungen/Ferienhaus

Die Weinberge von Ingo Norwig befinden sich in den Lagen Brauneberger Juffer, Mülheimer Sonnenlay, Veldenzer Kirchberg, Burgener Hasenläufer und Kirchberg. Er baut neben Riesling, der gut die Hälfte der 8,5 Hektar Rebfläche einnimmt, auch ein wenig Müller-Thurgau, Grauburgunder, Kerner, Spätburgunder und Dornfelder an, auch Ortega gehört ins Repertoire. Die Weine werden gezügelt vergoren und bleiben recht lange auf der Feinhefe. Schon seit der ersten Ausgabe empfehlen wir die Weine von Ingo Norwig, vor allem die süßen Spät- und Auslesen hatten es uns schon damals angetan, Jahr für Jahr bietet er seither sehr zuverlässige Kollektionen auf gutem Niveau, trocken wie süß – zu nach wie vor sehr moderaten Preisen. Auch Ferienwohnungen und ein Ferienhaus gehören zum Gesamtpaket.

Kollektion

Klare, überzeugende Weine – darunter eine stoffige trockene Auslese und ein zwar eigenwilliger, aber nachhaltiger Eiswein kennzeichneten das im vergangenen Jahr vorgestellte Sortiment. Diesmal ist kein Eiswein im Programm, und auch sonst findet sich kein edelsüßer Wein. Auch einen trockenen Basisriesling suchten wir vergeblich, dafür macht der halbtrockene, sehr saftige und balancierte Riesling Spaß, noch etwas saftiger wirkt dessen süßes Pendant. Die stoffige trockene Spätlese aus dem Veldenzer Kirchberg wirkt noch sehr unzugänglich, allerdings mangelt es nicht an Substanz und Würze: ein gelungener Wein ohne übertriebenen Alkoholgehalt. Sehr rassig und vergleichsweise zurückhaltend die nach Kernobst duftende Spätlese mit faszinierendem Süße-Säure-Spiel. Die beiden Rotweine aus 2016 zeigen sich saftig, kompakt und ausgewogen, beim Barriquewein war das Holz vorbildlich integriert.

Weinbewertung / keine Preisangaben

86 2017 Riesling Spätlese trocken Veldenzer Kirchberg **12 %/8,- €**
83 2017 Riesling halbtrocken (1l) **11,5 %/6,- €**
83 2017 Riesling (1l) **10 %/6,- €**
86 2017 Riesling Spätlese Veldenzer Kirchberg **8,5 %/8,- €**
85 2016 Spätburgunder trocken Burgener Hasenläufer **13,5 %/7,- €**
85 2016 Spätburgunder Auslese trocken Barrique Kirchberg **13,5 %/9,50 €**

MARTIN NOTZ

★★★

KONTAKT

Langmantel 1, 74343
Sachsenheim-Hohenhaslach
Tel. 07147-12759
Fax: 07147-8414
www.weingut-notz.de
info@weingut-notz.de

Inhaber
Martin Notz
Kellermeister
Philipp Notz
Rebfläche
12,5 Hektar
Produktion
80.000 Flaschen

BESUCHSZEITEN

Di.-Fr. 14-18 Uhr, Sa. 8:30-16 Uhr

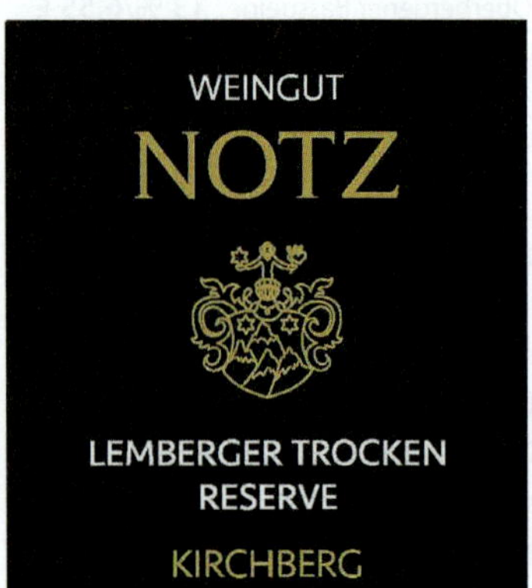

Seit Generationen baut die Familie Wein in Hohenhaslach an, das Weingut wird heute von Martin Notz und seiner Ehefrau Andrea geführt. Der älteste Sohn Philipp studierte Weinbau und Önologie in Geisenheim, der jüngste Sohn Julian hat seine Winzerlehre bei den Weingütern Wachtstetter und Leiss absolviert, anschließend die Technikerschule für Weinbau in Weinsberg besucht, beide haben 2016 erfolgreich abgeschlossen und sind nun im Betrieb tätig, Philipp kümmert sich mehr um den Keller, Julian um den Außenbetrieb. Die Weinberge liegen alle im Hohenhaslacher Kirchberg. Lemberger nimmt gut ein Drittel der Rebfläche ein, gefolgt von Trollinger und Riesling, hinzu kommt eine breite Palette an weiteren Rebsorten wie Müller-Thurgau, Dornfelder, Kerner, Spätburgunder, Muskateller, Portugieser, Muskattrollinger und Acolon, inzwischen ergänzen Grauburgunder, Weißburgunder und Cabernet Franc den Rebsortenspiegel.

Kollektion

Eine ganz starke Kollektion stellt Martin Notz in diesem Jahr vor. Geschlossen präsentieren sich die Weißweine, der klare, lebhafte Weißburgunder vom Steinmergel, der intensiv fruchtige, reintönige Riesling vom Schilfsandstein und der intensive, füllige, saftige Reserve-Chardonnay gefallen uns besonders gut. In der Spitze noch stärker sind die Rotweine. Die Paradestück genannte Cuvée zeigt intensive Frucht, Herzkirschen, ist füllig und kraftvoll bei reifer Frucht und guter Struktur. Der Gipskeuper-Lemberger zeigt intensive Frucht, ist kraftvoll und stoffig, noch konzentrierter und intensiver ist der Reserve-Lemberger, der Fülle und Kraft besitzt, gute Struktur und Druck.

Weinbewertung

83 2017 Riesling „S" trocken Hohenhaslacher Kirchberg **13 %/6,50 €**
83 2017 Grauburgunder „S" trocken Hohenhaslacher Kirchberg **13 %/7,50 €**
85 2017 Grau- & Weißburgunder trocken **13,5 %/10,- €**
86 2017 Riesling trocken „Schilfsandstein" Kirchberg **13 %/12,- €**
86 2017 Weißburgunder trocken „Steinmergel" Kirchberg **13,5 %/12,- €**
85 2017 Grauburgunder trocken „Steinmergel" Kirchberg **13,5 %/12,- €**
87 2017 Chardonnay trocken „Reserve" Kirchberg **13,5 %/17,- €**
85 2017 Rosé trocken „Reserve" Hohenhaslacher Kirchberg **13 %/10,- €**
83 2016 Lemberger „S" trocken Hohenhaslacher Kirchberg **13,5 %/10,- €**
85 2016 Spätburgunder trocken „Bunter Mergel" Kirchberg **13,5 %/17,- €**
84 2016 Lemberger trocken „Eichenfässle" Kirchberg **13,5 %/14,- €**
85 2016 Portugieser trocken „Tonmergel" Kirchberg **13 %/12,- €**
88 2015 Lemberger trocken „Gipskeuper" Kirchberg **13,5 %/22,- €**
88 2015 „Paradestück" Rotwein trocken „Gipskeuper" Kirchberg **14 %/22,- €**
90 2016 Lemberger trocken „Reserve" Hohenhaslacher Kirchberg **13,5 %/28,- €**

N

Oberbergen

★

KONTAKT

Winzergenossenschaft
Badbergstraße 2
79235 Vogtsburg-Oberbergen
Tel. 07662-94600
Fax: 07662-946024
www.wg-oberbergen.com
ralf.kreutner@wg-oberbergen.com

Inhaber
450 Mitglieder
Geschäftsführer
Erwin Vogel
Kellermeister
Wolfgang Schupp
Rebfläche
360 Hektar
Produktion
3.000.000 Flaschen

BESUCHSZEITEN

Mo.-Fr. 8:30-18 Uhr (15. März - 31. Oktober), 8:30-12 + 13:30-17 Uhr (2. Nov. - 14. März), Sa. 8:30-13 Uhr (nicht Jan.-März), So. 11-15 Uhr (15. März - 31. Oktober)

Die Genossenschaft von Oberbergen, wo Weinbau seit dem 13. Jahrhundert urkundlich belegt ist, wurde 1924 gegründet, 1998 übernahm man die Nachbargenossenschaft Schelingen. In der bekannten Lage Bassgeige, der auch ein Teil der Schelinger Weinberge zugeschlagen wurde, finden sich die steilsten Terrassen am Kaiserstuhl. Die Bassgeige ist die Paradelage der Oberbergener Genossen, zweitwichtigste Lage ist der Schelinger Kirchberg. Die Mitglieder der Oberbergener Genossenschaft bauen neben Spätburgunder vor allem weiße Sorten wie Müller-Thurgau, der mehr als ein Drittel der Rebfläche einnimmt, Silvaner, Weiß- und Grauburgunder sowie Chardonnay an. Daneben gibt es insbesondere noch Gewürztraminer und Muskateller, aus denen regelmäßig restsüße und auch edelsüße Weine erzeugt werden wie hin und wieder auch aus den Burgundersorten. Im vergangenen Jahr erfolgte ein kompletter Relaunch der „Marke" Bassgeige, man hat das Sortiment neu gegliedert und füllt zukünftig, mit wenigen Ausnahmen, alle Weine in Burgunderflaschen ab.

Kollektion

Im vergangenen Jahr führten edelsüße Weine die Kollektion an, allen voran die Ruländer Trockenbeerenauslese aus dem Jahrgang 2015. Auch dieses Jahr sind die Edelsüßen wieder stark, der Muskateller Eiswein aus dem Jahrgang 2016 gefällt uns besonders gut, er zeigt kandierte Früchte und Rosinen im Bouquet, besitzt viel Stoff und Konzentration. Aber auch die trockenen Weiß- und Rotweine überzeugen. Der Weißburgunder TT ist füllig und saftig, der Chardonnay BL ist zupackend, deutlich vom Holzausbau geprägt, der Grauburgunder der Edition Terroir ist rauchig und konzentriert, besitzt viel reife Frucht und Substanz, sein Spätburgunder-Pendant zeigt feine Gewürznoten im Bouquet, ist füllig und saftig bei reifer Frucht.

Weinbewertung

80 2017 Grauer Burgunder Kabinett trocken Oberbergener Bassgeige **13 %/6,55 €**
83 2017 Rivaner trocken „Edition BL" Oberbergener Bassgeige **13 %/9,80 €**
83 2016 Grauer Burgunder Spätlese trocken „Edition BL" Bassgeige **13,5 %/9,80 €**
84 2016 Weißer Burgunder trocken „Edition TT" Bassgeige **14 %/12,80 €**
85 2016 Grauer Burgunder Spätlese trocken „Edition Terroir" Bassgeige **14 %/26,50 €**
85 2017 Chardonnay Spätlese trocken „Edition BL" Bassgeige **14 %/12,80 €**
80 2017 Muskateller Kabinett Oberbergener Bassgeige **11 %/6,95 €**
85 2016 Ruländer Beerenauslese Oberbergener Bassgeige **8,5 %/24,35 €/0,375l**
88 2016 Muskateller Eiswein Oberbergener Bassgeige **8 %/32,90 €/0,375l**
84 2015 Spätburgunder trocken „Edition TT" Oberbergener Bassgeige **14 %/15,80 €**
82 2015 Spätburgunder Spätlese trocken „Edition BL" Bassgeige **15 %/12,80 €**
85 2015 Spätburgunder trocken „Edition Terroir" Bassgeige **14 %/26,50 €**

OBERBERGENER Baßgeige

GUT OBERCARLENBACH

★☆

N

KONTAKT

Hauptstraße 13
67271 Kleinkarlbach
Tel. 0176-23447014
www.obercarlenbach.de
bernd@obercarlenbach.de

Inhaber
Bernd & Annette Meckel
Betriebsleiter
Bernd Meckel

BESUCHSZEITEN

nach Vereinbarung

Bernd Meckel ist eigentlich Geschäftsführer eines Maschinenbauunternehmens und konnte sich 2016 zusammen mit seiner Frau Annette einen Traum erfüllen: Sie erwarben die renovierungsbedürftigen Betriebsgebäude und Teile der Weinberge des ehemaligen Weinguts Kommerzienrat G.F.Spiess, einst eines der größten Weingüter in der nördlichen Pfalz. In den Weinbergen finden sich in erster Linie Kalk- und Lehmböden, die Parzellen liegen im Neuleininger Schlossberg und den Kleinkarlbacher Lagen Herrenberg, Kieselberg und Frauenländchen. Je zur Hälfte werden weiße und rote Sorten angebaut, weiß sind es Riesling und Müller-Thurgau, rot ist es vor allem Sankt Laurent und etwas Spätburgunder.

Kollektion

Unter den zwölf vorgestellten Weinen finden sich gleich fünf verschiedene Sankt Laurent, zwei Rosés, zwei Rotweine und ein Sekt: Der 16 Monate auf der Hefe ausgebaute Sekt zeigt klare rote Frucht, florale Würze, ist frisch, der normale Rosé ist süffig und unkompliziert, die Reserve-Version wurde in einem zweitbelegten Barrique ausgebaut, ist knochentrocken mit feinen Röstnoten und frischem Säurespiel. Der Laurentius ist kraftvoll, zeigt klare rote Kirschfrucht und Noten von dunkler Schokolade und Gewürznelke und der „Laurentius Reserve" ist elegant, zeigt ebenfalls klare Kirschfrucht und daneben noch Noten von roten Beeren, Himbeere und feine röstige Würze. Noch spannender wird es beim Kieselberg-Pinot Noir, der trotz aller Kraft auch sehr elegant ist, mit einem intensiven Bouquet nach reifen Kirschen, roten Johannisbeeren und deutlichen Röstnoten. Und auch der Lagenriesling vom Schlossberg ist mit seiner kalkig-kräutrigen Würze und einem animierenden Säurespiel gut gelungen, wie auch der im gebrauchten Barrique ausgebaute „Liebesbrunnen", ein Müller-Thurgau mit Zitrusnoten und feiner Muskatwürze.

Weinbewertung

85 „Grand Carlo" Rosé Sekt brut **11,5 %/14,50 €**
83 2017 Riesling trocken **11,5 %/7,50 €**
84 2017 Liebesbrunnen Weißwein trocken **13 %/9,- €**
86 2017 Riesling trocken Neuleininger Schlossberg **12,5 %/14,50 €**
81 2017 „Carlotta" Weißwein **11 %/7,50 €**
82 2016 Riesling „feinherb" **11,5 %/9,- €**
82 2017 Rosé trocken **12 %/7,50 €**
84 2017 Rosé trocken „Reserve" **11,5 %/9,- €**
84 2016 Casimiro Rotwein **13,5 %/7,50 €**
85 2016 St. Laurent „Laurentius" Kleinkarlbach **13,5 %/9,- €**
87 2016 St. Laurent „Laurentius Reserve" **13,5 %/14,50 €**
88 2016 Pinot Noir Kieselberg **13,5 %/14,50 €**

2000

Oesterlein

★☆

KONTAKT

Am Oberen Tor 9
97877 Dertingen
Tel. 09397-259, Fax: 09397-929373
www.weingut-oesterlein.de
weingut-oesterlein@t-online.de

Inhaber
Lothar & Marina Klüpfel
Rebfläche
11 Hektar
Produktion
55.000 Flaschen

BESUCHSZEITEN

Mo.-Sa. 10-20 Uhr, Di. geschlossen

Walter Oesterlein gründete Anfang der sechziger Jahre das Weingut, begann mit 0,18 Hektar und den beiden Rebsorten Müller-Thurgau und Gutedel selbst Wein auszubauen. Im Jahr 2000 übernahm Tochter Marina zusammen mit ihrem Ehemann Lothar Klüpfel den Betrieb. Ihre Weinberge liegen alle im Dertinger Mandelberg. Das Sortenspektrum ist breit, sie bauen Silvaner, Müller-Thurgau, Scheurebe und Spätburgunder an, aber auch Sauvignon Blanc, Chardonnay, Grauburgunder, Riesling, Muskateller, Cabernet Sauvignon und Merlot, dazu ein wenig Kerner, Bacchus, Dornfelder, Schwarzriesling und Blaufränkisch. Sohn Georg absolvierte eine Ausbildung an der Lehr- und Versuchsanstalt in Veitshöchheim, Sohn Richard machte eine Lehre bei Paul Fürst. Mittlerweile haben beide in Veitshöchheim ihre Weiterbildung zum Weinbautechniker abgeschlossen, Richard hat darüber hinaus seinen Winzermeister gemacht.

Kollektion

Im vergangenen Jahr trumpften vor allem die Rotweine auf, allen voran der Spätburgunder RS aus dem Jahrgang 2015. Auch dieses Jahr sehen wir leichte Vorteile im roten Segment. Unser Favorit ist der Merlot R, der rauchig-würzige Noten zeigt, reife Frucht, gute Struktur und jugendliche Tannine besitzt. Ebenfalls noch jugendlich ist der Spätburgunder R, der feine rauchige Noten und reife klare Frucht besitzt, der Schwarzriesling ist frisch und zupackend, hat Grip. Die Scheurebe Spätlese zeigt viel Duft im Bouquet, etwas Litschi, ist füllig und kompakt im Mund bei reifer klarer Frucht. Unter den trockenen Weißweinen sind zwei Silvaner unsere Favoriten: Der Wein von alten Reben ist füllig und kraftvoll, besitzt reife Frucht und gute Struktur, der Silvaner R zeigt rauchige Noten, besitzt Fülle und Kraft, reife Frucht und gute Komplexität.

Weinbewertung

80	2017 „Quartett Secco" Rosé Perlwein **11 %/7,40 €**
82	2015 Scheurebe Sekt brut Dertinger Mandelberg **12,5 %/10,50 €**
81	2017 Müller Thurgau trocken Dertinger Mandelberg (1l) **12 %/5,90 €**
80	2017 Silvaner Kabinett trocken Dertinger Mandelberg **12 %/6,60 €**
82	2017 Muskateller trocken Dertinger Mandelberg **11 %/7,90 €**
83	2017 Silvaner „Alte Reben" trocken Dertinger Mandelberg **12,5 %/7,90 €**
85	2016 Silvaner „R" trocken Dertinger Mandelberg **13 %/14,50 €**
81	2016 Riesling „R" trocken Dertinger Mandelberg **12,5 %/14,50 €**
84	2017 Scheurebe Spätlese Dertinger Mandelberg **9 %/9,70 €**
83	2015 Schwarzriesling trocken Dertinger Mandelberg **13,5 %/7,20 €**
84	2015 Spätburgunder „R" trocken Dertinger Mandelberg **14,5 %/14,50 €**
86	2015 Merlot „R" trocken Dertinger Mandelberg **14 %/14,50 €**

RICHARD ÖSTREICHER

★★★★

KONTAKT

Hauptstraße 15
97334 Sommerach
Tel. 09381-1698
www.weingut-richard-oestreicher.de
weingut@richard-oestreicher.de

Inhaber Richard Östreicher
Rebfläche 3,5 Hektar
Produktion 20.000 Flaschen

BESUCHSZEITEN

nach Vereinbarung
Weinstube, 3 Pensionszimmer

Richard Östreicher hat seit der Betriebsübernahme von seinem Vater 1995 quasi alles verändert, das über 250 Jahre alte Anwesen umgestaltet, die Remise wurde zur Weinstube. Aber auch in den Weinbergen leitete er einen radikalen Wandel ein in dem er verstärkt auf Weiß- und Spätburgunder setzte, Cabernet Sauvignon und Merlot pflanzte, 2012 kam Chardonnay hinzu, das Rebmaterial stammt zum Teil aus Meursault aus den Weinbergen von Coche-Dury, 2015 gab es den ersten Ertrag. Seine Weinberge liegen vor allem im Sommeracher Katzenkopf, ein kleiner Teil auch in angrenzenden Gemarkungen. Im Katzenkopf ist Richard Östreicher bestrebt sich auf die Toplagen zu konzentrieren, in der Gewanne Hölzlein steht der Weißburgunder, in der früheren Einzellage Augustbaum sein Silvaner, den Chardonnay hat er im Engelsberg gepflanzt (dem eigentlichen Engelsberg), der Spätburgunder steht im Original Katzenkopf (dieser wurde 2015 erstmals separat ausgebaut), in der Gewanne Rosen und in der Gewanne Berg, Cabernet Sauvignon und Merlot in der Gewanne Rosen. Über 40 Prozent der Rebflache nehmen heute rote Sorten ein: Spätburgunder, Cabernet Sauvignon und Merlot. Durch den Tausch von Parzellen ist derzeit Silvaner die wichtigste Rebsorte, dazu gibt es Riesling, Weißburgunder und Chardonnay sowie ein klein wenig Müller-Thurgau. Die Rotweine reifen nach langer Maischegärung in kleinen Bottichen lange auf der Hefe, werden ohne Filtration abgefüllt und kommen, abgesehen vom Spätburgunder Tradition, erst im dritten Jahr nach der Ernte in den Verkauf. Alle Weine werden spontanvergoren und durchgegoren ausgebaut. Die Weine von Richard Östreicher sind kraftvoll und puristisch, strukturiert und druckvoll, sie profitieren alle von etwas Flaschenreife, auch die Weißweine, wer Primärfrucht sucht ist hier fehl am Platz.

Kollektion

Auch in diesem Jahr präsentiert Richard Östreicher eine starke Kollektion mit druckvollen, oft puristischen Weiß-und Rotweinen. Der Sommergewitter genannte Basiswein aus 70 Prozent Silvaner und 30 Prozent Riesling ist frisch, klar, zupackend. Der Lieblingsstück-Silvaner ist zupackend, enorm nachhaltig. Eine deutliche Steigerung bringt der Silvaner aus der Lage Augustbaum, der im Jahrgang 2017 gute Konzentration zeigt, etwas rauchige Noten, sehr verhaltene Frucht, viel Stoff und Kraft besitzt, viel Druck, etwas Tannine – ganz auf Haltbarkeit vinifiziert. 2016 beginnt langsam sich zu öffnen, 2015 ist zumindest im Bouquet schon recht offen, mutet sehr „burgundisch" an. Der Weißburgunder aus der Lage Hölzlein zeigt gute Konzentration, reife Frucht, ist im Mund, füllig, kraftvoll, besitzt Substanz und Länge – und ist doch enorm „karg", diese Beschreibung fand sich dick unterstrichen in den Verkostungsnotizen. Genauso karg und stoffig

ist der 2015er, aber auch deutlich druckvoller und komplexer als der derzeit noch völlig verschlossenen 2017er; 2014 ist kraftvoll, aus einem Guss. Als dritter großer Lagen-Weißwein ergänzt seit dem Jahrgang 2015 der Rossbach-Chardonnay Richard Östreichers Portfolio. Jahrgang 2017 ist recht zurückhaltend im Bouquet, karg (diesmal nicht unterstrichen, aber ganz zu Beginn der Verkostungsnotiz), kraftvoll, zupackend, strukturiert und druckvoll, geradlinig bei viel Grip, ein Wein mit viel Potenzial. Der 2016er besticht mit seinem Bouquet, zeigt ganz dezenten Toast im Hintergrund, ist kompakt, kraftvoll, geradlinig, was auch für den 2015er gilt. Der Spätburgunder Tradition ist frisch und zupackend bei viel Biss. Mit dem Jahrgang 2015 ersetzen nun zwei Einzellagen-Spätburgunder den bisherigen Spätburgunder No. 1. Der Wein aus der Lage Rosen ist komplex, fein, besitzt gute Struktur, Tannine und Frische, ist deutlich offener und zugänglicher als der Spätburgunder aus dem Original-Katzenkopf, der enorm druckvoll und jugendlich ist, noch stärker vom Holz geprägt ist als der Rosen, aber mehr Power und Potenzial besitzt. Der 2014er No. 1 ist kraftvoll, präzise und zupackend, der 2011er ist deutlich reifer, besitzt feine Fruchtsüße. Merlot und Cabernet Sauvignon sind kraftvoll und tanninbetont, werden sich in den kommenden Jahren mit Sicherheit weiter schön entwickeln.

Richard Östreicher

Weinbewertung

86	2017 „Sommergewitter“ Weißwein Sommeracher Katzenkopf **11,5 %/7,90 €**
89	2016 Silvaner „Lieblingsstück“ **12,5 %/12,50 €**
90	2015 Silvaner „Augustbaum“ Sommeracher Katzenkopf **13 %**
91	2016 Silvaner „Augustbaum“ Sommeracher Katzenkopf **13 %**
92	2017 Silvaner „Augustbaum“ Sommeracher Katzenkopf **13 %/20,- €**
90	2014 Weißburgunder „Hölzlein“ Sommeracher Katzenkopf **13 %**
92	2015 Weißburgunder „Hölzlein“ Sommeracher Katzenkopf **13,5 %**
90	2017 Weißburgunder „Hölzlein“ Sommeracher Katzenkopf **13 %/25,- €**
90	2015 Chardonnay „Rossbach“ Sommeracher Katzenkopf **13,5 %**
90	2016 Chardonnay „Rossbach“ Sommeracher Katzenkopf **13,5 %/35,- €**
91	2017 Chardonnay „Rossbach“ Sommeracher Katzenkopf **13,5 %/35,- €**
86	2016 Spätburgunder „Tradition“ Sommeracher Katzenkopf **13 %/12,50 €**
89	2011 Spätburgunder „No. 1“ Sommeracher Katzenkopf **13,5 %**
90	2014 Spätburgunder „No. 1“ Sommeracher Katzenkopf **13 %**
91	2015 Spätburgunder „Rosen“ Sommeracher Katzenkopf **13 %/30,- €**
92	2015 Spätburgunder „Katzenkopf“ Sommeracher Katzenkopf **13 %/35,- €**
90	2014 Merlot Sommeracher Katzenkopf **13 %/34,- €**
90	2014 Cabernet Sauvignon Sommeracher Katzenkopf **13 %/38,- €**

LAGEN

KATZENKOPF (SOMMERACH)
– HÖLZLEIN (SOMMERACH)
– AUGUSTBAUM (SOMMERACH)
– KATZENKOPF (SOMMERACH)
– ROSSBACH (SOMMERACH)
– ROSEN (SOMMERACH)

REBSORTEN

SILVANER (29 %)
SPÄTBURGUNDER (21 %)
CHARDONNAY (12 %)
RIESLING (12 %)
CABERNET SAUVIGNON (12 %)
MERLOT (9 %)
WEISSBURGUNDER (5 %)

JOHANN F. OHLER

★☆

KONTAKT

Meerspinnstr. 33
67435 Neustadt-Gimmeldingen
Tel. 06321-6116
Fax: 06321-60382
www.weingut-ohler.de
webmaster@weingut-ohler.de

Inhaber
Sabine Ohler-Jost
Außenbetrieb
Thomas Bauer
Rebfläche
8,4 Hektar
Produktion
45.000-50.000 Flaschen

BESUCHSZEITEN

Mo.-Fr. 9-12 + 14-18 Uhr, Sa. 10-16 Uhr oder nach Vereinbarung

Seit mehr als 200 Jahren betreibt die Familie Weinbau in Gimmeldingen. 1758 begründete Johann Michael Ohler die Weinbautradition in der Familie, sein Enkel Georg betrieb ab 1890 neben dem Weinbau eine Küferei. Sein Sohn wiederum, Johann Friedrich, der Namensgeber des heutigen Weinguts, begann in den 1920er Jahren mit der Flaschenvermarktung, 1962 hat Reinhard Ohler die Küferei eingestellt und sich ganz auf Weinbau konzentriert. Sabine Ohler-Jost übernahm 2007 das Weingut von ihrem Vater Reinhard Ohler und führt es zusammen mit ihrem Ehemann Arnim Jost. Ihre Weinberge liegen in Gimmeldingen in den Lagen Mandelgarten, Biengarten und Schlössel, in Königsbach im Idig und im Ölberg, in der Mußbacher Eselshaut sowie in Haardt. Riesling nimmt 45 Prozent der Rebfläche ein, es folgen Spätburgunder, Weißburgunder, Cabernet Sauvignon, Chardonnay, St. Laurent, Grauburgunder und Regent.

Kollektion

Sabine Ohler-Jost präsentiert uns in diesem Jahr eine sehr gleichmäßige Kollektion, in der uns zwei im Barrique ausgebaute Rotweine am besten gefallen: Der Cabernet Sauvignon zeigt dunkle Frucht, deutliche röstige Würze und etwas Mokka im Bouquet und ist harmonisch, beim Spätburgunder von alten Reben ist das Holz etwas dezenter, der Wein besitzt Kraft und Struktur und zeigt klare, kühle Schwarzkirschfrucht. Auch der Rosé zeigt viel Frucht, Kirsche und Erdbeere, ist leicht floral und frisch, Weißburgunder, Grauburgunder und Chardonnay ähneln sich sehr, zeigen alle klare, gelbe Frucht und etwas florale Noten. Die beiden verkosteten 2016er Rieslinge besitzen zurückhaltende Säure und wirken daher etwas weich, der mit leichter Restsüße ausgebaute 2017er Riesling aus dem Biengarten zeigt viel kräutrige Würze und besitzt ein gut austariertes Süße-Säure-Spiel. ▬

Weinbewertung

81 2017 Riesling trocken (1l) **12,5 %/5,90 €**
83 2017 Spätburgunder „Blanc de Noirs" trocken **12,5 %/7,50 €**
84 2017 Weißer Burgunder trocken **13 %/8,- €**
84 2017 Grauer Burgunder trocken **13,5 %/8,- €**
84 2017 Chardonnay trocken **14 %/8,20 €**
83 2016 Riesling Kabinett trocken Gimmeldinger Schlössel **12 %/8,- €**
84 2017 Riesling Gimmeldinger Biengarten **12 %/8,- €**
84 2016 Riesling trocken „JFO" Königsbacher Idig **13 %/12,50 €**
84 2017 Cabernet Sauvignon Rosé trocken „CS" **12,5 %/8,90 €**
85 2015 Cabernet Sauvignon trocken **13,5 %/16,- €**
85 2015 Spätburgunder trocken „Alte Reben" **13,5 %/16,- €**
83 2014 Cuvée „JO" Rotwein trocken **12,5 %/8,- €**

Schloss Ortenberg

★★☆

KONTAKT

Am St. Andreas 1
77799 Ortenberg
Tel. 0781-93430
Fax: 0781-934320
www.weingut-schloss-ortenberg.de
info@weingut-schloss-ortenberg.de

Inhaber
Zweckverband
Weingut Schloss Ortenberg
Geschäftsführer
Matthias Wolf
Kellermeister
Hanspeter Rieflin
Rebfläche
45 Hektar
Produktion
300.000 Flaschen

BESUCHSZEITEN

Mo.-Fr. 8-12 + 13-17 Uhr,
Sa. 9:30-13 Uhr, Sonn- &
Feiertage geschlossen

Das Weingut Schloss Ortenberg ist 1997 durch Zusammenlegung des Weingutes Schloss Ortenberg des Ortenaukreises mit dem St. Andreas-Weingut der Stadt Offenburg entstanden, es ist das größte kommunale Weingut in Deutschland. Das 1300 gegründete St. Andreas-Hospital bewirtschaftete seit 1500 Rebhöfe, vor der Fusion umfasste es 29 Hektar Reben. Das 1950 gegründete Weinbauversuchsgut des Ortenaukreises führte seit 1992 den Namen Weingut Schloss Ortenberg, der dann auch für das fusionierte Weingut übernommen wurde. Seit 2010 ist Matthias Wolf Geschäftsführer. Die Weinberge liegen vor allem in Ortenberg (Schlossberg, Freudental), Käfersberg (Andreasberg), Zunsweier (Halde), sowie in Zell-Weierbach (Abtsberg) und Gengenbach (Nollenköpfle). Die Reben stehen auf Granitverwitterungsböden.

Kollektion

Im vergangenen Jahr trumpften die edelsüßen Weine auf, in diesem Jahr hat mit dem Spätburgunder aus dem Schlossberg ein Rotwein die Nase vorne. Er zeigt viel Würze und Duft im Bouquet, besitzt Fülle und Kraft, reife Frucht und gute Struktur. Auch die anderen Rotweine überzeugen: Der Pinot Noir Granit ist klar und zupackend, der Spätburgunder von alten Reben zeigt rauchig-würzige Noten, feinen Toast, ist kraftvoll und strukturiert, und die Furore genannte rote Cuvée – Cabernet Sauvignon, Spätburgunder und Merlot – ist klar und zupackend, fruchtbetont. Aber auch die Weißweine sind stark, präsentieren sich sehr geschlossen. Der Sauvignon Blanc et Gris ist reintönig und füllig, der vom Holz geprägte Réserve-Grauburgunder besitzt Fülle und Kraft wie auch der Réserve-Chardonnay. Der Klingelberger aus dem Schlossberg besitzt Fülle, Kraft und Struktur und die Scheurebe Auslese betört mit intensiver Frucht. Starke Kollektion!

Weinbewertung

83	2016 Muskateller Sekt extra trocken **12 %/12,50 €**
86	2017 Sauvignon Blanc et Sauvignon Gris trocken **13 %/13,50 €**
83	2017 Weißburgunder & Chardonnay trocken „Granit" **12 %/9,- €**
84	2017 Klingelberger trocken „Alte Reben" **12,5 %/11,- €**
87	2016 Klingelberger trocken Ortenberger Schlossberg **12,5 %/18,- €**
86	2017 Grauburgunder trocken „Réserve" **13 %/15,- €**
87	2016 Chardonnay trocken „Réserve" **13 %/15,- €**
87	2016 Scheurebe Auslese **10 %/11,50 €/0,5l**
84	2015 Pinot Noir trocken „Granit" **14 %/9,50 €**
86	2016 „Furore" Rotwein trocken **13,5 %/14,- €**
85	2016 Spätburgunder trocken „Alte Reben" **13,5 %/12,- €**
88	2015 Spätburgunder trocken Ortenberger Schlossberg **13,5 %/19,50 €**

PARFUM DER ERDE

★★

KONTAKT

Hauptstraße 32
71384 Weinstadt
www.parfum-der-erde.de
info@parfum-der-erde.de

Inhaber
Dr. Rainer Scholz, Andreas Knauß
Betriebsleiter
Dr. Rainer Scholz
Kellermeister
Andreas Knauß
Rebfläche
1,5 Hektar

BESUCHSZEITEN

nach Vereinbarung

Rainer Scholz stammt aus Hamburg und kam über Berlin nach Weinstadt-Strümpfelbach im Remstal, wo er sich mit Württemberger Weinen und Württemberger Winzern anfreundete. Er erwarb einen Weinberg und zusammen mit Andreas Knauß, der aus dem gleichnamigen Weingut in Strümpfelbach stammt, wurde ein Wein-Projekt gegründet, das den Namen Parfum der Erde erhielt. Auf allen Etiketten sind groß die Geokoordinaten des Weinberges notiert, aus dem der jeweilige Wein stammt. Die Reben wachsen in den Lagen Altenberg (Weinstadt), Sonnenberg (Weinstadt) und Burghalde (Schnait). Die Böden im Remstal bestehen aus verschiedenen Keuperverwitterungsschichten: Schilfsandstein, Bunte Mergel, Kieselsandstein und Stubensandstein. Riesling und Müller-Thurgau, Regent und Spätburgunder werden angebaut.

Kollektion

Drei Jahre schon hatten wir Parfum der Erde hier empfohlen und vorgestellt, die letzten drei Jahre dann haben Rainer Scholz und Andreas Knauß keine Weine eingeschickt. Nun sind sie wieder mit an Bord, und die Kollektion schließt nahtlos an dem an, was wir kannten. Und beschränkt sich wie gehabt auf nur vier Rebsorten. Die beiden Weißweine stammen aus dem Jahrgang 2016. Der Müller-Thurgau zeigt gute Konzentration, besitzt Fülle und Saft, reife Frucht und gute Substanz – ist ein „ernsthafter" Müller-Thurgau. Der Riesling zeigt feinen, intensiven Duft im Bouquet, schöne Reifenoten, ist füllig und saftig im Mund, besitzt viel Kraft, klare Frucht und Struktur. Auch der Regent ist enorm duftig, aber das haben Weine aus dieser Rebsorte ja oft so an sich; er besitzt Fülle und Substanz, Kraft und dezente Schokonoten. Der Spätburgunder schließt nahtlos an die früheren Jahrgänge an, sowohl qualitativ, als auch hinsichtlich der Jahrgänge, denn zuletzt hatten wir den Jahrgang 2011 vorgestellt. Der 2012er zeigt feine Reife im Bouquet, gute Intensität, ist füllig und saftig im Mund, besitzt viel reife Frucht und Substanz. Minimal besser – bei identischer Bewertung – gefällt uns Jahrgang 2013, zeigt viel Würze im Bouquet, reife Frucht, ist kompakt im Mund, harmonisch und füllig bei viel Substanz. —

Weinbewertung

86 2016 Müller-Thurgau trocken „Vielfalt" **11,5 %/14,90 €**
87 2016 Riesling trocken „Vielfalt" **12 %/16,90 €**
84 2012 Regent trocken „Vielfalt" **13,5 %/24,90 €**
87 2012 Spätburgunder trocken „Vielfalt" **13 %/30,90 €**
87 2013 Spätburgunder trocken „Vielfalt" **13 %/28,90 €**

Paulinshof

★★☆

Kontakt

Paulinsstraße 14
54518 Kesten
Tel. 06535-544
Fax: 06535-1267
www.paulinshof.de
paulinshof@t-online.de

Inhaber
Klaus & Oliver Jüngling
Kellermeister
Oliver Jüngling
Rebfläche
9,5 Hektar
Produktion
75.000 Flaschen

Besuchszeiten

Mo.-Fr. 8-18 Uhr, Sa. 9-17 Uhr
und nach Vereinbarung

Der Paulinshof ist ein ehemaliger Stiftshof der Kirche St. Paulin, der erstmals im Jahr 936 urkundlich erwähnt wurde, der Hof in seiner heutigen Form stammt aus dem Jahr 1716. Er wurde 1803 säkularisiert, seit 1967 gehörte er Klaus und Christa Jüngling. Heute firmieren Klaus Jüngling und sein Sohn Oliver als Inhaber, Letzterer ist auch für den Keller verantwortlich. Die Lage Brauneberger Kammer, eine der kleinsten Einzellagen an der Mosel, bewirtschaftet das Gut im Alleinbesitz. Daneben gehören ihm Weinberge in den Kestener Lagen Paulins-Hofberger, Paulinsberg und Herrenberg sowie in den Brauneberger Lagen Juffer und Juffer-Sonnenuhr, seit 2008 sind sie auch in der Trittenheimer Apotheke vertreten. Neben Riesling bauen die Jünglings ein klein wenig Weißburgunder an. Die Weine werden überwiegend trocken und halbtrocken ausgebaut. An der Spitze des Sortiments stehen die Großen Gewächse.

Kollektion

Aus dem gelungenen Jahrgang 2017 wurde eine Fülle an Rieslingen vorgestellt, die den typischen Stil des Hauses fast bei jedem Wein durchschimmern lassen. Der „von der Ley" ist würzig, besitzt eine eher rotbeerige Nuance und Schmelz. Über den verfügt auch der „Klang der Tiefe" genannte Wein, der eine hefig-nussige Würze aufweist. Eher verhalten mit reifer Frucht: die trockene Juffer-Spätlese. Unter den Großen Gewächsen bevorzugen wir derzeit ganz leicht die Kammer-Version mit offener Frucht, Noten von Hefe und Pfirsichschalen. Etwas verschlossener mit Anklängen von Kräutern und straff zeigt sich der Paulins-Hofberger. Die dezent süßen Weine sind sehr gleichmäßig in der Qualität. Was die richtig süßen angeht, ist die 2017er Auslese mit drei Sternen zu nennen. Die 2015er Beerenauslese zeigt Aromen von Sanddorn, Agave, Pfirsichschalen, ist enorm saftig, würzig, besitzt eine hohe Süße, die aber gut balanciert wird.

Weinbewertung

86 2017 Riesling trocken „von der Ley" **12 %/9,90 €**
88 2017 Riesling Spätlese trocken „Klang der Tiefe" **12,5 %/13,- €**
88 2017 Riesling Spätlese trocken Brauneberger Juffer **12,5 %/15,- €**
89 2017 Riesling „GG" Kestener Paulins-Hofberger **12,5 %/21,- €**
90 2017 Riesling „GG" Brauneberger Kammer **12,5 %/21,- €**
86 2017 Riesling „vom roten Schiefer" **12 %/9,90 €**
87 2017 Riesling „feinherb" Kestener Paulins-Hofberger **12 %/12,- €**
87 2017 Riesling Spätlese „feinherb" Brauneberger Kammer **12 %/15,- €**
89 2017 Riesling Spätlese „wurzelecht" Trittenheimer Apotheke **11,5 %/15,- €**
91 2017 Riesling Auslese*** Brauneberger Juffer **7,5 %/17,50 €/0,375l**
92 2015 Riesling Beerenauslese Brauneberger Juffer **6 %/36,- €/0,375l**

AXEL PAULY

★★★☆

KONTAKT

Hochstraße 80
54470 Lieser
Tel. 06531-6143, Fax: -915007
www.wein-pauly.de
info@wein-pauly.de

Inhaber
Axel & Sabrina Pauly
Rebfläche
9,5 Hektar
Produktion
80.000 Flaschen

BESUCHSZEITEN

Mo.-Sa. 8-19 Uhr und nach Vereinbarung, Bitte um Anmeldung

Das Weingut der Paulys ist ein typischer Familienbetrieb, lange geführt von Rudolf und Ursel Pauly. Seit 2004 ist Axel Pauly für den Keller verantwortlich, 2009 übernahm er das Weingut, und inzwischen wurde auch der Name des Gutes angepasst. Axel Paulys Frau Sabrina ist mittlerweile ebenfalls im Betrieb tätig. 2009 wurden weitere Parzellen im Niederberg-Helden gepachtet oder erworben, 2010 Weinberge mit alten Reben in Bernkastel-Kues (Kardinalsberg) und Lieser (Niederberg-Helden), 2014 in Bernkastel-Kues (unter anderem mit alten Spätburgunder-Reben) und in der so genannten Bärlay im Lieser Niederberg-Helden. Riesling nimmt drei Viertel der Rebfläche ein, dazu gibt es Dornfelder, Müller-Thurgau, Spätburgunder, Weißburgunder und Frühburgunder. Eine moderne Vinothek ist vorhanden.

Kollektion

Schon 2016 begeisterten alle Weine mit ihrer Klarheit, der stringenten Art. Bei den 2017ern ist dieser Stil schon beim Weißburgunder zu bemerken. Sehr geradlinig und präzise der Purist, ebenso der Tres Naris, der sogar Schmelz aufweist. Noch eindrucksvoller ist der feste, präzise, rassige und angenehm trockene „Helden", der „Drei Helden" ist deutlich hefig, fest und nachhaltig; ein Wein, der viele Große Gewächse übertrifft. Der „Steinerd" zeigt in der Nase Mineralität und Kräuternoten, er ist schlank, aber nachhaltig. Der restsüße Kabinett ist duftig, zeigt Noten von Kernobst, besitzt eine fruchtige Art. Die Auslese führt den Stil des Hauses fort, sie ist eher kühl in der Nase, duftig mit Anklängen an Kräuter und kandierten Apfel, straff und animierend. Bei den 2016er Rotweinen gefällt der Frühburgunder noch etwas besser als der Spätburgunder, er bringt den Sortencharakter gut zum Ausdruck, besitzt eine komplexe Frucht mit Anklängen an Tabak, Beeren und einem Hauch Schokolade, ist fest und würzig, ohne vom Holz dominiert zu werden.

Weinbewertung

86 2017 Weißburgunder trocken **12 %/8,10 €**
87 2017 Riesling Kabinett trocken „purist" **11 %/8,40 €** ☺
87 2017 Riesling trocken „Tres Naris" **11,5 %/7,60 €** ☺
88 2017 Riesling trocken „Helden" Lieser Niederberg-Helden **12 %/12,- €**
89 2017 Riesling trocken „Drei Helden" Niederberg-Helden **12,5 %/19,80 €**
86 2017 Riesling „feinherb" „Generations" **11 %/7,60 €**
88 2017 Riesling „feinherb" „Steinerd" Bernkastel-Kues Kardinalsberg **11 %/12,- €**
87 2017 Riesling Kabinett Lieser Niederberg-Helden **8,5 %/8,40 €** ☺
88 2017 Riesling Spätlese Lieser Niederberg-Helden **8 %/12,- €**
88 2017 Riesling Auslese*** Lieser Niederberg-Helden **8 %/14,80 €/0,375l**
89 2016 Frühburgunder trocken „unfiltriert" Niederberg-Helden **13 %/19,80 €**
88 2016 Spätburgunder trocken „unfiltriert" **13 %/19,80 €**

P

Dr. Pauly-Bergweiler

★★☆

KONTAKT

Gestade 15
54470 Bernkastel-Kues
Tel. 06531-3002
Fax: 06531-7201
www.pauly-bergweiler.de
info@pauly-bergweiler.com

Inhaber
Stefan Pauly
Rebfläche
16,2 Hektar
Produktion
134.000 Flaschen

BESUCHSZEITEN

Mo.-Fr. 13–18 Uhr, Sa. 14-18 Uhr, So. nach Vereinbarung

Stefan Pauly übernahm 2006 das Weingut von seinen Eltern Peter und Helga, die den Betrieb viele Jahre führten. Seine Weinberge liegen in Bernkastel (Alte Badstube am Doctorberg, Badstube, Schlossberg, Lay, Johannisbrünnchen), Graach (Himmelreich, Domprobst), Wehlen (Sonnenuhr, Klosterberg), Zeltingen (Himmelreich), Ürzig (Goldwingert, Würzgarten), Erden (Treppchen, Prälat) und Brauneberg (Juffer, Juffer-Sonnenuhr). Die 1,8 Hektar große Alte Badstube am Doctorberg ist die Paradelage des Betriebes, sie ist fast komplett im Besitz der Familie.

Kollektion

Immer wieder fällt auf, wie gut im Weingut Pauly-Bergweiler die Lagenunterschiede herausgearbeitet werden. Das war schon in den vergangenen Jahren so, das ist auch diesmal der Fall und gut zu beobachten am Duo trockener Spitzenweine. Der eine, aus der Alten Badstube am Doctorberg stammend, ist in der Nase verhalten, im Mund dann stoffig, fest, besitzt Spiel und eine rassige, ansatzweise mineralische Art. Der „GG"-Riesling aus dem Ürziger Goldwingert dagegen ist deutlich offener, saftig, schmelziger. Sehr gelungen sind 2017 auch die feinherben Weine. Der eher straffe Treppchen-Riesling und der Badstube-Wein mit seiner fast filigranen Art, aber merklicher Süße gehören zu den empfehlenswertesten Abfüllungen in diesem Jahrgang. Sehr verschieden dann wiederum die beiden Kabinette – straff und rassig, sehr frisch und verhalten in der Süße der Vertreter der Alten Badstube, deutlich duftiger, saftiger, eleganter und süßer der Sonnenuhr-Wein. Eine balancierte, nachhaltige Versteigerungsspätlese und die elegante, gelbfruchtig-tropisch duftende Auslese krönen das Sortiment, das auch einen sehr gut gemachten, saftigen und ganz leicht nach Tabak duftenden Rotwein bereithält.

Weinbewertung

84 2017 Riesling trocken **12 %/8,50 €**
87 2017 Riesling trocken Ürziger Würzgarten **12 %/11,- €**
88 2017 Riesling trocken Bernkasteler alte Badstube am Doctorberg **12 %/14,- €**
89 2017 Riesling trocken „GG" Ürziger Goldwingert **13 %/20,- €**
86 2017 Riesling „feinherb" Erdener Treppchen **11,5 %/11,- €**
87 2017 Riesling „feinherb" alte Badstube am Doctorberg **10,5 %/14,- €**
87 2017 Riesling Kabinett Wehlener Sonnenuhr **9,5 %/10,50 €**
87 2017 Riesling Kabinett alte Badstube am Doctorberg **10,5 %/10,50 €**
89 2017 Riesling Spätlese Bernkasteler alte Badstube am Doctorberg **8 %/Vst.**
88 2017 Riesling Spätlese Graacher Himmelreich **8 %/13,- €**
90 2017 Riesling Auslese Bernkasteler alte Badstube am Doctorberg **7 %/24,- €**
87 2016 Pinot Noir trocken Graacher Domprobst **13,5 %/14,- €**

Peters

★★

Kontakt

Zum Schlossberg
54459 Wiltingen
Tel. 06501-18753
Fax: 06501-18755
www.peterswein.de
info@peterswein.de

Inhaber
Johannes Peters
Rebfläche
7 Hektar
Produktion
60.000 Flaschen

Besuchszeiten

nach Vereinbarung

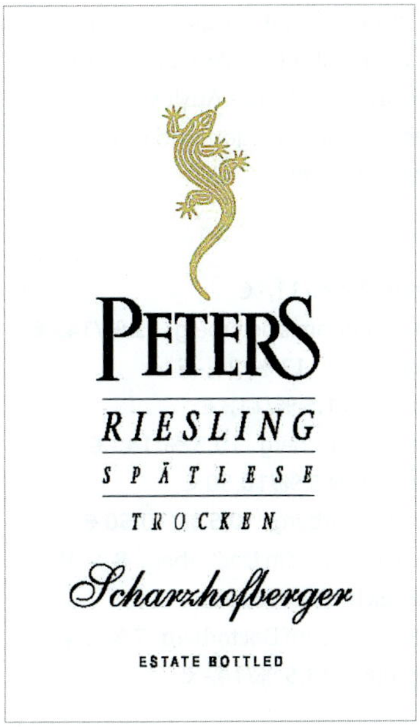

P

Johannes Peters arbeitete nach seiner Ausbildung und einem Auslandspraktikum in Australien bei verschiedenen deutschen Weingütern, bevor er 1991 das elterliche Weingut in Wiltingen übernahm, wo seine Familie seit mehr als 250 Jahren Weinbau betreibt. In den siebziger Jahren war die Familie aus dem Dorfkern an den Fuß des Wiltinger Schlossbergs ausgesiedelt. Die Weinberge von Johannes Peters liegen in den Wiltinger Lagen Scharzhofberger, Braunfels, Kupp, Rosenberg und Klosterberg. Drei Fünftel der Rebfläche nimmt Riesling ein, der Rest verteilt sich auf Weißburgunder, Grauburgunder, Müller-Thurgau und Sauvignon Blanc. Die Weine werden temperaturkontrolliert vergoren und teilweise im Holzfass, teilweise im Edelstahltank auf der Feinhefe ausgebaut. Der Großteil der Weine wird trocken ausgebaut.

Kollektion

Eine umfangreiche Kollektion präsentiert Johannes Peters in diesem Jahr – und für uns sind ganz klar die Rieslinge die Sieger im Jahrgang 2017. Und auch der einzige 2016er, der Sekt, ist ein Riesling und gefällt uns sehr gut, ist rauchig, komplex und strukturiert. Angeführt wird die 2017er Kollektion von drei sehr guten trockenen Rieslingen. Die Aiga genannte Spätlese aus dem Wiltinger Klosterberg ist herrlich reintönig, füllig und saftig bei viel Substanz. Gleichauf sehen wir die trockene Scharzhofberger-Spätlese, die deutlich würziger ist, aber ebenso viel Saft und Substanz besitzt. Unser klarer Favorit aber ist die trockene Auslese Martha's Weinberg, ein konzentrierter, herrlich saftiger Riesling, der viel reife süße Frucht, gute Struktur und Substanz besitzt. —

Weinbewertung

86	2016 Riesling Sekt brut **12,5 %/10,83 €**
82	2017 Rivaner trocken **11,5 %/5,95 €**
81	2017 Riesling trocken (1l) **12 %/6,- €**
83	2017 Sauvignon Blanc trocken **12 %/8,33 €**
83	2017 „Grau & Weiß" Weißwein trocken **12 %/6,- €**
82	2017 „Strandgut" Weißwein trocken **12 %/7,- €**
82	2017 Grauburgunder trocken **12,5 %/7,- €**
82	2017 Riesling trocken „Grauschiefer" **12 %/6,- €**
86	2017 Riesling Spätlese trocken „Aiga" Wiltinger Klosterberg **12 %/10,- €**
84	2017 Riesling Kabinett trocken „Blauschiefer" **12 %/7,- €**
86	2017 Riesling Spätlese trocken Scharzhofberger **12 %/10,- €**
88	2017 Riesling Auslese trocken „Martha's Weinberg" **12,5 %/13,- €**
81	2017 Riesling halbtrocken (1l) **11,5 %/6,- €**
81	2017 Riesling Classic **12 %/7,- €**

Petgen-Dahm

★☆

N

KONTAKT

Winzerstraße 3-7
66706 Perl-Sehndorf
Tel. 06807-309
Fax: 06807-1367
www.petgen-dahm.de
info@petgen-dahm.de

Inhaber
Ralf Petgen
Rebfläche
17 Hektar

BESUCHSZEITEN

7.4.-8.12. nach Vereinbarung,
Sa. 11-13 Uhr

Das Weingut Petgen-Dahm ist alles andere als ein kleiner Liebhaberbetrieb, sondern ein ambitioniertes, vielseitig interessiertes Gut, das sich als eines der wenigen namhaften Weingüter des Anbaugebietes Mosel im Saarland befindet. Ralf Petgen verweist gern auf die Besonderheit, dass es sich beim Weingut Petgen-Dahm um einen der wenigen Betriebe handelt, die sowohl an der Obermosel als auch an der Saar Reben bearbeiten. Insgesamt spielt der Riesling mit 18 Prozent der gesamten Fläche von immerhin 17 Hektar allerdings nur eine mittelgroße Rolle. Die Burgundersorten sind ein unverkennbarer Schwerpunkt – Grauburgunder mit 40 Prozent der Fläche, Auxerrois, Spätburgunder und St. Laurent. Auch Chardonnay und Sauvignon Blanc werden geschätzt, Gewürztraminer, Cabernet Sauvignon und Viognier sind vorhanden, und die an der Obermosel traditionell beliebte Sorte Elbling vervollständigt in kleinem Rahmen das Sortiment.

Kollektion

Zum Debüt in diesem Buch wurden Weine der Jahrgänge 2012 bis 2017 angestellt, die durchweg Ambitionen erkennen lassen. Sehr gut gefällt beispielsweise der trockene, präzise wirkende Auxerrois (Jahrgang 2016), der leicht cremige Grauburgunder aus dem Barrique besitzt Schmelz und Säure. Sehr eigenwillig dann der Barrique-Chardonnay aus 2015 mit einem Hauch von Süße, aber auch beachtlicher Würze sowie der 2016er Sauvignon Blanc, der cremige Noten, Anklänge an Gemüse und Milchkaffee aufweist. Das Holz ist hier sehr deutlich zu spüren. Ganz anders die rassigen, saftigen Rieslinge, darunter eine sehr gelungene 2014er Auslese mit Noten von Pfirsichhaut und die üppige Goldkapsel-Auslese mit merklichen Anklängen an Pfirsichkompott. Die Gewürztraminer Beerenauslese ist sortentypisch und lang. Schließlich der Eiswein aus 2012, der leicht an Aprikosenkonfitüre und kandiertes Gemüse erinnert, rassig und sehr nachhaltig ausfällt. —

Weinbewertung

85 2013 Spätburgunder Blanc de Noir Crémant brut **13 %/13,- €**
85 2016 Auxerrois „P" **12 %/12,- €**
84 2017 Chardonnay „P" **12 %/12,- €**
86 2016 Grauer Burgunder Auslese „Alte Reben" **12,5 %/13,- €**
84 2016 Sauvignon Blanc Auslese Barrique „Tradition 1720" **12,5 %/22,- €**
85 2016 Grauer Burgunder Barrique „Tradition 1720" **12 %/22,- €**
85? 2015 Chardonnay Barrique „Grande Réserve" **12 %/25,- €**
86 2014 Riesling Auslese Ayler Kupp **8,5 %/18,- €**
88 2016 Riesling Auslese Goldkapsel **8 %/25,- €**
89 2017 Gewürztraminer Beerenauslese **9,5 %/40,- €/0,5l**
90 2012 Riesling Eiswein Perler Hasenberg **7,5 %/60,- €/0,375l**

P

Peth-Wetz

★★★☆

Kontakt

Alzeyer Straße 16
67593 Bermersheim
Tel. 06244-4494
Fax: 06244-4424
www.peth-wetz.com
info@peth-wetz.com

Inhaber Christian Peth
Rebfläche 30 Hektar
Produktion 200.000 Flaschen

Besuchszeiten

Mo.-Sa. 8-11 + 14-18 Uhr,
Anmeldung erwünscht

Christian Peth hat seine Ausbildung bei Keller und Knipser absolviert, in Geisenheim studiert und Praktika in USA, Australien und Chile gemacht. Er führt heute in vierter Generation zusammen mit Ehefrau Maja das Weingut. Die Weinberge befinden sich vor allem in Bermersheim und Westhofen. Die wichtigsten Lagen sind Westhofener Rotenstein (sehr kalkhaltig), Bermersheimer Hasenlauf (leichte Lösslehmböden mit hohem Kalkgehalt) und Dalsheimer Hubacker (Terra Fusca-Böden mit hohem Kalkgehalt), in den letzten Jahren kamen Weinberge in Siefersheim (Heerkretz) hinzu. Es werden vor allem Riesling und die Burgundersorten angebaut, auch Müller-Thurgau und Silvaner. Bei den roten Sorten setzte Christian Peth in den letzten Jahren verstärkt auf Spätburgunder, hat aber auch Cabernet Sauvignon, Cabernet Franc, Merlot, Petit Verdot und Malbec gepflanzt. Daneben gibt es Dornfelder, Portugieser und St. Laurent.

Kollektion

Christian Peth legt weiter zu, präsentiert eine weiß wie rot hochklassige Kollektion. Der Sauvignon Blanc ist reintonig und frisch, der Chardonnay besitzt viel reife Frucht und Substanz. Der Riesling Unfiltered ist füllig und saftig, der RR noch konzentrierter, sehr kompakt. Durchweg sehr gut sind alle Rotweine, vom saftigen Pinot Noir über den fruchtbetonten, zupackenden Assemblage und der fülligen, kraftvollen Assemblage Reserve bis hin zu den Grand Vintage-Weinen des Jahrgangs 2015. Diese zeigen gleichmäßig hohes Niveau. Der intensiv-fruchtige, gewürzduftige Merlot besitzt viel reife Frucht und Substanz, der Malbec zeigt etwas florale Noten und ebenfalls eindringlich Gewürze. Der strukturierte Cabernet Franc besitzt reintönige reife Frucht, der Cabernet Sauvignon ist stoffig und konzentriert. Unsere leichte Präferenz gilt dem enorm stoffigen, konzentrierten Petit Verdot.

Weinbewertung

84 2017 Sauvignon Blanc **12 %/8,- €**
87 2017 Riesling „Unfiltered" **13 %/12,- €**
88 2016 Chardonnay „Unfiltered" **14 %/16,50 €**
88 2017 Riesling „RR" **13 %/25,- €**
86 2016 „Assemblage Unfiltered" Rotwein **14 %/9,- €**
86 2016 Pinot Noir „Unfiltered" **13,5 %/18,- €**
88 2015 „Assemblage Reserve" Rotwein **14 %/28,- €**
88 2015 Merlot „Grand Vintage" **14 %/43,- €**
89 2015 Cabernet Franc „Grand Vintage" **14 %/43,- €**
89 2015 Cabernet Sauvignon „Grand Vintage" **14 %/43,- €**
90 2015 Petit Verdot „Grand Vintage" **14 %/48,- €**
88 2015 Malbec „Grand Vintage" **14 %/50,- €**

Petri

★★☆

KONTAKT

Weinstraße 43
67273 Herxheim am Berg
Tel. 06353-2345
Fax: 06353-4181
www.weingut-petri.de
info@weingut-petri.de

Inhaber
Sigrun & Gerd Petri
Rebfläche
22 Hektar
Produktion
180.000 Flaschen

BESUCHSZEITEN

Mo.-Fr. 9-12 + 13:30-18 Uhr,
Sa. 9-12 + 13:30-17 Uhr
Gutsausschank (mit Pfälzer Spezialitäten)

Als Gerd Petri das Weingut 1977 von seinem Vater übernahm, wurde noch die komplette Ernte als Fassware vermarktet. Inzwischen wird alles über die Flasche verkauft. Die Weinberge liegen in den Herxheimer Lagen Himmelreich und Honigsack, aber auch im Kallstadter Saumagen. Wichtigste Rebsorte ist Riesling, der gut zwei Fünftel der Weinberge einnimmt. Hinzu kommen vor allem Spätburgunder und Grauburgunder, aber auch Weißburgunder, Chardonnay, St. Laurent und Portugieser. Cabernet Cubin, Merlot und Frühburgunder vervollständigen das Programm. Seine Rotweine baut Gerd Petri alle im Holzfass aus, ebenso wie die meisten Rieslinge. 80 Prozent der Weine werden trocken ausgebaut. Inzwischen ist mit den Söhnen Maximilian und Philipp die 14. Generation in den Betrieb eingestiegen, sie erzeugen ihre eigene Weinlinie „Generation 14".

Kollektion

Drei Weine teilen sich in diesem Jahr die Spitzenposition, zwei davon waren uns bereits im letzten Jahr vorgestellt worden: Der 2015er Spätburgunder aus dem Honigsack zeigt klare, kühle Frucht mit Noten von Sauerkirsche und Cassis, besitzt dezente Holzwürze und gute Struktur, beim 2016er Riesling „Haute Futaie" war das Holz im vergangenen Jahr sehr dominant, mittlerweile ist es gut integriert, aber immer noch präsent, der Wein zeigt auch leichte Reifenoten, entwickelt feinen Druck und besitzt gute Länge. Die trockene Riesling Spätlese aus dem Saumagen ist dagegen deutlich brillanter und präsenter in der Frucht, zeigt auch etwas kräutrige Würze, ist animierend und besitzt leicht salzige Länge. Der 12 Monate in neuen Barriques ausgebaute Chardonnay zeigt Noten von Kokos und Blutorange, ist kraftvoll und besitzt am Gaumen ein feines Säurespiel, die halbtrockene Riesling Spätlese aus dem Saumagen besitzt Saft, klare Frucht und ein ausgewogenes Süße-Säure-Spiel. —

Weinbewertung

82 2017 Weißburgunder trocken **12 %/5,50 €**
82 2017 Riesling Kabinett trocken Herxheimer Honigsack **12,5 %/5,50 €**
85 2017 Riesling Spätlese trocken Herxheimer Honigsack **13 %/7,30 €**
87 2017 Riesling Spätlese trocken Kallstadter Saumagen **13 %/8,60 €**
87 2016 Riesling Spätlese trocken „Haute Futaie" Honigsack **12,5 %/12,80 €**
82 2017 Scheurebe trocken **13 %/6,80 €**
83 2017 Grauburgunder trocken **13 %/7,30 €**
86 2016 Chardonnay trocken **13,5 %/10,- €**
86 2017 Riesling Spätlese halbtrocken Kallstadter Saumagen **12,5 %/7,30 €**
82 2016 Spätburgunder trocken **13 %/5,90 €**
87 2015 Spätburgunder Spätlese trocken „Selektion" Honigsack **13,5 %/20,30 €**
83 2016 Pinot Madeleine Frühburgunder trocken **13,5 %/7,- €**

Karl Pfaffmann

★★★

KONTAKT

Allmendstraße 1
76833 Walsheim
Tel. 06341-61856
Fax: 06341-62609
www.karl-pfaffmann.de
info@karl-pfaffmann.de

Inhaber
Helmut & Markus Pfaffmann
Betriebsleiter
Markus Pfaffmann
Kellermeister
Markus Pfaffmann & Bernhard Schwaab
Rebfläche
69 Hektar
Produktion
490.000 Flaschen

BESUCHSZEITEN

Vinothek Nußdorfer Straße 2,
Mo.-Fr. 8-12 + 13-18 Uhr,
Sa. 10-12 Uhr, Sonn- & Feiertage geschlossen

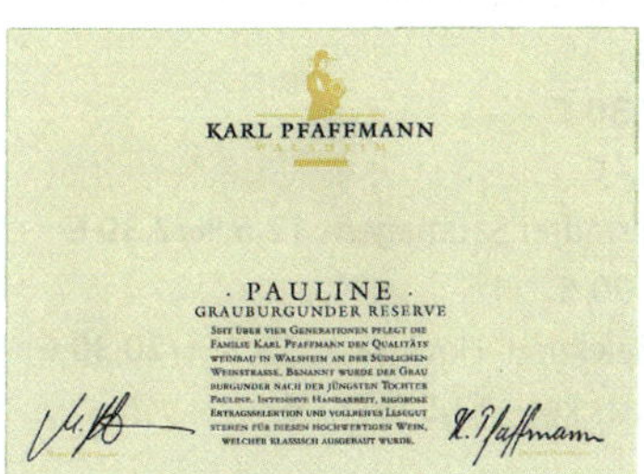

Etwa ein Drittel der Weinberge von Helmut Pfaffmann und Sohn Markus sind mit roten Reben bepflanzt, vor allem Spätburgunder, Dornfelder und Portugieser, aber auch Dunkelfelder, Sankt Laurent, Cabernet Sauvignon und Merlot. Wichtigste Weißweinsorte ist Riesling, gefolgt von Weiß- und Grauburgunder, Chardonnay, Müller-Thurgau, Silvaner, Huxelrebe und Gewürztraminer. Die Weinberge befinden sich in Walsheim, Nussdorf, Gleisweiler und Knöringen.

Kollektion

Sechs Weine liegen in diesem Jahr gleichauf an der Spitze, darunter vier Weine aus der Grande Réserve-Kategorie: Der Pinot Noir besitzt Kraft, Struktur und gut eingebundenes Holz, die Cuvée Lara aus Cabernet Sauvignon und Merlot ist sehr stoffig mit dunkler Frucht, kräutriger Würze und feinen Röstnoten, der Chardonnay ist eindringlich, besitzt Frische und gute Länge und ist etwas harmonischer als der Riesling, der deutliche Holzwürze zeigt, Biss, Länge und ein frisches Säurespiel besitzt. Dazu kommen der Grauburgunder „Pauline" mit viel klarer Frucht und Noten von gerösteten Haselnüssen und die cremige, sehr konzentrierte Riesling Auslese mit viel süßer Frucht. Der Riesling vom Weißen Kreuz zeigt Zitrusnoten, Orangenschale und besitzt ein animierendes Säurespiel, ganz reintönig sind auch die anderen Selections-Weine, Grau- und Weißburgunder mit klarer Birnen- und Aprikosenfrucht, der Riesling mit leicht süßen Zitrusnoten und der Chardonnay mit dezenter Holzwürze, lediglich der Spätburgunder fällt mit seiner süßen, roten Frucht und leicht spürbarem Alkohol etwas ab.

Weinbewertung

83	2017 Riesling trocken Walsheimer Silberberg	**12,5 %/6,20 €**
83	2017 Sauvignon Blanc trocken Nußdorfer Bischofskreuz	**12,5 %/6,90 €**
86	2017 Riesling trocken „Selection" Walsheimer Silberberg	**13,5 %/9,60 €**
86	2017 Grauburgunder trocken „Selection" Silberberg	**13,5 %/8,60 €**
85	2017 Weißburgunder trocken „Selection" Hohenrain	**13,5 %/9,60 €**
86	2017 Chardonnay trocken „Selection" „Linzenbuckel"	**13,5 %/11,50 €**
87	2017 Riesling trocken „Selection" „Am weißen Kreuz"	**13,5 %/11,50 €**
84	2017 Gelber Muskateller trocken „Selection" Silberberg	**13 %/8,60 €**
88	2017 Grauburgunder trocken „Réserve" „Pauline" Silberberg	**13,5 %/15,70 €**
88	2017 Chardonnay trocken „Grande Réserve" Silberberg	**13,5 %/21,90 €**
88	2017 Riesling trocken „Grande Réserve" „Rossberg"	**13,5 %/18,90 €**
88	2017 Riesling Auslese Walsheimer Silberberg	**9 %/8,70 €/0,375l**
84	2015 Spätburgunder trocken „Selection" Silberberg	**13,5 %/11,20 €**
88	2015 Pinot Noir trocken „Grande Réserve Charlotte" Silberberg	**13,5 %/21,90 €**
88	2015 Lara Rotwein trocken „Grande Réserve" Silberberg	**14,5 %/21,90 €**

THOMAS PFAFFMANN

★★

KONTAKT

Lindenbergstraße 36
76829 Landau-Nußdorf
Tel. 06341-969187
Fax: 06341-969188
www.vinopan.de
info@vinopan.de

Inhaber
Thomas Pfaffmann
Rebfläche
12 Hektar

BESUCHSZEITEN

Mo.-Fr. 9-12 + 14-18 Uhr, Sa. 9-18 Uhr, Anmeldung erwünscht

WEIN.GUT.PAN
NUSSDORF

Theobald Pfaffmann wollte seine Weine nicht mehr länger an den Handel abgeben und hat deshalb 1983 mit der Selbstvermarktung begonnen. Nach seiner Ausbildung zum Weinbautechniker und Praktika in Frankreich und Australien ist Sohn Thomas seit 2003 im heimischen Betrieb tätig und seitdem für den Ausbau der Weine verantwortlich. 2016 hat er den Betrieb von seinen Eltern übernommen und den alten Namen, Weingut Theobald Pfaffmann, in Wein.Gut.Pan Thomas Pfaffmann geändert. Die Familie baut zu 60 Prozent weiße und zu 40 Prozent rote Sorten an. Die Rotweine werden maischevergoren und in Holzfässern, auch Barriques, ausgebaut. Die Weine werden überwiegend trocken angeboten.

Kollektion

Thomas Pfaffmann präsentiert uns eine Kollektion auf durchgehend gutem Niveau, mit Stärken sowohl beim Sekt, beim Rotwein und bei den trockenen Weißen: Die beiden Sekte wurden 50 Monate auf der Hefe ausgebaut, der Rosé ist füllig und fruchtbetont, der Pinot ist geradlinig und würzig mit feinen Reifenoten. Bei der im Holzfass ausgebauten „Zeit Los"-Linie sind in beiden verkosteten Jahrgängen jeweils die Weißburgunder deutlicher vom Holz geprägt als die Rieslinge, der 2017er Weißburgunder zeigt Pfirsich und Vanille im Bouquet, ist konzentriert und besitzt Substanz, der 2016er Weißburgunder ist kraftvoll und unterscheidet sich deutlich vom 2017er, zeigt rauchige Noten und Walnuss. Bei den Rieslingen ist der fruchtbetonte 2016er prägnanter und komplexer als der halbtrocken ausgebaute 2017er, der dezente steinige Würze zeigt. Die Cuvée Pan Noir aus Cabernet Sauvignon und Merlot zeigt dunkle Beerenfrucht und dezent grüne Paprika, besitzt noch jugendliche Tannine und gute Länge, der Pinot Noir ist etwas prägnanter, besitzt ebenfalls eine gute Tanninstruktur, ist konzentriert, zeigt klare Frucht und feine Röstnoten.

Weinbewertung

87	2012 Pan Pinot Sekt brut **13 %/16,- €**
86	2012 Pan Rosé Sekt brut **12,5 %/16,- €**
83	2017 Riesling trocken „Kalkmergel" **12 %/7,50 €**
83	2017 Sauvignon Blanc trocken **12,5 %/9,- €**
85	2017 Auxerrois trocken Kaiserberg **13 %/9,- €**
84	2017 Chardonnay trocken **13,5 %/9,50 €**
86	2016 Riesling trocken „Zeit Los" **12,5 %/15,- €**
86	2016 Weißer Burgunder trocken „Zeit Los" **13,5 %/15,- €**
86	2017 Weißer Burgunder trocken „Zeit Los" **14 %/15,- €**
85	2017 Riesling „Zeit Los" **11,5 %/15,- €**
87	2015 Pinot Noir trocken **13,5 %/18,50 €**
86	2016 „Pan Noir" Rotwein trocken **14,5 %/16,- €**

Pfeffingen – Fuhrmann-Eymael

★★★★

KONTAKT

Pfeffingen 2
67098 Bad Dürkheim-Pfeffingen
Tel. 06322-8607 / 5591
Fax: 06322-8603
www.pfeffingen.de
info@pfeffingen.de

Inhaber
Doris Eymael, Jan Eymael
Kellermeister
Rainer Gabel
Rebfläche
17 Hektar
Produktion
100.000 Flaschen

BESUCHSZEITEN

Mo.-Fr. 8-12 + 13-18 Uhr,
Sa. 9-12 + 13-16 Uhr,
So. nach Vereinbarung

Das Weingut Pfeffingen hat seinen Namen vom gleichnamigen Bad Dürkheimer Ortsteil, der zwischen 500 und 600 n. Chr. gegründet wurde und Ausgangspunkt für die Besiedlung der Gegend war. Die Familie betreibt seit rund 250 Jahren Weinbau in der Pfalz, 1991 übernahm Doris Eymael das Weingut von ihrem Vater Karl Fuhrmann, seit 2002 leitet ihr Sohn Jan nach seinem Geisenheim-Studium und Auslandspraktika in Kalifornien, Bordeaux und Australien den Familienbetrieb. In den letzten Jahren wurden die Weinberge umstrukturiert, Riesling bleibt mit einem Anteil von 50 Prozent die wichtigste Rebsorte, ein weiterer Schwerpunkt liegt bei Weißburgunder, Chardonnay und Spätburgunder, die zusammen auf 25 Prozent der Fläche stehen. Scheurebe ist seit mehr als 50 Jahren eine Spezialität des Weinguts, sie nimmt mittlerweile 20 Prozent der Fläche ein und wird in mehreren Varianten angeboten, trocken, im Holz ausgebaut, je nach Jahrgang als Auslese, Beerenauslese und Trockenbeerenauslese, oder auch als Sekt. Daneben gibt es noch etwas Silvaner, Gewürztraminer, St. Laurent und Cabernet Dorsa, zuletzt wurde Merlot gepflanzt. Als weitere Spezialität gibt es den Roten Riesling, vom Großvater als spontane Mutation im Weinberg entdeckt und von Jan Eymael gezielt weiter vermehrt, eine robuste, dickschalige Sorte, die etwas moderatere Säure als der Riesling aufweist. Das Sortiment ist vierstufig gegliedert in Gutsweine, Ortsweine und Weine aus Erster Lage und Großer Lage. Die drei Großen Gewächse stammen aus den besten Lagen des Weinguts, Herrenberg und Weilberg, die Rieslinge wachsen im Herrenberg in der von Sandsteinmauern und Hecken geschützten Teillage „Mardelskopf" (Kalkstein mit Löss-Lehm-Auflage) und im ein Hektar großen Herzstück des Weilbergs (Terra Rossa-Böden), der Weißburgunder stammt aus der Parzelle „Vogelsang" im Herrenberg. Der Riesling aus dem Ungsteiner Nussriegel (Buntsandstein, teilweise auch Lehmboden mit Kalksteinanteilen) fällt in die zweite VDP-Lagenkategorie, in die Kategorie Erste Lage. Nachdem Jan Eymael in den vergangenen Jahren in neue Stückfässer investiert hat, steht für 2018 ein Umbau im Keller an, in dessen Zuge ein neuer Barriquekeller eingerichtet werden soll.

Kollektion

Gaben wir bei den Rieslingen im letzten Jahr dem Großen Gewächs aus dem Herrenberg den Vorzug vor dem Weilberg, ist es in diesem Jahr genau umgekehrt: Den Weilberg finden wir aus dem Jahrgang 2017 subtiler und vielschichtiger als den Herrenberg, er besitzt gute Konzentration, zeigt feine kräutrige Würze, etwas Zitrus und Stein,

besitzt am Gaumen viel klare Frucht, Aprikose, Orangenschale, etwas Salz, ist animierend und lang, der Herrenberg ist zunächst etwas zurückhaltend im Bouquet, braucht Luft, zeigt dann klare Zitrusnoten und entpuppt sich als typischer Pfälzer mit viel Saft und Kraft, besitzt auch etwas Fülle und gute Länge. Auch das Weißburgunder-Große Gewächs aus dem Herrenberg besitzt gute Konzentration, zeigt viel klare, gelbe Frucht, Birne, Aprikose, und etwas kräutrige Würze, besitzt feinen Schmelz, aber auch guten Grip, ist frisch und lang. Der im großen Holz ausgebaute Chardonnay ist fruchtbetont, duftet nach Pfirsich, Melone und etwas grüner Banane, ist kraftvoll und harmonisch und besitzt ein lebendiges Säurespiel, der Rote Riesling ist eindringlich, zeigt viel kräutrige Würze, etwas Holzwürze und besitzt klare Frucht, Orangenschale und rote Grapefruit und der „Terra Rossa"-Riesling zeigt komplexe gelbe Frucht, Aprikose, Pfirsich, Orangenschale und ist animierend. In diesem Jahr waren es nur zwei Scheureben, die zur Verkostung angestellt wurden, der Ungsteiner Ortswein ist sehr reintönig mit Noten von Holunderblüte, Cassis und Zitrusfrucht, besitzt viel Saft und Frische, die „SP"-Version zeigt feine röstige Würze und zunächst zurückhaltende Frucht, besitzt am Gaumen gute Konzentration und dann auch klare Frucht, Pfirsich, Cassis, ist konsequent trocken ausgebaut und besitzt ein frisches Säurespiel. Auch der Gewürztraminer ist ganz reintönig, zeigt viel Litschi, etwas Zitrusfrucht und dezente Noten von Rosenblättern, besitzt guten Grip, ist saftig und frisch, der Spätburgunder zeigt klare, dunkle Kirschfrucht, feine Röstnoten, etwas Krokantwürze, besitzt gute Struktur und ist elegant.

Jan Eymael

Weinbewertung

86 2017 Riesling trocken „Terra Rossa" Ungstein **13 %/14,- €**
87 2017 Roter Riesling trocken „SP" Ungstein **13 %/16,- €**
88 2017 Scheurebe trocken „SP" Ungstein **12,5 %/17,50 €**
86 2017 Gewürztraminer trocken Ungstein **13 %/11,- €**
(91) 2017 Riesling „GG" Weilberg **13 %/26,- €**
90 2017 Riesling „GG" Herrenberg **13,5 %/26,- €**
(90) 2017 Weißburgunder „GG" Herrenberg **13 %/22,- €**
88 2017 Chardonnay trocken „SP" Ungstein **13,5 %/15,50 €**
(88) 2016 Spätburgunder trocken „SP" Ungstein **13 %/22,- €**

LAGEN

WEILBERG (UNGSTEIN)
HERRENBERG (UNGSTEIN)
NUSSRIEGEL (UNGSTEIN)

REBSORTEN

RIESLING (60 %)
SCHEUREBE (15 %)
WEISSBURGUNDER (10 %)
SPÄTBURGUNDER (10 %)

Pfirmann

★★★☆

KONTAKT

Wollmesheimer Hauptstraße 84
76829 Landau-Wollmesheim
Tel. 06341-32584
Fax: 06341-930066
www.weingut-pfirmann.de
info@weingut-pfirmann.de

Inhaber
Jürgen Pfirmann
Rebfläche
13,5 Hektar
Produktion
70.000 Flaschen

BESUCHSZEITEN

nur nach Vereinbarung

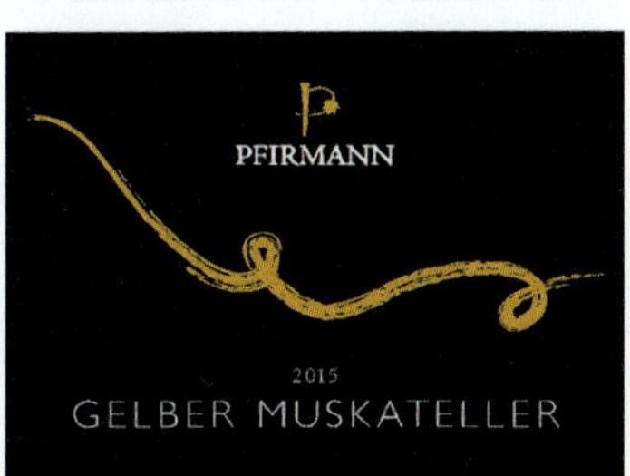

Das Weingut Pfirmann wird heute in fünfter Generation von Jürgen Pfirmann geführt, der bereits seit seinem Abschluss zum Weinbautechniker 2001 für den Ausbau der Weine verantwortlich ist. Die Weinberge befinden sich in den Lagen Wollmesheimer Mütterle, Mörzheimer Pfaffenberg, Leinsweiler Sonnenberg und Ilbesheimer Kalmit. Wichtigste Rebsorte ist Riesling, gefolgt von Spätburgunder, Weiß- und Grauburgunder, Dornfelder, Chardonnay, Silvaner, Merlot und Cabernet Sauvignon. Das Programm ist gegliedert in Gutsweine, Terroirweine, Erste Lage und Große Lage.

Kollektion

Auch in diesem Jahr stehen wieder unsere beiden Favoriten des Vorjahres an der Spitze der Kollektion: Der Weißburgunder aus dem Kalmit besitzt Substanz, Konzentration und Länge, zeigt viel klare Frucht und florale Würze, der Riesling aus dem Mütterle ist sehr steinig und mineralisch, die Frucht bleibt ganz zurückhaltend, er besitzt salzige Länge und ist nachhaltiger und komplexer als der Kalmit-Riesling, der kräutrige und kalkige Würze und Zitrusnoten zeigt. Der Zollstock Weißburgunder zeigt ebenfalls klare, gelbe Frucht und florale Noten, der Chardonnay aus dem gleichen Gewann zeigt deutliche Röstnoten, etwas Pfirsich und Zitruswürze. Bei den Terroirweinen sind Riesling und Weißburgunder vom Kalkmergel fruchtbetonter, ihre beiden Pendants vom Landschneckenkalk sind etwas würziger und mineralischer, der Sauvignon Blanc zeigt kräutrige und grasige Würze, der Muskateller ist reintönig und harmonisch. Der Spätburgunder vom Kalkmergel ist ungewöhnlich hell, besitzt leicht süße, rote Frucht, der Kalmit-Spätburgunder zeigt feine, kühle Frucht, Cassisnoten und röstige Würze, besitzt gute Struktur und ist animierend und elegant. —

Weinbewertung

86	2017 Sauvignon Blanc trocken **13 %/8,20 €**
85	2017 Gelber Muskateller trocken **12,5 %/8,20 €**
87	2017 Riesling trocken „Kalkmergel" **12,5 %/8,50 €** ☺
87	2017 Riesling trocken „Landschneckenkalk" **12,5 %/8,50 €** ☺
87	2017 Weißer Burgunder trocken „Kalkmergel" **13 %/8,50 €** ☺
87	2017 Weißer Burgunder trocken „Landschneckenkalk" **14 %/8,50 €** ☺
88	2017 Chardonnay trocken Wollmesheimer „Am Zollstock" **13,5 %/12,- €**
88	2017 Weißer Burgunder trocken Wollmesheimer „Am Zollstock" **14 %/12,- €**
89	2017 Weißer Burgunder trocken Ilbesheimer Kalmit **14 %/15,- €**
89	2017 Riesling trocken Wollmesheimer Mütterle **13 %/15,- €**
88	2017 Riesling trocken Ilbesheimer Kalmit **13 %/15,- €**
84	2016 Spätburgunder trocken „Kalkmergel" **13,5 %/9,40 €**
88	2016 Spätburgunder trocken Ilbesheimer Kalmit **13,5 %/18,- €**

PFLÜGER

★★★

KONTAKT

Gutleutstraße 48
67098 Bad Dürkheim
Tel. 06322-63148
Fax: 06322-66043
www.weingut-pflueger.de
info@pflueger-wein.de

Inhaber
Familie Pflüger
Betriebsleiter
Alexander Pflüger
Kellermeisterin
Ina Schwarzbach
Rebfläche
27 Hektar
Produktion
350.000 Flaschen

BESUCHSZEITEN

Mo.-Fr. 9-12 + 14-18 Uhr,
Sa. 10-16 Uhr

Alexander Pflüger ist nach seinem Abschluss als Ingenieur für Weinbau und Oenologie 2007 ins väterliche Weingut eingestiegen, im Jahr 2010 übernahm er zusammen mit seiner Frau Aline die Verantwortung im Betrieb. Das Weingut arbeitet seit über 20 Jahren biologisch und biodynamisch, ist Mitglied bei Ecovin und Demeter. Die Weinberge liegen in den Dürkheimer Lagen Michelsberg, Spielberg, Fuchsmantel und Fronhof und im Ungsteiner Herrenberg. Wichtigste Rebsorte ist mit 50 Prozent Flächenanteil der Riesling, daneben gibt es 20 Prozent Spätburgunder, je 10 Prozent Weißburgunder und Sauvignon Blanc und noch etwas Sankt Laurent, Chardonnay, Gewürztraminer, Merlot, Cabernet Sauvignon, Regent und Lemberger.

Kollektion

Während Alexander Pflügers Rieslinge sich im vergangenen Jahr zum Zeitpunkt der Verkostung noch recht zugeknöpft präsentiert haben, sind sie im aktuellen Jahrgang schon präsenter: Die beiden Ortsrieslinge besitzen klare Frucht, Frische und Biss, der Dürkheimer ist gelbfruchtig und kräutrig, der Ungsteiner zeigt etwas Tabakwürze und grünen Apfel. Unter den Lagenrieslingen ist der Fuchsmantel ganz fruchtbetont, zeigt auch etwas steinige Noten und besitzt feinen Grip, der Spielberg ist nachhaltiger, auch wenn er im Bouquet noch etwas zurückhaltend ist, er ist animierend und entwickelt feinen Druck, den 2016er Michelsberg notieren wir etwas höher als im letzten Jahr, er zeigt dezente Reifenoten, viel kräutrig-mineralische Würze und besitzt Konzentration und Druck. Der Weißburgunder aus dem Michelsberg, ebenfalls Jahrgang 2016, zeigt dezente Holznoten, ist elegant, frisch und lang, die Cuvée „Biodynamite" ist sehr aromatisch und fruchtbetont, die beiden Pinot Noir zeigen kühle Schwarzkirschfrucht, der gut strukturierte Wein vom Fronhof auch deutliche Röstnoten. —

Weinbewertung

83 2017 Riesling trocken „Buntsandstein" **12 %/7,90 €**
86 2017 Riesling trocken Dürkheimer **12,5 %/10,- €**
86 2017 Riesling trocken Ungsteiner **12,5 %/10,- €**
84 2017 Sauvignon Blanc trocken „Quarzit" **12 %/7,90 €**
85 2017 Cuvée Biodynamite Weißwein **12 %/10,90 €**
85 2017 Weißburgunder trocken „Quarzit" **12,5 %/7,90 €**
88 2016 Weißburgunder trocken Dürkheimer Michelsberg **13 %/16,- €**
87 2017 Riesling trocken Dürkheimer Fuchsmantel **12,5 %/13,50 €**
88 2017 Riesling trocken Dürkheimer Spielberg **13 %/13,50 €**
89 2016 Riesling trocken Dürkheimer Michelsberg **13 %/16,- €**
86 2016 Pinot Noir Dürkheimer **13 %/12,50 €**
88 2016 Pinot Noir trocken Dürkheimer Fronhof **13 %/18,- €**

KLOSTER PFORTA

★

KONTAKT

Landesweingut Kloster Pforta
Saalberge 73
06628 Bad Kösen
Tel. 034463-3000
Fax: 034463-30025
www.kloster-pforta.de
service@kloster-pforta.de

Inhaber
Landgesellschaft Sachsen-Anhalt
Betriebsleiter
Björn Probst
Kellermeister
Maximilian Handt
Außenbetrieb
Franziska Zobel
Rebfläche
45 Hektar
Produktion
320.000 Flaschen

BESUCHSZEITEN

Vinothek Schulpforte (Schulstraße 8, Naumburg-Schulpforte) täglich von 10-18 Uhr

Das Zisterzienser-Kloster Pforta wurde 1137 gegründet, mit dieser Gründung begann der Weinbau in der Region. Bereits Mitte des 12. Jahrhunderts wurde der zwischen Bad Kösen und Schulpforte gelegene Köppelberg von Mönchen mit Reben bepflanzt (urkundlich belegt erstmals 1154). Das heutige Landesweingut Kloster Pforta, 1993 vom Land Sachsen-Anhalt gegründet, ist heute Besitzer dieser Reben am Köppelberg. Es ist ein Muster- und Demonstrationsweingut, das den bestehenden und künftigen Weinbau an Saale und Unstrut fördern soll. Neben dem Köppelberg (Muschelkalk) besitzt man die weiteren Monopollagen Saalhäuser (Muschelkalk) und Gosecker Dechantenberg (roter Buntsandstein), ist vertreten im Eulauer Heideberg und im Naumburger Paradies (tiefgründige Lösslehmböden). Bei den weißen Rebsorten dominieren Weißburgunder, Müller-Thurgau, Silvaner, Riesling, Traminer, Gutedel, Blauer Silvaner, Weißer Heunisch und Elbling. An roten Sorten (30 Prozent der Fläche), gibt es Portugieser und Spätburgunder, dazu André und recht viel Zweigelt, der bereits seit 1983 angebaut wird. Das Programm ist gegliedert in Gutsweine (bronze), Lagenweine (silber) und Klosteredition (gold).

Kollektion

Mit einer Ausnahme wurden dieses Jahr nur trockene Weine präsentiert, wobei trocken teils durchgegoren heißt, teils aber auch Weine mit merklicher Restsüße umfasst. Der weiße Teil der Kollektion ist sehr gleichmäßig, bietet frische, geradlinige, teils süffige Weine, Am besten gefällt uns der im Holz ausgebaute Saalhäuser-Weißburgunder, der intensive Würze im Bouquet zeigt, Fülle, Kraft und reife Frucht besitzt. Eine gute Figur machen die beiden Rotweine: Der Saalhäuser-Zweigelt ist würzig und fruchtbetont, frisch und zupackend, recht tanninbetont, der André aus dem Eulauer Heideberg besitzt intensive Frucht, gute Struktur, Tannine und Biss. Auf dieser gleichmäßigen Kollektion kann der neue Betriebsleiter Björn Probst aufbauen, der zuvor in gleicher Funktion beim Weinhaus Weimar und Fürst Castell war.

Weinbewertung

82 2017 Bacchus trocken **12,5 %/8,70 €**
82 2017 Weißer Heunisch trocken Pfortenser Klöppelberg **12,5 %/10,- €**
81 2017 Weißer Burgunder trocken **11,5 %/9,20 €**
82 2017 Weißer Riesling trocken **13,5 %/9,90 €**
82 2016 Blauer Silvaner trocken Pfortenser Köppelberg **12 %/11,- €**
84 2017 Weißer Burgunder trocken Holzfass Saalhäuser **13 %/13,90 €**
82 2017 Weißer Riesling „Life VinEcoS" Saalhäuser **12,5 %/14,50 €**
85 2016 André trocken Eulauer Heideberg **12,5 %/16,90 €**
83 2015 Blauer Zweigelt trocken Holzfass Saalhäuser **13,5 %/12,50 €**

Philipps-Eckstein

★★☆

KONTAKT

Panoramastr. 11
54470 Graach
Tel. 06531-6542
Fax: 06531-4593
www.weingut-philipps-eckstein.de
info@weingut-philipps-eckstein.de

Inhaber
Patrick Philipps
Rebfläche
6,5 Hektar
Produktion
60.000 Flaschen

BESUCHSZEITEN

täglich 12:30-18 Uhr
Gästehaus (8 Doppelzimmer, 1 Einzelzimmer), Winzerwirtschaft (60 Sitzplätze, Fr. 17-22 Uhr, Sa. 13-22 Uhr, So. 13-20 Uhr)

Hans und Gisela Philipps bewirtschafteten seit 1969 einen knappen Hektar Reben im Nebenerwerb. 1987 wagten sie den Schritt in die Selbständigkeit und eröffneten im Graacher Ortsteil Schäferei eine Weinstube mit Winzerwirtschaft und Gästezimmern. Zehn Jahre später stieg Sohn Patrick in den Betrieb ein, den er heute mit Ehefrau Michaela führt. Die Rebfläche ist mittlerweile auf 6,5 Hektar gestiegen. Seine Weinberge befinden sich vor allem in den Graacher Lagen Domprobst und Himmelreich, hinzu kommen Parzellen in der Bernkasteler Lay. Riesling nimmt das Gros der Weinberge ein, dazu gibt es noch etwas Weißburgunder, Spätburgunder, Grauburgunder und Chardonnay. Das Weingut verfügt über Gästezimmer.

Kollektion

Die Flaschenausstattung macht die Weine des Gutes leicht zu erkennen, aber auch der Stil der Rieslinge ist unverwechselbar. Saftig sind sie, besitzen in ihrer Jugend manchmal noch etwas CO2, sind rassig und animierend. Im Jahrgang 2017 gibt es keine Schwächen, ganz im Gegenteil. Der trockene Kabinettriesling zeigt hinter der vorhandenen Kohlensäure stoffige Würze. Deutlich spannender noch ist die Spätlese von alten Domprobst-Reben, mit Kräuterwürze und dahinter kühler, fast tropisch wirkender Frucht, straff und mit Spiel. Im feinherben Bereich sind die beiden Spätlesen deutlich verschieden. Die spontan vergorene aus der Lage Himmelreich besitzt die komplexere Aromatik (Hefe, Kräuter, Steinobst und ein Hauch Zitrus), ihr Pendant aus dem Domprobst ist verhaltener, aber im Mund fester und mineralischer. Deutlich süß, aber offensiv in der Nase (Kräuter, Steinobst, ganz leicht tropisch Anklänge) zeigt sich der Kabinettriesling von alten Reben. Unter den drei süßen Spätlesen ist jene mit zwei Sternen am straffsten, die Versteigerungsspätlese von alten Reben dagegen am nachhaltigsten. —

Weinbewertung

86 2017 Riesling Kabinett trocken Graacher Domprobst **11,5 %/8,80 €**
89 2017 Riesling Spätlese trocken „Alte Reben" Domprobst **12 %/11,- €** ☺
85 2017 „Sommertraum" Weißwein **12 %/7,50 €**
86 2017 Riesling Hochgewächs halbtrocken Graacher Himmelreich **12 %/7,- €** ☺
86 2017 Riesling Kabinett „feinherb" Graacher Domprobst **10,5 %/8,80 €**
88 2017 Riesling Spätlese „feinherb spontan" Himmelreich **10,5 %/9,50 €** ☺
88 2017 Riesling Spätlese „feinherb" Graacher Domprobst **10,5 %/11,- €**
87 2017 Riesling Kabinett Graacher Himmelreich **8 %/8,- €** ☺
87 2017 Riesling Kabinett „Alte Reben" Graacher Domprobst **8 %/8,80 €**
88 2017 Riesling Spätlese** Graacher Himmelreich **7,5 %/9,- €** ☺
89 2017 Riesling Spätlese „Laurine" Graacher Domprobst **8 %/9,50 €** ☺
90 2017 Riesling Spätlese „Alte Reben" Graacher Domprobst **7,5 %/Vst.**

P

Philipps-Mühle

★★★

KONTAKT

Gründelbach 49, 56329 St. Goar
Tel. 06741-1606, Fax: 06741-981838
www.philipps-muehle.de
info@philipps-muehle.de

Inhaber Thomas & Martin Philipps
Rebfläche 6,5 Hektar
Produktion 30.000 Flaschen

BESUCHSZEITEN

täglich von 9-18 Uhr oder nach Vereinbarung; Wein-Café an der Loreley täglich 10-18 Uhr (April bis Anfang Nov.); Winzerschenke Philipps-Mühle Do.-So. ab 15 Uhr (Ostern bis Ende Okt.)

Martin und Thomas Philipps rücken den Weinbau mehr und mehr in den Mittelpunkt der alten Getreidemühle, der ein Hofladen und eine Winzerschenke angeschlossen sind. Thomas Philipps studierte in Geisenheim Önologie, sein Bruder Martin machte eine Winzerlehre beim Weingut Toni Jost, studierte anschließend ebenfalls in Geisenheim. Sie haben die Rebfläche binnen kurzer Zeit von 0,3 Hektar auf die heutige Größe erweitert, möchten weitere Brachflächen rekultivieren. Ihre Weinberge liegen vor allem in den St. Goarer Lagen Frohwingert und Ameisenberg, aber auch im Urbarer Beulsberg und in Ober- und Niederheimbach. Sie bauen 80 Prozent Riesling und 15 Prozent Müller-Thurgau an, dazu etwas Weißburgunder. Das Sortiment ist in drei Linien gegliedert: Das Basissegment Steilhang, das Mittelsegment trägt den Namen der Großlage St. Goarer Burg Rheinfels und das Premiumsegment mit den Weinen aus den St. Goarer Einzellagen, dem trockenen Riesling aus dem Frohwingert und dem restsüßen Riesling aus dem Ameisenberg, der von 60 Jahre alten Reben stammt. Im vergangenen Jahr wurden weitere Flächen am Ameisenberg rekultiviert, Roter Riesling wurde gepflanzt.

Kollektion

Eine starke Kollektion folgt auf die nächste und wie im Vorjahr ist der trockene Frohwingert-Riesling unser Favorit. Er ist würzig, eindringlich, füllig und kraftvoll, besitzt herrlich viel Frucht und Substanz, gehört zu den besten trockenen Rieslingen am Mittelrhein. Auch sonst ist das Niveau hoch. Der Riesling-Sekt besitzt feine Reife und Eleganz, der Pinot Blanc-Sekt ist frischer und zupackender. Der Müller-Thurgau ist sortentypisch und frisch wie auch der Weißburgunder und das Jahr für Jahr überzeugende Steilhang-Trio. Der trockene Burg Rheinfels-Riesling besitzt Fülle, Kraft und klare reife Frucht, die halbtrockene Variante setzt ganz auf Frische und Grip. Der süße Ameisenberg-Riesling schließlich ist herrlich füllig und saftig.

Weinbewertung

85	2014 Riesling Sekt brut **12,5 %/12,50 €**
85	2014 Pinot Blanc Sekt brut **12,5 %/13,50 €**
85	2017 Müller-Thurgau trocken **11,5 %/8,- €**
84	2017 Weißburgunder trocken „Loreley" **12 %/8,- €**
85	2017 Riesling trocken „Steilhang" **11 %/8,- €**
87	2017 Riesling trocken St. Goarer Burg Rheinfels **12 %/11,- €**
89	2017 Riesling trocken St. Goarer Frohwingert **12,5 %/16,- €**
84	2017 Riesling halbtrocken „Steilhang" **10,5 %/8,- €**
86	2017 Riesling halbtrocken St. Goarer Burg Rheinfels **11 %/11,- €**
85	2017 Riesling lieblich „Steilhang" **9 %/8,- €**
86	2017 Riesling St. Goarer Ameisenberg **9,5 %/16,- €**

PIEPER

★☆

N

KONTAKT

Hauptstraße 458
53639 Königswinter
Tel. 02223-22650
Fax: 02223-904152
www.weingut-pieper.de
info@weingut-pieper.de

Inhaber
Adolf Wilhelm Pieper &
Felix Pieper
Rebfläche
9 Hektar
Produktion
75.000 Flaschen

BESUCHSZEITEN

Di.-Sa. ab 16.30 Uhr, So. ab 12 Uhr oder nach Vereinbarung

WEINGUT PIEPER

Das Weingut Pieper ist mit 9 Hektar Reben das größte Weingut in Nordrhein-Westfalen. Die Weinberge von Adolf Wilhelm Pieper und Sohn Felix liegen in Königswinter und Rhöndorf am Fuß des Drachenfels, der im Siebengebirge liegt, sind überwiegend süd- und südwestexponiert. Der Boden besteht aus kalireichem Trachytgestein und tonhaltiger Grauwacke, der Steinanteil ist hoch. Trachyt ist eine besondere geologische Formation, ein vulkanisches Ergussgestein. Neben zehn weißen Sorten werden zwei rote Sorten angebaut. Felix Pieper hat Weinbau und Önologie studiert und ist seit 2007 für den Weinausbau verantwortlich.

Kollektion

Eine sehr eigenständige Kollektion präsentieren Adolf Wilhelm und Felix Pieper zum Debüt. Riesling spielt die Hauptrolle, es gibt aber auch einen frischen Weißburgunder, eine würzige, zupackende Ehrenfelser Auslese und einen jugendlichen Barrique-Spätburgunder. Und einen spannenden, spontanvergorenen und im Tonneau ausgebauten Chardonnay, der Fülle, Kraft und Substanz besitzt, noch sehr jugendlich ist. Im Riesling-Reigen stechen neben dem lebhaften, reintönigen Kabinett, der duftigen, konzentrierten Spätlese und dem konzentrierten, fruchtbetonten trockenen Domkaule-Riesling zwei ungewöhnliche Weine hervor. Da ist einmal der Septimontium, im Edelstahl spontanvergoren, dann bis Januar auf der Vollhefe im Stückfass ausgebaut: Feine Würze, reife Frucht, Fülle, Kraft, Grip, noch jugendlich und anstrengend. Zum anderen der Riesling Alia Via, von identischem Lesegut wie der Septimontium, aber knapp 30 Tage auf der Maische vergoren, dann ohne Zugabe von Schwefel in gebrauchten Barriques ausgebaut, nur beim Abstich wurde ein klein wenig Schwefel zugegeben: Intensiv, stoffig, braucht Luft und Zeit. Spannendes vom Mittelrhein! ▬

Weinbewertung

82	2017 Riesling trocken „Trachyt" Königswinterer Drachenfels **11,5 %/6,50 €**
82	2017 Weißburgunder trocken Königswinterer Drachenfels **12,5 %/8,- €**
85	2017 Riesling trocken „Domkaule" Rhöndorfer Drachenfels **12 %/8,50 €**
86+	2017 Chardonnay trocken Königswinterer Drachenfels **15,- €**
87	2017 Riesling „Septimontium" **14,50 €**
83	2017 Riesling trocken „Rüdenet" Königswinterer Drachenfels **12,5 %/8,- €**
87	2017 Riesling trocken „Alia Via" Königswinterer Drachenfels **11,5 %/17,50 €**
83	2017 Riesling „feinherb" Rhöndorfer Drachenfels **11,5 %/8,- €**
83	2017 Ehrenfelser Spätlese Rhöndorfer Drachenfels **9 %/10,50 €**
84	2017 Riesling Kabinett „Drachenlay" Königswinterer Drachenfels **9 %/9,- €**
84	2017 Riesling Spätlese „süß" Königswinterer Drachenfels **8,5 %/10,90 €**
83	2015 Spätburgunder trocken Barrique Rhöndorfer Drachenfels **12,5 %/15,- €**

PIEPER BASLER

★

N

KONTAKT

Weierbächle 1&3
77654 Offenburg-Zell-Weierbach
Tel. 0160-96863544
www.pieperbasler.de
weingut@pieperbasler.de

Inhaber
Kirsten Pieper & Jochen Basler
Rebfläche
3 Hektar
Produktion
18.000 Flaschen

BESUCHSZEITEN

nach Vereinbarung

P

PIEPER BASLER
REBMÄNNER SEIT 1869

Jochen Basler und Kirsten Pieper haben 2017 ihr eigenes Weingut gegründet, in einem alten unter Denkmalschutz stehenden Fachwerkhaus, das sie zur Zeit zum Weingut umbauen. Jochen Baslers Vorfahren haben schon lange Weinbau in Zell-Weierbach betrieben, wo Weinbau seit 1242 urkundlich belegt ist, er selbst war zehn Jahre lang Geschäftsführer der Genossenschaft Zell-Weierbach bzw. nach deren Fusion mit der Genossenschaft in Gengenbach der neu gegründeten Weinmanufaktur Gengenbach-Offenburg. Die Weinberge liegen alle im Zell-Weierbacher Abtsberg, wo die Reben auf Granitverwitterungsböden wachsen und Jochen Basler und Kirsten Pieper vor allem die Burgundersorten anbauen: Spätburgunder nimmt mehr als ein Drittel der Weinberge ein, gefolgt von Grauburgunder und Weißburgunder, dazu gibt es aber auch Riesling, Chardonnay, Sauvignon Blanc und Viognier. Das Sortiment ist gegliedert in die Linien Plaisir und Saveur.

Kollektion

Plaisir – diese Weine werden ihrem Namen gerecht. Der Weißburgunder ist geradlinig, klar und druckvoll, der Grauburgunder ist frisch, zupackend, strukturiert, der Sauvignon Blanc ist herrlich eindringlich, würzig, lebhaft und reintönig, frisch und zupackend. Nicht ganz so homogen präsentieren sich die Weine der Saveur-Linie, vor allem weil uns ein Wein so gar nicht gefallen mag, der mächtige, aber etwas allzu alkoholbittere Ruländer. Anders der Grauburgunder aus dem Jahrgang 2016: Er ist frisch und fruchtbetont, zeigt gleichzeitig dezente Reifenoten, ist zupackend und strukturiert. Auch der Riesling ist frisch und klar, geradlinig und zupackend. Unser Favorit aber ist der Chardonnay, der gute Konzentration und dezent rauchige Noten im Bouquet zeigt, Fülle und Kraft besitzt, gute Struktur, Substanz und Frucht, noch sehr jugendlich ist. Der einzige vorgestellte Rotwein, der Spätburgunder, trägt dann wieder den Namen Plaisir: Fruchtbetont, frisch, reintönig, lebhaft, strukturiert. Der Name passt. Ein starkes Debüt!

Weinbewertung

85 2017 Weißburgunder trocken „Plaisir" **12,5 %/8,50 €**
85 2017 Grauburgunder trocken „Plaisir" **13 %/8,50 €**
86 2017 Sauvignon Blanc trocken „Plaisir" **13 %/9,50 €**
83 2017 Riesling trocken „Saveur" **12,5 %/11,- €**
84 2016 Grauburgunder trocken „Saveur" **14,5 %/13,- €**
80 2017 Ruländer trocken „Saveur" **15,5 %/15,- €**
87 2017 Chardonnay trocken „Saveur" **13 %/13,- €**
84 2016 Spätburgunder trocken „Plaisir" **13,5 %/9,50 €**

Pieroth

★

Kontakt

Burg Layen 1
55452 Rümmelsheim
Tel. 0151-23072090
www.pierothwine.de
katharina.pieroth@pieroth.de

Inhaber
WIV Wein International AG
Rebfläche
15 Hektar
Produktion
150.000 Flaschen

Besuchszeiten

Mo.-Do. 9-16 Uhr, Fr. 9-13 Uhr

Der Name Pieroth ist in der Weinwelt vor allem durch eine große, international tätige Handelsfirma bekannt, die in den 1950er Jahren den Direktvertrieb von Weinen in Deutschland einführte. Keimzelle des Unternehmens war das Weingut, benannt nach Ferdinand Pieroth, der es in der ersten Hälfte des 20. Jahrhunderts führte. Heute leitet Katharina Pieroth das Gut der Familie, die bereits in der zehnten Generation Wein anbaut. Die 25 Hektar Rebfläche verteilen sich auf 12 verschiedene Lagen, darunter Goldloch und Pittermännchen in Dorsheim, Burg Layer Schlossberg und Johannisberg, der Münsterer Pittersberg und der Bingerbrücker Römerberg, der sich im Alleinbesitz des Weinguts befindet. Mit einem Flächenanteil von 44 Prozent ist Riesling die wichtigste Rebsorte, gefolgt von Müller-Thurgau mit 15 Prozent, 14 Prozent Weißburgunder und 10 Prozent Grauburgunder, daneben gibt es noch Chardonnay, Scheurebe, Kerner, Gewürztraminer und Auxerrois, 2018 wurden neue Anlagen mit Spätburgunder und Sauvignon Blanc gepflanzt.

Kollektion

Wir hatten zum ersten Mal die Gelegenheit, das Pieroth'sche Sortiment zu verkosten: Alle Weine sind klar und sortentypisch, an der Spitze liegt eine reintönige, konzentrierte Riesling Beerenauslese mit Noten von süßer Aprikose, Zitrusfrüchten und etwas Nougat und einem frischen Säurespiel. Auch die beiden „N° 1"-Weine sind sehr gelungen, der kraftvolle Weißburgunder vom Römerberg zeigt klare gelbe Frucht, Pfirsich, Birne und etwas Holzwürze, der Riesling vom Goldloch zeigt ebenfalls etwas Holz, besitzt leicht gereifte Frucht und gute Länge. Gleichauf liegt der harmonische Réserve-Grauburgunder mit gut eingebundenem Holz und guter Substanz, knapp dahinter dann der Burg Layer Riesling mit Noten von grünem Apfel und Kräutern und viel Biss.

Weinbewertung

83	2017 Gewürztraminer-Chardonnay-Auxerrois trocken **12 %/9,50 €**
82	2017 Auxerrois trocken **12 %/9,50 €**
83	2017 Weißburgunder trocken **12,5 %/9,50 €**
83	2017 Riesling trocken **12,5 %/9,50 €**
85	2017 Riesling trocken Burg Layer **12,5 %/11,- €**
86	2017 Grauburgunder trocken „Réserve" **13 %/16,- €**
86	2016 Weißburgunder trocken „N 1" Bingerbrücker Römerberg **13,5 %/16,- €**
86	2016 Riesling trocken „N 1 Dorsheimer Goldloch **12,5 %/16,- €**
80	2017 „Cuvée Lucie lieblich" **11 %/9,50 €**
81	2017 Rivaner „feinherb" **12 %/8,- €**
80	2017 Riesling „feinherb" **12 %/9,- €**
88	2015 Riesling Beerenauslese Dorsheimer Pittermännchen **8 %/19,90 €/0,375l**

Plag

★★★☆

KONTAKT

Leiberger Weg 1
75057 Kürnbach
Tel. 07258-234
Fax: 07258-9269561
www.weingut-plag.de
info@weingut-plag.de

Inhaber
Philipp Plag
Rebfläche
13,5 Hektar
Produktion
95.000 Flaschen

BESUCHSZEITEN

Mi. + Fr. 14-18 Uhr, Sa. 9-12 + 13-16 Uhr und nach Vereinbarung
Besenwirtschaft „Plag's Weinstube" (3 x im Jahr eine Woche)

Reinhold Plag, der Urgroßvater des heutigen Besitzers, trat 1982 aus der Genossenschaft aus und begann mit der Selbstvermarktung. Sohn Werner Plag baute den Betrieb aus, heute führt dessen Sohn Philipp das Gut. Das Weingut ist in Kürnbach im Kraichgau zu Hause, wo auch die Weinberge liegen, die Reben wachsen auf Keuperböden. 70 Prozent der Rebfläche nehmen rote Rebsorten ein. Schwarzriesling ist die wichtigste Rebsorte im Betrieb, gefolgt von Pinot Noir, Lemberger, Riesling und Weißburgunder. Dazu gibt es etwas Müller-Thurgau, Gewürztraminer, Dunkelfelder, Cabernet Dorsa und Samtrot. Die Weine werden seit 2006 in den drei Linien Gutsweine, Premiumweine und Excellance vermarktet, die Excellance-Weine werden im Barrique ausgebaut.

Kollektion

Philipp Plag bestätigt mit der vorgestellten Kollektion die Aufwärtstendenz der vergangenen Jahre. Die Weißweine der Premium-Linie sind markante Vertreter ihrer Rebsorten mit saftiger Frucht und salziger Mineralität. Der Auxerrois ist herrlich frisch und saftig, zeigt weiche, feine Frucht mit dezentem Biss. Der Weißburgunder zeigt dichten Schmelz, der Grauburgunder klare helle Birnenfrucht. Feinwürzig ist der Chardonnay mit Weißburgunder, etwas Vanille, rund und weich, etwas Biss. Der Schwarzerdt Weiß- und Grauburgunder hat durch Maischestandzeit eine gewisse Strenge ohne die Saftigkeit zu verlieren. Schwarzerdt Rosé hat ein vielschichtiges Bouquet, zeigt am Gaumen feine Holzunterstützung, saftige Fülle. Schwarzerdt Lemberger mit Cabernet Franc ist konzentriert und dennoch schlank, zeigt feine Frucht im guten Tanninkleid. Viel feine rote Frucht zeigt der Pinot Noir Excellance, sehr gute, elegante Struktur. RED ist fokussiert, dicht, salzig, feinwürzig. Eine saftige Balance zeigt der Lemberger. Süß und scharf ist der tabakwürzige Elloui.

Weinbewertung

85	2017 Auxerrois trocken „Premium" **13 %/7,- €**
85	2017 Weißburgunder trocken „Premium" **13 %/7,- €**
85	2017 Grauburgunder trocken „Premium" **13 %/7,50 €**
87	2016 Chardonnay mit Weißburgunder trocken S **13,5 %/9,50 €**
88	2016 Weißburgunder mit Grauburgunder trocken „Schwarzerdt" **13 %/14,95 €**
87	2016 „Schwartzerdt" Burgunder Rosé trocken **13 %/14,95 €**
88	2016 Schwarzriesling trocken Barrique „Albert" **13,5 %/12,50 €**
86	2016 Spätburgunder trocken „S" **13,5 %/9,50 €**
86	2016 Lemberger trocken „S" **13,5 %/9,50 €**
87	2016 „Red" Syrah Cabernet Merlot trocken **13,5 %/14,50 €**
90	2016 Pinot Noir trocken „Excellance" **14 %/17,50 €**
88	2015 „Schwartzerdt" Lemberger mit Cabernet Franc **14 %/17,95 €**
87	2015 „Elloui" Likörwein **19,5 %/18,- €/0,5l**

Karl O. Pohl

★★

KONTAKT

Reitzengang 9
54470 Bernkastel-Wehlen
Tel. 06531-8372
Fax: 06531-1792
www.weinpohl.de
info@weinpohl.de

Inhaber
Stefan K. & Christopher Pohl
Rebfläche
2,4 Hektar

BESUCHSZEITEN

täglich 9-20 Uhr
Gutsweinstube (Mai-Oktober, Mi.-Sa. ab 17 Uhr, So. ab 11 Uhr und nach Vereinbarung)

Dieses kleine Wehlener Weingut befindet sich seit 400 Jahren in Familienbesitz. Die Weinberge liegen in der Wehlener Sonnenuhr sowie in den beiden Graacher Lagen Himmelreich und Domprobst. Es wird ausschließlich Riesling angebaut, alle Weine werden im Edelstahl ausgebaut. In der von Mai bis Oktober geöffneten Gutsweinstube werden moseltypische Spezialitäten serviert und Weinproben für bis zu 50 Personen durchgeführt. Im Sommer 2014 haben die Brüder Stefan und Christopher Pohl das Weingut übernommen. Seit der zweiten Ausgabe dieses Buches empfehlen wir bereits das Weingut Pohl, damals begeisterten uns vor allem die restsüßen, gereiften Rieslinge – und in den meisten Jahrgängen seither hatten die süßen Spätlesen und Auslesen die Nase vorne, was nicht bedeutet, dass nicht auch die trockenen oder halbtrockenen bzw. feinherben Weine überzeugen könnten. Im Gegenteil: Diese Rieslinge haben sich über die Jahre weiter gesteigert, sind heute wesentlich gleichmäßiger als früher.

Kollektion

In den letzten Jahren wurden immer wieder überzeugende Kollektionen vorgestellt, eine schöne Entwicklung ist in diesem Weingut zu erkennen. 2016 etwa überzeugten sowohl Rieslinge aus dem trockenen wie aus dem süßen Segment. Auch diesmal ist der Betrieb breit aufgestellt. Der Schaumwein stammt aus 2016 und ist zunächst etwas verhalten, im Mund aber zupackend und würzig. Der Kabinett in halbtrockener Version aus dem Graacher Himmelreich ist duftig und frisch, im Mund würzig, gut balanciert, nicht zu süß. Bei der feinherben Auslese aus der Wehlener Sonnenuhr sollte man sich noch etwas gedulden, denn der Wein besitzt im Moment eine nussig-würzige Aromatik, ist saftig und schmelzig, besitzt merkliche Süße; in ein, zwei Jahren dürfte er sich nochmals harmonischer präsentieren. Schöne Substanz besitzt der süße Kabinett aus der Wehlener Sonnenuhr, der zupackend und direkt ausfällt. Recht verhalten in der Nase zeigt sich die restsüße Spätlese aus dem Himmelreich, im Mund wirkt der Wein dann zugänglicher, recht saftig und würzig.

Weinbewertung

85 2016 Riesling Sekt brut Wehlener **12 %/11,- €**
86 2017 Riesling Kabinett trocken Graacher Himmelreich **10,5 %/8,30 €**
87 2017 Riesling Spätlese trocken Graacher Himmelreich **11,5 %/9,30 €**
86 2017 Riesling Kabinett halbtrocken Graacher Himmelreich **10,5 %/8,30 €**
86 2017 Riesling Spätlese halbtrocken Graacher Domprobst **10,5 %/11,- €**
87 2017 Riesling Auslese „feinherb" Wehlener Sonnenuhr **12 %/15,- €**
87 2017 Riesling Kabinett Wehlener Sonnenuhr **8 %/8,80 €**
86 2017 Riesling Spätlese Graacher Himmelreich **8 %/9,50 €**

PORZELT

★★★

KONTAKT

Steinstraße 91
76889 Klingenmünster
Tel. 06349-8186
Fax: 06349-3950
www.weingut-porzelt.de
info@weingut-porzelt.de

Inhaber
Andreas Porzelt
Rebfläche
17 Hektar
Produktion
95.000 Flaschen

BESUCHSZEITEN

Mo.-Fr. 9-12 + 14-18 Uhr,
Sa. 10-16 Uhr
Gästehaus, Weinstube (bis 50 Personen)

Das Weingut wird heute in dritter Generation von Andreas Porzelt geführt, der 1998 nach seiner Ausbildung zum Weinbautechniker die Regie im Keller übernahm. Die Weinberge liegen im Klingenmünsterer Maria Magdalena, Heuchelheimer Herrenpfad und Gleiszeller Kirchberg. Die wichtigsten Rebsorten sind Riesling, Portugieser, Spätburgunder, Weiß- und Grauburgunder und Dornfelder, aber auch Merlot, Schwarzriesling und Gewürztraminer werden angebaut, ungewöhnlich ist der hohe Anteil von Silvaner, der auf gut 20 Prozent der Rebfläche steht. Bei Weißweinen wird teilweise mit Maischestandzeiten gearbeitet, sie werden kühl vergoren und teils im Edelstahl, teils im Holz ausgebaut. Die Rotweine werden maischevergoren und in Eichenholzfässern ausgebaut. In den letzten Jahren wurde der Betrieb auf biologischen Anbau umgestellt, seit dem Jahrgang 2015 sind die Weine zertifiziert.

Kollektion

Die meisten Winzer würden sich wohl mit einem Silvaner wie dem frischen Gutswein mit erdiger Würze und klarer Frucht zufrieden geben. Andreas Porzelt aber geht ein paar Schritte weiter und zeigt jedes Jahr aufs Neue, was mit der Sorte auch in der Pfalz möglich ist. Sein im Tonneau ausgebauter Silvaner aus dem Kirchberg hat uns noch nie so gut gefallen wie in diesem Jahr, er besitzt gute Konzentration, feinen Schmelz, viel klare Frucht, dezente Röstnoten und salzige Länge, der Muschelkalk-Silvaner zeigt etwas kreidige Würze und viel klare, leicht süße Frucht, der Tonmergel ist etwas herber und würziger, besitzt aber ebenfalls viel klare Frucht. Und auch der Rest der Kollektion überzeugt, der Weißburgunder aus dem Kirchberg zeigt deutliche Holzwürze und viel Frucht, besitzt feinen Biss und Länge, der Maria Magdalena-Riesling ist fruchtbetont und nachhaltig, besitzt Druck und Kraft. —

Weinbewertung/keine Preisangaben

84	2017 Silvaner trocken **12,5 %/7,50 €**
86	2017 Sauvignon Blanc trocken Klingenmünster **12,5 %/10,50 €**
87	2017 Silvaner trocken „Tonmergel" Klingenmünster **13 %/11,50 €**
87	2017 Silvaner trocken „Muschelkalk" **13 %/12,50 €**
86	2017 Riesling trocken „Muschelkalk" Klingenmünster **13 %/11,50 €**
87	2017 Weißer Burgunder trocken „Muschelkalk" Klingenmünster **13,5 %/11,50 €**
87	2017 Grauer Burgunder trocken Klingenmünster **13,5 %/10,50 €**
87	2017 Chardonnay trocken „Muschelkalk" Klingenmünster **13,5 %/11,50 €**
88	2017 Riesling trocken Klingenmünster Maria Magdalena **12,5 %/16,50 €**
89	2017 Weißer Burgunder trocken Klingenmünster Kirchberg **13,5 %/16,50 €**
90	2017 Silvaner trocken „500.5" Gleiszellen Kirchberg **13 %/21,50 €**
88	2017 Riesling Auslese Klingenmünster Maria Magdalena **9 %/0,5l/a.A.**
85	2017 Spätburgunder trocken Klingenmünster **13,5 %/10,50 €**

Poss

★★★

KONTAKT

Goldgrube 20-22
55452 Windesheim
Tel. 06707-342, Fax: 06707-8332
www.weingut-poss.de
info@weingut-poss.de

Inhaber Karl-Hans & Harald Poss
Kellermeister Karl-Hans Poss
Außenbetrieb Harald Poss
Rebfläche 12 Hektar
Produktion 70.000 Flaschen

BESUCHSZEITEN

„Pinoteca" Mi.-Fr. 10-13 Uhr, Sa. 11-17 Uhr oder nach Vereinbarung

Die Weinberge der Brüder Karl-Hans, der für den Keller verantwortlich ist, und Harald Poss, der sich um den Außenbetrieb kümmert, befinden sich in den Windesheimer Lagen Römerberg, Rosenberg, Saukopf und Fels, im Winzenheimer Berg, sowie in Waldlaubersheim. Die Burgundersorten spielen mit einem Flächenanteil von zusammen 85 Prozent die Hauptrolle bei der Familie Poss, 40 Prozent der Rebfläche nimmt Weißburgunder ein, Grauburgunder 35 Prozent und Spätburgunder 10 Prozent, dazu kommen 5 Prozent Riesling sowie etwas Chardonnay, Cabernet Dorsa und St. Laurent. Das Sortiment ist gegliedert in Guts-, S- und Lagenweine, daneben gibt es die auf der Maische vergorenen und im Barrique oder im Granitfass ausgebauten vogelfrei-Weine.

Kollektion

Bei den beiden Gutsweinen ist der Grauburgunder etwas präsenter und nachhaltiger als der Weißburgunder, die S-Weine sind beide sehr reintönig, zeigen klare, gelbe Frucht und besitzen Kraft, Konzentration und Länge, der Weißburgunder ist leicht floral, der Grauburgunder zeigt etwas nussige Noten. Der Weißburgunder aus den Römerberg ist herrlich eindringlich und komplex, zeigt im Bouquet Noten von Birne, Melone und weißen Blüten, besitzt feinen Schmelz und Länge, der drei Jahre im neuen Barrique auf der Vollhefe ausgebaute Chardonnay ist ebenfalls sehr komplex und lang, zeigt deutliche Noten von Kokos und Vanille, dazu etwas Banane und Melone. Und auch in diesem Jahr wurden wieder drei Weine aus der „vogelfrei"-Linie erzeugt, sie besitzen Frische und ein animierendes Säurespiel: Der Würzer wurde im Granit vergoren und in gebrauchten Barriques ausgebaut, ist schlank, frisch und sehr aromatisch, duftet nach Holunderblüte, Zitrusfrüchten, Ananas und Birnenmost, der Riesling aus dem Granitfass ist ebenfalls fruchtbetont mit Noten von Pfirsichen und Mirabellen, zeigt auch etwas mineralische Würze und ist elegant, der im Granit vergorene und ausgebaute Grauburgunder zeigt deutliche nussige Noten, besitzt Schmelz und Frische.

Weinbewertung

83 2017 Weißer Burgunder trocken **12,5 %/9,40 €**
84 2017 Grauer Burgunder trocken **12,5 %/9,40 €**
87 2017 Weißer Burgunder „S" trocken **13,5 %/13,90 €**
87 2017 Grauer Burgunder „S" trocken **13,5 %/13,90 €**
89 2016 Weißer Burgunder trocken Windesheimer Römerberg **13,5 %/42,90 €/1,5l**
87 2017 Würzer trocken „vogelfrei" **11,5 %/18,- €**
88 2017 Riesling trocken „vogelfrei" **12,5 %/18,- €**
88 2017 Grauer Burgunder trocken „vogelfrei" **13 %/23,- €**
89 2013 Chardonnay trocken „Euphoros" **13,5 %/44,- €**

P

POSTHOF – DOLL & GÖTH

★☆

KONTAKT

Kreuznacher Straße 2
55271 Stadecken-Elsheim
Tel. 06136-3000
Fax: 06136-6001
www.doll-goeth.de
weingut.posthof@doll-goeth.de

Inhaber
Familie Doll
Betriebsleiter
Roland & Erika Doll
Kellermeister
Linus Doll
Außenbetrieb
Manuel Paul
Rebfläche
22 Hektar
Produktion
200.000 Flaschen

P

BESUCHSZEITEN

Mo.-Fr. 8-12 + 13:30-18:30 Uhr,
Sa. 9-17 Uhr + nach Vereinbarung
Weinbar – Rotwein-Lounge – Weintafel

Weingut Posthof
Doll & Göth

Mit der Heirat von Erika Göth und Roland Doll 1988 wurde der Grundstein gelegt für die Zusammenlegung der beiden Weingüter Göth in Gau-Bischofsheim und Doll in Stadecken, seit 1993 firmiert man Weingut Posthof Doll & Göth, mit Sitz in der ehemaligen kaiserlichen Postagentur in Stadecken. Erika und Roland Doll führen den Betrieb, Sohn Linus hat nach Lehrjahren an der Nahe und in Nierstein und Studium in Geisenheim die Verantwortung im Keller übernommen. Die Weinberge liegen in Stadecken (Lenchen, Spitzberg), Elsheim (Bockstein, Blume), Gau-Bischofsheim (Kellersberg, Glockenberg, Herrnberg) und Essenheim (Teufelspfad). Riesling, Grauburgunder und Weißburgunder nehmen jeweils ein Fünftel der Rebfläche ein, es folgen Silvaner, Spätburgunder und St. Laurent. Dazu gibt es Spezialitäten wie Gewürztraminer, Huxelrebe und Scheurebe, zuletzt sind Merlot und Syrah hinzugekommen, im Spitzberg wurde Chardonnay gepflanzt.

Kollektion

Der Posthof ist wie immer eine sichere Bank, bietet höchst zuverlässige Basisqualität und die gewohnten Spitzen. Der Kellersberg-Riesling ist unser Favorit im weißen Segment, er besitzt Fülle und Kraft, gute Struktur und Länge. Der Riesling aus dem Lenchen steht ihm kaum nach, ist klar und zupackend bei feiner süßer Frucht. Füllig und saftig präsentiert sich der Chardonnay aus dem Spitzberg, besitzt gute Struktur und Substanz. Sehr gut gefällt uns auch der Reserve-Silvaner aus dem Lenchen, besitzt Fülle und Kraft, viel Süße und Substanz wie auch der Weißburgunder aus dem Spitzberg. Sehr gutes Niveau zeigen auch die beiden vorgestellten Rotweine: Die rote Cuvée aus Merlot und Cabernet Sauvignon zeigt rote Früchte und etwas Gewürze, der wunderschön sortentypische Syrah besitzt gute Struktur und Frische, ist noch sehr jugendlich. ▬

Weinbewertung

82	2015 Chardonnay Sekt brut **13 %/11,60 €**
82	2017 Silvaner trocken „RS" **13 %/5,90 €**
86	2017 Riesling trocken Stadecker Lenchen **12,5 %/7,20 €**
84	2017 Weißer Burgunder trocken Stadecker Spitzberg **12,5 %/7,20 €**
86	2017 Chardonnay trocken Stadecker Spitzberg **13 %/7,40 €**
87	2017 Riesling trocken Gau-Bischofsheimer Kellersberg **12,5 %/8,10 €** ☺
85	2017 Silvaner „Reserve" Stadecker Lenchen **13,5 %/9,- €**
83	2017 Gewürztraminer trocken **13 %/7,40 €**
81	2017 Riesling Classic **12 %/5,30 €**
81	2017 Grauer Burgunder „feinherb" **13 %/7,10 €**
85	2015 „Cuvée R" Rotwein **13,5 %/8,10 €**
85	2016 Syrah trocken **14 %/20,- €**

Hans Prinz

★☆

KONTAKT

Suttonstraße 13
65399 Kiedrich
Tel. 06123-3192
Fax: 06123-6013817
www.wein-prinz.de
info@wein-prinz.de

Inhaber
Thomas Prinz
Kellermeister
Philipp Prinz
Rebfläche
8,5 Hektar
Produktion
50.000 Flaschen

BESUCHSZEITEN

Mo.-Sa. 9-19 Uhr, So. & Feiertage nach Vereinbarung

Weingut Hans
PRINZ

Seit 1792 werden in diesem Familienbetrieb Reben angebaut, inzwischen 8,5 Hektar, auf denen Riesling mit 85 Prozent der Fläche dominiert. Daneben gibt es kleine Mengen an Spätburgunder, Grauburgunder, Cabernet Dorsa und Dornfelder. Die Lagen Kiedricher Gräfenberg, Wasseros, Sandgrub und Klosterberg bürgen für Qualität. Während Thomas Prinz das Weingut leitet, fungiert Sohn Philipp als Kellermeister, hat mit seiner „Privat-Linie" einen eigenen Stil entwickelt. In dieser Linie werden Riesling und Spätburgunder ausgebaut; die Trauben müssen gehobene Auslesequalität aufweisen, die Vergärung erfolgt spontan. Der Riesling Privat wird nach einer kurzen Maischestandzeit schonend abgepresst, die Vergärung erfolgt in einem speziell für das Weingut angefertigten Stückfass. Der Privat-Spätburgunder reift in Barriques. Zum Gesamtangebot der Familie gehört seit 2013 auch das von Theresa Prinz geführte „Historische Weinhaus Engel".

Kollektion

Der Sommertraum genannte Blanc de Noir ist würzig und kräftig, sein feinherbes Pendant aus Grauburgunder frisch und saftig. Der Weißburgunder Sophia ist sortentypisch und zugänglich. Die drei recht stoffigen Kabinettweine sind ansprechend, der trockene aus dem Steinmächer ist geradlinig, der halbtrockene aus der Sandgrub mild und würzig ebenso wie der fruchtsüße Kabinett aus derselben Lage. Die Highlights der Kollektion sind der kraftvolle Riesling „Phyllit" aus dem Kiedricher Klosterberg, und die wuchtige trockene Spätlese aus dem Gräfenberg. Der Riesling Sekt mit Fass- und langem Flaschenlager duftet eigenwillig und eindringlich nach gelben Früchten und Ingwerstangen, im Mund ist er sehr würzig, cremig und opulent. Ein beeriger und ätherisch frischer Cabernet Dorsa mit Saft und Trinkfluss fügt sich stimmig in diese nicht nur für Liebhaber aromatischer Weine empfehlenswerte Kollektion. —

Weinbewertung

86 2014 Riesling Sekt brut „1792 Privat" **13,5 %/14,80 €**
82 2017 Spätburgunder „Blanc de Noir" trocken „Sommertraum" **12,5 %/5,80 €**
83 2017 Weißer Burgunder trocken „Sophia" **12 %/6,90 €**
84 2017 Riesling Kabinett trocken Rauenthaler Steinmächer **12 %/5,80 €**
86 2017 Riesling Spätlese trocken „Terroir Phyllit" Klosterberg **13 %/7,80 €**
86 2017 Riesling Spätlese trocken „Alte Reben" Gräfenberg **13 %/7,80 €**
82 2017 Riesling Classic (1l) **12,5 %/5,80 €**
82 2017 Grauer Burgunder „feinherb" „Sommertraum" **12 %/5,80 €**
83 2017 Riesling Kabinett halbtrocken Kiedricher Sandgrub **12 %/5,80 €**
82 2017 Riesling Kabinett Kiedricher Sandgrub **11,5 %/5,80 €**
85 2015 Cabernet Dorsa trocken Kiedricher Wasseros **14 %/9,80 €**

P

PRINZ

★★★★

KONTAKT

Im Flachsgarten 5
65375 Hallgarten (Oestrich-Winkel)
Tel. 06723-999847
Fax: 06723-999848
www.prinz-wein.de
info@prinz-wein.de

Inhaber
Familie Prinz
Rebfläche
9 Hektar
Produktion
50.000 Flaschen

BESUCHSZEITEN

nach Vereinbarung

Ein Weingut, das sich entwickelt hat wie kaum ein zweites in der Region. Großeltern und Eltern von Fred Prinz lieferten die Trauben noch an die Genossenschaft ab, 1991 vermarktete man dann die ersten 3.000 Flaschen eigenen Wein. Fred Prinz führte den Betrieb lange im Nebenerwerb, arbeitete nach dem Studium bei Breuer, dann bei den Staatsweingütern Kloster Eberbach. 2003 bot sich die Möglichkeit, einen Betrieb im Ort zu übernehmen, Keller, Lager und Weinberge inklusive. Im Jahr darauf wagte Fred Prinz den Schritt in die Selbständigkeit, schon ein Jahr später wurde er in den VDP aufgenommen. Inzwischen sind die beiden Kinder intensiv dabei, sich auf die Mitarbeit vorzubereiten, einem weiteren Ausbau des Gutes steht nichts mehr im Wege. Die Weinberge des Betriebes befinden sich rund um Hallgarten in den Lagen Schönhell (teils sandige, teils steinige Lösslehmböden), Hendelberg (blauer und grüner Schiefer, Phyllit) und Jungfer (Taunusquarzit mit Lösslehmeinlagerungen). Über 90 Prozent der Rebfläche nimmt Riesling ein, traditionell gibt es Spätburgunder, hinzu kamen Sauvignon Blanc (erste Ernte 2006) und Roter Riesling (erste Ernte 2008). Der neu gepflanzte Traminer soll das Sortiment demnächst ergänzen, wird aber den Riesling als Hauptrebsorte selbstverständlich nicht verdrängen können. Das Programm ist in vier Linien gegliedert. Die Basis bilden die Gutsweine, dann folgen die Kabinettweine und der Riesling „Tradition". Die dritte Linie bilden die traditionellen Spätlesen, trocken wie süß. Auch der Rote Riesling und der Sauvignon Blanc gehören in diese Linie. Das Topsegment schließlich wird von den beiden Großen Gewächsen gekrönt. Die Weine werden fast ganz im Edelstahl vinifiziert, nur für den Riesling „Tradition" wird ein Teil des Weines im Halbstück ausgebaut, auch der in kleinen Mengen ausgebaute Spätburgunder kommt mit Holz in Berührung. Die Basisweine werden überwiegend mit Reinzuchthefen vergoren, alle höherwertigen Weine mit natürlichen Hefen, wobei Fred Prinz dies nicht dogmatisch sieht, auch noch einmal etwas Hefen zusetzt, wenn die Weine nicht weit genug vergären.

Kollektion

Bei Fred Prinz bekommt man Jahr für Jahr treffsichere, kühle Weine, die sehr gut reifen können. Wie immer ist der trockene Gutswein eine Bank, wie immer ist er eher herb, verfügt über gerbstoffdurchdrungene Substanz und salzige Länge. Der würzige trockene Kabinett ist offenherzig, recht kräftig, zeigt herbfrische Saftigkeit, rasanten Trinkfluss und stoffigen Nachhall. Grasig frisch duftet der Hallgartener Ortswein, seine pointiert frische Art kombiniert schlüssig mit seiner zestenherben Saftigkeit. Der knackige trockene Riesling aus dem Hendelberg ist gewohnt verschlossen,

ein drahtiger Wein, der mit messerscharfer Säure und prägnanter Mineralität jugendlich forsch auftritt. Der Früherenberg ist saftig und stoffig, gibt an der Luft schnell mehr von seiner milden Saftigkeit preis. Die beiden Großen Gewächse aus Hallgarten folgen bei aller Reife dem kühlen Stil des Hauses. Das aus der Jungfer verfügt über eine rassige Frischeader, der zarte Schmelz breitet sich ausgewogen über den Gaumen. Das Große Gewächs aus der Schönhell entwickelt spürbar mehr Druck, gehört trotzdem zu den feinen Vertretern der Lage. Der Rote Riesling verfügt über bestens dosierte Kraft und angenehm würzigen Schmelz, ist ein eleganter, vielseitiger Speisenbegleiter. Der Sauvignon Blanc ist gewohnt stilsicher, besitzt einen ausgewogenen Charakter, animierende Frische und packende Gerbstoffe. Der fruchtige Kabinett aus der Jungfer duftet grasig, ist herb und frisch, die Fruchtsüße verschwindet gänzlich in der dramatischen Säure. Der Kabinett Goldkapsel aus der Jungfer dagegen ist druckvoller und feiner, seine Spannung und intensiv würzige Frucht machen ihn zu einem aussichtsreichen Lagerwein. Die Spätlese wechselt spannend zwischen beerigem Schmelz und herber Frischeader. Von den beiden soliden Spätburgundern ist der trockene 2016er jahrgangstypisch, besitzt würzige Tannine und markante Frische, die sehr reife 2015er Reserve aus dem Hendelberg erinnert in ihrer üppigen und ätherischen Art an moderne Weine von der Côte de Beaune, Süßholzaromen und konzentriertem Saft stehen auch hier markante Gerbstoffe und eine belebende frische Ader gegenüber. Ein sehr guter Wein der etwas Flaschenreife bedarf, um sich zu mildern.

Fred Prinz

Weinbewertung

85	2017 Riesling trocken **12 %/9,30 €**
86	2017 Riesling Kabinett trocken **12 %/11,70 €**
86+	2017 Riesling trocken Hallgartener **12 %/11,70 €**
87	2017 Roter Riesling trocken **12,5 %/16,90 €**
89+	2017 Riesling trocken Hallgartener Hendelberg **13 %/16,90 €**
89	2017 Riesling trocken Hallgartener Frühernberg **13 %/16,90 €**
91	2017 Riesling trocken „GG" Hallgarten Jungfer **12,5 %**
92	2017 Riesling trocken „GG" Hallgarten Schönhell **12,5 %**
88	2017 Sauvignon Blanc trocken **13,5 %/16,90 €**
86+	2017 Riesling Kabinett Hallgartener Jungfer **8,5 %/12,30 €**
90	2017 Riesling Kabinett Goldkapsel Hallgartener Jungfer **8,5 %/Vst.**
90	2017 Riesling Spätlese Hallgartener Jungfer **8 %/23,- €**
85	2016 Spätburgunder **13 %/11,10 €**
88	2015 Spätburgunder trocken „Reserve" Hendelberg **13 %/33,- €**

P

LAGEN

JUNGFER (HALLGARTEN)
SCHÖNHELL (HALLGARTEN)
HENDELBERG (HALLGARTEN)

REBSORTEN

RIESLING (90 %)
SPÄTBURGUNDER (7 %)
SAUVIGNON BLANC (3 %)

CHRISTINE PRÖSTLER

★★★

KONTAKT

Obere Hauptstraße 100
97225 Retzbach
Tel. 09364-8178895
Fax: 09364-8178896
www.cproestlerweine.de
kontakt@cproestlerweine.de

Inhaber
Christine Pröstler
Rebfläche
7 Hektar
Produktion
50.000 Flaschen

BESUCHSZEITEN

Mi. 16-19 Uhr, Sa. 10-14 Uhr und nach Vereinbarung

Christine Pröstler studierte in Geisenheim, absolvierte Praktika in Südafrika und Neuseeland, arbeitete dann bei Reh-Kendermann, war seit 2010 als Kellermeisterin beim Staatlichen Hofkeller in Würzburg, konzentriert sich seit 2012 ganz auf den eigenen Betrieb. Ihr Vater bewirtschaftete seine Weinberge im Nebenerwerb, davon übernahm Christine Pröstler 1,4 Hektar, verkaufte aber einen Teil der Trauben aus Platzmangel an ein anderes Weingut. In den Weinbergen im Retzbacher Benediktusberg (Muschelkalkböden) wachsen zu 80 Prozent weiße Sorten wie Silvaner, Müller-Thurgau, Bacchus, Weißburgunder, Grauburgunder und Riesling, inzwischen auch Chardonnay, an roten Sorten gibt es Domina, Schwarzriesling, Regent und Spätburgunder. Christine Pröstlers erster Jahrgang war 2008. Am Ortsrand von Retzbach wurde 2012 das neue Weingut errichtet.

Kollektion

Stimmige Kollektion, schöne Stilistik: Christine Pröstler legt weiter zu. Die Basiscuvée und der Gutssilvaner bieten Frische und Frucht, die Ortsweine dann sind deutlich kraftvoller und komplexer: Der Riesling hat Zug und Grip, der Silvaner besitzt reintönige Frucht, Kraft und Biss, der Grauburgunder überzeugt mit Substanz und Frucht, am besten aber gefällt uns der Weißburgunder, der viel Substanz und viel Frucht besitzt. Ganz stark sind dann die drei Lagenweine. Der Scharlachberg-Silvaner, eine spätere Füllung des schon im Vorjahr vorgestellten Weines, spontanvergoren im Tonneau, besitzt Kraft und Substanz, der Benediktusberg-Silvaner ist noch ein wenig komplexer und intensiver. Gleichauf sehen wir den Benediktusberg-Weißburgunder, der Fülle, Kraft und Grip besitzt. Und die füllige Domina zeigt, dass Christine Pröstler sich auch auf Rotwein versteht.

Weinbewertung

84 2017 „Märry" Weißwein-Cuvée trocken **11,5 %/6,60 €**
83 2017 Silvaner trocken **11,5 %/6,80 €**
86 2017 Riesling trocken Retzbacher **12 %/9,80 €**
86 2017 Silvaner trocken Retzbacher **12,5 %/9,80 €**
88 2017 Weißburgunder trocken Retzbacher **13 %/9,80 €** ☺
87 2017 Grauburgunder trocken Retzbacher **13 %/9,80 €**
86 2017 Sauvignon Blanc trocken Retzbacher **12,5 %/12,50 €**
88 2016 Silvaner trocken Thüngersheimer Scharlachberg **13 %/14,50 €**
89 2016 Silvaner trocken „Alte Reben" Retzbacher Benediktusberg **13 %/22,- €**
89 2017 Weißburgunder trocken Retzbacher Benediktusberg **13 %/20,- €**
85 2017 Bacchus halbtrocken **11 %/6,80 €**
85 2016 „Frank" Rotwein **12,5 %/7,20 €**
87 2015 Domina trocken Retzbacher **13,5 %/12,80 €**

SCHLOSS PROSCHWITZ – PRINZ ZUR LIPPE

★★

W

KONTAKT

Dorfanger 19
01665 Meißen-Zadel
Tel. 03521-76760, Fax: -767676
www.schloss-proschwitz.de
weingut@schloss-proschwitz.de

Inhaber
Prof. Dr. Georg Prinz zur Lippe
Vertrieb/Marketing
Mathias Dufft
Außenbetriebsleiter
Walter Beck
Kellermeister: Jacques du Preez
Rebfläche: 80 Hektar
Produktion: 455.000 Flaschen

BESUCHSZEITEN

Vinothek Mo.-So. 10-18 Uhr
Restaurant „Lippe'sches Gutshaus" mit Gästehaus

Das seit 1990 wieder aufgebaute Gut Schloss Proschwitz ist das älteste private Weingut in Sachsen. Zur größten Einzellage Sachsens „Schloss Proschwitz" kam die linkselbisch gelegene Einzellage „Kloster Heilig Kreuz" hinzu, die komplett neu angelegt wurde und 2008 den ersten Ertrag brachte. Die wichtigsten Rebsorten sind Grauburgunder, Weißburgunder, Müller-Thurgau, Elbling, Spätburgunder, Riesling, Traminer, Dornfelder, Goldriesling, Scheurebe, Traminer und Frühburgunder. Neben Schloss Proschwitz baute Georg Prinz zur Lippe ein zweites Weingut auf, und zwar in Thüringen, in Kromstorf in der Nähe von Weimar, dessen Ernte auf Schloss Proschwitz verarbeitet wurde, das er jedoch an die Agrargenossenschaft Gleina verkaufte. Die Weine werden kühl und langsam vergoren, Edelbrände ergänzen das Sortiment. Seit 2013 ist der Südafrikaner Jacques du Preez Erster Kellermeister auf Schloss Proschwitz.

Kollektion

Mit einer starken Kollektion meldet sich Schloss Proschwitz zurück. Die weißen Gutsweine sind geradlinig, fruchtbetont und frisch, die würzige, saftige Scheurebe und der fruchtbetonte, zupackende Weißburgunder gefallen uns besonders gut. Unser Favorit unter den trockenen Weißweinen ist der Grauburgunder Heilig-Kreuz, der Fülle, Kraft und klare reife Frucht besitzt. Sehr gut sind die beiden süßen Weißweine: Die Riesling Spätlese ist saftig und fruchtbetont, die litschiduftige Auslese aus Traminer und Riesling überzeugt mit Substanz und Saft. Sehr gut sind auch alle Rotweine. Die Cuvée Moritz ist würzig, fruchtbetont und zupackend, der Heilig Kreuz-Spätburgunder besitzt rauchige Noten und noch allzu kräftige Tannine, ebenfalls tanninbetont, aber deutlich komplexer ist das Große Gewächs, das Fülle und Kraft besitzt, gute Struktur und viel reife Frucht.

Weinbewertung

83 2015 Pinot Madeleine Sekt brut nature **12,5 %/19,- €**
83 2017 Elbling trocken **11 %/11,- €**
82 2017 Goldriesling trocken **12 %/11,- €**
84 2017 Weißburgunder Kabinett trocken **11,5 %/13,- €**
83 2017 Grauburgunder Kabinett trocken **12 %/13,- €**
84 2017 Scheurebe trocken **11,5 %/14,- €**
86 2016 Grauburgunder trocken Kloster Heilig Kreuz **12,5 %/16,50 €**
85 2017 Riesling Spätlese Kloster Heilig Kreuz **9 %/16,50 €**
86 2017 Traminer Riesling Auslese **10,5 %/35,- €**
86 2016 Spätburgunder trocken Kloster Heilig Kreuz **13 %/29,50 €**
85 2015 „Cuvée Moritz" Rotwein trocken Barrique **13 %/15,- €**
88 2015 Spätburgunder trocken „GG" Schloss Proschwitz **12,5 %/37,- €**

S. A. Prüm

★★★☆

KONTAKT

Uferallee 25-26
54470 Bernkastel-Wehlen
Tel. 06531-3110
Fax: 06531-8555
www.sapruem.com
info@sapruem.com

Inhaber
Saskia A. Prüm
Kellermeister
Miguel Louro
Rebfläche
15 Hektar

BESUCHSZEITEN

Mo.-Fr. 8-12 + 13-17 Uhr,
Sa. 10-16 Uhr
Vinothek, exklusives Gästehaus, Veranstaltungsräume, Café Jodocus saisonal geöffnet

Seit dem 12. Jahrhundert betreibt die Familie nachweislich Weinbau in Bernkastel, Wehlen, Graach und Zeltingen, Jodocus Prüm baute 1842 die berühmte Sonnenuhr, die der gleichnamigen Wehlener und Zeltinger Lage ihren Namen gab. Das heutige Weingut S.A. Prüm entstand aus einer Erbteilung im Jahr 1911, wurde von Sebastian Alois Prüm gegründet. Seit 1971 leitete Raimund Prüm das Weingut, inzwischen hat Tochter Saskia, eine Geisenheim-Absolventin, die Leitung übernommen; Kellermeister ist inzwischen Miguel Louro. Die Weinberge liegen traditionell in der berühmten Wehlener Sonnenuhr, außerdem verfügt man über Besitz in Graach (Domprobst) und Bernkastel (Graben, Lay, Bratenhöfchen), in Ürzig (Würzgarten), Erden, Kinheim und Lösnich. Durch Übernahmen von Flächen an der Ruwer (Sommerau) und im Ockfener Bockstein an der Saar hat sich das Weingut vergrößert. Es wird ausschließlich Riesling angebaut. Seit 1999 ist dem Gut ein Gästehaus angeschlossen. Die trockene Spitze bilden die Großen Gewächse.

Kollektion

Die nun präsentierten 2017er bringen die kühle, elegant wirkende Art des Hauses gut zum Ausdruck. Der trockene Ortswein aus Ockfen etwa besitzt eine attraktive Frucht und Noten von gehackten Kräutern, jener aus Wehlen ist straff und gut strukturiert, kompakt und nachhaltig. Bei den Großen Gewächsen ist noch nicht ganz klar, wohin der Weg führt. Der 2016er Lay-Riesling ist würzig, frisch, eher schlank, die 2017er aus Sonnenuhr und Domprobst waren allerdings bei der Verkostung noch unzugänglich, schlank, waren in diesem Stadium nicht abschließend zu beurteilen. Gut möglich, dass sie sich schon im kommenden Jahr besser und offener präsentieren. Sehr fein und elegant wiederum die süßen Wehlener Weine, etwa die rassige Spätlese mit Anklängen an Mirabellen und feiner Frucht oder die weit überdurchschnittlich saftigen und feinen Auslesen.

Weinbewertung

86 2017 Riesling Kabinett trocken „Prüm Blue" **11,5 %/13,50 €**
87 2017 Riesling trocken Wehlen **12 %/19,50 €**
88 2017 Riesling trocken Ockfen **12 %/19,50 €**
89? 2017 Riesling „GG" Wehlen Sonnenuhr **12,5 %/38,50 €**
89 2017 Riesling „GG" Graach Dompropst **12,5 %/34,50 €**
89 2016 Riesling „GG" Bernkastel Lay **12,5 %/34,50 €**
86 2017 Riesling Kabinett „feinherb" Ockfen Bockstein **10,5 %/16,50 €**
87 2017 Riesling Kabinett Wehlen Sonnenuhr **8 %/16,50 €**
89 2017 Riesling Spätlese Wehlen Sonnenuhr **8,5 %/19,50 €**
89 2017 Riesling Auslese Wehlen Sonnenuhr **8 %/31,50 €**
91 2017 Riesling Auslese „Fass 3" Wehlen Sonnenuhr **7,5 %/0,375l**

Querbach

★★★★☆

Kontakt

Lenchenstraße 19
65375 Oestrich-Winkel
Tel. 06723-3887
Fax: 06723-87405
www.querbach.com
info@querbach.com

Inhaber
Peter Querbach
Rebfläche
10 Hektar
Produktion
60.000-80.000 Flaschen

Besuchszeiten

Mo.-Fr. 8-12 + 14-17:30 Uhr, Sa. 9-14 Uhr und nach Vereinbarung

Die Weinberge von Peter Querbach liegen vor allem in den beiden Oestricher Lagen Doosberg und Lenchen, aber auch in Hallgarten (Schönhell) und Winkel (Hasensprung) ist er vertreten. Neben Riesling baut er etwas Spätburgunder an, den er teils als Rotwein, teils als Blanc de Noir und Sekt ausbaut; zukünftig soll etwas mehr Spätburgunder angepflanzt werden. Das Sortiment ist klar gestaltet: Die Basis bilden der Schoppen genannte Riesling, anfangs nur im Liter, inzwischen aber in der 0,75 Liter-Flasche erhältlich, und der Riesling Classic, der mit dem Jahrgang 2014 den Namen Riesling „sur lie" erhielt, dann folgt der Orts-Riesling aus Hallgarten, schließlich die beiden Lagenrieslinge aus dem Oestricher Lenchen („Querbach N° 1") und dem Oestricher Doosberg, der heute den Namen Milestone trägt. Pinot Noir sowie Sekte, mal aus Riesling, mal aus Pinot Noir, ergänzen immer wieder das Sortiment. Bereits seit dem Jahrgang 1999 bietet das Weingut Querbach seine Weine mit dem von Peter Querbach entwickelten Verschlusssystem, basierend auf einem Edelstahlverschluss (eine Art Kronkorken) an. Nach einer Maischestandzeit von etwa zwölf Stunden werden die Moste mit den natürlichen Hefen vergoren, alle Weine werden in Edelstahltanks ausgebaut. Die Weine bleiben recht lange auf der Hefe und werden relativ spät abgefüllt, sie liegen im Restzucker im oberen trockenen respektive unteren halbtrockenen Bereich. Seit der ersten Ausgabe empfehlen wir die Querbach'schen Weine, schon damals waren wir beeindruckt vom guten Niveau der Basis-Rieslinge, schon damals fanden wir den Spitzenwein aus dem Doosberg hervorragend. Die Weine zeigen eine klare Handschrift, sie sind klar und geradlinig, besitzen Frucht und Kraft, die Kollektionen sind immer stimmig, man findet immer eine klare Steigerung von den Guts- hin zu den Orts- und Lagenweinen. Und es sind Weine, die hervorragend altern können, wovon wir uns schon mehrfach überzeugen konnten, nicht nur die Topweine. Und für Liebhaber gereifter Rieslinge ein Tipp: Peter Querbach hat noch viele alte Jahrgänge im Verkauf – und diese bietet er erstaunlicherweise zu den gleichen Preisen an wie die jeweils aktuellen Weine.

Kollektion

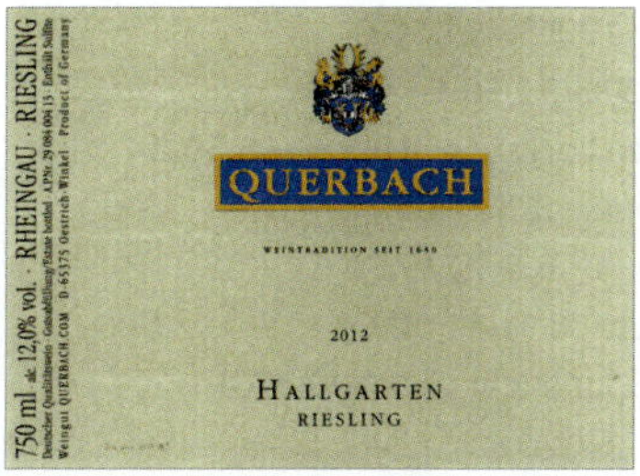

Die drei letzten Jahrgänge der überschaubaren Kollektion von Peter Quaerbach haben wir in diesem Jahr verkostet, die Jahrgänge 2015 und 2016 bereits im Frühjahr, den Jahrgang 2017 unmittelbar vor Redaktionsschluss im September, unmittelbar nach der Abfüllung. Einige der 2017 waren noch merklich unruhig, ja „unrund", von Kohlensäure geprägt, die hin und wieder im Kontrast stand zur merklichen Süße. Aber das wird sich noch geben, da sind wir sicher, und schließlich sollte man Querbach-Weine ohnehin nicht so jung trinken. Auch den Schoppen nicht, den Basiswein, da

sollte man sich jetzt an den 2015er halten und mit 2016 und 2017 noch warten. Der Wein ist fest, zupackend, geradlinig, besitzt feine süße Frucht, 2017 ist würziger, frischer, bei dezenter Süße. Der 2017er sur lie ist kraftvoll, aber noch enorm frisch, 2016 füllig, saftig, recht süß wie auch der duftige 2015er. Stilistisch recht gleichmäßig über die Jahrgänge hinweg präsentiert sich der Edition, ist rauchig, enorm würzig und druckvoll 2015, füllig und saftig 2016, der frisch abgefüllte 2017er ist noch recht lebhaft, deutet aber schon an, dass Fülle, Kraft und Substanz bald in den Vordergrund treten werden. Der Hallgarten ist stoffig und kraftvoll auch schon im Jahrgang 2017, besitzt viel Substanz wie auch seine Vorgänger. Der Querbach No. 1 aus dem Lenchen ist rauchig, eindringlich, kraftvoll, etwas präziser und nachhaltiger im Jahrgang 2015, enorm frisch, aber auch schon präzise und druckvoll im Jahrgang 2017, nicht ganz so griffig im Jahrgang 2016. Der herausragende Wein in allen drei Jahrgängen ist der Milestone aus dem Doosberg. 2015 nimmt Fahrt auf, beginnt sich zu öffnen, ist herrlich eindringlich und würzig, füllig und kraftvoll, besitzt viel Stoff und Druck. 2016 ist derzeit in einer schwierigen Phase, hatte uns vor einem Jahr ein klein wenig besser gefallen, derzeit stehen Saft und Süße etwas zu sehr im Vordergrund. 2017 ist enorm offensiv, besitzt herrlich viel Frucht, ist dabei aber druckvoll, dezent mineralisch und nachhaltig.

Peter Querbach

Weinbewertung

86 2015 Riesling „Schoppen" **12 %/6,90 €** ☺
85 2016 Riesling „Schoppen" **12 %/6,90 €**
85 2017 Riesling „Schoppen" **12 %/6,90 €**
86 2015 Riesling „sur lie" **12 %/8,70 €**
86 2016 Riesling „sur lie" **12 %/8,70 €**
85 2017 Riesling „sur lie" **12 %/8,70 €**
88 2015 Riesling „Edition" **12 %/9,90 €** ☺
87 2016 Riesling „Edition" **12 %/9,90 €**
87 2017 Riesling „Edition" **12 %/9,90 €**
89 2015 Riesling Hallgarten **12 %/11,75 €** ☺
89 2016 Riesling Hallgarten **12 %/11,75 €** ☺
89 2017 Riesling Hallgarten **12 %/11,75 €** ☺
90 2015 Riesling „Querbach No. 1" Oestrich Lenchen **12 %/14,40 €** ☺
89 2016 Riesling „Querbach No. 1" Oestrich Lenchen **12 %/14,40 €**
90 2017 Riesling „Querbach No. 1" Oestrich Lenchen **12 %/14,40 €** ☺
92 2015 Riesling „Milestone" Oestrich Doosberg **12 %/20,40 €** ☺
90 2016 Riesling „Milestone" Oestrich Doosberg **12 %/20,40 €**
91 2017 Riesling „Milestone" Oestrich Doosberg **12 %/20,40 €**

LAGEN

LENCHEN (OESTRICH)
DOOSBERG (OESTRICH)
HASENSPRUNG (WINKEL)

REBSORTEN

RIESLING (98 %)
SPÄTBURGUNDER (2 %)

Quint

★

KONTAKT

Schulstraße 1
54487 Wintrich
Tel. 06534-93150
Fax: 06534-93152
www.weingut-quint.de
info@weingut-quint.de

Inhaber
Thomas & Constantin Quint
Rebfläche
8,1 Hektar
Produktion
50.000 Flaschen

BESUCHSZEITEN

Mo.-Sa. 9-12 + 14-18 Uhr,
Sonn- & Feiertage auf Anfrage
Straußwirtschaft von August bis Ende Oktober

Q

Das Familienweingut in Wintrich wird heute von Thomas und Constantin Quint geführt. Ihre Weinberge liegen vor allem in Wintrich in den beiden Lagen Großer Herrgott und Stefanslay, ein kleiner Teil im Nachbarort Brauneberg in der Lage Mandelgraben. Thomas und Constantin Quint besitzen eine für die Mosel erstaunliche Sortenvielfalt. Riesling, die Paradesorte der Mosel, nimmt nur 42 Prozent der Rebfläche ein. Weitere weiße Sorten im Anbau sind Müller-Thurgau, Chardonnay, Weißburgunder, Grauburgunder, Kerner und Sauvignon Blanc. Rote Sorten nehmen über 20 Prozent der Rebfläche ein, neben Dornfelder, Merlot und Spätburgunder gibt es ein wenig Cabernet Mitos. Die Weißweine werden gekühlt vergoren und überwiegend im Edelstahl ausgebaut, teilweise auch im Barrique. Rotweine werden maischevergoren und durchlaufen den biologischen Säureabbau, die besten Rotweine werden im Barrique ausgebaut. Die Vermarktung erfolgt vor allem über Endverbraucher, aber auch über Gastronomie und Fachhandel.

Kollektion

Der Basisriesling ist gelungen, der Weißburgunder mit seiner straffen Art noch etwas besser als der Grauburgunder, aber empfehlenswert sind beide. Nicht ganz stimmig scheint der Barrique-Chardonnay, während der trockene Riesling, der unter dem Namen „Quintessenz" verkauft wird, sehr gut gefällt. Es handelt sich um einen straffen, geradlinigen Wein mit Würze und Struktur, der angenehm trocken wirkt; eine schöne Überraschung, auf der das Weingut aufbauen kann. Dass die süße Spätlese da nicht ganz mithalten kann, weil es ihr etwas an Komplexität und Nachhaltigkeit fehlt, steht auf einem anderen Blatt; ein empfehlenswerter Wein ist sie dennoch.

Weinbewertung

83 2017 Riesling trocken **12 %/5,50 €**
84 2017 Weißburgunder trocken **12,5 %/6,50 €**
83 2017 Grauburgunder trocken **12,5 %/7,- €**
86 2017 Riesling trocken „Quintessenz" **12 %/9,50 €**
83 2017 Chardonnay trocken Barrique **12,5 %/14,- €**
83 2016 Riesling Classic **11 %/6,- €**
81 2017 Blanc de Noir „feinherb" **12 %/7,20 €**
83 2017 Chardonnay „feinherb" **12,5 %/7,- €**
84 2017 Just. Kerner! **8,5 %/7,50 €**
85 2017 Riesling Spätlese „feinherb" **11,5 %/9,- €**
84 2017 Riesling Spätlese **8 %/9,- €**
83 2015 Merlot trocken **12,5 %/7,50 €**

• WEINGUT QUINT WINTRICH/MOSEL

Raevenhof

★

KONTAKT

Im Brühl 24
54441 Ayl
Tel. 06581-3668
Fax: 06581-6962
www.raevenhof.de
info@raevenhof.de

Inhaber
Familie Becker-Reuter
Rebfläche
4,6 Hektar
Produktion
8.000-10.000 Flaschen

BESUCHSZEITEN

Mo.-Sa. 9-18 Uhr

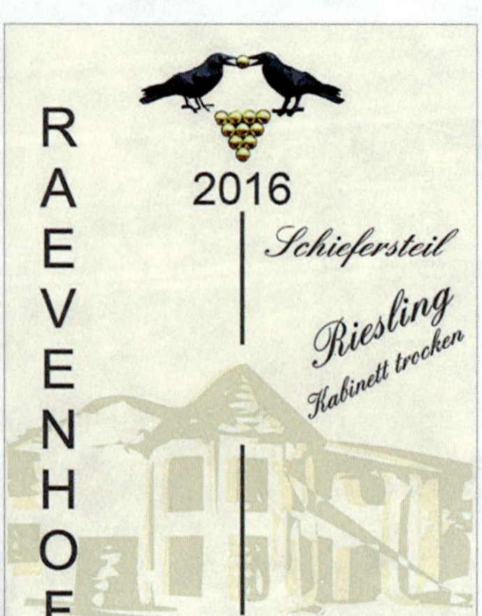

Das 4,6 Hektar umfassende Weingut in Ayl wurde von Rudolf Becker-Reuter geleitet, bis dieser im Frühjahr des Jahres 2018 tödlich im Weinberg verunglückte. Die Familie führt den Betrieb, der Flächen in der Ayler Kupp und im weniger bekannten Ayler Scheidterberg besitzt, allerdings mutig weiter. Angebaut werden zu 96 Prozent Riesling, den Rest nimmt Grauburgunder ein. Naturschonende Bodenbearbeitung und organische Düngung gehören im Raevenhof zu den Prinzipien im Weinberg, im Keller kommt die Ganztraubenpressung zum Einsatz. Außer mit dem Rebbau befasst sich der Betrieb auch mit der Erzeugung von Tafelobst auf immerhin vier Hektar, betreibt eine für ihre Brände bekannte Destillerie. Auch ein Gästehaus (von November bis Ende März geschlossen) gehört zum Gesamtpaket.

Kollektion

Im Jahrgang 2016 überzeugten die vorgestellten Weine mit Gleichmäßigkeit und einem gutem Preis-Leistungs-Verhältnis. Schwächen waren keine zu beklagen, stattdessen gefielen die Weine mit eher schlanker, nachhaltiger Art. Das kleine Sortiment der vorgestellten 2017er ist nun ebenfalls wieder sehr gleichmäßig in der Qualität. Die Weine wirken eher schlank, feingliedrig, präzise und durchaus saartypisch. Eine feste, stoffige trockene Spätlese, die überraschend viel Spiel aufweist, gefällt ebenso gut wie der Grauburgunder, bei dem das Weingut der Versuchung, auf Fülle und Üppigkeit zu setzen, widerstanden hat. Der Wein ist schlank und würzig, besitzt eine schöne Säure. Der feinherbe Riesling aus der Kupp ist balanciert, vibriert sogar, und die Spätlese, duftig, saftig und leicht verständlich, kann sich ebenfalls sehen lassen. Schließlich die Auslese, fein, offen und duftig mit schlanker, saftiger Art und alles andere als übertrieben. Es wäre wünschenswert, wenn das Weingut die schwierige Zeit übersteht, den Umbruch bewältigen kann.

Weinbewertung

85 2017 Pinot Gris trocken **11,5 %/7,50 €**
86 2017 Riesling Spätlese trocken Ayler Kupp **12 %/9,50 €**
86 2017 Riesling Kabinett „feinherb" Ayler Kupp **11 %/8,50 €**
86 2017 Riesling Spätlese Ayler Kupp **8,5 %/10,50 €**
86 2017 Riesling Auslese Ayler Kupp **8,5 %/14,- €**

70469R! - FABIAN RAJTSCHAN

★

N

KONTAKT

Linzerstraße 84F
70469 Stuttgart
Tel. 0711-12295385
Fax: 0711-5050064
www.70469r.de
info@70469r.de

Inhaber
Fabian Rajtschan
Rebfläche
4 Hektar
Produktion
25.000 Flaschen

BESUCHSZEITEN

Sa. 9-12 Uhr oder nach Vereinbarung
Besenwirtschaft „dr'Emil" im Februar + November (Schenkensteinstraße 20)

Fabian Rajtschan stammt aus einer Familie, die seit sieben Generationen Weinbau in Feuerbach betreibt, einem Stadtteil von Stuttgart. Er hat Praktika im Remstal, in Baden und an der Mosel absolviert, in Geisenheim studiert und ein weiteres halbjähriges Praktikum bei Opus One in Kalifornien absolvierte, dort seine Liebe zu kräftigen Rotweinen entdeckt. 2011 begann er Weine aus dem Nebenerwerbsbetrieb seiner Eltern unter dem Namen 70469R! zu vermerkten (70469 ist die Postleitzahl von Feuerbach). Seine Weinberge liegen am Lemberg und in der Hohen Wart im Stuttgarter Stadtteil Feuerbach, die Weinberge sind mit denen anderer Stuttgarter Stadtteile zur Lage Berg zusammengefasst, die Fabian Rajtschan aber nicht nutzt; die Reben wachsen auf Keuperverwitterungsböden. Er baut Trollinger und Riesling, Lemberger, Dornfelder, Helfensteiner, Weißburgunder, Kerner, Zweigelt, Merlot, Cabernet Franc, St. Laurent, Gewürztraminer, Cabernet Dorsa und Cabernet Cortis, will verstärkt auf Lemberger und rote Cuvées setzen. An fünf Wochen im Jahr hat die Besenwirtschaft „dr'Emil" geöffnet. Das Programm ist gegliedert in die Linien Wind, Regen, Boden und Sonne.

Kollektion

Eine stimmige Kollektion präsentiert Fabian Rajtschan zum Debüt, mit Highlights im roten Teil der Kollektion. Im weißen Segment gefällt uns der rosenduftige, zupackende Gewürztraminer besonders gut, der Kerner ist klar und geradlinig wie auch der Riesling aus der Regen-Linie. Der Trollinger im Liter ist lebhaft und frisch, der SL-Trollinger wunderschön reintönig. Die beiden Cuvées sind fruchtbetont, kraftvoll, auch der Dornfelder besitzt intensive Frucht, gute Struktur und Druck – ein ernsthafter Vertreter seiner Art. Unser Favorit aber ist der Lemberger: Intensive Frucht, rote Früchte, rauchige Noten, Füllig, Kraft, gute Struktur und Länge. Ein spannendes Debüt!

Weinbewertung

78 2017 Riesling trocken (1l) (Linie Wind) **11,5 %/5,40 €**
82 2017 „Blanc de Noir" trocken (Linie Regen) **11,5 %/7,20 €**
83 2017 Riesling trocken (Linie Regen) **12 %/7,90 €**
83 2016 Kerner trocken (Linie Boden) **12 %/8,50 €**
84 2017 Gewürztraminer „fruchtig" (Linie Boden) **11 %/7,50 €/0,5l**
80 2017 Rosé trocken (1l) (Linie Wind) **11,5 %/5,40 €**
81 2017 Trollinger trocken (1l) (Linie Wind) **12,5 %/5,40 €**
83 2016 „Cuvée Alois" Rotwein trocken (Linie Regen) **12,5 %/7,20 €**
83 2016 Trollinger „SL" trocken (Linie Regen) **12,5 %/7,90 €**
85 2015 „Cuvée" Rotwein trocken Holzfass (Linie Boden) **13,5 %/9,80 €**
85 2015 Dornfelder trocken Holzfass (Linie Sonne) **12,5 %/11,- €**
87 2015 Lemberger trocken Holzfass (Linie Sonne) **13 %/14,- €**

Rammersweier

★

KONTAKT

Winzergenossenschaft
Rammersweier, Weinstraße 87
77654 Offenburg
Tel. 0781-31424, Fax: 0781-34674
www.wg-rammersweier.de
info@wg-rammersweier.de

Mitglieder 86
Vorstandsvorsitzender
Meinrad Hurst
Geschäftsführer
Georg Lehmann
Kellermeister
Siegfried Kiefer
Rebfläche
59 Hektar
Produktion
300.000 Flaschen

BESUCHSZEITEN

Mo.-Fr. 8-12 + 14-18 Uhr,
Sa. 9-13 Uhr

Seit dem 13. Jahrhundert ist Weinbau in Rammersweier urkundlich belegt, seit 1971 ist Rammersweier ein Stadtteil von Offenburg. 1926 gründeten 29 Winzer die Winzergenossenschaft Rammersweier, die mit 100 Mitgliedern und 56 Hektar Weinbergen zu den kleinsten Genossenschaften in Baden zählt. Müller-Thurgau ist die wichtigste Rebsorte in den Weinbergen der Mitglieder, nimmt zwei Fünftel der Rebfläche ein, auf ein Drittel bringt es Spätburgunder. Es folgen Riesling und Grauburgunder, des Weiteren gibt es Weißburgunder, Chardonnay, Kerner, Scheurebe, Gewürztraminer, sowie als Spezialitäten pilzresistente Rebsorten wie Solaris und Muscaris. Auf Lagenbezeichnungen bei den Weinen wird verzichtet.

Kollektion

Der im Barrique ausgebaute Chardonnay und der Premium-Spätburgunder waren im vergangenen Jahr unsere Favoriten in einer ansonsten sehr gleichmäßigen Kollektion – und auch in diesem Jahr gefallen uns der Barrique-Chardonnay sowie ein Spätburgunder besonders gut, allerdings handelt es sich nicht um den Premium-Spätburgunder, sondern um den „einfachen" Spätburgunder SR, der etwas rauchige Noten zeigt, rote Früchte, klar im Mund ist, fruchtbetont und zupackend, gute Struktur und Frische besitzt, merkliche Tannine und dezente Süße. Dieser Kontrast aus Süße und Tanninen ist bei der Cuvée R noch stärker ausgeprägt, während die Spätburgunder Spätlese ganz auf Süße setzt. Der Sekt zeigt feine Frucht im Bouquet, ist dann geradlinig im Mund, etwas einfach. Wie auch das Gros der Weißweine. Die Ausnahme bildet wie schon gesagt der im Barrique ausgebaute Chardonnay, Jahrgang 2016, der viel Duft und Vanille im Bouquet zeigt, kompakt dann im Mund ist, füllig und saftig, reife süße Frucht besitzt.

Weinbewertung

81	2016 Scheurebe Sekt brut **12,5 %/11,- €**
80	2017 Rivaner trocken „Tradition" **11,5 %/4,60 €**
79	2017 Grauburgunder trocken „Tradition" **12 %/5,90 €**
81	2017 Weißburgunder Kabinett trocken „Tradition" **12 %/6,50 €**
80	2017 Chardonnay trocken **13 %/7,- €**
84	2016 Chardonnay trocken Barrique **13 %/10,50 €**
81	2017 Solaris **10,5 %/5,40 €**
82	2017 Kerner Spätlese **10 %/8,- €**
80	2017 Spätburgunder Rosé trocken „Tradition" **12 %/5,50 €**
84	2015 Spätburgunder „SR" trocken **14 %/7,40 €**
82	2015 „Cuvée R" Rotwein trocken **13,5 %/7,40 €**
79	2015 Spätburgunder Spätlese **13 %/9,- €**

Familie Rauen

★★☆

KONTAKT

Hinterm Kreuzweg 5
54340 Thörnich
Tel. 06507-8382
Fax: 06507-3403
www.familie-rauen.de
info@weingut-familie-rauen.de

Inhaber
Maria & Harald Rauen, Matthias Rauen
Rebfläche
12,5 Hektar
Produktion
80.000 Flaschen

BESUCHSZEITEN

nach Vereinbarung
Weinprobierstube,
Ferienapartments****

Harald Rauen übernahm 1982 das elterliche Weingut, damals überwiegend Fassweinbetrieb, und verlagerte 1997 den Sitz von Detzem nach Thörnich. Seine Weinberge befinden sich in den Lagen Detzemer Würzgarten, Detzemer Maximiner Klosterlay und Thörnicher Ritsch. Neben Riesling gibt es ein wenig Weißburgunder, Spätburgunder, Müller-Thurgau und Dornfelder, sowie Sauvignon Blanc. Insgesamt beträgt die Rebfläche nun 12,5 Hektar. Die Weißweine werden im Edelstahl vergoren und bleiben bis zum Frühjahr auf der Feinhefe; die Rotweine werden nach zweiwöchiger Maischegärung mindestens zwölf Monate im Barrique ausgebaut und nicht filtriert. 80 bis 90 Prozent der Weine werden trocken ausgebaut, zwei Drittel der Produktion wird über den Fachhandel vermarktet. Inzwischen unterstützt Sohn Matthias als Mitinhaber seine Eltern im Betrieb. 2011 wurde ein Gästehaus mit fünf Apartments eröffnet.

Kollektion

Im vergangenen Jahr wurde klar, wie sehr sich das Weingut auch bei den trockenen Weinen entwickelt hat. Sie wirkten straff und würzig, beispielsweise beim Riesling aus der Hinkellay, der uns besonders gut gefiel. Im Jahrgang 2017 kann das Weingut seine Position festigen, auch mit einem knackigen, nach Stachelbeere duftenden Sauvignon Blanc, der viel Würze aufweist. Der Riesling aus dem Kirchenberg ist fest und würzig, besitzt eine leicht mineralische Art und wirkt angenehm trocken. Noch puristischer dagegen fällt der Wein aus der Hinkellay aus, würzig und fest, absolut trocken wirkend und mineralisch. Die „Edition Matthias" wirkt verhalten, leicht hefig, insgesamt eher verschlossen, ein Hauch von Süße ist auch vorhanden. Bei den deutlich süßen Weinen gefällt der eher verhaltene, aber mit Schmelz ausgestattete Meilenstein sehr gut, während die Spätlese aus der Thörnicher Ritsch verschlossen ist und derzeit deutlich auf der süßen Seite steht. Auch die Auslese ist merklich süß, allerdings auch angenehm saftig. In zwei, drei Jahren dürfte sich dieser Wein noch interessanter präsentieren.

Weinbewertung

84	2017 Sauvignon Blanc **11,5 %/8,50 €**
84	2017 Riesling Kabinett trocken **11,5 %/7,- €**
86	2017 Riesling trocken „Kirchenberg" **12 %/8,- €**
87	2017 Riesling trocken „Hinkellay Fingerprint" **12 %/11,50 €**
85	2017 Riesling „Edition Matthias" **11 %/7,- €**
85	2017 Riesling halbtrocken „Grauschiefer" **11 %/8,- €**
86	2017 Riesling Thörnicher Ritsch **7,5 %/9,- €**
87	2017 Riesling „Meilenstein Fingerprint" **8,5 %/11,50 €**
87	2017 Riesling Auslese **7,5 %/16,50 €**

R

Raumland

★★★★☆

Kontakt

Sekthaus Raumland
Alzeyer Straße 134
67592 Flörsheim-Dalsheim
Tel. 06243-908070
Fax: 06243-908077
www.raumland.de
info@raumland.de

Inhaber
Volker Raumland
Rebfläche
9,9 Hektar
Produktion
100.000 Flaschen

Besuchszeiten

nach Vereinbarung

Volker und Heide-Rose Raumland haben 1990 die Villa Merkel in Flörsheim-Dalsheim gekauft, 1991 dann haben sie die ersten Sekte aus eigenen Trauben erzeugt, vorher hatten sie Trauben zugekauft. Volker Raumland stammt aus einem Weingut in Bockenheim in der Pfalz, Heide-Rose Raumland stammt aus Württemberg, ist die Schwester von Hans-Peter Wöhrwag, der das gleichnamige Weingut in Untertürkheim führt. Volker Raumland hat als Betriebsleiter bei einem Pfälzer Weingut gearbeitet, nebenher mit einer mobilen Sektabfüllung begonnen; die Idee dafür war durch ein Sekt-Projekt während des Geisenheim-Studiums entstanden. Bis beides zusammen nicht länger zu vereinbaren war, er ganz auf die Sektabfüllung setzte und sich schließlich die Gelegenheit ergab, das Anwesen in Flörsheim-Dalsheim zu erwerben, mit vier Hektar Weinbergen. Diese haben Volker und Heide-Rose Raumland neu angelegt, mit Rebsorten natürlich, aus denen sie Sekt bereiten wollten. Ihre weiteren Weinberge liegen in Hohen-Sülzen und Bockenheim, seit 2002 sind die Weinberge biologisch zertifiziert. Spätburgunder ist mit Abstand die wichtigste Rebsorte im Betrieb, nimmt zwei Fünftel der Weinberge ein. Dazu gibt es Chardonnay, Weißburgunder und Riesling, sowie ein wenig Schwarzriesling. Nach der Ganztraubenpressung – die Taille wird inzwischen nicht mehr verwendet – werden die Weine lange bei kühler Temperatur vergoren. Seit 1997 durchlaufen alle Sekte den biologischen Säureabbau. Volker Raumlands Sekte werden Spitzenchampagner immer ähnlicher, ohne dass sie versuchen, diese zu kopieren, nein, sie sind eigenständig – und sie brauchen Zeit, profitieren vom langen Hefelager. Und Volker Raumland arbeitet permanent an weiteren, kleinen Veränderungen, probiert aus, was möglich ist. Die jüngsten Jahrgänge sind noch präziser und druckvoller, die Dosage hat Volker Raumland insgesamt weiter reduziert, bei manchen Cuvées verzichtet er völlig auf Dosage, die meisten anderen werden im Bereich extra-brut dosiert. Auch die Zugabe von Schwefel hat er nach und nach reduziert, schon vor einigen Jahren Sekte ausgebaut, denen gar kein Schwefel zugesetzt wurde.

Kollektion

Über viele Jahre hat Volker Raumland sich einen Bestand an lange gereiften Sekten aufgebaut. Darauf kann er nun zurückgreifen, sie perfekt gereift und punktgenau degorgieren und dann in den Verkauf bringen. Kein Wunder also, dass er in unserer Liste der besten deutschen Sekte mit so vielen Sekten vertreten ist wie kein anderes Sekthaus. Aber nicht nur die lange gereiften Sekte sind großartig, auch sein Einstiegsniveau ist sehr hoch – wobei die Cuvées Marie-Luise und Katharina, seine „jüngsten" Sekte, aus dem Jahrgang 2013 stammen und fast vier Jahre

auf der Hefe ausgebaut wurden. Die Cuvée Marie-Luise ist würzig, eindringlich, klar, füllig und harmonisch, die brut nature ausgebaute Cuvée Katharina ebenfalls füllig, harmonisch, komplex, etwas druckvoller. Der Riesling zeigt feine Würze und rauchige Noten, ist klar, harmonisch, besitzt feine süße Frucht und Frische. Richtig spannend wird es dann in der Prestige-Linie. Der 2012er Rosé zeigt viel Frucht, rote Früchte, ist klar und zupackend, besitzt gute Struktur und Grip, hatte uns aber in einem früheren Dégorgement schon einmal besser gefallen. Der 2010er Blanc de Blancs zeigt Frische und etwas rauchige Noten, ist komplex, hat herrlich viel Grip und feine Frische noch im Abgang. Der 2011er Chardonnay ist der im Vorjahr verkosteten Charge sehr ähnlich, zeigt feine rauchige Noten, ist harmonisch und elegant, besitzt feine Frische, gute Struktur und Grip. Unser Favorit in der Prestige-Linie ist der 2010er Pinot, der sich wunderschön entwickelt hat, rauchige Noten zeigt, etwas weiße und gelbe Früchte, füllig und komplex ist, harmonisch und lang. Neu ist das Zehnte Triumvirat, Jahrgang 2010: Feine rauchige Noten, füllig, frisch, komplex – die enorme Frische unterscheidet ihn von seinen Vorgängern. Es folgen die drei hervorragenden Sekte der 2008er Vintage-Serie. Der Blanc de Blancs, ein Weißburgunder, zeigt viel Frische, rauchige und florale Noten, ist sehr puristisch, präzise, wie an der Schnur gezogen. Der Chardonnay zeigt feine Reife und rauchige Noten im Bouquet, ist frisch und präzise im Mund, zupackend, kraftvoll, druckvoll und lang. Der Blanc de Noirs zeigt feine rauchige Noten, ist füllig, harmonisch, besitzt feine Frische und Länge. Unser Favorit in diesem Jahr ist der vierte 2008er, der MonRose, der ein herrlich komplexes Bouquet besitzt, frisch und druckvoll ist, lang und nachhaltig.

Volker Raumland

Weinbewertung

86	(2012) Riesling Sekt brut **12 %/17,- €**
87	2013 „Cuvée Marie-Luise" Sekt brut **12 %/17,- €**
88	2013 „Cuvée Katharina" Sekt brut nature **12 %/17,- €**
89	2010 „Blanc de Blancs Prestige" Sekt brut **12 %/26,- €**
90	2011 Chardonnay „Prestige" Sekt brut **12 %/31,- €**
91	2010 Pinot „Prestige" „Blanc de Noir" Sekt brut **12 %/25,- €**
91	2010 „X. Triumvirat Grande Cuvée" Sekt brut **12 %/39,- €**
91	2008 Chardonnay „Vintage" Sekt extra-brut **11,5 %/68,- €**
91	2008 „Blanc de Blancs" „Vintage" Sekt extra-brut **11 %/68,- €**
90	2008 „Blanc de Noirs" „Vintage" Sekt brut **11,5 %/68,- €**
92	2008 „MonRose" Sekt extra-brut **12 %/85,- €**
87	2012 Rosé „Prestige" Sekt brut **12 %/19,- €**

LAGEN

BÜRGEL (DALSHEIM)
KIRCHENSTÜCK (HOHEN-SÜLZEN)
SILBERBERG (MÖLSHEIM)
SCHLOSSBERG (BOCKENHEIM)

REBSORTEN

SPÄTBURGUNDER (40 %)
CHARDONNAY (23 %)
RIESLING (10 %)
WEISSBURGUNDER (10 %)
SCHWARZRIESLING (3 %)

Burg Ravensburg

★★★☆

KONTAKT

75054 Sulzfeld
Tel. 07269-91410
Fax: 07269-914140
www.burg-ravensburg.de
weingut@burg-ravensburg.de

Inhaber
Weingüter Heitlinger & Burg Ravensburg GmbH, Heinz Heiler
Geschäftsführer
Claus Burmeister
Kellermeister: Jürgen Kern, Daniel Rupp
Rebfläche: 38 Hektar
Produktion: 300.000 Flaschen

BESUCHSZEITEN

Vinothek in Tiefenbach (Am Mühlberg 3), Restaurant im Weingut Heitlinger, Tiefenbach, siehe Webseite

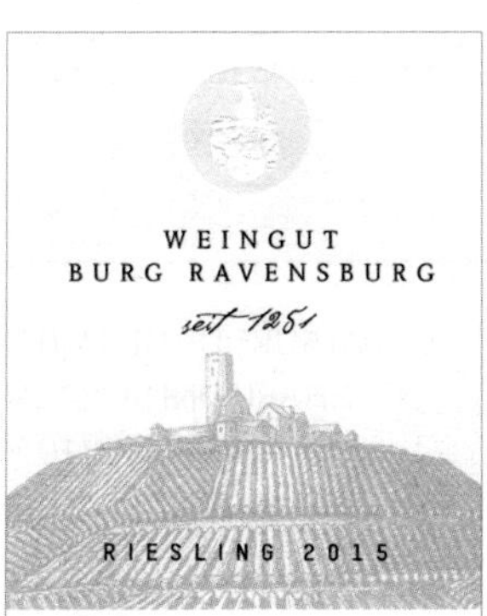

Das Weingut Burg Ravensburg besitzt die arrondierten Weinberge rund um die gleichnamige Burg mit den drei Einzellagen Löchle, Dicker Franz und Husarenkappe. Die Reben wachsen hier auf Gipskeuperböden. Die Husarenkappe ist eine reine Rieslinglage, das Löchle überwiegend Burgunderlage und die Lage Dicker Franz ist für Lemberger bekannt. Wichtigste Rebsorte ist Riesling, gefolgt von Lemberger, Spätburgunder, Weißburgunder und Grauburgunder. 2009 wurde das Weingut von Heinz Heiler übernommen, dem auch das Weingut Heitlinger in Tiefenbach gehört. Claus Burmeister ist seither für beide Weingüter verantwortlich. Seit 2010 werden die Weinberge ökologisch bewirtschaftet.

Kollektion

Eine sehr gute Riesling-Kollektion: Schon der Ortswein überzeugt mit eindringlicher, süßer Frucht, feinem Spiel und Druck. Herrlich leicht ist der Lerchenberg, anregend-herb, ein Reparaturwein für alle Lebenslagen. Ähnlich ist der Götzen, allerdings deutlich süßer. Kapellenberg ist feinnervig, würzig mit feiner Mirabellenfrucht. Husarenkappe ist eindringlich mit reifer gelber Frucht, zeigt feine Gerbstoffe und eine präzise Säurestruktur. Hervorragend ist der Grauburgunder Löchle. Er hat eine Farbe wie ein Rosé, ein feines Bouquet, zeigt viel Frucht im Mund, feines Holz, ein elegant-kräftiger Wein. Der Pinot Noir Löchle zeigt viel dunkle Frucht, ist dicht, aber elegant, harmonisch und fein. Bei den Blaufränkisch ragt der Corvus heraus. Er ist tiefgründig, konzentriert, vielschichtig, würzig, reif und weich. Dicker Franz von 2014 zeigt würzige Frucht, ein saftiger, eleganter, viel versprechender Wein. Eine noch intensivere, fast pfeffrige Würze zeigt Dicker Franz von 2013, zudem hat er eine sehr gute Struktur. Pinot Noir Löchle ist fein, elegant, harmonisch, dicht. —

Weinbewertung

84 2017 Riesling trocken Sulzfeld **12 %/9,80 €**
84 2017 Weißburgunder trocken Sulzfeld **12,5 %/9,80 €**
87 2017 Riesling trocken Sulzfelder Lerchenberg **12 %/15,- €**
86 2017 Riesling trocken Eichelberger „Götzen" **12,5 %/15,- €**
89 2016 Riesling „GG" Husarenkappe **12,5 %/35,- €**
89 2016 Riesling „GG" Kapellenberg **13 %/28,- €**
88 2016 Weißburgunder „GG" Löchle **13 %/28,- €**
91 2016 Grauburgunder „GG" Löchle **13,5 %/28,- €**
87 2016 Blaufränkisch trocken Sulzfelder Lerchenberg **13 %/15,- €**
89 2015 Pinot Noir „GG" Löchle **13,5 %/28,- €**
90 2013 Blaufränkisch „GG" Dicker Franz **13,5 %/28,- €**
90 2014 Blaufränkisch „GG" Dicker Franz **13,5 %/28,- €**
91 2012 Blaufränkisch „Corvus" **13,5 %/55,- €**

Rebenhof - Johannes Schmitz

★★★

KONTAKT

Hüwel 2-3
54539 Ürzig
Tel. 06532-4546
Fax: 06532-1565
www.rebenhof.de
info@rebenhof.de

Inhaber
Johannes Schmitz
Rebfläche
7,2 Hektar
Produktion
60.000 Flaschen

BESUCHSZEITEN

Mai-Okt. Mo.-Sa. 9-18 Uhr (Mi. geschlossen), So. 10-13 Uhr oder nach Vereinbarung
Gästezimmer, Apartment, Ferienwohnung, kulinarische Wochenenden

Der Rebenhof in Ürzig wird von Johannes und Doris Schmitz bewirtschaftet, angebaut wird ausschließlich Riesling. Die Weinberge liegen größtenteils in Steillagen an der Ürziger Moselschleife, in der Lage Ürziger Würzgarten; die meisten Lagenrieslinge von Johannes Schmitz kommen aus dem Würzgarten, teils von alten, wurzelechten Reben, allerdings gibt es auch einen Wein aus dem Erdener Treppchen. Die Trauben aus benachbarten Lagen gehen in den Gutsriesling ein. Johannes Schmitz baut ausschließlich Riesling an. Er vergärt die Weine langsam und kühl, teils in Holzfässern, teils im Edelstahl, lässt sie recht lange auf der Feinhefe liegen. Der „Riesling-Manufaktur Rebenhof", wie Johannes Schmitz sein Weingut bezeichnet, ist ein Gästehaus angeschlossen, kulinarische Wochenenden werden veranstaltet.

Kollektion

Saftige Weine im Jahrgang 2015, sehr gelungene Basisweine und süße Spitzen im Jahrgang 2016: Die jüngere Vergangenheit überzeugte in diesem Weingut sehr. Nun wird lediglich ein sehr kleines Sortiment an Weinen vorgestellt. Der Jahrgang 2017 kommt dem angestrebten Stil der Weine entgegen, denn die trockenen 2017er wirken würzig, besitzen Schmelz. Die trockene Riesling Spätlese von wurzelechten Reben ist sehr fein, geradlinig, leicht mineralisch und lang, ein völlig unangestrengter, schon im ersten Moment imponierender Riesling. Unter den feinherb ausgebauten Weinen ist beispielsweise der Riesling von rotem Schiefer mit frischer Frucht und Anklängen an Apfel und rote Beeren zu erwähnen, würzig, saftig mit deutlicher Süße und Schmelz. Sehr gelungen! Deutlich süßer sind dann nur noch der Kabinett, der vom grauen Schiefer stammt, und der „Grand Ley", ein kraftvoller, würziger, vibrierender Riesling, der lediglich eine zarte Süße aufweist und deshalb umso animierender ausfällt, sehr lang und nachhaltig ist. Ein eigenständiger Stil, wie ihn das Weingut seit vielen Jahren pflegt.

Weinbewertung

86	2017 Riesling trocken „vom Vulkangestein" **11,5 %/7,50 €**
87	2017 Riesling Kabinett trocken „von wurzelechten Reben" Würzgarten **11,5 %/9,- €**
88	2017 Riesling Spätlese trocken Ürziger Würzgarten **11,5 %/13,- €**
89	2017 Riesling Spätlese trocken „von wurzelechten Reben" Würzgarten **12 %/16,- €**
87	2017 Riesling Kabinett „feinherb „vom roten Schiefer" Würzgarten **10 %/9,- €**
86	2017 Riesling Kabinett „vom grauen Schiefer" **8,5 %/9,- €**
89	2017 Riesling „Grand Ley" Ürziger Würzgarten **10 %/17,50 €**

R

Rebholz

★★★★☆

KONTAKT

Weingut Oekonomierat Rebholz
Weinstraße 54
76833 Siebeldingen
Tel. 06345-3439
Fax: 06345-7954
www.weingut-oekonomierat-rebholz.de
wein@oekonomierat-rebholz.de

Inhaber
Hansjörg Rebholz
Rebfläche
24 Hektar
Produktion
120.000 Flaschen

BESUCHSZEITEN

Mo.-Fr. 9-12 + 14-17:30 Uhr, Sa. 10-16 Uhr, Vereinbarung erwünscht

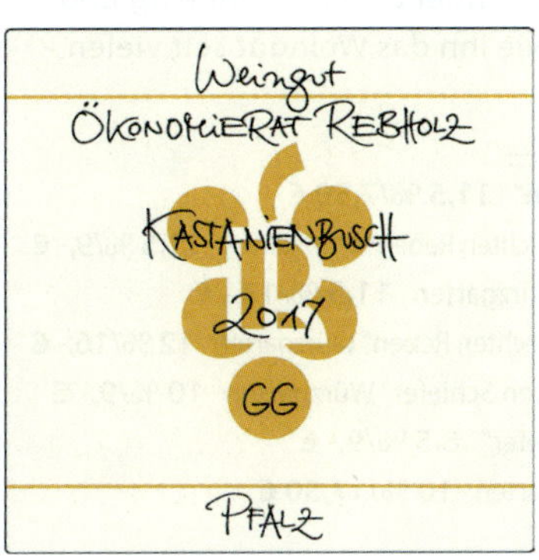

Wichtigste Rebsorten bei Hansjörg Rebholz sind Riesling und Spätburgunder. Hinzu kommen die weißen Burgundersorten, Chardonnay, Silvaner und Sauvignon Blanc, sowie als Spezialitäten Gewürztraminer und Muskateller. An der Basis des Programms von Hansjörg Rebholz stehen die Rebsorten- bzw. Gutsweine, darüber die Orts- bzw. Terroirweine. Darüber wiederum stehen die Weine aus Ersten Lagen – wie dem Frankweiler Biengarten und dem Godramsteiner Münzberg – und Großen Lagen, aus denen die Großen Gewächse stammen: Riesling aus dem Birkweiler Kastanienbusch, Riesling, Weißburgunder und Spätburgunder aus dem Siebeldinger Im Sonnenschein, Riesling aus dem alten Gewann „Ganz Horn" im Siebeldinger Im Sonnenschein und erstmals mit dem Jahrgang 2012 ein Weißburgunder aus dem Birkweiler Mandelberg. Daneben gibt es noch die im Barrique ausgebauten „R"-Weine. Seit 2005 werden die Weinberge nach ökologischen Richtlinien bewirtschaftet, kurz darauf folgte die Umstellung auf biodynamischen Anbau.

Kollektion

Die aktuelle Rebholz'sche Kollektion finden wir noch etwas stärker als die vom vergangenen Jahr, besonders gilt das für die Rieslinge, allen voran die drei Großen Gewächse: Der „Ganz Horn" ist wieder einmal unser Favorit, er ist der mineralischste Wein unter den drei Großen Gewächsen, ist eindringlich und konzentriert, zeigt erdig-steinige Noten, bleibt ganz verhalten in der Frucht, ist schlank, aber besitzt Kraft, feinen Biss, nachhaltigen Druck und salzige Länge. Der Riesling aus dem Kastanienbusch ist in diesem Jahr etwas verschlossener als gewohnt, zeigt kräutrige Würze, nur wenig Frucht, etwas grünen Apfel, besitzt sehr gute Substanz und feinen Druck, ist animierend und elegant, auch der Wein aus dem Sonnenschein ist noch leicht verhalten, zeigt Kräuternoten, etwas steinige Würze und ganz dezent Aprikose und gelben Apfel, ist druckvoll, konzentriert und nachhaltig. Die anderen Rieslinge sind schon offener und präsenter, der Biengarten zeigt wieder viel kräutrige Würze, etwas Roibuschtee und Orangenschale, ist ganz geradlinig, knochentrocken und animierend, der Muschelkalk-Riesling besitzt kalkige und herbe kräutrige Würze, sehr zurückhaltende Frucht und feinen Biss, der Rotliegende besitzt viel klare Frucht, Orangenschale, grünen Apfel, herbe Grapefruit, hat viel Grip und Zug und ist elegant, der Buntsandstein zeigt kräutrig-mineralische Noten im Bouquet, etwas Ananas und Aprikose, und besitzt am Gaumen feine Zitruswürze und Frische. Die beiden Großen Gewächse vom Weißburgunder sehen wir gleichauf, der Mandelberg zeigt Kräuter

und Stein im komplexen Bouquet, aber auch gelbe Frucht, Aprikose, Pfirsich, besitzt auch am Gaumen viel Frucht, etwas Zitruswürze, feinen Grip und gute Länge, der Wein aus dem Sonnenschein ist etwas verhaltener im Bouquet, zeigt kräutrige Würze, ist kraftvoll und leicht cremig, besitzt dann auch klare Birnenfrucht, frische Säure und Länge. Der Chardonnay besitzt gute Konzentration, zeigt feine Röstnoten, ist ganz zurückhaltend in der Frucht, etwas Salzzitrone zeigt sich am Gaumen, er ist noch sehr jung, besitzt Länge und Potential, der „Pi NO" „R" zeigt gelbe Frucht, Melone, Banane und feine Holzwürze, am Gaumen ist das Holz noch deutlicher, lässt aber auch Platz für frische Zitruswürze. Der Weißburgunder vom Muschelkalk besitzt viel Kraft, aber auch Frische, zeigt klare, gelbe Frucht, Birne, ist animierend und lang, der Weißburgunder vom Lösslehm zeigt neben Birne auch kräutrige und florale Würze im Bouquet, ist konzentriert, aber schlank und besitzt ein frisches Säurespiel. Der im Februar 2018 degorgierte „Pi No"-Sekt ist eindringlich, zeigt viel feine, hefige Würze und etwas gereifte Frucht, dezent Rosinen, besitzt noch ein frisches, animierendes Säurespiel, ist leicht, cremig, elegant und nachhaltig, und das Spätburgunder Große Gewächs zeigt dunkle Frucht, Schwarzkirsche, etwas Pflaume und auch dezente Noten von Trockenfrüchten und dunkler Schokolade, auch am Gaumen besitzt er sehr viel dunkle Frucht, Kraft, gute Struktur und sehr dezentes Holz.

Familie Rebholz

Weinbewertung

90 2008 Pi No R Sekt extra brut **12,5 %/34,- €**
88 2017 Weißer Burgunder trocken „vom Lösslehm" **12,5 %/18,80 €**
89 2017 Weißer Burgunder trocken „vom Muschelkalk" Siebeldinger **13,5 %/24,- €**
88 2017 Riesling trocken „vom Buntsandstein" **12,5 %/18,80 €**
89 2017 Riesling trocken „vom Rotliegenden" Birkweiler **13 %/18,80 €**
89 2017 Riesling trocken „vom Muschelkalk" **12,5 %/18,80 €**
89 2017 Riesling trocken Frankweiler Biengarten **12,5 %/24,- €**
91 2017 Weißer Burgunder „GG" Mandelberg **13,5 %/41,- €**
91 2017 Weißer Burgunder „GG" Im Sonnenschein **14 %/41,- €**
89 2017 Pi No trocken R **13,5 %/34,- €**
91 2017 Chardonnay trocken „R" **13,5 %/34,- €**
93 2017 Riesling „GG" „Ganz Horn" Im Sonnenschein **12,5 %/44,- €**
92 2017 Riesling „GG" Im Sonnenschein **13 %/44,- €**
92 2017 Riesling „GG" Kastanienbusch **13 %/49,- €**
91 2013 Spätburgunder „GG" Im Sonnenschein **13 %/55,- €**

LAGEN

IM SONNENSCHEIN (SIEBELDINGEN)
– GANZ HORN (SIEBELDINGEN)
KASTANIENBUSCH (BIRKWEILER)
MANDELBERG (BIRKWEILER)
LATT (ALBERSWEILER)
BIENGARTEN (FRANKWEILER)

REBSORTEN

RIESLING (40 %)
SPÄTBURGUNDER (20 %)
WEISSBURGUNDER (15 %)
CHARDONNAY (8 %)

F.-J. REGNERY

★★★

KONTAKT

Mittelstraße 39
54340 Klüsserath
Tel. 06507-4636
Fax: 06507-3053
www.weingut-regnery.de
mail@weingut-regnery.de

Inhaber
Peter Regnery
Rebfläche
8 Hektar
Produktion
50.000 Flaschen

BESUCHSZEITEN

Sa. 10-18 Uhr, Mo.-Fr. jederzeit nach Vereinbarung

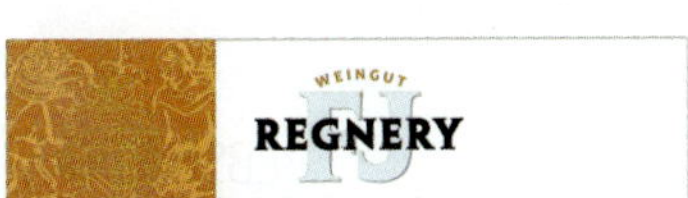

Die Geschichte des Weinguts Regnery geht auf das 17. Jahrhundert zurück. Franz-Josef Regnery hatte seine Weinberge in Flachlagen verkauft und Parzellen in den besten Lagen der Klüsserather Bruderschaft hinzugekauft. Davon profitiert heute sein Sohn Peter, der 2000 sein Studium in Geisenheim beendete und inzwischen das Weingut übernommen hat. Neben 68 Prozent Riesling baut Peter Regnery 30 Prozent Spätburgunder an, von dem es bei ihm vier verschiedene Klone gibt, zuletzt hat er ein klein wenig Syrah gepflanzt, auch eine kleine Menge Cabernet Sauvignon existiert. Die Rieslinge werden teilweise im Edelstahl ausgebaut, doch reifen alle besseren Qualitäten im Fuderfass. 80 Prozent der Weine werden trocken abgefüllt.

Kollektion

Wer das Weingut immer nur auf seine Rotweine reduziert, begeht einen Fehler. Die Weißweine sind nämlich von beachtlicher Klasse. Und dieses Fazit gilt nicht nur für die weißen Spitzen, sondern auch für die Basis. Schon der Kabinettriesling ist straff und erfreulich trocken, leicht und wirklich kabinett-typisch. Die „Edition Michelskirch" zeigt eine an Kräuter und Kernobst erinnernde Würze, ist komplett trocken und würzig. Wiederum anders die Auslese von alten Reben, jugendlich mit Noten von Hefe und Kräutern. Im feinherben Bereich ist der saftige, würzige Michelskirch-Riesling zu erwähnen, im süßen die saftige, offene, zupackende Beerenauslese – nicht ewig lang, aber sehr präzise. Was die Spätburgunder angeht, so zeigen diese straffe, würzige Art. Das gilt schon für den 2017er Blanc de Noir, der sehr trocken ausfällt, und erst recht für die 2016er Rotweine. Das „Beste Fuder" zeigte leichte Holzwürze, schöne Säure und Würze im Nachhall, der Barriquewein besitzt Anklänge an Tabak, ist kompakt und verschlossen, der Syrah zeigt komplexe Frucht (Kräuter, Tabak, schwarze Beeren, eine Spur Soja) und Substanz.

Weinbewertung

85 2017 Spätburgunder „Blanc de Noir" trocken Bruderschaft **13 %/8,40 €**
86 2017 Riesling Kabinett trocken Klüsserather Bruderschaft **11 %/7,20 €**
88 2017 Riesling trocken „Edition Michelskirch" **12,5 %/11,40 €**
89 2017 Riesling Auslese trocken „Alte Reben" Bruderschaft **12,5 %/13,20 €**
84 2017 Riesling „feinherb" (1l) **11 %/7,- €**
85 2017 Riesling Kabinett „feinherb" Klüsserather Bruderschaft **11 %/7,20 €**
88 2017 Riesling „feinherb" „Edition Michelskirch" **11,5 %/11,40 €**
89 2017 Riesling Beerenauslese Klüsserather Bruderschaft **6 %/35,- €/0,375l**
87 2016 Spätburgunder trocken Holzfass Klüsserather Bruderschaft **12,5 %/9,- €**
87+ 2016 Spätburgunder trocken „Bestes Fuder" Bruderschaft **13 %/10,80 €**
88 2016 Spätburgunder trocken Barrique Klüsserather Bruderschaft **13 %/15,- €**
89+ 2016 Syrah trocken Klüsserather Bruderschaft **13,5 %/21,60 €**

R

Reh

★★★

KONTAKT

Weierbachstraße 12
54340 Schleich
Tel. 06507-99110
Fax: 06507-99111
www.weingut-reh.de
weingut-reh@t-online.de

Inhaber
Winfried & Sigrid Reh
Kellermeister/Außenbetrieb
Winfried & Lukas Reh
Rebfläche
9,5 Hektar
Produktion
50.000 Flaschen

BESUCHSZEITEN

nach Vereinbarung

Die Weinberge von Sigrid und Winfried Reh liegen vor allem in den Mehringer Lagen Blattenberg (mit der Teillage Layet) und Zellerberg, aber auch im Pölicher Held, im Schleicher Sonnenberg und im Rioler Römerberg. Im Mehringer Blattenberg besitzen sie 1,1 Hektar wurzelechte Rieslingreben, die vor über 100 Jahren gepflanzt wurden. Riesling nimmt 85 Prozent der insgesamt 9,5 Hektar Rebfläche ein, dazu gibt es je 5 Prozent Spätburgunder, Weißburgunder und Müller-Thurgau. Einen Großteil ihrer Weine bauen die Rehs trocken und feinherb aus, allerdings werden immer in kleinen Mengen restsüße Spätlesen und, wenn es der Jahrgang erlaubt, Auslesen sowie Beerenauslesen erzeugt. Sohn Lukas ist 2017 in den Betrieb eingestiegen – nach Ausbildung zum Winzer, Studium in Geisenheim und Winzermeisterausbildung.

Kollektion

Die Basisweine waren im vergangenen Jahr zum wiederholten Male besonders empfehlenswert, saftig und würzig, direkt und zupackend. Das sind sie auch 2017. Zu würdigen ist aber auch der Sekt, gelungen ist der Weißburgunder. Überraschend viel Substanz besitzt der Schieferterrassen-Wein, der allerdings vom „Layet 1900" noch übertroffen wird, ein recht verschlossener, noch leicht hefiger Wein, fein, würzig, eher elegant, allerdings mineralisch und vor allem erstaunlich preiswert. Der „LR" genannte Debütwein des Sohnes (die Abkürzung steht sowohl für „Leichter Riesling" als auch für Lukas Reh) ist rassig und straff. Noch würziger der feinherbe Riesling von alten Zellerberg-Reben. An der süßen Spitze des 2017er Sortiments steht die Spätlese mit Anklängen an Melone, Apfel, etwas Hefe. Die beiden süßen Spitzen aus 2016 – eine leicht cremige, nach Blüten duftende und sehr elegante Auslese sowie die Beerenauslese – wurden erneut vorgestellt; es handelt sich um ebenso feine wie preiswerte, mustergültige Süßweine.

Weinbewertung

87 2015 Riesling Sekt brut **12,5 %/9,50 €**
88 2017 Riesling trocken „Schieferterrassen" **12 %/7,20 €** ☺
86 2017 Weißer Burgunder trocken **12 %/7,- €** ☺
90 2017 Riesling Spätlese trocken „Layet 1900" Mehringer Blattenberg **12,5 %/9,- €** ☺
85 2017 Riesling „feinherb" Sonnenberg (1l) **11,5 %/5,80 €** ☺
87 2017 Riesling halbtrocken „Schieferterrassen" **11,5 %/7,20 €** ☺
86 2017 Riesling „LR fineherb" **11 %/7,20 €**
88 2017 Riesling Spätlese „feinherb" „Alte Reben" Mehringer Zellerberg **12 %/9,- €** ☺
89 2017 Riesling Spätlese Mehringer Zellerberg **8,5 %/9,- €** ☺
91 2016 Riesling Auslese „Zenit" Mehringer Blattenberg **8,5 %/10,- €/0,375l**
92 2016 Riesling Beerenauslese Mehringer Blattenberg **8,5 %/30,- €/0,375l**
84 2017 Spätburgunder Rosé „feinherb" **11,5 %/6,50 €**

Reibold

★★

KONTAKT

Wallstraße 19
67251 Freinsheim
Tel. 06353-1821
Fax: 06353-4548
www.weingut-reibold.de
post@weingut-reibold.de

Inhaber
Philipp & Johannes Reibold
Rebfläche
12 Hektar
Produktion
90.000 Flaschen

BESUCHSZEITEN

Mo.-Sa. 10-18 Uhr

Seit 1975 werden im Weingut Reibold eigene Flaschenweine vermarktet. Hans-Dieter Reibold hatte den Betrieb zusammen mit seinem Vater aufgebaut, 2012 wurden seine beiden Söhne Philipp und Johannes zu Miteigentümern des Familienweinguts. Philipp Reibold hat seine Winzerlehre bei den Weingütern Pfeffingen – Fuhrmann-Eymael und Gabel gemacht, Johannes Reibold bei Schick und Knipser, wo er auch heute noch in Teilzeit arbeitet. Die Weinberge der Reibolds liegen vor allem in Freinsheimer Lagen wie Schwarzes Kreuz und Musikantenbuckel, aber auch im Herxheimer Honigsack und im Großkarlbacher Burgweg. Angebaut werden zu 60 Prozent weiße Rebsorten und zu 40 Prozent rote Sorten, wichtigste Sorte ist mit einem Flächenanteil von 30 Prozent der Riesling, gefolgt von Spätburgunder, Chardonnay, Grauburgunder, Cabernet Sauvignon, Weißburgunder, Merlot und Cabernet Franc sowie etwas Sauvignon Blanc, Dornfelder, Portugieser, Scheurebe und Gewürztraminer.

Kollektion

Wir waren überrascht, als wir das Paket der Reibolds öffneten: Darin fanden wir den ersten Pfälzer Grenache, 2010 gepflanzt und im jetzt vorgestellten Jahrgang 2015 mit dem ersten Ertrag. Aber während sich die Rotweine der Reibolds eigentlich durch einen präsenten, aber nicht dominanten Holzeinsatz auszeichnen, hat es beim Grenache die Frucht noch etwas schwer, sich gegen das Holz durchzusetzen. Die beiden Spätburgunder sind harmonischer und eleganter, besitzen kühle Frucht, der Freinsheimer ist fruchtbetont, der Pinot Noir besitzt gute Struktur. Bei den beiden weißen Reserve-Weinen, jeweils spontan vergoren und in zweit- und drittbelegten Barriques ausgebaut, ist der Chardonnay der komplexere und dank etwas dezenterem Holz auch der harmonischere Wein, beide besitzen klare Frucht und gute Länge, der Riesling vom Kalkstein ist fruchtbetont, kräutrig und animierend.

Weinbewertung

85 2017 Chardonnay & Weißburgunder trocken **12,5 %/8,20 €**
84 2017 Sauvignon Blanc trocken **11,5 %/7,50 €**
84 2017 Riesling trocken „vom Löss" **12,5 %/7,50 €**
86 2017 Riesling trocken „vom Kalkstein" **12,5 %/9,50 €**
87 2016 Weißburgunder trocken „Reserve" **13 %/15,- €**
88 2016 Chardonnay trocken „Reserve" **13 %/15,- €**
84 2015 „Cuvée Rot" Rotwein trocken **13 %/8,20 €**
87 2016 Spätburgunder trocken Freinsheim **13 %/12,50 €**
88 2016 Pinot Noir trocken **13 %/22,- €**
87 2015 Cabernet & Merlot trocken **13,5 %/22,- €**
87 2015 Grenache trocken **13,5 %/30,- €**

R

Rettig

★☆

N

KONTAKT

Gundheimer Straße 1
67593 Westhofen
Tel. 06244-4928
Fax: 06244-905066
www.weingut-rettig.de
info@weingut-rettig.de

Inhaber
Familie Rettig
Rebfläche
12 Hektar

BESUCHSZEITEN

nach Vereinbarung

Klaus und Jutta Rettig entwickelten den landwirtschaftlichen Gemischtbetrieb zum reinen Weingut. Ihre Tochter Katja machte eine Winzerlehre und die Technikerausbildung in Bad Kreuznach, 2017 hat sie das Weingut von ihren Eltern übernommen. Ihre Weinberge liegen in den Westhofener Lagen Aulerde, Steingrube und Morstein sowie im benachbarten Bechtheim in der Lage Heiligkreuz. Riesling, Weißburgunder, Grauburgunder und Spätburgunder sind die wichtigsten Rebsorten im Betrieb, aber auch Auxerrois, Frühburgunder oder Merlot werden angebaut. Das Sortiment ist gegliedert in Gutsweine, Ortsweine und Lagenweine.

Kollektion

Eine überzeugende Kollektion präsentiert Katja Rettig zum Debüt. Die weißen Gutsweine zeigen gutes, gleichmäßiges Niveau, sie sind klar, geradlinig und frisch. Die Oryx – in Reminiszenz an den Großvater, der einst auf einer Farm in Namibia arbeitete – genannte Burgundercuvée ist füllig und saftig, besitzt reife süße Frucht, der restsüße Kabinett ist lebhaft und zupackend. An der Spitze der Weißweine steht der Lagenriesling aus dem Morstein, der feine Würze und Duft zeigt, füllig und kraftvoll ist, Substanz besitzt, viel reife Frucht und gute Struktur. Auch im roten Segment gibt es eine Cuvée, Kudu genannt und im Barrique ausgebaut: Intensive Frucht, rote und dunkle Früchte, Fülle und Kraft, etwas Schokolade, reife Frucht und kräftige Tannine. Aber auch die drei roten Westhofener Ortsweine sind sehr gut. Der Pinot Noir ist fruchtintensiv, klar, kraftvoll und zupackend, der Pinot Madeleine (Frühburgunder) etwas lebhafter, aber strukturiert, betört mit reintöniger Frucht, der ebenfalls intensiv-fruchtige Merlot besitzt gute Struktur, reife Frucht und jugendliche Tannine. Ein starkes Debüt!

Weinbewertung

83 2017 Riesling trocken **12,5 %/6,30 €**
83 2017 Weißer Burgunder trocken **12,5 %/6,50 €**
82 2017 Grauer Burgunder trocken **13 %/6,30 €**
87 2016 Riesling trocken Westhofener Morstein **13 %/16,- €**
84 2017 „Oryx Burgundercuvée" Weißwein trocken **13 %/9,50 €**
82 2017 „Gazelle Sommercuvée" Weißwein **11,5 %/6,50 €**
84 2017 Riesling Kabinett „vom Kalkstein" **9 %/7,50 €**
82 2015 Spätburgunder trocken **13 %/6,90 €**
86 2015 Pinot Noir trocken Westhofener **13 %/9,90 €**
85 2015 Pinot Madeleine trocken Westhofener **13,5 %/9,90 €**
85 2015 Merlot trocken Westhofener **13 %/9,90 €**
86 2014 „Kudu" Rotwein trocken **13,5 %/14,- €**

R

Reuscher-Haart

★★☆

KONTAKT

Sankt-Michael-Straße 20-22
54498 Piesport
Tel. 06507-2492
Fax: 06507-5674
www.weingut-reuscher-haart.de
info@weingut-reuscher-haart.de

Inhaber
Mario Schwang
Rebfläche
6,2 Hektar
Produktion
45.000 Flaschen

BESUCHSZEITEN

jederzeit nach Vereinbarung
Ferienwohnungen

Seit 1337 existiert das Weingut Reuscher-Haart, der Doppel-Name entstand 1919 mit der Heirat von Elisabeth Haart und Matthias Reuscher, den Urgroßeltern des heutigen Besitzers Mario Schwang, der, nach Geisenheim-Studium und Arbeit in der Provence, das Weingut 2006 von seinem Vater Hugo Schwang übernahm und es zusammen mit seiner Ehefrau Sabine führt. 95 Prozent der Rebfläche nimmt Riesling ein, dazu gibt es ein wenig Müller-Thurgau, Regent, Spätburgunder und, eine echte Rarität an der Mosel, noch die weiße Neuzüchtung Cabernet Blanc. Die Weinberge befinden sich in den Piesporter Lagen Goldtröpfchen, Domherr, Falkenberg, Treppchen, Grafenberg und Günterslay. Die Weine werden kalt vergoren und lagern etwa drei Monate auf der Feinhefe.

Kollektion

Mario Schwang gehört zu jenen Winzern in Piesport, die engagiert immer mitmachen und sich dennoch nie im Vordergrund positionieren. Verstecken muss er sich allerdings nicht, auch 2017 überzeugen seine Weine von der Basis an. Der Literriesling ist kraftvoll, saftig, besitzt Substanz – ein Schnäppchen. Sehr geradlinig und angenehm trocken wirkt der Riesling Kabinett aus dem Falkenberg. Deutlich verhaltener, aber auch merklich stoffiger die Spätlese aus dem Goldtröpfchen. Noten von Kräutern und Hefe weist der Domherr-Riesling auf, der einen sehr festen, straffen, fast puristischen Stil zum Ausdruck bringt. Unter den nicht ganz trockenen Weinen überzeugt der eigenwillige, nach Steinobst duftende und eher milde Cabernet Blanc; sehr viel mehr Substanz indes besitzt die Spätlese „ÜberSchwang“: einer unserer Favoriten! Herauszuheben ist allerdings auch die Auslese, die frisch und kühl wirkt, Kernobstnoten und eine für diese Prädikatsstufe verhaltene Süße aufweist.

Weinbewertung

85 2017 Riesling trocken Piesporter (1l) **11,5 %/6,20 €** ☺
85 2017 Riesling Kabinett trocken Piesporter Falkenberg **11 %/6,90 €**
88 2017 Riesling Spätlese trocken Piesporter Goldtröpfchen **12 %/9,50 €** ☺
89 2017 Riesling Spätlese trocken „Urgestein“ Piesporter Domherr **12 %/11,50 €** ☺
87 2017 Riesling Kabinett „feinherb“ Piesporter Goldtröpfchen **10,5 %/7,50 €** ☺
90 2017 Riesling Spätlese „feinherb“ „ÜberSchwang“ Goldtröpfchen **11 %/10,50 €** ☺
85 2017 Cabernet Blanc **11,5 %/7,50 €**
86 2017 Riesling Kabinett Piesporter Goldtröpfchen **8,5 %/7,50 €**
88 2017 Riesling Spätlese Piesporter Goldtröpfchen **9 %/10,50 €**
89 2017 Riesling Auslese Piesporter Goldtröpfchen **8,5 %/18,- €**

REVERCHON

★★

KONTAKT

Saartalstraße 2-3
54329 Konz-Filzen
Tel. 06501-923500
Fax: 06501-923509
www.weingut-reverchon.de
kontakt@weingut-reverchon.de

Inhaber
Hans Maret
Betriebsleiter/Kellermeister
Ralph Herke
Rebfläche
29 Hektar
Produktion
180.000 Flaschen

BESUCHSZEITEN

Vinothek Mo.-Fr. 8-16 Uhr

Das Gut wurde 1685 von der Kirche an die Familie Staadt verkauft, 1921 kam es in den Besitz der Familie Reverchon, 2007 wurde es von der Weingut Reverchon KG unter Führung des geschäftsführenden Gesellschafters Hans Maret übernommen. Inzwischen wurde die Rebfläche erweitert, die Spontanvergärung eingeführt, auch eine Vinothek wurde mittlerweile eröffnet. Die Weinberge befinden sich in den Filzener Lagen Herrenberg und Pulchen sowie im Konzer Karthäuser Klosterberg, neuerdings auch im Ockfener Bockstein. Außer Riesling werden etwas Weißburgunder und Spätburgunder angebaut; ein Viertel der Produktion entfällt auf die Sektherstellung. Seit 2014 ist Ralph Herke Betriebsleiter und Kellermeister.

Kollektion

Als Sektspezialist hat sich das Weingut einen Namen gemacht und beweist dies mit einem jugendlichen 2016er, der Substanz besitzt. Sehr viel entwickelter sind der 2011er „Blanc et Noir" und der 2010er Crémant brut, der eine komplexe Aromatik zeigt, nach Kräutern, Gemüse, Hefe duftet, schlank, würzig und erfreulich niedrig dosiert ist. Im Stillweinbereich ist der Weißburgunder mit viel Schmelz hervorzuheben, auch beim Chardonnay (dezent nussig, Hauch von Gemüse) vermeidet man hier den anderswo zu beobachtenden Fehler, Weine dieser Sorte zu breit auszubauen. Ausgezeichnet gefällt der 2016er Bockstein-Riesling von alten Reben (Kräuterwürze, viel Spiel), sehr gelungen sind auch die süßen Spätlesen aus 2017: gut balanciert jene aus dem Bockstein, die noch etwas spannender und einen Hauch süßer ist als die aus dem Herrenberg.

Weinbewertung

86 2016 Riesling Sekt brut **12,5 %/12,50 €**
86 2011 Blanc et Noir Sekt brut **12 %/15,90 €**
87 2010 Riesling Crémant brut **12,5 %/17,90 €**
85 2017 Weißburgunder trocken Saar **12 %/8,90 €**
84 2017 Riesling trocken Saar **11,5 %/8,90 €**
85 2016 Chardonnay Saar **12 %/11,90 €**
85 2016 Riesling trocken Filzener Herrenberg **12 %/9,90 €**
87 2016 Riesling trocken „Alte Reben" Filzener Herrenberg **12 %/13,90 €**
89 2016 Riesling trocken „Alte Reben" Ockfener Bockstein **11,5 %/17,90 €**
84 2017 Riesling „feinherb" „Mineral" Saar **11 %/8,90 €**
86 2016 Riesling Kabinett „feinherb" Filzener Herrenberg **10 %/10,90 €**
87 2017 Riesling „Alte Reben" Filzener Herrenberg **11 %/13,90 €**
86 2016 Riesling Kabinett Filzener Pulchen **9 %/10,90 €**
87 2017 Riesling Spätlese Filzener Herrenberg **8 %/13,90 €**
88 2017 Riesling Spätlese Ockfener Bockstein **7,5 %/15,90 €**
84 2017 Rosé Saar **11,5 %/7,90 €**

Richard Richter

★★☆

KONTAKT

Marktstraße 19
56333 Winningen
Tel. 02606-311
Fax: 02606-312
www.weingut-richter.net
info@weingut-richter.net

Inhaber
Thomas & Claus-Martin Richter
Rebfläche
8,6 Hektar
Produktion
61.000 Flaschen

BESUCHSZEITEN

Mo.-Fr. 8-18 Uhr, Sa.+ So. nach Vereinbarung
Weinproben im Gewölbefasskeller

Karl-Friedrich Richter gründete 1838 ein Weinhandelshaus. Heute wird das Gut von den Cousins Thomas und Claus-Martin Richter geführt, die Handelsaktivitäten hat man bereits 1990 aufgegeben. 86 Prozent ihrer Rebfläche nimmt Riesling ein, dazu gibt es etwas Spätburgunder, Weißburgunder und Chardonnay. Die Weinberge liegen alle auf Winninger Gemarkung in den Lagen Uhlen, Brückstück, Röttgen und Hamm. Die Rieslinge werden temperaturgeführt vergoren und in Edelstahltanks ausgebaut, die Spätburgunder in gebrauchten Barriques. Die Weine werden überwiegend trocken und feinherb ausgebaut, an der Spitze des Sortiments stehen seit dem Jahrgang 2014 die Großen Gewächse aus Röttgen und Laubach sowie der Réserve-Riesling, der immer erst ein Jahr später in den Verkauf kommt und nicht immer aus der gleichen Lage stammt: eine überzeugende Idee.

Kollektion

Zwei Schaumweine bilden in diesem Jahr den Auftakt. Der Riesling brut aus 2016 ist straff und würzig, der 2015er extra brut aus dem Uhlen besitzt eine reife Frucht, ist kraftvoll, sehr würzig, angenehm trocken und nachhaltig. Ein interessanter Stil. Die vorgestellten trockenen Weine des Jahrgangs 2017 waren bei der Verkostung überwiegend – mit Ausnahme des straffen, geradlinigen Chardonnay – verschlossen, so etwa der Brückstück-Terrassen-Riesling, der Kräuterwürze und Kernobstnoten aufweist und eine feste Struktur besitzt, und natürlich die drei Großen Gewächse. Der Uhlen Laubach Terrassen ist am eigenwilligsten, besitzt eine reife Würze, ist kraftvoll, weist eine mineralische Struktur auf. Der würzige Roth Lay und der geradlinige Röttgen-Riesling komplettieren das Sortiment. Unter den feinherben Weinen gefällt der Riesling aus den Brückstück Terrassen besonders, der „Terra V." ist etwas zugänglicher.

Weinbewertung

87	2015 Riesling Sekt extra brut Uhlen	**13 %/17,50 €**
86	2016 Riesling Sekt brut	**13 %/12,50 €**
86	2017 Riesling Kabinett trocken Brückstück	**12 %/8,- €**
85	2017 Chardonnay trocken	**12,5 %/12,50 €**
88	2017 Riesling trocken Brückstück Terrassen	**13 %/13,50 €**
90	2017 Riesling „GG" Röttgen „Terrassen"	**13 %/19,50 €**
89	2017 Riesling „GG" Uhlen „Laubach Terrassen"	**13 %/19,50 €**
89	2017 Riesling „GG" Uhlen „Roth Lay Terrassen"	**13 %/19,50 €**
86	2017 Riesling Kabinett „feinherb" Winninger Brückstück	**11 %/8,- €**
88	2017 Riesling „feinherb" Brückstück Terrassen	**12,5 %/13,50 €**
85	2017 Riesling Kabinett Brückstück	**10 %/8,- €**
87	2017 Riesling „feinherb" „Terra V." Terrassen	**12 %/16,50 €**

Vincenz Richter

★☆

KONTAKT

Kapitelholzsteig 1
01662 Meißen
Tel. 03521-731606
Fax: 03521-731923
www.vincenz-richter.de
weingut@vincenz-richter.de

Inhaber
Thomas Herrlich
Rebfläche
8 Hektar
Produktion
45.000 Flaschen

BESUCHSZEITEN

Vinothek Kapitelholzsteig 1
Di.-Sa. 14-18 Uhr, Vinothek
Dresdner Straße 147 Mo.-Fr. 9-14
Uhr (außer an Feiertagen)

Das Weingut wurde 1873 von Vincenz Anton Richter gegründet und wird heute, nach der Neugründung 1990, in vierter Generation von Thomas Herrlich geführt. 2009 begann man einen neuen Betriebssitz unterhalb des Kapitelbergs im ehemaligen Stadtweingut der Stadt Meißen zu erstellen, der 2010 bezogen werden konnte. Die Weinberge von Thomas Herrlich liegen hauptsächlich direkt am Weingut, im Meißner Kapitelberg (mit Granit-Syenit-Verwitterungsböden), in unmittelbarer Nachbarschaft des Spaargebirges, im Kapitelberg liegt auch das Präbende genannte Gewann. Daneben ist Thomas Herrlich im Weinböhlaer Gellertberg vertreten, wo die Reben auf leichten Sandböden wachsen, dort werden Müller-Thurgau, Kerner und Spätburgunder angebaut, in Sörnewitz wird Kerner, Riesling und Scheurebe angebaut. 40 Prozent der Rebfläche von Thomas Herrlich nimmt Riesling ein, die mit Abstand wichtigste Rebsorte. Es folgen Kerner und Müller-Thurgau, Auxerrois, Spätburgunder, Grauburgunder, Scheurebe, Weißburgunder und Traminer.

Kollektion

Eine unerwartete Neuheit präsentiert Thomas Herrlich in diesem Jahr, auch wenn diese nicht neu ist, sondern zwanzig Jahre alt: Einen zwanzig Jahre gereiften Riesling Likörwein! Viel Duft, dominant, viel Würze, enorm eigenwillig – findige Sommeliers werden damit aber ihre Freude haben. Wir bleiben beim Altbekannten, beim Müller-Thurgau beispielsweise, der feine Würze und etwas Muskat zeigt, frisch und zupackend ist. Der Auxerrois ist würzig und konzentriert, zupackend und frisch, die Scheurebe zeigt eindringliche, klare Frucht, ist wunderschön reintönig und süffig und hat Grip. Die trockene Traminer Spätlese ist duftig, zeigt etwas Rosen, ist frisch und zupackend dann im Mund bei reintöniger Frucht. Der halbtrockene Riesling zeigt feine Frische, Würze und Frucht im Bouquet, ist frisch, lebhaft und süffig im Mund. Besonders gut gefällt uns die Kerner Spätlese, sie zeigt feine Frische und reintönige Frucht im Bouquet, ist lebhaft und klar im Mund, zupackend, besitzt feine süße Frucht und Biss – so lassen wir uns Kerner gefallen.

Weinbewertung

84 2017 Müller-Thurgau trocken Meißner Spaargebirge **11,5 %/7,90 €**
84 2017 Auxerrois Spätlese trocken **12,5 %/12,50 €**
84 2017 Scheurebe Meißner Kapitelberg **11,5 %/8,90 €**
84 2017 Traminer Spätlese trocken Meißner Kapitelberg **12 %/12,50 €**
83 2016 Riesling halbtrocken Meißner Kapitelberg **12 %/8,90 €**
85 2017 Kerner Spätlese **12,5 %/12,50 €**
84 1998 Riesling Likörwein „Aged 20 Years" Medium Sweet Meißner Kapitelberg **15,5 %**

RIEGER

★★☆

KONTAKT

Noblingstraße 13b
79426 Buggingen-Betberg
Tel. 07634-2013
Fax: 07634-553452
www.weingutrieger.de
info@weingutrieger.de

Inhaber
Philipp Rieger
Kellermeister
Markus Brauchle
Außenbetrieb
Bernhard Rieger
Rebfläche
15 Hektar
Produktion
120.000 Flaschen

BESUCHSZEITEN

Mo.-Fr. 10-12 + 14-18 Uhr,
Sa. 10-15 Uhr
Straußwirtschaft (Frühjahr und Herbst)

RIEGER

Seit Generationen ist der Hof in Familienbesitz, war ein landwirtschaftlicher Gutshof mit Ackerbau, Viehhaltung und Weinbau. Mitte der achtziger Jahre spezialisierten sich Bernhard und Josepha Rieger auf Weinbau, die Flaschenvermarktung wurde forciert, 1986 wurde die Besenwirtschaft eröffnet. 2001 begann Sohn Philipp seine Winzerlehre, machte später ein Praktikum in der Toskana und stieg 2008 voll in den elterlichen Betrieb ein, den er inzwischen übernommen hat. Seit 2005 werden alle Weinberge biologisch bewirtschaftet (Ecovin), seit 2010 befassen sich Philipp und Bernhard Rieger mit biodynamischem Anbau, sie sind demeter-zertifiziert. Die Weinberge liegen in Betberg (Maltesergarten), Britzingen (Sonnhole) und Laufen (Altenberg). Spätburgunder, Grauburgunder und Gutedel sind die wichtigsten Rebsorten, dazu gibt es Weißburgunder, Muskateller, Riesling, Gewürztraminer, Cabernet Sauvignon, Merlot und Regent.

Kollektion

Beim starken Debüt im vergangenen Jahr präsentierte Philipp Rieger kraftvolle Weiß- und Rotweine. Die neue Kollektion nun ist nochmals deutlich spannender. Schon das Basisniveau ist hoch, Weiß- und Grauburgunder sind geradlinig und fruchtbetont, noch ein klein wenig druckvoller ist der reintönige Chardonnay. Durch die Bank sehr gut ist die weiße SR-Riege: Der Chasselas, von 1976 gepflanzten Reben, besitzt Fülle und Kraft, der Weißburgunder (1964 gepflanzt), Jahrgang 2014, besitzt reife Frucht, Komplexität, der Grauburgunder (1966 gepflanzt) ist reintönig, füllig und strukturiert. Nicht von alten Reben stammt unser weißer Favorit, der Chardonnay SR: Füllig, kraftvoll, viel reife Frucht und Substanz. Der Rosé ist kraftvoll und zupackend, der Spätburgunder fruchtbetont, reintönig. Der Spätburgunder SR ist intensiv fruchtig, zupackend, tanninbetont, der achtzehn Monate im Barrique ausgebaute Padaperc besitzt Fülle und Kraft, gute Struktur, ist jugendlich. —

Weinbewertung

84	2017 Weißer Burgunder trocken **12,5 %/9,- €**
84	2017 Grauer Burgunder trocken **13,5 %/9,- €**
85	2017 Chardonnay trocken **13 %/10,- €**
87	2017 Chasselas „SR" trocken „Alte Rebe" **12,5 %/11,50 €**
87	2014 Weißer Burgunder „SR" trocken „Alte Rebe" **12,5 %/18,- €**
87	2016 Grauer Burgunder „SR" trocken „Alte Rebe" **13,5 %/13,50 €**
88	2017 Chardonnay „SR" trocken **13,5 %/15,- €**
85	2017 „Saigneé" Rose trocken **13,5 %/13,50 €**
84	2015 Spätburgunder trocken Holzfass **13,5 %/10,- €**
88	2015 Spätburgunder „SR" trocken „Alte Rebe" **13,5 %/16,50 €**
88	2016 Cabernet&Merlot „Padaperc" **13,5 %/18,- €**

Riffel

★★★☆

KONTAKT

Mühlweg 14A
55411 Bingen
Tel. 06721-994690
Fax: 06721-994691
www.weingut-riffel.de
service@weingut-riffel.de

Inhaber
Erik & Carolin Riffel
Kellermeister
Erik Riffel
Rebfläche
16 Hektar
Produktion
100.000 Flaschen

BESUCHSZEITEN

April bis Dez.: Mo.-Do. 17-19 Uhr, Fr. 13-19 Uhr, Sa. 10-17 Uhr, Jan. bis März: Mo.-Fr. 17-19 Uhr, Sa. 10-16 Uhr

Das Weingut Riffel hat in den siebziger Jahren die ersten eigenen Weine vermarktet und sich danach immer mehr auf Weinbau spezialisiert. Die wichtigsten Rebsorten sind Riesling, der gut die Hälfte der Rebfläche einnimmt, Silvaner und Weißburgunder, dazu gibt es Chardonnay und Sauvignon Blanc sowie Spätburgunder. An der Binger Lage Scharlachberg besitzt das Weingut inzwischen 6 Hektar, die anderen Weinberge liegen in den Bingener Lagen Schlossberg Schwätzerchen und Bubenstück, inzwischen ist man auch im Binger Kirchberg vertreten, der neben dem Scharlachberg in den Fokus rücken soll. 2009 wurde das Weingut komplett auf biologische und biodynamische Bewirtschaftung umgestellt, so dass 2012 der erste zertifizierte Jahrgang war, man ist Mitglied bei Ecovin.

Kollektion

Wieder eine umfangreiche Kollektion, wieder ein spannender Pet Nat zum Einstieg. Dann sehr gleichmäßige, zuverlässige Gutsweine, alle fruchtbetont und frisch, gefolgt von fülligeren Ortsweinen, die alle Substanz und Saft besitzen. Der neue Lagen-Riesling aus dem Kirchberg besitzt Substanz und Würze, der bekannte, strukturierte, kraftvolle Wein aus dem Scharlachberg gefällt uns ein wenig besser. Die Reserveweine sind stoffig, kompakt, vom Holzausbau geprägt, die süßen Rieslinge sind reintönig und frisch. Ganz stark auch die Spätburgunder, allen voran die kraftvolle, eindringliche Réserve.

Weinbewertung

87 2017 „Pet Nat" **11,5 %/18,90 €**
84 2015 Riesling Sekt brut **12 %/14,90 €**
84 2017 Weißer Burgunder trocken **12,5 %/7,90 €**
84 2017 Grauer Burgunder trocken **12,5 %/7,90 €**
84 2017 Riesling trocken **12 %/7,90 €**
84 2017 Scheurebe trocken **12 %/7,90 €**
86 2017 Silvaner trocken „Quarzit" Binger **12,5 %/12,- €**
85 2016 Weißer Burgunder & Chardonnay Spätlese trocken „Tonmergel" **13 %/12,- €**
85 2017 Riesling trocken „Quarzit" Binger **13 %/12,- €**
88 2017 Riesling trocken Binger Kirchberg **13 %/24,50 €**
89 2017 Riesling trocken Scharlachberg **13 %/24,50 €**
88 2016 Silvaner trocken „Reserve" **12 %/24,50 €**
89 2016 Chardonnay trocken „Réserve" Binger **13 %/24,50 €**
86 2017 Riesling Kabinett Scharlachberg **10 %/9,90 €**
87 2017 Riesling Spätlese Scharlachberg **10,5 %/12,- €**
88 2017 Riesling Auslese Binger Scharlachberg **7,5 %/24,50 €**
87 2015 Spätburgunder trocken „Mariage" Binger **13 %/12,- €**
89 2015 Pinot Noir trocken „Réserve" Binger Bubenstück **13 %/24,50 €**

R

Rings

★★★★

KONTAKT

Dürkheimer Hohl 21
67251 Freinsheim
Tel. 06353-2231
Fax: 06353-915164
www.weingut-rings.de
info@weingut-rings.de

Inhaber
Steffen & Andreas Rings
Rebfläche
28,5 Hektar
Produktion
190.000 Flaschen

BESUCHSZEITEN

Mo.-Sa. 10-12 + 13-17 Uhr

Seit sechs Generationen wird in der Familie Rings Weinbau betrieben. 1960 siedelte Friedrich Weinsheimer in die Dürkheimer Hohl aus und errichtete den neuen Winzerhof. 1973 übernahmen seine Tochter Traudel und ihr Mann Willi Rings den Betrieb. Bis zum Jahr 2000 haben sie ihren Wein als Fasswein verkauft, erst als Steffen Rings seine Ausbildung beendete und die Verantwortung im Keller übernahm, begann man mit der Selbstvermarktung. Zum 1. Juni 2015 wurde das Weingut in den VDP aufgenommen, ein steiler Aufstieg! Heute führt Steffen Rings den Betrieb zusammen mit seinem Bruder Andreas. Das Gros ihrer Weinberge liegt in Freinsheim, in den Lagen Schwarzes Kreuz und Gottesacker, zugekauft haben sie Weinberge in Lagen wie Weilberg, Nussriegel und Saumagen. Im Jahr 2011 rekultivierten sie eine jahrzehntelang brachliegende Gewanne in der Lage Leistadter Felsenberg und bestockten den nach Süden ausgerichteten Hang mit einem Pinot Noir-Klon aus dem Burgund. Rote Rebsorten nehmen die Hälfte der Rebfläche ein: vor allem Spätburgunder, aber auch Cabernet Sauvignon, Merlot, Portugieser, St. Laurent und Syrah. Neben Riesling gibt es an weißen Sorten Weißburgunder und Grauburgunder, Chardonnay, Silvaner und Sauvignon Blanc. Nach der Umstellung auf biologischen Anbau sind die Weine des Jahrgangs 2017 erstmals biologisch zertifiziert. Und eine weitere große Neuerung gibt es: Am südwestlichen Rand Freinsheims wurde in der Lage Schwarzes Kreuz ein komplett neues Weingut mit reichlich Raum für Produktion, Keller und Lager in den Hang gebaut, im Laufe des Sommers 2018 fand der Umzug aus den beengten Verhältnissen in der Ortsmitte statt.

Kollektion

Unsere beiden Favoriten der letzten zwei Jahre, die Spätburgunder aus dem Saumagen und dem Felsenberg, wurden im Jahrgang 2016 den Ansprüchen von Steffen und Andreas Rings an ein Großes Gewächs vom Spätburgunder nicht gerecht und daher nicht gefüllt. Stattdessen können die Brüder mit diversen anderen Spitzen aufwarten, besonders bei den 2017er Rieslingen sind die Maßstäbe nach oben verschoben, das Große Gewächs aus dem Saumagen ist eindringlich und konzentriert, zeigt steinig-kalkige Noten und viel klare Frucht, Grapefruit, Orangenschale, gelben Apfel, Aprikose, wird mit Luft immer komplexer, besitzt viel Saft, innere Dichte, viel Druck, Biss und salzig-animierende Länge, der Weilberg zeigt viel gelbe Frucht, Aprikose, Mango, Ananas und etwas steinige Würze, besitzt viel Saft, ist leicht cremig, animierend, komplex und sehr nachhaltig. Der Steinacker-Riesling zeigt kreidige Noten und Zitruswürze, ist animierend und besitzt salzige Länge, der Nussriegel ist etwas fruchtbetonter, zeigt auch leicht steinige Noten und besitzt Biss. Neu im Programm sind die beiden Riesling-Ortsweine, der Ungsteiner zeigt klare, gelbe Frucht, besitzt

Zitruswürze und ein animierendes Säurespiel, der Kallstadter zeigt kalkig-kreidige Noten, besitzt am Gaumen viel Frucht, Ananas, Limette, etwas Orangenschale, und salzige Länge. Das Weißburgunder Große Gewächs zeigt Noten von gerösteten Haselnüssen, etwas Rauch und gelbe Frucht, besitzt am Gaumen Noten von Salzzitrone und gute Länge, der neue „Kalk & Stein" aus Chardonnay und Weißburgunder zeigt rauchige Würze und Zitrusnoten, besitzt ein frisches Säurespiel, ist harmonisch und elegant. Der Spätburgunder vom Steinacker ist noch leicht verschlossen, zeigt sehr feine Röstnoten, gewinnt mit viel Luft immer mehr an Frucht und Tiefe und besitzt mehr Struktur als der Kallstadter Spätburgunder, der komplexe Frucht zeigt, Schwarzkirsche, Cassis, auch feine Krokantnoten und am Gaumen sehr intensiv, elegant und lang ist. Die drei Cuvées aus dem Schwarzen Kreuz verfügen über reichlich dunkle Frucht und Struktur, das „Kleine Kreuz" zeigt kräutrige Würze, etwas Eukalyptus, und besitzt jugendliche, reife Tannine, das „Kreuz" ist konzentrierter und komplexer, zeigt Brombeere, schwarze Johannisbeere und etwas Lakritz im Bouquet, ist kraftvoll, harmonisch und lang, die „Réserve" besitzt ebenfalls Kräuternoten, sehr feine Röstnoten, ist noch sehr jung, aber schon ausgewogen, elegant und sehr nachhaltig. Und auch der Syrah besitzt ein jugendliches Tanningerüst und viel Würze, Kräuter, etwas Pfeffer, dunkle und rote Frucht, ist animierend und lang.

Steffen & Andreas Rings

Weinbewertung

86	2017 Riesling trocken „Kalkmergel" **12,5 %/8,90 €**
87	2017 Riesling trocken Ungstein **13 %/13,- €**
88	2017 Riesling trocken Kallstadt **13 %/15,- €**
88	2017 „Kalk & Stein" Weißwein trocken **13 %/16,- €**
89	2017 Riesling trocken Ungsteiner Nussriegel **12,5 %/18,- €**
90	2017 Riesling trocken Kallstadter Steinacker **13,5 %/20,- €**
91	2017 Riesling „GG" Weilberg **13 %/32,- €**
93	2017 Riesling „GG" Saumagen **13 %/36,- €**
91	2017 Weißer Burgunder „GG" Weilberg **13 %/32,- €**
86	2016 Spätburgunder trocken **12,5 %/11,90 €**
88	2016 Spätburgunder trocken Freinsheim **13 %/16,- €**
89	2016 Spätburgunder trocken Kallstadt **13 %/19,- €**
89	2016 „Das kleine Kreuz" Rotwein trocken **14,5 %/20,- €**
91	2016 „Das Kreuz" Rotwein trocken **14,5 %/40,- €**
90	2016 Spätburgunder trocken Kallstadter Steinacker **13 %/28,- €**
91	2016 Syrah trocken „Réserve" **14 %/40,- €**
92	2015 „Das Kreuz Réserve" Rotwein trocken **14 %/69,- €**

LAGEN

SCHWARZES KREUZ (FREINSHEIM)
GOTTESACKER (FREINSHEIM)
SAUMAGEN (KALLSTADT)
STEINACKER (KALLSTADT)
WEILBERG (UNGSTEIN)
NUSSRIEGEL (UNGSTEIN)
HERZFELD (LEISTADT)
– FELSENBERG (LEISTADT)

REBSORTEN

RIESLING (30 %)
SPÄTBURGUNDER (20 %)

Rinke

★★☆

KONTAKT

Grünhäuser Mühle,
Hauptstraße 4
54318 Mertesdorf
Tel. 0151-8305335 / 0151-11181457
Fax: 0651-9935838
www.weingut-rinke.com
info@weingut-rinke.com

Inhaber
Dr. Marion Rinke,
Alexander Rinke
Betriebsleiter/Außenbetrieb
Dr. Marion Rinke
Kellermeister
Gernot Kollmann
Rebfläche
4,2 Hektar
Produktion
18.000 Flaschen

BESUCHSZEITEN

nach Vereinbarung und zu den Öffnungszeiten der Grünhäuser Mühle

Das Quereinsteiger-Weingut von Alexander und Marion Rinke existiert nicht in Form eines repräsentativen Gebäudes, sondern als Projekt mit mehreren Standorten. Alles begann mit der Rekultivierung des Langsurer Brüderbergs nach Art eines Gemischten Satzes; vor allem Chardonnay, aber auch diverse weitere Sorten wurden angepflanzt. Rotwein aus dem Langsurer Brüderberg gehört ebenfalls zum Repertoire. Später kamen noch Flächen an der Saar dazu, in Wiltingen und Oberemmel, die mit Riesling und Weißburgunder bestockt sind und die man an der Saar vinifiziert.

Kollektion

Das Weingut Rinke hat sich längst vom kleinen Quereinsteiger zu einem jener Betriebe entwickelt, die Maßstäbe setzen und überregional wahrgenommen werden. Beachtliche Qualität stellte das Weingut im vergangenen Jahr mit seinem im gemischten Satz gepflanzten Wein vor, dem Brüderberg. Aber auch beim Schaumwein sollte man den Betrieb nicht unterschätzen. Der 2015er mit 20 Monaten Hefelager, ohne Dosage abgefüllt, präsentiert sich nun offen, besitzt Noten von Pfirsich, eine merklich cremige Art und Kräuternoten, zeigt den Jahrgang und ist sehr geradlinig. Es folgen die 2017er: Sehr straff und trocken ist der Weißburgunder Schiefergestein, der Grauburgunder besitzt etwas mehr Fülle und Schmelz, der Riesling aus dem Klosterberg ist duftiger und kräuterwürziger als der Vertreter des Altenbergs. Der Muschelkalk genannte Wein aus dem Brüderberg weist eine zarte, an Melone und Litschi erinnernde Aromatik auf, der 2016er S aus dem Brüderberg besitzt wunderschönen Schmelz. Unter den Rotweinen gefällt der Frühburgunder mit seiner zarten, geradlinigen Art besonders gut, aber auch die Spätburgunder besitzen eine wunderschöne Eleganz.

Weinbewertung

87 2015 „Passion Zero" Sekt Langsurer Brüderberg **12,5 %/19,50 €**
86 2017 Pinot Blanc trocken „Schiefergestein" Saar **11 %/9,50 €**
87 2017 Pinot Gris trocken „Schiefergestein" **9,5 %/9,50 €**
86 2017 Riesling Kabinett trocken Saar **10,5 %/11,- €**
86 2017 Riesling trocken Oberemmeler Altenberg **11 %/11,50 €**
88 2017 „Muschelkalk" Weißwein Langsurer Brüderberg **12 %/14,- €**
89 2016 Terrassen „S" Weißwein trocken Langsurer Brüderberg **11,5 %/19,- €**
88 2017 Riesling „Alte Reben" Wiltinger Klosterberg **10,5 %/12,50 €**
88 2017 Riesling „Alte Reben" Oberemmeler Altenberg **10,5 %/13,50 €**
87 2016 Pinot Noir trocken Oberemmeler Altenberg **12,5 %/15,- €**
87 2016 Pinot Noir „Muschelkalk" **12,5 %/14,- €**
88 2016 Frühburgunder trocken Wiltinger Braunfels **12,5 %/18,- €**

Stefan Rinklin

★★★

KONTAKT

Hauptsraße 102,
79268 Bötzingen
Tel. 07663-949706
Fax: 07663-949707
www.weingut-stefan-rinklin.de
kontakt@weingut-stefan-rinklin.de

Inhaber Stefan Rinklin
Rebfläche 6,5 Hektar
Produktion 50.000 Flaschen

BESUCHSZEITEN

nach Vereinbarung

Das Weingut wurde 2007 von Stefan Rinklin und Miriana Rinklin gegründet. Stefan Rinklin ist ausgebildeter Weinküfer, hat bei Schwörer im Breisgau gearbeitet, bei Fritz Keller am Kaiserstuhl, dann bei Dörflinger im Markgräflerland und beim Weingut Fischer, wieder am Kaiserstuhl, bevor er den Schritt in die Selbständigkeit wagte. Auch seine Ehefrau Miriana ist Weinküferin, hat Weinmarketing in Heilbronn studiert. Ihre Weinberge liegen alle in Bötzingen. Sie bauen hauptsächlich die Burgundersorten an, Grauburgunder liegt an erster Stelle, gefolgt von Weißburgunder und Spätburgunder, dazu gibt es ein klein wenig Müller-Thurgau. Die Weine werden alle trocken ausgebaut, bleiben recht lange auf der Feinhefe, auf Prädikatsangaben wird verzichtet, anfangs ebenso auf Lagenangaben, wobei sich dies inzwischen geändert hat und Stefan Rinklin heute die Bötzinger Kleinlagen/Gewanne für seine Spitzenweine verwendet.

Kollektion

So schöne Literweine findet man nicht leicht am Kaiserstuhl, beide sind fruchtbetont und sortentypisch. In der Editions-Linie gefallen uns der füllige, saftige Weißburgunder und der kirschduftige, fruchtbetonte Weißherbst besonders gut. Die beiden Meisental-Weine besitzen gute Konzentration und kraftvoll, Fülle und Saft, der Grauburgunder glänzt mit viel Frische, der Weißburgunder ist etwas kraftvoller. Neu ist der konzentrierte Weißburgunder aus der Lage Hahlen, er besitzt viel Stoff und Kraft, ist noch sehr jugendlich. Der Tiefental-Spätburgunder zeigt feine Frische, rote Früchte, dezent Johannisbeere, ist zupackend, strukturiert, fruchtbetont. Der Barrique-Spätburgunder trägt nun den Namen seiner Lage, Biegarten: Er zeigt rauchige Noten, viel reife Frucht, besitzt Fülle und Kraft, reintönige Frucht und gute Struktur. Und kann gut reifen, wie Jahrgang 2008 zeigt, der frisch und präzise ist, wunderschön reintönig und immer noch fruchtbetont (Sauerkirschen).

Weinbewertung

83 2017 Weißburgunder trocken (1l) **12,5 %/7,- €**
83 2017 Grauburgunder trocken (1l) **12,5 %/7,- €**
85 2017 Weißburgunder trocken „Edition SR" **13 %/7,50 €**
83 2017 Grauburgunder trocken „Edition SR" **13 %/8,- €**
87 2017 Weißburgunder trocken Bötzinger „Meisental" **13 %/9,50 €**
87 2017 Grauburgunder trocken Bötzinger „Meisental" **13 %/10,- €**
88 2017 Weißburgunder trocken Bötzinger „Hahlen" **13 %/19,- €**
85 2017 Spätburgunder Weißherbst trocken „Edition SR" **13 %/7,50 €**
88 2016 Spätburgunder trocken Bötzinger „Tiefental" **13,5 %/12,50 €**
90 2008 Spätburgunder trocken Barrique **13 %**
89 2016 Spätburgunder trocken Bötzinger „Biegarten" **13,5 %/21,- €**

R

A. & E. Rippstein

★★☆

KONTAKT

Sandgasse 26
97522 Sand am Main
Tel. 09524-1341
Fax: 09524-301046
www.weingut-rippstein.de
info@weingut-rippstein.de

Inhaber
Mathias Rippstein
Rebfläche
8 Hektar
Produktion
60.000 Flaschen

BESUCHSZEITEN

Sa. 15-18 Uhr und nach Vereinbarung
Heckerstube (täglich von April bis September)
Weinsommerfest am 2. Wochenende im August

Die Familie baut seit Generationen Wein in Sand am Main an, heute führt Mathias Rippstein das Gut. Die Reben wachsen teils auf verwittertem Sandsteinkeuper, teils auf tonigem Lehm und lehmigen Sand in den beiden Sander Lagen Kronberg und Himmelsbühl. Wichtigste Rebsorte ist Silvaner, der 40 Prozent der Fläche einnimmt. Es folgen Müller-Thurgau, Weißburgunder, Riesling, Bacchus und Kerner. Rote Sorten nehmen 20 % der Fläche ein, vor allem Domina, dazu gibt es Dornfelder und Merlot. Die Weißweine werden langsam bei 16 bis 18° C vergoren und bis März auf der Feinhefe ausgebaut, teilweise mit Batonnage. Die roten Trauben werden entrappt, zwei Tage kaltmaceriert, dann maischevergoren (10 bis 16 Tage) und anschließend 12 bis 18 Monate im Barrique ausgebaut bevor sie unfiltriert abgefüllt werden.

Kollektion

Mit der neuen Kollektion schließt Mathias Rippstein nahtlos an die guten Vorjahre an. Das Einstiegsniveau ist hoch, die weißen Qualitäts- und Kabinettweine sind frisch, fruchtbetont , sortentypisch. Sehr gut sind alle trockenen Spätlesen. Der pfirsichduftige Riesling S ist üppig, besitzt reife süße Frucht, der gelbfruchtige Weißburgunder M besitzt Fülle, Kraft, Struktur und Frucht, die zweite trockene Weißburgunder-Spätlese steht ihm kaum nach, ist ebenso fruchtbetont und reintönig, nicht ganz so druckvoll. Die Silvaner-Spätlese ist füllig und saftig, der Silvaner S noch kraftvoller, noch fülliger, der Pure Sand ist würziger und druckvoller. Die nach kandierten Früchten duftende Beerenauslese und die frucht- und tanninbetonte Domina runden die Kollektion ab.

Weinbewertung

82 2017 „Secco Saignée" trocken **12 %/7,- €**
83 2017 Müller-Thurgau trocken „Luna" Sander Himmelsbühl **12 %/6,- €**
82 2017 Silvaner trocken **12,5 %/6,- €**
82 2017 Weißer Burgunder trocken **12,5 %/6,50 €**
83 2017 Weißer Burgunder Kabinett trocken Sander Himmelsbühl **12,5 %/7,- €**
84 2017 Silvaner trocken „Novo" Sander Kronberg **13 %/8,- €**
85 2017 Silvaner Spätlese trocken Sander Kronberg **13 %/8,50 €**
86 2017 Weißer Burgunder Spätlese trocken Sander Himmelsbühl **13 %/8,50 €**
86 2017 Silvaner „S" Spätlese trocken Sander Kronberg **13,5 %/11,- €**
86 2017 Riesling „S" Spätlese trocken Sander Kronberg **13,5 %/11,- €**
87 2016 Silvaner Spätlese trocken „Pure Sand" Sander Kronberg **13 %/12,- €**
87 2017 Weißer Burgunder Spätlese trocken „M" **12,5 %/9,50 €**
83 2017 Bacchus „feinfruchtig" „B177" **12 %/6,- €**
84 2017 Kerner Spätlese **11,5 %/8,50 €**
88 2016 Silvaner Beerenauslese Sander Kronberg **7 %/22,- €/0,375l**
85 2015 Domina „S" trocken **13,5 %/11,- €**

BERNHARD RIPPSTEIN

★☆

KONTAKT

Anger 14
97522 Sand am Main
Tel. 09524-1566
www.rippstein.de
info@rippstein.de

Inhaber
Stefan Rippstein
Rebfläche
6 Hektar
Produktion
40.000 Flaschen

BESUCHSZEITEN

Do.+Fr. 14-18 Uhr, Sa. 9-16 Uhr

Das Weingut wurde 1980 von Bernhard und Elfriede Rippstein gegründet, heute wird es von ihrem Sohn Stefan geführt. In den Weinbergen in den Sander Lagen Himmelsbühl und Kronberg und im Steinbacher Nonnenberg baut er Müller-Thurgau, Bacchus, Silvaner und Kerner an, inzwischen komplettieren Weißburgunder, Riesling und Scheurebe das Programm. An roten Rebsorten gibt es Dornfelder, Schwarzriesling und Cabernet Dorsa, inzwischen auch Domina und Spätburgunder. Ein Teil der Rotweine wird im Barrique ausgebaut, auch vom Silvaner gibt es eine Barrique-Variante, sowie eine weitere, die im großen Holzfass ausgebaut wird. Stefan Rippstein nutzt Prädikatsbezeichnungen auch für trockene Weine, auf Lagenbezeichnungen verzichtet er.

Kollektion

Auch in diesem Jahr präsentiert Stefan Rippstein eine rundum stimmige Kollektion mit überzeugenden Basisqualitäten und Spitzen sowohl trocken als auch süß. Der lebhafte, frische Rivaner ist wie immer eine sichere Bank, der Weißburgunder ist lebhaft, säurebetont. Unsere Favoriten unter den Kabinettweinen sind die Scheureben, die süße Variante ist lebhaft, klar und zupackend, deutlich die Nase vorne aber hat der trockene Wein, er besitzt intensive, reintönige Frucht, ist harmonisch und zupackend. Die trockene Silvaner Spätlese von alten Reben ist füllig und kraftvoll, besitzt viel reife Frucht und Substanz, die trockene Riesling Spätlese sehen wir gleichauf, sie zeigt herrlich eindringliche reife Frucht im Bouquet, ist füllig und kraftvoll im Mund, besitzt reintönige reife Frucht und gute Struktur. Auch restsüße Weine spielen Jahr für Jahr eine wichtige Rolle im Programm von Stefan Rippstein. Die Kerner Spätlese ist fruchtbetont und klar, besitzt feine süße Frucht und Frische, deutlich am spannendsten aber ist im süßen Segment die Riesling Auslese, die intensive Frucht im Bouquet zeigt, Litschi, Pfirsiche, Orangen, reintönig und zupackend im Mund ist bei feinem Biss. ▬

Weinbewertung

82	2017 Rivaner Kabinett trocken **12 %/5,60 €**
82	2017 Weißburgunder Kabinett trocken **12 %/5,90 €**
81	2017 „Blanc de Noir" Kabinett trocken **12 %/6,30 €**
85	2017 Silvaner Spätlese trocken „alte reben" **13,5 %/6,90 €**
85	2017 Riesling Spätlese trocken **13,5 %/6,50 €**
85	2017 Scheurebe Kabinett trocken **11,5 %/6,- €** ☺
83	2017 Kerner Spätlese **11 %/5,80 €**
83	2017 Scheurebe Kabinett **10,5 %/5,80 €**
87	2017 Riesling Auslese „süß" **9,5 %/9,50 €**

Erwin Riske

★★★

KONTAKT

Wingertstraße 26-28
53507 Dernau
Tel. 02643-8406
Fax: 02643-3531
www.weingut-riske.de
weingut-riske@t-online.de

Inhaber
Volker Riske
Rebfläche
7 Hektar
Produktion
35.000 Flaschen

BESUCHSZEITEN

Mo.-Fr. nach Vereinbarung, Sa. 10-18 Uhr, So. + feiertags 15-18 Uhr und zu den Öffnungszeiten der Straußwirtschaft: 1. Mai - Mitte Juni, 1. Sept. bis Mitte Nov., Di.-Do. 15-20 Uhr (Sept./Okt.), Fr. 15-22 Uhr, Sa. 12-22 Uhr, So. + feiertags 12-20 Uhr; *****Ferienwohnungen

Volker Riske führt zusammen mit Ehefrau Mechthild in vierter Generation den Betrieb. Seit 2016 ist Sohn Jan Riske, Geisenheim-Absolvent, im Betrieb tätig, unterstützt seinen Vater im Weinberg, im Keller und bei der Vermarktung. Neben Weinbergen an der Ahr besitzt Volker Riske auch zwei Hektar Reben in Leutesdorf (Gartenlay) am Mittelrhein, wo überwiegend Riesling sowie ein klein wenig Müller-Thurgau und Weißburgunder angebaut werden. Die Ahr-Weinberge liegen vor allem in den Dernauer Lagen Hardtberg und Pfarrwingert, sowie im Neuenahrer Sonnenberg, aber auch in Marienthal, Ahrweiler und Bachem. Spät- und Frühburgunder nehmen drei Viertel der Fläche ein, Riesling 15 Prozent, dazu gibt es Portugieser, Dornfelder sowie Weißburgunder und Müller-Thurgau. Die Rotweine werden alle spontanvergoren, die Spitzen-Spätburgunder werden alle fünfzehn bis achtzehn Monate in neuen Barriques ausgebaut und unfiltriert abgefüllt. Die Riskes bieten auch Ferienwohnungen an, bereits seit 1997 hat die Straußwirtschaft saisonal geöffnet.

Kollektion

Beim starken Debüt im vergangenen Jahr führte der Pfarrwingert-Spätburgunder eine stimmige Kollektion an. Im Jahrgang 2016 nun gibt es ihn wie auch seinen Kollegen aus dem Sonnenberg zusätzlich in einer R-Version. Beide sind hervorragend, führen eine ganz starke Kollektion an. Der Pfarrwingert R ist reintönig, frisch, präzise, der Sonnenberg R fruchtbetont und intensiv, besitzt reife Frucht. Auch sonst setzt man beim Spätburgunder ganz auf Frische und Frucht. Der Schieferturm ist lebhaft, reintönig, zupackend, der Wein aus dem Dernauer Hardtberg zeigt intensive Frucht, rote Früchte, ist klar, frisch, zupackend, herrlich reintönig und druckvoll. Der Spätburgunder aus dem Sonnenberg zeigt ebenfalls intensive Frucht, rote Früchte, ist strukturiert, fruchtbetont, geradlinig, der Pfarrwingert-Spätburgunder zeigt reintönige Frucht, etwas Veilchen, ist klar, harmonisch und lang. Auch die Rieslinge überzeugen, sind fruchtbetont und zupackend, der Spontan ist etwas druckvoller. Kurzum: Unser Aufsteiger des Jahres an der Ahr!

Weinbewertung

84 2016 Riesling trocken „Alte Reben" **13 %/9,90 €**
85 2016 Riesling trocken „Spontan" **13 %/14,- €**
86 2016 Spätburgunder trocken „Schieferturm" **13,5 %/15,90 €**
88 2016 Spätburgunder trocken Bad Neuenahrer Sonnenberg **13,5 %/19,90 €**
89 2016 Spätburgunder trocken Dernauer Hardtberg **13,5 %/24,50 €**
88 2016 Spätburgunder trocken Dernauer Pfarrwingert **13,5 %/29,- €**
90 2016 Spätburgunder trocken Bad Neuenahrer Sonnenberg „R" **13,5 %/32,- €**
90 2016 Spätburgunder trocken Dernauer Pfarrwingert „R" **13,5 %/42,- €**

Römerhof

★★

KONTAKT

Burgstraße 2
54340 Riol
Tel. 06502-2189
Fax: 06502-20671
www.weingut-roemerhof.de
mail@weingut-roemerhof.de

Inhaber
Franz-Peter & Daniel Schmitz
Kellermeister
Franz-Peter & Daniel Schmitz
Rebfläche
11 Hektar
Produktion
70.000 Flaschen

BESUCHSZEITEN

nach Vereinbarung

Franz-Peter Schmitz hat seit den siebziger Jahren das Weingut aufgebaut. Heute wird er im Betrieb von seinem Sohn Daniel unterstützt, der in Geisenheim studiert hat und Auslandserfahrungen in Chile, Argentinien und Österreich sammelte. Ihre Weinberge liegen im Schweicher Herrenberg, im Longuicher Maximiner Herrenberg, im Rioler Römerberg sowie in den Mehringer Lagen Zellerberg und Blattenberg. Familie Schmitz bewirtschaftet steile Parzellen – beispielsweise die Felsenterrasse im Zellerberg – und besitzt über 60 Jahre alte Reben. Neben Riesling, der gut die Hälfte der Fläche einnimmt, bauen sie Müller-Thurgau (immerhin 20 Prozent der Fläche) und Weißburgunder sowie Spät- und Frühburgunder an. Die Weine werden teils in Holzfässern, teils in Edelstahltanks ausgebaut. Das Gros der Weine wird trocken und halbtrocken ausgebaut, der immer saftige und zugängliche Sekt namens Rigodulum gehört hier schon lange zur Tradition.

Kollektion

Einen vergleichsweise fülligen Schaumwein hatte das Weingut im vergangenen Jahr vorgestellt – verständlich, denn der Grundwein stammte aus dem reifen Jahrgang 2015. Bei den Stillweinen schätzten wir die Spätlesen besonders, in trockener, nicht ganz trockener und in deutlich süßer Version. Als Schaumwein wird nun der 2016er präsentiert, und der wirkt deutlich fester, straffer und würziger als der Vorgänger. Saftig und zugänglich ist der Weißburgunder, nicht wirklich puristisch, aber sehr animierend. Die trockene Spätlese von alten Reben gefällt mit ihrer offenen Nase, den Hefe- und Kräuternoten noch besser als die normale trockene Spätlese. Das nicht ganz trockene Feld ist stark besetzt mit der halbtrockenen Spätlese „Filius VII.", die würzig und eher schlank ausfällt. Saftiger mit mehr Schmelz und Süße ausgestattet: die Spätlese „Vom grauen Tonschiefer". Am meisten Potenzial hat vermutlich die „Felsenterrasse", die noch verschlossen wirkt, jugendlich und straff. Im süßen Bereich gibt es nur einen einzigen Wein: Die Spätlese aus dem Longuicher Maximiner Herrenberg ist klar und offen mit Anklängen an Apfel, Cassis und Hefe.

Weinbewertung

87 2016 Riesling Sekt brut „Rigodulum" **12,5 %/10,- €**
85 2017 Weißburgunder trocken **12 %/7,- €**
87 2017 Riesling Spätlese trocken **12,5 %/9,- €**
88 2017 Riesling Spätlese trocken „Alte Reben" **12,5 %/10,50 €**
87 2017 Riesling Spätlese halbtrocken „Filius VII." **12 %/9,- €**
88 2017 Riesling Spätlese halbtrocken „Felsenterrasse" Zellerberg **12 %/11,- €**
87 2017 Riesling Spätlese „feinherb" „vom grauen Tonschiefer" Zellerberg **12 %/9,50 €**
88 2017 Riesling Spätlese „No. 1" Longuicher Maximiner Herrenberg **8,5 %/11,- €**

Römerhof

★

KONTAKT

Mont Royal
56841 Traben-Trarbach
Tel. 06541-8129-11/0160-4787641
Fax: 06541-8129-29
www.roemerwein.de
juergen.roemer@roemerwein.de

Inhaber
Jürgen Römer
Rebfläche
5 Hektar
Produktion
40.000 Flaschen

BESUCHSZEITEN

zu den üblichen Bürozeiten und jederzeit nach Vereinbarung

Jürgen Römer leitet das Weingut, einen traditionsreichen, aber durchaus modern aufgestellten Betrieb, der mittelfristig eine Umstellung auf Bioweinbau anstrebt. Bewirtschaftet werden heute fünf Hektar in den Lagen Trabener Würzgarten, Trabener Kräuterhaus, Kröver Steffensberg und Kröver Letterlay. Riesling ist die einzige Weißweinsorte des Betriebes und nimmt 92 Prozent der Rebfläche ein, dazu werden noch Dornfelder und Spätburgunder angebaut. Die Weine werden teilweise mit dem Begriff „Necto" versehen, der sich vom lateinischen Wort für verknüpfen oder verflechten ableitet, hinzu kommen je nach Charakter römische Ziffern. Daneben finden sich allerdings auch klassische Lagenweine bis hinauf zu edelsüßen Spezialitäten.

Kollektion

Im vergangenen Jahr hatte das Weingut Rieslinge aus mehreren Jahren angestellt – nicht nur die hauseigene Spitzenlinie „Necto", sondern auch Lagenweine bis 2007 zurück. Es fiel auf, wie sich der saftige Stil des Hauses durch das ganze Sortiment zog. Die Weine sind zupackend und gut verständlich. Dieses Mal stellt das Weingut nochmals die „Necto"-Vertreter aus 2015 und 2016 vor, dazu die 2017er. Der „Necto I" ist eher verhalten mit Noten von Kräutern und Hefe, trocken und würzig. Der „Necto II" ist offen, besitzt eine betont saftige Art und eine leichte Süße, verbunden mit Schmelz. Der nach Steinobst duftende „Necto III" ist kompakt, deutlich süß und saftig, aber auch lang. Die Weine aus den Vorjahren haben sich gut entwickelt. Was die Auslesen aus dem Kröver Steffensberg angeht: Jene aus 2015 ist saftig und in einer guten Balance, kraftvoll und erfreulich nachhaltig. Die aus dem Jahrgang 2017 dagegen ist noch etwas unbalanciert, besitzt Anklänge an Pfirsichhaut und eine merkliche Süße, die noch etwas allzu sehr im Vordergrund steht. ▬

Weinbewertung

86 2015 Riesling „Necto I" **12,5 %/11,95 €**
85 2016 Riesling „Necto I" **11,5 %/10,50 €**
87 2017 Riesling „Necto I" **12,5 %/11,50 €**
87 2015 Riesling „Necto II" **11,5 %/11,95 €**
85 2016 Riesling „Necto II" **12,5 %/10,50 €**
87 2017 Riesling „Necto II" **11 %/11,50 €**
87 2015 Riesling „Necto III" **8,5 %/17,50 €**
86 2016 Riesling „Necto III" **7,5 %/15,- €**
88 2017 Riesling „Necto III" **8,5 %/15,- €**
88 2015 Riesling Auslese Kröver Steffensberg **9 %/23,- €**
86 2017 Riesling Auslese Kröver Steffensberg **8,5 %/23,- €**
81 2017 Rotling **12,5 %/7,- €**

zur Römerkelter

★★☆

KONTAKT

In der Duhr 6
54484 Maring-Noviand
Tel. 06535-430
Fax: 06535-7739
www.roemerkelter.de
info@roemerkelter.de

Inhaber
Timo Dienhart
Rebfläche
15 Hektar
Produktion
85.000 Flaschen

BESUCHSZEITEN

Mo.-Fr. 8-18 Uhr und nach Vereinbarung

In zehnter Generation führt Timo Dienhart den Familienbetrieb in Maring-Noviand. Er hat in den letzten Jahren eine klare Philosophie entwickelt und sich nicht nur mit guten Weinen einen Namen gemacht, sondern auch mit zertifiziert biologischem Anbau. Dienhart, der auch über 20 Jahre Erfahrungen mit biodynamischen Methoden verfügt, ist Mitglied bei Ecovin, produziert vegane Weine und denkt auch bei der Stilistik nicht daran, alles ebenso zu machen wie die Konkurrenz. 15 Hektar bewirtschaftet er, zu knapp 70 Prozent Riesling, hinzu kommen 15 Prozent Spätburgunder, ein beachtlicher Anteil Rivaner und 6 Prozent pilzwiderstandsfähige Rebsorten. Seine Parzellen verteilen sich auf die Lagen Honigberg und Klosterberg, Sonnenuhr und Römerpfad. Die Weißweine werden zum Großteil im Stahl, aber auch im großen Fass oder im Steinzeug ausgebaut, die Rotweine im kleinen Fass.

Kollektion

Die Weine Timo Dienharts sind unverwechselbar, eher würzig und kompakt als rassig und schlank, immer spannend. Der Nachteil ist, dass sie oft Zeit brauchen, sich in der offenen Flasche entwickeln, nach zwei Stunden spannender wirken als am Anfang. Zwei gelungene Sekte aus 2014 führen das Sortiment an. Der Weißburgunder ist kühl, straff, würzig, präzise und trocken. Der Kräuterwingert macht seinem Namen Ehre, besitzt Anklänge an Kräuter und eine recht reif wirkende Fruchtnote, ist im Mund straff, fest, mineralisch. Der Kreutzlay ist kühl, verhalten, schlank und würzig. Sehr verschlossen zeigt sich der „Titan", kompakt, würzig, nachhaltig. Der feinherbe Honigberg-Kabinett ist beinah trocken, die feinherbe Spätlese ist eigenwillig, mit Anklängen an Aprikosen und Kräuter, im Mund kompakt und würzig mit leichter Süße. Verhalten mit Anklängen an Aprikose, Blüten und Honig zeigt sich die edelsüße Spätlese. Auch der rote Bereich überzeugt – etwa mit dem Honigberg-Spätburgunder, er ist kühl, kompakt, würzig und lang.

Weinbewertung

86 2014 Riesling Sekt brut **12 %/11,80 €**
87 2014 Riesling „Reserve" „bee" Sekt brut **12,5 %/19,80 €**
(86) 2017 Weißburgunder **12,5 %/9,80 €**
(87) 2017 Riesling trocken „Kräuterwingert" Honigberg **12 %/9,80 €**
(89+) 2017 Riesling trocken „Titan" Honigberg **12 %/11,80 €**
(88) 2017 Riesling trocken „Kreutzlay" Honigberg **12 %/16,80 €**
86 2017 Riesling Kabinett „feinherb" „Blauschiefer" Honigberg **10 %/9,80 €**
(88) 2017 Riesling Spätlese „feinherb" „Falkenborn" Honigberg **10,5 %/16,80 €**
(88) 2017 Riesling Spätlese „Fass 9" **8 %/9,80 €**
87 2016 Spätburgunder trocken **13,5 %/11,80 €**
89 2016 Spätburgunder trocken „Private Reserve" Honigberg **13,5 %/28,- €**

RÖMMERT

★

KONTAKT

Erlachhof 1
97332 Volkach
Tel. 09381-2366
Fax: 09381-4185
www.weingut-roemmert.de
info@weingut-roemmert.de

Inhaber
Peter Heidecker
Betriebsleiter
Dirk Sewe
Kellermeister
Sebastian Schubert
Rebfläche
20 Hektar
Produktion
150.000 Flaschen

BESUCHSZEITEN

Mo.-Do. 8-18 Uhr, Fr. 8-17 Uhr, Sa. 10-14 Uhr, So./Feiertage 10-12 Uhr und nach Vereinbarung

R

Römmert
Wein | Gut | Franken

Seit seiner Gründung 1923 wurde das Weingut immer von der Mutter an die Tochter vererbt, zuletzt wurde es von Andrea Flammersberger geführt, 2015 hat Peter Heidecker das Gut übernommen. Das Gros der Weinberge liegt in Volkach in der Lage Ratsherr, dessen Kernstück direkt am Main liegt und Muschelkalkböden aufweist. Silvaner, Müller-Thurgau und Riesling spielen eine wichtige Rolle, dazu gibt es Bacchus, Kerner, Rieslaner, Traminer, Scheurebe, Weißburgunder und Chardonnay. An roten Sorten werden Spätburgunder, Schwarzriesling, Domina, Dornfelder, Acolon und Regent angebaut. Um den Keller kümmert sich seit dem Jahrgang 2012 Sebastian Schubert. Die Zeichen stehen auf Expansion, die Rebfläche wurde deutlich erweitert, Weingut und Vinothek werden umgebaut, ein Wein-Themen-Hotel mit 100 Zimmern ist projektiert.

Kollektion

Ein sehr eigenständiger, rosenduftiger Traminer-Sekt eröffnet in diesem Jahr den Reigen. Im Basis-Segment überzeugt vor allem der frische, fruchtbetonte, recht würzige Frank & Frei- Müller-Thurgau. Die Weine der „Junge Edition"-Linie sind süffig, setzen ganz auf Frische und Frucht, bieten unkomplizierten Trinkgenuss. Unser Favorit unter den 2017er Weinen ist die trockene Silvaner Spätlese aus dem Ratsherr, die gute Konzentration im Bouquet zeigt, feine Würze, reife Frucht, füllig und saftig im Mund ist, reife Frucht und gute Substanz besitzt. Ihr nahe kommt die Cuvée aus Weißburgunder und Chardonnay, Hemera genannt, Jahrgang 2014, die viel Duft und Reife im Bouquet zeigt, füllig und kompakt im Mund ist bei guter Substanz.

Weinbewertung

83 2015 „Tramant" Sekt extra brut **13,5 %/18,50 €**
82 2017 Müller-Thurgau trocken „Frank & Frei" **11,5 %/6,50 €**
81 2017 Silvaner trocken (Junge Edition) **12 %/6,20 €**
78 2017 Silvaner Kabinett trocken Volkach Ratsherr **12 %/8,- €**
80 2017 Weißer Burgunder Kabinett trocken **11,5 %/7,50 €**
85 2017 Silvaner Spätlese trocken Volkacher Ratsherr **12,5 %/17,- €**
84 2014 „Hemera" Weißer Burgunder Chardonnay Volkach Ratsherr **13 %/18,50 €**
81 2017 Müller-Thurgau „feinfruchtig" (Junge Edition) **11 %/5,90 €**
81 2017 Bacchus „feinfruchtig" (Junge Edition) **10 %/5,90 €**
81 2017 Scheurebe Kabinett „feinfruchtig" **12 %/7,50 €**
82 2016 Riesling Spätlese Volkach Ratsherr **11,5 %/9,- €**
81 2017 Rosé trocken (Junge Edition) **12 %/6,20 €**
82 2017 „Cuvée Rot" Rotwein „feinfruchtig" (Junge Edition) **12 %/5,90 €**

RÖSCHARD

★★

KONTAKT

Breslauer Straße 75
79576 Weil am Rhein
Tel. 07621-74000
Fax: 07621-577332
www.weingut-roeschard.com
info@weingut-roeschard.de

Inhaber
Gerd Röschard
Kellermeister
Ralf Röschard
Rebfläche
8,5 Hektar

BESUCHSZEITEN

Mo.-Fr. 8-13 + 17-19 Uhr,
Sa. 8-13 Uhr

Ganz im Süden des Markgräflerlandes, in Weil am Rhein an der Grenze zur Schweiz, ist das Weingut Röschard zuhause, das heute in dritter Generation von Gerd Röschard und seinem Bruder Werner geführt wird; Werners Sohn Ralf ist seit dem Jahrgang 2011 für den Weinausbau verantwortlich. Ralf Röschard, der das Weingut einmal weiterführen soll, hat seine Winzerlehre beim Weingut Klumpp in Bruchsal absolviert und inzwischen die Ausbildung zum Weinbautechniker in Weinsberg begonnen. Die Weinberge liegen im Weiler Schlipf und in der Haltinger Stiege. Der Weiler Schlipf ist eine Süd- bis Südwest-exponierte Lage mit schweren, kalkhaltigen Böden. In der etwas flacheren Haltinger Stiege, teils West-, teils Süd-exponiert, herrschen lehmhaltige Böden mit Lössauflage vor, hier baut Gerd Röschard vor allem weiße Rebsorten an, im Weiler Schlipf Spätburgunder und Chardonnay. Die Markgräfler Paraderebsorten Gutedel und Spätburgunder sind die wichtigsten Rebsorten im Betrieb, dazu gibt es Weißburgunder, Grauburgunder und Chardonnay. Die Weißweine werden gekühlt vergoren und lange auf der Hefe ausgebaut; alle Rotweine werden maischevergoren. Sekte und Perlweine ergänzen zusammen mit Edelbränden das Sortiment. In den kommenden Jahren sollen die Rebfläche etwas erweitert und der Ausbau im Holz forciert werden.

Kollektion

Im vergangenen Jahr führten die 2014er Spätburgunder eine gute Kollektion an. Die neue Kollektion ist ein großer Schritt voran, sowohl bei den Weißweinen als auch bei den Roten. Die weißen Gutsweine sind klar und fruchtbetont: Die Cuvée Blanc aus Grauburgunder und Chardonnay ist druckvoll, der Weißburgunder geradlinig, der Grauburgunder besticht mit Reintönigkeit und Frische und der etwas florale Sauvignon Blanc hat Grip. Der im Barrique ausgebaute Chardonnay besitzt Fülle und Kraft, gute Struktur und Frucht. Stimmig präsentieren sich auch die Spätburgunder vom klaren, zupackenden Gutswein über den rauchigen, strukturierten im 1.500 Liter-Fass ausgebauten Wein bis hin zum im Barrique ausgebauten SR, der reintönige Frucht zeigt, rote Früchte, sehr klar und frisch im Mund ist, präzise und druckvoll.

Weinbewertung

85 2016 „Cuvée Blanc" Weißwein trocken **13 %/9,50 €**
83 2017 Weißburgunder trocken **12,5 %/7,50 €**
84 2017 Grauburgunder trocken **13 %/8,- €**
85 2017 Sauvignon Blanc trocken **12,5 %/8,50 €**
88 2016 Chardonnay „SR" trocken Barrique **13 %/14,- €**
83 2015 Spätburgunder trocken **13 %/7,- €**
85 2017 Spätburgunder trocken „großes Fass" **13 %/9,50 €**
88 2015 Spätburgunder „SR" trocken Barrique **13,5 %/15,50 €**

R

Josef Rosch

★★★★☆

KONTAKT

Mühlenstraße 8
54340 Leiwen
Tel. 06507-4230
Fax: 06507-8287
www.weingut-rosch.de
weingut-josef-rosch@t-online.de

Inhaber
Werner Rosch
Rebfläche
8,5 Hektar
Produktion
70.000 Flaschen

BESUCHSZEITEN

Mo.-Sa. nach Vereinbarung

Anfang der achtziger Jahre hat Werner Rosch den elterlichen Betrieb übernommen, mit damals gerade einmal 1,2 Hektar Weinbergen. Bis heute sind 8,5 Hektar daraus geworden, ob es einmal mehr werden sollen, muss Sohn Nico entscheiden, der seinen Vater im Betrieb unterstützt. Der Sohn hat bei Kühn, dem Karthäuserhof und Knipser gelernt, dann die Ausbildung in Weinsberg gemacht, danach bot er anderen Winzer seinen Steillagen-Bewirtschaftungs-Service an. Die Weinberge von Werner Rosch liegen vor allem in Leiwen in der Laurentiuslay und im Klostergarten sowie in den Trittenheimer Lagen Apotheke und Altärchen. Darüber hinaus ist er in der Klüsserather Bruderschaft und in der Lage Dhron Hofberger vertreten, inzwischen auch im Piesporter Goldtröpfchen. Werner Rosch baut seit jeher ausschließlich Riesling an. Zur Säurereduzierung werden die Trauben 5 bis 8 Stunden eingemaischt, ohne Schwefel, alle Weine werden spontanvergoren. Im trockenen Segment gibt es in der Spitze einen Lagenwein aus dem Dhron Hofberger (als Spätlese trocken) sowie als Großes Gewächs einen Apotheke-Riesling. Die Weine aus Bruderschaft und Laurentiuslay werden feinherb ausgebaut. Süßweine spielen eine wichtige Rolle im Betrieb. Der Basiswein ist der Kabinett aus dem Klostergarten, dann gibt es Spätlesen und Auslesen (mit bis zu 3 Sternen) aus Apotheke und Goldtröpfchen, wenn es der Jahrgang erlaubt werden auch Beerenauslesen und Trockenbeerenauslesen sowie Eisweine erzeugt. 30 Prozent der Produktion werden exportiert. Die Weine von Werner Rosch sind nach wie vor Geheimtipps, auch deshalb, weil der Winzer selten so im Rampenlicht steht wie andere Kollegen der Region.

Kollektion

In den vergangenen Jahren hatten wir mehr als einmal von den geradlinigen Rieslingen schwärmen können, die vom einfachsten Wein bis in die Spitze hinein unangestrengt und selbstverständlich wirken und darüber hinaus auch noch eine bemerkenswerte Nachhaltigkeit besitzen. 2016 etwa war der trockene Bereich (ein Riesling aus der Apotheke, ein anderer aus der Laurentiuslay) stark, vom restsüßen Bereich mit gleich drei prächtigen Auslesen sei nur kurz die Rede. Im Jahrgang 2017 sind ebenfalls viele spannende Weine zu probieren, auch wenn das edelsüße Segment etwas kleiner ausfällt als im Jahrgang 2016. Wie so oft im Weingut Rosch ist es allerdings die Basis, die schon lange vor Verkostung der Spitzen von der guten Arbeit des Weingutsteams zeugt. Der trockene Leiwener Riesling ist kompakt und würzig, in der Nase allerdings noch etwas verhalten, besitzt Substanz, dürfte sich auch in drei, vier Jahren

noch gut trinken lassen. Der trockene Riesling aus der Apotheke zeigt im Moment nur in Ansätzen, was in ihm steckt; er ist sehr straff, fest, trocken, mineralisch und lang. Offen mit reifer Frucht zeigt sich der trockene Hofberg-Riesling, eine gelungene Interpretation der Lage. Noch verschlossen ist dagegen der Riesling aus der Laurentiuslay, sehr würzig, praktisch trocken, mit Struktur und ebenfalls mineralischer Länge. Gelungen ist dann wie erwartet der feinherbe Basiswein, ein Leiwener, die Süße ist hier nur angedeutet und nicht, wie so oft an der Mosel, übermächtig. Der feinherbe Riesling aus der Klüsserather Bruderschaft ist hier ganz auf Schmelz und Würze gebaut. Im restsüßen Bereich ist beispielsweise der Kabinettwein zu nennen; er ist in der Nase eher verhalten, besitzt zarte Noten von Kräutern und Hefe, ist im Mund straff, kühlfruchtig, verhalten in der Süße und überraschend lang. Ein eigenständiger Stil, der hier zur Perfektion gebracht wird. Die Goldtröpfchen-Spätlese zeigt den typischen Charakter der Lage, sie besitzt eine offene Frucht mit Anklängen an Cassis und eine sehr saftige Art, ist lang und strukturiert, mit gut eingebundener Süße. Eine der eigenständigsten Spätlesen in diesem Jahrgang an der Mittelmosel. Die Apotheke-Spätlese wirkt ein wenig verhaltener. Kühlfruchtig und saftig, lang und elegant ist die Auslese aus dem Piesporter Goldtröpfchen mit vergleichsweise hoher Süße. Die Apotheke-Auslese wirkt etwas frischer und straffer, aber ebenfalls sehr attraktiv und lang. Wieder mal hat es das Weingut geschafft, nicht nur seinen Hausstil beizubehalten, sondern auch den Charakter des Jahrgangs abzubilden. Dass die Weine von der Basis bis zur Spitze ein gutes Preis-Leistungs-Verhältnis aufweisen, wie es an der Mosel nur in wenigen anderen Fällen erreicht wird, ist zusätzlich lobend zu erwähnen.

Werner Rosch

Weinbewertung

87	2017 Riesling trocken Leiwener	**11,5 %/8,- €** ☺
90	2017 Riesling Spätlese trocken Dhroner Hofberg	**12,5 %/15,- €** ☺
91	2017 Riesling trocken Apotheke	**13 %/24,- €**
91	2017 Riesling Laurentiuslay	**12,5 %/24,- €**
86	2017 Riesling „feinherb" Leiwener	**10,5 %/8,- €**
88	2017 Riesling Spätlese „feinherb" Klüsserather Bruderschaft	**10,5 %/15,- €**
87	2017 Riesling Kabinett Leiwener Klostergarten	**8,5 %/11,- €**
89	2017 Riesling Spätlese Trittenheimer Apotheke	**8 %/15,- €**
89	2017 Riesling Spätlese Piesporter Goldtröpfchen	**7,5 %/18,- €**
90	2017 Riesling Auslese Trittenheimer Apotheke	**7 %/15,- €/0,5l**
90	2017 Riesling Auslese Piesporter Goldtröpfchen	**7 %/20,- €/0,5l**

LAGEN

LAURENTIUSLAY (LEIWEN)
APOTHEKE (TRITTENHEIM)
HOFBERG (DHRON)
BRUDERSCHAFT (KLÜSSERATH)
GOLDTRÖPFCHEN (PIESPORT)
KLOSTERGARTEN (LEIWEN)

REBSORTEN

RIESLING (100 %)

ROSENHOF

★★

KONTAKT

Schriesheimer Straße 101
68526 Ladenburg
Tel. 0151-40524106
www.weingut-rosenhof.eu
m.schmidt@weingut-rosenhof.eu

Inhaber
Matthias Schmidt
Rebfläche
3,5 Hektar
Produktion
20.000 Flaschen

BESUCHSZEITEN

Fr. 15-18 Uhr, Sa. 11-14 Uhr

Matthias Schmidt übernahm von seinem Vater Rebflächen in Schriesheim und gründete 2010 das Weingut Rosenhof, dies hat seinen Sitz zwischen Ladenburg und Schriesheim, im ehemaligen Gutshof Rosenhof, nach dem das Weingut auch benannt ist. Hier befindet sich die komplette Traubenverarbeitung, der Weinausbau und die Vinothek. Die Weinberge bewirtschaftet Matthias Schmidt in der Lage Schriesheimer Kuhberg. Vor allem Riesling, aber auch Grauburgunder, Weißburgunder, Chardonnay, Silvaner, Gewürztraminer, Sauvignon Blanc sowie die roten Sorten Spätburgunder, Cabernet Sauvignon und Merlot. Die Premium Rot- und Weißweine werden zum Teil im Holz ausgebaut. Matthias Schmidt hat bei Georg Bielig in Schriesheim eine Ausbildung zum Winzer gemacht, in Weinsberg den Weinbautechniker. Er betreibt sein eigenes Weingut von 3,5 Hektar im Nebenerwerb. Hauptberuflich ist er in einem Weinbaubetrieb an der Bergstraße tätig. Das Weingut ist Gründungsmitglied der Weiße Burgunder Charta, einem Zusammenschluss von Weingütern aus den Bereichen Kraichgau und Badische Bergstraße.

Kollektion

Matthias Schmidt war vor zwei Jahren die Entdeckung an der Badischen Bergstraße. Bei allen seinen Weinen ist die Rebsortentypizität klar herausgearbeitet. Die Weißweine von 2017 sind im Schnitt leichter als die des Vorjahres, was kein Nachteil ist. Der Riesling ist eindringlich duftig, saftig, hat guten Grip. Der Weißburgunder ist saftig-süffig und zeigt feine helle Frucht. Der Silvaner ist sehr ausgewogen, von erdiger Tiefe und hat eine feines, elegantes Bouquet. Der Grauburgunder zeigt viel reife, saftige Frucht, hat eine feine Säure. Die Charta-Cuvée zeigt viel saftige Frucht und feinen Holzeinsatz, ist elegant. Viel Frucht und wenig Gras zeigt der Sauvignon Blanc, saftiger Grip. Sehr elegant und frisch ist der Riesling Sekt. Der Spätburgunder von 2013 hat eine elegante, kühle Frucht, eine gute Konzentration und Tanninstruktur. Die hochprozentige rote Cuvée ist konzentriert, die Tannine sind kräftige, aber nicht trocken.

Weinbewertung

85 2016 Riesling Sekt brut **12 %/12,50 €**
86 2017 Silvaner trocken **12,5 %/6,10 €** ☺
84 2017 Riesling trocken **12,5 %/6,20 €**
85 2017 Weißburgunder **12,5 %/7,90 €**
86 2017 Grauburgunder trocken **13 %/7,90 €**
86 2017 Sauvignon Blanc trocken **13 %/10,10 €**
87 2017 „Charta-Cuvée" Weißwein trocken **13 %/8,80 €**
86 2013 Spätburgunder trocken **12,5 %/7,90 €**
86 2015 „MMXV" Rotwein trocken **14,5 %/14,80 €**

Roter Bur Glottertäler Winzer

★

N

KONTAKT

Winzerstraße 2
79286 Glottertal
Tel. 07684-91091
Fax: 07684-910910
www.roter-bur.de
info@roter-bur.de

Inhaber 100 Mitglieder
Geschäftsführer Udo Opel
100 Mitglieder
Kellermeister Norbert Faller
Rebfläche 62 Hektar
Produktion 500.000 Flaschen

BESUCHSZEITEN

täglich 8-12:30 + 13:30-18 Uhr

Das Glottertal ist ein recht hoch gelegenes Schwarzwaldtal, die Reben wachsen anders als sonst im Breisgau auf Granit-Gneis-Verwitterungsböden. Das Gros der Reben wird von der Winzergenossenschaft verarbeitet, die sich nach der weit über die Region hinaus bekannten Einzellage Roter Bur nennt, alle anderen Lagen im Glottertal sind seit 1971 zur Lage Eichberg zusammengefasst. Spätburgunder ist mit weitem Abstand die wichtigste Rebsorte der Glottertäler Winzer, nimmt mehr als drei Viertel der Rebfläche ein, wobei Spätburgunder Weißherbst eine wichtige Rolle spielt im Betrieb. Daneben gibt es Grauburgunder und Müller-Thurgau, Gewürztraminer, Weißburgunder und Chardonnay, sowie etwas Riesling und Gutedel. Weitere rote Rebsorten sind Cabernet Sauvignon, Merlot, Regent und Cabernet-Neuzüchtungen.

Kollektion

Ein starkes Debüt geben die Glottertäler Winzer. Die 2017er Weißweine sind frisch und fruchtbetont, die beiden 2015er Barriqueweine deutlich vom Ausbau im Holz geprägt, der kompakte, vanillegeprägte Grauburgunder verkraftet dies ein wenig besser als der Chardonnay. Der Rosé ist wunderschön reintönig und frisch, die Weißherbst Auslese besitzt herrlich viel Frucht und Substanz. Die Rotweine sind in der Spitze ein wenig stärker als die Weißen, aber auch die Basis überzeugt durch und durch, vor allem der fruchtbetonte, geradlinige Roter Bur-Spätburgunder. Unser Favorit ist der im Barrique ausgebaute Spätburgunder des Jahrgangs 2015, der füllig und kraftvoll ist, viel reife Frucht besitzt, feine Vanillenoten, Substanz und Wärme. Die Cuvée aus Merlot und Cabernet Sauvignon – auch diese Bordeaux-Rebsorten scheinen im Glottertal gut aufgehoben – steht ihm kaum nach, ist klar und zupackend, strukturiert und kraftvoll.

Weinbewertung

81 2017 Gutedel trocken Glottertäler Eichberg **12 %/4,50 €**
80 2017 Rivaner trocken Glottertäler Eichberg **11 %/4,50 €**
81 2017 Grauer Burgunder Kabinett trocken Glottertäler Eichberg **13 %/6,30 €**
84 2015 Grauer Burgunder trocken Barrique Glottertäler Eichberg **13,5 %/14,90 €**
82 2015 Chardonnay trocken Barrique Glottertäler Eichberg **13,5 %/14,90 €**
83 2017 Spätburgunder Rosé trocken Glottertäler Eichberg **12,5 %/5,80 €**
81 2017 Spätburgunder Weißherbst Kabinett Glottertäler Eichberg **12 %/6,- €**
86 2015 Spätburgunder Weißherbst Auslese Glottertäler Eichberg **10 %/11,90 €**
84 2016 Spätburgunder trocken Glottertäler Roter Bur **13,5 %/6,90 €**
82 2015 Spätburgunder Kabinett trocken Glottertäler Eichberg **14 %/6,90 €**
85 2016 Merlot Cabernet Sauvignon trocken Glottertäler Eichberg **13,5 %/11,90 €**
86 2015 Spätburgunder trocken Barrique Glottertäler Eichberg **14,5 %/14,90 €**

Roth

★★★☆

KONTAKT

Büttnergasse 11
97355 Wiesenbronn
Tel. 09325-902004
Fax: 09325-902520
www.weingut-roth.de
info@weingut-roth.de

Inhaber
Nicole Roth, Gerhard Roth
Rebfläche
22,5 Hektar
Produktion
135.000 Flaschen

BESUCHSZEITEN

Mo.-Fr. 9-12 + 13-17 Uhr,
Sa. 9-12 + 13-16 Uhr
„Rothweinhotel"
(23 Doppelzimmer)

R

Gerhard Roth gehört zu den Pionieren biologischen Anbaus in Deutschland, bereits seit 1974 bewirtschaftet er seine Weinberge ökologisch. Die Weinberge liegen vor allem in Wiesenbronn in den Lagen Wachhügel und Geißberg. Seit dem Jahrgang 2008 gibt es eine neue Lage in Wiesenbronn, Heller Berg; die gut 2 Hektar große Lage ist komplett im Besitz von Gerhard Roth und Tochter Nicole, Geisenheim-Absolventin.

Kollektion

Ein komplexer Riesling-Sekt eröffnet in diesem Jahr den Reigen. Die weißen Guts- und Ortsweine besitzen Frucht und Struktur, der reintönige Sauvignon Blanc und der eigenständige, im Betonei ausgebaute QED gefallen uns besonders gut, der Reserve-Riesling ist druckvoll, komplex. Die starke Lagen-Riege wird angeführt vom druckvollen, leicht mineralischen Silvaner G und Rieslaner trumpft mit zwei reintönigen edelsüßen Weinen auf. Der Purpur ist rauchig und frisch, der zweieinhalb Jahre im Fass ausgebaute Spätburgunder G kraftvoll, tanninbetont. Unser Favorit im roten Segment ist die Cuvée G, die rauchig, kraftvoll und komplex ist und viel reife Frucht besitzt.

Weinbewertung

87 2015 Riesling Sekt brut **14,- €**
85 2017 Johanniter trocken **12 %/6,50 €**
88 2017 Weißer Burgunder trocken Rödelseer Küchenmeister **13,5 %/12,50 €**
86 2017 Scheurebe trocken Wiesenbronn **12,5 %/8,50 €**
85 2017 Traminer trocken Wiesenbronn **12,5 %/8,50 €**
87 2017 Sauvignon Blanc trocken Wiesenbronn **12,5 %/10,50 €**
86 2017 Riesling trocken „aus dem FF" **12 %/10,50 €**
88 2017 „Q.E.D." Weißwein trocken **13 %/15,- €**
88 2017 Silvaner trocken Wiesenbronner Geißberg **13 %/11,50 €**
88 2017 Silvaner trocken Rödelseer Küchenmeister **13 %/12,50 €**
88 2017 Weißer Burgunder trocken Rödelseer Küchenmeister **13,5 %/12,50 €**
88 2017 Grauburgunder trocken Wiesenbronner Geißberg **13 %/12,50 €**
89 2016 Riesling trocken „Reserve" **13 %/16,- €**
90 2017 Silvaner „G" trocken Wiesenbronner Heller Berg **13 %/17,- €**
88 2017 Rieslaner Auslese Wiesenbronner Geißberg
90 2017 Rieslaner Beerenauslese Wiesenbronner Geißberg **24,- €/0,375l**
85 2016 Portugieser trocken Wiesenbronn **13,5 %/8,50 €**
85 2016 Schwarzriesling trocken Wiesenbronn **14 %/11,- €**
86 2017 Blaufränkisch trocken Wiesenbronn **13 %/9,50 €**
89 2015 „Purpur" Rotwein trocken **13,5 %/18,50 €**
89 2014 Spätburgunder „G" trocken Wiesenbronner Heller Berg **13,5 %/26,50 €**
90 2015 „G" Rotweincuvée trocken **13,5 %/22,- €**

Andreas Roth

★

N

KONTAKT

Auf der Lährwiese 8
54538 Kinheim-Kindel
Tel. 06532-953761
Fax: 06532-954493
www.andreas-roth.wine
info@andreas-roth.wine

Inhaber
Andreas Roth
Rebfläche
5,2 Hektar
Produktion
40.000 Flaschen

BESUCHSZEITEN

nach Vereinbarung

Andreas Roth bewirtschaftet mit seinem Weingut etwas mehr als 5 Hektar in den Lagen Rosenberg, Hubertuslay und Römerhang (alle drei Kinheim) und Treppchen (Erden). Wie bei so vielen Weingütern an der Mosel ist der Rebbau hier tief in der Familie verwurzelt. Andreas Roths Vater gab die Landwirtschaft auf und konzentrierte sich auf den Weinbau, auch der Gästebetrieb wurde aufgebaut. Andreas Roth schließlich verbrachte seine Lehrzeit als Weinküfer nirgendwo anders als bei Selbach-Oster, blieb dem Weingut auch danach treu, addierte noch eine Ausbildung zum Winzer und den Meisterbrief. Im Jahr 2006 übernahm er schließlich auch das elterliche Weingut, das er zusammen mit seiner Familie führt. Außer Riesling werden noch Müller-Thurgau, Spätburgunder, Dornfelder und Kerner vinifiziert. Andreas Roth ist bestrebt, die Unterschiede der Lagen, beginnend bei den wurzelechten Rieslingreben im Erdener Treppchen, endend bei den Basisweinen aus der eher flachen Lage Kinheimer Römerberg, herauszuarbeiten.

Kollektion

Das Weingut stellt zum Debüt einen Querschnitt durch das Sortiment des Jahrgangs 2017 an und beweist, dass es auch den Basisweinen Aufmerksamkeit zuteil werden lässt. Der trockene Kabinett aus dem Rosenberg etwa ist würzig, besitzt Substanz und Struktur, ist angenehm trocken. Die Treppchen-Spätlese ist ein würzige, kompakte Riesling, der mit viel Spiel überzeugt. Den Kabinett aus dem Rosenberg gibt es dann auch noch in zwei weiteren Varianten, die eine mit einem Hauch von Zucker, die andere merklich süß; gut balanciert sind beide. Das Hochgewächs mit deutlicher, aber nicht übertriebener Süße macht ebenfalls Spaß. Unter den beiden süßen Spätlesen bevorzugen wir im Moment jene aus dem Erdener Treppchen. Mit Noten von Kräutern und Zitrusschalen überzeugt der Kerner, während die Auslese mit ihrer leicht cremigen Art angenehm elegant ausfällt.

Weinbewertung

85 2017 Riesling Kabinett trocken Kinheimer Rosenberg **11 %/6,30 €**
86 2017 Riesling Spätlese trocken Erdener Treppchen **12 %/8,20 €**
82 2017 Spätburgunder „Blanc de Noir“ **10,5 %/7,70 €**
85 2017 Riesling Kabinett „feinherb“ Kinheimer Rosenberg **11 %/6,30 €**
83 2017 Riesling „feinherb“ **10,5 %/7,50 €**
83 2017 Riesling Hochgewächs (1l) **8,5 %/5,30 €** ☺
84 2017 Riesling Kabinett Kinheimer Rosenberg **8 %/6,30 €**
85 2017 Kerner Spätlese Kinheimer Rosenberg **8 %/6,90 €**
87 2017 Riesling Spätlese Erdener Treppchen **8,5 %/8,20 €** ☺
86 2017 Riesling Spätlese Kinheimer Rosenberg **8,5 %/7,90 €**
87 2017 Riesling Auslese Kinheimer Rosenberg **9 %/12,- €/0,5l**

ROTHE

★★★

KONTAKT

Heerweg 6
97334 Nordheim
Tel. 09381-8479530
Fax: 09381-8479532
www.wein-rothe.de
info@wein-rothe.de

Inhaber
Christine & Manfred Rothe
Betriebsleiter
Manfred Rothe
Kellermeister
Martin Kreutz
Rebfläche
11 Hektar
Produktion
70.000-80.000 Flaschen

BESUCHSZEITEN

Mo.-Sa. 9-12 + 13-18 Uhr, So. 9-12 Uhr
„Wein + Brotzeit" 2019: 29. April bis 26. Okt., Mi.-Sa. 13-19 Uhr
Weinterrasse, Gästezimmer Hör, Weinerlebnisführungen

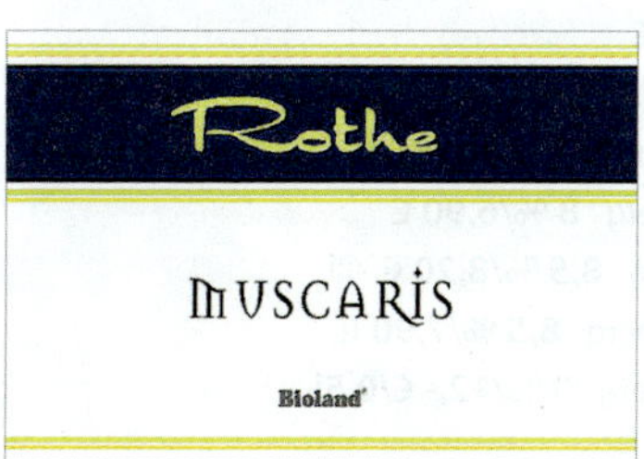

Die Weinberge von Manfred Rothe liegen vor allem in der Mainschleife bei Nordheim (Vögelein) und Sommerach (Katzenkopf), auch im Astheimer Karthäuser. Bis 2002 hat er sie im Nebenerwerb bewirtschaftet, seither ist er vollberuflich Winzer. Die Weinberge werden biologisch bewirtschaftet (Bioland), inzwischen werden biodynamische Grundsätze umgesetzt. Seit dem Kauf eines Weingutes in Nordheim hat Manfred Rothe deutlich mehr Platz und Möglichkeiten zum Ausbau seiner Weine.

Kollektion

Die Weine der Basislinie sind fruchtbetont und klar, der füllige, cremige Weißburgunder gefällt uns besonders gut. Die Weine der Grande-Linie besitzen etwas mehr Substanz, sind sortentypisch, harmonisch, der kraftvolle, saftige Silvaner gefällt uns am besten, er besitzt gute Struktur und Druck. Besonders spannend sind wieder einmal Manfred Rothes Naturweine. Der Indigenius-Silvaner besitzt Struktur und Kraft, der weiße Kvevri, in einer georgischen Amphore ausgebaut, ist im Jahrgang 2015 komplex, druckvoll, nachhaltig, der 2016er GS (steht für Gemischter Satz) ist noch sehr von Gerbstoffen dominiert, dies gilt auch für den roten Kvevri 2015. Sonst setzen die Roten auf Frucht mit dezenter Holzunterstützung, der reintönige, frische Spätburgunder und strukturierte, kraftvolle Zweigelt Grande gefallen uns besonders gut. ▬

Weinbewertung

84 Pinot Sekt brut **12,- €**
86 Muscaris Sekt brut nature **13,5 %/15,- €**
83 2017 Müller-Thurgau trocken **12,5 %/6,50 €**
84 2017 Silvaner trocken **12,5 %/7,50 €**
83 2017 „Blanc de Noirs" trocken **12,5 %/10,- €**
85 2016 Weißer Burgunder trocken **12,5 %/8,50 €**
85 2017 Müller-Thurgau trocken „Grande" **12 %/8,- €**
88 2016 Silvaner trocken „Grande" **12,5 %/12,- €**
85 2016 Scheurebe trocken „Grande" **12,5 %/10,- €**
85 2017 Scheurebe trocken „Grande" **12,5 %/10,- €**
89 2014 Silvaner trocken „Indigenius" **13 %/25,- €**
91 2015 „Kvevri" Weißwein **45,- €**
88+ 2016 „Kvevri GS" Weißwein **45,- €**
82 2017 „Inselwein" Rosé **12 %/6,50 €**
86 2017 Schwarzriesling trocken **12,5 %/10,- €**
85 2016 Blauer Zweigelt trocken **13 %/10,- €**
87 2016 Spätburgunder trocken **13 %/12,- €**
87 2015 Blauer Zweigelt trocken „Grande" **13 %/18,- €**
87+ 2015 „Kvevri" Rotwein **45,- €**

ROTHWEILER

★★

KONTAKT

GuterWein Rothweiler
Neuer Weg 21
64625 Bensheim-Auerbach
Tel. 06251-76569
Fax: 06251-76569
www.hanno-rothweiler.de
mail@hanno-rothweiler.de

Inhaber
Hanno Rothweiler
Rebfläche
4 Hektar (+ 2 ha Traubenzukauf)
Produktion
50.000 Flaschen

BESUCHSZEITEN

Mo.-Fr. 17-19 Uhr, Sa. 10-13 Uhr und nach Vereinbarung (Tel. 0171-6825773)
Tag der offenen Tür: 25.5.2019

Hanno Rothweiler, der nicht aus einer Winzerfamilie stammt, hat schon während seiner Ausbildung 1983 seine ersten eigenen Weine gemacht. Seine Weinberge liegen in den Lagen Zwingenberger Steingeröll, Auerbacher Fürstenlager sowie in den Heppenheimer Lagen Steinkopf und Eckweg. Wichtigste Rebsorte in seinem Betrieb ist Riesling, der knapp die Hälfte seiner Rebfläche einnimmt. Es folgen Grauburgunder, St. Laurent und Syrah. Dazu gibt es Sorten wie Ehrenfelser, Silvaner, Chardonnay, Gewürztraminer, Muskateller, Merlot und Dakapo, Roter Riesling und Auxerrois. Die Rotweine werden mit den Rappen maischevergoren und dann gut ein Jahr im Barrique ausgebaut. Die Weine baut Hanno Rothweiler zu 90 Prozent trocken aus. Neben Weinen führt Hanno Rothweiler auch Obstbrände und Liköre im Programm.

Kollektion

Eisweine haben normalerweise einen niedrigen Alkoholgehalt. Der Cabernet Sauvignon Eiswein, den Hanno Rothweiler am 7. Januar 2017 mit 182 Grad Oechsle gelesen hat, ist ein anderes Kaliber: 14 Prozent Alkohol geben ihm eine deutliche Schärfe, er ist sehr konzentriert und süß. Die „trockene" Kollektion ist wie immer zuverlässig gut. Schon der Liter-Riesling ist sehr ordentlich, der nach Holunderblüten duftende Muskateller ist saftig und lang. Angenehm leicht ist der Gewürztraminer, ein leichtfüßiger Tänzer ist der Weißherbst mit saftiger, nicht zu süßer Frucht. Klare helle Frucht, Konzentration und feine Säure zeichnen die weiße Cuvée aus. Blüten und Honig zeigt der Auxerrois, guten Druck baut der Rote Riesling auf. Die Rotweine sind sehr gut, der St. Laurent zeigt typische, konzentrierte Kirschfrucht, der Syrah ist pfeffrig, zeigt Gewürze, viel dunkle Frucht. Bei der roten Cuvée stützen sich Lemberger und Shiraz gegenseitig. Sehr gut hat uns der Blanc de Noir-Sekt gefallen – sehr feine Aromatik, Früchte und Haselnuss, elegant!. ▬

Weinbewertung

87	2016 Spätburgunder „Blanc de Noir" Sekt brut **12,5 %/14,50 €**
82	2017 Riesling trocken (1l) **12 %/7,- €**
85	2017 Roter Riesling trocken Auerbacher Fürstenlager **12 %/9,10 €**
84	2017 Auxerrois trocken Auerbacher Fürstenlager **12 %/8,90 €**
85	2017 Chardonnay und Weißburgunder trocken Fürstenlager **12 %/8,90 €**
85	2017 Gelber Muskateller trocken Auerbacher Fürstenlager **12 %/8,90 €**
84	2017 Gewürztraminer trocken Auerbacher Fürstenlager **12 %/9,10 €**
84	2017 Cabernet Sauvignon Weißherbst trocken Fürstenlager **12 %/9,10 €**
87	2016 St. Laurent trocken Auerbacher Fürstenlager **13 %/12,- €/0,5l**
87	2016 Syrah trocken Auerbacher Fürstenlager **13 %/10,80 €**
86	2016 Lemberger und Shiraz trocken **13 %/10,80 €**
87	2016 Cabernet Sauvignon Eiswein „edelsüß" **14 %/139,- €/0,5l**

R

RUDLOFF

★★☆

KONTAKT

Mainstraße 19
97334 Nordheim
Tel. 09381-2130
Fax: 09381-2136
www.weingut-rudloff.de
info@weingut-rudloff.de

Inhaber
Peter Rudloff
Rebfläche
4,5 Hektar
Produktion
42.000 Flaschen

BESUCHSZEITEN

Mo.-Fr. 11-18 Uhr, Sa. 9-14 Uhr
und nach Vereinbarung
Gästeführungen,
2 Ferienwohnungen

Seit Ende des 19. Jahrhunderts sind die Müllers Winzer in Nordheim. Das heutige Gut wurde 1980 von Dorothea Rudloff, geb. Müller, erbaut. 1998 richtete man eine Probierstube und Ferienwohnungen ein. Bereits seit 1990 ist Sohn Peter für den Weinausbau verantwortlich, der inzwischen den Betrieb auch übernommen hat. Hauptberuflich arbeitet er beim Juliusspital, ist dort für den Außenbetrieb in den Würzburger Weinbergen verantwortlich. Seine Weinberge befinden sich in den Nordheimer Lagen Vögelein und Kreuzberg, sowie im Sommeracher Katzenkopf. Silvaner und Müller-Thurgau sind nach wie vor die wichtigsten Rebsorten, Weißburgunder ist immer wichtiger geworden, dazu gibt es Riesling, Scheurebe, Bacchus und Gewürztraminer, sowie Zweigelt, Domina, Spätburgunder, Cabernet Dorio und Cabernet Dorsa. Das Programm ist in vier Linien unterteilt: Gute Traube, Junge Triebe, Klassische Beere und Edle Rebe. Die Weine werden gezügelt und langsam vergoren, teils mit den natürlichen Hefen, die einfachen Linien werden im Edelstahl ausgebaut. Die besten Weine, rot wie weiß, kommen in Barriques oder Tonneaux, wobei Peter Rudloff darauf achtet, dass die Holznote nicht dominiert.

Kollektion

Peter Rudloff präsentiert erneut eine starke Kollektion mit zuverlässigen Basisweinen und starken Spitzen, weiß wie rot. Die 2017er Weißweine sind frisch und fruchtbetont, die intensive trockene Gewürztraminer Spätlese und die füllige, saftige Cuvée aus Silvaner und Traminer gefallen uns besonders gut. Aus 2016 stammen die beiden starken Réserve-Weißburgunder: Die „klassische Beere" reintönig, zupackend, strukturiert, die „edle Rebe" rauchig, stoffig, reintönig, jugendlich. Das rote Segment bietet den frischen, fruchtbetonten „Schwarzer Peter", reintönigen Zweigelt und als Highlight die intensiv fruchtige Cuvée Kunstwerk, die Kraft und gute Struktur besitzt.

Weinbewertung

83	2017 „Schwarzer Peter" Weißwein trocken „Junge Triebe"	**11,5 %/5,60 €**
82	2017 Scheurebe „Klassische Beere" Nordheimer Kreuzberg	**11,5 %/6,20 €**
83	2017 Silvaner Kabinett trocken „Klassische Beere" Vögelein	**12,5 %/7,- €**
85	2016 Silvaner Kabinett trocken „Alte Reben" „Klassische Beere"	**13 %/8,- €**
86	2016 Weißer Burgunder trocken „Réserve" „Klassische Beere" Vögelein	**13 %/8,- €**
84	2016 Riesling Kabinett trocken „Klassische Beere" Katzenkopf	**12 %/7,- €**
85	2017 Silvaner & Traminer trocken „Klassische Beere"	**12,5 %/8,- €**
85	2017 Gewürztraminer Spätlese trocken „Klassische Beere" Vögelein	**13,5 %/8,50 €**
88	2016 Weißer Burgunder Spätlese trocken „Réserve" „Edle Rebe"	**13,5 %/19,- €**
84	2017 „Schwarzer Peter" Rotwein trocken „Junge Triebe"	**13 %/7,20 €**
86	2016 Zweigelt trocken „Klassische Beere"	**13 %/9,20 €**
88	2016 „Kunstwerk" Rotwein Spätlese trocken „Réserve" „Edle Rebe"	**13,5 %/21,- €**

Rüdiger

★

KONTAKT

Hindenburgstraße 83
75334 Straubenhardt
Tel. 0157-77923536
www.weingut-ruediger.de
info@ruedigers-weinwelt.de

Inhaber Jens Rüdiger
Rebfläche 2 Hektar
Produktion 10.000 Flaschen

BESUCHSZEITEN

Sa. 9:30-13 Uhr

Jens Rüdiger absolvierte seine Winzerausbildung beim Weingut Reichsrat von Buhl in der Pfalz, schloss sein Studium in Gießen mit dem Master in Önologie ab. Parallel zum Geisenheim-Studium gründete er 2011 sein eigenes Weingut, aus ersten Versuchsflächen sind inzwischen 2 Hektar Weinberge geworden. Diese liegen alle in Keltern im Enzkreis, zwischen Karlsruhe und Pforzheim, in den Ortsteilen Ellmendingen (Lage Keulebuckel) und Dietlingen (Lage Klepberg). Er baut vor allem die für die Region typischen Rebsorten Müller-Thurgau (die Hauptrebsorte in Dietlingen) und Schwarzriesling (zusammen mit Spätburgunder die Hauptrebsorte in Ellmendingen) an, inzwischen baut er auch etwas Riesling und Spätburgunder an. Die Reben wachsen an süd- teils west-exponierten Hängen, die Böden bestehen aus Muschelkalk, zum Teil mit Buntsandstein, im Ellmendinger Keulebuckel finden sich auch Auflagen von Keuper.

Kollektion

Der „MTH" genannte Müller-Thurgau ist duftig-aromatisch und hat den typischen Mandelton, ein interessanter Wein mit Biss. Das ist auch der „Gold"-Sekt aus Müller-Thurgau, duftig und frisch. Klar und fruchtig, nicht zu süß ist der Rosé. Noch aromatischer ist der „Holzschlag" Weißwein, ein bunter Korb mit Blüten, hellen Früchten, Honig, Veilchenwurzel, Mandeln und Vanille. Problematisch sind die beiden vorgestellten Rotweine. Beim roten „Holzschlag" ist der Name richtig gewählt - der Wein wird vom Holz erschlagen. Der Pinot Meunier „S" ist als Landwein gekennzeichnet. Er ist sehr eigenwillig, kräftig, flüchtige Säure springt aus dem Glas.

Weinbewertung

84	2015 Müller-Thurgau-"Gold" Sekt brut	**13 %/12,- €**
82	2016 Müller-Thurgau trocken „MTH"	**12 %/6,90 €**
84	2016 „Holzschlag" Weißwein trocken	**12,5 %/7,90 €**
82	2017 Rosé trocken	**11 %/6,90 €**
74	2016 Pinot Meunier trocken „S"	**12 %/7,90 €**
79	2016 „Holzschlag" Rotwein tocken	**12,5 %/8,90 €**

Ruppert-Deginther

★★

KONTAKT

Kämmerergasse 8
67596 Dittelsheim-Hessloch
Tel. 06244-292
Fax: 06244-57134
www.ruppert-deginther.de
kontakt@ruppert-deginther.de

Inhaber
Justus Ruppert
Rebfläche
28 Hektar
Produktion
150.000 Flaschen

BESUCHSZEITEN

nach Vereinbarung

Seit sechs Generationen betreibt die Familie Weinbau in Hessloch. Heute wird der Betrieb von Karl-Joachim Ruppert und Ehefrau Gabi geführt. Karl-Joachim Ruppert hatte den landwirtschaftlichen Gemischtbetrieb auf Weinbau umgestellt, die Rebfläche vergrößert und die Vermarktung ausgebaut. Sohn Justus ist nach Geisenheim-Studium und Praktika bei Klaus Peter Keller und Knipser in den Betrieb eingestiegen, den er nun übernommen hat. Zuletzt wurde die Traubenannahme komplett geändert, so dass keine Pumpen mehr verwendet werden müssen; neue Edelstahltanks in Größen von 240 bis 2.100 Liter wurden angeschafft. Die Weinberge liegen in den Hesslocher Lagen Liebfrauenberg und Mondschein, im Bechtheimer Hasensprung und in der Westhofener Aulerde. Der Riesling „Calx" (zuvor: „Weißer Stein") stammt aus der ehemaligen Einzellage Lebkuchenberg, heute Teil der Lage Hesslocher Edle Weingärten. Rote Sorten wie Dornfelder, Portugieser und Spätburgunder nehmen 30 Prozent der Rebfläche ein. Wichtigste weiße Sorten sind Riesling und Silvaner. Die roten Lagenweine werden zwei Jahre in deutschen oder französischen Barriques ausgebaut.

Kollektion

Eine stimmige Kollektion präsentiert Justus Ruppert, mit weißen und roten Spitzen. Die Guts- und Ortsweine sind geradlinig und klar, der füllige Chardonnay Calx ist vom Ausbau im Holz geprägt. Unser Favorit im weißen Segment ist wie im Vorjahr der Riesling Calx, der reife Frucht zeigt, gelbe Früchte, füllig und saftig ist, gute Struktur und reintönige Frucht besitzt. Die Rotweine präsentieren sich sehr geschlossen. Der Spätburgunder ist fruchtbetont und lebhaft, die beiden Cuvées besitzen intensive Frucht und gute Struktur, die SchwarzWild-Cuvée ist recht tanninbetont. Unser Favorit ist der intensiv-fruchtige, zupackende Cabernet Sauvignon.

Weinbewertung

82	2017 Weißburgunder trocken **13 %/7,20 €**
81	2017 Sauvignon Blanc trocken **13 %/7,90 €**
81	2017 Riesling trocken Hesslocher **12,5 %/8,80 €**
81	2017 Riesling trocken Westhofener **13 %/8,70 €**
87	2017 Riesling trocken „Calx" **13 %/17,- €**
82	2017 Grauer Burgunder trocken Bechtheimer **13,5 %/8,45 €**
84	2016 Chardonnay trocken „Calx" **14 %/13,25 €**
82	2017 Burgunder „Trilogie" Weißwein trocken Hesslocher **13,5 %/10,55 €**
83	2015 Spätburgunder trocken Bechtheimer **13,5 %/11,45 €**
84	2016 „SchwarzWild" Rotwein trocken **14 %/13,50 €**
86	2015 „RotWild" Rotwein Cuvée trocken **14 %/16,10 €**
87	2015 Cabernet Sauvignon trocken Hesslocher Liebfrauenberg **14 %/27,- €**

R

RUX

★★★

KONTAKT

Heidenburgstraße 20
70378 Stuttgart
Tel. 07111-51861894
www.ruxwein.de
rux@ruxwein.de

Inhaber
Heike & Christoph Ruck
Rebfläche
3,5 Hektar
Produktion
25.000 Flaschen

BESUCHSZEITEN

Sa. 10-16 Uhr und nach Vereinbarung (So. nicht)

Heike Ruck hat bei Hans-Peter Wöhrwag gelernt, dann in Geisenheim studiert. Von ihrem Großvater übernahm sie 70 Ar Reben, ist 2008 aus der Genossenschaft ausgetreten und hat ihren eigenen Wein gemacht, einen tatsächlichen Garagenwein. Inzwischen hat sie sich vergrößert, ihr Mann Christoph Ruck ist nun mit an Bord, der seit 2003 Betriebsleiter bei Schloss Lehrensteinsfeld war, aus dem bekannten Weingut in Iphofen stammt. Anfangs hatten Heike und Christoph Ruck nur 0,85 Hektar Reben, weshalb die 2011er Weißweine, ganz schnell ausverkauft waren; im Jahrgang 2012 wurden 2,5 Hektar bewirtschaftet, inzwischen ist ein weiterer Hektar hinzugekommen. Bisher gibt es Riesling und Sauvignon Blanc, Trollinger, Lemberger und Spätburgunder, die Weine stammen überwiegend aus steilen Terrassenlagen im Cannstatter Zuckerle, hinzu kommen Reben im Münster Berg und im Endersbacher Wetzstein.

Kollektion

Wie in den Vorjahren präsentieren Heike und Christoph Ruck gleichermaßen starke Weiß- und Rotweine. Drei Rieslinge konnten wir dieses Jahr verkosten: Der Endersbacher füllig und saftig, der aus dem Zuckerle würzig, klar und geradlinig, noch besser gefällt uns der 2016er von alten Reben im Zuckerle, zwölf Monate auf der Vollhefe ausgebaut, er besitzt Fülle und Kraft, gute Struktur und Substanz. Ganz stark ist wieder einmal der Zuckerle-Weißburgunder, zeigt reintönige Frucht, ist klar, kraftvoll und zupackend. Der achtzehn Monate im Barrique ausgebaute Chardonnay aus dem Wetzstein, Jahrgang 2016, steht ihm kaum nach, ist duftig, eigenwillig eindringlich, füllig, kraftvoll, noch jugendlich. Der Trollinger Rosé ist lebhaft, zupackend, der Spätburgunder besitzt reintönige Frucht, feine Frische, gute Struktur und Grip. Die Überraschungen zu guter Letzt, man kann bei Rucks Ungewöhnliches entdecken: Der 24 Monate im Barrique ausgebaute Dry Aged-Dornfelder besitzt gute Struktur, Kraft und Druck, und der Nimbus genannte Trollinger von 100 Jahre alten Reben ist intensiv und kraftvoll bei viel Substanz.

Weinbewertung

88	2017 Weißburgunder trocken Cannstatter Zuckerle	**12 %/12,- €**
84	2017 Riesling Endersbacher Wetzstein	**12 %/9,- €**
85	2017 Riesling Cannstatter Zuckerle	**12 %/11,- €**
86	2016 Riesling trocken „Alte Reben" Cannstatter Zuckerle	**12,5 %/14,- €**
87	2016 Chardonnay trocken Endersbacher Wetzstein	**12 %/14,- €**
85	2017 Trollinger Rosé trocken „Herr Röslein"	**11,5 %/6,50 €**
88	2015 Dornfelder trocken „ Dry Aged" Münster Berg	**13 %/14,- €**
87	2016 Spätburgunder trocken Cannstatter Zuckerle	**13,5 %/15,- €**
88	2015 Trollinger trocken „Nimbus" Cannstatter Zuckerle	**12,5 %/18,- €**

RUX
ÜBERM WEG 2013

R

Weingut Lange – Schloss Saaleck

★★☆

KONTAKT

Am Marktplatz 1
97762 Hammelburg
Tel. 09732-7887450
Fax: 09732-7887451
www.weingut-schloss-saaleck.de
info@weingut-schloss-saaleck.de

Inhaber Ulrike Lange
Betriebsleiter Thomas Lange
Rebfläche 18 Hektar

BESUCHSZEITEN

Vinothek im Rathaus Mo.-Fr. 9-13 + 14-18 Uhr, Sa. 9-14 Uhr, So. (Juni-Okt.) 11-16 Uhr

Hammelburg nennt sich „älteste Weinstadt Frankens", denn in einer Schenkungsurkunde Karl des Großen aus dem Jahr 777 ist erstmals Weinbau in Franken dokumentiert. Schloss Saaleck, lange Zeit in Klosterbesitz, wurde 1816 bayerische Staatsdomäne, nach mehreren Besitzerwechseln wurde es das Städtische Weingut der Stadt Hammelburg. 2011 verkaufte die Stadt das Weingut an die Familie Lange aus Bergtheim; Ulrike Lange führt zusammen mit Ehemann Thomas das Gut. Der 15 Hektar große Saalecker Schlossberg gehört dem Weingut im Alleinbesitz; der historische Teil der Lage ist von einer 1729 errichteten Weinbergsmauer umgeben, die Weinberge des benachbarten Seitentals, Walterstal genannt, gehören ebenfalls zum Saalecker Schlossberg. Daneben ist man im Hammelburger Heroldsberg vertreten, genau genommen im Eschental, die Böden in allen Lagen sind vom Muschelkalk geprägt. Angebaut werden Silvaner, Weiß- und Grauburgunder und Riesling, aber auch Müller-Thurgau, Bacchus, Perle, Ortega, Kerner, Dornfelder, Domina, Spätburgunder, Schwarzriesling und Zweigelt. Die Weinberge werden biologisch bewirtschaftet (Mitglied bei Naturland).

Kollektion

Es geht weiter voran bei Ulrike und Thomas Lange. Ein klarer, zupackender Brut Nature-Sekt eröffnet in diesem Jahr den Reigen. Die Basis stimmt, das zeigt der geradlinige Müller-Thurgau im Liter. Besonders gut gefallen uns wieder einmal die sponti mineral-Weine: Der Bacchus ist eindringlich, klar, zupackend, der Silvaner kraftvoll und lebhaft. Die fruchtbetonte, harmonische Burgundercuvée „Burg und Er" ist wie immer eine sichere Bank, fruchtbetont und reintönig präsentiert sich der Cabernet Blanc. Viel Kraft und Substanz besitzen die im Tonneau ausgebauten Weine: Der Silvaner ist kraftvoll und strukturiert, der Grauburgunder zeigt gute Konzentration und gelbe Früchte, besitzt Substanz und reintönige Frucht. Dass man sich im Weingut Lange auch auf Rotwein versteht, zeigt der reintönige Zweigelt, der Frische und Biss aufweist. Im Aufwind!

Weinbewertung

87 2016 Blauer Silvaner Sekt brut nature
82 2017 Müller-Thurgau trocken (1l) **11,5 %/6,- €**
85 2017 Silvaner trocken „sponti mineral" Heroldsberg **12 %/9,50 €**
86 2017 Bacchus trocken „sponti mineral" Heroldsberg **12 %/9,50 €**
86 2017 „Burg und Er" Weißwein trocken Heroldsberg **12,5 %/9,50 €**
86 2017 Cabernet Blanc trocken Hammelburger Heroldsberg
88 2017 Silvaner „S" trocken „Tonneau" **12,5 %/19,50 €**
88 2017 Grauburgunder „G" trocken „Tonneau" **13 %/26,50 €**
86 2016 Blauer Zweigelt trocken Saalecker Schlossberg **12 %/9,50 €**

PRINZ ZU SALM-DALBERG'SCHES WEINGUT

★★☆

KONTAKT

Schloss Wallhausen 3
55595 Wallhausen
Tel. 06706-944411
Fax: 06706-944434
www.salm-salm.de
info@prinzsalm.de

Inhaber
Felix Prinz zu Salm-Salm
Rebfläche
18 Hektar
Produktion
120.000 Flaschen

BESUCHSZEITEN

Mo.-Fr. 9-15 Uhr, Sa. 12-17 Uhr
(ab April)

Seit 800 Jahren und aktuell in der 32. Generation betreibt die Familie Weinbau an der Nahe. Michael Prinz zu Salm-Salm, der 17 Jahre Vorsitzender des VDP war, begann 1988 mit der Umstellung auf ökologischen Weinbau, das Weingut ist seit 1995 zertifizierter Naturland-Betrieb. 2013 wurde das vorher separat geführte Weingut Rheingraf in Bingen mit dem Stammbetrieb an der Nahe zusammengeführt und Felix Prinz zu Salm-Salm übernahm 2014 die alleinige Regie. Die Weinberge liegen in Wallhausen (Felseneck, Johannisberg), Roxheim (Berg), Sommerloch (Steinrossel) und Dalberg (Ritterhölle), sowie in Bingen (Scharlachberg, Kirchberg).

Kollektion

Felix Prinz zu Salm-Salm präsentiert uns in diesem Jahr eine rundum überzeugende Kollektion mit den vier Großen Gewächsen aus dem Jahrgang 2016 an der Spitze: Scharlachberg und Johannisberg zeigen viel klare Frucht, kräutrig-mineralische Noten und etwas Tabakwürze, besitzen gute Konzentration und Länge, Felseneck ist steinig und mineralisch, fast karg, und Kirchberg zeigt leichte Reifenoten, besitzt Zitruswürze und Biss. Auch im rest- und edelsüßen Bereich kann das Salm'sche Sortiment punkten: Die Beerenauslese zeigt Noten von süßen Aprikosen und weißem Nougat, ist saftig, cremig und konzentriert, die Auslese zeigt viel klare Frucht, Zitrusnoten und besitzt ein lebendiges Säurespiel und die Spätlese aus dem Kirchberg ist leicht, frisch und elegant mit viel kräutriger Würze.

Weinbewertung

83	2017 Riesling trocken **12,5 %/9,80 €**
83	2017 Weißburgunder trocken **12,5 %/9,80 €**
85	2017 Riesling „vom roten Schiefer" **13 %/14,20 €**
84	2017 Riesling trocken „Grünschiefer" **12,5 %/14,20 €**
86	2017 Riesling „Quarzit" Binger **13 %/16,50 €**
87	2016 Riesling trocken Sommerlocher Steinrossel **12,5 %/21,- €**
86	2016 Riesling trocken Dalberger Ritterhölle **12,5 %/23,- €**
88	2016 Riesling „GG" Felseneck **13 %/36,- €**
89	2016 Riesling „GG" Johannisberg **12,5 %/42,- €**
88	2016 Riesling „GG" Kirchberg **12,5 %/32,- €**
89	2016 Riesling „GG" Scharlachberg **13,5 %/38,- €**
83	2017 Riesling „Two Princes" **10,5 %/9,80 €**
86	2017 Riesling Kabinett Wallhäuser Felseneck **10 %/15,- €**
87	2017 Riesling Spätlese Roxheimer Berg **9 %/21,- €**
88	2017 Riesling Spätlese Kirchberg Bingen **7 %/23,- €**
88	2017 Riesling Auslese Scharlachberg Bingen **7,5 %/28,- €**
90	2017 Riesling Beerenauslese Scharlachberg Bingen **7,5 %/65,- €/0,375l**

SALWEY

★★★★

KONTAKT

Hauptstraße 2
79235 Oberrotweil
Tel. 07662-384
Fax: 07662-6340
www.salwey.de
weingut@salwey.de

Inhaber
Konrad Salwey
Kellermeister
Boubaker Benzarti, Simon Kreutner
Außenbetrieb
Marcus Schür
Rebfläche
23 Hektar
Produktion
150.000 Flaschen

BESUCHSZEITEN

Mo.-Fr. 14-18 Uhr, Sa. 11-17 Uhr und nach Vereinbarung, sonn- & feiertags geschlossen

Seit 2002 bereits war Konrad Salwey für An- und Ausbau der Weine im Weingut verantwortlich, das er seit dem Tod seines Vaters Wolf-Dietrich Salwey führt. Das Gros seiner Weinberge liegt in Oberrotweil am Kaiserstuhl, in den Lagen Käsleberg (Lössboden), Henkenberg und Eichberg (beide vulkanischen Ursprungs mit Asche und tuffhaltigem Gestein), sowie der kleinen Lage Kirchberg mit steinigen, felsigen Böden, die dem Weingut zu etwa 80 Prozent gehört. Im Oberrotweiler Kirchberg wurden 2009 die Weinberge wieder überwiegend in ihren Zustand vor der Terrassierung zurückversetzt, mit Hangneigungen bis zu 45 Prozent. Den Rinzberghof und die Weinberge im Glottertal, einem Schwarzwaldtal, an dessen Südwesthängen auf Gneisverwitterungsböden in der Lage Eichberg vor allem Spätburgunder angebaut wird, hat Konrad Salweys Schwester Franziska übernommen. Spätburgunder und Grauburgunder sind mit Abstand die wichtigsten Rebsorten im Betrieb, hinzu kommt noch Weißburgunder, Konrad Salwey möchte sich nach und nach ganz auf diese drei Burgundersorten konzentrieren. Das Sortiment ist dreistufig gegliedert in Gutsweine, RS-Weine und Große Gewächse. RS steht für Reserve Salwey: Weiß- und Grauburgunder werden zu 80 Prozent im großen Holzfass, zu 20 Prozent im Barrique ausgebaut, der RS-Spätburgunder in zu jeweils einem Drittel neuen, zweit- und drittbelegten Barriques. An der Spitze stehen die Großen Gewächse aus den drei großen Oberrotweiler Lagen Eichberg, Henkenberg und Kirchberg. Die Jahrgänge 2012, 2013 und 2014 (in diesem Jahrgang wiesen die weißen Großen Gewächse alle nur 12 Prozent Alkohol auf dem Etikett aus) setzen konsequent den Weg fort, den Konrad Salwey mit dem Jahrgang 2011 begonnen hat. Er hat auch beschlossen seine Großen Gewächse, weiß wie rot, erst im dritten Jahr nach der Ernte in den Verkauf zu bringen, dies erstmals mit dem Jahrgang 2015 umgesetzt. Die weißen Großen Gewächse werden mit den natürlichen Hefen vergoren und zwei Jahre auf der Vollhefe in Fässern aus Kaiserstühler Eiche ausgebaut, in denen sie auch den biologischen Säureabbau durchlaufen; die Abfüllung erfolgt ohne Filtration. Bei den Spätburgundern werden zum Teil die Rappen mitvergoren, sie werden zwölf Monate in neuen Barriques ausgebaut, das Holz für diese Fässer kommt vom Kaiserstuhl, gefertigt werden sie in Burgund. Die weißen RS-Weine werden überwiegend im großen Holzfass, zum kleinen Teil im Barrique ausgebaut, der RS-Spätburgunder wird in zu etwa einem Drittel neuen Barriques ausgebaut. Die Weine sind sämtlich durchgegoren – leider nicht die Selbstverständlichkeit, wie man sie bei Burgundern erwarten sollte – und trotzdem sehr niedrig im Alkohol, puristisch klar und präzise bei betonter Säure, was sehr an Burgund denken lässt.

Kollektion

Die drei RS-Weine hat Konrad Salwey dieses Jahr präsentiert, sowie jeweils zwei Große Gewächse von Weißburgunder, Grauburgunder und Spätburgunder. Und sie ist ganz stark, diese kleine Kollektion, zeigt gleichmäßig hohes Niveau. Der Weißburgunder RS ist würzig und eindringlich, zeigt etwas weiße Früchte, ist klar und frisch im Mund, druckvoll und präzise bei ganz leicht cremigen Noten im Abgang. Ein klein wenig besser gefällt uns der konzentrierte, reintönige Grauburgunder, der Fülle und Kraft besitzt, Frische, klare Frucht und Biss. Der Henkenberg-Weißburgunder, von 1979 gepflanzten Reben, ist füllig und kompakt, besitzt gute Struktur, Frische und Länge, ist ein relative schlankes, aber duckvolles Großes Gewächs. Der Kirchberg-Weißburgunder zeigt leicht „burgundische" Anmutung im Bouquet, ist stoffiger und druckvoller, präzise, besitzt viel Frische noch im Abgang. Der Grauburgunder vom Henkenberg zeigt reintönige Frucht, gelbe Früchte, ist klar, frisch und präzise im Mund, herrlich geradlinig und strukturiert. Der Grauburgunder Eichberg, von 1978 gepflanzten Reben, zeigt gute Konzentration, intensive Frucht, ist klar im Mund, frisch, präzise, geradlinig, besitzt gute Struktur und ganz dezent bitter-mineralische Noten. Der Spätburgunder RS zeigt viel Duft und Würze im Bouquet, etwas florale Noten, besitzt feine Frucht im Mund, gute Struktur, Frische und Biss. Der Henkenberg-Spätburgunder zeigt gute Konzentration im Bouquet, etwas Gewürze, reife Frucht, besitzt Frische, Fülle, Substanz, viel reife Frucht und gute Struktur, ist deutlich offener als der Wein aus dem Kirchberg, der etwas florale und kräutrige Noten im Bouquet zeigt, dezent Gewürze, im Mund dann sehr präzise und frisch ist, druckvoll, aber noch jugendlich und verschlossen. Eine starke, überzeugende Kollektion, Konrad Salwey hat seinen Weg gefunden, die 2015er präsentieren sich in blendender Verfassung, zeigen eine klare Stilistik. Bravo!

Konrad Salwey

Weinbewertung

88	2016 Weißburgunder trocken „RS" Oberrotweil	**12,5 %/16,- €**
89	2016 Grauburgunder trocken „RS" Oberrotweil	**13 %/16,- €**
91	2015 Weißburgunder „GG" Henkenberg	**13 %/29,- €**
92	2015 Weißburgunder „GG" Kirchberg	**13 %/35,- €**
92	2015 Grauburgunder „GG" Henkenberg	**13 %/29,- €**
92	2015 Grauburgunder „GG" Eichberg	**13 %/35,- €**
88	2015 Spätburgunder trocken „RS" Oberrotweil	**13 %/19,- €**
92	2015 Spätburgunder „GG" Henkenberg	**13 %/29,- €**
92	2015 Spätburgunder „GG" Kirchberg	**13 %/49,- €**

LAGEN

KIRCHBERG (OBERROTWEIL)
EICHBERG (OBERROTWEIL)
HENKENBERG (OBERROTWEIL)
KÄSLEBERG (OBERROTWEIL)

REBSORTEN

GRAUBURGUNDER (40 %)
SPÄTBURGUNDER (40 %)
WEISSBURGUNDER (18 %)

Sander

★★★

KONTAKT

In den Weingärten 11
67582 Mettenheim
Tel. 06242-1583
Fax: 06242-6589
www.sanderweine.de
info@sanderweine.de

Inhaber
Familie Sander
Betriebsleiter/Kellermeister
Stefan Sander
Rebfläche
25 Hektar
Produktion
200.000 Flaschen

BESUCHSZEITEN

Mo.-Fr. 10-17 Uhr, Sa. 9-12 Uhr,
Anmeldung erwünscht

Bereits in den fünfziger Jahren hatte Otto Heinrich Sander konsequent auf chemische Mittel verzichtet und sich dem ökologischen Weinbau verschrieben, das Weingut gilt allgemein als ältestes Bio-Weingut in Deutschland. Sohn Gerhard, der den Betrieb 1979 übernahm, und Enkel Stefan führen heute diese Arbeit fort, das Weingut wird biodynamisch bewirtschaftet, ist Mitglied bei Naturland. Die Weinberge liegen vor allem in den Mettenheimer Lagen Schlossberg und Michelsberg, aber auch im Bechtheimer Geyersberg. Riesling ist die wichtigste Rebsorte, gefolgt von Weißburgunder, Spätburgunder und Sauvignon Blanc. Dazu gibt es Chardonnay, Silvaner und Müller-Thurgau, aber auch Dornfelder, Cabernet Sauvignon und Merlot, sowie historische Rebsorten wie Grünfränkisch (erste Ernte 2018). Die Weine werden zu über 90 Prozent trocken ausgebaut.

Kollektion

Auch die neue Kollektion ist stark, schließt nahtlos an die sehr guten Vorjahre an. Wieder einmal ist der Riesling aus dem Schlossberg unser Favorit, der sich als feste Größe in der rheinhessischen Rieslingszene etabliert hat, seit über einem Jahrzehnt nun gleichmäßig hohes Niveau zeigt. Der 2017er ist würzig, füllig, kraftvoll, noch sehr jugendlich. Der Michelsberg-Riesling steht ihm kaum nach, besitzt Fülle und Kraft, gute Struktur und Frische, der Michelsberg-Weißburgunder besitzt viel reife Frucht, gute Struktur und Substanz. Ganz spannend ist auch der teils auf der Maische vergorene und im Tonneau ausgebaut Blanc Fumé, ein sehr eigenständiger Sauvignon Blanc, der weniger auf Frucht setzt denn auf Kompaktheit und Kraft. Aber nicht nur mit diesen Spitzen überzeugt die Sandersche Kollektion, wie jedes Jahr überzeugt auch die Basis, angefangen vom fülligen, saftigen Weißburgunder über den geradlinigen Lössterrassen-Riesling, den intensiv fruchtigen, recht süßen Chardonnay und den floralen Sauvignon Blanc bis hin zum saftigen Silvaner von über 70 Jahre alten Reben. ━

Weinbewertung

83	2017 Weißburgunder trocken **12,5 %/8,70 €**
84	2017 Riesling trocken „Lössterrassen" Mettenheimer **12,5 %/10,90 €**
84	2017 Sauvignon blanc trocken **12,5 %/10,90 €**
85	2017 Chardonnay trocken **13 %/10,90 €**
85	2017 Silvaner trocken „Alte Rebe" Schlossberg **12,5 %/14,90 €**
87	2017 Weißburgunder trocken Mettenheimer Michelsberg **12,5 %/15,50 €**
88	2017 Riesling trocken Mettenheimer Michelsberg **13 %/17,90 €**
89	2017 Riesling trocken Mettenheimer Schlossberg **12,5 %/22,50 €**
88	2017 Sauvignon trocken „Blanc fumé" **13,5 %/15,40 €**
84	2016 Spätburgunder trocken „Lössterrassen" Mettenheimer **13 %/14,90 €**

ST. ANNABERG

★★

KONTAKT

St. Anna-Straße 203
76835 Burrweiler
Tel. 06323-949260
Fax: 06323-9492620
www.sankt-annaberg.com
v.lergenmueller@lergenmueller.de

Inhaber Anna M. Lergenmüller
Betriebsleiter/Kellermeister/Außenbetrieb Victoria Lergenmüller
Rebfläche 7 Hektar
Produktion 30.000 Flaschen

BESUCHSZEITEN

Gastronomie mit Landhotel, Mi.-So. ab 15 Uhr

Die Familie Lergenmüller hat das Weingut 1998 übernommen und seitdem als eigenständigen Betrieb weitergeführt. Seit dem Jahrgang 2012 ist Victoria Lergenmüller für die Weine des Guts verantwortlich und hat den Anbau mittlerweile komplett auf Riesling umgestellt. Sie hat in Geisenheim Weinwirtschaft studiert, Praktika in Frankreich und Südafrika absolviert und in Bordeaux ihren Master in Weinmarketing und -Management abgeschlossen. Die Weinberge liegen in der teilweise terrassierten Monopollage Burrweiler St. Annaberg (sandiges Verwitterungsgestein), in der Gleisweiler Hölle (Buntsandstein, bis zu 65 Jahre alte Reben), im Ilbesheimer Kalmit (Landschneckenkalk) und im Burrweiler Schäwer (Schiefer). Derzeit befindet sich das Weingut in der Umstellungsphase auf biologischen Weinbau.

Kollektion

Nach fünf Jahren konnten wir jetzt erstmals wieder die Weine des Guts verkosten und noch nie war die Kollektion so rundum überzeugend: Unsere beiden Favoriten stammen aus der Kalmit und dem Schäwer, der Kalmit zeigt kalkig-kreidige Mineralität, bleibt in der Frucht ganz zurückhaltend, besitzt Kraft, viel Druck, feinen Grip und gute Länge, der 2017er Schäwer ist ähnlich zurückhaltend in der Frucht, zeigt dezente Zitrusnoten, etwas Ananas, aber vor allem steinig-mineralische Würze und besitzt ebenfalls Druck und Länge. Der 2016er Schäwer zeigt auch steinige Würze und schon leichte Reifenoten, ist sehr animierend und besitzt viel Biss. Auch von der in Tonneaux aus Pfälzer Eiche ausgebauten „Edition Johanniskreuz“ verkosteten wir zwei Jahrgänge, beide zeigen feine Holzwürze, der 2016er leicht gereifte Frucht, besitzt animierende Zitrusnoten, der 2017er zeigt viel klare, gelbe Frucht und besitzt gute Länge. Der Hölle zeigt viel gelbe Frucht und kräutrige Würze , besitzt feine, animierende salzige Noten, der spontan vergorene, feinherbe „Promptus“ ist fruchtbetont, füllig und cremig, zeigt dezente Holzwürze, besitzt feinen Druck. —

Weinbewertung

86 2017 Riesling trocken „Terrassenlage“ Burrweiler St. Annaberg **12,5 %/11,- €**
87 2017 Riesling trocken „Alte Reben“ Gleisweiler Hölle **13 %/13,50 €**
87 2016 Riesling trocken „Edition Johanniskreuz“ **13,5 %/20,- €**
88 2017 Riesling trocken „Edition Johanniskreuz“ **13 %/20,- €**
89 2017 Riesling trocken Ilbesheimer Kalmit **13 %/24,- €**
88 2016 Riesling Burrweiler Schäwer **13,5 %/25,50 €**
89 2017 Riesling trocken Burrweiler Schäwer **13,5 %/25,50 €**
86 2017 Riesling „feinherb“ „355 NN“ Burrweiler St. Annaberg **12,5 %/11,- €**
88 2016 Riesling „feinherb“ „Promptus“ Burrweiler St. Annaberg **12,5 %/20,50 €**

S

St. Antony

★★★★

KONTAKT

Wilhelmstraße 4
55283 Nierstein
Tel. 06133-509110
Fax: 06133-50911299
www.st-antony.de
info@st-antony.de

Inhaber Familie Meyer
Kellermeister Sebastian Strub
Außenbetrieb Bartek Ciezadlik
Rebfläche 40 Hektar
Produktion 220.000 Flaschen

BESUCHSZEITEN

Mo.-Fr. 9-18 Uhr, Sa. 10-15 Uhr

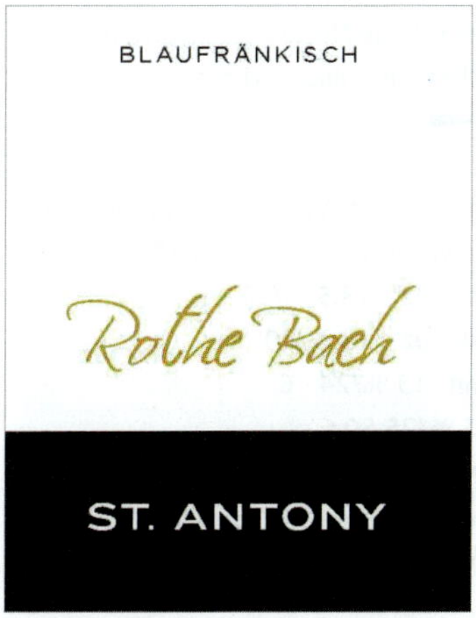

1912 kaufte die Gute-Hoffnungs-Hütte, die Vorgängerfirma der MAN AG, ein kalkhaltiges Gelände mit Weinbergen in Nierstein um dort Kalk für die Eisenproduktion abzubauen. 1920 wurden die ersten Weine erzeugt und abgefüllt. 2005 verkaufte die MAN AG St. Antony an Detlev Meyer. Das ehemalige Weingut Heyl zu Herrnsheim wurde ebenfalls von Detlef Meyer erworben und in das Weingut St. Antony integriert. Die Weine werden vom selben Team und im selben Keller (ein Neubau ist in Planung) ausgebaut, Heyl zu Herrnsheim bleibt aber als eigenständige Marke erhalten. Ein guter Teil der Rebfläche liegt im Roten Hang. Dort besitzt das Weingut größere Anteile an den Lagen Orbel, Oelberg, Hipping und Pettenthal, die nur 0,6 Hektar große Lage Zehnmorgen besitzt man seit 2010 ganz, die Lage Brudersberg ist ebenfalls im Alleinbesitz des Weingutes, wird aber ausschließlich für die Marke Heyl zu Herrnsheim genutzt. Wichtigste Rebsorte ist Riesling, der 60 Prozent der Fläche einnimmt. Dazu gib es vor allem Spätburgunder, Weißburgunder und Blaufränkisch, den es bereits seit 2008 im Roten Hang gibt. Seit 2007 werden alle Weinberge biologisch, seit 2011 biodynamisch bewirtschaftet. Felix Peters, der seit 2006 Geschäftsführer war, hat 2018 das Weingut verlassen. Das Programm ist gegliedert in Gutsweine, Ortsweine und Lagenweine. Beim Riesling gibt es seit 2016 insgesamt sechs Große Gewächse: Zu den Weinen aus Orbel und Pettenthal gesellten sich mit dem Jahrgang 2014 die Großen Gewächse aus Zehnmorgen (der erstmals 2012 gesondert ausgebaut und erstmals 2014 als Großes Gewächs deklariert wurde, der Wein stammt von einer Parzelle mit 1955 gepflanzten Reben) und Hipping (der bis zum Verkauf des Weingutes schon einige Jahre lang als Großes Gewächs angeboten worden war), seit 2015 gibt es auch wieder ein Großes Gewächs aus dem Oelberg, diesen Wein gab es wie den Hipping im letzten Jahrzehnt schon als Großes Gewächs; 2016 kam schließlich das Große Gewächs aus dem Brudersberg hinzu, ein Wein, der lange unter dem Namen Heyl zu Herrnsheim vermarktet wurde. Die Weine werden allerdings nicht identisch ausgebaut: Oelberg und Hipping im Edelstahl, Zehnmorgen im gebrauchten Halbstückfass, Orbel teils im alten Doppelstückfass, teils im Edelstahl, Pettenthal im Barrique. Seit 2014 gibt es als weiteren Spitzenriesling den Riesling Oenothek, der aus einer speziellen Parzelle (Oberer Schmitt) im Pettenthal stammt. Im roten Segment stehen zwei Spätburgunder Große Gewächse aus Kranzberg und Paterberg zusammen mit den beiden Blaufränkisch Rothe Bach (eine Parzelle im Pettenthal) und Lange Berg (aus der Lage Oberer Auflangen, seit 1971 Bestandteil des Oelberg) an der Spitze der Kollektion, der Rothe Bach stammt von einer 1978 gepflanzten Rieslingparzelle, die Reben wurden überpropft.

Kollektion

In der starken Kollektion des vergangenen Jahres hatten uns neben den Großen Riesling-Gewächsen vor allem die beiden Lagen-Blaufränkisch begeistert, allen voran der Rothe Bach. Dieser beeindruckt im Jahrgang 2016 nicht ganz so sehr, zeigt viel reife Frucht, schönen Duft, ganz leicht überreife Noten. Deutlich besser gefällt uns in diesem Jahr der Lange Berg, der aromatisch völlig anders ist als der Rothe Bach, rauchige Noten zeigt, etwas Gewürze, dezent Johannisbeeren, klar, frisch und präzise im Mund ist, reintönig, zupackend und strukturiert. Der Blaufränkisch am Turm ist fruchtbetont, klar, zupackend, der Blaufränkisch von alten Reben ist rauchig, würzig, präzise und zupackend. Nur Blaufränkisch wurde im roten Segment dieses Jahr präsentiert, aber Spätburgunder gibt es nach wie vor, der Wein aus dem Paterberg wurde bei der Vorpremiere der Großen Gewächse vorgestellt. Ein Chardonnay eröffnet in diesem Jahr den Reigen, den wir zwar gelegentlich schon verkostet haben, der aber dieses Jahr zum ersten Mal vorgestellt wurde. Er ist frisch, harmonisch, klar und zupackend. Der Rotschiefer-Riesling ist würzig und eindringlich, fruchtbetont und zupackend, der Niersteiner Orts-Riesling ist herrlich eindringlich und strukturiert. Dazu wurden fünf Große Gewächse vorgestellt. Der als Fassprobe verkostete gelbfruchtige Wein aus dem Oelberg ist füllig und saftig wie auch der Zehnmorgen, aber etwas viel versprechender. Der Orbel ist frisch, klar und zupackend, hat Zug und ist enorm nachhaltig. Deutlich druckvoller als sein Jahrgangsvorgänger. Der Pettenthal besitzt viel Fülle und Saft, gute Struktur und Substanz, während der rauchige, konzentrierte Hipping etwas präziser und druckvoller ist. Hervorragende Rieslinge – wem man den Vorzug gibt, hängt von der persönlichen Präferenz ab.

Weinbewertung

85	2017 Chardonnay trocken	**12,5 %/8,50 €**
85	2017 Riesling trocken „Rotschiefer"	**12 %/10,80 €**
87	2017 Riesling trocken Nierstein	**12,5 %/15,- €**
89	2017 Riesling trocken „GG" Nierstein Zehnmorgen	**12,5 %/28,- €**
91	2017 Riesling trocken „GG" Nierstein Orbel	**13 %/18,90 €**
91	2017 Riesling trocken „GG" Nierstein Pettenthal	**13 %/25,- €**
91	2017 Riesling trocken „GG" Nierstein Hipping	**12,5 %/30,- €**
(91)	2017 Riesling trocken „GG" Nierstein Oelberg	**13 %/22,- €**
86	2016 Blaufränkisch trocken „Am Turm" Nierstein	**12,5 %/14,80 €**
87	2016 Blaufränkisch trocken „Alte Reben" Nierstein	**13 %/17,- €**
92	2016 Blaufränkisch trocken Nierstein „Lange Berg"	**13 %/36,- €**
89	2016 Blaufränkisch trocken Nierstein „Rothe Bach"	**13 %/42,- €**

LAGEN

PETTENTHAL (NIERSTEIN)
– ROTHE BACH (NIERSTEIN)
ORBEL (NIERSTEIN)
ZEHNMORGEN (NIERSTEIN)
HIPPING (NIERSTEIN)
OELBERG (NIERSTEIN)
– LANGE BERG (NIERSTEIN)
KRANZBERG (NIERSTEIN)
PATERBERG (NIERSTEIN)
BRUDERSBERG (NIERSTEIN)

REBSORTEN

RIESLING (55 %)
BLAUFRÄNKISCH (15 %)
WEISSBURGUNDER (10 %)
SPÄTBURGUNDER (10 %)
CHARDONNAY (5 %)

St. Nikolaus-Hof

★★

KONTAKT

Mühlenstraße 44
54340 Leiwen
Tel. 06507-8107
Fax: 06507-802821
www.st-nikolaus-hof.de
klausschweicher@t-online.de

Inhaber
Klaus & Annegret Schweicher
Kellermeister
Klaus Schweicher
Rebfläche
7,5 Hektar

BESUCHSZEITEN

nach Vereinbarung

Der Vater von Klaus Schweicher hatte diesen Leiwener Betrieb bis in die achtziger Jahre als reinen Fassweinbetrieb geführt und dann nach und nach begonnen, Weine auch über die Flasche zu verkaufen. Im Jahr 2000 übernahm Klaus Schweicher den Betrieb und setzte seither konsequent auf Ertragsbeschränkung und Qualität. Durch Zukauf hat er seine Fläche in der Leiwener Spitzenlage Laurentiuslay vergrößert, wo er Querterrassen anlegte und einen Hektar neu bepflanzte. Daneben besitzt Klaus Schweicher auch Weinberge in der Trittenheimer Apotheke sowie im Leiwener Klostergarten. Neben Riesling, der 96 Prozent seiner Weinberge einnimmt, baut Klaus Schweicher etwas Spät- und Weißburgunder an. Besonders stolz ist Klaus Schweicher auf die Lage „Vor dem Stortel", gut einen halben Hektar groß, die sich im Alleinbesitz des Gutes befindet.

Kollektion

Im vergangenen Jahr gefielen uns die Weine gut, zeigten sich spannender als 2015, beispielsweise die trockene Auslese „Vor dem Stortel". Diesmal werden, mit Ausnahme des Eisweines aus dem Jahrgang 2008 (!) und des Spätburgunders aus dem Jahrgang 2016, ausschließlich 2017er vorgestellt. Insgesamt bleibt das Weingut diesmal ein wenig hinter den Erwartungen zurück. Der Weißburgunder aus dem Klostergarten gefällt zwar sehr gut mit seiner saftigen Art und dem guten Preis-Leistungs-Verhältnis, aber sowohl das trockene Hochgewächs als auch der „Vor dem Stortel" könnten noch etwas präziser und spannender sein. Zupackend und saftig ist der süße Riesling aus der Trittenheimer Apotheke, würzig mit Noten von kandiertem Gemüse und gekochter Ananas zeigt sich der vielschichtige zehn Jahre alte Eiswein, der sich jetzt wohl auf dem Höhepunkt befindet. Der Rotwein aus dem Klostergarten besitzt eine saftige Art, lässt allerdings einen winzigen Hauch Süße vermuten.

Weinbewertung

84 2017 Riesling Hochgewächs trocken Leiwener Klostergarten **11,5 %/6,50 €**
84 2017 Weißburgunder trocken Leiwener Klostergarten **11,5 %/6,50 €**
86 2017 Riesling Spätlese trocken „Vor dem Stortel" Laurentiuslay **11,5 %/8,50 €**
85 2017 Riesling „feinherb" Leiwener Laurentiuslay **10 %/7,50 €**
83 2017 Riesling Hochgewächs Leiwener Klostergarten **9 %/6,50 €**
85 2017 Riesling Trittenheimer Apotheke **9 %/8,50 €**
89 2008 Riesling Eiswein Leiwener Klostergarten **7,5 %/30,- €/0,375l**
83 2017 Spätburgunder Rosé „feinherb" Leiwener Klostergarten **11 %/6,50 €**
83 2016 Spätburgunder trocken Barrique Leiwener Klostergarten **13 %/14,50 €**

ST. REMIGIUS

★★☆

KONTAKT

Rittgasse 17
79291 Merdingen
Tel. 07668-5718
Fax: 07668-7252
www.remigiusweine.de
info@remigiusweine.de

Inhaber
Edgar Bärmann & Conrad Isele
Rebfläche
9 Hektar
Produktion
45.000 Flaschen

BESUCHSZEITEN

nach Vereinbarung
Weinproben mit Vesper
(bis 35 Personen)

Das Weingut St. Remigius wurde 1988 von Edgar Bärmann und Conrad Isele gegründet. Neben Weinbergen am Tuniberg in den Lagen Merdinger Bühl und Niederrimsinger Rotgrund besitzen sie auch Weinberge am Kaiserstuhl, und zwar in der Lage Achkarrer Schlossberg. Gut die Hälfte der Rebfläche nimmt Spätburgunder ein. Es folgen Grau- und Weißburgunder. Dazu gibt es etwas Chardonnay, Müller-Thurgau, Riesling, Muskateller, Sauvignon Blanc und andere Versuchssorten, inzwischen auch Merlot, den sie im Niederrimsinger Rotgrund gepflanzt haben. Die Weine werden überwiegend trocken ausgebaut. Nicht nur Spätburgunder, sondern auch Chardonnay und Weißburgunder kommen ins Barrique. Neben Weinbau besitzen Edgar Bärmann und Conrad Isele eineinhalb Hektar mit Kern- und Steinobst, deren Ertrag in der hauseigenen Brennerei verwertet wird.

Kollektion

So viele Spitzenweine in einer Kollektion haben Edgar Bärmann und Conrad Isele bisher noch nie vorgestellt und auch die Basis überzeugt, wie der fruchtbetonte, zupackende Weißburgunder Kabinett und der klare, geradlinige Muskateller beweisen. Ganz stark ist dann die SR-Linie. Der Sauvignon Blanc besitzt viel reife Frucht und Substanz, der Weißburgunder ist füllig und saftig, besitzt klare Frucht und gute Harmonie, der im Barrique ausgebaute Grauburgunder zeigt reintönige Frucht und dezent rauchige Noten, besitzt viel reife Frucht, gute Struktur und Substanz und der ebenfalls im Barrique ausgebaute Chardonnay ist reintönig, saftig, besitzt gute Struktur und Frische. Die Rotweine stehen den Weißen nicht nach, der Merlot ist intensiv, fruchtbetont, zupackend, jugendlich, der Spätburgunder SR besitzt viel reife Frucht, gute Struktur und Frische, ist klar und zupackend. Noch ein klein wenig besser gefällt uns der Spätburgunder Réserve aus dem Schlossberg, er ist fruchtbetont bei feiner Kräuternote, kraftvoll, zupackend und strukturiert. Ganz starke Kollektion! —

Weinbewertung

83 2017 Weißer Burgunder Kabinett trocken **13,5 %/7,- €**
84 2017 Muskateller trocken **12 %/6,90 €**
87 2017 Weißer Burgunder „SR" trocken Achkarrer Schlossberg **13,5 %/9,50 €**
88 2016 Grauer Burgunder „SR" trocken Achkarrer Schlossberg **14,5 %/9,50 €**
87 2017 Sauvignon Blanc „SR" trocken Achkarrer Schlossberg **13 %/9,80 €**
87 2016 Chardonnay „SR" trocken Achkarrer Schlossberg **13,5 %/12,60 €**
87 2016 Merlot „SR" trocken Niederrimsinger Rotgrund **14 %/11,50 €**
87 2016 Spätburgunder „SR" trocken **13,5 %/11,50 €**
88 2016 Spätburgunder trocken „Reserve" Achkarrer Schlossberg **13,5 %/13,90 €**

S

HEINER SAUER

★★★☆

KONTAKT

Hauptstraße 44
76833 Böchingen
Tel. 06341-61175
Fax: 06341-64380
www.weingut-sauer.com
info@weingut-sauer.com

Inhaber
Heiner Sauer
Rebfläche
30 Hektar
Produktion
170.000 Flaschen

BESUCHSZEITEN

Mo.-Fr. 9-18 Uhr, Sa. 10-17 Uhr

Die Familie von Heiner Sauer betreibt schon sehr lange Weinbau, das Weingut in seiner jetzigen Form aber existiert erst seit 1987. Von Anfang an hat Heiner Sauer nach biologischen Grundsätzen gearbeitet und sich dem Bioland-Verband angeschlossen. Seine Weinberge liegen im Böchinger Rosenkranz, in den Nußdorfer Lagen Herrenberg und Kaiserberg, im Godramsteiner Münzberg, im Frankweiler Biengarten, in der Gleisweiler Hölle und im Burrweiler Schäwer. Riesling, Grau- und Weißburgunder sind seine wichtigsten Weißweinsorten, bei den Rotweinen sind es Spätburgunder und St. Laurent. 1998 gründete Heiner Sauer als Geschäftsführer und Teilhaber das ebenfalls ökologisch bewirtschaftete Gut Bodegas Palmera in Utiel-Requeña.

Kollektion

Nachdem wir im vergangenen Jahr einige der Weißweine von Heiner Sauer etwas verhalten fanden, sind die Weine in diesem Jahr wieder präsenter, in der rundum überzeugenden Kollektion haben wir zwei Favoriten: Der Pinot Sekt lag 60 Monate auf der Hefe und zeigt viel feine, komplexe hefige Würze, besitzt ein animierendes Säurespiel und Frische, der Steinreich-Riesling ist einmal mehr sehr steinig und mineralisch, besitzt viel Druck, Grip und salzige Länge. Danach folgen eine ganze Reihe starker Weine, der Hölle-Riesling zeigt leicht gereifte Frucht und dezentes Holz, der kraftvolle Sauvignon Blanc Fumé zeigt komplexe gelbe Frucht und Stachelbeerwürze, der Grünfränkisch zeigt ebenfalls viel gelbe Frucht und besitzt ein frisches Säurespiel, der Weißburgunder aus dem Münzberg zeigt dezente Holzwürze, klare Frucht und besitzt Länge und der Spätburgunder ist kühl, kräutrig und elegant. ▬

Weinbewertung

89	2011 Pinot Sekt brut nature **12,5 %/21,50 €**
86	2017 Grauburgunder trocken „Löss" Nußdorf **13,5 %/9,50 €**
87	2017 Chardonnay trocken „Löss" Nußdorf **13,5 %/9,50 €**
86	2017 Riesling trocken „Schiefer" Burrweiler **12,5 %/9,- €**
85	2017 Riesling trocken „Kalkmergel" „Zinkler" Böchingen **12,5 %/7,50 €**
85	2017 Sauvignon Blanc trocken „Löss" **12,5 %/8,50 €**
86	2017 Weißburgunder trocken „Kalkgestein" Godramstein **13 %/9,- €**
88	2017 Weißburgunder trocken Godramsteiner Münzberg **13,5 %/12,- €**
88	2016 Riesling trocken Gleisweiler Hölle **12 %/14,- €**
89	2017 Riesling trocken „Steinreich" Godramstein **13,5 %/14,- €**
88	2017 Sauvignon Blanc trocken „Fumé" Böchinger Rosenkranz **13,5 %/15,- €**
88	2017 Grünfränkisch trocken Böchinger Rosenkarnz **13,5 %/15,- €**
87	2017 Gewürztraminer Nußdorfer Herrenberg **13 %/12,- €**
86	2016 Saint Laurent trocken „Kalkmergel" Böchingen **13 %/11,- €**
88	2015 Spätburgunder trocken Nußdorfer Kaiserberg **13 %/18,50 €**

Horst Sauer

★★★★★

KONTAKT

Bocksbeutelstraße 14
97332 Escherndorf
Tel. 09381-4364
Fax: 09381-6843
www.weingut-horst-sauer.de
mail@weingut-horst-sauer.de

Inhaber
Magdalena & Horst Sauer
Kellermeister
Sandra Sauer
Rebfläche
20 Hektar
Produktion
190.000 Flaschen

BESUCHSZEITEN

Mo.-Fr. 9-12 + 13-18 Uhr,
Sa. 11-17 Uhr

Seit Mitte der achtziger Jahre hat Horst Sauer seinen Betrieb kontinuierlich auf die heutige Größe ausgedehnt. Seine Weinberge liegen in den Escherndorfer Lagen Lump und Fürstenberg. Silvaner nimmt inzwischen fast 40 Prozent der Fläche ein, ein knappes Viertel ist mit Müller-Thurgau bestockt, 15 Prozent mit Riesling. Dazu gibt es etwas Bacchus, Scheurebe, Weißburgunder, Spätburgunder und Domina. Seit 2005 werden Magdalena und Horst Sauer im Betrieb von Tochter Sandra unterstützt. Sandra Sauer kümmert sich um die Burgunder (in Weinberg und Keller), Horst Sauer um die edelsüßen Weine, um das sonstige Sortiment kümmern sie sich gemeinsam. Sie sind dabei ihr Sortiment dem VDP-Modell anzupassen, was gar nicht so einfach ist, wie bei vielen anderen fränkischen Betrieben auch. Die ehemaligen Kabinettweine sind nun die Ortsweine, die ehemaligen Spätlesen tragen ja schon einige Zeit das „S" auf dem Etikett, sie sind nun die Weine aus den so genannten „Ersten Lagen", Lump und Fürstenberg, während die Großen Gewächse nun die Bezeichnung „Escherndorf am Lumpen 1655" tragen. Daneben gibt es den Sehnsucht genannten Silvaner, wie das Große Gewächs erstmals 2001 erzeugt, der teils im Barrique, teils im Edelstahl vergoren wird, der Ausbau erfolgt in gebrauchten Barriques. Seit unserer ersten Ausgabe haben wir Horst Sauer und sein Weingut mit unserer Höchstnote bedacht, und in diesem ganzen Zeitraum kam uns nie der leiseste Zweifel, ob diese Höchstbewertung denn gerechtfertigt sei. Schon damals waren wir begeistert von seinen edelsüßen Weinen, genauso begeistert aber auch vom hohen Niveau seiner Basisweine. Niemand macht Jahr für Jahr so schönen Müller-Thurgau. Aufmerksamkeit erregt man mit Müller-Thurgau nicht, und ist er noch so gut. In Deutschland ist Riesling gefragt, in Franken der Silvaner. Und Horst und Sandra Sauer beherrschen beide Rebsorten, von der Basis bis zur Spitze, vom Gutswein bis hin zu den Großen Gewächsen.

Kollektion

Just Silvaner: Frisch, lebhaft, herrlich leicht – eine Allzweckwaffe. Der Escherndorfer Müller-Thurgau ist fruchtbetont und würzig, klar, frisch und zupackend, gefällt uns 2017 sogar etwas besser als der recht würzige Escherndorfer Müller-Thurgau, der Fülle und Saft und reife süße Frucht besitzt. Der Escherndorfer Silvaner zeigt reintönige Frucht und feine Frische, ist klar, frisch und zupackend im Mund wie auch der Escherndorfer Riesling, der reife Frucht im Bouquet zeigt, ein wenig Pfirsiche. Der Blaue Silvaner aus dem Fürstenberg ist fruchtbetont und wunderschön reintönig im Bouquet, recht süß dann im Mund bei feiner Frucht und Grip. Deutlich besser gefällt uns da der Silvaner S aus dem Lump, der gute Konzentration und reintönige Frucht zeigt, klar und zupackend ist, gute Struktur und viel reife Frucht besitzt. Der Riesling S aus dem Lump steht ihm nicht nach, zeigt reintönige reife Frucht, ist füllig und saftig bei viel Substanz. Der Sehnsucht-Silvaner zeigt viel reife Frucht, deutlich Vanille, ein

wenig Marzipan. Ist enorm füllig im Mund, besitzt viel Substanz, gute Länge. Besser aber gefällt uns das Große Gewächs, das gute Konzentration und herrlich viel Frucht zeigt, im Mund viel Fülle und Saft besitzt, reintönige Frucht, gute Komplexität und Länge. Noch ein klein wenig besser gefällt uns in diesem Jahr der Riesling, der kraftvoll und stoffig ist, viel reife Frucht und gute Struktur besitzt, feine mineralische Noten und viel Länge. Die Scheurebe Spätlese ist wunderschön reintönig und frisch, harmonisch und elegant. Die Silvaner Auslese ist recht würzig bei viel Substanz, die Riesling Auslese zeigt viel Konzentration im Bouquet, etwas Litschi, ist konzentriert und dominant, besitzt viel Substanz und Biss. Die Riesling Beerenauslese zeigt viel Konzentration, Litschi, ist süß, konzentriert, besitzt viel Substanz. Noch besser aber gefällt uns die zwei Jahre im Barrique ausgebaute Silvaner Beerenauslese aus dem Jahrgang 2015: Viel Konzentration, Würze, konzentriert, komplex, strukturiert, dominant und lang – ein faszinierender Wein. Die Silvaner Trockenbeerenauslese steht ihm nicht nach, zeigt kandierte Früchte, ist dominant, konzentriert, ein Monument – was auch für die Riesling Trockenbeerenauslese gilt, die rauchig-würzige Noten und kandierte Früchte zeigt, stoffig und dominant ist, enorm klar und konzentriert. Große Kollektion!

Horst & Sandra Sauer / Foto: Michael Wilfling

Weinbewertung

85	2017 Silvaner trocken „Just“	**11,5 %/7,- €**
86	2017 Müller-Thurgau trocken Escherndorfer	**12 %/7,20 €**
86	2017 Silvaner trocken Escherndorfer	**12 %/8,20 €**
86	2017 Riesling trocken Escherndorfer	**12 %/10,- €**
85	2017 Müller-Thurgau „S“ trocken Escherndorfer Fürstenberg	**13 %/10,- €**
86	2017 Blauer Silvaner Spätlese trocken Fürstenberg	**13 %/12,50 €**
89	2017 Silvaner „S“ trocken Escherndorfer Lump	**13 %/12,50 €**
89	2017 Riesling „S“ trocken Escherndorfer Lump	**13 %/13,50 €**
89	2017 Weißer Burgunder „S“ trocken Fürstenberg	**13,5 %/15,50 €**
90	2017 Silvaner trocken „Sehnsucht“	**13,5 %/20,- €**
90	2006 Silvaner „GG“ Escherndorfer Lump	**13,5 %**
92	2017 Silvaner trocken „GG“ „Escherndorf am Lumpen“	**13,5 %/25,- €**
91	2017 Riesling trocken „GG“ „Escherndorf am Lumpen“	**13,5 %/25,- €**
88	2017 Scheurebe Spätlese Escherndorfer Lump	**11,5 %/12,- €**
89	2017 Silvaner Auslese Escherndorfer Lump	**8 %/21,- €/0,5l**
91	2017 Riesling Auslese Escherndorfer Lump	**8 %/21,- €/0,5l**
96	2015 Silvaner Beerenauslese Barrique Escherndorfer Lump	**9 %/46,- €/0,5l**
93	2017 Riesling Beerenauslese Escherndorfer Lump	**8 %/40,- €/0,5l**
96	2017 Silvaner Trockenbeerenauslese Escherndorfer Lump	**7,5 %/70,- €/0,5l**
95	2017 Riesling Trockenbeerenauslese Escherndorfer Lump	**7 %/70,- €/0,5l**

LAGEN

LUMP (ESCHERNDORF)
FÜRSTENBERG (ESCHERNDORF)

S

REBSORTEN

SILVANER (40 %)
MÜLLER-THURGAU (20 %)
RIESLING (14 %)
SCHEUREBE (4 %)
WEISSBURGUNDER (3 %)
SPÄTBURGUNDER (3 %)

Rainer Sauer

★★★★★

KONTAKT

Bocksbeutelstraße 15
97332 Escherndorf
Tel. 09381-2527
Fax: 09381-71340
www.weingut-rainer-sauer.de
info@weingut-rainer-sauer.de

Inhaber
Rainer Sauer
Kellermeister
Daniel Sauer
Rebfläche
15 Hektar
Produktion
135.000 Flaschen

BESUCHSZEITEN

Mo.-Fr. 9-12 + 13-18 Uhr,
Sa. 10-17 Uhr
Wein-Sommerfest (3. Juli-Wochenende)

Seit 1979 führen Helga und Rainer Sauer das elterliche Weingut und haben mit der Selbstvermarktung begonnen. Seither haben sie den Betrieb auf die heutige Größe erweitert, wovon ein guter Teil im Escherndorfer Lump liegt, insgesamt 7 Hektar in Steillagen. Die anderen Weinberge liegen im Fürstenberg, hinzu kommen 40 Ar in Untereisenheim. Helga und Rainer Sauer werden im Betrieb unterstützt von Sohn Daniel, der 2007 seinen Abschluss in Geisenheim machte. Silvaner ist die mit Abstand wichtigste Rebsorte, nimmt über 60 Prozent der Weinberge ein. Mit weitem Abstand folgen Müller-Thurgau und Riesling, dazu gibt es etwas Traminer, Kerner, Weißburgunder und rote Sorten. Seit 2007 werden 2,5 Hektar von Daniel Sauer biodynamisch bewirtschaftet. Seit 1999 gibt es den Silvaner „L" aus dem Herzstück des Lump, in den letzten Jahren hat Rainer Sauer sein Silvaner-Sortiment weiter differenziert mit „Freiraum" (von Sohn Daniel vinifiziert), „Alte Reben" und „Muschelkalk", setzt nach und nach Spontangärung ein und hat vor einigen Jahren begonnen einen Wein in einem 900 Liter-Beton-Ei auszubauen, einen Silvaner, was sonst, der Wein hat den Namen „ab ovo" erhalten. Mit der Anpassung an das vierstufige VDP-Modell wurde auf Prädikatsbezeichnungen bei den trockenen Weinen verzichtet, die vormaligen Kabinettweine sind nun die Ortsweine, die Spätlesen wurden die Erste Lage-Weine aus dem Lump, „L" und „ab ovo" tragen keine Lagenbezeichnung mehr, die Großen Gewächse erhalten wie bei allen VDP-Betrieben die Bezeichnung „Escherndorf am Lumpen 1655". Schon in der ersten Ausgabe haben wir die Weine von Rainer Sauer empfohlen, seither hat er gewaltig zugelegt. Wer sich für Silvaner interessiert, der kommt an ihm nicht vorbei, und wer sich nicht für Silvaner interessiert, der sollte nach Escherndorf fahren und Rainer und Daniel Sauer besuchen! Die Weine sind alle wunderschön reintönig, die Spitzen-Silvaner sind puristisch und doch erstaunlich komplex, faszinieren mit ihrer Nachhaltigkeit. Dass auch die Weine aus anderen Rebsorten sehr gut sind, das versteht sich von selbst.

Kollektion

Über Rainer und Daniel Sauers Silvaner kann man auch im Jahrgang 2017 wieder ins Schwärmen kommen, einer ist schöner als der andere. Aber beginnen wir zunächst mit den Weinen der anderen Rebsorten. Das ist der Weißburgunder aus dem Lump, recht würzig und eindringlich im Bouquet, kompakt im Mund, kraftvoll, klar und geradlinig. Der Riesling aus dem Lump zeigt gute Konzentration, reife Frucht, feine Frische, etwas Pfirsiche, ist fruchtbetont und harmonisch im Mund, füllig, klar und saftig. Der Riesling Großes Gewächs zeigt leicht rauchige Noten im herrlich eindringlichen Bouquet, ist füllig und saftig im Mund, besitzt gute Struktur, feine süße Frucht, Substanz und Länge. Und sogar einen süßen Riesling haben

Rainer und Daniel Sauer 2017 erzeugt, eine Spätlese aus dem Lump, die wunderschön harmonisch und reintönig ist, konzentriert und lang. Die Silvaner-Serie dann ist wieder einmal beeindruckend stark. Das fängt beim Gutssilvaner an, der wunderschön reintönig und frisch ist, harmonisch und lang: Klasse! Der Escherndorfer Silvaner ist etwas fülliger, aber ebenso klar und harmonisch. Der Muschelkalk-Silvaner ist reintönig, frisch, leicht mineralisch, sehr lang. Der Freiraum zeigt wie gehabt sehr offensive Frucht, ist auch im Mund, intensiv fruchtig, harmonisch, klar und lang. Der Erste Lage-Silvaner aus dem Lump ist etwas fülliger, aber auch komplexer, besitzt viel reintönige Frucht, gute Struktur, Substanz und viel Länge. Noch etwas mehr Fülle und Saft besitzt der Silvaner von alten Reben, ist harmonisch, fließt im Mund, ist dabei strukturiert und lang, leicht mineralisch. Der L-Silvaner fasziniert wie immer mit seiner Reintönigkeit, ist komplex, füllig, harmonisch, sehr lang. Der ab ovo zeigt sich 2017 wieder von seiner verschlossenen Seite, wie zuletzt der 2015er. Er zeigt rauchig-würzige Noten im Bouquet, will sich so gar nicht zu erkennen geben, ist saftig im Mund, kompakt, verschlossen – bei einem Besuch vor Ort konnten wir den 2015er verkosten, der sich heute in blendender Verfassung befindet, und wir sind sicher in einigen Monaten wird dies auch beim 2017er der Fall sein. Vor Ort konnten wir auch noch einen faszinierenden Maischegärer verkosten, den die Sauers aber leider nicht eingeschickt haben. Das Highlight zum Schluss: Das Große Gewächs zeigt intensive Frucht, viel Konzentration, ist faszinierend reintönig, füllig, kraftvoll, besitzt enormen Druck, viel Länge und großartigen Nachhall!

Daniel & Rainer Sauer

Weinbewertung

87	2017 Silvaner trocken **11,5 %/7,- €** ☺
88	2017 Silvaner trocken Escherndorf **12,5 %/8,50 €** ☺
89	2017 Silvaner trocken „Muschelkalk" Escherndorf **12,5 %/9,- €** ☺
89	2017 Silvaner trocken „Freiraum" **12,5 %/11,50 €** ☺
91	2017 Silvaner trocken Escherndorfer Lump **13 %/12,50 €** ☺
92	2017 Silvaner trocken „Alte Reben" Escherndorfer Lump **13 %/13,50 €** ☺
88	2017 Riesling trocken Escherndorfer Lump **13 %/13,- €**
92	2017 Silvaner „L" trocken **13,5 %/17,- €** ☺
87	2017 Weißburgunder trocken Eschendorfer Lump **13 %/14,- €**
92	2015 Silvaner trocken „ab ovo" **13,5 %**
90+	2017 Silvaner trocken „ab ovo" **13 %/22,- €**
94	2017 Silvaner trocken „GG" „Escherndorf am Lumpen 1655" **13,5 %/27,- €** ☺
91	2017 Riesling trocken „GG" „Escherndorf am Lumpen 1655" **13 %/27,- €**
89	2017 Riesling Spätlese Escherndorfer Lump **7,5 %/15,- €**

LAGEN

LUMP (ESCHERNDORF)
FÜRSTENBERG (ESCHERNDORF)

REBSORTEN

SILVANER (65 %)
MÜLLER-THURGAU (20 %)
RIESLING (11 %)

M. Schädler

★

KONTAKT

Weinstraße Süd 43
67487 Maikammer
Tel. 06321-5235
Fax: 06321-57394
www.m-schaedler.de
weingut@m-schaedler.de

Inhaber
Steffen Mugler
Rebfläche
10 Hektar
Produktion
60.000 Flaschen

BESUCHSZEITEN

Sa. 9-16 Uhr, So. 9-12 Uhr und nach Vereinbarung

Steffen Mugler war nach seiner Lehre bei Bassermann-Jordan und einer Zeit beim Kallstadter Weingut Henninger über zehn Jahre lang im elterlichen Weingut Mugler in Gimmeldingen für den An- und Ausbau der Weine verantwortlich, mit Michael Andres zusammen gründete er 1989 die Sektkellerei Andres & Mugler. 2002 übernahm er mit seiner Frau Daniela das Weingut Manfred Schädler in Maikammer. Seine Weinberge liegen in den Maikammer Lagen Heiligenberg, Kirchenstück und Mandelhöhe und im Alsterweiler Kapellenberg. Wichtigste Rebsorte ist mit einem Flächenanteil von 40 Prozent der Riesling, im weiten Abstand folgen Spät-, Weiß- und Grauburgunder, außerdem werden noch Chardonnay, Sauvignon Blanc, Scheurebe, Auxerrois, Müller-Thurgau und Merlot angebaut. Das Sortiment ist in Literweine, Gutsweine und Lagenweine gegliedert. Seit 2011 wirtschaftet Mugler biodynamisch.

Kollektion

Wie schon im vergangenen Jahr ist es wieder der Grauburgunder-Lagenwein aus dem Heiligenberg, der Steffen Muglers Sortiment anführt, er zeigt klare, gelbe Frucht im Bouquet, Birne, auch feine florale Würze und besitzt gute Konzentration, Länge und perfekt eingebundenes Holz. Sehr gut sind auch wieder die beiden Riesling-Lagenweine, der Kirchenstück von 30 Jahre alten Reben ist saftig, besitzt Zitrusnoten, feinen Biss und gute Länge, der spontan vergorene Wein aus dem Heiligenberg zeigt leicht gereifte Frucht, Zitrusnoten und besitzt ein animierendes Säurespiel. Die Rieslaner Auslese besitzt süße, gelbe Frucht und etwas kräutrige Würze, der Sauvignon Blanc ist reintönig mit Noten von Pfirsich, Maracuja und Stachelbeerwürze, während der Weißburgunder und der Blanc de Noir etwas verhalten bleiben. Die „Creation M" aus Cabernet Blanc und Scheurebe ist etwas präsenter als im vergangenen Jahr, zeigt etwas grasige Noten, Cassis und Stachelbeere und der trockene Riesling Kabinett ist frisch, zeigt etwas kräutrige Würze und Zitrusnoten.

Weinbewertung

81	2017 Blanc de Noir trocken **12 %/5,90 €**
81	2017 Weißburgunder trocken **12,5 %/5,80 €**
82	2017 Riesling Kabinett trocken **12 %/5,80 €**
83	2017 Sauvignon Blanc trocken **12 %/6,90 €**
82	2017 Creation M Weißwein trocken **12 %/5,90 €**
86	2016 Riesling trocken Maikammer Heiligenberg **12 %/8,70 €**
86	2017 Riesling trocken Maikammer Kirchenstück **12,5 %/8,70 €**
87	2017 Grauburgunder trocken Maikammer Heiligenberg **13 %/8,70 €**
84	2017 Rieslaner Auslese Maikammer Mandelhöhe **9 %/7,30 €**

Schäfer

★★

KONTAKT

Schießmauer 56
67345 Neustadt a.d. Weinstraße
Tel. 06321-6447
Fax: 06321-68770
www.weingutschaefer.com
weingutschaefer@t-online.de

Inhaber
Axel Schäfer
Rebfläche
20 Hektar
Produktion
160.000 Flaschen

BESUCHSZEITEN

Mo.-Fr. 8-18 Uhr, Sa. 10-17 Uhr,
So. 10-12 Uhr (März-Okt.)

Edgar Schäfer füllte 1948 seinen ersten Wein in Flaschen und gründete das Familienweingut, das 1964 an den Rand von Mußbach aussiedelte. 1991 übernahm Sohn Axel den Betrieb und baute die Rebfläche aus. Nach seiner Ausbildung zum Weinbautechniker und einem Praktikum in Neuseeland stieg Frank Schäfer 2013 in das Gut ein. Im selben Jahr konnten die Schäfers Weinberge des ehemaligen Weinguts Karl-Heinz Kaub im Haardter Herrenletten und Bürgergarten übernehmen und auch den Keller als zweite Betriebsstätte in Haardt erwerben. Hier baut Frank Schäfer seine „Limit" genannte Premiumlinie aus, bei der er mit Maischestandzeiten arbeitet und seine Weine lange auf der Vollhefe lässt. Die Weinberge sind in den Mußbacher Lagen Eselshaut und Glockenzehnt, im Gimmeldinger Mandelgarten und den Lagen Herzog, Herrenletten und Bürgergarten in Haardt. Zu zwei Drittel werden weiße Sorten angebaut, mit einem Schwerpunkt auf Riesling und den Burgundersorten, wichtigste rote Sorten sind Spätburgunder, St. Laurent und Merlot.

Kollektion

Frank Schäfer präsentiert uns die bisher stärkste Kollektion seiner „Limit"-Linie, bei denen er bei allen Weinen – und besonders deutlich bei den Spätburgundern – zulegen kann: Die beiden Spätburgunder sind unfiltriert, der Mandelgarten zeigt Schwarzkirsche, Kräuter und Mokka im Bouquet, ist komplex, harmonisch und elegant, der Bürgergarten zeigt ebenfalls Kräuter und klare Frucht, daneben auch feine rauchige Noten, ist kraftvoll, lässt aber ganz leicht den hohen Alkoholgehalt spüren. Die starke Rieslingriege wird angeführt vom konzentrierten, steinigen Wein aus dem Herrenletten, der feinen Druck und gute Länge besitzt und dem animierenden Rothenstein mit Noten von gelbem Steinobst und rauchig-steiniger Würze. Die anderen drei Rieslinge sind reintönig, zeigen kräutrige Würze und Zitrusnoten, der Weißburgunder zeigt viel klare Frucht und florale Würze, der Grauburgunder ist kraftvoll und konzentriert, aber noch etwas verhalten. ━

Weinbewertung

87	2017 Weißburgunder trocken „Limit" Haardter Herzog **13 %/12,- €**
87	2017 Riesling trocken „Limit" Haardter Herzog **12 %/12,- €**
86	2017 Grauburgunder trocken „Limit" Haardter Herzog **13,5 %/14,- €**
87	2017 Riesling trocken „Limit" „Dreißig Morgen" **12,5 %/12,- €**
88	2017 Riesling trocken „Limit" „Am Rothenstein" **12,5 %/18,- €**
87	2017 Riesling trocken „Limit" Mußbacher Glockenzehnt **12,5 %/12,- €**
88	2017 Riesling trocken „Limit" Haardter Herrenletten **12,5 %/15,- €**
82	2016 Spätburgunder trocken **13 %/7,- €**
88	2015 Spätburgunder trocken „Limit" Haardter Bürgergarten **14 %/18,- €**
89	2015 Spätburgunder trocken „Limit" Mandelgarten **13,5 %/22,- €**

S

Joh. Bapt. Schäfer

★★★★

KONTAKT

Burg Layen 8
55452 Burg Layen
Tel. 06721-43552
Fax: 06721-47841
www.jbs-wein.de
schaefer@jbs-wein.de

Inhaber
Sebastian Schäfer
Rebfläche
8 Hektar
Produktion
60.000 Flaschen

BESUCHSZEITEN

nur nach Vereinbarung

Das Weingut Joh. Bapt. Schäfer ist ein Familienbetrieb in vierter Generation, die erste Flaschenabfüllung erzeugte man mit dem 1921er Jahrgang. Seit Beendigung seiner Lehre 1997 baut Sohn Sebastian die Weine aus, 2002 hat er den Betrieb übernommen, sein Programm neu strukturiert und die Weinberge auf Riesling (60 Prozent der Rebfläche) und Weiß-, Grau- und Spätburgunder (30 Prozent der Fläche) ausgerichtet, daneben gibt es noch Chardonnay etwas Scheurebe und Silvaner. Die Weinberge befinden sich in den Dorsheimer Lagen Goldloch (0,6 Hektar, von Felsen geprägter Lehmboden mit Quarzit und Quarzitkonglomeraten) und Pittermännchen (1,5 Hektar, mit Tonschiefer und Kieselsteinen durchsetzter Lehmboden), sowie in Laubenheim, wo neben einem Hektar Riesling im Karthäuser (rote Sandsteinverwitterung) vorwiegend Burgunderreben stehen. Hinzu kommen Weinberge in Rümmelsheim, darunter ein Weinberg im Burg Layer Schlossberg (Ton mit rötlicher und bläulicher Schieferverwitterung). Die Weine werden teils spontanvergoren und lange auf der Feinhefe ausgebaut, teils im Holz, in wenigen Barriques und in Stück- und Doppelstückfässern, teils im 2003 neu erbauten Edelstahlkeller. 2013 wurde das Weingut in den VDP aufgenommen – die erste Neuaufnahme an der Nahe seit 12 Jahren. Aus Pittermännchen und Goldloch, wo schon immer seine besten trockenen Rieslinge herstammten, erzeugt Sebastian Schäfer jetzt zwei Große Gewächse, beide Weine stammen von 30 bis 40 Jahre alten Reben und werden mit langem Hefekontakt in großen Holzfässern ausgebaut.

Kollektion

Bis hinauf zur Trockenbeerenauslese reicht in diesem Jahr wieder die Palette an rest- und edelsüßen Weinen, die uns Sebastian Schäfer präsentiert – nachdem der vorige Jahrgang 2016 nicht für Süßweine geeignet war. Die nur in einer Kleinstmenge erzeugte Trockenbeerenauslese ist herrlich konzentriert, zeigt im Bouquet viel klare Frucht, weiße Schokolade und Kräuternoten, am Gaumen besitzt sie eine cremig-ölige Textur, ist sehr komplex, besitzt ein prägnantes, lebendiges Säurespiel und hallt lange nach, fast genauso faszinierend ist die Auslese aus dem Goldloch, die im komplexen Bouquet viel reintönige Frucht zeigt, mit Noten von süßen Aprikosen, Ananas und etwas Nougat und ebenfalls viel frischen Säurebiss besitzt, cremig, elegant und lang ist – eine der besten Auslesen an der Nahe in diesem Jahr. Auch die konzentriertere Beerenauslese wird von einem feinen, lebendigen Säurespiel getragen, ist ganz präzise in der Frucht, zeigt Zitrus- und auch Kräuternoten, die Spätlese aus dem Pittermännchen ist ganz fruchtbetont mit

Noten von gelbem Steinobst und Limette, besitzt Frische und Eleganz. Der Versteigerungs-Kabinett aus dem Goldloch zeigt im Bouquet steinig-mineralische Würze, etwas Kräuter, Rosmarin, besitzt viel klare Frucht mit dezenter Süße und Biss und ist etwas konzentrierter und nachhaltiger als der schlankere, ganz elegante Kabinett aus dem Pittermännchen, der Noten von gelbem Steinobst und etwas Brotkruste zeigt. Bei den trockenen Weinen sehen wir in diesem Jahr die beiden Großen Gewächse gleichauf, das Pittermännchen ist schon sehr präsent, mit steiniger und kräutriger Würze und klaren Zitrusnoten nach Ananas und Grapefruit, der Wein ist animierend und elegant, entwickelt am Gaumen feinen Druck, das Goldloch ist noch verhaltener, braucht Zeit, um sich zu öffnen, zeigt dann rauchige und steinige Noten, etwas grünen Apfel und Orangenschale, besitzt gute Substanz, Grip und Länge. Der Dorsheimer Riesling ist etwas verhaltener als der Rümmelsheimer, ist aber sehr animierend, besitzt Frische und Biss, der Rümmelsheimer ist deutlich mineralischer, ist schlank, elegant und komplex mit Noten von Stein, Brotkruste und etwas Zitrusfrucht, der Riesling aus dem Schlossberg ist ebenfalls sehr mineralisch mit schweißig-steinigen Noten, besitzt Druck und Grip. Auch der Gutsriesling besitzt schon die für alle Schäfer-Rieslinge typische animierende Art mit feinem Biss, die Scheurebe ist reintönig, frisch und schlank, der Grauburgunder zeigt etwas nussige Noten und dezentes Holz und der Weißburgunder zeigt klare Birnenfrucht und etwas rauchige und florale Noten.

Sebastian Schäfer

Weinbewertung

86	2017 Weißer Burgunder trocken **12,5 %/11,90 €**
87	2017 Grauer Burgunder trocken **13 %/11,90 €**
86	2017 Riesling trocken **12 %/10,50 €**
86	2017 Scheurebe trocken **12 %/10,50 €**
89	2017 Riesling trocken „Kieselstein" Rümmelsheim **12 %/14,50 €**
88	2017 Riesling trocken Dorsheim **12,5 %/15,50 €**
89	2017 Riesling trocken Burg Layer Schlossberg **12,5 %/18,50 €**
91	2017 Riesling „GG" Pittermännchen **12 %/29,- €**
91	2017 Riesling „GG" Goldloch **12,5 %/31,- €**
88	2017 Riesling Kabinett Dorsheim Pittermännchen **8,5 %/13,50 €**
89	2017 Riesling Kabinett Dorsheim Goldloch **8,5 %/Vst.**
89	2017 Riesling Spätlese Dorsheim Pittermännchen **7,5 %/18,50 €**
92	2017 Riesling Auslese „Goldkapsel" Dorsheim Goldloch **7,5 %/0,375l/Vst.**
91	2017 Riesling Beerenauslese Burg Layer Schlossberg **7 %/50,- €/0,375l**
94	2017 Riesling Trockenbeerenauslese Pittermännchen **6 %/0,375l/a.A.**

LAGEN

GOLDLOCH (DORSHEIM)
PITTERMÄNNCHEN (DORSHEIM)
SCHLOSSBERG (BURG LAYEN)
KARTHÄUSER (LAUBENHEIM)

REBSORTEN

RIESLING (60 %)
WEISSBURGUNDER (12 %)
SPÄTBURGUNDER (9,5 %)

KARL SCHAEFER

★★

KONTAKT

Weinstraße 30
67098 Bad Dürkheim
Tel. 06322-2138
Fax: 06322-8729
www.weingutschaefer.de
info@weingutschaefer.de

Inhaber
Dr. Job & Nana von Nell
Kellermeister
Johann Seibt
Außenbetrieb
Patrick Müller
Rebfläche
18 Hektar
Produktion
80.000 Flaschen

BESUCHSZEITEN

Mo.-Fr. 9-12 + 13-18 Uhr,
Sa. 10-16 Uhr

Der Arzt Dr. Christian Schaefer kaufte 1843 das klassizistische Gutshaus in Bad Dürkheim, sein Sohn Karl Schaefer vergrößerte das Gut und wurde einer der ersten Flaschenweinvermarkter in der Region. Bis 2009 hatte es in fünfter Generation Gerda Lehmeyer geführt, dann wurde es von Job und Nana von Nell übernommen. Die Weinberge liegen in Bad Dürkheim (Steinberg, Spielberg, Michelsberg), Wachenheim (Fuchsmantel, Gerümpel), Forst (Pechstein) und Ungstein (Herrenberg, Weilberg). Im Fuchsmantel und in der darin befindlichen Teillage Quetschenbaum besitzt man 6 Hektar Reben. Die dominierende Rebsorte ist Riesling, der 80 Prozent der Rebfläche einnimmt. Daneben gibt es eine für die Mittelhaardt ungewöhnlich breite Palette an anderen Rebsorten wie Weißburgunder, Chardonnay, Grauburgunder, Gewürztraminer, Muskateller, Rieslaner und Spätburgunder. Seit 2008 sind die Weine biologisch zertifiziert.

Kollektion

Wie schon im vergangenen Jahr ist der Abstand zwischen den Erste Lage-Rieslingen und den beiden Großen Gewächsen nicht allzu groß. Im Unterschied zu den letzten Jahren, in denen wir immer den Herrenberg an der Spitze sahen, liegen die Großen Gewächse dieses Mal gleichauf: Der Herrenberg zeigt steinig-mineralische Noten, ist zurückhaltend in der Frucht, besitzt Konzentration, Grip und gute Länge, der Michelsberg zeigt auch etwas Stein und klare gelbe Frucht, Aprikose, Grapefruit und etwas grünen Apfel. Der Spielberg zeigt klare Frucht und besitzt ein animierendes Säurespiel, der Quetschenbaum zeigt etwas Tabakwürze, ist frisch und animierend mit feinem Grip und das Gerümpel ist noch etwas verhalten, besitzt aber gute Konzentration. Der aktuelle Basalt-Riesling, dessen Jahrgangsvorgänger sehr vom Holz geprägt war, ist wesentlich harmonischer und prägnanter mit deutlicher Frucht, die „Schöne Anna" besitzt dezente Süße, etwas kräutrige Würze und ein lebendiges Säurespiel. —

Weinbewertung

83 2017 Riesling trocken **12 %/8,50 €**
83 2017 Weißburgunder Dürkheim **12 %/9,50 €**
85 2017 Riesling trocken „Sonnentropfen" Dürkheim **12,5 %/10,90 €**
87 2017 Riesling trocken Dürkheimer Spielberg **12,5 %/13,90 €**
87 2017 Riesling trocken Wachenheimer Gerümpel **12,5 %/15,- €**
86 2017 Riesling trocken „Basalt" Forst **12,5 %/12,- €**
87 2017 Riesling trocken „Quetschenbaum" Fuchsmantel **12,5 %/13,90 €**
88 2017 Riesling „GG" Michelsberg **12,5 %/25,- €**
88 2017 Riesling „GG" Herrenberg **12,5 %/25,- €**
87 2017 Riesling Spätlese „Schöne Anna" Dürkheimer Spielberg **10,5 %/15,- €**

REINHARD SCHÄFER

★★

KONTAKT

Weinbergstraße 21
71711 Steinheim-Kleinbottwar
Tel. 07148-8937
Fax: 07148-4545
www.schaeferwein.com
info@schaeferwein.com

Inhaber/Kellermeister
Reinhard Schäfer
Betriebsleiter
Karin & Reinhard Schäfer
Rebfläche 5 Hektar

BESUCHSZEITEN

Mo.-Fr. 17-18:30 Uhr, Sa. 8-13 Uhr oder nach Vereinbarung
Weinproben (mit Essen), Ferienwohnung

Reinhard Schäfer war zweiter Kellermeister bei der Genossenschaft in Mundelsheim als er sich 1981 mit damals 70 Ar selbstständig machte. Von Anfang an hat er auf durchgegorene Weine gesetzt – damals eine Seltenheit in Württemberg. Seine inzwischen auf 5 Hektar angewachsene Rebfläche liegt rund um Kleinbottwar, vor allem am Götzenberg. Die Reben wachsen hier auf tiefgründigen Keuperböden. Reinhard Schäfer baut zu 70 Prozent rote Sorten an, zu 30 Prozent weiße Sorten, bei denen Riesling und Grauburgunder dominieren. Hinzu kommen als Spezialitäten Silvaner und Gewürztraminer, aber auch Müller-Thurgau, inzwischen auch Johanniter und Sauvignon Blanc. Bei den Rotweinen spielen die Burgundersorten (Spätburgunder, Samtrot, Schwarzriesling) die Hauptrolle, hinzu kommen Lemberger und Trollinger, sowie etwas Cabernet Dorsa, Dornfelder und Merlot. Die Rotweine werden nach der Maischegärung (bis zu 3 Wochen) überwiegend in Holzfässern ausgebaut und reifen in einem aus dem Fels gehauenen Gewölbekeller aus dem 17. Jahrhundert; die Weine werden, mit wenigen Ausnahmen, durchgegoren ausgebaut. 2009 begann Reinhard Schäfer mit der Umstellung auf biologischen Weinbau (Ecovin), 2012 war der erste zertifizierte Jahrgang.

Kollektion

Vier Weißweine und vier Rotweine präsentiert Reinhard Schäfer in diesem Jahr, das Niveau ist hoch. Der Silvaner ist frisch und klar, der Traminer (Roter Traminer!) geradlinig, der Johanniter fruchtbetont und strukturiert. Unser Favorit im weißen Segment ist der im neuen 300 Liter-Fass ausgebaute Grauburgunder, der rauchige Noten zeigt, gute Struktur, Fülle und Frucht besitzt. Der fruchtbetonte Trollinger ist zupackend, strukturiert, die rote Cuvée aus Lemberger, Cabernet Dorsa, Samtrot und Dornfelder fruchtintensiv, noch sehr jugendlich. Ganz stark ist der Merlot, der würzig und fruchtbetont ist, gute Struktur und Grip besitzt. Ein duftiger Trollinger Eiswein mit viel Fülle und Substanz rundet die rundum zufrieden stellende Kollektion ab.

Weinbewertung

84 2017 Silvaner trocken **12 %/7,20 €**
85 2016 Johanniter „S" trocken **12,5 %/7,80 €**
83 2017 Traminer trocken **12 %/7,80 €**
87 2017 Grauburgunder „77" trocken **13 %/12,50 €**
85 2016 „Opilio" Rotwein trocken **13 %/6,80 €**
85 2017 Trollinger „S" trocken **12,5 %/5,80 €** ☺
87 2016 Merlot „S" trocken **13 %/12,50 €**
88 2016 Trollinger Eiswein **7,5 %/24,50 €/0,375l**

S

W.J. Schäfer

★★☆

KONTAKT

Elisabethenstraße 4
65239 Hochheim
Tel. 06146-2112
Fax: 06146-61560
www.weingut-schaefer-hochheim.de
info@wj-schaefer.de

Inhaber
Josef Schäfer
Rebfläche
7 Hektar
Produktion
50.000 Flaschen

BESUCHSZEITEN

Mo.-Fr. 10-19 Uhr, Sa. 10-14 Uhr

Wilhelm Joseph Schäfer hat den Betrieb in seiner heutigen Form aufgebaut. Seit 1988 wird das Weingut von Josef Schäfer geführt, der neben dem dominierenden Riesling ein wenig Spätburgunder und, seit 2004, auch etwas Weißburgunder anbaut. Als Spezialität des Hauses wird auf 5 Prozent der sieben Hektar Fläche der Gewürztraminer gepflegt. Die Weinberge befinden sich in den Hochheimer Lagen Domdechaney, Kirchenstück, Hölle und Reichestal, im Stielweg und im Stein. Josef Schäfer ist stolz auf seine alten Reben, die ältesten wurden 1943 gepflanzt, und sie dürften einen Grund liefern für die beachtliche Struktur der hier erzeugten Weine. Jahr für Jahr gelingen saftige, rassige Rieslinge, die sofort überzeugen und eine duftige Art aufweisen – bis hinauf zu den immer mal wieder produzierten, im besten Sinne süffigen edelsüßen Spezialitäten.

Kollektion

In diesem Jahr sind die Rieslinge wieder moderater im Alkohol. Durch ihren saftigen Charakter mit akzentuierter Säure besitzen sie anregenden Trinkfluss. Von den drei fruchtbetonten, trocken ausgebauten Kabinettweinen aus Hochheimer Lagen ist der aus dem Reichestal würzig, der aus dem Stielweg bietet mehr Finesse, Tiefe und animierenden Nachhall. Der Primus unter ihnen kommt wieder einmal aus der Hölle, punktet mit straffer Ader und mineralischen Akzenten. Diese Eigenschaften sind auch der trockenen Spätlese aus dem Hochheimer Stielweg zu eigen, die klar und geradlinig ist. Das Erste Gewächs von 2016 zeigt erste Reifenoten im Bouquet, ist aber im Mund noch jugendlich, stoffig, frisch und nachhaltig. Bei der halbtrockenen Spätlese tritt die Fruchtsüße offen zu Tage. Von den beiden fruchtsüßen Rieslingen ist der Kabinett saftig und klar, die Spätlese eher üppig, dabei attraktiv fruchtig und mild. Der Spätburgunder aus dem Reichestal mit seinen intensiven Toastaromen ist sehr würzig und reif, recht kompakt.

Weinbewertung

84 2017 Riesling Kabinett trocken Hochheimer Reichestal **12 %/6,50 €**
84 2017 Riesling Kabinett trocken Hochheimer Stielweg **12 %/7,- €**
85 2017 Riesling Kabinett trocken Hochheimer Hölle **12,5 %/8,- €**
86 2017 Riesling Spätlese trocken Hochheimer Kirchenstück **13 %/11,50 €**
82 2017 Spätburgunder „Blanc de Noir" trocken **12,5 %/7,50 €**
86 2016 Riesling Erstes Gewächs Hochheimer Hölle **12,5 %/16,- €**
84 2017 Riesling Spätlese halbtrocken Hochheimer Hölle **12 %/10,- €**
84 2017 Riesling Kabinett Hochheimer Stein **8,5 %/6,- €**
85 2017 Riesling Spätlese Hochheimer Domdechaney **9 %/11,50 €**
85 2016 Spätburgunder trocken Barrique Hochheimer Reichestal **13,5 %/14,- €**

SCHÄFER-HEINRICH

★★★

KONTAKT

Im Letten 3
74074 Heilbronn
Tel. 07131-162454
Fax: 07131-165659
www.schaefer-heinrich.de
weingut@schaefer-heinrich.de

Inhaber
Elke & Andreas Hieber
Kellermeister
Andreas & Lars Hieber
Rebfläche
16 Hektar
Produktion
120.000 Flaschen

BESUCHSZEITEN

Mo.-Do. 17-19:30 Uhr, Fr. 13-19:30 Uhr, Sa. 9-18 Uhr oder nach Vereinbarung

Elke und Andreas Hieber übernahmen 1986 das elterliche Weingut und stellten Schritt für Schritt auf ökologische Bewirtschaftung um, 1990 wurden sie Mitglied beim Bundesverband Ökologischer Weinbau (Ecovin). Auch ihre Kinder sind am Wein interessiert: Tochter Sarah hat in Geisenheim studiert, Sohn Lars ist nach Weinlehre und Weintechnikerausbildung in den Betrieb eingestiegen. 70 Prozent der Weinberge sind mit roten Rebsorten bestockt, vor allem Trollinger und Lemberger, aber auch Spätburgunder, Clevner, Dornfelder, Samtrot, Regent, Cabernet Cubin und Cabernet Mitos. Bei den weißen Sorten dominiert Riesling. Daneben gibt es etwas Kerner, Grauburgunder und Müller-Thurgau. Die Rotweine werden alle maischevergoren (bis zu drei Wochen).

Kollektion

Jahr für Jahr präsentieren Elke und Andreas Hieber überzeugende Kollektionen, oft mit in der Spitze etwas stärkeren Rotweinen. So auch in diesem Jahr. Was ist das? Heißt ein Rotwein, dem kein Schwefel zugesetzt wird: Es funktioniert, der Wein ist auch 2016 wieder fruchtbetont, klar, strukturiert. An der Spitze der Kollektion stehen drei kraftvolle, komplexe Rotweine. Der gewürzduftige, konzentrierte im Barrique ausgebaute Merlot besitzt Fülle, Substanz und reife Frucht, der Stiftsberg-Spätburgunder ist zupackend, strukturiert und frisch. Unsere leichte Präferenz aber gilt dem Lemberger, der intensive Frucht zeigt, Fülle und Druck besitzt, gute Struktur, Frische und Frucht. Die 2017er Weißweine sind klar und fruchtbetont, die beiden Rieslinge gefallen uns besonders gut: Die trockene Spätlese ist würzig, klar und zupackend, der N ist noch etwas würziger, aber ebenso klar im Mund, frisch, lebhaft und zupackend.

Weinbewertung

82	2017 Riesling* Kabinett trocken Heilbronner Stiftsberg **11,5 %/6,70 €**
85	2017 Riesling** Spätlese trocken Heilbronner Stiftsberg **12,5 %/9,- €**
85	2017 Riesling** „N" trocken Heilbronner Stiftsberg **12,5 %/9,60 €**
84	2017 Grauburgunder* Kabinett trocken **11,5 %/6,90 €**
84	2017 Sauvignon Blanc** trocken Heilbronner Stiftsberg **12,5 %/11,80 €**
83	2017 Trollinger* „P" trocken Heilbronner Stiftsberg **12,5 %/6,50 €**
83	2016 „Bunter Mergel"** Rotweincuvée trocken **12,5 %/9,20 €**
83	2015 Lemberger** trocken Heilbronner Stiftsberg **13 %/10,20 €**
83	2015 Cabernet Mitos** trocken **13,5 %/12,- €**
89	2015 Lemberger*** trocken Heilbronner Stiftsberg **13,5 %/18,40 €**
86	2016 „Was ist das?" Rotweincuvée trocken **12,5 %/10,50 €**
88	2015 Merlot*** trocken Barrique **14 %/20,- €**
88	2015 Spätburgunder*** trocken Heilbronner Stiftsberg **13,5 %/20,40 €**

S

SCHÄFER-FRÖHLICH

★★★★★

KONTAKT

Schulstraße 6
55595 Bockenau
Tel. 06758-6521
Fax: 06758-8794
www.weingut-schaefer-froehlich.de
info@weingut-schaefer-froehlich.de

Inhaber
Hans, Karin & Tim Fröhlich
Rebfläche
20 Hektar
Produktion
120.000 Flaschen

BESUCHSZEITEN

nach Vereinbarung

Bockenau liegt im Tal des Ellerbachs, eines Nebenflusses der Nahe. Seit Anfang der siebziger Jahre wird das Weingut Schäfer-Fröhlich von Hans und Karin Fröhlich geführt, seit 1995 ist ihr Sohn Tim Fröhlich für den Weinausbau verantwortlich. Neben Weinbergen in Bockenau (mit ihrer Paradelage Felseneck, aber auch dem Bockenauer Stromberg) besitzen sie auch Weinberge in Schlossböckelheim (Felsenberg, Kupfergrube) und Monzingen (Halenberg, Frühlingsplätzchen). Sie bauen zu 85 Prozent Riesling an, hinzu kommen 15 Prozent Burgundersorten: Weißburgunder, Grauburgunder und Spätburgunder. Das Programm ist gegliedert in Guts-, Orts- und Lagenweine, insgesamt sechs Große Gewächse hat Tim Fröhlich im Programm. Eine breite Palette an rest- und edelsüßen Rieslingen – je nachdem, was der Jahrgang erlaubt – bis hin zu Trockenbeerenauslesen oder einem Eiswein, ergänzen das Sortiment.

Kollektion

Auch mit dem 2017er Jahrgang macht es Tim Fröhlich uns Verkostern mit seinen Großen Gewächsen nicht einfach, zu unnahbar sind die Weine im jugendlichen Stadium, einige von ihnen sind wieder sehr von schwefligen Noten geprägt, die die Aromatik teilweise verdecken. Aus der Verkostung älterer Jahrgänge wissen wir aber, dass die Weine auf lange Sicht die Schwefelnoten gut verdauen und auch mit einigen Jahren der Reife noch sehr frisch sind. Und dass die Rieslinge gute Substanz, Präzision und Fokus besitzen, steht außer Frage. Der Felseneck zeigt nur dezente schweflige Noten, viel Frucht, Aprikose, Grapefruit, besitzt viel Würze, Struktur, ist sehr nachhaltig, liegt knapp vor dem Halenberg, der im Bouquet noch sehr verschlossen ist, am Gaumen aber klare gelbe Frucht zeigt, Zitrusnoten, Ananas, aber auch leicht käsige Schwefelnoten, er entwickelt feinen Druck und besitzt salzige Länge, ähnlich wie auch die Kupfergrube, die viel Frucht besitzt, Aprikose, Ananas, feinen Grip, salzig-animierend ist. Der Stromberg zeigt neben schwefliger Würze auch rauchige und steinige Noten, besitzt Substanz und Biss, Frühlingsplätzchen und Felsenberg sind am deutlichsten vom Schwefel geprägt, beim Felsenberg hat die Frucht gegen den käsigen Stinker noch keine Chance, das Frühlingsplätzchen besitzt viel Saft, feinen Druck, ist animierend und lang. Die drei anderen trockenen Rieslinge sind schon zugänglicher, der Gutsriesling zeigt feine mineralische Noten, Zitrus, besitzt Biss, der Vulkangestein zeigt kräutrige und rauchige Noten, besitzt sehr animierende Zitrusnoten, die dem Wein viel Zug verleihen, der Schiefergestein ist eindringlich und steinig, besitzt viel Biss, würzige Noten von frisch geschnittenem Brot und Tabak, salzige Länge. Der Weißburgunder zeigt florale Noten, ist schlank und reintönig, die S-Version ist wesentlich komplexer, zeigt gelbe Frucht und rauchige und florale Noten, besitzt feine Frische und ist elegant, der Grauburgunder ist kraftvoll, besitzt ebenfalls Frische, nussige Noten, klare Frucht und gute Länge. Der Kabinett zeigt klare Frucht und etwas Kräuter, ist

saftig, schlank und frisch, die normale Spätlese ist etwas prägnanter und komplexer mit kräutrig-mineralischer Würze und Noten von gelbem Steinobst und reifer Ananas. Die Goldkapsel-Spätlese ist konzentrierter, besitzt leicht cremige Textur und viel Biss, zeigt gelbe Frucht, etwas Stein und Tabak, ist elegant und nachhaltig. Auch die Auslese ist elegant, gelbfruchtig und frisch, zeigt deutliche Apfelnoten, die Goldkapsel-Auslese zeigt sehr komplexe Frucht, Aprikose, gelben Apfel, Grapefruit, und auch kräutrige Würze, besitzt feinen Grip und ist sehr nachhaltig und elegant. Die normale Beerenauslese zeigt klare Aprikosenfrucht und kräutrige Würze, besitzt gute Konzentration und wird von einem lebendigen Säurespiel getragen, die Goldkapsel-Version ist deutlich konzentrierter, zeigt wenig Frucht, aber Kräuternoten und etwas Schwarztee, besitzt viel Frucht, Aprikose, Apfel, Quitte, und frischen Säurebiss. Die beiden Trockenbeerenauslesen sind zwei ölig-dichte Riesling-Konzentrate, die AP-Nummer 32/18 ist eindringlich, zeigt Quittenmark, Aprikose und kräutrige Noten, besitzt deutliche Zitruswürze, ein frisches Säurespiel und ist sehr nachhaltig, die AP 33/18 ist im Bouquet verhaltener, zeigt nur etwas Kräuter, ist sehr konzentriert, besitzt viel Zitruswürze, Limette und viel feinen Biss.

Tim Fröhlich

Weinbewertung

86	2017 Riesling trocken	**12 %/10,90 €**
86	2017 Weißer Burgunder trocken	**12,5 %/9,90 €**
88	2017 Riesling trocken „Vulkangestein"	**12,5 %/15,50 €**
89	2017 Riesling trocken „Schiefergestein" Bockenauer	**13 %/18,90 €**
88	2017 Weißer Burgunder „S" trocken	**12,5 %/15,50 €**
89	2017 Grauburgunder „S" trocken	**13,5 %/15,50 €**
90+	2017 Riesling „GG" Felsenberg	**12,5 %/42,- €**
91+	2017 Riesling „GG" Stromberg	**12,5 %/45,- €**
92	2017 Riesling „GG" Kupfergrube	**12,5 %/45,- €**
91	2017 Riesling „GG" Frühlingsplätzchen	**12,5 %/42,- €**
92	2017 Riesling „GG" Halenberg	**12,5 %/45,- €**
92+	2017 Riesling „GG" Felseneck	**12,5 %/48,- €**
87	2017 Riesling Kabinett Bockenauer Felseneck	**8 %/15,50 €**
88	2017 Riesling Spätlese Bockenauer Felseneck	**8 %/18,90 €**
90	2017 Riesling Spätlese „Goldkapsel" Bockenauer Felseneck	**8 %/23,- €**
90	2017 Riesling Auslese Bockenauer Felseneck	**7,5 %/0,375l/a.A.**
92	2017 Riesling Auslese „Goldkapsel" Bockenauer Felseneck	**7 %/0,375l/a.A.**
91	2017 Riesling Beerenauslese Bockenauer Felseneck	**6 %/0,375l/a.A.**
93	2017 Riesling Beerenauslese „Goldkapsel" Felseneck	**6 %/0,375l/a.A.**
94	2017 Riesling Trockenbeerenauslese 33/18 Felseneck	**5,5 %/0,375l/a.A.**
94	2017 Riesling Trockenbeerenauslese 32/18 Felseneck	**6 %/0,375l/a.A.**

LAGEN

FELSENECK (BOCKENAU)
STROMBERG (BOCKENAU)
HALENBERG (MONZINGEN)
FRÜHLINGSPLÄTZCHEN (MONZINGEN)
FELSENBERG (SCHLOSSBÖCKELHEIM)
KUPFERGRUBE (SCHLOSSBÖCKELHEIM)

REBSORTEN

RIESLING (85 %)
WEISSBURGUNDER (5 %)
GRAUBURGUNDER (5 %)
SPÄTBURGUNDER (5 %)

EGON SCHÄFFER

★★☆

KONTAKT

Astheimer Straße 17
97332 Escherndorf
Tel. 09381-9350
Fax: 09381-4834
www.weingut-schaeffer.de
info@weingut-schaeffer.de

Inhaber
Egon Schäffer
Kellermeister
Peter Schäffer
Rebfläche
3,44 Hektar
Produktion
25.000 Flaschen

BESUCHSZEITEN

Mo.-Sa. 10-17 Uhr, am besten nach Vereinbarung
Ferienwohnung

Die Weinberge von Egon Schäffer liegen in den Escherndorfer Lagen Lump (eine große Parzelle in der ältesten urkundlich belegten Lage Frankens, der Eulengrube, die 1971 Teil des Lump wurde) und Fürstenberg, sowie im Untereisenheimer Sonnenberg, zwei Drittel in Steillagen. Silvaner ist seine wichtigste Rebsorte, es folgen Müller-Thurgau und Riesling, dazu gibt es etwas Weißburgunder, Bacchus, Spätburgunder und Schwarzriesling. Seit 2014 ist Egon Schäffers Sohn Peter für den Weinausbau verantwortlich. Die Weine werden teils im Edelstahl, teils im Holz ausgebaut, Süßreserve und Anreicherung sind seit jeher tabu. Egon Schäffer baut seine Weine konsequent durchgegoren aus und lässt ihnen viel Zeit zur Reife, alle Weine bleiben mindestens sechs Monate auf der Hefe, die Spitzenweine kommen erst nach einem Jahr in den Verkauf. Dem Weingut ist eine Brennerei angeschlossen in der Obst- und Tresterbrände erzeugt werden.

Kollektion

Eine ganz starke Kollektion präsentieren Egon und Peter Schäffer in diesem Jahr. Die Basis stimmt, das zeigen der geradlinige Liter-Silvaner und die neuen Easydrinking-Cuvées, die King-Version aus Silvaner und Riesling gefällt uns etwas besser als die Easy-Version aus Silvaner und Müller Thurgau. Die Ortsweine sind kraftvoll und markant. Die Erste Lage-Weine präsentieren sich geschlossen: Der strukturierte, in der Frucht zurückgenommene Fürstenberg-Weißburgunder, der reintönige, kraftvolle Lump-Riesling und der zupackende Silvaner, ebenfalls aus dem Lump. Der hefeduftige, sieben Jahre mit der Hefe im großen alten Holzfass ausgebaute 2011er Silvaner hat Kraft und Substanz. An der Spitze der Kollektion stehen die beiden Großen Gewächse des Jahrgangs 2016: Der Silvaner ist füllig, kraftvoll, leicht salzig, der Riesling zupackend, druckvoll, stark salzig und nachhaltig. —

Weinbewertung

82 2017 „EASYdrinking" Weißwein trocken **11,5 %/6,20 €**
82 2017 Silvaner trocken (1l) **11,5 %/7,80 €**
84 2017 „easydrinKING" Weißwein trocken **13 %/9,- €**
84 2016 Silvaner trocken Untereisenheim **12,5 %/,-8 €**
85 2016 Silvaner trocken Escherndorf **13 %/8,60 €**
83 2017 Müller-Thurgau trocken „Alte Reben" Escherndorf **12 %/8,- €**
87 2016 Weißburgunder trocken Escherndorfer Fürstenberg **13 %/15,60 €**
86 2016 Riesling trocken Escherndorfer Lump **13,5 %/14,60 €**
87 2016 Silvaner trocken Escherndorfer Lump **13,5 %/14,10 €**
88 2011 „S7lvaner" trocken Escherndorfer Lump **13,5 %/20,11 €**
90 2016 Riesling trocken „GG" Escherndorf „am Lumpen 1655" **13,5 %/25,- €**
89 2016 Silvaner trocken „GG" Escherndorf „am Lumpen 1655" **13,5 %/25,- €**

S

Gregor & Thomas Schätzle

★★★

KONTAKT

Heinrich-Kling-Straße 38
79235 Vogtsburg-Schelingen
Tel. 07662-9461-0
Fax: 07662-946120
www.weingutschaetzle.de
info@weingutschaetzle.de

Inhaber
Familie Schätzle
Kellermeister
Martin Schmidt
Rebfläche
14 Hektar
Produktion
90.000 Flaschen

BESUCHSZEITEN

Mo.-Fr. 8-12 + 13:30-18 Uhr,
Sa. 9-16 Uhr

Gregor Schätzle erbaute 1972 einen Aussiedlerhof außerhalb von Schelingen und verließ 1982 mit damals 5 Hektar Reben die Genossenschaft. 1994 übernahm Thomas Schätzle das Weingut von seinem Vater. Seine Weinberge befinden sich vor allem in der Lage Schelinger Kirchberg (Verwitterungsgestein vulkanischen Ursprungs), aber auch in der Oberbergener Bassgeige (mit Lösslehm überlagertes Vulkangestein) und in der Amolterner Steinhalde. Wichtigste Rebsorten sind Spätburgunder und Grauburgunder, die jeweils etwa ein gutes Drittel der Rebfläche einnehmen. Dazu gibt es Müller-Thurgau, Weißburgunder, Chardonnay, Gewürztraminer und Merlot. Die Spitzenweine von den Terrassen im Schelinger Kirchberg werden in der Linie „RS" (Reserve Schätzle) angeboten, in der es Grauburgunder, Chardonnay und Spätburgunder gibt. 2013 ist Tochter Franziska in den Betrieb eingestiegen, die in Geisenheim und Dijon studierte. Zuletzt wurde in eine neue Ausstattung und das Wein-Archiv investiert.

Kollektion

Ein feiner, 60 Monate auf der Hefe gereifter Sekt eröffnet den Reigen, er ist harmonisch, klar und elegant. Die weißen Schelinger Ortsweine präsentieren sich geschlossen, sie sind fruchtbetont, klar und zupackend. An der Spitze der Kollektion stehen wie gewohnt die Reserve-Weine. Der Grauburgunder zeigt intensive Frucht im Bouquet, ist füllig und kraftvoll bei reifer süßer Frucht und Substanz. Noch ein klein wenig besser gefällt uns der Chardonnay, der Fülle und Kraft besitzt, klare reife Frucht und Struktur. Sehr geschlossen präsentiert sich auch der rote Teil der Kollektion angefangen vom fruchtbetonten, geradlinigen Schelinger Spätburgunder über den intensiv fruchtigen, zupackenden Schatz vom Vulkan und den ebenfalls intensiv fruchtigen, sehr reintönigen Merlot bis hin zum Top-Wein, dem Reserve-Spätburgunder, der etwas Gewürze und Toast zeigt, Fülle und Kraft besitzt, reife Frucht, gute Struktur und Substanz. Starke Kollektion!

Weinbewertung

87	2012 Pinot & Chardonnay Sekt zero dosage **13 %/20,- €**
84	2017 Weißburgunder trocken Schelinger **13 %/9,50 €**
83	2017 Grauburgunder trocken Schelinger **13 %/9,50 €**
84	2017 Chardonnay trocken Schelinger **12,5 %/9,50 €**
88	2016 Grauburgunder trocken „Reserve" Schelinger Kirchberg **14,5 %/22,- €**
89	2016 Chardonnay trocken „Reserve" Schelinger Kirchberg **13,5 %/22,- €**
84	2015 Spätburgunder trocken Schelinger **13,5 %/12,50 €**
86	2015 Spätburgunder trocken „Schatz vom Vulkan" **13,5 %/19,- €**
86	2015 Merlot trocken Schelinger **14,5 %/12,50 €**
88	2015 Spätburgunder trocken „Reserve" Schelinger Kirchberg **13,5 %/44,- €**

Leopold Schätzle

★☆

KONTAKT

Wilhelmshöfe 1
79346 Endingen
Tel. 07642-3361
Fax: 07642-2460
www.schaetzle-weingut.de
leopold@schaetzle-weingut.de

Inhaber
Leopold Schätzle
Rebfläche
15 Hektar
Produktion
100.000 Flaschen

BESUCHSZEITEN

Mo.-Fr. 9:30-12 + 13:30-18:30 Uhr,
Sa. 9:30-12 + 13:30-15:30 Uhr und
nach Vereinbarung
Ferienwohnung
Wohnmobilstellplätze

Leopold Schätzle begann 1970 mit einem Hektar Weinberg und einem gemieteten Keller. Zwei Jahre später baute er einen Aussiedlerhof zwischen Endingen und Riegel. Seine Weinberge liegen in den Endinger Lagen Steingrube (im Alleinbesitz) und Engelsberg. Dazu ist er in der Oberbergener Bassgeige, aber auch im Breisgau in den Lagen Bombacher Sommerhalde und Kenzinger Hummelberg vertreten. Mit Abstand wichtigste Rebsorte ist Spätburgunder, der knapp die Hälfte der Rebfläche einnimmt, gefolgt von Riesling, Grauburgunder, Müller-Thurgau, Weißburgunder, Scheurebe, Muskateller und Gewürztraminer. Leopold Schätzle wird heute im Betrieb von zwei seiner Kinder unterstützt, Leopold jun. und Cäcilia Schätzle.

Kollektion

Die Weißwein haben in diesem Jahr nominell das Übergewicht, das kam noch nicht oft vor bei Leopold Schätzle. Gleich vier Grauburgunder hat er vorgestellt, die beiden trockenen Spätlesen übertreffen ganz klar die beiden trockenen Kabinettweine. Die Bassgeige-Spätlese ist würzig und fruchtbetont im Bouquet, füllig und saftig im Mund, ein klein wenig besser noch gefällt uns der Wein aus der Steingrube, der gute Konzentration und feine süße Frucht besitzt, gute Struktur und Frische. Nominelles Übergewicht bei den Weißweinen – in der Spitze aber gefallen uns die Rotweine besser, was an den beiden trockenen Spätburgunder Auslesen aus der Endinger Steingrube liegt, Jahrgang 2015, beides klassische Kaiserstuhl-Spätburgunder mit reifer Frucht und recht hohem Alkohol. Der im Holzfass ausgebaute Wein zeigt intensive Frucht im Bouquet, feine Würze, ist füllig und saftig im Mund, besitzt gute Struktur und Tannine. Unsere leichte Präferenz gilt der im Barrique ausgebauten Variante, der feinen Duft zeigt, rauchig-würzige Noten aufweist, füllig und kraftvoll im Mund ist, reife Frucht besitzt, gute Struktur und Substanz, kräftige Tannine.

Weinbewertung

79	2017 Grauburgunder Kabinett trocken Endinger Steingrube	**13,5 %/9,90 €**
80	2017 Grauburgunder Kabinett trocken Oberbergener Bassgeige	**13 %/9,70 €**
81	2017 Weißburgunder Spätlese trocken Bombacher Sommerhalde	**12,5 %/9,10 €**
83	2017 Grauburgunder Spätlese trocken Oberbergener Bassgeige	**13,5 %/14,30 €**
84	2017 Grauburgunder Spätlese trocken Endinger Steingrube	**14 %/14,30 €**
83	2017 Spätburgunder Weißherbst Spätlese Kenzinger Hummelberg	**12 %/8,90 €**
81	2017 Spätburgunder Rosé Kabinett „feinherb"	**12 %/7,50 €**
85	2015 Spätburgunder Auslese trocken Holzfass Steingrube	**14,5 %/22,90 €**
86	2015 Spätburgunder Auslese trocken Barrique Steingrube	**15 %/28,90 €**

SCHEIDGEN

★☆

KONTAKT

Hauptstraße 10
56598 Hammerstein
Tel. 02635-2329
Fax: 02635-6082
www.weingut-scheidgen.de
winzer@weingut-scheidgen.de

Inhaber
Georg Scheidgen
Rebfläche
22 Hektar
Produktion
200.000 Flaschen

BESUCHSZEITEN

Mo.-Sa. 8-19 Uhr, So. 9:30-18 Uhr
Weinprobierstube bis 60 Personen; Ferienwohnung

Seit sieben Generationen baut die Familie Wein am Mittelrhein an, heute wird der Betrieb von Georg Scheidgen geführt, der das Weingut stetig vergrößert hat, inzwischen ist das Weingut Scheidgen der größte Betrieb am Mittelrhein. Die Weinberge von Georg Scheidgen liegen in den Hammersteiner Lagen In den Layfelsen, Schlossberg und Hölle, in der Leutesdorfer Gartenlay sowie in den Rheinbrohler Lagen Römerberg und Monte Jupp, wo zuletzt brachliegende Rebflächen rekultiviert und mit Grauburgunder bepflanzt wurden, auch in Hammerstein wurden brachliegende Flächen rekultiviert. Elf verschiedene Rebsorten baut Georg Scheidgen an, neben Riesling, der die Hälfte der Rebfläche einnimmt, spielen Grau- und Weißburgunder eine wichtige Rolle, daneben gibt es Chardonnay, Silvaner, Kerner und Müller-Thurgau sowie an roten Sorten Portugieser, Dornfelder und Spätburgunder. Die Weißweine werden kühl, die Rotweine werden auf der Maische vergoren, die Weine werden überwiegend im Edelstahl ausgebaut.

Kollektion

Eine sehr gleichmäßige, überzeugende Kollektion präsentiert Georg Scheidgen auch in diesem Jahr, die angeführt wird von einigen fülligen, saftigen Rieslingen – und dem im Barrique ausgebauten Spätburgunder der kraftvoll, klar, zupackend und strukturiert ist. Unter den weißen Burgundern gilt unsere leichte Präferenz dem füllig-süßen Grauburgunder. Die Highlights in der stimmigen Rieslingkollektion: Da ist einmal der Riesling von alten Reben In den Layfelsen, der füllig und saftig ist, viel Substanz besitzt; dann das Meisterstück aus der Gartenlay, intensiv fruchtig und enorm kraftvoll; sowie zu guter Letzt das halbtrockene Beste Fass In den Layfelsen, ein saftiger Riesling mit viel reifer süßer Frucht und Substanz. —

Weinbewertung

82 2017 Weißer Burgunder trocken „Edition Pinot" Hölle **13,5 %/8,50 €**
83 2017 Grauer Burgunder trocken „Edition Pinot" Monte Jupp **13 %/8,50 €**
82 2017 Riesling trocken „Vom Blauschiefer" **12,5 %/7,90 €**
83 2017 Riesling trocken „von den Terrassen" Schlossberg **12,5 %/7,90 €**
85 2017 Riesling „Selection Alte Reben" In den Layfelsen **12,5 %/14,80 €**
86 2017 Riesling trocken „Meisterstück" Leutesdorfer Gartenlay **13,5 %/14,80 €**
83 2017 Riesling „Felsenspiel" Charta-Riesling **12 %/8,50 €**
84 2017 Riesling Spätlese halbtrocken „Edition N 1" Gartenlay **12 %/9,80 €**
83 2017 Riesling „feinherb" „Von den Terrassen" **11,5 %/7,90 €**
85 2017 Riesling halbtrocken „Bestes Fass" In den Layfelsen **13 %/21,50 €**
83 2017 Riesling „Vom Blauschiefer" **10 %/7,90 €**
85 2016 Spätburgunder trocken Barrique Leutesdorfer Gartenlay **13 %/16,80 €**

S

Scheller

★★

KONTAKT

Bocksbeutelweingut Scheller
Weinbergstraße 24
97509 Stammheim
Tel. 09381-3295
Fax: 09381-710686
www.bocksbeutelweingut.de
info@bocksbeutelweingut.de

Inhaber
Michael Scheller
Rebfläche
4,8 Hektar
Produktion
37.000 Flaschen

BESUCHSZEITEN

nach Vereinbarung

Stammheim liegt nördlich von Volkach, am linken Mainufer. Wahrzeichen und Namensgeber des Bocksbeutelweinguts Scheller ist seit 2003 ein fast 12 Meter hoher Bocksbeutel am Stammheimer Eselsberg, in dem 50 Personen Platz finden. Michael Scheller, der seit 2008 für den Weinausbau verantwortlich ist, hat 2015 den Betrieb von den Eltern übernommen und um 2 Hektar erweitert. Die Reben wachsen auf Muschelkalkböden mit Lössauflage im Stammheimer Eselsberg, einer überwiegend Süd- bis Südwest-exponierten Hanglage. Neben Silvaner baut Michael Scheller Müller-Thurgau, Bacchus, Kerner, Weißburgunder und Rieslaner an, dazu die roten Sorten Domina und Dornfelder, inzwischen auch Scheurebe.

Kollektion

Eine starke Kollektion präsentiert Michael Scheller in diesem Jahr, mit weißen wie roten Spitzen – und einer überzeugenden Basis mit fruchtbetonten, klaren Kabinettweinen. Der trockene Silvaner Kabinett ist frisch und zupackend, der halbtrockene Bacchus betört mit Frische und Frucht, die Scheurebe, ebenfalls halbtrocken ausgebaut, ist herrlich reintönig und intensiv. Die trockene Weißburgunder Spätlese ist füllig und kraftvoll, die Kerner Spätlese zeigt feine Apfelfrucht, ist geradlinig und klar, die edelsüße Rieslaner Spätlese ist saftig und hat Biss. Viel Duft und Litschi zeigt die Rieslaner Beerenauslese im Bouquet, ist süß, konzentriert und klar im Mund. Mit Domina hat Michael Scheller schon in den vergangenen Jahren immer wieder überzeugt und auch dieses Jahr präsentiert er uns wieder zwei reintönige Weine zu moderaten Preisen. Die 2017er Domina ist fruchtbetont und intensiv im Bouquet, herrlich klar, frisch und zupackend im Mund, besitzt gute Struktur und Frucht. Die im Barrique ausgebaute 2016er zeigt etwas rauchige Noten, aber auch viel reintönige Frucht, dezent Kräuter, ist klar und kraftvoll, zupackend und strukturiert. Weiter im Aufwind!

Weinbewertung

83 2017 Silvaner Kabinett trocken **12,5 %/6,50 €**
86 2017 Silvaner Spätlese trocken „alte Reben" **13,5 %/9,50 €**
85 2017 Weißburgunder Spätlese trocken **13,5 %/9,50 €**
85 2017 Bacchus Kabinett **11,5 %/6,50 €**
84 2017 Scheurebe Kabinett **11,5 %/6,70 €**
84 2017 Kerner Spätlese **12,5 %/8,50 €**
85 2017 Rieslaner Spätlese „edelsüß" **9,5 %/10,- €**
88 2015 Rieslaner Beerenauslese **9 %/15,- €/0,375l**
85 2017 Domina trocken **13 %/7,50 €**
87 2016 Domina trocken Barrique **13,5 %/10,- €**

CHÂTEAU SCHEMBS

★★★☆

KONTAKT

Herrnsheimer Hauptstraße 1c
67550 Worms
Tel. 06241-52056
Fax: 06241-591720
www.schembs-worms.de
info@schembs-worms.de

Inhaber
Arno Schembs
Kellermeister
Sebastian Rösch
Rebfläche
10 Hektar
Produktion
60.000 Flaschen

BESUCHSZEITEN

nur nach Vereinbarung
Weingeschäft in der Herrnsheimer Hauptstraße 50,52,54 (Do./Fr. 15-18:30 Uhr, Sa. 10-14 Uhr)

Wichtigste Rebsorten bei Arno Schembs sind Riesling und Spätburgunder, die zusammen mehr als die Hälfte seiner Weinberge einnehmen. Dazu gibt es vor allem noch Weißburgunder und Grauburgunder, Schwarzriesling, Dornfelder und Chardonnay, aber auch Sauvignon Blanc und Muskateller. Die Weine baut er „eigentlich nur trocken" aus. Bereits Mitte der achtziger Jahre begann er sich im Vertrieb auf den Fachhandel zu konzentrieren. Seine Weinberge liegen in verschiedenen Gemeinden im Norden von Worms, auch im Liebfrauenstift Kirchenstück, einer ehemals sehr berühmten Lage (und Namensgeber für die Liebfraumilch), ist er vertreten. Zusammen mit Freunden hat er Räumlichkeiten im Herrnsheimer Schloss gepachtet. Jeweils einen Weiß- und Rotwein baut er im Schloss aus.

Kollektion

Konventionelle Weine erhält man hier nicht, die Weine von Arno Schembs sind einfach „anders". Konventionell höchstens in der Hinsicht, dass trockene Weine oft mit merklicher Restsüße abgefüllt werden, im oberen Bereich dessen, was gesetzlich trocken ist. Oder auch mal darüber, wie beim Sauvignon Blanc Wilde 17, der füllig, kompakt und süffig ist. „Raw like Sushi" nennt Arno Schembs seinen saftigen, fülligen Chardonnay, keinen zusätzlichen Namen trägt der reife, zupackende Weißburgunder. Die Muskateller-Cuvée ist würzig und eindringlich. Der „Wild and Orange" genannte Rote Muskateller ist duftig, stoffig, zupackend. Spannend sind die Rieslinge, der strukturiert, klare Wein aus dem Goldberg, und viel mehr noch der Riesling aus dem Kirchenstück, Jahrgang 2014, der füllig und saftig ist bei viel reifer Frucht und Substanz. Auch rot kann Arno Schembs, das wissen wir, die Weine sind intensiv fruchtig – und tragen eingängige und doch ungewöhnliche Namen. Er ist ein Multi-Talent, dieser Arno Schembs.

Weinbewertung

85 2017 „Wilder Wonnegauer" Riesling (1l) **12 %/7,- €** ☺
86 2017 Weißer Burgunder trocken **12 %/8,70 €**
85 2017 Sauvignon Blanc „Wilde 17" **12 %/8,70 €**
83 2017 „Halbstark" Weißwein trocken **8,5 %/10,- €**
86 2017 Riesling trocken Osthofener Goldberg **12,5 %/8,70 €**
85 2017 Roter & Gelber Muskateller Cuvée trocken **12 %/8,70 €**
86 2017 Chardonnay trocken „raw like sushi" **12,5 %/10,- €**
90 2014 Riesling trocken Wormser Liebfrauenstift Kirchenstück **12,5 %/24,- €**
88 2017 Roter Muskateller trocken „Wild and Orange" **11,5 %/17,- €**
85 2017 Scheurebe „süß & lecker" **8,5 %/8,70 €**
85 2015 „Purple Jam" Rotwein trocken **13 %/10,- €**
86 2015 „Mighty Oaks" Rotwein trocken **12,5 %/10,- €**

S

Schenk-Siebert

★

KONTAKT

Leiningerstraße 16
67269 Grünstadt
Tel. 06359-2159
Fax: 06359-83034
www.weingut-schenk-siebert.de
schenk-siebert@t-online.de

Inhaber
Gerhard & Hildegard Siebert
Betriebsleiter
Gerhard Siebert
Kellermeister
Gerhard & Johannes Siebert
Außenbetrieb
Gerhard & Christoph Siebert
Rebfläche 37 Hektar
Produktion 250.000 Flaschen

BESUCHSZEITEN

Mo.-Fr. 10-18 Uhr, Sa. 10-16 Uhr
oder nach Vereinbarung

Die Vorfahren der heutigen Besitzer Gerhard und Hildegard Siebert betrieben schon seit 1675 Weinbau. Das Weingut in seiner heutigen Form entstand Mitte der 1980er Jahre, als Gerhard Siebert den elterlichen Betrieb in Grünstadt verließ und ins Weingut seiner Ehefrau einstieg. Heute werden sie von Sohn Christoph unterstützt, der nach seiner Ausbildung bei Karl Pfaffmann, Dr. Deinhard und im elterlichen Betrieb sowie einem sechsmonatigen Aufenthalt im südafrikanischen Stellenbosch seit 2012 für den Außenbetrieb zuständig ist. Seit 2018 ist auch der zweite Sohn, Geisenheimabsolvent Johannes, mit im Betrieb. Die 37 Hektar Weinberge der Familie liegen rund um Sausenheim, Grünstadt und Neuleiningen, aber auch in Kirchheim und Weisenheim, die besten Lagen sind Hütt und Honigsack in Sausenheim und das Neuleininger Feuermännchen, wo die Reben auf Muschelkalk- und Steinverwitterungsböden wachsen. Wichtigste Rebsorte ist Riesling mit einem Flächenanteil von 30 Prozent, auf einem Drittel der Fläche wachsen Spät-, Grau- und Weißburgunder. Seit dem Jahrgang 2017 wird das Sortiment in Guts-, Orts- und Lagenweine eingeteilt.

Kollektion

Unseren Favoriten des vergangenen Jahres konnten wir noch einmal verkosten und er führt auch in diesem Jahr die Kollektion an: Der Spätburgunder aus dem Feuermännchen besitzt reintönige, kühle Frucht, Kirsche und Cassis und zeigt gekonnten Holzeinsatz, der Vogelsang-Frühburgunder ist stilistisch ähnlich, ist ebenfalls sehr reintönig und harmonisch und profitiert von der feinen Holzwürze, beide Weine könnten aber noch etwas nachhaltiger sein. Von den verkosteten Rieslingen hat der spontan vergorene Wein aus der Hütt die prägnanteste und präsenteste Frucht, der Chardonnay hat von allem viel, Kraft, Frucht, Holz, aber leider auch etwas zu viel Alkohol.

Weinbewertung

80	2017 Riesling trocken (1l) **12,5 %/5,50 €**
81	2017 Grauer Burgunder trocken **12,5 %/6,8 0€**
83	2017 Riesling trocken Grünstadter **12,5 %/8,50 €**
82	2017 Sauvignon Blanc trocken **12,5 %/7,80 €**
84	2017 Riesling trocken „Kalkstein" Sausenheimer Honigsack **13 %/11,- €**
85	2017 Riesling trocken „Alte Reben" Sausenheimer Hütt **13 %/11,- €**
84	2016 Chardonnay trocken Neuleininger Feuermännchen **14 %/11,- €**
82	2017 Spätburgunder Rosé trocken Weisenheimer **13 %/8,80 €**
86	2015 Spätburgunder trocken Neuleininger Feuermännchen **13,5 %/16,50 €**
85	2015 Frühburgunder trocken Weisenheimer Vogelsang **13 %/16,50 €**
83	2015 Cabernet Sauvignon trocken Sausenheimer Klostergarten **14 %/14,- €**
82	2015 Cuvée Trio Rotwein trocken **13,5 %/9,50 €**

Scherer&Zimmer

★★

KONTAKT

Im Bergfeld 1
79189 Bad Krozingen
Tel. 0160-8421315
www.weingut-scherer.de
info@weingut-scherer.de

Inhaber
Felix Scherer
Kellermeister
Michael Zimmer
Rebfläche
2,5 Hektar
Produktion
12.000 Flaschen

BESUCHSZEITEN

nach Vereinbarung

Scherer&Zimmer wurde 2011 in Bad Krozingen gegründet von Felix Scherer und Michael Zimmer. Felix Scherer stammt vom Schererhof in Bad Krozingen, einem Spargelhof, der auch Reben besitzt, hat eine Lehre beim Staatsweingut Blankenhornsberg gemacht, dann in Geisenheim studiert. Michael Zimmer ist in Berlin aufgewachsen, hat mit Felix Scherer zusammen in Ihringen gelernt, war auch in Geisenheim, ging dann aber ein Jahr nach Neuseeland bevor er zurück nach Deutschland kam, wo beide dann das gemeinsame Projekt starteten. Spätburgunder ist ihre wichtigste Rebsorte, gefolgt von Gutedel, Weißburgunder, Grauburgunder und Müller-Thurgau, auch Muskateller und Sauvignon Blanc bauen sie an, seit 2013 werden die Reben biologisch bewirtschaftet (Mitglied bei Ecovin).

Kollektion

Eine spannende Kollektion präsentierten Felix Scherer und Michael Zimmer zum Debüt im vergangenen Jahr, mit der neuen Kollektion legen sie weiter zu. Der zwanzig Monate auf der Hefe ausgebaute Sekt, eine Cuvée der Jahrgänge 2014 und 2015, ist duftig, frisch und zupackend. Viel Freude bereitet der 2017er Gutedel: Intensiv, füllig, stoffig, zupackend. Der unfiltrierte Spontan-Gutedel des Jahrgangs 2017 ist intensiv und dominant, puristisch und druckvoll. Noch eine weitere Gutedel-Variante bieten Felix Scherer und Michael Zimmer an: MG nennt sich der maischevergorene, ebenfalls unfiltrierte Gutedel, ein beerenduftiger Wein mit Zug, Druck und Nachhall. Aber auch sonst überzeugt die Kollektion. Der BDN – Blanc de Noir – ist intensiv und zupackend, der Weißburgunder ist frisch, fruchtbetont und geradlinig, der Grauburgunder besitzt gute Struktur, reife Frucht und Substanz. Intensiv fruchtig zeigt sich der recht eigenwillige Sauvignon Blanc, besitzt viel Substanz, Kraft und Biss. Der Rosé ist intensiv, fruchtbetont, zupackend, besitzt feine süße Frucht, der Spätburgunder ist frisch und zupackend bei guter Struktur und klarer Frucht. Im Auge behalten!

Weinbewertung

84 „Blanc de Noirs" Sekt brut **12 %/14,90 €**
85 2017 Gutedel trocken **10,5 %/5,90 €** ☺
87 2016 Gutedel trocken „Spontan" **11,5 %/12,- €**
88 2016 Gutedel trocken „MG" **11 %/22,- €**
84 2017 Weißburgunder trocken **12 %/7,90 €**
85 2016 „BDN" trocken **13,5 %/8,90 €**
86 2017 Grauburgunder trocken **12 %/8,90 €**
86 2017 Sauvignon Blanc trocken **13 %/11,90 €**
84 2017 Spätburgunder Rosé trocken **12,5 %/8,90 €**
86 2015 Spätburgunder trocken **13 %/9,- €**

S

SCHERNER-KLEINHANSS

★★

KONTAKT

Alzeyer Straße 10
67592 Flörsheim-Dalsheim
Tel. 06243-435
Fax: 06243-5665
www.scherner-kleinhanss.de
info@scherner-kleinhanss.de

Inhaber
Klaus Scherner
Rebfläche
12 Hektar
Produktion
80.000 Flaschen

BESUCHSZEITEN

jederzeit nach Vereinbarung
Kulinarische Weinproben

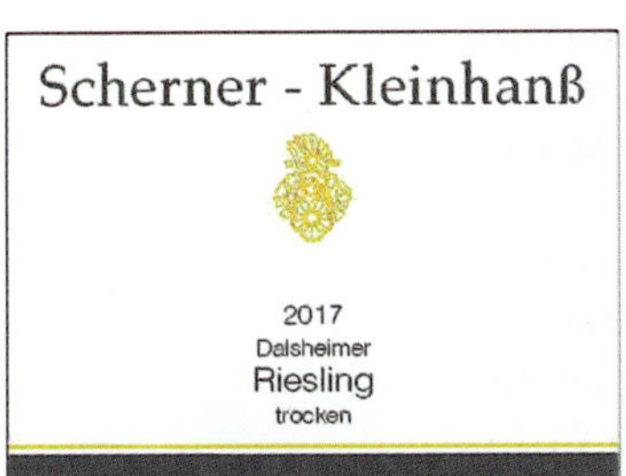

Seit 1726 ist das Gut in Familienbesitz, wird heute in neunter Generation von Klaus Scherner geführt. Klaus Scherner war nach seinem Studium in Geisenheim sechs Jahre in Nordamerika tätig, bevor er die Verantwortung im Weingut der eigenen Familie übernahm. Seine Weinberge liegen in den Nieder-Flörsheimer Lagen Frauenberg (Muschelkalk, Löss, quarz- und kieshaltige Böden), Goldberg (Lehmmergel auf Kalksteinuntergrund) und Steig (Löss), im Monsheimer Rosengarten (Löss mit Kies), dem Dalsheimer Bürgel (schwere Böden) und dem Dalsheimer Sauloch (Löss mit Muschelkalk). Weißburgunder nimmt ein Viertel der Rebfläche ein, es folgen Riesling und Spätburgunder, Grauburgunder, Müller-Thurgau und Dornfelder, als Spezialitäten gibt es Muskat-Ottonel und Sauvignon Blanc. Die Weine werden überwiegend trocken ausgebaut. Seit der ersten Ausgabe stellen wir die Weine von Klaus Scherner vor, und immer überzeugen uns die Kollektionen mit gutem Niveau bei nach wie vor moderaten Preisen. Oft war es ein Riesling aus dem Goldberg, der uns besonders gefällt, zuletzt auch ein Morstein-Riesling, hin und wieder sind es barriqueausgebaute Weine oder edelsüße Spitzen.

Kollektion

Im vergangenen Jahr war der 2016er Goldberg-Riesling unser Favorit in einer ansonsten gleichmäßigen Kollektion. Dieses Jahr erhält er starke Konkurrenz. Beispielswiese durch den im Barrique ausbauten Weißburgunder, ebenfalls aus dem Jahrgang 2016, der gute Konzentration und rauchige Noten zeigt, Fülle, Kraft und gute Struktur besitzt. Oder durch die Riesling Beerenauslese, die an kandierte Früchte erinnert, würzig und dominant ist bei kräftiger Säure. Oder durch den Turmalin-Spätburgunder, der rauchig und kraftvoll ist bei reifer Frucht, auch die Cuvée Cabernet aus Cabernet Sauvignon und Cabernet Mitos hat sich schön entwickelt, auch wenn sie immer noch sehr tanninbetont ist. ▬

Weinbewertung

84 2016 Pinot „Blanc de Noirs" Sekt brut **11,5 %/15,- €**
83 2017 Weißer Burgunder trocken „Lössterrassen" **12,5 %/6,60 €**
81 2017 Grauer Burgunder trocken **12,5 %/6,80 €**
83 2017 Weißer Burgunder trocken Dalsheimer **12 %/8,50 €**
82 2017 Sauvignon Blanc trocken **12,5 %/8,50 €**
82 2017 Riesling trocken Dalsheimer **12 %/8,50 €**
87 2016 Riesling trocken Nieder-Flörsheimer Goldberg **12,5 %/15,- €**
87 2016 Weißer Burgunder trocken Barrique Nieder-Flörsh. Steig **13,5 %/20,- €**
83 2017 Riesling Kabinett **6,5 %/7,50 €**
87 2017 Riesling Beerenauslese Nieder-Flörsh. Frauenberg **10 %/45,- €/0,375l**
87 2015 Blauer Spätburgunder trocken Barrique „Turmalin" **12,5 %/15,- €**
86 2012 Cuvée Cabernet trocken **13 %/22,- €**

S

Scheu

★★☆

KONTAKT

Weinhof Scheu
Hauptstraße 33
76889 Schweigen-Rechtenbach
Tel. 06342-7229
Fax: 06342-919975
www.weinhof-scheu.de
info@weinhof-scheu.de

Inhaber
Klaus Scheu
Rebfläche
14 Hektar
Produktion
90.000 Flaschen

BESUCHSZEITEN

Sa. 10-18 Uhr und nach Vereinbarung

Der Weinhof Scheu wurde 1964 mit damals 2 Hektar Reben von Günter Scheu und seiner Frau gegründet. 1996 hat Klaus Scheu den Betrieb übernommen. Die Weinberge liegen im Schweigener Sonnenberg, der aus klar unterscheidbaren Teillagen besteht: Im Raedling mit seinem Boden aus Kalkgestein und schwerem Letten wachsen Weiß- und Grauburgunder und Riesling, im Strohlenberg – Kalkboden, der mit Buntsandstein, Silikat und Sand versetzt ist – werden Riesling und Weißburgunder angebaut. Beide liegen auf französischem Staatsgebiet. In der Kernlage, dem ursprünglichen Sonnenberg mit seinen leichteren, mit Kalkmergelsteinen gesprenkelten Böden stehen vor allem Riesling und Gewürztraminer. Riesling und Weißburgunder sind die wichtigsten Sorten im Betrieb. Hinzu kommen Grauburgunder, Spätburgunder, Scheurebe, Chardonnay, Gewürztraminer und die lange als autochthon betrachtete Sorte Philipp Cuntz, bei der sich aber bei einer erneuten Bestimmung 2017 herausgestellt hat, dass es sich um die Sorte Grünfränkisch handelt.

Kollektion

Alle Weine von Klaus Scheu sind wie gewohnt sehr klar und reintönig, neu im Programm vertreten ist in diesem Jahr eine Réserve von der Scheurebe, die aber noch etwas Zeit braucht, die Röstnoten vom Holzausbau stehen noch sehr im Vordergrund, der Wein besitzt aber Substanz und Biss. Der jetzt erstmals als Grünfränkisch titulierte Wein besitzt ebenfalls feinen Biss und viel klare gelbe Frucht, Aprikose, Birne und etwas Zitrusnoten, der Riesling Raedling zeigt kalkig-mineralische Noten, etwas Kräuter und grünen Apfel, besitzt ein frisches Säurespiel und gute Länge. Unter den beiden Lagen-Weißburgundern ist der Raedling etwas eleganter, harmonischer und komplexer als der sehr kraftvolle und stoffige Strohlenberg, beiden zeigen viel klare Frucht und feine florale Noten.

Weinbewertung

81 2017 Weißburgunder trocken (1l) **12 %/5,10 €**
83 2017 Riesling trocken „léger" **11,5 %/6,80 €**
83 2017 Weißer Burgunder trocken **12,5 %/7,- €**
83 2017 Scheurebe trocken **12,5 %/7,- €**
86 2017 Riesling trocken „Kalkstein" Schweigen **12,5 %/9,- €**
85 2017 Weißburgunder trocken „Kalkstein" Schweigen **13 %/9,- €**
86 2017 Grünfränkisch trocken Schweighofen **13 %/8,50 €**
89 2017 Weißburgunder trocken Raedling **13 %/15,- €**
88 2017 Weißburgunder trocken Strohlenberg **14 %/15,- €**
88 2017 Riesling trocken Raedling **12,5 %/15,- €**
87 2017 Scheurebe trocken „Réserve" **13 %/17,- €**
85 2017 Gewürztraminer Spätlese **11 %/10,- €**

SCHEURING

★

KONTAKT

Lutzgasse 6
97276 Margetshöchheim
Tel. 0931-463633
Fax: 0931-3046438
www.weingut-scheuring.de
info@weingut-scheuring.de

Inhaber
Ilonka Scheuring
Rebfläche
11 Hektar

BESUCHSZEITEN

jederzeit nach Vereinbarung, Sa. 8-15 Uhr
Heckenwirtschaft (nach Fasching der 1. Samstag, im Herbst nach der Weinlese Ende Okt./Anfang Nov.)

S

Die Familie Scheuring betreibt seit 1983 Weinbau in Margetshöchheim, wenige Kilometer mainabwärts von Würzburg. Im Jahr 2008 ist Tochter Ilonka Scheuring, nach Ausbildung zur Weinküferin in Veitshöchheim, Auslandsaufenthalten in Südtirol (Kellerei Kaltern) und Neuseeland (Palliser Estate) und Abschluss als Weinbautechnikerin, in den Betrieb eingestiegen, den sie im Jahr 2010 übernommen hat. Ihre Weinberge liegen in Margetshöchheim (Bärental) und in den benachbarten Gemeinden Erlabrunn (Weinsteig) und Leinach (Himmelberg), aber auch auf der gegenüberliegenden Mainseite in Thüngersheim (Scharlachberg), Retzbach (Benediktusberg) und Stetten (Stein). Silvaner nimmt ein Viertel der Rebfläche ein, dazu gibt es 15 Prozent Scheurebe, aber auch Riesling, Weißburgunder und Grauburgunder, Müller-Thurgau, Bacchus und Kerner, dazu die roten Sorten Spätburgunder, Cabernet Dorsa, Domina und Blaufränkisch. Die Heckenwirtschaft der Scheurings ist im Frühjahr und im Herbst geöffnet.

Kollektion

In diesem Jahr hat Ilonka Scheuring uns erstmals neben ihren „klassischen" Weinen auch einige „andere" Weine vorgestellt – und die finden wir wirklich interessant. Das ist zum Beispiel der feinherbe „dry aged Scheu vegan" von luftgetrockneten Scheurebe-Trauben: Viel Duft und Würze, sehr eigenständig, konzentriert, dominant. Oder der intensiv fruchtige und würzige „Femina Glut", ein Likörwein in Portwein-Manier, duftig, konzentriert, warm, alkoholstark. Der Winzerinsekt ist frisch und lebhaft wie auch die Weine der Basic- und Klassik-Linien. Unser Favorit im klassischen Sortiment ist der „fränkische" Silvaner aus dem Stettener Stein, der allerdings gar nicht so klassisch ist, sondern auch einen Maischegäranteil enthält, füllig und kraftvoll ist, stoffig, intensiv und kompakt.

Weinbewertung

82 2016 „Winzerinsekt" brut **13 %/15,80 €**
82 2017 Silvaner trocken „Ethos" **11 %/8,- €**
83 2016 Riesling trocken (Klassik) **12,5 %/10,50 €**
83 2016 Silvaner trocken (Klassik) **12,5 %/10,50 €**
85 2017 Silvaner „fränkisch" trocken Stettener Stein **12,5 %/19,- €**
83 2017 Grauer Burgunder trocken (Klassik) **12,5 %/10,50 €**
83 2017 Scheurebe trocken (Basic) **11,5 %/8,- €**
82 2017 „weiße Trinkfreu(N)de" Weißwein „feinherb" **10,5 %/7,50 €**
85 2017 „dry aged Scheu vegan feinherb" **15,5 %/0,5l/a.A.**
83 2015 Spätburgunder trocken (Klassik) **12 %/10,50 €**
81 2013 „Cabernet D." Rotwein trocken "rote Trinkfreu(n)de" **13,5 %/8,- €**
85 „Femina Glut" Likörwein **18 %/25,- €/0,5l**

SCHIEFER

★★

KONTAKT

Südstraße 12
74348 Lauffen
Tel. 07133-203821
Fax: 07133-203823
www.weingut-schiefer.de
info@weingut-schiefer.de

Inhaber
Michael Schiefer
Rebfläche
4 Hektar
Produktion
30.000 Flaschen

BESUCHSZEITEN

Sa. 9-15 Uhr und nach Vereinbarung

Michael Schiefer studierte nach Winzerlehre bei Jürgen Ellwanger und Geisenheim-Studium zunächst in Berlin und Lissabon Musikwissenschaft und Philosophie, bevor er im Jahr 2000 doch den elterlichen Betrieb übernahm und aus der Genossenschaft austrat. Seine Weinberge liegen alle in Lauffen am Neckar, ein Hektar in Terrassenlagen am Neckar. Vor allem die Burgundersorten baut er an, aber auch Trollinger, Lemberger, Kerner und Gewürztraminer, dazu rote Neuzüchtungen wie Cabernet Cubin. Spätburgunder möchte er in den kommenden Jahren weiter forcieren; den Weißweinanteil hat Michael Schiefer von ursprünglich 10 Prozent auf heute 35 Prozent erhöht, Weiß- und Grauburgunder spielen eine wichtige Rolle, dazu gibt es Kerner, Gewürztraminer, inzwischen auch Riesling. Die Rotweine werden vier bis sechs Wochen auf der Maische vergoren. Abgesehen von hin und wieder erzeugten edelsüßen Spezialitäten werden alle Weine trocken und durchgegoren ausgebaut.

Kollektion

Die Weißweine präsentieren sich wie im Vorjahr sehr geschlossen und gleichmäßig. Der Perlwein, eine Cuvée aus Riesling und Gewürztraminer, ist lebhaft und süffig, der Riesling frisch und zupackend, besitzt reintönige Frucht. Der Grauburgunder ist würzig und geradlinig, intensiven Rosenduft zeigt unser Favorit im weißen Segment, der Gewürztraminer, der kraftvoll und zupackend ist. Im roten Segment sind einige Weine von ganz leicht oxidativen Noten geprägt. Der Lemberger besitzt reintönige Frucht, der 3 Sterne-Spätburgunder Kraft und gute Struktur, der Cabernet Cubin ist noch enorm tanninbetont und jugendlich. Unser eindeutiger Favorit ist die erstmals seit 2011 wieder erzeugte Cuvée Septim aus Lemberger, Cabernet Cubin und Spätburgunder: Sie zeigt gute Konzentration im Bouquet, reife Frucht, Vanille, dezent Schokolade im Hintergrund, ist klar und kraftvoll im Mund, zupackend, besitzt gute Struktur, braucht aber noch Zeit.

Weinbewertung

83	2017 „Recitativo Secco" Perlwein **12,5 %/6,80 €**
84	2017 Riesling trocken **12,5 %/6,80 €**
83	2017 Grauer Burgunder** trocken **13 %/8,20 €**
85	2017 Gewürztraminer** trocken **13 %/8,20 €**
81	2016 Samtrot** trocken Holzfass **13 %/8,90 €**
83	2016 Spätburgunder** trocken Holzfass **13 %/8,90 €**
84	2016 Lemberger** trocken Holzfass **12,5 %/9,30 €**
85	2016 Spätburgunder*** trocken Holzfass **13,5 %/16,90 €**
84	2016 Cabernet Cubin*** trocken Holzfass **13 %/16,90 €**
87	2016 „Septim"*** Rotwein trocken Holzfass **13,5 %/16,90 €**

Schlör

★★★★

KONTAKT

Martin-Schlör-Straße 22
97877 Wertheim-Reicholzheim
Tel. 09342-4976
Fax: 09342-6959
www.weingut-schloer.de
info@weingut-schloer.de

Inhaber
Konrad Schlör
Rebfläche
6,5 Hektar
Produktion
25.000 Flaschen

BESUCHSZEITEN

nach Vereinbarung

S

Reicholzheim liegt im badischen Teil des Taubertals, im badischen Weinbaubereich Tauberfranken. Hier sind Konrad und Monika Schlör zuhause, die 1984 die Genossenschaft verließen, mit damals 3 Hektar Reben ihr eigenes Weingut gründeten und seither ihre Weine selbst vermarkten. Ihre Weinberge liegen im Reicholzheimer First, in unmittelbarer Nachbarschaft zum Kloster Bronnbach, das von Zisterziensermönchen aus Burgund gegründet wurde. Die süd-exponierte Lage First, bis zu 300 Meter hoch gelegen, wurde erstmals 1476 urkundlich als „Fyerst" erwähnt. Der Boden besteht aus Unterem Muschelkalk mit hohem Steinanteil und Wellenkalk, die westliche Spitze des Hangfußes steht auf Oberem Buntsandstein. Schwarzriesling und Spätburgunder nehmen schon lange zusammen über 40 Prozent der Rebfläche ein, mit der Neupflanzung von Pinot Noir- und mischbeerigen Spätburgunder-Klonen wurde die Rotweinfläche auf nahezu 50 Prozent erweitert. An weißen Sorten gibt es Weißburgunder, Müller-Thurgau, Riesling und Silvaner. Die Weißweine werden kühl oder kalt vergoren, die Rotweine werden alle maischevergoren, ausgewählte Weine werden bis zu 18 Monate im Barrique ausgebaut, sie durchlaufen alle die malolaktische Gärung. Im Weingut Schlör wurde investiert: Ein neues Barriquelager wurde gebaut, weitere neue Maischegärtanks ermöglichen es nun, jeden Tank im Herbst nur einmal befüllen zu müssen. Dadurch können alle Rotweine bei optimaler Reife geerntet werden. Das Sortiment ist vierstufig gegliedert in Gutsweine, Ortsweine, Reicholzheimer First und schließlich die Großen Gewächse, die an der Spitze der Kollektion stehen, diese tragen seit dem Jahrgang 2014 (Weißburgunder) bzw. 2013 (Spätburgunder) den Gewannnamen Oberer First. Schon seit der ersten Ausgabe empfehlen wir die Weine von Konrad Schlör und sein Weingut als sehr guten Betrieb, schon damals stellten wir fest: „Was für eine schöne Überraschung in Tauberfranken!". Und man mag es rückwirkend kaum glauben: Für die erste Ausgabe dieses Buches hatte Konrad Schlör ausschließlich Weißweine eingeschickt. Im Jahr darauf folgten dann die ersten Rotweine, und seither sind Rotweine immer wichtiger geworden in seinem Programm, vor allem mit Spätburgunder und Schwarzriesling hat er sich weit über die Region hinaus einen Namen gemacht, 2016 zeichneten wir ihn für die beste Rotweinkollektion des Jahres in Deutschland aus. Konrad Schlörs Rotweine sind über die Jahre hinweg zunehmend feiner geworden, sie setzen ganz auf Eleganz, Finesse und Frische; die Weißweine können in der Spitze da noch nicht ganz gleichziehen, die Basis und das hohe Einstiegsniveau überzeugt aber wie bei den Roten.

Kollektion

Sie ist wieder stark, die Kollektion von Konrad Schlör, das Einstiegsniveau ist hoch. Der Müller-Thurgau ist hier immer eine sichere Bank, er ist frisch

und lebhaft, klar, fruchtbetont und zupackend. Der Reicholzheimer Weißburgunder besitzt reintönige Frucht, feine Frische, gute Struktur und Grip, der Weißburgunder vom First zeigt intensive Frucht, ist wunderschön reintönig und zupackend, harmonisch und lang. Der Riesling vom First ist würzig und frisch, lebhaft und zupackend, besitzt gute Struktur, Frucht und Grip. An der Spitze der Weißweine steht das Große Gewächs: Ein rauchiger, deutlich vom Holz geprägter Weißburgunder, der gute Struktur und Frucht besitzt, Frische und Biss. Insgesamt etwas stärker sind auch in diesem Jahr wieder die Rotweine von Konrad Schlör, schließlich hatten wir ihn ja auch schon ausgezeichnet als Winzer des Jahres für die beste rote Kollektion. Schon die Ortsweine sind richtig stark, sie setzen auf Frucht und Frische. Der Schwarzriesling ist herrlich reintönig und zupackend, der Spätburgunder fruchtbetont und geradlinig, glänzt ebenfalls mit reintöniger Frucht – dass sie auch gut reifen zeigt der immer noch frische, klare 2008, der damals noch die Bezeichnungen First und Barrique auf dem Etikett trug. Der Schwarzriesling R besticht mit viel Frucht, ist wunderschön reintönig und frisch, hat Kraft und Zug – auch er reift gut, wie der komplexe, harmonisch entwickelte und immer noch frische 2009er zeigt. Der 2015er Schwarzriesling Fyerst ist dann noch deutlich konzentrierter und fülliger, bleibt aber etwas monolithisch. Unser Favorit ist wieder der Spätburgunder Oberer First, der herrlich viel Frucht zeigt, relativ offen ist, viel Substanz besitzt, Harmonie und Länge – in glänzender Form präsentiert sich derzeit der 2010er.

Konrad Schlör

Weinbewertung

85	2017 Müller-Thurgau trocken Reicholzheim **12 %/6,50 €**
86	2017 Weißburgunder Reicholzheim **12,5 %/8,50 €**
88	2017 Weißburgunder trocken Reicholzheimer First **13 %/13,- €**
88	2017 Riesling trocken Reicholzheimer First **12,5 %/12,50 €**
90	2017 Weißburgunder trocken „GG" Oberer First **13 %/22,- €**
88	2016 Schwarzriesling trocken Reicholzheim **13,5 %/12,- €**
88	2008 Spätburgunder trocken Barrique Reicholzheimer First
88	2016 Spätburgunder trocken Reicholzheim **13,5 %/16,- €**
90	2016 Schwarzriesling „R" trocken Reicholzheimer First **13,5 %/23,- €**
91	2009 Spätburgunder „R" trocken Reicholzheimer First **14 %**
91	2016 Spätburgunder „R" trocken Reicholzheimer First **13,5 %/25,- €**
92	2010 Spätburgunder „GG" Reicholzheimer First **13,5 %**
93	2016 Spätburgunder trocken „GG" „Oberer First" **13,5 %/35,- €**
90	2015 Schwarzriesling trocken Reicholzh. First „Fyerst 1476" **14,5 %/64,- €**

LAGEN

FIRST (REICHOLZHEIM)
- OBERER FIRST (REICHOLZHEIM)

REBSORTEN

SCHWARZRIESLING (21 %)
SPÄTBURGUNDER (20 %)
WEISSBURGUNDER (15 %)
MÜLLER-THURGAU (15 %)
RIESLING (10 %)
SILVANER (8 %)

H. SCHLUMBERGER

★★★★

KONTAKT

Privat-Weingut H. Schlumberger
Weinstraße 19
79295 Sulzburg-Laufen
Tel. 07634-8992
Fax: 07634-8255
www.schlumbergerwein.de
info@schlumbergerwein.de

Inhaber
Claudia Schlumberger-Bernhart & Ulrich Bernhart
Rebfläche
9 Hektar
Produktion
50.000 Flaschen

BESUCHSZEITEN

Mo.-Fr. 10-12 + 14-18 Uhr,
Sa. 10-14 Uhr
Dormitorium, Hotel am Klostergarten

Weinbau wird in der Familie seit über 500 Jahren betrieben, das Weingut in seiner heutigen Form geht zurück auf Hartmut Schlumberger, der sich stolz „Privat-Weingut" nannte und schon früh auf trockene, durchgegoren ausgebaute Weine setzte. Heute wird der Betrieb von seiner Tochter Claudia und deren Ehemann Ulrich Bernhart geführt, der aus dem gleichnamigen Weingut in Schweigen in der Südpfalz stammt. Die Weinberge liegen alle rund um Laufen im Markgräflerland, einer Gemeinde, in der Weinbau schon seit dem 8. Jahrhundert urkundlich belegt ist. In Laufen gibt es nur eine eingetragene Einzellage, den Altenberg, aber deutlich unterschiedliche Teillagen mit unterschiedlichen Kalk- und Lehmanteilen. Spätburgunder nimmt ein Viertel der Rebfläche ein, hat flächenmäßig den lange Zeit dominierenden Gutedel überholt, ebenso der Weißburgunder, der heute ein Fünftel der Fläche einnimmt. Danach folgen Gutedel und Grauburgunder, schließlich Riesling, Sauvignon Blanc und Chardonnay, sowie Cabernet Sauvignon und Merlot. Bereits seit Mitte der fünfziger Jahre sind die Weinberge begrünt, seit 2008 ist man Mitglied im Beratungsring ökologischer Weinbau, 2012 wurde mit der zertifizierten Umstellung begonnen. 70 Prozent der Produktion wird an Privatkunden verkauft. Aus dem Herzstück des Altenberg, Wingerte genannt, der höchstgelegenen Lage in Laufen, erzeugen Claudia Schlumberger-Bernhart und Ulrich Bernhart ihre Großen Gewächse. Der Grauburgunder wurde erstmals 2007 erzeugt, der Weißburgunder 2008, der Spätburgunder wurde erstmals mit dem Jahrgang 2006, nach der Aufnahme in den VDP, als Großes Gewächs bezeichnet, vorher sorgte er als „Pinot Noir R" für Furore, seit dem Jahrgang 2009 trägt er den Zusatz Wingerte, Weiß- und Grauburgunder seit 2010. Unter den Großen Gewächsen stehen Weiß- und Grauburgunder Laufener Altenberg (bis 2009 als trockene Spätlesen bezeichnet) und die Kalkstein-Weine von Riesling und Chardonnay, die seit dem Jahrgang 2014 den Zusatz Muggardter Berg tragen. Die immer betörend reintönige Kalkstein-Scheurebe gibt es nicht mehr, der Weinberg wurde gerodet. Im vergangenen Winter haben Claudia Schlumberger-Bernhart und Ulrich Bernhart ein ehemaliges klösterliches Gebäude in Sulzburg zu einem Hotel mit 10 Zimmern umgebaut, dieses „Dormitorium, Hotel am Klostergarten" wurde am 1. Mai 2018 eröffnet.

Kollektion

Die neue Kollektion ist die stärkste der letzten Jahre, mit seinen Großen Gewächsen von Grauburgunder und Pinot Noir meldet sich Ulrich Bernhart in der deutschen Spitzenklasse zurück. Und die Basis ist stark. Der Gutedel ist wie immer eine sichere Bank, er ist frisch und fruchtbetont, reintönig und zupackend – ein Wein für alle Tage. Der Weißburgunder Kabinett besitzt reintönige Frucht und feine Frische, ist lebhaft und zupackend. Auch der Grauburgunder Kabinett besticht mit seiner Reintönigkeit und Frische, ist aber nicht so betörend

S

wie sein weißer Kollege. Auch der Sauvignon Blanc ist nun schon seit 15 Jahren eine sichere Bank, lebhaft, fruchtbetont und zupackend. Der Riesling vom Muggardter Berg zeigt reintönige Frucht, etwas Pfirsiche, ist füllig und saftig bei viel Substanz. Der Chardonnay vom Muggardter Berg ist konzentriert und füllig, besitzt viel reife Frucht. Der Altenberg-Grauburgunder zeigt feine Würze und reife Frucht, besitzt Fülle und Saft, ein klein wenig besser gefällt uns der Altenberg-Weißburgunder, der wunderschön reintönig ist, viel reife Frucht und Substanz besitzt. Beim Großen Gewächs ist es dann umgekehrt: Der Weißburgunder zeigt dezent rauchige Noten, besitzt Fülle, Kraft und reife Frucht, deutlich komplexer aber präsentiert sich der Grauburgunder, der zu den Jahrgangsbesten in Deutschland zählt. Er zeigt rauchige Noten, reintönige Frucht, gelbe Früchte, besitzt gute Struktur und Frucht, ist angenehm karg, druckvoll und nachhaltig. Der Spätburgunder ist klar und zupackend, der S etwas floraler, kraftvoller. Der Altenberg-Pinot Noir besitzt reintönige Frucht und feine Frische – und kann reifen, wie Jahrgang 2010 zeigt. Die Bordeaux-Cuvée zeigt florale Noten, ist kraftvoll und zupackend. An der Spitze der Rotweine steht das Große Gewächs, von dem wir die beiden aktuellen Jahrgänge verkosten konnten ebenso wie ein harmonisch gereiften, fülligen, komplexen 2009er. 2015 ist kraftvoll, konzentriert, herrlich eindringlich und reintönig, 2016 betört mit Reintönigkeit und Frische, ist harmonisch und elegant, dabei druckvoll und nachhaltig.

Ulrich Bernhart

Weinbewertung

86	2017 Gutedel trocken **11 %/6,50 €** ☺
86	2017 Weißburgunder Kabinett trocken **12 %/8,50 €**
84	2017 Grauburgunder Kabinett trocken **12 %/8,50 €**
86	2017 Sauvignon Blanc trocken **12 %/12,50 €**
89	2017 Weißburgunder trocken Laufener Altenberg **13 %/12,50 €**
88	2017 Grauburgunder trocken Laufener Altenberg **13 %/12,50 €**
88	2017 Riesling trocken „Kalkgestein" „Muggardter Berg" **12,5 %/13,50 €**
88	2017 Chardonnay trocken „Kalkgestein" „Muggardter Berg" **13 %/15,50 €**
89	2017 Weißburgunder „GG" „Wingerte" Altenberg **13 %/20,- €**
92	2017 Grauburgunder „GG" „Wingerte" Altenberg **13 %/20,- €** ☺
85	2015 Spätburgunder trocken **12,5 %/9,- €**
87	2015 Spätburgunder „S" trocken **13 %/12,50 €**
90	2010 Pinot Noir trocken Laufener Altenberg **13,5 %**
90	2015 Pinot Noir trocken Laufener Altenberg **13,5 %/18,- €**
88	2015 Cabernet Sauvignon & Merlot trocken **13,5 %/18,- €**
91	2009 Pinot Noir „GG" „Wingerte" Altenberg **13,5 %**
92	2015 Pinot Noir „GG" „Wingerte" Altenberg **13,5 %/30,- €**
94	2016 Pinot Noir „GG" „Wingerte" Altenberg **13 %/30,- €**

LAGEN

ALTENBERG (LAUFEN)
- WINGERTE
- MUGGARDTER BERG

S

REBSORTEN

SPÄTBURGUNDER (25 %)
WEISSBURGUNDER (20 %)
GUTEDEL (15 %)
GRAUBURGUNDER (15 %)
RIESLING (5 %)
CHARDONNAY (4 %)
SAUVIGNON BLANC (4 %)
CABERNET SAUVIGNON
MERLOT

RAINER SCHLUMBERGER

★★☆

KONTAKT

Obere Holzgasse 4
79295 Sulzburg-Laufen
Tel. 07634-592240
Fax: 07634-592241
www.weingut-schlumberger.de
info@weingut-schlumberger.de

Inhaber
Rainer Schlumberger
Rebfläche
5,5 Hektar
Produktion
25.000-30.000 Flaschen

BESUCHSZEITEN

Mo.-Sa. 14-18 Uhr „oder mit etwas Glück"

Rainer und Stephanie Schlumberger führen in vierter Generation diesen Laufener Betrieb, schon Urgroßvater Wilhelm Konrad hatte Wein im Markgräflerland angebaut. Die Weinberge liegen alle in Laufen, wo alle ehemaligen Einzellagen wie beispielsweise die Lage Eich 1971 zur nunmehr einzigen Lage Altenberg zusammengefasst wurden. Wichtigste Rebsorten bei Rainer Schlumberger sind Spätburgunder und Gutedel mit 40 bzw. knapp 20 Prozent Anteil an der Rebfläche, es folgen Weißburgunder, Grauburgunder und als Spezialität Huxelrebe. Tochter Josefine, die in Geisenheim studiert, war 2015/2016 Deutsche Weinkönigin.

Kollektion

Rainer Schlumberger präsentiert in diesem Jahr nicht nur neue Etiketten, sondern seine bisher stärkste Kollektion, zu den immer wieder vorgestellten roten Spitzen gesellen sich nun auch beeindruckende Weißweine. Und das Basisniveau ist hoch. Der Petnat ist kraftvoll und geradlinig, gehört zu den gelungenen Vertretern seiner Art. Gutedel überzeugt als reintöniger, zupackender trockener Kabinett ebenso wie in der strukturierten Feinhefe-Version und als konzentrierter, komplexer 2016er Chasselas. Die trockene Huxelrebe besitzt feine Frische und reintönige Frucht dies gilt auch für die trockenen Kabinettweine. Die trockene Weißburgunder-Spätlese ist strukturiert und zupackend, der Slowmotion genannte Grauburgunder, ein „Langgärer", besitzt viel reife Frucht, gute Struktur und Substanz. Eine litschiduftige, saftige Muscaris-Auslese rundet den weißen Teil der Kollektion ab. Ganz stark sind auch die beiden Rotweine: Der unfiltrierte Pinot Noir Eich ist rauchig, zupackend, wohltuend karg, die trockene Spätburgunder Auslese besitzt intensive Frucht, Stoff und Substanz.

Weinbewertung

86 2017 „FritzS pét nat vom" Weißburgunder **12,5 %/8,80 €**
84 2017 Gutedel Kabinett trocken **11,5 %/6,30 €**
84 2017 Gutedel trocken „Feinhefe" **12 %/6,30 €**
85 2017 Huxelrebe trocken **12 %/6,30 €**
83 2017 Weißburgunder Kabinett trocken **12,5 %/7,30 €**
84 2017 Grauburgunder Kabinett trocken **13,5 %/7,30 €**
86 2017 Weißburgunder Spätlese trocken **13,5 %/9,50 €**
88 2016 Grauburgunder Spätlese trocken „slowmotion" **14 %/13,50 €**
86 2016 Chasselas trocken **12,5 %/8,- €**
87 2017 Muscaris Auslese **13,5 %/13,50 €**
87 2014 Pinot Noir Eich **13,5 %/15,- €**
88 2015 Spätburgunder Auslese trocken Barrique **14 %/25,- €**

Berthold Schmachtenberger

★★

KONTAKT

Klosterstraße 43
97236 Randersacker
Tel. 0931-707850
Fax: 0931-708961
www.weine-mit-charakter.de
mail@weine-mit-charakter.de

Inhaber
Markus Schmachtenberger
Rebfläche
9 Hektar
Produktion
60.000 Flaschen

BESUCHSZEITEN

Mo.-Fr. 9-19 Uhr, Sa. 9-17 Uhr
oder nach Vereinbarung

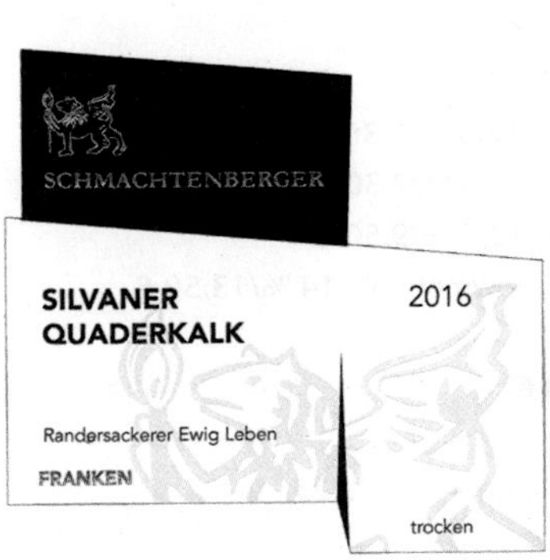

Berthold Schmachtenberger führte seit 1977 in elfter Generation den Betrieb, der sich bis ins Jahr 1598 in den Nachbarort Eibelstadt zurückverfolgen lässt, 2015 haben Markus und Claudia Schmachtenberger das Gut übernommen. Ihre Weinberge liegen vor allem in Randersacker (Muschelkalk) in den Lagen Sonnenstuhl, Marsberg und Teufelskeller, sowie in der früheren Lage Gerstberg (heute Großlage Ewig Leben), wo sie rote Rebsorten und Silvaner anbauen. Markus Schmachtenberger baut vor allem Silvaner an, aber auch Müller-Thurgau, Weißburgunder, Bacchus, Sauvignon Blanc, Scheurebe, Riesling, Kerner, Traminer und Rieslaner. Hinzu kommen die roten Sorten Domina, Spätburgunder, Dornfelder und Portugieser. Bereits seit einigen Jahren wurden 1,5 Hektar nach ökologischen Richtlinien bewirtschaftet, 2017 wurde der komplette Betrieb umgestellt.

Kollektion

Nach einer stimmigen Kollektion im vergangenen Jahr legt Markus Schmachtenberger weiter zu, vor allem in der Spitze gewinnen die Weine an Profil. Und die Basis stimmt, das zeigen die fruchtbetonten, reintönigen Kabinettweine, der saftige Quaderkalk-Weißburgunder gefällt uns besonders gut. Silvaner ist die wichtigste Rebsorte im Betrieb, die vorgestellte Silvaner Riege ist stark, schon die beiden Kabinettweine besitzen Fülle und klare Frucht. Die Spätlese von alten Reben im Sonnenstuhl besitzt eine feine Gelbfruchtaromatik, gute Struktur und Substanz, die Greif-Spätlese, ebenfalls aus dem Sonnenstuhl, ist würziger, ebenfalls schön strukturiert. Unser Favorit ist die Caractère Greif genannte trockene Spätlese aus dem Marsberg, ein wunderschön kraft- und druckvoller Wein. Der Silvaner Eiswein lässt an Litschi und kandierte Früchte denken, und dass Markus Schmachtenberger sich auch auf Rotwein versteht, stellte der reintönige, rauchige Spätburgunder unter Beweis. Im Aufwind!

Weinbewertung

81	2017 Rivaner trocken Randersackerer Ewig Leben	**11,5 %/5,20 €**
84	2017 Silvaner Kabinett trocken Randersackerer Ewig Leben	**12 %/5,50 €**
84	2017 Silvaner Kabinett trocken „Quaderkalk" Rand. Ewig Leben	**13 %/7,- €**
85	2017 Weißburgunder Kabinett trocken „Quaderkalk" Sonnenstuhl	**13 %/7,50 €**
83	2017 Weißburgunder Kabinett (trocken) Sonnenstuhl	**12,5 %/6,20 €**
83	2017 Sauvignon Blanc Kabinett trocken Randersackerer Marsberg	**12,5 %/6,20 €**
87	2017 Silvaner Spätlese trocken „Alte Reben" Sonnenstuhl	**13 %/8,- €** ☺
86	2016 Silvaner Spätlese trocken „Greif" Randersackerer Sonnenstuhl	**13 %/9,80 €**
88	2016 Caractère Greif Spätlese (trocken) Randersackerer Marsberg	**13 %/16,- €**
85	2017 Riesling Spätlese „feinherb" Randersackerer Marsberg	**12,5 %/8,- €**
88	2016 Silvaner Eiswein „edelsüß" Sonnenstuhl	**12 %/40,- €/0,375l**
87	2015 Spätburgunder trocken „Greif" Randersackerer Ewig Leben	**13,5 %/14,- €**

Heinrich Schmidt

★★

KONTAKT

Hauptstraße 8
55452 Windesheim
Tel. 06707-414
Fax: 06707-1725
www.weingut-heinrich-schmidt.de
weingut-heinrich-schmidt@t-online.de

Inhaber
Günter Schmidt
Kellermeister
Lukas Schmidt
Rebfläche
8,5 Hektar
Produktion
50.000 Flaschen

BESUCHSZEITEN

nach Vereinbarung

Seit dem 18. Jahrhundert betreibt die Familie Weinbau in Windesheim im Guldenbachtal, aber erst in den achtziger Jahren des 20. Jahrhunderts konzentrierte man sich ganz auf Weinbau. Seit 1990 führt Günter Schmidt den Betrieb, Sohn Lukas, der für den Weinausbau verantwortlich ist, soll einmal die Nachfolge antreten. Die Weinberge liegen in den Windesheimer Lagen Römerberg, Fels, Sonnenmorgen, Saukopf und Rosenberg sowie im Schweppenhäuser Schlossgarten, die Hälfte davon in Steillagen. Auf den Schweppenhäuser Schieferverwitterungsböden baut Günter Schmidt vor allem Riesling und Spätburgunder an, in Windesheim überwiegend Grau- und Weißburgunder. Die Burgundersorten nehmen inzwischen 80 Prozent der Rebfläche ein: Spätburgunder ist die wichtigste Rebsorte im Betrieb, gefolgt von Weißburgunder, dazu gibt es Grauburgunder und als Spezialität Frühburgunder. Riesling, Müller-Thurgau, Scheurebe und Dornfelder komplettieren das Sortiment. Die Spitzenweine werden in den Linien „S" (Selektion) und „R" (Reserve) vermarktet.

Kollektion

Alle Weine der Familie Schmidt sind wieder sehr reintönig, bei den Weißweinen sehen wir bei Guts-, S- und R-Weinen jeweils die Grauburgunder vor den Weißburgundern, sie sind konzentrierter, präsenter und besitzen etwas bessere Substanz. Der R-Grauburgunder an der Spitze zeigt dezente Röstnoten, etwas Kokos und Zitruswürze und besitzt Saft und Kraft, der R-Weißburgunder zeigt deutliche Holzwürze im Bouquet, gelbe Frucht, Aprikose, etwas Honig und Kräuter. Die Scheurebe Beerenauslese besitzt gute Konzentration, zeigt viel reife Frucht mit Noten von Aprikose, schwarzer Johannisbeere und Holunderblüten im Bouquet, am Gaumen ist sie cremig und elegant mit frischem Säurespiel. Die Rotweine besitzen beide eine gute Struktur, sind kraftvoll, zeigen kräutrige Würze und feine Röstnoten, beim Spätburgunder mit seinen Krokantnoten ist das Holz noch etwas deutlicher präsent als beim Frühburgunder, der wieder viel klare, reintönige Schwarzkirschfrucht zeigt.

Weinbewertung

82	2017 Weißburgunder trocken **12 %/6,70 €**
83	2017 Grauburgunder trocken **12 %/6,70 €**
85	2017 Riesling „S" trocken Schweppenhäuser Schlossgarten **12,5 %/8,70 €**
85	2017 Weißburgunder „S" trocken **13 %/8,70 €**
86	2017 Grauburgunder „S" trocken **13 %/8,70 €**
87	2016 Weißburgunder „R" trocken **14 %/12,50 €**
88	2016 Grauburgunder „R" trocken Windesheimer Fels **14 %/11,50 €**
88	2017 Scheurebe Beerenauslese Windesheimer Rosenberg **8,5 %/18,50 €/0,5l**
87	2015 Spätburgunder „R" trocken Schlossgarten **13,5 %/13,50 €**
88	2015 Frühburgunder „R" trocken Schlossgarten **13,5 %/16,50 €**

Schmidt

★☆

KONTAKT

Bullenheim 157
97258 Bullenheim
Tel. 09339-407
Fax: 09339-1509
www.schmidt-wein.de
weingut.schmidt@email.de

Inhaber
Frank & Lukas Schmidt
Rebfläche
14 Hektar
Produktion
80.000 Flaschen

BESUCHSZEITEN

Mo.-So.
Weinstube „Johannesstuben“,
Sept. bis Juni, Sa./So./Feiertage
ab 11 Uhr

Bullenheim liegt im südlichen Steigerwald. Hier baut die Familie Schmidt seit langem Wein an, im Vollerwerb existiert das Weingut aber erst seit 1989, genauso lange gibt es die ursprünglich als Häckerwirtschaft betriebene Weinstube „Johannesstuben“. Heute wird der Betrieb geführt von Frank Schmidt und seinem Sohn Lukas, der nach Auslandsaufenthalten in Südtirol und in der Steiermark 2015 seine Ausbildung zum Weinbautechniker abgeschlossen hat, mit dem Jahrgang 2015 im elterlichen Betrieb erstmals für den Weinausbau verantwortlich war. Die Weinberge von Frank und Lukas Schmidt liegen hauptsächlich in Bullenheim, dessen einzige Einzellage den Namen Paradies trägt, daneben sind sie noch im Frankenberger Schlossstück vertreten, die Reben wachsen auf Gipskeuperböden. An weißen Sorten bauen sie Riesling, Silvaner, Scheurebe, Bacchus, Traminer, Müller-Thurgau und Goldmuskateller an, dazu gibt es die roten Sorten Spätburgunder, Domina, Dornfelder, Portugieser, Regent und Cabernet Dorsa.

Kollektion

Nach starken Vorjahreskollektionen ist Frank und Lukas Schmidt auch der neue Jahrgang sehr gut gelungen. Sieben Weine präsentieren sie, darunter gleich drei Scheureben, eine Rebsorte, die in der Region wichtig ist. Sehr gut ist die intensiv fruchtige Hangwerk-Scheurebe, besitzt bei moderatem Alkoholgehalt Fülle, Kraft und gute Struktur. Noch etwas besser gefällt uns die Zugkraft-Scheurebe aus dem Kapellberg, dem Filetstück des Bullenheimer Paradies, sie besitzt intensive Frucht, Fülle und Saft, viel reife Frucht und Substanz. Aber auch mit den anderen Rebsorten wissen Frank und Lukas Schmidt zu überzeugen. Der Bacchus ist fruchtbetont, wunderschön lebhaft und klar wie auch die Sneak Preview genannte weiße Cuvée. Der Hangwerk-Riesling besitzt feine Pfirsichnoten, viel reife Frucht, Fülle, Substanz und gute Harmonie. Ganz stark ist auch der Silvaner von 48 Jahre alten Reben, Jahrgang 2016, spontanvergoren: Er besitzt viel reife Frucht (Birnen), viel Substanz und Kraft, gute Struktur, Saft und Länge. Im Aufwind!

Weinbewertung

85 2017 Riesling trocken „Hangwerk“ **12,5 %/6,90 €**
85 2017 Scheurebe trocken „Hangwerk“ Bullenheimer Paradies **11,5 %/6,90 €**
86 2016 Silvaner trocken „Alte Reben“ Bullenheimer Paradies **13 %/9,50 €**
86 2017 Scheurebe trocken „Zugkraft“ „Filetstück Kapellberg“ **12 %/10,50 €**
84 2017 „Sneak Preview“ Weißwein **11 %/7,50 €**
83 2017 Bacchus „feinherb“ „best of“ Bullenheimer Paradies **11 %/7,- €**
81 2017 Scheurebe „feinfruchtig“ „#Traumhaft“ Bullenheimer Paradies **11 %/8,90 €**

CLAES SCHMITT ERBEN

★★★☆

KONTAKT

Moselweinstraße 43
54349 Trittenheim
Tel. 06507-701736
Fax: 06507-701738
www.claeswein.de
info@claeswein.de

Inhaber
Niko Schmitt
Rebfläche
4,9 Hektar
Produktion
37.000 Flaschen

BESUCHSZEITEN

nach Vereinbarung
Gästehaus

Niko Schmitt absolvierte seine Winzerlehre beim Weingut Dr. Crusius und anschließend in Weinsberg die Ausbildung zum Weinbautechniker. Im Jahr 2001 übernahm er das elterliche Weingut, und nach und nach verfeinerte er den Stil der Weine, die Vinifikation findet teils im Edelstahl, teils im Holz statt. Der Name des Weingutes wurde geändert im Andenken an den Großvater des heutigen Besitzers, der Nikolaus Schmitt hieß, kurz Claes genannt. Die Weinberge befinden sich in den beiden Trittenheimer Lagen Apotheke und Altärchen. 2006 kam eine steile Terrassenlage mit 70 Jahre alten Rebstöcken hinzu, der Jungheld, ein Gemeinschaftsprojekt von Niko Schmitt und Paul Weltner aus Rödelsee; seit 2012 ist das Weingut auch im Neumagener Rosengärtchen vertreten. Neben Riesling, der 80 Prozent der Rebfläche einnimmt, gibt es Müller-Thurgau und Spätburgunder, 2010 wurde ein klein wenig Sauvignon Blanc gepflanzt. Inzwischen machen die trockenen und feinherben Weine 90 Prozent der Produktion aus. 2010 wurde die „Weinlounge" fertig gestellt.

Kollektion

Ein durchdachtes Programm, eine klare Hierarchie, eine überzeugende Stilistik: Was Niko Schmitt in den vergangenen Jahren an Weinen anstellte, überzeugte durchweg. Der Jahrgang 2017 macht da keine Ausnahme, die vorgestellten Rieslinge fallen samt und sonders kraftvoll, würzig, allerdings teilweise noch verschlossen aus. Schon der trockene Riesling aus dem Neumagener Rosengärtchen ist unzugänglich, aber angenehm fest und straff mit überdurchschnittlicher Länge. Kühl und verschlossen ist auch der „Sonntheilen"-Riesling, nach Hefe und Kräutern duftend, beachtlich lang und mineralisch. Beinah trocken dann der würzige, nachhaltige „Jungheld"-Wein, voller Substanz. Rassig und süffig ist die Spätlese aus dem Rosengärtchen, cremig mit Blütennoten sowie Anklängen an gelbe Früchte, mit perfekter Balance und Mango-Finish beeindruckt die Auslese aus der Trittenheimer Apotheke.

Weinbewertung

87 2017 Riesling trocken Neumagener Rosengärtchen **12 %/10,- €**
88 2017 Riesling trocken „Sonntheilen" **12,5 %/12,50 €**
87 2017 Riesling „feinherb" Trittenheimer Apotheke **11 %/10,- €**
89 2017 Riesling „Jungheld" Trittenheimer Apotheke **11,5 %/16,50 €**
86 2017 Riesling Kabinett „feinherb" Trittenheimer Altärchen **10 %/7,- €** ☺
86 2017 Riesling Spätlese Neumagener Rosengärtchen **8,5 %/10,- €**
89 2017 Riesling Auslese Trittenheimer Apotheke **8 %/19,- €/0,5l**

S

Schmitt

★★☆

Kontakt

In den Weingärten 7
67582 Mettenheim
Tel. 06242-1717
Fax: 06242-60004
www.schmitt-weine.com
info@schmitt-weine.com

Inhaber
Daniel Schmitt
Rebfläche
18 Hektar

Besuchszeiten

nach Vereinbarung

Nach Geisenheim-Studium und Auslandsaufenthalten in Neuseeland (Isabel Estate) und Südafrika übernahm Daniel Schmitt 2009 das elterliche Weingut, das am Ortsrand von Mettenheim inmitten der Weinberge liegt. Er erweiterte seither die Rebfläche von 8 auf 18 Hektar, vergrößerte das Weingut. Seine Weinberge liegen in Mettenheim (Schlossberg, Michelsberg, Goldberg) und Bechtheim (Geyersberg, Stein). Das Sortiment ist gegliedert in Guts-, Orts- und Lagenweine, Letztere kommen bisher aus dem Mettenheimer Schlossberg (Riesling, Spätburgunder) dem Bechtheimer Geyersberg (Spätburgunder) und dem Bechtheimer Stein (Spätburgunder). Daniel Schmitt baut Riesling an, dazu Weißburgunder, Grauburgunder und Spätburgunder, sowie Sauvignon Blanc, Scheurebe, Huxelrebe und Silvaner, aber auch Cabernet Dorsa. Die Weine werden überwiegend trocken ausgebaut.

Kollektion

Die starke Kollektion des vergangenen Jahres wurde von zwei Rotweinen angeführt, Cabernet Franc und Spätburgunder aus dem Stein, in diesem Jahr nun trumpft Daniel Schmitt mit einem Lagen-Riesling auf. Bemerkenswert hoch ist erneut das Basisniveau, bestechend gleichmäßig präsentieren sich die Gutsweine. Der Silvaner ist fruchtbetont und reintönig, der Riesling frisch und zupackend, der Grauburgunder besitzt intensive Frucht, Fülle und Saft, die Cuvée aus Chardonnay und Weißburgunder ist fruchtbetont und zupackend: Zuverlässig jeder Wein. Der einzige weiße Ortswein, der Mettenheimer Silvaner zeigt reife Frucht und rauchige Noten, besitzt gute Struktur und klare Frucht. Highlight der Kollektion ist der Riesling aus dem Geyersberg; Intensive Frucht, gute Konzentration, gelbe Früchte, Fülle, Saft und Substanz, dezent mineralische Noten, Nachhall. Auch mit seinen Rotweinen kann Daniel Schmitt erneut überzeugen. Der Mettenheimer Spätburgunder ist fruchtbetont und zupackend, der Spätburgunder aus dem Bechtheimer Stein zeigt eindringliche Würze und reife Frucht, besitzt Fülle und Kraft, reintönige Frucht und gute Substanz. Weiter im Aufwind!

Weinbewertung

84	2017 Silvaner trocken **12,5 %/6,60 €**
84	2017 Riesling trocken **12,5 %/6,60 €**
84	2017 Grauer Burgunder trocken **12,5 %/6,80 €**
84	2017 Chardonnay Weißburgunder trocken **13 %/6,80 €**
86	2017 Silvaner Mettenheim **13 %/8,50 €**
89	2017 Riesling Bechtheimer Geyersberg **13 %/12,50 €**
84	2015 Spätburgunder Mettenheim **14 %/9,50 €**
88	2016 Spätburgunder Bechtheimer Stein **13,5 %/18,50 €**

S

EGON SCHMITT

★★★

KONTAKT

Am Neuberg 6
67098 Bad Dürkheim
Tel. 06322-5830
Fax: 06322-68899
www.weingut-egon-schmitt.de
info@weingut-egon-schmitt.de

Inhaber
Familie Schmitt
Kellermeister
Meike Schwaab, Jochen Schmitt
Außenbetrieb
Andreas Weißer
Rebfläche
19 Hektar
Produktion
150.000 Flaschen

BESUCHSZEITEN

Mo.-Fr. 10-12 + 14-18 Uhr (Mi. nur nach Voranmeldung), Sa. 9-15 Uhr; Weinfest im Gutshof am 3. Wochenende im August

Bis in die siebziger Jahre war das Weingut ein Gemischtbetrieb in der Stadtmitte von Bad Dürkheim. 1976 bauten Inge und Egon Schmitt den Betrieb am Neuberg, zwei Jahre später folgte der Austritt aus der Genossenschaft. Sohn Jochen ist nach seinem Geisenheim-Studium seit 1997 für den Keller verantwortlich. Die Weinberge befinden sich in verschiedenen Dürkheimer und Ungsteiner Lagen: Spielberg, Hochbenn, Fronhof, Rittergarten und Herrenberg, außerdem im Kallstadter Kreidkeller. An roten Sorten gibt es neben Spätburgunder, Sankt Laurent und Regent auch Cabernet Sauvignon, Merlot und Lagrein. Wichtigste Weißweinsorte ist der Riesling. In Zukunft will Jochen Schmitt auch bei seinen Weißen mehr mit Holzfässern arbeiten und vermehrt auf Spontangärung setzen.

Kollektion

Unter den Weißweinen haben wir in diesem Jahr keinen eindeutigen Favoriten, die Rieslinge aus Spielberg und Herrenberg liegen gleichauf: Der Spielberg ist im Moment präsenter, mit viel klarer Frucht und kräutrig-mineralischer Würze, auf lange Sicht könnte aber der Herrenberg die Nase leicht vorne haben, er besitzt Kraft, herbe Zitrusfrucht, steinige Noten und salzige Länge. Der Chardonnay aus dem Spielberg zeigt sehr dezente Holzwürze, besitzt feine Frische und Länge, der Sekt aus Chardonnay und Weißburgunder ist frisch, puristisch, schlank und animierend. Unter den Rotweinen ist der „Duca“ in diesem Jahr sehr stoffig, mit perfekt eingebundenem Alkohol, viel dunkler Beerenfrucht und reifen Tanninen, der Cabernet Sauvignon zeigt ebenfalls Beerenfrucht, besitzt gute Struktur und Kraft, der Spätburgunder zeigt feine Röstnoten, etwas Mokka und klare Schwarzkirsche.

Weinbewertung

88 2017 Herr Schmitt & die Pinots Sekt brut nature **12 %/15,50 €**
85 2017 Riesling trocken Dürkheimer Hochbenn **12,5 %/8,- €**
86 2017 Sauvignon Blanc trocken Dürkheimer Steinberg **12,5 %/10,50 €**
85 2017 Grauer Burgunder trocken **13,5 %/8,50 €**
87 2017 Grauer Burgunder trocken Wachenheim Mandelgarten **13,5 %/12,- €**
88 2017 Chardonnay trocken Dürkheimer Spielberg **13,5 %/13,- €**
86 2017 Riesling trocken Kallstadter Kreidkeller **12 %/10,- €**
89 2017 Riesling trocken Dürkheimer Spielberg **12,5 %/13,- €**
89 2017 Riesling trocken „Ausblick“ Ungsteiner Herrenberg **13 %/15,- €**
85 2015 Drei Reben Rot Rotwein trocken **14 %/10,50 €**
86 2015 Lagrein trocken **13 %/14,- €**
88 2016 Spätburgunder trocken Leistadter Kalkofen **13,5 %/18,- €**
88 2012 Cabernet Sauvignon trocken **14 %/17,- €**
90 2014 Duca XI Rotwein trocken **14,5 %/20,- €**

SCHMITT

★★

N

KONTAKT

Ökologisches Weingut Schmitt
Weedenplatz 1
67592 Flörsheim-Dalsheim
Tel. 0173-3174117 /
0172-4520987
www.schmitt-weingut.de
info@schmitt-weingut.de

Inhaber
Bianka & Daniel Schmitt
Rebfläche
16 Hektar
Produktion
70.000 Flaschen

BESUCHSZEITEN

Mo.-Sa. 9-18 Uhr (oder nach Vereinbarung)

Daniel Schmitt stammt aus einem Weingut in Flörsheim-Dalsheim, das seit 2010 bio-zertifiziert, seit 2012 Demeter-zertifiziert ist. 2012 lernte er auch seine heutige Frau Bianka kennen, Weinbautechnikerin wie er, und sie entwickelten ihre gemeinsame Begeisterung für Naturweine. Ihre Weinberge liegen im Wonnegau, in den Nieder-Flörsheimer Lagen Goldberg und Frauenberg sowie im Monsheimer Silberberg. Das Sortenspektrum ist groß, umfasst Weißburgunder und Grauburgunder, Riesling, Chardonnay, Scheurebe und Silvaner, aber auch Müller-Thurgau, Huxelrebe und Bacchus sowie die roten Sorten Dornfelder, Portugieser, Merlot und Blaufränkisch. Die Weine werden spontanvergoren und teils im Edelstahl, teils im Holz ausgebaut, bereits 2013 haben Bianka und Daniel Schmitt ihren ersten Wein in der Amphore ausgebaut.

Kollektion

Eine spannende, sehr eigenständige Kollektion präsentieren Bianka und Daniel Schmitt zum Debüt mit einigen überaus beeindruckenden Weinen. Da ist beispielsweise der Orpheus genannte Weißburgunder, in der Amphore ausgebaut, er zeigt die für Amphorenweine typische Beeren- und Schalenaromatik, ist kraftvoll, stoffig, hat Substanz und Druck. Der ohne Zusatz von Schwefel ausgebaute Sylvaner ist intensiv, zeigt viel Frische, Orangenschalen, ist zupackend, lebendig. Meisterstück nennet sich ein duftiger, kraftvoller Chardonnay, stoffig, eigenwillig, noch jugendlich. Erdreich ist der Name für eine weiße Cuvée aus Bacchus, Müller-Thurgau, Weißburgunder und Silvaner, vier Wochen Maischestandzeit, kein Zusatz von Schwefel: Intensiv, stoffig, kraftvoll. Nicht alle Weine sind solche Extremisten, aber alle sind ehrlich, ungekünstelt. Wer Primärfrucht sucht, ist hier völlig fehl am Platz, aber wem Primärfrucht suspekt ist, der ist hier goldrichtig.

Weinbewertung

84	2016 „Pétillant naturel" **11 %/14,90 €**
84	2015 Pinot Sekt brut nature **12,5 %/19,50 €**
84	2016 Müller-Thurgau **12 %/12,50 €**
87	2016 Sylvaner **11,5 %/15,- €**
84	2016 Riesling **12 %/12,50 €**
85	2016 Riesling Monsheimer **12 %**
87	2016 Chardonnay „Meisterstück" **12 %/20,50 €**
87	2015 „Erdreich" Weißwein **12 %/20,50 €**
89	2015 Weißburgunder „Orpheus" **12,5 %/29,50 €**
83	2016 Rosé **11 %/12,50 €**
82	2016 „Rot" Rotwein **12,5 %/12,50 €**
87	2016 Merlot **12,5 %/20,50 €**

Heinz Schmitt Erben

★

N

KONTAKT

Stephanusstraße 4
54340 Leiwen / Mosel
Tel. 06507-4276
Fax: 06507-8161
www.weingut-heinz-schmitt.de
weingutheinzschmitt@t-online.de

Inhaber
Silvia, Senta & Carlo Schmitt
Betriebsleiter/Kellermeister
Carlo Schmitt
Rebfläche
1,5 Hektar

BESUCHSZEITEN

nach Vereinbarung; Weinproben mit oder ohne Essensbegleitung

Heinz Schmitt Erben

Das Weingut Heinz Schmitt gehörte bis vor einigen Jahren zu den bekanntesten Betrieben der Mittelmosel. Inhaber Heinz Schmitt war ein akribischer und neugieriger Winzer, der stets nach den besten Trauben und der bestmöglichen Ausbauweise suchte. Für dieses Buch stellte er immer wieder eine Phalanx an Weinen an, vom saftigen Basiswein bis zu edelsüßen Spitzen, auch bewies er immer wieder, wie gut seine Weine reifen konnten. Nachdem Heinz Schmitt im Weinberg tödlich verunglückt war, wurde die Fläche drastisch von 24 Hektar auf 1,5 Hektar verkleinert. Inhaber des Weinguts sind heute Silvia, Senta und Carlo Schmitt, der 19-jährige Jungwinzer Carlo kümmert sich um den Ausbau der Weine. Angebaut wird heute zu 92 Prozent Riesling, die restliche Fläche entfällt auf Müller-Thurgau.

Kollektion

Zum Wiedereinstieg des Weinguts in dieses Buch wurde lediglich ein kleines Sortiment von fünf Weinen vorgestellt, was angesichts der überschaubaren Rebfläche des Betriebes durchaus verständlich ist. Der trockene Rivaner besitzt eine schöne Frucht im Bouquet wie im Mund, ist harmonisch und lang, auch wenn ein Hauch von Süße vorhanden zu sein scheint. Der trockene Basisriesling ist angenehm stoffig und würzig, fruchtbetont, besitzt die typische Frucht des Jahrgangs 2017. Schließlich wurden drei Spätlesen aus dem Neumagener Rosengärtchen präsentiert. Sie stammen alle aus wurzelechten, etwa 90 Jahre alten Reben und besitzen alle drei eine überzeugende Substanz. Die trockene Spätlese aus dem Rosengärtchen zeigt eine sehr klare, duftige, kühle Art mit Anklängen an Birne im Bouquet, später auch Kräuter und Apfel. Ein würziger, geradliniger Riesling, nicht extrem lang, aber sehr konsequent gemacht. Die feinherbe Version ist gut abgestimmt, nicht zu süß, nachhaltig und schon jetzt in einem Zustand, der den Konsum erlaubt. Schließlich die Spätlese aus dem Jahrgang 2012, die sich sehr fein und elegant zeigt, mit lediglich einem Hauch von Süße und Substanz. Ein Wein, der die Kontinuität des Weingutes zeigt und auf dessen jetzigen Zustand auch Winzer Heinz Schmitt stolz wäre. ▬

Weinbewertung

84 2017 Rivaner trocken **11 %/6,50 €**
84 2017 Riesling trocken **11,5 %/7,50 €**
86 2017 Riesling Spätlese trocken Neumagener Rosengärtchen **11,5 %/14,- €**
86 2017 Riesling Spätlese „feinherb" Neumagener Rosengärtchen **10 %/14,- €**
87 2012 Riesling Spätlese Neumagener Rosengärtchen **11,5 %/11,- €**

S

Schmitt's Kinder

★★★★

KONTAKT

Am Sonnenstuhl
97236 Randersacker
Tel. 0931-7059197
Fax: 0931-7059198
www.schmitts-kinder.de
info@schmitts-kinder.de

Inhaber
Martin Schmitt
Betriebsleiter
Martin, Karl & Renate Schmitt
Rebfläche
14 Hektar
Produktion
100.000 Flaschen

BESUCHSZEITEN

Mo.-Fr. 8-18 Uhr, Sa. 9-17 Uhr
oder nach Vereinbarung

Die Familie betreibt seit Generationen Weinbau in Randersacker, das Stammhaus im Ortskern wurde 1712 erbaut. Der Name Schmitt's Kinder geht auf eine Erbteilung von 1910 zurück: Entgegen den fränkischen Gepflogenheiten wurde der Betrieb nicht aufgeteilt sondern von den Geschwistern zusammen bewirtschaftet und weitergeführt. 1984 wurde ein neuer Betrieb am Fuß des Sonnenstuhls erbaut. Karl Martin und Renate Marie Schmitt bauten das Weingut aus, 2014 hat Sohn Martin Schmitt den Betrieb übernommen, der bereits seit 2008 für den Keller verantwortlich war. Seine Weinberge liegen in den Randersackerer Lagen Sonnenstuhl, Marsberg (mit der ehemaligen Einzellage Spielberg), Teufelskeller und Pfülben. Silvaner ist die wichtigste Rebsorte, die gut ein Drittel der Fläche einnimmt. Es folgen Riesling, Müller-Thurgau, Spätburgunder, Bacchus, Domina und Weißburgunder, sowie etwas Rieslaner und Scheurebe. Die Weine werden langsam vergoren und lange auf der Feinhefe ausgebaut, teils im Edelstahl, teils im Holz, alle Erste und Große Lage-Weine werden normalerweise zur Hälfte im Holz ausgebaut, einzelne Partien kommen ins Barrique, die Spätburgunder werden achtzehn Monate im Barrique ausgebaut. Das Sortiment wurde und wird noch schrittweise an das 4-stufige System des fränkischen VDP angepasst. An der Spitze der trockenen Weine stehen derzeit drei Große Gewächse, Silvaner und Riesling aus dem Pfülben, sowie Spätburgunder aus dem Sonnenstuhl. Martin Schmitt hat zuletzt weiter in den Keller investiert, in Saftvorabzug und Kühlung, hat neue Stückfässer angeschafft. Des Weiteren hat er neue Silvaner-Premium-Klone gepflanzt, die bei höherer Säure einen natürlichen (also ohne Ausdünnen) Ertrag von nur 50 Hektoliter je Hektar erbringen sollen. Seit der ersten Ausgabe schon empfehlen wir die Weine von Schmitt's Kinder, seither zählt das Weingut zur fränkischen Spitze. Wie kaum ein anderes Weingut hat es in diesem Zeitraum Jahr für Jahr homogene Kollektionen sowohl im trockenen als auch im edelsüßen Segment hervorgebracht. Die Weine sind füllig und kraftvoll, dabei aber immer auch wunderschön reintönig, schon die Gutsweine machen viel Freude.

Kollektion

Die Basis stimmt, der Blanc de Blancs, eine Cuvée aus Müller-Thurgau, Bacchus und Scheurebe, ist fruchtbetont, frisch und würzig, klar und zupackend – ein feiner Sommerwein. Auch beim Silvaner stimmt die Basis, der im Edelstahl ausgebaute Randersackerer Ortswein zeigt reintönige Frucht, ist füllig, harmonisch und fruchtbetont. Der Erste Lage-Silvaner aus dem Sonnenstuhl, zur Hälfte im großen Holzfass ausgebaut, besitzt gute Fülle und Harmonie, reife Frucht und Substanz. Der im Holz ausgebaute Marsberg-Silvaner von alten Reben ist dann eigenartig würzig und

intensiv, duftig, kompakt, so ganz anders als seine Vorgänger, unruhig, etwas anstrengend. Und das gleiche gilt für das Große Gewächs aus dem Pfülben, das würzig und etwas streng im Bouquet ist, füllig und saftig dann im Mund, reife süße Frucht besitzt, aber es will so keine Spannung aufkommen. Abwarten? Den klar besseren Eindruck hinterlassen im Jahrgang 2017 die Rieslinge. Der Spielberg-Riesling ist frisch, fruchtbetont und intensiv, zeigt etwas Aprikosen, Pfirsiche, ist klar, frisch und zupackend im Mund, strukturiert. Ganz hervorragend ist das Große Gewächs aus dem Pfülben, konzentriert, füllig, komplex, besitzt viel reife Frucht, gute Struktur, Substanz und Länge. Aber auch die süßen Rieslinge bereiten viel Freude. Die mitgeschickte 2008er Spätlese aus dem Sonnenstuhl zeigt feine Reife, ist harmonisch, elegant, besitzt gute Struktur und Frische, die 2017er Auslese aus dem Marsberg ist wunderschön reintönig, frisch und zupackend, lässt sogar die beiden Beerenauslesen von Silvaner und Rieslaner hinter sich, die zwar beide deutlich konzentrierter und dicker sind, aber nicht den Charme der Riesling Auslese mitbringen. Mit Spätburgunder wird Martin Schmitt immer stärker, schon der Tradition beeindruckt, zeigt rauchige Noten, reife Frucht, besitzt gute Struktur und Grip. Das Große Gewächs aus dem Jahrgang 2016 ist herrlich eindringlich und reintönig, kraftvoll, komplex, noch sehr jugendlich, wird noch zulegen – und um das Reifepotenzial muss man sich keine Sorgen machen, wie die Jahrgänge 2011 und 2008 zeigen. 2016 besitzt viel Potenzial!

Martin & Karl Martin Schmitt

Weinbewertung

85	2017 „Blanc de Blancs" Weißwein trocken	**11,5 %/6,60 €**
85	2017 Silvaner trocken Randersackerer	**12 %/7,40 €**
86	2017 Silvaner trocken Randersackerer Sonnenstuhl	**13 %/9,80 €**
85	2017 Silvaner trocken „Alte Reben" Randersackerer Marsberg	**13 %/13,80 €**
87	2017 Riesling trocken „Spielberg" Randersackerer Marsberg	**13 %/15,- €**
87	2017 Silvaner trocken „GG" Randersackerer Pfülben	**13 %/24,80 €**
91	2017 Riesling trocken „GG" Randersackerer Pfülben	**13 %/25,80 €**
88	2008 Riesling Spätlese „S" Randersackerer Sonnenstuhl	**12,5 %**
89	2017 Riesling Auslese Randersackerer Marsberg	**10,5 %/15,- €/0,375l**
88	2017 Rieslaner Beerenauslese Randersackerer Sonnenstuhl	**10 %/30,- €/0,375l**
88	2017 Silvaner Beerenauslese Randersackerer Marsberg	**10,5 %/35,- €/0,375l**
88	2016 Spätburgunder trocken „Tradition" Sonnenstuhl	**13,5 %/14,90 €**
90	2008 Spätburgunder „S" Randersackerer Sonnenstuhl	
89	2011 Spätburgunder trocken „GG" Randersackerer Sonnenstuhl	**13,5 %**
91	2016 Spätburgunder trocken „GG" Randersackerer Sonnenstuhl	**13,5 %/38,- €**

LAGEN

SONNENSTUHL (RANDERSACKER)
PFÜLBEN (RANDERSACKER)
MARSBERG (RANDERSACKER)
- SPIELBERG (RANDERSACKER)

REBSORTEN

SILVANER (34 %)
RIESLING (14 %)
MÜLLER-THURGAU (12 %)
SPÄTBURGUNDER (8 %)
BACCHUS
SCHEUREBE
WEISSBURGUNDER
RIESLANER

Rainer Schnaitmann

★★★★☆

KONTAKT

Untertürkheimer Straße 4
70734 Fellbach
Tel. 0711-574616
Fax: 0711-5780803
www.weingut-schnaitmann.de
info@weingut-schnaitmann.de

Inhaber
Rainer Schnaitmann
Kellermeister
Fabian Lassak
Außenbetrieb
Wolfgang Lenz, Bernhard Mayer
Rebfläche
25 Hektar
Produktion
160.000 Flaschen

BESUCHSZEITEN

Mo., Mi., Do. 9-12 + 13-17 Uhr,
Di. + Fr. 9-12:30 + 13:30-18:30 Uhr, Sa. 9-13 Uhr

Rainer Schnaitmann vermarktete mit dem Jahrgang 1997 die ersten Weine unter dem eigenen Etikett. „Das war ein Aufruhr in Fellbach, als sich der Rainer selbständig machte", erinnert sich sein Vater noch heute. Davor hatte der Geisenheim-Absolvent Praktika in Neuseeland (Morton) und in Südtirol (Waldthaler) gemacht. Das Gros seiner Weinberge liegt im Fellbacher Lämmler, aber auch in benachbarten Lagen ist er vertreten, so in Uhlbach im Götzenberg, in Untertürkheim im Mönchberg oder in Schnait im Altenberg. Seine wichtigsten Rebsorten sind Riesling, Spätburgunder und Lemberger, dazu gibt es Schwarzriesling und Trollinger, aber auch internationale Rebsorten wie Cabernet Sauvignon, Merlot, Syrah und Sauvignon Blanc, sowie Spezialitäten wie Gewürztraminer und Muskattrollinger; auch einen Silvaner aus Schnait, einem einst für Silvaner bekannten Ort, hat Rainer Schnaitmann im Programm. Ausgesuchte Weine werden im Barrique ausgebaut und seit dem ersten Jahrgang unter dem Namen „Simonroth" verkauft, nach dem Namen der Lämmler-Teillage, in der Rainer Schnaitmann seine größte zusammenhängende Parzelle besitzt. Darüber stehen die Großen Gewächse aus dem Lämmler – Riesling, Spätburgunder, Lemberger – und dem Götzenberg (Riesling). 2011 wurde für reinsortige Weine aus Fellbacher und Stuttgarter Lagen die Bezeichnung Steinwiege eingeführt. Inzwischen werden die Weinberge biologisch bewirtschaftet, zertifiziert seit 2013, Rainer Schnaitmann ist aber bisher noch keinem Verband beigetreten. Schon in der ersten Ausgabe empfahlen wir die Weine von Rainer Schnaitmann – den damals noch niemand kannte, kein Wunder, hatte er doch erst zwei Jahre zuvor mit der Selbstvermarktung begonnen. Heute kennt man ihn nicht nur in Württemberg, sondern in ganz Deutschland. Jahr für Jahr konnte er die Qualität steigern, Jahr für Jahr haben uns seine Kollektionen besser gefallen. Dies gilt gleichermaßen für Weiß- wie für Rotweine.

Kollektion

Der Evoé Blanc de Noir hatte uns im Jahrgang 2013 besonders gut gefallen, auch 2014 ist er wieder sehr gut, kompakt, harmonisch, füllig und lang. Die Steinwiege-Linie besitzt Frische und Frucht, zeigt wie gewohnt zuverlässig sehr gutes Niveau, dem lebhaften, zupackenden Grauburgunder gilt unsere leichte Präferenz. Hoppla, kein GrauWeiss? – nun stehen ja schon die Großen Gewächse in Reih' und Glied. Rainer Schnaitmann bringt sie etwas später in den Verkauf, Jahrgang 2016 ist also angesagt. Der Grauburgunder zeigt gute Konzentration und reintönige Frucht, besitzt Fülle und Kraft, gute Struktur und Frische. Der Riesling aus dem Lämmler präsentiert sich in großartiger Form, zeigt gute Konzentration, reife Frucht, ist herrlich eindringlich und reintönig, ist kraftvoll und stoffig im Mund, besitzt viel Substanz, Struktur,

S

ist immer noch verschlossen, auf Haltbarkeit vinifiziert. Was auch für den Riesling Reserve gilt, Jahrgang 2015, die zweite Abfüllung des Lämmler-Rieslings, die zwei Jahre auf der Vollhefe im Halbstück lag: Gute Konzentration, viel Intensität, füllig, komplex, stoffig, gute Struktur und Druck – absolut spannend. Der rote Reigen beginnt mit dem Trollinger von alten Reben, unfiltriert und ohne Zusatz von Schwefel abgefüllt, ein frischer, zupackender Wein mit reintöniger Frucht und Grip. Der Spätburgunder von jungen Reben ist lebhaft und reintönig, besitzt gute Struktur und Grip. Gleichmäßig hohes Niveau zeigt dann die Simonroth-Linie. Der Simonroth D zeigt intensive Frucht, ist klar, kraftvoll und zupackend, der Lemberger zeigt gute Konzentration und reintönige Frucht, besitzt gute Struktur, viel Frische und Biss. Der Simonroth-Spätburgunder ist klar und zupackend, dezent floral, unser Favorit ist der Cabernet Franc, der feine Frische und reintönige Frucht, viel Substanz und Kraft besitzt. An der Spitze des roten Teils der Kollektion stehen die beiden Großen Gewächse aus dem Lämmler. Der Lemberger zeigt rauchige Noten und dezenten Toast im Bouquet, ist klar und druckvoll, tanninbetont, derzeit noch etwas vom Holz geprägt. Unser Favorit ist ganz klar der Spätburgunder aus dem Lämmler, der intensiv rauchige Noten und Gewürze im Bouquet zeigt, Toast, enorm dominant ist, im Mund dann recht üppig und konzentriert daherkommt, viel Substanz besitzt, dezente Schokonoten. „Too much" haben wir am Rand notiert, aber ja, okay, es war ja schließlich auch der drittletzte Wein in unserem großen Spätburgunder-Finale. Großartig!

Rainer Schnaitmann

Weinbewertung

88 2014 „Evoé! Blanc de Noir" Sekt brut nature **12,5 %/18,90 €**
85 2017 Riesling „Steinwiege" **12 %/9,20 €**
85 2017 Weißburgunder „Steinwiege" **11,5 %/9,40 €**
86 2017 Grauburgunder „Steinwiege" **11,5 %/9,40 €**
92 2016 Riesling „GG" Lämmler **12,5 %/29,- €**
90 2016 Grauburgunder „GG" Lämmler **12,5 %/32,- €**
92 2015 Riesling „Réserve" **13 %/36,- €**
86 2017 Trollinger „Alte Reben" **12,5 %/10,40 €**
87 2016 Spätburgunder trocken „Junge Reben" **12,5 %/16,50 €**
89 2016 „Simonroth D" Rotwein **13 %/14,- €**
89 2016 Lemberger „Simonroth" **13 %/19,50 €**
89 2016 Spätburgunder „Simonroth" **13 %/29,- €**
90 2016 Cabernet Franc „Simonroth" **13 %/29,- €**
93 2016 Spätburgunder „GG" Fellbacher Lämmler **12,5 %/48,- €**
91 2016 Lemberger „GG" Fellbacher Lämmler **13 %/38,- €**

LAGEN

LÄMMLER (FELLBACH)
GÖTZENBERG (UHLBACH)
ALTENBERG (SCHNAIT)

S

REBSORTEN

BURGUNDERSORTEN (35 %)
RIESLING (15 %)
LEMBERGER (15 %)
SAUVIGNON BLANC (10 %)
TROLLINGER (5 %)
MERLOT (5 %)
CABERNET FRANC (5 %)

G.A. SCHNEIDER

★☆

KONTAKT

Wilhelmstraße 6
55283 Nierstein
Tel. 06133-5655
Fax: 06133-5415
www.schneider-nierstein.de
ursula@schneider-nierstein.de

Inhaber
Ursula & Steffen Müller
Kellermeister
Steffen Müller
Rebfläche
17 Hektar
Produktion
100.000 Flaschen

BESUCHSZEITEN

Mo.-Sa. nach Vereinbarung

Mehr als 40 Jahre führte Albrecht Schneider den Betrieb, 2012 hat seine Tochter Ursula ihn übernommen, führt ihn seither mit ihrem Ehemann Steffen Müller, Geisenheim-Absolvent, der selbst ein Weingut in Nierstein besitzt und seither auch für den Weinausbau im Weingut G.A. Schneider verantwortlich ist. Ursula Müllers Weinberge liegen in den Niersteiner Lagen Hipping, Oelberg, Orbel und Pettenthal, wo die Reben auf Rotliegendem wachsen, sowie im Paterberg (mit dem Filetstück Hummerthal), dort ist der Boden vom Muschelkalk geprägt. Riesling ist mit Abstand die wichtigste Rebsorte im Betrieb, dazu gibt es Grauburgunder, Weißburgunder, Müller-Thurgau und Silvaner, sowie Scheurebe, Sauvignon Blanc, Gewürztraminer, Dornfelder und Spätburgunder.

Kollektion

Sehr geschlossen präsentiert sich die neue Kollektion, schließt damit nahtlos an das Vorjahr an. Die Ortsweine sind alle recht süß und saftig, der füllige Weißburgunder gefällt uns am besten. Sehr gleichmäßig sind dann die drei Niersteiner Orts-Rieslinge, die Weine vom Kalk und vom Rotliegenden sind ein klein wenig druckvoller als der Riesling vom Löss. Der 2016er Hummerthal-Riesling ist kraftvoll und geradlinig, der 2017 Riesling Hipping Berg zeigt gelbe Früchte, Zitrus und Litschi im Bouquet, ist füllig und saftig im Mund bei reifer süßer Frucht. Auch der Orbel zeigt etwas gelbe Früchte im Bouquet, dazu Orangenschalen, ist klar und zupackend im Mund bei reintöniger Frucht. Die Spätlese aus dem Hipping ist frisch und zupackend, schön präzise, die Hipping-Auslese ist würziger, noch konzentrierter und süßer, dabei klar und zupackend, sie ist unser Favorit in der aktuellen Kollektion von Ursula und Steffen Müller.

Weinbewertung

83 2017 Weißer Burgunder trocken **13 %/6,80 €**
82 2017 Grauer Burgunder trocken **13 %/6,80 €**
81 2017 Sauvignon Blanc trocken **12,5 %/7,20 €**
81 2017 Riesling trocken „vom Löss" Niersteiner **12 %/7,30 €**
82 2017 Riesling trocken „vom Kalk" Niersteiner **11,5 %/8,30 €**
82 2017 Riesling trocken „vom Rotliegenden" Niersteiner **12,5 %/8,30 €**
83 2016 Riesling trocken „Hummerthal" Niersteiner Paterberg **12 %/11,50 €**
84 2017 Riesling trocken Niersteiner Hipping „Berg" **12 %/17,50 €**
84 2017 Riesling Niersteiner Orbel „Berg" **12 %/14,50 €**
82 2017 Riesling „Last night a Riesling saved my life" „Roter Hang" **11,5 %/7,30 €**
84 2017 Riesling Spätlese Niersteiner Hipping **9 %/8,30 €**
86 2017 Riesling Auslese Niersteiner Hippping **8 %/6,90 €/0,375l**

K.H. SCHNEIDER

★★★

KONTAKT

Meddersheimer Straße 29
55566 Bad Sobernheim
Tel. 06751-2505
Fax: 06751-3657
www.weingut-schneider.com
info@weingut-schneider.com

Inhaber
Bernd Schneider
Rebfläche
14,5 Hektar
Produktion
70.000 Flaschen

BESUCHSZEITEN

Mo.-Sa. 10-18 Uhr, So. nach Vereinbarung

Das Weingut wurde 1956 von Karlheinz Schneider gegründet, seit 1999 führen Bernd Schneider und seine Frau Marion den Betrieb. Nach Abschluss seines Studiums in Heilbronn, sowie praktischen Erfahrungen in Neuseeland und bei Wagner-Stempel ist Sohn Andi in den Betrieb eingetreten und für den Weinausbau verantwortlich, Bruder Christoph hat seine Winzerlehre abgeschlossen und kümmert sich um den Außenbetrieb. Die Weinberge liegen in den Bad Sobernheimer Lagen Marbach und Domberg (60 Prozent Steillagen), wo die Böden aus rotem Lehm mit hohem Steinanteil bestehen, teils mit Schiefer durchsetzt, 2011 kamen 0,9 Hektar Riesling in Schlossböckelheim dazu, darunter eine Parzelle im Felsenberg mit vulkanischem Porphyrverwitterungsboden. 2017 wurde das Lagenportfolio noch um 0,6 Hektar Steillage im Schlossböckelheimer Königsfels ergänzt.

Kollektion

Vor allem bei den restsüßen Rieslingen kann die Familie Schneider in diesem Jahr deutlich zulegen, mit einer sehr eindringlichen Spätlese aus dem Felsenberg an der Spitze, die steinige Würze zeigt, animierend und salzig ist und ein sehr feines, ausgewogenes Süße-Säure-Spiel besitzt. Die Spätlese aus dem Domberg zeigt kräutrige Noten, der Marbach etwas grünen Apfel und Zitrusnoten, die Auslese ist animierend und elegant, die beiden Kabinette sind schlank und frisch. Die drei trockenen Lagenrieslinge sind noch sehr verschlossen, sind wieder zurückhaltend in der Frucht, herb, puristisch, präzise und mineralisch, der Domberg besitzt viel Biss und salzige Länge, der Marbach besitzt subtile Würze mit Noten von Stein und Brotkruste und der Felsenberg ist sehr nachhaltig, entwickelt feinen Druck, ist animierend und elegant.

Weinbewertung

83	2017 Riesling trocken	**11,5 %/7,80 €**
83	2017 Grauburgunder trocken	**12,5 %/7,80 €**
85	2017 Riesling trocken „Roter Tonschiefer" Sobernheimer	**12 %/9,90 €**
86	2017 Riesling trocken „Vulkanstein" Schlossböckelheimer	**12 %/11,- €**
86	2017 Sauvignon Blanc Sobernheim	**12,5 %/11,- €**
88	2017 Riesling trocken Sobernheimer Marbach	**12,5 %/16,50 €**
88	2017 Riesling trocken Sobernheimer Domberg	**12,5 %/16,50 €**
89	2017 Riesling trocken Schlossböckelheimer Felsenberg	**12,5 %/18,50 €**
86	2017 Riesling Kabinett Sobernheimer	**9 %/8,50 €**
87	2017 Riesling Kabinett Schlossböckelheimer	**9 %/9,50 €**
87	2017 Riesling Spätlese Sobernheimer Marbach	**9 %/10,50 €**
88	2017 Riesling Spätlese Sobernheimer Domberg	**9 %/11,- €**
89	2017 Riesling Spätlese Schlossböckelheimer Felsenberg	**9 %/12,50 €**
88	2017 Riesling Auslese Sobernheimer Marbach	**8,5 %/17,50 €/0,5l**

SCHNEIDER – MIRJAM SCHNEIDER

★★★

KONTAKT

Klein-Winternheimer-Weg 6
55129 Mainz-Hechtsheim
Tel. 06131-59678
Fax: 06131-9728804
www.schneider-weingut.com
info@schneider-weingut.com

Inhaber
Mirjam Schneider
Kellermeister
Mirjam Schneider
Außenbetrieb
Marc Schühle
Rebfläche
6 Hektar
Produktion
35.000 Flaschen

BESUCHSZEITEN

Mo.-Fr. 9-12 + 14-18 Uhr,
Sa. 8:30-14 Uhr oder nach Vereinbarung, Mi. nachmittags geschlossen

Bereits 2002 hat Mirjam Schneider die Regie im Keller übernommen, 2005 beendete sie ihre Ausbildung zur Weinbautechnikerin, machte ein Praktikum in Neuseeland (Neudorf Vineyards), seit 2006 ist sie im elterlichen Betrieb tätig, den sie nach dem Tod ihres Vaters Lothar 2018 übernommen hat. Die Weinberge liegen in Laubenheim in den Lagen Edelmann (Lösslehm, im Untergrund Kalkstein) und Johannisberg (Lösslehm mit hohem Lehmanteil), im Gau-Bischofsheimer Kellersberg, einem Südhang mit sandigen Lösslehmböden, wo Spätburgunder und Merlot wachsen, sowie im Niersteiner Pettenthal (Rotliegendes). Sie konzentriert sich auf klassische Rebsorten wie Riesling, Silvaner und Portugieser, dazu die Burgundersorten, baut aber auch Merlot an. Die Weißweine werden langsam und kühl im Edelstahl vergoren, die Rotweine kommen nach der Maischegärung ins Holz, werden lange auf der Feinhefe ausgebaut. Die Weine werden betriebsintern mit drei (Gutsweine), vier (Ortsweine) oder fünf Sternen (Lagenweine) klassifiziert. 2014 wurde ein neuer Verkaufs- und Verkostungsraum inklusive Hofladen („Kraut & Reben“) fertig gestellt. Seit 2014 ist Mirjam Schneiders Freund Marc Schühle für den Außenbetrieb zuständig.

Kollektion

Die neue Kollektion bestätigt den starken Eindruck der Vorjahre. Unser Favorit ist wie im letzten Jahr der Riesling aus dem Pettenthal, der reintönige Frucht besitzt, enorm druckvoll, mineralisch und nachhaltig ist. Dahinter folgen die Lagenweine aus dem Edelmann: Der Riesling ist füllig und saftig bei reintöniger Frucht, der intensiv fruchtige Silvaner besitzt viel Substanz und Kraft. Die Gutsweine sind frisch und fruchtbetont, die Ortsweine zeigen geschlossen sehr gutes Niveau, sind kraftvoll, reintönig, fruchtbetont, der Kellersberg-Spätburgunder ist intensiv fruchtig, rauchig, zupackend. Starke Kollektion!

Weinbewertung

84 2017 Silvaner*** trocken **12 %/6,80 €**
83 2017 Riesling*** trocken **13 %/7,20 €**
85 2017 Weißer Burgunder**** trocken Bodenheimer **13 %/8,20 €**
85 2017 Grauer Burgunder**** trocken **13,5 %/8,40 €**
85 2017 Scheurebe**** trocken „Distelfink“ **12 %/8,50 €**
85 2017 Sauvignon Blanc**** trocken „Wirbelwind“ **12,5 %/8,50 €**
88 2017 Silvaner***** trocken Laubenheimer Edelmann **13 %/13,- €**
88 2017 Riesling***** trocken Laubenheimer Edelmann **13 %/15,- €**
91 2017 Riesling***** trocken Niersteiner Pettenthal **13 %/25,- €**
86 2017 Riesling Auslese **10,5 %/15,80 €**
84 2015 Spätburgunder**** trocken Gau-Bischofsheimer **14 %/9,90 €**
86 2015 Spätburgunder***** trocken Kellersberg **14 %/17,80 €**

S

WOLFGANG SCHNEIDER

★☆

KONTAKT

Naheweinstraße 35
55452 Guldental
Tel. 06707-324
Fax: 06707-7201
www.weingut-wolfgang-schneider.de
info@weingut-wolfgang-schneider.de

Inhaber
Wolfgang & Nils Schneider
Rebfläche
17,5 Hektar
Produktion
140.000 Flaschen

BESUCHSZEITEN

täglich nach Vereinbarung

Das heutige Weingut wurde über mehrere Generationen als landwirtschaftlicher Gemischtbetrieb mit Weinbau, Ackerbau und Viehzucht geführt. Die Viehzucht gab Wolfgang Schneider, der den Betrieb zusammen mit Ehefrau Birgitt seit 1975 führt, bereits 1978 auf, 1993 verpachtete er die Äcker und spezialisierte sich ganz auf Weinbau. Sohn Nils, Diplom-Ingenieur für Weinbau und Önologie, arbeitet seit 2003 im Betrieb mit. Die Weinberge befinden sich in verschiedenen Lagen von Guldental (Hipperich, Sonnenberg, Apostelberg), aber auch in Roxheim und in Langenlonsheim. Besonderes Augenmerk liegt im Weingut auf den Burgundersorten, hinzu kommen Riesling und Müller-Thurgau, aber auch Silvaner, Gewürztraminer, Bacchus, Scheurebe, Dornfelder und Regent. Bereits seit Ende der siebziger Jahre werden Rotweine erzeugt, seit 1988 Sekte.

Kollektion

Unser Favorit des vergangenen Jahres führt auch im neuen Jahrgang die kleine Auswahl an, die wir aus dem Sortiment von Wolfgang und Nils Schneider verkosten konnten: Unter den drei im Barrique ausgebauten Rotweinen ist wieder der Frühburgunder aus dem Hipperich der prägnanteste und typischste Wein, er zeigt reintönige Frucht im Bouquet, Schwarzkirsche, etwas Cassis und dezente, feine Röstnoten und besitzt trotz des hohen Alkohol auch eine gewisse Eleganz. Bei den beiden anderen Rotweinen, die ebenfalls ganz auf Kraft und Stoff setzen, ist das Holz noch sehr präsent, beim Spätburgunder erkennen wir aber auch klare, reintönige Süßkirschfrucht und beim neu im Programm vertretenen Portugieser von alten Reben sind es Noten von Trockenfrüchten, Pflaumen und Schokolade. Bei den Weißen gefällt uns der im Barrique vergorene Grauburgunder „S" am besten, der feinen Schmelz, klare Frucht und lebendiges Säurespiel besitzt, zusammen mit dem jedes Jahr sehr guten Silvaner S, der jugendliche, erdige Würze und klare Birnenfrucht zeigt, Stoff und Konzentration besitzt. Der füllige Riesling aus dem Hipperich zeigt Noten von Kräutern, steinige Würze und Zitrusfrüchte im Bouquet, im Mund fehlt es ihm aber etwas an Nachhaltigkeit.

Weinbewertung

82	2017 Grauer Burgunder trocken **13 %/5,30 €**
85	2017 Grüner Silvaner „S" trocken Guldentaler Hipperich **13,5 %/7,20 €**
85	2017 Grauer Burgunder „S" trocken Guldentaler Hipperich **13,5 %/9,50 €**
83	2017 Riesling Spätlese trocken Guldentaler Hipperich **12,5 %/5,70 €**
82	2017 Riesling Classic **12,5 %/5,30 €**
84	2015 Portugieser trocken „Alte Reben" Barrique **13,5 %/12,- €**
85	2016 Spätburgunder trocken Barrique Guldentaler Sonnenberg **13,5 %/9,90 €**
86	2016 Frühburgunder Auslese trocken Barrique Hipperich **14,5 %/12,- €**

S

Schneider-Pfefferle

★★

KONTAKT

Kolpingstraße 7
79423 Heitersheim
Tel. 07634-2836
Fax: 07634-551393
www.weingut-schneider-pfefferle.de
info@weingut-schneider-pfefferle.de

Inhaber
Katharina & Mathias Pfefferle
Rebfläche
7,5 Hektar
Produktion
30.000 Flaschen

BESUCHSZEITEN

nach Vereinbarung
Schneider's Straußwirtschaft, Gästezimmer

Das Gut war lange Zeit ein landwirtschaftlicher Gemischtbetrieb, besteht als Weingut erst seit 2001, 1997 wurden die ersten Flaschen Wein erzeugt. Mit dem Einstieg von Katharina Pfefferle wurde alles anders. Sie hat in Geisenheim studiert, ist für den Weinausbau verantwortlich, ihr Ehemann Mathias Pfefferle, eigentlich Architekt, baute mit ihr zusammen das Weingut auf, ist für den Außenbetrieb zuständig. Mit 2,5 Hektar haben sie begonnen, seither die Rebfläche stetig erweitert, mit der Umstellung auf biologischen Weinbau begonnen, sind seit 2012 Mitglied bei Ecovin. Ihre Weinberge liegen in den Heitersheimer Lagen Maltesergarten und Sonnhohle. Sie bauen vor allem die klassischen Rebsorten an, Spätburgunder und Gutedel, Weißburgunder und Grauburgunder, dazu Sauvignon Blanc (den es bereits seit 1999 gibt), Müller-Thurgau, Chardonnay, Merlot und Cabernet Sauvignon. Alle Rotweine und ein Teil der Weißweine kommen ins Holz, neuestes Projekt ist ein Grauburgunder aus dem Betonei. Bereits seit 1984 gibt es Schneiders „Straußi", eine der ersten Straußwirtschaften im Markgräflerland.

Kollektion

Nach dem guten Debüt im vergangenen Jahr legen Katharina und Mathias Pfefferle eine deutlich stärkere Kollektion nach. Schon die Basis überzeugt mit lebhaftem Gutedel und zupackenden Chardonnay, nicht zu vergessen der harmonische Sekt. Die S-Klasse hat Zug, der präzise, druckvolle Grauburgunder ebenso wie der intensive, reintönige Sauvignon Blanc, der intensiv fruchtige, druckvolle Spätburgunder oder der strukturierte, tanninbetonte Merlot. Besonders spannend sind der elf Monate im Betonei ausgebaute Chasselas – stoffig, kraftvoll, viel Substanz – und der intensive, druckvolle Weißburgunder Pur, maischevergoren, unfiltriert, ohne Zusatz von Schwefel. Klasse!

Weinbewertung

85 2016 Spätburgunder „Blanc de Noir" Sekt brut **12 %/12,- €**
82 2017 Gutedel trocken „Grüner Markgräfler" **10,5 %/6,- €**
84 2017 Weißer Gutedel trocken **12,5 %/6,- €**
82 2017 Weißer Burgunder trocken **12,5 %/8,- €**
87 2016 Grauer Burgunder „S" trocken **13,5 %/12,- €**
84 2017 Chardonnay trocken **13 %/8,- €**
87 2016 Sauvignon Blanc „S" trocken **13,5 %/10,50 €**
85 2016 Weißer Burgunder „S" trocken **13,5 %/10,50 €**
87 2016 Chasselas trocken „Steiwii." **12,5 %/14,50 €**
89 2017 Weißer Burgunder „Pur" **13 %/12,- €** ☺
83 2017 Spätburgunder Rosé trocken „Rosa Markgräfler" **12 %/7,- €**
87 2015 Blauer Spätburgunder „S" trocken **14 %/16,- €**
86 2016 Merlot „S" trocken **13,5 %/16,- €**

Schneiders & Moritz

★

KONTAKT

Zehnthofstraße 8
56829 Pommern
Tel. 02672-93660
Fax: 02672-93676
www.schneiders-moritz.de
info@schneiders-moritz.de

Inhaber Kilian Moritz
Betriebsleiter
Kilian Moritz, Hildegard Moritz
Kellermeister Kilian Moritz
Außenbetrieb Stefan Andres
Rebfläche 10 Hektar
Produktion
50.000-65.000 Flaschen

BESUCHSZEITEN

Mo.-Fr. 8-17:30 Uhr oder nach Vereinbarung

Zwei Generationen kümmern sich heute um das Weingut in Pommern: Seniorchefin Hildegard Moritz und ihr Sohn Kilian bewirtschaften insgesamt 10 Hektar Reben. Außer Riesling, der 70 Prozent der Fläche einnimmt, werden auch Müller-Thurgau. Weiß- und Grauburgunder, Sauvignon Blanc, Gewürztraminer, Spätburgunder sowie Merlot angebaut. Erwähnenswert ist, neben Flächen in der Pommerner Sonnenuhr, dem Pommerner Goldberg, dem ebenfalls hier angesiedelten Zeisel, dem Klottener Brauneberg und dem Treiser Kapellenberg, auch die Lage Pommerner Rosenberg, die 1860 von einem Vorfahren bepflanzt wurde. Damit bewirtschaftet das Weingut einen der ältesten wurzelechten Weinberge Europas. Die großzügigen Räumlichkeiten im Weingut erlauben Verkostungen oder Feste bis zu 150 Personen.

Kollektion

Die Flaschenausstattung des Weinguts Schneiders-Moritz hebt sich ab vom Moselstandard, auch den eher zupackenden und würzigen Weinstil wird man nicht überall finden. Bei den zum Debüt vorgestellten Weinen, die aus den Jahrgängen 2016 und 2017 stammen, überwiegen die erfreulichen Ergebnisse bei weitem. Der geradlinige Weißburgunder gefällt ebenso wie der feste, würzige „Mons Martis" in trockener Version. Etwas präziser könnte lediglich der Sauvignon Blanc ausfallen. Der „Premium"-Riesling aus 2016 wiederum ist angenehm geradlinig, zeigt in der Nase dezente Anklänge an Apfelschale und Kräuter und am Gaumen eine leicht salzige Note, eine angenehme Länge besitzt dieser Wein auch. Schließlich eine Sorte, die nicht typisch ist für die Region, die aber Potenzial besitzt: Einen Gewürztraminer wie diesen, eine feinherbe Auslese aus 2016, wird man so schnell kein zweites Mal finden an der Mosel: Würzig, saftig mit merklicher Süße, aber auch nachhaltig. ▬

Weinbewertung

83	2016 Riesling Sekt trocken **12,5 %/9,90 €**
85	2017 Riesling trocken „Mons Martis" **12,5 %/7,50 €**
84	2017 Weißburgunder trocken **13 %/8,90 €**
82	2017 Spätburgunder „Blanc de Noir" **13 %/8,90 €**
83	2017 Sauvignon Blanc trocken **13 %/8,90 €**
86	2016 Riesling trocken „Premium" Pommerner Rosenberg **13,5 %/12,50 €**
80	2017 Rivaner „feinherb" **12 %/6,- €**
82	2017 Riesling halbtrocken **12 %/7,50 €**
85	2016 Riesling halbtrocken „Premium" Klottener Brauneberg **13 %/12,50 €**
86	2016 Gewürztraminer Auslese „feinherb" Sonnenuhr **11,5 %/12,50 €**
83	2017 Spätburgunder Rosé **11,5 %/7,50 €**

Martin Schömann

★★

KONTAKT

Uferallee 50
54492 Zeltingen
Tel. 06532-2347
Fax: 06532-1010
www.schoemann-weine.de
info@schoemann-weine.de

Inhaber
Martin Schömann
Kellermeister
Martin Schömann &
Bartho Kroth
Rebfläche
5,7 Hektar
Produktion
30.000 Flaschen

BESUCHSZEITEN

nach Vereinbarung
Gutsausschank von Juli bis Ende OKtober; Ferienhaus („Winzerhäuschen im Bioweingut")

Das von Martin Schömann mit großem Engagement geführte Weingut gehört seit Jahren zu den besten Betrieben Zeltingens. Auf 5,7 Hektar baut er praktisch ausschließlich Riesling an, wenn man mal von dem einen Prozent Dornfelder absieht. Das Weingut, das inzwischen Mitglied bei Ecovin und Demeter ist, verfügt über Flächen in den Lagen Zeltinger Sonnenuhr, Zeltinger Himmelreich und Zeltinger Schlossberg sowie im Graacher Himmelreich. Spontanvergärung hat hier Vorrang, der Ausbau im Eichenfass gehört zur Tradition des Weinguts. Schömann und sein Co-Kellermeister Bartho Kroth haben sich einen Namen gemacht für trockene Weine, haben in den letzten Jahren aber auch immer wieder bei den leicht und ganz süßen Rieslingen gepunktet, einen eigenen, sehr würzigen Stil gefunden.

Kollektion

Weine aus den Jahrgängen 2015 und 2016 hatte Martin Schömann im vergangenen Jahr zum Wiedereinstieg in diesem Buch vorgestellt. Die Phalanx der Spät- und Auslesen gefiel besonders, aber auch im trockenen Bereich gab es keine Enttäuschungen. Unter den 2017ern ragen gleich mehrere Weine heraus. Die trockene Spätlese wirkt bereits offen in der Nase, im Mund ist sie fest und würzig. Vergleichsweise trocken und stoffig präsentiert sich die kräuterwüzige feinherbe Spätlese. Komplex wirkt die süße Spätlese, zeigt Noten von Apfel, Kräutern, auch etwas Apfelschale, ist rassig und nachhaltig. Die Auslese wirkt dann eher cremig in der Nase, ist saftig und völlig unaufgeregt. Mit der Beerenauslese schließlich legt Martin Schömann einen sehr gelungenen, nachhaltigen Süßwein vor, der cremige Noten aufweist, an Blütenhonig, Jasmin, Zitrus erinnert und eine seidige Art besitzt. Insgesamt eine sehr eigenständige Kollektion mit Weinen in einem eleganten, ruhigen, aber sehr präzisen Stil.

Weinbewertung

85 2017 Riesling „feinherb" Zeltinger Himmelreich (1l) **11 %/9,- €**
88 2017 Riesling Spätlese trocken Zeltinger Sonnenuhr **12 %/14,50 €**
88 2017 Riesling Spätlese „feinherb" Zeltinger Sonnenuhr **12 %/14,50 €**
89 2017 Riesling Spätlese Zeltinger Sonnenuhr **9 %/17,50 €**
90 2017 Riesling Auslese Zeltinger Sonnenuhr **9 %/24,50 €**
92 2017 Riesling Beerenauslese Zeltinger Sonnenuhr **8,5 %/39,50 €/0,375l**

S

Meinolf Schömehl

★★

KONTAKT

Binger Straße 2
55452 Dorsheim
Tel. 06721-45675
Fax: 06721-48623
www.schoemehl.de
weingut@schoemehl.de

Inhaber
Hartmut Hahn,
Elke Schömehl-Hahn
Kellermeister
Hartmut Hahn
Rebfläche
14 Hektar
Produktion
90.000 Flaschen

BESUCHSZEITEN

Mo.-Sa. 9-12 + 13-18 Uhr und nach Vereinbarung

Das von Meinolf und Otti Schömehl gegründete Weingut wird seit den neunziger Jahren von Hartmut Hahn und Elke Schömehl-Hahn geführt, Tochter Anna studiert derzeit Weinbau in Geisenheim. Ihre Weinberge liegen in den Dorsheimer Lagen Pittermännchen, Goldloch und Burgberg sowie in den Laubenheimer Lagen Karthäuser, Hörnchen und Vogelsang. Riesling spielt schon lange die wichtigste Rolle im Betrieb, weiße Burgunder – Weißburgunder, Grauburgunder, Auxerrois – und rote Sorten wie Spätburgunder, St. Laurent und Frühburgunder haben in den beiden letzten Jahrzehnten an Bedeutung gewonnen. Dazu gibt es vor allem noch Müller-Thurgau, Dornfelder, Silvaner, Scheurebe und Gewürztraminer. Nach Erweiterungen in den Jahren 2011 und 2013 wurden auch 2015 nochmals Riesling und Spätburgunder gepflanzt, 2018 kamen Neuanlagen mit Chardonnay und Sauvignon Blanc dazu. Das Riesling-Spektrum reicht von trockenen bis hin zu edelsüßen Weinen, Weiß-, Grau- und Spätburgunder werden in Basislinie und „S"-Linie vermarktet.

Kollektion

Auch in diesem Jahr ist die Kollektion wieder rundum stimmig und gleichmäßig gut: An der Spitze liegen der trockene, ganz fruchtbetonte Riesling aus dem Karthäuser mit Noten von Aprikose, Orangenschale und Quitte, der trockene Goldloch-Riesling mit kräutriger Würze, feinem Grip und guter Länge und die restsüße Spätlese aus dem Karthäuser mit viel gelbem Steinobst, Fülle und feinem Säurespiel. Knapp dahinter finden sich der trockene Riesling aus dem Burgberg mit herber kräutriger und steiniger Würze, der halbtrockene Pittermännchen-Riesling mit dezenter Süße und viel klarer Frucht, die beiden Burgunder aus der S-Linie: Weiß- und Grauburgunder zeigen klare Birnenfrucht und florale Noten. Die beiden Rotweine zeigen dunkle Frucht und dezentes Holz, der Spätburgunder ist etwas nachhaltiger als der Saint Laurent.

Weinbewertung

83	2016 Cuvée Riesling Sekt brut	**12 %/8,90 €**
82	2017 Weißburgunder trocken Laubenheimer	**12,5 %/6,- €**
83	2017 Grauburgunder trocken Laubenheimer	**12,5 %/6,40 €**
86	2016 Riesling Spätlese trocken „Rotliegendes" Karthäuser	**12,5 %/7,20 €**
85	2017 Riesling trocken „Alte Reben" Dorsheimer Burgberg	**12 %/7,50 €**
85	2017 Weißburgunder „S" trocken Laubenheimer Hörnchen	**13 %/8,90 €**
85	2017 Grauburgunder „S" trocken Laubenheimer Hörnchen	**13 %/8,90 €**
86	2017 Riesling trocken Dorsheimer Goldloch	**12 %/7,80 €**
85	2017 Riesling halbtrocken Dorsheimer Pittermännchen	**12 %/6,80 €**
86	2017 Riesling Spätlese Laubenheimer Karthäuser	**8 %/8,50 €**
83	2016 Saint Laurent trocken „Edition B" Laubenheimer Krone	**13 %/9,60 €**
84	2016 Spätburgunder „S" trocken Laubenheimer Vogelsang	**13,5 %/9,90 €**

S

Franziska Schömig

★★

Kontakt

Versbacher Straße 13
97222 Rimpar
Tel. 0151-54671919
www.weingut-franziska-schoemig.de
info@weingut-franziska-schoemig.de

Inhaber
Franziska Schömig
Rebfläche
2,7 Hektar
Produktion
14.000 Flaschen

Besuchszeiten

nach Vereinbarung

Klemens Rumpel und Manfred Schömig bewirtschaften seit 1986 Reben im Rimparer Kobersberg, einem Südhang mit Muschelkalkböden. 2016 hat Manfred Schömigs Tochter Franziska den Betrieb übernommen, der Jahrgang 2016 wurde erstmals von ihr eigenverantwortlich ausgebaut, erstmals im eigenen Keller; Franziska Schömig ist weiterhin beim Weingut Ludwig Knoll in Würzburg tätig. Von Beginn an wurden die Weinberge nach ökologischen Gesichtspunkten bearbeitet, das Weingut ist Mitglied bei Naturland und beim Bund Fränkischer Ökowinzer, Klemens Rumpel ist Vorsitzender des Bundes Fränkischer Ökowinzer. Franziska Schömig baut Silvaner und Müller-Thurgau, sowie Domina und Portugieser an, dieser wurde lange nur für den Rotling genutzt, im Jahrgang 2014 wurde er erstmals auch als Rosé vinifiziert. Nachdem jahrelang die Weine ausschließlich ab Hof verkauft wurden, versendet man inzwischen auch Weine.

Kollektion

In einer gleichmäßigen Kollektion im vergangenen Jahr gefiel uns neben Herbstblut und Müller-Thurgau der erstmals versuchsweise erzeugt, im zweiten Jahr nun #nofilter genannte maischevergorene Silvaner besonders gut. Der 2017er nun, mit den Rappen vergoren, ist stoffig, jugendlich, etwas unausgewogen, anstrengend. Warum nicht? Neu ist nun dieses Jahr der Herbstblut genannte, im Barrique ausgebaute Silvaner: Schönes Holz, geradlinig, hat Grip – ein interessanter Versuch, aber für ein solch dezidiertes Holz braucht es einen kräftigeren, konzentrierteren Wein. Immer eine sichere Bank sind die Seccos: Frisch, geradlinig, zupackend, der Rotling ein wenig betörender, süffiger als der weiße Perlwein. Der „normale" Silvaner ist frisch, klar, geradlinig, deutlich besser gefällt uns der spontan vergorene Müller-Thurgau, der – bei wenig Alkohol – gute Fülle und Substanz besitzt und klare reife Frucht. Klar und zupackend ist der fruchtbetonte Rosé, der Herbstblut genannte Rotwein ist im Jahrgang 2016 erstmals eine Cuvée, denn zur Domina gesellen sich 10 Prozent Portugieser; er ist fruchtbetont, frisch, klar, strukturiert und zupackend. Eine sehr gleichmäßige, interessante Kollektion.

Weinbewertung

84 2017 „Schnelzer Secco weiß" Perlwein **11 %/6,- €**
84 2017 „Schnelzer Secco" Rotling Perlwein **10,5 %/6,- €**
83 2017 Silvaner trocken Rimparer Kobersberg **11,5 %/7,- €**
85 2017 Müller-Thurgau trocken „spontan" Rimparer Kobersberg **11 %/7,- €**
84 2017 Silvaner trocken „Herbstblut" **11,5 %/12,- €**
87 2017 Silvaner „#nofilter" **11,5 %/13,- €**
84 2017 Rosé trocken Rimparer Kobersberg **10,5 %/7,- €**
86 2016 „Herbstblut" Rotwein trocken Rimparer Kobersberg **13,5 %/9,- €**

SCHLOSS SCHÖNBERG

★★★

KONTAKT

Lahnstraße 27-29
64625 Bensheim
Tel. 0176-20454340
Fax: 06251-8696899
www.schloss-schoenberg.com
info@schloss-schoenberg.com

Inhaber
Jürgen Streit & Petra Greißl-Streit GbR
Betriebsleiter/Kellermeister/Außenbetrieb
Rabea Trautmann
Rebfläche
6,5 Hektar
Produktion
30.000 Flaschen

BESUCHSZEITEN

Grieselstraße 34: Mi.-Fr. 15-18 Uhr, Sa. 10-14 Uhr und nach Vereinbarung

Nach dem Sektgut Griesel & Compagnie in der ehemaligen Domäne Bergstraße hat die Unternehmerfamilie Streit das Weingut Schloss Schönberg gegründet. Von einem aufgebenden Betrieb konnten Weinberge im Auerbacher Fürstenlager und im Auerbacher Höllberg übernommen werden. Betriebsleiterin ist Rabea Trautmann. Die ehemalige Landschaftsarchitektin aus Ostwestfalen kam als Quereinsteigerin zum Wein, machte eine Ausbildung zur Winzerin im südbadischen Weingut Engelhof und arbeitete dort auch nach der Lehre. Den Aufbau eines Weinguts an der Hessischen Bergstraße sieht sie als spannende Herausforderung. Die ersten Weine wurden im Keller des Sekthauses Griesel ausgebaut, mittelfristig ist auch ein Weinkeller in den Gewölben des Schlosses geplant. Im Weinberg soll so naturnah wie möglich gearbeitet werden, auf Herbizide wurde bereits verzichtet.

Kollektion

Rabea Trautmann geht einen mutigen Weg: Bis auf einen süßfruchtigen, mandelaromatischen Müller-Thurgau sind alle Weine durchgegoren. Das trauen sich nicht viele Winzer. Alle Weine sind spontan vergoren, auch das ist mutig, die Burgunder dürfen einen biologischen Säureabbau machen. Sehr gut sind die beiden Gutsweine, der Grauburgunder ist leicht und klar, hat Zug und Druck. Der Weißburgunder ist eigenwillig, fokussiert, gut strukturiert. Der Riesling Ortswein zeigt feine Spontangärnoten, baut guten Druck auf. Eine faszinierende Aromatik besitzt der Grauburgunder Ortswein, ist komplex und elegant, zeigt feine Würze, dezente Röstaromen. Eine verführerische Aromatik besitzt der Grauburgunder Fürstenlager, feiner Feuerstein-Duft machen ihn sehr „burgundisch", er ist schlank, expressiv, sehr präzise. Der Weißburgunder Ortswein zeigt sehr feines Holz, das dem Wein einen guten Rahmen gibt, er ist schlank und elegant. Der Spätburgunder zeigt herrlich viel kühle Frucht und feinwürzige Röstaromen, er ist wunderbar saftig mit sehr frischer Sauerkirsch-Aromatik, ein sehr gut gebauter, eleganter Pinot mit Potenzial.

Weinbewertung

86	2016 Riesling trocken **13,5 %/8,50 €**
86	2017 Weißburgunder trocken **12,5 %/8,50 €**
85	2017 Grauburgunder trocken **12 %/8,50 €**
87	2016 Weißburgunder trocken Auerbacher **13,5 %/15,50 €**
88	2016 Grauburgunder trocken Auerbacher **13 %/13,50 €**
86	2016 Riesling trocken Auerbacher **12,5 %/13,50 €**
90	2016 Grauburgunder trocken Fürstenlager **12,5 %/21,- €**
84	2016 Müller-Thurgau „Fumé" **13,5 %/9,50 €**
85	2016 Rosé trocken **11 %/9,50 €**
(89)	2016 Spätburgunder trocken Fürstenlager **13 %/26,- €**

SCHLOSS SCHÖNBERG

S

GRAF VON SCHÖNBORN

★★★

KONTAKT

Schloss Hallburg
97332 Volkach
Tel. 09381-2415
Fax: 09381-3780
www.schoenborn.de
schlosshallburg@schoenborn.de

Inhaber
Graf Paul von Schönborn
Gutsdirektor
Georg Hünnerkopf
Rebfläche
32 Hektar
Produktion
220.000 Flaschen

BESUCHSZEITEN

Mo.-Do. 9-17 Uhr, Fr. 9-14 Uhr, So. und Feiertage 11-17 Uhr in der Vinothek
Schlossweinstuben (Pächter: Karin und Peter Hartmann)

S

Das 30 Hektar große, arrondierte Weingut Schloss Hallburg ist seit 1806 in Familienbesitz, urkundlich erstmals erwähnt wurde das Schloss bereits 1284. Die beiden reinen Südlagen Hallburger Schlossberg und Gaibacher Schlosspark mit Muschelkalk- und Keuperverwitterungsböden sind Monopollagen von Schloss Hallburg. Dazu besitzt man Weinberge im Gaibacher Kapellenberg, unter anderem einen 1867 gepflanzten Silvanerweinberg, ist neuerdings auch im Volkacher Ratsherr vertreten.

Kollektion

Eine gewohnt umfangreiche Kollektion präsentiert Georg Hünnerkopf auch in diesem Jahr. Die 2017er Gutsweine sind frisch und geradlinig, zeigen sehr gleichmäßiges Niveau. Eine Steigerung bringen die Ortsweine, der füllige, saftige Silvaner von alten Reben in Gaibach und der birnenduftige Hallburger Silvaner gefallen uns besonders gut. Und dann sind da ja noch die weißen 3 Sterne-Burgunder, die ja ebenfalls als Ortsweine firmieren: Der Weißburgunder ist rauchig und kraftvoll, besitzt reife süße Frucht, der Grauburgunder ist intensiv und würzig, noch recht jugendlich wie auch die leicht gerbstoffbetonte Komposition der 206ten Ernte. Der Schlossberg-Silvaner besitzt herrlich viel Frucht und Saft, der Ratsherr-Silvaner ist noch etwas fülliger und konzentrierter. Gewohnt stark ist der Schlossberg-Spätburgunder, besitzt Fülle und Kraft, herrlich viel Frucht und Substanz.

Weinbewertung

83 2017 Müller-Thurgau trocken **10,5 %/7,20 €**
82 2017 Silvaner trocken **11,5 %/7,60 €**
83 2017 Weißer Burgunder trocken **11 %/8,40 €**
82 2017 Grauer Burgunder trocken **12 %/8,40 €**
82 2017 Riesling trocken **11,5 %/7,90 €**
83 2017 Scheurebe trocken **12 %/7,90 €**
85 2017 Silvaner trocken „Alte Reben" Gaibacher **12 %/9,90 €**
85 2017 Silvaner trocken Hallburger **11,5 %/9,30 €**
84 2017 Riesling trocken Hallburger **12,5 %/9,50 €**
87 2017 Silvaner trocken Hallburger Schlossberg **12 %/14,50 €**
88 2017 Silvaner trocken Vollkacher Ratsherr **13 %/19,50 €**
86 2016 Weißer Burgunder*** Hallburger **13 %/17,60 €**
86 2016 Grauer Burgunder*** Hallburger **14 %/17,60 €**
88 „Komposition Schloss Hallburg 206te" Weißwein trocken **13 %/28,80 €**
84 2017 Silvaner Kabinett „feinherb" „Fass 1806" Hallburger **10 %/8,40 €**
83 2017 Traminer Kabinett Hallburger **11 %/9,50 €**
82 2017 Rosé trocken **10 %/7,20 €**
88 2015 Spätburgunder trocken*** Hallburger Schlossberg **13,5 %/28,80 €**

EUGEN SCHÖNHALS

★★☆

KONTAKT

Hauptstraße 23
55234 Biebelnheim
Tel. 06733-960050
Fax: 06733-960052
www.weingut-schoenhals.de
schoenhals@weingut-schoenhals.de

Inhaber
Eugen & Hanneke Schönhals
Kellermeister/Außenbetrieb
Martin Knab
Rebfläche
13 Hektar
Produktion
100.000 Flaschen

BESUCHSZEITEN

Mo.-Sa. nach telefonischer Vereinbarung

Eugen Schönhals stellte 1986 auf ökologischen Weinbau um, ist seit 1988 Ecovin-Mitglied. Seit 1995 führt er den Betrieb zusammen mit Martin Knab. Weiße Rebsorten nehmen gut drei Fünftel der Rebfläche ein, Riesling ist mit einem Anteil von 30 Prozent die mit Abstand wichtigste Rebsorte im Betrieb. Es folgen Spätburgunder, Weißburgunder, Dornfelder und Müller-Thurgau, dann Regent, Cabernet Blanc, Saphira, Heroldrebe, Cabertin und Rondo, dazu gibt es eine pilzresistente Neuzüchtung aus der Schweiz, die bisher noch keinen Namen hat. Pilzresistente Rebsorten gibt es bei Eugen Schönhals bereits seit 1990. Die Kollektionen sind Jahr für Jahr sehr zuverlässig, weiß wie rot, bereits seit der ersten Ausgabe empfehlen wir das Weingut, schon damals hatte Eugen Schönhals die Sorten Rondo und Saphira im Programm. 2016 ist Hanneke Schönhals, die Tochter von Eugen Schönhals, in den Betrieb eingestiegen. Im gleichen Jahr wurde erstmals der Oranje genannte Naturwein aus Cabernet Blanc erzeugt. Die Sortimentsstruktur wurde schrittweise an das in Rheinhessen heute übliche dreistufige System von Guts-, Orts- und Lagenweinen angepasst.

Kollektion

Sehr stimmig wird diese Dreistufigkeit beim Riesling umgesetzt: Der Steine-Riesling ist klar, frisch und zupackend, der Kalkmergel besitzt gute Konzentration, etwas florale Noten und reife süße Frucht, noch kraftvoller und konzentrierter ist dann der Lagen-Riesling aus dem Rosenberg, der reife reintönige Frucht, gute Struktur und Substanz besitzt. Der Muschelkalk-Weißburgunder ist füllig und saftig, der Oranje genannte Cabernet Blanc – mit den ganzen Beeren vergoren, spontanvergoren und unfiltriert – ist ein duftig-intensiver, kraftvoll-puristischer Naturwein, besitzt gute Struktur, Druck und Frische. Den beiden schon im vergangenen Jahr vorgestellten Spätburgundern hat die Flaschenreife gut getan. Der 2014er Pinot Noir besitzt intensive Frucht, Fülle und Saft, gute Struktur und Substanz. Der 2015er Pinot Noir S –er wird zukünftig den Lagennamen Pilgerstein auf dem Etikett tragen – zeigt rauchige Noten, dezent Vanille, besitzt Fülle und Kraft, gute Struktur und viel Frucht.

Weinbewertung

83 2017 Riesling trocken „Steine“ **11,5 %/6,20 €**
85 2017 Riesling trocken „Kalkmergel“ Biebelnheim **12,5 %/8,90 €**
85 2016 Weißburgunder „S“ trocken „Muschelkalk“ Biebelnheim **13 %/8,90 €**
87 2016 Riesling trocken Rosenberg **13 %/14,90 €**
87 2017 Cabernet Blanc trocken „Oranje“ **13 %/14,90 €**
86 2014 Pinot Noir trocken **13 %/8,90 €**
88 2015 Pinot Noir „S“ trocken (Pilgerstein) **13,5 %/14,90 €**

F. B. Schönleber

★★☆

KONTAKT

Obere Roppelsgasse 1
65375 Oestrich-Winkel
Tel. 06723-3475
Fax: 06723-4759
www.fb-schoenleber.de
info@fb-schoenleber.de

Inhaber/Betriebsleiter
Bernd & Ralf Schönleber
Kellermeister
Bernd Schönleber
Außenbetrieb
Ralf Schönleber
Rebfläche
12 Hektar
Produktion
85.000 Flaschen

BESUCHSZEITEN

Mo.-Sa. nach Vereinbarung
Hotel

Bis ins Jahr 1783 ist Weinbau in der Familie urkundlich belegt. Franz und Katharina Schönleber übernahmen es 1965 und vergrößerten die Rebfläche, heute führen ihre Söhne Bernd und Ralf Schönleber den Betrieb, Ralf kümmert sich um den Außenbetrieb, Bernd ist für den Keller verantwortlich. Ihre Weinberge liegen in Oestrich (Doosberg, Lenchen, Klosterberg), Winkel (Hasensprung, Jesuitengarten), Mittelheim (St. Nikolaus, Edelmann) und Erbach (Steinmorgen), neben Riesling bauen sie ein wenig Spätburgunder an. Die Weine werden im Edelstahl vergoren, die Sektproduktion spielt eine wichtige Rolle im Betrieb. Zum Weingut gehört ein Hotel mit einer Gutsschänke.

Kollektion

Eine stimmige Weißwein-Kollektion präsentierte das Weingut im vergangenen Jahr, dazu wie gewohnt sehr gute Sekte. Die 2017er Rieslinge sind nun ein klein wenig verhaltener. Der Franz Bernhard-Riesling aus Mittelheim ist fruchtbetont und würzig. Sehr gut gefällt uns der Wein von alten Reben im Oestricher Klosterberg, der feine Würze und reife Frucht zeigt, füllig und saftig ist, reife Frucht besitzt, gute Struktur und Frische, geprägt ist vom Kontrast aus Säure und Süße. Der feinherbe Editions-Riesling ist enorm würzig, füllig und saftig, besitzt reife süße Frucht. Unser Favorit unter den Weißweinen ist ein 2016er, das Große Gewächs aus dem Jesuitengarten: Intensive Frucht und feine Reife im Bouquet, Fülle und Harmonie im Mund, reife Frucht, gelbe Früchte, feine Frische und gute Struktur. Besonders stark sind auch in diesem Jahr wieder die Sekte. Der Riesling brut nature zeigt feine Würze und rauchige Noten, ist frisch und lebhaft, klar und zupackend, hat viel Grip. Der Cuvée Katharina genannte Riesling brut ist fruchtbetonter im Bouquet, klar und harmonisch im Mund, ebenso frisch und zupackend. Noch etwas besser als die beiden reinsortigen Riesling-Sekte gefällt uns die Cuvée Création aus Riesling und Weißburgunder. Sie zeigt gute Konzentration im Bouquet, rauchige Noten, feine Würze, ist klar und komplex im Mund, füllig, harmonisch und lang.

Weinbewertung

87	Riesling Sekt brut nature **13 %/13,- €**
86	„Cuvée Katharina" Riesling Sekt brut **13 %/13,- €**
88	2014 „Creation" Riesling und Spätburgunder Sekt brut **12,5 %/15,- €**
79	2017 Riesling trocken (1l) **12 %/7,- €**
82	2017 Riesling trocken „Franz Bernhard" Mittelheim **12 %/7,- €**
85	2017 Riesling trocken „Alte Reben" Oestricher Klosterberg **12,5 %/10,- €**
87	2016 Riesling „GG" Winkeler Jesuitengarten **13 %/23,- €**
84	2017 Riesling „feinherb" „Edition" Mittelheim Edelmann **12 %/8,- €**

Zeichen neuer Tradition.

SCHOLLER

★☆

KONTAKT

Alte Kirchstraße 7
76831 Birkweiler
Tel. 06345-3529
Fax: 06345-8535
www.weingut-scholler.de
info@weingut-scholler.de

Inhaber
Helmut & Bettina Scholler
Betriebsleiter
Helmut Scholler
Kellermeister
Jakob Scholler
Rebfläche
30 Hektar

BESUCHSZEITEN

Mo.-Fr. nach Vereinbarung,
Sa. 9-16 Uhr
Ferienwohnungen

Seit 1991 führen Helmut und Bettina Scholler das Weingut, das seit Jahrhunderten in Familienbesitz ist, seit 2017 ist ihr Sohn Jakob Scholler als Kellermeister im Betrieb tätig. Hauptrebsorten sind Riesling, Weißburgunder und Spätburgunder mit je 15 Prozent. Es folgen Müller-Thurgau, Silvaner und Sankt Laurent. Hinzugekommen sind zuletzt Chardonnay, Regent und noch mehr Sankt Laurent, rote Sorten nehmen 30 Prozent der Weinberge ein. Im Birkweiler Kastanienbusch wird Riesling und Spätburgunder auf Rotliegendem und Weißburgunder auf Buntsandsteinverwitterungsböden angebaut, im Mandelberg Riesling und Chardonnay auf Muschelkalk. Im Rosenberg mit seinen lehmigen und tonigen Böden wachsen Gewürztraminer, Weißburgunder, Spätburgunder und Sankt Laurent. Im Nussdorfer Herrenberg mit seinen Lössböden wachsen Silvaner, Riesling, Portugieser und Spätburgunder.

Kollektion

Drei Favoriten haben wir in der aktuellen Kollektion der Schollers, darunter zwei Chardonnay: Der Sekt ist cremig, klar und fruchtbetont, besitzt ein frisches Säurespiel und gute Länge, der im Tonneau ausgebaute Lagenwein aus dem Mandelberg zeigt dezente Holzwürze, klare, gelbe Frucht und besitzt leichte Süße. Dazu kommt als dritte Spitze der spontan vergorene Grauburgunder aus dem Seligmacher, der uns wesentlich besser als die 2016er Version gefällt, der Wein besitzt gute Konzentration, viel Frucht, etwas florale Noten, Würze und gute Länge. Der Weißburgunder aus dem Kastanienbusch ist ebenfalls fruchtbetont, der Riesling aus der gleichen Lage zeigt kräutrig-mineralische Noten und besitzt Biss. Nur mit den beiden verkosteten Rotweinen können wir uns, wie schon im vergangenen Jahr, nicht recht anfreunden, beide besitzen süße Frucht und leicht trocknende Tannine, beim Merlot macht sich der hohe Alkoholgehalt negativ bemerkbar.

Weinbewertung

86	2016 Chardonnay „Blanc de Blanc et Noirs" Sekt extra brut **12,5 %/11,40 €**
80	2017 Weißburgunder trocken (1l) **12 %/4,60 €**
83	2017 Riesling trocken „Rotliegendes" Birkweiler **12 %/6,10 €**
84	2017 Chardonnay trocken „Kalkstein" Birkweiler **13 %/6,60 €**
85	2017 Riesling trocken Birkweiler Kastanienbusch **12 %/8,20 €**
86	2017 Grauburgunder trocken Ranschbacher Seligmacher **13 %/8,20 €**
86	2017 Chardonnay trocken Birkweiler Mandelberg **13,5 %/9,20 €**
82	2017 Muskateller trocken „Sandstein" Arzheim **12 %/6,60 €**
83	2017 Sauvignon Blanc trocken „Tonmergel" **12,5 %/6,60 €**
85	2017 Weißburgunder trocken Birkweiler Kastanienbusch **13 %/8,20 €**
81	2015 Merlot trocken Birkweiler Kastanienbusch **14,5 %/10,40 €**
81	2012 Cabernet Sauvignon trocken Birkweiler Kastanienbusch **13,5 %/10,40 €**

SCHREIBER

★

KONTAKT

Johanneshof, 65239 Hochheim
Tel. 06146-9171, Fax: -61737
www.weingut-schreiber.de
info@weingut-schreiber.de

Inhaber
Uwe Schreiber
Kellermeister
Uwe & Simon Schreiber
Rebfläche 10,5 Hektar
Produktion 60.000 Flaschen

BESUCHSZEITEN

Mo.-Fr. 10-19 Uhr, Sa. 10-16 Uhr

Vor allem Riesling baut das Weingut Schreiber an, ein mittelständischer Familienbetrieb, der seinen Sitz im Johanneshof in Hochheim am Main hat und heute von Uwe Schreiber geleitet wird. Auf den 9 Hektar Fläche stehen heute 75 Prozent der weißen Leitsorte des Anbaugebietes Rheingau, dazu 20 Prozent Spätburgunder (die Fläche wurde im Laufe der Zeit deutlich ausgeweitet) und etwas Weißburgunder und Merlot. Bewirtschaftet werden Parzellen in den Hochheimer Lagen Kirchenstück, Hölle, Reichestal, Stein, Berg und Stielweg. Im Keller spielt der Stahltank eine wichtige Rolle, allerdings werden in kleinem Umfang auch Barriques eingesetzt. Eine Spezialität des Hauses sind die Sekte aus eigener Produktion. Sie werden in den Geschmacksstufen extra trocken, brut, aber auch brut nature angeboten.

Kollektion

Eine gewohnt solide Kollektion präsentieren die Schreibers. Unter den beiden fruchtbetonten und frischen Riesling-Sekten hat der präzisere Brut Nature wieder die Nase vorn. Der recht kräftige trockene Riesling aus Hochheim ist saftig und frisch, der geradlinige und stoffigere Riesling Kabinett aus der Hölle wirkt ausgewogener und feiner. Der Riesling von alten Reben ist der stimmigste trockene Wein, weil er mit seiner feinsaftigen Art und seiner herben Frischeader am meisten Lust auf ein nächstes Glas macht. Der halbtrockene Riesling Kabinett ist geradlinig, angenehm frisch und würzig, die fruchtige Spätlese absorbiert durch ihre eindringliche Säure die hohe Restsüße spielend. Die Auslese, die wie die Spätlese aus dem Reichestal stammt, ist saftig, intensiv, sehr harmonisch. Der trockene Spätburgunder ist saftig und frisch, dem konzentrierteren Lagenwein aus dem Hochheimer Stein steht sein rauchiger Holztoast gut. —

Weinbewertung

85	2016 Riesling Sekt brut nature Hochheimer Stein **13 %/9,50 €**
83	2016 Riesling Sekt brut Hochheimer Stein **12,5 %/9,50 €**
81	2017 Weißburgunder trocken Hochheimer Stein **11,5 %/8,50 €**
82	2017 Riesling trocken Hochheimer **12 %/5,70 €**
83	2017 Riesling Kabinett trocken Hochheimer Hölle **11,5 %/6,50 €**
84	2017 Riesling trocken „Alte Reben" Hochheimer Reichestal **12 %/8,50 €**
82	2017 Riesling Kabinett halbtrocken Hochheimer Berg **11 %/6,20 €**
82	2017 Riesling Spätlese Hochheimer Reichestal **7,5 %/8,50 €**
84	2017 Riesling Auslese Hochheimer Reichestal **7,5 %/11,- €/0,375l**
80	2017 Spätburgunder Rosé halbtrocken Hochheimer **10,5 %/6,90 €**
83	2016 Spätburgunder trocken **13,5 %/9,- €**
84	2016 Spätburgunder trocken Barrique **13,5 %/12,90 €**

DR. SCHREIBER

★

KONTAKT

Fronstraße 34
67550 Worms-Abenheim
Tel. 06242-2279
Fax: 06242-60032
www.weingutschreiber.de
mail@weingutschreiber.de

Inhaber
Dr. Andreas Schreiber
Rebfläche
14 Hektar
Produktion
120.000 Flaschen

BESUCHSZEITEN

nach Vereinbarung

Andreas Schreiber, der in Hohenheim Allgemeine Agrarwissenschaft studiert und promoviert hat, kümmert sich seit 2011 um sein eigenes Weingut in Abenheim bei Worms. Seine Weinberge liegen im Abenheimer Klausenberg, im Herrnsheimer Schloss sowie in Osthofen. Weiße Rebsorten dominieren im Anbau, vor allem Grauburgunder, Riesling, Weißburgunder und Sauvignon Blanc sowie andere Sorten wie Gewürztraminer, Silvaner oder Muskateller. An roten Sorten, die 40 Prozent der Rebfläche einnehmen, baut Andreas Schreiber eine breite Palette an Rebsorten wie Spätburgunder, Dornfelder, Portugieser, Merlot, Cabernet Sauvignon, Regent, St. Laurent und Syrah an.

Kollektion

Mit einer stimmigen, weiß wie rot gleichermaßen überzeugenden Kollektion hatten wir das Weingut im vergangenen Jahr erstmals vorgestellt. Mit dem neuen Jahrgang schließt Andreas Schreiber nahtlos daran an. Der Kapelle-Riesling gefällt uns besonders gut, hat feine Reifenoten im Bouquet entwickelt, ist im Mund aber immer noch frisch und fruchtbetont, klar und zupackend. Der Grauburgunder aus dem Klausenberg besitzt Fülle und Saft, viel Süße und Frische, die Gewürztraminer Spätlese betört mit reintöniger Frucht und viel Frische. Ein fülliger, saftiger Portugieser mit viel Frucht und Frische eröffnet den roten Reigen. Die Prestige genannte rote Cuvée ist sehr vom Holz geprägt, der Spätburgunder ist klar, frisch und strukturiert bei feiner Frucht. Der Cabernet Sauvignon zeigt etwas Kräuter und Cassis im Bouquet, ist frisch und zupackend im Mund. Ein wenig besser noch gefällt uns der Herrnsheimer Syrah, Jahrgang 2016, der intensive Frucht und rauchige Noten zeigt, Fülle und Kraft besitzt, reife Frucht und gute Struktur.

Weinbewertung

81 2017 Grauer Burgunder trocken **12,5 %/6,- €**
81 2017 Sauvignon Blanc trocken **12,5 %/6,60 €**
80 2017 Riesling „S" trocken Abenheimer **12,5 %/6,30 €**
85 2016 Riesling „S" trocken „Kapelle" **12,5 %/8,80 €**
83 2017 Grauburgunder „S" trocken Abenheimer Klausenberg **12,5 %/9,80 €**
80 2017 Gelber Muskateller „feinherb" **10 %/6,60 €**
84 2017 Gewürztraminer Spätlese **9,5 %/6,80 €**
85 2016 Portugieser trocken „Select alte Reben" **13,5 %/9,30 €**
81 2014 „Prestige" Rotwein trocken Barrique **13,5 %/12,80 €**
84 2015 Spätburgunder trocken Barrique **12,5 %/11,80 €**
84 2016 Cabernet Sauvignon „S" trocken Abenheimer **13 %/8,80 €**
85 2016 Syrah „S" trocken Herrnsheimer **13,5 %/9,30 €**

Schreiber-Kiebler

★☆

KONTAKT

Hauptstraße 42
55270 Klein-Winternheim
Tel. 06136-89219
Fax: 06136-88427
www.schreiber-kiebler.de
weingut@schreiber-kiebler.de

Inhaber
Familie Schreiber-Kiebler
Kellermeisterin
Romy Kiebler
Rebfläche
12 Hektar

BESUCHSZEITEN

Mo.-Fr. 9-19 Uhr, Sa. 9-18 Uhr
Weinprobiertage am letzten Wochenende vor dem Advent, Fr. 17-22 Uhr, Sa. 16-19 Uhr

Stephan Kiebler führt das Weingut zusammen mit Ehefrau Romy, die aus einem Ökoweingut stammt, über den Umweg als Konditorin und Patissière doch noch zum Wein und zurück in die Heimat kam und seit 2011 für die Vinifikation verantwortlich ist. Die Reben wachsen in den Lagen Klein-Winternheimer Geiershölle (Tonböden mit Kalksteineinlagen), Hahnheimer Moosberg und Sörgenlocher Moosberg (Lehmböden mit hohem Anteil an Kalksteinen) sowie im Ober-Olmer Kapellenberg. Riesling und Müller-Thurgau sind derzeit mit einem Anteil von je einem Fünftel die meist angebauten Rebsorten, es folgen Chardonnay, Morio-Muskat und Regent, dann Portugieser, Silvaner, Weißburgunder, Spätburgunder, Dornfelder und St. Laurent. Flaschenausstattung und Vinothek wurden neu gestaltet, die Spitzenweine des Sortiments werden mit den Weinbergskoordinaten versehen, sowohl Riesling als auch Spätburgunder stammen aus dem Moosberg, der Riesling aus Hahnheim, der Spätburgunder aus Sörgenloch.

Kollektion

Vor allem in der Spitze gewinnen die Weine an Profil. Beispielsweise der Koordinaten-Riesling aus dem Moosberg, der Fülle und Kraft besitzt, reife Frucht, gute Struktur und Frische. Oder der im Barrique ausgebaute Chardonnay aus dem Kapellenberg: Konzentriert, kraftvoll, feine Vanillenoten, gute Struktur und reife Frucht. Die süße Auslese aus dem Kapellenberg ist reintönig und harmonisch, die weiteren trockenen Weißweine sind frisch, geradlinig und fruchtbetont. Portugieser und St. Laurent besitzen reintönige Frucht, gute Struktur und feine Frische, unser Favorit im roten Segment aber ist der im Barrique ausgebaute Spätburgunder aus dem Moosberg, der rauchige Noten und Gewürze zeigt, intensive Frucht, Fülle und Kraft im Mund verbindet mit guter Struktur und reifer Frucht. Im Aufwind! ▬

Weinbewertung

82 2017 Silvaner trocken Ober-Olmer Kapellenberg **12,5 %/5,40 €**
81 2017 Weißer Burgunder trocken Sörgenlocher Moosberg **13 %/5,20 €**
82 2017 Grauer Burgunder trocken Ober-Olmer Kapellenberg **13 %/6,90 €**
86 2017 Riesling trocken „49 52´16,45´´N8 12´32.75"O" H. Moosberg **13 %/8,20 €**
86 2016 Chardonnay trocken Barrique „49 56´04,8´´N8 11´29.4"E" **13,5 %/11,30 €**
85 2017 Riesling Auslese „süß-fruchtig" Kapellenberg **10,5 %/5,80 €** ☺
80 2017 Chardonnay Classic **13 %/5,50 €**
82 2017 Morio-Muskat „Wildrose" Klein-Winternheimer Geiershölle **11,5 %/5,40 €**
81 2017 „Vincent" Rosé **12,5 %/5,- €**
84 2016 Portugieser trocken Klein-Winternheimer Geiershölle **13 %/6,- €**
84 2016 Saint Laurent trocken Ober-Olmer Kapellenberg **13,5 %/6,90 €**
87 2016 Spätburgunder trocken Barrique „49 52´47,86´´N8 12´11.51"O" **13,5 %/9,50 €**

ARNO SCHRÖDER

★

KONTAKT

Alzeyer Straße 42
55234 Wahlheim
Tel. 06731-43322
Fax: 06731-948087
www.schroeder-wein.de
info@schroeder-wein.de

Inhaber
Arno & Patrick Schröder
Kellermeister
Patrick Schröder
Außenbetrieb
Arno Schröder
Rebfläche
10 Hektar
Produktion
30.000 Flaschen

BESUCHSZEITEN

nach Vereinbarung

Arno Schröder richtete den einstigen landwirtschaftlichen Gemischtbetrieb zusammen mit Ehefrau Helga ganz auf Wein aus. Heute führt er das Weingut zusammen mit seinem Sohn Patrick, der in Geisenheim Weinbau und Önologie studiert hat. Ihre Weinberge liegen in der Wahlheimer Lage Schelmen, im Esselborner Goldberg, aber auch in Freimersheim und Kettenheim, die Reben wachsen hier überwiegend auf sehr kalkhaltigen Böden. In den Alzeyer Lagen Rotenfels, Kapellenberg und Wartberg sowie in der Weinheimer Hölle herrschen rotliegende Buntsandstein- und Magmatit-Verwitterungsböden vor. Riesling und die Burgundersorten dominieren im Betrieb, hinzu kommen Dornfelder, Silvaner und Müller-Thurgau, sowie vor allem weitere rote Rebsorten wie Portugieser, Regent, Cabernet Dorsa oder Merlot.

Kollektion

Ausschließlich Weißweine haben Arno und Patrick Schröder vorgestellt und sechs der neun präsentierten sind Rieslinge. Der trockene Gutsriesling ist würzig und geradlinig, der 270NN lebhaft und klar, besitzt feine süße Frucht. Besser gefällt uns der im Barrique ausgebaute Red Rock, der ebenfalls sehr würzig ist, Fülle und Kraft besitzt reife Frucht und gute Struktur. Unser Favorit aber ist der Riesling aus dem Rotenfels, der aus dem Jahrgang 2016 stammt: Er zeigt feine Würze und reife Frucht im Bouquet, ist klar, frisch und zupackend im Mund, besitzt gute Struktur und reife Frucht. Der feinherbe Riesling ist würzig, klar und geradlinig, die süße Spätlese aus dem Rotenfels ist fruchtbetont im Bouquet, zeigt feine Würze, dezent Litschi, kommt lebhaft und frisch in den Mund, ist klar und süffig. Der Grauburgunder ist frisch und unkompliziert, der im Barrique ausgebaute Chardonnay besitzt gute Fülle und Kraft. Unser Favorit im „Nicht-Riesling"-Segment ist der ebenfalls im Barrique ausgebaute Weißburgunder aus dem Wahlheimer Schelmen, der viel Würze im Bouquet zeigt, recht füllig, saftig und cremig im Mund ist.

Weinbewertung

80 2017 Riesling trocken **12,5 %/5,40 €**
80 2017 Grauburgunder trocken **13 %/5,70 €**
82 2017 Riesling trocken „270NN" **12,5 %/6,50 €**
82 2017 Chardonnay „S" trocken **13 %/7,20 €**
84 2017 Riesling trocken „Red Rock" **13 %/9,- €**
86 2016 Riesling trocken Alzeyer Rotenfels **12,5 %/10,40 €**
83 2017 Weißburgunder trocken Wahlheimer Schelmen **13 %/10,90 €**
81 2017 Riesling „feinherb" **12 %/5,10 €**
84 2017 Riesling Spätlese Alzeyer Rotenfels **8,5 %/6,30 €**

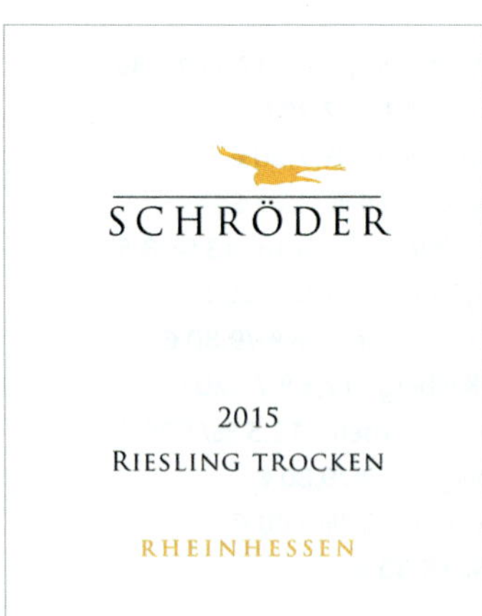

S

MARTIN SCHROPP

★☆

KONTAKT

Straßenäcker 1
74235 Erlenbach
Tel. 07132-7644
Fax: 07132-5553
www.schroppwein.de
weingut@schroppwein.de;
vertrieb@schroppwein.de

Inhaber
Martin Schropp
Rebfläche
13 Hektar

BESUCHSZEITEN

Mo.-Fr. 15-18 Uhr, Sa. 8-18 Uhr
oder nach Vereinbarung
Besenwirtschaft „Schroppbesen“

Hermann Schropp pflanzte die ersten Reben, sein Sohn Martin konzentrierte sich mehr und mehr auf Weinbau, 1992 dann übernahm Enkel Martin den Betrieb und spezialisierte sich ganz auf Wein. Der Hof und das Gros der Weinberge liegen in Erlenbach-Binswangen in der Lage Erlenbacher Kayberg, des Weiteren ist man im Neckarsulmer Scheuerberg vertreten. 70 Prozent der Fläche nehmen rote Rebsorten ein. Hauptrebsorten sind Lemberger, Trollinger, Muskat-Trollinger und Riesling, hinzu kommen Sorten wie Weiß- und Grauburgunder, Gewürztraminer und Cabernet Blanc, aber auch Zweigelt, Samtrot und Cabernet Mitos. Die Weine werden teils im Edelstahl, teils im Holz und Barrique ausgebaut.

Kollektion

Wie in den Vorjahren präsentiert Martin Schropp eine sehr gleichmäßige, starke Kollektion, die weiß wie rote gleichermaßen überzeugt. Der Cabernet Blanc-Sekt setzt ganz auf Süffigkeit wie auch die Vielfalt genannte weiße Cuvée und der duftige, saftige edelsüße Cabernet Blanc. Der Grauburgunder ist fruchtbetont und reintönig, frisch und zupackend, der Weißburgunder frisch, klar und zupackend. Unser Favorit im weißen Segment ist der im Holz ausgebaute Weißburgunder aus dem Jahrgang 2016, der gute Konzentration und reife Frucht zeigt, füllig und kraftvoll ist, reife Frucht und gute Struktur besitzt. Der Cabernet Cubin gehört wieder in die Abteilung süffig, der Cabernet Mitos ist intensiv duftig, der 2017er Lemberger aus dem Scheuerberg besitzt viel Würze, feine Frische und reife Frucht. Deutlich rauchiger und kraftvoller ist der im Fass ausgebaute Lemberger, fruchtbetont, geradlinig und zupackend. Gleichauf sehen wir den Merlot, der gute Konzentration und etwas Gewürze im Bouquet zeigt, frisch, zupackend und strukturiert ist.

Weinbewertung

83	2016 Cabernet Blanc Sekt trocken Erlenbacher Kayberg **12 %/13,80 €**
81	2017 Riesling trocken Erlenbacher Kayberg **13 %/7,20 €**
83	2017 Weißer Burgunder Erlenbacher Kayberg **13 %/7,20 €**
84	2017 Grauer Burgunder Erlenbacher Kayberg **14 %/7,20 €**
86	2016 Weißer Burgunder „Eichenfass“ Erlenbacher Kayberg **13 %/8,50 €**
83	2017 „Vielfalt“ Weißwein Erlenbacher Kayberg **12,5 %/7,20 €**
84	2017 Cabernet Blanc „edelsüß“ Erlenbacher Kayberg **8 %/9,80 €**
82	2017 Cabernet Cubin Rosé Erlenbacher Kayberg **12,5 %/7,20 €**
83	2017 Lemberger trocken Neckarsulmer Scheuerberg **12,5 %/7,20 €**
82	Cabernet Mitos Neckarsulmer Scheuerberg **12 %/9,80 €**
85	Lemberger „Eichenfass“ Erlenbacher Kayberg **13 %/9,80 €**
85	2015 Merlot Erlenbacher Kayberg **15 %/15,80 €**

SCHROTH

★★

KONTAKT

Auweg 42
67269 Asselheim
Tel. 06359-8015251
Fax: 06359-8015257
www.weingut-schroth.de
michael@weingut-schroth.de

Inhaber
Michael Schroth
Rebfläche
20 Hektar
Produktion
260.000 Flaschen

BESUCHSZEITEN

Mo.-Sa. 9-17 Uhr, Vinothek mit Terrasse April/Mai/Sept. bis 3. Okt.: Sa. 16-22 Uhr, So. 13-20 Uhr

Michael Schroth führt heute mit seiner Frau und seinem Vater in zweiter Generation dieses Asselheimer Weingut. Ausgebildet wurde er in Bissersheim bei Siegel Heilmann und bei Bassermann-Jordan in Deidesheim, die Meisterschule beendete er im Jahr 2002. Die Weinberge liegen in den Asselheimer Lagen St. Stephan, Höllenpfad und Goldberg, die Reben wachsen auf kalkreichen Lehmböden. Die weißen Sorten werden größtenteils im Edelstahl ausgebaut (die Lagenweine auch im Barrique); Rotweine werden maischevergoren und teils im Barrique und Holzfass, teils im Edelstahl ausgebaut. Die Parzellen der Gutsweine werden mit der Maschine gelesen, die Ortsweine werden auf einen Ertrag von 5.000 Liter pro Hektar reduziert und von Hand gelesen. Der Ertrag der Lagenweine wird auf 2.500 bis 3.000 Liter pro Hektar reduziert, manche Parzellen werden mehrmals gelesen.

Kollektion

Die beiden 2014er und 2015er Rieslinge aus dem Goldberg bekamen wir von Michael Schroth jetzt schon zum dritten Mal zur Verkostung und wie in den Vorjahren gefällt uns die Réserve-Version mit ihrer leicht rauchigen Würze und den Reifenoten nach Quitte und Gebäck etwas besser als die normale Version, die immer noch deutlich vom Holz geprägt ist. Auch die drei Lagenrotweine und die Cuvée Handgemacht aus 60 Prozent Cabernet Sauvignon und 40 Prozent Merlot hatten wir im vergangenen Jahr schon einmal verkostet, die Cuvée hat sich sehr gut entwickelt, das komplett neue Holz ist gut eingebunden und lässt der klaren Frucht mit Noten von schwarzen Johannisbeeren und Brombeeren viel Raum, der Wein besitzt Kraft und gute Länge. Auch beim Weißburgunder, beim Grauburgunder und dem Chardonnay ist das Holz sehr gut dosiert, die Weine besitzen Kraft, aber auch Eleganz, der Weißburgunder ist der präsenteste der drei. ━

Weinbewertung

84	2016 Riesling Sekt brut **12 %/10,40 €**
86	2014 „Handgeformt Cuvée" Sekt brut **12,5 %/13,90 €**
86	2016 Grauer Burgunder Asselheimer St. Stephan **13,5 %/9,80 €**
86	2016 Chardonnay trocken Asselheimer St. Stephan **13,5 %/9,80 €**
86	2014 Riesling trocken Asselheimer Goldberg **13 %/13,40 €**
87	2016 Weißburgunder trocken Asselheimer St. Stephan **14 %/9,80 €**
87	2015 Riesling trocken „Réserve" Asselheimer Goldberg **13 %/16,90 €**
82	2015 Handschlag Cuvée rot **13,5 %/7,70 €**
86	2015 Merlot trocken „unfiltriert" Asselheimer St. Stephan **14 %/17,90 €**
88	2014 „Handgemacht Cuvée rot" trocken „unflititriert" **14 %/19,40 €**
86	2015 Spätburgunder trocken „unfiltriert" Asselheimer Goldberg **14 %/17,90 €**
87	2015 Cabernet Sauvignon trocken „unfiltriert" Goldberg **14,5 %/17,90 €**

SCHUMACHER

★★★

KONTAKT

Hauptstraße 40
67273 Herxheim am Berg
Tel. 06353-93590
Fax: 06353-935922
www.schumacher-weine.de
info@schumacher-weine.de

Inhaber
Annetrud Franke
Kellermeister/Außenbetrieb
Daniel Möller
Rebfläche
7 Hektar
Produktion
35.000 Flaschen

BESUCHSZEITEN

Mo.+Fr. 14-17 Uhr, Sa. 11-14 Uhr

Die Weinberge von Annetrud Franke liegen vor allem in Herxheim. Die Spitzen des Sortiments stammen aus dem ursprünglichen Herxheimer Himmelreich, einer 3,5 Hektar großen Lage unmittelbar beim Weingut, die von einer bis zu 5 Meter hohen Kalk- und Buntsandsteinmauer umgeben ist. Nach der Ausweitung des Lagennamens Himmelreich 1971 wurden die Weine aus diesem Weinberg mit dem Zusatz „Garten" versehen. Nachdem die Aufsichts- und Dienstleistungsdirektion die Verwendung dieses Begriffs kurzzeitig untersagt hatte, ist die Bezeichnung „Garten" nach einem Verwaltungsgerichtsurteil wieder erlaubt. Der Begriff „Felsenberg" für Weine aus einer Teillage des Honigsacks bleibt aber verboten, weshalb der von dort stammende Spätburgunder die Kennzeichnung „F" trägt. Im Himmelreich herrschen mineralstoffreiche Kalkböden vor, mit einer sandigen Lehmauflage im „Garten". Weitere Weinberge besitzt das Weingut im Herxheimer Honigsack (sandiger Lehm auf Kalkgeröll), im Kallstadter Saumagen (Muschelkalk), im Dirmsteiner Herrgottsacker (Lösslehm) und im Freinsheimer Musikantenbuckel (lehmiger Sand).

Kollektion

In diesem Jahr sind alle Lagenrieslinge spontan vergoren, die 2016er Réserve aus dem Garten ist allerdings nicht ganz durchgegoren, besitzt etwas Fülle, klare Frucht, Zitrusnoten, Orangenschale, ist animierend und lang. Der normale 2017er Wein aus dem Garten ist insgesamt noch verhalten, besitzt aber Grip und gute Konzentration und könnte noch zulegen, der Himmelreich-Riesling zeigt dezente kräutrige Würze und grünen Apfel, der Saumagen ist etwas komplexer und nachhaltiger, besitzt Kraft und viel gelbe Frucht mit Noten von Aprikose und Mirabelle. Die Spätburgunder „F" und Garten besitzen beide gute Substanz, der Garten zeigt deutliche Röstnoten und lässt etwas den Alkoholgehalt spüren, der „F" ist harmonischer und etwas eleganter mit dezenterem Holz. —

Weinbewertung

85 2017 Grauburgunder trocken **13 %/9,50 €**
83 2017 Spätburgunder „Blanc de noir" trocken **11 %/9,- €**
85 2017 Weißburgunder trocken **12 %/9,50 €**
87 2017 Auxerrois trocken Herxheimer Himmelreich **13 %/16,- €**
87 2017 Riesling trocken Kallstadter Saumagen **13,5 %/12,- €**
86 2017 Riesling trocken Herxheimer Himmelreich **13,5 %/12,- €**
87 2017 Riesling trocken „Garten" Herxheimer Himmelreich **13,5 %/16,- €**
88 2016 Riesling „Garten Réserve" Herxheimer Himmelreich **12,5 %/20,- €**
85 2015 Spätburgunder trocken Dirmsteiner Herrgottsacker **13 %/13,50 €**
88 2015 Spätburgunder trocken „F" Herxheimer Honigsack **13 %/22,- €**
88 2015 Spätburgunder trocken „Garten" Herxheimer Himmelreich **13,5 %/24,- €**

S

PAUL SCHUMACHER

★★★

KONTAKT

Marienthaler Straße 6
53474 Marienthal
Tel. 02641-4345
Fax: 02641-359419
www.weingut-ps.de
ps-info@weingut-ps.de

Inhaber
Paul Schumacher
Außenbetrieb
Marc Schumacher
Rebfläche
5 Hektar
Produktion
25.000 Flaschen

BESUCHSZEITEN

Mo.-Do. 9-12 Uhr, Fr.-So. 10-12 Uhr oder nach Vereinbarung
Straußwirtschaft Mai, Sept., Okt., Sa. + So. ab 12 Uhr

Paul Schumacher hat zunächst für andere und nur im Nebenerwerb für sich selbst Wein gemacht, bevor er die Gebäude des ehemaligen Winzervereins Marienthal bezog und sich auf sein eigenes Weingut konzentrierte. Seine Weinberge liegen unter anderem im Walporzheimer Kräuterberg, im Marienthaler Trotzenberg und in den Ahrweiler Lagen Silberberg und Rosenthal. Inzwischen ist Paul Schumacher auch am Mittelrhein vertreten, in Leutesdorf baut er auf einem halben Hektar Riesling an. Er baut vor allem Spätburgunder an, der 70 Prozent der Rebfläche einnimmt, aber auch Frühburgunder und Riesling, sowie ein klein wenig Merlot und Cabernet Sauvignon. Zwei Drittel der Reben sind über 40 Jahre, die ältesten sind 75 Jahre alt. Aufgrund der steigenden Nachfrage kauft er seit 2005 auch Trauben von anderen Winzern zu. Im Keller arbeitet er mit offener Maischegärung (8 bis 14 Tage), teilweise mit Kaltmaceration, langen Maischestandzeiten, Mostentzug, Spontangärung und Holzfassausbau, ein Teil der Weine wird ohne Filtration abgefüllt.

Kollektion

Bärenstarke Spätburgunder präsentiert Paul Schumacher auch in diesem Jahr, wobei die 2016er stärker auf Frucht und Frische setzen als ihre Vorgänger. Aber beginnen wir mit dem Gartenlay-Riesling, der klar und zupackend ist, die beiden Blanc de Noir sind etwas verhalten. Der Carpe Diem ist reintönig und zupackend, der PurPinot besitzt intensive Frucht und gute Struktur. Der Trotzenburg-Spätburgunder zeigt viel Frucht und Würze, ist präzise, frisch und geradlinig im Mund. Neu im Programm sind die beiden Spätburgunder aus dem Ahrweiler Rosenthal. Der „einfache" Wein ist würzig, recht floral, frisch, klar und präzise, der Maga Essentia, von besonders kleinbeerigen Spätburgundertrauben, ist eindringlich und konzentriert, würzig, besitzt enorm viel Substanz. Intensive Frucht zeigt der Kräuterberg im Bouquet, ist wunderschön klar, präzise und druckvoll. Eine spannende Spätburgunder-Kollektion!

Weinbewertung

84	2017 Riesling Leutesdorfer Gartenlay **11,5 %/14,- €**
81	2017 Spätburgunder „Blanc de Noir" **11,5 %/9,- €**
81	2017 Spätburgunder „Blanc de noir" „feinherb" **11,5 %/9,- €**
84	2016 Spätburgunder „Carpe Diem" **13 %/12,50 €**
87	2016 Spätburgunder „PurPinot" **13 %/20,- €**
88	2016 Spätburgunder Marienthaler Trotzenberg **13 %/26,- €**
89	2016 Spätburgunder Ahrweiler Rosenthal **13 %/24,- €**
90	2016 Spätburgunder „Maga Essentia" Ahrweiler Rosenthal **13 %/79,- €/1,5l**
90	2016 Spätburgunder Walporzheimer Kräuterberg **13 %/44,- €**

Schumacher

★

Kontakt

Am Moselstausee 32
56858 St. Aldegund
Tel. 06542-900788
Fax: 06542-900789
joachim-schumacher@
vinotheca-sutoris.de
www.vinotheca-sutoris.de

Inhaber
Joachim Schumacher
Rebfläche
3 Hektar

Besuchszeiten

nach Vereinbarung

VINOTHECA SUTORIS

St. Aldegund ist ein wenig bekannter Weinort an der Mosel, nur wenige Winzer haben Ambitionen. Joachim Schumacher ist einer von ihnen und hat sich seit einigen Jahren nicht nur auf Riesling, sondern auch auf Rotwein spezialisiert. Spätburgunder, Frühburgunder und Schwarzriesling, aber auch Merlot und Cabernet Sauvignon sind vorhanden. Er erzeugt sehr individuelle Weine, oft spontan vergoren, spät gefüllt, teilweise mit üppiger Frucht und Würze. Die besten brauchen Zeit, bevor sie sich voll entfalten, sie entwickeln sich dann aber auch gut. Das Barrique spielt vor allem für Rotwein eine Rolle, wurde aber auch schon für Riesling genutzt. Auch mit schwefelfreien Weinen experimentiert Joachim Schumacher. Die Weine tragen oft lateinische Bezeichnungen.

Kollektion

Eigenwillig ist vermutlich das beste Wort, um die Weine von Joachim Schumacher zu beschreiben. Wieder mal stellte das Weingut Vertreter mehrerer Jahrgänge an, die zeigen, dass die Weine des Hauses gut altern können – oder sogar sollten. Die trockene Auslese namens Probus zeigt Noten von Pfirsich, Melone und Kräuter, ist fest und würzig. Noch ungewöhnlicher der unfiltrierte und ungeschwefelte Riesling „Uhrahn" mit dunkler Farbe, leicht malzigen und kräuterigen Noten; ein Wein für Liebhaber dieses Ausbaustils. Fast zugänglich dagegen ist der Barrique-Riesling „Gratianus" mit Vanille- und Blütennoten. Der 2015er „Augustus" ist wohl einer der am leichtesten zu verstehenden Weine, er zeigt eine sehr direkte, saftige Art, ist deutlich süß und saftig. Unter den Rotweinen ist der saftige, nach Schokolade duftende „PX" ebenso erwähnenswert wie die Cuvée aus Cabernet und Merlot aus dem Klosterberg, die Noten von Schokolade und Tabak zeigt. Der Frühburgunder besitzt eine eigenwillig staubig-erdige Note, am besten gefällt der 2016er „Valentinianus", eine Cuvée aus Spät- und Frühburgunder sowie Cabernet Sauvignon. ▬

Weinbewertung

84 2016 Riesling Kabinett trocken „Facil" **11 %/8,50 €**
81? 2017 Riesling Landwein „Uhrahn" **11 %/14,50 €**
85 2016 Riesling Auslese trocken „Probus" Neefer Frauenberg **12,5 %/14,50 €**
85 2014 Riesling Auslese Barrique „Gratianus" Frauenberg **9 %/42,50 €/0,5l**
85 2015 Riesling Auslese „Augustus" Neefer Frauenberg **8 %/14,50 €**
85 2015 Rotwein trocken Barrique „PX" **13 %/12,50 €**
86 2015 Spätburgunder Auslese trocken Barrique „Valentinianus" **13,5 %/38,50 €**
87 2016 Spätburgunder Cabernet Sauvignon Frühburgunder **13,5 %/24,50 €**
83? 2015 Frühburgunder trocken Barrique „Commodus" **14 %/38,50 €**
86 2015 Cabernet Sauvignon x Merlot trocken Merler Klosterberg **13 %/24,50 €**
81 2017 Portugieser „feinherb" „Cuvée Ernst" **11 %/7,50 €**

S

Bettina Schumann

★★☆

KONTAKT

Weinhaus Bettina Schumann
Lilienstraße 9
79353 Bahlingen am Kaiserstuhl
Tel. 0160-92146529
www.schumann-wein.com
frau@schumann-wein.de

Inhaber
Bettina Schumann
Rebfläche
6 Hektar
Produktion
60.000 Flaschen

BESUCHSZEITEN

nach Vereinbarung

Bettina Schumann, gebürtige Berlinerin, studierte in Geisenheim, erwarb zusätzlich ein Diplom der Partner-Universität Udine. 2009 wurde sie Betriebsleiterin beim Weingut Zimmerlin in Bötzingen am Kaiserstuhl. 2010 gründete sie zusammen mit ihrem damaligen Partner das Weinhaus Rabe. 2015 gab sie die Stelle als Betriebsleiterin auf, arbeitet seither als önologische Beraterin, gleichzeitig gründete sie das Weinhaus Schumann, erzeugte mit dem Jahrgang 2015 ihre ersten Weine. Die Trauben kauft sie von Partnerwinzern zu, produziert werden die Weine in Königschaffhausen in den Räumen der ehemaligen St. Katharinen-Kellerei. Sie konzentriert sich bisher ganz auf die Burgundersorten, erzeugt zu jeweils etwa einem Drittel Weißburgunder, Grauburgunder und Spätburgunder. Die Weinnamen zeugen von ihrer Berliner Herkunft, die Etiketten von ihrer zweiten Passion, auf allen sind Schuhe abgebildet.

Kollektion

Nach einem ganz starken Debüt im vergangenen Jahr legt Bettina Schumann eine ebenso starke Kollektion nach. Der fast schon obligatorische Petnat ist fruchtbetont, intensiv, besitzt Tannine, ist sehr eigenständig und gehört zu den besseren seiner Art. Ganz stark ist das Grauburgunder-Trio: Der Clou vom Ganzen, im Tonneau spontanvergoren, ist intensiv, druckvoll, zupackend, die famose Schose reintönig, fruchtbetont, geradlinig, uns gefällt sie am besten in der Pink-Version, maischevergoren und in gebrauchten Barriques ausgebaut: Intensiv, konzentriert, füllig, kraftvoll, gute Struktur, viel Druck und Länge. Rosé gibt es wieder in zwei Spätburgunder-Versionen: Mittenmang zeigt intensive Frucht, ist frisch, klar und zupackend, Chaiselongue, im Barrique vergoren und ausgebaut, ist ebenfalls intensiv fruchtig, kraft- und druckvoll, strukturiert, lang. Der Achtkantig-Spätburgunder ist fruchtbetont, zugänglich, der Haute Velaute zeigt reife rote Früchte, besitzt gute Struktur, Frische und Grip.

Weinbewertung

84	2017 „Petnat" Blauer Spätburgunder **13 %/14,90 €**
83	2017 Weißer Burgunder „Bis in die Puppen" **12,5 %/10,90 €**
88	2017 Grauer Burgunder „Famose Schose" à la pink" **12,5 %/14,90 €**
85	2017 Grauer Burgunder „Famose Schose" **12,5 %/11,90 €**
86	2016 Grauer Burgunder „Dit is der Clou von''t Janze" **13,5 %/19,50 €**
83	2017 Badisch Rotgold **11,5 %/9,90 €**
85	2017 Blauer Spätburgunder Rosé „Mittenmang" **13 %/10,90 €**
88	2017 Blauer Spätburgunder Rosé „Chaiselongue" **13 %/33,- €/1,5l**
85	2016 Blauer Spätburgunder „Achtkantig" **13,5 %/11,90 €**
88	2016 Blauer Spätburgunder „Haute Volaute" **13,5 %/19,50 €**

S

Schumann

★☆

KONTAKT

Beethovenstraße 36
54470 Lieser
Tel. 06531-6353
Fax: 06531-6454
www.weingut-schumann.de
info@weingut-schumann.de

Inhaber
Ulrich Schumann
Rebfläche
4,2 Hektar
Produktion
30.000 Flaschen

BESUCHSZEITEN

täglich nach Vereinbarung
Gästezimmer mit Moselblick,
Dachterrasse, Panoramaturm

Bereits seit dem 16. Jahrhundert betreibt die Familie Weinbau an der Mosel, heute führt Ulrich Schumann den Betrieb. Seine Weinberge – insgesamt 4,2 Hektar werden bewirtschaftet - liegen in Lieser in den Lagen Rosenlay, Niederberg-Helden und Schlossberg, sowie im Piesporter Goldtröpfchen; 70 Prozent seiner Weinberge befinden sich in Steillagen. Ulrich Schumann baut zu 85 Prozent Riesling an, dazu gibt es ein wenig Chardonnay und Weißburgunder. Die Weine werden fast ausschließlich an Privatkunden verkauft. Seit 1992 ist dem Weingut ein Ferienhaus angeschlossen. Ulrich Schumann vergärt seine Weine teils mit Reinzuchthefen, teils mit den natürlichen Hefen; fast alle Weine werden im Edelstahl vergoren und ausgebaut, um sehr klare, fruchtige Rieslinge zu erzeugen. Neu im Sortiment ist indes der „Thurm"-Riesling aus einer alten Gemarkungslage, der im großen neuen Holzfass ausgebaut wird. Vom Turmzimmer des Weinguts aus hat man einen guten Blick auf genau diese Parzelle.

Kollektion

Das Weingut Schumann ist eines jener Musterbeispiele der Mosel für engagierte Familienweingüter, die Weine mit einem sehr guten Preis-Leistungs-Verhältnis erzeugen. Im Jahrgang 2015 lag der Fokus auf der Erzeugung einige Premiumweine, im vergangenen Jahr überzeugte die Kollektion schon beim Literriesling. Genau dieser überzeugt auch diesmal, in der Kollektion des Jahrgangs 2017, ist saftig und überraschend trocken, alles andere als gefällig. Gleiches gilt auch für den trockenen Weißburgunder, während der trockene Kabinett rassig und ausgewogen ausfällt. Im gehobenen Segment wirkt die Spätlese aus dem Niederberg-Helden etwas spannender als ihr Pendant aus dem Piesporter Goldtröpfchen. Saftig und rassig zeigt sich schließlich die Spätlese aus der Lieser Rosenlay. Die Süße ist bei diesem Wein zwar noch deutlich zu spüren, aber der präzise gearbeitete Riesling dürfte schon ziemlich bald zu sehr angenehmer Harmonie finden.

Weinbewertung

83 2017 Riesling trocken (1l) **11,5 %/6,20 €**
84 2017 Weißburgunder trocken **12,5 %/7,50 €**
85 2017 Riesling Kabinett trocken Lieser Schlossberg **11,5 %/7,20 €**
87 2017 Riesling Spätlese trocken Lieser Niederberg-Helden **12,5 %/9,50 €**
86 2017 Riesling Spätlese trocken Piesport Goldtröpfchen **12 %/9,50 €**
84 2017 Riesling Kabinett halbtrocken Lieser Rosenlay **10,5 %/7,20 €**
85 2017 Riesling Kabinett Lieser Schlossberg **9,5 %/7,20 €**
86 2017 Riesling Spätlese Lieser Rosenlay **8 %/9,50 €**

Schumann-Nägler

★☆

N

KONTAKT

Nothgottestraße 29
65366 Geisenheim
Tel. 06722-5214
Fax: 06722-5246
www.schumann-naegler.de
info@schumann-naegler.de

Inhaber
Fred, David, Philipp Schumann
Rebfläche
38 Hektar

BESUCHSZEITEN

8-17 Uhr

S

Seit 1438
Schumann
— Nägler

Das Geisenheimer Weingut schaut auf eine lange Tradition zurück und wird heute in der 24. Generation von Fred Schumann geleitet, zusammen mit seinen Söhnen David und Philipp. David ist für die Pflege der Weinberge verantwortlich, während Philipp sich um den Keller kümmert und Vater Fred im Marketing und Vertrieb unterstützt. Die Weinberge befinden sich in den Geisenheimer Lagen Kläuserweg und Rothenberg sowie in den Hattenheimer Lagen Schützenhaus und Wisselbrunnen. 90 Prozent der Weinberge sind mit Riesling bestockt, des Weiteren werden Weiß- und Grauburgunder sowie Spätburgunder und Cabernet Sauvignon angebaut. Der Schwerpunkt liegt auf trockenen Weinen. Die Weißweine werden schonend gepresst, temperaturkontrolliert in Stahltanks vergoren und auf der Feinhefe ausgebaut. Um auch bei den trockenen Weißen eine natürlich Fruchtsüße zu erhalten, wird die Gärung durch Herunterkühlen gestoppt. Aus Grau- und Weißburgunder im Verschnitt mit Riesling entsteht die Cuvée S, aus Spätburgunder und Cabernet Sauvignon ihr rotes Pendant Cuvée N.

Kollektion

„Schuhmanns Oskar" ist leicht, schlank und erfrischend. Die beiden Reserve-Rieslinge gefallen mit klarer Sortenaromatik und im besten Sinne unkomplizierter, frischer Art. Der trockene Kabinett ist geradlinig und frisch, der Riesling aus dem Geisenheimer Mäuerchen hingegen ist recht stoffig, hat Kraft und Länge. Harmonische Reife zeichnet die trockene Spätlese aus dem Schützenhaus aus. Das kräftige Erste Gewächs aus dem Jahrgang 2015 beeindruckt mit reifer Gelbfrucht, ist füllig, würzig, saftig und lang, führt eine starke Rieslingkollektion an. Die weiße Cuvée S 577, aus Riesling und Burgundersorten gekeltert, vereint nussigen Schmelz mit Frische. Die rote Cuvée N 577 aus Spätburgunder und Cabernet Sauvignon braucht viel Luft, entfaltet dann dunkelbeerige Fruchtaromen und Finesse.

Weinbewertung

83	2017 Riesling trocken „Schumann`s Oscar" **11 %/7,50 €**
83	2017 Riesling trocken Geisenheimer Mäuerchen **12 %/8,- €**
83	2017 Riesling trocken „Réserve" **12 %/8,50 €**
84	2017 Riesling Kabinett trocken Hattenheimer Schützenhaus **12 %/10,50 €**
86	2016 Riesling Spätlese trocken Hattenheimer Schützenhaus **12,5 %/14,- €**
86	2015 „Cuvée S 577" Weißwein **12,5 %/14,50 €**
87	2015 Riesling trocken Erstes Gewächs Geisenheimer Rothenberg **13 %/21,- €**
83	2017 Riesling halbtrocken „Réserve" **11,5 %/8,50 €**
87	2015 „Cuvée N 577" Rotwein **14 %/14,50 €**

Paul Schunk

★★☆

KONTAKT

Hauptstraße 26
56814 Bruttig
Tel. 02671-1458
Fax: 02671-8221
www.weingut-schunk.de
info@weingut-schunk.de

Inhaber
Paul Schunk
Außenbetrieb
Johannes Fuchs
Rebfläche
4,3 Hektar
Produktion
38.000 Flaschen

BESUCHSZEITEN

Mo.-Sa. 9-18 Uhr

Seit 1625 betreibt die Familie Schunk Weinbau in Bruttig im Cochemer Krampen. Paul Schunk baut vor allem Riesling an – etwa drei Viertel der Rebfläche sind mit dieser Sorte bestockt, dazu gibt es etwas Müller-Thurgau und Elbling sowie Dornfelder. Seine Weinberge liegen in den Bruttiger Lagen Götterlay (eine Steillage mit graublauem, aber auch rotem Schiefer) und Pfarrgarten (Terrassen-Steillage mit grauem und rötlichem steinigem Schiefer, in der Paul Schunk wurzelechte Rieslingreben besitzt), im Fankeler Rosenberg (eine Südwest-exponierte Steillage mit steinigem Quarzit, in der Paul Schunk ebenfalls noch wurzelechte Rieslingreben stehen hat) und im Valwiger Herrenberg. 2018 wurde eine Fläche von 1,3 Hektar in Pommern dazugepachtet, eine 0,2 Hektar umfassende Parzelle im Pfarrgarten wurde neu mit Riesling bepflanzt. Die Weine gären überwiegend mit natürlichen Hefen, der Ausbau erfolgt im Edelstahl oder im Fuder, das Gros der Weine wird trocken und halbtrocken ausgebaut.

Kollektion

Im vergangenen Jahr wurden saftige, geradlinige und preisgünstige Weine vorgestellt – an der Spitze eine Auslese aus der Götterlay. Nun wurde noch der 2016er Sekt nachgereicht, der frisch ausfällt und Zitrusnoten besitzt, eine Spur Süße auch. Ein Jahrgang wie 2017 kommt dem Weingut und dessen Stilistik nun sehr entgegen. Kraftvoll und saftig wirken die vorgestellten Rieslinge und das bereits in der Basis. Der trockene Wein mit Ortsbezeichnung wirkt angenehm klar, wirklich trocken und würzig. Deutlich stoffig, aber ebenfalls schön trocken der Kabinettwein aus dem Kapellenberg. Gleich zwei Weine bilden die trockene Spitze. Einmal die Spätlese aus der Götterlay, ein Steilstlagenwein mit Anklängen an Zitrus und Kräuter, fest, würzig und eigenständig, dann der „Vinovation" genannte Riesling, der etwas verschlossener wirkt, mehr Schmelz aufweist, sehr würzig ist. Saftig mit Noten von Steinobst und Kräutern ist der feinherbe Riesling von alten Pfarrgarten-Reben, fest und würzig.

Weinbewertung

85 2016 Riesling Sekt trocken Bruttiger Pfarrgarten **11,5 %/10,20 €**
84 2017 Riesling trocken Bruttig-Fankel **11,5 %/5,40 €**
85 2017 Riesling Kabinett trocken Bruttiger Kapellenberg **11 %/6,50 €**
87 2017 Riesling Spätlese trocken „Steilstlage" Bruttiger Götterlay **12 %/9,10 €**
89 2017 Riesling Auslese trocken „Vinovation" **12,5 %/11,90 €** ☺
84 2017 Riesling Kabinett „feinherb" Bruttiger Kapellenberg **10 %/6,50 €**
87 2017 Riesling Spätlese „feinherb" „Alte Reben" Pfarrgarten **11 %/8,90 €**

S

Schwaab

★

KONTAKT

In der Lauch 93
56072 Koblenz
Tel. 0261-4030840
Fax: 0261-4030841
www.weinkeller-schwaab.de
info@weinkeller-schwaab.de

Inhaber
Christof Schwaab
Kellermeister
Björn Maur
Rebfläche
5,5 Hektar
Produktion
30.000 Flaschen

BESUCHSZEITEN

Mo.-Fr. 9-12 + 14-18 Uhr,
Sa. 9-13 Uhr; Weinhausrestaurant Di.-So. ab 15 Uhr

Christof Schwaab hat Betriebswirtschaft studiert, dann für Champagnerhäuser in Deutschland im Marketing gearbeitet, 1998 übernahm er das elterliche Weingut in Koblenz-Güls mit dem historischen Felsenkeller aus dem Jahr 1861, der ursprünglich als Bergwerk geplant und begonnen wurde. Seit Beginn des 18. Jahrhunderts bewirtschaftet die Familie Weinberge in Erden, 1890 zog Nikolaus Schwaab von Erden nach Güls, wo er eine Mühle betrieb und Weinberge erwarb und damit den Grundstock für das heutige Weingut legte, zu dem auch ein 1953 im heutigen Koblenzer Stadtteil Metternich gegründetes Weinhaus mit Restaurant gehört. Die Weinberge liegen vor allem im süd-südost-exponiertem Koblenzer Marienberg, wo die Reben in Querterrassen auf steinigen Schiefer-Sandstein-Quarzitböden mit relativ hohem Eisengehalt wachsen. Des Weiteren ist Christof Schwaab im Gülser Bienengarten vertreten, der 2005 querterrassiert wurde und neben Schiefer-Sandstein-Quarzitböden auch tiefgründige kalkhaltige Kiesböden besitzt. Riesling nimmt 70 Prozent der Weinberge ein, dazu gibt es Weißburgunder, Müller-Thurgau und Spätburgunder. Destillate und Liköre ergänzen das Sortiment. Neben Weinproben und Kellerbesichtigungen bietet das Weingut auch Weinberg-Spaziergänge und Weinseminare an.

Kollektion

Im Jahrgang 2016 lagen die Qualitäten der vorgestellten Weine eng zusammen; schon der Basiswein gefiel, die Spitze bildete der Riesling „von Terrassen" aus dem Marienberg. Ein kleines Sortiment stellt das Weingut nun auch aus dem Jahrgang 2017 an, aber dieses beweist, dass auch in den Koblenzer Weinbergen beachtliche Qualitäten erzeugt werden können. Viel Schmelz birgt die „Schieferlinie", der Wein ist saftig und würzig, angenehm trocken dazu. In der Nase neutral präsentiert sich der Weißburgunder, der am Gaumen stoffig und würzig ausfällt. Angenehm trocken ist auch der Riesling „1890", der eine komplexe Nase mit Anklängen an Zitrus, Steinobst, Hefe aufweist. Der „Manwerc" ist hefig, wirkt praktisch trocken, besitzt Schmelz. Unser Favorit ist dennoch der „von Felsen" aus dem Marienberg, ein Wein der Goldlinie, klar, duftig, leicht hefig, mit Schmelz ausgestattet. —

Weinbewertung

84 2017 Weißburgunder trocken „Silberlinie" Marienberg **12,5 %/8,50 €**
84 2017 Riesling trocken „Schieferlinie" **12,5 %/6,80 €**
86 2017 Riesling trocken „1890 Silberlinie" Marienberg **12,5 %/8,50 €**
83 2017 Spätburgunder „Blanc de Noir" „feinherb" „Silberlinie" **12,5 %/8,50 €**
84 2017 Riesling „feinherb" „Manwerc Silberlinie" **12 %/8,50 €**
86 2017 Riesling „feinherb" „von Felsen Goldlinie" Marienberg **12,5 %/12,50 €**

Schwaab & Sohn

★

KONTAKT

Im Unterdorf 10
54492 Erden
Tel. 06532-933999
Fax: 06532-1052
www.weingut-schwaab.de
info@weingut-schwaab.de

Inhaber
Hans-Hermann Schwaab &
Hermann-Josef Schwaab
Rebfläche
8 Hektar
Produktion
50.000 Flaschen

BESUCHSZEITEN

April-Okt. ab 12 Uhr,
Mi. Ruhetag, oder nach
Vereinbarung
Gutsweinstube, Gästezimmer

Der Diplom-Ingenieur für Weinbau und Oenologie Hans-Hermann Schwaab und sein Vater Hermann-Josef Schwaab führen das Erdener Weingut, das über sieben Hektar Rebfläche verfügt, seit 2010 gemeinsam. Der Betrieb konzentriert sich keineswegs ausschließlich auf Riesling, der 60 Prozent der Fläche von 8 Hektar ausmacht. Angebaut werden auch Müller-Thurgau, Dornfelder, Spätburgunder sowie kleine Mengen Kerner und Chardonnay. Neben Parzellen im Erdener Treppchen sind Reben im Erdener Prälat ein Trumpf des Gutes. Der Stil ist klar erkennbar, die Weine sind saftig und zugänglich, ohne beliebig zu wirken. Kontrollierte Vergärung und ein langer Ausbau auf der Hefe gehören zu den Prinzipien des Hauses. Das Weingut verfügt auch über ein Gästehaus und betreibt eine Gutsweinstube, in der von April bis Oktober täglich ab 12 Uhr (außer Mittwoch) verkostet werden kann; außerhalb dieser Zeiten auf Anmeldung.

Kollektion

Im Jahrgang 2016 lagen die Vorteile, noch deutlicher als beim Debüt im Jahrgang 2015, beim süßen Teil des Sortimentes; an der Spitze stand die saftige Auslese aus dem Erdener Treppchen. Man erkennt diesmal schon bei den Basisweinen, dass der Jahrgang 2017 überdurchschnittlich ausgefallen ist. Saftig und unkompliziert präsentiert sich beispielsweise der Rivaner, stoffig die trockene Treppchen-Spätlese, während die trockene Auslese aus dem Prälat noch etwas verschlossen wirkt. Die „Vincent V" genannte feinherbe Spätlese wirkt recht süß und scheint nicht ganz in der Balance zu sein. Die restsüße Spätlese aus dem Treppchen ist fein, wenngleich nicht allzu lang. Zupackend mit reifen Pfirsichnoten und deutlicher Süße ist die Auslese aus dem Treppchen. Schließlich die Beerenauslese mit üppiger Frucht, Noten von Pfirsichhaut und tropischen Anklängen, die sehr süß ausfällt. Ein direkter, saftiger Wein, eher zupackend als elegant. Kühl und saftig, allerdings auch mit deutlichem Alkohol ausgestattet ist der Spätburgunder aus dem Jahrgang 2015. ▬

Weinbewertung

80	2017 Rivaner trocken (1l) **12,5 %/4,50 €**
85	2017 Riesling Spätlese trocken Erdener Treppchen **12 %/8,- €**
86	2017 Riesling Auslese trocken Erdener Prälat **13 %/14,- €**
82	2017 Riesling „feinherb" (1l) **12 %/5,- €**
86	2017 Riesling Spätlese „feinherb" „Vincent V" Erdener Treppchen **11 %/8,- €**
85	2017 Riesling Spätlese Erdener Treppchen **9 %/8,- €**
87	2017 Riesling Auslese Erdener Treppchen **8,5 %/14,90 €**
88	2017 Riesling Beerenauslese Erdener Treppchen **8,5 %/29,50 €/0,375l**
83	2015 Spätburgunder trocken **13,5 %/9,- €**

SCHWAB

★★

KONTAKT

Bühlstraße 17
97291 Thüngersheim
Tel. 09364-89183
Fax: 09364-89184
www.weingut-schwab-franken.de
info@weingut-schwab-franken.de

Inhaber
Thomas & Martin Schwab
Rebfläche
12 Hektar
Produktion
85.000 Flaschen

BESUCHSZEITEN

Mo.-Fr. 9-12 + 13-18 Uhr, Sa. 10-16 Uhr, sonst nach Vereinbarung
Probierstube (bis 70 Personen), Vinothek, Ferienzimmer (5 Doppelzimmer, 1 Einzelzimmer)

Das Weingut Schwab war ursprünglich ein landwirtschaftlicher Mischbetrieb, bevor Gregor und Barbara Schwab Mitte der siebziger Jahre sich ganz auf Weinbau spezialisierten. Seit 1990 bewirtschaftet mit Thomas und Andrea Schwab die nächste Generation das Familienweingut, seit Herbst 2014 ist auch ihr Sohn Martin im Betrieb tätig, der seit 2017 Mitinhaber ist und sich alle Aufgaben mit seinem Vater teilt. 2016 wurde ein neuer Barriquekeller gebaut, der vom Hof aus einsehbar ist. Die Weinberge liegen in den Thüngersheimer Lagen Johannisberg und Scharlachberg. Silvaner und Müller-Thurgau nehmen jeweils ein Viertel der Rebfläche ein, es folgen Riesling, Bacchus, Weißburgunder und Scheurebe, dazu gibt es Solaris, sowie die roten Sorten Dornfelder, Portugieser und Spätburgunder. Das Sortiment wird vierstufig gegliedert in Gutsweine, Ortsweine, die Lagenweine aus dem Johannisberg und das Große Gewächs (Silvaner) aus dem Rothlauf, einer Lage, die früher als Rothlaufsberg zu den fünf besten Lagen Thüngersheims zählte, 1971 aber im Johannisberg aufging.

Kollektion

Eine stimmige Kollektion präsentieren Thomas und Martin Schwab in diesem Jahr. Enjoy White heißt der frische, süffige Basiswein. Im Ortswein-Segment gefallen uns der reintönige, geradlinige Weißburgunder und der zupackende Riesling, der feine Frische und Frucht besitzt, besonders gut. Sehr gut sind alle Erste Lage-Weine. Der Scharlachberg-Riesling besitzt intensive Frucht, gute Fülle und Saft, der Silvaner aus dem Johannisberg besitzt reintönige Frucht, gute Struktur und Substanz, der 2016er Silvaner von alten Reben im Johannisberg ist rauchig, kraftvoll und strukturiert. Den fülligen 2017er Rothlauf-Silvaner konnten wir nur im Rahmen der Großen Gewächs-Vorprobe in Wiesbaden verkosten. Auch edelsüß und rot überzeugen: Die Solaris-Auslese ist herrlich saftig, der Spätburgunder reintönig und zupackend. Im Aufwind!

Weinbewertung

83 2017 „enjoy white" Weißwein trocken **12 %/6,30 €**
82 2017 Müller-Thurgau trocken Thüngersheim **12 %/6,50 €**
84 2017 Silvaner trocken Thüngersheim **12 %/7,30 €**
85 2017 Weißburgunder trocken Thüngersheim **11,5 %/7,50 €**
84 2017 Riesling trocken Thüngersheim **11,5 %/7,50 €**
83 2017 Scheurebe trocken Thüngersheim **12 %/7,50 €**
86 2017 Silvaner trocken Thüngersheimer Johannisberg **13 %/9,70 €**
87 2017 Riesling trocken Thüngersheimer Scharlachberg **12,5 %/12,50 €**
87 2016 Silvaner trocken „Alte Reben" Thüngersheimer Johannisberg **13 %/12,50 €**
87 2016 Solaris Auslese Thüngersheim **10 %/9,50 €**
87 2016 Spätburgunder trocken Thüngersheimer Johannisberg **13 %/14,50 €**

ZUR SCHWANE

★★

N

KONTAKT

Erlachhof 7
97332 Volkach
Tel. 09381-71760
Fax: 09381-717620
www.schwane.de
weingut@schwane.de

Inhaber
Eva Pfaff-Düker & Ralph Düker
Betriebsleiter
Christian Kallisch
Kellermeister
Stefan Ott
Rebfläche
30 Hektar
Produktion
250.000 Flaschen

BESUCHSZEITEN

Mo.-So. 9-20 Uhr
Romantik-Hotel Zur Schwane
mit Vinothek

SCHWANE

Schon seit 1404 gibt es das Gasthaus Zur Schwane in Volkach, benannt nach der Gründerfamilie Schwan. Die Familie Pfaff übernahm es in den dreißiger Jahren des 20. Jahrhunderts, heute führen Eva Pfaff-Düker und Ralph Düker den Betrieb, Weingutsleiter ist Christian Kallisch. Die Weinberge liegen im Volkacher Ratsherr und im Escherndorfer Lump, aus beiden Lagen werden Große Gewächse erzeugt, dazu ist man im Escherndorfer Fürstenberg vertreten. Silvaner ist klar die wichtigste Rebsorte, es folgen Riesling, Weißburgunder, Spätburgunder, Müller-Thurgau und Bacchus, dazu gibt es Spezialitäten wie Scheurebe, Rieslaner, Gewürztraminer und Domina.

Kollektion

Mit einer überzeugenden Kollektion meldet sich das Weingut Zur Schwane zurück. Die Gutsweine sind frisch und geradlinig, mehr Substanz besitzen die Ortsweine, am besten gefällt uns der fruchtbetonte, zupackende Weißburgunder. Der birnenduftige Silvaner aus dem Escherndorfer Lump ist lebhaft, strukturiert und fruchtbetont. An der Spitze der Kollektion stehen die Großen Gewächse, die wir teils als 2016er (diejenigen aus dem Volkacher Ratsherr), teils als 2017er (den Silvaner aus dem Escherndorfer Lump) verkosten konnten. Der Ratsherr-Silvaner zeigt gute Konzentration und reife Frucht, ist füllig und saftig, klar und zupackend. Der leicht gelbfruchtige Silvaner aus dem Lump besitzt Kraft, viel reife Frucht, gute Struktur und Substanz. Der Riesling aus dem Ratsherr ist würzig und eindringlich, klar und geradlinig, besitzt feine süße Frucht. Auch edelsüß und mit Rotwein können Christian Kallisch und sein Team punkten. Die Rieslaner Auslese zeigt reintönige Frucht, besitzt Fülle, Saft und viel Substanz, der Elementar genannte, intensiv fruchtige und würzige Zweigelt besitzt gute Struktur und klare Frucht.

Weinbewertung

80	2017 Riesling trocken **12 %/7,50 €**
81	2017 Silvaner trocken **11,5 %/7,50 €**
82	2017 Scheurebe trocken Volkach **12 %/10,- €**
83	2017 Silvaner trocken Volkach **12 %/9,50 €**
84	2017 Weißburgunder trocken Volkach **13 %/13,- €**
86	2017 Silvaner trocken Escherndorfer Lump **12,5 %/14,50 €**
87	2016 Silvaner trocken „GG" Volkacher Ratsherr **13,5 %/25,- €**
88	2017 Silvaner trocken „GG" Escherndorf „Am Lumpen 1655" **13 %/25,- €**
87	2016 Riesling trocken „GG" Volkacher Ratsherr **13,5 %/25,- €**
86	2017 Rieslaner Auslese Volkacher Ratsherr **8 %/20,- €/0,5l**
86	2016 Zweigelt trocken „Elementar" **13,5 %/35 €**

Schwarz

★★☆

KONTAKT

Ötztaler Straße 44
70327 Stuttgart
Tel. 0711-334727
Fax: 0711-332413
www.weingut-schwarz.eu
info@weingut-schwarz.eu

Inhaber
Markus Schwarz
Kellermeister/Außenbetrieb
Ludwig Schwarz
Rebfläche
10 Hektar
Produktion
65.000 Flaschen

BESUCHSZEITEN

Di.-Fr. 9:30-13 + 15-18 Uhr,
Sa. 9-13 Uhr oder nach
Vereinbarung
Besenwirtschaft

S

Seit mehr als 300 Jahren baut die Familie Wein an, heute führt Markus Schwarz den Betrieb, unterstützt von Sohn Ludwig und Tochter Stefanie. Stefanie hat nach Lehre bei Jürgen Ellwanger und Aldinger Internationale Weinwirtschaft studiert und Auslandserfahrungen in Ontario und Österreich gesammelt, Ludwig Schwarz hat nach Lehre bei Drautz-Able, Jürgen Ellwanger und Aldinger die Weinbautechnikerausbildung absolviert, mit Auslandsaufenthalt in Südafrika, ist hauptverantwortlich für Keller und Außenbetrieb. Die Weinberge befinden sich in den Untertürkheimer Lagen Mönchberg und Altenberg, am Rotenberger Schlossberg, in Bad Cannstatt und Wangen. 60 Prozent der Fläche nehmen rote Rebsorten ein, der Fokus liegt auf Lemberger, Spätburgunder, Merlot und Trollinger. Wichtigste weiße Rebsorte ist Riesling, dazu gibt es Silvaner und Weißburgunder sowie ein klein wenig Müller-Thurgau und Kerner.

Kollektion

Auf das fulminante Debüt im vergangenen Jahr folgt eine ebenso starke Kollektion in diesem Jahr. Der Riesling ist reintönig und zupackend, der in gebrauchten Barriques ausgebaute rauchige Silvaner besitzt Fülle und Kraft, am besten aber gefällt uns im weißen Segment der zehn Monate in zur Hälfte neuen Barriques ausgebaute Weißburgunder Impuls, der füllig und stoffig ist, gute Struktur und Substanz besitzt, deutlich holzgeprägt ist. Auch die Rotweine sind stark, in der Spitze gar noch faszinierender als die Weißen. Der konzentrierte, rauchige Lemberger, achtzehn Monate in neuen Barriques ausgebaut, besitzt Fülle und Kraft, reife Frucht und viel Substanz, die neue Cuvée Schwarzer Mann, Merlot und Lemberger, 24 Monate in zur Hälfte neuen Barriques ausgebaut, besitzt viel Konzentration, Gewürznoten, Fülle und Kraft, reife Frucht und Substanz. Klasse Kollektion!

Weinbewertung

85 2016 Silvaner trocken **13 %/7,70 €**
82 2017 „Weiß" Weißweincuvée trocken **12,5 %/8,50 €**
85 2016 Riesling trocken Untertürkheimer Altenberg **12,5 %/6,90 €**
87 2016 Weißburgunder trocken „Impuls" **13,5 %/16,- €**
84 2017 Kerner Spätlese **11,5 %/9,20 €**
84 2017 „Rosé" Roséweincuvée trocken **12,5 %/6,20 €**
83 2016 „Rot" Rotweincuvée trocken **14 %/8,50 €**
84 2016 Trollinger trocken Untertürkheimer Mönchberg **12,5 %/5,50 €**
85 2016 Spätburgunder trocken **13,5 %/9,70 €**
84 2016 Lemberger trocken **13,5 %/9,70 €**
89 2015 Lemberger trocken „Impuls" **14,5 %/17,50 €**
88 2015 „Schwarzer Mann" Rotweincuvée trocken **14,5 %/20,- €**

SCHWEDHELM

★★★

KONTAKT

Klosterhof
67308 Zellertal
Tel. 06355-521
Fax: 06355-3673
www.schwedhelm-zellertal.de
info@schwedhelm-zellertal.de

Inhaber
Schwedhelm GbR
Rebfläche
17 Hektar
Produktion
125.000 Flaschen

BESUCHSZEITEN

Mo.-Fr. 8-18 Uhr, Sa. 8-17 Uhr

Das Weingut Schwedhelm nannte sich bis zum Jahrgang 2014 Klosterhof und ist ein noch junges Weingut im Zellertal. Entstanden ist es, nachdem Stephan Schwedhelm 2006 sein Geisenheim-Studium beendete und in den elterlichen Betrieb eingestiegen ist, heute führt er ihn zusammen mit seinem Bruder Georg. Die Weinberge liegen in den Zeller Lagen Kreuzberg (Ton mit hohem Anteil an Kalkstein, mit der Gewanne Karlspfad), Klosterstück (Lehm, Einschlüsse von Kalkmergel, hauptsächlich rote Sorten im Anbau) und Schwarzer Herrgott (Tonmergel mit hohem Anteil an Kalkstein), wo ausschließlich Riesling und Gewürztraminer angebaut wird. Riesling ist die wichtigste Rebsorte, nimmt gut 40 Prozent der Rebfläche ein, es folgen Spätburgunder, Weißburgunder und Müller-Thurgau, Portugieser, Silvaner und Dornfelder. Seit 2010 werden die Weinberge biologisch bewirtschaftet, 2014 war der erste zertifizierte Jahrgang. Im Frühjahr 2015 wurde eine neue Vinothek eröffnet.

Kollektion

Die Lagenrieslinge bleiben auch in diesem Jahr ganz dem Stil der Schwedhelm-Brüder treu, sind elegant, schlank und besitzen viel Biss. Der Schwarze Herrgott zeigt neben deutlicher steiniger Würze auch gelbe Frucht, Orangenschale, er besitzt feinen Grip, Druck, viel Salz, ist animierend und nachhaltig, der „Wotanfels" zeigt sehr subtile Mineralität, ist sehr elegant, besitzt ein lebendiges Säurespiel und gute Länge und der Kreuzberg-Riesling zeigt Zitrusnoten und etwas Kräuter, ist schlank und leicht salzig. Der Weißburgunder aus dem Karlspfad duftet nach Birne, Aprikose und Pfirsich und lässt auch dezentes Holz erkennen, der Sauvignon Blanc ist frisch und gelbfruchtig, der Silvaner zeigt Birne und erdige Würze im Bouquet und die beiden Spätburgunder zeigen dunkle Frucht, der Klosterstück auch deutliches Holz und Kräuternoten.

Weinbewertung

83	2017 Riesling trocken **12,5 %/6,30 €**
85	2017 Silvaner trocken Zellertal **13 %/7,80 €**
85	2017 Weißburgunder trocken Zellertal **12,5 %/8,50 €**
86	2017 Sauvignon Blanc trocken Zellertal **12,5 %/8,50 €**
85	2017 Riesling trocken Zellertal **12,5 %/8,50 €**
87	2017 Riesling trocken Zeller Kreuzberg **12,5 %/11,50 €**
87	2017 Weißburgunder trocken Zeller Karlspfad **13 %/12,- €**
88	2017 Riesling trocken „Wotanfels" **12,5 %/15,- €**
90	2017 Riesling trocken Zeller Schwarzer Herrgott **12,5 %/19,- €**
86	2017 Riesling Kabinett Zeller Karlspfad **9,5 %/12,- €**
85	2016 Spätburgunder trocken Zellertal **13 %/9,50 €**
87	2015 Spätburgunder trocken Zeller Klosterstück **13 %/19,50 €**

S

ALBRECHT SCHWEGLER

★★★★

KONTAKT

Steinstraße 35, 71404 Korb
Tel. 07151-34895
Fax: 07151-34978
www.albrecht-schwegler.de
weingut@albrecht-schwegler.de

Inhaber
Aaron Schwegler
Rebfläche
10 Hektar
Produktion
50.000 Flaschen

BESUCHSZEITEN

nach Vereinbarung

Andrea und Albrecht Schwegler erzeugten 1990 ihre ersten Weine, ausschließlich Rotweine, seit dem Einstieg von Julia und Aaron Schwegler im Jahr 2009 wurde die Rebfläche vergrößert auf inzwischen 7 Hektar. Aaron Schwegler absolvierte eine Winzerlehre bei Bernhard Ellwanger und Joachim Heger, machte Praktika bei Daniel Gantenbein in der Schweiz, bei Jim Clendenen in Kalifornien und bei Seyfried in Neuseeland. Die Weinberge liegen in Korb und angrenzenden Gemeinden, Lagenbezeichnungen wurden bisher noch nie verwendet, alle Weine sind Cuvées verschiedener Lagen. Neue Weinberge werden mit einer Dichte von 7.500 bis 14.000 Reben je Hektar sehr dicht bepflanzt. Die Schweglers setzten beim Rotwein von Anfang an ganz auf Cuvées. Zweigelt ist die wichtigste Rebsorte, dazu gibt es Lemberger, Merlot und Trollinger, dann wurden auch etwas Syrah, Regent und Cabernet Franc angepflanzt. Sie verwenden ausschließlich französische Barriques, nur Allier- und Limousineiche. Die Weine werden zwei Jahre lang nach Rebsorten getrennt im Fass ausgebaut, sie bleiben bis sechs bis acht Wochen vor der Füllung im Barrique, dann erst werden die Cuvées zusammengestellt, abgefüllt wird ohne jede Filtration und ohne jede Schönung. Vier Weine gab es lange Zeit nur – und die auch nicht in jedem Jahr. Zunächst einmal in der Literflasche, „d'r Oifache", der meist einen größeren Anteil Trollinger enthält und Wein aus zwei aufeinander folgenden Jahrgängen und in dritt- bis fünftbelegten Barriques ausgebaut wird. Dann kommt der „Beryll", der in zweitbelegten Barriques ausgebaut wird, anschließend der „Saphir", der zu etwa zwei Dritteln in neuen, zu einem Drittel in zweitbelegten Barriques ausgebaut wird, und schließlich – aber wirklich nur in Spitzenjahren – der „Granat", der es zu gewissem Kultstatus unter Weinliebhabern gebracht hat. 1990 gab es den ersten Granat, dann erst wieder 1993, 1994 und 1997. Danach alle zwei Jahre: 1999, 2001, 2003, seither immer außer 2008. Es gibt keine feste Regel, wie sich der Granat zusammensetzt, außer Trollinger hat jede Rebsorte die Chance Bestandteil des Granat zu werden, der Granat wird ausschließlich in neuen Barriques ausgebaut. Weißwein spielte lange Zeit überhaupt keine Rolle im Hause Schwegler, ab 2006 gab es dann ein paar Jahrgänge lang etwas Kerner, inzwischen gibt es den „Rock'n Roll", der im Jahrgang 2013 eine Cuvée aus jeweils zur Hälfte Riesling und Grauburgunder war, im Barrique ausgebaut. Mit dem Jahrgang 2015 wird es erstmals nach 2009 wieder reinsortigen Riesling aus dem Hause Schwegler geben, wir hatten vor zwei Jahren die Gelegenheit zwei Partien, beide noch verschlossen, aus dem Fass zu verkosten.

Kollektion

Statt Riesling aber gab es in diesem Jahr Chardonnay zu verkosten, einen Reserve genannten Wein aus dem Jahrgang 2016. Er ist eindringlich im Bouquet, zeigt viel Duft, Vanille, das Bouquet ist deutlich vom Ausbau im Holz geprägt, er ist füllig und stoffig im Mund, ist sehr kompakt, wiederum sehr vom Holz dominiert, besitzt aber viel Substanz und Kraft. „Dr'Oifache", der rote Literwein, wurde in diesem Jahr nicht vorgestellt, dafür die drei anderen „Klassiker": Beryll, Saphir und Granat, alle aus dem Jahrgang 2015. Der Beryll, sozusagen der „Drittwein" des Weinguts Schwegler, zeigt viel Konstanz über die vergangenen zwanzig Jahre und der 2015er ist zusammen mit dem 2008er der von uns am höchsten bewerte Beryll. Er ist frisch und fruchtbetont im Bouquet, zeigt rote Früchte, ganz dezent rauchige Noten, ist klar und zupackend im Mund, besitzt gute Struktur, Frische und Frucht. Die gleiche Konstanz wie der Beryll zeigt auch der Saphir über die letzten beiden Jahrzehnte – und eine ähnliche Stilistik, man merkt auch bei ihm ganz klar die Handschrift des Winzers. Jahrgang 2015 zeigt feine Würze im Bouquet, herrlich viel Frucht, wie beim Beryll findet man rote Früchte und viel Frische im Bouquet wie auch im Mund, er ist klar und zupackend, besitzt gute Struktur und Frucht, ganz dezent mineralische Noten, er ist noch ein klein wenig druckvoller als der Beryll, der aber dem Saphir im Jahrgang 2015 so nahe kommt wie nie einem Jahrgang zuvor. Eine deutliche Steigerung bringt dann der Granat, der im Jahrgang 2015 zwar ebenfalls so viel Alkohol aufweist wie im Vorjahr der 2014er, aber doch deutlich mehr Spannung besitzt. Der Granat zeigt im Jahrgang 2015 viel Konzentration im Bouquet, rauchige Noten, rote Früchte, ist klar, frisch und zupackend, präzise und druckvoll, besitzt gute Struktur und Frucht und viel Nachhall.

Aaron & Julia Schwegler

Weinbewertung / keine Preisangaben

88 2016 Chardonnay „Reserve" **13,5 %**
88 2015 „Beryll" Rotwein **13,5 %**
89 2015 „Saphir" Rotwein **14 %**
92 2015 „Granat" Rotwein **14,5 %**

LAGEN

LAGENNAMEN WERDEN NICHT GENUTZT

REBSORTEN

ZWEIGELT (30 %)
CABERNET FRANC (10 %)
CABERNET SAUVIGNON (10 %)
CHARDONNAY (10 %)
RIESLING (10 %)
MERLOT (7 %)
LEMBERGER (6 %)
TROLLINGER (6 %)
SPÄTBURGUNDER (5 %)
CABERTIN (2 %)
REGENT (2 %)
GRAUBURGUNDER (2 %)

SCHWEICKARDT

★★

KONTAKT

Breitgasse 48
55437 Appenheim
Tel. 06725-2723
Fax: 06725-963046
www.weingut-schweickardt.de
info@weingut-schweickardt.de

Inhaber
Gunnar Schweickardt
Rebfläche
14 Hektar

BESUCHSZEITEN

Mo.-Fr. 10-12 Uhr + (außer Mi.)
14-18 Uhr, Sa. 10-15 Uhr
Vinothek (bis 70 Personen),
Gästezimmer

Der Weidenhof ist ein 1870 gegründeter Familienbetrieb, der von Gunnar Schweickardt geführt wird. Seine Weinberge liegen vor allem in den Appenheimer Lagen Eselspfad und Hundertgulden, aber auch im Appenheimer Daubhaus, sowie im Gau-Algesheimer Goldberg. Der Boden im Eselspfad ist durch einen hohen Sandanteil geprägt, im Daubhaus findet man leichten Lösslehm mit etwas Feinsandanteil, in den Lagen Hundertgulden und Goldberg tonige Lehmböden. Riesling ist die wichtigste Rebsorte, nimmt ein Viertel der Fläche ein, es folgen Weißburgunder und Grauburgunder, auch Chardonnay und Silvaner werden angebaut, aber ebenso Bacchus, Huxelrebe und Kerner, 2009 brachte Sauvignon Blanc den ersten Ertrag. An roten Sorten gibt es Spätburgunder, Frühburgunder, Portugieser, St. Laurent, Dornfelder und Merlot, die Rotweine werden maischevergoren und im Holz ausgebaut.

Kollektion

Das ausgerechnet ein Riesling der Wein mit dem niedrigsten Restzucker ist, das ist ungewöhnlich, in Rheinhessen und darüber hinaus. Und dieser Wein ist auch unser Favorit in der starken aktuellen Kollektion von Gunnar Schweickardt: Der Riesling aus dem Hundertgulden besitzt Fülle und Kraft, herrlich viel Frucht und Substanz, ist noch sehr jugendlich. Der Grauburgunder-Gutswein ist füllig und saftig, der Lagen-Grauburgunder aus dem Eselspfad ist wunderschön konzentriert und reintönig, besitzt gute Struktur und viel reife Frucht. Auch die weiteren Weißweine überzeugen voll und ganz: Der Sauvignon Blanc besitzt intensive Frucht, viel Fülle und Saft, der Chardonnay ist konzentriert, recht süß wie auch der saftige feinherbe Weißburgunder, die Scheurebe zeigt florale Noten, ein wenig Holunderblüten, ist geradlinig und frisch. Im roten Segment gefallen uns der reintönige, saftige Spätburgunder und der füllige, kraftvolle Portugieser aus dem Hundertgulden besonders gut. Starke, stimmige Kollektion!

Weinbewertung

84 2017 Grauer Burgunder trocken **13,5 %/6,- €**
83 2017 Sauvignon Blanc trocken **12,5 %/7,40 €**
84 2017 Chardonnay „S" **13,5 %/7,40 €**
87 2017 Grauer Burgunder „S" trocken Appenheimer Eselspfad **13,5 %/11,- €**
88 2017 Riesling trocken Appenheimer Hundertgulden **12,5 %/10,90 €**
83 2017 Weißer Burgunder „vom Löss-Lehm" **13 %/6,90 €**
83 2017 Scheurebe „feinherb" **12 %/7,- €**
81 2015 „Cuvée Rubin" Rotwein **13,5 %/7,80 €**
84 2016 Spätburgunder trocken **13,5 %/9,- €**
85 2013 Portugieser trocken „Reserve" Appenheimer Hundertgulden **13,5 %/17,- €**

SCHWÖRER

★☆

KONTAKT

Weingut-Weinhaus
Schwörer GmbH
Grol 8
77770 Durbach
Tel. 0781-42362
Fax: 0781-33408
www.weingut-schwoerer.de
info@weingut-schwoerer.de

Inhaber
Josef Rohrer
Rebfläche
25 Hektar
Produktion
180.000 Flaschen

BESUCHSZEITEN

Mo.-Fr. 8:30-12 + 13:30-18 Uhr,
Sa. 8:30-13 Uhr, So. 10-12 Uhr
(außer Jan./Febr.)

Die Familie Schwörer hatte seit 1812 mit Wein zu tun in Durbach, zunächst als Weinküferei und Weinkommission, später kam dann Weinbau hinzu. Franz Schwörer und nach ihm Hermann Schwörer bauten den Betrieb aus, man schloss Pacht- und Bewirtschaftungsverträge mit Durbacher Winzern. 2001 übernahm Josef Rohrer, zuvor Gutsverwalter des Weingutes Graf Wolff Metternich in Durbach, das Gut. Die Weinberge befinden sich in den Durbacher Lagen Plauelrain, Kochberg und Ölberg wo die Reben auf Granitverwitterungsböden wachsen. Riesling und Spätburgunder sind die wichtigsten Rebsorten. Hinzu kommen Müller-Thurgau, Grauburgunder, Traminer, Weißburgunder und Chardonnay, dazu Spezialitäten wie Scheurebe, inzwischen auch Cabernet Sauvignon und Sauvignon Blanc. Die Rotweine werden alle im Holz ausgebaut. In der hauseigenen Brennerei werden Edelbrände erzeugt.

Kollektion

Jahr für Jahr präsentiert Josef Rohrer sehr ähnliche Kollektionen, mit Stärken im roten Segment und einem edelsüßen Highlight – immer eine Scheurebe. Die Scheurebe Auslese aus dem Jahrgang 2016 zeigt viel Duft im Bouquet, Litschi, ist konzentriert und klar im Mund. Die sonstigen Weißweine präsentieren sich sehr gleichmäßig, die saftige trockene Chardonnay Spätlese gefällt uns am besten. Die Rotweine zeigen geschlossen sehr gutes Niveau. Der Spätburgunder HS zeigt rote Früchte im Bouquet, feine Frische und Frucht, ist klar, füllig und strukturiert. Der Spätburgunder Maz zeigt feine Frucht und rauchige Noten, ist zupackend, besitzt gute Struktur, reintönige Frucht und Biss. Der im Barrique ausgebaute Spätburgunder ist noch etwas würziger, füllig und kraftvoll, besitzt Substanz und gute Struktur. Immer interessant ist der Cabernet Sauvignon, der eindringliche Frucht zeigt, etwas Cassis und Paprika, Fülle, Kraft und gute Struktur besitzt.

Weinbewertung

81 2017 Weißburgunder Kabinett trocken Durbacher Kochberg **12,5 %/7,80 €**
82 2017 Klingelberger Riesling trocken „HS" Durbacher **12,5 %/8,80 €**
82 2017 Grauburgunder Spätlese trocken Durbacher Plauelrain **13 %/9,50 €**
83 2017 Chardonnay Spätlese trocken „HS" Durbach **13,5 %/9,80 €**
82 2017 Gewürztraminer Spätlese trocken Durbacher Ölberg **13,5 %/9,60 €**
87 2016 Scheurebe Auslese „Premium HS" Durbacher Ölberg **9,5 %/13,50 €**
80 2017 Spätburgunder Rosé trocken Durbacher **12,5 %/7,50 €**
85 2016 Spätburgunder trocken „HS" Durbacher **13,5 %/11,50 €**
86 2015 Spätburgunder trocken Holzfass „Maz" Plauelrain **13,5 %/11,50 €**
86 2015 Spätburgunder trocken Barrique „JB" Durbacher Plauelrain **13,5 %/11,50 €**
85 2015 Cabernet Sauvignon trocken Barrique Durbacher **13,5 %/12,50 €**

LOTHAR SCHWÖRER

★★

KONTAKT

Waldstraße 6
77971 Kippenheim-
Schmieheim
Tel. 07825-7411
Fax: 07825-2381
www.weingut-lothar-schwoerer.de
mail@weingut-lothar-schwoerer.de

Inhaber
Lothar Schwörer
Rebfläche
11 Hektar
Produktion
65.000 Flaschen

BESUCHSZEITEN

Mo.-Fr. 16-19 Uhr, Sa. 9-15 Uhr
oder gerne nach Vereinbarung

Lothar und Cornelia Schwörer führen das Weingut seit 1993 in fünfter Generation. Sie haben die Rebfläche verdoppelt, das Sortenspektrum erweitert und in neue Kellerei- und Betriebstechnik investiert. Ihre wichtigsten Lagen sind Schmieheimer Kirchberg (mit der Premiumlage Kalkofen) und Kippenheimer Haselstaude. Die Reben wachsen hier, im nördlichen Breisgau, teils auf Kalkstein, teils aber auch auf Löss und auf Muschelkalkverwitterungsböden. Zwei Drittel der Rebfläche nehmen die Burgundersorten ein, vor allem Spätburgunder, aber auch Auxerrois (10 Prozent der Fläche!), Grauburgunder und Weißburgunder. Hinzu kommen Riesling und Müller-Thurgau, Chardonnay und Muskateller. Die Weine aus dem Gewann Kalkofen (weiß-gelblicher Kalksteinfels) tragen die Bezeichnung „Vom Kalksteinfels". Zuletzt hat Lothar Schwörer weitere Filetstücke in seinen Paradelagen erworben.

Kollektion

Durch erhebliche Frostschäden im April ist das Sortiment im Jahrgang 2017 kleiner ausgefallen als gewohnt, es wurden nur Weine der 2 Sterne-Qualität abgefüllt. Der Reigen beginnt mit einem erdbeer- und kirschduftigen Crémant, der frisch, klar und fruchtbetont ist. Die 2017er Weißweine sind klar und direkt, fruchtbetont und zupackend, ein wenig verhalten. Unser Favorit im weißen Segment ist der im Barrique ausgebaute Chardonnay des Jahrgangs 2015, der füllig und saftig ist, reife Frucht und gute Struktur besitzt. Sehr gut gefallen uns auch die beiden vorgestellten Rotweine. Der Spätburgunder Fass Nr. 1 zeigt reintönige Frucht und feine Würze im Bouquet, ist klar und frisch im Mund, zupackend und strukturiert. Noch ein klein wenig besser gefällt uns die Salomé genannte, im Barrique ausgebaute Cuvée aus Cabernet Mitos und Spätburgunder, Jahrgang 2014: Intensive Frucht prägt das Bouquet, etwas Johannisbeeren, sie besitzt Fülle und Kraft im Mund, reife Frucht, gute Struktur und Substanz, ist noch jugendlich.

Weinbewertung

84 2016 Pinot Rose Crémant brut **12,5 %/12,- €**
82 2017 Grauburgunder** trocken Kirchberg **12,5 %/8,30 €**
83 2017 Auxerrois** trocken „Hugenottenwein" **12,5 %/8,30 €**
82 2017 Riesling** trocken „SL" **12 %/8,30 €**
83 2017 Sauvignon Blanc** trocken **12 %/9,- €**
86 2015 Chardonnay trocken Barrique „Kalkstein"*** **13,5 %/11,40 €**
82 2017 Spätburgunder Rose** trocken **11,5 %/8,30 €**
85 2015 Spätburgunder** trocken „Fass Nr. 1" **13,5 %/9,80 €**
86 2014 „Salomé" Rotwein trocken Barrique **13 %/15,- €**

Seeger

★★★★★

KONTAKT

Rohrbacher Straße 101
69181 Leimen
Tel. 06224-72178
Fax: 06224-78363
www.seegerweingut.de
info@seegerweingut.de

Inhaber
Thomas Seeger
Rebfläche
10 Hektar
Produktion
70.000 Flaschen

BESUCHSZEITEN

Do./Fr. 15-18 Uhr, Sa. 10-14 Uhr oder nach Vereinbarung
Gutsausschank „Jägerlust“, Di.-Fr. 18-23 Uhr, Tel. 06224-77207

Thomas Seeger hat 1984 seinen ersten Wein gemacht, noch als Geisenheim-Student. Nach und nach hat er die Regie im Keller und im Betrieb übernommen und das elterliche Weingut zu einem der deutschen Spitzenbetriebe aufgebaut. Seine Weinberge liegen vor allem im Herrenberg, der teils zu Leimen, teils zu Heidelberg gehört. Einzelne Gewanne hat er schon immer gesondert ausgebaut, heute findet man auch Namen wie Oberklamm und Spermen auf dem Etikett, zukünftig vielleicht auch Lange Wingert. Spätburgunder und Weißburgunder sind die wichtigsten Rebsorten, gefolgt von Grauburgunder, Lemberger (inzwischen Blaufränkisch genannt) und Riesling, dazu gibt es Schwarzriesling und einige wenige andere Sorten. Die Weine werden überwiegend spontanvergoren, teils im Edelstahl, teils im Holz, und recht lange auf der Hefe ausgebaut. Thomas Seeger hat das vierstufige VDP-Modell umgesetzt mit der Einteilung in Guts- und Ortsweine (zuvor Kabinett), Lagenweine aus dem Heidelberger Herrenberg („AS“) und Große Gewächse aus den besten Gewannen im Leimener Herrenberg (Oberklamm, Spermen). Alle Weine werden trocken und durchgegoren ausgebaut.

Kollektion

Die Gutsweine sind frisch und klar, dem cremigen, harmonischen Chardonnay gilt unsere Präferenz. Die Ortsweine zeigen homogenes Niveau, sie sind reintönig, zupackend, der kraftvolle Weißburgunder gefällt uns besonders gut. Homogenes Niveau zeigen dann auch die Erste Lage-Weine. Der Riesling Philipp Georg zeigt etwas Zitrus, ist klar und frisch, etwas besser gefällt uns Anna Marie, ist etwas fruchtbetonter und druckvoller. Unter den weißen Burgundern in diesem Segment gilt unsere Präferenz dem Auxerrois, der leicht rauchig und konzentriert ist. Ein Klasse für sich sind die Großen Gewächse. Der Grauburgunder ging bei unserer bundesweiten Schlussverkostung als Sieger hervor, er ist füllig und kraftvoll, komplex, druckvoll, enorm nachhaltig. Auch der Weißburgunder ist ganz oben mit dabei, zeigt rauchige Noten, viel reife Frucht, ist füllig, komplex, besitzt gute Struktur und Druck. Der Riesling zeigt gute Konzentration, viel reife Frucht, besitzt viel Substanz und Kraft, braucht noch Zeit. Die beiden Chardonnay sehen wir derzeit ex aequo, aber das kann sich ändern: Der S zeigt reife Frucht, ist füllig, recht offen, der R zeigt Toastnoten, viel Duft, besitzt viel Frucht und Biss, ist derzeit noch allzu jugendlich und etwas unharmonisch. Im roten Segment ist die Cuvée Anna immer eine sichere Bank, sie besitzt gute Struktur, Frische und klare Frucht. Deutlich stoffiger und konzentrierter ist die Cuvée Naan, kraftvoll und sehr tanninbetont. Der Blaufränkisch S zeigt schöne Frische und reintönige Frucht, ist herrlich reintönig und zupackend, während der Blaufränkisch R,

das Große Gewächs, kraftvoll und stoffig ist, aber sehr vom Holz geprägt. Der Schwarzriesling R ist etwas weniger charmant als gewohnt (nach dem grandiosen 2015er!), zeigt florale Noten, besitzt gute Struktur, Tannine und Grip. Einen schönen Steigerungslauf bieten die vier Spätburgunder. Der S zeigt etwas rote Früchte, besitzt gute Struktur und Frische, der R, das Große Gewächs Spermen, ist duftig, kompakt, besitzt gute Substanz. Deutlich verschlossener ist der RR, das Große Gewächs aus der Oberklamm, ist im Bouquet noch von Gewürznoten dominiert, im Mund präzise, druckvoll, viel zu jung. Dies gilt auch für den Dreifach-R, der etwas Toast und rauchige Noten zeigt, viel Konzentration, dann enorm füllig und stoffig im Mund ist, viel Kraft und Substanz besitzt – aber Zeit braucht. Ein stilistischer Wandel?

Thomas Seeger / Foto: David Maupilé

Weinbewertung

85	2017 Weißer Riesling trocken	**12,5 %/7,50 €**
84	2017 Weißer Burgunder trocken	**12 %/7,50 €**
84	2017 Grauer Burgunder trocken	**12 %/7,50 €**
86	2017 Chardonnay trocken	**13 %/8,90 €**
86	2017 Auxerrois trocken Heidelberger	**11,5 %/8,90 €**
87	2017 Weißburgunder trocken Heidelb.	**12 %/8,90 €**
86	2017 Grauburgunder trocken Heidelb.	**12,5 %/8,90 €**
88	2017 Sauvignon Blanc „S" Leimener Herrenberg	**12,5 %/13,50 €**
88	2017 Weißer Riesling trocken „Philipp Georg" L. Herrenberg	**12 %/14,50 €**
89	2017 Weißer Riesling trocken „Anna Marie" H. Herrenberg	**12 %/14,50 €**
89	2017 Auxerrois trocken „AS" Heidelberger Herrenberg	**12,5 %/13,50 €**
88	2017 Weißer Burgunder trocken „AS" Heidelberger Herrenberg	**12,5 %/13,50 €**
88	2017 Grauer Burgunder trocken „AS" Heidelberger Herrenberg	**12,5 %/13,50 €**
89	2017 „Cuvée Georg" Weißwein	**13 %/13,50 €**
90	2017 Sauvignon Blanc „R" Leimener Herrenberg	**13 %/29,50 €**
93	2017 Weißer Burgunder „GG" Oberklamm	**13 %/21,50 €** ☺
93	2017 Grauer Burgunder „GG" Oberklamm	**13 %/21,50 €** ☺
92	2017 Riesling „GG" Oberklamm	**13 %/25,- €**
91	2017 Chardonnay „S"	**13,5 %/22,- €**
91	2017 Chardonnay „R"	**13,5 %/29,50 €**
89	2016 „Cuvée Anna" Rotwein	**13 %/14,80 €**
90	2016 Blaufränkisch „S"	**13 %/19,50 €**
89	2016 Spätburgunder „S" Heidelberger Herrenberg	**13 %/22,- €**
89	2016 „Naan" Rotwein	**13 %/20,50 €**
89	2016 Blaufränkisch „R" „GG" Spermen	**13,5 %/27,50 €**
89	2016 Schwarzriesling „R"	**13 %/27,50 €**
91	2016 Spätburgunder „R" „GG" Spermen	**13 %/36,- €**
92	2016 Spätburgunder „RR" „GG" Oberklamm	**13 %/64,- €**
93	2016 Spätburgunder „RRR" Heidelberger Herrenberg	**13 %/120,- €**

LAGEN

HERRENBERG (LEIMEN)
– OBERKLAMM
– SPERMEN
– LANGE WINGERT
HERRENBERG (HEIDELBERG)

REBSORTEN

SPÄTBURGUNDER (25 %)
WEISSBURGUNDER (25 %)
GRAUBURGUNDER (15 %)
LEMBERGER (15 %)
RIESLING (10 %)
SAUVIGNON BLANC (6 %)
SCHWARZRIESLING (2 %)

SEIDEL-DUDENHÖFER

★

N

KONTAKT

Mühlstraße 25
67577 Alsheim
Tel. 06249-4075/0176-81195228
www.reinhardseidelweine.com
kontakt@reinhardseidelweine.com

Inhaber
Reinhard Seidel
Rebfläche
8 Hektar
Produktion
60.000 Flaschen

BESUCHSZEITEN

nach Vereinbarung

Reinhard Seidel hat nach dem Abitur seinen Zivildienst im Dienstleistungszentrum Ländlicher Raum Oppenheim mit Schwerpunkt Agrarmeteorologie geleistet, danach in Geisenheim studiert. Nach Abschluss seines Geisenheim-Studiums ist er 2011 in den elterlichen Betrieb eingetreten. 2017 hat er den Betrieb übernommen und seine eigene Linie „Reinhard Seidel Weine" eingeführt. Diese Linie umfasst zunächst fünf Weine, drei Gutsweine und zwei Lagenweine, alle trocken ausgebaut. Insgesamt besitzt er 8 Hektar Reben in den Alsheimer Lagen Fischerpfad, Frühmesse und Römerberg, neben Riesling und den Burgundersorten gibt es vor allem noch Silvaner, Dornfelder und Cabernet Sauvignon.

Kollektion

Zwei Lagenweine gibt es in der ersten Kollektion der Reinhard Seidel-Linie, den Riesling aus der Steinkaut und den Cabernet Sauvignon aus dem Fischerpfad, den bisher einzigen Rotwein in der Linie. Dieser im Barrique ausgebaute und unfiltriert abgefüllte Cabernet Sauvignon aus dem Jahrgang 2015 ist unser Favorit in der kleinen Kollektion. Er zeigt eindringliche Gewürznoten im Bouquet, etwas Cassis, ist im Bouquet sehr vom Holz dominiert, im Mund aber ist das Holz schön integriert, er besitzt gute Struktur, Frische und reife reintönige Frucht. Auch der Steinkaut-Riesling ist sehr gut, zeigt sich würzig und duftig, ist kraftvoll und klar im Mund, besitzt reife Frucht, gute Struktur und Substanz. Genauso bemerkenswert wie diese beiden sehr guten Lagenweine ist aber auch das gleichmäßig gute Niveau der drei Gutsweine. Der Gutsriesling ist wie der Steinkaut recht duftig und würzig im Bouquet, dann klar, frisch und geradlinig im Mund. Der Grauburgunder zeigt reintönige Frucht im Bouquet, gelbe Früchte, ist klar und zupackend im Mund, besitzt feine Frische und süße Frucht. Unser Favorit unter den drei Gutsweinen ist der Weißburgunder, der wie der Grauburgunder mit reintöniger Frucht im Bouquet besticht, etwas weiße und gelbe Früchte zeigt, fruchtbetont dann im Mund ist, gute Struktur und Frische besitzt. Ein überzeugendes Debüt – wir freuen uns auf die nächsten Jahrgänge. ━

Weinbewertung

82 2017 Riesling trocken **12 %/8,30 €**
84 2017 Weißer Burgunder trocken **12,5 %/8,30 €**
83 2017 Grauer Burgunder trocken **13 %/8,30 €**
85 2016 Riesling trocken „Steinkaut" Alsheimer Römerberg **12,5 %/12,50 €**
87 2015 Cabernet Sauvignon trocken Barrique Fischerpfad **13,5 %/16,50 €**

S

Selbach-Oster

★★★★☆

KONTAKT

Uferallee 23
54492 Zeltingen
Tel. 06532-2081
Fax: 06532-4014
www.selbach-oster.de
info@selbach-oster.de

Inhaber
Johannes Selbach
Kellermeister
Christian Vogt, Klaus-Rainer Schäfer
Rebfläche 22 Hektar
Produktion
140.000-150.000 Flaschen

BESUCHSZEITEN

Vinothek Gänsfelderstraße 20, Mo.-Fr. 11-17 Uhr, Sa. 11-18 Uhr oder nach Vereinbarung

Die Geschichte des Weinguts Selbach-Oster lässt sich bis ins Jahr 1600 zurückverfolgen. Heute führt Johannes Selbach zusammen mit Ehefrau Barbara das Gut. Sie besitzen Weinberge in den besten Lagen von Zeltingen (Schlossberg, Sonnenuhr, Himmelreich), Wehlen (Sonnenuhr), Graach (Domprobst) sowie in den Bernkasteler Lagen Graben, Bratenhöfchen und Mathiasbrünnchen, die aber unter dem Namen der (kleinen) Großlage Badstube vermarktet werden. Mehr als die Hälfte der Weinberge ist mit alten, wurzelechten Reben bepflanzt. Neben Riesling baut Johannes Selbach ein klein wenig Weißburgunder an. Die Trauben werden mit niedrigem Druck schonend gekeltert, die Klärung erfolgt durch Absitzen lassen. Die Weine werden bei niedrigen Temperaturen vergoren, überwiegend mit den natürlichen Hefen, und etwa zur Hälfte im traditionellen Fuder, zur Hälfte im Edelstahl ausgebaut; aufgrund des Platzmangels im Keller hat Johannes Selbach inzwischen erste Doppelfuder angeschafft. Ein großer Teil der Produktion wird exportiert. Johannes Selbachs Vater hatte die Idee, die besten Parzellen gesondert auszubauen und zwar so, wie gewachsen, „nature“, also ohne Selektion von edelsüßen Beeren. 2003 wurde erstmals die Schmitt genannte Parzelle im Schlossberg gesondert ausgebaut, 2004 dann die Parzelle Rotlay in der Sonnenuhr, 2008 sah das Debüt des Anrecht aus dem Zeltinger Himmelreich. 2011 wurde dann erstmals der Bömer im Schlossberg gesondert vinifiziert, im Gegensatz zu den anderen, die in der Regel als Auslese geerntet aber nicht als solche bezeichnet werden, soll der Bömer möglichst immer trocken ausgebaut werden; nur der Schmitt wurde 2009 ein einziges Mal trocken ausgebaut. Diese Weine wurden bisher nur in wenigen Jahrgängen geerntet. Ansonsten nutzt Johannes Selbach sowohl für trockene als auch für halbtrockene respektive feinherbe und süße Rieslinge Prädikatsbezeichnungen. An der Spitze des trockenen Sortiments stehen die Spätlese von alten Reben aus der Sonnenuhr und der Bömer, den feinherben Teil führt die 2012 eingeführte Spätlese von „Ur-Alten Reben“ an. Die Rieslinge von Selbach-Oster bestechen durch ihre Eleganz und Reintönigkeit, die Süße ist niemals vordergründig, der Alkoholgehalt immer sehr moderat: klassische Mosel-Rieslinge! Zusammen mit Paul Hobbs hat Johannes Selbach in den Vereinigten Staaten ein neues, ambitioniertes Projekt begonnen. Im Bundesstaat New York, an den Finger Lakes, genau genommen am südlichen, recht steilen Ende des Lake Seneca, haben sie auf schieferähnlichen, aber doch deutlich härterem Gestein Riesling gepflanzt. 20 Hektar sollen es einmal werden, 2018 ist der erste Ertrag geplant. Daheim an der Mosel ist die jüngere Generation immer aktiver – die Geschwister Hannah und Sebastian. Die neue Vinothek in der Ürziger Mühle ist ebenfalls einen Besuch wert.

Kollektion

Johannes Selbach / Foto: Gintautas Jašinskas

Das vorgestellte trockene Sortiment ist klein. Ein einziger Wein führt diesen Begriff, aber der gefällt gut: Der trockene Kabinett mit Frische, etwas Zitruswürze und betont schlankem Stil führt das Sortiment an. Der Bömer genannte Riesling ist wie immer eigenwillig, verhalten, straff mit einer nussig-hefig wirkenden Würze am Gaumen und viel mineralischem Nachhall; der Wein wirkt trocken, obwohl er knapp über der gesetzlichen Grenze liegt. Herauszuheben ist der feinherbe Wein von uralten Reben, ein enorm würziger Riesling, dessen Süße eher angedeutet wird als dass sie offen zutage träte. Der Kabinett aus der Wehlener Sonnenuhr ist überraschend fest. Offensive Frucht mit Anklängen an Boskoop zeigt die Spätlese aus der Zeltinger Sonnenuhr, auch hier ist, wie beim Kabinett, die Süße eher angedeutet als voll ausgespielt. Die mit einem Stern versehene Spätlese ist da schon süßer, rassiger, noch primärfruchtig. Bei der Domprobst-Auslese ist schon die kühle Auslese-Aromatik mit Noten von kandiertem Apfel zu spüren. Schließlich die drei Spitzenweine, die unter den Namen Rotlay, Anrecht und Schmitt längst internationalen Ruf erlangt haben. Diejenige aus der Rotlay ist dunkelwürzig, enorm dicht, strukturiert, animierend und lang, die Anrecht-Auslese ist feiner in der Nase mit süßer Frucht, Anklängen an Birne und Steinobst, rassig und kühlfruchtig im Mund, ebenfalls sehr lang. Der Schmitt ist kraftvoll, würzig, saftig, schon jetzt zugänglich und packend. Die Drei-Sterne-Auslese ist ebenfalls wunderschön offensiv, lang, fest, und die Beerenauslese beeindruckt, weil sie glasklar ausfällt, eine sehr saubere Botrytisnote besitzt, etwas cremig und mit Anklängen an Blüten und Biskuit, im Mund ist sie dann überraschend saftig und lang, sehr animierend. Ein wunderschöner Stil.

Weinbewertung

87	2017 Riesling Kabinett trocken Zeltinger **11,5 %/11,- €**
91	2017 Riesling „Bömer" Zeltinger Schlossberg **12,5 %/22,- €**
91	2017 Riesling Spätlese „feinherb" „Ur-Alte Reben" Sonnenuhr **11,5 %/22,- €**
88	2017 Riesling Kabinett Wehlener Sonnenuhr **8,5 %/12,- €**
90	2017 Riesling Spätlese Zeltinger Sonnenuhr **8,5 %/18,- €**
90	2017 Riesling Spätlese* Zeltinger Sonnenuhr **8 %/20,- €**
89	2017 Riesling Auslese Graacher Domprobst **8 %/23,- €**
91	2017 Riesling Auslese „Anrecht" Zeltinger Himmelreich **9 %/25,- €**
93	2017 Riesling Auslese „Rotlay", Zeltinger Sonnenuhr **7,5 %/36,- €**
92	2017 Riesling Auslese „Schmitt", Zeltinger Schlossberg **7 %/33,- €**
93	2017 Riesling Auslese*** Zeltinger Sonnenuhr **7,5 %/50,- €**
92	2017 Riesling Beerenauslese* Zeltinger Sonnenuhr **6,5 %/70,- €/0,375l**

LAGEN

SCHLOSSBERG (ZELTINGEN)
- SCHMITT
- BÖMER
SONNENUHR (ZELTINGEN)
- ROTLAY
HIMMELREICH (ZELTINGEN)
- ANRECHT
SONNENUHR (WEHLEN)
DOMPROBST (GRAACH)
BADSTUBE (BERNKASTEL)

REBSORTEN

RIESLING (98 %)
WEISSBURGUNDER (2 %)

Selt

★★

KONTAKT

Zehnthofstraße 22
56599 Leutesdorf
Tel. 02631-75118
Fax: 02631-77352
www.weingutselt.de
weinmaster@weingutselt.de

Inhaber
Horst Peter Selt
Rebfläche
5 Hektar
Produktion
45.000 Flaschen

BESUCHSZEITEN

Mo.-Fr. nach Vereinbarung,
Sa. 9-18 Uhr
Gutsausschank Mo.-Fr. ab 14:30 Uhr, Sa./So. ab 12 Uhr

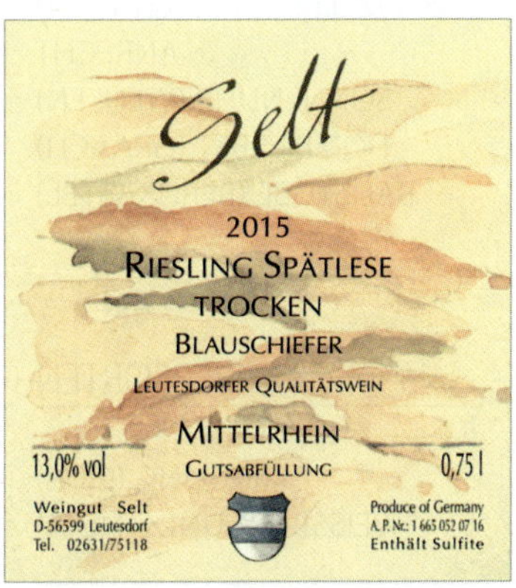

Die Familie baut seit dem 18. Jahrhundert Wein am Mittelrhein an. Seit 1979 führt Horst Peter Selt den Betrieb. Seine Weinberge befinden sich überwiegend in Steillagen mit bis zu 75 Prozent Steigung. Riesling ist bei ihm die wichtigste Rebsorte mit einem Anteil von 70 Prozent. Hinzu kommen etwas Weißburgunder, Kerner, Müller-Thurgau, Dornfelder und Portugieser. Seit dem Jahrgang 2006 kennzeichnet Horst Peter Selt seine Weine mit den Bezeichnungen Blauschiefer (Forstberg), Goldschiefer (Gartenlay) und Rosenschiefer (Rosenberg), weil er seine Weine lagenspezifisch ausbaut, die Leutesdorfer Winzerschaft aber mehrheitlich beschlossen hat, die Leutesdorfer Weinbergslagen Forstberg, Gartenlay und Rosenberg in der Lagenbezeichnung Gartenlay zu vereinen – alles andere als ein zeitgemäßer Beschluss, wünscht man doch in vielen anderen Weinbaugemeinden kleinere, präzisere Herkunftsbezeichnungen. Die Weine werden gekühlt in Edelstahltanks mit den natürlichen Hefen vergoren. 70 Prozent der Weine werden trocken ausgebaut, weitere 25 Prozent halbtrocken, wenn es der Jahrgang erlaubt werden auch edelsüße Weine erzeugt. Im Mai 2018 wurde ein Gutsausschank in einem restaurierten Winzerhaus von 1567 mit einem Weingarten direkt am Rhein eröffnet.

Kollektion

Die starke 2016er Kollektion wurde angeführt von einer reintönigen Auslese. Eine solche gab es 2017 nicht, so dass die Kollektion sich sehr gleichmäßig präsentiert, trocken wie feinherb und süß. Ein saftiger Weißburgunder eröffnet den Reigen. Der Blauschiefer-Riesling ist füllig, süffig, der Goldschiefer-Kabinett deutlich würziger, aber ebenso saftig. Die duftige trockene Spätlese ist enorm üppig und konzentriert, besitzt viel reife süße Frucht. Der halbtrockene Goldschiefer-Riesling besitzt Fülle, Kraft und reife Frucht, der halbtrockene Rosenschiefer-Kabinett ist klar und saftig. Auch der würzige Felsenspiel-Riesling besitzt Fülle, Saft und reife Frucht, der süße Blauschiefer ist deutlich würziger: Eine auf Saftigkeit und Süffigkeit ausgerichtete Kollektion recht üppiger Weine hat Hans Peter Selt 2017 auf die Flasche gebracht.

Weinbewertung

83 2017 Weißburgunder trocken „Blauschiefer" Leutesdorfer **12 %/6,30 €**
84 2017 Riesling trocken „Blauschiefer" Leutesdorfer **12 %/6,30 €**
83 2017 Riesling Kabinett trocken „Goldschiefer" Leutesdorfer **12,5 %/7,20 €**
85 2017 Riesling Spätlese trocken „Blauschiefer" Leutesdorfer **13,5 %/9,80 €**
83 2017 Riesling halbtrocken „Goldschiefer" Leutesdorf **12 %/6,30 €**
83 2017 Riesling Kabinett halbtrocken „Rosenschiefer" Leutesdorfer **12 %/7,20 €**
85 2016 Riesling „Felsenspiel" Leutesdorfer **12 %/8,20 €**
83 2017 Riesling „fruchtsüß" „Blauschiefer" Leutesdorfer **10,5 %/6,30 €**

SEMUS

★

N

KONTAKT

Kirchberg 2, 55545 Bad
Kreuznach-Bosenheim
Tel. 0671-63964
Fax: 0671-7948843
www.semus-wein.de
weingut@semus-wein.de

Inhaber
Norbert Semus &
Christoph Semus
Rebfläche
keine Angabe
Produktion
keine Angabe

BESUCHSZEITEN

nach Vereinbarung

Die Wurzeln der Familie Semus lassen sich in Bosenheim, an der Grenze der Weinbaugebiete Nahe und Rheinhessen, bis ins 17. Jahrhundert zurückverfolgen. Das Weingut in seiner jetzigen Form existiert seit den 1950er Jahren und wird heute von Norbert Semus und seinem Sohn Christoph geführt, der für die eigene kleine Weinkollektion verantwortlich zeichnet. 60 Prozent der Weinberge liegen an der unteren Nahe, auf dem Plateau zwischen Bosenheim und Bad Kreuznach mit überwiegend leichten Kies-Böden mit Anteilen von Löss-Lehm und Kalkmergel, die restlichen 40 Prozent liegen in Rheinhessen, um die Orte Volxheim und Hackenheim, dort finden sich Böden aus massivem Kalk-Tonmergel und tiefgründige Löss-Lehmböden. Angebaut werden zu zwei Dritteln weiße Sorten wie Riesling, Müller-Thurgau, Grau- und Weißburgunder, Scheurebe, Silvaner und Chardonnay und ein Drittel rote Sorten wie Dornfelder, Regent, Portugieser oder Acolon.

Kollektion

Sieben Weine von Christoph Semus konnten wir verkosten, sein gesamtes Sortiment. Die Weißweine zeigen alle klare Frucht, sind sauber, leicht, ganz rebsortentypisch und im besten Sinne unkompliziert. Schon der Müller-Thurgau in der Literflasche, knapp über der Trockengrenze, ist mit feiner Muskatwürze ganz auf der frischen Seite, der Riesling ist kräuterwürzig und leicht mit knackiger Säure, der Grauburgunder zeigt nussige und florale Noten, der halbtrockene Weißburgunder ist etwas fülliger mit dezenter Süße und die süße Scheurebe ist sehr intensiv und aromatisch, sehr fruchtbetont mit Zitrusnoten und schwarzer Johannisbeere. Der einzige Rote, der sortenreine Acolon, wurde 24 Monate im Barrique ausgebaut, ist kraftvoll, zeigt viel dunkle Frucht und gut dosierte Holzwürze, der Rosé ist saftig und frisch mit leicht floralen Noten und dezenter Süße. Ein solides Debüt, bei dem wir viel versprechende Ansätze für die nächsten Jahre sehen.

Weinbewertung

83 2017 Grauburgunder trocken **12,5 %/6,40 €**
82 2017 Riesling trocken **11,5 %/5,90 €**
81 2017 Müller-Thurgau halbtrocken (1l) **11 %/5,- €**
82 2017 Weißburgunder „feinherb" **11 %/5,90 €**
82 2016 Scheurebe „restsüß" **9,5 %/5,50 €**
80 2017 Rosé „feinherb" **10,5 %/5,50 €**
84 2015 Acolon trocken „Réserve" **13 %/9,50 €**

weingut semus

S

Sermann

★★★

KONTAKT

Seilbahnstraße 22
53505 Altenahr
Tel. 02643-7105
Fax: 02643-901646
www.sermann.de
info@sermann.de

Inhaber
Lukas Sermann
Rebfläche
7,5 Hektar
Produktion
60.000 Flaschen

BESUCHSZEITEN

Gutsausschank Do.-Di 10-18 Uhr; Gästehaus (ganzjährig)

Seit 1775 betreibt die Familie Weinbau aber erst seit 1936 besteht das eigene Weingut. Mit der Übernahme des Gutes durch Klaus Sermann im Jahr 1995 und dem Erwerb des Weingutes Kreuzberg in Reimerzhoven wurde das Weingut erweitert, im vergangenen Jahr hat sein Neffe Lukas Sermann den Betrieb übernommen, der nun Weingut Sermann und nicht mehr Sermann-Kreuzberg heißt. Seine Weinberge liegen in Altenahr (Eck, Übigberg), Ahrweiler (Forstberg), Mayschoss (Burgberg) und Dernau (Hardtberg), sowie in Marienthal (Trotzenberg). Spätburgunder nimmt drei Fünftel der Rebfläche ein. Es folgen Frühburgunder, Riesling und Portugieser, im rekultivierten Übigberg wurde Weißburgunder angebaut. Zum Weingut gehören ein Gutsausschank und ein Gästehaus. 2017 wurde ein neuer Keller gebaut.

Kollektion

Erneut präsentiert Lukas Sermann eine starke Kollektion. Im weißen Segment gefallen uns der füllige, saftige, recht süße Weißburgunder und der wurzige, zupackende trockene Riesling von den Terrassen besonders gut. Der Frühburgunder ist frisch und zupackend, der Frühburgunder aus dem Burgberg besitzt intensive Frucht, gute Struktur und Frische. Eine weitere Steigerung bietet der komplett für fünfzehn Monate im Barrique ausgebaute Goldkapsel-Frühburgunder aus dem Dernauer Hardtberg, zeigt reife rote Früchte, ist füllig und kraftvoll, besitzt gute Struktur, reife Frucht und Substanz. Schon der Basis-Spätburgunder ist sehr gut, ist reintönig und lebhaft wie auch der Ahrweiler Spätburgunder, der noch etwas kräftiger ist. Der Spätburgunder aus dem Altenahrer Eck besitzt rauchige Noten und feine Würze, deutlich mehr Fülle und Substanz und intensivere Frucht besitzt die Goldkapsel-Version. —

Weinbewertung

86 2017 Weißburgunder trocken Altenahrer **12,5 %/7,60 €**
84 2017 Riesling trocken **12 %/6,20 €**
82 2017 Spätburgunder „Blanc de Noir" trocken „Bellabianca" **12 %/6,80 €**
86 2017 Riesling Kabinett trocken „von den Terrassen" Altenahrer Eck **11 %/9,40 €**
85 2016 Spätburgunder trocken **12,5 %/6,80 €**
84 2016 Frühburgunder trocken **13,5 %/8,90 €**
86 2017 Spätburgunder trocken Ahrweiler **13 %/8,90 €**
88 2016 Frühburgunder trocken Mayschosser Burgberg **13 %/14,30 €**
87 2016 Spätburgunder trocken Altenahrer Eck **13 %/14,30 €**
90 2016 Frühburgunder trocken „Goldkapsel" Dernauer Hardtberg **13,5 %/21,- €**
89 2016 Spätburgunder trocken „Goldkapsel" Altenahrer Eck **13,5 %/21,- €**

SEUFERT

★★☆

KONTAKT

Silvaner Weingut Seufert
Bahnhofstraße 33
97346 Iphofen
Tel. 09323-3344
Fax: 09323-5202
www.weingut-seufert.de
weinhaus-seufert@t-online.de

Inhaber
Jürgen & Laura Seufert
Rebfläche
5 Hektar
Produktion
30.000 Flaschen

BESUCHSZEITEN

nach Vereinbarung

Seit Generationen baut die Familie Wein in Iphofen an, heute führen Jürgen Seufert und Ehefrau Edith den Betrieb, unterstützt von Tochter Laura, die die Weinbautechnikerschule in Veitshöchheim absolviert hat, während ihrer Ausbildung unter anderem bei Ludwig Knoll und Peter Jakob Kühn sowie in Südtirol war, derzeit in Geisenheim studiert. Die Weinberge liegen alle in Iphofen, in den Lagen Kronsberg, Kalb und Julius-Echter-Berg. Silvaner nimmt 80 Prozent der Rebfläche ein, weswegen man sich Silvaner-Weingut nennt, dazu gibt es Riesling, Müller-Thurgau, Bacchus, Kerner und Domina. Dem Weingut ist ein Hotel Garni mit 4 Gästezimmern und zwei Apartments angeschlossen.

Kollektion

Mit einer kleinen, aber ganz starken Kollektion hatten wir das Weingut im vergangenen Jahr zum ersten Mal vorgestellt – und mit der neuen Kollektion bestätigen Laura und Jürgen Seufert diesen starken Eindruck. Der Herzstück-Riesling und der maischevergorene Anarchie-Silvaner, beide aus dem Jahrgang 2015, waren unsere Favoriten im vergangenen Jahr, und ihre Nachfolger aus dem Jahrgang 2016 führen nun die neue Kollektion an. Schon der Basis-Silvaner ist sehr gut, fruchtbetont und frisch, lebhaft und zupackend, besitzt gute Struktur und Frucht. Der Rosé zeigt rote Früchte im Bouquet und feine Frische, ist klar und zupackend, frisch und fruchtbetont. Die beiden Lagen-Silvaner des Jahrgangs 2017 waren ebenso wie der Riesling im August 2018 noch nicht gefüllt, weshalb wir sie als Fassproben verkostet haben. Der Silvaner aus dem Kronsberg besitzt reife Frucht, feine Würze, Fülle und Kraft, gute Struktur und Substanz, ist noch etwas von jugendlichen Bitternoten geprägt. Der Silvaner aus dem Julius-Echter-Berg zeigt die intensivere Frucht, viel Konzentration, ist ebenfalls füllig und kraftvoll, besitzt viel reife Frucht und Substanz, ist schon zugänglicher als sein Kollege. Spannend ist wieder der rauchig-würzige Anarchie-Silvaner, dominant, enorm stoffig, besitzt gute Struktur, Substanz und Druck, braucht noch Zeit um sich zu entfalten. Dies gilt auch für den Herzstück-Riesling, der enorm rauchig und eindringlich im Bouquet ist, klar, kraftvoll und zupackend im Mund, gute Struktur und Frucht besitzt. ▬

Weinbewertung

85 2017 Silvaner trocken **12 %/7,- €**
(86) 2017 Silvaner trocken Iphöfer Kronsberg **12,5 %/8,60 €**
(87) 2017 Silvaner Spätlese trocken Iphöfer Julius-Echter-Berg **13 %/8,60 €**
(88) 2016 Riesling trocken „Herzstück" Iphöfer Kronsberg **13 %/15,- €**
88 2016 Silvaner trocken „Anarchie" „Herzstück" **12 %/15,- €**
85 2017 Rosé trocken **12 %/7,- €**

S

SEYBOLD

★★

KONTAKT

In den Herrenäckern 28/1
74348 Lauffen/Neckar
Tel. 07133-12899
Fax: 07133-12899
www.weingut-seybold.de
info@weingut-seybold.de

Inhaber
Peter Seybold
Rebfläche
4 Hektar

BESUCHSZEITEN

Sa. 9-14 Uhr oder nach Vereinbarung

Der kleine Familienbetrieb in Lauffen am Neckar wird heute in vierter Generation von Peter und Gudrun Seybold geführt. Sie werden im Betrieb von ihren Kindern unterstützt. Sohn Christian hat neben dem Studium praktische Erfahrungen in Neuseeland und Baden gesammelt. Cathrin Seybold, gelernte Goldschmiedin, führt als Weinerlebnisführerin durch die Lauffener Weinberge. Die Reben wachsen teils auf Muschelkalk, teils auf Lösslehmböden. Schwarzriesling, Lemberger, Grauburgunder, Weißburgunder und Riesling sind die wichtigsten Rebsorten. 2014 wurden die ersten beiden Weine erzeugt, im Jahrgang 2015 wurde erstmals eine umfassende Kollektion vorgestellt mit der in die Selbstvermarktung gestartet wurde. Die Weinberge werden biologisch bewirtschaftet, 2016 war der erste biologisch zertifizierte Jahrgang. Die Weißweine werden lange auf der Feinhefe ausgebaut, die Rotweine maischevergoren, die Weine der Y-Linie werden im Eichenholz oder im Granitfass ausgebaut. Die Weine werden wenn immer möglich durchgegoren.

Kollektion

Mit der neuen Kollektion bestätigt Peter Seybold den starken Eindruck der Vorjahre, die Weine der Y-Linie ragen hervor. Aber auch die Basis überzeugt, bietet klare, geradlinige Weine allen voran der reintönige, fruchtbetonte Weißburgunder. Und der Weißburgunder ist auch in der Y-Linie unser Favorit, besitzt Fülle und Kraft, gute Struktur und viel Frucht. Auch alle anderen Y-Weine sind sehr gut: Der Grauburgunder zeigt rauchige Noten, etwas Vanille, besitzt Fülle und Saft, der Riesling ist würzig und kraftvoll, der Pinot Meunier fruchtbetont und reintönig. Fruchtbetont und zupackend präsentiert sich die rote Cuvée aus Lemberger, Dornfelder und Cabernet Franc. Eine überzeugende Vorstellung!

Weinbewertung

83 2017 Riesling trocken **12,5 %/7,50 €**
84 2017 Weißburgunder trocken **13,5 %/7,50 €**
81 2017 Grauburgunder trocken **13 %/7,50 €**
83 2017 Pinot Gris trocken **13 %/7,50 €**
83 2017 Muskateller trocken **12,5 %/7,50 €**
87 2017 Weißburgunder „Y" trocken **13,5 %/13,50 €**
86 2017 Grauburgunder „Y" trocken **13,5 %/13,50 €**
86 2017 Riesling „Y" trocken **13 %/13,50 €**
83 2017 „Cyvée" Rosé trocken **12 %/7,50 €**
84 2016 Lemberger trocken **14 %/9,50 €**
86 2016 „Cyvée Rot" „YS" trocken **13 %/13,50 €**
86 2016 Pinot Meunier „Y" trocken **13,5 %/13,50 €**

S

Georg Siben Erben

★

KONTAKT

Weinstraße 21
67146 Deidesheim
Tel. 06326-989363
Fax: 06326-989365
www.weingut-siben.de
info@weingut-siben.de

Inhaber
Andreas Siben
Rebfläche
12 Hektar
Produktion
80.000 Flaschen

BESUCHSZEITEN

Di.-So. 10-18 Uhr

Anfang des 18. Jahrhunderts übersiedelte die Familie Siben aus den Niederlanden in die Pfalz und gründete 1710 das Weingut, das sich seither im Familienbesitz befindet. Die Familie war Gründungsmitglied des Vereins der Naturweinversteigerer der Rheinpfalz, des Vorläufers des heutigen VDP Pfalz, Wolfgang Siben war von 1967 bis 1999 dessen Vorsitzender. Heute wird das Weingut in zehnter Generation von Andreas Siben geleitet, der auf beste Lagen in Deidesheim wie Grainhübel, Kalkofen, Kieselberg, Langenmorgen, Paradiesgarten, Leinhöhle und Herrgottsacker zurückgreifen kann, aber auch im Ruppertsberger Reiterpfad und im Forster Ungeheuer Weinberge besitzt. Wichtigste Rebsorte ist Riesling, außerdem gibt es Burgundersorten, Regent, Gewürztraminer und Muskateller. Seit Anfang der 1990er Jahre werden die Weinberge ökologisch bewirtschaftet.

Kollektion

Die Rieslinge der aktuellen Kollektion sind deutlich präziser als ihre Jahrgangsvorgänger, bei denen wir teilweise starke Schwefelnoten bemängelt hatten. Schweflige Noten können wir in diesem Jahr nur noch ganz vereinzelt erkennen, etwa beim Grainhübel-GG, das kraftvoll ist und gute Substanz besitzt, etwas stärker schätzen wir das Ungeheuer-GG ein, das animierend und konzentriert ist und viel klare gelbe Frucht zeigt. Unter den Erste Lage-Rieslingen ragt der ebenfalls kraftvolle und fruchtbetonte Kieselberg mit feiner kräutriger Würze hervor. Und auch die Burgunder sind in diesem Jahr viel präsenter als im vergangenen Jahr, in dem sie doch etwas verhalten blieben, bei allen ist aber auch der recht hohe Alkoholgehalt zu spüren. —

Weinbewertung

80	2017 Riesling trocken (1l) „3er" **12,5 %/6,30 €**
83	2017 Riesling trocken Forster **13 %/8,- €**
82	2017 Riesling trocken Deidesheimer **12,5 %/8,- €**
82	2017 Blanc de Noirs trocken Ruppertsberg **13,5 %/9,- €**
84	2017 Weißburgunder trocken Ruppertsberg **14 %/9,- €**
84	2017 Auxerrois trocken Ruppertsberg **14 %/9,- €**
84	2017 Grauburgunder trocken Ruppertsberg **13,5 %/9,- €**
83	2017 Riesling trocken Deidesheimer Paradiesgarten **12,5 %/9,- €**
84	2017 Riesling trocken Deidesheimer Leinhöhle **13,5 %/9,- €**
86	2017 Riesling trocken Deidesheimer Kieselberg **13,5 %/12,- €**
85	2017 Riesling trocken Deidesheimer Kalkofen **13 %/12,- €**
87	2017 Riesling „GG" Grainhübel **13,5 %/23,- €**
88	2017 Riesling „GG" Ungeheuer **13,5 %/23,- €**
84	2017 Riesling Spätlese Deidesheimer Herrgottsacker **11 %/12,- €**
83	2016 Spätburgunder trocken Ruppertsberger Reiterpfad **13,5 %/12,- €**

SIEGLOCH

★★☆

KONTAKT

Albertviller Straße 51
71364 Winnenden
Tel. 07195-177120
Fax: 07195-177137
www.weingut-siegloch.de
info@weingut-siegloch.de

Inhaber
David & Markus Siegloch
Rebfläche
9 Hektar
Produktion
50.000 Flaschen

BESUCHSZEITEN

Do. + Fr. 16-18:30 Uhr,
Sa. 9-13 Uhr

Das Weingut entstand 1993 durch die Zusammenlegung der Weinberge der Familien Klöpfer in Winnenden und Siegloch in Cannstatt. Seit 2006, seit sich die Brüder Markus und David Siegloch im Betrieb engagieren, hat man den Betrieb umstrukturiert, es wurde in den Keller investiert, ein neuer Barriquekeller wurde errichtet. 2013 haben Markus und David Siegloch das Weingut übernommen, im Jahr darauf von „Siegloch-Klöpfer" in Siegloch umbenannt. Ihre Weinberge liegen in Winnenden (Haselstein, Holzenberg) und Bad Cannstatt (Zuckerle, Berg). Auf den Muschelkalkböden im Cannstatter Zuckerle wachsen überwiegend Rotweine. Auf den Stubensandsteinböden in Winnenden, bis zu 400 Meter hoch, werden vor allem in den höhergelegenen Weinbergen weiße Sorten angebaut. Die Weine der Vogelfrei-Linie werden alle spontanvergoren, weder filtriert noch geschönt.

Kollektion

Im vergangenen Jahr hatten uns die Weißweine überrascht, dieses Jahr aber führen wie gewohnt wieder die barriqueausgebauten Rotweine die Kollektion an. Die Weißen aber sind ebenfalls stark: Der im Tonneau ausgebaute Vogelfrei-Weißburgunder zeigt dezenten Toast, rauchige Noten, ist kraftvoll und strukturiert, der drei Wochen maischevergorene Sandhase-Riesling ist kraft- und druckvoll, besitzt Substanz und Frucht. Im roten Segment gefällt uns die Vogelfrei-Linie sehr gut: Der Spätburgunder besitzt intensive Frucht und gute Struktur, der zupackende Merlot ein wenig grüne Noten. Beeindruckend ist der zu zwei Drittel in neuen Barriques ausgebaute Lemberger, besitzt Fülle und Kraft, gute Struktur und reife Frucht. Gleichauf sehen wir die komplett in neuen Barriques ausgebaute Cuvée Aves, die intensiv fruchtig ist, strukturiert und zupackend.

Weinbewertung

84 2014 Pinot „R" Sekt brut nature **12,5 %/16,- €**
83 2017 Riesling trocken **11,5 %/6,90 €**
88 2016 Riesling trocken „Sandhase" **12,5 %/14,50 €**
86 2016 Weißburgunder trocken „vogelfrei" **12,5 %/14,50 €**
83 2017 Muskateller „nass" **10,5 %/6,90 €**
83 2017 „O.S.T Original.Siegloch.Trinkhilfe" Rosé trocken **11,5 %/6,90 €**
82 2017 Syrah Rosé „Booom" trocken **12,5 %/10,70 €**
84 2017 Lemberger trocken **13 %/6,90 €**
86 2016 Spätburgunder trocken „vogelfrei" **12,5 %/10,70 €**
85 2016 Merlot trocken „vogelfrei" **13 %/14,50 €**
89 2015 Lemberger „R" trocken „vogelfrei" **13,5 %/22,- €**
89 2015 „Aves R" trocken „vogelfrei" **14,5 %/25,- €**

SIEGRIST

★★★★

KONTAKT

Am Hasensprung 4
76829 Leinsweiler
Tel. 06345-1309
Fax: 06345-7542
www.weingut-siegrist.de
wein@weingut-siegrist.de

Inhaber
Familien Siegrist & Schimpf
Kellermeister
Bruno Schimpf
Rebfläche
16 Hektar
Produktion
100.000 Flaschen

BESUCHSZEITEN

Mo.-Fr. 8-12 + 13:30-18 Uhr,
Sa. 9-16 Uhr oder nach
Vereinbarung

S

Die Familie Siegrist betreibt in Leinsweiler seit vielen Generationen Weinbau, bis in die 1970er Jahre hinein in der damals häufigen Form als landwirtschaftlicher Gemischtbetrieb. Als Thomas Siegrist 1974 zusammen mit seiner Frau Gisela den Betrieb übernahm, konzentrierte er sich nur noch auf den Weinbau und stellte konsequent auf Selbstvermarktung um. Schon Mitte der 1980er Jahre begann er als einer der ersten Winzer in der Pfalz damit, seine Rotweine im Barrique auszubauen – woraufhin die damit offensichtlich überforderte Weinkontrolle ihm bescheinigte, diese Weine seien „nicht verkehrsfähig“. Heute führt er das Weingut, das längst eine feste Größe in der Südpfalz ist, zusammen mit seiner Tochter Kerstin und seinem Schwiegersohn Bruno Schimpf, der die Verantwortung im Keller übernommen hat. Ihre Weinberge liegen in Leinsweiler (Sonnenberg), Ilbesheim (Kalmit), Eschbach und Wollmesheim. Im Kernstück des Leinsweiler Sonnenbergs besitzen sie 2,5 Hektar. Auf 70 Prozent der Rebfläche stehen weiße Sorten, wichtigste Rebsorte ist Riesling, mit einem Anteil von 30 Prozent an der Gesamtfläche, gefolgt von Weißburgunder, Chardonnay, Grauburgunder, Sauvignon Blanc, Muskateller und etwas Silvaner. Wichtigste rote Sorte ist der Spätburgunder, der auf 12 Prozent der Fläche steht, außerdem gibt es noch Cabernet Sauvignon, Frühburgunder, Dornfelder und Merlot. Das Sortiment ist gegliedert in Gutsweine, Ortsweine und Lagen- sowie Reserve-Weine, Große Gewächse gibt es mit Riesling und Spätburgunder aus dem Sonnenberg und dem Spätburgunder aus der Kalmit. Seit der ersten Ausgabe empfehlen wir die Siegrist-Weine und seither haben Thomas Siegrist und Bruno Schimpf stetig zugelegt, beim Weißwein wie beim Rotwein. Und dass die Weine Zeit brauchen und hervorragend reifen können, davon konnten wir uns in der Vergangenheit immer wieder bei der Verkostung älterer Jahrgänge überzeugen.

Kollektion

Die vier verkosteten Gutsweine sind wieder konsequent trocken ausgebaut, sind schlank und animierend und befinden sich in diesem Jahr auf einem durchgängigen Niveau, besonders der Riesling hat gegenüber dem letzten Jahr zu den anderen aufgeschlossen, er zeigt kräutrige und leicht steinige Würze, ist straff und animierend. Der Sauvignon Blanc zeigt klare Frucht, Maracuja, Pfirsich und etwas Stachelbeere, besitzt Biss, der Pinot Blanc ist mit Noten von Birne und Honigmelone ebenfalls reintönig, zeigt etwas florale Noten und besitzt Frische, der Pinot Gris ist sehr präsent, zeigt viel Frucht und leicht nussige Würze. Der Pinot-Sekt aus Weiß- und Spätburgunder ist frisch

und würzig, zeigt leicht zurückhaltende gelbe Frucht und Zitrusnoten, der Ilbesheimer Orts-Weißburgunder besitzt gute Konzentration, viel kräutrige und florale Würze, ist reintönig und lang. Der Riesling „Heidenbäumel" ist kraftvoll und animierend, besitzt leicht süße, gelbe Frucht und gute Länge, der in Barriques ausgebaute Riesling „Rudus" zeigt deutliche Röstnoten, etwas Kokos und Blutorange, besitzt ein animierendes, nachhaltiges Säurespiel und entwickelt feinen Druck, das Riesling-Große Gewächs vom Sonnenberg ist etwas stärker als seine Jahrgangsvorgänger, zeigt im Bouquet viel kräutrig-mineralische Würze und komplexe Frucht mit Noten von grünem Apfel, Ananas und Orangenschale, besitzt Konzentration, feinen Grip und Länge. Die beiden Chardonnay sind stilistisch sehr ähnlich, zeigen deutliche röstige Würze und Noten von Kokos und Banane im Bouquet und besitzen salzige Länge, der „Grande Réserve" besitzt deutliche Zitruswürze und einen feinen, nachhaltigen Säuregrip, der „Réserve" ist etwas fülliger und weicher. Vom Merlot gibt es jetzt auch eine „Réserve"-Version, der Wein zeigt im Bouquet dunkle Frucht, Pflaume, etwas Lakritze und dezente Röstnoten, besitzt Kraft, viel Kräuterwürze und gute Länge, der Pinot Noir „Schelmenstück" besitzt feine, kühle Frucht, gute Struktur und zeigt nur sehr dezentes Holz, der „Lössriedel"-Pinot Noir ist noch komplexer, zeigt viel klare Kirschfrucht, Kräuternoten und ebenfalls dezente Holzwürze, ist kraftvoll, elegant und lang.

Kerstin & Bruno Schimpf

Weinbewertung

87	2015 Pinot Sekt brut nature	**13 %/15,- €**
86	2017 Riesling trocken	**12 %/7,50 €**
86	2017 Pinot Blanc trocken	**12 %/8,- €**
86	2017 Pinot Gris trocken	**12,5 %/8,- €**
86	2017 Sauvignon Blanc trocken	**12,5 %/9,- €**
88	2017 Riesling trocken „Heidenbäumel" Leinsweiler	**13,5 %/12,- €**
89	2015 Riesling trocken „Rudus"	**13,5 %/18,- €**
(88)	2017 Pinot Blanc trocken Ilbesheim	**12 %/16,- €**
89	2015 Chardonnay trocken „Réserve"	**14 %/22,- €**
91	2017 Riesling „GG" Sonnenberg	**12,5 %/24,- €**
90	2014 Chardonnay trocken „Grande Réserve"	**14 %/28,- €**
88	2015 Pinot Noir trocken „Schelmenstück"	**13,5 %/22,- €**
90	2015 Pinot Noir tocken „Lössriedel"	**13,5 %/33,- €**
89	2015 Merlot trocken „Réserve"	**13,5 %/28,- €**

LAGEN

SONNENBERG (LEINSWEILER)
KALMIT (ILBESHEIM)

REBSORTEN

RIESLING (30 %)
WEISSBURGUNDER (14 %)
SPÄTBURGUNDER (12 %)
CHARDONNAY (11 %)
GRAUBURGUNDER (6 %)
CABERNET SAUVIGNON (6 %)
FRÜHBURGUNDER (5 %)
SAUVIGNON BLANC (4 %)
DORNFELDER (4 %)
MUSKATELLER (3 %)
MERLOT (3 %)

Siener

★★★☆

KONTAKT

Weinstraße 31
76831 Birkweiler
Tel. 06345-3539
Fax: 06345-919100
www.weingutsiener.de
info@weingutsiener.de

Inhaber
Peter Siener
Rebfläche
15,5 Hektar
Produktion
100.000 Flaschen

BESUCHSZEITEN

Mo. + Mi.-Fr. 9-12 + 14-18 Uhr, Sa. 10-16 Uhr (um Anmeldung wird gebeten), Di. So. + feiertags geschlossen

Seit Peter Siener in den elterlichen Betrieb eingestiegen ist ging es qualitativ steil bergauf, die Rebfläche wurde mehr als verdoppelt. Seine Weinberge liegen vor allem in Birkweiler, ein großer Teil im Kastanienbusch und in der Lage Am Dachsberg (seit 1971 ein Teil des Kastanienbuschs), aber auch im Mandelberg und im Rosenberg sowie im Leinsweiler Sonnenberg ist Peter Siener vertreten. Seit dem Jahrgang 2015 werden die Weine komplett spontanvergoren, teils mit Maischestandzeiten, die Weißweine bleiben lange auf der Feinhefe, die Spätburgunder reifen zwei Jahre im Fass.

Kollektion

Peter Siener bleibt auch in diesem Jahr seiner Linie der schlanken, eleganten Weißweine treu, bei unseren beiden Favoriten zeigt der „Schiefer"-Riesling steinige, leicht rauchige Würze und deutliche Zitrusnoten, Orange und Ananas, ist druckvoll und animierend mit salziger Länge, der Weißburgunder aus dem Mandelberg ist konzentriert, harmonisch und schlank mit viel gelber Frucht, Aprikose und etwas Zitrus, und floraler Würze. Der Weißburgunder aus dem Rosenberg ist noch etwas fruchtbetonter, der Chardonnay zeigt sehr dezentes Holz, besitzt viel feinen Grip, ist animierend und lang. Der Rotliegend-Riesling zeigt kräutrig-mineralische Noten, der Dachsberg ist noch leicht verhalten, besitzt aber Substanz und Grip, die füllige Scheurebe Fumé wirkt noch etwas unfertig, Frucht und Holz stehen noch nebeneinander und sind noch nicht ganz harmonisch. Unter den Rotweinen zeigt der Lacrima dunkle Frucht und kühle, kräutrige Würze, der Pinot Noir aus dem Kastanienbusch besitzt gute Konzentration und Struktur, zeigt rote und dunkle Frucht und wirkt noch sehr jung.

Weinbewertung

86	2017 Weißer Burgunder trocken **12,5 %/8,40 €**
88	2017 Weißer Burgunder trocken Birkweiler Rosenberg **12,5 %/13,50 €**
86	2017 Riesling trocken „Kalkmergel" **12,5 %/8,80 €**
86	2017 Riesling trocken „Buntsandstein" **12 %/8,80 €**
88	2017 Riesling trocken „Rotliegend" Birkweiler Kastanienbusch **12 %/13,50 €**
90	2017 Weißer Burgunder trocken Birkweiler Mandelberg **12,5 %/21,50 €**
88	2017 Riesling trocken Birkweiler „am Dachsberg" **12,5 %/13,50 €**
90	2017 Riesling trocken „Schiefer" Birkweiler Kastanienbusch **12,5 %/21,50 €**
89	2017 Chardonnay trocken Birkweiler Mandelberg **12,5 %/21,50 €**
87	2016 Scheurebe trocken „Fumé" **13 %/28,- €**
88	2017 Riesling Auslese Birkweiler Kastanienbusch **7,5 %/16,- €**
88	2015 „Lacrima" Rotwein trocken **14 %/16,50 €**
87	2015 Spätburgunder trocken Birkweiler „am Dachsberg" **13,5 %/18,50 €**
90	2015 Pinot Noir trocken Birkweiler Kastanienbusch **13,5 %/32,- €**

JOSEF J. SIMON

★★

KONTAKT

Vogteistraße 15
79112 Freiburg-Tiengen
Tel. 07664/6116480
Fax: 07664/6116472
www.josef-simon-wein.de
mail@josef-simon-wein.de

Inhaber
Josef J. Simon
Rebfläche
4 Hektar
Produktion
25.000 Flaschen

BESUCHSZEITEN

Sa. 11-12 Uhr, am besten nach Vereinbarung, Festnetz oder mobil (Tel. 0179-1050690)

Josef Simons Großvater und ebenso sein Vater waren Mitglied bei einer Genossenschaft. Er selbst absolvierte eine Winzerlehre, studierte aber anschließend Betriebswirtschaft und kam erst 2005 in die Heimat zurück, und es dauerte noch ein paar Jahre bis er beschloss, selbst Wein am Tuniberg zu erzeugen. 2009 gründete er zusammen mit seiner Ehefrau das eigene Weingut. Heute bewirtschaften sie 4 Hektar, zu einem Drittel Spätburgunder, zu einem Drittel Weiß- und Grauburgunder, hinzu kommen Sauvignon Blanc, Muskateller und Müller-Thurgau; Josef Simon möchte diese Rebfläche verkleinern, um seinen „hohen Ansprüchen im Weinberg entspannter genügen" zu können. Alle Weine werden trocken und durchgegoren ausgebaut.

Kollektion

Eine sehr gleichmäßige Kollektion präsentiert Josef Simon auch in diesem Jahr, mit Vorteilen wie gewohnt im roten Segment, und wieder hat er uns mehrere Jahrgänge seiner Spätburgunder geschickt. Der „normale" Spätburgunder zeigt konstantes Niveau in allen drei Jahrgängen, ist reintönig und frisch, geradlinig und druckvoll, der 2014er ist sehr präzise. Eine deutliche Steigerung bringt der Pinot Noir: 2013 rauchig, fruchtbetont, zupackend und strukturiert, 2014 ein wenig wilder, präziser und druckvoller. Der 2015er mit dem Zusatz Holzweg besticht mit reintöniger Frucht, ist kraftvoll, noch recht jugendlich und tanninbetont. Unter den Sekten ziehen wir den eindringlich muskatwürzigen Muskateller vor. Die Weißweine zeigen sehr gleichmäßiges Niveau, sind fruchtbetont, herrlich frisch und klar, der geradlinige Weißburgunder und der zupackende, strukturierte Sauvignon Blanc gefallen uns besonders gut. Schöne Stilistik, überzeugende Kollektion!

Weinbewertung

83 2016 Pinot Sekt brut **12,5 %/12,- €**
85 2016 Muskateller Sekt brut **12,5 %/12,- €**
83 2017 „Zwitscherli" Weißwein trocken **11,5 %/6,- €**
85 2017 Sauvignon Blanc trocken **12,5 %/9,- €**
84 2016 Weißburgunder trocken **12,5 %/7,- €**
83 2016 Grauburgunder trocken **13,5 %/8,50 €**
83 2017 Muskateller trocken **12 %/9,- €**
83 2017 Rosé trocken **11,5 %/7,50 €**
85 2012 Spätburgunder trocken **12,5 %/8,50 €**
85 2013 Spätburgunder trocken **12,5 %/8,50 €**
85 2014 Spätburgunder trocken **12,5 %/8,50 €**
88 2013 Pinot Noir trocken Barrique **12,5 %/19,- €**
88 2014 Pinot Noir trocken Barrique **12,5 %/19,- €**
89 2015 Pinot Noir trocken „Holzweg" **13 %/28,- €**

Simonis

★

KONTAKT

Rathausstraße 61
56862 Pünderich
Tel. 06542-2867
Fax: 06542-1578
www.weingut-simonis.de
info@weingut-simonis.de

Inhaber
Elke Simonis, Nico Simonis
Kellermeister
Nico Simonis
Rebfläche
3,6 Hektar
Produktion
30.000 Flaschen

BESUCHSZEITEN

Vinothek Mo./Mi./Fr. 17:30-19 Uhr; Ferienwohnungen

Der Weinort Pünderich ist allmählich auf dem Weg, sich zu einer Hochburg des guten Rieslings zu entwickeln. Zur erweiterten Spitze des Ortes muss man inzwischen auch das Weingut Simonis rechnen, einen von Elmar und Elke Simonis sowie Sohn Nico Simonis geführten Betrieb, der etwas mehr als drei Hektar bewirtschaftet. Nico Simonis hat nach seiner Technikerausbildung die Verantwortung im Keller übernommen. Riesling dominiert in diesem Weingut, das Parzellen in den Lagen Pündericher Marienburg und Pündericher Nonnengarten besitzt, nimmt drei Viertel der Rebfläche ein, aber auch Weiß- und Grauburgunder sowie Spätburgunder spielen eine nicht zu unterschätzende Rolle, hinzu kommen ein klein wenig Müller-Thurgau und Dornfelder. Die Weißweine werden langsam und gekühlt vergoren und in Edelstahltanks ausgebaut; seit 2012 wird der Großteil der Rieslinge spontanvergoren. Alle Rotweine werden nach klassischer Maischegärung hergestellt und entweder im großen Holzfass oder im Barrique gereift. Mehrere Ferienwohnungen komplettieren das Angebot des Hauses.

Kollektion

Das Debüt im vergangenen Jahr erbrachte saftige, sehr gleichmäßig gute Weine, darunter nicht nur Rieslinge, sondern auch einen Grauburgunder. Genau diese Rebsorte gefällt auch im Jahrgang 2017: Der Wein ist saftig, würzig, sortentypisch. Gelungen ist auch der Weißburgunder, etwas schlanker, fast spritzig. Bei den Rieslingen gibt es keinerlei Enttäuschungen, vom Schaumwein aus 2015 (reif und würzig, aber mit Substanz) über die 2017er Basis bis zur Spitze sind sie klar, zugänglich, mit Substanz. Der würzige trockene „Rot-Schiefer" etwa oder die feinherbe Spätlese – Letztere besitzt eine offene Steinobstfrucht und eine saftige Art. Schließlich überzeugt die Marienburg-Auslese mit reifen Zitrusnoten.

Weinbewertung

85 2015 Riesling Sekt brut „Viadukt" **13 %/9,20 €**
85 2017 Weißer Burgunder trocken **12 %/5,80 €** ☺
84 2017 Grauer Burgunder trocken **12,5 %/7,30 €**
86 2017 Riesling Kabinett trocken „Rot-Schiefer" **11,5 %/6,- €** ☺
84 2017 Riesling Hochgewächs trocken „Viadukt" **12 %/6,30 €**
84 2017 Riesling Kabinett halbtrocken Pündericher Nonnengarten **10,5 %/6,- €**
83 2017 Riesling Hochgewächs „feinherb" „Viadukt" **11 %/6,30 €**
84 2017 Riesling Hochgewächs „Viadukt" **9 %/6,30 €**
86 2017 Riesling Spätlese „feinherb" Pündericher Marienburg **12 %/9,20 €**
87 2017 Riesling Auslese Pündericher Marienburg **8 %/8,50 €/0,5l**

S

SIMON-BÜRKLE

★★★

KONTAKT

Wiesenpromenade 13
64673 Zwingenberg
Tel. 06251-76446
Fax: 06251-788641
www.simon-buerkle.de
info@simon-buerkle.de

Inhaber
Dagmar Simon, Johannes Bürkle
Rebfläche
12 Hektar
Produktion
80.000 Flaschen

BESUCHSZEITEN

Mo.-Fr. 9-12 + 15-18 Uhr,
Sa. 9-13 Uhr

Die Studienkollegen Kurt Simon, der 2003 verstarb, und Wilfried Bürkle, im Januar 2013 im Alter von 54 Jahren verstorben, haben 1991 gemeinsam dieses Weingut in Zwingenberg gegründet und an die Spitze im Anbaugebiet Hessische Bergstraße geführt. Wilfried Bürkles Sohn Johannes führt das Weingut nun gemeinsam mit Dagmar Simon. Die Weinberge liegen in den Zwingenberger Lagen Steingeröll und Alte Burg, im Auerbacher Höllberg und im Alsbacher Schöntal. Riesling, Weiß- und Grauburgunder, Chardonnay, Silvaner und Kerner werden angebaut, hinzu kommt ein für die Hessische Bergstraße recht hoher Rotweinanteil von 15 Prozent, der sich aufteilt auf Spätburgunder, Lemberger, Cabernet Sauvignon, St. Laurent und Dunkelfelder.

Kollektion

Eine sehr gute, stimmige Kollektion zeigen Johannes Bürkle und Dagmar Simon auch in diesem Jahr. Die Rebsorten sind wie immer sehr schön herausgearbeitet, es herrscht schnörkellose Klarheit. Der Liter-Riesling ist ganz klar, hat viel Frucht und Biss – ein Wein zum Wachbleiben. Der Riesling Granit ist eindringlich, herrlich saftig, nicht zu süß, hat eine gute Säurestruktur. Der Riesling Diorit zeigt feine Reifenoten, dezent Honig, Würze, ist vielschichtig und elegant, vibriert auf der Zunge. Der Auxerrois zeigt schweren Blütenduft, viel Frucht, feine Säure. Der Grauburgunder zeigt frische Frucht, ist sehr präzise. Sehr typisch ist der Liter-Silvaner, erdig mit feinem Mandelaroma und guter Säurestruktur. Herrlich viel Frucht und Holunderblüten zeigt der Muskateller, er ist sehr saftig. Der feinherbe Silvaner ist gerade nicht mehr trocken, zeigt spritzige Eleganz. Ein vielschichtiges Aromenbild bietet der Cabernet Sauvignon: Dunkle Früchte, Tabak, Gummi, Graphit, Gewürze, die Tannine sind reif und elegant, er hat viel Kraft und Wärme. Sehr feinwürzig und von kräftiger Eleganz ist der Spätburgunder: Reife Frucht, viel Wärme, weiche, feine Säure.

Weinbewertung

86 2016 Muskateller Sekt brut **12,5 %/13,- €**
83 2017 Silvaner trocken (1l) **12,5 %/6,80 €**
83 2017 Riesling trocken (1l) **12 %/6,80 €**
84 2017 Auxerrois trocken Alsbacher Schöntal **12 %/8,80 €**
85 2017 Grauburgunder trocken **12 %/8,80 €**
87 2017 Riesling trocken „Granit" **12,5 %/8,80 €**
86 2017 Muskateller trocken Zwingenberger Steingeröll **12 %/8,80 €**
89 2015 Riesling trocken „Diorit" **13 %/17,- €**
84 2017 Silvaner „feinherb" Zwingenberger Steingeröll **12 %/8,50 €**
86 2015 Riesling Spätlese Auerbacher Höllberg **11,5 %/9,50 €**
89 2013 Spätburgunder trocken Zwingenberger Steingeröll **14 %/19,- €**
89 2012 Cabernet Sauvignon trocken Auerbacher Höllberg **14 %/29,- €**

Singer-Bader

★★

KONTAKT

Rosenstraße 1
71404 Korb
Tel. 07151-9865707
Fax: 07151-9865708
www.weingut-singer.de
www.weingut-bader.de
www.weinkorb.de
info@weinkorb.de

Inhaber
Julian & Barbara Singer
Betriebsleiter Barbara Singer
Kellermeister Hans Bader
Außenbetrieb Julian Singer
Rebfläche 7 Hektar
Produktion 30.000 Flaschen

BESUCHSZEITEN

Weingut Kernen-Stetten
(Albert-Moser-Straße 100)
Mo.-Fr. 16-18 Uhr, Sa. 10-14 Uhr;
Vinothek „Weinkorb" Mi.-Fr.
15-19 Uhr, Sa. 11-14 Uhr

Aus den Weingütern Bader in Stetten und dem Weingut Singer in Korb wird nun das Weingut Singer-Bader. Hans und Iris Bader hatten ihr Weingut in Stetten aufgebaut, ihre Tochter Barbara hatte zusammen mit Ehemann Julian Singer 2009 ihr eigenes Weingut gegründet, nun wurden beide Weingüter zu einem Betrieb zusammengelegt, die Weine beider Weingüter werden schon seit einigen Jahren zusammen vertrieben. Julian Singer absolvierte seine Lehre bei Bernhard Ellwanger und Aldinger, studierte dann in Geisenheim. Die Bader'schen Weinberge liegen in den Stettener Lagen Pulvermächer, Mönchberg, Lindhälder und Häder, die von Julian und Barbara Singer in der Korber Sommerhalde, im Steinreinacher Hörnle und im Kleinheppacher Sonnenberg. Neben Riesling und Trollinger, Lemberger und Spätburgunder gibt es eine breite Palette internationaler Sorten wie Sauvignon Blanc, Zweigelt, Merlot, Cabernet Sauvignon, Cabernet Franc und Syrah.

Kollektion

Eine umfangreiche, sehr gleichmäßige Kollektion präsentieren Julian und Barbara Singer in diesem Jahr. Die beiden trockenen Rieslinge aus dem Pulvermächer gefallen uns sehr gut: Der Kabinett ist würzig, eindringlich, füllig, der Wein von alten Reben fruchtbetont und zupackend. Der reintönige Sauvignon Blanc ist klar und geradlinig. Spannend: Der Orange Wine von der Geiernhalde in Stetten, ohne Filtration, ohne Schwefel, stoffig, intensiv, zupackend. Trollinger gibt es in diesem Jahr als konzentrierten, gewürzduftigen Eiswein. Im roten Segment gefällt uns die Cuvée aus Cabernet Franc und Cabernet Sauvignon am besten, die Fülle und Kraft besitzt, reife Frucht und Substanz.

Weinbewertung

82	2017 Weißburgunder trocken **12 %/8,40 €**
85	2017 Riesling Kabinett trocken Stettener Pulvermächer **11,5 %/7,80 €**
85	2017 Riesling trocken „alte Reben" Stettener Pulvermächer **12 %/9,20 €**
83	2017 Scheurebe trocken **12,5 %/8,50 €**
84	2017 Sauvignon Blanc trocken „Visavis" **12 %/8,80 €**
83	2017 Riesling „feinherb" „Plaisir" **11 %/8,10 €**
86	2017 „Orange Wine" Weißwein **12,5 %/15,- €**
82	2015 Spätburgunder trocken **13 %/8,20 €**
82	2016 Zweigelt **12,5 %/7,80 €**
82	2015 Cabertin **13 %/7,60 €**
82	2016 Merlot trocken **14,5 %/14,- €**
85	2015 Rotwein-Cuvée Cabernet Franc Cabernet Sauvignon **14 %/10,80 €**
82	2015 Lemberger trocken **13,5 %/8,80 €**
85	2016 Trollinger Eiswein **10,5 %/26,- €**

SIX

★★

KONTAKT

Friedhofstraße 1a
97717 Wirmsthal
Tel. 09704-6317
www.six-wein.de
info@six-wein.de

Inhaber
Familie Six
Rebfläche
3 Hektar
Produktion
20.000 Flaschen

BESUCHSZEITEN

nach Vereinbarung

Wirmsthal liegt ganz im Norden des fränkischen Weinbaugebietes, unmittelbar nördlich von Ramsthal, ist seit 1978 ein Ortsteil des Marktes Euerdorf. Wirmsthal liegt in einem Seitental des Sulzbaches, der bei Euerdorf in die Saale mündet. Anton Six hatte Weinbau immer im Nebenerwerb betrieben, seit absehbar war, dass die Söhne sich für Wein interessieren, wurde die Rebfläche erweitert und in die Selbstvermarktung investiert. 2015 wurde die Rebfläche von 1,3 Hektar auf 3 Hektar erweitert. Die Weinberge liegen im Wirmsthaler Scheinberg, der seit 1971 einzigen Lage in Wirmsthal, sowie im Ramsthaler St. Klausen, die Reben wachsen an Südhängen auf Muschelkalkböden, bestehen derzeit aus 85 Prozent weißen und 15 Prozent roten Sorten. 2015 haben Daniel und Oliver Six den Betrieb übernommen. Die Weine werden alle spontanvergoren und lange auf der Vollhefe ausgebaut, die Weine kommen erst ein Jahr nach der Ernte in den Verkauf. Die Ernte 2018 wird erstmals im eigenen Keller in Wirmsthal ausgebaut, überwiegend in großen gebrauchten Eichenholzfässern; die Weine sollen zukünftig länger auf der Hefe ausgebaut werden.

Kollektion

In diesem Jahr haben wir überwiegend nochmals 2016er Weine verkostet, teils mit längerem Hefelager und anderer AP-Nummer als im vergangenen Jahr, vor allem Silvaner und Bacchus haben davon deutlich profitiert. Erstmals vorgestellt wurden der kompakte Silvaner der Ethos-Gruppe und die 2016er Domina, die intensive Frucht und gute Struktur besitzt. Die beiden herausragenden Weine im Sortiment sind ebenfalls neu: Der spontan vergorene und 22 Monate auf der Vollhefe ausgebaute Kordon-Silvaner besitzt viel Konzentration, gelbe Früchte, ist füllig und stoffig bei guter Struktur und Druck, der ebenfalls spontan vergorene Meunier besitzt reintönige Frucht, Kirschen, feine Frische, gute Struktur und Frucht. Die Handschrift gefällt uns, die Weine sind eigenständig: Im Aufwind! —

Weinbewertung

84 2016 Silvaner trocken Wirmsthaler Scheinberg **11,5 %/10,- €**
82 2016 Müller-Thurgau trocken Wirmsthaler Scheinberg **11,5 %/9,- €**
84 2016 Bacchus trocken Wirmsthaler Scheinberg **11,5 %/9,- €**
83 2016 „Blanc de Six" Weißwein Frankens Saalestück **12 %/7,50 €**
85 2015 Silvaner trocken „Ethos No. 1" **12,5 %/35,- €**
88 2014 Silvaner trocken „Kordon" Wirmsthaler Scheinberg **12 %/25,- €**
84 2016 „Rosé de Six" Frankens Saalestück **11,5 %/7,50 €**
84 2016 Domina trocken Wirmsthaler Scheinberg **12,5 %/12,50 €**
88 2016 Pinot Meunier „R" trocken Ramsthaler St. Klausen **12,5 %/25,- €**

Sohns

★★☆

KONTAKT

Nothgottesstraße 33
65366 Geisenheim
Tel. 06722-8940
Fax: 06722-75588
www.weingut-sohns.de
info@weingut-sohns.de

Inhaber Erich & Pascal Sohns
Rebfläche 8,5 Hektar
Produktion 50.000 Flaschen

BESUCHSZEITEN

Mo.-Sa. nach Vereinbarung
Straußwirtschaft (Ende Juli bis Mitte Sept.), Ferienwohnungen

Jakob Sohns kaufte 1933 den ersten Weinberg. Hauptberuflich baute er Weinflaschenregale, im Nebenerwerb erweiterte er die Weinbaufläche, entwickelte zusammen mit Sohn Otto nach dem Zweiten Weltkrieg das Weingut zum Haupterwerbsbetrieb. Otto Sohns übernahm 1969 das Gut mit 3 Hektar Reben, forcierte den Flaschenweinverkauf, sein Sohn Erich stieg nach Weinbaustudium 1983 in den Betrieb ein, erweiterte die Rebfläche und eröffnete 1987 zusammen mit Ehefrau Sabine die Sohn'sche Straußwirtschaft. Ihr Sohn Pascal studierte zunächst Sportökonomie in München, zog dann mit Ehefrau Denise ins Rheingau, mit Beendigung des anschließenden Weinbaustudiums trat er 2012 in den Betrieb ein. Die Weinberge liegen vor allem in den Geisenheimer Lagen Kläuserweg, Kilzberg, Fuchsberg, Mäuerchen und Mönchspfad. Das Weingut wurde in den letzten Jahren erweitert, ist heute auch im Lorchhäuser Seligmacher und im Winkeler Hasensprung vertreten. 2017 wurde das neue Weingut inmitten der Weinberge fertig gestellt.

Kollektion

Der Cuvée Pascal-Sekt ist saftig, der Weißburgunder aus dem Mönchspfad füllig und würzig. Der kräftige Geisenheimer Riesling ist reif und ausgewogen. Die trockenen Lagenweine sind wegen längerer Maischestandzeiten gerbstoffwürzig und substanzreich, der Winkeler Hasensprung ist der kraftvollste und stoffigste, der Lorchhäuser Seligmacher ist straffer und mineralischer, der Geisenheimer Fuchsberg gelbfruchtig und saftig. Das wuchtige Erste Gewächs aus dem Kläuserweg ragt bei den trockenen Rieslingen hervor, besitzt eine guter Balance zwischen voller Frucht und akzentuierter Frische. Die dezent cremigen Alten Reben aus dem Kläuserweg besitzen Ausgewogenheit und Länge. Die beiden knochentrockenen, dunkelbeerigen Spätburgunder schließen eine gelungene Kollektion ab.

Weinbewertung

84	2016 Cuvée Pascal Sekt brut **13 %/11,50 €**
83	2017 Weißburgunder trocken Geisenheimer Mönchspfad **13 %/8,- €**
85	2017 Riesling trocken Geisenheimer **12 %/7,- €**
86	2017 Riesling trocken Geisenheimer Fuchsberg **13 %/9,- €**
86	2017 Riesling trocken Winkeler Hasensprung **13 %/10,50 €**
86	2017 Riesling trocken Lorchhäuser Seilgmacher **13 %/11,50 €**
88	2017 Riesling Erstes Gewächs Geisenheimer Kläuserweg **13 %/16,- €**
85	2017 Riesling „feinherb" Geisenheimer Rothenberg **12,5 %/9,- €**
86	2017 Riesling „Alte Reben" Geisenheimer Kläuserweg **12,5 %/12,50 €**
85	2017 Riesling Auslese Geisenheimer Kläuserweg **9 %/12,- €**
86	2016 Spätburgunder trocken Geisenheimer Mönchspfad **13 %/10,50 €**
87	2015 Spätburgunder trocken „M" Geisenheimer Mäuerchen **13,5 %/16,- €**

SEKTHAUS SOLTER

★★★

KONTAKT

Zum Niederwald Denkmal 2
65385 Rüdesheim
Tel. 06722-2566
Fax: 06722-910402
www.sekthaus-solter.de
mail@sekthaus-solter.de

Inhaber
Sekthaus Solter GmbH & Co. KG
Geschäftsführerin
Verena Solter
Kellermeisterin/Außenbetrieb
Sabrina Schach
Rebfläche
8 Hektar
Produktion
80.000 Flaschen

BESUCHSZEITEN

Mo.-Fr. 8-17 Uhr, Sa. 10-17 Uhr
Hoffest Ende Mai

Helmut Solter, gebürtiger Kaiserstühler, Geisenheim-Absolvent, sammelte Erfahrungen in der Champagne, spezialisierte sich seit 1988 ganz auf Schaumweine, baute eines der namhaftesten Sektgüter Deutschlands auf. 2013 ist Solter völlig überraschend verstorben. Seine Witwe und das gesamte Team führen den Betrieb in seinem Sinne fort. Die Sekte des Hauses werden aus Riesling, aber auch aus Weiß- und Grauburgunder, aus Chardonnay und sogar aus Gewürztraminer oder Schwarzriesling hergestellt. Inzwischen werden die Weinberge ökologisch bewirtschaftet. Das Gut nennt inzwischen acht Hektar Reben in Lagen wie Rüdesheimer Berg Schlossberg oder Geisenheimer Rothenberg sein eigen. Eine Spezialität sind die viele Jahre auf der Hefe gereiften Riesling-Réserve-Sekte, die nach Bedarf degorgiert werden.

Kollektion

Die Basiscuvées sind fruchtbetont und frisch. Der Riesling ist leicht, der Blanc de Blancs feinduftig und geradlinig. Der Pinot Rosé ist elegant, duftig und würzig. Die Burgundercuvée Henri ist frisch, schlank und pointiert, die Pinot Cuvée zart und fein, duftet attraktiv nach frischen Äpfeln. Ausnehmend kräutrig und frisch ist der Pinot Meunier, er hat Fülle, ist salzig und nachhaltig. Die zart röstige Chardonnay Reserve ist straff und kraftvoll, ein anspruchsvoller Sekt mit Frische und Potenzial. Die beiden Cuvée-Partner Riesling und Gewürztraminer gehen beim Dolce Vita einen gelungene Verbindung ein. Bei den beiden Riesling Reserven ist die Jahrgangstypizität deutlich zu erkennen. 2012er ist saftig, substanzreich, aber viel mehr auf der fruchtigen Seite als der druckvolle, würzige 2009er, der acht Jahre auf der Hefe ausgebaut wurde, ein komplexer Sekt mit Klasse. Die Pinot Cuvée H mit sechzehn Jahren Hefelager und ihren intensiven Trockenobst- und Kräuteraromen ist etwas für Liebhaber gereifter Sekte. Der Blanc de Noirs ist frisch und zupackend, kraftvoll.

Weinbewertung

86	2013 „Blanc de Blancs" Sekt extra brut **12,5 %/13,50 €**
86	2014 Riesling Sekt brut **11,5 %/12,50 €**
88	2012 „Cuvée Dolce Vita" Sekt brut **12,5 %/21,- €**
88	2014 Pinot Meunier Sekt brut **12,5 %/25,- €**
86	2014 Pinot Sekt brut **11,5 %/16,- €**
88+	2013 Chardonnay „Réserve" Sekt brut nature **12 %/25,- €**
86	2012 „Cuvée Henri Réserve" Sekt extra brut **12,5 %/15,- €**
88+	2014 „Blanc de Noirs" „Réserve" Sekt brut nature **12 %/25,- €**
90	2009 Riesling „Réserve" Sekt brut Berg Roseneck **12,5 %/45,- €**
88	2012 Riesling „Réserve" Sekt brut Berg Roseneck **12,5 %/21,- €**
90	„Cuvée H" Pinot Sekt brut **12,5 %/35,- €**
86	2013 Pinot Noir Rosé Sekt brut **12,5 %/12,50 €**

SOMMERACH

★☆

N

KONTAKT

Winzer Sommerach – die Genossenschaft, Zum Katzenkopf 1
97334 Sommerach
Tel. 09381-80610
www.winzer-sommerach.de
info@winzer-sommerach.de

Inhaber Winzer Sommerach
Betriebsleiter Frank Dietrich
Kellermeister Stefan Gerhard
Rebfläche 190 Hektar

BESUCHSZEITEN

„Kostbar": Mo.-Fr. 9-18 Uhr, Sa./So./Feiertage 10-18 Uhr; „Sommerbar": Mai-Okt. (bei schönem Wetter) bis 20 Uhr; „Weinbummel": Nov.-März Sa. 14 Uhr, April-Okt. Fr./Sa. 14 Uhr, So. 11 Uhr (2 Stunden, 15 € inkl. Frizzante-Begrüßung + 3 Weine)

S

1901 gründeten 15 Winzer die Sommeracher Genossenschaft, die erste Winzergenossenschaft in Franken. Heute umfasst Winzer Sommerach 90 Familien, die 190 Hektar Reben bewirtschaften, nicht nur in den Sommeracher Lagen Katzenkopf und Rosenberg, sondern auch in Volkach (Ratsherr), Escherndorf (Fürstenberg, Lump), Obereisenheim (Höll), Iphofen (Kalb), Wiebelsberg (Dachs), Kammerforst (Teufel) und Oberschwarzach (Steige). Silvaner und Müller-Thurgau sind die wichtigsten Rebsorten, gefolgt von Bacchus, Domina und Riesling und vielen anderen Sorten.

Kollektion

Eine starke, stimmige Kollektion präsentieren die Winzer Sommerach zum Debüt, die angeführt wird von zwei edelsüßen Silvanern: Der litschiduftige Eiswein aus dem Jahrgang 2016 besitzt herrlich viel Konzentration und Substanz, die Trockenbeerenauslese aus dem Jahrgang 2015 ist konzentriert und dominant im Bouquet, zeigt kandierte Früchte, ist enorm dick im Mund, stoffig. Die 2017er Kabinettweine sind frisch und geradlinig. Sehr geschlossen präsentieren sich die Weine der Familiengewächs-Serie, dem kraftvollen Weißburgunder und dem intensiv fruchtigen Spätburgunder gilt unsere leichte Präferenz. Sehr gleichmäßig sind auch die trockenen Spätlesen aus dem Katzenkopf, die Weine besitzen Fülle und Substanz, dem saftigen, reintönigen 2017er Silvaner gilt hier unser Vorzug, er besitzt Frische und Frucht. Aus der Supremus genannten Top-Linie wurde uns ein saftiger, intensiv fruchtiger Gewürztraminer vorgestellt, ein fruchtbetonter, merklich vom Alkohol geprägter Silvaner und ein Weißburgunder, der viel reife süße Frucht und viel Wärme besitzt.

Weinbewertung

82 2017 Silvaner Kabinett trocken Sommeracher Katzenkopf **13 %/7,50 €**
81 2017 Weißer Burgunder Kabinett trocken Katzenkopf **13 %/7,50 €**
83 2016 Sauvignon Blanc trocken „Familiengewächs" **13 %/12,- €**
83 2016 Silvaner trocken „Familiengewächs" **13,5 %/8,- €**
84 2016 Weißburgunder trocken „Familiengewächs" **13,5 %/12,- €**
85 2016 Silvaner Spätlese trocken Sommeracher Katzenkopf **13,5 %/9,50 €**
86 2017 Silvaner Spätlese trocken Sommeracher Katzenkopf **13 %/9,50 €**
85 2015 Riesling Spätlese trocken Sommeracher Katzenkopf **14 %/11,- €**
84 2015 Silvaner Spätlese trocken „Supremus" Katzenkopf **14 %/20,- €**
85 2015 Weißburgunder Spätlese trocken „Supremus" Katzenkopf **14,5 %/22,- €**
85 2016 Gewürztraminer trocken „Supremus" Katzenkopf **13,5 %/22,- €**
89 2016 Silvaner Eiswein Sommeracher Katzenkopf **6,5 %/45,- €**
90 2015 Silvaner Trockenbeerenauslese Sommeracher Katzenkopf **7 %/38,- €**
84 2015 Spätburgunder trocken „Familiengewächs" **14,5 %/22,- €**

SCHLOSS SOMMERHAUSEN

★★★☆

KONTAKT

Hauptstraße 25
97286 Sommerhausen
Tel. 09333-260
Fax: 09333-1488
www.sommerhausen.com
info@sommerhausen.com

Inhaber
Martin Steinmann
Rebfläche
20 Hektar
Produktion
180.000 Flaschen

BESUCHSZEITEN

Weinverkauf im Schloss: Mo.-Fr. 10-18 Uhr, Sa. 10-16 Uhr, So. + Feiertage 10-14 Uhr
Weinproben in Gewölbekeller und Kelterhalle

Johann Kaspar Steinmann kaufte 1968 das Schloss Sommerhausen mit den dazugehörigen Weinbergen. Heute führt Sohn Martin das Weingut, die vormals zum Weingut gehörende Rebschule wird von seiner Schwester weitergeführt. Dadurch, dass dem Weingut immer eine Rebzüchtung angeschlossen war, erklärt sich auch, dass neben Silvaner und Riesling die Burgundersorten – mit für Franken ungewöhnlichen 35 Prozent – einen wichtigen Platz in den Weinbergen in Sommerhausen, Eibelstadt, Randersacker und Iphofen einnehmen. Hinzu kommen Spezialitäten wie Chardonnay, Rieslaner, Blauer Silvaner oder Auxerrois, an roten Sorten gibt es neben Spät- und Frühburgunder noch Zweigelt und Blauburger. Bereits seit 1984 kommen besondere Weine ins Barrique, seit 1982 wird Sekt erzeugt, seit 1990 werden alle Sekte komplett im eigenen Haus hergestellt, alle werden mindestens drei Jahre, meist vier Jahre und mehr auf der Hefe ausgebaut. Die Großen Gewächse tragen den Namen „Alttenberg 1172".

Kollektion

Große Gewächse konnten wir dieses Jahr nicht verkosten, aber die trockenen Steinbach-Weine schlagen sich alle prächtig: Der Weißburgunder ist fruchtbetont und zupackend, die Scheurebe würzig, strukturiert, der Riesling besitzt gute Struktur und reintönige Frucht, der Silvaner ist füllig, kraftvoll, ebenfalls wunderschön reintönig. Der fruchtbetonte, zupackende Silvaner von alten Reben steht ihm kaum nach und auch der geradlinige Quaderkalk-Silvaner ist sehr gut wie auch die feinherbe Quaderkalk-Scheurebe oder die Kuriosität Bouquet Traube. Auch edelsüß trumpft Martin Steinmann im Jahrgang 2017 groß auf mit einer würzigen, konzentrierten Riesling Auslese und zwei stoffigen Beerenauslesen, die Scheurebe herrlich reintönig und dominant, der enorm konzentrierte Rieslaner lässt an kandierte Früchte denken. ▬

Weinbewertung

84 2017 „Wo der Himmel die Erde küsst" Weißwein trocken **11,5 %/19,50 €**
85 2017 Grüner Silvaner trocken „Quaderkalk" **11,5 %/8,50 €**
86 2017 Weißer Burgunder trocken Sommerhäuser Steinbach **12,5 %/14,- €**
87 2017 Scheurebe trocken Sommerhäuser Steinbach **12 %/12,- €**
88 2017 Silvaner trocken Sommerhäuser Steinbach **12 %/12,- €**
88 2017 Riesling trocken Sommerhäuser Steinbach **12,5 %/12,- €**
87 2017 Silvaner trocken „Alte Reben" **11,5 %/14,- €**
85 2017 Scheurebe „feinherb" „Quaderkalk" **10,5 %/9,50 €**
86 2017 Bouquet Traube Spätlese Sommerhäuser Reifenstein **11,5 %/23,- €**
88 2017 Riesling Auslese Sommerhäuser Steinbach **8 %/27,- €**
89 2017 Scheurebe Beerenauslese Sommerhäuser Steinbach **8,5 %/27,- €/0,375l**
90 2017 Rieslaner Beerenauslese Sommerhäuser Steinbach **15,5 %/27,- €/0,375l**

Sonnenberg

★★

KONTAKT

Heerstraße 98
53474 Bad Neuenahr-Ahrweiler
Tel. 02641-6713, Fax: -201037
www.weingut-sonnenberg.de
info@weingut-sonnenberg.de

Inhaber Marc Linden
Rebfläche 6 Hektar
Produktion 45.000 Flaschen

BESUCHSZEITEN

Mo.-Fr. 10-12 + 14-18 Uhr, Sa. 10-14 Uhr, So. & feiertags 10-12 Uhr; Straußwirtschaft (Mitte Sept. Bis Ende Okt., Do./Fr./Sa. 18-22 Uhr) Ferienwohnungen/ Ferienhaus

Das Weingut Sonnenberg wurde 1981 von Norbert und Elsbeth Görres mit 1,5 Hektar Weinbergen gegründet, heute führt ihr Enkel Marc Linden zusammen mit Ehefrau Michaela das Gut. Sie bewirtschaften 6 Hektar Weinberge, wovon sich ein Hektar in denkmalgeschützten Terrassenlagen befindet. Die Reben wachsen in den Neuenahrer Lagen Sonnenberg und Schieferlay, sowie in den Ahrweiler Lagen Rosenthal und Ursulinengarten, wo Frühburgunder angebaut wird. Spätburgunder ist die mit weitem Abstand wichtigste Rebsorte im Betrieb, nimmt 70 Prozent der Rebfläche ein. Hinzu kommen Grauburgunder, Weißburgunder, Frühburgunder und Riesling. Zwei Drittel der Weine wird trocken ausgebaut. Zum Weingut gehört eine Straußwirtschaft, die im Herbst geöffnet hat, man bietet auch Ferienwohnungen und ein Ferienhaus an, ebenso geführte Weinbergswanderungen.

Kollektion

Die Basisweine sind ein wenig verhalten in diesem Jahr, in der Spitze aber sind die Weine von Marc Linden stark wie nie. Die Weißweine sind alle saftig, betont süffig, egal ob Weißburgunder oder Grauburgunder, Landwein oder Blanc de Noir. Der Schieferlay-Spätburgunder ist frisch und fruchtbetont, der Frühburgunder intensiv, ein wenig floral. Spannend sind die Spätburgunder S, A und R, die eine schöne Steigerung von Wein zu Wein bieten. Der Spätburgunder S besitzt reintönige Frucht, feine Frische, ist klar und zupackend, ein bisschen floral. Der Spätburgunder A ist deutlich kraftvoller und strukturierter, besitzt ebenfalls wunderschön reintönige Frucht und schöne Frische. Der hervorragende Spätburgunder R unterscheidet sich deutlich von seinen beiden Kollegen, besitzt rauchige Noten, intensive Frucht, ist harmonisch und kraftvoll, strukturiert und frisch, herrlich reintönig und lang. —

Weinbewertung

82 2017 Weißburgunder trocken **11 %/8,- €**
83 2017 Grauburgunder „feinherb" **11 %/8,- €**
81 2017 Landwein Weißwein „feinherb" (1l) **11 %/6,50 €**
82 2017 Spätburgunder „Blanc de Noir" „feinherb" **11,5 %/9,- €**
81 2017 Spätburgunder „Blanc de Noir" **9 %/8,- €**
80 2016 Ahrtaler Landwein Rotwein trocken (1l) **11 %/6,50 €**
82 2016 Spätburgunder trocken Neuenahrer Schieferlay **13 %/9,- €**
82 2016 Frühburgunder trocken **13 %/15,- €**
86 2016 Spätburgunder „S" trocken **13,5 %/14,- €**
88 2016 Spätburgunder „A" trocken **13,5 %/19,- €**
90 2016 Spätburgunder „R" trocken **14,5 %/25,- €**
82 2016 Spätburgunder „feinherb" **13,5 %/10,- €**

Sonnenberg

★

KONTAKT

Am Sonnenberg 1
67271 Neuleiningen
Tel. 06359-82660
Fax: 06359-83002
www.nippgen.net
info@nippgen.net

Inhaber
Elli Nippgen
Kellermeister
Kai Nippgen
Rebfläche
8,5 Hektar

BESUCHSZEITEN

Mo.-Sa. 9-12 + 13-18:30 Uhr, April-Dez. auch Sonn- & feiertags 10-12 Uhr, sonst nach Vereinbarung
Hotel, Restaurant

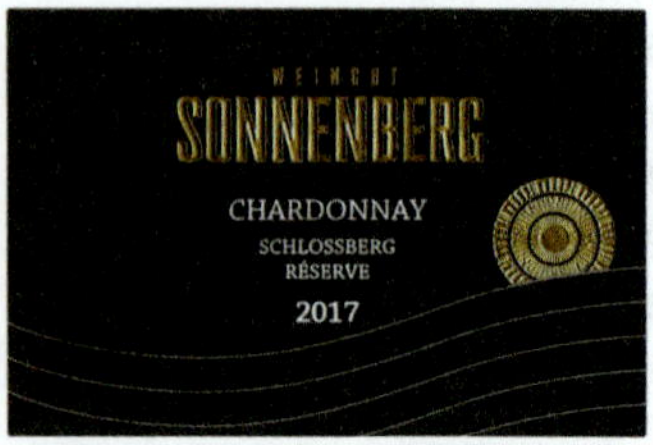

Die Familie Nippgen siedelte 1960, mit damals 4 Hektar Reben, in den Sonnenberg oberhalb von Neuleiningen aus, neben Wein wurden damals noch Kartoffeln, Getreide und Rüben angebaut. 1970 übernahmen Karlheinz Nippgen und seine Frau den Betrieb. 1976 bauten sie ein kleines Hotel, in den achtziger Jahren wurde das Restaurant verpachtet und die Landwirtschaft aufgegeben. Sohn Kai hat mittlerweile einen Barriquekeller eingerichtet. Auf 40 Prozent der Fläche stehen rote Reben: Spätburgunder, Schwarzriesling, Dornfelder, Portugieser, Acolon und Syrah. Alle Rotweine werden maischevergoren, teils im Barrique ausgebaut. Wichtigste Weißweinsorten sind Riesling, Weißburgunder, Grauburgunder und Chardonnay, aber auch Bukettsorten wie Gewürztraminer, Sauvignon Blanc und Scheurebe werden angebaut. Die Reben wachsen auf Kalk-Lehmböden mit hohem Muschelkalkanteil in den Neuleininger Lagen Feuermännchen, Schlossberg und Sonnenberg. Das Sortiment ist in Guts-, Orts- und Lagenweine gegliedert.

Kollektion

Wie schon im vergangenen Jahr ist auch die aktuelle Kollektion auf gleichmäßig gutem Niveau – mit einigen Steigerungen und neuen Weinen: Vom Chardonnay aus dem Schlossberg und dem Spätburgunder aus dem Sonnenberg gibt es jeweils eine „Réserve"-Version, die an der Spitze des Sortiments stehen. Der Spätburgunder zeigt rote Frucht, Cassis und Noten von Mokka und Krokant und ist eleganter und feiner als die normale Version, die in diesem Jahr etwas unter dem hohen Alkoholgehalt leidet, der Chardonnay besitzt gute Konzentration, Substanz und Länge und zeigt sehr dezente Röstnoten. Unser dritter Favorit ist der beerenfruchtige Syrah mit kräutriger und leicht pfeffriger Würze, den wir noch etwas gelungener als seinen Jahrgangsvorgänger finden. Der Riesling aus dem Feuermännchen bleibt dieses Jahr mit seiner strengen, herben Frucht etwas verhalten, der Gewürztraminer ist ganz reintönig und der normale Chardonnay aus dem Schlossberg ist cremig mit deutlicher floraler Würze.

Weinbewertung

83 2017 Sauvignon Blanc trocken **12,5 %/7,70 €**
84 2017 Grauer Burgunder Spätlese trocken Feuermännchen **13,5 %/8,70 €**
84 2017 Chardonnay Spätlese trocken Neuleininger Schlossberg **13 %/8,70 €**
83 2017 Riesling Spätlese trocken „Alte Reben" Feuermännchen **13 %/8,70 €**
84 2017 Gewürztraminer Spätlese trocken „Alte Reben" Sonnenberg **12,5 %/9,80 €**
86 2017 Chardonnay Spätlese trocken „Réserve" Schlossberg **13,5 %/12,50 €**
83 2015 Schwarzriesling trocken „Alte Reben" Sonnenberg **14 %/11,- €**
84 2015 Spätburgunder Spätlese trocken „Alte Reben" Sonnenberg **14 %/12,50 €**
86 2015 Syrah trocken **13,5 %/14,- €**
86 2015 Spätburgunder Spätlese trocken „Alte Reben" „Réserve" **14 %/29,- €**

S

Sonnenhof

★★

Kontakt

Sonnenhof 2
71665 Vaihingen
Tel. 07042-81888-0
Fax: 07042-81888-6
www.weingutsonnenhof.de
info@weingutsonnenhof.de

Inhaber
Martin & Joachim Fischer
Vertrieb
Martin Hahn
Kellermeister
Joachim Fischer
Außenbetrieb
Gerhard Setzer
Rebfläche
50 Hektar
Produktion
380.000 Flaschen

Besuchszeiten

Mo.-Fr. 8-12 + 13-18 Uhr,
Sa. 9-12 Uhr + 13-17 Uhr
Probierstube (bis 50 Personen)

S

Bis in die siebziger Jahre waren auf dem Bezner-Hof und dem Fischer-Hof Weinbau und Landwirtschaft nebeneinander betrieben worden. Dann hat sich Albrecht Fischer – bei gerade mal 5 Hektar Weinbergen – ganz auf Weinbau verlegt und den Betrieb, Gründungsmitglied der Hades-Gruppe, stark erweitert. 2008 haben seine Söhne Martin und Joachim das Weingut übernommen. Das Gros der Reben wächst an Südhängen mit Keuperböden, viele der Weinberge gehörten ehemals dem Kloster Maulbronn. Zwei Drittel der Weinberge liegen im Gündelbacher Wachtkopf, direkt beim Weingut. Hinzu kommen Weinberge im Hohenhaslacher Kirchberg, im Spielberger und Ochsenbacher Liebenberg und im Häfnerhaslacher Heiligenberg. Rote Sorten nehmen drei Viertel der Fläche ein, den größten Anteil haben Lemberger, Spätburgunder und Trollinger. Dazu gibt es Muskat-Trollinger, Dornfelder, Schwarzriesling, Samtrot, Regent, Cabernet Mitos, Acolon, Merlot, Syrah und Cabernet Sauvignon. Wichtigste weiße Sorte ist Riesling, es folgen Grauburgunder, Chardonnay, Müller-Thurgau, Kerner, Gewürztraminer und Muskateller, zuletzt wurde Weißburgunder gepflanzt.

Kollektion

Die Hades-Weine führen wie im Vorjahr die Kollektion an. Der Hades-Chardonnay musste sich im letzten Jahr knapp der roten Cuvée Agnatus geschlagen geben, in diesem Jahr nun ist er unser Favorit, zeigt rauchige Noten, dezenten Toast, besitzt reife Frucht, Struktur und Frische. Der Hades-Grauburgunder steht ihm kaum nach, besitzt intensive Frucht, gute Struktur und Substanz. Der Hades-Lemberger ist uns etwas zu sehr von Gewürz- und leichten Bitternoten geprägt, auch der Hades-Syrah zeigt eindringlich Gewürze, besitzt Fülle, Kraft und gute Struktur. Unsere Favoriten im roten Segment sind Cabernet Sauvignon und Merlot, die beide ebenfalls viel Konzentration Gewürznoten im Bouquet aufweisen. Der Merlot ist fruchtbetont, klar und strukturiert, der Cabernet Sauvignon ist noch konzentrierter und dominanter, besitzt noch mehr Tannine als seine ohnehin sehr tanningeprägten Kollegen.

Weinbewertung

82 2017 Riesling Kabinett trocken Gündelbacher Wachtkopf **12 %/8,- €**
85 2016 Riesling „S" trocken Gündelbacher Wachtkopf **13 %/12,- €**
87 2016 Grauburgunder trocken „Hades" **13,5 %/17,- €**
88 2016 Chardonnay trocken „Hades" **12,5 %/17,- €**
82 2015 Cabernet Sauvignon „S" trocken Gündelbacher Wachtkopf **14 %/12,- €**
85 2014 Lemberger trocken „Hades" **14,5 %/22,- €**
87 2015 Merlot trocken „Hades" **14 %/22,- €**
86 2015 Syrah trocken „Hades" **13,5 %/22,- €**
87 2015 Cabernet Sauvignon trocken „Hades" **15 %/22,- €**

Sonnenhof

★☆

KONTAKT

Sonnenhof 1
79241 Ihringen
Tel. 07668-5801
Fax: 07667-7767
www.sonnenhofwein.de
info@sonnenhofwein.de

Inhaber
Michael Mattmüller
Rebfläche
10 Hektar
Produktion
90.000 Flaschen

BESUCHSZEITEN

10-18 Uhr

Seit drei Generation baut die Familie Wein am Kaiserstuhl an, heute wird der Sonnenhof in Ihringen von Michael Mattmüller geführt. Seine Weinberge liegen in den Ihringer Lagen Winklerberg (Vulkanverwitterungsböden) und Fohrenberg (teils Vulkanverwitterungsböden und teils tiefgründige Löss-Lehm-Böden) sowie im Merdinger Bühl (Löss mit Kalkanteilen). Mehr als vier Fünftel der Rebfläche nehmen die Burgundersorten ein, hauptsächlich Spätburgunder und Grauburgunder, aber auch Weißburgunder, hinzu kommen Müller-Thurgau und Chardonnay, sowie ein klein wenig Scheurebe, Gewürztraminer und Silvaner, aber auch Cabernet Cubin. Die im Barrique ausgebauten besten Weine eines Jahrgangs werden als „Grande Réserve" vermarktet.

Kollektion

Vor allem mit den Weinen seiner Hauptrebsorten Grauburgunder und Spätburgunder kann Michael Mattmüller auch in diesem Jahr wieder punkten. Er präsentiert vier Grauburgunder, in aufsteigender Folge sind dies der frische Kabinett, der klare, geradlinige Praedium, die zupackende, geradlinige trockene Spätlese und schließlich als Topwein der im Barrique ausgebaute Grauburgunder Grande Réserve aus dem Fohrenberg: Viel Duft und Vanille im Bouquet, füllig und stoffig im Mund, viel Substanz. Vom Spätburgunder präsentiert Michael Mattmüller vier Rotweine und einen feinherben Rosé. Auch hier ist die Steigerung vom frischen, geradlinigen trockenen Kabinett über den intensiv fruchtigen, strukturierten Pinot Noir klar und schlüssig, nur zwischen den beiden dann folgenden im Barrique ausgebauten Weinen fällt uns die Entscheidung schwer. Der Pinot Noir Grande Réserve zeigt rauchige Noten, Vanille, ist füllig und kraftvoll, besitzt reife Frucht und gute Struktur. Die Cuvée Oskar zeigt noch intensivere Frucht, ist kraftvoll und stoffig, strukturiert, derzeit noch allzu jugendlich und tanninbetont, potenziell aber der größere Wein.

Weinbewertung

81 2017 Grauer Burgunder Kabinett trocken Ihringer **13 %/7,50 €**
83 2017 Grauer Burgunder trocken „Praedium" Ihringer **13 %/7,95 €**
80 2017 Weißer Burgunder Spätlese trocken Ihringer Winklerberg **13,5 %/9,50 €**
84 2017 Grauer Burgunder Spätlese trocken Ihringer **13,5 %/9,50 €**
82 2017 Chardonnay Spätlese trocken Ihringer Winklerberg **13,5 %/9,50 €**
86 2017 Grauer Burgunder trocken „Grande Réserve" Fohrenberg **13,5 %/15,90 €**
81 2017 Pinot Rosé „feinherb" **12,5 %/6,- €**
82 2015 Spätburgunder Kabinett trocken Ihringer Winklerberg **13 %/7,50 €**
84 2016 Pinot Noir trocken **13 %/8,80 €**
86 2015 Pinot Noir trocken „Cuvée Oskar" Ihringer Winklerberg **14 %/28,90 €**
86 2015 Pinot Noir trocken „Grande Reserve" Winklerberg **13,5 %/15,90 €**

UWE SPIES

★★☆

KONTAKT

Hauptstraße 26
67596 Dittelsheim-Heßloch
Tel. 06244-7416
Fax: 06244-57500
www.weingut-spies.de
info@weingut-spies.de

Inhaber
Uwe & David Spies
Rebfläche
20 Hektar

BESUCHSZEITEN

Mo.-Fr. 14-18 Uhr, Sa. 9-17 Uhr
möglichst nach Vereinbarung

Werner und Elisabeth Spies begannen 1958 mit der Selbstvermarktung, nach und nach konzentrierten sie sich ganz auf Weinbau. Seit 1989 führen Uwe und Ingrid Spies das Gut, haben es auf die heutige Größe erweitert. Ihr Sohn David studierte nach seiner Winzerausbildung bei Bassermann-Jordan und Rings in Geisenheim, ist nach Abschluss des Studiums 2015 in den Betrieb eingestiegen und seit 2016 Mitinhaber. Die Reben wachsen hauptsächlich in den Dittelsheimer Lagen Pfaffenmütze, Geiersberg und Leckerberg, vorwiegend auf sehr kalkhaltigen Löss- und Tonmergelböden.

Kollektion

Eine umfangreiche Kollektion präsentiert David Spies in diesem Jahr, zuverlässig in der Basis und mit Spitzen bei den Lagenweinen. Die Gutsweine sind klar und fruchtbetont, die Ortsweine etwas kraftvoller, die füllige Cuvée aus Weißburgunder und Chardonnay gefällt uns besonders gut. Der Leckerberg-Riesling ist saftig, harmonisch und fruchtbetont, wirkt durch die hohe Restsüße aber ein wenig brav, der Chardonnay aus dem Morstein besitzt viel reife Frucht und Substanz, der Gewürztraminer aus dem Goldberg zeigt intensive Frucht, besitzt gute Fülle und Komplexität. Faszinierend reintönig und konzentriert ist die Faberrebe Trockenbeerenauslese. Auch die Rotweine sind stark, die Cuvée aus Merlot, St. Laurent und Portugieser besitzt reife Frucht, feine Schokonoten und Substanz, der im Barrique ausgebaute Portugieser ist intensiv fruchtig und rauchig, kraftvoll und konzentriert.

Weinbewertung

82 2014 Silvaner Sekt brut „1958" **13 %/11,80 €**
82 2017 Grüner Silvaner trocken **11,5 %/5,80 €**
83 2017 Weißburgunder trocken **12,5 %/5,70 €**
82 2017 Sauvignon Blanc trocken **12 %/6,90 €**
84 2017 Riesling trocken Dittelsheimer **12,5 %/7,- €**
86 2017 Weißburgunder & Chardonnay trocken „Steinschleuder" **13,5 %/9,80 €**
83 2017 Grauburgunder trocken Dittelsheimer **12,5 %/6,70 €**
87 2017 Riesling trocken Dittelsheimer Leckerberg **12,5 %/12,30 €**
87 2017 Chardonnay Morstein **13,5 %/13,- €**
87 2017 Gewürztraminer trocken „1958" Barrique Monz. Goldberg **12,5 %/9,80 €**
82 2017 „Tête à Tête" Cuvée „feinherb" (Kerner und Siegerrebe) **10,5 %/6,20 €**
90 2017 Faberrebe Trockenbeerenauslese Leckerberg **8 %/29,- €/0,375l**
83 2017 Merlot Rosé „feinherb" **11 %/5,90 €**
85 2016 „Davids Goliat" Rotwein trocken Barrique **14,5 %/9,80 €**
86 2015 Portugieser trocken Barrique „Eisenstein" **14,5 %/13,- €**

SPIESS

★★★☆

KONTAKT

Riederbacherhof
Gaustraße 2
67595 Bechtheim
Tel. 06242-7633
Fax: 06242-6412
www.spiess-wein.de
info@spiess-wein.de

Inhaber
Jürgen Spiess
Verwalter (Außenbetrieb)
Christian Spiess
Kellermeister
Johannes Spiess
Rebfläche
29 Hektar
Produktion
210.000 Flaschen

BESUCHSZEITEN

Mo.-Fr. 8-12 + 13-18 Uhr,
Sa. 8-18 Uhr, So. Vormittag
nach Vereinbarung

Seit Beginn des 16. Jahrhunderts betreibt die Familie Landwirtschaft in Bechtheim. Heute führen Jürgen Spiess und seine Ehefrau Ute den Riederbacherhof. Sie werden im Betrieb unterstützt von ihren beiden Söhnen: Johannes Spiess absolvierte seine Winzerlehre bei Keller und Knipser, studierte dann in Geisenheim, ist für den Keller verantwortlich. Der zweite Sohn Christian hatte seine Winzerlehre bei Philipp Kuhn und Wagner-Stempel gemacht, ist für den Außenbetrieb verantwortlich. Die Weinberge liegen in Bechtheim in den Lagen Hasensprung, Geyersberg, Stein, Heilig-Kreuz und Rosengarten, seit 2017 ist man auch im Oppenheimer Herrenberg vertreten.

Kollektion

Eine bärenstarke Kollektion mit einer Vielzahl an weißen wie roten Spitzenweinen präsentiert die Familie Spiess in diesem Jahr. Aber auch die Gutsweine sind schon klasse, allen voran der wunderschön reintönige Grauburgunder, die Ortsweine und die Weine der S-Klasse zeigen durchweg sehr gutes Niveau, sind kraftvoll, füllig und reintönig. Gleich drei intensiv fruchtige, kraftvolle Lagen-Rieslinge gibt es in diesem Jahr, der Weißburgunder R besitzt gute Struktur und viel Frucht, noch etwas druckvoller und nachhaltiger ist der sehr jugendlich Chardonnay R. Die Spätburgunder-Trilogie ist stimmig, der Cabernet Sauvignon ist intensiv fruchtig, noch sehr jugendlich, momentan hat der konzentrierte Merlot knapp die Nase vorne. Bravo! ▬

Weinbewertung

85	2015 Chardonnay Sekt brut **12,5 %/14,90 €**
83	2017 Riesling trocken **12,5 %/6,50 €**
85	2017 Grauer Burgunder trocken **13 %/8,10 €**
87	2017 Grauburgunder trocken Bechtheimer **13,5 %/11,50 €**
87	2017 Weißburgunder & Chardonnay „S" trocken **13 %/10,60 €**
87	2017 Chardonnay „S" trocken **13 %/11,50 €**
87	2017 Riesling trocken Bechtheimer **13 %/11,90 €**
90	2017 Riesling trocken Bechtheimer Geyersberg **13 %/21,- €**
89	2017 Riesling trocken Bechtheimer Rosengarten **13 %/21,- €**
90	2017 Riesling trocken Oppenheimer Herrenberg **13,5 %/28,- €**
89	2017 Weißer Burgunder „R" trocken **13,5 %/25,- €**
90	2017 Chardonnay „R" trocken **13 %/25,- €**
84	2015 Spätburgunder trocken **12,5 %/7,20 €**
86	2015 Spätburgunder trocken Bechtheimer **13 %/12,50 €**
87	2015 „Cuvée CM" Rotwein trocken **14 %/18,- €**
89	2015 Merlot „R" trocken **14,5 %/22,- €**
88	2015 Cabernet Sauvignon „R" trocken **14 %/22,- €**
88	2015 Spätburgunder trocken Bechtheimer Hasensprung **13 %/22,- €**

S

Spiess

★★★

KONTAKT

Spiess Weinmacher
Friedrich-Ebert-Straße 53
67574 Osthofen
Tel. 06242-60899
Fax: 06242-912374
www.wein-spiess.de
info@wein-spiess.de

Inhaber
Burkhard & Christine Spiess
Rebfläche
23 Hektar

BESUCHSZEITEN

Mo.-Fr. 9-12 + 14-18 Uhr,
Sa. 9-17 Uhr und nach Vereinbarung
Restaurant mit Weinbar „Vis à Vis"

Das Weingut von Burkhard und Christine Spiess liegt mitten in Osthofen. Zum Weingut gehört auch das Restaurant mit Weinbar „Vis à Vis". Die Weinberge liegen im Osthofener Goldberg, in den Bechtheimer Lagen Geyersberg, Rosengarten und Stein sowie in den Westhofener Lagen Kirchspiel und Aulerde. Spätburgunder und Riesling sind die wichtigsten Rebsorten im Betrieb, dazu gibt es Scheurebe, Weißburgunder und Chardonnay, aber auch ein klein wenig Cabernet Sauvignon, Merlot und Syrah. Die Weißweine werden im Edelstahl kontrolliert gekühlt vergoren, die Rotweine werden alle im Holz ausgebaut. 2016 wurden die neuen Betriebsgebäude bezogen, seit 2017 arbeiten die beiden Söhne Julius und Carl nach abgeschlossener Winzerausbildung im Betrieb mit.

Kollektion

Es geht weiter voran, die neue Kollektion ist nochmals stärker. Die Gutsweine sind frisch und fruchtbetont, die Ortsweine besitzen reintönige Frucht, Kraft und Substanz. Das gilt für den fülligen Osthofener Weißburgunder ebenso wie für den saftigen, konzentrierten Chardonnay oder den zupackenden Bechtheimer Riesling, unsere leichte Präferenz gilt dem stoffigen Bechtheimer Grauburgunder. Ganz hervorragend sind wieder die beiden Lagen-Rieslinge. Der Wein aus dem Geyersberg besitzt Fülle und Saft, viel Substanz, ist jugendlich und nachhaltig, der gelbfruchtige Goldberg-Riesling ist druckvoll und stoffig, enorm salzig und nachhaltig. Auch mit seinen Rotweinen vermag Burkhard Spiess wieder zu überzeugen. Der Reserve-Cabernet Sauvignon zeigt intensive Frucht, Cassis, ist füllig, kraftvoll und strukturiert, leicht floral. Der Syrah aus dem Bechtheimer Stein zeigt intensive Frucht und etwas Pfeffer im Bouquet, ist füllig und kraftvoll, besitzt gute Struktur und klare reife Frucht. Tolle Kollektion von einem der Shooting-Stars der letzten Jahre!

Weinbewertung

83	2017 Riesling trocken **12 %/6,90 €**
85	2017 Chardonnay & Weißburgunder trocken **13 %/7,10 €**
87	2017 Riesling trocken Bechtheimer **13 %/9,80 €**
87	2017 Weißburgunder trocken Osthofener **12,5 %/9,80 €**
88	2017 Grauburgunder trocken Bechtheimer **13 %/9,20 €** ☺
87	2017 Chardonnay trocken Westhofener **13 %/11,80 €**
92	2017 Riesling trocken Osthofener Goldberg **13 %/16,50 €** ☺
92	2017 Riesling trocken Bechtheimer Geyersberg **13,5 %/18,50 €** ☺
84	2017 Riesling „feinherb" **11,5 %/7,- €**
84	2016 „Zinnober" Rotwein trocken **13 %/7,50 €**
88	2016 Syrah trocken Bechtheimer Stein **13,5 %/28,- €**
87	2015 Cabernet Sauvignon trocken „Reserve" **13,5 %/21,50 €**

SPIESS
WEINMACHER · HAUS EICHROOT

S

Spiess

★

KONTAKT

Neugasse 5
67366 Weingarten (Pfalz)
Tel. 06344-2830
Fax: 06344-938098
www.wein-gut-spiess.de
info@wein-gut-spiess.de

Inhaber
Wilfried & Adrian Spieß
Rebfläche
25 Hektar
Produktion
90.000 Flaschen

BESUCHSZEITEN

Mo.-Sa. 9-12 + 13-19 Uhr

S

Albert Spieß füllte 1965 in dem damaligen landwirtschaftlichen Mischbetrieb seinen ersten Wein in die Flasche ab, einen Müller-Thurgau. Als sein Sohn Wilfried 1993 den Ackerbau und die Viehzucht aufgab und sich nur noch auf den Weinbau konzentrierte, wurde aus dem Betrieb das erste Vollerwerbsweingut im weit draußen in der Rheinebene gelegenen Weingarten. Sohn Adrian ist nach seinem Weinbaustudium in Geisenheim 2012 in den Familienbetrieb eingestiegen und führt nun zusammen mit seinem Vater das Weingut. Auf 25 Hektar werden 19 verschiedene Rebsorten angebaut. Das Sortiment ist gegliedert in Basisweine in der Literflasche, Gutsweine und Lagenweine aus den besten Parzellen des Weingartener Schlossbergs.

Kollektion

Was wir im vergangenen Jahr geschrieben hatten, gilt auch für den neuen Jahrgang: Die Weißweine von Wilfried und Adrian Spieß sind alle sehr klar, sauber, reintönig und fruchtbetont. Schon der trockene Liter-Riesling zeigt kräutrige Würze und besitzt Biss, die halbtrockene Version ist etwas verhaltener, der Chardonnay in der Literflasche bleibt zwar recht kurz, zeigt aber viel gelbe Frucht, Aprikose und Pfirsich. Der Muskateller und die Cuvée „Blanc" aus Muskateller und Sauvignon Blanc sind aromatisch, frisch und schlank, der Weißburgunder ist saftig und füllig mit leicht floralen Noten und der trockene Riesling Kabinett besitzt klare, leicht süße Frucht und ein frisches Säurespiel. Unsere beiden Favoriten unter den Weißweinen sind wie schon im vergangenen Jahr die gekonnt im Holz ausgebauten Chardonnay und Grauburgunder: Der Chardonnay zeigt Noten von Melone, Aprikose und etwas Pfirsich, besitzt gute Konzentration, feine Würze und Länge, der Grauburgunder zeigt etwas deutlicheres Holz mit Kokosnoten, ist kraftvoll und wirkt noch sehr jung. Unter den Rotweinen ist der Syrah etwas verhalten, der Spätburgunder zeigt klare rote Frucht und sehr deutliche Röstnoten.

Weinbewertung

81	2017 Riesling trocken „Basis" (1l) **12 %/3,20 €**
81	2017 Chardonnay trocken „Basis" (1l) **12,5 %/3,50 €**
83	2017 Riesling Kabinett trocken **12,5 %/4,50 €**
82	2017 Weißburgunder Kabinett trocken **13 %/4,50 €**
85	2017 Grauburgunder Spätlese trocken Weingartener Schlossberg **13,5 %/7,50 €**
85	2017 Chardonnay Spätlese trocken Weingartener Schlossberg **13,5 %/6,50 €**
80	2017 Riesling halbtrocken „Basis" (1l) **11,5 %/3,20 €**
82	2017 Cuvée Blanc Weißwein **11 %/4,50 €**
82	2017 Muskateller **11,5 %/4,50 €**
84	2016 Spätburgunder Barrique Weingartener Schlossberg **13,5 %/9,- €**
83	2016 Syrah Barrique Weingartener Schlossberg **13 %/9,- €**

Eugen Spindler

★

KONTAKT

Lindenhof, Weinstraße 55
67147 Forst
Tel. 06326-338
Fax: 06326-7556
www.spindler-lindenhof.de
info@spindler-lindenhof.de;

Inhaber
Peter Spindler & Timo Spindler
Rebfläche
11 Hektar

BESUCHSZEITEN

Mo.-Fr. 10-12 Uhr + 14-17 Uhr,
Sa. 10 -16 Uhr

Die Familie Spindler, deren Vorfahren aus dem Burgund stammen, betreibt seit 1620 Weinbau an der Mittelhaardt. Vor drei Generationen wurde der stattliche Weinbergsbesitz in drei Weingüter aufgeteilt. Eines davon ist der Lindenhof, dessen Gutsgebäude mit ihren Sandsteingewölbekellern Mitte des 19. Jahrhunderts erbaut wurden. Im Innenhof stehen zwei über einhundert Jahre alte Lindenbäume, denen das Weingut seinen Namen zu verdanken hat. Die heutigen Eigentümer sind Peter Spindler, der den Betrieb seit 1992 führt, und Sohn Timo, der auch die Verantwortung für den An- und Ausbau der Weine übernommen hat. Die Weinberge liegen in den Forster Lagen Jesuitengarten, Pechstein, Ungeheuer und Musenhang, in Deidesheim in den Lagen Langenmorgen, Leinhöhle und Herrgottsacker, sowie in den Ruppertsberger Lagen Hoheburg und Reiterpfad. Wichtigste Rebsorte ist der Riesling, daneben gibt es Weißburgunder, Grauburgunder, Chardonnay, Gewürztraminer und Scheurebe, an roten Sorten werden Spätburgunder, Cabernet Sauvignon und Dornfelder angebaut. Die Weißweine werden in Edelstahltanks ausgebaut. Die Rotweine vergären auf der Maische und reifen in Eichenholzfässern und Barriques.

Kollektion

Auch in diesem Jahr konnten wir wieder nur eine kleine Auswahl von sechs Weinen aus der Kollektion von Peter und Timo Spindler verkosten. Die beiden Lagenrieslinge vom Pechstein und dem Ungeheuer, die gleichauf an der Spitze des Sortiments liegen, haben im Vergleich zu ihren direkten Jahrgangsvorgängern an Profil gewonnen: Der Pechstein zeigt rauchig-mineralische Noten, besitzt klare Frucht, ein lebendiges, animierendes Säurespiel und gute Länge, der Ungeheuer ist kraftvoll und stoffig, mit gelber Steinobstfrucht, Zitrusnoten und kräutriger Würze. Der Riesling aus dem Musenhang besitzt leicht süße, gelbe Frucht und frische Säure, die Cuvée aus Pinot Blanc und Auxerrois ist sehr stoffig, mit viel klarer, gelber Frucht, dezenter Holzwürze und etwas spürbarem Alkohol. Der Alkohol macht sich auch bei dem fülligen, kraftvollen Grauburgunder bemerkbar, der Spätburgunder besitzt leicht süße, dunkle Frucht und kräutrige Würze. —

Weinbewertung

84	2017 Riesling trocken Forster Musenhang	**12,5 %/8,- €**
85	2017 Pinot Blanc & Auxerrois trocken	**14,5 %/9,- €**
83	2017 Grauburgunder trocken	**13,5 %/9,50 €**
86	2017 Riesling trocken Forster Pechstein	**13 %/9,- €**
86	2017 Riesling trocken Forster Ungeheuer	**13,5 %/10,50 €**
83	2016 Spätburgunder trocken	**13 %/9,- €**

HEINRICH SPINDLER

★★★★

KONTAKT

Weinstraße 46
67147 Forst
Tel. 06326-96291-0
Fax: 06326-96291-22
www.weingutheinrichspindler.de
info@weingutheinrichspindler.de

Inhaber
Markus Spindler
Rebfläche
18 Hektar
Produktion
120.000 Flaschen

BESUCHSZEITEN

Mo.-Fr. 9-18 Uhr, Sa. 10-16 Uhr
Weinrestaurant (Di.-Sa.
11:30-21:30 Uhr warme Küche)

Seit 1620 ist die Familie in Forst ansässig, als Sontag Spindler sich während des Dreißigjährigen Krieges dort niederließ. Das heutige Gutshaus wurde im Jahr 1770 erbaut, 1933 wurde der Gutsausschank eröffnet. Seit 1978 führte Hans Spindler in zehnter Generation den Betrieb, 2007 ist Sohn Markus in den Betrieb eingestiegen, der in Geisenheim studiert hat und Auslandspraktika in Frankreich, Österreich und Kalifornien absolvierte, den Betrieb inzwischen übernommen hat. Seine Weinberge liegen vor allem in Forst, wo er in sämtlichen Spitzenlagen vertreten ist, in Ungeheuer, Pechstein, Kirchenstück, Freundstück und Jesuitengarten, sowie in Musenhang und Elster. Hinzu kommen Weinberge in Ruppertsberg (Reiterpfad) und Deidesheim (Herrgottsacker). Das Gros der Rebfläche ist mit Riesling bestockt, dazu gibt es Weiß- und Grauburgunder, Gewürztraminer, Spätburgunder und Sauvignon Blanc, auch etwas Blaufränkisch und Merlot. Seit 2012 wird die gesamte Rebfläche biologisch bewirtschaftet. Florian Schindler, der Bruder von Markus, ist 2013 in den Gutsausschank eingestiegen. Die Spitzenrieslinge werden größtenteils in Holzfässern vergoren und lange auf der Feinhefe ausgebaut. Rotweine werden maischevergoren und in Doppelstückfässern oder Barriques ausgebaut. Das Sortiment ist vierstufig gegliedert in Guts-, Orts-, Erste Lage- und Große Lage-Weine. Die Gutsweine tragen eine beige Kapsel, die Ortsweine aus Deidesheim, Forst und Ruppertsberg eine grüne. Die mit einer goldenen Kapsel ausgestatteten Erste Lage-Weine kommen aus den beiden Forster Lagen Elster und Musenhang sowie aus dem Deidesheimer Herrgottsacker. Die Große Lage-Weine tragen eine schwarze Kapsel und kommen ausschließlich aus den Forster Spitzenlagen Freundstück, Jesuitengarten, Kirchenstück, Pechstein und Ungeheuer, seit dem Jahrgang 2016 kommen die Weine im September nach dem Erntejahr auf den Markt. Seit der ersten Ausgabe schon empfehlen wir die Weine der Spindlers, schon damals waren wir überrascht von ihren durchweg klaren, fruchtbetonten Rieslingen – und den moderaten Preisen. In den letzten Jahren sind die Preise vor allem für die Weine von Großen Lagen gestiegen, aber die Weine haben auch an Konzentration und Kraft gewonnen, die Guts- und Ortsweine überraschen immer wieder mit ihrer Präzision und Reintönigkeit. Nicht viele Weingüter in der Pfalz zeigten eine solche Zuverlässigkeit und Konstanz in den beiden vergangenen Jahrzehnten.

Kollektion

Markus Spindlers Lagenrieslinge sind in diesem Jahr etwas kraftvoller als im 2016er Jahrgang, wir favorisieren dieses Mal ganz leicht den Kirchenstück, auch wenn wir den Jesuitengarten genauso hoch bewerten: Der Kirchenstück zeigt sehr feine steinige und rauchig-mineralische Noten im

Bouquet, die Frucht bleibt ganz zurückhaltend, macht sich an Gaumen leicht als animierende Zitruswürze bemerkbar, der Wein besitzt gute Konzentration, feinen Druck und Grip, ist elegant und sehr nachhaltig, der Jesuitengarten zeigt etwas weniger deutliche steinige Noten, aber wesentlich mehr Frucht, Zitrusnoten, Limette, Ananas und Orangenschale, besitzt am Gaumen herbe kräutrige Würze, ein animierendes Säurespiel und leicht salzige Länge. Der Pechstein zeigt klare, gelbe Frucht, Aprikose, gelben Apfel und etwas kräutrig-steinige Würze, besitzt am Gaumen Saft und Kraft, leicht herbe Frucht und gute Länge, der Ungeheuer zeigt viel feine Kräuterwürze, Zitrusnoten und etwas gelben Apfel, besitzt gute Konzentration und ein animierendes, nachhaltiges Säurespiel, der Freundstück ist der fruchtbetonteste Wein unter den fünf Großen Lagen, er zeigt Aprikose, gelben Apfel und Orangenschale, besitzt feinen Biss. Der Musenhang hat eine ähnliche Aromatik von Aprikose und gelbem Apfel, er besitzt eine leicht cremige Textur aber auch ein animierendes Säurespiel, der Herrgottsacker ist ebenfalls animierend, aber zurückhaltender in der Frucht und eher auf kräutrig-steinige Noten ausgelegt. Die beiden Ortsrieslinge sehen wir gleichauf, der Ruppertsberger zeigt klare Zitrusfrucht, Ananas, Grapefruit, besitzt feinen Biss, der Forster ist noch leicht verhalten, besitzt kühle kräutrige Würze und dezente Noten von grünem Apfel und der Riesling „Rural" ist saftig, frisch und schlank mit feiner Kräuterwürze. Der „3 Trauben" ist eine Cuvée aus Weißburgunder, Riesling und Sauvignon Blanc, der Wein ist sehr aromatisch und fruchtbetont mit Noten von Pfirsich, Mango, Maracuja und etwas Stachelbeere, der Weißburgunder zeigt reintönige Birnenfrucht, etwas florale Würze, besitzt ein frisches Säurespiel.

Markus Spindler

Weinbewertung

86	2017 „3 Trauben" Weißwein trocken	**12 %/9,20 €**
84	2017 Weißburgunder trocken	**12,5 %/8,20 €**
84	2017 Riesling trocken „Rural"	**11,5 %/7,- €**
86	2017 Riesling trocken Ruppertsberger	**12,5 %/8,60 €**
86	2017 Riesling trocken Forster	**12,5 %/9,- €**
87	2017 Riesling trocken Herrgottsacker Deidesheim	**13 %/11,- €**
88	2017 Riesling trocken Musenhang Forst	**13 %/12,60 €**
88	2017 Riesling trocken Freundstück Forst	**13,5 %/17,50 €**
89	2017 Riesling trocken Ungeheuer Forst	**13,5 %/18,- €**
89	2017 Riesling trocken Pechstein Forst	**13,5 %/20,- €**
90	2017 Riesling trocken Jesuitengarten Forst	**13,5 %/26,- €**
90	2017 Riesling trocken Kirchenstück Forst	**13,5 %/30,- €**

LAGEN

UNGEHEUER (FORST)
PECHSTEIN (FORST)
KIRCHENSTÜCK (FORST)
FREUNDSTÜCK (FORST)
JESUITENGARTEN (FORST)
MUSENHANG (FORST)
ELSTER (FORST)
REITERPFAD (RUPPERTSBERG)
HERRGOTTSACKER (DEIDESHEIM)

REBSORTEN

RIESLING (82 %)
WEISSBURGUNDER (5 %)
SPÄTBURGUNDER (5 %)
GRAUBURGUNDER (3 %)
SAUVIGNON BLANC (3 %)

Josef Spreitzer

★★★★

KONTAKT

Rheingaustraße 86
65375 Oestrich-Winkel
Tel. 06723-2625
Fax: 06723-4644
www.weingut-spreitzer.com
info@weingut-spreitzer.de

Inhaber
Bernd & Andreas Spreitzer
Rebfläche
24 Hektar
Produktion
170.000 Flaschen

BESUCHSZEITEN

Mo.-Fr. 9-12 + 13:30-18:30 Uhr, Sa. 10-16 Uhr, an Sonn- und Feiertagen geschlossen
„Schlemmerwochen" Ende April/Anfang Mai

S

Das Weingut Spreitzer wird seit 1997 von den Brüdern Bernd und Andreas Spreitzer geführt, die den Betrieb von ihrem Vater Bernhard übernahmen. Der Großvater Josef Spreitzer war Verwalter des Oestricher Weinguts Hess, das er 1929 kaufte und damit den Grundstein für das heutige Weingut legte. Das Gut ist in einer Jugendstilvilla in der Nähe des Rheins untergebracht, wo die Weine in einem alten, 1743 erbauten Gewölbekeller lagern. Die Weinberge liegen in den Oestricher Lagen Lenchen und Doosberg, im Winkeler Jesuitengarten, im Hattenheimer Wisselbrunnen sowie im Mittelheimer St. Nikolaus. Die Weinberge sind zu 97 Prozent mit Riesling bepflanzt, hinzu kommt etwas Spätburgunder. Die Moste werden, wenn möglich, spontanvergoren. Der Ausbau der Weine erfolgt teils im Edelstahl, teils in Holzfässern, wobei auch die im Edelstahl vergorenen Weine für kurze Zeit ins Holzfass kommen. An der Spitze des trockenen Teils der Kollektion stehen die Großen Gewächse aus den Lagen Lenchen und Wisselbrunnen, neu hinzugekommen ist mit dem Jahrgang 2012 der Riesling aus dem Mittelheimer St. Nikolaus. Das Große Gewächs aus dem Lenchen stammt aus der ehemaligen Einzellage Rosengarten, die isoliert vom restlichen Lenchen in Rheinnähe liegt und teilweise von Mauern umgeben ist und inzwischen wieder offiziell als Einzellage eingetragen ist, so dass der Weine seit 2013 als „Oestricher Rosengarten" bezeichnet werden darf. Im restsüßen Segment werden, wenn es der Jahrgang erlaubt, alle Prädikate bis hin zur Trockenbeerenauslese geerntet. Das restsüße Pendant zu den Großen Gewächsen ist die mit dem Jahrgang 2000 eingeführte Spätlese „303", deren Name an eine vom Großvater geerntete 1920er Oestricher Bremerberg-Eiserberg Trockenbeerenauslese erinnert. Dieser Wein wurde mit einem Mostgewicht von 303 Grad Oechsle gelesen, zwei Jahre vergoren. Sieben Jahre später dann wurde auf der Versteigerung im Kloster Eberbach das ganze Fass (600 Liter) zum Preis von 75.000 Reichsmark verkauft. Die Spätlese 303 kommt immer aus der ehemaligen Lage Eiserberg. Zuletzt haben Bernd und Andreas Spreitzer ihre Vinothek neu gestaltet und in eine Photovoltaikanlage investiert.

Kollektion

Der Gutsriesling ist wie immer ausgesprochen zuverlässig, aromatisch und saftig. Der schlanke Buntschiefer bietet Frische und Länge. Dagegen fällt der Muschelkalk wie immer etwas fruchtbetonter aus, er schwelgt in gelben Steinobstaromen. Bei den Alte Reben-Rieslingen sind die Unterschiede wieder gut heraus gearbeitet. Der Hendelberg ist mineralisch, konzentriert und würzig, endet dezent herb und ist lang. Beim Doosberg dominieren ganz typisch die gelben Früchte und getrocknete Kräuter. Er ist weicher und fülliger, bleibt intensiver. Die Großen Gewächse sind homogen in ihrer

Qualität. Der Wein aus dem Rosengarten mit seinem apfelfruchtigen und nussigen Aroma ist kraftvoll, seinem Fruchtschmelz stehen milde Gerbstoffe und schöne Frische entgegen. Zurückhaltend und mit feinen rauchigen Noten im Duft zeigt sich das Große Gewächs aus dem Wisselbrunnen, ist im Mund feingliedrig, spannend, die würzigen Gerbstoffe und die pointierte Frische bilden eine stimmige Ergänzung zu seinen kühlen Fruchtaromen, ein Wein mit Potenzial. Der Riesling aus dem St. Nikolaus zeigt reife Steinobstaromen und rauchige Noten, ist kraftvoll und stoffig im Mund. Mit mehr Luft entfaltet er Druck und Schmelz, eine akzentuierte Säure ist bestens eingebettet. Auch hier ist etwas Geduld erforderlich, der Wein wird ohnehin erst im Herbst 2019 in den Verkauf kommen. Die feinherben Alten Reben aus dem Jesuitengarten verbinden reife Gelbfrucht und angenehme Frische, der Wein besitzt Fülle, Würze und Länge. Von den fruchtigen Weinen animiert der Kabinett aus dem Lenchen mit gelungener Frische und dezentem Biss. Die Spätlese ist packend kühl und herb fruchtig. Ebenso die Spätlese 303, die ihre deutlich höhere Reife und Fruchtsüße mit feinem Gerbstoffbiss kontert und etwas Flaschenreifung vertragen kann. Die kräftige edelsüße Auslese aus dem Lenchen steht etwas hinter dem Niveau des Vorjahres zurück. Im Gegensatz dazu bietet die füllige Beerenauslese aus dem Würzgarten Reintönigkeit und Frische, sie besitzt Saft, Druck und Länge. Das gilt auch für die intensive Trockenbeerenauslese, die mit würzigen Rosinenaromen und viel Konzentration aufwartet.

Bernd & Andreas Spreitzer

Weinbewertung

84 2017 Riesling trocken **11,5 %/8,20 €**
86 2017 Riesling trocken „Buntschiefer" Hallgarten **11,5 %/10,50 €**
86 2017 Riesling trocken „Muschelkalk" Oestrich **11,5 %/10,50 €**
88 2017 Riesling trocken „Alte Reben" Hallgartener Hendelberg **12,5 %/14,50 €**
88 2017 Riesling trocken „Alte Reben" Oestricher Doosberg **12,5 %/14,50 €**
90 2017 Riesling „GG" Hattenheimer Wisselbrunnen **13 %/26,- €**
89 2017 Riesling „GG" Oestricher Rosengarten **12,5 %/26,- €**
90 2017 Riesling „GG" Mittelheimer St. Nikolaus **12,5 %/a.A.**
87 2017 Riesling halbtrocken „Alte Reben" Jesuitengarten **11,5 %/14,50 €**
86 2017 Riesling Kabinett Oestricher Lenchen **8 %/10,50 €**
86 2017 Riesling Spätlese Oestricher Lenchen **7,5 %/14,50 €**
87 2017 Riesling Spätlese „303" Oestricher Lenchen **7,5 %/23,- €**
88 2017 Riesling Auslese Oestricher Lenchen **8 %/21,- €/0,375l**
92 2017 Riesling Beerenauslese Hallgartener Würzgarten **7,5 %/a.A./0,375l**
93 2017 Riesling Trockenbeerenauslese Oestricher Lenchen **6,5 %/93,- €/0,375l**

LAGEN

LENCHEN (OESTRICH)
ROSENGARTEN (OESTRICH)
DOOSBERG (OESTRICH)
ST. NIKOLAUS (MITTELHEIM)
WISSELBRUNNEN (HATTENHEIM)
JESUITENGARTEN (WINKEL)
HENDELBERG (HALLGARTEN)
WÜRZGARTEN (HALLGARTEN)

REBSORTEN

RIESLING (95 %)
SPÄTBURGUNDER (5 %)

SPRINGER

★☆

KONTAKT

Staufenberger Weg 4
74074 Heilbronn
Tel. 07131-570695
Fax: 07131-256196
www.weingut-springer.de
info@weingut-springer.de

Inhaber
Felix Springer
Rebfläche
6 Hektar

BESUCHSZEITEN

Mo.-Do. 12-13:30 Uhr, Fr. 13-19 Uhr, Sa. 9-18 Uhr und nach Vereinbarung
Besenwirtschaft

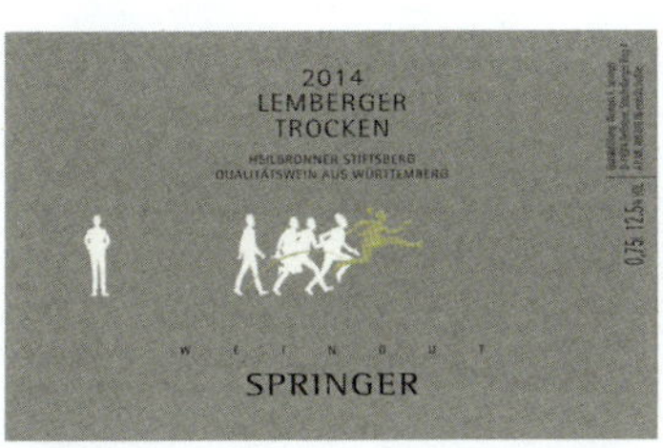

Felix Springer absolvierte seine Lehre bei Ellwanger, studierte dann in Geisenheim, machte ein Praxissemester bei Paul Fürst – seit 2007 ist er für den Weinausbau im elterlichen Weingut verantwortlich, das er inzwischen übernommen hat. Seine Weinberge liegen hauptsächlich im Heilbronner Stiftsberg, aber auch im Fleiner Sonnenberg ist er vertreten. Hauptrebsorten sind Trollinger, Riesling, Spätburgunder und Lemberger. Dazu gibt es Schwarzriesling, Samtrot, Weißburgunder, Cabernet Dorsa, Müller-Thurgau, Clevner, Gewürztraminer und Dornfelder, aber auch Zweigelt und Frühburgunder. Das Gros der Weine wird an Privatkunden verkauft, ein Teil in der Besenwirtschaft ausgeschenkt.

Kollektion

Die neue Kollektion gefällt uns richtig gut, die Rotweine präsentieren sich sehr geschlossen und stark, stellen wie gewohnt die Spitzen im Sortiment. Aber auch die Weißweine zeigen gutes Niveau. Der Rivaner ist frisch und fruchtbetont, besitzt feine süße Frucht, der zitruswürzige Riesling ist klar und zupackend, unsere leichte Präferenz gilt aber dem Weißburgunder, der wunderschön lebhaft und frisch ist, fruchtbetont und süffig. Der Rosé ist fruchtbetont und geradlinig, der im Holz ausgebaute Zweigelt besitzt reintönige Frucht, ist lebhaft und geradlinig. Der Cabernet Dorsa zeigt etwas Vanille und reife Frucht im Bouquet, ist füllig und kraftvoll, besitzt reife Frucht und gute Struktur, der Frühburgunder ist fruchtbetont und reintönig, strukturiert und zupackend. An der Spitze der Kollektion stehen die beiden neuen „Terrassen"-Rotweine. Der Lemberger zeigt eindringliche Gewürznoten im Bouquet, besitzt Fülle und Kraft, reintönige Frucht, gute Struktur und Substanz. Noch ein klein wenig besser gefällt uns der Spätburgunder Terrasse, zeigt intensive Frucht im herrlich eindringlichen Bouquet, besitzt gute Struktur im Mund, schöne Frische und reintönige Frucht. Im Aufwind!

Weinbewertung

82	2017 Rivaner trocken Heilbronner Stiftsberg **12 %/4,50 €**
81	2017 Riesling Kabinett trocken Heilbronner Stiftsberg **12,5 %/5,30 €**
83	2017 Weißburgunder trocken Heilbronner Stiftsberg **13 %/5,90 €**
83	2017 Rosé trocken Heilbronner Stiftsberg **11,5 %/4,50 €**
85	2016 Cabernet Dorsa trocken Heilbronner Stiftsberg **13,5 %/5,30 €** ☺
84	2016 Frühburgunder trocken Holzfass Heilbronner Stiftsberg **13,5 %/6,50 €**
83	2016 Zweigelt trocken Holzfass Heilbronner Stiftsberg **13,5 %/6,50 €**
87	2015 Spätburgunder Terrasse **13,5 %/15,- €**
86	2015 Lemberger Terrasse **13,5 %/15,- €**

STACHEL

★★☆

KONTAKT

Bahnhofstraße 40
67487 Maikammer
Tel. 06321-5112
Fax: 06321-58561
www.weingut-stachel.de
info@weingut-stachel.de

Inhaber
Erich Stachel
Betriebsleiter
Erich & Matthias Stachel
Kellermeister
Matthias Stachel
Rebfläche
18 Hektar
Produktion
100.000 Flaschen

BESUCHSZEITEN

Mo.-Fr. 9-12 + 14:30-18 Uhr,
Sa. 10-16 Uhr, Sonn- & Feiertage nach Vereinbarung

Matthias Stachel absolvierte seine Ausbildung bei den Weingütern Emil Bauer, Knipser und Müller-Catoir. Nach Praktika in Kalifornien und Neuseeland und einer Weiterbildung zum Weinbautechniker unterstützt er seit 2003 seinen Vater Erich im elterlichen Betrieb. Der Junior ist seitdem für den Keller verantwortlich, der Senior kümmert sich um den Außenbetrieb. Die Weinberge von Erich und Matthias Stachel liegen in Maikammer (Heiligenberg und Kirchenstück), Diedesfeld (Paradies und Johanniskirchel) und Kirrweiler (Mandelberg und Römerweg). An weißen Sorten bauen sie Riesling, Weißburgunder, Auxerrois, Silvaner, Chardonnay, Kerner, Müller-Thurgau, Gewürztraminer und Sauvignon Blanc an. An roten Sorten gibt es Spätburgunder, St. Laurent, Dornfelder, Syrah, Regent, Merlot, Cabernet Sauvignon und Malbec.

Kollektion

Schon im vergangenen Jahr hatten wir geschrieben, dass die Rotweine der Stachels noch etwas stärker als in den Vorjahren seien – und wir können uns nur wiederholen, denn wieder ist es Matthias Stachel gelungen, bei einigen der Roten noch zuzulegen: Alkohol und Holz sind bei allen Weinen wieder perfekt eingebunden, sie besitzen alle Eleganz und feine, kühle Frucht. Die Cuvée Ericius hatten wir schon einmal verkostet, sie wirkt immer noch sehr jung, zeigt dunkle Beerenfrucht, etwas Leder und Lakritze, ist komplex und harmonisch, ganz stark sind in diesem Jahr auch der Cabernet Sauvignon mit klaren Noten von schwarzer Johannisbeere und Brombeere, mit guter Struktur und reifen Tanninen und der eindringliche Malbec mit feiner Beerenfrucht, Struktur und Länge, der Syrah ist kühl und leicht pfeffrig. Die Weißweine sind in diesem Jahr alle etwas füllig und weich, der Chardonnay zeigt deutliche Röstnoten und Kokos, der Riesling von alten Reben besitzt Biss und der Sekt ist sehr fruchtbetont.

Weinbewertung

85	2016 Chardonnay Sekt brut **12,5 %/10,70 €**
83	2017 Auxerrois trocken Maikammer **13 %/6,30 €**
83	2017 Weißburgunder trocken Kirrweiler **12,5 %/6,20 €**
86	2016 Chardonnay trocken Maikammer Kirchenstück **13 %/15,90 €**
85	2017 Sauvignon Blanc trocken Diedesfelder Paradies **13,5 %/9,70 €**
85	2017 Riesling trocken „Alte Reben" Alsterweiler Kapellenberg **13 %/10,50 €**
88	2015 Spätburgunder trocken Maikammer Heiligenberg **13,5 %/19,- €**
88	2016 Merlot trocken Maikammer Kirchenstück **14 %/18,50 €**
89	2016 Cabernet Sauvignon trocken Maikammer Kirchenstück **14 %/20,- €**
89	2015 Malbec trocken Maikammer Heiligenberg **14 %/28,- €**
90	2015 „Ericius Rotwein Cuvée" trocken **14,5 %/25,- €**
89	2015 Syrah trocken Maikammer Heiligenberg **14,5 %/32,- €**

STAHL

★★★☆

KONTAKT

Winzerhof Stahl
Lange Dorfstraße 21
97215 Auernhofen
Tel. 09848-96896
Fax: 09848-96898
www.winzerhof-stahl.de
mail@winzerhof-stahl.de

Inhaber
Christian Stahl
Rebfläche
23 Hektar
Produktion
180.000 Flaschen

BESUCHSZEITEN

täglich nach Vereinbarung
Weinrestaurant (Events und Menüs nach Anmeldung)

Bis 1984 war der Betrieb ein Bauernhof mit Ackerbau und Viehzucht. In diesem Jahr kaufte Albrecht Stahl im Zuge der Flurbereinigung Weinbergflächen im zehn Kilometer entfernten Taubertal. Sohn Christian ist seit dem Jahrgang 2000 für die Vinifikation verantwortlich, inzwischen hat er den Betrieb übernommen. Die Weinberge liegen nicht nur im Tauberzeller Hasennestle und an der Tauber, sondern auch am Main in Gemeinden wie Randersacker, Sommerhausen oder Sulzfeld. Silvaner ist immer wichtiger geworden im Betrieb, ebenso Sauvignon Blanc und Scheurebe, die Burgundersorten und Riesling, natürlich gibt es immer noch Müller-Thurgau, mit dem Christian Stahls Erfolgsgeschichte begann.

Kollektion

Eine umfangreiche Kollektion präsentiert Christian Stahl, das Einstiegsniveau ist hoch wie gewohnt. In der Damaszener Stahl-Linie gefällt uns der zupackende Sauvignon Blanc besonders gut. In der Edelstahl-LInie glänzen die Best of-Weine: Der Silvaner besitzt Kraft und viel reife Frucht, deutlich druckvoller und nachhaltiger ist der Sonnenstuhl-Silvaner, reintönig und zupackend. Der Riesling aus dem Marsberg ist würzig, besitzt gute Struktur und Biss. Unter den im Tonneau („Fass 500") ausgebauten Weinen ist der Chardonnay unser eindeutiger Favorit, er besitzt Fülle und Kraft, gute Struktur und viel reife Frucht, hat Druck und Länge, der Silvaner ist enorm kompakt und konzentriert. Spannende, sehr eigenständige Weine! –

Weinbewertung

85 2015 „Brause" Pinot Sekt brut **12,5 %/18,- €**
85 2017 Müller-Thurgau trocken „Hasennest" „Damaszener Stahl" **13 %/12,50 €**
85 2017 Silvaner trocken „[springinsfeld] Damaszener Stahl" **12,5 %/9,50 €**
87 2017 Sauvignon Blanc trocken „Damaszener Stahl" **12,5 %/12,50 €**
86 2017 Weißburgunder trocken „Damaszener Stahl" **13 %/12,50 €**
85 2017 Grauburgunder trocken „Damaszener Stahl" **13 %/11,50 €**
85 2017 Scheurebe trocken „[Bodenstoff] Damaszener Stahl" **12,5 %/10,50 €**
85 2017 Riesling trocken „Damaszener Stahl" **12,5 %/11,50 €**
85 2017 Silvaner trocken „Edelstahl" **13,5 %/15,- €**
88 2017 Silvaner trocken „Edelstahl best of" **13,5 %/18,- €**
90 2017 Silvaner trocken „Edelstahl-Best of" Sonnenstuhl **13,5 %/25,- €**
88 2017 Riesling trocken Marsberg „Edelstahl best of" **13,5 %/18,- €**
87 2016 Sauvignon Blanc trocken „Fass 500 GSKR Edelstahl" **13,5 %/38,- €**
87 2017 Sauvignon Blanc trocken [zweimännerwein] **13,5 %/18,- €**
88 2016 Silvaner trocken „Fass 500 GSKR Edelstahl" **13,5 %/25,- €**
90 2016 Chardonnay trocken „Fass 500" **13,5 %/38,- €**
85 2017 Riesling „feinherb" „Damaszener Stahl" **12,5 %/11,50 €**

STALLMANN-HIESTAND

★★★

KONTAKT

Eisgasse 15
55278 Uelversheim
Tel. 06249-8463
Fax: 06249-8614
www.weingut-stallmann-hiestand.de
info@weingut-stallmann-hiestand.de

Inhaber
Christoph Hiestand
Rebfläche
20 Hektar
Produktion
180.000 Flaschen

BESUCHSZEITEN

nach Vereinbarung

Christoph Hiestand will noch stärker auf die klassischen Rebsorten setzen, auf die Burgunder, hat Chardonnay neu gepflanzt. Die Weinberge liegen in Dienheim (Tafelstein, Kreuz, Siliusbrunnen), Uelversheim (Aulenberg, Schloss, Tafelstein mit der Lage Geierscheiß) sowie Guntersblum (Kreuz, Bornpfad, Steigterrassen). Riesling und Spätburgunder sind die wichtigsten Rebsorten, gefolgt von den weißen Burgundern, Silvaner und Gewürztraminer. Portugieser, Weinsberger Cabernet-Kreuzungen (Cabernet Dorsa, Cabernet Cubin), Sankt Laurent und Sauvignon Blanc sind wichtige Bestandteile des Sortiments. Christoph Hiestand, als gelernter Krankenpfleger quasi Quereinsteiger, schloss 2007 sein Geisenheim-Studium ab, hatte Praktika bei Meyer-Näkel, Nederburg (Südafrika) und Knipser absolviert bevor er in den Betrieb einstieg, den er inzwischen übernommen hat und zusammen mit Ehefrau Nora führt.

Kollektion

Sehr gleichmäßig präsentiert sich die neue Kollektion, das Einstiegsniveau ist gewohnt hoch. Riesling bietet Christoph Hiestand trocken wie süß. Trocken hat der Kreuz-Riesling die Nase vorne, ist füllig, saftig und strukturiert, gleichauf sehen wir die Geierscheiß Spätlese, die reintönige süße Frucht und viel Substanz besitzt. Aber auch alle anderen Weißweine überzeugen, der wunderschön reintönige Weißburgunder ebenso wie der füllig-saftige Grauburgunder, der intensiv fruchtig Sauvignon Blanc oder die konzentrierte im Holz ausgebaute Cuvée Trepino. Die Rotweine stehen den Weißen nicht nach, zeigen durchweg sehr gutes Niveau. Die beiden Spätburgunder sind recht duftig, dezidiert oxidativ ausgebaut, besitzen Fülle, Kraft und gute Struktur. Der gewürzduftige Nero besitzt viel reife Frucht wie auch die strukturierte Cabernet-Merlot-Cuvée.

Weinbewertung

87	2017 Riesling trocken Kreuz **13 %/10,50 €**
85	2017 Riesling trocken Tafelstein **12,5 %/8,20 €**
86	2017 Weißer Burgunder „S" **13,5 %/8,50 €**
85	2017 Grauer Burgunder trocken Uelversheimer Aulenberg **13,5 %/10,50 €**
85	2017 Sauvignon Blanc trocken **12,5 %/8,20 €**
87	2017 „Trepino" Weißwein trocken **13 %/10,50 €**
84	2017 Riesling Kabinett Dienheimer Tafelstein **7,5 %/7,20 €**
87	2017 Riesling Spätlese „Geierscheiß" Uelversheimer Tafelstein **8,5 %/9,50 €**
87	2016 Spätburgunder trocken Dienheimer Tafelstein **14 %/19,- €**
85	2015 „Nero" Rotwein trocken **14 %/19,- €**
85	2015 Cabernet Sauvignon & Merlot **13,5 %/14,50 €**
86	2015 Spätburgunder trocken Dienheimer Kreuz **14 %/21,- €**

S

Roland Staudt

★

KONTAKT

Am Maustal 3
97320 Sulzfeld
Tel. 09321-6826
Fax: 09321-6927
www.weingut-staudt.de
info@weingut-staudt.de

Inhaber
Roland Staudt
Rebfläche
10 Hektar
Produktion
80.000 Flaschen

BESUCHSZEITEN

Mo.-Sa., So. nach Vereinbarung

Roland Staudt erzeugte 1984 seinen ersten Jahrgang. Seine Weinberge liegen alle in den beiden Sulzfelder Einzellagen Maustal und Cyriakusberg, wo die Reben auf Muschelkalkböden wachsen. Er baut vor allem Müller-Thurgau und Silvaner an, die jeweils etwa ein Viertel seiner Rebfläche einnehmen. Hinzu kommen Bacchus, Riesling, Weißburgunder, Rieslaner und Grauburgunder als weitere weiße Rebsorten; an roten Sorten, die 8 Prozent der Rebfläche einnehmen, gibt es Spätburgunder, Dornfelder, Cabernet Dorsa und Domina. Die Weißweine werden in temperaturgesteuerten Edelstahltanks ausgebaut, die Rotweine kommen nach der Maischegärung ins Holz. Auf Prädikatsbezeichnungen verzichtet Roland Staudt inzwischen, die trockenen Spitzenweine werden in der S-Linie vermarktet.

Kollektion

Im vergangenen Jahr führten ein im Barrique ausgebauter Cabernet Dorsa sowie ein ebenfalls im Barrique ausgebauter Silvaner eine gute, stimmige Kollektion an. Barriqueweine konnten wir dieses Jahr nicht verkosten, aber was wir präsentiert bekamen überzeugt, die Kollektion ist noch geschlossener und gleichmäßiger als im Vorjahr. Der Einstieg stimmt, das zeigen die Literweine, der geradlinige Silvaner und der klare, fruchtbetonte Müller-Thurgau. Auch der Monte C genannte Weißwein ist ein Müller-Thurgau, frisch, lebhaft und süffig. Der Grauburgunder ist reintönig und zupackend, der Weißburgunder kraftvoll, harmonisch und saftig, der Riesling ist geradlinig, lebhaft und zupackend, der Sauvignon Blanc ist betont süffig, frisch und klar. Wir favorisieren ganz leicht die beiden Silvaner: Der Wein von jungen Reben ist wunderschön reintönig im Bouquet, klar und frisch im Mund, lebhaft und fruchtbetont, der Silvaner M ist etwas kraftvoller und würziger, aber ebenso klar und zupackend, überzeugt ebenfalls mit reintöniger Frucht.

Weinbewertung

81 2017 Silvaner trocken Sulzfelder (1l) **12 %/5,90 €**
82 2017 Müller-Thurgau trocken Sulzfelder (1l) **12 %/5,70 €**
83 2017 „Monte C" Weißwein trocken **11,5 %/5,90 €**
84 2017 Silvaner trocken „Junge Reben" Sulzfelder **10,5 %/6,50 €**
83 2017 Weißburgunder trocken Sulzfelder **12,5 %/7,- €**
82 2017 Grauburgunder trocken Sulzfelder **11 %/7,- €**
83 2017 Riesling trocken Sulzfelder **11,5 %/7,- €**
84 2017 Silvaner „M" trocken Sulzfelder **12 %/7,- €**
83 2017 Sauvignon Blanc Sulzfelder **12 %/7,- €**
81 2017 „Alte Steige" Rotwein trocken **12,5 %/6,90 €**

STAUFFER

★☆

KONTAKT

Borngasse 24/26
55234 Flomborn
Tel. 06735-1521
Fax: 06735-1579
www.weingutstauffer.de
info@weingutstauffer.de

Inhaber
Karl-Michael, Doris & Alexander Stauffer
Betriebsleiter
Karl-Michael & Alexander Stauffer
Kellermeister
Alexander Stauffer
Außenbetrieb
Karl-Michael Stauffer
Rebfläche
16 Hektar
Produktion
80.000 Flaschen

BESUCHSZEITEN

nach Vereinbarung

Seit 1790 bewirtschaftet die Familie Weinberge in Flomborn, einem kleinen Ort südlich von Alzey, der alte Winzerhof ist seit der Säkularisierung in Familienbesitz. Seit 1989 wird das ehemalige Klostergut von Karl-Michael und Doris Stauffer geführt, 2011 ist Sohn Alexander in den Betrieb eingestiegen und übernahm seither immer mehr die Verantwortung im Keller. Karl-Michael Stauffer hat Landwirtschaft mit Schwerpunkt Weinbau an der Universität Hohenheim studiert, Alexander Stauffer studierte in Geisenheim sowie an der University of California in Davis, sammelte Erfahrungen im In- und Ausland. Die Weinberge liegen zum größten Teil in Flomborner Lagen Feuerberg und Goldberg, sowie im Eppelsheimer Felsen, die Lagen sind sehr kalksteingeprägt und liegen relativ hoch. Die Burgundersorten nehmen ein knappes Drittel der Rebfläche ein, es folgen Riesling, Portugieser (davon 1,5 Hektar mit über 80 Jahre alten wurzelechten Reben), Müller-Thurgau und Silvaner. Das Sortiment ist gegliedert in Guts-, Orts- und Lagenweine. Die Rotweine werden überwiegend im Holzfass ausgebaut, die Weißweine meist im Edelstahl.

Kollektion

Beim guten Debüt im vergangenen Jahr war der Hochzeitsfass-Grauburgunder unser Favorit. Die neue Kollektion gefällt uns nochmals besser, bietet rote Spitzen und einen feinen, fruchtbetonten Liter-Riesling. Die Gutsweine sind frisch und geradlinig, am besten gefällt uns die Cuvée vom Kalk aus Riesling, Scheurebe und Müller-Thurgau, die wunderschön lebhaft und zupackend ist. Im Ortswein-Segment gilt unsere Präferenz dem Flomborner Cabernet Sauvignon, der etwas Paprika und Johannisbeeren zeigt, klar, zupackend und strukturiert ist. Der Riesling aus dem Feuerberg zeigt reintönige Frucht und etwas rauchige Noten, besitzt feine Frische und Biss, er ist unser Favorit im weißen Segment. Bei den Roten hat der Portugieser aus dem Goldberg die Nase vorne, er zeigt rote und dunkle Früchte im Bouquet, ist klar, kraftvoll und zupackend im Mund, besitzt gute Struktur und jugendliche Tannine. ▬

Weinbewertung

81 2017 Riesling trocken (1l) **12 %/4,90 €**
83 2017 Cuvée „vom Kalk" Weißwein trocken **12,5 %/6,50 €**
82 2017 Weißer Burgunder trocken **12,5 %/6,50 €**
82 2017 Grauer Burgunder trocken **12 %/6,- €**
82 2017 Scheurebe trocken **12 %/6,- €**
82 2017 Riesling trocken Eppelsheim **13,5 %/8,50 €**
83 2017 Auxerrois trocken Eppelsheim **13 %/7,90 €**
85 2017 Riesling trocken Flomborner Feuerberg **13,5 %/11,60 €**
85 2016 Cabernet Sauvignon trocken Flomborn **13 %/8,20 €**
86 2016 Blauer Portugieser trocken Flomborner Goldberg **12,5 %/11,60 €**

STEFFENS-KESS

★★★☆

KONTAKT

Moselstrasse 63
56861 Reil
Tel. 06542-1246
Fax: 06542-1353
www.steffens-kess.de
weingut@steffens-kess.de

Inhaber
Harald Steffens
Rebfläche
4 Hektar
Produktion
35.000 Flaschen

BESUCHSZEITEN

nach Vereinbarung

Harald Steffens und Marita Keß bewirtschaften seit 1982 ihre Weinberge biologisch, sind Mitglied bei Ecovin. Ihre Weinberge liegen überwiegend in Steillagen der mittleren Mosel, in der Reiler Goldlay, im Burger Wendelstück und im Burger Hahnenschrittchen. Sie bauen fast ausschließlich Riesling an (98 Prozent), nur eine kleine Parzelle ist mit Müller-Thurgau bepflanzt, kaufen ein wenig zu von ebenfalls biologisch arbeitenden Winzern. Die Weine werden in Eichenholzfässern ausgebaut, ist in einem Jahrgang die Menge überdurchschnittlich groß, kommen einige Partien auch ins Edelstahl. Praktisch alle Weine werden trocken abgefüllt, nur in Ausnahmejahren, wenn die Gärung stockt, gibt es auch Weine mit ein wenig Restsüße. Neben Wein stellt Harald Steffens Riesling-Balsam-Essig her, den er in Holzfässern aus Eiche und Maulbeerbaum ausbaut, sowie Mosto Cotto, ein Konzentrat aus schonend eingedampftem Rieslingtraubensaft. Auch dank seines Blogs, in dem Steffens häufig über die Arbeit in Weinberg und Keller berichtet, gehört er zu den bekanntesten Winzern in diesem Teil der Mosel.

Kollektion

Wie in den Vorjahren, so stellt Harald Steffens auch diesmal ausschließlich trockene Weine vor – wenn man von dem als brut bezeichneten Schaumwein absieht. Der ist übrigens, aus 2016 stammend, straff und würzig, zugänglich und animierend. Für die nichtschäumenden Weine aus dem Jahrgang 2017 gelten ähnliche Attribute. Schon der Basiswein ist straff und fest, schon die beiden Kabinette sind nicht nur gelungen, sondern durchaus verschieden. Jener aus dem Hahnenschrittchen ist eher fein und elegant, der aus der Goldlay eher etwas fester und würziger. Die Nachverfolgbarkeit der Terroirs zieht sich durchs gesamte Sortiment, bis hinauf zu den beiden trockenen Auslesen, die sehr geradlinig, klar, mineralisch wirken, am spannendsten die Goldlay-Auslese, viel gelungener als so manch offizielles Großes Gewächs.

Weinbewertung

87	2016 Riesling Sekt brut **12 %/11,40 €**
85	2017 Riesling trocken (1l) **11 %/7,40 €** ☺
87	2017 Riesling trocken Burger Hahnenschrittchen **11 %/7,50 €** ☺
87	2017 Riesling trocken Reiler Goldlay **11 %/7,60 €** ☺
87	2017 Riesling Kabinett trocken Burger Hahnenschrittchen **11,5 %/8,50 €** ☺
88	2017 Riesling Kabinett trocken Reiler Goldlay **11,5 %/8,80 €** ☺
88	2017 Riesling Spätlese trocken Burger Hahnenschrittchen **12 %/11,50 €**
89	2017 Riesling Spätlese trocken Reiler Goldlay **12 %/11,60 €** ☺
91	2017 Riesling Auslese trocken Reiler Goldlay **13 %/15,60 €** ☺
89	2017 Riesling Auslese trocken Burger Wendelstück **13,5 %/16,20 €**

Karl Stein

★☆

Kontakt

Auf dem Stiel 12
55585 Oberhausen
Tel. 06755-242
Fax: 06755-741
www.steinwein.de
info@steinwein.de

Inhaber/Betriebsleiter
Edith & Karl Rainer Schneider
Kellermeister
Rainer Schneider
Außenbetrieb
Alexander Wagner
Rebfläche
12 Hektar
Produktion
85.000 Flaschen

Besuchszeiten

Mo.-Sa. 8-17 Uhr und nach Vereinbarung

Seit 1801 erzeugt die Familie Wein in Oberhausen an der Nahe, 1960 kam die Sektherstellung dazu, heute wird der Betrieb geführt von Edith Schneider und ihrem Sohn Karl Rainer, der seit 2010 für die Weinbereitung zuständig ist. Riesling nimmt mittlerweile 55 Prozent der Rebfläche ein, dazu gibt es 30 Prozent Weißburgunder und Grauburgunder, sowie ein wenig Gewürztraminer, Silvaner, Müller-Thurgau und Chardonnay, sowie an roten Sorten Spätburgunder, St. Laurent, Lemberger und Dornfelder. Die Reben stehen in den Oberhäuser Lagen Leistenberg, Rotenberg, Kieselberg und Felsenberg sowie im Niederhäuser Felsensteyer, ein Drittel der Fläche wird in Steillagen bewirtschaftet.

Kollektion

Nachdem im vergangenen Jahr zwei Sekte die Kollektion von Edith und Rainer Schneider angeführt hatten, liegen in diesem Jahr die Stärken ganz klar bei den trockenen und restsüßen Rieslingen. Die drei trockenen Lagenrieslinge unterscheiden sich deutlich, der Felsensteyer an der Spitze zeigt steinig-mineralische Noten, etwas Brotkruste, reifen Apfel und Zitruswürze, der Leistenberg zeigt grünen Apfel und kräutrige Würze im Bouquet und besitzt Biss, während der Kieselberg etwas fülliger ist, dezente rauchige Noten zeigt und viel Zitrusfrucht besitzt. Bei den beiden restsüßen Riesling Spätlesen ist der Felsenberg ganz der fruchtbetonte Typ, ist frisch und schlank, der Kieselberg ist deutlich mineralischer, besitzt gute Konzentration und ein feines Säurespiel. Die Spätlese aus Riesling und Gewürztraminer ist sehr aromatisch, mit viel klarer, süßer Frucht, aber auch dezenter steiniger Würze. Und wie schon im vergangenen Jahr besitzen der Silvaner Blitz, der Müller-Thurgau Hanggarten und der Riesling Wolf viel klare, leicht süße Frucht und viel Trinkfluss, der Riesling Sekt zeigt leicht gereifte Frucht und besitzt Biss.

Weinbewertung

83 2015 Riesling Sekt brut **12,5 %/16,- €**
82 2017 Silvaner trocken „Blitz" **12 %/6,50 €**
81 2017 Grauer Burgunder trocken **12 %/6,- €**
84 2017 Riesling trocken Oberhäuser Kieselberg **12 %/7,- €**
85 2017 Riesling trocken Oberhäuser Leistenberg **12,5 %/10,- €**
86 2017 Riesling trocken Niederhäuser Felsensteyer **12,5 %/12,- €**
82 2017 Müller-Thurgau „Hanggarten" **12 %/6,- €**
83 2017 Riesling „feinherb" „Wolf" **11,5 %/8,- €**
84 2017 Riesling Spätlese Oberhäuser Felsenberg **8 %/8,50 €**
86 2017 Riesling Spätlese Oberhäuser Kieselberg **7 %/12,- €**
85 2017 Riesling & Gewürztraminer Spätlese Oberhäuser Rotenberg **7,5 %/9,- €**

S

ARTUR STEINMANN

★★★

KONTAKT

Plan 4
97286 Sommerhausen
Tel. 09333-250
Fax: 09333-1855
www.pastoriushaus.de
info@pastoriushaus.de

Inhaber
Artur Steinmann
Betriebsleiter
Bernhard List
Außenbetrieb
Frank Schönig
Rebfläche
18 Hektar
Produktion
120.000 Flaschen

BESUCHSZEITEN

Mo.-Sa. 9-12 + 13-18 Uhr, So. 9-12 Uhr; Weinproben, Weinseminare, Tagungen; Hotel (1 Einzelzimmer, 6 Doppelzimmer, 1 Appartement)

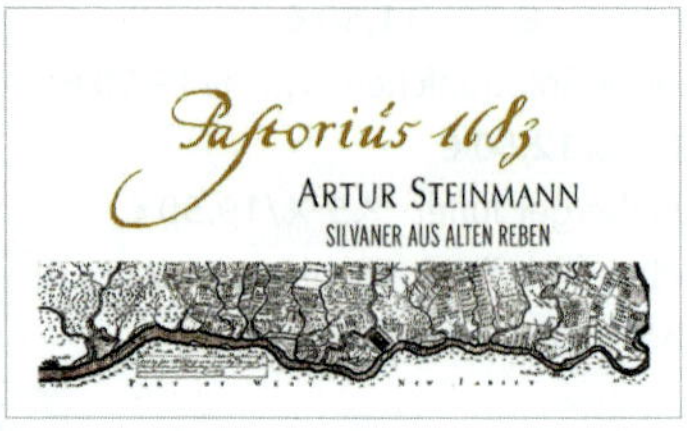

Das 1916 von Karl Steinmann gegründete Gut hat seinen Sitz in einem im 17. Jahrhundert erbauten Haus, in dem Franz David Pastorius geboren wurde, der erste deutsche Auswanderer nach Amerika, der 1683 in Pennsylvania die Stadt German-Town gründete. Karl Steinmanns Sohn konzentrierte sich seit den sechziger Jahren auf Weinbau, seit 1982 führt Enkel Artur Steinmann das Gut. Seine Weinberge liegen vor allem in Sommerhausen (Steinbach, Reifenstein sowie Ölspiel, die Lage, die 1971 zur Großlage „umfunktioniert" wurde), dazu ist er in Frickenhausen im Kapellenberg vertreten. Silvaner ist die wichtigste Rebsorte, nimmt etwa ein Drittel der Weinberge ein. Es folgen Müller-Thurgau und Riesling, dazu gibt es Weißburgunder, Scheurebe sowie ein klein wenig Kerner und Traminer. Rote Rebsorten nehmen ein Fünftel der Fläche ein: Schwarzriesling, Spätburgunder, Dornfelder und Domina. Dem Weingut ist ein Hotel mit Tagungsräumen angeschlossen. Artur Steinmann ist Initiator der Gruppe Frank & Frei und Präsident des Fränkischen Weinbauverbandes. 2015 wurde die neue Vinothek eröffnet, seit 2017 ist Bernhard List Betriebsleiter.

Kollektion

Seit Jahren nun zeigt Artur Steinmann sehr gleichmäßige Kollektionen auf hohem Niveau, neben fruchtbetonten, betont sortentypischen Weinen gibt es auch eigenwilligere, wenn auch nie übertrieben eigenwillige Weine wie den nach Maischestandzeit im Holz ausgebauten Silvaner Concord, der auch im Jahrgang 2015 Fülle und Kraft besitzt, reife Frucht und gute Struktur. Der reintönige Müller-Thurgau bereitet viel Freude wie auch die zupackende New World Edition aus Bacchus und Sauvignon Blanc. Die Kabinettweine sind alle wunderschön klar, die restsüße Scheurebe gefällt uns besonders gut. Kraftvoll, füllig und reintönig präsentiert sich die trockene Silvaner Spätlese, und mit dem strukturierten, kraftvollen und doch frischen Spätburgunder zeigt man nicht zum ersten Mal, dass man sich hier auch auf Rotwein versteht. ➖

Weinbewertung

84 2017 Müller-Thurgau trocken „Frank & Frei" **12 %/7,- €**
85 2017 „New World - Edition 18" Kabinett trocken Ölspiel **12 %/7,- €**
85 2017 Silvaner Kabinett trocken Sommerhausen Ölspiel **12 %/8,50 €**
84 2017 Weißer Burgunder Kabinett trocken Ölspiel **13 %/8,50 €**
84 2017 Riesling Kabinett trocken Sommerhausen Ölspiel **13 %/8,50 €**
88 2016 Silvaner Spätlese trocken Sommerhausen Steinbach **14 %/14,- €**
88 2015 Silvaner Spätlese trocken „Concord" Steinbach **12 %/25,- €**
86 2017 Scheurebe Kabinett Sommerhausen Ölspiel **10 %/8,50 €**
85 2016 Traminer Kabinett Sulzfeld Cyriakusberg **12 %/9,50 €**
88 2015 Spätburgunder Spätlese trocken Steinbach **13,5 %/16,- €**

S

Günther Steinmetz

★★★

KONTAKT

Moselweinstraße 154
54472 Brauneberg
Tel. 06534-751
Fax: 06534-940921
www.weingut-guenther-steinmetz.de
info@weingut-guenther-steinmetz.de

Inhaber
Stefan & Edith Steinmetz
Betriebsleiter/Kellermeister
Stefan Steinmetz
Rebfläche
14 Hektar
Produktion
60.000 Flaschen

BESUCHSZEITEN

nach Vereinbarung

Aus dem traditionell arbeitenden Familienbetrieb ist binnen weniger Jahre ein Weingut geworden, das unübliches Engagement zeigt. Schon Vater Günther hatte ein Interesse für Rotwein gezeigt, der Sohn baute dieses Engagement noch aus. Vier Fünftel der gesamten Fläche sind dennoch mit Riesling bestockt. Herausragende Weine in der gutseigenen Hierarchie werden mit „GB" oder „GP" bezeichnet, was für Großer Brauneberger beziehungsweise Großer Piesporter steht, darüber rangieren die Weine von den Terrassen aus Rosengärtchen und Treppchen.

Kollektion

Die neue Kollektion hat eine Fülle von spannenden Weinen. Ein Beispiel für einen sehr gelungenen Riesling ist der Brauneberger Riesling, frisch, kräuterig und würzig, puristisch trocken und nachhaltig. Der trockene Wein aus dem Ohligsberg wirkt dagegen schwierig, ist vom Alkohol geprägt; verschlossen ist auch der „GD" aus dem Dhroner Hofberg. Viel spannender und balancierter ist der Geierslay-Wein mit offener Frucht, Anklängen an Kräuter, Stein und einem Hauch Stachelbeere, würzig und animierend. Der Projektwein mit dem Weingut Hermann, ein trockener Ürziger Würzgarten, gefällt ausgezeichnet, der „Terrassen"-Wein aus dem Piesporter Treppchen steht kaum nach. Im süßen Bereich ist beispielsweise die enorm rassige Goldkapsel Spätlese aus der Juffer-Sonnenuhr zu erwähnen. ▬

Weinbewertung

89	2017 Riesling trocken Brauneberger **12,5 %/8,50 €** ☺
89+?	2017 Riesling trocken „GP" Dhroner Hofberg **13 %/22,- €**
88	2017 Riesling trocken „GW" Wintricher Ohligsberg **13,5 %/22,- €**
89+	2017 Riesling trocken „GK" Kestener Paulinshofberg **12 %/22,- €**
91	2017 Riesling trocken „von den Terrassen" Piesporter Treppchen **12,5 %/29,50 €**
90	2017 Riesling trocken „von den Terrassen" Rosengärtchen **12,5 %/32,- €**
89	2017 Riesling trocken „GP" Piesporter Goldtröpfchen **13 %/22,- €**
92	2017 Riesling „Steinmetz & Hermann" „Alte Reben" Würzgarten **13 %/29,50 €**
89	2017 Riesling „Steinmetz & Gerlach" „Liquid Fossil" Katt. Steinchen **12 %/22,- €**
86	2017 Riesling Kabinett „feinherb" Brauneberger Juffer **10 %/9,80 €**
88	2017 Riesling Kabinett „Steinmetz & Hermann" Geierslay **7,5 %/12,50 €**
91	2017 Riesling „GW" Wintricher Geierslay **11,5 %/22,- €**
88	2017 Riesling Kabinett Piesporter Grafenberg **8,5 %/11,50 €**
91	2017 Riesling Spätlese Goldkapsel Piesporter Goldtröpfchen **7,5 %/19,50 €**
89	2017 Riesling „Alte Reben" Veldenzer **11 %/12,50 €**
92	2017 Riesling Spätlese Goldkapsel Brauneberger Juffer **7,5 %/19,50 €**
93	2017 Riesling Spätlese Goldkapsel Brauneberger Juffer-Sonnenuhr **8 %/22,- €**
90+	2017 Riesling Auslese Kestener Paulinsberg **8 %/14,- €/0,375l**

Steinmühle

★★★

Kontakt

Eulenberg 18
67574 Osthofen
Tel. 06242-1478
Fax: 06242-1580
www.weingut-steinmuehle.de
info@weingut-steinmuehle.de

Inhaber
Axel May
Rebfläche
17,5 Hektar

Besuchszeiten

nach Vereinbarung
Gästehaus

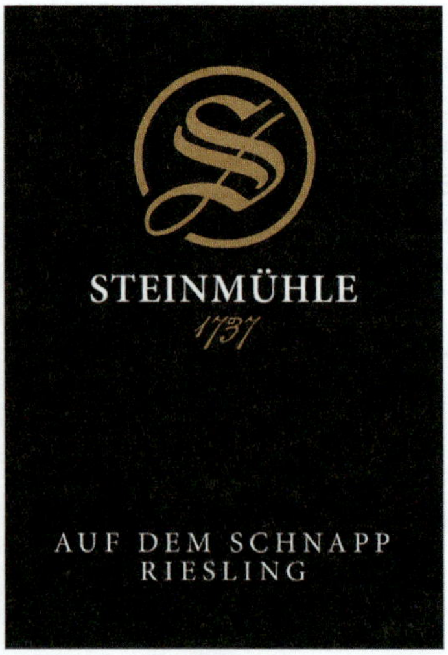

Das 1275 erstmals erwähnte Hof- und Weingut Steinmühle ist seit Anfang des 18. Jahrhunderts im Besitz der Familie, wird seit 2009, nach Abschluss seines Geisenheimstudiums, von Axel May geführt. Die Weinberge liegen vor allem in Osthofen in den Lagen Liebenberg (mit der Gewanne Auf dem Schnapp), Goldberg und Klosterberg, sowie im Dittelsheimer Leckerberg. Axel May will stärker auf Riesling setzen, daneben gibt es die Burgundersorten und Silvaner, Sauvignon Blanc brachte 2014 den ersten Ertrag. Mit dem Jahrgang 2011 wurde das Sortiment neu gegliedert in Guts-, Orts- und Lagenweine. Derzeit gibt es als Lagenweine den Riesling „Auf dem Schnapp", den Leckerberg-Riesling und den Klosterberg-Spätburgunder, zukünftig sollen Lagenrieslinge aus dem Goldberg hinzukommen. Die Weine werden spontanvergoren, teils im Edelstahl, teils in 500 Liter-Holzfässern. 2017 hat Axel May mit der Umstellung auf biologischen Weinbau begonnen.

Kollektion

Wieder eine starke Kollektion von Axel May! Die Gutsweine sind reintönig, frisch und fruchtbetont, der eindringliche Sauvignon Blanc gefällt uns besonders gut. Die Ortsweine besitzen Substanz und Kraft, der Grauburgunder ist intensiv und füllig, der Riesling besitzt Druck und Länge. Der Riesling „Auf dem Schnapp" war noch nie so gut wie 2017, druckvoll, stoffig, besitzt viel Substanz und Frucht. Der Reserve-Weißburgunder besitzt Fülle und Kraft, gute Struktur und Komplexität, der fruchtbetonte Rosé will einfach nur Freude bereiten. Der Klosterberg-Spätburgunder beeindruckt mit intensiver Frucht (Johannisbeeren, Kirschen) und Präzision. Weiter im Aufwind!

Weinbewertung

83	2017 Silvaner trocken **12 %/5,90 €**
82	2017 Weißburgunder **12 %/6,90 €**
85	2017 Riesling trocken **12 %/6,90 €**
83	2017 Grauburgunder trocken **12 %/7,90 €**
85	2017 Sauvignon Blanc trocken **12 %/7,90 €**
84	2017 Scheurebe trocken **11 %/6,90 €**
85	2017 Weißburgunder trocken Osthofener **13 %/10,90 €**
86	2017 Grauburgunder trocken Osthofener **12,5 %/10,90 €**
87	2017 Riesling trocken Osthofener **12,5 %/10,90 €**
88	2016 Riesling trocken „Auf dem Schnapp" **12,5 %/15,90 €**
90	2017 Riesling trocken „Auf dem Schnapp" **13 %/15,90 €**
89	2016 Weißburgunder „Réserve" **13 %/15,90 €**
85	2017 Rosé trocken **10,5 %/5,90 €** ☺
85	2015 Spätburgunder trocken **13 %/7,90 €**
88	2014 Spätburgunder trocken Klosterberg **13 %/18,90 €**

JÜRGEN STENTZ

★

KONTAKT

Hauptstraße 47
76829 Landau-Mörzheim
Tel. 06341-30121
Fax: 06341-34565
www.stentz.de
info@stentz.de

Inhaber
Jürgen Stentz
Rebfläche
15 Hektar
Produktion
80.000 Flaschen

BESUCHSZEITEN

Mi.-Fr. 9-12 + 14-18 Uhr, Sa. 10-14 Uhr oder nach Vereinbarung; Weinprobierstube (bis 40 Personen); musikalische und kulinarische Veranstaltungen

S

Das Weingut Stentz ist in einem alten, denkmalgeschützten Fachwerkgehöft, einer ehemaligen Wagnerei, untergebracht. Jürgen und Astrid Stentz haben das Weingut 1999 von seinen Eltern übernommen. Sie bauen vor allem Riesling und die Burgundersorten – weiß wie rot – an, aber auch Muskateller, Silvaner, Müller-Thurgau, Portugieser und Dornfelder. Die Weißweine werden vorgeklärt und kühl und langsam vergoren. Die Rotweine kommen nach der Maischegärung ins große Eichenholzfass oder ins Barrique. Die Sekte bleiben mindestens achtzehn Monate auf der Hefe, bevor sie degorgiert werden.

Kollektion

In diesem Jahr konnten wir noch einmal die Goldkapselweine mit den auf dem Etikett vermerkten geographischen Koordinaten von Weiß- und Grauburgunder aus den Jahrgängen 2015 und 2016 verkosten: Die 2015er zeigen beide leicht gereifte Frucht von Pfirsich und Quitte und sind jetzt trinkreif, der 2016er Grauburgunder ist mit seiner Frucht nach Birne und Aprikose und leicht nussigen Noten etwas präsenter als der 2015er, in beiden Jahrgängen ist aber jeweils der Weißburgunder ausdrucksstärker und komplexer, hier zeigt der 2015er leicht rauchige Noten, der 2016er ist ganz fruchtbetont mit guter Substanz und Länge. Auch die beiden Gutsweine vom Grauburgunder und vom Chardonnay sind fruchtbetont und reintönig, wie auch die drei verschiedenen Muskateller, die wir verkosten konnten: Die restsüße Version besitzt viel süße Frucht, Zitrusnoten und ein lebendiges Säurespiel, die trockene Variante ist schlank und frisch mit leicht herber Frucht und der demi-sec ausgebaute, wie jedes Jahr sehr eindringliche und aromatische Sekt erinnert an Zitronen- und Kräuterlimonade mit viel Frische und Biss. —

Weinbewertung

84	2016 Muskateller Sekt demi-sec **12 %/10,50 €**
80	2017 Riesling trocken (1l) **12 %/-5,- €**
82	2017 Cuvée „Der Stentz" Weißwein **12 %/6,- €**
83	2017 Chardonnay trocken **12 %/7,70 €**
83	2017 Grauer Burgunder trocken **12,5 %/6,60 €**
82	2017 Muskateller trocken **11,5 %/6,60 €**
85	2015 Grauer Burgunder „49 09´55´´N 8 03´50´´O" **13,5 %/9,90 €**
86	2016 Grauer Burgunder „49 09´55´´N 8 03´50´´O" **13,5 %/9,90 €**
87	2015 Weißer Burgunder „49 10´24´´N 8 04´05´´O" **13,5 %/11,50 €**
87	2016 Weißer Burgunder „49 10´24´´N 8 04´05´´O" **13,5 %/11,50 €**
82	2017 Muskateller **8,5 %/7,70 €**
82	2017 Spätburgunder Rosé trocken **11,5 %/6,60 €**

Stern

★★★☆

KONTAKT

Hauptstraße 199
76879 Hochstadt
Tel. 06347-8634
Fax: 06347-7309
www.weingut-stern.de
info@weingut-stern.de

Inhaber
Wolfgang & Dominic Stern
Betriebsleiter/Kellermeister
Dominic Stern
Rebfläche
12 Hektar
Produktion
100.000 Flaschen

BESUCHSZEITEN

Mo.-Fr. 9- 12 + 13:30-18 Uhr, Sa. 9-17 Uhr und nach Vereinbarung, Sonn- & Feiertage geschlossen
Weinstube „Zum Sterne Sepp" in Hochstadt

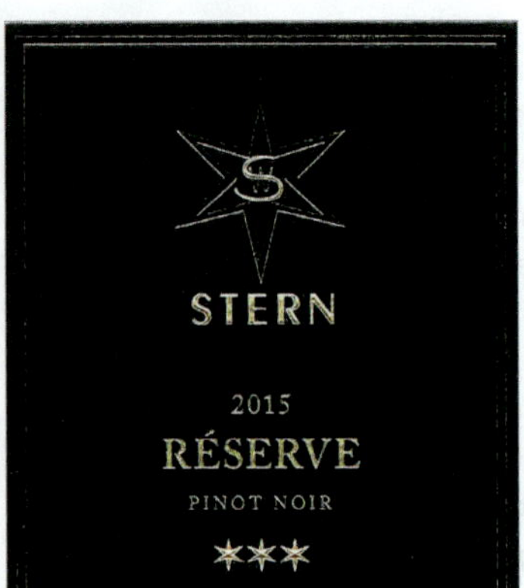

Josef Stern kaufte 1952 den ersten Weinberg, 1960 begann er mit der Brennerei. 1980 übernahm Sohn Wolfgang den Betrieb, den er heute mit seinem Sohn Dominic führt. In den Weinbergen rund um Hochstadt wachsen die Reben auf sandigen Lössböden mit leichtem Kalkgehalt. Die Sterns haben den Anbau von Riesling und den Burgundersorten in den letzten Jahren forciert, haben in Lagen an der Mittelhaardt investiert, im Forster Ungeheuer, Deidesheimer Kieselberg und Ruppertsberger Reiterpfad. Die Burgundersorten nehmen mittlerweile 40 Prozent der Rebfläche ein, Riesling 30 Prozent.

Kollektion

Die drei Rieslinge von der Mittelhaardt sind in diesem Jahr kraftvoller als ihre Vorgänger, der Ungeheuer an der Spitze zeigt klare Zitrusfrucht und kräutrige Würze, besitzt Druck und salzige Länge, der Kieselberg ist komplex und fruchtbetont und auch der Reiterpfad zeigt viel gelbe Frucht und besitzt Biss. Neu ist der drei Wochen auf der Maische vergorene „Orange"-Sauvignon Blanc, er besitzt gute Konzentration, reintönige Stachelbeerwürze, Grip und Eleganz, der „Fumé" ist gelbfruchtig mit feinen Noten von gerösteten Haselnüssen, der Silvaner wirkt mit seinen Zitrusnoten und feiner Holzwürze sehr „burgundisch". Bei den Rotweinen zeigt der „Josef" deutliche Röstnoten, der „55" ist schon harmonischer, besitzt Stoff und Struktur. Die drei verkosteten Pinots sind alle herrlich fruchtbetont und sehr elegant, die „Pinotimes Réserve" besitzt am meisten Struktur, ist sehr komplex im Bouquet mit feinen Minzenoten und kaum spürbarem Holz, auch die andere „Réserve" ist komplex mit viel roter Beerenfrucht und deutlicher Kräuterwürze, der normale „Pinotimes" besitzt ebenfalls perfekt integriertes Holz.

Weinbewertung

88	2017 Sauvignon Blanc trocken „Fumé" **13,5 %/16,50 €**
88	2017 Grüner Silvaner trocken „Réserve" **13,5 %/16,50 €**
88	2017 Pinot Blanc trocken „Pinotimes" **13,5 %/17,- €**
89	2017 Riesling trocken „Alte Reben" Ruppertsberger Reiterpfad **13,5 %/22,- €**
90	2017 Riesling trocken Forster Ungeheuer **13 %/28,- €**
89	2017 Riesling trocken Deidesheimer Kieselberg **13,5 %/24,- €**
88	2017 Chardonnay trocken Barrique **13,5 %/16,50 €**
89	2017 Sauvignon Blanc „Orange" **12 %/22,- €**
85	2017 Rieslaner Spätlese **7,5 %/10,- €**
89	2015 „Cuvée 55" Rotwein trocken **14,5 %/28,80 €**
89	2016 Pinot Noir trocken „Pinotimes" **13,5 %/22,- €**
87	2016 „Cuvée Josef" Rotwein trocken **14 %/15,- €**
90	2016 Pinot Noir trocken „Réserve" **13,5 %/26,- €**
91	2015 Pinot Noir trocken „Pinotimes" „Réserve" **13,5 %/65,- €**

Stich

★★★

KONTAKT

Freudenberger Straße 73
63927 Bürgstadt
Tel. 09371-5705
Fax: 09371-80973
www.weingut-stich.de
info@weingut-stich.de

Inhaber
Gerhard Stich
Betriebsleiter
Gerhard & Helga Stich
Kellermeister
Gerhard & Philipp Stich
Außenbetrieb
Philipp Stich
Rebfläche 9,5 Hektar
Produktion 60.000 Flaschen

BESUCHSZEITEN

Mo.-Fr. 8:30-12 + 14-18 Uhr, Sa. 8:30-16 Uhr und nach Vereinbarung; Gutsausschank „Im Löwen" (ab Ostermontag 2 Wochen, 10 Tage Anfang Juli, 14 Tage ab Mitte Nov.), Weinproben (8 bis 150 Personen)

Das Weingut von Gerhard und Helga Stich hat seinen Sitz im 1901 erbauten ehemaligen Gasthof „Zum Löwen". Sohn Philipp ist nach Abschluss seines Geisenheim-Studiums in den Betrieb eingestiegen. Neben Weinbergen in den Bürgstadter Lagen Centgrafenberg und Hundsrück (Buntsandsteinverwitterungsböden) besitzt Gerhard Stich auch Weinberge am Fuß des Steigerwaldes in der Lage Prichsenstadter Krone, wo die Reben auf tiefgründigen, steinigen Muschelkalkböden wachsen. Wichtigste Rebsorte ist Spätburgunder, es folgen Silvaner, Müller-Thurgau, Weißburgunder, Riesling, Gewürztraminer und Frühburgunder. Die Spitzenweine werden in der Löwenlinie angeboten.

Kollektion

Die neue Kollektion hat ihre Highlights, weiß wie rot. Das Einstiegsniveau ist hoch wie der reintönige süffige Müller-Thurgau Frank & Frei und die frische, süffige weiße Cuvée Tigris beweisen. Der Bürgstadter Silvaner ist klar, fruchtbetont und zupackend, der Gewürztraminer von alten Reben glänzt mit reintöniger Frucht und guter Konzentration. Viel reife Frucht, Fülle und Saft besitzt der Weißburgunder von alten Reben aus der Prichsenstadter Krone, er besitzt gute Struktur und Länge. Der Silvaner Großes Holz steht ihm nicht nach, besitzt viel reife Frucht, Saft und Substanz. Der Frühburgunder zeigt gute Konzentration und rauchige Noten, ist füllig und harmonisch im Mund, besitzt reintönige Frucht, gute Struktur und Frische. Der Churfranken-Spätburgunder zeigt leicht rauchig-würzige Noten, ist frisch und zupackend. Mehr Gewürze und Toast zeigt der Spätburgunder Großes Holz, ist strukturiert und zupackend. Noch eindringlicher sind diese Gewürz- und Toastnoten, ja Röstnoten beim 2014er Spätburgunder AAA, sie dominieren das Bouquet, und auch im Mund ist der kraftvolle, stoffige Spätburgunder recht holzgeprägt. ▬

Weinbewertung

84	2017 Müller-Thurgau trocken „Frank & Frei" **12 %/6,80 €**
84	2017 „Tigris" Weißweincuvée trocken **11,5 %/7,- €**
85	2017 Silvaner trocken Bürgstadter **12,5 %/7,- €**
88	2017 Weißburgunder trocken *Alte Reben* Prichsenstadter Krone **13,5 %/11,-€**
88	2016 Silvaner „Großes Holz" Bürgstadter Berg **13 %/11,50 €**
86	2017 Gewürztraminer „Alte Reben" Bürgstadter Centgrafenberg **12,5 %/13,50 €**
82	2017 „Onca" Rosé **11 %/7,- €**
85	2015 Spätburgunder „Churfranken" Bürgstadter **13 %/9,80 €**
87	2014 Spätburgunder trocken „Großes Holz" Centgrafenberg **13 %/12,80 €**
88	2015 Frühburgunder Bürgstadter Centgrafenberg **13 %/17,50 €**
89	2014 Spätburgunder *AAA* trocken Bürgstadter Centgrafenberg **13,5 %/32,- €**

STIGLER

★★☆

KONTAKT

Bachenstraße 29
79241 Ihringen
Tel. 07668-297
Fax: 07668-94120
www.weingut-stigler.de
info@weingut-stigler.de

Inhaber
Andreas Stigler
Betriebsleiter/Kellermeister/
Außenbetrieb
Andreas & Maximilian Stigler
Rebfläche 12 Hektar
Produktion 85.000 Flaschen

BESUCHSZEITEN

Mo.-Fr. 10-12 + 15-18 Uhr,
Sa. 10-12 + 15-17 Uhr, um
Anmeldung wird gebeten

Andreas Stigler führt heute in vierter Generation zusammen mit Ehefrau Regina das 1881 gegründete Gut, seit 2017 werden sie im Betrieb unterstützt von Sohn Maximilian, der zunächst eine Ausbildung zum Bankkaufmann abschloss, dann diverse Praktika absolvierte und in Geisenheim studierte. Das Gros der Weinberge liegt im Ihringer Winklerberg, daneben besitzt Andreas Stigler aber auch Weinberge im Oberrotweiler Eichberg, im Ihringer Fohrenberg und seit 1992 im Freiburger Schlossberg, wo vor allem Spätburgunder steht, er zuletzt aber etwas Cabernet Franc und Petit Verdot gepflanzt hat. Spätburgunder ist mit einem guten Drittel Anteil die wichtigste Rebsorte im Betrieb, dazu gibt es knapp ein Viertel Riesling, dann folgen Weißburgunder, Grauburgunder, Silvaner und Gewürztraminer. Das Sortiment ist vierstufig gegliedert in Guts-, Orts- und Erste Lage-Weine sowie die Großen Gewächse an der Spitze der Kollektion.

Kollektion

Ein fein gereifter, komplexer, 62 Monate auf der Hefe ausgebauter Sekt eröffnet in diesem Jahr den Reigen. Die Guts- und Ortsweine sind frisch und direkt, die weißen Erste Lage-Weine dann weniger gleichmäßig: Während der reintönige, zupackende Weißburgunder vom Freiburger Schlossberg uns sehr gut gefällt, ist der Winklerberg-Chardonnay doch etwas brandig-bitter. Es folgen drei Große Gewächse: Der Weißburgunder ist füllig, saftig, besitzt reife süße Frucht, viel Alkohol, der Grauburgunder ist etwas würziger und strukturierter. Unser Favorit ist der Riesling, der frisch und zupackend ist, gute Struktur und klare Frucht besitzt. Der Erste Lage-Spätburgunder aus dem Freiburger Schlossberg ist strukturiert, zupackend, ein klein wenig bitter, das Große Gewächs aus dem Winklerberg besitzt reife Frucht, rote Früchte, hat Struktur und Zug.

Weinbewertung

86	2011 „Blanc de Blancs" Sekt extra-brut **12,5 %/19,50 €**
82	2017 Weißburgunder trocken **13,5 %/10,- €**
81	2017 Grauburgunder trocken **13 %/10,- €**
82	2016 Riesling trocken „F2" Ihringen **12,5 %/11,50 €**
85	2016 Weißburgunder trocken „Kammer" Freiburg Schlossberg **12 %/16,- €**
80	2016 Chardonnay trocken Ihringen Winklerberg **14,5 %/16,- €**
83	2016 Traminer trocken Ihringer Winklerberg **14,5 %/16,- €**
85	2016 Weißburgunder „GG" „Pagode" Ihringen Winklerberg **14,5 %/23,- €**
86	2016 Grauburgunder „GG Pagode" Ihringen Winklerberg **14 %/23,- €**
88	2016 Riesling „GG F36 Herrgottswinkel" Ihringen „Winklen" **12,5 %/24,- €**
84	2014 Spätburgunder trocken „Kammer" Freiburg Schlossberg **13 %/19,- €**
87	2014 Spätburgunder „GG" „Backöfele" Vorderer Winklerberg **13,5 %/29,- €**

Jean Stodden

★★★★★

KONTAKT

Rotweinstraße 7-9
53506 Rech
Tel. 02643-3001
Fax: 02643-3003
www.stodden.de
info@stodden.de

Inhaber
Dr. Brigitta & Alexander Stodden
Rebfläche
7 Hektar
Produktion
50.000 Flaschen

BESUCHSZEITEN

Mo.-Fr. 9-12 + 13:30-17:30 Uhr,
Sa. 10-13 Uhr

Seit dem 16. Jahrhundert baut die Familie Wein im Ahrtal an, im Jahr 1900 begann Alois Stodden selbst Wein zu keltern. Gerhard Stodden machte seit den neunziger Jahren den Betrieb auch überregional bekannt. Seit seinem Tod 2013 führt sein Sohn Alexander Stodden den Betrieb, der zuvor schon ein Jahrzehnt zusammen mit seinem Vater das Weingut geleitet hatte, zusammen hatten sie ihren Stil verfeinert hin zu mehr Eleganz und Finesse, hin zu mehr Burgund. Alexander Stoddens Weinberge liegen zu 90 Prozent in Steilhängen: Der Recher Herrenberg ist die Paradelage, hinzu kommen Weinberge in den Lagen Neuenahrer Sonnenberg, Ahrweiler Rosenthal, Mayschosser Mönchberg und Dernauer Hardtberg und Burggarten. Neben Spätburgunder wird ein wenig Riesling und Frühburgunder angebaut. Alle Trauben werden entrappt, nach einer Maischegärung von bis zu 24 Tagen kommen alle Rotweine ins Holz, ausgesuchte Weine werden im Barrique ausgebaut. Diese Weine werden in der Serie „JS" vermarktet, die es seit 1989 gibt. In den letzten Jahren wurde der Barriqueanteil kräftig erhöht, ebenso der Anteil neuen Holzes; genutzt werden 228 Liter-Barriques aus Alliereiche, medium getoastet; seit 1999 finden für die Spitzenweine nur noch neue Barriques Verwendung, seit dem Jahrgang 1999 werden sie unfiltriert abgefüllt. Ziel ist es gerbstoffreiche Weine zu erzeugen, die sich durch gute Lagerfähigkeit auszeichnen. Während die meisten anderen Winzer an der Ahr ihre Spitzenweine schon im August oder September des auf die Ernte folgenden Jahres abfüllen, bleiben bei Alexander Stodden die Weine mindestens fünfzehn Monate im Barrique oder im großen Holzfass. Mit dem Effekt, dass seine Weine wesentlich haltbarer sind als die manch anderer Ahrwinzer. Aber auch mit dem Effekt, dass sie jünger, in manchen Jahrgängen etwas unzugänglicher sind. An der Spitze der Kollektion stehen der Spätburgunder Alte Reben (der immer aus dem Herrenberg stammt, was allerdings nicht auf dem Etikett steht) und die Großen Gewächse: Zu den Spätburgundern aus Herrenberg, Rosenthal, Sonnenberg und Mönchberg gesellten sich mit dem Jahrgang 2012 ein Spätburgunder aus dem Hardtberg sowie ein Frühburgunder aus dem Herrenberg.

Kollektion

Bestechend hoch ist wieder einmal das Niveau der gesamten Kollektion von Alexander Stodden. Der Blanc de Noir ist würzig, eindringlich, zeigt leicht rauchige Noten, ist füllig und kraftvoll im Mund, besitzt reife Frucht, gute Struktur und Substanz. Der „einfache" Spätburgunder ist fruchtbetont, frisch, zeigt rote Früchte, ist klar und zupackend im Mund, besitzt gute Struktur und Frucht. Eindringliche rauchige Noten zeigt dann der Spätburgunder J im Bouquet, feine Würze, ist klar, kraftvoll, besitzt gute Struktur und reintönige Frucht. Eine weitere Steigerung bringt der Spätburgunder JS, zeigt reintönige Frucht, feine Frische, etwas rauchige Noten, ist klar, frisch und zupackend im

Mund, herrlich druckvoll und präzise. Der Spätburgunder Recher Herrenberg ist würzig und eindringlich im Bouquet bei klarer Frucht, ist klar, harmonisch und elegant, besitzt gute Struktur und Frische. Der Frühburgunder, als Großes Gewächs aus dem Herrenberg, zeigt herrlich reintönige Frucht im Bouquet, ist kraftvoll im Mund, klar und zupackend, fruchtintensiv bei deutlicher Barrique-Präsenz. Der Spätburgunder aus dem Hardtberg zeigt faszinierend reintönige Frucht im Bouquet, ist präzise im Mund, geradlinig schlank, sehr jugendlich – auch der enorm karge 2014er ist noch viel zu jung. Der Sonnenberg ist frisch und fruchtbetont im Bouquet, herrlich reintönig, ist überraschend elegant im Mund, besitzt gute Struktur und Frische – der im Vergleich verkostete 2011 ist harmonisch, zupackend, immer noch sehr jugendlich. Der Rosenthal präsentiert sich im Jahrgang 2016 in prächtiger Verfassung, zeigt rauchige Noten, feinen Duft, ist füllig und komplex, besitzt herrlich viel Frucht, Substanz, Druck und Länge – der 2013er ist präzise, druckvoll, jugendlich. Der Mönchberg zeigt faszinierend viel Frucht im Bouquet, gute Konzentration, ist klar und kraftvoll im Mund, strukturiert, jugendlich, herrlich nachhaltig – 2014 ist etwas kompakter, jugendlich. Der Herrenberg zeigt viel Konzentration, reife Frucht, viel Duft, rote Früchte, ist füllig und kraftvoll im Mund, besitzt viel reife Frucht und Substanz – ist noch geprägt vom Holz und für Herrenberg und den Jahrgang erstaunlich üppig. Unser Favorit ist in diesem Jahr der Alte Reben, der reintönige Frucht zeigt, ganz leicht florale Noten, füllig und konzentriert ist, viel Substanz, Druck und Länge besitzt.

Alexander Stodden

Weinbewertung

87 2017 Spätburgunder „Blanc de Noir" **12 %/15,- €**
87 2017 Spätburgunder **12,5 %/15,- €**
89 2016 Spätburgunder „J" **13 %/18,- €**
90 2016 Spätburgunder „JS" **12,5 %/24,- €**
91 2016 Frühburgunder „GG" Herrenberg **12,5 %/39,- €**
91 2016 Spätburgunder Recher Herrenberg **13 %/31,- €**
91 2014 Spätburgunder „GG" Hardtberg **13 %**
91 2016 Spätburgunder „GG" Hardtberg **13 %/45,- €**
91 2011 Spätburgunder „GG" Sonnenberg **13 %**
92 2016 Spätburgunder „GG" Sonnenberg **13 %/55,- €**
91 2013 Spätburgunder „GG" Rosenthal **13 %**
93 2016 Spätburgunder „GG" Rosenthal **12,5 %/65,- €**
92 2016 Spätburgunder „GG" Herrenberg **13 %/75,- €**
91 2014 Spätburgunder „GG" Mönchberg **13,5 %**
93 2016 Spätburgunder „GG" Mönchberg **13 %/Vst.**
94 2016 Spätburgunder „Alte Reben" **13,5 %/118,- €**

LAGEN

HERRENBERG (RECH)
HARDTBERG (DERNAU)
ROSENTHAL (AHRWEILER)
SONNENBERG (NEUENAHR)
MÖNCHBERG (MAYSCHOSS)

REBSORTEN

SPÄTBURGUNDER (88 %)
FRÜHBURGUNDER (6 %)
RIESLING (5 %)
DORNFELDER (1 %)

J. STÖRRLEIN & KRENIG

★★★★

KONTAKT

Schulstraße 14
97236 Randersacker
Tel. 0931-708281
Fax: 0931-701155
www.stoerrlein.de
info@stoerrlein.de

Inhaber
Armin Störrlein & Martin Krenig
Rebfläche
12 Hektar
Produktion
80.000 Flaschen

BESUCHSZEITEN

Mo.-Sa. 8-19 Uhr, So. nach Vereinbarung
mehrmals kultur-kulinarische Wochenenden

An den neuen Namen hat man sich inzwischen gewöhnt: Störrlein & Krenig. 2008 wurde das Weingut Josef Störrlein mit dem Weinbaubetrieb von Armin Störrleins Schwiegersohn Martin Krenig (4,5 Hektar) verschmolzen und trägt seither den Namen Weingut J. Störrlein & Krenig. Armin Störrlein und Tochter Christiane Störrlein-Krenig kümmern sich im Wesentlichen um Vinifikation und Vermarktung, Martin Krenig um die Bewirtschaftung der Weinberge. Durch den Zusammenschluss besitzt das Weingut nun über 5 Hektar von mehr als 30 Jahre alten Silvaner- und Rieslingreben. Die Weinberge von Armin Störrlein und Martin Krenig liegen in den Randersackerer Lagen Sonnenstuhl, Marsberg und Pfülben. Silvaner ist die mit Abstand wichtigste Rebsorte im Betrieb, nimmt zwei Fünftel der Weinberge ein. Es folgen Riesling und Müller-Thurgau, dazu gibt es die roten Sorten Spätburgunder, Schwarzriesling und Domina, sowie Frühburgunder und Cabernet Sauvignon. Weißburgunder hat in den letzten Jahren an Bedeutung gewonnen, die Burgundersorten zusammen nehmen inzwischen ein Viertel der Rebfläche ein. Die Rotweine baut Armin Störrlein immer im Holz aus (teils auch im Barrique). Die Weißweine werden, teilweise nach Maischestandzeiten, teils im Edelstahl, teils im Holz ausgebaut, alle bleiben mindestens bis April auf der Feinhefe, geschönt wird nicht. Guts- und Ortsweine bilden die Basis des Sortiments, dann kommen Lagenweine der Trias-Linie, die Trias-Kennzeichnung tragen auch die Großen Gewächse, die alle aus dem schon im 15. Jahrhundert urkundlich erwähnten Sonnenstuhl kommen, aus den Weinbergen, die unter dem Turm liegen: Silvaner, Riesling, Weißburgunder und Spätburgunder. Auch edelsüße Weine spielen seit langem eine wichtige Rolle, regelmäßig werden Auslesen, Beerenauslesen und Trockenbeerenauslesen erzeugt; nicht zu vergessen sind die immer zuverlässigen Sekte. Eine Besonderheit ist der Frentsch, ein Gemischter Satz, der zu 40 Prozent Silvaner enthält, dazu Muskateller, Gewürztraminer, Riesling, Weißburgunder und ein wenig Spätburgunder. Seit der ersten Ausgabe empfehlen wir das Weingut, schon damals haben wir es als einen der Top-Betriebe in Franken gelobt, haben besonders gewürdigt, dass hier gleichermaßen hervorragende Weiß- und Rotweine erzeugt werden. Dies gilt uneingeschränkt auch heute noch. In den jüngsten Jahrgängen ging es weiter voran, die Basisweine sind noch reintöniger und fruchtbetonter, die Spitzenweine haben weiter an Komplexität gewonnen.

Kollektion

Auch in diesem Jahr ist das Einstiegsniveau wieder bestechend hoch. Der Müller-Thurgau im Liter ist klar, frisch und zupackend, der neue Sauvignon Blanc steht sehr auf der leichten frischen Seite. Ganz stark sind wieder einmal die Silvaner. Der Mineral pur zeigt reintönige Frucht, feine Frische, ist klar und zupackend, frisch und dezent mineralisch. Etwas druckvoller und fülliger ist

der Silvaner aus dem Sonnenstuhl, wunderschön harmonisch, reintönig und lang. Auch der Weißburgunder aus dem Marsberg besticht mit Harmonie und Reintönigkeit, besitzt Substanz, Frische und Länge. Ganz auf der frischen Seite ist der Frentsch genannte Gemischte Satz, ist würzig und eindringlich, besitzt gute Struktur, Frische und Grip. Armin Störrlein macht uns immer die Freude auch ein-zwei gereiftere Jahrgänge mitzuschicken. Der 2007er Weißburgunder Großes Gewächs ist sehr weich, die Süße und der Alkohol lassen keine Komplexität aufkommen – wie grandios burgundisch war doch der 2009er! In blendender Verfassung präsentiert sich die 2009er Spätburgunder Trockenbeerenauslese – spannend für die Gastronomie! Zurück zum aktuellen Jahrgang, zu den Großen Gewächsen. Der Silvaner ist recht duftig und würzig, kompakt, besitzt reife Frucht; etwas besser gefällt uns 2017 der Riesling, ist würzig und eindringlich, füllig und saftig, besitzt viel reife Frucht und Substanz. Mit dem Jahrgang 2015 wurde die „Pure Grapes"-Linie eingeführt, die 2016er stellen den zweiten Jahrgang dar. Unser eindeutiger Favorit ist der Weißburgunder, der kraftvoll und stoffig, gute Struktur und Substanz besitzt, der Sylvaner ist kompakt, weich, reicht aber in puncto Komplexität nicht an seinen Weißburgunder-Kollegen heran. Der Casparus ist frisch, fruchtbetont, herrlich zupackend. Der Spätburgunder Unterm Turm zeigt intensive Frucht, ist füllig und stoffig bei reifer Frucht und viel Substanz – dem 2014er haben die zwei Jahre Flaschenreife gut getan, er präsentiert sich heute herrlich komplex und lang.

Martin Krenig, Christiane Störrlein-Krenig & Armin Störrlein

Weinbewertung

84	2017 Müller-Thurgau trocken Randersackerer Ewig Leben (1l) **11,5 %/6,60 €**
85	2017 Sauvignon Blanc trocken Randersacker **12,5 %/9,50 €**
87	2017 Silvaner trocken „Mineral pur" Randersacker **12 %/8,- €** ☺
88	2017 Silvaner trocken Randersacker Sonnenstuhl **12,5 %/9,- €** ☺
88	2017 Weißer Burgunder trocken „Trias" Randersacker Marsberg **13,5 %/12,- €**
87	2017 „Frentsch" Weißwein trocken **12,5 %/11,- €**
87	2007 Weißer Burgunder „GG" Randersacker Sonnenstuhl **14 %**
89	2017 Silvaner „GG" Randersacker Sonnenstuhl **13,5 %**
90	2017 Riesling „GG" „Unterm Turm" Randersacker Sonnenstuhl **13 %**
90	2016 Weißburgunder „WB" trocken „Pure Grapes" Teufelskeller **13,5 %/30,- €**
87	2016 Sylvaner „SY" trocken „Pure Grapes" Marsberg **13,5 %/28,- €**
84	2016 Riesling „feinherb" **11 %/8,30 €**
87	2016 „Casparus" Rotwein trocken **13,5 %/18,- €**
92	2014 Spätburgunder „GG" Randersacker Sonnenstuhl **13,5 %**
90	2015 Spätburgunder „GG" „Unterm Turm" Sonnenstuhl **14 %/24,- €**
91	2009 Spätburgunder Trockenbeerenauslese Sonnenstuhl **7 %/0,375l**

LAGEN

SONNENSTUHL (RANDERSACKER)
PFÜLBEN (RANDERSACKER)
MARSBERG (RANDERSACKER)
TEUFELSKELLER (RANDERSACKER)

REBSORTEN

SILVANER (40 %)
BURGUNDER (25 %)
RIESLING (10 %)

S

STORTZ-NICOLAUS

★★

KONTAKT

Weinstraße 601
67434 Neustadt-Diedesfeld
Tel. 06321-31575
Fax: 06321-927870
www.stortz-nicolaus.de
info@stortz-nicolaus.de

Inhaber
Roland Stortz-Nicolaus
Rebfläche
5 Hektar
Produktion
25.000 Flaschen

BESUCHSZEITEN

Sa. 10-17 Uhr und nach Vereinbarung

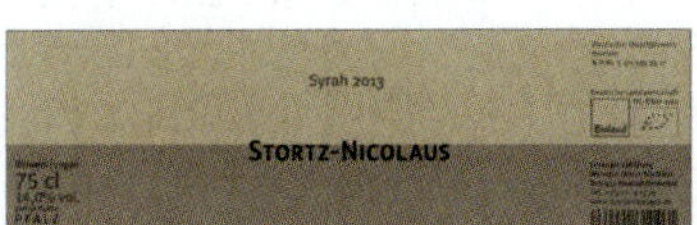

Roland Stortz-Nicolaus hat nach dem Studium in Geisenheim im elterlichen Betrieb gearbeitet, dann war er im Vertrieb von Wilmes tätig, hat in Neuseeland gearbeitet, später auch in Südafrika. Im Jahr 2000 übernahm er den elterlichen Betrieb, bepflanzte vier Fünftel der Weinberge neu, 2002 erzeugte er die ersten Weine, 2003 war dann der erste "richtige" Jahrgang, mit Weinen aus den neu angelegten Weinbergen. Zu 60 Prozent baut er rote Sorten an, vor allem Spätburgunder, aber auch Merlot, Cabernet Sauvignon und Syrah. 2005 pflanzte er Auxerrois, im Jahr darauf Riesling, den er bis dahin, ganz ungewöhnlicherweise für ein Pfälzer Weingut, nicht im Programm hatte. Auch Sauvignon Blanc hat er gepflanzt, dazu Muskateller, der mit der Ernte 2013 in Ertrag kam, inzwischen auch Grauburgunder. Seit der Betriebsübernahme werden die Weinberge biologisch bewirtschaftet, seit 2004 ist Roland Stortz-Nicolaus Mitglied bei Bioland, seit 2006 bietet er zertifiziert biologische Weine an.

Kollektion

Die Stärken in Roland Stortz-Nicolaus Kollektion liegen auch in diesem Jahr klar im roten Bereich, unsere Favoriten sind drei sehr lange in Barriques ausgebaute Weine, bei denen das Holz jeweils sehr gut eingebunden ist: Die Cuvée JR aus Merlot und St. Laurent lag 58 Monate im Barrique, zeigt kräutrige Noten, etwas Eukalyptus und dunkle Frucht, ist kraftvoll und harmonisch, der Syrah verbrachte 42 Monate im Barrique, zeigt gereifte Frucht mit Noten von Trockenfrüchten, ist stoffig und weich und sollte jetzt getrunken werden, der Cabernet Sauvignon wurde 34 Monate lang ausgebaut, zeigt dezent schwarze Johannisbeere, Kräuter, besitzt eine minzige Frische. Die Weißweine kommen da nicht ganz heran, der Sauvignon Blanc besitzt Fülle und grasige Würze, der Pinot Blanc ist stoffig und schon deutlich gereift.

Weinbewertung

84 2016 Cabernet Sauvignon Rosé Sekt extra trocken **12,5 %/12,- €**
81 2017 Grauer Burgunder trocken **13 %/7,50 €**
82 2017 Riesling „Alte Reben" **12,5 %/8,50 €**
83 2017 Gelber Muskateller **12 %/8,50 €**
83 2017 Sauvignon Blanc trocken **12,5 %/8,50 €**
83 2015 Pinot Blanc trocken **14,5 %/10,- €**
83 2015 „Carpe Diem" Rotwein trocken **13,5 %/10,50 €**
85 2014 „Cuveé P-A-N" Rotwein trocken **14 %/13,50 €**
86 2012 „Cuvée JR" Rotwein trocken **13,5 %/12,- €**
84 2014 Spätburgunder „S" trocken **13,5 %/8,50 €**
86 2014 Cabernet Sauvignon trocken **14 %/16,- €**
86 2013 Syrah trocken **14 %/17,50 €**

S

Strauch

★★☆

KONTAKT

Strauch Sektmanufaktur
Dalbergstraße 14-18
67574 Osthofen
Tel. 06242-913000
Fax: 06242-9130020
www.strauch-sektmanufaktur.de
is@strauch-sektmanufaktur.de

Inhaber
Isabel Strauch-Weißbach & Tim Weißbach
Betriebsleiter/Kellermeister
Tim Weißbach
Rebfläche 25 Hektar
Produktion 40.000 Flaschen

BESUCHSZEITEN

Mo.-Fr. 8-12 + 13-18 Uhr, Sa. 10-14 Uhr; jeden 1. Samstag im Monat „Sekt-Samstag" mit Führung durch die Manufaktur (10-18 Uhr)

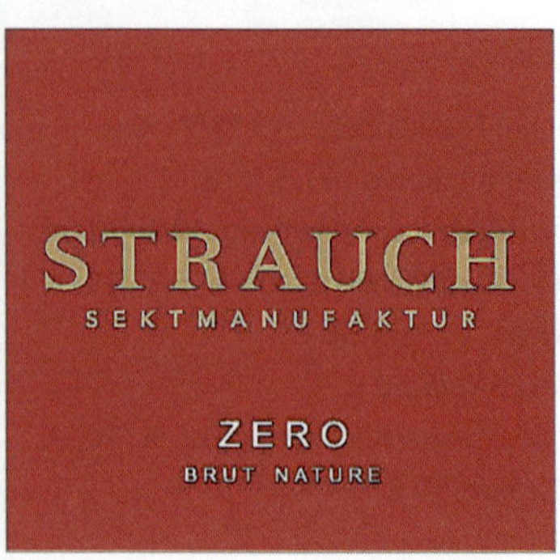

Aus der traditionellen Sektkellerei Dalbergerhof entstand 2011 ein neuer Betrieb, die Strauch Sektmanufaktur. Isabel Strauch-Weißbach und Tim Weißbach erzeugen mit neuen Geräten aus Frankreich ausschließlich Sekte im traditionellen Verfahren, aus eigenen biologischen Grundweinen. Ihre Weinberge liegen vor allem in Osthofen (Goldberg, Liebenberg) und Mettenheim (Michelsberg). Ihre Hauptrebsorten sind Chardonnay, Spätburgunder, Weißburgunder, Schwarzriesling, Riesling, Silvaner und Gewürztraminer. Die Grundweine werden nach Ganztraubenpressung teils im Edelstahl, teils im Holzfass oder Barrique ausgebaut. Die Trauben für ihren Lagensekt „Der Michelsberg" stammen von einem 1,5 Hektar großen, mit Bruchsteinmauern umgebenen Weinberg, in dessen Mitte die Michaelskapelle steht. Dieser Weinberg ist mit alten Riesling- und Gewürztraminerreben bepflanzt. Im vergangenen Jahr haben Isabel Strauch-Weißbach und Tim Weißbach in eine neue Traubenannahme und in Kellerräume investiert.

Kollektion

Die Konzentration auf Sekt zahlt sich aus, aber es dauert eben seine Zeit bis man sich einen Bestand aufgebaut hat der es ermöglicht, seine Sekte länger auf der Hefe reifen zu lassen, und kostenintensiv ist es darüber hinaus. Der 2012er Orange ist recht duftig, zu wenig komplex, etwas Dosage hätte ihm gut getan – aber Orange und dann Dosage? Geht nicht, das sehen wir ein. Die beiden anderen 2012er aber präsentieren sich in blendender Verfassung. Der Riesling zeigt feine Reife und rauchige Noten, ist klar und harmonisch, komplex, besitzt gute Struktur und Frische. Auch der Michelsberg – Riesling und Gewürztraminer von 40 Jahre alten Reben – zeigt feine rauchige Noten und schöne Reife, ist klar, harmonisch und elegant, besitzt Struktur, Frische und Länge. Aber auch die jungen Sekte gefallen uns sehr gut. Aus dem Jahrgang 2015 stammen der würzige, zupackende Zéro, dem kein Schwefel zugesetzt wurde, der geradlinige Blanc de Blancs und der fruchtbetonte, aber strukturierte, harmonische Rosé. Aus dem Jahrgang 2016 sind der frische, klare Riesling und der harmonische, elegante Pinot Blanc.

Weinbewertung

85	2015 „Zero" Sekt brut nature **12 %/19,90 €**
83	2012 Cuvée Pinot „Orange" Sekt brut nature **12 %/35,- €**
85	2016 Riesling Sekt brut **12 %/13,90 €**
88	2012 Riesling Sekt „40 Monate" extra brut **12 %/17,50 €**
88	2012 „Der Michelsberg" Sekt brut (2. Degorgement) **12 %/35,- €**
87	2016 Pinot Blanc Sekt brut **12 %/15,90 €**
83	2015 „Blanc de Blancs" Sekt brut **12 %/15,90 €**
87	2015 Rosé Sekt brut **12 %/18,90 €**

S

STREBEL

★

KONTAKT

Winzerhof Strebel
Geisbergstraße 8
97922 Lauda-Beckstein
Tel. 0172-9164096
Fax: 09343-613496
www.winzerhof-strebel.de
strebelst@t-online.de

Inhaber
Silke Pabel
Betriebsleiter/Kellermeister
Stefan Strebel
Rebfläche
1,3 Hektar
Produktion
10.000 Flaschen

BESUCHSZEITEN

nach Vereinbarung

Seit vier Generationen baut die Familie Wein im Taubertal an, mit der Selbstvermarktung wurde aber erst 2012 begonnen. Stefan Strebel, Techniker für Weinbau und Kellerwirtschaft, führt zusammen mit seinen Eltern Hilde und Horst Strebel den Betrieb. Die Weinberge liegen im Becksteiner Kirchberg und im Marbacher Frankenberg, die Reben wachsen auf Muschelkalkböden. Das Gros der Trauben wird an die Genossenschaft abgeliefert, eigene Weine werden aus den Rebsorten Grauburgunder, Schwarzriesling und Sauvignon Blanc bereitet und unter dem Namen von Stefan Strebels Schwester Silke Pabel vermarktet. Neben den 17 Hektar Weinbergen werden 5 Hektar Streuobstwiesen bewirtschaftet, in zwei eigenen Brennereien werden Destillate und Liköre erzeugt. Die trockenen Weine werden ohne Prädikatsbezeichnungen vermarktet, die Spitzenweine der Edition S werden im Barrique ausgebaut.

Kollektion

Beim guten Debüt im vergangenen Jahr hatten uns zwei Edition S-Weine am besten gefallen, der Grauburgunder aus dem Frankenberg und der Schwarzriesling aus dem Kirchberg, und auch in diesem Jahr sind sie wieder unsere Favoriten in einer gleichmäßigen, stimmigen Kollektion. Der Schwarzriesling ist fruchtbetont und frisch, wunderschön reintönig und zupackend, der halbtrockene Regent geradlinig ebenso wie der Sonnenkind genannte halbtrockene Rosé. Halbtrocken ausgebaut ist auch die weiße Leidenschaft, eine frische, fruchtbetonte Cuvée aus Grauburgunder und Sauvignon Blanc. Der reinsortige Sauvignon Blanc zeigt grasige Noten und Stachelbeeren im Bouquet, ist klar, frisch und zupackend im Mund, besitzt gute Struktur und Biss. Der Frankenberg-Grauburgunder ist füllig und kraftvoll, besitzt reintönige reife Frucht. Deutlich komplexer ist der Frankenberg-Grauburgunder aus der Edition S-Linie aus dem Jahrgang 2016: Er zeigt etwas rauchige Noten und gelbe Früchte im Bouquet, besitzt Fülle und Kraft, gute Struktur, reife Frucht und Substanz. —

Weinbewertung

83	2017 Grauer Burgunder trocken Marbacher Frankenberg **13 %/7,- €**
84	2017 Sauvignon Blanc trocken Becksteiner Kirchberg **11,5 %/8,- €**
80	2017 Schwarzriesling „Blanc de Noir" trocken Becksteiner Kirchberg **12 %/7,50 €**
85	2016 Grauer Burgunder trocken „Edition S" Marb. Frankenberg **13,5 %/10,- €**
83	2017 „Leidenschaft" Weißwein halbtrocken **11 %/5,50 €**
81	2017 „Sonnenkind" Rosé halbtrocken **10,5 %/5,50 €**
85	2016 Schwarzriesling trocken „Edition S" Becksteiner Kirchberg **13,5 %/10,- €**
82	2017 Regent halbtrocken „Herzblut" **12 %/6,50 €**

S

THILO STRIETH

★★

N

KONTAKT

Hauptstraße 43
65385 Rüdesheim
Tel. 06722-4646
www.weingut-strieth.de
weingut-strieth@t-online.de

Inhaber
Fred Strieth
Rebfläche
3,5 Hektar

BESUCHSZEITEN

nach Vereinbarung

Weingut Thilo Strieth

Die Wurzeln des Weingutes reichen bis ins 18 Jahrhundert zurück. Fred Strieth führt das Weingut heute mit Hilfe von Sohn Nico, der 2017 sein Weinbaustudium in Geisenheim beendet hat. Die Weinberge liegen in Rüdesheim in den Lagen Schlossberg, Kaisersteinfels und Drachenstein sowie in den Assmannshäuser Lagen Frankenthal, Hinterkirch und Höllenberg. 60 Prozent der Rebfläche nimmt Spätburgunder ein, 40 Prozent Riesling.

Kollektion

Der sortentypische und frische rote Spätburgunder Sekt duftet reif nach dunklen Beeren und süßen Gewürzen, ist ausgesprochen saftig, die gut abgestimmte Dosage lässt Platz für herbe Fruchtaromen und zart salzigen Nachhall. Beim Blanc de Noir hat man die Auswahl zwischen einem feinen und frischen trockenen und einem etwas fülligeren feinherben, die deutlich über dem Niveau stehen, das man von diesem Weintyp allzu häufig geboten bekommt. Der Riesling Frenz aus dem Kaisersteinfels ist feingliedrig, sein klarer Fruchtgeschmack wird von gut eingepassten Schalenaromen begleitet, das Spiel zwischen würzigem Kern und frischer Ader ist gaumenwässernd, er besitzt Substanz und Länge. Reife Zitrusaromen und würziger Schmelz zeichnen den Saxum aus dem Berg Schlossberg aus, sein recht hoher Alkohol breitet sich wärmend am Gaumen aus, die markante Frische, die er besitzt, kontrastiert dazu ausgesprochen gut. Der Riesling von alten Reben aus dem Schlossberg zeigt intensiv rauchigen und kräutrigen Duft, frische Zitruszesten, er ist spannungsvoll, sein herber Charakter verspricht weiteres Entwicklungspotenzial. Auch der feinherbe Jungspund ist wohl geraten, sein frischer Charakter bietet herzhafte Saftigkeit und Trinkfluss, der in sich stimmig und fein ist. Ein würziger Charakterwein ist der feinfruchtige Spätburgunder aus dem Frankenthal, dessen Kühle und markanter Gerbstoff den Gaumen auf anregende Weise fordern.

Weinbewertung

87	2017 Spätburgunder Rotsekt brut Assmannshäuser Frankenthal **13 %/19,- €**
85	2017 Spätburgunder „Blanc de Noir" trocken Assmannshäuser **12,5 %/8,50 €**
86	2017 Riesling trocken „Saxum" Rüdesheim Berg Schlossberg **12,5 %/8,50 €**
87	2017 Riesling trocken „Frenz" Rüdesheim Berg Kaisersteinfels **12 %/11,- €**
87	2016 Riesling trocken „Alte Reben" Rüdesheim Berg Schlossberg **12 %/14,- €**
85	2017 Spätburgunder „Blanc de Noir" „feinherb" Assmannshäuser **12 %/8,50 €**
85	2017 Riesling „feinherb" „Jungspund" Rüdesheim **12 %/7,50 €**
86	2015 Spätburgunder trocken Assmannshäuser Frankenthal **12,5 %/9,50 €**

S

Stritzinger

★★☆

KONTAKT

Bergwerkstraße 19
63911 Klingenberg
Tel. 09372-922954
Fax: 09372-922512
www.weinbau-stritzinger.de
info@weinbau-stritzinger.de

Inhaber
Anja Stritzinger
Rebfläche
2 Hektar
Produktion
10.000 Flaschen

BESUCHSZEITEN

nach Vereinbarung

Willi Stritzinger war 1985 Gründungsmitglied beim Bundesverband ökologischer Weinbau, 1972 hatte er mit einem Traminerweinberg mit dem Weinbau begonnen. Nach langjährigem Probieren wagte er 1990 die Umstellung auf ökologischen Weinbau (Mitglied bei Bioland). Seit 2001 führt seine Tochter Anja das Gut. Ihre Weinberge liegen fast alle in Steillagen im Klingenberger Schlossberg, hinzu kommt ein Weinberg im Bürgstadter Centgrafenberg, die Reben wachsen auf Buntsandsteinverwitterungsböden. Zu 60 Prozent baut Anja Stritzinger rote Sorten an, vor allem Spätburgunder, dazu Portugieser und Regent, zuletzt hat sie Pinotin gepflanzt. Die Rotweine werden etwa zehn Tage auf der Maische vergoren. An weißen Sorten gibt es Riesling, der ein Fünftel der gesamten Fläche einnimmt, Gewürztraminer, Johanniter und Müller-Thurgau. Das Weingut ist Demonstrationsbetrieb Ökologischer Landbau.

Kollektion

Hohes Niveau auch in diesem Jahr bei Anja Stritzinger, mit in der Spitze erneut etwas stärkeren Rotweinen. Aber wir sprechen ja schließlich von Klingenberg, das schon so lange bekannt ist für seine Roten. Der im großen Holzfass ausgebaute Spätburgunder ist strukturiert und frisch, der Barrique-Spätburgunder ist etwas komplexer, stoffiger, noch sehr jugendlich. Ruta Muraria nennt sich eine rotfruchtige Cuvée aus Regent, Deckrot, Cabernet Mitos und Spätburgunder: Sie besitzt Frucht, Struktur und Biss. Fruchtbetont und intensiv ist auch in diesem Jahr wieder der Rotwein vom fränkischen Alter Satz, strukturiert, zupackend. Im weißen Segment konnten wir drei Rieslinge verkosten: Der trockene Kabinett ist frisch, klar, zupackend, die halbtrockene Spätlese besitzt gute Komplexität und Frische, unsere Präferenz aber gilt dem Riesling Pur aus dem Jahrgang 2016, maischevergoren, im Barrique ausgebaut, unfiltriert: Wahrhaft puristisch, auch im Geschmack, aber Achtung: Anstrengend. Ein fruchtbetonter Johanniter und ein reintöniger Gewürztraminer runden die Kollektion ab.

Weinbewertung

84 2017 Riesling Kabinett trocken Klingenberger Schlossberg **12,5 %/13,50 €**
86 2016 Riesling trocken „pur" **11,5 %/19,- €**
84 2017 Johanniter Kabinett trocken Klingenberger Schlossberg **11,5 %/12,90 €**
85 2017 Riesling Spätlese halbtrocken Klingenberger Schlossberg **12,5 %/13,90 €**
86 2016 Gewürztraminer Kabinett Klingenberger Schlossberg **12,5 %/13,50 €**
86 2016 Spätburgunder trocken Klingenberger Schlossberg **13 %/16,50 €**
86 2014 „ruta muraria" Rotwein trocken Klingenberger Schlossberg **12 %/13,90 €**
88 2015 Spätburgunder trocken Barrique Schlossberg **12,5 %/18,50 €**
88 2016 „Vinum frankonium pupureum" Rotwein trocken Schlossberg **12,5 %/23,- €**

S

Strohm

★★

KONTAKT

Neu-Offsteiner Straße 44
67591 Offstein
Tel. 06243-905117
Fax: 06243-905118
www.weingut-strohm.de
weingut-strohm@t-online.de

Inhaber
Rüdiger Strohm
Rebfläche
13 Hektar

BESUCHSZEITEN

nach Vereinbarung
3 Gästesuiten

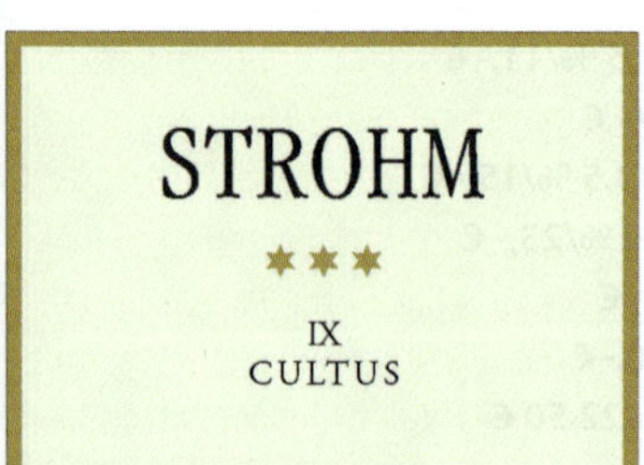

Das Weingut Strohm liegt in Offstein, ganz im Süden Rheinhessens. Es wird geführt von Rüdiger Strohm und Lydia Bollig-Strohm, die von der Mosel stammt und 1991/1992 Deutsche Weinkönigin war. 1996 haben sie das Weingut von den Eltern übernommen, im Jahr darauf mit der Selbstvermarktung begonnen. 70 Prozent der Rebfläche nehmen weiße Rebsorten ein, die Hälfte davon Riesling. Hinzu kommen Weißburgunder und Grauburgunder, aber auch Chardonnay und Sauvignon Blanc. Wichtigste rote Rebsorten sind Spätburgunder, Cabernet Dorsa und Dornfelder. Rüdiger Strohm verwendet für seine Weine keine Prädikatsbezeichnungen und auch keine Lagenangaben, die Weine werden intern mit bis zu drei Sternen klassifiziert. Tochter Sophie studiert Agrarwissenschaften in Stuttgart-Hohenheim.

Kollektion

Eine ganz starke Kollektion präsentiert Rüdiger Strohm in diesem Jahr, angefangen beim lebhaften, klaren, zupackenden Rivaner. Der Weißburgunder ist wunderschön reintönig und fruchtbetont, der Grauburgunder besitzt Fülle und Kraft, gute Struktur und reife Frucht. Der leicht stachelbeerduftige Sauvignon Blanc ist frisch, strukturiert und zupackend, der Chardonnay füllig und saftig, besitzt gute Struktur und Substanz. Der Muskateller gibt ein überzeugendes Debüt, er besitzt reintönige Frucht und Grip. Unsere leichte Präferenz im weißen Segment gilt dem Riesling von alten Reben aus dem Jahrgang 2015, der sich harmonisch gereift präsentiert, im Mund kraftvoll und zupackend ist. Der rote Amicus, eine Cuvée aus Acolon und im Barrique ausgebauten Spätburgunder, zeigt intensiv rote Früchte im Bouquet, besitzt reife Frucht, gute Struktur und Frische. Unser eindeutiger Favorit in diesem Jahr ist der Cultus, eine 36 Monate im Barrique ausgebaute Cuvée aus Spätburgunder, Cabernet Dorsa und Acolon: Konzentriert, füllig, kraftvoll, strukturiert und komplex, noch jugendlich. —

Weinbewertung

83	2017 Rivaner* trocken **11,5 %/6,- €**
85	2017 Weißburgunder** trocken **13 %/7,88 €**
85	2017 Grauburgunder** trocken **13,5 %/8,38 €**
85	2017 Sauvignon Blanc** trocken **12,5 %/8,38 €**
84	2017 Chardonnay** trocken **13,5 %/8,38 €**
84	2017 Gelber Muskateller** trocken **12,5 %/9,- €**
83	2017 Riesling** trocken **13,5 %/8,30 €**
86	2015 Riesling*** trocken „Alte Reben" **13 %/13,- €**
84	2017 Rosé** trocken **11,5 %/7,50 €**
86	2013 „VI Amicus"*** Rotwein trocken **13,5 %/13,- €**
88	2013 „IX Cultus"*** Rotwein trocken Barrique **13,5 %/23,- €**

STROMBERG-ZABERGÄU

★

KONTAKT

Weingärtner
Stromberg-Zabergäu eG
Neipperger Straße 60
74336 Brackenheim
Tel. 07135-98550
Fax: 07135-985555
www.wg-sz.de
info@wg-sz.de

Mitglieder 1100
Vorstandsvorsitzender
Rainer Lang
Kellermeister
Thomas Eberbach,
Uwe Hirschmüller
Rebfläche
760 Hektar
Produktion
6.500.000 Flaschen

BESUCHSZEITEN

Mo.-Fr. 8-18 Uhr, Sa. 8-13 Uhr

S

2012 schlossen sich die Strombergkellerei Bönnigheim und der Weinkeller Brackenheim zusammen und nennen sich seither Weingärtner Stromberg-Zabergäu. Die 1925 gegründete Brackenheimer Genossenschaft hatte mit den Genossenschaften Neipperg und Haberschlacht, Meimsheim und Botenheim fusioniert. Der 1919 gegründeten Bönnigheimer Genossenschaft schlossen sich später die Winzer aus Kirchheim-Hohenstein, Hohenhaslach, Hofen und Erligheim an. Die Weingärtner Stromberg-Zabergäu sind derzeit die drittgrößte Württemberger Genossenschaft, besitzen über 20 Millionen Liter Lagerkapazität an den Standorten Bönnigheim und Brackenheim. Die Weinberge der Mitglieder erstrecken sich über eine Vielzahl von Lagen an Heuchelberg und Stromberg. Rote Rebsorten nehmen gut drei Viertel der Rebfläche ein, vor allem Lemberger, Trollinger, Schwarzriesling und Spätburgunder. Bei den weißen Sorten dominiert Riesling.

Kollektion

Eine etwas heterogene Kollektion präsentieren die Weingärtner Stromberg-Zabergäu in diesem Jahr, die in der Spitze einiges zu bieten hat. So den im Barrique ausgebauten Sauvignon Blanc Nobilis, der von Vanille- und Toastnoten geprägt ist, aber viel Frucht und Substanz dagegegenhält. Oder den litschiduftigen, saftigen, herrlich konzentrierten Eiswein. Im roten Segment gefällt der fruchtbetonte, zupackende Epos-Pinot Meunier, auch der kraftvolle, recht tanninbetonte Epos-Merlot überzeugt. Die beiden Signum-Lemberger besitzen Kraft und Substanz, aber auch ausgeprägte Tannine, der Cabernet Franc besticht mit intensiver Frucht, Fülle und Kraft. Unser Favorit im roten Segment, die Octavio genannte Cuvée, besitzt intensive Frucht (Herzkirschen) und Schokonoten, Fülle und Substanz.

Weinbewertung

81 „Grand" Crémant brut nature **13 %/19,- €**
80 2018 Grauburgunder trocken „Epos" **13,5 %/9,50 €**
86 2015 Sauvignon Blanc trocken „Nobilis" **13,5 %/20,- €**
81 2017 Riesling Kirchheimer Kirchberg **11,5 %/6,- €**
89 2016 Riesling Eiswein **8 %/25,- €/0,375l**
82 2016 Trollinger trocken Kirchheimer Kirchberg **13,5 %/12,- €**
84 2016 Pinot Meunier trocken „Epos" **13,5 %/11,- €**
81 2015 Cuvée Cabernet trocken **13 %/9,- €**
85 2015 Lemberger trocken „Signum II" **13,5 %/15,- €**
86 2015 Lemberger trocken „Signum I" **14 %/23,- €**
85 2015 Merlot trocken „Epos" **14 %/20,- €**
86 2015 Cabernet Franc trocken **14 %/20,- €**
89 2015 „Oktavio" Rotwein trocken **14 %/22,50 €**

WEINGÄRTNER STROMBERG ZABERGÄU

Studert-Prüm

★★★

KONTAKT

Uferallee 22
54470 Bernkastel-Wehlen
Tel. 06531-2487
Fax: 06531-3920
www.studert-pruem.com
info@studert-pruem.com

Inhaber
Michael Studert
Rebfläche
2,5 Hektar
Produktion
20.000 Flaschen

BESUCHSZEITEN

Mo.-Do. 9-12 Uhr, 16-17:30 Uhr,
Fr. 9-12 Uhr, sonst nach
Vereinbarung

Die Weinbaugeschichte des Betriebes beginnt mit der Säkularisation; 1805 kam der Maximinhof in Familienbesitz. Der Name Studert taucht freilich schon Ende des 16. Jahrhunderts in den Annalen auf. Studert-Prüm entstand 1971 mit der Zusammenlegung des Weinguts Studert mit dem Weingut Peter Prüm. Lange Zeit wurde das Gut von den Brüdern Stephan und Gerhard Studert geführt, dann aber hat Gerhard Studert seinen Teil an das Weingut Dr. Loosen verkauft. Stephan Studerts Sohn Michael, der bisher schon für den Weinausbau verantwortlich war, firmiert nun auch als Inhaber. Er baut in seinen Weinbergen ausschließlich Riesling an. Der größte Teil der Reben befindet sich in der Wehlener Sonnenuhr (1,5 ha), aber Studert besitzt auch Weinberge im Graacher Himmelreich und im Bernkasteler Graben. Die Weine werden teils im Edelstahl, teils im Holz ausgebaut; allerdings reifen auch die zunächst im Edelstahl ausgebauten Weine für mindestens drei Monate im Holz.

Kollektion

Der trockene Sekt, eine stoffige trockene Spätlese aus der Sonnenuhr und die in einem ruhigen Stil angelegte Auslese konnten im vergangenen Jahr besonders überzeugen. Diesmal befand sich unter den sechs vorgestellten Weinen kein Schaumwein, dafür zeigten die stillen Rieslinge den wunderschön feinen, für das Gut und die Wehlener Sonnenuhr, aus der alle präsentierten Weine stammen, typischen Stil. Sehr klar, leicht hefig, duftig und sowohl sehr trocken als auch in sich ruhend zeigt sich die trockene Spätlese. Der feinherb ausgebaute Kabinett besitzt viel Würze und eine merkliche, aber gut integrierte Süße, der rassige süße Kabinettwein ist überraschend nachhaltig ausgefallen. Vergleichsweise wenig Süße besitzt die Spätlese mit ihren komplexen Anklängen an gelbe Früchte, Hefe und Kräuter, im Nachhall zeigt sich eine überdurchschnittliche Würze. Die beiden Auslesen sind wunderschön präzise gehalten, sie sind reintönig, bauen stilistisch aufeinander auf, wirken zum Zeitpunkt der Verkostung allerdings noch viel zu jung.

Weinbewertung

90	2017 Riesling Spätlese trocken Wehlener Sonnenuhr	**13 %/10,50 €** ☺
88	2017 Riesling Kabinett „feinherb" Wehlener Sonnenuhr	**11 %/9,- €** ☺
88	2017 Riesling Kabinett Wehlener Sonnenuhr	**9 %/9,- €** ☺
89	2017 Riesling Spätlese Wehlener Sonnenuhr	**9 %/10,- €** ☺
91	2017 Riesling Auslese Wehlener Sonnenuhr	**7 %/14,- €** ☺
92	2017 Riesling Auslese*** Wehlener Sonnenuhr	**7,5 %/18,- €** ☺

Christian Sturm

★☆

KONTAKT

Freudenberger Straße 91
63927 Bürgstadt
Tel. 09371-67854
Fax: 09371-959725
www.weingut-sturm.com
info@weingut-sturm.com

Inhaber
Christian & Felix Sturm
Rebfläche
10 Hektar
Produktion
65.000 Flaschen

BESUCHSZEITEN

Mo.-Fr. 9-12 + 14-18:30 Uhr, Sa. 9-15 Uhr oder nach Vereinbarung; Häckerwirtschaft (Januar, Pfingsten, August)

Seit dem 15. Jahrhundert baut die Familie Wein am Centgrafenberg in Bürgstadt an. 1993 übernahm Christian Sturm gemeinsam mit Ehefrau Michaela das Gut von seinem Vater Ludwig. Das Gros seiner Weinberge liegt im Bürgstadter Centgrafenberg. An roten Sorten gibt es vor allem Spätburgunder, aber auch Frühburgunder, Regent und Portugieser. Hinzu kommen die weißen Rebsorten Silvaner, Müller-Thurgau, Riesling, Weißburgunder und Bacchus, inzwischen auch Scheurebe. Die Weißweine werden im Edelstahl ausgebaut. Die Rotweine werden maischevergoren und im Holz ausgebaut. Die Häckerwirtschaft ist drei Mal im Jahr geöffnet. Mit dem Jahrgang 2015 hat Christian Sturm sein Sortiment neu gestaltet, er verzichtet nun auf Prädikatsbezeichnungen bei trockenen Weinen, die bisherigen Kabinettweine werden nun in der Sandsturm-Linie angeboten. Nach dem Abschluss seines Geisenheim-Studiums ist Sohn Felix in den Betrieb eingestiegen, seine „Made by Felix"-Linie soll weiter ausgebaut werden.

Kollektion

Wie im Vorjahr präsentieren Christian und Felix Sturm eine stimmige Kollektion, mit Highlights sowohl bei den Weiß- als auch bei den Rotweinen. Die weißen Sandsturm-Weine sind frisch und unkompliziert, mehr Kraft besitzen die Sturm und Drang-Weine, der füllige, strukturierte Weißburgunder gefällt uns besonders gut. Unser Favorit aber ist Mama's Liebling, die intensive, klare, zupackende Scheurebe. Neu im Programm ist der Glück genannte Rosé, ein Spätburgunder, der im 400 Liter-Fass ausgebaut wurde, strukturiert und zupackend ist, eher Essensbegleiter denn Aperitif-Rosé. Ganz stark sind die beiden Rotweine des Jahrgangs 2015. Der Frühburgunder ist fruchtbetont und intensiv, zeigt rote Früchte, Himbeeren, ist zupackend im Mund, besitzt gute Struktur und reintönige Frucht. Noch etwas besser gefällt uns der Spätburgunder, der herrlich eindringlich und reintönig ist, frisch und zupackend, gute Struktur, Grip und Länge besitzt.

Weinbewertung

81	2016 Silvaner trocken „Sandsturm" Bürgstadter **12,5 %/7,- €**
82	2017 Weißer Burgunder trocken „Sandsturm" Bürgstadter **12 %/7,90 €**
82	2016 Silvaner trocken „Sturm und Drang" Centgrafenberg **12,5 %/10,90 €**
84	2016 Weißburgunder trocken „Sturm und Drang" Centgrafenberg **13 %/12,50 €**
86	2017 Scheurebe trocken „Mama´s Liebling Made by Felix" **12,5 %/12,50 €**
84	2017 Spätburgunder Rosé trocken „Glück" „Made by Felix" **12,5 %/9,50 €**
82	2016 Spätburgunder trocken „Churfranken" „Sandsturm" **13,5 %/9,90 €**
86	2015 Frühburgunder trocken „Sturm und Drang" Centgrafenberg **13,5 %/16,- €**
87	2015 Spätburgunder trocken „Sturm und Drang" Centgrafenberg **13,5 %/21,- €**

SUPP

★★

KONTAKT

Weinsberger Straße 16
74189 Weinsberg-Gellmersbach
Tel. 07134-14360
Fax: 07134-23263
www.supp-weingut.de
info@supp-weingut.de

Inhaber
Benjamin Supp & Martin Supp
Rebfläche
8 Hektar
Produktion
65.000 Flaschen

BESUCHSZEITEN

Mi.-Do. 17-19 Uhr, Fr. 14-19 Uhr, Sa. 9-16 Uhr oder nach Vereinbarung
Pension
Gaststube „Dezbergstube"

Seit Generationen betreibt die Familie Weinbau in Gellmersbach, seit 1982 vermarktet sie Weine selbst. Bereits seit 1988 gibt es selbst hergestellte Sekte, seit 1994 baut Martin Supp Weine im Barrique aus. Nach Lehre bei Kistenmacher-Hengerer und im Staatsweingut und seinem Abschluss in Weinsberg ist Benjamin Supp in den Betrieb eingestiegen, den er zusammen mit seinem Vater führt. Die Weinberge liegen rings um Gellmersbach, im unteren Teil des Hanges wachsen die Reben auf Lehm-Lössböden, im oberen Teil auf Keuper und Sandsteinverwitterungsböden. An weißen Sorten werden Riesling, Kerner, Grauburgunder, Muskateller und Gewürztraminer angebaut, an roten Sorten Trollinger, Lemberger, Spätburgunder, Schwarzriesling, Samtrot, Cabernet Mitos und Muskattrollinger, seit 2011 auch Syrah.

Kollektion

Eine umfangreiche Kollektion präsentiert Benjamin Supp in diesem Jahr. Die Weißweine zeigen sehr gleichmäßiges Niveau, am besten gefallen der fruchtbetonte, intensive Grauburgunder Nora und der würzige, zupackende Riesling von alten Reben, auch der kraftvolle Blumental-Riesling aus der neu in die Lagenliste eingetragenen Gewanne. Die beiden edelsüßen Weine hatten wir schon im vergangenen Jahr als Fassproben vorgestellt, beide besitzen viel Substanz. Die Rotweine sind in der Spitze etwas stärker als die Weißen. Die gewürzduftige Cuvée N° 1 besitzt reife Frucht und viel Substanz sowie noch jugendliche Bitternoten, der 5 Sterne-Spätburgunder besitzt viel reife Frucht und feine Vanillenoten. Unser Favorit ist der 5 Sterne-Lemberger, der intensive Frucht mit Fülle und Kraft vereint.

Weinbewertung

83 2015 Pinot „Blanc de Noir" Sekt brut **13 %/11,- €**
82 2015 Riesling Sekt brut **13,5 %/11,- €**
82 2014 Muskateller Sekt trocken **13 %/11,80 €**
84 2017 Riesling Gellmersbacher „Blumental" **12 %/8,20 €**
85 2016 Riesling**** trocken „Alte Reben" **13,5 %/9,50 €**
85 2016 Grauburgunder trocken „Nora" **13 %/8,90 €**
83 2017 Generation S** Weißwein **11,5 %/5,80 €**
87 2016 Trollinger „Blanc de Noir" Beerenauslese **10,5 %/12,80 €/0,375l**
88 2016 Trollinger „Blanc de Noir" Eiswein **8,5 %/19,50 €/0,375l**
83 2015 Lemberger*** trocken **13,5 %/8,40 €**
84 2016 Cuvée S*** Rotwein trocken **13,5 %/8,90 €**
88 2015 Lemberger***** trocken **14 %/14,50 €**
87 2015 Spätburgunder***** trocken **13,5 %/12,50 €**
87 2015 „Cuvée N 1"***** Rotwein trocken **14 %/15,50 €**

VON DER TANN

★

N

KONTAKT

Birklinger Straße 1
97346 Iphofen
Tel. 09323-89970
Fax: 09323-89971
www.weingut-vondertann.de
von-der-tann@t-online.de

Inhaber
Steffen von der Tann
Rebfläche
2,5 Hektar
Produktion
15.000 Flaschen

BESUCHSZEITEN

Do./Fr. 8-18 Uhr, Sa. 9-18 Uhr

WEINGUT VON DER TANN
IPHOFEN

Das kleine Iphöfer Weingut, in den fünfziger Jahren gegründet, wird heute von Steffen von der Tann und Margarete Schauner geführt. Die Weinberge liegen im Iphöfer Kronsberg, die Reben wachsen auf tiefgründigen, schweren Gipskeuperböden. Müller-Thurgau nimmt die Hälfte der Rebfläche ein, dazu gibt es Bacchus, Silvaner, Dornfelder Domina und Kerner.

Kollektion

Ein umfangreiches Sortiment präsentiert Steffen von der Tann zum überzeugenden Debüt, mit Weißweinen der Jahrgänge 2016 und 2017 sowie zwei Rotweinen aus 2015, die Kollektion zeigt beeindruckend gleichmäßiges Niveau. Beim Müller-Thurgau zeigt Steffen von der Tann eine feine Serie auch stilistisch sich unterscheidender Weine. Der halbtrockene, eigentlich gesetzlich trockene Sonnenschein-Müller-Thurgau ist würzig, klar und geradlinig, besitzt feine Frische und Frucht, die Spätlese von alten Reben ist füllig und saftig bei reifer Frucht und guter Substanz. Trocken ausgebaut ist der Müller-Thurgau „Edition E", ein würziger, zupackender Wein, frisch, zupackend und fruchtbetont. Enorm würzig und eindringlich ist auch der Müller-Thurgau „OMG", was wohl für Offene Maischegärung steht: Er ist kraftvoll, klar, zupackend, immer noch sehr jugendlich. Aus dem Jahrgang 2017 gibt es einen würzig-anstrengenden Kerner und einen lebhaften, geradlinigen Silvaner. Der frische, zupackende Bacchus, der würzige, geradlinige halbtrockene Silvaner sowie die füllig-stoffige Kerner Auslese stammen alle aus dem Jahrgang 2016. Die rote Cuvée ist klar und lebhaft, unser Favorit unter den beiden 2015er Rotweinen ist aber die trockene Domina Spätlese. Die wunderschön reintönig und fruchtbetont ist, gute Struktur und Frische besitzt.

Weinbewertung

84 2016 Müller-Thurgau Kabinett trocken „OMG" **12 %/7,50 €**
83 2016 Müller-Thurgau Kabinett trocken „Edition E" **12,5 %/7,50 €**
82 2016 Bacchus Kabinett trocken Iphöfer Kronsberg **13 %/6,50 €**
82 2017 Kerner Kabinett trocken **12 %/7,20 €**
82 2017 Silvaner Kabinett trocken Iphöfer Kronsberg **11 %/7,- €**
83 2017 Müller-Thurgau Kabinett halbtrocken „Sonnenschein" **11,5 %/6,20 €**
83 2016 Silvaner Kabinett halbtrocken **12 %/8,50 €**
84 2016 Müller-Thurgau Spätlese „Alte Reben" **12 %/9,- €**
85 2016 Kerner Auslese **12 %/10,50 €**
84 2016 „Sommer in Pink" Rosé Kabinett trocken **11,5 %/6,80 €**
82 2015 „rot2" Rotwein trocken **12 %/8,- €**
85 2015 Domina Spätlese trocken Iphöfer Kronsberg **12,5 %/10,50 €**

TESCH

★★★★

KONTAKT

Naheweinstraße 99
55450 Langenlonsheim
Tel. 06704-93040
Fax: 06704-930415
www.weingut-tesch.de
info@weingut-tesch.de

Inhaber
Dr. Martin Tesch
Rebfläche
21 Hektar
Produktion
150.000 Flaschen

BESUCHSZEITEN

Mo.-Fr. 8-18 Uhr oder nach Vereinbarung

Das Weingut Tesch war bis in die siebziger Jahre hinein eines der größten Güter an der Nahe. Neben 35 Hektar Weinbergen gehörten noch 100 Hektar landwirtschaftliche Flächen zum Betrieb. Hartmut Tesch hat sich dann ganz auf Weinbau konzentriert. Heute führt seit 1997 sein Sohn Dr. Martin Tesch den Betrieb. Er konzentrierte sich auf nur wenige Rebsorten – neben Riesling, der 90 Prozent der Fläche einnimmt, gibt es etwas Weißburgunder und Spätburgunder – und verkleinerte die Weinbergsfläche wesentlich und konsequent auf die besten Lagen. Gleichzeitig straffte er sein Sortiment, verzichtete dabei auf Prädikatsbezeichnungen und baute seine Weine nur noch trocken aus – einzelne süße Rieslinge gibt es nur noch in ausgewählten Jahrgängen. Mit dem „Riesling-Unplugged" griff Martin Tesch den Naturweingedanken wieder auf und gehörte damit vor 15 Jahren zu den Ersten, die eine Gegenbewegung initiierten zu dem, was damals in Deutschland in Mode war: Immer alkoholreichere und süßere – angeblich trockene – Weine zu erzeugen. Er setzt auf durchgegorene Weine, die nicht aufgebessert werden, das heißt der Alkoholgehalt wird weder durch Chaptalisierung noch durch andere kellertechnische Verfahren (wie beispielsweise Konzentration der Moste) erhöht. Jahr um Jahr schickt Martin Tesch uns sein „Mixed Sixpack" zur Verkostung, sechs Rieslinge, die den Großteil seiner Produktion ausmachen und bei denen die verschiedenen Lagen schon anhand der Etikettenfarbe unterschieden werden können. Neben dem „Unplugged" sind stets seine fünf Lagenweine im Paket, bestehend aus Karthäuser, St. Remigiusberg und Krone in Laubenheim und Löhrer Berg und Königsschild in Langenlonsheim. Im Karthäuser findet sich roter Sandsteinverwitterungsboden, der die Wärme gut aufnimmt und speichert, der gleich daneben liegende St. Remigiusberg ist geprägt von verwittertem Vulkangestein und eisenerzdurchzogenem Lehm. Die Krone liegt zwischen Laubenheim und Langenlonsheim, der windexponierte, steile Südosthang besteht aus Lösslehm und Sandsteinverwitterung, unmittelbar daneben schließt sich der Löhrer Berg an, wo der Boden aus mit Flusskies durchsetztem Lehm besteht, hier besitzt Tesch über 40 Jahre alte Rieslingreben. Südlich davon liegt das Königsschild mit von Muschelkalk durchsetztem lockeren Lösslehm, in dem die Reben besonders tief wurzeln. Seit 1994 war das Weingut Tesch Mitglied im VDP – war, denn im April 2014 verließ Martin Tesch den Verband, einvernehmlich, wie es hieß, und wohl, weil die Qualitätspyramide des VDP für sein Sortiment keinen Sinn macht.

Kollektion

Martin Tesch bleibt seiner Stilistik auch im 2017er Jahrgang treu und präsentiert uns sechs sehr schlanke und elegante Rieslinge, die eine kompakte innere Dichte besitzen, die ihnen Potential verleiht. Drei der Weine – Unplugged, Löhrer Berg und Königsschild – sind schon bald nach dem Öffnen der Flaschen sehr präsent, während die anderen drei – Karthäuser, Krone und St. Remigiusberg – zunächst sehr verschlossen und verhalten sind und sich nur sehr langsam öffnen. Der Unplugged zeigt viel gelbe Frucht, Aprikose und Orangenschale, ist frisch und geradlinig, besitzt herbe kräutrige Würze und ein frisches Säurespiel, der Löhrer Berg zeigt kräutrig-mineralische Noten und mit etwas Luft auch gelbe Frucht, Aprikose, Pfirsich und Orange, er ist schlank, leicht salzig und besitzt feinen Biss, der Königsschild zeigt im komplexen Bouquet deutliche steinige Noten und Zitrusfrucht, vor allem Ananas, und besitzt gute Konzentration, ist druckvoll und animierend mit leicht salziger Länge. Nach einem Tag in der offenen Flasche zeigt die Krone leicht zurückhaltende, aber klare Frucht mit Noten von Aprikose, Pfirsich und Ananas und deutliche Kräuterwürze, der Wein besitzt gute Konzentration und viel Biss, ist animierend, druckvoll und leicht salzig und bleibt lange am Gaumen. Der Karthäuser zeigt im Bouquet deutliche steinig-mineralische Noten, bleibt aber auch am zweiten Tag noch sehr verhalten in der Frucht, besitzt am Gaumen gute Konzentration und Struktur, auch etwas Tannine, dunkle kräutrige Würze, Grip und etwas Salz. Wie der Karthäuser ist auch der St. Remigiusberg ganz auf die Reife angelegt, auch er zeigt deutliche steinige Noten und sehr dezente Zitruswürze, besitzt etwas Tannine, entwickelt viel feinen Druck, besitzt guten Grip und ist sehr nachhaltig – ein spannender Wein, der noch längst nicht alles zeigt, was in ihm steckt.

Martin Tesch

Weinbewertung

86 2017 Riesling trocken „Unplugged" **12,5 %/9,90 €**
88 2017 Riesling trocken Langenlonsheimer Löhrer Berg **12,5 %/14,50 €**
89 2017 Riesling trocken Laubenheimer Krone **12,5 %/14,50 €**
89 2017 Riesling trocken Langenlonsheimer Königsschild **12,5 %/14,50 €**
90 2017 Riesling trocken Laubenheimer Karthäuser **12,5 %/14,50 €**
91 2017 Riesling trocken Laubenheimer St. Remigiusberg **12,5 %/16,50 €**

LAGEN

KARTHÄUSER (LAUBENHEIM)
KRONE (LAUBENHEIM)
ST. REMIGIUSBERG (LAUBENHEIM)
LÖHRER BERG (LANGENLONSHEIM)
KÖNIGSSCHILD (LANGENLONSHEIM)

REBSORTEN

RIESLING (90 %)
WEISSBURGUNDER (5 %)
SPÄTBURGUNDER (5 %)

Wwe Dr. H. Thanisch, Erben Müller-Burggraef

★★★

KONTAKT

Junkerland 14
54470 Bernkastel-Kues
Tel. 06531-9179010
Fax: 06531-8179099
www.dr-thanisch.de
office@dr-thanisch.de

Inhaber
Peter Mertes Familienweingüter
Gutsverwalter
Maximilian Ferger
Kellermeister
Edgar Schneider
Rebfläche
15 Hektar
Produktion
75.000 Flaschen

BESUCHSZEITEN

Mo.-Fr. 10-16 Uhr

T

Das Weingut in seiner heutigen Form entstand mit der Teilung des Gutes Witwe Dr. H. Thanisch im Jahr 1988, die Weinbautradition in der Familie reicht aber Jahrhunderte zurück, 1882 hatte die Familie den Berncasteler Doctor erworben. Inhaber sind heute die Peter Mertes Familienweingüter, Gutsverwalter ist Maximilian Ferger, Kellermeister Edgar Schneider. Die Weinberge verteilen sich auf viele Lagen der mittleren Mosel in Bernkastel (Doctor, Lay, Graben, Badstube), Wehlen (Sonnenuhr), Graach (Himmelreich), Brauneberg (Juffer-Sonnenuhr), Lieser (Niederberg-Helden, Schlossberg) und Kues (Weisenstein, Kardinalsberg). Früher gab es ausschließlich Riesling, inzwischen wird auch etwas Spätburgunder angebaut. Die Weine werden überwiegend spontan, kühl und langsam vergoren, teils im Edelstahl, teils im traditionellen Fuder ausgebaut.

Kollektion

Vorgestellt wurden diesmal Rieslinge aus den Jahrgängen 2016 und 2017, und die haben es in sich, sind durchgängig fest und würzig, besitzen einen eigenen Stil. Das Große Gewächs aus dem Himmelreich (Jahrgang 2016) ist verhalten, immer noch sehr jugendlich, geradlinig und präzise. Eine gelungene Interpretation des Himmelreichs. Die 2016er „Vision" besitzt eine komplexe Aromatik mit steinigen Noten, Würze. Am Gaumen ist eine Menge Würze und Schmelz zu entdecken, die Frucht bleibt bei diesem nachhaltigen, spannenden Wein im Hintergrund. Der Kabinettwein aus der Bernkasteler Badstube wirkt recht süß, allerdings auch saftig und im besten Sinne süffig. Rassig und nachhaltig ist der Kabinett aus dem Doctor. Eine deutliche Süße besitzt die Graben-Spätlese, recht ruhig in der Nase; sie braucht noch etwas Zeit, um sich zu harmonisieren. Auch die Doctor-Spätlese, rassig und deutlich süß, ist noch zu jung, besitzt aber Substanz. Wunderschön saftig ist die Auslese aus der Lay, saftig und elegant, sehr viel versprechend. Und was den 2015er Pinot Noir angeht: Ein saftiger, gelungener Rotwein! ➡

Weinbewertung

89	2016 Riesling „GG" Graacher Himmelreich **11,5 %/22,- €**
90	2016 Riesling „Vision" Wehlener Sonnenuhr **12,5 %/35,- €**
85	2017 Riesling „feinherb" **13 %/7,50 €**
86	2017 Riesling Kabinett **8,5 %/10,- €**
86	2017 Riesling Kabinett Bernkasteler Badstube **8 %/14,- €**
88	2017 Riesling Kabinett Berncasteler Doctor **9,5 %/20,- €**
88	2017 Riesling Spätlese Bernkasteler Graben **9 %/18,- €**
89	2017 Riesling Spätlese Berncasteler Doctor **8,5 %/30,- €**
90	2017 Riesling Auslese Bernkasteler Lay **8,5 %/35,- €**
87	2015 Pinot Noir **13 %/25,- €**

Wwe Dr. H. Thanisch, Erben Thanisch

★★★☆

KONTAKT

Saarallee 31
54470 Bernkastel-Kues
Tel. 06531-2282
Fax: 06531-2226
www.thanisch.com
sofia@thanisch.com

Inhaber
Sofia Thanisch
Betriebsleiter
Olaf Kaufmann
Rebfläche
7,5 Hektar
Produktion
40.000-50.000 Flaschen

BESUCHSZEITEN

nach Vereinbarung

Das Weingut besitzt eine lange Geschichte, die bis ins 17. Jahrhundert reicht. Als eigentliche Gründer gelten indes Dr. Hugo Thanisch und – ab 1895 – dessen Witwe Katharina. Bereits in der ersten Hälfte des 20. Jahrhunderts war das Gut weltberühmt für seine Doctorweine. Nach der Teilung des Betriebes führt Sofia Thanisch, eine Urenkelin von Katharina und Hugo Thanisch, das Weingut Wwe. Dr. H. Thanisch – Erben Thanisch. Sie besitzt einen Teil der kleinen, aber weltweit bekannten Lage Doctor, ist darüber hinaus in den Bernkasteler Lagen Lay und Badstube vertreten. Sie baut auf 7,5 Hektar Rebfläche ausschließlich Riesling an. Die Weine werden in kleinen Gebinden bis 2000 Liter Inhalt, etwa jeweils zur Hälfte im Holz und im Edelstahl ausgebaut.

Kollektion

Die Weine des Weinguts Thanisch-Thanisch benötigen in aller Regel Zeit. Mehrfach zeigten sich die Rieslinge in ihrer Jugend, anlässlich der Verkostungen für dieses Buch, vergleichsweise unzugänglich. Diesmal war der Eindruck ein anderer. Fast alle der vorgestellten Rieslinge lassen eine Menge Substanz erkennen und zeigen eine offene Frucht. Im trockenen Bereich trifft dies auf den Basisriesling ebenso zu wie auf die beiden Großen Gewächse. Jenes aus dem Graben ist offen, leicht hefig, im Mund dann straff und würzig, nachhaltig und kraftvoll. Sein Pendant aus dem Doctor ist der einzige Wein, der noch deutlich verschlossen ist, mit Würz- und Kräuternoten, kompakt, saftig und stoffig; er dürfte sich gut entwickeln. Duftig, sehr fein mit Apfelnoten und gut integrierter Süße: Der Kabinettriesling aus der Badstube. Noch deutlich rassiger fällt der feste, nachhaltige Doctor-Kabinett aus, ein spannender Wein. Die Spätlese aus der Badstube ist noch etwas vom Schwefel geprägt, jene aus dem Doctor zeigt Anklänge an getrockneten Apfel und eine enorme Würze. Schließlich die süße Spitze: Die Doctor-Auslese beweist Klasse, zeigte feine Kernobstnoten, dazu Anklänge an frisches Steinobst, ist im Mund sehr präzise und lang.

Weinbewertung

87	2017 Riesling trocken **13 %/9,50 €**
90	2017 Riesling „GG" Bernkasteler Graben **13,5 %/24,50 €**
90	2017 Riesling „GG" Berncasteler Doctor **13,5 %/35,- €**
87	2017 Riesling Kabinett „feinherb" Bernkasteler Badstube **10,5 %/13,- €**
87	2017 Riesling Kabinett Bernkasteler Badstube **9,5 %/13,- €**
89	2017 Riesling Kabinett Berncasteler Doctor **8 %/23,- €**
89	2017 Riesling Spätlese Bernkasteler Badstube **9 %/16,50 €**
90	2017 Riesling Spätlese Berncasteler Doctor **8 %/32,- €**
90	2017 Riesling Auslese Bernkasteler Badstube **7,5 %/23,- €**
91	2017 Riesling Auslese Berncasteler Doctor **7,5 %/45,- €**

T

Then

★★★

KONTAKT

Hauptstraße 1
97334 Sommerach
Tel. 09381-9268
Fax: 09381-4810
www.weingut-arthur-then.de
info@weingut-arthur-then.de

Inhaber
Daniel Then
Rebfläche
5,5 Hektar
Produktion
50.000 Flaschen

BESUCHSZEITEN

Mo.-Fr. 8-18 Uhr, Sa. 9-16 Uhr,
So. 10-15 Uhr
Gästezimmer

Seit fünf Generationen baut die Familie Wein in Sommerach an. Das Weingut, das heute von Daniel Then geführt wird, der es von seinem Vater Arthur übernommen hat, hat seinen Sitz mitten in Sommerach in einem historischen Fachwerkgebäude mit einem Gewölbekeller aus dem 16. Jahrhundert. Die Weinberge liegen vor allem im Sommeracher Katzenkopf, aber auch im Sommeracher Rosenberg (Bacchus, Müller-Thurgau), im Nordheimer Vögelein (etwas Riesling) und im Volkacher Ratsherr, allesamt Lagen mit Muschelkalkböden. Weiße Rebsorten nehmen 80 Prozent der Rebfläche ein. Silvaner spielt die Hauptrolle, Weißburgunder wird immer wichtiger, aber auch Müller-Thurgau, Bacchus, Scheurebe, Riesling sowie als Kuriosität Faberrebe (25 Ar mit 40 Jahre alten Reben) werden angebaut, dazu die roten Rebsorten Spätburgunder, Portugieser und Domina. Seit 2018 wird der Pflanzenschutz nach Bio-Richtlinien betrieben. Ein Silvaner wird in einem Betonei vergoren und ausgebaut.

Kollektion

Die Löwe genannten Gutsweine sind frisch und klar. Die Scheurebe aus dem Katzenkopf besitzt intensive Frucht und Grip, die Cuvée aus Faberrebe und Weißburgunder ist fruchtbetont und zupackend. Der Tiefental-Weißburgunder besitzt Fülle und Kraft, reife Frucht und Substanz. Silvaner konnten wir drei verkosten. Da ist zunächst de reintönige, frische Kabinett von 40 Jahre alten Reben aus dem Katzenkopf. Dann der nach Maischstandzeit und mit einem Teil ganzer Beeren vergorene, im Betonei ausgebaute „The Egg" aus dem Ratsherr, Jahrgang 2015: Rauchig, stoffig, viel Substanz, gute Struktur. Und schließlich der 2016er Eiswein aus dem Katzenkopf, intensiv und konzentriert, mit leichter Eisbonbonnote, konzentriert, klar und dominant. Auch auf Spätburgunder versteht sich Daniel Then, das zeigt der klare fruchtbetonte, in gebrauchten Barriques ausgebaute 2015er ebenso wie der komplexe, kraftvolle, in neuen Barriques ausgebaute 2014er.

Weinbewertung

82 2017 Silvaner trocken „Löwe" **11,5 %/5,60 €**
82 2017 Riesling trocken „Löwe" **12 %/6,10 €**
86 2017 Scheurebe trocken Sommeracher Katzenkopf **13 %/6,80 €**
86 2017 Faberrebe Weißburgunder Spätlese trocken „Oskar 2.0" **12,5 %/7,50 €**
85 2017 Silvaner Kabinett trocken „Am Berg" Katzenkopf **12,5 %/7,80 €**
89 2015 Silvaner Spätlese trocken „The Egg" „Sponti" Ratsherr **13,5 %/21,- €**
87 2017 Weißburgunder trocken „Am Tiefental" Katzenkopf **13 %/8,50 €** ☺
90 2016 Silvaner Eiswein Sommeracher Katzenkopf **8,5 %/35,- €/0,375l**
85 2015 Spätburgunder trocken Sommeracher Katzenkopf **14,5 %/12,50 €**
88 2014 Spätburgunder Spätlese trocken Katzenkopf **13 %/21,- €**

T

THEN
Weingut · Sommerach

Josef Thielmann

★

N

KONTAKT

Herrenstraße 10
56874 Ernst
Tel. 02672-7078
Fax: 02672-7166
www.weingut-thielmann.de
info@weingut-thielmann.de

Inhaber/Kellermeister
Jana Thielmann & Christian Schinnen
Rebfläche
8 Hektar

BESUCHSZEITEN

nach Vereinbarung
Ferienwohnungen

WEINGUT
JOSEF THIELMANN

Die Weinbaugemeinde Ernst ist nicht wirklich bekannt bei Weinliebhabern im In- oder Ausland, aber das könnte sich nun ändern. Das Weingut Thielmann wird nun in fünfter Generation von den Cousins Jana Thielmann und Christian Schinnen geführt. Beide sind Geisenheim-Absolventen, haben sich nach ihren Abschlüssen 2011 bzw. 2008 eingearbeitet und das Weingut im Juli 2017 übernommen. Zu den bisherigen Flächen kamen solche hinzu, die bislang zum Margaretenhof in Ediger-Eller gehörten, dem elterlichen Weingut von Christian Schinnen. Die beiden wollen frischen Wind in den Betrieb und nach Ernst bringen. Eine Sortimentsanpassung samt neuen Etiketten ist für das Jahr 2019 geplant.

Kollektion

Zum Debüt stellt das Weingut überzeugende Weine vor. Den trockenen, straffen Chardonnay zum Beispiel. Unter den trockenen Rieslingen lässt sich eine klare Steigerung beobachten – vom Rosenberg-Wein, schlank und würzig, über den saftigen Vertreter des Herrenbergs bis zur trockenen Spätlese des Rosenbergs, die Noten von Zitrus, Melone und Kräutern aufweist. Verschlossen ist dann der als ultratrocken bezeichnete Riesling aus dem Herrenberg, kräuterwürzig, straff, fest und viel versprechend. Angesichts einer solchen Bandbreite an mehr oder weniger durchgegorenen Weinen gehen die süßeren fast unter. Doch es wäre ein Fehler, den zugänglichen halbtrockenen Rosenberg-Wein oder den mit zurückhaltender Süße aufwartenden Kabinett zu unterschlagen. Die offene, saftige Auslese weist Noten von Apfel, Melone und Cassis auf. Es handelt sich nicht um einen feingliedrigen, eleganten Wein, sondern um einen saftigen, dichten Vertreter seiner Prädikatsstufe. Schön, dass sich in dieser Gegend der Mosel etwas tut!

Weinbewertung

87	2017 Riesling „ultratrocken" Valwiger Herrenberg **12 %/9,50 €**
85	2017 Riesling trocken Cochemer Rosenberg **12,5 %/6,80 €**
84	2017 Chardonnay trocken **12,5 %/6,20 €**
86	2017 Riesling trocken Ediger Elzhofberg **12,5 %/8,- €**
86	2017 Riesling Spätlese trocken Cochemer Rosenberg **12,5 %/9,- €**
86	2017 Riesling Spätlese trocken Valwiger Herrenberg **12,5 %/9,- €**
84	2017 Riesling halbtrocken Cochemer Rosenberg **11,5 %/7,- €**
82	2017 Glücksmoment **12 %/6,- €**
84	2017 Riesling Kabinett **10,5 %/7,- €**
87	2017 Riesling Auslese **8 %/9,50 €**
82	2017 Spätburgunder Rosé **11,5 %/6,- €**
84	2017 Spätburgunder trocken **12 %/6,50 €**

T

THÖRLE

★★★☆

KONTAKT

Ostergasse 40
55291 Saulheim
Tel. 06732-5443
Fax: 06732-960860
www.thoerle-wein.de
info@thoerle-wein.de

Inhaber
Christoph & Johannes Thörle
Rebfläche
25 Hektar
Produktion
150.000 Flaschen

BESUCHSZEITEN

Mo.-Fr. 9-12 + 14-18 Uhr (bitte anmelden), Sa. 10-16 Uhr
Gästehaus

Rudolf und Uta Thörle begannen 1985 mit der Selbstvermarktung, aus dem landwirtschaftlichen Gemischtbetrieb wurde nach und nach ein reines Weingut. 2006 haben ihre Söhne Christoph und Johannes den Betrieb übernommen, ihn seither fokussiert auf Riesling, Silvaner und die Burgundersorten. Ihre Weinberge liegen alle in Saulheim in den Lagen Hölle, Schlossberg und Probstey, wo die Reben auf sehr kalkhaltigen Böden wachsen.

Kollektion

Mit dem neuen Jahrgang bestätigen Christoph und Johannes Thörle die starke Leistung des Vorjahres. Die Gutsweine sind frisch und klar, Die Ortsweine haben Substanz, der aggressiv-puristische Riesling gefällt uns besonders gut. Der Reserve-Chardonnay besitzt gute Struktur und Frische, der rauchige Reserve-Sauvignon Blanc ist klar und konzentriert. Der Probstey-Silvaner ist konzentriert, derzeit noch sehr vom Holz geprägt. Hervorragend sind alle drei Lagen-Rieslinge: Probstey salzig, mineralisch, präzise, nachhaltig, Hölle fülliger, aber ebenso präzise und frisch, Schlossberg druckvoller, dezent mineralisch. Auch auf edelsüß verstehen sich die Brüder, wie insbesondere die faszinierend reintönige Beerenauslese beweist. Stark sind auch die Rotweine, alle sehr tanninbetont, noch jugendlich, wir sehen derzeit den kraftvollen Probstey knapp vor dem allzu tanninbetonten Hölle-Wein. Weiter im Aufwind! —

Weinbewertung

84	2017 Riesling trocken **12 %/8,90 €**
83	2017 Weißburgunder trocken **12,5 %/8,90 €**
84	2017 Grauburgunder trocken **12,5 %/8,20 €**
88	2017 Riesling trocken „Kalkstein" Saulheimer **12,5 %/12,90 €**
87	2017 Weißburgunder trocken „Kalkstein" Saulheimer **12,5 %/14,90 €**
88	2017 Chardonnay „Reserve" **12,5 %/23,- €**
89	2017 Sauvignon Blanc „Reserve" **12,5 %/23,- €**
89	2017 Silvaner trocken Saulheimer Probstey **12,5 %/23,- €**
90	2017 Riesling trocken Saulheimer Probstey **12,5 %/24,- €**
91	2017 Riesling trocken Saulheimer Schlossberg **12,5 %/27,- €**
90	2017 Riesling trocken Saulheimer Hölle **12,5 %/30,- €**
84	2017 Riesling „feinherb" **11 %/8,90 €**
86	2017 Riesling Kabinett **9 %/9,50 €**
87	2017 Riesling Auslese Goldkapsel Saulheimer Hölle
91	2017 Riesling Beerenauslese Goldkapsel Saulheimer Hölle **7 %**
85	2016 Spätburgunder trocken **12,5 %/10,90 €**
87	2016 Spätburgunder trocken „Kalkstein" Saulheimer **13 %/15,90 €**
89	2016 Spätburgunder trocken Saulheimer Probstey **12,5 %/33,- €**
88	2016 Spätburgunder trocken Saulheimer Hölle **12,5 %/39,- €**

Ralf Trautwein

★★

KONTAKT

Hauptstraße 106
79268 Bötzingen
Tel. 0170-3426385
Fax: 07663-913463
www.weingut-ralf-trautwein.de
weingut.trautwein@gmx.de

Inhaber
Ralf Trautwein
Rebfläche
8,3 Hektar
Produktion
45.000 Flaschen

BESUCHSZEITEN

nach Vereinbarung

Ralf Trautwein ist ausgebildeter Weinküfer, war dann einige Jahre Betriebsleiter des Schlossguts Istein im Markgräflerland. Während dieser Zeit, 2001, gründete er sein eigenes Weingut. Seine Weinberge befinden sich überwiegend in den Bötzinger Lagen Eckberg und Lasenberg, wo die Reben teils auf Vulkangestein, teils auf Löss wachsen. Spätburgunder ist die wichtigste Rebsorte im Betrieb, nimmt gut ein Drittel der Rebfläche ein. Hinzu kommen jeweils ein Fünftel Grauburgunder und Weißburgunder, aber auch Müller-Thurgau, Auxerrois, Sauvignon Blanc, Chardonnay, Muskateller und Acolon werden angebaut. Die besten Weiß- und Rotweine werden im Holz ausgebaut. Ralf Trautwein verwendet Prädikatsbezeichnungen, auch für trockene Weine, aber keine Lagenbezeichnungen. Edelbrände ergänzen das Programm.

Kollektion

Es geht weiter voran auch mit der neuen Kollektion, sowohl in der Basis als auch in der Spitze hat Ralf Trautwein weiter zugelegt, weiß wie rot. Der Auxerrois ist frisch, klar und zupackend, der Weißburgunder ist würziger und süffiger, aber ebenso klar. Ein klein wenig besser noch gefällt uns der füllige, reintönige Grauburgunder, der Sauvignon Blanc ist klar und zupackend, besitzt feine Frische und viel Frucht. Unser Favorit im weißen Segment ist ganz klar der im Holz ausgebaute Drei Sterne-Grauburgunder, der füllig und kraftvoll ist, reife Frucht, gute Struktur und Substanz besitzt. Mehr auf der süffigen Seite ist der lebhafte geradlinige Rosé, der 2016er Pinot Noir Edition, im Holz ausgebaut, ist fruchtbetont und würzig im Bouquet, klar und zupackend im Mund. Eine klare Steigerung bringt der im Barrique ausgebaute Spätburgunder von 30 Jahre alten Reben: Er zeigt reintönige Frucht, etwas rote Früchte, dezent rauchige Noten, ist füllig und kraftvoll im Mund, besitzt reintönige reife Frucht, gute Struktur, Druck und Länge, das Holz ist wunderschön integriert.

Weinbewertung

83 2017 Auxerrois Kabinett trocken „Edition“ **12 %/6,50 €**
83 2017 Weißer Burgunder Kabinett trocken „Edition“ **12,5 %/6,50 €**
84 2017 Grauer Burgunder Kabinett trocken „Edition“ **13 %/7,50 €**
83 2017 Sauvignon Blanc trocken „Edition“ **12,5 %/8,- €**
88 2017 Grauer Burgunder Spätlese trocken*** Holzfass **13,5 %/10,- €**
83 2017 Spätburgunder Rosé Kabinett trocken **12,5 %/6,50 €**
84 2016 Pinot Noir trocken „Edition“ **12,5 %/7,- €**
88 2015 Spätburgunder Spätlese trocken „Alte Reben TT“ **13,5 %/14,- €**

TRINKS-TRINKS

★☆

KONTAKT

Bischof-Blum-Platz 4
65366 Geisenheim
Tel. 06722-406097
www.trinks-trinks.de
weingut@trinks-trinks.de

Inhaber
Johanna Döring & Matthias Friedel
Rebfläche
1,25 Hektar
Produktion
9.000 Flaschen

BESUCHSZEITEN

nach Vereinbarung

Das Weingut Trinks-Trinks wurde mit dem Jahrgang 2014 aus der Taufe gehoben. Zuvor hatten die an der Forschungsanstalt in Geisenheim arbeitenden Johanna Döring und Matthias Friedel im Jahr 2009 gemeinsam einen heruntergekommenen Hof erworben und vollständig renoviert. 2013 übernahmen sie dann auch die zum Weingut gehörenden Weinberge mit über 25 Jahre alten Rieslingreben, die überschaubare 1,2 Hektar groß sind und sich auf drei Gewanne in den Geisenheimer Lagen Mäuerchen und Mönchspfad erstrecken. Diese werden separat ausgebaut. Alle Reben wachsen auf Lösslehm, aber mit unterschiedlichen Ausprägungen. Während der Boden im Gewann "In allen Ehren" tiefgründiger und sandiger ist, ist der in der „Steingrub", wie der Name schon verrät, skelettartiger, steiniger. In der warmen Lage „Im Schorchen" schließlich kommt eine Beimengung von kalkhaltigem Löss hinzu. Alle Weinberge werden nach ökologischen Standards bewirtschaftet, die Traubenlese erfolgt ausschließlich per Hand. Im mittelalterlichen Keller des Weingutes werden die Moste mit weinbergseigenen Hefen spontan vergoren, lange auf der Hefe belassen und frühestens im Sommer nach der Lese gefüllt. Durch die schonende und auf ein geringes Maß reduzierte Einflussnahme im Keller, und die dort vorherrschenden natürlichen Temperaturschwankungen, keltern die beiden Newcomer von Anfang an individuelle Rieslinge, die über innere Stimmigkeit verfügen. Es wird spannend sein zu sehen, wohin der weitere Weg führt.

Kollektion

Der Sekt ist saftig und klar, präsentiert sich mit sortentypischen Apfelaromen, dezenter Würze und knackiger Säurestruktur. Ebensolcher Mut zur Frische ist auch dem geradlinigen Mitanand zu eigen. Mit feiner Zitrusaromatik setzt der kräftige Im Schorchen sich als der feinfruchtigste Riesling in Szene. Der im Barrique gereifte „In allen Ehren" mit seiner rauchigen Note changiert zwischen reifem Schmelz und herber Phenolik. Er ist nicht ganz so cremig geraten wie sein Vorgänger aus 2015, dafür besitzt er mehr Frische. Mit erster Reife im Duft ausgestattet wirkt der Steingrub zum Zeitpunkt der Verkostung am Gaumen noch verschlossen. An der Luft öffnet er sich immer mehr, entfaltet Druck und Länge. Das ist wieder eine spannende Kollektion von eher würzigen, denn fruchtbetonten Rieslingen, mit klarer Handschrift. Weiter so.

Weinbewertung

84	2016 Riesling Sekt brut „Feiertag"	**12,5 %/13,90 €**
83	2016 Riesling trocken „Mitanand"	**12 %/7,90 €**
86	2016 Riesling trocken „Im Schorchen"	**12,5 %/10,90 €**
86+	2016 Riesling trocken „In allen Ehren"	**12,5 %/10,90 €**
86+	2015 Riesling trocken „Steingrub"	**12,5 %/11,90 €**

TROCKENE SCHMITTS

★★

N

KONTAKT

Maingasse 14a
97236 Randersacker
Tel. 0931-700490, -708206
Fax: 0931-3048815
www.naturreine-weine.de
info@durchgegorene-weine.de

Inhaber
Bruno & Lothar Schmitt
Rebfläche
17 Hektar
Produktion
120.000 Flaschen

BESUCHSZEITEN

Mo.-Fr. 8-18 Uhr, Sa. 9:30-16 Uhr
oder nach Vereinbarung
Weinrestaurant „Ewig Leben"
Ferienwohnungen „Sartorius-haus"

Die Brüder Paul Schmitt („Haus der trockenen Weine") und Bruno Schmitt („Weingut Robert Schmitt") aus Randersacker haben ihre beiden Betriebe zusammengelegt und vermarkten seit dem Jahrgang 2002 ihre Weine gemeinsam unter dem Namen Weingut Trockene Schmitts. Paul Schmitt hat inzwischen an seinen Sohn Lothar übergeben, der nach Ausbildung unter anderem bei Paul Fürst und F.X. Pichler nun gemeinsam mit Bruno Schmitt den Betrieb führt. Der Name ist Programm: Seit jeher werden alle Weine „naturrein" ausgebaut, es wird niemals angereichert, keine Süßreserve zugesetzt, alle Weine dürfen durchgären; nur Weine bis maximal 4 Gramm Restzucker werden als trocken bezeichnet. Die Weinberge verteilen sich auf die verschiedenen Randersackerer Lagen. Silvaner nimmt zwei Fünftel der Rebfläche ein, hinzu kommen Müller-Thurgau, Riesling, Weißburgunder und Grauburgunder, aber auch Gewürztraminer, Rieslaner und Albalonga, rote Sorten – Spätburgunder, Frühburgunder und Domina – nehmen 10 Prozent der Rebfläche ein. Alle Weine kommen nach der Gärung im Edelstahl zur Reifung ins traditionelle Holzfass.

Kollektion

Lange hatten wir keine Weine der trockenen Schmitts mehr verkostet, die neue Kollektion aber scheint besser denn je. Im Kabinett-Segment ragt der kraftvolle, intensive Riesling von alten Reben im Sonnenstuhl hervor. Die Spätlesen präsentieren sich geschlossen, sie besitzen Fülle, Kraft und Struktur, hier kann man Albalonga sogar in trockener Form erfahren. Die Pfülben-Auslese – süß! – ist duftig, besitzt viel Substanz und Biss. Die beiden Rotweine sind fruchtbetont, intensiv, konzentriert, sehr reintönig, besitzen gute Struktur und Grip, runden eine ganz starke Kollektion ab.

Weinbewertung

82	2017 Müller-Thurgau Kabinett trocken Randersacker Ewig Leben **12,5 %/5,90 €**
82	2017 Silvaner Kabinett trocken Randersacker Pfülben **12,5 %/9,80 €**
87	2016 Riesling Kabinett trocken „Alte Reben" Sonnenstuhl **12,5 %/9,20 €**
86	2017 Silvaner Spätlese trocken Randersacker Sonnenstuhl **13 %/9,20 €**
87	2016 Sylvaner Spätlese trocken „Alte Reben" Sonnenstuhl **13 %/11,90 €**
87	2016 Riesling Spätlese trocken Randersacker Pfülben **13,5 %/11,20 €**
87	2016 Albalonga Spätlese trocken Randersacker Marsberg **13 %/13,50 €**
86	2016 Weißer Burgunder Spätlese trocken Randersacker Pfülben **13,5 %/12,50 €**
86	2016 Rieslaner Spätlese trocken „Alte Reben" Sonnenstuhl **13,5 %/13,50 €**
85	2017 Gewürztraminer Spätlese trocken Lämmerberg **13 %/11,50 €**
88	2015 Riesling Auslese Randersacker Pfülben **11 %/11,- €**
88	2015 Spätburgunder Spätlese trocken Sonnenstuhl **13,5 %/15,50 €**
88	2015 Frühburgunder Spätlese trocken Sonnenstuhl **13,5 %/14,50 €**

Weingut TROCKENE SCHMITTS Randersacker

T

MICHAEL TROSSEN

★☆

KONTAKT

Jesuitenhofstraße 42
54536 Kröv
Tel. 06541-812005
Fax: 06541-812033
www.das-weingut.com
mt@das-weingut.com

Inhaber
Michael Trossen
Rebfläche
4 Hektar
Produktion
35.000 Flaschen

BESUCHSZEITEN

Mo-Sa 14-18 Uhr oder nach Vereinbarung
Gästehaus Trossen

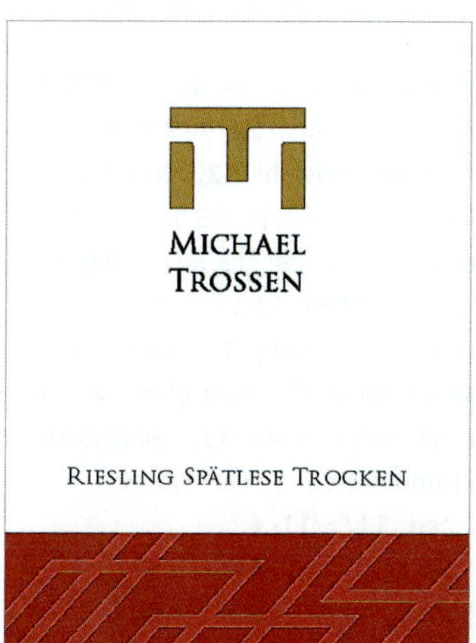

Die Weinberge von Michael Trossen, insgesamt vier Hektar, liegen alle in Kröv in den Lagen Letterlay, Steffensberg, Kirchlay und Paradies. Das Weingut hat seinen Fokus in den letzten Jahren ganz klar auf Riesling gelegt, was sich auch in der Rebsortenstatistik des Hauses widerspiegelt. Riesling nimmt 82 Prozent der Rebfläche ein, dazu gibt es jeweils 9 Prozent Spätburgunder und Weißburgunder. Unter dem Namen Bergblüter werden die Spitzen-Rieslinge aus den Steillagen Kröver Letterlay und Kröver Steffensberg vermarktet. Dem Weingut ist ein Gästehaus angeschlossen, die Vinothek „Terra Vinum“ wurde 2009 eröffnet. Das von Rosel und Hans Trossen geführte Gästehaus liegt direkt an der Moselweinstraße, bietet sowohl Gästezimmer als auch Ferienwohnungen an.

Kollektion

Die Bergblüter-Weine sind in diesem Betrieb fast immer eine Klasse für sich – sie ragten aus der im vergangenen Jahr verkosteten Kollektion heraus und erweisen sich auch diesmal als sichere Werte. Doch zunächst gilt es die Literrieslinge zu würdigen, die saftig und animierend ausfallen, auch die Cuvée aus Riesling und Weißburgunder namens „RnB“ gefällt mit ihrem Schmelz und fein integrierter Säure. Fest, betont würzig, recht kompakt ist die trockene Bergblüter-Version aus der Letterlay. Bei den feinherben Weinen gefällt der süffige Weißburgunder besser als der Riesling. Die feinherbe Bergblüter-Ausgabe, wie die trockene aus der Letterlay, besitzt eine gewisse Fülle und einen eher reifen Stil, der Restzucker ist gut eingebunden. Sehr rassig fällt der Kabinettwein aus der Kirchlay aus, überdurchschnittlich balanciert. Noch süßere Weine wurden nicht vorgestellt, aber dafür ein Spätburgunder, der klar ausfällt, leicht rauchig wirkt und im Nachhall etwas Tabak erkennen lässt.

Weinbewertung

83 2017 Riesling trocken (1l) **11 %/5,6 €**
83 2017 Spätburgunder „Blanc de noir“ trocken **12,5 %/7,9 €**
85 2017 Riesling & Weißburgunder trocken „RnB“ **11,5 %/7,9 €**
87 2017 Riesling Spätlese trocken „Bergblüter“ Kröver Letterlay **12 %/8,9 €**
82 2017 Riesling halbtrocken (1l) **10 %/5,6 €**
84 2017 Weißburgunder „feinherb“ **11 %/6,3 €**
83 2017 Riesling „feinherb“ **10 %/6,3 €**
87 2017 Riesling Spätlese „feinherb“ „Bergblüter“ Kröver Letterlay **11,5 %/8,9 €**
85 2017 Riesling Kabinett Kröver Kirchlay **8,5 %/6,3 €**
85 2016 Spätburgunder trocken **14 %/7,8 €**

T

UNGERER

★★

KONTAKT

Harsberger Straße 15
74629 Pfedelbach-Renzen
Tel. 07949-940690
Fax: 07949-940699
www.weingut-ungerer.de
info@weingut-ungerer.de

Inhaber
Familie Ungerer
Rebfläche
9 Hektar
Produktion
75.000 Flaschen

BESUCHSZEITEN

Mo.-Do. 17:30-19 Uhr, Fr. 14-19 Uhr, Sa. 8-13 Uhr oder nach Vereinbarung
Weinstube (6 Tage im Monat geöffnet)

Karl Ungerer und Sohn Karlheinz begannen 1993 mit der Selbstvermarktung. Alle ihre Weinberge befinden sich in der Lage Heuholzer Dachsteiger, wo die Reben auf Keuperböden wachsen. 65 Prozent der Fläche nehmen rote Sorten ein, vor allem Lemberger, Trollinger und die Burgundersorten, dazu gibt es Dornfelder und Cabernet Mitos, zuletzt wurde etwas Regent in einer Steillage gepflanzt, auch Cabernet Franc gibt es inzwischen im Anbau. Mit Abstand wichtigste weiße Rebsorte ist Riesling, dazu gibt es Kerner und Chardonnay, Silvaner, Bacchus und Sauvignon Blanc. Die Rotweine werden maischevergoren. Die Weißweine vergären in Edelstahltanks, ausgesuchte Partien auch im Barrique (Chardonnay) oder Betonei (Riesling). Destillate (von eigenem Obst), Liköre und Gelees ergänzen das Sortiment.

Kollektion

Es gibt Neues bei Karlheinz Ungerer: „Wein Hero" nennen sich zwei im Barrique ausgebaute Weißweine des Jahrgangs 2016. Der Sauvignon Blanc ist füllig, kompakt, von intensive Vanillenoten geprägt, auch der Riesling ist rauchig, besitzt Vanillenoten, Fülle und Kraft, hat das Holz ein klein wenig besser weggesteckt als der Sauvignon Blanc. Auch die 2017er Weißweine machen eine gute Figur, der Sylvaner ist kraftvoll und zupackend, der Sauvignon Blanc intensiv und floral, besitzt feine Stachelbeerfrucht, der Chardonnay ist fruchtbetont und frisch. Das rote Segment bietet zupackenden Trollinger, intensiven Dornfelder mit süßer Frucht, reintönigen, strukturierten Cabernet Franc. Dazu drei Cuvées: Unglaublich recht würzig, von Vanillenoten geprägt, Saltatium virium kraftvoll, füllig und konzentriert, noch stoffiger ist schließlich die Respekt genannte Cuvée, kraftvoll, besitzt reife Frucht, gute Struktur und Substanz. Starke Kollektion!

Weinbewertung

84 2017 Sylvaner trocken „Edition Q" **12,5 %/9,04 €**
81 2017 Riesling Kabinett trocken Heuholzer Dachsteiger **12 %/6,43 €**
84 2017 Sauvignon Blanc trocken „Sehnsucht" **13,5 %/10,83 €**
84 2017 Chardonnay Spätlese trocken (Heuholzer Dachsteiger) **13,5 %/9,16 €**
86 2016 Riesling trocken Barrique „Wein Hero" **13,5 %/14,28 €**
85 2016 Sauvignon Blanc trocken Barrique „Wein Hero" **13,5 %/14,28 €**
83 2017 Trollinger trocken „Alte Rebe" Heuholzer Dachsteiger **12 %/6,31 €**
84 2015 Dornfelder trocken Barrique **13 %/13,21 €**
85 2016 „Unglaublich" Rotwein trocken Barrique **13 %/13,21 €**
84 2016 Cabernet Franc trocken (Heuholzer Dachsteiger) **13,5 %/14,28 €**
87 2016 „Saltatium virium" Rotwein trocken Barrique **13 %/21,42 €**
88 2016 „Respekt" Rotwein trocken Barrique **13 %/29,75 €**

WEINMANUFAKTUR UNTERTÜRKHEIM

★★

KONTAKT

Strümpfelbacher Straße 47
70327 Stuttgart
Tel. 0711-336381-0
Fax: 0711-336381-24
www.weinmanufaktur.de
info@weinmanufaktur.de

Inhaber
87 Mitglieder
Geschäftsführer
Dr. Stefan Hübner
Kellermeister
Jürgen Off
Rebfläche
90 Hektar
Produktion
700.000 Flaschen

BESUCHSZEITEN

Mo.-Fr. 9-18 Uhr, Sa. 9-14 Uhr
Weinproben (nach Vereinbarung)

Die Weinberge der 1887 gegründeten Untertürkheimer Genossenschaft liegen in den Untertürkheimer Lagen Mönchberg und Altenberg. Zwei Drittel der Weinberge sind mit roten Reben bestockt. Wichtigste Rebsorten sind Trollinger und Riesling, die jeweils ein Viertel der Rebfläche einnehmen, dann folgen – mit gehörigem Abstand – Lemberger und Spätburgunder. Die Weine sind betriebsintern mit bis zu drei Sternen klassifiziert, auf Prädikatsbezeichnungen bei trockenen Weinen wird verzichtet. Die Weißweine werden überwiegend im Edelstahl ausgebaut, der Grauburgunder auch im Holzfass. Die besten Weine kommen im 1902 erbauten Kreuzgewölbekeller auch ins große Holzfass oder ins Barrique. Die als Barriqueweine gekennzeichneten Weine kommen ausschließlich in neue Fässer, Weine mit der Bezeichnung „Holzfass" werden in gebrauchten Barriques ausgebaut. Kellermeister Jürgen Off ist seit 1987 in Untertürkheim tätig, seit 2001 trägt er die Verantwortung im Keller.

Kollektion

In diesem Jahr nun liegen die Vorteile wieder wie gewohnt im roten Segment. Die Weißweine sind ein wenig verhalten, am besten gefallen uns der fruchtbetonte, harmonische Viognier und der limonenduftige 3 Sterne-Riesling, der Fülle und Saft besitzt, reife Frucht und Substanz. Das rote Segment hat vier sehr gute 3 Sterne-Weine zu bieten. Der kräuterduftige Spätburgunder ist frisch und zupackend, der Cabernet Franc besitzt reintönige Frucht und kräftige Tannine. Der Lemberger ist konzentriert, füllig und kraftvoll, besitzt reife Frucht (Kirschen) und viel Substanz, noch etwas besser gefällt uns die intensiv fruchtige Cabernet-Cuvée, die Fülle und Kraft besitzt, reife Frucht, gute Struktur und Substanz.

Weinbewertung

81	2017 Weißer Burgunder* trocken	**12 %/7,60 €**
81	2017 Grauer Burgunder** trocken	**13 %/9,90 €**
82	2017 „Mönch Berthold"** Weißwein trocken	**13 %/8,90 €**
82	2017 Sauvignon Blanc** trocken	**13 %/10,90 €**
84	2017 Viognier** trocken	**12,5 %/9,90 €**
86	2017 Riesling*** trocken	**12,5 %/18,- €**
80	2017 Riesling* „feinherb"	**11,5 %/7,60 €**
83	2016 „Mönch Berthold"** Rotwein trocken	**13,5 %/9,90 €**
88	2015 Cuvee Cabernet*** trocken	**14 %/19,50 €**
86	2016 Cabernet Franc*** trocken	**13,5 %/19,50 €**
87	2015 Lemberger*** trocken	**13,5 %/27,- €**
85	2015 Spätburgunder*** trocken	**13 %/18,50 €**

WEINMANUFAKTUR
UNTERTÜRKHEIM

SCHLOSS VAUX

★★☆

KONTAKT

Sektkellerei Schloss Vaux
Kiedricher Straße 18a
65343 Eltville
Tel. 06123-6206-0
Fax: 06123-63339
www.schloss-vaux.de
kontor@schloss-vaux.de

Vorstand Nikolaus Graf von Plettenberg
Vertriebsleiter Christoph Graf
Betriebsleiter Joachim Renk
Kellermeister Maike Maria Münster
Rebfläche 7 Hektar
Produktion 400.000 Flaschen

BESUCHSZEITEN

Mo.-Fr. 8-18 Uhr, Sa. 10-14 Uhr

Die 1868 gegründete Sektmanufaktur Schloss Vaux verdankt ihren Namen dem gleichnamigen Herrschaftsgebäude bei Metz. Ein Freundeskreis übernahm das Unternehmen, seit 1998 führt Nikolaus Graf von Plettenberg die Sektmanufaktur, der inzwischen unterstützt wird von Vertriebsleiter Christoph Graf. 2014 wurden die Lagen des Weinguts Erbslöh übernommen, man besitzt nun selbst 6 Hektar Riesling und ein Hektar Spätburgunder. Die Grundweine stammen teils aus dem Rheingau, teils aus der Pfalz und aus Rheinhessen, Riesling, Spätburgunder und Weißburgunder sind die wichtigsten Rebsorten. 2007 wurde erstmals ein Sekt aus Sauvignon Blanc erzeugt, inzwischen hat man auch einen Sekt aus Grünem Veltliner im Programm. Die Dosage der überwiegend brut ausgebauten Sekte liegt deutlich unter den gesetzlich zulässigen Höchstwerten, viele sind im Bereich extra-brut dosiert.

Kollektion

Der Riesling ist leicht, frisch und saftig, säurebetonter als im Vorjahr, was ihm ausgesprochen gut steht. Der Pinot Blanc mit seiner fülligen und würzigen Art spielt zwischen süßlicher Frucht und herber Frische. Intensiven Duft nach kandierten Zitrusfrüchten und Äpfeln verströmt der Sauvignon Blanc. Der Blanc de Noirs ist frisch und fein, ebenso der Rosé, der attraktive Himbeeraromen und florale Noten vereint, dabei kraftvoll und würzig ist. In jugendlicher Verfassung präsentiert sich die hefeduftige, feingliedrige Rosé Reserve. Hefig und komplex im Duft ist der Grüne Veltliner, stoffig und nachhaltig im Mund. Die Riesling Reserve aus 2015 mit ihren rauchigen Anklängen verbindet Frische und Frucht, ist straff und lang, wird von weiterer Flaschenreife profitieren. Der Riesling-Lagensekt aus dem Marcobrunn duftet eindringlich nach gerösteten Haselnüssen und süßen Gewürzen, ist ausgewogen, cremig, komplex und lang. Sicher nichts für jedermann, aber eine echte Spezialität, ist der erdige, rote Spätburgunder Sekt aus Assmannshausen. ▬

Weinbewertung

85 2015 Pinot Blanc Sekt brut **12,5 %/17,- €**
85 2016 Riesling Sekt brut **12 %/14,- €**
87 2015 Sauvignon Blanc Sekt brut **12,5 %/17,- €**
89 2015 Grüner Veltliner Sekt brut **12,5 %/20,- €**
90 2014 Riesling Sekt brut Erbacher Marcobrunn **12,5 %/39,- €**
87+ 2015 Riesling „Réserve“ Sekt brut Rheingau **12 %/21,- €**
86 2015 „Blanc de Noirs“ Sekt brut **12,5 %/16,- €**
86 2015 Rosé Sekt brut **12,5 %/15,- €**
89+ 2015 Rosé „Reserve“ Sekt brut Rheingau **12,5 %/26,- €**
88 2014 Pinot Noir Sekt brut Assmannshäuser **13 %/26,- €**

Stefan Vetter

★★★★

KONTAKT

Neuweg 2
97753 Gambach
Tel. 0160-2030448
www.vetter-wein.de
post@vetter-wein.de

Inhaber
Stefan Vetter
Rebfläche
3,2 Hektar
Produktion
20.000 Flaschen

BESUCHSZEITEN

nach Vereinbarung

Stefan Vetter ist Franke, hat aber zunächst im Burgenland gearbeitet. 2010 pachtete er seinen ersten Weinberg, mit 1958 gepflanzten Reben im Casteller Kirchberg, zwei Jahre später, nach seiner Rückkehr aus dem Burgenland, kamen weitere Parzellen hinzu, in Iphofen, auch im Gambacher Kalbenstein, 2015 ist er ganz nach Gambach gezogen, konzentriert sich nun auf den Kalbenstein und auf Silvaner, der gut zwei Drittel seiner Weinberge einnimmt, dazu gibt es etwas Müller-Thurgau und Riesling. Stefan Vetter ist Quereinsteiger, stammt nicht aus einem Weingut, aber vielleicht hilft das ja sogar, braucht man doch keine Rücksicht zu nehmen auf bestehende Kunden. Denn solche gibt es ja nicht, wenn man bei Null anfängt. Die Weinberge werden manuell bearbeitet, biologisch, versteht sich, Stefan Vetter achtet darauf kerngesunde Trauben zu ernten, Oechsle sind ihm egal. Die Weine werden auf einer Korbpresse gekeltert, chaptalisiert wird nicht, ist der potentielle Alkohol auch noch so niedrig, und selbstverständlich wird auch nicht geschönt oder filtriert. Die Weine werden im Holz ausgebaut, teils in Stückfässern, teils in 300 Liter-Barriques, teils in 500 Liter-Tonneaux, sie durchlaufen die malolaktische Gärung, Silvaner und Riesling bleiben achtzehn Monate im Fass, vor der Abfüllung wird ein klein wenig geschwefelt, ganz minimal, im Jahrgang 2013 hat Stefan Vetter erstmals einen Silvaner 18 Monate maischevergoren und überhaupt nicht geschwefelt. "Schale, Stiel & Stengel" nennt er diesen Wein. Naturweine nennt man Weine in dieser oder ähnlicher Machart heute gerne, dafür gibt es eine Szene-Klientel in manchen deutschen Großstädten und im Ausland sowieso, das sind auch für Stefan Vetter wichtige Märkte. Wobei solchermaßen im Einklang mit der Natur und „natürlich" erzeugten Weine nicht Szene-Thema sein sollten, sondern als das „Normale" betrachtet werden sollten. Der Gambacher Kalbenstein ist eine großartige Lage. Direkt am Main gelegen, steil, Terrassen, nicht flurbereinigt und der Boden besteht teils aus Muschelkalk, teils aus Buntsandstein, ist man doch hier direkt am Übergang von einer Bodenformationen zur nächsten. Beeindruckend hieß lange Zeit aber vor allem: Optisch beeindruckend. Dass diese Lage aber auch in puncto Wein großartig ist, wissen wir spätestens seit Stefan Vetter.

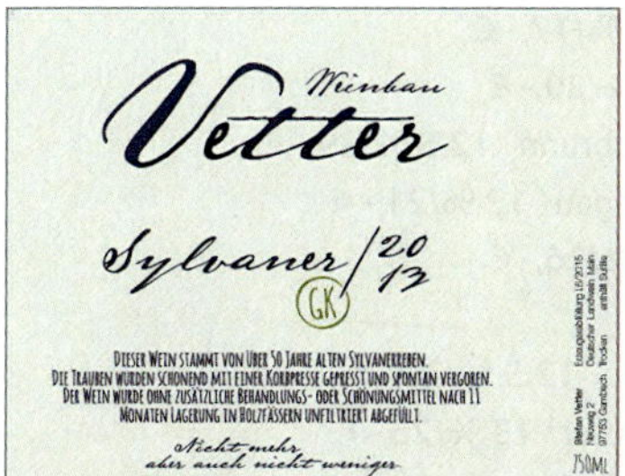

Kollektion

Mit dem Jahrgang 2016 ist Stefan Vetter Großes gelungen, die Kollektion ist stimmig, überzeugt auf der ganzen Linie. Die Sylvaner vor allem, aber nicht nur diese. Der sehr eigenständige Rosé beispielsweise, ein Spätburgunder, klar, präzise und druckvoll, wie an der Schnur gezogen, enorm puristisch. Auch der Spätburgunder, aus Stefan Vetters zweitem

Spätburgunder-Weinberg, ist sehr eigen, puristisch, frisch und zupackend. Der Riesling von den Steinterrassen stammt teils vom Muschelkalk, teils vom Buntsandstein, er ist leicht rauchig, würzig, enorm druckvoll, präzise, zupackend. Beim Sylvaner hat Stefan Vetter Sandstein- und Muschelkalk-Trauben gesondert ausgebaut. Der Sylvaner vom Buntsandstein ist zupackend, puristisch, herrlich geradlinig, besitzt viel Druck, während der Sylvaner vom Muschelkalk im Bouquet deutlich offener ist, etwas mehr Frucht und Substanz besitzt, aber ebenso druckvoll und präzise ist. Der Keuper-Silvaner stammt, wie das Kürzel CK andeutet, aus dem Casteller Kirchberg. Er zeigt viel Duft im Bouquet, ist dann aber doch enorm druckvoll im Mund, besitzt gute Struktur und Grip. 2016 bekam Stefan Vetter einen weiteren Weinberg hinzu, in dem direkt der Übergang vom Buntsandstein zum Muschelkalk verläuft, weswegen er nun keinen GK-Sandstein erzeugt, sondern nur den schlicht GK genannten Sylvaner – GK steht natürlich für Gambacher Kalbenstein. Der Wein ist enorm stoffig, komplex, zupackend, hat viel Grip und Länge. Der GK-Sylvaner Muschelkalk, den es zukünftig nicht mehr geben wird, ist präzise, geradlinig, ganz dezent mineralisch, sehr nachhaltig. Der achtzehn Monate auf der Maische ausgebaute „Schale, Stiel & Stengel" ist präzise, puristisch, faszinierend klar. Den Himmelslücke genannten Sylvaner aus einer sehr hoch gelegenen Parzelle gab es erstmals im Jahrgang 2014. Der 2016er, mit 63° Oechsle gelesen, ist präzise, frisch, zupackend, messerscharf. Der spannendste Wein in diesem Jahrgang ist ganz klar der Sylvaner Rosenrain, von 1934 gepflanzten Reben. Füllig, komplex, druckvoll, ganz feine Tannine. Präzise, enorm nachhaltig: Großer Stoff! Eine Kollektion aus einem Guss: Gratulation!

Stefan Vetter

Weinbewertung

88	2016 Sylvaner „Steinterrassen Sandstein" **10 %/20,- €**
89	2016 Sylvaner „Steinterrassen Muschelkalk" **11 %/20,- €**
87	2016 Riesling trocken „Steinterrassen Sandstein & Muschelkalk" **10,5 %/20,- €**
90	2016 Sylvaner „Himmelslücke" **8 %/27,- €**
89	2016 Sylvaner „CK" „Keuper" **11,5 %/36,- €**
91	2016 Sylvaner „GK" **11,5 %/34,- €**
90	2016 Sylvaner „GK" „Muschelkalk" **11,5 %/34,- €**
93	2016 Sylvaner „Rosenrain" **10 %/55,- €**
90	2016 Sylvaner trocken „Schale, Stiel & Stengel" **9,5 %/25,- €**
87	2017 Rosé **11 %/15,- €**
86	2017 Spätburgunder **9,5 %/27,- €**

LAGEN

KALBENSTEIN (GAMBACH)
KIRCHBERG (CASTELL)

REBSORTEN

SILVANER (70 %)
MÜLLER-THURGAU (20 %)
RIESLING (10 %)

VIERMORGEN

★

N

KONTAKT

Weincooperative Viermorgen
Hauptstraße 23
76889 Niederhorbach
Tel. 06343-700260
www.viermorgen-wein.de
info@viermorgen-wein.de

Inhaber
Axel Becht & Dr. Boris Peter
Kellermeister
Dr. Boris Peter, Matthias Kleinmann, Ingo Mathis
Rebfläche
1,4 Hektar

BESUCHSZEITEN

nach Vereinbarung

Auf gerade mal einem Hektar, also vier Morgen, bauen die beiden Südpfälzer Quereinsteiger Axel Becht und Boris Peter seit 2011 Wein an – inzwischen haben sie die Fläche ein wenig vergrößert. Ihre Parzellen befinden sich in den Gleiszeller Lagen Kirchberg und Frühmess und im Klingenmünsterer Maria Magdalena. Sie beschränken sich auf wenige Sorten: Riesling, Weißburgunder, Chardonnay und Sauvignon Blanc bei den Weißweinen, sowie auf Spätburgunder, Syrah und Cabernet Franc bei den Rotweinen.

Kollektion

Die kleine Kollektion von Axel Becht und Boris Peter befindet sich auf einem durchweg guten Niveau, alle Weine sind reintönig und besitzen gute Substanz, allerdings haben die Weine, bis auf den Weißburgunder, auch alle merkliche Restsüße, die sie sehr gefällig macht. Der Weißburgunder zeigt klare Frucht mit Noten von Birne und Honigmelone, ist ganz reintönig mit feiner floraler Würze, unser zweiter Favorit unter den Weißweinen ist der halbtrockene Riesling aus dem Kirchberg mit viel klarer, süßer Frucht nach Aprikose und reifer Ananas mit einem frischen Säurespiel. Auch der Sauvignon Blanc hat ein feines Süße-Säure-Spiel und zeigt Noten von Pfirsich und Stachelbeere, der Blanc de Noir vom Spätburgunder besitzt Saft, Frische und florale Würze, die wir auch bei dem Rosé aus Syrah und Cabernet Franc finden, er zeigt auch rote Frucht, etwas Erdbeeren und Himbeeren und besitzt feinen Biss. Die 18 Monate in Barriques ausgebaute „Cuvée No.1“, ebenfalls aus Syrah und Cabernet Franc zeigt dunkle Frucht, Noten von Gewürznelke und Zuckerwatte, besitzt gute Substanz und Ansätze zur Eleganz, aber ist letztlich dann doch etwas zu süß geraten – bei etwas mehr Mut zu einem konsequent trockenen Ausbau würden wir hier durchaus noch viel Luft nach oben sehen. —

Weinbewertung

86 2017 Weißburgunder Klingenmünster Maria Magdalena **13 %/8,- €**
84 2017 „Blanc de Noir“ Gleiszellen-Gleishorbach Frühmess **12,5 %/7,50 €**
85 2017 Sauvignon Blanc Gleiszellen Kirchberg **12,5 %/7,50 €**
81 2017 Riesling (1l) **12,5 %/4,50 €**
86 2017 Riesling Gleiszellen Kirchberg **13 %/8,50 €**
83 2017 Shiraz - Cabernet Franc Rosé **12 %/7,- €**
86 2014 Syrah - Cabernet Franc „Cuvee No.1“ Gleiszeller Kirchberg **13,5 %/12,50 €**

Viermorgenhof

★☆

KONTAKT

In den Viermorgen 8
54538 Kinheim
Tel. 06532-2025
Fax: 06532-1680
www.viermorgenhof.de
daniel@viermorgenhof.de

Inhaber/Kellermeister
Reinhard Molitor
Außenbetrieb
Dr. Daniel Molitor
Rebfläche
6,7 Hektar
Produktion
20.000 Flaschen

BESUCHSZEITEN

Mo.-So. jederzeit nach Vereinbarung

Der Viermorgenhof, benannt nach dem alten Flurstück „in den Viermorgen", hat seit 1974 seinen Sitz auf der rechten Moselseite im Kinheimer Ortsteil Kindel, wird heute von Reinhard Molitor geführt. Seine Weinberge befinden sich in den Kinheimer Lagen Rosenberg und Hubertuslay. Neben Riesling werden etwas Müller-Thurgau, Weißburgunder, Spätburgunder sowie Cabernet Blanc und die pilzwiderstandsfähige Rebsorte Cal 6-04 angebaut. Sohn Daniel hat in Geisenheim und Gießen Önologie studiert und wurde in Gießen zum Doktor der Agrarwissenschaften promoviert. Zusammen mit Ehefrau Julia, die aus dem Weingut Meulenhof in Erden stammt, hat er mit dem Jahrgang 2015 die Weinlinie Stairs n' Roses kreiert. Neu ist eine Cuvée namens „Next Generation" aus pilzwiderstandsfähigen Sorten, 2018 wurde zudem eine Parzelle mit Rotem Riesling gepflanzt.

Kollektion

Der Struwwelpitter ist ein bewusst leichter, trockener Einstieg aus im Minimalschnitt gewonnenem Riesling und Müller-Thurgau, frisch und animierend. Mehr Substanz besitzen die trockene Spätlese und der Ohrenschwein genannte Orange Wine. Nicht zu unterschätzen ist auch die Cuvée „Next Generation" aus pilzwiderstandsfähigen Sorten (viel Würze). Unter den mehr oder weniger süßen Rieslingen gefällt die Auslese aus dem Rosenberg gut mit ihren Anklängen an Mirabellen und kandierten Apfel, noch etwas spannender ist die Rosenberg-Terrassen-Auslese. Sowohl die Trockenbeerenauslese (noch etwas vom Schwefel geprägt) als auch der „Honeymoon" aus eingetrockneten Trauben (Anklänge an warmes Steinobst, Honig und Getreide) besitzen eine Menge Potenzial. Eine gelungene Kollektion!

Weinbewertung

83 2017 Riesling Kabinett trocken **11 %/5,50 €**
85 2017 Struwwelpitter Stairs n' Roses **10,5 %/7,- €**
85 2017 Stairs n' Roses Next Generation **12 %/8,- €**
86 2016 Ohrenschwein Stairs n´ Roses **12 %/9,- €**
85 2017 Riesling Spätlese trocken **12,5 %/7,- €**
83 2017 Weißburgunder Classic **12,5 %/5,50 €**
82 2017 Riesling Classic **11,5 %/5,50 €**
86 2017 Riesling „feinherb" „Stairs n' Roses" **11,5 %/11,- €**
84 2017 Riesling Kabinett „Stairs n' Roses Sweet Child" **8,5 %/9,- €**
85 2017 Riesling Spätlese Kinheimer Rosenberg **9 %/7,50 €**
87 2017 Riesling Auslese Kinheimer Rosenberg **8 %/10,- €**
88 2017 Riesling Auslese Kinheimer Rosenberg-Terrassen **8 %/9,50 €** ☺
88 2017 Riesling Trockenbeerenauslese Rosenberg-Terrassen **7,5 %/34,- €/0,375l**
89 2017 Honeymoon Stairs n' Roses **9 %/18,- €/0,375l**

V

Villa Heynburg

★☆

KONTAKT

Burgunderplatz 3
77876 Kappelrodeck
Tel. 07842-9967500
Fax: 07842-9967505
www.villa-heynburg.de
info@villa-heynburg.de

Besitzer
Villa Heynburg GmbH
Geschäftsführer
Marco Köninger
Kellermeister
Alexander Spinner
Rebfläche
6 Hektar
Produktion
50.000 Flaschen

BESUCHSZEITEN

Mo.-Fr. 8-12 + 13:30-17:30 Uhr, Sa. 9-13 Uhr, So. 10-13 Uhr (Mai-Okt.)

Die Villa Heynburg am Fuß von Schloss Rodeck war einst Mittelpunkt eines adligen Weingutes, seit 1990 ist das Grundstück im Besitz des Winzerkellers Hex vom Dasenstein. Aus ausgesuchten Parzellen und ertragsreduzierten Anlagen wird seit 2008 unter dem Namen Villa Heynburg eine eigene Weinlinie vermarktet. Spätburgunder ist die wichtigste Rebsorte, gefolgt von Grauburgunder, Chardonnay und Weißburgunder, dazu gibt es St. Laurent und Cabernet Sauvignon. Alle Rotweine werden maischevergoren und im Barrique ausgebaut, die Basislinie in gebrauchten Barriques, Reserve- und Grande Reserve-Weine in neuen oder einmal belegten Fässern, sie werden unfiltriert abgefüllt. Die weißen Burgunder werden teils im Edelstahl, teils im Barrique ausgebaut, der Riesling nur im Edelstahl, alle durchlaufen teilweise den biologischen Säureabbau, bleiben lange auf der Hefe und werden spät gefüllt. Geschäftsführer ist wie beim Winzerkeller Hex vom Dasenstein Marco Köninger, für den Weinausbau ist seit 2014 Alexander Spinner verantwortlich, der langjährige Betriebsleiter und Kellermeister von Schloss Neuweier.

Kollektion

Mit starken Rotweinen wartete das Villa Heynburg-Team im vergangenen Jahr auf, in diesem Jahr nun liegen die Stärker noch eindeutiger im roten Segment. Die Weißweine sind etwas verhalten, am besten gefällt uns der füllige Reserve-Chardonnay mit seiner reifen süßen Frucht. Das rote Segment hat zwei sehr gute Réserveweine zu bieten: Der 2015er St. Laurent zeigt eindringliche Gewürznoten im Bouquet und rote Früchte, ist füllig und kraftvoll, sehr tanninbetont wie auch der 2014er Spätburgunder, der ebenfalls etwas gewürzduftig ist, Fülle, Kraft und gute Struktur besitzt. Noch besser gefällt uns der Spätburgunder Grande Réserve, der nochmals konzentrierter ist, ebenfalls Gewürznoten besitzt, gute Struktur, Kraft und viel Tannine.

Weinbewertung

80 2016 Weißburgunder Crémant brut **13 %/14,- €**
82 2017 „Freistil weiß" Weißwein trocken **13 %/6,20 €**
80 2017 Weißburgunder trocken **14 %/7,90 €**
81 2017 Grauburgunder trocken **14 %/7,90 €**
79 2017 Chardonnay trocken **14 %/9,90 €**
82 2016 Chardonnay trocken „N 13 Reserve" **13,5 %/9,90 €**
81 2017 „Freistil" Rosé trocken **13 %/6,20 €**
85 2015 St. Laurent trocken „Reserve" **13,5 %/15,- €**
83 2015 Spätburgunder trocken **14 %/9,50 €**
85 2014 Spätburgunder trocken „Réserve" **14 %/14,- €**
87 2014 Spätburgunder trocken „Grand Réserve" **14 %/28,- €**

VOLLHALS

★

KONTAKT

Crailsheimerstraße 3
97348 Rödelsee
Tel. 09323-3738
Fax: 09323-3736
www.weingut-vollhals.de
info@weingut-vollhals.de

Inhaber
Jens Vollhals
Rebfläche
7,08 Hektar
Produktion
80.000 Flaschen

BESUCHSZEITEN

Mo.-Fr. 8-18 Uhr
Häckerstube

Jens Vollhals, Weinbautechniker, hat das Weingut 2012 von seinen Eltern Erwin und Sigrid Vollhals übernommen. Seine Weinberge liegen alle am Fuße des Steigerwalds, vor allem in den beiden Rödelseer Lagen Küchenmeister und Schwanleite, aber auch im Wiesenbronner Wachhügel, im Iphöfer Kronsberg und im Großlangheimer Kiliansberg, die Reben wachsen auf Gipskeuperböden. Silvaner ist die wichtigste Rebsorte im Betrieb, nimmt gut ein Drittel der Rebfläche ein. Es folgen Müller-Thurgau und Bacchus, Scheurebe, Grauburgunder und Riesling, dazu gibt es die roten Sorten Dornfelder, Regent und Domina.

Kollektion

Eine sehr gleichmäßige Kollektion präsentiert Jens Vollhals in diesem Jahr, mit einigen eigenständigen, ja eigenwilligen Weinen. Dem naturtrüben Pet Nat beispielsweise, aus Scheurebe: Rauchig, duftig, klar, zupackend, deutliche Süße. Oder dem im Barrique ausgebauten Silvaner aus dem Jahrgang 2015, der uns schon im vergangenen Jahr besonders gut gefallen hatte. Die Kabinettweine präsentieren sich sehr gleichmäßig, sie sind fruchtbetont, klar, harmonisch, der reintönige, frische, zupackende restsüße Bacchus gefällt uns besonders gut. Die Silvaner Spätlese aus dem Küchenmeister, Jahrgang 2016, ist fruchtbetont und würzig, besitzt gute Struktur, Fülle und Frische. Im roten Segment sahen wir im vergangenen Jahr Domina und Regent gleichauf, dieses Jahr aber hat die Domina aus der Schwanleite die Nase vorne, sie ist fruchtbetont und intensiv im Bouquet, klar, frisch und zupackend im Mund. —

Weinbewertung

84 2017 Scheurebe „Pet Nat" **12 %/10,50 €**
81 2016 „Pink Pearls" Rosé Sekt brut **12 %/11,50 €**
81 2017 Silvaner Kabinett trocken Rödelseer Küchenmeister (1l) **12 %/5,10 €**
82 2016 Silvaner Kabinett Rödelseer Schwanleite **13 %/7,20 €**
82 2017 Rivaner Kabinett **11,5 %/5,80 €**
82 2017 Scheurebe Kabinett **12,5 %/5,80 €**
82 2017 Grauburgunder Kabinett Rödelseer Schlossberg **13 %/7,20 €**
81 2016 Riesling Kabinett **13 %/5,80 €**
84 2016 Silvaner Spätlese (trocken) Rödelseer Küchenmeister **13,5 %/13,50 €**
86 2015 Silvaner Spätlese „nature" Barrique **13,5 %/14,50 €**
82 2017 „LustVoll" Weißwein Kabinett **12 %/5,80 €**
83 2017 Bacchus Kabinett **12 %/5,80 €**
81 2017 „Versuchung" Rotweincuveé **13 %/7,50 €**
84 2016 Domina trocken Rödelseer Schwanleite **13 %/7,50 €**
82 2016 Regent trocken Iphofer Kronsberg **13 %/7,50 €**

VOLLMAYER

★

N

KONTAKT

Weingut Elisabethenberg 1
78247 Hilzingen
Tel. 07731-64127
Fax: 07731-60472
www.vollmayer-weingut.de
info@vollmayer-weingut.de

Inhaber
Georg Vollmayer
Rebfläche
15 Hektar
Produktion
80.000-90.000 Flaschen

BESUCHSZEITEN

Mo.-Fr. 9-12:30 + 14-18 Uhr,
Sa. 9-13 Uhr; Weinvilla

Seit über tausend Jahren gibt es Weinbau am Hohentwiel, einem Berg in der Nähe des Bodensees, an dem sich die höchstgelegenen Weinberge Deutschlands befinden. Ende des 19. Jahrhunderts kam er zum Erliegen und es dauerte bis 1928, als Robert Vollmayer wieder die ersten Reben an der Ostseite des Hohentwiels pflanzte; ab 1934 wurde der Elisabethenberg, am Südwesthang des Hohentwiels, wiederbepflanzt. 1962 wurde am Fuße des Elisabethenbergs das Weingut Vollmayer gebaut. Heute führt Georg Vollmayer zusammen mit Ehefrau Beate den Betrieb, Tochter Lisa hat ihr Studium der Weinwirtschaft abgeschlossen, die jüngste Tochter Desirée hat eine Winzerlehre gemacht und die dritte Tochter Isabell kümmert sich um die „Weinvilla“, das 2017 eröffnete Gästehaus. Alle Weinberge liegen am Elisabethenberg, Wein wird bis in eine Höhe von 562 Meter angebaut. Spätburgunder ist die wichtigste Rebsorte im Betrieb, nimmt ein Viertel der Fläche ein, es folgen Müller-Thurgau, Bacchus, Grauburgunder, Dornfelder, Weißburgunder, Chardonnay, Cabernet Dorsa, Sauvignon Blanc, Regent, Auxerrois, Muskateller und Riesling.

Kollektion

Eine umfangreiche Kollektion präsentieren die Vollmayers zum Debüt. Ein Wein ragt hervor: Der im Barrique ausgebaute Spätburgunder aus dem Jahrgang 2014 besitzt Fülle und Saft, viel reife Frucht und Substanz. Die Weißweine präsentieren sich sehr gleichmäßig, sind geradlinig und klar. Am besten gefallen uns die von Tochter Isabell kreierte und nach ihr benannte weiße Cuvée, sie zeigt etwas Zitrus, ist frisch, klar und zupackend, sowie die Grauburgunder Auslese, die viel reife Frucht und Substanz, aber auch feine Frische besitzt; der trockene Spätburgunder Kabinett ist frisch, klar und süffig. Eine schöne Entdeckung in der Bodenseeregion! ▬

Weinbewertung

81 Grauburgunder Sekt brut **12,5 %/15,90 €**
81 2017 Müller-Thurgau trocken Hohentwieler Elisabethenberg **11 %/7,90 €**
82 2017 Grauburgunder trocken Hohentwieler Elisabethenberg **12 %/10,20 €**
82 2016 Sauvignon Blanc trocken Hohentwieler Elisabethenberg **12,5 %/13,50 €**
82 2017 Bacchus „feinherb“ Hohentwieler Elisabethenberg **11 %/8,20 €**
83 2017 „Isabell“ Weißwein Cuvée Hohentwieler Elisabethenberg **10 %/9,20 €**
80 2017 Chardonnay „feinherb“ Hohentwieler Elisabethenberg **11,5 %/11,20 €**
84 2017 Grauburgunder Auslese Hohentwieler Elisabethenberg **11,5 %/29,90 €**
79 2016 Spätburgunder Weißherbst Kabinett trocken „Desirée“ **12,5 %/10,20 €**
83 2016 Spätburgunder Kabinett trocken Elisabethenberg **13 %/12,90 €**
86 2014 Spätburgunder trocken Barrique **14,5 %/19,90 €**
82 2015 „Red Pearl“ Rotwein Spätlese „feinherb“ Elisabethenberg **12 %/14,50 €**

Vollmer

★

N

KONTAKT

Lautenbach 1
77770 Durbach
Tel. 0781-41841
Fax: 0781-9485903
www.vollmer-durbach.de
info@vollmer-durbach.de

Inhaber
Andreas Vollmer
Rebfläche
10 Hektar
Produktion
50.000 Flaschen

BESUCHSZEITEN

Mo.-Fr. 9:30-12 Uhr + 13:30-18 Uhr, Sa. 9-16 Uhr

Weingut Vollmer
Haus der trockenen Weine.

Das Weingut Vollmer liegt im Lautenbachtal, südlich von Durbach, es wird heute von Andreas Vollmer geführt. Neben Weinbergen im Durbacher Kochberg bewirtschaftet er inzwischen auch den Durbacher Kasselberg. Der Kasselberg, eine der elf Durbacher Einzellagen, ist eine extrem steile, überwiegend süd-exponierte Lage mit sehr hartem Granitverwitterungsboden, die 1993 von Jürgen Zipfel erworben, in zweijähriger Arbeit querterrassiert und mit Riesling, Weiß- und Grauburgunder bepflanzt wurde. Riesling und Spätburgunder sind die wichtigsten Rebsorten bei Andreas Vollmer, nehmen jeweils 30 Prozent der Rebfläche ein, es folgen Weißburgunder und Grauburgunder.

Kollektion

Sehr geschlossen und stimmig präsentiert sich die Kollektion, die Andreas Vollmer zum Debüt präsentiert, Weiß- und Rotweine überzeugen gleichermaßen. Die weißen Kabinettweine sind geradlinig und klar, der Riesling von alten Reben aus dem Kochberg ist füllig und saftig, besitzt klare reife Frucht und Substanz. Die Riesling-Spätlese aus dem Kochberg ist recht würzig, deutlich besser gefällt uns der Wein aus dem Kasselberg, der Fülle und Saft besitzt, gute Struktur und Substanz. Unser Favorit im weißen Teil der Kollektion ist aber die Henricus genannte Riesling-Spätlese, die wiederum aus dem Kochberg kommt, reintönige Frucht besitzt, gute Konzentration, viel reife Frucht und Substanz. Die Spätburgunder Spätlese ist fruchtbetont und lebhaft, besitzt Säure und Biss, der im Barrique ausgebaute Spätburgunder zeigt Gewürze und rauchige Noten im Bouquet, eindringlich Erdbeeren, ist füllig und harmonisch im Mund. Besser noch gefällt uns der im Barrique ausgebaute Cabernet Sauvignon, der etwas Cassis und Paprika im Bouquet zeigt, füllig und kraftvoll ist bei reintöniger Frucht. Ein gelungenes Debüt!

Weinbewertung

81	2017 Klingelberger Kabinett trocken Durbacher Kasselberg	**13 %/6,20 €**
80	2017 Weißburgunder Kabinett trocken Durbacher Kasselberg	**13 %/6,20 €**
81	2017 Grauburgunder Kabinett trocken Durbacher Kochberg	**12,5 %/6,20 €**
84	2017 Klingelberger trocken „alte Reben" Durbacher Kochberg	**13,5 %/8,90 €**
81	2017 Klingelberger Spätlese trocken Durbacher Kochberg	**12,5 %/7,40 €**
84	2017 Klingelberger Spätlese trocken Durbacher Kasselberg	**13 %/11,80 €**
86	2017 Klingelberger Spätlese trocken „Henricus" Kochberg	**13 %/15,50 €**
82	2017 Weißburgunder Spätlese trocken Durbacher Kasselberg	**13 %/11,80 €**
81?	2017 Clevner Traminer Spätlese trocken Durbacher Kochberg	**13,5 %/6,90 €**
82	2016 Spätburgunder Spätlese trocken Durbacher Kochberg	**13,5 %/7,40 €**
84	2016 Spätburgunder trocken Barrique Durbacher Kochberg	**14 %/9,20 €**
86	2015 Cabernet Sauvignon trocken Barrique Kasselberg	**14,5 %/17,40 €**

V

DR. EVA VOLLMER

★★★

KONTAKT

Nieder-Olmer-Straße 65
55129 Mainz-Ebersheim
Tel. 06136-46472
Fax: 06136-46489
www.evavollmer-wein.de
info@evavollmer-wein.de

Inhaber
Dr. Eva Vollmer & Robert Wagner
Kellermeister Dr. Eva Vollmer
Außenbetrieb Robert Wagner
Rebfläche 11 Hektar
Produktion 50.000 Flaschen

BESUCHSZEITEN

Mo./Di./Do. 16-19 Uhr, Fr. 13-19 Uhr, Sa. 9-18 Uhr; jeden 1. Freitag im Monat ab 17 Uhr Weinpicknick im Genussgarten

„Der Boxkampf. Süße und Säure lassen die Fäuste schwingen. Ein rechter Haken, ein starker Konter. K.O. durch Genusskick mit Tiefenwirkung.“

Riesling „Tonmergel“ trocken 2015

eva vollmer weine

Eva Vollmer und Robert Wagner gründeten 2007 ihr eigenes Weingut. Sie ist Diplom-Ingenieurin für Weinbau, machte Praktika in Deutschland und Kalifornien. Ihr Vater Ottmar Vollmer führte einen typischen rheinhessischen Gemischtbetrieb, die Trauben wurden an eine Genossenschaft abgeliefert. Die Weinberge von Eva Vollmer und Robert Wagner liegen in Ebersheim (Hüttberg), Gau-Bischofsheim (Herrnberg), Zornheim und Harxheim, seit einigen Jahren sind sie auch im Niersteiner Pettenthal vertreten. Die Weinberge werden biologisch bewirtschaftet. Riesling und Weißburgunder sind die wichtigsten Rebsorten im Betrieb, es folgen Spätburgunder, Dornfelder, Silvaner und Scheurebe, Roter Riesling ergänzt inzwischen das Sortiment.

Kollektion

Nach einer starken Kollektion im vergangenen Jahr legt Eva Vollmer mit dem neuen Jahrgang nochmals zu. Ein rauchiger, harmonischer Weißburgunder-Sekt eröffnet den Reigen. Das Einstiegsniveau ist hoch, der Gutsriesling ist fruchtbetont und zupackend, der Rote Riesling füllig und kraftvoll. Der Kalkader-Riesling besitzt intensive Frucht, viel Saft und Substanz, der feinherbe Tonmergel-Riesling ist saftig, harmonisch, die Scheurebe druckvoll und zupackend, der Halbstück-Weißburgunder besitzt Fülle, Struktur und Frucht. Ganz stark sind die drei Lagen-Rieslinge. Der Wein aus dem Hüttberg ist präzise, druckvoll und zupackend, der aus dem Herrnberg zeigt gelbe Früchte, besitzt Fülle, Kraft und Substanz. Unser Favorit ist der Pettenthal-Riesling, der viel Spannung besitzt, Fülle und Frische, druckvoll und dezent mineralisch ist. Auch rot beherrscht Eva Vollmer, das zeigt sie mit einem druckvollen, strukturierten Dornfelder und einem fülligen, harmonischen Spätburgunder. Weiter im Aufwind!

Weinbewertung

87	2015 Weißburgunder Sekt brut	**13 %/12,50 €**
84	2017 Riesling trocken	**12 %/8,90 €**
86	2017 Roter Riesling trocken	**13 %/13,50 €**
87	2017 Riesling trocken „Kalkader“ Ebersheim	**13 %/12,20 €**
85	2017 Scheurebe trocken „Kalkader“ Ebersheim	**12,5 %/11,50 €**
87	2015 Weißburgunder trocken „Halbstück“ Gau-Bischofsheim	**13 %/14,50 €**
88	2016 Riesling trocken Ebersheimer Hüttberg	**13 %/17,20 €**
89	2016 Riesling trocken Gau-Bischofsheimer Herrnberg	**13 %/18,20 €**
90	2017 Riesling trocken Niersteiner Pettenthal	**13 %/25,- €**
85	2017 Riesling „feinherb“ „Tonmergel“ Gau-Bischofsheim	**12,5 %/10,80 €**
87	2015 Dornfelder trocken Barrique Harxheim	**13,5 %/13,50 €**
87	2014 Spätburgunder trocken Barrique	**13,5 %/16,50 €**

V

Vols

★★☆

KONTAKT

Zuckerberg 3A
54441 Ayl
Tel. 06581-9850300
Fax: 06581-9850301
www.vols.de
info@vols.de

Inhaber
Helmut Plunien
Rebfläche
8 Hektar

BESUCHSZEITEN

nach Vereinbarung

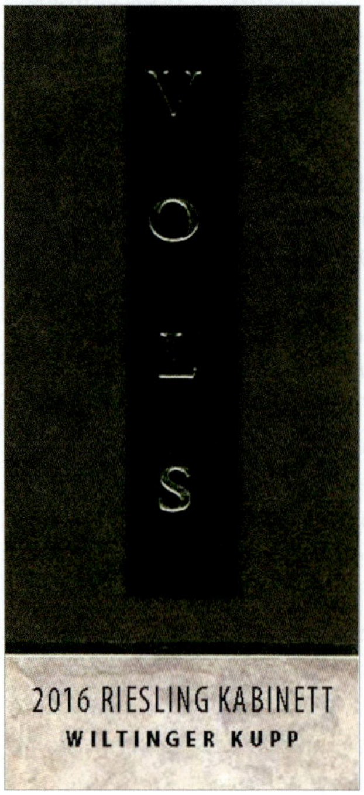

Aus einem kleinen Nebenerwerbsbetrieb entstand nach und nach ein namhaftes Saarweingut, das heute über eine Rebfläche von acht Hektar verfügt. Helmut Plunien, einst Güterdirektor der Bischöflichen Weingüter, begann mit einer überschaubaren Fläche im Wiltinger Schlangengraben. 2010 übernahm er das Weingut Altenhofen in Ayl und damit Weinberge in den Ayler Lagen Kupp, Scheidt und Schonfels; in der Wiltinger Kupp konnte Helmut Plunien einen Rieslingweinberg mit 40 Jahre alten Reben erwerben. Riesling spielt die Hauptrolle in seinen Weinbergen, aber es gibt auch Weißburgunder, Spätburgunder, Chardonnay, Müller-Thurgau und sogar Cabernet Sauvignon. Das Sortiment beginnt mit den Basisweinen wie dem Saar-Riesling, geht über Orts- und Lagenweine bis zum „Vols I", der auf stark verwittertem Devonschiefer in einer wurzelechten Parzelle wächst, die unmittelbar an den Scharzhofberger angrenzt. Alle Weine werden spontanvergoren und bleiben bis kurz vor der Abfüllung auf der Vollhefe.

Kollektion

Ein kleiner Ertrag kennzeichnete den Jahrgang 2017. Der Pinot Blanc ist sortentypisch, besitzt feine Säure und schöne Frucht, Struktur und Nachhall. Der trockene Wiltinger ist noch etwas reduktiv, dann zupackend, würzig, sehr trocken und nachhaltig. Noch spannender sind allerdings die Weine mit leichter oder deutlicher Süße, welche freilich nie dominiert, sondern sich stets gut einfügt. Der feinherbe Kabinett besitzt eine salzig-würzige Art, ist kühl straff, mineralisch. Der Kabinett aus der Stirn wirkt etwas rassiger und nachhaltiger als die Kabinette aus Ayler Kupp und Wiltinger Kupp – rassig, wenig süß, nachhaltig sind alle drei. „Vols 2" ist eigenwillig würzig, zart süß, komplex und lang. Der „Vols 1" ist in diesem Jahr sehr gelungen, würzig, balanciert. Als Clarete stellt Helmut Plunien einen leichten, hellen, fruchtigen und sehr interessanten Rotwein vor.

Weinbewertung

85 2017 Pinot Blanc trocken **11,5 %/8,50 €**
87 2017 Riesling trocken Wiltinger **11,5 %/8,50 €** ☺
85 2017 Riesling „feinherb" Saar **10,5 %/7,50 €**
86 2017 Riesling Kabinett „feinherb" Ayler **10,5 %/8,50 €**
88 2017 Riesling Kabinett Ayler Kupp **7,5 %/12,50 €**
89 2017 Riesling Kabinett „Stirn" Ayler Kupp **8,5 %/15,- €**
88 2017 Riesling Kabinett Wiltinger Kupp **8 %/12,50 €**
88 2017 Riesling Spätlese „Vols II" **7,5 %/15,- €**
89 2017 Riesling Spätlese „Vols I" **8 %/18,- €**
84 2017 Pinot Noir Rosé trocken **11,5 %/8,50 €**
85 2017 „Clarete" Rotwein **11 %/8,50 €**

V

WACHTSTETTER

★★★★

KONTAKT

Michelbacher Straße 8
74397 Pfaffenhofen
Tel. 07046-329
Fax: 07046-931000
www.wachtstetter.de
info@wachtstetter.de

Inhaber
Rainer Wachtstetter
Rebfläche
19 Hektar
Produktion
120.000 Flaschen

BESUCHSZEITEN

Do. + Fr. 9-12 + 13:30-18 Uhr,
Sa. 9-16 Uhr und nach
Vereinbarung
Gasthaus Adler

Seit Generationen baut die Familie Wein an, aber erst 1979 begannen Ernst Combé und sein Schwiegersohn Roland Wachtstetter selbst Wein abzufüllen. Mitte der achtziger Jahre wurden die landwirtschaftlichen Flächen verpachtet, erfolgte die Konzentration auf Wein, 1987 stieg Rainer Wachtstetter in den Betrieb ein, kümmert sich seither um den Weinausbau, 2003 hat er das Weingut übernommen, führt es zusammen mit Ehefrau Anette. Bereits seit Beginn des 20. Jahrhunderts gehört der Familie auch das Gasthaus Adler. Seit Rainer Wachtstetter die Regie übernommen hat, wurde die Rebfläche erweitert, der Rotweinanteil ist zuletzt deutlich angestiegen, inzwischen aber hat Rainer Wachtstetter auch sein Herz für weiße Rebsorten entdeckt, glaubt man in den Verkostungen erkennen zu können. Die Weinberge liegen an den steilen Südhängen des Heuchelbergs, hauptsächlich in Pfaffenhofen, die dortige Einzellage heißt Hohenberg. Im unteren Teil des Hanges wachsen die Reben auf Gipskeuper, im oberen Drittel auf Schilfsandsteinböden. Lemberger nimmt gut ein Drittel der Rebfläche ein, es folgen Spätburgunder und Trollinger, vor beiden liegt allerdings inzwischen der Riesling, der ein Fünftel der Fläche einnimmt. Dazu gibt es Grauburgunder, Weißburgunder und Gewürztraminer, sowie einige weitere rote Sorten. Die Rotweine werden im Holz ausgebaut – die Spitzenweine 12 bis 24 Monate im Barrique – und meist unfiltriert abgefüllt, die Weißweinen werden überwiegend im Edelstahl vergoren, nur der Grauburgunder kommt auch ins Holz. Das Sortiment ist vierstufig gegliedert in Gutsweine, Ortsweine, Weine aus Ersten Lagen und Großen Lagen. Die barriqueausgebauten Spitzenweine vermarktet Rainer Wachtstetter in der Linie „Ernst Combé", benannt nach seinem Großvater, der Spitzen-Rotwein war lange Zeit der Lemberger „Junges Schwaben". Seit dem Jahrgang 2009 ergänzt ein Lemberger-Großes Gewächs das Programm, wie der Lemberger Junges Schwaben, der 2002 eingeführt wurde, stammt er aus dem Pfaffenhofener Hohenberg, allerdings kommen sie von unterschiedlichen, auch räumlich getrennten Parzellen. Die Parzelle für den Junges Schwaben ist windoffener, die für das Große Gewächs liegt in einer leichten Mulde. Er trägt seit dem Jahrgang 2011 wie auch der mit dem Jahrgang 2013 erstmals präsentierte Riesling Großes Gewächs den Namen Glaukós. Mit dem Jahrgang 2013 gab es erstmals auch einen Spätburgunder als Großes Gewächs; zum Weingut gehört eine Brennerei.

Kollektion

Die Großen Gewächse kommen zukünftig erst ein Jahr später in den Verkauf, die Erste Lage-Rotweine des Jahrgangs 2016 waren zum Zeitpunkt der Verkostung noch nicht gefüllt. Aber auch ohne diese Weine präsentiert Rainer Wachtstetter wieder eine weiß wie rot ganz starke Kollektion. Auf die Weißweine haben wir schon in den vergangenen Jahren immer wieder

hingewiesen, sind sie doch stetig stärker geworden. Die Rieslinge vor allem, aber auch Grauburgunder und Weißburgunder, der Gewürztraminer gehört ohnehin immer wieder zu den besten trockenen Weinen aus dieser Rebsorte. Schon die Gutsweine zeigen sehr gutes Niveau, der Riesling ist frisch, reintönig und zupackend, auch der Weißburgunder besitzt reintönige Frucht, Frische und Grip. Der Anna genannte Orts-Riesling zeigt gute Konzentration, intensive Frucht, etwas gelbe Früchte, besitzt Fülle und Saft, reife Frucht und Substanz. Der Gewürztraminer steht ihm nicht nach, ist intensiv fruchtig, füllig, saftig und strukturiert und auch der Weißburgunder aus Weiler besticht mit seiner intensiven, reintönigen Frucht. Der Pfaffenhofener Grauburgunder besitzt intensive Frucht und gute Struktur, der Hohenberg-Grauburgunder ist kraft- und druckvoll, reintönig und konzentriert. Und was für die Weißweine gilt, das gilt auch für die Roten: Das Einstiegsniveau ist hoch! Der Trollinger von alten Reben ist frisch und fruchtbetont, wunderschön reintönig. Das gilt auch für den Lemberger: Was für ein feiner Gutswein. Ebenso reintönig und noch fruchtintensiver ist der Lemberger Felix, der Ortswein, er besitzt gute Struktur, klare Frucht, Frische und Grip. Der Lemberger Junges Schwaben zeigt viel Würze und Duft, reife Frucht, ist deutlich vom Ausbau im Holz geprägt, er ist klar, frisch, geradlinig, recht tanninbetont. Rauchige Noten und gute Konzentration zeigt der Hohenberg-Spätburgunder, er besitzt Fülle und Kraft, gute Struktur und reintönige Frucht. Unser Favorit in diesem Jahr aber ist die intensiv fruchtige Cuvée Ernst Combé R, die etwas Schokolade, rote und dunkle Früchte zeigt, füllig und kraftvoll ist, noch jugendlich, viel reife Frucht und Substanz besitzt.

Rainer Wachtstetter

Weinbewertung

86 2017 Riesling trocken **12 %/7,- €** ☺
85 2017 Weißburgunder trocken **12,5 %/7,- €**
88 2017 Riesling trocken „Anna" Pfaffenhofen **12,5 %/9,80 €** ☺
87 2017 Weißburgunder trocken „Weiler a.d. Zaber" **13 %/9,80 €**
87 2017 Grauburgunder trocken Pfaffenhofen **13 %/10,30 €**
88 2017 Gewürztraminer trocken Pfaffenhofen **13,5 %/9,80 €** ☺
89 2017 Grauburgunder trocken Pfaffenhofen Hohenberg **13 %/16,- €**
85 2016 Trollinger trocken „Alte Reben" **12,5 %/9,80 €**
85 2016 Lemberger trocken **13 %/7,- €**
87 2016 Lemberger trocken „Felix" Pfaffenhofen **13 %/9,80 €**
89 2015 Spätburgunder trocken Pfaffenhofen Hohenberg **13,5 %/18,- €**
91 2015 „Cuvée Ernst Combé" „R" Rotwein trocken **13,5 %/23,- €**
90 2015 Lemberger trocken „Junges Schwaben" Pfaffenhofen Hohenberg **13,5 %/25,-€**

LAGEN

HOHENBERG (PFAFFENHOFEN)
KAISERBERG (GÜGLINGEN)

REBSORTEN

LEMBERGER (35 %)
RIESLING (25 %)
SPÄTBURGUNDER (10 %)
TROLLINGER (10 %)
GRAUBURGUNDER
GEWÜRZTRAMINER
SAMTROT

Schloss Wackerbarth

★★☆

KONTAKT

Wackerbarthstraße 1
01445 Radebeul
Tel. 0351-89550
Fax: 0351-8955150
www.schloss-wackerbarth.de
kontakt@schloss-wackerbarth.de

Inhaber Sächsische Aufbaubank
Geschäftsführerin Sonja Schilg
Betriebsleiter Jürgen Aumüller
Rebfläche 92 Hektar
Produktion 600.000 Flaschen

BESUCHSZEITEN

Gutsmarkt: täglich 9:30-22 Uhr; Gasthaus: Di.-Sa. 12-22 Uhr, So. 10-18 Uhr; Veranstaltungen

Reichsgraf August Christoph von Wackerbarth, Minister im Kabinett von August dem Starken, ließ sich in Niederlößnitz, heute Stadtteil von Radebeul, in den Jahren 1727 bis 1730 als Alterssitz ein Barockschloss mit Französischem Garten erbauen. Heute ist Schloss Wackerbarth Sitz des Sächsischen Staatsweingutes, das 1928 in Radebeul gegründet worden war und seit 1998 unter der Regie der Sächsischen Aufbaubank steht. 2002 wurde die umfangreiche, zweijährige Sanierung des Schlosses abgeschlossen. Dieses bewirtschaftet an der Sächsischen Weinstraße zwischen Diesbar-Seußlitz und Radebeul über 100 Hektar Weinberge, ein Drittel davon in Steillagen. Dazu gehören die Radebeuler Lagen Goldener Wagen, Steinrücken und Johannisberg, die 2015 neu in die Lagenrolle eingetragene Lage Paradies (zuvor Teil des Steinrücken), sowie die Seußlitzer Lage Heinrichsburg. An weißen Sorten gibt es vor allem Riesling, Bacchus, Müller-Thurgau, Kerner und Weißburgunder, dazu Spezialitäten wie Traminer, Scheurebe und Goldriesling. An roten Rebsorten baut man Dornfelder, Spätburgunder und Frühburgunder an, inzwischen auch Blaufränkisch. Die Sektproduktion spielt eine sehr wichtige Rolle auf Schloss Wackerbarth.

Kollektion

Die neue Kollektion ist nochmals stärker. Das Basisniveau ist hoch, die Gutsweine besitzen Frische und klare Frucht. Der Lagen-Weißburgunder ist fruchtbetont, strukturiert, zupackend, die Traminer Spätlese ist intensiv und herrlich reintönig. Ansonsten trumpfen die Rieslinge groß auf. Der Protze ist kraftvoll, stoffig wie auch der Riesling von den Terrassen, der noch etwas mehr Substanz besitzt. Die Spätlese ist intensiv und saftig, die Auslese noch konzentrierter, was ihre Fortsetzung in der Beerenauslese findet.

Weinbewertung

83	2015 Scheurebe Sekt **13 %/18,90 €**
84	2017 Weißburgunder **12 %/13,50 €**
84	2017 Scheurebe trocken **11,5 %/14,90 €**
87	2017 Riesling Terrassen Radebeuler Goldener Wagen **13,5 %/29,- €**
86	2017 Riesling „Protze" Radebeuler Goldener Wagen **14 %/59,- €/1,5l**
84	2017 Riesling Kabinett Radebeuler Wackerbarthberg **10 %/16,90 €**
85	2017 „Alte Reben" Weißwein Radebeuler Goldener Wagen **13,5 %/59,- €/1,5l**
87	2017 Weißburgunder Radebeuler Goldener Wagen **13 %/29,- €**
85	2017 Riesling & Traminer Kabinett „Edition" Radebeuler Paradies **11 %/14,90 €**
86	2017 Riesling Spätlese Radebeuler Paradies **9 %/16,90 €/0,5l**
86	2017 Traminer Spätlese Radebeuler Goldener Wagen **12 %/16,90 €/0,5l**
87	2017 Riesling Auslese Radebeuler Goldener Wagen **7,5 %/24,90 €/0,5l**
89	2017 Riesling Beerenauslese Radebeuler Wackerbarthberg **8,5 %/90,- €/0,375l**

Wageck-Pfaffmann

★★★☆

KONTAKT

Luitpoldstraße 1
67281 Bissersheim
Tel. 06359-2216
Fax: 06359-86668
www.wageck-pfaffmann.de
weingut@wageck-pfaffmann.de

Inhaber
Gunter & Gertraud Pfaffmann
Frank & Thomas Pfaffmann
Rebfläche
50 Hektar
Produktion
300.000 Flaschen

BESUCHSZEITEN

Mo.-Sa. 8-12 + 13-18 Uhr, So. 10-12 Uhr und nach Vereinbarung

Das Weingut in seiner heutigen Form ist entstanden, als Gunter Pfaffmann aus Walsheim 1973 in den Betrieb eingeheiratet hat. Gunter und Gertraud Pfaffmann werden im Betrieb unterstützt von ihren Söhnen Frank und Thomas. Geisenheim-Absolvent Frank kümmert sich hauptsächlich um Keller und Außenbetrieb, Thomas ist für Büro und Verkauf zuständig. Die Weinberge der Familie Pfaffmann liegen in Bissersheim (Goldberg, Steig, Orlenberg), Großkarlbach (Burgweg und Osterberg) und Kirchheim (Steinacker). In den letzten Jahren wurde das Sortiment gestrafft und in Guts-, Orts- und Lagenweine gegliedert, dazu kommen in den besten Jahren noch einige „Réserve"-Weine, auf den neuen Etiketten steht wieder der alte Weingutsname Wageck.

Kollektion

Das hohe Niveau des Vorjahres wird problemlos gehalten: Die drei Spätburgunder zeigen dezentes Holz, kühle, rote Frucht und kräutrige Würze, besitzen gute Struktur mit noch jugendlichen, aber reifen Tanninen und Potential, der „Geisberg" an der Spitze ist sehr elegant, animierend und besitzt eine feine, minzige Frische. Die beiden roten Cuvées ähneln sich, zeigen viel dunkle Beerenfrucht und Kräuter, sind harmonisch, der „Wilhelm" zeigt etwas deutlicheres Holz, die Réserve ist strukturierter und etwas nachhaltiger. Bei den Chardonnay ist in diesem Jahr der „Geisberg", der feine Zitrusnoten und salzige Länge besitzt, deutlich harmonischer, eleganter und nachhaltiger als der Sülzner Weg, der noch sehr prägnante Röstnoten zeigt, beim gelbfruchtigen, ausgewogenen Sauvignon Blanc Fumé ist das Holz schon besser eingebunden. ➡

Weinbewertung

88 2013 Cuvée Sekt extra-brut **12 %/21,90 €**
84 2017 Chardonnay & Weißburgunder trocken „Tertiär" **13 %/9,90 €**
85 2017 Grauer Burgunder trocken „Tertiär" **13,5 %/9,90 €**
89 2017 Sauvignon Blanc trocken „Fumé" „Réserve" **13,5 %/22,90 €**
86 2017 Weißer Burgunder trocken „Kalkmergel" Großkarlbacher **14 %/13,90 €**
88 2017 Chardonnay trocken „Sülzner Weg" **13,5 %/22,90 €**
90 2017 Chardonnay trocken „Geisberg" **13,5 %/34,90 €**
89 2015 „Cuvée Wilhelm" Rotwein trocken **14,5 %/21,90 €**
86 2016 Spätburgunder trocken „Tertiär" **13,5 %/11,90 €**
87 2016 Spätburgunder trocken „Kalkmergel" Bissersheim **13,5 %/16,90 €**
90 2015 „Cuvée Wilhelm" Rotwein trocken „Réserve" **14,5 %/34,90 €**
91 2016 Spätburgunder trocken Bissersheimer Goldberg **13,5 %/29,90 €**
90 2016 Spätburgunder trocken Großkarlbacher Burgweg **13,5 %/29,90 €**
92 2016 Spätburgunder trocken „Geisberg" **13 %/54,90 €**

DR. HEINZ WAGNER

★★★

KONTAKT

Bahnhofstraße 3
54439 Saarburg
Tel. 06581-2457
Fax: 06581-6093
www.weingutdrwagner.de
info@weingutdrwagner.de

Inhaber
Christiane Wagner
Rebfläche
6,5 Hektar
Produktion
50.000 Flaschen

BESUCHSZEITEN

Mo.-Fr. 9:30-12 + 13:30-17 Uhr,
Sa. 9:30-13 Uhr
Ferienhaus, Ferienwohnung

Josef Heinrich Wagner gründete 1880 eine Wein- und Sektkellerei, seit 2009 wird das daraus entstandene Familienweingut in nunmehr fünfter Generation von Geisenheim-Absolventin Christiane Wagner geführt, die den Betrieb von ihrem Vater Heinz übernahm. Ihre Weinberge befinden sich in den Saarburger Lagen Rausch, Laurentiusberg und Kupp sowie im Ockfener Bockstein. Angebaut wird ausschließlich Riesling. Die Weine werden im traditionellen Fuder vergoren und ausgebaut, reifen im größten Gewölbekeller der Saar. Seit den neunziger Jahren wird auch wieder Sekt erzeugt und die alte Familientradition fortgeführt, war Josef Heinrich Wagner doch der Erste an der Saar, der Sekte im klassischen Verfahren erzeugte.

Kollektion

Christiane Wagner, die junge, engagierte Inhaberin des Gutes, weiß mittlerweile ziemlich genau, was sie will. In den letzten Jahren hat sie uns immer wieder mit klaren, würzigen, nachhaltigen Rieslingen beeindruckt, die einerseits den Stil der Saarburger und Ockfener Lagen gut transportieren und andererseits einen gewissen Schmelz hervorbringen, auch bei den trockenen Weinen. Im Jahrgang 2016 gefiel beispielsweise das Große Gewächs aus der Lage Rausch, auch die Süßweine aus dem Bockstein ragten heraus. Diesmal sind zunächst die Basisweine zu würdigen, eher mit Würze und Schmelz als puristisch, aber dennoch gut. Der Riesling von alten Reben ist ein weiteres Beispiel, mit reifer Frucht, fast vibrierend. Von den beiden Großen Gewächsen gefällt dasjenige aus dem Bockstein etwas besser, weil es Noten von Hefe und Kräutern besitzt und würzig-vielschichtig ausfällt; etwas verschlossener und stoffig präsentiert sich das Rausch-Große Gewächs, aber die qualitativen Unterschiede sind gering. Die „Josef Heinrich" genannte Spätlese macht mit ihrem Schmelz viel Freude, sie besitzt eine merkliche, aber gut integrierte Süße. Rassiger fallen die Bockstein-Weine in den Prädikatsstufen Kabinett und Spätlese aus.

Weinbewertung

86 2017 Riesling trocken Saar **11,5 %/9,- €**
87 2017 Riesling trocken „Alte Reben" Saarburger **11 %/13,- €**
89 2017 Riesling „GG" Saarburger Rausch **12,5 %/25,- €**
90 2017 Riesling „GG" Ockfener Bockstein **12,5 %/25,- €**
88 2017 Riesling „Generation V" **11 %/13,- €**
86 2017 Riesling „feinherb" Saar **11 %/9,- €**
87 2017 Riesling Kabinett „feinherb" **9 %/12,- €**
88 2017 Riesling Spätlese „Josef Heinrich" Saarburger Rausch **9 %/17,- €**
87 2017 Riesling Kabinett Ockfener Bockstein **8,5 %/12,- €**
89 2017 Riesling Spätlese Ockfener Bockstein **8 %/17,- €**

Peter Wagner

★★

N

KONTAKT

Hauptstraße 32
79235 Oberrotweil
Tel. 0176-64013967
www.wagner-weingut.de
info@wagner-weingut.de

Inhaber
Peter Wagner
Rebfläche
2,5 Hektar
Produktion
12.000 Flaschen

BESUCHSZEITEN

nur nach Vereinbarung

Peter Wagner aus Oberrotweil hat sein eigenes Weingut gegründet, seine ersten eigenen Weine erzeugt. Seine Weinberge liegen in den Oberrotweiler Lagen Kirchberg, Henkenberg, Eichberg und Käsleberg sowie im Achkarrer Schlossberg. Grauburgunder nimmt 40 Prozent der Rebfläche ein, Spätburgunder ein Viertel, hinzu kommen Chardonnay, Weißburgunder und Müller-Thurgau. Die Weinberge sind begrünt, nur organischer Dünger wird eingebracht. Neue Weinberge werden mit Reben aus Frankreich bestockt. Das Programm ist gegliedert in Gutsweine und Ortsweine, die auf tiefgründigem Löss wachsen, teilweise in Terrassen, und teils im Holz ausgebaut werden, sowie Lagenweine von vulkanischen Böden. Im Mai 2019 soll als erster Lagenwein ein Grauburgunder aus dem Schlossberg auf den Markt kommen. Alle Weine werden trocken und durchgegoren ausgebaut und lange auf der Hefe gelagert, sie werden nicht geschönt, nur bei Bedarf filtriert.

Kollektion

Dies sind die ersten Weine, die Peter Wagner erzeugt hat – was für ein Debüt! Sie zeigen eine klare Handschrift, sind durchgegoren, druckvoll, dabei zurückhaltend im Alkohol. Der Müller-Thurgau ist frisch und fruchtbetont bei feiner Muskatnote, klar, strukturiert und zupackend. Der Grauburgunder Gutswein zeigt feine Frische, gelbe Früchte, ist geradlinig im Mund, druckvoll und strukturiert. Der Spätburgunder Gutswein ist frisch und fruchtbetont im Bouquet, zeigt rote Früchte, ist klar und zupackend im Mund bei viel Frische. Der Oberrotweiler Grauburgunder ist im Jahrgang 2016 konzentriert und reintönig, frisch und zupackend, besitzt gute Struktur und klare reife Frucht, und auch im Jahrgang 2017 besticht er durch seine reintönige Frucht, gute Konzentration, ist kraftvoll und klar, strukturiert und fruchtbetont, jugendlich und nachhaltig. Der Oberrotweiler Spätburgunder zeigt reintönige intensive Frucht im Bouquet, feine Frische, etwas Erdbeeren, Kirschen, ist klar, kraftvoll und zupackend im Mund, besitzt gute Struktur und reintönige Frucht. Tolles Debüt!

Weinbewertung

85 2017 Müller-Thurgau trocken **11,5 %/7,50 €**
85 2017 Grauburgunder trocken **12,5 %/8,50 €**
87 2016 Gauburgunder trocken Oberrotweil **12,5 %/10,50 €**
88 2017 Gauburgunder trocken Oberrotweil **12,5 %/11,- €**
84 2016 Spätburgunder trocken **13 %/9,- €**
87 2016 Spätburgunder trocken Oberrotweil **12,5 %/12,- €**

WAGNER

W

WAGNER

★☆

KONTAKT

Hauptstraße 30
55270 Essenheim
Tel. 06136-87438
Fax: 06136-814709
www.wagner-wein.de
info@wagner-wein.de

Inhaber Ulrich Wagner, Dr. Andreas Wagner, Christian Wagner
Kellermeister Ulrich Wagner
Außenbetrieb Phillip Auf'mkolk
Rebfläche 17 Hektar
Produktion 100.000 Flaschen

BESUCHSZEITEN

an allen Tagen geöffnet: Mo.-Sa. 8-20 Uhr, So. 13-18 Uhr Straußwirtschaft (Mai, Juni, Juli, Sept.); „Hoffestspiele", Kleinkunstbühne: Theater, Kabarett und Musik im alten Fachwerkhof (Jun./Juli), Weinbergswanderungen, Krimi-Wanderungen, Krimi-Lesungen aus den eigenen Büchern

Bereits im Jahr 1692 erwarben die Vorfahren der heutigen Besitzer Weinberge in Essenheim. 2002 haben die Brüder Ulrich und Andreas Wagner das Weingut von ihrem Vater Rudolf übernommen. Geisenheim-Absolvent Ulrich hatte nach Studienabschluss praktische Erfahrungen in Südafrika und beim Weingut Dr. Heger gesammelt. Er ist für den Keller verantwortlich, während der promovierte Historiker Andreas – der seit 2007 mehrere Winzerkrimis veröffentlichte – sich um die Vermarktung kümmert. Inzwischen ist auch der dritte Bruder Christian im Betrieb tätig. Ihre wichtigsten Lagen sind Teufelspfad in Essenheim und Blume und Bockstein in Elsheim. Sie bauen Riesling, Grauburgunder, Silvaner, Weißburgunder und Sauvignon Blanc an, dazu die roten Sorten Spätburgunder, Merlot, Cabernet Sauvignon und Syrah. Die besten Weine eines Jahrgangs werden in der Linie „Jean" (der Name des Urgroßvaters) vermarktet, darüber gibt es seit einigen Jahren eine Reserve-Linie.

Kollektion

Die Rotweine präsentieren sich in diesem Jahr sehr gleichmäßig, im weißen Segment sind 2017 die Rieslinge besonders gelungen. Der Riesling vom sandigen Löss ist füllig und saftig, besitzt reife süße Frucht, der Riesling vom tertiären Mergel ist fruchtbetont und würzig, ebenfalls füllig und saftig. Unser Favorit aber ist eindeutig der Reserve-Riesling, der Gewürznoten und herrlich viel Frucht im Bouquet zeigt, füllig und saftig im Mund, reife süße Frucht und gute Struktur besitzt. Die Cuvée aus Cabernet Sauvignon und Merlot ist etwas von Gewürz- und Kräuternoten geprägt. Der Spätburgunder vom tertiären Mergel ist frisch, fruchtbetont und zupackend, aber auch beim Spätburgunder ziehen wir die Reserve-Variante vor, ein enorm würziger und noch sehr jugendlicher Wein, der Kraft besitzt, gute Struktur und kräftige Tannine.

Weinbewertung

82 2017 Silvaner trocken **12,5 %/5,- €**
81 2017 Scheurebe trocken Essenheim Teufelspfad **12,5 %/8,- €**
84 2017 Riesling Spätlese trocken „vom tertiären Mergel Jean" Teufelspfad **13 %/8,- €**
84 2017 Riesling Spätlese trocken „vom sandigen Löss Jean" Teufelspfad **13 %/8,- €**
82 2017 Weißer Burgunder Spätlese trocken „Jean" Elsheimer Blume **13 %/8,- €**
83 2017 Grauer Burgunder Spätlese trocken „Mergel Jean" Teufelspfad **13 %/8,- €**
82 2017 Sauvignon Blanc Spätlese trocken „Löss Jean" Teufelspfad **13 %/8,- €**
86 2017 Riesling Spätlese trocken „Reserve" Essenheim Teufelspfad **13 %/15,- €**
84 2016 Spätburgunder trocken „vom tertiären Mergel Jean" Teufelspfad **13,5 %/8,- €**
84 2016 Cabernet Sauvignon & Merlot trocken Essenheim Teufelspfad **13,5 %/11,- €**
85 2015 Spätburgunder Spätlese trocken „Reserve" Essenheim Teufelspfad **14 %/15,- €**

WAGNER-STEMPEL

★★★★

KONTAKT

Wöllsteiner Straße 10
55599 Siefersheim
Tel. 06703-960330
Fax: 06703-960331
www.wagner-stempel.de
info@wagner-stempel.de

Inhaber
Daniel Wagner
Rebfläche
20 Hektar
Produktion
180.000 Flaschen

BESUCHSZEITEN

Mo.-Fr. 9-12 + 13-17 Uhr, Sa. 10-16 Uhr, sonn- & feiertags geschlossen

Seit Daniel Wagner 1992 sich um die Vinifikation kümmerte, inzwischen ist er Inhaber des Gutes, ging es steil bergauf, so war er 2007 unser Aufsteiger des Jahres in Deutschland. 1845 wurde der Grundstein des Wagnerschen Hofes gelegt, Daniel Wagner führt heute in neunter Generation das Gut. Seine Weinberge liegen in den Siefersheimer Lagen Heerkretz, Höllberg und Goldenes Horn. Das Besondere an den Siefersheimer Lagen ist der Porphyrfels im Untergrund, der den Weinen eine ganz eigene Note verleiht. Hauptlage ist die Siefersheimer Heerkretz, in der Daniel Wagner inzwischen 9 Hektar in mehr als 20 Parzellen besitzt, wovon allerdings 3 Hektar derzeit brachliegen. Die Heerkretz, ein vulkanischer Steilabbruch südlich von Siefersheim, ist stark zerklüftet, südost-exponiert, der Boden besteht aus Porphyr und Ton. Der Höllberg, nördlich von Siefersheim gelegen, ist süd- bis west-exponiert, besitzt steindurchsetzte Böden auf Porphyr. Aber nicht nur in Siefersheim besitzt Daniel Wagner Weinberge, auch in den Nachbargemeinden Fürfeld und Neu-Bamberg ist er vertreten. Wichtigste Rebsorte ist Riesling mit einem Anteil von 50 Prozent. Dazu gibt es ein Viertel weiße Burgundersorten und Chardonnay, 15 Prozent Silvaner, sowie Scheurebe und Sauvignon Blanc. Rote Rebsorten nehmen ganze 5 Prozent der Rebfläche ein. Alle Rotweine kommen ins Barrique und werden unfiltriert abgefüllt. Seit September 2008 werden die Weinberge zertifiziert biologisch bewirtschaftet. Das Sortiment ist dreistufig gegliedert in Gutsweine, Ortsweine und Lagenweine, diese werden trocken als Große Gewächse (aus Heerkretz und Höllberg) oder süß mit Prädikatsbezeichnungen vermarktet. Seit dem Jahrgang 2016 bewirtschaftet Daniel Wagner einen Weinberg im oberen, querterrassierten Teil des Binger Scharlachbergs (im Gegenzug die Brüder Runkel vom Weingut Bischel einen Weinberg in der Heerkretz), aus dem er ein weiteres Großes Gewächs erzeugt. Seit der ersten Ausgabe empfehlen wir die Weine von Wagner-Stempel, im Jahr davor hatten wir die Weine erstmals in Mondo vorgestellt. In diesen fast zwei Jahrzehnten wurde aus einem unbekannten Weingut eine feste Größe in Rheinhessen, der vormals unbekannte Ort Siefersheim ist heute mit seinen Lagen Höllberg und Heerkretz allen Weinfreunden bekannt.

Kollektion

Im vergangenen Jahr präsentierte uns Daniel Wagner die stärkste Kollektion der letzten Jahre – und die neue Kollektion ist mindestens ebenso stark. Schon in der Basis, denn schon alle Gutsweine haben wir mit „sehr gut" bewertet. Der Riesling zeigt reintönige Frucht, ist lebhaft, klar und zupackend, der Silvaner ist fruchtbetont und rauchig, klar und frisch. Auch die Scheurebe besticht mit Reintönigkeit, mit Frische und Grip. Unser Favorit in diesem Segment ist der intensive, fruchtbetonte Sauvignon Blanc mit seiner feinen süßen Frucht. Die Ortsweine präsentieren sich geschlossen auf sehr hohem

Niveau. Der Silvaner ist würzig, rauchig, herrlich präzise und druckvoll, der intensiv fruchtige Weißburgunder ist füllig und saftig, recht süß. Der Riesling vom Rotliegenden ist frisch und reintönig, zupackend und strukturiert, aber auch im Jahrgang 2017 gefällt uns der Riesling vom Porphyr wieder ein klein wenig besser, ist etwas druckvoller und stoffig, dabei mineralisch-bitter. Der Reserve-Sauvignon Blanc ist füllig, kraftvoll und konzentriert wie auch der Reserve-Chardonnay, der etwas druckvoller und komplexer ist. Der Versteigerungs-Riesling EMT ist würzig und eindringlich, kraftvoll, stoffig, zupackend, noch enorm jugendlich, hat Potenzial. Die beiden Großen Gewächse sehen wir in diesem Jahr gleichauf – auch wenn wir eine minimale Präferenz für den Höllberg zugeben müssen. Er ist konzentriert, kraftvoll, stoffig, enorm druckvoll und nachhaltig, und dass er gut reifen wird, zeigt der immer noch sehr jugendliche 2013er, der sich in blendender Verfassung präsentiert. Der Heerkretz ist etwas würziger, aber ebenso kraftvoll und nachhaltig. Den Wein aus dem Scharlachberg konnten wir nur bei der Vorpremiere der Großen Gewächse verkosten, er scheint knapp hinter seinen beiden Kollegen zu liegen, ist schön mineralisch. Nicht nur trocken, auch süß überzeugt Daniel Wagner im Jahrgang 2017, vom reintönigen, lebhaften Kabinett über die rauchig-kraftvolle Heerkretz-Spätlese bis hin zu den faszinierend frischen, zupackenden Auslesen. Bravo!

Daniel Wagner

Weinbewertung

85	2017 Silvaner trocken **12 %/9,- €**
85	2017 Scheurebe **12 %/9,40 €**
85	2017 Riesling trocken **12 %/9,40 €**
87	2017 Sauvignon Blanc trocken **13 %/13,50 €**
88	2017 Silvaner trocken Siefersheim **13 %/17,- €**
87	2017 Weißburgunder trocken Siefersheim **12,5 %/17,- €**
89	2017 Riesling trocken „vom Porphyr" Siefersheim **13 %/17,- €**
88	2017 Riesling trocken „Rotliegend" Neu-Bamberg **13 %/17,- €**
88	2017 Sauvignon Blanc trocken „Reserve" **13 %/16,- €**
89	2017 Chardonnay trocken „Reserve" **13 %/24,- €**
91	2017 Riesling trocken „EMT" **13 %/Vst.**
92	2013 Riesling „GG" Höllberg Siefersheim **13 %**
93	2017 Riesling „GG" Höllberg Siefersheim **13 %/30,- €**
93	2017 Riesling „GG" Heerkretz Siefersheim **13 %/37,- €**
87	2017 Riesling Kabinett Siefersheim **9,5 %/11,50 €**
88	2017 Riesling Spätlese Heerkretz Siefersheim **8,5 %/17,- €/0,5l**
91	2017 Riesling Auslese Heerkretz Siefersheim **7,5 %/25,- €**
90	2017 Riesling Auslese Höllberg Siefersheim **8 %/20,- €/0,5l**

LAGEN

HEERKRETZ (SIEFERSHEIM)
HÖLLBERG (SIEFERSHEIM)
GOLDENES HORN (SIEFERSHEIM)
SCHARLACHBERG (BINGEN)

REBSORTEN

RIESLING (50 %)
BURGUNDERSORTEN (25 %)
SILVANER (15 %)

W

A. WAIGAND

★★☆

KONTAKT

Dr. Vits-Straße 8
63906 Erlenbach am Main
Tel. 09372-4596
Fax: 09372-940230
www.waigand-wein.de
kontakt@waigand-wein.de

Inhaber
Albert Waigand
Ansprechpartner
Verena Waigand-Sacher
Kellermeister
Albert & Verena Waigand
Rebfläche
2 Hektar
Produktion
12.000 Flaschen

BESUCHSZEITEN

nach Vereinbarung
Häckerwirtschaft (4 x im Jahr)

Alois Waigand pflanzte kurz nach dem Zweiten Weltkrieg die ersten Reben. Nach und nach erwarb er weitere Parzellen im Erlenbacher Hochberg. Heute führen Albert und Heike Waigand den Betrieb, unterstützt von Tochter Verena, die nach Weinküferlehre ihr Studium der Weinbetriebswirtschaft in Heilbronn abgeschlossen hat. Die Weinberge liegen alle in Querterrassen im steilen Erlenbacher Hochberg, wo die Reben wie im unmittelbar angrenzenden Klingenberger Schlossberg auf roten Buntsandsteinböden wachsen. An weißen Sorten, welche die Hälfte der Fläche einnehmen, werden Silvaner, Müller-Thurgau, Riesling und Weißburgunder angebaut, wichtigste rote Rebsorte ist Spätburgunder, daneben gibt es ein wenig Portugieser, sowie Dornfelder und Cabernet Mitos, die ältesten Portugieserreben wurden 1951 gepflanzt. Die Weine werden teils im Edelstahl, teils im Holz (Weißburgunder und Spätburgunder) ausgebaut. Zusammen mit der Stadt Erlenbach wurde ein brachliegender Weinberg in der Teillage Felsenröder 2014 neu bestockt, aus dem einmal ein Premium-Spätburgunder entstehen soll.

Kollektion

Eine sehr gleichmäßige, wie gewohnt absolut zuverlässige Kollektion an trockenen Weinen präsentieren Albert Waigand und Tochter Verena in diesem Jahr, Weiß- und Rotweine überzeugen gleichermaßen. Der einzige vorgestellte 2017er ist der Silvaner Kabinett, der feine Frische, gute Struktur und Frucht besitzt. Fülliger und reifer ist die Silvaner Spätlese aus dem Jahrgang 2016, würziger und konzentrierter. Der Riesling Kabinett ist frisch und klar, würzig und fruchtbetont, die Weißburgunder Spätlese zeigt deutliche Reifenoten, besitzt gute Fülle, Kraft und Substanz. Die Spätburgunder betören wie gewohnt mit reintöniger Frucht, setzen mehr auf Frische und Eleganz denn auf Kraft und Konzentration. Der „Basis“-Spätburgunder zeigt herrlich viel Frucht im Bouquet, Erdbeeren und Kirschen, ist frisch, fruchtbetont und zupackend im Mund. Ein klein wenig besser noch gefällt uns der Churfranken-Spätburgunder, der mit reintöniger Frucht, gute Struktur und Frische überzeugt.

Weinbewertung

84	2017 Silvaner Kabinett trocken Erlenbacher Hochberg	**12,5 %/6,50 €**
85	2016 Riesling Kabinett trocken „Buntsandstein“ Hochberg	**12 %/9,20 €**
85	2016 Silvaner Spätlese trocken Erlenbacher Hochberg	**13 %/9,- €**
85	2015 Weißburgunder Spätlese trocken Erlenbacher Hochberg	**14,5 %/14,- €**
85	2016 Spätburgunder trocken Erlenbacher Hochberg	**12 %/8,50 €**
86	2016 Spätburgunder trocken „Churfranken“ Hochberg	**12,5 %/9,50 €**

WALDBÜSSER

★

N

KONTAKT

Lerchenhof 1
71711 Kleinbottwar
Tel. 07148-8353
Fax: 07148-923210
www.weingut-waldbuesser.de
info@weingut-waldbuesser.de

Inhaber
Dieter & Steffen Waldbüsser
Rebfläche
5 Hektar
Produktion
40.000 Flaschen

BESUCHSZEITEN

Di.-Fr. 17-18:30 Uhr

Das Weingut Waldbüsser liegt in Kleinbottwar im Bottwartal. Seit 1981 füllt man selbst Wein auf Flaschen, zuvor hatte man die Trauben an die Genossenschaft abgeliefert. Dieter und Iris Waldbüsser werden seit 2013 von Sohn Steffen unterstützt, der sich vor allem um den Weinausbau kümmert. In den Lagen Götzenberg und Lichtenberg werden zu drei Viertel rote Rebsorten angebaut, Trollinger, Lemberger und Spätburgunder, aber auch Merlot, Cabernet Franc und Dornfelder. An weißen Rebsorten gibt es Riesling, Grauburgunder, Weißburgunder und Müller-Thurgau. Die Weine werden gutsintern mit 1 bis 3 Sternen gekennzeichnet, auf Lagen- und Prädikatsangaben wird verzichtet. Die 3 Sterne-Rotweine werden länger auf der Maische vergoren und in kleinen Holzfässern ausgebaut. In der Weinstube werden schwäbische Spezialitäten angeboten.

Kollektion

Ein starkes Debüt geben Dieter und Steffen Waldbüsser – womit wir nun schon fünf Weingüter aus dem kleinen Bottwartal empfehlen! Der weiße Teil der Kollektion präsentiert sich geschlossen, der reintönige, fruchtbetonte Grauburgunder gefällt uns besonders gut, der Muskat-Trollinger Rosé ist wunderschön fruchtbetont und intensiv. Deutlich stärker ist der rote Teil der Kollektion, der sich ebenfalls sehr geschlossen präsentiert. Der 2 Sterne-Lemberger ist wunderschön fruchtbetont und reintönig, auch Merlot und Cabernet Franc glänzen mit Reintönigkeit und Frucht, sind geradlinig, strukturiert, zupackend. Der Spätburgunder ist fruchtbetont, lebhaft, strukturiert, der 3 Sterne-Lemberger ist kraftvoll und noch sehr jugendlich, besitzt reintönige Frucht, gute Struktur und Substanz. Noch ein klein wenig besser gefällt uns die rote Cuvée Mauritius aus Cabernet Mitos, Merlot, Cabernet Franc und Lemberger, zeigt intensive Frucht, rauchige Noten, besitzt viel reife Frucht und Substanz.

Weinbewertung

81 2017 „Cuvée Blanc" Weißwein trocken** **12 %/6 ,-€**
81 2017 Weißburgunder trocken** **13 %/7,50 €**
83 2017 Grauburgunder trocken** **13,5 %/7,80 €**
82 2017 Riesling „feinherb"** **12,5 %/6,50 €**
82 2017 Rosé „feinherb" „DIS"** **12 %/5,80 €**
83 2017 Muskat-Trollinger Rosé** **11 %/6,90 €**
83 2015 Lemberger trocken** **13 %/6,80 €**
85 2016 Merlot trocken** **13 %/9,20 €**
85 2016 Cabernet Franc trocken** **13,5 %/9,50 €**
84 2015 Spätburgunder trocken*** **13,5 %/11,50 €**
86 2015 Lemberger trocken*** **13,5 %/12,50 €**
87 „Mauritius" Rotwein trocken*** **13,5 %/14,20 €**

W

WALLDORF-PFAFFENHOF

★★

KONTAKT

Mainzerstraße 50
55291 Saulheim
Tel. 06732-5055
Fax: 06732-63249
www.pfaffenhof.de
walldorf@pfaffenhof.de

Inhaber
Kerstin Walldorf-Dexheimer & Hans Jürgen Dexheimer
Rebfläche
13 Hektar
Produktion
75.000 Flaschen

BESUCHSZEITEN

Mo.-Fr. 9-12 + 15-18 Uhr,
Sa. 10-12 Uhr und nach Vereinbarung

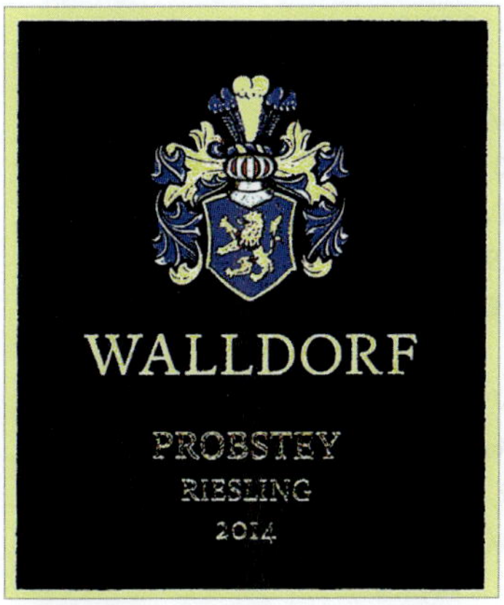

Das 1896 von Jakob Walldorf gegründete Weingut wird heute in vierter Generation von Kerstin Walldorf-Dexheimer und Hans Jürgen Dexheimer geführt. Sohn Maximilian hat seine Winzerlehre unter anderem bei Knipser absolviert, nach einem Auslandsaufenthalt in Neuseeland in Geisenheim studiert. Die Weinberge liegen hauptsächlich in den Saulheimer Lagen Hölle, Probstey und Haubenberg. Riesling nimmt knapp ein Fünftel der Rebfläche ein, es folgen Weiß-, Grau- und Spätburgunder sowie Silvaner. Dazu gibt es Müller-Thurgau und Sauvignon Blanc, Scheurebe und Gewürztraminer, weitere rote Rebsorten im Anbau sind Cabernet Sauvignon, Merlot, Dornfelder, Portugieser und Schwarzriesling. Die Weine werden teils im Edelstahl, teils in großen oder kleinen Eichenholzfässern ausgebaut. Die Kollektion ist eingeteilt in Gutsweine, Ortsweine und Lagenweine, von denen es derzeit Riesling und Spätburgunder gibt, beide aus der Saulheimer Probstey. Seit 2014 werden alle Weine spontanvergoren, die Ortsweine werden komplett im traditionellen Stückfass ausgebaut, die Gutsweine etwa zur Hälfte.

Kollektion

Die neuen Lagenweine waren zum Zeitpunkt unserer Verkostung noch nicht gefüllt, so dass man nochmals bereits verkostete Weine mitschickte. Die 2015er Probstey-Riesling zeigt feine dezente Reife, die 2012er Late Release-Version weist deutliche Reifenoten auf. Die 2017er Gutsweine sind frisch und klar, am besten gefällt uns der fruchtbetonte, reintönige Silvaner. Auch bei den deutlich fülligeren weißen Ortsweinen, Jahrgang 2016, macht der duftig-würzige Silvaner eine sehr gute Figur, der Riesling besitzt Substanz, viel reife Frucht, der Weißburgunder ist weich und cremig. Das Spätburgunder-Trio ist sehr gut, der Saulheimer Ortswein ist zupackend, strukturiert, der 2013 Probstey-Spätburgunder zeigt beginnende Reife, der 2014er ist kraftvoll, zupackend.

Weinbewertung

84 2017 Silvaner trocken **13 %/7,50 €**
83 2017 Weißburgunder trocken **13 %/7,- €**
83 2017 Grauburgunder trocken **13 %/6,80 €**
82 2017 Riesling trocken **12 %/7,20 €**
85 2016 Silvaner trocken Saulheimer **13 %/12,- €**
84 2016 Weißburgunder trocken Saulheimer **13 %/12,50 €**
85 2016 Riesling trocken Saulheimer **13,5 %/13,- €**
87 2015 Riesling trocken Saulheimer Probstey **13 %/18,- €**
86 2012 Riesling trocken Saulheimer Probstey (late release) **12,5 %/20,- €**
85 2015 Spätburgunder Saulheimer **13 %/20,- €**
87 2013 Spätburgunder Saulheimer Probstey **13 %/35,- €**
87 2014 Spätburgunder Saulheimer Probstey **13 %/40,- €**

Walter

★★☆

KONTAKT

Hauptstraße 188
56867 Briedel
Tel. 06542-98690
Fax: 06542-986925
www.weingut-walter.de
info@weingut-walter.de

Inhaber
Alfred & Gerrit Walter
Rebfläche
7,5 Hektar
Produktion
65.000 Flaschen

BESUCHSZEITEN

Mo.-Sa. nach Vereinbarung
Weinbistro Mai-Okt. Fr. + Sa. ab 18 Uhr
Ferienhaus „Domizil am Weingarten"

Seit 1568 betreibt die Familie Weinbau in Briedel. Heute wird das Gut von Alfred Walter und seinem Sohn Gerrit geführt, der nach seinem Studium in Geisenheim und einer Tätigkeit als Kellermeister des rheinhessischen Weinguts Dreißigacker in den Betrieb eingestiegen ist. Ihre Weinberge, inzwischen 7,5 Hektar, liegen überwiegend in Steillagen in Briedel (Weisserberg, Schäferlay) und Pünderich (Marienburg). Riesling ist die wichtigste Rebsorte im Betrieb, daneben gibt es ein wenig Weißburgunder, aber auch Müller-Thurgau, Dornfelder und Spätburgunder. 2012 wurde das neue Kelterhaus fertig gestellt, seither kann die ganze Traubenverarbeitung mittels Schwerkraft erfolgen. Vergrößert und erneuert wurden auch Abfüll- und Verkostungsbereich, neue Etiketten runden das moderne Erscheinungsbild ab. Von Mai bis Oktober öffnet freitags und samstags ein Weinbistro. Das Sortiment ist eingeteilt in Guts-, Orts- und Lagenweine, die Spitzenweine aus Marienburg und Weisserberg werden trocken, für Mosel-Verhältnisse sehr trocken ausgebaut; nur restsüße Weine tragen Prädikatsbezeichnungen.

Kollektion

Nicht zum ersten Mal zeigt das Weingut gelungene Basisweine und interessante Spitzen. Der Weißburgunder ist stoffig und angenehm trocken. Duftig präsentiert sich der trockene Briedeler Riesling, rassig und mit beachtlicher Substanz für einen Ortswein. Viel Schmelz besitzt der in der Nase noch verschlossene Riesling aus dem Weisserberg, er ist angenehm trocken. Etwas offener sein Lagenpendant aus der Marienburg – beide sind klar, geradlinig und sehr trocken ausgebaut. Der Weißburgunder aus dem Weisserberg kommt nicht ganz an die Qualität der Spitzenrieslinge heran, aber er ist ebenfalls wunderschön puristisch. Die Schäferlay Spätlese zeigt eine kühle Kernobstfrucht und eine rassige Art, ist nicht übertrieben süß und angenehm lang. ➡

Weinbewertung

85 2017 Weißburgunder trocken **12,5 %/7,90 €**
84 2017 Riesling trocken **12 %/7,90 €**
87 2017 Riesling trocken Briedeler **12,5 %/10,50 €**
87 2017 Weißburgunder trocken Weisserberg **13 %/13,- €**
86 2017 Riesling „feinherb" Briedeler **11,5 %/10,50 €**
85 2017 Riesling Kabinett Marienburg **9 %/a.A.**
88 2017 Riesling trocken Marienburg **12,5 %/16,- €**
87 2017 Riesling trocken Weisserberg **12,5 %/16,- €**
85 2017 Riesling Kabinett **9 %/7,90 €**
87 2017 Riesling Spätlese Briedeler Schäferlay **8 %/10,50 €**

W

Josef Walter

★★★

KONTAKT

Freudenberger Straße 21-23
63927 Bürgstadt
Tel. 09371-948766
Fax: 09371-948767
www.weingut-josef-walter.de
info@weingut-josef-walter.de

Inhaber
Christoph & Daniela Walter
Rebfläche
3,5 Hektar
Produktion
18.000 Flaschen

BESUCHSZEITEN

Mi. + Fr. 9-12, Mo.-Fr. 14-18 Uhr,
Sa. 9-14 Uhr u. n. Vereinbarung
Hoffest erstes Juliwochenende

WEINGUT JOSEF WALTER

Das Bürgstadter Weingut war ursprünglich ein landwirtschaftlicher Gemischtbetrieb, der nebenher auch Wein anbaute. Christoph Walter ist nach seiner Ausbildung in Veitshöchheim und Stationen bei verschiedenen Weingütern 1996 in den Betrieb eingestiegen und hat die Verantwortung im Keller übernommen. Er begann mit dem Barriqueausbau und konzentrierte sich ganz auf Wein. Heute führt er den Betrieb zusammen mit Ehefrau Daniela. Ihre Weinberge liegen alle in Bürgstadt, im Centgrafenberg und im Hundsrück. Drei Viertel der Rebfläche nehmen rote Rebsorten ein, vor allem Spätburgunder, der 70 Prozent der Fläche einnimmt, und Frühburgunder, aber auch etwas Domina und Regent. An weißen Rebsorten gibt es vor allem Silvaner und Riesling, dazu etwas Müller-Thurgau und Bacchus, der Kerner wurde gerodet, durch Riesling ersetzt. Neben dem Spätburgunder J (von 1982 gepflanzten) Reben gibt es heute zwei weitere Top-Spätburgunder, Pinot Noir (erstmals 2009) und Hundsrück (erstmals 2011).

Kollektion

Drei Silvaner hat Christoph Walter bisher noch nie gezeigt: Ein stimmiges Trio vom frischen geradlinigen Gutswein über den klaren, strukturierten Centgrafenberg hin zum kraftvollen Centgrafenberg S, der reife Frucht, gute Struktur und Substanz besitzt. Der 2014er Frühburgunder J zeigt rauchige Noten, dezenten Toast, besitzt feine Frische und reintönige Frucht. Gleichauf sehen wir den Spätburgunder J, ebenfalls aus 2014, er besitzt gute Struktur und Frucht, aber auch kräftige Tannine. Der Hundsrück-Spätburgunder, Jahrgang 2015 ist würzig und duftig, druckvoll und präzise bei einer dezenten Note von Bitterschokolade, noch sehr jugendlich. Aber Christoph Walters Weine reifen sehr gut, wie er uns jedes Jahr beweist, dieses Jahr mit fein gereiftem, elegantem Frühburgunder und Spätburgunder aus 2008.

Weinbewertung

83	2016 Pinot „Blanc de Noir" Sekt brut **12,5 %/16,- €**
83	2017 Silvaner trocken **12 %/5,50 €**
84	2017 Silvaner trocken Centgrafenberg **12 %/7,50 €**
86	2017 Silvaner „S" trocken Centgrafenberg **12,5 %/11,- €**
85	2012 Spätburgunder trocken Centgrafenberg **13,5 %/12,50 €**
89	2008 Frühburgunder „J" Centgrafenberg **14 %/22,- €**
88	2014 Frühburgunder „J" Centgrafenberg **13,5 %/22,- €**
88	2008 Spätburgunder „J" Centgrafenberg **13,5 %/22,- €**
88	2014 Spätburgunder „J" Centgrafenberg **13,5 %/22,- €**
87*	2007 Pinot „274" **13,5 %/30,- €**
88	2011 Pinot „274" **13 %/30,- €**
88	2015 Spätburgunder „J" Hundsrück **13,5 %/32,- €**

Walz

★

N

KONTAKT

Hauptstraße 34
79423 Heitersheim
Tel. 07634-553030
Fax: 07634-553033
www.weingut-walz.de
info@weingut-walz.de

Inhaber
Thomas Walz
Rebfläche
17,5 Hektar

BESUCHSZEITEN

Mo.-Fr. 9-12 + 13:30-18 Uhr,
Sa. 9:30-13 Uhr

Seit 1712 erzeugt die Familie Wein in Heitersheim. 1997 übernahm Thomas Walz den elterlichen Betrieb, führt ihn seither in dreizehnter Generation zusammen mit Ehefrau Nicole. Seine Weinberge verteilen sich auf verschiedene Lagen im Markgräflerland, so den Badenweiler Römerberg, den Heitersheimer Maltesergarten oder den Zunzinger Rosenberg. Gutedel und Spätburgunder sind die wichtigsten Rebsorten, hinzu kommen Grauburgunder, Weißburgunder und Chardonnay, Gewürztraminer und Muskateller. Die seit 1748 bestehende Gaststube „Zum Schiff" wurde restauriert und steht für Weinproben und Tagungen zur Verfügung – und ist Namensgeber für die Top-Linie des Weingutes, die Flaggschiff-Weine, die in kleinen oder großen Eichenholzfässern ausgebaut werden.

Kollektion

Eine sehr gleichmäßige Kollektion präsentiert Thomas Walz zum Debüt mit kraftvollen weißen und roten Flaggschiff-Weinen an der Spitze. Im weißen Segment gefällt uns der duftige Flaggschiff-Chardonnay aus dem Römerberg besonders gut, der deutlich von Vanillenoten geprägt ist, Fülle, Saft und Substanz besitzt. Der fruchtbetonte, reintönige Grauburgunder aus dem Zunzinger Rosenberg steht ihm kaum nach, er ist klar, frisch und zupackend. Die edelsüßen Flaggschiff-Weine sind sehr vom hohen Alkohol geprägt, das gilt für die Spätburgunder Trockenbeerenauslese und mehr noch für die Gewürztraminer Beerenauslese. Spätburgunder gefällt uns besser in seiner trockenen Form, wobei sich hier zwei Flaggschiff-Weine ein Kopf-an-Kopf-Rennen liefern: Der Wein von alten Reben besitzt feine rauchige Noten, gute Konzentration, reife Frucht und Struktur, der Spätburgunder aus dem Römerberg ist noch etwas konzentrierter, deutlich vom Holzausbau geprägt, besitzt aber klare Frucht, gute Struktur und Frische.

Weinbewertung

81 2017 Grauburgunder trocken **13 %/7,90 €**
82 2017 Gutedel „Bildstöckle" Heitersheimer Maltesergarten **12 %/6,90 €**
82 2016 Chasselas trocken (Flaggschiff) Heitersheimer Maltesergarten **13 %/12,90 €**
81 2017 Weißer Burgunder trocken Heitersheimer Maltesergarten **13 %/9,90 €**
84 2017 Grauer Burgunder trocken Zunzinger Rosenberg **14 %/9,90 €**
82 2016 Chardonnay trocken Zunzinger Rosenberg **13 %/9,90 €**
85 2016 Chardonnay trocken (Flaggschiff) Badenweiler Römerberg **13 %/19,90 €**
84 2017 Gewürztraminer Beerenauslese (Flaggschiff) Römerberg **15 %/49,- €/0,375l**
82 2015 Spätburgunder trocken „Eichenfass" Maltesergarten **13 %/9,90 €**
85 2016 Spätburgunder trocken (Flaggschiff) „Alte Rebe" **13,5 %/12,90 €**
86 2015 Spätburgunder trocken (Flaggschiff) Badenweiler Römerberg **13,5 %/24,- €**
84 2015 Spätburgunder Trockenbeerenauslese (Flaggschiff) **12,5 %/117,80 €/0,375l**

Wasem

★☆

KONTAKT

Edelgasse 5
55218 Ingelheim
Tel. 06132-2220
Fax: 06132-2448
www.weingut-wasem.de
info@wasem.de

Inhaber
Burkhard & Holger Wasem
Rebfläche
34 Hektar
Produktion
280.000 Flaschen

BESUCHSZEITEN

Mo.-Fr. 7:30-18:30 Uhr,
Sa. 9:30-18 Uhr, So. 12-17 Uhr
Wasems Kloster Engelthal,
Weinhotel Wasem

Die Familie Wasem baut nachweislich seit 1726 Wein an. Der Rodensteiner Hof in Ober-Ingelheim, Sitz des Weingutes, gehörte im 17. Jahrhundert dem Adelsgeschlecht Ritter Hundt von Saulheim. 1912 begann Julius Wasem mit der Selbstvermarktung, als Erster in Ingelheim. Bekannt wurde er unter anderem als Erhaltungszüchter der Sorte Frühburgunder. Heute führen Burkhard und Holger Wasem den Betrieb. Ihre Weinberge liegen in verschiedenen Ingelheimer Lagen wie Horn, Pares, Sonnenhang, Burgberg oder Schlossberg, aber auch in der Elsheimer Blume. Zwei Drittel der Weinberge sind mit roten Reben bepflanzt: Spätburgunder und Frühburgunder vor allem, aber auch Portugieser, St. Laurent, Merlot und Cabernet Sauvignon. Wichtigste weiße Sorten sind Grauburgunder, Weißburgunder und Riesling.

Kollektion

Dass die Weißweine zugelegt haben, konstatierten wir im vergangenen Jahr, und sie bestätigen dies mit der neuen Kollektion. Der Grauburgunder aus dem Sonnenhang zeigt intensive Frucht im Bouquet, gelbe Früchte, besitzt Fülle und Saft, reife süße Frucht und gute Struktur. Viel Würze und reife Frucht zeigt der Riesling aus der Elsheimer Blume, besitzt gute Struktur, Frische und Kraft; auch die würzige, etwas litschi- und zitrusduftige Riesling Auslese ist sehr gut. Der Frühburgunder aus dem Ingelheimer Horn zeigt intensive Frucht im Bouquet, Erdbeeren, besitzt feine reife Frucht und Biss. Der Pares-Spätburgunder ist fruchtbetont, klar und zupackend, deutlich mehr Fülle und Spannung besitzt der Spätburgunder aus dem Sonnenhang, er zeigt intensive Frucht im Bouquet, ist klar und zupackend im Mund, besitzt reife Frucht, gute Struktur und Frische. Eine stimmige, gelungene Kollektion.

Weinbewertung

82	2016 „Blanc de Noir" Sekt brut **12,5 %/11,- €**
83	2017 Weißer Burgunder trocken Elsheimer **13 %/7,50 €**
80	2017 Riesling trocken (1l) **13 %/4,50 €**
81	2017 Grauer Burgunder trocken **13 %/7,- €**
86	2017 Riesling trocken Elsheimer Blume **13 %/10,50 €**
86	2016 Grauer Burgunder trocken Ingelheimer Sonnenhang **13,5 %/13,50 €**
86	2016 Riesling Auslese **7 %/15,- €**
82	2015 Spätburgunder trocken **13 %/6,50 €**
82	2015 „Einzylinder" Rotwein trocken **13 %/11,20 €**
84	2015 Spätburgunder trocken Ingelheimer Pares **14 %/11,50 €**
86	2016 Spätburgunder trocken Ingelheimer Sonnenhang **13,5 %/15,50 €**
85	2015 Frühburgunder trocken Ingelheimer Horn **13,5 %/22,- €**

Fritz Wassmer

★★★★

KONTAKT

Lazariterstraße 2
79189 Bad Krozingen-Schlatt
Tel. 07633-3965
Fax: 07633-4458
www.weingut-wassmer-schlatt.de
mail@weingutfritzwassmer.de

Inhaber
Fritz Waßmer
Rebfläche
38 Hektar
Produktion
192.000 Flaschen

BESUCHSZEITEN

Mo.-Fr. 9-18 Uhr, Sa. 10-16 Uhr,
April bis Juni: täglich 8-20 Uhr

Fritz Waßmer stammt aus Schlatt im Markgräflerland, baut wie sein Bruder Martin nicht nur Wein an, sondern auch Erdbeeren und Spargel, dazu verkauft er Weihnachtsbäume. 1999 hat er sich erste Weinberge im Breisgau gekauft, erzeugte in diesem Jahr seine ersten Rotweine, zwei Jahre später die ersten Weißweine. 2003 haben die neu gepflanzten Burgunderklone ihren ersten Ertrag gebracht. Im Breisgau liegt auch heute noch das Gros seiner Weinberge, dort ist er in Lagen wie Kenzinger Roter Berg, Malterdinger Bienenberg, Bombacher Sommerhalde oder in den Kleinterrassen im Herbolzheimer Kaiserberg vertreten. Aber auch im Markgräflerland ist er aktiv, unter anderem im Staufener Schlossberg, am Kaiserstuhl ist er im Achkarrer Schlossberg vertreten. Zu über 60 Prozent baut er Pinot Noir an. Er pflanzte ausschließlich Klone aus Burgund, auf schwach tragenden Unterlagsreben, bis zu 13.000 Stock je Hektar. Grauburgunder und Weißburgunder sind die nächst wichtigen Rebsorten, dazu gibt es Syrah, Chardonnay, Viognier, Merlot, Cabernet Sauvignon, Auxerrois und Riesling. Die Trauben werden in kleinen Kisten nach Schlatt transportiert und dort verarbeitet. Alle Spätburgunder werden spontanvergoren, teils in Holzgärtanks, teils in Edelstahltanks. Anfangs verzichtete Fritz Waßmer auf Lagenbezeichnungen, erst mit dem Jahrgang 2011 steht bei Weißweinen auf den Topweinen die Lage auf dem Etikett, Weißburgunder und Chardonnay kommen aus dem Staufener Schlossberg, der Grauburgunder aus der Bombacher Sommerhalde, mit dem Jahrgang 2015 kam ein Grauburgunder aus dem Achkarrer Schlossberg hinzu. Bei Rotweinen dauerte es vier Jahre länger, erst seit dem Jahrgang 2015 tragen die Top-Rotweine Lagennamen auf dem Etikett. Es sind dies die Spätburgunder aus Sommerhalde, Roter Berg und Kaiserberg, der Merlot Roter Berg, der Cabernet Franc vom Kaiserberg, der Cabernet Sauvignon vom Staufener Schlossberg und der Syrah vom Achkarrer Schlossberg.

Kollektion

Eine ganze starke und umfangreiche Kollektion präsentierte Fritz Waßmer im vergangenen Jahr, Weiß- und Rotweine imponierten gleichermaßen, der Cabernet Sauvignon vom Staufener Schlossberg bekam unsere höchste Bewertung. In diesem Jahr ist die vorgestellte Kollektion nicht ganz so umfangreich. Fünf Weißweine wurden vorgestellt, ausschließlich Lagenweine, also ausschließlich aus dem Top-Segment, ein Weißburgunder und je zwei Grauburgunder und Chardonnay. Der Weißburgunder vom Staufener Schlossberg zeigt gute Konzentration, reife Frucht, weiße und gelbe Früchte, besitzt Fülle, Kraft und gute Struktur, ist sehr cremig. Der Grauburgunder aus der Sommerhalde besitzt reintönige Frucht, Fülle, Saft und Substanz, entwickelt aber auch mit Luft keine Komplexität, was auch für den Graubur-

gunder vom Achkarrer Schlossberg gilt, der ebenfalls viel reife Frucht und Substanz besitzt. Deutlich spannender sind die beiden Chardonnay. Der Wein vom Staufener Schlossberg zeigt intensive Frucht, etwas gelbe Früchte, dezent Banane, ist füllig und kraftvoll, besitzt gute Struktur und Substanz. Den intensiv fruchtigen Chardonnay Roter Berg sehen wir gleichauf, er besitzt viel reife Frucht, Substanz und Wärme. Der Spätburgunder-Gutswein ist geradlinig und frisch, der Alte Reben druckvoll und präzise. Der XXL besitzt reife Frucht, Säure, Frische und Biss – Jahrgang 2006 ist weich und füllig, immer noch in Form, damals war der XXL der Spitzen-Spätburgunder von Fritz Waßmer. Der CCL zeigt rauchig-würzige Noten, ist enorm füllig, saftig und konzentriert. Der Spätburgunder Roter Berg ist konzentriert, duftig, besitzt gute Struktur, Frucht und Präzision. Der Wein aus der Sommerhalde zeigt rauchige Noten, feinen Toast, etwas Gewürze, ist klar, präzise und druckvoll bei reifer Frucht. Ein ganz anderer Typ ist der Kaiserberg-Spätburgunder, zeigt etwas Kirschen, ist füllig, kompakt, besitzt gute Struktur und Länge. Der Syrah ist kraftvoll, geradlinig, der Merlot Roter Berg zeigt etwas rote Früchte und Kräuter, ähnlich der Cabernet Sauvignon mit seiner dezenten Cassisnote. Unser Favorit außerhalb der Spätburgunder ist der Cabernet Franc aus dem Kaiserberg, der reintönige Frucht besitzt, gute Fülle, Substanz und Komplexität. Erneut eine ganz starke Kollektion von Fritz Waßmer!

Fritz Waßmer

Weinbewertung

89	2016 Weißer Burgunder Schlossberg Staufen **13,5 %/48,- €**
88	2016 Grauer Burgunder Sommerhalde Bombach **13,5 %/48,- €**
88	2016 Grauer Burgunder Schlossberg Achkarren **13,5 %/48,- €**
90	2016 Chardonnay Schlossberg Staufen **13,5 %/48,- €**
90	2016 Chardonnay Roter Berg Kenzingen **13,5 %/48,- €**
84	2016 Spätburgunder trocken **13,5 %/9,30 €**
87	2016 Spätburgunder „Alte Reben" **13,5 %/29,- €**
89	2016 Syrah trocken **13,5 %/29,- €**
90	2006 Spätburgunder „XXL" trocken
88	2016 Spätburgunder „XXL" trocken **13,5 %/39,- €**
90	2016 Spätburgunder „CCL" trocken **13,5 %/68,- €**
92	2016 Spätburgunder Sommerhalde Bombach **13,5 %/56,- €**
91	2016 Spätburgunder Roter Berg Kenzingen **13,5 %/78,- €**
92	2016 Spätburgunder Kaiserberg Herbolzheim **13,5 %/126,- €**
89	2016 Merlot Roter Berg Kenzingen **13,5 %/78,- €**
89	2016 Cabernet Sauvignon Schlossberg Staufen **13,5 %/78,- €**
91	2016 Cabernet Franc Kaiserberg Herbolzheim **13,5 %/78,- €**

LAGEN

SCHLOSSBERG (STAUFEN)
SOMMERHALDE (BOMBACH)
SCHLOSSBERG (ACHKARREN)
ROTER BERG (KENZINGEN)
BIENENBERG (MALTERDINGEN)
KAISERBERG (HERBOLZHEIM)

REBSORTEN

SPÄTBURGUNDER (61 %)
GRAUBURGUNDER (13 %)
WEISSBURGUNDER (12 %)
SYRAH (3 %)
CHARDONNAY (3 %)
VIOGNIER (2 %)
MERLOT (2 %)
CABERNET SAUVIGNON (2 %)
AUXERROIS (1 %)
RIESLING (1 %)

MARTIN WASSMER

★★★★☆

KONTAKT

Am Sportplatz 3
79189 Bad Krozingen-Schlatt
Tel. 07633-15292
Fax: 07633-13384
www.weingut-wassmer.de
wassmer-krozingen@t-online.de

Inhaber
Martin Waßmer
Rebfläche
35 Hektar
Produktion
185.000 Flaschen

BESUCHSZEITEN

April-Juni tägl. 8-20 Uhr, sonst Mo.-Sa. 9-18 Uhr oder nach Vereinbarung
Weinprobierstube, Bauernladen

Martin Waßmer stammt aus einem landwirtschaftlichen Betrieb, der schon seit Generationen auch Weinbau betreibt. Während seiner Ausbildung zum Koch begann er 1980 mit dem Anbau von Spargel. Spargel und Erdbeeren sind flächenmäßig seine wichtigsten landwirtschaftlichen Produkte. Seine Liebe gilt aber dem Wein. Durch Seminare und Besuche bei Winzern im In- und Ausland verschaffte er sich Kenntnisse im Weinan- und -ausbau und er beschloss selbst Wein zu erzeugen. 1998 lieferte er zum letzten Mal an die Genossenschaft ab. Die Reben standen ursprünglich nur im Schlatter Maltesergarten, im Bad Krozinger Steingrüble und im Laufener Altenberg. Seither hat er sein Lagen-Portfolio erweitert, ist heute im Dottinger Castellberg und im Staufener Schlossberg vertreten, ebenso im Auggener Letten und im Ehrenstetter Ölberg, alles bekannte Lagen im Markgräflerland, inzwischen besitzt er aber auch im Breisgau Weinberge, im Glottertal genau genommen, in der Lage Roter Bur. Wichtigste Rebsorte ist ganz klar der Spätburgunder, der 60 Prozent der Weinberge von Martin Waßmer einnimmt. Hinzu kommen Weißburgunder und Grauburgunder, Chardonnay und Sauvignon Blanc, sowie ein wenig Riesling, Muskateller, Müller-Thurgau, Gewürztraminer und Gutedel. Alle Weine werden möglichst mit ihren natürlichen Hefen vergoren und recht lange auf der Hefe ausgebaut. Die Rotweine kommen alle ins Holzfass, die besten Qualitäten ins Barrique. Die Klärung erfolgt durch Absetzen der Schwebstoffe, filtriert wird möglichst nicht. Anfangs gab es nur trockene Weine bei Martin Waßmer, in den letzten Jahren aber wartet er immer wieder auch mit edelsüßen Weinen auf. An der Spitze des Sortiments stehen Lagenweine, die Topweine werden als „GC" bezeichnet. In dieser Linie, die die SW-Linie als vormalige Top-Linie ablöste, gab es seit 2003 einen Pinot Noir ohne Lagenbezeichnung, aus dem dann mit dem Jahrgang 2009 zwei Weine mit Lagenbezeichnung wurden, die Pinot Noir von Maltesergarten und Castellberg. Im gleichen Jahrgang 2009 gab es mit Weißburgunder und Chardonnay aus dem Castellberg erstmals zwei weiße GC-Weine. 2011 gab es erstmals einen Grauburgunder GC aus dem Castellberg, 2012 einen Grauburgunder GC aus dem Auggener Letten, seit dem Jahrgang 2014 komplettieren die GC-Spätburgunder aus dem Ehrenstetter Ölberg und dem Glottertäler Roter Bur das Top-Segment.

Kollektion

Eine umfangreiche Kollektion präsentiert Martin Waßmer – und die Kollektion ist stark! Die beiden Sekte sind gekonnt vinifiziert, besitzen Komplexität und Länge. Die weiße SW-Linie präsentiert sich geschlossen, die Weine sind kraftvoll, besitzen gute Struktur, reife Frucht und Substanz, der rauchige, zupackende Chardonnay und der intensiv fruchtige, füllige Sauvignon Blanc gefallen uns besonders gut. Es folgen sechs Lagen-Weißweine, zwei Weißburgunder, drei Grauburgunder und ein Chardonnay. Letzterer ist

Martin Waßmer

großartig: Der Wein aus dem Castellberg zeigt viel reife Frucht, rauchige Noten, besitzt Fülle, Kraft, gute Struktur, ist noch enorm unruhig und jugendlich, braucht viel Zeit. Der Weißburgunder vom Staufener Schlossberg ist lebhaft, reintönig und zupackend, der vom Castellberg zeigt intensive Würze und Toast, ist noch allzu jugendlich. Die drei Grauburgunder zeigen geschlossen hervorragendes Niveau: Achkarrer Schloss intensiv, druckvoll, Castellberg kraftvoll, zupackend, Auggener Letten mit deutlicher Schärfe, rauchig, jugendlich, der eigenwilligste der drei Grauburgunder. Hervorragend sind auch der stoffige Syrah und die kraftvolle Cuvée Chapelle. Und natürlich die Spätburgunder! Schon der SW ist betörend frisch und lebhaft, Roter Bur fasziniert mit Reintönigkeit, Frische und Grip, der Wein aus dem Ölberg besitzt Substanz und Kraft. An der Spitze liefern sich die beiden üblichen Verdächtigen ein Kopf-an-Kopf-Rennen: Castellberg floral, reintönig, viel Säure und Frische, Maltesergarten intensiv, kraftvoll, stoffig, druckvoll, enorm jugendlich. Großartige Kollektion!

Weinbewertung

88	2015 Pinot Chardonnay Sekt brut **13 %/15,50 €**
88	2014 Pinot Rosé Sekt brut **12,5 %/15,50 €**
88	2017 Sauvignon Blanc „SW" Spätlese trocken Markgräflerland **13,5 %/18,50 €**
86	2017 Weißer Burgunder „SW" Spätlese trocken Maltesergarten **13,5 %/14,50 €**
86	2017 Grauer Burgunder „SW" trocken Markgräflerland **13,5 %/17,50 €**
87	2017 Chardonnay „SW" trocken Markgräflerland **13,5 %/18,50 €**
88	2017 Weißer Burgunder Spätlese trocken Staufener Schlossberg **13,5 %/29,- €**
91	2017 Grauer Burgunder Spätlese trocken Achkarrer Schlossberg **13,5 %/45,- €**
89	2017 Weißer Burgunder „GC" Spätlese trocken Dottinger Castellberg **13,5 %/38,- €**
90	2011 Grauer Burgunder „GC" Spätlese trocken Dottinger Castellberg **14 %**
90	2017 Grauer Burgunder „GC" Spätlese trocken Dottinger Castellberg **13,5 %/38,- €**
91	2017 Grauer Burgunder „GC" Spätlese trocken Auggener Letten **14 %/42,- €**
93	2017 Chardonnay „GC" Spätlese trocken Dottinger Castellberg **13,5 %/58,- €**
85	2016 Spätburgunder trocken Markgräflerland **13,5 %/9,50 €**
87	2016 „Calmo" Rotwein trocken Markgräflerland **13,5 %/18,- €**
91	2013 Spätburgunder „SW" trocken Schlatter **13,5 %**
90	2016 Spätburgunder „SW" trocken Schlatter **13,5 %/28,- €**
90	2016 „Chapelle" Rotwein trocken Ehrenstetter Ölberg **13,5 %/66,- €**
91	2016 Syrah trocken Dottinger Castellberg **13,5 %/44,- €**
92	2015 Spätburgunder „GC" trocken Glottertäler Roter Bur **13,5 %/45,- €**
92	2016 Spätburgunder „GC" trocken Ehrenstetter Ölberg **13,5 %/45,- €**
94	2016 Pinot Noir „GC" trocken Dottinger Castellberg **13,5 %/68,- €**
95	2016 Pinot Noir „GC" trocken Schlatter Maltesergarten **13,5 %/49,- €**

LAGEN

MALTESERGARTEN (SCHLATT)
CASTELLBERG (DOTTINGEN)
LETTEN (AUGGEN)
ÖLBERG (EHRENSTETTEN)
SCHLOSSBERG (STAUFEN)
ALTENBERG (LAUFEN)
ROTER BUR (GLOTTERTAL)
SCHLOSSBERG (ACHKARREN)

REBSORTEN

SPÄTBURGUNDER (60 %)
WEISSBURGUNDER (10 %)
GRAUBURGUNDER (10 %)
SAUVIGNON BLANC (5 %)
CHARDONNAY (5 %)

WEBER

★★

KONTAKT

Im Offental 1
77955 Ettenheim
Tel. 07822-8948-0
Fax: 07822-8948-12
www.weingut-weber.de
info@weingut-weber.de

Inhaber
Michael Weber
Rebfläche
20 Hektar
Produktion
150.000 Flaschen

BESUCHSZEITEN

Mo.-Fr. 10-18 Uhr, Sa. 10-14 Uhr

Nach dem Zweiten Weltkrieg kauften Kosmas und Frieda Weber das Land vom damaligen Erzbergwerk, zunächst um Walnussbäume zu pflanzen, später folgte dann Wein. 1975 errichteten Werner und Margot Weber das Weingut am Rand der Weinberge, seit 1978 gab es eine Straußwirtschaft, seit 1999 ist diese ganzjährig geöffnet, wurde zum Restaurant. Sohn Michael ist für den Wein verantwortlich, während seine Schwestern sich um Büro respektive Restaurant kümmern. Die Weinberge liegen alle im Ettenheimer Kaiserberg, wo die Reben auf tiefgründigen, lehmhaltigen Lössböden wachsen. Grauburgunder und Weißburgunder sind die wichtigsten Rebsorten im Betrieb, nehmen jeweils 30 Prozent der Rebfläche ein, dicht gefolgt von Spätburgunder, dazu gibt es Müller-Thurgau, Riesling, Scheurebe und Sauvignon Blanc, hinzu kommen Spezialitäten wie Chardonnay oder Gewürztraminer sowie ein klein wenig Cabernet Cubin und Cabernet Mitos. Das Sortiment ist in drei Kategorien eingeteilt: Liter, Selektion („SE") und Premium.

Kollektion

Die gleichmäßige Kollektion des vergangenen Jahres wurde angeführt von einem faszinierenden Barrique-Spätburgunder. Ein solches Highlight wurde in diesem Jahr nicht präsentiert, aber alle Weine zeigen durchweg gutes und sehr gutes Niveau. Die weißen SE-Weine sind fruchtbetont und sortentypisch, unsere leichte Präferenz gilt der wunderschön reintönigen Scheurebe, die feine süße Frucht und Biss besitzt. Angeführt wird die Kollektion von den drei vorgestellten Premium-Weißweinen: Der Weißburgunder ist füllig und saftig, besitzt reife süße Frucht, der Grauburgunder ist zupackend, strukturiert, der Chardonnay lebhaft und zupackend bei reintöniger Frucht. Die Black Forest-Cuvée aus Cabernet Cubin, Spätburgunder und Cabernet Mitos ist enorm würzig, besser gefällt uns der SE-Spätburgunder mit seiner feinen süßen Frucht. —

Weinbewertung

82 2017 Riesling „SE" trocken Ettenheimer Kaiserberg **12 %/9,- €**
82 2017 Weißer Burgunder „SE" trocken Ettenheimer Kaiserberg **12,5 %/9,- €**
82 2017 Grauer Burgunder „SE" trocken Ettenheimer Kaiserberg **12,5 %/9,- €**
82 2017 Sauvignon Blanc „SE" trocken Ettenheimer Kaiserberg **12 %/9,50 €**
85 2016 Weißer Burgunder trocken „Premium" Ettenheimer Kaiserberg **13,5 %/15,- €**
84 2016 Grauer Burgunder trocken „Premium" Ettenheimer Kaiserberg **13,5 %/15,- €**
85 2016 Chardonnay trocken „Premium" Ettenheimer Kaiserberg **13,5 %/15,- €**
83 2017 Scheurebe „SE" „lieblich" Ettenheimer Kaiserberg **11 %/9,- €**
81 2017 Spätburgunder Rosé „SE" trocken Ettenheimer Kaiserberg **12 %/9,- €**
83 2015 Spätburgunder „SE" trocken Ettenheimer Kaiserberg **13 %/9,- €**
81 2016 „Black Forest" Rotwein trocken **13,5 %/10,- €**

UDO WEBER

★☆

KONTAKT

Soonwaldstraße 41
55569 Monzingen
Tel. 06751-3278
Fax: 06751-2076
www.weingut-udo-weber.de
info@weingut-udo-weber.de

Inhaber
Udo Weber
Kellermeister
Laura & Udo Weber
Rebfläche
15 Hektar

BESUCHSZEITEN

täglich 8-18 Uhr

Weinbau wird in der Familie Weber schon seit Jahrhunderten betrieben, das Weingut in Monzingen geht zurück auf das Jahr 1732, seit 1991 wird es von Udo und Sabine Weber geführt, die die Rebfläche nach und nach vergrößerten. Nach ihrem Geisenheim-Abschluss ist Tochter Laura, ehemalige Weinkönigin der Nahe, in den Familienbetrieb eingestiegen und verantwortet ihre eigene Weinlinie, die „Edition L". Die Weinberge der Familie liegen vor allem in den Monzinger Lagen Frühlingsplätzchen und Halenberg, aber auch im benachbarten Weilerer Heiligenberg. Wichtigste Rebsorte ist mit einem Anteil von 55 Prozent der Riesling, dazu kommen je rund 10 Prozent Weißburgunder, Grauburgunder, Chardonnay und Spätburgunder, sowie etwas Sauvignon Blanc, Scheurebe, Bacchus und Gelber Muskateller. Das Sortiment ist gegliedert in Gutsweine, Erdreichweine und Lagenweine, die ausschließlich aus dem Frühlingsplätzchen und dem Halenberg stammen.

Kollektion

Die aktuelle Kollektion der Familie Weber präsentiert sich insgesamt stärker als im vergangenen Jahr: An der Spitze liegt der komplexe, druckvolle Halenberg-Riesling, mit deutlichen Noten von Kräutern und etwas Waldhonig im Bouquet, das Frühlingsplätzchen besitzt etwas mehr Fülle und Süße, gute Konzentration und ein animierendes Säurespiel. Auch der feinherbe Riesling aus dem Frühlingsplätzchen überzeugt, er besitzt dezente Süße, zeigt feine Tabakwürze und Zitrusnoten. Die Cuvée aus Sauvignon Blanc und Scheurebe ist eindringlich, sehr aromatisch und fruchtbetont mit Noten von Stachelbeeren, Maracuja und Cassis, der im Barrique vergorene Chardonnay aus der „Edition L" zeigt deutliche Holzwürze, Kokos und Zitrusnoten im Bouquet, ist saftig und elegant, der Weißburgunder und der Chardonnay vom Löss-Lehm sind sehr klar und fruchtbetont.

Weinbewertung

81	2017 Riesling trocken **12,5 %/6,90 €**
83	2017 Weißburgunder trocken Monzinger Frühlingsplätzchen **13 %/6,90 €**
82	2017 Grauburgunder trocken Monzinger Frühlingsplätzchen **13 %/6,90 €**
83	2017 Chardonnay trocken „vom Löss Lehm" Frühlingsplätzchen **13 %/7,90 €**
85	2017 Sauvignon Blanc & Scheurebe trocken „Duo Surprise No. 1" **13 %/9,90 €**
83	2017 Riesling trocken „vom Grünschiefer" Weilerer Heiligenberg **12,5 %/7,90 €**
84	2016 Grauburgunder „S" trocken Monzinger Frühlingsplätzchen **13,5 %/9,90 €**
85	2016 Chardonnay trocken „No. 5" „Edition L" Frühlingsplätzchen **13 %/11,90 €**
86	2016 Riesling „S" trocken Monzinger Frühlingsplätzchen **13 %/12,50 €**
87	2016 Riesling „S" trocken „Großer Genuss" Halenberg **12,5 %/13,90 €**
85	2017 Riesling Spätlese „feinherb No. 53 Edition L" Frühlingsplätzchen **10,5 %/8,90 €**
83	2015 Spätburgunder „S" trocken Monzinger Frühlingsplätzchen **13,5 %/8,90 €**

W

WEDEKIND

★

KONTAKT

Karolingerstraße 1
55283 Nierstein
Tel. 0160-3859751
www.weingut-wedekind.de
mail@weingut-wedekind.de

Inhaber
Philipp Wedekind
Rebfläche
10 Hektar
Produktion
75.000 Flaschen

BESUCHSZEITEN

Do. + Fr. 14-18 Uhr, Sa. 10-18 Uhr, So. 14-18 Uhr (Mai - Sept.)

Mit einem halben Hektar fing Philipp Wedekind an, machte aus dem Hobby seines Vaters seinen Beruf. Seither hat sich seine Rebfläche vervielfacht, nach und nach erwarb er Parzellen in Nierstein. Er absolvierte seine Lehre bei rheinhessischen Biobetrieben, studierte dann in Geisenheim. 2008 begann er mit der Umstellung auf biologischen Weinbau, ist Mitglied bei Ecovin, er führt das Weingut mit Ehefrau Esther, die ebenfalls in Geisenheim studierte. Alle ihre Weinberge liegen in Nierstein, in den Lagen Hipping, Heiligenbaum, Oelberg, Kranzberg, Bergkirche, Schloss Schwabsburg, Orbel und Pettenthal. Riesling ist die mit Abstand wichtigste Rebsorte, daneben gibt es Weißburgunder, Grauburgunder, Silvaner und Chardonnay sowie weiße pilzresistente Neuzüchtungen wie Johanniter oder Cabernet Blanc. An roten Sorten gibt es Spätburgunder, Portugieser und Dornfelder sowie die pilzresistenten Neuzüchtungen Cabernet Jura und Pinotin. Die Rieslinge werden teils im Edelstahl, teils im großen Holzfass spontanvergoren, die Rotweine werden teilweise im Barrique ausgebaut.

Kollektion

Sehr gleichmäßig präsentiert sich die Kollektion von Philipp Wedekind auch in diesem Jahr, die Lagenrieslinge stechen einmal mehr hervor. Aber sie haben Konkurrenz bekommen durch den fülligen, saftigen Blanc de Noirs, der gute Struktur und viel Frucht besitzt oder den intensiv fruchtigen, kraftvollen Cabernet Cortis. Auch die ebenfalls intensiv fruchtige rote Cuvée Mythos überzeugt, der Cabernet Blanc ist klar und zupackend. Unter den Lagenrieslingen ist der trocken ausgebaute Wein aus dem Kranzberg unser Favorit, er ist konzentriert, füllig, saftig, besitzt herrlich viel Frucht und Substanz. Der Wein aus der Bergkirche ist recht würzig, ebenfalls saftig, der Hipping-Riesling ist fruchtbetont, füllig und zupackend. ▬

Weinbewertung

82 2017 Weißburgunder Kabinett trocken Nierstein **12 %/6,30 €**
82 2017 Grauburgunder Kabinett trocken Nierstein **12,5 %/6,50 €**
84 2017 Cabernet Blanc trocken **13 %/8,50 €**
85 2017 Spätburgunder „Blanc de Noirs" trocken **12,5 %/8,50 €**
82 2017 Riesling trocken „Roter Hang" **12,5 %/8,90 €**
86 2017 Riesling*** trocken Niersteiner Kranzberg **12,5 %/12,- €**
81 2017 „Drink White" Weißweincuvée „feinherb" **11,5 %/5,80 €**
81 2017 Riesling halbtrocken Nierstein „Roter Hang" **12 %/8,90 €**
85 2017 Riesling*** „feinherb" Niersteiner Bergkirche **11,5 %/12,- €**
85 2017 Riesling*** „feinherb" Niersteiner Hipping **11 %/12,- €**
84 2016 „Mythos" Rotweincuvée trocken **12,5 %/8,50 €**
85 2016 Cabernet Cortis trocken **13 %/9,50 €**

W

WEEDENBORN

★★

N

KONTAKT

Am Römer 4-6
55234 Monzernheim
Tel. 06244-387
www.weedenborn.de
gesine@weedenborn.de

Inhaber
Gesine Roll
Kellermeister
Gesine Roll
Rebfläche
22 Hektar

BESUCHSZEITEN

nur nach Vereinbarung

Der Mitten im Ortskern von Monzernheim gelegene Weedenbornhof, wird von Gesine Roll geführt, die nach Winzerlehre (bei Bassermann-Jordan) und Studium in den Betrieb eingetreten war und ihn dann von ihren Eltern Heidrun und Udo Mattern übernommen hat. Sie hat ihn, wie schon ihre Eltern, nochmals erweitert, den Sortenspiegel völlig umgekrempelt: Sauvignon Blanc nimmt inzwischen 35 Prozent der Rebfläche ein, 50 Prozent die Burgundersorten, auf den restlichen 15 Prozent steht Riesling und aus Riesling erzeugt sie ihren derzeit einzigen Lagenwein, und zwar aus dem Westhofener Kirchspiel, die Spitzenweine aus anderen Rebsorten tragen die Bezeichnung Réserve; die Basis des Sortiments bilden die Gutsweine, dann folgen die Ortsweine.

Kollektion

Als wir zuletzt Weine von Gesine Roll verkosteten hieß das Weingut noch Weedenbornhof. Inzwischen ist die Ausstattung neu, aus Weedenbornhof wurde schlicht Weedenborn, was aber noch wichtiger ist: Das Profil wurde geschärft und qualitativ hat Gesine Roll gewaltig zugelegt. Der Sauvignon Blanc-Gutswein ist reintönig und zupackend, die weißen Ortsweine besitzen Substanz, Kraft und reintönige Frucht, der Sauvignon Blanc Terra Rossa gefällt uns besonders gut, besitzt gute Struktur und Druck – und auch als Sekt überzeugt Sauvignon Blanc. Der Réserve-Sauvignon Blanc besitzt gute Struktur, Stoff, Druck und Nachhall, ist kompromisslos vinifiziert, der stoffige, komplexe Réserve-Chardonnay steht ihm kaum nach und auch die beiden roten Réserve-Weine zeigen eine klare Handschrift, besitzen gute Struktur, Kraft und reintönige Frucht. Aber auch Riesling wird im Betrieb nicht vernachlässigt und zeigt hohes Niveau: Der Wein aus dem Kirchspiel ist füllig, saftig, besitzt reintönige Frucht, der 2017er ist noch etwas druckvoller als sein Jahrgangsvorgänger. Ganz starke Kollektion! ▬

Weinbewertung

87	2016 Sauvignon Blanc Sekt brut nature **12,5 %/19,50 €**
84	2017 Sauvignon Blanc trocken **12,5 %/9,90 €**
84	2017 Weißburgunder trocken „vom Kalkmergel" **12,5 %/12,90 €**
85	2017 Chardonnay trocken Westhofen **12,5 %/12,90 €**
85	2017 Riesling trocken „Terra Rossa" Westhofener **12,5 %/12,90 €**
87	2017 Sauvignon Blanc trocken „Terra Rossa" Westhofener **12,5 %/17,90 €**
89	2016 Riesling Kirchspiel **13 %/23,- €**
90	2017 Riesling Kirchspiel **13 %/23,50 €**
90	2016 Sauvignon Blanc trocken „Réserve" **12,5 %/29,50 €**
89	2016 Chardonnay trocken „Réserve" **13 %/29,50 €**
88	2015 St. Laurent trocken „Réserve" **13,5 %/30,- €**
88	2015 Pinot trocken „Réserve" **13,5 %/30,- €**

Wegeler, Gutshaus Rheingau

★★★☆

KONTAKT

Friedensplatz 9
65375 Oestrich-Winkel
Tel. 06723-7031
Fax: 06723-1453
www.wegeler.com
info@wegeler.com

Inhaber
Familie Wegeler-Drieseberg
Gutsverwalter
Michael Burgdorf
Kellermeister
Andreas Holderrieth,
Michael Burgdorf
Rebfläche
48 Hektar
Produktion
360.000 Flaschen

BESUCHSZEITEN

Mo.-Fr. 8-17 Uhr, Sa. 11-16 Uhr
und nach Vereinbarung

Julius Wegeler heiratete 1861 Emma Deinhard, nachdem ihr Vater verstarb, wurde Wegeler, zuvor Exportbeauftragter, Leiter der Sektkellerei. 1882 erwarb er ein Weingut im Rheingau mit Weinbergen in Rüdesheim und Oestrich, die ebenso wie das Herrenhaus in Oestrich-Winkel noch heute der Familie gehören. Geheimrat J. Wegeler Erben zählt mit Weinbergen in Rüdesheim (Berg Schlossberg, Berg Rottland, Berg Roseneck), Winkel (Jesuitengarten, Hasensprung), Geisenheim (Rothenberg, Kläuserweg), Johannisberg (Hölle), Mittelheim (St. Nikolaus) und Oestrich (Lenchen) zu den größten Privatgütern im Rheingau. Ausschließlich Riesling wird angebaut, man ist in fünfzehn als Erstes Gewächs klassifizierten Lagen vertreten. Michael Burgdorf leitet seit 2004 als Gutsverwalter den Betrieb.

Kollektion

Der Ortsriesling ist geradlinig und frisch, der Geheimrat J ist elegant und ausgewogen, verbindet feinen Schmelz und eine frische Säureader. Das Große Gewächs aus dem Rothenberg besitzt Schmelz und pikante Frische, ist lang, wobei der Alkohol im Abgang deutlich durchscheint. Der Wein aus dem Schlossberg öffnet sich recht schnell, ist recht mild und reif, das geradlinige Große Gewächs aus dem Jesuitengarten bietet Substanz und Frische. Der feinherbe Johannisberger ist noch verschlossen, zupackend, würzig und kühl. Ein erstes Highlight im fruchtigen Segment setzt der Kabinett aus dem Schlossberg mit packend saftigem Spiel und brillanter Ader. Die Spätlese aus dem Rottland ist würzig und beerig, baut Druck und Konzentration auf. Die Auslese ist filigraner, bleibt durch und durch präzise und klar. Die Beerenauslese mit tropisch herbem Fruchtschmelz vereint Frische und reife Beerenaromen. Sie wird ebenso Zeit brauchen wie die Trockenbeerenauslese, die so konzentriert ist, dass sich ihre Feinheiten nur langsam aufschlüsseln.

Weinbewertung

84	2017 Riesling trocken **12 %/11,50 €**
85	2017 Riesling trocken Oestricher **12 %/14,50 €**
88	2016 Riesling trocken „Geheimrat J" **12,5 %/33,- €**
88	2017 Riesling trocken „GG" Winkel Jesuitengarten **13 %/33,- €**
89	2017 Riesling trocken „GG" Rüdesheim Berg Schlossberg **13 %/33,- €**
89	2017 Riesling trocken „GG" Geisenheim Rothenberg **13 %/55,- €**
86	2017 Riesling „feinherb" Johannisberger **11,5 %/14,50 €**
87	2017 Riesling Kabinett Rüdesheim Berg Schlossberg **8 %/16,50 €**
88	2017 Riesling Spätlese Rüdesheim Berg Rottland **8,5 %/22,50 €**
91	2017 Riesling Auslese Geisenheim Rothenberg **7,5 %/22,- €/0,375l**
92	2017 Riesling Beerenauslese Geisenheim Rothenberg **6,5 %/88,- €/0,375l**
93	2017 Riesling Trockenbeerenauslese Geisenheim Rothenberg **6 %/310,- €/0,375l**

Wegeler, Gutshaus Mosel

★★★☆

KONTAKT

Martertal 2
54470 Bernkastel-Kues
Tel. 06531-2493
Fax: 06531-8723
www.wegeler.com
info@wegeler.com

Inhaber
Familie Wegeler-Drieseberg
Gutsverwalter/Kellermeister
Norbert Breit
Rebfläche
15 Hektar
Produktion
100.000 Flaschen

BESUCHSZEITEN

nach Vereinbarung

Julius Wegeler, Leiter der Sektkellerei Deinhard und bereits 1882 Besitzer eines Weingutes im Rheingau, ließ 1902 das Weingut im Bernkasteler Ortsteil Kues nach dem Prinzip der Gravitation erbauen. Bereits zwei Jahre zuvor hatte er einen Teil der weltberühmten Lage Bernkasteler Doctor erworben. Heute besitzt das Weingut Weinberge in besten Lagen der Mittelmosel, außer im Bernkasteler Doctor (teils mit über 100 Jahre alten, wurzelechten Reben) ist man in der Wehlener Sonnenuhr vertreten, in den Bernkasteler Lagen Badstube und Lay sowie im Graacher Himmelreich. Es wird ausschließlich Riesling angebaut, die Weine werden im Edelstahl ausgebaut. Früher wurden vor allem süße und edelsüße Weine erzeugt, in den letzten Jahren aber sind trockene Weine immer wichtiger geworden, machen heute zwei Drittel der Produktion aus, die über die Gastronomie und den Fachhandel vertrieben wird.

Kollektion

Im Jahrgang 2017 ist das Bild ähnlich wie im Vorjahr, und auch diesmal ist schon die Basis überzeugend, so der wunderschön feste und klare trockene Bernkasteler. Unter den beiden Großen Gewächsen ist jenes aus dem Doctor, nicht zum ersten Mal, etwas straffer und würziger als sein Pendant aus der Sonnenuhr. Beide entpuppen sich als feste, straffe, elegante Rieslinge, eher kompakt als puristisch, aber nachhaltig und gekonnt vinifiziert. Die feinherben Weine machen in diesem Jahrgang viel Trinkspaß, vor allem der saftige Wein aus der Lay mit Schmelz und guter Balance zwischen Würze, Frucht und Süße. Die restsüßen Rieslinge sind allesamt deutlich süß, aber auch voller Substanz. Zunächst die rassige Spätlese, dann die wunderschön klare, lange, faszinierende Auslese, zum Schluss die fast perfekte Trockenbeerenauslese, die nach karamellisierter Ananas duftet und herrlich lang und elegant ausfällt.

Weinbewertung

85	2017 Riesling trocken Bernkasteler **12 %/14,50 €**
90	2017 Riesling „GG" Wehlen Sonnenuhr **13 %/33,- €**
91	2017 Riesling „GG" Bernkastel Doctor **13 %/55,- €**
84	2017 Riesling „feinherb" **11 %/11,50 €**
85	2017 Riesling „feinherb" Graacher **10,5 %/14,50 €**
88	2017 Riesling „feinherb" Bernkastel Lay **12 %/22,50 €**
87	2017 Riesling Kabinett Bernkastel Badstube **8,5 %/16,50 €**
89	2017 Riesling Spätlese Wehlen Sonnenuhr **8 %/22,50 €**
90	2017 Riesling Spätlese Bernkastel Doctor **8 %/55,- €**
93	2017 Riesling Auslese Bernkastel Doctor **8 %/34,- €/0,375l**
95	2017 Riesling Trockenberenauslese Wehlen Sonnenuhr **6,5 %/220,- €/0,375l**

Wegner

★★★

Kontakt

Am Neuberg 4
67098 Bad Dürkheim
Tel. 06322-989327
Fax: 06322-989328
www.weingut-wegner.de
info@weingut-wegner.de

Inhaber Joachim Wegner
Rebfläche 11 Hektar
Produktion 100.000 Flaschen

Besuchszeiten

Mo.-Fr. 9-12 + 13-18:30 Uhr
Ferienwohnung

Karl Wegner ist 1976 an den Neuberg in Bad Dürkheim ausgesiedelt. Damals noch reiner Fassweinbetrieb, hat er dann 1980 mit der Flaschenvermarktung begonnen. 1989, nach Beendigung seines Geisenheim-Studiums, ist Sohn Joachim, der heutige Besitzer, in den Betrieb eingestiegen und seither für den Keller verantwortlich. Wichtigste Rebsorte ist Riesling mit einem Anteil von 30 Prozent, daneben gibt es 15 Prozent Weißburgunder, etwas Chardonnay, Grauburgunder und Gewürztraminer. Rotweine nehmen 40 Prozent der Rebfläche ein, vor allem Spätburgunder, Dornfelder, Cabernet Sauvignon, Merlot und etwas Syrah.

Kollektion

Joachim Wegners Rotweine sind auch in diesem Jahr wieder alle kraftvoll mit dezentem Holzeinsatz, die beiden Pinots besitzen Eleganz, der 2011er Schenkenböhl zeigt etwas gereifte Frucht, der 2012er ist noch frischer, zeigt dunkle Frucht. Der stoffige 2012er Merlot kommt nicht ganz an seinen starken Jahrgangsvorgänger heran, zeigt viel dunkle Beerenfrucht und Kräuternoten, der Syrah besitzt reife Tannine, Kraft und pfeffrige Würze. Unter den Weißen ragt wieder der maischevergorene Riesling aus dem Herrenberg heraus, er zeigt röstige Würze und Zitrusnoten, besitzt viel Druck, Grip und Länge, der Riesling Lunatic zeigt ebenfalls Zitrusnoten und Holzwürze, ist animierend und nachhaltig, der „Vision" besitzt Saft, Fülle und leicht süße Frucht. Auch der Sauvignon Blanc Fumé und der Chardonnay Augenstern zeigen deutliches Holz, der Sauvignon ist schlank, frisch, der Chardonnay stoffig und weich.

Weinbewertung

84	2016 Grauburgunder trocken Wachenheimer Königswingert **12,5 %/7,80 €**
83	2017 Riesling Kabinett trocken Dürkheimer Rittergarten **12,5 %/7,50 €**
85	2017 Chardonnay Spätlese trocken Dürkheimer Feuerberg **13 %/8,50 €**
84	2017 Sauvignon Blanc trocken Dürkheimer Schenkenböhl **12 %/8,80 €**
87	2016 Chardonnay trocken „Augenstern" Dürkheimer Schenkenböhl **14 %/16,30 €**
85	2017 Riesling Spätlese trocken „Vision" Ungsteiner Herrenberg **13,5 %/9,80 €**
88	2017 Riesling trocken „Lunatic" Ungsteiner Herrenberg **13 %/16,30 €**
87	2017 Sauvignon Blanc trocken „Fumé" Dürkheimer Feuerberg **12,5 %/16,30 €**
86	2017 Riesling Spätlese trocken „WestSide" Dürkheimer Spielberg **13,5 %/12,80 €**
90	2016 Riesling trocken „14" „Maischegärung" Ungsteiner Herrenberg **13 %/25,30 €**
84	2017 Gewürztraminer Spätlese „feinherb" Dürkheimer Feuerberg **13 %/8,80 €**
81	2017 „RosaMunde" Rosé trocken Dürkheimer **12,5 %/6,- €**
88	2012 Merlot trocken „Ausspann" Dürkheimer Feuerberg **14,5 %/18,90 €**
87	2012 Pinot Noir „R" trocken Dürkheimer Schenkenböhl **13,5 %/16,30 €**
88	2011 Pinot Noir trocken „Kleinod" Dürkheimer Schenkenböhl **13,5 %/21,30 €**
88	2014 Syrah trocken „Sinnreich" Dürkheimer Feuerberg **14 %/18,90 €**

Dr. Wehrheim

★★★★

KONTAKT

Weinstraße 8
76831 Birkweiler
Tel. 06345-3542
Fax: 06345-3869
www.weingut-wehrheim.de
wein@weingut-wehrheim.de

Inhaber
Karl-Heinz & Franz Wehrheim
Rebfläche
20 Hektar
Produktion
110.000 Flaschen

BESUCHSZEITEN

Mo.-Fr. 9-12 + 14-18 Uhr, Sa. 10-16 Uhr; 3. Wochenende im August Sommergutsausschank, Hoffest 1. Wochenende im September

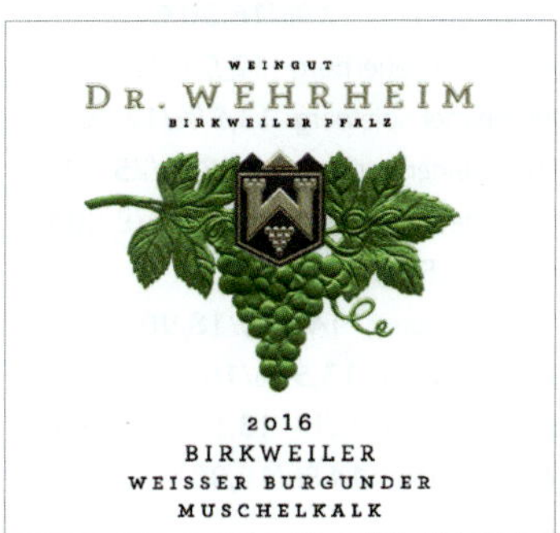

Karl Wehrheim stellte den Betrieb Ende der vierziger Jahre von Fasswein- auf Flaschenweinvermarktung um unter dem Namen Weingut Hohenberg. Sein Sohn Heinz Wehrheim entwickelte das Weingut, das fortan den Namen Dr. Wehrheim in den Vordergrund stellte, zu einem der führenden Betriebe in der Südpfalz, seit 1984 ist sein Sohn Karl-Heinz im Betrieb tätig, den er seit 1992 führt, mittlerweile zusammen mit seinem Sohn Franz. Als eines der ersten Weingüter im Süden der Pfalz hat man konsequent auf trocken ausgebaute Weine, auf Burgundersorten und Riesling gesetzt. Der Riesling nimmt heute ein Drittel der Weinberge ein, Weißburgunder ein knappes Drittel, es folgen mit weitem Abstand Grauburgunder, Spätburgunder, Silvaner und Chardonnay dazu kommen etwas St. Laurent, Sauvignon Blanc und Muskateller. Wichtigste Lagen sind die beiden Birkweiler Lagen Kastanienbusch und Mandelberg. Der Kastanienbusch, wo knapp die Hälfte der Weinberge in elf verschiedenen Parzellen liegen, besteht aus unterschiedlichen Böden: Aus Rotliegendem, Buntsandstein und Keuper. Der Mandelberg hingegen besteht aus Muschelkalk. Hier hat Karl-Heinz Wehrheim zwei Parzellen mit Weißburgunder, aus denen sein Großes Gewächs Mandelberg stammt. Beim Riesling erzeugt Karl-Heinz Wehrheim zwei Große Gewächse: Der Kastanienbusch-Riesling stammt vom Rotliegenden, der Riesling Köppel vom Buntsandstein im oberen Teil des Kastanienbuschs. Seit dem Jahrgang 2012 tragen nur die Weine aus Ersten und Großen Lagen Lagenbezeichnungen, die Ortsweine bezeichnet Karl-Heinz Wehrheim zusätzlich nach dem Terroir, auf dem sie gewachsen sind. Im Ausbau arbeitet er verstärkt mit Maischestandzeiten bei den Weißweinen. Alle Rotweine kommen ins Barrique (die „einfachen" Weine in gebrauchte Barriques). 2007 wurde mit der Umstellung auf biodynamischen Weinbau begonnen, mit dem Jahrgang 2010 gab es die ersten zertifizierten Bioweine.

Kollektion

Unser eindeutiger Favorit ist in diesem Jahr das Riesling-Große Gewächs aus dem Kastanienbusch, der Wein ist herrlich eindringlich und komplex, zeigt kräutrig-steinige Würze und viel klare Frucht, Ananas, Orangenschale und Mango, ist animierend und besitzt Druck und salzige Länge. Und mit dem Dachsberg gibt es noch einen zweiten starken Riesling im aktuellen Programm, er zeigt feine rauchig-mineralische Noten, die Frucht bleibt im Hintergrund, am Gaumen besitzt er etwas Zitruswürze, feinen Druck und ist animierend und nachhaltig. Das Große Gewächs vom Weißburgunder zeigt im Bouquet klare Birnenfrucht und leicht grüne, florale Noten, ist kraftvoll und cremig, besitzt

feinen Grip und gute Länge, etwas stärker schätzen wir das dritte Große Gewächs, den „Köppel"-Spätburgunder, ein, er zeigt klare Kirschfrucht, rote Johannisbeeren, feine Röstnoten und etwas Krokant im komplexen Bouquet, besitzt Potential und gute Struktur mit noch jugendlichen Tanninen, ist kraftvoll und elegant. Und auch der „Buntsandstein"-Spätburgunder wirkt noch sehr jung, besitzt Kraft, dunkle Frucht und gute Struktur. Der Grauburgunder vom Dachsberg zeigt dezente Holzwürze, leicht rauchige Noten und klare Frucht, ist elegant und nachhaltig, der Weißburgunder vom Rosenberg zeigt Aprikose und Honigmelone, besitzt florale und nussige Würze und gute Länge. Die beiden Chardonnay ähneln sich, zeigen röstige Würze, etwas Kokos und gelbe Frucht, Banane und Zitrusnoten, der Rosenberg ist etwas präsenter und eleganter als der „Keuper". Unter den beiden Orts-Weißburgundern geben wir wieder dem „Muschelkalk" den Vorzug, er zeigt florale Würze und leicht kalkig-mineralische Noten, ist cremig und leicht salzig, der „Buntsandstein" ist fruchtbetonter, etwas schlanker und besitzt ein frisches Säurespiel. Auch bei den Orts-Rieslingen sehen wir den „Buntsandstein" mit seiner klaren, animierenden Zitrusfrucht und kräutrigen Würze nur an zweiter Stelle hinter dem „Rotliegenden", der rauchig-mineralische Würze zeigt, elegant ist und feine salzige Länge und Biss besitzt.

Karl-Heinz und Franz Wehrheim

Weinbewertung

85	2017 Weißer Burgunder trocken „Buntstück" **12,5 %/8,90 €**
85	2017 Riesling trocken „Buntstück" **12 %/8,90 €**
88	2017 Weißer Burgunder trocken „Muschelkalk" Birkweiler **13 %/16,90 €**
87	2017 Weißer Burgunder trocken „Buntsandstein" Birkweiler **12 %/14,70 €**
87	2017 Grauer Burgunder trocken „Keuper" Birkweiler **13 %/15,60 €**
87	2017 Chardonnay trocken „Keuper" Birkweiler **13 %/16,90 €**
88	2017 Riesling trocken „Rotliegendes" Birkweiler **12,5 %/16,40 €**
87	2017 Riesling trocken „Buntsandstein" Birkweiler **12,5 %/15,- €**
90	2017 Riesling trocken Birkweiler „Am Dachsberg" **13 %/24,- €**
89	2017 Weißer Burgunder trocken Birkweiler Rosenberg **13,5 %/24,- €**
89	2017 Grauer Burgunder trocken Birkweiler „Am Dachsberg" **13,5 %/21,- €**
88	2017 Chardonnay trocken Birkweiler Rosenberg **13,5 %/24,- €**
90	2017 Weißer Burgunder „GG" Mandelberg **13,5 %/35,- €**
92	2017 Riesling „GG" Kastanienbusch **13 %/35,- €**
87	2017 Muskateller Spätlese Birkweiler **11 %/14,70 €**
88	2016 Spätburgunder trocken „Buntsandstein" Birkweiler **13,5 %/20,- €**
91	2015 Spätburgunder „GG" „Köppel" Kastanienbusch **13 %/42,- €**

LAGEN

KASTANIENBUSCH (BIRKWEILER)
– AM DACHSBERG (BIRKWEILER)
MANDELBERG (BIRKWEILER)
ROSENBERG (BIRKWEILER)

REBSORTEN

RIESLING (33 %)
WEISSBURGUNDER (30 %)
GRAUBURGUNDER (10 %)
SPÄTBURGUNDER (10 %)
SILVANER (7 %)
CHARDONNAY (5 %)
MUSKATELLER (2 %)

WEIGEL

★★☆

KONTAKT

Petershöfe 3
74369 Löchgau
Tel. 0179-1400455
www.weingut-weigel.de
info@weingut-weigel.de

Inhaber
Philipp & Annika Weigel
Rebfläche
1,2 Hektar
Produktion
8.000 Flaschen

BESUCHSZEITEN

Hofladen Mo. 9-19 Uhr, Sa. 9-14 Uhr, im Winter ab 18 geschlossen + Mo. geschlossen

Eigentlich wollte Philipp Weigel nach dem Abitur Mechatroniker werden, die Lehrstelle hatte er schon, erfuhr dann aber im Urlaub, dass sein Lehrbetrieb dicht gemacht hatte. Da er aus einem Weinbaubetrieb stammt, die Trauben wurden aber immer an eine Genossenschaft abgeliefert, war die Alternative schnell gefunden: Er machte ein Praktikum im Weingut Dautel, entschloss sich danach, zusammen mit Christian Dautel in Geisenheim Weinbau und Önologie zu studieren. Dort lernte er seine Frau Annika, geborene Strebel aus Rheinhessen, kennen. Nach Praktika bei der Felsengartenkellerei und beim Weingut Church Road in Neuseeland begann er 2011 selbst Wein zu erzeugen. Die Weinberge liegen am Löchgauer Berg sowie im Hohenhaslacher Kirchberg. Philipp und Annika Weigel konzentrieren sich vor allem auf zwei Rebsorten: Lemberger, den es auch als Rosé gibt, und Weißburgunder. Ein Weingut im eigentlichen Sinne gibt es noch nicht, es gibt weder Kelter und Fässer, noch einen Keller. Die Weine werden im Weingut Dautel in Bönnigheim ausgebaut. Die Weine kann man im Hofladen des elterlichen Betriebes auf dem Petershof erwerben.

Kollektion

Die im vergangenen Jahr eingeführten Löwen sind auch in diesem Jahr wieder fruchtbetont und süffig, ein Teil der Trauben stammt von Annika Weigels Bruder Bastian Strebel. Der Party-Löwe, Scheurebe und Riesling aus Rheinhessen, ist frisch und zupackend, der süße Löwe, ein Gewürztraminer aus Rheinessen, besitzt intensiven Duft, ist saftig und süffig, die Rosa Löwin, Lemberger Rosé aus Württemberg, ist lebhaft und zupackend. Gute Konzentration und rauchige Noten zeigt der Weißburgunder im Bouquet, ist füllig, harmonisch, komplex, besitzt reife Frucht und gute Struktur. Der 2016er Riesling hat weiter zugelegt und an Komplexität gewonnen, zeigt feine Würze, reintönige Frucht, besitzt Fülle, Kraft, gute Struktur und viel reife Frucht. Der Lemberger macht auch 2016 wieder eine sehr gute Figur, zeigt feine Würze und Duft, ist klar im Mund, frisch und zupackend, besitzt gute Struktur, klare Frucht und feinen Biss. Wieder eine starke Kollektion!

Weinbewertung

88 2016 Riesling trocken **12,5 %/10,- €** ☺
87 2017 Weißburgunder trocken **13,5 %/11,- €**
84 2017 „Party Löwe" **10 %/6,90 €**
83 2017 „Süßer Löwe" **8,5 %/6,90 €**
84 2017 „Rosa Löwin" **12 %/6,90 €**
88 2016 Lemberger trocken **13 %/12,- €**

Weik

★★☆

KONTAKT

Lutwitzistraße 10
67435 Neustadt-Mußbach
Tel. 06321-66838
Fax: 06321-60941
www.weingut-weik.de
mail@weingut-weik.de

Inhaber
Bernd Weik
Rebfläche
6,5 Hektar
Produktion
40.000 Flaschen

BESUCHSZEITEN

Di.-Fr. 14-18 Uhr, Sa. 10-16 Uhr
und nach Vereinbarung

Seit 1954 erzeugt der Familienbetrieb im Herzen von Mußbach eigene Weine, 1982 übernahm Bernd Weik das Weingut von seinem Vater. Neben seiner Tätigkeit im Weingut ist Weik beratender Önologe am Dienstleistungszentrum Ländlicher Raum Rheinpfalz in seinem Heimatort. Seine Weinberge liegen in Mußbach (Eselshaut), in Gimmeldingen (Biengarten), Haardt (Bürgergarten) und Königsbach (Idig). Wichtigste Rebsorte ist der Riesling mit einem Anteil von 30 Prozent an der Rebfläche, gefolgt von Sauvignon Blanc, der auf 15 Prozent der Fläche steht und von Weik schon seit den frühen 1990er Jahren angebaut wird, Spätburgunder, St. Laurent, Grauburgunder, Weißburgunder, Chardonnay und Auxerrois. Rote Sorten nehmen 30 Prozent der Rebfläche ein. Die Topweine vermarktet Bernd Weik seit dem Jahrgang 2007 in der Linie Löwenherz.

Kollektion

Wieder sind es zwei Löwenherz-Weine, die an der Spitze der aktuellen Kollektion von Bernd Weik stehen: Den 2015er Chardonnay hatten wir vor zwei Jahren schon einmal verkostet, er zeigt im Bouquet immer noch sehr dominantes Holz, am Gaumen ist es aber gut eingebunden und lässt der klaren, gelben Frucht mit Noten von Banane und Zitrusfrüchten genügend Raum, der Sauvignon Blanc besitzt gute Konzentration und klare Frucht, typische Stachelbeerwürze, ist elegant und nachhaltig. Unter den Rieslingen ist der Wein vom Steinernen Bild noch etwas verhalten, besitzt aber Biss, der Idig zeigt Zitrusnoten und kräutrige Würze und besitzt ein lebendiges Säurespiel, der Biengarten ist ganz fruchtbetont, besitzt etwas Fülle und gute Länge. Der normale Sauvignon Blanc ist ebenfalls fruchtbetont mit Noten von Pfirsich und Maracuja, ist ausgewogen und frisch, der Pinot Noir ist harmonisch mit klarer Schwarzkirschfrucht und dezenten Röstnoten.

Weinbewertung

82	2017 Riesling trocken (1l) **12 %/5,- €**
84	2017 Riesling trocken „vom Buntsandstein" Beim Steinernen Bild **12,5 %/8,30 €**
85	2017 Riesling trocken Königbacher Idig **12,5 %/8,70 €**
86	2017 Riesling trocken Gimmeldinger Biengarten **12,5 %/8,90 €**
84	2017 Weißburgunder trocken Mußbacher Eselshaut **12,5 %/8,70 €**
85	2017 Sauvigon Blanc trocken Gimmeldinger Meerspinne **13 %/10,40 €**
87	2017 Sauvignon Blanc trocken „Löwenherz" **13 %/17,- €**
87	2015 Chardonnay trocken „Löwenherz" **13 %/14,50 €**
83	2017 Gewürztraminer trocken **12,5 %/7,60 €**
84	2015 Cabernet Franc trocken **13,5 %/9,50 €**
86	2014 Pinot Noir trocken Mußbach „Am Rothenstein" **13,5 %/14,50 €**

ROBERT WEIL

★★★★★

KONTAKT

Mühlberg 5
65399 Kiedrich
Tel. 06123-2308
Fax: 06123-1546
www.weingut-robert-weil.com
info@weingut-robert-weil.com

Inhaber
Suntory, Wilhelm Weil
Rebfläche
90 Hektar
Produktion
680.000 Flaschen

BESUCHSZEITEN

Mo.-Fr. 8-17.30, Sa. 10-17,
So. 11-17 Uhr

Gegründet wurde das Weingut von Robert Weil, der 1867 die ersten Weinberge im Kiedricher Berg kaufte und 1875 mit dem Erwerb eines Anwesens in Kiedrich das Weingut gründete, das auch heute noch seinen Namen trägt. Seit 1987 wird es in vierter Generation von Wilhelm Weil geführt, der in Keller und Weinberge investierte. Die Weinberge liegen in Kiedrich, wo Wilhelm Weil sich in den letzten Jahren verstärkt in den „Berglagen" engagierte. Das Weingut besitzt seit langem den größten Teil des Kiedricher Gräfenberg, der Paradelage des Betriebes. Der Kiedricher Turmberg gehört dem Weingut im Alleinbesitz. Diese Lage, die früher Spitzenweine hervorbrachte, wurde im Zuge des 1971er Weingesetzes abgeschafft, doch sie erbrachte in den Jahrzehnten zuvor Spitzenweine, seit 2005 gibt es nun wieder Turmberg-Rieslinge, die Lage wurde offiziell in die Lagenrolle eingetragen – als erste neue Lage im Rheingau seit Verabschiedung des Deutschen Weingesetzes. Mit dem Jahrgang 2007 kam ein weiterer Lagenwein hinzu, derjenige aus dem Klosterberg, der höchstgelegenen Kiedricher Einzellage. Das Weingut baut zu 100 Prozent Riesling an. In diesen Berglagen reifen die Weine sehr lange am Stock, sie werden meist drei bis vier Wochen später geerntet als in den direkt am Rhein gelegenen flacheren Lagen. Nach etwa achtzehnstündiger Sedimentation werden die Moste recht zügig vergoren und mit nur einer Filtration relativ früh gefüllt. Das trockene Segment ist gegliedert in Gutsriesling, Kiedricher Riesling, die beiden Lagenrieslinge aus Turmberg und Klosterberg (beide als Erste Lagen klassifiziert) sowie das Große Gewächs aus dem Gräfenberg. Mit edelsüßen Weinen hat Wilhelm Weil dem Weingut in den neunziger Jahren zu weltweitem Renommee verholfen. Fast in jedem Jahr wird eine Vielzahl an edelsüßen Rieslingen bis hin zur Trockenbeerenauslese erzeugt, aus dem Gräfenberg, aber auch aus dem Turmberg. 2015 wurde der mitten in Kiedrich gelegene Keller erweitert und modernisiert.

Kollektion

Auch 2017 wurde bei Weil wieder alles geerntet, von Auslese und Beerenauslese bis hin zur Trockenbeerenauslese. Man pflegt dieses Image ja auch. Und natürlich sind diese edelsüßen Spitzen großartig, auch wenn die Mengen nicht allzu groß sind. Was uns besonders Spaß macht im Jahrgang 2017 bei Weil, das sind die Basisweine. Der trockene Liter-Riesling zum Beispiel, fruchtbetont, frisch, reife Frucht, das passt. Der Gutsriesling in der Dreiviertel-Literflasche ist feiner, ist klar und geradlinig: Für uns aber kann's auch der Liter-Riesling sein. Der Kiedricher Ortswein ist geradlinig, zupackend, besitzt reintönige Frucht, feine Frische und Grip. Der Klosterberg dann ist kraftvoll, würzig, zupackend, für uns bis dato der beste trockene Wein aus dem Klosterberg. Bei einem Besuch vor Ort hatten wir

die Gelegenheit alle Weine zu verkosten, die bisher aus dem Klosterberg erzeugt wurden, seit es 2007 den ersten trockenen Klosterberg-Riesling gab. Das Ergebnis? Nun klar, der Klosterberg ist die Nummer Drei unter den Weil'schen Berglagen, hinter Gräfenberg und Turmberg. Die trockenen Weine präsentierten sich wie in der ursprünglichen Verkostung, 2009 verbessert, 2010 schwächer. Auch bei Spätlese und Auslese lassen die 2010er etwas nach, die anderen Jahrgänge präsentieren sich stabil. Zurück zum aktuellen Jahrgang. Der Turmberg präsentiert sich klar, geradlinig, zupackend, spannend, jugendlich. An der Spitze der trockenen Rieslinge steht wie gewohnt der Gräfenberg, zeigt viel Konzentration, feine Würze, ist klar und präzise im Mund, frisch und zupackend bei guter Fülle und Substanz. Den restsüßen Reigen eröffnet der frische, lebhafte Kabinett, die gewürzduftige Turmberg-Spätlese bleibt kompakt, auch die duftige Gräfenberg-Spätlese will sich nicht öffnen. Die Auslesen sind stoffig und konzentriert, Turmberg recht würzig bei ganz dezenter Honignote, Gräfenberg stoffiger, die Goldkapsel-Auslese aus dem Gräfenberg ist faszinierend reintönig. Die Turmberg-Beerenauslese ist konzentriert, klar, die Gräfenberg-Beerenauslese deutlich würziger, die Goldkapsel-Beerenauslese zeigt kandierte Früchte, Rosinen, noch mehr Konzentration und Substanz besitzen dann die Trockenbeerenauslesen, die beide enorm konzentriert und dick sind: Beeindruckende Weine.

Wilhelm Weil

Weinbewertung

86 2017 Riesling trocken (1l) **12 %/13,80 €**
86 2017 Riesling trocken **12 %/14,60 €**
87 2017 Riesling trocken Kiedricher **12,5 %/18,- €**
90 2017 Riesling trocken Kiedrich Klosterberg **12,5 %/26,50 €**
91 2017 Riesling trocken Kiedrich Turmberg **12,5 %/26,50 €**
92 2017 Riesling trocken „GG" Kiedrich Gräfenberg **13 %/41,90 €**
87 2017 Riesling Kabinett **9,5 %/18,- €**
88 2017 Riesling Spätlese Kiedrich Turmberg **8,5 %/41,90 €**
89 2017 Riesling Spätlese Kiedrich Gräfenberg **8,5 %/41,90 €**
91 2017 Riesling Auslese Kiedrich Turmberg **9 %/83,- €**
92 2017 Riesling Auslese Kiedrich Gräfenberg 9 **%/83,- €**
93 2017 Riesling Auslese Goldkapsel Kiedrich Gräfenberg **8 %/Vst.**
92 2017 Riesling Beerenauslese Kiedrich Turmberg **8 %/320,- €**
92 2017 Riesling Beerenauslese Kiedrich Gräfenberg **8 %/320,- €**
93 2017 Riesling Beerenauslese Goldkapsel Kiedrich Gräfenberg **7,5 %/Vst.**
93 2017 Riesling Trockenbeerenauslese Kiedrich Turmberg **7,5 %/650,- €**
94 2017 Riesling Trockenbeerenauslese Kiedrich Gräfenberg **7,5 %/650,- €**

LAGEN

GRÄFENBERG (KIEDRICH)
TURMBERG (KIEDRICH)
KLOSTERBERG (KIEDRICH)

REBSORTEN

RIESLING (100 %)

Weiler

★

N

KONTAKT

Weiselberg 9
65391 Lorch
Tel. 06726-9416
Fax: 06726 - 830015
www.weingut-weiler.de
service@weingut-weiler.de

Inhaber
Richard Weiler
Rebfläche
3,2 Hektar
Produktion
20.000 Flaschen

BESUCHSZEITEN

nach Vereinbarung

Richard Weiler führt das kleine Weingut in Lorch in dritter Generation zusammen mit seiner Tochter Carolin. Die Weine werden in einem alten Keller im Fels unterhalb der Burgruine Nollig zum großen Teil in traditionellen Holzfässern ausgebaut. Riesling nimmt zwei Drittel der Rebfläche ein, Spätburgunder knapp ein Drittel, daneben gibt es etwas Weißburgunder. Die Rieslinge stammen aus den Lorcher Lagen Bodenthal-Steinberg und Pfaffenwies, mit ihrem vom Quarzit bestimmten Terroir, so wie aus dem Schlossberg, dem Kapellenberg und der Lorcher Krone, die stärker vom Schiefer geprägt sind. Die Lagen im Assmannshäuser Höllenberg sind dem Spätburgunder vorbehalten. Richard Weiler versteht sich auf leichte Rieslinge mit moderatem Alkohol, die sich durch Frische, Geradlinigkeit und spürbare Mineralität auszeichnen. Die Lagencharaktere sind gut herausgearbeitet, die säurebetonte Art der Weine wird mit einer spürbaren Süße abgepuffert.

Kollektion

Zum Debüt präsentiert das Weingut Weiler eine gelungene Kollektion. Besonders die Rieslinge gefallen in ihrer geradlinigen, frischen Art und aromatischen Geschlossenheit, bei moderatem Alkohol. Die Restsüße ist bei den nominell trockenen Weinen immer spürbar, dabei in guter Balance zur Säure und dezenten Gerbstoffwürze. Der trockene Quarzit-Kabinett ist aromatisch, straff und kühl. Der Schiefer hingegen ist saftig, recht mild, geradezu süffig. Bei der trockenen Spätlese aus der Krone kommen Würze und Substanz hinzu. Die trockene Spätlese S ist der feinste der Rieslinge, sie vereint Frische und saftige Frucht zu einem klassischen Rheingauriesling mit guter Struktur. Ein sortentypischer, milder Pinot Blanc, ein eigenwillig schalenwürziger Blanc de Noir und ein fruchtiger Rosé passen sich stimmig in die Kollektion ein. Die beiden Spätburgunder sind zugänglich, besitzen reife Frucht bei moderatem Alkohol und angenehmer Frische, besonders beim Höllenberg kommt ausreichend Schmelz und Würze ins Spiel.

Weinbewertung

82	2017 Pinot Blanc **12 %/7,50 €**
82	2017 Spätburgunder „Blanc de Noir" trocken **12 %/7,- €**
83	2017 Riesling Kabinett trocken „Quarzit" Lorcher Pfaffenwies **11 %/8,- €**
83	2017 Riesling Kabinett trocken „Schiefer" Lorcher Schlossberg **11,5 %/8,- €**
84	2017 Riesling Spätlese trocken „Schiefer" Lorcher Krone **12 %/10,50 €**
85	2017 Riesling Spätlese trocken „S" Lorcher Bodenthal-Steinberg **11,5 %/12,- €**
82	2017 Spätburgunder Rosé **11,5 %/7,- €**
83	2015 Spätburgunder trocken Lorcher Bodenthal-Steinberg **13 %/12,- €**
84	2015 Spätburgunder trocken Assmannshäuser Höllenberg **13 %/13,50 €**

IM WEINEGG

★★☆

KONTAKT

Kirchstraße 38
65239 Hochheim
Tel. 06146-907399-0
Fax: 06146-907399-18
www.weinegg.de
f.schmidt@weinegg.de

Inhaber
Fabian Schmidt
Rebfläche
6,5 Hektar
Produktion
45.000 Flaschen

BESUCHSZEITEN

Mi. 18-20 Uhr, Fr. 18-21, Sa. 12-14 + 18-21 Uhr, So. 14-19 Uhr

Fabian Schmidt ist Quereinsteiger, gleich im Anschluss an das Studium Weinbau und Önologie in Geisenheim unterschrieb er den Gesellschaftervertrag für das Weingut Im Weinegg – auch deshalb, weil alte Rebbestände, historische Gebäude und Gewölbekeller zum unter Denkmalschutz stehenden, komplett sanierten Anwesen gehören. Seine Weinberge liegen alle in Hochheim in den Lagen Hofmeister, Stein, Hölle, Reichestal und Stielweg, die ältesten Reben sind über 50 Jahre alt. 85 Prozent der Rebfläche nimmt Riesling ein, dazu gibt es Grauburgunder, Spätburgunder, Merlot und die nur selten anzutreffende Rebsorte Rotberger. Die Weine werden in alten Rheingauer Stückfässern (ovale Eichenholzfässer, 1.300 Liter groß) ausgebaut, lange auf der Feinhefe gelagert und frühestens im März des auf die Ernte folgenden Jahres abgefüllt.

Kollektion

Die Frische des Jahrgangs ist bei den Rieslingen gekonnt eingefangen, die höheren Qualitäten besitzen Substanz und Würze. Der Literriesling ist trinkfreudig, der Hölle-Kabinett verfügt über passenden Biss. Die präzise Spätlese aus dem Reichestal setzt auf Frische und Saft, die trockene Spätlese aus dem Stielweg stoffig, lang und nachhaltig, ein Wein mit Ambitionen. Die trockene Spätlese aus der Domdechaney ist saftig und frisch, sie entfaltet Intensität und herben Schmelz, besitzt ebenfalls Potenzial. Die zugänglich-milden Alte Reben aus der Hölle gefallen wegen ihrer großen Ausgewogenheit. Bei den feinherben Rieslingen ragen neben dem pikanten Kabinett und der zupackend würzigen Spätlese aus dem Hofmeister besonders die intensiven Alte Reben von 2016 aus dem Hochheimer Reichestal heraus, die edelsüße Spätlese ist frisch und schön gerbstoffherb. Der erdige Spätburgunder ist zupackend und frisch, der reife, holzbetonte Merlot kraftvoll. ➖

Weinbewertung

83	2017 Riesling trocken Hochheimer (1l) **12 %/6,- €**
85	2017 Riesling Kabinett trocken Hochheimer Hölle **11,5 %/7,50 €**
88	2016 Riesling trocken „Alte Reben" Hochheimer Hölle **12,5 %/12,50 €**
88	2017 Riesling Spätlese trocken Hochheimer Stielweg **12,5 %/13,- €**
87+	2017 Riesling Spätlese trocken Hochheimer Domdechaney **13 %/14,50 €**
86	2017 Riesling Spätlese trocken Hochheimer Reichestal **12 %/8,50 €**
85	2017 Riesling „feinherb" **11 %/6,- €** ☺
86	2017 Riesling Spätlese „feinherb" Hochheimer Hofmeister **11,5 %/8,50 €**
88	2016 Riesling „feinherb" „Alte Reben" Hochheimer Reichestal **11,5 %/12,50 €**
87	2017 Riesling Spätlese Hochheimer Kirchenstück **9,5 %/14,50 €**
85	2016 Spätburgunder trocken Hochheimer **13 %/8,50 €**
86+	2017 Merlot trocken Hochheimer Reichestal **14 %/15,- €**

Weinfactum

★★

Kontakt

Rommelstraße 20
70376 Stuttgart
Tel. 0711-542266
Fax: 0711-557291
www.weinfactum.de
info@weinfactum.de

Inhaber
72 Mitglieder
Geschäftsführer
Thorsten Klimek
Kellermeister
Thorsten Klimek
Rebfläche
51 Hektar
Produktion
500.000 Flaschen

Besuchszeiten

Mo.-Fr. 9-19 Uhr, Sa. 9-14 Uhr

Weinfactum: An den neuen Namen muss man sich erst noch gewöhnen. Die Mitglieder der 1923 gegründeten Genossenschaft von Bad Cannstatt bewirtschaften Weinberge in den nördlichen Teilen der Landeshauptstadt Stuttgart, und zwar in den Cannstatter Lagen Zuckerle, Berg und Steinhalde, im Münsterer Berg, Rielingshäuser Kelterberg und Steinheimer Schalkstein. Die Reben wachsen teils auf Keuperböden mit Löss, teils auf Muschelkalkböden, gut ein Drittel der Weinberge befindet sich in terrassierten Steillagen. Trollinger nimmt knapp die Hälfte der Rebfläche ein, Riesling 19 Prozent. Es folgen Schwarzriesling, Lemberger, Spätburgunder, Dornfelder, Müller-Thurgau und Kerner. Dazu gibt es ein wenig Samtrot sowie internationale Rebsorten wie Sauvignon Blanc, Merlot, Syrah und Cabernet Sauvignon. 15 der Mitglieder sind Vollerwerbswinzer, die etwa 90 Prozent der verarbeiteten Trauben abliefern. Seit 2005 werden keine Prädikatsbezeichnungen mehr verwendet, alle Weine werden betriebsintern mit bis zu 3 Sternen gekennzeichnet. Die Weine der Premiumserie stammen von alten, ertragsreduzierten Anlagen.

Kollektion

Mit einer starken Kollektion warteten die Bad Cannstatter Genossen im vergangenen Jahr auf, mit der neuen bestätigen sie diesen Eindruck, auch wenn ein weißer Spitzenwein wie der 2015er Riesling Reserve in diesem Jahr fehlt. So liegen die Stärken in diesem Jahr ganz eindeutig im roten Segment, in dem wie im Vorjahr vier sehr gute Rotweine präsentiert werden, drei davon in neuen Jahrgängen, der Merlot ersetzt den im vergangenen Jahr hochgelobten Shiraz. Die rote Cuvée Edition 1923 – Lemberger und Merlot – besitzt intensive Frucht, Fülle, Kraft und Substanz. Der Pinot Noir zeigt feine rauchige Noten, besitzt Fülle und Substanz, viel reife süße Frucht, wird vom Alkohol getragen, was auch für den schoko- und gewürzduftigen Merlot gilt, der viel Kraft und Substanz besitzt. Unser Favorit ist der Lemberger, ebenfalls leicht gewürzduftig, der reintönige Frucht besitzt, gute Struktur und Tannine. —

Weinbewertung

82	2017 Sauvignon Blanc** trocken **12,5 %/9,60 €**
81	2017 Weißburgunder** trocken **12,5 %/9,60 €**
81	2017 Grauburgunder** trocken **12,5 %/9,60 €**
82	Travertin Rosé** trocken **13 %/9,80 €**
82	Travertin Rot** trocken **13 %/9,80 €**
87	2015 „Edition 1923"*** Rotwein trocken **13,5 %/15,- €**
88	2015 Lemberger*** trocken **14 %/17,- €**
87	2015 Merlot*** trocken **15 %/18,- €**
87	2015 Pinot Noir*** trocken **14,5 %/15,- €**

Weingart

★★★☆

KONTAKT

Mainzer Straße 32
56322 Spay
Tel. 02628-8735
Fax: 02628-2835
www.weingut-weingart.de
mail@weingut-weingart.de

Inhaber
Familie Florian Weingart
Rebfläche
5 Hektar
Produktion
39.000 Flaschen

BESUCHSZEITEN

Mo.-Fr. 14-18 Uhr, Sa. 11-18:30 Uhr; Ferienwohnungen

Das Weingut Weingart hat sich in den letzten Jahrzehnten zu einem der führenden Betriebe am Mittelrhein entwickelt. Adolf Weingart hatte den landwirtschaftlichen Mischbetrieb ganz auf Weinbau umgestellt, seit 1996 wird das Gut mit seinen 5 Hektar Reben von seinem Sohn Florian geführt. Florian Weingarts Weinberge liegen im Bopparder Hamm, in den Lagen Feuerlay, Ohlenberg und Engelstein, sowie im Spayer Engelstein; den Pachtvertrag für die Weinberge in der Lage Schloss Fürstenberg hat Florian Weingart dagegen beendet. Mit dem Jahrgang 2014 (respektive 2013 beim Spätburgunder) nutzte Weingart erstmals die Gewannnamen „In der Zech" (in Spay in der Lage Engelstein gelegen) und „Am Weißen Wacke" (im Bopparder Hamm Engelstein).Riesling dominiert in diesem Weingut, dazu gibt es 15 Prozent Spätburgunder.

Kollektion

Eine stimmige Kollektion präsentiert Florian Weingart in diesem Jahr angefangen beim frischen, zupackenden Gutsriesling bis hin zum kraftvollen, strukturierten Spätburgunder. Die beiden trockenen Spätlesen aus dem Ohlenberg besitzen reintönige Frucht, Fülle und Kraft, der 1 Stern-Riesling besitzt ein wenig mehr Substanz. Der feinherbe Gutsriesling ist würzig, fruchtbetont, harmonisch, der halbtrockene Ohlenberg-Kabinett besitzt reintönige Frucht und für einen Kabinett viel Substanz. Der feinherbe Kabinett In der Zech ist würzig, duftig, zupackend, die feinherbe Spätlese Am Weißen Wacke ist füllig und saftig, besitzt viel reife Frucht, Substanz und Länge. Noch ein klein wenig besser gefällt uns die süße Variante, ist würzig und dominant, herrlich saftig, komplex, besitzt viel reife Frucht und Länge. Eine enorm konzentrierte, derzeit aber noch kompakte Beerenauslese und der leicht kirschduftige, geradlinige Spätburgunder Weißherbst runden eine stimmige Kollektion ab. ➨

Weinbewertung

84 2017 Riesling trocken **11,5 %/7,- €**
88 2017 Riesling Spätlese trocken Bopparder Hamm Ohlenberg **12 %/10,50 €**
88 2017 Riesling Spätlese trocken* Bopparder Hamm Ohlenberg **12 %/12,- €**
85 2017 Riesling „feinherb" **11 %/7,- €**
87 2017 Riesling Kabinett halbtrocken Bopparder Hamm Ohlenberg **11 %/10,- €**
87 2017 Riesling Kabinett „feinherb" „In der Zech" Spay **11 %/8,50 €** ☺
88 2017 Riesling Spätlese „feinherb" „Am Weißen Wacke" B. H. Engelstein **11 %/12,- €**
89 2017 Riesling Spätlese „Am Weißen Wacke" B. H. Engelstein **8 %/14,- €**
89 2017 Riesling Beerenauslese Bopparder Hamm Engelstein **9 %/25,- €/0,375l**
84 2017 Spätburgunder Weißherbst Kabinett halbtrocken „In der Zech" **11,5 %/8,50 €**
86 2016 Spätburgunder trocken „In der Zech" Spay **13 %/13,- €**

W

DER WEINHOF

★☆

KONTAKT

Klotzenhof 11
63920 Großheubach
Tel. 09371-948183
Fax: 09371-948178
www.weinhof-paul.de
kontakt@weinhof-paul.de

Inhaber
Alexander Paul
Rebfläche
2,6 Hektar
Produktion
14.000-18.000 Flaschen

BESUCHSZEITEN

siehe Homepage oder nach Vereinbarung
Häckerwirtschaft

Der Weinhof Paul ist auf dem Klotzenhof zuhause, der am Waldrand zwischen Großheubach und Röllbach liegt. Das Weingut wurde Anfang der achtziger Jahre des letzten Jahrhunderts gegründet. Die Weinberge von Alexander Paul liegen im Großheubacher Bischofsberg, im Bürgstadter Centgrafenberg und im Miltenberger Steingrübler, ein Hektar befindet sich in natur- und denkmalgeschützten Sandsteinterrassen. Seit 2016 führt Alexander Paul auch Weine aus dem Wipfelder Zehntgraf im Programm. Er baut jeweils zur Hälfte weiße und rote Rebsorten an. Silvaner, Müller-Thurgau, Riesling und Bacchus sind die wichtigsten weißen Rebsorten, Spätburgunder, Frühburgunder, Dornfelder und Regent die roten. Die Trauben für die Weinlinie „Anno Dazumal" stammen aus Sandsteinterrassen, sie werden in kleinen Eichenholzfässern ausgebaut und nicht filtriert; auch der Blanc de Noir 207 stammt von Terrassen, aus einem Weinberg in der Teillage Rosenberg, in dem es 207 Stufen gibt. Dem Weingut ist eine Häckerwirtschaft angeschlossen, in der fränkische Spezialitäten und Hausmacherwurst angeboten werden.

Kollektion

Der Blanc de Noir 207 war im vergangenen Jahr unser Favorit in einer guten, gleichmäßigen Kollektion und auch in diesem Jahr hat er wieder die Nase vorne, führt eine erneut sehr gleichmäßige, überzeugende Kollektion an. Er zeigt gute Konzentration und rauchige Noten, besitzt Fülle und Kraft, gute Struktur und Frucht. Nur knapp dahinter sehen wir Grauburgunder und Weißburgunder, die beide aus dem Wipfelder Zehntgraf stammen. Der Grauburgunder ist füllig und saftig, betört mit reifer süßer Frucht, der sechs Monate im Holz ausgebaute Weißburgunder ist zupackend, strukturiert, etwas verschlossener als der Grauburgunder. Die beiden Lagencuvées besitzen viel Frische, sind klar und fruchtbetont, bieten unkomplizierten Trinkgenuss. Dies gilt auch für den halbtrocken ausgebauten Rosé, einen reinsortigen Spätburgunder, der ganz auf Frische und Frucht setzt, ebenso für die halbtrocken ausgebaute rote Cuvée aus Dornfelder und Domina.

Weinbewertung

83	2017 Weißweincuveé trocken Miltenberger Steingrübler **11,5 %/7,50 €**
83	2017 Weißweincuvée trocken Großheubacher Bischofsberg **11,5 %/7,50 €**
86	2017 „207" Blanc de Noir trocken **11,5 %/8,50 €**
84	2017 Weißer Burgunder trocken **11,5 %/8,50 €**
85	2017 Grauer Burgunder trocken **11,5 %/7,50 €**
83	2017 Riesling „feinfruchtig" Großheubacher Bischofsberg **11,5 %/7,50 €**
83	2017 Rosé halbtrocken Großheubacher Bischofsberg **12 %/7,50 €**
82	2015 Rotweincuvée halbtrocken **11,5 %/8,50 €**

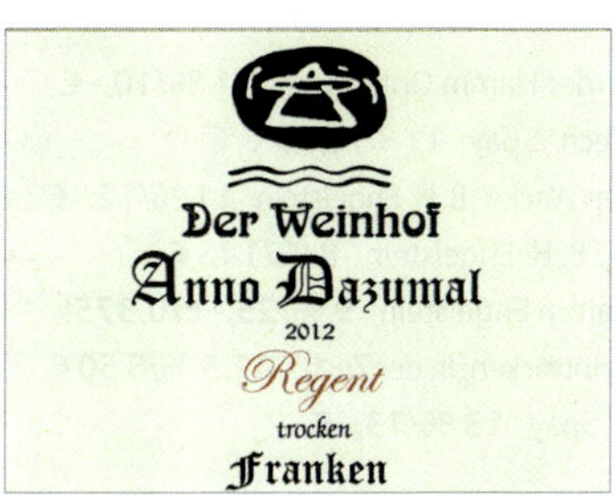

WEINMANN

★

KONTAKT

Rommersheimer Straße 105
55286 Wörrstadt
Tel. 06732-933958
Fax: 06732-933959
www.mein-weinmann.de
info@mein-weinmann.de

Inhaber
Gunter & Ute Weinmann
Rebfläche
21 Hektar

BESUCHSZEITEN

Mo.-Fr. 10-18 Uhr, Sa. 10-16 Uhr

Wir sind ein junges Weingut ohne Geschichte. Solche Sätze liest man selten, versuchen doch oft gerade junge Weingüter irgendwo einen weinbautreibenden Vorfahren zu finden. Gunter Weinmann begann 1997 mit der Flaschenabfüllung, seit 2007 führt er zusammen mit Ehefrau Ute den Betrieb. Ihre Weinberge liegen in vielen verschiedenen Gemeinden und Lagen, in Saulheim (Hölle, Heiligenhaus), Wörrstadt (Eselskreisch, eine alte Einzellage, die 1971 im Kachelberg aufgegangen ist), Stadecken, Vendersheim und Sulzheim (Schildberg). Seit 2012 gibt es auch Pfälzer Wein im Programm, denn sie haben Ute Weinmanns elterlichen Betrieb gepachtet, dessen Trauben werden ebenfalls in Wörrstadt verarbeitet. Riesling, Silvaner, Weißburgunder und Grauburgunder sind die wichtigsten weißen Rebsorten, aber es gibt auch Scheurebe und Müller-Thurgau, Chardonnay und Grüner Veltliner. Bei den roten Sorten überwiegen Frühburgunder, Spätburgunder und Cabernet Sauvignon, sie bauen aber auch Merlot, Portugieser und Dornfelder an.

Kollektion

Nachdem uns die angekündigten 2016er Lagen-Weißweine im vergangenen Jahr nicht mehr vor Redaktionsschluss erreichten, konnten wir sie nun in diesem Jahr verkosten – und sie sind eindeutig die beiden Highlights der Kollektion. Der Weißburgunder aus dem Schildberg zeigt gute Konzentration und rauchige Noten im Bouquet, ist füllig und kraftvoll im Mund, besitzt reife Frucht und gute Struktur. Noch ein klein wenig besser gefällt uns der Riesling aus der Saulheimer Hölle, der reintönige Frucht im herrlich eindringlichen Bouquet zeigt, füllig und saftig im Mund ist, reife reintönige Frucht, gute Harmonie und Länge besitzt. Die 2017er Gutsweine – von Ute und Gunter Weinmann Werktagsweine genannt im Gegensatz zu den Sonntagsweine genannten Lagenweinen – sind klar, frisch und geradlinig, am beste gefällt uns der Grüner Veltliner, der klare reife Frucht, gute Fülle und Substanz besitzt.

Weinbewertung

82 2017 Weißburgunder trocken **13 %/5,6,- €**
81 2017 Grauburgunder trocken **12,5 %/5,60 €**
83 2017 Grüner Veltliner trocken **12,5 %/7,50 €**
86 2016 Weißburgunder trocken Schildberg **13 %/12,90 €**
87 2016 Riesling trocken Saulheimer Hölle **13 %/12,90 €**
81 2017 Merlot „Blanc de Noir süß" **9 %/6,90 €**
81 2015 Spätburgunder trocken **13,5 %/5,60 €**

Weinreich

★★★

KONTAKT

Riederbachstraße 7
67595 Bechtheim
Tel. 06242-7675
Fax: 06242-7678
www.weinreich-wein.de
info@weinreich-wein.de

Inhaber
Weinreich GbR
Rebfläche
20 Hektar
Produktion
150.000 Flaschen

BESUCHSZEITEN

nach Vereinbarung
Gutsschänke, Gästehaus

Marc Weinreich schloss 2009 sein Studium als Weinbauingenieur ab. Etwa zur gleichen Zeit verstarb sein Vater, so dass Marc Weinreich Betriebsleiter des Schuhmacher-Weinreich genannten Weinguts wurde. Zusammen mit seiner Ehefrau Nina entwickelte er ein neues Betriebskonzept: Weinreich. Er begann mit der Umstellung auf ökologische Bewirtschaftung, vergärt überwiegend mit den natürlichen Hefen. Heute führt er zusammen mit seinem Bruder Jan das Weingut. Die Weinberge liegen in den Bechtheimer Lagen Stein, Geyersberg, Hasensprung und Rosengarten. 30 Prozent der Fläche nimmt Riesling ein, ein Viertel Silvaner, ein weiteres Viertel Weiß- und Grauburgunder, hinzu kommen vor allem Chardonnay, Spätburgunder und Schwarzriesling. Das Sortiment ist eingeteilt in Guts-, Orts- und Lagenweine – Rieslinge aus Geyersberg und Hasensprung, ein Weißburgunder aus dem Stein sowie ein Spätburgunder aus dem Rosengarten bilden die Spitze des Sortiments. 2017 stellten Marc und Jan Weinreich ihr neues Naturwein-Segment vor.

Kollektion

Drei Naturweine präsentieren sie auch In diesem Jahr, alle drei sind spannend, intensiv, der „Tacheles" ist komplex und druckvoll, „des Wahnsinns fette Beute" extrem stoffig, jugendlich. Der 30 Monate auf der Hefe ausgebaute Brut Nature-Sekt ist rauchig, herrlich eindringlich, kraftvoll, komplex. Die Gutsweine zeigen gleichmäßig hohes Niveau, der saftig-kraftvolle Silvaner überzeugt ebenso wie der zupackende Riesling, der herrlich kraftvolle, strukturierte Grauburgunder oder die frische, klare Cuvée aus Weißburgunder und Chardonnay. Der einzige Ortswein bringt eine weitere Steigerung, der Bechtheimer Riesling ist fruchtbetont und zupackend, besitzt gute Struktur und klare Frucht. Highlight der Kollektion ist der einzige vorgestellte Lagenwein: Der Hasensprung-Riesling ist präzise und reintönig, zupackend, enorm druckvoll und mineralisch. Weiter im Aufwind!

Weinbewertung

88	2014 Pinot Sekt brut nature **12 %/23,50 €**
85	2017 Silvaner trocken **12,5 %/8,- €**
84	2017 Riesling trocken **12,5 %/8,50 €**
86	2017 Grauburgunder trocken **13 %/8,50 €**
85	2017 Weißburgunder & Chardonnay trocken **13 %/9,- €**
87	2017 Riesling trocken Bechtheimer **13 %/12,- €**
90	2017 Riesling trocken Hasensprung **13 %/18,50 €**
88	2017 „Tacheles" **10,5 %/12,- €**
87	2017 „Heiter bis Wolkig" **11 %/12,- €**
88	2017 „Des Wahnsinns fette Beute" **12 %/21,50 €**

W

Weishaar

★★

Kontakt

Hauptstraße 164
79356 Eichstetten
Tel. 07663-4800
Fax: 07663-949953
www.weingut-weishaar.de
mail@weingut-weishaar.de

Inhaber
Gabriele & Karl-Heinz Weishaar
Betriebsleiter
Karl-Heinz Weishaar
Kellermeister
Markus Weishaar
Rebfläche
6 Hektar
Produktion
50.000 Flaschen

Besuchszeiten

1.3. bis 31.12.: Fr. 14-18 Uhr, Sa. 10-13 Uhr und nach Vereinbarung

Gabriele und Karl-Heinz Weishaar gründeten 1989 das Weingut aus einem lange Zeit als landwirtschaftlicher Mischbetrieb geführten Gut. Für den Weinausbau ist Sohn Markus verantwortlich, der nach Weinküferlehre, Neuseelandaufenthalt und Weinbautechnikerausbildung heute hauptberuflich als Kellermeister beim Eichstetter Weingut Kiefer arbeitet. Ihre Weinberge liegen alle in Eichstetten, wo die Reben auf überwiegend süd- und südost-exponierten Terrassen wachsen. Spätburgunder und Grauburgunder sind die wichtigsten Rebsorten, gefolgt von Weißburgunder und Chardonnay. Dazu gibt es Scheurebe, Chardonnay, Riesling und Muskateller. Liköre und Brände ergänzen das Sortiment. Im vergangenen Jahr wurde in einen Verkaufsraum und die betriebliche Erweiterung investiert.

Kollektion

Im vergangenen Jahr führten zwei Pinot Noir und ein trockener Riesling eine starke Kollektion an, in diesem Jahr nun haben ganz knapp Chardonnay und Weißburgunder die Nase vorne, die Kollektion präsentiert sich geschlossen auf gutem und sehr gutem Niveau. Die Basis überzeugt wie in den Vorjahren, die Kabinettweine sind fruchtbetont und sortentypisch, egal ob weiß oder rot, trocken oder feinherb ausgebaut. An der Spitze der Kollektion stehen ganz klar die im Barrique ausgebauten Dreistern-Weine, auch in diesem Segment ist die Kollektion bestechend gleichmäßig. Der Dreistern-Weißburgunder ist füllig und saftig, besitzt gute Struktur und Druck, der Grauburgunder zeigt dezente Vanillenoten, besitzt reife Frucht, gute Struktur und Substanz und auch der Chardonnay reiht sich nahtlos ein, hat das Holz sehr gut weggesteckt, ist konzentriert und füllig. Der duftige Dreistern-Pinot Noir besitzt gute Fülle und Substanz und beim Herzblut genannten Likörwein ist derzeit der Alkohol recht dominant. ➖

Weinbewertung

83 2017 Weißer Burgunder Kabinett trocken Eichstetter Herrenbuck **13 %/6,90 €**
82 2017 Grauer Burgunder Kabinett trocken Eichstetter Herrenbuck **13 %/6,90 €**
83 2017 Scheurebe Kabinett trocken Eichstetter Herrenbuck **12 %/9,90 €**
87 2017 Weißer Burgunder trocken „Dreistern" Eichstetter Herrenbuck **13 %/12,50 €**
86 2017 Grauer Burgunder trocken „Dreistern" Eichstetter Herrenbuck **13 %/12,50 €**
87 2016 Chardonnay trocken „Dreistern" Eichstetter Herrenbuck **13 %/13,50 €**
82 2017 Riesling Kabinett „feinherb" Eichstetter Herrenbuck **12,5 %/6,90 €**
83 2017 Muskateller Kabinett „feinherb" Eichstetter Herrenbuck **12 %/6,90 €**
82 2015 Spätburgunder trocken Eichstetter Herrenbuck **13 %/7,30 €**
83 2017 Spätburgunder Kabinett trocken „Saignée" Herrenbuck **12,5 %/7,90 €**
86 2015 Pinot Noir trocken „Dreistern" Eichstetter Herrenbuck **13 %/15,- €**
84 2017 „Herzblut" Likörwein **16 %/15,- €/0,5l**

Weiss

★☆

N

KONTAKT

Weingut & Destillerie Weiß
Hauptstraße 14
79353 Bahlingen am Kaiserstuhl
Tel. 07663-4974
Fax: 07663-949171
www.rosen-und-wein.de
info@rosen-und-wein.de

Inhaber
Familie Weiß
Rebfläche
5 Hektar
Produktion
30.000 Flaschen

BESUCHSZEITEN

Mo.-Fr. 9-13 + 15-18.30 Uhr,
Sa. 9-16 Uhr oder nach
Vereinbarung

Waltraud und Hanspeter Weiß strukturierten 1986 den damaligen landwirtschaftlichen Mischbetrieb neu und konzentrierten sich ganz auf den Wein, die Brennereien und die Rosenzucht. Inzwischen sind ihre Söhne im Betrieb aktiv: Simon, der älteste Sohn, arbeitete zehn Jahre bei anderen Weingütern bevor er 2012 in den elterlichen Betrieb einstieg, der zweite Sohn Marcel beendete 2016 sein Getränketechnologie-Studium in Geisenheim und betreibt seither die Brennerei. Die Weinberge liegen im Bahlinger Silberberg und wie sonst auch am Kaiserstuhl dominieren die Burgundersorten: Grauburgunder, Spätburgunder und Weißburgunder nehmen das Gros der Rebfläche ein, hinzu kommt Chardonnay sowie ein klein wenig Muskateller, Sauvignon Blanc und Müller-Thurgau.

Kollektion

Sehr markante, eigenständige Weine präsentiert Simon Weiß zum Debüt, Weine der Jahrgänge 2015 bis 2017. Die 2017er Gutsweine zeigen sehr gleichmäßiges Niveau, sind frisch und zupackend, geradlinig und klar, besitzen sortentypische Frucht. Die weißen Barriqueweine des Jahrgangs 2016, alle spontanvergoren und unfiltriert abgefüllt, sind kraftvoll und schnörkellos, kompromisslos trocken wie auch die Gutsweine, noch jugendlich und auf Haltbarkeit vinifiziert. Der Weißburgunder zeigt Vanillenoten im Bouquet, ist füllig, kraftvoll, besitzt gute Struktur und Frucht, hat das Holz noch nicht ganz so gut integriert wie der Grauburgunder, der reintönige reife Frucht im Bouquet zeigt, gute Substanz, reife Frucht und Frische im Mund besitzt. Der Chardonnay ist konzentriert, füllig und kompakt, besitzt reife Frucht und braucht noch etwas Zeit um an Komplexität zu gewinnen. Der 2015er Spätburgunder zeigt feine rauchige Noten und etwas rote Früchte, besitzt reife Frucht, gute Struktur und Präzision. Der maischevergorene Muskateller schließlich ist geradlinig, zupackend, sehr verschlossen, derzeit ein wenig eindimensional, wie das oft bei Maischegärern so ist. Spannende Kollektion!

Weinbewertung

83	2017 Rivaner trocken **12 %/6,90 €**
83	2017 Weißer Burgunder trocken **12 %/7,80 €**
83	2017 Grauer Burgunder trocken **12,5 %/7,80 €**
85	2016 Weißer Burgunder trocken Barrique „Reserve R" **13,5 %/18,- €**
86	2016 Grauer Burgunder trocken Barrique „Reserve R" **13,5 %/18,- €**
85	2016 Chardonnay trocken Barrique „Reserve R" **13,5 %/18,- €**
85	2015 Muskateller „Reserve" „MG" **12,5 %/18,- €**
83	2017 Spätburgunder Rosé trocken **12,5 %/7,80 €**
85	2015 Spätburgunder trocken Barrique **13 %/12,- €**

W

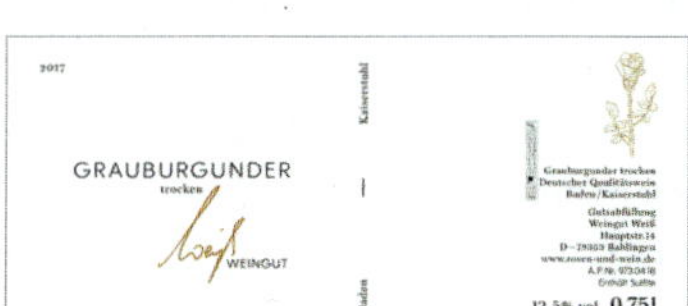

WEITZEL

★★☆

KONTAKT

Bio-Weingut Elke & Eckhard
Weitzel, Backesgasse 7
55218 Ingelheim-Großwinternheim
Tel. 06130-447
Fax: 06130-8438
www.biowein-weitzel.de
eweitzel@biowein-weitzel.de

Inhaber/Betriebsleiter
Eckhard & Elke Weitzel
Kellermeister/Außenbetrieb
Eckhard Weitzel
Rebfläche
7 Hektar
Produktion
35.000 Flaschen

BESUCHSZEITEN

werktags nach Vereinbarung

Eckhard und Elke Weitzel führen das Gut in dritter Generation. Sie stellten 1993 auf ökologischen Weinbau um, sind seit 2013 Mitglied bei Bioland. Die Weinberge liegen in Großwinternheim, gut die Hälfte davon in der Lage Bockstein, einem von Trockenmauern durchzogenen Südhang mit Kalksteinverwitterungsböden und einer Steigung von bis zu 45 Prozent. Rote Sorten nehmen 60 Prozent der Fläche ein. Neben Portugieser und Spätburgunder gibt es Cabernet Sauvignon, St. Laurent und Dornfelder. Die Rotweine werden entrappt und etwa 8 Tage lang maischevergoren und anschließend im Holz ausgebaut. Bei den Weißweinen dominiert Riesling, dazu gibt es Grauburgunder, Weißburgunder, Silvaner und Morio-Muskat, die Weißweine werden kühl und langsam vergoren. Seit 2006 arbeitet Tochter Romy, Weinbautechnikerin, im Betrieb mit.

Kollektion

Zuverlässig, gleichmäßig weiß wie rot, weiße und rote Spitzen: So überzeugen uns Eckhard und Elke Weitzel nun schon seit vielen Jahren. In diesem Jahr nun sind im weißen Segment zwei trockene Rieslinge besonders stark. Die 2017er Bockstein Spätlese ist füllig und saftig, besitzt viel reife Frucht und Substanz, die 2016er Spätlese aus den Bockstein-Terrassen ist füllig und kraftvoll, besitzt herrlich viel Frucht und Substanz. Und auch die feinherbe Riesling Spätlese weis zu überzeugen mit Harmonie und reifer süßer Frucht. Die weißen Ortsweine sind geradlinig und klar, der Weißburgunder von alten Reben ist füllig und saftig, besitzt viel reife süße Frucht. Die Rotweine sind geradlinig und kraftvoll, die 2015er Spätburgunder Auslese aus den Bocksteinterrassen ragt hervor: Sie besitzt viel Konzentration, intensive Frucht, ist füllig und kraftvoll, besitzt Substanz, gute Struktur und jugendliche Tannine.

Weinbewertung

82	2017 Riesling trocken „Tertiär" Ingelheimer **12 %/6,50 €**
81	2017 Weißer Burgunder trocken Ingelheimer **12,5 %/6,50 €**
84	2016 Weißer Burgunder Spätlese trocken „alte Reben" Ingelheimer **13,5 %/8,90 €**
86	2017 Riesling Spätlese trocken Groß-Winternheimer Bockstein **12,5 %/8,- €**
87	2016 Riesling Spätlese trocken Terrasse Groß-Winternh. Bockstein **12,5 %/12,50 €**
84	2017 Riesling Spätlese „feinherb" Groß-Winternheimer Bockstein **11 %/8,- €**
82	2015 Blauer Portugieser trocken „alte Reben" Ingelheimer **13,5 %/5,50 €**
82	2016 Spätburgunder trocken Ingelheimer **13 %/6,50 €**
82	2015 Spätburgunder trocken Groß-Winternheimer Bockstein **14 %/9,50 €**
83	2016 „Cuvée No. 4" Rotwein trocken **13 %/6,90 €**
83	2015 Cabernet Sauvignon Terrasse trocken Bockstein **14 %/14,50 €**
88	2015 Spätburgunder Auslese trocken Terrasse Bockstein **14 %/18,50 €**

Weltner

★★★★

KONTAKT

Wiesenbronner Straße 17
97348 Rödelsee
Tel. 09323-3646, Fax: -3846
www.weingut-weltner.de
info@weingut-weltner.de

Inhaber Paul Weltner
Kellermeister Paul Weltner
Rebfläche 11 Hektar
Produktion 70.000 Flaschen

BESUCHSZEITEN

Mo.-Fr. 9-12 + 13:30-18 Uhr,
Sa. 10-16 Uhr, Sonn- & Feiertage geschlossen

Seit dem 16. Jahrhundert betreibt die Familie Weinbau, seit vier Generationen in Rödelsee. Seit 2005 führt Paul Weltner das Gut. Seine Weinberge liegen an den südwestlichen Hängen des Schwanberges, in den Rödelseer Lagen Küchenmeister – mit der Hoheleite – und Schwanleite sowie im Iphöfer Julius-Echter-Berg. Seine wichtigste Lage ist der Küchenmeister, dessen Boden aus Schilfsandstein und Dolomit, Gipskeuper und tonigem Mergel mit großen Anteilen an Kalk, Kalium und Magnesium besteht. Aus der Gewanne Hoheleite im Küchenmeister erzeugt er seine Großen Gewächse. Die an den Küchenmeister angrenzende Lage Schwanleite ist überwiegend nach Westen exponiert. Der Boden besteht aus dem gleichen Mineralienmix wie im Küchenmeister, vor allem im vorderen, an den Küchenmeister angrenzenden Teil der Schwanleite, wo Paul Weltner alte Scheurebe- und Silvanerreben stehen hat. Südöstlich grenzt an den Küchenmeister der Julius-Echter-Berg, dort baut Paul Weltner Silvaner, Riesling und Weißburgunder an. Mehr als die Hälfte seiner Weinberge ist mit Silvaner bestockt, dazu gibt es Riesling, Weißburgunder, Müller-Thurgau, Scheurebe und Sauvignon Blanc, aber auch Spätburgunder und Domina. 90 Prozent der Weine werden trocken ausgebaut. Das Programm ist vierstufig gegliedert in Gutsweine, Ortsweine, dann folgen die Erste Lage-Weine aus den Lagen Küchenmeister, Schwanleite (mit Silvaner und Scheurebe von 1968 gepflanzten Reben) und Julius-Echter-Berg, an der Spitze stehen die beiden Großen Gewächse aus der Hoheleite, Silvaner und Riesling, Letzterer wurde erstmals im Jahrgang 2012 als Großes Gewächs erzeugt. Schon seit der ersten Ausgabe empfehlen wir die Weine von Paul Weltner, schon damals waren wir sehr angetan von der Frische und Reintönigkeit aller Weine. Seither ist es stetig weiter vorangegangen, die Weine haben an Fülle und Ausdruck gewonnen ohne diese Reintönigkeit zu verlieren, von den Gutsweinen bis hin zur Spitze sind alle Kollektionen immer sehr zuverlässig.

Kollektion

Knapp zwei Dutzend Silvaner aus den Jahrgängen 2005 und 2006 hatten wir diesen Sommer auf unserem Verkostungstisch stehen, ausschließlich Große Gewächse. Zu den ganz wenigen, die sich in hervorragender Verfassung präsentierten (genau genommen waren es ganze vier), gehörte die beiden Großen Gewächse von Paul Weltner. Jahrgang 2005 besaß gute Fülle, Struktur und Grip, noch komplexer und etwas opulenter präsentierte sich Jahrgang 2006. Und wir zweifeln nicht, dass auch das 2017er Große Gewächs, das heute ja den Namen der alten Einzellage Hoheleite trägt, ein Langläufer sein wird. Er ist im Bouquet sehr offen, zeigt intensive Frucht, besitzt herrlich viel Frucht auch im Mund, viel

Substanz, gute Struktur und Frische, dezent mineralische Noten und Länge. Sein Riesling-Kollege, ebenfalls aus der Hoheleite, ist ihm fast ebenbürtig, zeigt gute Konzentration und reintönige Frucht im Bouquet, gelbe Früchte, ist füllig im Mund, kraftvoll, komplex, besitzt gute Struktur, Grip und Länge. Geschlossen hohes Niveau zeigen alle Erste Lage-Weine. Der Riesling aus dem Küchenmeister, ist konzentriert, würzige, herrlich eindringlich, klar, frisch und zupackend, besitzt gute Substanz und Frucht. Der Weißburgunder aus dem Küchenmeister zeigt reintönige Frucht im Bouquet, ist harmonisch im Mund, füllig, sehr reintönig und lang. Mit viel Frische und Reintönigkeit glänzt der Sauvignon Blanc, ist harmonisch, klar, besitzt gute Struktur und Länge. Die Scheurebe aus der Schwanleite zeigt intensive Frucht im Bouquet, ist klar im Mund, fruchtbetont, zupackend, strukturiert. Spannend ist immer der Vergleich der drei Erste Lage-Sylvaner. Der Wein aus dem Julius-Echter-Berg ist anfangs recht würzig, das verliert sich, er wird zunehmend expressiver, besitzt herrlich viel Frucht, gute Substanz und Länge. Der Sylvaner von alten Reben in der Schwanleite ist von Anfang an präsent, zeigt reife reintönige Frucht, besitzt gute Harmonie und viel Länge. Mit Reintönigkeit punktet der Wein aus dem Küchenmeister, ist füllig, saftig, harmonisch und lang. Aber auch der Sylvaner-Ortswein aus Rödelsee macht schon eine prächtige Figur, ist reintönig, harmonisch, saftig und klar wie auch der Sylvaner-Gutswein, oder die frische, zupackende Rödelseer Scheurebe: Das Einstiegsniveau ist hoch wie gewohnt. Starke Kollektion!

Paul Weltner

Weinbewertung

85	2017 Sylvaner trocken **12 %/7,80 €**
87	2017 Sylvaner trocken Rödelsee **12,5 %/9,50 €**
86	2017 Scheurebe trocken Rödelsee **12 %/9,50 €**
88	2017 Sylvaner trocken Rödelseer Küchenmeister **12,5 %/13,50 €**
89	2017 Sylvaner trocken „Alte Reben" Rödelseer Schwanleite **12,5 %/13,50 €**
89	2017 Sylvaner trocken Iphöfer Julius-Echter-Berg **12,5 %/14,50 €**
88	2017 Riesling trocken Rödelseer Küchenmeister **13 %/13,50 €**
88	2017 Weißer Burgunder trocken Rödelseer Küchenmeister **12,5 %/13,50 €**
89	2017 Sauvignon Blanc trocken Rödelseer Küchenmeister **12,5 %/16,- €**
88	2017 Scheurebe trocken Rödelseer Schwanleite **12,5 %/13,50 €**
90	2005 Sylvaner Spätlese trocken (GG) Rödelseer Küchenmeister
92	2006 Sylvaner Spätlese trocken (GG) Rödelseer Küchenmeister
92	2017 Sylvaner „GG" Rödelseer „Hoheleite" **13 %/32,- €**
91	2017 Riesling „GG" Rödelsee „Hoheleite" **13 %/32,- €**

LAGEN

KÜCHENMEISTER (RÖDELSEE)
- HOHELEITE
SCHWANLEITE (RÖDELSEE)
JULIUS-ECHTER-BERG
(IPHOFEN)

REBSORTEN

SILVANER (55 %)
RIESLING (15 %)
SCHEUREBE (10 %)
WEISSBURGUNDER
SAUVIGNON BLANC
SPÄTBURGUNDER

Arndt F. Werner

★★★

Kontakt

Mainzer Straße 97
55218 Ingelheim
Tel. 06132-1090
Fax: 06132-431335
www.weingutwerner.de
info@weingutwerner.de

Inhaber Arndt & Birgit Werner
Kellermeister
Thomas & Arndt Werner
Außenbetrieb
Christian Dickenscheid
Rebfläche 18 Hektar
Produktion 90.000 Flaschen

Besuchszeiten

Mo.-Fr. 9-12:30 + 14-18 Uhr,
Sa. 9:30-14 Uhr

Anfang der achtziger Jahre übernahm Arndt Werner, Diplom-Geograph, das Gut mit damals 3 Hektar Weinbergen von seinem Vater und begann mit der Umstellung auf ökologischen Weinbau. 1983 gründete er mit gleich denkenden Winzern den ersten Verband ökologischer Winzer in Deutschland. Heute ist Arndt Werner Mitglied bei Ecovin und Bioland. Darüber hinaus ist das Weingut Demonstrations-Ökoweingut des Bundesministeriums für Landwirtschaft und Verbraucherschutz. Arndt Werner baut an roten Sorten Spätburgunder, Portugieser, Frühburgunder, Regent und Cabernet Sauvignon an. An weißen Sorten gibt es Riesling, Silvaner und Chardonnay, sowie Grauburgunder und Weißburgunder, inzwischen kam Cabernet Blanc hinzu. Sohn Thomas ist, nach Geisenheim-Studium, zusammen mit seinem Vater für den Keller verantwortlich, er hat die neue Top-Linie „Aula Regia" initiiert.

Kollektion

Gewohnt stark und zuverlässig ist auch die neue Kollektion von Arndt Werner. Die Gutsweine sind klar und geradlinig, die Weine der S-Klasse besitzen mehr Fülle und Substanz. Der Weißburgunder gefällt uns in diesem Jahr im weißen Segment besonders gut, er ist füllig und saftig, besitzt reife Frucht, gute Struktur und Substanz. Der Silvaner besticht mit herrlich viel Frucht und Konzentration, der Chardonnay zeigt weiße und gelbe Früchte, die beiden Rieslinge von alten Reben besitzen Fülle und reife süße Frucht. Alle Rotweine sind sehr gut, der würzige Pinot Noir ebenso wie der intensiv fruchtige, tanninbetonte Frühburgunder, der cassisfruchtige, zupackende Cabernet Sauvignon, der füllige, saftige Portugieser oder der intensive, herrlich eindringliche Spätburgunder aus dem Burgberg.

Weinbewertung

83	2017 Riesling trocken **12 %/7,80 €**
83	2017 Silvaner trocken **12,5 %/6,80 €**
83	2017 Grauer Burgunder trocken **12,5 %/7,30 €**
88	2017 Weißer Burgunder „S" trocken Ingelheimer Lottenstück **13 %/13,80 €**
86	2017 Chardonnay „S" trocken Ingelheimer **13 %/10,80 €**
87	2017 Silvaner trocken Selection Gau Algesheimer Johannisberg **13 %/12,80 €**
87	2016 Riesling „S" trocken „Alte Reben" Ingelheimer Horn **13 %/13,80 €**
86	2017 Riesling „S" trocken „Alte Reben" Ingelheimer Horn **12,5 %/13,80 €**
85	2017 Riesling „S" „feinherb" Ingelheimer **12,5 %/9,80 €**
85	2015 Pinot Noir „S" trocken Ingelheim am Rhein **14 %/12,80 €**
87	2015 Blauer Frühburgunder „S" trocken „Aula Regia" Lottenstück **14 %/19,80 €**
87	2015 Cabernet Sauvignon „S" trocken Ingelheimer Höllenweg **14 %/19,80 €**
88	2015 Blauer Portugieser trocken „Aula Regia" Sonnenhang **13,5 %/24,80 €**
88	2015 Blauer Spätburgunder trocken „Aula Regia" Burgberg **14 %/23,80 €**

W

O. Werner & Sohn

★★☆

KONTAKT

Römerstraße 17
54340 Leiwen
Tel. 06507-4341
Fax: 06507-8355
www.weingut-werner.de
weingut1@aol.com

Inhaber
Bernhard & Margaret Werner
Rebfläche
6 Hektar
Produktion
45.000 Flaschen

BESUCHSZEITEN

Mo.-Fr. 10-12 + 14-18 Uhr

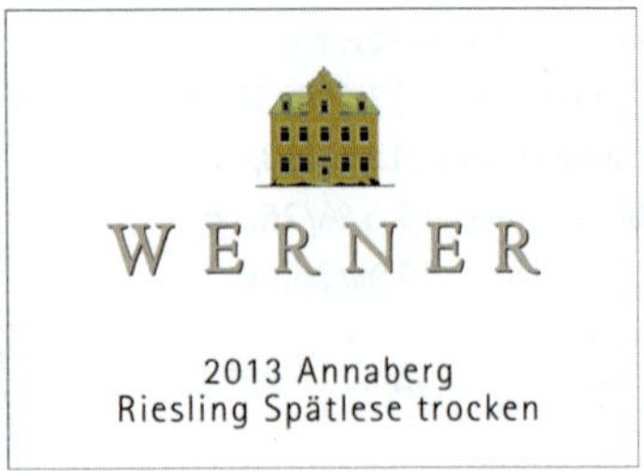

Bernhard Werner war Gründungsmitglied und fast zehn Jahre Vorsitzender der „Vereinigung der Leiwener Jungwinzer“, die seit Mitte der achtziger Jahre mit hochwertigen Rieslingen auf sich aufmerksam machen. Seine Weinberge liegen im Schweicher Annaberg, der Trittenheimer Apotheke sowie den Leiwener Lagen Laurentiuslay und Klostergarten. Neben 85 Prozent Riesling baut er 10 Prozent Spätburgunder sowie ein wenig St. Laurent und Müller-Thurgau an. Die Weine werden spontanvergoren und im klassischen Fuder ausgebaut; die trockenen Rieslinge werden teilweise gegen Ende des Gärverlaufs nochmals mit Reinzuchthefen beimpft, um in den trockenen Bereich zu gelangen. 80 Prozent seiner Weine baut Bernhard Werner trocken oder halbtrocken aus.

Kollektion

Eine stimmige, starke Kollektion präsentiert Bernhard Werner auch in diesem Jahr. Die trockene Spätlese vom Annaberg besitzt intensive Frucht, Kraft und Substanz. Die beiden Großen Gewächse sehen wir im Jahrgang 2017 gleichauf: Der Wein aus dem Annaberg besitzt intensive, reife Frucht, Fülle, Saft und Substanz, der gelbfruchtige Riesling aus der Apotheke ist reintönig, strukturiert, ebenfalls füllig und saftig. Feinherb überzeugt der frische, geradlinige Kabinett aus der Apotheke ebenso wie die leicht aprikosenduftige Spätlese aus der Laurentiuslay, die frisch, klar und zupackend ist. Der süße Kabinett aus der Apotheke ist fruchtbetont, lebhaft und zupackend, die Spätlese aus der gleichen Lage ist würziger, besitzt Fülle und Saft. Die Auslese aus der Apotheke besitzt ein intensives Bouquet mit feiner Litschinote, ist schön frisch und zupackend im Mund bei guter Struktur und Frucht. Deutlich konzentrierter und würziger ist die Beerenauslese aus der Apotheke, süß und dominant. Der würzige, zupackende Barrique-Spätburgunder aus dem Annaberg rundet die gelungene, rundum zufrieden stellende Kollektion ab.

Weinbewertung

85	2017 Riesling Spätlese trocken Schweicher Annaberg **12 %/11,- €**
88	2017 Riesling trocken „GG“ Trittenheimer Apotheke **12 %/19,50 €**
88	2017 Riesling trocken „GG“ Schweicher Annaberg **12 %/19,50 €**
82	2017 Riesling Classic **12 %/7,50 €**
84	2017 Riesling Kabinett „feinherb“ Trittenheimer Apotheke **10 %/8,50 €**
85	2017 Riesling Spätlese „feinherb“ Leiwener Laurentiuslay **11 %/11,- €**
84	2017 Riesling Kabinett Schweicher Annaberg **8,5 %/8,50 €**
85	2017 Riesling Spätlese Schweicher Annaberg **9 %/11,80 €**
88	2017 Riesling Auslese Trittenheimer Apotheke **8 %/18,50 €**
89	2017 Riesling Beerenauslese Trittenheimer Apotheke **9 %/39,- €/0,375l**
85	2015 Spätburgunder trocken Barrique Annaberg **13,5 %/15,50 €**

DOMDECHANT WERNER

★★★

KONTAKT

Domdechant Werner'sches Weingut
Rathausstraße 30, Postfach 1205
65234 Hochheim
Tel. 06146-835037
Fax: 06146-835038
www.domdechantwerner.com
weingut@domdechantwerner.com

Inhaber
Dr. Franz-Werner Michel

Rebfläche
12,5 Hektar

Produktion
100.000 Flaschen

BESUCHSZEITEN

Mo.-Fr. 8:30-17 Uhr, Sa. 9-12 Uhr oder nach Vereinbarung
Weinproben für Gruppen ab 20 Personen nach Absprache

Der Vater des Mainzer Domdechanten Dr. Franz Werner erwarb 1780 vom Grafen Jork dieses Hochheimer Weingut. Domdechant Werner wird heute in siebter Generation von Franz-Werner Michel geführt, unterstützt wird er von Tochter Catharina Mauritz. Das Weingut hat seinen Sitz in einem klassizistischen Gutshaus am Stadtrand von Hochheim. Die Weinberge von Franz-Werner Michel liegen in den Hochheimer Lagen Domdechaney, Kirchenstück, Hölle, Stein, Stielweg und Reichestal. Neben Riesling, der 98 Prozent der Rebfläche einnimmt, baut Franz-Werner Michel ein klein wenig Spät- und Frühburgunder an. Die Weine werden überwiegend an Gastronomie und Fachhandel verkauft, etwa die Hälfte der Produktion wird exportiert.

Kollektion

Die gehobenen Qualitäten sind sehr gut, im Einstiegsbereich würde man jedoch mehr Substanz erwarten. Der Gutsriesling ist würzig und frisch, der recht hohe Alkohol tritt im Nachhall jedoch leicht bitter zu Tage. Klassisch und geradlinig ist der trockene Kabinett, von den beiden Lagenrieslingen ist das zitrusduftige Kirchenstück pointiert, stoffig und säurebetont, der Wein aus der Domdechaney ist würziger und fülliger, beide sind noch zugeknöpft, versprechen eine gute Entwicklung. Die beiden kräftigen Großen Gewächse aus 2016 wurden schon im letzten Jahr angestellt und haben seit dem eine positive Entwicklung genommen. Der Wein aus dem Kirchenstück hat die Nase vorne, weil er präziser ist und durch markante Säurestruktur größere Spannung entfaltet. Die 2017er Großen Gewächse sind beide jugendlich, ihr reifer Kern tritt erst mit ordentlich Luft in Erscheinung. Die Domdechaney ist klar, druckvoll, kühl und lang, das Kirchenstück mineralisch salzig und gerbstoffherb, noch deutlich verschlossener. Der Classic mit seiner saftigen und knackigen Art ist trinkfreudig, wie auch der fruchtige Kabinett aus der Hölle, der spannungsvoll zwischen Frucht und Säure spielt.

Weinbewertung

82	2017 Riesling trocken **13 %/9,50 €**
83	2017 Riesling Kabinett trocken **12,5 %/10,95 €**
87	2017 Riesling trocken Hochheimer Domdechaney **13 %/17,50 €**
87	2017 Riesling trocken Hochheimer Kirchenstück **13 %/15,- €**
88	2016 Riesling trocken „GG" Hochheimer Domdechaney **13,5 %/30,- €**
90	2017 Riesling trocken „GG" Hochheimer Domdechaney **13 %/30,- €**
90	2016 Riesling trocken „GG" Hochheimer Kirchenstück **13,5 %/26,- €**
90+	2017 Riesling trocken „GG" Hochheimer Kirchenstück **13 %/26,- €**
82	2017 Riesling Classic **12 %/10,95 €**
84	2017 Riesling Kabinett Hochheimer Hölle **10,5 %/10,95 €**

Werner

★

N

KONTAKT

Langgasse 40
55237 Flonheim
Tel. 06734-401
Fax: 06734-6429
www.werner-weine.de
weingut-werner@web.de

Inhaber
Dietmar & Florian Werner
Rebfläche
20 Hektar
Produktion
60.000 Flaschen

BESUCHSZEITEN

nach Vereinbarung

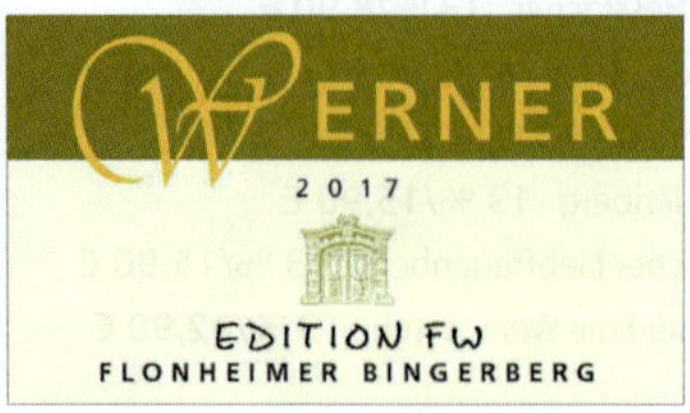

In siebter Generation baut die Familie Werner Wein in Rheinhessen an. Heute führt Dietmar Werner den Betrieb zusammen mit Sohn Florian, der wie sein Vater ausgebildeter Weinbautechniker ist. Zusammen kümmern sie sich um den Keller, Vater Dietmar ist für den Außenbetrieb zuständig. Ihre Weinberge liegen vor allem im Flonheimer Bingerberg, aber auch in den Flonheimer Lagen Geisterberg und Klostergarten sind sie vertreten, ebenso im Lonsheimer Mandelberg. Die Weine werden in einem 1660 erbauten Gewölbekeller ausgebaut. Das Sortiment ist gegliedert in Liter- und Gutsweine, Premiumweine und Lagenweine.

Kollektion

Eine sehr gleichmäßige Kollektion präsentieren Dietmar und Florian Werner zum überzeugenden Debüt. Die Flonheimer Ortsweine präsentieren sich geschlossen. Der Weißburgunder zeigt weiße Früchte, ist frisch und klar, besitzt feine süße Frucht. Der Grauburgunder ist fruchtbetont und reintönig, klar und saftig, wie der Weißburgunder durch die recht hohe Restsüße betont süffig. Dies gilt auch für den würzigen, zupackenden Chardonnay. Noch mehr auf Süße setzt die feinherbe Scheurebe, zeigt dezent Johannisbeeren, ist geradlinig und frisch. Noch süßer wird es mit der Kerner Spätlese, die feine Apfelnoten aufweist, lebhaft und zupackend ist, und schließlich mit der Riesling Auslese, die füllig und saftig ist, viel reife Frucht und Substanz besitzt. Unser Favorit unter den Weißweinen ist die im Holz ausgebaute weiße Cuvée aus dem Flonheimer Bingerberg, die gute Konzentration im Bouquet zeigt, reife Frucht, weiße Früchte, füllig und saftig im Mund ist, kraftvoll, reife süße Frucht und gute Struktur besitzt. Der feinherbe Spätburgunder Rosé ist fruchtbetont und intensiv, bietet unkomplizierten Trinkgenuss. Und auch auf Rotwein verstehen sich Dietmar und Florian Werner, wie der im Holz ausgebaute Cabernet Dorsa beweist, der rauchig-würzige Noten zeigt, Fülle und Kraft besitzt, reife Frucht und gute Struktur.

Weinbewertung

83 2017 Weißer Burgunder trocken Flonheimer **12,5 %/6,- €**
84 2017 Grauer Burgunder trocken Flonheimer **12,5 %/6,- €**
82 2017 Chardonnay „S" trocken Flonheimer **12 %/7,- €**
86 2017 „Edition FW" Weißwein trocken Flonheimer Bingerberg **12,5 %/12,80 €**
82 2017 Scheurebe „S" „feinherb" Flonheimer **12 %/6,50 €**
83 2017 Kerner Spätlese Flonheimer **9 %/6,- €**
85 2017 Riesling Auslese Flonheimer **8 %/8,50 €**
84 2017 Spätburgunder Rosé „feinherb" Flonheimer **12 %/5,50 €**
84 2015 Cabernet Dorsa „S" trocken Lonsheimer Mandelberg **13 %/7,- €**

Wernersbach

★★★

KONTAKT

Spitalstraße 41
67596 Dittelsheim-Heßloch
Tel. 06244-4477
Fax: 06244-249
www.wernersbach-weine.de
weingut@wernersbach-weine.de

Inhaber
Stephan Wernersbach
Rebfläche
11 Hektar
Produktion
80.000 Flaschen

BESUCHSZEITEN

nach Vereinbarung

Das Weingut in seiner heutigen Form wurde 1941 gegründet, doch lässt sich bis ins 17. Jahrhundert zurück Weinbau in der Familie nachweisen. 2005, noch während seines Studiums, hat Stephan Wernersbach die Weinberge übernommen, die von seinen Eltern als „Hobby" bewirtschaftet wurden. Zusammen mit Bruder Florian und den Eltern baute er das Gut auf. Die Weinberge liegen in Hessloch (Edle Weingärten, Liebfrauenberg, Mondschein), Dittelsheim (Geiersberg) und Bechtheim (Hasensprung), auch in der Westhofener Aulerde ist Stephan Wernersbach vertreten. Riesling, Silvaner, die Burgundersorten und Portugieser dominieren im Sortiment, hinzu kommen Sorten wie Scheurebe, Gelber Muskateller, Spätburgunder, Chardonnay, Würzer, Cabernet Sauvignon und Cabernet Dorio. Die Weißweine werden nach kühler Gärung im Edelstahl ausgebaut, Rotweine kommen nach der Maischegärung ins Holz, teils auch ins Barrique.

Kollektion

Mit der neuen Kollektion ist Stephan Wernersbach eine klare Steigerung gelungen. Bestechend gut und gleichmäßig ist das Niveau bei den Gutsweinen, sie sind reintönig, fruchtbetont und zupackend, der kraftvolle Sauvignon Blanc gefällt uns besonders gut. Durch die Bank sehr gut sind alle Ortsweine, sie besitzen Fülle und Kraft, reintönige Frucht und gute Struktur. Eine weitere Steigerung bringen die drei Lagenrieslinge: Liebfrauenberg reintönig, kraftvoll, zupackend, Mondschein gelbfruchtiger, druckvoller, ebenso reintönig und stoffig, Aulerde anfangs verschlossener, dann aber ebenso kraftvoll und reintönig, dabei mineralisch und nachhaltig. Der intensive fruchtige, tanninbetonte Cabernet Sauvignon und der füllig, saftige Portugieser runden die bärenstarke Kollektion ab.

Weinbewertung

84 2017 Grüner Silvaner trocken **12 %/6,90 €**
84 2017 Riesling trocken **12,5 %/6,90 €**
84 2017 Grauer Burgunder trocken **12,5 %/7,90 €**
86 2017 Sauvignon Blanc trocken **12,5 %/7,90 €**
86 2017 Weißer Burgunder trocken „vom Kalkstein" Hesslocher **13 %/8,90 €**
86 2017 Riesling trocken „Auf den Aupern" Hesslocher **13 %/8,90 €**
85 2017 Riesling trocken „Vom Eisenerz" Bechtheimer **13 %/8,90 €**
85 2017 Scheurebe trocken „vom Kalkstein" Hesslocher **13 %/8,90 €**
90 2017 Riesling trocken Westhofener Aulerde **13,5 %/15,90 €**
89 2017 Riesling trocken Hesslocher Mondschein **13 %/15,90 €**
88 2017 Riesling trocken Hesslocher Liebfrauenberg **13 %/15,90 €**
85 2015 Cabernet Sauvignon trocken Hesslocher Liebfrauenberg **13 %/15,90 €**
86 2015 Blauer Portugieser trocken Hesslocher Edle Weingärten **13 %/12,90 €**

Werther Windisch

★★

KONTAKT

Schulstraße 3
55278 Mommenheim
Tel. 06138-5587
www.werther-windisch.de
info@werther-windisch.de

Inhaber
Jens Windisch
Rebfläche
11 Hektar

BESUCHSZEITEN

nach Vereinbarung

Anfang der achtziger Jahre übernahm Hans-Albert Windisch das Gut von seinem Schwiegervater, fokussierte den Mischbetrieb immer stärker auf Weinbau. Sohn Jens machte seine Ausbildung bei Gröhl und Wagner-Stempel, absolvierte ein Praktikum in Neuseeland (Johner Estate/Masterton), ist für den Weinausbau verantwortlich und hat den Betrieb inzwischen übernommen. Die Weinberge liegen in den Harxheimer Lagen Schlossberg und Lieth, in Mommenheim, Zornheim und Selzen, zu 90 Prozent werden weiße Rebsorten angebaut. Wichtigste Rebsorte ist Silvaner, gefolgt von Weißburgunder, Riesling und Gewürztraminer, an roten Sorten gibt es Portugieser und Spätburgunder. Das Sortiment ist gegliedert in Guts-, Orts- („8°14′ E") und Lagenweine, zum Silvaner Harxheimer Lieth gesellt sich mit dem Jahrgang 2013 ein Riesling aus dem Schlossberg.

Kollektion

Mit dem Jahrgang 2017 präsentiert Jens Windisch seine bisher stärkste Kollektion. Schon der fruchtbetonte, zupackende Literriesling überzeugt, die Gutsweine präsentieren sich geschlossen, besitzen reintönige Frucht, gute Struktur und Frische: Das überzeugt. Die Ortsweine bringen eine weitere Steigerung: Der Silvaner ist frisch, zupackend und strukturiert, der Riesling besitzt intensive Frucht, ist kraftvoll, zupackend, strukturiert, der Weißburgunder ist kompakt und geradlinig, besitzt reintönige Frucht. Aber nicht nur bei Guts- und Ortsweinen hat Jens Windisch sich gesteigert, auch mit seinen beiden Lagenweinen legt er weiter zu. Der Lieth-Silvaner besitzt gute Konzentration, reintönige Frucht, feine Frische, Fülle, Kraft, gute Struktur und Substanz, der Riesling aus dem Schlossberg ist konzentriert und klar, kraftvoll, besitzt gute Frische, reintönige Frucht und Substanz. Starke Vorstellung: Im Auge behalten!

Weinbewertung

82 „6 10minuten" Perlwein **11 %/6,90 €**
82 2017 Riesling trocken (1l) **11,5 %/6,50 €**
84 2017 Silvaner trocken **12 %/11,- €**
84 2017 Riesling trocken **12 %/7,50 €**
84 2017 Weißburgunder trocken **12 %/7,50 €**
86 2017 Silvaner trocken „8grad14minuten" **12,5 %/11,- €**
86 2017 Riesling trocken „8grad14minuten" **12 %/11,- €**
85 2017 Weißburgunder trocken „8grad14minuten" **12 %/11,- €**
88 2017 Silvaner trocken Harxheimer Lieth **12,5 %/18,50 €**
88 2017 Riesling trocken Harxheimer Schlossberg **12,5 %/18,50 €**
83 2017 Rosé trocken **11,5 %/5,90 €**
84 2016 Portugieser trocken **12,5 %/7,50 €**

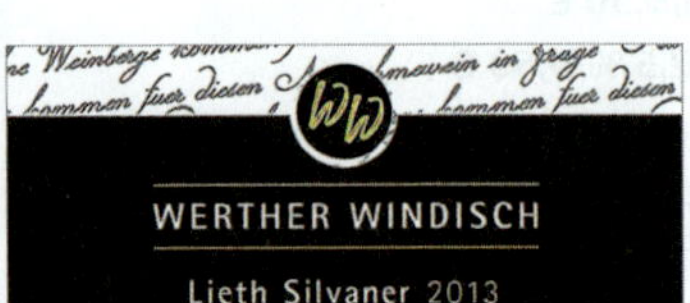

Schloss Westerhaus

★★

KONTAKT

Hofgut Westerhaus
55218 Ingelheim
Tel. 06130-6674
Fax: 06130-6608
www.schloss-westerhaus.de
info@schloss-westerhaus.de

Inhaber
Ivonne & Johannes Graf von Schönburg
Betriebsleiter
Johannes Graf von Schönburg
Kellermeister
Toni Frank
Rebfläche
18,5 Hektar
Produktion
105.000 Flaschen

BESUCHSZEITEN

Di.-Fr. Nachmittags nach Vereinbarung, Sa. 11-16 Uhr

Das im Jahr 1900 von Heinrich Opel, einem der Söhne Adam Opels, gekaufte Weingut wird heute in vierter Generation von Ivonne Gräfin von Schönburg und ihrem Ehemann Johannes Graf von Schönburg geführt. 12 Hektar Weinberge befinden sich direkt unterhalb des Schlosses in der arrondierten Einzellage Oberingelheimer Schloss Westerhaus (im Alleinbesitz), wo die Reben auf Muschelkalkböden wachsen. Die weiteren Weinberge befinden sich in den Ingelheimer Lagen Sonnenhang und Schlossberg, sowie in den Schwabenheimer Lagen Klostergarten und Sonnenberg. Knapp zwei Drittel der Weinberge nehmen weiße Rebsorten ein. Neben Riesling liegt der Schwerpunkt auf Grauburgunder und Weißburgunder, auch Auxerrois und Chardonnay werden angebaut. Bei den roten Sorten dominiert Spätburgunder, der inzwischen flächenmäßig den Riesling überholt hat, dazu gibt es ein wenig Frühburgunder. In den letzten Jahren wurden die alten Holzfässer zum Teil durch Edelstahl ersetzt, aber es wurden auch neue Barriques, Halbstück- und Stückfässer angeschafft. Das Sortiment ist dreistufig gegliedert in Gutsweine, Ortsweine und die beiden Großen Gewächse.

Kollektion

Der Gutsriesling ist klar und frisch, die Ortsweine sind kompakt und kraftvoll. In dieser Kategorie sticht der Chardonnay von 1986 gepflanzten Reben hervor, der rauchig-würzige Noten besitzt, Fülle, Kraft, reife Frucht und gute Struktur. Das weiße Große Gewächs ist im Jahrgang 2016 würzig, kraftvoll, hat Substanz, Jahrgang 2017 ist sehr ähnlich, ein klein wenig druckvoller. Auch vom Spätburgunder Großes Gewächs konnten wir zwei Jahrgänge verkosten: 2015 zeigt intensive Frucht, ist klar und zupackend, besitzt gute Struktur und Frucht, ein wenig harte Tannine; noch heftigere Tannine besitzt der rauchig-intensive 2016er, muss sich noch harmonisieren.

Weinbewertung

82	2017 Riesling trocken **12 %/8,- €**
83	2017 Weißer Burgunder trocken Ingelheimer **13 %/12,50 €**
84	2017 Grauer Burgunder trocken Ingelheimer **13 %/12,50 €**
87	2017 Chardonnay trocken „y86" Ingelheim **13 %/14,50 €**
84	2017 Riesling trocken Ingelheimer **12,5 %/12,50 €**
87	2016 Riesling „GG" Ingelheimer Schloss Westerhaus **13 %/24,- €**
88	2017 Riesling „GG" Ingelheimer Schloss Westerhaus **12,5 %/24,- €**
84	2017 Riesling Kabinett Ingelheim **7,5 %/9,50 €**
82	2016 Spätburgunder trocken Holzfass **12,5 %/9,50 €**
83	2016 Frühburgunder trocken Ingelheimer **13 %/17,- €**
87	2015 Spätburgunder „GG" Ingelheimer Schloss Westerhaus **12,5 %/28,- €**
86	2016 Spätburgunder „GG" Ingelheimer Schloss Westerhaus **12,5 %/28,- €**

Michael Wiesler

★★☆

KONTAKT

Krozinger Straße 26
79219 Staufen
Tel. 07633-6905
Fax: 07633-6917
www.weingut-wiesler.de
kontakt@weingut-wiesler.de

Inhaber
Michael Wiesler
Rebfläche
6,8 Hektar
Produktion
35.000 Flaschen

BESUCHSZEITEN

Mo.-Fr. 15-18:30 Uhr,
Sa. 9-13:30 Uhr
Weinproben (10 bis 40 Personen)
Gutsschänke Apr. + Mai,
Sept. + Okt., Do.-So. ab 16 Uhr

Karl Alfred Wiesler gründete 1927 das Weingut, das 1971 von den Söhnen Bernhard und Klaus Wiesler übernommen wurde. Michael Wiesler, der Sohn von Bernhard und Enkel des Gründers, übernahm 1990 den Betrieb, den er zusammen mit Ehefrau Kristina führt. 1994 modernisierten sie den Betrieb und errichteten einen Verkaufsraum, 2003 eröffneten sie dann die Gutsschänke. Die Weinberge liegen überwiegend in Hang- und Steillagen, alle im Staufener Schlossberg, wo die Reben auf Kalkverwitterungsböden wachsen. Ein Teil der Weinberge wurde bereits in den fünfziger Jahren gepflanzt. Gutedel ist die wichtigste Rebsorte im Betrieb, nimmt über ein Viertel der Rebfläche ein. Es folgen die Burgundersorten, Spätburgunder an erster Stelle, dann Weißburgunder und Grauburgunder, dazu gibt es etwas Riesling und Gewürztraminer.

Kollektion

Auch in diesem Jahr ist es Michael Wiesler nochmals gelungen das Niveau anzuheben, es geht weiter stetig voran. Den 2014er Weißburgunder Edition von 1954 gepflanzten Reben schickte er nochmals mit um zu zeigen, wie gut seine lange auf der Hefe ausgebauten Weine reifen – und der präsentiert sich in blendender Verfassung, ist füllig, strukturiert und lang, gibt eine gute Vorstellung davon, wohin auch beim 2016er die Reise gehen wird, der kraftvoll, komplex und strukturiert ist. Auch der 2016er Gutedel Edition ist sehr gut, klar und zupackend, der Riesling ist strukturiert, jugendlich, die Gretchen genannte Cuvée aus Weiß- und Grauburgunder betört mit intensiver Frucht. Stark sind aber auch die 2017er Weißweine, zeigen gleichmäßiges Niveau, dem frischen, zupackenden Weißburgunder gilt unsere leichte Präferenz. Auch die Roten reifen gut, wie der feine, wunderschön reintönige 2013er Spätburgunder Edition zeigt.

Weinbewertung

84	2017 Gutedel trocken Staufener Schlossberg **11,5 %/5,90 €**
85	2017 Weißburgunder trocken Staufener Schlossberg **12,5 %/7,90 €**
84	2017 Grauer Burgunder trocken Staufener Schlossberg **13 %/7,90 €**
84	2017 „Lieschen" Weißwein „Edition Wiesler" trocken Schlossberg **12 %/8,60 €**
86	2016 Gutedel trocken „Edition Wiesler" Staufener Schlossberg **11,5 %/7,50 €**
85	2016 Riesling trocken „Edition Wiesler" Staufener Schlossberg **12 %/8,60 €**
88	2014 Weißburgunder trocken „Edition Wiesler" Schlossberg **12,5 %/12,- €**
88	2016 Weißburgunder trocken „Edition Wiesler" Staufener Schlossberg **13 %/12,- €**
86	2016 „Gretchen" Weißwein „Edition Wiesler" „feinherb" Schlossberg **13 %/10,60 €**
83	2017 Spätburgunder Weißherbst „feinherb" Staufener Schlossberg **12 %/7,90 €**
84	2014 Spätburgunder trocken Staufener Schlossberg **12,5 %/8,30 €**
88	2013 Spätburgunder trocken „Edition Wiesler" Schlossberg **13 %/22,- €**

Wilhelmshof

★★★☆

KONTAKT

Queichstraße 1
76833 Siebeldingen
Tel. 06345-919147
Fax: 06345-919148
www.wilhelmshof.de
mail@wilhelmshof.de

Inhaber
Familie Roth-Ochocki
Betriebsleiter
Barbara Roth
Kellermeister
Thorsten Ochocki
Rebfläche
18 Hektar
Produktion
150.000 Flaschen

BESUCHSZEITEN

Mo.-Fr. 8-12 + 13-18 Uhr,
Sa. 9-16 Uhr und nach Vereinbarung

Christa und Herbert Roth, beide Diplom-Önologen, übernahmen 1975 den Wilhelmshof. Christa Roths Vater, Wilhelm Jung, hatte 1949 mit der Flaschenweinvermarktung begonnen. Christa und Wilhelm Roth strukturierten die Weinberge um, konzentrierten sich ganz auf Riesling, Weißburgunder, Spätburgunder und Grauburgunder. Und sie begannen Sekte zu erzeugen, mit denen sie sich bald auch außerhalb der Region einen Namen machten, die Sekte werden ausschließlich brut oder extra brut angeboten. 2005 sind ihre Tochter Barbara und deren Ehemann Thorsten Ochocki in den Betrieb eingestiegen, den sie heute leiten.

Kollektion

Zwei Jahrgänge des immer mit sehr langem Hefelager ausgebauten Patina-Sektes konnten wir in diesem Jahr verkosten, beide wurden im März 2018 degorgiert: Sie sind komplex und besitzen Tiefgang, unterscheiden sich aber klar, der 2009er zeigt deutliche Reifenoten, etwas Rosinen und viel nussige Würze, Walnuss, und auch mineralische Noten, etwas Eisen, am Gaumen besitzt er noch ein frisches Säurespiel, insgesamt ist aber der 2012er wesentlich frischer, er zeigt Mandelnoten und gelbe Frucht, etwas Birne und Zitruswürze, ist cremig und sehr elegant. Der Riesling Sekt ist fruchtbetont, der Blanc de Noirs-Sekt zeigt etwas rauchige Noten im Bouquet, besitzt Schmelz, eine feine Perlage, ist harmonisch und elegant. Die beiden Burgunder von alten Reben besitzen sehr gute Substanz, viel Kraft und Stoff, der Weißburgunder ist ganz reintönig, lässt aber auch etwas den hohen Alkoholgehalt spüren, der Grauburgunder ist würzig, cremig und lang. Bei den Spätburgundern besitzt die trockene Spätlese aus dem Sonnenschein noch jugendliche Struktur, der Wilhelm zeigt etwas Kirschkern, Cassis und Kräuter im Bouquet, wirkt aber noch sehr kompakt und könnte dank seines Potentials noch zulegen.

Weinbewertung

86 2016 Riesling Sekt brut Siebeldinger Königsgarten **12 %/12,50 €**
88 2015 Pinot „Blanc de Noirs" Sekt brut Siebeldinger Königsgarten **12,5 %/17,- €**
90 2009 Patina Sekt brut **14 %/44,- €**
90 2012 Patina Sekt brut **12,5 %/38,- €**
85 2017 Weißer Burgunder Kabinett trocken „Muschelkalk" Siebeldinger **12 %/7,- €**
85 2017 Grauer Burgunder Kabinett trocken „Muschelkalk" Siebeldinger **12 %/7,- €**
86 2017 Riesling Spätlese trocken Frankweiler „Petersbuckel" **12,5 %/11,50 €**
88 2017 Weißer Burgunder Spätlese trocken „Alte Reben" Im Sonnenschein **14 %/19,- €**
89 2017 Grauer Burgunder Spätlese trocken „Alte Reben" Im Sonnenschein **14 %/19,- €**
85 2014 Spätburgunder trocken „Muschelkalk" Im Sonnenschein **14 %/11,- €**
87 2015 Spätburgunder Spätlese trocken Im Sonnenschein **13,5 %/21,- €**
89 2015 Spätburgunder Spätlese trocken „Wilhelm" Im Sonnenschein **13,5 %/40,- €**

Wilker

★☆

KONTAKT

Hauptstraße 30
76889 Pleisweiler-Oberhofen
Tel. 06343-2202
Fax: 06343-4379
www.wilker.de
weingut@wilker.de

Inhaber
Jürgen Wilker
Kellermeister
Jürgen Wilker & Michael Naab
Rebfläche
20 Hektar
Produktion
150.000 Flaschen

BESUCHSZEITEN

Mo.-Fr. 9-18 Uhr, Sa. 14-18 Uhr, So. 10-12 Uhr
Gutsausschank und Flammkuchenabende (nach Anmeldung), Hotel mit Restaurant

Heinz und Helga Wilker haben 1965 erstmals Weine selbst vermarktet. Heinz Wilker hat seither den ehemaligen landwirtschaftlichen Gemischtbetrieb ganz auf Wein ausgerichtet. Aus den Maisfeldern wurden Weinberge und aus dem Kuhstall der Weinkeller. Seit 1990 arbeitet Sohn Jürgen Wilker im Betrieb mit, den er inzwischen übernommen hat, ist seither für den Keller verantwortlich. Rote Sorten nehmen 40 Prozent der Weinberge ein. Die wichtigsten roten Sorten sind Dornfelder, Spätburgunder, Portugieser und Trollinger. In den letzten Jahren wurden Acolon, Cabernet Cubin, Cabernet Dorsa, Cabernet Sauvignon und Frühburgunder gepflanzt. Das Weingut Wilker ist einer der ganz wenigen Betriebe in der Pfalz, der Trollinger anbaut, eine Rebsorte, die früher häufiger in den Weinbergen zwischen Wissembourg und Bad Bergzabern zu finden war. Wichtigste Weißweinsorte ist Riesling, gefolgt von Weißburgunder, Müller-Thurgau, Grauburgunder und Silvaner.

Kollektion

Zwei Lagenweine aus dem Schlossberg führen die aktuelle Kollektion an, in der alle Weine klar und reintönig sind: Der Spätburgunder zeigt dezente Röstnoten, klare Kirschfrucht und etwas Himbeere und besitzt bei aller Kraft auch Ansätze zur Eleganz, beim Grauburgunder macht sich das Holz deutlicher bemerkbar, der Wein besitzt Konzentration, Schmelz und gute Substanz. Der dritte Lagenwein aus dem Schlossberg, der Chardonnay ist etwas verhaltener, zeigt Vanille und Zitrusnoten und auch bei den Ortsweinen ist der cremige Grauburgunder mit Pfirsichfrucht und feiner Säure prägnanter als der füllige, gelbfruchtige Chardonnay. Ganz reintönig sind auch der harmonische Sauvignon Blanc mit deutlichen Stachelbeernoten, der zitruswürzige Muskateller, der leicht süße Riesling mit Noten von grünem Apfel und der Dornfelder mit dunkler Kirschfrucht. —

Weinbewertung

80 2017 Riesling trocken (1l) **12 %/5,10 €**
82 2017 Riesling trocken Pleisweiler-Oberhofen **12 %/8,30 €**
84 2017 Sauvignon Blanc trocken Pleisweiler-Oberhofen **12 %/7,50 €**
84 2017 Grauer Burgunder trocken Pleisweiler-Oberhofen **13,5 %/8,60 €**
83 2017 Chardonnay trocken Pleisweiler-Oberhofen **13 %/8,60 €**
83 2017 Gelber Muskateller trocken Pleisweiler-Oberhofen **12 %/8,60 €**
87 2017 Grauer Burgunder trocken Pleisweiler-Oberh. Schlossberg **13,5 %/14,50 €**
85 2017 Chardonnay trocken Pleisweiler-Oberhofener Schlossberg **13 %/14,50 €**
83 2017 Ruländer Pleisweiler-Oberhofen **10,5 %/8,50 €**
82 2016 Dornfelder trocken Pleisweiler-Oberhofen **13,5 %/8,20 €**
87 2015 Spätburgunder trocken Pleisweiler-Oberh. Schlossberg **13,5 %/18,- €**

Willems-Willems

★★★☆

KONTAKT

Mühlenstraße 13
54329 Konz-Oberemmel
Tel. 06501-15816
Fax: 06501-150387
www.weingut-willems.de
info@weingut-willems.de

Inhaber
Carolin & Jürgen Hofmann
Technischer Betriebsleiter
Peter Thelen
Rebfläche
6,8 Hektar
Produktion
42.000 Flaschen

BESUCHSZEITEN

nach Vereinbarung

Maria Willems, geborene Willems (daher der Name Willems-Willems für das Weingut) hat den Betrieb 1971 übernommen, inzwischen ist Tochter Carolin, verheiratete Hofmann, für den Betrieb zuständig. Ihre praktischen Erfahrungen sammelte sie in Australien und Südafrika, sowie beim Deutzerhof an der Ahr. 90 Prozent der Rebfläche nimmt Riesling ein, hinzu kommen Spätburgunder und Weißburgunder. Die Weinberge liegen überwiegend in Oberemmel in den Lagen Altenberg (blauer Schiefer) und Rosenberg, sowie in Niedermennig im Herrenberg (rötlicher Schiefer). Trockene und feinherbe Rieslinge werden ohne Prädikatsbezeichnungen angeboten, die nur noch für süße Weine verwendet werden. Die nominell besten Rieslinge kommen aus Altenberg und Herrenberg, der Riesling „Unter der Kapelle" stammt von über 70 Jahre alten Reben aus dem Filetstück des Altenbergs, der „Edmond" ist ebenfalls ein Riesling von sehr alten Reben, ebenfalls aus dem Altenberg. Die Rotweine werden maischevergoren und teils im Barrique ausgebaut.

Kollektion

2016 beeindruckte uns sehr mit Weinen, die viel Substanz und Spiel aufwiesen. Bei den 2017ern ist die Qualität in der Spitze vielleicht ein kleines Stück dahinter, aber es handelt sich um Nuancen. Stoffig und überzeugend der Basisriesling, mehr Spiel besitzt der frische Wein namens „Schiefer". Von anderem Kaliber ist der Herrenberg-Riesling, noch recht hefig in der Nase, mit Schmelz, insgesamt eher schlank. Ganz anders der Altenberg-Wein: offensiv, duftig, animierend mit packender Frucht und merklicher Süße, die aber gut ins Gesamtbild eingebunden ist. Im restsüßen Bereich ist der Kabinett aus dem Altenberg, der in der Nase Noten von Kräutern, Apfel sowie einen Hauch von Cassis zeigt, wunderbar rassig und animierend. Die Spätlese aus dem Herrenberg wirkt offen, ist eher elegant als rassig und in einer schönen Balance. Das gilt auch für die Auslese, die kühle Kernobst-Kräuter-Noten mitbringt und elegant ausfällt mit eher verhaltener Süße.

Weinbewertung

86 2017 Riesling trocken Saar **11,5 %/8,80 €**
86 2017 Riesling trocken „Schiefer" Oberemmel **11,5 %/11,- €**
89 2017 Riesling trocken Niedermennig Herrenberg **11,5 %/19,50 €**
87 2017 Riesling „feinherb" „Auf der Lauer" Oberemmel **10,5 %/11,- €**
87 2017 Riesling „feinherb" Oberemmeler Rosenberg **10,5 %/11,- €**
86 2017 Riesling Kabinett „feinherb" **8,5 %/10,- €**
89 2017 Riesling „feinherb" Oberemmel Altenberg **10 %/19,50 €**
87 2017 Riesling Kabinett Oberemmel Altenberg **7,5 %/14,80 €**
88 2017 Riesling Spätlese Niedermennig Herrenberg **7,5 %/16,50 €**
89 2017 Riesling Auslese Oberemmel Rosenberg **7,5 %/19,50 €**

Wind-Rabold

★☆

Kontakt

Wein- und Sektgut Wind-Rabold
Gaisbergstraße 9
76835 Burrweiler
Tel. 06345-3692
Fax: 06345-5226
www.wind-rabold.de
wein@wind-rabold.de

Inhaber
Christoph, Rita & Josef Rabold
Kellermeister
Christoph Rabold
Rebfläche
15 Hektar
Produktion
65.000 Flaschen

Besuchszeiten

Mo.-Fr. 11-13 Uhr oder nach Vereinbarung, Sa. 9-17 Uhr

Rita und Josef Rabold führen das Weingut in fünfter Generation, seit 2014 unterstützt von Sohn Christoph, der mittlerweile zunehmend die Verantwortung im Keller und bei der Vermarktung übernimmt. Ihre Weinberge liegen vor allem in Burrweiler (Altenforst, Schäwer, Schlossgarten), aber auch in Hainfeld (Kapelle), Flemlingen, Böchingen und Arzheim. Dort wurde die Betriebsfläche in der Lage Kalmit, die von Landschnecken- und Muschelkalk geprägt ist, erweitert. Zwei Drittel der Weinberge nehmen weiße Sorten ein, vor allem Riesling, mit einem Flächenanteil von 28 Prozent, aber auch Müller-Thurgau, Weißburgunder, Grauburgunder, Silvaner, Chardonnay, Sauvignon Blanc, Auxerrois, Muskateller und Gewürztraminer. An roten Sorten gibt es Spätburgunder, Sankt Laurent, Dornfelder und Regent. Sekt spielt eine wichtige Rolle im Betrieb, bereits seit 1994 werden eigene Sekte erzeugt.

Kollektion

Im vergangenen Jahr hatten uns die Rabolds ihre bislang beste Kollektion präsentiert und auch in diesem Jahr stellen wir wieder einen Aufwärtstrend fest. Die Rieslinge und die Sekte sind dabei etwas prägnanter als die Burgunder und so sind es auch zwei Sekte und zwei Rieslinge, die sich die Spitze teilen. Der Chardonnay-Sekt und der „Blanc et noir" sind beide fruchtbetont, cremig und frisch, der Riesling aus dem Schäwer zeigt leicht rauchig-mineralische Noten und besitzt ein frisches Säurespiel, der Riesling „CR", eine Lagencuvée aus dem Schäwer und dem Arzheimer Kalmit, besitzt Saft, Fülle und kräutrige Würze. Auch die trockene Spätlese aus dem Kalmit ist füllig mit dezenter kalkiger Mineralität. Unter den Burgundern ragt der im Tonneau ausgebaute Grauburgunder mit viel Pfirsichfrucht und dezenter Holzwürze hervor und der Sekt vom Roten Muskateller ist ein saftiger, leicht süßer Trinkspaß mit reintöniger Frucht und lebendiger Säure.

Weinbewertung

83 2015 Riesling Sekt brut **12,5 %/8,30 €**
85 2016 Pinot „blanc et noir" Sekt brut **12,5 %/9,80 €**
85 2016 Chardonnay Sekt brut **12,5 %/9,30 €**
84 2016 Roter Muskateller Sekt trocken **12,5 %/10,90 €**
82 2017 Auxerrois trocken „Löss" Arzheimer Seligmacher **12,5 %/6,90 €**
82 2017 Weißburgunder trocken „Muschelkalk" Arzheimer Kalmit **13 %/6,20 €**
80 2017 Chardonnay trocken **12,5 %/4,80 €**
84 2017 Grauburgunder trocken „CR" **13 %/9,30 €**
85 2017 Riesling Spätlese trocken „Schiefer" Burrweiler Schäwer **12 %/6,20 €**
84 2017 Riesling Spätlese trocken „Muschelkalk" Arzheimer Kalmit **12,5 %/6,20 €**
85 2017 Riesling trocken „CR" **12,5 %/8,90 €**
83 2016 Spätburgunder Spätlese trocken Burrweiler Schlossgarten **13 %/9,30 €**

von Winning

★★★★☆

KONTAKT

Weinstraße 10
67146 Deidesheim
Tel. 06326-221
Fax: 06326-7920
www.von-winning.de
weingut@von-winning.de

Inhaber
Familie Niederberger
Betriebsleiter
Stephan Attmann
Außenbetriebsleiter
Joachim Jaillet
Kellermeister
Kurt Rathgeber
Rebfläche
48 Hektar
Produktion
400.000 Flaschen

BESUCHSZEITEN

Mo.-Fr. 8-18 Uhr, Sa. 10-18 Uhr, So./Feiertage 11-18 Uhr
Restaurant Leopold Mo.-Fr. 12-14 + ab 18 Uhr, Sa./So. durchgehend warme Küche

Das Weingut Dr. Deinhard entstand 1849, im Jahr nach der Heirat von Friedrich Deinhard (Sohn des Besitzers der Wein- und Sektkellerei Deinhard in Koblenz) mit Auguste Jordan, die ihre geerbten Weinberge in die Ehe einbrachte. Ihr Sohn Andreas Deinhard baute den Besitz aus, nach seinem Tod übernahm sein Schwiegersohn Hauptmann von Winning die Führung des Gutes. Nach dessen Tod erwarb es die Familie Hoch, die es 2007 an den inzwischen verstorbenen Achim Niederberger verkaufte, der zuvor schon die Weingüter Reichsrat von Buhl und Bassermann-Jordan erworben hatte. Das Weingut besitzt Weinberge in besten Lagen von Deidesheim (Mäushöhle, Grainhübel, Paradiesgarten, Kalkofen, Kieselberg, Herrgottsacker, Langenmorgen, Leinhöhle), Forst (Ungeheuer – 4 Hektar, Jesuitengarten, Pechstein und Kirchenstück) und Ruppertsberg (Reiterpfad, Nußbien, Linsenbusch, Spiess). 85 Prozent der Rebfläche nimmt Riesling ein, hinzu kommen Weißburgunder, Grauburgunder, Chardonnay, Gewürztraminer und Spätburgunder, inzwischen auch Sauvignon Blanc. Das Weingut hat nach der Übernahme durch Achim Niederberger den Namen von Winning erhalten und bietet seit dem Jahrgang 2008 zur Linie „Dr. Deinhard" (Ausbau im Edelstahl) auch eine Linie „von Winning" an: Über Maischestandzeiten, Holzeinsatz, langes Hefelager, keine Schönung und möglichst moderate Filtration möchte Betriebsleiter Stephan Attmann seiner Vorstellung von einem großen trockenen Riesling nahe kommen.

Kollektion

Auch wenn wir wieder eine sehr umfangreiche Kollektion verkosten konnten – Große Gewächse waren in diesem Jahr keine dabei: Ab dem Jahrgang 2017 werden die Weine, ebenso wie die 500er-Linie, länger ausgebaut, die 2017er kommen erst im Mai 2019 auf den Markt. Für den „MarMar"-Riesling, unseren Favoriten in diesem Jahr, wurde die lange Ausbauzeit von 18 Monaten bereits umgesetzt, der Wein stammt aus einer Parzelle des Ungeheuers, ist sehr eindringlich, zeigt feine Röstnoten und viel klare Pfirsichfrucht, entwickelt sehr viel Druck am Gaumen, besitzt feinen Schmelz, ist animierend, elegant, sehr nachhaltig und bleibt über mehrere Tage in der offenen Flasche stabil und verändert sich kaum, besitzt also auch einiges an Potential. Die Erste Lage-Rieslinge kommen ab dem Jahrgang 2017 jeweils im August des Folgejahres in den Verkauf, unser Favorit unter den fünf Weinen ist der Ölberg, der feine kreidig-rauchige Noten und viel klare Zitrusfrucht, Grapefruit und Limette zeigt, sehr animierend und komplex ist und salzige Länge besitzt. Der Reiterpfad zeigt kräutrig-steinige Noten, auch Aprikose und Orangenschale, ist ebenfalls leicht salzig und besitzt feinen Grip, die Leinhöhle ist ganz frucht-

betont mit Noten von Ananas, Grapefruit, Orangenschale, besitzt ein feines, nachhaltiges Säurespiel und gute Länge, der Paradiesgarten zeigt zunächst gelbe Frucht, wird mit Luft dann immer steiniger, besitzt Grip, ist animierend und sehr nachhaltig, die Mäushöhle besitzt herbe, kräutrige Würze, etwas grünen Apfel und ein lebendiges Säurespiel. Der Sauvignon Blanc „II" zeigt deutliche Stachelbeerwürze, ist ganz reintönig und animierend, der „I" zeigt Noten von gerösteten Haselnüssen, deutlich Pfirsich und Zitruswürze, besitzt Biss und Länge. Der Weißburgunder „I" zeigt deutliche Röstnoten, Kokos, etwas Banane und Aprikose, ist saftig und weich, der Chardonnay-Sekt zeigt dezente Holzwürze, etwas Vanille und Zitrusnoten, ist cremig und frisch. Die drei Pinot Noir besitzen alle noch jugendliche Tannine und kräftige Struktur, der „II" zeigt Schwarzkirschfrucht und feine Röstnoten, besitzt am Gaumen auch etwas kräutrige Würze, der „I" ist rotfruchtig, zeigt Noten von Kirsche, Cassis, Himbeeren und dezent Krokant, besitzt gute Konzentration und auch etwas Gewürznoten, der „Violette" hat das komplexeste Bouquet, zeigt dunkle Frucht, feine Röstnoten, etwas Rauch, Krokant und dezent dunkle Schokolade, besitzt Länge und Potential.

Stephan Attmann

Weinbewertung

88	2014 Chardonnay Sekt brut nature **13 %/24,- €**
85	2017 Riesling trocken „Drache" **12 %/8,80 €**
87	2017 Riesling trocken „WinWin" **12 %/11,- €**
87	2017 Riesling trocken Deidesheimer **12 %/13,- €**
87	2017 Sauvignon Blanc trocken „II" **12 %/11,- €**
87	2017 Weißer Burgunder trocken „II" **12,5 %/13,- €**
86	2017 Chardonnay trocken „II" **13 %/14,50 €**
88	2017 Riesling trocken Deidesheimer Paradiesgarten **12 %/15,50 €**
87	2017 Riesling trocken Deidesheimer Mäushöhle **12 %/15,50 €**
89	2017 Riesling trocken Ruppertsberger Reiterpfad **12,5 %/16,50 €**
88	2017 Riesling trocken Deidesheimer Leinhöhle **12,5 %/16,50 €**
90	2017 Riesling trocken Königsbacher Ölberg **12,5 %/19,50 €**
89	2017 Sauvignon Blanc trocken „I" **13 %/19,50 €**
88	2015 Weißer Burgunder trocken „I" **13,5 %/25,- €**
93	2016 Riesling trocken „MarMar" **12,5 %/85,- €**
86	2017 Rosé trocken „WinWin" **12 %/12,90 €**
88	2015 Pinot Noir trocken „II" **13 %/18,- €**
88	2016 Noir Rotwein trocken **14 %/24,- €**
90	2016 Pinot Noir trocken „I" **13 %/36,- €**
91	2015 Pinot Noir trocken „Violette" **13 %/49,- €**

LAGEN

KALKOFEN (DEIDESHEIM)
GRAINHÜBEL (DEIDESHEIM)
KIESELBERG (DEIDESHEIM)
LANGENMORGEN (DEIDESHEIM)
KALKOFEN (DEIDESHEIM)
UNGEHEUER (FORST)
PECHSTEIN (FORST)
KIRCHENSTÜCK (FORST)
JESUITENGARTEN (FORST)
SPIESS (RUPPERTSBERG)
REITERPFAD (RUPPERTSBERG)
ÖLBERG (KÖNIGSBACH)

REBSORTEN

RIESLING (85 %)

HANS WINTER

★★

KONTAKT

Weingasse 2
69126 Heidelberg-Rohrbach
Tel. 06221-336717
Fax: 06221-395235
www.weingut-hanswinter.de
info@weingut-hanswinter.de

Inhaber
Hans Winter
Kellermeister
Hans Christian Winter
Rebfläche
8,1 Hektar
Produktion
60.000 Flaschen

BESUCHSZEITEN

Mo.-Do. 17:30-19:30 Uhr, Fr. 9-19 Uhr, Sa. 9-13 Uhr oder nach Vereinbarung

Das Weingut Winter liegt mitten im historischen Ortskern des Heidelberger Stadtteils Rohrbach, wo die Familie schon seit Jahrhunderten Weinbau betreibt. Die Weinberge von Hans Winter liegen in den Heidelberger Lagen Burg und Herrenberg, die Reben wachsen am Hangfuß auf Löss, oben in der Lage Burg auf Sandsteinverwitterungsböden, im Herrenberg auf Kalkstein. Weiße Sorten dominieren im Anbau, vor allem Riesling, der ein Viertel der Rebfläche einnimmt. Die Burgundersorten gewinnen immer mehr an Bedeutung, Grauburgunder und Weißburgunder, auch Auxerrois, dazu gibt es Chardonnay, zuletzt wurde etwas Muskateller gepflanzt. Knapp ein Viertel der Weinberge nehmen rote Sorten ein, neben Spätburgunder und Portugieser gibt es Dornfelder und Regent. Die Weißweine werden kühl und langsam vergoren, alle Rotweine werden maischevergoren, im Holz ausgebaut. Für den Weinausbau ist Hans Winters Sohn Hans Christian Winter verantwortlich.

Kollektion

Auch in diesem Jahr präsentiert Hans Christian Winter wieder eine höchst zuverlässige, homogene Kollektion. Ein frischer, geradliniger Riesling-Sekt mit feinen rauchigen Noten eröffnet in diesem Jahr den Reigen. Die weißen Burgunder sind alle sehr frisch und klar, bieten sortentypische Frucht, die weiße Charta-Cuvée ist kompakt und füllig. Unsere Favoriten im weißen Segment sind zwei Rieslinge: Die trockene Spätlese Johann Georg zeigt rauchig-würzige Noten, etwas gelbe Früchte, ist klar und kraftvoll im Mund, harmonisch, zupackend, die würzige, eindringliche Auslese ist füllig und saftig, besitzt reife süße Frucht. Der leicht kirschfruchtige Rosé ist wunderschön lebhaft und fruchtbetont, der Spätburgunder ist geradlinig und klar, findet seine Steigerung im rauchig-würzigen Spätburgunder S, der gute Fülle und Harmonie besitzt. —

Weinbewertung

85	Riesling Sekt brut **12 %/9,50 €**
83	2017 Auxerrois trocken Heidelberger Burg **12,5 %/7,10 €**
84	2017 Weißburgunder trocken Heidelberger Herrenberg **12,5 %/7,10 €**
84	2017 Grauburgunder trocken Heidelberger Burg **13 %/7,10 €**
84	2017 Chardonnay trocken Heidelberger Burg **12,5 %/7,10 €**
84	2017 „Comte Palatinus Rheini" Weißwein trocken „Charta Cuvée" **12,5 %/8,50 €**
84	2017 Riesling Kabinett trocken Heidelberger Herrenberg **12,5 %/7,10 €**
86	2017 Riesling Spätlese trocken „Johann Georg" Herrenberg **13 %/9,50 €**
87	2017 Riesling Auslese Heidelberger Herrenberg **10 %/15,- €/0,375l**
84	2017 Spätburgunder Rosé trocken Heidelberger Herrenberg **13 %/7,50 €**
84	2016 Spätburgunder trocken Heidelberger Herrenberg **13 %/7,50 €**
86	2016 Spätburgunder „S" trocken Heidelberger Herrenberg **13 %/11,- €**

W

Winterling

★★☆

Kontakt

Wein- und Sektgut Winterling
Im Brühl 15
67150 Niederkirchen
Tel. 06326-8952
Fax: 06326-980436
www.winterling-sekt.de
info@winterling-sekt.de

Inhaber
Anne & Martin Winterling,
Sebastian Winterling,
Susanne Winterling-Eichberger
Rebfläche
12 Hektar
Produktion
100.000 Flaschen

Besuchszeiten

Mo.-Fr. 9-12 + 14-18 Uhr,
Sa. 10-16 Uhr
Austern-Sektprobe (Samstage an Adventstagen)

Anne und Martin Winterling begannen 1984 mit dem Weinbau in Niederkirchen, heute hat sich der Familienbetrieb zu einem beachtlichen Sekt- und Weingut entwickelt. Die (Still-)Weinkarte wird zwar immer umfangreicher, das Hauptaugenmerk liegt aber auf Crémant und Sekt. Seit 2014 wird mit einer neuen, vollautomatischen Degorgieranlage gearbeitet. Die Weinberge werden biologisch bewirtschaftet. Der älteste Sohn Stefan arbeitet als Betriebsleiter eines Weinguts auf Mallorca und hat einige Bekanntheit als Hersteller des Gins „Eva" erworben. Der zweite Sohn Sebastian ist nach Abschluss seines Geisenheim-Studiums im Betrieb tätig, wie auch Tochter Susanne, die 2010 ihr Studium der Internationalen Weinwirtschaft abschloss. Bei den Weißweinen liegt der Schwerpunkt auf Riesling und Sauvignon Blanc, die Burgundersorten werden versektet, aus Spätburgunder wird auch Rotwein gemacht.

Kollektion

Das Geliebte Gretchen aus dem Jahrgang 2013 führte schon im vergangenen Jahr das Sortiment der Familie Winterling an, es zeigt wieder dezente röstige Würze, gereifte Frucht, ist cremig, besitzt noch Frische und Länge. Der Blanc de Blancs S ist eine Cuvée aus Weißburgunder, Riesling und etwas Gewürztraminer, den man in der Aromatik sofort bemerkt, der Sekt ist kraftvoll, cremig, würzig und frisch, der Fleur de Rosé aus Spätburgunder und etwas Chardonnay zeigt etwas Röstnoten, besitzt klare Kirschfrucht und feinen Schmelz, die normale Blanc de Blancs-Version ist ein reinsortiger Chardonnay, er zeigt leicht hefige Würze und Zitrusnoten und besitzt feine Frische. Der schon einmal verkostete Chardonnay-Stillwein ist immer noch sehr vom Holz geprägt, konnte aber etwas zulegen, der Rosé ist saftig und frisch und der Alte Garten aus Cabernet Sauvignon und Cabernet Franc ist fruchtbetont mit etwas kräutriger Würze.

Weinbewertung

84 2016 „Sommerling" Sekt brut **12 %/10,50 €**
85 2016 Riesling Crémant brut Ruppertsberger Reiterpfad **13 %/13,- €**
87 2015 „Blanc de Blancs S" Sekt brut **13,5 %/14,50 €**
86 2016 „Blanc de Blancs" Crémant brut **13 %/13,- €**
87 2016 Fleur de Rosé Crémant brut **12,5 %/14,50 €**
88 2013 „Geliebtes Gretchen Blanc de Noirs" Crémant brut **12,5 %/23,- €**
85 2016 Pinot Rosé Crémant brut **12 %/13,- €**
83 2017 Riesling trocken „East Side" **13 %/6,90 €**
85 2017 Sauvignon Blanc Kabinett trocken **12,5 %/11,20 €**
87 2016 Chardonnay „S" Spätlese trocken **12 %/17,50 €**
83 2017 Spätburgunder und Schwarzriesling Rosé trocken **13 %/7,50 €**
85 2016 „Alter Garten" Rotwein trocken **14 %/8,90 €**

WINZERVEREINIGUNG FREYBURG-UNSTRUT

★☆

KONTAKT

Querfurter Straße 10
06632 Freyburg
Tel. 034464-30622
Fax: 034464-30626
www.winzervereinigung-freyburg.de
info@winzervereinigung-freyburg.de

Mitglieder 420
Geschäftsführer
Hans-Albrecht Zieger
Produktionsleiter
Hans-Albrecht Zieger
Rebfläche
400 Hektar

BESUCHSZEITEN

Mo.-Fr. 7-18 Uhr, Sa. 10-18 Uhr,
So. 10-16 Uhr

Die 1934 gegründete Winzervereinigung Freyburg ist heute der größte Erzeuger in den ostdeutschen Anbaugebieten. Fünf große Agrarbetriebe mit zusammen 240 Hektar Weinbergen sind Mitglied, dazu 420 Winzer, die zusammen weitere 120 Hektar bewirtschaften. 2015 hat die der Winzervereinigung angeschlossene Agrargenossenschaft Gleina die Thüringer Weinberge des sächsischen Weinguts Schloss Proschwitz übernommen, deren Weine bisher als „Weinhaus Weimar" vermarktet wurden, nun unter dem Namen „Werkstück Weimar" das Sortiment ergänzen. Die Sortenvielfalt bei den Mitgliedern der Winzervereinigung ist groß: Müller-Thurgau, Silvaner, Kerner, Riesling, Weißburgunder, Grauburgunder, Traminer, Bacchus und Gutedel, dazu gibt es Hölder, Morio-Muskat und Ortega. Rote Rebsorten nehmen ein Viertel der Fläche ein: Dornfelder, Portugieser, Spätburgunder, Lemberger, Zweigelt, André und Regent. Die Weine werden als Qualitätsweine angeboten, von fünf Sorten werden trockene Spätlesen erzeugt.

Kollektion

Die letztjährige Kollektion war stark, hatte weiße und rote Spitzen, allen voran der im Barrique ausgebaute Zweigelt aus der Kellermeisteredition. Solche Spitzen vermissen wir in diesem Jahr, die Kollektion überzeugt dafür durch ihre Geschlossenheit, bietet sehr gleichmäßiges Niveau weiß wie rot. Der Weimarer Silvaner besitzt Fülle und Kraft, reife Frucht und Substanz, auch die duftige trockene Weißburgunder Spätlese aus der Seeburger Himmelshöhe besitzt viel reife Frucht und Substanz. Die trockene Grauburgunder Spätlese aus dem Weimarer Poetenweg zeigt gelbe Früchte, ist harmonisch und strukturiert. Die trockene Traminer Spätlese aus dem Höhnstedter Steineck ist kraftvoll bei klarer Frucht, der halbtrockene Bacchus ist reintönig, frisch, zupackend, bietet unkomplizierten Trinkgenuss.

Weinbewertung

82	2016 Kerner Sekt brut **12,5 %/12,- €**
81	2017 Müller-Thurgau trocken **12 %/5,40 €**
84	2017 Silvaner trocken „Werkstück" Weimar **12 %/6,80 €**
81	2017 Kerner trocken **12,5 %/5,60 €**
82	2017 Sauvignon Blanc trocken **12 %/7,- €**
83	2017 Weißburgunder Spätlese trocken Seeburger Himmelshöhe **12 %/7,90 €**
84	2016 Grauburgunder Spätlese trocken „Werkstück" Poetenweg **12,5 %/9,40 €**
83	2017 Traminer Spätlese trocken Höhnstedter Steineck **11,5 %/8,40 €**
83	2017 Bacchus halbtrocken **12 %/5,50 €**
82	2017 Dornfelder Rosé halbtrocken „Werkstück Weimar" Poetenweg **12 %/7,20 €**
82	2016 Spätburgunder Spätlese trocken Höhnstedter Kreisberg **12,5 %/10,20 €**
81	2016 „Rot Rot Rot" Rotwein trocken Kellermeisteredition **12,5 %/14,- €**

Hans Wirsching

★★★★

KONTAKT

Ludwigstraße 16
97346 Iphofen
Tel. 09323-87330
Fax: 09323-873390
www.wirsching.de
info@wirsching.de

Inhaber
Dr. Heinrich Wirsching
Betriebsleiter
Dr. Uwe Matheus
Kellermeister
Dr. Klaus-Peter Heigel
Rebfläche
80 Hektar
Produktion
600.000 Flaschen

BESUCHSZEITEN

täglich 8-18 Uhr, Sonn- und Feiertage 10-12:30 Uhr
„Zur Iphöfer Kammer" (Marktplatz 24)

Das Weingut Wirsching gehört heute zu den größten und renommiertesten Weingütern in Franken. Seit 1630, seit nunmehr vierzehn Generationen, ist es in Familienbesitz, das heutige Stammhaus stammt aus dem 16. Jahrhundert. Hans Wirsching legte nach dem Zweiten Weltkrieg den Grundstein für das heutige Gut, er wurde für Silvaner bekannt und war der Erste, der in Franken Scheurebe pflanzte und war auch mitverantwortlich dafür, dass die beste Iphöfer Lage den Namen Julius-Echter-Berg erhielt. Seine Söhne Heinrich Wirsching und der 1990 verstorbene Hans Wirsching erweiterten seit 1966 den Betrieb. Heute stehen seine älteste Tochter Andrea und die jüngste Tochter Lena, die Weinwirtschaft in Geisenheim studierte, bereit um seine Nachfolge anzutreten, unterstützt vom langjährigen Betriebsleiter Uwe Mattheus. Die Wirschings verfügen über beträchtlichen Weinbergbesitz in den Iphöfer Renommierlagen Julius-Echter-Berg (gut ein Drittel der Lage gehört dem Weingut Wirsching), Kronsberg und Kalb, wo die Böden aus Gipskeuper mit Einlagen von Schilfsandstein bestehen. Auch in benachbarten Gemeinden besitzt man Weinberge, diese Trauben werden für die Gutsweine verwendet. Wichtigste Rebsorte ist der Silvaner mit einem Anteil von 40 Prozent. Es folgen Riesling, Grau- und Weißburgunder, aber auch Scheurebe und Spätburgunder, Gewürztraminer, Rieslaner, Müller-Thurgau, Bacchus und Chardonnay werden angebaut. An der Spitze der Kollektion stehen vier Große Gewächse, je zwei Rieslinge und Silvaner, aus den Lagen Julius-Echter-Berg und Kronsberg. 2015 hat Klaus-Peter Heigel die Nachfolge des langjährigen Kellermeisters Werner Probst angetreten. Die Großen Gewächse des Hauses Wirsching können hervorragend reifen, das bestätigen sie immer wieder in Vertikalproben, nicht nur der Riesling, auch der Silvaner. Sie überzeugen in den letzten Jahren – wie das gesamte Sortiment der überwiegend durchgegoren ausgebauten Weine – mit Frische und Klarheit, Rasse und Eleganz.

Kollektion

Ganz klar und deutlich: Mit der Qualität der Ortsweine sind wir nicht zu frieden, von einem Top-Betrieb erwarten wir mehr in diesem Segment. Und Gutsweine wurden erste gar keine vorgestellt. Die Erste Lage-Weine aber zeigen sehr gute Qualität. Der Riesling vom Julius-Echter-Berg zeigt feine Würze und reife Frucht im Bouquet, ist füllig und saftig, besitzt reife Frucht, gute Struktur und Substanz. Das Alte Reben-Quartett präsentiert sich in diesem Jahr nicht ganz so gleichmäßig wie im vergangenen Jahr, als uns noch ein Quintett vorgestellt wurde, das zusätzlich einen Weißburgunder umfasste. Der Grauburgunder vom Julius-Echter-Berg ist eigenwillig würzig, recht kompakt, wesentlich komplexer ist da der

Chardonnay, zeigt viel Konzentration und klare reife Frucht, ist wunderschön füllig und saftig, besitzt viel reife Frucht und Substanz. Eine prächtige Vorstellung gibt auch der Silvaner aus dem Kronsberg, zeigt reintönige Frucht im Bouquet, weiße und gelbe Früchte, ist klar im Mund, frisch, zupackend, besitzt gute Struktur und reintönige Frucht. Die Scheurebe von alten Reben im Kronsberg unterscheidet sich deutlich von den vorherigen Jahrgängen, ist schlanker und frischer, geradlinig, besitzt reintönige Frucht. Bei den Großen Gewächsen ist im Hause Wirsching der Jahrgang 2016 an der Reihe, hat man sich doch mit dem vorherigen Jahrgang entschieden erst im zweiten Jahr nach der Ernte auf den Markt zu kommen. Der Silvaner aus dem Kronsberg zeigt viel Würze und Duft im Bouquet, einen Anflug von Reife, ist klar im Mund, offen, besitzt gute Struktur und Frische. Deutlich voraus sehen wir in diesem Jahr den Silvaner aus dem Julius-Echter-Berg, der gute Konzentration und klare reife Frucht zeigt, herrlich eindringlich und reintönig ist, füllig und kraftvoll ist, druckvoll und lang. Ganz prächtig derzeit: Jahrgang 2014! Der Riesling aus dem Kronsberg zeigt feinen Duft und dezente Reife im Bouquet, ist klar und frisch im Mund, harmonisch und fruchtbetont. Deutlich konzentrierter und würziger ist der Wein aus dem Julius-Echter-Berg, wunderschön füllig und saftig, besitzt viel reife Frucht, gute Substanz und Länge. Und wie in vielen Jahren gibt es auch dieses Jahr mit der Scheurebe Beerenauslese aus dem Jahrgang 2016 einen wunderschön reintönigen, konzentrierten edelsüßen Wein.

Andrea Wirsching, Dr. Heinrich Wirsching, Lena Wirsching

Weinbewertung

82	2017 Silvaner trocken Iphöfer **12 %/8,- €**
82	2017 Weißburgunder trocken Iphöfer **12 %/9,80 €**
87	2017 Riesling trocken Iphöfer Julius-Echter-Berg **12,5 %/12,50 €**
88	2017 Silvaner trocken „Alte Reben“ Iphöfer Kronsberg **13 %/14,50 €**
85	2017 Grauburgunder trocken „Alte Reben“ Iphöfer Julius-Echter-Berg **13 %/16,50 €**
88	2017 Chardonnay trocken „Alte Reben“ Iphöfer Kronsberg **13 %/14,50 €**
86	2017 Scheurebe trocken „Alte Reben“ Iphöfer Kronsberg **12,5 %/17,50 €**
89	2016 Silvaner „GG“ Iphöfer Kronsberg **13,5 %/24,- €**
92	2014 Silvaner „GG“ Iphöfer Julius-Echter-Berg **13 %**
91	2016 Silvaner „GG“ Iphöfer Julius-Echter-Berg **13,5 %/28,- €**
89	2016 Riesling „GG“ Iphöfer Kronsberg **13,5 %/24,- €**
90	2016 Riesling „GG“ Iphöfer Julius-Echter-Berg **13,5 %/28,- €**
91	2016 Scheurebe Beerenauslese Iphöfer Kronsberg **7,5 %/48,- €/0,375l**

LAGEN

JULIUS-ECHTER-BERG (IPHOFEN)
KRONSBERG (IPHOFEN)
KALB (IPHOFEN)

REBSORTEN

SILVANER (40 %)
RIESLING (22 %)
WEISSBURGUNDER (8 %)
SCHEUREBE (7 %)
SPÄTBURGUNDER (7 %)

WITTMANN

★★★★★

KONTAKT

Mainzer Straße 19
67593 Westhofen
Tel. 06244-905036, Fax: -5578
www.wittmannweingut.com
info@wittmannweingut.com

Inhaber
Günter & Philipp Wittmann
Rebfläche 30 Hektar
Produktion 200.000 Flaschen

BESUCHSZEITEN

nach Vereinbarung

Günter und Elisabeth Wittmann begannen Mitte der achtziger Jahre mit der Umstellung auf ökologische Bewirtschaftung und sind seit 1990 Mitglied bei Naturland. Sohn Philipp führt diesen Weg konsequent fort, seit 2004 arbeitet er biodynamisch. Seine Weinberge liegen vor allem in Westhofen, wo er aus vier Lagen Große Gewächse erzeugt. In der Aulerde, der wärmsten, am tiefsten gelegenen Lage mit Tonmergelböden und geringen Anteilen an Lösslehm und Kalkstein, besitzt er 4 Hektar im Kernstück der Lage. Im angrenzenden Kirchspiel besitzt er Weinberge vor allem im oberen Bereich der Lage; die Böden im Kirchspiel bestehen aus Tonmergel mit Kalksteineinlagen und Kalksteinverwitterungslehm. Das Brunnenhäuschen ist ein Südhang, der bis auf 240 Meter ansteigt. Der Boden besteht aus Tonmergel mit Kalkstein und Kalksteinfelsen im Untergrund, enthält einen hohen Eisenoxidanteil (Terra Rossa). Philipp Wittmanns Weinberge liegen vor allem im unteren Teil des Brunnenhäuschens in der Gewanne Abtserde. Der westlich angrenzende Morstein ist die bekannteste Lage in Westhofen, ein Südhang mit schweren Tonmergelböden mit Kalksteineinlagerungen und Kalksteinfels im Untergrund. Die Weine werden teils mit den eigenen Hefen, teils mit Reinzuchthefen vergoren, recht lange auf der Hefe ausgebaut und nur einmal vor der Abfüllung filtriert. Alle trockenen Weine werden als Qualitätswein vermarktet, nur süße Weine werden mit Prädikatsangaben versehen. Das Programm ist gegliedert in Gutsweine, Ortsweine und Große Gewächse aus den Lagen Aulerde, Kirchspiel, Brunnenhäuschen und Morstein, daneben gibt es den Versteigerungs-Riesling La Borne, benannt nach einer Gewanne im Morstein. Die Spitzenweine der anderen weißen Sorten – Chardonnay, Weißburgunder – wurden lange Zeit mit dem Zusatz „S" vermarktet. Seit dem Jahrgang 2014 werden diese länger im Fass ausgebaut und kommen nicht mehr im Jahr nach der Ernte auf den Markt, sondern erst im Frühjahr des darauf folgenden Jahres und tragen nun die Zusatzbezeichnung „Reserve". Dafür gab es erstmals mit dem Jahrgang 2014 eine Cuvée aus Weißburgunder und Chardonnay. Süße und edelsüße Rieslinge bis hin zur Trockenbeerenauslese ergänzen hin und wieder das Programm.

Kollektion

Über das hohe Einstiegsniveau freuen wir uns jedes Jahr – aber das zeichnet eben einen Spitzenbetrieb aus. Alle Gutsweine mag man mit Freude trinken. Der Silvaner ist frisch, lebhaft, wunderschön reintönig, die würzige Scheurebe besitzt Fülle und Saft, reife süße Frucht und feine Frische. Der Gutsriesling ist würzig und eindringlich im Bouquet, frisch, klar und zupackend, besitzt gute Struktur und Frucht. Unser Favorit im Gutswein-Segment ist aber wieder einmal der Weißburgunder, der herrlich reintönige Frucht im Bouquet zeigt, füllig und harmonisch im Mund ist, viel reife Frucht und Länge besitzt – ein Bilderbuch-Weißburgunder! Der Niersteiner Riesling zeigt viel reife Frucht,

etwas gelbe Früchte, ist füllig und kraftvoll, besitzt reife süße Frucht und Substanz. Ein klein wenig besser gefällt und wieder der füllige, kraftvolle, herrlich fruchtbetonte Westhofener Riesling – und dass so ein Ortswein mit Reife noch gewinnt, zeigt Jahrgang 2014. Bei Großen Gewächsen ist das selbstverständlich: Die 2013er Aulerde präsentiert sich derzeit in Top-Form. Die 2017er Aulerde ist würzig und eindringlich, besitzt Fülle, Saft und viel reife süße Frucht. Das Kirchspiel gefällt uns besonders gut im Jahrgang 2017, zeigt reintönige Frucht, gelbe Früchte, ist fruchtbetont, präzise, sehr jugendlich und nachhaltig, hat Grip, der 2015er ist aktuell immer noch sehr jugendlich. Das Brunnenhäuschen sahen wir in den letzten Jahren oft fast auf Augenhöhe mit dem Morstein, es zeigt gute Konzentration, reife Frucht, gelbe Früchte, ist füllig und saftig, besitzt viel reife Frucht und Substanz. Der Morstein hat 2017 leicht die Nase vorne, zeigt viel Konzentration, viel reife Frucht, besitzt gute Struktur und Druck, ist noch sehr jugendlich, das gilt auch für den kompakten Versteigerungswein La Borne. Die beiden Reserve-Weine aus dem Jahrgang 2016 sehen wir gleichauf. Der Weißburgunder zeigt gute Konzentration im herrlich eindringlichen Bouquet, ist füllig und komplex im Mund, besitzt reife süße Frucht, feine Frische, ist noch jugendlich. Auch der Chardonnay zeigt viel reife Frucht im Bouquet, besitzt Fülle, Kraft und Substanz. Reife Frucht und etwas Litschi zeigt die Auslese im Bouquet, ist geradlinig, reintönig, rundet eine ganz starke Kollektion ab.

Philipp Wittmann

Weinbewertung

87	2017 Silvaner trocken **12,5 %**
89	2017 Weißer Burgunder trocken **12,5 %/12,- €** ☺
86	2017 Riesling trocken **12 %/12,- €**
86	2017 Scheurebe trocken **12,5 %/12,40 €**
88	2017 Riesling trocken Niersteiner **13 %/19,50 €**
90	2014 Riesling trocken Westhofener **13 %**
89	2017 Riesling trocken Westhofener **13 %/20,- €**
92	2013 Riesling „GG" Aulerde **12,5 %**
91	2017 Riesling „GG" Aulerde **13 %/35,50 €**
92	2015 Riesling „GG" Kirchspiel **13,5 %**
93	2017 Riesling „GG" Kirchspiel **13 %/45,50 €**
92	2017 Riesling „GG" Brunnenhäuschen **13 %/54,50 €**
93	2017 Riesling „GG" Morstein **13 %/54,50 €**
91	2017 Riesling trocken „Alte Reben La Borne" **13 %/Vst.**
91	2016 Weißer Burgunder „Réserve" **13 %/36,50 €**
91	2016 Chardonnay „Réserve" **13 %/36,50 €**
90	2017 Riesling Auslese Morstein **8 %/32,50 €/0,5l**

LAGEN

MORSTEIN (WESTHOFEN)
KIRCHSPIEL (WESTHOFEN)
AULERDE (WESTHOFEN)
BRUNNENHÄUSCHEN (WESTHOFEN)

REBSORTEN

RIESLING (75 %)
BURGUNDERSORTEN (20 %)

Wöhrle

★★★★☆

KONTAKT

Weinbergstraße 3
77933 Lahr
Tel. 07821-25332
Fax: 07821-39398
www.woehrle-wein.de
info@woehrle-wein.de

Inhaber
Familie Wöhrle
Rebfläche
16 Hektar
Produktion
100.000 Flaschen

BESUCHSZEITEN

Mo.-Fr. 17-19 Uhr, Sa. 10-14 Uhr,
gerne nach Vereinbarung

Das Weingut der Familie Wöhrle ist ein Familienbetrieb, der 1979 aus dem traditionsreichen Weingut der Stadt Lahr und dem Weinbaubetrieb Wöhrle entstanden ist. 1988 haben Hans und Monika Wöhrle ein Drittel der Rebfläche auf ökologische Bewirtschaftung umgestellt, seit 1990 wird die gesamte Fläche ökologisch bewirtschaftet. Seit dem Jahr 2002 ist Sohn Markus im Betrieb tätig. Die Reben stehen alle am Lahrer Schutterlindenberg. Da der Schutterlindenberg aber mit der Einführung des Deutschen Weingesetzes zur Großlage „befördert" wurde, nutzt man seit dem Jahrgang 2004 anstelle der Bezeichnung Schutterlindenberg den Lagennamen Lahrer Kronenbühl. Die Großen Gewächse tragen seit dem Jahrgang 2009 die Lagenbezeichnungen Herrentisch und Kirchgasse. Der Herrentisch ist eine 5 Hektar große Südlage mit tiefgründigen Löss- und Lösslehmböden, von dort kommt aus einem halben Hektar großen Weinberg der Weißburgunder. Grau- und Spätburgunder kommen aus der Kirchgasse, einem 3 Hektar großen Südhang mit humusreichem Lösslehmboden, der sich im Alleinbesitz des Weingutes befindet und als neue Einzellage anerkannt wurde. Im Anbau dominieren die Burgundersorten und Riesling, bereits seit 1990 gibt es auch Chardonnay. Zuletzt wurden pilzresistente Sorten wie Johanniter und Bronner gepflanzt. Rote Sorten nehmen inzwischen 30 Prozent der Rebfläche ein. Alle Weine werden grundsätzlich durchgegoren. Die weißen Großen Gewächse werden komplett im Halbstück ausgebaut, zur Hälfte werden neue Fässer genutzt, der Spätburgunder wird in neuen Barriques ausgebaut. Das Sortiment ist vierstufig gegliedert, wobei das Basis-Segment (die Gutsweine) praktisch keine Bedeutung hat. Wichtig im Programm sind die Lahrer Ortsweine, die ehemaligen Kabinettweine, die seit dem Jahrgang 2014 keine Prädikatsbezeichnung mehr tragen, aber nach wie vor „Kabinett-Charakter" aufweisen. Dann folgen die Erste Lage-Weine aus dem Lahrer Kronenbühl, die früheren trockenen Spätlesen. An der Spitze der Kollektion stehen die Großen Gewächse, Grauburgunder und Weißburgunder aus der Kirchgasse und Weißburgunder aus dem Herrentisch, und seit dem Jahrgang 2012 gibt es den Chardonnay „Gottsacker" von den ältesten Chardonnayreben des Betriebes, die in dieser Gewanne auf tiefgründigen, kalkhaltigen Böden wachsen. Seit der ersten Ausgabe empfehlen wir die Weine der Wöhrles, schon damals waren wir begeistert von der Stilistik, die Reintönigkeit und Frucht in den Vordergrund stellt. Jahr für Jahr sind die Kollektionen höchst zuverlässig, in den jüngsten Jahrgängen hat man in der Spitze weiter zugelegt, die eingeführten Großen Gewächse präsentieren sich komplex und nachhaltig.

Kollektion

Bestechend hoch ist wieder einmal das Niveau bei den Ortsweinen, sie sind alle wunderschön reintönig und fruchtbetont, mustergültige Vertreter ihrer

Rebsorte, was auch für die Erste Lage-Weine gilt, dass verstärkt Spontangärnoten hinzukommen, macht sie nur noch interessanter. Was beispielsweise auf den Kronenbühl-Riesling zutrifft, der rauchig, komplex, druckvoll und lang ist. Der Kronenbühl-Weißburgunder besitzt rauchige Noten, ist komplex, eindringlich, dominant, und auch bei den Ortsweinen gefällt uns der faszinierend reintönige Weißburgunder besonders gut, Grauburgunder und Auxerrois stehen ihm aber kaum nach. Bei den Großen Gewächsen verkosteten wir nochmals einige der beiden Vorjahre, sie sind fest und kraftvoll, ohne Spur von Reife. Der 2017er Herrentisch-Weißburgunder zeigt viel reife Frucht, weiße und gelbe Früchte, besitzt gute Struktur und Grip, dezente Tannine. Der Kirchgasse-Grauburgunder zeigt intensive Frucht und rauchige Noten, ist reintönig, präzise, druckvoll und nachhaltig. Unsere leichte Präferenz, bei identischer Bewertung, gilt dem Gottsacker-Chardonnay, der konzentriert und komplex ist, druckvoll und lang. Beim Spätburgunder stellten wir im vergangenen Jahr fest, dass Markus Wöhrle zulegt, die 2016er bestätigen dies. Der Kronenbühl-Spätburgunder ist rauchig, frisch und zupackend, das Große Gewächs zeigt etwas Gewürznoten und Toast, ist präzise und druckvoll bei noch jugendlichen Tanninen – und wird gut reifen können, wie man anhand des druckvollen, frischen 2007er sieht.

Markus & Tanja Wöhrle

Weinbewertung

86	2017 Auxerrois trocken Lahrer **12 %/9,80 €**
88	2017 Weißburgunder trocken Lahrer **12 %/9,50 €** ☺
87	2017 Grauburgunder trocken Lahrer **12,5 %/9,50 €**
90	2017 Weißburgunder trocken Lahrer Kronenbühl **13 %/14,50 €** ☺
88	2017 Grauburgunder trocken Lahrer Kronenbühl **13 %/14,50 €**
90	2017 Riesling trocken Lahrer Kronenbühl **12,5 %/14,50 €** ☺
92	2015 Weißburgunder „GG" Lahrer Herrentisch **13,5 %**
91	2017 Weißburgunder „GG" Lahrer Herrentisch **13 %/22,50 €**
91	2016 Grauburgunder „GG" Lahrer Kirchgasse **13,5 %**
92	2017 Grauburgunder „GG" Lahrer Kirchgasse **13 %/22,50 €**
92	2015 Chardonnay „GG" „Gottsacker" Lahrer Kronenbühl **13,5 %**
92	2016 Chardonnay „GG" „Gottsacker" Lahrer Kronenbühl **13,5 %**
92	2017 Chardonnay „GG" „Gottsacker" Lahrer Kronenbühl **13 %/26,- €**
88	2016 Spätburgunder trocken Lahrer Kronenbühl **13 %/22,- €**
90	2007 Spätburgunder „GG" Lahrer Kronenbühl **13,5 %**
92	2015 Spätburgunder „GG" Lahrer Kirchgasse **13,5 %**
91	2016 Spätburgunder „GG" Lahrer Kirchgasse **13 %/34,- €**

LAGEN

KRONENBÜHL (LAHR)
– GOTTSACKER (LAHR)
HERRENTISCH (LAHR)
KIRCHGASSE (LAHR)

REBSORTEN

GRAUBURGUNDER (23 %)
SPÄTBURGUNDER (23 %)
WEISSBURGUNDER (20 %)
AUXERROIS (13 %)
RIESLING (6 %)
MÜLLER-THURGAU (6 %)
CHARDONNAY (5 %)
MUSKATELLER (1 %)

WÖHRLE

★★

KONTAKT

Leininger Ring 64
67278 Bockenheim
Tel. 06359-4215
Fax: 06359-949367
www.weingut-woehrle.de
info@weingut-woehrle.de

Inhaber
Andreas Wöhrle
Rebfläche
13,5 Hektar
Produktion
75.000-80.000 Flaschen

BESUCHSZEITEN

Sa. 9-15 Uhr oder nach Vereinbarung

Der im 18. Jahrhundert errichtete Hof ist seit 1844 im Besitz der Familie. Martin Wöhrle hatte 1964 den Betrieb von seinem Großonkel übernommen, sich nach und nach mit ökologischer Wirtschaftsweise beschäftigt, bereits seit 1980 erfolgt die Bewirtschaftung nach ökologischen Richtlinien, Martin Wöhrle war Gründungsmitglied bei Ecovin. Sohn Andreas Wöhrle trat nach dem Abschluss seines Studiums 1999 in den Betrieb ein, schon vorher war er für den Weinausbau verantwortlich. Seine Weinberge liegen in den Bockenheimer Lagen Vogelsang, Schlossberg, Heiligenkirche und Goldgrube. Riesling ist die mit Abstand wichtigste Rebsorte, es folgen Grau-, Weiß- und Spätburgunder und Müller-Thurgau, dazu gibt es Merlot, Cabernet Sauvignon, Dornfelder, Portugieser, Chardonnay, Gewürztraminer, Cabernet Blanc, Silvaner, Auxerrois und Cabertin.

Kollektion

Andreas Wöhrles Rieslinge zeigen alle klare Frucht und besitzen feinen Biss, der spontan vergorene Goldgrube ist der komplexeste der Rieslinge, zeigt steinig-mineralische Noten und Zitruswürze, vor allem Grapefruit. Auch die anderen Weißweine sind ganz sortentypisch, der Auxerrois ist wieder sehr gut gelungen, ist konzentriert, besitzt gute Substanz und zeigt viel gelbe Frucht und feine florale Noten, der Weißburgunder aus dem Schlossberg ist kraftvoll und füllig und besitzt viel klare, leicht süße Frucht. Beide Spätburgunder besitzen kühle Frucht, der Schlossberg zeigt neben feinen Röstnoten und etwas kräutriger Würze noch Schwarzkirsche und Cassis im Bouquet, wird aber wieder von unserem Favoriten des letzten Jahres übertroffen, der Cabernet Sauvignon ist noch etwas komplexer, zeigt klare Frucht nach schwarzen Johannisbeeren und dezent grüne Paprika und besitzt noch jugendliche, aber reife Tannine.

Weinbewertung

82	2017 Riesling trocken (1l) **12,5 %/5,50 €**
86	2017 Auxerrois trocken Bockenheimer Vogelsang **13 %/8,50 €**
82	2017 Weißer Burgunder trocken Bockenheimer Grafenstück **13 %/6,- €**
83	2017 Grauer Burgunder trocken Bockenheimer Schlossberg **13,5 %/7,- €**
83	2017 Riesling trocken „vom Grafenstück" Bockenheim **12,5 %/6,- €**
84	2017 Riesling Kabinett trocken „vom Vogelsang" Bockenheim **13 %/7,- €**
85	2017 Riesling Spätlese trocken „aus der Goldgrube" Bockenheim **13 %/8,50 €**
85	2017 Weißer Burgunder Spätlese trocken Schlossberg **13,5 %/8,50 €**
84	2016 Spätburgunder trocken Bockenheimer Vogelsang **13 %/8,50 €**
83	2016 Cabertin trocken Bockenheimer Heiligenkirche **14 %/8,50 €**
86	2016 Spätburgunder Spätlese trocken Bockenheimer Schlossberg **13,5 %/15,- €**
87	2016 Cabernet Sauvignon trocken Barrique Schlossberg **13,5 %/16,50 €**

W

Wöhrwag

★★★★

KONTAKT

Grunbacher Straße 5
70327 Stuttgart-Untertürkheim
Tel. 0711-331662
Fax: 0711-332431
www.woehrwag.de
info@woehrwag.de

Inhaber
Hans-Peter Wöhrwag
Rebfläche
20 Hektar
Produktion
150.000 Flaschen

BESUCHSZEITEN

Mo.-Fr. 8-12:30 + 14-18 Uhr,
Sa. 9-14 Uhr

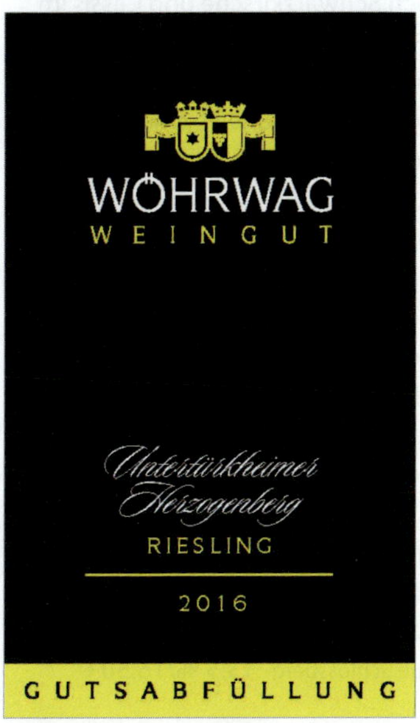

Hans-Peter Wöhrwag kehrte 1989 auf das elterliche Weingut zurück, nach Lehre in der Pfalz und am Kaiserstuhl, nach Geisenheim-Studium und praktischen Erfahrungen im Napa Valley. Seither hat er, unterstützt von Ehefrau Christin, das Weingut zum führenden Stuttgarter Betrieb aufgebaut. Seine Weinberge liegen im Untertürkheimer Herzogenberg, einer Lage im Alleinbesitz von Hans-Peter Wöhrwag. Die Böden dieses etwa 40 Prozent steilen Südhanges bestehen aus Gipskeuper, durchsetzt mit kalkhaltigem Sedimentgestein, das schon von jeher Kreidenstein genannt wurde. Hans-Peter Wöhrwag baut zu 55 Prozent weiße Sorten, zu 45 Prozent rote Sorten an. Wichtigste Rebsorte ist Riesling, der 40 Prozent der Fläche einnimmt. Hinzu kommen Weiß- und Grauburgunder, aber auch ein wenig Sauvignon Blanc, Müller-Thurgau und Muskateller. Bei den roten Sorten dominierte früher der Trollinger. Nach dem schweren Hagel 2000 rodete Hans-Peter Wöhrwag aber zwei Hektar Trollinger und legte dort Lemberger an, der inzwischen die wichtigste rote Rebsorte ist. Nach Merlot und Trollinger folgen Spätburgunder und Cabernet Sauvignon. Merlot wurde anfangs nur für Cuvées verwendet, 2008 gab es den ersten sortenreinen Merlot. Im roten Segment spielen Cuvées eine wichtige Rolle: Moritz, Philipp und X heißen diese. Die Cuvée X bestand ursprünglich aus Merlot und Lemberger, heute besteht sie aus Merlot, Cabernet Sauvignon und ein klein wenig Cabernet Franc, die Cuvée Philipp aus Lemberger und Merlot. Die Weißweine werden langsam und kühl vergoren, die Rieslinge im Edelstahl ausgebaut, die weißen Burgunder oft auch im Holz. Die Rotweine werden kaltmaceriert und maischevergoren, werden dann im kleinen oder großen Eichenholzfass ausgebaut. Das Sortiment ist dreistufig gegliedert in Gutsweine, Erste Lage-Weine und Große Lage-Weine, zu denen neben den Großen Gewächsen die Großen Reserven – Philipp und Cuvée X – zählen, aber auch edelsüße Rieslinge. Schon in der ersten Ausgabe zählten wir Hans-Peter Wöhrwag zu den Topwinzern in Württemberg. Damals hatten es uns vor allem seine Rieslinge angetan, die schon immer herrlich präzise und reintönig waren und es heute noch sind. Seither hat er aber auch bei den Rotweinen kräftig zugelegt, mit seinen Cuvées natürlich, allen voran die Cuvée X, die Jahr für Jahr zu den besten Cuvées aus Bordeauxrebsorten in Deutschland gehört; aber auch mit Lemberger und Pinot Noir versteht Hans-Peter Wöhrwag immer wieder zu punkten. Mit Weiß- und Grauburgunder hat er ebenso kräftig zugelegt, die Großen Gewächse baut er in neuen 500 Liter-Fässern aus, und dass er sich auch auf Muskateller und Sauvignon Blanc versteht, verwundert da nicht.

Kollektion

Christin und Hans-Peter Wöhrwag

In einer starken Kollektion im vergangenen Jahr haben wir alle fünf Große Gewächse sowie die Cuvée X mit „hervorragend“ bewertet. Die neue Kollektion schließt da nahtlos an. Der Erste Lage-Grauburgunder ist füllig und saftig, der Sauvignon Blanc frisch, fruchtbetont und zupackend. Der Goldkapsel-Riesling ist würzig, zupackend und strukturiert wie auch der Mineral, der fülliger und saftiger ist. Der Riesling Großes Gewächs ist schon recht offen, zeigt etwas gelbe Früchte und Orangen, ist frisch und geradlinig, recht süß. Dies gilt auch für den Grauburgunder, der wunderschön reintönig ist, feine Würze und Toast zeigt, füllig und saftig ist bei guter Substanz. „Warum so süß?“, haben wir bei der Verkostung notiert, und wir geben diese Frage an Hans-Peter Wöhrwag weiter, der zuletzt auf dem Weg zu komplett durchgegorenen Weinen schien. Reife süße Frucht besitzt auch der Weißburgunder, hier ist diese Süße weniger störend, er besitzt intensive Frucht, Kraft, Struktur, Frische und ganz leicht salzige Noten. Eine wunderschön reintönige, saftige Riesling Spätlese rundet den weißen Teil der Kollektion ab. Insgesamt noch etwas stärker präsentieren sich die Rotweine. Die Cuvée Philipp ist frisch, klar und zupackend, die Cuvée X zeigt feine rauchige Noten, viel Konzentration, ist klar und kraftvoll im Mund, zupackend, jugendlich. Der Pinot Noir Großes Gewächs zeigt gute Konzentration, etwas Gewürze, ist füllig und kraftvoll bei reifer Frucht und Substanz – und kann reifen, wie der 2008er beweist, der harmonisch ist und noch wunderschön frisch und lebhaft. Gleichauf sehen wir den Lemberger, der rauchige Noten und reintönige Frucht zeigt, füllig und kraftvoll ist, frisch und zupackend. Ganz starke Kollektion!

Weinbewertung

88	2017 Grauburgunder trocken Untertürkheimer Herzogenberg **13 %/10,80 €**
87	2017 Sauvignon Blanc trocken Untertürkheimer Herzogenberg **12,5 %/14,90 €**
86	2017 Riesling trocken „Goldkapsel“ Untertürkheimer Herzogenberg **12,5 %/9,50 €**
86	2017 Riesling trocken „Mineral“ Untertürkheimer Herzogenberg **12,5 %/12,50 €**
91	2017 Weißburgunder „GG“ Untertürkheimer Herzogenberg **13,5 %/22,50 €**
90	2017 Grauburgunder „GG“ Untertürkheimer Herzogenberg **13,5 %/22,50 €**
88	2017 Riesling „GG“ Untertürkheimer Herzogenberg **13 %/22,50 €**
89	2017 Riesling Spätlese Untertürkheimer Herzogenberg **9 %/12,50 €**
88	2016 „Philipp“ Rotwein trocken „Große Reserve“ **13,5 %/18,50 €**
90	2008 Pinot Noir trocken Untertürkheimer Herzogenberg **13,5 %**
91	2016 Pinot Noir „GG“ Untertürkheimer Herzogenberg **13,5 %/28,50 €**
91	2016 Lemberger „GG“ Untertürkheimer Herzogenberg **14 %/24,50 €**
90	2016 „X“ Rotwein trocken „Große Reserve“ **13,5 %/24,50 €**

LAGEN

HERZOGENBERG (UNTERTÜRKHEIM)

REBSORTEN

RIESLING (40 %)
LEMBERGER (13 %)
TROLLINGER (10 %)
MERLOT (9 %)
WEISSBURGUNDER (6 %)
SPÄTBURGUNDER (6 %)
GRAUBURGUNDER (6 %)
CABERNET SAUVIGNON (3 %)
SAUVIGNON BLANC (2 %)
MÜLLER-THURGAU (2 %)

Peter & Julian Wolf

★

KONTAKT

Brunnenstraße 2
55599 Eckelsheim
Tel. 06703-1346
Fax: 06703-3181
www.weingut-peter-wolf.de
info@weingut-peter-wolf.de

Inhaber
Peter & Julian Wolf
Rebfläche
19 Hektar
Produktion
95.000 Flaschen

BESUCHSZEITEN

nach Vereinbarung
Gästezimmer

Seit sieben Generationen baut die Familie Wein in Eckelsheim an, einem kleinen Weinort in der Rheinhessischen Schweiz, der drei Einzellagen besitzt, in denen die Weinberge der Familie Wolf liegen: Eselstreiber, Kirchberg und Sonnenköpfchen; daneben ist man im Wöllsteiner Äffchen und in der Gumbsheimer Schlosshölle vertreten. 1981 übernahmen Ulla und Peter Wolf den im Ortskern von Eckelsheim liegenden Betrieb, konzentrierten den früheren landwirtschaftlichen Mischbetrieb ganz auf Weinbau. Seit 2011, nach Beendigung seines Geisenheim-Studiums, ist Sohn Julian im Betrieb tätig und für den Weinausbau verantwortlich. Die Reben wachsen in Eckelsheim teils auf schwerem Mergel, teils auf Lösslehm und auf leichtem Porphyr. Riesling nimmt ein Fünftel der Rebfläche ein, es folgen Spätburgunder, Dornfelder, Weißburgunder und Grauburgunder.

Kollektion

Unter den Gutsweinen gefällt uns in diesem Jahr der geradlinige Chardonnay am besten. Eine deutlich Steigerung bringen die Lagenweine. Der Riesling aus der Schlosshölle ist füllig und saftig, besitzt reife Frucht und Substanz, der Silvaner aus dem Sonnenköpfchen ist harmonisch, klar und saftig. Füllig und kraftvoll ist der Weißburgunder aus dem Eselstreiber, der Grauburgunder aus dem Äffchen ist saftig, sehr cremig. Interessant ist der im Barrique ausgebaute Rosa Chardonnay, eine Rebsorte, die sich noch im Versuchsanbau befindet und der wir erstmals in Rheinhessen begegnen: Er zeigt gute Konzentration und reife Frucht im Bouquet, ist füllig und saftig im Mund, besitzt reife Frucht und Substanz. Unser Favorit ist die rote Cuvée Il Lupo, die gute Konzentration und Gewürznoten besitzt, Fülle, Kraft, gute Struktur und Substanz.

Weinbewertung

78	2017 Riesling trocken Eckelsheimer Eselstreiber (1l) **12,5 %/4,70 €**
82	2017 Chardonnay trocken **13 %/5,30 €**
80	2017 Spätburgunder „Blanc de Noirs" trocken **12,5 %/5,60 €**
85	2017 Riesling trocken „J-Linie" Gumbsheimer Schlosshölle **12,5 %/7,40 €**
83	2017 Sylvaner trocken „J-Linie" Eckelsheimer Sonnenköpfchen **13 %/7,70 €**
84	2017 Weißer Burgunder trocken „J-Linie" Eckelsheimer Eselstreiber **13 %/7,40 €**
83	2017 Grauer Burgunder trocken „J-Linie" Wöllsteiner Äffchen **13,5 %/7,90 €**
85	2016 Rosa Chardonnay trocken „J-Linie" Barrique Wöllsteiner Äffchen **14 %/10,- €**
81	2017 Grauer Burgunder Classic **12,5 %/5,20 €**
82	2017 Gewürztraminer und Bacchus Spätlese **11 %/5,30 €**
82	2016 Spätburgunder trocken Holzfass **13 %/5,50 €**
86	2016 „Il Lupo" Rotwein trocken Barrique **13 %/13,30 €**

Wolf

★★

KONTAKT

Hauptstraße 36
76831 Birkweiler
Tel. 06345-919203
Fax: 06345-919204
www.weingut-wolf-birkweiler.de
info@weingut-wolf-birkweiler.de

Inhaber
Klaus & Mathias Wolf
Rebfläche
15 Hektar
Produktion
100.000 Flaschen

BESUCHSZEITEN

nach Vereinbarung Mo.-Fr. 9-18 Uhr, Sa. 9-17 Uhr

Weinbau wird in der Familie Wolf seit etlichen Jahrhunderten betrieben, 1620 wurde der Winzer Hans Wolf erstmals urkundlich in Birkweiler erwähnt. Bis in die 1980er Jahre wurden die Trauben an die Genossenschaft abgeliefert, 1986 übernahm Klaus Wolf das Familienweingut und begann mit der Flaschenweinvermarktung, im Frühjahr 2011 ist Sohn Mathias in den Betrieb eingestiegen und kümmert sich seitdem um den Keller. Die Familie besitzt etliche Parzellen in den von verschiedenen Bodenstrukturen geprägten Teilen des Birkweiler Kastanienbuschs, unter anderem im Gewann Am Dachsberg, sowie Weinberge in den anderen Birkweiler Lagen Mandelberg und Rosenberg. Zu 70 Prozent werden weiße Rebsorten angebaut, vor allem Riesling und die Burgundersorten, daneben gibt es noch Chardonnay, Silvaner, Scheurebe und Gewürztraminer, für die Rotweine sind es Spätburgunder, Sankt Laurent und etwas Cabernet Sauvignon.

Kollektion

Auch in diesem Jahr bekamen wir wieder nur eine kleine Kollektion – aber diese befindet sich auf durchgehend hohem Niveau. Die zwei Weißburgunder und der Chardonnay sind perfekt in 500 Liter-Tonneaux ausgebaut worden, das Holz ist nur als ganz minimale Geschmackskomponente spürbar. Der Weißburgunder aus der Terrassenlage besitzt Konzentration, Kraft und klare Frucht, ist cremig, animierend und lang, der Weißburgunder aus dem Mandelberg ist nicht ganz so nachhaltig, aber stilistisch sehr ähnlich, besitzt feinen Schmelz und Frische, der Chardonnay aus dem Mandelberg ist stoffig und konzentriert, mit klarer, gelber Frucht, Pfirsich und Zitrusnoten, lässt im Nachhall aber etwas den hohen Alkoholgehalt spüren. Die drei Lagenrieslinge wurden spontan vergoren und komplett im Edelstahl ausgebaut, der Kastanienbusch-Schiefer ist der eleganteste der Rieslinge, besitzt gute Konzentration, feine Zitruswürze, etwas Limette, ist ausgewogen, animierend und entwickelt feinen, nachhaltigen Druck. Der Riesling aus dem Rotliegenden ist fruchtbetont mit Noten von Orangenschale und Ananas, besitzt Biss und Länge, der Buntsandstein aus dem Dachsberg zeigt kräutrige Würze und ebenfalls viel klare Frucht und auch der Riesling von roten Sandstein ist reintönig, saftig und frisch. —

Weinbewertung

84	2017 Riesling trocken „Roter Sandstein" **12,5 %/6,50 €**
86	2017 Riesling trocken „Buntsandstein" Birkweiler Am Dachsberg **13 %/9,50 €**
87	2017 Riesling trocken „Rotliegendes" Birkweiler Kastanienbusch **13 %/9,50 €**
88	2017 Riesling trocken „Schiefer" Birkweiler Kastanienbusch **13,5 %/13,50 €**
87	2017 Weißer Burgunder trocken „Muschelkalk" Mandelberg **13,5 %/9,50 €**
88	2017 Weißer Burgunder trocken „Terrassenlage" Kastanienbusch **13,5 %/13,50 €**
86	2017 Chardonnay trocken „Tonstein" Birkweiler Mandelberg **14 %/9,50 €**

HERZOG VON WÜRTTEMBERG

★★

KONTAKT

Schloss Monrepos
71634 Ludwigsburg
Tel. 07141-225525
Fax: 07141-225530
www.hofkammer.de
weingut@hofkammer.de

Inhaber Herzog von Württemberg
Kellermeister Moriz Just
Kaufmännische Leiterin Claudia Krügele
Rebfläche 40 Hektar
Produktion 250.000 Flaschen

BESUCHSZEITEN

Mo.-Fr. 10-12 + 13-18 Uhr,
Sa. 10-16 Uhr
Schlosshotel Monrepos mit Restaurant; Gutsschenke, Golfplatz, Seeschloss Monrepos

Weinbau lässt sich im Hause Württemberg bis ins 13. Jahrhundert zurückverfolgen, die Kammerschreiberei, der Vorläufer der heutigen Hofkammer, wurde 1649 als private Vermögensverwaltung gegründet, im gleichen Jahr wurde der Steinbachhof von Herzogin Anna-Katharina erworben, der 1757 an die Kammerschreiberei überging. Die Weinberge verteilen sich auf 8 Lagen: Maulbronner Eilfingerberg (14,6 Hektar mit Schilfsandsteinverwitterungsboden auf Gipskeuper), Mundelsheimer Käsberg (Muschelkalk), Untertürkheimer Mönchberg (mit Steinen durchsetzte Gipskeuperböden), Stettener Brotwasser (2,8 Hektar im Alleinbesitz, Schilfsandsteinboden), Hohenhaslacher Kirchberg, Asperger Berg und Gündelbacher Steinbachhof und Wachtkopf. Weiße Rebsorten wachsen auf 23 Hektar: Riesling vor allem, aber auch Silvaner, Traminer und Weißburgunder. An roten Sorten werden Trollinger, Lemberger, Spätburgunder und Zweigelt angebaut, inzwischen wurden auch internationale Sorten wie Merlot, Cabernet Sauvignon und Sauvignon Blanc angelegt.

Kollektion

Eine stimmige Kollektion präsentiert das Team des Herzog von Württemberg, mit zwei starken Großen Gewächsen an der Spitze. Der Sauvignon Blanc ist klar und zupackend, der Weißburgunder füllig und kraftvoll. Klar bester Riesling im Sortiment ist das Große Gewächs Stettener Brotwasser: Würzig, eindringlich, strukturiert, fruchtbetont. Der Pinot Noir ist fruchtbetont und klar, der Zweigelt zupackend, strukturiert. Der Lemberger aus dem Eilfingerberg ist fruchtbetont, ein klein wenig bitter im Abgang, die Cuvée Ducissa besitzt Fülle, Kraft und feine Schokonoten. Highlight im Programm ist der Spätburgunder aus dem Käsberg, der intensive Frucht zeigt, Kirschen, rote Früchte, ein wenig Toast und Kräuter, präzise, kraftvoll und zupackend ist.

Weinbewertung

84	2017 Sauvignon Blanc trocken Gündelbacher Steinbachhof **12,5 %/15,- €**
83	2017 Riesling trocken Maulbronner Eilfingerberg **12 %/9,50 €**
83	2017 Riesling trocken Stettener Brotwasser **12 %/11,- €**
85	2017 Weißburgunder trocken Maulbronner Eilfingerberg **13 %/12,50 €**
83	2017 Attempto Weißwein trocken **11,5 %/10,- €**
88	2017 Riesling „GG" Stettener Brotwasser **13 %/25,- €**
83	2016 Lemberger trocken **13 %/8,- €**
85	2015 Lemberger trocken Maulbronner Eilfingerberg **13 %/12,50 €**
85	2016 Pinot Noir **13,5 %/12,- €**
85	2016 Zweigelt trocken (Hohenhaslacher Kirchberg) **13,5 %/15,- €**
86	2013 „Ducissa" Rotwein trocken **14,5 %/25,- €**
89	2016 Spätburgunder „GG" Käsberg Mundelsheim **13 %/28,- €**

W

Seit 1877
HERZOG von WÜRTTEMBERG
DAS WEINGUT AUF DER DOMÄNE MONREPOS

Würtzberg

★★☆

KONTAKT

Würtzberg 1
54455 Serrig
Tel. 06581-9200992
Fax: 06581-9200993
www.weingut-wuertzberg.de
office@weingut-wuertzberg.de

Inhaber
Familie Heimes
Kellermeister
Felix Heimes, Franz Lenz
Außenbetrieb
Felix Heimes
Rebfläche 16,5 Hektar
Produktion 80.000 Flaschen

BESUCHSZEITEN

Sommer: Do./Fr. 14-18 Uhr, Sa. 10-17 Uhr; Winter: Do./Fr. 14-17 Uhr, Sa. 11-16 Uhr

Das eindrucksvolle Weingut in Serrig, am südlichen Ende des zum Anbaugebiet Mosel zählenden Teils der Saar wurde 2016 von Dorothee Heimes und Ludger Neuwinger-Heimes sowie ihren Kindern erworben. Aus juristischen Gründen war damit ein Namenswechsel verbunden, und die Rückkehr zum Gründungsnamen des ehemaligen preußischen Gutes von 1898 bot sich an. Zurzeit werden 16,5 Hektar Reben bewirtschaftet, darunter Riesling, Pinot Blanc, Auxerrois und etwas Pinot Noir; in dieser Zahl sind 2,5 Hektar in 2018 getätigte Neuanpflanzungen bereits enthalten. Sohn Felix Heimes, der in Geisenheim studiert hat, sowie Kellermeister Franz Lenz bilden das operative Führungsduo. Die Weine werden teilweise im Edelstahl, teilweise im großen Holz ausgebaut.

Kollektion

Die beiden Schaumweine aus 2016 gefallen – der Riesling mit feinen Zitrusnoten, die Cuvée mit recht tiefer Farbe und Würze. Im Jahrgang 2017 können wir den Charakter der Weine sowohl beim Auxerrois (duftig, straff) als auch beim würzigen, mit mehr Schmelz ausgestatteten Pinot Blanc (ausgebaut im Holz und im Stahl) bestätigen. Der Scivaro genante Basisriesling ist nicht puristisch trocken, aber balanciert. Der würzige Rotschiefer und der geradlinige, etwas süßere Blauschiefer ergänzen sich ausgezeichnet. Viel Schmelz haben die „Alten Reben", die noch verschlossen sind, wenig Süße und viel Spiel zeigt die Alte Kupp. Ausgezeichnet gefällt der Würtzberg-Kabinett mit Noten von Melone, Apfel und Hefe, straff und nicht übertrieben süß. Die Herrenberg-Spätlese ist offen, zeigt kühle Frucht und kühlfruchtig ist auch die Auslese mit Anklängen an Melone, Pfirsich und Mango. —

Weinbewertung

87	2016 Cuvée Pinot Sekt brut **12,5 %/15,- €**
86	2016 Riesling Sekt brut **12,5 %/12,50 €**
85	2017 Auxerrois **12 %/9,- €**
86	2017 Pinot Blanc **12 %/8,- €**
87	2017 Riesling „Scivaro" **11,5 %/9,- €**
87	2017 Riesling „Rotschiefer" **12 %/12,- €**
87	2017 Riesling „Blauschiefer" **11,5 %/12,- €**
88+	2017 Riesling „Alte Reben" **11 %/19,- €**
87	2017 Riesling Kabinett Serriger Herrenberg **11,5 %/11,- €**
88	2017 Riesling Kabinett Alte Kupp **11 %/11,- €**
87	2017 Riesling Kabinett Serriger Würtzberg **8,5 %/11,- €**
89	2017 Riesling Spätlese Serriger Herrenberg **8,5 %/16,- €**
90	2017 Riesling Auslese Serriger Herrenberg **7,5 %/12,- €**

Wurm

★★

KONTAKT

Binger Weg 1a
65391 Lorch
Tel. 06726-830083
Fax: 06726-830084
www.weingut-wurm.de
info@weingut-wurm.de

Inhaber
Robert Wurm
Rebfläche
8 Hektar
Produktion
50.000 Flaschen

BESUCHSZEITEN

täglich (Anmeldung erbeten)
Gutsausschank März bis Juni + Sept. Bis Nov. Fr. ab 17 Uhr, Sa./So./Feiertage ab 15 Uhr

Robert Wurm, gebürtiger Franke, übernahm 2014 das Weingut Ottes und zählt damit zur immer größer werdenden Zahl der Quereinsteiger, die im Rheingau von sich reden machen. Der neue Inhaber hatte zunächst den Namen Ottes beibehalten, ab 2016 wird er unter seinem eigenen Namen geführt. Die Weinberge befinden sich in den Lorcher Lagen Kapellenberg, Schlossberg, Bodental-Steinberg, Krone und Pfaffenwies sowie im Oestricher Lenchen. Riesling nimmt drei Viertel der Rebfläche ein, hinzu kommen Spätburgunder, sowie ein wenig Weißburgunder, Cabernet Sauvignon, Silvaner und Müller-Thurgau. Die Moste werden kühl vergoren. Das Programm wurde neu strukturiert, die Rotweine werden noch unter dem Namen des alten Weingutes mit dem Zusatz „made by Wurm" gefüllt. Mit den Etikettendesigns lässt Robert Wurm die Nähe zu seiner zweiten Heimat Korea und seinem Hobby Kendo in den neuen Markenauftritt einfließen. Flagschiff der neuen Kollektion ist der Schiefer-Riesling, dahinter folgen die trockenen Lagenrieslinge aus Kapellenberg und Schlossberg.

Kollektion

Die Weine von Robert Wurm sind auch in diesem Jahr wieder sehr aromatisch. Der frische Lorcher Riesling mit seiner geradlinigen und präzisen Art und der trockener ausgebaute und stoffigere Lorcher+, der im Nachhall mehr Würze entfaltet, überzeugen. Der Lorcher Kapellenberg mit seinem kräftigen Schmelz ist vollmundig, der recht hohe Alkohol wirkt wärmend nach, er bleibt lang, beim Schlossberg puffert die frische Säure die Fülle besser ab, so wirkt er animierender und präziser. Der Riesling Schiefer ist der cremigste und druckvollste unter den Lagenrieslingen. Leider macht der hohe Alkohol auch ihm etwas zu schaffen. Alle Rotweine besitzen Fülle und markante Gerbstoffe. Der toastwürzige Spätburgunder aus dem Höllenberg mit seinen intensiven Aromen ist der rundeste unter ihnen.

Weinbewertung

82 2017 Weißburgunder trocken Lorcher **12 %/7,90 €**
84 2017 Riesling trocken „+" Lorcher **12 %/9,- €**
83 2017 Riesling trocken Lorcher **12 %/9,- €**
86 2017 Riesling trocken „Schiefer" Lorcher **13,5 %/22,50 €**
85 2017 Riesling trocken Lorcher Kapellenberg **13 %/15,50 €**
86 2017 Riesling trocken Lorcher Schlossberg **13,5 %/15,50 €**
82 2017 Rosé trocken Lorcher **12 %/7,90 €**
83 2016 Spätburgunder trocken Lorcher **13,5 %/10,50 €**
84 2016 Spätburgunder trocken Lorcher Pfaffenwies **13,5 %/15,50 €**
85 2016 Spätburgunder trocken Assmannshäuser Höllenberg **13,5 %/15,50 €**
82 2016 Fusion Rotwein trocken **13,5 %/12,50 €**

ZÄHRINGER

★☆

KONTAKT

Johanniterstraße 61
79423 Heitersheim
Tel. 07634-50489-0
Fax: 07634-50489-99
www.weingut-zaehringer.de
info@weingut-zaehringer.de

Inhaber
Fabian Zähringer
Betriebsleiter
Paulin Köpfer
Kellermeister
Burkhard Schopferer
Außenbetrieb
Maximilian Greiner
Rebfläche **40 Hektar**
Produktion **300.000 Flaschen**

BESUCHSZEITEN

Mo.-Fr. 9-12 + 14-18 Uhr,
Sa. 10-13 Uhr

Das 1844 gegründete Weingut wird heute in sechster Generation von Fabian Zähringer geführt. Seine Reben wachsen vor allem in den Heitersheimer Lagen Sonnhohle und Maltesergarten, aber auch im Dottinger Castellberg und im Laufener Altenberg. Von der nur 7 Hektar großen Heitersheimer Sonnhohle besitzt man 4,5 Hektar, Spätburgunder nimmt zwei Fünftel der Rebfläche ein, Gutedel und Grauburgunder jeweils ein Fünftel, es folgen Weißburgunder und Chardonnay, dazu gibt es Müller-Thurgau, Gewürztraminer, Johanniter und Sauvignon Blanc. Seit 1987 werden die Weinberge biologisch bewirtschaftet (Ecovin), seit 2005 nach biodynamischen Grundsätzen, seit 2010 ist man Demeter-zertifiziert. Das Vierlig ist ein altes Fassmaß aus dem Markgräflerland für ein Fass mit 600 Liter Inhalt, die Vierlig-Weine reifen in solchen Fässern. Die Selektionsweine (SZ) stammen aus der Heitersheimer Sonnhohle.

Kollektion

Im vergangenen Jahr hatten wir mit dem 2014er Pinot Noir SR einen klaren Favoriten, dieses Jahr fällt die Wahl schwer, Fabian Zähringer hat gleich mehrere sehr gute Weiß- und Rotweine im Programm. Der Vierlig-Chasselas beispielsweise besitzt klare Frucht und Kraft, gute Struktur und Substanz, oder der eindringlich gewürzduftige Chardonnay SZ, der viel reife Frucht und Saft besitzt. Durchweg sehr gut sind alle Rotweine. Der Merlot ist reintönig und zupackend, der Cabernet Franc geradlinig und kraftvoll, ebenfalls wunderschön reintönig, die Cuvée Villa Urbana besitzt intensive Kirschfrucht und dezente Schokonoten. Der Spätburgunder SZ ist würzig, klar und zupackend, ein klein wenig besser gefällt uns der Sonnhohle-Pinot Noir, der intensive Frucht und rauchig-würzige Noten im Bouquet zeigt, viel Kraft, Substanz und gute Struktur besitzt.

Weinbewertung

83 2016 Crémant brut **12 %/14,90 €**
85 2016 Chasselas trocken „Vierlig" **12,5 %/8,90 €**
83 2017 Sauvignon Blanc trocken **13 %/11,90 €**
83 2017 Grauburgunder trocken „Vierlig" **13 %/12,90 €**
80 2016 Gewürztraminer trocken **13 %/11,90 €**
84 2016 Weißburgunder „SZ" trocken **13,5 %/16,90 €**
86 2016 Chardonnay „SZ" trocken **13 %/19,90 €**
85 2015 Spätburgunder „SZ" trocken **13 %/16,90 €**
85 2016 Merlot trocken **13 %/14,90 €**
85 2015 Cabernet Franc trocken Heitersheim Maltesergarten **14,5 %/13,90 €**
86 2015 Pinot Noir trocken Sonnhohle **13 %/25,- €**
86 2015 „Villa Urbana SZ" Rotwein trocken Barrique **13 %/17,90 €**

Z

GEORG ZANG

★★

KONTAKT

Nordheimer Straße 8
97334 Sommerach
Tel. 09381-2888
Fax: 09381-6111
www.zangwein.de
info@weingut-georg-zang.de

Inhaber
Georg Zang
Rebfläche
8 Hektar
Produktion
55.000 Flaschen

BESUCHSZEITEN

Mo.-Sa. 9-12 + 13-17 Uhr, sonn. + feiertags 10-12 + 13-15 Uhr oder nach Vereinbarung; Weinbergsführungen, Weinproben mit fränkischer Brotzeit (auf Anfrage)

Seit 2005 führen Georg und Heike Zang in fünfter Generation das Gut. Ihre Weinberge liegen auf der Weininsel, vor allem im Sommeracher Katzenkopf, aber auch im Volkacher Kirchberg und im Sommeracher Rosenberg. Weiße Rebsorten spielen die wichtigste Rolle, Silvaner vor allem, der 35 Prozent der Fläche einnimmt, gefolgt von Müller-Thurgau, der ein Viertel der Weinberge einnimmt. Es folgen Riesling, Bacchus, Weißburgunder, Scheurebe und Rieslaner, bei den roten Sorten hat Georg Zang sich auf Domina und Schwarzriesling spezialisiert. Die Weißweine werden im Edelstahl ausgebaut, die Rotweine im Holz, die Domina auch im Barrique. Georg Zang nutzt nach wie vor Prädikatsbezeichnungen wie Kabinett und Spätlese auch für seine trockenen Weine. Edelbrände ergänzen das Sortiment.

Kollektion

Eine starke Kollektion folgt auf die nächste, und Georg Zang wartet mit einer Überraschung auf: Der zwei Jahre im Fass ausgebaut Riesling R besitzt Fülle und Kraft, gute Struktur, Komplexität und Substanz. Auch sonst überzeugt die Kollektion auf der ganzen Linie, angefangen vom harmonischen Liter-Silvaner bis hin zu den beiden saftig-süffigen, wunderschön reintönigen Spätlesen von Kerner und Rieslaner, beide halbtrocken ausgebaut als klassische Spätlesen. Der maischevergorene und im Holz ausgebaute understatement-Silvaner gefällt uns auch im Jahrgang 2016 besonders gut, er besitzt Fülle und Saft, reife Frucht und Substanz. Der Silvaner von alten Reben ist füllig und kraftvoll, die trockene Riesling Spätlese besitzt gute Struktur, Frucht und Frische und auch mit seinen Rotweinen weiß Georg Zang wie gewohnt zu überzeugen, allen voran die im Barrique ausgebaute Domina, die intensive Frucht, gute Struktur und Frische besitzt. Weiter im Aufwind!

Weinbewertung

81 2017 Silvaner Kabinett trocken Sommeracher Katzenkopf (1l) **11,5 %/5,40 €**
83 2017 Riesling Kabinett trocken Sommeracher Katzenkopf **11,5 %/5,60 €**
84 2017 Scheurebe Spätlese trocken Sommeracher Katzenkopf **12 %/6,50 €**
85 2017 Silvaner Spätlese trocken „Alte Reben" Katzenkopf **12,5 %/7,50 €**
84 2017 Weißburgunder Spätlese trocken Sommeracher Katzenkopf **12,5 %/8,- €**
85 2017 Riesling Spätlese trocken Volkacher Kirchberg **12,5 %/7,50 €**
86 2016 Silvaner trocken „understatement" Volkacher Kirchberg **12,5 %/8,- €**
89 2015 Riesling „R" trocken Sommeracher Katzenkopf **11,5 %/8,- €** ☺
84 2017 Kerner Spätlese Volkacher Kirchberg **12 %/7,- €**
85 2017 Rieslaner Spätlese Sommeracher Katzenkopf **13 %/9,50 €**
84 2016 Domina trocken Volkacher Kirchberg **13 %/6,60 €**
86 2016 Domina trocken Barrique Volkacher Kirchberg **13 %/9,60 €**

ZEHNTHOF

★★★★★

KONTAKT

Kettengasse 3
97320 Sulzfeld
Tel. 09321-6536
Fax: 09321-5077
www.weingut-zehnthof.de
luckert@weingut-zehnthof.de

Inhaber
Wolfgang & Ulrich Luckert
Kellermeister
Ulrich Luckert
Außenbetrieb
Philipp Luckert
Rebfläche
17 Hektar
Produktion
90.000 Flaschen

BESUCHSZEITEN

Mo.-Fr. 8-12 + 13-17 Uhr,
Sa. 8-12 + 13-16 Uhr

Theo Luckert füllte 1962 seinen ersten Jahrgang auf Flaschen, begann mit der Selbstvermarktung. 1970 erwarb er den ehemaligen Zehnthof aus dem Jahr 1558, der Sitz und Namensgeber des Weingutes ist. Heute bewirtschaften die Brüder Ulrich und Wolfgang Luckert mit ihren Familien die ausschließlich in Sulzfeld in den Lagen Maustal und Cyriakusberg liegenden Weinberge. Inzwischen wurde die ehemalige Lage Sonnenberg, die 1971 Teil des Cyriakusberg wurde, wieder als Einzellage in die Lagenrolle eingetragen. Wichtigste Rebsorte beim Zehnthof ist Silvaner, der heute über die Hälfte der Rebfläche einnimmt, inzwischen werden alle vier Silvaner-Spielarten angebaut: Gelber, Grüner, Blauer und Roter Silvaner. Hatte man bisher schon viele alte, teils 60jährige Reben, so wurde dies durch den Zukauf eines alten Weinbergs mit wurzelechten, im Jahr 1875 gepflanzten Reben noch getoppt, den die Luckerts unmittelbar vor der geplanten Rodung erwerben konnten. Dieser Weinberg ist einer der ganz wenigen, die zur damaligen Zeit sortenrein gepflanzt wurden; 2012 wurde erstmals ein Wein aus diesem Weinberg erzeugt, Creutz genannt nach der alten Einzellage. Weitere weiße Sorten sind Weißburgunder, Müller-Thurgau und Riesling, bereits seit 1986 gibt es Chardonnay, Sauvignon Blanc brachte 2003 die erste Ernte, Muskateller ist der bislang letzte Neuzugang im Programm. An roten Sorten gibt es Spätburgunder und Domina, in den neunziger Jahren wurden Frühburgunder und Merlot neu gepflanzt, ebenso kam Cabernet Sauvignon hinzu. Die Weine werden spontanvergoren, oft mit Maischestandzeiten auch bei Weißweinen, alle werden im Holz ausgebaut in Fässern mit 1.500 bis 3.000 Liter Inhalt, alle Weine durchlaufen bereits seit 2003 den biologischen Säureabbau, die Schwefelgaben bei Füllung sind minimal. Alle Weine werden durchgegoren ausgebaut. Ulrich und Wolfgang Luckert wollen verstärkt große Holzfässer für Vergärung und Ausbau der Weine nutzen. Ihr Hauptaugenmerk gilt allerdings der weinbaulichen Arbeit. So nutzen sie seit Jahren ausschließlich die Kordon-Erziehung, reduzieren weiter stark die Erträge. Bereits 2005 haben sie Teilflächen auf ökologische Bewirtschaftung umgestellt, 2008 war die Hälfte des Betriebes umgestellt, 2009 der komplette Betrieb, sie sind Mitglied bei Naturland. Inzwischen ist Wolfgangs Sohn Philipp in den Betrieb eingestiegen.

Kollektion

Eine große Kollektion habe die Luckerts wieder auf die Flasche gebracht. Da schließen wir gerne und ausdrücklich den Müller-Thurgau mit ein, der uns immer viel Freude bereitet – auch wenn anscheinend niemand mehr Müller mag, nicht einmal mehr in Franken. Bestechend reintönig sind alle Silvaner-Ortsweine, der saftige, harmonische Wein von alten Reben sei gesondert erwähnt. Der Weißburgunder ist herrlich klar, der Riesling frisch und zupackend wie auch der Muskateller und der Sauvignon Blanc, der

komplexe Chardonnay gefällt uns besonders gut. Der Gelbkalk-Riesling besitzt Fülle und reintönige Frucht, gute Harmonie und Länge. Der Terrassen-Weißburgunder zeigt offensive Frucht, ist frisch und reintönig. Der Steinriegel-Riesling ist herrlich eindringlich und reintönig, besitzt Kraft und Frucht, gute Substanz und mineralische Noten. Der Maustal-Silvaner ist herrlich reintönig, zeigt gelbe und weiße Früchte, ist füllig, harmonisch, lang, der Creutz-Sylvaner zeigt intensive Frucht, ist saftig und enorm lang. Der Maustal-Riesling hat es uns im Jahrgang 2017 besonders angetan, aber Achtung: Wer beim Riesling Frucht sucht und Säure oder gar Süße, der ist hier fehl am Platz. Der Wein ist ganz Struktur, hat Substanz und Kraft, baut immer mehr Druck auf im Mund, ist puristisch, sehr nachhaltig. Die roten Ortsweine sind bestechend frisch, fruchtbetont und reintönig. Der Frühburgunder aus dem Sonnenberg vereint Frische und Frucht mit Kraft und Eleganz. Ganz groß ist der Maustal-Spätburgunder: Faszinierend reintönig, viel Frische, harmonisch, elegant, viel reife Frucht, gute Struktur, enormer Druck, Länge und Nachhall! Eine der großen Kollektion des Jahrgangs in Deutschland!

Philipp, Wolfgang & Ulrich Luckert

Weinbewertung

88 2017 Müller-Thurgau trocken Sulzfelder **12 %/8,- €** ☺
87 2017 Blauer Silvaner trocken Sulzfeld **12,5 %/11,- €**
86 2017 Roter Silvaner trocken Sulzfeld **12 %/11,- €**
88 2017 Silvaner trocken Sulzfeld **12 %/10,- €** ☺
89 2017 Silvaner trocken „Alte Reben" Sulzfeld **12,5 %/13,- €**
87 2017 Riesling trocken Sulzfeld **12 %/11,- €**
88 2017 Weißer Burgunder trocken Sulzfeld **12 %/11,- €**
88 2017 Sauvignon Blanc trocken Sulzfeld **12 %/11,- €**
89 2017 Chardonnay trocken Sulzfeld **12 %/11,- €** ☺
88 2017 Gelber Muskateller trocken Sulzfeld **12 %/11,- €**
90 2017 Silvaner trocken „Gelbkalk" Sonnenberg **12,5 %/17,- €**
91 2017 Riesling trocken „Steinriegel" „Berg I" **12,5 %/17,- €** ☺
90 2017 Weißer Burgunder trocken Terrassen „Berg I" **12,5 %/17,- €**
88 2017 „Unter der Mauer"*** Weißwein trocken **13 %/32,- €**
92 2015 Silvaner „GG" Sulzfelder Maustal **14 %**
91 2017 Silvaner „GG" Sulzfelder Maustal **13 %/40,- €**
95 2017 Riesling „GG" Sulzfelder Maustal **13 %/40,- €**
92 2017 Sylvaner*** trocken „Creutz" **13 %/110,- €**
90 2016 Spätburgunder trocken Sulzfeld **13 %/17,- €**
89 2016 Frühburgunder trocken Sulzfeld **13 %/17,- €**
92 2016 Frühburgunder trocken Sonnenberg **13,5 %/40,- €**
96 2016 Spätburgunder „GG" Sulzfelder Maustal **13,5 %/40,- €**

LAGEN

MAUSTAL (SULZFELD)
CYRIAKUSBERG (SULZFELD)
– BERG I (SULZFELD)
SONNENBERG (SULZFELD)

REBSORTEN

SILVANER (55 %)
WEISSBURGUNDER (15 %)
RIESLING (10 %)
SPÄTBURGUNDER (5 %)
FRÜHBURGUNDER (5 %)

Zehnthof – Fam. Weickert

★☆

N

KONTAKT

Hauptstraße 17
97334 Sommerach
Tel. 09381-2830
Fax: 09381-715794
www.zehnthof-weickert.de
info@zehnthof-weickert.de

Inhaber
Tobias Weickert
Rebfläche
7 Hektar
Produktion
50.000 Flaschen

BESUCHSZEITEN

Mo.-So. 8-19 Uhr
2 Ferienwohnungen

Der im Jahr 1682 erbaute Zehnthof in Iphofen wurde schon damals von den Mönchen für Weinausbau genutzt, seit den sechziger Jahren des 20. Jahrhunderts führt die Familie Weickert diese Tradition fort. Heute führt Tobias Weickert den Betrieb unterstützt von Mutter Gertrud und Ehefrau Justina. Seine Weinberge befinden sich in den Lagen Sommeracher Katzenkopf, Volkacher Kirchberg, Astheimer Karthäuser (Astheim) und Obervolkacher Landsknecht. Silvaner und Scheurebe sind die wichtigsten Rebsorten, gefolgt von Müller-Thurgau und Riesling, Bacchus, Spätburgunder, Blauer Silvaner, Traminer, Kerner und Regent. Zuletzt wurde eine neue Vinothek erbaut, Tobias Weickert hat mehr Scheurebe und Traminer in der besten Lage im Katzenkopf gepflanzt.

Kollektion

Eine starke, sehr gleichmäßige Kollektion präsentiert Tobias Weickert zum Debüt, darin fünf Scheureben, vier davon als trockene Spätlesen aus vier verschiedenen Lagen ausgebaut. Die Entscheidung fällt schwer – wir haben uns ganz knapp für die trockene Scheurebe vom Volkacher Kirchberg entschieden, herrlich reintönig, strukturiert, mit viel Frucht und Druck. Die Katzenkopf-Scheurebe besitzt intensive Frucht, Fülle und Saft wie auch die Scheurebe aus dem Karthäuser, der Landsknecht-Wein besticht durch Frische. Die vier präsentierten Silvaner sind sortentypisch und harmonisch, der reintönige Wein von alten Reben im Katzenkopf gefällt uns besonders gut, der konzentrierte Riesling von alten Reben aus dem Kirchberg steht ihm nicht nach. Sehr gut sind die beiden Traminer aus dem Katzenkopf: Die trockene Spätlese besitzt intensive Frucht, Fülle, Saft und gute Struktur, die süße Spätlese ist harmonisch und saftig, besitzt gute Harmonie und reintönige Frucht.

Weinbewertung

83	2017 Silvaner Kabinett trocken 24/18 Sommeracher Katzenkopf **11,5 %/6,- €**
82	2017 Silvaner Kabinett trocken 20/18 Sommeracher Katzenkopf **12 %/7,- €**
83	2017 Blauer Silvaner Spätlese trocken Volkacher Kirchberg **13 %/10,- €**
84	2017 Silvaner Spätlese trocken „Alte Rebe" Katzenkopf **13 %/11,- €**
84	2017 Riesling Spätlese trocken „Alte Rebe" Volkacher Kirchberg **13 %/12,- €**
86	2017 Scheurebe Spätlese trocken Volkacher Kirchberg **13 %/10,- €**
85	2017 Scheurebe Spätlese trocken Sommeracher Katzenkopf **13 %/10,- €**
84	2017 Scheurebe Spätlese trocken Astheimer Karthäuser **12,5 %/10,- €**
85	2017 Scheurebe Spätlese trocken Obervolkacher Landsknecht **13 %/10,- €**
86	2017 Traminer Spätlese trocken Sommeracher Katzenkopf **13 %/12,- €**
85	2017 Scheurebe Spätlese Volkacher Kirchberg **12 %/10,- €**
85	2017 Traminer Spätlese Sommeracher Katzenkopf **12 %/12,- €**

Z

ZEHNTHOF

ZEHNTKELLER

★★

KONTAKT

Bahnhofstraße 12
97343 Iphofen
Tel. 09323-844-0
Fax: 09323-844-123
www.zehntkeller.de
zehntkeller@romantikhotels.com

Inhaber
Heinrich Seufert
Kellermeister
Josef Schneider
Rebfläche
26 Hektar
Produktion
180.000 Flaschen

BESUCHSZEITEN

täglich 7-22 Uhr
Hotel mit 59 Zimmern/107 Betten
Restaurant

Der erstmals 1436 urkundlich erwähnte Zehntkeller war lange Zeit Sitz des Zehntgerichts, befindet sich seit Anfang des 20. Jahrhunderts in Familienbesitz. Nach und nach wurde das Gut zur Weinschänke, zur ländlichen Gaststätte und schließlich zum Hotel und Restaurant ausgebaut. Zum Haus gehören 26 Hektar Reben rund um den Schwanberg in den Iphöfer Lagen Julius-Echter-Berg, Kronsberg und Kalb sowie im Rödelseer Küchenmeister und im Wiesenbronner Wachhügel. Die wichtigsten Rebsorten sind Silvaner (30 Prozent) und Müller-Thurgau (20 Prozent), gefolgt von Riesling, Bacchus, Scheurebe, Kerner, Weißburgunder, Grauburgunder, Chardonnay (bereits seit Anfang der neunziger Jahre) und Sauvignon Blanc. Der Rotweinanteil liegt bei 20 Prozent: Spätburgunder, Frühburgunder, Blaufränkisch, Dornfelder, St. Laurent, Merlot (erste Ernte 2003) und Cabernet Sauvignon (erste Ernte 2004) werden angebaut. Die besten Rotweine werden dreizehn Monate im Barrique ausgebaut. Spitzenweine erhalten den Zusatz „SZ" auf dem Etikett („Selektion Zehntkeller"). 2009 begann das Weingut die Umstellung auf biologischen Weinbau, Heinrich Seufert ist Mitglied bei Bioland.

Kollektion

Nur eine sehr kleine Kollektion aus sechs trockenen Weißweinen hat uns der Zehntkeller dieses Jahr vorgestellt, zwei Gutsweine, zwei Kabinette und zwei Spätlesen. Der Weißburgunder ist klar, frisch und geradlinig, der Riesling allzu würzig. Die Scheurebe aus dem Kronsberg ist eindringlich und duftig, besser gefällt uns im Kabinett-Segment der Silvaner aus dem Julius-Echter-Berg, der frisch und fruchtbetont ist, klar und zupackend bei guter Struktur. Aus dem Julius-Echter-Berg stammt auch die trockene Silvaner Spätlese, die zu 65 Prozent im Holz ausgebaut wurde: Sie ist würzig und duftig im Bouquet, füllig und zupackend im Mund, besitzt klare Frucht und feine Frische. Gleichauf sehen wir den Sauvignon Blanc, der aus dem Kronsberg stammt: Er zeigt gute Konzentration und reintönige Frucht im Bouquet, ist kraftvoll im Mund, frisch und zupackend, besitzt gute Struktur und feine Frucht.

Weinbewertung

84	2017 Silvaner Kabinett trocken Iphöfer Julius-Echter-Berg **12 %/8,- €**
79	2017 Riesling trocken **12,5 %/7,20 €**
82	2017 Scheurebe Kabinett trocken Iphöfer Kronsberg **11,5 %/7,80 €**
82	2017 Weißer Burgunder trocken **12 %/7,20 €**
85	2017 Sauvignon Blanc Spätlese trocken Iphöfer Kronsberg **12,5 %/13,- €**
85	2017 Silvaner Spätlese trocken Iphöfer Julius-Echter-Berg **12,5 %/12,- €**

Z

ZELT

★★★

KONTAKT

Binsenstraße 2
67229 Laumersheim
Tel. 06328-3281
Fax: 06328-1233
www.weingutzelt.de
info@weingutzelt.de

Inhaber
Mario Zelt
Rebfläche
16 Hektar
Produktion
130.000 Flaschen

BESUCHSZEITEN

Mo.-Fr. 10-12 + 14-18 Uhr,
Sa. 10-16 Uhr

Die Familie betreibt seit vier Generationen Weinbau, bis Mitte der neunziger Jahre war das Gut ein landwirtschaftlicher Gemischtbetrieb, der seinen Wein größtenteils an Kellereien verkaufte. Erst als Geisenheim-Absolvent Mario Zelt sich entschied das Weingut fortzuführen, konzentrierte man sich ganz auf Wein. Die Weinberge liegen vor allem in den Laumersheimer Lagen Kirschgarten (aufgewehter Löss auf massivem Kalkstein), Steinbuckel (tonige und lehmige Böden) und Kapellenberg (Sand und Kies), im Großkarlbacher Burgweg (kalkreicher Löss) und im Bissersheimer Goldberg (Kalksteinverwitterung und Schwarzerde über massivem Kalkstein). Wichtigste weiße Rebsorte ist Riesling, gefolgt von Weißburgunder, Chardonnay und Sauvignon Blanc. Wichtigste rote Rebsorte ist der Spätburgunder, es folgen St. Laurent und Merlot.

Kollektion

Mario Zelts Lagenweine – weiß wie rot – sind auch in diesem Jahr wieder ganz stark: Die Rieslinge aus dem Kirschgarten und dem Goldberg besitzen Kraft, Druck, Länge und salzige Noten, der Kirschgarten ist kräutrig und steinig, der Goldberg zeigt etwas Holzwürze und viel klare, gelbe Frucht, der Steinbuckel besitzt gute Konzentration, kräutrige Würze und Zitrusnoten. Chardonnay und Weißburgunder aus dem Kirschgarten zeigen deutliche Röstnoten, der Weißburgunder auch etwas Pfirsich und Zitrusfrucht, der Chardonnay Banane und Kokos, beide besitzen Kraft. Die beiden roten Burgunder sind sehr elegant und zeigen kühle, rote Frucht, rote Johannisbeere und etwas Kirsche, beim Spätburgunder ist der Holzeinsatz perfekt und kaum spürbar, die Cuvée Trilogie aus Cabernet Sauvignon, Merlot und Cabernet Franc zeigt typische dunkle Frucht, schwarze Johannisbeere, etwas grüne Paprika und auch Kräuternoten, ist gut strukturiert, sehr kraftvoll und stoffig.

Weinbewertung

83 2017 Riesling trocken **12 %/7,80 €**
84 2017 Muskateller trocken **12 %/7,80 €**
85 2017 Sauvignon Blanc trocken Laumersheimer **12,5 %/10,20 €**
87 2017 Riesling trocken Laumersheimer Kapellenberg **13 %/14,- €**
89 2017 Riesling trocken Bissersheimer Goldberg **13,5 %/14,- €**
88 2017 Riesling trocken Laumersheimer Steinbuckel **13,5 %/21,- €**
89 2017 Riesling trocken Laumersheimer Kirschgarten **13,5 %/21,- €**
88 2017 Weißburgunder trocken Laumersheimer Kirschgarten **14 %/21,- €**
88 2017 Chardonnay trocken Laumersheimer Kirschgarten **13,5 %/21,- €**
88 2016 Frühburgunder trocken Bissersheimer Goldberg **13 %/20,- €**
89 2016 Spätburgunder trocken Laumersheimer Kirschgarten **13 %/28,- €**
88 2016 „Cuvée Trilogie" Rotwein trocken **13,5 %/28,- €**

OLIVER ZETER

★★★☆

KONTAKT

Eichkehle 25
67433 Neustadt-Haardt
Tel. 06321-9700933
www.oliver-zeter.de
hallo@oliver-zeter.de

Inhaber
Oliver Zeter, Christian Zeter
Rebfläche
24 Hektar
Produktion
200.000 Flaschen

BESUCHSZEITEN

Di.-Fr. 10-17 Uhr, Sa. 10-16 Uhr,
Mo. nur nach Vereinbarung

Oliver Zeter konzentriert sich seit 2016 ganz auf das Weingut, sein Bruder ist für die Weinagentur Zeter verantwortlich. 2017 wurde der Sitz des Weinguts nach Neustadt-Haardt verlegt. Sauvignon Blanc ist die wichtigste Rebsorte im Betrieb, neben deutschen Rebsorten spielen internationale Sorten eine wichtige Rolle, darunter Viognier, Syrah, Cabernet Sauvignon und Franc, inzwischen gibt es auch Chenin Blanc.

Kollektion

Auch in diesem Jahr überzeugt Oliver Zeter wieder in allen Bereichen, rot wie weiß und auch mit dem starken, 64 Monate lang auf der Hefe ausgebauten Sekt aus Pinot Noir und Chardonnay, der sehr würzig, geradlinig und puristisch ist, feine, gereifte Frucht zeigt und Länge besitzt. Die Rotweine zeigen alle klare Frucht und dezente Röstnoten, der Pinot Noir aus dem Kaiserberg zeigt rote Johannisbeere und etwas Krokant im Bouquet, besitzt Konzentration und gute Struktur, der normale Pinot Noir ist stilistisch ähnlich, der Syrah zeigt klare Beerenfrucht und etwas kräutrige und mineralische Würze, der Z zeigt etwas Pflaume, Brombeere und schwarze Oliven im Bouquet, besitzt Saft und Kraft. Unter den Weißweinen gefallen uns die gekonnt im Holz ausgebauten am besten, der Fumé ist komplex mit klarer, gelber Frucht, der Chardonnay besitzt Eleganz, der Viognier ist reintönig und besitzt feinen Schmelz und der Weißburgunder ist fruchtbetont und besitzt Potential. —

Weinbewertung

90	2010 Zeró Grande Cuvée Sekt extra brut **12 %/25,- €**
84	2017 Riesling trocken Haardt **12,5 %/9,80 €**
86	2017 Sauvignon Blanc trocken **12,5 %/11,50 €**
88	2016 Viognier **13,5 %/17,- €**
85	2017 Muskateller trocken **11,5 %/8,50 €**
86	2017 Riesling trocken Nussriegel Ungstein **12,5 %/10,50 €**
88	2016 Chardonnay **13 %/17,- €**
88	2016 Riesling Weilberg Ungstein **13 %/16,- €**
88	2017 Weißburgunder trocken „Réserve" **13 %/14,50 €**
88	2016 Sauvignon Blanc Steingebiss Appenhofen **12 %/13,50 €**
89	2016 Sauvignon Blanc „Fumé" **13 %/17,- €**
87	2017 Sauvignon Blanc „Sweetheart" **7,5 %/10,- €/0,5l**
86	2015 Spätburgunder **13 %/10,- €**
87	2015 „Z" Rotwein **13,5 %/15,50 €**
88	2015 Syrah **13,5 %/22,- €**
88	2015 Pinot Noir **13 %/20,- €**
89	2014 Pinot Noir Kaiserberg Nussdorf **13,5 %/30,- €**

Zilliken

★★★★

KONTAKT

Weingut Forstmeister Geltz-Zilliken
Heckingstraße 20
54439 Saarburg
Tel. 06581-2456
Fax: 06581-6763
www.zilliken-vdp.de
info@zilliken-vdp.de

Inhaber
Dorothee Zilliken
Rebfläche
11 Hektar
Produktion
45.000 Flaschen

BESUCHSZEITEN

nach Vereinbarung

Bereits seit mehr als 260 Jahren befindet sich das Weingut in Familienbesitz. Der königlich-preußische Forstmeister Ferdinand Geltz führte den Betrieb Anfang des 20. Jahrhunderts in die Spitze der Region, das Weingut ist Gründungsmitglied des Großen Rings; seit 1947 trägt es den Namen Forstmeister Geltz-Zilliken. Hans-Joachim Zilliken hatte nach seinem Geisenheim-Studium die Verantwortung im Keller übernommen, seit 1981 führte er das Weingut, und seit 2007 wurde er im Betrieb unterstützt von seiner Tochter Dorothee, ebenfalls Geisenheim-Absolventin. Inzwischen hat Dorothee Zilliken das Weingut übernommen, 2016 war der erste Jahrgang, den sie in eigener Regie ausbaute. Daneben hat sie auch noch die Position der stellvertretenden Vorsitzenden im Großen Ring übernommen. Die junge Winzerin symbolisiert die neue, auf Zusammenarbeit setzende Generation der Winzer im Anbaugebiet Mosel, die auch ambitionierten Projekten und Ideen nicht abgeneigt ist. Ihre wichtigste Lage ist der Saarburger Rausch (Devonschiefer, Diabas), wo sie 10 Hektar Reben besitzt. Hinzu kommt ein Hektar im Ockfener Bockstein (Devonschiefer, Quarz). Die Zillikens bauen ausschließlich Riesling an, alle Weine werden im Holz ausgebaut. Der Name Zilliken steht für klassischen Saar-Riesling – Saar-Riesling mit enormem Reifepotenzial. Zilliken-Rieslinge stehen für Eleganz und Frische, sie sind immer reintönig, lebendig und komplex, dabei lang und nachhaltig. Lange Zeit stand der Name Zilliken für süßen und edelsüßen Saar-Riesling, zuletzt aber sind die trockenen Weine wichtiger geworden: 2011 hatte Hans-Joachim Zilliken sein Sortiment im trockenen und feinherben Segment etwas differenziert, neben Gutsriesling gibt es seither einen Ortsriesling, trocken auch in einer „Alte Reben"-Variante; der Spitzenwein im trockenen Segment ist das Große Gewächs aus dem Rausch, von dem künftig ein Teil später auf den Markt gebracht werden soll, die feinherbe Variante wird Diabas genannt. Der Einstieg im feinherben Sortiment nennt sich dagegen Butterfly und existiert seit 2002 – es handelt sich stets um einen saftigen, oft leicht cremigen Wein, dessen Etikett aus dem im Weingut üblichen Rahmen fällt. Immer wieder beeindruckt das Weingut mit seinen älteren, gut gereiften Rieslingen, die beispielsweise zu Verkostungen oder an Versteigerungen vorgestellt werden und die von Hans-Joachim Zilliken über viele Jahre hinweg sorgsam gehegt wurden. Nur wenige Weingüter an der Saar verfügen über ein so gut sortiertes Archiv. Privat interessiert sich der Winzer auch für große Rotweine, die sich ebenfalls im ausgedehnten Keller finden, welcher noch eine weitere Besonderheit aufweist: Es handelt sich um den tiefsten Keller an der Saar.

Kollektion

Im vergangenen Jahr ragte die Versteigerungsspätlese aus dem Programm heraus, aber auch das straffe Große Gewächs gelang erstklassig. Die 1997er Auslese Lange Goldkapsel war eine Klasse für sich. Mit den 2017ern kann das Weingut so etwas wie eine Synthese der beiden Vorgängerjahrgänge vorlegen – Saftigkeit trifft Finesse – und das schon beim trockenen Basisriesling, der enorm kraftvoll und würzig ausfällt, jetzt schon Spaß macht, aber noch eine lange Zukunft vor sich hat. Ohne Zweifel einer der besten Basisrieslinge in diesem Jahrgang im Anbaugebiet Mosel. Der trockene Rausch-Riesling stellt mit seiner frischen, an Kräuter erinnernden Frucht nochmals eine leichte Steigerung dar, während das Große Gewächs noch etwas verhalten wirkt, aber viel Substanz und Würze erkennen lässt. Der „Butterfly"-Riesling besitzt Schmelz und eine winzige Spur Süße, die aber gut ins Gesamtpaket eingebunden ist. Etwas zugänglicher wirkt der feinherbe Saarburger Riesling, sehr straight und würzig. Was die vier süßen Weine angeht, ist der Aufbau sehr logisch. Der Kabinettwein ist zugänglich, fast offensiv mit seiner komplexen Aromatik, die Kernobst, Kräuter und steinige Noten erkennen lässt und sich über eine Stunde lang immer weiter öffnet. Da ist viel Potenzial vorhanden! Die Spätlese wirkt schon in der Nase etwas reifer – es mischen sich dezente Steinobstnoten (Aprikose) und später sogar eine Spur Ananas ins Bouquet – und ist auch im Mund deutlich kraftvoller. Ein wunderschön rassiger, balancierter Wein! Bei der normalen Auslese wirkt die Nase etwas verhaltener und nicht übertrieben exotisch – der Auslese-Charakter ist eher im Mund zu spüren, die Eleganz ist bemerkenswert. Zur Goldkapsel-Auslese ist es dann ein Quantensprung – allerdings nicht in qualitativer Hinsicht, sondern in stilistischer. Der süße Spitzenriesling begeistert mit üppiger Steinobstfrucht, mit Anklängen an Mango, frisch und getrocknet, und etwas Ananas, hat auch eine leicht ätherische Würze zu bieten. Ein saftiger, langer, dichter Wein, der abschließend beweist, wie gelungen der Jahrgang hier ausgefallen ist.

Dorothee Zilliken

Weinbewertung

86	2017 Riesling trocken **12 %/10,- €**
87	2017 Riesling trocken Saarburg **10,5 %/13,- €**
91	2017 Riesling „GG" Saarburg Rausch **12 %/35,- €**
87	2017 Riesling „Butterfly" **11 %/10,- €**
87	2017 Riesling „feinherb" Saarburg **10 %/13,- €**
89	2017 Riesling Kabinett Saarburg Rausch **8 %/20,- €**
90	2017 Riesling Spätlese Saarburg Rausch **7,5 %/30,- €**
92	2017 Riesling Auslese Saarburg Rausch **7,5 %/50,- €**
93	2017 Riesling Auslese Goldkapsel Saarburg Rausch **7,5 %/110,- €**

LAGEN

RAUSCH (SAARBURG)
BOCKSTEIN (OCKFEN)

REBSORTEN

RIESLING (100 %)

Z

ADRIAN ZIMMER

★

KONTAKT

Nibelungenstraße 17
76684 Östringen-Odenheim
Tel. 0175-2414359
www.weingut-adrian-zimmer.de
info@weingut-adrian-zimmer.de

Inhaber
Adrian Zimmer
Rebfläche
2 Hektar
Produktion
10.000 Flaschen

BESUCHSZEITEN

nach Vereinbarung; Vinothek (Eppinger Straße 17) Mi. 17:30-19:30 Uhr, Sa. 11-14 Uhr

Odenheim liegt im Kraichgau, nördlich von Bruchsal, am Katzbach, einem Nebenfluss des Kraichbaches. Odenheim wurde als Oternheim bereits 769 im Lorcher Codex erwähnt. Seit 1974 ist Odenheim ein Teil des westlich liegenden Östringen. Alle Lagen in Odenheim wurden 1971 zur Lage Königsbecher zusammengefasst. Die größte Fläche liegt am Mühlberg (in Richtung Tiefenbach), die Weinberge am Kappelberg liegen heute brach, in der Lage Gaugelter gibt es noch eine kleine arrondierte Fläche, ebenso nördlich davon am Rosenberg. Die Weinberge sind süd- und südost-exponiert, der Boden besteht aus Löss und Buntem Mergel. Adrian Zimmer stammt aus einer Winzerfamilie in Odenheim. Er hat nach seinem Geisenheim-Studium bei verschiedenen badischen Betrieben gearbeitet, 2014 seine ersten eigenen Weine erzeugt und sein eigenes Weingut gegründet. Alle seine Weinberge liegen im Odenheimer Königsbecher. Er baut vor allem die Burgundersorten an: Weiß- und Grauburgunder, Spätburgunder und Auxerrois. Des Weiteren gibt es Gewürztraminer, sowie Merlot, St. Laurent und Blaufränkisch. Ende 2017 wurde eine Vinothek eröffnet.

Kollektion

Sehr stimmig präsentierte sich die kleine Kollektion, die Adrian Zimmer im vergangenen Jahr zum Debüt vorgestellt hatte. Auch in diesem Jahr bleibt der Odenheimer seiner klaren Linie treu. Der Auxerrois ist schön leicht, frisch und saftig mit feiner Süße. Etwas mehr Druck entwickelt der reintönige Pinot Blanc, er ist frisch und saftig, zeigt etwas Zitrus und feine Säure. Der Pinot Gris ist gut strukturiert, zeigt typische Aromen von Melone und Birne. Die Charta Cuvée hat eine gewisse Schärfe, zeigt etwas Vanille und Karamell und weiche Frucht. Dunkles Orange kommt die konzentrierte Scheurebe Beerenauslese ins Glas, das Bouquet von gekochten Früchten ist hocharomatisch, der Wein ist nicht zu süß. Der Rosé ist sehr leicht, zeigt viel süße Frucht, bitzelt etwas. Der Merlot ist fruchtig-feinwürzig, ätherisch, Duftholz im Bouquet. Der Pinot noir ist sehr hell, weich und reintönig, in der Art eines Elsässer Burgunders.

Weinbewertung

83 2017 Auxerrois **12 %/7,- €**
84 2017 Pinot Blanc **13 %/6,50 €**
84 2017 Pinot Gris **13 %/7,- €**
84 2016 „Charta Cuvée" Weißwein **13,5 %/9,50 €**
87 2016 Scheurebe Beerenauslese **10,5 %/19,- €/0,375l**
83 2017 Rosé **12 %/6,50 €**
83 2016 Pinot Noir **13 %/7,- €**
83 2016 Merlot **13 %/8,50 €**

Z

R. ZIMMERLIN

★★

KONTAKT

Kirchweg 2
79268 Bötzingen
Tel. 07663-1299
Fax: 07663-3510
www.weingut-zimmerlin.com
info@weingut-zimmerlin.com

Inhaber
Alexander Steiner
Kellermeister
Herbert Krebs
Rebfläche
20 Hektar
Produktion
170.000 Flaschen

BESUCHSZEITEN

Mo.-Fr. 9-13 Uhr und nach Vereinbarung

Heinrich und Maria Zimmerlin waren noch Nebenerwerbswinzer, die nächste Generation aber, Rudolf und Olga Zimmerlin, gründeten 1955 das Weingut. Ihr Sohn Dietmar erweiterte den Betrieb, kaufte auch Trauben von befreundeten Winzern zu und eröffnete 1980 in Freiburg eine Weinstube. Nach seinem Tod führte seine Ehefrau Claudia den Betrieb weiter. Im April 2010 hat Alexander Steiner das Weingut übernommen, seit Oktober 2010 ist Steffen Röll beratender Önologe des Weingutes. Seine Weinberge liegen in den Bötzinger Lagen Eckberg und Lasenberg, im Eichstetter Herrenbuck und im Bahlinger Silberberg. Spätburgunder spielt die wichtigste Rolle im Betrieb, es folgen Grauburgunder und Weißburgunder, dazu gibt es Auxerrois und Chardonnay, sowie ein wenig Müller-Thurgau, Silvaner, Gewürztraminer und Scheurebe.

Kollektion

Die neue Kollektion weist in die richtige Richtung, ist ein klarer Schritt voran im Vergleich zum Vorjahr. Das Basisniveau ist hoch, schon die frische, zupackende Weißweincuvée im Liter bereitet Freude. Die Editions-Linie zeigt sehr gleichmäßiges Niveau, bietet würzigen, zupackenden Auxerrois, fruchtbetonten, strukturierten Weißburgunder, saftig-süffigen Grauburgunder, wunderschön fruchtbetonten, wenn auch recht süßen Rosé und geradlinigen, zupackenden Spätburgunder. Ganz klar an der Spitze der Kollektion stehen die Lagenweine von alten Reben aus dem Bötzinger Eckberg. Der Weißburgunder besitzt gute Konzentration, Fülle und Kraft, viel reife Frucht, Substanz und gute Struktur, Eigenschaften, die auch der Grauburgunder besitzt, der mit reintöniger Frucht besticht, noch ein klein wenig druckvoller und anhaltender ist. Der Spätburgunder zeigt faszinierend reintönige Frucht im Bouquet, rote Früchte, ist frisch, klar und zupackend im Mund, besitzt gute Struktur und viel Frucht. Klar im Aufwind! —

Weinbewertung

83	2017 „Camerino" Weißwein trocken (1l) **12 %/7,- €**
85	2017 Auxerrois trocken „Edition" **12,5 %/7,70 €**
85	2017 Weißburgunder trocken „Edition" **13 %/8,- €**
84	2017 Grauburgunder trocken „Edition" **13 %/8,40 €**
87	2017 Weißburgunder trocken „Alte Reben" Bötzinger Eckberg **13 %/10,90 €**
88	2017 Grauburgunder trocken „Alte Reben" Bötzinger Eckberg **13 %/10,90 €**
85	2017 Spätburgunder Rosé trocken „Edition" **13 %/7,60 €**
83	2016 Spätburgunder trocken „Edition" **13 %/8,- €**
87	2016 Spätburgunder trocken „Alte Reben" Bötzinger Eckberg **13 %/12,90 €**

ZIMMERLE

★★★★

KONTAKT

Kirchstraße 14
71404 Korb
Tel. 07151-33893
Fax: 07151-37422
www.zimmerle-weingut.de
info@zimmerle-weingut.de

Inhaber
Jens Zimmerle
Rebfläche
15 Hektar
Produktion
80.000-100.000 Flaschen

BESUCHSZEITEN

Mo.-Fr. 17-18:30 Uhr,
Sa. 9-15 Uhr

Die Weinbautradition der aus Südtirol stammenden Familie lässt sich bis ins Jahr 1647 zurückverfolgen. 1979 verlies Friedrich Zimmerle die Genossenschaft und begann mit der Selbstvermarktung. In den letzten Jahren wurde er schon im Betrieb unterstützt von Sohn Jens Zimmerle, der für den Weinausbau verantwortlich war. 2016 hat Jens Zimmerle den Betrieb von seinem Vater übernommen. Jens Zimmerle hatte in Heilbronn Weinwirtschaft studiert, dann in Bordeaux gearbeitet. Seine Weinberge liegen in den Korber Lagen Berg und Sommerhalde, im Kleinheppacher Steingrüble, in der Großheppacher Wanne, sowie in Steinreinach (Hörnle), Hanweiler und Breunigsweiler. Vielfältige Bodentypen, wie Bunter Mergel, verschiedene Keuperarten, Muschelkalk, und unterschiedliche Höhenlagen bieten die Möglichkeit jede Rebsorte an ihrem optimalen Standort anzubauen. Die Weinberge werden biologisch bewirtschaftet, zertifiziert. Jens Zimmerle baut zu zwei Drittel Rotweinsorten und zu einem Drittel Weißweinsorten an. Neben den Burgundersorten gibt es Zweigelt, Lemberger, Merlot und Cabernet Sauvignon, Trollinger darf natürlich auch nicht fehlen, dazu die weißen Sorten Riesling, Sauvignon Blanc, Chardonnay, Grauburgunder und Kerner. Die Weißweine werden kalt vergoren, die Rotweine nach Saftabzug maischevergoren (3 bis 4 Wochen, der Spätburgunder etwas kürzer), ausgesuchte Weine kommen 14 bis 24 Monate ins Barrique. Für seine Barriqueweine nutzt Jens Zimmerle überwiegend französische, aber auch schwäbische Eiche. An der Spitze des Sortiments stehen die Goldadler- und Dreiegg-Weine, sowie im Barrique ausgebaute Cuvées, die Cuvée Triologie aus Cabernet Sauvignon, Merlot und etwas Zweigelt und die nur in wenigen Jahren, erstmals 2005, erzeugte Cuvée „Age virilter time deum", die jeweils zur Hälfte aus Cabernet Sauvignon und Merlot besteht. Bisher arbeitet Jens Zimmerle in drei verschiedenen Kellern, die getrennt von einander liegen. Um die Betriebsabläufe zu verbessern, ist ein neues Projekt geplant: Am Ortsrand von Korb, schon auf Waiblinger Gemarkung, soll ein neues Weingut errichtet werden, mit Besenwirtschaft und einer Ferienwohnung.

Kollektion

Jens Zimmerle gibt weiter Gas, legt sowohl in der Basis als auch in der Spitze weiter zu. Chardonnay und Viognier vom Berg sind stark wie nie. Der Chardonnay ist frisch, herrlich reintönig, fruchtbetont und strukturiert, noch jugendlich. Der Viognier zeigt reintönige Frucht, ist frisch und zupackend, besitzt gute Struktur und klare Frucht, ist wie der Chardonnay noch sehr jugendlich. Der Riesling aus dem Kleinheppacher Greiner zeigt reintönige Frucht, feine Frische, etwas Zitrus, ist klar im Mund, geradlinig, zupackend. Der Grauburgunder zeigt intensive Frucht, besitzt Fülle und Kraft, viel

Substanz, gute Struktur und Länge – auch bei ihm finden wir das Fazit „sehr jugendlich" in unseren Verkostungsnotizen. Der Dreiegg-Chardonnay zeigt viel reife Frucht im Bouquet, gelbe Früchte, ist sehr eigenständig im Mund, füllig, kraftvoll, kompakt, besitzt reife süße Frucht. Die bisher beste Weißweinkollektion von Jens Zimmerle! Aber die Roten stehen nicht dahinter zurück. Schon der Rosé ist fruchtbetont, intensiv, dies gilt auch für die rote Cuvée Trio, die gute Struktur und Grip besitzt. Der Goldadler-Trollinger zeigt gute Konzentration, intensive Frucht, besitzt Fülle, Kraft, viel reife Frucht und Substanz. Der Zweigelt Herrschaft ist reintönig, frisch, zupackend, der Goldadler-Zweigelt aus der Sommerhalde besitzt viel Intensität, viel reife Frucht, Kraft und Länge. Der Lemberger aus dem Korber Berg ist enorm fruchtintensiv im Bouquet, füllig und kraftvoll im Mund, tanninbetont, besitzt gute Struktur, Säure und Biss. Die beiden Spätburgunder sehen wir gleichauf, beide sind noch sehr jugendlich, setzen auf Konzentration und Struktur, besitzen reintönige Frucht und viel Kraft. Bestechend stark sind die beiden roten Cuvées. Die Cuvée Triologie, Merlot, Cabernet Sauvignon und Zweigelt, zeigt herrlich viel Frucht, dezent Schokolade, ist kraftvoll im Mund, füllig, komplex, harmonisch, sehr lang. Noch etwas stoffiger, noch komplexer ist die Cuvée „Age virilter time deum" aus Cabernet Sauvignon und Merlot, sie zeigt dezent rauchige Noten, etwas Vanille Schokolade, reife rote und dunkle Früchte, ist füllig, schmeichelnd, faszinieren lang. Großartige Kollektion!

Jens & Friedrich Zimmerle

Weinbewertung

88	2016 Riesling trocken „Goldadler" Kleinheppacher Greiner **12,5 %/20,50 €**
89	2017 Chardonnay trocken Berg **12,5 %/14,70 €**
89	2017 Viognier trocken Berg **13 %/16,50 €**
90	2017 Grauburgunder trocken „Goldadler" Korber Berg **13,5 %/20,50 €**
92	2017 Chardonnay trocken „Dreiegg" **13,5 %/24,- €**
86	2017 „Essenziell" Rosé trocken **11,5 %/7,80 €**
87	2016 „Trio" Rotwein trocken **13 %/10,50 €**
88	2016 Trollinger trocken „Goldadler" **12,5 %/12,50 €**
87	2016 Zweigelt trocken „Herrschaft" **12,5 %/14,70 €**
92	2015 Lemberger trocken „Goldadler" Korber Berg **13,5 %/25,- €**
91	2015 Zweigelt trocken „Goldadler" Korber Sommerhalde **13,5 %/25,- €**
90	2015 Spätburgunder trocken „Goldadler" Korber Berg **13,5 %/27,- €**
90	2015 Spätburgunder trocken „Dreiegg" **13,5 %/33,- €**
91	2015 „Triologie" Rotwein trocken **13,5 %/28,50 €**
92	2015 „Age virilter time deum" Rotwein trocken **13,5 %/52,- €**

LAGEN

SOMMERHALDE (KORB)
BERG (KORB)
WANNE (GROSSHEPPACH)
GREINER (KLEINHEPPACH)

REBSORTEN

RIESLING (15 %)
TROLLINGER (15 %)
MERLOT (10 %)
LEMBERGER (10 %)
SPÄTBURGUNDER (10 %)
SAUVIGNON BLANC (10 %)
CHARDONNAY (10 %)

ZIMMERMANN

★

KONTAKT

Auf dem Schliengener Berg
79418 Schliengen
Tel. 07635-665
Fax: 07635-463
www.zimmermann-wein.de
info@zimmermann-wein.de

Inhaber
Karl-Ernst Zimmermann
Rebfläche
17 Hektar
Produktion
120.000 Flaschen

BESUCHSZEITEN

Mo.-Fr. 9-14 Uhr und während der Öffnungszeiten der Weinschenke

Das Weingut Zimmermann besteht seit 1985 und wird geführt von Karl-Ernst Zimmermann. Seine Weinberge liegen in Schliengen, Bad Bellingen, Liel, Mauchen und Niedereggenen, alle in der Lage Sonnenstück. Gutedel ist die wichtigste Rebsorte, nimmt ein Viertel der Weinberge ein. Es folgen Spätburgunder, Sauvignon Blanc, Merlot und Syrah, aber auch Weißburgunder, Grauburgunder, Chardonnay, Riesling, Regent, Muskateller und Müller-Thurgau werden angebaut. In der Weinschenke auf dem Schliengener Berg werden Markgräfler Spezialitäten angeboten.

Kollektion

Nach einer sehr gleichmäßigen Kollektion im vergangenen Jahr sind die Rollen in diesem Jahr klar verteilt: Die Angel Hill-Rotweine des Jahrgangs 2015 stechen die Weißweine der Jahrgänge 2016 und 2017 aus. Die drei Gutedel des Jahrgangs 2017 sind frisch und direkt, bieten unkomplizierten Trinkgenuss. Dies gilt auch für die 2016er Weißweine, egal ob Weißburgunder, Grauburgunder oder Sauvignon Blanc und ebenso für die beiden feinherben Weine, Müller-Thurgau und Muskateller. Sehr gut sind wie eingangs betont die drei vorgestellten 2015er Angel Hill-Rotweine. Der Pinot Noir ist fruchtbetont und würzig im Bouquet, frisch, klar und zupackend im Mund, besitzt gute Struktur und Frucht. Der Cabernet Franc ist würzig, dezent kräuterduftig, zeigt rote Früchte im Bouquet, ist frisch und geradlinig im Mund, besitzt gute Struktur und Tannine, hat Potenzial. Unsere leichte Präferenz gilt dem Syrah, der reintönige Frucht im Bouquet zeigt, etwas Brombeeren, dezent Schokolade im Hintergrund, kraftvoll und zupackend im Mund ist, gute Struktur und Frucht besitzt, feine Schokonoten, noch Zeit braucht.

Weinbewertung

81	2017 Gutedel trocken „BB Rhine Hill" Bad Bellinger Sonnenstück **12 %/6,80 €**
80	2017 Gutedel Kabinett trocken „Rhine Hill" **11,5 %/6,80 €**
80	2017 Roter Gutedel trocken „Rhine Hill" **12 %/6,80 €**
80	2016 Weißburgunder trocken „Rhine Hill" **13 %/8,20 €**
79	2016 Grauburgunder trocken **13,5 %/8,20 €**
80	2016 Sauvignon Blanc trocken **13 %/9,90 €**
80	2016 Muskateller „feinherb" „Happy Hill" **9 %/10,50 €**
79	2016 Müller Thurgau „feinherb" „Happy Hill" **10 %/7,90 €**
80	2015 Spätburgunder trocken „Rhine Hill" Mauchener Frauenberg **13 %/8,20 €**
85	2015 Pinot Noir trocken „Angel Hill" **14 %/14,50 €**
85	2015 Cabernet Franc „Angel Hill" **14 %/25,50 €**
86	2015 Syrah „Angel Hill" **14 %/25,50 €**

Zimmermann

★★★

KONTAKT

Grabenstraße 5
67157 Wachenheim
Tel. 06322-2384
Fax: 06322-65160
www.wein-zimmermann.de
info@wein-zimmermann.de

Inhaber
Jürgen Zimmermann
Rebfläche
11 Hektar
Produktion
80.000 Flaschen

BESUCHSZEITEN

Mo.-Fr. 9-12 + 14-18 Uhr,
Sa. 9-15 Uhr

Emil Zimmermann, der Vater des heutigen Inhabers, hat sich in den fünfziger Jahren ganz auf Weinbau spezialisiert. Seit 1990 ist Sohn Jürgen im Betrieb, 1996 hat er ihn übernommen. Die Weinberge liegen alle rings um Wachenheim, in den Lagen Fuchsmantel, Gerümpel, Königswingert, Luginsland, Schlossberg und Altenburg. Riesling ist die wichtigste Rebsorte, nimmt zwei Drittel der Weinberge ein. Hinzu kommen Weißburgunder, Grauburgunder und Chardonnay, aber auch Scheurebe, Silvaner, Sauvignon Blanc, Müller-Thurgau und Gewürztraminer. Der Rotweinanteil – Spätburgunder, Portugieser, Merlot und Cabernet Sauvignon – liegt bei 10 Prozent. Die Weine werden teils im Edelstahl, teils im Holz ausgebaut.

Kollektion

Mit dem neuen Jahrgang verzichtet Jürgen Zimmermann auf die Prädikatsbezeichnungen, die er bei seinen trockenen Rieslingen bis zum Jahrgang 2016 verwendet hatte. Und es gibt noch mehr Neues, zwei gekonnt im Holz ausgebaute Weine konnten wir in diesem Jahr zum ersten Mal verkosten: Der Chardonnay besitzt Kraft und gute Substanz und zeigt deutliche Röstnoten, dazu Melone, Banane und etwas Kokos, beim Sauvignon Blanc Fumé ist das Holz dagegen wesentlich dezenter, er besitzt gute Konzentration, zeigt viel klare, gelbe Frucht und ist deutlich kraftvoller und komplexer als der normale Sauvignon Blanc, der ebenfalls ganz gelbfruchtig ist und Frische besitzt. Die Rieslinge sind wieder alle reintönig und präzise und zeigen feine Zitrusnoten, Altenburg und Gerümpel sehen wir in diesem Jahr gleichauf an der Spitze: Der Altenburg-Riesling zeigt leicht rauchige Würze und kräutrige Noten, besitzt etwas Fülle, guten Grip und Länge, der Gerümpel zeigt feine steinig-mineralische Noten und klare Frucht, grünen Apfel und Grapefruit, ist animierend und nachhaltig.

Weinbewertung

86	2016 Riesling Sekt brut **12 %/12,- €**
83	2017 Riesling trocken Wachenheim **12 %/6,20 €**
84	2017 Riesling trocken Wachenheimer Luginsland **12,5 %/8,50 €**
85	2017 Riesling trocken Wachenheimer Königswingert **12,5 %/8,50 €**
85	2017 Weißburgunder trocken **13 %/7,50 €**
86	2017 Grauer Burgunder trocken **13,5 %/8,90 €**
85	2017 Sauvignon Blanc trocken **12,5 %/8,10 €**
88	2016 Chardonnay trocken **13,5 %/12,- €**
88	2017 Sauvignon Blanc trocken „Fumé" **14 %/12,- €**
86	2017 Riesling trocken Wachenheimer Fuchsmantel **12,5 %/9,80 €**
88	2017 Riesling trocken Wachenheimer Gerümpel **13 %/15,- €**
88	2017 Riesling trocken Wachenheimer Altenburg **13 %/15,- €**

Arthur & Fabian Zimmermann

★★

Kontakt

Backhausgasse 3
55599 Siefersheim
Tel. 06703-960320
Fax: 06703-960324
www.weingut-zimmermann.de
mail@weingut-zimmermann.de

Inhaber
Arthur & Fabian Zimmermann
Rebfläche
8 Hektar
Produktion
25.000 Flaschen

Besuchszeiten

Mo.-Fr. 18-19 Uhr, Sa. 13-18 Uhr,
So. 10-12 Uhr
Hofausschank, Gästezimmer

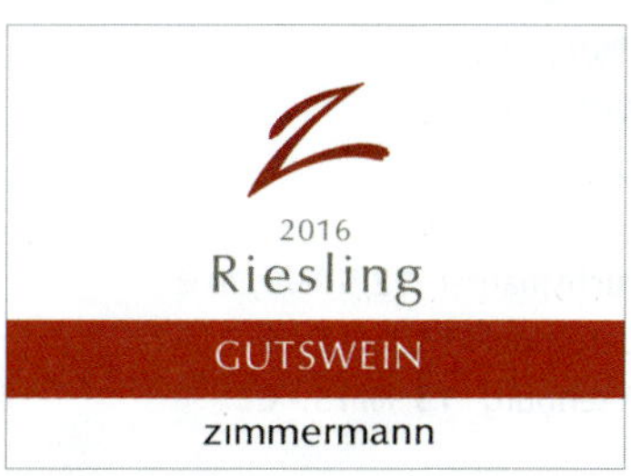

Das Weingut im alten Ortskern von Siefersheim wurde seit 1990 von den Brüdern Jörg und Arthur Zimmermann geführt, seit 2017 führt Arthur Zimmermann den Betrieb zusammen mit seinem Sohn Fabian, der nach Lehre bei den Weingütern Hauck, Schweinhardt und Knipser seine Ausbildung zum Weinbautechniker absolvierte und seit Juli 2015 voll im Betrieb tätig ist. Ihre Weinberge liegen in Siefersheim in den Lagen Goldenes Horn, Martinsberg und Höllberg, sowie in den Wöllsteiner Lagen Äffchen und Ölberg. Weißweinsorten nehmen 80 Prozent der Rebfläche ein, Riesling ist mit einem Anteil von 35 Prozent die wichtigste Rebsorte, es folgen Müller-Thurgau, Weißburgunder, Silvaner, Spätburgunder, Portugieser, Dornfelder und St. Laurent. Bisher wird nur ein kleiner Teil der erzeugten Trauben für die eigene Flaschenweinvermarktung genutzt. Die Fazit genannten Weine sind quasi das Fazit der Lehrjahre von Fabian Zimmermann, sie bilden das Top-Segment im Sortiment, das dreistufig gegliedert ist in Literweine, Gutsweine und Fazit-Weine, die „aus den besten Lagen stammen", der jeweilige Lagenname wird leider nicht verraten.

Kollektion

Gutes im Liter gibt es zum Einstieg, Rivaner und Riesling. Sehr gleichmäßig präsentieren sich die fruchtbetonten, sortentypischen Gutsweine, der lebhafte, klare Silvaner und der fruchtbetonte, geradlinige Weißburgunder gefallen uns besonders gut, der Riesling vom Porphyr ist würzig und zupackend, noch sehr jugendlich, wird noch an Komplexität zulegen. Der Reserve-Weißburgunder ist harmonisch gereift, besitzt Fülle, Struktur und gute Komplexität. Der Reserve-Riesling ist konzentriert, klar und zupackend. Die geradlinige Riesling Spätlese überzeugt ebenso wie der zupackende Rosé. Herrlich konzentriert und reintönig ist der St. Laurent, besitzt gute Struktur und reife Frucht. Im Aufwind!

Weinbewertung

80 2017 Rivaner trocken (1l) **12 %/4,20 €**
81 2017 Riesling trocken (1l) **12,5 %/4,80 €**
83 2017 Silvaner trocken **12 %/6,- €**
83 2017 Weißburgunder trocken **13 %/6,50 €**
87 2015 Weißburgunder Spätlese trocken „Reserve" **13,5 %/9,50 €**
86 2015 Riesling Spätlese trocken „vom Porphyr Reserve" **12,5 %/9,50 €**
84 2017 Riesling „vom Porphyr" **13 %/9,50 €**
82 2017 Riesling trocken **13 %/6,80 €**
84 2017 Riesling Spätlese „lieblich" **10,5 %/6,20 €**
83 2017 Rosé Cuvée trocken **12 %/6,20 €**
87 2016 St. Laurent „Fazit" **14 %/12,- €**

ZIMMER-MENGEL

★★

KONTAKT

Im Adelpfad 1
55270 Engelstadt
Tel. 06130-1788
Fax: 06130-7770
www.weingut-zimmer-mengel.de
fabian_mengel@gmx.de; info@
weingut-zimmer-mengel.de

Inhaber
Andreas Mengel
Kellermeister
Fabian Mengel
Rebfläche
18 Hektar
Produktion
100.000 Flaschen

BESUCHSZEITEN

Mo.-Sa. nach Vereinbarung,
Fr. bis So. Straußwirtschaft
geöffnet

Das Weingut Zimmer-Mengel wird heute von Andreas und Stephanie Mengel geführt, unterstützt von Sohn Fabian, der nach seinem Geisenheim-Studium 2010 in den Betrieb eingestiegen und für den Weinausbau verantwortlich ist. Seither wurden Edelstahltanks, aber auch Holzfässer angeschafft, auch die Gutsweine werden inzwischen teilweise im Holz ausgebaut. Die Weinberge liegen in den Engelstadter Lagen Römerberg und Adelpfad sowie den Elsheimer Lagen Bockstein und Blume. Der Schwerpunkt liegt auf den Burgundersorten (40 Prozent) und Riesling (20 Prozent), aber auch Silvaner, Scheurebe und Portugieser spielen eine wichtige Rolle, dazu gibt es Cabernet Sauvignon, Merlot, Dornfelder, Müller-Thurgau und Gewürztraminer. Mit einem Freund bewirtschaftet Fabian Mengel einen Riesling-Weinberg in Bernkastel-Kues an der Mosel mit 70 Jahre alten, wurzelechten Reben.

Kollektion

Eine spannende 5 Jahres-Vertikale des Adelpfad-Rieslings hat Fabian Mengel uns geschickt. Die Weine präsentieren sich alle noch jugendlich, viele haben von der Flaschenreife profitiert, man bekommt eine Idee vom Potenzial dieser hochgelegenen Lage. Der 2017er zeigt reife Frucht, etwas Orangen, ist füllig, saftig, besitzt gute Struktur und Frucht. Auch der Orts-Riesling ist 2017 sehr gut, kraftvoll, saftig und frisch. Klar und stimmig präsentieren sich die Gutsweine, der frische, geradlinige Weißburgunder und der füllige, kraftvolle Grauburgunder gefallen uns besonders gut. Sehr gut ist auch die im Holz ausgebaute weiße Cuvée, rauchig und konzentriert besitzt sie Fülle, Saft, reife Frucht und gute Struktur und auch der Riesling Kabinett aus dem Bernkasteler Schlossberg überzeugt mit Frische und Frucht. Im Aufwind!

Weinbewertung

80	2017 Silvaner trocken (1l) **12,5 %/5,- €**
82	2017 Riesling trocken **12 %/6,- €**
83	2017 Weißburgunder trocken **12,5 %/5,90 €**
84	2017 Grauburgunder trocken **13 %/6,10 €**
82	2017 Scheurebe trocken **11,5 %/6,- €**
85	2017 „&" Weißweincuvée trocken **12,5 %/7,90 €**
86	2017 Riesling trocken Engelstadter **12 %/8,90 €**
87	2013 Riesling trocken Engelstadter Adelpfad **12 %**
87	2014 Riesling trocken Engelstadter Adelpfad **12 %**
88	2015 Riesling trocken Engelstadter Adelpfad **12 %**
86	2016 Riesling trocken Engelstadter Adelpfad **12 %**
88	2017 Riesling trocken Engelstadter Adelpfad **12 %/14,50 €**
85	2015 Riesling Kabinett Bernkasteler Schlossberg **9,5 %/10,50 €**
83	2016 „&" Rotweincuvée trocken Barrique **13 %/8,90 €**

ZIPF

★★★

KONTAKT

Vorhofer Straße 4
74245 Löwenstein
Tel. 07130-6165
Fax: 07130-9725
www.zipf.com
weingut@zipf.com

Inhaber
Familie Zipf
Kellermeister
Jürgen Zipf
Rebfläche
12,5 Hektar
Produktion
80.000 Flaschen

BESUCHSZEITEN

Mo.-Fr. 13-18:30 Uhr, Sa. 9-15:30 Uhr, So. 9-11:30 Uhr (nach Vereinbarung)

Weinbau betreibt die Familie Zipf in Löwenstein schon seit über 100 Jahren, das Weingut wurde jedoch erst 1964 von Hermann Zipf gegründet, dann bis 2004 von Reinhold Zipf geführt, als Sohn Jürgen, gelernter Weinbautechniker, den Betrieb übernahm. Er baut zu knapp drei Fünftel rote Sorten an, neben Lemberger, Schwarzriesling und Trollinger vor allem Spätburgunder und Acolon. Bei den weißen Sorten dominiert Riesling, dazu gibt es etwas Kerner, Scheurebe, Silvaner und Gewürztraminer. Jürgen Zipfs Weinberge liegen hauptsächlich in Löwenstein, im Wohlfahrtsberg, der einzigen Lage, die das Weingesetz für Löwenstein vorsieht, auch wenn der Boden alles andere als einheitlich ist, findet man doch teils Mergelschichten, teils Sandsteinbänke über dem Keupergestein; des Weiteren ist er im Unterheinrieter Sommerberg vertreten. Die Weine bleiben recht lange auf der Feinhefe und durchlaufen fast alle den biologischen Säureabbau – auch Riesling. Die Weine werden betriebsintern mit bis zu vier Sternen klassifiziert.

Kollektion

Jahr für Jahr präsentiert Jürgen Zipf höchst zuverlässige, stimmige Kollektionen, meist mit Vorteilen im roten Segment. So auch in diesem Jahr. Die Cuvée Junges Schwaben aus Lemberger, Spätburgunder, Merlot und Cabernet ist unser Favorit, sie besitzt reife Frucht, Füll und Kraft, gute Struktur und Konzentration. Der im Barrique ausgebaute Lemberger steht ihr kaum nach, besitzt gute Struktur, Substanz und Druck, auch der kraftvolle Barrique-Spätburgunder und die füllige Cuvée Prestige aus Lemberger, Zweigelt und Merlot machen eine sehr gute Figur. Unter den schön sortentypischen Weißweinen sehen wir die beiden Rieslinge vorne, Inka besitzt gute Struktur und Frische, Fass 506 – in einem 500 Liter-Fass ausgebaut – viel Substanz, Fülle und Saft. —

Weinbewertung

85 2016 Riesling*** trocken „Inka" Löwenstein Wohlfahrtsberg **12,5 %/8,80 €**
83 2017 Weißer Burgunder*** trocken Löwensteiner Wohlfahrtsberg **13,5 %/9,90 €**
84 2017 Grauer Burgunder*** trocken Unterheinriet Sommerberg **13 %/9,90 €**
87 2016 Weißer Riesling**** trocken „Fass 506" Wohlfahrtsberg **13 %/16,50 €**
84 2017 Gewürztraminer*** trocken **12 %/9,30 €**
84 2015 Blauer Zweigelt*** trocken Löwensteiner Wohlfahrtsberg **13,5 %/7,80 €**
83 2015 Lemberger*** Steillage trocken Löwenstein Wohlfahrtsberg **13,5 %/9,90 €**
84 2015 Spätburgunder*** trocken „Lukas" Wohlfahrtsberg **13 %/8,50 €**
88 2015 Lemberger**** trocken Barrique Löwenstein Wohlfahrtsberg **13,5 %/18,- €**
86 2015 „Prestige" Rotwein trocken Löwenstein Wohlfahrtsberg **13,5 %/12,50 €**
87 2015 Spätburgunder**** trocken Barrique Wohlfahrtsberg **13,5 %/18,- €**
89 2015 „Junges Schwaben" Rotwein trocken Barrique **13,5 %/26,- €**

ZÖLLER

★☆

KONTAKT

Brunnenstraße 12
55599 Eckelsheim
Tel. 06703-1273
Fax: 06703-4297
www.weingutzoeller.de
info@weingutzoeller.de

Inhaber
Jürgen & Torsten Zöller
Rebfläche
19,5 Hektar

BESUCHSZEITEN

Mo.-Sa. nach Vereinbarung

Weinbau gibt es seit Mitte des 17. Jahrhunderts in der Familie, aber erst in den letzten Jahren, seit Torsten Zöller seinen Vater Jürgen im Betrieb unterstützt, setzt man verstärkt auf Flaschenweinvermarktung. Torsten Zöller hat bei den Weingütern Wagner-Stempel, Wittmann und Rebholz gelernt, in Geisenheim Weinbau studiert, Praktika bei weiteren Weingütern in Deutschland und Neuseeland absolviert, ist seit 2013 für den Weinausbau im elterlichen Betrieb verantwortlich. Die Weinberge von Jürgen und Torsten Zöller liegen vor allem in Eckelsheim in den Lagen Kirchberg, Eselstreiber und Sonnenköpfchen, aber auch in benachbarten Gemeinden ist man vertreten, besitzt Reben in der Gumbsheimer Schlosshölle, im Wendelsheimer Steigerberg und im Siefersheimer Goldenes Horn. Riesling, Müller-Thurgau, Silvaner und die Burgundersorten werden angebaut, dazu eine Vielzahl weiterer weißer und roter Rebsorten. Torsten Zöller arbeitet mit Maischestandzeiten und Spontangärung, teils in Holzfässern, die Weine werden lange auf der Vollhefe ausgebaut. Das Sortiment ist gegliedert in Gutsweine und Selektionsweine, Letztere bilden derzeit als Ortsweine die Spitze des Sortiments.

Kollektion

Sehr geschlossen und gleichmäßig präsentiert sich die Kollektion von Jürgen und Torsten Zöller auch in diesem Jahr wieder. Das Einstiegsniveau ist hoch, die weißen Gutsweine zeigen durchweg gutes Niveau, am besten gefallen uns der reintönige, fruchtbetonte, zupackende Weißburgunder und der geradlinige Chardonnay, der feine Frische und reintönige Frucht besitzt. Sehr gleichmäßig präsentiert sich auch die S-Klasse: Der Silvaner ist füllig und saftig, besitzt reife süße Frucht und Substanz, der Riesling besitzt feine Frische und Frucht, gute Struktur und Fülle, der Grauburgunder ist füllig, harmonisch und strukturiert. Die zitrusduftige, zupackende Würzer Spätlese und der reintönige, geradlinige Spätburgunder runden eine stimmige Kollektion ab.

Weinbewertung

82 2017 Riesling trocken **11,5 %/5,10 €**
83 2017 Weißer Burgunder trocken **12 %/5,- €**
81 2017 Grauer Burgunder trocken **12 %/5,- €**
83 2017 Chardonnay trocken **12,5 %/5,10 €**
84 2017 Silvaner „S" trocken Eckelsheimer **12,5 %/7,- €**
84 2017 Riesling „S" trocken Eckelsheimer **12 %/7,- €**
83 2017 Grauer Burgunder „S" trocken Eckelsheimer **12,5 %/8,- €**
81 2017 Riesling „feinherb" **11 %/4,- €**
83 2017 Würzer Spätlese **10,5 %/5,10 €**
83 2016 Spätburgunder trocken **13 %/5,- €**

Julius Zotz

★★

Kontakt

Staufener Straße 3
79423 Heitersheim
Tel. 07634-1059
Fax: 07634-4758
www.weingut-zotz.de
info@weingut-zotz.de

Inhaber
Martin, Michael & Julian Zotz
Kellermeister
Dennis Meindl
Rebfläche
80 Hektar
Produktion
600.000 Flaschen

Besuchszeiten

Mo.-Fr. 8-12:30 + 13:30-18 Uhr,
Sa. 9-13 Uhr, April-Okt. 9-16 Uhr

Karl Zotz erwarb 1845 den östlichen Teil des Malteserschlosses in Heitersheim und baute ein Weingut auf, die offizielle Gutsgründung erfolgte im Jahr 1865 mit der Eintragung ins Handelsregister durch seinen Sohn Julius, dessen Namen das Weingut bis heute trägt. Das heutige Weingut wurde einige Jahrzehnte später, um die Jahrhundertwende, in der Nähe des Malteserschlosses erbaut. Heute wird der Betrieb in vierter und fünfter Generation von Martin und Michael Zotz geführt. Ihre wichtigsten Lagen sind der Heitersheimer Maltesergarten und der Ballrechten-Dottinger Castellberg. Sie setzen auf die typischen Markgräfler Rebsorten: Gutedel und Spätburgunder nehmen jeweils 30 Prozent der Rebfläche ein, es folgen Grauburgunder, Weißburgunder und Müller-Thurgau, dazu gibt es vor allem noch Silvaner, Nobling, Chardonnay und Gewürztraminer, neuerdings auch Sauvignon Blanc, Cabernet Sauvignon und Merlot. Neben etwa 60 verschiedenen Weinen werden auch Sekte und Crémants sowie Edelbrände erzeugt.

Kollektion

Die neue Kollektion bietet ganz starke Rotweine – und doch ist mit dem 500er Chardonnay ein Weißwein unser Favorit: Er ist konzentriert und stoffig, besitzt reife Frucht, gute Struktur und Komplexität. Auch sonst überzeugen die Weißweine wie der füllige Chasslie oder der gewürzduftige Reserve-Grauburgunder, nicht zu vergessen der florale, harmonische Sekt. Das rote Segment bietet die enorm würzige, kraftvolle, tanninbetont-jugendliche Caruzzo-Cuvée, einen intensiv fruchtigen, kraftvollen Premium-Merlot sowie ein bärenstarkes Pinot Noir-Duo: Der 2014er Reserve-Pinot Noir zeigt rauchige Noten, dezent Kapern, besitzt Fülle und Kraft, wir ziehen ganz knapp den 2015er 5 Sterne-Pinot Noir vor, der reintönige Frucht besitzt, gute Struktur und Frische. Im Aufwind!

Weinbewertung

85	2017 Pinot & Chardonnay Sekt brut **13 %/11,90 €**
84	2017 „Chasslie" Gutedel „sur lie" trocken Maltesergarten **12,5 %/7,20 €**
82	2017 Silvaner Kabinett trocken Steillage Castellberg **13 %/8,50 €**
83	2017 Weißer Burgunder Kabinett trocken „Alte Reben" **13 %/8,50 €**
86	2015 Grauer Burgunder***** trocken „Reserve" Maltesergarten **13,5 %/18,- €**
89	2017 Chardonnay trocken „500" Heitersheimer Maltesergarten **13,5 %/14,90 €**
82	2017 Muskateller Heitersheimer Maltesergarten **12 %/7,90 €**
83	2016 Spätburgunder trocken „Alte Reben" Maltesergarten **13 %/9,50 €**
88	2015 Pinot Noir***** trocken Heitersheimer Maltesergarten **13,5 %/13,90 €**
87	2015 „Caruzzo"***** Rotwein trocken **13,5 %/17,50 €**
87	2014 Pinot Noir trocken „Reserve" Heitersheimer Maltesergarten **13,5 %/20,- €**
87	2015 Merlot trocken „Premium" Heitersheimer Maltesergarten **14 %/20,- €**

IM ZWÖLBERICH

★☆

KONTAKT

Schützenstraße 14
55450 Langenlonsheim
Tel. 06704-9200
Fax: 06704-92040
www.zwölberich.de
info@zwoelberich.de

Inhaber
Hartmut Heintz
Rebfläche
33 Hektar
Produktion
250.000 Flaschen

BESUCHSZEITEN

Mo.-Fr. 9-12:30 + 14-19 Uhr

Weinbau wird in der Familie Heintz seit 1711 betrieben, das Weingut wirtschaftet seit 1993 biodynamisch und ist Demeter-zertifiziert. Die Weinberge liegen in den Langenlonsheimer Lagen Steinchen (sandiger Lehm), Königsschild (kiesiger Ton) und Löhrer Berg (Terrassenkies) und in Guldental im Rosenteich (kiesiger Lehm) und im Honigberg (Sandsteinverwitterung). Angebaut werden Riesling, die weißen und roten Burgundersorten, Silvaner, Dornfelder, Dunkelfelder, Portugieser, Regent und St. Laurent, besonderes Augenmerk legt Hartmut Heintz auch auf den Auxerrois. Neben Wein werden verschiedene rebsortenreine Traubensäfte erzeugt.

Kollektion

Unseren Favoriten des vergangenen Jahres, den Auxerrois von alten Reben, konnten wir in diesem Jahr nicht verkosten, aber dafür wartet Hartmut Heintz mit einigen anderen Spitzen auf: Die beiden Lagenrieslinge hatten wir im letzten Jahr schon einmal im Glas, beide haben sich gut entwickelt und notieren jeweils etwas höher, der Königsschild ist harmonisch, besitzt Druck und Länge und ist immer noch etwas nachhaltiger, komplexer und geradliniger als der fruchtbetonte und animierende Steinchen. Neu im Programm ist der „Orange"-Gewürztraminer, eine frische und schlanke Auslese mit feiner Süße und viel sortentypischer Frucht mit Noten von Litschi und Rosenblättern. Auch die anderen Weine sind alle ganz reintönig, der Auxerrois ist füllig, frisch und besitzt feinen Schmelz, der Grauburgunder besitzt ebenfalls Fülle und leicht süße Frucht, die aber von einem jugendlich-frischen Säurespiel gut abgepuffert wird. Der Gutsriesling und der Riesling aus dem Löhrer Berg sind präzise, zeigen kräutrige Würze und besitzen Biss, der feinherbe Riesling „Cuvée Anna" zeigt Noten von Zitrusfrüchten und grünem Apfel und der Spätburgunder ist kraftvoll und zeigt dunkle Frucht, wirkt aber etwas rustikal und bleibt kurz am Gaumen.

Weinbewertung

84	2016 Auxerrois trocken **12,5 %/11,80 €**
83	2017 Riesling trocken **12,5 %/9,80 €**
84	2017 Riesling Kabinett trocken „Genesis" Löhrer Berg **11,5 %/12,80 €**
88	2016 Riesling Spätlese trocken Langenlonsheimer Königschild **12,5 %/19,80 €**
87	2016 Riesling Spätlese trocken „Alte Reben" Steinchen **12,5 %/24,80 €**
83	2017 Grauburgunder Classic **12,5 %/11,80 €**
83	2017 Riesling „Cuvee Anna" **12 %/10,80 €**
88	2017 Gewürztraminer Auslese „Orange by nature" **8,5 %/15,80 €**
82	2017 Spätburgunder trocken **13,5 %/12,80 €**
83	2016 Auxerrois trocken **13 %/11,80 €**

Z

Der
Anhang

Die Bio-Weingüter

Vor dreizehn Jahren haben wir zum ersten Mal formuliert: Wer Terroir sagt, muss auch Bio sagen. Seither ist die Zahl der Weingüter, die zertifiziert biologisch arbeiten, stark gestiegen. In diesem Verzeichnis sind alle Weingüter, die ihre Weinberge biologisch zertifiziert oder zertifiziert in Umstellung bewirtschaften, nach Regionen getrennt aufgelistet. Gehören sie einem Bio-Verband an, ist das Verbands-Logo angefügt.

Ahr

Weingut **Maibachfarm** Bioland

Baden

Weingut **Abril** ECOVIN
Weinwerkstatt Daniel **Bach**
Bioweingut **Baumann** demeter
Weingut **Feuerstein** ECOVIN
Weingut **Gallushof** ECOVIN demeter
Weingut **Heitlinger**
Biologisches Weingut **Höfflin** Bioland
Weingut **Hummel**
Weingut **Klenert**
Weingut **Klumpp** ECOVIN
Weingut **Landmann** Bioland
Weingut Peter **Landmann** Bioland
Weingut Hubert **Lay** ECOVIN
Weingut **Maier**
Weingut Edwin **Menges**
Weingut Burg **Ravensburg**
Weingut **Rieger** ECOVIN demeter
Weingut **Scherer-Zimmer**
Privat-Weingut H. **Schlumberger**
Weingut **Schneider-Pfefferle**
Weingut **Wöhrle**
Weingut **Zähringer** ECOVIN demeter

Franken

Weingut Benedikt **Baltes**
Weingut **Bausewein** Naturland
Weingut H. **Deppisch** demeter
Weinmanufaktur **3 Zeilen** Bioland
Weingut Bastian **Hamdorf**
Weingut **Hench**
Winzerhof **Hofmann** Bioland
Weingut Am Stein Ludwig **Knoll** Naturland
Ökologischer Weinbau **Krämer** Naturland
Weingut Rudolf **May**
Müller! Das Weingut
Weingut **Roth** Naturland
Weingut Manfred **Rothe** Bioland
Weingut Franziska **Schömig** Naturland
Privatweingut Schloss **Saaleck** Naturland
Weingut **Schmachtenberger**
Weinbau **Stritzinger** Bioland
Weingut Stefan **Vetter**
Weingut **Zehnthof** Naturland
Weingut **Zehntkeller** Bioland

Mittelrhein

Weingut Dr. **Kauer** ECOVIN

Mosel

Weingut **Alter Weinhof**
Weingut **Arns** und Sohn
Weingut Frank **Brohl** ECOVIN
Weingut Clemens **Busch** respekt
Weingut **Caspari-Kappel**
Weingut Franz-Josef **Eifel** ECOVIN
Weingut **Hoffmann-Simon** ECOVIN
Weingut **Kirsten**
Weingut Louis **Klein** ECOVIN
Weingut Christoph **Koenen**
Weingut **Laurentiushof** ECOVIN
Weingut Dr. **Melsheimer** ECOVIN
Weingut **Melsheimer** ECOVIN demeter
Weingut Zur **Römerkelter** ECOVIN
Weingut **Schömann** ECOVIN demeter
Weingut **Steffens-Keß** ECOVIN

Nahe

Weingut **Hahnmühle** Naturland
Prinz zu **Salm**-Dalberg Naturland
Weingut im **Zwölberich** demeter

Pfalz

Weingut **Ackermann**
Weingut Michael **Andres**

Sektkellerei **Andres & Mugler**
Weingut **Bassermann-Jordan**
Weingut **Benzinger**
Weingut **Bergdolt** St. Lamprecht
Wein- und Sektgut **Bernhart**
Weingut **Brand**
Weingut Reichsrat von **Buhl**
Weingut **Christmann**
Weingut **Ehrhart**
Weingut **Eymann**
Weingut **Fitz-Ritter**
Weingut **Fusser**
Weingut **Gabel**
Weingut **Hahn-Pahlke**
Weingut **John**
Weingut Dr. Andreas **Kopf**
Weingut **Kranz**
Weinbau der **Lebenshilfe**
Weingut Jürgen **Leiner**
Weingut **Lucashof**
Weingut **Manderschied**
Weingut **Mehling**
Weingut Theo **Minges**
Weingut **Müller-Catoir**
Weingut **Nauerth-Gnägy**
Weingut **Neuspergerhof**
Weingut **Pfirmann**
Weingut **Pflüger**
Weingut **Porzelt**
Weingut Ökonomierat **Rebholz**
Weingut **Rings**
Weingut **St. Annaberg**
Weingut Heiner **Sauer**
Weingut **Schädler**
Weingut Karl **Schaefer**
Weingut **Schumacher**
Weingut **Schwedhelm**
Weingut Georg **Siben**
Weingut Heinrich **Spindler**
Weingut **Stortz-Nicolaus**
Weingut Dr. **Wehrheim**
Sekt- und Weingut **Winterling**

Weingut **Wöhrle**

Rheingau

Wein- und Sektgut **Barth**
Weingut Dr. **Corvers-Kauter**
Weingut Graf von **Kanitz**
Weingut Peter Jakob **Kühn**
Weingut **Kaufmann**
Weingut **Mohr**
Weingut **Prinz**
Weingut **Schreiber**
Weingut **Trinks-Trinks**

Rheinhessen

Weingut **Alte Schmiede**
Weingut **Barth**
Weingut **BattenfeldSpanier**
Weingut Brüder Dr. **Becker**
Weingut **Bernhard**
Weingut **Dreissigacker**
Weingut **Feth-Wehrhof**
Weingut **Frey**
Weingut **Gänz**
Weingut **Götz**
Weingut **Goldschmidt**
Weingut **Gysler**
Weingut **Hemer**
Weingut **Hirschhof**
Wein- und Sektgut **Hothum**
Huster Ökologischer Weinbau
Weingut **Julius**
Weingut **Kampf**
Weingut Klaus **Knobloch**
Weingut **Kronenhof**
Weingut **Kühling**
Weingut **Kühling-Gillot**
Weingut **Landgraf**
Bioweingut **Lorenz**
Weingut Karl **May**
Weingut **Meyerhof**
Neverland Vineyards

Sekthaus **Raumland**
Weingut **Riffel**
Weingut **Sander**
Weingut **St. Antony**
Weingut Eugen **Schönhals**
Weingut **Steinmühle**
Strauch Sektmanufaktur
Weingut Dr. Eva **Vollmer**
Weingut **Wagner-Stempel**
Weingut **Wedekind**
Weingut **Weinreich**
Weingut Eckhard **Weitzel**
Weingut Arndt F. **Werner**
Weingut **Wittmann**

Württemberg

Weingut **Adelmann**
Weingut **Bächner**
Weingut **Beurer**
Weingut **Bruker**
Weingut **Doreas**
Weingut **Eisele**
Weingut **Forsthof**
Weinbau **Frick**
Weingut **Gold**
Weingut **Häge**
Weingut **Häußermann**
Weingut Karl **Haidle**
Weingut **Heid**
Weingut **Hirth** – Rebhof
Schlossgut **Hohenbeilstein**
Weingut **Hohenlohe-Öhringen**
Weingut **Idler**
Weingut **Klopfer**
Weingut **Knauß**
Weingut **Lanz**
Weingut Reinhard **Schäfer**
Weingut **Schäfer-Heinrich**
Weingut Rainer **Schnaitmann**
Weingut **Seybold**
BioWeingut **Weinreuter**
Weingut **Zimmerle**

Die Schnäppchen

Baden

Weingut Bercher
2017 Chardonnay trocken „SE" 92/22,- €

Weingut Bielig
2016 Sylvaner „Nr. 25" 86/6,50 €
2017 Grauburgunder trocken Schriesheimer 84/5,- €
2017 „Green Cow" Weißwein Schriesheimer Kuhberg 84/5,- €
2017 Riesling Kabinett trocken Dossenheimer Ölberg 85/5,- €

Weingut Brenneisen
2017 Gutedel 84/4,- €
2017 Weißer Burgunder 85/6,- €
2015 Spätburgunder „Läufelberg" 88/10,- €

Weingut Hermann Dörflinger
2017 Silvaner Spätlese trocken Pfaffenstück 87/8,50 €

Weingut Heinemann
2017 Weißer Gutedel Kabinett trocken „Alte Reben" 87/8,- €

Weingut Schwarzer Adler – Franz Keller
2017 Müller-Thurgau „vom Löss" 87/8,- €
2017 Weißburgunder Oberbergener Bassgeige 90/13,50 €
2017 Grauburgunder Oberbergener Bassgeige 90/13,50 €
2017 Chardonnay Oberbergener Bassgeige (90)/14,- €
2017 Jedentag Saignée Rosé 87/8,50 €

Weingut Klumpp
2015 Pinot Noir trocken Bruchsaler Weiherberg 91/17,- €
2015 Spätburgunder trocken Bruchsaler Rothenberg 93/25,- €

Weingut Knab
2017 Weißburgunder Spätlese*** trocken Wihlbach 91/17,50 €

Weingut Arndt Köbelin
2017 Rivaner Kabinett trocken 85/6,- €

Weingut Michel
2017 Grauer Burgunder trocken Achkarren 88/8,80 €
2017 Weißer Burgunder trocken „Tephrit" 90/11,80 €
2017 Grauer Burgunder trocken „Tephrit" 91/11,80 €
2017 Chardonnay trocken „Tephrit" 90/11,80 €
2017 Chardonnay*** trocken Achkarrer Schlossberg 91/18,- €

Weingut Sven Nieger
2017 Riesling „Underdog" 90/15,- €

Weingut Rosenhof
2017 Silvaner trocken 86/6,10 €

Weingut St. Remigius
2016 Grauer Burgunder „SR" trocken Schlossberg 88/9,50 €

Weingut Scherer&Zimmer
2017 Gutedel trocken 85/5,90 €

Privat-Weingut H. Schlumberger
2017 Gutedel trocken 86/6,50 €
2017 Grauburgunder „GG" „Wingerte" Altenberg 92/20,- €

Weingut Schneider-Pfefferle
2017 Weißer Burgunder „Pur" 89/12,- €

Weingut Seeger
2017 Weißer Burgunder „GG" Oberklamm 93/21,50 €
2017 Grauer Burgunder „GG" Oberklamm 93/21,50 €

Weingut Ralf Trautwein
2017 Grauer Burgunder Spätlese trocken*** Premium 88/10,- €

Weingut Wöhrle
2017 Weißburgunder trocken Lahrer 88/9,50 €
2017 Weißburgunder trocken Lahrer Kronenbühl 90/14,50 €
2017 Riesling trocken Lahrer Kronenbühl 90/14,50 €

Franken

Weingut Bruno Bienert
2017 Silvaner Kabinett trocken Volkacher Ratsherr 86/6,60 €
2017 Riesling Kabinett trocken Volkacher Ratsherr 86/6,60 €
2017 Scheurebe Kabinett trocken Kirchberg 86/5,80 €
2016 Grauburgunder Spätlese trocken Barrique 88/9,90 €

Weingut Borst
2016 Weißer Burgunder Spätlese trocken Katzenkopf 87/8,50 €

Weingut Waldemar Braun
2017 Silvaner trocken Escherndorfer Lump 88/9,- €
2017 Grauer Burgunder trocken Nordheimer Vögelein 87/8,50 €

Weingut Brügel
2017 Silvaner trocken Abtswinder Altenberg 87/8,- €
2017 Silvaner trocken Greuther Bastel 87/7,50 €

Weingut Dereser
2017 Silvaner trocken „Wildfang" 88/10,- €
2017 Weißburgunder trocken „Wildfang" 88/10,- €

Weinmanufaktur 3 Zeilen

2017 Silvaner trocken Rödelseer Küchenmeister 87/8,50 €
2017 Müller-Thurgau trocken „Kahler Berg" Kalb 87/8,50 €
2016 Müller-Thurgau trocken „Kahler Berg" Kalb 87/8,50 €
2017 Bacchus trocken „Hopfertanz" Küchenmeister 88/9,- €
2017 Johanniter trocken „Im Thal" Küchenmeister 88/8,50 €
2016 „Fränkischer Satz" Weißwein trocken 89/9,50 €

Weingut Michael Fröhlich

2017 Silvaner trocken Escherndorfer Lump 88/10,- €
2016 Gelber Muskateller trocken Fürstenberg 88/10,- €

Weingut Glaser-Himmelstoss

2017 Grauer Burgunder trocken Dettelbach 89/12,- €
2017 Silvaner trocken Sommeracher Katzenkopf 90/12,- €
2017 Silvaner trocken Dettelbacher Berg-Rondell 93/16,- €

Weingut Hausknecht

2017 Silvaner Spätlese trocken „Alte Reben" Lump 87/8,50 €
2016 Riesling Spätlese trocken Escherndorfer Lump 87/8,50 €

Weingut Hemberger

2017 Silvaner trocken „Alte Reben" Küchenmeister 88/10,- €

Weingut Hillabrand

2017 Silvaner trocken Hüttenheimer Tannenberg (1l) 84/5,50 €

Weingut Ilmbacher Hof

2017 Silvaner trocken (1l) 84/6,- €

Weingut Am Stein - Ludwig Knoll

2017 Grauburgunder trocken Stetten 88/10,- €

Kremers Winzerhof

2017 Silvaner trocken „The First" Bischofsberg 88/10,- €
2017 Weißer Burgunder trocken „The First" 88/10,- €

Weingut Paul Leipold

2016 Silvaner Spätlese trocken „Gässberg" 88/9,50 €

Weingut Martin

2017 Blauer Silvaner Steinbacher Nonnenberg 86/7,- €

Weingut Max Müller I

2017 Riesling trocken Escherndorfer Lump 92/16,- €
2017 Silvaner trocken „Eigenart" Holzfass 93/18,- €
2017 Silvaner trocken „Alte Reben" Katzenkopf 93/23,- €

Weingut Neder

2017 Silvaner trocken „Alte Reben" St. Klausen 89/11,50 €
2017 Grauer Burgunder trocken „Alte Reben" 89/11,50 €

Familienweingut Johannes Nickel

2017 Rivaner trocken 85/5,- €
2016 Müller-Thurgau trocken „Johe 1954" 86/7,- €
2016 Silvaner trocken „Johe 1954" 87/8,50 €

Weingut Richard Östreicher

2017 Silvaner „Augustbaum" Katzenkopf 92/20,- €

Weingut Christine Pröstler

2017 Weißburgunder trocken Retzbacher 88/9,80 €

Weingut Bernhard Rippstein

2017 Scheurebe Kabinett trocken 85/6,- €

Weingut Rainer Sauer

2017 Silvaner trocken 87/7,- €
2017 Silvaner trocken Escherndorf 88/8,50 €
2017 Silvaner trocken „Muschelkalk" Escherndorf 89/9,- €
2017 Silvaner trocken „Freiraum" 89/11,50 €
2017 Silvaner trocken Escherndorfer Lump 91/12,50 €
2017 Silvaner trocken „Alte Reben" Lump 92/13,50 €
2017 Silvaner „L" trocken 92/17,- €

Weingut Berthold Schmachtenberger

2017 Silvaner Spätlese trocken „Alte Reben" 87/8,- €

Weingut J. Störrlein & Krenig

2017 Müller-Thurgau trocken Ewig Leben (1l) 84/6,60 €
2017 Silvaner trocken „Mineral pur" Randersacker 87/8,- €
2017 Silvaner trocken Randersacker Sonnenstuhl 88/9,- €

Weingut Then

2017 Scheurebe trocken Sommeracher Katzenkopf 86/6,80 €
2017 Weißburgunder trocken „Am Tiefental" 87/8,50 €

Weingut Georg Zang

2015 Riesling „R" trocken Sommeracher Katzenkopf 89/8,- €

Weingut Zehnthof

2017 Müller-Thurgau trocken Sulzfelder 88/8,- €
2017 Silvaner trocken Sulzfeld 88/10,- €
2017 Chardonnay trocken Sulzfeld 89/11,- €
2017 Riesling trocken „Steinriegel" „Berg I" 91/17,- €

Mittelrhein

Weingut Matthias Müller

2017 Riesling trocken Bopparder Hamm Mandelstein 88/10,- €
2017 Riesling trocken „Edition MM" Ohlenberg 90/14,50 €

Weingut Weingart

2017 Riesling Kabinett „feinherb" „In der Zech" Spay 87/8,50 €

Mosel

Weingut Marco Adamy

2017 Riesling Kabinett Erdener Treppchen 86/6,90 €
2017 Riesling Spätlese Kinheimer Rosenberg 87/8,50 €

Weingut Alter Weinhof

2017 Weißburgunder trocken 84/4,50 €
2017 Riesling Spätlese trocken Zeltinger Schlossberg 85/6,- €

Weingut Bauer

2017 Riesling Spätlese trocken Elisenberg 88/10,- €
2017 Riesling Spätlese „feinherb" Elisenberg 88/10,- €

Weingut Baum

2017 Riesling Spätlese trocken Sonnenuhr 86/5,80 €
2016 Riesling Spätlese trocken „Alte Reben" 86/5,80 €
2015 Riesling Spätlese „feinherb" Sonnenuhr 86/5,30 €

2016 Riesling Spätlese „feinherb" Sonnenuhr 86/5,30 €
2016 Riesling Kabinett Graacher Himmelreich 85/5,- €
2017 Riesling Spätlese Graacher Himmelreich 85/5,30 €

Weingut Becker-Steinhauer

2017 Riesling Kabinett trocken Veldenzer Kirchberg 86/6,50 €
2017 Riesling Spätlese trocken „„Die Steinmauer"" 88/8,50 €
2017 Riesling Spätlese trocken „herb Alte Reben GG" 90/13,- €
2017 Riesling Kabinett „feinherb" Sonnenlay 86/6,50 €
2017 Riesling Spätlese „feinherb" Carlsberg 87/8,50 €
2017 Riesling Kabinett Veldenzer Kirchberg 86/6,50 €
2017 Riesling Spätlese Brauneberger Juffer 88/8,50 €

Weingut Befort

2017 Elbling trocken (1l) 85/5,50 €

Weingut Sandra Berweiler

2017 Riesling Spätlese trocken „Sandra"s" 86/7,- €
2017 Riesling Spätlese trocken „Alte Reben" Held 87/8,- €

Weingut Christian Bindges

2017 Riesling trocken „Brückenschlag" 87/8,50 €

Bischöfliche Weingüter Trier

2017 Riesling Kabinett trocken Trittenheimer 88/9,90 €
2017 Riesling Kabinett „feinherb" Bernkasteler 88/9,90 €
2017 Riesling Kabinett „feinherb" Kanzemer 89/9,90 €

Weingut Heribert Boch

2017 Riesling Spätlese*** Trittenheimer Apotheke 90/1,- €

Weingut Manfred Breit

2017 Riesling trocken (1l) 84/4,90 €
2017 Riesling Spätlese trocken Piesporter Falkenberg 86/7,- €
2017 Riesling Kabinett Piesporter Goldtröpfchen 86/6,- €

Weingut Joh. Jos. Christoffel-Erben

2017 Riesling Spätlese Erden Treppchen 90/14,90 €

Weingut Christoph Clüsserath

2017 Riesling „feinherb" Trittenheimer Altärchen 86/6,80 €

Weingut Ernst Clüsserath

2017 Riesling Kabinett Trittenheimer Altärchen 88/8,50 €
2017 Riesling Spätlese Trittenheimer Altärchen 88/10,- €
2017 Riesling Spätlese Trittenheimer Apotheke 89/11,- €

Weingut Matthias Dostert

2017 Gewürztraminer 87/8,50 €

Weingut Bernhard Eifel

2017 Riesling „Maximilian E." Trittenheimer 88/9,- €
2017 Riesling „vom Rotliegenden" Schweicher 89/9,- €
2017 Riesling Spätlese Maximiner Herrenberg 88/10,- €
2017 Riesling Auslese Trittenheimer Altärchen 90/12,50 €
2017 Riesling Auslese Trittenheimer Apotheke 91/15,- €
2017 Riesling Auslese Schweicher Annaberg 91/12,50 €

Weingut Franz-Josef Eifel

2017 Riesling Spätlese „Goldstückchen" Apotheke 92/22,- €

Riesling-Weingut Karl Erbes

2017 Riesling Spätlese „feinherb" Würzgarten 88/10,- €
2017 Riesling Kabinett Ürziger Würzgarten 87/8,50 €
2017 Riesling Spätlese Erdener Treppchen 88/10,- €
2017 Riesling Spätlese Ürziger Würzgarten 89/10,- €
2017 Riesling Spätlese Ürziger „in der Kranklei" 90/10,50 €
2017 Riesling Auslese Ürziger Würzgarten 90/15,- €
2017 Riesling Auslese Ürziger in der Kranklei 92/22,- €

Weingut Klemens Friderichs

2017 Riesling trocken „Alte Reben" Ediger Elzhofberg 88/9,- €

Weingut Frieden-Berg

2017 Elbling „Urgestein" 85/6,- €

Weingut Fries

2017 Riesling Spätlese Winninger Röttgen 89/11,20 €

Weingut Albert Gessinger

2017 Riesling Kabinett trocken Blauschiefer Ambrosia 86/6,- €
2017 Riesling Spätlese** trocken „Alte Reben Rothlay" 88/9,- €

Weingut Willi Haag

2017 Riesling Spätlese trocken „Alte Reben" 88/10,- €

Weingut Reinhold Haart

2017 Riesling Kabinett Goldtröpfchen 90/14,- €

Alexander Häßler Burgenweingut

2016 Riesling 87/8,- €

Weingut Hain

2017 Riesling Kabinett trocken Goldtröpfchen 88/8,50 €
2017 Riesling trocken Piesporter 86/7,- €
2017 Riesling trocken*** Piesporter Domherr 91/13,50 €
2017 Riesling Kabinett „feinherb" Goldtröpfchen 87/8,50 €
2017 Riesling „feinherb Alte Reben" Goldtröpfchen 90/14,50 €
2017 Riesling Kabinett Piesporter Goldtröpfchen 88/8,50 €
2017 Riesling Spätlese Piesporter Goldtröpfchen 89/12,- €
2017 Riesling Spätlese „Felsterrassen" 91/14,50 €
2017 Riesling Auslese Piesporter Goldtröpfchen 92/21,- €

Weingut Heinrichshof

2017 Riesling trocken Schlossberg 88/9,30 €
2017 Riesling trocken „Tonneau" 89/10,90 €
2017 Riesling trocken „Rotlay" Sonnenuhr 90/14,90 €

Weingut - Vinothek Henrichs + Friderichs

2017 Riesling trocken „unverzichtbar" 86/6,50 €
2017 Riesling „C+P" 88/8,50 €

Weingut Bernd Hermes

2017 Riesling trocken (1l) 85/7,- €
2017 Riesling Kabinett Kröver Kirchlay 87/7,50 €

Weingut Immich-Anker

2017 Riesling trocken „Eisbruch" 87/8,- €
2017 Riesling trocken „Alte Reben" Zeppwingert 88/9,- €
2017 Riesling halbtrocken „I-A" (1l) 85/6,- €

Weingut Jakoby-Mathy
2017 Riesling Kabinett trocken Aufstieg Hubertuslay 87/7,50 €
2017 Riesling Spätlese trocken Bergspitze Hubertuslay 88/9,50 €
2017 Riesling Kabinett „feinherb" „Weitblick" 87/7,50 €
2017 Riesling Kabinett Kinheimer Rosenberg 87/7,50 €
2017 Riesling Spätlese Kinheimer Rosenberg 88/9,50 €

Weingut Markus Junglen
2017 Riesling Kabinett Kröver Paradies 85/6,- €

Weingut Kanzlerhof
2017 Riesling „S" trocken Pölicher Held 87/8,50 €
2017 Riesling Spätlese „feinherb" Blattenberg 87/8,50 €

Weingut Karlsmühle
2017 Riesling trocken „Molaris L." 87/8,50 €
2017 Riesling Kabinett trocken Lorenzhöfer 87/8,50 €
2017 Riesling Kabinett „feinherb" Kaseler Nies'chen 87/8,50 €
2017 Riesling Spätlese „feinherb" Kaseler Timpert 89/12,- €
2017 Riesling Kabinett Kaseler Nies'chen 87/8,50 €
2017 Riesling Spätlese Kaseler Nies'chen 89/12,- €

Weingut Karp-Schreiber
2017 Riesling trocken „Dry Karp" 85/6,- €
2017 Riesling Kabinett trocken Brauneberger Juffer 87/7,90 €
2017 Riesling Kabinett Brauneberger Juffer 87/7,90 €

Weingut Kees-Kieren
2017 Riesling Hochgewächs halbtrocken (1l) 86/8,20 €
2017 Riesling Hochgewächs halbtrocken 86/6,70 €
2017 Riesling Kabinett Graacher Himmelreich 87/8,50 €
2017 Riesling Spätlese** Graacher Himmelreich 90/13,- €
2017 Riesling Auslese* Graacher Himmelreich 91/15,- €

Weingut Kirsten
2017 Riesling halbtrocken „Wolkentanz" 88/8,50 €

Weingut Knodt-Trossen
2017 Riesling trocken „K" Kröver Letterlay 87/7,80 €

Weingut Kochan & Platz
2017 Riesling trocken „Alte Reben" 86/7,- €
2017 Riesling Kabinett Veldenzer Kirchberg 86/7,- €

Weingut König Johann
2017 Riesling trocken „Fernblick" König Johann Berg 87/7,50 €
2017 Riesling Spätlese „Eule" Wiltinger Scharzberg 87/7,50 €

Weingut Rüdiger Kröber
2017 Riesling Kabinett trocken Winninger Hamm 87/7,80 €
2017 Riesling „feinherb „Alte Reben" Röttgen 88/9,80 €

Weingut Lehnert-Veit
2017 Riesling „feinherb" Falkenberg 87/8,50 €

Weingut Schloss Lieser
2017 Riesling Kabinett Piesporter Goldtröpfchen 90/13,50 €

Weingut Josef Linden
2017 Riesling Spätlese „herb" Laurentiuslay 87/7,- €

Weingut Carl Loewen
2017 Riesling trocken „Varidor" 88/8,90 €
2017 Riesling „Alte Reben" 89/10,50 €
2017 Riesling trocken „Alte Reben" Laurentiuslay 91/15,50 €
2017 Riesling trocken „GG" Ritsch 93/24,- €
2017 Riesling Spätlese Laurentiuslay 92/14,- €
2017 Riesling Auslese Ritsch 92/19,50 €

Weingut Maximin Grünhaus
2017 Riesling „Maximin" 87/8,40 €
2017 Riesling Spätlese Maximin Grünhaus Abtsberg 92/20,90 €

Weingut Wolfgang Mertes
2017 Riesling trocken Waldracher (1l) 85/6,50 €
2017 Riesling Spätlese Waldracher Meisenberg 87/8,50 €

Weingut Johann-Peter Mertes
2017 Riesling trocken Kanzem Sonnenberg (1l) 84/6,50 €
2017 Riesling trocken Wawern Goldberg 87/8,40 €

Weingut Axel Pauly
2017 Riesling Kabinett trocken „purist" 87/8,40 €
2017 Riesling trocken „Tres Naris" 87/7,60 €
2017 Riesling Kabinett Lieser Niederberg-Helden 87/8,40 €

Weingut Philipps-Eckstein
2017 Riesling Spätlese trocken „Alte Reben" Domprobst 89/11,- €
2017 Riesling Hochgewächs halbtrocken Himmelreich 86/7,- €
2017 Riesling Spätlese „feinherb spontan" 88/9,50 €
2017 Riesling Kabinett Graacher Himmelreich 87/8,- €
2017 Riesling Spätlese** Graacher Himmelreich 88/9,- €
2017 Riesling Spätlese „Laurine" Gaacher Domprobst 89/9,50 €

Weingut Reh
2017 Riesling trocken „Schieferterrassen" 88/7,20 €
2017 Weißer Burgunder trocken 86/7,- €
2017 Riesling Spätlese trocken „Layet 1900" Blattenberg 90/9,- €
2017 Riesling „feinherb" Sonnenberg (1l) 85/5,80 €
2017 Riesling halbtrocken „Schieferterrassen" 87/7,20 €
2017 Riesling Spätlese „feinherb" „Alte Reben" 88/9,- €
2017 Riesling Spätlese Mehringer Zellerberg 89/9,- €

Weingut Reuscher-Haart
2017 Riesling trocken Piesporter (1l) 85/6,20 €
2017 Riesling Spätlese trocken Goldtröpfchen 88/9,50 €
2017 Riesling Spätlese trocken „Urgestein" Domherr 89/11,50 €
2017 Riesling Kabinett „feinherb" Goldtröpfchen 87/7,50 €
2017 Riesling Spätlese „feinherb" „ÜberSchwang" 90/10,50 €

Weingut Josef Rosch
2017 Riesling trocken Leiwener 87/8,- €
2017 Riesling Spätlese trocken Dhroner Hofberg 90/15,- €

Weingut Andreas Roth
2017 Riesling Spätlese Erdener Treppchen 87/8,20 €

Weingut Claes Schmitt Erben
2017 Riesling Kabinett „feinherb" Altärchen 86/7,- €

Weingut Paul Schunk

2017 Riesling Auslese trocken „Vinovation" 89/11,90 €

Weingut Simonis

2017 Weißer Burgunder trocken 85/5,80 €

2017 Riesling Kabinett trocken „Rot-Schiefer" 86/6,- €

Weingut Steffens-Keß

2017 Riesling trocken (1l) 85/7,40 €

2017 Riesling trocken Burger Hahnenschrittchen 87/7,50 €

2017 Riesling trocken Reiler Goldlay 87/7,60 €

2017 Riesling Kabinett trocken Hahnenschrittchen 87/8,50 €

2017 Riesling Kabinett trocken Reiler Goldlay 88/8,80 €

2017 Riesling Spätlese trocken Reiler Goldlay 89/11,60 €

2017 Riesling Auslese trocken Reiler Goldlay 91/15,60 €

Weingut Günther Steinmetz

2017 Riesling trocken Brauneberger 89/8,50 €

2017 Riesling Spätlese Goldkapsel Juffer 92/19,50 €

2017 Riesling Spätlese Goldkapsel Juffer-Sonnenuhr 93/22,- €

Weingut Studert-Prüm

2017 Riesling Spätlese trocken Wehlener Sonnenuhr 90/10,50 €

2017 Riesling Kabinett „feinherb" Wehlener Sonnenuhr 88/9,- €

2017 Riesling Kabinett Wehlener Sonnenuhr 88/9,- €

2017 Riesling Spätlese Wehlener Sonnenuhr 89/10,- €

2017 Riesling Auslese Wehlener Sonnenuhr 91/14,- €

2017 Riesling Auslese*** Wehlener Sonnenuhr 92/18,- €

Weingut Viermorgenhof

2017 Riesling Auslese Kinheimer Rosenberg-Terrassen 88/9,50 €

Weingut Vols

2017 Riesling trocken Wiltinger 87/8,50 €

Nahe

Weingut Alt

2017 Riesling trocken „vom Blauschiefer" Halenberg 87/8,50 €

Weingut Göttelmann

2017 Riesling trocken Münsterer Dautenpflänzer 88/9,30 €

Weingut Clemens Honrath

2017 Riesling trocken Langenlonsheimer Königsschild 87/8,50 €

Weingut Tesch

2017 Riesling trocken Laubenheimer Karthäuser 90/14,50 €

2017 Riesling trocken Laubenheimer St. Remigiusberg 91/16,50 €

Pfalz

Weingut Michael Andres

2017 Chardonnay-Auxerrois trocken 87/7,80 €

2016 Riesling trocken Ruppertsberger Reiterpfad 88/9,- €

Weingut Bärenhof

2017 Gewürztraminer Spätlese Ungsteiner Kobnert 86/5,60 €

Weingut Fader - Kastanienhof

2017 Riesling Spätlese trocken „Granit" 87/7,90 €

2017 Grauer Burgunder trocken „Alte Reben" 88/9,20 €

Weingut Grimm, Inh. Bruno & Andreas Grimm

2017 Silvaner trocken (1l) 83/4,40 €

Weingut Christian Heußler

2017 Chardonnay trocken Rhodter Rosengarten 87/8,20 €

Weingut Frank John

2017 Riesling trocken „Buntsandstein" 91/18,- €

Weingut Klundt

2017 Riesling trocken (1l) 82/4,- €

2017 Riesling trocken Birkweiler Kastanienbusch 90/15,- €

Weingut Jürgen Leiner, Inh. Sven Leiner

2017 Weißer Burgunder trocken „Handwerk" 87/8,50 €

2017 Chardonnay trocken „Handwerk" 87/8,50 €

Weingut Nauerth-Gnägy

2017 Chardonnay trocken „ng.3" Herrenwingert 88/9,90 €

Weingut Pfirmann

2017 Riesling trocken „Kalkmergel" 87/8,50 €

2017 Riesling trocken „Landschneckenkalk" 87/8,50 €

2017 Weißer Burgunder trocken „Kalkmergel" 87/8,50 €

2017 Weißer Burgunder trocken „Landschneckenkalk" 87/8,50 €

Rheingau

Weingut Querbach

2015 Riesling „Schoppen" 86/6,90 €

2015 Riesling „Edition" 88/9,90 €

2017 Riesling Hallgarten 89/11,75 €

2016 Riesling Hallgarten 89/11,75 €

2015 Riesling Hallgarten 89/11,75 €

2017 Riesling „Querbach No. 1" Oestrich Lenchen 90/14,40 €

2015 Riesling „Querbach No. 1" Oestrich Lenchen 90/14,40 €

2015 Riesling „Milestone" Oestrich Doosberg 92/20,40 €

Weingut Im Weinegg

2017 Riesling „feinherb" 85/6,- €

Rheinhessen

Weingut Becker

2017 Riesling Spätlese 85/5,90 €

Weingut Bischel

2017 Riesling trocken Binger Scharlachberg 94/24,- €

2017 Riesling trocken Siefersheimer Heerkretz 93/24,- €

Weingut Braunewell

2017 Riesling trocken „Unser täglich Riesling" (1l) 84/6,50 €

2015 „François" Rotwein trocken 90/15,- €

Weingut Brinkmann

2017 Silvaner trocken „Alte Reben" Goldberg 85/6,- €

Weingut Brüssel

2016 Spätburgunder trocken Stein 90/13,50 €

Weingut Büsser-Paukner

2017 Riesling trocken 84/4,90 €

2017 Scheurebe trocken „Lieblingsstück“ 87/6,30 €

Weingut Engel

2017 „Himmlischer Liter“ Weißwein „feinherb“ (1l) 82/4,- €

Weingut Espenhof

2017 Riesling trocken „Herz+Hand“ „Nico Espenschied“ 89/10,- €

Weingut Fischborn-Bergeshof

2017 Weißburgunder trocken Badenheimer 86/6,- €

Weingut Fischborn-Schenk

2016 Spätburgunder trocken 84/5,- €

Weingut Alexander Flick

2017 Riesling trocken Westhofener 88/9,90 €

Weingut Franz

2017 Riesling trocken Appenheimer 87/8,50 €

2017 Riesling trocken Appenheimer Hundertgulden 90/14,- €

Weingut Goldschmidt

2016 Spätburgunder trocken Dalsheimer Bürgel 86/7,- €

Weingut Kampf

2017 „Cuvée Weiß“ Weißwein trocken 85/6,- €

Weingut Karlheinz Keller

2017 Spätburgunder trocken Pfeddersheimer 86/6,60 €

Weingut Keller

2017 Silvaner trocken 87/8,50 €

2017 Scheurebe trocken 88/9,80 €

Weingut Kissinger

2017 Riesling trocken „Kalkmergel“ Oppenheim 88/8,50 €

2017 Weißburgunder trocken „Löss“ Uelversheim 88/8,50 €

2017 Chardonnay trocken „Kalkstein“ Guntersblum 87/8,50 €

2017 Chardonnay trocken „Réserve“ 90/12,30 €

2016 Spätburgunder trocken Uelversheim 87/7,30 €

Weingut Kühling

2017 Weißburgunder trocken Mandelbrunnen 87/8,50 €

Weingut Merl

2017 Riesling trocken „Unikum“ 85/5,80 €

Weingut Mertz

2017 Silvaner trocken (1l) 82/4,- €

2017 Scheurebe trocken 84/5,- €

Weingut Posthof - Doll & Göth

2017 Riesling trocken Gau-Bischofsheimer Kellersberg 87/8,10 €

Weingut Château Schembs

2017 „Wilder Wonnegauer“ Riesling (1l) 85/7,- €

Weingut Schreiber-Kiebler

2017 Riesling Auslese „süß-fruchtig“ Kapellenberg 85/5,80 €

Spiess Weinmacher

2017 Grauburgunder trocken Bechtheimer 88/9,20 €

2017 Riesling trocken Osthofener Goldberg 92/16,50 €

2017 Riesling trocken Bechtheimer Geyersberg 92/18,50 €

Weingut Steinmühle

2017 Rosé trocken 85/5,90 €

Weingut Wittmann

2017 Weißer Burgunder trocken 89/12,- €

Württemberg

Weingut Beurer

2016 Riesling trocken „Schilfsandstein“ 90/12,- €

Weingut Dautel

2017 Riesling Besigheimer Wurmberg 90/14,90 €

Weingut Jürgen Ellwanger

2015 Lemberger trocken „Hades“ 93/24,- €

Weingut Escher

2017 Riesling trocken „Junge Reben“ 85/5,80 €

2017 Weißburgunder trocken „Bergkeuper“ 87/7,80 €

2017 Riesling trocken „Alte Reben“ 87/7,80 €

2016 Lemberger trocken „Bergkeuper“ 87/8,- €

2015 „Meisterwerk“ Rotwein trocken „Goldréserve“ 91/16,80 €

Weinbau Frick

2017 Grauburgunder „Kolorit“ 86/5,90 €

Weingut Fritz Funk

2017 Riesling trocken Muschelkalk (1l) 84/5,50 €

2017 Riesling Auslese trocken 88/8,50 €

2017 Trollinger Steillage trocken Holzfass 86/5,20 €

Weingut Gruber

2016 Chardonnay mit Weißburgunder trocken 88/9,40 €

Weingut Holzapfel

2017 Muskateller Neckarsulmer Staufenberg 85/6,- €

Weingut Idler

2017 Rosé trocken 85/6,- €

Weingut Gerd Keller

2017 Riesling „Graßdackel“ (1l) 83/4,50 €

2016 Lemberger trocken Hohenhaslacher Kirchberg 86/5,90 €

2015 Blaufränkisch trocken „Mia“ 89/11,90 €

Weingut Knauß

2017 Lemberger trocken 87/7,60 €

Weingärtner Markelsheim

2016 Zweigelt trocken Laudenbacher Schafsteige 84/5,- €

Weingut Reinhard Schäfer

2017 Trollinger „S“ trocken 85/5,80 €

Weingut Springer

2016 Cabernet Dorsa trocken Heilbronner Stiftsberg 85/5,30 €

Weingut Wachtstetter

2017 Riesling trocken 86/7,- €

2017 Riesling trocken „Anna“ Pfaffenhofen 88/9,80 €

2017 Gewürztraminer trocken Pfaffenhofen 88/9,80 €

Weingut Weigel

2016 Riesling trocken 88/10,- €

2016 Gewürztraminer trocken Pfaffenhofen 88/9,80 €

Die Bestenlisten

– Sekt –

92/100

2011 Aldinger brut nature
Weingut Gerhard Aldinger

2014 Grande Cuvée zero dosage
Griesel & Compagnie

2013 Riesling -50- brut
Weingut Frank John

2008 „MonRose" extra-brut
Sekthaus Raumland

91/100

2012 Riesling brut nature Hattenheim Hassel
Wein- und Sektgut Barth

2008 „Blanc de Blancs" „Vintage" extra-brut
Sekthaus Raumland

2010 „X. Triumvirat Grande Cuvée" brut
Sekthaus Raumland

2010 Pinot „Prestige" „Blanc de Noir" brut
Sekthaus Raumland

2008 Chardonnay „Vintage" extra-brut
Sekthaus Raumland

90/100

2011 Pinot brut nature „Ultra"
Wein- und Sektgut Barth

2015 Chardonnay „Blanc de Blancs" brut nature „François"
Weingut Braunewell

2012 „Blanc de Noirs" brut nature
Sekthaus BurkhardtSchür

2013 „Blanc de Noirs" brut
Sekthaus BurkhardtSchür

2015 Pinot brut nature
Weingut Dautel

2011 „Vintage" brut nature
Weingut Eymann

2014 Rosé extra brut „Prestige"
Griesel & Compagnie

2015 Chardonnay „Prestige" brut nature
Griesel & Compagnie

2014 Pinot „Prestige" extra-brut
Griesel & Compagnie

2013 Pinot brut nature „Prestige"
Griesel & Compagnie

2014 Pinot brut nature „Prestige"
Griesel & Compagnie

2011 „Cuvée Prestige" brut nature
Weingut Melsheimer

2008 „Blanc de Noirs" „Vintage" brut
Sekthaus Raumland

2011 Chardonnay „Prestige" brut
Sekthaus Raumland

2008 „Pi No R" extra brut
Weingut Rebholz

2009 Riesling „Réserve" brut Berg Roseneck
Sekthaus Solter

„Cuvée H" Pinot brut
Sekthaus Solter

2014 Riesling brut Erbacher Marcobrunn
Sektkellerei Schloss Vaux

2012 Patina brut
Weingut Wilhelmshof

2009 Patina brut
Weingut Wilhelmshof

2010 Zeró Grande Cuvée extra brut
Weingut Oliver Zeter

– Silvaner –

94/100

2017 Silvaner trocken „GG" „Escherndorf am Lumpen 1655"
Weingut Rainer Sauer

93/100

2017 Silvaner trocken Dettelbacher Berg-Rondell
Weingut Glaser-Himmelstoss

2017 Silvaner trocken „GG" „Rothlauf" Thüngersheim
Weingut Rudolf May

2017 Sylvaner trocken „GG" „Himmelspfad" Retzstadt
Weingut Rudolf May

2017 Silvaner trocken „Alte Reben" Katzenkopf
Weingut Max Müller I

2017 Silvaner trocken „Eigenart" Holzfass
Weingut Max Müller I

2016 Sylvaner „Rosenrain"
Weingut Stefan Vetter

92/100

2017 Silvaner „GG" Stettener Stein
Weingut Am Stein - Ludwig Knoll

2017 Silvaner trocken „GG" „Asphodill" Kallmuth
Weingut Fürst Löwenstein

2017 Silvaner trocken Eschendorfer Lump
Weingut Max Müller I

2017 Silvaner „Augustbaum" Sommeracher Katzenkopf
Weingut Richard Östreicher

2017 Silvaner trocken „GG" „Escherndorf am Lumpen"
Weingut Horst Sauer

2017 Silvaner trocken „Alte Reben" Escherndorfer Lump
Weingut Rainer Sauer

2017 Silvaner „L" trocken
Weingut Rainer Sauer

2017 Sylvaner „GG" Rödelseer „Hoheleite"
Weingut Weltner

2017 Sylvaner*** trocken „Creutz"
Weingut Zehnthof

91/100

2017 Silvaner trocken „GG" Würzburger Stein
Weingut Bürgerspital zum Heiligen Geist

2017 Silvaner trocken „GG" Würzburger Stein-Harfe
Weingut Bürgerspital zum Heiligen Geist

2017 Sylvaner „Feuervogel"
Weingut Keller

2017 Silvaner trocken „Vinz" „Alte Reben"
Weingut Am Stein - Ludwig Knoll

2016 Silvaner trocken Steillage „Muschelkalk"
Ökologischer Weinbau Krämer

2016 Silvaner trocken Steillage „Silex"
Ökologischer Weinbau Krämer

2015 „Kvevri" Weißwein
Weingut Rothe

2017 Silvaner trocken Escherndorfer Lump
Weingut Rainer Sauer

2016 Sylvaner „GK"
Weingut Stefan Vetter

2016 Silvaner „GG" Iphöfer Julius-Echter-Berg
Weingut Hans Wirsching

2017 Silvaner „GG" Sulzfelder Maustal
Weingut Zehnthof

– Riesling –

96/100

2017 Riesling „G-Max"
Weingut Keller

95/100

2017 Riesling trocken Rauenthal Nonnenberg
Weingut Georg Breuer

2017 Riesling „GG" Morstein
Weingut Keller

2017 Riesling „GG" Sulzfelder Maustal
Weingut Zehnthof

94/100

2017 Riesling trocken Binger Scharlachberg
Weingut Bischel

2017 Riesling trocken Rüdesheim Berg Schlossberg
Weingut Georg Breuer

2016 Riesling „GG" „Felsterrasse" Marienburg
Weingut Clemens Busch

2017 Riesling „GG" Hermannshöhle
Weingut Hermann Dönnhoff

2017 Riesling „GG" Pettenthal
Weingut Kühling-Gillot

93/100

2017 Riesling „GG" Kirchenstück
Weingut Geh. Rat Dr. v. Bassermann-Jordan

2017 Riesling „GG" Ungeheuer
Weingut Geh. Rat Dr. v. Bassermann-Jordan

2017 Riesling trocken Siefersheimer Heerkretz
Weingut Bischel

2017 Riesling trocken Rüdesheim Berg Rottland
Weingut Georg Breuer

2017 Riesling „GG" „Fahrlay" Marienburg
Weingut Clemens Busch

2016 Riesling „GG" „Fahrlay-Terrassen" Marienburg
Weingut Clemens Busch

2016 Riesling „GG" „Raffes" Marienburg
Weingut Clemens Busch

2017 Riesling „GG" Idig
Weingut Christmann

2017 Riesling „GG" Dellchen
Weingut Hermann Dönnhoff

2017 Riesling „GG" Halenberg
Weingut Emrich-Schönleber

2017 Riesling „GG" Auf der Ley
Weingut Emrich-Schönleber

2017 Riesling „GG" Frühlingsplätzchen
Weingut Emrich-Schönleber

2017 Riesling „GG" Nackenheim Rothenberg
Weingut Gunderloch

2017 Riesling trocken Ohligsberg
Weingut Julian Haart

2017 Riesling trocken Goldtröpfchen
Weingut Julian Haart

2017 Riesling „GG" Hubacker
Weingut Keller

2017 Riesling „GG" Kirchspiel
Weingut Keller

2017 Riesling „GG" „wurzelecht" Rothenberg
Weingut Kühling-Gillot

2016 Riesling trocken „GG" „Ehrenfels" Berg Schlossberg
Weingut Leitz

2017 Riesling trocken „GG" Piesport Goldtröpfchen
Weingut Schloss Lieser

2017 Riesling trocken „GG" Ritsch
Weingut Carl Loewen

2017 Riesling trocken „GG" Maximin Herrenberg
Weingut Carl Loewen

2017 Riesling „GG" „Ganz Horn" Im Sonnenschein
Weingut Rebholz

2017 Riesling „GG" Saumagen
Weingut Rings

2017 Riesling „GG" Heerkretz Siefersheim
Weingut Wagner-Stempel

2017 Riesling „GG" Höllberg Siefersheim
Weingut Wagner-Stempel

2016 Riesling trocken „MarMar"
Weingut von Winning

2017 Riesling „GG" Morstein
Weingut Wittmann

2017 Riesling „GG" Kirchspiel
Weingut Wittmann

92/100

2017 Riesling trocken „GG" „Marienglas" Gips
Weingut Gerhard Aldinger

2017 Riesling trocken „GG" Fellbacher Lämmler
Weingut Gerhard Aldinger

2017 Riesling „GG" Pechstein
Weingut Geh. Rat Dr. v. Bassermann-Jordan

2017 Riesling trocken „GG" Frauenberg Nieder-Flörsheim
Weingut BattenfeldSpanier

2017 Riesling trocken Appenheimer Hundertgulden
Weingut Bischel

2016 Riesling „GG" Reiterpfad „Hofstück"
Weingut Reichsrat von Buhl

2017 Riesling „GG" Ungeheuer
Weingut Reichsrat von Buhl

2016 Riesling „GG" Jesuitengarten
Weingut Reichsrat von Buhl

2017 Riesling „GG" „Rothenpfad" Marienburg
Weingut Clemens Busch

2017 Riesling „GG" Reiterpfad „Hofstück"
Weingut Christmann

2017 Riesling „GG" „Meerspinne im" Mandelgarten
Weingut Christmann

2017 Riesling „GG" Ölberg-Hart „Kapelle"
Weingut Christmann

2016 Riesling „GG" Brauneberger Juffer-Sonnenuhr
Weingut Martin Conrad

2017 Riesling „GG" Felsenberg
Weingut Hermann Dönnhoff

2017 Riesling „GG" Krötenpfuhl
Weingut Hermann Dönnhoff

2015 Riesling trocken Bechtheimer Geyersberg
Weingut Dreissigacker

2015 Riesling trocken Westhofener Morstein
Weingut Dreissigacker

2017 Riesling trocken „Sonnenfels" Apotheke
Weingut Franz-Josef Eifel

2017 Riesling „GG" Nierstein Pettenthal
Weingut Gunderloch

2017 Riesling trocken „GG" Juffer-Sonnenuhr
Weingut Fritz Haag

2016 Riesling „GG" Stettener Pulvermächer
Weingut Heid

2016 Riesling „GG" Bastei
Gut Hermannsberg

2016 Riesling „GG" Kupfergrube
Gut Hermannsberg

2017 Riesling trocken „GG" Hattenheim Wisselbrunnen
Weingut Kaufmann

2017 Riesling trocken Nierstein
Weingut Keller

2017 Riesling „GG" Hipping
Weingut Kühling-Gillot

2016 Riesling trocken Mittelheim St. Nikolaus
Weingut Peter Jakob Kühn

2016 Riesling trocken Oestrich Doosberg
Weingut Peter Jakob Kühn

2013 Riesling „R"
Weingut Peter Jakob Kühn

2017 Riesling trocken „GG" Hochheimer Hölle
Weingut Franz Künstler

2017 Riesling „GG" Schwarzer Herrgott
Weingut Philipp Kuhn

2017 Riesling „GG" Saumagen
Weingut Philipp Kuhn

2017 Riesling „GG" Im Großen Garten
Weingut Philipp Kuhn

2016 Riesling trocken „GG" „Hinterhaus" Berg Rottland
Weingut Leitz

2017 Riesling trocken „GG" Brauneberg Juffer-Sonnenuhr
Weingut Schloss Lieser

2017 Riesling trocken „GG" Lieser Niederberg-Helden
Weingut Schloss Lieser

2017 Riesling „GG" Pechstein
Weingut Georg Mosbacher

2017 Riesling „R" trocken Escherndorfer Lump
Weingut Max Müller I

2017 Riesling trocken Escherndorfer Lump
Weingut Max Müller I

2017 Riesling trocken „GG" Hallgarten Schönhell
Weingut Prinz

2017 Riesling „GG" Im Sonnenschein
Weingut Rebholz

2017 Riesling „GG" Kastanienbusch
Weingut Rebholz

2017 Riesling „GG" Felseneck
Weingut Schäfer-Fröhlich

2017 Riesling „GG" Kupfergrube
Weingut Schäfer-Fröhlich

2017 Riesling „GG" Halenberg
Weingut Schäfer-Fröhlich

2016 Riesling „GG" Lämmler
Weingut Schnaitmann

2015 Riesling „Réserve"
Weingut Schnaitmann

2017 Riesling „GG" Oberklamm
Weingut Seeger

2017 Riesling trocken Osthofener Goldberg
Spiess Weinmacher

2017 Riesling trocken Bechtheimer Geyersberg
Spiess Weinmacher

2013 Riesling „GG" Höllberg Siefersheim
Weingut Wagner-Stempel

2017 Riesling „GG" Scharlachberg Bingen
Weingut Wagner-Stempel

2017 Riesling „GG" Kastanienbusch
Weingut Dr. Wehrheim

2017 Riesling trocken „GG" Kiedrich Gräfenberg
Weingut Robert Weil

2017 Riesling „GG" Brunnenhäuschen
Weingut Wittmann

– Weißburgunder –

93/100

2017 Weißburgunder „S"
Weingut Dautel

2017 Weißburgunder „GG" Kirschgarten
Weingut Knipser

2017 Weißer Burgunder „GG" Oberklamm
Weingut Seeger

92/100

2017 Pinot Blanc „GG" Kirschgarten
Weingut Philipp Kuhn

2017 Pinot Blanc*** Wehlener Klosterberg
Weingut Markus Molitor

2015 Weißburgunder „GG" Kirchberg
Weingut Salwey

91/100

2014 Weißer Burgunder trocken „Reserve"
Weingut Friedrich Becker

2016 Weißer Burgunder „R"
Weingut Rudolf Fürst

2017 Weißer Burgunder trocken Birkweiler Mandelberg
Weingut Gies-Düppel

2017 Weißburgunder Spätlese*** trocken „Wihlbach"
Weingut Knab

2016 Weißer Burgunder*** „Reserve" „Steinenweg"
Weingut Arndt Köbelin

2017 Weißer Burgunder „GG" Kalmit
Weingut Kranz

2017 Weißburgunder „GG" Rosenkranz „Im untern Kreuz"
Weingut Theo Minges

2017 Weißer Burgunder „GG" Im Sonnenschein
Weingut Rebholz

2017 Weißer Burgunder „GG" Mandelberg
Weingut Rebholz

2017 Weißer Burgunder „GG" Weilberg
Weingut Rings

2015 Weißburgunder „GG" Henkenberg
Weingut Salwey

2016 Weißer Burgunder „Réserve"
Weingut Wittmann

2017 Weißburgunder „GG" Lahrer Herrentisch
Weingut Wöhrle

2017 Weißburgunder „GG" Herzogenberg
Weingut Wöhrwag

– Grauburgunder –

93/100

2017 Grauer Burgunder „GG“ Oberklamm
Weingut Seeger

92/100

2016 Grauburgunder GG „Kähner“ Bassgeige
Weingut Schwarzer Adler - Franz Keller

2015 Grauburgunder „GG“ Henkenberg
Weingut Salwey

2015 Grauburgunder „GG“ Eichberg
Weingut Salwey

2017 Grauburgunder „GG“ „Wingerte“ Altenberg
Privat-Weingut H. Schlumberger

2017 Grauburgunder „GG“ Lahrer Kirchgasse
Weingut Wöhrle

91/100

2015 Grauburgunder „GG“ Stettener Pulvermächer
Weingut Beurer

2016 Grauburgunder „R“ trocken
Weingut Emrich-Schönleber

2017 Grauer Burgunder „maischevergoren“
Biologisches Weingut Höfflin

2016 Grauer Burgunder*** „Reserve“ „Kaltenbrunnen“
Weingut Arndt Köbelin

2017 Grauer Burgunder trocken „Tephrit“
Weingut Michel

2016 Grauburgunder „GG“ Löchle
Weingut Burg Ravensburg

2017 Grauer Burgunder „GC“ Spätlese Auggener Letten
Weingut Martin Waßmer

2017 Grauer Burgunder trocken Achkarrer Schlossberg
Weingut Martin Waßmer

– Chardonnay –

94/100

2016 Chardonnay „GG" Kirchberg
Weingut Schwarzer Adler - Franz Keller

93/100

2016 Chardonnay „Bestes Fass"
Weingut Chat Sauvage

2016 Chardonnay „R"
Weingut Rudolf Fürst

2016 Chardonnay „GG" „Hinter Winklen Gras im Ofen"
Weingut Dr. Heger

2016 Chardonnay trocken „GG" Bienenberg
Weingut Bernhard Huber

2017 Chardonnay trocken****
Weingut Knipser

2017 Chardonnay „GC" Spätlese Dottinger Castellberg
Weingut Martin Waßmer

92/100

2017 Chardonnay trocken „SE"
Weingut Bercher

2016 Chardonnay „R" trocken Würzburger Stein
Weingut Bürgerspital zum Heiligen Geist

2017 Chardonnay „S"
Weingut Dautel

2016 Chardonnay trocken Mörstadt „Im Wasserland"
Weingut Karl-Hermann Milch

2017 Chardonnay „GG" „Gottsacker" Lahrer Kronenbühl
Weingut Wöhrle

2017 Chardonnay trocken „Dreiegg"
Weingut Zimmerle

91/100

2015 Chardonnay trocken „Mineral"
Weingut Friedrich Becker

2016 Chardonnay „Clos de Schulz"
Weingut Chat Sauvage

2017 Chardonnay „SL" trocken „Alte Reben" Batzenberg
Weingut Heinemann

2017 Chardonnay trocken „Opus Oskar"
Weingut Jülg

2017 Chardonnay trocken Unteröwisheimer Kirchberg
Weingut Klumpp

2017 Chardonnay trocken***
Weingut Knipser

2017 Chardonnay*** trocken Achkarrer Schlossberg
Weingut Michel

2016 Chardonnay „Réserve" Monsheim „Im Blauarsch"
Weingut Karl-Hermann Milch

2016 Chardonnay „Réserve" Mörstadt Nonnengarten
Weingut Karl-Hermann Milch

2017 Chardonnay „Rossbach" Sommeracher Katzenkopf
Weingut Richard Östreicher

2017 Chardonnay trocken „R"
Weingut Rebholz

2017 Chardonnay „R"
Weingut Seeger

2017 Chardonnay „S"
Weingut Seeger

2016 Chardonnay „Réserve"
Weingut Wittmann

– Sonstige weiße Rebsorten / Cuvées –

91/100

2017 Sauvignon Blanc trocken „Opus Oskar"
Weingut Jülg

2016 „Amphore" Gemischter Satz
Weingut Am Stein - Ludwig Knoll

90/100

Gewürztraminer „MDG #4"
Weingut Eymann

2017 Scheurebe trocken „Vinz" „Alte Reben"
Weingut Am Stein - Ludwig Knoll

2017 „Lump 64" Gemischter Satz trocken
Weingut Max Müller I

2017 Sauvignon Blanc „R" Leimener Herrenberg
Weingut Seeger

2016 Sauvignon Blanc trocken „Réserve"
Weingut Weedenborn

– Sonstige edelsüße Weine –

96/100

2017 Silvaner Trockenbeerenauslese Escherndorfer Lump
Weingut Horst Sauer

2015 Silvaner Beerenauslese Barrique Escherndorfer Lump
Weingut Horst Sauer

93/100

2015 Silvaner Trockenbeerenauslese Pfaffenberg
Weingut Bürgerspital zum Heiligen Geist

92/100

2016 Silvaner Eiswein Würzburger Pfaffenberg
Weingut Bürgerspital zum Heiligen Geist

91/100

2017 „Jodokus" Trockenbeerenauslese „Hades" „Henriette"
Weingut Drautz-Able

2017 Rieslaner Auslese
Weingut Keller

2017 Rieslaner Beerenauslese Haardter Herzog
Weingut Müller-Catoir

2016 Scheurebe Beerenauslese Iphöfer Kronsberg
Weingut Hans Wirsching

– Riesling edelsüß –

97/100

2017 Riesling Trockenbeerenauslese Goldkapsel „Abts E"
Weingut Keller

95/100

2017 Riesling Trockenbeerenauslese Juffer-Sonnenuhr
Weingut Fritz Haag

2017 Riesling Auslese Lange Goldkapsel „#15" Juffer Sonnenuhr
Weingut Fritz Haag

2017 Riesling Trockenbeerenauslese Berg Roseneck
Weingut Leitz

2017 Riesling Trockenbeerenauslese Escherndorfer Lump
Weingut Horst Sauer

2017 Riesling Trockenberenauslese Wehlen Sonnenuhr
Weingüter Wegeler, Gutshaus Mosel

94/100

2017 Riesling Trockenbeerenauslese Berg Rottland
Weingut Carl Ehrhard

2017 Riesling Trockenbeerenauslese Apotheke
Weingut Grans-Fassian

2017 Riesling Spätlese „#14" Juffer-Sonnenuhr
Weingut Fritz Haag

2017 Riesling Beerenauslese Juffer-Sonnenuhr
Weingut Fritz Haag

2017 Riesling Trockenbeerenauslese Brauneberger Juffer
Weingut Fritz Haag

2017 Riesling Auslese „Abts E"
Weingut Keller

2017 Riesling Auslese Goldkapsel Wehlener Sonnenuhr
Weingut Schloss Lieser

2017 Riesling Beerenauslese Kinheimer Hubertuslay
Weingut Markus Molitor

2017 Riesling Beerenauslese Ürziger Würzgarten
Weingut Markus Molitor

2017 Riesling Beerenauslese* Zeltinger Sonnenuhr
Weingut Markus Molitor

2017 Riesling Trockenbeerenauslese Pittermännchen
Weingut Joh. Bapt. Schäfer

2017 Riesling Trockenbeerenauslese 33/18 Felseneck
Weingut Schäfer-Fröhlich

2017 Riesling Trockenbeerenauslese 32/18 Felseneck
Weingut Schäfer-Fröhlich

2017 Riesling Trockenbeerenauslese Kiedrich Gräfenberg
Weingut Robert Weil

– Spätburgunder –

96/100

2016 Spätburgunder „GG" Hecklinger Schlossberg
Weingut Bernhard Huber

2016 Spätburgunder „GG" Malterdinger Bienenberg
Weingut Bernhard Huber

2016 Spätburgunder „GG" Sulzfelder Maustal
Weingut Zehnthof

95/100

2016 Spätburgunder „GG" Forstberg
Weingut Dautel

2016 Spätburgunder „GG" „Wildenstein"
Weingut Bernhard Huber

2016 Pinot Noir „GC" trocken Schlatter Maltesergarten
Weingut Martin Waßmer

94/100

2016 Spätburgunder „GG" Centgrafenberg
Weingut Rudolf Fürst

2016 Spätburgunder „GG" Achkarren Schlossberg
Weingut Dr. Heger

2016 Spätburgunder „GG" Bombacher Sommerhalde
Weingut Bernhard Huber

2016 Pinot Noir „GG" Hattenheim Hassel
Weingut Kaufmann

2016 Spätburgunder „GG" Kirschgarten
Weingut Knipser

2016 Spätburgunder „GG" Walporzheimer Kräuterberg
Weingut Meyer-Näkel

2016 Spätburgunder „GG" Dernauer Pfarrwingert
Weingut Meyer-Näkel

2016 Spätburgunder „R" trocken Achkarrer Schlossberg
Weingut Michel

2016 Pinot Noir „GG" „Wingerte" Altenberg
Privat-Weingut H. Schlumberger

2016 Spätburgunder „Alte Reben"
Weingut Jean Stodden

2016 Pinot Noir „GC" trocken Dottinger Castellberg
Weingut Martin Waßmer

93/100

2016 Pinot Noir „GG" „Kammerberg"
Weingut Friedrich Becker

2016 Spätburgunder „GG" „Kesselberg" Feuerberg
Weingut Bercher

2016 Pinot Noir trocken „Réserve"
Weingut Bischel

2015 Pinot Noir „Rouge de Schulz No.1"
Weingut Chat Sauvage

2016 Spätburgunder „GG" „Schupen"
Weingut Dautel

2016 Spätburgunder „GG" Hundsrück
Weingut Rudolf Fürst

2016 Spätburgunder „GG" Schlossberg
Weingut Schwarzer Adler - Franz Keller

2016 Spätburgunder „GG" Eichberg
Weingut Schwarzer Adler - Franz Keller

2015 Spätburgunder trocken Bruchsaler Rothenberg
Weingut Klumpp

2016 Spätburgunder trocken „RdP"
Weingut Knipser

2012 Spätburgunder „SR"
Weingut Meyer-Näkel

2016 Spätburgunder „GG" Neuenahrer Sonnenberg
Weingut Meyer-Näkel

2015 Pinot Noir*** Trarbacher Schlossberg
Weingut Markus Molitor

2016 Spätburgunder trocken „GG" „Oberer First"
Weingut Konrad Schlör

2016 Spätburgunder „GG" Fellbacher Lämmler
Weingut Schnaitmann

2016 Spätburgunder „RRR" Heidelberger Herrenberg
Weingut Seeger

2016 Spätburgunder „GG" Mönchberg
Weingut Jean Stodden

2016 Spätburgunder „GG" Rosenthal
Weingut Jean Stodden

– Lemberger / Blaufränkisch –

93/100

2015 Lemberger trocken „Hades"
Weingut Jürgen Ellwanger

2016 Lemberger „GG" „Berge" Stettener Mönchberg
Weingut Karl Haidle

2015 Lemberger trocken Kleinheppacher Greiner
Weingut Klopfer

2016 Lemberger trocken „GG" Neipperger Schlossberg
Weingut Graf Neipperg

92/100

2015 Lemberger trocken „Höchste Lage" Korber Berg
Weingut Escher

2016 Lemberger „GG" „Gehrnhalde" Mönchberg
Weingut Karl Haidle

2016 Lemberger „GG" Fellbacher Lämmler
Weingut Heid

2016 Lemberger trocken „GG" Schwaigerner Ruthe
Weingut Graf Neipperg

2016 Blaufränkisch trocken Nierstein „Lange Berg"
Weingut St. Antony

2015 Lemberger trocken „Goldadler" Korber Berg
Weingut Zimmerle

91/100

2016 Lemberger trocken Schnait Altenberg
Weingut Knauß

2012 Blaufränkisch „Corvus"
Weingut Burg Ravensburg

2016 Lemberger „GG" Fellbacher Lämmler
Weingut Schnaitmann

2016 Lemberger „GG" Untertürkheimer Herzogenberg
Weingut Wöhrwag

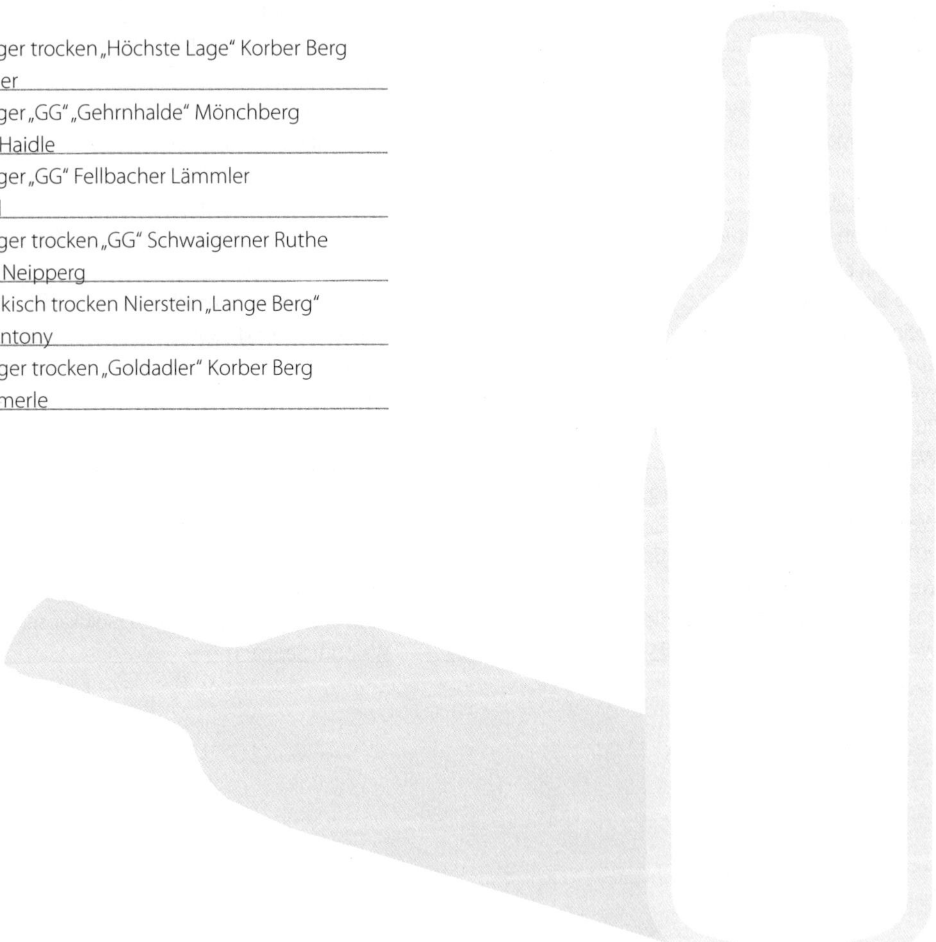

– Sonstige rote Rebsorten –

92/100

2015 Syrah trocken „Reserve"
Weingut Knipser

2016 Frühburgunder trocken Sonnenberg
Weingut Zehnthof

91/100

2016 Merlot trocken „Reserve"
Weingut Gerhard Aldinger

2015 Cabernet Sauvignon trocken „Hades"
Weingut Jürgen Ellwanger

2015 Cabernet Franc trocken „Goldréserve"
Weingut Escher

2015 Merlot trocken „Réserve"
Weingut Matthias Gaul

2016 Cabernet Sauvignon trocken „Réserve"
Der GlücksJäger

2015 Syrah trocken Unteröwisheimer Kirchberg
Weingut Klumpp

2015 Syrah trocken
Weingut Knipser

2016 Syrah trocken „Réserve"
Weingut Rings

2016 Frühburgunder „GG" Herrenberg
Weingut Jean Stodden

2016 Cabernet Franc Kaiserberg Herbolzheim
Weingut Fritz Waßmer

2016 Syrah trocken Dottinger Castellberg
Weingut Martin Waßmer

2015 Zweigelt trocken „Goldadler" Korber Sommerhalde
Weingut Zimmerle

90/100

2015 Merlot „Hades"
Weingut Graf Adelmann

2016 Cabernet Sauvignon „Reserve"
Weingut Gerhard Aldinger

2015 Merlot trocken „Goldréserve"
Weingut Escher

2016 Frühburgunder trocken „Carus" Campestres Wörth
Weingut Giegerich

2016 Syrah trocken „Melchisedec"
Weingut Heid

2015 Tauberschwarz „RR" Röttinger Feuerstein trocken
Weingut Hofmann

2016 Lagrein trocken St. Georgenberg (Th. von Waldner)
Weingut Karlheinz Keller

2015 Syrah trocken „Reserve"
Weingut Gerhard Klein

2015 St. Laurent trocken Bruchsaler Rothenberg
Weingut Klumpp

2014 Merlot Sommeracher Katzenkopf
Weingut Richard Östreicher

2014 Cabernet Sauvignon Sommeracher Katzenkopf
Weingut Richard Östreicher

2015 Schwarzriesling trocken First „Fyerst 1476"
Weingut Konrad Schlör

2016 Schwarzriesling „R" trocken Reicholzheimer First
Weingut Konrad Schlör

2016 Cabernet Franc „Simonroth"
Weingut Schnaitmann

2016 Frühburgunder trocken „Goldkapsel" Hardtberg
Weingut Sermann

– Rote Cuvées –

93/100

2015 „François Grande Reserve“ trocken
Weingut Braunewell

92/100

2016 „Kreation Rot S“
Weingut Dautel

2015 „Nicodemus“ trocken „Hades“
Weingut Jürgen Ellwanger

2015 „Cuvée XR“ trocken
Weingut Knipser

2015 „Das Kreuz Réserve“ trocken
Weingut Rings

2015 „Granat“
Weingut Albrecht Schwegler

2015 „Age virilter time deum“ trocken
Weingut Zimmerle

91/100

2015 „Limberg XV“ trocken „SE“
Weingut Bercher

2015 „François Reserve“ trocken
Weingut Braunewell

2015 „Meisterwerk“ trocken „Goldréserve“
Weingut Escher

2015 „Cuvée X“ trocken
Weingut Knipser

2016 „Das Kreuz“ trocken
Weingut Rings

2015 „Cuvée Ernst Combé“ „R“ trocken
Weingut Wachtstetter

2015 „Triologie“ trocken
Weingut Zimmerle

90/100

2015 „CM“ trocken Adolzfurter Schneckenhof
Weingut Birkert

2015 „François“ trocken
Weingut Braunewell

2014 „Jodokus“ trocken „Hades“
Weingut Drautz-Able

2016 „Meisterwerk“ trocken „Goldréserve“
Weingut Escher

2015 „Amandus“ trocken „Edition P“ Lämmler
Fellbacher Weingärtner

2015 „Grand Jeté“ trocken
Weingut Matthias Gaul

2016 „In senio“ trocken „Hades“
Weingut Fürst zu Hohenlohe-Oehringen

2015 „Modus-K“ trocken
Weingut Klopfer

2013 „Cuvée M“ trocken Kirchberg
Weingut Klumpp

2016 Altenberg trocken
Weingut Knauß

2015 „Luitmar“ trocken Laumersheimer
Weingut Philipp Kuhn

2015 „Kyrie Leiss“ trocken
Weingut Leiss

2015 „G“ trocken
Weingut Roth

2014 „Duca XI“ trocken
Weingut Egon Schmitt

2015 „Cuvée Wilhelm“ trocken „Réserve“
Weingut Wageck-Pfaffmann

2016 „Chapelle“ trocken Ehrenstetter Ölberg
Weingut Martin Waßmer

2016 „X“ trocken „Große Reserve“
Weingut Wöhrwag

Die Rebsorten

ACCENT...pilztolerante Geisenheimer Neuzüchtung aus Kolor und Chancellor, die als Deckrotweinsorte zugelassen ist und hin und wieder vor allem im Rheingau angebaut wird. Accent ist ganz selten auch reinsortig zu finden.

ACOLON...gelegentlich als „Cabernet Acolon" bezeichnet. Weinsberger Neuzüchtung aus Lemberger und Dornfelder, eine der neuen Sorten, die Rotweine im „Cabernettyp" erbringen sollen. Fand recht schnelle Verbreitung (fast 500 Hektar), insbesondere in Württemberg, aber auch in Rheinhessen und der Pfalz, vereinzelt auch in Franken (Roth) und an der Nahe (Honrath) zu finden. Reinsortige Weine erinnern im Bouquet deutlich an rote Johannisbeeren. Hat zwar sehr gute, aber (bisher) noch keine denkwürdigen Weine erbracht, die besten Weine sind meist im Barrique ausgebaut, kommen überwiegend aus Württemberg. Acolon wird häufig für Cuvées genutzt.

ADELFRÄNKISCH...alte mit dem Traminer verwandte Weißweinsorte, die bis 2007 als ausgestorben galt. Seither wurden in verschiedenen alten Anlagen einzelne Reben als Adelfränkisch identifiziert. Der Anbau von Adelfränkisch ist seit dem Mittelalter dokumentiert, die Sorte wurde insbesondere im östlichen Franken, in Sachsen, an der Saale und in Brandenburg angebaut. In den letzten Jahren wurde Adelfränkisch wieder in neu angelegten Gemischten Sätzen gepflanzt, vor allem in Franken, aber auch bei Beurer im Remstal.

ALBALONGA...in den fünfziger Jahren in Würzburg als Kreuzung aus Rieslaner und Müller-Thurgau (vermeintlich: Silvaner) gezüchtet. Nur geringe Verbreitung, vor allem in Franken (Göbel), in Rheinhessen (Göhring) und in der Pfalz. Albalonga wird fast ausschließlich süß und edelsüß ausgebaut und kann ganz exzellente edelsüße Weine ergeben, die ein wenig an Rieslaner erinnern, sie zeigen Anklänge an Grapefruit wie der Rieslaner.

ANDRÉ...in den sechziger Jahren in der ehemaligen Tschechoslowakei aus Blaufränkisch und Sankt Laurent gekreuzt. André ist vor allem in Mähren zu finden, in Deutschland zugelassen, aber kaum verbreitet, es gibt einige wenige Hektar in Sachsen und Saale-Unstrut. Die Weine sind in der Regel recht schlank und säurebetont.

ARNSBURGER...Geisenheimer Neuzüchtung aus Müller-Thurgau und Gutedel (vermeintlich: aus zwei Rieslingklonen), benannt nach Kloster Arnsburg in Hessen. Hat sich in Deutschland nicht durchgesetzt, nur noch ganz wenige Flächen sind mit Arnsburger bestockt. Auf Madeira wird Arnsburger für trockene Weine verwendet, reinsortig oder in Cuvées. Auch in Neuseeland findet man noch ein klein wenig Arnsburger.

AUXERROIS...Rebsorte aus der Burgunderfamilie, deren Name vermutlich von der französischen Stadt Auxerre herrührt. Seine größte Verbreitung hat Auxerrois im Elsass, wo er früher oft einfach als „Pinot Blanc" bezeichnet wurde, heute immer häufiger als „Pinot Blanc Auxerrois", und meist als trockener Weißwein zu findet ist, aber auch als Sektgrundwein verwendet wird. Die größten deutschen Flächen findet man in Baden und in der Pfalz. In Baden findet man Auxerrois traditionell im Kraichgau, wo ihn die meisten Weingütern anbauen, und an der Badischen Bergstraße (Seeger), sowie im Breisgau (z.B. bei Wöhrle, Huber, Frey), inzwischen aber auch am Kaiserstuhl (z.B. bei Fischer, Höfflin, Knab), im Markgräflerland, am Bodensee (Aufricht) und in Tauberfranken (Englert). In der Pfalz findet man Auxerrois vor allem im Süden des Anbaugebietes, heute auch immer häufiger im Norden. Eine wichtige Rolle spielt Auxerrois an der Obermosel (wenn auch nicht ganz so wichtig wie im benachbarten Luxemburg), wo fast alle Erzeuger Auxerrois anbauen. Bereits seit den siebziger Jahren gibt es Auxerrois auch in Franken bei Schloss Sommerhausen (immer wieder bemerkenswerter Sekt). Auxerrois ist heute in

fast allen deutschen Anbaugebieten zu finden, so in Rheinhessen (z.B. bei Hedesheimer Hof, Knobloch), an der Nahe (Crusius, Zwölberich), in Württemberg (Hirth) oder an der Hessischen Bergstraße (Rothweiler, Simon-Bürkle), ebenso in Sachsen und Saale-Unstrut, selbst im Rheingau wird Auxerrois heute angebaut. Bei reifen Trauben ergeben sich recht stoffige Weine mit ausgeprägtem Bouquet (ausgeprägter als beim Weißburgunder) und eindringlicher Frucht, aber niedriger Säure.

BACCHUS...in den sechziger Jahren am Geilweilerhof durch Kreuzung von (Silvaner x Riesling) mit Müller-Thurgau entstanden, hat Bacchus in kurzer Zeit in fast allen deutschen Weinbaugebieten Einzug gehalten. Größere Anbauflächen gibt es in Rheinhessen und der Pfalz, aber nur in Franken hat Bacchus ein eigenständiges Profil entwickelt mit interessanten Weinen. In Franken erfreut sich Bacchus bei Neuanlagen weiter großer Beliebtheit, während der Anbau in den anderen Anbaugebieten rückläufig ist. Bacchus profitiert sehr von kühler, langsamer Vergärung, die ausgeprägte Aromen zu Tage bringt, manchmal Anklänge an Johannisbeeren. Wird auch in Franken selten trocken ausgebaut, oft halbtrocken, gelegentlich edelsüß bis hin zur Trockenbeerenauslese.

BARON...pilzresistente Neuzüchtung aus Freiburg, in den achtziger Jahren aus Cabernet Sauvignon und Bronner gekreuzt, gelegentlich in Cuvées zu finden, vor allem bei biologisch arbeitenden Weingütern.

BLAUBURGER...Österreichische Neuzüchtung der zwanziger Jahre aus Blauer Portugieser und Blaufränkisch. In Österreich ist Blauburger auf etwa 1000 Hektar im Anbau, in Deutschland gibt es nur einige wenige Hektar, vor allem in Franken (reinsortig z.B. bei Hofmann in Wiesenbronn). Blauburger wird in geringem Umfang auch in Tschechien und in Ungarn angebaut. Blauburger ergibt recht füllige, farbintensive Weine bei zurückhaltender Frucht, wird deshalb gelegentlich auch als Deckrotwein verwendet.

BLAUER AFFENTALER...alte Rebsorte, die bis Anfang des 20. Jahrhunderts vor allem in Württemberg angebaut wurde, oft im Gemischten Satz, dann aber von anderen roten Rebsorten wie Trollinger verdrängt wurde.

BLAUER ARBST...Mutation des Spätburgunders, war Blauer Arbst früher vor allem in Baden, aber auch in Württemberg weit verbreitet. Blauer Arbst gilt heute nicht als eigene Rebsorte, sondern als Spätburgunder-Klon.

BLAUER FRÜHBURGUNDER...siehe → Frühburgunder.

BLAUER LIMBERGER...ampelografisch korrekte Bezeichnung des → Lemberger.

BLAUER PORTUGIESER...siehe → Portugieser.

BLAUER SILVANER...Mutation des Grünen Silvaners (oder umgekehrt), die sich von diesem lediglich durch die Rotfärbung der Beeren unterscheidet. Der Blaue Silvaner wurde in den sechziger Jahren von Johann Kaspar Steinmann in Sommerhausen selektioniert und züchterisch vermehrt, in den achtziger Jahren als Rebsorte Blauer Silvaner anerkannt. Er erfreut sich heute steigender Beliebtheit, vor allem in Franken, wo einige Weingüter ihn heute reinsortig anbieten. Durch Maischestandzeiten oder Maiaschegärung (z.B. bei Schloss Saaleck) ist eine leicht rötliche Färbung des Weines möglich. Außerhalb Franken ist Blauer Silvaner schon lange beim der Hahnmühle an der Nahe im Anbau (wurde aber früher lediglich als Silvaner bezeichnet), inzwischen auch in Rheinhessen oder Saale-Unstrut. Im Geschmack ist Blauer Silvaner kaum vom Grünen Silvaner zu unterscheiden.

BLAUER SPÄTBURGUNDER...siehe → Spätburgunder.

BLAUER URBAN...auch Schwarzer Urban. Blauer Urban ist eine alte Rebsorte, die wohl aus Süddeutschland oder Südtirol stammt und verwandt mit dem Trollinger ist. Urban war früher in Mitteleuropa weit verbreitet, wurde meist im Mischsatz angebaut. In Deutschland war sie vor allem in Württemberg weit verbreitet, wurde im 19. Jahrhundert von anderen Rebsorten wie Trollinger und später Lemberger zurückgedrängt. Ob Blauer Urban mit der ebenfalls alten Rebsorte Roter Urban verwandt ist, ist nicht erwiesen. Blauer Urban findet man reinsortig beim Weingut Adelmann in Kleinbottwar.

BLAUER WILDBACHER...alte Rebsorte, vermutlich aus dem Heunisch hervorgegangen. Früher war Blauer Wildbacher auch in Deutschland verbreitet, heute ist er vor allem in der Weststeiermark zu finden, wo er den Schilcher genannten Wein ergibt. Einige wenige Hektar gibt es auch in Norditalien. An der Hessischen Bergstraße (wo die Rebsorte früher als „Willbacher" bekannt war) wird Blauer Wildbacher von den Bergsträsser Winzern in Zusammenarbeit mit der Forschungsanstalt Geisenheim versuchsweise angebaut.

BLAUER ZWEIGELT...siehe → Zweigelt.

BLAUFRÄNKISCH...in Österreich übliche Bezeichnung für Lemberger, die sich auch in Deutschland (zumin-

dest außerhalb Württembergs) mehr und mehr durchsetzt, so wird Lemberger bei fränkischen Weingütern (Roth, Bürgerspital) schon lange als Blaufränkisch bezeichnet, auch in der Pfalz findet man die Bezeichnung immer öfter (Kuhn, Immengarten Hof), in Rheinhessen (St. Antony), Sachsen (Schloss Wackerbarth) und vor allem auch in Baden an der Badische Bergstraße und im Kraichgau (Seeger, Klumpp, Ravensburg, Bös). Inzwischen findet man auch bei ersten Württemberger Weinen die Bezeichnung Blaufränkisch anstelle von Lemberger auf dem Etikett.

BOLERO...pilzresistente Neuzüchtung aus Geisenheim, eine Kreuzung aus (Rotberger und Reichensteiner) mit Chancellor. Bisher gibt es nur einzelne versuchsweise Anpflanzungen, z.B. in Franken und in Dänemark.

BRONNER...pilzresistente Neuzüchtung aus Freiburg, gekreuzt aus Merzling und einer Kreuzung aus Zarya Severa und St. Laurent, aus der später die Rebsorte Rondo hervorging. Bronner wurde benannt nach dem badischen Weinbaupionier Johann Philipp Bronner. Es gibt einige wenige Hektar im Versuchsanbau, meist bei biologisch arbeitenden Weingütern, vor allem in Baden, aber auch in Franken. Bronner wird oft in Cuvées mit anderen pilzresistenten Rebsorten genutzt („Bacat"), ist aber gelegentlich auch sortenrein anzutreffen (z.B. bei Rainer Zang in Nordheim). Versuchsanpflanzungen gibt es auch in Österreich und vor allem in Südtirol. Bronner ergibt harmonische, zurückhaltende Weine, die ein wenig an Weißburgunder erinnern.

BUKETT-TRAUBE...auch Bouqettraube oder Bukettrebe, wurde im 19. Jahrhundert von Sebastian Englerth in Randersacker aus Grüner Silvaner und Blauer Trollinger gezüchtet, setzte sich wegen ihrer hohen Erträge vor allem in Franken rasch durch, wurde dann aber wegen ihrer späten Reife und hoher Säure nicht mehr angebaut. Von Schloss Sommerhausen neu angepflanzt, erste Ernte 2014. Sonst noch in Südafrika zu finden, kleine Bestände im Elsass.

CABERNET BLANC...pilzresistente Neuzüchtung aus der Schweiz, von Valentin Blatter gekreuzt aus Cabernet Sauvignon und einer Hybridsorte. Cabernet Blanc erfreut sich zunehmender Beliebtheit, ist immer häufiger auch sortenrein zu finden, oft (aber nicht nur) bei biologisch arbeitenden Betrieben. In vielen deutschen Anbaugebieten verbreitet, so in Württemberg (z.B. bei Doreas, Schlossgut Hohenbeilstein, Forsthof, Escher, Bihlmayer, Berthold), in Rheinhessen (z.B. bei Arndt Werner, Dautermann, Schönhals), in Baden (z.B. bei Honold, Ihle), in der Pfalz (Wöhrle, Isegrim-Hof), es gibt inzwischen über 60 Hektar mit Cabernet Blanc. Die Weine erinnern im Bouquet etwas an Sauvignon Blanc, weisen deutlich florale Noten auf, auch im Mund finden sich Anklänge an Sauvignon Blanc, gelegentlich auch an Riesling, wobei neben Weinen mit hoher Säure auch Weine mit wenig Säure zu finden sind. Cabernet Blanc ist nicht zu verwechseln mit einer in Australien zu findenden Mutation des Cabernet Sauvignon mit hellen Beeren, die den Namen Shalistin erhalten hat.

CABERNET CANTOR...pilzresistente Neuzüchtung aus Freiburg, trotz des Namens keine Cabernet-Kreuzung. Nur wenige Versuchsanpflanzungen, vor allem in Baden, aber auch in Dänemark, in der Schweiz und in den Niederlanden. Cabernet Cantor wird bisher meist in Cuvées verwendet.

CABERNET CARBON...pilzresistente Neuzüchtung aus Freiburg aus den Sorten Cabernet Sauvignon und Bronner. Einige wenige Anpflanzungen, vor allem in Baden und Württemberg, auch in der Pfalz und in der Schweiz. Cabernet Carbon wird bisher meist in Cuvées verwendet, ist aber inzwischen auch reinsortig zu finden, so in Baden z.B. beim Staatsweingut Freiburg und in Württemberg z.B. beim Forsthof. Cabernet Carbon ergibt farbintensive, tanninbetonte Rotweine.

CABERNET CAROL...pilzresistente Neuzüchtung aus Freiburg (aus Cabernet Sauvignon und Solaris). Cabernet Carol wird bei einigen biologisch arbeitenden Weingütern in Baden und Württemberg angebaut, wird bisher meist in Cuvées verwendet, es gibt aber auch reinsortige Weine. Cabernet Carol wird versuchsweise auch in der Schweiz und in Österreich angebaut. Cabernet Carol ergibt farbintensive Weine mit kräftigen Tanninen.

CABERNET CORTIS...pilzresistente Neuzüchtung aus Freiburg (ebenfalls aus Cabernet Sauvignon und Solaris), Cabernet Cortis wird vor allem bei biologisch arbeitenden Weingütern in Baden, in Württemberg, in Rheinhessen in der Pfalz angebaut. Außerhalb Deutschlands auch in Tschechien, in der Niederlande und in der Schweiz zu finden. Cabernet Cortis wird und bisher vor allem in Cuvées verwendet, es gibt aber auch reinsortige Weine z.B. bei Lorenz und Corina Keller.

CABERNET CUBIN...Weinsberger Neuzüchtung aus Lemberger und Cabernet Sauvignon, die – obwohl erst seit 1998 im Versuchsanbau – anfangs rasche

Verbreitung gefunden hat, da sie aber hohe Anforderungen an die Lage stellt, wird sie deutlich weniger angebaut als andere, zur gleichen Zeit der Öffentlichkeit präsentierte Weinsberger Neuzüchtungen wie Cabernet Mitos oder Cabernet Dorsa, es gibt derzeit etwa 60 Hektar mit Cabernet Cubin. Cabernet Cubin wird vor allem in Württemberg angebaut, ist aber auch in Baden (Landmann, Sonnenhof), in der Pfalz (Petri, Immengartenhof) und in Rheinhessen (Kapellenhof, Stallmann-Hiestand) zu finden. Cabernet Cubin wird häufig in Cuvées verwendet, oft mit überzeugenden Ergebnissen (z.B. Cuvée Ernst Combé von Wachtstetter, Cuvée Nobilis von Gerhard Leiss), ist aber auch reinsortig sehr interessant, wie immer wieder vor allem Württemberger Weingüter wie Medinger, Schäfer-Heinrich, Schiefer und andere unter Beweis stellen. Cabernet Cubin ergibt kraftvolle Rotweine, die farbintensiv und tanninbetont sind.

CABERNET DORIO...Weinsberger Neuzüchtung aus Blaufränkisch und Dornfelder (und nicht Cabernet Sauvignon und Dornfelder, wie von Weinsberg ursprünglich angegeben). Cabernet Dorio wird vor allem in Württemberg angebaut, ist aber auch in anderen Anbaugebieten wie Rheinhessen oder der Pfalz zu finden. Cabernet Dorio wird vor allem in Cuvées verwendet, reinsortig findet man regelmäßig sehr gute Weine bei Fritz Funk und Walter Zimmer, jeweils im Barrique ausgebaut. Cabernet Dorio-Weine zeigen oft intensive Frucht im Bouquet, auch Cassis- (wie bei Cabernet Sauvignon) und Brombeernoten.

CABERNET DORSA...Weinsberger Neuzüchtung aus Blaufränkisch und Dornfelder (und nicht Cabernet Sauvignon und Dornfelder, wie von Weinsberg ursprünglich angegeben). Cabernet Dorsa fand anfangs rasche Verbreitung, wird aber heute nur noch selten neu angelegt, es gibt etwa 250 Hektar Cabernet Dorsa in Deutschland, vor allem in Württemberg, Franken und Rheinhessen, aber auch in der Pfalz, an der Nahe, in Sachsen und Saale-Unstrut. Cabernet Dorsa wir häufig in Cuvées verwendet, ist aber auch sehr oft reinsortig zu finden. Regelmäßig sehr gute Weine findet man z.B. bei Markert und Kremers Winzerhof in Franken, bei Graf von Bentzel-Sturmfeder in Württemberg oder bei Georg Jung in Rheinhessen. Cabernet Dorsa ergibt fruchtbetonte Weine mit intensivem Bouquet, das oft Anklänge an rote Johannisbeeren zeigt.

CABERNET FRANC...gelegentlich findet man diese Rebsorte in Deutschland, die ihre Hauptverbreitungsgebiete in Frankreich hat, an der Loire (Bourgeuil, Chinon, Saumur) und in Bordeaux (wo sie meist als komplementäre Sorte zu Cabernet Sauvignon und Merlot in Cuvées genutzt wird). In Deutschland vor allem in der Pfalz, z.B. bei Knipser, Minges, als Bestandteil im Bordeaux-Blend Claret bei Pfleger, reinsortig bei Matthias Gaul, außerhalb der Pfalz bei Schnaitmann in Württemberg, immer öfter auch in Rheinhessen und in Baden, z.B. bei Fritz und Martin Waßmer.

CABERNET JURA...pilzresistente Neuzüchtung aus der Schweiz, von Valentin Blatter gekreuzt aus Cabernet Sauvignon und einer nicht bekannten pilzresistenten Sorte. Cabernet Jura ist in der Schweiz in einigen Kantonen zu finden, inzwischen gibt es auch erste Anpflanzungen in Deutschland, z.B. bei Wedekind in Nierstein, ebenso in Südfrankreich.

CABERNET MITOS...Weinsberger Neuzüchtung aus Lemberger und Cabernet Sauvignon, die Weine im Cabernettyp erbringen soll. Bisher meist in Cuvées verwendet, überzeugend bei Egon Schmitt.

CABERNET NOIR...pilzresistente Neuzüchtung aus der Schweiz, von Valentin Blatter gekreuzt aus Cabernet Sauvignon und einer nicht bekannten pilzresistenten Sorte. Es gibt erste Versuchspflanzungen mit Cabernet Noir in der Schweiz und in Deutschland, aber auch in den Niederlanden und in Dänemark.

CABERNET SAUVIGNON...Einer der Stars der internationalen Weinszene, der von Bordeaux bis Kalifornien in fast allen Weinbauregionen der Welt zu finden ist. In Deutschland erst seit wenigen Jahren im Anbau, vor allem in Baden, der Pfalz (Knipser, Minges, Horcher, Kuhn, Wegner, Corbet) und Rheinhessen (Groh), aber auch in Württemberg (Aldinger) an der Ahr (Kreuzberg, Burggarten) und in Baden (Fritz Waßmer, Martin Waßmer). Ganz stark auch bei Luckert (Franken), reinsortig wie in der Cuvée. Zunehmend bessere Ergebnisse. Braucht eine lange Vegetationsperiode, weshalb er in manchen Jahren nicht ganz ausreift. Zeigt dann Anklänge an grüne Paprika. Reifer Cabernet weist hingegen deutliche Cassisaromen auf. Gelegentlich wird er nach Bordeaux-Vorbild in Cuvées mit Merlot und/oder Cabernet Franc genutzt.

CABERTIN...pilzresistente Neuzüchtung aus der Schweiz, von Valentin Blatter gekreuzt aus Cabernet Sauvignon und einer nicht bekannten pilzresistenten Sorte. Cabertin ist vor allem bei ökologisch arbeitenden Weingütern in Deutschland zu finden, stärker aber in der Schweiz verbreitet, des Weiteren gibt es Cabertin in Österreich und in den Niederlanden.

Cabertin wird teilweise in Cuvées verwendet, reinsortig gibt es ihn z.B. bei Wöhrle in der Pfalz.

CALANDRO...pilzresistente Neuzüchtung des Geilweilerhofes aus Domina und Regent.

CARMINA...eine Kreuzung des Geilweilerhofes aus Blauer Portugieser und Spätburgunder. Carmina hat sich nicht durchgesetzt, wurde beim Fürstlich Castell'schen Domänenamt in Cuvées verwendet, die Anlage ist aber inzwischen gerodet.

CHARDONEL...pilzresistente Neuzüchtung aus Geneva (New York) aus Seyval Blanc und Chardonnay. Chardonnel ist insbesondere bei einigen biologisch arbeitenden Winzern im Anbau, wo sie meist für Cuvées verwendet wird. Vor allem aufgrund ihrer Frosthärte wird sie in einigen US-amerikanischen Bundesstaaten sowie in Kanada angebaut.

CHARDONNAY...die vielleicht international renommierteste Weißweinsorte hat weltweite Verbreitung gefunden. In den letzten Jahren hat ihr Anbau in Deutschland stark zugenommen (sie wurde erst in den neunziger Jahren für deutsche Anbaugebiete zugelassen). Vor allem in Baden, der Pfalz und in Rheinhessen hat sie starke Zuwachsraten zu verzeichnen, aber auch in allen anderen deutschen Weinbaugebieten ist sie immer häufiger anzutreffen. Man mag stehen zu der Sorte wie man will, anerkennen muss man, dass sie sehr gute Weine ergeben kann, auch in Deutschland. Jahr für Jahr gibt es mehr bemerkenswerte deutsche Chardonnay, aus Baden (wo er inzwischen vom VDP für Große Gewächse zugelassen ist) und der Pfalz vor allem, auch in Franken (Fürst, Zehnthof), Württemberg (Dautel, Haidle) und Rheinhessen (Wittmann), mit oder ohne Barriqueausbau. 1.500 Hektar sind in Deutschland mittlerweile mit Chardonnay bestockt.

CHASSELAS...französische Bezeichnung für Gutedel, gelegentlich auch auf deutschen Etiketten zu finden, z.B. bei Schlossgut Ebringen, Rainer Schlumberger.

CHENIN BLANC...alte Rebsorte, die seit dem Mittelalter in Frankreich verbreitet ist. In Deutschland findet man Chenin Blanc im Versuchsanbau bei Stigler in Ihringen, ebenso bei Bercher in Burkheim, inzwischen auch in der Pfalz, z.B. bei Oliver Zeter. Chenin Blanc wird vor allem an der Loire angebaut, noch mehr Chenin Blanc gibt es in Südafrika, wo er die meistangebaute Rebsorte ist. Große Anbauflächen mit Chenin Blanc gibt es auch in Kalifornien und Argentinien, kleinere Bestände in Australien, Neuseeland und Chile. Chenin Blanc kann bei maßvollen Erträgen sowohl trockene als auch edelsüße Spitzenweine erbringen.

CLEVNER...Mutation des Spätburgunders, die seit dem Mittelalter in Württemberg bekannt ist, insbesondere in der Gegend um Heilbronn. Sie wird des Öfteren fälschlicherweise als Frühburgunder bezeichnet, ist sortenrechtlich jedoch wie der Samtrot ein Klon des Blauen Spätburgunders. Clevner wird ausschließlich im Heilbronner Raum angebaut und auch als Clevner auf dem Etikett bezeichnet, z.B. beim Weingut Schäfer-Heinrich oder beim Staatsweingut Weinsberg. Clevner ähnelt im Geschmack deutlich mehr dem Spätburgunder denn Frühburgunderweinen beispielsweise von der Ahr. Bitte beachten: In der Ortenau wird der Rote Traminer als Clevner bezeichnet.

DAKAPO...in den siebziger Jahren in Geisenheim aus Deckrot und Blauer Portugieser gekreuzt und wie Deckrot hauptsächlich als Deckrotwein eingesetzt. Trotz der 50 Hektar im Anbau ist Dakapo ganz selten nur sortenrein zu finden, z.B. bei Rothweiler an der Hessischen Bergstraße, viel häufiger wird Deckrot n Cuvées genutzt, z.B. bei Frick im Markgräflerland – und ohne Kennzeichnung in manch dunklem deutschen Spätburgunder.

DECKROT...Ende der dreißiger Jahre in Freiburg aus Grauburgunder und Färbertraube gekreuzt. Deckrot wird ausschließlich zur Farbaufbesserung anderer Rotweine verwendet (und ist sicherlich für manch dunklen deutschen Spätburgunder verantwortlich), war früher als Deckweinrebsorte beliebt und wird bei vielen Weingütern angebaut, bei Neupflanzungen aber werden heute andere Deckweinrebsorten bevorzugt.

DOMINA...in den zwanziger Jahren am Geilweilerhof aus Blauer Portugieser und Spätburgunder gezüchtet. Domina erfreute sich seit den neunziger Jahren steigender Beliebtheit in verschiedenen deutschen Anbaugebieten, vor allem in Franken, ist heute aber leicht rückläufig im Anbau, es gibt etwa 380 Hektar. Franken ist das mit weitem Abstand wichtigste Anbaugebiet, man findet Domina aber auch in Rheinhessen und in der Pfalz, an der Nahe und an der Ahr, an der Mosel und in Sachsen, allerdings selten reinsortig ausgebaut. Zu den fränkischen Weingütern, die regelmäßig sehr gute reinsortige Weine erzeugen, gehören Glaser-Himmelstoß, Höfling, Markert, Neder, Rothe, Schömig oder Scheller. Aufgrund der nachlassenden Beliebtheit verzichten inzwischen erste Winzer darauf Domina reinsortig anzubieten und nutzen Domina für Cuvées. Domina wurde von

jeher auch für Cuvées verwendet, oft mit Spätburgunder. Domina ergibt farbintensive, gerbstoffreiche Rotweine.

DORNFELDER...in den fünfziger Jahren entstandene Weinsberger Kreuzung aus Helfensteiner und Heroldrebe, die nach dem Gründer der Weinbauschule, dem Kameralverwalter Immanuel Dornfeld benannt wurde und ursprünglich als Deckrotweinsorte genutzt wurde. Dornfelder hat seine Eltern in Sachen Beliebtheit weit hinter sich gelassen und ist der Fläche nach Spätburgunder die Nummer 2 unter den roten deutschen Rebsorten, ist aber nach einer Boomphase seit den neunziger Jahren in den letzten Jahren leicht rückläufig im Anbau, es gibt aber immer noch fast 8.000 Hektar Dornfelder. Sie ist in allen Anbaugebieten zu finden, die mit Abstand größten Anbauflächen gibt es in Rheinhessen und der Pfalz. Dornfelder erbringt zuverlässig hohe Erträge und kann farbintensive Rotweine „mediterraner Art" erbringen.

DUNKELFELDER...eine Kreuzung aus Madeleine Angevine und Färbertraube (Teinturier du Cher) und nicht aus Blauer Portugieser und Färbertraube, wie ursprünglich angegeben. Wurde in den achtziger Jahren hauptsächlich als Deckrotweinsorte genutzt, dann immer öfter auch für Cuvées (z.B. in der Cuvée Duca XI von Egon Schmitt) und auch reinsortig war Dunkelfelder seit den neunziger Jahren immer öfter zu finden. Inzwischen ist Dunkelfelder im Anbau rückläufig, es gibt noch etwa 270 Hektar in Deutschland, etwa die Hälfte davon in der Pfalz, aber auch in Rheinhessen, in Baden, an der Nahe, im Rheingau und an der Mosel ist Dunkelfelder verbreitet, heute findet man ihn reinsortig deutlich seltener als zu seiner Blütezeit.

EHRENBREITSTEINER...in den sechziger Jahren in Geisenheim gezüchtet aus Ehrenfelser und Reichensteiner, der Name bezieht sich sowohl auf die Namen der beiden Eltern-Sorten als auch auf die Festung Ehrenbreitstein in Koblenz. Ehrenbreitsteiner hat sich nicht durchgesetzt und wird kaum noch angebaut, heute nur noch wenige Hektar, hauptsächlich in Rheinhessen, auch am Mittelrhein. Kleinere Anpflanzungen gibt es in Österreich, Ungarn und Kanada.

EHRENFELSER...in den zwanziger Jahren in Geisenheim aus Riesling und Knipperlé (ursprüngliche Angabe des Züchters: Riesling und Silvaner) gezüchtet und nach der Burg Ehrenfels benannt. Ehrenfelser ist stark rückläufig im Anbau (nur noch etwa 50 Hektar), aber vereinzelt in ganz Deutschland noch zu finden, selten reinsortig wie z.B. bei Theo Loosen an der Mosel oder bei Hanno Rothweiler an der Hessischen Bergstraße. Ehrenfelser wird vor allem in Rheinhessen, der Pfalz, im Rheingau und an der Nahe angebaut. Außerhalb Deutschlands findet man Ehrenfelser in Kanada, England und Australien. Ehrenfelser ergibt fruchtbetonte Weine mit feiner Säure, die ein wenig an Riesling erinnern, Ehrenfelser eignet sich gut für edelsüße Weine.

ELBLING...auch: Weißer Elbling. Elbling ist eine alte Weißweinsorte, die im Mittelalter die meistverbreitete Rebsorte in Deutschland war, bevor sie von anderen Rebsorten wie Silvaner oder Riesling zurückgedrängt wurde. Bis ins 19. Jahrhundert war Elbling in ganz Deutschland verbreitet, heute findet man Elbling vor allem an der Obermosel, wo Elbling nach wie vor die wichtigste Rebsorte ist, sowie an der mittleren Mosel und in Sachsen, sogar in Baden wird Elbling heue wieder angebaut, nachdem der Anbau zuvor verboten war. Außerhalb Deutschlands gibt es kleine Anbauflächen in Luxemburg, in Lothringen und im Elsass sowie in der Schweiz. Elbling war aufgrund der zuverlässig hohen Erträge bei Winzern früher sehr beliebt. Elbling-Weine sind recht neutral im Geschmack, niedrig im Alkohol und oft (aber nicht immer) säurebetont. Elbling wird heute immer häufiger zu Sekt verarbeitet.

FABERREBE...in den zwanziger Jahren in Alzey aus Weißburgunder und Müller-Thurgau gezüchtet. Sie ergibt interessante Weine mit dezentem Muskatbouquet. Recht häufig in den Weinbergen in Rheinhessen und der Pfalz zu finden, seltener als Rebsortenbezeichnung auf Etiketten. Meist süß oder edelsüß zu finden, selten einmal trocken ausgebaut. Im Anbau stark rückläufig, die Rebfläche hat sich in den vergangenen fünf Jahren halbiert, aber immer noch 450 Hektar sind mit Faberrebe bestockt.

FÄRBERTRAUBE...bezeichnet eigentlich eine Gruppe von Rebsorten, die für Deckrotwein eingesetzt werden („Teinturier"). Färbertraube wurde früher als Deckrotsorte in Deutschland angebaut, inzwischen aber durch andere Deckrotweinsorten ersetzt, wird heute kaum noch angepflanzt.

FER SERVADOU...alte in Südwestfrankreich verbreitete Rebsorte, die mit Carmenère verwandt ist. Fer Servadou wird als Cuvéebestandteil in einigen Appellationen verwendet, z.B. in Gaillac, reinsortig in Marcillac. In der Pfalz gibt es Fer Servadou im Versuchsanbau.

FINDLING...Mutation des Müller-Thurgau. Kann faszinierende edelsüße Weine ergeben, jedoch selten

zu finden, am ehesten an der Mosel (Hermes), beim Espenhof in Rheinhessen.

Fontanara...Veitshöchheimer Neuzüchtung, Kreuzung aus Rieslaner und Müller-Thurgau. Fontanara war früher gelegentlich in Franken zu finden (z.B. beim Bürgerspital), wo es heute noch einige Anlagen gibt, hat sich aber nicht durchgesetzt.

Freisamer...1916 in Freiburg aus Silvaner und Grauburgunder gezüchtet und bis in die fünfziger Jahre als Freiburger bezeichnet, 1956 jedoch als Freisamer in die Sortenliste eingetragen. Heute gibt es nur noch etwa 3 Hektar Freisamer, vor allem in Südbaden (insbesondere im Markgräflerland), kleinere Anpflanzungen auch in Rheinhessen und an der Nahe, außerhalb Deutschlands in der Schweiz und in England. Freisamer ist heute nur noch ganz selten reinsortig zu finden, gelegentlich als Sekt, am bekanntesten ist Freisamer heute als Cuvée-Bestandteil im „Malterer" vom Weingut Bernhard Huber im Breisgau.

Frühburgunder...auch: Blauer Frühburgunder, gelegentlich auch als Pinot Madeleine oder Pinot Noir Précoce bezeichnet. Mutation des Blauen Spätburgunders, reift deutlich vor dem Spätburgunder aus, daher der Name. Führte lange Jahre nur ein Außenseiterdasein (nur noch 15 Hektar in den sechziger Jahren), war am ehesten noch am Untermain, in der Gegend von Ingelheim, bei Heilbronn und an der Ahr zu finden. Erfreut sich derzeit aber steigender Beliebtheit (260 Hektar), eigentlich in allen deutschen Anbaugebieten. Frühburgunder ergibt sehr eigenständige Weine – mit Wiedererkennungswert. Jahr für Jahr interessantere Weine von der Ahr, wo fast alle Betriebe ihn anbauen, ganz faszinierend in Franken der „R" von Fürst, dazu Zehnthof, Walter, Höfling, Stich. Im Rheingau immer häufiger zu finden; erste interessante Weine auch in Rheinhessen, in der Pfalz (Kuhn, Schumacher), an der Nahe und in Württemberg (Schnaitmann), wo er in der Gegend von Heilbronn seit langem als Clevner bekannt ist. Auch in Baden zu finden, an der Hessischen Bergstraße, an der Mosel (Römerhof, Pauly, Richard Richter).

Früher Malingre...auch: Früher gelber Malinger, Précoce du Malingre; im 19. Jahrhundert in der Nähe von Paris aus Sämlingen gezogen. Früher Malingre ist von Bedeutung vor allem als Tafeltraube und in der Rebzüchtung. Früher Malingre wurde früher auch für Wein verwendet, musste dann aber anderen Rebsorten wie dem Müller-Thurgau weichen. An der Ahr gibt es noch einen Weinberge mit alten, wurzelechten Reben.

Frühroter Malvasier...in Österreich als Frühroter Veltliner noch weit verbreitet, wurde als Frühroter Malvasier früher vielfach in Deutschland angebaut, oft im Gemischten Satz. Heute gibt es in Deutschland nur noch einige wenige Hektar Frühroter Malvasier, vor allem in Rheinhessen. Frühroter Malvasier ist nicht zu verwechseln mit den verschiedenen Malvasia-Weinen, die im Mittelmeerraum angebaut werden.

Gänsfüsser...eine alte Rotweinsorte, die vermutlich aus Spanien stammt. Gänsfüsser war vor 500 Jahren die berühmteste Rebsorte der Pfalz, ist auf Grund ihrer Ertragsschwäche nach und nach aus den Weinbergen verschwunden. Heute wird Gänsfüsser in Neustadt wieder züchterisch betreut und vom Staatsweingut mit Johannitergut in Mußbach angebaut und reinsortig angeboten.

Garanoir...anfangs Granoir genannt. Garanoir ist eine im Weinbauinstitut Changin am Genfer See entstandene Kreuzung aus Gamay Noir und Reichensteiner. Garanoir ist in der Schweiz weit verbreitet, wird in Deutschland bei einem Winzer im Remstal angebaut.

Gelber Muskateller...in Frankreich: Muscat blanc à petits grains, ist eine alte Weißweinrebsorte, die seit dem Mittelalter in Deutschland bekannt ist. Früher weit verbreitet, wurde Gelber Muskateller aufgrund seiner hohen Ansprüche der Lage (frostempfindlich) und geringer Erträge durch Neuzüchtungen wie Morio-Muskat ersetzt. Gelber Muskateller erfreut sich heute wieder steigender Beliebtheit, in fast allen deutschen Anbaugebieten, über 300 Hektar sind mittlerweile wieder mit Gelber Muskateller bestockt, immer mehr Weingüter setzen auf Gelber Muskateller als Spezialität. Gelber Muskateller zeichnet sich durch sein intensives Muskatarome aus und ist von trocken bis edelsüß in vielen Varianten zu finden, auch als Sekt. Gelber Muskateller ist weltweit verbreitet, große Anbauflächen gibt es in Frankreich, Italien, Spanien und Portugal, in den osteuropäischen Ländern, aber auch in Südamerika und Südafrika, in Österreich findet man Gelber Muskateller vor allem in der Steiermark.

Gelber Orleans...alte Rebsorte, die bis ins 19. Jahrhundert in ganz Deutschland verbreitet war, dann aber wegen ihrer späten Reife von anderen Rebsorten wie Riesling verdrängt wurde und in Vergessenheit geriet. An der Forschungsanstalt Geisenheim wird sie seit den achtziger Jahren wieder züchterisch betreuet. Gelber Orleans wurde beim

Weingut Georg Breuer in Rüdesheim wieder angepflanzt, ebenso beim Weingut Knipser in der Pfalz und einigen weiteren Betrieben. Früher (in gemischt stehenden Weinbergen) wurde Gelber Orleans oft am Rande des Weinbergs angepflanzt, um potentielle Diebe mit den unreifen Trauben abzuschrecken.

GELBER SILVANER...Spielart des Grünen Silvaners, die nicht als eigene Rebsorte anerkannt ist. Gelber Silvaner ist vor allem in Franken im Gemischten Satz zu finden, sowohl in den noch existierenden alten Weinbergen als auch in Neuanlagen, ebenso im alten Creutz-Weinberg des Zehnthofs in Sulzfeld. Auch im Kochertal wurde wieder Gelber Silvaner neu angelegt.

GEWÜRZTRAMINER...in fast allen deutschen Anbaugebieten als Spezialität zu finden, außerhalb Deutschlands vor allem im Elsass, in Südtirol (vom Ort Tramin rührt der Name her) und in Osteuropa. Das Bouquet erinnert häufig an Rosen. Gewürztraminer eignet sich auch sehr gut für edelsüße Weine. Sowohl für trockene als auch für edelsüße Weine wird das Potenzial der Rebsorte in Deutschland – anders im Elsass und in Südtirol – zu wenig genutzt. Nur wenige Erzeuger bringen Jahr für Jahr sehr gute Gewürztraminer auf die Flasche (z.B. Glaser-Himmelstoß, Andreas Laible, Schnaitmann).

GOLDMUSKATELLER...in Italien: Moscato Giallo; Rebsorte aus der Muskateller-Familie, die vor allem in Südtirol angebaut wird. In Deutschland wird Goldmuskateller bei einigen wenigen Weingütern in der Pfalz und in Rheinhessen angebaut, z.B. beim Johannitergut und bei Bassermann-Jordan.

GOLDRIESLING...Ende des 19. Jahrhunderts im Elsass aus Riesling und Früher Malingre gekreuzt. In Deutschland wird Goldriesling vor allem in Sachsen angebaut, kleinere Anpflanzungen gibt es auch in Saale-Unstrut. Goldriesling ergibt recht neutrale Weine.

GRAUBURGUNDER...auch: Grauer Burgunder, Ruländer, international als Pinot Gris bezeichnet (Pinot Grigio in Italien). Eine der wenigen Weißweinsorten in Deutschland, die im Anbau zulegt (über 5.000 Hektar). Als Ruländer (meist süß ausgebaut) nicht mehr gefragt, hat die Namensänderung – zusammen mit der Stiländerung – einen gewaltigen Boom ausgelöst. Das Gros der Spitzenweine kommt derzeit vom Kaiserstuhl, aber auch in der Pfalz, in Rheinhessen, im Markgräflerland, in Franken und an der Nahe findet man immer häufiger Spitzenweine.

GRENACHE...im Süden Frankreichs und in Spanien weit verbreitet, inzwischen erste reinsortige Weine in der Pfalz.

GRÜNER SILVANER...siehe → Silvaner.

GRÜNER VELTLINER...neben Riesling die bekannteste Rebsorte in Österreich. In Deutschland bei fast zwei Dutzend Betrieben im Versuchsanbau (13 Hektar), vor allem in Rheinhessen (Karlheinz Keller), inzwischen auch im Rheingau (Koegler, Künstler).

GRÜNFRÄNKISCH...Heiner Sauer entdeckte in einer vermeintlichen Weißburgunder-Anlage diese nun zum Versuchsanbau zugelassenen Rebsorte Grünfränkisch, die wohl aus Ungarn stammt. Grünfränkisch war früher der Name für eine Familie ähnlicher Rebsorten und wurde auch als Synonym für Silvaner verwendet.

GUTEDEL...auch: Weißer Gutedel. Die Hauptrebsorte im badischen Markgräflerland, sonst aber kaum noch in Deutschland zu finden (ein wenig an Saale und Unstrut). Ergibt jung zu trinkende Weine mit verhaltenen Aromen. Durch kühle, langsame Vergärung gibt es neuerdings etwas ausdrucksstärkere Weine. In den letzten Jahren häufig auch edelsüß zu finden. Verbreitet in der Schweiz, wo er Fendant oder Chasselas (nach einem Ort in Burgund) genannt wird. In geringem Umfang auch noch im Elsass zu finden, mehr im Südwesten Frankreichs. Größte Anbauflächen in Rumänien (13.000 Hektar) und Ungarn (6.000 Hektar).

HECKER...pilzresistente Neuzüchtung aus Freiburg, die bei einigen badischen Winzern im Versuchsanbau zu finden ist. Hecker wird auch als Tafeltraube angebaut, man sagt der Rebsorte eine Ähnlichkeit mit Gutedel nach.

HEGEL...in den fünfziger Jahren in Weinsberg aus Heroldrebe und Helfensteiner gekreuzt. Hegel hat sich nicht durchgesetzt, wurde und wird vor allem in Württemberg angebaut (reinsortig z.B. beim Weingut Singer-Bader zu finden), heute auf etwa 7 Hektar, kleinere Anlagen gibt es auch an der Ahr, an der Nahe und in Rheinhessen. Hegel ergibt leichte unkomplizierte Rotweine, die recht hell in der Farbe sind.

HELFENSTEINER...in den dreißiger Jahren in Weinsberg aus Frühburgunder und Blauer Trollinger gezüchtet, benannt nach Burg Helfenstein (bei Geislingen), anfangs auch als Blauer Weinsberger bekannt. Helfensteiner wurde und wird fast ausschließlich in Württemberg angebaut, ist im Anbau

rückläufig, heute gibt es noch 14 Hektar mit Helfensteiner. Helfensteiner ist eine frühreifende Rebsorte, die zuverlässig hohe Erträge erbringt. Helfensteiner ergibt leichte Rotweine, die recht hellfarbig sind, ist heute nur noch selten reinsortig zu finden.

HELIOS...pilzresistente Neuzüchtung aus Freiburg, aus Merzling sowie (Seyve Villard und Müller-Thurgau) gekreuzt. Sie wird derzeit in verschiedenen deutschen Anbaugebieten auf etwa 10 Hektar angebaut, vor allem bei ökologisch wirtschaftenden Weingütern, reinsortig z.B. bei Rothe in Franken.

HEROLDREBE...in den zwanziger Jahren in Weinsberg aus Blauer Portugieser und Lemberger gekreuzt und nach ihrem Züchter Alfred Herold Heroldrebe genannt. Heroldrebe wurde und wird vor allem in der Pfalz angebaut, aber auch in Rheinhessen und in Württemberg, ist heute aber im Anbau rückläufig, es gibt bundesweit noch gut 100 Hektar mit Heroldrebe. Heroldrebe ergibt leichte, fruchtbetonte Weine mit deutlicher Säure. Heroldrebe wird heute meist in Cuvées verwendet, reinsortig findet man Heroldrebe am ehesten als Rosé.

HEUNISCH...Weißer Heunisch; alte Rebsorte, die bis ins 19. Jahrhundert in Mitteleuropa weit verbreitet war, in Frankreich als Gouais Blanc bekannt ist, ab dem 18. Jahrhundert von anderen Rebsorten verdrängt wurde. Eigentlich ist Heunisch die Bezeichnung für eine Familie von Rebsorten, zu der neben Weißer Heunisch Gelber Heunisch, Roter Heunisch, Grobheunisch und Gelb gestreifter Heunisch gehört. Heute gibt es noch Restbestände in Osteuropa, auch in der Schweiz (Gwäss). Heunisch wurde vom Weingut Georg Breuer in Rüdesheim wieder neu angepflanzt, ist inzwischen auch bei einigen weiteren deutschen Weingütern zu finden.

HIBERNAL...pilzresistente Weißweinzüchtung aus Geisenheim, Kreuzung aus Seibel 7053 und einem Rieslingklon. Hibernal wird in Deutschland auf 2 Hektar angebaut, ist aufgrund ihrer Winterfrosthärte auch in Tschechien und Polen zu finden. Die Weine zeigen sowohl im Bouquet als auch im Mund deutliche Anklänge an Johannisbeeren, ähnlich wie Scheurebe.

HÖLDER...in den fünfziger Jahren in Weinsberg aus Riesling und Grauburgunder gezüchtet, benannt nach Friedrich Hölderlin. Hölder war seit den achtziger Jahren bei einigen Württemberger, Badischen und Pfälzer Weingütern (im Versuchsanbau) zu finden, auch in Rheinhessen, ist heute aber bedeutungslos, derzeit werden noch 4 Hektar angebaut. Reinsortig findet man Hölder im Anbaugebiet Saale-Unstrut bei der Winzervereinigung Freyburg. Holder ergibt fruchtbetonte, rassige Weine mit gutem Körper.

HUXELREBE...in den zwanziger Jahren in Alzey aus Elbling und der französischen Tafeltraube Courtillier Musqué (und nicht wie ursprünglich angegeben aus Gutedel und Muscat précoce de Saumur) gezüchtet und benannt nach dem Winzer Fritz Huxel aus Westhofen, der sie durch seine Anbauversuche bekannt gemacht hat. Huxelrebe hat sich als Spezialität vor allem in Rheinhessen etabliert, wo sie meist für süße und edelsüße Weine genutzt wird. Auch in der Pfalz ist Huxelrebe verbreitet, ebenso an der Nahe, in anderen deutschen Anbaugebieten hat sich Huxelrebe nicht durchgesetzt, genießt dort Raritätencharakter wie bei Rainer Schlumberger im Markgräflerland oder Hugo Brennfleck in Franken. Huxelrebe ist heute im Anbau rückläufig, es gibt noch knapp 500 Hektar.

IRSAY OLIVER...1930 in Ungarn aus Weißer Pressburger (Pozsonyi Fehér) und Perle von Csaba (Csaba Gyöngye) gekreuzt. Irsay Oliver (oft auch: Oliver Irsay) wird vor allem in Ungarn und in der Slowakei angebaut, kleine Flächen findet man auch in Österreich und in Deutschland in Sachsen und Saale-Unstrut. Irsay Oliver ist eine frühreifende Rebsorte, die Weine weisen ein deutliches Muskataroma auf.

JOHANNITER...pilzresistente Neuzüchtung aus Freiburg (Muttersorte: Riesling), die man immer häufiger vor allem bei ökologisch wirtschaftenden Betrieben findet. Johanniter ist in allen deutschen Anbaugebieten zu finden und wird inzwischen auf über 100 Hektar angebaut, Tendenz steigend. Johanniter wurde anfangs häufig für Cuvées genutzt, ist aber immer häufiger auch reinsortig zu finden, in allen Regionen, sehr häufig in Franken. Johanniter ergibt Weine mit kräftiger Säure und erinnert im Bouquet etwas an Johannisbeeren und Holunder, manchmal auch an Melone.

JUWEL...1951 in Weinsberg aus Kerner und Silvaner gekreuzt. Juwel wurde und wird vor allem in Rheinhessen angebaut, ist im Anbau rückläufig, es gibt noch etwa 16 Hektar in ganz Deutschland. Juwel wird meist in Cuvées verwendet.

KANZLER...in den zwanziger Jahren in Alzey aus Müller-Thurgau und Silvaner gekreuzt. Kanzler wurde und wird vor allem in Rheinhessen, in der Pfalz und an der Nahe angebaut, ist aber im Anbau stark

rückläufig, heute gibt es weniger als 30 Hektar in ganz Deutschland. Kanzler wird meist in Cuvées verwendet, die Rebsorte ergibt körperreiche Weine und eignet sich besonders gut für edelsüße Weine, trocken ausgebaut wird sie praktisch nicht.

KERNER...1929 in Lauffen aus Roter Trollinger und Weißer Riesling gekreuzt und nach dem Dichter Justinus Kerner benannt. Kerner war bis in die neunziger Jahre hinein sehr beliebt in allen deutschen Weinbauregionen, war nach Müller-Thurgau die beliebteste Neuzüchtung, die Rebfläche betrug damals 7.000 Hektar. Heute ist Kerner überall im Anbau rückläufig, wird aber noch auf etwa 2.800 Hektar angebaut, vor allem in der Pfalz und in Rheinhessen, aber auch in Württemberg, Franken und an der Nahe, in allen deutschen Weinbauregionen findet man Kerner. Außerhalb Deutschlands findet man Kerner vor allem in Südtirol (insbesondere im Eisacktal), in der Schweiz und in Tschechien. Der meiste Kerner aus Rheinhessen und der Pfalz „verschwindet" in Cuvées, die besten und eigenständigsten Weine kommen aus Franken und Württemberg. Der Erfolg des Kerner beruhte darauf, dass er „riesling-ähnliche" Weine in nicht für Riesling geeigneten Lagen erbringt. Kerner kann sowohl trocken als auch süß und edelsüß hervorragende Weine ergeben, überzeugt auch im Barrique ausgebaut, z.B. bei Bächner oder Dautel.

KERNLING...Mutation des Kerner mit rötlicher Beerenhaut, von Ludwig Hochdörffer 1974 in einem Kerner-Weinberg in Landau entdeckt. Heute gibt es 18 Hektar Kernling in ganz Deutschland, in Saale-Unstrut, in der Pfalz, an der Mosel, in Rheinhessen, in Sachsen und an der Nahe, außerhalb Deutschlands in der Schweiz und in England.

KLINGELBERGER...in der Ortenau übliche Bezeichnung für den Riesling. Der Name rührt daher, dass 1782 der Markgraf von Baden in der Gewanne Klingelberg in Durbach (heute Einzellage Durbacher Schlossberg) ausschließlich Riesling pflanzen ließ, dieser Weinberg ist damit die älteste urkundlich belegte reinsortige Rieslinganlage in Baden.

LAGREIN...seit dem Mittelalter in Südtirol bekannte, autochthone Rebsorte. Früher wurde oft vom weißen Lagrein gesprochen, erst seit Beginn des 20. Jahrhunderts wir der Name Lagrein ausschließlich für die heutige rote Rebsorte Lagrein verwendet, deren Eltern vermutlich Teroldego und Edelvernatsch sind. Lagrein wird vor allem in Südtirol angebaut, ursprünglich vor allem im heutigen Bozener Stadtteil Gries. Auch im Trentino ist Lagrein zu finden, kleinere Anpflanzungen gibt es auch in Übersee. In Deutschland gibt es kleine Anlagen mit Lagrein in verschiedenen Anbaugebieten, so bei Egon Schmitt, Bergdolt Reif & Nett und Gabel in der Pfalz, bei Karlheinz Keller in Rheinhessen, beim Kalkbödele am Tuniberg. Lagrein ergibt gerbstoffreiche, farbintensive Weine.

LEMBERGER...auch: Blaufränkisch, Blauer Limberger. Blaufränkisch ist eine autochthone Rebsorte aus dem österreichisch-ungarischen Raum. Seit der zweiten Hälfte des 19. Jahrhunderts wird sie in Württemberg angebaut, dort unter dem Namen Lemberger oder Limberger, der vom Ort Limberg in Niederösterreich herrührt, von wo vermutlich damals die Reben bezogen wurden. In Deutschland wird Lemberger vor allem im Württemberg angebaut, wo das Gros der inzwischen bald 2.000 Hektar wächst. Größere Anpflanzungen gibt es vor allem noch im benachbarten nördlichen Baden (Kraichgau, Badische Bergstraße). Lemberger legt im Anbau stetig leicht zu, sowohl innerhalb Württembergs (dort in Gegenden, wo Lemberger keine Tradition hat, beispielsweise im Remstal), als auch außerhalb Württembergs. Außerhalb Württembergs und Nordbadens findet man regelmäßig sehr gute Weine z.B. bei Gerhard Roth und beim Bürgerspital in Franken, bei Fischer am Kaiserstuhl, bei Simon-Bürkle an der Hessischen Bergstraße, bei Philipp Kuhn in der Pfalz und bei St. Antony in Rheinhessen. Die größten Anbauflächen liegen in Ungarn, Österreich, Slowenien und Tschechien, Lemberger ist in allen osteuropäischen Ländern zu finden, auch in Italien, in Kanada (vor allem in British Columbia) und in den Vereinigten Staaten (hauptsächlich in Washington). Lemberger ergibt körperreiche, dichte Rotweine, eignet sich sehr gut für den Barriqueausbau. Lemberger ist auch als Cuvéepartner interessant, wie viele Winzer im Burgenland unter Beweis stellen, wo er oft in Cuvées mit Zweigelt, Cabernet Sauvignon und anderen Rebsorten zu finden ist. Auch in Württemberg gibt es einige sehr gute Cuvées auf Basis von Lemberger, gelegentlich ist Lemberger auch als edelsüßer Weißherbst zu finden.

LÉON MILLOT...pilzresistente Züchtung von 1911 aus Colmar. Léon Millot gilt als Hybride, der Wein darf nur als Tafelwein vermarktet werden. Sie wird in geringem Umfang in der Schweiz, im Elsass, in den Vereinigten Staaten und in Kanada angebaut, in Deutschland findet man kleine Anpflanzungen bei ökologisch arbeitenden Betrieben in Baden und Württemberg. Léon Millot ist eine frühreife Rebsorte, die sich auch als Tafeltraube eignet.

MALBEC...die aus Südfwestfrankreich (z.B. Madiran) bekannte Rebsorte, der Star in Argentinien, ist im Versuchsanbau auch in Deutschland zu finden (Peth-Wetz, Stachel, Hohenlohe-Öhringen).

MARÉCHAL FOCH...pilzresistente Züchtung von 1911 aus Colmar, benannt nach Ferdinand Foch. Maréchal Foch gilt als Hybride, der Wein darf nur als Tafelwein vermarktet werden. Sie wird in geringem Umfang in der Schweiz, an der Loire, im Elsass, in den Vereinigten Staaten und in Kanada angebaut, in Deutschland findet man kleine Anpflanzungen bei ökologisch arbeitenden Betrieben in Baden und Württemberg. Léon Millot ist eine frühreife Rebsorte, die sich auch als Tafeltraube eignet.

MARIENSTEINER...1951 in Würzburg aus Silvaner und Müller-Thurgau gekreuzt (und nicht wie vom Züchter ursprünglich angegeben aus Silvaner und Rieslaner), benannt in Anlehnung an die Würzburger Festung Marienburg und die Würzburger Einzellage Stein. Sie wurde seit den siebziger Jahren bei vielen fränkischen Weingütern angebaut (unter anderem beim Bürgerspital), war auch in Rheinhessen zu finden, Ende der achtziger Jahre gab es etwa 30 Hektar Mariensteiner, heute sind noch 2 Hektar in Deutschland ausgewiesen. Mariensteiner ist eine spätreifende Rebsorte, die hohe Ansprüche an die Lage stellt.

MERLOT...ist derzeit überall auf der Welt sehr beliebt. Auch in Deutschland bauen viele Winzer inzwischen Merlot an, vor allem in der Pfalz und in Rheinhessen. 560 Hektar inzwischen, in allen deutschen Anbaugebieten immer öfter zu finden. Sehr beliebt derzeit im Remstal, wo erste sehr überzeugende Weine entstanden sind (z.B. bei Aldinger, Klopfer, Schnaitmann, Zimmerle). Immer überzeugend auch beim Zehnthof (Franken), bei Groh (Rheinhessen), relativ neu als Spitzencuvée von Graf Neipperg (S.E.). Wird sicherlich in den nächsten Jahren weiter zulegen. International oft nach Vorbild von Bordeaux in Cuvées mit Cabernet Sauvignon und/oder Cabernet Franc genutzt (in Deutschland z.B. die Cuvée X von Knipser).

MERZLING...pilzresistente Weißweinzüchtung (aus dem Jahr 1960) aus Freiburg, die vereinzelt in Baden, aber auch in der Pfalz, in Franken und in Rheinhessen zu finden ist, 4 Hektar sind für Deutschland ausgewiesen. Reinsortig gibt es Merzling z.B. beim Weingut Müller in Hammelburg..

MONARCH...pilzresistente Neuzüchtung aus Freiburg, 1988 aus Solaris und Dornfelder gekreuzt. In Deutschland findet man kleine Anpflanzungen bei ökologisch arbeitenden Betrieben in Baden und Württemberg, ebenso in Österreich, sie wird bisher meist in Cuvées verwendet.

MORIO MUSKAT...1928 am Geilweilerhof aus Silvaner und Gelber Muskateller gekreuzt (und nicht wie vom Züchter angegeben aus Silvaner und Weißburgunder) und nach ihrem Züchter Peter Morio benannt. Morio-Muskat erfreute sich in den siebziger und achtziger Jahren großer Beliebtheit, Ende der achtziger Jahre gab es weit über 2.000 Hektar mit Morio-Muskat in Deutschland, vor allem in der Pfalz und in Rheinhessen sowie an der Nahe. Seither ist der Anbau von Morio-Muskat stark zurückgegangenen, heute gibt es weniger als 400 Hektar, nach wie vor hauptsächlich in Rheinhessen und der Pfalz sowie an der Nahe. Die Weine zeichnen sich durch ihr ausgeprägtes Muskatbouquet aus.

MÜLLERREBE...siehe → Schwarzriesling

Müller-Thurgau...immer öfter auch: Rivaner. Lange Jahre die am meisten verbreitete Rebsorte in Deutschland, ist Müller-Thurgau seit einigen Jahren stark rückläufig. Mit 13.000 Hektar liegt sie immer noch an Nummer 2 in der Rebsortenstatistik. In vielen Regionen wird sie heute auch in Cuvées verwendet oder als „Rivaner" bezeichnet. Nur in Franken pflegt man „den Müller" als regionale Sorte und von dort kommen auch die interessantesten Weine. Je nach Bodentyp fallen die Weine sehr unterschiedlich aus, gelegentlich weisen sie eine dezente Muskatnote im Bouquet auf, manchmal erinnern sie auch ein wenig an Aprikosen. Auch für edelsüße Weine gut geeignet.

MUSCARIS...pilzresistente Neuzüchtung aus Freiburg, 1987 gekreuzt aus Solaris und Gelber Muskateller. Muscaris wird bei einigen Weingütern in verschiedenen Anbaugebieten angebaut, z.B. bei Rothe in Franken, Honold in Baden oder Escher in Württemberg. Außerhalb Deutschlands findet man ein klein wenig Muscaris in Österreich, in der Schweiz und in Südtirol. Die Weine weisen eine deutliche Muskatnote auf. Muscaris wird meist süß und edelsüß ausgebaut, ist gelegentlich aber auch trocken ausgebaut zu finden.

MUSKAT OTTONEL...im 19. Jahrhundert in Frankreich aus einem Sämling selektionierte Rebsorte, deren Eltern Gutedel und Ingram's Muscat sind. Sie wird vor allem in Osteuropa angebaut, aber auch in Österreich, im Elsass, in Luxemburg und in Kanada. In Deutschland gibt es heute 14 Hektar Muskat-Ottonel, er ist in verschie-

denen Anbaugebieten zu finden, reinsortig findet man ihn z.B. bei Friedrich Becker in der Pfalz, beim Staatsweingut Freiburg in Baden. Wegen Schwierigkeiten im Anbau spielte Muskat-Ottonel immer nur eine Außenseiterrolle und hat nicht die Bedeutung des Gelben Muskateller oder gar des Morio-Muskat erlangt.

MUSKATELLER...siehe → Gelber Muskateller.

MUSKAT-LEMBERGER...siehe Wildmuskat.

MUSKATSYLVANER...oder Muskatsilvaner, früher vor allem in der Steiermark genutzter Name für Sauvignon Blanc, gelegentlich auch auf deutschen Etiketten zu finden, z.B. bei Schloss Sommerhausen.

MUSKATTROLLINGER...oder Muskat-Trollinger, eine Spielart des Trollinger, die seit der ersten Hälfte des 19. Jahrhunderts bekannt ist. Muskattrollinger ist vermutliche als natürliche Kreuzung von Trollinger und Muskateller entstanden. Muskattrollinger ist eine Württemberger Spezialität, erfreut sich in den letzten Jahren steigender Beliebtheit und wird heute auf 100 Hektar angebaut. Die Weine zeichnen sich durch eine ausgeprägte Muskatnote aus, gleichzeitig erinnert die Frucht an Trollinger (oft deutliche Kirschnote). Muskattrollinger ergibt meist leichte, säurebetonte Rotweine oder kräftige, fruchtbetonte Rosés, auch als Sekt ist Muskattrollinger immer wieder interessant, z.B. bei Adelmann, Doreas, Schlossgut Hohenbeilstein, Kistenmacher-Hengerer oder Gruber.

NEBBIOLO...Rotweinsorte aus Piemont, die seit dem Mittelalter bekannt ist. Bekannte Piemonteser Weine wie Barolo und Barbaresco werden ausschließlich aus Nebbiolo hergestellt. In Deutschland gibt es bisher nur einzelne Anlagen im Versuchsanbau, z.B. in der Pfalz beim Weingut Brenneis-Koch, in Württemberg bei Wolfgang Alt, auch in Baden. Nebbiolo wird in Mexiko und Argentinien angebaut, in Brasilien, in der Schweiz und in den Vereinigten Staaten. Nebbiolo ergibt kraftvolle, tanninbetonte Weine.

NERONET...tschechische Neuzüchtung aus den sechziger Jahren. Neronet wird vor allem in Tschechien und in der Slowakei angebaut, kleine Flächen gibt es auch in Österreich und Ungarn. Auch in Deutschland wird Neronet angebaut, heute auf 7 Hektar, vor allem in Rheinhessen.

NOBLING...1939 in Freiburg aus Silvaner und Gutedel gekreuzt. Nobling wurde in den siebziger und achtziger Jahren vor allem im Markgräflerland angebaut, entwickelte sich neben Gutedel zur zweiten Markgräfler Weinspezialität. Heute gibt es noch ein Drittel der einstmals 150 Hektar, Nobling ist im Anbau weiterhin rückläufig. Nobling wird teils trocken, teils süß und edelsüß ausgebaut, liefert als Sekt immer wieder sehr gute Ergebnisse, z.B. bei Dörflinger, Frick oder Engler.

OPTIMA...1930 am Geilweilerhof aus (Riesling x Silvaner) und Müller-Thurgau gezüchtet. Optima erfreute sich einst großer Beliebtheit in allen deutschen Anbaugebieten, vor allem in Rheinhessen, an der Nahe und an der Mosel, von den einst 500 Hektar sind heute noch 30 Hektar übrig geblieben. Optima wird wegen der frühen Reife oft für Federweißer genutzt. Als Wein findet man Optima meist süß oder edelsüß ausgebaut.

ORION...pilzresistente Neuzüchtung vom Geilweilerhof, 1964 gekreuzt aus Optima und Villard Blanc. In Deutschland wird Orion auf 2 Hektar angebaut, überwiegend in Rheinhessen. Außerhalb Deutschlands findet man kleine Flächen in der Schweiz, in England und in Dänemark.

ORTEGA...1948 in Veitshöchheim aus Müller-Thurgau und Siegerrebe gekreuzt und nach José Ortega y Gasset benannt. Ortega erfreute sich in den siebziger und achtziger Jahren großer Beliebtheit, wurde damals auf weit über 1.000 Hektar angebaut, heute gibt es weniger als 500 Hektar in ganz Deutschland, vor allem in Rheinhessen und in der Pfalz, aber auch an der Mosel, in Franken und an der Nahe. Ortega wird meist süß und edelsüß ausgebaut, kann hervorragende edelsüße Weine ergeben wie z.B. bei Scherner-Kleinhanss in Flörsheim-Dalsheim. Ortega-Weine weisen oft deutliche Zitrusfruchtnoten (Grapefruit, auch Orangenschalen) auf.

OSTEINER...Geisenheimer Neuzüchtung, gekreuzt 1928 aus Riesling und Silvaner, aber erst 1984 in die Sortenliste eingetragen. In den achtziger und neunziger Jahren wurde Osteiner auf wenigen Hektar in verschiedenen deutschen Anbaugebieten angepflanzt, ebenso in Neuseeland, heute ist Osteiner bedeutungslos.

PALAS...eine der sechs Weinsberger Rotweinzüchtungen, die 1999 der Öffentlichkeit vorgestellt wurden, eine Kreuzung aus Blaufränkisch und Teinturier du Cher (und nicht aus Trollinger und Rubintraube, wie ursprünglich von den Züchtern angegeben). Palas ist deutlich weniger erfolgreich als die anderen so genannten „Weinsberger Neuzüchtungen", wird auf 7 Hektar angebaut.

PERLE...die in den zwanziger Jahren aus Gewürztraminer und Müller-Thurgau gekreuzte Rebsorte konnte sich nach anfänglichen Anbauerfolgen in verschiedenen Regionen (insbesondere Franken) nicht durchsetzen und ist heute nur noch selten zu finden (knapp 30 Hektar), vor allem in Rheinhessen und Franken (Saaletal).

PETIT VERDOT...rote, spätreifende Sorte aus Bordeaux, die dort nur eine untergeordnete Rolle in Cuvées spielt. Geringe Anpflanzungen versuchsweise in Deutschland (Aldinger, Peth-Wetz). Inzwischen weltweit zu finden, vor allem in Australien (relativ viele reinsortige Weine), aber auch in Spanien, Italien, Südafrika, Chile, Argentinien und Kalifornien, eigentlich überall dort, wo man „Bordeaux Blends" erzeugt.

PHOENIX...pilzresistente Neuzüchtung vom Geilweilerhof (Kreuzung aus Bacchus und Seyve Villard 12-375), die Weißweine mit dezentem Muskataroma ergibt. Seit 1994 für Rheinland-Pfalz und Saarland als erste pilzresistente Rebsorte klassifiziert.

PINOT BLANC...internationale Bezeichnung für Weißer Burgunder, inzwischen hin und wieder auf deutschen Etiketten zu finden.

PINOT GRIGIO...italienische Bezeichnung für Grauer Burgunder, im Rahmen des Pinot Grigio-Booms einige Male auch auf deutschen Etiketten zu finden.

PINOT GRIS...internationale Bezeichnung für Grauburgunder, ab und an auf deutschen Etiketten zu finden.

PINOT MADELEINE...in Frankreich übliche Bezeichnung für Frühburgunder, heute gelegentlich auf deutschen Etiketten zu finden.

PINOT MEUNIER...internationale Bezeichnung für Schwarzriesling, heute immer öfter auch auf deutschen Etiketten zu finden.

PINOT NOIR...internationale Bezeichnung für Spätburgunder, heute immer öfter auch auf deutschen Etiketten zu finden.

PINOT NOIR PRÉCOCE...Frühburgunder

PINOTAGE...Südafrikanische Neuzüchtung aus Cinsault (damals in Südafrika gelegentlich Hermitage genannt) und Pinot Noir, in Südafrika weit verbreitet: Inzwischen versuchsweise auch in Deutschland angebaut, beim Staatsweingut Weinsberg, auch in der Pfalz.

PINOTIN...Schweizer Neuzüchtung aus Pinot Noir, pilzresistent, gelegentlich auch sortenrein zu finden, mit interessanten Ergebnissen.

PIROSO...pilzresistente Neuzüchtung aus Freiburg aus dem Jahr 1980. Piroso wird seit einigen Jahren vor allem bei biologisch arbeitenden Betrieben angebaut, derzeit auf etwa 5 Hektar, auch in der Schweiz ist Piroso bei einigen Weingütern im Anbau.

PORTUGIESER...auch: Blauer Portugieser. Lange Jahre war Portugieser im Anbau rückläufig, weil er zu farbschwache Rotweine ergibt. Mit dem allgemeinen Rotweinboom stieg kurzzeitig auch wieder die Anbaufläche von Portugieser, nimmt inzwischen aber stark ab (3.800 Hektar). Vor allem in Rheinhessen und der Pfalz ist er verbreitet, aber auch in anderen deutschen Weinbauregionen ist er zu finden. Einige Winzer zeigen, dass bei Ertragsbeschränkung sehr interessante Rotweine möglich sind. Recht wenig genutzt wird noch das Potential der Rebsorte für Rosés. Auch barriqueausgebaute Portugieser können recht interessant sein (z.B. bei Gallé in Rheinhessen, Langenwalter in der Pfalz). Außer in Deutschland ist Portugieser insbesondere im Donauraum verbreitet, vor allem in Ungarn, Kroatien, Slowenien und Österreich.

PRIMERA...pilzresistente Rebsorte aus Geisenheim, die einen recht neutralen Wein ergibt.

PRINZIPAL...pilzresistente Neuzüchtung, bisher ganz selten anzutreffen (am ehesten in Rheinhessen). Die wenigen von uns bisher verkosteten Weine fielen durch – eher unangenehme – blumig-duftige Noten im Bouquet auf.

PRIOR...pilzresistente Neuzüchtung aus Freiburg, bei einigen Ökoweingütern im Anbau, ist uns bisher aber noch nicht reinsortig begegnet.

RÄUSCHLING...Alte Rebsorte, die früher unter verschiedenen Namen in ganz Deutschland zu finden war, auch im Elsass und der Ostschweiz; aus uralten Reben wird seit 2009 von den Zeller Abtsberg Winzern ein reinsortiger Räuschling angeboten.

REBERGER...Reberger wurde in den achtziger Jahren am Geilweilerhof als Kreuzung aus Regent und Lemberger gezüchtet. Sie wird vereinzelt in der Pfalz, in Rheinhessen, an der Mosel und in Württemberg angebaut, Steffen Montigny hat Reberger in

seinem Weinberg in Schleswig-Holstein angepflanzt.

REGENT...Pilzresistente Sorte, die sich in allen Anbaugebieten steigender Beliebtheit erfreut, nicht nur bei Ökowinzern, über 2.000 Hektar inzwischen. Liegt heute bei Neuanpflanzungen an erster Stelle, noch vor Dornfelder. Vom Geilweilerhof aus Diana (Geilweilerhof-Züchtung aus Silvaner und Müller-Thurgau) und Chambourcin gekreuzt. Einigen wenigen sehr guten Weinen (meist barriqueausgebaut), die wir in den letzten Jahren probieren konnte, z.B. Parfum der Erde in Württemberg, Schmitt in der Pfalz, Kühn, Walter, Rainer Zang und Felshof in Franken, WG Auggen, Engelhof, Hummel und Winter in Baden, Knobloch in Rheinhessen, stehen viele allzu einfache, manchmal aufdringlich duftige Weine gegenüber.

REGNER...in den zwanziger Jahren in Alzey gezüchtet. Ergibt weiche etwas säurearme Weine mit ganz leichter Muskatnote. Der Großteil der heute etwa 30 Hektar steht in Rheinhessen. Die Weine zeigen eine dem Müller-Thurgau ähnliche dezente Muskatnote. Recht selten reinsortig zu finden (z.B. bei Georg Jung).

REICHENSTEINER...Geisenheimer Neuzüchtung aus den dreißiger Jahren. Knapp 80 Hektar noch im Anbau (Tendenz weiter abnehmend), vor allem in Rheinhessen, aber auch an der Mosel.

RIESLANER...die in den zwanziger Jahren in Würzburg aus Silvaner und Riesling gekreuzte Sorte hat sich als Spezialität in Franken etabliert, vor allem für süße und edelsüße Weine. Auch in der Pfalz (Pfeffingen, Müller-Catoir, Schaefer, Kuhn) und in Rheinhessen (Klaus Keller), insgesamt etwa 80 Hektar im Anbau. Auch trocken manchmal sehr gut, interessanter aber edelsüß, wo Rieslaner große Weine erbringen kann.

RIESLING...auch: Weißer Riesling, Klingelberger (in der Ortenau). Riesling ist seit einigen Jahren die meistangebaute Rebsorte in Deutschland. Grund hierfür ist der starke Rückgang bei der bisherigen Nummer Eins, dem Müller-Thurgau. Denn Riesling selbst ist im Anbau leicht rückläufig. Riesling kann von trocken bis edelsüß exzellente Weine ergeben. Außerhalb Deutschlands gibt es nennenswerten Rieslinganbau im Elsass, in Österreich, in Norditalien (Riesling Renano, nicht zu verwechseln mit Riesling Italico, dem Welschriesling), in Neuseeland und Australien.

RIVANER...siehe Müller-Thurgau.

RONDO...pilzresistente Neuzüchtung, in den sechziger Jahren in der ehemaligen Tschechoslowakei aus St. Laurent und Zarya Severa (eine asiatische Rebe) gezüchtet. Wird heute in Geisenheim betreut und vor allem in Rheinhessen (Schönhals) bei einer Reihe von Winzern angebaut.

ROSENMUSKATELLER...in Italien: Moscato Rosa. Rosenmuskateller ist eine Spezialität aus Südtirol, wird in kleinem Umfang auch in Friaul und in Österreich angebaut. In Deutschland findet man Rosenmuskateller bei einigen Weingütern In Rheinhessen. Rosenmuskateller besitzen ein intensives Muskatbouquet und werden meist süß ausgebaut, trocken ausgebaute Weine weisen oft etwas bittere Tannine auf.

ROTBERGER...1928 in Geisenheim aus Trollinger und Riesling gezüchtet, 1971 in die Sortenliste eingetragen. Rotberger wird vor allem im Rheingau, in Rheinhessen, an der Hessischen Bergstraße, an der Nahe und an der Ahr angebaut. Rotberger ist im Anbau leicht rückläufig, wird heute noch auf 12 Hektar angebaut. Rotberger ergibt recht hellrote Weine (Rosés), ähnlich dem Trollinger, wird auch als Sekt ausgebaut.

ROTER ELBLING...nach dem deutschen Weingesetz als Weißwein klassifiziert, obwohl eher als Rosé anzusehen. Der Unterschied zum Weißen Elbling liegt in der Verfärbung der Beeren. Die Mostgewichte sind ein klein wenig höher, die Säure ist ein klein wenig niedriger. Der Rote Elbling ist eine Spezialität der Obermosel.

ROTER GUTEDEL...Mutation des Weißen Gutedel, die in der deutschen Sortenliste als Weißwein geführt wird. Der Wein gleicht dem Weißen Gutedel, bei geringfügig niedrigerer Säure.

ROTER MUSKATELLER...Mutation des Gelben Muskatellers, mit dunkleren Beeren. Recht selten anzutreffen.

ROTER RIESLING...Variante des Weißen Riesling, dessen Beeren sich rotviolett verfärben. Bis ins 19. Jahrhundert in Deutschland im gemischten Anbau anzutreffen, seit 1996 von der Forschungsanstalt Geisenheim wieder betreut (z.B. bei Corvers-Kauter, Prinz, Bernhard Ellwanger).

ROTER SILVANER...eine Variante des Grünen Silvaners (nicht zu verwechseln mit dem Blauen Silvaner), die beim Zehnthof in Sulzfeld wieder angebaut wird und mit dem Jahrgang 2015 erstmals als reinsortiger Wein auf den Markt kam.

ROTER TRAMINER...auch Clevner (Ortenau). Spielart des Gewürztraminers, die vor allem in der Ortenau und in der Steiermark zu finden ist. Immer interessant sind die Weine von Andreas Laible.

RUBINET...in Brünn gekreuzt aus (Revolta x Alibernet) und André. Rubinet wird vor allem in Tschechien angebaut, in Deutschland gibt es 15 Hektar, vor allem in Rheinhessen und an der Mosel.

RULÄNDER...früher übliche Bezeichnung für Grauer Burgunder, noch heute gelegentlich auf Etiketten zu finden, vor allem für restsüße Weine.

SAINT LAURENT...siehe Sankt Laurent.

SAMTROT...wohl eine Mutation aus dem Schwarzriesling, der vor allem in der Gegend um Heilbronn, aber auch im Remstal anzutreffen ist. Im Geschmack deutliche Verwandtschaft mit Spätburgunder und Schwarzriesling. Starke Weine z.B. von Wachtstetter, Zimmerle, Schnaitmann, Aldinger, Dautel, Kistenmacher-Hengerer, Weinfactum oder Sonnenhof.

SANGIOVESE...wichtigste rote Sorte in der Toskana. Wird versuchsweise auch in Deutschland angebaut, früher manchmal reinsortig bei Philipp Kuhn.

SANKT LAURENT...auch: Saint Laurent. Eine ursprünglich fast ausschließlich in der Südpfalz anzutreffende Sorte (ganz stark bei Bernhart, Jülg, Heiner Sauer), die inzwischen auch im Norden der Pfalz (Knipser, Kuhn, Corbet, Eymann, Pfleger) und in Rheinhessen immer häufiger anzutreffen ist. Kleine Flächen auch in anderen deutschen Anbaugebieten, z.B. Kraichgau (Klumpp), Franken (Kühn), Württemberg (Heid), Nahe (Montigny), Hessische Bergstraße (Rothweiler, Bergsträsser Winzer) oder Kaiserstuhl (Fischer). Insgesamt 670 Hektar im Anbau. Sie ergibt eigenständige Rotweine mit guter Substanz und eindringlicher Frucht, teils mit fleischigen Noten. In Zukunft sicherlich interessant auch für Cuvées. Im Burgenland weit verbreitet, auch in einigen osteuropäischen Ländern im Anbau.

SAPHIRA...pilzresistente Weißweinneuzüchtung aus Geisenheim, die man bei einigen rheinhessischen Winzern (z.B. Schönhals) im Anbau findet. Aus Arnsburger (Kreuzung aus zwei Rieslingklonen) und Seyve Villard (Klon 1-72) gekreuzt. Im Bouquet sind die Weine eigenwillig blumig, im Mund dann recht neutral.

SAUVIGNON BLANC...Rebsorte von der Loire und aus Bordeaux, die weltweit verbreitet ist. In Deutschland seit 1830 beim Weingut Graf Wolff Metternich in Durbach angebaut. Heute mit rasantem Wachstum immer häufiger in Deutschland zu finden (etwa 750 Hektar), insbesondere in Baden (Ortenau, Kaiserstuhl, Bodensee), der Pfalz und in Rheinhessen; auch im Remstal erfreut er sich steigender Beliebtheit (wo er – angeblich – schon früher unter ihrem auch in der Steiermark verwendeten Namen Muskat-Sylvaner angebaut wurde). Ganz faszinierend bei Schnaitmann, Aldinger, Wöhrwag, beiden Ellwangers, Heid, Drautz-Able, Beurer; sehr gut auch bei Knipser, Kuhn, Mosbacher, von Winning, Zeter oder Weik. Leider allzu häufig bisher entweder recht neutrale oder aber blumige und süße (restsüße) Weine.

SAUVIGNON CITA...1969 in Weinsberg aus Sauvignon Blanc und Weißer Riesling gekreuzt, aber erst seit 2013 zugelassen. Sauvignon Cita befindet sich bei 15 Weingütern im Versuchsanbau, auf 1,3 Hektar.

SAUVIGNON GRIS...Spielart des Sauvignon Blanc, z.B. bei Klopfer, Knipser, Schloss Ortenberg.

SCHEUREBE...auch als Sämling 88 (in Österreich) bezeichnet. Zeichnet sich oft durch ihr Bouquet von schwarzen Johannisbeeren, auch Holunder und etwas Grapefruit aus. Für alle Weintypen geeignet, von trocken (Franken!, z.B. bei Wirsching, Felshof, Knoll; aber auch bei Laible in der Ortenau, bei Schlumberger im Markgräflerland) bis edelsüß (Keller, Laible). Ganz brillant oft als Eiswein (z.B. bei Pfeffingen). In ganz Deutschland verbreitet mit noch 1.500 Hektar, im Anbau rückläufig.

SCHÖNBURGER...1939 in Geisenheim aus Spätburgunder und einer italienischen Tafeltraube gekreuzt, 1980 in die Sortenliste eingetragen. Heute gibt es noch 16 Hektar im Anbau, vor allem in Rheinhessen, wird aber nur selten reinsortig ausgebaut, z.B. beim Weingut Brandt in Rheinhessen oder bei Bruno Bienert in Volkach. Schönburger erinnert im Bouquet ganz dezent an Muskat oder Traminer (der ursprünglich vorgesehene Name Rosa Muskat wurde vom Bundessortenamt abgelehnt).

SCHWARZRIESLING...seltener auch: Müllerrebe. Der „Pinot Meunier" der Champagne wird in Deutschland vor allem in Württemberg, im Kraichgau (z.B. bei Hummel) und an der Badischen Bergstraße (Seeger) angebaut, auf knapp 2.200 Hektar. Auch in der Pfalz, in Rheinhessen und in Franken ist er immer häufiger zu finden. Schwarzriesling eignet sich auch sehr gut zur Sektherstellung.

SEPTIMER...1927 in Alzey aus Gewürztraminer und Müller-Thurgau gekreuzt, 1971 in die Sortenliste eingetragen wurde Septimer in den siebziger und achtziger Jahren vor allem in Rheinhessen angebaut. Septimer hat sich nicht durchgesetzt, wird in der Anbaustatistik noch mit 1 Hektar ausgewiesen.

SHIRAZ...siehe Syrah.

SIEGERREBE...1929 in Alzey aus Madeleine Angevine und Gewürztraminer gekreuzt, 1958 in die Sortenliste eingetragen. Ende der achtziger Jahre gab es weit über 200 Hektar Siegerrebe, seither ist der Anbau stetig zurückgegangen, die heute mit Siegerrebe bepflanzte Rebfläche liegt deutlich unter 100 Hektar. Sie wird vor allem in Rheinhessen und in der Pfalz angebaut, außerhalb Deutschlands in England und Belgien. Siegerrebe ist recht würzig im Bouquet, wird meist süß und edelsüß ausgebaut, kann sehr gute edelsüße Weine ergeben, z.B. bei Neef-Emmich.

SILCHER...1951 in Weinsberg aus Kerner und Silvaner gezüchtet, benannt nach dem Komponisten Friedrich Silcher. Silcher war vereinzelt in Württemberg und Baden zu finden, hat sich aber nicht durchgesetzt, 1 Hektar wird noch in Deutschland angebaut.

SILVANER...auch: Grüner Silvaner oder Sylvaner. Silvaner, früher auch als „Franken" oder „Österreicher" bezeichnet, verdrängte im 19. Jahrhundert den dominierenden Elbling aus den Weinbergen und war bis in die sechziger Jahre des 20. Jahrhunderts die wichtigste Rebsorte in Deutschland. In allen deutschen Anbaugebieten zu finden, mit Schwerpunkten in Rheinhessen („RS-Rheinhessen-Silvaner"), Franken, Pfalz und am Kaiserstuhl. Je nach Boden sehr verschieden im Geschmack, ergibt Silvaner sehr gute Tischweine und teils brillante edelsüße Weine (Franken, vor allem bei Horst Sauer, auch Schloss Schönborn, immer öfter auch in Rheinhessen). Außerhalb Deutschlands findet man Silvaner z.B. im Elsass, in der Schweiz, in Österreich, in Südtirol (Eisacktal), sowie in den meisten osteuropäischen Weinbauländern.

SIRIUS...pilzresistente Neuzüchtung vom Geilweilerhof, aus Bacchus und Villard Blanc. Sirius hat sich bisher nicht durchgesetzt.

SOLARIS...pilzresistente Neuzüchtung, 1983 in Freiburg aus Merzling und Gm 6493 gekreuzt. Solaris Ist inzwischen in fast allen deutschen Anbaugebieten zu finden, vor allem in Baden, aber auch in Sachsen und in der Pfalz, es gibt bereits 130 Hektar im Anbau. Außerhalb Deutschlands wird Solaris beispielsweise in der Schweiz, in Südtirol, im Trentino, in Ungarn, in den Niederlanden und in Dänemark angebaut. Solaris zeichnet sich durch frühe Reife und hohe Mostgewichte aus, wird oft für die Erzeugung von Federweißer oder von edelsüßen Weinen genutzt und ist auch als Tafeltraube geeignet.

SOUVIGNIER GRIS...pilzresistente Neuzüchtung aus Freiburg, 1983 aus Cabernet Sauvignon und Bronner gekreuzt. Souvignier Gris ist vor allem bei einigen biologisch arbeitenden Betrieben in verschiedenen deutschen Anbaugebieten zu finden, z.B. beim Weingut Huster in Rheinhessen. Außerhalb Deutschlands gibt es Souvignier Gris in der Schweiz, in Frankreich, in Südtirol, in Österreich und in den Niederlanden.

SOUVIGNON GRYN...1969 in Weinsberg aus Sauvignon Blanc und Weißer Riesling gekreuzt, aber erst seit 2013 zugelassen. Sauvignon Gryn befindet sich bei 25 Weingütern im Versuchsanbau, gut 2 Hektar insgesamt, vor allem in Württemberg, in der Pfalz und in Rheinhessen, z.B. in Württemberg bei Golter in Ilsfeld.

SOUVIGNON SARY...1970 in Weinsberg aus Weißer Riesling und Sauvignon Blanc gekreuzt, aber erst seit 2013 zugelassen. Sauvignon Sary befindet sich bei 17 Weingütern im Versuchsanbau, auf 1,65 Hektar, vor allem in Württemberg, in der Pfalz und in Rheinhessen.

SPÄTBURGUNDER...auch: Blauer Spätburgunder, Pinot Noir, Blauburgunder. Die meistangebaute deutsche Rotweinsorte (knapp 12.000 Hektar). Ist in Baden und an der Ahr die Nummer 1 und in allen deutschen Anbaugebieten zu finden. Sehr bekannt ist der Spätburgunder aus Assmannshausen im Rheingau. Auch die Spätburgunder in der Pfalz bringen Jahr für Jahr überzeugende Ergebnisse, ebenso in Württemberg und in Franken (z.B. bei Fürst). Viele Spitzenweine kommen derzeit aus Baden. Noch zu wenig genutzt wird in Deutschland das Potential von Pinot Noir (eine der drei für die Erzeugung von Champagner genutzten Rebsorten) für Sekt. Sehr beliebt in Deutschland derzeit als „Blanc de Noir", das heißt weißgekeltert (was vielleicht daran liegt, dass man allzu viele Weinfreunde unter der Bezeichnung Weißherbst mit Abfallprodukten malträtiert hat).

STAUFER...pilzresistente Neuzüchtung vom Geilweilerhof aus Bacchus und Villard Blanc, 1994 in die Sortenliste eingetragen. Staufer ist bei einigen ökologisch arbeitenden Betrieben im Anbau, hat sich aber nicht durchgesetzt, gerade einmal 1 Hektar ist in Deutschland mit Staufer bepflanzt.

Sylvaner…in letzter Zeit häufiger anzutreffende Schreibweise für Silvaner.

Syrah…gelegentlich auch: Shiraz. Rhone-Sorte, die schon lange in Übersee für Furore sorgt und in den letzten Jahren versuchsweise auch bei deutschen Winzern zu finden ist (vor allem in der Pfalz, z.B. bei Knipser – mit immer überzeugenden Weinen, bei Stortz-Nicolaus, Brenneis-Koch, Neiss, Stachel). Wird inzwischen auch in Württemberg (z.B. Jürgen Ellwanger, Bernhard Ellwanger, Schnaitmann, Wachtstetter, Funk), Rheinhessen (z.B. Kühling-Gillot) oder Baden (z.B. Fritz Waßmer, Hermann, Martin Waßmer) angebaut; knapp 50 Hektar im Anbau.

Tauberschwarz…früher auch als Blauer Hängling bekannt. Alte Rotweinsorte, die fast ganz verschwunden war, bevor sie wieder züchterisch betreut wurde. Sie ist ausschließlich im Taubertal zu finden, wo sie heute als Spezialität wieder häufiger angebaut wird (14 Hektar), z.B. bei Hofmann in Röttingen, wo man auch erstmals Tauberschwarz im Barrique ausgebaut hat. Sie ergibt leichte, recht helle Rotweine mit feinem Duft, bei Ertragsreduzierung sind kräftigere Weine möglich. Gelegentlich auch in Tschechien und Kroatien zu finden.

Tempranillo…die bekannte spanische Rotweinsorte findet sich in der Pfalz im Versuchsanbau. Reinsortiger Tempranillo z.B. beim Weingut Jürgen Leiner in der Südpfalz.

Trollinger…in Südtirol als Vernatsch (oder Schiava) in mehreren Spielarten bekannt, spielt Trollinger in Deutschland nur in Württemberg eine wichtige Rolle, wo er die meistangebaute Rebsorte ist. Ganz selten einmal in der Südpfalz anzutreffen. Manche Erzeuger versuchen heute weichere, sanftere Weine zu erzeugen (durch malolaktische Gärung). Wir sehen das Potenzial von Trollinger vor allem darin „internationale Roséweine" zu erzeugen, d.h. nicht die traditionellen Trollinger Weißherbste, sondern frucht- und farbintensivere Rosés, die mit typischem, feinen Kirschenduft bezaubern. Interessant auch als Sekt.

Urban…Blauer Urban. Alte Rebsorte, die wohl aus Süddeutschland oder Südtirol stammt, verwandt mit dem Trollinger. Früher weit verbreitet, meist im Mischsatz angebaut. Reinsortig bei Adelmann.

Weissburgunder…auch Weißer Burgunder, international als Pinot Blanc bezeichnet. Derzeit die weiße „In-Sorte" in Deutschland mit den stärksten Zuwachsraten von allen Weißweinsorten. In allen Anbaugebieten im Vormarsch mit zunehmend interessanteren Weinen, auch barriqueausgebaut, aus vielen Anbauregionen. Die meisten Topweine kommen derzeit vom Kaiserstuhl, aber auch sonst in Baden sehr gute Ergebnisse, wie z.B. im Markgräflerland. Immer besser werden auch Weißburgunder aus der Südpfalz und aus Franken. Außerhalb Deutschlands vor allem im Elsass und in Norditalien (Südtirol, Trentino, Friaul, Franciacorta) zu finden, aber auch in Österreich und den meisten osteuropäischen Anbaugebieten.

Weisser Gutedel…siehe Gutedel.

Weisser Riesling…siehe Riesling.

Wildmuskat…von Gerhard Strecker (Weingut Amalienhof, Württemberg) nach Aussaat von 200.000 Lemberger-Kernen über Jahre hinweg selektioniert. Der erste Wein kam 1991 in den Verkauf, unter dem Namen Muskat-Lemberger. Da dieser Name vom Bundessortenamt abgelehnt wurde, kommt der Wein seit 2003 als Wildmuskat auf den Markt. Hohe Mostgewichte und Extrakte sind typisch für den Wildmuskat, ebenso die deutliche, namensgebende Muskatnote. Der Amaliehof bietet Jahr für Jahr sehr interessante Weine an, trocken wie restsüß. Unser Favorit: Barriqueausgebauter Wildmuskat!

Würzer…1932 in Alzey aus Gewürztraminer und Müller-Thurgau gekreuzt, aber erst 1978 in die Sortenliste eingetragen. Von den weit über 100 Hektar, die es einmal in Deutschland gab, sind noch gut 50 Hektar übrig geblieben, vor allem in Rheinhessen und an der Nahe. Würzer-Weine besitzen ein feines Bouquet, das manchmal etwas an Muskat, ein anderes Mal wieder mehr an Traminer erinnert. Würzer wird meist süß oder edelsüß ausgebaut.

Zähringer…1939 in Freiburg gekreuzt aus Roter Traminer und Riesling. Zähringer hat sich nicht durchgesetzt und ist heute so gut wie gar nicht mehr zu finden.

Zweigelt…auch: Zweigeltrebe, Blauer Zweigelt. In den zwanziger Jahren in Klosterneuburg in Österreich aus Blaufränkisch und Sankt Laurent gekreuzt. Erfolgreichste Neuzüchtung in Österreich, wo sie vor allem im Burgenland angebaut wird. Immer häufiger auch in Ungarn zu finden. In Deutschland vor allem bei einzelnen Winzern in Württemberg (insbesondere im Remstal) im Anbau, wo sie sowohl reinsortig als auch in Cuvées sehr interessante Weine ergibt (z.B. bei Haidle, Jürgen Ellwanger oder Zimmerle). Auch im Anbaugebiet Saale-Unstrut zu finden mit immer besser werdenden Weinen, z.B. bei Gussek; über 100 Hektar im Anbau.

ORTSVERZEICHNIS

H

I

J

K

Kirsten
F.J. **Regnery**
Koblenz
Schwaab
Königswinter
Pieper
Köwerich
Josef **Linden**
Konz-Filzen
König Johann
Reverchon
Konz-Oberemmel
von **Hoevel**
Willems-Willems
Korb
Schwegler
Singer-Bader
Zimmerle
Kraichtal
Klenert
Kreuzwertheim
Alte Grafschaft
Kröv
Bernd **Hermes**
Hüls
H.-J. **Junglen**
Knodt-Trossen
Michael **Trossen**
Kronau
Rudolf **Bosch**
Kürnbach
GravinO
Plag

L

Lahr
Wöhrle
Landau
Villa **Hochdörffer**
Landau-Godramstein
Münzberg
Landau-Mörzheim
Klundt
Dr. Andreas **Kopf**
Jürgen **Stentz**
Landau-Nußdorf
Gerhard **Hochdörffer**
Thomas **Pfaffmann**
Landau-Wollmesheim
Pfirmann
Langenlonsheim
Clemens **Honrath**
Tesch
Im **Zwölberich**
Laucha
Alte Zuckerfabrik
Lauda-Beckstein
Strebel
Laubenheim
Montigny
Lauffen
Hirschmüller
Michael **Schiefer**
Seybold
Laumersheim
Knipser
Philipp **Kuhn**
Zelt
Leimen
Seeger
Leinfelden-Echterdingen
Weinfamilie **Fendt**
Leingarten
Hirsch
Weinreuter
Leinsweiler
Siegrist
Leiwen
Berweiler-Merges
Grans-Fassian
Köwerich
Loersch
Carl **Loewen**
Josef **Rosch**
St. Nikolaus-Hof
Heinz **Schmitt** Erben
Nik **Weis** St. Urbans-Hof
O. **Werner** & Sohn
Leutesdorf
Selt
Lieser
Kochan-Platz
Schloss **Lieser**
Axel **Pauly**
Ulrich **Schumann**
Lisberg
KL-Weine
Löchgau
Fritz **Funk**
Weigel
Löwenstein
Bihlmayer
Zipf
Lorch
Altenkirch
Graf von **Kanitz**
Paul **Laquai**
Mohr
Weiler
Wurm
Lottstetten-Nack
Clauß
Ludwigsburg
Herzog v. **Württemberg**
Ludwigshöhe
Brüder Dr. **Becker**
Lamberth

M

Maikammer
Dengler-Seyler
Hollerith
Immengarten Hof
Schädler
Erich **Stachel**
Mainstockheim
Burrlein
Mainz
Flik
Mainz-Ebersheim
Dr. Eva **Vollmer**
Mainz-Hechtsheim
Mirjam **Schneider**
Malsch
Bernd **Hummel**
Malterdingen
Bernhard **Huber**
Mannweiler-Cölln
Hahnmühle
Margetshöchheim
Scheuring
Marienthal (Ahr)
Paul **Schumacher**
Maring-Noviand
Zur **Römerkelter**
Mauchen
Lämmlin-Schindler
Mayschoß
Deutzerhof
WG **Mayschoß**
Meckenheim
Braun
Meddersheim
Bamberger
Hexamer
Meersburg
Aufricht
Geiger
Mehring
Hoffranzen
Meisenheim
Reinhold **Barth**
Meißen
Vincenz **Richter**
Merdingen
Bärmann
Kalkbödele
St. Remigius
Mertesdorf
Erben von **Beulwitz**
Karlsmühle
Maximin Grünhaus
Rinke
Merzhausen bei Freiburg
Stiftungsweingut **Freiburg**
Mettenheim
Becker
Sander
Daniel **Schmitt**
Minheim
Christoph **Koenen**
Molitor – Rosenkreuz
Mölsheim
Full
Mörstadt
Kinges-Kessel
Mommenheim
Werther-Windisch
Monsheim
Karl-Hermann **Milch**
Monzernheim
Helmut **Geil**
Weedenborn
Monzingen
Alt
Emrich-Schönleber
Weber
Mülheim
Bauer
Becker-Steinhauer
Bottler
Dr. **Leimbrock**
Müllheim
Hermann **Dörflinger**
Engler
Münster-Sarmsheim
Carl **Adelseck**
Göttelmann
Kruger-Rumpf

N

Nackenheim
Gunderloch
Naumburg
Gussek
Hey
Neckarsulm
Berthold
Holzapfel
Neuleiningen
Sonnenberg
Neumagen-Dhron
A.J. **Adam**
Neustadt
Frank **John**
Neustadt-Diedesfeld
Corbet
Stortz-Nicolaus
Neustadt-Duttweiler
Bergdolt St. Lamprecht
Bergdolt-Reif & Nett
Neustadt-Gimmeldingen
Christmann
Johann F. **Ohler**
Neustadt-Haardt
Müller-Catoir
Oliver **Zeter**
Neustadt-Hambach
Georg **Naegele**
Neustadt-Mußbach
Johannitergut
Weik
Niederhausen
Franzmann
Gabelmann
Gut **Hermannsberg**
Niederhorbach
Viermorgen
Niederkirchen
Fusser
Winterling
Nierstein
Lisa **Bunn**
Guntrum
Fritz Ekkehard **Huff**
Georg Gustav **Huff**
Julianenhof

Wagner-Stempel
Zimmermann
Sinsheim-Weiler
Nägele
Sommerach
Richard **Östreicher**
Winzer **Sommerach**
Then
Georg **Zang**
Zehnthof - Fam. Weickert
Sommerhausen
Felshof
Schloss **Sommerhausen**
Artur **Steinmann**
Spay
Matthias **Müller**
Weingart
Spiesheim
Becker
Sprendlingen
Fritzsch & Sohn
Stadecken-Elsheim
Elsheimer Tempelchen
Udo & Timo **Eppelmann**
Hedesheimer Hof
Posthof – Doll & Göth
Stammheim
Dereser
Scheller
Staufen
Peter **Landmann**
Michael **Wiesler**
Staufen-Wettelbrunn
W. **Löffler**
Steinheim-Kleinbottwar
Adelmann
Forsthof
Reinhard **Schäfer**
Straubenhardt
Rüdiger
Stuttgart
Collegium Wirtemberg
Christel **Currle**
Haller
Fabian **Rajtschan**
Rux
Schwarz
Weinmanufaktur **Untertürkheim**
Weinfactum
Wöhrwag
Sulzburg-Laufen
H. **Schlumberger**
Rainer **Schlumberger**
Sulzfeld (Baden)
Burg **Ravensburg**
Sulzfeld (Franken)
Augustin
Brennfleck
Roland **Staudt**
Zehnthof – Luckert

T

Talheim
Kurz-Wagner
Teningen-Heimbach
Gallushof
Theilheim
H. **Deppisch**
Thörnich
Hermann-Josef **Botzet**
Gebr. **Ludwig**
Familie **Rauen**
Thüngersheim
Schwab
Traben-Trarbach
Christian **Bindges**
Richard **Böcking**
C.A. **Haussmann**
Louis **Klein**
Ulrich **Langguth**
Dr. **Melsheimer**
Römerhof
Traisen
Dr. **Crusius**
Triefenstein-Homburg
Alfred **Blank**
Huller
Trier
Bischöfliche Weingüter Trier
Karthäuserhof
Trittenheim
Heribert **Boch**
Ansgar **Clüsserath**
Christoph **Clüsserath**
Ernst **Clüsserath**
Clüsserath-Eifel
Clüsserath-Weiler
Bernhard **Eifel**
Ernst **Eifel**
Franz-Josef **Eifel**
Claes **Schmitt** Erben

U

Überlingen
Kress
Uelversheim
Götz
Kissinger
Stallmann-Hiestand
Undenheim
Georg **Jung**
Ürzig
Joh. Jos. **Christoffel**-Erben
Karl **Erbes**
Mönchhof
Rebenhof

V

Vaihingen
Kinzinger
Sonnenhof
Vendersheim
Beiser
Neverland
Venningen
Der **GlücksJäger**
Vogtsburg (Alt-Vogtsburg)
Hermann
Volkach
Bruno **Bienert**
Walter **Erhard**
Max **Müller I**
Römmert
Schloss **Schönborn**
Zur **Schwane**

W

Wachenheim (Pfalz)
Zimmermann
Wahlheim
Arno **Schröder**
Waiblingen-Neustadt
Häußermann
Waldböckelheim
Emmerich-Koebernik
Waldkirch-Buchholz
Moosmann
Waldrach
Heinrich **Mertes**
Walheim
Eberhard **Klein**
Wallhausen
Bicking&Bicking
Prinz zu **Salm-Dalberg**
Walsheim
Karl **Pfaffmann**
Weil am Rhein
Röschard
Weingarten (Pfalz)
Spieß
Weinolsheim
Eckehart **Gröhl**
Weinsberg
Staatsweingut **Weinsberg**
Weinstadt
Dobler
Bernhard **Ellwanger**
Gold
Idler
Wolfgang **Klopfer**
Knauß
Mödinger
Parfum der Erde
Weisenheim am Sand
Langenwalter
Wertheim
Englert
Wertheim-Reicholzheim
Konrad **Schlör**
Westhofen
Hirschhof
Rettig
Wittmann
Weyher in der Pfalz
Meier
Rudi **Möwes**
Wiesbaden
Höhn
Wiesenbronn
Hofmann
Roth
Wiesentheid
Fischer
Wiltingen
Johannes **Peters**
Windesheim
Gebr. **Kauer**
Lindenhof
Werner **Marx**
Poss
Heinrich **Schmidt**
Winnenden
Siegloch
Winningen
Fries
Rüdiger **Kröber**
Richard **Richter**
Winterbach
Jürgen **Ellwanger**
Wintrich
Geierslay
Quint
Wipfeld
Lother
Wirmsthal
Six
Wörrstadt
Weinmann
Wolfsheim
Bernhard
Worms
Château **Schembs**
Worms-Abenheim
Boxheimerhof
Hemer
Dr. **Schreiber**
Worms-Pfeddersheim
Goldschmidt
Worms-Pfiffligheim
Karlheinz **Keller**
Würzburg
Bürgerspital
Staatlicher **Hofkeller**
Juliusspital Würzburg
Am Stein - Ludwig **Knoll**

Z

Zadel
Schloss **Proschwitz**
Zeil am Main
Martin
Zellertal
Bremer
Schwedhelm
Zeltingen
Baum
Albert **Gessinger**
Martin **Schömann**
Selbach-Oster
Zeltingen-Rachtig
Heinrichshof
Zornheim
Münzenberger
Zwingenberg
Simon-Bürkle

eichelmann 2019

BAYERISCHE MOTOREN WERKE